中國城市經濟社會年鑒 1991

中国城市经济社会发展研究会
中 国 行 政 管 理 学 会
主办

封面设计:　梁振中

中国城市经济社会年鉴·1991

中国城市经济社会发展研究会　主办
中 国 行 政 管 理 学 会
中国城市出版社出版
北京彩印厂、艺苑胶印厂印刷

开本: 787×1092 毫米 1/16
印张: 81.5　字数: 280 万
1991 年 12 月北京第 1 版
1991 年 12 月北京第 1 次印刷
印数: 1—6500
ISBN　7-5074-0648-2/Z·097
国内定价: 96 元

中国城市经济社会发展研究会简介

中国城市经济社会发展研究会原为中国城市经济社会年鉴理事会，成立于1984年12月。1990年5月经主管单位批准将“年鉴理事会”更名为“发展研究会”。

中国城市经济社会发展研究会是由各城市以及同城市有关的领导部门、科研单位自愿结成的社会团体。“研究会”的宗旨是通过出版《中国城市经济社会年鉴》和开展适应城市需要的各项活动，促进城市之间的信息交流和横向联系，探讨城市的经济问题和社会问题，推动城市的改革、开放、建设和管理，为发展具有中国特色的社会主义现代化城市服务。

目前，参加“研究会”的全国大、中、小城市有380个，这些城市的现任市长为“研究会”的当然理事。理事会由全体理事组成，是本社团的最高领导机构。常务理事由理事会选举产生，在理事会闭会期间行使理事会职权。理事长、副理事长由常务理事会选举产生。“研究会”的顾问由常务理事会礼聘。凡对本社团作出重要贡献的个人，聘请为“研究会”的名誉理事。国家机关、科研单位、其他社会团体的工作与“研究会”活动关系密切的，聘请这些机关、团体的负责人或专家、学者担任“研究会”的特邀理事。

“研究会”下设秘书处、《中国城市经济社会年鉴》编辑部和《市长参考》编辑部。两个编辑部的主要任务是分别编好《年鉴》、《市长参考》，做好出版、发行工作，同时开展各项为城市服务的活动。

中国行政管理学会简介

中国行政管理学会是研究行政管理的理论和实践、为政府改进行政管理服务的全国性学术团体，1988 年 10 月于北京成立，隶属关系挂靠在国务院办公厅。

学会的宗旨是，遵循党在社会主义初级阶段的基本路线，坚持实事求是、理论联系实际的原则，贯彻百家争鸣的方针，开展科学研究，为促进行政管理改革，提高行政效率，逐步实现政府行政管理科学化、法制化、现代化，建立具有中国特色的行政管理体制，为我国社会主义现代化建设事业做出积极贡献。学会还致力于世界各国行政的考察和研究，努力推进同国外的学术交流和友好往来，代表中国行政管理学术团体参加国际学术组织及其活动。

学会广泛团结全国有志于从事行政管理研究的人员，以及有关学术团体和科研教学单位，协调配合，共同努力，以推进行政管理科学的发展。

学会的任务是：(一) 研究行政管理的实际问题，总结行政管理的经验，提供行政管理改革的建议，发挥咨询参谋作用；(二) 研究行政管理理论，探索建立具有中国特色的行政管理学体系，推动行政管理学科建设的发展；(三) 普及行政管理科学知识，促进行政管理教育的发展和教学质量的提高；(四) 通过各种学术活动聚集人才，培养人才，促进行政管理科研教学队伍的建设；(五) 组织学术活动，开展学术研究，出版研究刊物，编著行政管理的著作和资料，促进学术交流和发展；(六) 与国外学术界建立联系，开展国际学术交流活动。中国行政管理学会已作为全国性团体会员加入国际行政学会，并加入东部地区行政组织。

学会会员分为个人会员和团体会员。(一) 个人会员。凡有志于研究行政管理科学并具有相当研究能力的理论工作者、国家机关工作人员以及其它人员由本人提出申请，经学会会员管理机构按规定条件审查批准，即为会员；(二) 团体会员。主要指各地区和政府机关的行政管理学会，或行政管理科学及其分支学科、相关学科的学术组织、科研教学单位。凡申请加入本会的经审查批准，即为团体会员。迄今已吸收为中国行政管理学会团体会员的有：天津、广西、上海、福建、辽宁、四川、山西、河北、河南、浙江、江苏、安徽、陕西、黑龙江、吉林等 15 个省、自治区、直辖市行政管理学会（按成立学会时间顺序排列）；武汉市、大连市行政管理学会；全国行政管理教学研究会、全国行政案例研究会。

学会组织。全国会员代表大会是学会最高权力机构，每届任期四年。理事会由会员代表大会协商推选产生。理事会全体会议一般两年召开一次。在理事会闭会期间，常务理事会负责执行本会章程、决议和工作计划。

学会办事机构。学会设办事机构，在常务副会长和秘书长主持下负责日常工作。办事机构设秘书处，学术部，中国行政管理杂志社。

主　　编——

陈俊生　　刘国光

副 主 编——

(按姓氏笔划为序)

刁金祥　　万良适

马金虎　　孙尚清

刘怡昌　　张　策

张文寿(常务)　张百发

张祖龙　　张德江

何建章(常务)　李振东

杨资元　　武迪生

赵宝江　　袁正中

夏书章　　高尚全

顾二熊　　黄　达

程安东　　廉　仲

翟永溥　　戴顺智

中國城市經濟社會年鑒 1991

总第7期

《中国城市经济社会年鉴》编辑部

要目

Main Contents

THE ALMANAC OF CHINA'S URBAN ECONOMY AND SOCIETY 1991
(Total No.7)

Feature Articles

The General Description of China's Cities

Articles on Urban Construction and Urban Scientific Researches

The Editorial Department of the Almanac of China's Urban Economy and Society

目录

《中国城市经济社会年鉴》 1991（总第7期）

特　载

中国城市概况

城市问题和城市科学研究

中国城市风光

城市介绍

城市市辖区、县、镇选介

企业选介

企业家选介

名优产品选介

特　载

作品選登

中國城市书畫家作品展

沈鵬

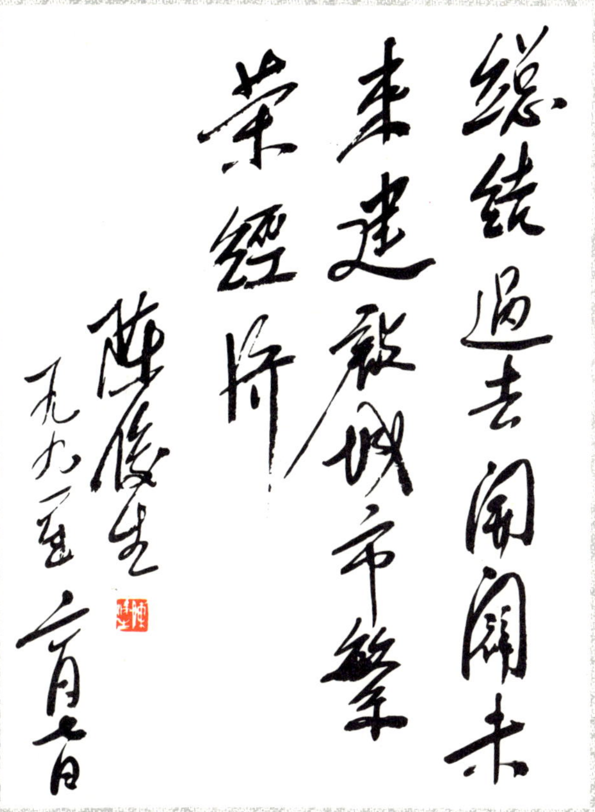

總結過去
開闢未來
建設城市
繁榮經濟

陳俊生

陳俊生(题词)
国务委员
《中国城市经济社会年鉴》主编

編撰城市
經濟社會年鑑
推動經濟改革
和內外交流

劉國光

劉國光(题词)
中国社会科学院副院长
中国城市经济社会发展研究会理事长
《中国城市经济社会年鉴》主编

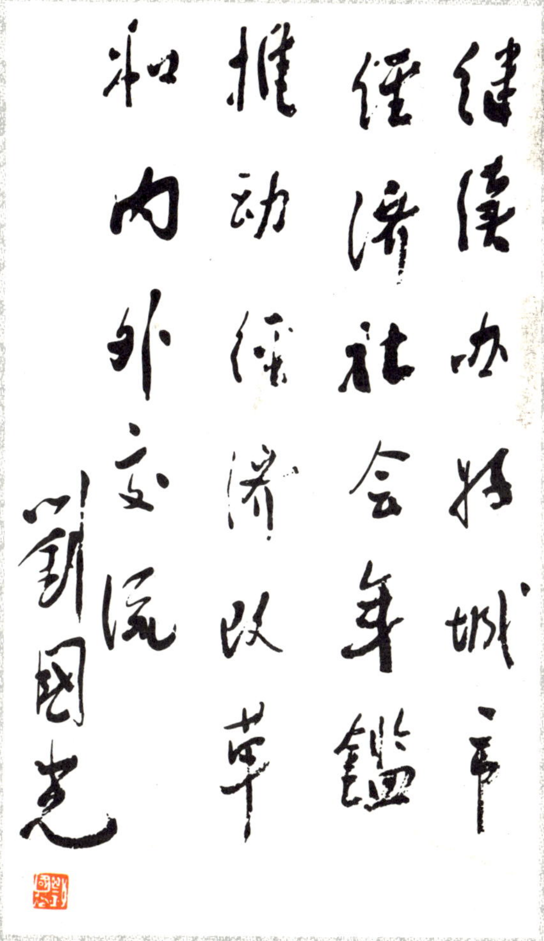

中国城市经济社会年鉴理事会成立暨《年鉴》出版五周年纪念

为中国城市现代化建设的史册

己巳年金秋 丁兆民

丁兆民

辽宁省鞍山市市长

（鞍山市政府供稿）

郝宏寬

中国美协河南分会会员

十年開放幾番新
社會繁榮喜脫貧
改革神州同振奮
萬民景仰奠基人

中国城市经济社会年鉴出版五周年庆
東莞市人民政府祝

魏隱儒
中国美协北京分会会员

鄭潤銓
中国书协广东分会会员
（东莞市政府供稿）

游　壽

中国书法家协会会员

魏傳義

中国美术家协会理事

張有清
中国书法家协会会员

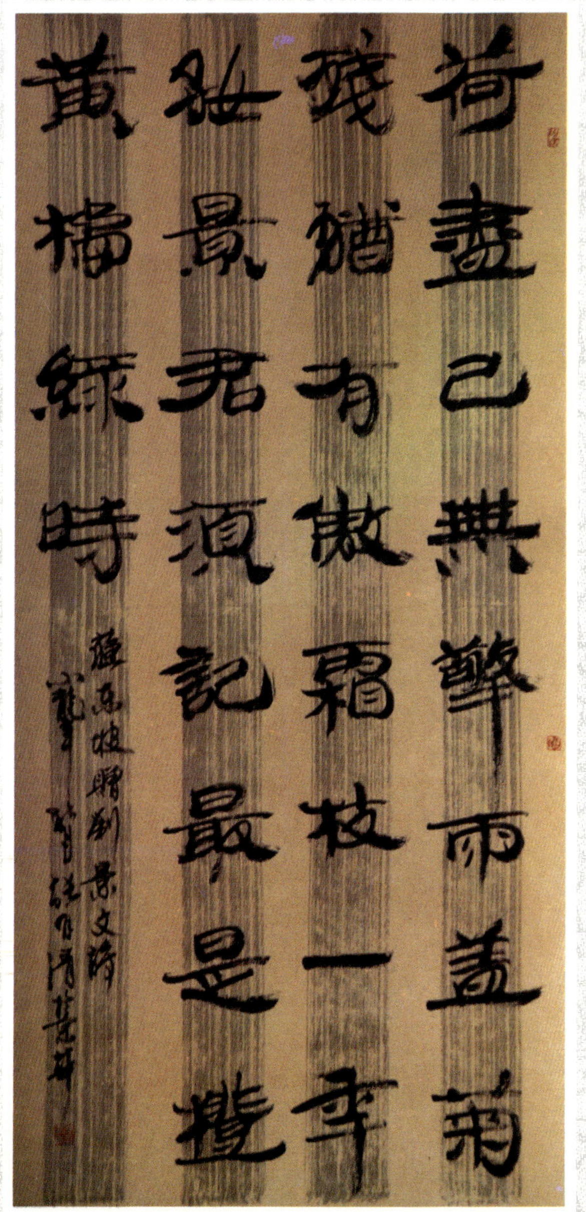

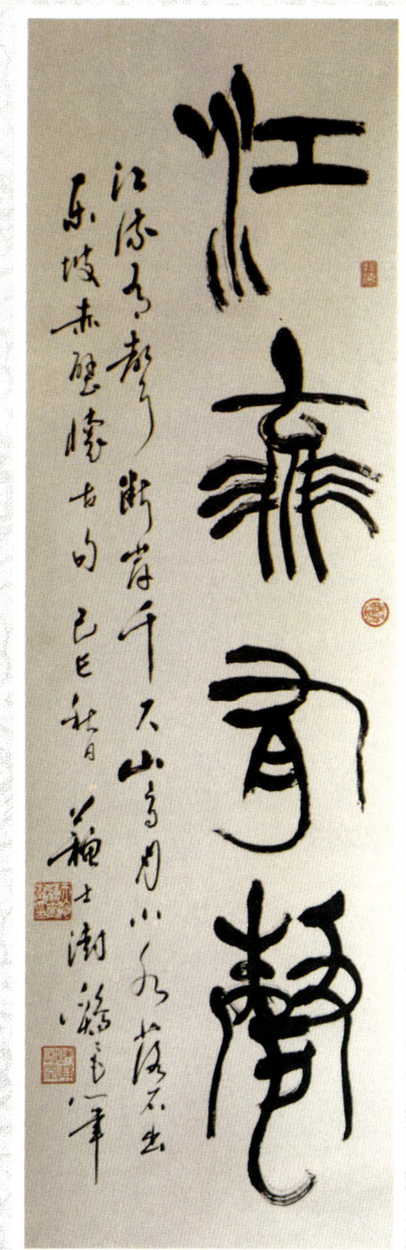

蘇士澍
中国书法家协会理事

王　濤

中国美术家协会会员

關曉峰

中国书法家协会会员

江山壯麗詩無敵

中國城市經濟社會年鑒出版五周年紀念

文字風流器不凡

一九八九年六月　粤人關曉峰

陳志農

中国美协北京分会会员

傅嘉義

中国书法家协会会员

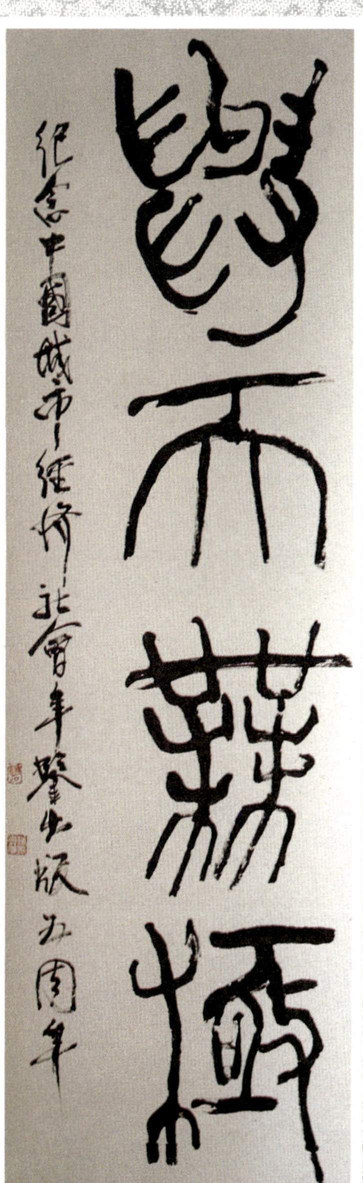

姚少華

中国美协北京分会会员

田樹萇

中国书法家协会会员

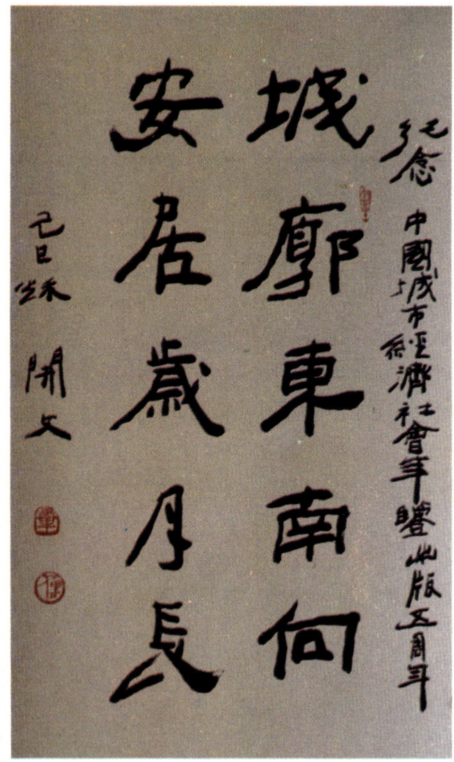

易乃光

中国美协湖南分会会员

(株洲市政府供稿)

畢開文

中国书法家协会理事

包俊宜

中国书法家协会会员

洪丕谟

中国书法家协会会员

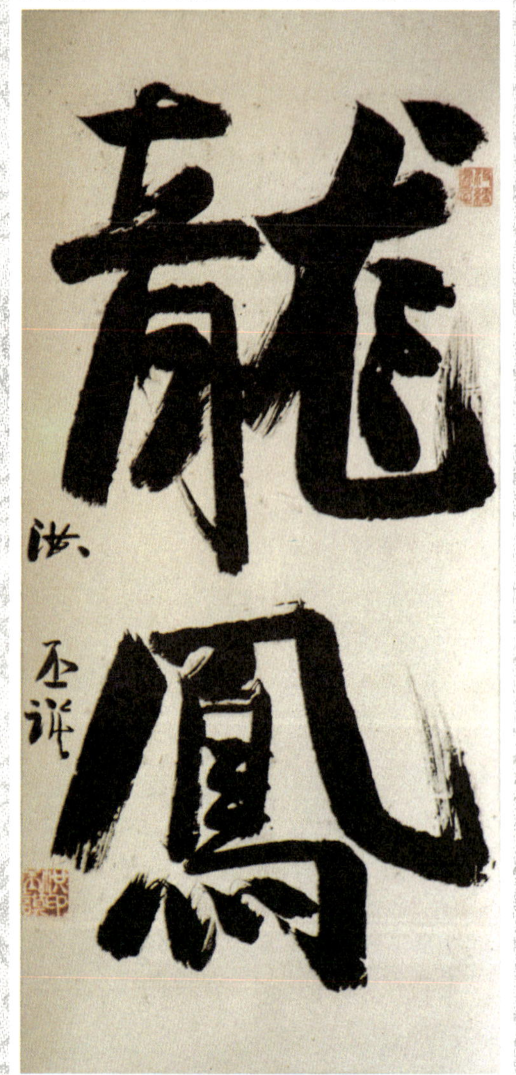

陳德全

北京燕京书画社会员

李伏雨

中国书法家协会会员

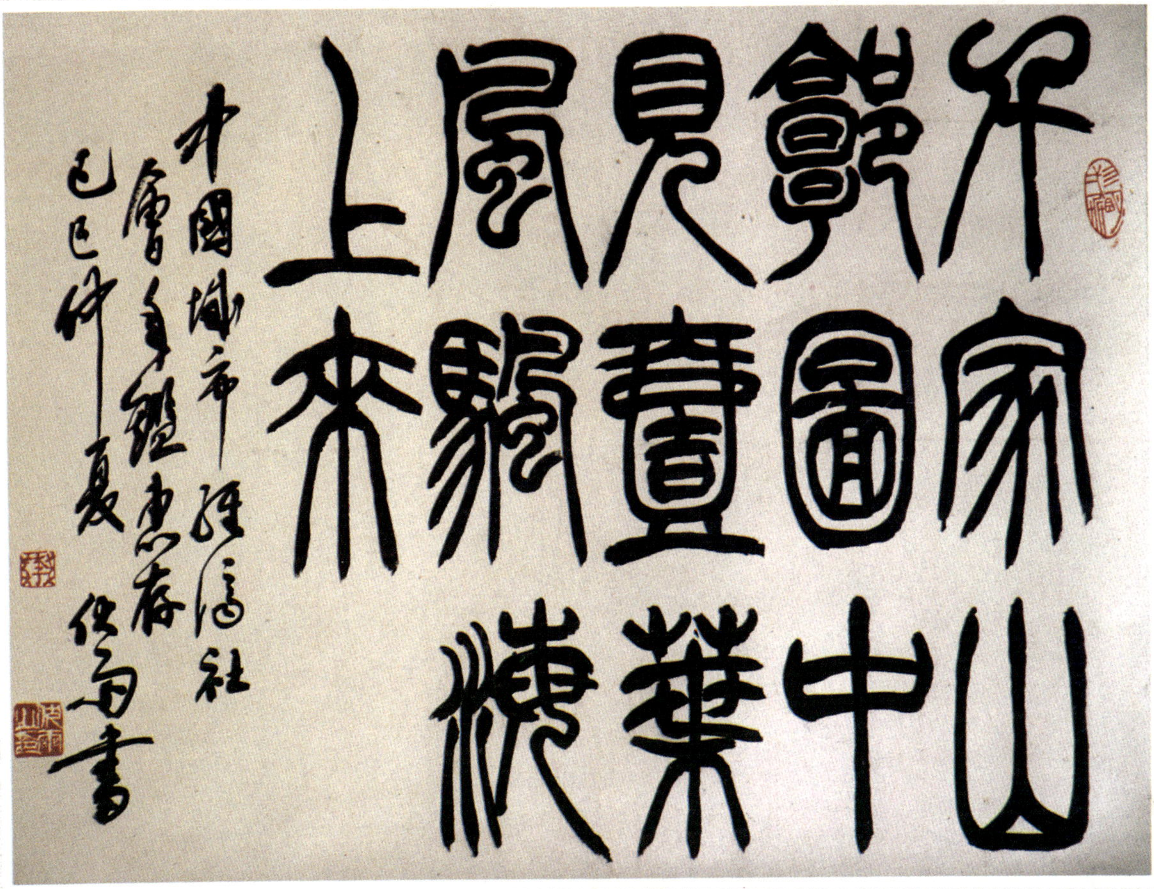

劉紹勇

中国美协北京分会会员

言肇達

中国书法家协会会员

明月共千里
春秋知百年

廖静文
中国书法家协会会员

煤城多異彩
山陽盡朝暉

侯慶福
中国书协河南分会会员

朱道平

中国美术家协会会员

王運昆

中国书协山东分会会员

（东营市政府供稿）

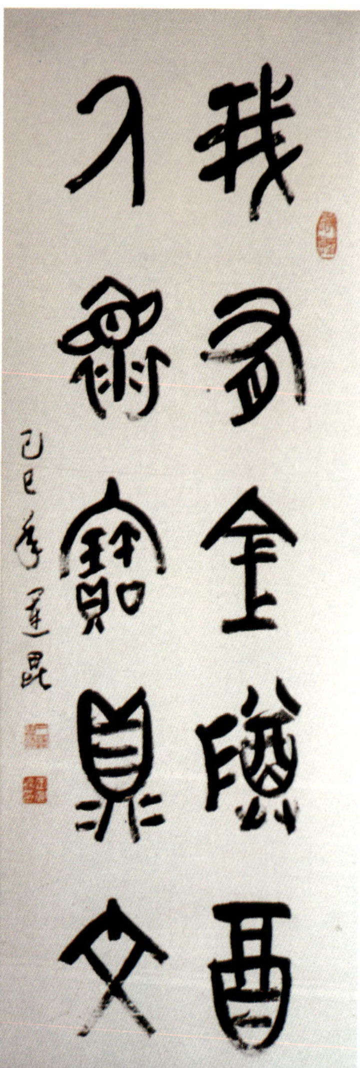

中华人民共和国城镇国有土地使用权出让和转让暂行条例

1990年5月19日国务院发布

第一章 总 则

第一条 为了改革城镇国有土地使用制度，合理开发、利用、经营土地，加强土地管理，促进城市建设和经济发展，制定本条例。

第二条 国家按照所有权与使用权分离的原则，实行城镇国有土地使用权出让、转让制度，但地下资源、埋藏物和市政公用设施除外。

前款所称城镇国有土地是指市、县城、建制镇、工矿区范围内属于全民所有的土地（以下简称土地）。

第三条 中华人民共和国境内外的公司、企业、其他组织和个人，除法律另有规定者外，均可依照本条例的规定取得土地使用权，进行土地开发、利用、经营。

第四条 依照本条例的规定取得土地使用权的土地使用者，其使用权在使用年限内可以转让、出租、抵押或者用于其他经济活动，合法权益受国家法律保护。

第五条 土使用者开发、利用、经营土地的活动，应当遵守国家法律、法规的规定，并不得损害社会公共利益。

第六条 县级以上人民政府土地管理部门依法对土地使用权的出让、转让、出租、抵押、终止进行监督检查。

第七条 土地使用权出让、转让、出租、抵押、终止及有关的地上建筑物、其他附着物的登记，由政府土地管理部门、房产管理部门依照法律和国务院的有关规定办理。

登记文件可以公开查阅。

第二章 土地使用权出让

第八条 土地使用权出让是指国家以土地所有者的身份将土地使用权在一定年限内让与土地使用者，并由土地使用者向国家支付土地使用权出让金的行为。

土地使用权出让应当签订出让合同。

第九条 土地使用权的出让，由市、县人民政府负责，有计划、有步骤地进行。

第十条 土地使用权出让的地块、用途、年限和其他条件，由市、县人民政府土地管理部门会同城市规划和建设管理部门、房产管理部门共同拟定方案，按照国务院规定的批准权限报经批准后，由土地管理部门实施。

第十一条 土地使用权出让合同应当按照平等、自愿、有偿的原则，由市、县人民政府土地管理部门（以下简称出让方）与土地使用者签订。

第十二条 土地使用权出让最高年限按下列用途确定：

（一）居住用地七十年；

（二）工业用地五十年；

（三）教育、科技、文化、卫生、体育用地五十年；

（四）商业、旅游、娱乐用地四十年；

（五）综合或者其他用地五十年。

第十三条 土地使用权出让可以采取下列方式：

（一）协议；

（二）招标；

（三）拍卖。

依照前款规定方式出让土地使用权的具体程序和步骤，由省、自治区、直辖市人民政府规定。

第十四条 土地使用者应当在签订土地使用权出让合同后六十日内，支付全部土地使用权出让金。逾期未全部支付的，出让方有权解除合同，并可请求违约赔偿。

第十五条 出让方应当按照合同规定，提供出让的土地使用权。未按合同规定提供土地使用权的，土地使用者有权解除合同，并可请求违约赔偿。

第十六条 土地使用者在支付全部土地使用权出让金后，应当依照规定办理登记，领取土地使用证，取得土地使用权。

第十七条 土地使用者应当按照土地使用权出让合

同的规定和城市规划的要求，开发、利用、经营土地。

未按合同规定的期限和条件开发、利用土地的，市、县人民政府土地管理部门应当以予纠正,并根据情节可以给予警告、罚款直至无偿收回土地使用权的处罚。

第十八条 土地使用者需要改变土地使用权出让合同规定的土地用途的，应当征得出让方同意并经土地管理部门和城市规划部门批准，依照本章的有关规定重新签订土地使用权出让合同，调整土地使用权出让金，并办理登记。

第三章 土地使用权转让

第十九条 土地使用权转让是指土地使用者将土地使用权再转移的行为，包括出售、交换和赠与。

未按土地使用权出让合同规定的期限和条件投资开发、利用土地的，土地使用权不得转让。

第二十条 土地使用权转让应当签订转让合同。

第二十一条 土地使用权转让时，土地使用权出让合同和登记文件中所载明的权利、义务随之转移。

第二十二条 土地使用者通过转让方式取得的土地使用权，其使用年限为土地使用权出让合同规定的使用年限减去原土地使用者已使用年限后的剩余年限。

第二十三条 土地使用权转让时，其地上建筑物、其他附着物所有权随之转让。

第二十四条 地上建筑物、其他附着物的所有人或者共有人，享有该建筑物、附着物使用范围内的土地使用权。

土地使用者转让地上建筑物、其他附着物所有权时，其使用范围内的土地使用权随之转让，但地上建筑物、其他附着物作为动产转让的除外。

第二十五条 土地使用权和地上建筑物、其他附着物所有权转让，应当依照规定办理过户登记。

土地使用权和地上建筑物、其他附着物所有权分割转让的，应当经市、县人民政府土地管理部门和房产管理部门批准，并依照规定办理过户登记。

第二十六条 土地使用权转让价格明显低于市场价格的，市、县人民政府有优先购买权。

土地使用权转让的市场价格不合理上涨时，市、县人民政府可以采取必要的措施。

第二十七条 土地使用权转让后，需要改变土地使用权出让合同规定的土地用途的，依照本条例第十八条的规定办理。

第四章 土地使用权出租

第二十八条 土地使用权出租是指土地使用者作为出租人将土地使用权随同地上建筑物、其他附着物租赁给承租人使用，由承租人向出租人支付租金的行为。

未按土地使用权出让合同规定的期限和条件投资开发、利用土地的，土地使用权不得出租。

第二十九条 土地使用权出租，出租人与承租人应当签订租赁合同。

租赁合同不得违背国家法律、法规和土地使用权出让合同的规定。

第三十条 土地使用权出租后，出租人必须继续履行土地使用权出让合同。

第三十一条 土地使用权和地上建筑物、其他附着物出租，出租人应当依照规定办理登记。

第五章 土地使用权抵押

第三十二条 土地使用权可以抵押。

第三十三条 土地使用权抵押时，其地上建筑物、其他附着物随之抵押。地上建筑物、其他附着物抵押时，其使用范围内的土地使用权随之抵押。

第三十四条 土地使用权抵押，抵押人与抵押权人应当签订抵押合同。

抵押合同不得违背国家法律、法规和土地使用权出让合同的规定。

第三十五条 土地使用权和地上建筑物、其他附着物抵押，应当依照规定办理抵押登记。

第三十六条 抵押人到期未能履行债务或者在抵押合同期间宣告解散、破产的，抵押权人有权依照国家法律、法规和抵押合同的规定处分抵押财产。

因处分抵押财产而取得土地使用权和地上建筑物、其他附着物所有权的，应当依照规定办理过户登记。

第三十七条 处分抵押财产所得，抵押权人有优先受偿权。

第三十八条 抵押权因债务清偿或者其他原因而消灭的，应当依照规定办理注销抵押登记。

第六章 土地使用权终止

第三十九条 土地使用权因土地使用权出让合同规定的使用年限届满、提前收回及土地灭失等原因而终止。

第四十条 土地使用权期满，土地使用权及其地上建筑物、其他附着物所有权由国家无偿取得。土地使用者应当交还土地使用证，并依照规定办理注销登记。

第四十一条 土地使用权期满，土地使用者可以申请续期。需要续期的，应当依照本条例第二章的规定重新签订合同，支付土地使用权出让金，并办理登记。

第四十二条 国家对土地使用者依法取得的土地使用权不提前收回。在特殊情况下，根据社会公共利益的需要，国家可以依照法律程度提前收回，并根据土地使用者已使用的年限和开发、利用土地的实际情况给予相应的补偿。

第七章 划拨土地使用权

第四十三条 划拨土地使用权是指土地使用者通过各种方式依法夫偿取得的土地使用权。

前款土地使用者应当依照《中华人民共和国城镇土地使用税暂行条例》的规定缴纳土地使用税。

第四十四条 划拨土地使用权，除本条例第四十五条规定的情况外，不得转让、出租、抵押。

第四十五条 符合下列条件的，经市、县人民政府土地管理部门和房产管理部门批准，其划拨土地使用权和地上建筑物、其他附着物所有权可以转让、出租、抵押:

(一) 土地使用者为公司、企业、其他经济组织和个人;

(二) 领有国有土地使用证;

(三) 具有地上建筑、其他附着物合法的产权证明;

(四) 依照本条例第二章的规定签订土地使用权出让合同，向当地市、县人民政府补交土地使用权出让金或者以转让、出租、抵押所获收益抵交土地使用权出让金。

转让、出租、抵押前款划拨土地使用权的，分别依照本条例第三章、第四章和第五章的规定办理。

第四十六条 对未经批准擅自转让、出租、抵押划拨土地使用权的单位和个人，市、腆人民政府土地管理部门应当没收其非法收入，并根据情节处以罚款。

第四十七条 无偿取得划拨土地使用权的土地使用者，因迁移、解散、撤销、破产或者其他原因而停止使用土地的，市、县人民政府应当无偿收回其划拨土地使用权，并可依照本条例的规定予以出让。

对划拨土地使用权，市、县人民政府根据城市建设发展需要和城市规划的要求，可以无偿收回，并可依照本条例的规定予以出让。

无偿收回划拨土地使用权时，对其地上建筑物、其他附着物，市、县人民政府应当根据实际情况给予适当补偿。

第八章 附 则

第四十八条 依照本条例的规定取得土地使用权的个人，其土地使用权可以继承。

第四十九条 土地使用者应当依照国家税收法规的规定纳税。

第五十条 依照本条例收取的土地使用权出让金列入财政预算，作为专项基金管理，主要用于城市建设和土地开发。具体使用管理办法，由财政部另行制定。

第五十一条 各省、自治区、直辖市人民政府应当根据本条例的规定和当地的实际情况选择部分条件比较成熟的城镇先行试点。

第五十二条 外商投资从事开发经营成片土地的，其土地使用权的管理依照国务院的有关规定执行。

第五十三条 本条例由国家土地管理局负责解释;实施办法由省、自治区、直辖市人民政府制定。

第五十四条 本条例自发布之日起施行。

外商投资开发经营成片土地暂行管理办法

1990年5月19日国务院发布

第一条 为了吸收外商投资从事开发经营成片土地(以下简称成片开发),以加强公用设施建设,改善投资环境,引进外商投资先进技术企业和产品出口企业,发展外向型经济,制定本办法。

第二条 本办法所称成片开发是指:在取得国有土地使用权后,依照规划对土地进行综合性的开发建设,平整场地、建设供排水、供电、供热、道路交通、通信等公用设施,形成工业用地和其他建设用地条件,然后进行转让土地使用权、经营公用事业;或者进而建设通用工业厂房以及相配套的生产和生活服务设施等地面建筑物,并对这些地面建筑物从事转让或出租的经营活动。

成片开发应确定明确的开发目标,应有明确意向的利用开发后土地的建设项目。

第三条 吸收外商投资进行成片开发的项目,应由市、县人民政府组织编制成片开发项目建议书(或初步可行性研究报告,下同)。

使用耕地一千亩以下、其他土地二千库以下,综合开发投资额在省、自治区、直辖市人民政府(包括经济特区人民政府或者管理委员会,下同)审批权限内的成片开发项目,其项目建议书应报省、自治区、直辖市人民政府审批。

使用耕地超过一千亩、其他土地超过二千亩,或者综合开发投资额超过省、自治区、直辖市人民政府审批权限的成片开发项目,其项目建议书应经省、自治区、直辖市人民政府报国家计划委员会审核和综合平衡后,由国务院审批。

第四条 外商投资成片开发,应分别依照《中华人民共和国中外合资经营企业法》、《中华人民共和国中外合作经营企业法》、《中华人民共和国外资企业法》的规定,成立从事开发经营的中外合资经营企业,或者中外合作经营企业,或者外资企业(以下简称开发企业)。

开发企业受中国法律的管辖和保护,其一切活动应遵守中华人民共和国的法律、法规。

开发企业依法自主经营管理,但在其开发区域内没有行政管理权。开发企业与其他企业的关系是商务关系。

国家鼓励国营企业以国有土地使用权作为投资或合作条件,与外商组成开发企业。

第五条 开发企业应依法取得开发区域的国有土地使用权。

开发区域所在的市、县人民政府向开发企业出让国有土地使用权,应依照国家土地管理的法律和行政法规,合理确定地块范围、用途、年限、出让金和其他条件,签订国有土地使用权出让合同,并按出让国有土地使用权的审批权限报经批准。

第六条 国有土地使用权出让后,其地下资源和埋藏物仍属于国家所有。如需开发利用,应依照国家有关法律和行政法规管理。

第七条 开发企业应编制成片开发规划或者可行性研究报告,明确规定开发建设的总目标和分期目标,实施开发的具体内容和要求,以及开发后土地利用方案等。

成片开发规划或者可行性研究报告,经市、县人民政府审核后,报省、自治区、直辖市人民政府审批。审批机关应就有关公用设施建设和经营,组织有关主管部门协调。

第八条 开发区域在城市规划区范围内的,各项开发建设必须符合城市规划要求,服从规划管理。

开发区域的各项建设,必须符合国家环境保护的法律、行政法规和标准。

第九条 开发企业必须在实施成片开发规划,并达到出让国有土地使用权合同规定的条件后,方可转让国有土地使用权。开发企业未按照出让国有土地使用权合同规定的条件和成片开发规划的要求投资开发土地的,不得转让国有土地使用权。

开发企业和其他企业转让国有土地使用权,或者抵押国有土地使用权,以及国有土地使用权终止,应依照国家土地管理的法律和行政法规办理。

第十条 开发企业可以吸引投资者到开发区域投资,受让国有土地使用权,举办企业。外商投资企业应分别依照《中华人民共和国中外合资经营企业法》、《中华人民共和国中外合作经营企业法》、《中华人民共和国外资企业法》的规定成立。

在开发区域举办企业，应符合国家有关投资产业政策的要求。国家鼓励举办先进技术企业和产品出口企业。

第十一条 开发区域的邮电通信事业，由邮电部门统一规划、建设与经营。也可以经省、自治区、直辖市邮电主管部门批准，由开发企业投资建设，或者开发企业与邮电部门合资建设通信设施，建成后移交邮电部门经营，并根据双方签订的合同，对开发企业给予经济补偿。

第十二条 开发企业投资建设区域内自备电站、热力站、水厂等生产性公用设施的，可以经营开发区域内的供电、供水、供热等业务，也可以交地方公用事业企业经营。公用设施能力有富余，需要供应区域外，或者需要与区域外设施联网运行的，开发企业应与地方公用事业企业按国家有关规定签订合同，按合同规定的条件经营。

开发区域接引区域外水、电等资源的，应由地方公用事业企业经营。

第十三条 开发区域地块范围涉及海岸港湾或者江河建港区段的，岸线由国家统一规划和管理。开发企业可以按照国家交通主管部门的统一规划建设和经营专用港区和码头。

第十四条 开发区域内不得从事国家法律和行政法规禁止的经营活动和社会活动。

第十五条 以举办出口加工企业为主的开发区域，需要在进出口管理、海关管理等方面采取特殊管理措施的，应报经国务院批准，由国家有关主管部门制定具体管理办法。

第十六条 开发区域的行政管理、司法管理、口岸管理、海关管理等，分别由国家有关主管部门、所在的地方人民政府和有管辖权的司法机关组织实施。

第十七条 香港、澳门、台湾地区的公司、企业和其他经济组织或者个人投资从事成片开发，参照本办法执行。

第十八条 本办法自发布之日起在经济特区、沿海开放城市和沿海经济开放区范围内施行。

劳动就业服务企业管理规定

1990年11月22日国务院发布

第一章　总　则

第一条　为巩固和发展劳动就业服务企业，保障其合法权益，加强管理，促进城镇劳动就业工作的开展，制定本规定。

第二条　劳动就业服务企业是承担安置城镇待业人员任务、由国家和社会扶持、进行生产经营自救的集体所有制经济组织。

前款所称承担安置城镇待业人员任务，是指:

(一) 劳动就业服务企业开办时，从业人员中百分之六十以上 (含百分之六十) 为城镇待业人员;

(二) 劳动就业服务企业存续期间，根据当地就业安置任务和企业常年生产经营情况按一定比例安置城镇待业人员。

本规定所称城镇待业人员，是指城镇居民中持有待业证明的未就过业的人员和曾就过业又失业的人员。

第三条　国家对劳动就业服务企业实行扶持政策，鼓励社会各方面依法扶持兴办各种形式的劳动就业服务企业。

各级人民政府及其行业主管部门应当重视和加强对劳动就业服务企业的领导，把巩固和发展劳动就业服务企业作为解决城镇就业问题的重要途径，将其纳入国民经济和社会发展计划，促进城镇劳动就业工作的发展。

第四条　国家对劳动就业服务企业给予税收优惠:

(一) 新开办的劳动就业服务企业免征所得税二至三年;

(二) 免税期满后，继续承担安置城镇待业人员任务并达到一定比例的，享受相应的减免税优惠;

(三) 适当调低劳动就业服务企业所得税的税率。

上述税收优惠的具体实施办法，由国家税务局商劳动部等有关部门制定。

第五条　国家在开办条件、物资供应、固定资产和流动资金贷款等方面对劳动就业服务企业予以支持和照顾。

第六条　国家保护劳动就业服务企业的合法权益。禁止任何机关和单位非法改变劳动就业服务企业的集体所有制性质、干预企业自主权和向企业平调或者摊派人力、物力和财力。

第七条　劳动就业服务企业必须贯彻执行国家的方针、政策和法律、法规，坚持社会主义方向，坚持以安置待业人员为主、安置效益和经济效益相结合的原则。

第二章　政府对劳动就业服务企业的管理

第八条　开办劳动就业服务企业，须经审批机关批准，并经同级工商行政管理机关核准登记，领取《企业法人营业执照》或者《营业执照》后始得经营。

前款所称审批机关批准是指:

(一) 有主办或者扶持单位的劳动就业服务企业，经主办或者扶持单位的主管部门审查同意，由同级劳动部门认定其劳动就业服务企业的性质;

(二) 待业人员自筹资金开办的劳动就业服务企业，由当地县 (区) 以上劳动部门批准。

劳动就业服务企业应当在核准登记的经营范围内从事生产经营活动。

第九条　各级人民政府的劳动部门对本地区劳动就业服务企业的职责是:

(一) 指导和监督劳动就业服务企业贯彻执行国家有关方针、政策和法律、法规;

(二) 制定劳动就业服务企业的地区发展规划;

(三) 根据国家有关规定，运用就业经费和生产扶持基金，推动劳动就业服务企业的发展，扩大其安置待业人员的能力;

(四) 开展技术培训，开辟物资渠道，组织技术咨询和信息交流，为劳动就业服务企业提供服务;

(五) 指导劳动部门所属的劳动就业服务企业的管理活动及其干部的管理和培养工作，开展评选先进集体和个人的活动。

(六) 省、自治区、直辖市 (含计划单列市，下同) 人民政府的劳动部门组织本地区的劳动就业服务企业开展产品评优、企业升级的工作。

各级劳动部门的就业服务机构，按照国务院和省、自治区、直辖市人民政府的规定，可以承担上款各项的有关具体工作。

第十条 各行业主管部门对本部门劳动就业服务企业的职责是:

(一) 指导和监督劳动就业服务企业贯彻执行国家有关方针、政策和法律、法规;

(二) 制定劳动就业服务企业的部门发展规划，协助企业筹措发展资金;

(三) 协调劳动就业服务企业与部门内各有关方面的关系;

(四) 开展技术培训，为劳动就业服务企业提供咨询，组织物资、生产、技术等信息交流;

(五) 帮助劳动就业服务企业进行新产品鉴定和科研成果鉴定;

(六) 指导本部门所属的劳动就服务企业的干部管理和培养工作，开展评选先进集体和个人的活动。

第三章 主办或者扶持单位与劳动就业服务企业的关系

第十一条 企业、事业单位、机关、团体、部队等主办或者扶持单位 (简称主办或者扶持单位，下同) 对所主办或者扶持开办的劳动就业服务企业的职责是:

(一) 劳动就业服务企业开办时，为企业筹措开办资金，帮助企业办理审批和工商登记手续;

(二) 为劳动就业服务企业安置待业人员提供一定的生产经营条件;

(三) 协调劳动就业服务企业与各方面的关系;

(四) 在劳动就业服务企业兴办初期，指导企业制定管理制度，任用、招聘或者组织民主选举企业的厂长(经理);

(五) 尊重并维护劳动就业服务企业的在人财物、产供销等方面的管理自主权;

(六) 在平等互利、等价交换的原则基础上，同劳动就业服务企业开展生产经营和服务等方面的合作活动。

第十二条 主办或者扶持单位应当按照国家有关规定积极支持本单位职工到劳动就业服务企业担任生产经营和技术等方面的管理职务。

主办或者扶持单位的职工到劳动就业服务企业任职，应当逐步实行聘任制，由主办或者扶持单位、任职人员和劳动就业服务企业三方签订聘用合同。聘用合同应当以书面形式订立，其主要内容应当包括:

(一) 聘用人员的职责;

(二) 聘用人员的待遇;

(三) 聘用期限;

(四) 违约责任及其处理办法;

(五) 三方认为应当规定的其他内容。

聘用合同一经依法订立即具法律约束力，三方均应当认真履行，不得擅自改变。

聘用期满后可以续聘。

聘用合同书应当报劳动就业服务企业主管部门和劳动部门备案。

第十三条 全民所有制的主办或者扶持单位的职工被劳动就业服务企业聘用后，仍保留其在原单位的全民所有制职工的身份和待遇。

聘用人员退休后回原单位领取退休金并享受退休人员的一切待遇。

第十四条 主办或者扶持单位对支持劳动就业服务企业的资金、设备等，应当坚持有偿使用原则:

(一) 扶持资金 (限于主办或者扶持单位的自有资金) 可以作为借用款由劳动就业服务企业按双方约定分期归还，也可以依法作为投资参与劳动就业服务企业的利润分配。

(二) 设备、工具等生产资料和厂房可以在合理作价的基础上由劳动就业服务企业一次或分期付清; 主办或者扶持单位也可以采用出租形式，收取相当于折旧费的租金。

第四章 劳动就业服务企业的内部管理

第十五条 劳动就业服务企业实行民主管理。除下列情况外，劳动就业服务企业的内部管理按国家有关城镇集体所有制企业的法律、法规的规定执行:

(一) 本规定第十一条 (四) 所规定的情况;

(二) 以全民所有制企业为主办单位的劳动就业服务企业，其厂长 (经理) 人选可以由主办单位提出，由主办单位和劳动就业服务企业共同确定。厂长 (经理) 实行任期制。在厂长 (经理) 任期内，无法定理由，主办单位和劳动就业服务企业均不得擅自对厂长 (经理) 予以罢免或调动。

第十六条 劳动就业服务企业可以实行多种形式的生产经营责任制，但任何一种生产经营责任制均应当以安置待业人员作为责任制的一项重要内容。

第十七条 劳动就业服务企业应当按照灵活方便、合同管理、骨干稳定、合理流动的原则，自主选择用工形式。

从业人员在劳动就业服务企业工作期间应当计算工龄。

第十八条 劳动就业服务企业根据自身情况可以有条件地适当安排全民所有制主办单位的富余人员在本企业就业。安置富余人员应当由劳动就业服务企业同全民所制主办单位双方签订安置合同，合同内容由双方商定。

第十九条 劳动就业服务企业可以根据国家有关规定和企业经济效益，自主地确定适合本企业具体情况的工资和奖金的分配形式和办法。

第二十条 劳动就业服务企业对职工个人出资可以实行付息或者分红的办法。企业盈利，按一定比例付息或者分红；企业亏损，在弥补亏损之前，不得付息或者分红。付息或者分红的比例不得超过国家规定的最高限额。

第二十一条 由待业人员自筹资金开办的劳动就业服务企业，在企业具备偿还能力时，可以逐步偿还个人出资。

第二十二条 劳动就业服务企业应当建立养老保险制度并逐步建立待业保险制度。保险基金提取办法和保险项目按国家有关规定执行。

第二十三条 劳动就业服务企业应当执行国家有关财务制度和财经纪律，健全财务管理，接受国家有关主管部门的指导和监督。

第五章 法律责任

第二十四条 违反本规定第八条的规定，以劳动就业服务企业名义进行活动的，由工商行政管理机关根据国家有关规定给予行政处罚。

第二十五条 任何机关和单位违反本规定第六条的规定，非法改变劳动就业服务企业的集体所有制性质，干预企业自主权的，其上级主管部门应当予以纠正；向劳动就业服务企业平调或者摊派人力、物力、财力的，必须予以赔偿。对负有直接责任的主管人员和其他直接责任人员，由其主管部门根据情节轻重，级予行政处分；构成犯罪的，依法追究刑事责任。

第二十六条 劳动就业服务企业违反本规定有关企业领导人员的产生、罢免程序规定的，其主管部门应当予以纠正，并追究直接责任人员的行政责任。

劳动就业服务企业的主管部门或者主办、扶持单位违反本规定有关劳动就业服务企业领导人员产生、罢免程序规定的，其上一级主管部门或者主办、扶持单位的主管部门应当予以纠正，并追究直接责任人员的行政责任。

第六章 附 则

第二十七条 除本规定有明文规定者外，劳动就业服务企业均应当执行国家有关城镇集体所有制企业的政策和法规。

第二十八条 省、自治区、直辖市人民政府和国务院各行业主管部门可以根据本规定并结合本地区、本部门的具体情况制定实施办法。

第二十九条 本规定由劳动部负责解释。

第三十条 本规定从发布之日起施行。

中国城市经济社会发展研究会

第二届顾问、名誉理事长、名誉理事、理事长、副理事长、常务理事、秘书长、副秘书长、司库名单

顾　问:

李瑞环　费孝通　陈希同　朱镕基　马　洪
薛暮桥　于光远　童大林　汪道涵　梅　益
李成瑞　聂壁初

港澳地区顾问:

霍英东　李嘉诚　庄世平

名誉理事长:

王任重

名誉理事: (以姓氏笔划为序)

于汉卿　王茂林　王道义　叶选平　张耀华
吴官正　陈鸿昌　钟伯熙

理事长:

刘国光

副理事长: (以姓氏笔划为序)

丁文斌　刁金祥　万良适　马金虎　孙尚清
李振东　杨资元　何建章（常务）　张文寿
张文范　张百发　张祖龙　武迪生　赵宝江
袁正中　高尚全　程安东　廉　仲　翟永淳
戴顺智

常务理事: (以姓氏笔划为序)

丁文斌　丁兆民　刁金祥　万良适　马延利
马金虎　王中俊　王凤歧　王世鼎　王廷琛
王宏民　王武龙　王荣炳　王积业　王培信
玉素甫·艾沙　卢文舸　刘国光　刘庚寅
刘知炳　孙同川　孙尚清　衣佩发　李　均
李祖卫　李振东　李嘉廷　杨绍雍　杨资元
吴广才　何建章　佘国华　邹尔均　沈志峰
宋佐元　宋淑艾　张　塞　张文寿　张文范
张百发　张启楣　张卓元　张明泰　张国荣
张厚宝　张祖龙　陆　强　陈文宪　陈国良
陈燕发　武迪生　周万龙　孟立正　赵伯栋
赵宝江　胡树俭　柯茂盛　祝友文　钟咏三
袁正中　顾家麒　钱其智　高尚全　郭廷标
黄　菊　曹锦成　崔林涛　梁春兰　韩新民
程安东　蒋仲平　曾浩荣　廉　仲　翟永淳
樊建国　燕广义　戴顺智

秘书长:

项启源

副秘书长: (以姓氏笔划为序)

朱铁臻(常务)　孙伟林　陈一夫
林加宁　姚运德

司　库:

杨仲玉

中国城市经济社会发展研究会

第二届理事、特邀理事名单

理　事

□ 中央单位

刘国光　中国社会科学院副院长
廉　仲　建设部顾问
张文范　民政部行政区划司司长
高尚全　国家经济体制改革委员会副主任
孙尚清　国务院发展研究中心副主任
张　塞　国家统计局局长
刘庚寅　中国人民对外友好协会副会长
张卓元　中国社会科学院财贸物资经济研究所所长
何建章　中国社会科学院经济研究所所长
王积业　国家计委经济研究所所长

□ 直辖市

张百发　北京市副市长
黄　菊　上海市市长
李振东　天津市副市长

□ 河北省

沈志峰　石家庄市市长
白录堂　邯郸市市长
靳庆和　邢台市市长
周德满　保定市市长
杜书箱　张家口市市长
宋淑艾　承德市市长
刘景昌　唐山市市长
丁文斌　秦皇岛市市长
郭世昌　沧州市市长
赵　诚　廊坊市市长
许长荣　武安市市长
冯永平　霸州市市长
李树程　辛集市市长
安云昉　藁城市市长
张祖龙　涿州市市长
李双亭　定州市市长
阎兴华　泊头市市长
马金龙　任丘市市长
刘国选　衡水市市长

□ 山西省

孟立正　太原市市长
韩　文　大同市副市长
薄应贤　阳泉市市长
杨月生　长治市市长
薛荣哲　晋城市市长
李玉清　忻州市市长
李天祯　榆次市市长
陈海鹏　临汾市市长
孙先虎　侯马市市长
李建民　霍州市市长
张呈祥　运城市市长

□ 内蒙古自治区

贾　才　呼和浩特市市长
王凤歧　包头市市长
冯士亮　乌海市市长
高连元　赤峰市市长
李东晓　集宁市市长
齐德乐图　锡林浩特市市长
布图格奇　二连浩特市市长
卜永和　海拉尔市市长
王书全　牙克石市市长
陈　光　扎兰屯市市长
罗啸天　通辽市市长
额尔敦昌　霍林郭勒市市长
奇孟克　东胜市市长
王智德　临河市市长
王裕德　乌兰浩特市市长

□ 辽宁省

武迪生　沈阳市市长
魏富海　大连市市长
马延利　鞍山市市长
丁兆民　抚顺市市长

于国磐　本溪市市长
郭廷标　丹东市市长
胡占山　锦州市市长
赵　祥　锦西市市长
赵新良　营口市市长
田育广　盘锦市第一副市长
戴明勋　阜新市市长
黄恒宪　辽阳市市长
杨新华　铁岭市市长
姜正彦　瓦房店市市长
万福民　海城市市长
刘忠伦　兴城市市长
赵铁英　铁法市市长

吉林省

米凤君　长春市市长
吴广才　吉林市市长
李世学　四平市市长
吕坚东　辽源市市长
齐秉昌　通化市市长
张恩祥　浑江市市长
李恒忠　公主岭市市长
杜卫京　梅河口市代市长
梁秉常　白城市市长
于鸿江　洮南市市长
金宗洙　图们市市长
任国贵　敦化市市长
韩昌镇　龙井市市长

黑龙江省

张德邻　哈尔滨市市长
索长有　齐齐哈尔市代市长
冯永祥　鹤岗市市长
张成义　双鸭山市市长
程仲达　鸡西市市长
衣佩发　大庆市副市长
聂秉林　伊春市市长
刁家运　牡丹江市市长
王宗璋　佳木斯市市长
罗树清　七台河市市长
赵明非　绥芬河市市长
赵汉文　阿城市市长
罗文孝　富锦市市长
李云亭　密山市市长
李殿科　绥化市市长
王　衡　安达市市长
徐福和　黑河市市长
关永贵　北安市市长
温立胜　五大连池市市长
李凤梧　尚志市市长

江苏省

王荣炳　南京市市长
王武龙　徐州市市长
王稳卿　连云港市市长
姜立宽　淮阴市市长
徐其耀　盐城市市长
李炳才　扬州市代市长
徐　燕(女)　南通市市长
钱永波　镇江市市长
杨晓堂　常州市市长
王宏民　无锡市市长
章新胜　苏州市市长
张厚宝　泰州市市长
仲冠五　仪征市市长
江　浩　常熟市市长
沈澍东　张家港市市长
周立新　宿迁市市长
杨国忠　淮安市市长
周振华　昆山市市长
戎文凤(女)　高邮市市长

浙江省

卢文舸　杭州市市长
耿典华　宁波市市长
陈文宪　温州市市长
杜云昌　嘉兴市市长
袁世鸣(女)　湖州市市长
张启楣　绍兴市市长
陈章方　金华市市长
郭学焕　衢州市市长
彭国镇　舟山市市长
李锡均　余姚市市长
王似熊　海宁市市长
陈启富　瑞安市市长
杨仲彦　萧山市市长
毛光烈　义乌市市长
胡永先　慈溪市市长
钱子辉　奉化市市长
周林本　椒江市市长
卢　武　临海市市长
毛平伟　黄岩市市长

朱大鹏　　丽水市市长

□ 安徽省

钟咏三　　合肥市市长
宋长汉　　淮南市市长
方一本　　淮北市代市长
肖尚忠　　芜湖市市长
汪　洋　　铜陵市市长
诸宗智　　蚌埠市市长
周玉德　　马鞍山市市长
刘思魁　　安庆市市长
吴存心　　黄山市市长
李书坦　　宿州市市长
王克俭　　滁州市市长
孟家安　　巢湖市市长
夏子超　　宣州市市长
戴　华　　六安市市长
燕广义　　阜阳市市长
苏　迅　　亳州市市长

□ 福建省

洪永世　　福州市市长
邹尔均　　厦门市市长
李立士　　三明市市长
许开瑞　　莆田市市长
陈荣春　　泉州市市长
韩玉琳　　漳州市市长
刘成业　　石狮市市长
林福俤　　南平市市长
陈国良　　邵武市市长
马承佳　　龙岩市市长

□ 江西省

蒋仲平　　南昌市市长
殷国光　　景德镇市市长
孙用和　　萍乡市市长
方博林　　新余市市长
彭宏松　　九江市市长
曾荣芳　　鹰潭市市长
欧阳春　　瑞昌市市长
操香水　　上饶市市长
杨晓宁　　宜春市市长
陈九如　　抚州市市长
胡振华　　吉安市市长
鲍甫生　　井冈山市市长
黄一鸣　　赣州市市长

□ 山东省

翟永溇　　济南市市长
俞正声　　青岛市市长
韩新民　　淄博市市长
朱关兴　　枣庄市市长
李殿魁　　东营市市长
邵桂芳　　潍坊市市长
杜世成　　烟台市市长
臧海强　　威海市市长
胡建学　　泰安市市长
王家政　　日照市市长
王治华　　青州市市长
于希信　　龙口市市长
房立泉　　曲阜市市长
孟昭章　　莱芜市市长
王培信　　新泰市市长
高志喜　　胶州市市长
黄存福　　诸城市市长
位同亮　　莱阳市市长
刘洪元　　莱州市市长
张立新　　文登市市长
张执政　　荣成市市长
孟广耀　　即墨市市长
丁瑞云　　莱西市市长
周金铭　　德州市市长
张英民　　滨州市市长
徐志顺　　临沂市市长
丁永恕　　聊城市市长

□ 河南省

胡树俭　　郑州市市长
孙光华　　开封市市长
鲁茂升　　洛阳市代市长
王全书　　平顶山市代市长
张国荣　　焦作市市长
范保国　　鹤壁市市长
祝友文　　新乡市市长
李祖卫　　安阳市市长
周　沛　　濮阳市市长
王日新　　许昌市市长
王有杰　　漯河市市长
张应祥　　三门峡市代市长
王菊梅(女)　　义马市市长
方晓宇　　汝州市市长
张殿臣　　济源市市长
连子恒　　禹州市市长

仝振江 卫辉市市长
刘廷和 辉县市市长
李宝哲 沁阳市市长
杜乔祥 舞钢市市长
徐崇臣 商丘市市长
陈望斌 周口市市长
许国彦 驻马店市市长
程国琛 信阳市市长
李宝兴 南阳市市长

湖北省

赵宝江 武汉市市长
徐子伦 黄石市市长
杨斌庆 襄樊市市长
吴发育 十堰市市长
张道恒 沙市市市长
罗清泉 宜昌市市长
缪合林 荆门市市长
黄昌灿 鄂州市市长
李文烈 随州市市长
樊建国 老河口市市长
李诗刚 枣阳市市长
张文启 孝感市市长
赵汝望 应城市市长
李道信 安陆市市长
吴水明 广水市市长
周祈江 麻城市市长
陈恢友 咸宁市市长
李德贤 蒲圻市市长
刘贤木 仙桃市市长
张祖新 石首市市长
段远明 天门市市长
蒋昌忠 洪湖市市长
马荣华 潜江市市长
邹学勤 当阳市市长
张二江 丹江口市市长
陈传仪 利川市市长

湖南省

张明泰 长沙市市长
周伯华 株洲市市长
范多富 湘潭市代市长
苏建民 衡阳市市长
彭茂吾 邵阳市市长
欧阳松 岳阳市市长
蔡长松 常德市市长
肖征龙 大庸市市长
殷海清 醴陵市市长
伍守成 湘乡市市长
龚德元 耒阳市市长
李湘岳 汨罗市市长
刘万清 津市市市长
宋甲武 郴州市市长
廖永雄 永州市市长
李德旗 冷水滩市市长
赵伯栋 娄底市市长
鲁平益 冷水江市市长
李铁岩 怀化市市长
周万鹏 洪江市市长
宋佐元 益阳市市长
石远章 吉首市市长

广东省

黎子流 广州市市长
郑良玉 深圳市市长
梁广大 珠海市市长
陈燕发 汕头市市长
高祀仁 韶关市市长
李近维 惠州市市长
彭禹贤 汕尾市市长
郑锦滔 东莞市市长
李熊光 江门市市长
卢瑞华 佛山市市长
郑志辉 湛江市市长
黄春藻 茂名市市长
唐广安 肇庆市市长

广西壮族自治区

谢汝煊 南宁市市长
刘知炳 柳州市市长
袁凤兰(女) 桂林市市长
徐瑞林 梧州市市长
帅立国 北海市市长
胡红军 合山市市长
陈章进 玉林市市长
梁春兰 钦州市市长

海南省

曾浩荣 海口市市长
刘名启 三亚市市长
王　刚 通什市市长

四川省

刁金祥 成都市市长
孙同川 重庆市市长
陆　强 自贡市市长
孙本先 攀枝花市市长
曹锡森 泸州市市长
严如高 德阳市市长
冯崇泰 绵阳市市长
郝振贤 广元市市长
任全辉 遂宁市市长
梁昌飞 内江市市长
余国华 乐山市市长
邓跃勋 广汉市市长
杨昌信 江油市市长
孙寿权 都江堰市市长
陈伯伦 峨眉山市代市长
蒋永清 万县市市长
戢泽英 涪陵市市长
黄华泽 宜宾市市长
任启贵 南充市市长
苑　红 华蓥市市长
邵正权 达县市市长
万德全 雅安市市长
施正华 西昌市市长

贵州省

王寿亭 贵阳市市长
管彦鹤 六盘水市市长
唐昌黎 遵义市市长
王世鼎 安顺市市长
杨秀清 凯里市市长
李克强 都匀市市长

云南省

王廷琛 昆明市市长
蔡景泰 东川市市长
杨　骏 昭通市市长
朱有方 曲靖市市长
冯维镒 玉溪市市长
杨　光 保山市市长
孙定华 个旧市市长
杨绍雍 开远市市长
杨应楠 楚雄市市长
李现武 大理市市长

西藏自治区

洛　嘎 拉萨市市长
才旺班点 日喀则市市长

陕西省

崔林涛 西安市市长
刘遵义 铜川市市长
李　均 宝鸡市市长
李锦江 咸阳市市长
周万龙 延安市市长
葛英林 渭南市市长
刘根成 韩城市市长
闵忠效 华阴市市长
曹增津 汉中市市长

甘肃省

柯茂盛 兰州市市长
赵俊谋 金昌市市长
于开国 白银市市长
王文华 天水市市长
孙一峰 嘉峪关市市长
张明世 平凉市市长
周新国 西峰市市长
李宁平 武威市市长
彭尔笃 张掖市市长
郭富才 玉门市市长
张克勤 酒泉市市长
包景荣 临夏市市长

青海省

刘光中 西宁市市长
何大安 格尔木市市长
刘荣炎 德令哈市市长

宁夏回族自治区

张位正 银川市市长
马文亮 石嘴山市市长
马金虎 吴忠市市长
王贵增 青铜峡市市长

新疆维吾尔自治区

玉素甫 · 艾沙 乌鲁木齐市市长
韩继武 克拉玛依市市长
王中俊 石河子市市长
陈宜东 吐鲁番市常务副市长
阿不列孜 · 苏培 哈密市市长

赫里力 · 艾力	和田市市长
尼牙孜嘎依提	阿克苏市市长
阿不来提买买提江	喀什市市长
铁学林	昌吉市市长
洛合达尔汗	奎屯市市长
巴依禾加	塔城市市长

特邀理事(以姓氏笔划为序)

卫兴华	中国人民大学教授
王长升	建设部市长研究班办公室主任
王先进	国家土地管理局局长
厉以宁	北京大学教授
李　琮	中国社会科学院世界经济与政治研究所所长、研究员
李京文	中国社会科学院数量经济与技术经济研究所所长、研究员
肖灼基	北京大学教授
林　凌	四川省社会科学院副院长、研究员
周少华	国家体改委试点司司长
周叔莲	中国社会科学院工业经济研究所所长、研究员
张中俊	国家体改委分配司司长
陈吉元	中国社会科学院农村发展研究所所长、研究员
胡兆量	北京大学地理系主任
冒天启	中国社会科学院经济研究所副所长、副研究员
殷体扬	上海同济大学兼职教授
杨重光	中国城市经济学会秘书长、副研究员
杨逢春	全国人大常委会联络局局长
蒋一苇	重庆社会科学院院长、研究员
詹　武	国家体改委委员

中国行政管理学会会长、副会长、秘书长、常务理事、理事名单

会长、副会长、秘书长名单

会　　长：陈俊生
常务副会长：张文寿
副 会 长：张　策　夏书章　黄　达　刘怡昌
秘 书 长：刘怡昌(兼)

常务理事名单(26名)(按姓氏笔划为序)

丁基龙　卢玉忆　冯兰明　刘怡昌　刘俊林
李　方　李　元　苏玉堂　严家栋　吴武封
何健文　应松年　张　策　张文寿　张尚䥽
陈子庸　陈俊生　杨培先　罗豪才　周少华
赵红州　赵履宽　夏书章　郭丙于　黄　达
黄达强

理事名单(181名)(按姓氏笔划为序)

丁基龙　国家体改委办公厅主任
刁田丁　湖北中南财经大学政治系教授
刀　杰(藏)　西藏自治区人民政府副秘书长
于寿海　国务院港澳办公室秘书行政司副司长
于霰夫　海南省人民政府办公厅主任、工程师
王　安　军事科学院军制研究所正师职研究员
王　松　上海华东师范大学政治系主任、教授、市学会副会长
王　辉　天津市社科院院长、市学会副理事长
王　飙　江西省人民政府副秘书长
王礼明　人民日报政法部副主任
王至元　北京市社科院经济所所长、副研究员
王先进　国家土地管理局局长
王庆基　中国社科院社会学研究所副所长
王沪宁　上海复旦大学国际政治系行政管理研究室副主任、副教授
王国士　内蒙古自治区人民政府副秘书长
王宝成　黑龙江省人事监察局局长、省学会副会长
王述纯　哈尔滨市人民政府秘书长
王连昌　四川西南政法学院司法行政管理系副主任、副教授
王炳生　青海省劳动人事厅副厅长、工程师
王治国　四川省社科院副院长、副编审、省学会副会长
王胜泉　北京经济学院劳经系主任、教授
王瑞琪　总参军务部队务处处长
王惠岩(回)　吉林大学政治学系主任、教授
王景耀　黑龙江省委党校领导科学研究室主任、省领导科学研究所所长、副教授
王新章　重庆市人民政府政策研究室主任
方　彦　江西省行政管理干部学院院长
尤春梅(女)　中国社科院政治学所副研究员
韦鼎桓(壮)　广西壮族自治区财政厅厅长、区学会理事长
冯子直　国家档案局副局长、副研究馆员
冯兰明　全国人大常委会副秘书长
冯登岗(侗)　贵州省人民政府副秘书长
艾立安　西安市人事局副局长
卢玉忆(女)　新闻出版署副署长
卢会云　湖南省人民政府秘书长
田穗生　湖北省社科院政治学所副所长、副研究员
白益华　民政部基层政权建设司副司长
皮纯协　中国人民大学法律系副教授
刘云田　浙江省劳动人事厅副厅长、省学会副会长
刘永年　安徽省人民政府副秘书长
刘云珍　河南省劳动人事厅副厅长、省学会副会长、秘书长
刘兆泳　贵州省人事局副局长
刘英仙　外交部办公厅主任
刘怡昌　中国行政管理学会副会长兼秘书长、研究员、教授
刘定桐　湖北省人民政府副秘书长
刘俊林　中央组织部调研室主任
刘春燕　天津市人民政府副秘书长
刘熙瑞　河南郑州大学政治学系副主任、副教授
刘履中　新疆维吾尔自治区人民政府秘书长、工程师
关铭涵(满)　甘肃省人民政府副秘书长

许连友　劳动部办公厅副主任
许洪林　吉林省人事厅副厅长
列　确（藏）西藏自治区党委组织部副部长
毕道霖　云南省人民政府办公厅副主任、经济师
曲格平　国家环境保护局局长、教授
朱　焘　国家计委办公厅主任、经济师
朱　荥（女）北京市委党校校务委员
朱维究（女）中国政法大学法律系行政法教研室副教授
伍愉凝　湖北省人民政府秘书长
任连荣　湖北省编委顾问
孙　湛　国家工商行政管理局办公室主任
孙光荣　青海省人民政府秘书长、经济师
孙宇亭　公安部办公厅副主任
沈振宲　江苏省人民政府副秘书长、省学会副会长
沈震环（白）云南省劳动人事厅副厅长
宋明忠　中国国际信托投资公司人事部副主任
应松年　中国政法大学中国法制研究所副所长、副教授
严家栋　上海市委党校副校长、上海市行政管理学院副院长、市学会副会长、全国行政管理教学研究会副理事长
严敦干　湖南省人事厅厅长
苏中模　浙江省人民政府办公厅副主任
苏玉堂　人事部行政管理科学研究所筹备组负责人
李　元　原中央政治体制改革研究室行政改革局局长
李　子（女）福建省人民政府副秘书长、省学会副会长
李　方　中国社科院政治学所行政学研究室主任、研究员、教授
李　默　吉林省人民政府副秘书长
李云玲（女）中国科学院办公厅副主任、高级工程师
李必达　司法部办公厅主任
李汉鑫　天津市人事局副局长、市学会常务副理事长
李宗兴　上海市社科院法学研究所副研究员、市学会副秘书长
李作铭　广东省人事局局长
李应龙　河南省行政管理学会会长
李金华　国家审计署副审计长、经济师
李雨松　武汉市人民政府副秘书长
李培芳　甘肃省人事局副局长
李善阶　山东省人民政府秘书一处处长
李箕亮　重庆市人事局副局长
杨传升　山东省人事局副局长
杨志忠　陕西省劳动人事厅副厅长
杨学敏　安徽省社科院研究员、省学会副会长
杨祝旃　四川省人事局副局长、省学会副会长
杨培先　中央党校秘书长
肖　车　上海市顾委秘书长
肖　光　原河北省人民政府副秘书长、省学会顾问
吴灵生　江西省劳动人事厅教育监察处处长
吴武封　国家科委秘书长、工程师
吴树君　深圳市人事局副局长
吴群继　广东省人民政府办公厅主任
何健文　中国管理现代化研究会理事长
邹　钧　吉林大学日本研究所日本政治和行政管理研究室主任、教授
邹永贤　福建厦门大学教授
张　龙　山东省人民政府办公厅副主任
张　策　人事部副部级干部、原中纪委派驻劳动人事部纪检组组长
张文寿　中国行政管理学会常务副会长、原国务院副秘书长
张书庭　黑龙江省社科院政治学所副所长、副研究员、省学会副会长
张永桃　江苏南京大学政治系主任、教授
张伟中　广播电影电视部干部司司长、新闻编辑
张尚鷟　中国法学会常务理事、行政法学研究会总干事、教授、编审
张国良　新华社秘书长
张焕先　中国社科院法学研究所副研究员
张朝贵　建设部办公厅主任、高级工程师
陆魁宏　湖南省社科院副院长、副编审
陈子庸　中国行政管理学会副秘书长、原国务院信访局局长
陈伟兰（女）北京市组织人事科研所所长、市科技干部局副局长
陈志平　中国政法大学政治系副主任、行政管理研究室主任、副教授、全国行政管理教学研究会副秘书长
陈建坤　山东省社科院科研处处长、副研究员
陈俊生　国务委员、中国行政管理学会会长
陈哲夫　北京大学政治学与行政管理系教授
陈营官　福建省人事局局长兼省编委副主任、省学会副会长
林　相　大连市人事局局长
欧阳雄飞　湖南省长沙市委党校讲师
罗席珍　海南省人事劳动厅厅长、讲师
罗豪才　北京大学副校长、副教授
周玉田（女）计生委办公厅副主任、讲师
周勇顺　沈阳市人民政府副秘书长兼市档案局局长

周清润　河北省劳动人事厅副厅长、省学会副理事长
周少华（女）　国家体改委试点局局长
史　策　福建省人事局编辑
岳正仁　内蒙古管理干部学院党委书记、副教授
孟宪刚　国务院发展研究中心办公室主任、助理研究员
尚文化（满）　辽宁省编委办公室厅局级调研员、省学会常务副会长
赵书成　北京市人事局副局长
赵红州　中国管理科学研究院副院长、科学学研究所所长、研究员
赵希棣　湖北省编委办公室副主任、讲师
赵履宽（白）　中国人民大学劳动人事学院副院长、教授
郝思恭　山西省人民政府副秘书长
胡　冰　安徽省人事局局长
胡建华　最高人民法院人事厅巡视员
胡悌云　河南省人民政府副省长、经济师
柳纯忠　河北省经济管理干部学院副院长、副教授、省学会副会长
侯春山　国家教委办公厅副主任
段志谦　国务院法制局特邀顾问
段绪申　江苏省人民政府秘书长、省学会会长
洪允成　中国人民银行办公厅主任、高级经济师
贺和风　北京大学政治学与行政管理系行政学教研室主任、讲师
袁德君　辽宁省大连经济干部管理学院行政管理教研室主任、副教授
夏　杰　原国务院机关事务管理局副局长
夏书章　中国行政管理学会副会长、广东中山大学校务委员会副主任、教授、全国行政管理教学研究会理事长
顾家麒　人事部中央国家机关机构编制司司长、工程师
钱其智　人事部地方机构编制管理司副司长
徐昶暝　黑龙江省行政管理干部学院副院长、副教授、省学会常务理事
高朴实　四川省人民政府副秘书长、省学会副会长
郭丙于　中国行政管理学会副秘书长
郭用宪　广东深圳大学行政学系主任、教授
郭冠军　监察部干部局局长
唐代望　广东行政管理干部学院行政学系主任、副教授
热合满·艾合特木（维）新疆维吾尔自治区劳动人事厅副厅长
倪家泰　上海华东师范大学苏联东欧研究所教授
章抉云　辽宁人民政府办公厅副主任、省学会副会长
黄　达　中国人民大学副校长、教授
黄　武　中国人民大学档案学院副教授
黄文奎　宁夏回族自治区人民政府办公厅主任
黄达强　中国人民大学行政学研究所所长、全国行政管理教学研究会副理事长、教授
黄枫仁　财政部办公厅副主任
曹士谋　宁夏回族自治区劳动人事厅副厅长
崔玉昆　辽宁省人民政府秘书长、省学会副会长
蒋翰庭　天津市管理干部学院行政管理系主任、市学会副秘书长、副教授
韩宝来　陕西省人民政府办公厅副主任、省学会副会长
覃卓凡（壮）　广西壮族自治区人民政府副秘书长、讲师、自治区学会副会长
程　润　北京市人民政府办公厅副主任
程四林　人事部考核奖惩司副司长
傅明贤（女）　湖北武汉大学政治系行政管理学教研室主任、副教授
鲁孝文　中国社科院政治学所副所长
董俊山　吉林大学政治学系行政管理教研室主任
葛孚光　中国行政管理学会副秘书长
赖　宁　广州市人民政府办公厅副主任
窦　凯　山西省顾委委员、省学会副会长
雷忠勤　山西省社科院副研究员、省学会常务理事
黎仲篪　湖南省人民政府办公厅副主任
谭　健　中国社科院政治学所政治制度研究室主任、副研究员
缪士德　原上海市编委副主任、市学会副会长
薛　瑛　黑龙江省人民政府副秘书长兼办公厅主任、省学会副会长
魏益华　浙江省委党校副校长、教授

注：以上理事所在单位及职务均系1988年10月的单位和职务。

中国城市经济社会发展研究会

理事联络员、写作负责人名单

省市名称	理事联络员	写作负责人
直辖市		
北京市	沈宝昌	沈宝昌
上海市	施惠群	李　锐
天津市	魏炳坤	魏炳坤
		张秀章
河北省		
石家庄市	王亚南	李义华
邯郸市	王少刚	崔玉章
邢台市	司存喜	兴　国
保定市	姜文治	魏　华
张家口市	王士原	殷广平
承德市	杨中英	杨中英
唐山市	杨立功	刘德山
秦皇岛市	冯国华	张玉阁
沧州市	邹双林	张俊熙
廊坊市	商振林	张民树
武安市	杜广良	李树明
霸州市	李跃新	张东兵
辛集市	张文奇	李彦锋
藁城市	杨印海	赵同乐
涿州市	宋振华	宋振华
定州市	张建勋	陆国明
泊头市	卢庆旺	刘化力
任丘市	陈节约	张木森
衡水市	刘建虎	耿东炬
山西省		
太原市	杨瑞武	王迎顺
	唐正保	
大同市	李志强	孙国宝
阳泉市	魏长生	潘维新
长治市	和　声	郭晚珍
晋城市	李金斗	牛迷书
忻州市	杨志勇	张文玉
榆次市	曹振武	赵　骅
临汾市	乔忠延	张进凯
侯马市	吴理民	卞思杰
霍州市	王文玉	朱红斌
运城市	张博文	王彦存
内蒙古自治区		
呼和浩特市	任全在	王志绥
包头市	郑朝磐	郑朝磐
乌海市	乔志明	乔志明
赤峰市	朱景田	顾同山
集宁市	杨振业	梁建丰
锡林浩特市	李　林	霍　玉
二连浩特市	黄　青	乔俊福
海拉尔市	李新明	李新明
牙克石市	李嘉胜	李嘉胜
扎兰屯市	杨国瑞	吴景阳
通辽市	刘梦杰	孙小平
霍林郭勒市	张广德	李　双
东胜市	张　谦	王宝珊
临河市	王常生	王继平
乌兰浩特市	周德文	周德文
辽宁省		
沈阳市	包国栋	王品第
大连市	张凤林	葛玉广
鞍山市	李升照	陈正斌
抚顺市	鞠海根	姜宗昌
本溪市	宋广炘	郑玉学
丹东市	钱军凯	钱军凯
锦州市	于明达	刘　亮
锦西市	佟百复	蒋瑞武
营口市	高宪春	梁永富
盘锦市	王春明	王春明
阜新市	杨柏林	杨柏林
辽阳市	李　安	李春军
铁岭市	张贵武	张贵武
瓦房店市	张文良	王庆学
海城市	梁赓虞	刘素洁
兴城市	赵志民	冯家齐
铁法市	杨献中	周　军

省市名称	理事联络员	写作负责人
□ 吉林省		
长春市	林　平	石　坚
吉林市	孙凌禹	周庆丰
四平市	谢观赞	王冬晖
辽源市	佟　才	牟　俊
通化市	刘庶民	刘庶民
浑江市	裴郁笙	迟云峰
公主岭市	赵吉俊	吴正江
梅河口市	鲁业隆	王　杰
白城市	温贵君	马若麟
洮南市	张兆军	张兆军
图们市	刘祥荣	许传喜
敦化市	孙景致	孙景致
龙井市	鲁　颖	鲁　颖
□ 黑龙江省		
哈尔滨市	崔景尧	周振华
齐齐哈尔市	吴迎春	付根柱
鹤岗市	张金锋	张金锋
双鸭山市	张英杰	孙国鹏
鸡西市	李景祥	李景祥
大庆市	张晓春	纪振国
伊春市	李洪斌	荣道林
牡丹江市	肖作林	王金生
佳木斯市	王选友	侯凤奎
七台河市	刘景湖	徐　凌
绥芬河市	孔黎明	孙桂丽
阿城市	洪仁怀	刘茂祥
富锦市	王明清	高长春
密山市	郭　浩	刘延明
绥化市	张玉河	吕晓东
安达市	袁树春	王焕国
黑河市	王天喜	赵国民
北安市	艾新亚	吴振礼
五大连池市	崔立忠	潘玉林
尚志市	赵鸿伟	赵鸿伟
□ 江苏省		
南京市	俞　明	钟章润
徐州市	薛廷周	蔡芳基
连云港市	李中军	江　华
淮阴市	高恒源	李　阳
盐城市	杨四海	张守敬
扬州市	李百先	邹　杰
南通市	韩云龙	陈鸿庆
镇江市	吕桐生	曾绍翔
常州市	李饮水	李饮水
无锡市	陈世平	张洪涛
苏州市	廖　建	徐洪斌
泰州市	华怀林	李生麟
仪征市	陈万隆	陈礼军
常熟市	赵华明	杨建煜
张家港市	钱学仁	俞亚农
宿迁市	徐孝军	徐孝军
淮安市	杨大生	颜景德
昆山市	陶林生	汪国秀
高邮市	李裕民	陈中坚
□ 浙江省		
杭州市	李加才	唐　跃
宁波市	傅百奇	余大康
温州市	周兆昌	陶钧若
嘉兴市	马文龙	史纯粹
湖州市	徐国平	姜敏达
绍兴市	赵方成	季明嘉
金华市	杨江桥	王芳森
衢州市	严永光	严永光
舟山市	曹孟陔	倪云鹤
余姚市	陈飚然	郑　谦
海宁市	汪文奎	许金忠
瑞安市	陈积勋	陈思义
萧山市	楼伟中	赵锡荣
义乌市	骆旌宾	吴潮海
慈溪市	李兴达	李兴达
奉化市	毛亚东	汪善定
椒江市	陈宝顺	杨　威
临海市	邵志强	邵志强
黄岩市	蔡宝林	蔡宝林
丽水市	岳钦智	岳钦智
□ 安徽省		
合肥市	戴长淮	王潮浦
淮南市	丁朝群	范孝荣
淮北市	朱进源	朱进源
芜湖市	宋在复	胡之银
铜陵市	王晶洗	郝　毅
蚌埠市	赵同蕴	徐　超
马鞍山市	鲍寿柏	鲍寿柏
安庆市	胡　江	陈立明
黄山市	邵培华	何国华

省市名称	理事联络员	写作负责人
宿州市	魏光法	李　苏
滁州市	封全荣	张家玉
巢湖市		张治国
宣州市	葛红针	孙梦青
六安市	安学贤	童晓春
阜阳市	周峰山	刘奕云
亳州市	李守义	刘　阳
□ **福建省**		
福州市	黄静远	林　彬
厦门市	蔡模楷	蔺海清
		庄志杰
三明市	黄文述	耒载庆
莆田市	阮其山	吕　品
泉州市	林炳坤	傅鸿晞
漳州市	黄庆文	黄秉奎
石狮市	邱奕增	赵育斌
南平市	陈长就	郭钰胜
邵武市	范阳善	连新民
龙岩市	吴子松	陈泽荣
□ **江西省**		
南昌市	陈中漳	查俊如
景德镇市	陈长庚	饶亚明
萍乡市	王建民	李朝阳
新余市	曾绍阳	曾绍阳
九江市	邱峰林	吴　湘
鹰潭市	熊平安	王宇辰
瑞昌市	董垂亮	苏堂孝
上饶市	王　飞	肖洪泰
宜春市	梁筱栋	钟　建
抚州市	李贤章	杨好梅
吉安市	何吉华	肖庐生
井冈山市	邹馥光	杨里重
赣州市	胡瑞林	张炳华
□ **山东省**		
济南市	孙志远	王保欣
青岛市	孙玉谱	孙　杰
淄博市	任鹏雁	吕明强
枣庄市	张　坤	张　坤
东营市	聂绍光	杨玉珍
潍坊市	马鸣棠	钟耕民
烟台市	陆广峰	陆广峰
威海市		张岱基
泰安市	刘斌范	孙洪烈
日照市	李永华	葛长顺
青州市	夏玉新	王岗臣
龙口市	孙维国	李继涛
曲阜市	李忠心	李忠心
莱芜市	魏绍龙	李玉勤
新泰市	李华明	王光锋
胶州市	刘惊涛	贾宝金
诸城市	毛世安	靳小彬
莱阳市	王明星	初秀勇
莱州市	郎喜丰	尹崇业
文登市	刘翠珠	初钊兴
荣成市	王洪钊	张　德
即墨市	魏　毅	陈阔深
德州市	段凤录	魏皎然
滨州市	顾清森	陈剑国
临沂市	吴新民	王相余
聊城市	万庆阳	张洪臣
莱西市	宫泉激	宫泉激
□ **河南省**		
郑州市	张信生	范福堂
开封市	孙振国	王明轩
洛阳市	李留章	朱松茂
平顶山市	任东章	张　谦
焦作市	颜建防	王　甫
鹤壁市	赵海珍	牛春保
新乡市	刘广访	周云峰
安阳市	杨学法	张恩言
濮阳市	任宗声	孙绍彦
		王　芳
许昌市		任保山
漯河市	尹存志	王英战
三门峡市	苏醒狮	李敏贤
义马市	茹凤梧	茹凤梧
汝州市	刘景周	乔铁汉
济源市	苗生林	薛玉森
禹州市	段山林	段山林
卫辉市	任长善	原步胜
辉县市	李凤来	张　海
沁阳市	刘长江	苏明武
舞钢市	章玉祥	钟惠悟
商丘市	刘建平	孙奎连
周口市	詹尚义	史家义
驻马店市	马金珠	赵　莉

省市名称	理事联络员	写作负责人
信阳市	房海涛	房海涛
南阳市	胡盛祥	张金来
□ **湖北省**		
武汉市	聂建新	罗良忠
黄石市		
襄樊市	乔双定	曾宪建
十堰市	李元浩	梁国银
沙市市	黄顺新	黄顺新
宜昌市	裴宜喜	龚中元
荆门市	刘永庆	熊安钦
鄂州市	周东禾	孙少华
随州市	李冠泉	祁绍文
老河口市	王绍平	李知德
枣阳市	陈文海	段永建
孝感市	梁庆国	杜昌群
应城市	胡益荣	
安陆市	施大顺	周亚清
广水市	黄永红	李　伟
麻城市	梅基金	戴福生
咸宁市	王永生	尹运新
蒲圻市	汤大凯	饶子平
仙桃市	雷培富	王天才
石首市	邵国荣	严文祥
天门市	孔圣坤	刘宪法
洪湖市	涂明泽	涂明泽
潜江市	杜　钢	杨成均
当阳市	史志宏	施远成
丹江口市	郭天林	杨景华
利川市	杜永钦	刘志尚
□ **湖南省**		
长沙市	胡炳炀	韩建祥
株洲市	欧祝华	汪碧秋
湘潭市	彭伯良	周克武
衡阳市	周仲子	石建国
邵阳市	陈代松	段海如
岳阳市	李碧炎	李建陆
常德市	陈克鑫	杨新民
大庸市	胡祥臣	胡祥臣
醴陵市	田庆年	胡英广
湘乡市	刘　启	陈光裕
耒阳市	邓孝祥	罗湘桂
汨罗市	王志明	左国祥
津市市	杨镇华	杨镇华

省市名称	理事联络员	写作负责人
郴州市	刘运明	张聪蓉
永州市	张月汉	何冲龙
冷水滩市	唐仁敏	张　英
娄底市	袁承谟	谢玉琪
冷水江市		吴又升
怀化市	罗建雄	滕代军
洪江市	王和平	刘德楚
益阳市	姚国文	彭舜村
吉首市	张绍喜	王斌辉
□ **广东省**		
广州市	冼庆彬	冼庆彬
深圳市	胡晓曼	梁文森
珠海市	李茂芳	蔡松华
汕头市	杜松年	郑铁谷
韶关市	何耀昌	何耀昌
惠州市	李子武	黄树正
汕尾市	黄景桂	黄景桂
东莞市	郑焕深	苏培基
江门市	杜永椿	钟志杰
佛山市	潘　健	覃伟棠
湛江市	赖　勇	王天昌
茂名市	卢忠仁	朱振球
肇庆市		
□ **广西壮族自治区**		
南宁市	方饶鋆	黄春华
柳州市	何奎毅	陈天生
桂林市	郭全智	刘学稼
梧州市	黄积卓	李振源
北海市	李小萌	王晓林
合山市	韦尤隆	张志豪
玉林市	梁肇金	梁经炜
钦州市	庞醉春	周开日
□ **海南省**		
海口市	刘光才	刘光才
三亚市	林国明	林树辉
通什市	关义新	林道建
□ **四川省**		
成都市	向义方	江学贵
重庆市	况由志	胡登海
自贡市	曹顺言	古代学
攀枝花市	周长庆	周启国
泸州市	李文泉	李文泉
德阳市	任乾元	周昌贵

省市名称	理事联络员	写作负责人
绵阳市	傅利兴	薛忧仲
广元市	何庆超	朱国庆
遂宁市	侯慧先	陈联俊
内江市	王前明	陆振华
乐山市	肖剑西	宿光华
广汉市	黄朝均	高川勇
江油市	李守国	肖定沛
都江堰市	王彝福	邓崇祝
		罗君述
峨眉山市	吴玉培	何大兴
万县市	蒋大云	蒋大云
涪陵市	何也余	向伯殳
宜宾市	张厚熙	彭长久
南充市	张清发	侯定忠
华蓥市	唐才元	张崇涛
达县市	王昭福	鲁仕焱
雅安市	张德元	张德元
西昌市	杨献芳	雷泽群
□ 贵州省		
贵阳市	胡海燕	张戈壁
六盘水市	杨京华	马义卿
		梁明惠
遵义市	董根生	韩晓庆
安顺市	龚厚林	严道渊
凯里市	祝永祥	白尔松
都匀市	张大铭	张大铭
□ 云南省		
昆明市	范立义	张寿祺
东川市	苏　宇	赵瑞栋
昭通市	汪志刚	周维彬
曲靖市	焦健清	崔　明
玉溪市	王曰义	夏继生
保山市	杨贤祖	杨德坤
个旧市	胡建功	尹祖光
开远市	年秀昌	何振泰
楚雄市	罗存金	邓永福
大理市	杨嗣蕃	杨化宇
□ 西藏自治区		
拉萨市	唐晓中	任贵良
日喀则市	刘连喜	
□ 陕西省		
西安市	张　可	张　可
		杨永明

省市名称	理事联络员	写作负责人
铜川市	党贵锁	顾　斌
宝鸡市	乌永陶	程　峰
咸阳市	王开明	窦宽荣
延安市	李风年	薛智宏
渭南市	王新亚	黄应龙
韩城市	刘明怀	孙安吉
华阴市	薛东江	卢发兴
汉中市	廖　天	李琪海
□ 甘肃省		
兰州市	林新康	马连玉
金昌市	李成龙	杨树堂
白银市	曾锡庭	曾锡庭
天水市	何长杰	何长杰
嘉峪关市	薛长年	张军武
平凉市	马鸿林	王海东
西峰市	刘润民	刘润民
武威市	唐仁德	卢万新
张掖市	孔佐新	孔佐新
玉门市	刘　峰	刘　峰
酒泉市	王治国	刘铎卿
临夏市	冯　军	李学政
□ 青海省		
西宁市	马占云	陶宛竹
格尔木市	王嘉民	王嘉民
德令哈市	孔祥云	孔祥云
□ 宁夏回族自治区		
银川市	朱学文	郭用华
石嘴山市	王浩川	
吴忠市	王自成	邓建新
青铜峡市	李作忠	李全洪
□ 新疆维吾尔自治区		
乌鲁木齐市	周恩良	王宇斌
克拉玛依市	邵常坦	邵常坦
石河子市	刘景云	刘景云
吐鲁番市	王文科	丁维才
哈密市	余家飞	余家飞
和田市	魏　毅	朱保山
阿克苏市	张京文	屈　迁
喀什市	叶于渝	叶于渝
昌吉市	蒋本诚	蒋本诚
奎屯市	康瑞夫	吴克功
塔城市	薛廷祥	薛廷祥

《中国城市经济社会年鉴》编辑部名单

顾　问:

金苏城　杨逢春　程清祥　隋珍源

主　任:

杨长福

副主任:

翟立功　张鹤龄　旷建伟　边晓鸿

特载、统计资料责任编辑: 张明欣　梁　宏　车家发

城市问题和城市科研责任编辑: 杨长福　车家发　张　京

城市介绍责任编辑 (按行政区划分工的顺序排列):

华北区　翟立功　杜浩智

东北区　魏海源　张永山　张　京

华东区　刘厚成　车家发　喻锫丹　张天心

中南区　叶贻烈　边晓鸿　李树志

西南区　吴太昌　李志宁

西北区　伍宇峰　朱文强

市辖区县镇选介、企业家选介、企业选介责任编辑: 杨仲玉　胡淑珍　刘　科

彩图设计: 高　风　吴广泉　梁振中

版式设计: 梁振中

资料整理: 梁　宏　尚晓琴　刘进平

出版印制负责人: 孙芳来　张玉莉

校对负责人: 张鹤龄　杨仲玉　丁克定

发行负责人: 刘景山　张兴清

终审小组:

项启源　朱铁臻　杨长福　唐丰义　王松霈　裴俊生

陆南如　张　森　洪日明　李维惠　旷建伟　董志凯

中国城市概况

全国城市分布图说明

一、地图上标序号的城市名称如下:

1.秦皇岛
2.邢台
3.保定
4.承德
5.沧州
6.南宫
7.辛集
8.定州
9.涿州
10.廊坊
11.任丘
12.泊头
13.衡水
14.沙河
15.武安
16.藁城
17.黄骅
18.霸州 *
19.河间 *
20.阳泉
21.长治
22.晋城
23.朔州
24.忻州
25.榆次
26.临汾
27.侯马
28.运城
29.古交
30.霍州
31.乌海
32.赤峰
33.集宁
34.二连浩特
35.通辽
36.海拉尔
37.满洲里
38.乌兰浩特
39.牙克石
40.东胜
41.扎兰屯
42.锡林浩特
43.临河
44.霍林郭勒
45.丰镇 *
46.营口
47.辽阳
48.盘锦
49.铁岭
50.朝阳
51.瓦房店
52.海城
53.锦西
54.兴城
55.铁法
56.北票
57.开原
58.四平
59.辽源
60.通化
61.浑江
62.公主岭
63.白城
64.延吉
65.图们
66.敦化
67.梅河口
68.洮南
69.扶余
70.珲春
71.集安
72.大安
73.九台
74.桦甸
75.龙井
76.蛟河
77.榆树
78.双鸭山
79.佳木斯
80.七台河
81.绥芬河
82.绥化
83.肇东
84.安达
85.黑河
86.北安
87.五大连池
88.同江
89.阿城
90 富锦
91.铁力
92.尚志
93.双城
94.密山
95.海伦
96.南通
97.连云港
98.淮阴
99.盐城
100.扬州
101.镇江
102.泰州
103.常熟
104.仪征
105.张家港
106.江阴
107.丹阳
108.东台
109.宿迁
110.兴化
111.淮安
112.宜兴
113.昆山
114.启东
115.新沂 *
116.溧阳 *
117.温州
118.嘉兴
119.湖州
120.绍兴
121.金华
122.衢州
123.椒江
124.兰溪
125.余姚
126.丽水
127.临海
128.海宁
129.舟山
130.瑞安
131.萧山
132.江山
133.义乌
134.东阳
135.慈溪
136.奉化
137.诸暨
138.黄岩
139.龙泉 *
140.芜湖
141.蚌埠
142.马鞍山
143.淮北
144.铜陵
145.安庆
146.黄山
147.阜阳
148.六安
149.宿州
150.滁州
151.巢湖
152.亳州
153.宣州
154.贵池
155.界首
156.厦门
157.莆田
158.三明
159.泉州
160.漳州
161.南平
162.龙岩
163.邵武
164.永安
165.石狮
166.宁德
167.武夷山
168.福安
169.漳平 *
170.福清 *
171.景德镇
172.萍乡
173.九江
174.新余
175.鹰潭
176.上饶
177.临川
178.吉安
179.赣州
180.宜春
181.井冈山
182.丰城
183.樟树
184.瑞昌
185.德兴 *
186.枣庄
187.东营
188.烟台
189.潍坊
190.济宁
191.泰安
192.德州
193.威海
194.新泰
195.滨州
196.聊城
197.临清
198.临沂
199.菏泽
200.莱芜
201.日照
202.青州
203.曲阜
204.龙口
205.胶州
206.莱阳
207.诸城
208.莱州
209.滕州
210.乐陵
211.文登
212.荣成
213.即墨
214.平度
215.胶南 *
216.莱西 *
217.平顶山
218.安阳
219.鹤壁
220.新乡
221.焦作
222.濮阳
223.许昌
224.漯河
225.三门峡
226.义马
227.商丘
228.周口
229.驻马店
230.南阳
231.信阳
232.汝州
233.济源
234.禹州
235.辉县
236.卫辉
237.邓州
238.沁阳
239.舞钢 *
240.黄石
241.十堰
242.沙市
243.宜昌
244.襄樊
245.鄂州
246.荆门
247.老河口
248.随州
249.恩施
250.孝感
251.咸宁
252.丹江口
253.应城
254.蒲圻
255.仙桃
256.石首
257.麻城
258.利川
259.洪湖
260.天门
261.安陆
262.武穴
263.枝城
264.枣阳
265.潜江
266.广水
267.当阳
268.黄州 *
269.株洲
270.湘潭
271.衡阳
272.邵阳
273.岳阳
274.醴陵
275.湘乡
276.耒阳
277.益阳
278.常德
279.津市
280.娄底
281.冷水江
282.郴州
283.资兴
284.永州
285.冷水滩
286.怀化
287.洪江
288.吉首
289.大庸
290.涟源
291.汨罗
292.沅江
293.韶山 *
294.韶关
295.深圳
296.珠海
297.佛山
298.江门
299.湛江
300.茂名
301.惠州
302.肇庆
303.潮州
304.梅州
305.中山
306.东莞
307.汕尾
308.河源
309.阳江
310.清远
311.桂林
312.梧州
313.北海
314.凭祥
315.合山
316.玉林
317.百色
318.河池
319.钦州
320.贵港
321.三亚
322.通什
323.自贡
324.攀枝花
325.泸州
326.德阳
327.绵阳
328.广元
329.遂宁
330.内江
331.乐山
332.万县
333.涪陵
334.宜宾
335.南充
336.华蓥
337.达县
338.雅安
339.西昌
340.江油
341.广汉
342.都江堰
343.峨眉山
344.六盘水
345.遵义
346.安顺
347.都匀
348.凯里
349.铜仁
350.兴义
351.赤水 *
352.东川
353.个旧
354.大理
355.开远
356.昭通
357.玉溪
358.楚雄
359.曲靖
360.保山
361.畹町
362.日喀则
363.铜川
364.宝鸡
365.咸阳
366.延安
367.汉中
368.渭南
369.韩城
370.榆林
371.安康
372.商州
373.华阴 *
374.嘉峪关
375.金昌
376.白银
377.天水
378.玉门
379.平凉
380.临夏
381.武威
382.张掖
383.酒泉
384.西峰
385.敦煌
386.格尔木
387.德令哈
388.石嘴山
389.吴忠
390.青铜峡
391.克拉玛依
392.石河子
393.吐鲁番
394.哈密
395.昌吉
396.奎屯
397.伊宁
398.塔城
399.阿勒泰
400.博乐
401.库尔勒
402.阿克苏
403.阿图什
404.喀什
405.和田

二、中国的城市规模以城市（不包括市辖县）的非农业人口总数为衡量标准。100万人口以上为特大城市；50～100万人口为大城市；20～50万人口为中等城市；20万人口以下为小城市。

三、本图反映的是1990年底的情况。

四、带 * 者为1990年新增城市，由县改为市。

全国城

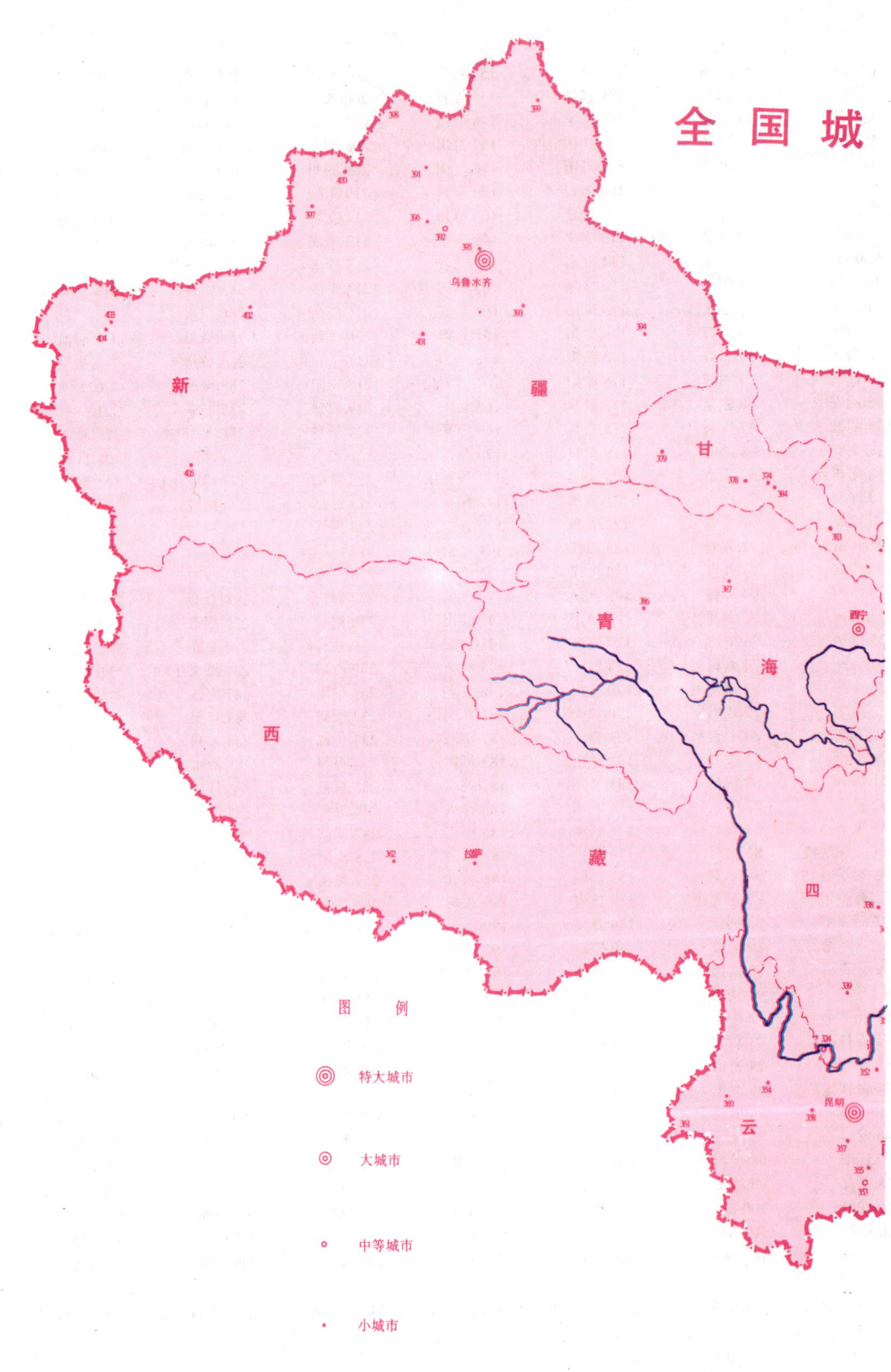

市分布图

黑龙江
吉林
辽宁
内蒙古
河北
北京
天津
山西
山东
河南
江苏
上海
安徽
浙江
江西
福建
台湾
湖北
湖南
广东
广西
贵州
海南
陕西
宁夏
甘肃
四川
齐齐哈尔
伊春
鹤岗
大庆
哈尔滨
鸡西
牡丹江
长春
吉林
沈阳
抚顺
阜新
本溪
锦州
鞍山
丹东
大连
包头
呼和浩特
张家口
大同
唐山
石家庄
太原
邯郸
济南
淄博
青岛
洛阳
郑州
开封
徐州
淮南
南京
合肥
常州
无锡
苏州
杭州
宁波
武汉
南昌
长沙
福州
台北
高雄
汕头
广州
香港(英占)
澳门(葡占)
柳州
南宁
贵阳
重庆
成都
兰州
银川
西安
海口
渤海
黄海
东海
南海
台湾海峡
太平洋
北部湾
东沙群岛
西沙群岛
中沙群岛
南沙群岛
曾母暗沙
南海诸岛

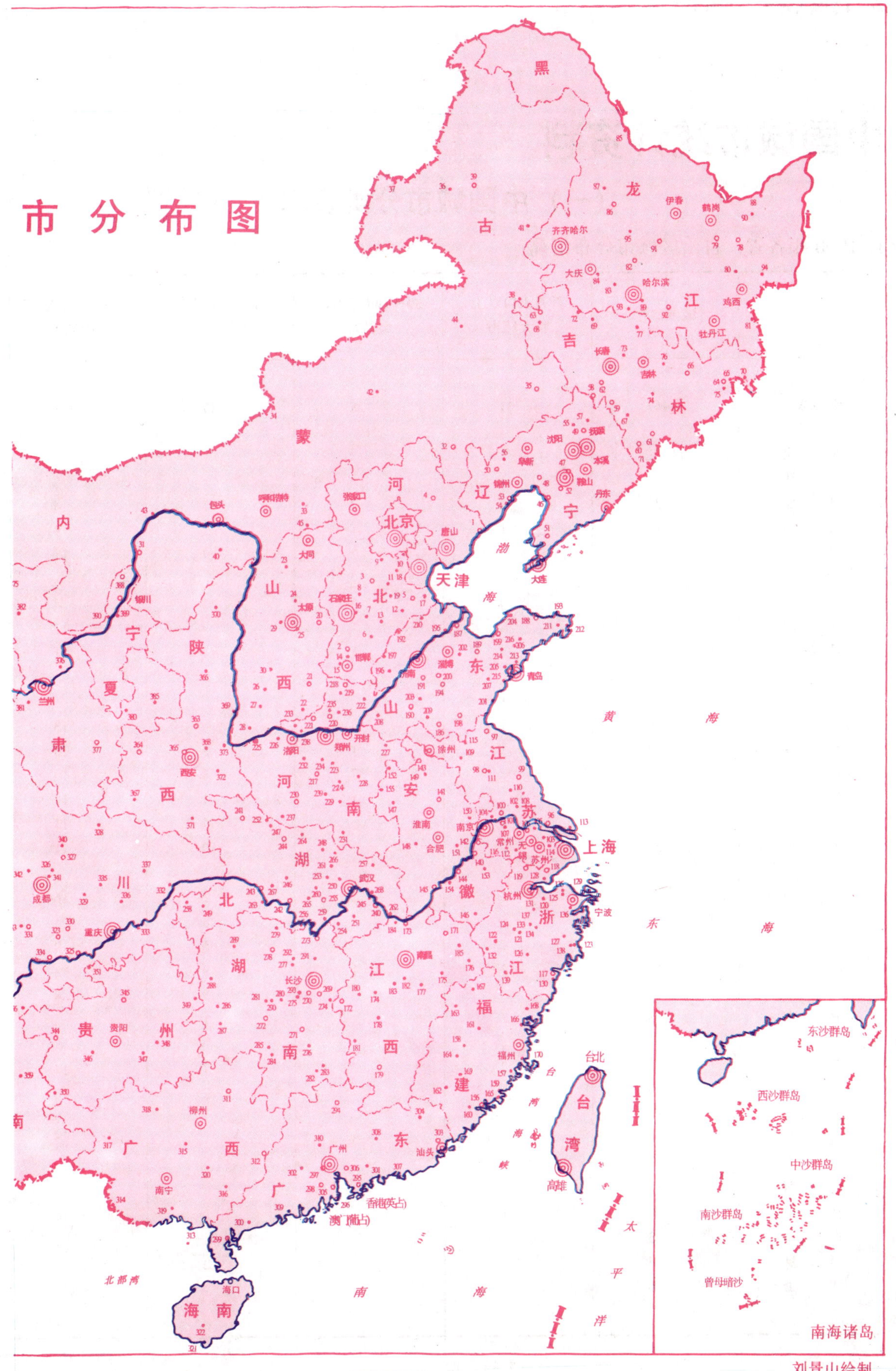

刘景山绘制

中国城市统计资料

(一) 中国城市分类资料

1. 1990 年各省、自治区城市分布情况

单位：个

	城市合计	百万人口以上特大城市	50～100 万人口大城市	20～50 万人口中等城市	20 万人口以下小城市
全国总计	**467**	**31**	**28**	**117**	**291**
北　京	1	1			
天　津	1	1			
河　北	23	2	2	5	14
山　西	13	1	1	2	9
内　蒙	17		2	4	11
辽　宁	20	4	4	8	4
吉　林	22	2		9	11
黑龙江	25	2	5	7	11
上　海	1	1			
江　苏	26	1	4	8	13
浙　江	25	1	1	3	20
安　徽	18		2	6	10
福　建	16		1	1	14
江　西	16	1		4	11
山　东	34	3		10	21
河　南	26	1	2	7	16
湖　北	30	1		8	21
湖　南	26	1		6	19
广　东	19	1	1	9	8
广　西	12		2	2	8
海　南	3			1	2
四　川	23	2		7	14
贵　州	9	1		2	6
云　南	11	1		1	9
西　藏	2				2
陕　西	12	1		3	8
甘　肃	13	1		2	10
青　海	3		1		2
宁　夏	4			2	2
新　疆	16	1			15

2. 1990年中央直辖市、地级市、县级市分布情况

单位：个

	城市合计	直辖市	地级市	县级市
全国总计	**467**	**3**	**185**	**279**
北京	1	1		
天津	1	1		
河北	23		10	13
山西	13		6	7
内蒙	17		4	13
辽宁	20		14	6
吉林	22		6	16
黑龙江	25		10	15
上海	1	1		
江苏	26		11	15
浙江	25		9	16
安徽	18		9	9
福建	16		6	10
江西	16		6	10
山东	34		11	23
河南	26		12	14
湖北	30		8	22
湖南	26		8	18
广东	19		18	1
广西	12		5	7
海南	3		2	1
四川	23		11	12
贵州	9		2	7
云南	11		2	9
西藏	2		1	1
陕西	12		4	8
甘肃	13		5	8
青海	3		1	2
宁夏	4		2	2
新疆	16		2	14

3. 按地区分类的城市统计

单位：个

按市区非农业人口分组	全　国	东部地区	中部地区	西部地区
合　计	467	181	193	93
百万人口以上的城市	31	15	9	7
50～100 万人口的城市	28	15	12	1
20～50 万人口的城市	117	47	53	17
20 万人口以下的城市	291	104	119	68

以城市规模分类为 100

单位：%

按市区非农业人口分组	全　国	东部地区	中部地区	西部地区
合　计	100.0	38.8	41.3	19.9
百万人口以上的城市	100.0	48.4	29.0	22.6
50～100 万人口的城市	100.0	53.6	42.9	12.5
20～50 万人口的城市	100.0	40.2	45.3	14.5
20 万人口以下的城市	100.0	35.7	40.9	23.4

以地区分类为 100

单位：%

按市区非农业人口分组	全　国	东部地区	中部地区	西部地区
合　计	100.0	100.0	100.0	100.0
百万人口以上的城市	6.6	8.3	4.7	7.5
50～100 万人口的城市	6.0	8.3	6.2	1.1
20～50 万人口的城市	25.1	26.0	27.5	18.3
20 万人口以下的城市	62.3	57.4	61.6	73.1

注：东部地区是指北京、天津、河北、辽宁、上海、江苏、浙江、福建、山东、广东、广西、海南 12 个省、自治区、直辖市；中部地区是指山西、内蒙、吉林、黑龙江、安徽、江西、河南、湖北、湖南 9 个省、自治区；西部地区是指四川、贵州、云南、西藏、陕西、甘肃、青海、宁夏、新疆 9 个省、自治区。

4. 计划单列城市、沿海开放城市一览表

计划单列城市

1983 年以来，我国政府先后批准了 14 个大中城市实行计划单列，是在不改变省辖行政隶属关系的情况下，赋于这些城市相当省一级的经济管理权限，即：这些城市的社会和经济发展计划不再经由所有省下达，而在国家计划中单列户头，实行各项社会和经济发展计划全面单列，使大城市的社会、经济发展直接纳入全国计划综合平衡、统筹安排，使这些城市获得了与中央各部门有了直接对话的地位，为中央直接支持大城市的发展创造了条件。14 个城市是:

沈阳市（1987 年 7 月 11 日批准） 大连市（1984 年 7 月 13 日批准）
长春市（1989 年 2 月 11 日批准） 哈尔滨市（1984 年 10 月 8 日批准）
南京市（1989 年 2 月 11 日批准） 宁波市（1987 年 2 月 24 日批准）
厦门市（1988 年 4 月 18 日批准） 青岛市（1986 年 10 月 15 日批准）
武汉市（1984 年 5 月 21 日批准） 广州市（1984 年 10 月 8 日批准）
深圳市（1988 年 10 月 3 日批准） 重庆市（1983 年 2 月 8 日批准）
成都市（1989 年 2 月 11 日批准） 西安市（1984 年 10 月 8 日批准）

沿海开放城市

1979 年以来，我国政府在广东省的深圳、珠海、汕头和福建省的厦门设置经济特区，1984 年 5 月进一步开放大连、天津、上海、青岛、广州等 14 个沿海港口城市，1988 年 3 月批准举办海南岛经济特区，紧接着，在长江三角洲、珠海三角洲、闽南厦、漳、泉三角地区、辽东半岛、山东半岛等设置沿海经济开放区，形成了南北连线成片，包括 2 个直辖市 57 个地级市（指市区，不包括市辖县）228 个县（市）的沿海开放地带，其中沿海开放城市共 102 个，他们是:

2 个直辖市：天津、上海

57 个地级市：秦皇岛、唐山、沧州、大连、丹东、营口、盘锦、锦州、锦西、沈阳、鞍山、辽阳、南京、连云港、南通、苏州、无锡、常州、镇江、扬州、盐城、宁波、温州、杭州、湖州、绍兴、嘉兴、舟山、福州、漳州、泉州、莆田、厦门、青岛、烟台、威海、潍坊、淄博、日照、深圳、珠海、汕头、广州、佛山、江门、湛江、肇庆、惠州、中山、东莞、茂名、阳江、清远、北海、梧州、海口、三亚。

43 个县级市：黄骅、瓦房店、兴城、海城、启东、常熟、张家港、昆山、江阴、宜兴、武进、溧阳、丹阳、泰州、仪征、东台、余姚、慈溪、奉化、瑞安、萧山、海宁、椒江、临海、黄岩、福清、宁德、胶州、胶南、莱西、即墨、平度、莱阳、龙口、莱州、文登、荣成、诸城、青州、潮州、玉林、钦州、通什。

(二) 中国城市经济社会统计资料选编

1. 467 个城市社会经济主要指标及其在全国所占比重

指　　标	单　位	全国总计	467 个城市合计		占全国比重 (%)	
			地　区	市　区	地　区	市　区
1.人口劳动力						
年底人口数	万　人	114 333.0	71 726.4	33 542.8	62.7	29.3
#非农业人口	万　人	23 567.3	19 329.8	15 037.8	82.0	63.8
社会劳动者人数	万　人	56 740.0	37 054.4	18 292.7	65.3	32.2
#职工人数	万　人	14 059.4	11 651.6	8 967.0	82.9	63.8
按三次产业分						
第一产业	万　人	34 049.0	18 893.1	6 585.4	55.5	19.3
第二产业	万　人	12 158.0	10 441.9	7 082.3	85.9	58.3
第三产业	万　人	10 533.0	7 719.4	4 625.2	73.3	43.9
2.土地面积	万平方公里	960.0	268.2	120.8	27.9	12.6
3.农业						
农业总产值 (当年价格)	亿　元	7 662.1	5 146.1	1 918.8	67.2	25.0
农业总产值 (1990 年价格)	亿　元	8 151.2	5 295.5	1 981.6	65.0	24.3
乡村劳动力	万　人	42 009.6	25 005.9	8 930.7	59.5	21.3
年末实有耕地面积	万公顷	9 567.3	5 271.0	1 896.9	55.1	19.8
主要农产品产量						
粮食	万　吨	44 623.3	28 977.9	10 232.3	64.9	22.9
水果	万　吨	1 874.4	1 267.4	465.6	67.6	24.8
猪肉	万　吨	2 281.1	1 467.8	507.3	64.3	22.2
牛羊肉	万　吨	232.4	87.6	35.8	37.7	15.4
水产品	万　吨	1 237.0	1 049.7	477.7	84.9	38.6
4.工业						
工业企业单位数 (乡及乡以上)	万　个	50.4	38.4	21.4	76.1	42.5
#全民所有制	万　个	10.4	7.5	4.7	72.1	45.3
集体所有制	万　个	39.1	30.1	16.2	76.9	41.5
工业总产值 (当年价格)	亿　元	23 924.4	21 604.9	15 825.0	90.3	66.1
#乡及乡以上工业总产值	亿　元	19 701.0	17 972.8	14 050.9	91.2	71.3
轻工业	亿　元	9 420.0	8 511.4	6 242.4	90.4	66.3
重工业	亿　元	10 281.0	9 461.6	7 808.7	92.0	76.0
工业总产值 (1990 年价格)	亿　元	24 963.0	22 452.3	16 563.7	89.9	66.4
独立核算工业企业财务						
产品销售收入	亿　元	16 793.0	15 394.8	11 856.6	91.7	70.6
利税总额	亿　元	1 945.9	1 808.2	1 509.1	92.9	77.6
资金总额	亿　元	15 953.0	14 347.1	11 667.2	89.9	73.1
固定资产原值	亿　元	14 390.0	12 826.1	10 593.3	89.1	73.6
每百元资金提供利税	元	12.2	12.6	12.9		
每百元固定资产原值实现的产值	元	129.9	133.9	126.7		
5.运输、邮电、电力						
客运量 (发送)	万　人	772 682.0	709 366.0	526 718.5	91.8	68.2
货运量 (发送)	万　吨	970 795.0	628 961.4	469 672.6	64.8	48.4
年底邮电局所数	万　个	5.4	3.4	1.6	62.8	30.0
邮电业务总量 (1990 年价格)	亿　元	151.3	135.4	110.0	89.5	72.7

续 1

指　　标	单　位	全国总计	467 个城市合计		占全国比重（%）	
			地　区	市　区	地　区	市　区
年末电话机数	万　部	1 274.0	1 120.7	911.4	88.0	71.5
全年用电量	亿千瓦小时	6 231.0	4 795.5	3 662.3	77.0	58.8
6.固定资产投资						
固定资产投资总额	亿　元	4 263.7	2 460.1	2 088.9	57.7	49.0
#住宅	亿　元	1 512.1	321.2	251.4	21.2	16.6
#全民所有制单位	亿　元	2 733.1	2 214.9	1 927.0	81.0	70.5
城镇集体所有制单位	亿　元	529.5	147.6	108.0	27.9	20.4
新增固定资产	亿　元					
#全民所有制单位	亿　元	2 243.2	1 863.6	1 630.7	83.1	72.7
城镇集体所有制单位	亿　元	164.4	142.9	97.1	87.0	59.1
7.商业						
社会商品零售总额	亿　元	8 300.1	6 709.1	4 591.3	80.0	55.3
城乡集市贸易成交额	亿　元	2 168.2	1 591.4	992.6	73.4	45.8
零售商业、饮食业、服务业机构数	万　个	1 241.3	835.3	435.4	67.3	35.1
零售商业、饮食业、服务业人员数	万　人	3 638.9	2 249.5	1 432.7	61.8	39.4
8.利用外资和旅游收汇						
实际利用外资金额	亿美元	102.9	63.2	53.2	61.4	51.7
旅游外汇收入总额	外汇券万元		1 067 324.0			
9.教育、科技、卫生						
在校学生数						
普通高等学校	万　人	206.3		203.5		98.7
中等专业学校	万　人	224.4	203.0	182.1	90.5	81.1
普通中学	万　人	4 586.0	3 105.9	1 525.1	67.7	33.3
农业、职业中学	万　人	295.0	218.9	134.3	74.0	45.5
技工学校	万　人	133.2	117.8	105.3	88.5	79.0
小学	万　人	12 241.4	7 317.2	3 274.5	59.8	26.7
成人高等学校	万　人	166.6		149.8		89.9
自然科学技术人员数	万　人	1 145.4	886.4	730.0	77.4	63.7
#中级技术职称以上人员	万　人		294.7	256.4		
卫生机构数	个	208 734.0	149 548.0	101 452.0	71.6	48.6
#医院	个	62 454.0	35 505.0	16 663.0	56.8	26.7
医院床位数	万　张	262.4	225.3	159.1	85.9	60.6
卫生技术人员	万　人	389.8	304.7	221.6	78.2	56.8
#医生	万　人	176.3	135.6	98.5	76.9	55.9
10.工资和储蓄存款						
职工工资总额	亿　元	2 951.1	2 500.2	2 021.8	84.7	68.5
年底全国城乡储蓄存款余额	亿　元	7 034.2	5 939.9	4 082.0	84.4	58.0

2. 1990年按人均主要指标排列的前20名城市（不包括市辖县）

市　名	人均国民生产总值（元）	市　名	每百元资金提供利税（元）	市　名	职工平均工资（元）
深圳	28306	玉溪	112.3	深圳	4396
大庆	16144	大庆	93.5	珠海	4042
珠海	15346	曲靖	77.6	广州	3571
克拉玛依	10009	茂名	76.7	克拉玛依	3568
佛山	9588	金昌	76.6	东莞	3552
东营	9093	利川	75.1	佛山	3530
玉溪	7875	楚雄	72.1	中山	3499
金昌	7634	昭通	67.9	厦门	3258
广州	7343	梅州	64.4	惠州	3218
厦门	7270	赤水	49.8	江门	3176
盘锦	6939	郴州	47.4	玉门	3121
上海	6555	滁州	44.9	金昌	3043
江门	6494	常德	44.6	格尔木	2997
无锡	6485	河源	44.6	嘉峪关	2992
北京	6344	龙岩	43.8	东营	2990
南通	6287	开远	43.3	上海	2964
杭州	6220	大理	41.4	义马	2953
常州	5963	奎屯	40.0	韶关	2924
十堰	5620	昆明	39.9	海口	2921
苏州	5603	仪征	39.8	大庆	2893

市　名	人均居住面积（平方米）	市　名	每万人拥有大学生（人）	市　名	电话普及率（部）
利川	17.89	长沙	347	深圳	40.87
东阳	14.80	南充	329	珠海	11.01
黄骅	14.24	杭州	310	汕头	10.85
枝城	14.06	扬州	300	北京	10.54
珠海	13.86	西安	290	杭州	9.74
东莞	13.45	南京	280	无锡	9.70
萧山	13.04	武汉	263	广州	9.21
安陆	12.85	合肥	255	上海	9.03
黄岩	12.54	长春	242	惠州	8.89
泊头	12.42	昆明	236	绍兴	8.81
南阳	12.28	厦门	234	江门	8.40
石狮	12.20	保定	233	常州	7.87
诸暨	12.14	南昌	220	佛山	7.77
井冈山	12.05	呼和浩特	227	保定	7.61
临海	11.57	石家庄	215	厦门	7.42
枣阳	11.49	福州	208	海口	7.27
江山	11.39	郑州	206	霍林郭勒	7.13
石首	11.28	湘潭	201	梅州	6.98
韶山	11.28	成都	195	苏州	6.85
佛山	11.24	北京	189	宁波	6.36

3. 467 个城市人口和土地面积

	年末总人口（万人）		其中：非农业人口（万人）		土地面积（平方公里）	
	地　区	市　区	地　区	市　区	地　区	市　区
全部城市	71726.36	33542.83	19329.81	15037.77	2681891	1207630
北　京	1035.71	699.51	640.42	576.96	16808	4568
天　津	870.46	577.10	487.41	457.47	11305	4276
河　北	2927.04	1481.31	700.43	602.93	58617	18739
石家庄	283.51	131.94	117.13	106.84	3255	307
唐　山	657.41	150.42	144.72	104.42	13472	1090
秦皇岛	246.57	50.06	48.60	36.49	7523	363
邯　郸	209.07	111.14	88.15	83.75	2791	457
邢　台	83.20	40.07	31.58	30.28	2112	132
保　定	166.78	62.40	52.86	48.32	1798	126
张家口	99.65	67.48	56.00	52.91	2964	710
承　德	84.12	35.69	28.05	24.68	4471	651
沧　州	131.07	34.64	29.05	24.27	2678	183
南　宫	43.34	43.34	2.50	2.50	854	854
辛　集	58.86	58.86	5.91	5.91	951	951
定　州	103.42	103.42	7.22	7.22	1274	1274
涿　州	51.61	51.61	8.67	8.67	742	742
廊　坊	338.84	58.84	35.61	14.81	6429	1006
任　丘	68.98	68.98	11.43	11.43	1023	1023
泊　头	49.81	49.81	7.18	7.18	977	977
衡　水	32.89	32.89	10.43	10.43	590	590
沙　河	41.83	41.83	6.60	6.60	999	999
武　安		63.05		3.61		1806
藁　城	68.45	68.45	2.78	2.78	836	836
黄　骅	35.79	35.79	2.39	2.39	1545	1545
霸　州		48.76		3.87		784
河　间	71.84	71.84	3.57	3.57	1333	1333
山　西	1269.19	780.14	446.89	402.19	49504	19201
太　原	261.21	196.43	163.63	153.39	6988	1460
大　同	111.15	111.15	79.83	79.83	2080	2080
阳　泉	114.77	55.45	42.03	36.23	4452	662
长　治	288.15	51.94	53.28	32.11	13896	334
晋　城	191.94	66.66	24.95	13.64	9490	2170
朔　州	63.95	44.95	9.42	7.24	5737	4094
忻　州	43.12	43.12	9.79	9.79	1954	1954
榆　次	45.28	45.28	19.14	19.14	1327	1327
临　汾	58.59	58.59	18.73	18.73	1304	1304
侯　马	17.94	17.94	7.84	7.84	274	274
运　城	49.22	49.22	10.84	10.84	1237	1237
古　交		15.54		6.00		1540
霍　州	23.87	23.87	7.41	7.41	765	765
内蒙古	1085.93	667.50	445.96	404.34	186268	91401
呼和浩特	138.31	88.60	70.76	65.25	6079	2054
包　头	174.72	120.08	105.92	98.35	9991	2153
乌　海	28.79	28.79	26.41	26.41	2350	2350

续 1

	年末总人口（万人）		其中：非农业人口（万人）		土地面积（平方公里）	
	地　区	市　区	地　区	市　区	地　区	市　区
赤　峰	411.21	97.13	63.55	35.01	90021	7017
集　宁	18.49	18.49	16.35	16.35	114	114
二连浩特	1.16	1.16	0.85	0.85	450	450
通　辽	69.59	69.59	25.51	25.51	3518	3518
海拉尔	20.94	20.94	18.07	18.07	1440	1440
满洲里	13.84	13.84	12.00	12.00	696	696
乌兰浩特	22.64	22.64	15.95	15.95	781	781
牙克石	41.88	41.88	37.79	37.79	27590	27590
东　胜	14.23	14.23	7.82	7.82	2200	2200
扎兰屯	41.79	41.79	13.00	13.00	16800	16800
锡林浩特	12.27	12.27	8.68	8.68	18750	18750
临　河	41.14	41.14	13.32	13.32	2329	2329
霍林郭勒	4.36	4.36	4.33	4.33	585	585
丰　镇	30.57	30.57	5.65	5.65	2574	2574
辽　宁	3826.74	1983.00	1644.91	1335.21	145094	31465
沈　阳	570.29	453.87	377.10	360.37	8515	3495
大　连	517.80	239.64	223.49	172.33	12574	2415
鞍　山	277.22	138.76	146.03	120.40	4744	622
抚　顺	221.83	134.63	140.22	120.24	10816	675
本　溪	152.30	91.90	93.50	76.88	8420	1308
丹　东	281.58	64.69	95.47	52.37	19176	526
锦　州	293.08	71.91	90.80	56.95	10301	804
营　口	122.00	56.77	72.35	42.16	5401	648
阜　新	183.05	73.35	78.66	63.55	8938	448
辽　阳	172.70	62.91	64.18	49.25	4731	560
盘　锦	104.86	44.28	47.54	36.28	3959	243
铁　岭	359.48	32.67	86.61	25.48	17469	307
朝　阳	317.78	36.89	69.12	22.24	19707	497
瓦房店		100.12		25.17		3794
海　城		103.21		20.56		2734
锦　西	252.77	82.65	59.84	35.71	10343	2271
兴　城		52.62		10.24		2147
铁　法		20.18		13.18		261
北　票		62.52		19.43		4545
开　原		59.43		12.42		3165
吉　林	2251.14	1440.74	869.21	684.11	137039	77343
长　春	637.82	211.00	232.70	167.93	18881	1116
吉　林	412.54	127.49	185.14	103.69	27120	1213
四　平	296.33	39.96	90.00	31.72	14080	407
辽　源	119.21	41.46	50.99	35.41	5123	206
通　化	216.87	39.88	87.52	32.46	15195	761
浑　江	124.43	72.15	73.91	48.20	17840	5730
公主岭		96.33		22.66		4058
白　城	122.00	122.00	21.80	21.80	978	978
延　吉	28.32	28.32	23.09	23.09	747	747
图　们	12.18	12.18	9.12	9.12	794	794
敦　化	46.69	46.69	23.51	23.51	11545	11545
梅河口		57.24		20.90		2174
洮　南	51.19	51.19	15.02	15.02	5834	5834
扶　余	95.54	95.54	19.30	19.30	5541	5541

续 2

	年末总人口（万人）		其中：非农业人口（万人）		土地面积（平方公里）	
	地　区	市　区	地　区	市　区	地　区	市　区
珲　春	18.45	18.45	9.27	9.27	5290	5290
集　安		22.23		6.52		3217
大　安	40.85	40.85	13.90	13.90	4879	4879
九　台		80.60		18.01		3100
桦　甸		43.98		17.59		6250
龙　井	28.72	28.72	13.94	13.94	3192	3192
蛟　河		47.24		16.88		6050
榆　树		117.24		13.19		4261
黑龙江	2718.02	1649.76	1273.08	992.76	291165	125205
哈尔滨	407.56	282.71	275.04	244.34	6929	1637
齐齐哈尔	590.30	138.31	190.98	107.01	52633	4365
鸡　西	113.60	85.96	75.63	68.39	5402	2300
鹤　岗	105.26	65.47	68.30	52.27	14648	4551
双鸭山	78.92	48.29	46.89	38.61	4024	1767
大　庆	94.12	94.12	65.73	65.73	5107	5107
伊　春	93.80	86.70	82.13	79.58	26907	20169
佳木斯	281.29	63.09	111.41	49.34	47393	912
七台河	77.20	41.52	30.68	21.50	6212	1757
牡丹江	281.45	71.14	142.54	57.17	49888	1351
绥芬河		2.74		1.84		423
绥　化	77.36	77.36	22.79	22.79	2743	2743
肇　东	79.34	79.34	18.00	18.00	3905	3905
安　达	44.27	44.27	13.64	13.64	3586	3586
黑　河	14.76	14.76	8.78	8.78	14432	14432
北　安	44.90	44.90	20.49	20.49	7194	7194
五大连池	2.20	2.20	0.73	0.73	748	748
同　江		13.65		3.47		6164
阿　城		61.54		19.76		2680
富　锦	40.76	40.76	10.31	10.31	8229	8229
铁　力	38.81	38.81	26.57	26.57	6620	6620
尚　志	57.61	57.61	21.54	21.54	9281	9281
双　城	73.56	73.56	14.27	14.27	3100	3100
密　山	42.01	42.01	13.27	13.27	7724	7724
海　伦	78.94	78.94	13.36	13.36	4460	4460
上　海	1283.35	783.48	864.46	749.65	6341	749
江　苏	6671.74	2343.33	1400.96	900.18	100420	25380
南　京	501.82	249.75	236.22	209.02	6516	947
无　锡	417.72	92.80	144.31	82.68	4650	397
徐　州	807.14	90.66	138.26	80.57	11258	172
常　州	324.85	66.77	81.40	53.15	4375	187
苏　州	561.02	84.44	139.75	70.65	8488	178
南　通	775.99	45.68	153.39	34.33	8001	121
连云港	340.26	52.14	59.82	35.41	6327	830
淮　阴	988.56	43.37	113.20	23.97	19548	347
盐　城	771.93	135.07	117.44	29.68	14983	1728
扬　州	924.32	43.44	145.31	31.29	12431	148
镇　江	258.13	45.32	71.86	36.83	3843	215
泰　州		25.31		15.24		115
常　熟		103.29		18.18		1094
仪　征		57.15		10.93		910

续 3

	年末总人口（万人）		其中：非农业人口（万人）		土地面积（平方公里）	
	地　区	市　区	地　区	市　区	地　区	市　区
张家港		83.41		9.17		772
江　阴		110.30		21.37		980
丹　阳		80.08		16.96		1043
东　台		117.08		19.22		2267
宿　迁		108.73		10.50		1748
兴　化		151.54		16.19		2394
淮　安		114.13		13.11		1560
宜　兴		106.74		20.08		2039
昆　山		56.46		10.20		865
启　东		115.86		12.69		1208
新　沂		88.37		7.81		1580
溧　阳		75.44		10.95		1535
浙　江	3775.31	1787.58	660.05	447.56	84691	29505
杭　州	574.78	133.89	169.00	109.97	16596	430
宁　波	510.76	108.54	102.98	55.25	9365	1033
温　州	666.98	56.22	98.28	40.19	11784	187
嘉　兴	316.19	73.61	58.39	21.15	3915	968
湖　州	245.28	102.28	43.66	21.81	5737	1521
绍　兴	412.67	27.80	53.61	17.98	7901	101
金　华	424.90	29.02	47.90	14.43	10918	301
衢　州	230.73	22.67	29.00	11.24	8836	240
椒　江	41.41	41.41	7.45	7.45	274	274
兰　溪		63.73		7.88		1310
余　姚		80.45		11.41		1346
丽　水	32.04	32.04	6.92	6.92	1502	1502
临　海	104.23	104.23	9.12	9.12	2171	2171
海　宁		62.06		10.05		684
舟　山	96.99	66.55	20.69	15.43	1371	988
瑞　安		111.54		15.65		1360
萧　山		115.29		16.29		1236
江　山		54.38		5.04		2018
义　乌		62.06		5.90		1103
东　阳		75.75		5.79		1739
慈　溪		96.10		10.73		1154
奉　化		47.77		6.59		1253
诸　暨		101.84		8.24		2265
黄　岩	92.36	92.36	9.73	9.73	1262	1262
龙　泉	25.99	25.99	3.32	3.32	3059	3059
安　徽	2604.51	1063.22	597.54	463.67	60897	17562
合　肥	380.88	100.20	99.17	73.33	7266	458
芜　湖	202.10	53.87	59.97	42.57	3317	203
蚌　埠	296.21	68.13	64.08	44.92	5832	445
淮　南	179.32	120.07	75.90	70.39	2121	1091
马鞍山	104.93	42.06	38.29	30.54	1684	285
淮　北	161.42	56.59	43.55	36.65	2725	294
铜　陵	60.58	26.53	26.57	22.80	1113	227
安　庆	567.04	47.61	61.54	25.07	15368	541
黄　山	141.42	37.55	21.33	10.26	9807	2354
阜　阳	23.63	23.63	17.96	17.96	50	50
六　安	19.06	19.06	14.42	14.42	85	85

续 4

	年末总人口（万人）		其中：非农业人口（万人）		土地面积（平方公里）	
	地　区	市　区	地　区	市　区	地　区	市　区
宿　州	25.68	25.68	15.19	15.19	125	125
滁　州	40.18	40.18	12.53	12.53	1399	1399
巢　湖	77.10	77.10	12.37	12.37	2063	2063
亳　州	124.57	124.57	10.63	10.63	2226	2226
宣　州	77.91	77.91	11.27	11.27	2533	2533
贵　池	57.55	57.55	6.64	6.64	2516	2516
界　首	64.93	64.93	6.13	6.13	667	667
福　建	2411.79	738.47	424.52	278.24	81010	26556
福　州	535.30	129.24	123.59	87.48	11968	1043
厦　门	111.86	60.31	43.14	38.68	1516	555
莆　田	270.34	30.49	19.58	9.02	3781	139
三　明	244.94	23.41	51.06	16.07	22959	1178
泉　州	582.33	48.55	63.60	18.52	10865	530
漳　州	416.70	34.09	59.79	18.14	12607	265
南　平	45.10	45.10	19.51	19.51	2653	2653
龙　岩	41.58	41.58	13.45	13.45	2677	2677
邵　武	28.53	28.53	8.67	8.67	2837	2837
永　安		29.30		11.18		2942
石　狮		26.18		7.15		160
宁　德	36.37	36.37	6.40	6.40	1492	1492
武夷山	19.85	19.85	3.75	3.75	2800	2800
福　安	53.01	53.01	8.11	8.11	1880	1880
漳　平	25.88	25.88	3.87	3.87	2975	2975
福　清		106.58		8.24		2430
江　西	1686.64	916.78	459.40	362.47	53537	20406
南　昌	372.59	135.41	136.80	108.61	7402	617
景德镇	131.43	35.77	43.96	28.12	5248	408
萍　乡	139.69	139.69	42.56	42.56	2765	2765
九　江	405.23	42.38	71.19	29.12	18823	699
新　余	96.78	67.58	22.85	17.35	3164	1776
鹰　潭	95.96	13.44	20.17	8.06	3554	137
上　饶	16.37	16.37	13.24	13.24	65	65
临　川	86.39	86.39	17.29	17.29	2121	2121
吉　安	28.97	28.97	14.86	14.86	509	509
赣　州	38.31	38.31	22.01	22.01	479	479
宜　春	83.75	83.75	15.16	15.16	2532	2532
井冈山	5.32	5.32	1.47	1.47	661	661
丰　城	108.13	108.13	19.38	19.38	2845	2845
樟　树	49.43	49.43	9.38	9.38	1287	1287
瑞　昌		37.55		6.78		1423
德　兴	28.29	28.29	9.08	9.08	2082	2082
山　东	5812.59	3524.56	1103.26	1024.87	103431	54251
济　南	523.60	232.27	160.67	145.92	8227	2119
青　岛	666.65	205.78	168.31	145.92	10654	1103
淄　博	384.47	245.75	99.81	113.81	6036	2961
枣　庄	321.22	177.54	49.70	38.08	4550	3065
东　营	156.93	61.25	33.83	28.17	7418	1998
烟　台	625.57	80.50	141.72	45.21	13507	835
潍　坊	853.83	112.74	94.61	42.85	17302	1472
济　宁	727.07	86.65	93.08	26.52	10685	905

续 5

	年末总人口（万人）		其中：非农业人口（万人）		土地面积（平方公里）	
	地 区	市 区	地 区	市 区	地 区	市 区
泰 安	638.46	141.98	95.25	35.07	9840	2089
德 州	31.37	31.37	19.55	19.55	313	313
威 海	237.46	25.74	25.66	12.90	5436	408
新 泰		131.28		18.12		1990
滨 州	55.58	55.58	13.36	13.36	1040	1040
聊 城	84.01	84.01	20.78	20.78	1245	1245
临 清	67.42	67.42	12.40	12.40	957	957
临 沂	158.77	158.77	32.47	32.47	1749	1749
菏 泽	113.70	113.70	18.93	18.93	1400	1400
莱 芜		111.38		24.68		2096
日 照	105.16	105.16	18.50	18.50	1915	1915
青 州		85.74		12.83		1569
曲 阜		59.81		8.81		896
龙 口		59.76		14.84		840
胶 州		71.61		15.34		1210
莱 阳		89.94		13.01		1734
诸 城		102.67		10.21		2183
莱 州		88.03		19.87		1816
滕 州		139.49		31.51		1485
乐 陵	61.32	61.32	4.63	4.63	1157	1157
文 登		72.47		13.39		1797
荣 成		75.59		15.63		1563
即 墨		103.24		15.63		1726
平 度		130.66		15.01		3166
胶 南		84.92		12.14		1927
莱 西		70.44		8.78		1522
河 南	4792.88	1471.00	869.48	649.16	86284	16619
郑 州	557.80	170.56	144.00	115.97	7446	1010
开 封	416.93	69.18	70.03	50.78	6444	359
洛 阳	563.60	119.02	106.92	75.98	15208	544
平 顶 山	503.43	65.77	73.48	41.08	8867	459
安 阳	477.45	61.53	65.53	42.03	7413	247
鹤 壁	120.45	37.14	27.76	21.30	2182	513
新 乡	482.90	61.24	79.81	47.38	8169	187
焦 作	343.60	59.25	71.22	40.91	6007	370
濮 阳	309.75	35.07	37.91	17.60	4263	260
许 昌	330.83	29.24	38.25	20.88	4052	88
漯 河	217.01	18.72	23.22	12.64	2617	60
三 门 峡	191.50	19.51	36.22	12.05	10496	185
义 马		10.63		7.15		112
商 丘	24.18	24.18	16.50	16.50	84	84
周 口	26.36	26.36	14.63	14.63	148	148
驻 马 店	25.19	25.19	12.32	12.32	198	198
南 阳	35.41	35.41	24.33	24.33	174	174
信 阳	26.41	26.41	19.25	19.25	222	222
汝 州		84.38		6.93		1544
济 源		57.92		7.81		1931
禹 州		107.52		8.46		1472
辉 县		72.08		5.51		2007
卫 辉		44.11		7.68		882

续 6

	年末总人口（万人）		其中：非农业人口（万人）		土地面积（平方公里）	
	地　区	市　区	地　区	市　区	地　区	市　区
邓　州	140.08	140.08	8.10	8.10	2294	2294
沁　阳		39.97		5.19		623
舞　钢		30.53		6.70		646
湖　北	3220.76	2534.52	917.27	825.37	87579	64014
武　汉	669.75	375.05	374.47	328.42	8467	1627
黄　石	130.61	51.39	54.39	45.76	1850	179
十　堰	38.98	38.98	27.38	27.38	1190	1190
沙　市	33.27	33.27	28.27	28.27	166	166
宜　昌	44.52	44.52	37.16	37.16	330	330
襄　樊	652.68	52.47	125.46	41.04	26726	363
鄂　州	91.61	91.61	19.01	19.01	1504	1504
荆　门	103.91	103.91	21.05	21.05	4412	4412
老河口		45.53		12.34		1043
随　州		143.89		18.25		6989
恩　施	71.49	71.49	9.34	9.34	3967	3967
孝　感	130.78	130.78	16.63	16.63	2237	2237
咸　宁	45.65	45.65	13.68	13.68	1502	1502
丹江口	44.99	44.99	10.32	10.32	3111	3111
应　城	60.43	60.43	9.96	9.96	1103	1103
蒲　圻	45.32	45.32	11.73	11.73	1723	1723
仙　桃	138.44	138.44	22.29	22.29	2538	2538
石　首	58.87	58.87	10.46	10.46	1427	1427
麻　城	107.07	107.07	8.33	8.33	3606	3606
利　川	77.07	77.07	4.76	4.76	4607	4607
洪　湖	81.88	81.88	19.08	19.08	2528	2528
天　门	153.34	153.34	18.63	18.63	2622	2622
安　陆	56.13	56.13	8.20	8.20	1355	1355
武　穴	65.95	65.95	9.09	9.09	1246	1246
枝　城	38.10	38.10	6.76	6.76	1357	1357
枣　阳		98.47		16.61		3277
潜　江	86.66	86.66	20.55	20.55	2000	2000
广　水	82.73	82.73	10.28	10.28	2647	2647
当　阳	46.71	46.71	8.01	8.01	2159	2159
黄　州	63.82	63.82	11.98	11.98	1199	1199
湖　南	4195.18	1487.62	751.03	525.16	121788	31931
长　沙	550.05	132.68	142.94	111.32	11818	367
株　洲	349.57	57.32	69.45	41.49	11420	427
湘　潭	265.24	57.09	59.66	43.06	5015	281
衡　阳	650.82	68.52	100.07	48.71	15310	559
邵　阳	676.68	51.75	68.73	24.72	20835	411
岳　阳	475.54	50.28	71.18	30.28	15019	824
醴　陵		95.71		10.85		2157
湘　乡		87.09		8.68		2004
耒　阳		112.43		13.71		2656
益　阳	41.11	41.11	18.58	18.58	383	383
常　德	569.16	122.41	85.19	30.13	18203	2595
津　市		23.75		8.03		550
娄　底	30.13	30.13	12.84	12.84	430	430
冷水江	32.32	32.32	13.80	13.80	439	439
郴　州	22.88	22.88	17.88	17.88	277	277

续 7

	年末总人口（万人）		其中：非农业人口（万人）		土地面积（平方公里）	
	地　区	市　区	地　区	市　区	地　区	市　区
资　兴	35.59	35.59	11.01	11.01	2747	2747
永　州	55.25	55.25	8.85	8.85	1962	1962
冷水滩	40.54	40.54	8.82	8.82	1221	1221
怀　化	48.48	48.48	12.68	12.68	2187	2187
洪　江	8.48	8.48	5.13	5.13	216	216
吉　首	22.47	22.47	8.11	8.11	1059	1059
大　庸	147.89	41.39	13.50	5.86	9563	2723
涟　源	101.95	101.95	11.89	11.89	1897	1897
汨　罗		67.26		6.91		1562
沅　江	71.03	71.03	10.72	10.72	1787	1787
韶　山		9.71		1.10		210
广　东	6246.31	1534.65	1477.34	746.85	178159	23006
广　州	594.25	357.94	341.39	291.43	7434	1444
韶　关	279.15	41.06	84.55	35.00	18574	345
深　圳	68.65	39.53	43.00	35.07	2021	328
珠　海	50.25	36.57	21.90	16.47	1266	654
汕　头	896.97	85.64	168.39	57.86	8935	246
佛　山	279.40	36.57	97.51	30.32	3814	77
江　门	352.75	28.60	93.33	23.06	9418	129
湛　江	546.48	106.04	99.70	40.10	12471	1460
茂　名	521.42	52.50	63.38	17.87	11459	487
惠　州	226.16	23.12	53.39	16.10	11158	419
肇　庆	553.38	34.00	84.18	19.48	22322	658
潮　州	132.56	132.56	31.35	31.35	1411	1411
梅　州	433.54	22.96	62.31	13.22	15836	299
中　山	114.87	114.87	27.88	27.88	1683	1683
东　莞	131.85	131.85	30.87	30.87	2465	2465
汕　尾	225.54	34.56	46.38	10.78	5271	401
河　源	276.31	61.72	36.06	12.01	15806	4414
阳　江	224.55	91.80	41.51	21.52	7813	2488
清　远	338.23	102.76	50.26	16.46	19002	3598
广　西	1198.06	739.05	311.95	264.06	45338	21553
南　宁	252.19	107.00	85.17	72.19	10029	1834
柳　州	157.10	73.68	70.45	60.93	5279	651
桂　林	120.53	50.96	42.01	36.41	4195	565
梧　州	86.23	28.52	25.74	21.25	4577	307
北　海	123.14	20.02	26.59	11.29	3337	275
凭　祥	8.65	8.65	1.59	1.59	631	631
合　山	13.79	13.79	6.01	6.01	350	350
玉　林	134.04	134.04	14.45	14.45	2697	2697
百　色	29.03	29.03	9.04	9.04	3713	3713
河　池	28.29	28.29	8.04	8.04	2340	2340
钦　州	103.53	103.53	11.46	11.46	4657	4657
贵　港	141.54	141.54	11.40	11.40	3533	3533
海　南	82.48	82.48	41.85	41.85	3274	3274
海　口	37.04	37.04	28.02	28.02	218	218
三　亚	36.29	36.29	10.28	10.28	1887	1887
通　什	9.15	9.15	3.55	3.55	1169	1169
四　川	6614.46	1987.66	1268.72	815.83	149536	34562
成　都	919.50	280.81	250.99	171.33	12390	1382

续 8

	年末总人口（万人）		其中：非农业人口（万人）		土地面积（平方公里）	
	地 区	市 区	地 区	市 区	地 区	市 区
重 庆	1483.68	298.44	368.61	226.68	23114	1534
自 贡	298.13	97.85	57.86	39.32	4373	817
攀 枝 花	90.85	56.24	44.81	41.55	7434	2586
泸 州	437.80	39.55	56.67	26.29	12243	215
德 阳	357.59	76.97	47.68	18.43	5954	1093
绵 阳	491.81	89.52	65.95	26.29	20249	1570
广 元	287.56	85.89	35.52	18.22	16305	4962
遂 宁	347.60	128.59	30.96	14.61	5300	1849
内 江	880.66	129.80	94.05	25.60	13340	1566
乐 山	651.24	107.18	89.79	34.11	20013	2514
万 县	30.43	30.43	15.68	15.68	230	230
涪 陵	103.02	103.02	17.39	17.39	2946	2946
宜 宾	68.11	68.11	24.10	24.10	1123	1123
南 充	26.77	26.77	18.03	18.03	110	110
华 蓥	33.73	33.73	8.53	8.53	430	430
达 县	29.58	29.58	18.81	18.81	266	266
雅 安	29.47	29.47	9.85	9.85	1061	1061
西 昌	46.93	46.93	13.44	13.44	2655	2655
江 油		81.62		17.58		2720
广 汉		53.36		8.19		551
都 江 堰		54.29		12.34		1211
峨 眉 山		39.51		9.46		1171
贵 州	698.38	635.57	225.45	224.48	24178	20536
贵 阳	153.16	153.16	101.86	101.86	2436	2436
六 盘 水	245.50	182.69	37.37	36.40	9914	6272
遵 义	38.60	38.60	26.19	26.19	311	311
安 顺	67.23	67.23	17.41	17.41	1710	1710
都 匀	41.46	41.46	13.30	13.30	2274	2274
凯 里	37.69	37.69	11.40	11.40	1306	1306
铜 仁	28.02	28.02	6.71	6.71	1515	1515
兴 义	59.50	59.50	6.14	6.14	2915	2915
赤 水	27.22	27.22	5.07	5.07	1797	1797
云 南	781.28	578.81	238.68	211.91	39494	26014
昆 明	354.93	152.46	139.66	112.89	15561	2081
东 川	28.46	28.46	6.64	6.64	1952	1952
个 旧	37.06	37.06	21.43	21.43	1587	1587
大 理	43.56	43.56	13.66	13.66	1468	1468
开 远	24.01	24.01	9.28	9.28	1950	1950
昭 通	62.35	62.35	8.90	8.90	2167	2167
玉 溪	32.27	32.27	6.54	6.54	1004	1004
楚 雄	40.53	40.53	7.95	7.95	4378	4378
曲 靖	83.20	83.20	17.87	17.87	4321	4321
保 山	73.95	73.95	6.44	6.44	5011	5011
畹 町	0.96	0.96	0.31	0.31	95	95
西 藏	43.58	20.17	14.81	12.96	32652	4468
拉 萨	35.73	12.32	12.54	10.69	29052	868
日 喀 则	7.85	7.85	2.27	2.27	3600	3600
陕 西	1834.05	818.84	473.53	376.71	63427	24196
西 安	608.89	275.67	226.98	195.90	9983	1066
铜 川	76.96	41.23	33.93	28.07	3882	781

续 9

	年末总人口（万人）		其中：非农业人口（万人）		土地面积（平方公里）	
	地　区	市　区	地　区	市　区	地　区	市　区
宝　鸡	330.27	44.21	62.00	33.78	18172	555
咸　阳	434.64	74.44	66.87	35.21	10213	617
延　安	30.32	30.32	11.33	11.33	3556	3556
汉　中	44.63	44.63	16.99	16.99	556	556
渭　南	76.61	76.61	14.02	14.02	1250	1250
韩　城	34.06	34.06	8.08	8.08	1621	1621
榆　林	35.95	35.95	7.71	7.71	7053	7053
安　康	87.29	87.29	14.22	14.22	3652	3652
商　州	51.44	51.44	5.23	5.23	2672	2672
华　阴	22.99	22.99	6.17	6.17	817	817
甘　肃	1009.26	588.55	273.56	245.91	119888	73614
兰　州	251.69	150.67	127.10	119.46	13086	1632
嘉峪关	10.19	10.19	7.88	7.88	1298	1298
金　昌	37.88	15.20	14.33	10.53	9600	892
白　银	144.56	36.25	26.84	20.49	21159	3510
天　水	292.29	103.59	34.36	24.50	14325	5862
玉　门	17.72	17.72	8.99	8.99	13492	13492
平　凉	38.96	38.96	9.83	9.83	1936	1936
临　夏	17.02	17.02	8.22	8.22	89	89
武　威	87.56	87.56	13.31	13.31	5081	5081
张　掖	42.99	42.99	8.38	8.38	4240	4240
酒　泉	30.14	30.14	7.10	7.10	3386	3386
西　峰	26.78	26.78	5.14	5.14	996	996
敦　煌	11.48	11.48	2.08	2.08	31200	31200
青　海	115.02	76.65	72.05	63.86	130469	127363
西　宁	103.38	65.01	63.37	55.18	3456	350
格尔木	7.09	7.09	5.78	5.78	99400	99400
德令哈	4.55	4.55	2.90	2.90	27613	27613
宁　夏	190.19	122.84	82.43	73.16	11057	4910
银　川	81.49	48.02	39.47	35.59	3499	1277
石嘴山	61.38	27.50	31.18	25.79	4454	529
吴　忠	25.80	25.80	6.91	6.91	1112	1112
青铜峡	21.52	21.52	4.87	4.87	1992	1992
新　疆	474.31	427.94	293.16	277.89	202641	184963
乌鲁木齐	131.31	115.69	107.02	104.69	11444	835
克拉玛依	20.47	20.47	19.76	19.76	9500	9500
石河子	53.22	22.47	29.97	17.03	7529	460
吐鲁番	21.70	21.70	5.80	5.80	15738	15738
哈　密	28.92	28.92	16.13	16.13	85036	85036
昌　吉	26.04	26.04	13.22	13.22	7964	7964
奎　屯	7.31	7.31	6.10	6.10	1036	1036
伊　宁	26.14	26.14	17.72	17.72	575	575
塔　城	12.84	12.84	4.75	4.75	4353	4353
阿勒泰	15.55	15.55	7.04	7.04	11481	11481
博　乐	15.46	15.46	5.31	5.31	7782	7782
库尔勒	25.11	25.11	15.93	15.93	7450	7450
阿克苏	38.13	38.13	16.41	16.41	18370	18370
阿图什	16.81	16.81	3.80	3.80	14097	14097
喀　什	22.59	22.59	17.46	17.46	97	97
和　田	12.71	12.71	6.74	6.74	189	189

4. 467 个城市国民收入、工农业总产值、利税总额、财政收入（按当年价格计算，不包括市辖县）

单位：万元

	国民收入	工农业总产值	工业总产值	利税总额	财政收入
全部城市	72217058	177438112	158250325	15091144	12305126
北　京	2868068	5808577	5627692	883896	659650
天　津	1969411	5824564	5637138	454043	409415
河　北	2750555	6978729	6288907	429410	470419
石家庄	403266	1269512	1248452	125077	94701
唐　山	359803	955970	917270	63399	72311
秦皇岛	196491	268898	250268	21120	27856
邯　郸	266060	827757	816194	50911	51130
邢　台	114872	338291	333041	31230	14511
保　定	175862	438575	428147	54807	40574
张家口	204894	497138	484595	68210	60161
承　德	85918	220623	213877	12665	13222
沧　州	81192	184172	178432	21498	15221
南　宫	36864	99430	73713	2611	2501
辛　集	96894	228991	155738	6465	6993
定　州	73183	143856	62705	1429	4554
涿　州	50272	130621	95109	4741	5449
廊　坊	62400	100336	69612	2340	9794
任　丘	59957	258035	218918	−66587	6954
泊　头	49234	101755	70712	3745	5065
衡　水	48639	121519	104523	8284	6532
沙　河	38537	73498	49383	1796	3080
武　安	67438	148106	119164	3692	6836
藁　城	93641	179473	110149	3640	4039
黄　骅	60281	104646	69142	3469	8981
霸　州	78643	160993	133266	2370	5926
河　间	46214	126534	86497	2498	4028
山　西	1545449	3608765	3378560	311046	219019
太　原	475432	1392178	1359779	122131	83275
大　同	310151	629517	611420	74027	40914
阳　泉	109804	256411	249526	13774	15468
长　治	116597	232164	222992	20136	19390
晋　城	82026	189315	163710	9866	5808
朔　州	79499	193399	165603	11501	8945
忻　州	45776	86801	64521	6707	3452
榆　次	85944	203780	180584	18041	13196
临　汾	58002	128207	109726	9223	8730
侯　马	26370	52093	45012	3661	4196
运　城	67299	113562	86993	10090	8300
古　交	52416	62587	57270	4559	3726
霍　州	36133	68751	61424	7330	3619
内蒙古	1058918	2281269	1950212	166955	194034
呼和浩特	160144	350570	332872	42021	41034
包　头	278506	706000	689767	75221	72201
乌　海	46407	93221	87916	−1923	7819

续 1

单位：万元

	国民收入	工农业总产值	工业总产值	利税总额	财政收入
赤　峰	127247	265093	219649	15545	19848
集　宁	21310	34967	33746	443	3285
二连浩特	862	1156	1038	74	359
通　辽	104940	193090	124342	22796	9687
海拉尔	32933	66271	55931	3813	5268
满洲里	27063	43931	39254	-8586	2953
乌兰浩特	26341	65028	57782	8885	6537
牙克石	59233	97998	75867	601	5219
东　胜	22576	58875	53873	5168	3521
扎兰屯	48654	99484	61004	3624	4666
锡林浩特	12476	62267	53720	-408	3863
临　河	63877	86123	27901	3227	4831
霍林郭勒	261	13469	11385	-4688	955
丰　镇	26088	43726	24165	1142	1988
辽　宁	5843817	14551894	13640800	1102417	1062082
沈　阳	1474723	3519004	3350319	168822	289409
大　连	1095440	2581766	2391752	222102	222413
鞍　山	574632	1433521	1415578	208015	117616
抚　顺	435743	1258655	1238282	163881	103689
本　溪	276449	693532	672982	95101	65207
丹　东	179270	533025	521876	27777	27643
锦　州	223348	566730	547237	50132	39885
营　口	163671	447745	424082	30115	36074
阜　新	111938	276021	267275	-2239	15528
辽　阳	180797	480151	462636	65793	31037
盘　锦	209746	465840	456388	-19609	29834
铁　岭	77236	217856	207104	9786	3777
朝　阳	69974	192676	180162	16129	10330
瓦房店	161002	385267	295233	14592	7779
海　城	209192	521566	408598	13936	15238
锦　西	215270	559312	519299	60216	33210
兴　城	52570	110996	70147	-3061	3739
铁　法	19531	58215	49670	-9725	1765
北　票	52461	102562	66264	-9033	3169
开　原	60824	147454	95916	-313	4740
吉　林	2198602	5156225	4303564	424287	380453
长　春	410802	1342561	1288386	136000	109017
吉　林	402418	1149878	1118166	166212	109776
四　平	87958	247534	238604	22316	21777
辽　源	69195	188830	184591	3511	11864
通　化	76563	202217	195109	18866	15446
浑　江	96360	206669	175671	-5078	12480
公主岭	112673	205545	94561	4292	8043
白　城	52779	97878	83688	7658	5836
延　吉	70163	147819	141394	30215	16869
图　们	26107	76713	72742	4467	4486
敦　化	71694	133567	98221	6449	9113
梅河口	66716	108620	61878	4787	7134
洮　南	56724	104427	56066	3949	3996
扶　余	103118	167462	58220	4594	7551

续 2

单位：万元

	国民收入	工农业总产值	工业总产值	利税总额	财政收入
珲春	21554	43362	30288	−10129	3079
集安	70540	57990	35635	1866	4137
大安	52007	77778	34198	2929	3021
九台	66004	117961	59843	2558	4473
桦甸	60635	105317	77786	9513	5350
龙井	40527	99798	78322	3112	6265
蛟河	46732	80445	51222	2344	4829
榆树	137333	193854	68973	3856	5911
黑龙江	3765909	8051255	7050074	724148	381143
哈尔滨	668877	1671319	1599695	108255	156019
齐齐哈尔	270386	640691	597898	18139	33782
鸡西	112910	239240	221161	−7537	16564
鹤岗	108029	227543	212675	−13702	9559
双鸭山	74955	164871	149636	−7562	6316
大庆	1250631	2399769	2336787	493341	15546
伊春	121761	242774	217168	7911	16567
佳木斯	151540	394214	379191	34198	23500
七台河	49946	92535	85969	2456	5148
牡丹江	187657	517036	494060	49403	35564
绥芬河	8400	4563	3199	131	1757
绥化	94694	128367	63639	8075	6465
肇东	89298	180087	79014	5341	5617
安达	51565	99345	53615	3465	4396
黑河	26349	39077	22760	1191	2435
北安	40921	84626	41488	−2425	4085
五大连池	2693	4039	908	26	210
同江	20521	43739	8294	444	921
阿城	70166	190987	153144	10091	8934
富锦	56079	106685	41988	3403	4111
铁力	39386	71706	49318	−3943	3792
尚志	65011	114284	76855	4717	5413
双城	78532	161068	64984	3847	4199
密山	65190	128267	64958	2669	5306
海伦	60412	104423	31670	2214	4937
上海	3804487	11053676	11010791	1452520	1339836
江苏	6018944	18648021	16955577	1145423	954411
南京	928176	2489709	2437833	284568	190395
无锡	469712	1657538	1634686	130767	116299
徐州	274613	807424	794951	53060	70338
常州	317604	1250595	1236764	89052	82291
苏州	387789	1267419	1247443	102657	82763
南通	223809	755689	743607	52098	48577
连云港	149504	313141	282245	14842	28386
淮阴	109760	323231	305625	35309	37450
盐城	235479	604186	474217	27796	20262
扬州	164125	479074	464934	25419	20964
镇江	159141	511067	502177	20299	27851
泰州	71663	245221	238731	13696	13915
常熟	329308	1059060	970239	41465	36318
仪征	154647	501987	456157	66530	17241

续 3　　　　单位：万元

	国民收入	工农业总产值	工业总产值	利税总额	财政收入
张家港	244398	1012024	932662	31610	24951
江　阴	321826	1112379	1024687	41238	35037
丹　阳	171475	581293	484213	18303	17179
东　台	157625	431660	281392	9297	10124
宿　迁	106241	287183	206014	3434	4534
兴　化	165376	368679	204466	3217	6317
淮　安	110614	285081	190415	2523	3131
宜　兴	206923	708764	612925	23861	20881
昆　山	186034	643091	566983	25665	13203
启　东	167854	401845	280905	14128	14609
新　沂	93353	216621	122441	5391	3721
溧　阳	111895	334060	258865	9198	7674
浙　江	3917251	9880602	8442355	673023	607543
杭　州	612436	1690733	1656575	215974	149904
宁　波	433216	1075728	1007371	114706	76432
温　州	165820	363938	345904	24879	30651
嘉　兴	191383	506093	421519	25569	35107
湖　州	234918	662043	519378	30778	29941
绍　兴	114889	332880	324965	31858	26737
金　华	80484	182904	164658	9134	13952
衢　州	64977	166370	151679	16594	14720
椒　江	69215	193700	166204	6188	8056
兰　溪	98782	309367	253213	14972	13846
余　姚	169085	424421	345500	17137	20006
丽　水	36793	74927	51086	2985	4356
临　海	108745	211877	141484	4754	8655
海　宁	147263	428807	357626	19756	19036
舟　山	146031	289076	170565	11606	17687
瑞　安	108331	197134	115669	7503	13885
萧　山	288924	915346	808362	46892	38876
江　山	69031	135718	90010	4061	7150
义　乌	102433	203235	149830	2879	8963
东　阳	93851	211985	156413	5711	9380
慈　溪	197879	495036	420018	25113	20493
奉　化	82525	180846	142967	8312	8148
诸　暨	125239	280231	217052	9415	10845
黄　岩	147110	305529	242353	14779	16714
龙　泉	27891	42678	21954	1468	4003
安　徽	1793814	4631200	4135414	415114	358789
合　肥	271353	776154	751551	82710	69024
芜　湖	148738	434711	426640	49913	50786
蚌　埠	171255	425481	411128	63786	56968
淮　南	162030	467066	430974	−1687	21102
马鞍山	157276	398685	388704	63379	46516
淮　北	106293	269019	258537	5681	11679
铜　陵	85637	252615	246369	14030	6846
安　庆	103199	375908	361221	44790	22749
黄　山	49447	88243	56695	3729	5661
阜　阳	52776	150736	147234	25999	16224
六　安	28198	70744	66292	4124	3246

续 4

单位：万元

	国民收入	工农业总产值	工业总产值	利税总额	财政收入
宿州	19651	45533	39793	2100	3298
滁州	91604	218170	180540	28929	15776
巢湖	70002	150248	99968	7714	6801
亳州	112140	195549	93405	10367	10058
宣州	69217	131377	73071	4202	5503
贵池	49157	92689	55408	2315	4340
界首	45841	88272	47884	3033	2212
福建	1664951	3709828	3215296	337546	333227
福州	356503	979304	923333	69940	77936
厦门	365337	777560	735133	91804	98202
莆田	41830	111218	89387	6406	5266
三明	92592	257563	243710	26448	21503
泉州	90119	196861	180287	12107	18782
漳州	75293	179693	164501	18860	21000
南平	104656	228068	194205	29778	17489
龙岩	86064	173688	150566	34091	29911
邵武	54328	97093	66593	6285	6428
永安	100573	212390	184367	26426	12033
石狮	49949	80661	55660	631	6942
宁德	30870	42362	18530	489	2409
武夷山	22272	36798	19408	1561	2125
福安	46091	86665	54273	3991	4336
漳平	33322	56789	38861	4834	3146
福清	115152	193115	96482	3895	5719
江西	1252107	2950237	2415282	148801	226821
南昌	308550	765106	733894	62079	85749
景德镇	74618	161430	151732	9784	13376
萍乡	114920	260460	211671	−6906	13939
九江	75898	303730	294802	22123	18530
新余	91565	303970	250394	14386	22931
鹰潭	12899	38119	33820	1029	2925
上饶	24338	54064	51616	3068	6284
临川	98751	180895	102782	6854	8889
吉安	43293	99262	87115	6862	7334
赣州	59660	132839	120114	11302	12290
宜春	83487	152487	88777	5327	8525
井冈山	7540	14509	9415	823	859
丰城	114649	209747	104817	−5202	8301
樟树	66456	129454	73106	8111	10106
瑞昌	29540	52362	32549	310	2493
德兴	45943	91803	68678	8851	4290
山东	6995171	17867688	14952623	989125	753825
济南	672729	1708025	1609769	140547	106702
青岛	693288	2073011	1996775	176478	202441
淄博	699612	2107751	1970777	189551	74191
枣庄	286047	668768	516998	23944	20448
东营	478801	846836	810582	11852	18145
烟台	302658	631166	572821	46323	43416
潍坊	252563	695453	621269	30042	38815
济宁	82970	471024	404597	30764	25684

续 5　　　　单位：万元

	国民收入	工农业总产值	工业总产值	利税总额	财政收入
泰　安	157289	336494	243049	8934	14417
德　州	89654	233003	217274	19200	10821
威　海	112023	336367	301925	20561	11922
新　泰	172908	361319	285984	12016	11747
滨　州	68261	165892	135771	15434	7545
聊　城	106433	240579	158645	7069	5047
临　清	89973	202249	134580	8759	3542
临　沂	215528	502252	400479	14511	15035
菏　泽	106342	233143	149922	14080	3962
莱　芜	147416	396850	308250	16126	11061
日　照	136725	255279	140081	3995	7260
青　州	141485	324207	256088	34645	10096
曲　阜	60048	145008	91292	6449	4553
龙　口	120619	335633	291101	21887	10004
胶　州	134805	416550	342349	10227	7792
莱　阳	140164	299076	205904	8517	6521
诸　城	157474	356218	233405	7987	8509
莱　州	173761	389416	295123	17884	11415
滕　州	157625	364172	265698	16732	10013
乐　陵	52232	118549	70597	3079	1932
文　登	153078	422595	317945	17841	8109
荣　成	227193	568642	370852	23086	10610
即　墨	157627	438557	348953	6037	9162
平　度	205580	541627	382960	12526	9312
胶　南	125146	352119	253747	6512	7974
莱　西	117114	329858	247061	5530	5622
河　南	2652815	6593111	5976651	589382	384666
郑　州	365053	977859	935007	124756	76537
开　封	133655	357756	340912	28850	23532
洛　阳	301221	890542	865637	108632	56918
平顶山	183830	433818	418321	59635	26747
安　阳	167626	506340	494654	63683	36851
鹤　壁	48164	123444	113265	−808	6268
新　乡	134815	406808	395781	35969	27846
焦　作	130607	375068	358898	50761	24675
濮　阳	161358	280753	260107	−31506	13672
许　昌	91440	168896	162565	38628	10435
漯　河	40669	108623	104337	13607	6911
三门峡	46272	119242	113883	5470	6704
义　马	18807	60509	58215	−7542	1170
商　丘	36274	96747	92863	7519	7091
周　口	40555	79259	72148	5549	2685
驻马店	42679	100429	93498	11596	4004
南　阳	73784	152223	145185	21898	11021
信　阳	44701	102924	99565	7777	4877
汝　州	87248	168323	121540	9959	4272
济　源	84585	193959	142822	4271	4640
禹　州	103426	186500	125898	4708	6118
辉　县	72553	175806	124399	4426	4166
卫　辉	54430	135212	100927	6846	2754

续 6 单位：万元

	国民收入	工农业总产值	工业总产值	利税总额	财政收入
邓州	102264	152690	51400	2655	6111
沁阳	54902	160337	123116	4490	3671
舞钢	31897	79044	61708	7553	4990
湖北	3787578	9080980	7321675	768627	557244
武汉	947348	2636988	2546792	342840	276917
黄石	139862	455045	446204	39375	26536
十堰	189583	592417	584105	85805	24785
沙市	85529	310154	303199	12310	15171
宜昌	141082	366024	357712	64701	17817
襄樊	134727	364558	346639	31625	25840
鄂州	132073	259148	198338	15070	12884
荆门	204356	410035	284692	38595	14333
老河口	68823	171234	126459	4336	6041
随州	123880	256869	150993	7567	10812
恩施	43930	74622	37047	4328	4072
孝感	122415	200599	101500	3945	8297
咸宁	48529	100361	72606	4300	4068
丹江口	56312	123578	98920	15535	5498
应城	92554	168341	115098	13818	5129
蒲圻	30745	151803	114526	5316	4791
仙桃	169105	372737	230625	5643	11197
石首	69188	157225	101699	3127	3248
麻城	75380	124941	59052	2249	4354
利川	40836	69344	33845	12320	6682
洪湖	87834	183664	103636	3379	4353
天门	167827	331159	197496	5497	8606
安陆	69022	133072	84507	3958	6022
武穴	61145	127039	78832	5027	4412
枝城	41532	81701	55921	2404	3789
枣阳	129041	237917	126519	20631	10503
潜江	104668	237170	148242	−5778	5716
广水	66486	111526	58393	8853	8265
当阳	69030	141747	78232	10389	10552
黄州	74736	129962	79846	1462	6554
湖南	2265113	5371739	4550783	523825	303444
长沙	368892	816635	783673	93378	69866
株洲	203944	607472	594202	64095	33527
湘潭	166295	452346	440097	50850	26199
衡阳	145892	390489	375710	27323	23621
邵阳	72716	204587	187050	5635	12742
岳阳	165248	488276	462622	58306	20610
醴陵	95052	184335	120712	5753	10239
湘乡	82050	167056	98776	6003	6275
耒阳	73068	129528	68057	−6920	3723
益阳	60875	144239	127595	8828	10149
常德	127697	437267	323192	84087	22097
津市	32028	64598	48020	1802	3420
娄底	61442	144277	131541	20311	5265
冷水江	42785	117139	108924	7410	6394
郴州	74190	143193	137813	46498	7229

续 7

单位：万元

	国民收入	工农业总产值	工业总产值	利税总额	财政收入
资　兴	33986	65622	46219	−6505	4032
永　州	73728	134844	87559	26616	5091
冷水滩	45302	86410	55442	9632	4562
怀　化	47051	67728	38800	8316	4620
洪　江	14301	39991	36436	2991	2877
吉　首	21443	39016	29383	1726	3244
大　庸	33649	43142	15211	479	2319
涟　源	65008	127477	84456	1472	5812
汨　罗	55871	114020	67755	3401	3801
沅　江	93166	141483	68222	2026	4904
韶　山	9434	20569	13316	312	826
广　东	5539334	12677051	11435395	948511	891549
广　州	1698839	3811762	3647615	351707	330222
韶　关	174380	429009	420904	36632	27836
深　圳	697249	1659832	1647129	144266	194924
珠　海	191180	445417	414638	19192	38952
汕　头	250336	613423	582453	24113	48745
佛　山	301504	833300	817102	90211	41822
江　门	148508	430363	419882	26700	21773
湛　江	247154	451516	377248	38638	36663
茂　名	169051	476227	443371	76512	19666
惠　州	81642	209995	200674	1805	9750
肇　庆	97716	222169	184076	8987	10603
潮　州	203030	416598	310975	9837	13095
梅　州		123813	116861	32819	1663
中　山	399386	970186	780100	42303	38735
东　莞	531499	1060136	823724	32300	35139
汕　尾	46650	53492	18455	106	3640
河　源	50137	70687	31061	7507	3510
阳　江	115960	210844	112489	4678	9059
清　远	135113	188282	86638	198	5752
广　西	1141749	2431608	2020271	229135	190788
南　宁	247913	494919	447989	63118	45918
柳　州	277401	727841	709512	97566	53534
桂　林	113227	290891	276632	19052	27684
梧　州	75440	165988	159945	11890	14279
北　海	51872	100334	70703	4632	7158
凭　祥	8949	7526	2460	271	1895
合　山	11567	35702	30299	−1994	2657
玉　林	110449	200562	117349	11668	11711
百　色	34537	57475	37607	4686	4798
河　池	28276	48048	35546	4373	3777
钦　州	79313	137440	52387	4579	6546
贵　港	102805	164882	79842	9294	10831
海　南	163348	223021	173815	8139	26803
海　口	117029	163077	150777	7599	22087
三　亚	37471	47388	16626	704	4186
通　什	8848	12556	6412	−164	530
四　川	3183750	7900286	6972431	673876	604717
成　都	667351	1685539	1588597	189489	149028

续 8

单位：万元

	国民收入	工农业总产值	工业总产值	利税总额	财政收入
重　庆	768601	2126833	2072647	156790	195667
自　贡	156084	343505	311807	33218	27901
攀枝花	142655	335040	322029	32886	29809
泸　州	81278	172008	164627	19985	18464
德　阳	132775	308302	231187	14260	9197
绵　阳	57938	374059	312428	38890	29794
广　元	64634	125836	85838	1021	5900
遂　宁	86512	180572	96114	3513	7091
内　江	108194	236516	162216	21152	13713
乐　山	158846	305569	250086	42463	6564
万　县	41504	103043	94958	4831	5570
涪　陵	79230	145818	96116	9277	8061
宜　宾	84901	194816	167419	18052	11797
南　充	54556	116847	111456	7523	8178
华　蓥	24673	57822	42138	−1335	2977
达　县	49368	117268	107805	4949	8064
雅　安	39640	83269	65400	4213	3686
西　昌	57145	94051	68094	14531	17730
江　油	137034	307010	254581	31240	23463
广　汉	79154	238873	184099	11497	8097
都江堰	62086	123690	82766	6610	6383
峨眉山	49591	124000	100023	8821	7583
贵　州	790115	1586543	1367483	252561	199789
贵　阳	343044	756351	716457	155185	124845
六盘水	114904	209697	153301	−6708	15632
遵　义	112789	211459	205406	41590	30999
安　顺	60308	120493	100087	35517	8031
都　匀	36724	69715	49982	4813	4613
凯　里	39048	80114	63105	6071	4373
铜　仁	26032	40463	22233	4933	2423
兴　义	34673	50566	20789	3329	3192
赤　水	22593	47685	36123	7831	5681
云　南	1408964	2562870	2322861	735437	239324
昆　明	574809	1196026	1158398	287347	177533
东　川	18522	37793	27786	2171	1667
个　旧	72488	203536	192342	18825	8679
大　理	77320	121594	100317	25852	9886
开　远	39663	75331	63461	11380	5067
昭　通	85799	133998	108467	55624	4818
玉　溪	239068	356499	337666	194022	7623
楚　雄	88085	136530	116458	58466	5674
曲　靖	168064	236604	192202	78203	10419
保　山	42869	63347	25278	3571	6445
畹　町	2277	1612	486	−24	1513
西　藏					
拉　萨					
日喀则					
陕　西	1289602	3053315	2775180	265148	164960
西　安	630300	1573099	1508985	105412	80374
铜　川	37541	103327	97521	−11140	5986

续 9

单位：万元

	国民收入	工农业总产值	工业总产值	利税总额	财政收入
宝鸡	158915	367472	361635	74522	30464
咸阳	154919	401256	364497	41922	16840
延安	34626	51287	34844	10925	1664
汉中	58646	122233	100944	11603	8279
渭南	57145	115623	75124	11766	7001
韩城	30065	81298	67138	2397	3188
榆林	20589	40323	26680	738	4013
安康	57828	76431	40182	4701	4276
商州	22237	38328	23481	881	1234
华阴	26791	82638	74149	11421	1641
甘肃	1064656	2361088	2076581	254774	166912
兰州	479819	1228982	1197366	139545	86225
嘉峪关	28988	71434	68480	6550	6909
金昌	83622	144296	139640	48959	10328
白银	93811	227626	217180	17451	11016
天水	110537	202946	161946	28606	21027
玉门	33175	107078	93423	−2423	3522
平凉	26790	49891	34665	1909	2568
临夏	14147	19142	13980	842	1456
武威	59320	101941	45904	2348	6162
张掖	49168	81688	39755	4034	4540
酒泉	42589	63660	31021	3033	5037
西峰	27062	38649	23405	3049	6438
敦煌	15628	23755	9816	871	1684
青海	215410	267481	254426	21842	35530
西宁	119869	245516	237602	19866	32088
格尔木	20939	16002	13871	1577	2346
德令哈	74602	5963	2953	399	1096
宁夏	256917	551824	490750	41067	32286
银川	113911	236513	214313	19484	19173
石嘴山	63019	154441	152865	5003	7168
吴忠	37340	63785	45931	8362	3328
青铜峡	42647	97085	77641	8218	2617
新疆	1010253	1774665	1507738	121066	156447
乌鲁木齐	402292	622282	608049	61746	75828
克拉玛依	137150	356387	351924	2005	13699
石河子	50470	101459	87514	10404	9344
吐鲁番	27617	42523	25044	2631	4383
哈密	46929	64070	48643	1362	6098
昌吉	45593	91055	64844	6526	3921
奎屯	27716	46573	43879	14516	11850
伊宁	35536	57263	46868	4587	6623
塔城	15796	25466	8455	−178	1393
阿勒泰	17550	27048	15441	380	1094
博乐	26790	48224	21293	486	1710
库尔勒	60860	88829	65424	7134	7855
阿克苏	71238	138500	72792	4942	4926
阿图什	10641	12658	3268	99	813
喀什	22608	32885	28651	2572	4337
和田	11467	19443	15649	1854	2573

5. 467个城市国民生产总值（按当年价格计算，不包括市辖县）

单位：万元

	国民生产总值	第一产业	比重（%）	第二产业	比重（%）	第三产业	比重（%）
全部城市	90605229	12366157	13.6	50550551	55.8	27688521	30.6
北　京	4384823	43883	1.0	2492645	56.8	1848295	42.2
天　津	2455745	103571	4.2	1548285	63.0	803889	32.7
河　北	3511753	412983	11.8	2019141	57.5	1079629	30.7
石家庄	529665	13548	2.6	341665	64.5	174452	32.9
唐　山	505387	17060	3.4	337804	66.8	150523	29.8
秦皇岛	258949	12639	4.9	105979	40.9	140331	54.2
邯　郸	391490	9076	2.3	255076	65.2	127338	32.5
邢　台	153276	5254	3.4	112698	73.5	35324	23.0
保　定	243560	4494	1.8	144735	59.4	94331	38.7
张家口	238610	79	0.0	181217	75.9	57314	24.0
承　德	102970	5563	5.4	64121	62.3	33286	32.3
沧　州	95475	3724	3.9	50337	52.7	41414	43.4
南　宫	42195	15960	37.8	17280	41.0	8955	21.2
辛　集	98681	50530	51.2	36204	36.7	11947	12.1
定　州	87663	49113	56.0	17549	20.0	21001	24.0
涿　州	62598	16629	26.6	29129	46.5	16840	26.9
廊　坊	76100	20395	26.8	35614	46.8	20091	26.4
任　丘	64963	23845	36.7	31336	48.2	9782	15.1
泊　头	54656	21117	38.6	20897	38.2	12642	23.1
衡　水	61200	10623	17.4	32337	52.8	18240	29.8
沙　河	44097	14735	33.4	19394	44.0	9968	22.6
武　安	77040	14508	18.8	40105	52.1	22427	29.1
藁　城	110038	41696	37.9	36061	32.8	32281	29.3
黄　骅	68272	21921	32.1	33926	49.7	12425	18.2
霸　州	88955	18310	20.6	54821	61.6	15824	17.8
河　间	55913	22164	39.6	20856	37.3	12893	23.1
山　西	2120859	186454	8.8	1310790	61.8	623615	29.4
太　原	734160	26278	3.6	447718	61.0	260164	35.4
大　同	395834	9826	2.5	286549	72.4	99459	25.1
阳　泉	152773	9918	6.5	112901	73.9	29954	19.6
长　治	176358	7235	4.1	110689	62.8	58434	33.1
晋　城	99038	25488	25.7	58153	58.7	15397	15.5
朔　州	103927	24070	23.2	61313	59.0	18544	17.8
忻　州	62033	22622	36.5	22324	36.0	17087	27.5
榆　次	100717	16242	16.1	55319	54.9	29156	28.9
临　汾	75889	12609	16.6	33507	44.2	29773	39.2
侯　马	32920	4994	15.2	15259	46.4	12667	38.5
运　城	81259	18198	22.4	32677	40.2	30384	37.4
古　交	61735	3806	6.2	43073	69.8	14856	24.1
霍　州	44216	5168	11.7	31308	70.8	7740	17.5
内蒙古	1381274	233798	16.9	685450	49.6	462026	33.4
呼和浩特	239174	12694	5.3	110482	46.2	115998	48.5
包　头	349928	12942	3.7	251830	72.0	85156	24.3
乌　海	65103	3285	5.0	40800	62.7	21018	32.3

续 1

单位：万元

	国民生产总值	第一产业	比重（%）	第二产业	比重（%）	第三产业	比重（%）
赤峰	172592	31826	18.4	84076	48.7	56690	32.8
集宁	27718	933	3.4	9648	34.8	17137	61.8
二连浩特	1525	79	5.2	344	22.6	1102	72.3
通辽	120534	43608	36.2	39888	33.1	37038	30.7
海拉尔	46635	7038	15.1	18372	39.4	21225	45.5
满洲里	34078	3843	11.3	21098	61.9	9137	26.8
乌兰浩特	31785	3452	10.9	17149	54.0	11184	35.2
牙克石	74708	16374	21.9	36919	49.4	21415	28.7
东胜	28282	3298	11.7	8619	30.5	16365	57.9
扎兰屯	53230	27421	51.5	14908	28.0	10901	20.5
锡林浩特	22422	6957	31.0	7455	33.2	8010	35.7
临河	73866	43123	58.4	9665	13.1	21078	28.5
霍林郭勒	9223	1562	16.9	3427	37.2	4234	45.9
丰镇	30471	15363	50.4	10770	35.3	4338	14.2
辽宁	7260164	508788	7.0	4643895	64.0	2107481	29.0
沈阳	1842496	95053	5.2	998758	54.2	748685	40.6
大连	1324313	81607	6.2	774549	58.5	468157	35.4
鞍山	738812	6537	0.9	602653	81.6	129622	17.5
抚顺	529949	12997	2.5	414487	78.2	102465	19.3
本溪	325127	15072	4.6	262086	80.6	47969	14.8
丹东	218490	6051	2.8	117847	53.9	94592	43.3
锦州	305053	15405	5.0	192775	63.2	96873	31.8
营口	183762	13968	7.6	98390	53.5	71404	38.9
阜新	149167	4484	3.0	96723	64.8	47960	32.2
辽阳	259206	22178	8.6	197041	76.0	39987	15.4
盘锦	301305	5128	1.7	257727	85.5	38450	12.8
铁岭	97206	6808	7.0	76124	78.3	14274	14.7
朝阳	90218	8464	9.4	58632	65.0	23122	25.6
瓦房店	188670	45082	23.9	103625	54.9	39963	21.2
海城	226718	63463	28.0	127945	56.4	35310	15.6
锦西	250997	24978	10.0	183616	73.2	42403	16.9
兴城	65600	24943	38.0	20091	30.6	20566	31.4
铁法	31773	5532	17.4	16650	52.4	9591	30.2
北票	62868	18800	29.9	25338	40.3	18730	29.8
开原	68434	32238	47.1	18838	27.5	17358	25.4
吉林	2659211	576038	21.7	1390460	52.3	692713	26.0
长春	587659	35534	6.0	378683	64.4	173442	29.5
吉林	521366	24666	4.7	376852	72.3	119848	23.0
四平	33103	15141	45.7	10146	30.6	7816	23.6
辽源	91648	3289	3.6	57607	62.9	30752	33.6
通化	98799	4486	4.5	63903	64.7	30410	30.8
浑江	124600	20049	16.1	70286	56.4	34265	27.5
公主岭	128563	76924	59.8	28844	22.4	22795	17.7
白城	66790	9370	14.0	28429	42.6	28991	43.4
延吉	86838	4185	4.8	53566	61.7	29087	33.5
图们	29277	2350	8.0	18229	62.3	8698	29.7
敦化	89177	23894	26.8	48346	54.2	16937	19.0
梅河口	74730	29330	39.2	24612	32.9	20788	27.8
洮南	58182	30621	52.6	16251	27.9	11310	19.4
扶余	120912	58729	48.6	39392	32.6	22791	18.8

续 2　　单位：万元

	国民生产总　值	第一产业	比重（%）	第二产业	比重（%）	第三产业	比重（%）
珲　春	24311	7719	31.8	7946	32.7	8646	35.6
集　安	39022	15971	40.9	14041	36.0	9010	23.1
大　安	58564	25024	42.7	20387	34.8	13153	22.5
九　台	82457	42995	52.1	23274	28.2	16188	19.6
桦　甸	76518	23842	31.2	39363	51.4	13313	17.4
龙　井	49720	16222	32.6	20787	41.8	12711	25.6
蛟　河	56798	18770	33.0	17690	31.1	20338	35.8
榆　树	160177	86927	54.3	31826	19.9	41424	25.9
黑龙江	4686151	594298	12.7	2927162	62.5	1164691	24.9
哈尔滨	966251	41888	4.3	495090	51.2	429273	44.4
齐齐哈尔	317397	29762	9.4	163651	51.6	123984	39.1
鸡　西	150416	11121	7.4	98430	65.4	40865	27.2
鹤　岗	143407	11010	7.7	108652	75.8	23745	16.6
双鸭山	95021	7881	8.3	67796	71.3	19344	20.4
大　庆	1500631	37350	2.5	1365494	91.0	97787	6.5
伊　春	151400	12822	8.5	90234	59.6	48344	31.9
佳木斯	194737	6460	3.3	115367	59.2	72910	37.4
七台河	68802	4465	6.5	53628	77.9	10709	15.6
牡丹江	229004	13717	6.0	145082	63.4	70205	30.7
绥芬河	9842	951	9.7	1511	15.4	7380	75.0
绥　化	113690	45587	40.1	22315	19.6	45788	40.3
肇　东	97433	59765	61.3	22408	23.0	15260	15.7
安　达	56262	28124	50.0	16908	30.1	11230	20.0
黑　河	36438	9980	27.4	10448	28.7	16010	43.9
北　安	47132	21373	45.3	11902	25.3	13857	29.4
五大连池	3112	1910	61.4	433	13.9	769	24.7
同　江	23509	14461	61.5	3716	15.8	5332	22.7
阿　城	82040	25467	31.0	36887	45.0	19686	24.0
富　锦	61228	37599	61.4	8758	14.3	14871	24.3
铁　力	44181	11802	26.7	19553	44.3	12826	29.0
尚　志	73039	26190	35.9	24503	33.5	22346	30.6
双　城	87959	55534	63.1	18155	20.6	14270	16.2
密　山	74328	38230	51.4	18562	25.0	17536	23.6
海　伦	58892	40849	69.4	7679	13.0	10364	17.6
上　海	5117419	20538	0.4	3227112	63.1	1869769	36.5
江　苏	7248268	1000846	13.8	4398141	60.7	1849281	25.5
南　京	1254278	18663	1.5	821709	65.5	413906	33.0
无　锡	597025	12063	2.0	410016	68.7	174946	29.3
徐　州	367904	8034	2.2	245569	66.7	114301	31.1
常　州	395293	8662	2.2	287603	72.8	99028	25.1
苏　州	470779	10668	2.3	318836	67.7	141275	30.0
南　通	284760	7807	2.7	209230	73.5	67723	23.8
连云港	187046	17022	9.1	86510	46.3	83514	44.6
淮　阴	128794	10834	8.4	86786	67.4	31174	24.2
盐　城	263668	76434	29.0	119970	45.5	67264	25.5
扬　州	206413	8415	4.1	146893	71.2	51105	24.8
镇　江	209685	5895	2.8	141106	67.3	62684	29.9
泰　州	84541	4422	5.2	57198	67.7	22921	27.1
常　熟	363271	58799	16.2	230208	63.4	74264	20.4
仪　征	167845	29569	17.6	114735	68.4	23541	14.0

续 3

单位：万元

	国民生产总值	第一产业	比重（%）	第二产业	比重（%）	第三产业	比重（%）
张家港	278207	50359	18.1	175495	63.1	52353	18.8
江阴	366913	55427	15.1	248991	67.9	62495	17.0
丹阳	193169	63141	32.7	100726	52.1	29302	15.2
东台	176819	83129	47.0	58717	33.2	34973	19.8
宿迁	111248	51230	46.1	42383	38.1	17635	15.9
兴化	177100	95682	54.0	44521	25.1	36897	20.8
淮安	118771	59501	50.1	40538	34.1	18732	15.8
宜兴	243267	51289	21.1	137512	56.5	54466	22.4
昆山	201167	45489	22.6	113640	56.5	42038	20.9
启东	174531	71332	40.9	71307	40.9	31892	18.3
新沂	101018	50990	50.5	33338	33.0	16690	16.5
溧阳	124756	45990	36.9	54604	43.8	24162	19.4
浙江	4639312	939544	20.3	2399088	51.7	1300680	28.0
杭州	829496	23919	2.9	470844	56.8	334733	40.4
宁波	526858	46195	8.8	329019	62.4	151644	28.8
温州	205889	10587	5.1	112507	54.6	82795	40.2
嘉兴	212586	56746	26.7	107098	50.4	48742	22.9
湖州	269057	87532	32.5	119050	44.2	62475	23.2
绍兴	137415	5760	4.2	85053	61.9	46602	33.9
金华	101044	11856	11.7	50560	50.0	38628	38.2
衢州	80906	9877	12.2	52089	64.4	18940	23.4
椒江	81455	18522	22.7	39504	48.5	23429	28.8
兰溪	116303	33121	28.5	58093	49.9	25089	21.6
余姚	192293	56223	29.2	94395	49.1	41675	21.7
丽水	44431	15592	35.1	13878	31.2	14961	33.7
临海	130687	46299	35.4	52386	40.1	32002	24.5
海宁	167288	50734	30.3	86610	51.8	29944	17.9
舟山	173425	56569	32.6	60240	34.7	56616	32.6
瑞安	125313	48248	38.5	45276	36.1	31789	25.4
萧山	310125	75945	24.5	183291	59.1	50889	16.4
江山	77661	32309	41.6	29797	38.4	15555	20.0
义乌	112562	34776	30.9	45275	40.2	32511	28.9
东阳	104834	37126	35.4	43994	42.0	23714	22.6
慈溪	220606	55381	25.1	120128	54.5	45097	20.4
奉化	88865	29256	32.9	44367	49.9	15242	17.2
诸暨	140399	42204	30.1	62793	44.7	35402	25.2
黄岩	156696	39885	25.5	84326	53.8	32485	20.7
龙泉	33118	14882	44.9	8515	25.7	9721	29.4
安徽	2267435	344487	15.2	1324997	58.4	597951	26.4
合肥	356367	17071	4.8	221384	62.1	117912	33.1
芜湖	179497	5513	3.1	116620	65.0	57364	32.0
蚌埠	213306	11121	5.2	123318	57.8	78867	37.0
淮南	222453	24959	11.2	158924	71.4	38570	17.3
马鞍山	202335	6557	3.2	160471	79.3	35307	17.4
淮北	156969	8822	5.6	105323	67.1	42824	27.3
铜陵	105634	4804	4.5	81189	76.9	19641	18.6
安庆	130975	9627	7.4	93684	71.5	27664	21.1
黄山	62769	22711	36.2	21076	33.6	18982	30.2
阜阳	64788	2115	3.3	38940	60.1	23733	36.6
六安	36496	3167	8.7	19287	52.8	14042	38.5

续4

单位：万元

	国民生产总值	第一产业	比重（%）	第二产业	比重（%）	第三产业	比重（%）
宿州	26622	3957	14.9	10660	40.0	12005	45.1
滁州	109015	27004	24.8	55661	51.1	26350	24.2
巢湖	85922	31684	36.9	31969	37.2	22269	25.9
亳州	121298	70294	58.0	31878	26.3	19126	15.8
宣州	84891	42153	49.7	22907	27.0	19831	23.4
贵池	58251	24533	42.1	19664	33.8	14054	24.1
界首	49847	28395	57.0	12042	24.2	9410	18.9
福建	2021448	343259	17.0	1003149	49.6	675040	33.4
福州	479654	41739	8.7	239381	49.9	198534	41.4
厦门	433735	24870	5.7	241756	55.7	167109	38.5
莆田	54331	13800	25.4	18652	34.3	21879	40.3
三明	106897	11523	10.8	71790	67.2	23584	22.1
泉州	114955	10190	8.9	57743	50.2	47022	40.9
漳州	87629	9100	10.4	41455	47.3	37074	42.3
南平	124216	25554	20.6	70395	56.7	28267	22.8
龙岩	101284	15854	15.7	60338	59.6	25092	24.8
邵武	62081	22208	35.8	22398	36.1	17475	28.1
永安	112659	21268	18.9	72659	64.5	18732	16.6
石狮	58434	16535	28.3	26127	44.7	15772	27.0
宁德	33755	16049	47.5	5302	15.7	12404	36.7
武夷山	26569	12757	48.0	6104	23.0	7708	29.0
福安	51982	22854	44.0	14691	28.3	14437	27.8
漳平	39622	12986	32.8	15379	38.8	11257	28.4
福清	133645	65972	49.4	38979	29.2	28694	21.5
江西	1476171	348325	23.6	641292	43.4	486554	33.0
南昌	379714	11248	3.0	189931	50.0	178535	47.0
景德镇	94470	4836	5.1	54489	57.7	35145	37.2
萍乡	135200	34815	25.8	63210	46.8	37175	27.5
九江	100366	4435	4.4	58106	57.9	37825	37.7
新余	108284	34533	31.9	43677	40.3	30074	27.8
鹰潭	18346	5958	32.5	4318	23.5	8070	44.0
上饶	26793	1312	4.9	12552	46.8	12929	48.3
临川	107439	49861	46.4	30422	28.3	27156	25.3
吉安	49625	8697	17.5	21960	44.3	18968	38.2
赣州	68341	9502	13.9	35874	52.5	22965	33.6
宜春	96648	41702	43.1	28218	29.2	26728	27.7
井冈山	8374	3738	44.6	2931	35.0	1705	20.4
丰城	129116	71057	55.0	33567	26.0	24492	19.0
樟树	73223	39078	53.4	20980	28.7	13165	18.0
瑞昌	29667	14538	49.0	9971	33.6	5158	17.4
德兴	50565	13015	25.7	31086	61.5	6464	12.8
山东	8272517	1973032	23.9	4386779	53.0	1912706	23.1
济南	917292	70395	7.7	515925	56.2	330972	36.1
青岛	853690	58397	6.8	483803	56.7	311490	36.5
淄博	877421	92175	10.5	619918	70.7	165328	18.8
枣庄	328135	98577	30.0	170356	51.9	59202	18.0
东营	549866	31395	5.7	478479	87.0	39992	7.3
烟台	288318	38267	13.3	159190	55.2	90861	31.5
潍坊	318024	63439	19.9	158292	49.8	96293	30.3
济宁	99563	44263	44.5	37165	37.3	18135	18.2

续 5

单位：万元

	国民生产总值	第一产业	比重（%）	第二产业	比重（%）	第三产业	比重（%）
泰安	193184	69356	35.9	77849	40.3	45979	23.8
德州	109300	11146	10.2	66054	60.4	32100	29.4
威海	121608	22006	18.1	79904	65.7	19698	16.2
新泰	215537	58540	27.2	116166	53.9	40831	18.9
滨州	73185	20747	28.3	34942	47.7	17496	23.9
聊城	120242	57816	48.1	32376	26.9	30050	25.0
临清	94088	38986	41.4	38292	40.7	16810	17.9
临沂	259074	66828	25.8	126429	48.8	65817	25.4
菏泽	110154	42778	38.8	43628	39.6	23748	21.6
莱芜	180161	64555	35.8	87990	48.8	27616	15.3
日照	156489	80317	51.3	35046	22.4	41126	26.3
青州	165631	44519	26.9	85798	51.8	35314	21.3
曲阜	74890	33297	44.5	23293	31.1	18300	24.4
龙口	143854	27470	19.1	87512	60.8	28872	20.1
胶州	148051	48522	32.8	74604	50.4	24925	16.8
莱阳	158266	68786	43.5	61544	38.9	27936	17.7
诸城	172638	82452	47.8	62998	36.5	27188	15.7
莱州	204408	57999	28.4	109197	53.4	37212	18.2
滕州	177428	54134	30.5	87731	49.4	35563	20.0
乐陵	57739	34039	59.0	13542	23.5	10158	17.6
文登	174127	68046	39.1	72401	41.6	33680	19.3
荣成	249532	138093	55.3	78805	31.6	32634	13.1
即墨	176300	59408	33.7	80885	45.9	36007	20.4
平度	238350	103503	43.4	83961	35.2	50886	21.3
胶南	137611	63524	46.2	48488	35.2	25599	18.6
莱西	128361	59257	46.2	54216	42.2	14888	11.6
河南	3275444	383672	11.7	1938134	59.2	953638	29.1
郑州	500848	5671	1.1	306218	61.1	188959	37.7
开封	160146	11344	7.1	94751	59.2	54051	33.8
洛阳	375434	20361	5.4	229366	61.1	125707	33.5
平顶山	227261	10736	4.7	174482	76.8	42043	18.5
安阳	203866	8332	4.1	145150	71.2	50384	24.7
鹤壁	57877	10034	17.3	35198	60.8	12645	21.8
新乡	173307	6604	3.8	105059	60.6	61644	35.6
焦作	180383	10253	5.7	128668	71.3	41462	23.0
濮阳	169269	12652	7.5	134817	79.6	21800	12.9
许昌	119960	4395	3.7	89723	74.8	25842	21.5
漯河	46968	2745	5.8	29805	63.5	14418	30.7
三门峡	55898	3919	7.0	31461	56.3	20518	36.7
义马	28938	1786	6.2	22261	76.9	4891	16.9
商丘	42953	2957	6.9	22353	52.0	17643	41.1
周口	47225	5194	11.0	22833	48.3	19198	40.7
驻马店	50580	4712	9.3	27547	54.5	18321	36.2
南阳	104729	5227	5.0	46397	44.3	53105	50.7
信阳	51368	2576	5.0	25128	48.9	23664	46.1
汝州	95431	26331	27.6	46361	48.6	22739	23.8
济源	96939	31409	32.4	47854	49.4	17676	18.2
禹州	123979	46065	37.2	45305	36.5	32609	26.3
辉县	78544	30125	38.4	33711	42.9	14708	18.7
卫辉	63484	20452	32.2	24757	39.0	18275	28.8

续 6

单位：万元

	国民生产总值	第一产业	比重（%）	第二产业	比重（%）	第三产业	比重（%）
邓州	119207	66426	55.7	18534	15.5	34247	28.7
沁阳	62690	21533	34.3	28514	45.5	12643	20.2
舞钢	38160	11833	31.0	21881	57.3	4446	11.7
湖北	4394147	1251808	28.5	2117750	48.2	1024589	23.3
武汉	1183629	68687	5.8	795121	67.2	319821	27.0
黄石	191312	7844	4.1	113311	59.2	70157	36.7
十堰	215872	6443	3.0	182992	84.8	26437	12.2
沙市	103942	5201	5.0	64367	61.9	34374	33.1
宜昌	181642	5638	3.1	133543	73.5	42461	23.4
襄樊	154578	12273	7.9	96720	62.6	45585	29.5
鄂州	146402	45341	31.0	69853	47.7	31208	21.3
荆门	226975	101157	44.6	85805	37.8	40013	17.6
老河口	75702	33894	44.8	28349	37.4	13459	17.8
随州	139845	78443	56.1	32634	23.3	28768	20.6
恩施	54582	25642	47.0	12664	23.2	16276	29.8
孝感	135171	76271	56.4	28442	21.0	30458	22.5
咸宁	52263	21603	41.3	17711	33.9	12949	24.8
丹江口	61102	14258	23.3	32987	54.0	13857	22.7
应城	103878	41337	39.8	43589	42.0	18952	18.2
蒲圻	32893	2624	8.0	23122	70.3	7147	21.7
仙桃	181814	97312	53.5	49726	27.3	34776	19.1
石首	74910	37407	49.9	20480	27.3	17023	22.7
麻城	85323	50645	59.4	16001	18.8	18677	21.9
利川	44629	24624	55.2	11290	25.3	8715	19.5
洪湖	93484	54862	58.7	23197	24.8	15425	16.5
天门	187751	89877	47.9	50243	26.8	47631	25.4
安陆	77001	33417	43.4	26120	33.9	17464	22.7
武穴	67426	36447	54.1	19020	28.2	11959	17.7
枝城	45591	17056	37.4	16122	35.4	12413	27.2
枣阳	135858	77595	57.1	37301	27.5	20962	15.4
潜江	111476	63116	56.6	31565	28.3	16795	15.1
广水	71416	40761	57.1	15015	21.0	15640	21.9
当阳	73976	41722	56.4	20047	27.1	12207	16.5
黄州	83704	40311	48.2	20413	24.4	22980	27.5
湖南	2812231	493077	17.5	1497500	53.2	821654	29.2
长沙	514888	16177	3.1	282658	54.9	216053	42.0
株洲	255633	8920	3.5	176451	69.0	70262	27.5
湘潭	189160	7505	4.0	139299	73.6	42356	22.4
衡阳	190579	11524	6.0	101844	53.4	77211	40.5
邵阳	91215	13797	15.1	51125	56.0	26293	28.8
岳阳	213420	17650	8.3	135657	63.6	60113	28.2
醴陵	108157	46818	43.3	39768	36.8	21571	19.9
湘乡	92791	42450	45.7	33972	36.6	16369	17.6
耒阳	88234	45177	51.2	24336	27.6	18721	21.2
益阳	75939	10848	14.3	37251	49.1	27840	36.7
常德	167904	4216	2.5	132360	78.8	31328	18.7
津市	35335	12053	34.1	14814	41.9	8468	24.0
娄底	68419	7758	11.3	42795	62.5	17866	26.1
冷水江	51627	5327	10.3	37269	72.2	9031	17.5
郴州	84881	3784	4.5	60584	71.4	20513	24.2

续 7

单位：万元

	国民生产总值	第一产业	比重（%）	第二产业	比重（%）	第三产业	比重（%）
资兴	48874	13603	27.8	18279	37.4	16992	34.8
永州	81162	27298	33.6	41500	51.1	12364	15.2
冷水滩	53376	20148	37.7	22135	41.5	11093	20.8
怀化	65926	22996	34.9	14330	21.7	28600	43.4
洪江	17724	2597	14.7	9558	53.9	5569	31.4
吉首	32085	7222	22.5	8065	25.1	16798	52.4
大庸	41037	20138	49.1	7179	17.5	13720	33.4
涟源	74222	27979	37.7	28592	38.5	17651	23.8
汨罗	63115	32791	52.0	16340	25.9	13984	22.2
沅江	95463	59664	62.5	17711	18.6	18088	18.9
韶山	11065	4637	41.9	3628	32.8	2800	25.3
广东	7504543	808778	10.8	3510300	46.8	3185465	42.4
广州	2615255	92658	3.5	1095099	41.9	1427498	54.6
韶关	222024	5749	2.6	149841	67.5	66434	29.9
深圳	1071967	3974	0.4	568805	53.1	499188	46.6
珠海	316749	36748	11.6	132939	42.0	147062	46.4
汕头	291557	19869	6.8	159188	54.6	112500	38.6
佛山	346305	8480	2.4	253228	73.1	84597	24.4
江门	183137	3897	2.1	107812	58.9	71428	39.0
湛江	322455	47552	14.7	113119	35.1	161784	50.2
茂名	206875	26551	12.8	141305	68.3	39019	18.9
惠州	106453	5922	5.6	44083	41.4	56448	53.0
肇庆	121461	25572	21.1	47633	39.2	48256	39.7
潮州	235983	70326	29.8	104270	44.2	61387	26.0
梅州							
中山	435467	136365	31.3	188180	43.2	110922	25.5
东莞	646150	146637	22.7	305940	47.3	193573	30.0
汕尾	47092	21713	46.1	10168	21.6	15211	32.3
河源	59584	27951	46.9	17329	29.1	14304	24.0
阳江	129019	63611	49.3	35680	27.7	29728	23.0
清远	147010	65203	44.4	35681	24.3	46126	31.4
广西	1438786	261922	18.2	619391	43.0	557473	38.7
南宁	347625	27065	7.8	156940	45.1	163620	47.1
柳州	327833	10783	3.3	200454	61.1	116596	35.6
桂林	156332	9019	5.8	76964	49.2	70349	45.0
梧州	94642	4521	4.8	43869	46.4	46252	48.9
北海	67065	16787	25.0	21820	32.5	28458	42.4
凭祥	11038	3892	35.3	1406	12.7	5740	52.0
合山	18391	4013	21.8	9957	54.1	4421	24.0
玉林	119808	51606	43.1	35464	29.6	32738	27.3
百色	44790	14260	31.8	13955	31.2	16575	37.0
河池	37607	6896	18.3	11939	31.7	18772	49.9
钦州	91073	52649	57.8	18087	19.9	20337	22.3
贵港	122582	60431	49.3	28536	23.3	33615	27.4
海南	248203	43178	17.4	84255	33.9	120770	48.7
海口	184489	9458	5.1	70814	38.4	104217	56.5
三亚	50942	28200	55.4	11324	22.2	11418	22.4
通什	12772	5520	43.2	2117	16.6	5135	40.2
四川	3961601	604780	15.3	2142922	54.1	1213899	30.6
成都	991924	67800	6.8	521989	52.6	402135	40.5

续 8

单位：万元

	国民生产总值	第一产业	比重（%）	第二产业	比重（%）	第三产业	比重（%）
重庆	902872	37684	4.2	589783	65.3	275405	30.5
自贡	183295	20735	11.3	120637	65.8	41923	22.9
攀枝花	183924	7807	4.2	138985	75.6	37132	20.2
泸州	99430	2210	2.2	72343	72.8	24877	25.0
德阳	161183	53281	33.1	64772	40.2	43130	26.8
绵阳	61886	36135	58.4	13338	21.6	12413	20.1
广元	84564	25742	30.4	26951	31.9	31871	37.7
遂宁	98131	48609	49.5	23943	24.4	25579	26.1
内江	123361	51727	41.9	43505	35.3	28129	22.8
乐山	184065	38008	20.6	104599	56.8	41458	22.5
万县	48914	4992	10.2	22960	46.9	20962	42.9
涪陵	86393	29956	34.7	33930	39.3	22507	26.1
宜宾	95636	19609	20.5	54056	56.5	21971	23.0
南充	77376	3571	4.6	34185	44.2	39620	51.2
华蓥	27979	10555	37.7	13268	47.4	4156	14.9
达县	57809	5715	9.9	27151	47.0	24943	43.1
雅安	48203	11037	22.9	20243	42.0	16923	35.1
西昌	70255	17328	24.7	29224	41.6	23703	33.7
江油	152689	34782	22.8	97951	64.2	19956	13.1
广汉	87680	32731	37.3	35135	40.1	19814	22.6
都江堰	70259	27468	39.1	26311	37.4	16480	23.5
峨眉山	63773	17298	27.1	27663	43.4	18812	29.5
贵州	995407	150317	15.1	546291	54.9	298799	30.0
贵阳	445172	27334	6.1	286309	64.3	131529	29.5
六盘水	154603	39628	25.6	64903	42.0	50072	32.4
遵义	125684	4330	3.4	89139	70.9	32215	25.6
安顺	72480	14564	20.1	32636	45.0	25280	34.9
都匀	50575	14286	28.2	20661	40.9	15628	30.9
凯里	48582	12133	25.0	20133	41.4	16316	33.6
铜仁	28618	12125	42.4	9043	31.6	7450	26.0
兴义	42576	18011	42.3	8893	20.9	15672	36.8
赤水	27117	7906	29.2	14574	53.7	4637	17.1
云南	1663430	160127	9.6	1074374	64.6	428929	25.8
昆明	706476	25466	3.6	457378	64.7	223632	31.7
东川	24091	5776	24.0	13212	54.8	5103	21.2
个旧	97359	8334	8.6	69176	71.1	19849	20.4
大理	92900	14599	15.7	52947	57.0	25354	27.3
开远	58165	7960	13.7	27161	46.7	23044	39.6
昭通	90948	17277	19.0	59143	65.0	14528	16.0
玉溪	252237	12718	5.0	212643	84.3	26876	10.7
楚雄	97038	13197	13.6	67481	69.5	16360	16.9
曲靖	188230	29042	15.4	104535	55.5	54653	29.0
保山	53399	25196	47.2	10401	19.5	17802	33.3
畹町	2587	562	21.7	297	11.5	1728	66.8
西藏							
拉萨							
日喀则							
陕西	1569073	153120	9.8	857761	54.7	558192	35.6
西安	767240	21674	2.8	418551	54.6	327015	42.6
铜川	59727	4261	7.1	39429	66.0	16037	26.9

续 9

单位：万元

	国民生产总值	第一产业	比重（%）	第二产业	比重（%）	第三产业	比重（%）
宝鸡	185318	3183	1.7	136867	73.9	45268	24.4
咸阳	188718	22227	11.8	112134	59.4	54357	28.8
延安	39517	9888	25.0	16440	41.6	13189	33.4
汉中	71969	13808	19.2	32064	44.6	26097	36.3
渭南	63546	23802	37.5	23470	36.9	16274	25.6
韩城	39021	9812	25.1	20678	53.0	8531	21.9
榆林	27627	7475	27.1	8823	31.9	11329	41.0
安康	65540	22234	33.9	20022	30.5	23284	35.5
商州	27302	8803	32.2	7987	29.3	10512	38.5
华阴	33548	5953	17.7	21296	63.5	6299	18.8
甘肃	1329329	196489	14.8	807085	60.7	325755	24.5
兰州	633778	21065	3.3	462748	73.0	149965	23.7
嘉峪关	34492	1581	4.6	29716	86.2	3195	9.3
金昌	114742	2667	2.3	83042	72.4	29033	25.3
白银	101939	6949	6.8	81663	80.1	13327	13.1
天水	127117	39295	30.9	51739	40.7	36083	28.4
玉门	44287	9565	21.6	27596	62.3	7126	16.1
平凉	31114	10828	34.8	11133	35.8	9153	29.4
临夏	18104	4116	22.7	5063	28.0	8925	49.3
武威	72611	32051	44.1	18481	25.5	22079	30.4
张掖	57544	26290	45.7	12068	21.0	19186	33.3
酒泉	47969	21789	45.4	10935	22.8	15245	31.8
西峰	27802	8394	30.2	9998	36.0	9410	33.8
敦煌	17830	11899	66.7	2903	16.3	3028	17.0
青海	210255	19245	9.2	100212	47.7	90798	43.2
西宁	144866	4962	3.4	80479	55.6	59425	41.0
格尔木	28164	1306	4.6	12194	43.3	14664	52.1
德令哈	37225	12977	34.9	7539	20.3	16709	44.9
宁夏	335003	40090	12.0	190959	57.0	103954	31.0
银川	158079	15930	10.1	73806	46.7	68343	43.2
石嘴山	81008	1140	1.4	62628	77.3	17240	21.3
吴忠	44212	10239	23.2	20758	47.0	13215	29.9
青铜峡	51704	12781	24.7	33767	65.3	5156	10.0
新疆	1365227	169710	12.4	665231	48.7	530286	38.8
乌鲁木齐	573653	13120	2.3	270681	47.2	289852	50.5
克拉玛依	203675	2513	1.2	180177	88.5	20985	10.3
石河子	62713	8052	12.8	29985	47.8	24676	39.3
吐鲁番	37904	11726	30.9	11420	30.1	14758	38.9
哈密	65963	10600	16.1	26404	40.0	28959	43.9
昌吉	56928	15225	26.7	21937	38.5	19766	34.7
奎屯	33144	1288	3.9	21457	64.7	10399	31.4
伊宁	42543	6560	15.4	17873	42.0	18110	42.6
塔城	20731	10285	49.6	3161	15.2	7285	35.1
阿勒泰	22454	7567	33.7	7014	31.2	7873	35.1
博乐	32543	15899	48.9	7163	22.0	9481	29.1
库尔勒	70608	10826	15.3	28826	40.8	30956	43.8
阿克苏	78873	43114	54.7	19645	24.9	16114	20.4
阿图什	14569	7321	50.3	1764	12.1	5484	37.6
喀什	32706	2941	9.0	12540	38.3	17225	52.7
和田	16220	2673	16.5	5184	32.0	8363	51.6

6. 467 个城市乡及乡以上按经济类型分产值及其比重（按当年价格计算，不包括市辖县）

单位：万元

	全　民	比重（%）	集　民	比重（%）	其　他	比重（%）
全部城市	102086300	72.7	30720206	21.9	7701691	5.5
北　京	4104722	79.2	631317	12.2	447367	8.6
天　津	3954015	79.5	727941	14.6	289969	5.8
河　北	4259865	80.5	957875	18.1	73353	1.4
石家庄	909098	81.0	187636	16.7	25153	2.2
唐　山	696920	82.3	139143	16.4	10335	1.2
秦皇岛	189904	78.6	37937	15.7	13621	5.6
邯　郸	652158	86.0	93853	12.4	12369	1.6
邢　台	295139	91.2	28494	8.8		
保　定	349385	86.6	51875	12.9	2354	0.6
张家口	399823	84.5	71230	15.0	2238	0.5
承　德	185708	91.0	17242	8.5	1074	0.5
沧　州	121405	71.4	47240	27.8	1466	0.9
南　宫	15914	42.4	20218	53.9	1361	3.6
辛　集	32732	46.5	37734	53.5		
定　州	18204	53.6	14574	42.9	1159	3.4
涿　州	38531	64.7	18819	31.6	2223	3.7
廊　坊	15382	56.5	11863	43.5		
任　丘	141444	89.5	16632	10.5		
泊　头	18985	43.9	24248	56.1		
衡　水	59874	71.3	24058	28.7		
沙　河	16193	62.5	9697	37.5		
武　安	22639	45.0	27659	55.0		
藁　城	19715	50.0	19692	50.0		
黄　骅	14537	44.5	18166	55.5		
霸　州	9041	28.7	22467	71.3		
河　间	37134	68.1	17398	31.9		
山　西	2383973	80.5	488909	16.5	89372	3.0
太　原	1031420	84.4	183895	15.0	6989	0.6
大　同	473153	83.1	95734	16.8	540	0.1
阳　泉	170582	83.4	33986	16.6		
长　治	168169	83.8	32432	16.2		
晋　城	69417	71.0	28353	29.0		
朔　州	61473	38.3	18033	11.2	81011	50.5
忻　州	39798	82.1	8471	17.5	209	0.4
榆　次	117837	75.9	37261	24.0	136	0.1
临　汾	79410	87.3	11048	12.1	487	0.5
侯　马	35527	89.6	4115	10.4		
运　城	64777	80.2	15947	19.8		
古　交	20660	59.2	14221	40.8		
霍　州	51750	90.5	5413	9.5		
内蒙古	1592995	85.2	259466	13.9	17935	1.0
呼和浩特	281438	88.5	32695	10.3	3728	1.2
包　头	579834	85.7	84180	12.4	12804	1.9
乌　海	66612	78.0	18538	21.7	291	0.3

续 1

单位：万元

	全　民	比重（%）	集　民	比重（%）	其　他	比重（%）
赤　峰	163581	84.0	31262	16.0		
集　宁	24945	76.0	6887	21.0	974	3.0
二连浩特	817	80.4	199	19.6		
通　辽	100480	83.7	19613	16.3		
海拉尔	43648	81.0	10252	19.0		
满洲里	33741	86.1	5383	13.7	65	0.2
乌兰浩特	45937	80.8	10886	19.2		
牙克石	63221	83.3	12573	16.6	73	0.1
东　胜	49097	95.7	2198	4.3		
扎兰屯	47626	84.8	8544	15.2		
锡林浩特	50963	95.2	2584	4.8		
临　河	19282	76.1	6062	23.9		
霍林郭勒	8092	76.5	2483	23.5		
丰　镇	13681	72.7	5127	27.3		
辽　宁	9058154	75.2	2425037	20.1	563660	4.7
沈　阳	1909845	67.4	667799	23.6	256632	9.1
大　连	1479070	72.7	473766	23.3	81722	4.0
鞍　山	1115480	81.3	228413	16.6	28106	2.0
抚　顺	1037487	87.6	136039	11.5	10651	0.9
本　溪	517610	80.0	122718	19.0	6506	1.0
丹　东	283527	57.6	95001	19.3	113987	23.1
锦　州	433783	82.8	86955	16.6	2919	0.6
营　口	265254	65.9	88612	22.0	48852	12.1
阜　新	191483	73.7	67293	25.9	1141	0.4
辽　阳	358168	80.5	81832	18.4	5110	1.1
盘　锦	425834	94.1	26870	5.9		
铁　岭	149438	76.0	47063	24.0		
朝　阳	147503	88.9	18384	11.1		
瓦房店	127999	64.4	66669	33.5	4069	2.0
海　城	81248	47.4	86265	50.3	3965	2.3
锦　西	412951	86.5	64369	13.5		
兴　城	14008	38.7	22200	61.3		
铁　法	35459	81.4	8106	18.6		
北　票	35698	70.4	15032	29.6		
开　原	36309	62.6	21651	37.4		
吉　林	3136398	79.6	788626	20.0	15479	0.4
长　春	938933	79.3	233149	19.7	11940	1.0
吉　林	931176	85.2	160879	14.7	1167	0.1
四　平	176442	77.8	49883	22.0	479	0.2
辽　源	138348	76.7	41164	22.8	917	0.5
通　化	158388	85.0	27671	14.9	273	0.1
浑　江	115486	74.8	38866	25.2		
公主岭	44467	63.3	25798	36.7		
白　城	58034	75.8	18572	24.2		
延　吉	105935	80.1	26309	19.9		
图　们	57213	83.4	11408	16.6		
敦　化	61178	74.1	21384	25.9		
梅河口	31538	60.0	21005	40.0		
洮　南	39844	79.0	10592	21.0		
扶　余	31511	71.0	12864	29.0		

续 2

单位：万元

	全民	比重（%）	集民	比重（%）	其他	比重（%）
珲春	20335	76.7	6183	23.3		
集安	26796	86.1	4333	13.9		
大安	19963	67.5	9607	32.5		
九台	14286	48.5	15051	51.1	130	0.4
桦甸	58821	84.3	10411	14.9	551	0.8
龙井	59011	83.5	11670	16.5	22	0.0
蛟河	27825	74.8	9392	25.2		
榆树	20868	48.2	22435	51.8		
黑龙江	5879189	86.5	899306	13.2	18415	0.3
哈尔滨	1221925	78.8	326397	21.0	2328	0.2
齐齐哈尔	489643	83.8	93000	15.9	1819	0.3
鸡西	169360	79.0	44390	20.7	745	0.3
鹤岗	163092	77.7	46875	22.3		
双鸭山	127291	86.9	19138	13.1		
大庆	2282890	98.0	45473	2.0		
伊春	167463	78.3	41103	19.2	5191	2.4
佳木斯	311680	87.6	43212	12.1	1048	0.3
七台河	65678	83.7	12758	16.3		
牡丹江	371771	82.1	77558	17.1	3372	0.7
绥芬河	1595	64.7	869	35.3		
绥化	47166	78.2	12038	20.0	1133	1.9
肇东	43512	59.5	29263	40.0	309	0.4
安达	34004	78.6	9270	21.4		
黑河	16434	85.6	2762	14.4		
北安	33286	85.2	5766	14.8		
五大连池	607	77.8	173	22.2		
同江	7331	90.0	648	8.0	165	2.0
阿城	117315	83.8	21518	15.4	1162	0.8
富锦	29145	76.5	8943	23.5		
铁力	37918	79.8	9588	20.2		
尚志	42737	72.4	16291	27.6		
双城	33004	68.2	14217	29.4	1143	2.4
密山	40208	76.9	12079	23.1		
海伦	24134	80.2	5977	19.8		
上海	9287782	85.2	943464	8.7	669079	6.1
江苏	7640822	53.9	5569850	39.3	956992	6.8
南京	1918683	80.6	379776	16.0	81690	3.4
无锡	924987	65.4	319286	22.6	170855	12.1
徐州	633985	82.7	128094	16.7	4533	0.6
常州	653334	56.7	330824	28.7	168094	14.6
苏州	542892	47.8	426780	37.6	165610	14.6
南通	387479	53.8	196328	27.3	136190	18.9
连云港	192839	69.7	72999	26.4	10826	3.9
淮阴	241602	81.5	54674	18.5		
盐城	230919	62.6	136841	37.1	1163	0.3
扬州	284791	66.2	132137	30.7	13296	3.1
镇江	325072	69.1	133283	28.3	11868	2.5
泰州	123374	54.6	82770	36.7	19626	8.7
常熟	120259	18.5	468910	72.1	60865	9.4
仪征	361214	83.5	61559	14.2	9605	2.2

续3

单位：万元

	全　民	比重（%）	集　民	比重（%）	其　他	比重（%）
张家港	55024	9.7	507074	89.7	3078	0.5
江　阴	95651	15.0	509653	79.9	32739	5.1
丹　阳	81434	23.8	249450	73.0	10641	3.1
东　台	65427	31.2	143230	68.4	744	0.4
宿　迁	44195	40.8	64112	59.2		
兴　化	48451	33.7	95257	66.3		
淮　安	28370	30.2	65700	69.8		
宜　兴	51836	12.8	346493	85.7	6143	1.5
昆　山	83378	18.9	312138	70.9	44630	10.1
启　东	53601	23.9	168145	75.1	2132	1.0
新　沂	45185	56.7	33436	42.0	1057	1.3
溧　阳	46840	23.5	150901	75.7	1607	0.8
浙　江	3320293	49.2	3211643	47.6	220581	3.3
杭　州	1063932	69.6	415291	27.2	48959	3.2
宁　波	533250	59.2	311609	34.6	56121	6.2
温　州	96579	33.9	174027	61.0	14497	5.1
嘉　兴	184519	53.3	154132	44.5	7426	2.1
湖　州	183781	40.4	261573	57.5	9438	2.1
绍　兴	173437	61.8	103786	37.0	3546	1.3
金　华	117285	75.9	36737	23.8	499	0.3
衢　州	113887	77.0	32928	22.3	1142	0.8
椒　江	61793	55.4	46541	41.7	3177	2.8
兰　溪	125970	63.2	70302	35.3	2938	1.5
余　姚	62163	25.2	179564	72.8	5070	2.1
丽　水	26840	61.3	16628	38.0	337	0.8
临　海	28340	34.7	50755	62.1	2609	3.2
海　宁	71423	28.1	178940	70.5	3500	1.4
舟　山	79719	52.6	58492	38.6	13289	8.8
瑞　安	13164	13.4	84350	86.1	468	0.5
萧　山	163615	27.8	417661	71.0	7179	1.2
江　山	27879	47.1	29397	49.6	1933	3.3
义　乌	21434	35.9	35987	60.2	2316	3.9
东　阳	22254	27.3	59041	72.5	172	0.2
慈　溪	43081	15.9	209197	77.2	18607	6.9
奉　化	25172	24.9	74743	73.9	1225	1.2
诸　暨	38224	31.0	82305	66.7	2852	2.3
黄　岩	30882	18.7	121285	73.3	13281	8.0
龙　泉	11670	64.7	6372	35.3		
安　徽	3121481	80.4	737440	19.0	23038	0.6
合　肥	599700	83.6	106066	14.8	11795	1.6
芜　湖	338736	81.1	76605	18.3	2125	0.5
蚌　埠	298503	75.1	98123	24.7	966	0.2
淮　南	331005	80.8	77541	18.9	989	0.2
马鞍山	319018	83.5	63001	16.5		
淮　北	203632	86.5	31729	13.5		
铜　陵	216001	88.5	27902	11.4	299	0.1
安　庆	301989	85.5	50703	14.4	484	0.1
黄　山	35079	68.4	13563	26.5	2621	5.1
阜　阳	124315	86.7	19057	13.3		
六　安	48643	76.6	13707	21.6	1168	1.8

续 4

单位：万元

	全　民	比重（%）	集　民	比重（%）	其　他	比重（%）
宿　州	15324	47.0	17248	53.0		
滁　州	118004	70.8	48764	29.2		
巢　湖	55334	72.6	20886	27.4		
亳　州	34184	61.4	21473	38.6		
宣　州	37259	63.4	21240	36.1	303	0.5
贵　池	31130	72.1	12051	27.9		
界　首	13625	40.4	17781	52.8	2288	6.8
福　建	1675481	58.8	417037	14.6	755272	26.5
福　州	419985	51.1	147761	18.0	254103	30.9
厦　门	309862	42.8	53161	7.3	361448	49.9
莆　田	40496	60.3	9557	14.2	17050	25.4
三　明	195938	84.0	29247	12.5	8124	3.5
泉　州	66925	52.0	28348	22.0	33492	26.0
漳　州	98711	64.8	28675	18.8	24954	16.4
南　平	150838	84.5	22887	12.8	4858	2.7
龙　岩	124966	89.9	12562	9.0	1435	1.0
邵　武	47862	81.5	10694	18.2	204	0.3
永　安	125620	76.3	32410	19.7	6535	4.0
石　狮	1955	31.8	3614	58.8	579	9.4
宁　德	9275	67.0	2615	18.9	1955	14.1
武夷山	10097	65.6	4374	28.4	925	6.0
福　安	25924	67.5	10640	27.7	1825	4.8
漳　平	28146	81.8	5401	15.7	858	2.5
福　清	18881	26.6	15091	21.3	36927	52.1
江　西	1707019	80.3	399631	18.8	20298	1.0
南　昌	529340	79.5	134406	20.2	1702	0.3
景德镇	116009	79.9	28892	19.9	338	0.2
萍　乡	94723	60.6	61549	39.4		
九　江	260929	92.0	22783	8.0		
新　余	205941	91.3	15678	6.9	3985	1.8
鹰　潭	27790	86.3	4408	13.7		
上　饶	35755	74.2	11299	23.4	1130	2.3
临　川	66269	77.2	19604	22.8		
吉　安	62786	73.9	9776	11.5	12436	14.6
赣　州	97767	85.0	17188	14.9	48	0.0
宜　春	42911	65.9	22220	34.1	8	0.0
井冈山	7128	86.1	508	6.1	641	7.7
丰　城	35222	54.9	28878	45.1		
樟　树	43151	78.7	11685	21.3	10	0.0
瑞　昌	23330	84.8	4181	15.2		
德　兴	57968	89.8	6576	10.2		
山　东	7246199	63.2	4085116	35.7	126711	1.1
济　南	1064209	73.9	349309	24.3	26259	1.8
青　岛	1148931	65.7	577128	33.0	22513	1.3
淄　博	1134420	74.1	392097	25.6	4547	0.3
枣　庄	193983	48.6	203365	51.0	1399	0.4
东　营	776535	96.4	28831	3.6		
烟　台	315014	63.6	152833	30.9	27279	5.5
潍　坊	338235	66.1	168400	32.9	5290	1.0
济　宁	223903	64.6	121416	35.0	1246	0.4

续 5

单位：万元

	全民	比重（%）	集民	比重（%）	其他	比重（%）
泰安	96193	61.5	60129	38.4	92	0.1
德州	141370	75.7	45186	24.2	250	0.1
威海	68498	26.1	186348	71.0	7487	2.9
新泰	135530	66.0	69972	34.0		
滨州	92345	75.6	29827	24.4		
聊城	82732	69.2	36784	30.8		
临清	54926	49.7	52688	47.7	2899	2.6
临沂	113787	47.1	119331	49.3	8713	3.6
菏泽	76952	65.0	41456	35.0		
莱芜	157863	67.9	74606	32.1		
日照	41773	53.8	35285	45.4	646	0.8
青州	102906	61.9	63304	38.1		
曲阜	33256	62.6	19899	37.4		
龙口	84225	46.9	95549	53.1		
胶州	38578	21.3	142315	78.7		
莱阳	75674	57.2	56623	42.8		
诸城	91326	56.8	69542	43.2		
莱州	70945	43.0	93586	56.8	317	0.2
滕州	108617	66.4	55074	33.6		
乐陵	8186	18.8	35461	81.2		
文登	65488	27.5	164139	68.9	8651	3.6
荣成	117262	41.9	161292	57.6	1610	0.6
即墨	38504	23.9	122718	76.1		
平度	52338	31.4	113060	67.8	1254	0.8
胶南	52229	34.9	91686	61.2	5922	4.0
莱西	49466	46.8	55877	52.9	337	0.3
河南	4218570	81.4	929257	17.9	31955	0.6
郑州	727241	83.6	134877	15.5	7270	0.8
开封	251693	76.1	72184	21.8	6739	2.0
洛阳	700326	90.6	72192	9.3	232	0.0
平顶山	324781	84.4	59843	15.6		
安阳	388302	83.5	63191	13.6	13702	2.9
鹤壁	64330	64.0	36227	36.0		
新乡	294695	79.4	76566	20.6	5	0.0
焦作	288220	86.6	44464	13.4	101	0.0
濮阳	219566	86.6	33017	13.0	1009	0.4
许昌	120003	77.7	33470	21.7	955	0.6
漯河	74215	75.2	23776	24.1	641	0.6
三门峡	89372	87.2	12728	12.4	371	0.4
义马	42750	90.8	4335	9.2		
商丘	69079	77.2	20442	22.8		
周口	47955	75.8	15015	23.7	292	0.5
驻马店	69033	79.7	17616	20.3		
南阳	108597	80.6	25582	19.0	638	0.5
信阳	78055	84.6	14169	15.4		
汝州	45467	78.9	12132	21.1		
济源	23762	41.9	32885	58.1		
禹州	25234	50.3	24898	49.7		
辉县	25629	47.8	28017	52.2		
卫辉	44500	67.5	21432	32.5		

续6 单位：万元

	全民	比重（%）	集民	比重（%）	其他	比重（%）
邓州	23056	66.1	11822	33.9		
沁阳	20570	37.9	33720	62.1		
舞钢	52139	91.8	4657	8.2		
湖北	5157860	76.5	1517198	22.5	69562	1.0
武汉	2111279	85.9	316140	12.9	31808	1.3
黄石	362228	82.0	70482	16.0	8976	2.0
十堰	536866	92.1	46298	7.9		
沙市	217065	73.0	79296	26.7	921	0.3
宜昌	301337	84.9	51142	14.4	2473	0.7
襄樊	257011	75.1	76079	22.2	9186	2.7
鄂州	108707	68.3	45190	28.4	5148	3.2
荆门	222183	84.0	40097	15.2	2276	0.9
老河口	45602	45.5	54606	54.5		
随州	61500	54.3	51695	45.7		
恩施	25152	75.7	8084	24.3		
孝感	33462	49.2	34485	50.8		
咸宁	46521	69.9	19383	29.1	629	0.9
丹江口	76025	82.6	16001	17.4		
应城	71658	72.6	27107	27.4		
蒲圻	78585	74.7	26476	25.2	115	0.1
仙桃	46889	25.0	140714	75.0		
石首	44297	53.6	38411	46.4		
麻城	27309	64.9	14794	35.1		
利川	28569	92.3	2369	7.7		
洪湖	29069	33.6	57377	66.4		
天门	51587	32.7	99886	63.3	6312	4.0
安陆	47968	70.3	20295	29.7		
武穴	29571	54.9	24250	45.0	90	0.2
枝城	26680	54.4	22250	45.4	116	0.2
枣阳	74014	70.6	30855	29.4		
潜江	89145	67.4	43112	32.6		
广水	29831	60.4	19547	39.6		
当阳	44122	67.3	19942	30.4	1512	2.3
黄州	33628	61.7	20835	38.3		
湖南	3375071	80.4	792921	18.9	32188	0.8
长沙	535789	73.1	190793	26.0	6701	0.9
株洲	493825	86.4	78059	13.6		
湘潭	346096	81.1	79015	18.5	1635	0.4
衡阳	299730	82.1	65347	17.9	170	0.0
邵阳	142762	81.5	32324	18.5		
岳阳	397374	87.7	34104	7.5	21813	4.8
醴陵	37948	48.0	41133	52.0		
湘乡	73178	84.0	13970	16.0		
耒阳	43527	83.7	8499	16.3		
益阳	86868	72.7	30711	25.7	1869	1.6
常德	253426	86.4	39884	13.6		
津市	29677	66.6	14914	33.4		
娄底	110055	88.7	14068	11.3		
冷水江	83083	85.1	14503	14.9		
郴州	123988	91.7	11288	8.3		

续 7 单位：万元

	全　民	比重（%）	集　民	比重（%）	其　他	比重（%）
资　兴	35777	85.1	6247	14.9		
永　州	68505	85.1	11963	14.9		
冷水滩	41000	84.7	7414	15.3		
怀　化	25449	76.5	7798	23.5		
洪　江	26144	72.7	9824	27.3		
吉　首	20504	79.8	5187	20.2		
大　庸	8035	76.5	2466	23.5		
涟　源	30530	54.0	26021	46.0		
汨　罗	26647	60.0	17801	40.0		
沅　江	29064	53.6	25205	46.4		
韶　山	6090	58.1	4383	41.9		
广　东	5239412	50.3	2138402	20.5	3047143	29.2
广　州	2332924	66.5	490401	14.0	686222	19.6
韶　关	387629	93.1	24537	5.9	4406	1.1
深　圳	359414	22.2	55704	3.4	1204599	74.4
珠　海	129410	33.9	58545	15.3	193789	50.8
汕　头	158604	29.4	189603	35.1	191753	35.5
佛　山	384497	50.3	270090	35.3	109754	14.4
江　门	226065	57.4	116820	29.7	50716	12.9
湛　江	218347	64.7	89535	26.5	29714	8.8
茂　名	397285	92.0	31998	7.4	2551	0.6
惠　州	33673	17.3	19267	9.9	142228	72.9
肇　庆	96151	57.8	31799	19.1	38459	23.1
潮　州	58654	37.0	77112	48.7	22647	14.3
梅　州	69299	60.9	7336	6.4	37234	32.7
中　山	182150	28.7	335422	52.8	117906	18.6
东　莞	122620	21.1	258652	44.5	200379	34.5
汕　尾	3797	58.9	2130	33.0	524	8.1
河　源	17551	68.9	6976	27.4	928	3.6
阳　江	35366	39.9	51840	58.5	1348	1.5
清　远	25976	44.3	20635	35.2	11986	20.5
广　西	1548948	80.2	345697	17.9	35753	1.9
南　宁	367440	84.8	52818	12.2	13016	3.0
柳　州	558539	79.6	140453	20.0	2769	0.4
桂　林	221013	81.6	47170	17.4	2534	0.9
梧　州	117778	75.2	32137	20.5	6764	4.3
北　海	39381	62.5	16936	26.9	6697	10.6
凭　祥	2104	93.1	157	6.9		
合　山	24716	92.0	2140	8.0		
玉　林	64347	71.9	21406	23.9	3718	4.2
百　色	31792	88.9	3989	11.1		
河　池	31196	90.5	3287	9.5		
钦　州	30775	72.7	11320	26.7	255	0.6
贵　港	59867	81.2	13884	18.8		
海　南	133339	80.6	8456	5.1	23727	14.3
海　口	115012	79.1	7026	4.8	23352	16.1
三　亚	12270	89.3	1288	9.4	178	1.3
通　什	6057	94.7	142	2.2	197	3.1
四　川	5199933	80.4	1199605	18.5	68461	1.1
成　都	1209798	82.3	248289	16.9	11196	0.8

续 8　　单位：万元

	全民	比重（%）	集民	比重（%）	其他	比重（%）
重庆	1589464	80.9	331268	16.9	43318	2.2
自贡	240342	80.6	55542	18.6	2389	0.8
攀枝花	279970	87.4	40372	12.6		
泸州	137263	85.0	24137	14.9	71	0.0
德阳	102856	61.4	60749	36.3	3856	2.3
绵阳	263871	88.7	33506	11.3		
广元	65916	83.4	13084	16.6	18	0.0
遂宁	54723	64.7	29906	35.3		
内江	118646	76.3	36809	23.7	104	0.1
乐山	189360	81.5	39827	17.1	3098	1.3
万县	72280	80.2	17496	19.4	382	0.4
涪陵	60292	74.4	20764	25.6		
宜宾	130699	83.9	24951	16.0	192	0.1
南充	86466	79.2	21710	19.9	1060	1.0
华蓥	33499	91.3	2900	7.9	277	0.8
达县	89343	86.0	14388	13.9	143	0.1
雅安	53425	87.5	7037	11.5	600	1.0
西昌	56596	85.2	9593	14.4	232	0.3
江油	201717	83.7	39217	16.3		
广汉	58640	42.6	79110	57.4		
都江堰	36248	55.9	27802	42.9	782	1.2
峨眉山	68519	75.8	21148	23.4	743	0.8
贵州	1139253	87.4	133037	10.2	30845	2.4
贵阳	610188	88.5	69447	10.1	9595	1.4
六盘水	126017	91.5	9765	7.1	950	0.7
遵义	179449	90.3	19367	9.7		
安顺	67300	69.8	11080	11.5	17984	18.7
都匀	42747	88.6	3675	7.6	1811	3.8
凯里	58282	96.1	2377	3.9		
铜仁	8003	37.6	12804	60.1	505	2.4
兴义	14552	88.8	1827	11.2		
赤水	32715	92.4	2695	7.6		
云南	1916404	86.9	277448	12.6	10386	0.5
昆明	935190	85.9	145048	13.3	8991	0.8
东川	23250	87.5	3245	12.2	88	0.3
个旧	143889	76.3	44607	23.7		
大理	50021	53.6	43320	46.4		
开远	57607	92.6	4470	7.2	153	0.2
昭通	103177	96.5	3743	3.5		
玉溪	306921	95.6	13986	4.4		
楚雄	108895	95.8	4724	4.2		
曲靖	172451	95.1	8924	4.9		
保山	14803	70.3	5105	24.2	1154	5.5
畹町	200	42.0	276	58.0		
西藏						
拉萨						
日喀则						
陕西	2113929	84.9	346155	13.9	30652	1.2
西安	1076291	81.9	212105	16.1	25513	1.9
铜川	74991	83.3	15036	16.7		

续 9　　　　单位：万元

	全　民	比重（%）	集　民	比重（%）	其　他	比重（%）
宝　鸡	315932	90.3	33167	9.5	722	0.2
咸　阳	319235	92.5	22011	6.4	3993	1.2
延　安	32646	96.8	1084	3.2		
汉　中	69940	76.1	21910	23.9		
渭　南	42881	69.5	18845	30.5		
韩　城	49352	89.1	6037	10.9		
榆　林	20264	84.4	3759	15.6		
安　康	30773	85.9	4613	12.9	424	1.2
商　州	16642	83.8	3224	16.2		
华　阴	64982	93.7	4364	6.3		
甘　肃	1730476	87.6	244236	12.4	1472	0.1
兰　州	1038567	90.5	108852	9.5	416	0.0
嘉峪关	56656	83.2	11419	16.8		
金　昌	111642	80.6	26782	19.3	16	0.0
白　银	194923	91.4	18236	8.6		
天　水	121859	82.8	24837	16.9	550	0.4
玉　门	84790	92.6	6737	7.4		
平　凉	21620	75.1	7168	24.9		
临　夏	8027	70.0	2943	25.7	490	4.3
武　威	30989	73.5	11175	26.5		
张　掖	24090	69.0	10824	31.0		
酒　泉	19491	71.8	7642	28.2		
西　峰	15803	87.7	2213	12.3		
敦　煌	2019	27.2	5408	72.8		
青　海	207533	84.0	39575	16.0		
西　宁	192881	83.6	37835	16.4		
格尔木	11988	89.2	1452	10.8		
德令哈	2664	90.2	288	9.8		
宁　夏	418929	87.1	58657	12.2	3524	0.7
银　川	186337	88.5	21226	10.1	2977	1.4
石嘴山	133674	88.0	18170	12.0		
吴　忠	30552	69.7	12880	29.4	392	0.9
青铜峡	68366	91.3	6381	8.5	155	0.2
新　疆	1318255	88.3	146904	9.8	28502	1.9
乌鲁木齐	512813	84.5	66487	11.0	27310	4.5
克拉玛依	345143	98.2	6275	1.8		
石河子	80740	92.8	6228	7.2		
吐鲁番	15441	65.2	8051	34.0	193	0.8
哈　密	43218	91.5	3996	8.5		
昌　吉	51275	80.7	11631	18.3	670	1.1
奎　屯	40405	93.0	3060	7.0		
伊　宁	36153	79.7	9019	19.9	195	0.4
塔　城	5981	73.5	2156	26.5		
阿勒泰	13278	87.6	1798	11.9	74	0.5
博　乐	13074	63.7	7442	36.3		
库尔勒	58771	91.3	5579	8.7		
阿克苏	66201	92.9	5055	7.1		
阿图什	1111	38.6	1719	59.7	48	1.7
喀　什	22303	80.8	5314	19.2		
和　田	12348	79.9	3094	20.0	12	0.1

7. 467 个城市社会发展主要指标（不包括市辖县）

单位：人

	高等学校		中等专业学校		自然科学方面的人员	卫生技术人员
	专任教师数	在校学生数	专任教师数	在校学生数		
全部城市	387806	2035058	202214	1820703	7299742	2215534
北　京	34657	132433	5442	46829	500858	95717
天　津	11121	51039	4380	36695	277903	59871
河　北	13824	77081	8891	75201	200792	104410
石家庄	4915	28398	2709	21466	24119	16782
唐　山	1269	6607	685	5288	40163	13497
秦皇岛	596	2373	637	5247	13939	6479
邯　郸	1065	6081	535	4171	9254	16942
邢　台	161	1153	582	6723	4936	5682
保　定	2704	14557	443	3603	19192	9404
张家口	1258	6421	451	4535	14862	7087
承　德	624	4481	328	3520	7273	4504
沧　州	324	2102	462	4980	3610	3593
南　宫			34	98	5493	978
辛　集			23	235	3215	1017
定　州			187	1838	3386	1434
涿　州	60	320	186	1819	9890	1261
廊　坊	377	2391	401	3143	1603	2979
任　丘	317	1287	418	352	17861	3737
泊　头			129	1743	2049	1586
衡　水	154	910	322	2776	5080	1828
沙　河			16	167	4801	1280
武　安			130	1721	1785	1197
藁　城			48	548	3521	660
黄　骅			36	138	1038	663
霸　州			91	465	1582	1200
河　间			38	625	2140	620
山　西	8275	47438	7547	62677	236089	67126
太　原	6031	32463	3221	29323	112394	25596
大　同	497	2916	718	6225	31450	9933
阳　泉	99	901	157	1636	12407	4818
长　治	348	2072	799	4496	15247	4830
晋　城			143	1396	8830	2984
朔　州			271	2086	708	1607
忻　州	140	1104	381	3763	5710	2402
榆　次	143	1549	331	2574	15467	3661
临　汾	700	5060	363	4042	7861	4233
侯　马	67	307			5211	1473
运　城	250	1066	1163	7136	14578	2858
古　交					2213	965
霍　州					4013	1766
内蒙古	7410	34779	7928	48843	174116	53926
呼和浩特	4322	20137	2360	14965	51519	10817
包　头	1022	4653	883	6284	44472	11642
乌　海			70	510	5085	2766

续 1

单位：人

	高等学校		中等专业学校		自然科学方面的人员	卫生技术人员
	专任教师数	在校学生数	专任教师数	在校学生数		
赤　峰	302	1152	529	3775	11619	5386
集　宁	182	400	530	3541	5321	2417
二连浩特					320	67
通　辽	796	4325	387	2528	11612	4256
海拉尔	112	542	407	3553	3624	2371
满洲里			61	192	4224	1448
乌兰浩特	57	314	214	1727	3654	1155
牙克石	30	110	336	577	8018	3581
东　胜	248	1375	896	3156	8034	1577
扎兰屯			322	2479	3618	1614
锡林浩特	89	538	496	2957	5939	1241
临　河	250	1233	427	2576	3130	2326
霍林郭勒					1610	526
丰　镇			10	23	2317	736
辽　宁	23539	125322	11203	90718	630706	172097
沈　阳	10353	50590	2887	22071	237977	47731
大　连	6695	35786	1422	13038	81702	23588
鞍　山	785	4695	751	7334	50569	14761
抚　顺	773	4367	912	5543	39449	12267
本　溪	459	2903	467	5149	25977	9537
丹　东	500	4236	563	5085	18803	5998
锦　州	1671	9663	792	6886	29478	8442
营　口	272	1852	311	2478	18528	5483
阜　新	828	4941	548	3899	21548	6729
辽　阳	498	2015	627	5258	14605	5872
盘　锦	102	382	144	1352	20669	4313
铁　岭	209	2404	409	5100	12956	4084
朝　阳	394	1488	697	3959	12932	3060
瓦房店			247	1443	8183	3195
海　城			60	784	6297	2696
锦　西			366	1339	15458	4673
兴　城					2774	3167
铁　法					4112	1117
北　票					3925	2723
开　原					4764	2661
吉　林	13989	72803	7213	57803	305119	85126
长　春	10521	51039	2761	17202	106862	24830
吉　林	1190	11005	1505	12707	47095	13544
四　平	466	2766	344	3086	12271	4308
辽　源			371	3407	11841	2745
通　化	239	1172	377	3394	14936	3636
浑　江			124	1101	12787	4366
公主岭			220	2273	8878	2724
白　城	227	1200	556	3925	5761	3038
延　吉	1035	4477	477	4903	15810	3619
图　们					3728	1122
敦　化			43	580	10816	2429
梅河口			62	1175	3342	2450
洮　南					2790	1619
扶　余					7770	2069

续 2

单位：人

	高等学校		中等专业学校		自然科学方面的人员	卫生技术人员
	专任教师数	在校学生数	专任教师数	在校学生数		
珲春					3463	872
集安					2533	810
大安			74	978	3706	1675
九台			141	1500	5637	2241
桦甸					4013	1973
龙井	311	1144	16	210	7599	1396
蛟河					3520	1789
榆树			142	1362	9961	1871
黑龙江	14551	72832	6786	59142	393705	112787
哈尔滨	10412	48707	2904	22794	142915	32535
齐齐哈尔	915	5512	559	5491	26075	11651
鸡西	396	1852	333	2365	9457	5754
鹤岗		115	256	1742	12277	4651
双鸭山	24	69	86	1142	10535	3291
大庆	185	433	492	4232	49925	9411
伊春	25	62	223	2550	16351	6636
佳木斯	875	5617	377	4320	22686	6232
七台河			83	860	7471	1932
牡丹江	289	1551	496	4548	17464	6698
绥芬河					902	198
绥化	197	1281	87	713	9860	2804
肇东			93	1342	8240	1771
安达	625	3718			2956	1109
黑河	88	763	134	1288	3808	1275
北安			109	930	13508	3344
五大连池					720	118
同江					1542	700
阿城	154	984	160	950	6321	1817
富锦			103	588	8627	1874
铁力					4500	1834
尚志					5365	1794
双城		145	99	1112	3813	1314
密山	366	2023	47	407	2563	2007
海伦			145	1768	5824	2037
上海	23758	111102	4696	45845	451073	90878
江苏	27863	146671	10672	124147	467905	128850
南京	14841	69993	3100	30921	145870	28974
无锡	1363	6309	827	10135	43017	9245
徐州	2086	11586	932	8926	39523	13317
常州	697	5085	1047	15715	31709	6769
苏州	2606	13850	805	9227	33415	8974
南通	854	5264	839	11655	20846	5482
连云港	444	3190	417	4330	15793	4232
淮阴	479	3326	445	4337	13842	3654
盐城	510	4105	667	7959	11464	4013
扬州	1999	13052	319	8361	20226	4794
镇江	1663	8397	487	3737	20851	4909
泰州		354	131	1582	5569	2124
常熟	202	1506	30	253	7220	3259
仪征			28	417	6027	2019

续 3

单位：人

	高等学校		中等专业学校		自然科学方面的人员	卫生技术人员
	专任教师数	在校学生数	专任教师数	在校学生数		
张家港	119	654			5518	2369
江阴			45	766	4786	2972
丹阳			111	1058	4134	1951
东台			52	723	4507	2873
宿迁			44	541	2757	1409
兴化					4059	2650
淮安			167	1630	4156	1659
宜兴			179	1874	5412	3056
昆山					3532	1635
启东					4744	2995
新沂					2350	1631
溧阳					6578	1885
浙江	11317	61125	6497	59349	143755	74301
杭州	7850	41504	2589	19932	33992	19231
宁波	778	3969	587	6882	16276	7102
温州	658	4117	377	3078	8290	4788
嘉兴	260	1827	314	3495	7525	3039
湖州	165	956	248	3040	6625	3455
绍兴	253	1512	142	1945	5752	2021
金华	708	3734	545	4857	6547	2389
衢州	70	343	124	1474	6132	1385
椒江			37	306	1850	1066
兰溪					3333	1458
余姚			16	208	3039	1705
丽水	137	861	330	2821	1892	1823
临海	153	962	195	1837	3514	2275
海宁			34	481	2857	1458
舟山	285	1340	268	1546	5249	2513
瑞安			40	535	2362	2538
萧山			141	1642	3791	2737
江山					2751	1158
义乌			58	560	3536	1570
东阳			39	272	3866	2050
慈溪			39	550	3070	1837
奉化			125	1317	1989	1216
诸暨			122	1320	4671	2202
黄岩			89	874	3251	2415
龙泉			38	377	1595	870
安徽	11748	60904	6102	60522	197875	67180
合肥	5522	25583	2402	21213	68899	11968
芜湖	1665	9565	320	3584	15507	5555
蚌埠	720	4931	363	4218	11548	5932
淮南	801	4768	374	4565	8316	8806
马鞍山	583	3536	109	1842	16856	4009
淮北	354	1886	134	1490	14560	5197
铜陵	114	766	125	2411	10220	2904
安庆	332	1560	434	3584	10164	3789
黄山	204	1091	25	1857	5392	2004
阜阳	398	1698	224	2356	4971	2680
六安	219	1406	245	3284	3014	1884

续 4

单位：人

	高等学校		中等专业学校		自然科学方面的人员	卫生技术人员
	专任教师数	在校学生数	专任教师数	在校学生数		
宿州	181	1150	118	1044	6078	1550
滁州	220	1080	403	2888	4776	2029
巢湖	319	1167	468	2321	6495	3102
亳州			75	765	1246	1709
宣州			34	892	1743	1703
贵池	116	717	194	1809	3243	1237
界首			55	399	4847	1122
福建	8852	56387	5177	48936	96294	43542
福州	4165	26887	1999	17661	19893	15051
厦门	2336	14103	588	5166	21774	4624
莆田	73	606	193	1592	3996	1749
三明	297	1562	244	2432	10887	2052
泉州	860	4952	517	5017	7860	3158
漳州	272	2062	286	3072	6361	2598
南平	281	2460	268	2945	5955	2097
龙岩	210	1282	361	3232	6513	2378
邵武			20	337	1645	1292
永安		49	90	785	4184	1679
石狮			42	550	410	160
宁德	194	1123	158	1548	427	1309
武夷山					1195	620
福安			136	1620	1680	1969
漳平			30	513	1328	738
福清	164	1301	245	2466	2186	2068
江西	9113	56812	4736	41781	163471	53772
南昌	5523	30939	2012	15994	70316	16285
景德镇	244	2219	211	2436	8985	3498
萍乡	117	999	290	2431	11555	5152
九江	372	3108	612	5499	11815	4593
新余	35		111	1053	9189	2634
鹰潭	35	300	116	1175	1735	780
上饶	500	2924	260	3005	3247	2148
临川	551	4232	123	1018	7104	2971
吉安	314	2772	213	2001	5161	2357
赣州	973	6102	460	3951	12061	3587
宜春	449	3217	211	2440	7474	2849
井冈山					522	314
丰城					5506	2890
樟树			77	366	2954	1488
瑞昌					2416	1087
德兴			40	412	3431	1139
山东	18750	107715	14689	131242	553960	153499
济南	7245	37307	2845	24658	103593	25910
青岛	2624	15433	1299	11780	78937	19407
淄博	450	3058	736	7821	55140	13580
枣庄	186	990	314	2682	22827	6827
东营	1173	7294	668	4741	30066	5265
烟台	947	6816	1011	8899	29351	5633
潍坊	698	4433	1113	9946	26712	6437
济宁	463	2639	564	4626	4547	5120

续 5　　单位：人

	高等学校		中等专业学校		自然科学方面的人员	卫生技术人员
	专任教师数	在校学生数	专任教师数	在校学生数		
泰安	1822	10245	977	7681	19562	6362
德州	190	1243	431	3806	12403	3705
威海	160	1241	110	774	7096	1514
新泰			20	2025	1781	4168
滨州	432	2192	338	1498	8070	3159
聊城	503	2807	410	2929	11382	3212
临清			148	1622	2664	1602
临沂	427	2848	957	11093	12100	4759
菏泽	428	2806	751	3814	11849	4082
莱芜			135	2202	7706	3610
日照	30	165	93	559	6540	1804
青州			173	1336	6701	2157
曲阜	626	4545	228	2326	4787	1105
龙口					6958	2387
胶州			142	1318	6886	1833
莱阳	346	1608	225	3755	8864	2347
诸城			68	668	4127	1686
莱州			47	712	7520	1848
滕州			398	3394	5173	3140
乐陵			115	873	8210	890
文登			173	1684	5879	1751
荣成		45			6145	1507
即墨			55	525	6916	1565
平度			66	646	11204	2080
胶南			38	448	7095	1761
莱西			41	401	5169	1286
河南	13610	78362	10801	112237	320980	111211
郑州	6113	35169	3482	35366	59959	21717
开封	1753	8715	909	8857	16837	7402
洛阳	1434	7796	770	9165	60595	12444
平顶山	242	1232	390	4168	23520	6523
安阳	331	2673	649	7080	12264	5809
鹤壁			163	1871	6166	2913
新乡	1171	6226	488	5676	36385	7251
焦作	609	3001	310	4316	9751	5890
濮阳			501	4775	13476	3983
许昌	211	1713	449	5142	4802	2798
漯河			128	1919	2371	2128
三门峡			129	1668	5847	1514
义马					2560	1616
商丘	189	1499	333	3254	8369	3356
周口	198	1435	214	2298	5207	2280
驻马店	173	1100	459	3726	7250	2936
南阳	363	2297	692	4870	7983	4354
信阳	564	3757	382	3299	5562	3117
汝州			60	880	5734	1509
济源					4227	1782
禹州					2688	2378
辉县					4541	1504
卫辉	259	1749	100	1459	6048	2161

续 6 单位：人

	高等学校		中等专业学校		自然科学方面的人员	卫生技术人员
	专任教师数	在校学生数	专任教师数	在校学生数		
邓州			96	1150	3981	1914
沁阳			97	1298	1534	960
舞钢					3323	972
湖北	25370	130138	13355	136953	409718	135394
武汉	19772	98581	5033	47598	185964	45913
黄石	473	3153	506	5256	24261	6269
十堰	483	2062	582	4972	18782	5216
沙市	1516	3673	469	6058	11422	4258
宜昌	804	5513	673	8259	25305	5774
襄樊	329	3691	637	7627	14554	6549
鄂州	88	550	94	4413	6483	2737
荆门	121	212	650	1759	10305	3270
老河口			38	450	3152	1916
随州	20	193	121	1820	7364	3786
恩施	352	2392	760	8280	6113	2848
孝感	228	1825	388	6245	13679	4885
咸宁	282	2430	369	3067	5592	2406
丹江口	212	1396	76	978	5543	1682
应城					2257	2211
蒲圻			179	1968	2704	1943
仙桃			640	3533	5120	3038
石首			99	1677	5723	1409
麻城			165	1602	5460	2192
利川			44	128	3299	1664
洪湖			124	1266	4884	2759
天门			142	1731	7532	3604
安陆			74	722	5735	1926
武穴			79	580	4180	1876
枝城			72	707	4319	1329
枣阳			53	853	3250	2562
潜江			242	2395	4130	4334
广水			277	1202	3273	2151
当阳			172	1517	3124	1552
黄州	690	4467	597	10290	6209	3335
湖南	14204	87219	8305	87438	292441	84536
长沙	8106	46041	2723	23387	78756	18458
株洲	665	3539	710	7160	28123	5934
湘潭	1815	11450	675	6365	23370	5302
衡阳	994	6303	431	5768	23472	7938
邵阳	470	3719	321	4798	11688	3448
岳阳	297	2281	371	4148	17538	4418
醴陵					3421	1913
湘乡			49	621	3975	2077
耒阳			71	914	5088	2188
益阳	268	2445	369	4010	10001	2528
常德	347	2637	380	4763	19437	5232
津市			149	2322	6411	1022
娄底	198	1326	384	5074	7386	2071
冷水江			140	1806	4534	1666
郴州	182	1544	367	5187	5850	2656

续 7

单位：人

	高等学校		中等专业学校		自然科学方面的人员	卫生技术人员
	专任教师数	在校学生数	专任教师数	在校学生数		
资兴			56	1168	3927	1442
永州	170	1921	213	2094	4836	2021
冷水滩			86	615	3156	1306
怀化	291	1736	214	2116	7150	2648
洪江					1425	751
吉首	316	1891	385	3757	4711	1487
大庸	85	386	121	941	448	1155
涟源					11450	2380
汨罗					2670	1763
沅江			90	424	3312	2364
韶山					306	368
广东	15943	96107	8076	95890	262974	96790
广州	11863	65465	4687	50470	157363	41820
韶关	244	3343	236	3508	7269	3572
深圳	484	3964	243	2666		5546
珠海	40	132	109	1441	6544	2010
汕头	540	3572	251	2630	11734	5699
佛山	299	2760	316	4487	10308	3710
江门	185	1191	157	2933	883	2451
湛江	897	6694	519	7868	14886	6035
茂名	222	850	71	2008	6518	2192
惠州	504	2226	269	5239	4773	1949
肇庆	435	3833	337	4030	6115	2624
潮州	189	1583	355	2415	8018	3755
梅州					843	1669
中山	41	494	60	736	9679	2945
东莞			177	1904	6801	4503
汕尾					2058	582
河源			56	541	2036	1494
阳江			58	890	4037	2098
清远			175	2124	3109	2136
广西	6474	35649	6187	59677	111137	44336
南宁	3735	19191	3093	27955	13921	13085
柳州	396	2433	938	9942	38209	8879
桂林	1486	9237	791	7866	14053	5824
梧州	125	485	152	1418	5546	3054
北海			34	300	3966	1749
凭祥					659	261
合山					1288	582
玉林	300	1358	330	3334	9153	3532
百色	318	2133	291	3214	4782	2209
河池			219	2266	5346	1503
钦州	114	812	212	2729	7666	1638
贵港			127	653	6548	2020
海南	653	4110	527	4415	5368	9731
海口	552	3196	378	2837	3404	5164
三亚					1704	3565
通什	101	914	149	1578	260	1002
四川	23985	133571	10854	99341	497062	128607
成都	10398	54867	2014	16961	152881	30726

续 8

单位：人

	高等学校		中等专业学校		自然科学方面的人员	卫生技术人员
	专任教师数	在校学生数	专任教师数	在校学生数		
重　庆	7840	42380	2338	19505	126745	27872
自　贡	543	2469	274	3125	19967	6069
攀枝花	142	1038	371	3522	22491	6797
泸　州	376	2312	391	4249	14453	3925
德　阳		162	323	3764	10633	3078
绵　阳	934	5500	742	6274	20363	4143
广　元			89	1280	8694	3253
遂　宁			126	1344	4499	2652
内　江	244	2182	616	5897	12961	4753
乐　山	227	1900	229	2641	18750	5188
万　县	152	1447	404	2741	6968	2586
涪　陵	209	1754	351	3683	6806	2654
宜　宾	196	1565	346	3202	9206	3486
南　充	1546	8820	336	2922	11819	3617
华　蓥					3490	1420
达　县	161	1408	565	5156	6022	2504
雅　安	348	2028	230	2163	10852	2044
西　昌	422	2917	273	2814	8061	2982
江　油			74	1024	8732	2882
广　汉	150	526	65	848	2761	1570
都江堰	97	296	521	4418	5688	2782
峨眉山			176	1808	4220	1624
贵　州	5813	29231	5273	43037	50715	39058
贵　阳	3995	19354	3215	18744	20526	15827
六盘水	89	580	202	1795	5468	7148
遵　义	824	4200	324	7771	1174	4265
安　顺	151	739	223	2105	9912	2834
都　匀	275	1328	389	3778	4886	3473
凯　里	214	1080	420	3650	4362	2050
铜　仁	112	700	254	2227	1239	1235
兴　义	153	1250	246	2967	1287	1426
赤　水					1861	800
云　南	7295	41844	4989	49554	130983	40203
昆　明	6187	35957	2774	26289	79484	20947
东　川			20	182	3578	1168
个　旧			68	794	8012	2984
大　理	384	2246	239	3221	5711	2850
开　远					5176	1640
昭　通	130	683	460	3347	4360	1697
玉　溪	149	776	298	3310	6352	1721
楚　雄	141	833	437	4175	5397	1935
曲　靖	227	910	455	5883	8998	3275
保　山	77	439	238	2353	3744	1887
畹　町					171	99
西　藏						
拉　萨						
日喀则						
陕　西	19838	104714	5378	42626	122429	63346
西　安	15393	79835	2557	16964	33724	30538
铜　川			49	690	7980	3503

续 9

单位：人

	高等学校		中等专业学校		自然科学方面的人员	卫生技术人员
	专任教师数	在校学生数	专任教师数	在校学生数		
宝鸡	335	2323	396	4327	21349	6321
咸阳	2215	10018	899	6723	29366	6706
延安	505	2883	276	2984	2384	1452
汉中	610	3296	343	3046	9301	3241
渭南	306	2977	76	524	3651	2394
韩城					3904	1420
榆林	218	1825	312	2744	1544	1816
安康	112	955	303	2892	2182	3121
商州	144	602	167	1732	4137	1628
华阴					2907	1206
甘肃	6051	34892	7708	38109	109905	36202
兰州	5189	27917	5191	17275	50444	16704
嘉峪关			33	210	5965	890
金昌			41	348	6956	1158
白银			88	679	15179	3250
天水	223	1596	666	5278	11254	2656
玉门					2501	1000
平凉	18	142	256	2231	3753	1641
临夏	22	115	186	608	1970	1006
武威	150	2100	357	2903	2420	2384
张掖	187	1453	263	2134	3321	1711
酒泉	53	168	192	1845	3871	1630
西峰	209	1401	407	4290	2157	1769
敦煌			28	308	114	403
青海	1418	6043	1023	5665	33148	8635
西宁	1418	6043	940	5210	30998	7545
格尔木					1950	490
德令哈			83	455	200	600
宁夏	1125	5988	1336	9563	28961	10651
银川	1125	5988	1056	6462	22540	6061
石嘴山			163	2068	1339	2766
吴忠			81	987	3742	1000
青铜峡			36	46	1340	824
新疆	7260	32747	6443	46468	130300	43752
乌鲁木齐	4826	19722	2221	16235	39866	16231
克拉玛依			385	2087	15169	2199
石河子	674	3302	325	3328	8977	3444
吐鲁番			126	988	2648	926
哈密			262	932	7218	2613
昌吉	246	1725	273	2677	7807	2077
奎屯	154	800	43	302	2857	1048
伊宁	279	1300	457	4196	6730	2474
塔城			216	1466	1865	1014
阿勒泰			121	1046	3923	1356
博乐		39	154	814	3394	1266
库尔勒			219	2167	8405	2284
阿克苏	369	2017	652	3795	11589	3655
阿图什			234	1366	1911	632
喀什	528	2721	587	3695	5484	1707
和田	184	1121	168	1374	2457	826

城市问题
和城市科学研究

一九九〇年城市社会经济发展概况

□ 张明欣 周 江 赵惠云 张翠娜 马文汀 江明清

1990年全国各城市认真贯彻治理整顿和深化改革的方针，积极落实国务院关于坚持总量控制、调整紧缩力度、启动市场等一系列政策，采取各种措施，保稳定，促发展，使国民经济在治理整顿中保持了增长。

1990年末我国实有建制城市467个。市区总人口33543万人，其中非农业人口15038万人。全年城市主要经济指标稳步增长。1990年全国城市国内生产总值达5925亿元（不包括市辖县，按1980年不变价格计算，下同），比上年增长5.9%，国民收入4806亿元，增长5.2%，高于全国平均增长4.8%和5%的水平。工农业总产值12097亿元，增长7.5%，地方财政预算内收入1231亿元，增长3.2%。

1990年城市工作的成绩，主要表现在以下几个方面:

（一）城市设置有计划地稳定发展。

1990年我国新增县级市17个，与上年增加数量基本持平。新增的17个县级市是河北省霸州市、河间市，内蒙古自治区丰镇市，吉林省榆树市，江苏省新沂市、溧阳市，浙江省龙泉市，福建省福清市、漳平市，江西省德兴市，山东省胶南市、莱西市，河南省舞钢市，湖北省黄州市，湖南省韶山市，贵州省赤水市，陕西省华阴市。17个市总人口928.6万人，其中非农业人口121.5万人，工农业总产值250亿元。

在新增的17个县级市中，东部地区增加9个，占新增市的53%，中部地区增加6个，占35.3%，西部地区增加2个，占11.7%。城市的区域分布继续向东移。1990年东、中、西部城市的分布比例由上年1：1.09：0.53变为1：1.06：0.51。从规模看，小城市比重由上年的61.3%上升为62.3%，增加1个百分点。大、中、小型城市比例由上年的1：2：4.76变为1：1.98：4.93。

（二）城市经济体制改革呈现稳定推进的新局面。

第一，工业企业全面推行承包经济责任制，逐步完善搞活企业的各种改革措施。例如天津市工业企业全面推行承包经济责任制，3年来转变企业经营机制，推动企业技术进步，促进企业内部改革，对搞活企业起到了积极作用。3年共实现利润51.2亿元，上缴利润17.49亿元，提留技术开发资金4.14亿元，企业固定资产净值平均每年增加近14亿元。各城市税后承包租赁制和股份制试点也有新的进展。沈阳市有1600多户小企业实行了租赁制。上海市股份制试点公司11家，其股金总额达8.87亿元，其中国家持股占74.8%，法人持股占17.7%，个人持股占7.5%。一些城市大面积推行全员风险抵押承包。济南、无锡已有1800多个企业实施风险抵押承包，聚集风险抵押资金1.68亿元。

第二，加强横向经济联合，注重优化企业组织结构并向多层次、规模化的企业集团发展。1990年各城市的特点表现为，联合规模广，人、财、物，产、供、销，科研、生产等形式的一体化紧密型或半紧密型企业集团增多，外向型企业集团发展迅速，内部管理向规范化方向发展。例如以襄樊市、十堰市为基地的东风汽车集团企业已发展到306家，跨越28个省、市、自治区的14个产业部门，职工总数30万人，固定资产原值61亿元，年销售额100亿元，年利税超过10亿元。汽车集团主导企业第二汽车制造厂的中吨位卡车，年生产能力达到14万辆，成为世界三大卡车生产厂家之一。吉林化学工业公司以资产经营一体化为原则建立和发展企业集团，核心层有企、事业单位31个，职工12.8万人，生产装置298套，产品640多种，1990年完成工业总产值31.1亿元，实现利税12.81亿元，销售收入49.8亿元，分别比上年增长4.2%、4.2%、6.5%。

第三，各类市场体系逐步完善。一是伴随着劳动制度改革应运而生的劳务市场迅速发展。近两年通过劳务市场介绍的城镇待业人员近200万人。北京市已建立15家有固定场所、常年开放的综合劳务市场，通过劳务市场找到工作或得到合理流动的人员已达13.7万人。二是资金融通（拆借）市场已初具规模，证券交易日趋活跃。1990年底，经中国人民银行批准的专业证券公司已达96家，从事证券业务的营业部达700多家，证券业务人员3万多人，发行的多种有价证券突破了2000亿元。全国已有100多个城市开放了证券业务转让市场，1990年底各种金融证券转让交易额达185.9亿元。一个以国库券为主的证券流通市场逐步形成，全国已有53个证券公司组成报价中心，使证券流通市场进一步规范化。三是科技市场在促进科技成果向生产力转化的进程中，正发挥着越来越重要的桥梁作用。

1990 年全国技术合同成交额达 75.1 亿元，其中促进农业发展的技术合同成交额 4.17 亿元，工业企业购买技术合同成交额 49.86 亿元。

第四，科学技术开发区的兴起，对振兴经济起到重要作用。例如北京新技术产业试验区，新技术企业已达 920 家，成立 3 年来，已有 2027 项新技术、新产品被开发和推广应用，实现技、工、贸总收入 56.8 亿元，平均每年递增 50%左右，累计创汇 8850 万美元。天津新技术产业区新建 126 家高新技术企业，1990 年取得 239 项新成果、新产品，全年技、工、贸收入达 1.2 亿元，利税 1100 万元，均比上年翻一番；有 13 家企业创汇额达 420 万美元，比上年增长 8 倍。沈阳南湖科技开发区 1988 年 5 月成立以来，累计完成新技术开发 676 项，技、工、贸总收入突破 4 亿元，出口创汇额达 125 万美元。

第五，住房制度改革逐步在全国推开，取得良好效果。全国已有 50 个城镇较全面地推行了住房改革，另有 200 多个城镇有选择地在一定范围内开展房改试点，在我国城市出现了多种模式、多种途径推进房改的态势。例如北京市截止到 1990 年 10 月底，纳入房改的住房面积已达到 581.8 万平方米，房改的形式发展到 8 种，并逐步形成了“优惠售房，合作建房，新房新办法，现住房小步提租，在一定幅度内不补贴，同时实行超标加租”的改革思路。烟台、蚌埠、唐山、成都、沈阳等 20 个城市，从提租补贴入手，通过建立住房基金，促进个人买房建房，已取得了成功的经验。上海推行“建立公积金，提租发补贴，分房买债券，买房给优惠”的政策，第一年就可筹集资金 8 亿多元，可建造 100 万平方米的新住房。

第六，城市社会保险制度改革开始起步。到目前为止，全民企业职工实行养老费社会统筹的市县已达 2270 多个，占全国市县总数的 93%；城镇集体所有制企业职工实行养老费用社会统筹的市县也已占市、县总数的 58%。青岛市在普遍推行退休统筹的基础上，又有 1100 多家企业的 32 万名职工实行医疗保险制度改革，社会保险统筹范围已扩大到临时工、季节工和私营企业职工。

(三) 郊县经济持续发展。

1990 年，各市以农业生产和副食品供应为重点，实施“菜蓝子”工程计划，初步建立了城郊型商品经济和供应服务体系。以科技化、市场化、效益化为特色的城郊食品生产格局初步形成，稳定了城市农副产品和副食品的供应。1990 年全国 467 个城市所辖郊县农业总产值达 3227 亿元，比上年增长 13.4%。蔬菜产量达 6404 万吨，猪牛羊肉产量 1012 万吨，牛奶产量 107 万吨，禽肉产量 158 万吨、禽蛋产量 394 万吨，分别比上年增长 5.3%至 13.7%。人均农副产品占有量大幅度提高。城市人均猪牛羊肉占有量达 21.9 公斤，比上年增长 5.3%；禽蛋 8.3 公斤，增长 9.2%；蔬菜 181 公斤，增长 2.8%；水果 17.8 公斤，增长 2.3%。北京市大力发展副食品生产基地，1990 年禽蛋产量达 25.8 万吨，比上年增长 4.5%，占全部城市的 4.4%，不仅自给有余，还支援兄弟省市，成为我国禽蛋产量最高的城市。南京市实施菜篮子工程，发展了一批具有现代化规模和水平的专业化畜、禽、鱼养殖场。1990 年南京市水产品产量 4.7 万吨，比上年增长 6.2%；禽蛋产量 5.5 万吨，增长 1.1%。

郊县乡镇企业经过优胜劣汰的考验，一批经营灵活、与城市开展横向联合、具有技术和产品优势的企业得以迅速发展。1990 年全国城市乡办工业和村及村以下办工业总产值达 5788 亿元，比上年增长 15.3%。其中村及村以下办工业总产值 3495 亿元，增长 16.1%，明显高于全国工业总产值增长 7.6%的速度，占全国工业总产值的比重达 24.3%，提高 1 个百分点。城市乡镇企业依靠技术进步取得显著效益。如天津市具有产品新颖、设备先进等优势的科技型乡镇企业已达上千家，已通过的新产量鉴定就有 64 项，其中 11 项填补国内空白。芜湖市实施反哺式农业开发战略，让以农副产品为原料的工厂在农村建立原材料车间，仅繁昌县就有 8 个开发基地与市县的 20 多个工厂企业挂钩，吸收开发资金 65 万元。青岛市把企业升级作为促进乡镇企业加强经营管理的动力，有 5 家乡镇企业被升级为国家二级企业，267 家乡镇企业被评为省级或市级先进企业，全年乡镇企业实现产值 128 亿元，利税 14.5 亿元，比上年增长 20%和 16%。

(四) 城市工业结构得到调整，但经济效益持续下降。

1990 年我国城市工业生产稳定增长，工业内部结构得到合理调整，但城市工业经济效益持续下降。

城市工业规模扩大，在国民经济中的地位进一步突出。一批大中型工业企业建成投产，为城市经济发展增添了后劲。1990 年城市工业企业单位数由上年的 20.8 万个增加为 21.4 万个，增长 2.8%。上海浦东造船厂建成投产，总投资 1.2 亿元；锦西化工总厂工程竣工并交付使用，投资规模 1.8 亿元。大中型工业企业建成投产大大增添了城市的工业现代化水平，提高了城市工业总体实力。年末全国 467 个市工业企业职工人数为 4610 万人，比上年增加 138 万人，增长 2.8%，占全国的比重由上年的 71.8%上升为 72.3%。独立核算工业企业拥有固定资产原值 10593 亿元，比上年增长 15.9%，占全国的比重为 73.6%。独立核算工业企业实现利税 1509 亿元，占全国的比重为 77.6%。

我国城市工业生产经过调整已趋于稳定增长。1990 年全国城市工业总产值 15825 亿元，按可比价格计算比上年增长 7%。中小城市工业生产增长速度恢复较快。1990 年我国 117 个中等城市全部工业总产值 3834 亿元，291 个小城市全部工业总产值 3430 亿元，分别比上年增长 9.5%和 14.6%，明显高于特大城市和大城市增长 3.2%和 8.6%的速度。

1990 年，市区工业总产值超百亿元（按当年价格计算）的城市 31 个，依次为上海、天津、北京、广州、沈阳、武汉、南京、大连、大庆、重庆、青岛、淄博、杭州、深圳、无锡、济南、哈尔滨、成都、西安、鞍山、太原、长春、石家庄、苏州、抚顺、常州、兰州、昆明、吉林、江阴、宁波。

受全国性市场疲软的影响，1990 年我国城市工业经济效益明显下降，亏损增加。全国城市市区独立核算工业企业亏损总额达 333 亿元，比上年增长 94.1%；百元资金实现利税 12.9 元，比上年下降 28.1%；百元固定资产原值实现利税 14.3 元，下降 26.8%；流动资金周转天数 130 天，比上年增加 14 天。

1990 年我国各城市积极开拓市场，发展新产品，减少了市场疲软带来的消极影响。例如上海市经过努力，在轻工行业已崛起高速工业缝纫机、多速自行车等 12 个新的拳头产品，带动全市工业产品更新换代，1990 年产品更新率达 24.7%。沈阳市军工企业为避免与民用企业争市场，坚决不生产“大路货”，利用技术优势重点发展高技术、高附加值产品，先后研制生产了国家急需的电缆框绞机、彩色显象管生产线蒸铝机等国内空白产品，形成拳头产品 13 种。天津市力戒攀比速度，提出“标本兼治”的口号，真正把不断调整工业结构作为推动经济发展的动力，1990 年市属工业系统共试制成功新产品 1798 项，投产 1217 项，新产品产值 27 亿元，利润 3 亿元。沙市靠新产品为市场输氧，大力开发高技术、高质量、适销对路新产品，1990 年共开发高档全塑系列保温瓶、新型汽车空调机等 11 个重点项目，新增产值 2 亿元。

经调整我国城市工业内部产业结构发生积极变化。1990 年城市工业中原材料工业比重和保证城市生产和生活的水、电、汽、热供应业比重上升，加工工业比重下降。全国 467 个城市市区原材料工业产值占全部乡及乡以上工业产值的比重为 40.4%，比上年提高 1 个百分点。保证城市正常运转的自来水、电力、蒸汽、热水生产和供应业比重为 4.1%，比上年增加 0.6 个百分点，为增添城市工业后劲，提高城市综合服务功能产生了积极影响。加工工业产值比重为 53.1%，比上年下降 1.7 个百分点。其中机械工业比重下降较大。

（五）城市的运输能力有所加强。

1990 年 467 个城市市区货运总量 47 亿吨，比上年增长 7.3%。其中铁路货运量 10.9 亿吨，增长 3.2%；公路货运量 30.6 亿吨，增长 8.2%；水运货运量 5.5 亿吨，比上年略有下降；民航货邮运量 35.6 万吨，增长 15.6%。

1990 年城市客运总量 52.66 亿人次，与上年持平。其中铁路客运 7.7 亿人次，比上年下降 11%；公路客运量 43.1 亿人次，增长 2.9%；水运客运量 1.7 亿人次，下降 15.8%；民航客运量 1551 万人次，增长 22.5%。

公路建设加快。1990 年我国已建成北京至天津（部分）、沈阳至大连、西安至临潼等 3 条高速公路，年末高速公路总长度已超过 500 公里。其中沈大高速公路长 375 公里。京津高速公路竣工里程近 100 公里，剩余 27 公里也已全面动工。京津高速公路的建成，将使京、津市区间汽车运行时间缩短到 60—90 分钟。西南地区的贵阳市建成了至旅游名胜黄果树、花溪和贵阳西南环线等一、二级公路，贵州实现了一级公路“零”的突破。

铁路建设取得新的进展。1990 年一批现代化大型火车站建成使用，改善了客货运输紧张状况。例如武汉新建汉口火车站，总投资 3 亿元，配有中央空调和地下购物中心等现代化设施，占地 130 万平方米，年客运能力为 862 万人次，是老站的 4 倍和 5 倍。交通枢纽城市的铁路技术改造得到重视。北京、天津、石家庄、太原等市的铁路设施全年完成技术改造项目 100 多项，煤炭等货物外运能力平均每年以 8.2%的速度提高，客运列车编组能力从 13 至 14 节增加到 16 至 20 节，全年多运旅客约 2000 万人。

城市港口建设现代化水平日益提高。例如天津港新建成东突堤 3 个集装箱泊位，年末已拥有现代化集装箱泊位 7 个，码头岸线长 1300 多米，堆场 32 万平方米，可堆存集装箱 2.2 万箱。天津港区扩建了主航道，5 万吨以上的第三代集装箱大货轮，可乘潮入港。天津港集装箱年吞吐能力已达到 70 万箱，并已开通了通往欧洲、美洲、东南亚、波斯湾、地中海、香港、日本等地的 17 条集装箱运输航线。1990 年全年实际吞吐集装箱 28 万箱，创历史最高水平，成为我国泊位最多，吞吐能力最大的集装箱枢纽港。广州新建的新沙港区，是我国第一座格形钢板桩码头，新增 5 个 3.5 万吨级深水泊位，增强了我国南大门水运能力。1990 年沿海港口货物吞吐量 4.63 亿吨。

城市间铁路、港口联合运输开辟新天地。从天津经二连浩特到蒙古人民共和国首都的大陆桥运输取得成功。上百的集装箱在天津港直接装上火车运往乌兰巴托。这条大陆桥集装箱过境运输线将进一步延伸到苏联，并与欧洲最大的海港城市鹿特丹相连通，进一步促进我国沿线城市的经济发展。

城市民航事业进入新的发展时期。1990 年末建立民航业务的城市已达 97 个，比上年增加 2 个；开通航线425条，其中国际航线45条，使我国各城市之间以及我国城市与外国主要城市之间的联系得到进一步加强。年末已有52个城市的机场可起降波音737以上大型客机。机场服务设施逐步现代化。全国已有34个城市开展了计算机订购民航机票业务，20个城市开展了国际联程订票业务，加快了订票速度，方便了国内外乘客。

(六) 城市基础设施建设进一步加强。

1990年我国城市基础设施建设方面的固定资产投资达121.2亿元，比上年增加14.2亿元，增幅为13.1%。其中用于煤气的投资19.4亿元，增长57.7%，增幅最大，占到全部城建投资额的16%。用于供热、桥梁、防洪的投资比上年也有较大幅度的增长，增幅分别达到36.4%、23.6%和18.2%。城市建设投资结构亦有调整，用于煤气、桥梁、供热和公共交通的投资比重上升。

1990年是我国城市邮电事业发展最快的一年。全年邮电业务总量超过百亿元，比上年增长1.5倍。城市人均邮电业务量32.7元，提高18.8元。邮电局（所）建设得到加强。到1990年末全国城市市区共有邮电局（所）16132个，比上年增加724个，方便了城市居民的邮电交往。电话通讯能力增强，普及率提高。年末电话机数已达到911.2万部，比上年净增160.4万部；每百人拥有电话2.7部，比上年增长12.5%。程控电话交换机占市话总量的46.8%，市话网的自动化水平已达到96%。同时，移动电话、无线寻呼、磁卡电话、用户传真、数据通讯、可视电话和多功能电话服务等一批新业务发展迅速。国内城市出现了居民住宅安装电话热。截止1990年底，城市电话用户达583万户，其中住宅电话占到五分之一。深圳市区电话容量11.4万门，平均每两户就有一部电话。

城市道路、公共交通设施又有新发展。为解决交通拥挤、乘车难的矛盾，各市把优先发展城市公共交通列为市政府每年要办的实事，使全国城市公共交通事业有了很大发展。1990年城市市区铺装道路面积9亿平方米，比上年增长8.4%；人均铺装道路2.7平方米，增长3.8%，一批卡口、堵头路段的交通拥挤状况得到缓解。年末467个城市拥有公共汽（电）车营运车辆6.1万辆，比上年增长7%；平均每万人拥有1.8辆，与上年基本持平。上海市公交运能、运量均居全国城市之首。到1990年末我国城市拥有出租汽车11.4万辆，改变了以往城市公共交通只由公共汽车单一形式担负的落后状况。我国大、中城市拥有出租汽车10.4万辆，比上年增长10.6%。沿海对外开放城市和特区城市的出租汽车已成为一支不可缺少的交通力量，截止1990年末共拥有出租汽车3.9万辆，平均每万人拥有12.9辆，比城市平均水平高3.8倍。

城市燃气普及率提高。1990年，我国城市燃气家庭用气户数1801万户，普及率为19.5%，比上年净增156万户，普及率提高0.4%。北京市燃气普及率居全国城市之首，达到90%，已形成人工煤气、液化石油气和天然气三气构成的供气系统，根本改变了城市居民生活燃料结构。邯郸市利用邯郸钢厂焦炉煤气的余气，敷设煤气管道17.6公里，使1.1万户居民用上了管道煤气。

城市供水事业继续发展。1990年各市政府把加强和保证供水作为方便人民生活、向现代化迈进的重要方面，挖掘潜力，集中财力用于自来水设施的投资，使城市供水事业有了突飞猛进的发展。年末467个城市日供水能力14364万吨，比上年增长12.2%；年供水总量362亿吨，增长6.5%，自来水普及率87.9%，提高2.1个百分点；居民人均生活用水量63.7吨。

城市供电能力增强，居民生活用电持续增长。1990年全国城市注重供电设施建设，供电能力不断提高。全年用电总量3662.3亿千瓦小时，比上年净增246.6亿千瓦小时，增长7.2%，超过了同期城市工业生产增长速度。城市供电紧张状况稍有缓解。上海、南京等能源较紧张的华东大城市，用电增长7.3%，促进了当地工农业生产。1990年城市居民生活用电265.1亿千瓦小时，比上年增长25.3%。

(七) 城市商业开始复苏，外贸旅游兴旺发达。

城市市场逐步摆脱疲软。1990年467个城市市区社会商品零售总额4591亿元，比上年增长6.4%。为克服市场疲软，各城市采取了许多积极办法。一是对商业企业内部管理制度进行改革。例如重庆对商业企业实行“四放开”，打破了多年的大锅饭，调动了广大职工的积极性，许多商业企业出勤率连续数月保持100%，营业额和利润比上年同期大幅度增加。二是加强本市中心商店与中小商店的合作，形成优势互补的灵活经营销售网络。三是加强与外省市的联系，开拓跨地区市场。因海湾战争积压的外贸商品利用跨地区销售网迅速出手。经过各地努力，我国城市商业经济效益明显改善。1990年城市国营商业企业销售百元商品开支费用为8.24元，比上年下降17.5%；流动资金周转天数145天，减少17天。

城市商业网点建设蓬勃发展，从业人员增加。1990年末，全国467个城市商业、饮食业、服务业网点发展到435.4万个，比上年增加25.7万个；从业人员1432.7万人，增加30万人。新建的现代化购物中心在城市商业中发挥着骨干作用。例如北京新建的大型购物中心长安商场，为北京西部地区居民和附近涉外宾馆的中外游客提供了方便、舒适的大型购物场所。

集市贸易繁荣兴旺。1990年我国城市集市贸易成交额993亿元，比上年增长18%。集市贸易发展的特点，一是在城市流通中的作用日益加强。全年城市集市贸易成交额占整个社会商品零售总额的比重由上年19.6%上升到21.6%。目前我国相当数量的农副产品专业化生产需要依赖城市集贸市场的发展。例如河北安国县等年产上千万公斤的中药材，70%以上靠湖南郴州药材市场销售。重庆建立了大型水果专业市场，促使周围乡村逐步发展为水果生产专业乡、专业村。二是在为城市居民菜篮子提供服务方面，集市贸易已经唱主角。北京市居民从集贸市场购买的蔬菜，已占消费量的60%以上。唐山市全年主要鱼、虾、肉、菜等农副产品集市贸易成交量高达61万吨，有18万人进入集市经营。三是市场建设和管理更加完善。延吉市采取集资建市场、产权归国家的办法建设集贸市场，过去沿街排列的露天摊点被一座座农工商兼营的大型封闭式综合性集市大楼所代替。天津等大城市也已经开始有计划地改造马路菜市场。各城市的集贸市场管理和税收工作水平明显提高。1990年哈尔滨、青岛、重庆、南京等城市从集贸市场所得税收高达数亿元，为国家增加了财政收入。

外贸出口规模扩大。1990年我国各城市抓住国际环境的有利因素努力开拓国际市场，加强外贸设施建设，改善外贸管理，积极调剂和搞活资金，大力扶持外贸生产和销售企业扩大出口，取得了可喜的成绩。全年467个城市外贸收购总额1628亿元，比上年增长18.6%。各城市海关出口总额514亿美元，增长23.6%。天津创造了外贸出口、创汇和本市外贸出口创汇三项历史最高纪录，其中外贸出口42.5亿美元，增长7.1%。深圳自产品出口额达21.3亿美元，增长55.5%。内地城市对外贸易额也增加较快。1990年我国又新增长沙、南昌、济南、合肥4个海关，全年对外贸易出口13.5亿美元。

旅游业重振雄风。1990年我国各城市以亚运会为契机，积极举办"文物精品大展"、"中国旅游购物节"、"艺术节"、"世界旅游日"等活动，促进了城市旅游业运转能力和服务质量的提高。全年467个城市共接待外国人及华侨和港澳台同胞1195万人次，比上年增长43.3%。其中外国人317.7万人次，增长24.2%；华侨26.7万人次，增长44.3%；港澳台同胞849.7万人次，增长51.7%。城市旅游创汇106.7亿元（外汇人民币），增长67%。

（八）投资环境改善，引进水平向高层次发展。

外资引进工作成绩显著。1990年各城市外资引进工作顺利，引进水平向高层次发展。主要表现在：

1.吸收外资不断增加，外商直接投资比重提高。1990年，我国全部城市平均每天新签外商直接投资合同13.6个，吸收外商直接投资协议金额1369万美元以上，分别比上年增长17.3%和8.2%。全年外商实际直接投资24.7亿美元，增长4.6%，占全部实际利用外资额的比重为46.5%，上升10个百分点。

2.外资流向向多方位发展。一是由旅游服务业向生产行业转移。青岛市1990年新批准的外商投资项目中95%以上是生产性项目，占全部协议合同金额的98.6%；海南省工业性生产投资占引进外资的一半以上；珠海市生产性、原材料型项目占全部引进项目的九成。厦门台资企业中工业生产和开发性农业占90%左右。二是向高层次技术产业转移。1990年引进的生产设备、工艺技术和专利项目均达到70年代末、80年代初的国际水平，有的已达到80年代后期的水平，技术先进的项目逐步增多。一些国际知名的大公司、大企业到沿海开放城市和经济特区城市联合办厂。如美国的施乐公司、联合碳化公司、强生公司，日本的佳能、精工、日清公司，比利时的贝尔公司等相继在上海、大连和天津投资办厂。烟台市引进国外智力重点开发本地资源，投入产出比高达1∶34，被国务院确定为"引进国外智力综合试点市"。三是向基础设施建设、土地成片开发转移。台商在海南、厦门、福州等地进行"圈地投资"，成片建立创汇工业区、新工业城，推动了这些地区外向型经济的发展。

3.外商在各城市投资项目规模扩大，合作期延长，独资形式增长较快，台商投资方兴未艾。如广州市已批准的项目中，投资1000万美元以上的有12个，其中投资5000万美元以上的1个。由于投资环境不断改善，外商投资期限明显延长，同时追加大量资金。如烟台市投产的100家"三资"企业中，先后有17家21次追加了投资，数额达1000多万美元。独资形式受到外商欢迎。福州市新批外商独资项目121项，比上年增长81%；青岛市外商独资企业增长2.4倍；汕头经济特区1990年新注册的外资企业中，独资企业占一半以上；珠海市新批准外商独资企业100家，比上年增长1.2倍。台商投资迅速增长，投资金额和规模日益扩大，技术层次不断提高。投资点主要集中在福建、广东、海南三省。海南省1990年吸收的台资比以往历年累计还多；福建省引进台资占全部外资的一半以上，其中厦门市台资占全部外资的70%以上。

4.外商投资分布由沿海开放城市和经济特区城市向其他城市扩展。1990年，内陆城市加快对外开放步伐，促进了外商投资。除沿海开放城市和经济特区（含海南3市）外，其余城市全部新签外商直接投资合同数2345个，比上年增长34.5%，占全部城市的比重由上年的41.5%上升到47.6%；实际利用外商直接投资10.7亿美元，增长26.4%，占全部城市的比重由上年的35.8%上升到43.2%。我国中、西部城市新签外商直接投资合同501个，增长67.7%，占全部城市的10.2%，比上年上升2.1个百分点。陇海铁路西段与苏联接轨通车，建成第二条“欧亚大陆桥”，沿线各城市纷纷制定相应措施。如郑州市着手改造旧火车站，兴建高速公路和28万门国际程控电话，1990年引进外商直接投资项目21个，比上年增长162.5%。

5.沿海开放城市经济技术开发区引进外资工作取得长足进展。1990年经济技术开发区新批准“三资”企业293家，比上年增长35.6%；投产“三资”企业538家，比上年增加174家。“三资”工业企业完成产值48亿元，增长69%，占开发区工业总产值的比重由48%上升到56%。天津开发区创建6年，采用滚动发展方式顺利实现第一期经济规划，闯出了一条完全依靠自有资金建设现代化外向型经济工业区的新路子，形成高创汇，高科技，高效率，高效益的“四高”格局。

(九) 城市环境工作取得一定成绩。

净化环境见成效。1990年各市市政府把综合整治城市环境当作一项重要工作来抓，努力提高城市的环卫能力和环卫科技水平。年末全国467个城市共有清洁卫生工作人员31.4万人，比上年增加3.2万人；环卫机械车辆25658辆，增长2.3%；清扫面积由上年的64708万平方米提高到69198万平方米。各城市环卫工作取得成效。经过各市人民的努力，城市的“脏、乱、差”状况有所改善，1990年北京、天津、上海、广州、大连、哈尔滨、成都、济南、南京、深圳等市被评为省会城市、计划单列城市中的十佳卫生城市。

保护环境结硕果。1990年各市认真执行《中华人民共和国环境保护法》，积极稳步地推行各项环境保护制度和措施，努力控制环境污染和生态破坏，环保工作取得新的进展。1990年全国城市总悬浮微粒年日均值平均为387微克／立方米，比上年下降10.5%。城市噪声污染有所缓和。道路交通噪声和工业噪声源比重呈下降趋势。废水处理能力提高，1990年467个城市工业废水处理达标率为54.8%。工业固体废物处理率也达到12.4%，均高于上年同期水平和全国平均水平。北京市首座二级污水处理厂——北小河污水处理厂投入使用，新增日污水处理能力4万吨。

绿化环境添异彩。1990年是我国城市绿化工作搞得比较好的一年。年末全国城市园林绿地面积为22.1万公顷，比上年增加1.6万公顷；建成区绿化覆盖率为19.8%，比上年提高1.2个百分点；人均公共绿地6.6平方米，增长1.5%。为了迎接第十一届亚运会，全国各城市注重绿化、美化环境。例如南宁市的133条街道已全部实现绿化，共植树705.5万株，铺草坪94.8万平方米，城区绿化覆盖率达31.3%，成为全国绿化先进城市。位于我国西北地区的西宁、兰州等市克服自然条件差的困难，绿化工作有了很大的进展。

(十) 城市教育、科技、文化、卫生事业有新的发展。

高等教育规模得到合理控制，中等和初等教育进一步普及。1990年我国467个城市共有高等学校1107所，专职教师38.8万人，在校学生数203.5万人，分别比上年减少1%、0.5%和1.1%。过去高校校舍紧张、学生伙食质量下降的状况得到改善。高校教学、科研水平不断提高、已成为我国自然科学基础性研究的主要力量。高等学校所取得的科研成果在全国所有部门中居首位，获奖的国家自然科学基金项目占全国获奖总数的80%。在抓好教学质量的同时，学校还十分注意学生的政治思想和品德教育，实行高校入学新生军训制，对学生了解社会起了很好的作用。

1990年城市中小学普及教育有较大发展。年末共有中等专业学校、普通中学和小学校17.5万所。在校学生数4981.7万人，分别比上年增长3.5%和4.1%。中小学教师负担过重的状况有所缓和，年末城市中小学有专职教师292.2万人，平均每位教师负担学生17人，比上年减轻3%。

随着我国改革、开放的不断深入和经济形势的变化，我国城市职业教育和成人教育事业迅速发展。1990年全国467个城市共有农、职业中学及技工学校7050所，在校学生239.5万人。比上年增长2.3%和7.0%。1990年全国城市共有成人高等教育在校学生149.8万人，平均每万名职工拥有167人。不同规模、不同方式、不同专业的成人教育学校层出不穷，提高了职工的文化素质。

科技兴市，促进城市经济发展。1990年末，全国城市共有自然科技人员730万人，比上年增加52.7万人；其中中级职称以上人员256.4万人，增加9.9万人，平均每万名职工拥有自然科技人员816人，比上年增加35人。科技事业的兴旺发达，给城市经济和社会发展带来了新的活力。一些中小城市借助设在本市的省级科研单位和高等院校的科技优势促进本地经济发展。蚌埠市同本市科研院所携手开展“研制一项新产品、开发一项新技术、救活一个企业、介绍一个合资项目、引进一笔外资”的“五个一”活动，目前已完成40多项，收到了很好的经济效益和社会效益。

文化生活日益丰富。为提高城市人民的文化素质，各城市加强了文化设施建设。1990年末全国城市公共图书馆达900个，比上年新增68个；公共图书馆藏书211590千册，增加10585千册，人均拥有公共图书馆藏书0.63册，增长3%。我国城市出版事业兴旺发达。1990年我国设有出版社和报社的大城市有59个，全年出版各类图书474430万册；杂志119064万册；报纸152.4亿张。随着城市现代化水平的提高，城市娱乐设施发展很快。1990年末全国城市电影放映单位数达39488个，其中影剧院5352个，比上年增加了3186个和610个。每万人拥有影剧院0.16个，增长7%。

许多城市的文娱部门成立了系列服务网，文化部门在上映众多国内外优秀影视剧的同时，还举办了各种大型音乐会、画展、体育比赛、时装表演等文体活动。城市中的音乐茶座、卡拉 OK 歌舞厅、健康城等应运而生，满足了广大群众的文化娱乐需求。

医疗卫生条件得到进一步改善。1990 年全国城市共有各类卫生机构数 10.1 万个，医院床位 139.6 万张，分别比上年增长 1.0%和 0.5%。卫生专业队伍不断发展壮大。1990 年全国城市共有各类卫生工作人员 221.6 万人，其中医生 98.5 万人，分别比上年增长 4%和 5.2%，平均每万人拥有医生人数由上年的 29 人上升到 29.2 人。同时医疗服务质量医疗水平不断提高，一些城市的卫生部门积极开展全程优质服务活动。

(十一) 城市待业人口减少，居民生活稳定。

1990 年各市政府千方百计广开就业门路，使城市待业人口有所减少。截止到年底，城市待业人口为 255 万人，比上年下降 2%。受市场疲软影响，个体就业出现徘徊。年末全部城市的个体劳动者人数为 362 万人，保持上年的水平。1990 年全国城市职工年末人数为 8967 万人，比上年增加 294 万人，增长 3.4%。

居民收入略有增加，收入结构受国家调控因素的影响有所变化。1990 年，国家进行了全国性的工资普调，使居民的工资性收入持续增长。据统计，全国城市全部职工工资总额为 2021.8 亿元，比上年增长 14.2%；职工平均工资 2254 元，增长 8.9%。市场销售疲软使部分企业处于停产或半停产状况，从而抑制了奖金的发放和承包收入的增加。居民收入中一直保持增长势头的奖金收入和承包收入 1990 年首次出现下降，分别下降 4%和 10.6%。居民从单位得到的其它收入仍保持 12.5%的增长速度。1990 年，城市居民家庭人均生活费收入 1387 元，比上年增长 10%，扣除职工生活费用价格上涨因素，实际增长 8.6%；人均生活费支出 1279 元，增长 5.6%，扣除职工生活费用价格上涨因素，实际增长 4.3%。城市居民消费结构基本保持稳定。食品支出占全部生活费支出的比重为 54.3%，与上年持平。用于非商品的支出略有增加，其占生活费支出的比重由上年的 9.2%上升到 10%。

城市居民家庭储蓄存款持续增长，居住条件有所改善。1990 年末城市居民储蓄存款 4082 亿元，比上年增长 41.1%；人均储蓄达 1213 元，增长 33.2%。城市居民家庭人均居住面积 6.85 平方米，比上年提高 4.3%。随着居住条件的逐年改善，居民家庭用于室内装饰品的消费支出逐年增加，小型家电商品如抽油烟机、吸尘器等拥有量有较大增长，成为我国城市大件耐用消费品之后新的消费热点。

(作者工作单位：国家统计局)

"七五"时期我国城市经济发展概况

□ 周 江 赵惠云

"七五"时期我国城市经济发展取得的成就是显著的，国民经济持续增长，经济实力增强，国内市场供应充足，郊区"菜篮子"工程发展迅速，运输邮电业能力提高，建设投资结构有所改善。但仍存在着一些问题，如产业结构调整进展较缓，经济效益呈逐年下降趋势。

城市经济在整个国民经济中发挥着越来越突出的主导作用

1990年全国467个城市（不包括市辖县，下同）国内生产总值9061亿元，约占全国的55%，比1988年增加2037亿元；国民收入7222亿元，占全国的50.3%，比1988年增加1343亿元；工业总产值15825亿元，比1985年增长86.9%，占全国的比重由1985年的62%提高到66.1%；城市独立核算工业企业固定资产原值10593亿元，增长1.3倍，占全国比重由61.5%提高到73.6%；实现利税总额1509亿元，比1985年增长20.5%，占全国比重由75.3%提高到77.6%；社会商品零售总额4591亿元，比1985年增长1.5倍，占全国比重由42.9%提高到55.3%；年末全部职工人数达8967.02万人，占全国的63.8%，比1985年末提高5.3个百分点。

城市经济体制改革为国民经济发展增添了活力

一是赋予城市组织经济活动的更大权力。在"六五"期间确定广州等7个城市实行计划单列的基础上，国务院在"七五"期间又批准宁波、青岛、成都、南京、长春、深圳、厦门等7个市实行计划单列。这些城市利用其经济优势，发挥吸引和辐射功能，在促进周围经济发展的同时，自身经济稳步发展。1990年计划单列的14个市（不包括市辖县，下同）工业企业利税总额达259.6亿元，比1985年增长31.8%；外贸收购总额101.7亿元，增长56.5%。二是开展经济体制改革综合试点。党的十一届三中全会以来，我国共选择了72个城市推行经济体制改革综合试点。"七五"期间，这些城市对计划、生产、流通、分配等方面的管理体制改革进行了大胆探索和实践，取得了初步成绩。1990年72个市城市总人口占全部城市的26.0%，国内生产总值3192.2亿元，占全部城市的35.2%，人均国内生产总值3664元，比全国城市平均水平高35.7%。三是发展城市第三产业，增强城市综合功能。"七五"期间我国在城市发展中，重视加强城市流通、分配、服务等方面的综合功能，产业结构逐步改善。1990年我国城市一、二、三次产业结构为13：56：31，第三产业比重比1987年约上升5个百分点。城市的贸易中心、金融中心、信息中心、交通枢纽等多种功能显著加强。四是工业经济的宏观运行机制和微观运行机制发生了较大的变化。在宏观运行机制方面，进一步巩固发展了以公有制为主体、多种经济成份并存的格局。1990年全国城市工业总产值中全民所有制工业企业产值10209亿元（不包括村及村以下），占城市工业总产值的72.7%，集体所有制、其他经济类型各占21.9%、5.4%。在微观运行机制方面，"七五"时期我国城市工业企业全面实施了第二步利改税和推行了各种形式的承包经营责任制，90%以上的企业实行了厂长（经理）负责制。大面积推广了各种形式的企业工资总额与经济效益挂钩浮动的办法，对于打破平均主义，调动职工积极性起了积极的作用。企业之间的兼并、联合有较快的发展。据对2559个被兼并企业的调查，其中有47%的亏损企业已扭亏为盈，减少亏损1.34亿元。企业之间兼并促进了企业组织结构、产品结构的合理化和资源的优化配置，较好解决了优势企业求发展、劣势企业求生存的问题。企业集团有了较快的发展。到1990年末，全国已有各种类型的企业集团近2000家。

调整改革推动城市工业蓬勃发展

"七五"时期，在党的改革开放总方针指导下，城市工业经济发展较快，企业活力增强，工业技术水平有了新的提高，能源、原材料等基础工业建设得到进一步加强，优势产业得到了较快的发展。

工业生产能力不断扩大。"七五"期间是我国城市工业建设发展最快的时期。1990年我国城市共有乡及乡以上工业企业单位21.4万个，全部工业总产值15825亿元，比1985年增长94.1%，占全国的比重达66%。"七五"时期，全国城市独立核算工业企业固定资产原值10593.3亿元，5年间共增加5944亿元，占全国的比重由1985年的67.5%提高到73.6%。城市工业5年共实现利税 7791.7 亿元，占全国的 77.4%。5 年来，城市工业同全国工业发展一样，重点加强了能源、原材料等基础工业建设，投资比重比“六五”时期提高了 5 个百分点。建成了一大批工业生产基地，一些主要产品的生产能力逐年扩大。如上海宝钢二期工程建成投产，该市增加冶金工业产值 111.2 亿元；淄博齐鲁石化工程试车成功，该市石油化学工业产值由 1985 年的 2.7 亿元增加到 10.5 亿元，水泥厂扩建后生产能力由 60 万吨增加到 163 万吨，成为全国生产能力最大的水泥厂。

工业技术水平、产品质量进一步提高。“七五”时期通过技术引进和老企业技术改造，我国城市工业生产的技术水平显著提高。1990 年末，我国城市职工平均每万人拥有科技人员 829 人，比 5 年前提高 31.6%；工业企业职工装备水平由 1985 年人均装备 6426.6 元固定资产（原值）提高到 1990 年的 12028 元，增长 87.1%。5 年间我国城市平均每年开发新产品达到 1000 多种，其中 70%以上达到了国外 70 年代末、80 年代初的水平。我国依靠自己的力量，为能源、交通、原材料、尖端科学等十几个工业部门提供了上百种高水平的成套设备，如 60 万千瓦以上火力发电设备、葛洲坝水电站机组、50 万伏输变电设备、1000 万吨露天矿成套设备、6000 米石油钻井机、日产 500 吨浮法玻璃生产设备。洗衣机、电冰箱、电视机、收录机等主要耐用消费品质量和国产化水平也大大提高。

郊区乡镇工业企业迅速发展。“七五”期间我国城市郊县乡镇企业和村办企业，积极与城市开展横向联合，利用城市技术资金等优势，加速自身发展。1990 年我国城市乡办工业产值和村及村以下工业产值达到 2710.2 亿元，占全国城市的 17.1%。其中村及村以下工业产值 5 年间增长 13 倍。乡镇企业和村办企业在治理整顿中注意调整产品结构和提高产品质量，发挥自身比较灵活的特点，许多产品打入了国际市场，为乡镇企业和村办企业的发展创出了新路。

“菜篮子”工程建设成绩显著 城郊农业迅速发展

1990 年我国城市乡村劳动力达 8930.7 万人，比 1985 年增加 4633 万人；农业总产值 1918.8 亿元，比 1985 年增长 53.9%，平均每年增长 9%。“七五”时期，城郊农业本着服务于城市的原则，围绕“菜篮子”工程抓了两个方面的工作：一是加强菜园子建设。除了对菜农实行优惠政策和一定的财政补贴外，还扩大种植面积，引进技术，提高蔬菜的产量和质量。同 1985 年相比，1990 年大中城市蔬菜种植面积扩大了 20 多万公顷，产量增加 600 多万吨，使全国城市年人均蔬菜产量由 1985 年的 150.2 公斤提高到 1990 年的 194.5 公斤。蔬菜品种增多，细菜比重上升。一些城市积极发展无公害蔬菜。南京目前采取营养液膜工厂化栽培的无公害蔬菜面积已达一万多平方米，生产出黄瓜、蕃茄和辣椒等 10 多种无公害优质蔬菜供应市场，同时还引进了铁杆芹、西洋芹和绿芯花等新产品。二是发展肉奶蛋基地建设。建立规模大、商品率高的副食品基地，提高供给能力。淄博实行厂村挂钩共同投资建设农副产品基地，城市企业、事业单位在农村投资建设农、副产品生产基地，收到了良好效果。1990 年全国城市猪、牛、羊肉产量为 543.1 万吨，禽蛋产量 252.4 万吨，牛奶产量 183.7 万吨，人均禽蛋产量、人均牛奶产量分别比 1985 年提高 33.4%和 66.7%。

城市固定资产投资取得新成就

“七五”时期建设领域贯彻改革、发展、提高的方针，特别是在后期的治理整顿中，控制投资规模、调整投资结构，加强重点建设，取得可喜的成果。5 年间，全国城市固定资产投资完成 9202 亿元，占全国的比重为 47%，比“六五”时期增加 5874 亿元，年平均增长速度为 22.6%。在投资总额中，生产性建设投资比重上升，5 年共投资 6505.2 亿元，占全部固定资产投资额的比重由 1985 年的 56.9%上升到 70.7%。改变了前些年用于非生产建设投资偏多的倾向。在全民所有制固定资产投资中，企业技术改造投资比重上升。“七五”时期全民所有制单位固定资产投资达 8428 亿元，其中更新改造投资 4363 亿元，占全民固定资产投资的比重由“六五”时期的 34.5%上升到 51.8%。提高 17.3 个百分点。对促进老企业的技术改造，提高投资效益产生了积极的影响。

“七五”时期城市的固定资产投资取得了丰硕的成果。一大批重点建设项目和单项工程在各城市建成投产，比较重大的有宜昌市的世界大型水电站之一的葛洲坝水电站、大同市的第二电厂一期工程、上海市的石洞口第一电厂和宝山钢铁总厂二期工程、仪征市的大型现代化化纤联合工业公司、北京市的亚运会工程和我国最大的图书馆北京图书馆等。

城市商业多渠道、少环节的流通体制逐步形成

“七五”时期，随着流通体制改革的不断深入，我国城市市场经济结构发生深刻变化，长期薄弱的集体和个体商业、饮食业、服务业得到迅速发展。已形成以国营商业为主导的多成份、多渠道、少环节、开放式的流通网络。1990 年，全国城市零售商业、饮食业、服务业网点数达 435.4 万个，其中个体 358.4 万个，分别比 1985 年增长 75.9%和 86.1%；从业人员 1432.7 万人，其中个体 551 万人，分别比 1985 年增长 50%和 10.5%。城市市区每万人拥有商业、饮食业、服务业网点 130 个，比 1985 年增长 12%，服务人员 427 人。一

批现代化商场和购物中心在我国城市建成开业，如北京的隆福大厦、长安商场，天津的南市食品街等，为城市商业增添了新的色彩。

城市商业销售迅速增长，在国民经济中组织商品流通的作用增强。1990 年是全国城市社会商品零售总额和消费品零售额增长最快的时期，均比 1985 年增长 1.5 倍。城乡集市贸易迅速发展。1990 年全国城市城乡集市贸易成交额 992.6 亿元，比 1985 年增长 4.3 倍。

城市交通运输能力明显提高

"七五"时期我国城市交通运输事业取得长足进展。为满足国民经济发展的需要，我国各主要交通枢纽城市的运输设施都得到加强，形成了以枢纽城市为核心和连接点的水、陆、空运输网。1990 年我国 467 个城市各种形式货运总量 46.96 亿吨，比 1985 年增加 16.86 亿吨，增长 56%；客运总量 52.67 亿人次，比 1985 年增长 46%。

铁路建设取得成绩。新的铁路不断伸展，加强了城市之间的联系。国家"七五"重点工程大同至秦皇岛铁路建成并通车，全线长 1352 公里，全部采用电气化牵引，大大加强了我国山西煤炭的外运能力。"七五"期间国家还对宝鸡至郑州、北京至秦皇岛等铁路线进行了电气化改造。5 年间共增加电气化铁路 2790 公里。我国主要铁路交通枢纽的城市火车站得到改造，天津新站、上海南站、汉口车站等一批新的现代化大型火车站建成并投入使用，改善了城市铁路运输紧张的状况。1990 年全国城市铁路客运量 77029 万人次，比 1985 年增加 8230 万人次，增长 10.4%；铁路货运量 108866 万吨，比 1985 年增加 22222 万吨，增长 25.7%。

"七五"时期城市公路建设开创新阶段。高速公路从无到有，5 年中共修建了北京至天津、沈阳至大连、西安至临潼、上海至嘉定、广州至佛山等多条高速公路。到 1990 年末，我国城市间高速公路的里程已达 510 多公里。公路运输能力大大增强。1990 年全国城市公路客运量 431296 万人次，货运量 305929 万吨，比 1985 年分别增长 3.6 倍和 6.9 倍。

城市民航事业进入全新发展时期。随着现代化建设和对外开放的发展，民航事业取得前所未有的成就。到 1990 年末，我国建立民航业务的城市已达 97 个，比 1985 年增加 21 个，开通航线 425 条，其中国际航线 45 条。全年城市民航客运量 1551.5 万人次，货邮运量 35.6 万吨，分别比 1985 年增长 1.3 倍和 1.4 倍。1989 年温州机场建成使用，使我国 14 个对外开放城市和 4 个特区城市全部开通了民航业务。我国已有 52 个城市的机场可起降波音 737 以上大型客机，机场服务设施逐步实现现代化。

城市港口现代化水平日益提高，水上客货运量增加。"七五"期间，沿海城市加强了港口建设，吞吐能力提高。上海市"七五"期间年吞吐量每年以 534 万吨的速度增长，1990 年达 1.4 亿吨，成为我国沿海港口吞吐量最大的城市。天津港"七五"期间建成了 7 个现代化集装箱泊位，开通了通往欧洲、美洲、东南亚、波斯湾、地中海、香港、日本等 17 条集装箱运输航线，成为我国吞吐能力最大的集装箱枢纽港。秦皇岛建成我国最大的煤炭码头，吞吐能力由 1985 年的 4419 万吨增加到 1990 年的 6495 万吨，成为世界最大的能源输出港之一。1990 年全国城市沿海港口货物吞吐量达 46296 万吨，比 1985 年增加 13461 万吨，增长 41%。同时我国城市内河港口建设也得到迅速发展，1990 年全国城市内河港口货物吞吐量 33697 万吨，比 1985 年增加 9053 万吨，增长 36.7%。1990 年全国城市水上客运总量达 16842 万人次，比 1985 年增加 1566 万人次，增长 10.3%；水上货运总量 54842 万吨，增加 21691 万吨，增长 65.4%。

"七五"时期城市经济发展中存在的问题

(一) 城市产业结构仍有待于进一步调整。

1990 年我国城市第一、二、三次产业产值占国内生产总值的比重为 13：56：31，第二产业比重仍比较高，第三产业的比重仍比较低。这种不协调的产业结构影响了城市在横向和多方位的经济联系中的组织和管理作用的发挥。

(二) 城市经济效益滑坡较大。

在工业生产中，独立核算工业企业百元资金提供利税逐年下降，1985 年为 27.2%，1986 年为 23%，1987 年为 21.5%，1988 年为 22%，1989 年为 18%，1990 年为 12.9%。在建设领域中，建设工期拖长，投资超概算，盲目建设、重复建设的现象相当突出。在流通领域中，许多商品不适销对路，造成市场疲软，商品库存增加，商业企业亏损严重，经济效益下降。1990 年城市国合商业企业商品经营利润出现负值为 110.9 亿元。

"八五"时期，应继续深化改革，加强国家宏观调控能力，加快产业结构调整的步伐，注重提高城市经济效益，以适应国民经济持续、稳定、协调地向前发展。

(作者工作单位：国家统计局
城市社会经济调查总队)

中国经济改革：八十年代的回顾与九十年代的展望

□ 高尚全

中国的经济体制改革已进入了第十三个年头。十多年来的改革已取得了卓有成效的进展，得到了广大干部和群众的理解和支持，对中国的经济和社会产生了极其深刻的影响。

八十年代经济改革的回顾

中国的经济改革大体分为三个阶段：

第一阶段是改革的起步阶段（1978 年 12 月至 1984 年 10 月），从中国共产党的十一届三中全会到十二届三中全会。这一阶段的改革重点在农村。

第二阶段是改革的全面展开阶段（1984 年 10 月至 1988 年 9 月），从中国共产党的十二届三中全会到十三届三中全会。这一阶段改革的重点在城市。

第三阶段是改革的调整深化阶段（1988 年 9 月至现在），是从中国共产党十三届三中全会开始的。这一阶段改革的重点是进一步完善已出台的改革措施，为进一步深化改革作好准备。

（一）农村改革的成果引人瞩目。

中国的经济体制改革首先是从农村开始的。在农村主要进行了四个方面的改革：1. 取消人民公社制度，恢复了乡村政权组织，实行了家庭联产承包经营责任制；2. 取消了农副产品统购统销政策，实行了国家计划、合同定购的新政策；3. 放开了大部分农副产品价格，缩小了国家定价的范围，扩大了市场调节的品种；4. 鼓励农村发展工业、商业、建筑业、运输业等乡镇企业，促进农村商品经济的发展。

改革给中国农村带来了深刻的变化：一是加快了农村发展的速度，中国的农业产值年平均增长速度已由改革前的 2.7%上升到改革后的 6%。改革以前中国粮食年产量由 2 亿吨增加到 3 亿吨用了 20 年时间，改革以后由 3 亿吨增加到 4 亿吨，仅用了 6 年时间。二是打破了农村单一的经济格局，发展了多种经营。从 1987 年起，中国农村的非农产值超过了农业产值（1989 年非农产值在农村社会总产值的比重已达 54.9%），农副产品商品率已由改革初期的 40%多上升到现在的 60%左右。三是农民收入增加，生活改善。农民人均年纯收入已由 1978 年的 134 元增加到 1990 年的 630 元左右，扣除物价因素平均每年增长 11%。农村的贫困人口大幅度下降。四是商品经济的发展，加快了农村城市化的进程。改革以来已有 1 亿农民由农业生产劳动转向非农业生产劳动，中国的城市已由 1979 年的 192 个增加到 1990 年的 467 个。

（二）城市改革逐步全面展开。

1. 扩大企业自主权，增强企业活力。企业改革大体分为两个阶段：第一阶段是 1979—1986 年，改革主要是从调整国家和企业的分配关系入手，实行多种形式的利润留成和盈亏包干，逐步扩大企业生产经营自主权，实行多种形式的经济责任制；第二阶段是 1987 年至现在，在全国范围内普遍推行了承包经营责任制。各地还鼓励企业通过横向联合，组建企业集团，推动企业兼并，调整企业结构，促进资源的合理配置。与此同时，进行"税利分流、税后还贷、税后承包"和股份制的试点。通过改革，企业在生产经营计划、原材料采购和产品推销、资金使用和工资奖金分配、人事任免、用工制度、横向联合和内部机构设置等方面都有了一定的自主权，竞争能力和自我改造，自我发展能力都有了很大的提高，初步改变了过去企业是政府部门附属物的状况。

2. 改革流通体制，建立和发展社会主义市场体系。流通体制改革，是针对原有流通体制网点布局不合理、批发环节多、经营渠道少、市场被条块分割、国营商业和供销合作社商业独家经营等情况进行的。改革的主要措施是在发挥国营商业和供销合作社商业主渠道作用的前提下，逐步建立一种多种经济成份、多种经营方式、多条流通渠道并存和减少流通环节的新型商业经营管理体制；逐步使生产资料按照等价交换原则进入市场竞争，建立起国家计划调控和市场调节相结合的物资流通体制；在完善全国统一的农产品市场和工业消费品市场的同时，在全国各地进行生产资料市场、金融市场、科技市场、劳务市场、房地产市场和产权市场的试点，促进社会主义市场体系的发展。现在，一个以国营商业和供销合作社商业为主体，个体、私营、代购代销、联营以及中外合作、合资和外商独资经营商业同时并存的、多渠道流通的、城乡一体化的商品流通网络已初步形成。价格体制的改革为市场调节范围的扩大创造了有利的条件。我国商品价格由市场决定的比例已由1979年不足10%扩大到50%左右。其中，农产品价格市场调节的比例已由8%扩大到65%，工业消费品已由5%扩大到55%，生产资料已由1%左右扩大到40%。

3. 改革宏观经济调控体制，转变政府管理经济的职能。宏观经济体制改革，主要是将中央高度集中的、以行政手段为主的直接调控经济的体制，逐步转为由中央和地方分级调控，以经济、法律手段和必要的行政手段相结合的间接调控经济的体制。在计划体制改革方面，主要是针对国家计划权力过于集中，忽视市场机制作用，缩小了国家指令性计划的范围，扩大了指导性计划和市场调节的范围，国家指令性计划管理的工业产品的产值在全国工业总产值中的比重已由80%下降为16.2%。国家计委管理的工业指令性计划产品已由120种减少到60种；国家商业部计划管理的商品已由180种减少到20种；全国物资系统从市场自行组织采购的货源已占总购进量的72%，许多城市所需主要物资的5—6成来自市场，乡镇企业所需的主要原材料几乎全部采购于市场。扩大地方对固定资产投资的审批权限。在财政体制改革方面，主要是针对原有财政体制实行统收统支所造成的政企不分、条块分割、资金使用不讲效益等问题，实行了多种形式的包干制，变单一税制为复合税制，强化税收的经济调节功能。在金融体制改革方面，主要是针对原有金融机构单一化和行政化的特点，将中央银行和专业银行职能分开，改革和发展城乡信用社体制，建立和发展非银行信托投资机构，改革信贷资金管理办法，建立资金融通市场，试办证券市场和外汇调剂市场。同时，初步进行价格、分配体制的改革，调整了各利益主体之间的经济关系。现在，一个主要依靠经济政策、经济杠杆和法律、法规调节社会经济生活的间接调控体系已逐步开始形成。

4. 积极开展国际间的经济技术合作，扩大对外开放。对外开放是中国改革以来的一项基本国策。10多年来，中国已先后兴办了5个对外开放的经济特区，开放了14个沿海港口城市，建立了15个对外开放的经济技术开发区，确定了长江三角洲、珠江三角洲、闽南三角地区3个经济开发区，在广东、福建两省建立了改革开放综合试验区。近几年来，逐步开放边境口岸，允许外商在经济特区、沿海开放区、开放城市成片承包开发土地。据统计，1990年底，外商直接投资项目累计2.9万个，实际利用外资460.9亿美元，其中对外借款300亿美元，外商直接实际投资141.7亿美元。中国在吸收、利用外资的同时，也开始走出国门到海外办企业。据1990年10月统计，中国已在90多个国家和地区兴办了764家企业，协议投资23.2亿美元。对外开放促进了对外贸易的发展，改革前中国的外贸出口额平均每年增长10.2%，进口额增长9.8%，改革以来的外贸出口额平均每年增长16.7%，进口额增长14.2%。

（三）治理整顿和深化改革互相促进。

中国政府针对经济生活中出现的经济过热、投资膨胀、货币发行过多、信贷规模过大、消费过旺、物价上涨过猛等问题，从1988年9月起采取了治理整顿的措施。在治理期间，改革并没有停止，1989年和1990年在进一步完善企业承包制和宏观调控体制的同时，在价格改革方面仍跨出了较大的步伐。

两年来，治理整顿已经取得了成果。中国经济形势继续朝着好的方向发展，特别是控制了通货膨胀，物价指数大幅度回落，农业丰收，经济、政治、社会稳定。对此，国内国际的反映都是积极的，肯定的。治理整顿为深化改革创造了宏观环境，深化改革又推动了治理整顿和经济稳步回升。治理整顿、深化改革、稳定发展，三者互为因果，相辅相成。实践证明，这个方针是完全正确的。

（四）改革使原有体制发生了明显变化。

1. 改变了原来那种与现实生产力水平不相适应的单一公有制结构。积极发展了城市集体经济和农村的乡镇企业，适当发展了个体、私营和其他非公有制经济成份，这对于有效调动各方面的积极性，发展经济，方便生活，安置就业，都取得了很好的效果。

2. 改革了公有制经济单位的组织形式和企业的经营形式。在城市，初步改变了统收统支的国营企业经营方式，使企业的生产经营自主权有所扩大，在实现自我改造、自我发展方面有了一定进步；在农村，逐步建立统分结合的双层经营体制，为集体经济找到了适应生产力发展的新的组织形式，有力地促进了农村生产和整个国民经济的发展。

3. 改革了价格管理体制与形成机制，逐步发展了各类市场，初步发挥了市场调节和价值规律的作用。同时，国家宏观调控的范围、方式有了调整与改进，经济、法律手段的运用开始受到重视，经济运行的活力有所增强。

4. 改革了宏观经济管理体制。通过财政、金融、计划、投资等方面的改革，调动了地方的积极性，推动了区域经济的发展。

5. 在坚持按劳分配的主体地位的前提下，适当采用了其它分配形式，并注意把一部分人、一部分地区通过诚实劳动和合法经营先富起来的政策，同逐步实现全体人民和各个地区共同富裕的原则结合起来。

6. 传统的半封闭型经济开始向积极利用国际分工、国际交换的开放型经济转变，初步形成了“经济特区——沿海开放城市——内地”逐步推进的对外开放格局。进出口贸易、利用外资和对外经济技术合作都有了迅速发展。

(五) 改革对中国经济和社会的影响。

改革对中国的经济和社会产生了极其深刻的影响：

1. 促进了思想观念的变化和理论的发展。经过改革，商品意识、效益观念、现代科学管理思想已被社会各界所接受和广泛运用；从中国国情出发，提出了社会主义初级阶段的理论，明确了在社会主义初级阶段应坚持以公有制为主体，发展多种经济成份，坚持以按劳分配为主要形式、多种分配方式并存。这些思想理论的发展，使全党、全国人民在改革开放方面取得了共识。

2. 经济增长速度加快。改革以前的 1953—1977 年，中国的国民生产总值平均每年增长 6.1%，改革以来的 1978—1990 年平均每年增长 8.7%，比改革前提高 2.6 个百分点。社会全员劳动生产率也由改革前平均每年增长 3.6%提高到 6%。

3. 市场繁荣，人民生活水平提高。改革前的社会商品零售总额平均每年增长 7%，改革以来平均每年增长 10%，市场商品供应充足，花色品种大大增加。城乡居民消费水平已由改革前平均每年增长 2.2%提高到改革以来的 6.5%。

九十年代经济体制改革的展望

中共中央《关于制定国民经济和社会发展十年规划和“八五”计划的建议》，进一步指明了深化改革、扩大开放的方向、任务和措施。初步建立社会主义有计划商品经济的新体制和计划经济与市场调节相结合的经济运行机制，是 90 年代中国经济体制改革的目标和方向。

深化改革的具体目标：

一是建立以社会主义公有制为主体，多种经济成份共同发展的所有制结构。

二是建立适应社会化大生产和商品经济发展的企业制度。除少数非竞争性企业外，竞争性企业要做到自主经营、自负盈亏、自我发展、自我约束，成为有生机活力、行为规范的商品生产者和经营者。

三是建立统一开放、平等竞争、规则健全的社会主义市场体系。

四是建立间接调控与直接调控相结合，以间接调控为主；中央和省、自治区、直辖市两级调控相结合，以中央调控为主的宏观调控体系。

五是建立以按劳分配为主体，其它分配形式为补充的个人收入分配制度和社会保障体系。

为了实现上述目标，深化改革的主要任务是：

(一) 搞好企业改革，为国民经济发展创造良好的微观基础。继续坚持以增强企业（特别是全民所有制大中型企业）活力为中心，努力改善企业的经营机制和外部环境，切实加强和搞好企业内部管理，使企业具有自觉发展生产、改善经营、降低成本、提高效益的积极性和创造性，逐步形成与发展商品经济和社会化大生产相适应的，具有自主经营、自负盈亏、自我约束、自我发展能力的现代企业经营机制。要进一步完善承包经营责任制；通过企业间的承包、租赁、兼并、相互参股和小企业拍卖，以及发展企业集团等形式，推动生产要素的合理流动，促进企业结构的调整和优化；逐步实行企业的“利税分流、税后还贷、税后承包”制度；将一些竞争性行业的全民企业逐步改组成以公有法人持股为主的有限责任公司或股份有限公司；建立合理的国有资产管理和经营制度，促进国有资产经营效益的提高。

(二) 深化农村经济体制改革，提高农业经济的现代化水平。要把家庭联产承包为主的责任制作为农村的一项基本制度长期稳定下来，并不断加以完善。在此基础上，发展统分结合的双层经营体制，依靠生产的发展和集体自身积累，逐步壮大集体经济实力。国家要从政策、资金、物资等方面支持建立健全农村社会化服务体系。在有条件的地方，根据农民的意愿，稳妥地实行多种形式的适度规模经营，发展合作经济组织，逐步形成产前、产中、产后的系列化服务体系，促进农业现代化。要进一步完善农村土地管理制；深化农副产品流通体制改革；调整乡镇企业的产业结构，理顺产权关系，完善企业经营管理机制；切实抓好县级经济综合改革和农村基层组织建设。

(三) 抓好市场流通和价格体制改革，完善市场体系。按照计划经济与市场调节相结合的原则，继续推进和深化流通体制改革，进一步搞活商品、物资流通，初步建立起合理的价格体系，高效、畅通、可调控的流通体制和平等竞争、规则健全的市场体系。同时，不断扩大和完善短期资金市场，逐步发展长期资金市场，积极开拓技术市场和信息市场，认真培育房地产市场和劳务市场，努力消除各种分割封锁现象，逐步形成包括各种要素市场在内的全国统一开放的大市场。要积极稳妥地推进价格改革，逐步理顺比价关系，建立合理的价格形成机制。逐步建立起少数关系国计民生和全局发展的商品价格由国家管理，多数商品价格由市场机制形成的制度。

(四) 积极推进劳动工资、社会保险和住房制度改革。在劳动就业制度改革方面，进一步改革由国家统包统配的劳动制度，继续实行劳动部门介绍就业、自愿组织起来就业和自谋职业相结合的方针，切实推行和完善劳动合同制，建立社会劳动力、人才的合理配置和流动机制，积极发挥劳务市场和劳动竞争的作用。在工资制度改革方面，要建立健全工资的正常增长和总量有效调控的机制，使工资总额能够随国民经济发展有计划按比例增长，坚持在中长期内，实际工资总额增长不高于国民收入的增长，实际平均工资提高不超过劳动生产率的提高水平。在社会保险制度改革方面，区别不同情况逐步建立费用由国家、企业、个人合理负担的养老保险制度，将目前对国营企业部分职工实行的行业保险逐步扩大到国营、集体以及其它所有制企业全部职工，在切实加强医疗经费管理的同时适当加快医疗保险制度的改革，建立统一协调各种社会保险的组织。在住房制度改革方面，在统一公房租金标准的基础上，逐步把公有住房租金提高到成本租金，提高租金与出售住房并举，建立多层次的住房基金，发展住房金融业务，加快房屋商品化进程。

（五）扩大对外开放、深化外贸体制改革。在巩固和发展已开辟的经济特区、经济技术开发区、沿海开放城市和开放地带的同时，逐步扩大内地和内陆周边地区的对外开放，以促进少数民族地区和贫困地区的经济、社会发展；继续采取多种形式吸引外商投资，完善涉外法律、法规和政策措施，保护合资双方的权益。在外贸体制改革方面，要建立一套基本符合国际贸易规范和准则的，由外贸企业自主经营、自负盈亏、工贸结合、平等竞争的外贸经营体制；要继续改进和完善外贸计划管理、进出口许可证制度和配额管理办法；积极促进各类经营外贸企业联合，增强外贸的群体竞争优势；健全进出口商会组织，建立一套完善的外贸协调、服务体系；逐步建立有管理的汇率浮动机制，完善外汇调剂市场；加强对外出口收汇的管理，实行跟踪结汇。

（六）加强宏观调控体系建设。建立健全计划经济与市场调节相结合，既有利于经济统一平衡与管理，又能充分发挥各方面积极性的、科学有效的宏观调控体系，是九十年代中国深化改革的一项基本任务。为此，必须通过对计划、财政和银行体制的改革，理顺计划、财政、银行以及其它经济部门的关系。逐步形成这三大部门之间，对宏观经济的调控，既有明确职责、合理分工，又能相互支持、相互制约的机制。坚持做到计划安排资金不留“缺口”，财政赤字通过发行债券解决，不再向银行透支，真正实现社会总供给与总需求的平衡；并相应建立一套比较完善的，经济、行政、法律手段综合运用的宏观调控制度。从根本上消除因宏观调控体系不合理而导致国民经济发展波动的弊病，保证经济的稳定增长与正常循环。

改革是一项极其复杂的社会经济系统工程，既需要在实践中锐意开拓，也需要在理论上的大胆探索。中国的改革目标和任务虽已确定，但要真正实现，还要经过艰苦的努力。

（作者工作单位：国家体改委）

“七五”期间我国城市的科学技术发展

□ 邱成利

“七五”期间，在党的“经济建设必须依靠科学技术，科学技术工作必须面向经济建设”的方针和《中共中央关于科学技术体制改革的决定》精神的指引下，我国城市的科学技术得到了迅速发展，科学技术体制改革取得了很大进展，出现了科技工作为城市经济发展服务的前所未有的活跃局面。

“七五”期间，我国从运行机制、组织结构和科技人员管理制度三个方面对科技体制进行了比较全面系统的改革，从而逐步形成了我国科技工作三个层次的战略布局。国家、部门和地方按照为经济建设主战场服务、开展高技术研究和促进高新技术产业发展，以及确保基础性研究工作持续稳定发展三个不同层次，陆续实施了相应的科技发展计划，使我国科技工作在总体上逐步形成了既有纵深层次，又统筹兼顾、有机联系的战略格局。这对充分发挥我国科技整体优势具有十分重要的意义。

“七五”期间，在党中央、国务院的关怀和领导下，经过全体科技工作者的共同努力，我国城市的科学技术取得了巨大成就。我国的城市化进程明显加快，到1990年，全国的城市数量已达467个。我国科学技术的主体在城市，特别是大城市，主要的科研机构、绝大多数科研人员也都集中在城市，科研项目、科技计划80%以上是由城市承担的。“七五”期间，我国科学技术的突出特点是制定和实施了科技攻关计划、星火计划、863计划、基础性研究计划、火炬计划和科技成果推广计划，加速了科技成果商品化、产业化的进程，极大地推动了我国城市科学技术的发展，促进了城市科技与经济、社会的协调发展。科学技术成果是商品的观念已在社会上逐渐确立，“科学技术是第一生产力”的观念日益深入人心，人们的科技意识有所增强。党的十三大提出把科学技术和教育放在经济发展战略的首要位置，使经济发展转向依靠科技进步和提高劳动者素质的轨道以来，以“依靠科技进步，振兴城市经济和社会发展”为主要内容的科技兴市战略在我国方兴未艾，目前全国已有200多个城市实施了科技兴市战略，占全国城市的近1/2，可以说依靠科技进步，振兴城市经济已成为我国城市发展的主旋律。

“七五”期间我国科学技术的发展主要体现在以下方面：

（一）科技攻关计划。由国家计委、国家科委组织实施，主要是对行业发展中的重大技术和装备、重点新产品开发、新兴技术领域和社会发展等方面组织联合攻关。“七五”期间共安排了76个攻关项目，349个课题，近5000个专题，比“六五”时期增长了1倍。5年来，国家投资32亿元，比“六五”时期增长了1.3倍。科技攻关计划项目进展顺利，共获得科技攻关成果1.1万项，其中80%的成果已在国民经济建设中推广应用。“七五”科技攻关确实解决了一批国民经济和社会发展中难度较高的技术问题，如农业种籽资源的收集、重大技术装备的国产化研制、新型药物和医疗器械的开发等。经过全国各行业的研究院所、高等学校、工矿企业等1.5万个单位、13万多名科技人员的联合攻关，据初步统计，已获直接经济效益400多亿元。“七五”期间，在国家组织科技攻关的同时，各地科委根据地方经济发展的需要，组织实施了地方科技攻关计划，据对42个省市及计划单列市的调查，共安排攻关项目25000多个，地方财政投入近45亿元，已取得成果19000多项，其中50%获省级或省级以上奖励，获经济效益254亿元，创节汇13.5亿美元。科技攻关计划，促进了科技事业的发展，培养锻炼了科技队伍，同时在科学技术向现实生产力转化的实践中取得了宝贵的经验。

（二）“星火”计划。由国家科委组织实施，目的在于依靠科技进步振兴地方经济。“七五”期间，“星火”计划共安排2万多个项目，已有1万多项按计划完成，累计新增产值220多亿元，新增利税55.3亿元，出口创汇23.4亿元，为农村培训各类人才500多万人，建立了500多个以科技为先导的“星火”示范企业，开发出100多套适用于农村的基础设备。“星火”计划以产品为龙头，优势产业为核心，实行技、工、农、贸一体化，产前、产中、产后全程服务，发展区域性支柱产业，已在全国范围内推行建立起一批可覆盖农村各个经济领域的各种形式的社会化服务体系，有力地推动了“科技兴农”方针的贯彻、落实。

（三）“863”计划，即《高技术研究发展计划纲要》。由“国务院高技术计划协调指导小组”领导，办公室设在国家科委。目的在于迎接世界新科技革命的挑战，跟踪世界高科技发展水平，缩小我国在高科技领域与国外的差距。该计划主要是由设在大城市的国家级科研机构、重点高校以科研人员组成的专家组承担。"863"计划于1987年开始组织实施，主要是根据科学技术国际发展趋势和我国国情，选择了生物技术、航天技术、信息技术、激光技术、自动化技术、能源技术和新材料等7个领域，作为高技术的重点发展领域。目前，高技术研究发展计划正在顺利进行，"七五"时期，在民用高技术领域共签订886个课题合同，累计投资4.7亿元，参加研究的科研人员近万名。在全部886个课题中，已取得突破性进展的有125个，占总数的14%。例如，两系法亚种种间杂交水稻被认为是水稻制种史上的重大突破，不仅为粮食增产开辟了新途径，而且促进了分子生物学的发展。"863"计划的实施，为确保我国继续在世界高技术领域占有一席之地提供了有力的支持，为我国高科技产业的发展提供了有效的技术支撑。

(四) 基础性研究计划。"七五"期间国家支持基础性研究课题达2万多项，从事基础性研究的科技工作者约10万人；国家和部门共投资建成了100多个国家重点实验室和部门开放实验室，自1989年起，国家对一批重点建设实验室和部门开放实验室给予运行费资助，为基础性研究创造了良好条件。我国先后建立北京正负电子对撞机、兰州重离子加速器、合肥同步辐射装置、太阳磁场望远镜等，使我国基础性研究的一部分装备水平进入了世界先进行列；高临界温度超导研究工作，一直处于国际领先水平。

(五)"火炬"计划。由国家科委组织实施，其宗旨是将高技术成果商品化、高技术商品产业化、高技术产业国际化。"火炬"计划主要是在有一定技术和经济实力的大城市和部分中等城市实施。自1988年8月实施以来，3年共安排579项国家级"火炬"计划项目，加上地方级"火炬"计划项目，总数近2000项。全国已有38个大中城市建立了高技术产业开发区，国务院批准了北京、上海、深圳、威海、海南等27个开发区属国家级高新技术开发区。30个创业服务中心为高技术企业的创办、高技术商品的开发及市场开拓提供综合服务，现已发展成为各级科委和开发区实施"火炬"计划的重要支柱之一。据统计，目前开发区已建立了近2500家以公有制占优势的高技术企业，投入"火炬"计划项目的开发人员已达5万余人，银行贷款1990年达到7.5亿元，加上地方匹配和自筹已达20亿元。目前简化高技术企业部分出国人员手续的政策已出台，国务院已经批准关于高技术产业开发区的一些优惠政策。

(六) 国家科技成果重点推广计划。1990年由国家科委开始组织实施，以每年推出3000项左右科技成果，扩散到5000—7000个实施单位。推广计划致力于将科技成果推广到大中型企业和大面积的农田中去。推广的基本途径：一是利用技术市场进行扩散，二是通过各级政府有组织有计划地推动。1990年共安排了485个国家级重点推广项目，辐射、扩散到约1000个实施单位。目前，一批项目已显示出大面积应用的强大生命力。仅"三北"地区推广"水稻旱育，稀植技术"，就新增稻谷近8亿公斤。具有划时代意义的全国杂交水稻科技成果的广泛推广应用，为农业丰收作出了巨大的贡献。黄淮海平原中低产地区综合治理所推广的81项科技成果，使660多万公顷农田获得丰收，获经济效益34亿元。

(七) 军转民科技开发工作。"七五"期间，由国家科委会同国家计委、国防科工委、中国工商银行安排的军转民科技开发计划，旨在利用军工部门的技术、设备、人才优势，承担国家重点项目重大设备的研制。5年中，国家共安排军转民开发项目582项，总投资5亿元，其中贷款3亿元，目前已开发生产了一批各具特色的新产品和出口产品，如核工业系统开发了火灾自动报警系统系列产品、核电阀门等，航空航天系统开发了新型纺织机械、卫星通信设备等。军工产品和民品目前已进入了国际市场，1988年军工企业产品出口贸易额达5亿多美元，占全国机电产品出口贸易总额的10%。据不完全统计，目前军工技术成果转民用已有3万多项，技术合同成交额15亿元，为民用部门攻下1000多项长期难以解决的技术难点，从而有力地带动了民用工业的发展，创造了显著的经济、社会效益。

(八) 科技促进社会发展。首先，组织了一批社会发展科技攻关项目，并取得了丰硕成果。其次，围绕人口、资源、环境等重点领域，从促进经济社会协调发展方面，抓了一批对社会发展有重大影响的科技政策和项目，如全球环境与发展问题的政策研究，全国海岛资源综合调查、开发与保护。组织了社会发展综合试点，推动了社会发展科技工作的总体开展。在城市发展方面的科学技术得到广泛重视，城市住宅、交通、通讯、生活服务设施等方面的科学技术水平提高很快，城市的规划、设计、管理的科学化程度进一步增强。

(九) 科学技术政策。"七五"期间研究制定了科技体制改革与科技发展的有关政策措施，颁布了能源、交通运输、通讯、农业、信息、生物等14个领域的技术政策，确定了这些领域的技术目标、发展方向和技术路线。据1989年调查，这些技术政策已有70%开始执行，对指导和推动传统产业的科技进步发挥了积极作用。许多部门和地方也制定了自己的若干技术政策，有力地推动了全社会的科技进步。

(十) 科学技术法规。我国的科技立法已跨出了坚实的一步，已经出台了《专利法》、《技术合同法》、《标准化法》等一批重要的科技法律，在《民法通则》和一些主要的经济法律中也包含了不少促进科学技术发展的条款。国务院在有关科技发展方面，制定、发布了

30 多个科技行政法规。这些法规都促使我国科技工作进一步纳入法制轨道。科技法学作为一门新兴学科不断发展，科技法制软科学研究异常活跃，并成立了中国科技法学会，拥有 100 多个团体会员、500 多名个人会员。

（十一）软科学研究。软科学技术是自然科学技术和社会科学的交叉与融合，研究的对象涉及战略、政策、计划与管理等重大问题，是为实现各级各类决策的科学化、民主化服务的。自 1986 年召开第一次全国软科学研究工作座谈会以来，软科学研究得到党中央、国务院和各级政府的高度重视和支持，已呈蓬勃发展之势。目前，全国软科学研究机构已有上千家，专门研究人员有 3 万余人，并已逐步建立起了从中央到地方的全国软科学研究网络。目前已取得 6000 多项重要成果，有 1000 多项获得国家和省部级奖励，为实现决策的科学化民主化作出了重要贡献。

（十二）科技咨询业。科技咨询从无到有，已逐步发展成为一门新兴产业。目前注册登记的科技咨询机构已有 3 万多家，队伍 60 多万人，资金 80 多亿元，在经济、社会生活中发挥着日益重要的作用，已成为第三产业中的一支重要力量。

（十三）科技投入状况。“七五”期间在财政经济困难的情况下，中央和地方的科学事业费逐年增加，中央财政增加了国家科技攻关经费，建立了自然科学基金，开辟了“863”计划的专项经费渠道，建设了一批国家重点实验室，并对实验室的运行给予了专项补助。在国家综合信贷计划中开设了科技贷款科目，贷款规模有了较大幅度增长，去年已达 20 亿元。这些投入，支持了科技攻关、基础研究、“863”、“星火”、“火炬”和成果推广等计划的实施，为科技工作的开展创造了必要的条件。

（十四）关于拨款制度的改革。目的在于改变科研费用全部依靠国家拨款的做法。到 1989 年底，在全国县以上政府部门属自然科学领域的 5011 个研究与开发机构中，已有 2114 个机构减少或不需要国家拨给事业费，占 42.2%。到 1989 年，1087 个研究与开发机构做到事业费完全自给，占当年机构总数的 12.9%。通过转让技术、开展科技服务和开发新产品等方式，研究与开发机构在减少事业费的同时也增加了收入，1986 年到 1989 年研究与开发机构通过各种方式获得横向技术性收入达 122.1 亿元，相当于同期政府拨款的 43.3%。

（十五）国际科技合作。“七五”期间，我国的国际科技合作取得重大进展，目前，我国已同 57 个国家缔结了政府间技术经济合作协定，同 108 个国家和地区建立了科技合作交流关系，各学术团体已参加了 280 多个国际学术组织。据不完全统计，近 5 年来每年官方和民间对外科技合作与交流项目达 1 万项，人员往来 3 万多人次，比 1978 年分别增加 8 倍和 5 倍。“七五”期间，共引进技术和设备 61 项，总成交额 5000 多万美元，并给予减免关税的优惠待遇。在技术引进的同时，加强了技术出口工作，技术出口总额由 1985 年 3120 万美元上升到 1990 年 9.8 亿美元，增加近 32 倍。通过国际合作与交流，不仅使我们学习到了国外先进的科学技术和管理，培养了大批优秀科技人才，提高了我国科技队伍水平，而且使我国科技工作逐步走向世界舞台。

（十六）新产品开发。新产品开发是科技与经济结合的重要体现，是调整产品结构的重要措施。“七五”期间，国家级新产品每年以 50%的速度增长，有些产品已在国际竞争中初露锋芒，如机电部 15 所的太极超小型机、中科院三环公司的钕铁硼永磁材料、上海硅酸盐研究所和福建物构研究所研究成功的光晶体、节能冷光灯等均已进入国际市场。北京大学的激光汉字照排技术完成了商品化开发，独占国内外市场，享有盛誉。

（十七）科技奖励工作。“七五”期间设立的技术进步奖和国家“星火”奖，连同已有的国家发明奖、国家自然科学奖，基本覆盖了我国科技工作的内容。国家共奖励科技成果 5454 项，其中 846 项科技成果获得国家发明奖，237 项基础研究和应用研究成果获得国家自然科学成果奖，2330 项科技成果获得国家科技进步奖，261 项科技成果获得国家星火奖。据不完全统计，这些获奖项目，累计实现经济效益达 2300 多亿元。通过奖励调动了广大科技人员的积极性，增强了科技工作的凝聚力，推动了科技成果的转化。

（十八）科技统计工作。在 1985 年全国科技普查工作的基础上，已逐步建立了比较健全的科技统计制度和统计网络，有计划地扩大了统计调查，进行了统计分析和统计研究。

（十九）科技情报工作。“七五”期间科技情报工作迅速发展，为各地科技工作的开展，特别是科研人员的研究工作提供了有效的支持，科技情报的工作领域日益拓宽，为推动产业技术和装备的现代化，改善重点产业的技术面貌，推广先进适用的科技成果，促进高新技术及其产业发展提供了诸如技术资料、巡回资料展览、信息发布等多种方式的服务。在城市形成了较为完整的科技情报网络，大多数城市建立了科技情报所，并有了固定的活动场所。

（二十）科研课题完成状况。到 1989 年底，全国县以上政府部门属自然科学技术领域的研究与开发机构，共完成科学研究与技术开发课题 159431 个，投入课题研究的经费累计达 138.5 亿元。已被推广应用的课题达 96111 个，占完成课题数的 60.3%。

（二十一）高等院校的科研工作。1989 年高等院校进行的科学研究课题共 71440 项，比 1985 年增长 38.5%。到 1989 年底，高等院校累计鉴定、评审科技成果共 27848 项，其中，有 4421 项达到国际先进水平，占15.9%；有5352项成果为国内首创，占19.2%。共有13651项科技成果获奖，其中获国家自然科学奖120项，国家发明奖195项，国家科技进步奖435项。

(二十二) 大中型工业企业的技术开发工作。1985年在我国大中型工业企业中，从事技术开发工作的人员只有19.8万人，占职工总数的1%，到1989年从事技术开发工作的人员已达77.9万人，占职工总数2.7%，提高1.7个百分点，是1985年技术开发人员的3.9倍。大中型工业企业用于技术开发活动的经费也有了大幅度增长，1985年为53.24亿元，到1989年已达123.77亿元，增长了1.3倍。经费来源也从以上级拨款、银行贷款为主转为以企业自筹资金为主，1985年，在大中型企业的技术开发经费总额中，企业自筹只占30.8%，到1989年企业自筹已达60.1%。几年来，大中型工业企业的新产品产值率逐年上升，到1989年，新产品产值达774.5亿元，已占总产值8.3%。

(二十三) 科技队伍。到1990年底，我国全民所有制单位自然科学技术领域的科技人员已达1080.8万人，比1985年底的781.7万人增长38.3%。“七五”时期，全民所有制单位的自然科学技术人员，平均每年增加59.8万人，是“六五”时期的1.18倍。其中，工程技术人员为510万人，教学人员为214.6万人，分别比1985年增长了49.8%和46.5%。科学技术人员占职工总数的比重有了较大增加，到1990年底，平均每万名职工中的科技人员为1045人，比1985年增加了176人。科技人员的素质也有提高。1989年底，在科技人员中受过高等教育的占48.23%，比1985年提高了2.6个百分点，具有高级职称的科技人员71.28万人，占总数的6.89%，具有中级职称的科技人员285.71万人，占总数的27.6%，分别比1985年提高5.9个百分点和10.6个百分点。

(二十四) 科研机构。截至1989年底，县级以上政府部门、高等院校和大中型工业企业共有科学研究与技术开发机构14308个，比1985年增加6305个，增加78.8%。其中县级以上政府部门所属的5354个，占全部机构的37.4%；高等院校所属的1739个，占12.2%。我国大中型企业的研究与开发机构发展十分迅速，1990年底达到9156个，比1985年增加了7097个，增长3.4倍。

(二十五) 自然科学基金制。为了加强我国科学技术的基础研究和部分应用研究，加强科技发展战略的纵深配置，并从体制上保证基础研究和部分应用研究的稳定发展，我国在“七五”时期开始试行这项制度。1986年2月国家自然科学基金委员会成立以来，运用专家同行评议，择优支持的办法，到1990年底累计资助科研项目16504项，资助金额6.44亿元，在一定程度上起到了稳定基础研究队伍的作用。

(二十六) 多种所有制的科研体制正在形成。为了满足全社会对科学研究和技术服务工作日益增长的需要，在科技体制改革中，民办科技机构异军突起，到1990年，全国民办科技机构已发展到10000多家，从业人员40多万，其中专兼职科技人员占60%以上。民办科技机构以其灵活的运行机制日益显示出其强大的生命力，已成为全民所有制科研机构的有益补充。目前全国已有400多个研究开发机构进入企业或企业集团，研究开发机构开办的技术经济实体已达3500多个，有力地推进了科技进入经济的进程。

(二十七) 技术市场已形成一定的气候。发展技术市场，加速科技成果商品化，是我国科技体制改革工作的一个新突破。《技术合同法》的制定和颁布实施，有力地促进了技术市场的发展，并提供了法律依据。国家对技术市场实行“放开、搞活、扶植、引导”的方针，使技术市场从无到有，从小到大，已日益成为社会主义市场的重要组成部分。“七五”时期，我国技术市场交易金额逐年增加，1989年技术市场交易金额已达到81亿元，是1985年的3.5倍，平均每年增长37%。

(二十八) 改革科技人员管理制度。每年有几十万名科技人员到农村生产第一线从事各种技术经济活动，还有几十万科技人员在完成本职工作的前提下，利用业余时间从事兼职活动，促进了智力和人才流动，为推动中小企业、乡镇企业的科技进步起到了重要作用。目前，全国已有60%的县（市）配备了科技副县（市）长，60%以上的乡镇配备了科技副乡（镇）长或科技专职干部，17%的乡镇建立了乡镇科委。各类承包集团已发展到6000多个，有2300万公顷大田作物、333万公顷经济作物实行了技术经济承包，由科技人员承包、领办创办的乡镇企业约4.8万个，各类农民技术经济合作组织发展到12.2万个，联系了近200万农户。

(二十九) 科技成果大量涌现。“七五”时期，我国取得国家级重大科学技术成果14148项，是“六五”时期的1.42倍。我国在生物技术、农业科学、高能物理、计算机技术、运载火箭技术、卫星通讯技术、超导材料等在理论研究领域的某些科技成果已接近或达到世界先进水平。

(三十) 专利发明。《专利法》的颁布实施，极大地促进了科技发明创造，“七五”期间，我国共受理专利申请152971件，批准61499件，获得了明显的经济和社会效益。专利工作已成为我国科技工作的重要组成部分，专利工作体系已初步形成。

“七五”期间是我国科学技术发展史上出成果、出效益、出人才最好的时期，是我国城市科学技术全面发展的时期，为我国城市经济在90年代的腾飞奠定了坚实的基础。

(作者工作单位：国家科委政策法规司)

中国经济特区的经济发展概况

□ 林其辉

1990年是我国深圳经济特区建设10周年，一个以工业为主、工贸结合，旅游业、农牧渔业并举的外向型综合性经济特区的模式已经形成，一座现代城市已屹立在人们的面前，这是我国经济特区发展的一个缩影。我国的其他经济特区和深圳经济特区一样，工业规模从小到大，技术水平从低到高，经济迅速发展，成绩令人瞩目。

基础设施不断加强　投资环境不断改善

经过10年的建设，深圳、珠海、汕头、厦门经济特区的基础设施不断加强，日臻完善。建立只有两年多的海南经济特区，基础设施建设也有很大发展。5个特区都开发了一批建设用地，建成了一批工业厂房和居民住宅，交通道路、水电管网、邮电通讯、港口机场、商业旅游等设施基本配套。各特区都有多个港口码头，其中深圳、珠海、厦门、海南都有万吨级深水码头。汕头、厦门、海南都有可通航大中型飞机的机场，深圳、珠海现有直升飞机通航广州等市，并都在筹建大中型机场，深圳国际机场已经动工兴建，1991年即可投入使用，海南三亚凤凰村机场亦已动工兴建。各特区已装备程控交换设备和微波通讯系统，可与美国、欧洲、日本、东南亚等20多个国家和地区以及国内的100多个城市实现长途自动拨号通讯。水电等能源供应正在得到改善。

为了进一步改善投资环境，1990年在资金不足的情况下，仍集中力量加强基础设施建设。例如，深圳1990年进行了电厂、水源、国际机场、盐田港、火车站等9项基础设施建设改造，工程进展顺利。珠海除了进一步搞好现有特区建设外，加快了西区的开发建设:三灶岛至白藤湖旅游区的柏油公路已经通车；横跨磨刀门水道的珠海大桥已经动工，预计1993年建成；2000门直拨程控电话已经启用。

工业基础不断增强　外贸出口持续增长

工业是发展外向型经济的基础。各经济特区始终都把发展工业作为建设的重点，使工业生产力不断提高，工业生产水平发生了巨大变化。深圳过去是一个边陲小镇，工业基础非常薄弱，建立特区前的1979年仅有200多家小型工业企业，只能生产一些小农具、日用小商品、小化肥等支农产品，工业产值只有6000多万元。现在深圳市已经开发了蛇口、上埗、沙头角等十多个工业区，有各类工业企业2500多家，形成了电子、化工、机械、轻工、纺织、食品饮料、塑料、家具、建材、服装等33个行业，产品达1000多种，成为一座新兴的以电子、轻工为主的现代化工业城市，1990年的工业产值达161亿元，比1989年增长了38.5%，比建立特区前的1979年增长了267倍。珠海过去也是一个岛多、山多、滩涂多的渔村，经济落后，工业基础薄弱，1979年的工业产值只有6200万元。现在珠海已经开发了南山、吉大、北岭等8个工业区，康家、金鼎等工业区正在开发建设，形成了电子、轻纺、食品、建材、塑料、机械、模具、彩印等行业，1990年的工业产值达45.2亿元，比1989年增长36.3%，比1979年增长近72倍。汕头经济特区从龙湖工业区起步建设，致力于发展出口加工工业，形成了电子、食品、陶瓷、服装等20多个行业，1990年的工业产值达15亿元，比1984年增加了258倍，比1989年增长了68%。厦门经济特区的建设首先从2.5平方公里的湖里工业区开始，通过外引内联，发展外向型企业。1984年厦门经济特区的范围扩大到厦门全岛和鼓浪屿，近几年来，引进先进技术对老企业进行技术改造，工业生产规模不断扩大，形成了电子、机械、轻工、纺织、食品、建材、塑料、化工、卷烟、照相器材等行业，1990年工业产值达65.5亿元，比1989年增长14.6%。海南岛于1984年就实行了特区的某些优惠政策，以开放促开发，促进当地矿产、水产、热带作物资源的开发和加工工业的发展。1988年海南建省并把海南岛划为海南经济特区后，工业又取得了长足进展，现在橡胶、制糖、采矿、采石、制盐工业已有相当基础，电子、纺织、化工、轻工、食品、饮料等行业也已初具规模。1990年海南的工业产值为27.5亿元，比1989年增长9%。1990年5个经济特区的工业总产值共达313亿元，比1989年增长27%，外向型经济迅速发展。

经济特区工业的发展为外贸出口持续增长打下了良好的基础。1990年5个经济特区的出口总额达50多亿美元，约占全国出口总额的10%，比上年增长26%。

1990年各经济特区的产品出口都有显著增长：一是特区自产品出口显著增长。各经济特区努力发展外向型工业企业，自产品出口比重迅速提高。1990年深圳外贸出口近30亿美元，比1989年增长37.8%，其中自产品出口额达19亿美元，比上年增长45%以上，自产品出口在出口总值中的比重由1989年的63%提高到70%。珠海、汕头特区自产品出口都在70%以上，厦门稍低些，约为58%，但都比1989年有较大幅度的增长。二是附加值较高的机电产品出口显著增长。深圳特区发展公司根据国际市场和国内市场的经贸形势，认真调整出口产品结构，千方百计地增加机电、工艺等加工程度较高的产品出口，机电等工业制成品出口比重占该公司出口总额的61%。厦门1990年机电等工业制成品出口达5亿多美元，占外贸出口总额的66%以上。三是外商投资企业的产品出口显著增长。由于经过几年的建设，许多外商投资企业已经走上正常经营生产轨道，产品质量不断提高，在国际市场的竞争能力不断增强。1990年厦门外商投资企业工业产品出口交货值达24亿元，占其工业总产值的69%，出口创汇2亿多美元，比上年增长31%。1990年汕头特区外商投资企业产品出口达1.7亿美元，比1989年增长41%，占汕头特区出口总额的41%。四是农副鲜活商品出口显著增长。深圳市去年农副鲜活产品出口达12亿港元，比上年增长近18%，水果、蔬菜、水产品出口都有较大幅度的增长。

加强项目筛选　利用外资水平提高

去年各经济特区继续认真贯彻中央关于治理整顿的方针，合理控制投资规模，对外商投资项目认真优选，把有限的配套资金用在急需的项目上，更有效地利用外资。1990年5个经济特区新签外商投资项目1780个，比1989年增长5%，约占全国的24.5%；协议外商投资额17.1亿美元，比上年增长7%；实际利用外资7.7亿美元，比1989年有所下降。深圳1990年新签外商投资项目757个，协议外商投资额6.7亿美元，实际利用外资4.8亿美元，分别比1989年增长17%、41%和4.8%。珠海特区新签外商投资项目411个，比1989年增长57%以上，协议外商投资额2.8亿美元，增长1倍以上，实际利用外资0.67亿美元，增长23%。深圳、珠海出现了建立特区以来第二次外商投资新高潮。厦门新签外商投资项目270多个，比上年增长35.2%，协议外商投资额5.1亿美元，实际利用外资0.7亿元，均比上年下降。

1990年各经济特区利用外商直接投资水平都有一定提高，主要表现在下列几个方面：一是出口型生产项目增多。如厦门市1990年新批准的项目中，属于产品出口型的生产性项目占95%以上，技术水平也有较大提高。深圳新签的工业项目中，产品出口型的比例达80%以上。二是外商投资结构优化。厦门去年批准的外商投资项目，大部分是属于电子电器工业、机械制造工业、轻工业、服装等鼓励发展的行业，这方面所占比重达51%以上。三是国外大企业到特区洽谈投资者增多。日本的三菱、松下、丰田、丸红等大财团去厦门洽谈业务投资。四是台商投资增多。1990年厦门市批准台资企业172个，占当年批准外商投资项目的65%以上。现已累计批准台资项目410项，利用台资9.8亿美元，台商投资比重达92%，现已投产开业的有150多家台资企业，工业产值达7亿元，经营情况良好。1990年来厦门投资洽谈的台商呈现出组团多，层次高，行业多等特点。1990年是台商去海南投资最多的一年，新批准台资企业89家，投资总额4000多万美元，台商投资额仅次于港商。

市场呈复苏之势　地方财政收入增多

1990年，在特区海关代征的工商税全部上缴中央的情况下，各特区的地方财政收入仍比上年增长4.5亿元，全年总计达45亿多元。1990年各经济特区的社会商品零售额达160亿元，比上年增长13%，市场已呈复苏之势。特别是深圳特区增长幅度更大，达23%左右。各特区1990年物价比较平稳，综合物价指数比上年增长3%左右，其中农副食品价格还下降了2个百分点。上述情况表明，1990年我国经济特区经济发展良好，增长幅度高于国内其他地区。

提高经济效益　发展外向型经济

1990年各经济特区虽然取得了显著成绩，但也存在一些问题，例如在引进和利用外商直接投资中的高新技术项目比项少，外贸出口面临着不少新的困难，企业经济效益不太理想等等。这些问题都有待于进一步解决。

（一）优化出口产品结构，提高出口产品档次。经济特区已经具有一定的工业基础，但劳动密集型的工业企业比较多，今后应以国际市场为导向，有计划地进行产品和产业结构调整，引进先进技术改造现有企业，从劳动密集型逐步向技术密集型转变，提高产品质量，增加花色品种，改进包装装潢。应加强对国际市场的调查研究，分析其特点，根据需要生产适销对路的重点产品，千方百计地增强在国际市场上的竞争能力。特别要增加附加值高的工业制成品和机电产品出口，扩大非统配产品出口，提高出口创汇效益。

（二）增强科技开发能力，积极发展新产品。当今国际市场之争，归根到底是科技之争。邓小平同志指出:“科学技术是生产力，而且是第一生产力”。只有增强科技开发能力，才能不断开发和推出技术水平较高的新产品；才能在激烈的国际市场竞争中站住脚跟。事实证明，哪个城市的科技开发能力强，开发的新产品多，国际市场竞争能力就强，外贸出口发展就快，外向型经济就能向更高层次发展。但是科技开发能力的增强具有一定难度，需要建立科研机构，培养科技人才，完善实验设备等，这要有一个过程。各经济特区应该加强与内地的科技合作，在增强自身科技力量的同时，充分利用内地现有科技力量和试验设备，形成特区与内地的综合优势，共同发展新产品，发展出口创汇产业。

(三) 采取多种措施，扩大自产品出口。经济特区作为全国对外开放的窗口，按照国家的有关规定，利用特区的国际销售渠道，可以代理一些内地产品出口或收购一些内地出口产品，作为国家对外贸易的补充。但特区发展外向型经济，扩大外贸出口，必须把立足点放在不断扩大自产品出口上。扩大自产品出口，各经济特区已经作出了显著成绩，取得了不少经验。如发展外向型工业，把产品销往国际市场；利用特区的国际信息和新产品、新设计，在内地进行加工制造，合作生产；积极发展创汇农业，增加各类农副产品、鲜活商品出口等等。1990 年深圳、珠海、汕头自产品出口额在出口总值中的比重都在 70%以上，今后将会进一步提高。

(四) 在互惠互利基础上，加强与内地的横向经济联系。经济特区发展外向型经济遇到的主要困难之一是资源不足，人才缺乏；而内地发展经济中的主要问题是资金短缺，信息不灵。经济特区与内地的经济合作，将有利于发挥各自的优势，克服各自的劣势，促进两地的经济共同发展。经济特区可以在资金、技术、人才培训、信息交流等方面支援内地，特别是经济落后地区，开发内地自然资源，建立原材料和出口商品生产基地；而内地可以把当地的产品销往特区，或经特区销往国际市场，带动其经济发展。

(五) 加强外商投资引导，重点发展技术先进型、出口创汇型和经济效益型项目。这些项目的建成投产，不仅可以增强经济特区的新产品开发能力，而且可以直接扩大外贸出口。同时应鼓励外商投资与老企业的技术改造结合起来，以利于产品的更新换代，收到投资少、周期短、见效快的效果。据一些地方的经验，"嫁接式"改造老企业，与新建合资企业和引进技术改造老企业比较，资金可以节省 30-40%，建设周期可以缩短 15 个月到 24 个月，投资利税率和投资创汇率都高出一倍以上。这是在当前治理整顿和资金短缺的情况下利用外商直接投资的有效途径。

(六) 利用国际有利时机，发展"两头在外"产品的生产。经济特区要利用经济发达国家和地区调整产业结构的有利时机，发挥当地加工力量和人力资源相对丰富的优势，进口国内紧缺的原材料，制造成工业成品后再销往国际市场。这样不仅可以为内地让出一部分原材料，促进内地加工业的发展，而且还可以为内地让出部分市场，促进内地的经济发展。特别是在当前国内市场较为疲软的情况下，特区更应从这方面努力。

(七) 发展实力雄厚的企业集团，积极开拓国际市场。以骨干企业和重点出口产品为龙头，组成经济实力雄厚、工贸技结合的企业集团，是开拓国际市场、扩大出口创汇的有效途径。这类企业集团的特点是技术开发能力强，能根据国际市场的变化不断推出新产品；经济实力强，资金比较雄厚，有自我发展能力；拥有外贸进出口经营权，能自行经营产品出口和自需物资的进口；有较多的外贸经营人才，有能力在国外办厂设点，建立国际销售渠道、信息网络和服务网点；不断开发国际市场，进而走跨国公司的发展道路。如深圳的"赛格集团"、"中华自行车集团"和厦门的"华夏集团"等都是外向度高，开发能力强，出口创汇多，经济效益好的工贸技相结合的企业集团。

(八) 加强企业管理，努力提高经济效益。要在加强管理上下功夫，从外延扩大再生产转到内涵扩大再生产上来。在企业内部，要降低能源、原料和工时消耗，千方百计地减少废品率，降低生产成本。与国外先进国家相比，特区企业的能源、原材料消耗和废品率都比较高，还有不少潜力可挖。外资企业与国营企业的管理有所不同，应根据不同情况采用不同方法进行管理。对外商投资企业，要按国际惯例，尊重其生产经营自主权。但要加强税收管理，建立反避税的有关制度，分辨真假亏损情况。外资企业都应按我国的税法规定，照章纳税。

(九) 总结经验，继续进行改革开放的探索。经济特区是我国经济体制改革的试验场，过去深圳等经济特区改革的成功经验，如全面开放生活资料市场、培育金融市场、试行国营企业股份制、施工与设计招标投标制、干部聘任制等，有的已向其他地区推广。现在深圳正在进行的股票市场、生产资料保税市场和保税工业区的试验也取得了初步成效。还要进一步完善提高，不断总结经验，在改革开放中不断开拓进取，充分发挥"窗口"和试验场作用，为全国的经济体制改革摸索经验。

(十) 继续改善投资环境，增强对国内外投资者的吸引力。经过 10 年的建设，无论是软环境还是硬环境，都有了良好的基础。但随着外向型经济的发展，对投资环境又提出了新的要求。在硬环境方面，有的特区水、电等供应日趋紧张，不能满足生产发展的需要；在软环境方面，有些涉外法规有待于修改补充。各经济特区应集中财力物力，把正在进行的能源、交通等基础设施建设保质保量地按期完成，尽快竣工投入使用。同时，应进一步加强涉外法规的修改和制定工作，加强咨询服务，提高办事效率，简化审批程序，帮助外商和内联单位解决投资和生产经营中遇到的问题。

(作者工作单位：国务院特区办公室)

中国的经济技术开发区

□ 张 宇

在祖国东部沿海地带，有14颗璀璨的明珠点缀在北至辽东半岛，南到雷州半岛广袤的土地上。这就是我国沿海开放城市举办的14个经济技术开发区。

我国的沿海开放城市多数有较雄厚的工业基础，工业产值约占全国的1／5，经济效益明显高于全国平均水平；交通运输发达，腹地宽广，港口货物吞吐量占全国的95%以上；技术水平和管理水平较高，科学、文化、教育事业发达，人才集中，对外经济贸易联系广泛；在引进先进技术，学习先进的管理经验，传递经济信息，培养和输送人才等方面都具有优势。

1984年2月，邓小平同志指出："我们建特区，实行开放政策，有一个指导思想要明确，就是不是收，而是放。除了现有的特区外，还可以在沿海地区再开放几个点，这些地方不叫特区，但可以实行特区的某些政策"。根据邓小平同志的意见，党中央、国务院于1984年春，召开了进一步开放沿海14个城市的座谈会，为我国进一步对外开放作出了重大决策。随后，国务院于1984年、1985年先后批准在大连、秦皇岛、天津、烟台、青岛、连云港、南通、宁波、福州、广州、湛江等11个沿海开放城市兴办经济技术开发区。1986年8月和1988年6月又先后批准了上海的闵行、虹桥和漕河泾作为经济技术开发区。

举办经济技术开发区，目的在于形成吸收、利用外商投资的良好环境，引进同所依托城市产业结构调整密切相关的先进技术，兴办外商投资的生产、科技项目，增加出口创汇，并向内地传播新技术和管理经验。

经济技术开发区实行的优惠政策

为鼓励外商投资，经济技术开发区实行下列优惠政策：

1. 在经济技术开发区内开办中外合资经营、中外合作经营、外商独资经营的生产、科技性企业（以下统称开发区企业），其生产、经营所得和其它所得，仅按15%的税率征收企业所得税。其中，经营期在10年以上的，经企业申请，市税务机关批准，从开始获利的年度起，第1年和第2年免征所得税，第3年至第5年减半征收所得税。超过国家规定的减免期限后，凡当年出口产品产值达到当年企业总产值70%以上的出口企业，仅按10%的税率缴纳企业所得税；凡被确认为技术先进的企业，可以延长3年减半缴纳企业所得税。

2. 对开发区企业征收的地方所得税，市人民政府有权根据需要给予减征或免征。

3. 开发区中外合资经营企业的外商将从企业分得的利润汇出境外时，免征汇出税。

4. 外商在开发区内的股息、利息、租金、特许权使用费和其它所得，除依法免征所得税的以外，都仅按10%的低税率征收所得税。其中以优惠条件提供资金、设备或转让先进技术者，市政府可决定给予更多减征或免征优惠。

5. 开发区企业进口的自用建筑材料、生产设备、原材料、零配件、元器件、交通工具、办公用品，一律免征关税和工商统一税。开发区企业用进口的免税原材料、零配件、元器件加工的产品转为内销时，对产品所含的进品料、件，须照章补税。

6. 开发区企业生产的出口产品，除石油、成品油和国家另有规定的少数产品之外，一律免征关税和工商统一税。

7. 在开发区工作或居住的外国人携带的进口自用物品和交通工具，凭开发区管理委员会的证明文件，在合理数量内免征进口关税和工商统一税。

经济技术开发区的发展情况

6年多来，经济技术开发区依靠国家政策扶持，在国务院有关部门的支持和所在省市的直接领导下，从荒地、海滩、盐田上平地起家，建成了初具规模的新兴外向型工业区，并逐步发展成为我国吸引外资、引进技术的窗口和拓展出口的重要基地。

（一）建成了比较完善配套的投资环境，吸引外资已具一定规模。目前，各开发区已开发面积有20多平方公里，基本实现了"七通一平"；建成了400多万平方米工业厂房和各种生产、生活、服务配套设施；供电、供水、供气、排水、排污、交通、电讯设施比较齐全。软环境建设同步发展，已形成了一套比较集中、简便的管理体制，一批涉外经济法规业已公布实施，办事效率、服务质量都比较高。经济技术开发区已成为外商投资优先选择的场所。截至1990年底，开发区已累计批准外商投资项目 1071 个，协议外资金额 20 亿美元，实际吸收外资 10 亿美元。近年来，引进项目不但数量大幅度增加，而且质量也有很大提高。其中，大项目比例逐渐增加，技术水平和产品出口比例也不断提高。1990 年引进项目中，投资额在 1000 万美元以上的项目占 1／10，国际上一些知名度较高的大公司纷纷来开发区投资办厂，如美国施乐公司、联合碳化公司、强生公司到上海闵行开发区投资；日本佳能、精工、日清等公司到大连开发区投资；日本雅马哈、美国摩托罗拉公司到天津开发区投资；美国 P&G 公司到广州开发区投资；美国 3M 公司、荷兰飞力浦公司、比利时贝尔公司等到上海漕河泾开发区投资等。

（二）取得了较好的经济效益，各经济技术开发区按照“开发一片，建成一片，收益一片”的方针，做到边投入、边产出，经济效益逐步提高。如天津开发区在建设中发展，以投入 1 元人民币—引进 2 美元—产出近 3 美元的高效益迅速壮大。1990 年，14 个开发区的工业产值达 82.5 亿元，实现利税 16.8 亿元，出口创汇 6.8 亿美元。开发区的劳动生产率普遍高于沿海城市老企业的水平。多数外商投资企业已投产获利，部分企业已开始追加投资，扩大生产规模。

（三）密切了与所依托的城市及内地的经济技术联系，初步发挥出对外开放的辐射作用。经济技术开发区一方面在所依托城市及内地支持下发展壮大，另一方面积极扩大与内地的经济技术联合，合资兴办企业，引进、开发、转让先进技术，传递国际信息，发挥辐射作用，有力地促进了所依托城市和内地的经济发展和技术进步。如大连开发区与黑龙江、吉林等省的一批国营大中型企业联合发展外向型经济；哈尔滨轴承厂在大连开发区设立分厂，年产 1520 万套轴承全部出口；吉林江北机械厂在大连开发区兴建工业管件厂，引进技术，拓展外销渠道，年产 5000 吨管件全部外销；天津开发区与美商合资的双轮摩托拖拉机厂，产品全部出口，除发动机由美商提供外，其余配套件均由老市区工厂组织生产，带动了十几家老企业的技术进步；烟台开发区主动与航空航天、机械电子、冶金等中央部门及胜利油田、首钢等大企业加强经济技术联系，共同兴办中外、中中合资合作企业和高新技术企业，目前，投产的 12 家企业已开发出高新技术产品 22 个，其中的卫星通讯设备、智能化仪表、移动通讯设备、机械密封胶、飞机刹车盘、通用型沥青炭纤维等分别达到国内领先水平和国际同类产品的先进水平。

（作者工作单位：国务院特区办公室）

我国计划单列城市的经济建设和社会发展

□ 黄振奇　宋　群

1984年以来，国家陆续对重庆、沈阳、武汉、广州、西安、哈尔滨、大连、青岛、宁波、厦门、深圳、南京、成都、长春等14个大中城市实行计划单列。几年来，计划单列市在改革和发展方面都取得了显著的成绩。1989年，14个计划单列市的工业总产值占全国450个城市的17.6%，占全国的16.7%；工业企业个数占全国450个城市的15.5%，占全国的11.6%；固定资产原值占全国450个城市的15.3%，占全国的13.6%。上述经济实力表明，计划单列市是我国整个国民经济发展中的一支重要生力军。现将我国计划单列市近几年来改革和发展的主要成绩、面临的问题作一简要综述。

计划单列改革的具体措施

在城市经济体制改革中，为了打破城乡分割、条块分割、领导多头的管理体制，充分发挥中心城市的综合经济功能，国家先后对14个大中城市实行了以计划单列为核心，同时赋予其省级经济管理权和进行经济体制综合改革试点的"三位一体"的一系列改革措施。

(一) 在国家实行计划单列。就是将一批大中城市国民经济和社会发展的各项计划指标，从省里分列出来，直接纳入国家计划中进行综合平衡，并由国家计委和国务院各有关部门将计划指标直接下达到各计划单列市。省管理的计划指标由省统一下达到单列市。由单列市负责本地区计划的综合平衡，并负责运用各种经济杠杆，调节经济和社会发展活动。

计划单列市在国家计划中单列的内容主要包括：工农业生产计划、固定资产投资计划、能源供应计划、主要物资和商品分配收购调拨计划、劳动工资计划、财政信贷计划、对外贸易计划、科技和社会发展计划等。计划单列市可以参加有关计划方面的全国性会议，向国家计委和有关部门直接通报国民经济和社会发展的重大问题和情况。

(二) 赋予省级经济管理权限。主要是在不改变省辖市行政关系的条件下，在投资、物资、利用外资和外贸、财政等主要方面给计划单列市相当于省一级的经济管理权限，由市直接承担完成国家计划和上交财政任务的责任。

目前，14个计划单列市在投资方面，对能源、原材料、交通行业享有5000万元以下的审批权，对其它行业享有3000万元以下的审批权；在物资方面，可以直接与物资部挂钩，并组织供货；在利用外资和外贸方面，沿海开放城市享有3000万美元以下的利用外资审批权，内地城市享有1000万美元以下的审批权；计划单列市都有外贸自营进出口权，有权批准本地区成立外贸企业和授予一些企业外贸进出口权；在财政方面，除了广州、西安等少数城市以外，大多数城市的财政都与中央财政直接挂钩结算。

(三) 进行经济体制综合改革试点。主要是在计划、企业管理、流通、财政金融、对外开放、劳动工资、行政区划等重要的管理体制方面实行一系列配套的改革试点。具体措施是:

在计划体制上，进行城市在国家计划中实行单列和城市计划体制自身的改革。

在企业管理体制上，充分发挥全地区的生产能力，中央各部的企业除铁路、交通、原材料和军工等少数关系国计民生的大型骨干企业外，一律下放给单列市管理，省属企业基本上也要下放到市。形成以中心城市为主体，统一组织科研生产、技术合作和发展各种形式的横向经济联合。

在流通体制上，从建立少环节和开放型的贸易以及批发中心入手，按经济联系和商品的合理流向组织城乡流通网络。省的商业二级站下放到市，与市公司合并，由市统一组织收购和调拨。所有的批发企业都办成自主经营的经济实体，物资部门要按经济合理流向组织网络，逐步形成新的联合体。

在财政金融体制上，确立市与中央财政包干的具体比例，划分中央、省、市的财政收入。同时，赋予市银行相当于省行的职权。

在对外开放上，充分利用中心城市的地理优势，扩大对外开放，发展一批经济技术开发区和沿海开放区，促进城市的对外贸易、经济技术合作和交流。目前，计划单列市已形成了不同程度的对外开放层次，有深圳经济特区，有大连、青岛、宁波、广州等沿海开放城市及这些城市建立的经济技术开发区，还有厦门、南京、沈阳等部分地区的沿海开放区。

在劳动工资体制上，改革劳动制度，在用工、工资奖励及劳动保险等方面进行试点，建立劳务市场，促进人才交流和合理流动。

在行政区划范围上，适当扩大城区，实行市管县的管理体制，以城市为依托，以乡镇企业为纽带，带动所属县郊的农村经济发展，促进城乡经济的共同提高。

我国在建国以后的50年代和60年代，也曾对一些大城市实行过计划单列，与那两次计划单列相比，改革过程中实行的计划单列有许多新的特点。突出表现在：一是实行计划单列的城市范围比以前广，不仅有省会城市，而且还有一部分非省会的沿海开放城市和经济特区城市；同时，计划单列的内容也不仅限于几项主要的经济指标，而是包括整个国民经济和社会事业发展的各项指标的全面单列；在计划编制程序上，也不是先省后市，而是“先二后一”，即先由省、市各自编制计划，然后再将市的计划指标数加总到省的计划指标中去。二是计划单列与省级经济管理权限相结合，赋予城市更大的经济管理自主权，而以前的计划单列，城市的管理权限并没有扩大。三是计划单列与城市的经济体制综合改革试点相结合，不仅使城市的各方面管理体制与计划单列的各项要求相配套，而且也使城市的经济管理体制更适应有计划商品经济发展的要求。这是以前对城市实行计划单列的措施中所根本没有的内容。因此，以计划单列为核心的、赋予单列市省级经济管理权限和进行经济体制综合改革试点“三位一体”的改革措施必然会取得前所未有的明显成效。

改革和发展方面取得的主要成就

几年来，通过一系列改革，我国的计划单列市在经济管理体制改革、生产建设和社会事业发展等诸多方面都取得了比较显著的成就。

（一）在经济管理体制改革方面突出表现在：

1. 扩大了城市的经济管理权限和自主权，提高了城市在国民经济管理体系中的层次和地位，加强了城市统一组织经济、参与国家宏观经济分层次管理的功能，增强了城市的辐射功能，推进了区域性横向经济联合的发展。目前，计划单列市在我国辽中南地区、环渤海湾地区、长江流域、闽南三角洲地区、珠江三角洲地区、关中地区、西南五省区等区域性经济联合的形成和发展中正在发挥着重要的作用。

2. 调动了城市政府管理经济的积极性，使其更大的发挥主动作用，统一组织全市的经济和社会发展，推进改革开放，逐步培育市场机制，增强城市经济的活力。目前计划单列市在完善消费品市场的同时，逐步建立了多种形式的生产资料市场、资金市场、科技市场和劳务市场，发挥了城市的多功能服务作用。他们还组建和发展了一批实力较强的重点企业集团，如重庆嘉陵集团、沈阳金杯汽车集团、东北制药集团、哈尔滨电站集团、西安电力集团等，不仅给城市经济带来了活力，而且给整个国民经济增添了生机。

3. 对建立新的城市经济管理机制进行了有益的探索和实践，提供了大量的经验和可行的作法，为推动其它城市和全国的经济体制改革做出了贡献。目前，曾在计划单列市首先展开的一些重大改革措施，如企业承包、税利分流、放开生产资料市场、对外开放、工资改革、军民结合以及市管县等，都已在全国范围内逐步铺开，并取得了积极成果，为进一步深入开展全国的经济体制改革打下了基础。

4. 有利于中央对全国经济的宏观调控，有利于整个国民经济发展和社会稳定。据测算，14个计划单列市加上三大直辖市，综合经济规模大约占全国的三分之一，其中财政上交和外贸出口约占全国的一半，许多国家大型骨干企业和重点大专院校、科技力量都集中在这些城市。计划单列后，中央通过直接对这些大中城市的经济和社会发展进行统筹安排，综合平衡，相应增加了中央的宏观调控作用。同时，这些城市的社会安定对全国的稳定也起举足轻重的作用。在目前的治理整顿中，单列市积极压缩投资规模，控制物价上涨，整顿经济秩序，分担中央财政困难，对全国经济发展和社会安定起了重要作用。

（二）在经济建设和社会事业发展方面突出表现在：

1. 14个单列市的生产和建设都有了很大发展，经济规模和经济实力明显增强。1989年，14个单列市的全部独立核算工业企业固定资产原值达1690亿元，其中全民所有制工业企业年末固定资产原值为1321.5亿元，比1984年的654.9亿元增长了1倍多；工业企业个数为59390个，工业企业职工人数为972.69万人，分别比1984年增长了16.6%和11.9%；全年全部固定资产投资达452.6亿元，其中全民所有制单位固定资产投资为420亿元，比1984年增长了1.78倍；主要工农业产品产量都有较大幅度的增长，14个市1989年工业总产值为2554.12亿元，按可比价格计算，比1984年增长了1.18倍，实现利税为273.2亿元，比1984年增长了61.4%。

2. 城市的市政建设迅速发展，各项基础设施得到了很大的改善。首先城市的住宅建设有了较快的发展，1989年，14个单列市施工的住宅建筑面积达4211万平方米，比1984年增长了94.5%，其中竣工面积达1933.8万平方米，使城市长期以来住房紧张的状况得到了缓解。其次，城市交通通讯建设发展很快，1989年，14个单列市年末实有的道路面积达11518万平方米，年末实有公共汽车达13168辆，分别比1984年增长了75%和21.6%，每百人拥有的电话机为4.3部，高于全国450个城市平均2.4部的水平。再次，城市的公共服务事业发展很快，1989年，14个单列市的零售商业、饮食业和服务业机构达106万个，从业人员372万人，分别比1984年增长了33.9%和42.1%；年末平均公用自来水生产能力达2100万吨／日，比1984年增长了1.46倍；1984年，14个单列市中有6个市没有任何煤气供应能力，而到1989年，14个市的煤气供应总量达480722万立方米，比1984年增长了2.74倍。

3. 14个城市的对外开放取得了重大进展，对外经济技术交流与合作日益扩大，使这些城市的经济与世界经济联系大大加强，同时也促进了城市经济的发展。1989年，14个单列市实际利用外资总金额达18.3亿美元，比1984年增长了73.8%，利用外资新签协议（合同）达1890个，占全国450个城市新签协议的29.3%，其中外商直接投资的协议就有1685个。而在1984年，除了少数城市外，大部分单列市对外签定的利用外资协议都很少，有的甚至一个也没有。如今，这些城市都与世界许多国家和地区建立了多种经济技术合作关系，城市的进出口贸易得到了迅速发展，1989年，14个单列市进出口贸易总额达397.9亿美元，占全国450个城市进出口贸易的43.2%。

4. 城市的科学、教育、文化、卫生事业迅速发展，使城市的综合服务功能进一步加强，带动了我国科技教育等水平的提高。1989年，14个单列市具有中等技术职称以上的自然科学人员达66万人，比1984年增长了2倍多，同时，涌现了一大批重要的科学技术研究成果，大大推动了我国经济技术水平的提高。1989年，14个单列市有高等学校264所，在校学生65.5万人，分别比1984年增长了11.9%和56%，适龄儿童入学率和初等教育普及率都达90%以上。1989年，14个单列市的影剧院发展到737个，公共图书馆为167个，卫生机构达19578个，分别占全国450个城市的6.4%、11.2%和13.1%。城市社会事业的发展为提高人民的生活质量和人口素质提供了良好的条件。

5. 城市居民的生活消费水平有了明显的提高，生活条件有了较大的改善。1989年，14个单列市的社会商品零售总额达1122亿元，扣除价格上涨因素比1984年增长了1倍多。1989年，14个城市居民人均生活费收入普遍高于全国450个城市的水平，比1984年增长了1倍多。城市居民人均居住面积达5.89平方米，每百户居民拥有的彩色电视机、电冰箱都大大高于全国450个城市的平均水平。

综上所述，改革开放给14个计划单列的大中城市带来了勃勃生机和活力，不仅带动了整个国民经济的发展，而且也为90年代我国经济和社会事业的更大发展奠定了必要的基础。

目前面临的主要矛盾和问题

（一）农业生产基础普遍薄弱，抵御自然灾害的能力还很有限。1989年，14个单列市的农业总产值为224.51亿元，按可比价格计算，比1984年下降了15%，相当一部分单列市的粮食生产不稳定，连续几年徘徊不前。如成都市，“七五”期间连续5年粮食总产量达不到历史最高水平；宁波市棉花生产连续4年平均递增率为−17.1%等。造成这些问题的主要原因是农田基本建设跟不上，农业生产的技术水平还比较低下，靠天吃饭的状况没有根本改变，农业生产缺乏后劲，抵抗灾害的能力比较差。当然，农业生产不稳也同近几年来城区农用耕地大量减少、粮食作物的播种面积减少过快有一定的关系。

（二）基础产业普遍相对落后，严重的制约了城市经济的建设和发展。近几年来，各计划单列市通过各种资金投入，不同程度地加强了基础产业的发展和改造，并取得了一定的成效。但是，由于长期以来，城市的欠账过多，能源、原材料、交通运输和水资源等基础产业和设施与城市工业和社会发展不相适应的矛盾还没有从根本上解决，成为当前制约单列市进一步发展的主要因素。例如，武汉市由于供电不足，全市通常至少有1／5的工业生产能力闲置放空，在轻工业生产中，棉花供应缺口达30%；长春市日缺电200万度，工业缺电率达40%，而且铁路运输紧张，每日约200个标准车皮发运不出去，货物积压达1万吨左右；大连市日供水能力缺口达36万吨，日供电缺口达886万度；哈尔滨市煤炭缺口达400万吨，铁路货运能力缺口达30%，电力缺口达20%；宁波市交通运输不配套，港口、航空发展较快，但铁路、内河运输相对滞后等。能源、原材料、交通运输等方面的相对落后，使这些城市的结构性矛盾都比较突出，产业结构调整并进一步合理化的任务还相当艰巨。

（三）经济效益普遍较差，制约着城市经济素质的提高和财政收入的增长。据统计，1989年，14个单列市全民所有制独立核算工业企业百元产值实现的平均利税为15.2元，百元资金实现的利税为20.3元，分别比1984年下降了31%和32.6%。由于企业经济效益不好，大多数单列城市的财政收入增长不快，地方财力不足，加上近年来地方财政支出加重，补贴增加，使资金的投入能力日益降低。同时，这也制约着城市经济素质和经济水平的提高。造成单列市经济效益大幅度下降的原因，除了基础工业和加工工业发展不相适应的结构性矛盾以外，主要还有：

一是城市工业生产的技术水平普遍比较落后，特别是一些老工业基地设备老化、工艺老化、产品老化，长期得不到改造的问题相当突出，制约了产品技术和挡次的提高。如沈阳市，全市固定资产净值占原值的比重只有62%，比全国的平均水平低6个百分点，关系全市生产建设命脉的279个大中型企业，70%是60年代建的，2／3的企业设备有待改造。由于投入不足，技术改造跟不上，全市1540种重点产品中畅销的只占32.7%；又如武汉市，全市工业设备中60年代以前的占80%，属于80年代国际水平的仅占0.5%，国内水平占6.9%，落后水平占18.8%，全市的支柱行业机械行业，固定资产净值占原值的比重仅为48%，比全国同行业平均水平低12个百分点，由于长期得不到改造，全市的产品结构一直没有大的突破，处于低水平、低层次，经不起市场波动；再如长春市，全市60年代的设备占60%，设备陈旧影响了产品的更新换代，全市3200种工业新产品中省优产品占12.2%，部优产品只占2.7%。

二是企业组织结构不合理，集中程度低，达不到适当的经济规模，“大而全”、“小而全”的不合理状况没有彻底改变，造成重复建设、重复布点、重复生产，严重地制约着经济效益的提高。近年来，企业之间的横向经济联合虽然得到了一定的发展，但由于地区分割，条块分割的局面还存在，使企业联合的广度和深度受到了种种局限。加上管理水平相对落后，不仅使生产的专业化程度和社会化水平得不到提高，而且大量能源、原材料和资金也得不到合理有效的使用，企业亏损增加，经济效益长期没有大的改观。

（四）城市人口增长较快，就业压力增大。目前，14个单列市中市区达到200万人口以上的有6个，100—200万人口的有5个，50—100万人口的有1个，20—50万人口的有2个。随着经济发展，农村剩余劳动力大量转移，城市的人口增长也逐步加快。1989年，14个市城区的人口自然增长率分别为：沈阳7.7‰、大连9.5‰、长春17.0‰、哈尔滨9.3‰、南京11.1‰、宁波8.1‰、厦门11.0‰、青岛9.9‰、武汉9.4‰、广州10.4‰、深圳11.0‰、成都6.9‰、重庆5.4‰、西安14.5‰，其中有5个城市高于全国450个城市平均增长10.7‰的速度。城市人口增长过快，给城市建设和就业造成较大的压力，因此，有效地控制城市人口的过快增长，是城市经济发展中非常值得重视的问题。

（五）城市的经济管理体制和运行机制还没有理顺，影响了城市功能的进一步发挥。改革以来，我们对城市经济管理和运行机制进行了一系列探索，并取得了积极的成效。但是，由于整个经济体制正处于新旧交替的转换过程中，原有的不合理的体制还没有彻底根除，新体制还没有完全建立，在这种格局之下，单列市的管理体制和运行机制也必然会存在一些矛盾和问题。主要是：

第一，“块块”体制有强化的趋势，削弱了城市的经济功能。对城市计划单列，其目的在于更好地发挥大中城市统一组织生产和市场的经济功能，但由于条块分割，政企不分的状况没有根本改变，计划单列使城市的行政功能进一步强化，加上一系列包干体制的推行，使城市的块块作用加大，造成地方性重复建设现象增多，特别是省市在对一些重大建设项目的布点上，往往只从各自的利益出发，而不考虑整体宏观经济效益，使本来就有限的资金不能更有效的使用，建设项目的经济效益受到影响。同时，块块体制强化，也不利于城市对周围地区的带动，以及区域经济网络和统一市场的形成。

第二，经济上享有省级管理权限与行政上隶属于省之下的矛盾。单列市在经济上享有省级经济管理权限，但在行政上又隶属于省政府，这使单列市的经济管理与行政管理层次不配套，而且经济管理与行政管理的界限并不十分清楚，许多经济管理权与行政管理权往往交叉在一起，造成单列市与所在省之间矛盾加大。

第三，城市的经济管理体制和运行机制远未理顺。如城市在国家宏观调控体系中缺乏主动性和合理性，城市管理的一部分国营大中型企业缺乏活力，区域性的统一市场还没有完全形成，各种经济杠杆也没有有效的综合配套运用，计划经济与市场调节相结合的新型运行机制也还没有根本建立起来，经济体制改革的任务还相当艰巨。

注：本文所用数据资料来源于《中国城市统计年鉴—1985年》、《中国统计年鉴——1990年》。

（作者工作单位：国家计委）

中国城市人口问题研究

□ 孙怀阳 于弘文

城市的产生和发展是同社会经济的发展分不开的，它是商品经济发展到一定阶段的必然产物，是非农业人口大量集中的社会经济实体，是在一定地域内政治、经济和文化生活的中心。自近代以来，城市的人口迅速增加，城市规模急剧扩大和新兴城市大量涌现，这就是人口的城市化。人口城市化过程以城市人口比重的迅速提高和城市的生产、生活方式的不断扩大为主要标志。新中国成立以后，我国的城市化水平也有了很大提高。第四次人口普查结果表明，1990年7月1日我国共有城市456个，城市人口21123万人，占全国总人口的比重为18.68%。从相对数上看，这一比例是很低的，世界上发达国家的这一比重目前都已达到了70%以上；从绝对数上看，这一数字相当于美国全国人口。庞大的城市人口规模，对于我国这样一个社会经济正处于发展阶段的国家来说，无疑是一种压力。城市人口长期畸型发展而产生的各种人口结构问题又加大了这种压力。本文根据1990年人口普查资料，对我国城市人口存在的就业与产业结构问题、城乡人口迁移流动问题、老年人口问题、人口城市化带来的问题，进行一些探讨。

中国城市人口就业与产业结构问题

目前，我国城市中人口就业压力是相当大的。根据1990年人口普查10%抽样汇总资料计算，我国城市中的待业率已达2.98%。现阶段我国城市劳动力供求变化的基本态势是：

（一）劳动力供给仍然过剩。根据1990年人口普查10%抽样汇总资料推算，“八五”期间，年平均新增劳动年龄人口将达到1104万人，到2000年全国劳动年龄人口数量将达到7.76亿。由于我国1963—1973年第二次生育高峰时出生的人口相继进入劳动年龄，因此在今后一段时期内，我国城市中劳动力资源是相当丰富的。当前，我国农村剩余劳动力的转移问题也十分突出，从我国农村资源状况、生产力水平和经济实力看，这些剩余劳动力不可能完全被农村自身消化，其中一部分必定会转移到城镇，从而加大城镇劳动力的供给。

（二）劳动力需求有所缩减。由于治理整顿期间实行的经济紧缩政策，经济增长速度适当放慢，生产发展对劳动力的吸纳能力所有降低。1990年全国城镇新就业人数为785万人，1989年为619.8万人，两年均低于“六五”时期和“七五”时期前三年的水平。从1989年开始，城镇人口的待业率已突破了连续三年在2%徘徊的状况，达到了2.6%。

（三）潜在的就业压力日益增加，长期以来由于我国实行了统包统配的充分就业制度，致使企业内部冗员十分严重。根据国家体改委的调查推算，当前我国企业冗员约占1／3，绝对数不低于1800万。随着经济体制改革的深化，这部分冗员或多或少、或迟或早地将流向社会，有待重新安置，增加劳动力的供给压力。

（四）企业停工半停工现象的出现带来了更多的就业困难。自1989年下半年以来，由于受市场疲软、资金短缺等因素的影响和制约，一些企业处于停工半停工状态。据统计截止到1990年3月底，全国停工半停工的职工人数已达400万。

城市中巨大的就业压力已使城市经济发展进入了两难境地。一方面就业人口已逐渐充塞了国民经济机体的每一个空间，使社会主义经济的双重目标——效率与平等这对矛盾格外尖锐。为了解决日益增加的就业需求，保持社会的相对稳定，只好用全面就业替代充分就业。另一方面，就业压力减轻了，由此又产生了企业人满为患，冗员过多等问题，致使企业劳动生产率难以提高，经济效益下降。总之，城市承受着人口就业的巨大压力。

解决城市人口的就业问题，关键是发展经济，而发展城市经济又遇到了城市产业结构不合理的矛盾。因此，调整好我国城市产业结构，不但可以加速城市经济发展，而且可以扩大就业岗位。当前我国城市产业结构的突出矛盾主要表现在：

第一，城市产业重点偏重在工业，而工业发展又基本依赖于外延型、粗放化的扩大再生产，致使工业技术落后，新兴工业发展缓慢。1990年人口普查10%抽样汇总资料表明，我国城市工业中的从业人员已占城市总就业人口的37.5%，居所有行业之首，工业已成为我国城市中吸收劳动力就业的主要行业。现在发达国家城市中第三产业从业人员一般都占到60%以上，而我国城市中的该比重只有30%。由此可见我国城市产业结构对于吸收就业是十分不利的。

第二，城市产业结构趋同化，未能发挥各个城市自然资源和加工技术的优势。我国城市不仅大部分是工业城市，而且城市工业发展不是从各自的资源和经济优势出发，而是搞“一阵风”式的发展，各城市工业结构雷同。这种城市间产业结构趋同化现象，不仅造成资源浪费，总体经济效益下降，而且加剧能源、原材料、资金紧张。目前，停工半停工的企业，大部分是这种雷同的企业。企业职工在这种不合理产业结构中，将面临结构性失业。

第三，城市产业布局不合理。我国的一些老工业城市产业布局不合理的问题十分突出，见缝插针、犬牙交错、零乱分散的企业布局，使企业间往返运输，居民区内空气污染，噪音严重。它还使得城市发展商业、金融、交通、信息、教育、服务等第三产业困难重重。由于城市中第三产业难以发展，就业压力主要集中在工业，使得企业发展没有活力，包袱过重。

第四，城市企业组织不合理，现有生产要素不能优化配置。企业组织如何合理化是我国长期忽视的一个重要经济问题。目前，我国城市企业专业化分工协作程度并不高，大部分企业是“大而全”、“小而全”的全能企业。各企业之间互无往来，自搞一套，自成体系，万事不求人，致使许多仪器、设备利用效率很低，经济效率很差。企业办社会的问题更加重了企业负担，职工的衣食住行、生老病死企业全部要管，造成了人财物的极大浪费。

对于现代化国家来说，城市经济的发展水平决定了这一国家的经济实力。因此，在我国城市经济体制改革中必须以搞活大中型企业、调整产业结构为主攻方向，以此使整个国民经济进入良性循环，使经济得到发展，城市的就业问题才能真正得到彻底解决。

当前我国城市产业合理调整的总方向是：第一，改善和加强城市基础设施。因为能源生产与供应、道路与运输、邮电通讯、环境保护、水利资源开发与利用、供水排水、文化教育等基础设施，是目前我国城市产业发展的“瓶颈”。第二，城市工业化从粗放型向集约化发展。要逐步使城市经济发展从劳动、资金密集的粗放型发展阶段，转入技术知识密集的集约化发展阶段。第三大力发展城市输出工业和第三产业。这是恢复和强化我国城市多功能经济中心作用的两个重要方面。第四，建立和完善生产要素流动市场。解决城市企业组织不合理的根本途径，在于实现资金、设备、技术、人力、物资等生产要素的流动和重组机制。

中国城乡人口迁移和流动人口问题

80年代初，我国先后提出了“控制大城市规模，合理发展中等城市和积极发展小城市”；“允许农民自筹资金，自理口粮进入小城镇务工经商”的政策，这种有控制、有发展、有封闭、有开放的政策是适应改革开放的过渡性措施。在这一政策下，我国城乡间迁移人口的特征有了很大变化。

第一，人口迁移流向有了改变。改革开放以前，人口迁移流向除几次大的波动以外，都是城市之间的流动比较多。改革开放以后，这种情况有了改变，根据1987年1%人口抽样调查资料计算，从1982-1985年农村迁入城镇的人口占全体迁移人口的28.35%，居第一位；第二位的是农村迁入城市的人口，比重为21.39%，第三位的是城市之间的迁移人口，比重为18.63%。在改革开放最初几年，还可以看到旧的迁移模式的影子。随着改革开放的深入和我国城市经济发展，近5年来，人口迁移流向又有了新的变化。根据1990年人口普查10%抽样汇总资料计算，从1985年至1990年5年间，城市净迁移率是4.35%，城镇是0.16%，农村是-2.83%。城镇迁入与迁出大体相抵，农村大量剩余劳动力涌向了城市。通过具体计算可以看出，1985-1990年5年间从农村迁入城市的人口占全体迁移人口的36.82%，农村迁入城镇的占11.72%。这种迁移流向的改变是符合我国实际情况的，因为城镇就业岗位是有限的，其就业饱和后，农村大批剩余劳动力就必然涌向城市。

第二，迁移人口的迁移原因有所变化。在改革开放之前，人口迁移的动因是以计划性比例调配为主的，象工作调动、招工顶替、分配工作、复员转业等。其次是“准”有计划按限额批准迁入的，如婚姻迁入、随迁家属、投亲靠友、离休退休和学习培训等。至于属于自由迁移的务工经商只占很小一部分。改革开放后，这一情况有了很大变化。1982-1985年的迁移人口中，属于工作调动、分配录用、务工经商的共占27.27%，我们把这部分迁移人口称为“劳动型”。属于投亲靠友、离休退休退职、随迁家属、婚姻迁入的迁移人口占60.14%，我们把这部分迁移人口称为“社会型”。这两大部分是1982-1985年人口迁移的主体，可以看出，在这3年中，社会型的迁移人口占很大比例，其中婚姻迁入占30.75%。这反映了在改革开放初期，人口迁移的机制已从完全的计划调转变成准计划调配，人们在迁移中有了一定的可选择性。1985-1990年的迁移人口中，劳动型的已占41.77%，社会型的占36.08%，其中务工经商已占各种迁移原因首位，为24.37%。改革开放使我国城乡经济有了很大发展，传统的人口迁移模式正在被现代人口迁移模式所取代，巨大的经济冲击波将使人口的迁移行为具有很深的经济烙印。

以上迁移人口特征的巨大变化，实质上就是农村中大量剩余劳动力自发的涌向城市，寻找新的就业岗位。这对城市经济的繁荣和发展起到了很大作用，农村迁入城市的移民大部分从事建筑业、生产运输业以及各种服务业等，他们的迁入对改善城市产业结构不合理状况起到了很大作用。但是也应该看到，城市中由于农村大量剩余劳动力的涌入也加大了城市就业、社会治安及各项服务设施的压力，其主要表现是：

第一，改革开放以后形成的大批农村移民对城市人口管理带来很大困难。以往的迁移都是城市以有组织的到农村招工的形式实现的，对这部分移民从一开始就实行了有计划管理。而现在的移民大多是自发的或只有一个松散组织的进入城市，在城市中能否就业，从事什么行业、职业以及他们的社会福利保障、计划生育管理，城市政府部门都无从控制。这种情况对城市的社会治安也是一个极大的威协。

第二，农村迁到城市的这部分移民由于自身素质较低，就业行业过于集中，对城市中长期发展不利。这部分移民在迁出前绝大部分从事农业劳动，文化程度以小学为多，文盲半文盲占比例也不少，进入城市前又没有经过必要的岗前培训，因此他们只能在城市中从事一些体力劳动，而且就业的部门又大部分是建筑业、生产运输业和各种服务业等。随着城市经济发展，需要的是大批技术工人，中等水平的专业技术人员，而体力劳动者的需求将大大减少。这时大量农村剩余劳动力在城市中的滞留将会大大影响城市社会经济的发展。

第三，农村中大批剩余劳动力向城市流入，还对城市中原本就业紧张的服务设施更加紧张。公共交通由原来上下班高峰期拥挤，变成了全天拥挤，长途车站、火车站、立交桥下面都成了这些移民的住所。这种状况的发展，将会使我国城市中也出现“贫民区”，从而为城市发展留下难以消除的后患。

改革开放以来，流动人口这个活跃而复杂的人口群体，以前所未有的规模和速度在全国各主要城市膨胀起来。根据京津沪 1988 年的一次对流动人口的联合调查资料反映，三大直辖市日平均流动人口数量都在 110 万以上，高峰时可达到 130–140 万人。流动人口中当日往返的占 30%，滞留一天以上的占 70%。城市流动人口中 70–80%是从事各种经济活动的，其中从事建筑施工和提供各种劳务的占一半左右。邻近省份是流动人口的主要来源地，如北京市流动人口的来源地主要是华北地区，其中来自河北省的占 50%以上，其次是河南省和山东省。

城市流动人口不但为搞活城市经济起到了巨大作用，而且加快了城乡间信息和文化交流，带动了全国的社会经济发展。但是城市中流动人口带来的问题也不应忽视。城市流动人口的主要问题除了与上述迁移人口的相同之外，还有其特殊性：如外来人口中违反、触犯刑律，严重危害城市社会秩序的情况十分突出；外来人口进行各种非法经营活动，违反工商、税务法规现象严重；外来人口的计划生育工作难以管理，形成了城市人口控制的死角。

随着城乡商品经济的发展，人口的迁移流动量会越来越大，这是社会经济发展的必然规律。我国目前正在由封闭式人口向开放式人口转变的时期，因此要对城市中出现的大量来自农村迁移流动人口有一个清醒的认识，同时要尽早制订出对这部分人口的控制和管理办法，加强城市中迁移流动人口的社会化宏观管理。

中国城市老年人口问题

1990 年人口普查数据表明，65 岁及 65 岁以上人口占总人口的比重，全国平均数是 5.58%，其中城市为 5.41%；镇为 4.52%；县为 5.73%。

城市老年人口低于农村的主要原因是，建国以来农村大量青壮年人口迁入城市，使城市青壮年人口比重上升，老年人口比重相对降低。城乡生育水平的差异对人口老化的作用在这里已显得微乎其微。虽然现在城市老年人口比重低于农村，但是城市人口老化的速度却高于农村。根据 1982 年和 1990 年两次人口普查资料计算，8 年间人口老化的年平均速度城市为 1.86%；农村为 1.72%，城市略快于农村。由于我国农村人口向城市的大迁移主要发生在 50–60 年代，所以今后城市人口老化速度还将加快。由此可以看出，我国城市人口老化来自两方面的推力，一方面是城市人口生育率迅速下降而造成的老年人口比重上升；另一方面是 50–60 年代农村迁入城市的人口，现在已逐步进入老年。这两个方面的推力，将使我国城市人口老化速度远远快于农村。

城市老年人口与农村老年人口相比，存在着以下几个特点：

第一，城市老年人口中离休退休退职的占很大比例，晚年生活的经济保障率较高。根据 1990 年人口普查 10%抽样汇总资料计算，在男性 60 岁以上人口和女性 55 岁以上人口中，在业的占 17.68%，离休退体退职的占 40.91%。这就是说，每月有固定收入的老年人口已近 60%。男性老年人口的以上两种比例要比女性高很多，分别为 27.31%和 55.02%，即男性老年人口的 82.33%每月有固定收入。在老年人口的保障中，经济保障是最基本的保障，由于城市老年人口的社会保障准度较高，在现行体制下，每一个在业人口离退休后都可以享受到离、退休金。因此，我们说无论现在就业的老年人口，还是现在已离退休的老年人口，他们每月都是有固定收入的。

第二，城市老年人与青年人分开居住的趋势非常明显，子女定期看望老人，帮助他们做一些重体力活，这种赡养老人的方式已被社会所逐渐接受。根据 1986 年在北京、上海、天津的一次抽样调查计算，父母与子女分居的家庭占全部家庭的比重，北京是 18.9%，上海是 19.9%，天津是 16.7%。1989 年 1%全国人口抽样调查资料表明：在城市 60 岁以上的人口中，有 7.7%的老年人是一个人单独立户生活的。城市老年人口在经济上的独立为其子女分居提供了经济保障，社会经济的发展又使年轻一代与老年一代的代沟日趋扩大。天津市的一次千户调查表明：半数以上老年人主张同已婚子女分开生活，其中有矛盾的占 1.76%，怕产生矛盾的占 11.04%，图清静的占 12.10%，怕自己受累的占 2.50%，怕累子女的占 2.20%，房子窄不得不分开的占 32.10%，上下班不方便而分开的占 4.56%。子女另立门户并不是意味着不再有赡养老人的责任，从目前情况看，已另立门户的子女，经常回家看望父母，协助老人照料家务或定期给老人以经济上的帮助，逢年过节还与老人团聚。尽管两代过着分居的生活，实际上是分而不离，父母子女之间仍然有着千丝万缕的联系。

第三，城市老年人口的文化程度低于总人口的平均水平，与城市总人口的平均文化程度相差更大。根据 1990 年人口普查 10%抽样汇总资料计算，城市 65 岁以上老年人口中的文盲人口占 60.79%，全国总人口和城市总人口的文盲率分别为 22.26%，12.23%。

城市老年人口与农村老年人口在文化程度上的差别就在于城市老年人口生活在一个较高层次的文化环境之中，城市 15 岁以上人口中，具有大专以上文化程度的占 7.20%，高中以上文化程度的占 29.63%。在这种较高层次的文化环境中，城市老年人可以首先享受到高技术的成果，例如各种先进的医疗设备和仪器为城市老年人医疗保健提供了优良的条件。在这种高层次文化环境中，城市老年人的文化生活更加丰富多彩，老年大学、老年活动中心在城市中已很普遍。

在我国城市人口中，大约有 1500 万人年龄在 65 岁及 65 岁以上，这部分人口比重虽然并不是很高，但他们产生的社会问题、经济问题却是不容忽视的。这是因为我国的经济发展水平还很低，由于人口的迅速老化，老年人口的养老、就医、生活等问题无疑会增加国家的负担，我国人口过多对城市社会经济发展的压力目前还远远没有解决，而城市老年人口问题又摆在了我们面前。

面对城市老年人口存在的问题和城市老年人口的特点，需要大力强化城市老年人口的社会化管理，这是解决城市老年人口问题的关键。

首先，迅速改革我国城市中现行的离退休金发放制度，取而代之的是各种形式的社会保险制度。我国城市中现行的离退休金发放制度，使国家没有统筹的劳动保险基金，职工退休费用全部由企业负担，成为“企业保险”，这样的结果造成了新老企业之间退休费用负担不一样，同时有些企业已被巨额退休金所困扰。例如，上海纺织系统在职职工 45 万人，退休职工 23 万人，相当于在职职工的 50%，退休费用开支相当于全系统在职职工工资总额的 34.5%。象这种情况在城市中的老企业中已相当普遍。高额的退休金必将使企业产品成本提高，使企业发挥不出应有经济效益，这样不但企业在职职工收入水平受到影响，退休职工的收入也会受到影响。老年人口中体弱多病的比例很大，现行的公费医疗制度，无疑又给企业增加了负担。在我国传统的经济模式中，是社会办企业，同时企业也在办社会，“大而全”，“小而全”是每一个企事业单位的特点。改革经济体制的一个重要方面就是社会化，建立起由国家、企业和个人共同负担的养老金社会保险制度。老年人口的养老问题已成为一个突出的问题，引起全社会的关注。

其次，全社会要创造老年人继续工作或再就业的良好条件。老年人的再就业，其意义并不仅仅是取得报酬，还在于：第一，利用老年人力资源作为国家经济发展的组成力量；第二，通过参加工作可以保持老年人的活动能力，防止生理机能的迅速衰老；第三，通过参加工作可以消除老年生活的空虚和寂寞，充实精神生活；第四，可以促进老年人才的开发，发挥老年人的智能与丰富的阅历和经验，指导后辈。1990 年人口普查 10%抽样汇总资料表明，在男性 60 岁以上人口和女性 55 岁以上人口中，丧失劳动能力的只占 11.17%，也就是说，在城市老年人口中，有近 90%的人可以参加不同程度的社会劳动。根据我国城市产业结构的特点，老年人口的再就业领域主要在第三产业的某些行业，例如服务行业、城市公用事业、福利事业等。

最后，以城市街道或社会为中心，建立老年人口的自我服务体系。根据我国现在的经济发展水平，我们不可能做到象西方发达国家那样，建立以社会为主体的老年人口养老制度，但是老年人与年轻一代的分居又是不可回避的事实。因此，可根据城市老年人口在居住和生活上的特点，建立以城市街道或社会为中心的老年人口自我服务体系。把居住在一个街道的老年人通过建立活动站或活动中心的形式组织起来，在进行其他文娱活动的同时，以互相帮助的方式，对某些老年人生活上的不便进行帮助，特别是对生活不能自理的老人，给予照顾和安慰。

中国人口城市化带来的主要问题

在世界许多国家的城市化过程中，人口过于向大城市集中引发了许多城市问题，如失业、犯罪、住宅拥挤、社会秩序混乱、居民生活质量下降等等，这些问题被人们统称为“城市病”。我国是社会主义国家，计划经济和市场调节相结合的体制从根本上可以保证城市规模不会过度膨胀。政府控制的投资则能保障基础设施建设与城市人口和经济发展相适应。我国城市病在体制上缺少产生的土壤，事实上，在我国各类城市中，失业、犯罪、社会秩序等方面确实好于多数发展中国家大城市的情况。但是这并不意味着我国不存在城市病。我国工业化和人口城市化的发展，目前主要存在的问题有以下三个方面。

首先，我国大中城市中的住宅、交通、电讯等基础部门发展落后，目前已成为城市经济发展的瓶颈，给人民生活也带来了许多不便。住房挤，乘车难，通信不便，打电话难，水电暖气、煤气无法保障都反映了这种情况。

我国城市人中住房拥挤，特别是在大城市中，对于这个问题近年来已引起了国家有关部门的充分重视，建国以后，由于人口增长过快到1978年前人均住房面积不仅没有提高，而且还有下降。十一届三中全会之后，国家用了大量投资改善城镇职工的住房条件，开始收到一些效果。据统计，1979-1988年，全国城镇共新建住宅12.4亿平方米，用于住宅建设的投资为2187亿元，是前30年的2.9倍，新建住宅小区近2000个，城镇人均居住面积已由1978年的4.2平方米提高到1988年的8.8平方米。但是，与世界上发达国家相比，我国城市居民的居住水平还是很低的。人均居住面积，合并前的西德为25平方米，美国为18平方米，法国和日本为13平方米。从1984年城镇住房普查资料看，城镇居民中缺房户占总户数的26.5%，其中无房户占3.2%，不方便户占10.5%，拥挤户占12.9%。这说明我国城镇人均居住面积是狭小的。

再从交通运输情况看，我国城市中交通运输能力紧张主要表现在以下两个方面：一是人多车少、动力紧张。建国40年来，各城市的公交客流量增加了10几倍，而公交车辆数只增加了几倍。据统计，全国20个人口在百万以上的大城市中，共有公共汽车和电车2200辆，高峰期间公交车厢里每平方米12人。二是车多路少，交通道路窄小。我国城市公交车辆虽然相对于客流量是少了，但相对于现有城市公交道路却是多了。每公里道路的汽车拥有量上海达到500余辆，而东京为280辆，伦敦为176辆。交通拥挤使车辆行驶速度大大降低，现在城市中公共汽车时速只有10公里，高峰时期只有5公里。交通拥挤，车辆阻塞的现象在城市中普遍存在。

其次，第三产业发展落后是我国城市中又一大病症。购物难、洗澡难、理发难反映了商业服务业的落后；儿童入托难，入学难反映了城市文化教育事业的落后。看病难，住医院难反映了城市医疗卫生事业的落后。我国第三产业长期发展缓慢与经济发展极不适应。根据1990年人口普查10%抽样汇总数据计算，我国城市第三产业从业人数占全部在业人口的30.3%，而第一、二产业分别为26.5%和43.2%。而一些发达国家城市第三产业就业人口占全部在业人口比重已高达60%。

最后，我国城市环境污染严重，生态平衡遭到破坏，这是我国城市面临的第三大问题。由于城市中工业化的发展，人口过多已使城市超负荷运转，从而城市生态系统被破坏，环境污染严重。其主要表现在：第一，城市空气污染严重，国家环境保护局发布的1990年中国环境状况公报上明确指出了："1990年，我国大、中城市大气污染较重，小城镇大气污染有加重趋势。"第二，水源污染也很严重。1990年生活污水排放量比1989年增长4.0%，工业废水中化学耗氧量比1989年增长4.3%，重金属排放量比1989年增长4.7%，挥发性酚排放量比1989年增长22.5%。第三，城市噪音污染也十分严重。许多城市中心噪声强度在80分贝以上，夜间也高达70分贝，1990年，城市噪声源中，道路交通噪声占32.7%，生活噪声占40.6%，工业和其它方面的噪声占26.7%，与1989年相比，生活噪声源比重上升6.8%。

上述城市中的人口问题的产生是我国城市化发展中出现的问题，解决和预防这些问题关系到我国城市化发展的未来方向。城市发展有其最佳人口容量和最佳效益问题，从经济的角度来看，并不一定城市规模越大效益越好，如果城市规模超过适度的范围，逆规模经济效益将迅速增长，企业将会出现边际成本超过边际收益，即产生负效益。而小城市经济效益又明显低于全国水平，生产成本高，耗能大。所以有人提出人口规模在20-50万的中等城市为最佳效益规模。从城市体系看，中等城市具有承大启小的地位与作用，发展中等城市既有利于促进大城市的发展，又有利于带动小城市的发展。从经济效益、社会效益和环境效益的统一看，中等城市在人口、环境、经济这三大要素的结合上矛盾最小，比大城市、小城市易做到各种效益的最佳结合。

应该特别强调指出的是，面对我国城市人口过于拥挤而出现的各种问题，绝不应该简单地采取只控制城市规模大小的城市发展政策。城市规模是一个主要参数，但不是唯一的参数。在制定城市发展的方案时还应该把城市潜力和功能做为城市发展与否的客观依据。例如，现有的特大城市和大城市无特殊资源潜力，又无特殊功能的需要，绝对不要扩大发展。但某些城市虽然人口规模已经列入特大城市或大城市，如果城市自身具有潜力和自身功能的需要，则这类城市仍然可以有控制地发展。对那些毫无资源潜力、交通能源条件并不优越的城市，即使城市人口规模不大，也不宜发展。应该加以大力发展的是那些人口规模既不太大，而又具备资源潜力和发展条件的中小城市。

（作者工作单位：国家统计局人口统计司）

略论我国城市土地制度改革

□ 张 京

中国城市土地制度改革历经了10年，成绩令人瞩目。但与其它改革相比，起步较晚，进展缓慢，改革仅仅是初步的。土地是人类的生存空间和基本生产资料，其改革将牵动各个方面，同时传统城市土地制度积弊甚深，这些都大大增加了改革的难度。目前已进入全面改革城市土地制度的关键时期，在本世纪的最后10年可望建立起新的城市土地制度的基本框架。本文仅从以下几个方面回顾改革的基本情况与问题。

城市土地权属制度改革

研究土地问题不可能不涉及土地权属关系和土地产权制度，它是所有土地关系的核心和整个土地制度的基石。引起土地产权制度变革的主要原因：一是人地矛盾的空前尖锐；二是社会生产方式的巨变。变革的要点是明确界定各项土地权利，建立新的有效土地产权制度。

（一）城市土地国有制的建立。

我国的城市土地单一国有制是从1949年到1982年历经33年时间而逐步确立的。城市国有土地的主要来源有：1. 解放初期人民政府接管或没收帝国主义、官僚资本、国民党政府所占有的城市土地，强制无偿地使之变为国有土地。2. 1956年开始对资本主义工商业、私营房地产公司、房地产业主的城市房地产实行赎买办法，逐步将其变为国有土地。3. 以城市建设征用土地的方式（强制而低价的）将城市和农村的非国有土地（集体所有制土地和私有土地）转变成城市国有土地。征用农村集体所有制土地是我国城市国有土地最主要的来源。4. 1982年《宪法》最终宣布全部城市土地归国家所有，使残余的城市集体和私人土地无偿地完成了所有权转移，至此城市土地国有化全部完成。

（二）目前存在的主要土地权属问题。

1. 城市土地国有制无法自我循环和有效运行，处于名存实亡的境况。国家政权强制力和行政手段是城市土地国有制的支柱，然而它们却向两个相反的方向发展：一方面采用没收、赎买、征用等强制手段取得土地国有权；另一方面却采用行政划拨的办法无偿无期地奉送土地使用权。土地国有权在经济上得不到实现，土地使用权能被大大强化，造成实际上的部门和单位所有。

2. 国家政权具有双重身份和职能，既是城市土地管理者又是城市土地所有者。土地所有权与土地管理权之间无明确的界定和划分，缺乏制约和监督机制。

3.《宪法》和《土地管理法》明确规定城市土地属国家所有，而谁是国有土地的法定代表人和由谁来行使土地所有权的问题一直没能很好地解决。土地管理局成立之后，混乱局面大为改观，它是法定的土地统一管理行政机构，但并未赋予其土地所有者的身份和职权。

4. 城市土地国有权在各级政府之间界定不清。《土地管理法》仅十分笼统地规定“城市市区的土地属全民所有即国家所有”，但却没有在中央政府、省政府、市政府和县政府之间具体界定城市土地所有权。由于权属界定不清，中央政府和地方政府在土地使用权有偿出让的收入分配上经常发生碰撞和摩擦。

5. 城市土地所有权、经营权、开发权、使用权界定不清，市政府、房地产开发公司及众多土地使用者之间的经济关系混乱，土地收益分配缺乏原则和规范，各种侵权行为时有发生，而所有者经常处于受损害地位。

（三）土地产权制度的改革。

我国城市土地制度的改革首先从土地利用与管理方面的改革开始，相比之下土地权属制度的改革进展更为缓慢。城市土地权属制度改革的滞后，目前已严重阻碍了土地利用和管理制度改革的进一步深入。重塑和再造城市土地国有制和有效土地产权制度已成为进一步改革的关键。值得庆幸的是，《宪法》、《土地管理法》和《城镇国有土地出让和转让暂行条例》等重要法规文件已为新制度搭起了基本框架。

城市土地使用制度改革

（一）传统城市国有土地使用制度。

传统城市国有土地使用有两大基本特征：1. 无偿使用。土地无偿使用制度始于1954年政务院“财政习字15号文件”，从此城市用地单位（特别是全民所有制单位）在合法使用土地的过程中都是无须付费的。2. 无期使用。城市用地单位可以无限期地占有和使用其合法取得的城市土地。

无偿无期的使用制度是造成土地利用效率低下和浪费，虚化土地所有权，导致城市用地结构几十年一贯制的最主要原因之一。这种制度改革已成为人们的共识。

(二) 收取城市土地使用费的改革。

1984 年抚顺市率先全面征收城市土地使用费，迈出了中国城市土地制度改革的第一步。各市政府反应强烈，纷纷起而效法，至 1988 年初全国已有 100 多个城市相继开征土地使用费。理论界也对土地使用费展开了深入的探讨。中央财税部门态度冷淡，主张征收城市土地使用税。于是展开了长期的"税费之争"。《城镇土地使用税暂行条例》的颁布实施使收取土地使用费改革中途夭折，逐渐让位于城市土地制度的全面配套改革。

产生这一结果的原因是多方面的：1. 征收土地使用费作为改革的突破口在设计之初是单一的。2. 人们对收费的期望过高，赋予其多重目标和作用。例如：在经济上实现土地国有权、提高土地利用效率、调整不合理的用地结构、反映区位和级差因素、增加财政收入、形成稳定的城建资金来源等。这些目标单靠收取土地使用费显然难以达到。3. 收费标准难以科学测定。4. 企业承受能力不足，收多了企业无力负担，收少了又不解决问题。5. 征收实际效果较差。深圳市 1979—1987 年共征收土地使用费 5250 万元，不及同期财政收入的 1.5%，不足以偿还政府同期用于基础设施贷款的利息。

城市土地配置制度改革

城市土地配置有两种基本方式：一是行政配置（传统体制中的唯一方法）；二是市场配置。改革的基本方向是引入土地市场配置机制，行政配置方法将被改进和保留，最终形成行政和市场相结合的土地配置机制，实现城市土地资源的合理配置和高效利用。

(一) 城市土地的行政配置。

旧体制虽然以城市土地单一行政配置为基本特征，但却从来没有一套规范而有效的配置程序和办法，城市土地配置往往是在投资计划和产业结构调整计划实施过程中顺带完成的。改革以来虽然在行政配置的各个环节上都有重大改进，但土地行政配置基本模式却无实质性变化。其配置程序及改革内容如下：

1. 计划部门。用地单位首先要向计划部门提交项目和用地申请，由计划部门负责审批立项。改革以来基本建设投资体制发生了重大变化，投资主体和资金来源多元化，计划外投资规模不断扩大，但计划部门仍负责对社会投资活动的统一管理，所有基建项目和用地仍要首先获得计委批准。

2. 规划部门。建设项目被计划部门批准后，可持"建设项目设计任务书"到规划部门申请土地选址。规划控制的内容有：地点、范围、容积率、建筑密度、建筑形式等。经规划部门审查后核发"用地许可证"和"建筑许可证"。其中最主要的问题是规划与基建投资计划脱节，规划项目往往没有资金保证。在资金极度短缺的中国，城市规划很自然地会根据投资者的意愿而改变。

3. 土地管理部门。经规划部门批准后，用地单位须持批件到土地管理部门申请取得土地。土地管理局在土地配置中发挥着日益重要的作用。

4. 土地使用者（企业、单位和居民）。其用地要求一般通过上级主管部门代言，其主管部门的等级和地位常常成为使用者占地位置和面积的重要筹码。

依据我国的国情，行政配置将始终成为城市土地配置的重要方式，但必须全面改革，一是与土地市场配置相结合；二是行政配置方法本身的规范化和科学化。

(二) 城市土地的市场配置。

与通常判断不同的是，土地市场已经以其特有的方式全面界入了城市土地的配置过程，其规模已达到十分可观的程度，其作用和影响是难以估量的。土地市场目前尚处于发育的初级阶段，判断土地市场是否形成主要依据两条标准：一是看其是否存在讨价还价和竞争过程；二是是否形成了地价或是类似于地价的实际补偿。

1. 征地市场。政府征用农村集体所有制土地，是城市国有土地的主要来源。过去征地带有明显的强制性与低偿性。由于它是传统体制中唯一带有补偿性的土地配置行为，同时又伴有土地所有权的转移，因此它是旧土地配置行为中唯一带有市场因素的环节。

改革后征地过程被迅速地市场化了。第一，补偿项目增加，实际补偿标准大幅度提高；第二，其性质从主要对地上收益和损失的补偿越来越明显地变为对土地价值的补偿；第三，每一征地过程都伴随着反复激烈的讨价还价，征地的强制性大大减弱；第四，实际征地费用迅速上涨，已从 10 年前的每亩 3000−5000 元暴涨到目前平均每亩 4−7 万元。个别大城市近郊则高达每亩 20−38 万元。这样的征地费已接近市场价格，甚至是垄断价格了，它是推动城市地价上升的重要原因。

2. 国有土地出让市场（一级市场）。这是由政府主持和推动的一种土地市场，国家将一定年限的城市土地使用权一次性有偿出让给土地使用者。其实质是城市国有土地租赁，仅发生土地使用权的转移。其形式有：

(1) 协议出让。其要点是用地条件和期限、地价和付款方式等由政府和土地使用者协商确定。1987 年 9 月 9 日深圳市以协议方式出让了一块 5321 平方米的住宅用地，使用期 50 年。这是中国出让的第一块土地。目前协议出让方式采用得最多，地价最低，竞争不充分，易于被国内用地单位接受。

(2) 招标出让。由政府确定标底，包括底价和开发方案，由开发者竞投，最后与中标者签定土地使用权出让合同。1987 年 11 月 25 日深圳市招标出让了第一块住宅用地，面积 46355 平方米，使用期 50 年。该方式适于成片开发和贯彻政府意图，竞争强于协议出让。

(3) 拍卖出让。政府在公开场合主持土地使用权拍卖，经报价和轮番抬价，最终由价高者得。1987 年 12 月 1 日深圳市首次拍卖一块 8588 平方米的住宅用地。这种出让方式竞争最充分，宜于出让寸土寸金的商业用地，但不利于实现政府意图。

这无疑是中国城市土地制度最具实质意义的改革，但实践中主要存在价格混乱问题。出让价差异极大，最高达每平方米 2170 美元，最低的每平方米仅几元或十几元，近年来还出现了各地竞相压价出让的局面。

3. 国有土地使用权转让市场（二级市场）。其要点是已经出让（划拨、批租）的城市国有土地使用权在土地使用者之间的有偿转让和再转让，这是建立在国有土地租赁制基础上的土地使用权自由流转制度。这一市场已发展到了相当大的规模，其形成和发展特点如下:

(1) 长期以来，土地使用权交易属非法黑市交易。因而实际上都借用某种合法的形式（例如房屋租赁与买卖、各种形式的联营联建、企业兼并等）暗中进行。它往往掩盖了土地市场的真实规模。

(2) 土地的租赁和买卖方式五花八门：以地换房（出地方索取竣工后住宅的比例高达 40–70%）；房地出租（公司、企业、机关、单位高价租用房地产现象十分普遍）；直管公房的高价转租转卖；私房高价出租出卖；以房地产为投资的入股、联营；签定真假两份协议（假协议完全合乎规定，用于登记取得合法地位，而真协议的租价惊人）；隐价瞒租；明借暗租；明赠暗卖；高价出租自有私房，低价租住公房；高价出售公房使用权；以土地为目的的企业兼并；用土地串换设备、汽车、钢材等生产资料等等。

(3) 支付地租地价的名目繁多：有顾问费、咨询费、补偿费、劳务费、工资、服务费、购买住房等。

(4) 实际地租地价水平参差不齐，且极难掌握。我们曾对北京市大栅栏和中关村地区进行了较深入的调查，下表可略见其房地租金之一斑:

元／平方米

地区	类　　别	案 例 数	月平均房地租金	月最高房地租金	月标准房租
大栅栏地区	私房高价出租	170	13.14	15.79	3.30
	直管公房高价转租	15	17.06	57.14	3.08
	自管公房联营	20	42.67	172.41	3.08
	自管公房高价出租	40	69.00	300.00	3.08
	大栅栏地区平均水平		35.48		
中关村地区	公房联营	17	75.55	297.62	12.00
	单纯土地出租（参考）	3	35.52		
	中关村地区平均水平		75.55		

(5) 改革后自主权扩大，企业和单位微观利益机制和土地收益显化是这类土地市场的主要驱动力。

4. 房地产开发市场。随着城市建设方针从分散建设到综合开发、配套建设的转变，各类房地产开发公司大量涌现，它们专门从事房地产经营，以住宅小区综合开发为主。该市场的主要特点是:

(1) 该市场一头连结土地使用权出让市场，获得土地开发权；另一头连结土地使用权转让市场，转让开发后的土地使用权；在新区开发时，开发公司还参与征地过程。它是连结其它三大土地市场的桥梁和纽带。

(2) 开发的结果是土地用途改变，用地结构调整，土地利用效率和房地产价格的大幅度提高。商品房售价一涨再涨，从 80 年代初的 300–600 元／平方米涨至目前的 1300–2000 元／平方米，在一些大城市的好区位则高达 2500–3500 元／平方米。据估算在商品房售价中地价因素至少占 50%以上。

(3) 为取得土地开发使用权，开发公司一般以三种形式向政府支付地价：A.在土地批租时以货币形式支付土地出让金或地价；B.以无偿划拨形式取得土地，但每年须从开发收入中提交一定的百分比（北京为 15%），另外还有不定量的行政摊派；C.以实物形式交纳地价，即在土地出让合同中规定附加条件。例如无偿修筑开发区以外的道路、桥涵等市政工程，无偿或低价提供“解困房”等。

(4) 为实际取得土地开发使用权，开发公司还必须向原土地使用者支付相当于地价的补偿。可分为两种情况：A.新区开发时，需向农民支付征地补偿费；B.旧城改造时，需向居民和单位支付拆迁安置补偿费，此项费用高得惊人。开发公司的得房率一般不能低于 30%，否则将会亏损；而用于原住户拆迁安置房的比例一般不少于 40%，否则无法达成协议；其间为双方讨价还价的区域，最终确定的拆迁安置房的比例或成本应视为开发公司向居民支付的地价。

(5) 开发公司会将上述地价全部打入成本，转嫁给最终使用者。政府为开发公司规定的合理经营利润最高不得超过 10%，但实际上开发公司获利颇丰，都大大超出此项规定。由其差额构成的超额利润应视为开发公司向最终使用者转让土地使用权的转让价格。

市场机制的引入是城市土地配置的重大变革，它有利于提高土地利用效率，调整城市用地结构，合理有效地配置和使用土地资源。但土地市场多数是自发形成，有的至今尚无合法地位，市场的权属混乱，行为不规范，地租地价严重扭曲，土地收益分配混乱，缺乏严格的管理和规章。促进土地市场的发育和规范化是进一步改革的方向。

城市土地收益分配制度改革

土地收益是指人们以某种方式利用土地所带来的利益。在存在土地租赁关系的条件下，土地收益的一部分将取得地租形态。土地价格则是预期地租收入的资本化形态。对土地及其收益征收的税赋则是最古老的赋税之一。分配土地收益有两种主要方式：一是利用地租地价等杠杆通过市场分配；二是税收分配。

（一）传统体制下的土地收益分配。

解放初期，土地租赁、买卖、典当、低押等市场交易较活跃，地租地价尚能发挥分配作用。随着城市土地单一国有制和无偿无期使用制的确立，逐渐弱化并最终摒弃了市场分配方式，土地收益、地租地价范畴在经济生活中逐渐“消失”，土地收益分配逐步隐化。先是将地产税与房产税合并征收，70年代初又将房地产税并入统一工商税。至此税制中不再存在与土地有关的税种。

传统体制下的土地收益分配是间接而扭曲的。对生产经营性企业，土地收益（包括级差收益）和土地增值带来的利益首先被用地企业以利润和资产增值的形式全部占有，然后国家再通过利润上缴和征收工商税、营业税等形式收走其大部分。居民和机关事业单位，则以无偿占有国有土地资产和补贴的形式享有土地利益。

（二）土地收益分配制度的改革。

显化土地收益通过两条主要渠道进行：1. 土地市场的发育。与土地收益的显化是同一过程的两个方面：市场发育使土地收益显化和量化；显化的土地收益则是土地市场形成和发育的根本动力。2. 进行城市土地分等定级，测算量化土地收益，评价土地的贡献。1986年国家土地局主持并推动了一项规模浩大的定级和测算工程，先后在北京、上海、天津、南京、宁波等十几个城市进行了试点，并于1989年颁发了《城镇土地定级规程》。测算方法主要有以下3种：一是从企业毛利润（税前利润）中分离土地收益，然后用资本化方法推算地价；二是从房地产租赁收入中分离地租，然后用资本化方法推算地价；三是从房地产买卖交易中分离地价。

另一重大改革是开征了城镇土地使用税和耕地占用税。耕地占用税1987年开征，征收情况顺利，但税源不够稳定。城镇土地使用税开征于1988年，开始预计每年能征收100亿元以上，但从1988年底至1990年底，全国仅有一半的城市开征了该税，总收入只有50亿元，平均每年25亿元，征收结果很不理想。开征城市少，减免过多，企业负担能力差和该项税收收入的中央与地方对半分成制是征收困难的主要原因。

由于土地权属不清、市场行为不规范、地租地价扭曲等原因，市场机制的引进反而加剧了土地收益分配的混乱。侵权、垄断、欺诈行为随处可见。测算土地收益是一项极为重要的基础工作，但由于缺乏市场信号和参数，其测算结果的准确性值得怀疑。土地税收也不成体系。土地收益分配关系尚未理顺，合理、公平、有效的土地收益分配制度远未建立。

城市土地管理制度改革

城市土地管理涉及土地权属、使用、配置、市场、开发、规划、计划、金融、税收等各个方面，其本身就是一门复杂的科学体系。目前存在的种种土地问题都与土地管理薄弱有关。

（一）传统体制中的城市土地管理。

解放初期城市土地管理的内容较多，机构也比较健全。中央政府机构序列中有独立的内务部地政司，各城市有地政局等土地管理部门。但随着土地国有化、非市场化和无偿无期使用制的推进，土地管理内容逐步缩小到单纯的产权和使用管理，独立的土地管理变为在房屋管理中附带进行。1953年中央政府取消了独立的土地管理机构，城市地政局并入房管局，成为房地产管理局的一个职能部门，逐步演变为谁用谁管的分散管理格局，政出多门，莫衷一是。计划和规划管理并未起到应有的作用。而在“文革”长达10年之久的非常时期，实际上完全放弃了土地管理。

（二）土地管理制度改革。

最重要的改革事件是1986年8月成立了国家土地管理局，继而逐步建立起中央—省—市—县—镇乡五级土地统一管理网络体系，结束了土地分散管理格局，并卓有成效地推行了一系列重大改革项目和基础管理工作。

尽管如此，土地管理薄弱和混乱的局面并未根本改观。目前在中央一级负责城市土地管理的主要机构有国家计委、国家土地管理局、建设部、国家测绘总局，在城市一级有土地局、测绘局、规划局、房管局、房地产开发公司。由于职权和利益界定不清，其间的职能交叉和矛盾层出。土地管理落后于形势发展的需要，管理漏洞百出，远未形成科学的管理体系，管理内容残缺，管理的手段和方法极为落后。

（作者工作单位：中国社科院财贸经济所）

当代世界城市化的发展趋势

□ 高珮义

世界城市化的基本趋势

当代世界城市化的基本趋势是：已经进入高度城市化阶段的发达国家没有任何迹象表明它们将会重返乡村文明；尚处在传统乡村文明之中的许多发展中国家正在加快城市化步伐，向着告别乡村社会进入现代城市文明社会的道路前进；整个世界已进入了由传统乡村社会向现代化城市社会转变的关键性阶段。如果按世界银行的统计口径，把城市人口所占总人口的比重作为城市化水平的基本指标，那么世界城市化现状的大致格局是：发达国家的城市化水平已达到75%左右，发展中国家的城市化水平已达到40%以上，世界总体的城市化水平已达到50%左右。

必须指出，我这里强调了人类社会发展的总趋势是现代先进城市文明将逐步取代传统落后的乡村文明，丝毫也不否认传统的乡村文明对人类进步所做出的巨大贡献。甚至可以说，没有传统的乡村文明，根本就不会有现代城市文明。传统乡村文明乃是现代城市文明之母。现代城市文明中不仅仅具有根本不同于传统乡村文明的全新内容，而且包容和保留了传统乡村文明中一切有价值的东西。甚至有些现代城市文明的内容本身就是传统乡村文明进化来的。

世界城市化的历史进程大致可分为三个大的阶段：

1760—1851年为第一大阶段。这个阶段可以称为世界城市化的兴起阶段。从1760年的产业革命开始，到1851年，英国花了90年的时间，基本上实现了城市化，成为当时世界上第一个城市人口超过总人口50%的国家①。当时的英国成为世界上最强大的国家固然有多方面的原因，而如此高的城市化水平则是重要的原因之一。

1851—1950年为欧洲和北美等发达国家基本实现城市化的阶段。从实际进程看，虽然在该阶段中，欧美等发达国家走过的城市化道路与英国有某些区别，但从主要特点上看，基本上是重复着英国的路子，诸如靠产业革命推动、城市人口主要是由农村流入城市等等；从历经的时间来看，虽说发达国家的城市人口比重达到总人口50%以上（1950年为51.8%②），花了整整一个世纪之久，但是城市化取得了巨大的历史进步。整个世界的城市人口在1850—1950年的100年间，由8千万增加到7.12亿，净增6.32亿，世界城市人口占到总人口的28.4%③。在这个阶段，世界城市化进程的格局大致是：英国进入高度发达的城市化阶段；其它发达国家进入基本城市化阶段；发展中国家的城市化进入起步阶段；整个世界则进入加速发展城市化阶段。

1950—1990年为城市化加快发展，全世界基本实现城市化的阶段。在这个阶段，世界城市人口的比重由1950年的28.4%上升到1990年的50%左右。按照以往多方面的估计和预测，多数人认为，世界城市人口比重达到50%以上要到2000年以后，而从世界银行《1990年世界发展报告》中关于城市化的资料分析，1988年的世界城市人口比重为48%左右。表明世界城市人口比重将提前10年达到甚至超过上述水平。因此该阶段的第一个突出特点便是整个世界的城市化速度大大加快了。这样，1950—2000年世界城市人口增长的大致格局可能是：世界城市人口的比重将从1950年的28.4%增长到2000年的60%左右，发达国家城市人口的比重将从1950年的51.8%增长到85%左右；发展中国家城市人口的比重将从1950年的16.2%增长到55%左右。

从1760年以来的世界城市化进程可以看到，无论是发达国家还是发展中国家，或者是整个世界，城市人口比重的增长是非常有规则的。同时还可以发现，从本世纪50年代以后，发展中国家和地区的城市化呈逐步与世界水平接近的趋势。发达国家的城市人口增长虽然趋缓，但没有停止，并且自80年代以后又呈稍稍加快的势头。这主要是因为许多发达国家经过了一段长时间的城市分散化和郊区化之后，又出现了再集中化和再“城市化”的趋势。这一趋势最明显的是美国，自80年代以后，美国又出现了人口向中心城市集中的趋势。

---

①《主要资本主义国家经济统计集 · 1948—1960》，世界知识出版社1962年版（下同）。

②菲力普 · M · 霍塞等著：《世界的都市化：趋势和展望》，见中山大学人口理论研究室编《人口研究译文集》第1集，第172页。

③1850年数字来源：联合国《城乡人口增长类型》，纽约1980年版，第7页。

这个阶段的另一个特点是，人口继续向大城市或较大城市集中，同时形成大都市带（或称大都市圈、大都市区）。据有关专家预测，1950—2000 年，各类规模城市人口在城市总人口中的比重，10 万以上规模的城市人口将由 54.1%上升到 70.0%；100 万以上规模的城市人口将由 18.8%上升到 42.6%；500 万以上规模的城市人口将由 4.2%上升到 20.5%①。由此可见，人口规模越大的城市，上升的幅度越大。

当然，也毋庸讳言，随着全世界城市化进程的加速，世界城市人口急剧增长，城市问题也随之严重起来。整个世界，特别是发展中国家正在重复 100 多年前英国和 50 多年前发达国家的城市病，甚至有过之而无不及。这是对人类的一次严峻考验。整个人类正在经历一场经济、社会、政治、文化结构的大变动和大改组，正处在由乡村文明向城市文明急剧转变的关头。

城市化的一般规律

城市化是一个多种因素综合作用的复杂而长期的动态过程，人们可以从不同的角度去发现、概括和总结城市化的规律。我认为，世界城市化有以下几个一般规律。

（一）城市化进程的阶段性规律。经研究发现，城市化的发展进程有阶段性，全过程呈“S”形曲线运动。因为英国的城市化进程比较典型，很有代表性，所以，我们首先以英国为例来说明这一规律。

英国产业革命前的 1700 年，城市人口比重不到全国总人口的 2%②，到 1760 年时约占 10%上下，到 1800 年才达到 20%，过了 50 年之后则超过 50%③，又过了 40 年达到 72%，到 1939 年达到 80.4%，此后直到 1959 年，始终稳定在接近 80%的水平④。

据国内外许多专家研究的结果表明，城市化的发展进程呈“S”曲线运动轨迹。关于城市化发展过程的 S 曲线运动轨迹，早在 70 年代，美国的城市地理学者诺瑟姆在其《城市地理》一书中曾做过描述，他描述的是一条好似被拉平的 S 形曲线。清华大学谢文蕙教授指出，诺瑟姆只描述了这条 S 形曲线，但他并没有进一步提出该曲线的数学模型，谢教授就此得出了各国城市化共同规律的数学模型⑤。

据多方面资料分析，这一规律并不仅仅为英国所特有，也不限于已经实现了高度城市化的发达国家，而是一条普遍规律。虽然世界的城市化和发展中国家城市化的总水平发展过程，目前尚未出现一条成型的“S”曲线，但从总趋势上看，迟早是会出现的。

城市化进程的阶段性规律之所以呈 S 形曲线运动，一个最重要的原因，是由生产力的发展水平（广义的）所决定的“城市文明普及率加速定律”在起作用。

所谓城市文明普及率加速定律，是指城市化达到某一水平时（例如 20—30%），城市文明的普及随着城市化水平的提高而加快，因而享受城市文明的人数多于城市人口数，全社会享受城市文明的程度高于城市人口的比重所反映的程度。

城市文明普及率是指城市聚落所在区域内，享受城市文明的人口数量及其程度。这里的城市文明指的是城市现代文明，包括先进的生产方式、生活方式以及政治、经济、社会、文化等一切方面。城市文明普及率由城市化水平决定，但并不与城市化水平同步增长，而是呈加速增长的趋势。经过各方面资料分析推算，在城市人口占总人口 10%以前，城市的辐射力很弱，城市文明基本上只限于住在城里的人享受。当城市人口占总人口的 20—30%时，辐射力开始增强，城市文明普及率大约在 25—35%之间。当城市人口占总人口 30—40%时，城市文明普及率大约在 35—50%。当城市人口占总人口的 50%以上时，城市文明普及率将达到 70%左右。当城市人口占总人口 70—80%时，城市文明普及率有可能达到 90%甚至 100%。不仅如此，城市文明普及率加速的同时也大大促进了城市化的进程，因为正是由于城市文明的传播、普及才吸引了更多的企业家到城里去投资、创业，从而吸引更多的人口到城里去就业、谋生等等。

（二）大城市超先增长规律。与阶段性规律相适应，在城市化发展的一定阶段内，城市人口规模结构的变动具有大城市超先增长的客观必然性。我把这种客观必然性简称为大城市超先增长规律。所谓大城市，通常是指非农业人口在 50 万以上的城市。

城市增长表现为几种形式：1. 内涵增长。即在原市区范围内迁入的人口增加，或者原来的小城市或中等城市因人口增长而成为大城市，或者本来就是大城市的人口规模进一步增大。2. 外延增长。即原有城市人口随城市地域的扩大而增加，逐步形成大都市带或称大城市群。3. 机械增长。即 50 万人以上的大城市座数增加。4. 由于以上三个方面的原因引起的大城市人口在城市总人口中的比重增加。上述各种表现形式，在实际的运动过程中并不是截然分开的，对于某个具体城市来说，很可能是同时进行的，大城市超先增长规律体现在这几种形式之中。

首先，看大城市的内涵增长。在 1800 年，世界上

---

①《人口研究译文集》第1集，第174—185页。

②[美]戴维 · 波普诺:《社会学》（下册），辽宁人民出版社1987年版，第 518 页。

③转引自《中国经济问题》1989年第2期。1760年为笔者估计数。

④《主要资本主义国家经济统计集 · 1948—1960》，第177页。

⑤详见谢文蕙:《各国城市化规律的数学模型》，载《1988年国际城市经济和规划学术讨论会论文集》，北京发展战略研究所 1988 年编印。

城市人口的最大规模仅为100万人左右，而且这类城市为数很少。到1970年，100万以上人口规模的大城市迅速增加到162座。预计到本世纪末，世界上城市人口规模最大的城市将是墨西哥城，其人口将多达3100万。仅仅200年的时间，世界城市人口的最大规模就从100万人左右猛增至3000万人左右，提高了近30倍。

其次，看外延增长。从城市人口增长的角度来看，外延增长主要就是大都市带或称大城市群人口的增长。1950年时，超过200万人以上的大城市群共有17个，超过1000万人的大城市群只有两个：美国的纽约—新泽西，为1234万人；英国的大伦敦，为1025万人[①]。到1985年，超过200万人以上的大城市群发展到99个，超过1000万人的大都市群发展到12个，预计到2000年将发展到23个[②]。

再次，看看大城市座数的增加。一直到1900年，世界上50万人以上的大城市才只有49座。随着欧美发达国家城市化的加速发展，到1980年，世界上已拥有50万人以上的大城市476座，比1900年增长了8.7倍；其中50—100万人的大城市增长了5.6倍，100—250万人的大城市增长了18.5倍，250—1000万人的大城市增长了20倍[③]。

又次，看看50万人以上的大城市的人口及其在城市总人口中所占比重的增长。从1900—1980年，50万人以上的大城市总人口由5200万增加到77330万，增加了13.9倍；50—100万人口的城市总人口由2500万增加到17400万，增加了5.96倍；100—250万人口的城市总人口由1200万增加到24000万，增加了19倍；250—500万人口的城市总人口由800万增加到13400万，增加了15.8倍；500—1000万人口的城市总人口由700万增加到14900万，增加了20.3倍[④]。

根据国外专家提供的资料，大城市超先增长规律，不但从世界城市化整体运动趋势看是存在的，而且对于不同地区或不同国家的城市化趋势来说，同样也是存在的，只不过是各个地区或国家随其所处的城市化阶段不同，大城市超先增长的强度有所区别而已。

概括地说，大城市超先增长规律主要由以下两大定律决定的。

1. 城市聚变引力定律。

早在一百多年以前，恩格斯在深入考察了伦敦后得出结论说："这种大规模的集中，250万人这样聚集在一个地方，使这250万人的力量增加了100倍"[⑤]。为什么会有这样的效果？这其中必有奥秘。

在自然界中，有一种物理现象，即当两个或两个以上的原子聚合在一起时，便会释放出一种新的能量，这种新产生的能量要比原来大许多倍。一般来说，聚合在一起的原子数量越多，释放出的新能量倍数越大。这就是所谓的聚变效应。根据万有引力定律，质量越大的物体，其引力越大。把这二者结合起来看，就是一个聚变引力效应定律，简称为聚变引力定律。借用这一定律来解释大城市的超先增长，就可以引出一条所谓的城市聚变引力效应定律，简称为城市聚变引力定律。

借用上述自然界中原子聚变引力定律来解释这一过程，我们就会发现：假定人类社会中的一个个的个人，就好比是自然界中的一个一个的原子，那么这些个人聚合在一起也会象许多原子聚合在一起一样，释放出一种比原来大得多的新能量。因为人类聚合在一起不仅增加了机械力（体力）的能量，而且促进了思想的发达和智慧的增强。在城市化过程中，由于人口的集中所释放出的新能量多到一定程度，并且必须多到一定程度，便会创造出全新的物质和精神的城市文明，即开放的现代化的大城市文明。这种开放的现代化的大城市文明，彻底打破了古代封闭型城市的重要障碍，对周围的乡村和小市镇产生了一种强大的无障碍引力，形成了一个巨大的城市引力场，通过这个巨大的引力场的作用，越来越多的人、财、物被吸引到城市中来。不但如此，一个巨大的城市引力场由于其日益显示出来的优势，还将对其它的中、小城市产生一种强烈的示范作用，形成一种间接引力效应，这些中、小城市中的某些竞争力强的也将会发展成为大城市，形成新的大城市引力场。这一过程一旦开始便不可遏止。对于某个大城市（中、小城市也一样）来说，如果其周围没有出现新的引力中心，同时也没有造成人为的障碍，那么这一过程一直要到它把它周围乡村或小市镇的人口全都吸收完毕时才会结束。对于整个社会来说，这一过程一直要到全人类都能享受到现代城市文明所带来的益处时才会结束。

2. 乡村裂变推力定律。

城市引力场的扩大并不单纯是依靠其自身的发展，而且最主要的是要靠不断地从乡村中吸收更多的新的可供其聚变的"原子"——人，以及其它东西——资本和资源等。"城市总是不断地从农村地区吸收新鲜的、纯粹的生命，这些生命充满了旺盛的肌肉力量、性活力、生育热望和忠实的肉体。"[⑥]乡村中之所以不断地有许多人和其他东西被城市引力场所吸收，原因是除了有一个

①联合国经济和社会事务部：《人类聚落的全球评论统计附册》，纽约珀加蒙出版社1976年版。

②《世界城市化展望》（修订本），联合国1987年版。

③帕尔·帕洛克：《就业与大城市——问题与前景》，载联合国《国际劳工评论》1982年10月号。

④资料来源同上。同时参看联合国《城乡人口增长类型》，纽约1980年版；刘洪康等编《人口手册》，西南财经大学出版社。由于资料出处不同，存在某些不一致因素，但不影响规律本身。

⑤恩格斯：《英国工人阶级状况》，《马克思恩格斯全集》第2卷第303页。

⑥[美]刘易斯·芒福德著，倪文彦等译：《城市发展史》，中国建筑工业出版社1989年版，第42页。

城市聚变引力定律之外，还有一个乡村裂变推力定律与之相适应和相配合。整个乡村社会好比是一个个原子组成的“原子堆”，一般来说，没有外力的刺激和冲撞，它很少发生根本性变化。扩散和传播到广大乡村中去的物质的和精神的城市引力载体，诸如新技术、新工具、新工艺、新思想、新观念，以及新的生活用品和新的生活方式等等，就好比是打入乡村原子堆中去的无数“中子”。一旦这些“中子”打入，乡村就会发生象物理学中的核反应堆一样的裂变，释放出大量的新能量，产生一种强大的推力，形成乡村裂变推力效应。我把这种现象和过程概括为乡村裂变推力效应定律，简称为乡村裂变推力定律。从物质方面看，乡村裂变效应的主要结果是促使农业劳动生产率的提高，为乡村的分化和社会大分工创造了物质前提，同时，为城市化的发展提供了越来越多的劳动力。从精神方面看，乡村裂变推力效应的主要结果是推动乡村居民学习、向往、接受现代城市文明。

肯定大城市超先增长规律，说明了它的客观性和普遍性，这绝不是说可以据此去突出建造大城市，忽视甚至否定中、小城市的发展和作用。在整个城市的规模结构体系中，中、小城市同样占据极为重要的地位，发挥着大城市不能取代的作用，对于那些人口众多的国家来说，尤其如此。并且，一般来说，在城市化的初始阶段和城市化的高度发达阶段，中、小城市的作用也十分明显。大城市超先增长，并不意味着中、小城市不增长。

（三）城市化与经济发展的双向互促规律。根据对大量资料的分析研究，城市化水平与国民生产总值(GNP)的人均占有量呈正相关关系[①]。也就是说，在其它条件大致相同的情况下，城市化水平高的国家或地区，其人均GNP数量也较高。国外一项比较权威性的研究得出的结果如下:

城市化水平与国民生产总值的关系
(1977年世界158个国家和地区统计)

城市人口占总人口比重（%）	国家（地区）个数	每人平均国民生产总值（美元）
60%以上	34	3858
40—59%	43	2155
20—39%	39	700
19%以下	42	310

资料来源:《中国人口科学论集》，中国学术出版社1981年版,第101页。

根据世界银行历年（1982——1990年）的《世界发展报告》所提供的数据，城市化水平与人均GNP的相关关系，得出的结果与上述结论基本吻合。

城市化水平的提高与人均GNP的增长之间的关系，并不是一种单向的因果决定关系，而是一种相辅相成、互促共进的双向因果关系。我们既可以说，城市化水平随人均GNP的增长而提高，又可以说，人均GNP随城市化水平的提高而增长。这种双向互促共进的因果关系，还可以从城市化与工业化的关系中具体反映出来。

工业化的主要功能，是为提高劳动生产率而应用新的科学技术和工艺，提供新的生产方式，使更多的劳动力从简单繁重的手工劳动方式中解放出来，以便创造出更丰富更多样化的物质产品，要做到这一切，就必须使资本、人口、劳动等要素集中到一定程度，不在原有的城市中进行，就得新建城市。而资本、人口、劳动等要素向城市集中的过程，恰恰就是通常所说的城市化。从这个意义上说，是工业化推动了城市化，正如有的专家指出，工业化过去是，将来仍然是城市化的“发动机”。

从另一方面看，城市化的功能又保障和推动了工业化的发展，可以说，没有城市化也就不会有真正的工业化。这主要是城市化本身所具有的外部经济效益、聚集经济效益、大市场的吸引力等功能所决定的。

首先是外部经济效益。制造业厂商设在城市，有许多外部经济。人口众多会减少雇用各种劳动力特别是技术工人和工程技术人员的成本。在农村，厂商要办企业，必须提供某些社会基础设施和对来自其它地区的工人进行基本教育训练的条件。城市之所以有吸引力，正是因为它有助于提供这些条件。

第二是聚集经济效益。每个厂商也从同在一个城市的其他厂商那里获得许多好处，因为许多必要的投入和服务容易得到。制造商如果与供应商邻近，就可以减少许多运输成本和节省许多时间，也可以因在地域上接近使修理及其它服务部门获益；金融市场集中在城市，在那里，国内和国际通讯设施种类齐备而价格低廉。如果是在一国首都或省会，制造商就容易接近政府官员，后者手中掌握着投资许可证和奖励手段、进出口配额以及影响厂商利润的其它行政措施。对于个人来说，城市提供了一系列的服务设施和舒适的环境，这在农村是不能得到的。所有这一切聚集起来便产生了一种强大的经济效益引力，使工业化得以实现。

第三是大市场的吸引力。当一家厂商邻近它的最大市场时，分配成本会降到最低限度。一个城市一旦建立，它的大市场就会创造出自行增殖的吸引力。这种吸引力在发展中国家特别强大，在那里，城市之间和城乡之间的运输网通常是稀疏的。

根据以上对世界城市化一般规律的分析，我们可以

①衡量经济发展的指标很多，但人均GNP仍可看作是一个具有综合性意义的重要指标。为了使问题尽量简明起见，我这里权且用人均GNP来代表经济发展水平。

得出以下四点结论：

（一）城市化具有世界普遍意义，它是任何国家都不可能逾越的自然历史过程，每个国家或地区迟早都要进入现代城市社会。

（二）不同国家，由于其国情的不同，以及它们所面临的世界历史条件、国际环境和科学技术经济发展水平的不同，各自的城市化道路也可能不同。

（三）不同国家有不同的城市化道路，并不意味着人类的城市化整体运动过程无规律可循。作为城市化的某些本质特征和一般规律是客观存在的，它们在任何国家的城市化过程中都必然得到体现和发挥作用，只不过是作用机制、表现方式有些不同而已。

（四）从城市化的条件看，任何国家都有自己的优势和劣势；从城市化的道路看，任何国家都有自己成功的经验和失败的教训；从城市化的发展趋势看，任何国家都有自己所面临的问题和所要解决的任务。因此，在对待国外城市化的态度上，既不能盲目照搬别国的经验，也不可机械地接受别国的教训。正确的态度应该是：深入研究，全面分析，综合比较，权衡利弊，灵活借鉴。

从世界城市化看中国的城市化趋势

从1949年中华人民共和国成立算起，新中国的城市化已有40多年的历史。在这40多年里，中国的城市化进程大致经历了以下3个大的阶段：1. 1949—1960年，中国城市化的起步阶段，城市人口占全国总人口的比重由10.6%提高到20.7%①。2. 1961——1978年，中国城市化的停滞甚至下降阶段，城市人口占全国总人口的比重由20.7%下降到15.9%。3. 1979年到现在，中国城市化的加快发展阶段。到1990年末，全国已设市467个，建制镇1万多个，实质性城市人口占全国总人口的30%以上②。

世界城市化的进程表明，当城市人口占总人口的比重超过20%以后，城市的辐射能力开始增强，城市文明普及率开始加速，城市化进程开始加快。目前，中国的城市化已进入这一阶段，这必须引起我们的高度重视。但是，必须指出，中国的城市化与当代国外发达国家的城市化处在完全不同的发展阶段，因此二者的发展趋势是不同的。

首先，今后中国城市化进程的这一发展趋势将不同于发达国家的城市化进程趋势。因为发达国家的城市化水平，已经高达70—80%以上，进入自我完善阶段。今后发达国家城市化的主要发展趋势有二：一是提高城市社会质量；二是实现乡村自身内部的城市化。我认为今后发达国家的城市化进程不存在分散化的趋势，而且郊区化也将受到抑制。而郊区化本身并不等于分散化。

其次，今后中国城市化进程的发展趋势也不同于发展中国家。二者的重要区别在于，发展中国家（不包括中国）今后的城市化进程主要还是依靠少有的几座大城市的人口增长，很难形成一个大中小比例比较适中的城市规模体系。再者，中国尚未出现严重的"过度"城市化现象。如果从现在开始，注意汲取某些发展中国家"过度"城市化的教训，坚持以农业为基础发展城市化，并在工业化的基础上推进城市化，及早纠正工业乡村化和一系列城市偏向政策，中国有可能避免或减缓某些发展中国家出现的一系列严重的城市问题。

进入70年代以后，特别是自80年代以来，某些发达国家的城市化进程出现了城郊化或逆城市化的趋势，在自然景观、生产方式、生活方式，以及经济收入等方面出现了城乡趋同的现象。国内学术界和实际工作部门的某些人便据此断定，这是由于发达国家的城市化在以前走了弯路，现在不得不通过"城郊化"或"逆城市化"来纠正。特别是西方某些学者，诸如托夫勒、奈斯比特、舒马赫等，根据西方发达国家的实际情况，对未来趋势提出了"小型化"、"分散化"、"家庭化"等看法，有的人便不加思索，推崇备至，东施效颦起来。这些人竭力主张中国的城市化应当走"小城镇化"、"城郊化"、"城乡一体化"、"城乡融合化"的道路等等。殊不知发达国家出现的城市化趋势是经过了上百年，甚200多年时间，城市化水平高达70%，甚至80%以上时，才出现的趋势。由于中国的城市化尚处在快速发展的初期阶段，所以目前还不可能出现如发达国家城市化已达到高度发展阶段时出现的趋势。盲目地阻止城市化的发展，限制大城市的正常增长，势必将付出沉重的代价。

（作者工作单位：国家物价局物价研究所）

---

①《中国人口年鉴·1986》第409页。这里的城市人口系指按国家统计局口径统计的非农业人口。

②所谓实质性城市人口指的是长期（连续半年以上）居住、生活、生产、服务、工作、学习在城市的人口，而不管其是否具有"城市户簿"和"粮油供应册"。这个比重是根据多方面资料推算出来的，基本上能够反映目前中国人口城市化的实际水平。计算方法及论证从略。以下凡是谈到中国人口城市化水平，如果不另加说明，便都是指实质性城市人口。

一九九〇年城市经济理论研究评述

□ 朱林兴

1990年我国城市经济理论研究的特点是，从以往偏重于理性研究、术语争论和表象的描述，更多地转向实证分析和深层次问题的探索，显现了学术性、实用性兼蓄的特点。它表明，我国城市经济理论研究更贴近实际，为推进城市的改革、开放和发展日益显示出其重要的理论指导意义。其研究重点是，如何搞活城市经济，以摆脱经济发展中的困境，走出一条计划商品经济条件下振兴城市经济的新路子。主要研究的问题是：城市经济区、城市经济发展模式、城市政府经济行为和城市财政体制改革等问题。

城市经济区

这是近几年来讨论较多的问题之一。1990年对这个问题的研究有了较大进展。

重要进展之一是，对城市经济区疆界的划分提出了新鲜见解。以往普遍的认识是城市经济区实质上是中心城市的经济辐射圈，而其聚核即中心城市的经济辐射力是变动的，故其范围是相对的，不确定的，从而对其疆界以不划分为宜。一些学者对此提出了批评意见，认为上述看法忽视了城市经济区具有明显地域差异的生产地域单元这一重要特点，因而掩盖了其具有明显疆界标志的事实。应该说，这一见解在理论上具有独到之处，比较全面地揭示了城市经济区的实质特点，在实践上亦有重要意义。主要是，划分城市经济区疆界有利于科学地确定城市的经济辐射方向，合理区域经济分工和生产力布局，建立符合计划商品经济要求的工业化生产和综合开发相结合的区域产业结构。虽然，这一理论尚未就如何具体划分城市经济区疆界提出切实可行的方法。但是，其指出的经济区在一定时期内具有明确疆界的看法，城市经济区是地域生产单元的看法，则拓宽了城市经济区研究的视野，对丰富城市经济学起了重要作用。

重要进展之二是，比较系统地总结了近几年来发展城市经济区作用的成功经验，主要是：1. 坚持平等自愿、互惠互利的原则；2. 遵循商品经济规律，以发展区域性联合市场为突破口；3. 坚持以促进企业为主体的多方位、多层次、多形式的经济合作的基点；4. 注意利用不同城市、地区经济结构的互补性，合理调整分工，形成区域经济分工。

重要进展之三是，在比较全面分析了制约城市经济区发挥作用的原因的基础上，提出了解决问题的相应的对策措施。就制约城市经济区发挥作用的因素来说，主要有：1. 作为中心城市经济主体和发挥作用的国营大中型企业活力不足，经济效益下降，影响了中心城市的经济辐射功能；2. 体制性因素，如价格、财政体制，政府职能等方面的消极因素的地方保护主义、“诸侯经济”，严重地压抑了中心城市实力的增长及其辐射和吸引作用的发挥；3. 宏观控制不力，对城市经济区域经济分工，生产力布局缺乏科学的规划和周密的部署，以及有关政策、法规组织上的保证，使城市经济区发挥作用缺乏良好的宏观环境；4. 理论研究滞后于实践发展，使城市经济区发挥作用缺乏必要的理论指导。针对以上制约因素，学者们提出以下对策：1. 在搞活大中型企业上作重点文章，以增强城市经济实力，提高城市经济区聚核的凝聚力、辐射力；2. 加强宏观调控，按社会化大生产要求和发展计划商品经济要求，合理规划区域经济分工，并制定和实施相应的区域经济发展政策；3. 加强调查研究和理论探讨，要重点研究城市区域经济合作的性质、功能、组织形式、调控机制、发展趋势等。

对城市经济区研究的另一重要进展是，把作为城市经济学研究内容之一的城市经济区问题单独列出来，已初步形成了区域经济学。目前已出版的著作有周起业等著的《区域经济学》和王谦光等著的《区域经济学》。这些著作的研究范围已大大超越了城市经济研究的范围，但是其研究的重点仍然在城市，综合分析经济区范围内的城乡之间、城市之间的经济关系，包括社会经济发展战略、生产力布局、产业结构、环境等问题。目前来说，这门学科尚处于初创时期，还有许多不成熟的地方，特别是如何从本国实际出发，形成逻辑严密的、对实践具有重要指导意义的学科尚需作进一步研究、完善。

城市经济发展模式

如何选择、确定城市经济发展模式？围绕这一问题，学术界和城市政府部门的同志各抒己见，学术气氛浓厚，提出了不少见解。

“单一功能论”是为避免城市膨胀所提出的一种理论。现代城市的一个基本特点是多功能化。其一方面利于城市繁荣，另一方面则易于导致城市空间结构紊乱、人口激增，城市问题丛生。于是本世纪60年代，西方一些城市学家提出了城市职能分散化和单一化的设想。我国的学者将"单一化"的设想仅应用于中、小城市，认为实行单一功能是中小城市控制规模，保证城市长期健康发展的有效途径。为了实行单一功能，城市在经济发展过程中应围绕目标功能，运用行政、经济和法律手段，控制城市外延型发展，发展乡镇企业，就地消化农村剩余劳力。这一理论重视城市内涵型开发，并突出培植支柱产业，是值得肯定的。然而其不足之处是：将成因极为复杂的城市膨胀病归之为多功能未免有失偏颇；同时企图以功能单一化来控制中小城市发展，使之不成为大城市，这有悖于城市发展规律，由于大城市规模效益的示范效应，一些具有竞争条件的中小城市必然发展成为大城市，这是不以人的意志为转移的客观规律；再则绝对化的单一功能的城市在理论上说不通，实践上也是有害的。近20年来，世界上有20多个城市在发展过程中片面追求功能单一化，忽视了发展其它功能，以致因资源枯竭、市场不景气等因素而在竞争中衰落。

"贸易兴市论"是为沿海城市寻找经济发展出路所提出的一种发展模式。它认为，进入80年代以后，沿海几个特大城市经济面临着两大困难：一是几十年来作为经济主体的、遥遥领先的工业在发展上遇到了层层麻烦，原材料供应、产品销售、经济效益不断发生危机。二是基础设施滞后于生产和生活的需要矛盾日趋尖锐。但这些城市具有发展贸易的有利条件：优越的地理位置，先进的贸易设施，大批出类拔萃的贸易人才，通过发展贸易来取代工业的主体地位是沿海城市短期内摆脱困境、实现经济腾飞的光明之道。

这一理论的主要对策是：1. 以贸易为重点规划、调整、开拓现有产业。2. 大力发展商品贸易，建立国际性商业机构。3. 重点开发投资贸易，并以房地产业的开发作为吸引外资的诱惑力。4. 开拓国际性金融贸易。从长远来说，沿海几个大城市，尤其如上海，"贸易兴市"方向是对头的，其对策措施也不乏合理之处，但忽视了目前实施的困难，忽视了这些城市目前的实际情况，违背了产业结构演进的内在规律。一般来说，贸易产业，即第三产业的长足发展取决于两个条件，一是经济实力，即第一、第二产业的发展，一个国家或地区以第三产业作为国民经济的主导产业，这是一个国家或地区完成了从粗放经营到集约经营转变，进入发展阶段之后才出现的现象，而不是第一、第二产业的发展出现困难才转向发展第三产业；二是宏观环境，三次产业的递进有赖于市场环境的助动。目前，市场分割严重，影响了生产要素流动。基此这些城市目前以至今后一个相当长时期仍以综合性的工业基地发挥作用，如要在短时期内，将主体由贸易功能取代其工业功能，这恐怕与其经济实力和经济环境相矛盾。

"非均衡经济发展模式"是为解决城市经济发展资金缺乏所提出的一种理论。这种理论认为，我国目前城市处于经济发展初期，资金缺乏，不可能对城市经济各部门进行全面投资，应集中力量上"短平快"的产业，以此为动力逐步扩大其它经济部门的投资。这一理论关心的是城市自身利益和眼前利益，认为现在最重要的是解决资金问题，然后再去谈长远、协调发展。为此，他们主张，1. 投资重点是工业，尤其是利税高的加工工业。2. 基础设施、生态建设等无直接投资效果的产业可以放一放。这种理论受到了一定程度上的青睐，反映了一些同志急于将经济搞上去、"脱贫致富"的强烈愿望和短期行为。这种理论从一个角度提醒人们在经济发展初期如何有重点地、合理地使用资金，以促使城市经济迅速发展，这有其积极的意义。但其致命之点在于，忽略了城市经济发展是一个动态的、渐进的协调过程，需要基础产业和辅助产业、支柱产业和一般配套产业协调发展。"非均衡经济发展"理论恰恰忽视了"协调"，由此使城市经济发展因失去了必要的前提条件而困难重重，以致走向反面，城市居民也因基础设施滞后而蒙受种种不便之苦，对政府产生不满和怨言，阻碍了经济发展。这已为国内外城市发展的实践所证明。

"均衡经济发展论"作为对"非均衡经济发展论"的回答，不少学者提出了"均衡经济论"或称为"社会、经济、生态协调"论。这一理论认为，城市是一个复杂的有机体，它是由社会系统、经济系统和生态系统构成，它们之间具有内在相关性和动态的制约性。这一特点要求城市发展过程中特别要注意社会系统、生态系统的同步建设，以保证城市经济发展有一个良好的社会环境和基础条件。这一理论强调指出，均衡经济发展模式是国内外城市发展的经验总结，更是我国城市发展应当记取的教训。几十年来，我国城市只注重经济发展，很不注重社会系统、生态系统的建设，即使经济建设也不注重经济结构的合理性和演进性。虽然这样做也取得了一定成就，但亦产生了城市经济发展后劲不足，城市问题令人头痛的后果。因此，不少学者认为，除了经济增长的目标之外，还应包括社会效果，生态效果。为了实现这一要求，城市政府在考虑经济发展计划时必须同时考虑社会发展计划和生态发展计划，并将这三者作为一个统一整体考虑。显然，均衡经济发展理论的提出，表明了我国城市经济理论正在日趋成熟和科学。诚然，这种理论要切实为政府部门所接受，限于目前经济发展中的困难，思想意识等因素，还需要作艰苦的努力，同时，如何增强这一理论的操作性，也需要作深入研究。

城市政府经济行为

这是近几年的一个热门话题。1990年就这个问题

展开了如下几方面的讨论:

(一) 关于城市政府经济行为角色。对计划商品经济条件下我国城市政府经济行为角色问题，理论界看法不尽一致。主要有两种意见。一种观点主张以西方发达国家城市政府经济角色作为参照系来考虑我国城市政府在社会生产活动中所扮演的角色，主要有三，社会经济管理者，其主要功能为：资源配置功能、所得分配功能、稳定社会生活功能；市场秩序维护者；企业扶持者和保护者。另一种观点认为，我国城市政府经济行为角色不仅应包括以上三个方面，而且其作用强度和范围，还应超过西方各国。这两种观点的根本分歧在于，要不要对企业进行必要的直接干预和管理。应该指出：不论何种社会制度下的城市政府在组织社会经济活动中的行为角色既有共性，亦有个性。在这个意义上说，我们在研究和设计我国城市政府经济行为角色时，既要认真地学习、吸收世界上一切国家的有用经验，同时又不能简单地照搬、仿效。这是因为我国与世界上其它国家在所有制结构、经济发展水平和市场发育程度等方面存在很大差异。总的说来，不直接干预和管理企业是城市政府经济行为的改革方面，但是在目前新旧经济体制转轨时期，这一职能宜逐渐“虚化”，其重点应放在研究城市政府如何以最大限度地解放生产力为出发点，对企业进行“适度”的干预和管理上。

(二) 关于城市政府经济行为非规范化问题。首先，理论界对近年来新旧经济体制交替过程中出现的城市政府经济行为非规范化问题的具体表现作了概括，主要有：1. 短期化行为，即急功近利，片面追求产值和增长速度，忽视社会、经济和生态协调发展。2. 随机行为，对社会经济发展常常缺乏科学预测和把握，在经济调控中无预先目标，往往采取被动式的后发性调节，且调节抉择的出发点更多是地方利益，调节方式也不是制度化的经济手段，而是表现为主观主义和行政手段；3. 企业化行为，即以传统方式，“越位”和“过网接球”，代替企业直接从事生产经营活动；4. 区域化行为，即搞地方封锁、“诸侯经济”等。

其次，对城市政府经济行为非规范化的原因作了分析，主要有如下几种看法：一种意见认为，城市政府行为的非规范化，是宏观导向产生的问题，如地区倾斜政策，扭曲的价格体制，以产值、利润为主体的考核方法等，必然促使城市政府经济行为短期化，产业结构趋同化。另一种意见认为，上级政府放权于城市过程中，没有事先划清事权以及相应的财权，缺乏规范城市政府行为的约束措施；再一种意见认为，城市政府现行的双重身份，即一级政府和经济实体，作为经济实体，加上财政包干体制，促使城市政府在利益的天平秤上更向利益主体、经济实体一头倾斜，其经济行为难免错序。这些观点都有一定的道理。但还应该看到，其之所以产生还有认识方面的原因，主要是，对改革中的城市政府经济行为的目标模式缺乏清醒的认识，在总体设计上缺乏一个科学的、质的规定，加上近几年来对改革中的城市政府经济行为调整缺乏足够的认识，而往往偏重于企业改革，没有在改革措施上将两者恰当地统一起来。

再次，对解决城市政府经济行为非规范化问题提出了不少有益的见解和建议：1. 城市政府应形成一种责权利相应的自我约束和调节机制，明确上级政府与城市政府之间的事权，在事权划分清楚的基础上逐步改革财政包干体制，最终实行分税制；2. 创造条件逐步实现“小政府、大企业”，对城市生产和居民生活正常进行所必要的基础设施应由上级政府划块负责提供，对城市长期健康发展具有决定作用的但无直接经济效益的项目，宜由上级政府提供，为城市长期健康发展提供必要空间；3. 建立一套行之有效的上级政府对城市政府的制衡机制：(1) 由上级政府规定城市调控权的基本内容、作用、方式和范围；(2) 上级政府应对城市调控过程中产生的不恰当或不协调行为进行必要的干预，目前应对城市产业结构调整提出指令性计划；(3) 中央政府通过各种调控手段对地方政府、城市政府的调控实行再调控。

城市财政体制改革

城市财政是城市社会经济发展的支柱。1990 年由于各城市财政资金需要与可能的矛盾十分尖锐，有关城市财政体制改革的问题亦成为城市经济理论界所关注的重要问题之一。

(一) 关于改革现行城市财政包干体制的认识。多数同志认为现行的城市财政包干体制，打破了长期来统收统支的局面，调动了城市聚财和节约资金的积极性，一定程度上适应了城市改革、开放、经济发展和建设的需要。但是，其不足亦日渐显露，一则因包干基数的确定缺乏科学依据，难免造成城市之间苦乐不均的现象；二则导致市场割据，地区封锁，削弱了宏观调控，产业结构日趋恶化。长期下去，全面经济会陷入恶性循环，必须改革。但也有少数学者认为，现行城市财政体制是对以往财政体制的一种积极否定，使城市财政开始成为名副其实的一级财政，分级财政体制已具备雏型，并通过增强城市调控能力改善了宏观调控机制。至于某些问题的出现并不是由现行城市财政体制引起的，而应归咎于具体操作上，更为重要的是，其问题的最终解决不是否定已有的分级体制方向，而是尽快实现向分级体制的最终过渡。其实，这两种认识在改革现有城市财政体制方面是一致的，差异在于对现行城市财政体制下某些经济现象的缘由分析存在认识上的不一致。

(二) 关于城市财政体制的改革方向。实行以分级预算为前提的、以收支平衡为目的的分税制是城市财政体制的改革方向。如果说，对此已达成共识的话，那么对于究竟实行什么样的分税制就可谓歧见纷呈了，概括起来主要有如下几种观点：1. 主张实行差别税制。具体而言，收大于支，上缴较少的城市拟实行分税制加差额分成；收不敷支、需财政补贴的城市，拟实行分税制加差额补贴。2. 主张实行分税分成制。其特点是将分成制和分税制的优点统一起来，主要表现在：既有分税，又有确定基数；既有实行分税制的大多数城市，亦不排斥少数城市实行其它体制；既有按税种划分，也按税率分享。此外也有主张分税包干制，分税分产制。应当说，这些设想丰富了城市财政体制改革的思想库，对于推进城市财政体制改革不乏借鉴意义。相比之下，第一种设想也许更接近实际，它比较科学地反映了各城市经济发展的不平衡性特点以及推行分税制须有一个渐进过程的客观要求。

(三) 关于区县财政体制的问题。它是城市财政体制的重要组成部分。改革城市财政体制，必然涉及到区县财政体制。区县财政体制改革往哪个方向发展？有三种可供选择的思路：1. 中央对城市实行分税制，市对区县也实行分税制；2. 中央对城市实行分税制，市对区县继续实行包干制；3. 中央对城市实行分税制，城市对区县实行两种不同的财政体制，鉴于县对市有较大独立性，以实行分税制为好，区则以包干制为好。从长远来说，相比之下，第一种设想是一种理想的目标模式，它使城市与区县之间的利益关系科学地建立在事权的划分基础上，从而有利于从利益机制上保证市、区县组织好本地区的社会经济活动。但限于目前国家对城市实行分税制尚在讨论中，还有许多政策性、技术性问题要研究，因此应首先试点，取得经验后再逐步推行。就目前而言，第二种设想和第三种设想较可行，也易为区、县接受。然而，就推进改革的要求来说，无论选择哪一种设想，目前应重视研究二个问题：划清事权关系，研究包干体制和分税制的衔接点，以便为推进区县财政体制改革作好前期准备。

(四) 关于建立街道财政问题，首先，提出了建立街道财政必要性。许多同志指出，街道是城市管理体系中的组成部分，改革开放以来，街道工作除了贯彻党的方针、政策以外，还承担了为经济建设创造良好的社会环境和提供优良服务的重要任务。这样，原来街道经费由区财政“统收统支”的体制已远远不相适应了，必须改革，宜建立街道财政。其次，对街道财政提出了若干有益的建议，1. 应遵循“统一领导、分级管理”的原则，鉴于目前街道不是一级政权机关，街道财政只能按其管理职能划给一定的财政收支范围和财政管理权限，包括预算调剂权和机动财力的使用权；2. 街道财政的指导思想是理顺区、街利益格局，增强街道发展经济、兴办公益事业的力量；3. 建立街道财政科和税务所。有的同志进一步探讨街道财政的发展趋势，其主要观点是，将“分税制”模式引入街道财政，采取必要措施逐步使街道财政纳入科学化、规范化和法制化的轨道，这些措施包括制定一整套街道财政管理办法，建立适合街道财政特点的预算制度、总会计制度和财政金库制度等。以上意见是值得有关部门参考的。应该指出，街道财政的提出，有利于从上到下形成完整的财政体系。但是，街道毕竟不是一级政权，不同于区县，独立性较小，因此不能简单地套用市区县财政体制，对其特征、聚财和用财的范围尚须作进一步研究。

此外，1990 年的城市经济理论的研究在其它方面也取得了重要进展。诸如，在城市化问题上，有的学者在前人研究的基础上，提出了城市化三大规律，即城市化进程阶段性规律，大城市超先增长规律，城市化与经济发展互促规律，丰富了城市化理论，为制订城市发展战略提供了重要依据；又如，在城市土地问题上，有的学者提出了城市土地制度创新三层次涵义见解，即有偿使用、商品流转及收益分配投入制度；再如，在城市住房制度改革方面，上海市提出了“推行公积金、提租发补贴、配房买债券”为内容的房改方案；再又如，有的学者就城市现代化的标志提出了三种类型，即发达的设施、足额的投资和高效的运转的见解。等等。

(作者工作单位：上海经济管理干部学院
城市经济研究所)

一九九〇年城市社会学研究概述

□ 柳中权

改革开放以来，特别是全面开展以城市为中心的经济体制改革以来，我国城市获得了勃勃生机，城市化、城市现代化步伐加快，正在改变着城市社会结构、居民家庭结构、生活方式和价值观念；与此同时，城市流动人口、社会犯罪等社会问题也日益突出出来，成为人们普遍关注的热点问题。1990年城市社会学研究，在上一年的基础上有了进一步发展，在全国主要报刊上发表的调查报告、论文170多篇，比较集中地讨论了改革开放中城乡混合型社区的发展与城市化，城市流动人口问题及其对策，城市现代化与家庭变迁，城市社会犯罪与城市社会控制等重大课题，力图从宏观与微观、定量研究与定性研究的结合上，开阔视野，在讨论中有所突破，为城市的深化改革、制定规划和政策，提供科学依据和咨询意见。现将研讨具体内容概述於下。

城乡混合型社区的发展与城市化

城乡混合型社区以惊人的速度发展，以及由此引起城乡关系的变化，是当代中国社会结构变迁中最重要的现象之一，也是80年代最引人注目的社会热点之一。

关于城乡混合型社区的概念及其主要特征。概念的选择，由于社会学工作者研究视角和方法的不尽相同，尚无一致意见。有的学者把它界定为“中介社区”；有的则称为“城乡边缘社区”。它是指介于农村与城市之间同时兼有两者的一些要素的社区，主要指小城镇，即县镇、其它建制镇和乡镇。也包括一些分布于大城市周边的“超级”村庄，其工业人口（完全脱离农业的人口以及逐渐聚集的外来人口），工业总产值含量大大超过本村农业人口和农业总产值，并逐步形成为工业产品或出口工业品和创汇农产品的生产基地，以及信息，物资的交换市场。是正在形成的以工业品生产为主的、具有较复杂的组织形式的新型城镇的雏型。由于我国城乡之间存在着明显的二元结构，农村与城市社区有着质的不同，城乡混合型社区就是这两类不同性质的社区的交汇点，按其结合的方式、强度、功能等不同，又可分为城郊社区和小城镇社区。一个地区的城乡混合型社区的形成、繁荣和发展，总是同社会历史的、经济地理以及人文环境的变迁诸因素相关。因此，这类社区具有类型多样、各具特色的特征。城乡混合型社区的共同特征是：社区异质性强，不同类型的社区要素（包括人口构成、经济结构、组织体系、生活方式、观念形态、文化心理结构）相互作用，相互渗透，相互重叠；社区要素流动性大，更新快，某些功能较强；这些较强的功能可能是双（多）方优势的结合，也可能是双（多）方劣势的迭加；多重行为模式、多重价值观念、多重规范准则并存，社区失范现象严重，冲突较多，竞争激烈；社区功能、社区边界可变性大，易受交通、流通、政策等因素变化的影响。

从总体上看，城乡混合型社区的迅猛发展，是以乡镇企业为基础的农村社区与城市社区同时分化的结果。其发展的特定条件是：1. 改革前城乡二元结构加之工农业产品价格的剪刀差，使农民实际面临着“无工不富”、“无商不活”的形势，因此由于实行家庭联产承包制而从农业中释放出来的农业人口，立即把目光投向工业和商业。由于现阶段我国的农业生产力水平普遍较低，家庭经营仍是农村的主要经营形式，农民的恋土心理以及兼业化和“钟摆式”生活方式等在短期内还难以改变等因素，因而城乡混合型社区就成为现阶段我国农村城镇化的一个最现实的选择；2. 在小城镇有一定发展的基础上，国家制定一些促进小城镇发展的政策，如增加建制镇的数量、放宽对农民进镇落户的限制、鼓励城市企业与乡镇企业联营、鼓励城市先进的科技下乡以及相应的财税制度和建设规划，促进了城乡混合型社区的进一步发展；3. 中国乡镇企业历来是在市场中成长的，它对市场经济有天然的适应性。这也正是它的相对优势所在。

城乡混合型社区的整合。改革开放以来，城乡混合型社区的发展使得原来的城乡二元结构中，出现一些新的要素，从而在原有的城乡整合关系中引入了新的机制。它同城市建立了经常性联系，改变了原来城乡间相对隔离状况，在原有城乡社会差异序列中楔入一个中间层次，成为城乡间可能发生社会冲突的“缓冲地带”。其整合机制，不仅自身与农村和城市发生互动关系，而且还在城乡之间建立了直接的新型互助关系。有些沿海开放地区的小城镇，已成为沿海农村联结国际市场的跳板。从小城镇与农村的互动关系加以考察：1. 小城镇吸引了绝大部分向非农生产领域转移的农村人口，培育了“离土不离乡”和离土也离乡的“农民工”这一新群体。2. 城乡混合型社区的工业收入提高了农村劳动力的价格，从而使得对现代化程度较高的农业生产需求（如化肥、农药、农机和农牧渔业新技术）成为一种有效需求。3. 城乡混合型社区利用从乡镇企业的税后利润中提取的“以工补农”和“社会公益事业”费用，为改善农业生产条件，提高农业现代化水平，从而也为农业的规模经营创造了条件。从1979年以来，10年间，全国乡镇企业用于补农兴农的投入估计在1000亿元以上。4. 城乡混合型社区为农民创造了一种“准工业文化”，使农民的生活方式、思维方式和价值观念等方面都在朝着现代化的方向演变。

从城乡混合型社区与城市的互动关系加以考察：1. 乡镇企业一开始就在市场的轨道上发展，打破了在计划体制中运行的城市工业的一统天下，客观上造成了乡镇企业同城市企业竞争的格局，从而刺激了城市的经济改革。2. 在乡镇企业与城市企业的联营或联合中，前者的廉价劳动力、土地以及灵活的经营管理方式与后者的技术、管理、销售渠道和“龙头”产品相结合，使城市企业降低了成本、提高了效益、增强了竞争力。3. 乡镇企业大多从事劳动密集型生产，客观上为城市企业向高技术产业转移提供了契机。4. 乡镇企业可以消化大量农村剩余劳动力，减轻了城市的社会压力和人口负担。

从城乡混合型社区在城乡间建立起的新型互动关系加以考察，它已经成为联结城乡关系的纽带和桥梁，一大批开放式小城镇模式的形成，不仅成为城市先进科技下乡、城市工业品向农村扩散的基地和通道，而且也是城市生产方式和生活方式向农村辐射传播的中转站。因此，城乡混合型社区的发展无疑为中国的城市化和现代化开辟了一条新道路：它通过发展乡镇、村办企业而产生出来的与城市社区的内在经济联系，和与农村社区的“脐带关系”及“反哺关系”，一方面促进了农业生产的规模经营，为农村人口从农业生产中分化出来创造了重要条件，另一方面加速了小城镇人口聚集和资金的集中，为城乡混合型社区向城市社区转化创造了条件。因而，发展乡镇企业是中国农村走向城市化的重要契机，而城乡混合型社区具有的“以工补农”、“以工兴农”的功能，则使它与以往的城市自身发展截然不同。

学者们在研究中也揭示了城乡混合型社区在发展中所暴露出的薄弱环节和问题：1. 小城镇为农民提供了新的就业机会，使农民的轻农意识有所抬头，有些地方出现了土地撂荒和可耕地被乱占滥用和不肯向农业投入等情况，一定程度地导致了农业基础不稳固；2. 有些乡镇企业在低水平上重复上马，造成了资金和资源的浪费；3. 城乡混合型社区发展的初始阶段，带有一定的自发性、盲目性，因而在开发建设中暴露出许多弱点和问题，诸如道路、给排水、环境卫生等设施普遍较差。据全国5000个小城镇统计，有半数以上的小城镇无自来水设施。矿区、新兴工业型社区环境污染严重。乡镇工业企业“农民工”、女工劳动保护等规章制度不健全，工伤事故时有发生；4. 社区异质性强，人口流动性大，多重规范并存，外在控制机制弱。“小富即安”的小农经济意识、封建宗法观念残余、经济上的短期行为、人情风、赌博风、结婚讲阔气、盖房追求“新潮”成为一部分城郊富裕社区的“文化贫弱症”、“富贵病”。

城市流动人口问题及其对策

随着城乡经济、社会交往不断扩大，我国人口的流动空前活跃起来，参与流动的人口总量和活动的范围均达到前所未有的程度，成为80年代华夏大地最引人注目的社会问题之一。大城市、特别是沿海开放城市以及城乡结合部，成为流动人口聚集的热点。“民工潮”高峰迭起，促进了城乡社会结构的变动，加快了城市化的步伐，也使原有的城市社会管理体系猝不及防。如何兴利除弊，推动城市改革深化，加强对流动人口的控制与管理，就成为90年代城市经济社会协调发展的紧迫任务。

城市流动人口急剧增长及其原因。据北京、天津、上海、广州、武汉、沈阳、西安、重庆8大城市1988年统计，流动人口日平均规模合计为600万人。由于流动人口的膨胀，使这些城市容纳的人口超出常住人口总和的10%，达到7400万人。上海是8大城市流动人口最多的城市，1988年为140.8万人，依次是广州（117万人）、北京（111.9万人）、天津（110万人）、西安（50万人）、沈阳（50万人）、武汉（30万人）。1984年以后，各城市流动人口增长速度大大加快。1984年到1988年北京等5大城市流动人口增长幅度分别为：北京48%、天津2.7倍、上海1倍、广州1.3倍、沈阳2.5倍。短短几年内流动人口迅速形成为一个庞大的、构成复杂的群体，成为大城市人口变动中最活跃的部分。城市流动人口主要特征，有的学者概括为：1. 位移度较大。主要表现为流动距离长、活动范围广，出行频率高；2. 稳定性较小。因其性质和作用不同，其成员变动较频繁，随意性大；3. 流动人口分布与城市人口分布密度成正比例关系；4. 流动人口的主体是来自农村的男性、劳动适龄人口；5. 流动人口中从事各种经济活动的人口占主要地位。促成流动人口急剧增长的原因，有人认为，是经济过热，投资和消费膨胀的必然结果。有人则认为，商品经济迅速发展、城市功能的变化、农村剩余劳动力的转移、城乡比较利益的差别、用工制度的变革和劳务市场的形成，打破了地区的经济封锁和城市的封闭状态，是导致人口大量涌向城市的主要原因。有的学者还认为，由于农村大量剩余劳动力需要转移，而大城市基建投资急剧增长、劳动力需求过旺，加之政府有关政策放宽和松动，成为流动人口剧增的直接诱因，而城市产业结构的调整、劳动力结构偏“重”，则为流动人口进城从事经营和劳务活动提供了多方面的机会。

流动人口对城市经济社会的影响。流动人口对城市经济发展、市场繁荣、方便市民生活，促进城市建设，沟通城市与城市、城市与农村的经济、文化、科技交流起到了积极作用。同时，也不容忽视，由于流动人口急剧膨胀，使得原有的基础设施、管理工作受到很大冲击，从而出现一些突出的社会问题：1. 流动人口迅速增长，使城市内外交通紧张、住房困难、环境污染、水电资源紧缺、粮食副食品供应等问题进一步加剧；2. 大规模的流动人口，使城市社会结构更加复杂化，违法犯罪率上升，嫖娼卖淫、走私偷漏税、非法经营和境外犯罪团伙潜入案件增多，严重地扰乱城市的社会秩序；3. 流动人口中已婚育龄妇女的超生比例很大，给城市计划生育工作造成新的困扰。

加强对流动人口的管理和控制。随着城市改革开放日益深入，人口流动在我国已成为不可阻挡的潮头。地域广阔，人口众多，经济发展不平衡，为人口流动提供了客观条件。流动的趋向，总是沿着从乡村向城市，从内地向沿海，从贫困地区向富庶地区的方向发展。但其流动的速度常常受到政治、经济以及政策等多种因素的制约，呈现出时急时缓、时高时低的态势。流动人口问题，就其实质是管理问题，是一项极其复杂的社会系统工程。不少专家学者就加强城市流动人口管理和控制提出对策和建议：1. 从总体上调整城市结构，完善城镇体系，促进流动人口向中小城市、特别是小城镇分流，以缓解对大城市的冲击和压力。2. 成立专门机构，加强统一领导，协调动作，齐抓共管，综合治理。形成一个严密的三级管理网络，制定相应的法规和制度，及时掌握流动人口构成及走向等动态信息，提高科学管理水平。3. 建立和完善城市劳务市场，城市规划、劳动、工商等职能部门，以流动人口适度规模为依据，同一定时期城市基础设施容量、劳动力需求紧密结合，编制用工计划，减少盲目性，强化计划指导，以促进有组织有计划的劳务市场的形成和发育。4. 把流动人口的计划生育纳入常住人口计划生育的目标管理轨道，等等。

城市现代化与家庭变迁

随着城市现代化水平的不断提高，我国城市家庭规模、成员间相互关系及其角色地位、家庭功能都在发生急剧的变迁。现阶段，城市家庭的总趋势是向小型化发展，一对夫妻及其未婚子女所组成的核心家庭占绝对优势，但主干家庭仍保持相当比重。与西方小家庭截然不同，我国城市家庭是由各自独立的小家庭所构成的家庭网络，在生活扶助、精神慰藉等方面起着重要作用，血缘亲情仍然很牢固。同传统家庭也不同，既不同居同财，也不置于封建家长制之下，主要体现在日常生活中的频繁交往和相互援助。据城市居民家庭抽样调查资料显示，与分居的父母和兄弟姐妹家庭间交往频率，以每周见一次面以上者居多；交往方式以逢年过节亲人团聚、长辈晚辈生日祝贺、节假日扶老携幼一日游、患病扶持和工作及生意上的互助互济等形式居多。由此，可见中国城市家庭极少出现西方小家庭的孤独感。这是我国家庭制度的一大优点。然而，与此相关的是，有些家庭把落后的宗法观念、家庭网络带进了社会政治、经济生活领域，成为阻碍社会前进的东西，这又是令人忧虑和必须反对的。主干家庭在城市中稳步增长受多种因素的制约，多是赡老养老之必需，也有经济上的原因。有些年轻人成家立业后，经济收入较低，需要老人的帮助，仍然同父母生活在一起。独生子女政策的推行，形成4：2：1的代际关系，“独苗”受宠，老小关系融洽，独生子女婚后，需要老人从经济、日常生活和抚育第三代等方面给予帮助，因此他们多半是同一方的父母生活在一起。但与过去相比，我国的主干家庭内部也出现了一些实质性的变化，如在一些主干家庭内部往往实行经济上的相对分开，或经济的民主管理，不再是过去由户主（家长）说了算的一体化经济管理，这是我国家庭制度的一个进步。因此，现阶段我国城市家庭结构的状况，既表现出经济发展后家庭生活的民主氛围，又表现出我国家庭继承中华民族传统的血缘亲情，这些都是应当充分肯定的。

城市家庭功能的转换。不少社会学工作者认为，今天的家庭功能正从传统的生育、生产、生活等基本功能向多内容、高层次发展，如越来越多的城市家庭开始重视家庭成员的科学文化教育和审美情趣的培养以及情感满意的实现，这对提高人的素质有着积极的作用，同时也是改革开放后社会主义精神文明建设的重要成果之一。有的学者认为，我国现阶段城市家庭正经历着一场转换功能的过渡，从昔日“经济共同体”、“生育合作社”式的社会组织过渡到以满足家庭成员感情需要为主的“心理——文化群体”；家庭的基本轴心正在从血缘关系即父母——子女关系转向姻缘关系即夫妇关系。因此，夫妇本身的精神文化因素和心理情感因素在决定婚姻美满和家庭存亡问题上所起的作用大大提高。

妇女就业是城市家庭变迁的最重要因素之一。不少学者认为，当代中国，妇女就业从一开始便是以国家经济建设和妇女解放双重目标出现的，因此，她们走上社会的过程不同于西方发达国家城市妇女。中国城市妇女就业是一个难以逆转的制度化过程。1987年抽样调查结果表明，我国城镇在业妇女已占15岁及15岁以上女性人口总数的69.23%，居发展中国家之首，在世界各国中也居前列。受到这一因素的深刻影响，我国城市家庭较之从前出现了明显变化。如，家庭供养职责由男性承担变为两性共同承担；由于电冰箱、洗衣机、电视机等家用电器的普及，家庭成员共同投入的家务劳动量有所减轻，但现代城市人更重视生活素质的提高和新的交往效益、闲暇价值；由于女职工全日参加社会劳动，子女教育问题突出了。特别是子女学龄前的抚养需要母亲付出更多的精力，这一时期母亲同职业角色的冲突更为明显。妇女角色变化引起的冲突，由社会转向家庭，使家庭不堪重负。在家庭中随着主妇地位的提高而出现的“气管炎”（妻管严）现象，在社会能力竞争中出现的“阴盛阳衰”现象，在很大程度上都同妇女走上社会，增大交往，获得社会角色有关。

老年人是影响家庭变迁的重要变量。有的学者认为，随着城市老龄化趋势的发展，以老人在现代社会中角色地位的变化，使之成为影响家庭变迁的主要因素之一。对老人说来，时代赋予现代城市家庭应具有两大功能：一是从物质上、更多的是从精神上理解、扶助和慰藉的功能。二是防卫的功能，老人企盼从家庭中得到保护和获得安全感，来抵御生活紧张事件造成的一切压力。如何满足老人的这些需求，以及满足的程度，将直接影响我国城市未来家庭的走向。与此同时，家庭成员特别是晚辈对老人也提出了新的要求和期望，尤是在代际间价值观念、生活情趣距离逐渐拉大的情况下，如何调适代际关系，也将影响家庭结构的变迁。

城市社会犯罪与城市社会控制

在当今世界，不管是发达国家还是发展中国家，在城市化、城市现代化初期，伴随着社会结构急剧变迁必然出现社会犯罪率踞高不下以及其他犯罪指标剧烈变化等情况。我国改革开放以来，是城市社会结构发生急剧变动的时期。社会变迁急剧与突出的问题，是城市犯罪增长的基本原因：1. 人口城市化速度加快，人口迁移呈逐年增长趋势。人、财、物流陡然增大，“民工潮”所形成的强大冲击波，以及待业人口和闲散人员的存在，这些是构成城市刑事犯罪增多的外部条件；2. 城市阶层分化加剧，与之相适应的政策法规不配套，分化与整合错位现象大量存在；3. 城市空间结构日趋开放，社会文化传播呈现多元化，歌舞厅、夜总会、酒吧间、电视和录相等新的传播渠道十分活跃，成为市民文化生活的一部分，也带进一些腐朽思想和生活方式。大批城市居民迁入高层建筑群的住宅小区，传统的低层建筑文化圈被冲破，而新的高层住宅人文环境和文化氛围又很难在短时间建立起来，由此而带来的文化心理失衡普遍存在，特别是对青少年和老人。在城市文化结构性变迁中，充满了新与旧、传统与现代、本土文化与外来文化的矛盾、冲突，而价值的多元化与相互冲突既可减弱社会的外在控制，也可以减弱市民的内在控制。这种意识形态中的无序状态与非平衡因素，也将在犯罪问题上产生消极影响；4. 城市现代化过程在一定意义上是一个利益分配的调整过程，它既是对既得利益的再分配，同时也导致了一些分配方式的变革。客观上存在着人们生活富裕程度上的差别和分配不公，由此而引起的若干人际矛盾冲突日益突出，因此由于利益冲突而引发的社会犯罪增多，等等。

城市社会犯罪现状及发展趋势。有的学者认为，我国城市犯罪呈如下趋势：1. 由指向人身犯罪朝指向财产犯罪的转移。以1986年为例，全国城市明显以财产为目的的犯罪占犯罪总数的70%以上。2. 违法犯罪现象的普遍化、公开化。从犯罪社会学进行分析，不仅包含了那些为刑法所规定而在实际上未被追究的行为，甚至包含了那些更为广泛意义的属犯罪或是与犯罪有关的行为。3. 青少年犯罪和犯罪的低龄化。也有人认为，我国城市犯罪呈现出6大趋势：1. 流动化（指流窜犯罪增多，沿海城市达40%以上，一般城市所占比例也在10%以上）；2. 低龄化（指犯罪主体的低龄化趋势，在青少年犯罪中，13岁——17岁未成年人犯罪比例呈上升态势）；3. 智能化（指作案手段的技术化）；4. 暴力化（指劫机外逃、持枪杀人、强抢等暴力犯罪的增多）；5. 集团化；6. 系列化（指罪犯反复采用同一手段，在不同地点作案。如系列盗窃、系列淫乱、系列诈骗、系列伤害等）。

强化城市现代化进程中社会控制的对策研究。有的学者认为，我国的“综合治理”方针，为世界范围的预防犯罪做出了贡献。然而，近年来城市犯罪有增无减，究其原因，除了“综合治理”并未完全按设计的那样实施外，最主要的在于城市改革的推进，已使“综合治理”的实施逐渐失去了原来的基础。原来的综合治理方案要求社会处于相对静态，一切社会组织和个人都纳入可以统一指挥、一致行动的行政管理体系之中，包括企业在内相当多的行为可以不计成本。而改革开放使企业事业单位有了各自利益，一些社会组织和个人的行为已游离于可以统一指挥的范围之外。因此，城市改革开放的不断深入，客观地要求对原有的社会控制体系（包括“综合治理”）进行改革和完善，甚至是重新建构。有些学者建议从以下几个方面加强城市社会控制体系的建设：1. 重建新型的社会主义道德规范体系，形成城市居民良好的内在控制机制。2. 进一步完善和强化城市法律体系，增强城市的外在控制功能。3. 加强组织纪律，形成社会组织内部的层级结构控制机制。4. 加强城市社区组织的建设，形成社区控制网络。

（作者工作单位：大连理工大学社会科学系）

一九九〇年中国城市会议情况简介

全国城市综合开发工作座谈会

1月7—10日，由建设部主持召开的全国城市综合开发工作座谈会在杭州市举行。全国直辖市、计划单列市及国家有关部门共50多位代表参加会议。会议讨论的主要问题有：1. 充分认识城市综合开发的重要意义和存在的主要问题。目前存在综合开发公司发展过快、城市商品房屋建设摊子铺得过大、小区开发建设质量不高、管理体制不顺和机构不健全等主要问题。2. 城市综合开发面临：压缩固定资产投资规模后任务不足、开发资金短缺、商品房销售量下降。3. 今后一个时期城市综合开发工作的任务，主要是提高综合开发率、质量和队伍素质，从“以量取胜”过渡到“以水平取胜、以质量取胜”的新的发展阶段。

第二届外国城市问题研讨会

1月9—13日，由全国城市规划学术委员会外国城市研究学会主办的第二届外国城市问题研讨会在哈尔滨市召开。全国17个城市的城市规划、城市建设、城市管理工作者和地理学、社会科学的各界代表共70多人参加了会议，收到论文25篇。会议的主要议题有：1. 苏联东欧国家城市规划、建设、管理的理论与实践，包括苏联城市聚集区的现状与问题，苏联旧城改造和环境保护问题，苏联区域规划理论及苏联城市管理理论等。2. 中外城市的比较研究。3. 社会主义计划经济条件下的城市规划、建设和管理机制特点。4. 关于“过度城市化”和“城镇发展膨胀”问题。

城市建设拆迁管理研讨会

3月15—19日，由乐山市、《城市开发》杂志社、峨眉山市和乐山市城建管理科学研究所共同主办的城市建设拆迁管理研讨会在乐山市召开。会议研讨的主要问题有：1. 城市建设拆迁管理工作在城市管理工作中的地位和作用。2. 城市建设拆迁管理应遵循的基本原则。3. 对实际工作中创造的行之有效的拆迁管理方法的理论性论证。4. 城市土地有偿使用与城市建设拆迁的关系，拆迁管理体制与国家经济体制的关系，拆迁工作与城市规划管理、建设管理、使用管理的关系。5. 城市政府管理拆迁的原则、内容、手段和机构。6. 拆迁执行单位实施拆迁的方式、方法和应遵循的原则。

全国第六次城市精神文明建设理论讨论会

3月底，在广州市召开。全国40个城市的150多位代表参加会议，会议收到论文100多篇。会议的重点议题有：1. 总结10年来城市精神文明建设的成就和问题。2. 研究在社会主义改革开放、发展有计划的商品经济条件下，如何加强精神文明建设的对策。3. 探讨如何全面改善和提高社会主义公民及全民族的素质。4. 如何解决“一手软，一手硬”的问题。

城市目标管理和宏观调控理论与实践研讨会

6月13—16日，由武汉市目标管理办公室和《学习与实践》杂志社联合主办的城市目标管理和宏观调控理论与实践研讨会在武汉市召开。河南省、山西省、成都市等省市和国家有关部门以及中山大学的代表参加了会议。会议讨论的主要问题有：1. 实行目标管理是城市政府加强宏观调控机制的一种自发性的选择。2. 城市目标管理在宏观调控中的地位和作用。3. 城市实行目标管理加强宏观调控应注意的几个问题。目前，全国已有100多个城市实行目标管理。

全国城市生态经济规划与资源合理利用问题研讨会

7月17—23日，由中国城市生态经济研究会、伊春市人民政府和《中国城市经济社会年鉴》编辑部联合主办的全国城市生态经济规划与资源合理利用问题研讨会在黑龙江省伊春市召开。全国33个城市的代表以及专家学者共155人参加了会议。会议的主要议题有：1. 关于城市生态经济规划的理论与实践问题，以及制定城市生态经济规划的原则、方法和实施与管理。2. 关于资源的合理利用问题。

第四届全国小城市经济社会问题研讨会

8月28日—9月1日，由全国小城市发展促进会、广元市政府和《中国城市经济社会年鉴》编辑部联合组织的第四届全国小城市经济社会问题研讨会在广元市召开。全国72个城市和20个科研、新闻单位共325名代表参加了会议。会议以城市经济建设为中心，深入探讨了小城市发展的有关问题。讨论的主要问题有：1. 小城市的科技进步与调整产品结构。2. 小城市深化改革和优化企业组织结构。3. 小城市经济面向市场和加强横向经济联合与协作。4. 关于小城市的建设与经济发展问题。5. 小城市的城市管理和政府职能。代表们一致认为，小城市要摆脱当前的经济困境，求得发展的根本出路在于：一方面利用治理整顿取得成效的有利时机，狠抓科技进步，积极进行产业结构和产品结构的调整；另一方面是进一步增强改革意识，加大改革份量，推动各项改革的进程，以改革促稳定、求发展。

城镇房地产市场理论研讨会

9 月 4—7 日，由中国城市住宅问题研究会房地产经济学术委员会主办的城镇房地产市场理论研讨会在哈尔滨市召开。18 个城市的 40 名代表参加了会议，收到论文 30 篇。与会者讨论的主要问题有：1. 对当前城市房地产市场的认识。2. 我国城镇房地产市场的特征和市场管理的中心任务。3. 城镇房地产的计划管理与市场调节如何结合问题。4. 当前房地产市场存在的问题和向主管部门的建议。

全国计划单列市、直辖市公用局长第三次会议

9 月 9—12 日，在青岛市召开。会议代表一致认为，尽管城市公用事业近年来有较大的发展，但因种种困境难以摆脱，主要矛盾更加突出，其中最重要的有：1. 城市公用事业的低收费福利价格迟迟不动，公用企业靠政府补贴维持生存的局面，严重制约着公用事业的发展和社会效益的提高。2. 由于某些政府部门存在的职能交叉、关系不顺，造成公用事业管理职能不能正常发挥，如水资源管理、客运交通管理等。3. 公用事业的法制建设薄弱，给行业管理带来困难。

中国城市住宅问题研究会住宅建设学术委员会第四次会议

9 月 10—13 日，在银川市召开。学术委员及代表共 35 人参加了会议，收到论文 25 篇。会议讨论的主要问题有：1. 住宅建设必须从我国的实际情况出发，新建住宅应努力做到功能完备，舒适方便，造型多样，适应居民的经济承受能力。2. 关于城市旧区改造问题，是一项很复杂的系统工程，应遵循“加强维护，合理利用，适当调整，逐步改造”的原则，统一规划，有计划地逐步实施。3. 提高住宅建设的功能，合理利用土地，重视住宅的平面布置，有效利用室内空间，提高小区配套设施的效益，做到住宅的类型多，灵活性大，具有最大限度的市场适应性。

城市建设政策研讨会

9 月 19—24 日，由建设部政策研究中心主办的城市建设政策研讨会在济南市召开。全国 34 个城市共 50 多名代表参加会议。会上收到论文 30 篇。会议讨论的主要问题有：1. 城市建设的指导思想。2. 城建资金的筹备。3. 城市综合开发。会上，成立了全国城市建设政策研究信息网，并按行政大区成立了六个分网。

四旅游城市市长座谈会

10 月中旬，桂林、西安、杭州、苏州四旅游城市第四次市长座谈会在苏州市召开。会议的中心议题是：发展旅游，扩大开放，再上新台阶。四城市市长吁请国家继续给予重点扶持，尽快改变旅游风景城市基础设施不能适应旅游发展需要的状况。

全国县级市科技兴市研讨会

10 月 8—10 日，全国县级市科技兴市研讨会在张家港市召开。会议由国家科委政策法规司和张家港市人民政府联合主办，140 多名代表参加了会议。会议的主要议题是：总结县级市科技兴市的经验，探讨发展态势、总体战略和运行机制等理论与实践问题。

中国房协城市开发专业委员会第二次大会

10 月 14—17 日，中国房协城市开发专业委员会第二次大会在镇江市召开，51 名会员参加会议。会议总结了城市开发专业委员会自 1988 年成立以来的工作，评选出了房地产开发先进企业和优秀经理，通过了《中国房协城市开发专业委员会工作条例》。会员们认为，城市房屋综合开发取得了巨大的成绩，中央十分重视解决群众住房问题，房屋综合开发将从暂时困难的局面向好的形势转变。

城市建设开发公司经理联谊会

10 月 24—27 日，城市建设开发公司经理联谊会在重庆市召开。北京、上海、天津、广州、武汉、沈阳、大连、南京、杭州、西安、银川、成都、重庆市的城市建设开发公司经理及《城市开发》杂志社的代表参加了会议。与会者就城建开发企业如何搞活经营，渡过难关，求生存，求发展，搞好自身建设，提高管理水平的议题进行了重点讨论，代表们一致认为，城建开发企业应该积极大胆探索，自我保护，自我发展，努力促进城市建设开发事业的发展。

中国城市住宅问题研究会年会

10 月 27 日，中国城市住宅问题研究会年会在西安市召开。150 多名会员单位的代表参加会议。会议的主要议题是：1. 汇报和商讨研究会的工作。2. 交流各地房改经验。3. 研讨房改，提出对策和建议。会议代表认为，当前形势对房改有利，应抓住这一时机推进全国

城市房改。

第三届全国中等城市科技兴市战略研讨会

11 月 8—11 日，第三届全国中等城市科技兴市战略研讨会在绵阳市召开。会议由国家科委政策法规司和绵阳市人民政府主办，全国 27 个省、市、自治区的 92 个城市的代表及专家学者和新闻工作者共 352 人参加了会议。会议收到论文 200 篇，评选出一等奖 5 篇，二等奖 15 篇，三等奖 27 篇。会议的中心议题是：坚持党的“一个中心，两个基本点”，总结交流各地科技兴市的经验，探讨在治理整顿、深化改革的形势下科技兴市的理论与实践，进一步明确科技兴市的主要任务和发展方向，把科技兴市推向深入发展。与会代表一致认为，提高各级领导的科技意识，全方位筹集资金，增加对科技的投入，充分发挥科委的综合职能作用，进一步推动科技兴市。

城市发展与环境问题研讨会

12 月上旬，由邯郸市社会科学研究所发起和组织的城市发展与环境问题研讨会在河北省邯郸市召开，50 多名代表参加了会议。会议的主要议题是：城市发展与环境概念的重新界定；城市发展与经济环境的关系以及如何改善环境。与会代表认为，改革环境是指经济体制改革的活动过程所涉及、作用和影响到的空间范围、时间范围、对象范围以及它们之间相互作用所必需的客观环境和条件，分为大环境和小环境。为推动城市经济发展，需从三个方面为深化改革创造环境：1. 区域性政策环境；2. 区域性舆论环境；3. 区域性心态环境。会议还就城市发展与自然环境、景观环境、文化环境、公共关系环境、心理环境、学术环境和舆论环境的关系等问题进行了广泛的讨论。

中国城市规划学会年会

12 月 12 日，在四川省什邡县召开。会议以“抓紧时机，总结反思，运筹未来”为题开展了学术讨论。会议征集入选论文 42 篇。学会理事长吴良镛在会上作了“加强城市学术研究，提高规划设计水平”的专题报告，提出了在现阶段城市规划界应对“城镇密集地区的空间发展对策”和“城市设计”两大课题进行超前研究，以推动城市规划事业的发展。

（车家发）

中国城市风光

1 **1.北京市**国际奥林匹克中心 高 风摄

2 **2.天津市**仿古园林燕园望櫓亭 李昌元摄

4

5

3.石家庄市西柏坡纪念馆　　市政府供稿

4.邯郸市火车站　　刘祺云摄

5.张家口市供电调度大楼　　李耀光摄

6　　**6.唐山市**抗震救灾纪念碑　　周力平摄　　7

7.沧州市电信大楼　　刘绍行摄

8.廊坊市京、津、塘高速公路　　田金良摄　　8

9

10

11

9.衡水市衡水湖——渔舟唱晚

冯真华摄

10.大同市新建的大同火车站

新　建摄

11.阳泉市阳泉体育馆

张　瑞摄

12

12.长治市长治宾馆　　李福尧摄

13.晋城市植物园　　刘效勉摄

14.侯马市全国文明市场——新田市场一角　　袁世俊摄

13

14

15

16

15.包头市包头车站

晓　光摄

16.乌海市在沙漠建起的新兴煤城——乌海市街景一角

陈峻山摄

17.集宁市民建路街景　赵志民摄

17

18

19

20

18.二连浩特市国门夜色　　张春环摄

19.霍州市鼓楼　　市政府供稿

20.扎兰屯市“天一方市场”一瞥　　市政府供稿

21

22

23

21.东胜市新落成的东胜汽车站　　　　**王　恒摄**

22.乌兰浩特市爱国住宅小区一角

连洛元摄

23.沈阳市辽宁体育馆

市政府供稿

24

25

26

24.抚顺市依山傍水的元帅林

市政府供稿

25.鞍山市千山龙泉秋色

张文效摄

26.丹东市新建的环球大厦

市政府供稿

27

28

29

27.锦西市劳动大厦夜景

金汉斌摄

28.盘锦市街景

刘金常摄

29.阜新市海棠山摩崖佛像群

李树印摄

30

31

30.铁法市正在建设中的新区

市政府供稿

31.海城市群雕《友谊颂》

金树义摄

32.四平市山门风景区

刘兴凯摄

32

33

34

33.辽源市市区一瞥

邵良明摄

34.浑江市中房浑江公司承建的住宅小区一瞥

裴文章摄

35.梅河口市仿古一条街

王宏伟摄

35

36

37

38

36.白城市新建的中兴大路

市政府供稿

37.哈尔滨市太阳岛一角

郑学清摄

38.齐齐哈尔市中心广场

于　强摄

39

40

41

39.伊春市北山公园

李景才摄

40.牡丹江市——夏日江畔

温明书摄

41.佳木斯市长安路一瞥

市政府供稿

42

43

42.七台河市夜景　　夏景华摄

43.绥化市市标　　朱学州摄

44.安达市正阳街街景　　高　顺摄

44

45

46

45.上海市繁忙的上海港

刘定传摄

46.南京市金陵饭店

杨少军摄

47.徐州市市区一角

徐瑞吉摄

47

48

49

48.连云港市龙河广场一角

赵　鸣摄

49.高邮市古文游台(宋代)

张之奇摄

50.常州市骏马雕塑——开拓奋进

耿荣兴摄

50

51

52

51.泰州市东河风景区一隅

孔令挥摄

52.淮安市古运河畔帆影楼

杨大生摄

53.昆山市市委、市政府大门

市政府供稿

53

54.杭州市杭城远眺　　一　波摄

55.宁波市天一阁藏书楼东园　　宋兴国摄

56.嘉兴市市区新貌　　徐　照摄

54

55

56

57

58

59

57.温州市社会筹资改造四城

孙守庄摄

58.湖州市人民公园一角

姜敏达摄

59.绍兴市大禹陵雪景

陈 晓摄

60

60.舟山市文化广场夜景

市政府供稿

61.海宁市市区海昌路一瞥

钱雪军摄

62.慈溪市市区鸟瞰

市政府供搞

61

62

63

64

65

63.椒江市鸟瞰　　金立新摄

64.临海市市区街景一角　　王　明摄

65.黄岩市黄岩大厦　　金仁贵摄

66

67

66.丽水市东西岩风光　　林招松摄

67.合肥市城隍庙商场　　丁之才摄

68.淮北市淮北矿务局临涣选煤厂外景　　姜　炎摄

68

69

70

69.铜陵市广播电视台一景

张云飞摄

70.安庆市老城改造中改建的“龙山路”

市政府供稿

71.黄山市——新安江上珍珠岛

黄祖惠摄

71

73

72.漳州市市区鸟瞰

沈　彧摄

73.南平市山城远眺

市政府供稿

74.南昌市百花洲

陈电子摄

74

75

75.景德镇市国际陶瓷节“火的艺术”之夜　　林　杰摄

76.萍乡市市府大楼　　王建民摄

77.九江市浔阳江头琵琶亭　　周启威摄

76

77

78. 鹰潭市市区一角——宽敞整洁的交通路

杨一迟摄

79. 宜春市劳动就业培训大楼

何德谋摄

80. 吉安市工商银行大厦

市政府供稿

78

79

80

81

81.济南市燕子山实验住宅小区一瞥　　高　志摄

82.日照市世界汉字之最——日照　　市政府供稿

83.诸城市建设中的诸城市一角　　封学全摄

82

83

84

85

86

87

84.莱西市市区风光　　市政府供稿

85.滨州市黄河大桥　　王金友摄

86.临沂市铁路桥　　季志光摄

87.即墨市市区一角　　姜可起摄

88

88.郑州市动物园一角　　黄保才摄

89.平顶山市“腾飞”雕塑　　白学义摄

90.焦作市新落成的火车站　　市政府供稿

90

91

92

93

91.鹤壁市市区一角

市政府供稿

92.新乡市牧野公园

张光奎摄

93.义马市新建的义马矿务局总医院

王和平摄

94

95

94.汝州市风穴寺夜景

市政府供稿

95.济源市新建的济水大道夜景

市政府供稿

96.辉县市太行晴雪

王树洲摄

96

97

98

99

97.舞钢市人民政府办公大楼

市政府供稿

98.周口市关帝庙商场夜景

张治安摄

99.驻马店市市花

市政府供稿

100

100.武汉市汉口新火车站开通盛况　　胡　谋摄

101.十堰市人民路新貌　　市政府供稿

102.宜昌市五一广场夜景　　龚万幸摄

101

102

103

104

103.荆门市夜景　　　　**杨儒庭摄**

104.老河口市机场　　　　**李海林摄**

105.广水市三潭风景区碧玉湖风光　　　　**伍传金摄**

105

106

107

106.麻城市八景之一——

龟峰旭日

胡光前摄

107.石首市绣林山庄

市政府供稿

108.天门市东湖风光

肖新华摄

108

109

109.洪湖市文泉大道　　市政府供稿

110.当阳市城标——赵子龙单骑救主塑像　　市政府供稿

111.利川市著名文物——鱼木寨寨门　　曾国操摄

110

111

112.株洲市市区一角　　周赫赫摄

113.湘潭市莲城夜色　　胡　辉摄

114.衡阳市市区一瞥　　市政府供稿

113

114

115

116

117

115.岳阳市市区新貌 **市政府供稿**

116.常德市滨湖路新貌 **王贵宝摄**

117.大庸市张家界景区一角 **欧苏斌摄**

118

119

120

118.汨罗市名胜——屈子祠 **文醒柏摄**

119.郴州市新建的东江水厂一角 **刘运明摄**

120.冷水滩市文昌阁 **陈光辉摄**

121

122

121.**娄底市**街心雕塑

谢玉琪摄

122.**怀化市**市郊㵲水河畔

肖益堂摄

123.**珠海市**市区一角

彭　冠摄

123

124

124.**汕头市**经济特区夜色　　马卡、罗斌摄

125.**惠州市**西湖风光　　市政府供稿

126.**汕尾市**人民政府办公大楼　　林永隆摄

125

126

127

127.**东莞市**市区一角

市政府供稿

128.**江门市**文化城

林维后摄

129.**佛山市**电子工业集团公司大厦

张松炎、潘少强摄

128

129

130

131

132

130.湛江市人民大道

李　诚摄

131.南宁市市区新貌

市政府供稿

132.桂林市风光——象鼻山

市政府供稿

133

133.梧州市中山公园一隅

叶维贤摄

134.合山市煤城一角

温汉强摄

135.钦州市龙门港区一角

市政府供稿

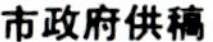

134

135

136

136.海口市海南第一名胜——五公祠

陈家钦摄

137.重庆市重庆机场

市政府供稿

138.自贡市第三届国际恐龙灯会经贸交易会一瞥

杨公田摄

137

138

139

141

140

139.泸州市市区一角

市政府供稿

140.广元市秋交会女儿节盛况

王正和摄

141.都江堰市名胜青城山山门

江明义摄

142

143

144

142.峨眉山市旅游干道

吴　健摄

143.宜宾市金沙江宜宾南门大桥

江重光摄

144.华蓥市市区一角

市政府供稿

145

146

147

145.雅安市拓宽后的新民街

李柏春摄

146.凯里市外贸大楼和电子公司

祝永祥摄

147.昆明市白族园林建筑

杨长福摄

148

148.**东川市**泥石流观测研究站

市政府供稿

149.**昭通市**大龙洞公园一角

汪志刚摄

150.**曲靖市**体育馆

薄云昆摄

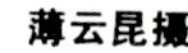

149

150

151

151.**玉溪市**城区新貌

刘云峰摄

152.**开远市**市区一角

何振泰摄

153.**楚雄市**鹿城街桃源楼风光

耿克明摄

152

153

166

167

166.玉门市油田一角

金　涛摄

167.西宁市五四大街西段

市政府供稿

168.德令哈市人民路一瞥

市政府供稿

168

昔日荒漠 今朝緑洲

——新灌區之頁

169

170

169.吴忠市新灌区一级扬水工程

市政府供稿

170.青铜峡市铝厂炼铝车间一角

马旅顺摄

171.乌鲁木齐市清真寺

赵君安摄

171

160

160.华阴市街景 **市政府供稿**

161.汉中市人民政府办公大楼 **冯 峰摄**

162.兰州市西关什字公共交通枢纽站 **李和平摄**

161

162

163

164

165

163.白银市金鱼公园一角

魏呈德摄

164.武威市名胜——海藏禅林

市政府供稿

165.张掖市西夏时期的名刹甘州大佛寺

赵　玺摄

154

155

156

154.拉萨市布达拉宫远眺

曹　康摄

155.西安市合资医药企业——西安杨森制药有限公司

市政府供稿

156.宝鸡市名胜——法门寺

刘俊成摄

157

158

159

157.咸阳市茂陵博物馆一角　　市政府供稿

158.渭南市新建的政府办公大楼　　市政府供稿

159.渭南市新建的商业一条街　　市政府供稿

172

172.克拉玛依市新建的汽车站

程宏道摄

173.和田市儿童福利教育中心

王自立摄

174.昌吉市民族饭店

蒋本诚摄

175.石河子市街景一角

王建军摄

173

174

175

城市建设新貌组照

十堰市 • 钦州市

1

2

十堰市

城市建设新貌

1.重山深处的汽车城——十堰市

2.十堰市人民公园一景

3.十堰市黄龙水电站水库

梁国银摄

3

钦州市

加快开放改革步伐

1

2

1.广西区党委书记赵富林（左三）和钦州地市委领导考察钦州港

2.钦州市委书记何东（中）同有关方面负责人研究钦州湾的开发问题

3.钦州市市长梁春兰（前排中）作关于加快钦州市开放改革步伐的发言

市政府供稿

3

城市介绍

北 京 市

市　长：陈希同

副市长：张健民（常务）　张百发（常务）　黄　超（农业、商业）　吴　仪（女　工业、外贸）　苏仲祥（政法）　陆宇澄（科教）　何鲁丽（女　文卫、侨务）

陈希同市长，1930 年 6 月生，四川省安岳县人，大学文化程度。中共中央委员，全国人大代表。1949 年前在北京大学读书。1949 年至 1953 年，在西城区街道办事处、公安派出所、公安分局工作。1953 年至 1966 年任中共北京市委书记刘仁秘书、北京第一机床厂车间党支部书记、昌平县农工部副部长、县委副书记。1971 年至 1979 年，任昌平县十三陵农场副主任、马池口公社党委副书记、中共昌平县委副书记、书记。1979 年任北京市副市长、市委书记。1983 年当选为北京市市长。1988 年再次当选为北京市市长，并被任命为国务委员。

胜利前进的五年

——北京市“七五”时期经济和社会发展概况

□　北京市人民政府研究室

“七五”时期是首都社会主义现代化建设取得重大进展的重要时期。5 年来，全市各族人民按照中央关于首都建设方针的四项指示和十条批复精神，群策群力，开拓前进，先后抑制了物价上涨幅度过大的波动，刹住了财政补贴增长过猛的势头，渡过了在治理整顿过程中出现的市场疲软等经济风浪的冲击；经受了 1989 年春夏之交的政治动乱的严峻考验；承担并圆满完成了经济、技术、环境和精神文明建设难度都很大的第十一届亚运会的任务，在各种复杂的形势和意想不到的困难条件下，提前或超额完成了“七五”计划的各项任务和主要指标，从而使首都国民经济发展的第一步战略目标胜利实现。中央在 80 年代初提出的要把北京建成全中国、全世界社会秩序、社会治安、社会风气和道德风尚最好的城市；建成全国环境最清洁、最卫生、最优美的第一流城市，也是世界上比较好的城市；建成全国科学、技术最发达、教育程度最高的第一流城市，并且在世界上也是文化最发达的城市之一；建成经济上不断繁荣、人民生活方便安定的城市。这个宏伟蓝图，正在一步一步地变为现实。

城乡建设按总体规划迅速发展，首都面貌明显改观

按照中央批准的《北京城市建设总体规划方案》和北京城乡建设必须服从并充分体现政治中心、文化中心这一城市性质的要求，坚持“为中央领导服务，为国际国内交往服务，为首都人民服务”的方针，“七五”期间，全市城乡进行了规模宏伟的开发和建设，一大批具有当代国际水平的基础设施和体现首都功能的公共建筑相继建成。城市面貌变化之快，无论与前几个五年计划时期相比，还是与同期世界其他大城市相比，都是相当突出的。

（一）以发挥首都城市功能为核心的规划体系基本形成，并成为城乡建设的先导。

市区、卫星城、县镇以及重点地区的总体规划和详细规划日臻完善，县域规划第一阶段工作已经完成，乡域规划已在近郊各乡全面展开，各项专业规划的编制工作大大加快，勘察、测绘、设计工作的水平也有很大提高。规划管理工作得到加强，违章建设、乱铺摊子的现象明显减少，富有民族特色、设计活泼得体的街区和建筑逐渐增多，城市隔离地带、交通干线和重要路口的整治工作收到成效，特别是下大力量加强了对风景名胜区和历史文化街区的规划管理，使北京古都风貌得到保护和恢复。

（二）城市赖以生存和发展的基础设施建设始终被放在城市建设的首位。

5年间城市基础设施建设共投资117.9亿元，比“六五”时期增长1.9倍，占全部固定资产投资的比重由1985年的17%提高到1990年的21%。新建、扩建自来水厂4座，新增日供水能力60.5万吨，东水西调工程提前竣工，解决了京西工业区和14万居民用水的燃眉之急。石景山发电厂改扩建工程竣工，新增装机容量60万千瓦，改善了生产和生活用电紧张的状况。全市煤气、液化石油气、天然气居民用户达到176.1万户，城市炊事燃气普及率达到84%，比1985年提高了13个百分点。集中供热面积增加694万平方米，区域和联片供热面积增加2324.3万平方米。路桥建设有突破性进展，新建立交桥20多座、人行过街桥17座、地下通道13处（15座）；新增道路总长度297.1公里，京石、京榆、京津塘高（快）速公路的竣工，开创了北京高速交通的历史，全市现有公路9648公里，公路密度为每平方公里0.62公里，居全国大城市之首。交通运输得到改善，新增公共电、汽车及地铁列车577部，新开辟营运线路25条；建成城区120个路口交通信号自动化控制系统和电视监控中心，完成了丰台铁路编组站和首都机杨扩建工程。通信能力和现代化水平迅速提高，1990年与1985年相比，邮电业务总量增长2.6倍，达到7.7亿元；全市电话装机容量增长1.4倍，达到52.3万门；市内电话用户增长了1.45倍，达到33.1万户。无线寻呼和移动电话系统开始应用，用户已达4万户。北京已成为全国最大的信息集散中心，并汇入全球通信网络，1990年末国内直拨电话可达767个城市和县镇，国际直拨电话可达185个国家和地区。

（三）城乡开发建设形成新的格局，各类房屋建设取得了明显进展。

5年各类房屋建筑竣工总面积5142.4万平方米，比“六五”时期增长30.5%，相当于解放初期两个北京城房屋面积总和。体现首都政治文化中心和国际交往中心功能的大型公共设施建设进展迅速。中央彩色电视中心、中国工艺美术馆、国际科技交流中心、国际文化交流中心、国际贸易中心、北京国际电话局等一大批建筑相继建成，尤其是北四环路两侧兴建的功能完备的“体育城”及分布在城郊的比赛场馆，标志着我国体育设施已经跨入国际先进水平。同时，为适应国际国内交往的需要，兴建了一批宾馆饭店。这就为在北京举办大型国际活动奠定了物质基础。住宅建设规模空前，5年共建住宅2809万平方米，比前5年增长24.1%。深得人心的城镇危旧住宅改造工程已于“七五”末期迅速铺开。4个卫星城和10个区县城的各类设施逐步完善，形成了具有相当规模的区域中心，有的已经开始分担市区的部分功能。

（四）城乡环境建设取得了明显成效，绿化美化工程取得巨大进展。

全民义务植树提前一年完成“七五”计划任务。5年新铺草坪876.9公顷，新增绿化覆盖面积3209公顷。城市人均公共绿地达到6.14平方米，绿化覆盖率达到28%，5年分别增加1.2平方米和5.9个百分点。城近郊区大环境建设基本完成。远郊深山区防护林、浅山区经济林、平原农田林网构成道道绿色屏障，风沙危害明显减轻。水体、大气、噪音、固体废弃物污染得到了严密监测和防治。5年共治理污染项目4269项，其中搬迁严重污染扰民的工厂（车间）60个。市区烟尘控制区覆盖率达到100%，新建封闭式集装箱垃圾站230座，有25万辆机动车尾气排放达到国家标准，新建、改建、扩建公共厕所843座。

国民经济按首都城市性质的要求不断繁荣，综合经济实力显著增强

按照首都特点发展经济，实现持续增长和不断繁荣，是“七五”时期首都经济发展的主要目标。5年来，经济总量有了大幅度增长。按可比口径计算，1990年同1985年相比，全市国民生产总值增长49.4%，达到496亿元，平均每年递增8.4%；国民收入增长32.2%，达到361.8亿元，平均每年递增5.7%；财政收入增长41.2%，达到74亿元，平均每年递增7.1%。经济关系中重大比例失调的状况明显缓解；城乡经济在起伏中获得重大发展。

（一）农村经济向专业化、商品化、现代化全面发展。

1990年同1985年相比，农业总产值增长43.9%，达到28.2亿元；劳动生产率15645元，增长6倍；农业生产装备水平明显提高，农业机械总动力增长30%。粮食连续13年丰收，1990年比1985年，总产增长20.4%，达到26.46亿公斤；单产增长28.4%，达到596.5公斤。副食品生产，基本形成了集约化、工厂化、机械化的格局；菜增长74.6%，肉增长97.1%，奶增长60.7%，蛋增长88%，鱼增长2.5倍；品种增加，质量提高，市场充裕，供应均衡，显著改善了“六五”时期的短缺状况。乡镇企业异军突起，城乡一体化取得实质性进展。城乡结合、工农联营的范围逐步扩大，形成共同发展的新型城乡关系。1990年乡镇企业总收入171.6亿元，比“六五”时期总和高出16.4%；占农村经济总收入的比重已由58.9%上升到67%。乡镇工业总产值163.2亿元，增长3.2倍，占全市工业产值的比重由11.7%上升到28.9%；外贸出口供货额13.1亿元，增长2.8倍，占全市外贸出口供货额的比重提高到28.8%。乡镇企业已经成为全市国民经济的重要生力军。

（二）工业在调整中保持了适当的速度，适合首都

特点的行业增长加快。

1990 年同 1985 年相比，工业总产值增长 52.8%，达到 469.8 亿元，平均每年递增 8.8%，高于“六五“时期的 7.6%和“七五”计划增长 6%的指标。关系国计民生的主要产品产量有较大幅度增长。大批适合市场需求的新产品不断涌现。5 年间，平均每年开发新产品 3000 种，投产 1500 种，有的达到了国际先进水平。根据国家产业政策和首都特点，对原有企业进行了改组和改造。适合首都特点的电子、食品、建材、汽车等行业的投资均有较大的增长，生产增长速度高于全市工业的平均增长速度。

（三）为社会生产和人民生活服务的第三产业得到优先发展，“诸多不便”的状况明显改善。

1990 年同 1985 年相比，第三产业创造的国内生产总值增长速度高于第一、第二产业的速度，占全市国内生产总值的比重由 33%提高到 38%。原有产业门类迅速发展。5 年来，发展商业、饮食业、服务业、修理业网点 4.6 万个，已达到 12.8 万个，万人拥有量 120 多个，比 1985 年增长 40%。其中既有综合大型商业设施、购物中心，又有遍及城乡的中、小型网点和农贸市场。北京已荟萃了全国名特优新商品，30 余家海外风味餐馆和 28 个省市 3000 多种风味食品落户北京，不仅实现了市政府 1983 年提出的“不出北京城，吃遍全中国”的设想，而且接近了“身在京城，吃遍世界名菜”的目标。5 年间，年社会商品零售总额相继突破 200 亿元、300 亿元大关。达到 307.7 亿元，增长 1.4 倍，平均每年递增 19.6%。社会服务出现了多样化、高质量的新趋势。金融、保险等行业重现生机；信息、咨询等新兴产业门类，已成为社会再生产中不可缺少的重要力量。第三产业的迅速发展为首都功能的发挥创造了极为有利的条件。

（四）旅游业蓬勃发展，综合接待能力明显增强。

全市现有涉外旅游定点饭店 122 家，客房 3.4 万间，构成了不同档次的旅游宾馆、饭店接待体系，国内外宾客“住店难”的状况得到根本改变。旅游资源开发成绩显著。修复了慕田峪、潭柘寺、恭王府花园等名胜古迹，开辟了龙庆峡等新的风景区，新建了龙潭湖、九龙乐园等游乐场所。全市旅游景点已达 200 多处。旅游方式不断推陈出新，旅游活动更加丰富多彩。旅游商品开发得到重视。5 年共接待来自世界 140 多个国家和地区的入境旅游者 492 万人次，比“六五”期间增长 66.6%；旅游创汇 28.1 亿美元，增长 2 倍，相当于全市外贸出口总值的 55.3%。国内游客也大量增多，各旅游景点年接待游人数超过 1 亿人次。旅游业已成为北京重要的新兴经济门类和创汇的支柱产业。

（五）对外经济贸易迅速发展，对外开放的崭新格局基本形成。

1990 年外贸出口达到 13.2 亿美元，比 1985 年翻了一番多。出口商品结构明显改变，出口总额中工业制成品比重已上升到 88%，特别是五金机械、仪器仪表的出口比重明显增加。“七五”期间共批准“三资”企业 710 家，比“六五”期间增加 586 家，实际利用外资 18.7 亿美元，相当于开放以来前 7 年总和的 6.2 倍。生产型企业大幅度增加，占全部“三资”企业的比重上升到 78.5%。全市已开业“三资”企业 382 家，1990 年全年现价总产值 51.3 亿元，比 1985 年增长 13 倍。对外经济技术合作又有新的发展。“七五”时期对外承包工程和劳务合作项目涉及 30 多个国家和地区。5 年累计签约 331 项，合同金额 7734 万美元，比“六五”时期增加 299 项和 3861.6 万美元。

教育、科技等项事业蓬勃发展
首都文化中心的功能得到加强

“七五”期间，人才培养和科技进步成为首都社会事业发展的一条主线。教育的活力大大增强，科技作为第一生产力的作用进一步发挥。文化、卫生、体育等各项事业欣欣向荣。

（一）教育事业的战略地位得到加强，各类教育开创了新局面。

“七五”期间，教育受到全社会的重视，各级政府把教育放在突出位置，千方百计增加投入，地方预算内的教育事业费支出共 30.4 亿元，比“六五”期间增长 1.2 倍，教育经费的增长幅度高于财政收入的增长幅度。同时，社会力量还积极集资办学，使教育经费有了比较大的增加，办学条件大大改善。5 年新建、改建、扩建一大批校舍，全市中小学改建了全部危房，在净增 20 余万小学生的情况下，没有出现二部制。学前教育稳步发展，城镇地区基本上解决了 3 岁以上儿童入园的问题。九年制义务教育顺利实施。学龄儿童入学率达到 99.5%，初中入学率达到 99.3%。职业教育、技术教育发展较快，中等专业学校、职（农）业学校毕业生分别比“六五”时期增长 59.9%和 4.3 倍。成人教育的重点开始由学历教育转移到岗位技术培训。“七五”期间大学本科、专科毕业生 16.64 万人，比“六五”期间增长 65.4%。

（二）科技进入现代化建设的主战场，加快了科研成果转化为生产力的进程。

“七五”期间，“星火计划”提前一年实现；“工业技术振兴计划”取得较大成效，促进了产品结构的调整；“城市建设和城市管理科技发展计划”的一批具有 80 年代国际水平的成果，已在首都建设中发挥重要作用；为促进高、新技术产业发展的“火炬计划”已下达开发项目 108 个，占国家项目一半以上。全市 5 年获奖科技成果 1924 项，推广应用科技成果 13281 项次，新增产值

79.5亿元，创利税19.1亿元，科技成果推广基本形成体系；累计申请专利15087件，专利授权6598件，居全国前列。技术市场稳定发展，成交额共72.8亿元。新技术产业开发试验区初具规模，先后认定2000多项高新技术及其产品。开发区打破了单一化的格局,形成了多学科、多门类的新技术企业群。1990年全区技工贸总收入达25亿元,工业产值8亿元,实现税金1亿元。

(三) 文化事业进一步繁荣。

“七五”期间，建成了一批文化设施。广播电台由2座增加到5座；电视台由2座发展到4座，节目由3套增加为7套。北京电视台覆盖率由80%上升到97%。博物馆、展览馆、图书馆、文化馆以及影剧院都有增加。新闻出版业健康发展。首都文艺舞台绚丽多彩，好戏连台。先后推出了《天下第一楼》、《画龙点睛》、《盛世行》等优秀剧目。电视连续剧《四世同堂》、《凯旋在子夜》、《便衣警察》和《渴望》不仅深受首都人民的喜爱，也在全国许多省市获得好评。包括庙会、灯会在内的各种群众文化活动十分活跃。文物保护工作受到高度重视，珍惜历史文物和古都风貌的意识大大增强。

(四) 卫生事业取得新成绩，城乡居民健康水平显著提高。

医疗设施逐年增多。5年新增医院119个，达到512个，新增病床1.7万张，达到5.9万张。1990年和1985年相比，全市平均每千人拥有中西医师（士）由4.4人增加到4.9人，平均每千人拥有床位数由4.0张提高到5.7张。各级医疗卫生保健网络已经形成。全市儿童计划免疫覆盖率达98.3%，婴儿死亡率降到11.6‰，全市人口平均预期寿命男性达到70.8岁，女性达到74.2岁，这些指标已接近发达国家水平。

(五)人口规模有所控制,自然增长率呈下降趋势。

1990年末，全市户籍人口为1032.2万人，比1985年末增加74.3万人，其中非农业人口增加67.6万人。计划生育工作取得很大成绩，人口自然增长率已由1985年的6.93‰，进一步降到6.62‰。人口迁移净增长24.5万人，平均每年4.9万人，仍需严格控制。

(六) 体育事业以亚运会为契机，取得全面发展。

5年中，北京市体育健儿在国际国内重大比赛中，共获金、银、铜奖牌1122块，其中金牌423块。打破或平世界记录3项、亚洲记录6项，全国记录39项。在第六届全国运动会上获团体总分第四名。在第十一届亚运会上，获得金牌30枚，为祖国争得了荣誉。群众性体育活动进一步在普及中提高和发展。

在经济发展和社会进步的基础上，城乡人民的物质文化生活水平有了明显提高

“七五”期间，城乡人民的生活条件和生活质量得到较大改善，由温饱型向小康型大步迈进。

(一) 收入水平稳步提高，居民储蓄增长加快。

1990年同1985年相比，城镇居民人均生活费收入增长97%，达到1787元，扣除价格因素，平均每年增长2.7%。农民人均纯收入增长67.4%，达到1297元。全市37个贫困乡走上了脱贫之路，人均纯收入达到630元。城乡居民储蓄存款余额增长了3.5倍，平均每年增长35%，达到188亿元。

(二) 消费水平相应提高，消费结构发生明显变化。

食品消费从以主食为主向以副食为主转变，出现了多品种、高质量、讲营养的趋向。城镇居民穿着商品支出额比5年前增长75.1%，并向讲求时尚和个性的方向发展。用品支出大幅度增长，大件机电消费品在普通居民家庭中已相当普及。1990年，每百户城镇居民家庭拥有电视机115台，电冰箱96台，洗衣机93台；每百户农民家庭拥有电视机93台，电冰箱23台，洗衣机63台。

(三) 居住面积进一步扩大，生活环境得到改善。

城市居民人均居住面积由1985年的4.75平方米，增加到7.72平方米。农村居民人均住房面积由1985年的15.6平方米增加到20.6平方米。住房装修水平和居住环境质量也有了较大提高，一批花园式住宅小区相继建成。

(四) 文化生活丰富多彩，出现新的趋向。

城乡居民用于文化生活的支出比5年前增长了1倍。闲暇时间学习文化知识、开展社会交往、参加娱乐活动、进行体育锻炼、外出参观旅游等逐渐成为时尚，人们的精神生活越来越充实。

第十一届亚运会的巨大成功，展示出当代中国的综合国力和北京政治、文化、国际交往中心的辐射力量

1990年北京亚运会是我国历史上首次承办的大型综合性国际体育运动会。在党中央、国务院的亲切关怀和领导下，在全国各族人民的大力支持下，经过北京人民和秦皇岛人民，特别是数万名亚运工作者历时六个寒暑的不懈努力，第十一届亚运会终于取得了安全、顺利、精彩、圆满的成功，并以其独特的魅力载入史册。

(一) 开成了亚洲人民“团结、友谊、进步”的盛会，扩大了我国的国际影响。

亚奥理事会38个成员到会37个，是历次亚运会参赛的国家和地区最多的一届。运动员人数之多、比赛项目之多，都超过历届亚运会。新闻记者之多，文化活动之丰富，科技交流之广泛，也是空前的。来自47个国家采访亚运会的新闻记者达到4558人（境外2463人），73个文艺团体（境外11个）演出节目163场，30个国家和地区的959名代表出席了亚运会科学大

会。51个展览会（组委会主办7个）观众达40多万人。全世界20亿人收看了亚运会电视转播。这就大大地强化了首都国际交往中心的功能，提高了我国的国际声望。国际奥委会主席萨马兰奇盛赞开幕式“是有生以来看到最好的开幕式之一”；外报评论说：“这次亚运会向全世界展现了今日中国的强盛国力和中华民族奋进的风貌”。运动会期间，各国朋友友好相处，增进了相互了解、友谊与合作，整个亚运会始终充满着热烈、祥和、欢乐的气氛。

（二）体育竞赛取得了丰硕成果，促进了亚洲体育运动的发展。

本届亚运会共设27个比赛项目（308个小项），2个表演项目（5个小项目）。经过4000多场激烈角逐，各国体育健儿顽强拼搏，先后有7人次创4项世界纪录，超6项平5项世界纪录，40项亚洲纪录、95项亚运会纪录均被刷新，破记录之多在亚运历史上是空前的。有25个国家和地区获得亚运会奖牌，分布之广也是历届亚运会之最。我国运动员荣获183枚金牌，占金牌总数的59%，实现了亚运会金牌总数第一的“三连冠”。

（三）激发了全国各族人民的爱国热情，增强了民族自尊心、自信心、自豪感和凝聚力，形成了富有时代特色的亚运精神。

亚运会从筹备到圆满结束，每一项活动，每一项成就，无不凝聚着海内外中华儿女的心血。“爱我中华，为国争光；无私奉献，团结协作；顽强拼搏，争创一流”的亚运精神深入人心，海内外中华儿女热情参与，积极奉献。上百万人参加义务劳动；捐款捐物和义演义卖者达1亿多人次，社会集资总额7亿元；全国1.7亿人参加的“亚运之光”火炬接力活动，规模之大，民心之振奋，充分展示了中华民族巨大的凝聚力。

（四）向全世界显示出我国综合国力的增强，推进了我国经济、社会、科技等方面的发展和进步。

亚运会直接带动了首都和秦皇岛市的基础设施建设，使城市功能得到进一步的改善。北京市新建和改建的55个比赛场馆和练习场馆采取了适当集中与分散相结合的布局，不仅可以满足大型国际比赛的需要，而且也为广泛开展群众性的体育活动，提供了良好的物质条件。同时，全市新修道路29条、65公里，建设桥梁36座，铺设管线12.8万米，建成人行过街桥12座、地下通道67处。为亚运会配套建成的邮电、新闻、电视制作中心和405米高的电视发射塔系统，增强了首都通讯电信的现代化程度和广播电视传送能力。新建的亚运村，集会议、居住、游乐、通讯于一体，成为举行大型国际会议的场所，填补了首都这方面的空白。亚运会促进了我国科技的进步，在建筑设计、电子信息、新型材料、兴奋剂检测等方面，绝大多数的技术难点都是靠国内科技工作者艰苦攻关解决的。规模宏大的体育场馆、亚运村等建筑，体现了中国人民的智慧和才能；运动会使用的460种、16000多件体育器材和设备，国产率为70.6%；用于通信、广播电视、计算机、计时记分、仲裁录像等方面的电子服务系统运转良好，工作可靠，得到了国内外的好评。

（五）弘扬了中华民族优秀的文化传统，体现了北京文化中心的特色。

亚运会开幕式热烈隆重、气势磅礴；各项比赛精彩纷呈，扣人心弦；闭幕式万众欢腾，凯歌高奏；艺术节、科学讨论会、艺术展览以及游园活动等，也各以其宏伟、精美和高水平，给人们留下了深刻印象。这些文化活动，既突出了中华民族博大渊深的历史文化传统，又昭示出中国人民奋发进取的时代精神；既融汇了东方文化的精华，又表现出中华文化独树一帜的魅力。它是社会主义文化事业长期发展的高度升华，也是北京作为全国文化中心的一次空前展示。

第十一届亚运会的成功，是具有中国特色的社会主义建设事业继往开来、不断前进的必然结果。它现实而具体地检验了北京“七五”期间国民经济和社会发展取得的最新成就，同时，也充分说明了首都北京实现社会主义现代化建设的第二步战略目标，已经具备了一个良好的基础，在走向21世纪的伟大过程中一定会取得更大的胜利。

（执笔：冯小苑　沈宝昌）

天津市

市　长：聂璧初

副市长：张立昌（常务）　李长兴（商业、物价）　陆焕生（农业）　李慧芬（女 工业）　李振东（城建）　张昭若（外经贸、外事）　钱其璈（教育、卫生）　宋平顺（公安、政法）

聂璧初市长，1928年1月生，湖南省桃源县人，天津北洋大学毕业。1948年9月加入中国共产党，曾任北洋大学地下党支部委员。解放后任中共天津市委组织干事，中共天津市委书记处秘书，中共河北省委书记处秘书，天津市经委、计委处长、副主任、主任、党组书记，天津市副市长、常务副市长。现任中共天津市委副书记、市长，中共中央委员，全国人大代表。

开拓创新　阔步前进

——天津市80年代经济社会的发展和90年代的目标

□　张秀章

80年代是天津市建国以来经济社会发展最快的10年，也是人民群众得到实惠最多的10年。10年来，许多方面实现了具有重大意义的突破，整个社会经济生活发生了历史性的巨大变化。

80年代经济社会发展的主要成就

（一）国民经济持续稳定发展。

1. 经济实力。1990年国民生产总值为300.31亿元，国民收入245.05亿元，按可比价格分别比1980年增长96%和84%，年均递增7%和6.3%。10年累计相当于30年总和的1.5倍和1.4倍。工农业总产值为541.5亿元（1980年不变价），增长1.63倍，年均递增10.2%。人均国民生产总值由1980年的1392元增加到3493元，增长1.51倍，年均递增9.6%。国民经济各部门的固定资产装备水平明显提高。1981—1990年10年间，累计用于全市各项事业的固定资产投资达531.71亿元，相当于前30年的2.88倍。新增固定资产398.75亿元。1990年全市独立核算工业企业固定资产原值达329.93亿元，比1980年增长2.09倍。10年来地方财政收入累计达454亿元，其中上缴中央财政249亿元，相当地方预算内工业现有固定资产原值的1.8倍。加上中央在津单位和企业直接上缴的利润和收入，10年共上缴527亿元，超过前30年的总和。

2. 工业生产。1990年全市工业总产值为518.18亿元，比1980年增长1.63倍，年均递增10.2%。10年间经历了两次较大的调整改造，重点发展了自行车、手表、服装、纺织等18个轻纺行业和5个配套行业，利用国家的扩权，用外汇重点发展了汽车、电子、家用电器等一批新兴行业；同时对重工业进行了初步调整，长期处于薄弱环节的能源、原材料等基础工业有所加强。同时，重点开发了电子计算机、光纤通讯、程控电话、精密机械、数控机床等一批高新技术产品，一批产品已形成了规模经济，开发出了一批新的拳头产品。10年间，重点工业产品产量大幅度增长，能源、原材料产品、高新技术产品和部分支农产品的产量增长幅度更为明显。1990年发电量增加到94.85亿千瓦小时，原油增加到469.5万吨，分别比1980年增长50.1%和52.7%；钢、钢材、生铁产量分别由1980年的122.94万吨、135.18万吨、45.13万吨增加到1990年的166.74万吨、178.73万吨、139.52万吨，分别增长35.6%、32.2%和2.09倍；烧碱、纯碱产量分别增加到25.23万吨和58.71万吨，增长26.6%和37.4%；水泥、平板玻璃增加到122.74万吨和173.74万重量箱，增长96.2%和3.56倍；塑料、化学纤维增加到11.67

万吨和7.47万吨，增长88.8%和9.1倍。1990年农用化肥产量达7.21万吨，增长15.9%。纱、布、毛线、呢绒、丝织品、服装、皮鞋等日用工业消费品产量也有较大幅度提高，分别比1980年增长21%至2.14倍；照像机、自行车、手表产量分别增长8.71倍、83%和1.62倍；家用电冰箱、家用洗衣机、电视机、收录机等家用电器产量从少到多，从无到有，1990年分别达23.24万台、33.4万台、143.93万台和19.2万台。与此同时，调整了工业组织结构，组建了一批企业集团，扩大了经济规模，1990年全市产值上亿元的产品增加到53个。

工业技术水平不断提高。10年来，全市工业技术改造投资170.4亿元，完成工业技术改造项目8700多个，使1/2的行业、1/3的企业得到不同程度的改造。10年内，工业技术引进项目达1200多个，其中包括100多条具有国际水平的生产线和大量关键设备，使一批骨干企业的技术水平基本达到了70年代末和80年代初的国际水平。

产品结构日趋优化。新产品、新规格、新花色、新包装产品和短线产品明显增多，一些市场滞销的老产品逐步被新产品代替。1981—1990年累计，全市工业共试制成功新产品2.2万多种，投产1.3万多种，不少新产品达到国内外先进水平。1990年采用国际标准生产的产品已达2696种，其中赶超国际先进水平的达1201种。1990年与1980年相比，短线产品产值增长近2倍；新产品、新规格、新花色、新包装产品产值达20%左右。

产品质量提高。到1990年底，全市已有近千种产品荣获国际奖、国家优质品金、银奖和部优产品称号。1990年，市考核的319种重点产品质量稳定提高率为97.2%；国家重点抽查合格率为86.2%。优质名牌产品增加，比重提高。1990年优质产品产值为251.1亿元，占工业总产值的48.5%。

乡镇工业迅速发展，其产值已占全市工业总产值的27.7%，比1980年增长21.7个百分点。

3. 农村经济。初步形成了城郊型经济结构。1990年全市农村社会总产值达276.98亿元，按可比价格比1980年增长11倍，年均递增25.9%；农业总产值为23.31亿元（1980年不变价），增长1.71倍，年均递增10.4%。粮食总产量达到188.8万吨，比1980年增长37%，年均递增3.2%，已连续7年创历史最好水平；平均亩产275公斤，增长68.7%，创历史最好水平；棉花、油料总产量分别为1.53万吨和4.68万吨，增长8.6倍和67.7%；蔬菜产量已达268.1万吨，增长1.4倍；肉、蛋、牛奶、水产品产量分别增长84.1%、13.7倍、2.4倍和2.4倍。菜、蛋、牛奶、鱼已基本自给。

农村生产结构发生明显变化。1990年在农村社会总产值中，农业产值所占比重由1980年的38.2%下降到19.8%，非农业产值由61.8%上升到80.2%。其中农村工业产值由50.7%上升到69.6%，商业、饮食业产值由2.5%上升到2.8%。农、林、牧、副、渔业全面发展，结构明显变化。1990年农业（种植业）由1980年的70.1%下降到51.5%，下降了18.6个百分点，林、牧、副、渔业所占比重相应上升18.6个百分点。其中牧业和副业比重上升较快，分别由18.4%和6.7%上升到26.6%和15.3%，渔业由3.6%上升到5.8%。

4. 商业。1990年购销总值分别达到214.84亿元和181.73亿元，分别比1980年增长1.5倍和2.03倍，年均递增9.5%和11.7%。社会商品零售总额为143.36亿元，比1980年增长2.98倍，年均递增14.8%，剔除价格因素，增长1.1倍，年均递增7.7%。其中消费品零售额为139.88亿元，增长3.04倍，年均递增14.9%。吃、穿、用商品全面增销，分别比1980年增长2.7倍、2.2倍和4.3倍。

商业设施不断完善，商业网点迅速发展，从业人员增加。10年来，新建、扩建、改建了百货大楼、劝业场、华联商厦—中原公司、第一友谊商店、国际商场、龙门大厦、天津商场等一大批大型商场；新建了南市食品街、旅馆街、古文化街、服装街、科贸街等商业一条街；新建、扩建一批贸易中心、批发交易市场，改造了一批仓储设施，新建了一批涉外宾馆。在各区、街新建、扩建、改建了一批中、小型百货商场和专业商店；在居民小区建立了各种小型商业网点；集贸市场、摊群市场、个体商业网点星罗棋布，似雨后春笋般迅速发展，繁荣了市场，方便了居民购买。1990年末，全市已有商业、饮食业服务业网点10万余个，比1980年增长近11倍，从业人员达35万余人，增长近1倍。其中个体商业网点已发展到6万多个，从业人员达11万余人。集贸市场和个体商业零售额已占全市商品零售额的32.4%，已成为居民购买消费品的一条重要渠道。

地区商品交流扩大。1990年从市外调入商品总值达93.45亿元，比1980年增长63.3%；调出市外商品总值91.75亿元，增长41.3%。

流通领域混乱状况得到治理。全市列入清理整顿范围的流通领域公司共1205家，截至1990年末已撤并了401家；查处了394起流通领域公司违法案件；100余家党政机关办的企业已与党政机关脱钩，兼职的党政干部除少数经批准继续兼职但不再领取报酬外，其余基本上已办理了辞去一头的手续。清理了批发公司，取消了批发资格的公司（企业）469家，调整了345家公司的经营范围。取消了334家公司的免税资格。这样，基本上解决了官商不分、政企不分、转手倒卖、党政干部兼职经商的问题，流通秩序有了好转。

市场物价比较稳定。从1984年以来，天津市场物价一直处于全国较低水平，在全国32个大中城市中，天津物价上升幅度是最低的。1990年天津零售物价上升幅度为2.7%，低于北京、上海，仍在全国大中城市中处于较低水平。

5. 对外经济。在全国口岸增多，外埠调入货源减少的情况下，10年累计创汇147亿美元，相当前30年总和的1.1倍。1990年外贸出口总额达17.86亿美元，创历史最好水平。出口商品结构发生很大变化，本市工业制成品的出口比重由10年前的65.8%上升到81%。利用外资从无到有，规模不断扩大。10年累计实际利用外资17.31亿美元，其中直接利用外资3.5亿美元。

对外开放迈开了矫健的步伐。初步形成了开发区、港口、市区和郊县全方位开放的格局。截至1990年末，已有26个国家和地区来津投资，"三资"企业累计签约550项，总投资11.47亿美元，其中外商投资5.83亿美元，占50.8%，开业236家。利用外资改造原有企业有了良好开端，已有58家老企业与外商进行合作生产经营。

投资环境大为改善。已成立了外商投资服务中心，并建成了一批涉外服务设施。同时，建立了商业保税仓库。

经济技术开发区初具规模，3平方公里工业区，1.9平方公里生活区已经建成，路、水、电、通讯等基础设施完备，已从起步阶段进入了加快发展的成熟阶段。建区6年来累计完成基础设施投资4.2亿元，累计竣工各种建筑面积55.6万平方米，其中厂房42.83万平方米。截至1990年末，已批准"三资"企业216家，其中生产型企业占绝大多数，协议投资额达4.1亿美元，注册资本2.61亿美元，其中外商1.7亿美元，已投产120家。初步形成了高科技、高创汇、高效益的工业格局。6年来，累计完成工业总产值18.38亿元，实现利税5.26亿元，出口创汇1.98亿美元。1990年完成社会总产值8.82亿元，其中工业总产值7.8亿元，"三资"企业完成6.88亿元。一些"三资"企业实现了当年施工，当年投产，当年盈利，当年出口创汇。1990年技术开发区国民生产总值达2.5亿元，实现利税2.14亿元，人均劳动生产率为8.5万元，外贸出口6370万美元，其中"三资"企业出口额为4592万美元，人均出口创汇6000美元。投入产出走上良性循环，基本形成了投入1元人民币→引进2美元→产出3美元这一颇有竞争力的经济模式，已超过亚洲较为先进的出口加工区的水平，接近发达国家的中等水平。

对外交流扩大，国际旅游业蓬勃发展。截至1990年末，天津已与日本、法国、意大利、南斯拉夫、保加利亚、美国、澳大利亚等7个国家的9个城市结为友好城市，来往密切，为扩大经济技术交流作出积极贡献。此外，对外承包、劳务合作及旅游业都有较大发展。10年来共接待海外游客59.57万人，共创旅游外汇人民币6.05亿元，平均每年6050万元。

(二) 城市建设和改造。

10年间，完成了震灾恢复重建，按照城市总体规划，进行了城市建设和改造，城市基础设施得到加强，城市面貌焕然一新。

1. 城市住宅建设。10年中先后新建了密云路、天拖南、长口道、小海地、体院北、万新村、王顶堤等17处新住宅区，共新建住宅3166万平方米，相当于1980年城市住宅实有面积的1.55倍；改造了"三级跳坑"、地下室和一批危简陋房，人均居住面积由3.6平方米，增加到6.7平方米，使多数群众的居住条件得到改善。

2. 市政建设。完成了引滦入津输水工程及其配套设施，使天津市生产和生活用水有了比较稳定可靠的水源，大大缓解了天津用水紧张局面。1990年市区人均生活用水为117.5升/日，比1980年增加38升/日。新建了东郊和西郊两个煤气厂，日供气86万立方米，加上从大港油田输送的天然气，市区民用气化基本普及，民用气化率由31.2%上升为80.4%。1990年末，市内6个区加上塘沽、汉沽、大港3个滨海区，城市居民住宅热化率已达11.9%。

3. 能源交通建设。新建扩建了大港电厂、军粮城电厂、天津第一发电厂等一批电厂和热电站，发电机装机容量比1980年增加67.7万千瓦，1990年达到204万千瓦，增长近50%，电力供需矛盾有所缓解。天津新港新建16个万吨级泊位，港口吞吐能力由1980年的1192万吨，提高到2407万吨；天津飞机场经过扩建配套，初步形成客货运兼营，以货运为主的国际机场；铁路枢纽改造工程竣工，使客货运输能力显著增强，基本上建成了以港口为中心的海陆空大交通体系。内、中、外三条环线和14条射线的基本建成，李港铁路改造、京津公路拓宽、京津塘高速公路北京至杨村段建成，新建、改建了一批桥梁，以及乡村公路的建设改造，基本上形成了三环十四射的城市道路骨架，构成了纵横交错、四通八达的公路网。1990年末，天津铺装道路已达2932公里，总面积达2825万平方米，桥梁148座，比1980年分别增长2.72倍、2.8倍和61%。加强了市话、长途、邮政等邮电设施建设，形成了市话、长途、微波、卫星通信等相结合的传递网络，全市电话装机容量增加了17.8万门，1990年末已达到22.7万门。

4. 环境建设。兴建了纪庄子等污水处理厂，整修了街道，提高了绿化水平。1990年全市6个区人均公共绿地为2.31平方米，比1980年增长29.1%；绿化覆盖率为15.01%，提高7.01个百分点。城市环境卫生、环境保护等也取得了很大成绩，城市面貌发生显著变化，载体功能大为增强。

(三) 社会事业的发展取得新成就。

1. 科技、教育。全市自然科学研究与技术开发机构已经发展到144个，自然科技人员发展到28.96万人，形成了一支门类较全、水平较高的科学技术大军。全市每万名职工中拥有自然科技人员1019人，比1980年增加475人。10年累计完成重大科技成果4571项，其中获国家发明奖74项，有800多项成果取得专利权，一大批科技成果在国民经济中得到推广应用。

各级各类教育都有较大发展，教育质量不断提高，教育结构趋向合理。高等教育取得新的发展，新建了理工学院、外贸学院、城市建设学院、农学院、商学院、职业大学、技术师范学院和教育学院，扩建了天津大学、南开大学、纺织工学院、医学院、中医学院、财经学院、师范大学，增设了一些急需专业，改善了办学条件，全市普通高等学校在校学生由1980年的3.02万人上升到1990年的5.1万人。中等教育结构得到调整，中专、技校、职校在校学生同普通高中在校学生人数的比例由1980年的0.28:1上升到1990年的1.49:1。10年累计培养中等以上各类专门人才30.9万人。基础教育加强，10年新建、扩建中小学校356所，解决了适龄儿童入学问题，市区已基本普及了高中阶段教育，郊县已有52%的乡普及了9年制义务教育。成人教育、继续教育以及岗位培训教育健康发展。在财政比较困难的情况下，用于教育的经费增加，10年累计共拨教育事业费31.4亿元，平均每年递增14.6%，大大超过同期财政收入的递增速度。同时，广泛开展了社会尊教支教活动，逐步形成了尊师重教的风气，教师的社会地位提高。

2. 医疗卫生和文化体育。医疗卫生条件得到改善。10年来，新建、扩建了妇产科医院、医学院附属医院、肿瘤医院、中医学院第一附属医院等一批市级医院和中小医院，缓解了群众“住院难”的问题。1990年全市共有医疗卫生机构3392个，已形成了一个科目比较齐全的三级医疗网络。医院床位33382张，比1980年增加14629张；专业卫生技术人员67485人，其中医生32034人，分别比1980年增加了16823人和11560人；全市平均每千人拥有专业卫生技术人员由1980年的6.8人；增加到7.8人，其中医生由2.7人增加到3.7人。居民健康水平明显提高，居民平均预期寿命已达73.21岁。

文化、新闻、出版和广播影视等都取得了新的成绩，各种图书、报纸和杂志出版刊物比1980年增长67.7%、1.09倍和6.1%。体育事业欣欣向荣，体育设施不断完善，专业竞技水平明显提高，在世界、全国及全市大型比赛中不断创造新成绩。1990年天津19名参加第11届亚运会的运动员，在田径、击剑、乒乓球、网球等5个项目比赛中，获得金牌11枚、银牌1枚、铜牌1枚。群众体育运动蓬勃发展，学生体质明显提高；职工和农民体育运动日趋活跃，经常参加体育活动的职工超过百万人；全国体育先进县，天津占了5个，河西区和南郊区荣获“田径之乡”称号。

3. 人民生活。城乡人民生活明显改善。市政府坚持每年为城乡人民办20件实事已坚持了8年，件件兑现，为提高人民群众的物质文化生活起了积极作用。

城乡人民收入不断提高。1990年城市居民人均年生活费收入达到1522元，剔除物价因素比1980年增长67%，年均递增5.3%；农民人均年纯收入1069元，剔除物价因素增长97.5%，年均递增7%。人民消费水平、消费结构发生很大变化。城市居民人均年生活费支出由1980年的492元增加到1140元，剔除价格因素增长57.9%。农民家庭平均每人年生活费支出由1980年的208.37元增加到1990年的733元，增长了2.52倍。

城乡居民储蓄大幅度提高。1990年末城乡居民储蓄存款余额达到126.92亿元，比1980年增长14.9倍。其中，城镇居民为102.3亿元，增长13.6%，农村居民为24.62亿元，增长27.5倍，平均每人储蓄额已达1465元。其中，城镇居民2107元，农村居民647元。

4. 精神文明建设。人民精神面貌发生了深刻变化，安定团结局面得到巩固，社会风气逐步好转。由于深入持久地开展了坚持四项基本原则、反对资产阶级自由化的教育，广大干部群众进一步坚定了社会主义信念。加强了思想政治工作、廉政建设及民主法制建设，坚持依法从重从快不停顿地抓好“严打”斗争，连续开展了声势较大的反盗窃、打流窜、惩治贪污受贿、“扫黄”、除“六害”等专项斗争和专项治理，有力地打击了犯罪分子的嚣张气焰。刑事案件发案率在全国大城市中一直保持较低水平，成为全国社会秩序和治安状况最好的地区之一。

(四) 城市改革取得重大进展。

全市各个领域的改革逐步展开，不断深化，严重束缚生产力的旧体制开始打破。在城市，紧紧抓住增强企业活力这个中心环节，积极推行各种形式的经营承包责任制,并相应地进行了企业内部的改革配套。生产资料所有制结构得到适当调整，在坚持公有制为主体的前提下，个体经济、私营经济和其他经济成份有了较快发展。流通领域的改革逐步深入，物资流通打破了单一计划调拨的格局，商业批发初步形成了工商、农商、农工商相结合的多元化批发流通网络，零售商业实行了“市、区双重领导，以区为主”的新体制。先后开设了生产资料、金融债券、外汇调剂、技术、劳务、信息、房地产等市场。同时相应进行了计划、财政、税收、金融、价格和劳动工资等方面的体制改革，调整和改进了宏观调控的范围、方式和手段，指令性计划逐步缩小，指导性计划和市场调节的作用相应加大。在城市建设和改造方面，突出抓了城建、港口、市区管理体制等方面的改革，促进了整个城市稳定和协调发展。在农村，普遍推行了家庭联产承包责任制,围绕加快城郊型经济发展和农村现代化的目标，把改革不断引向深入。鼓励农民实行多种形式的经济联合，逐步建立起统分结合的双层经营体制；继续坚持以公有制经济为主体的多种经济成分并存的政策，以共同富裕为目标，允许一部人通过诚实劳动和合法经营先富起来的政策；对城乡改革的衔接进行了积极探索，全面推进了牛奶、水产品、禽蛋、蔬菜产销一体化的改革。科技体制和教育制度改革不断深化，调动了广大科技工作者和教职员工的积极性。

(五) 存在的问题。

一是工业结构还不够合理，基础原材料工业相对薄弱，加工工业技术装备老化，形成经济规模的干骨行业、拳头产品比较少，后劲不足；二是第三产业发展缓慢，中心城市的作用没有得到充分发挥；三是企业利润大量转移，经济循环不够通畅，经济效益不高的状况还没有根本改变；四是财政收入减少，财政拮据，补贴居高不下，严重制约着经济和各项事业的发展；五是企业尤其是大中型国营工业企业自我发展、自我改造的能力不强，新的经济运行机制还没有完全建立起来，特别是加快向有计划的商品经济转变，提高质量，加强管理，讲求效益，更是要下大力气着重解决的问题。另外，在社会发展方面还存在不少需要密切关注，着力解决的矛盾。

90年代经济社会发展目标

(一) 奋斗目标。按照我国社会主义现代化建设第二步战略目标和国家对天津的要求，到本世纪末实现国民生产总值按不变价格计算比1980年翻两番；人民生活全面达到小康水平，并向更高层次迈进；争取用10年或更多一点时间，把天津市基本建成“技术先进的综合性工业基地，开放型、多功能的经济中心和现代化港口城市”，并建立起与之相适应的经济体制和社会主义精神文明，使国民经济的整体素质提高到一个新水平，振兴天津，服务全国，走向世界，为下世纪的更大发展创造条件，为我国社会主义现代化建设做出更大贡献。

(二) 基本思路。继续坚持以经济建设为中心，坚持四项基本原则，坚持改革开放，坚持“一切依靠人民，一切为了人民”。90年代经济发展大体分为两步：“八五”计划的头一年或更长一点时间，继续进行治理整顿，在治理整顿中求发展，此后要在发展中继续完成治理整顿遗留下来的某些任务；要继续深化改革，理顺关系，调整结构，提高效益，缓解突出矛盾，促进国民经济逐步实现良性循环；要加强老企业的技术改造，抓好一批增强经济发展后劲的重大项目建设，为“九五”的发展积蓄力量。在此基础上,“九五”期间，进一步推进经济体制改革，更加深入地调整产业产品结构，继续提高经济效益，争取各方面有巨大发展。在速度安排上,“八五”适当低一些,“九五”稍高一些。

(三) 主要任务:

1. 努力提高经济效益，优化经济结构，提高国民经济整体素质，到本世纪末，实现国民生产总值按不变价格计算比1980年翻两番。

2. 努力增加出口，积极有效地利用外资，进一步扩大开发区和港口、市区、郊县三个开放地带不同层次的开放度，发展对外经济技术交流，把对外开放提高到新水平。

3. 大力调整经济结构，在稳步发展第一、第二产业的同时，加快第三产业的发展步伐，特别是金融、保险、商业、物资、运输、邮电、信息咨询、旅游、房地产等第三产业，充分发挥天津作为经济中心的作用，增强吸引力、辐射力和集散力。

4. 立足现有基础，充分挖掘潜力，有重点地对现有企业特别是大中型企业进行改造改组，提高天津产品在国内外市场的竞争能力。同时，发展生产急需的原材料工业，加快发展高新技术产业和产品。

5. 按照城郊型、外向型的发展方向和“服务城市，富裕农民”的方针，推进农村经济专业化、商品化和现代化进程，促进农林牧副渔和乡镇工业全面发展。

6. 适应国民经济发展和对外开放的要求，继续加强能源、交通、通信、市政公用等城市基础设施的建设，进一步改善投资环境，提高城市载体功能。

7. 进一步调整和优化教育结构，提高教育质量为经济和社会发展培养更多的合格人才；组织力量抓好一批重大科研项目的攻关与新技术的推广应用，加强基础科学研究，促进科技成果尽快转化为生产力。

8. 在生产发展的基础上，进一步提高人民生活水平。实行计划生育，严格控制人口增长，积极发展各项社会事业。

9. 进一步深化经济体制改革，按照国家的统一部署和发展外向型经济的要求，以搞活企业特别是全民所有制大中型企业为中心环节，培育和发展市场体系，相应进行宏观调控体系的改革，初步建立起符合国家要求和天津实际的经济体制和运行机制。

10. 加强社会主义思想道德建设和科学文化建设，进一步健全社会主义民主与法制，把社会主义精神文明建设提高到一个新水平。

市　长：沈志峰

副市长：方秉钧（常务）　李荣刚（农业）　刘伯芳（财贸）　王富玉（城建、政法）　肖敦余（科技）　李宏英（文教卫生）

沈志峰市长，1942年2月出生，河北省蠡县人。1965年7月毕业于西北工业大学，本科学历。历任教师、技术员、车间党支部书记、厂办公室主任、副厂长、厂党委书记，1983年8月任中共石家庄市委副书记，现任市委副书记、市长。

石家庄市“七五”时期的主要成就和变化

□ 王彦序　梁友禄　王亚南　李义华　张志学　翟玉虎

“七五”计划期间，是石家庄市国民经济和社会发展极不平凡的时期。全市人民在市委、市政府的领导下，坚持四项基本原则，坚持党的基本路线，认真贯彻执行改革、开放和治理整顿的方针，集中精力抓好经济建设，经过5年的开拓发展，全市国民经济和各项社会事业的发展取得了巨大的成绩，社会主义现代化建设出现了前所未有的新局面，城市的经济实力、社会各项事业和建设面貌都发生了重大变化。

城市的经济发展取得了令人瞩目的成就

“七五”中，石家庄市经济获得较高的发展速度，经济实力显著增强。1990年全市国民生产总值完成71.9亿元，比1985年增长92.2%，平均每年增长13.9%；国民收入完成58.8亿元，比1985年增长45%，平均每年增长7.8%；社会总产值1987年首次突破百亿大关，1988年提前两年超过“七五”计划指标，到1990年达到196亿元，比1985年增长68.6%，平均每年增长11%；工农业总产值完成126.42亿元，比1985年增长76%，平均每年增长12%，比1980年翻了1.47番，提前完成了第一个翻番的战略目标。

（一）工业。全市进一步深化和完善企业改革，积极利用治理整顿和扩大开放带来的机遇，狠抓产品、产业结构调整和发展外向型经济，企业活力进一步增强，工业生产保持了较高的发展速度，继1988年超百亿后，又登上一个新台阶。1990年，全市完成工业总产值119.4亿元，比上年增长4.32%，比1985年增长78.6%，平均每年增长12.3%，5年累计完成产值500亿元，相当“六五”时期的2倍。工业内部结构初步得到调整，在大力发展轻工业的同时，重工业也得到加强。到1990年，轻重工业的比重大体保持在60:40左右；1990年重工业完成产值38.5亿元，比1985年增长90.4%，平均每年增长13.7%；轻工业完成52.2亿元，比1985年增长42.6%，平均每年增长7.4%；全民工业完成68.2亿元，比1985年增长50.2%，平均每年增长8.5%；集体工业完成20.7亿元，比1985年增长85.1%，平均每年增长13.1%。关系到国计民生的能源、原材料产品、支农产品、人民生活必需品都增长较快。1990年，发电量达27.3万千瓦小时，比1985年增长34%；钢26.86万吨，比1985年增长73%；钢材16.5万吨，比1985年增长20%；水泥162.77万吨，比1985年增长79%；生铁26.34万吨，比1985年增长92%；印染布23923万米，比1985年增长30%；卷烟26万箱，比1985年增长38%。工业产品质量进一步提高，新产品开发取得新进展。1990年，优质产品产值率达36.5%，比1985年提高9.9个百分点；产品质量稳定提高率达93.5%；5年中，全市累计有599种产品获省以上优质产品奖；到1990年底，有51种产品获国家金银牌（其中金牌6枚），国家一、二级企业有48家（其中一级企业2家）。工业企业管理进一步加强，1990年，全部职工劳动生产率达21107元／人，比1985年提高30%；全民企业可比产品成本降低率达9.93%，比1985年上升了4.13个百分点；定额流动资金周转天数为118.7天，比1985年加快了23.94天。

（二）农业。石家庄市始终把农业放在国民经济的首位。认真贯彻“三靠”方针，千方百计增加对农业的投入，积极改善农业生产条件，坚持科技兴农方针，认真推广适用技术，大力发展乡镇企业，农村经济得到全面发展。1990年，全市农村社会总产值完成61.86亿元，比1985年增长1.94倍，平均每年增长24%。主要农副产品都增长较快：1990年粮食总产量达到89万吨，单产331公斤，分别比1985年增长21.4%和15.7%；油料总产量1.9万吨，比1985年增长42.3%；肉类总产量6.5万吨，比1985年增长76.8%；禽蛋3.1万吨，比1985年增长98%；鲜奶2.3万吨，比1985年增长62.4%；蔬菜93万吨，比1985年增长24%；水产品产量达1286吨，比1985年增长3倍。农业生产条件得到显著改善，水利化、机械化、化学化、电气化水平进一步提高。1990年末，全市农村有机井2.4万眼，比1985年增长9.6%；水浇地面积达11.26万公顷，占总耕地的86%，比1985年提高10%。农业机械总动力达136.8万千瓦，比1985年增长38.4%，其中大中型拖拉机1852台，比1985年增长3.4%，小型拖拉机2.9万台，比1985年增长76%。农田载重汽车4271台，比1985年增长27.7%。机耕地面积10万公顷，比1985年增长3.9%；机械收割面积5.67万公顷，比1985年增长62.9%，化肥施用量23.7万吨，比1985年增长37.3%；农村用电量达5.29亿千瓦，比1985年增长89.7%。1990年全市各级财政用于支援农业的资金达2823万元，乡、村两级用于以工补农的资金达236万元，都比1985年成倍增长。“七五”期间，石家庄市农村乡镇企业稳定发展。1990年末，全市乡镇企业达5.1万个，比1985年增长22.3%；从业人员32.8万人，比1985年增长19.6%；总收入44.2亿元，比上年增长12.8%。比1985年增长2.5倍，平均每年递增28.6%；实现利税4.5亿元。比上年增长2.9%，比1985年增长40%，平均每年递增7%。

（三）固定资产投资。认真贯彻“控制总量调整结构，保证重点，压缩一般”的方针，投资结构逐步改善，重点项目完成较好。5年间，全市固定资产投资共完成74.4亿元，比“六五”增长了2.07倍，其中基本建设投资完成43.7亿元，技术改造投资完成30.7亿元。分别比“六五”时期增长1.91倍和2.34倍；5年新增固定资产35亿元，是建国以来投资最多的时期。经过“七五”期间的建设，全市工业固定资产原值达到80亿元。比建国到1985年的累计增加1倍。新增的生产能力有：发电装机容量70万千瓦。生铁19万吨，炼钢8万吨，小拖拉机8万台，纱锭6.6万枚，布机2700台，药品片剂24.6亿片，针剂2亿支，电视机20万台。

（四）交通、邮电。大力加强交通、邮电等基础产业，5年间主要完成了石家庄火车站改建扩建、石太公路复线、京深高速公路石家庄段、石家庄电讯枢纽大楼等省以上重大基建项目，开辟了民航业务。1990年，全市铁路货物发送量达954万吨，比1985年增长10.3%；旅客发送量891万人次，比1985年增长86.6%，公路交通运输货运量517万吨，比1985年增长29.3%；全市邮电业务总量达5219.7万元，比1985年增长2.2倍；市话年末达到3.13万户，比1985年增加近2万户。

（五）内外贸易。随着经济的发展，城乡市场进一步活跃。1990年，全市社会商品纯购进总值达26.27亿元，比1985年增长1倍；纯销售总值达29.89亿元，比1985年增长80%；全年社会商品零售总额完成37.02亿元，比1985年增长87.9%；城乡集贸市场繁荣兴旺，年末城乡集贸市场发展到87个，全市商品成交额13.63亿元，比1985年增长3.7倍；此外，还开设了早夜市30个，蔬菜交易点48处。商业服务体系和设施进一步完善。1990年，全市千人拥有“三业”网点16.1个，比1985年增加5.1个。5年中，外资外贸取得突破性进展。1990年全市外贸收购总值13.66亿元.比1985年增长65%。平均每年增长10.7%。出口商品结构有所调整，最终产品、高附加值产品出口增加，工矿、机电等产品出口比重，分别由1985年的5%左右，提高到14.3%和16.5%。占石家庄市出口总值比重90%以上的纺织品类。出口的坯布与印染布的比例已由1985年的76：24提高到1990年的70:30，这标志着石家庄市商品出口正在向深加工、精加工制成品方向发展。利用外资工作也有很大进展。“七五”期间，石家庄市“三资”企业发展到29家，比“六五”增长3.2倍，利用外资达1.16亿美元，比“六五”期间增长5.7倍。“七五”期间，石家庄市国内外经济技术交流与合作继续扩大。国内先后与兰州、成都、包头、阳泉、呼和浩特、海口等市结为姊妹城市；先后同国外的日本长野、美国得梅因、加拿大萨斯卡通、意大利巴马等市结为友好城市。

（六）财政、金融和保险。积极开拓财源，努力压缩开支。做到了财政收支连年基本平衡。1990年，全市财政收入完成11.03亿元。比1985年增长47%。平均每年增长8%；年末银行各项存款余额达84.8亿元，比1985年末增长2.4倍。平均每年增长27%；年末城乡居民储蓄余额达54.5亿元，比1985年增长3.9倍，平均每年增长39%；保险事业进一步发展。1990年各类保险金额达237亿元，比1985年增长3.5倍，平均每年增长35%。

（七）经济体制改革。逐步探索了一条以搞活企业为中心、推行承包经营责任制为突破口的综合配套改革的路子。全市95%以上的工商企业推行了承包经营责任制;横向经济联合蓬勃发展。全市组建各类经济联合体407个，组建企业集团17个。生产资料供应体制探索了“同一销价、差价返还”的改革路子。实行了“三定一送”的办法。较好地支持了生产建设。副食品产销新体制试点、股份制试点也都取得成效。同时，对计划、财政、税收、金融、物价、住房等方面的改革也进行了积极探索。在农村继续稳定和完善了家庭联产承包责任制，推行了各种类型的专业技术承包，完善和加强了乡、村两级产前产后集体服务组织。“七五”后两年，石家庄市又重点抓了治理整顿工作并取得成效。过快的经济增长速度降了下来。固定资产投资规模和消费基金膨胀得到有效抑制，社会集团购买力、零售物价指数都得到有效控制。5年中全市停建缓建项目41个，压缩投资5.1亿元，清理各类公司283家。国民经济开始走上持续、稳定、协调发展的良性循环轨道。

城市各项社会事业取得巨大成绩

(一)科技。认真贯彻“经济建设必须依靠科学技术，科学技术必须面向经济建设”的方针。科技与经济结合日益紧密，技术开发能力有所提高。科技队伍得到加强。“七五”期间，全市各级财政用于科研事业的经费达2452万元。比“六五”时期有较大增长。5年间共取得重大科技成果123项。其中工业项目87个，农业项目36个；达到国际水平的13项，国内领先水平的46项，国内先进水平的64项。重点成果推广81项，重点成果推广应用率达80%。科技队伍不断发展壮大。1990年，全市科研机构有很大的发展，其中市以上专职科研机构69个；各类专业技术人员6.4万人。比1985年增长46%，其中自然科学人员2.9万人，比1985年增长96.6%。高新技术产业开发区建设已具雏型，已开发了3.8平方公里的区域。1990年高新技术产业实现产值1.87亿元，总收入1.48亿元，在全国第一届高新技术产业开发区汇报展览会上，石家庄市的产品受到好评。卫星、通讯、微波、发射通讯系统产品已打入国际市场。

（二）教育。全市有高等院校19所，比1985年增加7所；在校学生2.83万人，毕业生8282人。分别比1985年增长46%和102%。中等专业学校42所，比1985年增加10所，在校学生2.3万人，毕业生6760人。分别比1985年增长78%和76%；技工学校、农中、职中58所，在校学生1.77万人，毕业生5821人。分别比1985年增长55%和139%；普通中学在校学生11.98万人，比1985年增长18.7%；小学1059所，比1985年增加412所，在校学生28.28万人，比1985年增长8.8%。“七五”期间，全市用于改善办学条件的总投资达1.33亿元，市区新建中学4所、小学6所；购置课桌凳11.8万套、新添图书资料105.9万册；购买教学仪器37.3万件、文体器材9.6万件。全市95%的中小学实现了“八配套”，全市学龄儿童入学率为99.3%。

（三）卫生事业。5年内卫生事业进一步发展。“七五”末，全市各种医疗卫生机构总数达189个，比1985年增加57个，增长30.2%，平均每年增长6%；拥有病床总数1.31万张，比“六五”末增加3218张。增长32.5%，平均每年增长6%；专业卫生技术人员总数为2.12万人，比“六五”末增加2782人，增长15.1%，平均每年增长3%。防疫灭病、预防保健工作也有明显改善。全市“四苗”接种率达95%以上，急性传染病发病率在242人／10万人以下，比“六五”末明显下降。

(四)文化、体育、计划生育。“七五”期间，对文化事业坚持“一手抓繁荣，一手抓扫黄”，朝着健康繁荣的方向继续发展。1990年全市各类电影放映单位395个，比1985年增加61个；广播电视覆盖率达90%，比1985年提高30个百分点。体育事业发展较快，“七五”期间，群众体育事业蓬勃发展，体育设施进一步改善。计划生育工作取得显著成效。1990年，全市人口出生率为13.11‰，自然增长率为8.29‰，计划生育率达95.88%，实现了国家下达的控制目标。

（五）人民生活。在经济发展的基础上，人民生活进一步改善，开始向小康过渡。1990年，全市职工年平均工资收入2193元，比上年增长8%，比1985年增长97%；农民人均纯收入768元，比上年增长3.1%，比1985年增长40%；城乡居民居住条件进一步改善。1990年，城市人均居住面积达7.74平方米，农村人均房屋使用面积达21.81平方米。城乡人民吃、穿、用、住方面都有较大提高和改善。

（六）城市面貌发生了重大变化。“七五”期间。石家庄市按照调整、补充、完善第二期城市总体规划，实行统一规划、统一安排、分级分层次开发建设，城市建设和管理取得突破性进展。市政建设有了较大增长。5年中，先后完成了解放路、中山西路、工农路、北焦街、建设大街等10余条主要干道的改建、扩建工程；拓宽了新华西路、新开路西段、槐中西路、青园街南段及永安街；配合小区及高教区建设相继新建了建华大街、槐北路、体育南大街、槐中路、翟营大街、柏林庄路、红旗大街等10余条路；同时还在市郊结合部建设了联盟东路、联盟西路、城乡街、东岗路、仓安西路。为缓解市内交通压力，完成了西环北路、北外环路，并完成了东明渠部分污水截流工程。新建了西环路立交桥、北环路立交桥、南环路立交桥、正东街立交桥等。通过“七五”城市建设，城市道路总长度由1985年的332公里增至约400公里，道路面积由311万平方米增至约408万平方米，立交桥由13座增至19座。排水管道由308公里增至435公里。5年内，全市用于住宅建设的总投资约达17.23亿元。共竣工住宅面积421万平方米，其中商品房住宅竣工面积212.2万平方米，占全市总竣工面积的51%。城市居民居住条件有所改善，到“七五”末，全市人均居住面积达7.74平方米，比“六五”末提高了0.7平米左右。旧城改造初见成效，改建旧城面积约0.33平方公里，拆除房屋24.7万平方米。其中消除危旧平房1.5万间，18.2万平方米，新建120.4万平方米，住宅配套率达67.6%，比“六五”末提高了27.6个百分点。同时，还建成规模小区9个，建筑面积达148万平方米。通过旧城改造和对解放路、车站广场等重点开发，一大批高大建筑物拔地而起，交相辉映，为省城增添了新的光彩。公用事业进一步得到发展。“七五”期间，投资5834万元，对四、六水厂以及东水厂系列工程进行改扩建和调整，缓解了城市吃水难问题。全市“七五”末自来水供水量由1985年的11105万立方米增至15330万立方米，平均日产水由30.43万立方米增至42万立方米。公共交通更加便利。“七五”期间新辟线路6条，调整延长11条，拥有小公共汽车35部。开辟6条线路。全市营运车辆由1985年的325部发展到389部，营运线路长度约545公里。并且在市区主要站、道新建了百余座风格各异的候车亭。民用燃气发展迅速。1990年全市液化气已发展到20.42万户，比1985年增长1.05倍。民用煤气用户增至4万户，“七五”末全市民用气化率达78.6%。比“六五”末提高45个百分点。城市环境治理得到改善。1990年，城市绿化覆盖率由1985年的26.1%上升到27.2%。在国家公布的32个重点城市环境综合整治定量考核中。石家庄市名列第11位，其环境质量指标达第2位。1990年在全国卫生检查评比中，石家庄市跨入国家先进卫生城行列。“七五”期间，旅游事业方兴未艾，全市新建和修复完善了20余个旅游景点，在正定县除对历史上有名的大佛寺、隆兴寺进行了修复完善，还新建了西游记宫、封神演义宫、儿童乐园等，一年四季国内外游人络绎不绝。旅游业的发展不仅增加了各方面的收入，而且进一步提高了石家庄市的知名度。

邯 郸 市

市　长：白录堂

副市长：田艺杰（常务）　薛好义（农业）　曹怀刚（工交）　阎凤云（女　科技）　杨玉儒（财贸）　李光震（文教卫生）

白录堂市长，1942年12月生于陕西省延安市，大学文化程度，采矿工程师，中共党员。1968年自西安矿业学院毕业，任山西省汾西矿务局采煤队长、政治指导员、技术科长、调度室副主任，后调任河北省邯郸矿务局生产技术处副处长、王凤煤矿矿长、局党委常委、副局长等职。1983年6月任邯郸地委委员、行署副专员。1984年6月任中共邯郸市委副书记、市长，1988年3月再次当选为市长。曾在《煤炭科学技术》、《经济日报》等报刊上发表过20多篇文章。

邯郸市"七五"经济社会发展概况

□ 王少刚　崔玉章

"七五"期间经济社会发展概况

"七五"期间，邯郸市认真贯彻党的十一届三中全会以来的路线、方针、政策,坚持以经济为中心，认真贯彻执行改革开放和治理整顿的方针，依靠科技进步，使全市经济建设和社会各项事业都取得新的成绩，胜利完成了第七个5年计划，提前两年实现了第一个翻番。5年间，主要工农业产品产量和生产能力有较大增长，综合经济实力得到进一步增强。1990年全市社会总产值123.0亿元（现价，下同），按可比口径（下同），比1985年增长53.3%，年均递增8.9%；国民收入41.1亿元，比1985年增长30.8%，年均递增5.5%；国民生产总值52.1亿元，比1985年增长45.2%，年均递增7.7%；工农业总产值完成99.6亿元，比1985年增长48%，年均递增8.1%。

（一）工业。1990年全市乡以上工业企业813个。按隶属关系分，中央企业23个，省属企业1个，市属以下企业789个；按经济类型分，全民所有制企业229个，集体所有制企业576个，其它经济类型企业8个；按轻重工业分，轻工业342个，重工业471个；按生产规模分，特大型和大型企业15个，中型企业51个，小型企业747个；按工业主要行业分。采掘业118个，制造业695个。

工业生产在调整中稳步发展。1990年全市工业总产值93.6亿元，比1985年增长50.2%，年均递增8.5%。其中：乡及乡以上工业总产值80.9亿元，"七五"期间年均递增5.5%。全市主要工业产品产量实现了稳定增长。1990年原煤产量达到2057万吨，生铁161万吨，钢130万吨，钢材77万吨，水泥263万吨，纱7.5万吨，布2亿米，"七五"期间年平均增长幅度大都在6%以上。

全市工业发展呈现出三个特征：1. 经济类型向多元化的方向发展，集体所有制和其它经济类型的工业快于全民所有制工业的发展。1990年全民工业实现产值64.6亿元，占乡及乡以上工业80%，"七五"期间年均递增4.3%，集体所有制工业产值15.2亿元，占19%，年均递增9.7%；其它经济类型工业产值1.1亿元，占1%，年均递增104.9%。2. 重工业发展快于轻工业，产业结构向重型化方向发展。轻工业产值28.3亿元，占乡及乡以上工业产值35%，"七五"期间年均递增5.1%；重工业产值52.7亿元，占65%，年均递增5.7%；轻重工业的比例为34.9:65.1。3. 大中型企业占有举足轻重的位置。大中型企业共66个，占乡及乡以上企业8%，实现产值57.5亿元，占乡及乡以上企业71%，"七五"期间平均递增6.0%；小型企业747人，占92%，工业产值23.4亿元，"七五"期间年均递增4.2%。

"七五"期间，全市固定资产投资完成49亿元。其中：工业投资完成41亿元，相当于“六五”时期投资的2.4倍；全民基建投资完成13.9亿元，全民技术改造投资完成24.8亿元。相继建成了西石门铁矿、九龙口煤矿、邯钢炼钢轧材改造、热轧带钢、复印机生产线、邯郸热电厂两台2.5万千瓦机组，滏阳化工厂烧碱扩建和20多万纱锭等一批重点工程。新增工业生产能力主要有，原煤129万吨、洗精煤210万吨、铁矿石293万吨、铁47.7万吨、钢40万吨、钢材65.7万吨、电解铝3600吨、发电装机容量6.2万千瓦、水泥73.5万吨、化肥6万吨、日用陶瓷4706万件、棉纱20.2万锭、织布机2167台、化纤0.2万吨、机制纸1万吨、啤酒3.5万吨、塑料制品2800吨。重点改造了纺织、陶瓷、塑料等行业。共更新改造和新增设备6000台(套)，其中：引进国外的1400台（套)，引进国际70年代或80年代先进水平的生产线25条，使近40%企业改变了设备老化、工艺落后的状况。据测算，在5年间新增经济效益中，技术改造贡献率在50%以上。

（二）农业。“七五”期间，邯郸市始终把加强农业放在国民经济发展的首位，坚持一靠政策、二靠科技、三靠投入，推动了农业生产和农村经济的全面发展。1990年全市农村社会总产值和农业总产值分别达到30亿元和6亿元（1990年不变价为5.8亿元)，比“六五”末增长2.04倍和14.1%，年均递增24.9%和2.7%。全市粮食总产达到3.8亿公斤，比历史最高水平的1984年增长5.8%；棉花产量1120万公斤，比1985年增长4.8%。“菜蓝子工程”建设取得明显成绩，1990年蔬菜总产2.9亿公斤，比1985年增长6.2%。肉、蛋、奶、干鲜果品等产量都有较大增长。乡镇企业异军突起，1990年全市乡镇企业摊点已达38158个，比“六五”末增长33%；从业人员22.5万人。占农村劳动力的43.0%，增长28%。乡镇企业固定资产原值已达7.78亿元，增长2.2倍，乡镇企业总收入、总产值、工业产值和实现利润分别为1985年的3.6、3.33、3.33和1.1倍。煤炭、冶金、建材已成为乡镇企业的三大支柱行业。年产原煤547万吨，铁矿石和铁精粉241万吨、水泥38万吨，分别占全市总量的26%、33%和13.8%。

（三）城市基础设施建设。本着“人民城市人民建、公益事业大家办”的精神，重点改善城市硬环境，增强和发挥城市功能。“七五”期间，全市用于城市建设总投资2.52亿元，比“六五”时期增长103.4%。在交通设施方面，1986年以来新建、拓宽了市内9条主次干道，城市外环线建成了北环路、东环路，1991年又开工修建了南环路，预计1992年上半年可通车；另外还新开通了邯峰公路复线，薛峰公路、义峰公路穿山隧道等工程正在施工，市内修建了两座大型立交桥。1990年全市道路总长度279.8公里，道路面积295.2万平方米。分别比1985年增长了21%、23%。新增和更新了151辆市内公共汽车，目前全市公共汽车营运车量达到317辆，每万人拥有公共汽车营运车30辆。铁路建设，重点改造了火车站，改建了候车室和售票房，新辟了车站广场，新建了邮件分拣大楼和周围的配套设施；邮电通讯设施建设，在1985年建成中同轴通讯枢纽工程大楼的基础上，搞了市内和峰峰矿区1.4万门程控电话工程，全市电话普及率达到3.37%；供排水设施建设，继1983年建成邯峰39.4公里引水工程后，1991年又建成6公里引水复线，增加日供水能力6万吨，目前全市日供水能力33.9万吨，自来水普及率90%，解决了市区供水难的问题；排水方面，丹麦赠款建设的日处理污水能力6.6万吨的东污水厂，工程总投资2900万元，已开始运行；配电设施，建成了丛台、邯钢等7个变配电站，一些主要供电区域修建了双回路；房屋建设，“七五”期间投资8.3亿元，峻工面积累计278万平方米，其中：住宅建设投资5911万元，峻工185万平方米，平均每年峻工37.6万平方米；供热供气，1986年建成2台2.5万千瓦供热发电机组，供热能力为每小时476吨，新建了热力交换站，敷设管道已达53公里，供热面积达到124.3万平方米，还敷设煤气管道17.6公里，现有1.27万户用上了敷设的管道煤气，加上液化气、瓦斯气，城市气化率达到25.6%；城市环境和绿化，“七五”期间全市建成污染治理设施329项，总投资14672万元；建成区公共绿地面积由1985年的150万平方米增加到174万平方米，建成区绿化覆盖率达到12.6%，人均公共绿地2.2平方米。绿化面积占建成区绿化面积的96%，城市面貌发生了较大的变化。

（四）商业、财政、金融。“七五”期间，邯郸市加强了市场的培育和建设，以国合商业为重点，新建、改建了一批商业网点和服务设施，资金、劳务、科技、生产资料等要素市场已具雏型，第三产业有了较快发展，为生产生活服务功能得到提高。1990年全市社会商品零售总额达到22.7亿元，为1985年的1.8倍，年均递增12.8%；出口商品总额达7.2亿元，年均递增10.6%。全市完成财政收入6.1亿元，年均递增10.6%。全市银行各项存款余额达36.9亿元，各项贷款余额达38.2亿元，分别年均递增29.2%和21.9%。1990年零售物价稳定，低于计划控制水平。

（五）对外开放。邯郸市坚持外贸、外资、引进和内联一起抓，推进全市的全方位对外开放。1. 发挥出口产品优势，扩大对外贸易，增加出口创汇能力。全市出口商品品种由1985年的58种发展到13大类102种，出口产品生产厂家和供货单位已发展到104个，产品远销70余个国家和地区。2. 拓宽渠道。多方面积极利用外资。“七五”期间，全市累计签订利用外资合同23项，投资总额4.89亿元，合同利用外资6430万美元，已批准的10家三资企业中，正式投产的7家；使用国外贷款的项目10个，合同贷款金额2793万美元；开办补偿贸易项目3个，利用外资613万美元。3. 大力开展技术引进。全市共完成引进项目81项，总投资3.7亿元，用汇5796万美元。引进国外设备1400台（套），生产线25条，改造了一批老企业。4. 狠抓了与毗邻地区、国内发达城市及大专院校的联合协作。为了推进区域经济联合，1985年发起并组建了由晋冀鲁豫四省接壤地区15个地市组成的中原地区经济技术协调会，目前已组建区域内行业网络28条，区域性企业集团和联合体12个，经济技术协作交流项目11265项，物资串换调剂金额5亿多元，在京、津、沪、穗、深圳等城市设立了办事处，与10多个城市及20多个大专院校、科研单位开展了经济技术交流、协作。通过外引内联，共引进各类技术人才1500多名，资金2.1亿元，技术成果350多项，完成各类联合协作项目893项，有力促进了全市经济的发展。

（六）科技、教育等项社会事业。1990年全市有各类科学研究机构14个，其中：部属研究所2个，市属研究所12个，而且市属87%以上企业设有科研机构。研究范围包括机电、化工、轻工、建材、纺织、陶瓷、塑料等领域。社会经济科学研究进一步得到重视，组建了市社会科学研究所。全市拥有科技人员5.2万人.其中：高级职称1500人，中级职称1.1万人，初级职称3.95万人。取得了一大批科研成果.‘七五’期间，全市完成科研项目400多项，其中12项已达到国际水平，89项达到国内先进水平，94项达到省级水平，全市新增工业总值中科技进步因素的比重达30%。五年中，全市各类教育事业有了很大的发展，基础教育明显加强。全市学龄儿童入学率达到99%，小学升学率达到93%。初中毕业升学率达50.7%，中小学在校人数达到293752人，比1985年增加了22673人。全市3–6岁幼儿入园（班）率达到52%，比1985年提高了10%。职业技术教育迅速发展，单独建制的职业中学发展到11所，比1985年增加了4所。职业中学在校生达到6887人，比1985年增加了1700人，职业中学在校生数占整个高中阶段在校生数52.6%，超过全省平均水平。大、中专学校由1985年的6所发展到10所，大专毕业生3975人，中专毕业生2720人，在校生达到2418人，比1985年增加了1859人。多渠道解决教育投资，办学条件得到改善。“七五”期间，全市国拨教育经费年均增长17.96%。1990年达到4278.9万元，比1985年增加了2405.4万元。教育费附加5年中共计3692万元，城市维护费用于教育事业1290万元。集资办学、捐资助教育蔚然成风，5年中社会集资总额达5769.2万元。通过多种渠道筹措教育基金，使我市各级各类学校，尤其是农村小学的办学条件有了较大程度的改善。文化、卫生、体育事业也取得了新的成绩。

（七）城乡人民生活。1990年全市城市职工人均收入2334元，农民人均收入620元，分别比1985年增长95.8%和36.9%；城镇居民人均消费水平达1306元，按可比口径，比1985年增长1.2倍。“七五”期间城乡居民储蓄存款增长了2倍，年均增长24.5%。城镇居民住房条件有所改善，人均居住面积由1985年的5.83平方米增加到6.4平方米。广开就业渠道，累计安置了58903名城镇待业人员就业。

“八五”计划和十年规划基本思路

邯郸市今后十年经济社会发展的指导思想是：认真落实党的十三届七中全会精神，坚持“一个中心，两个基本点”，坚持两个文明一起抓，以科技进步为先导，以深化改革为动力，以调整结构、提高经济效益为重点，强化企业管理，增强农业基础，加强农业基础设施建设，把国民经济整体素质提高到一个新水平。为此，在工作总体思路上，主要是充分运用现有资金存量的基础和改革开放的政策，做到“内外结合”（自身发展与外引内联相互促进）、“轻重并举”（协调发展轻重工业）、“两翼齐飞”（狠抓科技与管理）、“三轮驱动”（全民、集体和其它经济成份一起发展），争取“八五”末全市经济结构调整迈出重要一步，国民经济总体效益有较大提高，社会各项事业得到相应发展，到“九五”末实现国民生产总值在1980年基础上翻两番，人民生活达到小康水平。

“八五”计划和十年规划的主要奋斗目标是：

（一）社会总产值“八五”末达到168亿元（现价，下同），“九五”末达到238亿元，年均递增分别为6.5%和7.2%以上。

（二）国民生产总值“八五”末达到71亿元，“九五”末达到100亿元，年均递增分别为6.4%和7%以上。

（三）国民收入“八五”末达到54.7亿元，“九五”末达到75亿元，年均递增分别为5.9%和6.5%以上。

（四）工农业总产值“八五”末达到138亿元（1990年不变价为147.7亿元），“九五”末达到193亿元，年均递增分别为6.8%和6.9%以上。

（五）财政收入与生产同步增长，“八五”末达到8.5亿元，“九五”末达到12亿元，年均递增均为7%。

（六）固定资产投资规模“八五”累计安排60亿元，“九五”安排80亿元，分别增长22.5%和33%。

邢台市

市　长：靳庆和

副市长：邹本真（常务）　赵子斌（农业、公安）　马玉芝（女　城建、环保）　路林春（财贸、金融）　刘玉今（文教、卫生）

靳庆和市长，1937年9月出生，毕业于南开大学中文系。先后任国家计委基建局科员、河北省革委会工交办综合处调度室干事、河北省经委调度室副主任、省经委综合处副处长兼省长秘书，1983年9月任河北省人大常务委员会财经委员会副主任、主任，1990年10月任邢台市代市长，1991年3月任邢台市市长。主要著作：《经济法律法规实用指南》（合著大型工具书）。

牛城今非昔比　“七五”面貌一新

□　《中国城市经济社会年鉴》邢台市编写组

“七五”期间，邢台市委、市政府坚定不移地贯彻执行党的十一届三中全会以来的路线、方针、政策，坚持以经济建设为中心，坚持四项基本原则，坚持改革开放，认真进行治理整顿，抓稳定、促发展，国民经济和社会各项事业取得了显著成就，胜利完成了第七个五年计划，提前两年实现了第一个翻番。在古城的编年史上写下了绚丽多彩的锦绣华章。

5年来，邢台市生产建设取得了重大进展，综合经济实力明显增强。1990年，全市社会总产值达到27.8亿元（1980年不变价，下同），比1985年增长72.7%，年均增长11.5%；国民生产总值达到10.5亿元，比1985年增长55.2%，年均增长9.2%；国民收入达到8.7亿元，比1985年增长48.1%，年均增长8.2%；工农业总产值完成24.7亿元，比1985年增长86%，年均增长13.2%；财政收入达到1.68亿元，比1985年增长61.8%，年均增长10.1%。

工业生产在调整中稳步前进

“七五”期间，邢台市立足现有基础，努力挖潜，抓住治理整顿机遇，积极调整产业、产品结构，大力加强经销工作，强化企业管理，推进技术进步，广泛开展“双增双节”运动，保持了工业生产的稳步发展，经济效益和企业素质进一步提高，经济发展后劲大大增强。

1990年，全市乡以上工业企业完成工业总产值21.8亿元，比1985年增长92.4%，年均增长14%，超过了计划增长9.4%的目标。其中，市区年均增长14%，市辖邢台县年均增长13.9%；全民所有制工业企业年均增长14.1%，集体所有制工业年均增长13.7%；轻工业年均增长7.4%，重工业年均增长16.5%。分阶段观察，前3年经济过热，年均增长18.3%，后两年经过治理整顿，速度明显减慢，年均增长7.8%，基本上实现了适度增长。

在列入全市重点考核的40种主要产品产量中，比1985年增长的有33种，占82.5%。产品质量不断提高。5年间全市共获得省优产品127个，部优产品34个，国优产品3个。其中，邢台冶金机械轧辊厂生产的Φ610武钢冷轧工作辊获国家优质产品金奖，成为我国冶金系统第二个获得轧辊“金牌”的企业。1990年12月河北省召开的名优特新高评选展销会上，邢台市参展的200种产品中有40种获“振兴河北经济奖”。

企业管理升级工作成绩显著。5年全市共创国家级先进企业7个，省级先进企业14个，市级先进企业30个。全市工业企业基础管理工作达标率为59.8%，在河北省位居榜首。

工业基础建设步伐加快，生产能力扩大。“七五”期间，全市全民所有制工业企业累计完成基建和更新改造投资20.3亿元，比“六五”时期增加2倍多。截止1990年底，全市独立核算工业企业的固定资产原值已达

35.8亿元，比1985年翻了1番。由于工业建设的步伐加快，使“七五”期间邢台市主要工业产品的生产能力明显扩大，新增的主要生产能力有：发电装机容量60万千瓦，煤炭开采90万吨，铸铁件2.2万吨，机制纸及银板4900吨，白酒5000吨，皮鞋60万双，印染布360万米，棉布织机547台等。这些都进一步增强了邢台市工业生产的后劲。

农村经济全面发展

过去5年，是邢台市主要农副产品连获丰收的5年，也是农村经济蓬勃发展的5年。市委、市政府认真贯彻执行党中央提出的“一靠政策，二靠科技，三靠投入”的方针，始终把农业生产放在战略地位来抓，不断稳定和完善农村联产承包责任制，积极发展壮大集体经济，多渠道筹措支农资金。5年累计对农业固定资产的总投资达2300多万元。同时，狠抓农业开发、农业基地和农田水利基本建设，积极推进“科技兴农”，稳步发展乡镇企业，组织各行各业开展支农和扶贫工作，使农业生产条件有了很大改善。

1990年，邢台市在农业受灾面积占全部播种面积36.4%的情况下，粮、棉、油、菜仍获全面丰收。全年完成农业总产值1.4亿元，比1985年增长4.5%，年均增长1%；农村社会总产值完成6.2亿元（现价），比1985年增长85%，年均增长13%。其中村及村以下工业总产值比1985年增长1.5倍，年均增长16.5%。从农业产量看：粮食总产量为17.5万吨，比1985年增长10%，“七五”期间平均增长1.8%；棉花由于冰雹灾害严重，1990年总产量为4171吨，比上年增长26.4%，但比1985年减产719吨；1990年，油料和蔬菜总产量分别为3949吨和13万吨，分别比1985年增长8.2%和22%，“七五”时期平均增长速度为1.6%和4%。随着农村机械化、电气化的发展，农村用电量大幅度增长，1990年全市农村用电12590万千瓦小时，比1985年增长82.2%；拥有机电井6382眼，比1985年增长15.9%；拥有拖拉机12209台，比1985年增长近1倍；化肥施用量达5.6万吨，比1985年增长29.5%。

城市综合服务能力明显增强

为了给改革开放和经济建设创造一个良好的“硬”环境，“七五”期间，邢台市十分重视城市的基础设施建设，加强环境保护和城市的综合治理，使城市的吸引力、辐射力和综合服务能力大大增强，城市功能日臻完善。5年间，全市共完成城市建设投资8038万元，比“六五”期间增长1.09倍。

道路建设：共新修道路37.4万平方米，大修道路21万平方米，新修便道6.5万平方米。到1990年底，市区主次干道长度已达83.2公里，比“六五”末增加了21.1%；人均道路面积达3.9平方米，比“六五”末增加了0.6平方米。

城市供排水：“七五”期间，日供水能力由“六五”期间的4.5万吨增加到8.7万吨，年供水量由1455万吨增加到2568万吨，市区全部实现了水管进户，昔日的公用水栓已经绝迹。“六五”期间，邢台市有排水管道55公里，排水服务面积率33%，现有排水管道总长度86.5公里，排水服务面积率达到45%，比“六五”增长了11.9%。

城市公交：“七五”末，营运车辆由“六五”末的68辆增加到112辆；营运线路总长度由189公里增加到266.6公里，延伸了77.6公里；年客运总量由1478万人次增加到1853万人次，增加了25.4%。

园林绿化：“七五”期间，为改善城市环境，全市党政军民学共同努力，大搞绿化、美化活动，使城市观瞻焕然一新。共增植园林绿地1181万平方米，其中公共绿地63万平方米，新建游园6个。现在，市区主要街道初步形成了高有乔木、中有花灌、低有草坪的立体化结构，园林绿化达到1510公顷，比“六五”末增加了3.6倍，城市绿化覆盖率达到26.9%，在河北省位居第二。

环境卫生：“七五”末，市区常规清扫面积达到265万平方米，比“六五”末增加了79%。新建了2座机械化垃圾转运站，公厕24座，改建水厕14座，公厕卫生保洁率达到98%以上。昔日牛城“垃圾乱倒、灰尘乱飞、污水乱流、厕所脏乱”的“四乱”现象大大改观。

住宅建设：5年间，用于住宅建设的投资达1.4亿元，比“六五”翻了1番，住宅竣工面积达62万平方米，人均居住面积由“六五”末的4.3平方米增加到7.1平方米。

社会事业不断繁荣

“七五”时期，科技对经济发展发挥了越来越大的推动作用，共完成技术开发和技术攻关项目300多项，其中获省以上成果奖16项，获市成果奖213项。教育事业普遍引起重视，5年教育总投资1302万元，办学条件有了很大改善，普及九年义务教育工作取得显著成绩，职业技术教育、成人教育和幼儿教育有了长足发展，教育质量不断提高。“七五”末，全市拥有各类学校760多所，在校学生达13.4万多人，比1985年增加2万人。随着卫生事业的发展，人民群众就医难问题基本解决。全市各类医院发展到53家，比1985年增加27家；医院床位数4630张，比1985年增加583张，年均增加117张；卫生技术人员达到6544人，比1985年增加1143。文化、体育、广播电视等事业也都有了新发展，社会主义精神文明建设取得新进展。

人民生活水平稳步提高

随着国民经济和社会事业的发展，邢台市城乡人民群众的物质文化生活水平逐年有所提高。市场供应丰富平稳。1990年，全市社会商品零售总额达9亿元，比1985年增长95.2%，年均增长14.3%，其中对居民的消费品零售额为7.2亿元，比1985年增长了1倍多，平均每年增长15.7%。人民群众在吃、穿、用上有了很大改善。从市场物价上看，由于持续对流通领域进行治理整顿，实行物价控制责任制等措施，使市场物价趋于稳定且有下降。1990年，城市居民生活费用零售物价总水平为99.6%，是近10年来第一次出现负增长，比1985年减少7.9个百分点。特别是人民生活必需品下降幅度更大，如食品类物价指数为100.2%，比1985年下降10.9个百分点。从城乡居民的收入来看，1990年，全市职工年人均工资为2174元，比1985年增长102%，年均增长15%；农村人均纯收入484元，比1985年增长18%，年均增长3.4%。由于居民收入增加较快，社会购买力、居民消费水平逐年提高，消费结构随之改善。据抽样调查，1990年，城市居民人均月生活费支出109.8元，比1985年增加55元，年均增加11元，特别是耐用消费品增长更快。1990年底，百户城市居民拥有彩色电视机83.3台，比1985年增长3.5倍；收录机70台，比1985年增长91%；电冰箱60台，比1985年增长17倍；洗衣机100台，比1985年增长50%；电风扇188台，比1985年109%；照相机15架，比1985年增长2倍；组合家具33.3套，比1985年增长近20倍。5年来，城乡居民储蓄存款增长很快，1990年末达到11.3亿元，比1985年增长3.6倍，年均增长35.7%；人均储蓄存款为1358元，比1985年增长307元，年均增长32.4%。

改革开放取得新的进展

5年来，邢台市积极推进改革开放，人们的改革开放意识不断增强。在农村不断完善以家庭联产承包为主的责任制，逐步调整农村经济结构，积极发展社会化服务体系；在城市以增强企业活力为中心，普遍实行了承包经营责任制，厂长（经理）负责制和企业内部经济责任制，有效地调动了经营者和生产者的积极性。同时，还积极稳妥地推进科技体制、教育体制、流通体制等方面的改革。在对外开放上，坚持抓外引、抓内联、抓创汇，促进全市全方位、多形式的开放。“七五”期间，成交实施各类国外引进项目57项，总投资3.83亿元，其中外汇5932万美元，比“六五”期间增长5.5倍。通过积极推进横向经济技术联合与协作，引进了一批国内外先进技术、设备、工艺和人才。对外贸易有了较快发展，1990年，外贸收购总值达到1.14亿元（计划价），比1985年增长308%，年均增长32.5%，出口创汇2080万美元。

“七五”期间，邢台市经济建设和社会事业各个方面，都取得了一定成绩，这为“八五”、“九五”时期的发展奠定了基础，但与上级要求和兄弟城市相比，仍有很大差距。主要问题是：（一）工业结构性矛盾仍很突出，经济效益差的状况没有从根本上扭转；（二）农业基础比较薄弱，抵御自然灾害的能力仍很脆弱；（三）固定资产投入不足，经济发展缺乏后劲；（四）开放竞争意识仍不够强，对外开放步伐不够快；（五）财力和物力不足，使用分散，制约着经济社会的发展；（六）城市基础设施建设和管理水平仍不适应经济建设和人民生活的需要；（七）社会上一些丑恶现象时有发生，社会主义精神文明建设的任务还很艰巨。

回顾“七五”发展历程，我们既有经验，也有教训，概括起来主要有以下四点启示：（一）必须坚定不移地贯彻党的基本路线，牢固树立以经济建设为中心的思想，坚持两个文明建设一起抓，努力创造团结、稳定的社会政治环境；（二）必须在坚持四项基本原则的前提下，积极推进改革开放，解放思想，开阔思路，勇于创新，敢于探索，正确处理治理整顿与深化改革，稳定与发展的关系，以改革开放为动力，战胜困难，发展经济；（三）必须坚持实事求是，一切从本市市情出发，把需要与可能有机地统一起来，既不能急于求成，又不能放松努力，充分发挥本市资源和基础优势，不失时机地抢抓机遇，多渠道地增加投入，不断增强经济发展后劲；（四）必须把经济发展的重点转到对现有企业技术改造、改建和扩建上来，走以内涵为主扩大再生产的路子，抓科技、抓管理、上质量、上品种、增效益，实现经济的持续、稳定、协调发展。

（执笔：兴　国　贾登仁）

保 定 市

市　长：周德满

副市长：米绍棠（常务）　赵　燕（女　文教卫体）　王坦（工交、邮电）　何叶华（科技、农业）　李森（政法、城建）　陈学曾（计划、外贸）

周德满市长，1935年出生于北京市延庆县。1949年2月参加革命工作，河北省宣化业大文学系毕业。1954年入党。历任技术室主任、厂部秘书、组织科长、厂党委书记、厂长，市纺织工业公司经理，市委秘书长、1984年任保定市委常委、常务副市长，1990年任保定市委副书记、市长。主要论文有：《要把城市建设的更美好》、《合理规划，加强管理，群策群力，加速名城开发建设》等。

保定市“七五”时期主要成就及其基本经验

□ 保定市市长　周德满

“七五”时期的主要成就

“七五”期间，全市人民在市委、市政府的领导下，认真贯彻执行党的十一届三中全会以来的路线、方针、政策，坚持“一个中心、两个基本点”，团结奋斗，开拓创新，“七五”确定的主要目标和任务都已达到或超额完成，国民经济和社会事业取得了新成就。

（一）国民经济发展迅速，经济实力进一步增强。

1. 国民经济发展较快。1990年，全市国民生产总值完成32.63亿元，比计划增长15.9%，按可比价格计算，比1985年增长46.9%，年均递增8%；比1980年增长117.2%，提前两年实现了第一个翻番；国民收入完成25.36亿元，比计划增长46.8%，比1985年增长42.6%，年均递增7.2%；工农业总产值（1980年不变价）完成40.61亿元，比计划增长21.3%，比1985年增长77.7%。年均递增12.2%，其增速在历次五年计划中是最高的；财政收入完成4.52亿元，比计划增长38.2%，比1985年增长80.8%，年均递增12.6%。随着经济的发展，保定市经济实力也相应增强。1990年，人均国民生产总值达到1972元，年均递增95.8元；人均国民收入1532元，年均递增139.2元，均高于全省平均水平。

2. 工农业主要产品产量有较大增长。市重点考核的50种主要工业产品产量，有70%以上完成或超额完成“七五”规定的指标，其中：感光材料、变压器、卷烟、石油加工、棉布等都有较大幅度的增长：钢材、合成氨、地毯、针织品折用纱、改装汽车、机引犁、汉字终端设备等产品产量都比1985年增长1倍以上。农业除棉花、油料及部分畜牧业受价格及自然灾害的影响，没有达到预期水平外，粮食、蔬菜及其它农产品都完成了计划。

3. 固定资产投资增长幅度较大。“七五”期间，全市全社会固定资产投资完成25亿元，比计划超额完成11.7亿元，比“六五”的7.1亿元增长2.5倍，成为建国以来投资完成额最多的时期。新增固定资产19.7亿元，比“六五”的6.1亿元增长2.2倍。一批重点基建和技改项目按期竣工，使保定市经济实力增强，生产能力进一步扩大，基础设施有所改善。“七五”期间，科技、教育、文化、卫生、体育及城市建设方面的投资比重从“六五”期间的13.3%提高到25.8%。全市城镇新建住宅112.61万平方米，居民住房紧张状况有所缓解。

（二）结构调整初见成效，各产业趋于协调发展。

1. 产业结构比例趋向合理。1990年，一、二、三产业的比例由1985年的20：52：28调整为17：50：33，第三产业比例明显上升，第三产业基本稳定。

2. 农村经济结构趋于合理。1990年，保定市农村第一、二、三产业的比例由1985年的60：30：10调整为46：43：11，种植业比重有所下降，第二产业增长迅速，第三产业稳定发展。

3. 工业内部结构得到初步调整。主要表现为：一是能源和原材料工业得到加强，年均递增13.6%，快于整个工业的增长速度。二是重点行业和骨干企业得到较快发展。纺织、机械电子、化工、轻工四个主导行业占工业的比重由1985年85.8%提高到87.5%。大中型工业企业由28个发展到53个，其产值占全市工业总产值的比重，由51%提高到62%。三是产品质量提高。“七五”期间，全市累计有233种产品获省以上优质产品称号。四是消耗降低。工业万元产值能耗由7.12吨下降到4.71吨，降低了33%。

4. 商业、运输、邮电业为工农业生产和人民生活作出了重要贡献。1990年，全市社会商品零售总额达16.96亿元，完成计划的100.6%；比1985年增长108.9%，年均递增15.9%；市属运输部门公路货运量达到206万吨，比1985年增长10.2%。邮电业有较快的发展，全市电话拥有量达到2.7万部，市区电话普及率由1985年的2%提高到3.6%。邮电业务总量达1259万元（不含地区），比计划增长39.9%，年均递增17.4%。

5. 对外经济工作取得明显进展。对外贸易有了较快的发展。全市出口产品的种类已由“六五”时期的12类49种增加到13类185种。出口产品收购总值，1990年达到3.16亿元，比1985年增长3.3倍，年均递增34.1%；出口工业品产值占工业总产值的比重由1985年的3.6%提高到12.7%。利用外资工作也取得很大成绩。“七五”期间，保定市新建中外合资、合作企业28个（已达到33个），累计利用外资总额达2670万美元，出口商品创汇地方留成收入2307万美元。

（三）科学技术与经济建设的结合取得新进展。

“七五”期间，科技兴市战略开始实施，科技工作进一步得到加强，科技与经济的结合日渐紧密。全市已拥有各类科技人员4.26万人，其中工程技术人员2.6万人。5年共完成科技开发项目534项。其中：获市以上科技成果奖的408项，有80%已在工农业生产和经济建设中得到不同程度的推广应用。目前，保定市农业科技在整体效益中所占比重已由30%上升到35%，工业总产值中科技进步的因素已达31.5%。

（四）社会事业全面发展，人民生活稳步提高。

1. 教育改革不断深化，教育事业取得一定成绩。基础教育进一步加强，新建教学楼28栋，市区基本上消灭了小学二部制和一级危房，中小学办学条件有了较大改善，九年制义务教育在市区得到普及，成人教育和职业技术教育稳步发展，为保定市经济建设培养了急需的技术人才。“七五”期间，市属院校共培养大中专毕业生1267人，比“六五”期间增加443人。

2. 文化事业蓬勃发展。两届“古城艺术节”的举办，对保定市专业和群众文化活动起了积极推动作用。群众性的文娱活动有了较大发展，在国家和省级文艺评比竞赛中涌现出了大批优秀人才。

3. 医疗卫生事业进一步发展。1990年，全市医院病床床位达到7110张，比1985年增加1268张。通过调整医疗机构、增配先进医疗设备、培训医务人员，医疗水平又有进一步提高。卫生防保、计划免疫工作跨入全省先进行列。

4. 体育事业成绩显著。体育设施有所改善，新建室内游泳馆一座，完成了体育馆的配套建设。群众性体育活动广泛开展，中小学体育锻炼达标人数已占总数的88%。体育竞赛成绩在全省保持了领先地位。

5. 人民生活继续改善。1990年，全市职工人均工资达到1989元，比1985年增加989元，年均递增14.7%。农民人均纯收入达到638元，比1985年增长59.1%，年均递增9.7%。1989年底，农村人均纯收入200元以下的贫困户从1985的43970户、17.9万人，减少到4970户、2.1万人，贫困户占农户的比重由18.2%下降到2%，扶贫工作取得显著成绩。

（五）城市基础设施逐步配套，投资环境得到改善。

保定市地处冀中腹地，交通便利。经过“七五”期间的努力，公路辐射面已达5省、市、区。目前市内已有15条公共汽车线路，公交路线总长度251公里，加之延展总长度已达百余公里的保神线等铁路，构成了市县区交通网；国办电厂和自备电厂总装机已达28.1万千瓦；程控电话已达1.65万门；供水管道已遍布全市，给水管道长488公里，日供水能力92万吨（含自备水源），而且水质优良，居京津冀之冠。

（六）经济体制改革取得重大进展，有力地推动了经济的发展。

“七五”期间，保定市农村进一步巩固完善家庭联产承包责任制，对农业生产和国民经济的发展起了重要的促进作用。城市经济体制改革，围绕搞活企业这个中心，广泛推行了企业承包经营责任制，全市多数企业引入了竞争机制和风险机制，有30个企业兼并34个企业，组建企业联合体396个，产权交易市场也应运而生。同时，建立发展消费品和生产资料、资金、劳务、技术等生产要素市场，企业的外部环境得到改善，住房制度改革也已起步。

“七五”时期城市工作的基本经验

市委、市政府体会较深的就是始终坚持了“说到做到，真办实事”的原则。这是共产党人必须对人民持有的高度负责态度，这里还有一个说什么、怎么说和怎么做的问题。具体来说，需要特别注意以下问题。

（一）要突出工作重点。

一个市的工作千头万绪，从何抓起？做为一个市的领导，工作不可能面面俱到、事必躬亲，必须善于在大量的、普遍的矛盾中抓住主要矛盾，突出工作重点，办那些为广大人民群众所关注而又牵一发可动全身的事情。例如，烧煤难、吃水难、掏粪难，都是保定市二三十年没有解决的老问题，群众反映非常强烈。而城建资金少，今年三、五万，明年三、五万，撒了芝麻盐，不显山不显水。1986年初，市里总结经验教训，下决心改变一般化的工作方法，把解决“三难”确定为重点，明确几位市长分头负责，组织专门班子，集中300多万元资金，半年时间就打开了局面，在市民中引起较大反响。解决前群众说：“春夏吃水贵如油，夏秋大粪满街流，冬季发愁买煤球”；解决后群众说：“自来水上高楼，进厕所不再愁，大门口买煤球”。“三难”问题的初步解决，对整个工作也产生了重要的推动作用。实践告诉我们，善不善于抓重点，确实是一个指导思想和有没有全局观念、群众观念、战略眼光和清醒头脑的问题。突出重点的过程，是把中央政策、上级指示同本地实际相结合的过程，是正确认识客观规律并自觉按客观规律办事的过程，是从宏观上驾驭全局的过程，也是团结群众、组织群众、发动群众的过程。只有抓住了重点，广大人民群众才会心往一处想、劲往一处使，同时还会起到举一反三、以点带面、推动全局的重要作用。

（二）要制定可操作性强的措施。

任何工作，只有号召而没有措施等于空话，有了措施而没有可操作性，仍然难以落实。以往有些工作之所以落实不好，其中一个重要原因，就是措施缺乏可操作性，原则多，办法少。今年，保定市的工业经济遇到了前所未有的困难。贷款拖欠，市场疲软，产品积压，形势严峻。如何既有措施，又有可操作性，市委、市政府召集有关部门反复研究，在抓准重点的基础上，制定了十几条措施。对于做什么，怎么做，谁去做，做到什么程度，什么时间完成，遇到问题怎么解决，都提出了明确要求。由于措施具体，可操作性强，要求严格，各单位行动迅速，很快见到成效。例如工商银行，突击4天，很快就把系统内5353万元的三角债全部清理干净，而且很快就创出了定向贷款、系列贷款的新办法。又如，产品经销问题，会后一周时间，市计委、经委便摸清了积压产品底数，按产品逐一开列清单，商业局长带着各基层经理迅速深入到有关企业挂钩联。在此基础上，我们组织了全市性的工商产品衔接会，仅用3天时间，就推销积压产品近5000万元。这样的工作效率、工作质量是前所未有的。这是严要求、敢叫真的结果。

（三）要狠抓落实。

已经定下来的措施，必须狠抓落实。例如，在今年3月下旬的市人代会期间，市里开了一次市长现场办公会，下决心抓落实，办实事。市里把会前代表视察提出的和会上提出的批评、意见和建议集中起来，一个一个认真研究，然后请40多名代表参加，把解决每个问题的意见和代表见面，有的当场拍板解决，有的明确了解决原则，有的提出了解决办法，有的限定了解决期限。会后市领导立即督办，有关部门迅速行动，市府办和市报社还分别发了系列信息和系列报道，逐个反映进展情况，提请各部门和全市人民监督。这样上下共同努力，使所有限定了解决期限的问题，全部得到了解决。又如，市内江城路路灯多年不亮问题，会上要求3天内解决，当夜建委即采取临时措施通了电，而后又制定了彻底改造计划，抓紧组织实施。再如，近年新建的环北一号楼60户居民所遇到的难以上水问题，会上拍板10天解决，会后房管局立即组成专门班子，日夜突击施工，改造管道，第9天就上了水。居民十分高兴。有位年逾花甲的老同志，当场雀跃吟诗：“人民政府为人民，市长与人民心连心！”

（四）要敢担风险。

在工作过程中，特别是那些事关全局的大事，往往难度较大。因此，不论是决策还是抓落实，都需要有一种敢担风险的精神。例如，清理空闲住房，去年我们冒着风险，对全市空闲住房进行了一次彻底清理，凡属无特殊情况连续6个月以上无人居住的空闲住房一律查封，又经过两三个月的调查核实，共收回232间，分给了最困难的缺房户，这件事在全市震动很大。清理中，有的找、有的闹、有的告。我们态度坚决，凡查准了确属空闲住房的，找谁也不行；情况有出入的，实事求是地予以解决。由于坚持了原则，又注意了做过细的工作，问题解决得比较妥善，群众反映较好。

（五）要有一批得力干部。

说到做到，真办实事，单靠几个市长不行，还必须有一批真正能为人民办实事的、精明强干的干部参与。这批干部必须是思想、政治、业务素质较好的，为人民群众所信赖。几年来，我们一些工作之所以能够迅速打开局面，出现好的转机，这些干部无疑起了中流砥柱的作用。当然，由于目前党风、民风、社会风气存在一些问题，全面、彻底解决好用人问题并不是轻而易举的。但是，干部是一个重要的因素，这个问题解决得好，我们想办的事情才容易办得到、办得好。

张家口市

市　长：杜书箱
副市长：杨　萍（计划、工交）　梁继业（农林水、财贸）　高启明（文教、卫生）　艾润飙（城建、环保）　马文锦（公安、政法）

杜书箱市长，1943年7月生，河北省藁城市人，工程师，研究生学历，1966年5月加入中国共产党。1968年7月毕业于太原重型机械学院，攻读工程机械专业。曾任宣化工程机械厂生产处技术员、工程师、研究所设计室副主任、研究所副所长兼党支部副书记、厂党委委员、组织部部长等职。1983年7月任中共张家口市委副书记，1990年10月任市委副书记、代市长，1991年3月当选为张家口市市长。

实行对外开放是振兴山城经济的必由之路

□　张家口市市长　杜书箱

新中国成立后，张家口市经过40多年的建设，初步形成了以机械、冶金、化工、轻纺为支柱，毛皮、皮革工业为特色，基础比较雄厚。门类比较齐全的工业体系，已建设成为有一定工业基础和实力，国民经济和社会各项事业综合发展的新型城市。“七五”期间，国民生产总值、社会总产值、国民收入每年平均分别以9.52%、10.32%、7.74%的速度递增。1990年分别达到27.69亿元、66.16亿元、23.07亿元。工业总产值和财政收入平均每年递增11.78%和14.62%，1990年分别达到52.12亿元和6.2568亿元，在河北省10个省辖市中分别居第四、三位。5年间人民生活有了明显改善，农民人均纯收入增加了248元，城市居民人均生活费收入提高了1.17倍。

对外开放促进了经济的发展

张家口市“七五”期间发生如此大的变化，根本原因是，认真贯彻了党的基本路线，坚持“一个中心，两个基本点”，在自力更生的基础上，加快了对外开放步伐，积极利用外资和先进技术，加速了企业技术改造，促进了全市经济的发展。主要表现在：

（一）提高了出口创汇能力。1985年，全市出品商品收购总值仅为2532.2万元，1989年出口商品发展到11大类74种，其中收购值在100万元以上的有21种，收购值达9899万元，占当年收购总值的84%。1990年达到了15676万元，5年间平均每年递增44%。工业出口企业发展到50余家，出口产品达81种。

（二）加快了技术引进步伐。5年来，全市共签订引进技术、关键设备和生产线合同94项，仅轻工、机械、纺织、化学、医药、电子、建材7个行业的26家企业就引进技术、设备49项，近1000台（套），用汇额达3327万美元，其中已有43项完工投产，发挥效益。引进的技术和设备基本上都是国际80年代水平的，有些项目还填补了国内、省内空白。技术和设备的引进，“嫁接”和改造了张家口市部分企业现有陈旧设备，解决了部分企业产品单一、工艺技术落后、质量等级较低等问题，提高了企业技术装备水平，增强了出口创汇能力和发展后劲。

（三）办成了一批利用外资项目。5年间，张家口市认真贯彻落实国家和省有关鼓励外商投资的优惠政策，采取多种形式，广拓渠道，积极吸收和利用外资。目前，全市已办成利用外资项目17项，共利用外资2548.4万美元。直接利用外资兴办合资企业5家，中外双方投资总额990万美元，注册资本796万美元，其中外方投资317.7万美元，占39.9%。间接利用外资项目12项，其中国外政府贷款4项，世界银行、日本三合银行贷款6项，“三来一补”项目2项，间接利用外资2230.7万美元，均已签订转贷协议。

(四) 扩大了国际之间的交往。近5年来，张家口市共接待来自世界23个国家和地区的外宾612批、2058人(次)，其中进行经济、贸易、技术洽谈、技术服务、讲学等活动的510批、1141人(次)，旅游观光的102批、917人(次)。同时，接待港澳台胞、华侨、外籍华人139批、818人(次)。全市先后有93批、314人(次)到15个国家和地区进行技术考察、引进设备、业务洽谈和民间友好活动。通过相互间的交往，增进了友谊，加强了经济、贸易、科学技术等方面的协作和交流。

(五) 增加了劳务出口。张家口市5年共派出462人到8个国家承包工程和劳务输出。其中劳务输出项目4项，分包国家、省和张家口市直接签订的对外工程承包项目3项，援外承包工程项目4项。

对外开放要做到四个结合

(一) 积极外引与扩大内联结合，不断推进双向开放。

张家口市由于地理位置的特殊性，60年代以来，经济发展基本上处于封闭状态。改革开放以来，特别是党中央提出沿海经济发展战略之后，张家口市紧紧抓住这一难得的机遇，明确了“以国际市场为导向，以国内市场为依托，积极发展横向经济联合，加快对外开放步伐，推动和促进全市经济发展”的指导思想，制定了鼓励出口创汇、引进外资的优惠政策。按照“积极慎重、扎实稳妥、逐步推进、讲求效益”的原则，大胆积极的使用国外贷款，创办合资、合作和外商独资企业，发展“三来一补”项目，引进国外先进技术和关键设备，改造、“嫁接”现有老企业。张家口市先后办成了一批利用外资项目和合资企业，虽然数量不多，但是已在扎实起步。1990年，全市合资企业工业总产值达2470万元，取得了比较好的经济效益。宣化—英格索兰矿山工程机械有限公司，由于中美双方竭诚合作，取得了显著的经济效益。从1989年正式投产以来，共完成产值2398万元，销售收入2114万元，成为河北省机电行业的第一家规模较大的中外合资企业。在积极兴办合资企业和利用外资项目的同时，张家口市加快国外先进技术和设备的引进步伐。5年间已引进的49项先进技术和设备，若全部完工后，可新增产值4.29亿元，新增利税1.04亿元。张家口卷烟厂1985年以来，在“六五”技改的基础上，又引进了设备40台(套)，进一步提高了生产能力，提高了产品质量，1990年卷烟产量达到75万箱，利税达到5.09亿元，成为全省第一利税大户。宣化啤酒厂进行了第三、四期技改配套和扩建，引进了两条西德罐装流水线和美国高浓后稀释设备，使啤酒生产由1985年技改、引进前的3万吨增加到7万吨，1990年在全国同行业中，产量居第11位，在全省40多家啤酒企业中，产量名列榜首。

张家口市地处内陆，又属于控制性开放地区，这样就决定了我们在对外开放中必须强化内联工作。几年来，我们通过实行工工、工贸、贸贸、技工等各种形式，加强同国内省、市、县的联系，加强同各个层次的横向联合。不仅为对外开放工作奠定基础，又推动和促进经济的不断发展。我们按照“优势互补、平等互利、互相合作、共同发展”的原则，重点加强五个联合。一是加强了同沿海城市的联合。充分利用沿海城市与张家口市经济上的互需性和互补性，发挥他们的窗口作用，对外宣传张家口市产品，拓宽了张家口市同国外客商交往的渠道。二是加强了与京、津两市的联合。张家口市距离京、津较近，为了积极利用京、津的技术人才优势，依托京、津不断发展自己，同时服务于京、津，在资源开发和副食品供应上逐步成为北京的原材料和副食品基地之一。张家口市参加了环京经济技术协作区，在京、津设立了办事处。为张家口市的建设牵线搭桥，捕捉信息，引进资金和技术，加速了张家口市经济的发展。三是加强了同毗邻地区的联合。由于张家口市历史上与这些地区的经济联系就比较密切，1986年张家口市加入晋、冀、内蒙古经济协作区后，加快了经济联合和协作的步伐，因此，使张家口市的技术和产品进一步辐射到“三北”。四是加强了与已建立友好关系地区的联合。5年间张家口市与唐山、大同、天津、上海等省内外的15个市、区、县建立了友好关系，与全国27个城市建立了形式多样、比较稳固的经济联系。五是加强了城乡之间的联合。我们有计划、有步骤地将城市初级产品和劳动密集型产品，扩散和转移到农村，做到以城带乡，以乡促城，共同繁荣。通过开展以上形式的联合，“七五”期间共组建了79个企业集团和联合体，有26个企业参加了外省、市组建的联合体，引进开发新产品、新工艺557次，其中37项填补了国内空白。几年来，通过联合新增产值5.3亿元，新增利税1.8亿元。

(二) 引进先进技术与消化吸收相结合，提高外资和引进技术的综合效益。

为增强企业的自主开发能力，我们注意克服重硬件、轻软件，重生产使用、轻消化吸收的倾向，通过加强管理和政策引导，把技术引进与企业技术改造、新产品开发结合起来。为了不断提高投资效益，我们既保持引进技术设备的先进性，坚持高起点，又考虑全市各个行业、企业的实际水平，对大中型企业、利税大户、中小企业和乡镇企业坚持分档次引进，增强适应性；既重视生产使用，更重视消化吸收，做到引进一项，消化一项，实现预定的经济效益。我们具体抓住四个环节：一是加强宏观控制，搞好规划，防止多头引进、重复引进；二是加强引进项目的可行性研究，以他人之长补己之短，上台阶、上水平；三是落实引进技术和项目的实施进度，要求各引进单位和企业必须组织专业技术人员研究和消化吸收引进的技术和设备；四是按行业和企业组织操作人员进行技术培训，提高操作水平和技能，确保先进技术和设备进得来、吃得透、用得上。宣化采掘机械厂1984年与法国赛克玛公司以技贸结合的形式引进了CTH10–2F全液压台车，经消化吸收进行了国产化的研制工作。该厂与全国16个省市的35个单位进行了广泛的技术交流和洽谈，同21个厂家、公司签定了合同、协议或意向书，形成了跨行业、多层次的配套件协作网，使原来需进口的关键配套件基本落实到国内生产厂家，使该机国产化程度达99.9%，填补了国内空白。技术性能达到了国际先进水平，获得国家金质奖，为我国矿山机械化采掘做出了贡献。

（三）加强软环境与改善硬环境相结合，创造良好的投资条件。

几年来我们首先集中资金加快了城市各项基础设施建设，初步改善了硬环境。其中重点加快了“路、水、电、气”的建设。5年间，进行了京张公路下花园段第一期工程改造，完成了张宣公路部分路段一级路面改造，新建、拓宽了6座桥梁和28条市区主干道，修建了66条县、乡、村三级公路，初步形成了四通八达的公路网络；为缓解生产和生活用水紧张状况，新建了第二水源，进行了第三水源勘探论证，一期工程已经开工。到目前为止，城市供水量已由1985年的日均9.16万吨，达到32.2万砘；随着国家重点工程沙岭子火力发电厂一期工程的完工，我们加快了输变电站的建设，在原有基础上，又新建3个输变电站，市区东山坡110千伏输变电站已完工使用，宣化洋河南输变电站和河子西乡输变电站正在紧张施工。在通讯设施方面，全市引进加拿大2.3万门程控电话交换机设备，市内的1.3万门已经安装完毕，进入试运阶段，为与国内主要城市和世界一些国家的长途电话直拨创造了条件；5年间全市新建了煤气工程，有3.6万户居民用上了煤气和液化气，气化率比“六五”期间增长4.5倍。此外，还逐步改善了接待条件，增加了娱乐设施，进一步加强市容整顿和绿化美化，初步创造了一个良好的投资环境。

在建设硬环境的同时，我们还注意改善软环境。实践证明，在硬环境相同的情况下，软环境搞好了，同样可以增强对外商的吸引力，在一定程度上还可以弥补硬环境的不足。在这方面，我们一是制定鼓励外商投资的各项优惠政策。在用足、用好国家及省有关政策的基础上，市政府于1988年制定了《关于鼓励出口创汇和引进外资的若干规定》。二是加强对合资企业的管理和服务。使这些企业享有在社会上公开招工、按合同和规定辞退工人、自行设置机构等权利，积极支持企业按照国际惯例行使管理职权。三是简化办事手续，认真搞好服务。为了提高效率，全市成立了“涉外经济技术办公室”，一个窗口对外，实行“全程一站”式办理。四是注意培养和造就一批政治素质好、精通对外开放业务的干部。特别是对合资企业的中方代表，注意选派既熟悉业务，又善于与外方合作，责任心、事业心强的同志，并培养、提高他们的涉外素质。五是竭力排除对合资企业的各种干扰，坚决杜绝各部门的行业不正之风，严禁“乱收费、乱罚款、乱摊派”，为这些企业创造良好的外部条件。

（四）扩大开放与深化改革相结合，做到改革开放互相促进。

改革的目的是为了促进生产力的发展和社会的全面进步，因此，开放实质上也是改革。开放不断提出改革的课题，推进改革的深化，改革的深化又促进了对外开放，二者相互联系，相辅相成。我们根据国家和省的统一部署，把改革和开放紧密结合起来，为扩大开放创造良好的条件和环境。一是积极改革信贷体制，进一步调整信贷结构，增加贷款种类。建立外汇调剂中心，方便客户结算。建立证券市场，开展涉外保险，使金融更好地为发展外向型经济服务。二是推进外贸体制改革。5年间按照“自负盈亏，放开经营，加强管理，联合对外”的原则，在外贸企业全面推行了各种形式的承包经营责任制，调动了各专业公司和生产厂家的积极性。今年根据国家外贸体制改革精神，重点实行外贸行业总承包和专业公司分包制，把奖励同收购值挂钩，严格考核和兑现奖惩。进一步落实鼓励出口的各项政策，使外贸企业在有偿使用外汇，实行平等竞争，自负盈亏的新形势下，得到发展。三是深化企业的各项改革。全市大中型企业和出口创汇大户在推行各种形式的经济责任制的基础上，普遍实行了“两包一挂”和利润递增包干，超收分成等多种形式的承包责任制，在企业内部改革了劳动用工制度、工资制度，再加上全市对这些企业从资金、原材料、能源、运输等方面给予重点倾斜和扶持，不仅增强了企业活力，而且提高了出口创汇能力，充分发挥了这些企业在外向型经济中的骨干作用，截止到去年收购值超过百万元以上的出口商品就达34种，成为全市发展外向型经济的支柱。

承德市

市　长：宋淑艾
副市长：孙健群（常务）　谢应开　王永泰　齐绪春　常　幸

宋淑艾市长，女，1944年9月生于吉林省盘石县，中共党员。1968年毕业于哈尔滨电工学院电缆专业。曾在沈阳213厂、绥中县电机厂工作，后调任绥中县化工厂技术员。绥中县二轻局团委副书记。1978年调河北省承德市，任市酿造厂副厂长、厂长，1981年获助理工程师职称。1983年为中共承德市委常委，担任市工业部部长、经济部部长职务。1986年任中共承德市委副书记，后到中央党校中青年干部培训班学习一年。1988年任承德市常务副市长；1990年当选为承德市市长，兼任中共承德市委副书记、市政府党组书记。

承德市各项事业发展的最佳时期

□ 杨中英

第七个五年计划期间，承德市同全国一样，各项事业都取得了瞩目的成绩。不论经济的发展，城市面貌的改观，旅游事业的兴旺，人民生活水平的提高，和以往比，都可称之为最佳时期。

"三总量"指标超额完成，翻番目标基本实现

"七五"期间社会总产值累计完成312.57亿元，比"六五"期间增长66%；国民收入累计完成48.07亿元，比"六五"期间增长53.4%；国民生产总值累计完成57.17亿元，比"六五"期间增长53.6%。同翻番目标比较，国民生产总值比1980年增长1.12倍；国民收入增长1.18倍；社会总产值增长1.25倍，均实现了翻番。其中，1990年社会总产值完成35.09亿元（现行价，下同），比1985年增长58.4%，平均每年增长9.6%；国民收入完成12.53亿元，比1985年增长42.9%，每年平均增长7.4%；国民生产总值完成14.08亿元，比1985年增长41.9%，每年平均增长7.2%。

工业发展速度较快，企业经营活力增强

第七个五年计划期间，承德市工业企业继续深化改革，进一步扩大了企业的经营自主权。企业经营活力不断增强，经济效益不断提高。1990年工业企业完成产值16.6亿元，比1985年增长59.4%，每年平均增长9.8%。其中乡及乡以上企业完成15.3亿元，比1985年增长55.2%，每年平均增长9.2%。

从所有制结构看，全民所有制工业企业稳步发展，1990年完成工业总产值12.7亿元，比1985年增长49.4%，每年平均增长8.4%。5年间，全民所有制工业企业共完成产值54.7亿元，比"六五"期间增长53.7%；集体所有制工业企业1990年完成产值2.5亿元，比1985年增长1.1倍，每年平均增长15.8%，整个"七五"期间，集体所有制工业企业共完成产值10.3亿元，比"六五"期间增长98.1%。

从经济类型看，轻工业发展快于重工业，1990年轻工业完成8.3亿元，比1985年增长62.7%，每年平均增长10.2%；重工业完成6.9亿元，比1985年增长43.8%，每年平均增长7.5%。"七五"期间轻工业共创产值34亿元，比"六五"期间增长56.8%，重工业完成产值31.2%亿元，比"六五"期间增长63%。

一些工业产品产量大幅度增长，产品质量也有相应提高。"七五"期间钢产量达到111.32万吨，比"六五"期间增长99.4%；生铁产量129.2万吨，增长1.1倍；钢材69万吨，增长62%，发电量49.9亿度，增长5%，水泥95.3万吨，增长44.1%，合成氨6.87万吨，增长46.8%，棉布、肥皂、鞋、服装等人民生活必需品也有较大幅度增长。"七五"期间工业产品质量稳步提高，1990年产品质量稳定提高率达到85%，比1985年提高10个百分点以上。

农林牧副渔齐发展，经济实力日益壮大

随着农村家庭联产承包责任制的不断完善和发展，各项改革的深入，以及大力普及农村科技，推广科学种田，承德市的农业生产在“七五”期间有了较大增长。

农林牧副渔得到全面发展。1990年农业总产值完成1.7亿元，比1985年增长21.4%，其中林业增长53.6%，渔业增长1倍。“七五”期间农业总产值累计完成7.3亿元，比“六五”期间增长17.9%。5年间粮食总产量达到83万吨，牛奶产量4526吨，油料5579吨，蔬菜93.1万吨，鲜蛋2.7万吨，与“六五”时期比较，都有了较大幅度增长，为满足市场供应、丰富人民生活、稳定物价起到了积极作用。

农业生产的全面发展，促使农村经济不断壮大。1990年实现农村经济总收入6.07亿元，比1985年增长1.25倍，每年平均增长17.6%。农村社会总产值完成7.6亿元，比1985年增长1.8倍，每年平均增长22.8%。其中，农村工业每年平均增长23.1%，建筑业每年平均增长35.9%，商业、饮食业每年平均增长19.9%，运输业每年平均增长30.8%。乡镇企业的发展，对增强农村经济实力、提高农民收入起了重要的作用。

固定资产投资增长，经济发展后劲增强

第七个五年计划期间，是固定资产投资最多的时期。5年间全民和集体单位共完成固定资产投资14亿元，比“六五”期间增长2倍以上，其中全民基建7.4亿元，增长1.9倍，全民技改6亿元，增长2.2倍。5年共形成固定资产11.9亿元，比“六五”时期增加2.8倍。通过5年的投资建设，城市面貌有了较大改观。

城市建设得到较快发展。5年间用于城市建设投资8000多万元。新建了火车站广场、环城公路、滦河大桥；拓宽火车站、东大街、竹林寺路；翻建了狮子沟、牛圈子沟桥；治理沟坡10多处；城市道路得到改善；新建了集中供热厂、液化气罐站，市区烟尘污染得到初步治理；橡胶坝、大龙庙供水工程、桥东、桥西自来水井及配水厂的建成以及和尚坟、鹿栅子沟、付家沟等处加压站投入使用，城市供水紧张状况得到缓解；安装的万门程控电话标志着城市邮电通讯事业进入新阶段；京承旅游公路的开通及云山饭店、外交人员宾馆、承德大厦等宾馆建成交付使用，增强了旅游接待能力，为发展旅游事业创造了良好的条件。

科教文卫事业等方面的基础设施大大增加。5年间全民单位共完成投资9600多万元，建成口腔医院、肿瘤医院、附属医院外科用房，共增加卫生用房2万平方米，增加病床700余张；图书馆和体育馆已建成投入使用；二中、七中、实验小学、职业高中、承德大学、头道牌楼小学等教学楼进行了扩建和改建，5年间共竣工教育用房8.2万平方米，增加学生席位9000多个，全市卫生条件、教育条件和文化生活条件都有了较大改善。

城市居民住宅建设迈出一大步。5年累计住宅投资1.9亿元，建成总面积为80.4万平方米，建成了义泰兴、南兴隆街、竹林寺、大佟沟、小佟沟等住宅小区，小溪沟、韭菜沟、大北沟等处房屋得到不同程度开发和改造，居民居住条件有了一定改善。

经济发展后劲增强。“七五”期间工业投资9.1亿元，占投资总额65%，平均每年投资1.8亿元。投资的主要特点是以内涵扩大再生产为主，引进技术装备进行技术改造，使企业生产上能力、上水平。5年间通过技术改造发展工业共投资5.8亿元，在冶金、机械、电子、纺织、化工、轻工等方面都有较快发展。钢、铁及铁矿石、中成药、重型机械、化肥、建材、布、丝绸、纸等产品的生产能力都有不同程度的增加。5年中全部工业技改项目按设计能力计算累计新增产值6亿元，增加利税1.7亿元，为今后经济发展打下了基础。

旅游事业蓬勃发展，对外贸易逐步扩大

“七五”期间，全市共接待国外游客6.6万人次，比“六五”期间接待人数增长93%，接待国内旅客560万人次，比“六五”期间增长17%。旅游收入共计2.3亿元，比“六五”期间增长2.3倍，其中外汇收入增长4倍。

对外贸易随着旅游业的发展也在不断扩大。“七五”期间，外贸收购总值大幅度增长，1990年达到1.8亿元（指外贸局系统），比1985年增长8倍。收购品种由过去的仅限于农产品、畜产品的收购，扩大到9大类百余种产品。“七五”期间旅游业的发展，有力地促进了经济的发展，基本体现了“七五”时期提出的“旅游牵头，综合开发，联合搞活，繁荣承德”的经济工作指导思想。

商品购销两旺　市场一派繁荣

“七五”期间承德市场商品购销两旺，呈现出一派繁荣景象。年实现社会商品零售总额以平均15%的速度增长，“七五”累计完成社会商品零售总额31.8亿元，比“六五”期间增长1.3倍。从1989年开始，年实现商品零售额就已完成“七五”计划目标。1990年对居民消费品零售额6.45亿元，比1985年增长1.3倍，年平均增长18.1%；对社会集团消费品零售额0.84亿元，比1985年增长60%。5年间共实现消费品零售额28亿元，比“六五”时期增长1.28倍。主要消费品零售量有较大幅度的增长。

各种经济类型商业全面发展。国营商业实现商品销

售额年平均增长 12.8%，集体商业年平均增长 12.5%，个体商业年平均增长 35%。国合商业实现商品零售额占全社会商品零售额的 60%以上。

“七五”期间城乡集市贸易有长足的发展。1990 年全市集贸市场达到 58 个，成交额达到 1.12 亿元，比 1985 年增长 2.7 倍，年平均增长 30.1%。

财政收支显著增长，金融事业迅速发展

“七五”期间，全市财政收入以年平均 13.7%的速度增长，比“六五”增长速度高 4 个百分点。5 年间共完成财政收入 6.8 亿元，比“六五”增长 1.1 倍；财政支出 5.2 亿元，增长 1.4 倍。

金融业发展迅速。主要是存、贷款规模大幅度增长，到 1990 年末，银行、信用社吸收的各项存款 10.8 亿元，比 1985 年末增加 2 倍。贷款方面，1990 年末，银行、信用社的贷款余额约 17.2 亿元，比 1985 年增加 11.5 亿元，增长 2 倍。其中投向工业生产贷款 7.1 亿元，比 1985 年末增长 3.4 倍；商业物资供销企业贷款 2.6 亿元，增长 62%；农业贷款 2009 万元，增长 28.8%。保险业务扩大，保险品种已达 45 个，有 42287 户参加了家庭财产保险，有 2.8 万人参加了人身保险，金融业务范围由原来主要在城市已伸展到城乡各个角落。

城乡生活环境以及交通状况得到改善

多年来，居民群众最为担忧的，难以解决的大气污染问题得到了治理。“七五”期间用于治理污染的费用达 612 万元，更新改造锅炉 251 台，改造窨炉 23 台，完成小联片采暖 93 片，完成水污染防治工程 21 项。特别是经过几年的努力，全市供热厂建成，年供热能力达 1000 亿卡，供热面积 80 万平方米，解决了 6000 户居民和 74 个机关、企事业单位集中采暖问题，并大大减少了烟尘排放量。同时，下力量改善了地面环境。“七五”期间用于环卫投资 177 万元。使得空间和地面的净化工作迈出了可喜的一大步。

“七五”期间，为改善市内落后的交通状况，完成投资 147 万元。营运线路比 1985 年增加了 39 公里，年客运量 1850 万人次，行驶里程 346 公里，比 1985 年增加 178 公里。公路状况也有较大改善，“七五”期间完成投资 3366 万元，人均拥有道路面积 3.6 平方米，比 1985 年人均道路面积增加 0.6 平方米。“七五”期间，为了改善城市环境，用于基础设施建设的总投资达 1.6 亿元，是“六五”计划 4190 万元的 3.55 倍，固定资产完成 7313 万元，是“六五”完成额 1803 万元的 4.06 倍，等于 1949 年至 1980 年 31 年总投资 2675 万元的 2.73 倍。

随着经济的发展，人民生活水平日益提高

“七五”时期人民生活有很大改善。据城市住户调查，5 年间城市人均生活费收入年平均增长 17%；农民人均纯收入年平均增长 12%。收入水平的提高，使消费观念发生明显变化：“吃”讲究营养；“穿”讲究舒适、美观；“用”讲究现代化。城乡居民在吃、穿基本满足后，把更多的购买力投向文化娱乐和日用品方面。根据两个时期支出构成比较，文化娱乐品、日用品增长幅度高于吃、穿 1 倍以上。缝纫机、手表、电视机、电冰箱、收录机销量全部增长。过去只有少数富裕户才买得起的彩电、电冰箱，现在已逐步进入普通居民家庭。据 1990 年 60 户城市居民住户调查表明，每百户居民家庭年末耐用消费品拥有量：电视机为 140 架，收录机为 90 架，照像机为 35 架，洗衣机为 100 台，电冰箱为 58 台，电风扇 68 台，缝纫机为 65 架。

“七五”期间，城乡居民储蓄大幅度增长。1990 年城乡居民储蓄存款余额 7.32 亿元，比 1985 年末增长 3.5 倍。其中城镇居民储蓄存款余额增长 3.6 倍。

人民生活条件得到改善，城乡居民人均居住面积大大提高。“六五”末期城市人均居住面积在 4 平方米以下，在人口增加情况下，1990 年末人均居住面积已达到 6 平方米以上。

“七五”期间的巨大成就，为实现“八五”计划和十年规划的目标，奠定了坚实的基础。

唐山市

市　长：刘景昌

副市长：钟清杰（公监司法）　冯国安（教科文卫）　王大名（计划、外经）　张国川（农业）　龙家俊（城建、外事）　王祜昌（财贸）　么金铎（工交）

刘景昌市长，1937年11月生于河北省平山县，大学毕业。1952年参加工作，中共党员。曾任邯郸钢铁总厂第一炼钢分厂、第二炼铁分厂党委书记，总厂副厂长、副书记，中共邯郸市委副书记。1983年11月任中共河北省委组织部副部长，1990年11月任唐山市人民政府代市长，1991年3月任唐山市市长。

经济建设的新成就　城市经济的新布局

□ 刘德山

“七五”时期的唐山，向人们讲述的已不仅仅是灾后崛起的故事，而是一部新时代的创业史。在这期间，工作重心由城市恢复建设转移到经济建设，而且实施了社会主义的改革和开放政策，给经济建设注入新的生机和活力，使各项事业取得新的成就。

经济社会事业发展的新成就

（一）经济建设。1988年实现第一个战略目标，国民生产总值达到102.24亿元，提前两年跨入第二个翻番的发展阶段。1989年达到114.5亿元，成为全国25个国内生产总值超百亿元的城市之一。1990年国民生产总值达到120.1亿元，按可比价格计算，比1985年增长1倍多，平均每年增长率由“六五”期间的8.2%上升到9.3%。国民收入，1990年达到97.5亿元，“七五”时期平均每年增长7.8%，工农业总产值（按1980年不变价算），1990年达到133.88亿元，比1985年增长70.8%。财政收入，1990年实现11.5亿元，比1985年增长71.9%，平均每年增长11.4%。

工业。1990年唐山的大中型企业已由1985年末的42家增加到75家，固定资产原值达到113.37亿元，比1985年增加57.74亿元。工业产值1990年达到105.34亿元（含村级以下工业产值24.80亿元），比1985年增长81.7%，平均年增长12.9%。“七五”期间，在深化改革和治理整顿的同时，还进行了较大规模的经济建设。全市固定资产投资“七五”期间105.77亿元，比“六五”期间增长48.61亿元，年均增长16.9%。建成8个大型项目：滦河潘家口蓄能电站、新区热电厂、冀东油田、唐山港、开滦矿务局钱家营煤矿、唐山钢铁公司炼铁高炉、唐山炼焦制气厂、唐山碱厂。技术改造取得新的成绩。5年中技改投资19.49亿元，是“六五”期间的3.5倍，市属57家大中型企业已进行技改的41家，新增产值占市属工业产值增长的77.5%。企业管理、企业素质有所提高。有50家企业晋升为省级先进企业，11家企业晋升为国家二级企业，1个企业晋升为国家一级企业。产品质量继续提高，国优、部优、省优产品分别为1、22、67项。产品质量稳定提高率由1985年的71%提高到88.4%。

农业。“七五”期间，进一步强化了农业的基础地位，农业生产取得近3年的连续丰收。1990年，农业总产值达到28.5亿元，比1985年增长33%，平均每年增长6.3%；农村社会总产值（现价）实现117.6亿元。粮食总产量达到27.2亿公斤，比“六五”期间年均总产量增加3.7亿公斤。农业资源开发在“六五”末点片起步的基础上，“七五”期间山海沙洼全面开发，开发土地资源9.67万公顷，改造沙地1.87万公顷，山区建成高标准“围山转”果园2万公顷，沿海地区精养对虾面积1.2万公顷。乡镇企业迅速发展，1987年其总产值超过农业总产值，1990年达到50.1亿元，比1985年增长近两倍，已成为农业经济的主要支柱。

（二）社会事业。科技事业的发展，成果显著。5年取得科研成果436项，其中达到国内先进水平的占50%，60%得到推广应用。全社会集资办学取得可喜成绩，教育经费支出达8.3亿元，比“六五”期间增长1.4倍，其中国拨经费5.99亿元，比“六五”期间增长99%。用于改善办学条件的总投资达1.8亿元，新建、扩建一批中小学，并修建危险校舍252万平方米。儿童入学率达99.4%，在校生巩固率98.9%。计划生育取得较好成绩，人口出生率和自然增长率控制在16.26‰和10.66‰。

（三）城乡人民生活水平明显提高。全市城乡储蓄余额达到67亿元，人均储蓄千元，比1985年增长4倍。城市居民人均生活费收入达到1574元，农民年人均纯收入814元，分别比1985年增长1.3倍和74%。

对外经济往来日趋活跃

（一）利用外资取得新进展。1988年3月对外开放后，确定了利用外资的重点：积极发展既符合国家产业政策又能体现唐山优势的项目；以现有的老企业为“母本”，稳步发展那些“嫁接”外国的资金、先进技术和管理经验的项目；大力发展创汇农业项目；坚持“两头在外”，发展“三来一补”、“以进养出”项目和外商独资企业。为了吸引外资，在国内外举行了8次项目发布和联谊会。发布合作项目96个，对外开放企业500个。“七五”期间，有20多个国家和地区的近3000人次来唐洽谈经贸合作事宜。从签约的52个“三资”企业分析，有13个，占25%属于优势产业项目；有30个，占58%属于“嫁接”项目；有3个，占5.8%属于创汇农业项目；有10个，占19%属“两头在外”项目，有3个占5.8%是独资企业。利用外资情况。1990年，全市利用外资2453.57万美元，其中，“三资”企业16个，外资824.57万美元；补偿贸易合同2个，外资额387万美元；利用外国政府贷款合同2个，贷款金额1242万美元。到1990年底，全市利用外资累计达到1.2亿美元，包括：“三资”企业总投资9651.99万美元；补偿贸易外资额460.55万美元；利用外国政府贷款总金额6236.64万美元；利用世界银行贷款总金额2308.4万美元；国际租赁项目利用外资375.5万美元。为推进老企业的技术改造，开放后加快了现汇引进的步伐。近3年来，全市签定现汇引进合同37项，用汇2181.87万美元，现已开始实施的26项，投产的23项，涉及20家企业技术改造。此外，友城工作、科技交流、智力引进、劳务输出等方面的工作也开始起步，对外合作领域不断拓宽。同瑞典的马尔默市、日本的酒田市结为友好城市；邀请来唐讲学和技术指导的外国专家87人次。

（二）外贸出口持续增长。出口商品收购值实现连续3年增1亿元，1987年出口商品收购值4.1亿元，开放后的1988年达到5.3亿元，1989年完成6.25亿元，1990年实现出口商品收购总值8.39亿元，比1985年增长2.3倍，出口品种由1985年的13类131种发展到14类230种。为确保外贸出口稳步增长，“七五”期间采取如下措施：一是加强货源基地建设。工业方面，建立水泥、建筑陶瓷、日用陶瓷、纺织、服装出口企业集团；农业方面，建立稻米、玉米、花生、板栗、肉牛、瘦肉型猪、对虾、蔬菜、貂皮、羽绒等出口基地。1989年，从这些集团和基地出口的产品已达4.73亿元，占全市收购总值的75%。全市已有13个工贸联合企业，12个技农贸联合企业。二是发挥县级外贸的重要作用。为了挖掘各县潜力，在原有6个县级外贸公司的基础上，又新成立了丰润、玉田、唐海、滦县等4个外贸公司。在外贸系统内部，加强经营管理，大大提高了外贸部门的整体功能。10个县的出口收购1989年值达到2.36亿元，比1987年增长1.44倍；1990年完成3.5亿元，出口收购值在全市的比重，由23.5%上升到46.7%。三是积极发展多口岸经营。3年来，出口渠道由10个口岸、20个进出口公司，发展到现在的17个口岸、80多个进出口公司。口岸的出口由1987年的3000多万元，发展到1990年的2亿元。四是深化外贸体制改革。市经贸委所属的出口公司由3个划分为6个以后，加强了对新产品的开发，对小商品的收购。1990年开发新产品40多个，收购额800万元。在外贸企业内部，完成了各种形式的单项和专业承包，推行了标准工资总额与经济效益挂钩，改革和完善了干部聘任制，调动了广大职工的积极性。

（三）外引内联，双向开放。在外引的同时，还狠抓了内联工作。全市已与28个省市自治区的127个大中城市建立了经济技术协作关系，签订内联协议591项，引进市外资金4.79亿元，引进人才730个，协作物资价值上亿元。

城市建设的成就

（一）重建的新唐山城荣获联合国“人居荣誉奖”。1990年11月3日，唐山以其抗震救灾、重建唐山市、解决百万人居住问题，为国际社会提供了可资仿效的经验，获得了联合国人类住区（生态环境）中心颁发的“人居荣誉奖”。联合国开发计划署驻京办事处代表毛瑞代表联合国副秘书长、联合国人居中心执行主任拉马昌德兰博士向唐山颁奖。

（二）城市重建工作基本完成。1. 房屋建设。到1986年地震十周年时，市区完成总建筑面积1800万平方米，达到原定复建任务1413万方米的127.3%，其中居民住宅完成1122万平方米，达到原定复建任务780万平方米的144%。一座功能分区明确、布局比较合理、市政公用设施建设比较配套、抗震性能良好、生产生活方便、环境比较优美的新型城市已基本建成。1990年，市区已拥有各类房屋建筑2870.48万平方米，其中住宅1518.77万平方米，市区人均居住面积8.07平方米。住宅多为4、5层条式楼房和6层点式楼房，每套建筑面积为30、40、50平方米，分别为1—3个居室，住宅内有壁厨、吊厨及暖气、煤气设施，水、电、气"三表"到户。2. 市政建设。市政工程建设增强了城市的综合服务能力。1990年作为城市重要载体的市区道路长度已达586公里（均为高级和次高级路面），铺装面积553万平方米。道路结构是主干道三板四带式，路幅40—50米。市区已形成棋盘式的交通路网。排水管道718公里，下水道服务面积103平方公里，下水道普及率92.07%，市区主要地段的排水系统实现了雨污分流。日处理污水3.6万吨的污水处理厂1座。各种城市桥梁65座。3. 公用事业、市区供水。1990年，市区拥有给水管线长度829公里，地下水配水厂9座，地面水净化厂1座，日综合产水能力68.2万吨（含各单位自备水源井），年产水总量2.16亿吨。工业生产用水量占供水总量的49%。自来水普及率100%。人均生活用水量日124升。城市最大的供水设施，引滦（河）入唐供水工程，1989年6月完成第一工程，开始向市区试供水，供水量10万吨。市区供热。热源厂5座，1990年末，总供热面积889万平方米（含10吨以下，供热面积在10万平方米以下小型锅炉的区域供热面积），市区普及率达31%。供气。煤气气源厂5座，"七五"期间，增供煤气10.5万户，总用户达23.2万户，气化率达74%。环境保护取得新进展。完成废水、废物、噪声治理项目571个，总投资1.3亿元，比"六五"时期增长3倍。4. 园林绿化。1990年，市区已初步形成点、线、面相结合的绿化格局，园林绿地总面积1919.4公顷，绿化覆盖率达到16.45%，人均绿地面积2.05平方米，为美化市容在市区主干道建成6座绿化环岛。荣获省级卫生城市"四连冠"。

唐山经济开发区建设开始起步

（一）提出了建设唐山的新思路。"七五"期间在加深对市情认识的基础上，逐步形成了唐山经济建设、对外开放的总格局和有特色的地方经济发展的新路子：即服从全局，体现特色；抓住机遇，发挥优势；调整结构，提高效益；狠抓当前，谋划长远的思路；确定了开放兴市、开发兴市、科技兴市的战略，依托京津唐大三角，开发建设"新三角"——市区、海港（王滩）及南堡开发区的总体构想。

（二）城市、生产力发展的新布局。1988年3月，唐山市区及沿海5县被批准为对外经济开放区。根据国家的沿海地区经济发展战略及京津唐地区国土规划的总体要求，我市对城市、生产力发展进行新布局，确定了发展外向型经济的总体战略，奠定了对外经济开放的总格局。依托京津唐"大三角"，发展市区、海港（王滩）、南堡"新三角"，调整城市与生产力布局的构想。据此，制定了海港和南堡两个开发区的总体规划（规划已于1990年4月得到河北省人民政府的批准）。在整个"新三角"中，市区以现有工业为基础，加快老企业技术改造的步伐，使之成为全市出口创汇、提供先进管理和技术、输送科技及管理人才的重要基地；海港开发区，重点是唐山港建设，发展钢铁、电力工业，逐步建成港口工业区；南堡开发区，以发展盐化工、石油化工为主，逐步发展为化工工业区。整个"新三角"互相依托，组合配套，形成整体优势，从而提高在京津唐"大三角"中的地位和作用。

（三）起步阶段的初步成果。1. 铁路建设。为建唐山港，1988年4月始建坨港铁路，投资1.2亿元。1990年3月，实现铁路与港口区的连接，坨港铁路由市辖滦县的坨子头与京山铁路接轨，总长77.26公里，年过货能力1100万吨，海港站为终点站。2. 通讯建设。"七五"期间，邮电通讯网初步形成了适应对外开放的综合服务体系。市及所辖10县全部进入全国公众电报自动转报网，市区及7县进入全国电话自动网，全市自动电话所占比重由1985年的59%增加到目前的97.4%，容量为2.5万门程控电话已投入使用。市话通信能力与1985年相比交换机容量增加2.7倍，达到4.57万门。长途通讯实现与世界182个国家和地区，国内600个地市县的电话直拨。同1985年相比，长途电路增加1.4倍。有378条国内全自动、5条国际长途电路成为唐山联结世界和国内各地的纽带，外商投资环境中所需要的通讯条件已基本具备。3. 电力建设。有4个电力新建扩建项目陆续并网发电，新增发电能力13.7万千瓦。

（四）建设唐山港（即王滩港）。1988年底动工兴建，此港是海港开发区的主体，1991年8月可完成1个1.5万吨泊位码头，年吞吐量为88万吨。唐山港位于市辖乐亭县境内、县东南方向22公里的渤海北岸，大清河与长河口之间（东经119°45′，北纬39°12′10″）西距大清河口13公里，东离滦河口34公里。距唐山市区95公里、秦皇岛市105公里、天津100公里。水上距秦皇岛港84海里，距天津新港73海里。要求于1991年建成运营。

市　长：丁文斌

副市长：陈来立（常务）　李书和（财贸、农业）　张玉书（科教文卫）　赵禄祥（工交）　陈力生（公安、政法）　崔致中（城建）　胡德瑞（城建）

丁文斌市长，湖北省人，1937年生。1952年参加工作，中共党员，大专文化。曾任一机部电器科学研究院党委秘书，农牧渔业部人事司副处长。保定地委副书记、行署专员。1989年任秦皇岛市委副书记、市长。他带领全市人民建设了“引青济秦”大型综合水利工程，受到国务院表彰。荣获1990年十佳卫生城市市长奖，是第七届全国人大代表。

一曲人民战争的凯歌

——介绍秦皇岛市引青济秦东线工程

□　张玉阁

水利建设史上的奇迹

引青济秦，即引青龙河水入洋河水库（作为调节水库），再送入市区。分东线、西线，干线总长60.88公里，引水量2秒立方米，市区年增加供水量6300万立方米。这是应急上马的永久性大型综合水利工程。1989年，秦皇岛市遇到了35年来罕见的旱灾。1—8月的降雨量只有300多毫米，相当于平常年份的一半。河道断流，水库无水，地下水位剧降，市区水源频于枯竭，城市生产、生活面临断水的危机。秦皇岛市是沿海开放城市，中外闻名的旅游避暑胜地，有全国最大的能源中转港。一旦市区断水，全市工交企业和47个中外合资企业将被迫停产，47万市区人民将难维生计，旅游休疗活动将被迫中止，全国最大的能源中转港将变成死港，国家新上重点项目将被迫中断，改革开放事业也因此受挫，其经济损失和政治影响不堪设想。

面对大自然的严峻挑战，刚刚担任秦皇岛市市长的丁文斌，心急如焚，在资金不足、物资紧缺的情况下，果断决定率领全市人民艰苦奋斗，排除万难，把百里之外的青龙河水引入市区，从根本上解决城市的水源问题。经过反复勘察，7月份，丁文斌同志提出了引青济秦应急工程的初步方案；8月20日，市政府组成了以丁文斌同志为总指挥的引青济秦领导班子；9月3日，丁文斌同志紧急上书省领导，恳请给引青济秦以支持和理解，得到了省委和省政府的坚决支持；9月18日，市委决定市委书记顾二熊出任引青济秦工程总指挥部政委。并抽调了精干力量，组建了东、西线工程指挥部，市人大、政协和军分区的领导都亲自挂帅出征。经过紧张而短暂的准备之后，9月18日，西线利用卢龙县引青干渠向洋河水库应急调水成功，10月1日东线工程打响开工第一炮，经过200天的紧张战斗，1990年4月18日10点40分开闸试水，21日凌晨1点28分，把青龙河水从洋河水库引到了市区。4月23日晚7点25分、24日9点30分，分别进入汤河水厂和海港水厂，一举夺得通水成功。

引青济秦工程任务完成之后，受到了党中央、国务院和省委、省政府的表扬。万里委员长听取省委书记邢崇智和秦皇岛市市长、引青济秦总指挥丁文斌汇报后说：引青济秦是“一大德政”，是一件“实实在在的实事、好事”。水利部杨振怀部长在应急通水报捷表彰大会上说：引青济秦工程创造了水利建设史上的奇迹。

（一）实现了高速度。引青济秦打了个大硬仗，2—3年完成的工程，仅用200个日日夜夜就一举夺取通水的胜利。

(二) 确保了安全。整个工程，有隧洞、暗涵、管道和建筑物，这些工程是在地质条件复杂、隆冬施工，阳春衬砌，滑坡、塌方时有发生的困难情况下进行的。在安全第一的思想指导下，排除一个个险情，闯过一道道难关，没有发生重大人身伤亡事故。来自祖国各地的13800多根大口径水泥管子运输损失率减少到最低限度，无一人伤亡和重大车辆事故，创造了铁运、汽运安全史上的新纪录。

(三) 保证了工程质量。东线工程自1990年4月18日通水以来，经过1年多时间实践检验，工程运行正常；北戴河水厂试运转一次成功，华北设计院初验为优良工程；全线输水管道经打压试验，达到了设计标准。

(四) 达到了节约。由于高效率的工作，赢得了高速度的进展，缩短了工期；大胆采用各种新技术、新工艺、新措施，加强计划调度；广大干部、群众和驻秦解放军参加义务劳动；四面八方团结协作，大力支援；珍惜人民的每一分钱，严密科学的财务管理，节约投资500多万元。同时，做到了工完场净，物了帐清。

(五) 创出了重大的经济效益。两个流量的青龙河水畅通无阻地流入了市区，年总供水量为6300万立方，相当于目前海港区自来水公司的年供水量，为秦皇岛市用水提供了一个稳定的可靠的充足的水源保证和较完整配套的输水系统。卢龙县、抚宁县各建两个流量的输水灌渠，可浇地4600余公顷。多年来制约秦皇岛经济发展，困扰城市生产、生活用水的危机感解除了；对外开放中等水签约、等水上马、等水开工的问题缓解了；国家重点建设和市属所有企业生产可以不受水源限制，为开放城市和旅游城市的发展，开拓了更美好的前景。

(六) 夺取了引水和育人的双丰收。通过引青济秦工程，锻炼了一批精通业务、敢打硬仗的基建指挥人才和技术人才，铸造了“实事求是、艰苦创业、无私奉献、团结协作、顽强拼搏”的引青济秦精神。使全市人民的激情焕发，推动了各项事业的发展。

人民战争的伟大胜利

引青济秦东线工程的200天，是秦皇岛历史上值得记载的200天。开凿了3.2公里隧洞，修筑了2.2公里的暗涵，铺设了40多公里的管线。这里凝结着全市人民的心血与汗水，汇集着工程技术人员的智慧与才能，记载着引青将士的拼搏与牺牲，标志着决策者的果敢与英明，渗透着各级领导的关怀与支持。打胜了一场气壮山河的人民战争。

当工程急需资金的时候，市民从有限的工资里挤，从并不宽裕的生活费里省，有的捐出积攒多年的大笔存款捐献给引青济秦工程。企事业单位在资金普遍紧张的情况下，以引水大局为重，纷纷捐款资助。何正文、王幼辉、刘光等许多上级领导、老一辈革命家汇款致函表示关怀，解放军战士捐献了仅有的津贴费，刚毕业的大学生拿出了第一月工资，中小学生、幼儿园的孩子们把买汽水儿、买冰棍儿的钱都捐出来了。原副总参谋长、老红军、政协常委何正文来信说：得知你们正搞引青济秦，这是秦皇岛市委、市政府造福子孙后代的大好事、大实事，500元(稿费)虽少，略表欣喜之情，稍尽微薄之力，预祝引水工程早日竣工。军分区第二干休所42位离退休老干部和志愿兵率先捐款5480元。徐庄农民陶金华一次捐款3000元。北戴河油漆粉刷厂个体户刘志桂两次捐款3500元。市长丁文斌除捐献10月份全部工资外，又每月从工资里扣除50元，一直到通水为止。副市长胡德瑞将2000元稿费捐给引青工程。港务局无息借给1500万元，并捐款100万元。山船、山桥各捐款100万元。交通银行、北戴河国家教委活动中心等二十几个单位各捐款10万元。涓涓细流汇成河。全市共筹措资金1.3亿元，其中群众集资3118万元。

当工程急需人力的时候，近20支施工队伍、5000名专业引水大军，从陕西、云南、河北、辽宁等地日夜兼程赶赴工地，为了几十万市民早一天喝上青龙河水，风餐露宿，顽强拼搏。厂矿企业、驻秦单位主动请战，要求承担最艰巨的任务。党政机关在引青工地展开了万人大会战。团市委组织7000名团员青年和大中专院校学生，到工地参加义务劳动。市妇联组织妇女到工地洗衣做饭。驻秦部队官兵，在秦皇岛面临断水的危机时刻挺身而出，以穿军装的市民身份向总指挥部请战，10月24日，52977部队700名官兵在燕山大街率先打响了土方开挖战役，没有水鞋,他们就赤脚站在冰冷的泥水中坚持挖方；没有雨衣，他们就穿着布衣顶风冒雨坚持挖方，工地离营房近在咫尺，但为了抢时间，他们把饭带到工地上。全市人民感动得热泪盈眶。

当工程急需物资的时候，厂矿企业清仓查库，千方百计地给予支援。驻秦单位利用自身优势，四处求援工程急需的物资。友邻地市、生产厂家急我市之所急，热情伸出援助之手。铁路、公路运输部门打破常规，优先发运引青济秦的物资。不到200天时间，市物资系统和东线指挥部就筹措了9000多吨钢材，3.5万吨水泥，5000多立方米的木材，6000多吨煤炭，3000多吨柴汽油，1.4万根大型水泥管。

当工程急需设备的时候，电力系统昼夜奋战，安装了工程急需的63台变压器。交通系统抽调了150台汽车，运输管材行程80万公里，等于绕地球20圈。邮电系统为工程无偿安装了20部电话机。港务局、航五公司等大企业向工程提供了板车、吊车、挖掘机等大型机械设备。

当工程进入攻坚、决战的时候，上级党政军领导，多次亲临工地慰问参战将士。搞思想政治工作、新闻宣传的同志，深入宣传群众，鼓舞全体参战人员的斗志。党组织发挥了战斗堡垒作用，共产党员发挥先锋模范作用，指挥员发挥了率先垂范作用。全市十大系统、市直部门，送来了价值几十万元的慰问品。文化系统组织了文艺宣传队、流动图书馆，农民李集周挑选了两头肥猪送往工地。社会福利院78岁的李子光老人把省下的毛巾、肥皂送到前线。百所学校，万名中小学生给参战将士写来了慰问信，把毛巾、手套、香皂、牙膏送到工地，娃娃们在市场上挑选最大、最好的苹果用纸包好写上“一个苹果一颗心”表达自己的心情。

正如水利部杨振怀部长所讲，如此浩大的工程，如此艰巨的任务，如此短暂的时间，夺取了如此辉煌的成就，是人民战争的伟大胜利！是我们党光荣传统结出的丰硕成果！是一曲社会主义大协作的凯歌！

顽强拼博、艰苦创业精神的威力

引青济秦工程考验了秦皇岛市的各级领导、全市人民和施工队伍。在引青战场上，到处呈现出实事求是的精神。工程开始，市政府明确提出“人民政府为人民，向人民负责”的指导思想，确定了“远近结合、城乡结合、工农结合、开源与节流结合、引水与育人结合”的原则和“统筹规划，综合利用、尊重科学、急事急办”的工作方针，把工程搞成利民工程。为了选择最佳引水线路，市长丁文斌带领工程技术人员，多次出场踏勘，反复论证，选择了一条既可避开大量果树、稻田、村庄的深挖段，又可照顾北戴河用水和农业用水的优化组合线路。在施工中，1号洞、5号洞成了制约工程的关键部位，地质复杂，进口屡次塌方，洞内岩石破碎，渗漏严重，险象环生，掘进十分困难。工程打破常规，在1号洞和5号洞各打1个斜井，增加了掘进作业面，加快了工程进度。在5号洞和4号洞入口暗涵衬砌遇到新情况、新问题，严重危胁施工安全的时候，果断地变更了原来的设计方案，改为钢管衬砌，保证了安全，保证了质量，争取了工期。

在引青战场上，到处呈现出艰苦创业的精神。在没有准备的情况下，一个财力弱小的中等城市上马一个投资超过2亿元的大型工程，其困难程度可想而知。但施工队伍以“有条件要上，没有条件创造条件也要上”的铁人精神，先施工后生活；先开洞后安家，风餐露宿，日夜奋战，在最简陋的条件下，创造了最辉煌的业绩。

在引青战场上，到处呈现出顽强拼搏的精神。引青济秦工程，规模浩大，任务艰巨，工期紧迫，条件艰苦，参战人员用顽强的毅力，实干、苦干加巧干。劳动模范胡俊杰率先打响凿洞开工第一炮，他住在前线，干在前线，指挥在前线，高烧39℃还不肯离开工地。辽宁坑探大队完成4号洞169米掘进任务后，又在5号洞创造了12天完成60米斜井的最好纪录。对全线施工队伍都是极大的鼓舞。前指二部的5号洞攻坚小组，组织英勇善战的铁一局三处和辽宁坑探大队，用50天时间凿通了718米长的5号隧洞。前指一部的1号洞攻坚领导小组、寒江峪攻坚小组，精心组织，精心安排，战胜一次又一次的大塌方，园满地完成了任务。22冶承担着东线大部分暗涵的开挖任务，在地段分散、地质复杂、气候恶劣的情况下，一次又一次地组织攻关，攻下了一个又一个难关。河北地质二队，武警七支队，沈阳自来水工程公司以及市一、二、三建、车辆厂安装公司、海港区第三建筑公司等市内外施工队伍，都在引青济秦中打出了他们的风格和水平。指挥部的全体工作人员，在200天内没休过一个星期日和节假日。

在引青战场上，到处呈现出团结协作的精神。参加引青济秦的20支劲旅，来自四面八方，分布在百里战场上，住地交叉，地段交叉，设备交叉，施工交叉。但他们心往一处想，劲往一处使，互创条件，互让方便。51403部队与市政公司在引青战场上开展军民共建，共同研究方案，共同解决施工中的问题。河北地质二队与武警支队开展军民共建。东线工程临时占地几千亩，全部采用“先占后征”的办法。沿线农民急工程所急，地可以占，房可以拆，树可以砍。全线20支施工队伍，数千名施工人员，分散居住在沿线乡村，沿线农民不仅把好房子腾出来，而且主动帮助他们烧水做饭，解决这样那样的问题。施工队伍也以自己的实际行动，报答沿线群众的关怀，他们在优质、安全、高速、节约地完成施工任务之后，发挥各方的优势，千方百计地还土造地，架桥铺路，修井筑坝，与农民兄弟建立了永久的友谊。

引青济秦的实践再次证明：人民群众是真正的英雄，是历史的创造者。只要我们一切为人民，一切依靠人民，就没有克服不了的困难！

引青济秦的实践再次证明：军民共建，工农联盟，城乡一体，干群一心是力量的源泉，胜利之本！

引青济秦的实践再次证明：我们党是社会主义现代化建设的核心领导力量。只要我们确实加强党的领导，发挥党员的先锋模范作用，就能攻无不克，战无不胜！

引青济秦的实践再次证明：我们党的政治思想工作和一系列光荣传统，是宝贵的精神财富。只要我们不断加强政治思想工作，不断激发干部，群众的革命精神，我们就没有克服不了的困难！

青龙河水必将促进秦皇岛的经济腾飞，引青济秦精神将永远鼓舞秦皇岛人前进。

沧州市

市　长：郭世昌

副市长：董世荣（常务）　高尧隆（工业、外经）　杜润明（农业、科技）　姜树培（文化、教育）李宝贤（城建、政法）

郭世昌市长，山东省利津县人，1941 年生。中共党员。1966 年毕业于清华大学机械制造专业。工程师职称，在中央党校培训班学习，研究生学历。历任副厂长、总工程师、厂长。1985 年后任河北省省委候补委员。中共张家口地委副书记，1987 年 4 月被选为沧州市市长。第七届全国人大代表。曾获得部、省、市级科技成果奖 12 次，获张家口市劳动模范及河北省“技术革新能手”称号。

“七五”结硕果　开放谱新篇

□ 王河山　董洪鸣

“七五”的主要成就

1988 年 3 月沧州市被国务院批准为沿海经济开放区。市委、市政府坚持以经济建设为中心，坚持四项基本原则，坚持改革开放等，国民经济和社会发展各项事业都取得了显著成就。

（一）国民经济持续增长，经济实力明显增强，提前一年实现了第一个翻番的目标。1990 年，全市国民生产总值达 11.3 亿元（1980 年不变价，下同），比 1985 年增长 24%，年均递增 4.3%；国民收入达到 9.7 亿元，比 1985 年增长 26%，年均递增 4.8%；工农业总产值达到 22 亿元，比 1985 年增长 170%，年均递增 8.9%，工业生产以年均 10.3%的速度发展，合成氨、烧碱、棉纱、聚氯乙烯树脂、塑料制品、机制纸等主要产品产量都比“六五”时期有较大幅度增长。经济效益有了明显提高，国营预算内工业企业的综合经济效益指标上升到全省前列。农业的基础地位得到加强。粮食总产量 1990 年达到 4.13 亿公斤，比 1985 年增长 20%，创历史最高水平。棉花产量打破了徘徊局面，达到 408 万公斤。油料总产达到 858 万公斤，林、牧、副、渔业产品产量也都有较大增长。乡镇企业异军突起，1990 年在困难的条件下总产值仍达到了 11.6 亿元，比 1985 年增长 132%，年均递增 18.4%。财政收入 1990 年完成 2.2 亿元，比 1985 年增长 59%，年均递增 9.7%。

（二）经济发展的后续能力进一步提高。5 年间，全市固定资产投资累计完成 9.23 亿元，是沧州市历史上五年计划中投资最多的 5 年，年均投资 1.85 亿元，在水、电、路、桥、通讯、商贸、文教、卫生、环卫、环保、绿化美化等方面都有了新的进展。农业方面完成了黄淮海平原农业开发项目和港河干流北孙庄闸、子牙新河周官屯橡胶坝、北排河陡坡及东关大闸的建设，为农业发展增加了后劲。城乡工业方面完成了一大批技改和基建项目，促进了企业技术进步和产品结构的调整。完成了投资近 10 亿元大中型项目的前期准备工作，为今后 10 年的经济发展打下了基础。

（三）治理整顿成效显著。社会总需求大于总供给的矛盾趋于缓和，通货膨胀势头得到遏制，零售物价稳定，生活费用价格指数 1990 年比 1989 年仅上升 1.8%。经济结构调整取得进展，在优先发展农业的同时，基础工业得到加强。加工工业内部不合理的状况有所改变，用于技术进步的投资比重逐步上升。流通领域的混乱现象得到初步治理，顺利完成了清理整顿公司的工作，惩处了一批违法犯罪分子，市场秩序有了明显好转。

（四）经济体制改革给企业增加了生机和活力。以扩大企业经营自主权为主要内容的企业改革不断深化，普遍推行了厂长（经理）负责制。到“七五”末，全市已顺利完成第二轮承包的签约工作，工商企业实行二轮承包的达 97.3%。在充分发挥国合商业主渠道作用的前提下，已初步形成了多成分、多渠道、多形式的流通格局。1990 年社会零售总额 9.7 亿元，比 1985 年增长 93.2%，年均递增 14.1%。第三产业在国民生产总值中所占比重上升，外贸、财政、投资、金融、保险以及住房制度等方面的改革也都取得了进展。

(五) 对外开放取得突破性进展。利用外资项目总投资 5272.61 美元，相当于 1987 年以前总和的 14 倍；其中，协议利用外资总额 1367.93 万美元，相当于 1987 年以前总和的 10.5 倍。利用外资项目 24 个，其中“三资”企业发展到 20 家。现汇引进先进技术设备 47 项，总投资 1.52 亿元，用汇 2602 万美元，配套人民币 5453.5 万元。外贸出口不断扩大，1990 年总额达 1.32 亿元（河北口岸），比 1985 年增长 317%。通过实施“南联北交，东西协作”战略，与兄弟省、市、区的经济技术协作和交流取得较大进展。

(六) 科技、教育、文化等各项社会事业得到较快发展。5 年间，全市共取得重大科技成果 183 项，有 4 项接近或达到国际先进水平，有 78 项达到国内先进水平。有 23 项获得国家、省部级科技奖。科技“双放”政策的落实，进一步调动了科技人员的积极性和创造性，大批科技人员到农村、工厂进行技术承包和技术服务。全市已有各类农业技术经济服务组织 3809 个，技术承包集团 3 个，工业主要行业和骨干企业投入批量生产的新产品 294 种，其中达到国内先进水平的占 44%，国际水平的占 8%。初等教育在全市范围内得到普及，办学条件明显改善，适龄儿童入学率城市达到 99%，农村达到 95%。成人教育和职业技术教育发展迅速。各项社会事业蓬勃发展。全市群众性的文化活动日益繁荣，城乡医疗保健条件进一步改善。计划生育工作成绩显著。体育事业发展较快。

(七) 城乡居民生活有较大改善。1990 年，职工年平均工资达到 1845 元，农民人均纯收入达到 548 元，分别比 1985 年增长 86.4% 和 34.6%。到 1990 年底，全市城乡居民储蓄存款余额达到了 13.82 亿元。城镇居民人均居住面积由 3.6 平方米增加到 6 平方米。农民人均居住面积也有较大幅度增加。

(八) 社会主义精神文明建设和民主、法制建设不断加强。特别是党的十三届四中全会以来，全市切实加强了坚持四项基本原则、反对资产阶级自由化的教育，加强了思想政治工作。通过深入进行“扫黄”和“除六害”斗争，进一步推动了“五讲四美”、破除陈规陋习、树立社会新风的活动，净化了社会环境，涌现出一大批文明单位和文明村镇。各级政府始终坚持把政府的各项工作置于人民的监督之中，自觉地接受人大的法律监督和工作监督，接受政协的民主监督。进一步加强了社会治安的综合治理，维护了全市社会秩序的基本稳定。深入开展了廉政建设和反腐败斗争，完善了各种工作制度、管理制度和监察制度。在 1990 年，突出抓了纠正行业不正之风和治理“三乱”，取得了初步成效。

开放后的主要工作

(一) 增强开放意识，坚定开放信心。市委、市政府针对干部群众中普遍存在的思想问题，组织学习，宣传沧州，从六个方面统一认识：国际经济调整的机遇；参与国际竞争的可行性；背靠京津的人才、科技优势；陆海交通方便、地理位置的优越；土地广阔、劳动力资源充足；可利用的经济资源丰富（特别是油、气、盐）、土特产丰盛、开发潜力较大，从而坚定了全市干部群众的开放信心，增强了紧迫感和历史使命感。

(二) 采取切实措施，狠抓项目落实。开放的中心工作就是通过上项目吸引外资，增加出口。抓项目落实，沧州市坚持主要领导亲自挂帅，组织精干力量建立和完善了四大保证系统。一是技术进步保证系统，以提高产品质量为重点，狠抓技改引进和新产品开发；二是管理进步保证系统，以提高企业基础管理水平、企业领导和职工的素质；三是市场开发保证系统，促进流通改革；四是长远发展保证系统，增强发展后劲。

(三) 正确处理对外开放与治理整顿的关系，努力扩大出口创汇。开放以来，全市积极利用外资发展“三资”企业和“三来一补”项目，努力扩大出口创汇。目前，已有主要出口创汇企业 120 多家，出口加工区建设步伐加快。治理整顿期间，投资 7594 万元的 6 个原料建设项目和 7 个大型技术改造项目全部竣工投产。

(四) 坚持内外开放并举，积极推进横向经济联合。在开放工作中，沧州市把与国内的经济技术联合协作和与国外的经济技术联合协作看作是“两个扇面”，它们联结于发展外向型经济这“一个轴心”上。通过工作，积极推进了国内跨省区、跨地市、跨部门、跨所有制的横向经济联合。

(五) 努力改善投资环境，增强综合服务功能。几年来，沧州市集中财力、物力、人力，加强了软环境的建设，使投资环境有了明显的改善。一是建立和充实了涉外机构，努力创造一个更好的、适合外商投资办企业的社会环境。同时，先后制定了《鼓励外商投资优惠办法》和《吸引人才的优惠办法》。二是立足当前、考虑长远，进行了基础设施建设。开放以来，全市通过上下各种渠道筹集和挤出资金 2.1 亿元（其中利用外资 350 万美元），用于城市投资环境建设。另外，按照机关让社会、干部让群众的原则，党政机关不买小轿车，不建办公楼，严格控制增人，压缩各项开支，带头艰苦奋斗，将省下来的钱用于投资环境的改善。

廊坊市

市　长：赵　诚

副市长：薛伯昌（常务）　陈百旺（统计、工业）　周士毅（科技文教）　张希正（财金、内外贸）　刘凤群（农业、乡镇企业）

赵诚市长，1935 年 8 月生，高中文化。1951 年参加工作，1953 年 5 月加入中国共产党。历任县银行股长，天津地委组织部干事、副科长、副部长、中共香河县委副书记、县长、县委书记、地区纪委书记、廊坊地区行政公署副专员、地委副书记、专员。1989 年 2 月任中共廊坊市委副书记。1989 年 3 月当选为廊坊市市长。

服务京津　建设廊坊　努力发展城郊型经济

□　廊坊市市长　赵　诚

廊坊市位于北京、天津之间，彼此联系十分密切。全国解放后，廊坊支缓京津、服务京津已经成为全市人民的政治责任。党的十一届三中全会以来，随着改革的深入和商品经济的发展，廊坊市同京津之间的经济关系已进入一个新的发展阶段。我们在 1984 年正式确立了城郊型经济发展战略，把"依托京津，服务京津，借助外力，建设廊坊"作为全市经济工作的指导思想。几年来，我们不断开辟为京津服务的领域和途径，促进了全市经济的发展。1990 年，全市社会总产值完成 115 亿元，比 1983 年增加 3.1 倍，平均年递增 22.4%；国民收入完成 49 亿元，比 1983 年增加 2.5 倍，平均年递增 19.6%；农民人均纯收入 729 元，比 1983 年增长 117.6%；特别是乡镇企业异军突起，1990 年完成总收入 80.7 亿元，比 1983 年增长 11 倍，平均年递增 42.5%。实践证明，在服务京津中发展廊坊是一条正确的路子。

把廊坊市建成城市生活消费品生产基地

针对两市居民的生活消费品需求，主动把廊坊市建成城市生活消费品生产基地。尽力满足城市居民日益增长的生活需求，进而维护城市特别是首都的稳定，应当作为城郊型经济的一项政治任务；同时，这种需求又为廊坊市确定合理的经济结构，提供了广阔的天地。我们在对京津两市居民的生活消费水平、消费结构、消费习惯、自给程度和市场潜力认真调查研究的基础上，制定了廊坊市的中观产业政策。农业方面，根据两市农副产品市场的长短盈缺，积极调整内部结构。通过主攻单产、集约种植，在粮食生产总量不断提高的基础上，大力发展了以瓜、果、菜、鱼、禽、肉、蛋、奶为主要内容的副食品生产。从 1983 年到 1990 年，全市副食品生产总值由 3.19 亿元增长到 5.8 亿元，平均每年增长 11.2%；占农业总产值的比重由 31.3%上升到 51%。在组织副食品生产过程中。我们狠抓了生产基地的建设。现在，全市已初步形成了蔬菜、禽蛋、林果、肉类等 13 个不同类型的生产基地。基地的经济效益和技术构成较高；产品结构上，由过去注重鲜活性向讲究名特优珍方向转变，各种高档细菜、优良果品、良种畜禽的生产发展势头很猛；生产方式上，以大棚菜和现代化畜禽养殖场为代表的"工厂农业"正在兴起。这些都有效地克服了农业生产的不稳定性和淡旺分明的季节性，提高了商品输出率。现在廊坊市每年向京津两市输出农副产品总值大约 3.5 亿元左右，成为农村经济收入的一个重要来源。工业方面，我们注重食品、轻纺、服装、制鞋、家具、手工艺品等行业的发展，1990 年，这几大行业的产值已达 8.1 亿元。按照城市居民的生活消费需求，加强生活消费品基地建设，不仅丰富了城市居民的“菜篮子”，美化了城市居民的生活，而且促进了廊坊市工农业生产的发展。

建设为京津大企业配套的加工基地

针对京津两市工业外溢的需求，积极建设为京津大企业配套加工的协作基地。近年来，随着城市建设的高速发展，京津两市的某些市区工业出现了高度饱和现象。一些大中型企业，受场地、空间、批量、环保等多方面因素的制约，产生了“外溢性”要求和寻求协作的趋势。我们紧紧抓住这一机遇，充分发挥自己的优势，积极开展同京津的联合与协作。城市工业出资金、技术、设备，我们出场地、厂房、劳力，通过来料来样加工、合作经营、合资经营、补偿贸易等多种形式，积极为京津两市企业拾遗补缺当配角，联合协作搞加工。在吸收城市工业外溢的过程中，我们坚持在政策措施上宽松优惠，提供方便；在利益分配上先行让利，后图发展；在协作方式上以诚待人，以质赢人；逐步形成了为两大城市工业服务的配套加工基地。据 1990 年统计，全市市、县、乡、村四级企业中，与京津两市建立了稳定联合协作关系的共 3326 家，占四级工业企业总数的 56%；生产协作领域涉及到十几个行业和 210 多个主要产品；协作生产总值 17.7 亿元，占四级工业企业总产值的 64%。目前已有相当一批企业，实际上已成为京津大企业的车间或分厂。主动吸收城市工业的外溢，不仅为京津工业的发展创造了条件，同时也壮大了我们自己的工业实力，体现了城乡经济之间互惠互补的关系。现在这种生产协作的势头仍在发展，协作的渠道越来越开阔，协作的形式越来越灵活，协作的规模越来越扩大，协作关系也越来越稳定和紧密。今后在这方面我们还将是大有可为。

建设建材生产和劳务输出基地

针对京津两市的基本建设需求，认真建设建材生产和劳务输出基地。京津是全国建设的重点，基建投资多、建设任务大。从这一情况出发，我们充分利用本地丰富的建材资源和劳动力资源，积极为两大城市的建设和发展服务。一方面大力组织建材生产。从 1983 年到 1989 年，全市发展了一大批砖瓦厂、水泥厂、构件厂和灰沙石料场，形成了年产 37.2 亿块砖瓦、40 万吨水泥和 94.5 万吨建筑石灰的生产能力，使建材业一跃成为廊坊市工业战线上的主要行业（主要产品大都销往京津），成为京津重要的建材供应基地。另一方面，我们还积极组织建筑队伍进城。1985 年至 1987 年的鼎盛时期，全市进入京津两市的建筑队伍达 3.5 万人，年实现劳务收入 1.5 亿元左右。最近一两年，由于国家控制建设规模，承担京津的基建任务虽小了些，但廊坊市在两市的建筑队伍仍有 1.6 万人左右。许多重要建筑，不少亚运工程都是由廊坊的建筑施工队伍承建的。以大城县为代表的南部各县久占天津，以香河县为代表的北部各县饮誉京城。他们以讲信誉、高质量、耐劳苦，在竞争激烈的两市建筑市场上赢得了应有的席位。香河县建工二处，几年来先后在北京承担了香山、丽都、建华、燕春、国际信托旅游饭店和国际信托贸易大厦等高级建筑的施工任务，速度快，质量优，为北京的城市建设做出了贡献，留下了良好的印象。

建设科研实验和科技向生产转化基地

针对京津两市科技扩散的需求，努力建设科研实验基地和科技向生产转化基地。京津两市科技力量雄厚，在经济体制改革和科技体制改革的推动下，特别是科技市场放开以后，广大科研单位和科技人员既需要一批方便的实验基地，同时还需要不断扩展科学技术转化为生产力的优惠场所。而廊坊市的经济发展又亟需大量的科技人才和科技成果，不少地方愿意为他们提供比城内更加优惠的科研和生产条件。几年来，我们通过长期招聘、定期指导、聘请“星期六工程师”、择优调入、技术入股、技术转让、购买专利等多种形式，从京津两市引进各类人才 5712 名，引进技术 1092 项；同时与京津两地的大专院校、科研单位和大厂矿企业建立了 61 个科研生产联合体，开发科研新产品 259 种（其中有 100 种已通过了省级以上鉴定）；此外，我们还为国家有关部委、科研单位和大专院校，先后提供了 30 多个新产品、新技术试验基地，有效地促进了科技成果向现实生产力的转化。

武安市

市　长：许长荣

副市长：张茂生（常务）　王密珠(女　文教卫生)　万喜河(工交)　马平洲（财贸）尹大岫(农业)　潘绍英(科技)

许长荣市长，1939年10月生于河北省迁安县，中共党员，大专文化程度，农艺师。1962年10月参加工作，曾先后在抚宁县渤海林场、邯郸市农林局、邯郸市第一中学工作。1976年调邯郸市农委，历任办公室副主任、主任、农委副主任。1987年9月任邯郸市人民政府副秘书长，1990年4月任中共武安市委副书记、市长。

深化科技体制改革　发挥科技先导作用

□ 杜广良　李树明　朱志明

武安市自1987年被列入省科技示范县（市）以来，从改革科技管理体制入手，抓开放，建体系，搞服务，促开发，加速科技与经济的融合，促进了经济的发展。1990年全市工农业总产值达14.81亿元；4年间，工业科技进步水平有了明显提高，农村技术普及率和实用技术覆盖率分别达90%和85%；承担科技开发研究项目34项，其中31项通过省、市级鉴定，26项达到省以上先进水平；推广科技成果20项，均收到明显的经济效益。庙上乡常社川小流域治理项目通过了国家海河委员会验收，达到国内领先水平。赵店乡综合技术开发试验区通过省科委鉴定验收，获省科技进步三等奖。依靠科技开发山区的作法得到国家科委和省政府的肯定，武安市“七五”期间科技示范县（市）通过了省科委验收。

抓体系建设，增强服务功能，解决科技“断层”问题

经济建设对科学技术的要求越来越高，但由于缺乏相应的科技管理体系，致使科技的流通出现了“断层”，特别是农业增产的潜力已逐渐转向科学技术，而过去建立的科技三级推广体系有的已不复存在，不能适应改革的新情况。这样，衔接“断层”就成为深入抓好科技体制改革的首要环节。

（一）建立配套的科技管理组织。为了强化科技管理工作，市政府配备了科技副市长，43个乡镇成立了科委，已有40个乡镇配备了科技副乡（镇）长，502个村的村委会选配了科技村委副主任，成立了村级科技领导小组。工矿企业增加了分管科技的副厂(矿)长，充实加强了厂办科研机构和技术开发组织。形成了结构较为完整、功能比较齐全、覆盖全市的科技管理体系，从组织上解决了科技管理的断层问题。为确保体系正常运行，制定了相应的管理制度，明确了办事程序，并根据年度科技工作纲要重点，分解落实到各职能部门，实行目标责任制管理，定期检查，年终评奖；制定了乡镇科委和科技副乡镇长管理办法和例会制度；开展了乡镇科技达标和创办科技先导型企业等活动。

（二）抓好科技服务体系建设。解决科技断层问题，还必须有传播科学技术的中介机构，接收、消化和推广先进适用的科学技术。我们在改革中从服务体系抓起，通过实行“政技”分离，建立专业技术服务中心和公司。市直农口业务部门组建了11个技术服务公司（中心），兴办技术经济实体14个，他们为武安市农业科技的发展提供了多方面的服务。例如市畜牧水产局系统成立了牧工商公司、畜牧研究所、饲料加工厂、咨询门市部等组织，为全市农村养殖业健康发展发挥了重要作用；市里还建立了科技服务中心、农业技术推广中心、技术服务站、农业机械化服务站等，各乡镇均建立了相应的技术推广组织，多数农村建立了多功能服务站。同时积极发挥农民技术员的骨干作用，积极引导建立民办科研服务机构。近年来，在科技部门的指导下，以农民技术员为骨干，先后成立了林果、畜牧、养鸡、食品、化工等5个研究所。他们结合武安市农业科技的推广，做了大量服务工作。如赵店村林果研究所，针对全村213.33公顷的家庭果园，引进优种，进行物候期观察，试验示范出一套适合本地果树早期丰产技术，并及时向果农通报和推广，有力地促进了林果生产发展。

制定优惠政策，引进、开发人才 创造一个良好的科技接纳环境

武安市在科技体制改革中，市委、市政府制定了有关开发引进科学技术、科技拔尖人才选拔和管理等优惠政策，在实践中产生了积极影响。先后与17个省市、300多所大专院校、科研单位、企业厂家建立了经济技术联系，聘请北京农大教授为武安市经济技术顾问，引进各类人才300多名。为了稳定和壮大科技人才队伍，重点抓了对科技人员的继续工程教育、职称评聘以及对农村人才的开发培养等环节。几年间，有1500多人接受了继续工程教育，使农业技术水平得到提高。在职称评聘中，按照国家关于评定专业职务规定的精神，评聘副高、中、初级职称6200名。积极开发农村人才，鼓励自学成才，广泛开展了在乡中学生常规技术培训，全市有10.3万人普遍受到了专业技术培训,平均每人掌握2–3项应用技术。目前有60人取得了大专学历，近千人达到中专水平，评聘了中、初级专业技术职务的有916人，成了全市科技战线一支重要的力量。1990年河北省委在武安市召开的在培工作现场会上，武安市的经验得到了省领导的好评。认真执行科技人员农转非政策，先后为43户科技干部114名家属子女由农民户口转为城镇居民，为在山区工作的473名科技人员上浮一级工资，对在科技工作中做出突出成绩的人员进行了奖励，对选拔的尖子人才进行了表彰，颁发了奖金、荣誉证书，每人上浮一级工资。科技政策的落实，开创了一个良好的科技接纳环境，调动了积极因+素，为武安市经济建设增添了活力。几年间在市内外科技人员密切合作下，完成开发引进技术项目201项，创产值2.46亿元，创利税5700多万元。有186名科技人员获省、市级科技进步和科技工作先进个人奖。在三次科技十大奖评奖中，231人榜上有名。

发挥科技先导作用，实行综合开发 加速科技向现实生产力的转化

为了把科学技术尽快转化为现实生产力，武安市把落实科技发展规划做为一项系统工程来安排，认真抓好以下几个重要环节，解决好科技与经济结合的问题。一是组织科技人员参加农业技术承包。我们及时组织科技人员、物资供应部门和有关科研单位与大专院校挂钩联系，组成了农业技术联合承包集团，做到技物配套，实行产前、产中、产后全程服务。武安市先后成立了5个农业技术承包集团，落实承包粮食、棉花、林果、畜禽、承包水面。如大同地膜棉承包集团，由科委、农业局、农机公司、供销社及有关乡镇参加。实行技术指导、物资供应、资金匹配、人员培训四到位，发挥了整体功能效应，战胜了严重的雨涝和虫害，1990年承包的466.67公顷棉花，亩产达到63.7公斤，比前3年平均亩产增22.7公斤。充分显示了集团承包的威力。二是按照科技发展规划逐步改造工农业生产中落后传统工艺、设备、耕作方法，积极组织科技人员参加技术推广和技术攻关活动。目前共有1294名各行各业的科技人员参加了这项活动，使全市农业先进适用技术推广率达到85%，几年来工业推广先进适用技术，完成技术改造项目80项，开发新产品40余种。三是发挥多学科协同作战，抓好山区综合技术开发。武安是河北省太行山区重点开发市，“六五”起步，从林果单项技术抓起，“七五”以来，开发的规模越来越大，并形成了梯度开发格局。四是树立样板，典型引路，加快科学技术的推广步伐。我们在建立的5个示范区中，选择了10个不同类型的村作为基点村。所有的农业技术开发项目都先在基点村里进行研究攻关，试验示范，然后在示范区内全面推广。如赵店示范区，这样做了，赵店村1990年的总收入达到318万元，人均收入达到1050元。

霸州市

市　长：冯永平

副市长：杜兆瑜（常务）　靳德华（财贸）　赵士新（工业、政法）　刘广生（农业、乡镇企业）　尹福玉（农业、科技）　刘宝芹（女　文教卫生）

冯永平市长,河北省三河县人，1938年12月出生，大学文化程度，经济师职称。先后在三河县委农工部、天津地委组织部工作；1969年后历任天津农民报社记者；中共三河县委办公室副组长、办公室副主任、主任、县委常委；中共三河县委副书记；廊坊地区供销社副主任；1989年8月任霸县人民政府代县长；1990年4月被选为霸州市第一任市长。

霸州市概况

□ 张东兵　朱建强

1990年2月，经国务院批准，撤销霸县设立霸州市，从此揭开了霸州历史上辉煌的一页。

基本情况

霸州市地处京津保三角地带中心，位于北纬38°59′—39°13′，东经116°15′—116°55′。东邻天津、武清、静海，西邻雄县，南与天津静海、河北文安隔河相望，北与固安、永清和廊坊市接壤。全市东西最长56.9公里，南北最宽27.75公里，面积784平方公里。市辖6镇12乡、383个行政村街，总人口48.8万人，其中汉族占99%以上，回、满、苗、水、壮、朝鲜、维吾尔、蒙古等少数民族占0.89%。人口密度为622人／平方公里。

霸州历史悠久。据记载，迄今已有2900多年的历史。秦属广阳郡，汉属涿郡益昌县，五代后周显德六年（公元959年）建置霸州，以建于霸水河畔而得名。民国二年（公元1913年）改州为县，1938年建立抗日民主政权，1948年秋平津战役前夕获得解放。建国后曾先后隶属河北省天津专区、廊坊地区和廊坊市管辖。1990年2月撤销霸县设立霸州市。

自然地理、资源情况

霸州市地处冀中海河平原，属于渤海台向斜地区。全市西北部平坦，东北部起伏，中部、溢流洼溢洪区和东淀滞洪区低洼，地势由西北向东南逐渐倾斜，自然坡降为1／3000，海拔11.1米—2.1米（黄海）。

霸州市境内主要有大清河、中亭河、牤牛河、雄固霸新河4条河流，均属海河流域大清河水系，多为季节性河流，洪枯比大，枯水期为基流。境内总流程153.5公里，总流域面积2290平方公里。

霸州市水资源丰富。多年平均降水总量4.35亿立方米，地下水静储量68亿立方米，综合补给量1.083亿立方米。全市可利用水量1.452亿立方米，其中地上水0.626亿立方米，地下水0.826亿立方米。

霸州市属渤海平原和山区平原相结合的类型。全市土地总面积7.8万公顷，其中农田占地57.78%，林占地4.15%，河流、沟渠、道路占地16.14%，村镇及工矿占地13.03%，非耕地（指沙碱、盐地等荒弃地及废弃坑塘等）占8.9%。

霸州市境内蕴藏着大量的石油、天然气、地热等矿产资源。现有石油部所属9个单位常驻霸州勘探、开发，主要分布于南孟、煎茶铺、岔河集、王庄子等乡镇，已开发油井350眼，热气井21眼、天然气井3眼。

霸州市境内繁衍着100余种野生动物。其中兽类10种，鸟类30种，水栖类21种，虫类39种。主要有兔、狐、黄鼬、啄木鸟、鹌鹑、獾等。

霸州市植物资源有300多种。其中粮油作物15

种，以小麦、玉米、谷子为大宗；棉麻作物有4种，以棉花面积最大；蔬菜类36种，瓜果类24种；林木树种乔木11种，灌木5种，共16种；野生植物主要有酸枣、枸杞、薄荷、生地、蘑菇等20余种；观赏植物有65种之多。

经济、社会发展情况

党的十一届三中全会以来，霸州市在改革开放方针指引下，充分发挥毗邻京津的地理优势，按照发展“双轨式”、“城郊型”经济的构思，不失时机地确立了“依托京津、服务京津、振兴霸州、富国裕民”的指导思想，把一手抓“基础”（农业）、一手抓“支柱”（乡镇企业），作为实现翻两番奔小康战略目标的突破口，有力地推动了全市经济和各项社会事业的发展。1990年，全市社会总产值达18.4亿元（1990年不变价，下同）工农业总产值达16.1亿元，国民生产总值8.9亿元，国民收入7.9亿元，均比1978年增长8倍以上；财政收入达到5926.2万元，增长2.6倍。工农业总产值、乡镇企业总收入、财政总收入等主要经济指标均在全省名列前茅。

霸州市乡镇企业发展快、效益高。到1990年底，全市乡镇企业已发展到1.8万处，从业人员10万人，占全市劳力总数的50%以上。现有固定资产、流动资金总值5亿多元，初步形成了塑料、工艺品、服装、机械、化工、冶金、建材、食品、纺织、电子等十几个大行业，产品达3000多种，其中有20多种产品获省、部优，1200余种产品打入国际市场。1990年，全市乡镇企业总收入达13.9亿元，总利润3.6亿元，分别比1978年增长19.5倍、11.7倍，并涌现出88个年利润百万元以上的村街，64位市级以上农民企业家，6位明星企业家。素有“北方苏杭”之称的古镇胜芳，1985年成为全省第一个乡镇企业总收入超亿元的镇，1990年又增加到3.5亿元。1989年这个镇的东升街又成为全省第一个乡镇企业总收入逾亿元的村街。

霸州市农业发达，基础稳定。全市现有耕地5.6万公顷，其中水浇地面积3.1万公顷；拥有机井1.2万眼，各类防渗管道160万米，主干支渠244条，扬水站及桥、闸、涵等工程540余座。近几年，通过增加农业投入，推行土地规模经营、推广地膜覆盖、模式化栽培、配方施肥等新技术，使农业发展后劲得到增强，经济效益明显提高。1990年农业生产战胜严重风雹灾害夺得全面丰收。全市粮食总产量达15.8万吨，创历史最高水平；棉花总产3465吨，油料总产8269吨，瓜菜总产16.2万吨；全年农业总产值达2.77亿元。

霸州市办工业稳步发展。现有生产厂家56个，涉及机械、化工、电子、服装、建材、皮革等十几个行业，主要产品有合成氨、水泥、机砖、轴承、灯头、钻井机、钢窗、服装、塑料制品等46种，其中获省优的8种，直接或间接出口的20种。1990年市办工业完成产值2.18亿元，实现利润1680.6万元，均比1978年增长3倍以上，并涌现出9个年利税超百万元的大户，2个地级先进企业和1个省级先进企业。

霸州市场繁荣，内外贸易活跃。国合商业现有职工4000余人，下属公司、基层社、厂等单位53个。1990年在市场疲软的情况下，完成国内纯购进2亿元，纯销售3亿元，实现利润504.4万元，分别比1978年增长26.4倍、5倍和1.7倍。1990年，全市社会商品零售网点5500个，社会商品零售额达3.1亿元，比1978年增长4倍。全市现有出口创汇企业64家，轻工、服装、纺织、化工、工艺等出口创汇产品180余种，1990年，全市外贸收购总值达6700万元。

霸州市的文化活动丰富多彩。每逢佳节良宵，数十道民间花会走上街头竟相献艺，吸引了政界、文艺界的名流，纷纷云集霸州观摩演出，为霸州文艺增添光彩。特别是1989年市电视台的建成，极大地丰富了全市人民的文化生活。霸州市教育、卫生等项事业发展迅速。全市现有各类学校320所，在校生达6.3万人，专业教师3223人。拥有医疗机构525个，床位824张，卫生专业人员1041人。

随着经济的发展，收入的增加，全市人民的生活水平不断提高。1990年，全市农村人均纯收入达846元，职工平均工资达1707元，城乡人均储蓄额达450元。

社会抚养事业得到新发展。目前全市共有市、乡、村各级敬老院40所，敬养老人近500人。

霸州市城市建设发展快。近年来，按照市政总体规划和“全面规划、局部调整、合理配制、重点开发”的方针，注重加强了城市基础设施和公用设施建设。本着“人民城市人民建，公益事业大家办”的原则，动员和依靠全社会力量，投资544万元，新建、改建、扩建了建设道、盐水河南道、兴华路、东环路、北环路等6条市区主干道，铺筑油面14.7万平方米，硬化两侧便道6万平方米，总长8942米，使市区内外各交通干线纵横交织、连为一体。投资350万元，铺设地下排水管道1.1万米；增打深机井3眼，扩建供水管网3.6万米，使市区供水量由原来2016吨／日提高到3024吨／日，给水、排水管道遍及全城。投资800万元，兴建了18万立方米的农贸市场，扩建了2500平方米的“北菜市场”，新建了占地10公顷、建筑面积3888平方米，具有园林特色的益津农贸市场。并组织市直各单位、各部门先后投资2832.6万元，兴建了87栋规格较高、风格各异的营业楼、服务楼，总建筑面积达8.8万平方米。目前，市区街道整齐、楼房林立，店铺连片、绿树成荫，已初步形成了新兴城市的轮廓。

辛 集 市

市　长：李树程

副市长：龚玉良（常务）　于宝珊（城建、交通）　田文瑞（文卫、政法）　吴根深（农业）　周同岐（财贸）　马书秀（科技）　张凤珠（企业管理）井端阳（农机、农技）

李树程市长，1944年8月生，北京市人，中共党员。1967年毕业于北京工业大学化工系无机物工艺专业，1968年7月分配到河北辛集化工厂，历任厂技术科副科长、科长、副厂长，石家庄地区行署副秘书长、束鹿县副县长，1986年5月任辛集市副市长，后任市委副书记，1990年1月当选为市长。

治理整顿结硕果　深化改革谱新篇

□ 辛集市市长　李树程

"七五"期间的新成就

1986年3月建市后，我们始终坚持一个中心、两个基本点，坚定不移地贯彻治理整顿、深化改革的总方针，紧紧抓住经济建设这个中心，集中力量，开拓前进，使全市经济和各项事业得到较快发展。全市工农业总产值以年近两亿元（本文产值数字均为1980年不变价）的速度增长，1987年在全省139个县（市）中第一个突破10亿元。

（一）国民经济保持较高的增长速度。工农业总产值提前两年完成"七五"计划。1990年达到15.19亿元，年均递增17%。其中农业产值3.38亿元，年均递增3.6%，工业总产值11.81亿元，年均递增23.5%，比1985年翻了一番多。

（二）各项改革取得了显著成效。促进了全市粮棉油产量增长。1990年粮食总产达34.57万吨，棉花总产达1.13万吨，油料总产达1.92万吨。到"七五"末，各企业普遍进行了滚动承包。在发挥国合商业主渠道作用的前提下，已初步形成了多成份、多渠道、多形式的流通格局。外贸、投资、金融、科技以及住房制度等方面的改革也都取得了一些重要进展和试点经验。

（三）经济效益逐年提高，经济实力进一步增强。1990年，市属工业企业实现利润达2442万元，年均递增4.7%；财政收入完成6993万元，年均递增12.7%；银行各项存款达6.67亿元，各项贷款5.9亿元，促进了经济建设的顺利进行。

（四）对外开放步伐明显加快。1988年，辛集市被国家定为对外开放城市。近年来，全市共引进国外各项技术项目18项，引进国外资金1000多万元，创办"三来一补"企业和项目（包括产销协作、补偿贸易及外商直接投资）9个。到1990年底，全市出口创汇企业已发展到115家，出口产品25类96种，产品出口40多个国家和地区。1990年全市外贸出口商品收购额突破亿元大关。

（五）市场体系和市场机制日趋成熟和完善。5年间建立的物资、资金、劳务、技术、信息等市场，在经济和社会活动中发挥了重要作用，城乡市场购销两旺。1990年社会商品零售总额达4.22亿元，年均递增14.6%。流通领域一度出现的混乱现象得到有效治理，市场秩序有了明显好转，市场物价日趋稳定。1990年全市社会商品零售物价指数为97%，比1989年下降了3个百分点。

（六）城市面貌焕然一新。城市建设取得了可喜成就。完成了140项城市基础设施建设工程，开发了三个生活小区，新建住宅面积40多万平方米，城市居民住房基本得到解决。万门程控电话主体工程已基本完成。扩大了输变电能力，基本解决了供电紧张问题。在1990年全国城市卫生检查中，辛集市被评为县级"全国十佳卫生城”。

（七）科、教、文、卫等社会事业快速发展。5年间，全面实施“科技兴市”计划，完成科技项目82个，取得科技成果72项，引进技术成果35项。教学条件逐步改善，教育质量不断提高，高考升学率连续在全省名列前茅，小学“四率”均在90%以上。职业技术教育和在乡中学生培训进一步巩固、发展。四级文化网进一步健全，文化设施逐步完善。广播电视已形成相当规模的收、转播放能力。新建了市第二医院，扩建了3所中心医院和6所专科医院，床位达到929张。城乡医疗、预防、保健条件进一步改善。计划生育，人口出生控制在计划之内。群众性体育活动广泛开展，竞技水平不断提高。

（八）人民生活水平明显提高。1990年农民人均纯收入达679元，职工人均工资达1608元，分别比1985年增长30%和89.7%。到1990年底，全市城乡居民储蓄余额达8.3亿元，比1985年增长4倍多。城乡居民彩电、电冰箱、收录机、洗衣机等高档耐用消费品拥有量明显增加。

“七五”期间，发展经济的主要做法

（一）制订规划，明确经济发展的方向。辛集建市后，制定了到2000年全市经济发展规划和建设方案，提出了“三年打基础，五年见成效，逐步把辛集市建设成为科技发达，城乡繁荣的华北平原明星小城市”的战略目标，确立了稳定提高农业，突出发展工业，开放繁荣商业的工作思路。规划制定后，在全市范围内反复讨论、宣传，让群众认识优势，明确目标，使规划真正成为激励群众奋进的行动纲领。

（二）加强协调，形成大上经济的合力。为实现上述规划，辛集市加强了对经济工作的组织协调，组织全市上下开展经济大合唱。一是强化部门“角色”意识。经济部门每年制定出经济工作的奋斗目标和保证措施，职能部门每年制定出支持经济发展的具体办法和重点解决的问题，并与政府签订责任状，向全市人民公布，接受群众监督。二是实行层层分包，落实到人。三是依靠制度增合力。建立了项目分包制度、现场办公制度和联合办公制度，及时解决问题，减少了扯皮现象。如市服装公司与香港合资新上的集大服装有限公司项目，仅用15天就办完了全部手续，用9个月建成投产。四是严格目标考核。全市层层实行了目标管理责任制，把经济部门的主要经济指标，把非经济部门为经济发展办实事的职责，落实到部门主要领导，年终考核算真帐。通过目标考核，既增强了经济合力的力度，又促使各部门转变了工作作风。

（三）深化改革，为经济发展增添活力。农村改革，在稳定家庭承包的前提下，积极稳妥地推行了土地有偿承包，全市96%的村实行了“两田制”、“三田”制，基本解决了地块零散、不便耕种的问题。并从解决农民种地难入手，由浇水、耕播服务开始，逐步建立健全了生产、科技、购销、信息等服务体系。农村双层经营体制的建立和完善，为家庭联产承包注入了新的活力，促进了农业生产的新突破。1990年全市农业产值达到3.38亿元，比1980年提高1.3倍，粮食产量达到3.46亿公斤，比1980年提高69.6%。企业改革不断完善和发展。在1984年全市工商企业全面推行“一包三改”、“六联四引”和厂长任期目标责任制的基础上，1987年推行了招标承包经营责任制，并不断完善企业内部约束机制，进行了以打破“三铁”（铁交椅、铁饭碗、铁工资）和实行风险抵押为主要内容的内部配套改革，有效地调动了企业经营者和生产者的积极性。此外，根据经济生活中不同阶段出现的重点、难点问题及时推出了一系列配套性改革方案，对引进外资、技术、设备、出口创汇和国内开展各种横向经济技术联合等方面，都明确了奖励政策。

（四）增加投入，提高经济发展后劲。几年来，辛集市从长远着眼，克服各种困难，争项目，筹资金，坚持投入不断档。一是狠抓水、电、路、通讯等基础建设。例如，多年存在的供变电力严重不足的问题得到基本缓解；建设铁路专线4条，修建公路1150公里，相邻县市全部接通，市内乡与乡之间1/3以上的村全部铺了油面路；为了引导工业适度集中、规模经营，选择基础较好的乡镇建立了8个工业开发区，配套架设了供电专线；每年投资2000多万元进行以水利、土地开发为重点的农田基本建设。这些基础设施的建设，为工农业生产的快速、长远发展打下了物质基础。二是突出了工业基建、技改项目主题。5年来，先后对30个市办工业企业进行了扩建改造，使市办工业改造面达到52%，新创办乡村集体企业546个。通过几年的改造和发展，现在全市已有国家大型工业企业1个，国家中型工业企业6个，年利税百万元以上的企业19个，乡镇企业中，年产值超百万元的企业达到84个，超500万元的9个。1990年工业上交利税达到6000万元，占全市财政收入的86%。三是积极筹措建设资金。1988年以来，先后有24个项目争得上级支持，争得投资1.4亿元。5年间，以补偿贸易、联合开发、合资办厂、有偿借贷等方式引进国内外资金3.1亿元，其中引进国外资金585万美元，创办中外合资企业2个，市外合资企业340个。还采取带资入厂、职工集资、缓发奖金等方式，共筹集项目建设资金1480万元，保持了经济指标和经济后劲的同步增长。

藁城市

市　长：安云昉

副市长：边春友（农业、公安、司法）　彭国欣（女　文教、卫生）　黄书侃（工交、电力）　许文锋（城建、工商管理）　郝书振（科技、民政）　杨书涛

安云昉市长，1951年11月生，河北省栾城县人，中共党员。1975年和1984年先后毕业于石家庄地区财贸学校、河北财经学院。历任石家庄地区财贸学校副校长、地区商业局科长、食品公司经理。1988年10月任藁城县副县长、1989年9月任县委常委、副县长。撤县建市后任市委常委、副市长。1991年3月任市委副书记、代市长、市长。

加快工业发展步伐的五年

□ 藁城市人民政府办公室

“七五”期间，藁城市把发展工业做为振兴地方经济的战略重点，在不断强化农业基础地位的同时，立足本地资源优势，集中精力抓工业，加快了工业发展的步伐。5年间，全市工业投入4.4亿元，新上、扩建项目329个，工业固定资产总值达到6.2亿元。1990年，完成工业产值8.8亿元，是1985年的4倍，实现利税1.5亿元，是1985年的2.2倍。工业产值占全市工农业总产值的比重由1985年的41.6%上升为70.4%，基本实现了全市经济由以农业为主向以工业为主、工农协调并进的战略性转变。

立足自身实际，始终如一地实施“依农兴工”发展战略

藁城是传统的农业县（市）。全市农业生产的规模、水平均位居全省前列，但矿产资源十分贫乏。市委、市政府结合市情，确定了“依农兴工、市办为主，城乡联动”的工业发展战略，几任县、市委书记和县、市长都始终如一地坚持贯彻实施。几年来，围绕农业生产的前后延伸，我们一方面兴办农副产品加工企业。围绕粮食加工，先后新上、扩建了3万吨精粉厂、5000吨淀粉厂、万吨宫面厂、2000吨葡萄糖厂等15个较大规模的加工企业；围绕农作物副产品的开发利用，新上和扩建了造纸厂、纸箱厂、万吨中密度纤维板厂、万吨化纤浆厂和现代化“浸出油”加工厂等20多个大中型骨干企业；围绕畜禽产品加工，新建了3个大型肉类加工厂、1个万吨肉类罐头厂、4座肉类冷冻库以及7个乡镇办罐头、奶制品厂；围绕果品的转化增值，先后建起了2个大型果脯厂、11个水果罐头厂和与之相配套的409栋冷风库。另一方面，大力发展支农工业。市共投资1.1亿元，先后扩建改造了市化肥厂、磷肥厂、收割机厂，新上了3万吨磷铵厂、1.2万千瓦热电厂、万吨石棉水泥管厂和深井泵厂、播种机生产线及17个饲料加工厂。5年间，全市兴办的农副产品加工企业和支农企业达280多个。这些企业构成了我市工业的主体，1990年实现工业产值7.5亿元、利税1.3亿元，均占全市工业总产值、总利税的85%以上。

审时度势，保持和创造工业长期稳定发展的“恒温”环境

“七五”期间，在经济调整、治理整顿过程中，针对人们的思想，市委、市政府把稳定生产置于各项工作之首。一是稳定思想，认真总结以前工业发展大起大落的教训，及时解决不同阶段影响工业发展的思想认识问题，统一广大干部职工的思想。全市坚持做到了发展工业的战略思想不改变，计划内工业投入不减少，既定的新上项目不下马，抓工业的领导力量不减弱。二是稳定政策。为解除不同时期干部职工在发展工业生产中的思想包袱，市委、市政府有针对性地，先后制定了《关于

搞活工商企业的若干规定》、《关于完善企业内部分配制度改革的意见》和《关于肃贪倡廉与搞活企业生产经营的若干政策界限》等一系列稳定生产的政策措施，使各级明确正当的发展速度同经济过热，企业经济技术交往中的正常应酬同大吃大喝，多劳多得同分配不公，正常的经营支出同行贿受贿，兑现合同应得收入同乱发奖金等重要政策界限，调动了各级发展工业的积极性和主动性。三是稳定干部队伍。这是保持工业长期发展的一项重要措施，在1986年的竞争承包和1989年的第二轮承包中，均从大稳定小调整、有利于企业发展原则出发，以原企业领导班子承包为主，实现了各承包期的平滑过渡。还制定了市乡村三级企业干部管理办法，明确了干部任免、调动、奖惩分级管理权限。对11个规模大、效益高的市办工业企业厂长，列入了市政府科级干部管理序列；对125个较大规模的乡村集体企业厂长，分别实行了市乡两级管理。从而，保持了经营者队伍的基本稳定。由于长期稳定，在"七五"初期的经济小调整中，全市确定并动工兴建了化肥厂二期改造、电厂、葡萄糖厂等10个市办工业项目和58个乡村集体企业。在1988年治理整顿双紧双压的情况下，不仅保证了市办工业原有13个新建扩建项目按时竣工投产，而且还新考察确定了16个储备工业项目，从而保持了全市工业新上项目不断档，发展后劲不断增强。

围绕"抢、大、快"，在困境中寻求工业发展新突破

"七五"是外部经济环境多变的时期，也是藁城市工业得以迅速发展的时期。我们在工业的开发建设中，突出抓了三个字：一是立足一个"抢"字。主要是向上力争适宜我市发展的新项目。为此在市乡政府和各企业建立了项目开发机构，并制定激励政策，调动各单位找项目的积极性。市政府明确规定：凡争到的新上项目，按其规模给予500—10000元的奖励，对两年没有发展的企业领导和乡镇主管领导，则一律就地免职。我们还在一些大中城市建立了联系点，开辟了多条项目开发渠道。"七五"期间，全市各级争抢项目700多个，形成了本市的工业发展项目库。二是着眼一个"大"字。工业发展努力争取规模效益。"七五"期间，通过现有企业抓扩建、新建项目上规模，优势企业搞兼并，骨干行业上群体，对全市70%的工业企业进行了扩建改造、新上和扩建的29个市办工业项目，6个投资在1000万元以上；86个新上乡村集体企业，40个投资在百万元以上。三是力求一个"快"字。为使开发的项目早动工、早竣工、早投产、早见效，在建设资金上，我们采取市乡村三级联办，动员全市人民集资、拆入外地资金、吸引外地厂家入股等多种形式，筹措重点建设资金，保证项目正常施工。为避免"胡子工程"、"消耗战"，所有建设项目，均由市政府直接同项目小组签订保建设周期、保工程质量、保投资概算的"三保"责任状，严明奖惩。同时，还成立了由主管市长牵头，电力、城建、计委、经委、物资、金融等部门参加的项目协调领导小组，及时研究解决建设中出现的资金、物资、电力等各种"卡壳"问题，全力以赴保证项目建设顺利进行。5年间，尽管工业建设遇到资金紧张、建筑材料涨价等种种困难，由于大打了项目建设总体战，所有新建扩建项目全部按期投产。没有出现一个"半拉子"工程。

强化管理，促使企业提高素质上水平

在抓新上的同时，市委、市政府把强化企业内部管理也做为工业发展的一项关键措施。为提高企业整体素质，一是狠抓基础管理达标。市政府本着科学、合理、先进的原则，逐行业、逐企业核定量化管理指标和具体实施措施。对不达标的市办工业企业，收回每年3%的晋级指标；对基础管理达标的乡镇集体企业，纳入市办工业企业管理。为确保各项管理措施的落实，由主管市长牵头，成立了由各有关部门组成的管理达标督导队，每季对各企业的基础管理工作进行一次巡回检查、指导，全市90%的工业企业实现了基础管理达标。二是积极推行企业现代化管理。在达标的基础上，市政府组织企业主管部门和重点企业的领导，到吉化学习现代化管理经验。同时，聘请企业现代化管理专家、教授来藁城市对厂长、经理进行现代化管理知识培训。在各企业大力推行了"内部银行"、"全面质量管理"、"全面经济核算"、"ABC管理法"和本市收割机厂创造的"责任成本控制法"，整个工业系统普遍建起了以严格执行工艺规程和强化检验为中心的质量管理体系，以降低消耗和提高原材料、能源利用率为中心的成本管理体系以及全方位、多形式、大跨度的销售体系，使市办工业逐步接近国家大中型企业80年代管理水平，乡镇集体企业也向正规化、规范化、现代化管理大大迈进了一步。三是大力开展企业升级和产品创优活动。为提高企业整体素质和产品的市场竞争能力，"七五"初期，市政府就制定了产品创优和企业升级的分步实施计划。市5个班子成员和企业主管部门领导，每人分包1个市办工业企业，严格按照国家企业升级标准，一项一项地抓落实。市分别由计经委、技术监督局牵头，成立专门管理机构，对企业升级和产品创优一季一检查，一年一考评，并制定严格的奖惩办法，促使企业上等晋级，产品争名创优。乡镇企业则由主管部门抓了10个管理样板，以十带百，辐射推广。经过5年努力，全市工业企业有300多个产品实现了标准升级，并先后创出了8个部优产品、12个省优产品，市办工业产品质量稳定提高率达到了95%。化肥厂、收割机厂等一批骨干企业晋升为国家二级企业或进入省级先进企业行列。

涿州市

市　长：张祖龙

副市长：李佩岚（常务）　李贺奇（女）　史　田　冯士清　刘继臣　刘　栋

张祖龙市长，大学文化，1946 年 1 月生于山东省夏津县。1970 年于西安公路学院毕业后，分配到河北省易县工作，先后担任交通局技术员、助理工程师、副局长、副县长。1983 年 1 月调保定地区交通局任副局长。1984 年 10 月调涿县任副县长、县长，1986 年 9 月任涿州市市长。

涿州科技兴市的现状和构想

□ 张祖龙　宋振华

党的十三届七中全会确定了今后十年发展科学技术的基本方针、任务和政策，这是全国实现第二步战略目标对科技进步提出的总要求，也是涿州市依靠科技，振兴经济，带动城市全面发展的总战略。

科技兴市的理论依据

1988 年邓小平同志进一步鲜明地提出："科学技术是生产力，而且是第一生产力"。这个论断充分揭示了科学技术对当代生产力发展的重要作用。过去，我们虽然逐步树立了社会主义初级阶段基本任务是发展社会生产力的观念，但是如何发展生产力，没有很好的办法。因此多年来靠拼劳力，拼资金，拼消耗等方式摸路子。这种状态显然不能再继续下去了。应该按十三届五中全会提出的"提高科技水平，走投入少，产出多，质量高，效益好的经济发展路子"。当今，科学技术飞速发展并向现实生产力迅速转化，逐步形成现代生产力中最活跃的因素和最主要的推动力量。"科技兴市"实质上是把科学技术作为推动城市经济、科技、社会协调发展的长期发展战略。这不仅将保证党中央提出的第二步战略目标的胜利实现，同时将为实现第三步战略目标奠定坚实的基础。

科技兴市的现状分析

"七五"期间，涿州市国民经济已有相当基础。一个以种植业为主，农林牧渔相结合，以工业为主，一、二、三产业大体协调发展的格局正在形成。1990 年，全市国民生产总值中，第一产业占 26.6%，第二产业占 46.5%，第三产业占 26.9%。全市已有 24 个行业，生产 500 个品种产品，有 36 个产品销往国外，7 种产品填补了国内空白，19 种产品达到国内同类产品先进水平。外资联营企业已发展到 10 家，出口创汇企业 36 家，国内合资企业 72 家，技术协作企业 22 家。1990 年全市工农业总产值 9 亿元（不变价），财政收入 5448.6 万元，农民人均收入 801 元。

"七五"期间的实践有力地证明，科技进步是经济发展的一个重要因素，其表现在：

（一）科技体制改革不断深化。逐步建立健全了农村科技服务体制，开拓了技术市场，改革科技管理，由传统管理型向指导服务型转变，改革科技干部管理，放活科技人员管理政策。

（二）科技成果不断涌现。"七五"期间，全市获奖科技成果 29 项。其中获国家级星火企业示范奖 1 项，省部级科技进步奖 3 项，地区级科技进步奖 10 项，市级科技进步奖 15 项。

（三）科技进步不断增长。"七五"期间，全市科技三项费用逐年增加，1990 年比 1986 年增长 2.3 倍

（四）科技队伍迅速壮大。在科技队伍建设上，坚持内培外引并进，到 1990 年底，全市评聘各类专业技

术人员 6384 人，占全市总人口的 1.04%。

通过以上经济与科技现状的分析，涿州市科技要在现有基础上继续发展和提高，要认识、解决以下三个主要制约的因素：一是全社会科技意识不浓，二是科技与经济结合的管理体制尚未理顺，三是管理水平与劳动者素质不够高。

科技兴市的目标导向

根据市科技现状和经济社会发展十年规划的要求，到本世纪末涿州市科技进步的主要目标是：到 2000 年，建立起具有较高水平的现代工业、比较发达的现代农业和繁荣的第三产业，为把涿州建成一个城乡一体，工农结合，各业协调，经济繁荣，科技先进，文化发展，环境优美，人民富裕，风气良好的新型文明城市奠定坚实的基础。

为实现 2000 年的科技目标，全市主要任务是：

（一）围绕农产品优质高产高效，调整加强第一产业，大力推进农业技术进步。使传统农业向现代化农业转化。如在种子方面，扩大主要农作物优良品种的种植面积，逐步实现种子“四化一供”；在耕作方面，大力推广“吨粮田”配套技术；在农田水利方面，继续发展节水灌溉技术；在畜养方面，发展机械化和规模化畜禽养殖业；在林果方面，引进繁殖优良速生树种，逐步实现大地园林化等，通过积极推广农业科技成果和实用先进技术，增加单位面积产出，发展科技密集和劳动密集相结合的城郊型农业经济。

（二）围绕质量、品种、效益，优化壮大第二产业，大力推进企业技术进步。在机械工业中，要广泛应用电子技术，改造传统生产设备和生产方式；在轻工业中，要以新颖实用、节能为原则，重点开发节能家用电器；在工艺美术业中，要提高产品的观赏价值；在房地产业方面，认定其为 90 年代消费主导型产业，采用新技术，以此促进建筑业、建材业的发展。通过强化支柱产业，发展基础产业，开发新兴产业，建立起优势突出、基础稳固、大体协调的工业产业格局。

（三）积极发展第三产业，以增加总量和提高服务功能为主导，适应社会需求。在交通运输方面，提高综合运输效率；邮电通讯业采用新技术新设备；在环境卫生方面，创造一个整洁卫生的城市新容；开发旅游资源，活跃人们的物质文化生活等。进一步改变投资环境和生活环境，促进社会主义精神文明建设。

科技兴市的具体策略

以经济建设为中心，以改革为动力，以科技为支柱，以教育为基础，把经济建设和社会发展着眼点迅速转移到坚持科学技术是第一生产力、依靠科技进步和提高劳动者素质的轨道上来，推动涿州市的经济，社会向更高层次发展，这是我们科技兴市的指导方针，其实施策略是：

（一）强化全民科技意识。没有强烈的科技意识，就很难落实科技发展任务。为此，要通过各种渠道，组织各方面力量，采取各种形式，广泛宣传“科学技术是第一生产力”的英明论断，宣传党和国家关于科技工作的方针、政策、法令和法规。树立学科学，用科学，尊重知识，尊重人才，尊重和支持科技进步的良好风尚，把全市的工作重点转移到依靠科技进步建设国家的轨道上来。

（二）增加对科技的投入。江泽民同志曾经指出，对科技进步要在增加投入方面做出巨大的努力。市里要采取的措施：一是实行财政信贷倾斜政策，逐年增加科技三项费用和科技事业费的投入；二是通过多渠道、多形式，不断壮大市科技发展基金，争取全社会对科技的投入；三是逐步建立企业科技开发基金，鼓励企业增加对科技的投入。

（三）提高劳动者素质。在农村，组织各方面力量推进农民技术教育和培训。办好职业中学和广播、函授教育，建设好农村各种农业培训基地。加强科普宣传，增强广大群众的科技知识，报刊广播等舆论宣传和文化阵地，要大力普及科技知识和农村实用技术。在厂矿企业，要建立健全职工教育场所，举办各种类型的培训班，以全面提高素质为目的，搞好岗位培训和新工人上岗前劳动纪律、职业道德、基础技术和安全生产的培训，提高操作技能。对各级管理人员要进行经营管理、科学决策水平的培训。通过各种培训与教育，激发全市人民对科技发展的责任感和紧迫感，推动各个岗位上的劳动者爱科学，学科学，用科学，提高工作效率。

（四）加强组织领导，科技兴市的战略构想涉及到经济和社会的方方面面，因此必须加强组织领导。按照发展社会主义的有计划商品经济的要求，探索在科技工作中把计划管理与市场调节结合起来的途径与形式，促进科技与经济的进一步结合。一是各单位、各部门都充分重视，切实加强领导，定期研究部署，经常抓落实，把科技进步指标列入一个单位工作或一个干部政绩考核的内容。二是各级都要有专人负责科技工作。市、乡政府配齐主管科技副职领导，组织协调科技工作的开展和及时解决工作中出现的问题。三是建立经济科技咨询组织，对技术开发、技术改造、技术引进及经济、科技、社会发展的重大问题，进行研究论证，尽可能避免决策中的主观性、片面性和盲目性，加速实现领导决策科学化和民主化。四是充分发挥科技人员作为新的生产力开拓者的作用。贯彻落实党和国家的知识分子政策，对科技人员在政治上爱护，工作上支持，生活上关心，充分调动科技人员的积极性、主动性和创造性。为“科技兴市”贡献才智，建功立业。

泊头市

市　长：阎兴华

副市长：张玉良（常务）　张爱光（农村）　刘增芹（女　文卫、民政）　尹敬信（财贸）　王兴顺（城建、政法）　张景润（工交）　牟瑞源（科技）

阎兴华市长，1945 年 11 月出生，河北省献县人。1968 年毕业于河北师范大学生物系，1976 年加入中国共产党。曾任献县本斋乡党委副书记、书记、孟村回族自治县副县长、常务副县长、泊头市委副书记。1990 年 1 月代理泊头市市长，1990 年 2 月当选为泊头市市长。

致力改革开放　振兴泊头经济

□ 刘化力　刘金龙

“七五”期间，泊头市认真贯彻执行改革开放、治理整顿的方针，走出了一条“重科技、尊人才，以工兴泊，城乡一体，共同发展”的路子。国民经济持续稳定增长，经济体制改革更加深入，整个社会面貌发生了很大的变化。1990 年完成社会总产值 74846 万元（1980 年不变价），国民收入达 24783 万元，工农业总产值达 73100 万元，分别比“六五”期末增长 73%、58%、79.6%。

经济体制改革逐步深化

“七五”期间，泊头市从城市到农村，从生产、建设领域到流通、分配领域进行了一系列改革。特别是以搞活企业为中心的城市经济体制改革，由点到面，由单项到配套取得明显的成就。1987 年始，我们搞了经济体制改革试点，1988 年在全市铺开，90%以上的工业企业普遍实行了盈亏包干责任制、利改税基础上的目标承包、招标承包、风险抵押承包等。1989 年又进行了滚动承包试点，较大程度地调动了企业生产经营的积极性。农村改革在继续完善家庭联产承包责任制的同时又积极探索农村集约化经营，建立健全农村社会化服务体系，壮大了农村集体经济实力。农业科技体制改革实行了“政技分离”，农业科技力量开始向农村扩散，增加了农村经济的活力。在流通领域，一个多渠道、少环节、开放式的流通体制已初步形成。

工业生产持续稳定增长，经济效益逐年提高

1990 年完成工业总产值 76001 万元，实现利税 10272 万元，分别比 1985 年增长 110%和 45%。“七五”期间平均增长速度分别为 16.5%和 9.5%，是泊头市工业发展较快的时期。泊头的作法，一是围绕项目抓技改，积蓄发展后劲；二是围绕提高产品质量，开发了一批质量好、效益有发展前途的新产品（如蒸气仪表、加温器、齿轮油泵、棉纱、板框压滤机、多盘无级变速器等）；三是围绕企业技术进步、狠抓企业基础管理和科学管理，提高了企业自身素质。5 年中，全市开发新产品 94 种，其中达到国内、省内先进水平的有 43 种，获部优、省优的有 22 种，有 32 家工业企业分别晋升为国家、省和地级先进企业。

农村经济全面发展，产业结构进一步调整

1990 年完成农业总产值 13000 万元，比 1985 年增长 6.3%；粮食产量在 1988 年首次突破 15 万吨大关的基础上，1990 年又达到 18.5 万吨，夏粮秋粮双创历史最高水平；“七五”期间果树发展计划基本实现，目前全市果树面积为 1.31 万公顷。1990 年仅梨、枣产量就达 8000 万吨；畜牧水产业稳步发展，初步改变了过去完全依赖种植业的局面；乡镇企业异军突起，成为农村经济乃至财政收入的一大支柱，乡镇企业完成总产值

42090万元，占农村社会总产值的60%以上，同时，出现了一个国家二级、一个省级乡镇企业。农业基础设施建设迅速发展，农业生产和农村生活条件得到改善。市内主要河流的地上排蓄体系整体框架已经形成；地下水开发利用，坚持以浅井为主、深井并用的原则，5年中，新增深浅机井2600眼，30%深井已实现机电双配套；农电设施逐渐完备，布局日趋合理，到1989年底，全市已实现村村通电，乡村道路先后铺设油面路127条，达到了乡乡通油面路。

城乡市场繁荣，出口商品总值大幅度增长

“七五”期间，城乡市场异常活跃，年平均增长速度为14.8%。同时对商业流通体制作了大胆改革，在坚持国营、集体、个体一齐上的方针基础上，发挥国合商业主渠道和市场调节作用，市场出现平稳，物价呈回落态势，1990年底物价指数控制在95.9%。

对外贸易，围绕发展外向型经济，走出了一条以“工贸联营”为特点的发展路子，积极调整出口商品结构，扩大传统商品出口，努力增加工业产品出口。“七五”期间，工业品出口比重已占全部出口商品的30%以上，1989年出口商品总值达到2632万元，比“六五”末增长2.19倍，出口商品种类已由过去的30余种，发展到粮油、土畜、轻工、机械等9大类110多个品种，产品分别销往日本、美国、西德、新加坡等十几个国家和地区，对促进泊头经济起了重要作用。

财政收入稳定增长，人民生活不断提高

1990年完成财政收入5064.4万元，比1985年增长61%，5年平均增长12.2%。农民平均纯收入530元，比1985年增长58.9%，年平均增长16%。1990年职工人均工资达到1495.5元，比1985年的816元增加679.5元，5年平均增长16.6%。城乡居民储蓄大幅度上升，1990年末储蓄存款余额42253万元，比1985年增长2.5倍，人均储蓄额866元。

城市功能增强，各项事业得到广泛发展

“七五”期间，城市建设始终坚持“以城市规划为先导，以基础设施建设为重点，以法治城，穷法治城，人民城市人民建，公益事业大家办”的方针，加强基础设施建设，强化综合治理，加快了城市发展速度。5年间，制定了泊头市2000年城市总体规划，突出中心城市功能，在重点完成了以解放路、红旗大街、胜利街为主的旧城区改造和北环路工业区、商业区以及生活小区开发的同时，对城市道路拓宽调直，公共设施建设、环境美化及城市绿化等项事业进行了重点建设，泊头新城框架已初具规模。文化活动中心、广播电视、体育场馆、学校、宾馆、饭店以及供销、机械、纺织、烟草、商业、外贸等130座各具特色的高层建筑相继建成。5年建成3个居民生活小区，新增住房面积200万平方米，人均居住面积达到11平方米。城市供排水设施得到初步改善，“七五”期间累计投资580万元，改造和更新供排水系统，日产万吨水厂工程，目前一期工程已投资1200万元，“七五”末已实现简易供水，大大缓和了城市工业、生活用水紧张的状况。城市排水已由明沟逐步转为暗沟，一次排泄能力达到100毫米。市区绿地面积211650平方米，绿化覆盖率18.4%，人均公共绿地0.3平方米，人均园林绿地3115平方米。

科技、体育、文卫等项社会事业取得新发展

“七五”期间，科技工作除完成科研项目、科技体制改革，重点搞了“政技分离”，5年间，工业完成技措技改项目64个；开发新产品129项，其中有10项填补了国家空白，33项填补了省内空白；同时，还积极探索科技服务的新路子，围绕支柱产业，建立支柱型服务组织，先后建立了果农协会、果品服务合作社和鸭梨开发集团等企业化、集团化、实体型综合服务组织。教育战线，市政府坚持为社会主义经济建设服务的办学方针，在教育系统实施一系列教育改革，实行了不同类型的分级目标管理，全市教育工作发生了很大变化。现有小学565所，在校学生达6.18万人，全市学龄儿童入学率98.5%，普及率达99.7%，毕业率为98%。全市有普通中学57所，在校生达1.96万人，农、技、职中学3所，在校生1257人，成人高等教育在校生879人。城镇初中普及率达到90.7%，乡村初中普及率达到78.5%，全市向全国各类大中专院校输送了大批学员，考生上线率和录取率连续3年名列沧州地区榜首。在搞好普及教育的同时，各类专业教育也得到发展，全市现有技工学校、农业学校、职业中学、卫生学校、教师进修学校等中等专业学校5所，分别开设了铸造、机械、纺织、卫生、财会、农业果树、服装等专业，为社会培养输送了大批有用人才。

任丘市

市　长：马金龙

副市长：郝建田（常务）　吴占奎（农业）　耿铁乱（流通）　王学文（工业）　于桂兰（文化卫生）

马金龙市长，1942 年 12 月生，河北省盐山县人。1968 年 12 月毕业于天津工学院机械系，历任河间县机械厂车间副主任、县工业局技术科副科长、县棉纺厂党支部书记兼厂长、县经委党委书记兼主任等职。1985 年 2 月任任丘县委副书记、县长。1986 年 3 月任丘撤县建市，先后在任丘市第一、二届人民代表大会上当选为市长，并任中共任丘市委副书记、政府党组书记。1990 年 2 月再次当选为市长。

发展中的石油新城——任丘市

□ 张木森

任丘市地处河北省中部，“华北明珠”白洋淀边，总面积 1034 平方公里，总耕地 6.227 万公顷。境内自然资源丰富，是全国重要的石油生产基地之一。1986 年 3 月由县改建为市，现辖 3 个街道办事处，5 个建制镇，20 个乡，413 个行政村，总人口 68.9 万人，其中华北油田人口 11.3 万人。

进入“七五”时期以来，任丘市委、市政府适应建市的新形势，按照把任丘建设成为区域性经济、文化中心的要求，对经济和社会发展的指导思想、整体布局、战略重点及时进行了调整，确立了“以城带乡、以乡促城、城乡互补、协调发展”的战略方针，全市经济和各项社会事业得到了迅速发展。到 1990 年，全市社会总产值达到 11.5 亿元（1980 年不变价，下同），比 1985 年增长 1.7 倍，平均每年递增 19.3%；国民生产总值达到 5.1 亿元，比 1985 年增长 1.1 倍，年均递增 16%；国民收入达到 4.7 亿元，比 1985 增长 1.1 倍，年均递增 14.8%；工农业总产值达到 10.2 亿元，比 1985 年增长 1.8 倍，年递增 22%，财政收入完成 6954 万元，比 1985 年增长 1.2 倍，年均增长 765 万元。

工业生产开始起步。从 1986 年建市起，市委、市政府把发展工业，特别是市办工业作为经济发展的战略重点之一，先后投资 1 亿多元，兴建了棉纺厂、针织厂、造纸厂等一批骨干企业，并与香港常志投资有限公司合作，成立了第一家合资企业——任捷色织有限公司。同时，先后完成了丝绒厂织机改造、更新，引进烤花机、溶解乙炔、野营移动房、系列减速机等一大批技改项目，使老企业焕发了青春。目前，市办工业已初步形成以轻纺工业为主导，以化工、机电、建材、食品四大工业为骨干的新的行业结构。1990 年，市办工业企业已达 173 家，完成年产值 7.83 亿元，比 1985 年增长 48.7%。主要产品有棉纱、交织绒、金丝绒、线绨被面、切纸机、晶体管、冷轧辊、野营移动房、卷帘门窗、脱粒机、碳酸氢铵、过磷酸钙等 40 余种，其中金丝绒、120D 交织绒、减速机、晶体管等产品获省优质产品称号。

城市建设初具规模。建市前，任丘的城市基础设施和公共服务设施十分匮乏。建市后，市政府按照把小城市建设成为区域经济、文化中心的要求，把城市建设纳入了重要议程，在搞好规划的基础上，下大力抓了城市建设，特别是城市基础设施建设。建市 5 年来，全市累计投资近 4 亿元（含华北油田），市区总建筑面积由建市前的 350 万平方米增加到 650 万平方米，增长了 86%。目前，全市建成区已达 18 平方公里，比建市前扩大了近 1 倍。在城市建设中，基础设施和公共服务设施的建设发展最快。建市前，城区只有两条骨干街道，且路面狭窄，质量较差，经过建市后 5 年的努力，已基本形成了以南北方向的会战道、燕山道、京开道和东西方向的建设路、北环路、裕华路等为主体框架的城市街道总格局，街道总面积由建市前的22万平方米增加到38万平方米，人均道路面积由1.4平方米增加到2.1平方米。公共绿化面积由17万平方米增加到23万平方米。市区供排水系统正在逐步完善，到1990年底，供水管道总长达172万米，年供水量由建市前的220万立方米增加到310万立方米，增长40.9%。排水管道达到58万米，增长50.1%。建市前，城市住宅建设非常落后，居民居住条件很差。建市后，采取国家、集体、个人一齐上的办法，狠抓了住宅建设，目前，市区住宅面积已达239万平方米，比建市前增长了40%，人均住房面积达到10.1平方米，增长34.2%。公共交通从无到有，目前，油田区拥有公共汽车15部，营运线路30公里，年客运量达22万人次。市区通讯设施不断完善，油田区建有通讯大楼，市邮局建有微波站，市话交换机总容量达到8450门，其中程控自动交换机5000门。在加强城市建设的同时，城市管理工作得到明显加强。建市后，市政府把城市管理工作作为重要的一环来抓，设立了城市监察大队，配备了30多名专业人员，根据总体规划，搬迁了市农贸市场，拆除了影响交通与市容的建筑。经过综合治理，市区脏、乱、差的情况有了明显改观。

农业生产稳步发展。任丘是全国海河流域平原农业开发区，河北省重点商品粮基地之一。“七五”时期，在认真完善家庭联产承包责任制的基础上，不断增加投入，适度发展规模经营，努力引进和推广先进、适用技术、加强社会化、系列化服务，全市农业发展一年一个新台阶。1990年农业总产值达到23215万元，比1985年增长2.53倍；粮食产量在1985年创历史最高水平的基础上，又连续5年持续增长，1990年总产达到23.8万吨，比1985年增长49.8%，夏粮生产连续两年受到国务院的表彰。林业、牧业、副业、渔业都有了较大幅度的发展，四业总产值达到10497万元，比1985增长83.7%。其中，林业现有林地面积7133.33公顷，林木覆盖率达13.2%，是全国平原绿化先进单位，多次受到国家的表彰和奖励。

乡镇企业异军突起。“七五”时期，全市乡镇企业产值平均每年以1亿多元的速度增长，上交税金占全市地方税收总额的69.9%，已成为全市经济的一大支柱。1990年乡镇企业已达12931家，从业人员67203人，占全市总劳动力的32%，产值达到82797万元，比1985年增长69%，已初步形成了塑料加工、建筑建材、机械电器、玻璃制品和毛纺五大骨干行业，产品种类1000多种，产品行销全国各地，其中标准件、砂轮片、五金工具、地毯、机绣、工艺品等已打入国际市场，行销美国、日本、赞比亚等十几个国家和地区，年出口额为1950万元。

商业、外贸逐步扩大。建市几年来，全市采取内外联营、工商联营、农商联营等多种形式，积极开拓市场，使城乡市场逐步繁荣扩大。到1990年，全市商业网点发展到6279个，从业人员23882人，全市社会商品零售总额达到31761万元，集市贸易成交额20600万元。

教育、科技、文化、卫生事业取得较大成绩。5年来，全市用于改善办学条件的投资达5392万元。目前，全市标准校舍达到98.5%，有96.3%的中小学实现了“十配套”，中小学入学率、升学率全部达到了国家标准，普及九年义务制教育工作通过验收，被国家教委命名为“全国基础教育先进县”，并确定为全国教育改革试验区。全市拥有科技服务组织58个，有科技人员1347人，5年来共取得科技成果133项，其中有16项达到国内先进水平，创经济效益1500万元。文化艺术娱乐设施不断增加，有5人12次在国内外文学艺术大会上获奖。医疗卫生设施不断完善，基本形成了以石油医院、市人民医院为中心，市、乡、村三级医疗保健网。

人民生活水平逐年提高。1990年全市职工工资总额达到3989.6万元，人均工资1689元，分别比1985年增长1.8倍和88.2%。农村人均纯收入达到802元，比1985年增加362元。城乡居民储蓄余额达到72416万元，比1985年增长8.5倍。近几年来，全市有85%的农户盖起了新房，城乡居民高档耐用消费品拥有量增加较快。

旅游事业得到初步开发。素有“北地西湖”美誉的白洋淀，地处任丘西北部，总面积366平方公里。其中任丘水域面积64.8平方公里，它河淀相连、沟濠纵横、苇田棋布、村庄星落其间，形成了独特的水乡景观，淀边千里长堤，蜿蜒雄伟，垂柳成荫，淀中水光潋滟，荷香鱼跃，帆影片片，一年四季，景随时移，各具千秋，是得天独厚的旅游开发区。1988年，白洋淀重新蓄水以来，市委、市政府十分重视旅游开发，旅游船只已发展到近千艘，同时，投资150万元，建成旅游飞机场，并修建了饭店、停车场、旅馆等一大批配套服务设施。现每年可接待游客50多万人。

衡水市

市　长：刘国选

副市长：贾彦明（常务）　赵保勤（财贸、民政）　王兰军（女　教、卫、体）　赵国庭（政法）　王子章（工交、计划）　吕增甫（城建）　杨建学（科技）　赵东礼（体改）　刘忠文（女　计划生育）

刘国选市长，1943年10月生，河北省景县人。1970年8月毕业于天津大学机械工程系。1978年5月加入中国共产党。历任衡水地区行署机械局技术组负责人、衡水地区机械学会秘书长、副理事长，衡水市电焊机厂厂长、党总支书记。1983年9月任中共衡水市委副书记，1985年4月当选为衡水市市长。发表的论文有《小城市经济发展战略初探》、《认识小城市发展规律，把握城市工作主动权》等。

衡水市阔步前进的五年

□　衡水市市长　刘国选

"七五"时期，衡水市贯彻改革、发展、提高的基本方针，国民经济和社会发展取得长足进步，进入了建市以来生机最旺盛的时期。

"七五"成就概览

衡水市"七五"时期国民经济和社会发展的特点是：

（一）城市的综合经济实力明显增强。1990年同1985年相比，全市社会总产值由51528万元增加到144358万元，（按可比价格计算，下同）增长96.3%。国民生产总值由22990万元增加到61328万元，增长93.2%。国民收入由18413万元增加到48639万元，增长79.2%。工农业总产值由39837万元增加到84330万元（1980年不变价，下同），翻了1番。财政收入由3631万元增加到6531.7万元，增长79.9%。

（二）农村经济稳步增长。1990年，农业总产值比1985年增长19.8%。粮食生产连年丰收，单产总产年年创新记录。1990年，衡水市被国务院表彰命名为"全国夏粮生产先进市（县）"。棉花、油料、蔬菜、果品等农副产品产量都有较大幅度增加。林业生产跨入全国平原绿化达标市（县）行列。农村经济结构发生新变化，非农产业占农村社会总产值的比重由1985年的56.1%提高到1990年的69.6%。乡镇企业持续稳定发展。总收入达到47464万元，比1985年增长2.1倍。

（三）工业发展迅速，经济效益明显提高。1990年与1985年相比，全市工业总产值翻了1番多，达到75452万元，平均年增长18.4%。市属工业总产值达到57886万元，增长1.4倍，年均增长19.6%。市属全部独立核算工业企业实现利税5012万元，比1985年增长1.1倍。市属全民工业企业全员劳动生产率18147元，比1985年增长66%。通过加强企业管理，大力推进企业技术进步，加快老企业的技术改造和新产品开发工作，企业的技术水平、管理水平、职工队伍素质以及企业市场应变能力显著提高。涌现出10家省级先进企业，20家百万元以上的利税大户。全市200种主要工业产品，获部优的8种，省优32种，地优53种，优质产品产值比重达到35%以上。

（四）城市建设步伐加快，基础设施日臻完善。5年间，累计完成城市公用事业和公共设施建设投资5600多万元，比"六五"增长5.2倍。新建、拓宽市区道路32条（段）。1990年与1985年相比，市区道路由37公里增加到45.4公里，供水管道由29公里增加到40.6公里，排水管道由37公里增加到59.4公里。建成区园林绿地面积达到51.3公顷。新建水厂1座，公园1座。5年间先后建成的113铁路公路立交桥和滏阳河人民桥，使市区铁路南北、滏阳河东西交通拥挤的状况明显缓解。投资2800万元的万门程控电话投入运营，使市话交换能力提高1.5倍长话交换能力提高2倍。城市的绿化、美化、净化工作取得明显进展，连续3年被评为河北省卫生先进市。

(五) 市场繁荣活跃，人民生活明显改善。1990年全市社会商品零售总额52651万元，比1985年增长1.5倍。5年间，国合商业新建和改建商业网点24个，新增营业面积21859平方米，市百货大楼、五金交电大楼、供销大楼、四季青菜市场、滏阳大厦等一批大型商业服务设施相继建成开业。随着生产的发展，人民生活明显改善。据抽样调查，1990年城镇居民人均生活费收入达到1137元，农民人均纯收入641元，分别比1985年增长117.3%和64.8%。城市居民人均居住面积由1985年的4.4平方米增加到7.1平方米。城乡居民家庭拥有电冰箱、电视机、洗衣机等耐用消费品显著增加。年末城乡居民人均储蓄余额由1985年的314元增加到1225元。

(六) 科技、教育、文化、体育、卫生等项社会事业有较大发展。5年间，共取得科技成果104项，其中获国家科技进步奖2项，省部级科技成果奖17项。初中普及率由1985年的80%提高到90%。标准化校舍比重由1985年的35%提高到78%。群众性文化体育活动日益活跃。医疗卫生条件不断改善。

“七五”时期的基本经验

(一) 强化城市观念，改进领导方法和工作作风。衡水建市时间短，我们始终注重引导干部群众，提高对城市的中心地位、作用和特点的认识，自觉地来组织生产，安排生活。观念的更新，促进了领导层的三个转变：指导思想上使城乡二元结构向城乡一体化的方向转变；工作重点由“以农村工作为主”向“城乡并重”方向转变；工作方法由过去“催种催收”逐步向规划、指导、协调、服务，为经济发展创造良好的“软”、“硬”环境的方向转变，这样才能增强领导城市的主动权。

(二) 深化市情认识，确定发展战略，努力壮大城市经济实力。为此，我们认真总结了建市4年的经验教训，结合衡水市综合性小城市城乡两重性、结构多样性的特点，确定了“以城乡工业为主体，以农业和城市建设为两翼，以第三产业为纽带，依靠科技进步和智力开发，实行城乡一体，工农并举，以城带乡，以乡促城，协调发展”的经济发展战略。在组织经济运行中，坚持做到：坚持改革，推进双向开放；坚持在提高经济效益的前提下，力争使经济有较快的增长；采取市、乡、村、户（联户）一起上的办法，努力加快工业发展。1990年与1985年相比，市属全部独立核算工业企业固定资产原值由9162万元增加到17986万元，增长96.3%。

(三) 牢固树立以经济建设为中心的思想，组织经济建设大合唱。这是加快城市发展的关键。在牢固树立以经济建设为中心思想的基础上，抓了三个环节：1. 确定经济发展思路，搞好规划，明确重点，制定配套措施，协调好上下左右、条块之间的关系。2. 要求各物质生产、管理监督部门和各群团组织，服从全市经济建设大局，自觉地为企业、基层农村搞好服务。3. 号召全市各阶层人民为经济发展出谋划策，为引进联合牵线搭桥。由于集中了各方面的人力、物力、财力，加快了建设速度，提高了投资效益。这在建设水泥厂、滏阳河人民桥等重点项目中，都得到了充分显示。

(四) 正确处理城市建设和经济建设的关系，始终把完善城市基础设施放在突出位置。5年间，衡水市吸取老城市的经验教训，自觉地把城市建设纳入经济建设的全局，统一规划，同步进行。按照“量力而行，尽力而为，突出重点，解决急需”的原则，把有限的资金，集中用于城市的道路、桥梁、给水排水、公共交通、邮电通讯等与经济发展、人民生活联系紧密的基础设施建设。从而使城市的基础设施日臻完善，市容市貌明显改观。

(五) 继续坚持人民城市人民建的方针。为此，衡水市主要采取了四种形式：一是对部分市政设施实行有偿使用，逐步使基础设施的建设步入良性循环的轨道；二是按照谁受益谁出力谁投资的原则，动员直接受益单位给某些基础设施和公共设施的建设以人力、物力、财力的支持；三是组织市内各单位和居民参加一定数量的公益劳动；四是采取国营、集体、个人一齐上的办法，按照城市规划的要求，搞好某些公共设施和市场建设。5年间，全市集资达800多万元，组织各种义务劳动40万人次。由于坚持人民城市人民建，既缓解了城建资金短缺的矛盾，又激发了广大市民热爱城市、建设管理城市的责任感和荣誉感。

市　长：孟立正
副市长：杨作新（常务）　张希升　董智和　王　昕　杨季春

孟立正市长，山西太原人，高级经济师。1934 年 5 月生，1952 年参加工作，1955 年加入中国共产党，1958 年 2 月毕业于北京钢铁工人技校，并参加北京经济管理学院函大学习毕业。历任太原钢铁公司炼铁厂技术员、炉长、党支部书记、副厂长、厂长，公司副总经理、党委常委，1988 年 5 月任山西省物资局局长、党组书记，1990 年 1 月任山西省计划委员会主任、党组书记。为中共山西省委第六届委员会委员、太原市第八届人大代表。1991 年 4 月任中共太原市委副书记，同年 4 月在太原市人大八届六次会议上当选为太原市市长。

“七五”期间太原市经济社会发展成就综述

□　《中国城市经济社会年鉴》太原市编写组

“七五”期间太原市人民在市委、市政府的正确领导下，认真贯彻执行党中央国务院关于改革开放和治理整顿的一系列方针、政策，团结一致努力进取，克服了前进中的重重困难，使各项经济建设和社会事业取得了新的成就。1990 年末，基本上实现了“七五”计划提出的各项任务。经过“六五”和“七五”的 10 年建设，全市国民生产总值提前实现第一个翻番，国民经济和社会进步都迈上了一个新台阶。

国民经济持续稳定发展
经济实力进一步增强

“七五”期间，全市国民经济各项主要指标超额完成了计划，按 1980 年不变价计算，1990 年社会总产值达 127.6 亿元，比 1985 年增长 48.7%，年均增长 8.3%，高出“七五”计划指标 0.2 个百分点。其中工农业总产值 103.68 亿元，比 1985 年增长 56.2%，年均增长 9.3%，高出“七五”计划指标 1.9 个百分点；国民生产总值达 51.50 亿元，比 1985 年增 47.6%，年均增长 8.1%；国民收入达 40.89 亿元，比 1985 年增长 37.3%，年均增长 6.5%。

农业基础地位得到加强。“七五”期间，太原市农村经济在稳定和完善家庭联产承包责任制、深化农村改革中持续发展。粮食生产经过几年徘徊后，出现好的转机；畜牧业、水产养殖业保持较高的增长速度；乡镇企业在治理整顿中继续健康发展。1990 年，全市农村社会总产值达 37.39 亿元，比 1985 年增长 2.3 倍；农业总产值达 3.23 亿元，比 1985 年增长 24.2%，年均增长 4.4%。粮食生产结束了连续 3 年徘徊的局面，1990 年，总产量达 38.78 万吨，比 1985 年增长 27.3%，年均增长 4.9%，高出“六五”期间年增长 1.8%和“七五”计划年增长 1.3%的速度。粮食耕地亩产量达 249 公斤，比 1985 年提高 19.7%。粮食总产量和单产均创历史最高水平。副食品基地建设也取得可喜成绩，菜、奶、蛋、肉、鱼全面增长，蔬菜品种增多，牛奶敞开供应，鲜蛋基本实现自给。1990 年，蔬菜总产量达 59.21 万吨，比 1985 年增长 28.6%；肉类总产量达 1.71 万吨，比 1985 年增长 42.5%；禽蛋总产量达 2.0 万吨，比 1985 年增长 1.7 倍；奶类总产量达 3.50 万吨，比 1985 年增长 82.5%；水产品产量达 1320 吨，比 1985 年均增长 3.4 倍。“七五”期间，乡镇企业迅速发展，并表现出强大的生命力，1990 年，乡镇企业总产值 26.32 亿元，比 1985 年增长 2.2 倍；乡镇企业总收入 24.88 亿元，比 1985 年增长 2.7 倍。

工业生产稳定增长。“七五”期间，太原市工业生产在稳定和完善厂长（经理）责任制、调整产业结构和产品结构中保持了较为稳定的发展势头。5 年共完成工业固定资产投资 70.76 亿元，新增工业固定资产 45.3 亿元，新建和扩建了一批能源、原材料重点项目，有计划、有重点地改造了一批骨干企业，同时狠抓了工业内部结构的调整。1990 年全市工业总产值达到 100.45 亿元，比 1985 年增长 57.5%，年均增长 9.5%，比“七五”计划指标高出 2 个百分点。轻工业以年均 11.9%的速度增长，高于“六五”期间年均增长 10.8%的速度；重工业产值年平均增长率达 8.6%，低于“六五”期间年增长 10.3%的速度。轻工业占全部工业总产值的比例，由 1985 年的 26.5%上升到 29.5%。“七五”期间多数主要工业产品的产量有所增长，年均增长率在 10%以下的产品有纱、毛绒、布、卷烟、纯碱、合成洗涤剂、机制纸及纸板、自行车、肥皂、塑料制品、原煤、发电量、钢、生铁、钢材、硫酸、烧碱、纯碱、合成氨、变压器；年增长率在 10%以上的产品有饮料酒、化学纤维、电解铝、平板玻璃、矿山设备、彩色电视机、电子琴；下降的有呢绒、电解铜、电石、水泥、石膏、交流电动机、工业锅炉、汽车、金属切削机床、黑白电视机。“七五”期间，工业企业在治理整顿和深化改革中，加强技术开发，争创优质产品，提高劳动效率，取得了一定成绩。“七五”期间，全市工业企业试制成功新产品 1908 项；创优质产品 829 项，其中获国家金、银奖 13 项，部优产品奖 131 项，省优产品奖 291 项，优质产品奖率由 1985 年的 22%提高到 29.36%；1990 年，全民独立核算工业企业全员劳动生产率达 16530 元／人，比 1985 年提高 21.7%，年均增长 4.0%。

投资结构调整取得成效。“七五”期间，城镇固定资产投资 109.88 亿元，比“六五”期间增长 1 倍；新增固定资产达 79.39 亿元，比“六五”期间增长 1.01 倍；形成了一批新的生产能力，为 90 年代国民经济的发展增强了后劲。在治理整顿和深化改革中，调整投资结构取得成效，主要表现在两个方面：一是生产性建设投资比例上升，非生产性建设投资比例下降。“七五”期间，生产性建设投资达 69.04 亿元，比“六五”期间增长 1.3 倍，占总投资的比重，由“六五”期间的 54.8%上升到 62.8%；非生产性建设投资达 40.84%亿元，比“六五”期间增长 64.4%，占总投资的比重，由“六五”期间的 45.2%下降到 37.2%。二是更新改造技措投资比例上升，基本建设投资比例下降。“七五”期间，更新改造技措投资达 41.55 亿元，比“六五”期间增长 1.5 倍，占总投资的比重由“六五”期间的 30.4%上升到 37.8%；基本建设投资达 68.33 亿元，比“六五”期间增长 78.8%，占总投资的比重，由“六五”期间的 69.6%下降到 62.2%。

城市建设取得新的进展，各项城市设施的服务功能得到进一步改善。5 年内完成城市建设投资 6.39 亿元，比“六五”期间增长 55.1%，接近 1950 年到 1985 年 35 年的城市建设投资的总和。新建房屋建筑面积 1178 万平方米，比“六五”期间增长 21.8%。城市绿化和林业生产稳步发展，城市绿化覆盖率由 1985 年的 19.03%上升到 25%。市委、市政府在地方财力相当困难的情况下，仍坚持每年为群众办实事的制度，5 年共办实事 77 件 236 项。其中主要有：城市道路长度增长 11.1%，达 541 公里；新建桥梁 77 座；公共交通车辆增长 49.5%，达 583 辆；无轨电车和公共汽车营业线路长度增长 4%，达 832 公里；城市煤气日产能力增长 35.6%，达 44.6 万立方米；煤气和液化气用户增加 1 倍，达 21.05 万户，煤气和液化气普及率由 1985 年的 31.7%上升到 58.4%。完成环保治理项目 1183 个，进一步提高了“三废”处理能力，治理污染取得了可喜成绩。到 1990 年末，全市烟尘控制区达到 105.5 平方公里，覆盖率达 75.3%，提前一年超额完成“七五”计划的目标。城市集中供热开始向热电联产方向迈进。新建统建住宅 658 万平方米，建成和正在兴建的住宅小区达 23 个，城市人均居住面积由 5.63 平方米增加到 7.07 平米，城市每日新增供水能力 6.5 万吨，供水状况有所改善；程控电话从无到有，现已达到 2 万门，一批新的商业饮食服务网点投入使用。

市场繁荣稳定，财政收入逐年增加。1990 年全市社会商品零售总额达 37.89 亿元，超额 10.8%完成“七五”计划期末指标，比 1985 年增长近 1 倍，平均增长率为 14.8%，扣除物价上涨因素实际增长 3.7%。流通领域经过治理整顿，市场秩序大为好转，零售物价上涨指数大幅度回落，一度出现的通货膨胀基本得到控制。“七五”后期，在保证工农业投入及科学、文教等事业支出的同时坚决压缩基建规模，控制支出，做到开源节流，合理使用，地方财政增收节支取得初步成效。1990 年，地方财政收入达 9.21 亿元，高出“七五”计划指标 28.8 个百分点，比 1985 年增长 80.9%，年均增长 12.6%；地方财政支出达 6.11 亿元，高出“七五”计划指标 33.7 个百分点，比 1985 年增长 88.0%，年均增长 13.5%。

科教、卫生事业蓬勃发展
人民生活进一步改善

“七五”期间，太原市积极贯彻落实“科教兴市”的战略方针，科技工作以“科技兴企”与“科技兴农”为主要内容，大力增加科技投入，积极实施“星火计划”、“火炬计划”，组织各级力量协作攻关，进行技术开发和科技成果的推广，从而使科技进步推动经济建设的能力大大增强。5 年来，全市用于科研项目的经费达 3736 万元，比“六五”时期增长 2.65 倍。完成科研项目 5732 项，技改项目 1186 项，新增产值 11.7 亿元，新增利税 2.37 亿元。在科技兴企方面，围绕产品结构的调整，开发新产品、新品种 2837 项，其中不少项目达到了国内外先进水平。“科技兴农”作为全面发展农业生产的一项战略

有了新进步，全市推广了一大批先进实用技术，促进了农、林、牧、副、渔以及乡镇企业的全面发展。

教育事业坚持社会主义方向，加强德育工作，狠抓教学管理，提高教学质量，进一步加强基础教育。5年间，新建和扩建中小学、幼儿园22所，各类毕业生合格率都比“六五”期间明显提高。1990年在全国高考中，太原市囊括全省理工、文史、外语、体育4类考生的第一，取得6个单科的第一。在全国小学数学奥林匹克竞赛中，太原市名列全国榜首。职业技术教育发展较快，1990年，职业高中与普通高中在校生之比达到1.17:1，中等教育结构逐步趋于协调。市属高校在教育改革中调整专业结构，改革学制，走上了健康发展的轨道。5年间，全市大专毕业生达3.76万人，中专毕业生达4.36万人，分别比“六五”期间增长23.4%和82.3%。成人教育稳步发展，1990年各类成人教育在校学生达7.1万人，其中高等学校学生1.35万人，比1985年增长1.6倍。市、县、校三级教师培训网基本形成，计划规定的培训目标如期完成。在狠抓教学质量和严格教育管理的同时，进一步改善办学条件，全市中小学基本实现“一无两有”，跨入了全国中小学无危房城市的行列。

卫生工作坚持预防为主的方针。进一步改善城乡人民的医疗卫生条件。到1990年，卫生事业人员达3.53万人，比1985年增长17.3%；医院床位达2.12万张，比1985年增长26.9%。新建了5所中医院，继续进行了地方病、传染病的普查和预防工作。在广泛开展爱国卫生运动的基础上，太原市首次参加了创建国家卫生城市活动，受到国家检查团的好评。灭鼠一役达标，城乡卫生面貌发生了可喜变化。

“七五”期间，在面临第三次人口生育高峰的情况下，太原全面推行了计划生育目标管理责任制，狠抓了措施的落实，促使计划生育工作走上依法管理的轨道。1990年，全市计划生育率达到93.01%；人口自然增长率控制在12.05‰，较好地完成了控制人口增长的任务。

文化工作坚持“双百”方针和“二为”方向，大力弘扬民族文化，积极开展对外文化交流，群众文化蓬勃发展，推出了一批健康向上、群众喜闻乐见的剧（节）目。城市影院改造取得显著成效，规范化服务得到进一步充实，人民群众的文化生活更加丰富多彩。

体育工作贯彻普及与提高相结合的方针，取得了显著的进展，涌现出一批优秀的运动员和运动队，在田径、举重、篮球等比赛项目中，创造了一批好成绩。市女篮进入全国青年八强，少年女篮在全国夺冠，为全市人民争了光。各种群众体育活动日益活跃，对于增强人民体质起到了积极的作用。

人民生活进一步改善，城乡人民在经济发展中获得实惠，居民收入普遍增加，物质文化生活水平进一步提高。“七五”期间，全市共安置13万名待业人员就业。1990年，职工平均工资达2351元，比1985年增长98.7%，年均增长14.7%，高出计划9.4个百分点。城镇居民人均生活费收入达1415元，比1985年增长1.35倍，年均增长18.6%，扣除物价上涨因素实际仍增长7.1%。农民人均纯收入达763元。比1985年增长45.1%，年均增长7.7%。随着城乡居民生活水平的提高，消费质量和消费结构发生了明显的变化。膳食消费由“主食型”向“副食型”变化，食品消费趋向营养化和多样化；衣着消费日益讲求花色式样和美观新颖，逐步趋向成衣化和时装化；用的消费趋向中高档和电器化，耐用消费品拥有量显著增加；烧的消费趋向煤气化和型煤化，减轻了城市居的家务劳动。“七五”期间城镇居民家庭被称为“三转一扭”的“老四件”（自行车、缝纫机、手表、收音机）的拥有量已进入饱和更新换代阶段，而“新五件”的拥有量保持直线上升趋势。1990年每百户城镇居民家庭“新五件”拥有量与1985年相比，电风扇由19台上升到56台，电冰箱由2台上升到52台，洗衣机由64台上升到95台，彩色电视机由17台上升到84台，收录机由37台上升到82台。“七五”期间，城乡居民的储蓄存款余额也成倍增加，1990年达48.76亿元，比1985年末增长3.3倍；人均储蓄余额，由1985年末的481元增到1868元。全市人民从整体上说已基本解决了温饱问题，开始向小康目标迈进。

经济体制改革稳步推进
对外开放不断扩大

“七五”期间，太原市坚定不移地贯彻执行改革开放的方针，积极稳妥地推进各项改革，推动了整个经济和社会的发展，城市经济体制改革紧紧围绕增强企业活力这个中心环节，主要抓了扩大企业经营自主权和完善企业经营机制的工作，通过大面积推行各种形式的承包经营责任制,有效地调动了企业经营者和生产者的积极性。在深入贯彻《企业法》和省的《三十五条》，普遍实行厂长（经理）负责制的基础上，企业内部的配套改革不断深化，一批企业的分配制度改革取得了明显成效。市属企业有82家实行了兼并，救活了一批濒临破产的中小企业。跨行业、跨地区、跨越不同所有制的各种形式的横向经济联合的发展，为经济建设注入了新的活力。截止1990年底，全市已有各种经济联合体1267个，新组建的企业集团33个。与企业改革相配套，还积极推进了计划、财政、金融、税收、物资、科技、劳务和社会保险等方面的配套改革，为搞活企业创造了较好的外部环境。

“七五”期间太原市对外开放迈出了较大步子。目前已同70多个国家和地区建立了经济技术合作和贸易往来关系，与日本姬路市、英国纽卡斯尔市结为友好城市。在沿海开放城市先后设立了8个办事处，建立了贸易和信息窗口，与国内80多个大中城市建立了经济协作关系。5年中，共利用外资7742万美元，引进技术92项，兴办三资企业24家。1989年，太原市开始自营进出口业务，到1990年，自营出口创汇共计2636万美元。全市外贸出口商品收购总值达2.18亿元，比1985年增长2.1倍，平均增长25.7%，扭转了“六五”期间外贸出口下降的局面。

坚持“两手抓”的方针，社会主义精神文明和民主与法制建设进一步加强

5年来，太原市在发展物质文明建设的同时，注意克服“一手硬、一手软”的倾向，不断加强精神文明建设。全市普遍开展了坚持四项基本原则、反对资产阶级自由化的教育和爱国主义、社会主义、集体主义的教育，认真开展“创文明单位”、“友好在并州”、“学雷锋、学双良”等一系列群众自建自育活动和军民共建共育活动，坚决有力地开展“扫黄”和“除六害”斗争，有效地净化了社会空气。新闻、理论、广播、电视坚持正确的舆论导向，大力宣传党的路线、方针、政策，及时报道全市各行各业在两个文明建设中涌现出来的先进人物和先进事迹，弘扬了社会正气，捍卫了社会主义思想文化阵地。

民主和法制建设迈出了新的步伐。党政领导部门加强了同各民主党派和群众团体的联系，在涉及全市国民经济与社会发展的重大决策和地方立法等方面，事先征求各方面的意见和建议。政府各部门在严格责任制的基础上，加强了人民群众来信来访的处理，提高了人大代表、政协委员提案和建议案的办复率。通过市长办公电话、市长接待室以及“市长与市民”电视专栏等形式，进一步密切政府领导与市民间的联系，增强了人民群众参与和管理国家政务、事务的自觉性。依法治市工作加快了步伐，在全市广泛开展了以宪法为中心的“十法一例”宣传教育活动，提前完成了第一个五年普法教育规划。地方立法工作得到加强。

廉政建设取得初步成效。各级政府部门，特别是领导干部起到了为政清廉的表率作用。在全市政府机关234名副局级以上干部中，开展了“自清自报、自查自纠”活动，建立了领导干部廉政述职报告制度。结合廉政建设，政府各职能部门特别是与人民群众关系密切的部门，都注意了提高工作透明度，行“两公开、一监督”的办事制度，加强了行政监察，突出抓了大案要案的查处工作。与此同时，从群众反映最强烈的问题入手，在全市开展了治理“三乱”、纠正行业不正之风和清房工作，推动了全市廉政建设的深入发展。

（执笔：王迎顺）

大同市

市　长：李有美
副市长：王振宇（财贸）　刘文君（农业）　韩　文（城建）　王志芳（文教、卫生）　刘三才（工交）　高树华（政法）

李有美市长，高级工程师，1936年12月生于上海市。1963年8月毕业于西安交通大学应用力学专业，1979年7月加入中国共产党。历任太原重型机器厂技术员、工程师、副主任、党总支书记、党委副书记、书记。从事技术工作期间，曾参与完成了二辊穿孔机斜轧曲线和复合曲线轧辊的试验研究，获山西省科研成果一等奖，领导并参与完成了板材矫正机、10立方大电铲的试验研究工作，两种产品分别获国家银质、金质奖。1988年5月任中共太原市委副书记，1990年9月任中共大同市委副书记、大同市代市长，1991年4月任大同市市长。

团结奋斗　勇于进取

——“七五”期间煤都大同各项事业成绩显著

□ 孙国宝　王晓虎

大同市在“七五”期间国民经济、城市建设和各项社会事业取得了辉煌的成就。按1980年不变价计算，1990年，全市社会总产值达77.1亿元；国民生产总值39.6亿元，比1985年翻了一番；国民收入28.6亿元。市地方财政收入大幅度增加，1990年，全市财政收入40914万元，是1985年的2.3倍。全市社会商品零售总额达157399万元。塞外名城正朝着新兴现代化工业城市迈进。

工业生产发展迅速

“七五”期间，大同市工业生产持续、稳定、协调地发展。1990年，全市工业总产值达37.6亿元，比1985年增长45.2%，平均每年递增9.1%，其中：重工业增长39.9%，占工业总产值的81.6%，轻工业增长42.3%。占工业总产值的18.4%，与1985年相比，轻工业所占工业总产值比例上升了31.1%。煤炭工业迅速发展，到1990年底，原煤产量达5974.7万吨，比1985年增长25.9%。电力工业迅速崛起，大同二电厂一期工程全部建成并网发电，1990年，全市发电量70.3亿千瓦小时，是1985年的2.6倍；大同一电厂扩建工程已开工，预计1993年底竣工投产。冶金、建材、化学工业充分利用煤电优势，积极进行企业的技术改造，加快了企业技术进步和产品升级换代的步伐。

“七五”期间，国家增加了对大同能源建设的投资。仅1990年，全市完成固定资产投资12.9亿元，能源建设的固定资产投资达10.9亿元，占固定资产投资总额的84.2%。新增原煤年生产能力195万吨，具有现代化水平的双线电气化重载单元列车——大同至秦皇岛煤炭专用铁路（一期）工程，大同至塘沽的煤炭专用公路和连接全省南北最大的公路动脉线——大运二级公路相继建成开通。更新改造投资加大，1990年全民所有制企业更新改造投资达5.3亿元，扩大了生产能力，增加了产品品种，提高了产品质量。

城市建设成效显著

十一届三中全会以后，大同市恢复了城市规划管理机构，完成了城市总体规划的编制工作。1985年以后，市政府加强了对城市规划管理工作的指导，1989年8月成立了大同市规划管理处，1990年9月省政府批准大同市城市总体规划。大同市城市总体规划在注意促进煤炭能源基地建设的同时，特别强调保持历史文化名城的特色，明确了古城分区的历史文化基调，有选择地、鲜明地突出一些重点文物古迹、风景名胜，使历史文化名城同现代化城市建设协调一致。

“七五”期间，市政府把完善城市基础设施作为城市建设的重点，集中力量进行了城市道路、供水、排水、邮电通讯、园林绿化、环境卫生和煤气工程等建设，美化了城市市容，改善了环境状况，方便了群众生活，提高了城市的综合服务功能。

城市道路、桥梁建设。“七五”期间，大同市新建扩建了54公里、61万平方米的城市道路，目前城市道路达到202公里，235万平方米，分别比1985年增加15.4%和26.3%，高级、次高级道路比重明显增加。改造旧城街巷道路工作得到重视，5年间，对38条街巷道路进行了改造，计14.4公里、8.3万平方米，初步解决了旧城区群众行路难的问题。“七五”期间，市政府还投资829万元，新建了大沙沟、同丰公路桥，扩建了十里河大桥、甘河桥，目前城市桥梁达到25座。如今，大同市城市道路已初步形成网络，并与大塘、大运、同丰等过境公路连通，减轻了市区的交通压力和噪声污染，提高了煤炭外运能力。

城市供水、排水及节水。“七五”期间，为满足工业生产和人民生活用水的需求，新建了安家小村水厂、日产水4200吨；完成了册田引水工程前期准备工作，并于1989年开工，预计1992年竣工，届时大同市的供水紧张状况将有所缓和。5年来，市政府投资1604万元，新建改建排水工程62项，先后完成了63公里的排水管道建设。目前，城市排水管线总长达216公里，是5年前的1.4倍，全市的排水设施形成网络，增强了城市的排水能力。节水工作也成绩斐然，5年间共投资968 .4万元。完成节水项目195项。全市实行了计划用水，并开展了污水处理回用工作，万元产值耗水由1985年的297吨下降到1990年的210吨，下降了29.3%。1990年大同市被评为全国节水先进城市。

邮电、通讯事业。到1990年底，全市电话机总数达35862部，电话普及率为3.2部／百人；全市交换机总容量达到19950门，比1985年增加57.7%；全市邮电业务总量完成1135.5万元，是1985年的2.4倍；邮电业务收入2116.6万元，是1985年的3.2倍。

园林、绿化。近几年来，大同在市区和郊区进行了大面积绿化，使城市环境面貌大大改观。到1990年，园林绿地面积达1343公顷，比1985年增加620.6公顷，绿化覆盖率达24.6%，人均公共绿地面积1.1平方米。并对大同公园、儿童公园、云岗公园、口泉公园进行了配套建设，新建并完成了永秦公园一期工程，进行了平旺公园的前期建设。1989年象征着吉祥如意、人民幸福、资源丰富的“福地宝城”大型雕塑在西门外的红旗广场落成，为大同市增添了新的风采。

环境卫生。“七五”期间，市政府共投资538万元，新建改建公共厕所167座，其中水冲式高级厕所16座，使城市公共厕所达到800余座；市内有垃圾点734个，垃圾箱130个，垃圾做到了日产日清。从1985年起大同市连续6年被评为全省“红旗卫生城市”，在全国灭鼠“一役达标”检查中跨入了全国无鼠害城市行列。1990年，在全国卫生城市评比活动中，荣获全国地级卫生城市称号。

煤气工程。为方便人民生活，改善环境质量，造福子孙后代，“七五”期间，投资2.1亿元新建了两座炼焦制气厂。目前，日产煤气30万立方米，煤气的7项指标全部符合国家颁布标准，全市已有5.6万户、约22.4万居民用上了煤气，液化气用户达3000户，城市气化达到21.3%。市区的烟尘污染状况明显好转，炉灰排放量明显减少。

城市公共交通及交通运输。“七五”期间，大同市公共交通发展迅速。市政府共投资698万元，先后购置公共车辆73辆，使营运车辆达到232辆，营运线路18条，1990年完成客运量6681人次。客运出租业务从无到有，目前已发展到3个公司，5个车队，共有出租车80多辆，方便了国内外客人。铁路、公路运输发展迅速。1990年，全市完成货运量12628.1万吨，比1985年增长90.3%。铁路货运量完成9153.7万吨，比1985年增长62.9%，其中，煤炭运量8834.6万吨，占货运量的96.5%，比1985年增长65.2%；公路货运量完成3474.4万吨，比1985年增长246%。新火车客运站于1989年建成，长途汽车站正在建设之中。

城市住宅建设。“七五”期间，大同市在综合开发住宅新区的同时，加速旧宅改造，共完成住宅投资5.8亿元，比“六五”期间增长81.3%，竣工住宅面积200万平方米，新增住宅3.6万套。截至1990年，城镇居民人均居住面积达7.7平方米，比1985年增长28.8%。

环境保护。“七五”期间，全市筹集资金8248万元，有针对性地进行了环境污染的综合治理，共完成治理项目586个。经过5年的努力，全市工业废水实际处理能力达到568100万标立米／年；建成联片集中供热区37个，供热面积达252万平方米，取消锅炉91台；取缔了市区40平方公里以内的土焦生产点，并开展了改造焦炉的试验工作，有效地控制了环境污染，提高了环境质量。

农业生产稳定增长

“七五”期间，大同市认真贯彻落实党对农村的各项政策，加强对农业生产的组织领导，强化农业的基础地位，增加对农业的投入，加强对农业的社会化服务，推广农业实用技术，使农业生产稳定增长。1990年，全市农村经济总收入达108542万元，比1985年增长96.5%，平均每年递增19.3%；农业总产值9001万元。主要农产品产量：粮食90629吨，比1985年增长32.7%；油料10364吨，增长14.8%；蔬菜209779

吨，增长16.1%。

5年来，畜牧业生产发展较快，副食品基地建设得以巩固，大牲畜、猪、羊及畜产品产量持续增长。到1990年末，全市肉类总产量达5451.7吨，是1985年的2.85倍；禽蛋总产量达7055.2吨，是1985年的1.7倍；奶类总产量达7638.1吨，是1985年的1.3倍。

5年间，农业技术条件不断改善，1990年末，全市拥有农业机械总动力39.7万千瓦，大中型拖拉机1466台，小型拖拉机4934台，农业载重汽车2696辆。全年化肥施用量19381吨；农村用电量4183万千瓦小时

文教卫生事业成绩显著

到1990年，全市文化事业机构69个，直接从事文化艺术工作的人员1500余人。1989年，大同市创作的晋剧电视剧《鲜卑骄子》获省艺术节金杯奖；城区红领巾歌舞团的音乐舞蹈《金钗耍孩儿》参加全国第二届艺术节演出，荣获全国少儿歌舞录像比赛第一名。1990年，在全省“国土杯”文艺大奖赛上，市歌舞团创作的歌舞《黄土地我的母亲》获首赛歌舞第一名；市耍孩剧团创作的小戏《胸怀大局》获小戏大赛二等奖。以优秀民警郭和平为题材创作的电视剧《有这样一个民警》播放后引起强烈反响，并荣获金鸡奖和金盾奖。在亚运会期间，大同市参加了“煤海之光”灯展，彩灯受到国内外参观者的普遍称赞。

教育事业在普及的基础上，质量不断提高，办学条件得到较大改善。1990年底，全市有各级各类学校591所，比1985年增加25所，在校学生218476人，比1985年增加2121人。高等学校3所，在校学生2916人；中等专业学校11所，在校学生6225；技工学校8所，在校学生5541人；职业学校15所，在校学生4206人；普通中学103所，在校学生68427人；小学451所，在校学生131161人。1990年，全市展了捐资助教活动，共集资1500万元，全市中小学在1989年实现“一无二有”的基础上实现了“三配套”。全市学龄儿童入学率达99.3%，在校生巩固率达100%，毕业率为98.6%，小学普及率达96.2%。

1990年末，大同市共有医院82个，比1985年增加11个；医院病床数6331张，比1985年增加1394张。全市共有专业卫生技术人员9937个人，比1985年增加1098人。

商业、财政、金融蒸蒸日上

“七五”期间，大同市在发挥国营商业主渠道作用的同时，大力发展集体和个体商业，形成了多种流通渠道、多种经营方式并存的社会主义商业体制,整个城乡市场购销两旺，呈现出一派繁荣活跃景象。到1990年底，全市商业、饮食业、服务业零售网点达15137个，从业人员119067人，集市贸易市场49个，私营企业81个。全市第三产业创造的国民生产总值为63500万元，占全部国民生产总值的20%左右。1990年社会商品零售总额达到157399万元，比1985年增长93.3%。

1990年，地方财政收入40914万元，是1985年的2.3倍，其中工商税收38378万元。全市各银行存款余额27.9亿元，贷款余额26.2亿元。全市承保额达107.1亿元，居民财产承保额1.7亿元，运输工具及责任保险承保额6.3亿元，全年共办理赔案16931件，保险费支出2390万元，对促进生产、保障人民生活起到了积极作用。

人民生活继续改善

“七五”期间，党和政府千方百计增加城乡人民收入，改善城乡人民生活条件，首先是就业人数增加。1990年，安置待业人员2.7万人，年末全市职工人数为55万人，比1985年增加8.1万人。在全部职工中，全民所有制职工为39万人，集体所有制职工为16万人。就业人数的增加，使居民收入明显提高，1990年职工平均工资2556元，是1985年的2.1倍，人均生活费收入1260.4元，人均生活费支出1101.3元，农民人均纯收入881元。全市居民储蓄存款16.9亿元，城镇居民储蓄存款15亿元，农村农民储蓄存款1.9亿元。城镇居民人均居住面积7.7平方米，农村人均居住面积13平方米。家庭高档耐用消费品明显增多，平均每百户拥有彩色电视机68台，电冰箱37台，洗衣机78台，收录机42台。

阳泉市

市　长：薄应贤

副市长：李希曾（常务）　赵迪南（金融、贸易、城建）
　　　　李奕明（科教文卫）　张义明（计划、工交）

薄应贤市长，1941年生，山西省五台县人，中共党员。1964年毕业于山西大学中文系，曾任忻县地委、行政公署办公室干事、副主任、知青办主任、中共静乐县委副书记、代书记、纪检委书记；1983年8月任中共忻州地委副书记，1985年任中共阳泉市委副书记，1990年3月起任阳泉市副市长、代市长、市长。

“七五”成就与煤城建设

□ 李国平　潘维新

“七五”时期，是阳泉经济和社会继“六五”之后进入全面发展的一个时期，这个时期的显著特点是：经济发展速度比较适中，经济实力增长较快，经济效益有所改善，人民得到实惠最多。“七五”期间，阳泉不仅基本上完成了“七五”计划确定的各项任务，而且在能源重化工基地建设、城市建设等诸领域有了突破性进展。

经济建设成就巨大

1990年社会总产值达到了56.8亿元，比1985年增长45.8%，年平均增长7.8%，国民收入1990年达到16.5亿元，比1985年增长8.3%，年平均增长1.6%，工农业总产值1990年达到42.2亿元（按1980年不变价计算达到29.04亿元），比1985年增长51.5%，年平均增长8.7%。其中：工业总产值1990年达到39.2亿元（按1980年不变价计算达到27.56亿元），比1985年增长55.4%，年平均增长9.2%，农业总产值1990年达到3.2亿元（按1980年不变价计算达到1.48亿元），比1985年增长2.4%，年平均增长0.5%，工农业总产值提前两年实现了第一个翻番。地方财政收入1990年达到2.4亿元，比1985年增长73.2%，年平均增长11.6%。

农村经济繁荣兴旺

1990年全市农村社会总产值达到23.4亿元，比1985年增长了131.7%，年平均增长18.3%。“七五”期间全市从上到下对农业基础地位的认识不断提高，不断深化农村改革，一方面继续稳定和完善了家庭联产承包责任制，同时又稳妥地推进土地适度规模经营，积极发展集体覆盖式、企业管农式、专业辐射式、互助合作式等多种服务方式，初步形成了以村集体为主，多层次，多形式的服务体系。各级、各部门十分重视对农业的投入和认真落实科技兴农措施。5年间对农业总投入达1.2亿元，农村集体经济组织和农户的投资主体作用得到发挥；同时组织科技人员开展科技承包，大力推广优种、配方施肥等12项农业实用技术，组织实施了“丰收计划”和“111工程”，从而使农业生产条件有所改善，在稳定粮食生产的基础上，农林牧副渔都有较大发展。粮食连续3年获得丰收，1990年达到2.58亿公斤，比1985年增长0.25亿公斤。平定县和郊区分别进入全省粮食、油料单产最高的10县（区）行列。狠抓了副食品基地建设，显著地提高了农业的服务功能，列为副食品基地建设的有养鸡、养鱼、养猪、奶牛、商品菜基地等共32个项目，投资规模5239万元，截至1990年底，已有29项竣工投产或基本竣工，累计完成投资4991万元。新增蛋鸡32万只，奶牛500头，养鱼场5个，蔬菜面积130余公顷。“七五”期间，乡镇企业通过调整和优化得到了进一步巩固、发展、提高，形成了以耐火、化工、煤炭、建材和农副产品加工的五大产业群体，规模经济有了很大发展，经济效益不断提高。1990年全市乡镇企业总产值达到17.35亿元（按1980年不变价计算达15.3亿元），比1985年增长95.8%，年平均增长14.4%，其中乡镇工业总产值达到13.05亿元，占到全市工业总产值的48.3%，成为全市经济的重要支柱。“七五”期间，扶贫工作取得了显著成绩，集中一定财力、物力、人力，扶持贫困山区开发经济、启动活力、增强“造血”机能，有4个乡、14个村已经脱贫，人均收入近400元。

能源重化工基地建设取得新的进展

随着建设和改革向纵深发展，企业活力不断增强，推动了阳泉市工业生产持续地向前发展。5年间工业基本建设和技术改造累计投资21亿元，期末固定资产原值达到31.64亿元，比1985年增长11.8亿元，工业经济实力进一步增强，一批能源重化工重点项目陆续开工建设，其中电解铝一期工程、硫酸厂、晋盂钢铁厂的炼钢项目、一矿洗煤厂、二矿改扩建、贵石沟两个45万吨矿井、盂县水泥厂、阳泉水泥厂改扩建、南庄洗煤厂等陆续建成投产，新增生产能力，洗煤390万吨、电解铝6000吨、炼钢7万吨、水泥17万吨。河坡电厂、平定磷肥厂磷铵项目、硫铁矿改扩建等项目正在进行建设。由于能源重化工基地的开发和建设，全市重工业优势得到了较好发挥。煤炭产业作为一支重要支柱，1990年产量达到3475万吨，比1985年增长310万吨。其它产业积极推进产业、产品结构调整和上等升级，也得到了相应发展。1990年发电量达到28.62亿千瓦小时，比1985年增长17%，年平均增长3.2%；生铁产量达到了28.75万吨，比1985年增长35.5%，年平均增长6.3%；水泥产量达到59.9万吨，比1985年增长26.3%，年平均增长4.8%；耐火熟料产量达到123万吨，比1985年增长86.6%，年平均增长13.3%，主要工业产品质量有了很大提高，全市优质产品的产值1990年达到5.23亿元，优质产品率达到29.8%。曲面印刷机、灭杀毙农药等8种新产品达国际水平，有19种达国内先进水平。创部优产品11个，省优产品14个，1990年全市又有16个企业达到省级先进企业标准。

固定资产投资取得令人瞩目的成就

“七五”期间，阳泉以优化投资结构为目标，严格控制固定资产投资规模，并依据产业政策及产业序列实行倾斜，有保有压。5年间，全市固定资产投资共完成26.3亿元（县区营以上的全民和集体）。在全部固定资产投资中，按行业划分，农业投资0.04亿元，占0.15%；工业交通邮电24亿元，占91.3%；城市建设1.13亿元，占4.3%；商业0.44亿元，占1.7%；文教、卫生、科技0.54亿元，占2.1%。在投资结构中，压缩楼堂馆所项目。投资重点放在了农业、能源、短线原材料及交通、教育事业上。1990年坚持保重点、保投产、保续建扫尾的原则，以提高工程质量和投资效益为重点，通过开展“工程质量年”活动和实行建设项目责任制等一系列措施，使重点工程和骨干企业项目建设进展顺利。国家重点工程三矿改扩建已如期开工，市重点工程中，河坡电厂一台机组可望投入运行。随着“工程质量年”活动的开展，讲质量、重信誉、求发展业已形成风气，全市在建工程合格率比上年提高21.3个百分点，优良品率比上年提高5.5个百分点。

交通、邮电、商业、外贸相应发展

交通、邮电方面，建成了阳石线二院至郊里、阳东线牛村至东会里等二三级晋煤外运干线公路，新建、改建盂县孙家庄至郊口等8条县级公路，改建了夫城口至青口头等12条乡镇公路。引进日本13000门纵横制电话交换机工程已完成并投入使用，平定、郊区已纳入了市话管理，平定农话自动化工程已有6个乡镇通话。

商业方面，新建了泉中菜市场、矿区菜市场、交电大楼、兴隆街百货大楼、妇女儿童用品商店、友谊商店、兴隆街和四季春集贸市场等一大批大型骨干网点。1990年全市商业网点比1985年增加了1000多个。同时，进行了石油油罐、果品冷库、蔬菜恒温库等其它商业仓储设施的建设，促进了全市商业的发展。1990年社会商品零售总额达到11.01亿元，比1985年增长75%，平均每年增长11.85%。

外贸方面，在扩大传统产品出口的同时，积极开发新产品，“七五”期间共投资3015万元，建设和改造了阀门厂美式阀门、地毯、玛钢管件生产线和建陶厂、金属镁、碱式氯化铝等14个出口商品供货基地。到1990年底这些项目已有10项投产，使全市出口商品已达10个大类50余种。对外出口贸易额逐年增加，1990年出口供货总额达到5162万元，比1985年增长88.3%，平均年递增13.5%。

科教文卫整体水平进一步提高

“科技兴市”战略已全面开始实施，科技体制改革取得了显著的成效。“星火计划”、“扶贫计划”等科技推广应用工程全面实施，加快了科学技术成果转化为商品生产的周期。教育事业以推进教育体制改革和实施九年制义务教育为中心，普通教育得到了进一步加强，职业教育、成人教育和普通高等教育获得长足的发展，教育质量明显提高，教学条件进一步改善。先后建成了广播电视大学、阳泉教育学院、阳泉煤炭专科学校、阳泉工业学校、艺术学校、劳动培训中心，体育学校也已破土动工。卫生方面，医疗水平有所提高，城乡人民的医疗条件不断改善。新建了市妇幼保健院、盂县中医院、平定县听力康复中心等。文化、体育、广播、电视、新闻都取得了新的发展，建成了体育馆、青少年宫等工程，电视新增了中央二套和阳泉电视台节目，阳泉人民广播电台覆盖率由60%增至85%。

人民生活水平继续改善和提高

在农村，由于党在农村的各项经济政策的全面落实，一靠政策，二靠科学，三靠投入，使农村经济跃上了一个新的台阶，广大农民逐步走向了共同富裕之路，1990年全市农民人均纯收入达到684元，比1985年提高17.3%。在城镇，随着建设和改革的发展，各种经济关系的理顺，多种形式的承包经营责任制的完善，各种市场要素配制趋于合理和市场发育的逐步成熟。加之，全市待业人员就业的社会解决，使职工人口负担系数逐年缩小，加上几次调整职工工资和实行各种奖励制度，广大城镇职工的收入不断增加。1990年城镇居民平均生活费收入为1347元，比1985年提高135%。城乡居民生活水平有所提高的另一个显著标志，是城乡居民储蓄存款余额1990年达到13.36亿元，比1985年增长7.4倍，其中城镇居民储蓄存款余额8.69亿元，人均2066元，农民储蓄存款余额4.67亿元，人均642元。

治理整顿和深化改革取得显著成效

“七五”是改革和开放后实施的第二个五年计划，振兴经济和社会进步的使命，把我们推上了一条前人没有走过的道路。也遇到了许多矛盾，许多困难，特别是1984年以后全国性的“通货膨胀”、“发展过快与消费过热”、“经济结构失衡和经济秩序混乱”。迫使我们不得不进行治理整顿和经济调整。阳泉市各级党委和政府依照1988年9月党的十三届三中全会提出治理整顿和深化改革的方针，以及1989年党的十三届五中全会又作出的进一步治理整顿和深化改革决定，做了大量的艰苦细致的工作，采取了许多有力的措施，已经取得了明显的成绩，通货膨胀、物价猛涨的势头已经得到了遏制。物价指数由1988年的26.8%下降到1990年的2.7%；投资过热、消费过热得以降温，国民经济保持了适度增长；产业结构得到初步调整，农业、能源、原材料工业、交通运输及通信业得到充实；清理整顿公司和清理“三角债”，以及流通领域的混乱已经得到初步整顿。经过5年的不懈努力，高度集中的计划体制正在被计划经济与市场调节相结合的体制逐步代替。企业在国家计划指导下逐步向商品生产者的经营者的目标迈进。从1987年起。围绕搞活企业这个中心环节，根据所有权与经营分离的原则，在全市工商企业积极推行了厂长（经理）负责制和多种形式的企业承包责任制。农村改革主要是稳定和发展了家庭联产承包责任制和适度的规模经营，建立和发展了社会化农业服务体系。科技、教育、文化、卫生等方面的体制改革也不断深化，各项经济综合调控的改革措施不断加强，促进了国民经济和各项社会事业的发展。

城市建设取得了突出的成就

阳泉是个山城，围绕矿产资源开发而形成的生产力布局极不合理，特别是被石太铁路、过境国道、河流、山川等各种地物纵横切割的地理条件，加剧了城市规划和建设的困难。因此阳泉规划和建设采用组团式结构分区功能划分，走新区开发和旧城改造并举的道路，成功地进行了旧城的连片改造和功能再造，如福寿街、巨兴街、华盛街、兴隆街、平定东关、盂县秀水等街道改造，不仅使城市面貌焕然一新，而且更具有商业气氛。城市道路完成了北郊路、桃北路（东西两段）、洪城河路、狮脑山路以及平定、盂县和郊区所在地的道路新建和改造，使城市道路的服务面积和长度都有所增加，城市交通状况也得到了较大改善。园林建设和绿化事业稳步发展，建成了百团大战纪念碑，对南山公园进行大规模改造，桃河公园、森林公园、烈士陵园也得到发展，使公园、名胜、景区、景观都初具规模。城市绿化面积由1985年末的292公顷达到了1990年的584公顷，城市公共绿地面积人均已达2.85平方米，城市绿化覆盖率已达16.63%，城市的道路绿化、小绿地建设、小游园建设、庭院绿化、工厂绿化同步发展。城市公用事业完成了市区煤气工程和部分供热工程。从1984年起步的城市供气工程投资3000多万元，到1990年瓦斯抽放站、储气罐、主干管道等主体设施已全部建成，铺设输气分支管道110公里，建成调压站38座，供气系统基本形成，并有2.5万户居民用上了煤气。伴随城市旧城改造，住宅建设也得到了很大的发展，“七五”用于住宅建设投资达到3.34亿元，竣工住宅面积达125.1万平方米，使城镇居民人均住房面积达5.8平方米，比1985年末增加了0.6平方米。

长治市

市　长：杨月生

副市长：杨大椿（农业、民政）　戴海水（科教文卫、城建）　阎爱英（女　财贸金融、外事）　王雷本（工业、交通）

杨月生市长，1939 年 10 月生，河南省偃师县人，中共党员，高级工程师，1964 年毕业于西安矿业学院。历任山西省晋城矿务局王台煤矿技术员、队长、副矿长、副总工程师。1982 年 1 月任晋城矿务局副局长，1983 年 10 月任山西省晋东商行署副专员，1985 年 5 月任晋城市副市长，1986 年 10 月任中共山西省长治市委副书记、长治市代理市长，1987 年 5 月当选为长治市市长。发表过多篇论文。

长治市“七五”时期经济社会发展重大成就

□ 郭晓珍

“七五”期间，长治市以经济建设为中心，坚持四项基本原则，坚持改革开放，国民经济和社会发展取得了重大成就，成为建国以来又一个经济发展较快、人民生活明显提高的时期，为 90 年代实现第二步战略目标奠定了坚实的基础。

国民经济持续增长

（一）完成和超额完成“七五”计划，提前实现第一个翻番。1990 年，国民生产总值 37.2 亿元，比 1989 年增长 4.2%；比“七五”计划超额 19.9%；比 1985 年增长 50.4%，平均每年增长 8.5%。1987 年，提前 3 年实现了国民生产总值的第一个翻番。到 1990 年，已翻了 1.3 番。1990 年国民收入 29.3 亿元，比 1989 年增长 3.8%；比“七五”计划超额 26.2%；比 1985 年增长 48.3%，平均每年增长 8.2%。工农业总产值 50.7 亿元，比 1989 年增长 6.1%；比“七五”计划超额 40.9%；比 1985 年增长 49.2%，平均每年增长 8.3%。其余经济指标完成实绩同“七五”计划相比，农业总产值超额 37.9%，粮食产量超额 20%，工业总产值超额 41.8%，市营以下工业产值超额 69.5%，乡镇企业产值超额 36%，社会商品零售额超额 18.4%，外贸收购总值超额 1.7 倍，财政收入超额 42.5%，银行存款余额超额 87.9%，银行贷款余额超额 73%，农民人均纯收入超额 2.6%，城镇居民人均生活费货币收入超额 34.8%。

（二）综合经济实力显著增强。“七五”期间，长治市地方固定资产投资一直控制在指标以内，地方固定资产投资完成额仅占“七五”计划指标的 60.8%。由于国家加快了重点工程的建设，全社会固定资产投资仍然增加较快，累计达到 39.9% 亿元，比“六五”时期增长 78.6%。共完成基建项目 362 个，新增固定资产 35.9 亿元，比“六五”时期增长 2.8 倍。全民所有制单位的能源、原材料工业和运输、邮电设施投资达到 33.2 亿元，比“六五”时期增长 72.5%，基础产业和基础设施得到较快发展。“七五”期间，建成和投产了山西化肥厂、漳泽电厂 2–5 号机组、邯长二级公路复线、辛安引水等重点工程，铺开了常村煤矿、南寨煤矿、双沁和武墨铁路等重点建设，完成了潞安矿区和长治钢铁厂的扩建改造，建成了武乡电厂、赤壁水电站和潞城店上、沁县、沁源 3 个 10 万吨焦化厂，完成了 18 对地方煤矿的技术改造。5 年间新增煤炭生产能力 413 万吨，发电装机容量 63.75 万千瓦，主要干线公路 64 公里，市内自动交换电话 1.32 万门。

1990 年，全市工业总产值 38.7 亿元，比 1989 年增长 5.9%；比 1985 年增长 60.9%，平均每年增长 10%。“七五”期间累计完成工业总产值（1980 年不变价）119 亿元，比“六五”时期增长 76%。随着能源重化工基地建设的加强，能源、原材料和化工产品大幅度增长。"七五"时期同"六五"期间年均产量比较，发电量增长4.15倍，焦炭增长4.04倍，化肥增长1.17倍，电石增长3.5倍，煤炭增长61.3%，生铁增长71.4%，钢增长43.4%，水泥增长85.1%。5年中累计外运煤炭7130万吨。

"七五"期间，长治市粮食生产连续4年获得好收成，农村经济全面发展。1989年和1990年，粮食总产、单产连续两年超计划、超上年、超历史最高水平，夏粮生产连续两年受到国务院的表彰。1990年，全市农业总产值达12亿元，比1989年增长7.2%；比1985年增长12.6%，平均每年增长2.4%。农村社会总产值28.1亿元，比1989年增长13.1%，比1985年增长1.1倍。全部非农产值增长1.7倍，比重由1985年的52%上升到57.2%。非农产业收入已占到农村经济总收入的60%。"七五"期间，长治市农副产品大幅度增长。1990年粮食总产12亿公斤，比1989年增长9.3%；比1985年增长33.5%，平均每年增长6%。同"六五"时期年均产量比较，粮食增长13.9%，油料增长44.4%，蔬菜增长65.2%。"七五"期间，长治市牲畜存栏数明显增长，肉、奶、禽、蛋逐年增加。1990年同1985年比较，猪牛羊肉增长34.2%，牛奶增长84.1%，禽蛋增长40.3%，大牲畜增长16.8%。

(三)结构调整起步良好，科技进步成绩明显。"七五"期间，长治农业产值比重由1985年的24.4%下降为1990年的23.7%，变化不大；轻工业产值由1985年的21.4%下降为1990年的14.7%，下降明显；重工业产值由1985年的54.2%上升到1990年的61.6%，显著上升。

农业生产条件有了较大改善，生产手段有所进步。5年间，固定资产投资中用于农业的投资0.67亿元，比"六五"时期增长1.3倍。农业生产资料销售迅速扩大，1990年农业生产资料零售额1.84亿元，比1985年增长89.2%，平均每年增长13.6%。持续开展了大规模农田水利基本建设，5年累计新增和恢复水地3.3万公顷，小流域治理4万公顷。科技兴农广泛兴起，农业科学技术大面积推广，显示出巨大的增产潜力。农业物质装备水平有新的提高，农机作业量不断扩大。1990年农业机械总动力71.2万千瓦，比1985年增长15.4%。农村用电量1.8亿千瓦小时，比1985年增长90.6%。化肥施用量5.1万折纯吨，比1985年增长1倍。

"七五"期间，企业更新改造投资7.9亿元，比"六五"时期增长1.8倍。其中市营以下技术改造投资2.25亿元。5年中有315个更新改造项目竣工投产，新开发产品359种。工业企业技术开发成果504项，其中有171项达到国际国内先进水平，60项填补了国内空白。"七五"期间共创优质产品242种，比"六五"时期增加161种；其中国优5种，增加4种；部优48种，增加34种。

(四)外贸财政增长迅速，商业金融稳定发展。1990年外贸收购总值1.6亿元，比1989年增长25.4%；比1985年增长3倍，平均每年增长31.9%。其中工矿产品1.1亿元，比1985年增长5.3倍，比重上升25.9个百分点。有150多种产品销往70多个国家和地区，5年累计创汇近亿美元。千万元以上出口大户达到8个，百万元以上支柱产品达到29种。其中千万元以上产品有焦炭、硅铁，500万元以上产品有生铁、玛钢管件、千斤顶、文化衫、桃仁罐头、玉米、芸豆等。

1990年全市财政收入3.28亿元，比1989年增长2.9%；比1985年增长1.4倍，平均每年增长19.5%。5年累计实现财政收入12.5亿元，比"六五"时期增长1.42倍。

1990年社会商品零售额15.4亿元，比1989年增长3.4%，扣除物价因素实际增长2.1%；比1985年增长57.5%，平均每年增长9.5%，扣除物价因素实际下降1.4%。

1990年末银行存款余额为29.1亿元，比1989年增长22.2%；比1985年增长3.2倍，平均每年增长29.1%。银行贷款余额为43.2亿元，比1989年增长24.5%；比1985年增长1.9倍，平均每年增长18.8%。

社会事业迅速发展

"七五"期间，用于科技教育方面的财政支出3.3亿元，比"六五"时期增长1.16倍；教育集资1.5亿元。5年间取得市级以上科技成果346项，其中获国家奖励4项，省级奖励49项。科技成果推广应用成效明显，共实施"火炬计划"、"星火计划"227项，取得了较好的经济效益。向国家申请专利53项，获准授予专利19项。新建教学用房21.7万平方米，办学条件明显改善。初等教育基本普及，学前教育、特殊教育、中等职业技术教育、成人教育及技术培训都有很大发展。人口文化素质有新的提高，每万人拥有大专以上文化程度的专业人才由第三次人口普查的41人增加到101人，高中文化程度的由587人增加到743人，文盲半文盲人数有较大下降。

"七五"期间，巩固和发展了各县文化馆和主要乡镇的文化站。新建了市电视演播厅，开通了中央二台电视节目；电视覆盖率达到83%，广播事业基本普及。文化市场较前净化，社会主义文化阵地进一步巩固，文化生活日益丰富和活跃。

"七五"期间，新建扩建市、县医院4.56万平方米。全市医院病床增加1029张，总数达到8845张；

卫生机构增加7个，总数达到593个；卫生技术人员增加1243人，总数达到1.1万人。每千人拥有卫生技术人员和医院病床数由1985年的3.6人和3.04张增加到3.8人和3.22张。各种传染病、地方病防治成效明显。体育事业蓬勃发展，新建了市游泳馆和部分县城运动场。群众性体育活动广泛开展，5年间共举办县级以上运动会864次，参赛运动员累计39万人次。体育竞技水平有明显提高，5年间共夺得世界性比赛金牌10枚，银牌3枚，打破和平世界纪录各1项；夺得全国性比赛金牌21枚，省级比赛金牌266枚。计划生育工作取得显著成绩，成为全国计划生育先进市。由于第三次生育高峰的因素，人口自然增长率仍然明显回升。

"七五"期间城市建设投资累计达到1.3亿元。投资220万元的小西门桥竣工使用，市区煤气工程动工兴建，开通市区4路公共汽车，新改造小街小巷6条。

人民生活继续提高

1990年。全市人均国民生产总值（1980年不变价）达到765元，比1985年增加235元。城镇居民生活费收入突破千元，达到1092元，比1985年增长96.8%，扣除物价因素实际年均增长3.3%。职工年均货币工资收入有所增长，扣除物价因素实际每年增长3%。农民人均生产性纯收入达到463元，比1985年增长45.6%，平均每年增长7.8%。

"七五"期间，城乡居民平均消费水平650元，比"六五"时期增长77.4%，平均每年增长12.1%。5年共安置城镇待业青年3.58万人，安置率达到94.5%。全市农村有3.75万人脱贫，35.48万人跨过温饱线，66.85万人达到宽裕和小康水平。

"七五"期间城镇新建住宅累计121.2万平方米，人均居住面积由1985年的6.19平方米增加到7.6平方米。农村新建房屋32万间，人均生活用房由1985年的16平方米增加到20平方米。

1990年末城乡居民储蓄存款19.2亿元，比1985年末增加15.6亿元，增长4.3倍。人均储蓄存款由1985年的132元增加到666元，增长4倍。

晋城市

市　长：薛荣哲
副市长：李才旺（文教、城建）　郭树珍（财贸、计划）　于志成（农业）
雷振声（工交、科技）

薛荣哲市长，1943年8月生于山西省五台县，中共党员，大学文化程度。1960年参加工作，后学习放射化学专业和政治专业。曾任大同市无线电元件一厂党支部书记、山西省委宣传部政治处副处长、大同齿轮厂党委书记、大同市委常委、宣传部长等职。1985年5月任中共晋城市委副书记，同年9月当选为市长，1991年5月在晋城市二届人大一次会议上再次当选为市长。曾主编《政府法律顾问》、《中国城市经济社会丛书·晋城市》、《农业发展的审视与思考》等著作。发表过《农业规模经营的实践与思考》、《经济发达地区农业问题的深层思考》等论文。

改革中崛起的新兴城市——晋城

□ 晋城市市长　薛荣哲

晋城市于1985年经国务院批准实行市管县体制改革试点后，正值我国国民经济和社会发展开始进入第七个五年计划时期。5年来，全市人民坚持以经济建设为中心，艰苦创业、开拓进取，在1987年提前实现第一个翻番的基础上，又全面超额完成了“七五”计划的各项任务。1990年，全市社会总产值达到47.56亿元，完成“七五”计划的127.9%，年均增长9.46%；工农业总产值达到27.99亿元，完成“七五”计划的107.7%，平均增长9.78%；国民生产总值达到23.36亿元，完成“七五”计划的122.97%，年均增长7.89%；国民收入达到19.24亿元，完成“七五”计划的113.2%，年均增长6.42%；财政收入达到2.01亿元，完成“七五”计划的134%，年均增长13.87%。“七五”时期是建国以来晋城市经济建设发展最快、城乡面貌变化最大，人民得到实惠最多的时期。

工业生产稳定发展

“七五”期间，国家确定晋城市为煤炭能源综合开发区和全国无烟煤及无烟块炭生产基地。5年中，全市煤炭、化工基地建设投资达59879万元，比“六五”时期增长2.5倍；企业技术改造投资累计达10395万元，比“六五”时期增长1.89倍，一批重点建设项目和技改项目相继建成投产，形成了新的生产能力。1990年，全市各类煤炭企业发展到891个，从业人员达到6.9万人。原煤产量达到3098.8万吨，比1985年均增长37.87%，平均每年增长6.63%；5年新增煤炭开采能力2283万吨，累计外调煤炭11986.4万吨，有力地支援了国家各项经济建设。以煤炭重化工基地建设为主体，5年来，晋城市大力调整产业和产品结构，积极对现有企业进行技术改造，努力发展优势产业和适销对路产品，使全市电力、冶金、化工、丝绸、水泥等其它工业门类也都得到了较快的发展。5年间，全市全民所有制工业单位累计完成固定资产投资84222万元，比“六五”期间增长1.53倍；企业技术更新改造投资累计达46732万元，比“六五”时期增长3倍多，完成技改项目187项，企业的技术装备水平和产品质量有了较大幅度的提高，整体经济实力明显增强。1990年，全市工业总产值完成23.53亿元，比1985年增长58.24%，年均增长9.6%。其中市以下工业总产值完成20.10亿元，比1985年增长63.4%，年均增长10.32%。特别是乡镇企业得到稳步健康发展，1990年总产值达到19.20亿元，比1985年增长87.68%，年均增长13.42%，已成为全市国民经济的重要支柱。从主要工业产品产量看，1990年与1985年相比，发电量达到7.01亿千瓦时，增长24.72%；生铁产量达到69.31万吨，增长40%；化肥（纯）产量达到5.72万吨，增长73%；厂丝产量达到355吨，增长32.5%；水泥产量达到39.58万吨，增长73%。企业管理普遍加强，产品质量稳步提高。5年中共开发新产品230种，创国优产品2种，部优13种，省优100种，市优73种。有2个企业分别进入国家一级和二级企业，15个企业进入省级先进企业。企业经济效益逐步提高。1990年与1985年相比，全民所有制独立核算企业销售收入增长94.56%，实现利税增长58.29%，全民工业企业全员劳动生产率增长4.7%。

为适应能源重化工基地建设需要，"七五"期间，晋城市的交通运输事业也有了较大发展。5年来共完成公路建设投资6112万元，新增县乡公路226公里，村级和矿区公路1151公里，使全市乡乡通公路，98.5%的村庄通机动车。为加速晋煤外运步伐，"七五"期间，国家投资完成了太焦铁路长治北至月山段的电气化改造。目前，晋城境内又一条铁路干线——侯月线已经全线开工，预计1994年竣工投入运行。届时将为晋煤外运打开新的通道。

城乡市场繁荣活跃

"七五"时期，晋城市商业、服务业坚持为煤炭重化工基地建设服务，为群众生产和生活服务的方向，从完善城市综合服务功能入手，实行国家、集体、个人一齐上，多渠道筹集资金，加快了商业、服务业基础设施的建设。5年来，适应城市规模和商品流通规模的日益扩大，晋城市用于商业、服务业基础设施建设的投资达到12440万元，比"六五"时期增长84%，使全市商业服务业网点发展到11132个，其中在市区新建了4座营业面积在2000平方米以上的商业服务大楼。全市每千人拥有的商业零售网点达到5.8个，从业人员达到42489人，每千人拥有商业服务人员17.5人。特别是城市副食品基地建设初见成效，较好地解决了群众的"菜篮子"问题。5年中，城市副食品基地建设累计投资达4000万元，新建和扩建了粮库、肉库、蛋库、果品库、蔬菜库等基础设施，办起了养鸡场、养猪场和奶牛场，新建了150座温室大棚，使市区蔬菜基地由原来的133.3公顷扩大到320公顷，缓解了城市肉、蛋、奶、菜等副食品供应紧张的矛盾。在加快商业基础设施和零售服务网点建设的同时，晋城市积极探索、大胆改革商品流通体制，大力发展社会主义商品市场，拓宽商品流通渠道，改变了国营商业独家经营的局面，形成了以国营商业为主导的多渠道、少环节、开放式的商品流通体制和城乡通畅、纵横交错、四通八达的流通网络。1990年末，全市共建立起贸易中心1个，开办货栈1个，集贸市场104个，从事商业、服务业的个体商户达到5520户。随着经济的发展和流通体制改革，全市城乡市场日趋繁荣活跃。1990年，全市商业部门国内纯购进总值达5.98亿元，比1985年增长130.89%，年均增长18.22%；国内纯销售总值达8.93亿元，比1985年增长83.37%，年均增长12.89%；农副产品收购总额达2.40亿元，比1985年增长67.83%，年均增长10.91%；集市贸易成交额达2.04亿元，比1985年增长53.38%，年均增长8.93%；全市社会商品零售总额完成9.90亿元，比1985年增长79.67%，年均增长12.43%。在各种经济类型的商品零售额中，1990年全民所有制单位比1985年增长110.63%，平均每年增长16.07%；集体所有制单位比1985年增长117.17%，平均每年增长16.78%；个体商业比1985年增长2倍多，平均每年增长24.63%。

金融保险事业也有较大发展。1990年全市金融保险机构发展到154个，从业人员达到3778人，金融业务总量巨增。1990年，全市金融部门各项存款余额达24.61亿元，是1985年的4.7倍，年均增长39%；各项贷款余额达20.99亿元，是1985年2.84倍，年均增长23.2%。

城市建设日新月异

"七五"时期，晋城市的城市建设坚持为能源重化工基地建设服务，为全市国民经济和社会发展服务的指导思想，在国家严格控制和压缩基本建设投资的情况下，确定了"保重点、保续建、保配套"的方针。5年来，在抓紧经济建设的同时，对城市建设周密安排、精心组织，重点抓了市政基础设施和配套建设。全市5年共完成城市建设投资3亿元，竣工建筑面积达到45万平方米，城市建成区面积由8平方公里扩大到16平方公里。开通了泽州路、凤台街、建设路、南环路等5条主要街道，城市道路总长达到64.8公里，安装自来水和地下排污管道117公里，市区管网普及率达到94%。新建和扩建了一批中小学、幼儿园和医院、电视台、中播转播台、邮电通讯大楼、煤气站等市政公用设施。规划和开发了凤翔、凤台、凤鸣、凤苑4个居住小区，住宅竣工面积达到32.4万平方米，开发商品住宅13.3万平方米，使市区人均居住面积由"六五"时期的5.2平方米增加到8.8平方米，缓解了城市居民住房紧张状况。

市区自来水普及率由"六五"时期的70%提高到90%，集中供热面积达到14.5万平方米，园林绿化覆盖率达到20%。"七五"时期晋城市先后投资240万元引进日本纵横制交换机和意大利程控式交换机，市区和所辖4县全部实现电话自动化，并开通了长途直拨电话。城乡环境保护工作得到了重视和加强。5年间，用于环境保护和治理的投资达到1535万元，完成治理项目87个，"三废"排放得到有效控制，1989年、1990年在山西省辖6市环境目标责任制考核评比中，晋城市两次名列榜首。

晋城这座在改革大潮中崛起的新兴城市，"八五"期间将以新的姿态和风貌立于全国城市之林。

忻 州 市

市　长：李玉清
副市长：党生荣（机关、工交）　王林有（政法、行政）
　　　　刘建平（财贸、文卫）　刘银和（农业）

李玉清市长，1945年10月出生，中专文化程度。1965年7月加入中国共产党，1967年10月参加工作，1974年以来历任忻州地区通用机械厂党委副书记、厂长、党委书记，忻州地区经济协作委员会主任等职。1989年9月调忻州市工作，同年在忻州市第八届人民代表大会第三次会议上被选为忻州市人民政府市长。

前进中的忻州市

□ 忻州市人民政府

1990年经济社会发展情况

1990年，忻州市经济建设和社会发展坚持“稳定、鼓劲、发展”的指导思想，全市人民艰苦奋斗，共同努力，克服了经济工作中出现的诸多矛盾和困难，经济建设基本保持了稳定发展的势头，社会事业取得了新进展，完成或超额完成了“七五”计划确定的各项任务。1990年，全市工农业总产值达到59706万元，比1989年增长了6.48%，其中工业总产值48590万元（含村及村以下企业），比1989年增长了6.34%，农业总产值11116万元。农村经济总收入43413万元；粮食总产量217943吨，比1989年增长了7.67%；乡镇企业总产值35459.39万元，比1989年增长了18.1%；农民人均纯收入607元，城市居民人均生活费用达1108.02元，分别比1989年增加50.7元和192.54元。

“七五”期间取得的突出成就

“七五”期间，忻州市在全面推进经济建设和社会发展的基础上，认真贯彻治理整顿、深化改革的方针，把加强城市建设和发展乡镇企业放在突出的工作位置来抓，取得了积极成果。

（一）城市建设。

忻州市1983年由县改为市，工业基础较差，经济力量薄弱，特别是城市基础设施建设欠帐太多，与蓬勃发展的经济、社会各项事业不相适应，为此，“七五”期间，忻州市紧紧抓住完善城市基础设施这个龙头，坚持“人民城市人民建，建好城市为人民”的指导思想，充分调动社会各方面的力量，进行城市基础设施的建设。经过5年时间的艰苦努力，忻州市的城市建设步入了新的发展时期。

1. 城市公用事业建设步伐加快。

“七五”期间，忻州市城市公用事业发展迅速。1986年至1990年，投资295.6万元拓通了长征东街，投资19万元修筑了云樊路，铺设长征西街、七一广场等路面1.6万平方米。修建和延长了新建北路、建设北路、利民西街、利民东街，花园路及和平路等主次干道。铺设修筑了兴寺街、七贤巷、胜利街、大东街等小街小巷9992平方米，修筑下水道1277米。同时，采取国家投资和多渠道集资相结合的办法，修筑了南关路、顺城街等小巷，集资额占投资总额的50%以上。在城市建设资金困难的情况下，省、地、市三级和受益单位多方筹集资金，完成了6.4公里的云中路翻修工程。至目前，市区已建成主干道10条，次干道25条，高标准的小街小巷10条。市区道路总长达34公里，道路面积35万平方米，下水管线总长达到37公里。

街道照明设施得到进一步改善。5年间，先后在市内七一路，长征路交叉处建成了GIBN440型高杆灯一座，投资12万元完成了长征街、建设路、光明街照明灯具的高压钠灯改造工程，将七一路、云中路、胜利街的白质灯泡更新为氯灯装置。城市街道照明线路总长达到50余公里，比1985年增加60%，照明率保持在95%以上。

城市园林绿化初具规模。5年来，市区完成了改造七一北路、新植健康南路、光明西街的绿化工程，完善了一带三园（环城绿带、古钟公园、七一游园、北城门游园）的任务。新建了七一北路，七一公园两侧及邮电局广场、光明街路口、七一百货大楼等6处街心花坛及雕塑小品，建成了90多个公园式的单位庭院。初步形成了“一街一样，一院一景”的美化框架。5年共植树69.8万株，种植花草3.7万平方米，使市区绿化覆盖率达到26.3%，比1985年增长11个百分点，城市居民人均占有绿地达2平方米。

城市环卫工作坚持“统一规划，综合治理”的方针，以治本为中心，以“绿化、美化、硬化、香化、净化”为重点，以治脏为突破口，开展群众性的爱国卫生活动，取得了明显成效。连续6年获得山西省“爱国卫生红旗城市”称号，1989年夺得全省首批“二级达标”城市竞赛第一名，1990年获得“全国卫生城市”光荣称号。

2. 城市供水、住房状况明显改善。

近年来，在不断提高南水厂供水能力的同时，省、地、市投资167万元，建成了北水厂，并顺利完成了南北水厂管网的沟通工作，实现了北水南调的目标。同时，自筹资金17万元，更换了南北大街，胜利街、利民街和长征后街的部分管线和管段2000米。目前全市日供水量达2.5万吨，水压合格率达100%，完全满足了市区工农业生产以及城市居民生活用水的需要。

为确实改善城市居民的住房状况，“七五”期间，忻州市遵循“综合规划，小区开发，配套建设”的思路，在城市住宅开发上走出了自己的一条新路，在短短的5年时间内，开发建成了4个住宅小区，其中小南门住宅区占地2.71公顷，建筑面积3.9万平方米；利民北五巷住宅区占地0.88公顷，建筑面积1.15万平方米；西门坡龙岗新村住宅区占地2.09公顷，建筑面积1.6万平方米；和平街七一住宅区占地6.67公顷，建筑面积3万平方米。通过住宅小区的开发，共安排无房户、特困户300余户，市区人均住房面积由1985年的7.6平方米提高到现在的10.8平方米。

（二）乡镇企业。

“七五”期间，忻州市始终把发展乡镇企业放在经济工作的突出位置，积极调整结构，强化管理，狠抓发展，保持了持续稳定发展的好势头。5年中，新上较大的工作项目21个、技术改造项目23个，开发新产品90个。1990年底乡镇企业总产值达35459万元，比1985年增长1.7倍多，年均递增21.9%，其中工业总产值达16677万元，比1985年增长1.77倍，年均递增22.6%，超额完成了“七五”计划。

目前，忻州市乡镇企业年产值在3000万元以上的乡镇有3个,年产值在500万元以上的村有6个。全市50万元以上的乡镇骨干企业有30个，其中100万元以上的有21个。企业数已由1985年的6647个增加到现在的10190个，增长了53.3%，从业人数由1985年的34396人增加到现在的40456人，经过几年的艰苦努力，忻州市乡镇企业已初步形成了“4个基地”和“4个系列”，即建材基地和建筑、建材、运输、销售系列，采掘基地和采掘、冶炼，铸造系列，农副产品基地和种植、养植、加工系列，出口创汇基地和轻化工加工系列。

忻州市乡镇企业的发展带来了积极的效应。一是缓解了农村剩余劳动力就业难的问题，目前占全市农村全、半劳力总数的31%的人从事乡镇企业；二是增加了财政收入，仅“七五”期末的1990年，乡镇企业就上交税金1310.34万元，比1985年增长了368.25%；三是增加了农民收入，1990年农业人口人均收入中来自乡镇企业的就有228元，占到人均收入的37%。

在发展乡镇企业上，忻州市始终坚持了突出重点、狠抓“两手”的思想，即一手抓管理，深挖企业内部潜力；一手抓发展，扩大规模，蓄足后劲。在强化企业管理方面，重点抓了标准、计量、规章制度、基础教育、班组建设等基础管理工作和财务、质量、设备、安全生产等专项管理工作，以企业上等升级为手段，在全市乡镇系统开展了企业管理竞赛活动，收到了明显效果。“七五”期间，共有31种产品获省系统优秀产品证书，部、省优产品各1项；龙岗砖厂获省系统级先进集体称号；有5个企业标准化验收合格，9个企业计量验收合格，1个企业通过了全面质量管理验收。在乡镇企业的发展方面，坚持了新扩改建项目一起抓的方针，“七五”期间共投入资金5717万元，新扩改建项目199个，其中新建项目170个，扩建项目25个，改建项目4个，这些项目大部分已建成投产，取得了较好的效益。

忻州市的乡镇企业起步晚、底子薄、基础差，因此，在“七五”期间突出了科技进步工作，狠抓了引进人才，引进技术，引进资金工作。“七五”期间，全市共引进资金550万元，引进技术人才520人，引进技术项目80项。实施星火计划201项，可新增产值18394万元，创利税3604万元。南城造纸厂和高档药物卫生纸系列产品和田村夹胶玻璃厂生产的夹胶玻璃分别获国家星火项目成果展览交易会金奖和银奖。

“七五”期间，忻州市经济工作和各项事业取得了可喜成绩。今后忻州市将继续努力开拓，积极进取，争取更大成绩。

榆 次 市

市 长：李天祯
副市长：王林胜（常务） 杨精华（女 财贸、民政）
常忠武（计划、工交） 李家禄（农业、科技）
康柱生（城建、公安）

李天祯市长，山西省平遥县人，1944年出生，大学文化程度，高级讲师。1961年参加工作，1966年加入中国共产党。先后任学区校长、中心校长、编辑、县委宣传部理论教员、县委办公室副主任、县委副书记、榆次市委副书记等职，1989年12月任榆次市代市长。1990年6月当选为市长。曾发表《继续引深城郊型经济开发战略，开创科技兴农兴绩》（此文获全国县级市科技兴市研讨会论文二等奖）等论文。

榆次市蓬勃发展的五年

□ 王宝和

“七五”期间，榆次市坚持以经济建设为中心，贯彻执行治理整顿和深化改革的方针，全市国民经济和社会各项事业得到卓有成效的发展，初步形成了轻纺型工业和城郊型农业的经济结构，推进了现代化建设的进程，在榆次经济发展中写下了新的篇章。随着经济建设和改革开放的发展，榆次市将日益显示出她的发展潜力和广阔前景。

国民经济持续稳定增长

“七五”期间，榆次市国民经济在治理整顿中持续稳定增长，经济实力进一步增强。1990年，全市社会总产值达到23.69亿元，5年增长46.4%，年平均增长7.8%。国民收入达到8.59亿元，5年增长40%，年平均增长6.9%。国民生产总值达到9.9亿元，5年增长44.4%，年平均增长7.5%。工农业总产值达到13.88亿元，5年增长59.7%，年平均增长9.8%。财政收入1988年在山西省县级市中率先突破亿元大关之后，继续保持稳定增长，1990年达到1.62亿元，5年增长121.8%，年均增长17.3%。其中地方财政收入年均增长16%。“七五”计划的10项主要经济指标全面完成。

工业稳步前进。1990年全市工业企业发展到2258个，工业总产值达到12.8亿元，比1985年增长66.2%，年平均增长10.7%。5年内工业产值增加5亿多元，市属工业5年增长92.8%，年均递增13.8%。工业发展中，坚持走内涵改造扩大再生产的路子，加快了对现有企业的技术改造，完成了平网印花、静电植绒、腈纶、锦纶切片、工业用纺纱织布、服装加工、轧钢、化肥、乙炔等重点工业技改项目86项。工业技术装备水平和主要产品产量、质量明显提高，产业优势更加明显。全市国营工业企业全员劳动生产率达到14623元，比1985年提高11.6%。主要工业产品产量与1985年相比，原煤增长54.7%，生铁增长13.6倍，水泥增长62.1%，化纤增长11.5%，纱增长10.3%，布增长21.6%，混纺布增长15.2倍，机制纸增长1倍。5年中共创省优产品73种，部优产品16种。工业形成以纺织、印染、化纤、针织、服装和日用家具、食品酿造、皮革造纸、工艺美术为主体，包括纺织机械、纺织配件、轻工机械、冶金轧材、化工、煤炭、建材等行业在内的比较完整的轻型工业体系。交通运输和邮电通讯事业5年中也都得到较快发展。

农业全面发展。“七五”期间，榆次市农业的基础地位得到进一步加强，农村经济体制改革继续深化，科技兴农意识不断强化，使整个农村经济出现了农林牧副渔全面发展的蓬勃生机，实现了历史性的突破。粮食总产量在连续3年稳定增长的基础上，1990年达到16811.7万公斤，比1985年增长29.1%，年均增长5.2%，创历史最高水平，步入山西省粮食总产十强之列。棉花总产83.3万公斤，比1985年增长65.6%。蔬菜、肉类、瓜果、禽蛋、水产等农产品源源不断供应城市。1990年全市农村社会总产值达6.7亿元，比1985年增长157.7%，年均增长20.8%，农业总产值1.06亿元，5年增长10.9%，年均增长2.1%，农村经济总收入5.7亿元，5年增长137%，年均增长18.8%。农民人均纯收入758元，5年增长47%，年均增长8%。乡镇企业异军突起，在严峻的形势下顽强拚搏，保持了稳定发展，总产值达到4.63亿元。比1985年增长272.4%，年均增长22.2%，收入占到农村经济总收入的72.4%，成为农村的主要经济支柱。全市农村商品生产具备了一定规模，形成城郊型的大农业格局，张庆乡1990年被评为全国明星乡镇，郭家堡乡被选入全国著名乡镇。

市场日益繁荣。1990年全市社会商品零售总额达到4.81亿元，比1985年增长93.3%，年均增长14%。集贸市场发展到32个，集市贸易额达到7120万元，年均增长15%。个体工商户发展到6388户，个体经营额达到7606.4万元，年均增长20.9%。"七五"期间，市场经受了"抢购风"、"涨价风"和市场疲软的考验，由于认真贯彻了治理整顿和深化改革的方针，发挥国营商业的主渠道作用，对各类公司，批发市场和商品物价进行了认真整顿，流通秩序明显好转，市场物价得到有效控制。1990年，全市零售物价总水平为100.7%，其中食品下降1.5%，日用品类下降4.1%，衣着类上升7.2%，城镇职工生活费用价格总水平仅上升1.8%。

城市面貌大为改观

"七五"期间，榆次市政府在城市建设方面每年都努力抓好几件与人民生活密切相关的实事，城市基础实施配套建设取得较大进展。5年内用于城市固定资产建设投资5亿元，新增固定资产3.4亿元，新建房屋面积56万平方米。其中，新建住宅面积30.5万平方米。1990年全市住宅面积达到139.6万平方米，人均居住面积达到7.3平方米，比1985年人均增加0.9平方米，人民的居住条件逐步改善。5年内用于道路建设的投资达2536.8万元，相当于前两个五年计划的总和。完成了北环路、太洛路、北山路、经纬路、迎宾路等主干道拓宽改造工程。新增城市道路23.1公里，面积28.6万平方米，1990年，市区道路发展到96.4公里，路网密度为1／5.1平方公里。人均道路面积4.4平方米，建成主干道12条，次干道18条，街巷176条，街道硬化率为95%。下水管道长度达到66.5公里，服务面积15.2平方公里，安装路灯2279盏。"七五"期间投资800万元，完成了城市第二水源一期工程，新打生产群井16眼，铺设输水管道10公里，1990年，城市供水能力达到6.1万吨／日（含自备水源），供水管网长度达到130公里，管网密度为1平方公里／7.2公里。坚持开源与节流并重的原则，新上了40项大中型节水项目，累计节水达425万吨，工业用水重复利用率达63%。城市集中供热有了较大发展，已建成联片供热区4个，集中供热面积25万平方米，民用煤气事业逐步发展。现已有1.5万居民使用煤气，2万居民使用石油液化气。"七五"期间列为省重点工程并正在紧张施工兴建的榆次焦化煤气工程，总投资4922万元，竣工后可日供煤气5.6万立方米，供8万居民生活用气。城市公共交通路线增加到11条，拥有各类营运车辆157辆。1990年，城市公共绿地面积36.1公顷，人均1.9平方米，城市绿化覆盖率达22.4%。城市环保工作得到重视，5年完成综合治理项目16个，投资达215万元。"三废"得到有效治理，5年中对大气监测数据表明，年日均值都未超过大气环境质量二级标准，5年降尘平均值均低于全省11个城市的平均水平。

科技教育蓬勃发展

"七五"期间，榆次市制定并实施"科教兴市"的发展战略，科技队伍不断壮大。1990年市内拥有各类行业研究所20个，各类专业学会、研究会54个，各类技术人员3万人，科普网络遍及城乡，科技市场迅速发展。在农村建成科普文明乡镇8个，科普文明村130个，农村科普工作受到国务院表彰。5年内，榆次市共获国家和省、地、市科技成果奖166项，其中达到国际水平的成果占3%。国内先进水平的占15%，省内先进水平的占24%。有复合腈纶、炭纤维原丝等6项填补了国内空白。教育事业基本形成普教、职教和成教协调发展的新格局。基础教育不断加强，初等教育得到普及。1990年全市共有小学333所，学生38755人，中学56所，学生25487人。1990年升入大学专科以上学生达648人，大专录取数与总人口相比名列全省前茅。幼儿教育发展，现有幼儿园265所，入园幼儿16906人。中专、中技、大专教育稳步发展。职业技术教育蓬勃兴起。现有职业高中2所，职业班37个，职业技术学校与普通高中招生人数比例为1:1.2，中等教育结构得到改善。成人教育硕果累累，农民教育和职工教育在扫除文盲的基础上，积极开展实用技术培训。1990年青壮年中非文盲率达到98.8%，农民技术学校达272所，企业技术学校58所，参加培训的农民和企业职工58614人。成人大专中专学校迅速发展，1990年电大毕业1343人。成人自学毕业生294人，大专函授毕业生380人，中专函授毕业836人，职工高中毕业5574人，职工初中补课合格率占到应补人数的88%，城乡人民的科技文化素质有所提高。文化、卫生、体育等项社会事业取得了新的成绩。

临 汾 市

市　长：陈海鹏

副市长：刘世全（农业、科技）　王志权（城建、公安）　段素果（女　财贸、民政）　韩建国（工交、经协）　李　瑞（文教卫）

陈海鹏市长，1936 年 10 月生于山西省洪洞县。1960 年大学毕业后，任河北大学中文系助教，1970 年 9 月任河北省革命委员会国内资料组编辑，1971 年 11 月任中共临汾地委秘书办干事，1978 年 2 月起，历任中共临汾市委常委、市革委会副主任、副市长，1990 年 12 月任中共临汾市委副书记、代市长，1991 年 1 月当选为临汾市市长。

奋进中的临汾市

□ 乔忠延　张进凯

“七五”时期是临汾市经济发展较快的时期，是城市建设面貌发生显著变化、各项社会事业蓬勃发展的时期。国民经济各项主要指标完成情况是：社会总产值(按当年价格计算) 1990 年达到 16.4 亿元，比 1985 年的 8.6 亿元增长了 91.6%，5 年平均递增 13.9%；国民收入 1990 年达到 5.8 亿元，比 1985 年的 3.13 亿元增长 85.6%，5 年平均递增 13.2%。工农业总产值（按 1980 年不变价）1990 年达到 7.58 亿元，比 1985 年的 5.34 亿元增长 41.9%，5 年平均递增 9.8%；（于 1987 年提前 3 年实现了比 1980 年翻一番的奋斗目标）其中，工业总产值（不含村及村以下）达 4.95 亿元，比 1985 年的 3.77 亿元增长了 31.3%，5 年平均递增 5.6%；农业总产值达 0.99 亿元，比 1985 年 0.98 亿元增长了 1%，5 年平均递增 0.2%；农民人均纯收入达 497 元，比 1985 年的 384 元增长了 42.8%，5 年平均递增 7.4%。社会商品零售总额 1990 年达 5.12 亿元，比 1985 年的 3 亿元增长 70.7%，5 年平均递增 11.2%。财政收入达 8729.5 万元，比 1985 年的 3640.6 万元增长了 139.8%，5 年平均递增 19.1%。

“七五”期间,临汾市的经济社会发展有以下特点：

工业生产形成门类齐全的新格局

在改造传统工业，开发地方资源的进程中，逐渐形成了以煤炭、重化为基础，以煤、铁、化肥、制药、造漆、水泥、铝制品、皮革、机械制造、纺织、食品加工等为主导产品的门类齐全的工业格局。1985 年以前，市区工业主要集中在城东区，市县合并后，在对老企业进行技术改造的同时，大力发展主导工业，在河西工业新区重点兴建了一批煤化、冶炼、建材企业。1990 年原煤产量达到 184.7 万吨，生铁产量 47.9 万吨，钢材 4.7 万吨，洗精煤 69.6 万吨，焦炭产量 63.6 万吨，合成氨产量 4285 吨，水泥产量 8 万吨，机制纸及纸板产量 1.1 万吨。在改革调整中，轻重工业比例日趋合理，轻工业产值 1.9 亿元，重工业产值 3 亿元。正在形成富有地方特色和地方优势的工业布局。

工业企业技术改造步伐加快。5 年来，仅市属企业完成投资 1280 万元，竣工投产项目 6 个，实现产值 6965.7 万元，利税 533.2 万元。在争先创优活动中，产品质量不断提高，汽车配件厂研制的秸秆破茬两用旋耕机获国家专利，包装彩印厂引进的玻璃印花新工艺填补了山西省的一项空白，防爆厂生产的冷热交换器成为第十一届亚运会的指定产品，建材水泥厂的 325#、425#矿碴水泥、塑料厂的地膜、微膜、油漆厂的汾河牌 A04—9 黑氨基烘漆和 C06—1 铁红醇酸底漆等 30 多种产品分别获国优、部优、省优称号。

农村经济全面发展

农村加强了村级组织建设，完善了联产承包责任制，商品生产得到了发展，产业结构得到了调整，以服务城市、富裕农村为特征的城郊型农村经济基本形成。1989年，粮食总产量17.8万吨，创历史最好水平，尤其是小麦总产量，在1984年创历史最高年后，1989年和1990年又获得前所未有的好收成，总产分别达到12.2万吨和12.8万吨，受到省人民政府的嘉奖。棉花生产连年增长，1990年棉花总产量达1981吨。

乡镇企业积极进行横向联合，已发展到1.2万多个，总产值1990年达到3亿元，比1985的1.4亿元增长了1倍多。在发展中产品质量和市场竞争能力不断提高，两项产品跻身国际市场，11项产品获省优称号。利用东亢矿泉水开发制做的矿泉饮料成为第十一届亚运会科学大会的专用饮料。

副食品基地建设发展很快。蔬菜基地面积达1600公顷，1990年产量为6.7万吨。油料产量、果品产量、畜牧饲养量、畜产品产量大幅度增长。农田作业机械化水平、造林和营林科学水平、农业劳动生产率、农产品商品率持续提高，全市林地面积发展到23733公顷，林木覆盖率达20%，成为全国实现平原绿化的先进单位。

商业贸易繁荣兴旺

作为晋南商业贸易中心，随着改革开放的深入，城市的中心作用得以充分发挥。到1990年底，商业服务网点达758个，个体工商户发展到4318个，比1985年的2590个增长了66.7%。5年来，为适应人民生产生活的需要，新建立了工贸中心、农贸中心、副食品家禽中心，沿东西两条骨干大街新建扩建了前进商场、纺织品百货大楼等10大国营骨干商业网点，改建了38个商业门市部，增加和扩大营业面积1.9万平方米，超过了建国以来所建商业网点面积的总和。国营商业的主渠道作用得到了进一步发挥，商业贸易活动遍及全国。同时还建成城乡大型集市24处，年成交额达6000余万元。随着人民群众收入的增长和生活水平的提高，城乡储蓄存款余额逐年上升，1990年达到7.7亿元，比1985年的1.9亿元增长3倍，其中，城镇居民储蓄44835.6万元，比1985增长3.8倍。

城市建设日新月异

“七五”期间，在城市基础设施方面，一是抓了道路建设。先后投资1000万元，改造和新建了迎春街、向阳路、五一路、解放东路等骨干路6条，形成了城市道路新骨架；硬化小街小巷100条，硬化率达80%。同时，投资4870万元兴建3座公路和铁路立交桥，建成了山西省最大的平阳汾河大桥，改变了南同蒲铁路和汾河分割市区、分割城乡的状况。不仅解决了城市“行路难”问题，而且沟通了河东、河西和城市的交通，推进了城乡经济同步发展。二是抓了住宅建设。1985年以来，相继建成了八角楼、水厂十字、东赵、开发新村、周家庄等住宅小区，新建住宅面积3.2万平方米，使全市住宅面积发展到人均8平方米以上，住房难的问题有所缓解。三是抓了供水和排水系统建设。我们立足百年大计，投资3600万元，从1986年开始，用3年时间完成了龙祠引水工程，把距城市15公里的龙祠泉水，通过净化处理输送到市内，日供水8万吨以上，基本解决了城市“用水难”问题。在抓供水的同时，先后砌筑了9条主干排水道和30条小街巷排水道，总长50公里，初步形成了地下排水管网，保证了正常排水和安全度汛。现在，焦化煤气和邮电大楼两个重点建设项目正在加紧进行，投入使用后，临汾市的基础设施将明显改善，功能增强。

在城市绿化建设上，突出抓了花果城的巩固和发展，达到了绿化、美化、净化的有机结合。全市共建成24条花果街，街与街的花果品种也进行了科学搭配,有梨树街、柿子街、红果街、石榴街、樱花街等，初步达到“一街一果、一段一种、三季有花、四季常青”。还把绿化、净化和美化从街道推进到每个机关、工厂和家庭院落，使家舍有花，院落有果，空地有草，赏心悦目，满城飘香，花果城质量逐步提高。

文教事业蓬勃发展

“七五”期间，全市文教事业迅速发展，面貌大为改观。教育事业成绩显著。市内新建中学4所、小学2所、幼儿园1所，建筑总面积1.8万平方米，新增90个班、容纳4500名学生（幼儿）。在农村，全市5年集资1991万元，新建改建中小学147座，其中教学楼46座，达到了农村学校“一无两有”标准。中小学校舍建设大大推动了九年义务教育，教学质量大为提高，5年共向大中专院校输送新生5541人，约占临汾地区的50%。医疗卫生条件大为改善，新建了市一院、二院、骨科医院、眼科医院、中医皮肤病医院的门诊楼和住院楼，增加面积1.6万平方米。文化和旅游设施建设齐头并进。新建了卫星地面接收站、差转台和群众艺术馆，改造了市电影院、解放路电影院和平阳剧院，全部达到了甲级影院标准。开发建设了城南旅游区，修复了尧庙、鼓楼、元代舞台，改造了人民公园，新建了皇城公园。仙洞沟被列为省级风景名胜区。体育场地设施逐步配套。修建了体育场、灯光球场和游泳池，正在建设体育馆，1990年临汾被评为全省体育先进市。

侯 马 市

市　长：孙先虎

副市长：徐治国（城建）　董长基（文教、政法）　朱缚龙（工交、计划）　于明月（财贸）　李山林（农业、科技）　张成梁（金融、外贸）　杜作柱

孙先虎市长，1938 年 10 月出生于山西省万荣县，副研究员。1960 年毕业于山西财经学院贸易系。1961 年起先后在山西财经学院、河津县团委、晋南团地委、晋南地革委组织办公室工作。1973 年起先后任临汾团地委副书记、书记。1981 年 6 月任中共侯马市委副书记，1987 年 7 月兼任侯马市政协主席。1991 年 4 月当选为侯马市市长。

发挥交通、市场两大优势 促进经济建设不断发展

□ 侯马市市长　孙先虎

侯马古称“新田”，春秋战国时期是鼎盛两个世纪的晋国国都。明洪武年间设驿站，历代皆为交通商埠要地。侯马市地理位置优越，既是临汾、晋城、运城小三角的中心，又是连接秦、晋、豫大三角的交通枢纽。建市以后，特别是党的十一届三中全会以来，在改革、开放、搞活的方针指引下，侯马市国民经济和社会发展的各个领域都发生了巨大变化。

经济实力明显增强

1990 年全市国民生产总值达到 3.22 亿元，比 1985 年增长 47%，平均每年递增 8%。其中市属国民生产总值完成 1.57 亿元，比 1985 年增长 40.2%，平均每年递增 7%。市属国民生产总值提前两年实现第一个翻番的目标。全市国民收入 1990 年达到 2.64 亿元，比 1985 年增长 52%，平均每年递增 8.7%。其中市属国民收入完成 1.3 亿元，比 1985 年增长 44.4%，平均每年递增 7.6%。“七五”时期全市综合经济实力的增强，为今后侯马经济的发展奠定了坚实的基础。

交通运输四通八达

侯马自古以来就是沟通燕、赵、秦、蜀的通衢大道，建国以后尤其是“七五”期间，侯马的交通事业发展很快，交通枢纽功能不断得到加强。铁路、公路均在本市十字交汇：铁路同蒲线完成了复线改造，在市区南北贯通：新建的侯西（侯马—西安）铁路已投入营运；被称为我国第二条陇海线的侯月（侯马—河南月山）铁路正在紧张施工，侯西、侯月铁路横贯全市东西。公路大运线（大同—运城）和晋韩线（晋城—陕西韩城）在全市纵横交错。优越的地理位置和明显的交通优势，正在使侯马成为愈来愈重要的交通枢纽城市。目前，铁路客车站正在进行扩建改造，新建的长途汽车站已经交付使用，市区北郊正在建设一座占地 6667 公顷的大型铁路列车编组站。此外，铁道部十五工程局一处、四处驻设本市，省运输公司在侯马设汽车运输公司，加上市属汽车运输公司，全市现有各种客货车 2100 余部。每年铁路、公路客运量 110 万人次，货运量为 1100 万吨。全市有邮电所 11 处，拨号式电话机总量为 3850 部，全国直拨电话已经开通。市邮电局还辖管周围 9 个县的邮运业务。

商业贸易繁荣兴旺

侯马素有“旱码头”之称，市场商品吞吐量很大，随着交通事业的发展，现已成为山西南部的重要商埠。市内驻有百纺、五交化、糖酒副食、粮食、棉麻、药材、

石油、金属、盐业、木材等专业经营机构，担负着周围10多个县市、矿区的商品批发和转运业务，形成了覆盖近300万人口的经济区。近几年来，市委、市政府重视发育市场体系，完善市场功能，成立了"市场建设协调指导委员会"，加强了市场的"硬环境"和"软环境"建设，使市场建设有了突破性进展。目前，全市各类市场已发展到16个，总建筑面积为6万平方米。新建和改造的较大市场有新田市场、服装批发市场、晋都服装加工市场、鞋帽批发市场和布匹批发市场，其中新田市场获"国家文明集贸市场"称号。1990年全市社会商品零售总额为23782万元，比1985年增长1.45倍；集市贸易成交额为10222万元，比1985年增长2.3倍。

工交生产稳定增长

"七五"期间，全市已基本形成了以机械工业为主，以轻纺工业为发展方向的门类较为齐全的工业体系。全市有国营、省营、地营企业19个，市营工业企业有73个。新建成的较大企业有万吨啤酒厂、塑料工业公司、服装厂和冷冻能力为5000吨的食品冷库等。近几年来获得国优、部优、省优产品称号的有侯马电缆厂的小同轴电缆、中同轴电缆、电视电缆，侯马中药厂的紫金山牌"男宝"，平阳制药厂的男康片、庆大霉素，平阳机械厂的道瓦尔阀、单体液压支柱，风雷机械厂的石油钻铤，塑料厂的地膜、农膜、聚乙烯吹塑桶，侯马内燃机配件厂的气制动装置、侯马牌S195凸轮轴，侯马纺织厂的棉纱、纯棉纱卡，灯头厂E27／27灯头和橡胶厂的大众牌火补胶等30多种产品，不少产品已进入国际市场，还建成了具有国际先进水平的光缆生产线，无线电厂的电子笛在第二届国际专利及新技术新产品展览会上获得银奖。1990年，全市工业总产值为33056万元，比1985年增长39.6%。其中市属工业产值为10175万元，比1985年增长82.7%

农村经济全面发展

"七五"期间，全市继续坚持和完善统分结合的双层经营体制，建立农村社会化服务体系，合理调整农村产业结构，狠抓农业综合开发，促进了商品生产的发展，繁荣了农村经济。1990年，全市农村社会总产值达到15242万元，比1985年增长近1倍。粮食生产连续5年稳定高产，1990年创造历史最高水平，总产粮食4962万公斤，比1985年增长7%。林业生产有了新发展，森林覆盖率达到11.1%，成为全国平原绿化先进单位。乡镇企业异军突起，在农村经济中发挥了重要支柱作用。1990年，乡镇企业社会总产值达到8642万元，比1985年增长1.2倍。昔日荒芜的汾河、浍河滩涂已经治理开发867公顷，其中发展养鱼、种藕面积331.3公顷，1990年两滩各种收入达到510万元，成为全市农副产品的重要基地。农村经济的发展使侯马农业机械化程度有了很大提高，不少乡村已实现耕、种、收、打、运机械化。

城市面貌明显改观

1985年以来，按照省政府批准的城市建设总体规划，坚持"实施规划、坚持标准，自力更生，量力而行，集中财力，多办实事"的指导思想，逐步探索出了一条规划、建设、管理有机结合的具有侯马特色的城市发展道路。1990年，市区建成面积为9平方公里，街道总长43公里，新建的两座大型立交桥把市区东西连为一体，市区公共交通状况明显改善。市区供水主次管道总长60公里，排水管道总长24公里，日供水能力为4.5万吨，近年来市区公用设施不断增加，新建了电视卫星地面接收站、图书馆、工人文化馆、幼儿园、体育场、训练馆、、街心公园"紫金园"、游乐场等，城市绿化覆盖率达到23.4%。"七五"期间，加强了城市管理和环境保护工作，城市环境质量有了改善，城市管理开始走上依法管理的轨道。到1990年已连续6年被评为全省卫生文明红旗城市，并跨入了国家二级卫生达标城市的行列。

科教文卫等事业蓬勃发展

1990年，全市各类学校111所，有教职员工2253人，在校学生26884人。全市拥有自然科学专业人员5088人，其中中级技术职称以上人员1948人。近几年来，全市有24个科研项目获得国家级、部级和省级科技成果奖。全市有9个文艺团体和320个电影放影单位，有6个文学艺术协会，文艺创作成果丰硕，皮影艺术的收藏、整理和研究达到国际水平。全市有医院20个，床位913张，基本形成门类较为齐全的医院群体，有医护专业技术人员1473人，其中主治医师以上人员270人。体育事业也蓬勃发展，1989年10月全市在新建的体育场举行了盛况空前的第二届全民运动会。近年来在全省各类体育比赛中有68项夺得前三名的好成绩。计划生育工作卓有成绩，1990年全市人口自然增长率为11.5‰，保持了计划生育先进市的称号。

城市人民生活显著改善

1990年全市全民集体所有制职工人数为44100人，年平均工资为1841元，比1985年增长72.4%。农民收入583元，比1985年增长49%，城镇居民人均储蓄2735元，农民人均储蓄433元，分别比1985年提高4.5倍和2.3倍。城市人均住房面积为6.7平方米，比1985年增长59%。

霍 州 市

市　长：李建民

副市长：王有望（常务）　郭思红　张福义

李建民市长，1943年10月生于山西省翼城县，大专文化程度，高级农经师。1963年参加工作，1965年加入中国共产党，1970年至1973年任翼城县隆化公社、里砦公社革委会副主任、主任，1973年5月任中共翼城县县委常委、副书记，翼城县革委会副主任，1978年12月任古县县委副书记，1983年12月任中共霍县县委副书记，代县长、县长，1990年6月任霍州市第一届人民政府市长。

物华天宝数霍州

□ 王文郁　朱红斌　杨国杰

霍州，因东邻霍山而得名。古属冀州地，周初为霍国，而后称彘，西汉设彘县，东汉更名永安县，隋改永安为霍邑县，后置霍山郡，唐改霍山郡为吕州，金增置霍州，清改霍州为直隶州，辖灵石、汾西、赵城三县，民国取消州建制，始称霍县。1989年12月，经国务院批准，撤销霍县设立霍州市。

霍州市位于山西中南部，地处临汾、晋中盆地交界，扼山西南北交通之要冲，北顾燕京，西望长安，四周群山环绕，中腹汾水长流，南同蒲铁路、大运公路纵贯南北。全市总面积768平方公里，人口23.9万人，其中非农业人口10.5万人。霍州资源丰富，交通便利，工业基础雄厚，经济发展前景广阔，是山西省重要的能源重化工基地之一。

（一）煤炭资源丰富。现已探明市境内煤炭储量为62.5亿吨，煤质优良，大部分为低硫肥煤，灰粉低，成焦性好，发热量达8600大卡／公斤以上，是冶金工业的优质原料。煤炭的综合开采和加工转化是霍州工业的“主旋律”。目前，全市拥有省、地、市营及乡镇煤矿百余座，年产原煤500万吨。有洗煤、炼焦企业20余个，年洗精煤300万吨，生产机焦、改造焦20万吨。精煤质量达部颁标准，远销全国十几个省、市和地区；机焦质量上乘，出口巴西、罗马尼亚等国。特别是中罗（罗马尼亚）合作开发的霍西煤田等项目，更加拓宽了煤炭工业的开发前景。近年内，将新建3对百万吨以上的大型矿井；新建3座年入洗能力为百万吨以上的洗煤厂；改造3对年产原煤90万吨的老矿井。到本世纪末，全市年产原煤将达到1200万吨，入洗原煤1000万吨，炼焦50万吨。

（二）电力工业前途广阔。水、煤、交通、地型、并网能力五大优势兼备，发展电力得天独厚。现有火力发电厂2座，总装机容量40.5万千瓦，年发电量为26.8亿度。有5个变电站，主变容量为23万千伏安。目前，总装机容量为120万千瓦的第二发电厂和3座坑口电站正在规划和筹建中。到本世纪末，霍州市将成为我国重要的电力工业基地，年发电量将突破130亿度。

（三）陶瓷原料齐全。储量大、品种多、品位高、易开采。主要品种有：石英石、长石、云母、白云石、铝钒土、紫砂、粘土、黑砂、石英砂、石膏等20余种，储量均达到大型矿床规模。霍州陶瓷历史悠久，驰名中外，早在宋元时期“霍窑”陶瓷就以质地优良，工艺精堪，造型优美而著称，成为皇室贡品。我国北京、英国伦敦等博物馆现存有霍州古陶珍品。建国后，霍州陶瓷这一传统工艺得到长足发展，由原来单一的日用陶瓷发展为以建筑陶瓷为主的多门类、多品种系列化生产体系，可生产无釉红地砖、彩色釉面砖、美术陶瓷、园林陶瓷、耐火材料、石膏粉等8类36个品种，行销全国20多个省市。无釉红地砖作为室内装饰地板，高雅华贵，造价低廉，被评为省优产品。霍州丰富优质的陶瓷资源和精湛的传统工艺吸引外商纷沓而至，与台商合作引进的年产70万平方米的彩釉砖生产线已建成投产。现在台商又提出与霍州市合作建设年产60万平方米石英砖生产线的意向。

(四) 水资源充足。全市境内除汾河外还有11条常流和季节性河流，年径流量15亿立方；地下水总储量37亿立方；有泉源49处，流量8.8立方/秒，其中郭庄泉平均流量达7立方秒，是山西省第二大泉源。

(五) 交通十分便利。南同蒲铁路和大运二级公路携手并肩，纵贯市境南北；霍上（霍州—沁源上社）、霍桃（霍州—隰县桃红坡）两条公路横跨东西两山；乡村公路辐射成网，四通八达。境内有霍州、辛置、圣佛、什林四个火车站，有9条铁路专用线，年发运量2000万吨，客运量350万人次。便利的交通条件和完善的通信手段活跃了霍州的商品流通，成为山西中南部重要的物资集散地。

(六) 城市建设日新月异。按照城市总体规划，坚持旧城改造和新城建设相结合，10年内，先后完成了东西大街、南北大街、桥西街和环城路的拓宽改造；完成了政府门前、火车站、桥东3个广场的拓宽建设；完成了城内30余条巷道的路面硬化，配置了下水道和照明等设施。新建了一批机关办公楼、教学楼、家属楼和文体活动场所。成立了市热力公司，全市实行集中供热和供气（煤气）。10年内，市区共硬化道路长13.2万米，硬化面积60万平方米，共建楼300余栋，建筑面积91万平方米，住宅面积50.26万平方米；供热面积58.5万平方米，供气面积10万平方米。城市绿化也取得了较大成绩，现在，市内各主要街道都种植了树木花卉，共有树木2143棵，盆栽花卉500平方米，地植1000余株，草被5000平方米，绿化面积10000平方米。

(七) 工业基础雄厚。特别是煤炭、电力、陶瓷、化工、建材五大支柱产业的形成，带动了整个工业的全面发展，逐步形成了以能源工业为主体，化工、陶瓷、建材、机械、纺织、造纸、炼铁、食品加工同步发展的门类齐全、结构合理、后劲充足的工业群体。目前，全市有霍州矿务局、霍州发电厂、山西橡胶厂等7个中央、省、地营及乡镇企业；(其中辛置镇洗煤厂已晋升为国家二级企业) 工业产品达158种，霍山牌碳铵、霍州牌榨油机、红地砖、玻璃器皿、煤电铝获省优产品称号，焦炭、茶巾布、起重架、引擎架、彩釉砖外销欧美10多个国家。

(八) 物产丰富，粮丰果茂。盛产小麦、玉米、谷子、大豆、苹果、核桃、红枣等。近年来，市委、市政府根据全市自然和经济条件的差异，规划建设了以发展农村优势产业为主导，相对集中连片的粮食、蔬菜、苹果、牛、羊、猪、鸡、兔8个小经济区域，初步形成了城郊型农村经济的新格局，为推动农业经济再上新台阶创造了有利条件。

(九) 历史悠久，名胜古迹甚多。古为尧都畿内，唐代号称“中州重镇”，明清时期被列为全国直隶州，载入《中国名胜辞典》的有西州历王墓；有唐代明将尉迟恭行辕帅府霍州署，至今保存完整的有仪门、大门、甬道、大堂、二堂、内宅等，建筑规模雄伟壮观，被列为省级重点保护文物；有隋唐宋元历代造凿的千佛崖；有精雕细刻、巧夺天工的文昌阁；有挺拔高耸、造型优美的雁塔；有尧王避暑圣地陶唐峪；有唐高祖反隋南下、中途休整的歇马滩，还有约10万年前的大张古文化遗址。位于市境东部的霍山，蜿蜒起伏，林海茫茫，玉泉溅珠，流水潺潺，山光凝瑞，风光秀丽，是理想的旅游避暑胜地。清康熙皇帝当年西游至霍州，观赏游览霍州风景名胜后，欣然御书：“日色才临仙掌动，香烟欲傍衮龙浮。”

霍州得交通之便利，占河山之秀美，据矿藏之丰富，享物阜之荟萃，素有“物华天宝数霍州”之誉。

霍州市为海内外朋友投资提供了良好的社会环境，挚诚欢迎各界朋友来霍州观光、访问，为霍州引进国内外项目、技术、资金；竭诚欢迎国内外工商企业、外贸部门和科研单位，来霍州合资和联营办厂，为建设文明富庶的新霍州而共同努力。

运 城 市

市　长：张呈祥

副市长：邓吉星（常务）　景洪夫（农业、科技）张来发（财贸、外事）　乔呈祥（城建、民政）　杨慧芳（女　文教卫生）

张呈祥市长，1937年10月29日生于山西省临猗县，高中文化程度，高级农业经济师。1956年5月参加革命工作，曾任山西省临猗县团委书记，县综合办主任。1972年任临猗县革委副主任、县委副书记。1976年任山西省芮城县革委副主任、县委副书记。1980年任运城地区农委副主任，1986年6月任山西省芮城县县长，1990年5月调任山西省运城市委副书记、市长。

运城市国民经济在腾飞

□ 王彦存　王存才

1990年是90年代第一年，1年来，运城市认真贯彻党中央、国务院治理整顿、深化改革的方针，全面推进"强农重工、振兴科教、狠抓城建，搞活流通、控制人口，强化治安，深化改革、稳中求进"的经济社会发展战略的实施，促进全市社会经济持续、稳定、协调发展。全年完成工农业总产值35043万元，比1989年增长3.9%，社会商品零售额50022万元，比上年增长4.9%，财政收入7025.3万元，比上年增长10.8%，城乡储蓄54339万元，比上年增长39.7%，农民人均纯收入477.5万元，比上年增长18.6%。城市职工平均货币工资收入1505元，比上年增长9.5%，人均生活费收入1103元，比上年增长6.8%。

工业生产稳步增长

1990年全市工业总产值完成2.2亿元（不含村及村以下企业），比1989年增长4.1%，利税完成620.8万元，比1989年增长8.2%,上交利税完成77.1万元,比1989年增长1.1倍。技改迈开了新的步子，共完成技术改造项目6项，总投资284万元，产品质量不断提高，稳定提高率在90%以上，开发新产品20种，新增产值达500万元。

乡镇企业有了较大发展，全市乡镇企业固定资产原值达到6758.4万元，从业人数36516人，占全市总劳力16%，总产值18707.5万元，比1989年增长12.6%。共有5种产品被评为部、省优质产品，并打入国际市场，年创汇1000多万元。

财贸商业走出疲软低谷，出现新转机

财贸战线职工充分发挥国营商业主渠道作用，千方百计启动市场，购销两旺，市场繁荣，保持了平稳回升的好势头。1990年全市社会商品零售额500022万元，其中消费品零售额42087万元，比1989年增长7.9%。物价基本平稳，全市零售物价总水平比1989年上升2.1%，低于1989年上涨幅度，城镇职工生活费用价格指数，比1989年上涨5.8%，农民生活费用价格指数，上涨4.2%，其中城市鲜菜价格、农村农用生产资料价格上涨幅度较大。城市食品、肉蛋、医药、农民日用品价格指数都呈下降趋势。1990年全市外贸销售额完成1104万元，比1989年增长12%，财政收入达7025.3%万元，为历史最高水平。

农业生产全面丰收，综合开发有新进展

1990年全市狠抓农业基础设施建设，深入开展"科技兴农"活动，对农业实行了倾斜政策，使农林牧副得到全面发展。全年共投资1000多万元加强市、乡、村农科网，建成拥有7000平方米，配套设备371台（件）的技术基础设施，治理改造盐碱滩867公顷，建设千元高效益农田1333.3公顷，吨粮田1333公顷。同

时，大搞“井、渠、田、林、路”园田化工程，新打机井128眼，机井改造和配套217眼，整修和补建防渗渠道1367公里，建方田林网13333公顷，植树20万株，农业生产条件得到很大改善，尽管遭受旱、冻、虫等灾害，粮食总产仍达160894吨，比1989年增长3.3%，棉花9249吨，单产57公斤，创历史最高纪录，油料总产5432吨，比1989年增长5.6%。畜牧肉类总产量达4574.9吨，比1989年增长4.3%，禽蛋1792.8吨，比1989年增长24.5%，牛奶630吨，比上年增长9.8%。

城市建设迈开步子，市容发生新变化

运城市政府确立了把立足点放在解决大多数市民普遍关心的问题上的指导思想，把城市建设当成主要大事来抓。共筹措资金1000多万元，改造城市供水管网1000米，硬化柏油路面62356平方米，硬化人行道7350平方米，安装隔离栏杆2500米，新增12部公共汽车，开通3条公共汽车线路，重点完成了解放中路和红旗中路的改造工程，新建东西两个转盘的交通岗台和河东广场的灯光雕塑喷泉，兴建了姚暹渠渠堤公园和安邑植物园等工程，使“行路、吃水、乘车”三难这些城市综合症初步得到治理。市容市貌有了新的改观。在住宅建设上，坚持国家、集体、个人一齐上的方针，共竣工房屋面积为26926平方米，其中8880平方米已交付使用，初步缓解了住房难的矛盾。

运输、邮电业有了长足发展

1990年全市公路货运量272万吨，货物周转17590万吨公里，比1989年增长25.2%，客运量120万人次，旅客周转量3579万人公里。邮电通讯事业实现了质的飞跃，引进日本10万门自动交换机，可向全国及世界各地直拨电话。全年邮电业务总量362万元，邮政快件、特快传递，传真等新业务都有了很大的发展。

政府职能转变有了新进展

通过贯彻六中全会精神，加强了政府同人民群众的联系，狠刹不正之风，坚决制止“乱摊派、乱收费、乱罚款”，使政府行为明显好转。干部作风，工作效率，政务活动的透明度有了很大提高。先后6次大规模组织干部参加城市道路建设义务劳动和农田基本建设，对一些贪污受贿、违法违纪建私房和各种以权谋私的腐败行为进行认真查处，增强了党和政府的凝聚力，坚持依法治政，市政府聘请了法律顾问，结合行政诉讼法的实行，对政府组成人员和全体机关干部进行司法培训，使政府行为规范在宪法和法律范围之内，初步形成了一个密切联系群众，廉洁高效，团结奋进的政府系统，政府工作正逐步走向规范化、民主化、科学化、法制化。

回顾七五时期，运城市社会经济发展速度是快的，成绩是喜人的。

国民经济持续稳定增长。5年间，全市社会总产值累计完成54.87亿元，比“六五”的23.1亿元增长137.8%，年增长率达18.9%。工业总产值累计完成9亿元，年递增16.2%；农业总产值累计完成5.8亿元，年递增3.5%，地方财政收入累计完成2.75亿元，比“六五”的1.37亿元增长1倍。年平均增长率达14.9%，社会商品零售额累计完成20.3亿元，年平均增长率达17.2%；粮食总产累计完成7.4亿公斤，比“六五”增长1.03亿公斤，年增长率3.1%，累计向国家提供商品粮2.59亿公斤。

经济实力得到增强。5年来，全市固定资产投资额累计完成3995.43元，其中基建完成2130.9万元，技改完成1864.5万元。重点进行了小麦商品粮基地、引黄供水、解放路立交桥、程控电话引进设备、五交化营业楼等工程建设，对解州潜水泵厂、长毛绒厂、塑料厂、轴承厂等一批骨干企业进行了技术改造，城市建设得到加强，各种基础设施日趋完善，商业网点布局逐步合理，这些工程不仅对全市“七五”期间社会经济发展起到了促进作用，而且为今后的发展打下了坚实的基础。

经济体制改革逐步深化。农村改革在完成稳定家庭联产承包责任制基础上，进一步健全和完善了农村集体经济和合作经济，农村社会化服务体系建设得到加强。城市经济改革主要在工商企业中进行，普遍推行了各种形式的承包经营责任制，顺利进行了企业第二轮承包，使企业活力进一步得到增强。商业流通领域改革有新的突破，国营商业主渠道得到进一步发挥，初步改变了经营混乱状况，一批专业市场应运而生，逐步形成以国营为主，集体、个体为辅的经营局面，市场调节作用有了一定的发挥。

科技文教事业发展迅速。5年来，共完成科技攻关5项，科技发明6项，实施“星火计划”13项，获得科技成果奖32项，各类专业化技术人员达到5400人，比“六五”期间增长了6倍。教育上，“七五”末在校生达6778人，学龄儿童入学率，巩固率、普及率，毕业率都达到或超过国家标准，累计向国家输送大中专学生3000余人。

人民生活水平明显提高。“七五”末，全市职工年平均工资达1502元，比“六五”末增加140.5元。城乡人民生活水平得到改善，衣食住行质量有较大提高。

总的看，“七五”时期，是运城市建国以来经济发展最快最好的时期之一，也是政治上最稳定的时期之一。特别是1990年，更是建国以来经济发展最快最好的一年，人民生活水平提高幅度最大的一年。

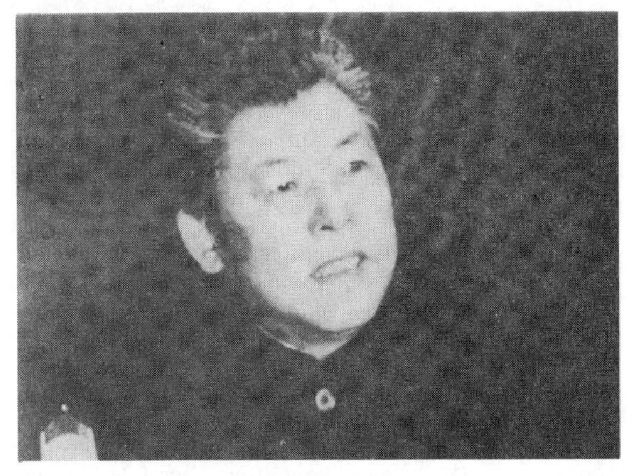

市　长：王风岐（蒙古族）
副市长：刘凤鸣（常务）　魏力军（文教卫）　包启光（蒙古族　财贸、政法）　云德奎（蒙古族　农业、民族）　欧宇光（计划、城建）

王风岐市长，1941年8月生于内蒙古敖汉旗。1964年毕业于中共内蒙古自治区委党校（获大学本科文凭）历任巴林右旗旗委副部长、部长、公社党委书记，巴林右旗旗长、代理中共巴林右旗旗委书记。中共赤峰市委常委、宣传部长、秘书长。1986年8月后任赤峰市人民政府副市长、代理市长、市长。1989年10月调任包头市人民政府代理市长。1990年4月当选为包头市市长。

包头市“七五”期间城市经济社会发展概况

郑朝磐

包头市在“七五”期间，全市国民经济和社会各项事业保持了稳定发展的势头，各项工作都取得了明显的成绩，完成或超额完成了“七五”计划所确定的目标任务。

经济建设取得了巨大成就

（一）工业生产保持了持续增长。1990年全年工业总产值累计完成45.63亿元，创历史最高水平，比1989年增长3.82%，为“七五”计划的108.3%，比1985年增长48.3%，平均每年增长8.22%。工业技术装备显著改善，综合生产能力不断提高，产品结构，企业组织结构进行了初步调整，正按照国家产业政策和适应市场需求的方向发展，新产品开发也取得了可喜成果。主要产品产量都完成了计划任务，包头钢铁稀土公司钢铁产量首次突破双250万吨大关，军工企业的军转民取得了明显进展，电力企业新增装机容量30万千瓦。公路货运量和货物周转量完成2271万吨和7亿吨公里，比上年分别增长13.19%和10.77%，比1985年分别增长63.22%和1倍多。

（二）农业经济进一步发展。1990年，包头市农业生产获得解放以来少有的大丰收，农业总产值完成3亿元，比1989年增长21.8%，比1985年增长28.21%，5年平均增长5.1%。粮食产量达到30.91万吨，比1989年增长39.43%，比历史最高产量的1984年还增产3成以上。油料、甜菜、蔬菜全面增产，分别比1989年增长12.92%，16.33%和3.21%。大小牲畜年末存栏数达到102.47万头（只），比1989年增长7.19%，比1985年增长23.71%。植树造林完成9533公顷，比1989年增长21.7%，比1985年增长1.26倍。副食品基地建设和副食品生产取得可喜成绩，肉、禽、蛋、奶、鱼产量与1985年相比，都有了较大幅度增长，副食品供应有了明显改善。

（三）综合经济实力显著增强。1990年，全市国民生产总值完成24.28亿元，比1989年增长了3.9%，比1985年增长46.44%，5年平均增长7.93%。国民收入实现19.55亿元，比1989年增长3.5%，比1985年增长了32.45%，5年平均增长5.78%。“七五”期间，全市固定资产投资完成40.53亿元，比“六五”期间增长1.65倍。其中工业企业完成固定资产投资32.48亿元，市属企业完成技术改造200多项。工业技术装备显著改善，综合生产能力明显提高。

（四）市场供应充足，物价基本稳定。1990年，全市社会商品零售超额完成18.86亿元，比1989年增长6.3%，比1985年增长87.01%，5年平均增长13.34%。“七五”期间共筹集资金6000多万元，新建、改造和扩建商业服务设施126项。筹集资金800万元，新建和改造集贸市场12处，同时又新增了一批商业服务网点。目前千人拥有商业网点数为14.4个，商业服务得到改善，进一步繁荣了城乡市场，为经济发展注入了活力。1990年社会商品零售物价指数为102.8%，增幅比1989年降低11.1个百分点，是“七五”期间物价升幅最低的一年。粮、肉、菜的物价基本稳定。

（五）财政收入有较大幅度增长。在经济发展的同时，财政收入逐年增长。“七五”期间包头市各级财政连续5年无赤字，财政收入以每年一个亿的速度递增。1990年，全市财政收入7.44亿元，剔除各种不可比因素，比1989年增长12.8%，比1985年增长2.12倍，5年平均每年增长20%以上。全年财政支出5.99亿元，扣除不可比因素，比1989年增长17.3%，比1985年增长1.87倍，财政收支每年都实现了平衡并略有结余。

（六）对外经济贸易取得长足进展，外贸出口收购总额大幅度增长。1990年，出口商品收购总值完成2.51亿元，比1989年增长2.35%，比1985年增长3.33倍，5年平均递增34.04%。出口商品品种增加，结构逐步优化，同时，一批利用外资和涉外经济技术合作项目已经和正在实施，并开始发挥效益。

科教文卫事业取得了新进展

（一）科技战线硕果累累。“七五”期间包头市科技成果总数达1562项，其中获国家发明奖9项，国家自然科学奖1项，包括星火奖在内的国家进步奖17项，部省级进步奖158项，市级进步奖106项。这些科技成果所产生的经济效益约达1.89亿元。“七五”期间，包头市坚持“经济建设必须依靠科学技术，科学技术必须面向经济建设”的指导方针，积极进行科研体制和拨款制度的改革，建立生产、技术经济联合体等。这一切不仅为增强包头科技工作的活力，而且也极大地调动了科研院所和广大科技人员的积极性。为使科研成果与经济建设紧密结合，包头市十分重视科研成果的实施和转化，为国家创造了经济效益。如获国家“星火奖”的《稀土助染增白山羊拔针皮》，当年研究成功，当年投产，仅1988、1989两年就创产值460万元，利税98万元，外汇25万美元；还有获国家首批“星火奖”的《稀土永磁件在石油工业中的应用》，几年来创经济效益近200万元，为石油工业节约1亿多元。“七五”期间每年科研成果转化都在60%以上。

（二）教育、文化、卫生等各项社会主义事业进一步发展。目前全市共有中小学校774所，在校学生25.44万名，5年间共为大专院校输送人才近万名。“七五”期间教育经费逐年增加，中小学办学条件得到进一步改善，教育结构不断优化，在办好普通教育的同时，职业教育、成人教育、民族教育以及托幼教育事业有了新发展。职业教育被评为全国先进地区之一。整顿文化市场取得了很大成效，文学艺术事业取得可喜成绩。一批质量较好的文艺创作和演出以及每年一度的鹿城消夏文化节，丰富了群众文化生活。医药卫生事业不断发展。1990年，包头市医药卫生机构增加到461个，比1985年增加42个，全市病床床位8094张，比1985年增加865张，目前每千人拥有床位已达到4.69张。地方病防治、传染病控制、计划免疫、食品卫生等各项工作均跨入内蒙古自治区先进行列。计划生育工作得到进一步重视和加强，有效地控制了人口增长，1990年被评为内蒙古自治区计划生育工作第一名。群众体育活动广泛开展，竞技体育取得好成绩。“七五”期间，包头市获得全国冠军8项，省区城市协作赛冠军70项，夺得内蒙古自治区各类比赛冠军441项。

城市建设服务功能进一步加强

（一）城市建设成绩显著，城市基础设施增强，职工住房，城市面貌和投资环境有了进一步改善。“七五”期间，包头市用于城市建设资金2.11亿元，比“六五”期间增长1倍多。其中用于城市基础设施的建设投资达18267万元，为“六五”期间投资6102万元的299.26%，是建国以来包头市用于城市基础设施建设投资最多的一个历史时期。建成较大的城市基础设施项目有：建设路复线、友谊大街道路拓宽、二里半立交桥、环城路大桥、青山区民用煤气和集中供热工程、南郊污水处理厂、包头第二热电厂供水、阿尔丁市中心广场等；基本建成的有：青昆、两区给水改造工程、青、昆两区垃圾卫生填埋场及昆区集中供热工程等。“七五”期间用于城市基础设施维护的资金达到3704万元，为“六五”期间2031万元的182.3%，使市政工程设施的维护管理得到改善，基本维持了设施的正常运行。

（二）城市供水能力：新增1.68万吨／日，达到24.48万吨／日。其中地下水供水能力为12.33万吨／日，自来水普及率达到99.5%。民用煤气：新增煤气生产能力6.43万立方米／日，达到10万立方米／日。液化石油气供气量达到0.11万吨。全市用气人口由8.4万人提高到23.6万人，用气普及率由9.96%提高到26.3%。集中供热：新增供热面积264万立方米，总面积达到390万立方米，供热普及率由6.35%提高到19.66%。排水及污水处理：新增城市排水管道79.6公里，达到549公里，新增污水处理能力4.5万吨／日，达到6万吨／日。公共交通：新增公交车辆61辆，达到317辆，营运线路达到512公里。社会拥有公交车辆169辆，每万人拥有公交车辆由3.9标台增加到4.5标台。城市道路：新增道路长度35.35公里，总长度达到352.55公里，道路面积增加70万平方米，达到368.16万平方米，人均道路面积由3.15平方米／人提高到3.9平方米／人。城市桥梁：新增7座，达到19座。园林绿化：新增园林绿地面积1971公顷，总面积达到 3631 公顷。新增公共绿地 20 公顷，达到 529 公顷。人均公共绿地达到 5.5 平方米／人。建成区绿化覆盖率由 12.7%提高到 24.2%。城市环境卫生：生活垃圾清运总量由 47.5 万吨／年增加到 52.45 万吨／年，粪便清运总量由 25.1 万吨／年增加到 32.25 万吨／年，环卫清运车辆新增 75 辆，已达到 277 辆。

(三) 通过 5 年的城市基础设施的建设，包头市城市环境面貌发生了明显的变化，取得了丰硕的成果。1986 年中央绿化委员会授予包头市全国绿化先进单位。市公共汽车公司被评为“全国城市公共交通先进企业”。市自来水公司被评为内蒙古自治区“先进企业”。

(四) 城市住房建设方面：5 年间先后完成迎宾、铁西和青松等住宅小区的建设，开发了乌兰小区住宅建设，目前人均居住面积已由 1985 年的 5.2 平方米上升到 1990 年的 6.03 平方米。

(五)“七五”期间，包头市还投资扩建了飞机场，新建 1 万门程控交换机电信综合大楼，这对于扩大对外开放，振兴经济，具有重要作用。

另外，城乡人民生活水平不断提高。1990 年全市城市居民人均生活费收入达到 1219 元，比上年增长 11.63%，比 1985 年增长 70.49%，5 年平均增长 11.26%。农牧民人均纯收入达到 609 元，比上年增长 25.83%。比 1985 年增长 74.8%，5 年平均增长 11.7%。1990 年，城乡居民储蓄存款余额达到 20.19 亿元，比上年增长 41.21%，比 1985 年增长 3.23 倍。

市政府在“七五”时期着重抓的工作

(一) 采取各种措施，全面加强了对城市经济工作的领导。市政府对城市经济工作实行按月调度，按季进行分析，随时解决经济运行中的具体问题，每季度向市委汇报一次经济工作，每半年向人大、政协通报一次经济运行情况，加强了党对经济工作的领导，得到了人大、政协的关心和支持。市委决定由四大机关领导带队，率领各有关部门深入企业调查研究，现场办公，为企业排忧解难，鼓舞了斗志，调动了广大职工群众的积极性。为了解决停产半停产和亏损企业的问题，市政府又分别成立领导小组，派遣工作组，深入企业调查研究，协助企业解决困难。由于我们全面加强对经济工作的领导，各个业务部门的通力协作，有力地帮助企业克服了重重困难、取得比较满意的成绩。

(二) 深化企业改革，加强企业管理。包头市从 1987 年开始，在企业中全面推行了承包责任制,为经济建设的发展增添了生机和活力。强化企业管理是当前发展经济，提高效益的有效途径，1990 年包头市有 7 户企业晋升为国家二级企业，有 22 户晋升为内蒙古自治区先进企业。继续狠抓了质量管理工作，大力开展产品创优活动，去年全市创部优产品 12 种，区优 44 种。深入开展了挖潜增效，节能降耗工作，创国家一级节能企业 1 户，创自治区级节能先进企业 3 户。

(三) 发挥综合经济优势，推动了产业结构的调整。包头市组织专门力量制定了《发挥包头地区综合经济优势细要》，编制了《包头稀土高技术开发区规划》，进行了《南郊开发区规划》论证，提出了《包头地区工业结构调整实施方案》初稿，推进了产业结构的调整步伐。针对包头市第一、第二、第三产业结构失衡状况，颁布了发展日用小商品优惠政策，注重大力发展城乡集体企业，研究制定了加快发展乡街企业的决定。

(四) 开拓经营，繁荣城乡市场。一是适时调整经营策略，提高企业竞争能力，支持择优进货，推行定额管理，向优质服务要效益；二是抓好“菜篮子”工作，肉食供应好于往年，价格有较大回落，蔬菜供应保持了淡季不淡，旺季更旺的好势头；三是加强工商衔接，扩大地方工业产品经营，今年经营地方工业产品达 1.34 亿元；四是重点开拓农村市场，先后组织 1200 多个工业品下乡，总产值达 350 万元。

(五) 深入开展治理整顿、经济秩序明显改观。去年是治理整顿的第 2 年，包头市在巩固上年治理整顿成果的基础上，一是进一步清理整顿了公司，按照“公司撤并保留方案”，对确定保留的 279 户公司进行了重新登记。认真处理了撤消公司的债权债务，财产、人员安排等善后工作。二是对冶金、机械、电子等 8 个行业的 419 家企业进行了行业整顿。三是整顿了批发环节，理顺了流通渠道，对 41 种指令性计划分配物资实行归口经营。四是认真查处了经济违法案件，全市共查出案件 929 起，其中大要案 106 起。通过治理整顿，经济秩序进一步好转。

(六) 加强农业基础建设，狠抓农牧业生产。我们采取农情季度形势分析会的办法，加强了对农牧业生产的领导。稳定和完善家庭联产承包责任制，大力推行农村社会化服务网络建设。制定了《关于进一步发展农村经济的意见》。增加对农牧业的投入，市财政累计投入资金 1250 万元，是近年来最多的一年。大力开展农田水利基本建设，全年新增有效灌溉面积 4600 余公顷，科技兴农得到进一步重视，全年推广水地小麦模式化栽培等 14 项农牧业实用技术。强化了服务协调工作。

(七) 努力实现财政收支平衡，适时调节了信贷结构。1990 年税收部门一方面强化税收征管工作，全年超收 2514 万元，超额完成了全年税收计划；另一方面充分发挥税收工作的经济杠杆作用，为发展经济服务，收到了很好的效果。财政部门积极组织收入，全年超收 4936 万元，超额完成今年收入预算，同时，合理调整支出结构、紧缩开支，全年支出未突破预算指标。金融部门在适当调紧缩力度方面采取了一系列措施，对促进经济发展和产业结构调整，做出了贡献。

乌 海 市

市 长：冯士亮

副市长：葛继善（常务） 刘崇璋（计划、物价） 图布信（蒙古族 财政、外贸） 任 凭（工业、科技） 孙培义（文教、城建）

冯士亮市长，1945 年 8 月出生，大专文化程度。1963 年参加工作。历任公社党委书记、副县长、县长、县委书记、内蒙古自治区经委副主任、党组副书记等职。1990 年 7 月调任乌海市委副书记、市长。

乌海市“七五”期间建设成就辉煌

□ 乔志明

被誉为“沙漠中的明珠”的内蒙古自治区西部新型的煤炭、建材、重化工生产基地——乌海市，经过“七五”时期的开发建设，城市功能大大增强，投资环境显著改善，为“八五”时期和今后 10 年的发展奠定了坚实的基础。

经济建设取得新成就

“七五”期间，全市累计完成固定资产投资 11.45 亿元，完成更新改造投资 2.75 亿元，分别比“六五”时期增长 2.1 倍和 1.1 倍。共完成基建和技改项目 316 个，一批重点建设项目相继建成投产，生产能力显著扩大。5 年中，全市累计新增原煤生产能力 273 万吨，使原煤生产总能力达到了 1200 万吨，新增原煤入洗能力 241 万吨，焦炭生产能力 26.2 万吨，新增发电机组容量 6.2 万千瓦，新增平板玻璃生产能力 108.5 万重量箱，纯碱生产能力 5 万吨。电石生产能力 2.3 万吨，硅铁生产能力 1.4 万吨。1990 年，全市社会总产值达到了 12.54 亿元（1990 年不变价，下同），比 1985 年增加了 65.5%（按 1980 年不变价计算，下同），年平均增长 10.6%；国民生产总值完成了 6.65 亿元，比 1985 年增长 60.5%，年平均增长 9.9%，于 1989 年实现了在 1980 年基础上翻一番的目标；国民收入完成了 4.71 亿元，比 1985 年增长 39.9%，年均增长 6.9%；工农业总产值完成 9.23 亿元，比 1985 年增长 60.2%，年均增长 9.9%；人均国民生产总值达到了 2311 元，大大高于全国和自治区的平均水平；财政收入达到 7800 万元，比 1985 年增长 2.3 倍，年均增长 27%。

城市基础设施已初具规模

市区 70 年代开发初期的黄沙路，如今已全部变成了宽阔平直的柏油马路，当年路旁的“干打垒”和小土房，已变成了座座高楼，街道上绿树成荫，车水马龙，昔日的沙漠风光已荡然无迹。“七五”期间，乌海市新建改造公路 112 公里，在黄河上架起了公路大桥，形成了目前以包兰铁路、109、110 国道公路干线和黄河航运为主体的铁路、公路、水运交通运输网络，成为华北联结西北地区的重要铁路、公路交通枢纽。全市邮电通信事业飞速发展，“七五”期间，建成了全市自动电话网，开通了与全国 350 多个城市的直拨电话。全市每百人拥有电话 6.8 部，大大高于全国和全自治区的平均水平。5 年间，全市新建住宅 67.6 万平方米；自来水普及率达到了 91%；新增国营、集体和个体商业服务网点 1395 个，比“六五”末期增加了 35.2%。科技、教育、文化、卫生、体育、广播电视等各项事业都有了很大的发展，全市现有各类学校 129 所，小学入学率达到了 100%，中学入学率达到了 98%，九年制义务教育已全面实施。市民生活明显改善，到 1990 年末，全市城镇居民储蓄存款余额达 4.13 亿元，人均储蓄 1443

元，分别比5年前增长3.4倍和3倍。

初步建成了稳定的副食品生产基地

“七五”期间，乌海市的“菜篮子工程”成效显著，目前，城市蔬菜供应数量充足，品种齐全，价格低廉，深得市民称道。特别是葡萄水果生产发展迅速，1990年全市葡萄产量达129.4万公斤，由于采用了保鲜技术，这里一年四季都可以吃到新鲜葡萄，被誉为内蒙的“吐鲁番”。

生态环境和考察资源工作取得新成果

5年来，乌海市坚持植树造林，大搞城市绿化，风沙危害得到了明显控制，生态环境有所改善。5年共造林2467公顷，全市有林面积达到了5533公顷。

乌海市具有极其丰富的地下资源,是内蒙古自治区非金属矿产资源分布密集地区.矿产资源品种多，储量大，质量好，易于开采。现已标明具有开采价值的矿产资源达36种。主要有：煤炭储量42亿吨，煤种有气煤、肥煤、焦煤，特别是焦煤占自治区探明储量的80%以上；石灰岩遍布全市，储量200亿吨，其中熔剂灰岩2.7亿吨，水泥灰岩2.65亿吨，制碱灰岩3800万吨，电石灰岩5800万吨；上品级的石英砂岩达50亿吨；耐火粘土50亿吨。此外，临近地区还有吉兰泰的盐以及无烟煤、石膏、芒硝、天然碱等，储量也极为丰富。还有铜、铅、锌、硫铁矿等有色金属矿藏，储量分别占自治区储量的65%、63%、76%和95%。

乌海市还具有充足的光热水资源，日照时间长，积温高，十分适宜于水果，特别是葡萄的生长。黄河穿市而过，流程达75.5公里，同时，市内地下水储量大，埋深浅，总储量在100亿吨以上。此外，还有黄河沿岸孔隙潜水固定储量85亿立方米以上。充足的水利资源为乌海市的工业用水、城市生活用水和发展灌溉农业提供了十分有利的条件。乌海市还有充足的土地资源可供开发利用，人均占地0.88公顷，地多人少。全市已利用土地占可利用土地面积不足22%，其中已开发的农用地仅占宜农面积的的14.3%。尚有大片土地可供开发利用。

乌海市是1988年经国务院批准的内蒙古自治区的经济体制改革试验区，享有部分省级经济管理权。几年来，乌海市坚持改革开放，同全国27个省、市、自治区的100多个地区建立了经济协作关系，签订和实施经济协作项目450个，引进资金4411万元，物资协进协出总额达6228万元，已初步形成了对外开放的格局。

乌海市今后发展战略的设想

1988年，乌海市人民政府在中国国际工程咨询公司专家的指导下，经过深入的调查研究和充分的论证，制定了《1988——2010年经济和社会发展总体规划》、《城市建设总体规划》(已报经自治区人民政府批准)，提出了以能源、化学、建材工业为主体，以轻工业和种养业为两翼的“主体两翼”经济发展战略，决心以煤炭的综合利用为中心，以电力工业为突破口，以重化工、建材、冶金工业为重点。实行“煤——电”、“煤——电——化”、“电——高耗能工业”联合开发，走资源就地加工、转化增值、减重节运、提高效益的新路子。根据这一发展战略，最近，市委、市政府又制定了“优化主体，强化两翼，全面开放，综合开发，调整结构，协调发展，改善环境，科技兴市”的战略重点和实施步骤，计划在“八五”时期和今后10年以高于本市“七五”时期和全国、自治区同期的平均速度发展，以求有效地缩短与发达地区的差距。

根据国家“八五”计划和10年规划，乌海市作为新型的能源、原材料工业基地，正是国家产业政策倾斜的地区。同时，乌海市属于边疆少数民族不发达地区，也正是国家在今后10年将予以重点扶持发展的地区。所有这些，都为乌海市今后10年的经济和社会发展提供了良好的机遇。市委、市政府决心抓住机遇，进一步深化改革，扩大对外开放，划定了各种类型的开发区，制定了十分优惠的政策，热诚欢迎国内外客户以资金、技术、智力、人力等各种方式前来投入开发，这里将是有识之士创造业绩、财富的最佳场所。展望今后10年，乌海市的经济和社会发展必将取得更加辉煌的成就，内蒙古自治区西部沙漠中的这颗明珠必将放射出更加灿烂夺目的光辉。

赤峰市

市　长：高连元（蒙古族）
副市长：王文早（农牧、科技）　韩志然（蒙古族　财贸、公安）　昭那斯图（蒙古族　文教、卫生）　刘玉祥（计划、城建）　臧学仲（工交、邮电）

高连元市长，大专文化，1936年9月生，1954年9月参加工作，1956年加入中国共产党。历任中心总校教导主任、副校长，旗委宣传部干事，乌丹公社党委副书记，旗委办公室秘书、副主任，旗革委会政治部主任，昭乌达盟广播事业局副局长、局长，盟纪律检查委员会副书记、盟行政公署副秘书长，红山区区长，赤峰市副市长、代市长、市长。

“七五”期间国民经济和社会发展的成就

□　《中国城市经济社会年鉴》赤峰市编写组

“七五”期间，赤峰市认真贯彻党的十一届三中全会以来的路线、方针和政策，坚持“团结建设、改革开放”的方针，国民经济和社会发展取得了令人瞩目的成就，全市经济实力得到了明显的增强。1985–1990年，全市国民生产总值（当年价格，下同）由20亿元增加到40亿元，增长（可比价格，下同）28.8%；国民收入由15.7亿元增加到31.9亿元，增长27.9%；工农业总产值由24.7亿元增加到57.4亿元，增长45.5%；地方财政收入由1.05亿元增加到3.57亿元，增长2.4倍，财政自给率由1985年的34.2%提高到1990年的54.7%。圆满地完成了“七五”计划制定的奋斗目标，为实施“八五”计划和十年规划打下了较好的基础。

改革带来了活力，主要产品产量大幅度增长

“七五”期间，赤峰市在农村牧区进一步完善家庭联产承包责任制和草畜双承包责任制，积极稳妥地调整产业结构，推行双层经营，建立社会化服务体系，并进行了土地和草场有偿承包使用的试点。在城市经济改革中，围绕搞活企业这个中心环节，注重增强企业的生机和活力，逐步配套和完善各项改革措施，认真搞好治理整顿，压缩需求，调整结构，提高效益，开展横向联合与协作，进一步解放了生产力，使生产跨上了一个新的台阶。1985–1990年，粮食产量由13.1亿公斤增加到16.25亿公斤，增长24.1%；肉类产量由6.7万吨增加到8.9万吨，增长33%；钢材由2.2万吨增加到5.2万吨，增长136%；原煤由700万吨增加到1014万吨，增长45%；发电量由21.6亿千瓦小时增加到39.6亿千瓦小时，增长83%；水泥由34.7万吨增加到47万吨，增长35.7%；饮料酒由3.6万吨增加到6.3万吨，增长75%；地毯由7.4万平方米增加到13.3万平方米，增长79.7%。在产品产量大幅度增长的同时，产品质量、经济效益也得到了提高。1990年，全市种植业实现产值6.6亿元，比1985年增长5.4%，创历史最高纪录。出栏大小畜159.9万头（只），出栏率由1985年的25%上升到30%。“七五”计划用来考核工业综合效益的指标中，1990年，百元资金创造利税6.9元，百元产值创造利税17.4元，国营工业企业全员劳动生产率11408元，定额流动资金周转一次需149天，分别比“六五”时期末增长7.8%、9.4%、24.8%和减少10天。全市有5种产品获国家优质奖，20种获部优产品奖，143种获自治区优质产品奖。以空调保健鞋、淀粉酶为代表的一批轻工产品，呈现出产销稳步增长的好势头。企业抓管理、上等级活动成效显著，全市现有79户企业被评为国家和自治区级先进企业。

投资结构得到调整，国民经济发展后劲进一步增强

“七五”期间，全市全民所有制基本建设和更新改造投资累计达19.4亿元，新增固定资产17.2亿元，分别

比“六五”时期增长 3.5%、53.4%。其中地方项目完成投资达 8.84 亿元，比“六五”时期增长 57%，占总投资比重为 45.5%，比“六五”时期高出 15.5 个百分点。全部建成投产项目个数累计为 1074 个，固定资产交付使用率达 88.7%，比“六五”时期高出 40.7 个百分点。

按照国家产业发展序列，5 年来，全市重点加强了农牧林水、能源、原材料、交通邮电等基础产业部门的投资。“七五”期间，全市用于农业投资达 7234 万元，比“六五”增长 18%，在农业投资中，用于水利建设资金为 3200 万元，是“六五”时期的 3 倍，新增有效灌溉面积 4.6 万亩。煤炭工业投资累计为 6.5 亿元，比“六五”时期增长 1.3 倍，新增煤炭开采能力 163 万吨／年。其中国家能源重点项目平庄矿务局红庙斜井已建成投产。设计能力为年产 500 万吨的元宝山露天矿和年产 90 万吨的古山立井已于 1990 年正式开工兴建。电力建设投资累计为 23080 万元，新增发电机组容量 2.44 万千瓦，变电设备能力（11 万伏以上）为 26.13 万千伏安，输电线路（11 万伏以上）长度为 136.4 公里，其中总投资 1902 万元的元新线变电工程投产后增加变电设备能力为 6.3 万千伏，增加输电线路为 56.4 公里。原材料工业的投资累计达 2.09 亿元，比“六五”时期增长 84.7%，新增水泥生产能力 34.2 万吨／年，投资 5211 万元、年产 4.8 万吨白色硅酸水泥的中外合资项目赤峰白水泥厂 1991 年将正式建成投产。新增铜选矿处理原矿 11.4 万吨／年，铜精矿 8941 吨／年，精矿含铜 1758 吨／年，精矿含铅 184 吨／年，精矿含锌 445 吨／年。交通邮电业投资累计达 1.68 亿元，比“六五”时期增长 8.7 倍，其中新建和改建公路 309 公里。平双公路已建成使用，增加公路里程 284 公里。民航机场改造工程改善了通航条件。新建微波电路为 125 公里，长途电缆 2.6 延长公里，市内电话自动交换机 7000 门。

围绕提高产品质量，增加适销对路产品，增加出口创汇能力，“七五”期间，全市还狠抓了技术改造工作。5 年来，用于这方面的投资累计为 6.9 亿元，比“六五”时期增长 1.5 倍。其中节能技改投资为 3035 万元，增加品种的投资为 9470 万元，提高产品质量的投资为 4044 万元，分别比“六五”时期增长 7.3 倍、3.6 倍和 4 倍，占工业技改投资总额的比重，分别比“六五”时期高出了 3.2 个、5.9 个、2.8 个百分点。全部建成投产的技术改造项目 499 个，“七五”期间共新增产值约 2.92 亿元，利税 7869 万元，创汇 1382 万美元，节约物耗价值 456 万元。通过技术改造，改善了装备水平，扩大了生产规模，为今后经济发展增添了后续力量。

城镇建设步伐加快，基础设施进一步得到完善

“七五”期间，全市注意发挥城市规划的龙头作用，9 个旗县的总体规划于 1988 年全部编制完成。赤峰市城市总体规划经自治区人民政府批准后也已实施；同时按照总体规划又编制了城市居民居住区规划，扭转了乱建滥占的被动局面，使城市建设走上了按规划进行建设和管理的轨道。

为了进一步完善基础设施，加快城市建设步伐，全市多方面开辟资金渠道，广泛筹集建设资金，“七五”期间，全市用于城市建设的投资为 6673 万元，完成了一批生产生活急需的公用事业项目。在城市道路方面重点以疏通卡口堵头为主，开通了昭乌达路，新建了昭乌达桥，疏通了哈达街东段和铁南大街等，新增道路长度 39 公里，使市区道路长度达到 121 公里。在公用事业建设上，重点抓了“三供”，即供水、供热、供气。“七五”期间，新增日供水能力 3.3 万吨，使市区供水能力达到 4.9 万吨。新增集中供热面积 92 万平方米，使市区集中供热面积达到 160 平方米；石油液化气年供气总量达到 2260 吨，使城市中心区的用气普及率达到 60%。另外，城市园林绿化也有了新的突破，市区园林绿地面积达到 891 公顷，人均公共绿地 2.7 平方米，绿化覆盖率为 25%。

在狠抓基础设施建设的同时，注重做好项目的前期准备工作，对城市二期水源、二期供热、褐煤制气、污水处理、垃圾粪便无害化处理等项目进行了可行性研究，这些城市基础设施项目将在“八五”期间陆续实施。

搞活商品流通，城乡市场繁荣

“七五”期间，全市多种经济成份、多种经营方式并存的社会商业格局进一步发展。1990 年，全市社会商品零售总额为 21.6 亿元，比 1985 年增长 83.5%，年平均增长 12.9%。其中国合商业零售额为 12.5 亿元，比 1985 年增长 72.2%，集体个体商业零售额为 3.6 亿元，比 1985 年增长 85.8%，城市居民通过集贸市场向农民购买商品为 1.4 亿元，比 1985 年增长 1.7 倍。目前，全市商业市场已基本形成了以国合商业为主，集体个体商业为辅，集贸市场为补的合理格局。

由于商业企业推行了多种形式的经营责任制，充分调动了职工的积极性，商品购销规模不断扩大。1990 年国合商业商品纯购进总值为 13.7 亿元，比 1985 年增长 92.7%，年平均增长 14%。其中农副产品收购总值为 5.4 亿元，比 1985 年增长 73.3%。地方工业品的购进也有了很大的增长，作为社会商业主体的商业局系统，1990 年地方工业品购进总值为 1.3 亿元，比 1985 年增长 60.1%。在扩大地方工业产品购进的同时，商业供销部门积极组织市外名、优、新产品的调入。1990 年，国合商业从市外调入商品总值为 6.1 亿元，比 1985 年增长 56.7%，商品销售工作也得到进一步加强，1990 年，国合商业商品纯销售总值为 20.3 亿元，比1985年增长87.8%，年平均增长13.4%。

随着改革开放的不断深入，全市集贸市场也由1985年的206个发展到269个，城乡集市贸易成交额为3.2亿元，比1985年增长2.2倍，年平均增长26.3%。主要商品成交量大幅度增加。1990年，猪牛羊肉的成交量为1.49万吨，比1985年增长85.4%；蔬菜成交量为10.2万，比1985年增长36.5%。

加强文明建设，社会各项事业稳步发展

“七五”期间，全市开展了文明城镇和文明单位建设活动，在注意提高原有文明城镇和文明单位质量的同时，5年来，又有9个旗县区所在地进入了自治区文明城镇行列，29个单位进入了自治区级文明单位行列。1990年，赤峰市又被评为全国精神文明建设水平较高的十城市之一和全国地级十佳卫生城市之一。精神文明建设的加强，促进了社会各项事业的稳步发展。“七五”期间，教育事业持续发展，竣工教育用房面积26.6万平方米，比“六五”时期增长16.3%，新增加各类学校学生席位5.45万个，1990年，中小学在校生达62.7万人。科技事业取得显著成果，5年来，市级以上科技成果共199项，其中重大科研成果25项。1990年，“谷子显性雄性和不育基因及其应用”、“内蒙古东部风沙干旱地区退化土地治理与合理开发利用研究”的项目获自治区重大科技成果。文化事业不断繁荣，全市现有各类电影放映单位497个，艺术表演团体13个，文化馆15个，公共图书馆14个，博物馆5个，广播发射台8座，电视发射台、转播台和差转台119座，广播覆盖率达95%，电视覆盖率达77%。近年来有3部电视剧获奖。卫生事业不断发展。1985–1990年，卫生机构由541个增加到655个，增长21%；病人床位由8608张增加到9566张，增长11%；卫生技术人员由10721人增加到11663人，地方病、传染病和慢性病的防治取得了明显的效果。体育工作取得了好的成绩，5年来，全市共举办各类运动会2528次，参赛人员27万人次，在参加自治区以上的各种比赛中，共获金牌172枚、银牌188枚、铜牌146枚。

人民生活逐步改善，消费水平明显提高

1990年，全市城乡居民货币收入达24.99亿元，比1985年增长1.04倍，年平均增长15.4%，收入渠道趋于多元化，货币收入有了较大幅度增长。1985–1990年，全市职工人均工资由1027元增加到1784元，增长73.7%；城市居民人均生活费收入由642元增加到1197元，增长86.4%；农牧民人均纯收入由339元增加到516元。按可比价格计算，全体居民消费水平增长10%。随着货币收入的增加，居民购买力明显增强。1990年城乡居民当年形成的购买力为22.72亿元，比1985年增长1.05倍，当年实现购买力为19.38亿元，比1985年增长2.2倍。而且消费内容日趋多样化，消费结构进一步改善。1990年，全市食品类零售额为7.7亿元，比1985年增长83.6%。在城市居民购买食品类支出中，主食从1985年的23.8%下降为18.1%，副食由1985年的76.2%上升到81.9%。1990年，全市商业部门销售水产品1540吨、卷烟3.8万箱、酒3.2万吨，分别比1985年增长51.7%、75.4%、7.3%。1990年，全市衣着商品类零售额为3.03亿元，比1985年增长47.1%，日用、文化娱乐用品类零售额为4.7亿元，比1985年增长81%。城市居民每百户拥有电风扇43台，洗衣机90台，彩色电视机57台。居住条件也有了很大改善。5年中，全市用于改善居民住宅条件的投资达1.63亿元（不包括商品房投资），比“六五”时期增长10.2%，竣工住宅房屋面积81.41万平方米，有1.29万户家庭迁进新居。“七五”时期末，市区人均居住面积达6.4平方米，比1986年末增长10.8%。与此同时，节余购买力继续加大，居民储蓄迅速增长。“七五”时期，全市居民结余货币总额为15.67亿元，比“六五”时期末增长2.2倍。其中居民储蓄存款金额为13.38亿元，比“六五”时期末增长3倍，年平均增长31.8%，有力地支援了国家建设。

集 宁 市

市　长：李东晓（蒙古族）
副市长：樊　勇（常务）　弓志强（工交、乡镇企业）　云秀珠（女　蒙古族　计划、财贸）　邬　谦（政法、民政）　邓振武（文教、农业）

李东晓市长，蒙古族，1943年9月出生于内蒙古自治区土默特左旗。1969年毕业于内蒙古工学院。1969年9月参加工作，1984年11月加入中国共产党。先后在集宁市第四中学、模具厂、科委任教师、技术员等职。1984年2月任集宁市副市长。1990年9月任集宁市委副书记、代市长。1991年1月在集宁市九届一次人民代表大会上当选为市长。

阔步前进的五年

□　集宁市市长　李东晓

1986年至1990年是集宁市发展史上的一个重要阶段。5年间，我们经历了经济工作中出现的波动，经过治理整顿，深化改革，形势好转，胜利完成了“七五”计划，并超前实现了中央和自治区确定的第一步翻番的战略目标。

经济建设取得可喜成绩

1990年与1985年相比，全市国民生产总值（按可比价格计算，下同）由11271万元增加到18006万元，年均增长9.5%，“六五”期间年均增长2.2%；社会总产值由27347万元增到39570万元，年均增长7.7%，“六五”年均增长4.1%；国民收入由8758万元增到12196万元，年均增长6.8%，“六五”年均增长9.9%；工农业总产值由16040.3万元增到20651万元，年均增长5.18%，“六五”年均增长7.4%；财政收入由1602.3万元增到3285.2万元，年均增长15.4%，“六五”年均增长5%；基本建设投资累计完成10969万元，为“六五”的2.3倍，其中生产性投资占70%左右。“七五”期间，全市国民经济的巩固和提高，为90年代的进一步发展奠定了比较坚实的基础。

工业在起伏中得到新发展

“七五”期间，集宁市在治理整顿中求发展，确定了工业以内涵扩大再生产为着眼点，对原有企业进行技术革新，挖潜改造，调整产品结构，提高质量，强化管理，使工业生产保持了稳定增长的势头。1990年与1985年相比，工业产值年均增加860万元，增长27.7%。技术改造有较大突破。除完成“六五”10个续转项目外，对新安排的19个技改项目也已全部竣工。投资5000多万元新建的4800锭毛纺厂，1990年投入试生产。5年中，工业固定资产纯增1.2倍，进一步增强了实力。“七五”末期，工业结构日趋合理。轻重工业比例由52：48变为55：45。按经济类型划分，全民所有制工业所占比重由70%上升到73.9%，集体工业由27.5%下降为23.2%，其它类型工业由2.5%增长到2.9%。在行业结构中，纺织、化学、电子、金属制品业增长较快，所占比重分别由4.1%、6.2%、3.1%、15.4%上升为15.4%、7.5%、4%、16.3%。工业队伍壮大，素质提高，知识结构有一定改善，职工由22300人增长到26500人。工业生产设备进一步更新。技改中引进国内和国外先进设备2600多台（套），一些企业实现了自动化生产，达到国内先进水平。不少企业由手工操作和半机械化生产跨入机械化生产行列。企业生产能力明显提高。一批骨干厂家改造后，后续能力增强，大都提高1—2倍。拖拉机年产量由5000台增加到10000台。皮夹克由2万件上升到4—5万件，加工皮张由20万张增加到70万张。电焊条由0.7万吨增加到2万吨。彩电元件由300万件上升到1000万件；重点产品产量稳定增加，产品档次有所提高。开发新产品13种，其中7种填补了自治区空白。

城市建设日新月异　服务功能日益提高

"七五"是集宁市政建设发展最快的时期，投入建设的人力、财力、物力明显高于"六五"时期，城市面貌发生了深刻的变化。5年中，全市狠抓基础设施配套，量力而行，突出重点，先后新上一批制约经济发展和社会生活的工程项目。"七五"初期，制定颁布了《集宁市1985—2000年城市总体规划》，并以此为龙头，按功能分区确定了3个主要小区的开发。与此同时，对城市主干道进行了街景立面设计，拍摄完成了航测现状图，获取了一大批地质、水文、土地、矿产、电力、交通、通讯等可行性数据，使城市基础资料进一步得到充实和完善，为城市发展提供了重要的依据。反映城市建设水平的"窗口"有较大的改观。1988年集宁新客站落成，次年又动迁并建设成宽敞的站前广场。与之相配套，近年来，在广场四周还建起座座高楼，旧貌换新颜。通往市外的公路要道得到基本治理，部分"卡脖子"地段得到疏通。市区南、北出口先后都已改造拓宽。连接市区东西的主要通道——北立交桥，经改造增设人行引孔后，人车混流的状况根本扭转。市区道路网络初具规模，辐射面扩大。5年中，改造拓宽了一、三马路、怀远路，新建油路4条，对恩和路、乌兰大街、光明街、新华街等主干道重新维修罩面，24条小街巷进行了整治。同时，动员社会力量参与建设，完成偏远地段4条道路路基成型。道路照明不断改进，灯具品种增多，路灯由801盏发展到1214盏。城市供水矛盾大为缓解，"七五"期间，胜利结束了第二水源给水扫尾工程，新增日供水1万吨，用水普及率由75%上升到85%。在此基础上，积极筹建第三水源，用于初勘和详勘的投资100多万元，为已批准的第三水源提供了可靠的水文地质资料。城市排水有所改善，在资金有限的情况下，铺设排污管线4500米，对部分小街巷排水进行了治理。住宅建设速度加快，5年中，全市住宅建筑面积增长了34%，由141.7万平米上升至190万平米，人均居住面积已达到6.4平方米。环境卫生面貌明显好转，市区主要街道实行限时定点倾倒垃圾，重点干道实现了垃圾桶装密封化。公厕管理加强，5年新增翻建公厕15座。人民群众环境意识普遍增强。"三废"进一步得到治理。园林绿化引起社会广泛重视。机关、厂矿、学校、庭院绿化美化蔚然成风，5年间全市植树7.57万株，1990年，园林绿地达到165公顷，人均公共绿地超过2平方米。城市管理制度日臻完善。"七五"先后制订颁布了城市建设管理方面的规章、条例、细则20多个，实现了管理目标明确、检查有章可循、奖罚有法可依的新秩序。加强管理队伍建设，相继成立了市容、卫生、土地等监察机构，形成专业队伍与办事处、群众相结合的管理网络。城市管理逐步由浅层向深层次方面发展。

顺应城郊发展特点　农村经济又有新起色

在耕地逐年减少、土地资源十分有限的情况下，郊区把着眼点放在调整种植结构和发展多种经营上，努力扩大蔬菜生产，推广简易温室种植，共建简易温室128栋，结束了集宁冬春季不能种菜的历史。蔬菜品种增加，初步缓解了蔬菜供求不足的矛盾。全市蔬菜自给率达到70%左右，1990年蔬菜产量达22950吨。农村剩余劳力向养殖、加工、运输、饮食、服务等产业转移。乡镇企业收入由750万元增长到1768万元，5年增长1.3倍，已跨入全盟乡镇企业先进行列。

商业日益活跃，人民生活得到改善

商业经历了阶段性疲软之后，市场销售日渐回升，1990年比1985年相比，社会商品零售总额由18998万元增加到25305万元，增长33.2%；商业饮食服务网点由2508个增加到4203个，增长67.6%；服务人员由11217人增加到16558人，增长47.6%；经营条件得到较大改善，5年中，新建了百货、供销、电子等一批较高档次营业大楼和两座封闭式集贸市场，城乡集市贸易日趋活跃，成交额由848万元，上升到2326万元，增长1.74倍。城乡人民生活继续得到改善，城市居民人均生活费收入，1985年为606元，1990年提高到1065元，增长75.7%；郊区农民人均收入也由1985年259元上升为457元，增长76.4%。城乡居民储蓄存款由5756万元增加到26209万元，增长3.6倍。

教科文卫事业有了长足发展

1990年与1985年相比，各类高、中等、技校、普通中、小学由60所发展到65所，在校生由34827人上升到36255人，专任教师由2454人增加到2825人。科技力量稳步扩大，中级以上技术人员增长121.2%。医疗技术有所提高，医疗条件有所改善，1990年全市医院拥有床位1114张，比"六五"末增长9.1%。广播电视覆盖率年均达到百分之百。5年中，新建一座体育馆，群众性体育活动日益活跃。文体事业的发展，为丰富人民精神生活，提高人民健康水平，鼓舞人民斗志发挥了重要作用。

"七五"期间取得的建设成果，为集宁市未来的进一步发展开辟了广阔的道路。现在全市人民在党的十三届七中全会精神鼓舞下，正以饱满的热情，为完成"八五"计划、实现本世纪末战略目标而努力奋斗。

锡林浩特市

市　长：齐德乐图（蒙古族）
副市长：朝格图（蒙古族　文教、卫生）　刘克勤（工交）　王俊山（财贸）　特古斯（蒙古族　城建）　陶格涛（蒙古族　农牧、科技）

齐德乐图市长，蒙古族，1942 年 12 月 27 日生。内蒙古自治区兴安盟扎赉特族人，中共党员，大专文化，工程师。历任锡林浩特市人大常委会办公室副主任、主任。1984 年当选为锡林浩特市副市长，1991 年 2 月当选为锡林浩特市市长。

锡林浩特市在前进

□ 锡林浩特市市长　齐德乐图

"七五"期间，锡林浩特市各族人民高举团结建设的旗帜，坚决贯彻改革开放的总方针 。以经济建设为中心，坚持社会主义物质文明和精神文明建设一起抓。全市经济和各项建设事业都得到较快发展，为"八五"时期和今后中长期发展奠定了良好的基础。

城市建设取得显著成效

"七五"期间，锡林浩特市坚持把城市建设做为一项中心工作。在努力开展经济建设的同时，大力开展市政基础设施、公用设施的配套建设和市区道路建设，坚持依法治市，加强城市管理，不断提高管理水平，城市面貌发生了根本改观。1989 年被评为锡林郭勒盟和内蒙古自治区两级文明城市。仅 1987 年以来，财政投入和国家投资累计达 821.8 万元，进行市区道路建设。同时，发动全市人民参加义务劳动，出动劳力 20.8 万人次，出动车辆 1.1 万台次，拉运石料 1.5 万立方米，清运土方 2.3 万立方米，义务修路 6.1 万平方米，改造拓宽市区道路 13.5 万平方米，安装路灯 351 盏，修建公共汽车站亭 20 个，在居民区和主要街道修建公厕 38 处。目前，市区主要道路 11 条，总长度 45 公里。其中铺装沥青路面 34.3 公里，面积达 51.6 万平方米，占道路面积的 81.9%。主要街道的排污、排水工程已基本完成，下水道总长度 34 公里，供水管道总长度 37.5 公里，自来水日供水能力 1 万吨，普及率达 52.9%。自来水净化工程，先后投资 230 万元，于 1989 年竣工交付使用。与此同时，投资 712.6 万元，新建住宅 23269 万平方米，广大干部职工和居民的住房条件得到了改善。

环境卫生实行"三级管理，两支队伍"的管理办法，做到了生活垃圾日产日清。环卫基础设施建设得到加强，在居民区增设垃圾桶，主要街道设置果皮箱，环境卫生得到根本改观。1990 年在全国 434 个城市卫生检查中获内蒙古自治区 15 个受检城市第四名的好成绩。

城市绿化美化工作取得很大进展。绿化工作实行"普遍绿化，重点美化，提高城市绿化覆盖率"的原则，主要街道两侧，机关庭院种植了大量的树林、花卉、草坪，市区内修建雕塑、市门、喷泉，春夏季节培育大量盆花摆放街头，美化市容。同时重点更新了锡林大街、额尔敦路街道树近万株，集资修建了 3 处街心绿地，粉刷了内环路两侧陈旧建筑物。有 40 个单位建设成为花园式单位。城市建设的发展，对于促进经济文化的发展，扩大对外开放，加强横向经济联合提供了良好的条件，为实现城乡共同繁荣，加快城乡一体化进程奠定了基础。

基础工业得到较快发展

"七五"期间，锡林浩特市实现了重大经济战略的转变，即把发展工业作为振兴全市地方民族经济，增强城市辐射功能，促进畜牧业发展的重点。在畜牧业稳步发展的同时，基础工业得到迅速发展。全市工业产值比“六五”期末增长245.9%，年平均递增28.2%，市属工农牧业总产值中，工业产值比重达到67%，高于全盟45.8%的平均水平，初步显示了城市经济的特点，基本上形成了以工促牧，工牧结合，协调发展的局面。

在促进工业发展中，一是不断深化以增强企业活力为中心的经济体制改革。全市工商企业普遍推行承包(租赁）经营责任制。到1990年末，全市工业企业承包面达84%，商业企业承包面达100%，并对部分事业单位实行企业管理，试行了承包经营。同时，注重抓好企业内部配套改革，加强企业的思想政治工作。总的看，多数企业的改革都取得了较好的经济效益。一些亏损严重或濒临倒闭的企业走出了困境。二是加快工业布局和产业结构的调整，进一步理顺了经济关系。锡林浩特市确定工业以矿产品开发、在产品加工、建工建材、食品加工和饲草料加工为五大支柱产业，以此带动全市工业的发展。“七五”期间，全市乡镇企业得到较快发展。1990年全市乡镇企业总收入突破3000万元，实现利润281.7万元，缴纳税金144万元，已经初步形成五轮驱动发展乡镇企业的格局，展示了乡镇企业在经济建设中的重要作用和广阔的发展前景。三是积极开展立足当地资源优势的新建和技改项目，努力提高企业经济效益。在突出抓好现有企业的挖潜、革新、改造，坚决走内涵为主扩大再生产的同时，积极、稳妥地新建和技改了一批工业项目。1987年以来，先后上了12个新建和技改项目，已有8个项目投产见效，取得了较好的经济效益。四是认真抓了企业上等级、产品创名优工作，推动企业技术进步，企业素质不断提高。市饲料厂继1989年进入盟级企业后，1990年又晋升为自治区级先进企业。锡林浩特市生产的鸿雁牌速溶奶粉、全营养强化奶粉、无纺织条纹地毯相继获自治区优质产品、优秀新产品称号及自治区展销会金、银奖。经济协作在工业发展中发挥了积极作用。先后从区内外引进先进技术(25项)、引进技术人才、管理人才促进了全市经济的发展。

丰富的自然资源得到开发利用

锡林浩特市不仅以其草原城市的清新秀丽而独具特色，更以她丰富的自然资源而闻名遐迩。市区周围，优良的天然牧场一望无垠。畜牧业十分发达，能源和矿产资源也极为丰富。近几年来，丰富的自然资源逐步得到开发利用。城区内的皮革、毛纺、乳品工业和肉类加工业，利用丰富的畜产品而逐步得到发展。新建的无纺织条纹地毯厂、生物制品厂等企业开展畜产品深加工和精加工。煤炭和石油资源也逐步开发利用，距市区5公里的乌兰图嘎煤矿是自治区6大煤田之一。国家正式开采的阿尔善油田现日产原油2000吨。市莹石矿、锡铜矿、铬矿等矿山企业有了较快发展。其中，莹石以其质量优、品位高而受到国内外用户的欢迎，成为出口创汇产品。大理石、石英沙等建筑材料也得到开发利用。此外，风能、太阳能在牧区广为利用，牧区有95%的牧户用上了风力发电机。太阳能暖棚逐步得到推广。

城区商业、服务业迅速发展

“七五”期间，随着经济和城市建设的发展，城区商业、服务业得到迅速发展。市场平稳，购销两旺。1990年社会商品零售总额达到1.56亿元。商业、供销等部门不断深化改革，积极组织货源，丰富市场供应，保证了人民生活必需品供给，有力地支持了城乡经济建设，在平抑物价、保障供给中发挥了主渠道作用。目前，城区商业网点84个，零售网点1200多个。近几年新建的百货大楼、民族贸易中心、物资贸易中心等骨干企业与遍布大街小巷的集体和个体售货网点形成了多渠道、开放式、门类全的服务网络。1987年以来，全市先后开展了“百日优质服务竞赛”、“飞龙杯优质服务竞赛”、“锡林杯优质服务竞赛”等优质服务竞赛活动。文明经商、礼貌待客、优质服务已蔚然成风。城区集市贸易日益繁荣，市区内设有7处集贸市场。1988年集资兴建了具有地方特色和民族风格的“额尔敦楚古兰”集贸市场，占地面积6300平方米，建筑精良，设施齐全，为全封闭式集贸市场。对外贸易也得到较快发展，锡林浩特市主要出口商品畜有乌珠穆沁羊、草原红牛；畜产品有羊绒、驼毛、各种肠衣等；土特产品有白蘑、发菜、苦杏仁等；名贵药材有牛黄、黄芪、黄芩等；矿产品有莹石、钨矿等。此外，每年还出口大量的黄羊。其中，白蘑以“口蘑”驰名中外，“蒙古黄芪”是在国际上享有盛誉的名贵药材。

二连浩特市

市 长：布图格奇（蒙古族）

副市长：陈士满（常务） 包丽玲（女 蒙古族 文教、劳动） 王喜平（计划、城建） 王润根（工交、政法）

布图格奇市长，蒙古族，吉林省前郭尔罗斯蒙古族自治县人。1935年7月出生，1948年12月参加工作，1958年11月入党，中专文化。历任内蒙古锡盟皮革厂副科长，皮革公司党委书记，盟委办公室副主任，盟工业处处长，党组书记，盟经济处处长，盟经委主任、党组书记。1987年11月在二连浩特市第八届人代会上当选为市长，1990年12月在第九届人代会上再次当选为市长并兼任市政协主席。

大开国门 发挥优势

□ 二连浩特市市长 布图格奇

“七五”期间，二连市委、市政府认真贯彻执行党的各项路线方针政策，坚持一个中心、两个基本点，高举团结建设的旗帜，率领全市各族人民自力更生、艰苦奋斗、开拓前进，在发挥口岸优势，进一步开放搞活，建设团结、文明、富裕的二连口岸的道路上，迈出了新的步伐，圆满完成了“七五”时期国民经济和社会发展的各项重要指标，为实施“八五”计划奠定了良好的基础。

开放搞活 通贸兴边 成绩可喜

“七五”期间，我们认真贯彻内蒙古自治区“北开南联，双向推进，服务全国，振兴内蒙古”的开放战略，从二连的特点出发，充分发挥口岸优势，大开国门，积极开展边境贸易，努力为振兴二连，服务全国作贡献。

作为边疆口岸城市，二连开展对蒙边境贸易在地理位置、交通等方面具有其得天独厚的优越条件。我们积极利用这些有利条件，结合二连口岸实际，扬长避短，积极开展对蒙边境贸易。在同蒙开展边境贸易中，我们支持平等互利原则和“自找货源、自找销路、自行谈判、自行平衡、自负盈亏、自主管理”的边贸“六自”方针，参照各边境口岸的做法，在不违反国家对外贸易政策的前提下，采取灵活多样的易货贸易形式，努力搞活经营。截止1990年底，先后同蒙方7省2市25家公司洽谈38次，签订协议书18份，贸易合同书185份，成交进出口商品202种，进出口成交额达3071万元，合同履约率42%，实现利润288.4万元。

在进行易货贸易中，我们遵循“外开内联、经贸并举、繁荣口岸、服务全国”的战略思想，以边贸为龙头，以贸促工、以工带贸，先后同蒙古人民共和国有关省市签订了帮他们建立工厂、技术交流等9项经济技术合作项目，不但扩大了贸易合作和二连对外影响，而且提高了国家的地位和声誉。同时，我们在区内外、盟内外加强了横向联系，先后与北京、太原、无锡、大同、张家口、呼和浩特市、包头、集宁等区内外46家企业建立了协作关系，签订了50份协议书，与盟内多数旗县建立了广泛的联系。此外，为了进一步扩大贸易领域，二连同苏联部分地区开始了初步贸易接触，为下一步的转口贸易奠定了基础。同时，经内蒙古自治区批准我市与蒙古扎门乌德市开展了一日游活动，各项准备工作正在筹备之中。投资200万元的联运公司大楼正在筹建。投资300万元、直拨国内外的2000门程控电话正在抓紧施工。口岸服务公司、友谊商场开业前的准备工作正在抓紧进行。可以预见，二连定将会在全方位的开放中进一步繁荣昌盛。

深化改革 国民经济持续发展

“七五”时期，在深化改革上，我们通过公开竞争招标，对全市工商企业实行了承包经营责任制，扩大了企业的自主权，调动了广大职工的积极性，增强了企业的活力。同时，积极支持企业挖潜改造，对个别有困难的企业给予大力支持，帮助他们度过难关。5年先后为10多个工商企业投资300多万元，进行扩建改造，增强了企业的“造血”功能和发展后劲。此外，还积极稳妥地新上了一些投资少、见效快、适销对路的小型项目。

通过深化改革，全市的国民经济持续发展，经济实力不断增强。“七五”时期，全市实现社会总产值8368万元，其中1990年实现2191万元，比1985年增长96%，年均递增14.4%；国民收入完成3625万元，其中1990年完成941万元，比1985年增长117.6%，年均递增16.8%；国民生产总值完成5835万元，其中1990年完成1467万元，比1985年增长69%，年均递增11.1%；工农业总产值完成4479万元，其中1990年完成1156.55万元，比1985年增长102.4%，年均递增15.1%。工业总产值完成1472.73万元（1980年不变价），5年平均递增16.6%，高于“六五”年平均递增11%的速度；货运周转量共完成1759.65万吨／公里，年均递增18.9%；社会商品零售总额完成5837.3万元，年均递增15.6%。地方财政收入完成893.17万元，年均递增48%，远远高于“六五”2.9%的递增速度。1990年，全民所有制工业企业全员劳动生产率为6368元／人，比1985年增长83.46%，年均递增12.9%。

随着生产的发展，人民生活也有明显提高。1990年全市人均国民收入为1171元，比1985年增长75.7%，年均递增11.93%；1990年全市居民消费水平达到719元，城镇居民储蓄存款余额达1378.9万元，比1985年增加了1054.7万元，年均递增33.58%；人均居民储蓄存款由1985年的466元，增加到了1990年的1339.5万元，5年增长了1.87倍，年均递增23.5%。

两手并抓　精神文明硕果累累

“七五”时期，我们坚持物质文明和精神文明两手抓，在改革开放中结出了丰硕的成果。

（一）教育、文化、卫生等社会事业欣欣向荣。教学管理、教学质量、师资队伍都得到了一定加强和提高；民族教育本着“优先、重点”的方针，得到了大力加强。教育经费逐年增长，“七五”期间共投入288万元，比“六五”期间增长141万元，年均增长14%。特别是在改善办学条件投资上，为“六五”投资的2倍。从幼儿园到小学、中学，全部新盖了教学楼，更新了桌椅，增加了电化教学设备，“一无两有三配套”工作远远超出了自治区要求的标准。全市文体活动规模、范围、深度、效果，都超过二连建市以来任何一个时期。同时，群众性文体活动异常活跃，在对外文体交流上也开创了历史的新纪元。5年来先后与蒙古扎门乌德市进行文艺、体育交流、观摩和友谊比赛21次，双方参加人员达400人次。卫生工作，通过推行院、站长目标责任制，医疗质量、服务态度都有一定进步，防病治病、妇幼保健得到进一步加强。城市爱国卫生运动提高到了一个新的水平，连续4年保持了自治区阿吉奈卫生甲级组成绩，连续6年巩固了无鼠害城市的荣誉，1990年二连车站获全国卫生单项奖。

（二）创建文明单位的活动蓬勃发展。围绕提高人员思想觉悟、政治素质和道德水平，5年间坚持开展了“建文明城市、创文明单位、做文明市民”以及“为祖国争光、为口岸添彩”等活动，把社会主义精神文明建设提高到了一个新的水平。到1990年底，全市涌现出自治区文明单位4个，盟级8个，市级104个，五好家庭528户，文明市民791人，民族团结先进单位35个，先进个人69名，计划生育先进单位20个，先进个人50人，盟级劳模13人，各级先进工作者9人，三好学生、好儿童160名。1988年，我市被自治区授予文明城市称号。

（三）民主与法制进一步健全和完善。“七五”期间，二连的民主与法制建设取得了明显成效。到1990年底，已圆满完成了全区五年普法规划任务，有6283人接受了普法教育，占普法对象的93.5%，其中副科级以上干部和学生的普法面为100%。通过普法宣传，广大干部、职工和群众的法制观念明显提高，学法、守法、用法、执法的风气在全社会基本形成。政府在运用行政和经济手段管理经济的同时，开始运用法律手段管理经济，先后制定了多种地方性法规和规范性的文件，使各项工作逐步走上了法制轨道。5年来，各级干部努力改变工作作风，并制定了一系列廉政措施，坚持“两公开、一监督”，努力增强各项工作的透明度，特别是在招工、招干、征兵、落户、考学、工程承包等比较敏感的事情上，采取公开竞争、择优录取、张榜公布的办法，自觉接受群众监督，使全市的民主空气日趋活跃，廉政建设不断加强。

（四）口岸团结稳定，良好的社会环境初步形成。二连作为一个口岸城市，口岸是否安定团结，不仅关系到二连的建设与发展，而且关系到国家的改革开放和安全稳定。因而，我们始终把它作为一项首要任务来抓。通过广泛深入地开展形势教育、四项基本原则教育、爱国主义教育以及民族团结教育、涉外政策和纪律教育等，激发了人民群众热爱党、热爱祖国、热爱社会主义的热情，全市树立了一盘棋的思想，树立了一切服从于口岸安定团结、服务于经济建设的整体观念，因而增强了凝聚力和向心力。例如，1989年北京发生动乱和反革命暴乱期间，二连安定团结没有受到任何影响，全市的学习、工作、生产、生活以及外事活动都在正常进行，从而保证了各项工作任务的顺利完成。

海拉尔市

市　长：卜永和（蒙古族）

副市长：高荣庆（城建）赵世明（常务）姜宝水（财贸）肖淑琴（女　文教、科技、卫生）张小弟（农牧业）

卜永和市长，蒙古族，1941 年 10 月出生，黑龙江省泰来县人。中共党员，中专文化。历任内蒙古鄂温克族自治旗计划委员会副主任，内蒙古呼伦贝尔市市委盟计划委员会副主任、主任。1989 年 1 月任中共海拉尔市市委副书记、海拉尔市代市长，同年 5 月当选为海拉尔市市长，1991 年 3 月再次当选为市长。

改革开放添双翼　草原明珠在腾飞

□　海拉尔市人民政府办公室

海拉尔市是呼伦贝尔盟行政公署所在地,是呼盟政治、经济、文化的中心，被誉为“草原明珠”。1988 年，经国务院批准，呼盟确定为经济体制改革试验区”，从而给“草原明珠”插上了腾飞的翅膀。3 年来，海拉尔市利用试验区建设的有利机遇，以改革促开放，以开放促开发，全市上下振奋精神，开拓前进，取得了令人瞩目的成果。

（一）总体设计，分步实施，初步形成试验区雏形框架。

海拉尔市地处祖国北部边疆，自然资源丰富。但在很长一段时间里，由于大气候影响，开发建设缓慢。开展试验区建设，有一定优势也面临着许多困难。市政府在认真分析市情的基础上，根据上级试验区的总体部署，统一认识，更新观念，紧紧抓住“试验”这个中心，把一切工作都纳入试验区建设轨道。3 年来，在“以改革促开放，以开放促开发”，改革——开放——开发，“三位一体”的战略思想指导下，实施了“一个方针、二个突破、三个步骤、四条原则”的系统工程。一个方针是：“总体设计，分步到位，集中突破”的试验区建设方针；二个突破是：选择国内横向经济技术联合与扩大对苏、蒙边贸作为全方位开放的突破口。三个步骤是：试验区建设第一阶段分三步走，即思想组织准备、加大改革强度和开放深度及广度、形成试验区雏形三个步骤。四条原则：一是对外开放实行“立足改革、强化实力、南联北开、边贸突破”的原则；二是对外边贸与合作实行“让利在先、得利其中、扩大交往，着眼未来”的原则；三是经济调整实行“现有企业上水平和开发新的主导产业相结合”的原则；四是在对外贸易成交权取得之前依靠“挂、联、靠、代”甘当“二传手”的原则。

经过 3 年的探索和试验，一个具有海拉尔市自己特点的试验区发展的雏形框架和发展模式已初步形成。概括起来就是：从海拉尔市经济发展的实际出发，遵照“三位一体”的战略思想和“四条原则”，通过“二个方面的突破”，实现了南联北开、双向推进、加速内涵改造和开发新产业建设，形成以工为主、贸工农建设综合发展的新格局。初步建立了自我积累、自我发展的新的经济运行方式，走出了一条内向型与外向型经济相结合的新路子，为把海拉尔市建设成繁荣兴盛、文明富裕的草原城市奠定了基础。

（二）以横向经济技术合作为突破口，技术改造上水平与开发新的主导产业相结合，增强经济实力。

工业是海拉尔市经济的主导产业，是财政收入的主要来源。由于受战备方针制约，长期以来边疆城市建设一直受到影响。企业老化，产品结构不合理，后劲不足。为了改变这种现状。海拉尔市首先进行了全方位、多层次的横向联合，采取以引进资金、技术、人才、设备、管理为内容的“五引进”措施，有力地推动了企业技术进步和管理进步的实施。全市 46 个主要企业同全国

72家企业、大专院校、科研单位建立了协作关系。3年共实施经济技术合作项目92个，引进资金881.4万元。

3年来，海拉尔市大部分企业都分别不同档次进行了技术改造，开发出一大批新产品。3年用于技术改造投资达1.1亿元，技改项目31个，现已投产项目18个；开发新产品计划37项，已通过自治区鉴定22项，获区级以上优质产品16项，其中部优3项。目前，海拉尔市工业总产值中优质品产值率已达20%以上。

试验区重点开发项目，也取得了很大进展。3年来开发建成了一批以造纸、电石、塑料、电子、新型建材等基础原材料工业为代表的重点建设项目。1990年列入全盟试验区重点项目的氯碱工程，总投资6760万元，当年完成4900万元，按工程进度1991年9月将试车生产，再创海拉尔市建设史上新水平。

(三) 走出国门，积极开展对苏蒙边贸，大力发展外向型经济。

海拉尔市是呼盟西岭地区的中心城市，商品集散地和交通枢纽。海拉尔市充分利用这一有利条件，积极开展对苏边贸，带动外向型经济起步，走出去，请进来，输通渠道，广交贸易伙伴。3年来，来海拉尔市考察访问、洽谈贸易和技术合作的有24个国家和地区的代表团组达2800多人次。海拉尔市出访团组29个、480多人次。特别是1990年对苏、蒙的友好往来十分活跃，贸易与合作的伙伴逐步增多，贸易方式已从单纯的易货贸易，逐步发展到劳务输出、工程承包以及“三来一补”兴办合资企业等多种形式。1990年对外贸易出口额达3689万元，比1987年增长近2倍，对苏边贸成交额达2303万瑞士法郎。100多名技术人员赴苏种菜和施工留下了好印象，取得了好收益。中苏合资企业在海拉尔市建成，属国内首次。3年来，海拉尔市已经同苏联、蒙古、新加坡、朝鲜等国以及台湾、香港等地的25个地区、州、市建立了贸易和合作关系。全市有肉联厂、牧业机械厂、毛皮厂等20家工业企业的30多种地方产品出口。封闭状态已经打破，对外开放形势喜人。

(四) 经济体制改革逐步深化。

在试验区建设中，洚拉尔市始终把稳定政策、深化改革放在首位，保持政策的连续性和稳定性。工商企业普遍推行了以承包经营为主的多种形式的经济责任制，搞活了企业、增强了活力。建立企业集团、企业兼并、企业承包企业、优化组合、工效挂钩等综合配套改革措施，促进了企业组织结构的调整和生产要素的合理配置。预算内工业企业的固定资产原值1990年比1987年增长13.74%，3年中已有18家企业进入自治区级先进企业行列。郊区农村在继续稳定家庭联产承包责任制基础上，不断完善和健全社会化服务体系，促进了农村商品经济的发展。

(五) 城市建设加快，城市基础设施明显改善。

海拉尔市城市建设形象，在很大程度上体现着试验区建设的风貌。3年来，用于城市建设投资累计达5000多万元，一批与人民群众生活和经济发展密切相关的给水、排水、供热、道路、桥梁等基础设施相继建成。1988年以改建东山机场为先导，相继完成了立交桥、三角地改造等重要建设项目，并创造了当年施工、当年竣工交付使用的试验区建设速度。1990年开展了以“大修路、大绿化、大搞卫生”为内容的“三大”活动，城市的环境面貌得到较大的改观。受到自治区“阿吉奈”检查团和全国434个城市卫生检查团的好评，获得乙级卫生城镇东部区评比第一名，并进入甲级卫生城市行列。

(六) 在试验区建设的推动下，国民经济持续、稳定、协调发展。

试验区建设的3年是海拉尔市国民经济和社会发展最好的历史时期。1990年与试验区建设初的1987年相比，全市社会总产值完成57800万元（1980年不变价，下同），增长31.2%；工农业总产值完成37231万元，增长25.68%；工业总产值完成32014.4万元，增长25.0%，财政收入完成5267.8万元，增长49.02%；工商税收完成5486.1万元，增长58.1%；社会商品零售总额完成46704万元，增长60.10%。农业生产连续3年大丰收，牲畜存栏数量稳定增长。

试验区建设给城乡人民带来了实惠。1990年与1987年相比，城市居民人均生活费收入达到1194元，扣除物价上涨因素后增长44.3%；农民年人均纯收入达1316元。增长42.78%；城乡储蓄人均1600元，城乡居民的吃、穿、住、行等生活水平都有较大提高。与此同时，全市教育、科技、文化、卫生等各项事业在试验区建设的推动下，也取得了新的进步。

开展试验区建设，揭开了海拉尔市发展史上新的篇章。目前，全市各族人民正在继续向试验区建设的成长发育阶段昂首迈进。

牙克石市

市　长：王书全

副市长：李　刚（常务）　徐万保（农业）　宋金起（城建）　潘晶岚（女　文教卫生）　赵军英（蒙古族　工交）　傅百川（科技）

王书全市长，1945 年 11 月生，黑龙江省人。1971 年毕业于扎兰屯师范学校，1971 年分配到牙克石第一中学任教师、团委书记。1975 年调任市团委副书记、书记。1981 年调任乌尔其汉镇任党委书记，1983 年任市委常委、市纪委书记，1989 年 9 月任市委副书记、代理市长，1990 年 3 月在市第八届四次人民代表大会上当选为市长，1991 年 3 月市第九届一次人民代表大会再次当选为市长。

牙克石市“七五”时期经济社会发展变化概述

□ 李嘉胜

“七五”计划时期，牙克石市国民经济与社会发展、城市建设与人民生活各方面都取得了巨大成就，综合经济实力明显增强。国民生产总值（1980 年不变价，下同）1990 年完成 4.7 亿元，比 1985 年增长 50%，年均递增 8.5%。人均国民生产总值达到 1117 元，比 1985 年增长 40%，年均递增 7.2%。国民收入完成 3.98 亿元，比 1985 年增长 42.4%，年均递增 7.3%。地方工农业总产值达到 28738 万元，比 1985 年增长 46%，年均递增 8%。财政收入实现 3.1 亿元，是“六五”期间的 2 倍。5 年间，全市国民经济发展速度较快，整体素质有较大提高，为今后经济发展、实现第二步战略目标奠定了雄厚了基础。

通过新建和改扩建工业生产项目，能源、建材、食品、木材综合利用四大支柱产业，形成了一批新的生产能力，建成了一批骨干支柱企业，工业生产有了长足发展，计划安排的新建、改扩建工业项目 105 项，均如期实现。其中新建项目 19 项，技术改造 86 项，预计可新增产值 1.4 亿元。产业、产品结构进一步优化，地方工业总产值已达到 18228 万元，比 1985 年增长 38%，年均递增 6.6%。在完成工业总产值中，全民工业比上年增长 1.3%，其中盟属工业增长 9.3%；市属预算内工业增长 10.1%。集体工业，比上年减产 18.2%，其中二轻工业减产 18%，乡镇工业减产 16.4%，其他非全民工业减产 25.4%。全部工业上缴财政利税完成 3023 万元，比上年减少 50.1%。全民独立核算工业企业全员劳动生产率达到 9966 元／人，比上年下降 0.8%。

重点发展了交通运输事业。共修建公路 414 公里，营运里程达到 502 公里，新建莫拐大桥一座，牙林线、牙莫线、牙卓线、博南线、博林线等地方道路相继投入运行，基本形成了以市区为中心连接 15 个镇的四通八达的公路网络。缓解了交通紧张状况，促进了地区经济的发展，方便了人民生活。公路货运周转量已达 3798 万吨／公里，比 1985 年增长 140%，年均递增 19%。

邮电业得到较快发展，新建了铁西市话分局，改造了免渡河等四个邮电支局和牙克石至伊图里河长话线路。1990 年全市邮电业务总量达到 261 万元，比 1985 年增长 61%，平均每年递增 10%，电话机增加到 4909 部。

粮食生产取得了突破性增长，农牧林业协调发展。农业总产值实现 10510 万元，比 1985 年增长 66.5%，年均递增 10.7%，完成“七五”计划的 103%，其中种植业 5132 万元，年均递增 26%；畜牧业完成 2706 万元，年均递增 8%；林业完成 2158 万元，年均递增 10%。经过几年调整，农业内部的农、牧、林、副业比例关系发生了很大变化，种植业比重由 1985 年的 25%提高到 1990 年 49%，显示出粮食生产已走向长足发展的新时期。

在发展种植业方面，充分利用呼盟试验区建设和国务院将我市列为农业开发区两个契机，促进了粮食生产超常规增长，科学种田和机械化作业已达到一个新阶段。3年共扩大耕地面积2.2万公顷，家庭农场已达169个，已拥有各种农机具4000多台件，综合机械化作业率已达94%。5年来粮食总产量达到4.3亿公斤，比"六五"期间增产2.5亿公斤，单产由1985年的99公斤增至201公斤，最高年份达到219公斤。由于农业机械化水平较高，集约生产带来了规模效益，目前从事粮食生产的劳动力人均产粮50吨，人均交售商品粮43吨。全市农民人均纯收入达到904元，比1985年增长82.6%，年均递增12.8%。全市播种面积已达到4.7万公顷，比1985年增长1倍多，其中小麦播种面积3.9万公顷，比1985年增长1.5倍，1990年粮食总产量达到1.3亿公斤，比1985年增长3.6倍，是"七五"计划的4.6倍。

畜牧业生产，积极调整畜群结构，加强建设养畜和科学养畜，开发远郊牧场，加快奶牛、肉牛和羊3个商品畜生产基地建设，取得了明显成效。但因畜牧业同其他产业比价不合理等，从1989年以来畜牧业已出现滑坡趋势，牲畜头数减少，效益下降。全市对此已引起充分重视，正积极采取措施，使畜牧业尽快走出低谷，走向健康发展的轨道。

5年间的前4年，牙克石市社会经济效益提高得比较快，财政收支能力不断增强，5年财政累计收入3.1亿元，比"六五"期间增长1倍多。1990年地方经济滑坡严重，森林工业面临"两危"，集中反映在地方财政收入上，只实现5219万元，比上年减收33%，仅为计划的64..3%，扭转这种局面是牙克石市今后几年的一项艰巨任务。

内外贸易发展很快，全市商业网点星罗棋布，已由1985年的2322个增加到2900多个。其中国营商业和供销社系统在流通领域发挥了主渠道作用，对平抑物价、繁荣市场、丰富和方便人民生活都起到了积极的促进作用。社会商品零售总额已达到40132万元，比1985年增长48%，年均递增8.2%，超额完成了"七五"计划指标，在商业活动中，适时加强了宏观调控手段，对重要商品实行了专营，有效地控制了流通领域的混乱现象。粮食收购1990年达到1亿公斤，比1985年增长3倍多，商品率已达77%，粮食销售完成0.9亿公斤。对外贸易工作，1990年完成外贸收购总值389万元，比1985年增长5.5倍。1989年以来牙克石市劳务输出155人次，创产值300万元，对苏边贸已达400多万瑞士法郎。

5年累计完成固定资产总投资2.8亿元，比"六五"期间增长59%，其中生产性建设投资1.7亿元，占60%。在非生产性建设中文教卫生完成1080万元，住宅建设投资（不包括私人建房）完成3250万元，比"六五"增长41%，竣工面积9.6万平方米，"六五"增长53%，极大地改善了职工住房条件。

注重了矿产资源开发管理。初步查明，全市已有21种矿产，分布于80多个矿体或矿点。并重点对乌奴耳石灰石矿、博克图珍珠岩矿、牧原萤石矿、"五九"煤矿、免渡河煤矿进行了详查工作，为进一步实施我市资源转换战略提供了科学依据，并奠定了物质基础。

社会事业协调发展，城市基础设施建设得到加强。科技事业，5年共完成科研和新技术推广项目18项，有力地促进了工农业生产和试验区建设。教育事业积极实施九年制义务教育，从基础教育抓起，重点解决"一无两有"，改善教学条件，提高教学质量。全市中小学在校生人数已达24894名，比1985年增加2204名，各级各类学生都有所增加，1990年小学招生2947人，适龄儿童基本能够入学，初中招生2249人，入学率达到90%，高中招生783人，升学率达33.5%。广播电视事业不断壮大，扩大了无线广播、调频广播和有线广播电视，新建了5个微波站、20多个差转台、转播台，46个地面卫星接收站，电视广播覆盖率达78%，比1985年增长48%。"七五"期间，由于全市把计划生育工作做为基本国策来抓，到1990年末，全市总人口达到418754人，完成"七五"计划的99.9%，出生人口和自然增长人口都控制在计划指标以内。医疗条件进一步改善，到1990年末，医院达到34个，病床达2001张，增长5.9%，卫生专业人员3581人，增长2.1%。

城市面貌发生了很大变化。5年共投入城市维护费2000万元，其中城镇道路修建投资约800万元，已形成市区内环路，共修建永久性水泥路11公里，沙石路12公里，同时向各镇投入300多万元。

人民生活水平不断提高。城市居民人均生活费收入达到859元，城镇居民人均生活费支出810元，每百户拥有电视机100台，其中彩色电视机72台。

扎兰屯市

市　长：陈　光

副市长：冯志学（计划、劳动、人事）　吕　志（农牧林水）　陈秀英（科教文卫）　安国通（政法）　赵德元（工业、商业）

陈光市长，1933年12月生，大学文化，曾任内蒙古自治区人民政府监察厅文书、机关秘书，包头市监察局秘书、纪检委监察员，中共布特哈旗旗委农牧部、宣传部秘书、干事。此后在中共内蒙古党校学习4年，毕业后历任呼盟报社编辑，中共布特哈旗旗委宣传部副部长、部长、办公室主任，中共扎兰屯市委常委、组织部长。1984年7月任中共扎兰市委副书记、市长，1987年、1991年连任扎兰屯市市长。

乘试验区建设东风　推进经济社会发展

□ 吴景阳　艾厚国

扎兰屯市是呼伦贝尔盟东南连接外埠的重要门户。自1988年国务院批准呼盟为经济体制改革试验区以来，市委、市政府紧紧抓住这一机遇，并根据本市的地理位置，资源条件和经济、社会特点，确定了以改革促开放，以开放促开发，农、工、商协调发展的经济发展战略。经过3年的实施，经济社会发展取得了令人欢欣鼓舞的成就，使扎兰屯市在呼盟试验区建设中发挥着日益重要的作用。

经济建设成绩斐然

国民经济保持了较高的增长速度。1990年国民生产总值（按1980年不变价计算，下同）3.84亿元，比1987年增长45%，年递增13.2%；国民收入3.56亿元，比1987年增长47.1%，年递增13.7%；社会总产值7.1亿元，比1987年增长37.5%，年递增11.2%；工农业总产值5.25亿元，比1987年增长31%。

（一）农村经济全面发展，生产条件有所改善。1990年在局部地区遭受比较严重的自然灾害的情况下，仍然夺取了农业的丰收。粮食总产量达到2.42亿公斤，创历史最高水平，比1987年增长63.3%。3年累计交售商品粮3.5亿公斤。畜牧业生产稳步发展。1990年末大小牲畜存栏25.3万头（只），比1987年增长15.1%。主要畜产品的产量大幅度增加，畜牧业生产逐步向效益型过渡。坚持“营林为主，采育结合，多种经营，综合利用”的方针发展林业生产，取得了较好的生态效益、经济效益和社会效益。1988年至1990年累计造林8467公顷。乡镇企业异军突起。1990年总收入完成1.56亿元，创产值1.3亿元，比1987年分别增长1.6倍和2.2倍。3年实现利税总和3321万元。1990年农业总产值达到2.23亿元，比1987年增长31%，年递增9.4%。

农业综合开发取得了实破性进展。3年间，改造中低产田2.1公顷，开垦宜农荒原1万公顷，新增柞蚕730担。初步建成万亩灌区3处，千亩灌区11处，有效灌溉面积达到7000公顷。到1990年末全市农业机械总动力达到18.5万千瓦。农业基本建设得到加强，抗御自然灾害的能力进一步提高。农村各产业呈现出相互促进，协调发展的良好势头。

（二）工业生产适度增长，经济效益不断提高，企业的发展后劲明显增强。1990年工业总产值达到3.02亿元，比1987年增长31.6%，年递增9.6%。预算内工业企业3年累计实现利税9102万元，比前3年利税总和增长86.3%。3年来，在上级的支持下，完成工业企业技术改造项目30项，促进了企业的升级和进步，一批企业晋升为自治区级先进企业。产品质量稳定提高，创汇能力有所增强。1990年末出口产品达到10种，创部优产品6种，区优产品22种。3年间，工业产品出口创汇1454万美元，比前3年创汇总和增长

1.6倍。交通、电力、邮电等基础产业得到长足发展。

(三) 内外贸易繁荣活跃，横向联合取得新进展。国营商业和供销系统进一步端正经营思想，努力扩大购销，为搞活经济发挥了主渠道作用，集体和个体商业继续发展，起了拾遗补缺作用。1990年与1987年相比，社会商品零售总额增长44%，国营商业纯销售增长16%，供销系统纯销售增长48.9%，城乡集市贸易总额增长96.9%，外贸出口总值增长54.3%。

经济技术协作与交流日益活跃。1988年以来，落实经济技术协作项目76项，引进资金4460万元，引进人才111人次，物资协进协出价值2363.7万元，与外埠640家大专院校、科研单位和大中型企业建立了协作关系，参加跨地区企业集团和组建市内企业集团20个，增强了企业的竞争能力。城乡合作日益发展。

(四) 基本建设保证重点，投资效益有所提高。3年间，共完成基本建设投资1.13亿元。其中，生产性建设投资占总投资的64%，主要用于试验区重点项目建设。纸浆厂二期工程、热电一期工程、酒厂万吨啤酒灌装线等一批重点建设项目已经竣工投产，发挥了较好的经济效益和社会效益。

(五) 在生产发展的基础上，财政收入稳定增长。3年来，市政府、各行各业牢固树立过紧日子的思想，广泛深入开展“双增双节”运动，成效显著。1990年地方财政收入达到4665.8万元，比1987年增长52.2%，年递增15%。近年来在增支因素增多的情况下，我们坚持量入为出，节俭办事，保证了财政收支平衡和各项事业的发展，财政紧张的状况逐步得到缓解。

(六) 城乡人民的生活水平进一步提高。1988年到1990年共安置待业人员6050人。市区新建住宅6.9万平方米，人均住房面积由1987年的7.6平方米提高到10.8平方米。据抽样调查，1990年城市居民人均生活费年收入1162.2元，农民人均收入649元，扣除物价上涨因素，比1987年实际增长17.3%和18.9%。由于收入增加，城乡人民的消费结构发生了新变化，吃穿住用等方面，不仅数量增加，质量也有所提高。3年来，共扶持贫困户7639户，已达到脱贫标准的5639户。社会救济和福利事业取得了较好的成绩。

各项社会事业蓬勃发展

在抓好物质文明建设的同时，市政府大力加强精神文明建设服务，推动了各项事业的发展。

(一) 科技工作坚持为经济建设服务，取得了新的成绩。通过多种形式，大力宣传、普及科学知识。3年共举办各类技术培训班704期，培训技术骨干5.2万人次，普及面达到20余万人次。积极推广适用增产技术，广泛开展科技攻关和技术练兵活动，鼓励科技人员深入到工农业主战场施展自己的聪明才智。科技兴农、科技进步在经济建设中发挥着越来越重要的作用，取得了显著的经济效益。

(二) 教育事业继续得到各级政府和全社会的重视。全市预算内教育事业费逐年增加，1990年达到1223.8万元，比1987年增长71%，年递增19.6%，高于同期地方财政收入的增长幅度。3年间，国家和地方财政投入教育基本建设资金900多万元，相继建成了实验小学、职业高中、教师进修学校的3所教学楼，市区、农村新建、翻建校舍近7万平米，办学条件有较大改善。适龄儿童入学率达到96.4%。基础教育进一步加强，全市普及了初等教育，普及9年制义务教育正在实施。职业技术教育发展较快，增强了对经济建设的适应性。成人教育、幼儿教育、民族教育和扫盲教育都取得了新的成绩。教育和教师的社会地位进一步提高。

(三) 严格执行计划生育政策，1990年人口自然增长率为6.27‰，低于全国平均水平。

(四) 卫生保健事业不断发展。扩建了中蒙医院，增添了一些病床和先进的医疗设备，人民群众的就医条件有所改善。全市基本形成了全民、集体、个体三种体制相结合的卫生防疫网络。

(五) 广播电视、文化艺术事业欣欣向荣，在宣传党的路线、方针、政策和陶冶人们的情操等方面发挥了积极的作用。市区有影剧院、新华书店、工人文化宫等文化娱乐场所，乡、镇、办事处都办起了文化站，有1／3的村办起了文化活动室，城乡3级文化网进一步巩固和完善，群众的业余文化生活更加丰富多彩。

城市建设步伐明显加快

市委、市政府坚持“人民城市人民建，人民城市人民管”的方针和量力而行、尽力而为的原则，动员多方面的力量进行城市建设。从解决群众急需的问题入手，以加速城市基础设施建设和改造小区为重点，带动整个城市的治理工作，在底子薄、基础差、欠帐多、财力困难的情况下，新建、改建、扩建了一批城市道路、公用设施和公共建筑。1988年以来，先后完成了中央北路、二道河子、和平村等小区的规划设计，其中有些小区已经进行了部分改造。中央路等主要街道的改造也取得了明显进展，初步勾划出市区主要街道的大体轮廓。修筑混凝土路1.4万平方米，群众义务修路7.4万平方米，植树50万株，新增路灯38盏。铺设热网管道5公里，供热面积达到15万平方米，给水一期工程正在紧张施工。东山山洪得到初步治理，长期以来危害铁东居民的水灾基本解决。

在城市管理中，重点抓了以治理脏乱为主的卫生管理，进一步落实和完善“门前三包”责任制，装备了环卫队伍，提高了清运能力；清理了一些违章建筑。同时加强了国有土地管理，基本杜绝了私挖滥建现象。

通 辽 市

市 长：罗啸天
副市长：杨玉珂 张万忠 高裕良 白志明（蒙古族） 吕慧卿（女） 王德会 鲍常青（蒙古族）

罗啸天市长，1949 年生，大专文化，1971 年加入中国共产党，1973 年参加工作。历任农村大队党支部书记、公社党委书记、哲里木盟团委书记、国营珠日河牧场党委副书记、哲盟乡镇企业处处长、中共通辽县委书记。1986 年 10 月任中共通辽市委副书记、通辽市市长。

突出的成就 明显的变化

□ 通辽市人民政府办公室

“七五”期间取得巨大成就

“七五”期间，通辽市各族人民，坚持治理整顿，深化改革，使城乡经济和社会发展取得了十分突出的成就。

经济实力不断壮大。1990 年全市社会总产值达 17.8 亿元，比 1985 年增长 93%，平均每年递增 14%；国民生产总值完成 6.6 亿元，比 1985 年增长 38%，年均递增 6.7%；人均国民收入达 951 元，比 1985 年增加 278 元。工农业总产值达 8.5 亿元，比 1985 年增长 71.3%，年均递增 11.4%。

固定资产投资大幅度增加，工业生产长足发展。5 年间固定资产投资累计完成 3.9 亿元，比“六五”期间增长 97%，其中生产性投资占 60%。随着生产性投资的增加，工业生产实力不断增强，以民族工业为主体，门类比较齐全的工业体系基本形成。1990 年工业总产值 4.51 亿元，比 1985 年增长 86%，年均递增 13.3%：工业产品销售收入达 5.11 亿元，比 1985 年增长 106%，年均递增 15.6%，实现利润 2,901 万元，比 1985 年增长 68.6%，年均递增 11%：全员劳动生产率达 13,667 元，比 1985 年增长 74%，年均递增 11.7%。工业产品成倍增长，花色品种不断增加，有些产品填补了国家和自治区的空白，有 72 种产品获区以上优质产品，并相继打入国际市场。随着工业的发展，对地方财政的贡献越来越大。1990 年工业实现利税达 6.701 万元，其中上缴 4382 万元，比 1985 年分别增长 106%和 113%，年均递增分别为 15.6%和 16.3%。交通运输事业进一步发展。1990 年公路货运周转量比 1985 年增长 154%，客运周转量增长 88.3%。

农业生产逐年增长，总产和单产均大幅度增产。1990 年粮食总产达到 6.38 亿公斤，比 1985 年增长 83%，年均递增 12.8%，5 年累计向国家提供商品粮 13.35 亿公斤，商品率为 47.2%，其中 1990 年提供商品粮 3.25 亿公斤，比 1985 年增长 35.4%，年均递增 6.3%。粮食单产由 1985 年的 271 公斤提高到 452 公斤；人均产量比 1985 年多产 665 公斤；人均售粮比 1985 年多售 372 公斤。由于粮食生产连年丰收，贡献越来越大，1990 年被列入全国 100 个产粮大县之一，受到国务院的奖励。经济作物以蓖麻籽和甜菜生产闻名全国，成为地方工业的主要加工原料。

“菜篮子工程”发展很快。蔬菜品种齐全，四季生产，全年供应，有些品种自给有余。以舍饲和半舍饲为主要特点的农区畜牧业——肉、禽、蛋、奶生产也有很快的发展。1990 年生猪饲养量近 56 万口，比 1985 年增长 46.4%，年均递增 7.9%。基本实现了“一人一猪”。年产猪肉 74,950 吨，比 1985 年增长 1 倍；牛羊肉 7,900 吨，比 1985 年增长近 2 倍；牛奶 9,977 吨，比 1985 年增长 38.1%。

林业生产卓有成绩。据统计，全市5年累计造林3.81万公顷，其中营造农防林1.16万公顷。截止于1990年底，全市有林面积6.85万公顷，森林覆盖率城乡平均由1985年的14.2%提高到19.48%，其中城市覆盖率为27%。

乡镇企业有很大发展。1990年乡镇企业发展9658个，从业人员达4万余人，固定资产约达9085万元。1990年乡镇企业总收入3.15亿元，比1985年增长129%，年均递增18%；乡镇企业总产值2.71亿元，比1985年增长116%，平均年递增16.7%。

城乡贸易市场更加欣欣向荣，兴旺发达。1990年全市社会商品零售总额完成7.9亿元，比1985年增长1.5倍，年均递增20%。在商品零售额中，国营商业完成2.4亿元，供销合作社完成2.33亿元，比1985年分别增长2.7倍和5倍，年均递增分别为30.1%和43.4%。1990年对居民和社会集团消费品零售额为6.8亿元，比1985年增长1.2倍，年均递增17.4%。对农民的农业生产资料零售额1.1亿元，比1985年增长2.8倍，年均递增30.9%。城乡集市贸易有较大发展，成交额为6137万元，其中农村集贸2932万元。由于农业连年丰收，社会农副产品收购额明显提高。1990年完成3.9亿元，比1985年增长3.5倍，年均递增35%。

财政收入有较大幅度的增加。全市5年累计3.6亿元，其中1990年完成9686.7万元，比1985年增长157.1%，年均递增20.8%。年均财政收入7128.4万元，比“六五”期间年均财政收入3017.6万元增长近1.4倍。城市居民和农牧民收入增加，生活水平不断提高。1990年城市居民人均生活费收入976元，比1985年增长69.3%；城市居民家庭人均生活费支出为882.51元，比1985年增长64%，人均年递增10.4%。1990年农牧民年人均纯收入837元，比1985年增加52.7%，年均递增8.8%。

职工人数增加，工资水平不断增加。1990年末职工人数达到7.48万人，比1985年增加1.44万人；工资总额1.2亿元，比1985年增长50%。

取得成就最重要的原因

(一) 治理整顿，深化改革。5年来，围绕城市经济体制改革，首先是把竞争机制、风险机制引入企业承包，在竞争中对3年（或2年）的经济指标，都有较大幅度地提高。其次，强化企业内部改革，主要改革分配形式，进一步打破了“铁饭碗”和“大锅饭”。其三是加强企业管理，把企业管理纳入科学化、制度化、程序化、现代化的轨道。其四是治理整顿，优化环境。主要是清理各类公司，理顺了各方面的关系，治理了“三乱”，控制了物价，并为搞活企业制订了一系列优惠政策。农村的改革，进一步完善了双层经营责任制,扩大集体经营实力，建立健全系列化的农村社会化服务体系。

(二) 坚持科技兴工、科技兴农、科技兴市。科技兴工，十分注重企业改造，更新设备，引进新工艺，产品不断更新，收到了较好经济效益，为工业发展准备了后劲。科技兴农，确实抓了农业发展的根本，建立三级科技服务体系，广泛开展农民技术教育，利用各种形式，培训农民技术队伍，创造性地推广新的农业技术，开展玉米、甜菜等作物的模式化栽培技术和高产攻关活动。科技兴市的办法，不仅列入领导的重要议事日程，而且设立科技市、乡长，村村都有农民技术员，同时层层建立技术岗位责任制。在工业生产实施“二二三五〇”工程计划，确定技术改造项目，新产品开发项目和产品创优项目。农业生产实施“三四五”工程，在5年内建起了3个科技示范乡，40个科技示范村，500个科技示范户，形成了“市有乡镇，乡镇有村，村有示范户”的科技示范体系，有力地推动农村科技的发展。

(三) 坚持“两个文明”建设一起抓。5年来，由于在精神文明建设上，党政军民齐抓共管，取得了显著成绩，多次受到上级表彰。在1985年被内蒙古自治区党委、政府命名为“文明城市”的基础上，党建和廉政工作受到地区表彰，“双拥”工作受到自治区的表彰，1990年被评为全国十佳卫生城市，被国家命名为体育先进市、保险先进市。

(四) 坚持加强领导，协调服务。市委、人大、政府、政协、纪检5个班子、坚持四项基本原则，坚定不移地执行党中央的路线、方针、政策，紧紧依靠各族干部和广大群众，自力更生，艰苦奋斗，作风民主，有70%以上的时间深入基层调查研究，为基层排忧解难.各综合部门也坚持服务上门，方便基层，方便群众。

霍林郭勒市

市　长：额尔敦昌（蒙古族）

副市长：赵燕斌（财贸、公安）　包音那（女　蒙古族　文教、科技）　赵子华（农牧、工交）

额尔敦昌市长，蒙古族，1942年8月生，内蒙古自治区哲里木盟科左后旗人。1958年参加革命工作，1963年加入中国共产党。历任哲里木盟二轻工业处二轻科副科长、科长、副处长等职。1990年10月调任霍林郭勒市政府副市长，1991年1月在霍林郭勒市第二届人民代表大会第一次会议上当选为霍林郭勒市市长。

新兴的草原煤城——霍林郭勒市

□ 霍林郭勒市人民政府办公室

霍林郭勒于1985年建市后，以经济建设为中心，坚持为矿区、为周围牧区服务，在强化服务中求发展，在改革开放中求进步，经济建设取得了可喜的成绩，综合经济实力显著增强。1990年，全市国民生产总值近1亿元，比1985年增长66.7%，年均递增20.1%；工农业总产值达到9157.3万元，比1985年增长48.2%，年均递增25.2%（其中工业总产值达8160万元，比1985年增长44.9%，年均递增29.3%，农业总产值997.3万元）；全市社会商品零售总额达到4944万元，比1985年增长82.8%；财政收入达到955万元，比1985年增长了3倍。城市面貌也发生了深刻的变化。1990年，已形成了宝日呼吉尔、珠斯花、达赖胡硕、沙尔呼热4个居住区，城市占地面积达8.9平方公里，城市建筑总面积达130万平方米。一座经济繁荣、市容整洁、功能配套的草原煤城以她特有的风姿屹立在祖国北疆。

制定城市总体规划实行依法治城

建市前,城市建设主要按霍林河矿区总体规划进行,出现了一些不相协调情况。建市后，城市建设根据城市总体规划，结合本地实际，先后编制了一些地方性城市管理法规，组建了一支由10多人组成的市容监察管理队伍，依法治理了乱挖乱占、乱搭乱建，私养家禽家畜等违反城市管理法规的行为，保证了城市总体规划的贯彻实施。

城市住宅建设

1982年以前，霍林河地区仅有15万平方米简易工棚、部分砖石结构平房及几栋二、三层砖混结构住宅楼。1982年到1985年4年间，相继建设了一些砖混结构的二层住宅楼和地方办事处所属的5栋三层住宅楼，城区占地面积达到65万平方米，现今城市的雏形基本形成。从1985年建市到1990年，5年用于城市住宅建设投资达5.5亿元，城市住宅建设飞速发展，一批新颖别致的三层、四层、五层条式住宅楼和五层、六层点式住宅楼拔地而起。1990年，城市住宅建筑总面积达到479429平方米，其中，楼房363101.87平方米，占75.73%；平房116327.13平方米，占24.27%。人均居住面积由1985年的5.02平方米增加到1990年的6.57平方米。绝大部分住宅都实现了水、电、热配套供给。

市政工程建设

建市以来，市政工程投资逐年增加，基础设施日臻完善，城市面貌日新月异。珠斯花区现已按规划建成13条道路，市党政机关、矿区指挥部和学校、商店、文化宫以及矿区机修厂、电厂、物资仓库等附属企业大都集中于此。沙尔呼热区为霍林河矿区南露天矿职工住宅区。达赖胡硕区为原矿区职工的临时住宅区及东煤公司地质队职工住宅区。宝日呼吉尔区为通辽铁路分局珠斯花火车站职工居住区，通霍铁路霍林郭勒始发站即珠斯花火车站设于本区。1990年，市内公路网已基本形成。有城市硬面道路45公里，共13条主要街路，路面宽度为6米、7米、9米、12米不等。此外，珠斯花区至沙尔呼热区还有一条宽21米的载重公路。城市道路总长度为60公里，道路总面积为480000平方米，人均拥有道路面积11.16平方米。全市有桥梁5座，总长度为431.24米。

公共事业建设

公共事业建设有了新进展。全市供水工程经过8年建设，于1985年才正式全部交付使用。1990年，全市供水管线全长42.38公里，月供水能力218039.5吨，供水普及率达80%以上。但是，随着各项事业的发展和人口的增加，全市供水能力尚需进一步提高。因此，从1990年开始，有关部门正组织力量勘察巴河口、浑迪音、农牧场四连3个水源地，准备开发利用。集中供热始于1986年，供热方式为水暖循环供暖。1990年，全市有各种不同规模的锅炉86台，形成供热面积54万平方米，所有机关单位和88.6%的居民住宅都实现了集中供热。液化气供应始于1987年，贮藏方式为落地储罐。1990年共购进液化气100吨并全部售出，拥有用户3400户。

园林绿化建设

建市前，由于没有处理好经济建设与环境建设关系，随地排土，挖石、挖砂遍地开花，造成了严重沙化和水土流失，本来平坦如茵的草原变得满目疮痍。建市后，市政府积极推行“国家、集体、个体”一齐上的造林方针，开始了大规模的城市绿化建设。至1990年，共投入绿化建设资金197.5万元，植树造林1773.33公顷，宽100米的城市西侧防护林已初具规模。此外，珠斯花区13条主要街路共植树4.5万株，最高达5年生植。在育林上，由单纯的杨树、柳树，发展到44种之多，林木覆被率达到1.4%。在进行市区外围及街路造林绿化的同时，庭院、街路的美化、香化也取得了明显成效。1990年，全市拥有街路和庭院花坛、花池283个，占地约13936平方米；人工培植草坪31块，占地5281平方米；建设绿篱8245延长米；雕筑生动逼真、各具特色的小品51个，占地约1489.12平方米。1990年，霍林河矿区用于植树造林以外的环境绿化、美化资金达102.7万元；城市绿化覆盖率达到11.3%，人均占有绿地27.5平方米。1990年，市政府提出了建设沿霍林河呈半环状分布的“带状公园”工程计划，并纳入了城市小区规划之中。随着“带状公园”工程的实施，全市人民将把这座草原煤城装扮得更加美丽多姿。为适应园林绿化工作的开展，林业园林职工队伍不断扩大。1990年全市有林业、园林职工100多人，其中工程技术人员10多名。拥有汽车、拖拉机等车辆13台（辆），其它机具也基本配套。

环境保护

为解决环境污染问题，本市有关部门严格按国家环保法规定的“三同步”原则，对“三废”进行了综合治理和利用。在防尘方面，投资225万元对11台178吨沸腾炉进行了技术改造，安装了除尘器，烟尘处理率达到96%以上，废渣及其它废物经过处理后，主要用于城市建设垫路基或作为保温材料，化废为宝。1990年，已建成污水管线66.19公里；建成污水处理厂1座，日处理能力达1万吨；还投资1300万元建成了一座容量为4万立方米的污水库（又名青年湖），最深处达30米，库内养鱼数万尾（最大体重已达7斤）。夏季，湖内鱼儿游动，湖堤上绿树成荫，鸟语花香。置身此间，别有一番情趣。1990年，“三废”的治理和利用结果是：烟尘控制区覆盖率达95%，饮水水源达标率为100%，工业废水处理达85%，城市污水处理率达60%，工业固体废物综合利用率达80%以上，区域环境噪声平均值为50.8分贝，大气总悬浮微粒年日平均值为0.13毫克／立方米。

环境卫生治理

环境卫生的治理工作始于1984年，6年间共投资530余万元，装配了清运车辆41台，潜装机2台，推土机2台，吸粪车1台；建设垃圾场2处，垃圾、粪便无害化处理厂各1处，街路公厕19个。有环卫队3个，共147人；同时，每个公厕还设有专人负责管理。基本保证了垃圾的日产日清，实现了公厕的保洁。

灭鼠工作取得了良好的成效。鼠房仅有0.82%，鼠密度0.48%，灭鼠效果达96.97%。1990年，珠斯花、达赖胡硕、沙尔呼热3个街道办事处被列为全盟74个乡镇（办事处）基本无鼠害区域的行列。在防病工作上，加强了疫情及报告的管理。建立、健全了急性传染病报告制度，狠抓了传染病防治，1989年漏报率已控制在13.46%以内。经过各方面齐抓共管、综合治理，全市的环境卫生工作一步一个新台阶，1989年在全盟“金牛奖”卫生评比中受到表扬，1990年被哲里木盟委、盟行政公署命名为“文明市”，并在同年全区“阿吉奈”卫生检查评比中进入乙级市的行列。1990年各种环卫车辆已经配套，城市街路及其它主要公共场所都设置了果皮箱、垃圾箱，改善了垃圾存放环境。

（执笔：李　双）

东 胜 市

市　长：奇孟克

副市长：黄凤鸣（蒙古族　常务）　高玉恒（工业、财金）　杨福保（农牧）　袁翠玲（女　计划、文教）　张少军（公安、城建）　马向前（科技、乡企）

奇孟克市长，1947 年 11 月生于内蒙古达拉特旗。中共党员。1976 年于内蒙古农牧学院植物保护专业毕业后，分配到达拉特旗旗委组织部工作。1982 年 3 月任达拉特旗人事局副局长，1984 年 3 月任旗委副书记。1984 年 7 月任中共东胜市委副书记，同年 8 月当选为东胜市市长。1987 年再次当选为东胜市市长，1991 年第 3 次当选为东胜市市长。

东胜市“七五”时期城市建设取得新进展

□　王宝珊

“七五”城市建设的新成就

东胜是 1983 年 10 月经国务院批准撤县设市的。设市前，东胜县镇街道狭窄，路面质量低劣，房屋建筑多是平房，城镇容貌陈旧。设市后的前两年，城市建设虽有一定的发展，但仍处于起步阶段。进入“七五”时期，针对城市建设欠帐较多、基础设施落后的实际，动员社会力量，广泛筹措资金，加快了城市建设的步伐，取得了显著成绩。这是东胜城市建设史上最具重要的一个历史时期。到 1990 年，城区面积由 1985 年的 8 平方公里扩展到 9 平方公里，城区人口由 1985 年的 5.9 万人增加到 8.6 万人，房屋建筑面积由 1985 年的 166 万平方米增加到 230 万平方米。如今，这座新兴城市已初具规模。城市道路宽阔、纵横交错，高楼林立，绿树成荫，市容整洁，被誉为“鄂尔多斯高原上的明珠”，是全国开放城市之一。

(一) 住宅。“七五”期间，城市住宅建设投资平均每年达 920 万元，年均占固定资产投资额的 11.7%，新增住宅建筑面积 24.25 万平方米。到 1990 年，城市住宅居住面积达到 54.6 万平方米，人均居住面积由 1985 年的 5.93 平方米增加到 6.4 平方米，住房紧张的状况有所缓解。随着住宅面积的增加，房屋质量进一步提高，配套设施逐步完善。

(二) 道路。市区主干道共有 19 条，总长度为 39.17 公里；巷道、胡同共有 55 条，总长度 17.01 公里。5 年间，拓宽、改造主要街路 8.2 公里，面积达 10.57 万平方米，其中新增沥青路 2.67 公里，面积 4.24 万平方米；改造小街小巷 27 条，改建整修为沥青或水泥路面；新建鄂尔多斯西街大桥和什拉乌素立交涵各一座。到 1990 年，城区主要街路已有 24.67 公里铺装为沥青路面，硬化率达到 63%；小街小巷已有 8.4 公里铺装为沥青或水泥路面，硬化率达到 49.38%。城区照明线路达到 29.6 公里，照明覆盖率达到 46.8%。

(三) 供水。5 年间，投资 640 万元兴建了铁路供水工程和东胜市第二期给水工程，日增供水 4000 吨。到 1990 年，供水主干管总长度达到 54 公里，建泵站 14 处，日供水能力由一期给水工程的 6000 吨增加到 1 万吨，目前人民生活和工业生产用水问题基本得到了解决。

(四) 排水。1985 年以前，城区排水为合流制,以后逐步改为分流制，雨水与污水各走其道。到 1990 年，排雨水沟总长度达到 21.1 公里，城区排水量约占汇水量的 60%。城区排污工程于 1985 年动工兴建，1986 年投入运行。到 1990 年，排污主干管总长度达到 18.9 公里，城区大部分厂矿的工业废水和医疗污水及部分机关的生活污水已接入管道排放，日排污水量达到 3000 吨。

(五) 供电。1990 年全市用电量达到 6776 万千瓦小时，比1985年增长1.95倍。

(六)电讯。全市有邮电机构11处，市区中心建有现代化通讯设备的邮电大楼，实现了通讯载波化，电报传真化，市区电话自动化，电讯畅通全国各地。1990年，市内电话机总数达到3981部，比1985年增长1.02倍，邮电业务总量达到401万元。

(七)园林绿化。到1990年，城区园林绿地面积达到93公顷，人均公共绿地2平方米，城市绿化覆盖率达到8.2%。

(八)市容环境卫生。5年间，广泛深入地开展群众性的爱国卫生运动，实行“外环境承包，内环境达标”的卫生责任制,强化环境综合整洁，进一步提高了环境质量，改变了市容面貌。1986年被自治区命名为“无鼠害市”。1990年，在自治区爱国卫生”阿吉奈”奖评比中达到了甲级卫生城镇水平，在全国城市卫生联查中取得了较好成绩。

“七五”城市建设的主要做法

(一)树立城市意识，实现工作重点的转移。从一个县城到城市，要实现一系列转变，其中最重要的莫过于观念的转变。因此，市政府必须认识、研究和把握城市的发展规律和特点，把它规划好、建设好、管理好，以充分发挥城市在地域的中心和多功能作用，使城市的经济效益、社会效益、环境效益统一协调地发展。建市后全市的指导思想是：以经济建设为中心，以改革开放为动力，以城市工作为重点，以城带乡，兴工促农，加快经济社会发展。为此，市政府领导在工作部署上，按照“统一规划、合理布局、综合开发、配套建设”的原则，结合东胜的实际，把完善城市基础设施，增强城市功能，改善环境质量作为重点，使城市工作在组织领导上有了保证。

(二)制订城市总体规划，按照科学建市。设市前，东胜几十年没有城镇总体规划，设市后，由于城市意识的增强，进一步提高了对城市规划重要性的认识，把制订城市规划提到了重要议事日程。1985年成立专门机构，1986年搞完了全市的总体规划(经自治区建设厅批准)，使东胜进入依照规划进行城市建设的科学轨道。这个规划对全市人民振奋精神、团结奋斗、加快两个文明建设起到了鼓舞的作用。

(三)坚持“人民城市人民建”的方针，加快城市建设步伐。城市建设需要大量的建设资金，对于东胜这样一个基础差、底子薄的新建市来说，困难很大。因此解决建设资金单靠上级投资不行，单靠地方财力也不行，必须坚持“人民城市人民建”的方针，积极拓宽资金渠道。采取的办法：一是地方财政投资；二是争取上级的支持；三是向社会集资，大家的事大家办。城市基础设施建设，5年间筹措资金1507万元，其中地方投资占55%，上级资助占31%，社会集资占14%。小街小巷的硬化问题，主要采取向社会集资来解决。平整道路、建排雨水沟的土石方，大多是组织机关单位的职工参加义务劳动来完成的。1990年城市2公里排雨水沟工程，市政府动员广大市民义务劳动完成土方1.5万立方米，石方3500立方米，清运土方5800立方米，节约建设资金达20万元。实践证明，执行“人民城市人民建”的方针，既可弥补地方财力的缺口，又能增强市民的城市意识，必须长期坚持下去。

(四)强化城市管理，实行依法治市。加强法制建设，把城市建设的管理工作纳入依法治市的轨道，是加快城市建设特别是新兴小城市建设的需要，为了保证城市规划的实施，根据国家的有关法律、法规及党和国家的城市政策，制定了城市环境卫生管理、城市建设管理、市政设施管理、园林绿化管理、城市建设管理监察等5个规定、办法；同时，加强了城市管理机构，成立了城市管理监察队，专门负责城市管理规定、办法的实施。通过宣传和适当的行政手段，增强了市民的城市意识和法制观念，保证了城市健康发展，稳步前进。

临河市

市　长：王智德

副市长：魏喜才（常务）　李兴华（蒙古族　农业）　孙文远（文教）　全继民（城建）　王增华（工业）　张悦忠（财贸）　李廷舫（政法）

王智德市长，1943年生，毕业于内蒙古农牧学院，大专文化。1965年参加工作。历任临河县狼山公社党委副书记、书记，临河县副县长。1984年县改市后，任中共临河市委副书记。1987年调任巴彦淖尔盟磴口县代县长、县长，1990年1月调任中共临河市委副书记、代市长。1990年5月当选为临河市市长。

临河市"七五"期间的巨大变化

□　临河市人民政府办公室

"七五"期间，临河市认真贯彻党在社会主义初级阶段的基本路线，坚持改革开放，调动各方面的积极因素，团结奋斗，经济建设和社会发展都取得了巨大成就，全市呈现出繁荣兴旺的局面。

"七五"时期经济建设、社会发展取得了巨大成就

（一）工农业生产持续发展，经济实力明显增强。1990年与1985年相比，国民生产总值实现4.3亿元（1980年不变价，下同），平均年递增11.5%；国民收入达到3.7亿元，平均年递增9.4%。工农业总产值达到4.2亿元，平均年递增13%。农村经济取得了重大突破，农牧林副渔全面发展，粮食、油料等产量连年大幅度上升，商品率显著提高。1990年农业总产值达3亿元，平均年递增8.4%；粮食总产量达到2.8亿公斤，平均年递增12.7%，商品率达34%，粮食总产和商品率均创历史最高水平；油料总产0.66亿公斤，平均年递增7.1%；甜菜总产保持在2.7亿公斤。牧业年度家畜存栏83.7万头（只），平均年递增15.7%；累计有林面积达3.4万公顷，森林覆盖率13.2%。乡镇企业从无到有，产值达1.36亿元。工业生产增长很快，5年先后新建工业企业11个，完成和正在进行较大技术改造项目27个。其中重点进行了4800锭精纺、硫酸、磷铵、服装、油脂化工，再生塑料等项目的改造和开发，初步建成油脂、轻纺、化工、饲料、食品、建材、造纸和为农牧业服务的加工业等八大工业体系，生产130多种产品。1990年工业总产值达到1.2亿元，平均年递增32%，工业产值占工农业总产值的比重由1985年的16.2%上升到28.6%。在生产发展、流通扩大的基础上，财政收入大幅度增长，1990年达到4831万元，比1985年增长2.5倍，平均年递增28%，于1989年实现了财政自给。

（二）科技、教育、文化各项事业蓬勃发展。"七五"期间，全市共取得科学技术成果470余项，其中获国家级奖励3项，自治区和部委级奖励11项。据测算，1990年经济增长中科技进步因素占到36.7%，比1985年明显提高，特别是在农业增长中科技进步因素十分突出，高达50%。掌握科学技术，实行科学种田已成为广大农民的渴求。注重改善办学和教学条件，全市城乡消除了危险校舍，成为全国实现"一无两有"的旗县市之一。基础教育、职业教育、成人教育全面发展，教育结构渐趋合理。幼儿入园率、小学入学率和升学率，初中升学率等主要指标居自治区前列。全市人民的文化教育水平有了较大提高。第三、第四次人口普查资料表明：1990年与1982年相比，每万人中具有大学文化程度的人数由51人提高到189人；具有高中（含中专）文化程度的人数由92人提高到1070人；具有初中文化程度的人数由2138人提高到2968人。医疗卫生事业进一上步发展，"七五"期间新建、翻建医院3所，1990年底，医院床位达1300多张，卫生技术人员达2300多人，分别比1985年增长40%和44%，每万人平均拥有医疗技术人员由44人增加到57人，初步建成了市乡村三级医疗保健网络。全市新建广播电视大楼，进行电视转播和自办电视节目，丰富了人民文化生活，城乡广播、电视覆盖率达到90%以上。

（三）治理整顿，深化改革取得了阶段性成果。“七五”后期，临河市从实际出发全面贯彻治理整顿方针，采取增供抑求的双重措施综合治理。一是发展生产，增加有效供给。重点抓了商品粮、油料，甜菜、肉毛兼用细毛羊、苹果梨、渔业、肉奶蛋菜7个商品生产基地建设和市场短缺工业品生产。二是严格控制物价上涨。市政府和有关单位签订了责任状，将控价任务层层分解。同时在主管部门专设物价机构，各企业配备专（兼）职物价督查员，使物价工作纳入制度化、规范化的轨道。三是对全市各级各类公司进行清理整顿。取缔了一批“四无”公司和行政性公司，查处了一批违法违纪的经济案件，流通秩序明显好转。市场商品特别是人民日常生活用品和农业生产资料货源足、品种全、质量好、价格稳。1990年，全市社会商品零售总额达到4.3亿元，比1985年增长112.9%。全社会零售物价指数大幅度回落，1990年为98.1%，比1988年下降19个百分点。治理整顿，使固定资产投资得到了有效控制和合理引导，而个人用于生产性的投资明显增加。据统计，1990年农民人均生产性投资50元，比1985年增长6倍多。在治理整顿的同时，改革开放取得新进展。农村家庭联产承包责任制不断完善，社会化服务体系基本形成，集体经济开始壮大，统分结合的双层经营体制逐步趋于完善，并已开始显示出巨大的优越性。城市全面推行了企业承包经营责任制，全市33个全民所有制企业在第一轮承包经营中都取得良好的经济效益，1990年承包到期的20个企业全部转入第二轮承包经营。对外开放进一步扩大，已与十几个省市地区建立了协作关系，横向联合从单纯引进资金到人才、技术、咨询多方面的引进与协作。出口产品从无到有，服装、毛绒、地毯等已成为出口拳头产品，“七五”期间创汇1100多万元。

（四）城市建设和管理展现新的风貌。“七五”期间，是临河市城市面貌发生根本性变化的时期，市容市貌明显改观，人民群众的城市意识显著增强。主要表现在以下几个方面：一是各基础设施配套发展，城市服务和辐射功能得到充分发挥。5年内城市建设投资3660万元，顺利完成4条主要街、路的改造工程；铺设排水管道84公里，新建雨污泵站3座，日排污量达到7000吨。新建日得处理12000吨自来水厂，给水入户率达到40%。二是绿化、美化和净化工作有新的进展。市区内绿化覆盖率达到19%，人均绿地2.1平米。三是住房制度改革不断深化。城市住宅建设已由零星散建走向了集资统建，综合开发，配套发展的轨道。“七五”期间新建住宅16.8万平方米，解决了3400多户居民的住房问题，人均居住面积由“六五”时期末的6.6平方米增加到7平方米。四是加快了依法治城的步伐。城市管理队伍进一步加强，在原有城建部门和办事处的基础上新建城市管理监察大队和城市管理派出所，形成了规划、城管、办事处三位一体的管理体制。

（五）人民生活水平进一步提高。全市在“七五”期间基本消除了贫困社、户，实现了由温饱向小康生活的过渡。1990年农村人均收入927元，扣除物价因素，年递增9%，城镇居民人均生活费收入1004元，扣除物价因素，年递增4%。城乡人民消费水平、住宅条件和供水、供暖、供气条件明显改善，耐用消费品拥有量出现大幅度增长的势头。

“七五”时期发展的基本经验

临河市“七五”时期发展的基本经验以下五点：

（一）重视和加强农业的基础地位。临河市农业比重较大，具有突出优势，虽然1984年改县为市，但政府丝毫没有放松农业，努力发挥农业的优势。使农业成了“七五”期间经济的主要增长源。

（二）持续、稳定、协调发展是最佳的发展模式。片面追求高速度和经济升温，必然造成大起大落和重大损失。经济发展固然要求有较高的速度，但更要求结构的优化，效益的提高，资源的合理利用，人口素质的提高，经济与社会的协调。

（三）高度重视科技教育。在“七五”的实践中，临河市实施了“教育奠基、科技兴市”的战略，加快了科技教育的发展，对经济的持续高速增长起了十分重要的作用。

（四）坚持深化改革，扩大对外开放。与发达地区相比，临河市生产力水平还比较低，社会化程度不高，更加需要尽快摆脱单一计划经济体制的羁绊，解放思想，扩大开放，过渡到适合有计划商品经济发展的计划经济与市场调节相结合的新体制。“七五”期间临河市努力这样做了，效果是好的。

（五）物质文明与精神文明建设一齐抓。二者要相互促进，使全市人民热爱社会主义，热爱临河，团结建设，就会产生巨大的物质力量。

（执笔：王常生　王继平）

乌兰浩特市

市　长：王裕德

副市长：傅　敏（女　常务）　张　利（城建、街道）　王继明(工业、财贸)
佟立民(蒙古族　文教、卫生)　刘成材（农业）　汪亚洲（科技）

王裕德市长，工程师，1934年12月生，黑龙江省林甸县人，中专文化程度。1956年3月—1980年，历任内蒙古自治区重工业厅设计室技术员，乌兰浩特钢铁厂技术科副科长，乌兰浩特内燃机配件厂革委会副主任，拖拉机修配厂革委会副主任，乌兰浩特市牧业机械厂厂长、副书记等职。1981年—1983年，任乌兰浩特市经委副主任。1984年—1990年，先后任乌兰浩特市委常委、副市长、副书记、代市长。1991年3月，当选为乌兰浩特市市长。

充满生机的“七五”时期

乌兰浩特市市长　王裕德

“七五”时期，乌兰浩特市各族人民在市委、市政府的正确领导下，认真贯彻党的十一届三中会全以来的路线、方针、政策，园满完成了国民经济和社会发展的第七个五年计划。

国民经济稳定增长，经济实力有所增强。1990年国民经济生产总值达到19222万元（按1980年不变价格计算，下同）比1985年增长53.7%；国民收入为16939万元，比1985年增长40.4%；工农业总产值达到37381万元，比1985年增长67.5%。这标志着我市国民经济正步入持续、稳定、协调发展的轨道。

工业经济在治理整顿中保持了适度增长的势头。1990年，全市工业总产值达到33709万元，比1985年增长75.5%；全员劳动生产率达到16263元／人，比1985年提高54.7%。列入计划的工业产品中，卷烟、钢材、生铁、小四轮拖拉机、白酒、奶粉等产品的产量均有较大幅度增长。企业管理得到加强，有17户企业分别进入区、盟级先进企业行列。乡镇工业有新发展，1990年，乡镇企业总收入达到4951万元，比1985年增长198.8%；乡镇工业总产值达到1264万元，比1985年增长245.4%。

交通通讯事业有较大发展。新建了洮儿河大桥，拓宽了归流河大桥，乡乡通上了柏油路，市内开辟了公共汽车环行线。1990年，全市电话装机容量达到6720门，比1985年增加4720门。

农村经济稳步增长。1990年，农业总产值达到3672万元，比1985年增长18.1%；粮食总产达到4998，9万公斤，比1985年增长135.9%；蔬菜年商品量稳定在4000万公斤左右；大小牲畜总头数达到72471头（只），比1985年增长39.6%；奶牛达到4450头，比1985年增长4.3%；生猪存栏39087口，比1985年增长7.8%；肉类总产达到2283吨，蛋类总产量达到155.9万公斤，牛奶产量达到3686吨；造林保存面积达到1.43万公顷，森林覆盖率达到16.2%，比1985年提高4.2个百分点。以开发水田、修渠打井、治山、修堤为主要内容的水利建设事业有很大发展，“七五”期间，开发水田0.34万公顷。新增农田有效灌溉面积0.6万余公顷，治理水土流失面积0.94万公顷。

城乡市场繁荣，对外贸易发展。1990年，社会商品零售总额达到34072万元，比1985年增长88%；城乡储蓄存款余额达到13188万元，比1985年增长284%；零售物价总指数为103.8%；出口创汇产品10余种，主要销往苏联、日本等20多个国家和地区，出口创汇额达61.27万美元。

对外开放与横向经济联合出现新局面。“七五”期间，陆续从日本、法国、意大利、比利时、香港等国家和地区引进先进设备54台（套），与北京、天津、长春、沈阳等30多个大中城市的100多个单位建立了横向经济技术协作关系。

财政收入稳步增长。1990年，财政收入实现6477.6万元，比1985年增长150.9%。

城乡建设和管理取得进展。城市“行路难”的状况得到缓解。1990年，全市油路面积达41.87万平方米。城市给排水建设有新进展。1990年，自来水主干道达到34.45公里，管网111公里；进户达到15960户，比1985年增加9597户；排污管道达到17.17公里,比1985年增加9。4公里.城市环境逐步改善。建厕所19座，缓解了居民上厕所难的问题；垃圾做到了日产日清；环境保护、市容管理，城市监察等都有显著成效。

科技教育等项事业蓬勃发展。科技工作逐步转到为经济建设服务的轨道。“七五”期间，共有7个项目获自治区重大科技进步奖。工业走以内涵为主扩大再生产道路，5年间，通过技术改造新增工业总产值5103.2万元，投入产出比达到1:0.95；新增利税1040.4万元，占全部投资额的19%。开发新产品130种，创区级以上优质产品28种。1990年市属工业优质产品产值率达到8.16%，比1985年提高5.86个百分点。5年间，推广水稻育秧、蔬菜无土育苗等农业耕作新技术19项，推广青贮饲料、快速育成和猪畜牧业新技术7项。

教育事业得到发展。基础教育稳步提高，职业教育成果明显，幼儿教育、民族教育、成人教育等各类教育也都有相应发展。“七五”期间，新增中学1所、职业中学2所、小学3所，中小学基本实现了“一无两有”。1990年，普通中学在校生13552人，职业中学在校生1181人，小学在校生23194人；中小学教员中具有中专以上学历的1986人，比1985年增加34.2%；初中毕业生合格率达到66.5%，小学毕业生合格率达到97.6%；获得全国“幼儿教育先进市”荣誉称号。

文化、新闻、卫生、体育事业取得新进展。1990年卫生技术人员达到469名，病床数达到328张。爱国卫生全区“阿吉奈”奖检查评比中，连续获得城市甲级组第二名：1990年人口自然增长率为10.56‰，低于国家规定指标。群众体育活动开展广泛，体育竞技在区、盟比赛中获得好成绩。

民主法制建设得到加强。市、乡（苏木）两级政府增强了接受市人大及其常委会监督的自觉性，认真听取和采纳政协委员会的意见。加强了人民来信来访工作，处理了一些历史遗留问题。加强了法制建设，园满完成了第一个五年普法计划。加强了公安司法队伍建设和公证、律师工作，执法人员素质得到提高。开展了执法大检查，加强了社会治安的综合治理。

城乡人民生活水平普遍提高。1990年，城市居民人均生活费收入为981.28元，职工平均工资为1530元；农牧民人均纯收入为588元，比1985年增加138元。城乡群众拥有的电视机、洗衣机、电冰箱等高档耐用消费品的数量显著增长。

城市居民居住条件得到改善。“七五”期间，累计竣工商品房10.40万平方米。其中竣工住房8.22万平方米。1990年，城市居民人均居住面积达到6.6平方米，比1985年增加1.4平方米。

社会保障和社会福利事业进一步发展。“七五”期间，安置劳动就业8000余人。孤老残疾人员在政府和社会的关怀下，生活基本有了保障。1990年，有1110户脱贫，脱贫率达到95.2%。

经济体制改革不断深化，经济活力得到增强。1987年，我市在工商企业普遍推行了承包经营责任制，制定了一系列政策措施，使改革不断完善、配套、深化。到1990年末，企业第一轮承包已园满结束，并顺利转入下轮承包。通过推行承包经营责任制，进一步增强了企业活力。实行承包经营的3年与承包前的3年相比，工业企业利税增长58.2%，商业、供销、物资企业利税增长66.4%。农村改革主要是在稳定和完善家庭联产承包责任制的基础上，推行了双层经营，建立健全服务体系，收到了一定成效。流通领域的改革，主要抓了拓宽流通渠道，发育市场体系。

思想战线发生了新的变化。思想政治工作得到加强。形势教育的开展，以培养“四有”新人为主要内容的系列教育的深入，学英模活动的展开，扫黄和除“六害”斗争的进行，使全市人民的精神面貌发生了新的变化，人民群众建设红城的积极性进一步得到发挥，体现乌兰浩特市特色的团结拼搏精神深入人心。

共建文明城市活动日益深入，军民共建、警民共建、干群共建、厂街共建活动深入持久，共建活动灵活多样，共建内容丰富多彩，已有各种形式的共建对子33个，有力地推进了文明城市建设的步伐，提高了文明城市水准。

创造文明单位活动逐步升级晋档、向动态管理方向深化，文明单位水平逐步提高。到1990年，已涌现出市级文明单位水平逐步提高。到1990年，已涌现出市级文明单位485个，占单位总数的47%，盟级文明单位59个，自治区级文明单位8个。

廉政建设进一步加强，建立健全了廉政、勤政制度，政府各部门努力为基层、为群众、为改革服务，思想作风和工作作风有所转变，绝大多数职能部门的工作积极性、主动性、创造性有明显提高。

总之、乌兰浩特市“七五”计划的执行情况是比较好的，基本上实现了市第五次党代会和第六届人代会提出的五项近期奋斗目标中的第一步目标。今后，要在“七五”成绩的基础上，高举“团结建设”的旗帜，以开明的思路、开放的政策、开拓的精神、励精图治，埋头苦干，为把乌兰浩特市建成一个经济繁荣、文化发达、环境优美的文明城市而努力奋斗！

市　长：武迪生

副市长：张荣茂（常务）　任殿喜（城建、政法）　艾廷隽（教卫）　张瑞昌（工交）　金明仕（农业）　董泽溥（科技）　张毓茂（文化）　刘克田（外经贸）

武迪生市长，1935年11月15日生，河南省西华县人，1956年毕业于东北工学院。1956—1984年4月在沈阳钢厂、沈阳线材厂任技术员、工程师、总工程师、副厂长、厂长；1984年4月—1985年5月任沈阳市冶金工业局副局长、沈阳市经济体制改革办公室主任、沈阳市人民政府副市长；1985年5月始任沈阳市人民政府代理市长、市长、中共沈阳市委副书记。

沈阳“七五”经济社会发展的巨大成就

□ 王品第

以经济建设为中心，提前实现沈阳第一步战略目标

（一）经济总规模扩大，经济实力大为增强。

1990年，全市实现社会总产值479.6亿元，比1985年增长52.3%，平均每年增长8.8%。其中工农业总产值1990年为385.9亿元，比1985年增长了51.8%，平均每年增长8.7%。1990年全市完成国民收入164.2亿元，比1985年增长40.9%，每年平均增长7.1%。全市人均社会总产值由1985年的4413元（现价），提高到8453元，人均实现的国民收入由1583元增加至2893元，按可比价格计算，分别比1985年增长42.1%和31.5%。1988年全市实现的国民生产总值170.4亿元，按可比价计算，比1980年增长1.1倍。按照党中央两步走的战略部署，沈阳市提前两年翻了一番。1990年，全市实现国民生产总值202亿元，比1985年增加100.8亿元，按可比价增长37%。年均以6.5%的速度增长。1990年全市人均实现国民生产总值由1985年的1912元增加到3559元。

（二）经济结构、比例关系有所调整。

三次产业结构得到调整，城市综合服务功能进一步增强。1990年第一产业占国民生产总值的比重由1985年8.3%上升至8.7%，第二产业的比重由1985年61.5%下降至1990年52.2%，第三产业的比重由1985年的30.2%提高到39.1%。三次产业的劳动力构成，1990年全市304.5万从业人员中，，第一产业54.5万人，第二产业160.2万人，第三产业89.8万人，其占社会劳动者的比重，分别由1985年19.4%、53.7%和26.9%调整为1990年的17.9%、52.8%和29.3%。三次产业的国民财产分布，1990年在全市832.6亿元的国民财富中，第一产业40亿元，第二产业452.6亿元，第三产业340亿元，其占全市国民财产的比重分别由1985年的5.9%、51.7%和42.2%调整到1990年4.8%、54.4%和40.8%。

“七五”时期，在国民收入使用的积累和消费的比例上，积累率呈上升趋势。1986年到1990年，全市累计使用的883.2亿元国民收入中，积累总额为364.7亿元，积累率达43.8%。在实际积累中，生产性积累由1985年的81.7%下降到1990年的68.3%，非生产性积累由1985年占全部积累的18.3%提高到1990年31.7%。非生产性积累的增长，使城市居民的生产和生活环境不断改善。

在城乡结构上，1990年沈阳农村社会总产值达到119.2亿元，按现价计算比1985年增长2.2倍，年平均增长26.5%，占全市社会总产值的比重由1985年15.7%上升到24.9%。

（三）工业生产能力有新的提高。

1990年全市现价工业总产值为355.2亿元，比1985年增长51.7%，年平均增长8.7%。1990年，全市轻工业产值为129亿元，比1985年增长62.7%，平均每年增长10.2%，占全部工业产值比重为36.3%，比1985年提高2.8个百分点。1990年全市重工业产值为226.2亿元，比1985年增长45.6%，平均每年增长7.8%，占全部工业产值的比重为63.7%。

"七五"时期，沈阳市有重点、有步骤地对现有企业进行了技术改造，使一批主导产品得到了更新换代。5年来全市工业共开发出新产品12843种。一批引进技术消化吸收的重点项目已经完成；一批国家重点科技攻关成果已开始转化为生产力，一批高水平、具有沈阳形象的新产品投入了批量生产、打入了国际市场，如西蒙斯圆锥破碎机、450平方米大型烧结机、压带式大倾角胶带运输机、大型氢气压缩机、500KV有载调压自耦变压器、立式八轴四床、6-58型三元径向离心通风机等产品性能均已达到国际同类产品先进水平。

"七五"时期，沈阳机械工业产值占全市工业产值的比重由1985年的50.3%下降到45.4%。机械工业骨干企业的重点产品采用国际标准或国际先进标准组织生产，使一部分产品达到国际70到80年代水平，并为全国重点工程建设和设备更新提供了输变电、机泵阀、矿山、冶金、化工、自动控制等大型成套设备。四座标数控机床等72项机电新产品已销往80多个国家和地区，为国家宝钢二期工程、秦山核电站等配套的一批重大技术装备都已试制完成。

(四) 农村经济全面发展。

"七五"时期，沈阳农村经济获得全面发展，结构进一步完善。1990年，现价农村社会总产值119.2亿元，比1985年增长2.2倍，年平均递增26.5%。现价农业总产值达30.7亿元，按可比价比1985年增长54.7%，年平均增长9.1%。农村产业结构发生了变化。1990年第一产业总产值30.7亿元，占农村社会总产值的比重由1985年的33.2%下降到25.7%；二、三产业总产值达到88.5亿元，所占比重由1985年的66.8%上升到74.3%；在二、三产业中，发展最快的是乡镇工业，1990年乡镇工业产值为76.7亿元，比1985年增长2.3倍。

粮食生产在"七五"时期，总产量达890.4万吨，1990年年产量为211万吨，为"七五"最高年份；粮豆的平均单产由1985年的227公斤提高到339公斤。畜牧业1985年产值仅3.2亿元，1990年达11.6亿元，比1985年增长90.9%，年递增13.8%。1990年，全市奶牛存栏近2万头，产奶5.6万吨，增长80.6%；肉猪出栏89.3万头，比1985年增长58.7%。猪牛羊肉产量9万吨，比1985年增长81.8%。淡水渔业，1990年，全市放养水面达0.75万公顷，水产品产量已由1985年的5412吨增加到15846吨，年递增24%。"七五"时期，农业机械化水平有新的提高，机耕地面积占整个耕地面积由1985年的77.1%上升到88.9%，全市水田和水浇地面积达13.17万公顷，比1985年增长11.4%。

(五) 交通运输邮电设施不断加强。

"七五"时期，沈阳各种运输方式全面发展，综合运输体系已经形成。经过"七五"期间的改造和建设，铁路延展里程达2500.8公里，运营里程为727公里，以沈阳为中心的四通八达的铁路干线及全市厂矿企业的318条铁路专用线，构成了一个完整的铁路运输网络。列入"七五"国家重点工程项目的沈阳北新客站，总占地面积110万平方米，车站站房总建筑面积36万多平方米，可容纳旅客1万人，成为全国大型的现代客运站之一。

沈阳民航运输能力不断增加，机队规模进一步扩大。"七五"时期，沈阳民航局共完成基建投资6339万元，先后对沈阳东塔机场进行扩建改造，延长跑道，加厚道基，使该机场具有先进设备，可昼夜起降大中型客机。特别是沈阳桃仙机场的建设，总投资3亿元，候机楼1.6万平方米，跑道长3200米，设备先进，是国家一级干线机场，是东北地区最大的空港，也是国家批准的国际口岸机场。

沈阳公路运输，在"七五"时期已形成了以沈阳为中心，国省干线为骨架，连接主要铁路站点，干支衔接，贯通城乡的公路网。全程375公里沈阳-大连高速公路的建设，对辽宁经济发展和对外开放，有重要战略意义。5年来，公路运输部门陆续建成4个较大的客运站，1个大型贷运汽车队和集装箱中转站。沈阳市长途汽车客运总站的建成，改变了沈阳公路客运基础设施落后的状况。

沈阳的邮政电信，5年来共完成固定资产投资3.4亿元，新建了邮政枢纽大楼整体工程，6.3万线程控电话已全部投产运行，长途程控2000线和无线移动电话5000线工程已经开通。

(六) 固定资产投资增加，后续发展能力有所增强。

"七五"期间，全社会固定资产投资完成220亿元，其中全民所有制单位投资186.2亿元，为"六五"时间的3倍，市属固定资产投资完成144亿元，是"六五"时期的3.9倍。建设了沈海热电厂、石佛寺水源、浮珐玻璃厂、机器人示范工程、桃仙机场、新北客站、程控电话、邮政枢纽、中兴商业大厦、工业品贸易中心等20多项关系经济全局的骨干工程，后续发展条件得到了较大的改善。完成了投资规模在1000万元以上的技术改造项目70个，引进技术设备438项，使1/3的大中型企业得到了不同程度的改造，使一批重点产品，如数控多轴自动车床、高效节能压缩机、50万伏高压输变电设备等，达到了国际先进水平。

(七) 商品市场繁荣兴旺。

"七五"期间，沈阳市的社会购买力继续提高，

1990年，形成的购买力为142.9亿元，比1985年增长1.5倍，年均增长水平达19.9%。1990年社会商品零售总额为110.8亿元，比1985年增长1.2倍，年均增长率为16.9%。沈阳商业批发机构，驻沈的中央批发机构（464家）和省的商业批发机构（17家），承担着经济区内20个市县的商品供应。1990年国合商业从市省内及全国各地采购的商品总额达105亿元，比1985年增长86.3%，年均递增13.3%。1990年全市社会商品购进总额为190.3亿元，销售总额203.7亿元。

（八）对外经济贸易跃上新台阶。

"七五"期间，沈阳加快对外开放步伐，使对外经济贸易跃上一个新台阶。自营出口创汇由1985年的0.2亿美元增加到1990年的2.5亿美元，机电产品出口创汇8272万美元，产品出口到81个国家和地区，形成了一批出口商品生产基地、生产专厂。出口产品结构逐步由农副产品向工业品、由初级品向深加工产品，由轻纺工业品向机电产品转变。1990年全市产品出口供货值19.8亿元，机电产品供货值6.7亿元。利用外资和引进技术的规模不断扩大，到1990年10年累计利用外资2.69亿美元，批准建立三资企业209户。"七五"期间，在海外创办非贸易企业9个，派出劳务人员5800人次。1990年，接待来自100个国家和地区的旅游、洽谈贸易和科教文交流活动的国外人士、华侨、港澳台同胞4.2万人，旅游外汇收入7592万元。铁西工业区总体改造的实施和张士出口加工区的开发，拓宽了利用外资、引进技术的渠道，进一步促进了对外开放新格局的形成。

科技、教育、文化等社会事业有较大发展

（一）科技队伍扩大，科研成果丰硕。

"七五"期间，科技队伍不断壮大，到1990年底，全市各类科技人员总数达49万人，比1985年的23.8万人增加25.2万人，增长1倍多，平均每年递增15.5%。其中自然科学领域的科技人员由1985年的15.3万人增加到1990年的24.5万人。科研机构不断发展，到1990年末，全市共有各类科研与技术开发机构395个，比1985年增加85个，其中，市以上独立科研机构138个，半独立科研机构247个。

"七五"期间，科研成果丰硕。全市共取得科技成果5306项，平均每年有1000项科研成果问世，是"六五"时期的1.45倍。其中有19项获国家发明奖，130项获国家科技进步奖；222项获省科技进步奖，721项获市科技进步奖。在5306项科技成果中，已被推广应用的项目有3604项，推广应用率达67.9%。

"七五"期间，沈阳科技向高、新技术产业和产品发展，从1986年起沈阳先后投资兴建了机器人示范工程、无纺布开发中心、传感元器件及仪器仪表工艺科研与测试基地、大规模集成电路扩建工程、感光材料技术开发中心等五大科研基地，投资总额达16634.9万元。同时，5年来，还安排实施了"星火计划"项目145项，累计投资达7960万元。有3项获得了国家科技星火发明奖，有20项获省、部级科技星火奖，创产值5.59亿元，利税1.11亿元。

从1988年以来，沈阳兴建了南湖科技开发区，新技术企业发展迅速，已认定新技术企业203家，现已全部开业，从业人员4677人，中专以上学历的3057人，占65.4%。项目开发成果显著，科技开发区到1990年末，已开发出一批具有国内外先进水平的新技术成品累计达756项。开发区的建设，已基本形成了配套综合服务管理体系。

（二）教育蓬勃发展，文化事业繁荣。

教育规模扩大。1990年，全市共有各类学校1953所，在校学生94万人，比1985年增加11.1万人，增长13.4%。1990年全市共有教职工10.5万人，比1985年增长0.6万人，增长5.9%。"七五"期间，5年累计教育投资99536万元，比"六五"时期增长1.3倍，平均每年增长17.8%。高等院校21所，在校学生5.8万人，比1985年增长38.5%，平均每年增长6.7%；地方高校发展很快，现有大学2所，在校生8541人，比1985年增长1倍多，年平均增长16.3%。中等教育各类学校496所，在校生31.2万人，比1985年减少4.3%；中等教育结构有了调整，使其日趋合理。1990年沈阳职业技术学校与普通中学在校生的比例已由1985年的1:8:7转变为1:5:9。初等教育，学校1413所，在校学生56.9万人，比1985年增长23.5%，平均每年增长4.3%。特殊教育发展很快，现有盲、聋、哑学校23所，在校学生1121人，比1985年增长77.9%，年平均增长12.2%。五年来，不但教育规模扩大，加速了人才培养，而且办学条件明显改善，基础教育加强，教师的生活待遇进一步提高。

成人教育效果显著。全市各类成人教育学校457所，其中高等学校65所，成人中专63所，成人普通教育学校457所，成人职业技术学校399所。总计在校学生19.7万人。

文化、艺术、新闻出版、广播、电视各项事业有较大的发展。1990年，全市拥有各类影剧院58个，艺术表演团体15个，文化馆14个，公共图书馆16个，博物馆5个，广播电台、电视台4个。1990年全市有58个剧目和178人次在全国和全省评比中获奖。广播、电视、报刊、文艺的内容日益丰富多彩，丰富了人民文化生活。

（三）卫生、体育事业得到提高。

5年来市属卫生事业单位，新增卫生事业用房150万平方米，比"六五"期间增长7倍。到1990年底，全

市有卫生事业机构1679所，比1985年增加9%，床位由1985年的24924张增加到35560张，增长了42.6%。全市每1000人口病床数由1985年的4.7张上升到6.2张。全市现有各级各类卫生人员67452人，全市每1000人口拥有卫生技术人员数也由1985年的7.9人提高到8.9人。5年来，防疫保健体系加强，各种传染病发病率比五年前平均发病水平下降54.18%。食品卫生合格率逐年提高，食物中毒发生的起数和人数，比1985年分别下降360.6%、42.6%，全市计划免疫“四苗”覆盖率达到95%以上。妇幼保健工作有显著成绩。全市有妇幼保健机构20所，全市孕产妇死亡率控制在2.4/万，婴儿死亡率控制在16.53%。加强了医学科学的研究，5年来，全市共有138项科研成果通过鉴定。其中，国际水平的5项，国内先进水平的84项。

“七五”期间，体育事业进一步发展。1990年市圆满地举办了第七届运动会。在第十一届亚运会上，沈阳市运动员夺得8枚金牌、1枚银牌和1枚铜牌。

(四) 人口素质提高，人民生活进一步改善。

“七五”期间，全市总人口由1986年初的532.7万人上升到1990年末的570.3万人，增加37.6万人，低于“六五”期间40.1万人的水平。在总人口中，市区人口453.9万人，两县116.4万人。“七五”期间人口年平均自然增长率在10‰上下，1990年仅为6.1‰，表明在第三个生育高峰期，控制人口数量取得了成绩。“七五”期间，全市人民体质增强，人口平均寿命延长。1938年沈阳人口的平均寿命36岁。解放后到1981年，上升到71.32岁，进入“七五”时期，1990年沈阳人口平均寿命达到73.12岁，已经接近世界发达国家和地区的水平。

城市居民生活显著改善。据对沈阳300户城市居民的抽样调查，1990年人均生活费收入已达1534元，比1985年的人均721元增加813元，增长1.1倍，平均每年递增16.3%，扣除物价上涨因素，实际增长24%，平均每年递增4.4%。人均生活费支出，1990年已达1482元，比1985年的689元增长1.15倍，每年递增16.6%，与生活费收入同步增长。扣除物价上涨因素，实际支出增长25.4%，年递增4.6%。

农民生活水平逐年提高，农村人均纯收入由“六五”末期的551元增加到1990年988元，每年平均递增12.4%。与1985年相比，人均收入在300元以下的低收入户所占比重由18.8%降至1.8%，人均收入1000元以上的比重由8.2%增至42.3%。1990年农村人均生活消费支出783.3元，比1985年的465.2元增加318.6元，增长68.4%。消费结构，1990年农村人均食品支出381.6元，比1985年增加155.3元，增长68.6%；人均衣着消费94.7元，比1985年增加37.2元，增长64.7%；人均用品消费111.5元，比1985年增加43.8元，增长64.7%；人均文化生活服务的支出为57元，比1985年增加45.6元，增长4倍。

城市建设加强，投资环境改善

“七五”期间，城市建设投资14亿元。比“六五”时期增加6.7亿元。

(一) 城市供水。建成了石佛寺水源工程，新增日供水能力24万吨，使供水能力由1985年110万吨/日提高到142万吨/日，供水人口由1985年的247万增加到290万人，新增设供水管网132公里，开工建设了日供水40万吨的大伙房引水工程。

(二) 城市煤气。开发建设了沈西煤成气，新建了15万立方米的干式贮罐，煤气管网总长度由1985年的815公里增加到1065公里，日供气能力由56.4万立方米提高到104万立方米，城市气化民用户由1985年41.5万户发展到69.9万户。

(三) 城市住宅建设。“七五”期间，全市完在住宅投资56亿元，形成2万平方米以上的住宅小区107个，商品住宅年营建量由31.3万平方米增长到146万平方米，5年建成住宅1338万平方米，相当于建国到1979年32年建设的住宅面积总和还多。有25.6万户居民改善了居住条件，城市人均居住面积由1985年4.42平方米提高到5.66平方米。

(四) 城市道路。“七五”期间，改造、新建街道36条，城市铺装道路由1985年的923公里，853万平方米增加到1144公里、1133万平方米，新建了7座立交桥，6座铁路地道桥，12座跨河桥，5年共增加桥梁25座，城市桥梁由1985年80座增加到105座。

(五) 城市排水。“七五”期间，对主要排水干线进行了治理，建设、改造了6座大型排水泵站，解决了6平方公里的内涝问题。排水管网长度由1004公里增加到1230公里，形成了卫工的雨水和污水排放系统。

(六) 城市公共交通。“七五”期间，新增、更新公交车辆407辆，公共电、汽车营运车辆由1985年的1124辆增加到1356辆，城市人口每万人拥有车辆由3.5辆增加到3.8辆。开辟延长公交线路10条，80公里，营运线路由1985年的69条，1095公里增加到75条，1175公里。

(七) 城市园林绿化。“七五”期间，全市植树193.4万棵，铺草坪429万平方米，栽植花草4344万株，造林0.082万公顷，兴建街头绿地、景点157处。绿化覆盖率由1985年的15%增加到22%，

(八) 城市环境。“七五”期间，新增、更新各种环卫车辆300台，环卫保有车辆由1985年的443台增加到562台，新建封闭式垃圾楼和高台式转运站30座。加强了烟尘及污水治理，改造锅炉2500台，联片采暖由1985年的930万平方米增加到1300万平方米。

大连市

市　长：魏富海
副市长：宫明程(常务)　薄熙来(常务)　汪师嘉(女　工业)　张书惠(农业)　李振荣(城建)　吴明熹(教卫)　李永金(外经贸)

魏富海市长，1930年6月生，辽宁省大连市金州区人，电气工程师，六届、七届全国人大代表。1948年参加工作，曾任大连化工厂总动力师、副厂长、代厂长等职，并4次出国任专家组副组长、组长。1968年起，历任中共旅大市常委、副书记、书记、副市长。1983年任大连市市长，1988年连任市长。

大连市向着社会主义现代化国际性城市的目标前进

□ 大连市人民政府办公厅综合处

大连市地处辽东半岛南端，三面环海，北连辽阔的东北平原。现辖6个区、1个县级市、3个县，面积12573平方公里，人口517.7万人，其中市区人口239.6万人。大连作为我国著名的港口、工业、旅游城市和重要的对外贸易口岸，具有许多经济优势。“六五”期末，国家批准大连市进行经济体制改革试点和进一步对外开放，实行了计划单列，相继在计划、财政、金融、外贸等方面扩大了管理权限，使大连市的经济和社会发展有了新的起点和条件，提供了前所未有的历史机遇。

“七五”期间，大连市委、市政府认真贯彻党的基本路线，以经济建设为中心，坚持四项基本原则，坚持改革开放，紧紧依靠广大人民群众，艰苦奋斗，开拓进取，使全市的经济和社会各项事业得到持续发展，人民的生活水平有了显著提高。到1990年末，大连市“七五”计划规定的主要任务已经胜利完成。可以说“七五”时期是大连市建国以来发展最好的时期之一。

国民经济持续发展，综合经济实力明显增强

1990年，全市国民生产总值达到177.8亿元（按1980年不变价格计算为114.1亿元），5年（下同）平均增长10.4%，提前两年实现了第一个翻番；国民收入148.6亿元（按1980年不变价格计算为99.9亿元），平均增长10.1%；工农业总产值236.3亿元(1980年不变价格，下同)，平均增长12.9%。工业生产稳定发展，1990年工业总产值达到216.4亿元，5年平均增长13.3%。固定资产投资规模5年累计达到176.5亿元，相当于1985年前36年总和的1.64倍，是“六五”期间的3倍。其中，基本建设投资117.4亿元，技术改造投资59.1亿元，一大批基本建设和技术改造项目相继建成投产，增强了经济发展后劲。

农村经济全面发展，产业结构进一步改善。1990年，农村社会总产值达到135亿元（当年价格），比1985年增长2.2倍；农村工业总产值占农村社会总产值的比重由1985年的40.5%上升到57%，农业总产值所占农村社会总产值的比重由1985年的43.4%下降到31.5%。在农业内部，种植业所占比重由39.5%下降到37.9%。1990年，水果总产量49万吨，5年平均增长11%；水产品产量达到85万吨，年平均增长13.6%，特别是对虾、扇贝、海参、鲍鱼、贻贝等浅海养殖有了突破性发展。“七五”期间，造林5.71万公顷，森林覆盖率1990年达到28.4%。1990年乡镇村及以下工业总产值达到67.2亿元，占全市工业总产值的31%，比1985年增长3.2倍，5年平均增长33.2%，成为农村经济的

重要支柱和全市经济发展的一支生力军

随着经济的发展，财政收入大幅度增长，1990年，地方财政预算内收入达到24.1亿元，比1985年增长45.2%。地方财政预算外收入达到30.9亿元，比1985年增长1.6倍。“七五”期间，地方综合财政支出173.8亿元，比“六五”期间增长2倍多。

经济体制改革不断深入，治理整顿取得明显成效

“七五”期间，围绕搞活企业这个中心环节，在各个方面进行了不同程度的改革。缩小了指令性计划范围，扩大了指导性计划和市场调节的作用。全市工业产品指令性计划品种由“六五”期末的104种减少到34种。农副产品收购总值中90%以上是通过市场调节实行购销的。个体经济、私人经济、合营经济等多种经济成分有了适度发展。在全市工业总产值中，非公有制经济所占的比重由“六五”期末1.4%上升到6.2%；社会商品零售总额中非公有制经济所占比重由“六五”期末的14.6%上升到21.4%。为了支持县（市）、区的发展，市对各县（市）、区实行了财政包干体制，县（市）、区的财力明显增强，“七五”期间，总支出达到31.4亿元，比“六五”期间的9.03亿元增长2.5倍。推行合同工制度，开辟劳务市场，拓宽了就业门路，1990年末全市待业率为1.8%。下放了1550种主要消费品和257种生产资料的价格管理权限，扩大了国家指导价和市场调节价的比重。同时，向城区下放了商业、教育、城建等部分管理权限。在稳定农村以家庭联产承包为主的多种形式责任制的同时，在条件适宜的地方推行了适度规模经营，“七五”期末，全市适度规模经营的比重，商品菜占96%，果树占53%，蛋鸡占60%，粮田占29%，对虾养殖占85%。农村集体经济进一步壮大，全市村级经济收入达到53.7亿元，占农村总收入的42%，比“六五”期末提高13.5个百分点。厂长负责制和承包责任制进一步完善，企业的联合、改组有了新的发展，“七五”期间，全市组建企业集团36个，调整了151个企业的组织结构。

“七五”后期，根据党的十三届三中全会精神，全市认真治理经济环境，整顿经济秩序。全市累计停缓建固定资产投资项目132个，投资结构有了很大的改善。加强了物价管理，发挥了职能部门和人民物价监察队的作用，制止乱涨价、乱收费，社会商品零售物价指数上涨幅度由最高年份1988年的20%回落到1990年的1.9%。进行了税收、财务、物价大检查，认真清理整顿了各类公司和各种市场，经济秩序有了明显好转。

基础设施建设得到加强，投资环境明显改善

新建、扩建了一批能源交通等基础设施。“七五”期间，在国家和省的大力支持下，大连市用于能源交通等项目建设的总投资为48.2亿元，比“六五”期间增长3.3倍，建成了一大批重点项目。华能大连电厂两台35万千瓦发电机组、以南关岭500千伏变电所为主体的输变电工程投入运行和引碧二期工程的建成，在一定程度上缓解了供电供水的紧张状况。改造南关岭铁路编组站，增加长大线大马力牵引机车等，扩大了铁路的通过能力。“神州第一路”的沈阳至大连高速公路，全长375公里，已全线通车。经过“七五”时期的建设，大连港的泊位增加到58个，其中万吨级以上的深水泊位29个，另有3个万吨级浮筒泊位，10万吨级的油轮和5万吨级的干货船可随时进港装卸。大连港已同140多个国家和地区有贸易航运往来，每年有2000多艘次外贸船舶进出港口，并开辟了国际货运定期班轮。340万吨和尚岛煤码头、100万吨香炉礁杂货码头的建成，进一步扩大了港口吞吐能力。大窑湾新港区一期工程建设已全面展开。大连机场经过改造扩建，已成为我国对外开放的国际机场之一，可以起降各种现代化大型客机。国际国内航线总数增加到25条，连结国内17个省、市、自治区的24个城市，开通了大连至东京、福冈、香港的定期航班和至美国、荷兰等国的不定期包机业务。“七五”期间，城市基础设施建设得到加强，香炉礁立交桥、白云隧道、东北路南段、中山西路的建设和改造，缓解了市内交通紧张状况。新上程控电话6.4万门，开办了与国内外主要城市直接通话业务。相继建成一批高中档宾馆，新增了碧海山庄、金石滩、滨海路等大型旅游景点。市内客运线路由19条增加到32条，城市综合服务功能大大增强。

软环境的建设得到了加强。为保障外商投资的合法权益，根据我国有关法规和政策，大连市从实际情况出发，制定了一批地方性涉外法规和政策。从税收及各种费用计征，到招聘职工等都一一作了具体明确的规定。成立了对外经济律师事务所，开展法律咨询，为涉外经济活动提供法律服务。为了提高办事效率和服务水平，成立了对外经济技术合作管理中心，统一协调全市对外经济技术合作的重要事宜，向国外投资者提供有效的服务。适合外商投资所需要的生产资料市场、人才市场、资金市场、信息市场等已经建立，并正在逐步完善。

外向型经济迅速发展，对外开放呈现新的局面

外贸出口持续增长。1990年全市出口创汇达到11.7亿美元，比1985年的4.6亿美元增长1.5倍，5年平均增长20.5%。其中市自营出口创汇6.7亿美元，比1985年的0.8亿美元增长7.4倍。出口商品结构明显改善，1990年机电产品出口1.16亿美元，在出口总值中所占比重由上年11.3%增长到17%，农副产品出口比重由上年35.3%下降到29.5%。出口商品市场分布扩大，1990年自营出口商品销往74个国家和地区，比

1985年增加35个国家和地区。外商投资企业出口创汇增长较快，1990年外商投资企业实际出口1.55亿美元，占自营出口总额的23%。经国家经贸部批准，从1987年起，每年7月1日到10日都在大连举办中国东北地区暨内蒙古出口商品交易会，1990年的第四届交易会有42个国家和地区的2524名客商到会，出口成交4.54亿美元。

利用外资保持良好的发展势头。"七五"期间，全市共批准利用外资项目680项，实际利用外资11.1亿美元，相当于"六五"期间实际利用外资总和的56倍。1990年末，全市有外商投资企业532家，合同金额15.8亿美元。有262家外商投资企业正式投产或营业。1990年当年实现产值（含营业额）18.7亿元，合作双方都取得了比较满意的经济效益。利用外资的项目结构明显改善，水平不断提高。在已办的外商投资企业中，生产型项目在项目总数中占88%，在合同金额总数中占77%。利用现有企业的厂房、设备及其他设施，兴办了"嫁接式"合资合作企业146家，合同金额2亿美元，协议外资6200万美元。

大连经济技术开发区已初具规模。到1990年，开发区累计完成基本建设投资20亿元，其中基础设施完成投资6.5亿元，外引内联项目完成投资13.5亿元。已投产的外引内联工业企业117个，1990年实现工业总产值9.5亿元，其中出口产品产值占49%，出口创汇1.1亿美元。全区已经批准的外商投资企业189个，其中投产的工业企业56个。经过前一阶段的工作，有偿转让土地使用权、吸引外资进区成片开发工业园地的工作已经进入了实质性阶段。

国外经济技术合作取得新成果。"七五"期间劳务出口达到6000人次，累计创汇1146万美元，平均每年分别增长20%和56%。到1990年末，大连市在海外兴办非贸易型企业已达12家，外国及港澳企业驻大连办事机构已有205家。

智力引进取得了可喜的成绩。"七五"期间大连市已同12个国家和地区的31个国家级人才交流机构建立起固定的合作关系，从国外聘请各类专家600多人次，外派进修培训人员1600多人次。大连市已被国务院批准为全国引进国外智力的试点城市。

旅游事业得到恢复和发展。1990年全市共接待外宾、外商、海外旅游者和国际海员10.1万人次，比上年增长13%；全市旅游外汇收入1.9亿元外汇券人民币，比上年增长77%。

科技教育等各项事业稳步发展

科技进步、技术引进和企业技术改造取得明显成果。"七五"期间，全市认真实施火炬计划和星火计划，加强科技开发和科技攻关，重视科技成果向生产领域转移，加快技术引进和消化吸收。全市取得科技成果1800项，其中接近国际先进水平的有116项，达到国内先进水平或填补国内空白的有956项。"七五"期间，共安排技术改造项目3680项，其中已投产达产的有3380项，使650个乡以上企业得到不同程度的改造。通过消化吸收国外先进技术和先进管理经验，加速了新产品开发，共开发新产品5106种，批量投产2297种。"七五"期间全市有54种工业产品和1项建筑工程获国家金、银质量奖，从1982到1989年连续8年列全国省辖市第一名。1990年获金牌总数又列全国省辖市之首。

教育、文化等各项社会事业有了新发展。"七五"期间，全市中小学教育投资2.53亿元，比"六五"期间增长2.5倍。其中全市城镇中小学校舍建设投资1.41亿元，扩建、新建了79所校舍。九年制义务教育普及率达到76%。职业教育形成比较合理的布局。地方高校调整了专业设置，稳定了招生数量。幼儿教育得到加强。医疗卫生，"七五"期间投资1.7亿元，比"六五"期间增长1.6倍。1990年每千人拥有医院病床数由1985年的3.53张增加到4.77张，新增了一些比较先进的医疗设备。实行计划生育，控制人口增长取得显著成效，"七五"期末，人口自然增长率8.3‰。体育、广播电视、文化艺术、新闻出版等事业都有了新的发展，建成了体育馆、电视塔、图书馆、科技馆和青少年宫；加强了对文物及文化设施的维修和保护。

金融、保险和信息业不断发展。建立了一批金融机构，初步形成了以同业拆借、有价证券发行转让和外汇调剂为主的资金融通市场。金融服务领域不断扩大，存贷款余额显著增加，1990年，全市各项存款余额187亿元，5年平均增长34%；各项贷款余额259亿元，5年平均增长26.7%。初步建立了社会保障体系，主要是对城镇各种经济成分从业人员普遍实行了统筹养老保险制度，在农村部分地区推行了农民养老保险。建立了大连信息中心，并与国际信息机构建立了固定的联系。

城乡市场繁荣，人民生活水平明显提高

实施了"菜篮子"工程。"七五"期间，新建万只以上养鸡场41个，全市蛋鸡规模达到1100万只；新增专业菜田0.13万公顷；奶牛饲养量由0.95万头发展到1.3万头。菜肉蛋奶等主要副食品的生产和供应发生了根本性变化，基本满足了城市居民生活需要。加强了对人民生活必需工业品的计划管理，增加了有效供给，城乡市场繁荣。1990年社会商品零售总额81.7亿元，比1985年增长1.2倍，5年平均增长17.1%。商业网点达到6.3万个，每千人拥有网点12.2个，比1985年的8.3个增加3.9个。群众生活和居住条件明显改善，1990年城市煤气和液化气普及率由1985年的69%提

高到87%。市内，建设和改造了13个小区，每年平均住宅竣工面积120万平方米，1990年城市人均居住面积由1985年的4.84平方米增加到6平方米；农村，住宅竣工面积5年累计达755万平方米，1990年，人均居住面积由1985年的15平方米增加到19平方米。环境污染有所控制,环境质量有所改善。经国家考核，1990年大连市20项环保指标综合得分列全国32个重点城市之首。“七五”期末城市居民年人均生活费收入1676元，农民年人均纯收入1000元，5年分别平均增长14.5%和12%。城乡居民拥有的中高档耐用消费品显著增加。1990年每百户城市居民拥有彩色电视机71台，电冰箱76台，分别比1985年增长7倍和12倍。农村居民1990年每百户拥有电视机90台，其中彩色电视机18台，电冰箱7台，分别比1985年增长87.5%、6倍和22倍。

大连市“七五”期间取得的成绩，为完成“八五”计划奠定了基础。1990年5月召开的中共大连市第七届党代会提出：今后10年，我们要胜利完成党中央提出的国民生产总值翻两番的宏伟目标，争取到本世纪末或更长一段时间，把大连市建设成为以经济中心功能为主，开放度高、吸引力大、辐射力强、功能齐全的社会主义现代化国际性城市。目前，大连市人民正在党的十三届七中全会精神的指引下，朝着这个目标努力奋斗，开拓前进。

(执笔：葛玉广)

鞍 山 市

市　长：马延利

副市长：龚世萍（女）　张显环　郎　英　于治权

马延利市长，1945 年 10 月生，山东省蓬莱人，工程师。1970 年 3 月毕业于清华大学土建系。曾任冶金部第三冶金建设公司队长、副经理、经理，1985 年任中共鞍山市委副书记，1987 年 11 月任鞍山市副市长、代市长，1988 年 1 月在鞍山市第十届人民代表大会第一次会议上当选为市长。近年曾在全国刊物上发有了《要加强预算外资金管理》、《坚持"五靠"发展农业》等论文。

在治理中发展　在整顿中提高

——"七五"期间鞍山经济社会发展概述

□ 陈正斌　曾　建

"七五"期间，鞍山经济和社会发展，取得了新的成就。

1990 年鞍山经济与社会发展基本情况

1990 年，全市社会总产值达 226 亿元，国民生产总值 103.7 亿元，分别比上年增长 2%和 0.9%；工农业总产值 133.2 亿元，比上年增长 2.9%；国民收入 84.3 亿元，比上年略有下降。"七五"期间，全市社会总产值年均增长 7.95%，国民生产总值年均增长 6.90%，工农业总产值年均增长 8.42%，国民收入年均增长 3.89%。

工业生产呈现稳定增长的好势头。1990 年全市完成工业总产值 125.3 亿元，比上年增长 2.3%。其中，乡以上工业产值 100.95 亿元，比上年增长 0.4%。全市完成钢产量 775.8 万吨、生铁 743 万吨、钢材 604.1 万吨。鞍钢在钢、钢坯、钢材产量比上年减少的情况下，认真执行国家供货合同，主要钢铁产品合同完成率分别达 93.5−97.8%，地方冶金企业在国内钢材市场销售不景气情况下，积极扩大钢材出口，提高企业效益。全市其他主要产品中，丝织品、化纤布、印染布、塑料制品、胶鞋、啤酒等产品产量都比上年有较大增长。

1990 年，市政府进一步加强对农业生产的组织领导，继续稳定农村经济政策，对农业投入资金达 4890 万元，并强化农村服务体系建设。全市农业总产值达 7.8 亿元，比上年增长 13.9%，其中：种植业产值为 3.49 亿元，牧业产值为 1.92 亿元，分别比上年增长 25%和 11%。粮豆总产量为 92.2 万吨，其中粮食产量达 72.8 万吨，分别比上年增长 28.8%和 23.4%。1990 年是鞍山历史上的第二个高产年。直接关系到人民生活和物价的"菜篮子"工程建设成果显著，全市商品菜产量达 28.1 万吨，肉类总产量达 5.9 万吨，禽蛋产量 4.2 万吨，分别比上年增长 4.6%、15.2%和 9.7%。全市植树造林 4267 公顷，果园面积达 21667 公顷，水果产量 4.9 万吨，分别比上年增长 13.9%、2.1%和 6.7%。

城乡市场供应充足、繁荣兴旺、物价稳定。1990 年，全市商业部门商品购进总额 32.2 亿元。主要副食品及生活必需品供应的上市量明显好于往年。全市实现社会商品零售总额 34.6 亿元，其中社会消费品零售总额达 31.9 亿元，分别比上年增长 0.5%和 1%。城乡集市贸易更加活跃，各类集市已达 169 处，成交额为 16.6 亿元，比上年增长 11.5%。在全市商业结构中，国营商业仍占主导地位，个体商业也有所上升，分别占社会商品零售总额的 54.6%和 29.1%。全市社会商品零售物价指数为 1.4%，比上年回落了 15 个百分点，是1984年以来涨幅最低的一年，职工生活费用价格水平仅比上年提高3%。

1990年，在全市范围开展了"科技进步年"活动。全市完成科研成果317项，比上年增加143项。其中达到国际先进水平的22项。全年累计推广应用科技成果291项，增加经济效益2.2亿元。市政府先后组织100多名科技人员到60家亏损企业进行科技诊断和帮助扭亏，促使8个科研单位与19家企业结成横向科技经济联合体。"科技兴企"的措施，使34家亏损企业实现扭亏为盈。全市继续开展了农业技术集团承包，推广了10项投入少、见效快、效益高的新技术。"科技兴农"为全市农业生产全面增长提供了有力的保证。

1990年，全市举办了"首届国际民间艺术节"等大型文化艺术活动15次。全年创作大型剧本10个，并有41项广播电视节目获得省以上奖励。全市组织打击非法出版物和扫黄活动565次，查缴非法出版物1.6万册，取缔黑市书刊批发点5处。

1990年末，全市总人口277.2万人，比年初增长1%，其中市区人口占总人口的50.1%；全年人口自然增长率为0.8%。城乡人民生活水平进一步改善。职工平均工资2274元，农村人均纯收入988元，分别比上年增长9%和7.26%；新安置就业人口2.1万人，比上年增长15.1%。城乡居民家庭中，不仅高档耐用消费品拥有量继续增加，而且储蓄存款也有较大增长，人均储蓄存款余额达1350元，比年初增长28.3%。

加快工业技术改造的步伐

由于历史原因，鞍山工业和城市的发展，受到技术装备落后，基础设施不配套的严重制约。1979年，全市工业固定资产净值率仅为58.4%，建国前及50年代的技术装备，仍是鞍山工业的主要装备。

"七五"期间，全市加快了技术改造的步伐，对老工业企业进行了重点改造。全市固定资产投资达97.75亿元，其中更新改造投资达75.26亿元，分别比"六五"期间增长1.79倍和1.65倍。更新改造投资占固定资产投资的77.2%。全市新增固定资产75.48亿元，其中更新改造新增固定资产60.96亿元，分别比"六五"时期增长2.1倍和2.4倍。全市更新改造新增固定资产占全部新增固定资产的比重，由"六五"时期的62.6%提高到80.8%。"七五"期间，全市共下达工业技术改造项目1435项，按期竣工投产项目881项，占项目总数的61.4%。

"七五"期间，全市工业固定资产净值增加63.24亿元，比"六五"时期净增3.8倍，固定资产净值率提高到64.9%。全市主要工业部门的综合生产能力，主要产品产量和质量，以及大中型骨干企业都有较快地发展。鞍钢公司"七五"期间共完成技术改造投资56.43亿元，新增固定资产55亿元，达到国际水平的主体设备数量明显增加。在更新改造过程中，鞍钢先后完成化工总厂五炼焦车间大修改造、二炼钢厂方坯连铸、三炼钢厂扩建改造、新建线材厂、240万吨钢渣磁选加工生产线、11号高炉大修改造等投资3000万元以上的更新改造工程。"七五"期间，鞍钢累计生产铁矿石12.78亿吨，铁精矿4743.45万吨，铁3721.57万吨，钢3878.37万吨，钢材2756.9万吨，均完成"七五"时期累计计划指标。累计实现利税111.86亿元，上缴利税80.09亿元，分别比"六五"时期增长36.7%和13%，钢材的优等品率达54%，50公斤的重轨等11种产品保持或新创国家优质金银牌；并试制30个新钢种，开发73个新品种，综合成材率达到84.4%。目前，鞍钢初步完成800万吨钢的综合生产能力，比"六五"时期上了一个新台阶。

"七五"期间，地方工业更新改造共投资14.86亿元，先后完成涤纶长丝生产线、中功率推土机、预应力钢绞线、铬钼钢瓶、冷轧板等一批技术改造项目，并使主要产品得到更新换代，推进了鞍山工业结构调整与改善。地方工业企业共开发投产了646项新产品，其中64项达到或接近国际先进水平。新产品累计实现产值19.64亿元，实现利润3.08亿元，分别是"六五"时期的6.1倍和8.2倍。

全年经过"七五"期间的技术改造，新增产值48.4亿元，新增利润8.4亿元，新增税金2.29亿元，新增创汇9364万元。全市93%的大中型企业得到部分改造，投资占总投资的84.9%。

城市基础设施建设取得显著成就

"七五"期间，全市通信现代化水平明显提高。5年投资5463.7万元，比"六五"期间增加12.6倍。市话总容量增加2.53万门，达到4.55万门，比"六五"时期增长1.25倍；长途电话自动交换机总容量从无到有，达865路端，占全省的11%。1990年末，市内电话用户达3.3万户，长途直拨有权用户1.3万户，电话普及率由1985年的1.92部提高到3.24部，加强和扩大了鞍山与国内大中城市和国外的信息交流。

城乡的交通条件经过改造也得到明显改善。"七五"末期沈阳至大连高速公路、海城至岫岩地方铁路的全线通车，市区北出口交通改造工程的完成，形成城乡之间的交通网络，使城乡物资交流和人员往来更加方便。鞍山市城区道路长505公里、面积共计524万平方米，比"六五"期间增长近1倍。

城镇居民住宅建筑面积达1959万平方米，5年增加976万平方米。市区人均居住面积6.1平方米，比1985年提高1.6平方米。

为进一步解决城市供水紧张和电力不足的问题，市政府以自筹和引进资金为主，兴建“引汤（河）入鞍”和鞍山第二热电厂二期工程。1990年末，城市生活用水总量达5546万吨，比1985年增长15.6%，5年增加了747万吨，自来水普及率已由1985年的90.2%提高到94.8%。同期，城市家庭生活用气普及率由1985年的72.4%提高到86.5%。

“七五”期间，用于治理工业污染和环境保护的投资达2.56亿元，有87个项目投入使用。目前，每年工业粉尘排放量减少9.3万吨，烟尘减少1.04万吨；废水处理率达44.9%，工业固体废渣综合利用率达37.1%。1990年同1985年相比，每年新增废水、废气、废渣处理能力为397.7万吨、134.9亿标立方米、240万吨。城区降尘量由每平方公里的月降尘量59.95吨减少到49.8吨，每立方米大气中悬浮微粒的年日均值，由0.61毫克减少到0.54毫克，二氧化硫的年日均值，由0.084毫克减少到0.08毫克。

外向型经济迅速发展

“七五”期间，鞍山市积极开展对外开放的各项工作。市政府先后制定了一系列鼓励和吸引外商投资发展外向型经济的具体政策，改善了吸收外商投资的软环境。1986—1990年，全市共签订利用外资合同93项，协议投资额4.44亿元；签订技术引进和设备进口合同267项，协议投资（成交）额达2.56亿美元。同“六五”时期相比，利用外资的协议投资总额增加4亿美元，技术引进增加107项，增加2.41亿美元，实际用汇额也相应有较大幅度的增长。“七五”期间，利用外资的借款规模得到控制，外资来源逐步转向吸收外商的直接投资，外汇借款逐步转向以外国政府的低息长期贷款为主。

在利用外资、技术引进和进口设备工作中，市政府注重对老企业的更新改造和新技术产品的引进。5年来，利用合作、政府贷款、补偿贸易、卖方信贷等多种方式的外资11620万美元。“七五”期间，外商来鞍直接投资增长较快，兴办“三资”企业43家，直接投资额达5912万美元。其中外商独资企业4家，投资额占新批准的“三资”企业合同外资数的50%。1990年末，全市正式生产或试生产的“三资”企业达18家，其中有产品出口的企业12家。

鞍山市轧钢厂通过与香港五丰祥有限公司合作经营，在国内钢材市场困难重重的条件下，发挥联办“三资”企业的优势，扩大钢材出口，实现了产量、产值和利税的同步增长。“三资”企业产品出口，促进了出口商品结构的改善。1990年，鞍山市出口商品供货总值达11.6亿元。其中，出口商品收购额6.24亿元，比1985年增长2.29倍。1990年同1985年相比，重工业出口产品比重由66.3%提高到76.7%，轻工业出口产品比重由28.2%降为19.3%，农副产品由5.5%下降到4%。近年来，机电产品出口迅速增长，1990年的出口供货值达1.5亿元，占当年出口商品额的12.9%。

劳务出口有新的突破，由“六五”时期少数零星劳务人员的劳务出口，发展为批量规模的劳务人员对外工程承包和劳务合作。1990年，全市新签劳务合同协议7项，金额792.7万美元；先后向日本、苏联、津巴布韦、法国、荷兰、也门、扎伊尔等9个国家派出劳务人员985人，营额达292.7万美元。

“七五”期间，加强了同港、澳、台及国外的经济技术信息交流与合作，为发展外向型经济服务。仅1990年，全市派出各类经贸人员694人次，出访30多个国家，并接待了50多个国家和地区的经贸团组及个人来访。

国际旅游业发展很快。“七五”期间，外国人及华侨来鞍旅游人数累计达23110人，其中外国人来自51个国家和地区，累计为19088人。旅游外汇总收入2.47亿元外汇券，其中商品性收入608.07万元外汇券。同“六五”时期相比，来鞍旅游人数增长1.46倍，其中外国人来鞍人数增长1.54倍；旅游外汇总收入增长5倍，其中商品性收入增长8.4倍。1990年同1985年相比，来鞍旅游人数年均增长5.9%，旅游外汇收入平均增长34.5%。

教育事业蓬勃发展

全市普及九年制义务教育工作，步入依法管理、依法实施的轨道。从1987年到1990年止，城乡小学校全部进入普及初等教育阶段，有60所初中学校进入普及九年制义务教育阶段。全市小学毕业生升入初中的比例达到93.14%。1990年，市十届人大三次会议讨论并通过了《鞍山市九年制义务教育实施办法》，经辽宁省人大常委会已批准颁布实施。

中等职业技术教育稳定发展，中等职业技术教育在校生占高中阶段在校生总数的比例，已由1985年的50.4%发展到1990年的60.4%，形成多方办学，城乡并举，长短结合，重点突出的基本格局。全市已有3所中专，4所技校和4所职业高中，经省批准为省重点学校，其中1所技校被批准为全国重点技工学校。

成人教育由学历教育转向大规模的岗位培训和实用技术培训。“七五”期间，鞍山市以岗位培训为主的职工教育迅速发展，行政干部岗位培训11万人次，培训率为60%；专业技术干部继续教育5.17万人次，培训率为60%；工人岗位培训33万人次，培训率达51%，职工全员培训率已达95%以上。工人平均技术级别由“六五”期末的3.39级提高到4.9级，职工平均文化程度由8.96年提高到9.3年。全市农村实用教育培训达28万人次，培训率达50%，有1.2万人参加了农学、栽培、养殖、种植等7个专业的“绿色证书”教育。有4300余人获得初、中级农业技术职称。广大农村已形成以农民中专和农村广播学校为龙头，以乡（镇）农校为骨干、以村农校为基础、以联合办学和科技示范户办学为补充的农民教育网络。1990年，全市农村劳动力的文化程度由“六五”末的7.49年提高7.83年。

“七五”期间，鞍山市为发展地方普通高校，投资595.5万元，完善鞍山大学的各项基本建设，为今后高等教育发展奠定了基础。全市还投资14409.8万元，新建、翻建、扩建中小学校舍653所，维修校舍61.2万平方米。市区新翻、扩建小学校舍33所，总面积12.45万平方米，占市区小学校舍面积的41%。在市区小学生比“六五”时期净增加30%的情况下，卓有成效地解决了二部制授课和中小学危房校舍改造问题。师范教育继续得到发展。五年投资1826万元，完善两所师范学校的建设，使鞍山市师范教育形成职前培养与职后培训兼顾并重的格局。1988年，鞍山师范专科学校被国家命名为“先进师专”，鞍山师范学校也进入省级先进行列。

全市师资队伍进一步加强，教师的政治、生活待遇有一定的提高。1990年与1985相比，教师学历达标率中：小学由57.04%提高到81.6%，初中由36.53%提高到79.2%，技工学校由17.34%提高到27.83%。普通和成人教育的大中专学校中，教授（含副教授、高级讲师）和讲师在专任教师中所占比重，分别由1.38%和23.8%提高到16.98%和25.33%。“七五”期间，全市教育事业总支出42492万元，1990年达10859万元，比1985年增长90%，年均增长达13.6%，高出财政收入年均增长近9个百分点。全市还建立了人民教育基金制度和基金会，通过各种渠道自筹资金2.86亿元。不仅扩大了社会对教育的参与，而且改善了办学条件。全市已有222所中小学率先实现办学条件标准化。中学实验室达394个，小学试验室611个，分别比“六五”时期增长35.9%和2倍多。

教育体制的改革不断深化，使各级各类教育的层次与框架基本适应了鞍山经济发展和社会进步的需要。1989年，鞍山市被省政府命名为教育先进市。在教育改革中，鞍山市率先在省内组建市教育委员会，加强了领导力量，实现了对教育的宏观管理，促进了各类教育的协调和稳定发展。

抚 顺 市

市　长：丁兆民

副市长：戈　彦（常务）　陈家洱（计划、工交）　刘文甲（满族　城建）　孙守钦（财贸、文教）　吕新久（农业、司法）

丁兆民市长，1932年1月生，湖北省武昌县人，大专文化。1950年参加工作，中共党员。历任抚顺矿务局机关党委党办副主任，调研室主任，市委调研室组长，市副食品公司党委副书记，市商业局党委副书记、副局长，市财贸办副主任，市委财贸部副部长，市委副秘书长、办公厅主任。1983年4月后任抚顺市委常委、副市长、代市长、市委副书记。1987年3月当选为抚顺市市长。七届全国人大代表。

稳步前进的五年

——抚顺市"七五"成就和"八五"展望

□ 毕谦泾　姜宗昌

"七五"时期经济和社会发展的新成就

（一）国民经济持续发展。1990年全市国民生产总值（现价）64.24亿元，比1985年增长67.5%，平均每年递增10.9%；国民收入53.55亿元，比1985年增长54.4%，平均每年递增9.1%；工农业总产值（1980年不变价）94.87亿元，比1985年增长40.68%，平均每年递增7.06%；1990年末全市国民财产达237亿元，比1985年增长70.8%，平均每年递增11.3%；地区财政收入19.8亿元，比1985的增长6.9%，平均每年递增1.4%，其中地方财政收入10.98亿元，比1985年增长75.1%，平均每年递增11.9%；全部工业企业5年累计实现利税101.58亿元，比"六五"期间增长49.3%；5年累计上缴利税83.12亿元，比"六五"期间增长34.9%。

（二）产业结构调整初见成效。"七五"期间，在继续发展一、二产业的同时，以商饮服修、运输邮电业为主的传统第三产业和以金融保险、信息咨询服务业为辅的新兴第三产业得到相应发展，进一步增强了城市的综合服务功能。1990年全市国民生产总值中第三产业的产值为12.68亿元，比1985年增长1.5倍，平均每年递增20.3%，超过了第一、二产业增长7.9%和8.7%的速度。1990年全市一、二、三产业的比例已由1985年的9.1:78.5:12.4调整为9.8:70.5:19.7，长期存在的第三产业落后的局面开始得到初步改善。在工业内部，轻工业比例由1985年的17.1%上升到20.2%，重工业比例由1985年的82.9%下降到79.8%，轻工业太轻，重工业太重的工业格局逐步发生变化；基础产业得到较快发展，一般加工工业增长过快的势头则得到控制，1990年能源、冶金、化学工业产值比1985年分别增长19.4%、34.7%和24.6%。在农村经济中，农村工业发展迅速，全市乡镇企业总数已达2.2万家，比1985年增加6000家。1990年农村工业总产值达10.34亿元，比1985年增长2.8倍，平均每年递增30.8%。

（三）农村经济全面发展。"七五"期间，抚顺进一步实施以农业为基础、大力发展多种经营的战略，促进了农村经济的稳步发展。1990年农村社会总产值23.8亿元，比1985年增长1.7倍，平均每年递增21.7%。每个农村劳动力创造的社会总产值为6733元，比1985年提高1.5倍。农业产值为4.87亿元，比1985年增长38.6%，平均每年递增6.8%。粮食生产由于加强了领导，增加了投入，开展了科技兴农活动，5年累计总产量达到157万吨，1990年粮食产量达41万吨，比1985增长34.4%。5年累计植树造林7.08万公顷，森林面积达到61.13万公顷，增长6.7%；林木蓄积量达到4089万立方米，增长43.4%；森林覆盖率达54.3%。1990年肉、蛋、奶、鱼产量比1985年分别增长76.8%、61.8%、1.9倍和54%。农业为社会提供的产品越来越多。1990年农业商品产值达5.2亿元，农业综合商品率达60%，比1985年提高14.2个百分点。“七五”时期，平均每年为社会提供的各种农副产品总额为5.31亿元，比“六五”时期平均每年的2.31亿元增长1.3倍。

（四）工业生产持续稳定发展。抚顺坚持以搞活大中型企业为中心，全面深化改革和治理整顿，促进了工业企业整体素质的提高。“七五”期间，全市工业企业广泛开展“双增双节”运动和”科技兴企”活动，努力调整产品结构，大力开发新产品，不断提高产品质量，进一步挖掘企业内部潜力，以能源、原材料为主体的工业优势在“七五”时期得到较好地发挥，综合利用、深加工和精加工有了较大发展。1990年全市工业总产值90亿元，比1985年增长40.8%，平均每年递增7.1%；乡以上工业总产值为81.5亿元，比1985年增长31%，平均每年递增5.6%。在工业总产值中，全民所有制工业总产值为68亿元，比1985年增长24.8%，平均每年递增4.5%；集体所有制工业总产值为12.6亿元，比1985年增长73.4%，平均每年递增11.6%。

地方工业发展很快。1990年市及市以下工业总产值为48.9亿元，比1985年增长87.7%，平均每年递增13.4%。地方工业总产值占全市工业总产值的比重由1985年40.8%上升到1990年的54.4%。

轻工业积极组织人民生活必需品、市场紧俏名、优新产品和适销对路产品的生产、满足了消费品市场的需要。1990年全市轻工业产值16.45亿元，比1985年增长54.3%，平均每年递增9.1%。主要产品产量大幅度增长。1990年与1985年相比，彩色电视机增长87.1%，呢绒增长48.6%，针织内衣增长24.1%，啤酒增长37.2%，乳制品增长2.6倍。

重工业部门调整内部结构，努力发展精加工和深加工，加快了产品结构的调整，提高了产品质量，增加了产品品种，扩大了服务领域。1990年全市重工业产值65.05亿元，比1985年增长26.1%，平均每年递增4.8%。主要产品产量大幅度增长。1990年与1985年相比，汽油增长58.8%，钢增长36.9%，钢材增长27.8%，10种有色金属增长30.8%，塑料增长7.5倍，化学农药增长37.3%。

产品质量提高。“七五”期间，抚顺市在提高产品质量方面取得显著成绩。1990年全市优质品产值达31.5亿元，优质品率达37.7%。“七五”期间，共获优质品质量奖625个，其中国家优质奖33个，部优质奖131个，省优质奖461个。在获奖的产品中，有些优质产品已经达到甚至超过国际同类产品的先进水平，有些优质产品在国内同类产品质量评比中也都名列前茅。原材料工业努力提高技术水平，改进产品质量，大搞综合利用，取得明显成效。1990年与1985年相比，石油加工工业，二次加工量占原油加工量的比重由56.7%上升到67.3%，优质汽油（85号以上）比重由42.7%上升到50.8%，汽、煤、柴、润滑油品收率由53.9%上升到60.9%。冶金工业的合金钢已由1985年的55.2%上升到62.8%。

（五）经济实力得到很大增强。抚顺“七五”时期，全民固定资产投资总额达81.7亿元，比“六五”时期增长2.2倍，平均每年递增25.9%。投资结构得到调整，生产性建设投资为67.2亿元，比“六五”时期增长3.4倍，平均每年递增34.3%。在生产性建设中，能源工业得到较快发展。“七五”时期能源工业投资达25.94亿元，占固定资产投资总额的31.7%，比“六五”时期增长2.6倍，平均每年递增28.9%。其中煤炭工业投资7.45亿元，增长2.4倍；石油工业投资10.76亿元，增长1.5倍；电力工业投资7.73亿元，增长7.7倍。非生产性建设投资14.5亿元，比“六五”时期增长38.4%，平均每年递增6.7%。生产性建设投资比重由“六五”时期的59.5%上升到“七五”时期的82.3%，非生产性建设比重由40.5%下降到17.7%。

重点工程建设得到加强。“七五”时期，抚顺围绕着国家确定的国民经济战略重点和产业政策，结合地区资源状况和经济发展的实际，依据有利于能源的开发与节约、石油化工深加工和综合利用、扩大原材料生产和新产品开发、出口创汇、城市基础设施建设和社会事业发展，以及加强地区薄弱环节的原则，确定了53项重点工程项目。到1990年已开工建设的重点项目达41个，其中有27个建成或基本建成投产，重点工程累计完成投资达48亿元，占固定资产投资总额的58.7%。重点建设项目和技术改造项目的建成投产，使194个企业得到改造。改造后的行业和企业在工艺、技术和产品水平上普遍提高了档次，技术装备和综合生产能力普遍得到提高，发展后劲得到明显增强。

（六）城乡市场繁荣活跃。1990年社会商品零售总额达28.6亿元，比1985年增长90.3%，平均每年递增13.7%。其中消费品零售额27.4亿元，比1985年增长91.3%，平均每年递增13.9%。城乡居民吃穿用商品全面增长。1990年与1985年相比，吃的商品零售额增长1倍，穿的商品零售额增长35%，用的商品零售额增长85.9%。

在改革开放的新形势下，打破了国营商业独家经营的局面，逐步形成了“多渠道、少环节、开放式”的流通体制，使集体商业、饮食业和服务业得到迅速发展，活跃了城乡市场，补充了国营商业和饮食业的不足。“七五”时期，新建将军、戈布、东洲等15个大中型商场，到1990年底，各种经济类型的商业、饮食业和服务业网点达29172个，比1985年增长23.4%。各种经济类型商业均有发展。1990年与1985年相比，全民所有制商业零售额增长85.3%，集体所有制商业零售额增长34.2%，个体商业零售额增长3倍。城乡集市贸易日益繁荣。先后建成21个集贸市场，到1990年末，集市贸易市场已发展到114处，成交额达5.3亿元，比1985年增长3.8倍，平均每年递增37.1%。

在搞活消费品市场的同时，发展了生产资料市场，先后建立了物资、汽车贸易中心，并办了钢材市场，各种物资销售网点已达650个，初步形成了以城市为中心，以物资部门为主体的多渠道的生产资料流通体制。还积极开拓了金融、人才、技术和房地产市场。市场机制在经济运行中的调节作用大为增强，社会主义商品经济市场体系正在逐步形成。

(七) 外经外贸不断扩大。“七五”期间，抚顺大力发展外向型经济，先后建成一批出口专厂、基地，创办了胜利出口创汇工业区。全市有出口产品的企业达到90多家，16家企业取得自营出口权，出口产品发展到170多种，远销90多个国家和地区，年创汇额达到3亿美元。1990年出口商品供货总值达11.95亿元，比1985年增长31.1%，平均每年递增5.6%。其中地方产品供货值5.55亿元，比1985年增长4.7倍。出口商品结构得到改善，扩大了制成品、高附加值、高技术含量的出口产品比重，减少了初级产品和原材料的出口。从出口商品看，1990年和1985年相比，粮油土特产品增长1.7倍，轻工产品增长1.5倍，工艺美术品增长6.5倍，纺织品增长18.6倍，机械设备产品增长9.5倍，机电产品增长25.5倍。利用外资取得新的进展，“七五”期间，利用外资新成交58项，协改金额5亿美元，实际利用外资3亿美元，比“六五”时期增长4倍。中外合资企业发展迅速。到1990年底，已领取工商营业执照的中外合资企业已达27家。在4个国家和地区设立了办事处，为发展对外交流创造了条件。

(八) 城市面貌发生明显变化。“七五”时期，广泛动员社会各方面的力量，集中有限的财力、物力，加强城市基础设施建设、提高了城市服务功能。在公路交通建设方面，新建了将军桥，改造了望花桥、永安桥，加固了铁路桥，形成了新华桥和永安桥两处立交；完成河堤路东段8.7公里一期柏油路工程；改造拓宽了丹东路、葛布路、新城路，阜宁路、演武路、裕民路、盘南路；新建抚顺城火车站和市长途汽车客运站，改善了城市环境和交通面貌。在公用设施方面，完成了大伙房水库至河北水场14公里输水复线工程，解决吃水困难的4500户的饮水问题，建成了西部上水渠道9.2公里，增强了西部地区供水能力，城市供水普及率达到96%；抚顺发电厂一期改造工程和河东调峰锅炉房的建设，改善了供热状况，1990年全市集中供热面积707万平方米；基本完成胜利矿瓦斯利用工程，新建了将军、海城及老虎台煤气储罐，煤气和液化气用户已发展到26.2万户，城市气化率达77.8%。住宅建设方面，“七五”时期住宅竣工面积达449.2万平方米，比“六五”时期增长41.7%。在环境建设方面，浑河中段治理工作取得明显成效，北堤南移工作胜利完成，并初步建成了浑河北堤带状公园，进一步完善了高尔山公园和萨尔浒风景区的景点建设。在通讯设施建设方面，市内电话通讯能力进一步增强，“七五”期间，先后两次引进瑞典AXE—10型程控交换机24000线和长途300线，使抚顺市进入国际通信大网，实现了国内外主要城市和地区的电话直拨，装机总量50821部，比1985年增长84.6%。在环境保护和治理方面，有效地控制了环境污染的发展和扩散，辽宁发电厂的烟尘，新抚钢厂的转炉红尘、油毡纸厂的沥青烟等重点污染源得到治理，大伙房水库水质保持二类地面水标准。

(九) 各项社会事业蓬勃发展。“七五”时期，抚顺在加强物质文明建设同时，努力加强社会主义精神文明建设。

科学技术为生产建设服务出现可喜的局面，科技建市的战略构思已经形成并开始实施。目前，全市有科研院所21个，厂办科研所141个，民办科研机构45个，各类专业科技人员87700人，自然科技人员由1985年33381人到1990年增加至77595人。“七五”期间，全市认真贯彻执行“经济工作必须依靠科学技术进步，科学技术工作必须面向经济建设”的方针，共完成各类科技计划3957项，实现产值8.7亿元，取得各类科研成果1133项，其中获国家发明奖、科技进步奖29项，省、部级科技进步奖240项，完成软科学项目37项，其中4项分别获得省科技进步二、三等奖，成果采纳率达到80%以上。大型真空模块、热采注汽装置、四小时氧气呼吸器、高空作业车、新型圆织机产品已达到80年代国际先进水平。

教育事业在提高质量、调整结构、深化改革中稳步发展。1990年全市3所普通高等院校的在校学生为4367人，比1985年增加40.8%；1986年至1990年全市普通高校向社会输送本、专科毕业生5359人。中等教育结构日趋合理。各类中等职业技术学校在校学生的比重已由1985年的36.7%提高到60.3%。增加了对教育的投人，改善了办学条件，中小学险房已全部消灭，基础教育不断加强，普及小学教育成果进一步得到巩固和提高。城市小学二部制问题初步得到解决，农村小学升学率由1985年的80%到1990年上升为94.1%。成人教育调整了服务方向，加强了岗位培训和技术教育，取得了较好效果，各类成人高、中、初等学校在校生达

23.7万人，比1985年增长3.5倍。文化事业日益繁荣。文化工作坚持”一手抓整顿、一手抓繁荣”的方针，改造了抚顺剧院、人民剧院，翻建了章党电影院和新抚区文化馆，新建市少年宫和顺城区文化宫。在积极抓好文化市场整顿和“扫黄”工作的同时，创作了一批优秀作品，丰富了人民的精神文化生活。广播覆盖率由69.8%增加到95%，电视频道由1个增加到3个，电视覆盖率由44.5%提高到77%。

卫生事业继续发展，医疗保健的整体服务进一步提高。医疗卫生工作认真贯彻了“预防为主”的方针，广泛深入地开展爱国卫生运动。1990年全市卫生机构392个，比1985年增长19.6%；传染病发病率下降53%；各类卫生工作人员20035人，比1985年增长15.4%。计划生育工作取得良好效果，“七五”期间，年平均出生率为15.28‰，年平均自然增长率为9.71‰，低于省下达的指标。体育事业获得丰硕成果。“七五”时期，抚顺市体育健儿在历次省级比赛中获金牌194枚，有12人次创12项世界记录，有10人次破全国记录，有64人次破53项省记录。群众性体育运动蓬勃发展。社会保险事业有新的进展，社会福利院新增床位150张，95%的乡镇办起了敬老院，70%的五保老人得到集中供养，76.4%优抚对象享受定期抚恤，残废人三项康复事业取得明显成效。

（十）城乡人民生活水平普遍提高。随着生产的发展，国家采取了一系列政策和措施，城乡人民生活水平显著提高。1990年职工平均工资由1985年的1038元提高到2202元，增长1.1倍，平均每年递增16.2%。据抽样调查，1990年城市居民人均生活费收入1450元，比1985年增长1.2倍，平均每年递增16.2%。1990农民人均纯收入740元，比1985年增长55.1%，平均每年递增9.2%。随着城乡居民收入不断增加，消费水平也有很大提高。每百户拥有耐用消费品1990年末与1985年相比，城市居民：洗衣机由44.5台增加到78台，电冰箱由1.5台增加到44.5台，彩色电视机由4台增加到58.5台，录音机由41.5架增加到74架，电风扇由25台增加到40台，照像机由11架增加到29.5架。农民：自行车由93辆增加到126辆，手表由153只增加到197只，黑白电视机由56台增加到72台，洗衣机由12台增加到23台，收录机由12架增加到26架。城乡居民居住条件不断改善，5年间住宅共竣工449.2万平方米，比“六五”期间增加131.5万平方米，平均每年递增7.2%。城镇居民人均居住面积由1985年的4.45平方米增加到1990年5.5平方米。农民人均住房面积由1985年11.2平方米增加到1990年13.4平方米。随着城乡人民收入的增长和生活的改善，储蓄余额不断增多。1990年末，全市城乡居民储蓄余额达27.6亿元，比1985年增长3.1倍，平均每年递增32.5%。其中城镇储蓄增长3.3倍，平均每年递增34%；农村储蓄增长1.7倍，平均每年递增21.8%。

“八五”时期经济与社会发展展望

“八五”时期主要指标为：国民生产总值将达到115亿元，国民收入达到99亿元，工业总产值将达到145亿元，分别平均每年递增13.2%、13.6%和10%。固定资产投资计划为93.4亿元，增长14%，全地区财政收入将达到23亿元，增长16.2%。

要坚持以提高经济效益为中心，以调整产品结构为重点，搞好能源、原材料、资金的合理配置，抓好七个方面的系统工程，形成工业生产的十大系列产品加工体系。

7个方面的系统工程是：1. 加强农业，粮食生产上一个新台阶。实现粮食产量45万吨，菜、蛋、奶达到自给。2. 进行工业企业、产品、技术一体化改造。重点抓好30个骨干企业的技术改造，新增产值55亿元。3. 搞好能源开发与节约。重点抓好抚顺热电厂建设和地方煤炭的开发，抓好城市集中供热、煤气化工程和能源节约。4. 建设一批具有地方特色、有带动作用的工业项目。5. 加快外向型经济发展步伐。继续抓好胜利出口创汇工业区，积极筹建李石开发区，努力扩大产品出口，开办“三资”企业和引进外资，争取实现新办“三资”企业50家，引进外资7亿美元，出口供货总值达到20亿元。6. 搞好城市基础设施建设和环境保护，重点抓好道桥、供水、供热、供气、通讯和环境建设。7. 发展社会事业，搞好精神文明建设。

十个产品系列的加工体系是：1. 利用石油资源优势，以基本有机化工为主导，发展细化工、日用化工、医药等系列产品。2. 以完善钢、铝、金的发展配套为重点，推动矿山建设，加强冶炼配套，充实轧材加工，发展板、管、丝、带等型材系列产品。3. 以粉煤灰、煤矸石和废页岩的综合利用为前提，以发展墙体材料为主线，发展新型的建筑材料系列产品。4. 以改造机械行业，发展拳头产品，加快产品更新换代为目标，以发展出口创汇和替代进口产品为突破口，大力发展机电一体化系列产品。5. 以电视机为龙头，以传真机、移动通讯设备为重点，以提高国产化为目标，发展电子配套的系列产品。6. 以开发醇醚和醇醚硫酸盐产品为重点，以工业洗涤剂、民用洗涤剂、化妆用品为方向，发展日用化工系列产品，7. 以合成树脂原料为基础，以发展各类容器、塑料建材产品为方向的塑料系列产品。8. 以睛纶、涤纶、氯纶、丙纶、棉、毛、丝为原料，发展化纤织物，复合织物系列产品。9. 以发展原料药为重点，积极发展中西药系列产品。10. 以充分利用大工业和东部山区资源优势，积极发展人参、水果、食用菌和副食加工系列产品。

本溪市

市　长：于国磐
副市长：程盛中（常务）　李　瑞（工交）　沈玉成（城建）　陈芳洲（农业）
　　　　王植时（科教）　李品名（外经）

于国磐市长，1937年2月生，辽宁省营口市人，大学毕业。1956年8月参加工作，1975年6月加入中国共产党。曾任东北第二建筑工程公司助理技术员，本溪市建筑工程公司技术员，城市建设局技术员，城乡建设委员会技术员、工程师、副处长、副主任。1983年3月至1986年2月任本溪市副市长，1986年3月当选为本溪市市长，1988年1月在市十届人大一次会议上再次当选为市长。七届全国人大代表。

本溪市全面完成“七五”计划

□ 郑玉学

1990年，是本溪市经济建设遇到严重困难的一年，也是全市人民振奋精神，奋力拚搏，继续前进的一年。一年来，市政府组织和带领全市各族人民，克服经济建设中遇到的各种困难，实现了国民经济和社会发展“七五”计划，社会供需矛盾进一步缓解，农业喜获丰收，工业开始回升，市场繁荣，物价相对稳定，对外贸易取得新进展，全市安定团结的政治局面进一步巩固，经济建设进一步朝着治理整顿的目标稳步前进，各项社会事业都有新的发展。

经济体制改革进一步深化。紧紧围绕治理整顿，遵循建立计划经济与市场调节相结合的经济体制的原则，以搞活企业为中心，积极推进有利于治理整顿和稳定经济的改革，使经济运行机制有了改善。以稳定和完善企业经营责任制为重点，继续深化了企业经营机制改革，80%的企业签订了新一轮承包合同，并调整了承包基数，充实完善了合同内容。对上年承包到期的1600户企业，完成了续包续租准备工作。有700多户企业实行了风险抵押承包，增强了企业负亏能力和责任感。深化了企业内部改革，进一步理顺了企业党政工关系，稳定了厂长负责制,保证了企业党组织核心作用的发挥，加强了民主管理，增强了企业整体功能。企业兼并和联合协作有了新发展，，全市已有40户企业承包、租赁、兼并了46户企业，促进了生产要素的优化组合，使一些企业扭亏为盈。横向经济联合进一步扩大，全年共开展各类经济联合与协作项目379项，协进协出物资达1.6亿元，对缓解经济困难，促进生产发展起到了积极作用。

农村各业全面发展。由于各级领导加深了对农业基础地位的认识，努力增加农业投人，狠抓农田基本建设，广泛开展“科技兴农”的活动，农业生产增长幅度较大，农业总产值比上年增长13.5%，其中，种植业增长20.5%。一年来，继续坚持和完善家庭联产承包责任制,加强了“三个实体”建设，从事家庭商品生产经营户发展到8.1万户，占农户总数的60%以上，村级集体经济有了一定的恢复和发展，初步形成了统分结合的双层经营体制。进一步强化了乡村两级合作经济组织的服务机构，各类站办实体已发展到178个。各级投入农业的资金比上年增加11.3%。更加广泛开展了以治山、治水、治地为重点的农田基本建设，治理河道310公里，治理水土流失面积1.03万公顷，造林0.88万公顷，新建和维修了一大批灌溉工程，本溪市、本溪县和平山区夺得了全省“大禹杯”。郊区万只鸡场和百头猪场分别发展到42个和310个。粮菜获得大丰收，粮豆总产量比上年增长36.7%，接近历史最好水平，结束了徘徊不前的局面，商品菜产量超计划10.8%。畜牧业有新的发展，猪、牛、羊存栏和出栏数都比上年增加，全市各类肉食总产量比上年增加25.8%，自给率达到24%。乡镇企业在治理整顿中进一步发展，村以上厂点发展到1428个，职工总数达到10.1万人，占农村劳动力总数的46.9%，乡镇企业工业产值比上年增长1.1%，乡镇企业总产值占农村社会总产值的57%，进一步显示出乡镇企业在发展农村经济中的支柱作用。

工业生产逐步回升。工业企业面临市场疲软，主要设备检修集中等严重困难，积极开展以抓调整、上质量、促销售、增效益为主要内容的工业生产总体战，有效地扭转了大幅度下滑的局面，呈现逐步回升的势头。全市工业总产值由一月份下降13.7%、上半年下降5%，到年末下降2.6%，预算内工业企业产值比上年增长0.4%。20种重点产品和22户重点企业多数比上年增长，多创产值8000万元。其中，原煤、发电量分别比上年增长0.8%和40.7%，钢、钢材增长2.1%、2.8%，丝绢品、合成洗涤剂、中成药分别增长9.9%、3.8%、99.2%。全市共开发新产品209种，技术改造竣工投产40项，增创产值2亿多元。产品质量进一步提高，全市重点考核的120种主要产品质量稳定提高率达到95.8%，比上年提高0.27个百分点。全市有82种产品荣获省级以上优质产品称号，是创优最多的一年。交通运输不断挖掘潜力，扩大运输能力，为经济发展做出了积极贡献。邮电通讯业继续发展，通讯设施建设和通信能力进一步加强，邮电业务总量比上年增长26.9%，新开长途业务电话线路65条，电话机比上年增长10.3%，城市电话普及率已达4%。

外经外贸有了新发展。对外贸易继续扩大，出口创汇又跃上新台阶，创历史最好水平，全市外贸出口商品收购额27577万元，比上年增长7.5%，超计划26.8%。首批向巴基斯坦出口重型汽车签约32台，技术出口取得重大突破，比上年增长13倍。利用外资引进技术签约额比上年增长9.5%，合资企业比上年增加50%，“三来一补”成交额比上年增长2.6倍，劳务出口比上年增长8.4%，国外承包工程有了新进展。外事工作日趋活跃，接待来访国际友人和港澳台同胞分别是上年的1.5倍和1.8倍。旅游业逐渐恢复，接待国外游客比上年增长31.1%，旅游外汇收入比上年增长14.1%。

城乡市场稳定繁荣。随着启动市场各项措施的陆续出台，零售市场销售逐步回升，全年社会商品零售总额199957万元，比上年增长1.8%，其中，消费品零售额191720万元，比上年增长3.4%，农业生产资料零售额8237万元，比上年下降25.9%。在消费品零售中，售予居民的消费品比上年增长2.8%，售予社会集团消费品比上年增长7.5%。零售市场货源充足，商品较丰富，人民生活必须品基本满足供应，吃的商品零售额比上年增长10.7%，用的商品零售额增长1.4%。主要消费品中，肉、禽、蛋及高档耐用消费品中的彩电、电冰箱等均呈增长势头。物价上涨幅度明显回落，1990年零售物价上涨幅度是“七五”期间最低的一年，全社会零售物价总指数比上年上升4.6%，比上年回落22.9个百分点。分商品看，食品类上升4.1%，其中粮品上升1.9%，副食品上升4.2%，肉、蛋、禽上升4.3%，鲜菜上升2.9%，水产品下降8.9%，鲜果下降2.3%；衣着类上升4.1%；日用品类上升3.0%。全年城市职工生活费用价格指数比上年上升5.9%。

财政收入取得了超出预想的结果。全年地方财政收入完成69867万元，比上年增长12.9%；财政支出61447万元，比上年增长33.7%，其中，教育支出增长8.5%，价格补贴支出增长15.0%。金融工作在信贷紧缩的情况下，积极筹措资金，支持生产建设，力促经济回升，年末银行各项存款余额30.64亿元，比上年增长24.2%，贷款余额38.24亿元，比上年增长22.9%。

重点工程建设进度加快。基本建设在坚持控制总量的前提下，注重调整结构，重点加强了能源、原材料工业、交通通讯业等基础产业的建设，适当安排与人民生活密切相关的城市基础设施建设。全年完成基本建设投资5.68亿元，比上年下降4.1%，企业更新改造投资下降幅度较大，全民所有制企业更新改造投资完成3.44亿元，比上年下降41.3%。列入国家和省重点工程的本钢矿山建设、1.7米轧机改造和观音阁水库等项目，超额完成了施工计划，市确定的15项重点工程，多数完成了计划。通过固定资产投资建设，共建成投产交付使用171个项目，新增固定资产6.7亿元。

城市建设进一步加强。充分调动各方面的积极性，多渠道筹集资金，加强了城市住宅和基础设施建设，居民住宅竣工35万平方米，超过年度竣工计划。新建和改造了7条马路，治理了7条街坊泥泞路，建成了大峪净水厂，新增城市居民自来水2000户，四期煤气工程基本完工，新增煤气用户1万户，新增余热和联片供暖面积23万平方米。市区栽植各种树木100多万株，铺草坪5万平方米。以治理大气、保护水源为重点，全面开展环境综合整治，全年治理污染投资7323.7万元，比上年增加77%，完成老污染源治理工程30项，新建成10平方公里烟尘、燥声双控区，市区大气降尘由上年的每月每平方公里50.2吨下降到49.5吨，大峪水源水质继续保持二级地面水标准，市容市貌有了新的改善。

科技教育等事业有了新的发展。认真贯彻“科技兴市”战略，努力把科技工作重点转向“科技兴农”和“科技兴企”两个主战场，广泛开展科技进步年活动，在农村实施了“星火计划”、“燎原计划”、“丰收计划”和“613”工程，在企业组织广大科技人员开展攻关活动，推动了科技事业的发展，全年安排的456项科研、技改、攻关及推广项目，绝大部分按计划实施，取得了较好的经济效益和社会效益。1990年度获省科技进步二等奖1

项，三等奖11项，科技队伍不断状大，素质提高。教育工作全面贯彻教育方针，突出了德育教育，不断提高教学质量，普及九年制义务教育工作按计划实施，各级各类教育稳步发展，小学毕业生合格率达到93.6%，初中毕业生合格率达到76.3%，高中毕业生合格率达到87.4%，中、小学生辍学问题基本得到控制，幼儿入园率达到66%。成人教育、特殊教育、少数民族教育有了新的发展。以职工岗位培训为重点的全员培训在各行各业全面展开，取得了较好成果，社会办学开始走上依法管理轨道。多方投入教育资金，教学条件得到进一步改善。卫生工作坚持预防为主，防治结合，加强了预防保健工作，强化了对重点地区传染病的控制，地方病防治工作达到国家控制标准，成果得到进一步巩固。文化事业持续繁荣，创制了一批质量较好的精神产品，产生了较好的社会效益。体育事业取得丰硕成果，1990年在省以上各项重大比赛中共获奖牌104枚。计划生育工作完成了省下达的计划，计划生育率达到99.91%。

精神文明建设有了新进展。坚持“两手抓”方针，在稳定经济的同时，加强了精神文明建设，在全市广泛开展了坚持四项基本原则，反对资产阶级自由化的教育，深入进行了爱国主义、集体主义和社会主义教育，增强了人们坚持走社会主义道路的信心，调动了人们投身治理整顿和改革建设的积极性，全市涌现出“学雷锋、学先进、树新风”先进系统15个，先进单位100个，学雷锋小组1.4万个，学雷锋标兵18个。本溪被国家授予“双拥模范城”光荣称号。

人民生活进一步改善。在经济十分困难的情况下，市政府坚持从稳定大局出发，克服各种困难，积极采取措施，努力安排好人民生活。本着量力而行、尽力而为的原则，积极筹措资金，解决直接关系群众生活的重点问题，为全市人民办了15件实事。城乡居民货币收入增加，全年职工工资总额比上年增长9.7%，职工年平均工资增长9.0%。城市居民家庭收入大于支出，人均生活费支出比上年增长4.7%，其投向是：用于吃的支出比上年增长8.5%，穿的支出增长13.4%，用的支出下降24.0%。农民年人均收入增长10.2%，城乡居民储蓄呈高速增长势头，储蓄余额比上年增长28.3%。住房条件改善，城镇有8000户居民喜迁新居，农村新建住房13.69万平方米。

1990年是“七五”计划的最后一年，经过全市人民的共同努力，全面完成了“七五”计划确定的各项指标。1990年，国民生产总值实现了37.3亿元，比1985年增长92%，平均每年增长14%；社会总产值实现97亿元，比1985年增长109%，平均每年增长15.8%；国民收入实现33.2亿元，比1985年增长99.8%，平均每年增长14.8%；农业总产值实现2.85亿元，比1985年增长41.5%，平均每年增长7.2%；乡以上工业总产值实现43.6亿元，比1985年增长40.2%，平均每年增长7%；外贸出口收购额实现2.75亿元，比1985年增长3.3倍，平均每年增长33%；社会商品零售额比1985增长91.2%，平均每年增长13.8%；固定资产投资五年累计达53亿元，比“六五”增长2倍。各项社会事业都有很大发展，为“八五”期间的发展奠定了坚实基础，增强了人们克服困难、继续前进的信心和力量。

总结5年来正反两方面经验，在实际工作中主要有以下几点体会：

第一，必须坚定不移地维护安定团结的政治局面，维护社会稳定。这是进行社会主义现代化建设、振兴本溪的前提。没有稳定，什么都谈不上。什么时候都要坚持凡是有利于团结、有利于稳定的事就支持倡导，不利于团结，不利于稳定的事就批评指正，坚持不懈地抓好稳定，为改革开放和经济建设创造一个和谐的、良好的政治和社会环境。

第二，必须集中精力，一心一意、专心致志地搞经济建设。集中精力发展社会生产力，是社会主义时期的根本任务。实践证明，只有坚持以经济建设为中心，发展社会生产力，不断改善人民生活，才能充分显示和发展社会主义制度的优越性。今后要更加牢固地树立以经济建设为中心的思想，一切服从于、服务于这个中心，全力把经济建设搞上去。

第三，必须坚定不移地推进改革开放。改革开放是强国富民之路，也是振兴本溪的必由之路。实践证明，改革开放为本溪经济注入了新的活力。要实现第二步战略目标，也必须坚定不移地推进改革，实行全方位的开放。

第四，必须坚持实事求是的思想践线，解放思想，发扬开拓进取精神，这是一切工作的出发点。实践证明，从实际出发，制定我们的工作方针和政策措施，工作就顺利，群众的积极性高，各项事业就能取得较大发展。要做到这点，关键是要解放思想，“不唯上，不唯书，只唯实”。

第五，必须坚持两个文明建设一起抓，物质文明建设才有精神动力、智力支持和思想保证。越是推进改革开放，越要坚持四项基本原则，加强精神文明建设。这样才能凝聚广大人民团结向上的强大精神力量，保证我们的建设事业沿着社会主义方向前进。

第六，一定要在生产发展基础上，不断改善人民的物质文化生活。实践使我们深深感到在发展生产的基础上不断改善人民生活，这不仅是保持社会、经济稳定的必要条件，而且是社会主义生产的最终目的的具体体现。一定要把提高人民生活作为全部经济工作的根本出发点和最终落脚点。

丹东市

市　长：郭廷标（回族）
副市长：朱学东（常务）　郭德任　魏天宏
张　忠　张英惠　张士英

郭廷标市长，1942年10月生，福建惠安人。中共党员，工程师，七届全国人大代表。大学毕业，曾任鞍山市市委办公厅秘书处秘书，鞍山市化工研究所副所长，市经委综合处副处长，鞍山钟表总厂厂长，鞍山印染厂厂长，鞍山市纺织工业公司经理。1985年3月任中共鞍山市委常委、常务副市长。1987年11月调任中共辽阳市委副书记、代市长，1988年1月当选为辽阳市市长。1990年11月调任中共丹东市委副书记、代市长，1991年1月当选为丹东市市长。

丹东市“七五”时期经济和社会的发展

□ 钱军凯

“七五”时期是丹东市国民经济和社会发展中的一个重要阶段。全市各族人民认真贯彻执行对内搞活经济，对外实行开放的总方针，完成了“七五”计划，取得了新的成就。“七五”时期全社会总产值每年增长9.9%，国民生产总值平均每年增长6%，国民收入平均每年增长7.3%。

农村经济有较大发展

丹东市政府在“七五”期间加强了对农业生产的领导，切实落实了家庭联产承包为主要内容的各项农村经济政策，紧紧围绕“七五”计划目标任务，以粮食生产、多种经营、生态建设和乡镇企业为重点，促进农村各业经济发展。1990年，全市农业总产值17.1亿元，比1985年增长27.1%，平均每年增长4.9%。1990年与1985年相比，粮食增长40.9%，烤烟增长6%，柞蚕增长90.3%，猪羊肉增长7.4%，水果增长1.67倍，水产品增长64.1%。

多种经营有较大的发展。1990年全市养虾面积达0.72万公顷，产量9500吨，比1985年分别增长23.7%和97.9%；板栗产量8900多吨，比1985年增长29.8%；山楂产量1.7万吨，比1985年增507.1%。贝类、淡水鱼、滑子蘑、黑木耳、人参等经济作物产量均比1985年有同不程度的增长。农村商品基地开发建设，推动了创汇农业的发展。1990年已有水产、土产、罐头、畜产、食品、中药、丝绸、粮食等8大类40余个品种出口，出口收购值达2.1亿元，比1985年增长近1倍。

林业和绿化工作取得新的进展。5年间全市人工造林8.18万公顷，有林地面积增加到105.06万公顷，比1985年增加8.4%；封山育林29.13万公顷，占林地总面积的25%；森林覆盖率达到54.7%；柞蚕放养面积由原来39.33万公顷压缩到32.66万公顷；营造薪炭林1.55万公顷，累计4万公顷。扭转了用材林大于造林的局面。5年来共治理中小河流1850条（段），总长2566公里；治理侵蚀沟6030条，修建谷防5.3万座，新增和改善水土保持面积8.66万公顷，保护耕地3.6万公顷，整修干支渠道2300条，新建、维修灌溉工程195处，改良土壤2万公顷，开发水田0.33万公顷，恢复和改善了生产条件。

科技兴农有了良好开端。自1988年开始，连续3年开展了农业技术集团承包，累计承包面积16.33万公顷，增产粮食2.5亿公斤。优良品种、玉米地膜覆盖等的推广应用，都显示出巨大的增产潜力。

农村经济结构有了新的变化。1990年农村社会总产值48.4亿元，比1985年增长1.95倍，平均每年增长24.2%，其中非农业产值增长3.47倍，年均增长34.9%，所占比重由1985年的50.6%，上升到1990年的64.5%。

乡镇企业发展迅速

“七五”期间乡镇企业发展很快。1990年全市乡镇企业总产值完成32.5亿元，比1985年增长2.9倍，平均每年递增31.2%；企业总收入完成31.4亿元，比1985年增长2.7倍，平均每年递增29.8%；1990年乡镇企业创收纯利润2.4亿元，比1985年增长1.5倍，平均每年递增20.3%。乡镇工业占全市工业总产值的比重由1985年的13.2%上升到34%。到1990年末全市乡镇企业已达45450个，拥有固定资产原值11亿元，比1985年净增7.5万人，平均每年安置农村劳动力的比重已由1985年的31%上升到43%。

工业经济增长较快，结构调整初见成效

“七五”时期丹东工业经济增长较快，但是发展不平衡。1990年全市工业总产值完成89.3亿元，比1985年增长66.7%，平均每年增长10.7%。其中前3年工业生产年均增长14.8%，后两年速度明显趋缓，年均增长5%。乡以上工业总产值完成54.1亿，比1985年增长37.5%，平均年增长6.6%，村及村以下工业总产值完成16.18亿元，比1985的增长447%，平均每年增长40.4%。全市全民工业产值占工业总产值的比重由1985年的56.7%下降到1990年的47.1%。“七五”时期主要工业产品产量比“六五”时期有较大增长。工业生产能力逐年扩大，技术水平不断提高。1990年底，全市独立核算工业企业拥有固定资产原值51.48亿元，比1985年增长83.8%。“七五”期间全民单位企业技术改造投资完成14.74亿元，比“六五“时期增长1.8倍。投资改造资金占投资总额的比重由“六五”时期的23.2%上升到“七五”时期的52.5%，许多重点行业和一批骨干企业技术装备水平有明显改善，有些达到国际或国内先进水平。一批重点企业和重点产品的生产能力有了提高。培植了彩电、冰箱两个大的支柱产品，已形成彩电30万台，电冰箱30万台的生产能力。

“七五”时期，丹东市狠抓了产品结构调整，大力开发新产品。5年共研制成新产品1341种，投产1059种，其中30%以上的产品达到国内和国际同类产品的先进水平，促进了产品和产业结构的调整和改善。“七五”期间全市工业企业获国家银牌奖9个，获部优85个，获省优313个，优质品产值率1990年达35.4%，比1985年提高17.7个百分点。

“七五”时期社会固定资产投资累计完成35.64亿元，比“六五“时期增加14亿元。其中全民28亿元，增加12.2亿元，集体所有制投资3.09亿元，减少3180万元，个人投资4.46亿元，增加2.04亿元。投资结构有所调整，基础产业、基础设施建设投资增加，比重上升，能源工业投资4.79亿元，交通运输和邮电业投资2.32亿元。

建设立体交通体系，发展现代化通讯网络

“七五”时期，运输基础设施有所改善，运输能力增强。大东港完成了第一个5000吨级泊位，浪头港新建3个3000吨级泊位，新增加吞吐能力103万吨，比“六五”末增加了1倍多。1988年经国务院批准大东港正式对外国籍船舶开放。1990年完成运输量75万吨，比1985年增长41.5%。港口吞吐量完成102万吨，比1985年增长89.4%。

“七五”时期修建了前阳——东沟和东港——东沟进港铁路；修建了岫岩——海城铁路，于1990年10月27日试通车。“七五”时期新建公路629公里，公路总里程达4516公里，比1985年增长16.2%。黑色路面258公里，比1985年增加57.5%。公路密度达到23.5公里／平方公里。1990年民用汽车达9841辆，比1985年增长59.2%。公路货运量完成2398万吨，比1985年增长70.5%，客运量完成2190万人次，比1985年增长64.4%。1986年5月，丹东民航机场开航，先后开通了丹东至沈阳、大连、北京、长春、哈尔滨、广州六条航线。5年发送旅客4.5万人次，运送货物2000吨。1990年丹东市各种运输工具共完成货物周转量24亿吨公里，旅客周转量14.96亿人公里，比1985年增长11.5。%。

邮电事业迅速发展。5年来，邮电通信建设投资8821万元，完成31项工程。引进了万门程控电话交换设备，市话1.3万门，长途自动交换机300路，已全部开通使用，开通了大连至丹东的微波干线工程，长途电话可与182个国家和地区直拨通话，可与国内658个市、县进行直拨通话。1990年邮电业务量完成24345万元，比1985年增长1倍，平均每年增长15.3%。其中长途电话平均每年增长19.3%。用户电报、特快传递、邮政储蓄等邮电业务都成倍增长。

商品货源充足，销量增加

“七五”时期丹东市同全国一样，市场变化较大，前3年市场波动较大，后两年国民经济治理整顿，销售已基本趋于正常，商品物资供应比较丰富。1990年全市社会商品零售总额24.6亿元，比1985年增长67.3%，平均每年增长10.8%。

集贸市场有了很大发展。到1990年末，集贸市场已有200多个，比1985年增加了22处，集贸成交额达5.6亿元，比1985年增长3.5倍，平均每年增长34.9%，占社会零售总额的比重由1985年的8.4%上升到1990年的22.7%。

全市各类商业网点发展到4.5万个，比1985年增长45.9%，从业人员达11.7万人，比1985年增加

36.9%。平均每千人拥有网点数由1985年的11.5个增加到16.1个，拥有从业人员由1985年的31.9人增加到41.9人。

积极扩大出口，广泛利用外资

“七五”期间丹东市对外开放取得突破性进展。1988年3月丹东市经国务院批准正式对外开放，几年来对外经贸进一步扩大，外贸出口持续增加。5年来累计完成出口收购值27.5亿元，1990年外贸出口收购值已达6.71亿元，比1985年增长2.3倍，平均每年增加1亿元，平均每年增长27.3%。出口商品结构有了变化，机电产品出口发展尤为迅速，收购值由1985年的843万元增加到1990年的11000万元，比重由4.2%，上升到16.4%。

“七五”期间利用外资引进技术大幅度增加。5年间共签订利用外资合同122个，合同金额8722万美元，实际利用外资7076万美元。5年间技术引进和设备进口64项，合同金额5151万美元，重点改造了轻工、纺织、电子、机械4个行业，20个产品。到1990年末，兴办了“三资”企业48个，协议投资额28193万美元，协议吸收外商投资额1593万美元。5年间利用了国外贷款3029万美元。

国际旅游事业发展迅速。1990年共接待国外和港澳台地区旅游人员5123人，旅游外汇收入2793万元外汇券，分别比1985年增长1.5倍和50.7倍，平均每年增长20%和1.2倍。“七五”期间，丹东市发挥了地处边境的优势，组织了跨国旅游，扩大了具有边境特色的旅游。旅游商品生产也有了新的发展。

科技进步有成效，教育事业发展较快

科技事业发展显著。1990年，全市各类专业技术人员78343人，比1985年增加36621人，增加87.8%，其中自然科技人员29657人，增加8848人，增长42.5%。5年间全市共承担各级科研项目1509项，总投资1.6亿元，已完成1035项，取得科技成果877项，推广应用606项，创利税2.27亿元。有338项科技成果获得各项科技奖励。其中有2项获国家发明奖，92项获省科技进步奖。5年间全市试验成功新产品1341种，投产1059种，创产值15.5亿元，利税2.8亿元。在新产品中达到国际同类产品先进水平的占3.6%，填补国内空白的占4.5%，达到国内先进水平的占24%。

教育事业稳步发展。1990年普通高等学校在校学生4236人，比1985年增长1.9倍，普通中专在校学生6075人，增长72.4%。5年间大中专学校共向社会输送各种专业人才10334人，比“六五”时期增加5166人，增长近1倍。5年间技工学校毕业生7223人，比“六五”期间增长25.1%。基础教育进一步得到普及，学龄儿童入学率由1985年的98.8%提高到98.95%。文化事业在整顿中发展繁荣。1990年广播覆盖率为44.1%，电视为60.1%，均比“六五”时期提高。体育事业发展较快。“七五”时期参加省以上运动会共获金牌237枚，银牌241枚，铜牌245枚。

人民生活明显改善，生活质量有较大提高

1990年全市居民人均收入1943元，比1985年增加932元，扣除物价因素年均实际增长2.1%，城市居民人均生活费收入年均实际增加8.7%。居民消费水平显著提高，消费量大幅度增加，人民的健康状况、营养水平、平均寿命等生活质量指标不断提高。1990年末居民储蓄存款余额32.5亿元，比1985年增长3.77倍。其中城市居民储蓄增加4.7倍。城乡居住条件继续改善，农民人均居住面积由1985年的12.14平方米增加到1990年的14.43平方米，城市居民人均居住面积由4.04平方米增加到5.80平方米。

锦西市

市　长：胡占山

副市长：关永光（常务）　杨广林（财贸、政法）　李文霞（女　文教、卫生）　赵显英（农业）　韩永山（城建）　张百川（工业、科技）

胡占山市长，1940年5月5日生于辽宁省锦西市，中共党员，工程师。1964年毕业于大连工学院（现大连理工大学）机械系金相热处理专业，同年参加工作。从1964年起历任化工部锦西化工机械厂车间副主任、厂部办公室副主任、党委办公室副主任、技术副厂长、厂长等职。1983年4月任中共锦州市委副书记，后兼任副市长，1985年4月任市长；1988年1月再次当选为市长。为第七届全国人大代表。

在对外开放中前进的历史名城——锦州

□ 锦州市人民政府办公室综合处

1985年，锦州被国家列为甲类对外开放地区。5年来，锦州人民励精图治、艰苦奋斗，对外开放取得了突破性进展，城市经济和社会各项事业向前迈进了可喜的一步。

增强经济实力，奠定开放基础

“七五”时期，是锦州经济和社会发展最好的时期之一，社会经济生活各个领域都取得了巨大的成绩，提前实现了现代化建设的第一步战略目标，综合经济实力明显增强，从而为对外开放奠定了坚实的基础。到1990年，全市社会总产值完成80.3亿元（1980年不变价，以下同），比1985年增长36.6%；国民生产总值36亿元，增长23.5%；国民收入29.5亿元，增长19.3%；工农业总产值67.3亿元，增长38.7%，其中工业总产值57.3亿元，增长57.2%，农业总产值10亿元，增长13.6%；粮豆总产量实现128.5万吨，增长34.2%，创历史最高水平。按照1980年不变价格计算，全市主要经济指标超额实现了翻一番的目标。国民生产总值比1980年的16.8亿元增长了114.3%，工农业总产值比1980年的30.3亿元增长了121.5%。经济体制改革和企业技术改造步伐加快，城乡经济迅猛发展。农村普遍推行了以家庭联产承包责任制为主体的统分结合的双层经营体制，极大地解放了生产力。农村商品经济发展迅速，乡镇企业已经成为全市经济的一个重要支柱。全市普遍推行了企业经营承包责任制，对部分行业和骨干企业进行了重点改造，使锦州工业焕发了生机，形成了以石油、化工、冶金、机械、电力、电子、轻工、纺织、医药、建材等工业为主体，门类齐全的工业生产体系。到1990年末，全市乡以上独立核算工业企业达到1516户，其中大中型企业60户，产值超亿元企业7户，工业产品达1540种，其中省以上优质产品373种。锦花牌6号抽提溶剂油、SN10—10II型少油断路器、SJ101、301、501型烧结焊剂荣获国家金质奖，金城牌52克凸版纸、钒铁、红外光学石英玻璃等17种产品荣获国家银质奖，有部优产品117种，省优产品235种。城市建设基础设施日趋完善，科技、教育、文化、卫生、体育等社会事业蓬勃发展，人民生活水平明显提高，生活条件普遍改善。

加强基础设施建设，不断改善投资环境

开放初期，投资环境与对外开放不相适应的问题对于锦州这样一个基础差、底子薄的城市显得尤为突出。针对这种状况，“七五”期间，市委、市政府多方面筹集资金，集中力量狠抓了港口、机场、公路、能源、通讯等对外开放基础设施建设。1990年，经过多方筹集资金，总投资为20364万元的锦州港一期起步工程胜利竣工，建成2个杂货和成品油泊位（水工结构为万吨），年吞吐能力158万吨。锦州口岸联检设施、机构

实现了与港口同步建设，并如期通过省和国家验收，于1990年12月1日正式对外开放，成为国家又一个对外开放的一类海运口岸。同时，锦州港续建工程也已列入国家“八五”计划，将再建3个万吨级杂货泊位和一个防波堤。届时，锦州港将拥有“四杂一油堤”、5个万吨级深水泊位，年吞吐能力300万吨。其远景目标是：本着“港兴城兴”的思想，用30年时间，建设30个深水泊位，锦州港形成30万人口的港口城区。按照“一全三多”，即全方位开放，多渠道联合，多层次开发，多功能港口的战略方针，逐步把锦州港区建设成为以装卸为主体，包括仓储、加工、贸易、服务为支柱产业的外向型经济实体。为使锦州港尽快发挥辽西地区对外开放的“窗口”作用，加速了京哈公路锦州段，锦州至朝阳、锦州至阜新输港和进港公路及城市道路的拓宽改造建设，京哈公路锦州段全部达到二级公路水平，进港公路全线贯通。地方投资500多万元，与空军联合翻建改造的锦州机场场道站坪工程完工，已具备起降中型客机条件，加上四通八达的铁路，锦州初步形成了以铁路、公路运输为主，以港口、航空、管道运输为辅的综合性交通运输体系。市内1.5万门程控电话的开通使用，可与国外182个国家和地区、国内328个大中城市直通电话，使通讯事业向现代化方向迈进了一大步。扩建的1.5万门程控电话和建设光缆通讯锦州中转枢纽站，将进一步改善锦州与国内外的通讯联系。日供水10万吨的博字水源工程竣工投产，解决了城市生产和生活用水的问题。装机容量120万千瓦的锦州发电厂，不仅缓解了东北电网的供电紧张状态，而且为锦州的经济发展提供了可靠的电力资源。锦州热电厂、金城造纸总厂热电站、锦州铁合金厂热电站相继建成投产，装机容量达到8.4万千瓦，集中供热能力达200多万平方米。“七五”期间，先后建成的站前商场、劝业场、广厦商场、大世界商场、商业大厦等大型商业服务设施，进一步强化了锦州在辽西地区的商业、物资贸易中心地位

在抓硬环境建设的同时，切实加强了对外开放的软环境建设。5年来，市政府先后制订了《关于加速外向型经济的决定》、《关于鼓励外商投资的决定》、《鼓励在锦州港经济区兴办内联企业的规定》等一系列鼓励外商和海外侨胞来锦州投资办企业的优惠政策，进一步完善了对外开放的有关政策和法规。建立健全服务体系，确定了21家餐馆、饭店为涉外定点单位，改善了服务质量。为适应对外开放的需要，先后兴办了外经外贸外语人员强化培训班，积极开展对外经贸业务达标和岗位培训活动，加速了人才培养，提高了涉外业务工作质量。与此同时，制订了《市民守则》，在全市深入开展了“做文明市民，创文明单位，建文明城市”活动，加强社会主义法制教育和职业道德教育，增强了广大群众的文明素质，为对外开放创造了一个安定、团结、稳定的社会环境。

积极利用外资，引进技术，加速老企业的技术改造

锦州是个老工业区，长期积累的结构性矛盾比较突出。企业技术设备陈旧，工艺落后，产品老化，很难适应当今国内外市场的需要。为了尽快改变这种状况，市委、市政府坚持把积极有效地利用外资引进技术，加速老企业的技术改造作为扩大对外开放、增强锦州经济实力的关键环节来抓。“七五”期间，全市共签约利用外资项目43项，外商投资协议额6740万美元，比“六五”时期增加36倍，实际利用外资累计达7980万美元，较“六五”时期增加45倍；签约技术引进项目69项，成交额5750万美元；共建成生产线103条，更新设备1000多台套，已竣工项目投产后，5年共实现新增产值14亿元，新增利税2.4亿元，增加出口创汇3000多万美元。一大批工业企业的技术装备一跃从五六十年代水平，提高到国际七八十年代的水平。金城造纸总厂生产的全苇浆胶印书刊纸、义县皮毛厂的毛革两用皮、市电焊条厂生产的SJ101、301、501型绕结焊剂等产品填补了国内空白。特别是纺织行业，通过引进先进技术设备，实现了全行业的技术改造，开发了塔夫绸、坚固呢、气流纺纱等新产品，提高了企业的创汇能力，1990年出口商品交货值实现13867万元，成为锦州市出口创汇的支柱产业。为加速对外开放步伐，充分利用国外贷款发展锦州经济，5年来，对外借款从无到有，从少到多，取得了突飞猛进的发展。1987—1990年累计签约额4745万美元。其中具有期长、息低优惠特点的外国政府贷款3737万美元，利用日本政府贷款扩建锦州纺织厂纯棉装饰织物印花生产线，利用西班牙政府贷款扩大女儿河纺织厂年产2万纱锭的生产规模等项目，对调整全市产业结构，进一步开拓国际市场，加快经济建设速度，正在起到重要作用。

“七五”时期，锦州“三资”企业发展很快。全市共批准“三资”企业25家，协议外资金额612万美元，分别比“六五”时期增加了7倍和16倍。目前，全市已拥有锦汇壁纸有限公司、华美玻璃有限公司、锦信特多伦有限公司、东远天河塑料有限公司等28家“三资”企业(含“六五”时期批准)，投入生产的有9家。1989年初至1990年末，外商投资企业实现产值2520万元，利税131万元，出口创汇172万美元。在国内经济调整的困难环境中，显示出“三资”企业的勃勃生机。

拓宽对外贸易渠道，增强出口创汇能力

5年来，市委、市政府不断改善出口商品结构，切实加强出口基地和专厂建设，努力拓宽对外贸易渠道，使对外贸易持续增长。1986年外贸出口收购额达3.97亿元，首次突破3亿元大关，比1985年增长90.3%，

到1990年已达5.5亿元，5年累计超过30亿元（创汇达7亿美元），是"六五"时期16亿元的2.61倍，平均递增21.2%，在辽宁省各市（计划单列市除外）外贸出口收购中名列前茅。出口产品结构逐步得到调整，初级产品和原料产品的出口比重逐年下降，深加工、精加工和技术密集型产品的比重逐年上升，出口商品品种不断增加、创新，由"六五"时期的95种发展到220种，红灯牌高级卫生纸、水晶球、石英制品等一批拳头产品打入国际市场。1990年，外贸出口商品收购额在500万元以上的品种14个，收购额达27654万元，百万元以上的品种近100个，收购额超过亿元。努力扩大出口商品货源，已建立省、市级出口基地22个，出口扩权企业12个，出口专厂23个，初步形成了以五氧化二钒、烧碱、石脑油、汽油为主体的石化产品出口基地，以纺织、服装为主体的纺织服装出口基地，以裘皮、地毯、皮毛为主的畜产品出口基地，以各类罐头食品、花生仁为主的粮油食品出口基地，以养殖虾、海蛰、各种贝类为主的水产品出口基地。外贸出口市场不断拓展，除扩大了日本、美国和香港三大市场外，又开拓了东南亚市场，恢复和发展了苏联、东欧市场。到1990年，全市已同世界近30个国家和地区建立了贸易往来关系。与此同时，劳务输出和对外工程承包也都有了新的进展。1988—1990年末，全市共签订各类对外承包工程和劳务合作合同12项，合同总金额近6000万美元。累计向国外派出各类劳务人员697人次，分别在日本、美国、苏联、巴基斯坦、北也门、澳大利亚等14个国家参加工程承包和劳务合作。

发挥旅游资源优势，增强对外开放的吸引力

锦州市自然环境优美，气候宜人，旅游资源丰富。悠久的历史，积淀了丰富的人文景观，名胜古迹遍布全区。国家级自然保护区、全国五大镇山之一的医巫闾山集人文景观和自然景观为一身，风景隽秀；闻名遐迩的笔架山天桥，堪称"天下一绝"；国家级文物保护单位、辽代建筑的奉国寺宏伟壮观，北魏时期开凿的万佛堂造型生动，北镇崇兴寺双塔巍峨挺拔，北镇庙庄严古朴，还有现代的辽沈战役纪念馆的全景画馆，全国独一无二。丰富的旅游资源，使锦州旅游业具有广阔的发展前景。"七五"期间，市委、市政府把国际旅游业纳入外向型经济的圈子，作为对外开放的先导和媒介大力发展。5年来，投资240万元维修了医巫闾山和义县奉国寺，新建、扩建接待外宾旅馆、饭店7家，成立了锦州外事办公室和锦州市旅游局等旅游接待机构，改善了旅游环境。五年来，共接待海外游客6621人次，比"六五"时期增长22.2%，创汇293万元，其中外国游客4424人次，比"六五"时期增长99.7%，港澳台同胞和海外华侨2197人次，增长27.3%。尤其是在台湾当局解除台湾民众赴大陆探亲的禁令后，台湾来锦人数不断增加，1990年末，台湾来锦人数达345人次。随着改革开放步伐的加快，锦州市与世界上愈来愈多的国家和地区建立了经贸、技术交流、旅游观光等业务联系，极大地促进了旅游业的发展。"七五"期间有40多个国家和地区的游客来锦州旅游观光、探亲访友、洽谈贸易，比"六五"时期增加近1倍，国际旅游接待量正在逐渐扩大。

多渠道、多形式广泛宣传，不断拓宽合作领域

为了广泛宣传锦州，扩大国际影响，提高知名度，吸引更多的贸易和经济技术合作，5年来，锦州市主动走出去，请进来，成功地举办了海外侨胞、港澳台同胞暨外宾联谊恳谈会，国际经济技术合作洽谈会，辽西五市对外开放、经济合作商谈会，对外开放新闻发布会等一系列大型活动，都获得了令人满意的成果，不仅扩大了对外宣传，拓宽了合作领域，而且促成了进出口贸易和一批经济技术合作项目。

为了进一步扩大对外交往，锦州与日本国高冈市结为友好城市，与美国韦恩堡市、比利时菩勒罗瓦市、瑞典厄勒布鲁市建立了长期友好协作关系，在美国的旧金山建立了锦凌国际有限公司长期驻外机构。1989年以来，共向美国、苏联、日本、香港等23个国家和地区派出各类出国团组93个，369人次，参加了在香港、日本、新加坡、苏联等7个国家和地区举办的国际经济技术洽谈会、展销会12次。进一步加强了与国内各经济发达地区和资源优势地区的经济联合与合作，与珠海、福州、昆明、辽源、太原等5个城市结为友好城市，参加了常州、福州、南昌、平顶山等15个城市和齐齐哈尔、呼伦贝尔、兴安等10个市、地、盟经济技术联合体，加入了天津、大连、青岛等15城市环渤海经济区，扩大了技术交流，密切了友好往来。

"八五"期间，在对外开放方面，力争在出口商品收购、出口创汇、利用外资等方面再上新的台阶，把加快外向型经济建设作为整个经济的主要方向，成为多功能、外向型、经济技术发达的沿海开放城市。

（执笔：郑铁彪）

锦 州 市

市　长：赵　祥

副市长：李子彬（常务）　王大操（公安、城建）　梁胜予（工交、外经贸）
赵国胜（农业、商业）　张希凤（女　文教卫生）

赵祥市长，1939年10月25日生于辽宁省兴城市，1961年毕业于抚顺石油学院，1965年11月加入中国共产党。1961—1984年，先后任锦西炼油化工总厂车间技术员、厂设计室主任、厂党委副书记、厂长等职。1984年3月—1989年7月担任锦州市常务副市长、中共锦州市委常委。1989年8月，担任锦西市筹建工作领导小组副组长、市工委副书记，1989年12月当选为锦西市市长，1990年3月当选为中共锦西市委副书记。

锦西市揭开了历史新篇章

□ 蒋瑞武　周　凯

1989年6月国务院批准锦西为地级市以来，全市人民同心同德，艰苦创业，取得了令人瞩目的成就。

经济建设硕果累累

1990年，是锦西市极不平凡的一年。新市边组建、边运转，面临百事待举、百业待兴的局面。在这种情况下，我们确立了量力而行、尽力而为，自力更生、艰苦创业，走持续、稳定、协调发展道路的指导思想。一年来，经过全市人民的团结奋斗，经济建设取得了丰硕成果。1990年，全市工农业总产值完成50.9亿元，比上年增长11.1%；国民生产总值实现39.3亿元，按可比价格计算比上年增长7%；国民收入实现33.6亿元，按可比价格计算比上年增长6.5%；全市地方财政收入实现4.02亿元，比上年增长7.7%。

（一）工业。

锦西是国家和辽宁省的重工业基地之一。建市后经过加强规划、改造和建设，目前已初步形成了以石油、化学工业为支柱和主体，冶金、机械、建材、煤炭、轻纺等业全面发展的新格局。1990年，全市乡以上工业企业发展到1253家，其中有闻名全国的锦西炼油化工总厂、锦西化工总厂、渤海造船厂、葫芦岛锌厂、锦西钢管厂、杨家杖子矿务局等大中型骨干企业13家。全市工业企业固定资产原值达到43.2亿元，职工总数达36.2万人。1990年，全市完成工业总产值43.9亿元，比上年增长6.6%，其中乡以上工业总产值完成35.7亿元，比上年增长3.5%。

为切实增强工业生产发展后劲，提高国民经济整体素质，全市多方筹集资金1.5亿元，投向了企业技术改造、新产品开发等工程项目。全年共实施大中型技术改造工程52项。其中，锦西化工总厂环氧丙烷工程竣工投产；锦西大化肥的30万吨合成氨、52万吨尿素工程进展顺利，预计将于1992年10月竣工投产；葫芦岛锌厂的扩能改造工程胜利完成，现已形成了年产16万吨锌的生产能力，成为亚洲最大的锌冶炼基地；锦西钢管厂通过引进德国、美国、日本等国的先进技术和关键设备，已改造成为全国品种、规格系列最全的焊管生产基地。在大力加强企业技术改造的同时，全市开发新产品78种。有50种产品荣获了省以上优质产品称号，其中获国优3个，部优7个。全市优质产品产值率达到35%，居全省第二位。

（二）农业。

锦西农业生产潜力很大。建市后，增加了对农业投入，夺得了农业的全面丰收。1990年，全市农村社会总产值实现35亿元，比上年增长29%；农业总产值实现7亿元，比上年增长62.6%；粮豆总产量达到9.1亿公斤，比正常年景增长30%，比历史最高水平增长5.5%；全市各种果树发展到4700万株，水果总产量达到13.4万吨，比上年增长2.8%；全市菜田面积增加到

1.12万公顷，大宗蔬菜总产量达到57.6万吨，比上年增长23.3%；肉类总产量达到5.4万吨，比上年增长11.3%；海、淡水产品总产量达到3.4万吨，比上年增长12.7%。林业生产取得重大进展。1990年，全市完成造林面积4.44万公顷，比上年增长1.75倍；全民义务植树1200万株，超计划1.16倍；全市森林覆盖率达到26%，比上年提高1.1个百分点。目前全市农村已呈现出农林牧副渔全面发展的喜人景象。

(三) 商业、外贸。

建市一年来，锦西商业取得新的发展。首先，商业基础设施有较大改善。完成了商业大厦扩建工程，总营业面积增加到8000平方米；改造扩建了东方副食品商场，总营业面积将由过去的700平方米增加到2600平方米；地工小区1.1万平方米的商业中心正在改造之中。与此同时，全市还新建、改造、扩建城乡集贸市场27处，新增市场面积7.8万平方米；建筑面积为3000平方米的锦西市物资贸易中心也于年内开业。其次，城乡市场商品种类增加，货源更加丰富。据不完全统计，1990年，全市国营和集体商业经营的商品总品种，比上年增长1倍多，城乡市场商品琳琅满目。第三，市场购销活跃，物价稳定。1990年，在市场普遍销售疲软的情况下，全市社会商品零售总额实现18亿元，比上年增长6.1%；集市贸易成交额达到4.7亿元，比上年增长6.2%。

对外经贸关系进一步扩大。一年来，共接待国外和港澳台经贸团组80个，实际利用外资达到2435万美元，完成技术出口总额336万美元。全市完成外贸出口商品收购总额2.1亿元，比上年增长9.5%。

(四) 运输、邮电。

锦西市现有四级公路总养护里程为2514公里。1990年，全市县、乡级公路平均好路率达到81.7%，高质量地完成了锦西境内国道102线的公路加宽改造工程，使全市公路状况有了明显改善。全年完成公路货运量1300万吨，货运周转量达到4.5亿吨公里；葫芦岛港完成货物吞吐量达到23.4万吨，比上年有所增长。

邮电事业迈出了新的步伐，1990年，相继开通了兴城、绥中两（市）县的共8000门程控电话，市内万门程控电话大楼土建工程全部竣工，现已进入电话设备安装阶段。全市完成邮电业务总量达到2265万元，比上年增长18.8%；完成通信业务总量1539万元，比上年增长22.2%

城市面貌有重大改观

建市第一年，锦西的城市规划、建设和管理等各项工作都取得重大进展。

(一) 迅速编制完成了城市总体规划。

城市总体规划是城市建设发展的根本大纲。因此，建市伊始，锦西市就组织力量进行城市总体规划的编制工作。《锦西市城市总体规划》(草案)，1990年10月16日经省政府批准实施。

《锦西市城市总体规划》确定城市性质为:“以发展石油化工工业为主体、对外开放的现代化海滨城市。”城市规划区面积为157平方公里，近、远期城市建设用地面积分别控制在40平方公里和50平方公里。城市人口2000年控制在35万人以内，2010年控制在45万人以内。城市总体结构为5个组团式布局，北部连山区、南部葫芦岛区、西部龙湾区、中部连湾区和东部独树区。其中，连山区以工业和居住功能为主；葫芦岛区以工业、港口和居住为主；龙湾区以行政办公、文教科研、卫生疗养和居住为主，连湾区是城市远景发展组团；独树区是城市发展用地。市辖海岸线总长为51.95公里，规划划分为：港口岸线为14.8公里；工业、市政岸线为4.45公里；专用岸线为8.9公里；居民生活岸线总长为23.8公里，占岸线总长的46%，按2000年城市总人口计算，千人占有生活岸线近70米。

按照《锦西市城市总体规划》的要求，相继编制了连山区规划；完成了龙湾小区开发、地工小区改造和国家试点的锦西炼化新村建设等6项详细建设规划；完成了城市煤气、供热、道路、供排水等10项专业建设规划。同时，还组织城市规划、建设设计和园林绿化等部门，进一步研究制定了城市特色风貌规划和实施措施。

(二) 大规模开展了城市基础设施建设。

一年来，全市各方面用于城市基础设施建设总投资达9000多万元，相当于过去5年的总和，实际完成的工程量是历史上最高水平的3倍。完成的主要工程项目有：依托老城区，开发完成了龙湾新区2号住宅小区，总建筑面积为9.38万平方米，新建了全长792米，宽16米的新华立交桥；拓宽了五里河大桥和化工大桥，将原宽12米的桥面拓宽到24米；改造次干道和巷道9条，总长为3.4公里；新建道路4条，总长2.7公里。全市道路铺装率达到71.4%，比上年提高7.3个百分点，使城市交通状况有了显著改观。一年来，全市还完成铺设供水管道5.66公里，新增自来水用户2510户，城市居民生活用自来水普及率达到81.8%，比上年提高6.3个百分点。铺设排水管道8.8公里，使城市排水状况明显改善。

城市居民住宅建设迈出新的步伐。一年来，共新建居民住宅8.2万平方米；改建住宅楼4.9万平方米；更新危旧房屋1.3万平方米，大修房屋2600平方米，中修1.6万平方米。全市人均居住面积达到5.9平方米，比上年提高11.2%。

(三) 全方位进行了城市环境治理。

一年来，市政府针对城市环境污染十分严重的实际，组织环保部门对城市大气、粉尘、水质和土质等污染状况进行了详细普查，并着手对市区5家重点污染企业进行治理。目前，锦西化工总厂的污水处理工程已经完工并投入使用，实现了工业废水达标排放；锦西炼化总厂的有害气体排放也得到了有效控制；锦西水泥厂的粉尘污染，正随着该厂的总体改造而逐步得到治理，到1993年，粉尘日排放量将由现在的38吨下降到3吨；水质污染居世界首位的五里河污染治理工程，前期准备工作全部完成，一期工程即将开工，到1995年，五里河水污染将得到彻底根治，数十年排污沟将重新变为清水河。

在治理城市环境污染的同时，市政府狠抓了以整顿市容市貌为中心的城市综合整治。一年来，共清理违章占道42处，违章占地60户，违章摊点30个，取缔违章垃圾点129处。城市卫生清扫面积扩大到51万平方米，基本达到日产日清。一年来，完成城市植树11万株，植草坪4.2万平方米，栽种各种花木93万株，栽植绿篱1300延长米。1990年，城市绿化覆盖率达到20.3%。人均公供绿地面积达到1.9平方米，比上年提高12%。市容市貌和城市环境质量取得了显著改善，荣获了省政府授予的“绿叶杯”竞赛先进单位的光荣称号。

(四) 城市管理逐步走上了法制轨道。

建市以来，为了实现依法治城，市政府先后制定并实施了《锦西市城市规划管理办法》、《锦西市城市动迁安置暂行办法》、《锦西市城市建设、综合开发管理暂行办法》等一系列有关城市建设和管理的规章。城市所有机关、学校和企事业单位，都实行了“门前三包”制度。同时，还专门组建了市容市貌监察管理队伍，对各种不法行为，进行经常性的监督。使城市建筑秩序、交通秩序、市场秩序以及公共场所的卫生环境得到了明显的改善。

社会各项事业取得新进展

(一) 科技事业。

建市之后，市政府及时确立了“科技兴市”的战略指导思想，颁发了《关于依靠科技进步振兴锦西经济的决定》，积极组织开展了“科技进步年活动”。全市建立起各级各类科研和科教服务机构171个，各类科技人员达5.8万人。其中，具有高级技术职称人员1950人，中级职称人员达1.3万人。一年来，共取得各类科技成果32项，有2项成果获省级科技进步三等奖。在“科技兴农”方面，积极开展农业技术培训和科学知识普及活动，大力推广应用农业科技新成果、新技术和新品种，组织农业科技集团承包，使农业总产值中的科技进步份额达到35%。在“科技兴企”方面，实施科技开发31项，有15项通过了技术鉴定，全年新创产值3700万元，增加利税480万元，节、创汇214万美元。

(二) 教育事业。

建市以来，市政府把教育事业放在了优先发展的战略地位。筹集资金1700万元，新建、维修校舍7.5万平方米，建成标准化校舍271所，全市校舍危房率降到3%以下。与此同时，还加强了教师队伍建设，共培训各类教师2583人，将132名优秀的民办教师转为公办教师。重点加强了以普及九年制义务教育为中心的基础教育，全市小学适龄儿童入学率达到99.37%，巩固率达97.6%，毕业率达97.2%。全市初级中等义务教育覆盖面达到25.6%，1990年全市有1942名学生升入全国各大、中专院校，名列全省14个市的第5位。成人教育和职业技术教育有新发展。目前在全市总人口中，受过中学以上各类教育的人口达到98.1万人，占总人口的39.1%。

(三) 文化、卫生、体育等事业。

一年来加强了文化广播等基础设施建设。组建了锦西人民广播电台，增开了锦西电视台自办节目频道，创办了《锦西日报》。成立了锦西艺术馆、博物馆、图书馆，重新整建了农村文化馆（站)。

卫生工作贯彻预防为主的方针，加强医德教育和医风建设，提高了医疗服务水平。加强了预防保健工作，全市传染病总发病率比上年下降了47.5%，计划免疫疫苗覆盖率达到85%以上。较好地完成了人口计划。全市人口出生率为15.1‰，人口自然增长率为9.76‰，计划生育率达98.4%，比上年提高1.2个百分点。

广泛开展了群众性体育活动。圆满地组织了17次体育赛事活动，其中承办国家和省级比赛活动5次。在全省少年田径运动会上，市代表队夺得了男女团体总分第三名的良好成绩。

人民生活显著改善

一年来，随着全市国民经济的持续、稳定发展，城乡人民生活得到显著改善。1990年，城市职工工资总额达到7.4亿元，比上年增长13.7%，人均工资达2079元，比上年增长7.9%。农村人均纯收入达到669元，比上年增加67元，增长11.1%。

1990年末，全市城乡居民储蓄存款总余额达到19.5亿元，比上年增长40.9%，人均储蓄存款余额达780元，比上年增长38.3%。其中，城市居民储蓄存款总余额达到14.2亿元，比上年增长46.1%；农村居民存款余额达到5.3亿元，比上年增长28.6%。

营口市

市　长：赵新良（满族）

副市长：宋雅轩（常务）　李洪彦（常务）　宋宝玉（农业）　马惠生（基建）　王守观（工业）　周学志（外贸）　韩宝桐（女　科教文卫）

赵新良市长，1944 年出生于黑龙江省哈尔滨市，1970 年毕业于东北工学院钢冶系，1982 年加入中国共产党。参加工作后，历任鞍钢计划处技术员、助理工程师、工程师、副科长。1983 年调任辽宁省计委专职委员，省计经委副主任，并被聘为高级经济师，任中国数量经济学会理事、中国自动化学会经济与管理系统专业委员会委员，省数经会理事长、省计划学会会长。1986 年调至营口市，先后任代市长、市长。

加强城市建设　完善城市功能

□ 梁永富　高宪春　王野峰　王春利

“七五”期间，营口市把城市建设同经济建设和各项事业发展紧密结合，坚持“总体规划，分步实施，建管并重，协调发展”的方针，使城市功能日趋完善。

根据城市性质和特点，不断完善城市总体规划

1983 年，辽宁省政府正式批准了营口市城市建设总体规划，确定了营口市轻纺沿海港口的城市性质，为“六五”时期城市建设指明了方向。1984 年，国务院、中央军委批准营口港对外籍船舶开放，承担进出口运输业务；1985 年国务院又批准营口半开放，享受沿海开放城市优惠政策；1988 年国务院宣布营口全开放，使营口市的改革开放和各项事业发展进入了崭新阶段。为了适应新的形势需要，把营口市建成扩大对外经济技术交流，引进技术、管理经验的基地和对外开放的“窗口”，“七五”期间营口市依据城市的性质和任务，坚持高标准、高起点的原则，修订和完善了原有的总体规划。首先，围绕城市建设如何适应对外开放和经济发展这一主题，市政府组织有关部门开展了大规模的调查研究，对城市现状、自然资源、经济结构、社会发展、群众生活、人口规模和地理环境等情况进行了综合分析。其次，组织省内外和本市专家对城市的性质，、城市发展的方向、城市规划的基本思路进行充分论证，进一步明确了城市建设的指导思想、目标和重点，并邀请省规划设计院和同济大学协助进行总体规划的编制工作。

在新的总体规划编制中，营口市坚持树立全新的思想观念，统筹兼顾，抓住重点，正确处理好以下四个关系：一是中心功能与周边辐射的关系。做到从区域服务角度规划城市，强化沿海城市对辽东半岛乃至东北地区经济网络的技术、信息、政策导向等辐射作用，充分发挥以港口为重点的服务功能。同时，又注意依托辽宁中部城市群和东北广大腹地，形成区域性的综合经济优势。二是城市基础设施建设同经济社会发展的关系。以经济、社会发展为依据，充分考虑市区的地理环境、经济文化基础和社会发展需要，在规划城市用地，确定布局形式，安排市政设施时，紧紧围绕如何发挥工业、农业、商业、交通、金融、信息、科技、文化教育等方面的作用来进行，把经济效益、社会效益、环境效益有机地结合起来。三是新区开发与老区改造的关系。坚持开发新区、改造老区的方针，在抓好老市区基础设施配套和原有设施改造的基础上，集中向市区南部发展，成片地开发拓展新区，并把鲅鱼圈纳入市区范围，使城市由“带状”布局转向“块状”布局。四是当前与长远的关系。针对城市建设的时间性和空间性较强的特点，在规划中注意既考虑过去和现在，又考虑未来，既考虑天空和地面，又考虑地下，对铁路、公路、港口、通讯、供热、水源等重点工程充分考虑长远需要，用科学的、战略的眼光进行布局，注意具有一定弹性，留有充分余地。同时，按照近期各项事业发展的需要，制定出分阶段、分步骤的实施规划，解决好当前各项事业发展和人民生活急需解决的问题。

根据上述指导思想和原则，总体上采用组团式的城市结构布局。即；以老市区为中心，沿交通线两翼轴向发展，构成“一中心、双轴向、四级城镇”的布局模式。以鲅鱼圈区和老边区为支撑点，形成了相互依托、产业互补、各具特色的开放式格局。在这种组团式开放结构中，同时容纳了相互配套工业、居住、商业、公共建筑和市政设施，以便于集中财力、物力开发。在工业布局上，老边区规划为冶金工业区，市区东部为轻工业区，中部为纺织工业区，西部为机械、电子工业区，南部为石油化学工业区，鲅鱼圈区为高新技术开发区。居住区结合老市区改造和新区开发，拟在“八五”期间建成26个小区，并搞好没街住宅改造。商业设施采取商业区和商业街结合的方式，在市区一路、二路、三路、四路逐步建成一批商业中心地带。科技、教育、文化、体育、卫生等项设施则考虑区域需要和原有基础，适当搞好集中和扩散。在总体规划指导下，营口市还认真制订了各项专项规划，先后编制了城市道路、给排水、通讯、供热、住宅等公用设施规划；编制了工业企业厂点布局规划；编制了商业、服务业发展规划；编制了科技、教育、文化、体育设施建设规划和旅游区开发规划，使专项规划与总体规划相互衔接，有力地指导了城市建设。

加强城市基础设施建设，不断完善城市功能

“七五”期间，全市依据总体规划要求，发扬自力更生、艰苦创业的精神，贯彻“人民城市人民建，公用事业大家办”和“规划一片、开发一片、受益一片”的方针，集中财力，突出重点，先办好急办的事情，不断强化城市基础设施，逐步改善生产、生活和投资环境。

“七五”时期，正值国家实行“双紧”政策时期。在城市建设外部环境不宽松的条件下，调动各方面积极性，多渠道增加对城市基础建设的投入：1. 合理征收税费，增强城市自我发展能力。通过开征城市建设维护税、土地开发使用、基础设施配套、环境保护、商业网点和教育附加等税费，5年聚集资金2.9亿元，其中80%以上作为基础设施建设专项资金。2. 地方财政适当倾斜，增加城市维护费投资。自1985年以来，城市维护费逐年递增，累计投资1.2亿元，比“六五”时期增加1.2倍。3. 借助金融信贷杠杆作用，实行基建资金有偿使用。“七五”期间城市建设向国内银行贷款6400多万元，国际银行贷款1500万美元。4. 依靠和面向社会，发动企业和居民自建或共建。近年来，通过银行发行重点建设债券2000万元。据初步统计，“七五”期间全市城市建设累计投资10亿多元。完成大中小项目165项，其中重点项目67项，有90%的项目收到良好的社会效益。

在城市建设的具体步骤上，坚持先地下后地上，先重点后一般，生产与生活并举，开发与改造结合，分层次、有重点地组织实施。一是突出重点建设项目，尽快树立开放城市形象。营口市把改善投资环境作为重点，以港口建设为龙头，带动能源、交通、通讯和服务设施的配套。5年间全市投资5.4亿元，完成了营口老港改造和鲅鱼圈新港建设一期工程，年吞吐能力达到1000万吨，比“六五”末增长17倍，初步形成了“一市两港”的对外优势。同时狠抓港电配套，争取国家投资兴建总装机容量120万千瓦的大型火力发电厂，目前厂区已完成“三通一平”。老市区投资1.2亿元，先后兴建3座小型火力发电厂，总装机容量为4.8万千瓦，通过能源转化，以电振港，以港兴市。正在开发建设中的营口新区，远景规划面积为140平方公里，起步区为5.3平方公里，投资6700多万元，其中0.5平方公里实现了“七通一平”。新区内进港铁路和疏港公路与长大铁路和沈大高速公路相接，供水、供热、供电等基础设施陆续配套，新区作为辽宁中部城市群及东北广大腹地的对外“窗口”开始发挥作用。二是以“解难”、“解险”为重点，狠抓基础设施配套。“七五”期间围绕解决走路、吃水、住房、上厕所、入学等“诸难”问题，坚持:“统一规划，综合开发，配套建设，滚动推进”的原则，分轻重缓急，每年都有计划地办成十几件好事，累计共为群众办了40多件实事，使城市服务功能逐步配套。5年间共完成住宅面积113万平方米，比“六五”期间增长64%，人均居住面积由5年前的3.9平方米增加到5.4平方米，先后建成了12个居民小区。同时加强城区街巷道路和给排水工程建设，5年完成城市干道工程31条（段)，总长度为34公里，总面积为59万平方米，比“六五”期间分别增长13.3%和81%。先后新建238条巷道，总长度为47公里，新增面积23万平方米，比“六五”期间分别增长34.2%和35%。城市街道硬质覆盖率由“六五”时期的50%增加到目前的95%以上。超前完成新区开发的地下和地面设施，“七五”期间新建和改造城市排水管道36条，总长28.6公里，比“六五”增长1.5倍，新建5座排水泵站，使城市排水能力由“六五”末的每秒18.8立方米提高到每秒27.8立方米。改造辽河护岸1083延长米。通过采取综合治水措施，使海拔不足2米的沿海平原城市，多年免遭内涝之害。城市供水也有很大改善。投资7057万元，新上了三道岭、辽河水源工程，全市日供水由5年前的8.4万吨提高到13万吨，日人均生活用水量55升，比“六五”提高77.4%。与城市居民生活相关的吃水、走路、住房、上厕所等“诸难”进一步得到缓解。三是坚持现代化标准，提高城市服务水平。“七五”期间，全市一方面狠抓基础设施配套，偿还城建历史欠帐，一方面按照开放城市要求，提高城市建设标准，赶超现代化城市水平。坚持把

改善城市供热、供气、通讯、绿化作为实现城市现代化的重要方面。“七五”期间进行城市采暖改革，由区域供热向集中供热发展。扩建安装了130吨锅炉和1.2千瓦／小时发电机组，发电供热能力达到5吨／小时，使全市一次性供热达到25万平方米，加之区域供热，全市冬季采暖面积已达到144万平方米，比“六五”期间增加89%。5年来共投资3900多万元，新上了煤气工程，目前已完成贮气和管道主体工程，形成1万户供气能力，全市从此结束了无煤气的历史，加上液化气补充，全市气化率达到31%以上。为满足开放城市扩大对外联络的需要，1988年全市从日本全套引进数字程控电话交换机1.4万门，与国内大中小城市联网，并开通了国际直拨电话、电传和传真业务，是我国北方最早使用程控电话的城市之一。园林绿化迈出可喜步伐。“七五”期间园林绿化投资1289万元，新建了镜湖、墩台山公园，改造和扩建了楞严寺和辽滨公园，园林总面积比“六五”提高70%。城市植树50多万株，栽绿篱38万延长米，种草坪43万平方米，栽花460多万株，建成市区小游园、小景点34块，人均绿化面积比“六五”提高1倍，绿化覆盖率达到20%。楞严古刹、炮台风烟、辽滨游园等旅游景点以崭新风姿迎接着中外投资和观光者。

健全城市管理法规，把城市管理纳入法制轨道

城市管理工作是重要的城市软环境建设。“七五”期间随着城市规模的扩大和现代化水平的提高，城市管理不断加强，使城市规划、建设和管理逐步纳入法制轨道。

（一）改革现行管理体制,建立健全城管体系。面对改革开放的新形势，全市坚持从有利于搞活城建、加强城管出发，对长期存在的管理弊端进行改革。一是强化政府职能，加强宏观控制。市政府下设建委，统管城乡基本建设，并逐步实行城市规划、建筑设计、城市土城使用、环境保护方面的行业管理；二是实行统分结合，简政放权。对市、区和街道办事处分级管理，做到该收的权力收紧管住，该放的权力下摆搞活。城市建设、管理建设、管理中的重大问题由市政府统一决策和实施，对无关大局的项目下放区街实施，市、区、街三级都有各自的分工职能；三是实行单位门前“五包”责任制.即各级党政机关和企事业单位，就地划分担区，并包修门前路、包护门前树、包保门前洁、包治门前乱、包养门前花，做到人民城市人民管理。通过改革，束缚城市发展的因素逐步被克服，城市规划建设、管理决策、反馈、监督等灵活有效的管理机制初步形成。

（二）加强城市立法工作，依法管理城市。“七五”期间，全市把依法进行城市管理作为依法治市的重要组成部分。首先从完善城市管理法规入手，依据国家法律，先后制定了有关城市规划，通讯管理、交通管理、土地管理、环境管理等28项法规性文件。特别加强了土地管理，坚持了严格的审批制度，对工业、贸易、旅游等建设用地，均实行了严格的申报、审批制度，保证了土地的合理使用，维护了城市规划的大局。同时，还完善动迁、市容等项管理法规。其次是依法接受各界监督。市政府对城市建设的重大建设项目，提交人民代表大会和人大常委会议审议通过，主动争取人大依法监督、政协民主监督和群团部门社会监督。市政府设立了市长“热线电话”，及时了解和反馈市民对城市建设方面的呼声和要求，5年共接待市长公开电话200多次，政府受理人大议案115件，政协提案47件，全部进行了处理和答复。每年初市政府向全市人民报告城市建设的重点项目，年终举行新闻发布会介绍完成情况，接受全市人民监督检查。

（三）实施综合整治，改善城市环境卫生面貌。“七五”期间，全市把城管工作重点转向综合整治市容、市貌和提高环境卫生水平方面。采取突击性整治与经常性措施相结合，以城建、环保部门为主，动员公安、司法、工商、卫生等部门密切配合，大打城市卫生总体战，形成了治理环境大家动手，管理环境人人有责的局面。根据本市情况，坚持升级管理的原则，5年来先后进行三次大规模整顿。一是围绕树立开放城市形象。改善投资环境集中治理“脏、乱、差”。全市共出动人工30万个、车辆2.5万台（次），清理垃圾1200万吨，运残土1.6万吨，动迁违章建筑1473处，建筑面积2万平方米。按现代化城市要求对临街建筑进行了重新规划和修缮，遏制了城市居民的乱占滥建、乱倒乱挂现象。二是以整顿秩序、改善服务为重点，集中治理“五马闹市”，即（马路市场、马路摊点、马路商店、马路仓库、马路工厂）。5年投资939万元，新建和改造农贸市场3处，商业大厦、百花总汇2座，门点465个，长途客运站2处，对重点场所实行重点管理，强行做到行商归店，车辆进站，货物入库，农贸归市，退路进场。对部分农产品批发市场、轻工市场进行了封闭和半封闭式管理。三是以美化、净化环境，提高城市总体管理水平为重点，集中人力、物力、财力，绿化、美化、净化环境。发动全市植树、栽花、种草，新建街旁建筑小品，并充分利用城市空间和自然条件，搞好环境再创造。坚持“综合利用、化害为利”的方针，全面实施环保“五二四工程”，“七五”期间共治理污染源311项，“三炉”改造516座，市区建成37平方公里无烟尘污染控制区，烟尘污染与“六五”时期相比下降23.6%，全市大气标准一直保持国家二级水平，环境卫生连续3年被评为全省乙组城市第一名。

目前，营口市根据“八五”计划要求，进一步完善城市规划，并不断向沿海现代化城市迈进。

盘锦市

市　长：张林生

副市长：田育广（第一副市长）　杨维庆（公安、科教）　杨银山（财贸）　刘洪滨（农业）　刘福钧（工交）　李立国（城建）

田育广第一副市长，天津市蓟县人。1942年11月生。1959年9月参加工作，1966年8月加入中国共产党。历任教员、党支部书记、本溪矿务局党委副书记。1973年任辽宁省煤炭工业局党委副书记、副局长。1977年任共青团辽宁省委书记、党组书记。1979年任铁岭县委副书记。1982任铁岭市（县级市）市委书记、市长。1984年以来，先后任盘锦市委副书记、常务副市长，第一副市长（正市级）。

喜看今日石化城

——盘锦市“七五”期间经济社会发展概述

□ 李万新　王春明

“七五”期间，在党的十一届三中全会以来的路线、方针、政策的指引下，盘锦市人民克服经济发展中的各种困难，战胜了连续发生的洪涝、干旱灾害，全市国民经济和社会事业获得了长足的发展。

1990年，国内生产总值完成41.8亿元，比1985年增长50.8%，平均每年递增8.6%；国民收入完成31.8亿元，比1986年增长27.7%，平均每年递增5%；社会总产值完成99.5亿元，比1985年增长63.5%，平均每年递增10.3%；工农业总产值完成65.44亿元，比1985年增长69%，平均每年递增11%。

坚持把农业放到首要位置，加速农业综合开发

“七五”期间，盘锦强化了农业的基础地位。5年中，通过财政增加投资，场、乡、镇和农民群众集资等多种形式，共向农业投入2.9亿元，用于改善生产条件。紧紧抓住影响农业的主要矛盾，发动群众，整治辽河，加强农田基本建设。5年中，累计完成土石方1.14亿立方米，辽河的防洪能力由原来的10年一遇提高到20年一遇标准；农田的抗旱除涝能力有了很大增强。1990年粮食生产在严重春旱缺水的年份，又迈上了新的台阶，社会粮豆总产量达到70.36万吨，比1985年增长36.9%。全市狠抓了农业先进技术的推广，加强了农业的开发性建设。大洼小三角洲已胜利建成21.6公里的防潮大堤、12.8公里的排水总干和两个防潮闸，创造了开垦利用的基本条件。

在抓紧粮食生产的同时，充分利用当地农业的资源优势和有利条件，积极调整了农村的产业结构，加速发展农村多种经营。通过制定和落实一系列扶持政策，畜禽生产稳定增长。1990年，生猪饲养量达到45.42万头，比1985年增长24.3%，家禽饲养量达到244万只，比1985年增长52.3%。肉类总产量达到2.23万吨，比1985年增长77%。积极开发滩涂和坑塘水面，大力发展了海、淡水养殖业。1990年水产品产量达到2.82万吨，比1985年增长75.9%。其中，淡水养殖产量由1985年的3042吨增加到7829吨；对虾精养面积由1985年的750公顷增加到3300公顷，产量由1985年的365吨增加到4700吨。以蔬菜大棚为重点的庭院经济迅速发展，大棚面积由1985年的不足200万平方米发展到840万平方米，年产鲜细菜5.9万吨。芦苇、林业、水果生产也都有了较大的发展。场乡镇企业总收入达到7.4亿元，比1985年增长1.5倍。场乡镇工业得到了相应的发展。1990年，场乡镇工业总产值3.59亿元，比1985年增长1.5倍，平均每年递增20.3%。

二、三产业的迅速崛起，农村经济结构日趋合理，整个农村经济呈现出农、林、牧、副、渔、苇六业兴旺，非农产业迅速发展的可喜局面。

立足于油气资源的开发利用 加速了工业的发展步伐

“七五”期间，地方工业累计完成固定资产投资20.5亿元，新建和改扩建了222个工业项目，并形成了可观的生产能力 。1989年10月建成投产的盘锦新型防水材料厂，全部达产后可年产防水卷材2000万平方米；1990年9月建成投产的盘锦化工厂，可年产烧碱1.5万吨；1990年10月建成投产的盘锦天然气化工厂，投资14亿元，可产12.5万吨聚乙烯、4万吨聚丙烯。投资千万元以上的盘锦第三塑料厂、盘锦电缆料厂、盘锦纺织厂等一批新项目也陆续建成投产。目前，已初步形成了天河天然气工业区、渤海石化工业区、兴隆轻化工业区三个工业区的框架，使盘锦工业的发展后劲有了明显增强。1990年，全市工业总产值完成30.6亿元，比上年增长3.6%。5年来，根据国家的产业政策和盘锦的实际，结合工业重点项目建设和技术改造，积极进行了工业产业结构和产品结构的调整。在大力发展石油化工等支柱产业的同时，努力加快了经纺工业、建材工业、食品工业的发展步伐。工业生产门类逐年增加，工业内部结构日趋合理。通过调整产品结构，原油、天然气、沥青、合成氨、甲醇、变压器、塑料制品等原有骨干产品产量比“六五”期间有大幅度的增加；同时，开发了乙烯、甲醛、润滑油、混合甲胺、农膜、塑料中空制品、新型防水卷材等160余种新产品，其中，有24种产品分别被评为省优、部优产品。1990年，国营预算内企业实现的产值。产成品资金占用、销售收入、可比产品成本、利税、上交利税、企业留利和扭亏增盈等9项可比指标，均居于全省前列。

交通、邮电事业发展迅速。5年内，共修建改造黑色路面316公里。盘锦大桥、庄林公路拓宽等一大批交通设施的建成和改造大大提高了全市通车能力。1990年全市公路通车里程由1985年的887公里增加到1347公里，公路好路率达到77.8%，比1985年提高了29.4个百分点。在乡路建设中，由于坚持了市、县、乡一齐上的方针，调动了各方面积极性，5年共建成242公里乡级黑色路面，使乡路中的黑色路面由1985年的33公里增加到275公里。客、货运输有很大增长，1990年公路货运量达到1830万屯，比1985年增长84%，平每年递增13%。公路客运量1054万人，比1985年增长19.5%，平均每年递增3.6%。通讯设施和通讯能力得到较大改善。5年中，安装了1.6万门程控电话，使盘锦与29个省、市、自治区和55个市、县直接联网，并实现了国际电话直拨。市内电话到户数达到6769户，比1985年增加3929户。农村电话到户数达1370户，比1985年增加477户。1990年邮电业务总量达1183万元，比1985年增长1.8倍。

城乡市场繁荣稳定，财政收入逐年增加

全市狠抓了流通体制改革。一方面，充分发挥国营商业和农村供销社在稳定市场、平抑物价中的主渠道作用；另一方，鼓励发展城乡集体、个体商饮服修业。各级商业、供销企业与省内外20多个大中城市的700多个生产厂家建立了直接供货渠道。加强了商业基础设施建设，5年共新增营业面积42万平方米，万人拥有商业饮服网点已由1985年的82个增加到88个。加强了流通领域秩序的整顿和对市场、物价的监督管理，城乡市场稳定繁荣。1990年，全市社会商品零售总额实现11.3亿元，比1985年增长1.37倍，平均每年递增18.8%。城乡集市贸易成交额2.1亿元，比1985年增长2.6倍，平均每年递增29%。

根据国家的产业政策和盘锦的实际，金融部门积极调整信贷结构，筹措资金，支持工农业生产、商品流通和重点项目建设。1990年，各项贷款余额28.36亿元，比1985年增长3.81倍。各项贷款余额27.14亿元，比1985年增长3.24倍，其中城乡居民储蓄存款余额15.7亿元，比1985年增长4.9倍。1990年，全市地方财政收入3.5亿元，比1985年增长1.5倍，平均每年递增20.1%。财政支出4.02亿元，比1985年增长1.64倍，平均每年递增21.5%。

“七五”期间，特别是1988年盘锦市正式被批准为沿海对外开放城市以来，全市狠抓了外向型经济建设，加强了对外开放意识教育，努力改善投资环境，积极开展了对外经贸友好往来。为了改变对外出口贸易薄弱的状况，积极进行了出口企业和出口基地建设，出口品种增加到9大类、31种。特别是随着一批产品可供出口的企业和生产项目的陆续竣工投产，盘锦发展出口创汇的后劲明显增强。利用外资、引进技术取得明显成就。“七五”期间，先后同奥地利、西德、意大利、日本、英国、美国等十几个国家和地区开展了经济合作和贸易往来。5年来，利用外资、技术引进和设备进口共签协议179项，实际利用外资金额7.96亿美元。“三资”企业从无到有，已达到11家。

5年来，随着城乡经济的发展，人民生活水平有了明显提高。1990年，城市居民人均生活费收入由1985年的860元提高到1646元，增长91.4%；农村人均纯收入由1985年的584元提高到1018元，增长74.3%。1990年底，城乡居民储蓄余额达15.7亿元。人均储蓄存款1493元，比1985年增加1209元。城市人均居住面积由1985年的3.81平方米增加到.68平方米；农村人均使用面积由1985年的17.94平方米增加

到19.61平方米。通过广开就业门路，全市5年中共安置5.23万人就业，城镇待业率由1985年的5%下降到2.8%。“七五”期末，全市拥有职工41.38万人，比“六五”期末增加5万人，增长13.4%；职工工资总额7.69亿元，比“六五”期末增加4.29亿元，增长1.3倍。

加强基础设施建设，城市功能逐步增强

“七五”期间，全市累计投资3.2亿元，重点围绕解决市直机关的办公设施和群众生活中的诸难问题，加速了城市建设和改造。兴隆台区市直小区建设已见雏形，在昔日的盐碱荒滩上，建成鳞次栉比的楼群。双台子区经过建设和改造，面貌为之一新。归纳起来，5年中主要办了10个方面的实事：一是，加速了城市居民住宅建设。通过多渠道筹措资金，共瓣建、扩建、维修住宅150万平方米，新建办公设施17.7万平方米，城市居民的居住条件明显改善。二是，加强了城区道路及交通设施建设，新建。扩建和改造了石油大街、盘锦大街和红旗街等30余条道路，城市道路面积由1985年的24.5万平方米增加到66.1万平方米，其中沥青混凝土路面由1985年的20.1万平方米增加到44.3万平方米；建成了盘锦大桥，增加了市内交通营运线路；完成了盘锦火车站改造的一期工程，改变了交通拥挤、群众走路难、乘车难的状况。三是，积极解决城区排水难的问题。共敷设城市排水管道49031米，加固和维修了城市防洪堤坝，新建和维修了5座城市排水泵站，城市排水能力由1985年的4.5立米／秒提高到12.8立米／秒。四是，投资5000多万元，新建了石山水源工程，新建、改造了9400米供水管线，城区日供水能力由1985年的1.3万吨增加到7万吨，并改善了饮用水质量。五是，改造和维修了2.8000米天然气供气管线，新建了2万立方米的储气罐、8座调压站和液化气站，改善了市区供气条件。六是，新建了盘锦商业大厦、盘锦百货大楼、辽河商场等7处大型商场，市区新增营业面积3.6万平方米，整顿动迁了5处集贸市场，进一步适应了群众生活需求。七是，加速了城区的校舍建设和改造。新建、扩建了盘锦师专、市委党校、市高中、市师范等56所大、中、小学校舍，维修改造了25所中、小学校舍，改善了办学条件。八是，加强了文化、卫生、体育等设施建设。新建了市第一人民医院、妇婴医院，扩建了市第二人民医院等7所医院。建成了盘锦广播电视发射中心，市人民体育场也正在建设之中。九是，建成了市邮电大楼，增加了市内电话的入户率，这装开通了程控电话，使通讯能力达到新水平。十是，加强了城市的绿化、净化、美化工作。开展了城区植树和栽花种草活动，城区绿化覆盖率由1985年的11%增加到17.1%；开发建设了湖滨公园，为群众开辟了游乐场所。

在加速城区建设的同时，注意加强了城市管理。编制完成了《盘锦市城市总体规划》，制定了《盘锦市城市建设管理细则》、《盘锦市城区卫生管理细则》等十几项行政规章，进行了市区交通秩序整顿和公共场所秩序整顿，加强了环境卫生管理，城区脏、乱、差的问题得到初步治理。村镇建设也有了较快的进展。“七五”期间，农村新建和翻建设房屋190万平方米，有近2.5万户农民搬进了新居。农村改水工作取得了新的成绩，已有12个建制镇、269个村屯吃上了自来水，农村饮用自来水人数已达5万人。

重视和加强了科技教育工作

全市积极促进科技力量向经济建设的主战场转移。“七五”期间，组织科技人员对259个科技项目开展了攻关活动。到1990年，已完成213项，有145项得到了推广应用。其中，有97项获市以上科技成果奖。新产品开发完成187项，投产率达86%。依靠科技开发新产品，促进了产品更新换代。农业科技集团承包和农业先进实用技术的推广应用也取得了丰项的成果。

“七五”期间，把教育作为全市工作的一个战略重点来抓。5年来，通过多种渠道，努力筹措办学资金。包括财政拨款和群众集资等在内，累计投资9220万元，用于改善办学条件。共新建、翻建和维修校舍47.8万平方米，全部消灭了校舍中的险房。有122所中小学建成了标准化学校，被省政府誉为“抢修中小学校舍先进市”。积极推广了魏书生进行教育改革的经验，端正办学方向，努力培养德智体全面发展的合格人材。在认真组织实施九年制义务教育的同时，狠抓了中等教育改革，大力发展职业技术教育。全市职业、农业高中和技校、中专由1985年的14所增加到32所，在校生由5479人增加到12678人，为盘锦的开发建设培养了一大批适用人才。同时，5年中共为各类高校输送新生4190人，中专新生5400人。加强了医疗队伍和医疗设施建设，医疗保健条件明显改善。“七五”期末，全市拥有医疗床位4415张，比1985年增加1103张；各类专业卫生技术人员6162人，比1985年增加1149人。计划生育、文化、体育等各项事业也取得了较大发展。

“七五”期间，盘锦的经济建设和社会事业得到了长足发展，城乡面貌发生了深刻变化。“八五”期间，全市要着力抓好4个方面的重点：继续强化农业的基础地位，加速辽河三角洲农业资源的综合开发；以石化工业为主体，大力发展已烯、甲醇、芳烃、顺酐、甲烷氯化物等5个系列产品和轻工纺织产品，加速建设“油气头，化工身，轻纺尾”的新型石油化工城市；优先发展科技、教育事业，在提高人民群众文化素质上狠下功夫；加强城市基础设施建设，不断强化城市功能。

阜 新 市

市　长：**戴明勋**

副市长：**劳　敏（常务）　马　洁（女　蒙古族　文教卫）　赵俊林(城建)　李庆文（科技）　陈章贞(工交、外事)　海金宝(蒙古族　农业、财贸、民族)**

戴明勋市长，1941 年 7 月生，四川省成都市人，工程师。1963 年 8 月毕业于成都工学院塑料工学专业，先后在大连塑料二厂任技术员、阜新市塑料厂任厂长。1983 年 9 月任阜新市经委副主任，1984 年 4 月任阜新市政府副秘书长，1984 年 5 月起，先后任阜新市副市长、代市长、市委副书记，1990 年 2 月任市长。

阜新市“七五”期间社会经济和各项事业蓬勃发展

□ 杨柏林

“七五”期间，阜新市国民经济持续稳定增长，1990 年，阜新市实现社会总产值 50 亿元，国民生产总值 22 亿元，国民收入 17.4 亿元，按可比价格计算，分别比上年增长 3.5%、5.5%、4.5%。工农业总产值(按 1980 年不变价格) 23.4 亿元，比上年增长 4.2%，其中工业总产值 18.3 亿元，比上年增长—1.8%。固定资产投资规模得到一定控制，投资结构进一步调整，企业技术改造有了显著进步。全年固定资产投资完成 4.56 亿元，比上年增长 1.1%。城乡市场平稳，流通秩序进一步好转。全市社会商品零售总额 15.9 亿元，比上年增长 0.24%。对外贸易继续增长，全市外贸出口商品收购总额 1.74 亿元，比上年增长 3.6%。全市地方财政收入 2 亿元，比上年增 15.4%。1990 年末，银行存款余额为 14.56 亿元，比上年同期增长 29.6%，年末银行贷款余额 25 亿元，比上年同期增长 20.5%。

“七五”时期，阜新市完成社会总产值累计为 198.6 亿元，比“六五”时期增长 44.4%。1985～1990 年，平均年递增 6.6%。全市实现国民生产总值累计 93.2 亿元，比“六五”时期增长 27%，1985—1990 年平均年递增 3.3%。人均国民生产总值由 1985 年的 767 元增加到 1990 年的 1223 元，扣除价格因素影响，人均增加 74 元，平均每年递增 2.2%。

坚持改革，实行租赁承包经营企业帮带，阜新工业稳步发展

(一) 实行租赁承包经营，进行经营机制的改革。自 1987 年以来，阜新市从经营机制改革入手，在全市工商企业中全面推行租赁承包经营。1987 年至 1990 年，阜新有 911 户工商、交通、基建企业实行租赁承包经营责任制,企业承包面达 72.3%。在推行和完善租赁承包经营机制中，在企业内部进行了领导体制、劳动人事制度、分配制度、组织结构和企业内部运行机制等五个方面的改革，形成一个完整的责权利相结合的经济责任制体系。1990 年，阜新市积极审慎地进行第二轮租赁承包，全市有 354 户工商企业签订了续租续包合同，有 262 户工商企业签订了目标管理责任状，使租赁承包责任制得以深入和完善。

(二) 主动向大中型先进企业挂靠，开展全方位的经济技术联合与协作。针对阜新市企业素质低、劳动生产率低、产品质量低、经济效益差等问题，1987 年以来，阜新市政府把大力开展全方位的经济技术联合与协作，作为促进企业发展，振兴阜新经济的一项重要工作。继续推行租赁承包经营责任制之后，又推出在企业间开展挂靠帮带的经济发展战略。从 1987 年至 1990

年，省内外大企业、大专院校和科研院所同阜新企业结成帮带对子已达 123 对，市直企业帮带联合面已达 94%。阜新市通过主动与本省和全国优秀企业“攀亲”，走出了一条颇有新意的提高企业经济效益的新路子，在不增加较多投资的情况下，通过现代化的管理、技术改造、技术装备等“软件”的输入，大幅度地提高了企业经济效益。从 1987 年下半年到 1990 年末，阜新市被帮带企业工业总产值净增 9470.7 万元。帮技改，促进了企业后劲的增强。几年来，被帮带企业共新建、改建生产线 45 条，其中新建 35 条，改建 10 条，共开发新产品 113 个，增加花色品种 193 个，改进新工艺新技术、技术攻关 53 项。帮创优，促进了企业产品质量的提高。被帮带企业共有 74 个产品创优，其中部优 12 个、省优 45 个、市优 17 个，企业获质量管理奖 15 个，其中部级 1 个、省级 3 个、市级 11 个。帮管理，促进了企业升级。1990 年，被帮带的 76 户企业共升级 33 户，其中国家 2 级企业 3 户、省级先进企业 18 户、市级 12 户。

“七五”期间，阜新经济的发展得益于改革。实行租赁承包经营，推行企业帮带，使阜新工业经济效益稳步增长。“七五”期间，阜新工业总产值累计完成 122.6 忆元，比“六五”时期增长 39.6%。1990 年，全市工业企业总户数为 1172 户，比 1985 年增加 126 户，完成工业总产值 172651 万元（1980 年不变价），比 1985 年增长 17.9%，年平均递增 3.3%。地方工业有了较快的发展，1990 年全市地方工业完成总产值 120869 万元，占全部工业的比重由 1985 年的 60.3%上升到 70%。“七五”期间，阜新工业企业共完成新产品开发项目 363 项，比“六五”期间增长 18.7%，投产 324 项，新产品累计新增产值 39945 万元，是“六五”期间的 2.6 倍，平均年递增 12.4%，市考核的 40 种主要工业产品产量有 26 种，比“六五”时期有不同程度的增长。轻工、纺织产品中的啤酒、白酒、糖和呢绒、棉纱、棉布等都有较大的增长。1990 年，全市共创部优产品 5 种、省优产品 45 种、市优产品 58 种，省以上优质品产值累计完成 2.87 亿元，优质品产值率为 16.6%，市重点考核的 60 种主要产品质量，提高和持平的有 57 种，产品质量稳定提高率为 96.6%。比“六五”期间多 119 种，其中：部优产品 24 种，省优产品 189 种。

固定资产投资增加，技术改造成就显著

（一）投资总额增加，建设成果显著.“七五”期间，阜新市固定资产投资完成 221762 万元，比“六五”期间增加 102018 万元，增长 85.2%，平均每年增长 6.9%。地方固定资产投资完成 120118 万元，比“六五”期间增加 63268 万元，增长 1.1 倍，平均每年增长 9.5%。“七五”期间建设投产项目 1198 个，新增固定资产 176517 万元，比“六五”期间增加 100225 万元，增长 1.3 倍。“七五”期间阜新市投资结构发生了变化。全民所有制单位完成投资 201683 万元，占固定资产总的投资的 90.9%；城镇集体所有制单位完成投资 20079 万元，占固定资产总投资的 9.1%，从害定资产投资比重看，生产性建设投资完成 174247 万元，占固定资产总投资的 78.6%，比“六五”期间比重增加 15.9%，非生产性建设投资比重由“六五、期间比重 37.3%下降 15.9%。

（二）技术改造步伐加快，促进了现有企业的技术进步。“七五”、期间，阜新市在经济建设中继续推行由外延建设为主向内涵为主的转变。5 年间全地区更新改造投资完成 112188 万元，比“六五”期间投资增长 96.1%，平均每年增长 10.3%。其中：地方更新改造投资完成 68096 万元，比“六五”期间投资增长 1.5 倍，平均每年增长 19.3%。其中：市属地方更新改造投资完成 67533 万元，比“六五”期间投资增长近 1.6 倍，平均每年增长 19.5%。建成投产项目 741 个，全民更新改造投资完成 95754 万元，比“六五”期间增长 8.5%。其中：地方全民更新改造投资完成 5162 万元，比“六五”期间投资增长 1.3 倍，平均每年增长 18.1%，建设投产项目 666 个，经过“七五”大规模的企业技术改造，使阜新市这一老“煤电”工业基地，初步发展成为包括机械、冶金、化工、电子、轻纺、建材、医药、食品等门类比较齐全，具有一定生产水平和加工能力的新兴工业城市。

消费市场繁荣兴旺，对外贸易取得很大进展

（一）商品货源日渐丰富，消费市场繁荣兴旺。“七五”期间流通体制改革进一步完善，给市场带来了新的变化，城乡集贸市场异常活跃。

1. 消费水平明显提高，需求发生新变化。1990 年阜新社会商品零售额达 16 亿元，比 1985 年增长 1.1 倍，每年平均增长 15.4%。其中消费品零售额 14.5 亿元，比 1985 年增长 1.1 倍，每年平均增长 15.7%。在消费品中吃、穿、用商品全面增长，消费需求有新的变化。从消费水平看，吃的零售额 6.1 亿元，比 1985 年增长 1 倍，平均每年增长 15.1%，用的消费品零售额 3.6 亿元，比 1985 年增长 87%，每年平均增长 13.3%，穿的消费品零售额 2.3 亿元，比 1985 年增长 1.3 倍，平均每年增长 18.6%。

2. 商业基础设施建设成就喜人。1990 年末，阜新市共有商业网点 24758 个，5 年间，每年平均以 14.6% 的速度增长。饮食业、服务业网点分别为 2974 个和 5826 个。网点密度为每万人拥有网点 140 个。

3. 城乡集贸市场异常活跃。“七五”期间，全市共投资 1818 万元，兴建城乡集贸市场 23 处，其中封闭市

场9处，全市已拥有城乡集贸市场128处，形成一个以国营商业为主、城乡结合、专业性与综合性结合的城市市场网络。1990年集贸市场成交额突破4亿元，创历史最高记录，比1985年增长4.3倍，每年平均增长39.4%。

（二）对外贸易取得显著成绩。“七五”期间，阜新市外贸收购连年稳步增长。5年实现7.3亿元，外贸收购额平均增长速度达11%。1990年外贸收购总值完成1.74亿元，比“六五”时期的最后一年增加1.9倍，达历史最高水平。“六五”期间，阜新市出口商品基本处于原料性产品和初级产品出口状态，农副产品所占外贸收购总值比重高达69%。进入“七五”后，调整改善了出口产品结构，由初级产品出口为主转向以加工制成品出口为主。1990年，阜新市供应出口的农副产品所占供应出口总值比重下降13%。工业产品出口比重由1985年的28.8%上升到56.6%。1990年，阜新市机电产品供应出口交货值504万元，比1985年增长13倍，所占比重比1985年增加2倍。轻工产品类和工艺品类所占比重比1985年增加近3倍；化工类产品从无到有，占全市出口总值比重上升到6%。利用外资有了突破性进展。至1990年末，全市共签订利用外资合同金额434万美元，其中利用商业贷款231万美元，比1985年增加13倍。“三资”企业开始起步。“六五”期间，阜新“三资”企业为零，“七五”期间已发展到7家，其中已投产5家，正在建设的2家。加强了同世界各国和地区的经济往来。“七五”期间，阜新已与世界20个国家和地区建立了经济技术和文化联系。

城市建设突飞猛进

“七五”期间，阜新市累计用于交通、能源、通讯、水、电、气、暖等城市基础设施投资达1.89亿元，比“六五”时期增加60%。

（一）改造和新建住宅区。“七五”期间投资完成20272万元，共建住宅166.3万平方米，相当于建国初期实有住宅的2.5倍，是“六五”期间住宅建设的1.5倍。人均居住面积达到4.97平方米，比“六五”期间人均3.86平方米增长28.8%。

（二）自来水、供热、煤气事业迅速发展。1990年，市区供水管路总长度803公里，比1985年增长10.6%；年供水量达到5898.8万吨，比1985年增长16.4%；日平均供水16.2万吨，比1985年增长16.5%。供热量由1985年的287.5万百万千焦，增加到1990年的476.2万百万千焦，5年净增188.7万百万千焦，平均每年递增10.6%。供热面积由1985年的126.6万平方米，增加到1990年的225万平方米，5年净增98.4万平方，平均每年递增12.2%。煤气年生产能力8760万立方米，煤气进户已达1.8万户，加上1.8万户使用液化石油气用户，市中心区居民气化率达到27.9%。

（三）交通和通信建设取得新进展。“七五”期间阜新道路总长度为2574公里，比“六五”期间增长21.8%，新建道路332公里。“七五”期间，全市共新建和改建城区街道26条，33公里，面积达33万平方米，铺装人行道15.16万平方米，新建排水管道26公里，维修道路4.5万平方米，新增路灯1304盏，在辽宁省路灯评比中连续5年获得第一名。“七五”期间阜新市通信建设固定资产投资额达2900多万元，比计划投资多2600多万元，年均增长55.8%。市内电话交换机总容量达1.5万门，是1985年的1.52倍，5年纯增加5200门，年均增长8.8%，长途自动交换机达430多路端。

科研、教育、卫生、体育事业有长足发展

科技事业蓬勃发展。1990年末，阜新市科技人员近6.4万人，比“六五”末期增加4.1万人，增加56%。“七五”期间共完成科研成果688项，年平均增加经济效益3156.4万元，平均每年创利税1380万元。教育事业繁荣兴旺。“七五”期间，全市校舍竣工面积达13.13万平方米，累计学生席位2.24万个。到1990年，全市共有普通高等学校3所，中等专业学校8所，技工学校9所，普通中学142所，职业中学40所，小学915所，有教职工29490人，学生308214人。卫生事业取得突破性进展。1990年末，阜新市有医药卫生机构257个，各类医院102所，比“六五”期间增加11所；医院床位7179张，比“六五”期间增加1396张；卫生技术人员9698人，比1985年增加1174人。体育事业发展较快，“七五”末期，阜新市共有体育设施1260个。5年间，全市在省以上比赛中共获奖牌434枚，其中金牌158枚。1986年被国家命名为“田径之乡”。

辽阳市

市　长：黄恒宪

副市长：李玉臻（常务）　张榕明(女　科技文卫)　张利藩（城建）孟凡利（工贸）吴春泽(农商)

黄恒宪市长,1934年12月生，湖南省长沙市人，中专文化，七届全国人大代表，中共党员。曾任中共本溪钢铁公司党委秘书、综合科长、调研科长；中共辽宁省委工交政治部处级巡视员；任辽阳石油化纤公司筹建处办公室负责人、政治部副主任、建厂指挥部领导成员、辽化化工二厂党委书记兼厂长；1983年4月任中共辽阳市委常委、秘书长；1988年1月任中共辽阳市委常委、常务副市长；1990年12月任市委副书记、代市长；1991年2月当选为市长。

古城辽阳　阔步前进

□ 辽阳市人民政府调研室

“七五”期间，辽阳市的国民经济和社会事业由于认真贯彻执行了党的基本路线，坚持了以经济建设为中心，深化改革，推进开放，得到了持续、稳定、协调的发展，基本实现了“七五”计划确定的各项目标，取得了较好的成绩。

1990年，全市社会总产值实现85.52亿元，按可比价格比1985年增长63.9%，平均每年增长10.4%。国民生产总值实现41.59亿元，按可比价格比1985年增长46.7%，平均每年增长8.0%。国民收入实现31.80亿元，按可比价格比1985年增长33.8%，平均每年增长6.0%。工农业总产值实现73.78亿元，比1985年增长57.0%，平均每年增长9.4%。其中，农业总产值12.08亿元，比1985年增长40.4%，平均每年增长7.0%；工业总产值61.70亿元，比1985年增长58.9%，平均每年增长9.7%。地方财政收入实现了3.88亿元，平均每年增长18.7%；地方财政支出3.91亿元（不含上解支出），平均每年增长12.8%。

全市社会总产值、国民生产总值和国民收入提前一年完成了“七五”计划，国民生产总值按不变价格提前一年实现了翻一番的第一步战略目标。从农村到城市，辽阳的经济生活出现了前所未有的蓬勃生机。

经济体制改革逐步深入

在农村，统分结合的双层经营体制得到发展，家庭联产承包责任制更趋完善，广大农民发展生产的积极性得以发挥。注重了乡镇集体经济的发展，加强了乡村两级服务功能，强化了社会化服务体系。建立健全了全市所有乡镇财政所、工商所、税务所和乡镇金库，完善了县乡财政包干体制。在城市，以承包经营为主要内容的企业改革取得了明显效果，企业间的横向联合取得了新进展。全市跨地区经济联合和协作项目达85个，引进资金2540万元，8户企业兼并了12家企业：167家企业参加组建纺织印染、造纸机械等13个企业集团。县区综合改革逐步深化，宏伟区的科技先导区试点和辽阳县的综合经济体制改革试点等均取得可喜的成果和经验。逐步形成了以生产资料市场、金融市场为主体，包括科技市场、人才市场、劳务市场、承包租赁市场、房地产市场在内的市场体系，同时为方便人民生活，进一步完善和发展了农贸市场和轻工市场。此外，计划、财政、工商、税务、金融、物资、劳动、人事以及文教卫生科技等方面的改革也有较快进展，取得了一定的成效，有力地推动了国民经济和各项社会事业的发展。

治理整顿取得成效

在生产领域，从调整产品结构和企业结构入手，加强了宏观管理，保证了工业生产的健康发展。在流通领域，对全市640个各类公司进行了清理整顿，整顿了商业批发企业。加强了对经营重要生产资料企业和集贸市场的管理，对重点商品实行了专营制度，流通秩序明显好转。同时，强化了对建筑市场、房地产市场的管理。在文化领域，加强了文化市场的管理和法制建设，“扫黄”、“除六害”工作取得辉煌成果，促进了社会主义精神文明建设。全市深入进行了财务、税收、物价大检查，严肃了财经纪律，促进了经济秩序的进一步好转。

农村商品经济发展较快

5年间农业投入累计达到1.24亿元，比“六五”期间增长72.5%。农业基础设施和农田水利建设得到了加强，科技兴农政策措施得到了落实，加之自然气候条件较好，农业获得全面丰收。1990年粮豆总产量达到77.9万吨，比1985年增产65.2%。水田面积由1985年的4.56万公顷增加到5.33万公顷，西部沿河平原成为国家重要商品粮基地。各种农副产品的商品率不断提高。畜牧业生产持续发展。1990年肉类总产量达到3.21万吨，禽蛋产量达到1.95万吨，奶类产量达到2133吨。渔业生产也有新发展，全市淡水养殖面积1990年达到0.22万公顷，成鱼总产量突破万吨。畜禽饲养量大幅度增加，蔬菜、肉类、鲜蛋等主要副食品货源充足，保证了城乡人民需要。大批农民从单纯的种植业转向家庭副业和第二、第三产业，走上了致富之路。乡镇工业发展较快，1990年乡及乡以下工业总产值达到11.47亿元，比1985年增长2.3倍，平均每年增长26.9%。加快了山区建设步伐，山区林业、矿业、果品业、畜牧业都有了发展。

工业经济技术实力进一步增强

技术改造成效显著，5年内全市共实施技术改造项目599个（其中1000万元以上项目20个），竣工投产447个（其中1000万元以上项目12个），累计新增产值8.07亿元。一些重点行业的技术装备水平和生产能力有较大幅度提高，形成了一批骨干企业和拳头产品，增强了发展后劲。5年累计开发新产品1012项，已有667项投产，新增产值11亿元，1990年新产品产值率由1985年的4.5%提高到10%。在市重点考核的产品中，优质品产值率达40%以上，在省内处于领先地位。5年共创部优产品78种、省优产品118种，获国家质量金、银奖牌13枚。地方电力生产企业发展迅速，先后建设了辽阳热电厂等3个热电厂（站），1990年地方电厂发电量11838万千瓦小时。全市工业总产值提前一年实现“七五”计划指标。

城乡建设成效显著

本着统筹规划、分步实施、量力而行、保证重点的原则，进一步改善了全市城乡硬环境。首先，围绕全市经济和社会发展，重点进行了基础设施建设。5年内，城乡建设投资额达到2.6亿元，比“六五”期间增长2.23倍。先后拓宽改造了中华大街等6条主要干道和城市出入口。完成了汤河水源、护城河治理、民用煤气等一批重点工程。其次，围绕全市人民生活需要，进行了公共设施和住宅建设。城市住宅建设有了较快的发展。建成了青年街等5个住宅小区，5年新增住宅建筑面积207万平方米。对全市49个乡镇的总体规划进行了调整和组织实施，使村镇的道路、给排水、绿化、卫生等环境有所改善。1990年农村新建和翻建住宅38.2万平方米。农民居住条件有了改善。城市绿化覆盖率由1985年的13.8%提高到1990年的21.8%。胜利完成沈大高速公路辽阳段的施工及配套任务，建成乡级公路13条，204公里，修建乡路桥梁49座，2834延长米。建成了东北一流的封闭式市场一座。邮电通信业发展较快，邮电业务量比“六五”翻了1.13番。为全市提供了传真、长途直拨、无线寻呼、礼仪电报、邮政储蓄、邮政快件等新业务。境内邮电局、所发展到54处，城乡邮路总长度达594公里，新增程控电话1.9万门，市话交换机容量已达3.49万门，市话普及率为2.9%。

对外开放有了良好开端

辽东半岛对外开放以来，辽阳的对外开放工作发展迅速。1990年出口商品收购额达到2.91亿元，比1985年增长2.3倍，全市1000万元以上的大宗出口商品已发展到10种，100万元以上的出口商品发展到47种，累计创汇2.5亿美元。“三资”企业由1985年的1家发展到13家，发展了1户境外企业、11户有进出口经营自主权企业和6个出口专厂。5年利用外资2795万美元，技术出口额达到280万美元，接待国外客人6700人次，国际旅游收入114.2万元。对外经贸活动日趋活跃，仅1990年全市就先后派出各类经贸团组33个，出访欧美、亚非、苏联等23个国家和地区，签订了一批合资合作、国外建厂、易货贸易、现汇贸易、劳务输出合同或协议，促进了对外经济技术合作。

依法治市有了新进展

“七五”期间、全市制定了依法治市的实施方案，在全市城乡人民群众中，特别是政府机关中普遍进行了普及法律常识教育，全民法律意识有了很大的提高。为贯彻《中华人民共和国行政诉讼法》，市县区政府相继成立了法制局，对全市行政执法状况和行政规范性文件及具体行政行为进行了认真检查和清理，普遍培训了政府各部门领导干部和行政执法人员，为依法行政奠定了基础。使用土地、保护环境、计划生育等方面的依法管理也得到加强，使政府的各项工作逐渐步入规范化、法制化的轨道。加强了社会治安工作。从重从快严厉打击各种刑事犯罪和经济犯罪活动，积极推进社会治安综合治理各基措施的落实，社会治安有所好转。

科技，教育等各项事业全面发展

“七五”期间，全市的科技事业蓬勃发展，硕果累累。研制出一批科研成果，推广应用了一批先进的科学技术，有65项发明创造获得国家专利，42项“星火计划”项目得到实施，专利技术转让实施率排在全国前列。1990年全市开展了科技进步年活动，广大科技人员以科技兴农、科技兴企为主战场，有力地促进了全市经济的发展。在农业战线，大面积推行农业技术集团承包，1459名科技人员承包耕地6.25万公顷，占全市粮豆种植面积的46%；大力推广应用了水稻园田旱育苗、肉牛肉猪圈养快速育肥、引进新品种等40项农业实用技术；组织科技人员开展科技培训和普及工作，全市农村共培训了各类专业技术人员和农民11万人次；帮助落实科技扶贫规划、推广优质果树栽培保鲜等新技术。在工业战线，组织了60个企业积极开展创建科技先导型企业活动，取得了明显效果。全市开发新产品131种，完成技术改造项目82个，推广10项新技术，又有11项科技成果获省科技进步奖。教育事业稳步发展，加强了基础教育，教学质量得到提高，中小学教学条件进一步改善。“七五”期间教育投资达2.98亿元，平均每年增长26.8%，新建和改造校舍33.6万平方米、增添了教学仪器设备，改善了办学条件，建教师住宅1.5万平方米，教师各种待遇及社会地位明显提高。全市拥有普通高等学校3所，在校学生2015人，普通中等专业学校8所，在校学生5258人，普通中学109所，在校学生8.4万人，小学700所，在校学生17万人，小学毕业生升学率86%，在校学生巩固率99%，学龄儿童入学率98%。全市文化事业日趋繁荣，创作演出了一批优秀剧目，丰富了城乡人民的文化生活，成功地举办了首届辽阳文化节。全市艺术团体发展到5个，电影放映机构179个，各类文化馆、群众艺术馆11个，文物保护机构5个，图书馆5个。新闻事业又有新发展，增加了3个电视播出频道。1990年又为14个山区乡镇更新了广播扩音设备，安装了5个电视差转台，初步解决了山区人民听广播难、看电视难问题。城乡医疗条件进一步得到改善，建成了市急救中心，增添了部分先进的医疗设备，深入开展了预防保健工作。到1990年全市共有卫生机构380个，其中：医院83所，门诊部（所）262个，卫生技术人员7824人，实有医疗床位7186张，各种传染病、慢性病、地方病的预防、控制取得较好成效。全市群众性体育活动蓬勃发展，修建了游泳馆，圆满地承办了第二届全国青少年运动会游泳、跳水比赛，广泛深入地开展了全民性的体育运动，为国家输送了一批优秀运动员。加强了计划生育工作，人口增长得到有效控制。1990年人口出生率和自然增长率分别达到12.8‰和7.13‰。全市保险事业又有新发展。到1990年全市保险业务总收入5407万元，比上年增长14.6%，其中：国内业务5305万元，增长14.3%；保险业务总支出3091万元，比上年增长22.8%，赔付率由上年的39.2%下降到37.6%。精神文明建设成绩显著。全市在财贸、公用、饮食行业开展了争最佳个人竞赛活动，提高了服务质量。全市城乡广泛开展了拥军优属、拥政爱民和军民共建活动，加强了军民、军政团结，密切了军民、军政关系，1990年荣获辽宁省委、省政府授予的“双拥模范城”光荣称号。

人民生活水平进一步提高

“七五”期间，城乡人民生活必需品供应充足，消费结构发生了显著变化，家庭耐用消费品拥有率普遍提高，衣食住行用都有了明显改善，1990年全市社会商品零售总额为17.23亿元，比1985年增长91.1%，平均每年增长13.8%。城乡集贸市场成交额达到3.23亿元，比1985年增长3倍，平均增长34.1%。全市商饮服修网点达17347个，比1985年增长45.4%。1990年，城市居民人均生活费收入达到1208元，比1985年增长1倍，平均每年增长15%；农村人均纯收入达833元，比1985年增长68.8%，平均每年增长11%。城乡居民储蓄存款余额达到16.92亿元，比1985年增长3.7倍。城乡居民居住条件有了较大的改善。城市人均居住面积由1985年的3.9平方米提高到1990年的5.7平方米。城市居民炊事气化率由1985年的32.8%提高到55.4%。

“七五”期间的5年，是古城辽阳焕发青春的5年，是古城辽阳改革开放全面发展的5年，也是辽阳人民沿着有中国特色的社会主义道路昂首阔步前进的5年。上述成就的取得，为辽阳90年代的发展奠定了基础，增强了全市人民克服困难、继续前进的信心和力量，在困难与希望同在挑战与机遇并存的时代，辽阳市各族人民群众一定能够战胜前进道路上的各种困难，争取“八五”期间各项工作的新胜利。

铁岭市

市　长：杨新华

副市长：阎纯和（常务）　王宪林（财贸、城建）　梁文萱（文教）　陈智礼（工业）　刘延耀（农业）　纪士辰（科技、外贸）

杨新华市长，1943年2月生，辽宁省辽中县人，大学文化，中共党员。1968年毕业于沈阳农学院农学系植保专业，同年参加工作。历任中共铁岭地委办公室综合处秘书、副处长、处长，地委办公室副秘书长，地委常委、秘书长。1985年任中共康平县委书记、铁岭市委常委，1987年任铁岭市委副书记、代理市长，1988年1月当选为铁岭市市长。1989年4月，再次当选为铁岭市市长。

奋战“七五”结硕果　为奔小康再扬帆

□ 张贵武

“七五”期间，铁岭市各族人民为完成和提前实现“七五”计划，进行了团结奋进和艰苦卓绝的斗争，取得了全市两个文明建设新胜利。

经济实力明显增强

在“七五”期间，铁岭市的经济实力有了明显增强。1990年全市完成国民生产总值34.4亿元，比“六五”末期的1985年增长58.8%，年平均递增9.7%。并于1987年，提前3年实现国民生产总值比1980年翻一番的奋斗目标；1990年，完成国民收入28.5亿元，比1985年增长58.2%，年平均递增9.6%；完成工农业总产值58亿元，比1985年增长81%，年平均递增12.6%；“七五”期间，全市全民所有制基本建设投资累计完成21.7亿元，比“六五”时期净增12.7亿元，年均增加2.55亿元；全民所有制更新改造措施投资累计完成10.3亿元，比“六五”时期净增6.6亿元，年均增加1.31亿元；全民所有制独立核算工业企业固定资产原值和净值分别达到44.2亿元和32.6亿元，分别比1985年增长85.7%和83.9%，年均分别递增13.2%和13%；地方财政预算内收入实现2.88亿元，比1985年增长2.48倍，年平均递增28.3%。

城乡建设成绩巨大

短短的5年，铁岭市的城乡建设，尤其是城市基础设施建设取得了巨大成绩。由于市政府把城市规划和建设工作列入重要议程，使城市规划纳入法制轨道，强调规划为城市建设服务、为改革开放服务、为经济社会发展服务，规划的水平逐步提高。在规划的指导下，坚持人民城市人民建和人民城市人民管的方针，得到了全社会的关怀和大力支持，进行了大量投资，开展了大规模的城市建设，使城市基础设施基本完善，生产、生活环境得到改善，城市化水平有了很大提高。“七五”期间，在搞好公路养护的同时，加速新路的建设。5年全市（含市辖县）净增公路里程1275公里，占全市现有里程的1/4，比“六五”末期增长了32.3%，成为全辽宁省公路最多的市。其中黑色路面里程达809公里，比“六五”末期增加1/3。公路密度达每百平方公里29.9公里，公路好路率达82.1%，比“六五”期末提高44.8个百分点，由原来落后跃为全省第五位。目前，全市公路实现了市到县黑色化、公路桥梁永久化、干线公路绿化的标准，并实现了乡乡通公路和90.6%的村通公路，5年公路发展速度居全省首位。同时，增强了城市意识，多方筹集资金、狠抓了乡镇过境公路和城市出口路段的建设。共投资1500多万元，为20个乡镇过境公路修建黑色路面110公里，占过境总里程的72.6%。使全市各县区的城市出口路段和主要过境路全部得到了改造，提高了车辆通过能力，改善了城市（镇）面貌，为城乡商品经济的发展创造了条件。在市区道路建设上，依照城市规划，打通了广裕街，成为市区南北交通的轴线；扩宽了汇工街，开通了南环路，吸引了过境车辆，减轻了市中心区的车流压力；新修了市府路；维修了南马路、光荣街和东风街。"七五"期间，市区道路建设总投资1524万元，修建道路总长37公里，面积46万平方米。其中主干道长7.8公里，面积17万平方米；次干道长29.2公里，面积29万平方米。又投资1300万元，建成了城南立交桥，缓解了铁东、铁西的交通压力。同时拓宽了市区的南北出口，总投资近500万元。经过道路，桥涵和城市出口的改造和建设，使干道密度、间距及各项指标基本适应了现实需要，解决了过去出入境卡脖子现象。现在，市区主次干道的格局基本拉开，初步形成了中等城市的道路骨架。在城市供水建设上，依靠全民集资和部分投资，以扩建水源为基础，以增加供水量为重点，加强了供水建设。1990年城市供水管道总长度达390公里，水厂每日综合生产能力增加到26.5万吨，分别比"六五"末期的1985年增长73%和1.46倍，城市的供水普及率达到98%。在排水工程建设上，1990年城市下水管道总长发展到101公里，比"六五"末期净增34公里，增长51%。

"七五"期间，全市的住宅建设步伐不断加快。在全民所有制的固定资产投资中，住宅建设的总投资5年累计达4.4亿元，比"六五"时期净增2.47亿元，增加1.28倍。几年来，仅银州区就开发了苗圃、城南、向阳小区，累计居住面积为19.1万平方米；旧区改建后，建成了银岗小区和九个生活组团，累计居住面积为48.1万平方米。新区面积仅占旧区面积的39.4%。同时，重点考虑了城市主干道两侧的镶边住宅楼的建设，建筑面积达17.2万平方米，由于其在总住宅建筑面积中占有一定比例，这样就较快地改变了城市风貌，繁荣了城市商业，节约了资金，减少了占地。经过5年的旧区改造和新区的开发，城市居民的人均居住面积由1985年的4.37平方米提高到1990年的5.72平方米。市区拥挤户由1985年末的8728户下降到1990年的3120户，下降了74%；人均居住面积不足2平方米的特困户也大幅度减少。煤气工程和集中供热也是城市"七五"规划实施和建设的重点。为了充分利用市焦化厂的副产煤气，节约居民用煤，改善居民生活条件，提高城市环境质量，"六五"末期和"七五"期间，累计投资3000多万元，建成了煤气工程，并于1987年初，一次送气成功。通过进一步的改造和扩建，建成了脱硫、加压装置、2座储气柜，修建了各种管径的输气管道80余公里，现已进户2.45万户，加上石油液化气的用户，全市居民气化率已达63.8%。几年来，焦炉煤气供气量累计达1790多万立方米，可替代民用煤15.4万吨，节煤11.2万吨，减少排入大气中的二氧化硫2266吨，减少粉尘7568吨，减少灰渣垃圾8.8万吨，减少运输2.2万辆次。仅节煤一项可节省资金438.4万元，而且减少居民燃料费支出322.2万元。煤气事业的发展，方便了人民生活，净化了环境，节约了能源，收到了显著的社会效益，在集中供热上，1987年10月，铁岭市组建了供热公司，并于当年，使银岗小区实现了集中供热。3年来，城市集中供热从无到有，不断发展完善，并越来越被人们认识和接受。到1990年末，铁岭市集中供热面积发展到90万平方米，其中银州区内集中供热面积发展到70余万平方米，区域供热网点15处，供热用户1.3万户，外网管线总长13.4公里，市区的集中供热面积已占全区现有供热总面积的1／5。

"七五"期间是建国以来铁岭市通信事业发展最快的时期。5年中，共完成通信项目158项，完成投资总额5463万元，是"六五"时期的4.97倍，主要通信能力提高了1.5倍。由于紧紧依靠各级政府和社会各界的大力支持，抓住经济社会大发展的良好机遇，坚持以提高投资效益，增加综合通信能力为中心，以普及城乡电话为重点，分层次、分步骤、有计划地加速技术改造，并积极引进消化吸收国外先进技术，使通信网的技术装备水平和综合通信能力有了较大提高。5年来，先后建成8个县（市）、区、镇的邮电综合大楼，总面积1.87万平米。长途电话电路五年增加326条，增加了近1倍。在长途传输方面，建成铁岭至沈阳的480路数字微波；在长途交换方面，除一二个县（市）外、全市县以上城镇基本实现了国际、国内电话直拨，长途有权用户发展到3913户，长途电话实现了微波自动计费。市内电话交换机5年净增1.23万门，总容量达2.58万门；安装话机1.8万部；市内电话百人普及率由"六五"末期的1.92部增加到1990年的3.92部。继1987年全市县以上城市全部实现电话自动拨号以后，铁岭又开通了2000户的无线寻呼系统，结束了铁岭无移动通信的历史，市内电话实现了微机自动复试记次计费。农村电话县至乡（镇）直达电路5年增加207条，总数达509条；农村电话交换机5年增加3205门，总容量达1.58万门；农村实装话机1.1万门；农村电话百人普及率由"六五"末期的0.3部增加到1990年的0.41部。通信事业的飞速发展，为加强铁岭城乡与国内各地和世界各地的友好交流和经济往来，提供了现代化的手段。

此外，"七五"期间，在电力供应，教育、文化、卫生、体育和城市园林绿化及环境治理等城市基础设施和公用事业建设上，也都取得了喜人成果。

技术改造和技术引进效果良好

"七五"期间，铁岭市把技术改造和技术引进工作作为振兴铁岭工业，增强工业发展后劲的战略措施来抓。调整了技术改造的指导思想，由重外延扩大再生产转移到以内涵扩大再生产为主上来，并确定改造与开发并重，内联与外引并重，突出重点行业，骨干企业和优势产品。本着起点高后劲大、效益好的原则，由单项的、一个一个企业的革新、改造，扩展到行业总体改造和全市工业综合改造上来；由引进单台设备，扩展到引进工艺技术、引进成套设备及整套生产线上来。在上质量、上品种、上水平和提高经济效益上，取得了较好成果。5年间，仅经委系统，全市县以上工业竣工投产技术改造（含引进项目）308项，完成投资额5.34亿元新建厂房26.5万平方米，更新设备4000多台（套），其中引进22个项目，用汇额2316万美元，已有13条生产线投入正常生产。竣工投产项目实际达产能力，累计新增产值7.2亿元，新增利税1.34亿元。其中：机电工业重点改造了市阀门厂、市精工机器厂、东北无线电总厂等一批骨干企业。使大口径低压阀门形成了较完善的生产线，产品达到国际80年代水平，工艺技术和产品性能质量仍然保持着国内领先地位。精工机器厂的系列干燥设备填补了国内空白和替代了进口，产品达到了国际先进水平，生产技术和能力居全国首位。东北无线电厂的拉杆天线形成了完整的生产线；冶金工业重点改造了市焦化厂和市有色金属加工厂等重点企业，使焦炭的年生产能力由10万吨增加到20万吨，不仅为精苯回收奠定了基础，而且每年还可增加城市居民煤气用户2～3万户。有色金属加工厂改造和引进同步进行，使电解铀的生产能力提高了1.5倍，引进开发的超薄铜箔产品填补了国内空白，并替代了进口，年产500吨的生产线具有国际先进水平；化工工业重点改造了市橡胶制品厂和市橡胶厂，形成了年生产能力：橡胶复合体密封条500万米、静电植绒100万米、海绵条400万米、塑料嵌条80万米等5条生产线。橡胶厂通过引进国外生产线，出口胶鞋生产能力由300万双提高到600万双；纺织工业通过改造重点增加了纺织原料生产能力和提高出口服装的质量水平。市色织厂引进了年产640吨涤纶长丝生产线，为解决全市纺织原料不足起了重要作用。同时改造了一些县区的服装厂和绣品厂，引进先进设备，使出口服装能力达500万件，产品质量明显提高，服装成为全市工业品出口的主要品种。通过大规模的技术改造及其效益的发挥，提高了全市工业企业的技术水平、装备水平和产品水平，促进了工业内部结构的调整，加快了工业发展速度。1990年，全市工业总产值完成39.1亿元，比1985年增长1倍多，实现了5年翻一番。

商业外贸工作在困难中稳步发展

“七五”期间、商业外贸工作在全市财贸战线广大职工的辛勤努力下，从稳定大局出发，坚持治理整顿和深化改革，大力繁荣市场、稿活流通。尤其是克服近一年多来，由于市场疲软、资金紧张给市场带来的种种困难，保证了生产和生活资料的供应，创造了一个物价稳定，市场秩序好转，商品有效供给增加的好局面。1990年全市和市区的社会商品零售总额分别达到28.6亿元和5.9亿元，分别比1985年增长75.5%和70.3%，年平均分别递增11.9%和11.2%。其中居民消费品零售额，1990年全市和市区分别实现21.8亿元和4.96亿元，都比1985年增长了1倍。全市零售物价指数为101%，是1985年以来物价上涨幅度最低的一年。与此同时，城乡集市贸易十分活跃，市场设施建设不断加强。全市城乡集贸市场由1985年的200个增加到1990年的217个，其中万人以上大集由33个增加到38个。“七五”期间，全市累计完成城乡集市贸易成交额、市场建设总投资、市场总面积分别为21.9亿元、3709万元和23.6万平方米，分别是“六五”末期的4.8倍、12.3倍和11.8倍。其中全市集市贸易成交额1990年发展到7.18亿元，比1985年增长3.85倍，年平均递增37.1%。随着成交额的成倍增长，其所占社会商品零售额的比重也逐年上升，比1985年增长3.85倍，年平均递增37.1%。随着成交额的成倍增长，其所占社会商品零售额的比重也逐年上升，由1985年的11.3%上升到1990年的21.6%，5年上升了10.3个百分点。“七五”期间，全市商业、饮食业、服务业网点数量也逐年增加。1990年全市商业零售、饮食业、服务业网点数量也逐年增加。1990年全市商业零售、饮食业、服务业网点分别发展到31135个、3323个、4343个，分别比“六五”末期的1985年增长45.3%、8.5%、47.4%，年平均分别递增77.6%、1.46%和8.1%。在饮食服务业中，旅店业、理发业和浴池业网点分别发展到415个、1396个和10个，分别比1985年增长25.4%、173%和25%。经过逐年调整，初步形成了比较合理的网点布局，既繁荣了经济，方便了群众生活，也提高了城市服务功能。

对外经济贸易通过主动出击，努力工作，顶住外部压力，克服内部困难，也取得较大进展。“七五”期间，全市外贸出口商品收购值累计完成14.7亿元，相当于“六五”时期的4.3倍。1990年，全市出口商品收购值达到2.3亿元，其中工业品收购值7753万元，分别比1985年增长1.34倍和3.14倍。工业品收购值占当年工业总产值的比重也由1985年的0.85%上升到1990年的2.97%。值得一提的是“七五”期间，在铁岭市对外经济贸易史上，开始了直接利用外资，实现了“三资”企业零的突破。从1987年开始到1990年底，全市累计利用外资2729.7万美元，建成和在建中外合资企业8家。现在，全市已有95个企业生产出口产品，共有17大类108个出口品种，共建立9个外贸出口专业厂和12个农副产品出口基地。

瓦房店市

市　长：姜正彦

副市长：于振川（常务）　张荣杰（农业）　李会昌（城建）　荆孝岩（工业）　张宏声（科教文卫）

姜正彦市长，1950年生，1970年参加工作，同年在复县师范学校进修，1971—1975年在中学任教。1973年加入中国共产党，1976—1979年在中共复县县委宣传部工作。1981—1983年在中共辽宁省委党校学习，并获得大专毕业文凭.1984年任中共复县县委副书记，1985年任中共瓦房店市委副书记，并于同年9月至1986年1月在全国第四期市长研究班学习，1990年3月任瓦房店市市长。

扩大对外贸易和联系　努力发展外向型经济

□ 瓦房店市市长　姜正彦

自从党的十一届三中全会以来，特别是从1985年以后，改革开放推动了瓦房店市外向型经济的发展。到1990年底，外贸出口供货额实现了31238万元，比1985年增长6.1倍，平均每年递增47.9%

瓦房店市外向型经济虽然起步较晚，但是全市开放的意识较强，对发展外向型经济的认识较高，从而使外向型经济获得了较快的发展并呈现出自己的特点。

第一，出口品种、出口量日益增加，创汇项目遍布各乡镇村。到1990年底，出口品种已达77个，出口创汇涉外单位近100家。全市33个乡镇，国营农场中，外贸出口供货额超过1000万元以上的有3个乡镇，出口供货额超过100万元的有30个乡镇。老虎屯镇外贸出口供货额达到7506万元。这个镇的蜂蜜厂设备一流，工艺流程全由270块仪表控制。该厂生产的槐花蜜、白蜜等卫生洁净，畅销德国、美国、比利时、日本等15个国家，仅此一项年创汇在500万美元以上。炮台镇外贸出口供货额达到1637万元，该镇年生产2500吨的“向阳牌”椒盐白瓜籽和五香黑瓜籽，技术高超，质量稳定，全部出口港澳、日本、西欧、澳大利亚等40多个国家和地区，年创汇在200万美元以上。岗店办事处外贸出口供货额达到2072万元。该办事处生产的山菜、服装、法兰盘等产品深受国外用户好评，信誉很高。

第二，优化出口产品结构，工业品出口比重不断增大。近几年，瓦房店市在稳步发展农副产品出口的同时，充分发挥本地工业资源优势，积极开发工业出口品种，初步改变了工业品出口“短腿”的局面，形成了以服装、印染、机电、机械、食品、建材、金风石为主的工业品出口体系，对外贸易结构渐趋合理。到1990年底，全市工业出口品种达34种，出口厂家由1985年的22个增加到1990年的99个，实现供货额211438万元，是1985年的11.6倍。特别是全国最大的金刚石矿的建成投产，使工业品出口创汇出现了新的局面。1990年底已生产金刚石5.7万克拉，实现销售收入4303万元，利润1643万元，出口创汇714万美元。同时，水泥、红砖花岗岩石材等建筑材料，在1990年也首次打进国际市场，获得了较好的经济效益和质量声誉。

第三，由分散经营向基地化经营转变，形成一批出口基地及出口专厂。瓦房店市在发展外向型经济中，所以起步晚发展快，并经得起国内外市场风云变幻的考验，其中一条重要经验，就是依靠自己的力量，建立稳固的出口生产基地和建设出口专厂、车间。1990年末，全市已建成了以对虾养殖为主体的海产品出口基地；以苹果为主体的水果出口基地；以辣根、狗宝、干瓢为主体的山菜出口基地；以肉鸡为主体畜产口出口基地；以山枣系列产品和罐头、果干、花生为主体的农副产品加工出口基地；以轴承、铁阀、铜阀、运输搬运车、电焊机为主体的机械加工出口专厂；以金刚石为主体的贵重工艺品出品专厂；以红砖、水泥等为主体的建材产品出口专厂；以黑白瓜籽加工为主体的出口专厂；以蜂蜜加工为主体的出口专厂；以棉布、印染布、制革、服装等为主体的轻纺工业品出口专厂。这些出口基地和专厂的建立，为瓦房店市发展外向型经济，扩大对外贸易，提供了有力保障。例如，出口肉鸡的生产，1990年初滑进谷底。但是有了基地做保证，从鸡源、饲料、燃料药品、收购、加工等各个环节搞好服务，加强管理，使肉鸡生产快速回升，全年出口肉鸡1195吨，居大连市各县区之首。

第四，兴建“三资”和“三来一补”企业，推动经济蓬勃发展。几年来，瓦房店市充分利用各条渠道、各种窗口和依托大连市的优势，积极发展“三资”和“三来一补”项目，进一步促进了外向型经济的发展。全市现已兴办了13个合资合作企业，注册资本总计为1196.8万美元，协进外资达493.85万美元。去年共创产值1168.3万元，直接出口供货115万美元，实现利润108万元。“三来一补”项目主要有法兰盘、铸件、羊毛衫和铺路石等7个品种，年创产值799.5万元，创汇167万美元。三乡水产养殖公司与日本国协同贸易组合株式会社合作兴办大连同兴海水养殖有限公司，外国投资178万美元，主要出口养殖对虾。通过引进先进的养殖技术和现代化管理方式，去年养殖对虾获得大丰收，出口创汇50万美元，利润达108万元。永宁锅炉附件厂，采用补偿贸易方式，引进日本先进的铸造设备和技术，年出口铸件300吨，创汇100万美元。

第五，广交天下朋友和客商，努力扩大对外联系和交往。瓦房店市曾以“苹果之乡”和“中国轴承工业的故乡”而闻名遐迩，也曾以“全国四大盐场之一”和“国家对虾养殖基地”令人仰慕，如今，她又以境内蕴藏丰富的金刚石矿床和质地极佳的金刚石产品，使国内外名商大贾为之倾倒。良好的经济基础和优越的地理位置，再加上瓦房店市以小城市独具的活力，利用各种机遇和宣传渠道，努力扩大自己的影响，使瓦房店市的知名度越来越高，对国内外的吸引力越来越大，国际友人和贸易团组纷至沓来。改革开放以来，全市共接待亚洲、欧洲、大洋洲和港澳台地区的贸易团组276个，719人次，接待旅游、探亲和其他友好交流团组430人次。应邀出国访问和派出贸易团组39个、175人次，劳务和工程承包出国人员148人。由于对外联系和交往不断扩大，广交了不少朋友和客商，促进对外贸易不断发展。仅“七五”期间，全市就引进国外先进设备近300台(套)，给全市工业发展带来了生机和活力。瓦房店服装厂引进一套西服生产线，使产品畅销欧、美、日市场，年出口额达1000万元。瓦房店金刚石矿引进澳大利亚先进重介质选矿设备，不但自动化程度高，而且回收率高达98%，破碎率低于5%，比国内同行业水平提高4—5倍，使金刚石的规格、质量、开采率得到保证。瓦房店市玻璃厂从多国引进的制瓶专业线，改变了生产落后局面，年产高质量啤酒瓶7500万个，比1985年前增长1.5倍。

另外，瓦房店市从1985年以来，注重软硬环境建设，为扩大对外贸易创造了良好的条件。在硬环境建设方面，瓦房店市区建设有了飞速发展，城市面貌日新月异。现在市区拥有23万人口，建成区面积达12平方公里。宽32米的东西长春路、五一路和南北共济大街，纵横交错，其他路街以此辐射延伸，形成街街相连，路路相通的道路网，总长62公里，总面积54万平方米，一色柏油路面，方砖步道，路树、花坛、街灯相应配套。绚丽多姿、式样各异的宾馆、商场、大厦、住宅小区楼群等，取代破旧房屋拔地而起，构成具有时代特色的城市景观。市区供水普及率达95%，市区集中供热面积达84.1万平方米，居全国小城市之首。城市交通十分方便。长大铁路和沈大高速公路纵贯市区，两条境内铁路横穿城乡。全市有各级公路75条，总长1268公里，形成铁路、公路交叉成网。通讯建设也有了新发展，18000门程控电话正在安装中，不久使可并网使用。在软环境建设方面，瓦房店市精神文明建设有了新的成绩。服务质量，办事效率、处理涉外问题能力等，都具有一定水平。文化教育、广播电视、医疗卫生等都具有地区的先进性。同时，瓦房店市不断的加强外贸外经队伍建设，专业人才、管理人才不断涌现，进一步适应了对外贸易事业发展的需要。

发展外向型经济是振兴瓦房店市经济、致富于人民的根本出路所在、关键所在、希望所在，这是瓦房店市101万人民的共识。瓦房店市，现在正以广招天下客放眼全世界的开放胸怀，热情欢迎有志之者、有识者和各方朋友，跨进其已敞开的城门，洽谈生意，开发资源，建厂开矿，经商办店，安家落户。瓦房店市将在政策上给予优惠待遇，并在其他方面全力提供方便。

海城市

市　长：万福民

副市长：刘胜喜（常务）　冷晓明（工交）　胡劲松（女　文卫）　王德林（商贸）　吕明胜（农业）　胡安畅（农业科技）　于明才（工业科技）

万福民市长，1948年8月生于辽宁省海城市，大学文化程度。1966年4月参加工作，1971年加入中国共产党。历任海城县商业局团委书记、党委副书记、副局长，县财贸办副主任，县供销社主任，县委组织部副部长，县政府副县长等职。1985年海城撤县建市以后，任海城市副市长、常务副市长、代市长。1990年3月，在海城市第三届人民代表大会第一次会议上，当选为市长。

改革为海城插上了腾飞的翅膀

□ 梁赓虞　刘素洁

党的十一届三中全会以来，海城市积极推进以家庭联产承包责任制为主要内容的经济体制改革，同时在政治、科教、文化等方面也进行了大胆的探索和尝试，经济效益和社会效益显著提高，改革益发为海城插上了腾飞的翅膀。

独具特色的改革模式

1984年4月，海城市被确定为辽宁省县级综合改革试点单位。几年来，对政治、经济、文化、科教等体制进行了大刀阔斧的改革，初步形成了独具海城特色的改革模式。1988年，辽宁省县级综合改革会议，充分肯定了海城经济新体制的基本框架是“农村现代化道路的一个综合发展模式”。其特点为：

（一）以增强各级经济活力为目标，实行简政放权，让利基层，形成了县、镇、村自我激励、自求发展、自我约束的经济运行机制。简政放权、让利基层的核心内容是下放财权。1984年，海城市为调动城乡发展商品经济的积极性，增强镇、村管理社会经济的职能，首先将财政包干指标层层分解，对乡镇采取了“核定基数、收支挂钩、差额补缴、一定三年不变”的包干办法。1987年，根据上级“超收全留改为部分上解”的精神，海城市又把对乡镇的财政包干调整为收支基数不动，超收部分与市分档分成，仍把大头留给乡镇，对贫困乡镇则实行收入全留，支出照拨的优惠政策。分层次的财政包干制,调动了各级财政自觉生财、聚财、理财的积极性，促使全市不同类型地区的财政收入全面增长。改革前3年，海城平均每年吃国家财政补贴154万元。包干后7年迈出七大步：第1年市乡两级财政收入实现4483万元，比上年增长23%；第2年虽遭受严重洪涝灾害，财政收入仍较上年增长8.2%；第3年比上年增长51.3%；第4年比上年增长38.3%；第5年比上年增长17.4%；第6年比上年增长25.7%；1990年实现15238万元，比上年增长1.8%。

（二）以发展城乡公有经济为主体，实行全民、集体、个体一齐上，形成多种经济成分并存互促的所有制结构。海城市因地制宜，首先把发展乡镇企业作为壮大农村经济，实现开发致富的经济支柱来抓。1984年秋，在各乡镇办事处普遍设立了经济委员会，并实行政企分设，使经委变成经济实体，人员实行聘用制，编制退出党政机关行政序列，工资、奖金和福利待遇随企业经济效益浮动。同时还不断完善乡镇企业经营机制，把经营分配、劳动人事、企业机构设置等生产经营自主权放给企业，从而强化了企业生产经营的主体地位。村级集体经济是社会主义公有制经济的重要组成部分。海城市在抓镇级企业的同时狠抓了村级企业，使全市村级集体经济形成了一批基础坚实、经济效益比较好的村办企业骨干；出现了一批在村直接经营管理之下商品率比较高的村办农事企业；产生了一批直接为农民家庭经营提供产前、产中、产后“一条龙”服务的村级服务型企业；涌现了一批制度规范、管理完善的村级合作经济组织。同时注重发展组办、联产办及个体企业，在办照、提供经营场所场地、信贷和税收方面给予照顾，帮助提供技术、信息、销售等生产和流通环节的服务。从而促进了以公有制为主体的多种经济成分的全面发展。到1990年，海城市乡镇企业发展到31572家，其中镇办583家，村办1745家，个体企业29224家。海城市单一的公有制结构已被全民和集体为主体，个体及私营企业为补充的多种所有制结构所代替。

(三) 以健全市场体系为重点，实行产供销一体化，形成了纵横交错，协调配套的社会化服务体系。农村商品经济的发展，迫切要求建立健全市场体系。海城市坚持以“活”字为中心，提出“一乡一集，建一集，富一乡，活一片”的奋斗目标，通过放开（市场放开，经营形式放开）、引导（引导农民进入流通领域）、疏通（沟通城乡，扩展渠道）、配套（完善功能，使门类齐全，形式多样、城乡联网、服务完善），建立健全了全方位、多功能的市场体系。现在，一个以家庭生产为基础，个体经营为主角，专业市场为骨干，区外经销为主体的内外结合、四通八达的农村市场体系已经形成。1990年，全市各类专业市场和综合市场已达67处，集市贸易额实现9亿元，比上年增长7.1%。西柳服装市场名扬中华；南台革制品市场、感王蔬菜市场享誉东北；耿庄绣品市场、验军机动车市场、响堂建材市场均自成格局，名闻遐迩。

(四) 以强化农业为基础，实行以工建农，以特补粮，形成了优化组合的县乡经济产业配置。在强化农业为基础，实行以工建农过程中，海城市因地制宜，制定了一系列具体政策。一靠市镇村三级财力投资建农。1984年以来，全市市镇村二级共投入补农建农资金13000多万元。二靠镇、村经济实力建农。利用财政包干的有利条件，支持乡镇企业经营体制改革，支持企业技术改造，支持企业横向联合，支持企业出口创汇，帮助企业扭亏为盈。由于增强了企业的发展能力，也便拓宽了建农资金的筹集渠道。三是搞好间接补农建农。市委市政府提出：年创利润10万元以上的市属企业要扶持一二个村的村办企业；50万元以上者要扶持一个镇办企业；100万元以上者要扶持2个乡镇企业。

在由小农经济向商品经济转变、传统农业向现代化农业的转变过程中，海城市的总体推进战略是“转出去，还回来，引进来，打出去”。转出去，就是在坚持农业为基础的同时，大力发展二、三产业，特别是乡镇企业，引导大批农村剩余劳动力从单一农业生产中转出去，参与商品经济大循环；还回来，即用已发展起来的二、三产业，尤其是乡镇企业，实行补农、建农，不断强化农业基础；引进来，就是大开城门，开展多种形式的经济技术协作和横向联合，广泛地引进资金、技术、人才，建立外向型创汇农业；打出去，即是面向全国，走向世界，建立各类商品生产基地，把商品打入国内、国际市场。

(五) 以提高经济效益为核心，实行横向联合，互利互惠，形成了城乡经济协调发展的新格局。海城市的横向联合有三种方式：一是同大中型企业、科研单位、大专院校的经济技术联合；二是积极兴办“三资”企业，大搞“三来一补”；三是工农业共建供应城市大中型企业的农副产品基地。

这种全方位、多层次、多渠道的联合。大跨度地引进和输出，充分发挥了本地资源、经济、技术等方面的优势，不但搞活了经济，提高了经济效益，而且对实现产业优化配置，引导城乡一体化起到了促进作用。1990年，海城市各种形式的经济联合体有168个，总投资2.2亿元，其中引进国内资金1亿元，自筹资金1.2亿元，实现产值3.9亿元。“七五”期间引进外资891.8万美元，实现产值10443万元。

(六) 以县城为中心，小城镇为基点，实行农村城市化，形成了类型多样，功能齐全的农村集镇群体。重视和发展小城镇，是实现农村城市化，推进我国现代化建设的战略之举。综合改革以来，海城市委、市政府采取了一系列有力措施，加快了小城镇建设的速度。首先，制定了科学合理的可供实施的带有地方行政法规性质的城镇建设总体规划：以县城为中心，将各个小城镇的规划同城市的发展规划作为一个完整的有机整体，通盘布局，严格划分了城市和小城镇的工商企业区、居民生活住宅区、科学教育文化区及道路、桥梁、供水、电讯等公共设施布局，使城市、小城镇和村的功能吻合衔接。其次，实行优惠政策，多渠道筹集资金建设小城镇。如允许务工经商农民进镇落户，减免税收一年，从中提取一部分用于城镇公用设施建设；驻镇的市以上企业提取利润5%作为小城镇建设维护费；城镇内水电附加费，原上缴市财政部分留给城镇，作为基础设施建设资金；并从市、镇两级财政税务部门掌握的小额低息贷款中提取一定比例扶持小城镇建设等。1984年以来，海城市通过市、镇两级投资和各方面集资共为小城镇建设投资63000多万元，在原来13个镇、办事处的基础上，其他18个乡也全部变为建制镇。从而，一个类别多样、功能齐全、特色各异的小城镇群体以海城市为依托而开始逐步形成。

“七五”期间国民经济和社会发展概况

改革为国民经济的腾飞和社会的发展注入了生机和活力。“七五”期间，海城市人民同心戮力，开拓进取，较好地完成了国民经济和社会发展计划，全市经济和社会发展取得了新成就。农业连年丰收，乡镇企业效益显著，城市工业稳步增长，外向型经济迅速发展，城乡市场持续繁荣，经济实力进一步增强，科技、文化、医疗卫生事业不断发展，人民生活明显改善。海城市以其独特的自然优势、市场优势、知名度优势及环境优势，被国务院批准为辽东半岛对外开放市县之一。

（一）各项主要经济指标都有较大幅度的增长。1990 年，海城市社会总产值实现 57.9 亿元，比“六五”末年的 1985 年增长 1.5 倍，年均增长 20.5%；国民生产总值达到 22.7 亿元，比 1985 年增长 1.1 倍，年均增长 16.2%。国民收入 20.9 亿元，比 1985 年增长 1.1 倍，年均增长 16.2%。工农业总产值（按 1980 年不变价）实现 37.1 亿元，比 1985 年增长 1.3 倍，年均增长 18.2%，其中工业总产值达到 31.6 亿元，比 1985 年增长 1.5 倍，年均增长 20.1%；农业总产值实现 5.45 亿元，比 1985 年增长 60%；粮豆总产量 56.3 万吨，比 1985 年增长 1.6 倍，年均增长 21.2%。乡镇企业蝉联东北地区之冠，1990 年，乡镇工业产值实现 25.8 亿元，比 1985 年增长 2.1 倍，年均增长 11.6%；总收入实现 42.7 亿元，比 1985 年增长 2.4 倍，年均增长 27.4%；利润实现 5.7 亿元，比 1985 增长 2.2 倍，年均增长 26%。社会商品零售额实现 96470 万元，比 1985 年增长 85.7%，年均增长 13.1%；集市贸易成交额达到 90159 万元，比 1985 年增长 2.9 倍，年均增长 31.5%。全市财政收入实现 15238 万元，比 1985 年增长 2.1 倍，年均增长 25.7%。

（二）对外开放取得突破性进展。1990 年，海城市外贸出口供货额实现 32245 万元，比 1985 年增长 2.3 倍，年均增长 27.2%。全市镁砂、滑石、肉食鸡、陶瓷、机械管材、化工产品、服装革制品、粮食、水果柞蚕、毛皮等十大重点出口产品出口量均比上年大幅度增长。“七五”期间，实际利用外资 891.8 万美元，外贸出口专厂发展到 38 家，“三资”企业发展到 5 家。1990 年，接触再谈项目 15 个，签订利用外资项目 2 个，引进外资 651.6 万美元，比上年增加 1.5 倍。合资企业实现产值 4225 万元，比上年增长 24.3%；实现利税 460 万元，比上年增长 11%。外向型经济在向纵深发展。

（三）城市建设步伐加快，基础设施明显改善。经济的振兴，必然带来城市的繁荣。“七五”期间，海城市新建居民住宅 40 万平方米，人均住宅面积已由“六五”末期的 4.31 平方米增加到 6.6 平方米。新修公路 30 万平方米，改造了海城市西、北两个出口，拓宽了城北路、北环路、南关路等 9 条市区主要干道。新上 5000 门程控电话，新修体育训练馆和市医院病房大楼，相继交付使用，全长 90 公里的海岫地方铁路全线通车。中国海城首届国际民间艺术节前夕，全市拆除各种违章建筑 160 余处，装修粉刷建筑面积 12.7 万平方米。海城市连续 3 年夺得辽宁省城市建设“绿叶杯”。

（四）科教、文化事业向纵深发展。“七五”期间，海城市广泛开展科普活动，进行科技咨询、学术交流、科技扶贫、科技兴农、科技兴企，共取得较大科技成果 117 项，推广应用科研项目达 79 项，农业现代化基地建设完成两期工程，总分均获辽宁省第一名。

继续实行三级办学体制。“七五”期间，全市市、镇、村三级为教育投资 13558 万元，新建、扩建校舍 297 所，办学条件有了明显改善。普及了小学教育，发展了幼儿教育和中等专业教育。闯出了一条“以德为主、学用结合、兼顾升学”的新路子，为海城农村商品经济发展培养了大批有用人才。认真实施九年制义务教育和“燎原计划”，不断完善教育基金制度。1990 年，全市有 9 个镇，办事处的 14 所初级中学首批实施九年义务教育，效果良好。全市累计收缴人民教育基金 800 万元。

“七五”期间，海城市文化事业呈现繁荣景象。独具辽南地方特色的海城高跷已蜚声全国、名扬世界。1988 年连夺北京龙潭杯花会大赛头奖和昆明民间广场舞蹈汇演孔雀杯；1989 年应邀参加匈牙利第二届萨尔瓦国际民间艺术节及第十一届克雷姆斯国际民间艺术节，分获表演奖和克雷姆斯杯。中国第二届艺术节在天安门广场参加国庆联欢演出，受到江泽民总书记和李鹏总理等中央领导同志的接见。同时参加了中央电视台国际广播电视器材博览会演出，并向全世界现场直播。1990 年 8 月，中国海城首届国际民间艺术节在海城隆重举行。这次盛会在海城文化史上写下了光辉的一页。

（五）小城镇建设初具规模。海城市坚持因地制宜、扬长避短、发挥优势、不拘一格地建设小城镇，取得显著成就。“七五”期间，通过市镇两级和社会各方面集资，共为小城镇建设投资 49866 万元，城镇建设获得很大发展。其中公共建筑面积 25.5 万平方米，生产建筑面积 14.5 万平方米，住宅建筑面积 151.2 万平方米，其中楼房 21.6 万平方米。修路 1842 公里，安装自来水管线受益人口 88217 人。修下水管线 21.1 万延长米。安装电话 3700 门，安装路灯 512 盏。一个以市区为中心，风格迥异，功能齐全的小城镇群体参差错落在海城大地上。南台、腾鳌、牌楼、八里、毛祁等镇，利用靠近城市和大企业，以其丰富的自然资源及方便的交通条件，大力发展乡镇企业，分别成为以轻工、机械加工、矿产品产业为主的实力雄厚的生产型城镇；西柳、感王镇，结合本地特点发展布匹服装和蔬菜生产，成为商埠型重镇；耿庄镇大力发展粮食生产，养猪养鸡，开发利用地热资源兴建疗养院，成为大农业经营和疗养型城镇；温香、高坨、西四等镇发展水稻生产，成为优质米生产基地；东部山区各镇则正在向林果蚕业生产和旅游型城镇方向发展。

兴 城 市

市　长：刘忠伦

副市长：范越林（常务）　侯宗璞（工业、交通）　张秀云（文教卫生）　佟玉田（城建城管）　崔志义（农业）　王时伟（科技）　杨坤汉（水产、园林）

刘忠伦市长，1939 年 6 月生于辽宁省黑山县。1965 年 8 月毕业于沈阳农学院，先后担任兴城县农机局技术员、县革委会农业组科员、羊安公社革委会副主任、副书记，红崖子公社党委书记，羊安公社党委书记，中共兴城县委副书记等职务。1987 年兴城撤县设市任中共兴城市委副书记。1990 年 2 月出任兴城市市长。

加强城市规划、建设与管理 促进城市经济社会的迅速发展

□ 冯家齐　赵志民

兴城市原是一个鲜为人知的农业县城。1985 年，国务院专函批复要把兴城建成我国北方沿海风景旅游区。1986 年，国务院又批准兴城撤县建市。于是兴城迅速地繁荣起来。城区人口急剧增加，由 1978 年的 4 万增加到 10 余万，与此同时，流动人口骤增，年达 350 万人次之多，旅游旺季，日流动人口竟达 10 余万。这样，原有的城建设施及管理水平已难以适应国民经济、社会发展尤其是旅游业发展的要求。因此，加强城市规划、建设与管理就成为兴城市政府亟待解决的一大热点难点问题。几年来兴城市政府从抓城市规划、建设和管理入手，做了大量工作，收到了较好的效果。

编制城市规划　执行城市规划

以前兴城市虽然具备得天独厚的风景旅游资源，但城市建设确没有一个完整的规划。随着社会经济迅猛发展，特别是旅游开发的要求，急需有一个完整的、合乎兴城实际的总体规划。1984 年，兴城邀请城乡建设环境保护部中国城市规划设计院规划组，会同省、市、县规划部门编制了《兴城风景旅游区总体规划》，1985 年辽宁省政府批准开始实施。

这个新的总体规划要求在 2000 年以前把兴城建成为我国北方新型的旅游疗养胜地，三五年内初具规模。规划要求突出旅游建设，达到环境优美、市容整洁，居住舒适，交通方便，各项公用设施配套，具备开展国际旅游条件。总体规划按规划区域内不同地区的实际情况和发展要求，将全市划分为铁西区、古城区、温泉区、海滨区、首山区 5 个区及外围的菊花岛。

铁西区为工业、仓库区。规划用地 240 公顷，人口 1 万人。

古城区为行政管理、生活居住和全市性的中心所在。规划用地 260 公顷，居住人口 6 万人。在东南侧一带建宾馆饭店和商业中心，在东北侧建体育场和大型公共建筑。古城内建设仿明街道和明代传统店铺，逐步恢复庙宇、县衙和古代四合院式旅店，以便开展旅游服务。

温泉区为疗养区。规划用地 500 公顷，计划安排疗养床位 15000 张。规划开辟温泉公园。冬季温泉水游泳馆，张作霖别墅和温泉井观赏点等景观。

海滨区以旅游为主。规划用地 360 公顷，包括四个海湾。规划扩建兴海公园、大型游乐场、水族馆、海上乐园。在邴家以北建高中档旅游宾馆、度假村、大型服务中心、游乐中心和体育中心。

首山区为自然山林风景区。包括四家子水库在内规划用地 400 公顷，恢复朝阳寺，修环山游览路，建亭

阁小品，种值风景树，在四家子水库开辟水上活动区和沿湖旅游度假村。

菊花岛复修唐王洞、大悲阁等古迹，做为旅游景点，并建设度假野营区和水上活动场所等。

多方筹措资金，加快城市建设

坚持城市建设适应于经济发展和旅游开发，服务于人民生活的原则，多方筹措资金，加快城市的开发建设。1984 年以来，共筹集资金 1 亿多元用于城市建设，远远超过了建国 30 多年来建设投资的总额，先后完成较大型的建设项目近百项，使兴城的基础设施、服务设施和游乐设施日趋完善。城市基础设施建设基本配套，道路、水源问题均已解决。几年来，城市基础设施方面，完成自来水管线 75 公里，日供水 2 万吨，排水管线 42 公里，其中主管线 20 条；完成了城市道路拓宽工程，城市道路总长达 39.1 公里。投资 4000 万元的集中供热工程，已经开始供热，供热面积达 60 万平方米，配套的发电工程正在抓紧进行施工，近其可交付发电。投资 2000 多万元的程控电话已经开通，可直拨国内外，为适应旅游疗养的需要，具有国内先进水平的医疗急救中心已建成，并已投入使用。

城、泉、山、海、岛 5 个风景区各有特色。古城旧貌换新颜，城区四条街铺设了全长 1490 延长米的条石路面，52 条巷道水泥路及上下水工程先后完工，建成了总面积为 3 万多平方米，富有古代风格的“延辉仿古一条街”，另外 3 条街的改造工作也在进行中。首山完成了环山旅游公路和亭台楼阁等景点，修复了朝阳寺。海滨浴场完成了牌坊，二浴场公路及兴海公园内的高空观览车、水上滑梯、迷宫等游乐设施。目前正在建设中的西游记宫，也将在 1991 年 7 月完工。菊花岛敷设了海底电缆，结束了岛上无电的历史，为开发岛上旅游资源创造了条件。城市住宅建设也发生了可观的变化，1985 年以来，新建设住宅楼房 14 万平方米、平房 61 万平方米，市区建设面积已达 20 平方公里。为了加速市场改造，提高档次，近年来新修和改造了城区的四个市场，为提高档次，又投资近 100 万元，建设封闭式农贸大厅，1991 年 7 月，即可交付使用；还采取了国家、集体、个人一起上的办法，正在集资修建设轻工市场大楼。

5 年来的建设。使兴城初步成为既有名胜古迹，又有现代化城建设施，可供中外游客旅游疗养的、初具规模的北方沿海风景旅游疗养区。

强化政府职能，依法管理城市

几年来，兴城市政府为适应迅猛发展的旅游开发的需要，从建立组织机构、制定规章制度和强化管理等方面入手，狠抓了城市管理工作外。

市政府除经常研究城市建设、管理工作外，还指定一名副市长专门抓城市建设、城市管理和旅游开发工作。并建立了相应的机构，强化部门职能。成立了旅游开发办公室（后改为城市管理办公室），负责全市旅游开发、城市管理的综合协调工作；还成立了风景区管理局、旅游局以及环卫处、城市管理监察大队、城市规划设计院等机构。市政管理所、房产管理所升格为市政管理处和房产管理处。分设了温泉水、自来水公司。上述部门的成立和升格，在城市管理工作中，发挥了职能部门的作用，使兴城的城市管理工作初步纳入了正轨。

在城市管理工作中，市政府还注意城市管理工作的规范化、制度化、运用法律手段，依法管理城市。1985 年以来先后制定了《兴城旅游疗养区管理暂行条例》、《关于加强旅游疗养区基本建设管理的规定》、《关于加强城市建设管理的布告》、《关于旅游区设计、施工管理的规定》、《兴城市城市规划管理暂行办法》、《兴城市市政设施管理办法》、《兴城市城市环境卫生管理办法》、《兴城市市容管理办法》、《兴城市建筑物间距管理暂行办法》、《兴城市违法建筑处理暂行办法》以及市场管理、交通管理办法等城市建设、管理方面的规范性文件。这些规范性文件的制定，使城市管理工作有章可循，有法可依。

几年来，兴城市在城市管理工作中，一直注意强化政府职能，依法管理城市。一是在城市管理工作中，认真贯彻《城市规划法》和市制定的各项法规性文件，加强了城市土地管理，加强了建筑审批工作。二是加强了市场管理和市容整顿工作。经过几年的努力，初步改变了小商贩沿街叫卖，市场不象市场，不是市场倒象市场的局面。同时还对违章建筑和街道两侧影响市容的营业性棚亭及暂设棚厦也进行了严格的清理，市容市貌明显改观。二是整顿了交通秩序。针对城区市民对执行交通规则观念淡薄的实际情况，加强了法制教育，认真实施了城市交通规则，加强了交通指挥，边整顿边宣传，并抽调市直机关干部上岗，协助维护交通秩序，使城区交通秩序明显好转，人们遵守交通规则的意识明显增强。四是搞好城区卫生管理，建立健全了城市环境卫生管理制度，加强了环卫队伍建设和基础设施建设，组建了群众性的街道卫生队，并多次组织大规模的社会义务劳动，清运垃圾，为争创全国省级卫生城奠定了基础。五是加强了城市的治安管理。采取了专业队伍和群众性维护治安相结合的办法，组建了城区治安联防大队，城区治安秩序大为好转。强化了车站、码头、海滨等闹市区和公共场所的治安管理，严厉惩治了违法犯罪分子，狠刹了欺行霸市、聚众闹事、逞霸立棍等歪风。

经过几年的努力，兴城市的城市管理工作，收到较好成效，管理、环境、市容、交通、治安等方面为之一新，步入了城市管理工作的正轨。

铁 法 市

市　长：赵铁英

副市长：赵钖国（常务）　赵柏青（农业）　吴国臣（财贸）　朱久山（文教、城建）

赵铁英市长，1945 年 5 月生于辽宁省法库县，大专文化程度。1965 年 4 月参加工作，同年 12 月加入中国共产党。曾先后担任公社团委副书记、县委组织部组织组副组长、公社党委副书记、公社革委会主任、共青团法库县委书记、县委办公室副主任。1982 年 5 月调铁法市任市委办公室副主任、主任。1983 年 12 月任铁法市副市长，1987 年 4 月任铁法市委副书记，1990 年 3 月当选铁法市市长。

“七五”展宏图　煤城添异彩

□　铁法市市长　赵铁英

“七五”期间，铁法市的经济建设和各项事业日新月异，蓬勃发展。

经济建设迅速发展

1986 年以来，铁法市认真贯彻执行党的基本路线，促进了经济的蓬勃发展。1990 年，全市社会总产值完成 98717 万元（按可比口径，下同），比 1985 年增长 3.3 倍，年递增 33.9%；国民收入实现 18160 万元，比 1985 年增长 1.4 倍，年递增 16.8%；国民生产总值完成 25329 万元，比 1985 年增长 1 倍，年递增 14.9%；工农业总产值完成 34529 万元，比 1985 年增长 1.6 倍，年递增 21%。全市经济工作步入了稳定协调发展的轨道。

（一）工业实力不断增强。铁法市根据建市晚，地方工业基础差、底子薄、结构单一的实际情况，确定了“一改（技术改造）、二上（上项目、上规模）、三提高”（提高产品质量、提高管理水平、提高经济效益）的地方工业发展战略方针和“以煤炭工业为依托，轻纺为先导，机电、化工为两翼，带动建材及其它行业的发展，靠科技进步和横向联合，全力发展地方工业”的基本策略，积极开发建设为国家重点项目服务的项目和企业。新建了纺织厂、地方煤矿、啤酒厂、面粉厂。再生橡胶厂、电缆材料厂、化工厂、电缆附件厂、尼龙包布厂和矿用截齿厂等一批市直和乡镇的骨干企业，同时，还改造了一部分原有企业。1990 年，全市工业总产值完成 31426 万元，按可比口径，比 1985 增长 1.8 倍，年递增 22.9%；其中地方工业产值 13982 万元，比 1985 年增长 6.3 倍，年递增 49%。

“七五”期间，国家重点能源基地铁法矿务局取得了巨大成就。原煤产量从 1985 年的 455 万吨上升到 1990 年的 863 万吨，5 年生产原煤累计 3393 万吨，是“六五”期间的 2.1 倍。1990 年，建成了全长 56 公里的铁康矿区铁路。建成了设计年生产能力 150 万吨的大型现代化矿井和设计年生产能力 300 万吨的特大型现代化矿井各 1 座。为铁法矿务局在“八五”实现年原煤超过 1000 万吨大关，进入全国特大型矿务局行列奠定了坚实基础。

（二）农村经济全面发展。“七五”期间，铁法市遵循“稳粮、兴工、抓菜、上畜牧”的农村经济工作指导方针，实施农村经济发展新策略。积极构筑东部平原的粮肉生产基地，城区的乡镇企业基地，近郊的蔬菜生产基地和西部山区的林果生产基地的商品经济格局。不断增加对农业的投人，依靠科技发展农业，巩固和加强了农业的基础地位；制定优惠政策，大力发展乡镇企业；围绕矿区需求，加强“菜篮子”工程建设。1990 年，全市农村社会总产值达到 20560 万元，比 1985 年增长 3.8 倍，年递增 36.8%。其中农业产值达到 3103 万元，比 1985 年增长 75%，年递增 12%；乡镇企业总产值达到

12000万元，比1985年增长12.4倍，年递增68%，多种经营产值达到5457万元，比1985增长2.4倍，年递增28%，粮豆总产量达到6147万公斤，比1985年增长67%，创历史最高水平。蔬菜产量达到5500万公斤，比1985年增长1.3倍。

（三）城乡市场繁荣兴旺。1990年，全市社会商品零售额实现21004万元，比1985年增长1.3倍，年递增19%；其中集市贸易成交额实现5500万元，比1985年增长4.4倍，年递增40%。在商业工作中，首先是加强了基础设施建设。“七五”期间，建成了市百货大楼等一批商业网点，新改扩建各类市场6个，其中大棚集贸市场1800平方米。其次是不断拓宽经营渠道，努力增加花色品种。第三是充分发挥国营商业渠道作用，努力保证人民生活必需品供应。

社会事业日新月异

（一）城市建设步伐加快。1986年，辽宁省政府批准了《铁法市城市总体规划》，次年国家能源部批准了《铁法矿区总体规划》。按照两个规划的要求，着重加强了城市基础设施建设和城市园林建筑。“七五”期间，铁法市用于城市交通、通讯、供电等基础设施建设投资达2500多万元，新建、改建、扩建了铁法路、调兵山大街等一批城市道路，总长度达6.5公里；新建城市桥梁2座、排水管道6.4公里，新建公厕35个，增设垃圾箱400多个，并新增了垃圾运输车等机械设备，使垃圾清运机械化达到80%以上。建成了邮电通讯大楼，3000门微波程控电话1991年即可投入使用。客运公司大楼于1990年交付使用，新开辟客运线路3条。五年中，共投资300多万元用于城市园林建筑。

（二）教育卫生广播事业健康发展。五年中新建成高级中学一所，初级中学（含职业中学）11所，小学10所。教学条件进一步改善，普通教育，职业教育和成人教育等教学系统已经形成。教学质量逐年提高，共向大中专院校输送学生1628人。

建成了市人民医院，市预防保健中心和3所镇卫生院。

1987年，铁法市电视转播塔交付使用。1989年，铁法矿务局建成矿区电视台，并先后在调兵山、晓南、红房、大明、施荒地等住宅区安装了闭路电视。1990年建成铁法人民广播电台中波节目制作楼，广播电台可望在近期开播。

（三）人民生活进一步改善。1990年，城市人均收入达到1526元，农村人均收入达到314元，分别比1985年增加305元和336元。城乡居民储蓄存款余额达到21093万元，比1985年增长4倍；人均存款1055元，比1985年增长5倍。5年中市政和矿务局住宅竣工面积累计达到35万平方米。城市人均住宅面积达到6.2平方米，比1985年增加0.8平方米。1985年以来，全市有6000多户居民用上了煤气。1990年，全市每百户城市居民中拥有电视机97台，其中彩电51台；电冰箱30台，收录机47台，洗衣机60台。

各项改革不断深化

（一）进一步深化农村改革。在稳定家庭联产承包责任制的基础上，相继在一些镇、村建立起养猪、养鸡、种菜等多种形式的联合体；开展多层次服务和适度规模经营。充分发挥双层机制的作用，努力发展和壮大集体经济。成立了农民科研所，指导农业生产发展，为提高集约经营水平和更有效地利用土地，开展了土地租赁经营试点，在原有承包土地地块和面积基本稳定的情况下，把土地承包改为土地租赁。在增强土地公有制观念。壮大集体经济方面起到了积极作用。

（二）完善企业改革的配套措施。自1987年起在全市工商企业中开展大面积租赁承包，租赁承包面达90%。企业素质明显提高，经济效益也大大增强。1989年，对企业进行了第二轮承包。在第二轮承包中，市政府制定了《铁法市企业承包租赁制试行方案》和《铁法市承包租赁企业厂长（经理）行为规范》。进入第二轮承包的企业普遍实行了“集体承包、全员风险、目标管理、资产递增”的承包方式，使企业承包进一步深化。

（三）对财政体制改革进行大胆尝试。自1988年起实行财政分成包干制度，即把各镇的税收同财政经费挂钩，根据各镇的实际情况将税收按一定比例返还各镇，节余留用，超支不补。各镇都能合理而有效地使用资金，减少了不合理开支，充分调动了各镇发展经济增加税源的积极性。

（四）积极推进住房制度改革。1987年，铁法市率先在辽北地区进行住房制度改革。开始实行党政机关干部的住房商品化。其作法是，住房由市政府统一分配，按有限产权方式，住房的产权归单位所有，个人有居住权和继承权。市财政和单位承担全部造价的60%，个人承担40%。企事业单位职工住房根据各单位的不同情况采取公建私助或私建公助等方法解决。住房制度改革既解决了供给型住房制度上的一些弊端，也缓解了住房紧张的矛盾。

（五）积极稳妥地进行干部人事制度改革。把竞争机制引入干部任用中。按照“公开、民主、平等、竞争、择优”的原则，开展了副市长任选，副局级干部、机关股级干部和村民委员会主任竞选等方面工作，任人唯贤，优胜劣汰，使一大批德才兼备的中青年干部脱颖而出，提高了干部素质和机关工作效率。

市　长：米凤君（回族）

副市长：张明远（常务）　李春芳　刘　飏　吕久权　李　述　于福今　尹　文

米凤君市长，吉林省长春市人，1942年8月生。1967年毕业于吉林工业大学，同年参加工作。1975年10月加入中国共产党。1967—1984年曾先后担任长春第一汽车制造厂工艺员、工艺处综合工艺科副科长、生产处技术科副科长、生产处副处长、厂长助理。1984年后担任吉林省计划经济委员会副主任、党组副书记，吉林市市委常委、副市长，吉林省计划委员会主任、党组书记等职务。1991年3月当选为长春市委副书记、长春市市长。

长春市“七五”时期经济和社会发展成就综述

□ 文　义

“七五”时期，长春人民在市委、市政府的领导下，认真贯彻执行党的对内搞活经济、对外开放的总方针，深入开展社会主义精神文明和物质文明建设，有力地推动了国民经济和各项事业的发展，城市经济实力和整体功能作用显著增强，人民生活水平进一步提高，城市面貌发生了巨大而深刻的变化。

经济实力得到增强，产业结构有所改善

1990年，全市国民生产总值达109.3亿元，比上年增长17.6亿元，增长10.5%，比“六五”时期末年的1985年增长14.8%，平均每年递增2.8%，是建国以来增长速度较快的一个建设时期。伴随国民经济的增长，国民收入也有较大增加，1990年全市国民收入达87.2亿元，比上年增长9.8%，比1985年增长37.8%。“七五”时期5年累计新增国民收入358.4亿元，平均每年增长6.6%。国民生产总值和国民收入的持续增长，标志着长春的经济实力进一步增强。特别是“七五”期间，长春市围绕解决一度出现的经济过热问题，按照中央提出的“治理经济环境，整顿经济秩序，全面深化改革”的方针，集中力量进行了结构调整。经过调整，国民经济出现了好的转机，产业结构进一步趋于合理，三次产业占国民生产总值的比重有所变化。1990年与1985年相比，第一产业由24.5%上升到28.2%；第二产业由52.7%下降到46.4%；第三产业由22.8%上升到25.4%，为经济发展奠定了较好基础。

农业生产全面增长，粮食产量跃上新台阶

“七五”期间，全市农业生产在稳定和完善家庭联产承包责任制、深化农村改革中有了突破性的发展。特别是党的十三届五中全会以来，全党、全国形成重视农业、支持农业、发展农业的局面，农业的外部环境和内部条件不断改善，“七五”计划规定的农业生产主要指标超额完成。1990年全市农林牧副渔五业总产值达到47.2亿元，按可比价格计算比上年增长33.8%，比1985年增长57.3%，平均每年增长9.5%。“七五”时期平均每年增长速度不仅比“六五”时期平均每年增长5.1%的速度快4.4个百分点，而且超过平均每年增长8.4%的“七五”计划指标。

“七五”时期，在农业内部的五业中，以粮食生产为主的种植业出现好的转机。1986、1987、1988年3年种植业产值的增长速度依次为15.5%、21.1%和12.5%。1990年，由于对农业实行了一系列倾斜政策，使种植业有了较大发展，全市种植业产值按可比价格计算达到21亿元，创历史最高水平，比1985年增

长71.4%，平均每年增长11.4%。林业生产发展较快，围绕建设“森林城”的奋斗目标，5年全市共造林71万公顷，跨入全国平原绿化先进市的行列。畜牧业、渔业迈出较大步伐，1990年同1985年相比，猪、牛、羊肉产量增加3万吨，水产品产量增长1倍多，牛奶产量增长46.4%，为城乡人民生活水平的提高提供了重要物质条件。

粮食生产喜获丰收，连续5年保持增长态势。1990年全市粮食总产量达到624.7万吨，创历史最高水平，比制定“七五”计划的基期年1985年增加297.6万吨，增长91%，平均每年增长13.8%。5年累计生产粮食2402.4万吨，比“六五”时期增长32.4%，向国家提供商品粮比“六五”时期增长7.9%。

乡镇企业获得较大发展，已经成为农村经济的重要组成部分。到1990年全市乡镇企业已发展到13万家，从业人员已达49.2万人，占乡村劳动力总数的30.1%。乡镇企业按1980年不变价格计算的总产值达40.7亿元，比1985年增长1.9倍，平均每年递增23.7%，占全市社会总产值的比重已由1985年的13.3%上升到24.4%。

工业主要计划指标提前完成，技术装备水平不断提高

“七五”期间，全市工业企业坚持以改革为动力，紧紧依靠技术进步，狠抓产品结构调整，积极开拓市场，工业经济素质有所提高，生产得到较快发展。1990年，全市工业总产值达到156.3亿元，按可比价格计算比1985年增长64.67%，平均每年递增10.5%，远远超过了“七五”计划规定的指标，是新中国成立41年来增长幅度较高的一个时期。列入“七五”计划的主要产品产量大都提前或超额完成。其中钢、铁合金、小型拖拉机、胶合板、布、印染布等一批产品产量提前1～2年完成了“七五”计划的目标。

产品结构调整收到实效。全市5年累计生产新产品2230种，5年平均新产品产值率为7.24%，创历史最好水平。产品质量有所提高，“七五”时期全市共创优质产品582种，其中国优、部优产品208种，优质品产值率达到33.1%。出口产品产值大幅度增长，1990年工业品出口产值已达到4.7亿元，比1989年增长83.7%，比1985年增长2.35倍。

企业发展后劲进一步增强。经过“七五”时期的建设，工业固定资产有了较大增长。“七五”时期，全市共完成工业固定资产投资43亿元，比“六五”时期增长1.8倍。1990年全市独立核算企业拥有固定资产原值达85.9亿元，比1985年增加40.2亿元，增长88%；平均每一职工拥有固定资产原值由1985年的8688元增加到14365元，增长65.3%。

固定资产投资硕果累累，城市发展后劲明显增强

“七五”时期，全市固定资产投资不断增加，一大批建设项目相继投产或交付使用，为长远发展提供了坚实的物质基础。1990年全市完成固定资产投资16.9亿元，比上年增长26.2%。“七五”时期5年累计完成固定资产投资73.5亿元，比“六五”时期增长1.3倍，投资效益也好于“六五”时期。整个“七五”时期，全市固定资产投资交付使用率达81.5%，比“六五”时期提高了3.4个百分点。

大中型及重点建设项目得到了充分保证，工程进展加快。1990年仅大中型建设项目就完成投资4.7亿元，占同期基本建设投资的44.8%。长春第一汽车制造厂换型改造工程、惠工路、西解放立交桥、中日友好水厂和东郊煤气厂等一大批大中型及重点建设工程在“七五”时期相继建成投产。

投资结构趋向合理。全市5年累计完成生产性建设投资48.2亿元，占投资总额的比重由“六五”时期的42.8%上升到65.6%；累计完成非生产性建设投资25.3亿元，占投资总额的比重由“六五”时期的57.2%下降到34.4%。

经过“七五”时期的投资建设，全市的生产力水平有了进一步提高，增强了经济发展后劲。“七五”时期全市由于基本建设投资新增加的主要生产能力或效益有：输电线路283公里，变电设备21万千伏安，铸铁件能力300吨，服装24万件，汽车制造3.2万辆，集装箱卸运能力7万箱次，冲压件300吨，烘干粮食104万吨，雷达20部，石墨电极200吨，自来水供水能力13万吨，发电机组容量1.2万千瓦，城市永久性桥梁5座，医院病床床位1364个，各类学校学生席位109465个。

城市建设日新月异，整体功能进一步增强

“七五”时期，全市本着积极而为、量力而行的原则，加强了城市基础设施建设，保证了城市经济的发展和人民生活的需要。

市政道路和基础设施得到完善。全市相继建成了惠工路、西解放立交桥和自由大桥，开辟打通了部分外环路、出口路，疏通了区间路，进一步改善了交通条件。经过“七五”期间的建设，一个以斯大林大街为干线、中环路为主导，联结市内各区间的四通八达、纵横交错的城市交通网络已初步形成。到1990年末，市区铺装道路总长度已达671公里，比1985年增加84公里；永久性桥梁28座，比1985年增加4座。

自来水生产供应能力有较大提高，城市用水紧张状况有所缓解。“七五”期间，围绕解决生产和生活用水问题，进行了第二水源工程建设和中日友好水厂建设，新

增日供水能力 20 万吨，完成了南岭水厂第五净水系统改造，提高了供水质量，使水质全部达到国家标准。到 1990 年末，市区自来水生产能力已达到 43.6 万吨；市区内使用自来水人数由 1985 年的 125 万人增加到 163 万人，净增 38 万人。

城市煤气、石油液化气发展迅速。1989 年全市人民关心的东郊煤气厂工程竣工并交付使用，新增日供气综合生产能力 28.8 万立方米，不仅解决了 15 万户居民的生活用气，而且增加生产用气 4 万立方米。在发展煤气生产的同时，积极组织石油液化气的供应，全市工业生产和居民用气难的问题已明显缓解。到 1990 年，市区煤气日生产能力达 52.7 万立方米，使用煤气和石油液化气的用户达到 24.6 万户，比 1985 年增加 49.1%。

城市绿化取得新成绩。“七五”时期，全市人民因地制宜地开展植树造林活动，有计划、有重点地对街道、广场进行改造和绿化，增设了一大批街心花园和景点。1990 年市区绿化覆盖率达到 35.1%，比 1985 年提高 5 个百分点。

城乡市场繁荣兴旺，各类商品销售普遍增加

“七五”期间，在大力发展工农业生产的基础上，城乡市场繁荣活跃，商品销售明显增长。1990 年全市社会商品零售总额达 58 亿元，比“六五”期末的 1985 年增长 67.6%，平均每年递增 10.9%。

各类商饮服务业和城乡集市贸易得到较大发展。1990 年全市商业服务网点发展到 5.5 万个，各类从业人员达 24 万人，城乡集贸市场由 265 个发展到 311 个，增加 46 个，1990 年全市集贸市场交易额达到 1.38 亿元，比 1985 年增长 2.4 倍。

销售结构发生变化。随着城乡人民生活水平的日益提高，居民消费品购买趋向有所改变，购买吃、穿方面的消费品比例逐渐缩小，购买用的消费品比重开始上升。1990 年食品类零售额为 21.6 亿元，比 1985 年增长 58.5%，占消费品零售额的比重由 1985 年的 43.4% 下降到 42.8%。衣着商品零售额达 8.4 亿元，比 1985 年增长 61.2%，占消费品零售额的比重由 1985 年的 16.8%下降到 16.7%。用的商品零售额达 20.4 亿元，比 1985 年增长 46.7%，占消费品零售额的比重由 1985 年的 36.8%上升到 40.5%。

对外开放迈出较大步伐，外向型经济迅速发展

“七五”时期，全市对外经济贸易在改革开放和治理整顿中取得突破性进展，出口贸易不断增长，对外经济技术合作日益增多，出口贸易额的增长速度始终超过了工农业生产的增长幅度。全市 5 年累计完成外贸产品出口总额 22.2 亿元，比“六五”时期的出口总额增长 1.5 倍。

外贸体制有了重大变化。随着计划单列体制的实行，全市外贸已由原来的间接出口转向直接出口，享有对苏联、东欧、朝鲜、蒙古等国家进行经济贸易的权限，结束了长期以来没有对外窗口的历史，促进了对外贸易的发展。1990 年，已先后同 25 个国家和地区开展了直接贸易往来，全市自营出口创汇额达到 2750 万美元。

外经工作取得进展。“七五”期间，围绕发展主导产业，骨干企业和拳头产品，积极引进资金、设备和技术。1989 年全市签定技术引进项目 13 项，利用外资贷款项目 16 项，吸引外商投资项目 11 项。1990 年全市实际吸收外资 1310 万美元，新增三资企业 18 家，是历年来发展最多的一年。目前全市已与美国、日本、英国、加拿大、法国等近 30 个国家、地区及国际经济组织建立了经济技术合作关系。

科技事业稳步发展，科研成果日益增多

“七五”期间，科研部门认真贯彻执行中共中央关于科技体制改革的决定和有关发展科技工作的一系列方针、政策，充分发挥科学技术促进生产力发展的积极作用，使科技事业有了较大发展。到 1990 年末，全市县以上独立科研单位已发展到 95 个，其中自然科学研究机构 73 个，社会科学研究机构 16 个，情报文献单位 6 个。全市各类专业技术人员达到 29.3 万多人，比 1985 年增加 12.3 万人。

科学研究的技术开发取得了丰硕成果，有一大批科技成果具有较高的学术水平和较大的推广应用价值。5 年中全市共取得科技成果 1332 项。其中，属于国际首创和处于领先地位的 4 项；达到国际先进水平的 6 项；属于国内首创的 241 项；达到国内先进水平的 622 项。“七五”时期，全市共有 508 项科技成果获奖。其中，吉林大学的高分子缩聚、加聚等 9 项成果获国家自然科学奖；长春地质学院的 YQ−1 型岩石取样机等 67 项成果获国家发明奖；国营 793 厂的 LDZJ−7Z3C−1 大型全自动卷绕机等 32 项成果获国家技术进步奖。

科技成果推广取得可喜成绩。围绕促进科学技术转化为现实生产力，多形式地开展推广工作，收到了明显的经济和社会效益。仅 1990 年就有 5 项科技成果被列为省重点推广项目，82 项科技成果被列为市重点推广项目。据对全市 1990 年登记的 48 项有经济效益的科技成果统计，可实现产值 1.71 亿元，利润 2838 万元，税金 1342 万元。

教育、文化、卫生、体育等事业协调发展

教育规模逐年扩大，教师队伍稳定发展，为国家培养了大批合格的四化建设人材。到 1990 年末，全市各级各类学校达 2581 所。其中，高等院校 26 所，全市

在校学生已达 111.8 万人，专业教师发展到 7.3 万人，比 1985 年增加 0.7 万人。“七五”时期，全市全日制高等院校共为国家培养大专以上毕业生 6.3 万人。

文化事业在党的“百花齐放，百家争鸣”文艺方针指导下，坚持文艺为人民服务，为社会主义建设服务的方向，机构设置不断改善，文艺队伍在发展中壮大，人民群众文化生活日益丰富，在社会主义精神文明建设中发挥了重要作用。“七五”时期，长春电影制片厂共生产故事片 105 部，美术片 17 部，译制片 63 部，电视片 13 部，其中一大批影片在各种评比中获奖。到 1990 年末，全市（不含省直）有艺术表演团体 11 个，艺术馆、文化馆、文化活动站 16 个，公共图书馆、图书流动站 9 个，博物馆 2 个。

卫生事业坚持“预防为主”的医疗方针，医疗手段逐步提高，医疗设施和条件有较大改善，防病治病能力有所增强，人民群众健康水平明显提高。1990 年同 1985 年相比，医院增加 28 个，专业卫生技术人员增加 4330 人，医院病床增加 5301 张。“七五”时期，农村医疗卫生发展步伐加快。1990 年，全市村级卫生医疗点发展到 1708 个，乡村医生和卫生员达 5452 人，农民群众医疗卫生条件有所改善。

体育事业发展迅速，运动技术水平明显提高，群众性体育活动蓬勃开展，国际体育交往日益增多。1990 年，体育事业在“迎亚运”的热潮推动下有了新的突破。全市共举办“迎亚运”群众体育活动 4170 次，参加人数达 430.5 万人次。在参加全国性比赛中共获 9 枚金牌，22 枚银牌，15 枚铜牌。在各级各类体育比赛中，有 1 队 4 人破全国纪录。

城乡人民生活水平稳步提高

随着改革开放的逐步深入，城乡人民在经济发展中获得实惠，物质生活水平不断提高。据城乡居民家庭生活抽样调查，1990 年城市居民人均生活费收入为 1268 元，比 1985 年增长 97.7%，平均每年增长 12.5%；农民人均纯收入 759 元，扣除农民自产自用部分和价格变动因素，实际收入为 673 元，比 1985 年增长 93.9%，平均每年增长 14.2%。

随着生活水平的提高，消费质量发生了明显变化。食品消费由“主食型”向“副食型”转化，并向营养化和多样化发展；衣着消费由求同转向求异，并逐步趋向成衣化和时装化；耐用消费品升级快，拥有量大幅度增加。“七五”时期，“新四件”拥有量保持上升势头。平均每百户家庭电风扇、电冰箱、收录机、彩电的拥有量分别由 1985 年的 15.3 台、1.7 台、43 台和 17 台上升到 1990 年的 42 台、31.7 台、57.3 台和 58.7 台。钢琴、录像机、组合音响等高档耐用消费品也开始进入居民家庭。

城乡居民居住条件继续改善。1990 年城区人均居住面积达到 5.89 平方米，比 1985 年增长 18.8%。农村人均居住面积达到 14.75 平方米，比 1985 年增长 21.4%。

吉 林 市

市　长：吴广才

副市长：李万良（常务）　李显杰（政法、外事）　陈桂荣（女　文教卫）　辛世毅（城建）　刘振兴（财贸）　萧　荣（农村）

吴广才市长，1939年8月生于吉林省九台县加工河乡。大学文化程度。1956年9月加入中国共产党。1959年7月参加工作，先后任高级社统计员、党支部书记、公社党委副书记、县政治部副主任、县委副书记、书记。1983年4月任中共吉林市委常委、吉林市人民政府常务副市长、代市长。1986年4月任中共吉林市委副书记、市长。

吉林市在改革开放中阔步前进的五年

□ 高亦工　冯玉学

国民经济持续稳定增长，经济实力明显增强

1990年，全市实现社会总产值193.2亿元（1980年不变价），比1985年增长45.3%，五年间平均递增7.8%；实现工农业总产值100.6亿元，比1985年增长52%，年均递增8.7%；实现国民生产总值84.6亿元，比1985年增长29.5%，年均递增5.3%；实现国民收入68.3亿元，比1985年增长33.7%，年平均递增6%；市级财政收入10.9亿元，比1985年增长1.1倍，年平均增长15.8%。

工业基础进一步发展壮大。一是工业生产速度、效益同步增长。1990年，全市工业总产值完成143.8亿元，比1985年增长58.1%，5年平均递增9.6%。其中，不含村及村以下的工业总产值134.2亿元，比1985年增长51.2%，年均递增8.6%。在工业总产值中，全民工业总产值112.8亿元，比1985年增长46.8%，递增8%；集体工业总产值21.1亿元，增长71.7%；重工业产值94.2亿元，增长49.3%；轻工业产值40亿元，增长55.3%。1990年，市级预算内工业企业实现产品销售收入23048万元，比1985年增长78%，年均增长15.6%。5年间，年平均实现利税29937万元，比1985年平均增长8.6%。全民独立核算的工业企业全员劳动生产率由1985年的14805元提高到18513元，增长了25%。二是基本建设和技术改造步伐加快，企业素质普遍提高，工业发展后劲进一步增强。5年间，全市工业固定资产投资累计达53.5亿元，比"六五"增加了88%，比1985年以前37年工业投资总额增长3.7%，是建国以来投资最高的历史时期。五年来，新增固定资产56.6亿元，建成或部分建成投产交付使用的项目近2000项，特别是由于一批大中型骨干项目的新建和扩建，既形成了一批新的生产能力，又为"八五"乃至"九五"期间的经济发展积蓄了后劲。5年间，全市用于技术改造的投资累计达31.2亿元，完成技术改造项目349项，新增产值52302万无，新增利税14145万元，有效地提高了装备水平、企业素质和产品水平。1990年，全市已有4户企业进入国家一级企业，34户进入国家二级企业，174户进入省先进级企业，322户进入省预备级企业。优新产品创历史最好水平。国家重点考核的工业产品质量稳定提高率已由1985年的91.5%提高到98.5%。五年间，全市有977种产品获市以上优质产品称号。其中，有661种产品获省以上优质产品称号，有4种产品获国家金牌，10种产品获国家银牌。全市工业优质产品产值率已由1985年的39.88%提高到39.91%。三是调整结构初见成效，经济结构显著改善。依据国家产业政策，不断强化优势产业、改造传统产业、发展高科技新兴产业，全市已初步形成了以化工、冶金、电力、汽车四大主导产业，以造纸、塑料、纺织、建材、机械、食品、

电子、医药、家电9大支柱产业及以稀土永磁材料、辐射材料与辐射技术、特种纤维材料和生物工程技术4个高新技术和产品为主体的“494”工业经济框架。产品结构的调整取得重要进展。结合技术改造。五年间全市开发试制新产品2032种，实现产值15.39亿元，利税2.89亿元。能源、原材料和市场急需的消费品产量都有较大幅度的增长，一些产品在全国占有重要位置。横向经济联合发展迅速，企业组织结构进一步优化。“七五”期间，全市已建成以本市名优拳头产品为龙头、以大型骨干企业为依托，近100户企业参加的化工、铁合金、炭素、汽车等5个大型企业集团和50多个经济联合体，促进了生产要素的合理流动和生产力的优化组合。

农村商品经济全面发展。1990年，全市实现农村社会总产值47.8亿元，比1985年增长1.35倍，平均每年递增18.7%；实现农业总产值10.6亿元（1980年不变价），比1985年增长14.4%，平均每年递增2.7%。1990年农业总产值占农村社会总产值的比重已由1985年的58.6%，下降到44.9%。粮食生产跨上新台阶。5年间年平均粮食产量为167.2万吨，比“六五”时期提高了9%，其中水稻产量达79.3万吨，比1985年提高了25.2%，一直占全省三分之一。1990年粮食总产达到197.9万吨，创造了历史最高水平，被国务院授予粮食生产先进市。以土特产业为主的多种经营有较大发展，已形成规模优势。1990年土特产业总收入1.53亿元，比1985年增长2.6倍。以人参为主的药材种植面积达2158公顷，其中人参1845公顷，均比1985年增长一倍以上；以山楂、浆果为主的果树定植面积达14360公顷，增长2.4倍；以貂、狐、兔、鹿为主的经济动物发展到12万只，其中梅花鹿养殖1.1万只，年产鹿茸2.3万公斤；以野菜、山果为主的采集业，年采集量达4800多吨。5年间全市累计造林面积达9.77万公顷，森林覆盖率已由1985年的50.01%，提高到50.4%。畜牧业，生猪达95.5万头，出栏39.8万头，出栏比1985年增长15.4%；黄牛达36.7万头，出栏4.5万头，分别比1985年增长19.7%和2.5倍。副业1990年实现总产值4610万元。渔业产量达1.13万吨，比1985年增长98.9%，居全省前列。乡镇企业发展规模不断扩大，效益不断提高。1990年全市乡镇企业已发展到7.2万户，比1985年增长81.6%；从业人员达22.9万人，占农村劳动力总数的1/3，比1985年增长38.9%；实现总产值23.9亿元，比1985年增长2.4倍，年均递增27.7%；实现利税4.14亿元，比1985年提高2.5倍，平均递增28.2%，百元产值利润率达17.3%（按1980年价计算），比1985年提高了2.4%。到1990年，已有55户乡镇企业升入国家序列级，其中省先进级企业3户，省预备级企业9户，市预备级企业34户。外向型经济不断发展，出口创汇型企业发展到33户，出口产品达29种，产品销往美国、日本等13个国家和地区，5年间积累创汇1500万美元。

城乡市场进一步繁荣兴旺。1990年，全市商业、饮食服务业网点达54613个，比“六五”期间增长15.2%，网点布局不断改善，居民生活更加便利。全市商业商品购进总额33.4亿元，比1985年增长97.2%；社会商品零售总额46.1亿元，比1985年增长91.5%。市场供应充足，主要消费品零售量与1985年相比，彩色电视机增长2.3倍，电冰箱增长8.9倍，电风扇增长60.4%，收录机增长4.2倍，粮食增长4.8%，食用植物油增长64.5%，鲜蛋增长1.4倍，水产品增长92%。

对外经济贸易迅速发展。5年间，出口商品收购总额累计达21亿元，比“六五”时期增长2.3倍，5年平均递增26.4%。出口商品结构不断改善。工矿产品出口收购额占出口收购总额的比重，由“六五”时期的68%调整到74%，出口产品发展到150种，其中百万元以上的近40种，产品出口到50多个国家和地区。对外经济技术合作有较大突破。5年间共签订涉外经济技术合作合同106项，总金额为1.2亿美元，其中技术引进项目86项，总金额8400万美元；对外承包工程合同9项，2481万瑞士法郎；利用外资项目59项，实际利用外资金额7003万美元，兴办“三资”企业20家。对苏边境贸易和对朝鲜半岛的民间贸易初见成效。仅1989到1990年，就与苏联成交承包工程11项，成交额达5563万瑞士法郎。对外经济贸易渠道不断拓宽。制定并实施了“南联北拓”的发展战略，先后与国内十几个沿海城市和口岸城市建立了经济技术友好协作关系，并兴办了一些企业和贸易窗口，初步形成了北从黑河、南至海口的“沿海经济发展一条线”的对外开放格局。还先后与日本国山形市、美国波斯坎市、苏联那霍德卡市建立了友好城市关系。

城市建设迅速发展，投资环境明显改善

“七五”期间，吉林市先后投资5.3亿元（比“六五”期间增长1.2倍）用于城市建设和改造，使城市基础设施得到明显改善，城市综合服务功能得到进一步提高。

城市基础设施建设大大加快。拓宽和打通道路9条，长度为39.5公里，修建内环江堰16.4公里，新建和拓宽松江等过江大桥3座，新建公铁立交桥7座，使全市道路总长度由“六五”期间的442公里提高到479公里；改造和扩建了3座水厂，使全市日供水能力由“六五”期间的16.2万吨提高到24.2万吨，增长了49.4%；新建了二期热水过江工程，增加集中供热面积135万平方米；新辟公共交通营运线路9条，每万人占

有公共交通车辆由"六五"期间的 2.6 台增加到 2.8 台；新建河南街商业大厦、东市商场等大型商业中心四座，面积达 8 万平方米；新建住宅 275 万平方米，比"六五"、期间增长了近 2 倍；新建民航机场一座，已开辟沈阳、大连、北京、上海、广州等 5 条国内航线，结束了吉林市无空中交通的历史；吉林火车站新站建设已经开工，总建筑面积 13600 平方米，1991 年底竣工；从日本引进的程控电话装置已开通使用，使市内交换设备容量由"六五"期间的 1.3 万门增加到 4.5 万门。

环境保护工作进一步加强。5 年来，全市治理环境污染投资 4.1 亿元，占同期国民生产总值的 1.15%，高于同期国家平均水平，完成市以上治理项目 264 项，新增和改造污染处理设施 264 套。到 1990 年，每年排放废水量比 1985 年减少了 7.2%，处理量增加 4286 万吨／年，工业废水处理率达 81.2%，在全国处于领先地位。新增烟尘和工业粉尘削减能力 1293 万吨／年。5 年间，完成 18 项环保科研题目，其中获国家三等奖 1 项，省科技二等奖 1 项，三等奖 1 项。

城市绿化进展较大。5 年间，城区植树 1288 万株，比"六五"期间增长 198%，市区建成区绿地面积已达 2460 公顷，城区绿化覆盖率已由"六五"期间的 16% 提高到 28%，人均占有公共绿地面积由 4.8 平方米增加到 5 平方米，使自然生态环境得到了进一步改善。

城市居民收入稳定增长，生活水平显著提高

1990 年，全市职工工资总额达 19.2 亿元，比 1985 年增长 1.1 倍，平均每年增长 15.5%。职工平均工资 1999 元，比 1985 年增长 82.2%，递增 12.8%。城乡居民人均生活费收入 1363 元，比 1985 年增长 1.3 倍，平均每年增长 18.2%，农民人均纯收入达 641 元，比 1985 年增长 55.6%，平均每年增长 9.2%。城乡居民储蓄存款大幅度增长。1990 年末全市城乡储蓄存款余额达到 37.73 亿元，比 1985 年增长 3.3 倍，平均每年增长 34.2%。城乡居民消费水平显著提高，各类消费品支出普遍增加。人们居住条件进一步改善。1990 年，城市人均居住面积已由 1985 年的 4.6 平方米增加到 5.5 平方米；农村新建住房速度明显加快，人均居住面积已提高到 13.66 平方米。劳动就业取得很大成绩。5 年间累计安置待业人员 156000 人，1990 年，全市待业率为 2%，低于国家和省的计划控制指标。

社会事业蓬勃发展，变化巨大

"七五"期间，吉林市坚持两个文明建设一起抓，大力加强社会主义精神文明建设，有力地推动了各项社会事业的蓬勃发展。

(一) 科技事业取得空前成就。制定并实施了科技兴市发展战略，初步形成了以厂办科研为主体、以独立科研和民办科研为两翼的科技工作体系。1990 年，全市拥有独立科研单位 25 个，厂办科研单位 141 个，民办科研和技术服务机构 190 个，共有专业科学技术人员 2526 人。5 年间，科技三项费用投入比"六五"期间增长 5 倍，科技进步对工农业经济增长的贡献值，已由"六五"期间的 24.5%，提高到 38.1%，通过国家、省、市科委投资的科技攻关，实施火炬和星火计划项目 446 项，比"六五"期间增长 82%，据对产生经济效益的 276 项科技成果统计,投入总经费 9990 多万元，5 年累计增加产值 16.93 亿元，利税 2.976 亿元，创汇 861.75 万美元。科研成果逐年增加，5 年间，达到国际先进水平的 24 项，填补国内空白的 139 项，具有国内先进水平的 252 项。填补省内空白的 164 项，达到省内先进水平的 81 项；受奖的 519 项，其中获国家发明奖的 3 项，获国家科技进步奖的 23 项，获省科技进步奖的 234 项，获市级奖励的 259 项。1985 年实行专利法以来，全市共申报专利 654 项，其中属于发明的 105 项，实用新型技术 520 项，外观设计 29 项。5 年间共与国内 30 个省市区签订技术贸易合同 4862 项，总成交额 1.137 亿元。

(二) 教育事业在改革中不断前进。1990 年，全市已有高等学校 8 所，中等专业学校 23 所，职业、农业中学 61 所，普通中学 319 所，特殊学校 7 所，小学 1763 所，幼儿园 458 所，形成了从幼儿教育到高等教育、从一般教育到职业教育、从普通教育到特殊教育的完整的教育体系。教育质量又有新的提高。中考及格率由 1985 年的 50.9%上升到 1990 年的 70%；高考连续 5 年获省内最好成绩，大专院校录取人数由 1985 年的 2776 人上升到 3789 人，5 年累计为国家高等院校输送专科学生 16966 人，为市电视大学、联合大学和地方高校输送专科学生 1743 人。办学条件进一步改善。1990 年教育经费总额由 1985 年的 7084 万元提高到 1.27 亿元，平均每年增长 12.4%；校舍建设投入 5 年累计达 1.79 亿元，5 年间新增校舍 288740 平方米，其中新建楼房校舍 184037 平方米，通过维修改造，危房比例已由 1985 年的 5.3%下降到 0.028%，城区小学全部实现了暖气化。勤工俭学迅速发展，5 年总收入 1.79 亿元，受到国家表彰。

(三) 文化事业日益繁荣。创造了一批优秀的戏剧、绘画、剪纸等艺术作品，有 80 多幅民间和专业美术作品参加了"安云鹏"画展，最高的获得国际银牌奖；被国家命名为"中国现代民间绘画画乡"。文化基础设施建设显著加强。完成了全国四大御批孔庙之一——吉林文庙的修整，成立了文庙博物馆，并已重新对外开放；创办了国内第一家陨石博物馆——吉林市陨石雨博物馆，在国内外产生了较大影响。开展了文化长入经济的尝试。采取"文化搭台、经济唱戏"的办法，先后两次举

办了松花湖金秋音乐会和试办了吉林市雾凇冰雪节，创造了较高的经济效益和社会效益。

（四）卫生事业进一步发展。1990年全市已有医疗卫生机构760所，其中乡以上医院214所，医疗病床18705张，比1985年增加2273张，每千人口占有病床由“六五”期间的4.16张增加到4.53张。全市有各类专业卫生技术人员22715人，比1985年增长10.4%，其中医生9326人，比1985年增长19.0%，平均每千人口占有2.3人，比1985年增长16.2%。全市已发展各级卫生防疫机构67个，从事专业防疫人员22715人，分别比“六五”时期增长48%和10.4%。5年间，引进医疗新技术1021项，共取得40项科研成果，部分项目在国内、国际受奖，创伤外科、肿瘤、泌尿、血液等十多项技术，分别达到国家和省的先进水平。“七五”期间，各种地方病人数比“六五”期间下降了11.6%，各种疾病治愈好转率达89.23%，提高了10.9%，人均寿命由“六五”时期的65.17岁提高到69岁。以除害灭病为中心的爱国卫生运动取得重大进展，实现了市区无鼠害、无蝇害，成为全省地级卫生城市和全国卫生城市。

（五）计划生育取得较好成绩。“七五”期间，全市人口自然增长率年平均为12.2‰。低于国家和省的计划控制目标。1990年末，全市总人口为412.5万人，低于“七五”计划的控制目标。

（六）体育事业蓬勃发展。兴建了占6.5万平方米、有3个场馆组成的目前全国最大、设备比例齐全的吉林市冰上运动中心，与松花湖滑雪场配套，形成了我国最大的冰雪运动基地，具备了承担全国和国际冰雪竞赛活动的能力。5年间，共承办全国冬运会和亚太地区青少年冰球赛等全国和国际的大型比赛十多次。5年来，在省以上体育比赛中，共获奖牌132.1／4枚，银牌67.1／2枚，铜牌82枚。共为省以上优秀运动队输送运动员200人。有5人4次打破速滑短跑道全国纪录，有4人获得亚运会冠军，有2人次获得世界大学生运动会金牌，为国家争得了荣誉。

（七）广播电视事业有较大发展。1990年，全市共有中波广播电台3座，广播覆盖率达86%。（市区达100%），比“六五”时期增长了4%，超过了“七五”计划规定的75%的指标。有市县级电视台和各种转播台82座，比1985年增长1.1倍，电视覆盖率达72%（市区为100%），比1985年提高了12%，超过了“七五”计划规定的60%的指标。

（八）旅游事业日趋活跃。1986到1990年，共接待来吉林市旅游、参观、探亲、访友以及从事贸易、科技、文化交流的外国人、华侨、港澳和台湾同胞达71272人次，平均每年达万人以上，最高的1988年达1.95万人次，成为东北地区继沈阳、大连、哈尔滨之后第4个国外游客超万人的城市；旅游外汇收入累计达1441万美元。以松花湖风景区为中心的旅游景点配套建设进一步加快，在完善原有景点基础上，又新建了一批新的景点，生活服务设施继续得到改善。全国四大自然景观之一——吉林雾凇资源的开发利用工作已经起步。

四 平 市

市　长：李世学

副市长：臧胜业（常务）　张文奎（城建）　王培知（女　政法、综合）　臧连福（财贸、文教）　刘植宇（农业）

李世学市长1943年3月出生于山东省淄博市，1965年10月加入中国共产党，1986年毕业于中共中央党校。曾先后担任吉林省松江林业局团委干事，党委宣传部干事、林场副场长、场长、党总支副书记、书记、林业局生产科长、宣传科长、革委会主任、党委副书记、书记，吉林省林业厅常务副厅长，中共四平市委副书记等职，1991年3月当选四平市市长。

四平市“七五”时期经济社会发展情况及主要成就

□ 谢观赞　王冬晖

“七五”时期，四平市所确定的主要目标和任务已经完成或超额完成。到1990年末，全市社会总产值达到92亿元，比上年增长3.3%，比1985年增长60.1%，平均每年增长9.9%；国民生产总值达到42亿元，比上年增长0.8%，比1985年增长52.9%，平均每年增长8.8%；国民收入达到37.4亿元，比上年增长3.8%，比1985年增长49.7%，平均每年增长8.4%；人均国民收入达到1276元，比上年增长13.8%，比1985年增长2倍，平均每年增长24.9%；财政收入达3.92亿元，比上年增长5%，比1985年增长6倍多，平均每年增长20.5%；工农业总产值达到74.9亿元，比上年增长6.8%，比1985年增长162.4%，平均每年增长21.2%；全社会固定资产投资规模达到4.1亿元，比上年增长47.5%，比1985年增长46.4%，平均每年增长19.3%。“七五”期间，全市国民经济持续稳定发展，城乡人民生活水平不断提高，各项社会事业都取得了较大进展。

农村经济全面发展

“七五”时期，四平市的农业基础地位继续得到巩固和加强，在保证粮食稳步增产的前提下，农林牧副渔各业均得到较大发展，农村经济结构在调整中不断优化。1990年，全市粮豆总产量创历史最高水平，达到431.5万吨，比上年增长27.3%，比1985年增长77.5%，平均每年递增12.2%。5年中全市共生产粮食1895万吨，向国家交售商品粮1052万吨，仅1990年全市粮食商品量就达300万吨，人均占有粮食1456公斤，位居全国榜首。在发展粮食生产的同时，林、牧、副、渔，工、商、建、运、服等各业也有了较大的发展。1990年全市农村社会总产值达到49.8亿元，比上年增长23.1%，比1985年增长1.7倍，平均每年递增22.3%，其中农业总产值达到29.5亿元，比上年增长23.3%，比1985年增长49.2%，平均每年递增8.3%；林业产值达到0.2亿元，比上年增长23.3%；牧业产值达到6.2亿元，比上年增长20%；副业产值达到0.3亿元，比上年增长26.4%；渔业产值达到0.2亿元，比上年增长13%。乡镇企业充满生机，成为农村经济的重要组成部分。全市各类企业已达5.6万户，从业人员达18.6万人。1990年总产值达到18.8亿元，比上年增长6.5%，占农村社会总产值的38.4%，相当于1985年的4.2倍；实现利润1.81亿元，比上年增长1.5%；上缴税金5977万元，比上年增长4.8%。四平市红咀农工商联合公司成为全国发展乡镇企业的典型。

工业生产保持稳步发展

“七五”时期，四平市的工业生产保持了持续、稳定、协调发展的好势头。经济实力不断增强，轻重工业比例比较协调，技术工艺日趋先进，名优产品逐渐增多，经济效益逐步提高。1990年全市完成工业总产值39.2亿元（不含村以下工业），比上年增长3.4%，比1985年增长50.6%，平均每年增长8.5%，提前一年超过了“七五”计划规定的26亿元的目标。“七五”期间，特别是后两年，四平市根据国家的产业政策和市场需求，有计划有重点地抓了产业和产品结构的调整，重点产品、适销对路产品和具有竞争能力的“拳头”产品得到扶持，而且产量不断扩大。1990年全市轻工业总产值完成20.9亿元，比上年增长3.4%，比1985年增长58.1%，平均每年增长9.6%；重工业总产值完成18.2亿元，比上年增长3.3%，比1985年增长42.8%，平均每年增长7.4%。从行业看，经过调整，医药工业、纺织工业、食品工业、煤炭采选业、建材及非金属采选业、机械工业、化学工业、电子工业等都有较大发展，优势产业正逐步形成。经过近几年企业改革和承包经营责任制的推行，企业管理水平不断提高，工艺技术日趋先进，产品竞争能力普通提高，每年约有200种新产品投人生产。优质产品产值1990年达到6.02亿元，比上年增长22.2%，出口创汇产品产值达到1.3亿元，比上年增长25.1%，有234种工业产品被评国优、部优和省优。随着工业产品质量的提高，企业的经济效益也不断得到增强。1990年全市预算内工业企业完成销售收入21.1亿元，比1985年增长70.1%；实现利润1763.6万元；上缴锐金1153.8万元，比1985年增长76.9%。全民独立核算工业企业全员劳动生产率为16173元／人，比1985年增长22.5%。

商业和对外贸易迅速发展

“七五”期间，四平市的商业和对外贸易工作认真执行国家宏观调控政策，在加强市场管理的同时大力开发国内外新市场。全市城乡市场货源充足，购销两旺，有力地促进了工农业生产的发展。1990年全市社会商品零售总额实现26.2亿元，比上年增长6.3%，比1985年增长82%，平均每年增长12.7%；其中居民消费品零售额为19.49亿元，比上年增长2.8%，比1985年增长近一倍；社会集团消费品零售额为1.7亿元，比上年增长7.8%；农业生产资料零售额为4.99亿元，比上年增长23.8%。全市社会商品购买力达到29亿元，比1985年增长88.2%。在商业网点布局上，1990年全市商饮服网点达2.6万个，比1985年增长17.6%，从业人员达11万多人。平均每万人有88个网点，每一从业人员负担26人的商业服务，全市基本形成了一个以国合商业为主体，集体、个体商业为网络的商业流通体制，更加适应和方便了人民群众的生活需要，“七五”期间，全市城乡集贸市场十分活跃。5年中集市建设投资4349万元，相当于1985年以前投资的28倍，全市共有集贸市场195个，1990年成交额达4.2亿元，比上年增长18.8%，比1985年增长2.5倍，占社会商品零售总额的比重由1985年的8.4%上升到1990年的16.2%。

外贸、外经工作”七五”期间也有了新的发展。1990年全市外贸出口商品收购总额为4.9亿元，比1985年增长1.2倍，平均每年增长16.3%。5年累计出口商品收购额达到18亿元，创汇3.6亿美元，商品销往世界60多个国家和地区。在对外经济技术合作方面，5年中引进技术54项，金额达8643万美元，新创产值合人民币7.4亿元，利税2.04亿元。利用外资10项，其中外国政府贷款5项，合资、合作项目5项，合计1700万美元，为加速四平市的经济建设起到了积极的促进作用。

城市建设和环境保护有了新发展

“七五”期间，四平市委、市政府决定每年要为人民群众办几件实事。在财力紧张的情况下，5年中用于城市建设投资达7893万元，比“六五”时期增长2.48倍。经过5年的开发建设，市区基础设施日臻完善，“行路、人厕、吃水、住房”难的问题基本得到缓解。“七五”期间，共投资1216万元用于道路建设，新建道路27.7万平方米，相当于“六五”时期的2.04倍，拓宽了新华大街、南湖大路、平东大路、铁东九马路等市区主要干线，维护道路面积38.1万平方米，新装路灯747盏。市区现有公共汽车线路10条，总长度96公里，公共汽车由1985年的51辆增加到68辆，有出租汽车394辆。市区供水、排水能力明显增强。日供水能力已由1985年的9万吨增加到12万吨，新铺设自来水管道14公里，市区供水管道总长度达到169公里，民用自来水普及率达到80.6%。二龙湖引水工程正在抓紧施工，工程竣工后日供水能力将提高1倍。市区现有排水管线90公里，比1985年增长34%。住宅建设成绩显著。5年里共投资31569万元，竣工面积达95.14万平方米，是“六五”期间的2.95倍。人均居住面积已由1985年的4.25平方米提高到1990的5.8平方米。城市绿化工作在统一规划下，规模不断扩大，5年中新增绿化面积66公顷，植树42.4万株，市区绿化覆盖率达到22.4%，比“六五”时期提高1.4个百分点。环境保护工作在目标管理的轨道上进一步加强，环境污染势头有所减缓。1990年，全市环境保护投资达594万元，完成“三废”治理工程45项。市区工业废水的日处理能力已达到7872吨。

交通运输和邮电通讯事业取得了新成就

“七五”时期，四平市在“调整结构，增加投人，自我完善，快步发展”的方针指引下，高标准、高质量地加快了公路建设。到1990年末，全市共有公路106条，总里程为2743.1公里，比1985年增加166.4公里，其中高级、次高级路面占26.8%，晴雨通车里程占47.5%，分别比1985年增长3.8和7个百分点。公路养护工作连续5年夺得吉林省金牌。公路运输在促进全市经济建设中发挥了重要作用。到1990年末，全市有营运载货汽车3383辆，载客汽车354辆，全年货运量达840万吨，客运量达1500万人，分别比1985年增长66.6%和109.2%；公路货物周转量为60484.9万吨公里，公路旅客周转量为53273.8万公里，分别比1985增长8.3倍和61.4%。

“七五”时期，四平市的邮电通讯事业得到了迅速发展，较好地发挥了国民经济的先导作用。1990年全市邮电业务总量达到633.7万元，比1985年增长126%；业务收入达980万元，比1985年增长172.2%；通信总量达611万元，比1985年增长113.8%。邮电固定资产原值由1985年的1044万元增加到1990年的3439万元。市话设备容量5年净增4000门，达到9000门，市话普及率由每百人1.9部增加到3.5部，在长途电话通讯建设上，1990年长途电话线路已达271条，相当于建国以来至1985年的总和。在邮电通讯基础设施建设方面，“七五”期间，先后建成了邮电和电信两座枢纽大楼，邮件包裹分检实现了全自动流水线，1989年以来，四平市正在着手引进挪威万门程控市话设备、通信程控化、传输手段光缆化已为期不远，将达到80年代国际先进水平。

科教文卫体等社会事业进一步发展

“七五”期间，四平市的科技工作面向经济建设，在振兴四平经济中发挥了作用，5年中共取得科研成果295项，1990年全市实现市级科研成果26项，省级科研成果20项；新列科技攻关54项，总投资237万元；新列火炬计划8项，总投资350万元；新列星火计划8项，总投资1278万元，达成推广科技成果协议27项。教育事业蓬勃发展，1990年全市有各类高等院校4所；中专学术9所；技工学校17所；农业、职业学校30所；高级中学32所；初级中学117所。全市学龄儿童入学率为98.6%。文化事业经过“扫黄”和整顿日益繁荣，健康发展。到1990年末，全市有各类艺术团体6个，影剧院（场）13座，电影放映单位682个，文化馆5个，图书馆5个，营业性舞厅26个，录像厅72个，丰富了人民群众的业余文化生活。卫生事业进一步得到改善。1990年全市共有医疗卫生机构406个，医院床位10085张；专业卫生技术人员11466人，预防保健工作逐步加强。全市人口得到控制。1990年，全市计划生育率为92.8%。人口出生率和自然增长率分别控制在18.35‰和12.9‰以内，体育运动水平进一步提高，群众性体育活动进一步普及。

人民生活得到进一步改善

“七五”期间，随着经济的发展，职工收入的增多，人民群众的生活水平有一定的提高。1990年，全市职工平均工资额为1591元，比上年增长11.3%，比1985年增长76.5%。其中全民所有制单位职工为1725元，集体所有制单位为1263元。“七五”期间全市城镇安排就业劳动力达67649人，就业率不断提高。

固定资产投资效果显著

“七五”期间全市全民所有制固定资产投资累计完成5亿元。计划期内新建和改造了一批重点骨干企业，完成工业基建、技改项目320项，引进国外设备1000多台（套），成交额近5500万元。全市工业企业固定资产原值达15.8亿元，分别比“六五”期末增38.3%和63.4%。一大批骨干建设项目相继建成投产，并逐步发挥效益。同时，还有一批重大项目结转至“八五”计划期继续建设。

辽 源 市

市　长：吕坚东
副市长：姜　义（常务）　高雅娴（女　文教卫生）　孙建国（政法、农村）　王亲国（计划、外经贸）　周柱山（工业、体改）

吕坚东市长，1942年2月生，山东省掖县人。1965年12月加入中国共产党，1968年7月毕业于山东师范学院中文系。参加工作后历任长春市31中学干事，长春市宽城区文教组、区委宣传部、区委办公室干事，吉林省农业局、省农委干事，省政府领导秘书。1983年12月任东丰县副县长。1985年3月任中共辽源市委副书记，1987年12月当选为辽源市市长，1989年3月政府换届时再次当选为市长。

持续、稳定发展的五年

□ 佟　才　年　俊

“七五”期间，辽源市委、市政府认真贯彻党中央、国务院的各项方针、政策，遵循以经济建设为中心，坚持两个文明建设一起抓，全面发展农业，重点发展工业的总体思路，组织、实施“七五”计划，经过全市人民的不懈努力，较好地完成了“七五”计划确定的国民经济和社会发展指标。1990年，全市完成工农业总产值23.33亿元，超额4.9%完成了“七五”计划，以平均每年8.8%的幅度递增。经过“七五”期间建设，全市经济实力不断增强，各项社会事业得到较快发展，城乡面貌有较大的改观，人民生活水平不断提高，为“八五”期间的经济和社会发展以及90年代的经济振兴奠定了比较坚实的基础。

农村经济全面发展

“七五”期间，全市农村改革进一步深入，完善了家庭联产承包责任制，充分调动了农民的生产积极性，推动了农村经济的发展，全面地完成或超额完成了“七五”期间农业发展计划。一是种植业生产连年获得好收成。1990年，全市粮食总产量达到103万吨，比1985年增长36.2%，平均每年递增6.4%。5年累计生产粮食458万吨，比“六五”期间增加70万吨。甜菜、烤烟、人参等都比“六五”期间有较大幅度增长。林业生产取得好成绩，5年间共完成荒山绿化4万余公顷，“四旁”、荒山植树共1500万株，东丰、东辽两县被国务院命名为“百万亩人工林生产先进县”。二是畜牧业得到较快发展。1990年末生猪存栏26万头，比1985年增加2.3万头，增长9.9%。牛存栏15.3万头，比1985年增长45.7%；羊存栏2.6万只，比1985年增长44.4%，都超额完成了“七五”计划。1990年猪牛羊肉产量达到2.7万吨，比1985年增长28.6%；禽蛋奶产量都有较大幅度的提高。鹿茸产量1990年达到7000公斤，比1985年增长16.7%。水产品产量1990年达到1300吨，比1985年增长1.16倍。三是乡镇企业发展较快，1990年乡镇企业产值达到676亿元，比1985增长183%，5年累计完成产值2381亿元，平均每年递增12.9%。

工业生产保持增长势头

工业总产值、产品销售收入有较大幅度增长。1990年全市乡以上工业实现产值16.18亿元（按1980年不变价计算，下同），比1985年的10.77亿元净增5.41亿元，增长50.2%，平均每年增长8.5%。1990年产品销售收入实现20.32亿元，比1985年的10.87亿元净增9.45亿元，增长86.9%，平均每年增长13.3%。

工业经济实力增强。“七五”期间全市独立核算工业企业固定资产原值增加8.96亿元，增长74.1%，平均每年增长11.8%。固定资产净值增加6.39亿元，增长76.4%，平均每年增长12%。定额流动资金增加5.52

亿元，增长122%，平均每年增长17.3%。

主要产品产量增长幅度较大。国家考核的108种产品比1985年增长的有77种，占71.3%，其中增长幅度较大的有原煤、饮料酒、化学纤维、布、人造板、机制纸及纸板、烧碱、塑料制品、汽车三泵等。

交通运输邮电事业得到较快发展

“七五”期间，全市共投资1亿多元用于发展交通邮电事业。先后修建了长38.5公里、宽9米的辽那公路和四浑公路辽源段，整修了一批市级、县乡村公路，形成了四通八达的公路网。1990年，全市完成邮电业务总量734万元，平均每年以26.1%的速度递增。“七五”期间比“六五”期间邮电业务总量增长2.2倍，交换机装机容量、电话机装机、电报、电话线路、邮政里程都有很大发展。

内外贸易空前活跃

“七五”期间，全民、集体、个体商业蓬勃发展。1990年全市社会商品零售额达到8.95亿元，比1985年增长71.3%。5年间全市社会商品零售总额共实现38.79亿元，比“六五”期间增长94.7%，平均每年递增10.7%。其中全民所有制商业零售额每年平均递增7.2%，集体商业零售额平均每年递增4.7%；个体商业零售额每年平均递增37.2%。“七五”期间，集市贸易得到较快发展。1990年全市集市贸易成交额达到2.85亿元，比1985年增长3.9倍，平均每年递增37.5%。其中城市集市贸易额达到2.10亿元，比1985年增长5.1倍，平均每年递增43.5%；农村集市贸易额7487万元，比1985年增长2.2倍，平均每年递增26.2%。“七五”期间，全市对外贸易发展较快，到1990年末，出口商品收购额达到1.78亿元，比1985年5952万元增长2.2倍，平均每年递增26.1%，出口商品已由30余种发展到62种。

城市建设成果显著

“七五”期间，市区面貌发生了令人瞩目的变化，城市基础设施得到加强，居民居住条件得到改善，城市建设投资比“六五”期间增长一倍多。主要成果有：一是从1985年开始对贯通市区南北、全长5.4公里的南北大街进行了改造，拓宽后路面宽度为42米，缓解了交通拥挤的状况。二是5年间共拆除危房30多万平方米，建成居民住宅楼200余栋，共100万平方米，有2万多户居民迁入新居，居民人均居住面积由1985年的3.5平方米增加到5.6平方米。三是从1986年开始新建蓄水1亿立方米的杨木水库，1989年大坝合垅开始蓄水。从1989年开始兴建日处理水8万吨的净水厂，到1990年城市供水能力达到12万吨。四是1989年开始续建二期供热工程，1990年末并网投入运行，使市区集中供热面积达到140万平方米。五是改建、扩建公园5处，占地面积由6万平方米增加到19万平方米。六是5年共治理污染源98个，拆掉锅炉170台，工业烟囱138座，减少民用炉灶2万个，使市区大气中的二氧化硫含量达到国家三级大气质量标准，城区主要交通干道噪声为55分贝，基本上达到国家标准。

各项社会事业迅速发展

“七五”期间，全市教育、科技、文化、卫生、体育等事业得到了较快发展。一是全市各级各类教育不断发展，5年间共投资近千万元，新建和翻修中小学校舍20多万平方米；中等专业学校发展到6所，建起了教育学院、职工大学、电视大学。二是经过全市广大科技工作者的辛勤耕耘，5年全市完成科研项目202项，填补省以上空白的32项。三是新建了市图书馆，现藏书达30多万册。新建了市电视台和电视转播台，1985年恢复了《辽源市报》，1988年改为《辽源日报》。四是5年内卫生事业不断发展，病床比1985年增加500张。医疗医护水平进一步提高。五是群众性体育活动蓬勃开展，各类体育协会发展到14个，为国家和省级体育专业队伍输送了人才。

人民生活水平显著提高

“七五”期间，由于各级政府狠抓就业工作，使全市职工人数不断增加，到1990年末，全市有职工275218人，比1985年增长13.8%，平均每年增长2.6%。职工工资总额1990年末达到45760万元，比1985年增长95%，平均每年递增14.3%，比“六五”期间增加4.8个百分点。职工平均工资1990年末为1738元，比1985的1001元增长73.6%，平均每年增长11.7%，比“六五”期间增加5.5个百分点。其中全民所有制职工1990年末平均工资为1941元，比1985年的1127元增长72.7%，平均每年增长11.5%，比“六五”期间增加5个百分点；集体所有制职工平均工资1990年末为1284元，比1985年的749元增长71.4%，平均每年递增11.4%，比“六五”期间增加5.3个百分点。“七五”期间，由于农村经济的发展，使农民人均收入逐年增加。1990年农村居民人均收入731元，比1985年的355元增加376元，增长1.06倍。农民居住条件不断改善，1990年末农户人均居住面积为12.5平方米，比1985年增长15.7%。到1990年末全市农户拥有收录机户均0.66台，电视机户均0.79台，分别比1985年增长17.9%和111.7%。

治理整顿取得明显成效

按照中央和国务院部署，1988年下半年在全市开始对经济环境和经济秩序进行了治理整顿，到1990年末，治理整顿已经取得明显成效；第一，通货膨胀得到抑制。1989年全市物价平均涨幅15%，比1988年降低3.2个百分点，1990年涨幅为3.9%，比1989年回落11.1个百分点。第二，对1986年下半年以来开办的各类公司进行了彻底的清理和整顿，对147家不合格的公司进行撤、并、改。第三，1988—1990年3年间，全市共查处投机倒把案件250余件，销毁各种假冒伪劣商品8000余件。

总之，"七五"期间，全市物质文明建设和精神文明建设都取得了丰硕的成果，各项经济指标的增长幅度都超过"六五"期间。辽源市所以在"七五"计划期间经济建设和社会发展取得了巨大成就，主要是市委、市政府按照党中央、国务院的部署，在工作中坚持做到以下几点:

第一，坚持深化改革与对外开放一起抓。"七五"期间，市委、市政府在总结"六五"期间农村改革经验的基础上，重点推进城市经济体制改革，突出地抓了以搞活企业、搞活流通为中心的各项改革。1986年在全市推行了厂长（经理）负责制和厂长任期目标责任制，实行了厂长（经理）调离审计公证制度。调整了企业内部分配关系，在企业内部推行了承包责任制，把各项指标分解到车间、班组和职工，实行联产、联销、联利、联质量计酬。当时全市企业有14种分配形式，其中5种突破了八级工资制。深化了流通领域改革，先后建立了商品市场、交通运输市场、农贸市场、畜禽交易市场，促进了城乡物资交流。1987年初，按照先易后难的原则，在小型企业、亏损微利企业积极推行了承包、租赁、股份制经营。1987年末1988年初，按照省委、省政府部署，在全市工业、交通、商业、供销、基本建设的484户企业进行了第一轮承包。有320户签订承包合同，92户签订租赁合同，18户实行股份制经营。企业实行承包后，极大地调动了生产者、经营者的积极性。1988年承包利润基数3254万元，实际完成5033万元。1989年承包利润基数3500万元，实际完成5396万元。"七五"期间，市委、市政府认真分析农村改革形势，把农村改革的重点放在稳定家庭联产承包制为基础的双层经营上，突出发展农村集体经济和产前、产中、产后服务体系的建设。经过5年建设和完善，目前已初步形成农业、林业、畜牧、水利、农机、农经六大服务体系，这些服务体系的完善和建立，有力地促进了全市农村经济的进一步发展。在狠抓改革的同时，市委、市政府确立了"南联北拓"的对外开放的基本思路。向南，积极利用东南沿海城市为基地，发展对外经济贸易；向北，积极开辟新的对外口岸，发展对苏、对日、对朝贸易。为加强经济技术合作，适应对外开放的需要，辽源市先后与上海闸北区、辽宁省营口市、锦州市、浙江省宁波市、新疆自治区哈密地区、河南省许昌市建立友好城市关系，加强了与这些城市经济技术交流。市政府还在北京、大连、上海等地建立了办事处，成立了对外贸易进出口公司，外经委在大连、珠海、深圳、虎林等地建立了对外贸易分公司。这些机构的建立，有力地促进了全市对外经济贸易工作的不断发展。

第二，坚持民主与法制一起抓。"七五"期间，市委、市政府把民主和法制建设提到重要议事日程。为了实现决策的科学化、民主化，市委加强了统一战线工作，重大决策出台之前，重要的人事安排，决定前都召开各民主党派进行政治协商，取得一致意见后再作出决策。市政府建立了市长、副市长与人民代表、政协委员联系制度，每个季度都召开一次人民代表、政协委员座谈会或走访这些代表、委员，征求或听取他们的意见、建议和批评。为使各位代表、委员的建议进入政府决策，市政府办公室成立了议案科，专门办理人大代表、政协委员的提案和议案。为了使全市人民把意见和建议、困难和问题迅速地反映到市政府，市政府建立了市长电话室，公开电话号码，设立专人处理人民群众的来信来访。在完善民主制度的同时，市委、市政府加强了法制建设，重点开展了依法治市，在全市进行了普法教育，市、县、区领导班子、市直党政机关和国省营企事单位于1988年学完"十法一例"，全市已有80万人接受了系统的法律知识教育，法律意识进一步增强，促进了社会的稳定，为经济建设创造了良好的社会环境。

第三，坚持物质文明建设和精神文明建设一起抓。"七五"期间，市委、市政府坚持以经济建设为中心，组织全市人民努力完成"七五"计划所确定的国民经济和社会发展计划的各项指标的同时，注意解决和克服一手硬、一手软的问题，采取有力措施，加强了精神文明建设。在全市人民当中开展了"五讲、四美、三热爱"和学雷锋、树新风等活动，培养、总结一大批先进人物，使社会主义时代精神得到发扬光大。培育有理想、有道德、有文化、有纪律的社会主义公民，提高全市人民的思想道德素质和科学文化素质，以适应社会主义现代化建设的需要。在加强对全市人民思想教育的同时，市委、市政府十分注重发展科技教育文化事业，在财力十分紧张的情况下，每年都筹集近千万元资金，用于发展教育、科技、文化卫生事业，为提高全市人民的科技文化素质和树立社会主义精神风貌创造了条件。

通化市

市　长：齐秉昌

副市长：康立国（工业）　吴炳顺（政法、财贸）　钟培秀（文教、城建）　张凤仪（农林）

齐秉昌市长，1938年1月出生于吉林省大安县。1962年毕业于吉林水电学院，建筑工程师。从1964年起，先后任吉林省农安县水利局副局长、副县长、革委会副主任、县委常委、县委副书记、书记，1985年任吉林省梅河口市副市长、副书记、市长。1987年1月起任吉林省通化市委常委、市政府副市长、市委副书记，市长。

开放开发展新篇

——“七五”时期通化市经济社会发展概况

□ 刘庶明　孙文生

“七五”时期通化市提前3年实现了国民生产总值翻一番的目标，国民经济跃上了新的台阶，社会事业有了新的进步。1990年，国民生产总值完成20.88亿元，比1985年增长34.6%，平均每年增长6.1%；国民收入完成18.11亿元，比1985年增长34%。平均每年增长6%；工农业总产值完成39.44亿元，比1985年增长62.9%，平均每年增长10.2%。

“七五”时期取得的成就

“七五”时期经过全市人民的努力，各条战线都取得了重大进展。深刻的变化反映在经济和社会的各个方面。

（一）农业稳步发展。通过继续深化农村改革，稳定和完善以家庭联产承包为主的责任制，发展多种形式的社会化服务休系，健全统分结合的双层经营体制，逐步壮大集体经济实力；增加对农业的投入，加强小流域综合治理，开展农田水利基本建设，改造中低产田，坚持植树造林，搞好防汛抗旱，进一步抓好科技，教育兴农，层层签订科技兴农责任书，突出推广农业生产新技术，实施科技攻关项目；积极调整产业内部结构，稳定人参、葡萄生产规模，加强人参生产和销售的协调指导，积极发展后续项目；促进乡镇企业健康发展等等，推动了农业稳步发展。1990年，全年农业总产值（1980年不变价）完成8.87亿元，比1985年增长28%，其中，种植业6.59亿元，增长53.6%；牧业1.30亿元，增长18.9%；渔业650万元，增长97.6%。主要农产品产量均有不同程度的增长，其中，粮食总产和单产创历史最高纪录。

（二）工业生产稳定增长。“七五”时期，通化市坚持以提高经济效益为中心，重点抓了五个方面的工作：一是以产品结构调整为突破口，按停、限、增原则组织生产，发展名、优、新、特和出口创汇产品，积极调整产业结构。具有地方优势的医药等产业得到壮大发展。二是加强企业管理，大力降低能源和原材料消耗，提高产品质量。优质产品产值率达到22.4%。三是重视科技进步，加强企业技术改造。5年内，技术改造资金投入10.51亿元。四是狠抓人的素质的提高，加强对经营者和职工的培训、教育。五是坚持两个文明一起抓。从而提高了企业素质，推动了生产的发展。1990年，完成工业总产值30.57亿元（含村以下工业），比1985年增长77.3%，其中，市级工业完成产值8.31亿元，增长48.2%。地方预算内工业企业实现利税1.29亿元，比1985年增长25.4%。

1989年下半年，“市场疲软”严重冲击着工业生产。

通化市认真分析形势，提出当前经济工作的重点在工业，难点在工业，希望也在工业。为使经济走出困境，在全市开展了工业总体战。各级政府主要领导亲自抓，分管领导具体抓，其它领导配合抓。成立了工业生产指挥部，加强调度指挥。市和县（市）、区主要领导带领有关部门到重点企业现场办公，组织机关干部下基层，部门包企业，积极帮助企业解决实际问题。银行、税务、财政、保险等有关部门积极融通资金，为工业排忧解难，审计、监察等监督部门发挥职能作用，形成了全社会齐心协力抓工业的合力。市政府先后制定了增产促销"20条"以及发展工业后劲等政策措施，对稳定和发展工业起到了积极作用。针对"双停"企业的实际困难，市政府制定有关政策，组织各部门深入"双停"企业逐户研究摆脱困境的措施，妥善安排停工待工人员生活，使大多数"双停"企业逐步恢复生产。突出抓销售和清欠工作。各级政府及有关部门成立了销售清欠机构，市政府制定了搞活流通、扩大销售的政策措施，召开全市销售工作会议，表彰奖励先进销售人员，进一步调动了销售人员的积极性。各企业重新落实了销售承包责任制,做到指标到人、责任到人，商业供销部门开展"地方产品销售月"活动，组织地方产品交易大会，通过订货会、展销会、产品交易会等多种形式，扩大销售渠道。认真解决企业间相互拖欠货款问题，积极参加全国、全省统一组织的清欠，及时清理市区企业之间的相互拖欠，加快了货款回收。重点抓了产品结构调整和技术改造。市政府成立了发展工业后劲办公室，制定规划，组织实施。根据国家产业政策和市场导向，对现有产品进行了分类排队，重点支持46种畅销产品的生产，限产或停产了13种高耗能和滞销产品，新产品开发的数量、起点、效益有明显提高。全市开发新产品269种，新增产值1.8亿元，新增利税3800万元。全市共下达技改项目56项，竣工36项。市化纤厂等一批重点技改项目相继建成投产，增强了工业发展后劲。深入开展学吉化和双增双节活动，加强企业管理。各级政府充实和加强了学吉化领导机构，制定规划、达标细则和考核评比办法，签订责任书，树立一批学吉化典型。企业普遍加强了管理，促进了整体素质的提高。有5户晋升为国家二级企业，33户晋升省先进级企业，62户晋升省预备级企业。

（三）固定资产投资形成了一批新的生产能力。"七五"时期，全社会固定资产投资5年累计完成20.12亿元，比"六五"时期增加12.69亿元。其中，全民所有制单位投资19.09亿元，比"六五"时期增加11.87亿元，集体所有制单位投资1.03亿元，比"六五"时期增加7207万元。

"七五"时期，基本建设新增了一批生产能力，5年累计，新增煤炭开采能力12.3万吨，发电装机容量2.4万千瓦，化肥生产能力3360吨。

企业技术改造投资增加。1990年，全民所有制单位更新改造投资2.08亿元，比1985年增长167%。其中用于增加生产能力的投资1.29亿元，增长248%；用于增加产品品种的投资2968万元，增长108.1%。新增的主要产品年生产能力有：铁矿开采30万吨，，初轧15万吨，镍电解500吨，合成氨500吨，棉纺绽1.5万绽，其他酒4000吨，饼干2000吨，市内电话自动交换1000门。

（四）市场繁荣，人民生活有较大提高。1990年，社会商品零售总额18.41亿元，比1985的增长74.1%，其中，消费品16.64亿元，增长56.4%；农业生产资料1.77亿元，增长49.8%。货源充裕，种类繁多，主要商品销售均有较大增长，高档耐用消费品销售增加尤多。

人民生活得到进一步改善。1990年，城镇居民人均生活费收入1251.67元，比1985年增长77%，平均每年增长12.1%；农民人均纯收入663元，比1985年增长42.9%，平均每年增长7.4%。1990年，全市职工工资总额6.85亿元，比1985年增长63.4%，平均每年增长10.3%。城乡储蓄大幅度增加。1990年末，城乡储蓄总额达18.2亿元，比1985年增长2.7倍。

（五）交通运输邮电业有一定发展。1990年，全市交通部门货物发送量为961.2万吨，比上年增长0.5%。公路是通化市运输体系中的主体。"七五"时期，新建公路854公里，新建桥梁9座。完成"四浑"公路通化区段建设工程和通化至梅河口路面铺设的改造任务。市区滨江路的主体工程即将完成，预计1991年国庆节可交付使用。邮电通讯事业稳定发展。1990年，完成邮电总量1638万元，比1985年增长83.2%，城市电话用户达到19453户，比1985年增长47.4%。交通邮电条件的改善，促进了经济的发展。

（六）扩大了对外开放规模。"七五"时期，对外开放步伐加快。在具有流通和交通优势的梅河口建立了梅河口贸易区，在边陲城市集安市建立了集安开放区，形成了两翼齐飞，带动通化经济发展的战略格局。以名、优产品为媒介，以节会友，以会通商。1987年、1988年、1989年分别举办了"首届中国通化葡萄酒节"、"首届中国吉林人参节"和"第二届中国通化葡萄酒节暨全国科技贸易交易会"，制定并实施了优惠灵活的开放政策和措施，改善投资环境，积极吸引外商及沿海工商企业来通化市投资办厂或联合办厂。在北京、上海、深圳、大连、烟台、珲春等地设立办事处，使之成为发展外向型经济和横向联合、经济技术协作的"红娘"。建立了一批外向型特产基地，发展了一批外向型企业。广泛与大专院校、科研单位建立联系，依托优势产品和龙头产品，发展了一批企业群体，与外地联合组建企业集团。

（七）科教文卫事业又有新发展。通化市把科技工作放到了战略位置。贯彻“两个面向”的方针，大力开展科技攻关、科技开发、科技培训等项工作。1990年，推进、实施科技项目103项，列入省重点“星火计划”9项，总投资488万元。一大批实用科学技术在工农业生产中发挥重要作用。全市取得科技成果56项，比1985年增加35项，其中，有44项科技成果获国家、省、市科技成果奖，比1985年增加32项。全市共有科技人员41914人，比1985年增加26124人。其中自然科学技术人员16555人，增加6516人；社会科学人员25359人，增加24623人。

教育事业不断发展。基础教育进一步加强，德育工作得到重视，中等专业教育、职业技术教育、成人教育都有较大发展。1990年全市普通高等学校招生510人，毕业生480人，在校生1172人。成人高等学校招收本、专科学生456人，在校生1346人。中等专业学校招生1676人，毕业生1220人，在校生5464人。各类职业技术高中在校学生17632人，占高中阶段总人数的46.3%。全市初中在校学生117200人，小学在校学生282700人，中、小学及格率达到国家标准，学龄儿童入学率为99.3%。

全市共有电影放映单位486个，艺术表演团体10个，文化馆（站、室）1218个，公共图书馆5个。广播电视事业也有较大发展。1990年筹集资金上了二套电视节目。全市共有广播电台3座，广播覆盖率82.1%；电视台3座，电视覆盖率76.9%。

卫生事业重点抓了医疗、食品卫生、药品市场整顿和初级保健等项工作，全市基本形成了比较完整的三级医疗卫生体系。1990年末，全市共有各种医疗机构410个，拥有卫生技术人员10598人，比1985年增长10.7%。拥有医疗病床8383张，比1985年增长14.6%。

“七五”时期的主要经验

“七五”时期，通化市各级党委、政府坚持党的实事求是的思想路线，在改革开放中积极探索，取得了一些经验。

（一）只有加大改革份量，加快改革步伐，才能搞活经济。解决当前的经济问题，特别是一些深层次的矛盾，仅靠行政手段和经济措施是很难奏效的，必须通过深化改革，才能从根本上理顺关系。“七五”时期，通化市的改革重点：一是深化企业改革，增强企业的活力。完善和发展了企业承包经营责任制，在新一轮承包的基础上，搞好企业内部改革，层层落实承包指标。还认真研究和解决了企业存在的问题，逐步形成企业承包有利于技术进步、增强后劲、改善管理的小气候。二是适当集中统一，加强宏观调控。适当集中，主要是从中间环节上集中，而不是从企业集中，其目的是解决条条分散与块块分散的问题。

（二）扩大对外开放，是区域发展的振兴之路。通化市在“七五”时期大开山门，采取多形式扩大对外开放，多渠道引进资金，实施“技术吸纳”战略，引进技术，多形式引进和培育人才，加强同国内大专院校、科研单位、国省营大企业和国营商业部门的联合，加快对外贸易和边境贸易，才使经济得到新的发展。

（三）调整和优化产业结构，才能使经济走上良性循环的轨道。调整产业结构，是治理整顿的核心内容。农业产业结构的调整，坚持“全面发展农业”的方针，在保证粮食稳定增长的基础上，稳步发展土特产业和乡镇企业，积极发展畜牧业，提高农业的整体产出功能。工业产业结构的调整，主要是充分利用产业倾斜政策，从调整产品结构和企业组织结构入手，通过资产存量和增量的调整配置推动产业结构的调整。在调整产品结构方面，确定了现有产品停、限、增顺序。同时，大力开发新产品，增加技术附加值。在产业组织结构调整方面，组建了人造毛皮集团和通钢与辉钢的经济实体。以优势产业、优势产品、骨干企业为龙头，组建医药、纺织、水泥等企业群体。继续同省内外大中型企业联合。目前，通化市产业结构正在走向合理化和高级化。

（四）搞活流通，才能保障经济正常循环。流通是经济运行中的一个重要环节，在国民经济发展中占有重要的中介地位。当前经济工作所遇到的矛盾和困难，许多是发生在流通环节上的。通化市深化流通体制改革，改革经营方式，扩大销售，继续完善第二轮承包；进一步强化国合商业的主渠道作用；继续搞好工商企业携手联销、联购代销；做好售前、售中、售后服务工作；积极启动农村市场，搞活农村商品流通；搞好商业网点规划，加强市场建设；强化对外开放，千方百计增加出口创汇；加强企业管理，提高经济效益。

浑江市

市　长：张恩祥

副市长：夏福龙（常务）　董秀章（工交）　张世魁（文卫、城建）　王　纯（财贸）　刘洪发（农林）

张恩祥市长，1942年10月生，辽宁省海城县人，中共党员，1967年9月毕业于东北师范大学。曾任东丰县三中教员，县委宣传部干事，四平地委党校政治经济教研室副主任，辽源市龙山区区长。1985年3月任中共辽源市委常委、市政府常务副市长。1991年2月任中共浑江市委副书记、浑江市人民政府代市长，同年3月在浑江市二届二次人民代表大会上当选为市长。

搞好城市配套建设　发挥城市总体功能

□ 许传强　迟云峰

浑江市位于长白山西麓，是一座资源丰富、风光秀丽的山城。按照地理位置的特点，分设八道江、临江、三岔子3个区。市区共有企业478户，主要产品为木材、煤炭、电力、医药等1000余种。城区规划面积为43.7平方公里，建成区为32平方公里，城区人口33万。八道江区是全市政治、经济、文化中心和吉林省东南部地区的重要商品集散地。

1959年3月经国务院批准，临江县改为浑江市。1985年3月又升格为地级市。30多年来，特别是改革开放以来，城区建设历经艰难曲折的道路，有了一定的发展。具体来说，城区建设经历了三个阶段：第一阶段是1959年建市后，市政府所在地为八道江镇。当时的市区实际上是一个万人的大屯堡，只有一条狭窄的弯曲道路，杂乱无章的茅草房中间夹杂着几座小楼房，浑江江水连年成灾，城市基础设施一无所有。第二阶段是党的十一届三中全会后到“六五”期间的复苏期。这些年，随着国民经济的发展，城区建设有了一些投入，但摊子铺得过于凌乱，因而出现道路不成网、建筑不成片、基础设施不成骨架的局面。第三阶段是“七五”期间大发展时期。通过总结建市以来的经验教训，认真学习城市建设十六字方针，虚心学习、借鉴外地的先进经验，围绕解决城市居民吃水、行路、住房、排水、入厕、乘车6个难点，市政府制定了建设和改变城市面貌的规划。随着浑江市“立体资源宝库”的不断开发，城区建设得到了长足的发展。5年来完成城市建设投资17864万元，比“六五”期间增长了6倍多；新建黑色路面33万平方米，是前20年城市黑色路面建设总和的38%；新上排水管道37公里，填补了市区没有排水设施的空白；新建住宅小区和住宅组团7个，建筑面积50万平方米，比建市26年房管部门建房面积总和还多；新增供水能力1.2万吨，比“六五”期间供水能力增加1倍；新增公共汽车18辆，使单车客运量由“六五”期间7500人/车减少到6000人/车；新建两座公园和7座街心游园，园林绿化每年以2%的幅度递增，市容市貌、环境卫生有了显著变化；内涝危害得到了较好治理。

统一规划，合理布局，改造旧居，建设新区

浑江市建市较晚，底子薄、基础差，以往所建房屋大部分是简易平房，加上老城区多年形成的旧格局，旧城改造量较大。1986年，市政府下决心连片配套改造旧区，按照《城市总体规划》，规范城市职能，指导城市有序地建设和发展。

首先，加强了对城市规划工作的领导。在原建委规划科的基础上改设了浑江市城市规划管理处，设编45人。明确了职责，强化了规划管理的职能，排除了部门之间职责交叉对规划工作的干扰，努力做到规划一张图、审批一支笔、建设一盘棋，保持了城市规划的统一性和连续性。其次，修订了《城市总体规划》。1986年

市政府根据市区的现状，在吉林省建设厅和规划院的指导下，对《城市总体规划》进行了补充完善，并于1990年4月经省政府批准实施。再次，不断完善和配套地方性法规。先后制定了《关于加强市区规划区统一管理的规定》等一系列文件和法规，做到了有章可循、有法可依，保证了城市规划管理的正常进行。市政府领导还组织有关部门定期进行执法检查，认真清理和严肃处理违法占地、违章建设行为，建立起规划管理的新秩序。其四，制定了《近期实施规划》，提出了统一规划、因地制宜、分期实施，以旧城改造为主，以配套建设为重点，加快城市建设步伐，提高城市环境质量，为城市人民生活服务的指导思想，从而使浑江市城市建设逐步走上了规范化、系列化的轨道。

从1986年开始，浑江坚持以旧城改造为主、新建为辅的原则，以每年10万平方米的速度进行了住宅小区的建设。在住宅的设计上力求作到既有吉林省民族风格的点式住宅，又有阶梯式的条式住宅；既有单元庭院式住宅，又有单体楼院套式住宅。到1990年末，7个住宅小区和组团连片配套成型，具备了集中供热、游园、幼儿园、上下水、黑色路面、巷道、绿地、绿化、商店、粮店等18种配套设施同时设计、同时施工、同时验收、同时使用的施工新程序。市区在短短几年内就出现了栉次鳞比、纵横相间、造型新颖、配套连片的幢幢高楼。对私人建房的规划区域，收取配套费，水、路、电、绿地等设施同时配套，建一片成一片，面貌一新，群众满意。对各种公用建筑设施实行统一规划，多方案比较，统一审定造型和配套设施，彻底改变了过去建一座楼，基础配套设施欠一笔帐和楼房式样千篇一律的局面。

被吉林省建设厅命名为优秀住宅小区的信民小区，就是严格执行规划的样板。这个小区占地面积54326平方米，开发改造之前，这里是一个道路比庭院高、庭院比室内高的“三级跳”式棚户区，群众居住的大多是建市初期建造的简易平房。1987年市政府投资2527.34万元，建设住宅44387平方米，做到当年拆迁，当年迁居，群众十分满意。信民小区建成后，由18栋楼、814套住房、20多套商企房组成，总居住人口3284人，区内各种设施配套齐全。1988年省委、省人大、省政府领导同志视察小区后，在造型设计、环境卫生等方面都给予充分肯定。

把基础设施建设做为配套建设的重点

为了彻底改变城区旧貌，市政府在财力紧张的情况下，坚持抓主要矛盾，按照《城市总体规划》的要求，以抓城市基础设施的配套建设为主兼顾其它，尽快为人民生活、生产创造良好的环境。1986年以来，市政府在计划安排上力图把城市的长远利益和当前利益结合起来，统筹考虑，统一规划，把有限的资金用在刀刃上。5年共筹集资金6300万元，坚持每年为群众办几件实事，突出抓了主干线排水、道路骨架、园林绿化等骨干设施的建设。同时加强了群众关注的环境卫生、公厕等配套项目的建设。一是完成了浑江大街、红旗街、建设街和部分纵向街路的污水排放管道，一改过去下雨路面大量积水的状况，形成了市中心城区排水网络骨架。二是贯通和拓宽了市中心区10公里长的浑江大街、红旗街和建设街3条东西走向大街，铺设了通江路、新华路等15条南北走向的黑色路面。新建了临江区的河西大街，贯通了三岔子区四公里长的主干街，支撑起城市道路骨架。三是街旁植树32.69万株，有层次地进行了街路绿化，使市区的绿化覆盖率达到18.52%。四是投资117万元，建起一座长186米中承式钢筋混凝土无绞拱桥。新桥落成后，宛如一条彩虹架在浑江南北两岸，既为群众提供了交通方便，也为市区增添了特色和景观。五是浑江市政府和各界、各族人民捐资74万元，在浑江北山公园修建了碑高19.47米，气势宏伟的“四保临江”纪念碑，陈云同志为纪念碑题词:“人民烈士浩气长存”八个大字。

在保证重点设施建设并形成骨架的同时，市政府还注重原有设施的维护管理以及其它设施的逐步配套。按1.25元／平方米的建管比例，对市政设施进行了维护管理建设。根据1990年的检测，市中心区所有黑色路面中，一级路占60.8%，二级路占32.8%，三级路占6.4%。加强了企事业单位及居民用水供应，“七五”期间，日供水能力及供水户数均比“六五”期间提高1倍，而且水压、水质都有提高，水质综合合格率达到99.42%，居全省第一位，基本满足了群众生活用水的需要。

狠抓了环境卫生的基础建设工作。1990年增加环卫投资102万元，是历史最高水平的1986年的2.2倍；增加环卫工人67人；在67个居民委中设有二级垃圾清运站，每天清运垃圾600吨；严格了清扫、保洁、清运一条龙作业程序。垃圾清运由过去日产一清改为日产二清，保证了路面干净，基本达到了“五净”的标准。与此同时我们加强了公厕的建设和管理，新建和翻建标准厕所120座，维修50座，粉刷48座，218座公厕整修一新。并实行了包清掏、包保洁、包基建维修、包责任的“四包”管理制度。基本上满足了群众的入厕需要，市民反映良好。

为了搞好配套建设，提高城市环境质量，尽快改变市区面貌，市政府还成立了“整治浑江大街，整顿市容和环境卫生”等3个指挥部，利用广播、电视、宣传车等多种宣传形式，使市容市貌整治活动家喻户晓，使市区综合整治工作取得了较为明显的成效。一是在浑江大街两侧人行通道铺装了水泥方砖及夜行路灯。。设置了绿化带和新建了多处街心游园。使浑江大街面貌焕然一新。二是比较彻底地清除了主次干道的障碍物。三是整顿了交通秩序，开设了停车场，固定了行车地点，使市区交通秩序发生了明显变化。

把根治“两害”作为保证城市大配套的重要措施

浑江市中心城区位于环山狭谷之中，12 公里长浑江江水流经市区。长期以来，由于浑江洪水造成淤积，河床不断增高，土堆的江堤只有 20 年一遇的防洪能力，每到汛期，市区万人出动护堤防洪。浑江水对市区构成极大威胁，被人们称为一害。造成市区内涝的另一大害则是纵向流经市区的金坑河、月牙河和碱场沟河。这 3 条内河的发源地均是南山大岭，其汇水面积 10 平方公里。每到汛期，山洪卷入市区，由于排水不畅，部分地区积水 1 米多，多次使千余户居民被迫搬家，万人受害。因此，根治“两害”是城区建设大配套的当务之急。

1988 年以来，浑江市在吉林省委、省政府和有关部门的支持下，由市委、市政府领导挂帅，千方百计筹措了 1200 万元资金，采取政企共建、军民共建的形式、全市总动员投入万余人次义务工，全面治理了浑江险段江堤。完成浑江南岸浆砌石江堤 4.7 公里，北堤干砌石 2.5 公里，全长 12 公里长堤的主要险段改造完毕。这项工程不仅由过去 20 年一遇的防洪能力提高到 50 年一遇的防洪能力，彻底解除了汛期威胁城区安全的隐患，而且改江造地 15 公顷，增加了城市用地，建成了一个配套完善的滨江住宅小区。改建后的南岸江堤已经成为一个环境优美、气势壮观、绿地成片、树木成行的带状游园，为浑江市民增添了一个休息娱乐的好场所，其经济、社会、环境效益十分明显，受到了人民群众的交口称赞。

1987 年，市政府开始因地制宜地治理造成内涝危害的金坑河、月牙河和碱场沟河 3 条内涝河。几年来先后累计投资 140 万元，砌筑了立式河堤 4.4 公里，清除河床淤泥 4.3 万立方米。在金坑河边修建了小憩园和堤滨园，所有这些设施经过 3 年的考验，不仅控制了内涝危害，而且还为市区增添了景观，又多了几处游玩场所。

通过“七五”期间的努力，浑江人民从城市的巨变中受到了鼓舞，感到作为浑江人的自豪，也体现了社会主义制度的优越性。

回顾“七五”期间浑江市的城市建设，突出反映了以下三个特点：一是城市基础设施不断完善，城市综合功能不断提高，促进了国民经济的发展。二是改变了城市的环境，变脏、乱、差为洁、净、美，人民群众心情舒畅。三是城市建设在国民经济中的地位与作用已被越来越多的人们所认识。有鉴于此，“八五”期间，市政府根据城市的特点，在城市建设上，继续坚持先地下，后地上的原则，依据《城市建设总体规划》实行综合开发，做到建一片成一片，使城市面貌有个质的变化。在资源利用上，充分发挥浑江发电厂热源，发展集中供热；利用煤炭资源，发展城市焦炉煤气，不断提高城市现代化水平。在城市美化上，充分利用浑江水和北山公园等自然景观，通过继续改造浑江江堤，开发北山公园，并集长白山植物的特点，把北山公园建成具有长白山特色的植物园，为人民提供舒适典雅的休息和游乐场所。

公主岭市

市　长：李恒忠

副市长：栗振国（常务）　张宝林（城建、政法）　田雨春（文教卫生）　李忠诚（乡镇企业）　张守国（农业）　陈国军（工交）　韩国玉（工交、科技）　张尔勇（民族、宗教）

李恒忠市长，1939年2月生，1964年毕业于大连工学院，1966年加入中国共产党。参加工作后，曾在企业从事技术工作和领导工作，具有较高的技术水平和丰富的管理经验，1981年被授予工程师技术职务。历任四平市重工业局副局长、轻工业局局长，四平市委常委、副市长，怀德县副县长，公主岭市（地级）计划经济委员会主任，公主岭市委常委、副市长等职，现任公主岭市委副书记、市长。

“七五”期间公主岭市农村经济、工业交通、教育事业发展回顾

□ 吴正江　赵吉俊　邓　伟

农村经济全面发展

“七五”期间，公主岭市在稳定完善农村家庭联产承包责任制的基础上，依靠科技进步和增加农业的投入，使全市农村经济发生了深刻变化。主要标志是：

（一）粮食生产达到阶段性水平。“七五”期间，全市累计生产粮食77.6亿公斤，比“六五”期间多生产21.5亿公斤，增长38%；向国家交售商品粮47.8亿公斤，比“六五”期间多交11.6亿公斤，增长32%。1990年粮食总产创历史最高水平，达到16.85亿公斤，比历史总产最高的1988年增长4.2%；向国家交售商品粮11.5亿公斤，商品率达68.3%。

（二）以畜牧业为主的多种经营得到了长足发展。“七五”期间，全市生猪累计出栏106.3万头，比“六五”期间增长17.2%，黄牛、奶牛、羊和家禽的年平均饲养量分别比“六五”期间增长116%、458%、15%和145%。1990年，全市生猪饲养量达到51.4万头，比1985年增长28%；黄牛12万头，增长72%；奶牛2565头，增长146%；羊5.4万只，增长125%；家禽909万只，增长91%。蔬菜保护地面积、“三果三条”面积及成鱼产量分别比1985年增长7.6倍、5.3倍和1.1倍。

（三）乡镇企业在调整中实现了产值、利税同步增长。1990年，乡镇企业全口径总产值达到6.18亿元，总利润6155万元，上缴税金1242万元，分别比1985年增长3.7倍、3.1倍和2倍。全市乡镇企业已发展到22500个，从业人员达到63000人，分别比1985年增长110%和70%。

（四）农村经济结构日趋合理。“七五”期间，全市农村社会总产值累计达到51.2亿元，比“六五”期间增加24.7亿元，增长93%。农、工、牧产值在农村经济中的比重由“六五”期末的5.5：2.5：2.0调整为4.5：3.5：2.0。

（五）农民生活水平逐步提高。“七五”期间，农民年均收入731元，比“六五”期间增加336元，增长85%。1990年，人均收入达到830元。

工业交通成绩显著

（一）工业经济。“七五”期间，公主岭市工业经济发展迅速，初步形成了适应公主岭市情的新的工业格局。

1. 工业门类齐全，重点行业突出。到1990年末，企业总数已达340户，现有职工57742人。初步形成了重工、轻工、化工、医药、食品、建材6大门类、134个系列、360多个主要产品的工业体系。在6大门

类中，重工业已发展成为重点行业，年产值占全市工业总产值的 50%以上；特别是行走机械已经成为全市工业的支柱行业，年产值占重工业产值的 80%以上。

2. 老企业普遍得到改造，新产品开发进展较快。“七五”期间，工业技术改造和新产品开发取得突破性进展，仅从 1986～1989 年的 4 年间，全市技术改造总投资达 8780 万元，平均每年 2200 万元，有 39 个项目陆续投产见效，累计新增利税 2600 万元；开发研制并投产新产品 152 种，新增利税 2513 万元。

3. 企业规模不断扩大，一批骨干企业已经形成或正在形成。通过多年的改造与发展，全市已有 11 户企业年产值超过 1000 万元，其中有 4 户超过 3000 万元；轴承厂、微型电机厂技术改造投产后，年产值将分别达到 5000 万元和 1 亿元；粘合剂、黄龙玉米综合加工厂技术改造投产后，年产值将分别达到 1 亿元和 2 亿元。全市利税超百万元的企业达到 16 户，其中红光制药厂成为利润超千万元大户。

4. 管理水平进一步提高，企业素质明显改善。到 1990 年末，全市共有国家二级企业 1 户，省级先进企业 17 户；拥有各级各类专业职称人员 4427 人，占职工总数的 7.7%。

5. 发展速度稳中有升，经济效益成倍增长。从 1985 年～1989 年，工业生产发展速度连年创历史最好水平。1990 年工业总产值比 1985 年增长 37.7%。经济效益取得历史性重大进展。1988 年预算内工业企业实现利润首次突破千万元大关，达到 1512.7 万元；1989 年又突破两千万元大关，实现利润 2115.7 万元，比 1985 年增长 2.5 倍；1990 年实现利润 953.1 万元，比 1985 年增长 26%。

(二) 交通运输。交通运输各项主要指标提前超额完成“七五”计划。5 年间，全系统共完成货运量 286.5 万吨。货运周转量 17772 万吨公里；完成客运量 1492 万人次，客运周转量 65702 万人公里。公路建设一改落后面貌，全市 32 个乡镇全部实现了晴雨通车，公路养护有了长足进展。国省干线好路率达到 100%，乡村公路养护创全好线路 4 条、62.8 公里的历史最好水平。市公路管理段连续 3 年荣获省公路管理局“干线全好县段”，并连续 3 年夺得省公路路政管理“卫士杯”；市客运公司、市二运公司汽车队连续 3 年荣获交通部“优质运输先进集体”和“文明车队”称号；市客运公司客车二队被交通部命名为“文明车队”；1989 年，市交通局还被交通部命名为“两个文明建设先进集体”。

教育事业发展迅速

“七五”期间，公主岭市积极进行教育改革，大力发展教育事业，初步形成了普通教育、职业技术教育和成人教育协调发展的教育体系。

(一) 普及 9 年制义务教育进展较快。全市已有 27 个乡镇及市区 100%的小学成为 6 年义务教育合格单位；全市 48 所初中已有 23 所被确定为省初中达标校；高中教育质量也有了明显提高，1990 年升入大学专科以上人数达 570 人（不含职校对口招生），创历史最好水平，居四平市榜首。

(二) 职业技术教育有了新的发展。现在全市已建立起职业技术学校 6 所，在校学生 3681 人，占高中阶段在校生总数的 42%。5 年来，全市农职业技术学校共为本地培养了 5800 名毕业生，极大地提高了教育为本地经济服务的能力。

(三) 成人教育形成网络。全市 32 个乡镇都建起了农民文化技术学校，初步形成了市、乡、村三级农民教育网络。在职工教育方面，全市已有 13 户企业进入规范化试点行列。5 年来，全市城乡已有 74 万人次参加了各种形式的文化和实用技术培训，使劳动者素质有了明显提高。

(四) 勤工俭学广泛开展。经过“七五”期间的发展，全市中小学基本上做到了校校有项目，1990 年勤工俭学创总产值 2099 万元，实现利润 922.8 万元，从而提高了学校自我发展能力，改善了办学条件。

(五) 教师素质明显提高。几年来，公主岭市加强了对中小学教师的培训工作，通过岗位培训，使全体教师的文化、业务和政治素质明显提高。现在，全市小学教师学历达标率达到 86%，中学教师学历达标率达到 47.5%。

梅河口市

代市长：杜卫京（傣族）
副市长：杨忠国（常务） 王富章（工交） 王秉海（金融、财政） 郭振启（文教、司法） 黄雅林（农业） 荣殿禄（科技） 朱 勇（商贸）

杜卫京代市长，1955 年 6 月 20 日生，北京市人，傣族，1974 年 5 月 15 日加入中国共产党，中央党校研究生班毕业，1973 年参加工作，历任吉林省通化县大川乡党委书记，通化县常务副县长、县委副书记、县长，通化市委副秘书长，通化市政府副秘书长，1990 年 7 月任梅河口市代市长。主要著作有《梅河口贸易区再发展的基本思路》、《浅谈县改市后如何发挥小城市功能》等。

梅河口贸易区在改革开放中前进

□ 邢吉余

梅河口市是 1985 年由国务院批准建立的开放城市。建市后，特别是 1988 年吉林省政府批准在梅河口市建立贸易区以来，给梅河口经济的发展注入了新的生机和活力。近年来，梅河口市经济保持了持续稳定的发展。1990 年，全市国民生产总值达到 7.4 亿元，比 1985 年增长 78.7%；国民收入 6.7 亿元，比 1985 年增长 100.9%；社会总产值 15.8 亿元，比 1985 年增长 116%。

工业生产稳步增长

1990 年全市工业在市场疲软、销售不畅、产品积压的形势下，市委、市政府采取了一系列有效措施，使工业生产保持了稳定发展。全市工业总产值完成 6.2 亿元，比 1985 年增长 195%，其中全民所有制工业总产值 2.05 亿元，比 1985 年增长 90%；集体所有制产值 1.56 亿元，比 1985 年增长 60%。“七五”期间工业总产值平均每年增长 16%，提前一年实现了“七五”计划确定的目标。全市全民工业企业全员劳动生产率 15369 元，比 1985 年增长 53%；地方国营工业实现利税 2328 万元，其中利润 848 万元，税金 765 万元，分别比 1985 年增长 68%和 34%。在列入“七五”计划的 20 种重点工业产品中，产品稳定提高率占 92.5%。

企业改革方面，“七五”期间，在普遍推行承包责任制的基础上，在承包制的完善、配套、深化上做了大量工作，全市 52 家全民企业和 295 家集体企业，都采取不同的承包经营方式，落实了承包责任制。

农村经济全面发展

1990 年，全市在粮食生产上，大力推广了水稻宽行稀植等 10 项增产措施，加强了技术培训，增加了活劳动和物化劳动投入，加之自然气候条件较好，粮食总产达到 4.5 亿公斤，创历史最好水平，比 1985 年增长 34%，全市农业总产值 4.68 亿元，比 1985 年增长 107%。

林业总产值 703 万元，比 1985 年增长 4%。林业生产全面超额完成了年计划。开展了科技兴林和森林病虫害防治工作，实现了当年无火警，连续 10 年无一般性森林火灾的重大成就。林业工作和森林防火工作均被评为全省先进市。

畜牧业总产值 3199 万元，比 1985 年增长 156%。生猪发展到 20.4 万头，肉食鸡 163 万只，黄牛 4.2 万头，分别比 1985 年增长 80%、36%和 101%。

渔业产值 313 万元，比 1985 年增长 160%。渔业生产全面超额完成省下达的池塘养鱼高产新技术、网箱养鱼、稻田养鱼等 7 项经济指标，全市养鱼面积达到 4467 公顷，成鱼总产量 2556 吨。

农业综合生产能力有了很大提高。1990 年开展的“水利年”活动效果显著。全市共完成各类水利工程

5181项，完成综合工程量625万立方米。改造中低产田4667万顷，新增水田面积480公顷。在全省“天池杯”竞赛中获一等奖。农业机械化水平进一步提高。农机保有量，机械起垅、插秧、除茬等田间作业量均创历史最高纪录。

加快了城市建设步伐

“七五”期间，全市固定资产投资完成4.77亿元，累计新增固定资产4.3亿元，均比“六五”期间增长60%以上。列入“七五”计划的20个重点项目，有16项付诸实施，其中12个项目建成投产。

城市建设进展很快。“七五”期间，特别是建立贸易区以来，共投资近3亿元，先后改造了市区主要街路，新铺柏油路面51.8公里，新修市区环城路11公里，相继建成了北药市场、大米批发交易市场、西市场、仿古一条街、商业大厦、百货大楼、梅河西大街、梅河公园等一大批商贸、交通和文化设施。新建商品房8.3万平方米，城市人均居住面积7.8平方米。

交通通讯事业有新的进展。1990年铁路、客、货运周转量分别为26万人公里、95万吨公里，比1985年增长3.4倍和5.8倍；公路客、货运周转量分别为9577万人公里、16841万吨公里，分别比1985年增长129倍和8.9倍。邮电业务总量557万元，比1985年增长89%。全市共安装电话5486部，通讯能力有很大提高。

内外贸易活跃

梅河口贸易区建立以来，为发挥本地优势，集中人力、财力和物力，重点向培育市场体系和增强市场功能倾斜。先后建立和完善了北药市场、服装布匹批发市场、土特产品市场、饮食食品市场和吉林省梅河大米批发交易市场。现在正在筹建劳务市场、金融市场、信息市场、房地产市场、小食品市场和果仁批发交易市场。在建设市场的同时，按照“突出重点、体现特点”的原则，全方位开展商贸活动，发挥7个二级站商贸基础优势和深购远销能力，每月每季都举办各种形式的展销会、订货会。一年一度的北方医药药材交易会已举办两届，1990年的交易会吸引了29个省、市、自治区的上千名客商，一次成交7000万元。1990年，经省政府批准的“梅河大米批发交易市场”首次开业，成交量达22090吨。作为吉林省风筝城，梅河口市每年都利用风筝赛会期间开展商贸活动，1990年风筝赛期间的商品成交额达1253万元。年外贸出口收购总额达2400多万元。1990年全市社会商品零售总额实现4.4亿元，比1985年增长81%。

各项社会事业有较快发展

科技体制改革不断深化，科技在经济社会发展中越来越显示其重要作用。1990年全市科研机构发展到7个，专职科技人员121人，各类专业技术人员9352人。1985年以来，先后有30个科研项目通过省级技术鉴定，获国际发明金奖1项，国家银奖1项，三等奖1项，全省科技进步奖5项。

教育事业有很大发展。市内现有成人专科大学1所，在校生467人；中等专业学校1所，在校生1175人；技工学校1所，在校学生243人；中学53所，在校学生42774人，职业学校9所，在校学生3711人；小学302所，在校学生77224人。成人教育、特殊教育和托幼事业也有较大发展。

文化事业日益繁荣。到1990年末，全市共有各类文化机构331处，其中电影放映机构81个，文化馆(站) 36个，文艺表演团体2个，图书馆1座，广播电台1处，电视台1处，舞厅9处，其它文化娱乐设施200处。

体育事业成绩显著。1985年以来，梅河口市运动员在省级以上比赛中，共获金牌139枚，银牌94枚，铜牌73枚。女子柔道、女子举重、乒乓球、风筝成绩在全国县级市中名列前茅。

卫生事业进一步发展，医疗条件进一步改善。1990年末，全市共有医疗机构165处，比1985年增长59%，其中医院33处，妇幼保健院（站）5处，卫生防疫站2处，个体联合诊所125个；各类卫生技术人员3201人，比1985年增长83%；医疗病床1607张，比1985年增长31%。

人民生活得到继续改善。1990年全市人均国民收入1128元。全部职工工资总额10353万元，职工年均工资1492元；农村人均收入702元。城市人均居住面积7.8平方米，农村人均居住面积21.2平方米。年末城乡储蓄存款余额4.2亿元。上述指标均比1985年有较大的增长。

白 城 市

市　长：梁秉常

副市长：范朝东（农业、综合）　陆朝正（城建）　张义振（财贸）　曹前迈（文教、政法）　王锐（工业）　王化中（科技）

梁秉常市长，山东省蓬莱县人，中共党员。生于1942年2月，1967年毕业于北京大学。参加工作后，历任洮安县政府办公室副主任、副县长、县委副书记、代县长、县长，洮南市委副书记、市长。1989年9月调任白城市委副书记、代市长，1990年1月当选为白城市市长。

加快工业技术改造　致力振兴白城经济

——白城市“七五”工业技术改造成就的回顾

□　白城市市长　梁秉常

成效显著的五年

“七五”期间的5年，是白城市工业技术改造投入较多、进展较快的5年。也是企业技术进步幅度较大、成效比较显著的5年。

（一）技改投入水平和投资效益得到较大幅度提高。“七五”期间，全市工业企业共完成技改投资额1.58亿元，比“六五”期间多完成8873万元，年平均投资3351万元，是“六五”期间年平均投资1549万元的2.16倍。5年间，企业技改每投入1元钱，平均创产值1.22元，实现利税0.34元，比“六五”每投入1元钱所创产值1.10元、利税0.28元，分别提高了11%和21%。全市工业企业固定资金利税率和产值利税率分别由1985年的24%和12%提高到25.4%和13.2%。

（二）企业技术装备状况得到较大改善。“七五”期间，全市242户大小工业企业共更新、引进各种机械设备2812台（套），各种流水作业生产线40条，企业设备更新率达到40%以上。按全部工业设备的价值量计算，其中具有70年代末和80年代初先进水平的工业设备，已占现有全部工业设备的20%左右。

（三）工业产品结构得到进一步调整和优化。“七五”期间，全市工业企业在技术改造的推动下共开发出各种新产品233种，其中出口创汇产品9种，优质产品37种。现在全市工业企业优质产品已经有82种（省优73种、部优9种），出口创汇产品已经有17种。新产品产值率、优质产品产值率和出口创汇产品产值率分别由1985年的6.9%、19%和3.2%提高到10.8%、23.5%和12.2%。5年间棉纱、棉布、白酒、麻袋、机制纸、汽车配件等40多种主要工业产品产量都有了较大幅度增长。

（四）工业整体实力和企业后续能力得到较大增强。“七五”期间，全市工业企业共进行技术改造项目194个。其中1000万元以上项目2个，500万元以上项目5个，100万元以上项目26个，共新增固定资产1.1亿元。使市属工业企业固定资产原值由1985年的1.48亿元增加到2.88亿元，增长90.4%，全口径工业企业固定资产原值达到6.14亿元，工业人均拥有固定资产原值由1985年的4491元增加到6594元，提高2103元。5年中，全市工业总产值由1985年的3.24亿元增加到5.69亿元，增长了75.7%，平均每年增长11.9%，预算内工业企业利税由1985年的3029万元增加到4387.4万元，增长了44.8%，平均每年增长7.7%，其中由于技术改造因素所实现的产值、利税，分别占5年中新增加工业产值和利税总额的70%和

60%左右。

（五）技术改造的综合效益得到充分体现。通过5年来的改造、扩建和发展。不仅扩大了工业经济规模，也增强了企业吸收劳动用工和发展社会就业的能力。5年间，城市、集体工业企业共安置待业青年3500多人。占全社会安置待业青年总人数的21%；农村乡、村两级工业企业共安置剩余劳力6650人，占农村现有劳力总数的13.7%。随着工业实力的逐年增强，财政收入也逐年增加。市级财政收入由1985年的1992.5万元增加到7737.6万元，增长288.3%，平均每年增长31.2%。工业技术改造的不断加强和财政经济状况的逐年好转，又为促进城市建设和教育、科技、文化等各项社会事业的发展，提供了重要的物质基础。

取得了若干成功的经验

一是进行工业技术改造，必须要有强烈的赶超意识和发展意识。“七五”期间，白城市多数工业企业的技术改造是在底子比较薄和实力比较弱的基础上起步的。其间赶上了经济过热的超速发展时期，也经历了治理整顿和控制压缩以来的严峻考验。无论外部环境发生什么变化，遇到什么困难，市政府都始终强调突出工业经济在全市经济中的主体地位，坚持改造发展，赶超先进技术水平，始终强调事在人为，业在人创，积极抓住机遇，乘势而上。譬如，造纸厂和酿酒总厂是白城市仅有的两户国家中型企业。5年中，全市抓住纸、酒两个行业调整和发展的机遇，对造纸厂相继进行了2万吨浆纸平衡、5000吨涂布纸等一系列技术改造，更新了1760长网纸机等先进设备，应用了微机管理等先进手段。目前又在抓紧进行1500吨碱回收工程和筹建新增3万吨机制纸生产能力2个大型技改项目，使企业成为列入全国纸行业大型企业发展规划中一个大有前途的企业。对酿酒总厂相继进行了500吨酶制剂和新增500吨名酒能力及酒精工艺改进等一批较大技改项目，使企业白酒生产能力达到16000吨，其中省级名酒生产能力达到2000吨，产品达5类106种，成为全市第一个年实现利税超千万元的企业，并且连续两年被省政府评为行业排头兵企业。

二是加快企业技术进步，必须要瞄准先进技术水平和产品水平。随着当代科学技术的迅速发展，企业的技术水平和产品水平已经成为决定企业兴衰的首要因素。基于这一深刻的认识，全市在抓“七五”期间企业技术改造中，始终坚持把主要功夫和精力下在提高企业技术水平和产品水平上。譬如，在进行纺织厂1.5万锭扩建这一全市最大的技改项目中，不是片面地追求企业生产规模和能力的扩大，而是执着地追求企业技术水平和产品水平的提高。在设备选型上，严格坚持技术和性能标准；在产品调整和开发上，坚持“高效益、高创汇、高技术难度和高市场容量”的高标准、严要求，使这个企业5年中先后开发出5种在国内和国际两个市场竞争能力都很强的新产品，一跃跨入了全市千万元利税大户和全省同行业企业排头兵的行列。

三是壮大工业经济实力，必须突出搞好骨干企业的技术改造。在白城市工业经济中，骨干企业数量虽然较少，但却处于左右工业经济形势的重要地位，有着支撑财政局面的重要作用。基于这一实际，白城市在“七五”期间始终坚持把培养和发展年实现利税百万元以上的骨干企业，作为技术改造的重点，在政策和投入上给予重点倾斜和支持。5年中，用于骨干企业技术改造的投资共达1.15亿元，占同期全市工业企业技术改造总投资的68.7%，分期分批地对纺织厂、麻纺厂、造纸厂、酿酒总厂、无线电厂等骨干企业进行了改造、扩建，努力形成边投入、边产出、边改造、边见效的良性循环，促进了骨干企业队伍的发展壮大和全市工业实力的不断增强。

四是提高技改投资效益，必须依据产业政策和行业规划，规范投资行为。5年来，市政府坚持依据国家产业政策的要求，按照本市工业各个行业的发展规划组织和实施企业技术改造，尽可能准确地把握资金投向，自觉规范投资行为。在投资目标的选择上和投资重点的确定上，注意抓住那些带有全局性、长远性的行业发展项目和适应性、调整性的产品开发项目。有规划、有步骤地进行调整、改造和开发。同时，主动放弃了一些不适应产业政策要求和行业规划发展的项目。譬如，近几年，白城市充分利用本市汽车配件工业基础较好和一些机械企业加工能力较强的有利条件，抓住一汽解放车换型改造和国家逐步实行轿车国产化的机遇，组织企业研究制定跟随发展规划，在技术改造和设备更新上加大了投资。逐年扩大配套产品产量，积极开发新的配套产品，使汽车配件工业得到较快发展。

五是推进工业技术改造，必须发动和依靠各方面的力量，借助外力形成合力。进行工业技术改造需要大量的资金投入，对于白城这样一个经济基础比较薄弱、工业规模也比较小的城市来说，离不开各方面的努力和支持。从这样一个现实出发，白城市一方面突出加强了对工业技术改造工作的领导，充分调动企业和各相关部门共同搞好技术改造的积极性，另一方面紧紧依靠国家、省、地有关部门求得对白城市工业技术改造的支持和帮助。同时大力发展企业之间的横向经济技术联合，把技术改造与外引内联有机地结合起来。通过挂靠优势产品和依附优势行业等各种途径和渠道，努力解决技术改造工作中遇到的实际困难和问题。

洮 南 市

市 长：于鸿江

副市长：高鹏飞（人事） 张德恩（政法、城建） 于永德（文教、卫体） 王德坤（女 农林牧水） 张春利（体改、工交） 黄真久（财贸、金融） 王凤池（科技） 何玉柱（基建、技改）

于鸿江市长，1942年12月生，1967年毕业于吉林大学化学系。1969年在白城地区军工办公室从事技术工作。1972年以后，在大安县从事组织、宣传、县级党校教学和秘书工作。1976年后历任化工厂副总指挥、科委副主任、主任、经委副主任、主任。副县长、县长。1988年大安县撤县设市，任市长。1989年9月调到洮南市任市长。

坚持城乡一体 发展龙式经济

□ 邢丽艳

1987年5月，洮南实现了撤县设市的历史性转变。与此同时，市委、市政府在经济发展上确定了城乡并重，以城带乡、城乡一体，协调发展的指导思想。4年来，经过积极的开发、建设和改造，基地型农业不断巩固提高，资源型工业进一步得到发展，城乡一体，协调发展的龙式经济格局初步形成。基地型农业同资源型工业互相适应，互相促进，推动了经济的发展，显示出自身的优势。1990年全市工农业总产值达到6.07亿元，比1985年增长35.8%，其中工业总产值达到3.5亿元，比1985年增长61.3%，本级财政收入达到3995.5万元，比1985年增长430%，粮豆总产量达到43.5万吨，比1985年增长90%，农村人均收入达到700元，比1985年增长66.6%。

羊毛与毛纺织业

洮南市共有草原20多万公顷，水草丰茂，是理想的天然牧场。采草面积可达数万公顷，年产鲜草一般在7万吨左右，可载畜56万羊单位。有车力、大通、二龙3个乡被省政府确定为以牧为主的乡，到1990年底，草原围伦面积达到0.92万公顷，人工种草面积达到0.23万公顷，建设草原井189眼，从而扼制了草原沙化、碱化和退化的势头，大大提高了草原的载畜能力，促进了畜牧业的发展。到1990年底，全市羊的发展数达到36.5万只，居全省第一位，年产羊毛可达1200吨，是纺织工业部和农牧渔业部确定的羊毛生产基地和细毛羊基地之一，羊毛的生产为毛纺织工业的发展提供了前提条件。全市有大小毛纺企业10家，其中较大的国营企业5家，毛纺企业共有职工9692人，产值达1.07亿元，占全市工业总产值的30.5%，年可产精纺呢绒120万米，粗纺呢绒210万米，纯毛毯25万条，另外还有毛条、毛线、地毯、洗净毛、造纸毛布等多种毛纺产品，是吉林省的毛纺织工业基地。近几年来，以精、粗纺呢绒为原料的服装加工业迅速发展。现在共有国营、集体服装加工企业7个，年产各种服装70万件，产值达到1019万元，利税达到62万元，有的产品远销国外。

药材与制药行业

在辽阔的草原上，生长着许多野生植物，其中甘草、防风、黄芹、远志、桔梗、麻黄、蒺藜等十几种植物有着广泛的药用价值。这些中草药材储量约计在1.2万吨左右。丰富的野生中草药资源为洮南市制药工业的发展提供了原料来源。50年代末期，以麻黄草为原料建立的制药厂，主要生产麻黄素，最高年产量达40吨，并被评为部优产品。1983年，随着经济体制改革的不断深入和形势的发展，市政府将原来的制药厂划分为第一、第二、第三制药厂，并先后分别同中国中医研究院、吉林省中医中药研究院、吉林大学实行联合办厂，把先进的科学技术直接应用于生产实践，有力地促进了洮南制药工业的发展。到1990年末，全市制药行业共有职工1269人，实现产值6582万元，占全市工业总产值的18.8%，实现利税1419万元，成为市财政收入的主要支柱。

畜牧业与制革行业

洮南市由于牧业生产基础较好，每年可产猪、牛、羊原皮20余万标张，周围市县牧业也较发达。洮南因处于科尔沁草原的心腹地带，自古就是农牧土畜产品的集散地。因此，制革生产原料充足。为了利用这一资源优势，于50年代后期，建立了一座制革厂，在"七五"期间又进行了一次较大规模的技术改造，使生产能力由原来的年产皮量5万标张，提高到现在的30万标张。到1990年末统计，共有职工500人，实现产值1260万元，创利税300万元。该企业无论是规模还是效益在东北制革企业中都名列榜首。以革为原料的制鞋工业也随之而起。全市有制鞋企业2户，共有职工851人，年可产各种鞋25万双，可创产值485万元，实现利税33万元。有女中跟缝制鞋、全牛男棉勾鞋两个品种被评为省优产品。

芦苇与造纸业

洮南市芦苇资源比较丰富，共有苇塘2.13万公顷，年产芦苇万吨左右，利用当地芦苇资源兴办了3户造纸企业，年产纸能力为1万吨。主要产品有邮封纸、有光纸、打字纸等，先后有邮封纸、打字纸等分别被评为省、部优质产品。有一部分产品销往国际市场。到1990年末统计，共有职工1274人，实现产值3538万元，实现利税359万元。围绕纸进行深加工的印刷业也日益发展，全市共有大小印刷厂11个，从业人员达到569人，年可创产值495万元，实现利税38万元，其产品不仅可以满足本市人民生产和生活的需要，有的产品在省内市场上也很有影响。

种植业与食品工业

洮南市农村盛产玉米、小麦、水稻、高粱、大豆、甜菜、葵花、土豆等可供进行食品加工的原料，是吉林省的商品粮基地县（市）之一，糖料、油料的生产在全省也占有一定的位次。利用当地生产的玉米、高粱为原料兴办的国营制酒企业3户，主要产品是白酒、啤酒，年产量可达8000吨。到1990年末统计，共有职工1056人，实现产值1978万元，实现利税416万元。其中以本地产红高粱为原料生产的洮南香酒先后被评为省、部优产品，在国内外市场都享有很高的声誉。利用当地生产的甜菜为原料兴办起来的制糖厂，日处理甜菜能力为600吨，年可生产绵白糖1万吨。到1990年末统计，共有职工653人，1990～1991年榨期共完成产值1769万元，实现利税40万元。围绕白糖及其副产品搞深加工又生产出各种糖果、颗粒粕、酒精等产品，从而提高了资源利用率和企业经济效益。利用粮食、油料、土豆、辣椒等产品为原料的糕点、食用油、豆腐、粉条、调味调色品等食品加工业也开始起步，产品不仅可基本满足本市城乡居民的需要，有的还可以销往其他地区。

蓖麻与蓖麻籽加工业

洮南有适宜种植蓖麻的耕地约有5万公顷，每年的蓖麻产量一般都在2.5万吨左右，是吉林省的主要蓖麻产区。利用蓖麻籽搞深加工，建立蓖麻油厂3座，年加工蓖麻籽能力为2.1万吨，年可产蓖麻油近万吨，以蓖麻油为原料搞深加工，又建立了一座葵二酸厂，年可产葵二酸800吨。同时还有一些甘油、脂肪酸、仲辛醇等副产品。全市围绕蓖麻籽加工可实现工业产值2500万元，正常年份可实现利税250万元。这些企业均成为洮南乡镇工业中的骨干企业。

图们市

市　长：金宗洙（朝鲜族）
副市长：孙宝政（常务）　金统一（朝鲜族　文教卫生、政法）　朴忠植（朝鲜族　城建）　刘成杰（满族　工商）　金福光（朝鲜族　财贸）　杨清江（回族　科技）

金宗洙市长，1939年4月生，吉林省和龙县人，企业管理工程师。1964年毕业于吉林工业大学，参加工作后曾任图们市物资局副局长、局长，市政府副市长，1986年12月任代理市长。1987年3月至今，任中共图们市委副书记、图们市市长。

以工为主　工贸结合

——图们市“七五”经济发展迅速

□　许传喜

图们市是一个少数民族聚居的边境城市，全市人口12万，为延边朝鲜族自治州所属的一个县级市。“七五”期间，图们市政府认真贯彻执行党的改革开放和治理整顿的总方针，结合本市实际，制定了“以工为主、工贸结合”的经济发展战略，团结全市各族人民艰苦奋斗，努力拼搏，使图们市的经济建设取得了明显的成绩。

1990年，全市社会总产值达到5.7亿元，比1985年增长1.1倍；工农业总产值完成4.46亿元，比1985年增长1倍，其中，工业产值达到4.13亿元，比1985年增长2.2倍。国民收入达到1.76亿元，比1985年增长0.8倍；财政收入达到4486万元，比1985年增长1.8倍；社会商品零售总额完成1.82亿元，比1985年增长1.2倍。其中，外贸进出口总额完成1300万元，比1985年增长2倍。

经济建设的发展，效益的不断提高，促进了其他事业的发展，提高了人民的生活水平。到1990年止，全市拥有各类中小学51所，在校学生数达到17344人，医院床位数6523张，卫生技术人员为1073人，职工年平均工资为1691元，城市人均居住面积达到6.4平方米，全市储蓄余额达到14287万元。

1985年以来，图们市委、市政府提出全市要以经济工作为中心，经济工作要以工业为中心的指导思想，走“以工为主、工贸结合”的经济发展路子。根据这个发展战略，图们市采取了这样的措施：

全党动手抓工业，各行各业支持工业

5年来，图们市委、市政府始终把工业作为首要工作来抓，市委书记、市长亲自抓工业，主管副书记、主管副市长全力抓工业，工业主管部门具体抓工业。人大政协纪检积极为工业出谋划策，搞调查研究，各部门都围绕工业生产安排工作，并提出了重点在工业，难点在工业，希望也在工业的口号，形成了全市工业“大合唱”。

在具体抓法上，有这样几条：

一是加强了对工业生产的领导。几年来，图们市每年召开的党代会、人代会都专题研究部署工业工作，每年都召开全市的工业工作会议，总结工作，落实任务，表彰先进；并根据国务院关于加强对工业生产领导的要求，成立了市工业生产指挥部，建立健全了生产指挥和调度系统，实行旬调、月调和主管局、重点企业月工业生产会调度制度，加强对工业生产的调度指挥。

二是对重点企业重点产品实行倾斜政策。几年来，图们市本着以大带小、保重点、兼顾一般的原则，对市属12个利税大户和骨干企业，30多种重点产品实行了

重点倾斜，在资金、能源、原材料等方面重点扶持，使被扶持的企业和产品发挥出更大的经济效益。

三是认真调整产品结构，积极进行技术改造，为企业增添后劲和"造血"功能。图们市的企业存在着以下几种情况：一是老企业多。全市 14 户预算内企业中，建国初期建立的有 8 户，"文革"中建立的有 6 户；二是小企业多。在市属工业企业中，除延边橡胶厂外，均属小企业；三是新产品少，老产品多，低水平产品多，高水平产品少。这样结构导致了工业资金周转慢，企业效益低，应变能力差，大多数企业都处在微利微亏的边缘，如不进行技术改造，不及时开发新产品，是根本没有出路的。根据以上情况，图们市委、市政府把技术进步纳入工作日程，成立了专门机构具体抓这项工作，并结合图们实际提出了结构调整的原则和方向：第一，要抓好市属骨干企业的改造，尽快形成自己的支柱企业；第二，要发展外向型经济；第三，要依托大企业，为大厂生产配套产品；第四，要利用珲春开发区和图们江的综合开发来调整一些产品结构。

发展支柱企业，主要是以图们市初具规模的针纺、化工、塑料三大行业为基础，进一步上规模、上水平。

发展外向型经济，主要是围绕图们市的地理位置考虑，与发达国家和先进地区进行广泛的技术合作，引进资金，引进设备，多生产出口产品，开拓国外市场，促进地方经济。

以大型企业为依托，努力为大厂搞好配套件生产。这是图们市工业发展的一大优势。在延边州内有较大卷烟厂、客车厂、开山屯化学纤维浆厂，市内又有石岘造纸厂和石油化工总厂，这些大企业在客观上，即在原材料供应，配套产品的生产，物资供应，技术指导等方面都为图们市工业发展提供了好的条件。

图们市从 1987 年开始，对市属工业企业实行经济承包责任制，打破了几十年一贯制的大锅饭、铁饭碗。在企业中全面引进竞争机制、风险机制，并由个人承包发展为全员抵押承包，使职工和企业形成同命运的共同体；对一些小型国营、集体企业实行租赁经营，并积极探索了租赁股份经营的路子，对有些企业实行了兼并经营，调动了经营者和生产者的积极性，推动了企业的发展。

努力开拓国内外市场，搞活流通

自 1985 年以来，图们市委、市政府把启动市场，搞活流通当做一件大事来抓，取得了显著成效。1990 年全市社会商品零售总额为 1.82 亿元，比 1985 年的 8346 万元增长了 1.2 倍多。商品销售的兴旺，使多种经济类型的商业得到了发展。到 1988 年底，图们市各种经济类型的商业、饮食业、服务业网点达到 2051 个，从业人员为 8730 人。集市贸易额达 6838 万元，扣除物价上涨因素，也比上年同期增长 30%，全市的国合商业已起到工业产品的流通的主渠道和"蓄水池"作用。由于图们市的特殊地理位置和对外开放政策的实施，图们市的外贸事业也得到了迅速发展。1990 年，全市外贸进出口贸易成交总额达到 1300 万元，实现利税 219 万元。流通行业已成为图们市经济的第二大支柱行业。

在流通工作中，图们市主要抓了这样几项工作：

一是深化改革，改善了经营机制。过去图们市同全国其他城市一样，商业经营类型非常单一，不论大小商品均由几家国营和一二个集体所有制的商店经营。不仅满足不了人民生活的需要，而且抑制了工业的开展，经济效益也很低下，商业系统职工的经营积极性也难以调动。改革开放以后，图们市积极扶持国营、集体、个体以及联合体的各种商业，并积极创造条件，使他们站在同一条起跑线上，使个体商业起到了拾遗补缺的作用，活跃了城乡市场，方便了人民生活。

二是积极启动市场，扩大销售，促进流通。从 1985 年开始，图们市开始加强调动市场的措施，努力扩大销售，制定了有利于商品销售的若干优惠政策，鼓励商业企业送货下乡，购货到厂，出城销货；并在每年的春秋两季开发"地方产品购销月"活动和"百日扩销"活动；在企业职工中年年发展"夺金杯，进北京"的社会主义劳动竞赛活动，极大地调动了企业和职工的经营积极性。服务态度、服务质量进一步提高，在一定程度上也促进了城乡居民的购买力。

三是借助边境优势，大力开展边境小额贸易和对外贸易。近年来，图们市政府积极贯彻改革开放的方针，把敞开城门，对外开放作为发展图们经济的一个重要指导思想和战略措施，制定了关于"三来一补"的一系列优惠政策，使图们的外贸事业日益兴旺，迅猛发展。现在，图们口岸每年进出口物资达到 200 多万吨，中朝两国边民之间的友好往来和经济交流日益频繁。边民边境探亲访友，携带了大量的轻工品、水产品、医药等，每年总额均超过 5000 万元之多。为了加强对外贸易工作，图们市成立了对外贸易局和对外贸易公司，专门管理和从事国贸与边境贸易工作，随着开放程度的不断加大和对外贸易的扩大，市粮食公司、供销合作社等一批工商企业也进入了边境贸易的行列。在与朝方的贸易中，我方主要出口粮食、油类、饲料及针纺织品，从朝方主要进口钢材、木材及各种海鲜品。仅市外贸公司一家每年就为市财政增添 100 万元的收入，而且还丰富了城乡市场。

哈尔滨市

市　长：张德邻

副市长：李嘉廷（彝族　常务）　马淑洁（女　科技、文卫）　范鹏绪（体改、司法）　洪企鹏（工业）　赵明孝（满族　农业）　王　权（城建、交通）

张德邻市长，大学文化，高级工程师。1939年生于北京市，1964年加入中国共产党，同年毕业于清华大学，并参加工作。历任北京机械学院和甘肃工业大学教师、教研室主任、校党委常委、副校长、校长兼党委书记；1985年任哈尔滨锅炉厂党委书记；1987年任哈尔滨市委副书记兼组织部长，1990年任哈尔滨市委副书记、哈尔滨市代市长、市政府党组书记，1990年2月在哈尔滨市九届人大四次会议上当选为哈尔滨市市长。

在改革开放中前进的五年

——“七五”时期哈尔滨市国民经济和社会事业主要成就

□ 景尧　恩远　振华

哈尔滨，这个素有“天鹅项下珍珠”美誉的北国名城，经过“七五”时期的建设，发生了显著变化，使这颗塞北明珠愈加璀灿夺目，熠熠生辉。这一时期，哈尔滨市委、市政府认真贯彻党的基本路线和治理整顿的方针，围绕“增强经济发展后劲”和“使人民得到实惠”两大目标，按照“扬一长，补三短”（扬现实和潜在的优势产品之长，补集体经济、商业流通和外向型经济之短）的经济工作总体思路，组织和带领全市人民勤奋努力，使国民经济有较大发展，城市面貌发生巨大变化，各项事业有长足的进步，人民生活水平进一步提高。

经济实力进一步增强

“七五”时期，坚持以经济建设为中心，坚持“科技兴市”的战略思想，以调整结构为重点，大力发展优势产业和优势产品，进一步增强了经济实力和发展后劲。1990年，全市实现国内生产总值108.5亿元，“七五”时期年均增长6.6%（可比价，下同）；实现国民收入79.5亿元，年均增长5.8%；实现工农业总产值197.4亿元，年均增长7.5%。

固定资产投资增加，形成了一批新的生产能力。“七五”时期，全市共完成固定资产投资122.3亿元，比“六五”时期增长1.4倍，年均增长15.8%。其中，生产性投资70.1亿元，比“六五”时期增长1.7倍（工业投资59.1亿元，增长1.3倍），占全部投资额的57%。哈尔滨电机厂、汽轮机厂、锅炉厂和东北轻合金加工厂、哈尔滨卷烟厂、轴承厂、电缆厂、第一工具厂、水泥厂等一大批企业经过技术改造，生产能力和技术水平均有很大提高。特别是“七五”时期国家重大技术改造项目——哈尔滨电站设备制造技术改造项目的完成，使闻名全国的“动力之乡”又焕发了青春，综合火电生产能力由1985年的140万千瓦增加到300万千瓦，制造技术达到国际当代水平。哈尔滨第一工具厂引进了格里森铣刀和氮化钛涂层技术和设备，填补了国内刀具生产的空白。新建了苯酐、增塑剂、岩棉等一批骨干项目，开发新产品2900多种。哈尔滨医药行业经过全面改造，形成了化学医药、中成药、滋补药3个有竞争力的产品系列，产值比“六五”时期翻了一番，在全国同行业中的位次由第七位上升到第三位。

工业生产持续发展。“七五”时期，全面推行了承包经营责任制，不断深化企业内部改革，加强电力和原材料基地建设，增强了工业生产的后劲。1990年完成工业总产值179.1亿元，比1985年增长43.8%，年均增长7.5%。其中，全民所有制工业年均增长7.4%，集体所有制工业年均增长7.8%；重工业年均增长

7.2%，轻工业年均增长 7.9%。主要产品产量明显增加。与“六五”时期相比，钢和钢材分别增长 23.6%和 23.5%，轴承增长 63.6%，汽车增长 3.4 倍，化学药品增长 98.2%，刃具增长 79.2%，铝材增长 36.4%，原油加工量增长 42.8%，硫酸增长 33.7%，发电量增长 78.7%，水泥增长 12.7%，白酒和啤酒分别增长 27.2%和 55.7%，自行车增长 18.9%。产品质量稳定提高。5 年间，哈尔滨市有 20 种产品荣获国家金银奖，有 204 种产品被评为部优质产品，1049 种产品被评为省优质产品。主要产品质量稳定提高率和优质产品产值率均有提高。城乡集体工业蓬勃发展。通过大中型企业带项目、设备、人员、资金、技术，向区街、乡镇企业扩散产品，帮助上新项目，促进了区街、乡镇工业的发展。“七五”时期，区街工业和乡镇工业总产值年均分别增长 10.2%和 26.1%，高出全市工业总产值增长幅度 2.5 个百分点和 18.4 个百分点。

农村经济全面发展。“七五”时期，进一步巩固和完善了家庭联产承包责任制，逐步建立了统分结合的双层经营体制和农村社会化服务体系。坚持靠政策、靠科学、靠投入的“三依靠”方针，实施农业 5 年投入、6 年达标规划，为农业生产注入了新的生机和活力，农业基础地位得到加强。1990 年，全市实现农村社会总产值 35.7 亿元，比 1985 年增长 1.58 倍，年均增长 24.8%。农业、牧业、副业、渔业产值均有较大幅度增长，主要农产品产量创历史最高水平。1990 年，粮豆薯总产量达到 11.6 亿公斤，创历史最好水平，结束了粮食生产多年徘徊的局面。“七五”时期，粮食产量达到 42.1 亿公斤，比“六五”时期增加 10.8 亿公斤，年均增加 2.2 亿公斤。“菜篮子工程”初具规模，蔬菜及副食品产量大幅度增加。蔬菜基地基本成型，单产提高，总量稳定，市场供应充足；猪牛羊肉增长 10.5%，牛奶增长 32.5%，禽蛋产量增长 34.1%，水产品产量增长 75%，实现了禽蛋奶自给有余。造林 4.13 万公顷，比“六五”时期增长 24%。按照城乡一体化的发展战略，坚持“支援有偿，利益共享，互利互惠，共同发展”的原则，组织实施了 1100 多个城乡经济合作项目，推动了城乡经济的协调发展。

科技事业不断发展。围绕发展优势产业和优势产品组织科技攻关，加快了经济科技一体化步伐。“七五”时期全市共取得重大科技成果 1556 项，其中液体密度传感器，微机控制埋弧焊设备、点弧焊工业机器人等 173 项达到国际先进水平；荣获国家科技进步奖和星火奖 73 项；完成万元以上大中型技术开发项目 2800 多项，提高了技术水平和生产力水平，促进了工农业生产的发展。到 1990 年，全市各类技术人员达到 27.5 万人，比 1985 年增长 54.9%。

市场繁荣兴旺，商业大流通格局初步形成

“七五”时期，建设、改造了一大批商业基础设施，商品流通规模不断扩大，渠道畅通，货源充裕，销售活跃，市场繁荣，深购远销能力大大增强。全市社会商品零售总额比“六五”时期增长 138.7%，年均增长 15.5%。5 年共新建、扩建和改造了哈一百、百货大楼、秋林公司、丁香大厦、同记商场、时装大厦、哈尔滨大酒家、南岗奋斗路地下商业街等 1320 个商服网点，新增营业面积 74.2 万平方米，结束了哈尔滨市解放以来没有新建大型商业设施的历史，形成了以道里、南岗、道外区三大商业中心，地上地下结合、大中小配套的商业网络，服务功能明显增强。1990 年，有各种经济类型的商业零售机构 4.4 万个、职工 24 万人，分别比 1985 年增长 37.5%和 20%。个体有证商业 3.2 万户，增长 45.4%。基本形成了多种经济类型、多条渠道并存的商业结构。集贸市场发展到 214 处，比 1985 年增加 64 处，集市贸易成交额增长 11 倍，年均增长 58.5%。新建了 25 处大中型仓库，新增仓储能力 16 万立方米，商业大吞大吐能力进一步扩大。春、夏、秋三菜均衡上市，品种齐全，淡季缩短，肉、禽、蛋、鱼等副食品和工业品市场丰富，满足了群众需求。

对外开放有新突破，出口创汇持续大幅度增长

“七五”时期是哈尔滨市外贸开始自营的 5 年。5 年来，坚持“南联北开，全方位对外开放”的方针，不断深化外贸体制改革，使外经贸事业取得突破性进展。目前，已同世界五大洲的 91 个国家和地区建立了经贸关系，出口产品品种由 1985 年的 188 个增加到 415 个，进出口贸易总额累计达到 9.06 亿美元，出口创汇 7.03 亿美元，年均增长 41%，提前两年实现了“七五”计划目标，4 年翻了两番。1988 年以来，哈尔滨市充分利用地理优势，大力发展与苏联和东欧国家的易货贸易，取得了突飞猛进的发展。累计易货贸易签约额 10 亿瑞士法郎，过货额 3.5 亿瑞士法郎，苏联已成为哈尔滨市的第一大贸易伙伴。1990 年，国家在哈尔滨市举办了“中国对苏联、东欧国家经济贸易洽谈会”，增强了哈尔滨的知名度和开放度，促进了对外经贸工作的发展。“洽谈会”期间，共签订易货贸易合同 3.6 亿瑞士法郎，达成协议 4.9 亿瑞士法郎。经济技术合作也取得明显进展。5 年共兴办“三资”企业 109 户，实际利用外资 1.02 亿美元，“三资”企业累计新增产值 4 亿元，创汇 626 万美元；在境外办非贸易性合营企业 19 个；承包国外工程 38 项，总签约额 1.16 亿美元，派出劳务人员 3306 人次，累计创汇 2319 万美元。

旅游事业发展很快。别具特色的欧式建筑，冬夏皆宜的旅游资源，碧江琼岛，冰雕雪塑，每年都吸引了大

批的国内外游客。特别是一年一度的“哈尔滨冰雪节”，已成为世界瞩目而又独树一帜的节日。在冰雪节期间，醉人的冰城风光，神奇的冰雪艺术，惊险的冰雪游戏，特有的塞北风情，多彩的冬季生活，使美丽的“冰城”——哈尔滨成为全国冬季旅游的热点之一。“七五”时期，哈尔滨市共接待国际旅游客人 21.2 万人，比“六五”时期增长 1 倍。5 年累计旅游创汇 1.2 亿元（外汇人民币），比“六五”时期增长 5.2 倍。

财政收支增加，金融保险事业发展较快

“七五”时期，财政、金融、保险事业都取得了较大发展。财政收支逐年增加，累计实现地方财政收入 70.2 亿元，财政支出 55.1 亿元，分别比“六五”时期增长 86.2%和 2.6 倍。1990 年与 1985 年相比，地方财政收入由 9.7 亿元增加到 16.9 亿元，年均增长 11.3%；财政支出由 5 亿元增加到 11.5 亿元，年均增长 15.7%。在财政支出中，用于城市建设和文教卫生事业的支出分别比“六五”时期增长 2.1 倍和 1.4 倍。

金融事业进一步发展。1990 年末，全市各项存款达 126 亿元，比 1985 年末增长 2 倍，年均增长 24.2%，比“六五”时期年均增长幅度高 10.8 个百分点；银行各项贷款余额达 158.7 亿元，比 1985 年末增长 2.3 倍，年均增长 27.2%，比“六五”时期年均增长幅度高 11.6 个百分点。5 年间，累计发行各种债券 14.9 亿元，缓解了部分企业的资金紧张状况，促进了经济的发展。

保险事业迅速发展，形成了较强的经济补偿能力，为保障经济发展和社会安定发挥了重要作用。5 年累计承保国内外各种保险总金额达 1223 亿元，是“六五”时期承保总额的 4 倍；保险业务总收入 4.8 亿元，是“六五”时期的 6.7 倍；累计处理各种保险赔付案件 9.3 万起，赔款和给付支出 1.8 亿元，比“六五”时期增长 7 倍。开办了职工养老保险等新险种，解除了部分企业和职工的后顾之忧。

城市基础设施建设取得突破性进展

“七五”时期，按照《城市基础设施和人民生活十件大事规划》，本着“全面规划，综合治理，标本兼治，管建并举，远近结合，分期实施”的原则，坚持人民城市人民建的方针，紧紧抓住制约经济发展和影响群众生活的道路、桥梁、江堤、供排水、煤气、住房等方面的“短腿”，先后完成了 5 批数十项重点工程，市容市貌发生巨大变化，城市多功能作用明显增强。

5 年来，新建、改造和拓宽了外环北路、埃德蒙顿路、大庆路、宣化街、公滨路等 18 条主干道和一大批街巷道路，道路铺装面积由 1985 年的 750.6 万平方米增加到 1258.7 万平方米，增长 67.7%；新建、改造了松花江公路大桥和红旗、进乡、公滨等 28 座立交（过道）桥，永久性桥梁由 1985 年的 29 座增加到 50 座，增长 72.4%，提高了道路的通行能力。综合治理了市区堤防，使城区 26 公里松花江堤集防洪、交通、游览功能于一体，抗洪能力达到百年一遇标准。改造了 3 个水厂，新建了 2 个供水加压站，日供水能力达到 80 万吨，比 1985 年增长 26.7%，新建、改造了正阳河等 9 座排水泵站，敷设排水管网 139 公里，排水能力达到每小时 40 万吨，增长 88.7%，市区 15 片严重内涝地区的内涝问题基本消除；城市煤气年供应量达到 4510 万立方米，液化石油气年销售量达到 3.45 万吨，分别比 1985 年增长 41.7%和 2.9 倍；集中供热面积由 1985 年的 652 万平方米增加到 1300 万平方米，热化率由 1985 年的 16.4%提高到 22.5%，增长 6.1 个百分点，方便了人民生活，改善了城市环境质量。通讯能力明显提高。市话交换机总容量由 1985 年的 3.92 万门增加到 11.9 万门，增长 2 倍多；长途电话电路总数由 706 条增加到 1838 条，增长 1.6 倍；电报电路由 110 条增加到 189 条，增长 71.8%；市话普及率由 1985 年的每百人 2.62 部增加到 5.05 部，增长 93%；电报、传真电话可直拨国内 200 多个城市和世界 25 个国家、转拨 130 个国家。全市绿化面积由 1985 年的 3168 公顷增加到 3853 公顷，增长 21.6%；城区绿化覆盖率由 20.3%增加到 24.7%，增长 4.4 个百分点。完成了哈尔滨铁路枢纽改造工程中的哈尔滨站、三棵树站和货车编组站等配套工程，扩建了哈尔滨机场和松花江哈尔滨港，形成了四通八达、连接海内外的立体交通网。

各项社会事业取得新成就

“七五”时期，地方财力用于教育、文化、卫生、体育事业的投入增加，促进了各项社会事业的发展。

教育事业进一步发展。认真贯彻执行党中央《关于教育体制改革的决定》，以培养“四有”新人为目标，增加了对教育事业的投入，改善了办学条件，提高了教学质量。5 年完成教育事业基建投资 1.5 亿元，比“六五”时期增长 2 倍，新建、翻建校舍 22 万平方米。全市中、小学二部授课率由 1985 年的 2.3%和 12.9%分别下降到 0.8%和 9.1%。特别是近几年大幅度增加了对郊县中小学校舍建设和改造的投入，危房已基本消灭。“七五”时期，全市普通高等学校由 20 所发展到 24 所，共招收学生 7.06 万人、毕业学生 6.09 万人，分别比“六五”时期增长 20%、47.1%和 85.9%；中等专业学校由 35 所增加到 45 所，共招收学生 3.92 万人、毕业学生 3.74 万人，分别增长 28.6%、23.6%和 47.3%。职业教育、成人教育也都取得了新进展，为国家培养了一批急需的建设人才。

文化事业欣欣向荣。“七五”时期，群众文化生活日

益活跃，专业文艺创作和演出喜获丰收。“哈尔滨之夏音乐会”、“哈尔滨市冰雪电影艺术节”的规模和影响越来越大，活跃了全市人民的文化生活；专业文艺团体创作、演出了话剧《曹植》、歌剧《仰天长啸》、音乐剧《山野里的游戏》、评剧《半月沟》、儿童剧《失去的童年》和《少年周恩来》、电视片《伦敦启示录》、报告文学《人生环行道》、小说《年关六赋》、小品《小保姆》和《墙》等一大批优秀文艺作品，分别获得了国家和省的奖励。新建了黑天鹅电影娱乐中心、儿童少年活动中心、图书馆等一批大型文化设施，电视中心大楼也正在兴建。

卫生事业继续发展，医疗条件进一步改善。扩建和改建了市第一医院门诊大楼、市急救中心和计划生育宣传教育技术指导中心等一批卫生设施。到1990年，全市已拥有卫生医疗机构941个、床位2.74万张，分别比1985年增长9.3%和38.1%；卫生技术人员3.64万人，增长27.5%。初级卫生保健工作受到世界卫生组织和国家卫生部的肯定，主要传染病发病率降到历史最低水平。荣获全国灭蟑先进市称号，1990年被评为“十佳卫生城市”。计划生育工作取得较好成绩。人口自然增长率在人口生育高峰期控制在国家规定指标之内，多次被国家评为“计划生育先进市”。

体育事业蓬勃发展。群众性体育活动日益活跃。全市参加晨练的职工达数十万，百万青少年上冰雪活动已成为冬季中小学生的重点项目。专业竞技水平有所提高。哈尔滨市运动员在国际性重大体育比赛中获金牌8块，有35人次打破全国纪录，速度滑冰运动员王秀丽、拳击运动员白崇光等优秀运动员在重大国际比赛中都取得好成绩，为国家争了光。新建、扩建了冰上训练基地、玉泉滑雪场等一批体育设施，为发展冰雪体育运动创造了条件。

城乡人民生活进一步改善

“七五”期间，随着国民经济的发展，城乡人民的收入增加，消费水平明显提高，住房条件得到明显改善。

职工和农民收入增加，就业面扩大。1990年，全市职工工资总额达35.64亿元，比1985年增长96.5%，年均增长14.5%；职工年平均工资由1985年的1163元提高到2072元，增长78.1%，年均增长12.2%。1990年全市农民人均纯收入746元，比1985年增长91.9%，年均增长13.8%。1990年全市城镇就业人数达186.5万人，比1985年净增23.9万人，增长14.5%。5年共安置城镇待业人员23.3万人，市区每一就业者负担人口由1985年的1.74人下降到1.64人。

城乡居民消费水平提高。据对300户城市居民抽样调查，1990年人均生活费支出达1264元，比1985年增长86.6%，其中，用于吃、穿、用商品的支出分别增长106.1%、148.8%和176.2%。据对240户农民家庭抽样调查，1990年人均生活费支出539.8元，比1985年增长72.5%。

城乡居民储蓄存款有较大增加。1990年末，哈尔滨市城乡居民储蓄存款余额达74.1亿元，比1985年增加57.8亿元，增长3.5倍，年均增长35.4%。

城市居民住房条件有很大改善。“七五”时期，用于住宅建设的投资达34.1亿元，比“七五”前36年住宅建设的投资总和还多5.4亿元，改造了“胡子大院”、小北屯、牛房屯、落马湖、新发、新乐、荟芳里等16片棚户区，拆除危棚旧房142万平方米，新建住宅952.9万平方米，比“六五”时期增加184.1万平方米，有近20万户居民迁入新居。市区人均居住面积由1985年的4.76平方米增加到5.62平方米。

“七五”时期，国民经济和社会事业取得的长足进展，为哈尔滨市90年代的经济振兴奠定了较好的基础。可以预期，再经过10年的努力，一定会使经济结构趋于合理，经济素质和经济效益明显提高，基础设施比较完善，社会主义精神文明程度较高，人民生活达到小康水平。哈尔滨市将成为具有较强吸引力和辐射力的开放型、多功能、现代化的东北北部的中心城市，使“天鹅项下的珍珠”放射出更加绚丽的光彩。

齐齐哈尔市

代市长：索长有

副市长：王树斌（常务） 张瑞林（工业、交通） 丁树岐（外贸、财贸）
李有志（科教、文卫） 袁廷树（农业） 张振英（城建）

索长有代市长，1938年生，大专文化。1956年加入中国共产党。历任公社党委书记，团地委副书记、书记，地委办公室主任，共青团黑龙江省委书记等职。1978年调鹤岗市任市革委会副主任、市委常委、副市长、市委副书记，1985年任市委副书记、市长。1988年调任黑龙江省粮食局局长，党组书记，1991年调任齐齐哈尔市委副书记、代理市长。

深化改革　稳步发展

——齐齐哈尔市“七五”时期经济社会发展情况简要回顾

□ 傅根柱

“七五”期间，齐齐哈尔市坚持以经济建设为中心，进一步深化改革，以发展地方工业、稳粮兴畜和大上乡镇企业为重点，积极调整经济结构，加速资源开发，努力改善基础设施，国民经济稳定发展，社会事业长足进步，城乡人民生活明显改善。据统计，“七五”期间，主要国民经济指标均保持了增长势头。1990年全市社会总产值完成110.6亿元（按1980年不变价格计算，下同），比1985年增长39.1%，平均每年增长6.8%；工农业总产值完成82.8亿元，比1985年增长33.5%，平均每年增长5.9%；国民生产总值完成52.13亿元，比1985年增长24.2%，平均每年增长4.4%，比1980年增长1.13倍，实现了第一个翻番；国民收入实现44.4亿元，比1985年增长34.5%，平均每年增长6.1%；地方财政预算内收入6.4亿元，比1985年增长7.8%，平均每年增长1.5%。

工业生产有所增长

“七五”期间，全市工业战线以改革为动力，以结构调整为重点，努力完善经营机制，增强企业生产能力和后劲，取得了较大发展。1990年全市工业总产值55.98亿元，比1985年增长31.2%，平均每年增长5.6%。其中，全民所有制企业工业总产值40.46亿元，比1985年增长22.3%，平均每年增长4.2%；集体所有制企业工业总产值10.82亿元，比1985年增长33.3%，平均每年增长5.9%。全市乡及乡以上工业企业2679户，比1985年增加151户。独立核算工业企业“七五“期间实现利税总额达25.9亿元，比“六五”期间增长44.7%。“七五”期间涌现出利税超百万元企业98户。机械、冶金、食品、交通、电力等12个行业工业总产值分别突破亿元和10亿元大关，占32个工业行业的比重由1985年的28.1%上升到1990年的37.5%。其中，冶金、电力等行业工业总产值在全省同行业中名列榜首，为全省经济发展做出了重要贡献。由于市委、市政府采取了扶持地方工业发展的政策，地方工业经济实力日益增强。1990年地方工业实现总产值33.1亿元，比1985年增长37.9%，平均每年增长6.6%，占全市工业总产值的比重由1985年的58.3%上升到1990年的65.0%。大中型骨干企业发展迅速，在全市工业企业中占有举足轻重的位置。1990年大中型企业总数由1985年的43户发展到69户；实现工业总产值31.6亿元，比1985年增长38.0%，平均每年增长6.7%，占全市工业总产值的比重由1985年的56.6%上升到61.3%；企业办科技开发机构76个，从事技术开发人员4074人，技术开发项目221项，实现产值3.2亿元。进行了工业结构调整，把发展的重点放在化学、食品、纺织、建材、造纸、医药6大行业上，积极进行了能源、原材料和人民日用生活品的生产，改造提高了机械冶金工业，初步改变了不合理的产业结构和地方工业薄弱的状况。轻重工业的比重也由1985的40.8:59.2发展到1990年的45.8:54.2，轻工业过轻、重工业过重的比例关系初步得到调整。主要工业产品产量保持了良好的增长势头。1990年，钢材产量35.5万吨，比1985年（下同）增长18.1%；生铁3.7万吨，增长42.0%；发电量80.3亿千瓦小时，增长85.1%；焦炭55.5万吨，增长6.1%；塑料制品0.8万吨，增长14.3%；乳制品3.44万吨，增长1.5倍；毛毯10.8万条，增长54.3%；饮料酒11.7万吨，增长32.7%，其中，啤酒6.1万吨，增长26.4%。优质产品逐年增多。到1989的4年间，获国家、省级优质产品460种，比"六五"同期增长43.3%。其中，获国家金质奖4种，银质奖3种，部优62种，省优391种。

农村经济全面发展

"七五"期间，农业战线进一步深化了农村改革，不断完善了家庭联产承包责任制，加强了农业基础设施建设，全面实施"科技兴农"战略，农林牧副渔业得到了全面发展。1990年，全市农业总产值26.8亿元，比1985年增长22.4%，平均每年增长4.1%，占全市社会总产值的比重由1985年的29.3%上升到31.0%。粮食产量创历史最高水平，粮豆薯总产量达390万吨，比1985年增长34.5%，平均每年增长6.1%，一举扭转了粮食生产长达5年的徘徊局面。畜牧业稳步发展。1990年末大牲畜存栏82.1万头，比1985年增长2.6%。主要畜产品产量也均保持增长势头。"七五"期间，猪肉平均每年增长3.6%，牛肉增长32.9%，羊肉增长27.3%，禽肉增长17.4%，牛奶增长19.8%，羊毛增长3.5%，禽蛋增长9.7%。畜牧业产值达4.45亿元，比1985年增长46.4%，平均每年增长7.9%。占农业总产值的比重由1985的14.3%上升到16.7%。渔业生产发展迅速。1990年水产养殖利用面积12.72万公顷，比1985年增长18.1%，平均每年增长3.4%；水产品产量达3293万公斤，比1985年增长1.1倍，平均每年增长15.6%；渔业产值1.67亿元，比1985年增长1倍，平均每年增长14.9%。乡镇企业成为农村经济的重要支柱：1990年全市乡镇企业由1985年的28291个发展到86581个；产值达190108万元，超额73.4%完成"七五"计划，比1985年增长3.2倍，平均每年增长33.0%；占农村社会总产值的比重为33.9%，比1985年提高20个百分点；实现利税总额17906万元，比1985年增长2.1倍，平均每年增长25.3%。"七五"期间，加强了"三北"防护林体系二期工程建设，并开展了多种形式的植树造林活动，5年共造林14.79万公顷。随着农民商品经济观念日益增强，种植经济作物的积极性大大提高：1990年甜菜产量162603万公斤，比1985年增长71.2%，平均每年增长11.4%，单产由1985年的710公斤提高到1133公斤。总产量居全省之首；5年共生产油料31万吨，平均每年生产6.2万吨，为加工出口提供了丰富的原料来源。在农业机械化方面，为了解决承包后"大机械与小地块"的矛盾，狠抓了农业机械的更新改造，使田间作业机械化程度和利用率显著提高：1990年末农业机械总动力186万马力，比1985年增长1.7%；全市机耕面积116.27万公顷，机播面积113.27万公顷，机收面积39.6万公顷，分别占总播种面积的66.6%、64%和22.6%，比1985年提高19.6、25.1和5.2个百分点；机械运输量占农村运输量的77%，比1985年提高4个百分点；机械灌溉面积在有效灌溉面积中的比重逐年上升，1986～1989年4年间提高3.1个百分点，机械灌溉面积平均以1.5%的速度增长。农业投入量逐年增加：1990年施用化肥总量37785万公斤，比1985年增加19036万公斤，增长1倍，平均每年增长15%；亩施肥由1985年的6.8公斤增加到14.4公斤；农用薄膜使用量2143吨，农药使用量1609吨，与1985年相比均成倍增长。全面实施科技兴农战略，积极采用农业生产新技术。1990年重点推广了小麦、水稻、大豆和玉米四大作物53.33万公顷高产攻关等10项农业新技术，开展了大面积集团技术承包，落实面积49.22万公顷，占总播种面积的1／3。农村经济收入逐年增加，1990年农村经济总收入、纯收入分别由19亿元和13.8亿元增加到34.2亿元和20.4亿元；农民人均收入由1985年的351元增加到507.1元。农民生活逐年改善，1990年末百户农民拥有自行车116辆、缝纫机66台、电视机66台，分别比1985年增长4.5%、8.2%、88.6%。

内外贸易繁荣活跃

1990年全市社会商品零售总额达49.8亿元，比1985年增长89.5%，平均每年增长13.6%。商品货源充足。"七五"期间社会农副产品收购总额为89.7亿元，比"六五"期间增长1.1倍，平均每年增长15.6%。地方日用工业品收购总额15.5亿元，比"六五"同期有较大幅度增长。形成了以吃、穿、用商品为重点，耐用消费品增长迅速的商品购进新局面。商品流通渠道广阔。截至1990年末全市零售商业饮食服务业网点已发展到42724个，从业人员达166616人，比1985年增加46个和8845人，千人拥有网点7.2个。5年新建和改扩建商服网点92处。城乡居民消费水平不断提高。1990年全市居民消费品零售额为39.2亿元，比1985年增长1.1倍，平均每年增长15.8%。消费观点和消费方式发生了明显变化。突出表现在吃、穿、用商品需求的增长上。1990年，吃的商品零售额21.6亿元，比1985年增长93.4%，占消费品零售额的比重为49.5%；穿的商品零售额9.8亿元，比1985年增长83.7%，占消费品零售额的比重为22.6%；用的商品零售额10.8亿元，比1985年增长89.2%，占消费品零售额的比重为24.7%。对外贸易发展较快。1990年外贸出口供货完成2.5亿元，对苏边境贸易进出口总额完成928万瑞士法郎。“七五”期间外贸商品收购总额17.6亿元，比“六五”时期增长1.8倍。5年共创汇38498万美元。签约利用外资项目由“六五”时期的1项增加到30项，总投资20692万元，其中利用外资2862万美元，已有13户企业试车投产，累计实现产值1亿元，实现利税53.7万元，，创汇734万美元。旅游业也得到发展，5年中共接待外国人、华侨和港澳同胞18402人次，旅游外汇收入62.6万元外汇券。

基本建设成绩斐然

固定资产投资增加。“七五”期间，固定资产投资累计完成44.2亿元，比“六五”时期增加21.3亿元。其中，基本建设22.3亿元，增长50.7%；技术改造19.1亿元，增长2.2倍。生产性投资比例上升，与非生产性投资的比例由1985年的67.9:32.1变为1990年的73.8:26.2。铁路货车1350辆／年，发电量61.0万千瓦，机制纸及纸板2.8万吨／年，机制糖5.6万吨／年，乳制品7743吨／年。邮电建设取得很大进展。建成了市邮电通讯枢纽楼，市内电话达15400门，用户达2.9万户，比1985年末增加1.2万户；邮电业务总量2900.5万元，比1985年增长92.9%，平均每年增长14.0%。交通建设取得很大成绩。打通齐白公路，改建了国道绥满公路、齐黑公路等，新建沥青公路125公里，桥梁102座；铁路、公路货运量3122.3万吨，比1985年增长21.9%，其中公路货运量2217.5万吨，比1985年增长39.4%；铁路、公路客运量3914万人，比1985年减少20.1%，其中公路客运量1671.6万人，比1985年增长4.4%。市政建设成效显著。市区新建居民住宅208万平方米，铺装城镇黑色路面70万平方米，铺设排水干线68公里，供水干支线40公里，兴建了富拉尔基煤气工程和北市区天然气工程，部分县区进行了供排水工程建设和城镇道路铺装。到1990年底，全市有建筑企业181家，比1985年末增加44家，其中，全民所有制44家，增加20家。现有职工6.63万人，比1985年末增长12.2%，其中全民所有制职工23.3万人，比1985年增长26.1%。

教科文卫等社会事业也有新发展

教育全面发展。“七五”时期，全市15所高、中等院校毕业生共计21338人，比“六五”时期增长33.4%；全市各类技工学校、农业职业中学分别培养学生16560人和26298人。1990年，高等院校在校生达9900人；中小学校在校生达104万人，升入高等院校学生3450人，升学率列全省之首；小学学龄儿童入学率98.7%，比1985年提高1.3%；全市在园幼儿85558人，比1985年增长53.1%。成人教育飞速发展，职工岗位培训、农民实用技术培训和扫盲工作等都取得了好成绩。1990年全市成人初等教育在校生23.1万人，比1985年增长213.7倍；成人中等教育在校生35.2万人，增长27.6倍；成人高等教育也有较大发展。教育基础设施有所改善。由于狠抓了各级各类教育，5年来全市人口总体文化素质有较大幅度的提高。1990年人口普查资料表明，平均每10万人中有大专以上文化程度的人口由1982年的530人增加到1502人；高中文化程度的人口由8742人增加到10437人；初中文化程度的人口由19437人增加到26110人；小学文化程度的人口由36334人增加到36606人。全市文盲、半文盲人口705939人，比1982年减少29.28%。科技兴市战略初见成效。“七五”期间共完成科技攻关项目154项，科技成果推广应用168项，开发新产品1477项。科技队伍逐渐壮大。到1990年底，全市全民所有制单位各类专业技术人员达98874人，比1985年增长53.2%。其中自然科学方面的专业技术人员占44.1%。技术市场进一步完善，以省、市科研机构为主体，以集体和民办科研机构为补充的科研网络不断强化。文化事业繁荣。到1990年末，全市拥有文化馆18个，公共图书馆13个，广播电台12座，电视台1座，电视发射台、转播台35座，广播和电视覆盖率分别为95%和70%。卫生事业稳步发展，医疗条件逐步改善。到1990年末，全市有卫生机构756个，比“六五”末增长5.0%；医疗床位1.57万张，增长9.8%，专业卫生技术人员2.27万人，增长8.6%。体育事业蓬勃发展。“七五”时期，在国内外比赛中共获奖牌1170枚。

人民生活进一步改善

“七五”期间，城乡居民人均收入不断增长。1990年全市职工平均工资1724元，比1985年末增加724元，扣除物价因素，年平均增长0.2%；农村人均收入507元，比1985年增加156元；城乡居民储蓄存款余额32.8亿元，比1985年增长2.8倍；城市人均居住面积由1985年的3.8平方米上升到5.03平方米。城镇就业面继续扩大。5年中共安置待业人员12.3万人。到1990年末全市职工人数达107.7万人，比1985年末增加11.06万人。其中全民所有制单位职工76.4万人，增加11.7万人。城镇个体劳动者已达4.9万人，比1985年末增加1.2万人。

鹤岗市

市　长：冯永祥

副市长：安永范　韩玉祥　张修君　白伟民　任喜全　许鹿鸣

冯永祥市长，1938年9月生于黑龙江省林口县，1958年加入中国共产党，1964年毕业于中国人民大学历史系。1956年以后历任办事员，林口县委研究室研究员，林口县龙爪公社党委书记，林口县委宣传部部长，密山县政府常委副县长。1983年12月任绥芬河市市长、市委书记，1987年2月任黑龙江省社会主义学院副院长，1989年2月任鹤岗市委副书记，同年12月任鹤岗市副市长、代市长，1990年2月任鹤岗市市长。

在困境中发展　在改革中前进

——鹤岗市“七五”时期经济社会发展情况

□ 鹤岗市人民政府研究室

“七五”期间，鹤岗市贯彻执行党中央、国务院一系列路线、方针和政策，坚持以经济建设为中心，坚持改革开放，坚持两个文明一起抓，坚定不移地进行治理整顿和深化改革，积极落实治理整顿的各项措施，克服各种困难，化解经济生活和社会生活中的诸多矛盾，努力发展经济和各项社会事业，实现了社会的稳定和人心的稳定，经济建设逐步向好的方向发展。从总体上看，“七五”期间，是鹤岗市深入进行改革开放的5年，是国民经济和社会事业发展的5年，是全市各条战线和各方面工作取得新成就的5年。

国民经济持续增长，经济实力明显增强。1990年年全市工农业总产值完成13.64亿元，比1985年增长37.8%，年均增长6.6%（1980年不变价），其中，工业总产值11.82亿元，比1985年增长37.2%，年均增长6.5%；农业总产值1.82亿元，比1985年增长35.8%，年均增长6.3%。社会总产值完成40亿元，比1985年增长113.9%，年均增长16.4%。国民生产总值完成20.4亿元，比1985年增长78.8%，年均增长15.6%。国民收入完成15亿元，比1985年增长92.3%，年均增长14.5%。财政收入1.54亿元，比1985增长144.4%，年均增长19.5%，其中市级收入9558万元，比1985年增长124.6%，年均增长17.6%。5年来完成固定资产投资17.2亿元，比“六五”期间增长50.9%。完成了峻德立井、兴安立井、热电厂、兴华玻璃厂、玻璃制品厂、粮食局面粉厂等50项重点新建、扩建项目，新增产值1.5亿元，利税2000万元。完成55项重点技术改造项目，新增产值7722万元，利税1114万元。

经济结构得到初步调整，比例关系有所改善。5年来，我们认真实施“综合发展战略”，调整、优化经济结构，使结构不合理状况开始改善。基础产业得到了进一步发展，鹤岗矿务局统配煤矿原煤产量达到1570万吨，比1985年增加140万吨，平均每年以28万吨的速度增长；全市粮豆薯总产量达到28万吨，比1985年增长36.9%，平均每年增长6.5%；蔬菜总产量达到13.8万吨，比1985年增长48.5%。积极推进老字号产品的深加工和增值转化，加工工业产值在全市工业产值中的比重由1985年的38%上升到45%，综合经济效益有所提高。在努力促进煤炭主体产业稳步发展的同时，积极发展电力、化工、粮油、机电、建材、黄金、轻纺等替代产业，替代产业与主体工业的比例由1985年的4:6上升到现在的6:4。所有制结构发生了明显的变化，集体所有制工业在全市工业总产值中的比重由1985年的20%上升到现在的33%。第三产业呈稳步发展的势态，在全市国民生产总值中的比重由 1985 年的 11%上升到 14%。产品结构更新步伐加快，5 年来全市开发新产品和换代产品 300 多种，优质产品、骨干拳头产品、适销对路产品的比重有了明显的扩大。积极调整农村内部结构，乡镇企业和以畜牧业为主的多种经营发展迅速。农村经济基本形成了粮、牧、企综合发展的产业格局。

对外开放规模和领域不断扩大，经济技术合作迅速发展。扩大了与苏联、日本、美国、香港等 10 多个国家和地区的经济贸易联系，同国内许多城市、大专院校、科研单位建立了合作关系。5 年来，全市完成经济技术合作项目 209 项，引进新技术 150 项，引进资金 3151 万元，物资协作总额 1.1 亿元。在上海、北京、哈尔滨、大连、广州、烟台等 6 个大中城市设置了办事机构。同上海宝山区、北京海淀区、广州东山区、大连旅顺区、烟台市建立了友好关系。1990 年地方出口商品收购额达到 2638 万元，比 1985 年增长 32.8%，年均增长 5.8%。

城乡市场繁荣稳定，物价上涨得到控制。“七五”期间，先后建成了鹤岗百货大楼、三江宾馆、蔬菜恒温库、新一农贸大棚等十几处骨干商业服务设施。全市商业、饮食业、服务业网点达到 9000 多处，基本满足了社会需求。1990 年全市社会商品零售总额 9.4 亿元，比 1985 年增长 77.4%，年均增长 12%。人民生活必需品供应充足，肉、蛋、菜销量分别比 1985 年增长 33.6%、43.9%和 40%。1988 年由于全国性经济过热，物价一度出现波动，通过组织实施“383 工程”，鹤岗市物价上涨幅度逐年回落。

城市功能进一步加强，城市面貌有了新的改观。“七五”期间，全市城市建设投资 7.8 亿元，比“六五”期间增长 20%。1990 年与 1985 年相比，城市道路拓宽面积增长 10 万平方米，高级路面增加 13 万平方米，市区自来水普及率增长 20%，城市垃圾清运量增长 46%，公共交通客运量增长 70%，城市园林绿地面积增长 14%，绿化覆盖率增长 13%。市矿共建的热电厂、矿务局煤气厂、工农区热网及市石油液化气站等项目的建成，方便了人民生活，改善了城市环境质量。绥、萝两县的城镇面貌也发生了显著变化。

“科技兴市”开始起步，科教文卫事业全面发展。“七五”期间，全市完成科技项目 86 项，其中科技攻关项目 45 项，技术推广项目 20 项，消化吸收项目 21 项。投资 1946 万元，改造中小学危房 5 万平方米，进一步改善了办学条件。1990 年，全市普通高校在校生比 1985 年增长 29.7%，成人高校在校生增长 16.9%，中等专业学校在校生增长 11.5%。“七五”末期，全市实现了普及初等教育，入学率、巩固率、毕业率均达到国家规定标准。全市医疗病床达到 4377 张，医疗卫生人员达到 9829 人，分别比 1985 年增长 33.5%和 67.8%。广播覆盖率达到 93.9%，电视覆盖率达到 93.3%。在群众性体育活动蓬勃开展的基础上，鹤岗市体育健儿在省级以上体育比赛中获得奖牌 463 枚。

城乡居民收入增加，人民生活水平进一步提高。“七五”期间，绝大多数人民群众在解决了温饱的基础上，生活质量发生了明显变化。1990 年，全市居民人均生活费收入达到 1101 元，扣除物价上涨因素，比 1985 年增长 66%，年均增长 10.7%。全市城镇职工工资总额达到 7 亿元，比 1985 年增长 125%。全市农村人均收入 772 元，比 1985 年增加 290 元。城乡居民储蓄存款余额达到 11.1 亿元，比 1985 年增加 8.7 亿元，增长 3.6 倍。城镇居民住房面积由人均 4.12 平方米上升到 5.13 平方米。5 年来，通过发展生产和广开门路，新安置 6.9 万人就业。

总之，“七五”期间鹤岗市经济和各项社会事业的发展是健康的，为“八五”计划的执行奠定了基础。但也存在一些矛盾和问题。一是管理水平低，经济效益差。为数不少的企业，管理基础工作薄弱，属于粗放式管理。预算内工业企业产值利润率、资金利税率、百元产值占用定额流动资金、流动资金周转天数均不理想。不仅生产效益差，投资效益也差，致使财政收入增长缓慢。二是产业结构不合理。鹤岗市调整产业结构虽然取得一定成效，但单一结构问题还没有得到根本解决，老字号产品比重大，深加工及转化产品少，在价格扭曲的情况下，资源低效外流。地方优势产业和拳头产品少，产品更新换代慢，竞争能力差。三是基础薄弱问题未能得到有效解决。由于地方财政拮据，历史上形成的城市建设欠帐多、企业包袱重的问题仍然严重存在，加上近些年新上项目少，经济发展后劲不足。四是由于市场疲软，企业开工不足，给经济和社会稳定都带来一定影响。

尽管我们面临着许多困难和问题，但在“八五”期间乃至今后 10 年经济发展中也存在许多有利条件。我们在 80 年代改革开放和现代化建设中取得的成就，为今后经济和社会发展奠定了比较坚实的基础，积蓄了一定后劲；国家调整宏观经济政策，变地区倾斜为产业倾斜，重点发展农业、能源、交通等基础产业，必将促进鹤岗市煤炭、电力和以煤为原料的煤化工以及农业的发展；黑龙江省沿边开放战略的实施，对鹤岗市发展对苏贸易和经济合作，乃至整个经济发展将起到重要促进作用；国家调整上游产品价格，鹤岗市作为煤炭和粮食产区将直接受益；黑龙江省已把鹤岗市三江平原开发项目、建设 120 万千瓦电厂项目列入“八五”计划之中，加上农药厂改扩建、地煤、石墨开发及深加工、饲料蛋白等一批重点项目建设，将从根本上改变鹤岗市产业结构不合理的状况；经过多年探索和总结经验教训，在发展鹤岗的一系列重大问题上，我们已经提出和确立了一整套方针、政策和措施，指导思想明确，发展路数清楚，工作重点突出，政治稳定，人心思上。只要我们坚定不移地贯彻党中央的路线、方针和政策，正视困难，抓住机遇，充分利用有利条件，切实加大工作力度，就一定能克服困难，实现经济和社会持续、稳定、协调发展的目标。

“八五”以及整个90年代，鹤岗的经济社会发展将遵循“依托资源，依靠科教，优化结构，带动两业，城乡一体，综合发展，全面推进改革开放，积极开拓国内外市场，努力提高经济效益，强化城市综合功能，实现国民经济持续稳定协调发展”的指导思想，努力转变资源开发利用不够、低效外流、优势不能充分发挥、经济结构不合理的状况，挖掘资源型产品高附加值的潜力，朝资源宽、深、精加工的方向努力。转变地方工业规模小、素质差、管理粗放、规模效益低的状况，大力提高经济效益，朝培植财税支柱企业，速度、效益、后劲相统一的方向努力。转变鹤岗市科技教育落后、人才缺乏的状况，开发引进人才，朝主要依靠科技教育、提高生产者和管理者素质推动经济发展的方向努力。转变鹤岗市全民企业不活，其它经济成份发展不快的状况，发挥集体经济优势，朝全民、集体、个体一起上的方向努力。转变信息闭塞、思想封闭、商品经济不发达的状况，深化改革，冲破条块分割的束缚，朝城乡一体、开放搞活、综合发展的方向努力。

为了保证“八五”乃至今后10年鹤岗经济和各项社会事业能够沿着上述轨道发展，我们将遵循以下八项基本原则，一是坚持以科技进步和加强管理为重点的原则；二是坚持以经济效益为中心的原则；三是坚持以内涵为主的原则；四是坚持以市场为导向，以资源综合开发为基点的原则；五是坚持改革开放总方针的原则；六是坚持多种经济成份并存，大力发展集体经济的原则；七是坚持在发展生产的同时，不断改善人民生活的原则；八是坚持物质文明与精神文明两手抓的原则。到本世纪末，鹤岗市国民生产总值将翻两番，人民生活将达到小康水平，全市经济实力将明显增强，经济结构将趋于合理，城市功能将大大改善。届时，鹤岗将成为一个重要的综合性能源基地，成为区域性经济文化中心，成为经济富足、环境优美、充满生机活力的新型城市。

(执笔：刘德诚)

双鸭山市

市　长：张成义

副市长：张心愿（常务）　陆豪翔（文教、卫生）　付会廷（工交）　胡友贵（农林）　李树泽（城市建设）

张成义市长，黑龙江省明水县人，1945 年 6 月生。1968 年毕业于吉林大学化学系，1975 年 10 月加入中国共产党。1968 年后历任桦南县化肥厂技术员，县工业科科员，县化肥厂党委副书记，县委工交政治部干部，县科委副主任，县经委副主任、主任，副县长、县长，县委副书记、书记，双鸭山市委副书记、副市长等职务。1987 年 12 月任双鸭山市市长，并被选为第七届全国人大代表。

经济社会持续稳定发展

□ 谢德元　张玉杰

“七五”期间，双鸭山市认真贯彻党的十一届三中全会以来的路线、方针和政策，坚持“以能源工业和农业为基础，以冶金、建材、机械、食品工业为支柱，以化学工业为主导，逐步壮大区域经济的整体实力，增强城市的服务功能，努力把双鸭山建设成为一个有较强辐射力和吸引力的区域性中心城市”的战略思想，较好地完成了“七五”期间的国民经济和社会发展计划，城市经济社会持续稳定发展。

经济实力明显增强

“七五”期间，全市国民生产总值和国民收入，按可比价格计算分别以 10.3%和 10.1%的年平均速度递增，1990 年，分别实现 146900 万元和 115100 万元，分别比上年增长 11.7%和 11.3%；中央、省直企业工业总产值年平均增长速度为 11.7%，高于前 6 个五年计划的平均增长速度，1990 年比上年增长 10.9%。双鸭山矿务局原煤年产量突破了千万吨大关，跻身于全国煤炭系统特大型企业行列，晋升为国家二级企业。双鸭山发电厂一期工程两台 20 万千瓦机组提前并网发电，二期工程已进入设备安装阶段。地方工业在“七五”期间以 11.1%的年平均速度增长，比“六五”时期的平均速度高 3.7 个百分点，1990 年比上年增长 6%。“七五”期间，依托资源优势，相继开发建设了双鸭山发电厂、双鸭山市第一炼铁厂、矿务局矸石发电厂和焦化厂、矸石空心砖厂等一批大中型骨干企业。被列为国家重点开发项目的东荣煤田前期建设工程正在顺利进行。同时，对地方工业进行了 35 项技术改造，新增产值 8675 万元，新增利税 982 万元。根据市场需要开发了一批新项目，研制了一批新产品，产业结构和产品结构得到了进一步调整。“七五”期间，全市农业生产跨上了新台阶，农业内部的种植业、畜牧业和多种经营比例更趋协调。副食品自给比重有了很大提高。不断增加农业投入，加强农业基础建设，开展大规模农田水利建设，改善生产条件，按照“粮牧企”、“菜牧企”三位一体的格局，全面发展农村商品经济，使农业生产增长较快。1990 年，粮豆薯总产、单产、农业总产值、总收入和农村人均收入均超过了历史最高水平。“七五”期间，市场持续活跃稳定，社会购买力和社会商品零售额分别以 12%和 14%的年平均速度递增，流通设施建设有了很大进展，新建了百货大楼、商业大楼、地下街市场，扩建了第一百货商店。农贸市场、轻工市场、家具市场以及各矿区的贸易市场基本形成体系。“七五”期间，财政预算执行情况良好。5 年累计财政总收入比“六五”时期增长 144.6%，财政总支出比“六五”时期增长 172.5%。1986—1990 年 5 年财政收支年年都有节余。

城市功能不断增强

“七五”期间，双鸭山市实行“人民城市人民建”的方针，走“四自一联”的路子，大力开展市矿协作和区矿协作，多渠道筹集资金，着力解决供水、供电、交通、通讯、住房、环卫等方面的一些基本问题，不断加强城市规划和管理。5年间，全市共改建柏油路13条、总面积16.3万平方米；完成了城市小区重点排水工程，敷设下水管道3000米；以扩大城市进出口公路容量为目标，开始实施拓宽双鸭山至集贤县福利镇公路的配套工程，其中公铁立交桥已于1990年末简易通车；城市公路交通网络已初步形成。积极开发水源，增加了市中心区的供水量，部分地区饮水难和水质差的问题初步得到解决；第二水源工程已于1990年底动工兴建。城市通讯事业发展较快，引进的1600线国外二手设备已投入使用，万门程控电话的筹建工程正在紧张进行。城市环境卫生面貌有所改善；对各区的主要道路和背街小巷进行了治理；城市绿化覆盖率达19.5%，1989年被评为全省城市园林绿化先进市。与此同时，双鸭山市加强了土地管理工作。认真贯彻《土地管理法》，依法对城乡土地实行统一管理，加强了废弃地的开发整治和菜田的保护工作，取得了初步成效。5年间，恢复耕地38.67公顷，用于发展养殖业61.33公顷，植树186.67公顷，填复塌陷地和清理矸石山用于住宅建设42.67公顷，建工业广场15.33公顷，在一定程度上缓解了后备耕地资源不足的状况。

各项社会事业相应发展

科技工作越来越受到重视。市政府加强了对科技工作的领导，注重科技队伍建设，增加了对科技的投入。全民科技进步意识不断增强，企业逐步走上了依靠科技进步的发展轨道，“科技兴市”的氛围正在形成。目前，全市共有各种专业科研机构4个，各类科技人员16240人，初步形成了一支专业齐全，并有一定技术水平的科研队伍。“七五”期间共引进、开发和推广科技成果300余项，技术市场、民办科研机构、农村技术培训和专利事业都有所发展；“星火计划”、“丰收计划”取得成效；“科技兴市”战略已开始实施。1990年在经济发展中科技进步因素已达到19%。教育事业以提高教育教学质量为中心，以提高教师队伍素质为重点，不断改善教学设施和办学条件。5年累计校舍建设投资比“六五”时期增长23.7%。小学入学率，初中普及率和高中毕业升学率分别比“六五”期间提高1.5%、19%和0.8%；职业教育和地方高等教育有所发展，1990年市区职业高中在校生与普通高中在校生之比达到1:3.3。1990年已有地方大专院校4所、毕业生5年累计2645人。卫生医疗设施和医疗条件有很大改善，新增一些具有80年代水平的医疗设备。各区都已经建立了防疫站，农村的卫生所也已经普遍恢复。各类传染病发病率明显下降，地方病得到有效控制。计划生育工作取得很大成绩，人口增长始终控制在计划指标之内，1990年，人口自然增长率为10.78‰，进入了全省计划生育工作先进行列。体育事业继续发展。5年间，在参加省和国家的各类比赛中共获金牌83枚，银牌43枚，铜牌48枚，共打破省记录14项，向省队输送人才17名。改扩建了体育馆，新建了游泳馆，成功地承办了全国篮协杯和全国男篮甲级联赛等20余次大型比赛，群众性体育活动日益活跃。广播电视播放体系已经形成。在有线、无线广播的基础上，增加了调频广播，广播覆盖面达100%，节目播出质量在全省名列前矛。电视节目增加到4套，覆盖面达97.5%以上。文化事业和精神文明建设都得到加强。举办了首届“双鸭山艺术节”，整顿文化市场和扫黄工作都取得了成效。“七五”期间，双鸭山市认真贯彻“三结合”的就业方针，采取多种形式，广开就业渠道，积极安置待业人员，年年完成省下达的安置计划，就业难点正在逐步得到解决，待业率已下降到2.7%。同时，积极开展扶贫救灾和优抚救济工作，千方百计地采取措施，解决城乡贫困户的生活困难，保证他们的基本生活需要。

人民生活逐步改善，精神面貌发生很大变化

“七五”期间，双鸭山市的人民生活得到了进一步的改善。1990年，城市人均生活费收入达1095元，农村人均纯收入达597元，分别比1985年提高90.8%和28%。城市人均年消费水平达929元。比1985年增长70%。5年间，城市新建、改建住宅51.6万平方米，人均居住面积由1985年的4.5平方米扩大到5.5平方米；农村住宅正在向砖瓦化方向发展。人民饮食正由温饱型向营养型过渡，衣着追求由耐用、经济、单一向美观、高档、多样的方向发展；拥有彩电、冰箱等高档耐用消费品的居民家庭大量增加。1990年，城乡居民储蓄余额达6.8亿余元，比1985年增长3.7倍。经过几十年的长期实践，在“七五”期间总结提炼出了“团结、自强、务实、奉献”的双鸭山精神，对改变人们的精神面貌发挥了重要作用。遵守社会公德、遵纪守法，敬老爱幼，扶弱济贫，追求科学、文明、健康的生活方式，正在逐步成为人们的自觉行动。

治理整顿卓有成效、各项改革不断深化

“七五”期间，双鸭山市认真贯彻中央治理整顿，深化改革的方针，善始善终地搞好治理整顿，不断加快深化改革的步伐，取得了显著成效。一是清理整顿公司，流通秩序明显好转。对209个生产、商业、物资、外贸、金融、劳动、咨询公司进行了清理整顿，其中，撤消61户，改变名称21户，保留127户，分别占公司总数的29%、10%和61%。对134户商业批发企业进行清理整顿，其中，撤消27户、限定经营范围27户、保留68户，分别占公司总数的20.1%、20.1%和50.7%。对44户物资经销企业进行清理整顿，撤消9户、改变名称12户、保留21户，分别点企业总数的20.4%、27.2%和47.7%。农用生产资料市场和煤炭发运市场的清理整顿工作取得了实质性进展。整顿了市场物价，加强检查监督，物价上涨势头得到有效抑制,1990年，市场零售物价总指数已控制在7%以内。二是治理整顿了卫生、文化市场。卫生部门重点对168家院外门诊和个体诊所进行整顿，其中，查封42家，查处违法案件15起，查处各种伪劣药品300种、4670公斤，清理游医药贩43起，罚款1.3万元。整顿文化市场成效较大，保证了文化市场的净化。三是认真执行“双紧”方针，固定资产投资本着“有保有压、保压结合”的方针，把投资重点放到保能源、保教育和调整产业产品结构，增强经济发展后劲上，使固定资产投资规模得到有效控制，投资效益比较理想。

各项改革逐步深化。一是农村改革在稳定中深入发展。集贤县和郊区农村，在稳定政策，巩固家庭联产承包责任制的基础上，推行了“双保”合同制，试办了家庭农场。1989年以来，实行了双层经营体制，推行了技术集团承包责任制,进一步建立和扩大了县、乡、村三级社会服务体系，较好的调动了农村干部群众的积极性，促进了农业生产的全面发展。二是企业改革在巩固完善中不断深化。在总结一轮承包经验的基础上，重点实施了工业企业二轮承包和商服企业二轮承包的前期工作。市政府颁发了《地方国营工业企业第二轮承包责任制方案》，对26户国营预算内工业企业实施了二轮承包，在承包主体、测定承包基数、利润、合同的考评兑现以及利益分配等方面进行了改革完善，较好地解决了前一轮承包中存在的问题。企业内部配套改革不断深化。全市各企业从各自的实际出发，深化企业内部配套改革，选择不同重点和突破口，对企业领导体制、分配制度、用工制度、管理制度等进行改革。同时，在企业内部层层承包、招标聘任承包人等企业人事制度方面的改革也取得了一定进展，增强了企业自我约束和自我发展机制。在企业间大力开展横向联合与协作，推进企业兼并，积极发展企业集团，推动生产要素的合理流动与优化组合。在巩固完善原有7组17户兼并企业的基础上，1990年又有4组8户企业达成兼并协议，使1400万元闲置半闲置固定资产得以优化重组，壮大了骨干企业，挽救了亏损企业。三是政府的管理功能逐步健全。遵照市委提出的“下放权力、健全功能、理顺关系、繁荣经济”的方针，从1989年开始，市政府有12个职能部门向各区政府下放了74项职能和管理权限。三乡一镇划归各区领导的新体制已开始运行。区级政府功能加强，关系逐步理顺，有力地促进了区域经济和各项事业的发展。

积极扩大对外开放

“七五”期间，双鸭山市认真贯彻省委、省政府提出的“南联北开，沿边开放”战略，积极扩大对外开放。在引进技术、引进设备方面有了很大进展，外贸出口收购额大幅度增长，对外联系不断拓宽。与外省市的联系与日俱增，积极向国内经济发达地区靠拢，广泛发展经济联系与协作。同苏联、港、澳、台等国家和地区的客商进行了广泛的接触，达成了一些意向性协议：其中对苏劳务输出和合资兴建新彩扩中心等项目，可在1991年落实；同台商合资兴建红泥塑胶项目，也可望在1991年实施；同港商合资建设焦化厂、选煤厂的洽谈工作正在进行之中。1990年，外贸出口在形势十分不利的情况下，完成出口收购总值2786万元，为年计划的116%，比上年增长28.6%，实现出口创汇额1000万美元。

鸡西市

市　长：程仲达

副市长：孙永亮（常务）　崔守山（农业、财贸）　刘继民（城建）　王悦华（政法、文教）　张庆祥（工业）

程仲达市长，1934年2月生，1951年10月参加工作，1954年7月入党，中专文化。历任佳木斯电机厂生产技术部主任、财务科长、办公室主任、厂长、党委书记、佳木斯市副市长等职，1990年2月任市委书记兼鸡西市市长。

经济在发展　鸡西在前进

——抗“疲软”、治“滑坡”经济步入良性循环轨道

□ 李景祥

1990年城市经济稳定发展

1990年，国民经济持续稳定发展。在全国性市场疲软、经济滑坡的严竣形势下，鸡西市委、市政府带领全市人民坚定不移地落实治理整顿与深化改革的方针，和衷共济，艰苦奋斗，胜利地完成了全年的各项任务，出现了经济稳定发展，政治安定团结的好局面。全市国民经济进入良性循环，主要经济指标全面增长。1990年完成国民生产总值16亿元，比上年增长9.9%，比1985年增长75.9%；国民收入达到12.5亿元，比上年增长6.7%，比1985年增长88.2%；社会总产值达到26.7亿元，比上年增长9.5%，比1985年增长64.8%；工农业总产值达到17.7%亿元，比上年增长7.7%，比1985年增长45%。

工业生产增长，经济效益提高。1990年，全市工业生产继续实现了速度与效益同步增长，并创出了历史上的最好水平。工业总产值完成15.6亿元（含村办工业），比上年增长7.7%，比1985年增长47.1%。其中，地方工业完成总产值9.4亿元，比上年增长9.5%，比1985年增长64.9%；地方工业实现利税1.6亿元，比上年增长29.4%，比1985年增长1.8倍。原煤、生铁、石墨等主要产品分别比1985年增长27%、2.9倍和72.7%。

农业生产大丰收，农村经济全面发展。1990年，全市农业生产也创历史最好水平。农村社会总产值达8.1亿元，比上年增长10%，比1985年增长1.3倍，其中，农业总产值达2.15亿元，比上年增长7%，比1985年增长43.8%；乡镇企业总产值达3.5亿元，比上年增长9.4%，比1985年增长93%。粮食总产量达22.7万吨，比上年增长12.8%，比1985年增长47%；蔬菜总产量达17.9万吨，比上年下降2.3%，比1985年增长1.2%。

财政收入破两亿，自我发展实力增强。1990年，全市地方财政收入完成2.13亿元，比上年增长18.3%，比1985年增长1.95倍，实现了收支平衡，略有节余。

城乡市场兴旺，商品价格趋向稳定。1990年，全市社会商品零售总额达12.3亿元，比上年提高9.1%，比1985年增长93.6%。以蔬菜、肉蛋为重点的副食品货源充足，零售物价比较稳定，总指数为105.9%，比省下达的控制指数低1.1个百分点。外贸出口收购总额达到7301万元，比上年增长53.4%，比1985年增长1.4倍。

城市建设取得进展。1990年初市政府确定的以城

市配套建设为重点的10件实事，全部如期完成。住宅开发面积达15万平方米；通过供水系统改造，市区日供水量已达4万吨，解决了38栋高层楼供水问题，使6个居民点的537户居民用上了自来水；新建排水管路10840延米；北环路、煤气工程等重点项目较好地完成了预定计划。市区铺装10条街路，植树148万株，栽花植草11.2万平方米。城市环境进一步改善，综合服务能力进一步增强，被评为全省文明城市甲级市。

科技教育先行，各项事业得到发展。1990年，全市共完成科技兴市项目269项，其中82项重点项目新增产值6490万元，实现利税1840万元。以提高技术水平与配套生产能力为主的冶金轧钢生产线、柳毛碳素厂、纺纱厂等一批重点项目按期竣工投产，增强了经济发展的后劲。教育的投入进一步增加，教育事业也有较大发展，全市初高中毕业率与及格率都分别比上年提高6.4%和9.3%。计划生育也跨入了全省的先进市行列，人口出生率和自然增长率分别比省计划指标降低了2.1和1.8个千分点。在科技教育的带动下；其他各项工作也取得了长足的进展。

城乡人民生活进一步改善。1990年城市居民平均收入达到1276元，扣除物价上涨因素，比1985年的796元实际增长4.5%；农民人均收入达到715元，比1985年的424元实际增长1.9%。城市人均居住面积达到4.96平方米，比1985年的4.18平方米增长18.7%。城乡人民储蓄存款余额达到12.6亿元，比1985年2.7亿元增长3.7倍。5年累计安置待业青年7.9万人。全市自开展“四位一体”的治安联防、街企联防、警企联防为主要形式的综合治理以来，社会治安明显好转，社会综合发案率比上年下降24.5%。

产业调整回顾与工作体会

(一)“七五”期间，产业结构发生重大变化。

市委、市政府从煤城经济发展的客观规律出发，把经济工作的主要注意力放在产业结构的调整上，在稳定发展煤炭主导产业的同时，积极发展后续产业，大力发展替代产业，经济发展走上了良性循环的路子，产业结构发生了重大变化。1985年与1990年比较，煤与非煤工业的产值比重由5.1：4.9变为5.0：5.0；地方工业与中央、省直工业的比重由4：6变为6：4；地方工业利税5年增长1.8倍，全市财政收入5年翻了1.95番。

一是围绕优势进行产业结构调整。采取新建与改造相结合，统配、省营、地方、乡镇一起上的方针，重点开发煤炭、石墨和硅线石资源，把资源优势变成经济优势。借助产品深开发，大力发展近亲产业、替代产业，促进产业结构与产品结构的同步调整。全市先后新建起一大批乡村与企业小煤矿，改扩建了12处统配、省属与市属矿井，形成了布局科学合理、错落有致的煤矿群，成为产量居东北之首、全国第四的煤炭生产基地；同时改扩建了17个石墨采选厂，使鸡西成为全国重要的石墨生产和出口创汇基地；还建成了1条具有国内先进水平的硅线石精粉生产线，2个硅线石制品配套厂，形成了初具规模的硅线石生产基地。与煤炭相关的冶金、机械、建材等近亲替代产业，也都有了一定的基础；煤炭向二次能源的转化工作也取得了新进展，全市改扩建滴道矸石电厂，建设与筹建了四个企业自备电站。与此同时，市委、市政府采取分级筹划、多方努力、土洋结合、由浅入深推进的办法，使精煤、块煤及型煤的比重逐年增加；焦煤、煤气、焦油、炭黑等煤化工系列品种逐年增加；煤矸石、粉煤灰的综合利用开发产品、品种也有所增加；石墨开发档次提高，品种与产量也逐年增加，现已形成了1万吨高炭石墨系列产品的生产能力，先后开发了石墨电极、阳极板、超细粉石墨等5个系列20个品种的石墨制品，形成了新的优势。

二是以内涵为主启动产业结构调整。全市以产业结构调整为导向，以产品结构调整为基础，相应地进行企业组织结构调整，走出了一条以内涵发展为主的调整产业结构的新路子。坚持科技投入与资金投入同步启动，通过资金的投入为科技投入创造条件，通过科技投入提高资金投入的水平与效益，收到了起点高、花钱少、收效快的效果。5年中，在地方工业固定资产投资中，有79%投向技术开发与技术改造，用于提高技术水平，调整产品结构。全市进行的181项技术改造，用于上规模的只有24项，而用于上水平、上质量、上品种、节能降耗、治理“三废”的达到157项，占86.1%。优质产品率由5.3%提高到13.7%。坚持资产增量调整与存量调整同步启动，以增量为导向，以有限的投入解决关键的设备与工艺，使原有闲置或低水平组合的劳动力、厂房、水电汽运等生产要素，在高水平上重新结合，形成新的生产力，收到了以增量投入启动存量流动和优化、以存量重组放大增量的效果，在老产业的基础上培植出新的支柱产业。5年间，全市按新增生产能力计算，比新铺摊子节约投资40%左右。坚持优势企业调整与劣势企业调整同步启动，依靠深化改革打破行业割剧和条块壁垒，进行行业性、集团性、群体性调整改造，实现优劣势企业之间的兼并和联合，变低水平的分散投入、小批量的重复生产为高水平的集中投入和专业化协作的规模经营。5年来，全市以群体改造推进企业的兼并联合，组建了煤炭工业公司等2个利税1000万元以上的实体性企业集团，组织优势企业兼并了29户亏损企业，承包了1户亏损企业，租赁了3户亏损企业，还合并了20户企业。被兼、包、租、并的工业企业占市直工业企业的16%；促成了496个合资联营项目，取得了发展优势、转化劣势的效果。

三是以利益机制牵动产业结构调整。在全市推行并不断完善了进档达标承包制：以承包保财政，通过调整标的和招标竞争，确定逐年递增的承包基数，适应企业千差万别的情况，保证财政收入的稳定增长；以进档促增收，根据企业不同的规模与利税水平，分别确定了从2万元、5万元到20万元的7个超基数进档标准，将千差万别的企业集合在同一起跑线上，进行平等的竞争，促进企业超产超收；以达标上支柱，规定年实现利税50万元以上的为“盈利大户”，100万元以上的为“百万富翁”，300万元以上的为“财政支柱”，1000万元以上的为“千万财团”，激励和扶持企业达标，培植财政支柱。超奖欠罚，把承包制与社会主义劳动竞赛有机地结合起来，为产业结构调整提供了动力、压力和经济实力。使企业形成了积累、发展、再积累、再发展的良性循环；财政形成了投入、增收、再投入、再增收的良性循环。全市形成了一批既有经济效益又符合产业政策的骨干企业群体。到1990年末，已有3个“盈利大户”，占地方工业企业的6.7%；9个“百万富翁”，占地方工业的20%；3个“财政支柱”，占地方工业企业的6.7%；3个“千万财团”，占地方工业企业的6.7%。

四是以宏观调控促进产业结构调整。市委、市政府制定了以投资政策为主的倾斜配套政策，引导产业结构调整。围绕“建设一个基地、发展七个支柱产业”的产业调整目标，排列了支持发展、限制发展与停止发展的产品序列，实施不同力度的倾斜。充分发挥政策的调控作用。5年中，共投放贷款10.73亿元，其中支持替代产业进行技术改造贷款1.08亿元；增加流动资金贷款5.21亿元，保证了企业改造后生产的正常进行。市委、市政府还加强了高层次的组织协调、服务，对调整中出现的资金短缺、电力不足、运输“卡脖”等难度较大问题，统筹予以解决。在解决运输紧张等问题上，先后采取了“联、分、调”等办法，发展了联营联运，实行了公铁分流，调整了运输结构，支持了重点产业与产品的发展，提高了整体效益。与此同时，市委、市政府还实行了常委、副市长包点负责制，对产业结构调整实施“以点带面，重点推进”、“分类指导，区域推进”、“市矿协作，合力推进”的政策。全市上下形成了市矿、市区、市县共同调整产业结构的合力，使产业结构调整在深层次上进一步推进。

(二)“七五”工作的主要体会。

一是振兴经济、必须坚持符合市情的发展战略。1986年，鸡西市委、市政府在反复论证的基础上，确立了“立足资源、全面开发，依托煤炭，多元发展，逐步把鸡西单一的煤炭城市建设成为现代化的综合型工业城市”的战略目标和“建设一个基地、发展七个支柱产业”的战略重点。1988年，省委把鸡西列为矿区发展试验区之后，市委、市政府又进一步调整了战略方针：即立足于区域经济的全面发展，充分调动市、矿及其他各方面的积极性，形成合力共建鸡西、振兴鸡西。1990年，又将煤炭转化、化工、建材、冶金、机械和电力等6个发展重点细化完善，认真实施。发展战略的实践性、科学性、整体性和连贯性，统一了上上下下的思想，调动了方方面面的积极性，从而使鸡西在困境中崛起并能持续稳定地发展。

二是增强发展的活力，必须不断深化改革。5年来，市委、市政府紧紧围绕搞活企业这个中心，完善了企业承包责任制，组建了企业集团，加强了行业管理。以完善家庭联产承包责任制为基础，强化了农村双层经营机制。进行了区级财政体制改革、城建管理体制改革，并在科技体制改革、住房制度改革等方面进行了一些有益的探索。治理整顿深化改革，使政策逐步配套，运行机制进一步完善，逐渐形成了一个和谐、宽松的“小气侯”，全市的经济与社会发展焕发出勃勃生机与旺盛的活力。

三是保持经济协调发展，必须坚持强有力的宏观调控。市委、市政府把强化宏观调控作为贯彻执行治、整、改方针，克服经济困难，保持经济和社会事业持续、稳定、协调发展的根本途径。从加强综合部门的协调职能入手，实行倾斜政策，着力解决影响经济发展的制约因素，创造各种适宜条件支持重点产业、重点项目、骨干企业和重点工程，有力地克服了由于制度不完善而带来的不利因素，较好地处理了集中与分散、管与放、上与下、条条与块块、整体与局部的关系，杜绝了大起大落。在全国性的经济滑坡、市场疲软的情况下，保证了鸡西市经济的持续、稳定、协调发展。

四是全面提高经济效益，必须坚持以科技为先导。“七五”期间，是鸡西历史上完成技术改造项目最多的一个计划周期。市委、市政府制定了科技兴市的方案，全市大张旗鼓地开展了科技兴市活动，以科技开发为重点狠抓了危困企业的启动，各条战线、方方面面，都注重与增加了科技的投入，掀起了持续高涨的“科技热”。

五是实现决策的科学化，必须坚持领导工作的民主化。5年来，市委、市政府充分发扬民主，注意转变作风：深入实际调查研究，认真听取群众意见与呼声；实行现场办公，面对面地研究解决问题；坚持领导接待人民来访制度，帮助基层与群众排忧解难；通过多种方式主动接受人大的监督，采用多种渠道加强与政协的联系，认真听取各方面的意见和建议。

六是调动群众的积极性，必须首先坚持取信于民。5年来，市委、市政府从为人民谋取利益的根本宗旨出发，认真解决群众翘首以盼的热点、难点问题，每年都根据广大群众的愿望，办成几件实事、好事，在城市建设、安置待业人员等方面取得了令人满意的成绩。

大庆市

市　长：王志武
第一副市长（正市级）：张立中（协助市长主持市政府日常工作）
副市长：王汉民（农林、财贸）　李溪源（文教、体育、卫生）　衣佩发（基建、环保、民政）　纪士寅（工业、交通、科技）　王　强（劳动、人事、审计）

王志武市长，1932 年生，陕西省宝鸡人。1954 年毕业于西北大学。1956 年加入中国共产党。1954 年至 1958 年，先后在西北石油局和新疆石油局做技术工作。1959 年到苏联莫斯科全苏石油勘探研究所进修。1960 年参加大庆石油会战。历任大庆油田勘探开发研究院总地质师、院长、大庆市副市长、石油管理局总地质师、高级工程师、常务副局长、局长、大庆市市长、省委委员和中央候补委员等职。“大庆油田长期高产稳产注水开发技术”获得国家科学技术进步特等奖。他是主要贡献者之一。

“七五”给油城带来新发展

□ 纪振国　张晓春

“七五”期间，是大庆市继续沿着有中国特色的社会主义道路乘胜前进的 5 年。全市人民认真贯彻党的十一届三中全会以来方针、政策，坚持“一个中心，两个基本点”，坚持两个文明建设一起抓，坚持治理、整顿和深化改革的方针，发扬大庆光荣传统，团结奋斗，开拓进取，全面完成了“七五”计划规定的任务和目标。

主要经济指标

“七五”期间，全市社会总产值累计 949 亿元（1990 年现价），平均每年递增 4.3%；其中，工业产值累计 841.7 亿元，平均每年递增 5%；农业产值累计 18.4 亿元，平均每年递增 6.1%。国民收入累计 491.1 亿元，平均每年递增 2.9%。累计财政上缴 210 亿元，为国家做出了应有的贡献。

“七五”期间，全市宏观效益有了明显提高。其中：人均国民生产总值达 1.61 万元，人均国民收入达到 1.35 万元，增长 4.4%；国民收入综合能耗（标准煤）由 1985 年的 41.1 吨／万元下降到 1990 年的 40.2 吨／万元，下降了 2.19%；社会积累率、固定资产交付使用率、社会生产各项物资消耗等均实现了“七五”期间计划规定的目标。

工业持续增长、经济实力明显增强

在“七五期间，大庆遇到了资金、电力、原材料不足，运力紧张和市场疲软的影响。在困难面前，大庆人发扬艰苦奋斗、有条件要上，没有条件创造条件也要上的大庆精神，千方百计，化解矛盾，保持了工业生产的稳步发展。1990 年，由于受经济环境大气候的影响，地方工业一度出现了前所未有的滑坡。为了稳定生产，稳定队伍，市政府强化了调度指挥和协调服务。市政府成立了由经济管理、金融和物资等部门负责同志参加的综合服务队，深入企业调查了解情况，进行现场办公，帮助企业解决实际困难。制定了倾斜政策，对重点企业实行“双保”，对 17 家地方骨干企业实行重点倾斜，遏制了生产下滑。帮助企业积极开拓市场，强化产品销售，不仅减少了产品积压，搞活了资金，而且扩大了外地市场。由于市政府采取了促进工业生产回升、提高经济效益等行之有效的措施，使工业生产转降为升，保持了稳步增长的势头。

大庆在工业发展中，注重加强管理，练好“内功”，增加后劲。以提质降耗，调整结构，保持长期稳定发展为目的，对老企业进行了技术改造。以企业整顿和升级为主要手段，强化了企业管理，企业素质得到了进一步提高。开展了评定市级先进企业工作，制定了 35 项市级先进企业标准。通过认真考核，评出 31 个市级先进企业，其中有 10 个企业获“大庆市企业管理优秀奖”。

“七五”期间大庆石油管理局的质量、物耗、经济效益、安全生产四个方面 12 项企业升级指标全部达到或超过国家一级企业标准。主要表现在：油田的综合开发水平已经进入世界同类油田的先进行列；油田的开发管理，已经达到国家一级企业的标准；油田的科学技术水平居全国领先地位，许多科研成果达到了国际先进水平。经过30年的开发，大庆油田走出一条发展我国石油工业的路子，实践中培育出的大庆精神在社会主义现代化建设中发挥巨大作用。

1990年9月12日，由国家能源部、中国石油天然气总公司和黑龙江省组成的企业升级联合验收组对大庆石油管理局进行了综合考核，同意并把该局晋升为国家一级企业。

经过广大职工的努力，原油产量由1985年的5528万吨，上升到1990年的5562万吨，五年累计生产原油2.78亿吨，超额556万吨完成“七五”计划。石油地质勘探取得了可喜成果。石油化工生产基地进一步发展，原油加工量到1990年已达到757万吨，比1985年增长22.8%，平均每年递增4%。汽油、柴油、煤油、润滑油、石蜡、化肥等主要化工产品均超额完成“七五”期间计划。大庆三十万吨乙烯二期工程12套装置在“七五”期间高质量、高速度地建成投产，并通过国家验收，每年供给市场的各种石化原料总量达50余万吨。化工产品结构有重大改变，产品品种由89种增加到164种。电力工业有了较大的发展，全市发电设备装机容量达到103万千瓦，比1985年增长51.5%。

结合资源性城市的特点，大力发展替代产业

石油是不可再生的能源，储量有限，产量递减和资源最终枯竭是客观规律。“七五”期间，大庆市委、市政府制定了加快发展替代产业和地方工业的指导思想，研究制定了替代产业发展战略：第一，立足大庆区域经济的综合发展，通过大力发展替代产业逐步实现全市经济由单一产业向多元产业转变，由高度指令性产品经济向计划经济与市场调节相结合转变，由内向型经济向内外结合型经济转变。第二，立足于把潜在的优势变成现实的优势，把某一方面优势变为整体的优势，把资源、技术优势变为经济优势。第三，立足依靠科技进步，广泛应用新技术、新工艺和先进设备，改造原有企业，把新上项目建立在较高技术基础上。第四，立足于打好基础，考虑长远，陆续建成了化学助剂、塑料制品、石油机械、腈纶毛毯、丙纶地毯等骨干企业。1990年地方工业产值9.37亿元（1990年现价），比1985年增长了2.6倍，提前2年完成“七五”规定的发展目标。乡村工业发展迅速，1990年实现总产值1.36亿元，比1985年增长4倍多。

农业保持了良好发展势头

大庆农业实现粮牧企协调发展，农村呈现欣欣向荣的景象。这主要是稳定党在农村的各项政策，增加科技和物质投入的结果。在稳定政策方面，广泛宣传了党在农村政策的“六个稳定不变”，消除了部分基层干部和农民的疑虑，稳定了人心，促进了改革的深化和农业经济的发展。在市财政十分紧张的情况下，千方百计挤出资金用于农田基本建设和缓解饲料调价的冲击。及时调整议购粮收购价格，敞开收购农民的余粮，解决了“卖粮难”问题，保护了农民种粮的积极性。

在科技投入方面，实施了“科技兴农”方案，建立了农业技术推广中心，完善了区乡农业技术推广服务组织，开展了农业新技术培训和指导，增强了农民科学种田意识。同时注重调整农作物种植比例，开展高产攻关活动，推广优良品种、测土施肥、地膜覆盖、病虫害综合防治等项技术，收到了增产效果。

“七五”期间，大庆在稳定粮食生产的同时，逐步形成了种、养、加工等相结合的综合发展格局，建成了蔬菜、奶牛、肉鸡、养鱼等十大商品生产基地。“七五”期间，粮食累计产量9.08亿公斤，平均每年递增14.1%，比“六五”期间的6.36亿公斤增长42.8%，1990年全市粮食总产量达到2.73亿公斤，创造历史上最高的1987年增长50.8%。粮食亩产达288公斤，比1989年增加155公斤。“七五”期间累计生产蔬菜8.5亿公斤，建成了一批蔬菜生产基地。

畜牧业生产稳步发展，猪、牛、羊、禽等饲养量稳步上升。按全市城乡人口计算，人均占有自产肉28.8公斤、蛋14.9公斤。人民生活主要副食品的自给能力有了较大的增强。渔业生产大幅度增长，1990年，全市产成鱼406万公斤。“七五”期间，造林更新面积达到了4.33万公顷，比1985年增长了17.5%。在经济林栽培方面也取得较大成功，其中大棚栽培蜜桔技术填补了黑龙江省的空白。

商品流通日益活跃，外贸和外经工作取得新进展

“七五”期间，围绕开拓市场，搞活流通这个中心环节，进一步实行流通领域的改革，国营、集体、个体商业和服务业都有较大发展。1990年同1985年相比，全市国营、集体商业网点由687个增加到1240个，增长了80%，从业人员由1.5万人到2.5万人，增长59.7%；个体网点由5755个增加到7700个，增长了34%，从业人员由6856人增加到11000人，增长60%。新建大中商业网点49个，总建筑面积达10万平方米。商业经济主要四项指标都突破了“七五”计划指标，增加了有效供给，有效地控制了物价涨势，物价监督和市场管理得到了加强。全市零售物价指数1990年比1989年回落了7.1个百分点。

自1989年12月以来，大庆对社会商业实施统一管理，即在宏观上综合运用经济、法律、行政等各种手

段对区域内的全民、集体、个体商业和饮食服务企业，不分所有制形式，不分隶属关系，实施统一管理。在管理的内容上逐步做到统一政策、法规；统一制定行业发展战略、网点规划布局；统筹安排市场，全面平衡供求；统一技术考评等级和发证标准；统一商业报表；统一评模选优标准；统一服务规范、操作规程；按照国家、省、市制定的副食品产品标准，统一组织优质产品评审工作；统一协调行业内外关系。国家商业部和黑龙江省政府两次派人来大庆调查研究，充分肯定了大庆商业管理改革的方向，把大庆列为商业统管工作试点城市。

"七五"期间，大庆对外贸易和经济技术合作有较大发展。外贸出口商品收购总额达 113.6 亿元，创汇 102 亿美元，比"六五"期间增长 30%。出口商品品种由 1985 年的 10 种增加到 1990 年的 30 种。自 1986 年以来，大庆市先后同日本、西德、苏联、荷兰、加拿大、香港等 10 多个国家和地区进行商务谈判和技术交流 400 多次，引进资金 32.4 亿美元，其中市属 3041 万美元。同时与国内 198 个地区和企业建立协作关系和经济往来，引进项目 500 多个，签订经济技术合作合同 400 项。

1990 年是"七五"计划和外贸经营承包责任制的最后一年，也是完成出口供货任务困难较多的一年。大庆市克服国际市场出现的新情况、新问题和国内原材料价格上涨、铁路运输紧张等不利因素，努力挖掘出口商品货源，增加收购，新开发并出口了裂解汽油、乙醇、拉舍尔毛毯、棉绣衣等 5 个品种。1990 年，大庆实际完成外贸出口供货总值 28.6 亿元，居全省之首，受到省政府的通令嘉奖。

科技、教育、卫生和文化事业有较大发展

"七五"期间，大庆充分发挥科技是第一生产力的作用，开展科技攻关项目 1537 项，其中获国家奖 24 项、省部级奖 152 项，新技术推广 1070 项，取得直接经济效益 11.2 亿元。

进一步巩固了普及初等教育成果，教育质量稳步提高，办学条件有较大的改善。共新建 65 所中小学，建筑总面积达 37.8 万平方米，被省评为改善办学条件的先进市。1990 年，城镇儿童入学率、在校生年巩固率、12～15 周岁少年儿童初等教育普及率都达到 100%。1990 年城镇小学升学率为 99.9%，超过国家规定的 95%的要求。在职教师都取得了教材教法合格证书，城镇中小学教师相应学历达标率在 80%以上。办学条件得到较大改善，城镇中学全部实现楼房化，小学校舍 85%是楼房。小学常识实验、中学理化生演示率达到 95%以上，分组实验率达到 90%以上。城镇中学已有语音室 31 个，计算机室 49 个，微机总数超过 2000 台。1990 年全市初中毕业生考试及格率为 98.1%，优秀率为 43.2%。高等教育、中等教育、职业技术教育、职工岗位培训、专业技术干部继续教育、农民适用技术培训也都有了较大的发展。教育事业全面完成了"七五"目标。

医疗卫生设施得到了进一步改善。新建面积达 11.9 万平方米，增加病床 2000 张，常见病发病率下降 15‰，全市人民健康水平有了明显提高。全市人口自然增长率一直控制在 13.3‰计划指标之内。

文化事业成绩显著。创作了一批思想性艺术性较强的作品，有的剧目和绘画获得了国家和国际大奖。新闻、广播、电视设施日趋完善。建成了 23000 平方米广播电视大楼和发射台，频道由 2 个增加到 4 个，覆盖大庆 90%的地区。

群众体育运动进一步普及，参加国家和省级比赛共获金牌 300 多枚，连续取得团体好名次。

治理整顿和深化改革取得较大成果

按照国家和省的要求，把各类固定资产纳入计划，加强控制，严格把关，取得了明显效果。消费基金增长过快得到有效控制，社会集团购买力也有了明显下降。同时对全市 446 户各类公司进行了坚决的清理和整顿，秩序明显好转。

"七五"期间，坚持以搞活企业为中心，深化企业改革，全市企业承包面达 95.4%，进一步完善了企业经营机制。改革流通体制，积极发展多种渠道、多种经营方式和多种经济成份，促进消费品市场的发展和完善。改革财政和劳动人事制度，充分发挥区乡政府的功能和作用，建立了区乡两级财政，对市属企事业单位实行经营包干，增强了市财政的调控能力。坚持稳定和完善农村家庭联产承包制，促进了农村经济发展。

城市基础设施不断加强，人民生活进一步改善

"七五"期间，全市新建住宅楼 423 万平方米，有 68000 户职工住进楼房，人均居住面积提高到 7.6 平方米。进一步改善了城市公共基础设施，新建城乡道路 410.7 公里。通讯装机容量增加 2.1 倍，增加长话电路 134 条，其中全国直拨电话 66 条。公路新开通营运线路 53 条，其中长途线路 38 条。市内乡镇通车率 100%，村屯通车率 45.6%。5 年安排就业人员 4.1 万人。职工家庭收入普遍增加，平均每人每月生活费由 1985 年的 63.93 元增加到 121.13 元，增长 89.3%。农民人均收入 1990 年达到 886 元，比 1985 年增长近一倍。

伊春市

市　长： 聂秉林

副市长： 印廷文（常务）　唐忠德（计划）　赵凤来（财贸）　潘家君（城建、工交）　宁士敏（科教、文卫）　朱　宝（政法）　沙英华（农业）

聂秉林市长，1951 年参加工作，1956 年加入中国共产党，大专文化。历任林业局计划员、研究员，伊春市委办公室研究员，西林钢铁厂党委副书记、副厂长，伊春市计委副主任、主任等职。1982 年 11 月被任命为伊春市委副书记、副市长，1983 年 3 月当选伊春市市长兼林业管理局局长。1983 年和 1988 年，连续被选为第六届和第七届全国人民代表大会代表。

在综合开发中走向振兴

□ 李洪斌　王俊杰

伊春是以林木资源为主，由若干卫星城镇组成的群体城市。以前，由于受单一木材生产、单一林业经济、单一全民所有制的影响，长期过量采伐，致使伊春陷入资源危机、生态危机、经济危困的困境之中。党的十一届三中全会以后，特别是“七五”期间，伊春在改革、开放方针的指导下，经过不断探索和实践，确立并实施了综合开发的经济发展战略。从调整产业结构入手，千方百计减少森林资源消耗，努力提高林产品深加工能力，大力发展农业，加快地方工业发展的步伐，初步形成了以森林工业为主导，以地方工业、农业为支柱，以第三产业为辅助的经济发展新格局，使林区经济走上了以林为主，综合开发，多种经营，全面发展的轨道。

减少消耗　加强培育　积极恢复森林资源

小兴安岭独特的自然优势，为伊春发展林业提供了得天独厚的条件，林业无论过去、现在，还是将来，都是伊春经济赖以生存发展的基础和依托，同时，也将对国家的木材供应和三江平原的生态保持产生重大影响。“七五”期间，伊春市委、市政府进一步确立了以林为本的指导思想，在实际工作中注意把解决采育矛盾，搞好国家林业基地建设当作战略任务来抓。一是调减木材产量，控制森林资源过量消耗。按照森林采伐量低于森林生长量的原则，全市人民宁愿承担巨大经济压力，积极建议国家逐年调减统配材产量，压缩非统配材产量。1990 年木材产量已调减到 328.3 万立方米，比 1985 年减少 109.5 万立方米，大大减少了资源消耗。1990 年第一次实现了森林采伐量与生长量持平。二是改变采育方式，坚持合理经营。强化了从木材采运到加工、销售全过程的森林资源消耗多项控制管理办法。实行了森林采伐一本帐，严格控制计划外采伐，杜绝计划外资源消耗。改变了采伐方式和采伐结构，由过去以伐为主转向以大面积低强度经营择伐为主，坚持按多开林班，勤于经营，每回少采的“多、勤、少”原则进行采伐。1990 年皆伐比重由 1985 年的 55.7%下降到 30.8%。在采伐作业中，把集中采伐大面积成过熟林，同采伐人工林、疏林地、散生木、抚育伐和收拣枯倒木结合起来，使后几种采伐出材量在采伐总量中的比重逐年上升，在完成同量木材产量的情况下，降低了森林资源的消耗。三是狠抓“四林两率”，加速森林后备资源培育。坚持以营林为基础的方针，狠抓了营林这个基础产业。1986 年，全市组织了大规模的森林资源调查，在模清资源底数的基础上，确定了营林工作的长远发展规划和近期目标，营林生产开始由粗放经营转向集约经营，先从营林的基础种苗抓起。到 1990 年，全市苗圃已发展到 133 处，其中标准苗圃 56 处，一级苗圃 50 处，苗圃标准化建设在全国名列前茅。同时，在育林基金缺口较大的情况下，通过提高资金使用效益，集体、个人集资和贷款等途径，推行分户承包、工程造林等新的经营形式，调动全民、集体、个体多方面的积极性，尽可能多造林。在更新造林中，重点抓了营造速生丰产林、原料林、种子林和防护林，由常规造林向定向培育方向转变。5年间，营造速生丰产林15944公顷，原料林2364公顷、种子林1564公顷、防护林带4000多公里，均比“六五”期间有大幅度增加。5年中，全市更新造林保存面积27.4万公顷，迹地更新率达92.7%，造林保存率达97.6%，分别比“六五”期间增长19.3%、6.4%和24.5%，创历史最好水平。连同过去的人工成林，造林有效面积已达73.1万公顷，活立木蓄积达1927.3万立方米。四是加强森林管护，积极治理森林火灾、病虫害和乱砍滥伐。提出了“林区大事，防火第一”的口号。“七五”期间，建立了全国林业系统规模最大的森林防火中心，进一步巩固、改进、完善了护林防火的观察了望网、通讯联络网、公路交通网、防火林带网和队伍专业化、工具机械化、方法科学化建设。到目前，全市共有了望塔120座，风力灭火机2000多台，无线电对讲机600多部，防火专用车260多辆，一个立体交叉防护网已经形成。全林区已连续10年无重大森林火灾，过火林地面积达到世界先进水平。进一步建立完善了森林病虫害防治体系、预测预报网络和森林植物检疫、防治服务网络，增强了病虫害防治能力，取得了较好的效果。在加强资源管理的同时，强化了林政管理职能，严格贯彻执行《森林法》，依法治林，有效地制止了乱砍滥伐、破坏森林资源案件的发生。

走调整、改造、新建结合的道路
提高林产工业的深加工能力

伊春单纯依靠资源开发，原材料大部分调出，商品经济不够发达。长期以来，这种格局在很大程度上制约了经济社会的发展。为改变这种状况，伊春市走调整、改造、新建相结合的道路，建设有林区特色的支柱产业，发展有较强竞争能力的主导产品，形成从原料生产、半成品加工到最终产品、系列产品开发完整的生产体系，最大限度地促进产品增值和经济效益的提高。一是调整制材结构，努力提高经济效益。对出材率高，经济效益好的大制材厂，在原料、资金、技术设备上给予重点保障和支持。压缩或限制设备简陋，出材率低，经营不力，经济效益差的制材厂的生产规模。对小制厂实行转产或减少原料供应，由加工原木为主转向加工小材小料为主，由生产半成品为主转向生产成品为主。同时，调整制材产品结构，停止滞销产品的生产，提高适销对路产品的产量，加大出口材、家具材和订制材的比重，减少产成品的积压。并通过加强管理，推广应用新技术，认真选材，精心制材，提高等级，增加经济效益。二是建立以人造板、造纸为主体的木材综合利用体系，提高“三剩”利用率。林区开发建设以来，全市平均年生产木材400多万方立米，锯材近100万立方米，产生采伐剩余物、造材剩余物、制材剩余物100多万立方米，为人造板、造纸等木材综合利用生产提供了充足的原料来源。“七五”期间，全市在普遍抓现有综合利用厂点改造升级，提质降耗的同时，重点抓了人造板项目的技术改造和新建，新增人造板生产能力11万多立方米。到1990年，已有人造板厂33家，形成年产硬质纤维板5.5万吨，中密度纤维板5万立方米，胶合板5.75万立方米，刨花板9.6万立方米、细木工板2.7万立方米，集成材板0.6万立方米，总产量29.1万立方米（吨）的生产能力。集成板、中密度纤维板已进入国际市场。同时，对造纸厂进行了技术改造，形成了年产机制纸、纸浆1.3万吨的生产能力。另外，利用锯沫生产酒精、炭棒，利用枝桠生产活性炭、木片等木材综合利用项目也达到一定的规模。全林区建起了以三个“剩余物”多次加工为主的木材综合利用体系，现有综合利用厂点近200个，向把“剩余物”吃光榨尽的方向迈出了一大步。三是建立木制品生产基地，努力增品种，创名牌。为改变单一木材生产的旧格局和单纯卖原木、卖板方的落后状况，伊春市特别强调用商品经济观念指导生产经营，鼓励企业根据市场需求，在产品深加工，多增值上做文章。开发了木制家具、木雕、玩具、木旋、地板块、卫生筷子等木制产品，并形成了一定的生产规模。近几年先后改建和新建了年产万件以上的家具厂8家，1990年全市家具实际产量已达到50.7万件。与香港合资兴建的伊春光明家具有限公司的产品，销往20多个省市和港澳地区。

充分利用多种资源优势
大力发展农业和多种经营

伊春市除林木资源外，还有动植物、土地、草原、水力、矿藏、旅游等多种丰富的资源，具有发展经济的广阔天地。“七五”期间，全市各级干部把眼界由林木资源转向多种资源，扬山富之长，避林贫之短，对山上山下，地上地下各种自然资源进行统筹规划，全面合理开发，发展非林非木替代产业，向土地、草原、水面找出路，以农以副养林养人，取得了较好的经济效益、生态效益和社会效益。一是向黑土地进军，农业生产迈出了较大的步伐。伊春市现有可开垦土地20多万公顷，发展潜力很大。“七五”期间，特别是近两年来，市委市政府把农业作为综合开发，调整产业结构的重点，仅1990年，全市就收回弃耕地933公顷，新开荒地3076公顷。市和各区还拿出一定数额的资金作为农业发展基金，增加对农业的投入。还进行了“第三四积温带水稻种植”试验，并获得成功，亩产287公斤，水稻种植面积扩大到10336公顷，比1985年增加4600公顷。引进美国、德国的饲料用玉米以及推广蔬菜多茬次生产、

粮食四大作物综合高产种植等 13 项先进技术，均获得成功或有重大进展，为在寒带地区解决猪禽饲料自给问题和提高粮菜产量开辟了新路。1986–1990 年，全市豆薯总产量达 70 万吨，其中 1990 年年产达 17.2 万吨；蔬菜总产量达到 93 万吨，1990 年年产达 24.4 万吨，均超历史最好水平。二是深度开发自然资源，建立多种经营体系。“七五”期间，利用多种经营贴息贷款新上项目 236 个。到 1990 年，全市多种经营全民集体厂点达 817 个，重点生产基地发展到 720 处，小菜园、小猪场、小作坊等“十小”基地发展到 3100 处。以人参为主的种植业发展较快。1990 年，人参基地达到 99 处，人参绿色面积 733 公顷，是 1985 年的 25 倍，年产鲜参 22 万公斤。以猪禽为主的养殖业也得到稳步发展。5 年中新建养殖繁育基地 19 处。1990 年生猪饲养量达到 29 万头，创历史最好水平，自给能力达到 57%。鸡存栏 160 万只，肉鸡和鲜蛋自给有余。同时发展了牛、羊、兔等草食动物。奶牛存栏达到 7595 头，比 1985 年增加 4675 头。以山野菜为主的采集业创出较好的经济效益，5 年中出口的山特产品创产值 9745 万元，比“六五”期间增长 24.6%。与种、养、采业相配套的深加工业迅速发展。伊春森林茂密，溪流纵横，山峰挺拔，风光秀丽，四季景色各具风韵，特别引人入胜。近几年先后开辟了桃山国际狩猎场、五营红松原始林保护区、朗乡滑雪场、汤旺河石林等众多观光旅游点。5 年中，共接待 15 个国家和地区的宾客近 2 万人。

实行以林带地加快地方工业的发展步伐

伊春市过去很长时期由于林业经济一统天下，没有重视地方工业的发展，地方经济弱小，严重影响地方财政收入，造成青年就业门路窄狭等很多困难，对林业发展也很不利。“七五”期间，伊春市在综合开发、调整产业结构中，动员全社会力量大力发展地方工业。近几年，先后改造、新建了啤酒、家具、木梭、纺纱等一批骨干企业，壮大了地方工业的经济实力。到 1990 年，地方工业企业发展到 590 家，固定资产净值 4.5 亿元，年产值达 63491 万元，伊春市在很抓地方工业方面主要采取了三条措施。一是以更新观念为先导，正确处理林业与地方工业的关系，积极主动支持地方工业的发展。二是以市属企业为骨干，建立地方工业体系。根据地域宽阔，市区分散，地方工业不便于集中管理的实际，市政府确定了市与区两级办厂的原则，投资主体由市向区逐渐转移，就近配置资源，就地安排劳力。市里集中力量兴办一些规模较大，技术比较密集的重点企业。近几年，市政府集中了上亿元的投资，改造、新建了一批具有一定规模，设备和工艺比较先进的骨干项目，初步形成了以冶金、建材、机械、木制品加工、黄金生产、纺织服装、食品酿造为主的，门类较为齐全的地方工业体系。三是以政策激励为动力，形成全社会支持地方工业发展的局面。1989 年，市政府决定，原财政留解比例不变，以后新办的企业所实现的财政收入，除上缴省财政部分外，其余全部留给区财政，以壮大区级财政的经济实力，增强自我发展能力。各综合部门和经济杠杆部门增强服务意识，转变作风，转变职能，把工作的重点放在为地方工业出谋划策、争做实事上，形成全社会支持地方工业的可喜局面。

坚持基础先行，加强
能源、交通运输和邮电通讯建设

加快综合开发进程，必须坚持能源、交通、邮电通讯等基础设施先行。“七五”期间，伊春市对一些发电厂进行了技术改造，使装机容量达到 26.5 万千瓦，1990 年实际发电量达到 69096 万度。5 年中，新修地方公路 207.3 公里。到 1990 年，全市的国、省、市、县级公路总里程 1120 公里。全市投资 2986 万元，重点改造了市区的三个出口和哈伊、伊嘉、鹤伊公路的薄弱环节，从根本上解决了进出口行车难和卡脖子路的问题。公路路状稳定提高，达到保通要求。公路养护好路率、综合值分别比“六五”期间提高 4.4%和 2.4%。市区主要干道线已修建高级水泥路面。新建的伊春客运中心占地面积 9075 平方米，建筑面积 4064 平方米，还新建公路客运站 4 处。此外，5 年间全市新增林业专用公路 2520 公里，共达 8871 公里。到 1990 年末，全市民用汽车保有量达到 6871 台，比“六五”期间增加 78%，客货运量分别比“六五”期间增长 201%和 148%，其周转量分别增长 258%和 179%。1990 年全市完成市内电话微波联网，市区间电话直拨，13 个区局部分电话并入全国直拨电话网，可与全国 300 多个城市开通长途直拨电话。现有电话装机容量 3.4 万门，市内电话装机已达 27476 台，长途电话业务话路 567 条，电报业务报路 33 条。

“七五”期间，通过综合开发，积极调整，伊春市的产业结构逐步趋向合理。森林工业、地方工业、农业在工农业总产值中的比重由 1985 年的 61.7%、24.8%、13.5%，调整到 45.2%、37.6%、17.2%。产业结构的合理化推动了经济的协调稳定发展。在有计划大幅度调减木材产量的情况下，1990 年全市社会总产值完成 39.7 亿元，国民生产总值完成 21.4 亿元，国民收入完成 17.3 亿元，工农业总产值完成 17 亿元，按可比口径计算，5 年间平均每年分别增长 4%、4.8%、3.8%、4.1%。各项事业得到迅速发展，全市呈现出政治、经济、社会稳定的好形势。

牡丹江市

市　长： 刁家运

副市长： 胡宝福（农业）　励树武（文教）　祁仲伟（计划）　房淑敏（女　财贸）　马　德（工交）　徐秉华（城建）　黎金城（科技）

刁家运市长，1934年生，山东龙口市人。1953年加入中国共产党。历任牡丹江市手工业管理局党委书记，牡丹江地区建工局、轻化局领导小组副组长，市工交办、市经委副主任，市基本建设委员会副主任、党组书记，牡丹江制药厂筹建指挥部副总指挥，市政府副秘书长兼牡丹江制药厂厂长，市委副书记、市长。

“七五”时期经济社会发展成绩显著

□ 政　文

牡丹江市是一个新兴的工业城市。“七五”期间，全市紧紧围绕经济建设这个中心，在改革开放和治理整顿中，坚持紧中求活，稳中求进，使全市的经济和社会各项事业都取得了突飞猛进的发展，是建国以来最好的时期。1990年全市实现社会总产值（1980不变价，下同）86.5亿元，比1985年增长54.4%，年平均增长8.9%；国民生产总值36.6亿元，比1985年增长30%，年平均增长5.4%；国民收入32.1亿元，比1985年增长34.5%，年平均增长6.1%；工农业总产值67.6亿元，比1985年增长51.9%，年平均增长8.7%。都提前1～2年实现了第一个翻番。地方财政总收入达到7.57亿元，比1985年增长1.6倍。有一个县跨入亿元县的行列。

工业实力不断增强

“七五”期间，牡丹江市的工业紧紧围绕着提高经济效益这个中心，按照“七五”计划纲要提出的3个一批（新建一批大中型骨干企业，改造一批老企业，发展一批乡镇企业）的要求，大力推进技术进步，优化投资结构、产业结构和企业组织结构，取得了较好的效果。1990年全市乡以上工业实现工业总产值48.2亿元，比1985年增长47.6%，年平均增长7.9%；全部独立核算工业企业实现利税7.97亿元，比1985年增长30.7%，年平均增长5.5%。

多种经济协调发展，轻重工业比例基本合理。与1985年相比，全民所有制工业的比重由23.9%下降到20.8%，村以下工业由4.7%上升到13%，中外合资企业从无到有，已发展到8户。全市工业企业户数达12638户，其中村以下工业（包括城镇、农村合作经营及个体工业）就达10714户。

工业建设加快，企业实力增强。5年来，累计完成工业固定资产投资40亿元，比“六五”增加了30亿元。固定资产原值由1985年的36亿元，增加到1990年的63亿元，增长74.3%。新建了年产10万台的电冰箱厂，年产725万盒的中菱磁带公司，年产150万条的毛毯厂，年处理15万吨玉米的牡丹江制药厂，年产6000吨的特种工业纸板厂及装机2.5万千瓦的第三热电厂等。改造了桦林橡胶厂、牡丹江纺织厂等10家老企业，新增工业产品生产能力217万吨，比1985年提高了近2倍；新增发电机组容量36万千瓦，比1985年提高了84.2%。全市年利税100万元以上的工业企业由1985年83户增加到1990年的119户，实现利税1000万元的大户增加到14户。

技术基础得到增强，技术水平有了进一步提高。据不完全统计，“七五”时期全市1000万元以上的技改项目就有16项，基建项目9项，利用外资项目15项，合计投资额达15亿元。重点项目中有20%达到了国内80年代先进水平，有40%达到了国际80年代水平。

农村经济繁荣兴旺

"七五"时期，牡丹江市强化了农业的基础地位，坚持了"粮、多、企"全面发展的方针，落实了党在农村的各项政策，增加了对农业生产资金的投入，实行了农业综合开发，调整了农村产业结构，使农村经济突破了多年徘徊的局面，保持了稳定发展。1990 年，完成农业总产值 12.2 亿元，比 1985 年增长 35.6%。粮食生产连续 5 年获得丰收，粮豆薯总产每年都保持在 115 万吨以上，1990 年粮豆薯总产量创历史最好水平，达到 148.7 万吨，比 1985 年增长 42.4%。

林、牧、副、渔业发展较快。1990 年总收入达到 11.8 亿元，比 1985 年增长 91%，占农业总收入的比重由 1985 年的 35%，提高到 50%。全市大牲畜存栏 39.8 万头，比 1985 年增加了 10.1 万头，增长 34%，平均年递增 6%；肉类总产量达到 5.3 万吨，比 1985 年增长 2.5 万吨，增长 91.3%，平均年递增 13.9%；牛奶产量达到 2.1 万吨，比 1985 年增加 0.58 万吨，增长 37.9%，平均年递增 6.6%；禽蛋产量 3.2 万吨，比 1985 年增加 1.3 万吨，增长 65.9%，平均年递增 1.1%；绵羊毛产量 83 万公斤，比 1985 年增加 43 万公斤，增长 1.1 倍，平均年递增 16.8%；水产品总量达到 1.5 万吨，比 1985 年增长 2 倍，其中养殖产量 1.1 万吨，比 1985 年增长 2.2 倍，占总产量的比重由 1985 年的 70.7%提高到 73.3%。稻田养渔不断发展，1990 年已达到 128 吨，占养殖产量的 1.1%。

科技兴农活动蓬勃兴起。1990 年全市共落实旱改水面积 8640 公顷，新增防洪控制面积 5773 公顷，新建水土保持治理面积 1812 公顷；新建乡村两级农机服务队 305 个，落实三级科技承包、集团承包面积 8267 公顷，占总播种面积的 18%。市、县、乡三级有 350 名农业科技人员、50 个乡镇、679 个村参加了科技集团承包。落实高产攻关田 17.33 公顷，推广四大作物规范化栽培面积 1793 公顷，实行测土配方施肥 5867 公顷。"七五"时期平均亩产比"六五"时期增加 67 公斤，增产的粮豆薯总量为 38.5 万吨。

农村劳动生产率明显提高。人均农村社会总产值由 1985 年的 3327 元提高到 7790 元，提高了 1.3 倍；人均农业总产值由 1985 年的 2150 元提高到 4186 元，提高近 1 倍；人均粮豆薯产量由 1985 年 1908 公斤提高到 2603 公斤，提高了 36.4%；户均饲养生猪由 1985 年 2.68 头提高到 3.21 头，提高了 20.7%。

乡镇企业异军突起。1990 年乡镇企业总产值 26.6 亿元，比 1985 年增长 2.5 倍，年均递增 28.8%，占农村社会总产值的比重由 1985 年 52.1%上升到 89.6%；从业人数 18.6 万人，占农村劳动力的 32.5%。

固定资产增长较快

"七五"期间，牡丹江市坚持"三保三压"的方针，在严格控制清理不符合国家规定的项目的同时，积极科学地增加固定资产的投资，5 年累计完成投资 52.6 亿元，比"六五"时期增加 32.4 亿元，增长了 1.6 倍，年平均增长 24%，比"六五"期间平均速度提高了 11.5 个百分点。

在资金投向上，注重了结构的科学性和合理性，提高了生产性投资比重，5 年间累计完成生产性投资 40.5 亿元，比"六五"期间增加了 2 倍多，占总投资额的比重由"六五"期间的 65.8%上升到 77.6%，增长了 11.3 个百分点。原材料、能源、交通邮电业等基础产业和设施得到加强，5 年间累计完成投资 13.9 亿元，比"六五"期间增长了 3 倍多。文教、卫生投资增多，5 年间累计完成 1.9 亿元，比"六五"期间增长 1.5 倍，新建中小学 33 所，医院 7 所。城市建设投资累计完成 2.7 亿元，比"六五"时期增长 1.8 倍。

技术改造重点放在了能源、交通等基础产业和达产达标上，5 年间累计完成技术改造投资 16.1 亿元，比"六五"时期增加 10.5 亿元，增长了 2 倍，占全部固定资产的投资额的比重由"六五"时期的 27.5%上升到 30.6%。其中，用于能源工业的投资比"六五"时期增长 88.6%，用于交通、运输、邮电业的投资比"六五"时期增长了 5 倍。已投产项目有 735 项，比"六五"时期增加了 93 项。新增固定资产 12.5 亿元。

对重点项目，市里采取了倾斜政策，使重点工程建设速度加快，工程质量不断提高，建设周期缩短。5 年来，被列入国家和省基本建设的大中型项目和重点工程有 13 项，累计投资 13.6 亿元；到 1990 年底，已建成投产 11 项，新增固定资产 11.2 亿元，固定资产交付使用率达到 82.4%。此外，还建成其他固定资产建设项目 2300 多项，新增固定资产 39.3 亿元，比"六五"时期增长 1.2 倍，固定资产交付使用率达 74.8%。

城市市场稳定活跃

"七五"期间，牡丹江市坚持以增加有效供给为目的，狠抓了商业基础设施的建设，新建、改建了一批大中型商店，商业网络遍布城乡。到 1990 年底，全市商业经营机构发展到 24103 个，从业人员达 11.1 万人，比 1985 年分别增长了 28.4%和 20.1%；全年实现社会商品零售总额 33.9 亿元，比 1985 年增长了 1 倍。零售网点已发展到 22841 个，从业人员 77001 人，分别比 1985 年增长 29.2%和 20.5%；其中，个体网点 18117 个，从业人员 22089 人，分别上升 40.4%和 49.6%；集市贸易场所 123 个，比 1985 年增加 17 个。

零售企业实行了两权分离，批发体制实行了改革，多种经济成分、多条流通渠道相互竞争，相互补充，流通秩序进一步好转，结构进一步合理。1990年全民所有制商品零售额达到16.4亿元，比1985年增长83.8%，比重由52.9%下降到48.5%；集体所有制商品零售额达到9.1亿元，比1985年增长61.3%，比重由33.2%下降到26.7%；个体零售额达到5.9亿元，比1985年增长3.9倍，比重由7.1%上升到17.4%。城乡集市贸易额达到4.1亿元，比1985年增长1.6倍，比重由9.3%上升到12.2%。

对外经济蓬勃发展

“七五”期间，牡丹江市对外经济发展很快，1989年对外贸易实行了“切块”承包，激发了广大外贸职工的积极性，克服了自营出口经验不足的困难，取得了显著成绩，到1990年底，外贸出口商品已发展到12个大类，近百个品种。出口生产企业由1985年的90家发展到140多家。5年间，累计出口商品收购总额达到15.8亿元，比“六五”时期增长2倍，年均增长17.3%，增长速度高于工农业总产值增长速度。

“七五”期间，牡丹江市对外经济比较突出的特点是调整了结构。工业品收购比重逐年上升，“七五”期间共收购工业品11.4亿元，占总收购额的比重由1985年的43.8%上升到1990年的81.7%；对外调拨出口成为主导，“七五”期间全市已建立省级出口基地11个，共调拨出口总额13.9亿元，占总收购额的88%；自营收购出口初具规模，两年来，自营出口收购总额已达1.9亿元，占总收购额的32%，共创汇1579万美元。

对苏边境贸易和经济合作发展迅速。自1987年同苏联建立经贸合作关系到1990年底，全市对苏易货合同成交额达4.6亿瑞士法郎，实现利润3000万瑞士法郎，上缴税金2800万瑞士法郎。出口品种已发展到460个，进口品种发展到240个。出口商品已扩展到苏联9个加盟共和国，交往范围扩大到400多个生产企业和单位。劳务输出健康发展，到1990年底已经输出各类劳务人员1148人。此外，旅游业已经起步发展，自1987年以来，共接待国际旅游者8006人次。

社会事业欣欣向荣

“七五”期间，牡丹江市坚持把科技放在重要地位，实施了“科技兴市”战略，加速了新产品开发和新技术、新工艺、新材料的应用推广；5年来，全市用于科技开发的投入达5100多万元，比“六五”期间增加3900多万元；共完成市级以上星火、攻关、火矩科技项目311项，累计新增产值5.2亿元，新增利税4800万元，创造效益2亿多元；共完成新产品试制项目756项目，新增产值5.4亿元，利税8475万元，有123项填补了国内空白，181项填补了省内空白；共取得608项科技成果，新增产值5.6亿元，新增利税7215万元。

教育事业迅速发展。“七五”期间调整了教育结构，改善了办学条件，教师队伍的素质不断提高；高等教育、中等教育、初等教育长足发展；幼儿教育、基础教育和职业技术教育的配套体系基本形成。5年来，全市用于教育的投人，累计达5.5亿元，其中用于改善办学条件的投资达2亿多元。新建翻建校舍56万多平方米。在校大学生8500人，中专生4700人，技校学生8100人，中学生17.3万人，职业高中生1.9万人，小学生36.7万人。农村初级职业技术教育得到加强，5年来培养各类初、中级人才2.5万多人。

文化广播事业进步较大。人民群众的文化生活更加活跃，文艺创作更加繁荣。

医疗卫生事业得到改善。到1990年，全市各级各类卫生机构已发展到1232个，比1985年末增加了4个；病床由11252张增加到12724张；职工由19777人增加到22283人，其中技术人员5年增加了2506人。重点专科医院建设有较大发展。医疗技术水平大幅度提高，已初步形成了一个专科齐全、设备先进、技术适宜、队伍稳定的新型医疗卫生服务体系。

体育事业也取得了很大成绩。“七五”期间，全市对体育设施和器械投资1200万元，建成了5座体育馆。群众性体育活动越来越普及，全市各种体育协会由1985年的15个发展到24个。5年间，在全国比赛中，共夺得金牌89枚，银牌90枚，铜牌92枚，破全国记录22人次；在国际比赛中夺得1枚金牌，2枚银牌，破2项世界记录。

人民生活水平明显提高

5年来共安置就业人员94822人，平均每年安置18964人，待业率平均保持在0.6%左右；职工平均工资明显增加，1990年全市职工平均货币工资收入为1748元，比1985年增加743元，增长73.9%，平均每年增长11.7%。据对市区百户城镇居民家庭生活的调查统计，1990年人均生活费收入（包括实物折算）已达到1173.19元，比1985年增长72%，平均每年递增11.5%，扣除价格上涨因素，比1985年实际提高3.2%。城乡居民储蓄存款余额1990年达到38.6亿元，比1985年增长3.25倍。

住房设施和生活环境也有了很大改善。1990年底市区人均居住面积为6.27平方米，辅助面积为2.63平方米，分别比1985年增长15%和30.2%。拥挤户（4平方米以下）所占比重下降4.5%。到1990年底，居民家庭中有独用自来水、室内厕所、独用厨房和石油液化气户的比重分别为96%、45%、97%和35%。5年来，市区用于住宅建设的投资8亿元，住宅竣工面积累计达221.6万平方米。

佳木斯市

市　长：王宗璋

副市长：陈　信（常务）　卢凤岫（农业）　陆道模（文教）　刘进高（财贸）　麻名山（城建）　王志忠（科技）

王宗璋市长，1943年11月生于辽宁营口市。毕业于哈尔滨工业大学，工程师。历任佳木斯市联合收割机厂工艺科长，佳木斯市乡镇企业局副局长，市委政研室副主任，市计委副主任，市机械局党委书记兼局长，市经委主任、党组书记，市委常委、副市长、鸡西市委副书记、市长。1990年2月调任佳木斯市委副书记、市长。

前进的五年　胜利的五年

——佳木斯市“七五”期间经济社会发展回顾

□ 侯凤奎　王选友

“七五”期间，佳木斯市认真贯彻执行党的十一届三中全会以来的路线、方针和政策，坚持改革开放，全面进行治理整顿，不断深化各项改革，克服了前进道路上的重重困难，在全市人民的共同努力下，较好地完成了“七五”各项计划，经济和社会事业取得了新成就。

（一）工业生产持续稳步增长，结构调整步伐加快。1990年，全市实现工业总产值（1980年不变价）27.65亿元，比1989年增长1.6%，比1985年增长41%，年均增长7.13%。其中：轻工业完成产值16.4亿元，比1985年增长39.7%，年均增长6.92%；重工业完成产值11.2亿元，比1985年增长43.1%，年均增长7.43%；全民工业完成产值22.1亿元，比1985年增长40.2%，年均增长7%；集体工业完成产值5.5亿元，比1985年增长42%，年均增长7.3%。产品结构得到进一步调整，一批优势产品和主要产品产量继续增长，开发了精炼油、亚麻布、聚丙稀、组合家具、空心砖、玻璃钢制品、柔性石墨纸、草酸、蒽醌等一批新产品。工业产品质量不断提高，到1990年末，全市优质产品由1985年的200余种增加到550种，其中增加国优产品12种，部优产品50余种。“七五”期间，全市平均每年完成工业投资4亿元左右，完成或正在完成以亚麻一、二期建设、石油化工厂万吨环氧乙烷、桦南25万吨水泥厂、三江食品公司、中法合资家具公司、佳木斯市发电厂五期扩建，化工厂两万吨聚氯乙烯、佳木斯啤酒厂扩建等一大批生产项目，为今后工业生产发展积蓄了后劲。

（二）粮食生产连年丰收，农村经济全面发展。1990年，全市实现农村社会总产值（现价）29.6亿元，比上年增长23.6%，比1985年增长128.6%，平均每年递增18%。实现农业总产值（1980年不变价）9.87亿元，比上年增长22%，比1985年增长27.7%，平均每年递增5%。1990年，全市粮食生产获得大丰收，粮豆薯总产量达161.2万吨，比上年增长33.4%，比1985年增长51.8%，比历史最好水平的1984年增产28.3万吨。建国以来粮豆薯年产量超达110万吨的年份共有6个，其中5个年份在“七五”期间。在粮食连年高产的同时，多种经营也获得了较大发展，其中畜牧业1990年实现产值1.26亿元，比上年增长16.7%，比1985年增长36.7%，年平均增长6.4%；渔业实现产值1683万元，比上年下降2.8%，比1985年增长96.6%，平均每年增长14.5%。“七五”期间，作为农村经济“三大支柱”之一的乡镇企业得到迅速发展。1990年，全市乡镇企业实现总产值16.24亿元，比上年增长8.1%，比1985年增长2.9倍，平均每年增长31.3%。

（三）城乡市场繁荣，对外贸易不断扩大。“七五”期间，流通体制改革取得明显成效，促进了市场的搞活，丰富了人民的物质生活。1990年，全市实现社会商品零售总额22.44亿元，比1989年增长6.7%，比1985年增长94.6%，平均年增长14.2%，扣除价格因素影响平均年增长4%。其中居民实现购买力1990年为17.53亿元，比上年增长6.8%，比1985年增长1.2倍，平均年增长17%；社会集团实现购买力1990年为2.54亿元，比上年增长6.6%，比1985年增长66.7%，平均年增长10.8%。集市贸易十分活跃，已成为商品流通的一条重要渠道。到1989年城乡集市贸易向居民提供的商品总值已占全社会商品零售总额的9.8%。由于实施“383工程”，整顿了流通秩序，物价大幅度上升的局面已逐步得到控制。1990年，市场物价涨幅控制在5.9%，比1989年的13.3%回落7.5个百分点。1990年，全市外贸出口在收购渠道增多、经营体制改革及国际市场多变的情况下仍保持了增长的势头。全市外贸出口收购额完成1.16亿元，为计划的122.3%，其中：出口供货实际完成1.05亿元，为计划的124.7%，比上年增长6%；自营出口收入1118万元，为计划的103.5%，比上年下降55.8%。1990年全市出口创汇302万元，完成计划的110.6%。

（四）固定资产投资突出重点，投资环境有所改善。“七五”期间，全市固定资产投资累计完成35.4亿元，其中全民基建完成23.4亿元，全民更改完成11.3亿元；生产性投资26.1亿元，非生产性投资9.3亿元。新增固定资产累计21.1亿元。1990年，固定资产投资本着压缩规模、确保重点的原则，全市完成6.79亿元，比上年下降11.6%。其中基本建设投资4.07亿元，下降21.7%，更新改造投资2.69亿元，增长14.5%，生产性建设投资5.05亿元，增长1.2%，非生产性建设投资1.73亿元，下降35.4%。“七五”期间全市重点加强了农业、能源等基础产业建设，使经济实力明显增强。5年用于发展能源工业的基建投资达5亿多元，增加发电能力30多万千瓦，增加供热面积175万平方米。到1990年底，全市发电量达395247万千瓦小时，比1985年增长26.1%，煤炭产量146.57万吨，增长42.6%。

（五）交通运输、邮电业进一步发展。“七五”期间先后建成佳木斯松花江公路大桥、市区安庆路立交桥，杏林路、长安路立交桥一期工程完工通车，同时还完成了抓乌、饶西边防公路的建设，大大改善了交通条件。到1990年，全市公路总里程达4528公里，比1985年增加885公里，年平均增长4.4%。其中晴雨通车里程达3699公里，增加1402公里，年平均增长10%。1990年全市公路运输完成货运量1430万吨，比上年增长57.1%，货运周转量54900万吨公里，比上年增长37.1%，客运量1300万人，比上年下降4%，客运周转量60000万人公里，比上年下降7.3%。铁路（佳木斯站）完成货运量145万吨，比上年增长1.4%，客运量350万人，比上年下降20.1%。全市水运货运量113万吨，比上年增长5.6%；客运量137万人，比上年下降33.8%。佳木斯市港口货物吞吐量147.3万吨，比上年增长27%。完成了机场改建，更换了安24机型，航次由原来每周2次增加到每周7次。民用航空共完成货邮量119.6吨，比上年增长35.5%；客运量4402人，比上年下降38.1%。邮电通信事业发展较快，建成了市电业微波楼和邮政分检中心；市话交换机容量在1986年达到10200门，进入万门局行列，1990年又增至12200门；长途自动电话于1988年并入全国直拨电话网，可与国内300多个城市开通长途直拨，通讯能力大大加强。1990年底，全市邮电局（所）达194个，拥有电话机38007部，比上年增加5731部，全市全年邮电计费业务总量（按1990年不变价格计算）为3670万元，比上年增长14.7%。5年间用于交通邮电事业的基础建设投资达2亿多元。

（六）城市建设取得新成绩，服务功能进一步增强。“七五”期间，市区道路铺装面积增加158万平方米，年平均增长6.5%。到1990年底，城区道路总长度为220公里，道路面积234万平方米。“七五”期间，市区增加自来水日供水能力6.5万吨，自来水供水管道总长度达219公里，自来水普及率达99.4%；排水管道总长达207公里；增加集中供热面积175万平方米，总面积达295万平方米；增加公共交通营运车辆15.2%；市区园林绿化面积由1985年的1054公顷增加到1154公顷，绿化覆盖率由22%提高到27%。1990年，全市房屋施工建筑面积98.61万平方米，比上年下降20.1%；房屋竣工面积44.68万平方米，比上年增长29.9%。其中竣工住宅建筑面积21.8万平方米，比上年增长62.6%。

（七）科技、教育、文化、卫生等社会事业成果显著。1990年全市共安排科技攻关项目35个。其中农业20个项目都按计划达到了进度要求，并有3项达到国内先进水平，有4项达到省内先进水平。全市共安排“星火计划”项目20个，现已有16个项目提前投产，创产值4724万元，实现利税1000多万元。共安排科技成果推广项目135个，其中工业115个，农业20个。1990年度，全市还评出科技进步奖获奖项目34项。在泰国举行的“星火”技术成果展览会上，获金奖2项、银奖3项。1990年，全市有中小学校2314所，在校生51.87万人，分别比1985年增加273所和8.57万人。全市有普通大中专院校12所。在校生11635人，当年向社会输送各类专业人才2781人；全市成人高、中等专业学校在校生8848人，当年为社会输送毕业生2378

人。1990年，佳木斯教育学院实验楼、佳木斯市第五小学现代化教学楼等工程相继竣工投入使用，办学条件得到进一步改善。联合国教科文组织和国家教委分别在佳木斯市召开了乡办中学教育现场会和全国城市教育综合改革工作经验交流会，对佳木斯市教育改革给予了充分肯定。职业教育被评为全国先进市。文化事业在为两个文明建设服务中取得显著成果。1990年专业剧团创作排演13台剧（节）目，演出团体和个人参加省级以上演出共获奖69项，其中国家级4项。创作剧目《赵王与无容》剧组两次进京演出，获文化部优秀节目奖和创作奖。1990年末，全市有电影放映机构887个；图书馆藏书61万册，比上年增加2.3万册；我国第一座赫哲族博物馆在佳木斯市落成。卫生事业继续发展，群众就医难问题进一步得到缓解。到1990年底，全市拥有卫生机构1343个，其中医院171个，床位9403张，比1985年增加2766张；全市卫生技术人员15179人，比1985年增加5530人。1990年，全市“四苗”接种率已达93.93%，11种法定传染病发病率控制在15510万以下。在全国455个城市卫生联检中，被国家命名为地市级“卫生城”。体育事业取得丰硕成果。1990年，速滑、高山滑雪、男女冰球、田径、射击等项目的竞技水平稳步提高，在全国、全省比赛中共获金牌48枚、银牌26枚、铜牌31枚，被国家体委授予在第二届亚洲冬季运动会做出突出贡献先进市的称号。群众体育活动十分活跃，全社会自办体育竞赛610次，参加人数达21.5万人；全市中小学生体育达标人数达到32万人，达标率为78%。1990年，全市人口出生率为19.73‰，人口死亡率为4.97‰，人口自然增长率为14.76‰，其中市区人口自然增长率为11.9‰。到1990年末，全市总人口为281.3万人，比1985年净增14.2万人，平均年递增1.04%。其中非农业人口111.4万人，市区人口63.09万人。

（八）城乡居民生活继续得到改善。“七五”期间，随着经济的发展及政府改善人民生活措施的落实，城乡居民在生活的许多方面都发生了新的变化。第一，城镇就业继续扩大。1990年全市职工总数达53.82万人，比1985年增加8.52万人，增长19.6%，平均年增长3.64%；城镇个体劳动者3.2万人，比1985年增长67.4%，平均年增长10.8%。第二，城乡居民收入继续增加。1990年，全市职工工资总额达95757万元，比1985年增长1.06倍，扣除价格因素实际增长29%，平均年递增5.2%；职工年人均工资1849元，比1985年增加768元，增长71%，扣除价格因素实际增长8%，平均年递增1.5%。1990年，农民人均纯收入585元，比上年增长7.6%，比1985年增加285元，增长62.5%，平均年增长10.2%。随着收入的增加，城乡居民储蓄也大幅度增长。1990年末，全市城乡居民储蓄存款余额达28.23亿元，比1985年增加22.55亿元，增长4倍，平均年增长37.8%。其中城镇居民储蓄24.57亿元，比上年净增6.44亿元，增长35.5%。第三，居民消费逐步走向正常。据城市调查资料统计，一度较高的日用消费品支出比重开始下降，食品支出比重开始回升。在食品支出比重上升的同时，粮食支出占食品支出的比重由1985年的17.8%下降到8%，膳食结构进一步优化。1990年，城市职工家庭人均生活费支出1038元，比1985年增长63.2%，扣除价格因素影响，实际支出略有增长。城市职工家庭的高档耐用品普及率继续提高。到1990年，职工家庭电视机已基本普及，洗衣机每百户达87台，收录机达65台，电冰箱达40台，均比1985年有较大提高。农村居民的消费水平也逐步提高。1990年，农民的自给性消费占全部消费的比重由1985年的38.1%下降到36%，商品性消费比重由55.5%上升到56.4%。据农村抽样调查资料统计，1990年农民家庭人均生活费支出比1985年增长42%，每百户拥有电视机、洗衣机、收录机数量分别达77台、50台和23台。第四，居住条件得到改善。1990年，城市人均居住面积达5.8平方米，比上年增加0.3平方米，比1985年增加2平方米，农村人均住房面积达16.8平方米。

（九）经济体制改革进一步深化。1990年，以搞活企业为中心，不断深化完善经营承包责任制，全市有349户工业企业和部分财贸、建材企业推行了进档达标责任制。对生产经营难以为继的4户企业实行了兼并。农村改革进一步深化，全市建立农民互助联合体8500个，各类农民专业研究会、产销联合体发展到916个，农民基金会发展到962个，有875个村落实了双保制。各类市场体系得到进一步发育和完善，全市建立各类市场和金融机构1508个；社会保险体系建设取得实质性进展，市区推行了“六位一体”的社会劳动保险统筹。

（十）“双拥”工作成效显著，共建共育迈出新的步伐。继1986年9月被黑龙江省委、省政府授予拥军拥属先进单位和1987在佳木斯市召开全国“双拥”经验交流会后，市委、市政府把“双拥”工作作为大事来抓，做到深化教育，增强国防意识，在思想上确立新观念；积极探索，实行“军地双负责”，在工作上开拓新领域；突出重点，巩固提高，在共建共育上力求新进展；加强领导，搞好组织协调，在运行上形成新机制，使双拥工作不断深入、健康发展。

七台河市

市　长：罗树清

副市长：王贵忠（常务）　高学仲（城建）　刘　彤（农林、财贸）　贾文涛（政法、文教）　郐　君（工交）　蔺文彬（科技）

罗树清市长，1944年10月出生于黑龙江省兰西县。1968年毕业于东北工学院。1973年加入中国共产党。1968—1982年曾担任伊春大西林铁矿技术员，伊春市冶金局技术员，伊春市工业局副科长、副局长，1983年任伊春市市委常委、科委主任，1985年任伊春市市委常委、副市长，1989年任佳木斯市市委常委、副市长，1990年任七台河市委副书记、代市长、市长。

七台河市“七五”期间的发展变化

□ 唐佳才　刘景湖

在过去的5年中，七台河市认真贯彻执行党的十一届三中全会以来的路线、方针、政策，逐步实施“发挥煤炭优势，加速综合开发，协调发展各业，建设新型煤城”的经济发展战略，紧紧依靠全市人民，全面进行治理整顿，不断深化各项改革，较好地完成了“七五”期间的各项计划，经济和社会事业得到很大发展。

国民经济持续稳定增长

1990年全市社会总产值（按1980年不变价格计算，下同）达10亿元，比1985年增长37.7%，平均每年增长5.6%；国民生产总值达到5.8亿元，比1985年增长29.1%，平均每年增长5.2%；国民收入达到46600万元，比1985年增长26.1%，平均每年增长4.7%；工农业总产值完成80538万元，比1985年增长41.5%，平均每年增长7.2%；其中，工业总产值65120万元，比1985年增长50%，平均每年递增8.4%；农业总产值15526万元，比1985年增长14.8%，年递增2.8%；5年中，全市累计完成固定资产投资14.5亿元，年递增20.5%，新增固定资产10.1亿元，经济实力明显增强。

主体产业发展迅速

“七五”期间，市委、市政府提出了向煤碳倾斜的政策，在资金、技术、物资等方面给予重点支持，促进了煤炭生产的迅速发展。5年中，全市累计生产原煤6484万吨，比“六五”期间增长71.3%；1990年产量达到1427万吨，比1985年增长32.5%，平均每年增长5.8%。矿务局西部矿井改造已全部完成；新建与改建矿井6对，增加生产能力252万吨。目前，统配矿各矿井基本实现了生产集中化、采掘机械化、支护单体化、运输连续化和质量标准化。市区地方小煤矿经过整顿、改造，煤炭生产已经走上稳步发展的轨道，国营矿新建矿井9对，生产能力由36万吨增加到75万吨，地煤实际生产水平已达到520万吨。

产业调整迈开了步伐

从调整单一产品结构入手，加强了工业、农业内部的产业、产品结构调整，重点加快煤炭内部的产品结构调整，大力发展以洗选、焦化为主的煤炭加工业和电力工业。到1990年，全市原煤水洗能力由1985年的150万吨增加到390万吨，炼焦能力由5万吨增加到38万吨。原煤加工利用产值占煤炭工业产值的比重由1985年的2.1%增加到29.2%。与此同时，加快了建材、冶金、食品等工业的发展，在地方工业中，非煤工业产值所占比重已由“六五”末期的56.9%上升到62.7%。地方和矿务局2座2.4万千瓦矸石电厂业已开工建设；240万千瓦火力电厂一期工程的前期准备工作正在顺利进行。

农业基础地位进一步加强

自1988年以来，全市农业生产连续3年获得大丰收。1990年粮食产量达到27.1万吨，创历史最好水平，比1985年增长49.2%。实施“西粮、中菜、东牧”的农业发展战略，农业经济结构得到进一步调整，种植业结构逐步趋向合理。农、林、牧、副、渔5业比重已由“六五”末期的81.7: 4.8: 11.5: 1.7: 0.3调整到70.7: 5.4: 17.5: 5.2: 1.2。乡镇企业发展迅速，1990乡镇企业总产值达到30921万元，比1985年增长129.9%；农村社会化服务体系初具规模，科技推广、应用、咨询及化肥、种子、农药等农村社会化服务网络已遍布城乡各地，科技成果已在农村大幅度推广应用，农民的科技、商品意识进一步增强。“七五”期间，全市农用机械总动力增加4.5万千瓦，机耕面积已达到53%，以机代畜的局面基本形成。5年间，全市用于农田水利建设的投资达1143万元，新修灌区3个，有效灌溉面积达1.03万公顷，打井2495眼，新增水田面积0.65万公顷。

社会事业全面发展

“七五”期间，随着经济建设的发展变化，社会各项事业也取得了可喜成果。

在科技事业上，全市科技力量不断壮大，科技成果的研制、开发和推广成绩显著。5年中，共推广应用科技成果126项，其中有5项获得省科技进步奖，53项获市级科技成果奖。

在教育事业上，用于教育的投资达682万元。新建学校14所，其中小学9所，普通中学4所，职业中学1所。学龄儿童入学率达到98.5%，比“六五”末期增长6.2%。乡村普及了小学教育，城市普及了初中教育，九年制义务教育的普及工作正在逐步推行。5年中，职业中学、技工学校培养各类技术工人2600余人，成人教育培养专科以上各类人才2000余人。这些人才已经在经济建设中发挥着积极的作用。

在卫生事业上，全市新增卫生机构64个，新增床位592张，新增医护人员612名，治愈率、好转率等主要指标都有了很大提高。

在广播电视和体育事业上，增加广播频道4个、电视频道3个，广播、电视覆盖率分别由1985年的95%和70%上升到98%和75%。5年中，参加全国和全省体育比赛共获得金牌63块、银牌52块、铜牌47块，群众性体育运动蓬勃发展。

在邮电通讯事业上，市话装机容量为6050门，比1985年增加3.17倍，市话户数达到3050户，比1985增加2.11倍；长途线路131条，比1985年增加2倍。市话实现了市县联网，长途电话进入了全国电话直拨网，基本改变了市话落后和长话闭塞的状况。

城市建设有长足发展

5年中，用于城市建设的总投资累计达14143万元，比“六五”期间增长128%。黑龙江省最大的人工湖、省“七五”重点项目——桃山水库一期工程已于1990年10月竣工蓄水，供水系统已投入使用。全市新增住宅126万平方米，比“六五”末期增长7.7%。新修道路76万平方米，比“六五”末期增长71.6%。新增供热面积56万平方米，修自来水管道33公里，自来水入户率达41%，比“六五”末期增长19%；百人拥有公共汽车0.05辆，人均拥有绿地面积2.5平方米，分别比“六五”末期增长76.8%和13.6%。

人民生活水平明显提高

1990年，城乡居民储蓄存款余额达到57988万元，比1985年增加4.1倍；人均储蓄705元，比1985年增加3.2倍；城市居民人均住房面积由1985年的4.5平方米上升到5.2平方米；职工人均货币收入由1985年的1170元提高到2426: 农村人均收入由1985年的402元提高到580元。城乡市场繁荣稳定，商品交易日趋活跃，5年中新增商业网点2476个；居民实际消费水平达到767元，平均每年增长12.5%。1990全市社会商品零售额达到56860万元，比1985年增长97.3%，年递增14.5%；集市贸易成效额达到13848万元，比1985年增长206%，年递增25.1%。

绥芬河市

市　长：赵明非
副市长：李宝忠（外经外事）　董作民（常务）　李培善（城建）　迟庆健（女　科技、文教）　倪连才（对外合作、外贸合作）　白伟杰（工交）

赵明非市长，1957 年 11 月 1 日出生，原籍天津蓟县。1975 年 9 月至 1978 年 4 月，在长沙搪瓷厂当工人。1978 年 4 月至 1978 年 12 月，在长沙市公安局当预审员，1978 年 12 月至 1982 年 8 月，在西南政法学院法律系就学，1982 年 8 月至 1988 年 11 月在司法部、中央组织部任秘书，1988 年 11 月至 1989 年 7 月，任司法部宣传司执法调查处处长，1989 年 7 月至 1990 年 8 月任黑龙江省绥芬河市委常委、市政府副市长，1990 年 8 月至 1991 年 1 月任中共绥芬河市委副书记、市政府代市长。1991 年 1 月至今，任中共绥芬河市委副书记、市政府市长。发表过多篇学术论文。

绥芬河市“七五”时期对苏经济贸易发展概况

□　绥芬河市人民政府办公室

绥芬河市作为中国对苏贸易的重要陆路口岸之一，在“七五”时期，认真贯彻党中央一系列改革方针政策，努力探索改革开放道路，使国民经济和社会各项事业都取得了显著成就，尤其经济方面的发展更令人瞩目。到 1990 年，全市社会总产值实现 8916 万元，比 1985 年的 5013 万元增长 77.9%；国民生产总值 4958 万元，比 1985 年的 2669 万元增长 85.8%；国民收入 4479 万元，比 1985 年的 2117 万元增长 111.6%；财政收入 1757 万元，比 1985 年的 139 万元增长了 11.6 倍。国民经济效益的大幅度增长，于对苏经济贸易有重要的意义和作用。近几年，随着改革开放的不断扩展，国家和省对绥芬河市给予高度重视，使对苏贸易发展突飞猛进。

对苏边境贸易发展阶段

绥芬河市对苏边境贸易发展经历了三个阶段.一是“坐车”阶段。1985 年绥芬河市成立了边境贸易公司，当时没有外贸权，公司主要业务是为国家贸易和省级贸易做一些服务工作，同时依托吉林等地开展少量贸易，将商品通过国贸和省贸带出去。省里给了绥芬河两个优先条件，即出口组织优先，进口销售优先，这样到 1987 年两年间，共经营出口商品 4200 万元，获利 300 万元。二是边境小额贸易阶段。1987 年 10 月 26 日，国务院准予绥芬河对苏贸易权，正式开始了中苏边境城市间的经济贸易和经济技术合作，进入与苏对应城市间自营边贸初创阶段。三是全面开展阶段。1988 年 5 月，黑龙江省委批准绥芬河市为“通贸兴边”试验区，绥芬河确立了“立足口岸，依托牡市，繁荣龙江，服务全国”的指导思想，积极大胆地探索开拓，全市对苏贸易和经济技术合作迅速发展。几年来对苏边境贸易额度总计达 10 亿瑞士法郎，实现过货额 3 亿瑞士法郎，实现利税计 1 亿多元人民币，其中上缴海关税 6000 多万元人民币。两国间的经济技术合作已实现 53 项，合同额度 3000 多万瑞士法郎。主要合作项目是工程建筑和农业种植。绥芬河边境贸易发展已达到一定规模，且发展稳定。

对苏边境贸易方式及品种

绥芬河市对苏边境贸易方式主要是易货贸易，除此之外，还开展了“堆货贸易”，如用红砖、陶瓷等换苏联木材，用啤酒、饮料、睛纶衫换鸡蛋，用雨伞换苏联儿童自行车等。1988 年 11 月，绥芬河百货商店与苏联海参崴国营商店开展了“寄售”贸易，双方互设商店，销售两国产品。目前又探讨了“现汇贸易”和“转口贸易”，取得成功，并获得显著成效。

对苏经济技术合作方式主要是苏联投入实物，我方投入技术和设备，通过这种合作扩大易货贸易。

随着双方边境贸易的深化和拓展，贸易品种也越来越多，由最初的几个品种发展到目前 676 个，其中进口品种 237 个，出口品种 439 个。进口商品主要是钢材、化肥、木材、水泥、海鱼等生产资料及生活必需品；出口商品主要是轻工、纺织、机械、家用电器等我国的长线产品。

经济技术合作项目除工程承包和农业种植外，还开展了合作办厂、合作生产、来料来样加工、劳务输出等内容的合作项目，几年来共签订合同 56 项，总金额达 5840 万瑞士法郎，共输出劳务人员 2697 人。

对苏经济贸易层次及领域

到 1990 年，全市对外贸易公司共有 99 家，贸易伙伴越来越多，贸易领域越来越广，遍布整个远东地区，并延伸到乌克兰、哈萨克、白俄罗斯等加盟共和国，其部门既有工业、农业、交通、建筑等生产企业，又有文化、卫生、科研、科技等部门。

对苏贸易的经济效益和社会效益

通过几年来的艰苦努力，绥芬河市的对苏边境贸易取得令人瞩目的成就，贸易额度成倍增长。1987 年贸易额和实现额仅为 97 万瑞士法郎；1988 年贸易额猛增到 1.3 亿瑞士法郎，实现过货额 3500 万瑞士法郎；1989 年贸易额度为 4.1 亿瑞士法郎，实现过货额 1.2 亿瑞士法郎，1990 年贸易额度为 4.5 亿瑞士法郎，实现过货额 1.2 亿瑞士法郎。

3 年来，边贸企业共创利税 1 亿多元，其中上缴市财政 1970 万元，上缴国家海关税收 6000 多万元。外贸收入已成为地方财政收入的主要来源之一，占全市财政收入的 48.3%。

与苏联毗邻地区的经济技术合作，促进了全市经济结构的变化，外向型经济的比重在逐步扩大，已初步探索出一条以贸易为导向，贸工、贸农、内外贸结合的路子。

对苏边境贸易的发展为内地企业家开拓了苏联市场。全市的边贸企业与省内外的 200 多家企业建立了长期合作关系，形成了较为稳定的出口货源基地。1990 年省外产品出口额为 2353 万瑞士法郎，占总出口额的 43%；省内产品出口额为 3139 万瑞士法郎，占出口额的 57%。

对苏边境贸易的开展还为国内市场提供了部分生产和生活资料。由于中苏产业和产品结构存在着互补性，边贸企业主要用国内的农副产品、轻纺织品、民用电子产品等长线产品换取了一些国内市场较为紧缺的生产和生活资料，救活了一批企业。3 年来，累计进口木材 5.5 万立方米，钢材 3 万吨，化肥 20 万吨，海产品 4000 吨，为国家节约外汇 5000 多万美元。仅 1990 年就进口化肥 9.9 万吨，向省内市场投放 7.8 万吨，相应缓解了周邻地区化肥供应不足的矛盾。

通过开展对苏贸易，绥芬河市人民的生活水平有了较大的提高。城市职工人均住房面积由 1987 年的 5 平方米提高到 6.9 平方米；职工人均工资收入达 2038 元，农村人均收入 863 元。先后建设和完善了青少年宫、托儿所、工人俱乐部、体育馆等公益事业。

随着对苏贸易的发展，经由绥芬河进出境人员日益频繁。3 年来，经绥芬河口岸过往的经贸团组 11500 多个，进出境人员 10 万余人次。先后有苏联、美国、日本、瑞士、新加坡、南朝鲜及港澳台等国家和地区的国际友人和客商 189 批，1023 人次来绥芬河市考察、观光，许多客商表示了乐于在此投资的愿望。许多外国朋友对我国改革开放以来取得的重大成就都交口称赞，从而扩大了我国的对外影响。

对苏边境贸易的开展，使绥芬河市历史上曾有过的“国境商业都市”的口岸功能在新的历史条件下得到了恢复和发展，初步起到了繁荣边疆、服务内地的“窗口”和“桥梁”作用。目前绥芬河市正在积极争取沿边开放城市的批准，同时进一步解放思想，更新观念，提高综合服务水平，力争将绥芬河市建成国家东北边陲的一个重要的商品集散、信息传递、对外经贸交往和技术引进的通道与窗口，并逐步发展成为繁荣的、多功能的、现代化的开放型边境口岸城市。

（执笔：孙桂丽）

富锦市

市　长：罗文孝

副市长：韩　印（工交）　张喜成（常务）　刘　良（文教）　王贵有（农业）

　　　　李金玉（财贸）　张晓华（科技）　孙玉林（农村经营管理）

罗文孝市长，现年42岁，吉林省榆树县人。1968年毕业于黑龙江省勃力师范学校，同年参加工作。曾任小学教员，二龙山公社党委任宣传干事、团委副书记、公社革委会副主任、公社党委副书记、公社党委书记。1981年任富锦县人民政府副县长。1983年至1985年在省委党校学习。1985年7月任中共富锦县委副书记，1987年9月任富锦县县长，撤县建市后当选为富锦市人民政府市长。1988至1990年，曾发表过《靠改革、调整、整治发展富锦经济》、《运用法制手段综合治理城镇》、《切实抓好城镇建设，让富锦更加繁荣昌盛》、《开放富锦、致富人民》等文章。

富锦市“七五”期间的主要成就和变化

□ 富锦市人民政府

从1986年至1990年，是富锦市实施“七五”计划的5年，在过去的5年里，我们认真贯彻执行了党中央、国务院和省、市的一系列方针、政策，把稳定摆在压倒一切的地位，聚精会神地做好稳定经济、稳定社会、稳定人心的工作，坚定不移地进行治理整顿和深化改革，使全市经济在诸多矛盾和重重困难中，逐渐向好的方向转化，国民经济和各项社会事业有了较大发展，社会面貌发生了明显变化。到1990年底，全市实现社会总产值51120万元，比1985年增长10%，“七五”期间平均每年增长19%；国民生产总值实现25327万元，比1985年增长28.3%，“七五”期间，平均每年增长5.1%；工农业总产值实现42853万元，比1985年增长13.7%，“七五”期间平均每年增长2.6%；国民收入实现23969万元，比1985年增长30.1%，“七五”期间平均每年增长5.4%。1990年富锦市被国家授予全国体育先进市，粮食生产先进市，计划生育先进集体，农贸文明市场。被省委、省政府授予改善办学条件全面先进市，普法工作先进集体标兵市，农业生产先进市，粮食生产收购先进市，蔬菜生产先进单位，财政预算“保盘子工程”先进市，实施“383工程”先进单位，文明城镇建设先进市，文明村建设先进市。小城镇建设先进市，地方道路建设先进市，“黑龙杯”获金杯奖、“铁牛杯”获铜杯奖、“金肥杯”获省、市一等奖、“兴富杯”获银杯奖、“丰收计划”获二等奖。

（一）农业生产。1990年，全市粮豆薯总产实现了35.8万吨，比1985年增长35%，平均每年增长6.1%；农业总产值22529万元，比1985年增长16.1%，平均每年增长3%；种植业、林业、牧业、副业、渔业产值，都比1985年有明显地增长。乡镇企业产值24000万元，比1985年增长2.3倍，平均每年增长26.9%；造林面积完成2200公顷，大牲畜存栏2.7万头。

5年来，我们不断加强农业基础地位。一是稳定了农村经济政策。二是进一步改善了农业生产条件。三是进一步优化产业结构。四是继续抓好扶贫工作。五是增加对农业的投入。

（二）工业生产。工业经受了多种困难的严峻考验，开始出现转机，生产呈回升势头，热电，基本建设、交通、邮电有了新发展。1990年全市工业总产值实现20324万元，比1985年增长11.1%，平均年增长2.1%，总供电量达50957万千瓦时；基本建设完成建安产值1248万元，完成工程总量40560平方米；交通运输货运量、货运周转量、客运量、客运周转量均超计划，公路干线好路率，地方道路好路率达标；邮电通讯实现了4项突破、即业务总量、通信总量、业务收入和全员劳动生产率均超年计划，市内电话容量达到3000门，电话进入全国直拨联网。物资供应，行业管理取得了好成效。

1990年，市政府针对工业生产低速运行，下滑过猛的严峻形势，及时采取了一系列促进回升的积极措施。从政府主要领导到主管局的领导同志，集中精力，齐抓共管，帮助企业走出困境。不断强化杠杆调节，认真贯彻并实施了促进工业生产回升的"五十条"和"七十二条"政策措施。以市场为导向，调整了产品结构，强化了销售，启动了部分关停企业的生产。经过采取上述措施，通过各部门、各企业的努力，从1990年第四季度开始，工业总产值回升三个百分点。

(三) 财贸工作。财贸启动了市场，控制了销售滑坡，财政收入持续增长，储蓄大幅度增长，金融部门强化为经济建设服务，促进了经济稳定发展。1990年全市商品总销售完成28321万元，比1985年增长78.5%；商品纯销售完成19399万元，比1985年增长109.4%；全年社会商品零售额完成33300万无，比1985年增长93.7%；农副产品采购完成5488万元，比1985年增长2.7倍；外贸出口完成1569万元，比1985年增长9.7%；全市财政总收入实现了5201万元，比1985年增长2倍，平均每年增长24.6%，市财政预算连续8年平衡有余；工商税收实现5630万元，比1985年增长2.2倍；全市货币净投放比上年纯增2015万元，全市城乡储蓄纯增额5200万元，比1985年增长3倍。

(四) 城镇建设。城镇建设取得可喜成果，城乡环境得到进一步改善，城市跨入全省文明村（镇），文明城镇建设先进行列。5年来，我们下力量抓了城镇建设。"南修站，北治堤，中修街"。搞了"四个建设"。一是交通建设。城南修了火车站，增建了1.2平方米的站前广场，北边投资1000万元整治了江堤，镇内先后修柏油路共计21万平方米，还整修了公路，全市水、陆、铁三路四通八达。二是镇内基础设施建设。1984年以来，集中一部分财力建成了一条全长5.2公里，宽40米柏油路面的中央大街，地下敷设"三管两线"（供热，自来水，下水管道，通讯电缆，电力电缆）供热管道全长4.6万延长米，实现了热电联产。下水管道1.2万延长米，开辟了第二水源 。完成了自来水净化工程。同时，新建办公、住宅、生产和商品楼150幢。三是环境建设。近几年，全市大搞了绿化美化。栽种杨树、松树4.5万株，栽花50万株，站前和沿江修了公园。四是通讯建设。全市投资250万元建了一幢3700平方米的7层邮电大楼，市内已装上自动电话设备，总容量达3000门，现在开通2000门。增置了一套长途自动机架，已与全国大中城市直通自动拔号电话联网。电视台新建了电视微波中转站，卫星地面接收站，上了两个频道，辐射半径达102公里。投资环境的改善为开放搞活带来了生机，1989年恢复了对苏贸易一类口岸，打开了对苏贸易，先后有美国、日本、南朝鲜、德国、埃塞俄比亚、朝鲜、苏联来富锦洽谈贸易，搞经济合作。

(五) 科技工作。科技攻关和新技术推广取得了新成果，教育、体育、卫生、广播、电视、文化等事业有了新的发展，控制了人口生育。"七五"以来，我们树立以"科、教"为治穷兴市之本的思想。几年来，市委、市政府相继做出《关于高、中级科技人员政治、生活待遇的决定》和《关于中、小学教师政治、生活待遇的决定》，为科技人员和知识分子平反了冤假错案，落实了政策，还放活了科研机构和科技人员搞技术承包和有偿服务。全市现已有科技人员6797人，其中获高级职称95人，中级1402人，初级4800人形成了一支实力雄厚，人才济济的"科技兴市"生力军。5年来，全市共获得365项科技成果奖，其中，获国家部级4项，省(厅)级64项，地市级136项，县级171项。全市18个乡镇全部成立了科委，402个村屯成立了农民技术学会，市内设4个科研所，73个企业建立了技术室，初步形成科研网络。建立了科技发展基金120万元。

5年多来，全市为教育投入7569万元，办学条件得到改善，全市消灭了"危房子、黑房子、破桌子、土台子"。校舍砖瓦化程度达92%以上，连续5年被省评为改善办学条件先进单位。1990年，新建的面积为10000平方米的一中教学楼已交付使用。全市小学教师学历达标率提高到81%，中学教师学历达标率提高了21%，全市获初、中、高级职称的占教师总数的68%。师资素质的提高，带来了教学质量的大面积提高，从1979年到1990年，全市考入大学1545名，名列佳木斯各县之首。目前，全市基础教育稳步发展，职业技术教育初具规模，农民教育基本达标，先后被评为全国基础教育先进县、全省职工教育先进单位。为地方经济建设培养了大批人才。计划生育有效地控制了人口增长，1990年人口自然增长率和出生率分别为10.3‰和14.4‰，没有突破省下达的计划指标。卫生医疗设施进一步改善，第一医院病房楼和卫生学校教学楼已投入使用，各种医疗指标均达到了规定要求。广播电视新上了第三频道，首次开通了调频广播电台，城乡文化活动日趋活跃，群众性的体育活动蓬勃展开，全市跨入了全国体育先进县行列。

密 山 市

市　长：李云亭
副市长：董显英（女　财贸）　李录文（农业）　金昌寿（朝鲜族　常务、文体）、徐延生（工业）　李连生（计划）

李云亭市长，1945年出生于黑龙江省尚志县。1958年参加工作，中共党员大专文化。1965年任东宁县东宁镇社教队员、秘书、县委组织部干事、县革委政治部秘书。1968年9月起任县革委办事组副组长，战备办副主任，大肚川公社党委副书记、书记。1981年任东宁县委宣传部长，县委办主任。1984年任密山县委副书记，1987年任县长、市长至今。

边陲新城——密山市

□ 刘延明

密山市位于黑龙江省东南部，南与苏联接壤，边界线长265公里，其中水界235公里。全市总面积7724平方公里，横卧于完达山南、兴凯湖北。密山地势平坦，河流湖泊密布，盛产水稻、大豆、小麦、玉米和鱼类，素有“鱼米之乡”之称。

密山市南部有完达山余脉，相传早年山中多蜜蜂，年深日久，石壁上厚积的蜂蜜顺壁而下，流出很远，故名为“蜂蜜山”，密山因此而得名。

密山市共辖6个镇、15个乡，总人口42万，由汉、鲜、回、满、蒙等20个民族组成。

密山历史悠久。据新开流古遗址考证，早在新石器时期就有人类在兴凯湖地区从事渔猎活动。1899年清政府设立蜂蜜山招垦局，1908年设密山府，1912年废府立县，1933年1月日寇入侵密山，1939年6月设立东安省，下辖7县1市，1941年设东安市。1945年光复，我党在密山建立东安地委和东安专员公署，1948年撤销。从历史上看，密山就是祖国东北边疆重镇。

密山市自然资源比较丰富，有土地多、山林多、水源多的特点。全市有耕地面积13.8万公顷，人均耕地面积0.42公顷，主要生产大豆、玉米、小麦、水稻、烟叶、甜菜、人参、白瓜，宜牧草原2.33万公顷，林地面积12万公顷。山林产品丰富。山产品主要有山葡萄、野玫瑰、榛子、木耳、蘑菇等，有黄芪、五味子、党参等多种野生药材；蕨菜、薇菜、黄花菜等山野菜，年采集量近600吨，销往国外。

全市水资源丰富，境内大小河流17条，水库18座大小兴凯湖遐迩闻名。自然景色秀丽迷人。

密山矿产资源丰富，煤炭、石墨、大理石、钛铁等10余种矿产储量可观，是全国产煤重点市县之一。

党的十一届三中全会以来，特别是“七五”期间，密山的各项事业得到了飞速发展，国民经济持续增长，人民生活得到显著改善。昔日贫穷落后、荒凉闭塞的“北大荒”，如今到处是一派繁荣昌盛、安居乐业的兴旺景象。

蓬勃发展的国民经济

密山市“七五”期间国民经济持续、稳定、协调发展。1990年，全市社会总产值11.9亿元，5年平均增长14.1%；国民生产总值6.6亿元，5年平均增长11.2%；工农业总产值8.93亿元，5年平均增长18.3%；国民收入5.67亿元，5年平均增长13.7%。

工业生产迅猛发展。“七五”以来密山市工业结构逐步趋向合理，基本形成了以食品、轻纺、建材和煤炭工业为主体的地方国营工业体系。1990年，全市工业总产值2.9亿元，5年平均增长15.5%。5年间，全市共投资4300多万元用于企业技术改造，使纺织、建材、食品、煤炭、粮食加工等骨干企业具备了一定的生产规模。1990年市啤酒厂跨人国家二级企业行列，有2户企业获省先进企业称号；1种产品被评为国家部优，18种产品被评为省优。全市公路和地方道路建设发展迅速，在全省处于领先地位。煤炭产量首次突破百万吨大关。

农业生产连获丰收。“七五”期间，全市农村全面推行了家庭联产承包责任制，广大干部群众靠政策、靠科技、靠投入，大力开展了以“丰收计划”为主要内容的高产攻关活动，使粮食生产连年获得大丰收。1990年创历史最好水平，粮豆薯总产达3.42亿公斤，5年平均增长9.7%；农业总产值达2.4亿元，5年平均增长7.6%；农民人均收入824元，5年平均增长14.8%。

林业、畜牧业、渔业及乡镇企业有较大发展。植树造林超额完成了年度计划，平原绿化进入全国先进行列。畜牧业稳步发展，1990年有大牲畜5.1万头，比上年增长19.6%，其中奶牛3398头，比上年增长9.4%；生猪存栏10.76万头，比上年增长17%；存栏3.53万只，比上年增长31.5%。水产品产量和渔业产值分别比上年增长25.7%和26.4%。“七五”期间，密山市乡镇企业异军突起，工商运建服农林牧副渔十业并举，到1990年底共有乡镇企业5800余户，实现产值3.3亿元，5年平均增长13.4%。副业生产总收入逐年增加，庭院经济已成为农民致富的重要途径，户均收入千元以上的农户已达到农村总户数的45%。1990年密山市荣获全国粮食生产先进市和全省农业生产先进市称号。

城乡市场稳定繁荣。1990年，社会商品零售总额达到3.35亿元，集市贸易成交额达到6841万元，5年平均增长率分别为14.4%和25.4%。全市零售物价上涨幅度控制在5.8%以内，比上年回落8个百分点。“七五”期间，市财政收入逐年增长，1990年突破5000万元，达到5306.1万元，比上年增长4.2%，5年平均增长16.5%。

前景广阔的对外贸易

密山的对外贸易历史悠久。位于兴凯湖西岸，与苏联仅一河之隔的当壁镇历史上曾是“大豆之路”的咽喉要道，是三江平原一带最大的口岸。1988年4月国务院正式批准开通这一贸易口岸。3年来，密山市先后和苏联的斯帕斯克市、阿尔谢尼耶夫市、萨拉瓦特市等建立了友好贸易关系。与苏方39户工商企业开展了贸易活动，签订合同上百项，进出口额3000多万瑞士法郎；签订经济技术合作项目11项，进出口额2200万瑞士法郎；向苏联派出劳务人员550人。

日新月异的城乡建设

自1982年起，密山先后荣获全省县镇建设先进市县、标兵市县、村镇建设先进市县的光荣称号。“七五”期间，全市共投资5900多万元用于城市建设和改造，发展步伐更加迅速，使全市商业、教育、文化、卫生、体育等设施和居民住房条件有了较大改善。

1990年，完成东水源配套工程1100吨的高位水池一座，新增日供水能力3200吨；新铺设供水管线9.3公里，用水普及率达100%；完成西供热站工程，新增供热面积1.2万平方米，使全市集中供热面积达到14.6万平方米；建柏油路面9646平方米，有些集镇的主次干道也已开始向水泥和柏油路面发展。组织干部职工义务共建完成市区南环路面工程1.3万平方米，维修砂面路36万平方米；新铺设下排水管线1332米，市区内下排水管线总长已达3.1万米。农村乡镇在村屯规划、四旁绿化、住房建设、特别是乡村道路建设等方面都取得了显著成绩。在全市农村现有的2285公里的道路中，砂石铺装路面已达到2000公里，占85%。1990年密山市获得全省城市环境卫生甲级市称号。

成绩斐然的文教事业

全市拥有各级各类学校519所，其中小学232所，普通初中27所，普通高中5所，技工学校1所，职业高中6所，初级职业技术学校13所，聋哑学校1所，乡镇农民技术学校20所，村民校135所，职工学校20所，成人中专6所，成人高校1所；另有幼儿园61所，小学附设学前班216处。共有在校生8万多人，教职工25000余人。已经建立起与经济和社会发展相适应的学前教育、普通教育、职业技术教育、成人教育“一条龙”的教育体系。另外，境内还有黑龙江八一农垦大学和牡丹江农管局工学院。

密山市教育工作队伍中，有国家授予的有突出贡献的中青年教育管理专家1人，副教授1人，副研究员1人，高级讲师3人，讲师8人，中学特级教师1人，高级教师71人，一级教师441人，小学高级教师611人。

1990年密山市全面实施“科技兴市”的总体规划，科技开发和应用取得了较好成绩，完成科技攻关项目13项，新增产值496万元，利税109万元。

群众性的文化活动更加活跃，市群众艺术馆进入全国先进行列。城乡初级卫生保健工作巩固发展，多数传染病发病率明显下降，地方病防治完成了各项规划指标。在人口出生进入高峰的年份，计划生育率提高到93.9%，出生率控制在11.8‰以下，人口自然增长率控制在7.13‰以下，再次被评为全国计划生育工作先进市。群众性的体育活动蓬勃开展，参加各类体育活动的人数已占全市总人口的40%，1988年进入全国体育先进市县行列。广播电视积极配合党和政府的中心工作，坚持正确的舆论导向，农村有线广播进一步巩固发展。

绥 化 市

市　长：李殿科

副市长：王新生（常务）　许福章（城建）　任会龙（文教）　关中山（科技）　刘　发（工交）　吴连芳（财贸）　牛占河（农业）

李殿科市长，1938年生于河北省乐亭县。1954年毕业于绥化师范，同年参加工作。历任教员、记者、编辑、广播站副站长、县委办公室秘书、主任、计划委员会主任兼党组书记。1983年任绥化市委办公室主任、副市长，1989年任绥化市委副书记、代市长，1990年3月当选为绥化市市长。

科技建市　兴绥富民

□　绥化市市长　李殿科

“七五”初期，绥化市根据本身特点，以科技体制改革为突破口，大力推进科技进步，积极探索和寻求经济、科技和社会有机结合、协调发展的新途径，提出并确立了“科技建市、兴绥富民”的总体发展战略，并在科技建市的道路上进行了一系列大胆探索和实践。“七五”期间，科技建市的范围已由单纯的科技领域向经济和社会各领域延伸；科技建市的方式已由单一的科技试验示范向大面积开展科技兴业活动发展；科技建市的内容已由单纯的科技进步向科学决策、科学管理和科技教育方面扩充。与1985年相比，1990年全市社会总产值达182072万元（1980年不变价），增长70.4%，平均每年增长11.3%；工农业总产值123671万元，增长60.4%，平均每年增长9.9%；国民生产总值115050万元，增长79.3%，平均每年增长12.4%；国民收入96109万元，增长91.6%，平均每年增长13.9%；社会商品零售总额54131万元，增长85%，平均每年增长13.1%；财政收入10873万元，增长924%，平均每年增长59.2%。科技进步因素在工农业总产值增长中的比重已由1985年的22%上升到35%以上。绥化市被国家科委和省科委确定为科技重点联系市。

以市情为依据确立科技建市战略

在对市情深入研究和分析的基础上，绥化市开始谋求有效对策，制定了通过科技建市，振兴绥化，发展绥化，致富人民的总体战略。这一战略思想的具体含义是：把科学技术摆在经济建设的首要位置，依靠科技进步，兴绥富民，争取在短时间内把绥化建设成为经济、科技、社会相结合，城乡一体化，商品经济发达，有较强吸引和辐射能力的多功能中心城市。

绥化市交通方便，运输发达，有利于内外沟通；地理位置适中，市场广阔，有利于商品集散；农业生产条件适宜，农产品丰富，有利于运用科技进行综合和深度开发；工业门类比较齐全，生产规模不断扩大，有利于现代化科学技术的引进和消化吸收；科技、教育基础条件较好，有利于各级各类人才的开发。绥化市于1986年7月正式确立了科技建市的发展战略。

科技建市取得初步成果

（一）规划体系的建立和完善。实现依靠科技振兴经济的战略目标必须有一个完整的规划体系。绥化市一是以市情为依据，制订了经济、科技、社会发展融为一体的总体规划。5年来，先后制订了《绥化市“七五”期间经济、科技、社会发展计划》、《科技建市发展纲要》、《1990—2000年绥化市科技建市总体实施方案》、《1990年科技建市工作规划》。在制订这些总体规划中，绥化市把国民经济与社会发展纳入科技进步的轨道，融国民经济计划、科技推广计划、信贷财税计划和财政收支计划为一体，形成统一的规划，避免了科技与经济“两层皮”的问题，二是制订了科技兴业规划。围绕全市科技建市总体发展规划，绥化市在“七五”期间先后制订了《科技建乡村方案》、《创建科技型企业方案》、《科技兴农方案》、《科技兴工方案》、《科技兴贸方案》等一系列配套规划。全市所有部门都制订了相应的科技发展规划，形成了较为完整的科技建市规划体系。

（二）不断深化科技体制的改革，建立和完善了决策、管理和综合服务三大体系。

建立科技建市决策体系。基本框架由决策集团和两大服务机构组成。决策集团就是科技建市领导小组，由市委书记、市长任组长，科委、经委、计委、体改委、经协委、金融财税等部门的负责人为成员，作为全市最高决策机构。两大服务机构：一是为决策提供咨询服务的智囊机构，即由全市各方面知名人士组成的科学技术顾问委员会。二是为实施决策提供中间服务的办事机构，即负责处理日常工作的科技建市办公室。5年来，绥化市的科技建市决策体系主要发挥了规划的功能，协调的功能和示范指导的功能。

科技管理体系的完善。市里由科技副市长统管全市科技工作，并强化了市科委的职能；乡镇普遍建立了科委，设置了科技副乡、镇长和专职科技助理；村有科技副主任；部门和企业有科技组和兼职科技助理。几年来，科技管理体系充分发挥了参谋的功能，监督的功能和管理的功能。由市科委牵头，建立了科委、计委、经委、体改委“四委”协调例会制度。5年来，“四委”例会共研究决策重大科技项目93项。

强化的综合服务体系。主要由三部分构成：一是科技研究推广体系。截止“七五”末期，市内建立和改造了农业技术推广中心和林水畜机渔专业技术推广站、研究所10个；乡镇各类农业技术推广站和农业专业技术研究会62个；村农民技术员和各种科技示范户已发展到1.2万个；一些地方还组建了民办科研所。5年来，共推广各类农业先进技术和科研成果246项。二是科技教育培训体系。目前，城内广播电视大学和工业、农业、商业、卫生、粮食等职工中专已发展到9所；职工高中和企业职工学校25所；农村乡镇科技学校、村科技分校106所。此外，还与哈职院、哈师大等高等院校开展了联合办学，形成了高中初配套、门类比较齐全的技术培训网络。5年来，全市培训在职科技人员2000多人，其中出国进修68人，送到省内外大专院校进修400余人，培养中专以上专业人才1500多人；轮训职工27517人；对30余万农民进行了各种形式的专业技术教育，平均每个农户至少有1人得到培训。三是科技信息开发体系。市内有科技开发交流中心，科技情报所，项目开发中心和专业科技情报网。乡镇有科技情报组，村有科技情报员和科技情报联系户，形成了专群结合、纵横贯通的情报信息开发网络。通过这个网络的活动和多方服务，引进并消化了36项科研成果。到1990年末，绥化市已同云南省曲靖市、北京朝阳区、大连中山区和本省黑河市结成经济技术协作友好市区，与30多所大专院校、科研单位和上百家企业签定了近200项联营联合协议，有112项已经投产见效，新增产值6000多万元，新增利税1800多万元。

（三）科技兴业活动深入开展，加速了城市经济的全面振兴。在科技兴工中，5年共投放技术改造资金14233万元，引进新技术114项，新设备809台（套），开发新产品147种，完成较大技改项目37项，增加产值12734万元，增加利税1560万元。在科技兴农中，以扩大应用先进技术，建立商品粮生产基地为重点，在科技建乡、建村上取得明显成效。科技兴粮实现了历史性的突破。1990年粮豆总产达到5.86亿公斤，比历史最高年份的1984年增长13%，比科技建市前的1985年增长140%；农业总产值3.1亿元，比1985年增长169%，乡镇企业产值3.5亿元、利税3200万元，分别比1985年增长247%和106%，农村人均收入651.6元，比1985年增长257%。“七五”期间，绥化市农业已初步形成了粮食、优质烟、渔业、林业、瓜菜5个生产基地，已有8个乡镇成为地市级科技进步先进乡镇，有10个村成为市级科技先进村。

科技建市的整体环境不断改善

一是提供了科技建市的思想保证。在市级领导中，统一思想认识，坚定科技建市方针，保持科技建市的连续性、稳定性。在中层部门领导和干部中，树立了靠科学技术发展生产的观念。在基层广大群众中，通过广泛开展宣传教育，增强了科技建市的自觉性和责任感。

二是提供了科技建市的资金保证。一方面，增加科技拨款，壮大科技发展基金。市科技发展基金高于地方财政收入增长速度，5年来已滚动积累到447万元，其中市级270万元，乡镇级82万元，企业级95万元。扶持了118个项目，创产值1.2亿元，增利税6200万元，扶植了1万多个科技示范户，带动一大批农民走上了科技致富的道路。另一方面，增加科技信贷，满足科技建市的急需。1990年，全市用于农业大面积高产攻关的贷款达1000多万元，投放在工业技术改造和开发新产品上的贷款，则达到了1000万元以上。

三是提供了科技建市的人才保证。市委、市政府制定下发了放活科研机构和科技人员的政策规定，允许和鼓励科技人员下乡下厂，承包、租赁、领办中小型企业和乡镇企业；兴办个体或集体研究所；选送科技人员进修深造；聘请国外和国内专家学者来绥讲学、传授新技术、新知识。投资20万元建立了科技人才开发基金，投资120万元兴建了科技教育培训中心大楼。全市共引进人才743人。

安 达 市

市　长: 王　衡

副市长: 朱万祥 (农林)　于照江 (工交)　王一兵 (文教、公安)　张景川 (常务、财贸)　徐振刚 (城建)　金　辉 (科技)

王衡市长，1936 年出生于辽宁省昌图县，1956 年就读于哈尔滨军事工程学院，1961 年加入中国共产党。历任原安达县高中党支部书记、广播科副科长、老虎岗公社党委书记、县委办公室副主任、糖厂厂长、副县长，安达市副市长，市委副书记。1989 年 5 月任安达市代市长，1990 年 2 月当选为安达市市长。

“七五”期间安达市经济发展特点

□ 安达市市长　王　衡

“七五”期间安达市的经济是一个生机与活力不断增强但运行尚不甚平稳的上升型经济，其主要特点是:

速度较快

“七五”期间安达市经济发展的速度无论与本市“六五”时期相比，还是与同期全国、全省相比，都是较快的 (详见下表)。速度较快的原因是:

(一)“六五”以来的技术改造和新建项目增强了工业发展后劲。全市“六五”时期完成新建、改造项目 45 项，“七五”时期完成 72 项。“六五”时期新建、改造并重，骨干项目中以新建居多，“七五”时期转为以技术改造为主，而且采用引进技术和高新技术的比例明显增加。据统计，在 1990 年全市工业总产值中，“六五”期间新建、改造项目增加的生产能力所创造的产值占 28%，“七五”期间新建、改造项目增加的生产能力所创造的产值占 39%。

(二) 农村改革的深化、农业基础建设的加强和科技兴农战略的实施促进了农业的发展。“七五”期间，农业家庭联产承包责任制进一步巩固，农村双层经营体制逐步发展，科技生产联合体、扶贫联合体和农民合作基金会的组建促进了农村社会化服务的发展。5 年中，全市共推广农业新技术 20 项。仅 1990 年比 1985 年增产的商品奶就增创工业产值 1604 万元，占当年工业总产值的 5.4%。

(三) 企业承包经营责任制的实行调动了企业、职工的积极性，推动了经济的发展。全市 96.9%的国营工商企业和 96.6%的集体工商企业实行了以承包经营为主的各种形式的经营责任制，并配套改革了企业内部经营机制，增强了企业经营活力。实行经营责任制的国营、集体企业中 85%以上完成了承包指标。

(四) 对外开放的扩大促进了技术更新、技术改造，增强了经济活力。“七五”期间，外贸出口额比“六五”时期翻了一番，引进国外资金 3715 万美元、先进技术 2 项、先进设备 221 台 (件)。全市 112 个单位与

	1990 年实现额(万元)	增长率%		平均每年增长率%			
		“七五”	高出“六五”百分点	“七五”	高出“六五”百分点	高出全省同期百分点	高出全国同期百分点
国民生产总值	56105	67.8	35	10.9	5.1	5.4	3.1
工农业总产值	99345	68.5	38.5	11	5.6	3.5	0
国民收入	51565	76.6	47.9	12	6.8	5.7	4.5

省内外38个市（县）的117个企业、大专院校、科研单位建立了经济技术协作关系，仅1990年即引进国内资金1975万元、新技术21项。

（五）个体、私营经济的较快发展对国营、集体经济起到了有益的补充作用。“七五”期间，个体、私营工商业户由2080户增加到2815户，增长了35.3%；个体、私营工业产值由783万元增加到8060万元，在工业总产值中的比重由3.6%上升到15%；个体、私营商业、饮食业产值由191万元增加到2529万元，在全市商业、饮食业产值中的比重由6.3%上升到34.7%。

效益提高

“七五”期间，安达市工农商各业的效益明显提高。按5年平均计算，“七五”期间，工业全员劳动生产率为7953元，比“六五”期间增长20.3%；利税总额为3690.8万元，比“六五”期间增长1.3倍；职工人均利税1106.4元，比“六五”期间增长55.9%。国合商业职工人均销售额为38809元，比“六五”期间增长29.6%；农业劳动生产率为4120元，比“六五”期间增长56.2%；农村人均收入517.7元，比“六五”期间增长1倍。

企业管理水平的提高是经济效益提高的重要因素之一。“七五”期是，一是立足基础工作，以单项管理进步为突破口。全市工业企业实现标准化定升级的35户，计量定升级的55户，全员管理定升级的28户，经济核算定升级的7户，能源管理定升级的7户，档案定升级的33户。商贸企业获部级管理单项奖1项，省系统管理单项奖21项。二是积极推行现代化管理方法。全市工业企业现代化管理方法的应用面达30%以上，预算内国营工业企业应用面达50%，全市获省级现代化管理成果奖10项。现代化管理方法的应用，为企业增加经济效益累计达1600万元。三是全面开展对标达标、促进企业升级活动，全市已有13户工商企业被评为省级先进企业。

结构趋优

“七五”期间安达市十分重视经济发展战略的研究。市委、市政府于1989年明确提出了“产业双主导，城乡一体化，区域协调增长”的20年发展战略。这一战略的核心是根据市场条件、本市资源优势和经济技术基础，建立以畜产品加工业和石油化工为主导的产业体系。

一是进一步确立了畜牧业在农业中的主导地位。发展完善了饲养管理、繁育改良、防疫灭病、草原建设、供应销售等5个服务体系，积极开发玉米代草喂牛，使以奶牛为主的畜牧业保持发展势头，进一步确立了在农业中的主导地位。1990年奶牛存栏达到4.6万头，比1985年增长64.3%；鲜奶总产7.2万吨，比1985年增长71.4%；单产4.013吨，比1985年增长36.2%；牧业产值8812万元，比1985年增长1.2倍，在农业总产值中的比重达40.4%，比1985年上升了9.6个百分点。

二是畜产品加工产业体系建设已经起步。在采取措施促进“一五”至“六五”期间建成的大小5个乳品厂达产增效的同时，新建了年产1000吨分割肉的肉牛冷冻加工厂，使畜产品加工业从单一的乳品加工，开始向综合加工发展。1990年畜产品加工业产值达到9835万元，比1985年增长40.1%；在工业总产值中的比重达33.3%，比1985年上升了0.7个百分点。

三是石化工业阔步前进。“七五”期间，安达市以吃配大庆为主攻方向，积极发展石化工业，新建了塑料电缆料厂，改造关停企业建立了市化工二厂，进行了市炭黑厂新工艺炭黑技术改造。同时，黑龙江省在安达建设了国家重点项目——龙新化工有限公司甲基丙烯酸甲脂项目，安达市配套建设了龙光化工有限公司丙烯酸甲脂项目。这两个项目投产后，安达市化工工业产值将达到25680万元，在工业总产值中的比重将达到50%左右。此外，化纤纺织业也获得了较大发展。

存在起伏

“七五”期间安达市经济在上升的过程中也存在起伏，农业各年度的增长率依次为32.8%、1.2%、7.6%、−8%、25.4%，呈马鞍形波动；工业各年度的增长率依次为6.4%、5.6%、19%、11.9%、−2%，呈倒马鞍形波动。

农业的波动实质上是种植业的波动，由于种植业基础设施和基本条件还没有得到根本改善，抗御灾害能力很低，所以一旦出现自然灾害，生产就受到影响。“七五”期间农业增长较慢和负增长的3年正是遇上历史上罕见的两涝一旱的3年。在这3年中种植业发展速度的下降幅度明显大于农业发展速度的下降幅度，1987年种植业发展速度为−0.2%，1988年为2.4%，1989年为−14.2%，只是由于畜牧业在农业中已占有较大比重，并且发展稳定，才冲减了种植业发展速度大幅度下降对农业发展速度的影响。

由于工业产业结构不合理，现有工业企业技术、设备落后，开发新产品能力差，所以在国家宏观经济出现某种程度的失控和经济过热的情况下，产品畅销，生产得以发展，甚至高速发展；而当国家加强宏观控制，对经济进行调整时，则产品销售不畅，生产受挫。1988年末全市工业产品库存为4067.5万元，1989年9月出现产品明显滞销，到年末库存增加到5257.8万元，1990年末为4966.3万元。

北安市

市　长：关永贵

副市长：郭世明（常务）　蔡国义（城建）　尚学玉（科教文卫）　王圣文（工交、邮电）　刘德本（财贸）　张中义（农业）　颜世英（街道）　盛洪伟（乡企）

关永贵市长，满族，1943年生于黑龙江省依兰县。1965年加入中国共产党。1966年毕业于哈尔滨师范大学物理系。历任虎林县中学教员、团委书记、县委宣传部干事、公社党委书记、副县长（县委常委）、宣传部长、县委副书记等职。1987年任虎林县县长。1990年4月当选为北安市市长。

在建设区域中心城市中的新机遇与新变化

□ 吴振礼

1985年将北安市确定为全省9个战略中心城市之一，5年来的区域中心城市建设既取得了喜人的成就，又面临新的机遇与挑战。

“七五”时期的成就

在“七五”计划的第一年，黑龙江省委就把北安的建设与发展纳入全省经济发展战略二级区域经济网络，确定北安为全省16个经济体制改革的试点市（县）之一，以后又实行了财政计划单列。上级党和政府的主要领导多次到北安视察指导，召开北安经济区域6市县领导参加的经济社会发展研讨会，咨询论证北安区域经济的协调发展。由于全市人民的积极努力，北安市在“七五”时期取得了喜人的成就。1990年全市的社会总产值达102688万元，比1985年的75688万元增长35.6%；国民收入达41092万元，比1985年的33466万元增长22.7%；工农业总产值达42122万元，比1985年的34823万元增长21.0%，其中工业总产值18493万元，比1985年的14472万元增长27.7%，农业总产值23629万元，比1985年的20351万元增长16%。全市财政收入达5105万元，比1985年的514万元增长893.1%，荣获黑龙江省财政收入“保盘子”工程先进市称号。社会商品零售额38795万元，比1985年的21889万元增长77.2%。全市科技人员到1990年末已达10911人，其中获高级职称的90人。“七五”时期全市获56项科技成果奖，其中获国家级的8项、省级24项。全市已建成科普乡（镇）7个、科普村109个，中国科协已把北安市列为全国创建科普村（乡）活动的5个示范市（县）之一。“七五”时期全市教育投资共3920万元，其中1990年投资为1007万元，比1985年的508万元增长98.2%。新建与翻建校舍24000多平方米。文化体育事业发展很快，荣获全国体育先进市的称号。

为发挥区域中心城市的综合服务功能，进一步改善投资环境，“七五”时期城市基础设施建设的步子迈得较大。5年来投入城市建设与房屋开发资金超亿元，其中城市建设维护费1000多万元。“七五”初期，在地方财政非常紧的情况下，集中财力100多万元、全市军民义务劳动献工12000多个，改造拓宽了一条长4000米、宽40米，用两条绿化隔离带使快慢车分流的三块板结构的主干道。这是一条红线宽52.5米、两侧花池相衬、绿树成荫，地面双臂路灯伸展，松柳花草长青，地下“三管两线”齐全的比较现代化的大街。大街两旁造型各异、鳞次栉比的167座大楼拔地而起，街容街貌焕然一新，被省命名为“省级卫生文明路”。在“七五”期间，还建成一座铁路跨线大桥，对15800平方米的站前广场铺装了柏油面，布设了隔离桩与护栏。市区内铺装硬路面51万平方米，比1985年增长了将近1倍。1988年市区实行集中供热，铺设供热管道5.7万延长米，二期工程供热面积已达47万平方米，完成投资1890万元，推倒了过去分散取暖的大烟筒120多个，年节煤两万多吨。减轻了煤烟污染。第二水源二期工程共铺设供水管道8540延长米，日供水量达8000吨，比1985年末增长80%。房屋建筑37050平方米，其中商品房开发35800平方米，危房改造1250平方米。此外还完成了市人民公园的第一期工程。"七五"期间加快了邮电通讯事业的发展，1989年新建一座3829平方米的邮电综合大楼和通讯微波站，并将开通哈尔滨—北安—黑河、哈尔滨—北安—加格达奇两条微波干线、240路，使长途线路紧张局面得以缓解。长途电话已进入全国"直拨网"。电报使用翰林机提高工效一倍。北安邮电局已成为全省8个邮件中心转口局之一。在"七五"末期还新建了卫星地面接收站和电视微波中继站。

"八五"时期的新机遇

在"八五"计划时期，黑龙江省的经济社会发展出现了新变化与新机遇。全国对苏联、东欧国家经济贸易洽谈会在哈尔滨市举行两次，效果很好，反响很大。当前苏联经济建设的重点正在移向西伯利亚及远东地区，把远东作为新的开发区和参与亚太地区合作的前沿地带，并建设成为"有远大国际前途的边疆区"。黑龙江省在东北亚经济圈中占有特殊的地理位置。在新的发展格局下，省委、省政府决定经济发展战略"北移"，重点开发黑龙江流域，并提出"南联北开"的战略思想，大力发展黑龙江省与苏联远东、西伯利亚地区的区域经济、技术与劳务等方面的合作，使黑龙江省成为国家对苏联、东欧开放的重要窗口和通道。"北开"仅两三年时间，全国各地特别是沿海先进地区到黑龙江口岸设办事处的城市就有160多个，输入资金13.16亿元，组建各种经济联合体663个，使黑龙江省新增工业产值61.36亿元，新增利税10亿元。"三资"企业已发展到121个，2200多家，累计出口创汇44.7亿美元，比1985年增加31.2亿美元，增长2.4倍。靠近北安市的黑河口岸与逊克口岸现已有14个省的60多个市县来建办事处、代办处156个，兴办46个经济实体，开展多种形式的经济联合项目14个，资金总投入2550多万元，独资企业14个。由黑河与逊克口岸过境的商品有90%以上来自全国各地，其中红小豆全粉、铝合金门窗、旅游鞋与羽绒服装等填补了黑河口岸的出口空白，打入了苏联市场。

北安市自1990年9月获得边贸权以来，在对苏易货贸易、劳务输出和经济技术合作等方面有了突破性进展。过货和签约总额达1000多万瑞士法朗，折合人民币1800多万元。半年多来先后派出6个经济代表团共28人次去苏方洽谈贸易；苏方先后有8个代表团来访。互访期间，双方就有关贸易和经济技术合作、劳务输出等方面的问题进行了广泛讨论与洽谈，并签定了多项合同。

北安地处从省会到边疆的中心点，是滨北、齐北、北黑三条铁路的交汇点，是哈黑、北嫩、北绥三条公路的联结点，是黑河、逊克两个重要口岸的经济腹地。可以说是"雄踞要冲"、"位居咽喉"，曾两度是省会，两度县改市。历史上曾有过几次发展机遇但却"失之交臂"。因此北安人决心紧紧抓住中苏关系的发展、苏联经济开发战略"东移"和逐渐形成东北亚经济圈以及亚太地区经济繁荣的新机遇，转变思想观念，强化大开放意识，搞好公关活动，广结友好城市，广招内外客商，搞好横向联合，推动经贸工作深入地开展。

新形势下的新观念与新方法

当前世界经济中将出现一个新的东北亚区域市场。以北安为中心的区域经济开发，将在这种国际经济合作中得到发展。1991年5月《中苏联合公报》指出："两国对经贸联系扩大和形式的增多给予积极的评价。两国将继续努力完成经济和科技合作长期纲要以及这一领域的其他协议，扩大综合性的互利合作"；"中苏准备为使亚太区成为开放、合作和繁荣的地区而努力"。在这一国际经济的新形势下，要有新的思想观念与新的方法。主要是积极发展外向型经济，增强社会主义商品经济观念，搞好内外"公关"活动，把自己置身于开放前沿。抓住中苏关系恢复和不断发展的机遇，认真执行"南联北开"的发展战略，积极参加东北亚经济圈与亚太地区的经济合作。

从全市发展外向型经济小气候来看，北安是黑河与逊克口岸通向内地的门户与经济腹地，黑河与逊克口岸是北安迎来发展外向型经济新机遇的经贸伙伴。现在逊克已与北安结成友好市（县）。黑河市将被批准为边境开放投资区或口岸开放城市。作为黑河与逊克口岸南大门与经济腹地的北安，必将"借机生辉"，外向型经济必将有个长足的发展。因此，北安市委与市政府决定1991年是公共关系年，今后年年要广泛开展公关活动，内求团结，外谋发展，加强"横联"。当前正制定一系列优惠政策，创造良好的投资环境，大力引进中外的资金、技术设备与人才。增强"让利得利，争利失利"和"横联"意识，打破利益分配上的短期行为和狭隘的地方功利主义与地方保护主义，积极欢迎兄弟城市与国内外客商到北安来投资建厂，搞好经济合作，互补互利，共同发展。

上海市

市　长：黄　菊

副市长：顾传训　刘振元　倪天增　谢丽娟（女）　庄晓天　赵启正

黄菊市长，1938 年 9 月生，浙江嘉善人，1966 年 3 月加入中国共产党，1963 年毕业于清华大学电机系，后在上海人造板机器厂、上海中华冶金厂工作。1977 年任上海中华冶金厂车间党支部副书记、工程师、副厂长，1980 年任上海石化通用机械制造公司副经理，1982 年任上海市机电一局副局长。1983 年 3 月起历任上海市委常委、工业党委书记，市委秘书长、市委副书记，1986 年任上海市副市长。

“七五”期间上海经济和社会的发展

□　上海市人民政府研究室《年鉴》编写组

“七五”时期是上海实施国务院批准的上海经济发展战略，为改造、振兴上海打基础的重要时期。这 5 年间，全市人民在市委、市政府的领导下，以经济建设为中心，坚持四项基本原则，坚持改革开放，不断克服前进道路上遇到的矛盾和困难，基本完成了“七五”计划的主要任务，经济和社会发展取得了重大成就，实现了国民生产总值翻番的目标，为上海 90 年代的发展奠定了良好基础。

1990 年，上海国民生产总值达到 737 亿元，按可比价格计算比 1985 年增长 31.2%，平均每年增长 5.6%；国民收入 614 亿元，比 1985 年增长 29.2%，平均每年增长 5.3%；社会商品零售总额达 353.11 亿元，比 1985 年增长 92.8%，平均每年增长 14%，扣除物价上涨因素，实际增长 2.5%。全市人均国民生产总值由 1985 年的 3855 元提高到 1990 年的 5762 元，按可比价格计算增长 24.1%，平均每年增长 4.4%。

“七五”时期，上海的经济和社会面貌发生了明显变化。

经济体制改革取得实质性进展
为经济和社会发展注入了新的活力

“七五”时期，围绕增强企业活力这一中心环节，上海的经济体制改革从探索、试点进入全面改革阶段，各方面改革稳步推进，经济运行机制和管理体制发生了一系列深刻的变化。

所有制结构从单一化转向多元化。为了进一步适应社会主义初级阶段多层次的生产力结构，上海的集体经济、个体经济、私营经济和中外合资等多种经济成份都有较快发展，初步形成了以社会主义公有制为主体、多种经济成份共同发展的所有制格局。1985 年到 1990 年，全市工业总产值中，全民所有制工业的比重从 77.5%下降为 63.6%，集体所有制工业的比重从 19.3%上升为 20.8%，全民与集体联营、外商投资企业、个体工业等其他经济类型工业的比重从 3.2%上升为 15.6%。

企业经营机制进一步完善。按照政企职责分开、所有权与经营权适当分离的原则，逐步推行多种形式的承包经营责任制。绝大多数地方全民所有制工业实行“三保一挂”（保上交利润、保出口创汇、保技术进步，职工工资总额与企业经济效益挂钩浮动）的综合承包；在 18 家全民所有制大中型企业试行政企分开、放开经营；对小企业推广租赁经营制并试行兼并拍卖。发展了一批比较规范化的股份制企业，还进行了税利分流等改革试点，在一定程度上增强了企业的活力。

有计划地进行价格改革和流通体制改革，发展社会主义市场体系。初步形成多渠道、少环节、开放式的日用消费品市场；生产资料从总体上已开始从计划调拨向实行多种价格的商品交易转变；外汇调剂市场、短期融资市场、证券交易市场等逐步发展，一个以国家银行为主体、多种金融机构并存的社会主义金融体系正在形成。此外，技术、劳务、房地产、信息市场等也有较大发展。

横向经济联系广泛开展。上海制定鼓励和推动横向经济联系的政策措施。跨地区、跨部门、跨行业以及不同所有制之间的经济联合得到加强，形成了一批专业化、协作化生产的区域性企业集团，外地来沪开店办厂的日益增多。横向经济联系打破了所有制和部门的地区界限，促进了生产要素的合理流动和优化组合。

政府管理经济的方式正逐步从直接管理为主向间接管理为主转变，国家指令性计划比重逐步减少，指导性计划和市场调节范围逐步扩大。对区县在明责放权的基础上，实行财政包干，扩大了区县的管理权限。经济综合部门加强合作，积极探索综合运用经济、法律和行政手段对宏观经济进行控制和调节的新路子，逐步提高了对重大问题的科学决策能力和工作效率。

工业生产持续增长　产业结构有所改善

“七五”时期，上海努力推动工业技术进步，使工业的生产规模、技术水平、产品质量都有了较大提高，产业、产品结构也逐步趋向合理，增强了工业经济实力。

1990年全市工业总产值达1632.94亿元，比1985年增长33.4%，平均每年增长5.9%。其中轻工业产值846.63亿元，重工业产值786.31亿元，轻重工业比重基本稳定，协调发展。

“七五”时期，通过基本建设和更新改造，全市独立核算工业企业年末固定资产原值由1985年的344亿元增加到1990年的787.54亿元，增长1.3倍。从基本建设的情况来看，增加了能源、原材料等基础工业的资金投入，相继建成宝钢一期、金山石化二期、石洞口第一电厂、桑塔纳轿车等一批大中型骨干工程项目，正在建设中的宝钢二期、上海30万吨乙烯工程的部分项目也已建成投产。从技术改造的情况来看，地方工业资金投入累计达183.02亿元，重点改造了电站设备、轿车、机床、医疗器械、轴承、低压电器、家用电器、针织、冶金、石油化工等行业，许多大中型企业得到了整体和局部的技术改造。这对调整产业结构、改善投资环境、振兴上海经济起到了重要作用。

“七五”时期，上海工业的产品结构调整取得成效，一些能源、原材料产品、耐用消费品和电力、交通设备等装备性机械产品产量均有较大幅度增长，对支援国家建设、扩大出口和改善人民生活起了积极的作用。

“七五”时期主要工业产品平均年产量

	单　位	“七五”时期年平均	“六五”时期年平均	“七五”比“六五”增长%
化学纤维	万　吨	24.08	17.49	37.7
纱	万　吨	38.72	39.2	—1.2
布	亿　米	15.63	15.82	—1.2
合成洗涤剂	万　吨	10.23	8.11	26.1
自行车	万　辆	702.1	516.53	35.9
表	万　只	1355.59	1063.69	27.4
电视机	万　台	436.81	204.77	113.3
家用洗衣机	万　台	141.24	45.52	210.3
家用电冰箱	万　台	44.58	5.4	725.6
化学药品	万　吨	1.03	0.53	94.3
化肥	万　吨	25.09	16.82	49.2
硫酸	万　吨	38.34	36.34	4.5
烧碱	万　吨	28.19	25.41	10.9
水泥	万　吨	240.82	198.21	21.5
发电量	亿千瓦／小时	277.4	230.2	20.5
钢	万　吨	850.3	526.31	61.6
成品钢材	万　吨	499.26	430.43	16.0
发电设备	万千瓦	216.53	79.52	172.3
汽车	万　辆	2.28	0.85	168.2
民用钢质船舶	万　吨	35.4	29.6	19.6

农业生产稳步上升，郊区经济全面发展

“七五”时期是上海解放41年来农村经济增长最快、社会面貌变化最大的一个时期。主要表现在：

（一）农业生产连年增长，“菜篮子工程”初见成效。

“七五”时期，上海的农业总产值连续5年保持增

长。1990年本市农业总产值达到68.16亿元，比1985年增长23.5%，平均每年增长4.3%。"菜篮子工程"经过3年建设，使郊区的副食品生产进入了一个新的发展时期。蔬菜不仅数量多，使淡季供应得到改善，而且品种丰富，质量提高。生猪、家禽和鲜蛋的自给率不断提高，"吃鱼难"、"吃奶难"问题也得到基本解决。

"七五"时期主要农副产品平均年产量

	单 位	"七五"时期年平均	"六五"时期年平均	"七五"比"六五"增长%
粮食	万 吨	236.61	214.92	10.1
棉花	万 吨	1.4	7.73	—81.9
油菜籽	万 吨	16.66	12.75	21.8
蔬菜	万 吨	185.58	157.72	17.7
猪肉	万 吨	19.56	18.3	6.9
家禽(上市量)	万 只	6021	2220	171.2
鲜蛋(上市量)	万 吨	11.29	6.20	82.1
牛奶	万 吨	18.82	10.87	73.1
水果	万 吨	6.81	3.23	110.8
水产品	万 吨	26.59	20.02	32.8

（二）农村经济全面发展，经济结构发生明显变化。

1990年，上海农村社会总产值达411.35亿元，比1985年增长1.9倍，其中，农村工业、建筑业、运输业和商业、饮食业产值比1985年增长2倍。到1990年底止，郊区农村已有1.5万家乡镇工业企业，从业人员155万人，实现工业总产值比1985年翻了一番多。1990年郊区外贸出口产品总值达79.49亿元，比1985年增长3.8倍，有222家企业出口创汇超过百万美元；批准外商投资企业293家，协议吸收外资2.4亿美元。经济结构发生明显变化，非农产业占农村社会总产值的比重，由1985年的78.2%提高到1990年的83.4%。

对外经济技术交流不断扩大
初步形成外向型经济的发展格局

"七五"时期，上海大力发展外向型经济，进出口贸易连年增长，利用外资规模日趋扩大，对外经济技术合作发展迅速，各项实绩都超过以往任何一个五年计划。

"七五"时期，上海积极采取扶持鼓励政策，从原材料、能源、资金等方面支持出口产品生产，扭转了"六五"时期出口徘徊的局面，使外贸出口呈现逐年增长的好势头。1990年上海出口商品总值达53.2亿美元，比1985年增长58.3%，平均每年增长9.6%。出口商品结构进一步优化，由原来的初级产品逐步向深加工、高附加值工业制成品发展，工业制成品占外贸出口总值的比重由1985年的77%上升到1990年的88%。

"七五"时期，上海实际利用外资金额达42.53亿美元，比1980-1985年6年间累计增长18.3倍。至1990年底，签订外商直接投资项目累计达910个，其中生产性项目718个，投产开业的企业已有530家，包括一批与国际大公司合作的技术先进、规模较大、有发展后劲的企业。先后建立闵行、虹桥、漕河泾3个经济技术开发区，区内投产运营的企业已取得较好经济效益。浦东新区开发进入实质性启动阶段，各项前期准备工作全面展开。

"七五"时期，本市的对外经济技术合作取得很大进展。技术引进项目成交金额累计达7.77亿美元，对加快企业技术改造步伐和增强生产发展后劲，起到了推动作用。"七五"时期，本市共签订对外承包工程和劳务合作合同302个，合同金额3.33亿美元，实际完成营业额1.75亿美元。

"七五"时期，上海的国际旅游业发展势头良好，共接待来自世界150多个国家和地区的旅游、参观、访问及从事各项交流等活动的海外旅游者389.22万人次，比"六五"时期增长68.1%；旅游创汇45.19亿元(外汇人民币)，比"六五"时期增长2.6倍。

城市基础设施建设跨上新台阶
投资环境日益改善

"七五"时期是建国以来上海城市建设发展最快的时期。上海针对城市规划、建设、管理中的薄弱环节，集中力量加强城市基础设施建设，健全各项管理和服务工作，为"八五"建设打下了良好基础。

"七五"时期，上海城市规划、建设和管理体制进一步理顺，市、区分权明责，调动了各区积极性、形成比较合理的市、区二级管理体制。颁布了《上海市城市总体规划方案》，并完成中心城11个分区、56个新居住小区和部分改造地区详细规划的编制工作。

1986-1990年，全市用于电力、交通、邮电、市政设施、公用事业等方面的城市基础设施投资共165.27亿元，比"六五"时期增长2.3倍，占全社会固定资产投资总额的比重由"六五"时期的12.1%，提高到"七五"

时期的16.2%。

一大批与发挥城市功能和改善人民生活密切相关的供排水、煤气、交通、环境卫生等设施相继建成使用。新建铁路上海站、延安东路越江隧道、沪嘉高速公路、莘松高速公路等重大市政工程，改建一批市内道路和郊区公路，交通条件得到改善。建成浦东煤气厂一期工程和黄浦江上游引水一期工程，完成市内电话7位拨号改造工程，全市电话交换机总容量增加到74万门，新辟、延伸、调整近300条公交线路，新增出租汽车4200余辆，提高了公用事业的供应能力和服务水平。建成彭浦、田林等12个排水系统，新建、扩建龙华、曹杨等6座污水处理厂，使城市排水和污水处理能力有了明显提高；建成老港废弃物处置场等环卫设施，黄浦江上游地区排污总量得到进一步控制。市区绿化覆盖率由1985年的9.7%上升到1990年的12.4%，城市生活环境有所改善。郊县城镇、村镇的市政基础设施初具规模，26个城镇的道路骨架正在形成，部分城镇居民用上了煤气，35个城镇和154个乡集镇全部实现了“自来水化”，65%的郊县人口已饮用自来水。

与此同时，利用外资建设的地铁、南浦大桥、合流污水治理、虹桥机场扩建等重大项目正在抓紧建设，从根本上改变上海城市基础设施严重落后的状况已经有了良好的开端。

科技实力继续增强，教育、文化等社会事业有了新发展

(一) 科技。

“七五”时期，是上海40年来科技成果产出最多的时期，科技水平在全国继续保持领先地位。5年来，科技机构成倍增加，科技队伍不断壮大，成果推广应用率逐年增长，有力地促进了上海经济和社会的发展。

1990年末，本市全民所有制科研单位有各类专业技术人员86.16万人，比1985年增长55.7%，其中自然科学专业人员45.11万人，增长21.3%；社会科学专业人员41.05万人，增长1.3倍，形成了一支技术力量比较雄厚、研究水平比较高的科研队伍。

广大科研人员团结协作，取得了10087项重要科技成果，比“六五”时期增加83.8%，其中不少科技成果达到了国际先进水平。“七五”时期，上海在组装MD−82飞机、设计制造卫星发射装置、生物技术、新型材料、自动化控制等高技术领域，均取得新的进展，已初步形成微电子、电子计算机、光纤通信等高技术的产业基础。科技成果向生产部门转移的速度加快，科技成果推广应用率从1985的78.7%提高到1990年的82.9%，通过组建科研生产联合体和重点项目科技攻关等形式，积极帮助企业实现技术进步，有力地促进了生产的发展。

社会科学领域坚持理论联系实际，针对本市经济社会发展和改革开放中的重大问题，提出了一批有质量的研究成果。

(二) 教育。

“七五”时期，上海教育事业贯彻中央提出的“百年大计，教育为本”的指导方针，按照国民经济发展的要求进行结构调整，继续为全国培养和输送了各类人才。高等教育强调了社会主义的办学方向，在调整和改革中增强了为经济建设服务的能力，初步形成多层次、多形式、学科门类比较齐全的体系。1990年末全市在校研究生9568人，比1985年增长14.8%；普通高等学校在校学生12.13万人，比1985年增长12.4%。1986−1990年累计，全市共毕业了15.25万名高校本科、专科生和1.55万名研究生。中等教育结构得到调整，普通中学在校学生基本稳定，各类中等专业学校在校学生得到增加，1990年达6.17万人，比1985年增长4.2%。全市学龄儿童入学率达到99.93%，九年制义务教育已经普及。同时，成人教育和技术培训也有了新的发展，形成以岗位培训为重点的新格局。

(三) 文化。

“七五”时期，上海的各类文化设施不断增加，文化事业在整顿中保持繁荣。“七五”时期，全市电影院、影剧院增加62个，文化馆增加6个，公共图书馆增加5个，博物馆增加1个，电视发射台增加3座，广播电台节目增加2套。5年间共摄制电影故事片82部。成功地举办了二届国际电视节，提高了上海的国际声望。为提高出版物的质量，“七五”后期对一些书刊的出版发行进行了清理和整顿，1990年全市出版发行各类图书、杂志、报刊的总印数比1985年减少25.3%。

(四) 卫生。

“七五”时期，上海的卫生事业有了新的发展，医疗技术水平显著提高，医疗条件不断改善。1990年末，全市共有各类医疗卫生机构7690所，比1985年增加445所，其中医院增加57所，医院病床达6.21万张，增长16.7%。一批区、街道地段医院得到改造，缓解了居民求医难的矛盾。拥有专业卫生技术人员11.84万人，增长13.6%，医生队伍的素质也有一定的提高。由于重视预防保健和卫生监督监测工作，传染病总发病率有所下降，人民体质明显增强，市民的平均期望寿命已跨入世界发达国家和地区行列。

(五) 体育。

“七五”时期，上海的体育事业取得令人瞩目的新成就。五年中，上海体育健儿在国内外体育大赛中有16人26次破17项世界纪录，62人139次破81项全国纪录，，461人980次破687项全市纪录。1990年在北京举行的第十一届亚运会上，上海运动健儿取得了优异成绩，有30人在15个项目中夺得45枚金牌，14人在8

个项目中夺得16枚银牌，奖牌总数达66枚。

居民收入增长较快 生活水平显著提高

“七五”时期是上海城乡居民生活改善最多的时期。在生产发展的基础上，人民生活水平和消费水平不断提高，开始由温饱型向小康型过渡。

1990年全市职工平均工资为2917元，比1985年增长1.17倍，年均递增17%；1990年农民人均纯收入为1665元，比1985年增长1.07倍，年均递增16%。1990年全市城乡居民平均消费水平达1934元，扣除物价上涨因素，比1985年增长19.3%，年均递增3.6%。

市民消费结构发生明显的变化，不少家庭由以粮食为主的“主食型”转向讲究营养丰富的“副食型”，衣着消费追求中、高档的趋势日益增强，彩电、冰箱、洗衣机、录像机等耐用消费品大量进入普通居民家庭。同时，居民消费领域不断扩大，对文化教育、体育、娱乐及旅游的需要日益增多，显示出上海人民精神文化生活的丰富多彩。

城乡居民的居住条件日益改善。“七五”时期，全市城镇住宅建设投资达112.24亿元，比“六五”时期增长1.8倍；建成住宅建筑面积2245万平方米，比“六五”时期增长10.9%。建成5个完整的居住区，解决了一大批居住困难户的住房问题，市区人均居住面积由1985年的5.4平方米提高到1990年的6.6平方米，郊区农民的居住条件也得到明显改善。民用煤气得到较快发展。1990年市区家庭煤气普及率为57%。市区和部分城镇已达到“基本无黑烟”，全市近半数的街道成为“安静小区”，居民的生活环境质量进一步得到提高。

城镇就业继续扩大。1990年末，全市职工人数为507.06万人，比1985年增加14.51万人，其中全民所有制单位职工增加13.1万人，集体所有制单位减少3.85万人，其他所有制单位增加5.26万人。

城乡居民储蓄大幅度增加。由于收入增加，使大部分职工、农民家庭收支相抵后仍有积余。1990年末，全市城乡居民储蓄存款余额达252.22亿元，比1985年增长2.6倍。

人民物质文化生活情况

	单 位	1985年	1986年	1987年	1988年	1989年	1990
居民人均消费水平	元	961	1108	1213	1562	1837	
职工平均年工资	元	1344	1593	1797	2181	2512	2917
农民人均年纯收入	元	806	937	1059	1301	1520	1665
市区人均居住面积	平方米	5.4	6.0	6.15	6.3	6.4	6.6
年末全市人均储蓄额	元	576	738	963	1119	1516	1965
每万人口拥有商业网点数	个	87	85	93	100	101	98
每万人口拥有商业人员数	人	441	445	458	502	530	518
每百人每天拥有报纸	份		45	50	47	34	35
每百人每年拥有杂志	册	2850	2478	2524	2120	1471	1353
每万人拥有大学生	人	89	95	98	102	99	94
每万人拥有医院床位数	张	44	44	45	47	48	48
每万人拥有医生	人	40	40	40	43	45	45

注：1. 商业指零售商业、饮食业和服务业的总称。
2. 1990年工资总额中包括肉类价格补贴。

综上所述，过去5年上海和全国一样，国民经济保持一定增长，各项事业蓬勃发展，人民生活明显改善，经济和社会面貌发生了深刻变化。在取得这些成就的过程中，上海遇到不少矛盾和困难，工作中也有过缺点和不足，但上海人民终究走过来了。从这一点来看，过去五年的实践，其意义不仅仅在于已取得的成就，更在于它锻炼了处于历史转折时期的上海人民，增强了全市人民振兴上海的历史责任感和使命感。

90年代是上海国民经济和社会发展的关键时期，上海既面临严峻的挑战，又存在许多良好的机遇。根据我国社会主义现代化建设的第二步战略目标《上海市国民经济和社会发展十年规划和第八个五年计划纲要》提出的今后十年上海总的战略思想和战略目标是：振兴上海，开发浦东，服务全国，面向世界。按照全国十年规划和第八个五年计划的要求，以提高经济效益为中心，积极调整经济结构，努力实现国民生产总值比1980年翻两番，人民生活达到小康水平，力争把上海建设成为外向型、多功能、产业结构合理、科学技术先进、具有高度文明的社会主义现代化国际城市。

（执笔：李 锐 屠卫东）

市　长：王荣炳
副市长：李英俊（常务）　沃丁柱（达斡尔族　文教）　诸吉焰（农业）　邹永昌（工交）　范仁信（城建）　钟裕辉（经贸）

王荣炳市长，1943年11月出生，江苏吴江人，中共党员，大学文化。1966年9月参加工作，历任南京无线电厂车间副主任及主任、厂质量管理办公室副主任、副厂长，中国南京无线电公司总经理、党委委员，南京市人民政府常务副市长、市委常委、代市长、市委副书记。1990年3月，在南京市第十届人民代表大会第三次会议上选为市长。

“七五”计划在南京

□ 王佶嫄　潘信富

“七五”期间，全市人民发扬“求实、创新、团结、奋斗”的“南京精神”，以经济建设为中心，深化改革，扩大开放，克服了宏观经济两次膨胀、两次紧缩带来的困难，使南京市经济建设和社会事业仍保持了较快的增长速度，主要指标都达到或超过了“七五”计划目标。1990年完成工农业总产值231.30亿元（按80年不变价，下同），比1985年增加94.26亿元，年均递增11%；完成社会总产值389.3亿元，比1985年增长60%，年均递增9.9%；国民生产总值151.70亿元，比1985年增长35%，年均递增6.2%；人均国民生产总值3040元，比1985年增长73.8%，年均递增7.0%；国民收入122.80亿元，比1985年增长76%，年均递增12%；地方预算内财政收入21.42亿元，比1985年增长53.7%，年均递增9.0%，增幅比“六五”时期高出2个百分点。

工业生产规模扩大　重化结构更趋突出

“七五”时期，南京市从本地特点出发，注重发挥大中型企业多、科技力量强、工业结构偏重等优势，纵向挖掘、横向开拓，使全市的工业生产有了长足发展，整体水平跃上了一个新的台阶。突出的表现是生产规模的扩大和行业结构的变化。

（一）工业生产规模扩大，对国家的贡献增多。1990年完成工业总产值217.5亿元，比1985年增长73.8%，年均递增11.7%；实现利税29亿元，比1985年增长11.5%，年均递增2.2%；“七五”期间累计实现利税比“六五”期间增长52.5%。对国家的贡献与年俱增，1990年上交利税22.5亿元，比1985年增长14.4%；5年累计上交利税100.9亿元，是“六五”时期的1.46倍。“七五”期间，共完成工业建设投资120多亿元，新建、扩建30个大中型建设项目，其中有全国特大规模的30万吨扬子乙烯工程、我国电子行业最大的、年产平面直角彩色显像管及其配套偏移线圈的华飞彩色显示系统有限公司等。这些项目技术起点高，产品市场好，与南京市原有的工业优势相融合，不仅优化了经济结构，也使全地区工业优势更加突出。

（二）工业经济结构日趋合理，出现了5个转化。一是生产组织正向集约化规模经济转化。全市乡及乡以上工业企业平均拥有的固定资产原值由1985年的285万元增至1990年的550万元，平均每个企业年工业产值超过500万元，比1985年增长40%以上；形成了一批重点骨干企业和企业集团，至1990年末，全市大中型工业企业已发展到164家，比1985年增加48家。大中型工业企业的总产值、固定资产原值、实现利税分别占全市的69%至80%。全市围绕电子、建材、纺织、机械等支柱产业，已组建18个企业集团。二是产品结构向“名、优、新”转化。5年中，累计获国家金银质奖55枚，优质产品产值以年均22%的幅度递增，

1990年达51.1亿元，优质品产值率由1985年的15.9%升至1990年的25.5%。新产品产值以年均16.1%的幅度递增，1990年达34.8亿元，新产品产值率由1985年的13%升至1990年的17.4%。三是企业经营向外向型转化。1988年国务院批准南京市及所辖江宁、江浦、六合3县正式列入沿海经济开放区，1990年又批准南京市实行计划单列，为南京市加快外向型经济发展提供了有利条件。至1990年，全市出口产品产值已达18.6亿元，占全市工业总产值的比重已由1987年6.4%升至9.3%。全市已有纺织、缝纫、石油加工、机械电子、化学等6个行业年出口产值超亿元。四是产业结构正由传统产业向新兴产业转化。“七五”时期，南京市电子通讯设备制造业、化学工业、汽车制造业、石油加工业等技术密集产业分别以年均22.7%、21.6%、19.8%和11.7%的幅度递增。这4个行业的总产值已占全市工业总产值的一半，比1985年增长11个百分点，并与机械、纺织业一起成为南京市新的支柱行业。五是工业内部结构向基础类转化。工业重型结构的态势更趋突出，以产值计，重工业占全市工业的比重由1985年的63.9%升至1990年的69.8%；在重工业内部，基础工业的比重增大，原材料工业以年均16.5%的幅度递增，超过制造工业11.1%的增幅，所占重工业的比重比1985年上升了6.3个百分点。

农村经济有所发展　乡镇企业实力增强

“七五”期间，南京市农村经济有所发展，经济实力增强，农民生活得到改善，但同时也呈现出一定程度的不稳定性，一些主要农副产品产量增长缓慢或徘徊不前，生产发展后劲不足，运行机制有待完善。

（一）产值增幅减缓，产量有增有减。从1985年到1990年，按1980年不变价计算的农业总产值由11.9亿元增加到13.8亿元，年均递增3%；按现价计算的农村社会总产值由36.1亿元增至82亿元，年均递增17.8%；农业净产值由10.1亿元增至16.5亿元，年均递增10.3%；农村经济总收入由34.5亿元增至68.5亿元，纯收入由15.8亿元增至22.8亿元，年均递增分别为14.7%和7.6%。

“七五”期间，全市主要农副产品产量增减变化大体有四种类型：第一类为稳定增长型，如蔬菜、茶叶、奶牛和牛奶、水产品、禽蛋等。第二类为滑坡型，如棉花、蚕茧，1990年产量虽比上年略有回升，但与1985年比，分别下降46.4%和22.6%。第三类为徘徊型，如粮食、油料、生猪，5年中有升有降。1990年与1985年相比，粮食下降0.2%，油料增长0.2%，生猪饲养量增长10.4%，其他如水果、家禽也属于这种类型。第四类为起落型，主要是麻类，大起大落，1987年产量高达19089吨，1990年仅为1871吨。上述四种类型中，影响最大的当属粮食生产。徘徊不前的主要表现，一是发展速度缓慢，产量年均递减0.04%，远低于“六五”时期年均递增4.7%的速度。二是种植面积减少，1990年粮食播种面积比最高的1984年减少32480公顷。三是单产水平提高不快，1990年平均亩产359公斤，与1985年持平，1987—1989年平均亩产还低于1985年。四是人口增长使人均占有粮食水平下降。1990年与1984年相比，人口增加41.1万人，人均占有粮食减少58公斤。

（二）农村产业结构调整取得成效。在乡村劳力结构中，1985年第一、二、三次产业比例为7.54:3.27:1，至1989年改变为4.86:2.25:1。“七五”期间新增的9.7万乡村劳力中，第一产业仅接纳0.99万人，第二产业消化2.82万人，第三产业吸收5.89万人。第一产业劳动力的比重降至60%以下。在农村社会总产值中，工业总产值的比重由1985年的42.4%升至1990年的52.2%；农业总产值所占比重则由43.5%降至37.2%；建筑、运输、商业饮食业虽有所发展，但比重略有下降。在农业内部，畜牧业、副业和渔业比重上升，种植业、林业下降。按可比价格计算，种植业产值比重由65.5%降至59.4%，林业产值比重由2.8%降至1.5%，而畜牧业比重则由24.5%升为27.3%，副业由3.9%升至7.1%，渔业由3.3%升至4.7%。

（三）乡镇企业实力增强。乡镇企业产值由1985年的15.11亿元增至1990年的42.8亿元，增长147%；利税总额由1.77亿元增至2.2亿元，增长29.4%；固定资产原值由5.37亿元增至14.1亿元，增长127%；出口供货值则由0.5亿元增至1.71亿元，增长242%。乡镇工业产值占全市工业总产值的比重由1985年的11.4%升至16.08%，占同期县郊农副工总产值的比重由1985年的53.2%升至1990年72%。乡镇企业的发展有力地支援了农业。“七五”期间全市乡镇企业上交的税金占各县郊财政收入32%到70%，占乡镇财政收入的85%至90%；5年中，用于文教、计划生育、集镇建设、福利事业等社会事业的费用达1亿多元，提供以工补农、以工建农基金1.3亿元。郊县农业投入的来源主要依靠乡镇企业。

基本建设成就显著　投资环境日益改善

“七五”期间，南京市在基本建设、更新改造领域贯彻改革、发展、提高的方针，特别是在治理整顿中，狠抓控制投资规模，调整投资结构，加强重点建设，改革投资管理，取得了新的成就。

（一）投资环境进一步改善，积累率逐年上升。“七五”期间，用于城市基础设施建设的投资达33.4亿元，是“六五”的3.1倍。电力方面，投资8.5亿元，比“六五”增长2.8倍，新建了一批电厂，总规模为发电机组容量80万千瓦；邮电通讯方面，建成电话装机容量50240门，比“六五”末增加16180门；供水方面，新建扩建了一批水厂，使自来水日生产能力达112万吨；城市道路方面，新建了一批道路、桥梁，改造拓宽了一批道路，缓解了市内部分地区交通拥挤状况，使城市的综合服务功能进一步增强。

南京市“七五”积累总水平为49.5%，与“六五”时期的34.4%相比，升幅较大。其主要原因是消费增幅回落，使消费占国民收入使用额的份额下降，消费与积累的比例由“六五”的1.9: 1变为“七五”的1: 1。同时，也有国家生产力布局的影响、因近几年来市场疲软而形成的流动资金积累增高以及国民收入增幅低于积累增幅等原因。

（二）基本建设、更新改造取得成就。“七五”期间，全市固定资产投资完成191.7亿元，比“六五”增长2.1倍，年均递增15.6%，是建国以来完成额最多的时期。其中，全民基建投资完成139.8亿元，比“六五”增长2.3倍；全民更新改造投资完成42亿元，比“六五”增长2倍。5年中，全市新增固定资产168.9亿元，比“六五”增长3倍。一批基建和更新改造项目的建成投产，使南京市的经济实力进一步增强。工业建设方面，完成投资181.4亿元，比“六五”增长4倍，所占比重由“六五”的58.3%升至94.6%。5年来在交通、商贸、科技教育等方面也进行了大量投资。

（三）重点建设速度加快，投资方向得到调整。“七五”期间，国家在南京市安排的23个重点大中型建设项目，总投资规模为134.08亿元，5年累计完成投资89.52亿元，比“六五”增长4.4倍，占同期全市投资总额的46.7%。“七五”期间，投资方向转向了能源、交通、原材料等基础产业和城市基础设施建设。在23个重点项目中，含能源项目4个，交通运输项目4个，原材料项目6个，电子项目1个，支农项目1个，教育科研及与人民生活密切相关的项目6个。为确保重点大中型建设项目的顺利进行，成立了项目领导小组，加强领导、协调和服务，取得了较好的投资效益，建成投产率达65.22%，高出“六五”5.96个百分点。这些项目建成投产后，形成了新的生产能力，增强了南京市经济发展后劲，每年可新增利税总额23.62亿元。

对外开放不断扩大　国际旅游势头良好

（一）外贸出口持续增长。“七五”累计出口商品供货值60.36亿元，比“六五”增长1.4倍，年均递增22.7%，高出同期工农业总产值增幅11.7个百分点，使南京市经济的外向程度进一步提高。南京市实行计划单列后，外贸开始从收购型向自营出口型转变，自营出口量增加较快，继1989年完成出口创汇3069万美元之后，1990年跃升至12930万美元。全市出口供货额在200万元以上的产品达65个，其中千万元以上的产品有14个，显示出出口创汇的潜力。

“七五”期间，随着南京市总体生产水平的提高，出口商品结构进一步改善，即从以初级产品为主转向以加工制成品为主，出口工业制成品的比重由“六五”末的58%升至1990年的97%以上。石化、电子、机械、仪表、轻纺等行业已逐步成为南京市出口创汇的支柱行业。其中，尤以机电产品出口增长最快，1990年出口供货达5.1亿元，比“六五”末增长18倍。

（二）外商投资企业发展迅速，投资结构较为合理。南京市自1984年开办第一家外商投资企业起，至1985年底，共批准外商投资企业19家，合同总投资1217万美元，其中合同外商投资额407万美元，工业生产项目仅占50%。进入“七五”后，外商直接投资进一步加快，5年累计批准外商投资企业126家，合同外资额6.65亿美元，其中，合同外商投资额2.69亿美元，1000万美元以上的项目有7个；生产性项目占91.3%。在吸引外商直接投资方面，已形成了两个基本特点：一是初步形成了一个较大的吸引面，投资者来自14个国家和地区，分布在全市轻工、电子、机械、化工、纺织、房产等12个行业；二是初步形成了技术、资金密集与劳动密集、大中小项目并举的引进格局。特别是在引进外资兴办大项目方面，已开始显示出南京市重化工业基地和多功能中心城市的综合优势与较大潜力。全市百万美元以上的大中型项目53个，占“三资”企业的80%。其中有投资总额1亿美元以上的华飞彩管、东方化工公司。至1990年末，全市已有66家三资企业投产，产销率达90%以上。1988年至1990年间，南京市外商投资企业已创汇2923万美元。

对外经济技术合作不断发展，至1990年末，南京市已承揽、执行了对外承包工程和劳务合同102项，向27个国家和地区派出劳务人员9551人次，累计完成营业额1.35亿美元；兴办或参与兴办37家境外非贸易性生产企业。

（三）国际旅游发展势头良好。南京市是全国四大古都之一，素有“江南佳丽地，金陵帝王州”之美称。改革开放以来，国际旅游业有了长足发展。“七五”期间，共接待国际旅游者106万人，比“六五”增加45.57万人，增长75.4%，年均递增11.5%；旅游外汇收入6.05亿元，比“六五”净增4.5亿元，年均递增20.5%。

科技事业生机勃勃　社会事业持续发展

1987年，南京被确定为科技体制改革试点城市。南京市制定并逐步落实了一系列配套政策，全市科技事业呈现出勃勃生机；文、教、卫、体事业发展迅速。

（一）科技事业成果较丰。1986年至1990年，南京市科技人员从19.13万人增加到30.75万人，其中，自然科技人员由12.93万人增至17.03万人，社会科学人员从6.2万人增至13.72万人。1990年独立的全民研究与技术开发机构110个，其中自然类99个，社会人文类11个，这些机构拥有科学家和工程师1.4万人，比1986年增长22%。在宁高校有研究、科技开发机构125个，机构中从事研究开发的人员3407人。企业技术开发进展明显，至1990年末，全市大中型企业设有专门技术开发机构169个。

"七五"期间，南京市科技经费来源由过去单纯靠政府拨款变为多渠道筹集，并逐年增加。全民科研机构的科研经费收入由1986年的2.11亿元增至1990年的4亿多元，其中政府拨款由1.38亿元减至1.36亿元，事业收入由0.44亿元增至1.67亿元，贷款则由235万元增至2183万元。大中型工业企业技术开发经费筹集额从1986年的2.57亿元增至1990年的3亿多元，其中企业自筹经费比重由26%升至69%，表明企业依靠科技进步的意识增强。

5年来，科技成果颇丰，仅1987年至1990年4年间，就获重要科技成果奖1340项，其中，国家级奖励489项、部省级奖励629项，一大批科技成果接近或达到国际先进水平。

自1987年实施科技体制改革试点以来，南京市从创造吸引科技的良好环境、充分发挥科研机构的优势和潜力、促进人才与智力流动、搞活技术市场等四个方面进行改革，取得了一定成效。一是科研机构内部改革成效显著。至1989年，107家全民科研机构中有17家实现了经济自主，部分削减事业费用的37家，实行所长负责制和任期目标责任制的84家，实行课题承包责任制的71家，实行课题经济核算的78家，实行技术职务聘任制的91家。二是科研机构与生产企业横向联合加强。1989年有7个研究机构进入大中型企业，3个部属电子研究所进入中山集团。科技长入经济，为企业提供了强大的技术后盾。1989年有6个科研所参加或成为行业技术开发中心，有4家领办承包企业，有4家与企业联合组成工程技术配套公司，有22家与企业联合开发技术，还有20多家中小企业和乡镇企业被改建成科研院所和高校的中试基地。三是逐步形成一个较完善的、功能配套的、辐射力较强的开放型的技术市场体系。1988年至1990年间，签订技术合同17859份，技术交易额5.86亿元。在搞活本地技术市场的同时，还参加了苏、皖、赣三省18个地市技术市场网络，促进了科技成果的交流。

（二）社会事业有了新的发展。在教育事业方面，全市29所地方高校在教育体制改革中开拓进取，"七五"期间培养出研究生1.05万人，本科和专科毕业生8.67万人，是建国以来毕业生最多的时期。同时，通过夜大、函授等形式多渠道培养出本、专科毕业生1.56万人。中等教育结构日趋合理，至1990年末，全市已有普通中专校44所，成人中专校46所，普通中学369所，农、职业中学27所，技工学校39所，在校学生31.22万人。初等教育和学前教育均衡发展，至1990年，全市3—6周岁儿童入园率为78.3%。全市小学毕业生升入初中的比率达93.9%，五县达89%。

在文化事业方面，至1990年末，全市有各类报纸25种，杂志215种，电影放映单位382个，艺术团体16个，公共图书馆19个，群众艺术馆、文化馆（站）62个。在原有2个电视台和2个广播电台的基础上，又新建开播了经济广播电台。新建影院14个。

在卫生事业方面，至1990年末，全市千人拥有卫生技术人员6.8人、床位3.4张，群众看病难、住院难、手术难的状况有所缓解。1986年成立的"南京儿童心理卫生研究中心"被世界卫生组织任命为目前世界唯一的儿童心理卫生科研和培训合作中心，承担着改善儿童环境，提高民族素质的科研、应用、社会服务和人员培养等任务。全市基本实现了以卫生院为接种点的计划免疫门诊，儿童的四苗覆盖率1990年提高到85%。经中央爱卫会专家组考核，南京市率先在国内成为无臭虫害城市。农村改水工作进展较快，"七五"期间共投资6000多万元，有71.2万人受益，自来水普及率达44.2%。各区、县先后实行了计划生育技术全行业管理，开展了优生优育咨询和技术指导。在迎亚运、创建卫生城市活动中，南京荣膺全国十佳卫生城市称号。

在体育事业方面，5年中，南京籍运动员在国际、国内重大比赛中共获得奖牌453枚，创造了建国以来的最好成绩。在举世瞩目的第十一届亚运会上，南京籍运动员获6枚金牌、1枚银牌。

人民生活显著改善　社区服务形成网络

"七五"期间，随着改革开放步伐的加快，国民经济稳步增长，人民群众也得到了较多的实惠。

（一）城乡人民收入增加，实际生活水平提高。至1990年末，城市居民家庭月人均生活费收入达125.6元，比"六五"末的64.4元提高了近1倍，剔除物价因素仍以年均2.0%的幅度递增。郊县农民人均纯收入1990年达886元，比1985年增长67.2%。城乡居民的消费结构发生了显著变化。

（二）居民居住条件得到明显改善。"七五"时期，全市用于住宅建设的投资22.9亿元，比"六五"增加10.3亿元，增长81.3%；住宅竣工面积787万平方米，全市人均居住面积由"六五"末的6.1平方米增至"七五"末的7.1平方米。5年中有15万户居民喜迁新居。至1990年，全市1万平方米以上的住宅小区已达56个。郊县农民有34.3万户新建了住房，居住条件有较大改善，人均使用面积由18.4平方米增至24平方米。

徐 州 市

市　长：王武龙

副市长：王希龙（常务）　刘瑞田（计划、经贸）　苗敬柱（科技）　汪为群（文教卫生）　丁养华（农业）　曹开林（乡镇企业、公安）　李　仁（工交）

王武龙市长，1942年2月22日出生。1965年3月加入中国共产党。1967年8月毕业于南京林学院。历任徐州电解化工厂技术科长，市化工研究所副所长，气体厂副厂长，徐州化工厂党委书记。1981年晋升为工程师。1983年3月起先后任中共徐州市委常委、市委副书记、市政府常务副市长、代理市长。1990年3月当选为市长。

徐州市“七五”经济社会发展成就回顾

□ 蔡芳基

1990年，我国第七个五年计划的最后一年，岁当2563年的古城徐州，老当益壮，走过了她历史上发展最快的时期，日益显露出重焕青春的魅力。“七五”时期，徐州市闯过了国民生产总值百亿元大关，工业总产值跨入了全国百亿元城市之列；这一时期，徐州市的城乡建设突飞猛进，大城市的气派日见雄伟；全市科技教育、人民生活、交通贸易、环保绿化等各个领域都有了长足的进步。5年间，徐州市先后荣获“全国双拥模范城”、“全国绿化先进市”、“全国田径之乡”、“全国历史文化名城”和“省级卫生城”等一批光荣称号。

经济建设成绩显著

（一）国民经济全面发展，综合实力明显增强。

1990年，徐州市国民生产总值达到103.31亿元，超额17.8%完成“七五”计划指标，比1985年增长86%，年平均递增13.2%，国民收入由1985年的48.7亿元增加到90.03亿元，增长85.4%，年均递增13.1%；工农业总产值按80年不变价计算达到137.6亿元，比“六五”末增长67%，年递增10.8%；全市财政收入1990年达到10.23亿元，5年累计完成41.3亿元，为“六五”时期的1.8倍。全市一、二、三次产业比例关系由1985年的39.9：42.8：17.3改变为34.3：42.3：22.9。

（二）农业生产稳定提高，多种经营步伐加快。

“七五”期间，徐州市农业生产水平提高较快，1990年全市农村社会总产值现价为136.9亿元，比1985年增长1.48倍，年均递增19.9%。其中农业总产值现价为61.7亿元，比1985年增加近30亿元，年均增长13.3%。5年中粮食产量总计达到198.7亿公斤，比“六五”期间增产21.8亿公斤，人均粮食占有量5年连续超过千斤；棉花总产累计为33万吨，油料累计总产36万吨，分别为“六五”时期的1.15倍、1倍和1.06倍。“七五”期间，徐州市向国家提供粮食31.7亿公斤，棉花26万吨，植物油8万吨。

“七五”时期，徐州市认真贯彻“绝不放松粮食生产，积极发展多种经营”的方针，大力推动农村多种经营和非农产业的发展。1990年全市多种经营产值占农业产值比重由1985年的31%提高到41%，农村非农产业的比重则由“六五”末的39.3%上升到53%，再次超过农业的产值比重。目前全市农副产品商品率已达58.3%。

（三）工业经济再上台阶，产业结构有所改善。

“七五”期间，徐州市通过增加投入，推进技术进步，工业生产持续发展。1990年全市工业总产值由1985年的56.3亿元增加到107.7亿元（1980年不变价。如按90年不变价则为153.3亿元），年递增为13.4%，提前两年完成了“七五”计划指标。纵向对比有了明显的变化。

工业经济实力稳步增强。"七五"期间累计工业投入34.3亿元，新增主要生产能力有：电力装机容量87万千瓦，原煤470万吨，化肥15万吨，水泥100万吨，卷烟18万箱，汽车收放机40万台，焊管10万吨，洗衣粉5万吨。1990年全市工业固定资产原值已达90亿元，比"六五"净增42.9亿元。工业企业的集中程度明显提高，1990年徐州市拥有大中型企业70家，比"六五"末增加23家，其固定资产原值和工业产值分别占全市乡以上工业企业的70%和46%。企业素质有所改善，徐州重型机械厂晋升为国家一级企业，合成洗涤剂总厂等8家工厂晋升为国家二级企业，另有50家工厂跨入省先进企业行列，101家被评为市先进企业。"七五"期间徐州市乡镇工业发展较快，企业总数由"六五"末的1.8万个增加到6.2万个，产值达到48.89亿元，比1985年增长2.8倍，占全市工业总产值的31.9%。

工业结构调整初见成效。"七五"期间，徐州市针对工业结构中原材料、初级产品多、深度加工和效益不高的深层次问题，着力对工业的产品结构进行了调整，取得了初步成效。目前全市轻、重工业产值比例大体稳定在各占一半的水平。在轻工业内部，1990年以非农产品为原料的轻工业占轻工产值比重由"六五"末的22.2%上升到28.6%，其中日用电子器具、日用电器工业有了可喜的发展，5年间年递增率分别达到28%和22%。重工业内部的结构变化主要表现在采掘工业比重连年下降，5年间下降了4.4个百分点。1990年徐州市重工业中采掘工业、原料工业、加工工业所占比重分别为22%、29%和49%。一批企业通过产品结构的调整取得了明显的经济效益，保持了全市工业生产的稳定发展。

技术改造进展顺利，产品质量明显提高。"七五"期间，徐州市共开发新产品1540项，其中已投产1092项，共推广新技术90余项，累计消化吸收国外先进技术25项。5年来徐州工业以提高产品质量为目标，立足于现有的企业和产品基础，引进、消化并举，使产品质量明显提高，产品质量的稳定提高率由1985的83%上升到1990年的89.3%。优质品率由11%上升到17.8%。5年间共获国家金、银质量奖5项，部优、省优产品奖349项次，创优夺牌总数相当于"六五"期间的两倍以上。

外向型经济取得新进展

"七五"期间，徐州市对外贸易不断扩大，1990年外贸收购额达到6.41亿元，比1985年增长1.88倍，年平均递增23.5%，所占国民生产总值的比重由3.98%上升到6.2%。出口产品结构发生了新的变化，工业出口收购额由1.44亿元增加到4.7亿元，使工业品出口所占比重由"六五"末的50%上升到70%。出口阵容日见壮大。5年间外贸收购值100万元以上的产品由27个发展到82个，出口超500万元和超1000万元的产品从无到有，并分别发展到24和13个。纺织、机械工业已成为我市出口创汇的支柱行业。徐州重型机械厂、合成洗涤剂总厂等10家企业年外贸收购额超过1000万元。利用外资步伐加快，5年间共建成和投产利用外资项目64个，实际利用外资5028万美元，比"六五"期间分别增长230%和350%。"三资"企业实现了零的突破，发展到31家，其中出口创汇超过百万美元的有5家。

区域贸易中心功能进一步增强

"七五"期间，徐州市城乡市场体系开始形成并逐步完善，特别是淮海经济区成立5年来，徐州市的市场机制得到进一步发育。1990年全市社会商品零售总额达到50.73亿元，比1985年增长83.5%，5年累计完成214亿元，为"六五"期间的2.1倍。是40年来发展最快的时期。

位于淮海经济区中心位置的徐州市，利用她优越的区位条件，在推动区域内联合协作的同时，进一步提高了自己贸易中心的地位。商品幅射范围达到17个地市、100多个县区，近20万平方公里。如今物资市场已具规模，基本形成了综合贸易与专业交流、定期活动与日常调剂、物资部门与生产企业"三结合"的区域物资市场体系的雏形。商品市场不断拓展，以徐州为基地的各专业公司、批发站、大型商场的联合体纵横联网，广泛开展互为窗口、互为市场的联营活动，5年来区域内总成交额达19亿元，促进了经济区内的商品流通，提高了徐州及淮海经济区产品的知名度。

为了充分发挥徐州作为商业流通中心的作用，市区加强了商业基础设施的建设。"七五"期间结合旧城改造，在市区主要干道两侧和重点地区，新建和扩建了兰天商业大厦、百货大楼、古彭大厦等24个大中型商业服务设施，建筑面积约37万平方米，基本形成了以淮海路为轴线，以大型商场为依托的市区东、中、西三大繁荣商业中心。5年间还建设了开明、牌楼二处综合中心市场、育红农付产品中心市场、宣武路小商品批发中心市场和10多处商业小网点中心。到1990年底，市区商业饮食服务网点已由1985年5049个增加到12124个，个体商业户由3492户增加到5325户，使"七五"期间成为我市商业网点建设开发最快的时期。

多功能综合运输网络已具雏形

"七五"期间，徐州市的交通运输事业发展迅速，一个以铁路为枢纽，水、陆、空各种运输方式紧密衔接，开放式多功能的综合运输网络已具雏形。在这个时期，完成了全国第二大铁路枢纽工程的建设，建成了徐州北三级十场编组站，使徐州铁路的货运和编组能力分别提高了50%以上；5年间新增等级公路2612公里，公路通车里程达到了5501公里；公路等级大幅度提高，其中二级公路由1985年的63.2公里增加到1990年的612.3公里，二级公路干线网基本实现，市县之间、县与县之间的干线公路基本达到二级路标准。“七五”期间徐州交通的营运能力迅速提高，到1990年底，全市机动车辆比1985年增加192%，客运开行线路达386条，比“六五”末增加85条，营运里程增长36.6%，日发班车达到1015对，营运范围扩大到6省市162个市县。全市已有97%以上的乡镇开通了客运班车。内河运输能力也有了长足的进步，通过京杭大运河徐州段的疏浚和沿岸万寨、邳县港、双楼港的扩建改造，使全市港口吞吐能力达到2100万吨，比1985年增长102%。地方民航建设有了良好的开端，“七五”期间新建了候机楼和停机坪，1986年开航以来，先后开辟了徐州至北京、上海、南京的航空线路。

邮电通讯能力大大提高

“七五”期间也是徐州市邮电通讯事业发展最快，业务量增长最大的时期。这期间，新增了邮电分局、支局7处，开通了徐州连云港960路微波通讯。徐州市为了加强对邮电通讯建设的支持，投资3500万元，建设了8000平方米的电信综合大楼，引进了程控市话交换机1.2万门和F-150程控长途交换设备300线，使市内电话装机容量由1985年的1.04万门增加到1990年的2.3万门，长途交换设备由150门增加到620门，分别增长1.1倍和3.1倍。1990年市话普及率由1985年的3.19部增加到4.24部，增长3%，长途线路由239增加到561条，增长1.25倍。长途电话直拨有权用户达到3669户，可直拨国内767个市县、世界182个国家和地区。市区和六县（市）城实现了程控电话联网，县、乡电话实现了半自动拨号，为我市发展外向型经济奠定了良好的基础。

城乡建设突飞猛进

“七五”期间，徐州市按照总体规划布局有计划地进行城乡各项建设，取得突破性的进展。这一时期经上级批准设立了新沂市和26个建制镇，使大中小相结合的城镇布局初具雏形。城市建设规模有了发展，城市建成区面积达到62.3平方公里，比“六五”末扩大10平方公里。“七五”期间，徐州市共完成投资额48.4亿元，加强了城市基础设施建设。一是加快了道路建设，5年投资3500万元，新建和打通了10条主次干道，随着市区建国路、解放路的拓宽改造和二环路的开通，市区已初步形成“井”字型主干道和内外环联通的交通框架，1990年人均道路面积达到了3.13平方米。下淀、复兴北路、复兴南路等9座公铁立交桥的建成通车，使城市桥梁增加到32座，打破了长期以来铁路分割市区的状况，极大缓解了城市交通的拥挤，提高了车速和通过能力。二是城市公用设施水平明显提高，1990年市内公共交通有了较快发展，公交营运线路由1985年的18条增加到28条，营运车辆达到了196辆，营运长度由263公里增到397.05公里，万人拥有公交车辆增加到3.2辆。城市供水能力由1985年的日供水16.34万吨增加到21万吨，市区人均用水量由97公升增加到150公升，供水紧张状况有所缓解。到1990年底，日供水20万吨的地面水厂土建工程已绝大部分完成，累计完成工作量1.37亿元。三是住宅建设保持了一定的发展水平。“七五”期间徐州市结合旧城改造和新区开发，新建和改建了住宅面积183.24万平方米，每年平均为36.65万平方米，其中新区开发占70%，旧城改造占30%。到1990年底，市区现有住宅面积为1058万平方米，居住面积为485.4万平方米，人均居住水平为6.1平方米，比“六五”末增加了1.16平方米。市区约1／7的住户喜迁新居。到“七五”末市区已建成湖滨、合群、黄河、王场、积翠新村等一批新的居民区，并完成了下淀、朱庄、沈场等近郊住宅小区建设，配套设施也日臻完善。今日的徐州市，登高远望，俯瞰市区，昔日荒芜的城郊出现了大片的崭新住宅，鳞次栉比，蔚为壮观，显现出一派大城市的气概。

园林绿化成绩斐然

“七五”期间，徐州市的园林绿化工作取得令人瞩目的成绩，开辟了以山（云龙山、泉山）、湖（云龙湖）、园（云龙公园、彭园）、塔（淮海烈士纪念塔）为主要景点的南郊风景区，总面积达到38平方公里。新建了别具一格的故黄河带状公园，长度达到7公里。1990年市区园林绿地总面积达到1324公顷，人均占有绿地面积3.34平方米，位居江苏省前列。1990年全市森林覆盖率达到19.2%，市区绿化覆盖率达到25.47%。徐州市是全国最早受到表彰的平原绿化先进市之一森林覆盖率在江苏省最高；农田林网化绿化覆盖率达91%，宜林山地绿化覆盖率达94%，村庄绿化覆盖率达57%，均位居江苏前列。徐州市人均林木蓄积量达到1.04立方米。绿化工作也使广大徐州人民受益非浅，植树种草的广泛绿化活动使环境质量大为提高，徐州的大陆性气候减弱，海洋性气候增强。年平均降水量增加了18毫米，年蒸发量减少了170毫米，空气湿度加大。夏季气温比50年代降低2℃。绿化使严重威胁农业生产的干热风、晚霜冻害等自然灾害明显减轻，“黄尘”天气业已消失，“沙暴”景象得到根除。全市人民的生活和生产环境大大改善。

人民生活水平继续提高

“七五”期间，徐州市人民生活水平随着经济的发展而不断提高，物质和文化生活有了明显改善。1990年全市职工平均工资收入达2179元，比1985年增加了959元，年均增长12.3%，是职工货币工资增长较高的时期。城镇居民人均生活费收入达到1529元，比1985年增加773元，平均每年增长15.1%。农民人均纯收入达到661.49元，比1985年增加了272.5元，平均每年增长11.1%。徐州市城乡居民储蓄大幅度增长，1990年末我市城乡居民储蓄存款余额达44.64亿元，为1985年末的4.56倍。

居民的消费水平不断提高，消费结构明显改变，居民吃、穿、用、住等方面发生了新的变化。根据200户住户生活调查，“七五”期间吃、穿、用年所占生活费支出比重分别为57.4%、14.1%和17.8%，与“六五”期间相比，吃的支出绝对数增加445.6元，穿的支出增加66.1元，用的支出增加140.2元，“六五”期间“一吃二穿三用”的观念改变为“一吃二用三穿”。“七五”后期，徐州市城镇居民的消费情况发生了质的变化。食品消费由以粮食为主的“主食型”向营养丰富的“副食型”转变，副食消费比重上升；穿着消费向服装多样化、款式新颖化、面料高档化发展；用的消费则向高档耐用消费品倾斜，钢琴、空调、录像机等已陆续进入了高收入居民和率先富裕的农民家庭。

回首“七五”，徐州人民豪情满怀，对未来充满了信心。“八五”规划和10年建设的蓝图已经制定，一个把徐州建设为“重要工业城市、繁荣的商业城市和区域中心城市”的进军已悄然展开，勤劳而坚毅的徐州人民一定要实现自己的既定目标，以崭新的姿态跨入21世纪。

连云港市

市　长：王稳卿
副市长：吴炳裔（常务）　高有为（财金、交通）　刘步生（农业、商业）　许维铭（外经贸）　周国林　程智培（城建、文教）

王稳卿市长，1944年12月生于江苏省丰县。1965年加入中国共产党。1969年8月毕业于中国科技大学。先后担任安徽省宿县地震台台长，江苏省东海县地震办公室主任、科委副主任、科协副主席、县委副书记、县长、县委书记。1985年任连云港市委副书记兼市委组织部长，1988年3月在连云港市第八届人代会上当选为连云港市市长。

经济建设和社会事业长足发展的五年

——连云港市“七五”建设成就概览

□ 李中军　江　华

“七五”期间，是连云港市经济建设和各项社会事业发展较快的时期。1990年全市实现国民生产总值49.31亿元，年递增12.4%；实现社会总产值110.29亿元，年递增15.6%；实现国民收入43.01亿元，年递增11.8%；实现工农业总产值87.60亿元，年递增9.2%，实现地方财政收入3.98亿元，年递增11.1%。全市的经济基础、经济实力和经济发展水平都上了一个新的台阶。

持续稳定发展的工农业生产

“七五”期间，连云港市一方面狠抓治理整顿、深化改革各项措施的落实，促进经济环境和经济秩序的好转；一方面着力解决在治理整顿过程中出现的新矛盾和新问题，千方百计稳定工农业生产。

在工业生产方面，实现了工业的适度增长。1990年全市实现工业总产值51.79亿元，与“六五”末相比，增长了71.6%，年递增率为11.4%，其中轻工业实现产值26.3亿元，重工业实现产值17.4亿元，年递增率分别为11.4%和9.2%。国营大中型企业发展较快，42个大中型企业1990年实现产值11.74亿元，较1985年增长了1倍，年递增率为16.1%。连云港港口1990年完成吞吐量1137万吨，较“六五”末增长22.3%。

农村经济，在“七五”期间有了新的发展。1990年全市实现农业总产值35.81亿元，较“六五”末增长26.8%，年递增率为4.9%，粮食生产“七五”期间年年丰收，总产量一直稳定在200万吨左右，1990年产量达到201.7万吨，创造了历史最高水平。棉花、油料的产量分别为1.67万吨和12.47万吨。1990年，连云港市和所辖赣榆、东海、灌云3县全部被国务院授予“粮食生产先进单位”的称号，赣榆和东海县的粮食、东海县的油料、灌云县的棉花分别跻身于全国“百强县”行列。“七五”期间，农村的多种经营生产，保持了稳定发展，1990年全市水产品产量达到9.1万吨，较1985年增长46.33%，生猪饲养量为199.78万头，三禽饲养量为1774万只，果品、蔬菜、烟草等产量较“六五”末都有较大幅度的增长。“七五”期间，乡村工业蓬勃发展，1990年全市乡村工业实现产值13.68亿元，与“六五”末相比，增长1倍多，年递增率为16.2%，全市已有乡镇企业3600多个，从业人员15万多人，占农村劳动力的12%以上。有12个企业获江苏省乡镇企业“明星企业”称号。

成绩斐然的重点工程建设

“七五”期间，连云港市把增加投入、提高投资效益、增强经济发展后劲作为经济工作的一个重要指导思想，取得了较大的建设成就。累计完成固定资产投资43.63亿元，是“六五”期间投资额的3倍。其中1990年完成固定资产投资7.47亿元，其中基建投资5.94亿元，技术改造1.49亿元，生产性投资占投资总额的86%。

“七五”期间的固定资产投向，以港口建设、交通、能源以及基础工业为主，通过5年来的努力，较好地完成了规划的建设任务，建成了一批重点建设项目。连云港港口扩建是国家重点建设项目，“七五”期间，累计完成投资12.2亿元，已建成三突提和两个2.5万吨级的木材专用码头，使港口的设计吞吐能力达到1645万吨。正在建设的全长6700米的拦海大堤已完成抛填3000米，预计到1992年建成，届时将形成30平方公里的新港池，可供新建100多个泊位，展现了港口建设的广阔前景。新海发电厂6期扩建工程，是江苏重点建设项目，新上两台20万千瓦的大型发电机组，已完成总投资5.22亿元，1990年第一台机组已建成并网发电，第二台机组将于1991年上半年建成，共新增发电能力24亿度，使全市电力供应较为紧张的状况得到缓和。新墟一级公路工程，是由港口通往市中心的重要通道，总投资4900万元，1990年已竣工通车，改善了交通状况。连云港碱厂是国家在“七五”期间重点建设的三大碱厂之一，总投资5.4亿元，设计生产能力为年产60万吨纯碱，1989年10月竣工投入试生产，使国内市场纯碱供应紧张的状况得到改观。

迅速崛起的外向型经济

连云港市是沿海开放城市之一，“七五”期间，外向型经济得到迅猛发展。1990年全市全社会出口商品总值达到6.05亿元，其中外贸系统完成外贸商品收购值3.89亿元，与1985年相比增长了近两倍。全市已有17个大类、162个出口产品；出现了13个创汇超过百万美元的创汇企业和冻对虾、貂皮、饲料、卫生纸、罐头等几十个创汇超过百万美元的出口产品。利用外资发展较快，“七五”期间累计签订利用外资协议90多项，实际利用外资近3亿美元，其中对外借款2.5亿美元，主要用于港口建设和通讯设施改造。外商直接投资5000多万美元，已兴办三资企业30多家，已投产开业的25家。外商投资中工业项目最多，占三资企业数的70%。1990年三资企业实现产值1.58亿元，出口创汇1102万美元。对外经济合作交流逐年扩大，合作对象已发展到日本、意大利、印尼、伊朗、也门、几内亚等许多国家，合作项目扩展到造船、筑路、渔业、派遣研修生等许多方面。连云港市还在香港、意大利、澳大利亚设立派驻机构，兴办了9个境外工商企业，取得了较好的投资效益。连云港市经济技术开发区在“七五”期间共完成基础设施投资1.3亿元，首批开发出包括两个生产小区的1.3平方公里，共建成地面建筑22万平方米，其中包括标准厂房以及服务中心、金融中心、展销中心以及宾馆、公寓。截止1990年底，区内已有三资企业和内联企业64家，实现产值1.35亿元，出口创汇564万美元。通过“七五”期间的努力，连云港市的投资环境日臻完善，铁路客运开通了至宝鸡、上海的直达快车，民航开辟了至北京、上海、广州的航班。特别是1990年9月，我国北疆铁路在阿拉山口与苏联铁路接轨，形成了一条东起连云港，西至荷兰鹿特丹的新亚欧大陆桥，连云港成为这条大陆桥的东桥头堡，日益受到国内外各界人士的重视，为进一步对外开放创造了难逢的历史机遇。

日新月异的城市面貌

“七五”期间，连云港市加强了城市的规划、建设和管理，增加市政投入，大力发展商业金融业，增强城市的综合服务功能，城市面貌发生了很大的变化。截至1990年，全市城市道路已达175.5公里，较1985年增长10.75%。公用自来水厂已有5座，供水管道总长度达662.3公里，较“六五”末增长65%，全年供水总量达6139万吨，增长69.7%，全市自来水综合生产能力则增长了1倍多，满足了生产和生活用水的需要。城市绿化也有了较大改观，全市公园面积31公顷，较1985年扩大50%，建成区园林绿地面积已达154公顷。值得一提的是，城市居民的煤气和液化气供应有了较快发展。“七五”以前，全市民用燃气几乎是空白，经过多方的努力，煤气、液化气已经成为城市居民的重要燃料，已建成一座日产气8万立方米的煤气供应站，全市使用煤气、液化气的居民已逾万户。

“七五”期间，连云港市的商业、服务业、金融业发展较快，促进了城市的繁荣兴旺。商业已经形成以国营商业、供销社为主体，以集体商业、个体商业为补充的日趋完善的流通体系。1990年实现社会商品零售额23.55亿元，收购农副产品12.8亿元，均较1985年增长了1倍。“七五”期间，还建成一批规模较大的临街高层商业服务设施。金融业发展很快，截止1990年，全市已有各级金融机构360多个。金融系统年末营业额达69.38亿元，较“六五”末增长1.66倍。

欣欣向荣的各项社会事业

随着经济建设的繁荣兴旺，连云港市的各项社会事业在“七五”期间也得到了协调发展，特别是科技、教育事业优先得到重视，发展速度较快。截止1990年，全市共有市级以上科研机构15个，其中部省属5个，市属10个，另有小型科研所和技术服务机构40多个，情报网站150多个。全市拥有各类技术人员5.4万人，占职工总数的13.2%，科技人员数量较1985年增长1倍多。五年间全市通过市级以上科研成果近600项，有100余项达到国内、省内先进水平。目前全市科研成果推广率已达75%以上，新产品研究成果投产率达95%以上，科技进步在工农业总产值中的份额达到25%以上。全市现有各类学校5000多所，教职工3.87万人，在校学生79.28万人，在校生较1985年增长26.67%。1990年，全市有高等院校5所，在校生3190人；中专技校11所，在校生4330人；普通中学268所，在校生14.54万人；小学校1597所，在校生34万人；职业技术学校25所，在校生9570人；幼儿园1933个，在园幼儿13.45万人；成人学校1295所。“七五”期间新建成的淮海工学院，是以应用科学为主的省属文、工、管综合型高等院校，现设十多个专业，面向苏北地区各市招生，在校生1100多人，几年来已经向社会输送了大批专业人才。

文化、卫生、体育事业也取得较好成绩。截至1990年，全市建有文化宫、文化馆站108个，农村文化中心86个，村级文化室1200多个，厂矿的俱乐部普及率也在50%以上。全市有电影放映单位247个，影剧院41个，新华书店23个，公共图书馆4个，博物馆2个，艺术表演团体6个，艺术学校1所。1990年落成的“东方影视中心”，是由中国电影发行放映公司和省市合资兴建的综合娱乐场所，主建筑为70毫米67声道立体影院1座，内设音乐喷泉、镭射放映厅、舞厅等，是目前江苏省功能全、规格高的娱乐中心之一。新闻广播、电视事业也有长足的发展，现有公开发行的报刊5种，内部发行报刊23种，电台和电视台各1座，有线广播站7个，卫星电视接收站7座，电视台共开设5个频道，传送6套节目。卫生事业有新的提高，全市现有各类卫生机构605个，其中各类医院115个，共设病床位6833张，较“六五”末增加了1458张。全市现有卫生工作者11260人，其中医护人员8734人。“七五”期间，全市医疗装备水平大大改善，添置了CT、人工肾、钴机等先进医疗器械，方便了人民群众的就诊。体育事业也取得了好成绩，群众性体育活动十分活跃，1990年，全市从事体育锻炼的人口已占全市人口的37%，中小学体育达标率为98.9%，所辖灌云县还被评为全国体育运动先进县。5年来，在省以上体育比赛中，共获奖牌355枚，其中金牌98枚。

日益改善的城乡人民生活

在经济发展的基础上，城乡人民群众的生活水平在“七五”期间逐年得到提高。1990年，城镇居民人均生活费收入为1380元，较“六五”末增长85.81%；职工人均年收入为1864元，较“六五”末增长80.8%；农民人均纯收入为733元，较“六五”末增长66.2%。1990年城乡居民储蓄存款余额为15.0亿元，较“六五”末增长3.2倍。居住条件得到改善，1990年城镇居民人均居住面积8.42平方米，较“六五”末增加2.9平方米，农村居民人均居住面积16.1平方米，较“六五”末增加1.7平方米，增长幅度分别达到53.1%和11.8%。城市居民的耐用消费品拥有量大幅度增长，每百户拥有自行车227辆，彩色电视机54台，录音机70台，洗衣机87台，电风扇172台，电冰箱56台。其中彩电和冰箱拥有量分别为1985年的6倍和27倍。

“七五”期间，连云港市的经济建设和人民生活都上了一个新的台阶，实现了五年计划的奋斗目标。目前，全市人民正满怀信心地跨入“八五”时期，为把连云港这个新亚欧大陆桥的“东桥头堡”建设成为具有现代化特征和自身特色的工业、外贸、港口城市而努力奋斗。

淮 阴 市

市　长：姜立宽

副市长：李国平（常务）　张步甲（工交、科技）　徐　乾（文教卫生）　黄天汉（计划、城建）　奚铁男（财金、外贸）　苏必全（农业、水利）

姜立宽市长，1938年生于江苏省江都县。中专学历。1958年参加工作，先后在泗洪县工业大学、县委组织部、县委办公室担任教师、干事、秘书和办公室副主任。从1981年起，历任泗洪县政府副县长，中共洪泽县委副书记、书记，中共淮阴县委书记，中共淮阴市委常委、秘书长，淮阴市委常委、市政府常务副市长，现任中共淮阴市委副书记，淮阴市市长。

开拓奋进　振兴淮阴经济

□ 李　阳　高恒源

1985年到1990年是淮阴市经济体制深化改革、社会生产力获得较快发展的时期，1990年完成或超额完成了“七五”计划主要指标，经济和社会面貌发生了深刻的变化。到“七五”期末，实现国民生产总值96.3亿元，年均递增13.4%，比1985年增长87.4%；国民收入88.72亿元，年均递增13.7%；工农业总产值220.87亿元，年均递增13.7%；职工人均收入1749元，比1985年增长1.01倍（市区2110元，增长1.11倍）；农民人均纯收入574元，增长65%，各项社会事业也得到进一步发展。

经济实力明显增强

（一）工交生产适度增长，水平有所提高。1990年淮阴市工交生产克服了市场疲软、资金紧缺等困难，从四月份开始稳定回升。全年实现工业总产值138.22亿元，比上年增长11.8%（市区29.76亿元，增长1.8%），比1985年增长1.54倍（市区增长58%），其中村及村以下工业43.27亿元，比上年增长24.1%。在工业总产值中，全民增长3.8%，集体增长7.6%，个体增长22.7%。1990年重工业产值30.62亿元，比上年增长15.4%；轻工业64.33亿元，增长9.4%。1990年全市拥有大中型企业61家，组建了拖拉机和棉纺两个企业集团。交通运输业继续发展，投资环境有了改善。“七五”期间，全市共完成交通基础设施工程量4.22亿元，比1985年增长90.64%；新增公路367公里，其中一、二级公路221公里；整治干线航道5条，共32.5公里，乡镇通车率和通航率分别达100%和60%以上；新增吞吐能力250万吨；沂淮铁路和宁淮一级公路等重点工程加紧实施。

在抑制生产滑坡，促进1990年经济发展中，首先加强了对经济工作的组织和疏导，正确处理效益和速度关系，强化计划的严肃性和市场的调节功能。第二、依靠科技进步，积极调整产品结构。1990年技改在建项目308个，总投资7.69亿元，完成财务数2.59亿元，比上年增长23%；当年竣工项目195个，可创产值6.91亿元。全市共开发新产品277项，其中通过鉴定的131项，新产品产值率（跟踪期）8.6%，新创产值2.09亿元；新产品中达国际水平3项，属国内首创12项，为国内先进水平的50项，填补省内空白有86项，已有192项新产品投入批量生产。在优化生产要素组合方面，积极扶持100个重点企业，优先发展高效益、高创汇、高附加值及基础原材料等产品生产。1990年的100种主要产品中，有52种增长，其中基础原材料21种，能源产品8种，支农产品8种，出口创汇产品15种。第三、开展“双增双节”活动，提高管理水平。加强了对行业、产品能源消耗定额的管理和考核，大力开发节能技术，1990年共节约18.77万吨标准煤，万元产值综合能耗由上年的3.36吨下降到3.17

吨标煤；40个重点的工业企业中，综合能耗下降面为67.5%，比上年提高10个百分点，食品饮料和纺织业万元产值综合能耗分别为3.56吨和1.15吨标煤，均低于全省平均水平。企业加强了工艺、设备、操作三大基础管理工作，积极开展TQC活动和社会主义劳动竞赛，促进了产品质量的提高。1990年全市质量稳定提高率86%，比上年提高4.2个百分点，高于全省平均水平；优质产品产值率16.1%，比上年提高1.3个百分点；1990年获优质产品奖179个，其中部优22个，省优69个；全市共创国家二级企业11个，省级先进企业48个。第四、多方筹措资金，支持工业生产。金融、财政部门新增工业和乡镇企业贷款3.79亿元，比上年多增1.52亿元，基本用于大中型企业生产适销对路和出口创汇产品的技改贷款增加0.51亿元，比上年增长42.5%。同时进一步发展资金市场，拓宽融资渠道，1990年批准发行地方企业券7484万元，发行股票1462万元，有力地支持了14个重点骨干企业生产。另外，积极协助企业清理“三角债”，全年共清理债务5.18亿元，缓解了资金的困难。企业也加强“双清利库”工作，降价处理积压滞销产品，缓解流动资金紧张的矛盾。

（二）农村经济稳定发展，结构有所改善。1990年淮阴市遭受20多年来罕见的特大洪涝灾害，有56%的农田受淹，重灾田24万公顷，4万多公顷绝收，房屋倒塌40多万间，广大干群依靠多年来所建成的水利工程体系，奋力抗灾，在重灾之年仍获得较好的收成。全年农业总产值82.65亿元，比上年增长13.3%，比1985年增长3.15倍，其中种植业48.59亿元，比上年下降3.78%，林业21.77亿元，增长1.53%；副业5.37亿元，增长2.04%；渔业5.40亿元，增长23.07%。“稳粮增棉”方针得到进一步落实，全年粮食总产568.69万吨，连续7年超过55亿公斤，人均占有粮食超过550公斤，单产由1985年的312公斤增加到323公斤；棉花生产扭转了自1984年来下滑局面，总产达3.28万吨，比上年增长14.91%；蚕茧1.49万吨，增长7.04%；黄红麻2595吨，增长81.60%，畜禽、蛋品、水产等也有较大幅度增长，有力地支持了工业生产，满足了人民生活需要。

1990年，市委、市政府加强了对农村经济工作的领导。一是进一步深化农村改革，加强农业战略基础地位，发展多种经营，改善农业生产条件。全市农业机械总值达10.48亿元，比上年增长5.97%；农业机械总动力305.96万千瓦，增长3.17%；拖拉机总量20.18万台，增长7.91%；化肥施用折纯量44.79万吨，增长3.98%；农村用电量4.93亿千瓦小时，增长24.81%。二是狠抓农村经济结构调整。1990年农村社会总产值161亿元，比上年增长12.6%，其中农业所占比重比上年下降0.1个百分点，二、三产业比重占48.8%；多种经营占农业总产值的比重达52.4%，经济作物占种植业的比重为13.5%，分别比1985年提高8.3个和1.2个百分点。三是继续发展乡镇企业和家庭经济。乡镇企业坚持“四轮驱动，双轨并进”，已成为淮阴市经济的“半壁江山”，1990年完成总产值82.25亿元，其中工业46.79亿元，分别比上年增长16.44%和19.46%；分别占全市社会总产值的35.2%和工业总产值的39%；创利税6.4亿元，比上年增长11.3%；乡镇企业产品出口收购额达2亿元，比上年增长28%。1990年家庭经济总收入50.2亿元，比上年增长11.2%，占农村社会总收入的46%。农村已形成大田承包经济、乡村集体企业和家庭经济的三元结构新格局。四是抓好科技兴农和农村综合服务体系建设。全市共有189个农技设施齐备的乡站，占乡站总数的60%，比上年增长18.8%；大力推广模式栽培、两段秧和壮苗移栽以及应用多效唑栽培等重点适用技术，积极应用生化技术。山芋膨大素、玉米健壮素等应用面积达1.87万公顷，比上年扩大8000公顷，建立双杂制种和小麦良种繁育基地4933公顷。1990年全市已建立村级专业服务队2883个，综合服务站673个，分别比上年增加1483个和214个，开展了“双向承包”（集体包服务，农民包任务）活动，较好地解决了农民的后顾之忧。五是大搞农田水利建设，加强农业资源的综合开发利用。“七五”期间农水建设总投资1.3亿元，1990年就达5904万元，完成建设项目78项，兴建排灌站等各类配套建筑物1.03万座，新建农田防护林网0.67万公顷，新建和改造渔池142.4公顷，已改造中低产田3.47万公顷，其中扩大旱改水1.4万公顷，新增水浇地5.7万公顷，治理易涝地0.63万公顷，合计新增粮食生产能力1.45亿公斤。建成旱涝保收田1.67万公顷，改造了1380公顷荒地成良田，开发了64公里废黄河故道，有26.67万公顷农田排灌条件得到改善。

（三）固定资产投资回升，结构趋向合理。“七五”期间共完成固定资产投资29.3亿元（不包括乡镇企业），比1985年增长1.9倍。特别是1990年，扭转了固定资产投资下滑、规模不足状况，全年共完成6.45亿元，比上年增长28.5%。商品房开发单位完成0.37亿元，增长近1倍。农业、能源、交通建设投资占总投资的35.5%，比上年上升10个百分点；邮电、文教部门也得到加强。1990年能源部门投资0.59亿元，比上年增长2.4倍；运输邮电部门1.5亿元，增长84.7%，所占比重由1989年的16.2%上升到24.7%；文教部门0.36亿元，增长24.8%。1990年投资完成额中，生产性投资4.74亿元，比上年增长19.5%；非生产性投资1.35亿元，增长27.0%，其投资额比例为73.5:26.5，基本合理。重点项目建设加快，市列12个重点项目共完成

1.59 亿元，华能淮阴电厂、沂淮铁路、果葡糖工程、宁淮一级公路四大项目共完成投资 1.01 亿元，占整个重点项目完成工作量的 63.9%。1990 年新增生产能力主要有：合成氨 3.3 万吨，棉纺绽 2.99 万绽，酒 1.5 万吨，水泥 10 万吨等。

（四）经济贸易不断扩大，市场逐步复苏。充分发挥了国营商业、供销、物资部门主渠道作用，集体、个体商业得到迅速发展，基本形成了多形式、多渠道的商品流通体系。市场疲软有所缓解。1990 年社会商品零售总额 49.21 亿元，比 1985 年增长 87.1%，比上年增长 0.6%，其中供销社完成 12.27 亿元，增长 7.01%，个体增长 12.7%，但全民单位下降 2.2%；强化了地方产品销售工作，实行工商联合，共促销售。1990 年仅商业系统就购进地方产品 2.49 亿元，比上年增长 28.87%。加强了市场体系建设，促进贸易繁荣，1990 年举办了首届全国性大型春季商品、物资、技术交易会，成交额 6.36 亿元；组织了金秋三胞联谊会、秋季商品展销会，开办了以处理积压商品为主的优惠商品市场。进一步开拓外地市场，赴上海、厦门等地进行贸易活动，成交额 2704 万元；参加了北京迎亚运商品展销会及科技成果交易会等活动，这些对于缓解市场疲软，促进工业生产起到了积极的作用。同时，加强市场整顿，查处经销伪劣商品活动 641 件；汇通小商品市场等 3 个市场获得全国文明集贸市场称号。

努力开拓国际市场，扩大出口创汇，积极引进利用外资。1990 年淮阴市出口商品总额 9.38 亿元（市区 3.22 亿元）。外贸系统收购额 6.88 亿元，较上年增长 30.3%。出口商品增加到 15 大类 300 多个品种，结构进一步改善，农副产品加工和工矿产品占收购总值的比重由上年的 79.9%上升到 81.7%，纺织、丝绸、机电等产品由 48.8%上升到 52.5%；新增出口产品 80 个，收购值 0.73 亿元，占外贸总值 10.62%，1990 年创汇 1.08 亿美元。已兴办利用外资企业 35 个，投资总额 5961 万美元，协议外资 2914 万美元，新批利用外资项目数和协议外资资金额分别比上年增长 100%和 35.5%，外资实际投入数增长 12.8%。

（五）财政收入有所增长，金融基本稳定。1990 年全市财政收入 7.3 亿元，比上年增长 6.4%；财政支出 8.29 亿元，比上年增长 7.1%。1990 年严格预算内资金管理，对专项资金的使用采取跟踪管理办法，取得良好效果；切实做好预算外资金“专户储存”工作，加强票据管理，至 1990 年底，专户储存额累计 9274 万元，比上年增长 50%，共调剂 5000 多万元预算外资金支持名特优新产品生产。同时国有资产管理工作有了良好开端，通过调查摸底，初步掌握了资金存量，开展了闲置设备的调剂使用。1990 年全市有 135 个单位的会计工作达标，一户企业被评为全国会计工作先进集体，两位财会人员被评为全国先进会计工作者。

金融保险事业继续发展。1990 年全市金融机构综合存款余额 36.66 亿元，比上年增长 31.6%，其中城乡居民储蓄 22.42 亿元，增长 37.1%，占存款总额的 61.2%；综合贷款余额 65.20 亿元，增长 22.1%，资金自给率 56.2%，比上年提高 5 个百分点。同时加强了外汇资金管理。全年侨汇收入增长 19%，旅游收入增长 59.1%。金融部门认真执行利率政策，清退利息 100 多万元，生产企业全年少付利息 6000 万元。1990 年共积累保险基金 548.3 万元，比上年增长 12.9%。

社会事业蓬勃发展

（一）科技工作取得新成果。1990 年科技总投入 2000 万元，其中科学事业费比上年增加 15.3%；列市级以上科技计划项目 182 项，其中申报市级以上科技成果 157 项，有 49 项达省级水平，20 项达国家级先进水平；在全国新产品、新技术展交会上获金奖 22 个、银奖 35 个，客车外移门泵为国内独创，FR10 涂复型电阻器填补了省内空白。科技市场日益活跃，1990 年共签订各种技术合同 240 份，技改成交额 1765 万元，全市申请专利 48 项，其中代理专利申请 24 项，比上年增加 11 项。科技队伍逐步壮大，科技活动比较活跃。1990 年全市科研机构已发展到 32 个，全民所有制单位共有各类专业技术人员 10.47 万人，比上年增加 7900 人，其中中级职称以上人员 2.31 万人；全市建立科技示范乡 22 个、村 428 个；良种覆盖面达 95%以上，科技进步在工业增长中所占份额由 1987 年的 24.5%上升到 28%以上。

（二）文、教、卫、体事业继续发展。1990 年教育经费 1.97 亿元，比上年增长 12.6%；中小学基本实现了“一无两有”，由追求升学率转向全面素质教育，小学学龄儿童入学率达 99.9%，比上年提高 0.4 个百分点；中等职业技术教育、成人教育和高等教育不断提高办学质量，规模得到控制。1990 年普通高校在校生 3326 人，比上年下降 6.2%；各类中等职业技术学校在校生 3.84 万人，成人高校在校生 0.38 万人，基本与上年持平；扫除文盲工作成效显著，共扫除文盲 3.4 万人，比上年增长 21.4%。文化事业逐步繁荣，农村文化网络初步形成，城镇文化设施有所改善，新建了周恩来纪念馆主体工程，建成了 55 个乡镇文化中心及 10 个图书馆、文化馆，公共图书馆藏书 101.2 万册，比上年增长 10.6%。医疗卫生条件进一步改善，1990 年医院共有病床 1.31 万张，比上年增长 0.4%，专业卫技人员 1.74 万人，增长 2.8%，其中医生数增长 2.0%。各种传染病、地方病得到有效控制。

（注：本文中经济数据为当年价，增长速度则由可比价格计算。）

盐城市

市　长：徐其耀
副市长：王德超（常务）　黄德茂（科教文卫）　周　侃（农业、乡镇企业）　耿敖齐（计划、工交）　冯永农（兼任滨海县委书记）

徐其耀市长，1943年11月1日出生于滨海县蔡桥乡，1969年毕业于华东水利学院农田水利工程系。历任盐城县委办公室秘书，张庄公社副主任、党委副书记，中兴公社党委书记等职。1983年8月调滨海县任副县长、县长、县委副书记、县委书记。1987年3月调盐城市任副市长，1989年8月任盐城市委副书记、代市长，1990年3月当选为盐城市市长。

在"七五"中奋进的盐城

□ 张守敬　孙其康

富有光荣革命传统的盐城人民，在"七五"期间，坚持贯彻党的基本路线，认真进行治理整顿，艰苦创业，团结奋斗，提前和超额完成了"七五"计划规定的主要指标，国民经济和社会事业迅速崛起。其主要标志是：

经济实力明显增强

从经济总量来说，1990年，全市国民生产总值达102.51亿元，比1985年增长1.2倍，年递增17.6%；国民收入91.53亿元，比1985年增长1.3倍，年递增18.3%；按1980年不变价格计算，工农业总产值146.4亿元，比1985年增长94.3%，年递增14.2%。这三项总量指标均提前1年完成"七五"计划。

1990年，全市农业总产值39亿元，比1985年增长28.8%，年递增5.2%。粮食除1990年因强台风袭击减产外，前9年连续增产，1989年粮食总产达到442.8万吨，人均占有量连续7年超半吨，受到国务院的表彰。棉花总产达到19.5万吨，占全省的40%，射阳、大丰、东台三县（市）荣居全国产棉大县前三强。1990年油料、蚕茧、禽蛋、水产品产量分别比1985年增长42.8%、73.5%、115.3%和111.6%。5年开发利用滩涂18666.6公顷，初级产品产值实现14.1亿元；水面、荡滩的开发利用也有较大进展。"七五"期间全市工业是40年来发展最快的时期。1990年，工业产值（含村及村以下）完成108.6亿元，比1985年增长1.4倍，年递增19.3%。企业数量及规模不断增加和扩大，涌现出4个产值超亿元、8个产值达5000万元的大中型骨干企业，初步形成了一批以拳头产品为龙头的企业群体和集团。产品水平有较大提高，获省级以上优质产品351个，优质品率达到12%，比"六五"末提高6个百分点；200项主要工业产品合格率达78.2%；5年开发市级以上新产品1542个，填补国家和省空白的278个。企业管理水平亦有明显提高，现有国家二级企业11个，省级先进企业72个，市级先进企业210个。1990年乡办以上独立核算工业企业全员劳动生产率17150元，比"六五"末提高74.55%。

从经济结构来说，乡以上工业产值在工农业总产值中的比重由1985年的50.6%上升到54.7%。林牧副渔产值在农业总产值中的比重增加10个百分点。

1990年全市财政收入5.9亿元，比1985年增长70.2%，年递增11.2%；总贷款余额66.5亿元，比1985年增长1.4倍，年递增19%。"七五"期间，累计完成固定资产投资33.9亿元，比"六五"增长2.6倍，其中生产性投资占75.8%，使后劲得到了增强。

对外开放蓬勃展开

1988年3月，经国务院批准，盐城市区及沿海5县（市）被列为沿海经济开放地区，随后又有79个卫星乡镇被省政府批准对外开放，开放地区面积已占全市总面积的 79.2%，人口占全市的 75.8%。全市认真贯彻沿海地区经济发展战略，开放取得了较大突破。

对外贸易蓬勃发展。"七五"期间，全市外贸收购额累计完成 35 亿元，年递增 21.62%，超过了工农业总产值年递增 14.2%的速度，外贸收购已占全市国民生产总值的 9.79%，比"六五"期末增 2.73 个百分点。1990 年，外贸收购额达到 9.65 亿元，已形成 15 个大类 400 多个出口品种，其中 1000 万元以上的大宗商品从"六五"期末的 6 个上升到去年的 15 个，并有 40 个品种的出口额跃居全省首位。出口生产企业已达 430 多个。5 年来，全市用 4000 多万美元引进设备技术，累计新增产值 15 亿多元，新增税利 2.4 亿元，新增创汇额 3300 万美元。

利用外资步伐加快，与"六五"相比，利用外资项目由 6 项发展到 74 项，金额由 467 万美元增加到 7100 万美元，分别增加 12 倍和 15 倍。中外合资企业从无到有，已批准兴办 40 家，其中 10 家企业已开业投产，累计产值 1.1 亿元，创汇 1257 万美元，创利润 993 万美元。

外经合作开始起步。"七五"期间，先后组织了 375 人次赴科威特、香港、贝宁等 7 个国家和地区实施了 10 个劳务合作项目，营业额 108.21 万元。同时对外经济合作渠道，从以中东地区为主向苏联、欧美国家多边合作转变。

横向联合和协作日益扩大。市新建了商检局、外汇管理分局和盐城市贸促支会、江苏国际经济技术合作公司盐城分公司。南京海关盐城办事处正在建设之中。还先后在北京、南京、上海、深圳等 13 个城市设立了办事处，成立了北京、上海振兴盐城咨询委员会。参加了上海经济区、淮海经济区和陇海兰新经济地带协作区的活动。与全国 27 个省、市、自治区的近千个生产企业、科研单位、大专院校和经贸部门建立了联合与协作关系。

人民生活稳定提高

1990 年，全市完成农副产品收购总额 35 亿元，比 1985 年增长 1.4 倍，年递增 18.8%；完成社会商品零售总额 50.8 亿元，比 1985 年增长 1 倍，年递增 15.3%。全市新增 34 个农贸市场和小商品市场，国营大中型企业 22 家，形成品种门类齐全、辐射全市城乡的购销网络。全市人均年占有肉、禽、鱼、蛋达到 77.5 公斤，比"六五"末增加 16.5 公斤。1990 年城镇居民人均生活费收入 1357 元，比 1985 年增加 704 元；农村人均纯收入 744 元，比 1985 年增加 359 元。城乡储蓄大幅度增加。1990 年末总额达到 36.8 亿元，比 1985 年增长 3.7 倍，人均增加 372.2 元。

基础设施不断改善

交通。现已形成以盐城为中心，陆、水、海、空配套，干支线相连，内外衔接，四通八达的交通运输网络。全市有公路 115 条，总里程 2800 多公里，195 个乡镇全部通汽车，省内所有大中城市都与本市直接沟通，每天还有班车直达上海、杭州、合肥、青岛、宁波等市，并分别与铁路联运。水运拥有航道 266 条，总里程 4142 公里，居全省各市首位，70%的航道可行机动船，90%以上的乡镇直接通航。海岸有大小 7 个港口可以开发利用，射阳港已建成 500 吨和 1000 吨级泊位各一个，陈家港建成 1000 吨级泊位 2 个、3000 吨级泊位 1 个。海运已与广东、浙江、山东等省的 20 多个港口通航。民航已开通盐城至南京、上海、北京、佛山的航线。对外可承办陆、海、空运各项业务，开辟了 10 条国际贸易运输航线。

邮电。全市邮路总长度 3400 多公里，长途电路 642 条，从引进的长途全自动五百线和万门程控电话于 1991 年 4 月底投入使用。市区已有 1728 户用户可以直拨全国 300 多个大中城市的长途电话。

城建。市区建设得到了较大发展。市政建设投资总额达 5425 万元，住宅投资总额 4500 万元，市区建成面积 19.8 平方公里。新建的居民住宅面积 105 万平方米。先后开辟和拓宽了 12 条主要道路，新建和拓宽桥梁 68 座，北出口一级公路已全线通车。新、改、扩建排水管道 80 公里。开辟了 5 条公交营运路线。新建近 10 家涉外宾馆。投资城市综合开发已由小片建设转向区域性改造和成片建设。

社会事业日趋繁荣

科技。"七五"期间，全市共组织、开发市以上科技项目 903 项，投入经费 1 亿元，累计取得社会、经济效益 20 亿元，科技项目数和总经费分别比"六五"增加 7.7%和 150%。

教育。从本市普通高校毕业的专科生 6758 名，比"六五"增长 98.7%；中等职业技术教育进一步发展，义务教育逐步实施，已有 48 个乡镇普及六年制义务教育，15 个乡镇普及九年制义务教育。

文化。全市现有广播电台，电视台各 1 座，博物馆 4 个，公共图书馆 8 个，艺术表演团体 14 个，开放礼堂俱乐部 17 个，舞厅和音乐茶座 50 多个，已形成市、县、乡、村四级互为依托互为补充的群众文化网络。

卫生。全市拥有病床 1.3 万张，1990 年还创办了市残疾儿童教育康复中心；医疗水平不断提高，各种传染病发病率有所下降。

扬州市

代市长：李炳才

副市长：祝志福　吴孟镛　施国兴　朱克昌　管德本　魏芝田　王功亮

李炳才代市长，江苏省宝应县人，1945年1月出生，毕业于北京对外贸易学院。曾任：中国轻工业品进出口公司江苏分公司副经理，江苏对外经济贸易厅副厅长，江苏省人民政府外事办公室副主任、主任，中共扬州市委副书记、扬州市代市长。七届全国人大代表，中共江苏省委委员。

歌吹是扬州　“七五”迈新步

□ 邹　杰

“七五”期间取得新的成就

“七五”期间，经过全市人民的艰苦努力，全市国民经济和社会事业持续发展，较好地完成了“七五”时期预定的主要目标。

（一）经济实力显著增强。国民生产总值1990年达155亿元，比“六五”期末增长1倍，年平均递增14.9%。国民收入135亿元，比“六五”期末增长93.5%，年平均递增14.1%。工农业总产值完成294亿元，比“六五”期末增长1倍，年平均递增14.9%。财政收入完成11.86亿元，比“六五”期末增长71.64%，年平均递增11.41%。

经济结构逐步改善。国民生产总值中一、二、三次产业构成由“六五”期末的35:48:17调整为30:51:19；在农业稳定发展的基础上，第二、三次产业发展较快。农业剩余劳动力向非农产业转移的进程加快，农村劳动力在三次产业的分布格局，由“六五”期末的64:17:19调整为56:18:26。

（二）农村经济稳定发展。农业基础条件有所改善，“七五”期间，农田水利建设累计完成土方4.8亿方，农业社会化服务水平有了较大提高；农业资源开发逐步展开，拓宽了农业生产的领域。乡镇工业保持较快的发展势头，总产值1990年达114亿元，比“六五”期末增长1.5倍，年平均递增20%。粮食总产年平均稳定在500万吨左右，棉花和油料分别稳定在6万吨和11万吨左右，水产品和蚕茧产量分别比“六五”期末增长94%和48%。农村经济初步形成农、林、牧、副、渔、工、商、建、运、服综合发展的局面。

（三）工业经济发展较快。1990年全市共有乡以上工业企业6500多家，乡村工业企业2万多个，独立核算工业企业拥有固定资产原值93亿元，比“六五”期末增加60亿元。工业总产值达256亿元，比“六五”期末增长1.28倍，年平均递增17.9%。全市大中型骨干企业发展到163家，其产值、利税分别占全市的35%和50%左右。组建了14个行业协会和16个企业集团，初步形成汽车、船舶、内燃机、制冷设备、建筑机械、针织、服装、电子元器件、食品罐头、玩具等一批优势产品。

传统行业继续发展。建筑产业初步形成建筑机械、新型建材、设计、施工、装潢和园林建筑相配套的产业系列。全市现有30多万专业建筑人员，建筑企业固定资产原值近4亿元，“七五”期间累计完成建筑施工量96.26亿元，竣工面积3000多万平方米，实现经济收入27.85亿元，已成为我市经济的重要支柱。饮食服务行业也有新的发展。

（四）基础设施逐步改善。“七五”确定的港、路、电等基础设施项目进展顺利。扬州港千吨级杂货码头和万吨级浮驳码头提前建成投运，宁扬一级公路全线通车，盐靖公路已基本建成、农村乡镇96%已通汽车。扬州电厂两台20万千瓦发电机组已建成并网发电。输变电网改造取得显著成绩，新增各类线路1万多公里，电力供应进一步改善。邮电通讯设施建设进度加快。

(五) 对外开放不断推进。全市已有9个县(市)、区、131个乡镇被批准为对外开放地区。外贸收购总额1990年完成17.56亿元，比"六五"期末增长2.3倍，年平均递增26.8%，超过了工农业发展速度，占全市工农业总产值的6%。五年利用外资总额6500万美元，批准建设三资企业65家。对外劳务输出3000人次，创办境外企业开始起步。

(六) 科技水平有所提高。"七五"期间，全市工业累计完成技改和引进项目6500多项，总投资达34亿元，比"六五"期间增加了3倍多，工业企业的技术装备水平有所提高，地方全民工业企业全员劳动生产率1990年达3.3万元，比"六五"期末提高107%。全市共开发新产品、新技术2100项，工业优质品率达21%，新产品产值率8%。企业管理水平逐步提高，有44家企业被批准为国家二级企业。5年中获奖科技成果550项，其中国家、省级150项；完成科技咨询项目3000多个，取得了良好的社会、经济效益。

农业科技推广应用和科技扶贫取得成效，"丰收计划"、"星火计划"的实施，稻麦油良种、先进耕作栽培技术和生猪饲养技术的推广，农业资源的综合开发利用，以及"三个百万亩"系统工程的逐步实施，促进了农业经济的稳定和提高。

(七) 社会事业相应发展。"七五"期间，我市教育、文化、卫生和体育等社会事业稳步发展，促进了两个文明的建设。普及初中教育的目标已基本达到，中等教育结构明显改善。地方高校五年中共培养各类人才3500多人。全市共有科技人员14万人，其中工农业技术人员3万多人。城乡医疗卫生条件有所改观，文化、艺术、新闻、出版、广告、电影、电视、体育等各项事业都有较快的发展。

(八) 人民生活明显改善。1990年，职工平均工资1860元，农民人均纯收入816元，分别比"六五"期末增长95.8%和71.7%，扣除物价上涨因素，城市人均生活费收入年平均递增4.08%，是建国以来增长最快的时期。全市社会商品零售总额1990年达78.73亿元，比"六五"期末增长83%，城市人均居住面积增加到7.8平方米("六五"期末为6.5平方米)，农村人均房屋面积22平方米。五年间城乡储蓄净增加42亿元，人均增加450多元。社会保障有所发展，生活环境明显改善，城乡人民生活质量不断提高。

对外开放迈出新步

扬州市经济社会建设"七五"时期与"六五"时期的显著区别之一，是加快了对外开放，以发展外向型经济为启动力，拓展国际交往，推动全市经济社会发展迈上新的台阶。综观这几年对外开放所进行的工作和取得的成效，主要特点是:

(一) 出口创汇持续增加。1990年全市外贸出口收购总额（计划价）达17.56亿元，比1985年增长2.3倍。几年来，在推动出口方面做了四方面的工作。

1. 有步骤地进行外贸体制改革。1988年，根据国务院和江苏省政府关于加快和深化外贸体制改革的精神，有步骤地进行了外贸体制改革，全面推行了地方承包经营责任制。将扬州市对省承包的出口计划、出口收汇基数、上缴中央外汇基数、出口补贴基数及挂帐外汇5项指标分解至各县（市）区及有关部门和企业，实行层层承包，保证指标任务落到实处。同时市与省外贸实行"切块联营"，把外贸部门的经营优势与我市的出口生产优势结合起来，保证外贸出口在新形势下稳定增长。2. 调整出口商品结构。为了增强出口商品在国际市场上的生存能力和竞争能力，着力调整了出口商品结构，由出口农副产品为主转为出口工业制成品为主，由低中档商品为主转为中高档商品为主。1990年，工业产品出口收购额14亿元，占出口收购总额的80%，比1985年提高了30个百分点。其中有20个系列产品和一批名特优产品。3. 加强出口基地建设，促进适销货源的生产。1990年，全市年出口收购额超千万元的企业37个，超千万元的乡镇16个。年出口收购额超千万元的商品由10个发展到50个。这些出口生产基地和出口拳头产品的年出口收购额占全市总数的80%。4. 灵活开拓经营渠道，实行多口岸、多渠道、多形式出口。全市已与20多个口岸建立了业务关系。实行工贸联营的企业已发展到100多家，自营出口也迈出了可喜的步伐。

(二) 利用外资成效显著。至1990年底，全市累计批准利用外资项目219个，合同利用外资11990.8万美元。其中，举办中外合资、合作企业65家，投资总额10373万美元，合同利用外资3621.2万美元，外商实际投资2099.8万美元，技术引进项目216项，总投资6.62亿元，共引进生产线22条，引进设备6167台套。这批利用外资项目绝大多数分布在生产领域。在65个外商投资企业中，64家是工业企业，分布在机械、电子、纺织、轻工、服装、工艺、玩具等几个行业，绝大多数属"嫁接型"。1990年，全市已投产的外商投资企业完成总产值3.59亿元，创汇2245万美元，利润1392万元，出现了一批产值、利润同步增长的企业。

(三) 对外经济技术合作渐趋广泛。扬州市有着丰富的劳动力资源，建筑业、养殖业、种植业、服务业较为发达，工艺美术、烹饪文化、园林艺术饮誉中外，有着发展对外经济技术合作的巨大潜力和广阔前景。1989 年 4 月成立了江苏国际经济技术合作公司扬州分公司，该公司可直接对外洽谈工程承包、劳务输出，兴办海外企业、进出口贸易等业务，并可以总公司名义对外签约成交。3 年多来，全市共完成对外工程承包、劳务输出项目 50 余项，派出劳动技术人员 3500 人，合同金额 4000 余万美元。这些项目涉及道路、桥梁、仓库、医院、住宅、学院、农场、饭店、工艺美术等方面，合作对象分布在中东、南亚、南美、非洲 西欧等地区。我市在海外兴办企业也开始起步，先后在日本办了"富春茶社"，在澳门办了钉厂，在香港办了"海康发展有限公司"，在毛里求斯合办了"万里有限公司"。这些企业直接跻身于国际市场，对促进我市的对外经贸工作起了推动的作用。我市引进海外智力工作也取得实效。如在扬的高校先后聘请外籍教师 19 批共 46 人次，对提高外语教学质量，特别是提高口语教学水平，发挥了积极作用。为了提高企业的技术、管理素质，至 1990 年底，共聘请国外技术专家 22 人，为 32 个企业进行了技术攻关、新品开发、工艺设计等技术指导工作，绝大多数取得了较好的技术、经济效益。

(四) 努力改善投资环境。随着对外开放的不断发展，交通运输发展迅速。1990 年底，全市通车公路 3173.5 公里，航道 5207.2 公里，各类机动车 6.8 万辆，各类船舶 90 万吨。扬州境内长江岸线达 176 公里，分布着高港、卞港、仪征港 3 个长江港口。3 港共有码头 12 座，泊位 20 个，码头岸线总长 3400 米，堆存总面积 16 万平方米，装卸机械 140 台，年通过能力 700 万吨。高港于 1988 年 7 月被批准为二类对外开放港口，可停靠远洋国轮。市区通向南京的一级公路正在进行全封闭改造，向东延伸的一级公路正在施工，1991 年可通车至江都，随后再通向南通。铁路建设已经拉开帷幕。扬州至南京葛塘的铁路建设已经批准立项，正进行技术设计，此路总长 78.25 公里，设计年货运量 500 万吨，总投资约 1.58 亿元，此路建成后将再向海边延伸。扬州的邮电通讯事业，近几年取得大的进展。市区电话容量 2.4 万门，其中程控电话 1.4 万门，长途程控电话 1500 路、国际、国内长途直拨电话已经开通，从扬州可直拨 200 多个境外城市、600 多个国内城市。国际传真，电传业务已广为使用。国际快件、国际特快专递业务已经开通。京沪 214 数字微波工程扬州段，扬州——江都——高邮的光纤通信均已开通。无线电寻呼覆盖全市，并与全省联网。全市各邮电局都已实行长途自动拨号。扬州的"三供"能力不断提高。扬州电厂两座 20 万千瓦发电机组并网发电。市区现有 3 座净化水厂和 1 座源水厂，总供水能力为 11.16 万吨，最高日供水量为 15.2 万吨。市区管道煤气日供气 1.1 万立方米，已发展煤气用户 10027 户。为保护古城，建设新区，正着手规划，建设滨江工业区。

(五) 对外友好交往日益活跃 。在发展对外友好交往工作上，官方外交和民间外交相结合，积极开拓对外渠道。通过对扬州对外交往史上的 3 位名人——鉴真、普哈丁、马可—波罗的宣传、联系和交往，也取得了明显效果。唐代扬州高僧鉴真，为促进中日两国佛教和文化交流，起了重要的历史作用，受到日本国民的世代敬仰。扬州开放以来，日方每年都有上百批的官方和民间组团来访。1987 年，日本唐津市设立了"鉴真基金会"，为我市的经济建设提供帮助。普哈丁是伊斯兰教创始人穆罕默德的第 16 世裔传，他于我国宋代咸淳年间 (1265——1274) 来扬传教，曾参与著名的扬州仙鹤寺的建造，后葬于扬州。现扬州古运河东岸，仍完好地保存着"西域先贤普哈丁墓"。1990 年扬州市邀请海湾 5 国驻华大使来扬参观旅游，他们对我市保护伊斯兰宗教遗产的工作给予很高评价，并就各自国家开展与扬州的经贸、文化往来提出了积极的建议。世界闻名的意大利旅行家马可—波罗是古代欧洲人与扬州关系最深的一位，1275 年至 1292 年曾在中国生活，据说元朝曾派他担任扬州的总管。近几年，扬州与意大利的交往发展较快。1987 年 11 月，威尼斯大区旅游部长率"铜狮交换团"访问扬州，并参加了扬州的"马可—波罗纪念馆"的落成剪彩。1988 年扬州市与意大利工业家协会签订了经济合作协议，双方确认对方为优先合作伙伴。几年来已有 579 名意大利友人来我市访问考察，洽谈经贸。

(六) 国际旅游方兴未艾。扬州悠久的历史文化，众多的名胜古迹，旖旎的园林风光，吸引了大量的海内外游客。五年间，扬州共接待海外旅游者 7.4 万多人，其中外国人 42677 人，华侨 7304 人，港澳台同胞 24304 人。为了增加旅游景点，丰富旅游内容。增强旅游的吸引力，5 年中共投资 1500 万元，除用于国家重点风景名胜区(瘦西湖、蜀岗)和国家重点文物保护单位(个园、何园)的维修外，还新辟了几处景点和游览项目，主要是二十四桥景区、乾隆水上游览线和红楼宴。这些景点和项目通过新闻媒介传播海外，激发了海外游客莅扬游览的兴趣。

"八五"时期扬州市对外开放，发展外向型经济的战略是：以改革开放为动力，以出口创汇、利用外资为重点，做到外贸、外经"三外"齐上；以发展外向型经济为突破口，带动经济结构的调整，促进经济总体素质的提高和增强发展后劲，推动各项事业的发展。市委、市政府将动员全市人民，抓住机遇，迎接挑战，做好对外开放这篇大文章。

南通市

市　长：徐　燕（女）

副市长：徐相林（常务）　张　琛（农村）　葛忠康（城建）　王　湛（科教文卫）　顾嘉禾（财贸、政法）　华保良（外经贸）　陈华汝（开发区、工交）

徐燕市长，女，1944年3月出生于江苏省南通市，1967年7月毕业于天津大学。先后在天津碱厂、江苏省清江化肥厂任车间主任、副厂长、党委副书记。1981年后任清江市副市长、市委副书记。1983年实行市辖县体制后，任中共淮阴市委副书记，1984年8月任淮阴市市长。1989年10月调任中共南通市委副书记，1990年3月当选为南通市市长。

短暂的五年　巨大的成就

——“七五”时期的南通

□ 陈鸿庆　薛　谦

新兴的沿海开放城市——南通，以崭新的姿态跨越了90年代头一年，在胜利完成“七五”计划之后，朝着“八五”计划的新的目标挺进。

“七五”期间，南通的对外开放优势进一步发挥，经济建设和社会事业取得突出的成就。1990年，全市实现国民生产总值118亿元、国民收入105亿元，均比“六五”期末翻了近一番，5年间的年均递增率分别达到13%和13.3%，明显高于全国的平均水平，成为中国经济发展较快的地区之一。国民生产总值在1980年的基础上翻两番的目标已基本实现。工业化进程加快，三次产业在国民生产总值中所占比重已由“六五”期末的37.4:45.6:17变化为33:48:19。社会总产值、工农业总产值、外贸收购总值、固定资产投资完成额、社会商品零售总额等主要经济指标、粮食、油料、蚕茧、畜禽、水产等农副产品和一些主要工业品的产量，都超额完成了“七五”计划指标。在经济总量上，南通市已占江苏省的10%、中国的1%。经济实力的大为增强，城乡建设和社会事业的长足进步，使南通在中国赢得她应有的地位。1989年以来，南通跨入中国25个国民生产总值逾百亿元的城市之列，在187个地级以上市社会发展综合评价中位居第15名。

（一）农业生产稳步发展，整个农村经济在商品化、社会化的进程中迈出较大步伐。农村经济改革的深化和物质技术投入的增加，促进了生产力水平的提高。南通在占全省8%的土地上，生产出占全省总产10%的粮食、20%的棉花、22%的油料、60%以上的麻类和薄荷油，12%的生猪（上市量）、28%的羊（上市量）和蚕茧。5年间，全市粮、棉、油总产分别增长10%、32%和1倍多，蚕茧、水产品、禽蛋产量分别增长66%、42%和19%。农业总产值年均递增3.99%，1990年达到33.86亿元，种植业所占比重下降。主要农副产品的商品率均在95%以上。在农业稳定增长的基础上，农村经济全面发展。5年间，农村社会总产值增长85%，平均每年增长13.1%。农村工业、建筑业、运输业和商业服务业等非农产业的所占比重迅速上升到75%以上，比1985年提高13个百分点，农村产业结构发生了重大变化。乡镇企业迅速崛起。1990年农村工业总产值达83.2亿元，比1985年增长1.3倍，平均每年增长18.3%，乡村工业产值和外贸收购额已分别占全市的近1/2和1/3。5年间，乡镇企业固定资产原值翻了一番。乡村工业上缴税金累计近14亿元，占同期全市财政收入的1/4。以农民为主体的南通建筑施工队伍，素有“铁军”之称，现已发展到26万多人，遍布全国28个省、市、自治区，近年来又打入深圳、珠海、海口和浦东地区，并有3000多人次在中东及日本地区承包施工，向国际建筑市场输出劳务。1990年全市建筑业施工净产值9亿元，利润4000万元。

（二）工业生产持续增长，结构调整逐步加快。5年间，工业生产以每年13.1%的增长速度发展，1990年全市工业总产值完成177亿元，比1985年增长84%。列入重点考核的合成纤维、纱、布、丝、机床、水泥、原煤等7个产品超额完成“七五”计划；发电量、农药、啤酒、电视机、录音机、碳素制品、钢材等14个产品比“六五”有较大幅度增长。轻重工业的比例大体稳定在67:33的水平，初步形成了相互推进的格局。传统轻纺工业的优势进一步发挥。纺织工业骨干企业技术装备较为先进，产品远销60多个国家和地区，南通已相继成为中国12个纺织品出口基地和10大服装出口基地之一。轻工产品中拥有薄荷脑、柠檬酸、扎染制品、彩锦绣、勾针衣、五金工具等一批蜚声中外的名特产品。机械工业正在逐步实现机电一体化，电子工业产品由元器件为主发展为彩电、收录机等整机和元器件配套出口。新兴产业正在开发，在机电一体化、电子信息、生物技术、新材料、新能源等领域已投产30多种高新技术产品，净产值达2.1亿元。5年间，全市共开发新品2077项，新增产值31.06亿元，税利3.5亿元，节汇创汇7600万美元。

企业改革不断深化，企业活力明显增强，大中型企业已发展到121个，比“六五”期末增加2倍。全市现有各类企业集团33个，各种形式的联合体900多个，成员企业2000余家。产品质量稳定提高。5年间，全市获得国家金、银质奖20个，部省优质奖832个，优质品产值率达22%，主要工业品质量稳定提高率保持在85%以上。全市水陆客货运量以及邮电计费业务总量分别比“六五”时期增长42.2%、33.9%和149%。

（三）重点建设投资增加，基础产业在适度倾斜中得到加强。5年间全市城镇集体以上固定资产投资额平均以9.5%的速度增长。累计达58.4亿元，是“六五”时期的3.5倍。经过一系列的调整，基本建设的投资结构渐趋合理，生产性投资比例上升。能源、原材料、交通邮电等基础产业的一批大中型项目建成投产，形成了可观的生产能力和效益。新建了全省单机容量最大的华能南通电厂，全市新增装机容量71.8万千瓦，相当于前37年总和的两倍多；新建万吨级泊位3座，累计达7座，中国10大港口之一的南通港已与60多个国家和地区直接通航，新辟了南通至日本神户、香港的集装箱定期货轮航班，港口吞吐量累计5441万吨，增长62.2%。原材料生产方面，新增二醋纤维丝束1万吨，电子铝箔2300吨、电子丙纶薄膜3000吨、钢8万吨、化学纤维4750吨，化学农药9500吨，水泥48.4万吨。这不仅有效地缓解了当前能源、原材料等方面的供需矛盾，而且为今后全市的经济发展奠定了较为坚实的基础。企业技改投入明显增加。5年间，全市完成技改工作量26.95亿元，占总投资的78.8%，竣工项目2993项，可新增产值58亿元、税利11亿元，创汇1.1亿美元。1990年末全市预算内独立核算工业企业固定资产原值75亿元，比“六五”期末增长1倍多。

（四）国际间的经济交往日益扩大，对外开放在广度和深度上不断拓展。外贸生产发展迅速，全市有近600种出口商品行销国际市场，深加工产品比重增加，创出了人棉纱、真丝绸、扎染、机床等29个年收购值超千万元的出口“拳头”产品。机电出口产品已发展到130多种，收购额占全市总额的14.5%，比“六五”期末增加了6倍多。全市5年累计完成外贸收购总额78.3亿元，年均递增17.6%，1990年首次突破20亿元大关，比“六五”期末翻了一番多，占国民生产总值的比重已达17%。5年间，全市有296个技术引进项目竣工投产，完成投资8.7亿元；累计实际利用外资4.3亿美元；完成消化吸收项目128项，节汇1.6亿美元。目前，已兴办“三资”企业近120家，其中总投资500万美元以上的大中型骨干企业有12家。海外投资、承包工程和劳务输出不断发展。全市劳务输出5年累计4820人，分别在27个国家和地区承包了50个项目，实际完成营业额等各项指标在全省均居领先地位。科技文化交流、出国研修以及智力引进都有了较快的进展。一批涉外机构、综合服务设施和旅游景点相继兴建，开放程度进一步提高。“七五”期间，全市共接待海外旅游者3.91万人次，非贸易创汇2333万元（外汇人民币）。距市中心12公里的富民港经济技术开发区已初具规模，现在8家“三资”企业和36家内联企业投产，在吸引外资、引进先进技术和科学管理等方面，成为全市对外开放的重要窗口。对外开放城镇已扩大到223个，占乡镇总数的79%。多层次、全方位的开放格局业已形成。

（五）商品流通渠道增多货源充裕，城乡市场总体上呈现繁荣活跃的景象。1990年，全市社会商品零售总额60.7亿元，5年间，平均年递增15.1%，其中，吃、穿、用商品零售额分别以年均12.5%、13.9%和16%的速度递增。市场机制的作用日趋明显。农副产品市场和工业品市场逐步向专业化发展。654个集贸市场遍布城乡，1990年成交额13.3亿元，为1985年的2.2倍。“七五”期间，落实一系列扶持副食品生产、稳定价格、改善供应、繁荣和丰富市场的政策措施，使肉食品供应丰富多采，蔬菜价格平稳。家禽、蛋、水产品销量分别增长61.3%、74.7%和47.6%。与人们的消费需求相适应，副食品供应已由注重数量逐步转为扩大品种，提高质量。在国家指令性计划分配物资大幅度减少的情况下，物资流通渠道迅速扩大，市场调节的比重逐年上升，有力地支持了经济的发展。治理整顿中，金融秩序明显好转，现金投放增加，贷币回笼情况较好。

（六）科技教育逐步与经济建设相结合，文化事业有了新的发展。科技队伍不断扩大，科技为经济服务取得新的进展。5年间全市完成科研项目659项，在计算机应用研究、生物工程、电子化工新材料、新型纺织机械、农村新能源开发、农村科技、肿瘤及地方病防治研究等方面均取得较大进展，共获得科技进步奖450项，其中达到国际先进水平4项，国内先进水平44项。国家和省级“星火计划”、“火炬计划”项目的实施情况良好。专利申请实施率高于全国平均水平。社会科学研究取得新的成果。教育事业日益为社会各方面所重视。学龄儿童入学率达98.8%。中等教育结构的调整迈出较大步子，新增中等专业学校2所、技工学校1所、农村职业学校6所。全市各级各类学校已有4200多所。高等教育稳步发展，成人教育在普及中得到提高；特种教育取得新的成绩，聋哑和弱智儿童入学率上升，文盲率比“六五”时期下降7个百分点。各类普通学校有专任教师4.76万人，比“六五”期末增长8.4%，队伍素质也有了提高。办学条件进一步改善，在新建中小学校舍的同时，修复危房校舍102万平方米。市、县、乡镇形成了群众艺术馆、文化馆、文化中心三级网络，5年间，全市有301个文艺作品获国家和省级优秀奖。1988年以来，先后举办了两届南通民间艺术节，以艺为媒，促进了经贸交流，商品物资贸易成交总额达12亿元以上。建成了南通电视塔，电视覆盖率达88.7%。城乡卫生工作进一步加强。血防、传染病防治取得新的进展；新建和改造了部分市区医院和县属医院，全市专业卫生技术人员和拥有医疗机构床位数分别比“六五”期末增长16%和10%；农村合作医疗的覆盖面已达行政村的67%。群众性体育活动进一步发展，全市已有全国体育先进县1个，省级体育先进乡（镇）28个、市级体育先进乡（镇）62个。5年间南通籍体育健儿在国际国内重大比赛中获金牌61枚、世界冠军称号5人次，周玲美、林莉、赵剑华、贾桂华在第十一届亚运会共获8枚金牌、打破1项世界记录。

（七）城乡建设取得较大进步，增强了为经济发展和人民生活的配套服务功能。努力增加用于城乡建设的投资，使城乡面貌有了较大改观。“七五”期间，市区新拓道路50多公里，改建主干道6条，打通10多个交通“卡口”，新改建桥梁20余座，并对10条后街后巷进行了改造。目前，市区道路网络基本形成，交通拥挤情况有了改善。辟建了通沪高速客轮航线和南通至北京空中航线，新建公路200多公里，改善了对外交通条件。通讯手段大为改进，新建了微波通讯铁塔和电讯综合大楼，在全省率先开通了万门数字程控交换机，长途自动电话网已基本形成，可直接拨号同180多个国家和地区通话。集镇建设发展较快，众多的县属镇发挥了区域性政治、经济、文化中心功能。公共服务设施等方面的建设得到加强。5年间市区日供水能力净增11.7万吨，城市自来水普及率达99.8%，农村已有245万人饮用自来水，占全市农村人口的34%。城市煤气建设稳步发展，已有2.3万户居民家庭安装了煤气管道，城市气化率达20%。环境综合治理取得新的进展，“三同时”执行率达85%。加强了林荫道、景点、风景片建设，濠河的水质和风景明显改观，市区绿化覆盖率上升到19.3%，人均公共绿地面积2.7平方米。

（八）城乡群众得到更多的实惠，人民生活在量和质上都有显著的改善。1990年，全市职工人均工资1987元，农民人均收入837元，5年间，城镇职工年平均工资年递增15.2%，农民人均纯收入年均增长13.1%。城乡绝大部分家庭的实际收入有较大幅度的增长，城镇就业者的负担系数下降，居民消费水平不断提高。1990年，市区居民人均生活费收入为1711元，支出1551元，分别比1985年增长1倍多。消费结构也在发生变化，食物中副食品的比重增加，衣着更加注重款式，贵重耐用品拥有量持续上升。市区居民每百户拥有洗衣机89台、彩色电视机66台、电冰箱61台、电风扇240台、自行车257辆，比“六五”期末均有明显增加。高档家电也越来越多地进入农民家庭。城乡群众的居住条件有了改善。5年间全市累计竣工住宅264万平方米，城市居民人均居住面积8平方米，农民人均生活用房面积由“六五”期末的18平方米增加到23平方米。城乡居民储蓄增长较快，1990年末人均储蓄余额741元，5年间的年递增率达35.7%。与此同时，人民群众的精神和文化生活日益丰富。

“七五”时期，南通市经济和社会发展取得了可喜的成就，但在经济运行中也存在一些亟待解决的问题：经济结构性矛盾和效益下降仍较突出，交通状况未能根本改善，农田水利退化、农机具老化较为严重，科技开发力量不足等等。

今后10年是中国社会主义现代化建设非常关键的时期，南通与沿海其它地区一起肩负着率先把经济搞上去的历史重任。从基本市情出发，南通将精心组织实施第二步发展战略，争取到本世纪末，实现全市国民生产总值在1990年的基础上再翻一番以上，达到240亿元左右，人民生活达到小康水平。

镇 江 市

市 长：钱永波

副市长：方之焯 陈文湘 许晓霞（女） 应国根 姜启才

钱永波市长，1934年1月生，江苏省靖江县人，1949年3月参加工作，1952年2月加入中国共产党。中师学历。先后到全国供销合作总社干校师资班和农业部浙江农业大学干部培训班学习一年半。历任苏南合作干校秘书股负责人，省合作干校干事、教研组长、教务处副主任，靖江《奔流》杂志编辑、县委办公室副主任，扬州地委办公室秘书，省委办公厅农村处秘书，扬州地委、行署办公室农水组长、副主任，邗江县委副书记、书记，泰兴县委书记，扬州市副市长、市委副书记，镇江市委副书记、代市长，1990年3月当选为镇江市市长。

镇江经济和社会发展重要的五年

□ 真启琮 曾绍翔

“七五”时期是镇江市实行改革开放的第二个5年。镇江市经济和社会发展，比“六五”时期迈出了更大的步伐，达到了较高的发展水平，成为本市“治理经济环境，整顿经济秩序，全面深化改革”的重要的5年。“七五”期间，国民生产总值已由1985年的32.04亿元增加到1990年的65.32亿元，年递增15.31%；人均国民生产总值已由1304元提高到2510元，年递增13.5%；国民收入已由29亿元增加到55.61亿元，年递增13.91%；人均国民收入已由1181元增加到2162元，年递增12.86%；工农业总产值已由63.4亿元增加到132.4亿元，年递增15.87%；外贸收购额已由2.46亿元增加到10.14亿元，年递增32.75%；财政收入已由4.09亿元增加到6.04亿元，年递增8.11%，为在今后10年中把镇江建设成为经济繁荣、交通发达、科技进步、文化昌盛、生活小康、社会文明、城乡协调发展的社会主义新型城市，打下了坚实的基础。

农村经济稳定发展 农民生活日益改善

“七五”期间，镇江市农村经济在稳定和完善家庭联产承包责任制和深化农村改革中持续发展。尤其是党的十三届五中全会以来，重视农业、支援农业、发展农业的局面使镇江市农村经济出现了好的转机，在“六五”时期取得突破性进展的基础上，继续保持较高增长速度。1990年，农村社会总产值113.70亿元，比1985年增长1.8倍，平均每年增长22.94%，其中，农业总产值达23.59亿元，比1985年增长1.1倍，平均每年增长16.48%。

以粮、棉、油为主的种植业生产经历了下降后的回升过程，1990年粮食总产量达122.66万吨，比1985年的115.38万吨增加7.28万吨；棉花产量达5168吨，比1989年增长82.36%，处于1985年以来恢复阶段；油料总产量达45116吨，比1989年增长24.9%，是1985年以来的最好水平。多种经营稳步发展，1990年茶叶、蚕茧、生猪、家禽存栏等产量分别达2137吨、10736吨、70.68万头、607.28万只，年递增分别为9.4%、11.7%、0.1%、5.2%。为城乡人民生活水平的提高，提供了十分重要的物质条件。

在计划经济和市场调节双重机制的作用下，镇江市农村产业结构有较大调整，在农村社会总产值中，农村工业、建筑业、运输业、商业等非农产业产值的比重由1985年的72.83%上升为1990年的79.24%。1990年乡村办工业产值占全市工业总产值比重由1985年的39.9%上升为50.12%，同时，乡镇企业出口创汇大幅度增长，1990年乡镇企业外贸收购额已达3.07亿元，占全市外贸收购总额10.14亿元的30.3%，比1985年有较大幅度的增长。

“科技兴农”有了良好开端。“七五”期间大面积推广了适应性强、抗病性佳、成熟期适宜、稳产性能好的优良新品种，如“扬麦五号”和水稻“8169—22”等，同时，农村物质装备水平和投入能力进一步提高，经济实力不断增强，推动了整个农村经济的发展。

“七五”期间，由于农村经济稳定发展，使农民生活进一步得到改善。1990年农民人均纯收入达894元，比1985年增长71.9%。农民生活消费水平进一步提高，吃、穿、住、用方面有了明显变化，据统计，人均消费植物油、蔬菜、猪牛羊肉和鱼虾分别由1985年的5.1公斤、131公斤、10.85公斤、2.42公斤提高到1990年的8.59公斤、153.64公斤、12.7公斤、5.58公斤。每百户拥有缝纫机、电风扇、电视机分别由1985年的42台、22台、22台增加到1990年的58台、94台、68台。农村居住条件改观，1990年末平均每人使用房屋面积已达25.95平方米，比1985年的20.66平方米增长25.61%。

工业生产增幅较大 经济实力不断增强

“七五”期间，工业生产发展较快，企业活力有所增强，技术水平有所提高。5年间，工业发展总的趋势是由经济过热，速度偏高到市场疲软，速度下滑，再向好的方向推进。

1990年，全市工业总产值达120.8亿元，比1985年54.96亿元增长1.2倍，年递增17.1%，是继“六五”之后又一个高速增长时期。其中，重工业增幅略快于轻工业，1990年全市轻工业总产值完成63.92亿元，比1985年增长1.18倍，平均年递增16.86%；重工业总产值完成56.89亿元，比1985年增长1.22倍，平均年递增17.29%。分所有制看，全民所有制工业年均增长8.37%，集体所有制工业年均增长10.82%。大中型企业由38个增加到55个，产值已占全市乡以上工业总产值的22.7%。

1990年涉及国计民生的原煤、生铁、发电量、化肥、农药、水泥、纱、布、丝织品等重要产品产量均比1985年有较大幅度的增长。

“七五”期间，工业经济实力大大增强，具体表现在：1. 工业建设加快，全市乡以上独立核算工业企业固定资产原值由22亿元增加到48亿元，增长118%；新建和改造重点生产项目110项，完成引进项目107个。2. 新增了一批生产能力，主要有：电力60万千瓦，铸造焦13万吨，铝板（型）材1万吨，硫酸10万吨，烧碱1万吨，铁矿石40万吨，电视机20万台，棉纱6000吨。3. 工业技术水平提高，工业产品优质率由6.2%提高到13.4%。

但是，由于市场疲软，工业经济效益低下问题仍很突出。1990年独立核算工业企业利税总额为5.27亿元，比1985年的8.29亿元下降36.6%，销售利税率6.99%，比1985年下降8.9%，定额流动资金周转天数由1985年的97天延长到128天。

运输邮电事业发展迅速

“七五”期间，运输基础设施有所改善，运输能力增强。大港一期工程顺利完成，新增港口吞吐能力236万吨，老港得到整治，京杭运河丹阳陵口段整治工程已经全面开工，新增一、二级公路83公里，宁镇公路和即将竣工的镇常公路改善了镇江东西通道。

1990年，全市交通系统货运量1247万吨，比1985年增长29.49%，旅客运量增长1.35倍，货物周转量13.01亿吨公里，下降4%，旅客周转量增长3.9倍，全市货物吞吐量1669万吨，比1985年增长49.7%，其中长江航运镇江港务局货物吞吐量1139万吨，比1985年增长93.7%，在全国各开放港口中多年居第10位。

邮电通讯事业发展迅速。1990年完成邮电业务计费总量达2954.47万元，比1985年增长1.57倍，年递增20.8%，快件传递及家庭电话等业务有较大幅度增长。1990年末，全市电话机总数达4.54万部，比1985年增长1.06倍。新增市内程控电话一万门、长途程控500路端，开通了与150多个国家和地区的电话直拨业务。

国内市场在波动中发展

“七五”期间，市场经历了由旺转滞的变化过程后，现处于复苏阶段，其基本特点是在波动中发展。

1990年社会商品零售总额达26.16亿元，比1985年增长97.29%，年均增长14.56%。1990年与1985年相比，居民消费品零售额增长1.22倍，占社会商品零售总额的比重由71.4%上升为80.4%，社会集团零售额增长58.7%，所占比重由9.91%下降为7.98%；农业生产资料零售额增长98.3%，所占比重基本持平于11.7%。

“七五”期间，城乡居民货币收入增多，消费观念和消费方式明显改变。据城市住户抽样调查资料，吃的人均生活费支出增长，穿的和用的下降。但农户调查资料表明：吃的商品，1990年人均支出占生活费支出43.4%，比1985年下降14%；穿的商品所占比重基本持平，用的商品占36.8%，比1985年上升7%。

1990年末，全市城乡集市贸易成交额7.42亿元，比1985年增长2.8倍。市场物价前几年涨势较猛。由于采取了一些有效措施，1990年已相对平稳。

外向型经济成绩斐然

“七五”时期，对外经济贸易和旅游事业发展迅速，超过了历史上任何一个时期。

出口商品生产发展较快，外贸收购额增幅较大。

1990 年外贸出口企业已发展到 418 家；外贸收购商品已达 420 个，比 1985 年的 231 个增长 81.82%；外贸收购额首次突破 10 亿大关，达 10.14 亿元，比 1985 年增长 3.12 倍，年递增率 32.75%。外贸收购额占全市国民生产总值的比值由 1985 年的 7.68%上升为 1990 年的 15.52%。

利用外资与引进技术规模有所扩大。“七五”期间累计完成利用外资项目 121 项，利用外资金额 7592 万美元，其中兴办“三资”企业 55 家，直接利用外资 2438 万美元。全市完成引进项目 51 项，用汇 3839 万美元。通过引进国外先进技术装备，促进了老企业的技术改造，提高了工业装备水平和出口创汇能力。

外经工作开始起步，并初见成效。“七五”期间，镇江市提供劳务输出 1360 人次，承包工程 13 项，分布于 12 个国家，营业额达 1350 万美元，其中有 3 个项目为镇江市独家承包，在国外投资兴办企业开始起步，已于泰国、美国建立两家非贸易企业。

旅游业有所发展，非贸易外汇逐年增加。旅游服务项目增多。金山、焦山、北固山、茅山、宝华山以及南郊等名胜古迹得到一定修复。5 年间，来镇江市旅游人数 1153 万人次，营业收入达 5621 万元，创汇 1180 万元外汇人民币。

科技、教育、文化、卫生、体育事业蓬勃发展

科技事业有了新发展。“七五”期间全市共安排计划项目 429 项，总拨款 578 万元，其中，星火计划 45 项，总投资 4443.4 万元；火炬计划 7 项，总投资 790 万元。各项计划实施取得明显成效。共获各类科技成果奖 422 项，其中，国家级成果奖 16 项；部级成果奖 25 项；省级成果奖 87 项；市级成果奖 294 项，有些项目付诸实施已取得较好的经济和社会效益。

“七五”期间，教育事业适应四化建设需要，调整结构，提高质量，改善条件，取得显著成效。培养大学本科、专科毕业生累计 15067 人，中等专业学校毕业生 7359 人。成人教育稳步发展，1990 年全市成人中等专业学校在校学生 2.75 万人，比 1985 的增长 9 倍。这些专门人才在四化建设中发挥了重要作用。基础教育得到进一步普及，小学学龄儿童入学率多年来基本保持 99.9%，初中入学率由 1985 年的 88.34%提高到 1990 年的 93.28%。教学条件也有所改观。

人口文化素质提高。至 1990 年末，全市平均每万人中拥有高中学生 107 人，初中学生 402 人，小学生 879 人。文盲、半文盲率有所下降。文化事业也得到加强。

卫生事业继续发展。目前，全市有各类卫生机构 722 个，其中医院 115 所，分别比 1985 年增加 102 个和 2 个；拥有病床 7580 张，比 1985 年增加 1079 张。专业卫生技术人员 9744 人，其中医生 4551 人，分别比 1985 年增加 1625 人和 1247 人。全市急性传染病发病死亡率比 1985 年下降了 43.4%，儿童计划免疫接种率已达 85%以上，超过卫生部规定的指标。

体育事业发展较快，运动技术水平不断提高。在参加省以上各类比赛中，共获得金牌 42 枚，银牌 44 枚，铜牌 36 枚。“七五”期间，镇江市被确认为“全国乒乓球重点城市”，丹阳市被列为“全国体育先进县（市）”。

城市面貌有所改观　人民生活显著提高

“七五”期间，城市面貌有所改观，加快了城市道路改造，市区重点拓宽了电力路、中山路等道路，城市主干道基本达到混凝土高级路面标准，新建了一批临街高层建筑。同时共修建村镇道路 6582 公里，全市 92 个乡（镇）全部通公路，70%的村庄通汽车。

市政公用事业方面，铸造焦煤气配套工程按期竣工，日供煤气能力达 5.6 万立方米，市区燃气气化率达 20%；自来水普及率 85.6%；城区绿化覆盖率 22.9%和人均公共绿地 2.36 平方米，分别比 1985 年提高 5.4%和 0.3 平方米。

城市人民生活水平进一步提高。1990 年职工年平均工资收入 2116 元，比 1985 年增长 1.04 倍。城镇储蓄存款大幅度增加，1990 年末，储蓄存款 14.79 亿元，比 1985 年增长 4.9 倍。城区居住条件继续改善。城镇居民人均居住面积由 1985 年的人均 4.9 平方米提高到 1990 年 6.9 平方米。

常 州 市

市　长：杨晓堂

副市长：孟金元（常务）　韩兆春（工业、外经、科技）　洪文鑫（城建）　张东桂（体改、财贸）　陈三林（文教卫、政法）

杨晓堂市长，1942 年 12 月生，山东武城人，中共党员，1965 年毕业于扬州师范学院中文系。曾在中共江苏省委宣传部、省煤矿建设指挥部工作，1974 年起先后任江苏省化工厅办公室秘书、副主任，金陵石化公司副经理、经理等职。1988 年 6 月任中共常州市委副书记，1990 年 5 月任常州市代市长，1991 年 3 月经市人民代表大会选举为常州市市长。

生机活力旺盛的五年

——“七五”期间常州经济和社会发展概况

□ 李饮水　姜君酉

“七五”期间，经过全市人民的共同努力，经济建设和改革开放取得了新的成就，社会面貌发生了新的变化。1990 年，全市国民生产总值由 1985 年的 49.6 亿元增加到 95 亿元，同口径平均每年递增 12.9%。国民收入由 1985 年的 44.9 亿元增加到 80 亿元，平均每年递增 12.2%。工农业总产值由 1985 年的 115.9 亿元增加到 223.4 亿元，平均每年递增 14%。财政收入由 1985 年的 10.04 亿元增加到 13.1 亿元，平均每年递增 5.5%。社会发展计划完成情况良好。

主要变化和成就

（一）农村经济稳步发展。“七五”期末农业总产值为 13.6 亿元，平均每年递增 3.6%。由于价值规律的作用，种植业略有起伏，但粮食生产每年仍然基本稳定在 150—155 万吨之间，最高年份达到 165 万吨，保持了人均千斤粮。1990 年常州市、武进县、金坛县被国务院评为粮食生产先进单位；武进县、溧阳市被国务院评为夏粮、夏油生产先进单位。1990 年棉花和油料作物产量分别比 1985 年下降 221%和 8.7%。多种经营兴旺发达。水产品总产增长幅度较大，1990 年达 5.3 万吨，比 1985 年增长 87.3%。蚕茧连续 5 年增产，1990 年达 8726 吨，比 1985 年增长 59.3%。茶叶、水果等都有不同程度的增长。生猪基本保持在“六五”期末水平，年出栏量在 95 万头左右。市郊蔬菜年上市量保持在 3.5 万吨（不包括集市贸易），基本上满足了城市人民吃菜需要。造林 1000 公顷。建成了 15 个农副产品基地。乡村企业发展较快，期末乡村工业总产值达 106.3 亿元，平均每年递增 26.8%。企业素质和产品质量有所提高，41 家企业被评为市级或市以上先进企业。1990 年，外贸收购额为 6.67 亿元，比 1985 年翻了一番。

（二）工业经济持续增长。“七五”期间的工业生产是在生产资料价格上涨，能源、原材料、资金供应短缺，市场变化较快的环境下进行的，经过努力，期末工业总产值达到 209.8 亿元，比 1985 年增长 100.9%，平均每年递增 15%，略低于“六五”期间平均增长 16.7%的速度。全市工业产品质量不断提高，优质品率为 20%，共有 44 只产品创国优，923 只达部、省优质品。“七五”重点发展的 64 个产品中，有印染布、丝绸、自行车、装载机、机床、铜及铜材、柴油机、拖拉机、录音机等 38 个产品比“六五”期末增长 1 倍以上，占总数的 59.3%；针织、锦纱、合成纤维等 17 个产品增长 50%以上，占 26.5%；有 4 个产品持平，5 个产品有所下降。新兴工业产品冰箱压缩机、大型电子衡器、岩盐等从无到有，蓬勃发展。“七五”期间，全市经济实力有所增强，组织结构逐步优化。全民和城镇集体工业企业固定资产投资额完成32亿元，占全社会总投资的67%。引进技术用汇2.4亿美元，完成1000万元以上投资项目57个，光亮铜杆连铸连轧生产线、CPE工程等一批项目已达到国外70年代末80年代初的水平。企业群体（集团）已发展到82个，参加群体的企业有657个。工业结构变化较大。1990年全民所有制工业总产值占全部工业总产值的比重为26%，比1985年减少近15个百分点，集体所有制工业比重已达63.3%；乡村两级工业占全部工业的比重已由1985年的31%上升为1990年的50.7%；轻重工业的比例关系已由1985年的54.3比45.7，转化为1990年的49.8比50.2。行业结构也出现新的变化。常州传统的工业支柱纺织业年平均递增5.4%，而电子、化工、机械等行业则分别年均增长18.6%、17.6%、15.1%。市区的发展速度低于县(市)，市区年平均递增9.6%，3县（市）为20.6%。

（三）第三产业加快发展。随着商品经济的发展，商品流通更趋活跃，全市基本形成了多种渠道、多种经济成份、多种经营方式的流通网络。期末第三产业在国民生产总值中的比重为22.2%，比1985年提高4.9个百分点。全市社会商品零售总额为42.3亿元，平均每年增长15.4%。新增另售网点6100多个，增长1倍多。金融、保险、信息、房地产等事业都有了新的进展。

（四）对外开放不断扩大。“七五”期末外贸收购额达到17.5亿元，平均每年递增20.8%。在国民生产总值中的比重由1985年的13.7%上升到18.4%。骨干出口商品和出口基地不断巩固和扩大，外贸收购值在百万元以上的骨干商品，由1985年的58种增加到156种。除灯芯绒、服装等老商品保持较旺盛的出口势头外，还增加了光亮铜杆、收录机、电视机、呢绒、床上用品、胶鞋、机床、塑料机械、精密电机等一批新的出口骨干商品，外贸出口企业由1985年的200家增加到540多家。工贸合营、联营企业由13个发展到64个，新增自营出口集团企业4个、机电产品出口基地企业4个、外贸扩权企业20个。出口商品结构有明显改善，机械、电子、化工、医药、新型建材及纺织和丝绸等深加工商品的出口比重有所增加，其中机电产品出口比重由1985年的8.4%上升到23.6%。三资企业开始起步，5年中累计批准合资企业100家，开业投产的有54家。5年间，全市签订利用外资项目277个，协议吸收资金1.78亿美元，分别比“六五”增长了132%和85%；实际利用外资1.5亿美元，比“六五”增长4倍多。全市成交各类外经合作项目84个，合同金额达2847万美元，分别比“六五”增长32%和133%。派出出国劳务和技术人员共达2734人，比“六五”增长2.6倍，全市在境外办企业6家。

（五）基础设施建设得到加强。“七五”期间是基础设施项目完成较多，投资额较大，面貌变化最快的一个时期。道路建设方面，完成了312国道常州东段，宁杭线溧阳段、常溧线马公桥至东岱段，镇澄路常州至龙虎塘段等扩建工程；建成了金坛金沙桥。河道和港口建设方面，完成了京杭大运河市区段的整治工程和奔牛港、采菱港的扩建工程，建成了东门轮船货运站和武进县圩塘长江汽渡码头，完成丹金溧漕河的改造工程。铁路和航空港建设方面，建成了变压器厂、连江桥等铁路专线和镇澄路等铁路立交桥。同时，进一步完善了奔牛机场，建成民航营业楼。邮电建设，完成了引进长途程控交换设备安装，市话容量由1985年的1.7万门增加到5.4万门，平均每年增长26%，市区话机普及率由1985年的3.3%提高到6.2%。武进、金坛县和溧阳市已进入全国长途自动拨号网。电力建设也有新的进展，地方集资建设的湖塘、针织总厂等7个热电结合工程已先后投入运行，到“七五”期末装机总容量达10万千瓦。先后建成了溧阳扬庄，武进东岱、魏村、芳渚变电所22万伏输变电工程和陈渡、北郊等8个11万伏输变电工程；以及罗溪等4个变电所的扩建工程。还完成了横山、儒林、雪埝、三河口变电所的3.5万伏农电输变电工程。改善了供电条件，提高了供电能力。

城市建设又取得新的成绩。旧城区改造有较大进展,新建了常州大酒店等建筑，东西大街主体改造工程已经完成，常州市通向邻近地区的干线公路经过拓宽通行能力有所提高。公共事业也有新的进展，每万人公共交通车辆达4.85辆，一些主要公交线路都延长到武进县乡镇，方便了群众。营运出租汽车比“六五”期末增长1.5倍。长江引水工程增添了新的配套设施，建成龙虎塘增压站，解决了均匀供水和分质供水问题，市区最高日供水能力提高到25.14万吨。环境污染治理，5年总投资为5300万元，其中用于污水治理的资金为4800万元，占投资的90.6%。计划安排的17个重点治理项目，已完成13个。更新改造了近百台锅炉，市区41.3平方公里的烟尘控制区已通过省级验收。

（六）各项社会事业发展较快。“七五”期间充分利用“社会发展综合示范试点”和“利用世界银行贷款进行城市综合规划建设试点”的机遇，多渠道筹集了建设资金，建成了一批社会事业项目。科学技术方面，5年中实现科技成果1558项，其中开拓新兴技术领域、开发新门类100项，技术储备26项，重大技术攻关项目29项，推广新工艺、新技术50项，实现消化、吸收、创新的先进技术120项。有8项成果获国家科技进步奖，81项获省科技进步奖，410项获市科技进步奖。全市各级各类专业技术人员增加到7.66万人，占职工总数的13.8%。科研机构57家，其中部省属41家，民办16家，科研生产联合体有60个。

教育事业。中等教育结构改革稳步进行，各类中等专业学校与普通高中的招生比例为1:1，其中市区达2:1。江苏化工学院、常州工业技术学院等高等院校的办学条件得到了改善，建成了教学楼，图书馆等一批教学配套设施。牛塘科教区建设已初具规模。中小学和学前教育普遍加强。5年中全市培养大专以上高等院校毕业生6700人，为国家计划分配的150%；中等专业学校毕业生6400人，为国家计划分配的178%；技工学校毕业生6055人，职业高中毕业生13352人。

文化卫生事业。扩大了横向医疗合作，引进和增添了一批先进医疗设备，提高了医疗诊断水平，基本消灭了血吸虫病、麻疯病，控制了麻疹、乙脑等的发病率。扩建了一院、二院的门诊楼。“七五”期末全市每千人床位数为3.21张，其中市区为6.31张。每千人卫生技术人员达4.3人。改扩建了一批文化设施，如改建和平和红星影剧院，建成丽华、西新桥、红梅新村、清潭六村等文化站。修复了天宁寺、市博物馆和张太雷故居、华罗庚纪念馆、段玉裁纪念馆。建立了5座地面卫星接收站，提高了电视复盖率，成为省内首先实现同时播出5个频道电视节目的城市，为丰富群众的精神和文化生活创造了较好的条件。在体育场馆建设方面，建成了温水游泳池、举重训练房等设施。全市有96.2%的学生达到国家体育锻炼标准。

(七) 城乡人民生活不断提高。在控制人口增长速度上，由于“七五”期间处于生育高峰，虽然对计划生育工作抓得较紧，但期末出生率仍达15.09‰，比“六五”期末高4.1个千分点，自然增长率为8.72‰。5年共安置就业人员8万人。到1990年全市工资总额平均每年增长16.5%，职工年平均工资每年增长16.2%。农民人均收入每年递增17.6%。城乡人民居住条件继续有所改善，改造了斜桥巷、三家村、北直街、东头村小区和古村住宅区，5年内市区共建居民住宅166万平方米，人均居住面积增加到6.82平方米。在城市人口增加的情况下，人均居住面积仍比1985年提高0.3平方米。

几点不足与启示

在“七五”发展过程中，也暴露出一些矛盾和问题，主要表现在：(一) 农业生产仍然存在不稳定的因素，基础还比较脆弱，整个农村经济还处于低水平发展的状态。(二) 工业结构性矛盾十分突出，应变能力较差，各主要行业都面临着不同程度的危机和挑战。而且经济结构调整进展缓慢，老产品的优势正逐步减弱，新产品开发速度不快，加上生产组织程度较低，工业经济的整体素质不高。(三) 投入不足和投资分散的矛盾并存。一方面，国家实行双紧方针后，资金短缺的矛盾日益突出，加上企业自我发展能力减弱，造成生产性建设的投入严重不足，特别是“七五”后期，投资下降的幅度较大；另一方面，由于资金分散，重点建设项目的资金难以落实到位，拉长了建设周期，不能尽快发挥投资效益。(四) 生产要素短缺，生产能力不能充分发挥，经济效益下降，亏损企业和亏损额增加，财政极度困难。(五) 地方宏观调控能力弱，缺乏综合平衡的手段，加上经济管理体制不顺，造成经济的不规则运动。这些问题还有待于在今后实践中摸索出解决的有效路子。

“七五”期间，在各方面制约因素较多的情况下，由于实事求是地贯彻了党和国家改革开放和治理整顿的一系列方针政策，常州市国民经济和社会事业仍然保持持续、稳定、协调地发展，人民的精神文化和物质生活条件继续有所改善。为“八五”经济和社会发展打下了一定的基础，并为地区生产力布局的合理化创造了条件。“七五”期间的经济活动，给我们以下几点启示：一是应根据商品经济发展的客观要求和市场供需变化，充分利用价值规律，从实际情况出发，适时调整经济结构，积极引进改造，有重点地扶持一批产品，通过技术引进和改造，联合改组企业，形成规模经济，以增强竞争实力和能力，使新的支柱产业不断壮大，加速全市产业结构和产品结构的调整，为逐步形成有自己特色的地区奠定基础，二是应深化经济体制改革，搞活企业，在企业内部建立和完善自我发展、自我改造、自我激励、自我约束的新的运行机制，同时应为企业创造一个比较好的外部环境，这样才能保持经济的持续、稳定、协调地发展。三是必须坚持以科技进步为先导，加快产品的更新换代，不断提高产品技术含量，形成梯度的产品结构，才能使整个经济充满生机和活力。四是应坚定不移地贯彻对外开放的方针，进一步落实沿海地区经济发展战略，捕捉机遇，努力扩大对外贸易，提高出口创汇能力。五是应加强基础设施建设，改善投资环境，特别应重视软环境建设，增强服务功能，增强城市的辐射力、凝聚力和吸引力。六是应加强经济联合，优化组织结构，促进生产要素的合理配置，提高综合经济效益，形成现代化大生产的新格局。七是应充分重视和利用社会事业建设对经济发展的促进作用，把社会发展纳入计划轨道，象抓经济建设一样抓好各项社会事业和精神文明建设，推动并保证经济和社会协调发展。

苏州市

市　长：章新胜
副市长：冯大江（常务）　府培生（农业）　黄铭杰（城建、旅游）　周大炎（文教卫生）　孙中浩（财贸、外经）　汪国兴（工业、科技）

章新胜市长，1948年11月生于江苏，先后就读并毕业于技术工程学院、杭州大学外语系，并两次赴美，在科罗拉多州大都会州立学院和哈佛大学工商管理研究生院深造。曾在南京无线电厂、中国国旅南京分社等处工作。历任南京金陵饭店党委书记兼副总经理、江苏省旅游局副局长、国家旅游局副局长等职。1989年11月任中共苏州市委副书记、代市长，1990年2月当选为苏州市市长。

艰苦奋进的五年　成果丰硕的五年

□ 徐洪斌　廖　建

苏州，这座享誉世界的千年古城，人们心目中美丽的园林、水乡、工艺、丝织之城，在改革开放的大潮中奋力向前，经过第七五年计划的建设，如今已跻身全国经济发达城市的行列。从1985年起，苏州市的工农业总产值就在全国各大中城市中居上海、北京、天津之后，列第四位，在各省辖市中居于首位。到1988年，全市国民生产总值在1980年的基础上实现了第二个翻番。“七五”是苏州发展最快、变化最大的5年，也是人民得到实惠最多的5年。

“七五”时期的重大成就

（一）国民经济迅速发展，生产力水平有了较大提高。全市国民生产总值、国民收入、工农业总产值和财政收入等主要经济指标的年递增率，分别为17.1%、16.7%、17.2%和6.2%。农业稳定发展，粮食在复种面积减少86666公顷的情况下，年均总产仍为270万吨，比“六五”增长2.5%；油菜籽、棉花的亩产水平都有提高；乡镇工业企业发展到15000多家，在全市工业经济中的比重已占到64%；农村形成了农林牧副渔、工商运建服全面发展商品经济的新局面。工业经济的规模和实力大大增强，“七五”期末工业总产值比1985年增长1.3倍，劳动生产率由“六五”年均增长7.7%提高到14.1%。三次产业的比例从1985年的20:62:18，调整到16:61:23。第三产业的增长超过了国民生产总值的增长。整个经济正在由内向型向外向型转变，外贸收购额比“六五”末增长5倍，占国民生产总值的比重已由“六五”末的9.3%上升到27%；实际利用外资比前5年增长12.1倍；外经工作有了较大拓展，接待海外旅游者和外汇收入，分别比前5年增长70%和166%。

（二）科教文卫等事业生机勃勃，有力地推动了社会进步。深入开展科技体制改革，建立了技术贸易中心，实施了“火炬”、“星火”等各类科技发展计划，共完成科技项目700项，荣获国家级科技奖27项，获专利权480多项，技术进步在经济发展中所占份额逐步提高。各类教育在改革中得到协调发展，有65个乡镇达到义务教育标准，特殊教育形成较为健全的网络，农村确立了“二级办学、三级管理”的新体制；中等职业技术教育开展了“双元制”、“双证制”的试点；成人教育走上了岗位培训为主的轨道。文化事业日益繁荣，创作了一批优秀作品，抢修保护并开放了一批古典园林和文物古迹，建立了民俗、戏曲、苏绣乡等一批各具特色的博物馆，基本普及了农村文化中心和街道文化站，群众性文化活动广泛开展。城乡医疗卫生保健网络进一步健全，农村合作医疗得到巩固，人民群众健康水平不断提高，人均期望寿命达到74.15岁，还有效地控制了生育高峰期人口的增长，5年少生40万人。所辖6县（市）已全部成为体育先进县，这在全国还是第一个。

（三）基础设施建设步伐加快，城镇面貌发生了较大的变化。按照国务院关于苏州城市总体规划的批复精神，完成了古城新区、县域及建制镇的规划编制工作，城乡建设开始纳入科学化、规范化轨道。各级政府为群众办实事已形成制度，市区改造北大门、新建白洋湾货场、6座铁路立交桥以及624条小街小巷改造等54件实事都已完成。全市二级公路的比重从不到1%上升到30%，74%的县、乡公路达到黑色化。实施了大运河改道工程，张家港港口已建7个万吨级泊位，同世界上124个国家和地区有货运往来。邮电通讯方面，万门程控电话投入使用，城乡新发展电话交换机容量4.4万门，比"六五"增长3倍多。全年社会用电量达50.8亿千瓦时，是"六五"末的1.7倍。市区日供水能力比"六五"末增加18.5万吨，气化率为58%，太湖、阳澄湖等水源的水质得到保护，85%以上区域的大气质量达到二级标准，市区在全省率先建成烟尘、固定噪声源双控制达标区。苏州新区建设，运河以东已初具规模。

（四）由农村而城市的经济体制改革全面展开，为经济和社会的发展注入了新的活力。农村在稳定家庭联产承包责任制的基础上，积极发展社会化服务体系，统分结合的双层经营体制得到充实完善。城市经济体制改革，围绕搞活企业这个中心环节，推行了承包经营责任制和企业内部的配套改革，横向经济联合和经济协作得到加强，企业集团发展到46个，成员企业700多家，定点配套协作单位2500余家。培育和发展了一批生产资料、农副产品、日用工业品以及资金、房地产、科技、建筑、劳务等专业市场，苏州物资贸易中心，吴江东方丝绸市场和常熟招商场等，已成为名闻全国的大型专业市场。城区改革也迈开了步子，区级经济有了较大发展，增强了城区的活力和社会服务功能。

（五）城乡市场繁荣兴旺，人民生活开始步入小康水平。实施了"菜篮子"工程，兴办了一批生猪直供基地和两个大型养鸡场，改造和新辟菜地7000多亩。各县（市）也创办了各级各类副食品基地，提高了生产能力。在加强物价管理的同时，丰富了市场供应，全市社会商品零售总额比"六五"末增长近1倍。城乡居民居住条件明显改善，城镇住宅竣工面积536万平方米，市区人均居住面积7.6平方米。安置城镇劳动力就业14万人，社会待业率控制在1%以下，职工平均工资收入2448元，农民人均收入1141元，分别比"六五"末增长103%和62%，城乡居民储蓄余额比"六五"期末增长近4倍。发展了社会保险事业，推行了退休统筹和合作养老保险制度，对70岁以上老年人颁发了"高龄优待证"，扶持贫困户6万余户，举办福利企业550家，安置残疾人3万人。全市城乡还广泛深入地开展了"满意在苏州"、"新风户"等群众性精神文明建设活动，人们的精神面貌发生了深刻的变化。

1990年的新进展

1990年，苏州认真贯彻党的十三届四中、五中、六中全会精神，以稳定统揽全局，紧紧依靠全市人民，团结奋斗，在稳定中求发展，各方面工作都取得了新的成绩。全市完成国民生产总值202.1亿元，国民收入178.8亿元，工农业总产值474.9亿元，分别比上年增长14.6%、10.8%和10.7%，财政收入完成21.47亿元，增长2.8%，经济形势比预料的要好。

（一）农业夺得了全面丰收。农业克服了地震、台风等自然灾害带来的困难，取得了"熟熟丰收、县县增产、项项超指标"的好成果。全市农业总产值完成27.53亿元，比上年增长7.4%。粮食总产283.5万吨，增长9.2%，水稻亩产在连续两年超历史的基础上，第一次突破了500公斤大关；棉花总产3.69万吨，亩产74公斤，均增长12%；油菜籽总产14万吨，增长16.4%。全市多种经营总收入51亿元，增长5%，水产、蚕茧等大宗项目都有较大幅度增长。实现了年初提出的"麦增一百、稻超千斤、油料和棉花各增一成、多种经营增产增收"的奋斗目标。苏州市还被国务院授予1990年粮食生产先进单位称号。

（二）工业实现了稳中有进。在紧环境中，积极推进治理整顿，努力调整经济结构，千方百计开拓市场，扭转了生产滑坡局面，赢得了适度增长。全市完成工业总产值447亿元，比上年增长10.9%，其中市区97.09亿元，增长3.1%；6县（市）350亿元，增长13.3%；全市乡村工业完成产值284亿元，增长15.1%。产值超5亿元的乡（镇）有5个、超亿元的村有7个。农用工业、基础原材料和出口产品产量都有增长，重点试制的新产品增长7.6%，新产品产值增长2.6%，优质品率比上年提高3个百分点，其中有两个产品获国家金质奖，10个产品获银质奖，127项获省第二届优秀新产品"金牛奖"。有223家企业通过了市级以上企业评审，其中苏州电扇总厂、苏州电冰箱厂、望亭发电厂获国家一级企业称号，进入国家二级的有27家，省级的63家。结合产品结构调整，实施技术改造，竣工项目712项。

（三）外向型经济保持了较好的发展势头。积极组织实施扩大对外开放的战略决策，外贸、外资、外经"三外"齐抓，多方开拓，外向型经济继续跨出大步子。对外贸易实现了市区与县区、本口岸与外口岸、自营成交与整个出口全面增长。全年外贸收购额完成51.6亿元,比上年增长26%，其中自营创汇1.41亿美元，增长71%。利用外资新批项目164个，合同外资1.44亿美元，增长51.6%，其中新批"三资"企业130家，合同外资金额1.1亿美元，增长1倍多。年末全市累计批准"三资"企业366家，已开业投产172家。劳务工程承包完成营业额 1100 万美元，增长 229%。乡镇企业外贸收购额、新办“三资”企业和合同外资数，分别占全市总数的 55%、72.3%和 49.8%，有 4 个乡镇外贸收购额超过亿元。；国际旅游业回升较快，全市共接待国外旅游者、华侨和港澳台同胞 28 万人，比上年增长 54%，旅游外汇券收入 7575 万元。

(四)“科技兴市”有了良好开端。从各方面采取措施增加科技投入。全市财政支出中科技三项费用比上年增长 15.6%，加上科技贷款和企业自筹，有效地增强了科技开发实力。组织实施市以上科技项目 318 项，主要是推进高新技术和先进适用技术的商品化。列入国家“火炬”计划的广角倍变眼底摄影机、列入省“星火”计划的冷光卤钨灯、稻麦机械化生产亩产吨粮配套技术，以及人工饲料工厂化养蚕等项目，都有较高的科研水平。有 72%的大中型企业建立了专利工作制度，专利实施率达 46.3%。

(五) 教育等社会事业取得新的进展。学校加强了思想政治工作，社区教育有了发展。九年制义务教育稳步推进，又有 36 个乡镇达标，平江区成为初等义务教育达标区。初中流生率下降到 1.87%。修缮危房和陈旧校舍 12.4 万平方米，新建成校舍 22.2 万平方米。开展了“农科教结合、三教统筹”的试点，有 32 个乡镇列为市首批实施“燎原”计划示范点，其中 26 个乡镇已经达标，吴县陆墓镇被国家教委确定为全国示范乡镇之一。全市有 70 万职工和农民接受了在职培训。文化工作一手抓整顿，一手抓繁荣，创作了一批受社会欢迎的好作品，群众文化活动丰富多彩。城乡爱国卫生运动深入发展，创建国家卫生城市活动取得初步成效，苏州已被评为全国卫生城市，传染病发病率继续下降。薄弱地区的计划生育工作有较大改观，全市年人口出生率为 12.75‰，计划生育率为 99.53%。苏州已被国家体委命名为“全国田径之乡”，苏州输送的运动员在第十一届亚运会上荣获 3 枚金牌。

(六) 城镇基础设施继续得到改善。市政府确定市区要办的建造官渎里立交桥、拓宽乌鹊桥弄、改造交通卡口、完成白洋湾水厂一期工程和南环 5.4 万立方米煤气贮气柜等 14 件实事都已完成 。全市改造公路 80 公里，建成了大运河改道工程长桥主桥、太仓新浏河桥、郊区虎埠桥等 9 座桥梁，昆山农村公共汽车站、太平等 6 个乡镇汽车站已投入使用。苏州至常熟、渭塘的微波通讯传输通道和昆山市万门程控电话已开通。大力推进“全面保护古城风貌、重点建设现代化新区”的城市建设进程，新区建设开始向运河以西推进，初步形成了河西新区的规划，狮山启动区的建设正在付诸实施。认真贯彻实施《规划法》，组织了整治道路交通秩序和卫生环境的建设，取得了较好的效果。城乡共完成工业污染治理项目 122 个，新增日处理工业废水能力 3 万吨。全市新增绿地 71.7 万平方米，成片造林 1000 公顷，农田林网化 1333.3 公顷。

(七) 廉政勤政建设进一步加强。市政府领导成员制定了《廉政勤政八项守则》，各部门也相应建立健全了有关制度。开通了市政府联系群众电话，严肃查处了一批违法违纪案件，为国家挽回经济损失 500 多万元。“两公开一监督”试点已扩大到 13 个系统、2988 个单位，并在市、县两级机关 12 个职能部门的有关科室中进行了试点。治“三乱”、纠正行业不正之风有了良好的起步。确保了《行政诉讼法》的顺利实施，对《商检法》、《计量法》，以及测绘、交通法规执行情况进行了重点检查。全年共受理民间纠纷 2.2 万起，调解率达 98.5%

泰州市

市　长：张厚宝

副市长：江正保（常务）　陆镇余（社会事业）　吴　金（农业、城建）　裴靠恩（女　科技）　朱琏瑞（财贸）　曹金泰（工交）

张厚宝市长，1948年2月生，江苏六合人，1970年9月入党，1985年7月毕业于扬州师范学院党政干部专修科。1969年4月起，历任六合县龙池公社林场大队革委会副主任，龙池公社党委副书记，扬州地区农业局科长、副局长，共青团扬州地委书记，仪征县曹山公社党委书记，扬州市工商局局长，中共泰州市委常委、副书记，市政府副市长、代市长。1991年4月当选为泰州市市长。

泰州市经济社会的新发展

□ 泰州市市长　张厚宝

"七五"期间，泰州市全面完成了"七五"计划，整个经济和社会面貌发生了深刻的变化。

"七五"时期的经济社会发展

（一）经济总量增长较快。国民收入1990年为7.17亿元，完成计划134.6%，比"六五"期末增长1.08倍，年平均递增15.77%。国民生产总值1990年达8.45亿元，比"六五"期末增长1.13倍，年平均递增16.32%。人均国民生产总值达到3364元，比"六五"期末净增1633元。在国民生产总值中，一、二、三产业构成由"六五"期末的5.5:69.8:24.7调整为5.2:67.7:27.1。工农业总产值1990年24.85亿元（1990年不变价），完成计划100.5%，比"六五"期末增长56.41%，年平均递增9.36%。

（二）工业实力显著增强。全市工业企业297个，年产值1000万元或利税100万元以上的企业由"六五"期末的24个增加到42个，大中型企业由9个增加到22个。达国家二级企业标准的企业5个，省级先进企业23个。达国家一、二、三级计量标准的企业由35个增加到112个。工业企业职工共6.72万人，占全市职工总数的64.8%。固定资产7.88亿元（原值），比"六五"期末增长1倍。拥有一批新的生产装备和生产线，开发投产的新产品372个，初步形成空调器、焊条、半封闭压缩机、程控电话交换机、产业用纺织品、针织内衣、树脂软管、医药、自行车配件、玩具等一批优势产品。优质产品由71个增加到156个，优质品率由11%提高到28%；采用国际标准生产的产品品种规格116项，国际标准产品产值率由2.78%上升到20.68%。

（三）农村经济稳定发展。农业生产基础条件有所改善，社会化服务水平有了提高，推广了农业先进技术，扩大良种面积。在面积减少133.3公顷的情况下，"七五"期间粮食总产年平均稳定在3800万公斤，棉花总产9.5万公斤，油料总产178万公斤；蔬菜总产3500万公斤，上市量1500万公斤；家禽（栏存）、水产品、牛奶产量分别比"六五"期末增长48.5%、9.95%、43.1%。农业总产值1990年为6747万元，比"六五"期末增长10.6%，年平均递增2%。乡村工业发展较快，1990年乡村及村以下工业总产值共4.20亿元，比"六五"期末增长3.36倍，年平均递增34.3%。

（四）外贸出口成倍增长。1987年泰州被批准为开放城市。1990年全市生产外贸产品的企业已有70个，外贸收购额1.98亿元，完成计划118.6%，比"六五"期末增长2.5倍，年平均递增28.8%。5年利用外资1415万美元，比"六五"时期增长38.8%，其中直接利用外商投资350万美元，建立三资企业8个。对外劳务输出471人次，在香港创办了海康公司。外向型经济的发展有了较好的基础。

（五）财政收入计划完成良好。1990 年完成收入 1.39 亿元，比“六五”期末增长 44.41%，年平均递增 7.6%，比计划提高 2.75 个百分点。5 年累计 6.12 亿元，比“六五”累计增长 61.05%，其中上交国家 4.25 亿元，比“六五”累计增长 46.55%。财政收入的稳定增长，为国家和地方经济建设作出了贡献。

（六）金融和流通发挥了重要作用。全市商业、物资、粮食、供销社等流通部门有二级站、公司和基层供销社 35 个，供应网点 3519 个，人员 1.33 万人，承担了我市商品供应和邻县约 200 个基层供销社的批发业务。1990 年购销总额达 24.12 亿元，其中销售 12.77 亿元，比“六五”期末增长 79.6%，年平均递增 12.4%。金融存贷规模成倍增长，1990 年存款余额 7.16 亿元，其中储蓄余额 4.01 亿元，比“六五”期末分别增长 3.1 倍和 4.2 倍。贷款余额 9.45 亿元，比“六五”期末增长 1.7 倍。金融和流通的发展，有力地支持了生产和建设事业。

（七）城市环境得到改善。5 年来，加强了城市基础设施的建设，发展了各项社会事业。打通了青年路，扩建和改造陵园路、海阳路等 20 条城区干道；改造和新建西仓桥、青年桥、破桥等 10 座桥梁；修建了 328 国道和通往高港、兴化的公路。通讯电报进入全省自动转报中心，长途电话自动拨号与全国联网，电话自通率达 30%。进行环境污染治理 63 项，工业污水处理率达 40%，市区交通噪声等级降到 74 分贝，比“六五”期末下降 5 分贝。市区人均公共绿地由 0.96 平方米增加到 2.5 平方米。新建了梅兰芳史料陈列馆，并修复光孝寺等古迹。

（八）教育卫生继续发展。在兴办职工大学、发展职业技术教育、改善中小学办学条件等方面都有所进展。扩建人民医院，新增了第四人民医院，开展了创建卫生城市活动。城市环境的改善和社会事业的发展，为适应对外开放，加强精神文明建设创造了条件。

（九）人民生活水平不断提高。5 年来，在控制人口增长和提高人口素质方面，取得一定成绩。1990 年全市人口 25.31 万人，比“六五”期末增长 9.4%，具有大中专文化的人口为 16446 人，占总人口 6%。累计安排就业 2.36 万人。“七五”期间，职工年平均工资 2025 元，农民年人均收入 870 元，比“六五”期末分别增长 106%、84.3%。社会商品零售总额 4.65 亿元，比“六五”期末增长 1.01 倍，年平均递增 15%。5 年间城市新建住宅 16.6 万平方米，市区人均居住面积比“六五”增加 2 平方米。自来水日供水能力由 5 万吨提高到 8 万吨，市区自来水用户普及率达 97.7%；郊区农民也有 3.57 万人改善了饮水条件。社会福利和社会保障事业得到发展，敬老院由 4 所增加到 6 所，累计扶贫 1592 户，脱贫 1121 户，脱贫率达 70%。保险种类由 9 个增加到 31 个，保险费支出 639.7 万元。以上情况表明，泰州的生活环境正在得到改善，人民生活质量正在不断提高。

“八五”时期的发展展望

（一）指导思想：今后 10 年，我市国民经济和社会发展的主要任务是：以提高经济效益为中心，提高经济总体素质为目标，调整结构，外向开拓，内打基础，壮大实力，实现翻番，力争在本世纪内建成经济繁荣、环境优美、生活小康、道德风尚良好的新型工商业城市。“八五”期间，继续贯彻党的改革开放和治理整顿的方针，以经济建设为中心，调整产业结构和发展外向型经济为重点，依靠科技进步，振兴工业，稳定农业；搞活金融流通，强化交通邮电、市政设施，相应发展社会事业。到“八五”期末，人均国民生产总值达到 4700 元，人均工业产值 1.2 万元；人民生活进一步改善，经济实力进一步增强，城乡市场进一步繁荣，城市辐射功能进一步扩大，为“九五”发展添后劲、跃上新台阶打基础。

（二）奋斗目标：1995 年国民生产总值达到 13 亿元，年平均增长 9.4%；国民收入达到 10.8 亿元，年平均增长 9.1%；工农业总产值达到 35.35—38.56 亿元（1990 年不变价），年平均增长 7.2—9.1%，其中工业年平均增长 7.3—9.2%，农业年平均增长 2.3%；外贸收购额达到 3 亿元，年平均增长 11%。“八五”期间利用外资 1500 万美元，其中直接利用外商投资 800—1000 万美元；社会商品零售额达到 7 亿元，年平均增长 8.5%。财政收入“八五”期末达到 1.76 亿元，5 年累计收入 8.07 亿元，比“七五”累计收入增长 31.9%。固定资产投资 6.5 亿元，比“七五”累计增长 15.6%，其中技术改造完成 4.5 亿元，基本建设完成 2 亿元。“八五”期末职工人均工资收入 2750 元，年平均增长 6.3%，农民人均收入 1200 元，年平均增长 6.6%。全市总人口“八五”期末 27.65 万人，全民集体职工总数 11.5—12 万人，比“七五”期末增长 12—17%，使城乡人民的生活质量、生活环境和居住条件都有进一步改善

（三）基本措施：1、扎实开展“质量、品种、效益年”活动，努力提高工业经济整体素质和经济效益。2、深化经济体制改革，加快对外开放步伐。3、坚持农副工三业协调发展，促进郊区经济全面繁荣。4、依靠科技，振兴教育，大力推进科技进步。5、努力搞活金融流通，发展经济繁荣市场。6、加快基础设施建设，协调发展各项社会事业。7、推进民主法制建设，努力创造稳定的社会环境。8、加强廉政和勤政建设，进一步改进政府工作。

仪 征 市

市　长：仲冠五

副市长：臧巧华（常务）　陈悦荣　严祖荣　吴同林　张炳武

仲冠五市长，1942年11月生，江苏省兴化市人，中共党员，工程师。1963年毕业于扬州工学院无机化工专业。1982—1985年，先后任泰州市化工局副局长、局长、党委书记，1986年7月至1988年8月，任中共兴化县（市）委副书记和副县（市）长。1988年9月任中共仪征市委副书记、市长。

仪征市经济建设和社会事业取得新进展

□ 仪征市人民政府办公室

1990年，仪征市认真贯彻落实党的十三届五中、六中全会精神，按照"一要稳定、二要鼓劲、三要发展"的要求，坚定不移地执行党的"一个中心、两个基本点"的基本路线，坚定不移地执行治理整顿、深化改革的方针，全市上下团结一致，艰苦创业，战胜了各种困难，取得了经济建设和各项社会事业的新成就。1990年，全市实现国民生产总值16.78亿元，比上年增长22.48%；国民收入15.46亿元，比上年增长29.59%；工农业总产值50.64亿元，比上年增长29.35%；"七五"期间，这三项指标的平均年增长率分别为17.57%、22.74%和31.8%。

(一) 工业生产持续增长。

1990年，全市工业总产值实现48.49亿元，比上年增长30.67%。地方乡以上工业产值完成12.39亿元，比上年增长12.36%，其中市属工业完成产值8.23亿元，增长12.97%；地方乡以上工业实现销售收入9.33亿元，比上年增长1.77%；地方乡以上工业实现税利9823万元，与上年基本持平。技术改造步伐加快，全年共新批技改项目76项，总投资8000万元，加上上年结转10项，结转财务数1242万元，总计86项，9242万元。当年竣工66项，完成财务数5968万元，比上年增长57%。市汽车制造厂的万辆汽车生产线竣工投产。全年共开发了6460轻型客车、T8节能荧光灯、双抗聚酯切片、钢带组合油环、增强塑料布导风筒、依维柯后轮壳等53个新产品。活塞环厂、荧光灯厂、服装厂3个企业升级国家二级企业，布厂、纺机厂、油泵油嘴厂3个企业获省级先进企业，还有2个企业获扬州市先进企业。全市乡以上工业节电650万千瓦时，节油720吨，节标准煤580吨，万元产值综合能耗下降3%。

(二) 农业生产基本稳定。

1990年，全市农业总产值达2.15亿元，比上年增长1.2%。夏熟喜获丰收，秋熟虽然遭受台风袭击，但由于全市组织抗灾及时，措施有力，减少了损失。全年粮食总产3.21亿公斤，油菜籽总产619.4万公斤。多种经营全面增长，产值达0.94亿元，比上年增长4%。农副产品基地建设规模有所扩大，全年生猪饲养量44.6万头，家禽饲养量700万只，水产品产量2858.5吨，干茶产量16.75万公斤，蚕茧产量23.75万公斤，均超过年初确定的计划指标。农业基本条件继续改善，全年完成农田水利土方688万方，改造中低产田1867公顷，扩改当家塘145口。去冬又在全市开展了大规模的水利建设，特别是筹集资金80万元，组织2.5万人，加固拓宽了长达5090米的泗源沟至十二圩段主江堤，增强了抗洪能力。农业机械化程度有所提高，农业服务体系得到加强。1990年，全市拥有农业机械总动力20.52万千瓦，拥有大中小型拖拉机933[illegible]台，免耕条播机103台，喷雾机1772台。

(三) 外向开拓有所进步。

1990年全市外贸生产有了较快发展，全年完成外贸出口收购额7788万元，比上年增长23%，增长幅度居扬州市各县（市）之首。出口产品已达到9个大类、48个品种。利用外资工作也有了新的进展，全年共签订意向性合资项目9个，已批准利用外资项目2个。合同利用外资金额401万美元。同时，对外友好往来也不断增加。

(四) 财贸金融取得成效。

1990年，全市财政收入实现17240.8万元，比上年增长14.7%。其中市级实现6583.8万元，增长10.45%，基本实现了收支平衡。全市社会商品零售总额完成5.57亿元，完成了粮油定购任务。加强了菜篮子工程建设，蔬菜总产达1500万公斤。年末各项存款余额达5.67亿元，比年初净增1.74亿元，其中城乡居民储蓄存款余额达3.14亿元，比年初净增9378万元。工商行、农行储蓄超亿元。年末各项贷款余额达6.02亿元，比年初净增1.31亿元。技改贷款累计发放5161.5万元。保险收入实现1001万元，比上年增长36.15%，全年理赔297.5万元，比上年增长35.84%。

(五) 城乡建设不断加强。

1990年，坚持“量力而行、尽力而为、集中财力、多办实事”的原则，围绕发展经济、改善投资环境，进一步加强了城市基础设施建设，荣获省级卫生城市称号。全年共拓宽铺筑了真州西路等10条主次干道，搬迁了服装市场，打通了解放西路，改造拓修了天宁、园林巷等10条巷道。日供10万吨自来水厂第一期5万吨净水厂土建工程破土动工。商品房开工面积4.66万平方米，竣工2.63万平方米。新改建公厕54座。完成环境污染治理项目10个，“三同时”执行率达88%。1990年全市有道路726公里，比上年增加93公里，增长14.69%，拥有各类机动运输车辆4169辆，完成货运周转量19776万吨公里，其中公路完成14908万吨公里。完成客运周转量12221万人公里，其中公路完成12092万人公里。市区共开设8路公共汽车运输线，城乡交通便捷。邮电通信发展很快。1990年完成了市话1000门交换机扩容工程，全市有邮电局（所）24处，直拨电话乡镇16个，乡村通邮率100%。全年邮电业务总量363.80万元，比上年增长15%。市区电话年末达3219户，比上年增加360户，农村电话年末达333户。全年报刊流转额达250.78万元，比上年增长11.80%。1990年，全市共有变电所11座，总容量35万KVA，输电线路总长6000公里。全市所有乡镇全部通电，市区照明正常供电，生产和生活用电分供。全年供电总量2.4亿千瓦小时。

(六) 社会事业继续发展。

科技方面：1990年，全市拥有科研机构7个，各类科技人员7020人。全年经省及扬州市批准确立的各种科技计划项目共32项，其中，国家级新产品试制鉴定计划1项，省星火计划1项，农业科技项目13项，有12个企业被评为市级以上科技进步先进企业。在江苏省适用先进科技成果、新产品展览交易会上，有3个产品获金质奖，4个产品获银质奖。

文教卫体方面：新建了市文化馆黎明会堂，电视台已于10月份建成开播。继续抓了文化市场的整顿，收缴违禁书刊和非法出版物1.2万多件。组织实施五年制义务教育，有9个乡镇、1个场圃验收合格。建成2所合格初中，第四中学正在建设，新翻建校舍3.47万平方米，新建5所成人教育中心。新建成市第二人民医院，巩固发展了乡村医疗机构，改善了城乡医疗条件。全市拥有各类医院4个，卫生院23个，门诊部、所8个。拥有病床1302张，卫生技术人员2019人，比上年增加105人，其中医师、医士900人，护师、护士514人，比上年增加39人。“四苗”免疫覆盖率达97.62%，灭螺面积63万平方米，各种传染病发病率得到有效控制。全年计划生育率达99.1%，节育措施落实率达99.21%。全年获省市级体育金牌6枚，在全省县（市）级田径比赛中的名次由上年的第41位上升到第36位，列扬州市第五位。

(七) 人民生活明显提高。

至1990年末，全市总人口571467人，比上年增加4330人，增长0.76%。随着经济的发展，仪征人均国民收入逐年增加，1990年达2338元。农民人均纯收入达673元，安置城镇待业人员就业1687人，比上年增长92.14%。全年职工工资总额18551万元，比上年增长14.41%，增长速度高于1989年的7.7%。地方单位职工工资总额10362万元，比上年增长12.9%。职工年平均工资2148元，比上年增长14.56%。地方单位职工年平均工资1873元，比上年增加13%。1990年末，城乡居民储蓄余额达31444万元，比上年增长46.4%。

(执笔：陈礼军　陈万隆　徐成安)

常熟市

市 长：江 浩

副市长：金元康 赵俊生 吴嘉哲 范国华 陈永良 孙坤保 邢维龙

江浩市长，1966年8月参加工作，曾任沙洲县南丰供销社营业员，县商业局办事员，县供销社秘书股副股长，县委办公室秘书，县政府办公室秘书组副组长，县第二工业局副局长，棉纺织厂党委书记，县委常委、县委办公室主任、县委常委、副县长、经委主任、党组书记，张家港市委常委、副市长；常熟市委常委、副书记、副市长、代理市长。1991年2月当选常熟市市长。

常熟经济在扩大对外开放中持续发展

□ 杨建煜

常熟市地处苏南沿海开放地区。"七五"期间，国民经济在扩大对外开放中持续发展，尤其是外向型经济迈开了较大的步子，对全市经济和社会诸方面产生了积极而深刻的影响。

国民经济持续发展

1990年，常熟市社会总产值达到120.03亿元，比上年增长10.8%，工农业总产值达到91.47亿元（按1980年不变价，下同），比上年增长12.6%，5年平均递增17.7%；国民生产总值达到36.33亿元，比上年增长13%，5年平均递增16.54%；国民收入达到32.93亿元，比上年增长10.8%，5年平均递增16.49%；财政收入3.63亿元，比上年增长1.6%，5年平均递增7.17%。城镇职工年平均工资性收入达到2474元，比1985年增加1318元，5年平均递增16.4%；农民人均纯收入达到1280元，比1985年增加549元，年均递增11.9%。全市社会商品零售总额16.59亿元，比1985年增长110.8%。年末城乡居民储蓄14.58亿元，比1985年增长4.2倍。

"七五"期间，物质投入进一步增加，主要比例关系趋于协调。全市完成固定资产投资16.31亿元，比"六五"期间增长161.3%，其中生产性建设投资13.09亿元，占80.2%；技术改造投资12.67亿元，比"六五"期间增长167.2%。第一、二、三次产业的比例由1985年的20.9：62.5：16.6调整发展为16.9：63.37：20.44；轻重工业的比例由1985年的68：32调整发展为64.2：35.8。

外贸出口持续增长

常熟是全国外贸出口产品10大基地县（市）之一。现同世界上105个国家和地区有贸易往来。出口商品有粮油食品、土畜产品、针棉织品、丝绸、服装、工艺品、轻工业品、五金矿产、设备、机械、有色金属、化工、医药、保健、电子产品等16个大类200多个品种。"七五"期间，全市外贸出口增幅较大。5年累计完成外贸收购额27.38亿元，比"六五"期末增长411%，1990年全市外贸收购额达8.99亿元，比上年增长26%，比1985年净增7.76亿元。外贸出口收购额已占国民生产总值的26.4%，比"六五"期末提高了19个百分点。

外贸出口迅速增长的主要因素有：第一，积极鼓励和扶持企业搞外贸出口。在思想上认识上帮助企业确立算大帐、算活帐，算战略帐的总体观念；在工贸双方实行双轨承包责任制和"一保两挂钩"的办法，使双方都有积极性；对出口产品和重点出口企业实行物资供应、资金贷款、税收优惠、奖励补贴等倾斜政策，有效地调动了企业外贸出口的积极性。第二，实行多渠道、多口岸经营，进出口渠道逐步增加。据不完全统计，1990年经市外贸公司扎口的外贸出口渠道遍及全国28个省、市自治区的114个口岸公司，收购额达8.29亿元。第三，大力抓好出口基地建设。保证出口货源供应。1990年，全市出口创汇企业达209家，其中出口收购额或直接出口超过千万元人民币的企业有24家。值得指出的是，乡镇外贸出口异军突起。全市34个乡镇都有出口、1990年，乡镇外贸收购额达5.27亿元，占全市外贸收购总额的59.24%，其中有18个乡镇超过1000万元，碧溪、大义两镇成为超过6000万元的出口重镇。第四，不断调整出口产品结构。根据国际市场信息，每年都要推出一批出口新品，既符合国际市场要求，又做到降低换汇成本。1990年，中纺进出口公司、江苏纺织进出口公司和日本中大株式会社联合授予常熟棉纺织厂生产的“兰竹牌”1658出口细布“质量全优”奖，使常熟产品在国际市场的声誉进一步提高。1990年，16个大类出口商品中，有12个比上年有较大幅度的增长。机械冶金、电子行业的外贸出口增长率均在40%以上，机电产品出口收购额达到1亿多元，比上年增长54.91%，出口比重由上年的9.08%上升到11.6%。

外资利用规模不断扩大

“七五”期间，利用外资的步伐不断加快。到1990年底止，累计已批准的利用外资项目99个，合同外资4081.8万美元。其中，兴办外商投资企业70家，合同利用外资2812.55万美元，占合同外资总额的68.9%。此外，利用外资的形式还有“三来一补”、国际租赁、外国政府贷款等。

“七五”期间，由于引进外资，推动了企业的技术进步，改善了企业的素质，开拓了国际市场。乡镇外资企业也发展迅速，到1990年底，总数达到58家，占全市外资企业总数的83%，乡镇外资企业的建立，使乡镇企业产生了质的飞跃。

常熟市在利用外资中，注重做到既积极又慎重。对于合资项目，一般都以原有厂房、场地和部分设备作为投资，外方出资部分主要用在关键设备、技术和原材料上，从而大大节省了投资费用，压缩了基建规模，缩短了投产时间，节约了配套资金，基本上做到了办一个、成一个。这主要表现在：第一，外商的出资率比较高。第二，企业的开工率较高。到1990年底，已投产的外资企业有34家，占企业总数的48.57%；第三，产出率比较高。1990年，全市外资企业完成产值3.52亿元，实现销售收入2.58亿元，盈利总额426.92万元，税收总额540万元，提供出口货源7912.6万元，自营出口1288万美元。其中，华港毛皮织造有限公司等5家外资企业实现了利润超百万元，自营直接出口创汇超百万美元或外贸收购额超过500万元。在1990年11月召开的江苏省经验交流会上，常熟市的做法受到了省里的肯定表扬。

对外经济技术合作进一步拓展

“七五”期间，常熟市对外经济技术合作的广度和深度有了进一步的拓展，从过去单纯的建筑劳务输出发展到技术输出以及到海外投资设厂等领域。1990年，在外劳务人员152人，比上年增加53人，执行合作项目17个，完成营业额61万美元。市建筑工程公司承包项目均受到所在国业主和中方有关部门的赞扬和奖励。1990年，，荣获国家建设部颁发的《施工企业对外承包工程资质证书》。常熟市有2家企业到海外投资设厂。

此外，经全国对外友协批准，常熟市与日本绫部市结为友好城市。

投资环境得到改善

“七五”期间，常熟市围绕扩大对外开放，发展外向型经济，软硬件一起上，使投资环境得到了较大的改善。

在软环境方面，对外开放以后，常熟市的项目审批权有了扩大，同时，根据国家有关鼓励外商投资的政策法规，制订了相应的实施细则，包括投资保障、优惠政策、投资程序等共85条，建立、健全了对外开放办公室、外经贸委等综合性机构，以及外汇、金融等专业管理部门。在深圳、厦门、海南等特区建立了办事处。由于不断提供高效率的行政服务，为扩大对外开放、发展外向型经济起到积极的推动作用。

在硬环境方面，“七五”期间，重点加强了道路交通、邮电通讯等基础设施建设，乡村城市化的水平进一步提高。全市业已形成了以城区为中心的四通八达的路网，公路等级逐年提高，有70%以上的农村支线铺设了黑色路面，建成了新的邮电大楼和长途微波通讯铁塔，引进了10万门程控电话，开通了国内直拨电话，开设了国际电传和传真线路，开通了无线寻呼系统，全市电话机总数达到22061部，全功能的邮电综合中心已动工兴建。地方建有发电装机容量4.15万千瓦，全年发电量37092万千瓦／小时。形成了较完整的广播电视系统，拓宽了信息传播渠道。此外，各类旅游景点及设施日臻完善。总之，经过“七五”建设，常熟正以良好的投资环境欢迎更多的国内外厂商前来合作、开发，举办各类事业。

张家港市

市　长：沈澍东

副市长：包国新　何志仁　徐锡宝　蒋宏坤　顾肇成　郑自钧

沈澍东市长，1942年11月生于江苏无锡，1968年11月毕业于江苏工学院，助理工程师。曾任县机械厂技术员、生产科副科长、厂党总支委员、副书记，县经委党组成员、生技组副组长，县毛纺厂党支部书记，县经委副主任，县委副书记、县长，市委副书记、市长，兼任张家港口岸管理委员会主任。

坚持外向发展　寻求新的突破

□ 张家港市人民政府

张家港市的乡镇工业，坚持走外向型经济的发展道路，努力开拓，主动出击，闯过了重重难关，取得较为令人满意的成绩。

对外贸易不断扩大。乡镇工业出口创汇在连续几年大幅度增长的情况下，继续保持了较快的增长速度。1990年全市乡镇工业完成外贸出口交货额8.2亿元，比上年增长36%，占全市外贸收购额的85.6%，其中扎口收购额7.8亿元，比上年增长59%，大大高于内贸的增长幅度。乡镇工业的外贸出口交货额占销售收入的比重也由上年的15.7%提高到17.6%，增长了1.9个百分点。出口产品的品种也有较大幅度增加，现已达13个大类，300多个品种，比上年增加近20个。出口创汇的持续增长，使全市农村经济的开放度有了较大提高，开放度超过了35%，比上年增加近6个百分点。

出口创汇大户不断增加。1990年，张家港市乡镇工业外贸交货额超千万元的乡镇由上年的14家上升到18家，杨舍、妙桥等7个乡镇的外贸交货额超过了5000万元，其中杨舍镇和妙桥镇突破了1亿元，分别达到13374万元和10008万元，名列苏州市各乡镇前茅。张家港市还涌现出19家交货额超千万元的乡镇企业，比上年增加了3家。其中合兴印染厂和塘桥光达针织绒厂分别达到4520万元和4474万元。还有杨舍的城西村、包基村等的外贸交货额也超过了千万元。这些出口大户和骨干企业，已成为张家港市出口创汇的牢固基地，对外贸稳定增长起到了重要作用。

张家港市认真贯彻外资企业“建管结合”的方针，利用外资，建办中外合资企业不断有新的发展。1990年，全市乡镇共批准建办利用外资项目15项，总投资额3861.75万美元，合同利用外资2444.13万美元，实际利用外资747.73万美元。到年底，全市乡镇共计建办“三资企业”59家，总投资额9242万美元。合同利用外资4266.28万美元，实际利用外资2319.39万美元。在继续新建“三资”企业的同时，把办好现有“三资”企业作为外资工作的重点，加快建设速度，抓好企业管理，开拓销售渠道，提高经济效益。到1990年底，全市乡镇中已有36家中外合资企业投产开业，绝大部分生产正常，经营状况良好。全市乡镇“三资”企业完成产值23800万元，实现销售收入13000万元，出口创汇1353.5万美元，其中自营出口创汇1007万美元。西张镇贝贝制鞋有限公司，一年就完成出口创汇600多万美元。

外向型经济的发展，有力地促进了乡镇工业健康、稳定、协调发展。1990年，全市乡镇工业完成产值64.3亿元，比上年增长17%，占全市工业总产值的85.4%，乡镇工业实现利润总额比上年增长46%，比产值增长高29个百分点；销售收入增长22%，比产值增长高5个百分点。至年底，全市乡镇企业共创优质产品203只，其中国优3只，部优46只，省优45只，苏州市优 109 只。乡镇企业的素质也有全面提高，全市乡镇企业中，共有国家二级企业 2 家，省级先进企业 8 家，苏州市级先进企业 31 家，三级以上计量合格企业 208 家，其中二级计量合格企业 15 家。实践表明，乡镇工业坚持外向型经济的发展道路，就能从国际市场上获取更多的能量，从而保持其强盛的生命力。

张家港市乡镇企业发展外向型经济能取得比较好的成绩，主要是抓了以下几项工作：

持之以恒抓发动，不断增强开放意识

首先抓宣传发动，使各级领导认识发展外向型经济的重要性。紧紧围绕张家港市“逐步由内向型经济为主转到以外向型经济为主”这一发展战略，从上到下，反复进行深入的思想发动，广泛开展争夺“创汇杯”的竞赛，把发展外向型经济作为宣传的要点、工作的重点。使各级干部认识到：在治理整顿、调整结构及国内市场继续疲软的情况下，发展外向型经济是乡镇工业解决“三缺”的出路，渡过难关的生路，提高发展的必由之路。发展外向型经济是调整的一条捷径，实践使我们体会到，只有把本地区经济放到国际经济大舞台上去比较，把企业放到国际市场上去受冲击，充分利用国际市场竞争的动力引导经济结构的调整，才能将乡镇工业引向一条新的起跑线。其次，用典型引路，杨舍镇 1987 年时外贸交货额仅 138 万元，但他们是紧紧抓住各种机遇，齐心协力，抓宣传，搞发动，培训骨干，选派干部定点抓生产、抓项目，外向型经济发展突飞猛进，1989 年外贸交货额就超 8000 万，1990 年又比上年增长 42%，一跃成为全市乡镇创汇“状元”。同时两年多时间中，建成合资企业 13 家，合同利用外资近 2000 万美元。通过这个典型的启发，增强了各乡镇领导发展外向型经济的紧迫感，在全市乡镇掀起了争夺“创汇杯”的社会主义劳动竞赛。

积极主动抓开发，努力拓宽外向发展的路子

一是积极举办对外经贸活动。1990 年除组织各乡镇积极参加广交会、上海交易会、哈尔滨交易会和苏州市小交会等活动外，张家港市还在深圳举办了对外经贸洽谈会，展出全市乡镇工业产品和合作意向，邀请港澳台客商洽谈订货，并在香港《大公报》上连续宣传张家港市乡镇企业概况和作产品介绍，一次交易会就成交外贸业务 1 亿多元，洽谈了 5 个合资意向项目。我们还到上海举办利用外资信息发布会，到北京举办对外贸易恳谈会，邀请江苏省和上海市经贸委、各进出口公司领导和业务人员分别到张家港市召开外贸恳谈会，实地考察乡镇企业的生产情况。通过这些活动，沟通了工贸联系，帮助乡镇企业开发出口产品，及时掌握国际市场信息，有力地促进了乡镇工业外向型经济的发展。

二是不断开发出口新品。各乡镇外贸出口企业结合产品结构调整，主动适应市场，努力开发出口新产品。

三是主动出击，开辟口岸。在前几年多口岸联系、多渠道出口的基础上，1990 年，主动联系新的出口口岸，又开辟了天津 、大连、北京、辽宁、青岛、沈阳、宁波、合肥、武汉、海南等新口岸。不少乡镇和企业，也积极主动走南闯北。跑口岸，找合作伙伴，送样接单。合资企业利用自营出口的独特优势，主动开辟出口渠道。目前，全市基本形成了稳定的多渠道、多口岸的出口格局，保证了外贸出口稳定发展。

认真扎实抓管理，努力提高市场信誉

各乡镇外贸生产企业和合资企业，借 1990 年“管理年”的东风，一手抓开拓，一手抓内部管理，抓好基础工作，降低生产成本，提高产品质量和经济效益。各乡镇外贸生产企业针对国际市场质量要求越来越高的趋势，抓好质量管理，努力提高商品质量和出口产品履约率，增强国际市场信誉。如常阴沙服装厂，严格把好各道生产工序的质量关，从面料选购、裁剪、缝制到包装，管理严密，一丝不苟，客户一到厂考察，就对产品质量十分放心。南沙化纤二厂原来基础较差，近几年来管理加强，素质不断提高，产品质量不断上升，以产品新、质量优赢得上海纺织品进出口公司的信赖，不仅本厂吃饱开足，而且还带动了东山布厂等的生产。实践使我们体会到，发展外向型经济要树立长远的观点，把“重质量，讲信誉”思想贯穿到出口创汇的全过程，才能赢得客户，赢得市场。

张家港市还十分注重提高各乡镇合资企业的管理水平，努力办好现有合资企业。市经贸委、计委、经委密切协调配合，切实抓好“三资企业”的论证、审查和管理。逐步理顺、健全外资企业管理关系和管理机构，指导帮助企业搞好生产、质量、财务等管理，协调中外双方关系。各乡镇还采取组织外出参观，召开管理现场会、经验交流会等办法，努力帮助合资企业提高管理水平。市政府还定期召开合资企业管理分析会，交流、分析、探讨适宜合资企业管理的方法。

上下齐心抓配合，相互协调优化服务

张家港市乡镇工业外向型经济能有一个较快的发展，是同全市各个部门、各个战线紧密配合，搞“系统工程”、打“立体战争”分不开的。市机关各部门自觉把发展外向型经济作为部门的重要工作，发挥部门优势，积极为企业传递信息，牵线搭桥，解决难题，较好地做到了五个“协调配合”：一是资金、原辅材料；二是组织外经贸活动；三是培养人才；四是宣传发动；五是改善投资环境。

（执笔：钱学仁　潘　雨）

宿 迁 市

市　长：周立新

副市长：王元奎（财贸）　魏秀伦（文教、卫生）　李奎文（乡镇企业）
李锡　（科技）

周立新市长，江苏泗阳人，现年48岁，1962年参加工作，曾任泗阳县王集区会计、王集公社副主任，1970年12月以后，任王集公社副主任、党委副书记，1981年考入江苏工学院，1984年毕业后任泗阳县庄圩乡党委副书记、书记，李口乡党委书记。1987年2月调任中共宿迁市委常委、纪委书记。1968年8月任宿迁市政府常务副市长，1989年11月任宿迁市委副书记，1991年4月当选为宿迁市市长。

“七五”迈新步　登上新台阶

□ 宿迁市市长　周立新

我国的“七五”时期匆匆过去了，它在宿迁留下了可喜的成果。5年来，治理整顿和改革开放的不断深入，促进了农村经济稳定发展，增强了综合经济实力，国民经济和社会发展的预期目标已经实现。5年中，宿迁市的国民生产总值年均递增17.7%，国民收入年均递增18.1%，工农业生产总值年均递增20.8%，提前实现了第一个翻番，登上了新的台阶。

深化农村经济改革，促进农业协调发展

宿迁地处苏北腹地，优越的地理环境为农业生产提供了良好的条件。“七五”时期，围绕稳定和完善家庭联产承包责任制，把农村改革逐步引向深入，较好地完善了双层经营机制，协调各业之间的关系，努力增加投入，农村的社会化服务体系迅速发展，农业的内部结构日趋合理。 1990年，全市粮食面积稳定在10万公顷，总产量达到56.47万吨，连续3年增产，创“七五”粮食生产的最高纪录；蚕茧产量达4593吨，比1985年增长34%；水产品产量达1.48万吨，比1985年增长2.11倍；棉花、油料及林果、畜禽等多种经营生产有了较大的发展。初步形成了果品、食用菌、食草动物和水产养殖四大基地，多种经营总产值达到1.65亿元，占全市农业总产值的40%以上。农业开发也取得了较大成效，特别是地处黄河故道的13个乡镇场，共投入资金2733万元，投工近千万个，治理荒水、荒地、荒滩2000多公顷，改造良田3000公顷，开挖鱼塘330公顷，栽植果树1000公顷，使1.6万公顷荒地得到不同程度的利用，为农业生产增添了后劲。

由于注重加强了农业基础设施的建设，逐步实施“科技兴农”计划，农业生产条件得到很大改善。到1990年，全市境内的7万条农田水利渠系全部疏浚加深，达到了标准化、规范化。同时，扩建了补水站13座，更新配套涵闸2500座，旱涝保收田面积达到85%以上。全市已拥有各种拖拉机1.75万台，农机总动力已近35万千瓦，百亩耕地的农机动力为29千瓦，接近发达国家和地区的水平。在耕翻、收脱等主要环节上基本实现机械化。同时，以市乡为依托，村级为主体，农户自我服务为补充的农业社会化服务体系已基本形成。乡镇农技站、多种经营服务站等已初具规模，在农业科技推广中日益发挥出显著的作用。村级逐步健全了机耕队、育秧队、植保服务队等，实现了统一供种，统一布局，统一耕种（规格）和统一保服务。农民科学种田的水平进一步提高。

乡镇企业迅速崛起，富余劳动力得到转移

农业的稳定发展，为乡镇企业的异军突起提供了必要条件。“七五”期间，在深化农业改革中，从本地实际出发，充分发挥农业基础优势，大力发展农村商品生产，探索总结出了具有自己特色的乡镇企业发展之路。

即受到费孝通等许多著名专家学者一致肯定的“耿车模式”。5年来，乡镇企业的发展速度，跃居农村各业的领先地位，成为全市农村经济的重要支柱和国民经济的重要组成部分。1990年，全市乡镇工业产值达到10.38亿元，乡镇工业在全市工业总产值中的比重由“六五”的27.8%上升到“七五”末的64.1%；在全市工农业总产值中的比重，由1985年的16.01%上升到1990年的51.3%。1990年全市乡镇企业上交国家税金达703万元，占市财政收入的15.55%；乡镇企业外贸收购值达到5132万元，占全市外贸收购总额的65.5%。

乡镇企业扎根于农业，成长于农业，反过来又促进了农业的发展，推进了农村经济的振兴与繁荣。“七五”期间全市乡镇企业提供了补农、建农资金达500多万元。同时，为转移农村剩余劳动力拓宽了渠道。1990年，全市乡镇企业职工数达19.57万人，占农村劳动力总数的42.5%。此外，乡镇企业的发展，使农村产业结构发生了深刻的变化，长期在自给半自给轨道上运行的农村经济已较快步入了发展社会主义商品经济的轨道，展示了农业现代化、城乡一体、共同繁荣的广阔前景。

工业实力有所增强，固定资产投入增加

农业的发展，为全市工业的发展和工业化程度的提高提供了重要的物质基础。宿迁市原是一个传统农业区，工业基础十分薄弱。针对工业落后、生产水平低下的状况，提出了以发展农业为中心，围绕农业办工业，办好工业促农业的经济发展思路，使工业生产规模在为农业生产服务中不断得到发展壮大。表现比较突出的是“五小”工业和支农工业。“七五”期间，对“五小”工业进行了大规模的技术改造，生产水平得到了很大提高。目前，化肥厂、磷肥厂已发展成为中型企业，形成一定的生产能力，水泥、农药等生产也达到了较高的水平。

围绕农业办工业的另一重要方面，就是解决农副产品的出路问题。近年来，全市农副产品加工业在原有基础上有了很大发展，初步形成了以棉、毛、麻、丝织品及服装、罐头、食品、啤酒、白酒等产品为龙头的农产品加工体系。到1990年，农产品加工业产值达3.99亿元，比1985年增长1.02倍，占全市乡以上工业总产值的53.9%；全部独立核算工业企业固定资产原值4.89亿元，“七五”期间净增2.21亿元，比“六五”增长2.36倍。

保持经济的稳步发展，必须进一步壮大工业基础，达到以工促农，实现良性循环。发挥地方优势，发展资源利用型工业，是壮大工业基础，实现以工促农最直接、最有效的途径。宿迁市石英砂蕴藏量丰富，发展玻璃工业得天独厚。“七五”期间，通过对老企业技术改造，目前已形成200多万重量箱平板玻璃、5万吨日用玻璃的生产能力。同时，陆续建成玻璃灯具、玻璃工艺品、玻璃纤维等一批企业。

近年来，宿迁市在总结工业发展经验教训的基础上，提出以“富民强市”为目标，制订了“城乡一体、优化结构、外向开拓、科教兴市”的发展战略。坚持城乡一体，工农优势互补；在稳定发展农业的基础上，进一步发挥工业的主导作用，培育一批重点骨干企业，以带动和促进工业的技术、管理水平和整体素质的提高。

对外贸易逐步扩大，外向型经济不断发展

“七五”期间，宿迁市外向型经济得到了较大发展，主要表现在：1. 外贸收购额有了较大幅度的增长。“六五”末，外贸收购额为2263.97万元，进入“七五”后，以年递增28.1%的速度增长，到1990年已达到7826.72万元，比“六五”末增加了2.46倍。2. 出口创汇逐年增加。1985年，出口创汇370万美元，到1990年已达到1250万美元。增加了2.38倍。5年中，累计出口创汇4500万美元，3. 出口创汇品种增多。1985年全市出口商品为5大类38个品种，到“七五”末已达到9大类60多个品种。其中蚕茧、厂丝、服装、布胶鞋等商品年收购额均超过千万元以上；绣花、床单、台钻、钢球、食品罐头等8个出口商品年收购额均在100万元以上；出口创汇企业也由“六五”末的10个增加到38个。4. 建立了一批出口创汇基地和创汇集团。全市已建立了蚕桑、食用菌、棉花、畜牧、水产品等创汇农业基地；市钢珠轴承厂、橡校厂先后与省公司实行了工贸联营；以宿城毛巾厂为龙头，组建了市“巾被”创汇集团，扩大了外贸收购，增强了国际市场的竞争能力。5. 出口渠道进一步拓宽。外贸口岸由1985年的5个增加到1990年的10个，新开辟了北京、山东、深圳等对外口岸，产品已销往世界50多个国家和地区。6. 引进了一批先进的技术设备。“七五”期间，共有宿城毛巾厂等5家企业引进了先进的技术设备，促进了企业的技术进步，经济效益明显提高。7. 外贸、外经工作有了新的进展。1990年创办了宿迁市第一家中外合资企业，实现了利用外资的零的突破。

淮 安 市

市　长：杨国忠
副市长：潘家洲（常务）　陈寿松（农业、水利）　朱国仁（计划、乡镇企业）
张　桦（文教卫体）　陶承浩（工交）　纪长胜（科技）

杨国忠市长，1941 年 7 月出生于江苏省盱眙县。1960 年毕业于江苏省农业红专大学，1983 年毕业于南京农业大学。历任盱眙县农中副校长、公社党委副书记、县农协主席、乡党委书记等职。1980 年任盱眙县副县长、副书记。1987 年调任淮安县委副书记，兼政法委员会书记。1987 年 12 月淮安撤县建市后，任市委副书记。现任淮安市市长、市委副书记。著有《古运河畔的开放城——淮安市》、《欢迎海外朋友来淮安市投资合作》等文。

名城淮安“七五”展新姿

□ 淮安市人民政府办公室、淮安市经济研究中心

扼居京杭运河与苏北灌溉总渠交汇要津的淮安市，是一座历史悠久的文化名城。治理整顿，改革开放，为古城淮安赢来了一个辉煌的“七五”时期。1990 年，全市国民生产总值 11.7 亿元，国民收入 10.5 亿元，分别比 1985 年增长 1.2 倍和 1.1 倍，年均递增 16.6%和 15.9%，同 1980 年相比，提前实现了两个“翻番”。“七五”期间固定资产投资总额为 2.8 亿元，较前 5 年总投资增长 2.2 倍。

淮安经济发展特点

（一）经济结构有所调整。淮安按照“优化结构稳农业，面向市场攻工业，外引内联上盐业，千家万户兴各业”的路子，在“七五”期间着力调整产业结构和产品结构。1985 年到 1990 年，各项主要指标的变化是；工业总产值在工农业总产值中的比重由 51.2%提高到 77.7%，乡镇工业产值在工业总产值中的比重由 32%提高到 64.4%；林牧副渔产值在农业总产值中的比重由 25.5%提高到 42.5%；第三产业增加值在国民生产总值中的比重由 15%提高到 16.2%。

（二）工业基础实力增强。淮安工业呈现“三元色”，一是发挥本地盛产稻米、棉花、蚕茧、薄荷及地下岩盐资源优势，发展食品、轻纺、盐化等支柱工业、白厂丝、抽纱、薄荷油、大米等产品已打入国际市场；二是坚持为农业服务的方针，办好农用工业，氮磷钾化肥年产量 9900 吨，农业机械、农用塑料薄膜生产也初具规模；三是大力发展新兴电子工业。全市工业总产值已达到 16.5 亿元。其中市镇工业产值达 5.9 亿元，比 1985 年增长 1.1 倍；乡镇工业产值达 10.6 亿元，比 1985 年增长 7.2 倍。在工业总产值中，全民工业年均递增 10.8%，集体工业年均递增 23%。“七五”期间，工业固定资产投入 1.6 亿元。经市以上鉴定的新产品有 92 项，获部、省、市优质产品称号的产品 53 个，被评为国家二级企业 1 个，省级先进企业 3 个，市级先进企业 10 个。

（三）农业持续稳定协调发展。“七五”期间，围绕“改造低产田，建设吨粮田，恢复完善工程体系”，共挖土 8012 万方，疏浚大中沟渠 18488 条，新开中小沟渠 375 条，兴建各类配套建筑物 1336 座，改造中低产田 1 万公顷，建成旱涝保收农田 8000 公顷。1990 年战胜各种自然灾害，夏熟作物获得丰收，被国务院评为“全国夏粮生产先进单位”。“七五”期末主要农产品产量与 1985 年相比；粮食总产 66.3 万吨。增长 0.2%；棉花总产 1526 吨，增长 27.6%；油料总产 1.1 万吨，增长 7.3%；蚕茧总产 222 吨，增长 48.1%；生猪饲养量 75.1 万头，增长 17.4%；家禽饲养量 657.3 万只，增长 43.1%；水产品总量 1.2 万吨。增长 1.9 倍。农业总产值达到 4.7 亿元，增长 22.3%，年均递增 4.1%。每年向国家提供商品粮 1.9 亿公斤。

（四）乡镇企业和家庭经济获得长足发展。1990年，全市乡镇工业产值突破10亿元大关，被淮阴市政府评为发展乡镇企业先进市。家庭经济总收入达10.3亿元，人均所得403.6元。全市建成专业经济小区132个，专业村48个。家庭经济占农村经济总收入的比重达47.2%，在淮阴市13个县（市）区中居领先地位。

（五）内外贸易有所扩大。近几年来，在以国营商业为主导的基础上，集体、个体商业迅速发展，基本形成了多渠道、多形式的商品流通体系。城乡各类集市贸易小市场已发展到62个。"七五"期末，全市社会商品零售总额4.1亿元，年均递增7.7%。外贸收购总额7792万元。年均递增20.1%；创汇1560万美元，年均递增13.2%。绝对值居淮阴市各县（市）区之首。

（六）财政收入逐年增加。1990年财政收入完成4864.7万元，比1985年增长74.7%，年均递增11.8%，银行各项存款年末余额3.2亿元，年均递增19.7%。

（七）人民生活水平不断提高。根据农村等距抽样调查，1990年农民人均纯收入649元，比1985年增长71.3%，平均每年增加54元。城镇职工年平均工资17.6元，比1985年增长1.1倍，平均每年增加183元。城镇居民人均住房6.8平方米。5年中国家、集体用于职工住房投资达1964万元，新建住宅6.5万平方米。

淮安社会事业概貌

（一）城市建设得到加强。"七五"期间，一幢幢新颖别致，融现代结构与古典风格为一体的大型建筑拔地而起。给这座历史文化名城增添了新姿。还完成了热电厂一期工程、大运河港口一期工程和淮安运河大桥主体工程。电视台已投入使用。举世瞩目的周恩来纪念馆和两淮路淮安段路面正在施工，预计在"七一"之前竣工，投资环境有了明显的改观。

（二）城镇与集镇基础建设发展较快。"七五"期间城区拓宽了北门大街、华亭路；改造了东长街南段等慢车道；修建了后街背巷35条；共铺设水泥路面5.7万平方米。同时新建或扩建了清安、西门等6座大桥。农村集镇建设发展也较快。共批准了10个建制镇，还审查通过了8个镇、2个乡的集镇建设规划。以平桥、车桥为代表的小城镇建设已初具规模，并得到上级有关部门和专家的好评。城区绿化覆盖率达22.2%，人均绿化面积5.45平方米，1990年跨入全国绿化先进县（市）行列。

（三）交通、电信事业发展较快。到1990年，全社会运输货运量完成284万吨，货运周转量完成40605万吨公里，分别比1985年增长96.4%和77.6%；港口吞吐量91.4万吨，增长50.1%。邮电业务总量266.4万元，增长90.9%。

（四）科教文卫体各项社会事业日益发展。淮安实施"科技兴淮"的战略方针，5年中共取得科研成果88项，推广应用技术90项。有20个乡镇实施五年义务教育，全市新增323个班级，初中入学率由1985年的50.9%上升到71.7%。新建成人教育中心校29所。1988年我市被评为"全国扫盲先进县（市）"，同年勤工俭学工作也受到淮阴市政府表彰。城乡文化建设进一步完善，各乡镇都建立了文化活动中心。修复开发了肖湖公园和桃花垠风景区，整修开放了吴承恩故居等一批名胜古迹和旅游景点。卫生事业方面，新建农村小自来水厂15个，受益人口28.3万人。市乡村医疗防保三级网络初步建立。全市拥有医院病床1267张，比1985年增加100张。到1990年体育人口已占全市总人口的45%，参加各种体育竞赛的人数达总人数的5%以上。5年中共夺得省级以上体育比赛奖牌598枚。其中全国比赛金牌8枚、省比赛金牌90枚。1986年淮安跨入首批全国体育先进县（市）行列，1990年又以全省最高分荣膺江苏省唯一的"全国体育先进县复查优秀单位"，成为全国11个"体育标杆县"之一。

（五）民政、优抚工作得到重视和加强。五年来，扶贫14109户，8767户脱贫，脱贫率62.1%；共建五保服务中心29个，为4855名五保老人筹收供养金1140万元；为义务兵家庭筹集优待金463万元，建军人家庭服务中心1753个。全市各乡镇基本实现了"八有"，即：有敬老院、福利厂、骨灰堂、军人家庭服务中心、五保服务中心、两用人才介绍所。扶贫救灾基金会、红白理事会，较好地发挥了民政工作稳定社会机制的作用。

如今，淮安被列入国际权威性的《简明大不列颠百科全书》，这表明淮安的城市地位已在世界上受到广泛重视。面对90年代的宏伟任务，淮安人民将同心协力，以继往开来的革命精神，谱写小城市改革开放和经济建设的新篇章。

（执笔：杨大生）

昆山市

市　长：周振华

副市长：朱建平（常务）　陶士荣（农业）　郑慧珍（女　计划、乡镇工业）　徐崇嘉（城建、交通、卫生）　夏梁鑫（外经贸、文教）　张昌华（经济开发区）　王玉生（科技）

周振华市长，1946年9月出生，江苏如东人，中共党员。1970年7月毕业于哈尔滨工业大学机械系。曾任沙洲县农机厂副厂长，机械厂厂长、党委书记，沙洲县副县长、县委副书记，张家港市委副书记等职。1988年后任昆山县委副书记兼政法委员会书记，昆山市委副书记、代市长。1990年3月在昆山市第十一届人代会上当选为市长。

江苏的东大门——昆山

□　昆山市市长　周振华

昆山的传统特色和城市风貌

昆山历史悠久。相传春秋时，吴王曾在这里豢鹿狩猎，因而古称鹿邑。

昆山位于江苏省的东南端，地处上海、苏州之间。市域面积921平方公里，总人口56.46万。1989年撤县设市，有20个镇，466个村。盛产稻、麦、油菜籽及水产品，素称“鱼米之乡”。昆山景色秀丽，人文荟萃。市区西北的亭林公园内有昆石、琼花、并蒂莲，号称“玉峰三宝”。一座海拔84米的玉峰山，可称“百里平畴，一峰独秀”。阳澄湖盛产中外驰名的大闸蟹，湖水清澈见底，波光粼粼，帆影点点，附近有沙家浜、芦苇荡和千亩渔场，是吃蟹、荡湖、赏景、度假的理想旅游区。淀山湖不仅有优美的水乡景观，且有保持明清风格的水乡古镇。这里是昆曲的发源地。著名文学家归有光，教育家朱柏庐，思想家、文学家顾炎武，著名画家龚贤，以及辛亥革命元老叶楚伧和当代电脑巨子王安等都是昆山人。昆山输送的两名体育健儿——施文和唐鑫，曾在第11届亚运会上夺得两枚金牌。

改革开放给昆山的经济建设和社会发展带来了日新月异的变化。城市各主干道全部重建拓宽，一座座结构、造型新颖的建筑拔地而起。全市20个镇全部被批准列为开放卫星镇，镇镇村村通了公路。邮电通讯事业发展较快，1万门程控电话工程已经完成，开通了国际直拨业务，通信便捷。科学、文化、卫生、娱乐等各项设施日臻完善，加上城东经济开发区的建设，几十家中外企业的先后建成投产，昆山正以一个开放型新兴城市的风貌，出现在江苏的东大门。

改革开放中的昆山经济

昆山于1985年经国务院批准列为沿海开放区后，全市经济特别是以出口为导向的工业经济发展更快。1990年，全市工农业产值完成65.6亿元，其中工业产值58.29亿元，昆山市有53333.3公顷耕地，1990年粮食总产量473569吨，油菜籽总产36030吨，是重要商品粮产地，同时也是全国100个产油大县（市）之一。农民人均收入1270元。1988年被商业部授予粮食生产、销售先进县称号，1990年又被国务院授予粮食生产先进单位称号，并被江苏省政府命名为水稻单产达标市。1990年国民生产总值20.1亿元，人均国民收入3300元，名列江苏省各县（市）的前茅；外贸产品交货额9.5亿元，出口商品有14个大类，200多个品种，销往近40个国家和地区。全市到1991年1季度为止已兴办外商投资企业56家，其中已投产25家，总投资7400万美元，合同外资金额3816万美元。外经工作跨出了对外承包工程、劳务输出、技术服务等新的步子。1985年开办的昆山和苏州第一家外资企业——中日合资苏旺你有限公司，生产的高档工艺手套全部出口，1990年出口创汇520万美元，创汇数列苏州三资企业的前茅，荣获国家经贸部授予的三资企业出口创汇先进单位称号。中日合资的赛露达有限公司，是技术先进型企业，所产聚氨酯泡沫塑料及制品30%出口，年人均劳动生产率超50万元，在省、市三资企业中位居前列。昆山和香港协孚实业有限公司以及上海工艺进出口公司合资联营的昆山协孚人造皮有限公司，产品受到国内外用户的青睐，是老企业利用外资和工、贸、外联合企业的示范。

近几年来，昆山经济的发展，具有5个特点：第一，在发展一、三产业的同时，加快了工业的发展，工业成为国民经济的主体。工业门类较多，以加工工业为主，中小企业为主；产品结构以国内外市场为导向不断更新、调整，形成了面向国际国内两个市场的生产经营体系。第二，城乡一体，互为依托，协调发展。乡镇工业随着全市20个镇的工业小区的开发建设，形成了相对集中和重点发展的格局，发展势头较好。目前乡镇工业产值占全市工业产值的75%左右，外贸出口占全市的65%左右。第三，走出了一条横向联合的路子，全市有400多家联合企业，重点发展了与内地三线企业以及上海等大城市企业、科研单位、外贸公司和企业集团的联合，改善和提高了工业技术装备水平和产品档次，也形成了一批其产品在国内外市场有一定影响的骨干企业；第四，在计划经济与市场经济结合运行的实践中，锻炼、造就了一支能适应商品经济的经营管理队伍；第五，同国内外发展广泛的经济联系，协作网络遍及全国，同海外各个国家、地区的交往不断扩大。外向型经济逐步形成良好的气候，具体体现在：以开发区为核心，各镇工业小区为纽带的“众星拱月”的对外开放新格局已初步形成；一批成功的三资企业起了示范作用；开发区的投资环境包括相应的优惠政策对外商有一定的吸引力；城市建设基本上适应了对外开放的需要；初步形成了一个适应外向型经济发展的工作网络，办事效率较快，服务态度较好。

初具规模的昆山经济技术开发区

在昆山列入沿海开放区后，昆山市从战略高度出发，确定紧靠老城区东、占地为6.18平方公里的区域为经济技术开发区。1985年开始动工兴建开发，到1990年底，已先后投资6195万元用于基础设施建设，投资环境日趋完善。这里东距上海50公里，西离苏州37公里，汽车到上海虹桥国际机场仅需1小时。区内设有上海东方航空公司代办售票处，沪宁铁路、312国道、沪宁高速公路横贯其中，货物能通过上海港海运出口，交通条件得天独厚。经5年的建设，基础设施已达到“七通一平”。道路主、次干道和支路共23条，均为混凝土路面，总长度32公里，路宽分别为24、36、44、54米。电力来自华东电网，电量供给完全可满足需要。程控电话、集中供热、管道煤气已部分开通使用，并还在抓紧建设。区内备有标准厂房和公寓住宅。并设有配套的服务管理机构，如对外服务公司；融通资金、开发项目、投资办厂的工业开发投资总公司；组织对外经济技术合作和贸易的中国江苏国际经济技术合作公司昆山分公司等。

到1990年底，区内已兴办企业45家，其中外商投资企业25家。5年来，开发区累计完成工业产值20亿元，实现利税1.3亿元，出口创汇7429万美元。区内有偿出让工业用地3块，计3.552万平方米，使用期为50年，可供外商开发兴办企业。

昆山开发区的建设，得到了国家和省、市各级政府的肯定和赞扬。省政府已正式批准她为江苏省的重点开发区，区内可以有偿出让土地使用权，开发的重点是开发利用外资的项目以及具有一定水平的适用性技术型的项目。为此，开发区正在加紧建设。区内昆山电视台、青少年宫、国贸大楼以及金融大楼等都在建设之中。开发区将进一步开放，创造更好的软硬投资环境，吸引港、澳、台同胞及世界各国、各地区的实业家来投资，展开更广泛的经济合作。

昆山对外开放进入新的发展阶段

1990年4月，国家提出开发、开放上海浦东，这标志着以浦东为龙头，带动整个长江三角洲地区的开放。位于江苏的东大门的昆山，是浦东的近邻，地理位置得天独厚。在接受浦东的辐射方面，距离最短，时间最早，力度最强，信息最快。浦东开发是跨世纪工程，它对昆山发展的影响不仅在整个90年代，而且将延续到21世纪。昆山既是江苏的东大门，又是省重点开发区，为使昆山真正成为江苏的重点开放市、重点开放地区。目前昆山市工业必须着力提高加工水平，解决结构性的矛盾，这就迫切需要通过加快开放来调整结构，促使经济的良性循环和健康发展。为此，确定了昆山市经济发展的新的思路和目标：把对外开放作为昆山市经济发展的根本出路，以开发区建设为重点，以国际市场作为产品开发的导向，争取用3至5年时间，使全市外贸收购额占整个工业销售收入的50%，形成本地区的经济优势。开发区争取到1992年产值达15亿元，创汇1亿美元，到1995年，产值达到30亿元，创汇3亿美元，使它成为90年代振兴昆山经济的窗口、基地和龙头。

昆山的改革开放已经有了良好的开端，今后我们坚定不移地以扩大对外开放为主线，调整经济结构为重点，提高经济效益为中心，把昆山建设成为经济繁荣、外向开拓、科技发达、人民富裕、风气良好，环境优美、文明富庶的新兴城市。

高邮市

市　长：戎文凤（女）

副市长：李士清（常务）　史善成（农村）　倪文才（科教文卫）　周宏举（计划、财贸）　夏元新（工交、环保）

戎文凤市长，女，1949年12月出生于江苏高邮，文化程度为研究生。1969年1月参加工作。1973年以来，历任高邮县界首公社妇联主任、革委会副主任、党委副书记，马棚公社党委书记，高邮县委常委、宣传部长。1983年9月到中央党校学习，1986年8月毕业后历任县委常委、副县长、县委副书记、县政法委书记、县长。1991年4月高邮撤县设市后，任市委副书记、市长。

高邮新貌

□ 高邮市市长　戎文凤

自然概况

高邮市位于江苏省中部，地处经济发达、交通便利的长江三角洲，自古"控引下河，襟带苏皖，南衔长江"。境内西南丘陵，东北低洼，大多为水乡平原。总面积1963平方公里，其中水面530平方公里。富绕的高邮湖为江苏第三大湖，宽阔的京杭大运河纵贯南北，十多片湖滩分布东西，数百条河流交错有致，为扬州市水面最多的县份。平均气温14.6℃，常年降水量1000毫米上下，无霜期220天左右，四季分明，阳光充足，水源充沛，素称"鱼米之乡"。

高邮历史悠久。公元前223年，秦王嬴政在这里筑高台、置邮亭，始称高邮，后人别称秦邮。由于古城地处扬楚脊，其状如覆盂，故又有"盂城"之称。汉武帝元狩五年（公元前118年）始建高邮县。北宋太祖开宝四年（公元971年）置高邮郡，元世祖至元20年改为高邮府。13世纪，世界著名旅行家马可·波罗曾赞誉高邮"城市很大，很繁华"，为淮扬名邑。高邮现辖5个区共8个镇、6个场、25个乡，全市总人口83万人。

经济建设

高邮经济稳步发展，持续增长。1990年，工农业总产值完成26.22亿元，国民生产总值12亿元，国民收入11.09亿元。

（一）工业。高邮工业从70年代起步。1990年，全市工业总产值16.7亿元，比1989年增长9.7%。其基本特色：一是初步形成了以机械、轻工、纺织、化工、电子、食品等为主，门类较为齐全的行业体系。现有村以上工业企业1500多家，职工8.2万人，主要产品达400多个系列、5000多个品种。二是形成了一批重点企业和优势产品。现有部、省优质产品93个，年产值在500万元以上的产品44个；年产值在1000万元以上的企业24家。三是工业产品出口增长较快，全市外贸出口额每年以20—30%的速度递增。四是企业的技术装备水平不断提高，有一定的发展后劲。"七五"期间，共完成技术改造、技术引进项目698项，完成投资总额3.14亿元，新增产值7亿多元。主要产品有水泵、制动件、石油机械、制桶机、环保设备、条播机、破垡盖籽机、化肥深施器、服装、棉纱、棉布、白厂丝、丝绸、麻袋、箱包、旅游鞋、机制纸、玻璃器皿、摩托车电器件、铝电解电容、化肥、精萘、发泡塑料、染料、各种药剂、肉制品、再制蛋、啤酒、饮料、粮油面制品、豆制品以及各式罐头等。"高邮麻鸭"全国驰名，双黄鸭蛋、秦邮董糖、"运河牌"香醋等名特产品久负盛名。

（二）农业。高邮自然资源丰富，农业生产条件优越。现有耕地7.1万公顷，水域面积近6万公顷，荡滩

1万多公顷。党的十一届三中全会以来，随着农村改革的不断深入，农村生产力进一步解放，商品率大为提高，初步形成了粮、棉、油、猪、兔、禽、鱼、虾、蟹、牛、羊、貂、林、蚕、果综合发展的格局，被列为国家商品粮、优质棉生产基地和黄淮海开发区。近年来，先后被评为全国平原绿化、全国农田水利建设、全国粮棉生产先进单位。1990年，全市粮食总产65万吨，单产728公斤；皮棉总产1.12万吨，单产77公斤；油粮总产2万吨。生猪饲养量67万头，家禽饲养量1000万只，水产品总量1.85万吨，蚕茧1100吨；活立木蓄积量50多万立方米。牛、羊、兔的饲养量也具有一定的规模。

（三）经贸往来。1990年，全市社会商品零售总额6.95亿元。现有外贸生产企业45家，中外合资企业6家，出口商品70多种。1990年外贸收购1亿多元。已与江苏、上海、北京、天津等省市27个口岸公司建立了业务联系，还建立了"扬州市对外经济技术贸易公司高邮出口经营部"，为逐步开展自营奠定了基础。各企业与国内的一些大中型企业、大专院校和科研单位开展了横向联合。全市已建成各种形式的经济联合体141家，挂牌联合的66家。为了加强跨地区经济技术协作，广泛开展横向经济联合，高邮市政府先后在上海、南京和北京等地建立了办事机构，并与一些县、市、区建立了经济联系。

（四）交通邮电。高邮水陆交通便利，大运河、淮扬公路纵贯南北，邮兴公路横穿东西。高邮船闸、运西船闸沟通了高邮湖、大运河和东部水上交通网，经拓浚的大运河达二级航道标准，高邮港口吞吐量近40万吨，境内干线公路总长405公里，全市每个乡镇和半数以上的村都通汽车，每天有始发客车166班次，可直达上海、南京、合肥、镇江、扬州等大中城市。邮电通信网络遍布城乡。扬州至高邮光纤电缆通讯线路架设成功，万门电话交换机安装完毕，长途直拨电话可与世界各地直接通话。

（五）城市建设。高邮史称"淮海首邑，广陵名区"，是全国唯一以"邮"命名的城市。市区规划建成区面积为15平方公里，市区人口已达13万人。近10年来，先后拓宽、改造和新铺了23条主要道路，总长20380米。市区道路骨架较好，已形成纵横交错、易进易出的方格网道。人民商场、高邮商场、京杭商场、文游商场、物资大厦、百货公司等一批商业服务窗口相当繁华，长达600多米，拥有100多个门店的小商品一条街颇具特色。中市口、北门口、文化宫路等七处农贸市场的建成，方便了群众生活。新华书店、工人文化宫、北海电影院、北海音乐厅、溜冰场、游泳池、儿童乐园等文化娱乐设施的兴建，丰富了群众的业余生活。北海新村、南海新村、珠湖新村等住宅区的建设，改善了群众的居住条件。城市建设的不断发展，使古城高邮更加充满了生机和活力。

社会事业

（一）教育。高邮的教育事业发展较快。1990年，全市共有大中小学校704所，其中电大分校1所，完中、职中17所，校舍总面积44万多平方米。共有教职员工7959人，学生107410人。义务教育初见成效，有22个乡镇已通过了六年义务教育的验收。职业技术教育不断发展。专业门类从最初的2个增加到21个。

（二）科技。"科技兴市"战略的实施，使高邮的科技水平不断提高。全市有专业技术人员15839人，其中高级141人，中级1892人。农业技术推广网络初步形成，科学种田水平逐年提高。1990年，共推广农业科技成果、引进新品种53项，开发工业新产品58项。近几年共评审科技进步奖120项。其中省、市级18项，使用国家专利39项。

（三）卫生。全市有48个医药卫生机构，其中市级10个，有卫技人员1607人，病床1421张，其中市级医院475张。建立健全了市、区、乡镇三级医疗卫生保健网，建立了611个村卫生室，覆盖率达100%。1990年，被列为全国农村中医工作试点县。

（四）文化教育。全市人民文化生活日益丰富。城区有电影院、影剧院、文化宫、录相厅、儿童乐园、体育馆，文化活动形式多样。人民影剧院被省文化厅命名为"明星剧场"。图书馆藏书9万余册，其中古典书籍2千多册。新型的综合文化体——文化中心在农村基本普及。文艺创作日趋活跃。

体育运动成绩可喜。1985年以来，获得全国性冠军3次，省金牌30枚，9人20次打破6项省纪录。竞走、毽球运动成绩突出。

（五）文物古迹。高邮文物众多，现已公布的市以上文物保护单位59处，其中天山汉墓、唐镇国寺塔已列为省级文物保护单位。文游台、王氏故居、魁星楼、平津堰、宋城墙、净土寺塔等名闻遐迩。始建于明代的盂城驿，是全国现存规模最大的古代驿站。唐镇国寺塔，俗称西塔，有"南方大雁塔"之誉。王氏父子故居，收藏了清代著名训诂学家王念孙、王引之父子《广雅疏证》、《经传释词》等训诂专著。龙虬庄新石器时代中期古遗址的发现，把高邮的历史向前推进了五、六千年。"邗沟烟柳"、"玉女丹泉"、"西湖雪浪"等秦邮八景，既有动人的传说，更是迷人的水乡秀色。

为了振兴经济，把高邮建设成繁荣昌盛的乐园，高邮正积极推行对外开放的方针，着力软硬环境的改善，加强同各方面的经济技术合作。竭诚欢迎国内外客商和各方面的朋友前来投资兴业和发展经济合作。

市　长：卢文舸
副市长：李志雄（常务）　陈　瑞（女　文教卫体）　华丽珍（女　商业、民政）　丁可珍（女　农业）　俞剑明（经贸、外事）　张明光（工交、科技）

卢文舸市长，1944年8月生，浙江东阳人，1968年毕业于浙江大学电机系。研究生，中共党员。曾任辽宁桓红县化肥厂技术员、工长，浙江镇海发电厂工程指挥部技术员、秘书、办公室主任，镇海发电厂副厂长、厂长。1983年调任浙江省电力局副局长、党组副书记，1987年5月任中共杭州市委副书记，1988年10月任杭州市副市长、代市长。1989年4月当选为杭州市市长。

人间“天堂”日新月异　西湖“明珠”更添光彩

——“七五”时期杭州经济社会发展概述

□　俞企玲

杭州素有“人间天堂”的美称。“七五”期间，经济、社会面貌发生了日新月异的深刻变化，经济实力进一步增强。1990年全市国民生产总值已跃居全国大中城市第九位，达到178.03亿元，比1985年增长38.51%，“七五”期间平均每年递增6.73%，高于全国年平均增长数。为今后10年的发展打下了良好的基础。

工农业生产全面增长

“七五”期间，随着改革、开放的不断深入，杭州市的生产建设取得了丰硕成果。1990年，工农业生产总值达到297.38亿元（按1980年不变价计算，下同），比“六五”期末增长84%，平均每年递增13%。其中工业总产值279.8亿元，比“六五”期末增长了近一倍，平均每年递增13.8%，在全国大中城市中由1985年的第九位上升到1990年的第7位；农业总产值1990年达到17.57亿元，年递增3.1%。

工业发生了可喜变化。“七五”期间，在国家对轻纺工业实行“六优先”的政策激励下，杭州市轻工业发展大大加快，轻、重工业结构进一步调整。乡以上工业总产值中，轻工业平均每年增长15.5%，快于同一时期重工业增长10.8%的速度。由于狠抓了新产品的开发，传统的轻纺工业生产面貌进一步改观，轻纺产品的花色品种和市场畅销的日用消费品有较大幅度增长。近百种新产品获轻工部、省、市科技进步奖和优秀新产品奖，其中陆续投产的有全自动洗衣机、除湿机、多功能豪华电风扇、冷藏陈列柜等新产品。“七五”期间，新兴的家用电器行业、化学纤维行业发展很快。电视机产量比“六五”期间增长1.73倍，洗衣机产量增长78.9%，电冰箱产量增长近8倍。1990年化纤总产量比1985年增长68.3%。与此同时，重工业为农业、轻工业提供的各种技术装备和其它一些主要产品也比“六五”期间有明显增长。1990年，全市重工业产值比“六五”期末增长66.7%。机械电子工业发展较快，大型制氧机、高精度平面磨床、三系列工业汽轮机、成套发电设备、数控线切割机、广播控制设备、新型电度表等产品享誉国内外。工业的所有制结构也发生了很大变化，“七五”期间，集体工业平均每年增长15.4%，快于全民工业平均每年递增5.97%的速度。乡镇企业异军突起，已成为国民经济的重要组成部分和农村经济的支柱。1990年，乡镇工业企业（包括村和村以下）已发展到4.45万个，比1985年增加2.58万个，工业总产值1990年为122.67亿元，比1985年增长2.3倍，5年年均递增27.1%。全市工业总产值中由乡镇企业创造的占43.8%。全市乡镇企业实现利税由1985年的5.2亿元增加到 9.7 亿元，增长 86.5%。5 年来，全市乡镇企业累计上交国家税金达 22.9 亿元，外贸收购额达 26.3 亿元。

固定资产投资增加，技术装备力量更为雄厚。“七五”期间，全市用于工业的固定资产投资比“六五”期间多 1.52 倍，其中工业固定资产原值增加 67.24 亿元，净值增加 45.29 亿元。用于技术改造投资比“六五”期间增加 1.7 倍。5 年中建成了杭州磁带厂、杭州煤气厂、杭州第三针织厂、杭州第二化纤厂、杭玻浮法玻璃生产线、民生药厂儿童用药车间等几十个重点项目，以及完成了杭州齿轮箱厂、杭州制氧机厂、杭州链条厂、杭州炼油厂等一批重大技术改造项目。5 年中共引进国外先进技术和设备 500 项左右，增添了新的生产能力和物质基础，从而促使杭州市工业生产的技术水平显著提高。全市目前有国家一级企业 2 家，国家二级企业 77 家。五年来，开发新产品近 3000 个，新产品产值率达到 10%左右，高于全国的平均水平。

“七五”期间，杭州市经国家批准，成为经济对外开放地区。1990 年全市外贸产品供货总值达 6.9 亿美元，其中自营出口达 7291 万美元，出口国家和地区达 60 多个。“七五”期间，全市批准外商投资项目 150 个，协议总额 2.7 亿美元，协议外资金额 1.1 亿美元，分别比“六五”期间增长 1.2 倍和 3.4 倍。三资企业显示出旺盛的生命力。已投产的三资企业由 1985 年的 5 家发展到 1990 年的 60 家，产值由 1985 年的 3230 万元猛增到 1990 年的 6.77 亿元，年均递增 83.8%，新批准成立了“钱江投资区”和“高新技术产业开发区”，已成为经济发展的新支撑点。境外办厂取得了初步成果，全市目前已在泰国、加拿大等国举办投资企业 5 家。

为适应城市生产、生活服务的需要，“七五”期间，杭州市加快了城郊型农业的发展，“菜篮子工程”建设取得明显成效。现在，全市年生猪出栏数在 194 万头左右，肉类总产量为 12.64 万吨，加上牛、羊、禽肉，城镇人均年消费量达 26.28 公斤。“七五”期间新建了具有现代化水平的年饲养量 20 万只的蛋鸡场，年产蛋量为 280 万公斤，市郊蛋鸡基地规模为 34 万只，蛋鸭基地为 35 万只，加上 5 个集体中、小型蛋鸡场，全市年产鲜蛋稳定在 2 万吨左右，比 1985 年增长 45%。城镇人均年消费量为 6.5 公斤。通过采取国营、集体、个体一齐上的发展方针，市郊奶牛基地已有奶牛达 1 万头，使城市居民吃奶难的问题得以解决，市区人均奶占有量为 17.52 公斤，处于全国领先地位。鱼、菜、水果生产在“七五”期间也有很大发展，1990 年水果总产量 6.34 万吨，比 1985 年增长 1.8 倍。

第三产业和城市建设欣欣向荣

作为浙江省的省会城市和全国重点风景旅游城市，杭州的商品交换、信息集散、交通枢纽、金融中心等综合服务功能在“七五”期间有新的增强，整个第三产业获得长足发展。1990 年全市第三产业产值为 50.92 亿元，比 1985 年增长 50.2%，在国民生产总值中的比重也由 1985 年的 24.8%，上升到 1990 年的 28.6%，出现了旅游业日益兴旺、商品市场繁荣、交通通信便利、金融保险不断发展的新景象。

旅游业是第三产业的主导产业，杭州市充分利用旅游资源丰富的优势，在“七五”期间重点抓好旅游景点的维护、开发和旅游设施的建设，旅游的接待能力大大提高。5 年来，新建、续建了黄龙、友好、新侨、杭州大厦等 4 座现代化旅游饭店，改、扩建了一大批宾馆、饭店，市区国际旅游客房从 1985 年的 1760 间增加到 3000 间，床位增加 2500 张。1990 年，接待国内游客的床位达 9 余万张。通过拆除沿西湖一带的污染工厂、办公楼及居民住宅，对西湖进行整修，新建了“湖畔乐园”、花坛群，并沿湖叠石、植树、铺草筑路、修建亭廊，使西湖自湖滨一公园经圣塘路景区、少年宫广场、至镜湖厅、西冷桥一带的东线和北线贯通相连。绿茵成片。新开辟的灵峰探梅、曲院风荷、太子湾公园、西湖彩色喷泉及九溪人工瀑布等 25 处游览新景点，把西湖点缀得更加美丽。新建成的章太炎纪念馆、苏轼纪念馆、于谦故居、马一浮纪念馆、南宋官窑博物馆、中国杭州茶叶博物馆、中国丝绸博物馆、胡庆余堂中药博物馆以及吴山宝成寺、杭州碑林、古塔陈列室、六和塔典故壁等，多侧面地展现了杭州悠久的历史文化和人文、名胜。园林绿化和城区绿化大面积发展，1990 年环湖绿地面积达 36 万余平方米，比 1985 年末增加 7.26 万平方米。到 1990 年末，市区园林绿地面积 964 公顷，比 1985 年增加 28%，市区公共绿地面积达 417 公顷，比 1985 年增长 17.9%。由于旅游设施的改善和游览景点的增加，对国内外游客的吸引力也进一步增强。1990 年共接待海外游客 38.83 万人，比 1985 年末增长 62.9%；5 年内共接待入境游客 155.27 万人，比“六五”期间增加 66.69 万人。近 5 年，国内旅游者不断增长，1990 年达到 1625 万人次。

商业、服务网点增加，市场日趋繁荣。随着旅游事业的发展，为方便人们购物的需要，先后建起了杭州百货大楼、供销大厦，扩建解放街百货商店一期工程、天工艺苑等 30 多家大型商场，并成片改造了延安路、吴山路等一批危房旧商业网点。5 年来新增商业网点 3 万个，其中集体 1123 个，个体 2.96 万个，平均每个网点负担人数由 1985 年的 91.6 人下降到 1990 年的 64.3 人。城乡市场呈现繁荣景象。1990 年全市社会商品零售总额达 83.2 亿元，比 1985 年增长 1 倍多。5 年中，全市社会商品零售总额累计 340.9 亿元，平均每年增长 15.2%。集市贸易十分活跃。全市集市贸易市场由

1985年的279个增加到1990年的380个，成交额由4.58亿元增加到21.9亿元，增长3.8倍，平均每年递增36.7%。同时增加了信息咨询、打字复印、日用商品和家电维修等新的服务项目。

城市基础设施建设大大加强，城市的街景面貌发生了很大的变化。5年来，用于市政设施建设的投资达8亿多元，比"六五"期间增长76%。"七五"期间综合治理了中东河，新建、拓宽、改造了秋涛路、虎跑路、曙光路等20余条市区干道，新建了中河立交桥和龙翔桥、解放街、金衙庄等3座人行天桥，对贯通市内交通，提高通行能力有明显的成效。5年中新增道路长度25公里，面积65.5万平方米，人均道路面积从1985年的2.77平方米增加到1990年的3.15平方米。市内公共交通客运总量1990年为3.96亿人次，比5年前有较大的增长。供水、供气、供电能力大大提高，排水不畅问题得以缓解。5年来，杭州市供水设施建设投资1亿多元，比建国35年投资总和还多49%，比"六五"期末增长1.5倍，年末输水管总长度由1985年945公里增至1227公里。5年中先后完成了祥符桥水厂水源保护和扩建工程、赤山埠水厂水源保护工程、清泰水厂技术改造工程等一批重点工程的建设。城市的日供水能力从48.3万吨提高到71万吨；全年售水量1990年达到2.23亿吨，比1985年增长27.4%，自来水普及率1990年达到97.5%。通过对下水管网进行大面积调整、扩建和改造，埋设了全市第二条污水干管；建成了全国最大的污水处理厂"四堡污水处理厂"；5年中净增下水道长度近百公里，使杭州市排水不畅问题开始缓解。为了进一步改善城市大气环境，方便群众生活，这5年花巨资发展城市煤气，使城市居民使用液化气的水平大大提高。1990年市煤气公司全年售气量达1.48万吨，比1985年增长近1倍。普及率由1985年的26.6%提高到1990年的30%以上，液化气用户达12万户左右。近年来，新建设的杭州管道煤气厂，于1991年供气后，将进一步缓解城市用气难的问题。

交通、通讯事业飞跃发展。5年来，以杭州为中心的5条公路干线都得到了改造，放射型的交通网络初步形成，运输比5年前大为通畅。即将建成通车的沪杭、浙赣两条铁路复线，使平行通车能力分别提高16%和20%。杭州机场经过整修，已达到国际一级机场水平，可供任何大型客机起降。内河航运事业也有很大发展，完成了京杭运河与钱塘江沟通工程，实现了南起钱塘，北至海河的五大水系沟通。建设了汽车轮渡和年吞吐量100万吨的内河码头，大大改善了杭州的对外运输条件，为发展杭州经济起了重要作用。5年来引进了市内程控电话交换设备8.7万门，使市话交换设备总容量由1985年底的3.88万门增加到13.61万门，翻了近两番。市区百人话机普及率由1985年底的3.93部增加到9.7部；新增市话用户近4万余户，有2万余户居民家庭自费装上了电话，在全国各省会城市中均名列前茅。长途自动交换系统设备容量从1985年底的329路增加到4290路，长话业务电路增长了2.9倍。目前，可与国内702个市县、世界上186个国家和地区直拨通话，长途电话业务交换量年增长了2.8倍。

5年来随着生产建设和人民生活的改善，金融保险事业得到迅速的恢复和发展。新成立了交通银行和中国银行西湖分行，一个以人民银行为领导，专业银行为主体，多种金融机构组成的金融体系已形成框架，到1990年底，银行贷款余额和存款余额已达161.5亿元和133.7亿元，比1985年分别增长1.8倍和1.76倍。市保险公司承保的财产总值已达350亿元，保险费收入比"六五"期间增长8.3倍。目前开办的近90个险种，有2/3是"七五"期间新推出的。既为国家积累了建设资金，又支援了地方经济建设，还为社会保障发挥了作用。

科、教、文、卫、体事业稳步前进

在物质文明建设不断发展的同时，各级党委、政府重视加强了精神文明建设，增加了智力投资，使科技、教育、文化、卫生、体育等社会事业稳步发展。

科研部门积极贯彻"科技兴市"的战略方针，坚持科技为经济建设服务的方向，5年来实施科研项目2158项，其中获国家和省、市科技进步奖978项次。5年来实施各级"星火计划"项目401项，累计新增产值9.45亿元，利税1.98亿元，创、节汇8563余万美元，并有43个项目荣获国家、省、市"星火奖"。1990年有22家高新技术企业进入开发区，其中12家已开业生产。科技队伍进一步扩大，1990年末专业科研人员已达11.82万人，比1985年增加1.1倍，科研开发机构82个。此外还有民办科技咨询、开发机构117个。

教育事业欣欣向荣。全市各类普通高校由1985年的19所增加到1990年的20所。1990年，在校研究生达2585人，在校学生达3.99万人，分别比1985年增长14.4%和8%。5年来共为国家输送合格大学生5.15万人，比"六五"时期增长67.5%。中等教育结构有所调整，职业技术教育比例已占到56.6%。5年来，全市用于修建中小学校的投资近6.24亿元。修建校舍总面积达65.5万平方米，扩建校舍107万平方米。全市已基本完成校舍危房改造任务，全市在1985年普及初等教育的基础上，到1990年末已有占64%人口的地区普及了九年制义务教育。全市学龄儿童入学率1990年达到99.6%，幼儿在园儿童达13.63万人，比1985年增加17.7%。5年来，全市9所成人高校和22所成人中专共培养大专生近2万名和中专生8900多名，和"六五"期间相比，大专毕业生增加了3.7倍。1990年，全市有各类各级职工学校 193 所，职工培训中心 62 个，社会办学 39 所，专用校舍 24.8 万平方米，全市 11 万名专业技术人员中，有 7.7 万多人在 5 年内接受了各类继续教育。

文化、广播、电视事业继续发展。1990 年，全市文化（艺术）馆、站总面积达到 23 万平方米，比 1985 年翻了一番，建成了杭州文化中心、杭州歌舞团团部等文化设施，新设立了文艺之家、群艺馆等一批群众娱乐场所，全市三级群众文化网络已基本形成。1990 年，全市共有各类电影放映单位 591 个，艺术团体 20 个，公共图书馆 10 个。新建、扩建和充实了一批新闻、电视、出版设施，杭州电视台新发射塔已建成使用，增加电视频道 3 个。

体育事业蓬勃发展，医疗卫生条件进一步改善。“七五”期间，新建体育场馆 65 个，市各级各类少年体校向上一级运动队输送了 260 名优秀体育后备人才。杭州籍运动员获得世界冠军 7 个、亚洲冠军 7 个、全国冠军 58 个，有 2 人 2 次破全国记录。群众性体育组织由 1985 年的 17 个增加到 1990 年的 27 个，会员由原来的 1250 人，发展到 26 万多名。5 年来，市属医院医疗设备固定资产拥有量从 1012 万元增加到 4500 万元。全市共有各类医疗机构 1738 个，医疗病床 1.89 万张，专业卫生技术人员 3.1 万人，分别比 1985 年增加 156 个、0.39 万张和 19.2%。传染病发病率下降。“七五”期间完成医疗科研项目 92 项，比“六五”期间增加 77%，骨科、骨伤科等 10 项成果已向全国推广。5 年开发新药品 103 种，其中创制新药 10 种，比“六五”期间增长 66.7%。新药发酵虫草菌粉采用生物工程高技术研制而成，填补了国内空白，在国际上也是独创，矽肺宁片等 9 种新药也都填补了国内空白，并已批量生产。5 年间，全市新药创产值 1.12 亿，创税利 3014 万元，比“六五”期间增长 3 倍。1990 年人口自然增长率控制在 7.26‰，大大低于全国、全省平均水平。

人民生活得到改善

城市居民的收入增加，生活水平不断提高，人民生活进一步得到改善

就业面不断扩大，人民收入继续增加。“七五”期间，共安置城镇待业人员 11.89 万人。1990 年，全市职工年平均工资 2382 元，比 1985 年增长 82.9%，扣除价格上涨因素，实际年增长 4.6%。据抽样调查，城镇居民全年平均每人收入 1885 元，比 1985 年增长 94.4%，5 年来年均递增 14.2%，扣除生活费价格上涨因素，实际增长 10.5%，平均每年递增 2%。农民人均收入由 1985 年的 558 元提高到 1990 年的 1007 元，平均每年递增 12.5%。

消费结构发生了重大变化。“七五”期间居民人均粮食消费量下降 12.2%，人均副食品消费额增长 1.04 倍；1990 年人均穿着消费支出比 1985 年增长 59.5%；1990 年人均家用电器消费支出比 1985 年增长 43.1%。城市每百户居民拥有电视机 143 台（其中彩电 63 台）、录音机 88 台、洗衣机 75 台、电冰箱 92 台，分别比 1985 年增加 42 台、39 台、39 台、53 台。家庭精神文化生活消费增加。

居住条件进一步改善。1990 年城镇新建住宅 112.77 万平方米，其中市区 62.47 万平方米。5 年中，全市先后建成住宅 485 万平方米，市区居民人均居住面积由 1985 年的 6.2 平方米增加到 1990 年的 7.8 平方米。农村居民人均生活用房面积达到 33.6 平方米，比 1985 年增加了 3.7 平方米。

城乡居民储蓄连年增长。1990 年全市城乡居民储蓄余额 69.8 亿元，比 1985 年增加 53.8 亿元，增长 3.4 倍。其中城镇居民储蓄存款 47.9 亿元，增长 3.1 倍；农村居民储蓄存款 21.9 亿元，增长 4 倍。1990 年全市人均存款 1214 元，比 1985 年增长 3.1 倍。

宁波市

市　长：耿典华

副市长：王永明（常务）　叶信虎（交通）　陈哲良（对外经贸）　应中甬（农业）　陈守义（文教）　张启楣（工业）　刘培志（城建）

耿典华市长，1953年8月生于江苏省镇江市。大学文化程度，电讯工程师。中共党员。历任宁波市邮电局长途电话通讯室主任兼党支部书记，电信修造厂厂长，邮电局副局长、党委副书记，中共宁波市委委员、常委，宁波市副市长等职。1983年5月任宁波市委副书记，同年10月当选为宁波市市长。1988年4月再次当选为宁波市市长。

在对外开放中迈出新的步伐

□　宁波市人民政府办公厅综合一处

1990年，宁波市的各项事业都得到了进一步的发展，“七五”计划提出的各项任务胜利完成，国民生产总值、国民收入、工农业总产值、财政收入分别达到134.8亿元、124.6亿元、256.6亿元和15.9亿元，为“七五”计划的118.2%、124.5%、125.8%和118.6%；人口自然增长率为7.2‰，控制在计划指标之内。安定团结的政治局面进一步巩固和发展，社会主义物质文明和精神文明建设都取得了新的成绩。在整个“七五”时期，全市的经济运行机制开始由内向型封闭式逐步向外向型开放式转变，特别是对外开放取得了积极的进展，成为促进我市经济发展的强大动力。

城市基础设施建设迈上了一个新的台阶

“七五”期间，国家将宁波列为重点投资地区之一，一大批由国家和省、市投资的基础设施项目相继建成或开工，使宁波的投资环境得到了较为明显的改善。五年间，全社会固定资产投资共完成159.6亿元，比“六五”期间增长2.2倍。其中全民基建投资完成86.4亿元，比“六五”期间增长2.6倍。

（一）港口。投资10.5亿元，建成5000吨级以上泊位14个，其中包括15万吨级油码头、5万吨级煤码头等深水泊位10个；全港生产性泊位已达45个，总吞吐能力达4969万吨，比“六五”期末增加2192万吨。进行了镇海港区和北仑港区的续建、扩建工程，新建泊位8个，新增吞吐能力304万吨，期末设计通过能力达到2754万吨，并已形成85万吨矿砂、31万吨煤、34万立方原油和2.57万立方液体化工产品的储存能力。“七五”期间，宁波市建立了地方远洋船队，宁波港相继开辟了至香港的定期客货班轮、至香港的国家级核心班轮和至日本横滨的集装箱班轮，从宁波港出口的件杂货已有43%实现集装箱运输。1990年，宁波港的国际集装箱吞吐量已上升到2.2万标准箱。目前，宁波港已与世界上53个国家和地区的225个港口直接通航。1990年，港口吞吐量达到2553万吨，比“六五”期末增长1.45倍。

（二）民航。建成栎社民用二级机场，可起降麦道－82型、波音737、757型客机，并相继开辟了宁波至杭州、上海、北京、广州、武汉、南昌、南京、福州、厦门、青岛、兰州等11条国内航线和宁波至香港的直航包机航线。

（三）铁路。建成了全长35.5公里的北仑铁路支线，新增设计通过能力270万吨；肖甬线经过改造，通过能力从480万吨提高到800万吨；先后完成了宁波铁路南站客运大楼和铁路北站货运仓库的建设，新增仓储能力7749万吨。

（四）公路。新建里程497公里，总里程达到3558公里，除个别海岛外，全市已实现乡乡通公路。新增等级公路1029公里，其中新增二级公路186公里，比

“六五”期末增加 17.2 倍；新增高级、次高级路 400 公里，高级、次高级路面占公路总里程的比例已从“六五”期末的 11%上升到 20.71%。5 年内新建改建客运站 6 个、货运站 2 个、停车场地 37600 平方米，市区汽车客运南站、西站、货运站以及绝大部分市辖县的客运站，均进行了改建或扩建。

(五) 通讯。相继引进了一期 1.4 万门和二期 13.8 万门程控电话。5 年内城乡电话机净增 6.51 万部。1990 年全市城乡电话机总数达到 12.68 万部，城乡电话机普及率达到每百人 2.4 部；其中市话交换机 5 年净增 3.14 万门，1990 年总容量达到 5.38 万门；城市电话普及率由“六五”期末每百人 2.18 部提高到 6.7 部。新增长话业务电路 1377 条，总数比“六五”期末增长 3.4 倍，全市各县（市、区）电话全部进入长途自动交换网，可以与国内及国际上大部分国家和地区直拨通话。

(六) 电力。建成镇海发电厂二期、三期工程 80 万千瓦和北仑发电厂一期 1 号机组 60 万千瓦，完成投资 24.83 亿元，发电能力达 165 千瓦，比“六五”期间增长 5.4 倍。同时，先后建成了 2 个 22 万千瓦变电所、50 万伏超高压输电线路和 11 个 11 万千瓦变电所以及一批中小型热电厂，初步形成了大小配套的电力设施网络。

(七) 供水。完成投资 4424 万元，扩建了梅林、江东、大矸三个水厂，增加日供水能力 17 万立方米，城市日供水能力比“六五”期末增长 85%。

(八) 宾馆。采用中外合作方式改造了宁波饭店和华侨饭店，中外合资新建了亚洲华园宾馆和金龙饭店。目前市区江东、江北、海曙三区已拥有 15 家涉外饭店，其中 3 家为三星级宾馆，床位已达 1881 个，比“六五”期末增长 4.6 倍。

对外贸易日益扩大，出口商品结构日趋合理

1988 年起，宁波市正式在国家计划中实行单列，享受省级对外经贸管理权限，外贸出口迅速发展。1990 年底，全市共有 20 家拥有进出口权的外贸、工贸公司，还有 59 家“三资”企业自营出口或代理出口，形成了多渠道、多层次的进出口网络。“七五”期间全市进出口总额为 7.04 亿美元，出口 5.88 亿美元，进口 1.16 亿美元。其中单列后 1988—1990 年出口 5.7 亿美元，年平均增长 56%。1990 年全市外贸出口商品收购总额达到 29.62 亿元，按实际价计算，比 1985 年增长 5.2 倍，其中自营出口额达 2.8 亿美元。目前，宁波市的出口商品品种达 700 多种，远销世界上 95 个国家和地区，其中出口总值达百万美元以上的商品有 50 多种。外销市场主要是香港、日本、美国、新加坡等。

出口商品收购结构有明显改善，1990 年与 1985 年相比：粮油食品、土畜产类由 21.5%下降为 17.2%，化工产品（主要是成品油）由 27%下降为 3.8%，而纺织品类由 19.5%上升为 43.9%，机械、五矿由 6.4%上升为 13.7%。特别是机电产品自营出口增长迅速，超过全市出口增长速度。经国家机电办和经贸部批准，到 1990 年底全市有机电出口基地企业 2 家，扩权企业 28 家，机电产品出口生产企业 200 多家。机电产品出口平均年增长 95%，占全市出口总值的比重已由 1988 年的 10.6%，上升到 16.7%。出口商品除小五金、工具、单机外，1990 年还首次向阿联酋和泰国出口铝茶壶生产线和浸出油成套设备。

“七五”期间市经贸系统共收购商品 71 亿元（实际价），其中 1990 年收购额达 23.2 亿元，剔除物价因素，实际比 1985 年增长 3.57 倍，平均年增长 29%。1990 年，全市外贸收购占全市国民生产总值比重为 17.2%，比 1985 年增长了 14 个百分点。

利用外资步伐加快，“三资”企业迅速发展

“七五”时期全市新批准建立“三资”企业 235 家，比“六五”时期增长 10.7 倍；协议利用外资 2.07 亿美元，增长 12.5 倍；实际利用外资 5573 万美元，增长 13.5 倍。加上世界银行和国外政府贷款，5 年来全市累计协议利用外资 3.17 亿美元，实际利用外资 13657 万美元，分别增长 12.8 倍和 11.5 倍。

“七五”期间全市利用外资的特点：一是“三资”企业在全市各县（市、区）都得到较快发展；二是独资企业、台资企业从无到有，发展较快；三是“三资”企业投资结构渐趋合理；四是“三资”企业筹建周期缩短，投产较快、效益较好。到 1990 年底“三资”企业已达 147 家，完成工业总产值 8.4 亿元，占全市工业总产值的 3.5%；自营出口 3688 万美元，占全市出口总值的 13%。五年内，全市“三资”企业上缴税收 4500 万元，盈利 7539 万元，并且开发了一批新产品和出口创汇产品。五是借用国外资金步子加快，“七五”期间除国家统借统还国外资金建设北仑港外，宁波市还统借自还、自借自还国外资金 26 项，金额 9770 万美元，已经利用国外资金 7860 万美元，取得了较好的效益。

开发区边建设、边收益，稳步发展

宁波市经济技术开发区于 1984 年 10 月经国务院批准正式建立，到 1990 年底基础设施已投资 1.57 亿元，已开发 2.38 平方公里。到 1990 年底全区签约项目为 113 个，年末试投产工业已达 62 家，产值 2.18 亿元。全年出口总值为 3978 万美元，其中“三资”企业自营出口 1383 万美元，比上年增长 1.6 倍。“七五”累计产值 4.7 亿元，出口 7019 万美元。开发区的不少企业产品起点高，效益好。区内生产第三代稀土永磁材料的科宁达有限公司，产品钕铁硼荣获 1988 年国家科技进步

一等奖，具有 80 年代国际先进水平，1989 年、1990 年获两项国家金质奖。中美合资雅培生物技术有限公司生产的液相酶亦具有世界先进水平，填补了国内空白。1990 年全区工业企业劳动生产率达 4.5 万元／人，大大高于全市 2.4 万元／人水平。5 年来开发区共盈利 9340 万元，获税收 5865 万元，已达到收支平衡有余，走上了边建设、边收益、滚动前进的道路。

对外经济技术合作开始起步，非贸易创汇不断增加

1987 年宁波市成立了国际经济技术合作公司和中国建筑工程总公司宁波分公司，享有对外劳务合作和工程承包的自主经营和签约权。3 年来，国际经济技术合作公司共批准合同 40 个，金额 1472 万美元，盈利 40 万元，外汇净收入 250 万美元。中国建筑总公司在美国关岛承包了一批住宅建设项目，第一期合同金额近千万美元。1988—1990 年先后在 7 个国家和地区兴办 7 家境外企业，并批准 10 家境外企业、商社在宁波市设立办事机构。5 年内，全市共引进国外先进技术 143 项，合同额 7335 万美元，有 182 个引进项目建成投产。

本市在“七五”期间累计接待外宾 12 万人次，接待海员 1.3 万人次。1990 年实际接待外宾近 4 万，比 1985 年增长 1.4 倍，平均每年增长 19%，总数达 5.55 万人天，比 1985 年增长 1.7 倍，平均每年增长 22%。随着国际旅游业的不断发展，非贸易外汇收入逐年增加，“七五”期间累计收入 7111 万元外汇券人民币，人均消费 592 元。其中：1990 年外汇收入 2100 万元，比 1985 年增长 8 倍，平均年增长 56%；商品性收入增长 3.6 倍，平均每年年增长 36%；劳务性收入增长 25 倍，平均每年增长 60%；住宿费、交通费均增长 10 倍以上。与 1985 年相比，1990 年新增旅行社外汇收入 299 万元，邮电费 155 万元，佛事收入及其他收入 120 万元。

国民经济持续增长，社会事业全面发展

1990 年全市实现农业总产值 18.7 亿元，比 1985 年增长 86%，5 年内，粮棉油产量基本稳定，水产、禽蛋、水果、生猪等多种经营有不同程度增长。农村已逐步从产品经济和传统农业向商品经济和现代农业转变，乡镇企业异常突起，已成为农业经济的支柱。大批农业劳动力转向第二、第三产业。1990 年，全市从事非农产业的农村劳动力已占全部农村劳动力的 44%，工业、建筑业、运输业和商业服务业已占农村社会总产值的 79.40%。1990 年全市实现工业总值 237.9 亿元，比 1985 年增长 1.13 倍，年均增长 22.6%。主要工业产品产量和生产能力也有了较大增长，1990 年与 1985 年相比，发电量增长 1.96 倍，原油加工量增长 27.5%，钢材增长 44.4%，合成氨增长 80%，硫酸增长 31.7%，烧碱增长 50.9%，水泥增长 35.7%，棉纱增长 39.8%，棉布增长 31.4%，化纤增长 1.23 倍，机制纸增长 58.2%，并且开发和形成了洗衣机、电冰箱、收录机、汽车、空调器等骨干产品。10 年技术改造投资达 26.43 亿元。工业基础、技术装备、产品结构和质量档次均已上升到一个新的层次。1990 年末全市独立核算工业企业拥有固定资产原值达 89.6 亿元，比 1980 年增长 8.3 倍，其中全民独立核算工业职工人均拥有固定资产原值达 30264 元，比 1980 年提高 36 倍，全员劳动生产率增长 85.5%。10 年间本市工业产品获国家金质奖 7 个，金杯奖 2 个，银质奖 18 个，部优称号 267 个，省优称号 587 个，市优称号 334 个。

随着经济的增长，科技、教育、文化、卫生等各项社会事业也得到了全面发展。“七五”期间，全市新建成大专院校 2 所、中小学 30 多所，九年制义务教育复盖率扩大到 72.4%。新增医院床位 2272 张。5 年累计完成城市建设资金 3.7 亿元，新建开通了一批市区交通主要干道，城市道路网络日趋完善，人均道路面积由 2.3 平方米提高到 4.8 平方米。姚江大桥、江厦桥等主要桥梁的改建和新建，改善了交通状况。一批公园和一大批住宅小区的兴建，使城市面貌大为改观。

城乡人民收入增加，生活不断改善

“七五”时期，城乡人民的实际收入逐年增加。1990 年城镇居民人均生活收入达 1849 元，居全国大中城市的第 6 位，扣除物价上涨因素，比 1985 年实际增长 17.2%，每年平均递增 3.2%；农民人均收入达 1254 元，居全国第 7 位，比 1985 年实际增长 96%，扣除物价上涨因素，实际年递增 5%。1990 年，全市社会商品零售总额达到 62.5 亿元，比 1985 年增长 1.18 倍。1990 年，市区居民已有 60%的家庭拥有彩电，88%的家庭拥有电冰箱，75.5%的家庭拥有洗衣机，83%的家庭拥有收录机，与 1985 年相比，均增长 40%以上。录像机、空调器、高级音响、摩托车、住宅电话等也逐渐进入普通百姓家庭。在农村，1990 年底，已有 12%的家庭拥有彩电，17.5%的家庭拥有电冰箱，10.5%的家庭拥有洗衣机，26.8%的家庭拥有收录机。1990 年，全市城镇居民人均居住面积达到 8.4 平方米，比“六五”期末增加 1.1 平方米，人均居住面积在 8 平方米以上的宽敞户比重已从“六五”期末的 36%提高到 56.5%。农民人均住房面积由 21.1 平方米提高到 27.5 平方米，大部分农户建造了新颖、宽敞、舒适的新楼房。1990 年末，全市人民人均储蓄余额已达 903 元，比 1985 年增加 677 元。

（执笔：余大康）

温州市

市　长：陈文宪
副市长：吴祖熙（常务）　江圣德（外经贸、商业）
马云博（城建）　王培德（工业、科技）
狄乃云（农业）

陈文宪市长，1945年9月生，大学文化程度。曾进中共中央党校培训部、香港工商研讨班培训。历任农场党支部书记，副县长兼教卫体办主任，宁波市委常委、组织部长、副市长兼秘书长，教育委员会主任。1990年4月担任温州市委副书记、市长，为七届全国人大代表。

打下坚实基础　继续稳步发展

□　陈桂连　周兆昌　陶钧若

在改革、开放的推动下，温州的经济和社会发展充满生机和活力，“七五”计划的各项主要指标均已完成或提前完成。全市国民生产总值由1985年的40.76亿元，增加到1990年的85.23亿元，完成计划指标的140.8%，按可比价格计算增长54.3%，年均递增9.1%；国民收入完成66.4亿元，完成计划的126.9%，年均递增9.5%；工农业总产值（1980年不变价）已于1989年突破百亿元大关，1990年达到106.9亿元，完成计划指标的118.8%，比1985年增长85.2%，年均递增13.1%；全社会固定资产投资达72.4亿元，其中全民基建投资14.74亿元，为计划的111.3%，全民技改投资5.32亿元，为计划的83.8%，分别比“六五”时期增长2.21倍和1.33倍；全社会外贸出口商品收购额为8.1亿元，完成计划的150%，年均递增32.1%，其中经贸系统外贸出口商品收购额达5.6亿元，年均递增27.5%；地方财政收入从1985年的4.06亿元，增加到1990年的8.83亿元，完成计划指标的128.7%，增长1.17倍，年均递增17%。

“七五”的前3年，曾出现经济发展过热，带来了一系列严重问题；“七五”后2年，由于贯彻实施了党中央关于治理整顿、深化改革的总方针和一系列政策措施，全市经济生活中的总量失控现象基本缓解，过高过快的经济扩张迅速收缩，经济秩序开始恢复正常，经济环境有所改善，为90年代经济转入常规增长打下了基础。

“七五”期间发展变化的主要表现

（一）农村经济全面发展。农业的基础地位重新得到重视，农、林、牧、副、渔和乡镇企业全面发展，农村产业结构进一步得到调整。1990年全市农村社会总产值达93.7亿元，占全市社会总产值的57.18%，比“六五”期末净增52.1亿元，增长1.25倍。其中农业产值增加17.4亿元，农村工业产值增加25.6亿元，建筑业产值增加1.1亿元，商业饮食服务业产值增加3.5亿元。农村第二、第三产业的产值从1985年的22.2亿元，增加到1990年的56.9亿元，占农村社会总产值的61%，第一、第二、第三产业的产值占农村社会总产值的比例分别为39%、53%和8%，第二、第三产业分别比“六五”期间提高了6个和2个百分点。这标志着部分农村告别了小农经济和以农业为主的单一格局，走出了一条适合温州农村实际的经济发展的新路子，进入了商品经济蓬勃发展的新时期。农村劳动力的布局也得到改变，劳力结构渐趋合理。1990年全市农村劳动力281.01万人，其中从事农业外的劳力达125.8万人，占劳力总数的44.8%，从事工副业的60.32万人，占21.5%，比1985年增加16.84万人。

农业内部结构逐渐优化，在保证粮食种值面积的同时，适当增加了经济作物的种植面积。改变了粮食生产徘徊的局面。1989年粮食总产量为163.9万吨，已接近正常水平。大灾之年的1990年，粮食总产也达到141.34万吨。1990年和1985年相比，油菜籽和蔬菜种植面积分别扩大2.9万亩和22.9万亩，共增产值1.75亿元。桑、茶、果等作物的种植面积增加16.4万亩，水果总产量净增4万吨。在1990年36.8亿元农业总产值中，农（种植业）、林、牧、副、渔五业产值的比例为32:2:19:33:14，而1985年为40:2:18:30:10。

农村工业产值自1987年首次超过农业产值以来，近3年每年又以增长5亿元的绝对数超过农业产值，1990年农村工业产值达到42.2亿元，比1985年增加25.6亿元，翻了一番半，年均递增20.5%。

1990年农村全员劳动生产率为3334元，比1985年增长1.1倍；1990年农村经济总收入为89.3亿元，上交国家税金3.81亿元，分别比1985年增加1.3倍和1.8倍。1990年全市农村固定资产原值达到16.4亿元，比1985年的6.6亿元增长1.5倍。

（二）工业生产迅速增长，工业化程度进一步提高。全市工业总产值（按1980年不变价）已由1985年的42.2亿元，增加到1990年的85.7亿元，增长102.8%，年均递增15.2%，在工农业总产值中所占比重由73.1%提高到80.1%。经济形式也出现了多元化结构，在全社会工业总产值中，全民工业占16.5%；乡办以上集体工业占50.18%（其中乡办占19.2%，街道办占9.8%）；乡办以下集体工业占22.8%（其中村办占9.2%，城乡合作经营占13.1%）；城乡个体工业占8.3%；其他经济类型工业占2.0%。除了全民、集体企业继续有不同程度的发展外，城乡股份合作制企业发展迅速，全市已有2.3万多家。1990年末，已验收合格的规范化股份合作企业有576家。产业、产品结构开始进行调整，初步形成以机电、轻工、纺织、化工、食品、陶建为主的六大主导产业，1990年占全市工业总产值的比重分别为36.6%、16.6%、15.2%、12.0%、10.8%、4.3%。轻重工业在调整中协调发展，比重由1985年的54.7:45.3变化为：60.8:39.2。

（三）基本建设取得显著成就，城市基础设施进一步改善。“七五”期间，温州市以自筹资金和群众集资为主，全社会固定资产投资累计达75亿元，相当于“六五”时期的3.1倍，其中全民投资24.8亿元，比“六五”时期增长2倍。积极调整投资结构，加强了以能源、交通、邮电通讯为重点的基础设施建设。能源方面，先后建成了温州电厂一期12.5万伏机组，新建22千伏输电线路4条、118千伏变电所4座，输变电能力接近翻一番，实现了全市联网供电。交通方面，在楠溪江、飞云江、鳌江上架起3座大桥，公路干线进行了全面改造，市区过境公路建成通车，建成了拥有两个万吨级码头的龙湾港区和拥有5000吨级、500吨级各两个码头的杨府山港区，温州至香港开通了定期客货班轮，新建了客运大楼。温州机场已于1990年7月4日正式建成使用，开通了温州到北京、上海、杭州、广州、厦门、宁波、武汉、成都、西安、南京、合肥等11条航线，海、陆、空立体交通网初步形成。通讯方面，建成了杭—甬—温数字微波通讯线路，引进了4.8万门程控电话，全市装机总数达6.19万部，与国内各大中城市，与国际上170多个国家和地区开通了直拨电话和用户电报。在市政设施建设方面，新建了东向水厂、旸岙水厂和仙门河引水工程。城市供水能力从5万吨／日提高到17万吨／日，自来水普及率达99.7%。东郊排污工程投入使用。人民路拓宽改造工程进展顺利。上陡门、桥儿头、新桥头等住宅区开发建设已形成规模，5年竣工房屋2745.5万平方米。各大、中院校迁址后，学院区基本形成。5年间，水利建设共投入资金3.14亿元，建成了双涧溪水电站、桥墩水库等项目，增加库容3500立方米，增加防洪和灌溉面积10.7万亩，发展小水电1.95万千瓦。此外，5年共建成县乡公路1013公里，新沟通乡镇122个，乡镇通车率从1985年的64%提高到87%。

（四）对外开放奠定了基础。“七五”期间，全市对外开放地区从市区扩大到瑞安、瓯海、乐清、永嘉、平阳、苍南等6县（市）。已初步形成了以老市区和龙湾出口工业区为中心，以各开放县（市）为基地，以重点卫星镇为依托，带动山区、海岛开发、开放的多层次的对外开放格局。外向型经济有了较快的发展，外贸出口持续稳定增长，外贸收购总值在国内生产总值中所占比重为11%，比1985年提高了7.5个百分点。5年间，全市全社会外贸收购总值增长3.5倍，年均递增34.8%。其中经贸系统6.34亿元，增长2.6倍，年均递增29.2%。自营出口和“三资”企业出口从无到有，发展壮大，直接贸易创汇1987年仅为114万美元，到1990年猛增到1792万美元。根据国际市场的需求，积极调整了出口商品结构，形成了食品罐头、鞋类、抽纱、羽绒、烟花、毛衫、五金工具、伞类等11大类出口拳头产品，创汇能力有所提高。利用外资规模逐年扩大，1985年全市“三资”企业只有3家，现已有93家，其中已建成投产52家，当年出口创汇875万美元。5年累计协议利用外资2340万美元，实际利用外资1032万美元。各项对外经济、技术、文化交流活动和旅游、劳务输出等都有很大发展。与海外“三胞”的各种联系更加密切。

（五）城乡市场繁荣，人民生活有了明显改善。全市已建立生产资料和各类商品市场500多个，年成交额近30亿元，劳务人才、信息技术、资金证券和房产等市场逐步建立与完善，股票市场也在初步孕育中。随着治理整顿的深入，以国合商业和物资部门为主导的多成份、多渠道、少环节、开放式的商品流通网日趋完善。1990年，全市社会商品零售总额48.14亿元，比1985年增加1.3倍。高档耐用消费品零售量大幅度增长。1990年与1985年相比，电视机零售量增长20.6%，其中彩电增长30.3%，电冰箱增长1.5倍，洗衣机增长4.5倍。

“七五”时期的经济发展，为城乡居民提供了15万个就业机会，并使收入水平有了明显提高。1990年，全市职工平均工资1950元，比1985年增长112.0%，年均递增16.2%，扣除价格上涨因素，实际增长15.4%，年均递增2.9%。每百户城市家庭拥有电视机109台，比1985年增加32台（其中彩电62台，增加52台）；电冰箱52台，增加51台；洗衣机46台，增加42台。1990年，农民人均纯收入929元，比1985年增长1.1倍，年均递增15.8%，扣除价格上涨因素，实际增长22.7%，年均递增4.2%。每百户农民家庭拥有：电视机41台，比1985年增加34台，增加20架（其中彩电9台，增加8台）；缝纫机55架；自行车107辆，增加71辆。

城市居民人均生活用房面积8.54平方米，农村居民人均用房面积21.38平方米，分别比1985年增加2.04和4.27平方米。全市城乡储蓄余额31.11亿元，比“六五”期末增长7.6倍。1984年底，全市人均收入150元以下的贫困乡有222个，贫困户17.98万户；1990年按人均收入300元以下的新标准统计，贫困乡减少34个，贫困户减少2.23万户。

（六）科技、教育和文化、卫生、体育等各项社会事业都有了长足发展。1990年，全市已有省、市、县级专业科研机构23个，全民单位自然科学技术人员25235人，比1985年增加10955人。“七五”期间，共有670项科技成果通过鉴定，有127项获得省级以上科技进步奖。民办科研异军突起，不断取得成绩。农村“星火计划”实施以来，已落实国家和省、市、县级项目200多个。初等义务教育基本普及，初中教育在全市人口1／4的地区开始普及，各类教育都有了相应的发展，5年累计投入教育1.89亿元，完成了温州大学的新建，温州师院、温州商校的迁建，逐步对全市中、小学进行改造，基本消灭了危房。与1985年相比，全市增加电视转播台86座、卫星电视地面站73座、发展农村有线广播喇叭4.85万个。卫生机构和卫生技术人员比“六五”时期有所增加，医疗技术水平日渐提高，已能施行角膜移植、断指再植、心脏外科、肾移植等手术。卫生防疫和妇幼保健等项工作也有较大发展，人口死亡率由“六五”期末的4.61‰下降到1990年的4.47‰。计划生育工作成绩显著，5年来共有85.5万对育龄夫妇接受了四项节育手术，节育率达91.72%，11.5万户家庭领取了《独生子女证》，有效地控制了人口的增长。城乡体育活动广泛开展，随着各项文化、体育设施的不断扩大和完善，人民群众的精神文化生活日益丰富多彩。

五年来的主要经验

“七五”时期温州市在经济社会发展方面取得成就的经验主要有四条：第一，坚持四项基本原则，坚持改革开放。只有这样在经济建设上才不会走弯路，不会偏离方向。经济和社会才会有迅速的发展，改革开放的道路才会越走越宽广。第二，坚持实事求是，因地制宜地发展生产力。温州的市情是人多地少，全民经济基础差，国家很少投资。同时，温州又有从事手工业、小商品生产和流通的悠久历史，具有发展商品经济的多种有利条件。根据这个实际，大胆改革试验，探索一条以公有制经济为主体，多种经济成分并存，个体、私营和股份合作经济发展较快的发展经济路子，使全市的综合经济实力大为增强，人民生活得到显著改善。第三，始终牢记党的宗旨和社会主义生产的根本目的，是全心全意为人民服务，满足人民群众日益增长的物质文化生活需求。一切政策和行动都要从人民的利益出发，切实解决群众关心的实际问题，才会获得人民的信任，得到群众的拥护和支持，各项工作才能顺利开展。第四，坚持以自力更生为主发展各项事业。要在经济发展的前提下，依靠社会力量，兴办科、教、文、卫、体和城市公用等项事业。单纯“等、靠、要”，发展将遥遥无期。

今后，温州经济和社会的发展将继续坚定不移地贯彻党在社会主义初级阶段的基本路线，从本市实际出发，继续改善总量控制，以调整为主线，以农业为基础，以搞活企业为重点，以深化改革、扩大开放为动力，以强化管理、提高质量为手段，以建立各项责任制为保证，科教兴市，外向发展，优化结构，提高水平，增加效益，保持经济的持续、稳定、协调增长。继续发展各项社会事业，全面改善人民生活，最终把温州建设成为经济繁荣、机制灵活、交通顺畅、通讯便捷、环境优美、社会进步、人民富庶的现代化新城市。

嘉 兴 市

市　长：杜云昌

副市长：赵　冰（工业、计划、外经）　范巴陵（女　文教、卫生、科技）　徐良骥（城建、交通）　傅阿伍（农业）

杜云昌市长，1937年1月生，浙江嘉兴人。中专毕业，助理研究员。1958年8月参加工作，历任嘉兴地区农科所技术员、专业组副组长、组长、副所长。1979年7月至1983年4月，赴中非共和国任中国农业技术组副组长、组长。1983年8月撤地建市后，当选为嘉兴市副市长；1989年4月任中共嘉兴市委常委、副市长；1991年3月任中共嘉兴市委副书记、代理市长；同年4月当选为嘉兴市市长。

“七五”时期嘉兴市的新发展

□ 嘉兴市人民政府办公室

改革开放迈出坚实步伐

“七五”时期，嘉兴市的农村改革，在稳定完善家庭联产承包责任制的基础上，进一步健全了统分结合的双层经营体制。全市1819个村中，有987个村对17.88万农户（占调整村农户总数的25%）的8044.02公顷承包土地（占6.59%）作了适当调整，进一步完善了土地承包制。在1742个村（占总数的95.8%）建立了农业服务组织，全市农村还普遍建立和健全了村级集体提留、农业发展基金、合作基金和劳动积累制度，1990年集聚资金达9000万元。在城市改革方面，全市131家预算内全民工业企业一轮承包期（1987—1989年）与前三年相比，实现利税年均递增率提高2.7个百分点；上交国家税收增长13%；企业留利增长1.4倍；职工收入增长68%。到1990年末，全市已发展各类横向联合体1400多个，组建企业集团6家，兼并企业36家，发挥了较好的经济效益和社会效益。目前，全市已有各类商品市场317个，其中集贸市场270个，1990年商品交易额达11.65亿元。

“七五”时期，全市有27个建制镇被省政府批准为对外开放的重点工业卫星镇。对外贸易持续大幅度增长，1990年全市外贸收购额达17.79亿元（现行价），比1985年增长3.64倍，年均递增35.9%。外贸收购额占国民生产总值的比重由1985年的9.4%上升到21.5%。出口商品品种由1985年的159个增加到386个，自营出口达2644万美元。五年达成利用外资项目94项，协议利用外资4015万美元，1990年35家“三资”企业出口创汇1318万美元。

经济建设取得重大进展

“七五”时期，全市国民生产总值（按现价计算）从40.59亿元增加到82.5亿元，年均递增15.24%；国民收入从37.3亿元增加到75亿元，年均递增14.99%；工农业总产值（1980年不变价）从72.5亿元增加到125.5亿元，年均递增11.6%；财政收入从6.7亿元增加到10.12亿元，年均递增8.53%；全民和城乡集体固定资产投资累计完成58.39亿元，比“六五”时期增长2.41倍，1990年底全市全民、集体独立核算工业企业固定资产原值达48.47亿元，比1985年增长1.99倍。这五年，嘉兴市国民经济有四个鲜明特点：

（一）农业基础稳定。为了抓好农业基础，在深化农村改革的同时，广泛开展科技兴农活动，大力推广农业适用技术，千方百计增加农业投入，大搞农田基本建设。到1990年底，全市146个农村乡（镇）中，有119个建立了良种供应站，良种覆盖率95%。“七五”时期，全市粮食年均总产量218.07万吨，比“六五”时期年均总产量增长5.1%。多种经营全面发展，油菜籽年均增长8.8%，1990年总产13.07万吨，占全省总产的

28%；蚕茧年均增长53.6%，1990年达4.89万吨，占全省总产的41%；生猪年末存栏年均增长4.7%，1990年末存栏213.4万头，占全省存栏总数的16%；淡水产品年均增长169%，1990年达3.57万吨，占全省总产的13.8%。

（二）加工工业登上新台阶。嘉兴市加工工业占全部工业的90%以上。“七五”时期，加紧技术改造，努力开发新产品，在激烈的竞争中登上了新的台阶。一是主要骨干产品产量持续大幅度增长。1985年—1990年，丝产量增加到6532吨，增长21.3%；丝织品产量增加到5450万米，增长12.6%；呢绒增加到995万米，增长39.9%；机制纸及纸板增加到10.16万吨，增长81.2%；皮革增加到145.7万张，增长142.8%；塑料制品增加到2.84万吨，增长41.2%；合成氨增加到8.87万吨，增长13.7%；化学纤维增加到11336吨，增长222.6%。二是产品品种有新发展。五年累计开发重点新产品、新品种、新技术、新材料1782项，提高了产品档次，增加了附加值，增强了市场竞争力。三是产品质量稳定上升。列入考核的工业产品质量稳定提高率始终保持在85%以上，1990年达92.93%。保有国家和部、省优质产品称号372个，其中荣获国家金、银质奖12个。1990年全市优质产品率达14.9%。

（三）能源、原材料和基础设施建设步伐加快。“七五”期间，建造在嘉兴的秦山核电厂一期工程（30万千瓦机组）基本竣工，1991年可并网发电；嘉兴市自筹资金兴建的嘉兴热电厂1991年可投入运行。乍浦港一期工程（外海万吨、千吨级深水泊位各1个，内河百吨级泊位12个），1991年可望竣工。穿越嘉兴市境的铁路沪杭复线建设工程已近尾声，320国道嘉兴段拓宽改造工程已完成，全市县、乡公路五年新增312公里，90%以上的乡镇已通公路。市区和海宁、海盐、桐乡三县（市）已开通程控电话，直拨电话可通达世界182个国家和地区。投资环境有了很大改善。

（四）乡镇工业异军突起。1990年全市乡镇工业总产值（1990年不变价）达88.76亿元，占全部工业总产值的53.13%，年产值100万元以上的骨干企业1160家，产值已占全部乡镇工业总产值的63.4%，上交税金占全部税金的70%。生产出口商品的企业已达411家，其中145家交货值超过100万元，11家超过1000万元。

科技教育事业有了长足进步

全市五年累计用于教育的总投入达5.16亿元，比“六五”时期增长1.91倍，使各级各类学校的办学条件得到很大改善。全市已全面实施九年制义务教育。1990年全市学龄儿童入学率达99.55%，小学生流失率降到0.13%，初中生流失率也只有3.9%，全市青壮年文盲率已下降到4.3%。1990年职业学校招生人数已占整个高中招生总数的47.78%受到国家教委的表彰。1990年与1982年相比，大学文化程度增长216.6%，高中文化程度增长38%，初中文化程度增长26.03%。

科学技术事业稳步发展。全市已拥有各类专业技术人员5.4万人，有各级科研机构14个，厂办、民办科研所58家。五年取得各类科技成果744项，其中获国家、省、市优秀科技成果奖210项。市农科所育成的14个旱籼稻、晚粳、晚糯新品种，已在各地大面积推广。组织实施了84个“星火计划”项目，对农村经济特别是乡镇企业的发展起到了推进作用。

城乡人民生活明显改善

1990年城镇居民人均生活费收入1819元，扣除物价因素，比1985年增长34.7%，年均递增6.15%；农民人均纯收入1481元，比1985年增长102.8%，年均递增15.2%。城乡居民储蓄存款余额31.43亿元，人均991元，比1985年增长3.2倍。五年累计建成城镇住宅209.07万平方米，农村住宅3377.21万平方米。城镇住户每百户拥有电视机从80台增加到126台，电冰箱从35台增加到95台，洗衣机从47.5台增加到88台；农村每百户拥有电视机从14.3台增加到73台，电风扇从56.6台增加到161台，收录机从4.1台增加到22台。全市已拥有无线电台5座、电视发射台6座、群艺（文化）馆8个、图书馆6个、博物馆12个，艺术表演团体9个，艺术表演场所17个。全市涌现出193个省、市级文明单位，780个县（市）级文明单位和一大批学雷锋先进个人。

（执笔：史纯粹　叶筱敏）

湖州市

市　长：袁世鸣（女）

副市长：姚关仁（农业）　叶兆旭（工业）　王小玲（财贸）　张维娟（女　文教卫体）

袁世鸣市长，女，1936年1月生，工程师，1956年9月毕业于重庆建筑工程学院。历任嘉兴地区建筑总公司生产技术科副科长，嘉兴地区基本建设委员会设计室副主任，1983年8月后任中共湖州市委常委、副市长，1991年3月后任市委副书记、代市长、市长。

成绩卓著的“七五”时期

□　湖州市市长　袁世鸣

“七五”时期是我市经济和社会发展的重要时期。五年来，我市坚持贯彻执行党的十一届三中全会以来的路线、方针、政策，坚持以经济建设为中心，坚持四项基本原则，坚持改革开放，经过全市广大干部群众的共同努力，经济建设和社会发展取得了巨大成就，“七五”计划的主要指标已经完成或超额完成，第一步经济发展战略目标已经提前实现。

国民经济持续发展，经济实力显著增强

1985年—1990年，全市国民生产总值从24.8亿元增加到52.6亿元，按可比口径，年均增长6.6%；国民收入从22.4亿元增加到46.2亿元，年均增长6.2%；财政收入从3.37亿元增加到5.03亿元，年均增长7.9%。工业生产持续增长，工业总产值从31.2亿元增加到61.36亿元，年均增长14.5%，其中乡镇工业迅速发展，从1985年的11.6亿元增加到32.5亿元，比1985年增长1.8倍。“七五”期间乡镇企业总产值占全市工业企业总产值的比重上升到52.95%，处于半壁江山的地位。在治理整顿中，乡镇企业注重调整产业结构和提高产品质量，不少产品已打入国际市场。乡镇企业吸收农村剩余劳力30.2万多人，占全市农村劳力总数的25.73%，农业生产稳步发展，农业总产值从10.02亿元增加到12.65亿元，年均增长4.8%。全民固定资产投资五年合计15.26亿元，新增固定资产12亿元。五年中，技术改造投入7.8亿元，比“六五”期间增长1.8倍。“七五”期间，全市共安排技术开发项目782项，其中列入省级新产品的382项，绝大部分项目均已完成。同时，开发完成四新产品5000余种，其中属于国内首创、填补国内空白的新产品70余种，填补省内空白的400余种。有150余项产品获国家部、省优秀新产品奖。新产品产值占全市年新增工业产值的20%以上。104国道、长湖申线、湖州化纤总厂、浙江水泥厂二期工程、长兴电厂二期工程、湖钢转炉工程等省重点建设项目的建成，使基础设施有了较大改善，为我市经济和社会发展增加了后续能力。

经济体制改革逐步深入，经济素质不断提高

我市“七五”期间的农村改革，在稳定家庭联产承包责任制的基础上，重点抓了发展村级集体经济，建立和健全社会化服务体系，完善双层经营体制。建立了市、县、乡、村各级农业发展基金、合作基金和劳动积累制度，增强了自我积累、自我发展的能力，促进了农业和农村经济的持续发展。“七五”期间，全市投入水利建设劳动积累工和资金大大增加。1990年共投放977万工，比1985年增加577万工，增1.44倍；完成土石方1073万立方米，比1985年增加2382万元，增2.09倍（不含省补资金）。其中乡村自筹资金2298万元，比1985年增加1476万元，增1.79倍。

城市经济体制改革稳步开展，着重从改善企业内部经营机制入手，推行了以承包经营责任制为主的企业经营方式。同时，在试行股份制、组建企业集团等方面也进行了积极的探索。通过改革，企业生产经营自主权逐步扩大，企业活力有所增强，经济素质有了提高。目前全市已有国家二级企业 7 家、省级先进企业 67 家、年创产值 1000 万元以上的骨干企业 86 家，20 家企业进入了省 200 家规模企业的行列。白厂丝、真丝绸、毛纱毛衫、粮油食品、家用电机、微电机、轴承、皮革及制品、水泥、农药、电石、农用三轮车、四柱万能液压机等产品在全省乃至全国都具有一定的地位，五年中共获国家优质产品称号 5 个、部优称号 45 个、省优称号 179 个。在坚持公有制为主体的前提下，多种经济成份有了适当发展。计划、价格、财政、金融、劳动、流通等方面的改革也迈出了新的步伐，促进了生产和建设的发展。

对外开放不断扩大，外向型经济迈出较大步伐

“七五”期间我市坚持改革开放，积极贯彻实施沿海发展战略，对外经济贸易得到较快发展，成为建国以来最好的时期之一。1990 年出口创汇 1.74 亿美元，比 1985 年增长 1.2 倍，年均递增 16.7%；五年共兴办“三资”企业 29 家，利用外资 1692 万美元，1990 年“三资”企业自营创汇 2000 多万美元；对外经济技术合作也取得一定进展，五年共批准利用外资项目 43 个，协议利用外资 1938 万美元。旅游事业得到较快发展。多层次、多形式的横向经济联系不断扩大，与上海、深圳等地的经济技术协作进一步密切，推进了科技与经济的结合。

科技教育继续加强，各项社会事业取得新进展

“七五”期间，我市一批科技成果陆续转化为生产力，并取得了显著的经济和社会效益。“星火计划”、“丰收计划”的实施，效果明显。科技队伍不断扩大，自然科技人员增加 39%左右。五年中，开发新产品 500 多项，取得重要科技成果 380 余项，一批优秀成果获得省科技进步奖。对教育的投入逐步增加，教育条件继续改善，中小学原有危房基本得到改造。基础教育继续得到加强，占全市人口总数 78.1%的地区实施了九年制义务教育。1986 年起，实行了地方负责、分级管理的体制。五年中，农村筹措经费近 4000 万元用于改造危房，新建改造危房面积共 45 万余平方米，不仅基本消灭了危房，而且有 40%的完小、村校达到了教室、课桌椅、厕所、操场、围墙、大门六配套。成人教育、职业技术教育有长足发展，为经济建设培养了一批急需人才。先后办起了 9 所相当规模的职业中学和 1 所中专。各类学校分设建筑、养殖等 60 余个专业。先后建立 351 所乡镇成人文化技术学校，并创办了 3 所县级成人文化技校。科技人员和教师的待遇和地位有了改善和提高。文化、卫生、体育、新闻、广播电视等事业有了新的发展，在推进改革开放、促进经济和社会发展中起到了积极作用。计划生育成效显著，人口自然增长得到有效控制。

人民生活得到明显改善

1990 年农民人均纯收入 1270 元，比 1985 年增长 101.9%；城镇职工人均工资 2275 元，增长 112.6%。1990 年城乡居民储蓄存款 18.4 亿元，比 1985 年增长 3.2 倍，年均增长 33.4%。五年中，城镇安排就业 3.73 万人。市场供应丰富，社会商品零售总额年均递增 13.8%。城乡人民居住条件得到改善，全市城镇住宅竣工面积 56 万平方米，农村建房面积 1700 余万平方米，城市建设取得新的进展，各县县城、市区东街、南街改造初具规模，湖州大厦、浙北大厦、邮电大楼、体育馆等项目建成，程控电话开通，供电、供水状况改善、城乡居民的物质文化生活水平进一步提高。

精神文明建设取得新进展，民主法制建设得到加强

党的十三届四中全会以来，社会主义精神文明建设有了明显加强，广泛开展了多种形式的思想政治教育，特别是在农村开展了党的基本路线教育，在城镇开展了形势任务教育，坚定了干部群众的社会主义信念，增强了坚持改革开放的信心，促进了思想道德素质的提高。全市涌现省级文明单位 26 个，市县级文明单位 369 个。社会主义民主法制建设，在重视民主决策，坚持依法行政方面有了加强。认真开展普法教育和执法检查，依法制定了行政措施。依法严厉打击了严重刑事犯罪和严重经济犯罪，开展了“扫黄”和“除六害”斗争，维护了社会稳定，保障了改革开放、经济建设和精神文明建设的顺利进行。

绍 兴 市

市　长：张启楣
副市长：俞国行（经贸、对外经协）　徐文成（城建、科教文卫）　杜士祥（工交、地矿）　宋益康（农林）

张启楣市长,1940年12月生，浙江省绍兴市人。大学文化程度，工程师。1980年3月加入中国共产党，1987年9月入中央党校学习一年。历任黑龙江铁力林业局机修厂工程师、副厂长；中共象山县委副书记，象山县县长；宁波市人民政府秘书长、副市长。1991年2月，任中共绍兴市委副书记、绍兴市代市长；1991年4月当选为绍兴市市长。

保护发展　相得益彰

□　绍兴市市长　张启楣

绍兴是国务院首批公布的历史文化名城之一。1983年撤地建市后特别是“七五”期间，随着经济的发展，城市建设也迈出了较大的步伐。

可 喜 变 化

住宅建设较快，人民群众住房条件明显改善。解放后的前30年，我市由于城市经济发展不快、建设资金缺乏、加上十年动乱和重生产、轻生活等“左”的影响，城市居民住宅只建造21.6万平方米，加上绍兴城市住房有80%系解放前遗留下来的旧房，多数是年久失修的建筑，住宅质量差，住房紧张的情况比较突出。党的十一届三中会全后，我市实行国家、地方、企业、个人一起上的方针，加快了城市住宅建设，新建住宅139.7万平方米；其中有“七五”期间先后建成的白马、鉴湖、花园、辕门、望花、北海、昌安新村等7个住宅小区，竣工住宅面积58万平方米。1990年底城市人均住宅面积8.8平方米，比1985年增加1.6平方米；特别是2586户人均2平方米以下的住房特困户，已乔迁入新居。同时，维修并改造了一大批破旧危房。无房户、拥挤户由1985年的8679户下降到目前的2792户，下降67.8%，住房紧张状况有了明显缓和。

基础设施有所改善，城市综合功能增强。绍兴市原有的城市基础设施少、欠帐多，与改革开放后我市的经济迅速发展和城市人口的不断增加，形成了尖锐的矛盾。“七五”期间。我们从抓五个系统入手，加快了基础设施建设，为城市社会、经济的正常运转提供了条件，提高了综合服务功能。

一是交通系统方面：继扩建绍兴火车客运站后，绍兴铁路货运站正在建设中，今年底一期工程可完工投入运行，实行客货分流。分别改建、新建了一个汽车客运站。新辟6条公交线路，总长71公里，拥有公交车辆和出租汽车70辆。道路改建初具规模，先后拓宽了解放路、胜利路和人民路，改造了主干道路交叉口，沟通了城市东西交通、改造了东、南、西、北4条环城路和市区400多条小街小巷，城市主干道总长度达到62公里。结合道路改造，新建改建了昌安立交桥等近10座桥梁，目前城区已有大小桥梁百余座。

二是供水系统方面：建成南门水厂，完成西廓水厂的新增供水能力2.2万吨技改项目，城区日供水量10万吨，用水普及率达到89.6%；供水管网总长度达130公里，基本满足了城市用水的需要。

三是能源系统方面：对市区3个变电所进行技改，增容15.15万千伏安。液化气发展较快，用气人口达4.2万人，用气普及率达到24.8%。1987年又建设了管道煤气工程，建成储配站和3万立方米气柜，一期工程开始供气，用气户3982户。

四是邮电系统方面：全市已形成传真通信、电子电传、微波、程控电话、无线寻呼等多种现代化通讯手段的立体型电讯网络。市区程控电话达3.15万门，同时装备了微波设备，可与全国各大城市直接通话，市区和绍兴县在全省第一个建成了城乡一体的程控电话网，各县（市）已全部改为自动电话。建成了绍兴至市内各县(市）的两条通讯光缆。

五是环境系统方面：为保持古城水乡风貌，疏竣了城区部分河道。兴建了污水截流工程，已建泵站7座，铺设排污管道23公里，建各种管桥、倒虹管24处。新建南门，鉴湖两个翻水站，平均日翻水量16万吨，使城区河道水质变清变活，搬迁了一批污染严重的工厂，治理了一批重点污染源。鉴湖等重点水系的水质和城区的大气质量开始稳定。环卫设施增加，拥有各种环卫机械、车辆45台，新建改建公用厕所74处，新建垃圾堆放场、转运站3处和5万担储粪大池一处，年清运垃圾6万吨和粪便11万吨。初步形成了点、线、面结合的绿化网络，城市绿化复盖率达到11.6%。

修复一批风景园林，扩大了景区容量和接待能力。绍兴被列为全国历史文化名城后，我们对民居、庭院、寺庙、古塔、古建筑作了普查，采取有力措施加以保护和修复。先后修缮了周恩来祖居、蔡元培故居、戒珠寺，修复了越王台、越王殿、望海亭、应天塔、沈园、陶社、稷寿楼等一大批景点，充实游览内容，增添旅游设施，形成了以市区为中心，以水乡为特色，以名胜古迹唱主角的全市旅游网络，景区容量和接待能力不断提高。1990年园林风景点接待中外游客133万人次。

郊区集镇迅速崛起，城市化水平有了提高。农村商品经济的迅速发展，带动了集镇的建设和改造。“七五”期间，加快了诸暨、上虞、嵊县、新昌县的县城建设，1988年诸暨撤县建市，4个县（市）城初具规模。全市建制镇达到76个，人口92.9万人，建成区面积22平方公里；与1985年比，建制镇增加20个，人口增加8万,建成区面积扩大6平方公里。已有35个建制镇编制了总体规划，占建制镇数的46%。

主要经验

抓“龙头”，发挥规划在城市建设中的导向作用。1982年和1989年，我市分别编制并开始实施绍兴市总体规划，前者确定了城市的性质和发展方向，提出了“发展经济、改造旧城、加强基础设施建设”的方针，后者突出了绍兴古城的保护和新区的开发，确定了中等城市的规模，划定了城市规划控制区范围，并加强了规划的统一管理。这两个规划的先后实施，结束了绍兴城市建设盲目发展、无章可循的历史，对克服城市建设中的无政府状态，产生了重要作用。

抓共建、发挥各方面的积极性。我们在城市建设中，立足共建，实行国家、地方、企业，市、县、区两个三位一体的办法，联合开发，加快了城市建设的步伐。如建设绍兴铁路货运站，我们按照谁受益谁出钱的原则，联合共建，多方筹集建设资金，减轻了国家负担。目前已筹措新站建设资金1133.5万元，占工程总投资的40.48%，保证了工程的顺利进展。

抓重点，发挥城市建设的整体效益。市政府每年都把为人民群众办几件实事，作为当年城市建设的重点。集中必要的人力、物力、财力打歼灭战，有关部门各司其职，各负其责，加快了工程的建设速度。如市府把拓宽人民路西段和东段，列入市府1989、1990年要办的实事之一，落实主管部门目标责任制,要求电力、邮电、交通、公安等部门通力合作，支持这项工程，做到路通、水到、灯亮，经过两年努力，一条长2.5公里、宽30米的市区东西向主干道已经建成。获得了较好的整体效益。

抓管理，发挥方方面面的监督作用。城市建设是“一分规划，三分建设，六分管理”，这三张“皮”必须贴在一起，同步抓好，才能保证城市建设和管理井然有序。我们主要抓了制订城市发展规划、市政建设和市容管理法规，理顺城市管理体制，强化新闻舆论监督，发挥职能部门作用等几个方面，逐步使城市建设和管理走上健康发展的轨道。

发展思路

今后十年和“八五”时期，我市城市建设发展总的要求是：古城风貌得到有效保护，新区建设有良好开端，基础设施有较大改善，城市管理有明显好转，着重抓好4个方面的工作：一是完善城市发展规划。做到长期、中期、近期规划配套，一次规划分步到位，使总体规划具体化。二是正确处理保护与发展的关系，寓保护于发展之中。达到古今之间、保护点与发展区之间有机结合，体现各自的风格和特色。三是城乡一体，强化城市的综合服务功能。把市区经济搞上去；加快城市基础设施建设；逐步形成以城市为中心，以集镇为纽带，以广大农村为基础的，联系周围地区的多层次、开放式、多功能的网络结构；进一步发展商业饮服业、旅游业和社会保险等服务业，加强文化、卫生体育设施建设。四是齐抓共建，进一步形成共建、共管机制。提高城市管理水平。通过五年或更长一点时间，把绍兴初步建成科技进步、经济繁荣、社会安定、文明卫生的城市。

金华市

市　长：陈章方

副市长：赵毅通（常务、工交）　章关键（科教、公安）　胡颂爵（农业）
余义耕（城建、外事）　林　锋（财贸、金融）

陈章方市长，1936年10月生，浙江鄞县人。1979年2月入党。1958年9月毕业于浙江农学院农学系。曾任嵊县农业局技术员、副股长、股长、副局长、局长，嵊县人民政府副县长，绍兴市人民政府副市长兼诸暨县委书记，中共绍兴市委常委、副市长。1989年12月后任中共金华市委副书记、金华市代市长、市长。

撤地建市头五年

□　金华市人民政府办公室

“七五”时期是金华市撤地建市的头五年，国民经济和各项社会事业取得了巨大进展，人民生活得到明显改善。

经济建设成就突出

（一）经济实力明显增强。1990年全市共完成社会总产值154.35亿元，“七五”时期年平均递增15.3%；工农业总产值102.08亿元，比1985年增加55.41亿元，增长1.19倍，年平均递增16.9%；国民生产总值为61.50亿元，增加31.01亿元，增长1.02倍，年平均递增15.1%。三大产业的构成比例由1985年的40.7:36.8:22.5变为1990年的31.3:44.0:24.7。人均国民生产总值为1451元，比1985年提高686元，年均递增13.7%；国民收入为55.01亿元，比1985年增加28.09亿元，增长1.04倍，年平均递增15.4%；工业，农业，建筑业，交通邮电业，商业服务业的构成比例，已由1985年的35.7:45.1:5.2:3.7:10.3改变为47.1:35.1:5.2:3.5:9.1；全市完成财政收入6.6亿元，比1985年增加2.88亿元，增长77.1%。

（二）工业生产持续增长。1990年全市工业总产值为85.33亿元，比1985年增加53.04亿元，增长1.64倍，年平均递增21.5%。其中乡以上工业产值为50.31亿元，年平均递增14.0%，乡以上的工业构成，1990年与1985年相比，有三个明显特点：一是集体工业的增长快于全民工业，二是重工业的发展快于轻工业，三是行业构成出现较大变化，原来发展较快，基础较好的纺织、食品和皮革等行业近年产值下降，机械、化工和冶金等工业则发展较快。

（三）农村各业协调发展。1990年，农村工业、建筑业、运输业和商业饮食业所占比重，已从1985年的46.7%上升到64.5%；在农业内部，多种经营发展较快，1990年与1985年相比，柑桔产量增长3.95倍，茶叶产量增长42.6%，蚕茧产量增长64.8%，水产品产量增长89.1%。

（四）基础建设得到加强。“七五”时期，金华市共完成固定资产投资44.88亿元，比“六五”期间的15.86亿元增长1.83倍。其中全民所有制投资15.36亿元，增长1.39倍；完成更新改造投资7.58亿元，增长1.67倍。在投资方向上，突出了能源、原材料、市政、交通、通讯等基础工业和城市基础设施建设，一批重点项目已先后建成。如金华热电厂、北郊变电所，金华棉纺厂、金华布厂扩建工程、铁路金华单绕一期工程、环城东路、双溪西路、河盘大桥、东关大桥、河盘桥水厂扩建工程，液化气储灌站，婺江截污工程、西区排污工程、2000门程控电话、城西市话分局等。这些项目的建成和使用，不但促进了城市的经济发展，改善了城市的投资环境和人民生活，而且也带动了交通、邮电、电业和建筑业等的发展，1990年，全市公路货物周转量达9.63亿吨公里，比1985年增长4.23倍，完成旅客周转量17.48亿人公里，比1985年增长53.9%。完成邮电计费业务量2617万元，比1985年增长82.5%；拥有城市电话机2.84万部，比1985年增长1.65倍。农村电话机1.38万部，比1985年增长74.7%。总用电量达到15.91亿度，比1985年增长81%。全民所有制和集体所有制四级以上施工企业完成总产值6.01亿元，也有了较大发展。

（五）内外贸易日趋活跃。1990年与1985年相比，全市社会商品零售总额29.40亿元，增长1.07倍；农副产品收购总值11.09亿元，增长96.6%；外贸收购总值7.23亿元，增长3.99倍，商业服务网点7.60万个，从业人员13.53万人，分别增长0.72倍和0.6倍。

社会事业发展喜人

（一）科技队伍日益壮大。1990年底全市共拥有各类专业技术人员6.2万人，其中高级职称1038人，中级职称1.22万人，自然科技人员2.73万人，比1985年底增长1.59倍；社会科技人员3.53万人，增长更快。"七五"期间金华市共获得科技成果奖359项，其中获省科技进步奖122项，国家科技进步奖5项。

（二）教育园地硕果累累。1990年全市有小学4307所，在校学生37.34万人，普通中学425所，在校学生23.50万人，其中高中74所，在校学生3.80万人，小学入学巩固率达99.7%，小学升初中升学率达92.3%。到1990年末，全市已有145个乡镇173万人口实施了九年制义务教育。5年间金华市参加全国统一招生考试，普通高校录取人数为1.55万人；高中专录取人数为3472人，初中专录取人数为6726人。至1990年底，全市办有城镇和农村职业技术学校45所，在校生为1.53万人，另外还有普通高校1所，成人高校3所，1990年普通高校招收研究生、本专科生1186人，在校生3734人，成人高校在校生4677人。

（三）文化艺术健康发展。全市现有专业剧团8个，其中浙江婺剧团在去年亚运会期间进京献艺，受到好评。现有各类电影放映单位527个、文化馆10个，公共图书馆9个。金华人民广播电台也于1990年开播。金华电视台已完成铁塔安装任务，电视覆盖率达到90%、全国和省级重点文物保护单位金华侍王府，天宁寺大殿和八咏楼等。已整修一新，重新对外开放。

（四）体育战线捷报频传。"七五"期间，金华市向国家和省输送了22名优秀运动员，其中有亚洲首块世界田径赛金牌得主，女子铅球冠军黄志红，号称"亚洲飞人"连续两届获亚运会男子4×100米接力赛冠军的郑晨，有第十一届亚运会女子七项全能冠军获得者马苗兰等。1990年金华市荣获全国"田径之乡"称号。

（五）卫生事业生机盎然。"七五"期间、市中心医院、中医院、人民医院等几所主要医院，都进行了扩建改造，面貌发生了很大变化。1990年与1985年相比，全市医疗卫生机构由358个增加到897个，增长1.33倍；医院病床从5578张增加到8444张，增长51.4%；医疗卫生人员从1.1万人增加到1.31万人，增长18.7%，其中主治医师以上职称的高中级医护人员，由203人增加到1840人，增长8.06倍。

人民生活显著改善

（一）人口增长得到控制。1986年以来，全市人口出生率一直控制在15‰以下，自然增长率保持在8‰以下。1990年末全市总人口为424.9万人，比1985年末增19.3万人，年平均递增9‰。

（二）居民收入稳定增长。1990年全市职工工资总额6.41亿元，比1985年增长68.7%，职工年平均货币工资收入2082元，比1985年增长1.28倍，扣除物价上涨因素，年平均递增率为4.9%。去年实际货币工资收人增幅达到10%。1990年农民人均收入919元，比1985年增长94.7%。扣除物价上涨因素，年均增长5.9%。"七五"时期，全市共安置城镇待业人员2.75万人，平均每年安置5500人。去年末城镇社会劳动者人数为36.42万人，比1985年增长24.9%。

（三）消费水平显著提高。1990年与1985年相比，市区居民和全市农民每百户耐用消费品占有量明显增加。自行车分别由148辆和91辆提高到171辆和172辆；缝纫机由78台和54台均提高到79台；电风扇由158台和31台提高到221台和129台；电视机由105台和4.8台提高到127台和47台，其中彩电由1台和零台提高到64台和5台；每百户城市居民家庭拥有的洗衣机和电冰箱，也分别由53台和28台提高到65台和78台。1990年，市区居民和全市农民的猪肉、家禽、蛋类、鱼虾和水果的人均消费量均有不同程度的增长。

（四）居住条件逐步改善。1990年末，市区居民人均居住面积为11.99平方米，比1985年增长31.8%；农民人均居住用房24.54平方米，比1985年增长20.4%。

（五）储蓄存款成倍上升。1990年末，全市城乡居民储蓄存款余额达29.19亿元，比1985年末增长3.69倍，平均每年增加4.59亿元。人均储蓄存款由1985年的153元提高到687元，增长3.39倍。户均储蓄存款由1985年的568元提高到2202元，增长2.86倍。

（执笔： 王芳森）

衢州市

市　长：郭学焕

副市长：黄锡南（常务）　郑耀桂（工交、科技）　傅秀祥（城建）　詹土升（农业）　姜宁馨（文教、卫生）

郭学焕市长，浙江省诸暨市人，1943年11月生。1967年7月毕业于浙江大学机械系。中共党员。曾任兰江冶炼厂副厂长；1983年以来，历任浙江省兰溪县副县长、兰溪市委副书记、市长、市委书记，中共金华市委常委、副市长；1990年1月任中共衢州市委副书记、代市长，同年5月任衢州市市长。

衢州五年展新姿

□ 严永光

“七五”时期，衢州市全市人民在建设有中国特色的社会主义进程中，齐心协力，战胜种种困难，取得了新的成就。全市经济实力增强，城乡市场繁荣，对外经济发展迅速，财政收入增加，城乡居民生活进一步改善，科技、教育、文化、卫生、体育事业有了新的进展。

城乡经济稳步发展

衢州市工业企业在进一步深化改革中，继续推行和完善企业承包责任制，企业活力明显增强，工业生产发展迅猛。1990年全市工业总产值39.66亿元，比1985年增长1.2倍，平均每年增长16.7%，完成了“七五”计划的要求。其中，轻工业产值每年平均增长19.9%，重工业产值每年平均增长14.1%；全民所有制工业产值平均每年增长7.3%，城镇集体工业产值平均每年增长22.5%，村及村以下工业产值平均每年增长38%，中外合资企业和其他经济类型工业从无到有，1990年产值达4463万元。工业生产能力不断扩大。1990年末全市乡办以上工业企业有1795个，比1985年增加123个。其中，大中型工业企业16个，比1985年增加8个。全市独立核算工业企业拥有固定资产原值23.64亿元，比1985年增长1.6倍。工业生产技术水平有了较大提高，工程技术人员达4263人，比1985年增长87.4%。

“七五”时期，衢州市进一步树立以农业为基础的思想，认真贯彻执行各项发展农村商品经济的方针政策，推广农业生产适用科学技术，增加农业投入，促进了农村经济的全面发展。1990年全市农村社会总产值达36.19亿元，比1985年增长1.4倍，平均每年增长19.3%。其中，非农业产值平均每年增长28.6%，所占比重由1985年的32.7%上升到1990年的47.6%。1990年农业总产值达18.96亿元，比1985年增长19.1%，平均每年增长3.6%，完成了“七五”计划的要求。其中：种植业年均增长3.7%；牧业年均增长3.1%；副业年均增长7.7%；渔业年均增长9.9%；林业和绿化工作取得新进展。5年全市造林面积累计3.83万公顷，森林覆盖率达55.55%。农业生产条件进一步改善，农业投入不断增加，科技兴农初见成效，农业物质装备水平有所提高。1990年末，全市农村生产性固定资产原值达6.49亿元，比1985年末增长1.1倍；农业机械总动力达44.92万千瓦，比1985年增长32.3%；化肥施用量（折纯）69556吨，比1985年增长66.5%；农村用电量27833万千瓦时，比1985年增长107.6%。

流通领域取得好成绩。1990年全市社会商品零售总额达15.53亿元，比1985年增长1.2倍，平均每年增长16.8%，超过“七五”计划指标。随着流通体制改革的步步深入，市场结构发生了深刻变化，在坚持发挥国合商业主渠道作用的同时，个体商业迅速发展。在社会商品零售总额中，全民和集体单位零售额比1985年增长90.6%，占社会商品零售总额的比重由76%下降到66.7%；有证个体商业零售额增长2.3倍，所占比重由15.3%上升到23.7%。城乡集市贸易成交额达3.63亿元，比1985年增长2.1倍，平均每年增长25.7%。生产资料市场发展较快。1990年物资系统物资购进总额达2.95亿元，比1985年增长2.4倍，平均每年增长27.9%；物资销售总额在3.24亿元，比1985年增长2.4倍，平均每年增长28.1%。外贸经济方面，“三资”企业达14家，总投资达1379万美元。全市外贸收购总值达1.54亿元（实际价），比1985年增长3倍，平均每年增长31.7%。出口商品品种增多，结构不断改善。全市各类对外出口商品由1985年的8大类60余种发展到11大类150余种。“七五”时期城乡经济的稳步发展，为全市在“八五”时期再上一个新台阶打下了比较坚实的物质基础。

城镇建设日新月异

“七五”期间，全市固定资产投资取得了新成就。固定资产投资累计完成26.27亿元，比“六五”时期增加17.96亿元。其中：全民所有制单位投资12.17亿元，增加7.76亿元；集体所有制单位投资3.23亿元，增加2.42亿元；城乡个人投资7.92亿元，增加5.93亿元。基础产业、基础设施建设和更新改造投资增加，比重上升。全民所有制单位基本建设投资5.39亿元，增长1.4倍；更新改造投资5.94亿元，增长2.1倍。更新改造投资占全民所有制单位投资的比重由44.2%上升到48.8%。城市建设步伐加快，市、县城镇面貌都有较大改观。计划新建的重点项目和续建重点项目已基本完成：市区火车站广场、铁路立交桥、儿童公园、江山市须江公园、开化县城道路改造、常山县城南门道路拓宽等工程均已完成，为全市人民创造了一个良好的生产和生活环境。

运输基础设施有所改善，运输能力不断增强，至1990年底，全市公路通车达2722公里，比1985年增长11.7%。5年来，修建了衢州到江山、常山到玉山等跨区、县公路。扩建了衢州汽车站、开化华埠汽车站，迁建了龙游汽车站，新建了江山贺村货运站。1990年货物运输量达1010万吨，比1986年增长8.4%，其中公路货运量增长19.1%；运送旅客2442万人，比1986年增长3.2%。其中公路客运量增长3.4%。“七五”期间，个体运输业发展较快，1990年个体货运量达559万吨，比1986年增长1.1倍，平均每年增长20.9%。

邮电通信事业发展迅速。“七五”时期，衢州市邮电通信事业正向机械化处理、自动化交换、数字程控技术方向发展，并实现了国际电话自动直拨。1990年底，全市5县1区已全部进入全国长途电话自动交换网。1990年全市完成邮电业务总量1288.27万元，比1985年增长1.2倍，平均每年增长16.6%。市内电话增加9694部，比1985年增长1.3倍；农村电话增加2236部，比1985年增长45.5%。

各项社会事业欣欣向荣

科技队伍不断扩大，科研成果显著。1990年末全市全民所有制单位拥有科技人员37827人，比1985年增加20565人，增长1.2倍。其中：自然科学人员16865人，增长1倍；社会科学人员20962人，增长1.4倍。“七五”期间，全市共获省以上科技成果奖99项。其中：国家级4项，省级95项。在“星火计划”中获金奖10项，获银奖15项。教育事业稳步发展，教育质量不断提高。“七五”期间，全市高等学校毕业生有536人，比“六五”时期增长3.5倍；中等专业和技工学校毕业生2830人，增长13.1%；普通中学毕业生16.12万人，增长21.0%；农业职业学校毕业生1.08万人，增长2.9倍。1990年创办聋哑学校一所，填补了我市特殊教育的空白。文化事业有新发展。1990年末，全市共有图书馆5个，藏书31万册，比1985年增加3万册。有各类电影放映单位329个。1986年1月1日《衢州报》复刊，1991年1月1日改名《衢州日报》，发行4.38万份，比1986年增加1.71万份，增长64%。1986年2月衢州市电视台成立。1990年全市广播覆盖率达96%，电视覆盖率达78%，分别比1985年增加11个和19个百分点。医疗卫生条件不断改善，人民健康水平进一步提高。1990年底全市有卫生机构419个，比1985年增加21个；病床3902张，增加600张，增长18.2%；专业卫生技术人员5587人，增加758人，增长15.7%，其中医生增长45.7%。“七五”期间，全市新开设了市精神病院、常山县中医院、开化县中医院等。体育事业发展较快，“七五”期间衢州市运动员在全省各类运动比赛中共获奖牌1012枚。其中金牌107枚，银牌121枚，铜牌106枚。

5年的实践，使我们更深刻地认识到在进行社会主义现代化建设中，必须始终不渝地坚持以经济建设为中心，大力发展社会生产力；必须始终把保持社会稳定放在首位，为改革和建设创造一个良好的社会环境；必须坚持改革开放，为经济建设不断注入新的活力；必须大力发扬自力更生、艰苦奋斗的精神，勤俭办一切事业；必须紧紧依靠和密切联系群众，切实改进工作作风。只有这样，才能夺取两个文明建设的新胜利。

舟山市

市　长：彭国镇

副市长：夏阿国（常务）　吕来清（渔农盐业、乡镇企业）　陈泰声（工交、计划）

彭国镇市长，1939年出生于浙江省黄岩市。1963年7月毕业于浙江水产学院海洋捕捞专业，工程师。中共党员。先后担任舟山海洋渔业公司渔轮船长、渔捞部主任和公司副经理等职。1983年9月任舟山地区行政公署专员，1987年3月舟山撤地建市，任舟山市委副书记、舟山市市长。

千岛城市展新姿

——舟山市建市4年成就回顾

□ 倪云鹤　忻海平

素以"渔、港、景"闻名的全国的第一大群岛一舟山，自1987年1月建市以来，进入了一个崭新的历史发展时期，取得了令人瞩目的成就。

（一）国民经济持续稳定发展。1990年全市国民生产总值达到24.53亿元，比1986年（按可比价格计算—下同）增长12%；人均国民生产总值2501元，相当于1986年的1.58倍；国民收入20.8亿元，增长7%；人均国民收入达2149元，相当于1986年的1.52倍；工农业总产值40.4亿元，比1986年增长31.6%；财政收入2.23亿元，增长15.5%。

（二）商品经济充满活力。渔业是舟山的主要基础产业，1987年到1990年，全市渔业机械总动力增加41%，机动渔船增加22%，1990年全市水产品总量达到53万吨，实现产值13.7亿元，比1986年分别增长10.8%和10.2%。特别是经济鱼类有较大幅度的增长。海水养殖品种已由贝藻类扩大到以对虾、梭子蟹、石斑鱼为主，形成了鱼、虾、蟹、贝、藻综合养殖的新格局。1990年养殖产量首次突破万吨大关，比1986年增长1倍以上。1990年外海渔业产量达19.85万吨，占总产量的比重已由1986年的10%上升到37%以上。1990年出口8566吨，创汇2517万美元，分别比1986年增长90%和56%，全市已有群众渔业公司18家，拥有固定资产2.4亿元，渔业劳动力占全市总数的10.6%、捕捞量占全市渔业总产量的19.7%。股份合作和双层经营体制也不断完善，为发展壮大集体经济打下了基础。

舟山农业基础较差，建市以来，通过调整农村产业结构，改革农产品统派购制度，增加农业有效投入，积极推进科技兴农，健全社会化服务体系，使农业的外部环境和内部条件得到了明显改善，促进了农村经济的发展,打破了主要农副产品产量长期徘徊的局面。1990年与1986年相比，农业总产值已由9.24亿元上升到17.88亿元。农村工业总产值占农村社会总产值的比重已由25.7%上升到33%。农副产品的出口创汇也由不足1000万美元增加到2868万美元，增长1.87倍。盐业产量达到25.3万吨，产量、质量双超历史最好水平。

（三）工业经济实力明显增强，建市以来，通过外引内联，已初步形成了以食品，机械、轻纺、化工、电子、拆造船为骨干的具有海岛特色的地方工业体系，1990年全市已有工业企业3655家，固定资产14亿元，分别比建市前增加2.3倍和1.1倍。工业总产值达22.5亿元，比1986年增长42.5%，工业部门创造的国民收入，由1986年的4.1亿元增加到1990年的6.5亿元。在巩固发展传统的水产品加工业的同时，电子工业得到较快的发展，已开发出石英晶体、电子玩具、无线电元器件、收录机、无线电通讯设备、渔捞仪表和电子测量仪器等新型电子产品。玩具生产行业异军突起，全市25家玩具企业生产的各种产品，远销国内外。近年来新开发的家电、微电机、厨房不锈钢制品、塑料包装旅游食品、方便食品，新型保温材料、装饰材料、节能取暖用品等，在国内市场上也占有一席之地，为保证工业持续稳定发展，通过技术改造和兴建扩建等措施，增强了电力、自来水等基础工业的能力。1990年全市发电量达3.11亿千瓦小时，比1986年增长20%；自来水工业制水量达2790万吨，比1986年增长50%以上。

（四）城市基础设施建设不断完善。四年中新增固定资产8亿多元，先后开通了定海鸭蛋山至宁波白峰、普陀六横至宁波上阳等4条“蓝色公路”，完成了“三二九”国道线惠民桥至大干段沙石路面，定海至宁波480路数字微波工程，定海老塘山港口一期工程，以及正在抓紧施工的老塘山港二期工程和总投资3000万美元的岙山20万吨级油码头、30万立方米储运油罐及配套设施的石油中转基地。投资240万元的定海公园，为市民提供了良好的娱乐场所；投资100万元新辟的市中心文化广场，“日月帆影”金属雕塑和喷水池交相辉映，城市道路由8条增加到16条，实有道路总长50余公里，东西两座公路隧道，为南来北往的车辆游人提供了方便。居民住房条件得到较大改善，已建成西园新村、白虎山新村。东园新村、北宝新村，桑园新村等10个居民区。人均住房面积由1986年的6.8平方米，增加到10平方米，1990年末市区日供水量为5.6万吨，90%以上的居民家庭用上了自来水。城市煤气工程在1991年底投产后日供气量可达5万立方米，66.4%的居民可用上管道煤气。

（五）对外开放不断扩大。通过工贸联营，建立出口生产基地，扶持出口创汇重点行业，优化产品结构，在巩固传统出口产品的基础上，积极发展轻纺织品、针棉织品、绣衣服装、电动玩具、五金工具、机电等工业品出口，1990年全市外贸收购总额达4.24亿元，比1986年增长2.24倍。舟山水产联合公司等4家企业，自营出口额达1369万美元，“三资企业”出口创汇1772万美元。已与40多个国家和地区建立了经济往来关系。共签订利用外资合同近30项，合同金额4000余万美元，实际利用外资2000余万美元，取得了较好的经济效益。1990年，出口创汇继续增长，达到761万美元，创利375万元，被评为浙江省出口创汇先进企业。1990年全市接待国际旅游者2.14万人次，比1989年增长73%。其中到“海天佛国”普陀山观光旅游的有1.71万人次，旅游收入306万元外汇券，比1989年增长1倍多。

（六）交通邮电继续发展。到1990年底，全市已有万吨级码头泊位3个，千吨级泊位12个，年货物吞吐量达192万吨，进出口旅客557万人次。开放三年多来，由舟山港吞吐的外贸物资已达34万吨。交通运输事业也有较快的发展。1990年，全市客运周转量达到3.4亿人万公里，比1986年增长30%。全市现有民用车辆1.1万辆，运输船舶近千艘，分别比1986年增长107%和50%。公路通车里程达4万公里，比1986年增长5%。市内电话交换机总容量已达2.2万门，比1986年增长1倍以上，市话单机增长90%以上，邮电业务总值增长近1倍。舟山与宁波480路微波电路，定海与沈家门光缆电路的开通，以及嵊泗县城进入全省自动交换机联网，使海岛邮电通讯条件得到了改善。

（七）科技教育事业欣欣向荣。四年中已累计完成科技成果近200项，其中达到国内先进水平的有35项，达到省内先进水平的有37项，获国家专利的有2.4项。同时，累计安排“星火计划”50余项，总投资2000余万元，新增产值1.4亿元，“浪花计划”也为舟山经济的发展开辟了广阔的前景。其中仅“舟麦2号”一项，省内外累计推广90万亩，与“舟麦1号”相比，可增产粮食2万多吨，增加产值1600多万元。技术市场日趋活跃，仅1990年新登记的技术合同就有81项，成交金额近百万元。教育事业以加强学校德育工作为重点，积极稳步实施9年制义务教育，全市实施的乡镇已有47个，占全市人口总数66.6%。

（八）城乡居民生活明显改善。1990年全市城镇居民人均生活费收入由1986年的990元增加到1990年的1772元，增长78.9%，渔农民人均年收入1290元，增长55%。1990年末全市城乡储蓄余额9.56亿元，人均储蓄存款986元。城乡市场进一步活跃，商品货源增多，社会商品零售总额由1986年的9.2亿元上升到16.4亿元，增长78.3%，其中消费品年均递增15%。在消费品零售额中，用于吃的增长80%，穿的增长56%，用的增长1倍。城镇居民每百户拥有电视机90台（其中彩电25台）、电冰箱25台、洗衣机25台、收录机32台，渔农民每百户拥有电视机18台（其中彩电4台）、电冰箱4台、洗衣机2台、收录机4台、自行车35辆。

展望未来，任重而道远。舟山人民决心乘胜前进，让祖国的千岛新城更加繁荣昌盛。

余 姚 市

市　长：李锡均

副市长：励奎铭（常务）朱家龙（农业）冯英霆（女 文教卫）郑孝华（工交、科技、外经贸）

李锡均市长，1944 年 5 月出生于江苏省南通县。1969 年浙江化工学院基本有机合成化学专业本科毕业，中共党员。1984 年以来，历任浙江省镇海县县长、县委副书记，浙江省宁波市镇海区区委书记。1987 年 3 月起任浙江省余姚市市长。

余姚市市区概况

□　余姚市人民政府

余姚位于浙江省东部，西距杭州 122 公里，东离宁波 48 公里，市区总面积为 18.94 平方公里，总人口近 10 万。余姚建城已有 2000 多年历史，相传在虞舜时，这里已是人们聚居的地方。以后洪水为患，泛滥成灾，经大禹治理后，水患永绝，百姓安居乐业，逐渐发展成为集镇。自北宋以来，即有“东南最名邑”之称。城区以姚江为界，分南北两城，北城建于三国时期，南城修筑于明朝嘉靖年间。城内山青水秀，景色宜人。市区中心高耸着一座林木蓊郁的小山，历史上因山腰有泉，故称龙泉山，姚江沿龙泉山南麓穿越市区，山脚有横跨姚江、沟通南北两城的通济桥，号称浙东第一桥。城中有明清古建筑 70 多处，古朴幽雅，规模辉宏。其间有汉代高士严子陵，唐代书法家虞世南、元代医学家滑伯仁、明代哲学家王阳明、明清学者朱舜水和史学家黄宗羲的多处遗迹和纪念建筑。北宋政治家、诗人王安石在游余姚时有诗赞道：“山如碧浪翻江去，水似青天照眼明，唤取仙人来住此，莫教辛苦上层城”。

余姚系水陆交通枢纽，杭甬铁路横穿市区，公路四通八达，东去宁波机场仅 50 公里，即将新建的杭甬高速公路通过市区南郊。内河航运以姚江为干线，可经宁波出海，与海运相接。

市区手工业历史悠久。民国初年已出现近代工业，解放以后发展更快，到 1990 年底，工业总产值达 10 亿以上，占全市工业总产值三分之一左右。余姚化纤棉纺织总厂为全国 500 家大中型企业之一，有职工 6000 多人，年产值 3 亿多元。还有与北京电视机厂联营生产牡丹牌电视机的浙江电视机厂和熊猫音响电子有限公司、中日合资的长城精工有限公司等一批骨干企业。

余姚商品流通历来比较活跃，“每至秋收，贾集如云，车通闽粤，西达吴楚”，集市贸易相当兴旺。特别是改革开放以来，建立了以国营商业为主体的多种经济形式和经营方式的多层次商业经济体制以及开放式的商品流通渠道，商业网点星罗棋布，年销售额达 10 多亿元。其中三江口渔港为全国重点渔港之一，海水产品闻名全省。

近 10 年来，城市建设日新月异。现主要街道路面宽敞，绿树成荫，余姚大厦、五交化大楼、邮电大楼、百货大楼、购物中心等一批新兴建筑矗立在街道两旁。居民住宅楼鳞次梯比，已建有 8 个新村，人均居住面积达 8.1 平方米，市政设施日臻完备。现有自来水厂 2 个，日供水量达 6 万吨。拥有市内电话近万门，16000 门程控电话可直达世界 120 多个国家和地区，电传、传真使用普及。

教育、卫生、文化、体育事业发展很快，市区有中小学校 17 所，此外还有教师进修学校、卫生学校、技工学校、职业中学、职业技术学校、电大工作站和聋哑学校等。医疗卫生机构有市人民医院、中医医院、精神卫生保健院、妇幼保健所等。文化体育事业机构有文化馆、图书馆、龙山剧院、江南和人民电影院、工人文化宫、青少年宫、老干部活动室、球类健身房、游泳池等，还有姚剧、越剧两个专业剧团和余姚报社、广播电台、电视台等。

市区各胜古迹较多，被列为余姚市重点文物保护单位的有通济桥、舜江楼、四先贤故里碑亭、王阳明讲学处、宰辅第、胡公岩和中共余姚支部活动旧址等。

海 宁 市

市　长：王似熊

副市长：李丕宝（常务）　徐元骏（文教卫）　金富荣（工业、外贸）　张　耕（城建、交通）　孙林祥（财贸、金融）　孙洪云（科技）

王似熊市长，1947 年 1 月生，上海市人。1970 年毕业于浙江化工学院，分配到浙江省海宁化肥厂工作，曾任化肥厂厂长，海宁县计划经济委员会主任。1985 年 2 月任海宁县委常委、组织部部长，同年 12 月任海宁县县长，1986 年 11 月，海宁撤县设市后任市长，同时担任市委副书记。1990 年 5 月继续当选为海宁市市长、市委副书记。

加强基础设施建设　不断完善投资环境

□　海宁市人民政府办公室

海宁从 1985 年经国务院批准列为首批沿海经济开放区和 1986 年撤县设市以来，经济建设得到突飞猛进的发展，昔日以传统农业、传统加工业为主要经济特征的“鱼米之乡”、“丝绸之府”，已初步建设成为工业比较发达，商业繁荣兴旺，各业协调发展的新兴城市，成为浙江省经济发展较快和比较发达的“七只小老虎”之一。

“七五”期间，海宁市的国民经济和各项社会事业都取得重大成就。1990 年，全市社会总产值 48.71 亿元，比 1985 年增长 151.73%，年均递增 20.28%；国民生产总值 16.73 亿元，比 1985 年增长 98.22%，年均递增 14.66%；国民收入 14.73 亿元，比 1985 年增长 92.3%，年均递增 13.97%；工农业总产值（1990 年不变价）44.77 亿元，比 1985 年增长 84.98%。年均递增 13.1%；财政收入 1.9 亿元，比 1985 年增长 41.35%，年均递增 7.2%，已连续 5 年上缴国家财政收入超亿元；社会商品零售总额 8.05 亿元，比 1985 年增长 128.05%，年均递增 18%；全社会固定资产投资 5 年累计完成 17.45 亿元，比“六五”期间增长 156.3%；全市全民、集体独立核算工业企业固定资产原值累计 10.14 亿元，比 1985 年末增长 147.3%。“七五”期间，海宁市的外向型经济进入了一个全新的发展阶段，对外开放的领域和规模不断扩大。1990 年，全市外贸出口交货总值（计划价）完成 2.91 亿元（实际价为 5.22 亿元），比 1985 年增长 3.48 倍，年均递增 35%，实际创汇 9053 万美元；有 16 家企业和 14 种商品年出口交货值（实际价）分别超过 1000 万元；全市已办中外合资企业 7 家，总投资 4207 万元，其中外商投资 297 万美元，有补偿贸易 5 项，利用外国政府贷款项目 2 个，自营出口从无到有，对外经济技术合作不断扩大，引进了 42 项先进技术和设备，用汇 1588 万美元，促进了一批企业技术装备和技术工艺水平的提高。

随着经济的发展，全市人民的生活水平有了较大提高，1990 年，城镇居民人均生活费收入 1939 元，比 1985 年增长 103.5%；农民人均纯收入 1588 元（抽样调查），比 1985 年增长 90.6%。城镇居民人均居住面积 9.9 平方米，比 1985 年增长 45.6%；农村人均生产、生活用房面积 35.1 平方米，比 1 985 年增长 13.2%

“七五”期间，海宁市集中人力、物力、财力进行了城市基础设施建设，使投资环境日臻完善。

交通。海宁地处上海与杭州之间，沪杭铁路横贯全境，杭沪（省道）、杭枫（国道）公路分别从市境南、北部穿过。境内河网密布，河港交错。水陆交通便利。“七五”期间，海宁市大力加快交通建设，在完善设施、提高等级上下功夫，5 年中，交通建设总投资 2453 万元，其中 1990 年高达 877 万元，是海宁交通建设史上投资最多的一年。经过 5 年努力，交通基础设施和条件得到了明显改善和提高。公路建设在 1985 年实现乡乡镇镇通公路的基础上，1990年又新增公路里程34公里，使全市公路总里程达到215公里，并加快了路面黑色化和硬化改造，提高了路面等级，改善了路况。5年中，共浇筑油路74.8公里，水泥路近27公里，全市主要公路路况有明显改观，过去那种“海宁到、车子跳”的现象已成为历史。至“七五”期末，一个可停放70辆驻站车、候车室面积为1100平方米的海宁汽车新客站已建成并投入使用；铁路海宁新客站及市区硖石东西两座立交桥等5项配套工程也已建成并投入使用。铁路海宁新客站，站房面积2400多平方米，一次可容纳800人，广场面积23000平方米，已由三等站升为二等站，是目前沪杭线上设施比较齐全，现代化程度较高的新站。海宁境内铁路约占沪杭铁路全长的1/4，“七五”期间，海宁积极配合铁路部门抓紧复线建设，境内42.6公里铁路复线已全线开通，长安镇火车站、立交桥和周王庙、斜桥两座立交桥也已动工兴建。铁路运输能力已大大提高，海宁站每日停靠的客车，由原来的7对增加到10对，货运也有了增加，随着海宁车站货场的建成，将使过去每年有30万吨物资需在嘉兴等车站中转，再水运到海宁的状况得到根本改变。

邮电通信。“七五”期间，海宁市新建了4100多平方米的电信综合大楼，在全省县（市）一级第一家开通使用S1240万门程控电话，一期工程4000门话机已开通，二期工程4000门也将于1991年三季度开通。同时先后建成了市内五大集镇的市农合一的纵横制自动电话，并实现了联网。到1990年止，全市电话机总数达8700部，比1985年增长93%，电话普及率每百人拥有1.42部。其中自动电话用户7300多户，覆盖率达到80%以上，有70%的电话进入全国自动网。传输条件也有较大改善，建成了长途光缆，业务电路从20多条增加到180多条；农村传输建成了两次群数字微波1处，一次群小微波3处，一次群PCM3套，农村现有电话中继电路占70%以上；建成了无线寻呼中心，现有用户350多户。电报已进入全国自动转报网，国际电传、传真和长途直拨电话均已开通。全市的综合通信能力和技术装备水平有了很大提高。此外，建筑面积达5700多平方米的邮政大楼正在建设中。

电力。海宁市供电系统属华东电网。经过“七五”时期的建设和发展，电力供应紧张的状况已得到根本的改变。1990年全市供电总量为3.8亿千瓦时，基本上满足了全市工农业生产和人民生活用电的需要。“七五”期间，全市用于电力建设的投资1800多万元。配合上级电力部门完成了22万伏双山变电所建设，建成了盐官、谈桥两个3.5万伏变电所，完成了长安变电所二期工程扩建和全市1万伏配电网路“二线改三线”及“一乡一线”的建设，农村低压网整改已完成2000多公里。供电质量也有提高，1990年全市供电可靠率达99.67%。

市政建设。海宁市政府所在地硖石，是浙北的一个重镇。有“两山夹一水”的自然环境，据《硖川图志》记：硖石东西山相连，秦始皇东游过此，见有“皇气”，发十万囚徒凿之，遂分为二，一曰东山、一曰西山，两山对峙，中通河流，故合称硖石山。硖石亦由此而得名。海宁撤县设市后，为适应城市发展的需要，编制了硖石建设总体规划，加快了城市建设步伐，使千年古镇面貌焕然一新。主要河道宽度已由不到10米拓宽到30多米，百吨级轮船可畅通无阻。河上架起10多座新型曲拱桥，还有铁路立交桥2座，不仅便利交通，方便了人民生活，而且给城市增添了新的风采。城市建设中，坚持旧城改造和新区建设两手抓，重视基础设施建设，方便群众生产、生活。硖石旧城区的拆建改造已取得可喜成绩，主要道路得到拓宽，两旁绿树成荫；海宁第一百货大楼、物资大楼、电信综合大楼、五交化公司大楼、供销商场等高楼大厦平地而起；近几年又新建了联合小区、白漾小区和俞家桥小区，使市区硖石的建成区面积扩大到5.1平方公里，是建国初的3倍多。新建的海昌路正在形成新的商业和金融中心。

市区硖石交通便利，西距杭州61.5公里，东离上海125公里，水陆交通进出自如，并与京杭大运河贯通。市区通往嘉兴、上海、杭州及邻县的公路均已改造成柏油路或水泥路。市区邮电通信已实现自动化、程控化。硖石建有22万伏、11万伏、3.5万伏变电所各1座,电力供应得到保证。金融、商业设施齐全，有银行和保险机构6家，营业所、储蓄所、信用社20多家。商业网点密布，日用商品齐全。文化、体育、科技、教育、医药卫生、广播电视等事业发展都较快，一些设备得到更新，设施不断完善，适应和丰富了群众对精神文化生活的需求。新建的硖石自来水厂日供水能力由原来的2.5万吨增加到4.5万吨，保证了生产、生活用水的需要。1988年建成了环境优美、设施完善的海宁宾馆，3年来已接待了数以千计的外宾和侨胞。硖石的环境质量也逐年提高，“三废”治理不断加强，已建成无烟尘控制区。硖石东、西两山已是松柏成林，大部分道路绿树成荫。镇区已有园林绿地37公顷，居民人均占有绿地6.2平方米。西山公园、东山儿童公园是人们憩息游乐的好去处。硖石镇在1985年被批准为对外开放城镇，1986年国家建设部把硖石镇的城镇建设作为县级城市建设的典型向国内外展出，并载入了《当代中国》丛书。

瑞 安 市

市　长：陈启富

副市长：林锦麒（常务）　潘　鹤（城建、交通）　冯康锐（财贸）　黄特今（女　农业）　李金寿（文化、卫生）　金恒景（科教）

陈启富市长，1943 年 8 月出生于浙江平阳，1961 年 12 月加入中国共产党，1964 年毕业于浙江丽水林校林产化工专业，历任林业部第五森林调查大队党支部委员，平阳县农委副主任、常务副县长，温州市林业局长等职，1990 年 1 月任瑞安市委副书记、代市长，同年 5 月当选为瑞安市市长。

瑞安市的“七五”回顾与十年展望

□ 陈思义　陈积勋

瑞安于 1987 年撤县设市，同时被列为沿海经济开放区。在我国 1.8 万公里绵延曲折的海岸线上，又增添了一座新兴城市。建县已逾 1700 年的小城瑞安，从此进入了新的发展里程。

“七五”时期的回顾

1985～1990 年的 5 年中，110 万瑞安人民，坚持以经济建设为中心，坚持四项基本原则和改革开放，同心协力，胜利地完成了“七五”计划，提前实现了现代化建设的第一步战略目标。1985～1990 年，全市国民生产总值从 6.61 亿元增加到 13.45 亿元，平均年递增 8.2%；国民收入从 5.61 亿元增加到 10.83 亿元，平均年递增 7.5%；工农业总产值从 8.97 亿元增加到 15.54 亿元，平均年递增 11.6%；财政收入从 0.57 亿元增加到 1.37 亿元，平均年递增 19.6%；社会商品零售总额从 3.11 亿元增加到 7.67 亿元，平均年递增 19.8%。经过 5 年的努力，城市经济实力显著增强，城乡面貌发生了深刻的变化，投资环境得到了初步改善，为 90 年代的国民经济和社会发展奠定了基础。

（一）农村经济全面发展。瑞安自古称鱼米之乡，气候温润，温（州）瑞（安）平原地区一年三熟，出产稻米、油菜、柑桔、蔬菜，东部海域辽阔，北麂山列岛是全国主要渔港之一，是一个农林牧副渔综合发展区。几年来，通过完善家庭联产承包责任制，调整农村产业结构，促进了农业和第二、第三产业的发展，整个农村经济开始探索出了一条自我积累、自我调节、自我发展的路子。农村社会总产值从 1985 年的 7.5 亿元增加到 1990 年的 15.9 亿元，平均年递增 16.2%，增长的速度和规模超过以往各个历史时期。特别是乡镇企业异军突起，1990 年全市乡镇工业总产值达 7.65 亿元，比 1985 年翻了一番多，成为农村经济的重要支柱。1990 年在调整经济结构和股份合作企业规范化的工作中，积极引导乡镇企业实行群体经营，以优势企业为龙头开发新产品，其余厂协作进行加工生产，形成集中开发、扩散生产的格局。同时在“一乡一品、一村一品”的乡村，建立了一批“分散生产、统一经营、分级核算、自负盈亏”的股份合作工厂，为解决农村工业难点、发展集体经济积极探索新的路子。在远近闻名的“鞋都”仙降镇，130 多家家庭工厂组建成了仙降塑胶鞋总厂，促进了鞋业生产的稳定发展。

（二）工业经济持续增长。1990 年工业总产值达到 10.24 亿元，比 1985 年增长 87.2%，平均年递增 13.4%。乡以上工业企业固定资产达 3.6 亿元，人均年创产值 1.4 万元，分别比 1985 年增长 114% 和 164.5%。5 年间完成技术改造项目 402 项，投资额 1.03 亿元，比“六五”期间增长 8.3 倍，工业生产规模逐步扩大，技术水平和企业素质有了新的提高。百好乳品厂、工具厂、封包机厂等已晋升为国家二级企业，7 家企业被评为省级先进企业，甜炼乳、印刷机、封包机、羊角锤、铜包锁、烟花、红地砖等33种产品获得国优、部优、省优称号。其中百好乳品厂生产的甜炼乳出口量占全国出口量的50%，1989年获北京国际博览会金奖。远东罐头厂是轻工部定点生产出口罐头的厂家，蘑菇、芦笋、番茄酱、桔子等罐头出口美、欧、亚、非等地区。

(三) 城乡建设步伐加快。5年来，能源、交通、通信等城市基础设施建设得到加强。104国道线上的飞云江大桥是目前浙江最长的公路桥。飞云港已建成千吨级码头，港口吞吐能力近百万吨，海运可直达上海、宁波、大连、青岛、福州。通往温州机场的公路正在加快进行路面改造。新建的电信综合大楼，市话装机容量8000门，开通了国际国内直拨电话，邮电业务总量比“六五”期间增长2.3倍，邮电建设受到省政府表彰。22万伏输变电线路联接华东电网，大网输变电设备容量增加到5.4万千伏安。旧城改造走上轨道，住宅新村开发已具规模，莘塍、塘下、飞云、马屿等集镇初步成为联结城乡的枢纽和区域性经济活动的中心。

(四) 对外开放取得了可喜成绩。5年来积极实施沿海地区经济发展战略，积极发展外向型经济。对外贸易持续增长，全市出口生产企业已从1985年的45家增加到138家；出口商品交货值增加到1.69亿元，增长3.2倍；外贸出口值在工农业总值中的比重由4.5%上升到10.9%。利用外资开始起步，创办“三资”企业8家。对外经济技术合作和国际友好往来有所扩大，5年接待外宾、华侨和台、港、澳同胞4000多人次。

(五) 科教文化事业不断发展。“七五”期间完成科技攻关项目217项，取得新科技成果116项，获得国家、省、地市科技成果奖46项，专利授权117项，其中14项专利产品获省级以上奖励。组合电磁阀获第15届日内瓦国际发明和新技术展览会金质奖。教育事业进入了一个新的发展时期，22个乡镇开始实施九年制义务教育，职业教育得到重视和发展，教育设施建设加快，办学条件不断改善。1990年提出科教兴市的长期战略任务，逐步制订并实施了一系列推进科技、教育事业发展的措施。文化艺术、广播影视、体育卫生、计划生育、环境保护等各项事业都取得了新的成绩，促进了社会主义物质文明和精神文明建设。

(六) 人民生活有了较大改善。1990年全市农民人均纯收入达到987元，比1985年增长1.3倍；城镇居民人均生活费收入达到1411元，比1985年增长2.7倍。城乡市场繁荣，商品流通日益活跃，市区工业品市场成为闻名浙南闽东的专业市场。城乡居民居住条件得到较大改善，建成商品房25.9万平方米，农民住房229.5万平方米。城镇居民每百户拥有电视机110台、洗衣机52台、电冰箱35台。

今后十年的展望

今后十年是非常关键的历史时期，瑞安市将以党的十三届七中全会通过的《中共中央关于制定国民经济和社会发展十年规划和“八五”计划的建议》为指导方针，从全市经济、社会发展的现实基础和条件出发，通过全市人民自力更生，艰苦努力，共同奋斗，力争到本世纪末国民生产总值达到25亿元，超额完成翻两番任务。国民收入达到20亿元，工农业总产值达到32亿元，财政收入达到3亿元，总人口控制在123万人，初步把瑞安市建设成为经济比较发达，经济运行机制比较顺畅，外向型经济具有相当规模，城市功能比较完备，人民生活比较富裕，两个文明建设协调发展的现代化的沿海工贸港口城市。

为了实现未来十年的战略目标，瑞安市将从“八五”计划的第一年开始，紧紧抓好以下几方面的工作：

(一) 专心致志搞好经济建设，促进国民经济持续稳定发展。始终把加强农业和发展农业摆在经济工作的首位，努力提高农业的综合生产能力，增强抗御自然灾害和市场波动两个风险的能力，全面发展农村经济。继续调整产业结构、产品结构和组织结构，狠抓技术进步，用先进技术装备改造传统产业和现有企业，以内涵为主扩大再生产，提高企业整体水平。进一步扶持和引导乡镇企业上水平、上规模、上等级、规范化。

(二) 积极推进改革进程，逐步建立计划经济和市场调节相结合的经济运行机制。重点加强村合作社建设，不断壮大集体经济，发展农村社会化服务，完善农村的双层经营体制。深化企业改革，完善承包经营责任制、厂长负责制和企业内部责任制，优化企业组织结构，组建一批有一定规模和水平的企业集团和总厂。完善宏观调控体系，发挥计划部门综合平衡、协调国民经济的作用，逐步建立起新的经济运行机制。

(三) 搞好城市基础设施建设，进一步扩大对外开放。重点加强能源、交通、邮电通讯建设，加快旧城改造步伐，增强城市综合功能，创造优良的对外开放环境和条件。充分发挥沿海经济开放区的投资优势和瑞安市“三胞”众多的优势，大胆吸收和引进外资、台资、侨资，并以提高出口商品质量和经济效益为中心，走出一条高信誉、高效率、高质量、高效益的路子。

(四) 坚持“科教兴市”的战略方针，大力发展科技、教育事业。开展以吨粮工程为重点的科技兴农活动，切实抓好工业企业科技进步，健全全面质量管理，加强技术监督工作，大力发展科技先导型企业，发展民办科研机构。巩固普及初等教育成果，全面实施九年制义务教育，并加快发展职业技术教育，使各类中等职业技术学校在校生人数占高中阶段在校生人数的比重提高到50%左右。

义 乌 市

市　长：毛光烈

副市长：骆族法（常务、工交）　陈金奶（城建、政法）　经维勤（文教卫体）
龚辉武（农业）　方浩楠（财贸）　孙文友（科技、乡镇企业）

毛光烈市长，1955年2月生，浙江省江山市人，大专文化程度。1978年8月参加工作，1980年9月入党。历任常山县委办公室秘书，金华市委办公室秘书科副科长等职。1985年6月任永康县委副书记兼组织部长、政法委书记，1989年12月任义乌市委副书记、代市长，1990年4月当选为义乌市市长。

改善投资环境　促进“兴商建市”

□　义乌市人民政府办公室

素以传统农业为主的义乌市，近年来商品经济发展迅速，城市经济蒸蒸日上，基础设施日趋配套，总体实力不断增强，社会事业全面发展。它作为一个年轻的新兴城市，正以蓬勃的生机，崛起在浙中大地上。

义乌近年来之所以取得比较大的成绩，是得益于党的十一届三中全会改革开放政策，得益于市委、市政府能把党的富民政策同义乌实际相结合，依靠人民群众，改善投资环境，正确贯彻“兴商建市”的战略方针。

“兴商建市”振兴义乌

人多地少是义乌经济发展的一大制约因素。义乌人口密度为每平方公里560人，人均耕地仅为6分。党的十一届三中全会前，由于传统小农观念和自然经济的束缚，局限于单一的粮食生产。农民在仅有的耕地上苦苦经营，粮食单产尽管超“双纲”，农民人均年收入却只有77元，因而被称为高产穷县。

80年代初期，农村落实了联产承包责任制，地少人多，需寻找农业之外的致富门路。但资源缺乏，不能凭大自然的恩赐而使人们早日脱贫；原工业基础薄弱，又不能以扩散产品为主的方式来发展乡镇企业，唯一办法是根据义乌实际，发扬义乌农民几百年来的经商传统和浙赣铁路横穿义乌境内的交通优势，引导和支持农民进入流通领域，以销促产，带动各业发展。

历史证明，这是符合义乌实际的，是可行的。经过短短的几年，义乌出现了乡镇企业各显神通，商品贸易五渠并流，生产、流通互为作用、互为促进的农村经济发展新局面。1990年，全市国民生产总值109992万元，比1980年增长4.9倍；工农业总产值166488万元，比10年前增长5.6倍，其中工业产值增长11.9倍；财政收入8963万元，比10年前增长3.8倍；社会商品零售总额增长3.9倍；农民人均纯收入增长4.7倍，达1131元；城乡居民储蓄存款余额56700万元，比10年前增长25.3倍。从主要经济指标完成情况看，义乌已提前10年完成党中央提出翻两番的宏伟目标。再从横向对比来看，义乌的经济发展情况也是令人满意的，各项经济指标的增长幅度，均名列金华各县、市的前茅，并由80年代在浙江省比较落后的县、市，到目前已跻身于全省中等发达县、市的行列。特别是刚过去的1990年，义乌经受住了治理整顿的考验，国民经济持续稳定发展，过热的经济现象有所控制，供求矛盾趋缓，社会主义精神文明建设和各项社会事业进一步发展，社会安定，人民生活有所改善，总体实力不断增强。特别是在一些工作中有了突破性进展。粮食生产突破三年徘徊的被动局面，国民生产总值、乡镇企业总产值上了一个新台阶，其中乡镇企业总产值突破11亿元大关，名列全省第17位。农民人均纯收入突破1000元，外贸出口创汇突破千万美元，全社会外贸收购总额突破1亿元，保险收入超千万元。

当然，变化最大的是流通领域。自从开放市场以来，闻名全国的义乌小商品市场，短短的几年时间，已三次搬迁、五次扩建。目前，有固定摊位8503个、临时流动摊位2000多个。良好的经营环境，每天吸引三四万人，高峰时有5万多人进场交易。1990年，市场成交额6.06亿元，提供税收2103万元。为适应市场发展需要，一个占地4.47公顷、投资2500万元，拥有6000个摊位的室内小商品市场正在加紧建设，1991年年底可望建成使用。近年来，义乌小商品市场声誉鹊起，有的称这里为“全国最大的小商品集散地”、“全国小商品一级批发站”，曾被中央电视台誉为“东南亚最大的民间市场”。还多次被命名为“全国文明集贸市场”。

小商品市场的发展，给义乌经济的发展带来了希望，1988年撤县设市后，市委、市政府进一步确定“以贸易为导向、贸工农结合、城乡一体化、兴商建市”的经济发展战略，将培育市场体系、健全市场机制列为全市改革和经济发展的一项重点工程来抓。经过几年努力，全市已初步形成了一个以市区为中心，以小商品市场为核心，以90多个专业市场为依托的多渠道、多类型、多层次、配套逐步完善的市场体系。

民间市场的发展，既搞活了经济，又繁荣了城镇，国营和合作商业在竞争中得到巩固和发展，流通中的主渠道和“蓄水池”作用得到进一步发挥。1990年，义乌国营商业和供销社的销售额，分别超过年计划的26.3%和94.4%。

“兴商建市”有赖于城市综合功能的改善

经济的发展决定着城市建设的规模和形态，城市建设的规模和形态影响着经济的发展。尤其是在对外开放不断扩大，商品经济日益发展的新形势下，如果没有完善的基础设施，没有健全的城市综合服务功能，就会直接影响经济建设、商品生产和商品流通。为此，义乌市始终把市场建设与市政基础建设有机地结合起来，着力在提高城市综合功能上下功夫。

（一）加强城市基本设施建设。从1985年开始，以作为新老城区分界线的、30米宽的城中路为主体，先后新建、扩建、改建了部分城市道路，宽12米以上的城市主干道由4条增加到20多条；同时，改造了供水管网，扩建了自来水厂，使日供水能力提高到3万吨；建造了青少年宫、体育馆、天鹅宾馆等近20座服务性公共设施；新建了稠州公园。市区占地面积，由1984年的2.8平方公里扩大到1989年底的5.8平方公里。在1984年城市发展规划中，预定到2000年实现的目标到1990年就基本实现了。1990年是城市基础建设迅速发展的一年。这一年，先后有民航站、站前小区一期工程、五叉口、稠州路、仓后路立交桥、绣湖西路等6项工程上马，投资额近2500万元。

（二）充分发挥交通优势。民航的开通，为义乌经济的发展插上了腾飞的翅膀。目前已开通到广州、厦门两条航线，下一步将陆续开通上海、南京、武汉、汕头、南昌等航班；浙赣铁路横贯义乌境内42.6公里，有6个火车站。义乌站已由三级站升为二级站，每天到、发客运列车23趟，1990年发送旅客168万人次，到达173万人次。近期铁路建设在义乌的投资是解放以来所没有的，境内投资达1.3亿元，其中义乌站改造投资5400万元，将建设成为浙赣线上最大站之一；1987年已实现乡乡通公路；民用机动车由1980年的1927辆，增加到1990年的10052辆；1990年公路客运量1072.8万人次，年客运周转量38162.1万人／公里，货物周转量11187.1万吨／公里。特别是义乌城区，经过近年来的努力，使交通更为便捷，城内及联接各区镇都开通了公交车。为适应小商品市场发展的需要，联托运行业不断发展，市场周围有80多个托运点，随时可以办理运往全国各地的货物托运手续，一次托清，一票到底，全程负责，并实行客货保险。如今，联托运业务已涉及全国23个省、89个大中城市。长途客车有120多班，客货车东通温州、宁波，南达深圳、广州，西至成都、昆明，北抵乌鲁木齐、哈尔滨。

（三）发展第三产业及相关行业。小商品市场的发展，带动了第三产业的发展。截止1990年，全市拥有商业零售、饮食业、服务业机构1.8万多个，从业人员3.5万人；城区旅馆已从1982年的11家增到120家；饮食网点从1982年的58家增到400家；商品经济的发展，给邮电通信事业的发展注入了活力，1990年全市有邮电局（所）51处，平均服务人口1.2万人／处，全年营业额767.6万元，比1980年增加9倍，在全省各县（市）中名列前茅。近年来，计算机复式计费系统工程已投入使用，增开了长途电信线路66条，可与全国100多个大、中城市通直拨电话，国际万门程控电话一期工程也可望在1991年10月投入使用。交通、流通优势的发挥，也促进了融通优势的形成。具体表现在，一是近几年义乌一直是全省少有的货币净回笼市之一，1990年货币净回笼6.04亿元，占金华市的97.4%，为全省县级行首位；二是义乌是浙江省少数几个信贷存差市之一，1990年底存差超过1亿元，各项存款余额达9.4亿元。

认识市场，建设市场，发展市场，建立有计划的完整的社会主义统一市场，最终驾驭市场，这是商品经济发展的必由之路。过去，市场的发展带动着整个义乌经济的全面振兴；今后，也必将进一步推动义乌国民经济和社会事业的更快发展。

（执笔：吴潮海）

慈溪市

市　长：胡永先

副市长：高裕昌（常务）　沈祥家（工交、经贸）

鲍金木（财贸、金融）　唐廷文（科教、文卫）

陈焕根（农业）

胡永先市长，1949年1月出生，浙江省慈溪市人，大专文化程度。1973年7月加入中国共产党。1982年12月毕业于浙江工学院工业管理系。历任慈溪市委组织部干事、部务会议成员、部长，市委副书记，1990年1月任慈溪市代市长，同年5月当选为慈溪市市长。

慈溪经济腾飞的五年

□ 慈溪市人民政府办公室

“七五”时期慈溪市国民经济和各项社会事业跨上了一个新的台阶，确立了慈溪在上海经济区和浙江省经济发展中的重要地位。1990年，全市实现国民生产总值22.04亿元，比1985年增长112.3%，年均递增16.3%；国民收入19.88亿元，比1985年增长108.7%，年均递增15.9%；工农业总产值52.30亿元（1990年不变价），按可比价格计算比1985年增长129.3%，年均递增18.1%；财政收入2.05亿元，比1985年增长88%，年均递增13.5%，“七五”期间5年合计财政收入达82184万元，比“六五”期间增长93.8%；农民人均收入和职工人均工资收入分别达1464元和2042元，比1985年增长121.1%和109%，年均递增17.2%和15.9%。金融、城建、交通、供电、邮电和科技、教育等各项社会事业都得到了较快的发展。

工业发展迅速，确立了在国民经济发展中的主导地位

“七五”时期，慈溪工业平均每年以20.3%的速度递增，1990年，全市工业总产值达到44.35亿元（1990年不变价），按可比价格计算比1985年增长151.8%，超过“七五”期末计划指标的50%。工业总产值在工农业总产值中的比重上升到90.44%，从根本上改变了慈溪经济发展的格局，确立了工业经济在全市国民经济发展中的主导地位，基本实现了区域经济由农业县（市）向工业县（市）的战略转变。

全市已形成以纺织工业、塑料制品工业、机械工业、建材及非金属制品业、电气机械及器材制造业为主的，有31个门类、2000多种产品构成的工业体系，涌现了一批具有相当规模和水平的骨干企业，其中产值1000万元以上的有56家。“三环牌”小功率柴油机、“山雨牌”电风扇、“加云牌”被斜布等70多种产品分别荣获国家、部、省和宁波市的优质产品奖。微型轴承、氯丁橡胶同步带、旅游车、高压开关等高档、整机产品已形成大批量生产，精密计数器、洗衣机开关、石墨密封件等产品销量占全国一半以上，塑料制品加工能力位居全国第一。

乡镇企业是慈溪工业的特色和优势。“七五”期间，慈溪乡镇工业年均递增率达到23.9%，占全市工业总产值的比重由1985年的76.3%上升到1990年的82.8%，涌现出慈溪锦纶总厂、慈溪微型轴承总厂等一批在国内同行业中领先的骨干企业，形成了具有慈溪特色的，以乡镇企业为支柱，以国营企业和城镇集体企业为骨干，以联户个体企业为补充的，多种经济成份相互并存、竞相发展的工业发展模式。乡镇企业的发展，从根本上缓解了慈溪地少人多的矛盾，使近20万农民从第一产业转移出来，解决了农村剩余劳动力的出路问题，加快了慈溪工业化的进程。

外向型经济取得重要突破 扩大了对外经济技术合作和交流

“七五”时期，慈溪的外向型经济取得了显著成绩，尤其是在创办“三资”企业上获得了突破。1990年，全市出口商品总值达到3.59亿元，超过“七五”期末计划指标的2.59倍，比1985年增长10.6倍，年均递增63.3%。其中自营出口917万美元，出口商品总值占国民生产总值的比重由1985年的3.1%上升到1990年的16.3%。目前，全市已形成以纺织产品为主体，以工艺、机械产品和土畜产品、农副产品为两翼的出口商品体系，外贸生产企业发展到154家，出口商品有棉纱棉布，草编制品、羊毛地毯、密封材料、微型轴承、活络扳手、皮革服装、丝瓜络、辣椒干、速冻蔬菜、鳗苗等，已发展到12大类183种，其中年收购额在100万元以上的有40余种。

自1988创办第一家中外合资企业开始，3年间，慈溪共兴办“三资”企业29家，居宁波市第一位，累计已利用外资370万美元。已投产的15家中外合资企业，1990年总产值达到9250万元，实现利润556万元，出口创汇384.46万美元。

1990年，全市共接待25个国家、地区的来宾353批660人次，比1985年增加207批415人次；本市有19批32人次分别赴9个国家和地区进行经济技术合作和交流。

农业生产稳定增长 多种经营蓬勃发展

“七五”时期，农业总产值以1980年不变价计算，首次突破4亿元大关，1990年达到7.92亿元（1990年不变价）。按可比价格计算，比1985年增长24.1%，年均递增4.4%。慈溪素有“浙江棉仓”之称，是全国优质棉生产基地。已连续3年种植面积达到2万公顷左右。1990年棉花收购量达到41.09万担，占全省总收购量的39.9%。

慈溪农村多种经营蓬勃发展。生产加工项目发展到40多个，品种近300种，其中杨梅、丝瓜络、麦冬、蜂产品、大白蚕、草编制品等6种产品产量居全国首位。以优质闻名的慈溪特产杨梅，近年来发展到3800公顷，年产量在30万担上下。大宗蔬菜和草莓、葡萄、柑桔、西瓜等瓜果的产量也大量增加，不少蔬菜、瓜果品种通过速冻销往日本、香港等地。养蜂业是慈溪农村的传统副业，全市常年外出养蜂人员达1万余人，蜂业年产值在7000万元左右，连续11年居全国第一位。

商品流通繁荣活跃 市场发育日趋完善

“七五”期间，慈溪开始建立起比较完整的市场体系。1990年，全市社会商品零售总额达到9.92亿元，比1985年增长115.9%，年均递增16.6%；集市贸易成交额3.32亿元，比1985年增长249.1%，年均递增28.4%。

“七五”期间是慈溪商品经济日益发达的五年，国营、集体商业在与个体商业的激烈竞争中，充分发挥了自身的经营优势，巩固了在流通领域中的主渠道地位。1990年，国营和合作商业在全市社会商品零售总额中的比重仍占61.7%。

个体商业在“七五”期间得到了迅速发展。1985年个体商业在全市社会商品零售总额中的比重只有18.9%，1990年达到31.3%。慈溪人长期以来就有“忙时种地，闲时经商”的传统习惯，经商的足迹遍及全国各地。据不完全统计，目前全市有农民购销人员4.1万余人，农民购销联合体1200多个。全市有集贸市场86个，其中各种专业市场18个。白沙针织品市场、胜山服装鞋帽市场、高王蔬菜批发市场等闻名省内外。市区新建的三北市场在规划、设计、建设上走出了一条新路。

城市化水平逐步提高 投资环境得到较大改善

5年来，尤其是撤县设市以来，慈溪的城市化水平逐步提高，投资环境得到了较大改善。市区建成区面积由1985年的2.1平方公里扩大到1990年的5.4平方公里。“七五”期间，修订、完善了城区总体规划，加快了以道路工程为重点的各项市政建设，开辟了城区二环线，完成了329国道过境段的拓宽工程，兴建了金山、城东、鸣山等居民住宅区，建成了占地300亩的峙山公园，进行了街心公园一期工程，一大批新型建筑拔地而起，城镇居民人均居住面积达到10.9平方米。

经过“七五”时期的建设，慈溪的交通、邮电等基础设施有了较大的改善。1990年全市有公路里程347.4公里，平均每百平方公里有30.1公里，比1985年增加27.5%。完成了慈镇航道一期工程，争取到余慈专用铁道的立项，并已开始勘察设计，开通了慈溪到平湖的汽垫船航线。从澳大利亚爱立信公司引进的1.6万门程控电话已开通使用，13个乡镇并入市话网，从根本上改变了慈溪的通讯条件。为了克服电力紧张的状况，自筹资金建设了慈溪热电厂，建成了110千伏范市变电站。扩建了第一水厂，利用世界银行贷款新建了第二水厂。供电、供水的紧张状况有所缓解。

“七五”期间所取得的成就，为在“八五”时期和本世纪末把慈溪建设成为社会安定、环境优美、文明富庶、多功能、开放型的城乡一体化的新型城市打下了坚实的基础。

（执笔：顾少军）

椒 江 市

市　长：周林本
副市长：陈夏东（常务）　于百友（财贸、金融）　牟中欧（计划、工交）
郑明治（文教卫）　钟夫寿（农业）　陈　援（科技、重点工程）

周林本市长，1944 年 9 月 5 月出生于江苏省无锡县。1970 年 7 月毕业于北京轻工业学院。1972 的 1 月起在浙江省临海箱板纸厂任技术员、厂长办公室主任；1980 年 1 月任临海皮革厂副厂长、厂长；1984 年 1 月任临海县副县长兼县计划经济委员会党委书记；1985 年 9 月起任中共椒江市委副书记，椒江市代市长、市长。

十年弹指一挥间　椒江旧貌换新颜

□ 陈宝顺　杨　威

椒江是座古老而新兴的港口工业城市。椒江原名海门，1981 年 7 月经国务院批准设市，成为浙江省第一个县级市。10 年来，椒江的各项建设事业迅速发展，基础设施日臻完善，城市初具规模。1981—1990 年(下同)，国民经济总产值从 1.9 亿元增到 8.3 亿元，平均年递增 16%；工农业总产值从 2.8 亿元增到 15.72 亿元，平均年递增 18.8%；地方财政收入从 1162 万元增到 8006 万元，平均年递增 21.3%；社会商品零售总额从 1.09 亿元增到 5.96 亿元，平均年递增 18.5%。

农村经济欣欣向荣。家庭联产承包责任制和统分结合的双层经营体制逐步完善，产业结构逐步向城郊型转化，开发性农业和工、商、运、建、服等产业全面发展，农业总产值从 0.91 亿元增到 1.15 亿元。

工业持续协调发展。建成了台州电厂和一批产值超千万、利税超百万的重点骨干企业，物质技术基础和开发新产品的能力逐步加强，产品结构逐步向适销、高起点转化，工业总产值从 1.9 亿元增到 14.56 亿元。

港口、交通、邮电通讯设施进一步改善。港口货物吞吐量从 163 万吨增到 360 万吨，货运周转量从 2.47 亿吨公里增到 13.58 亿吨公里；客运周转量从 1.38 亿人公里增到 2.48 亿人公里；邮电计费业务总量从 65 万元增到 353 万元。

对外贸易有了突破性的进展。外贸收购总值从 0.33 亿元增到 1.46 亿元；自营出口从无到有，1990 年达到 151 万美元。

城市建设令人瞩目。高层楼群拔地而起，道路布局框架形成，新区开发进展较快，老区改造逐步展开，城市建成区从 2.8 平方公里增至 10 平方公里，人民生活质量大有改善。

住 宅 建 设

住宅建设采取“民建公助和集资联建，划片包干和集资统建”等多种形式进行综合开发，极大地调动了建房单位和个人的积极性。1981—1990 年，住宅建设总投资达 13089 万元，共建成住宅 63.16 万平方米。截至 1990 年末，市区居民的人均居住面积由 1980 年的 2.28 平方米增加到 8.96 平方米，年均提高幅度为 26.2%，经过 10 年努力，市区人均居住面积 2 平方米以下的 486 户特困户，已通过各种途径顺利解困。

通过居民新村建设，改善了居民的居住环境。10 年先后兴建了凤凰、横河、枫山、花园、翠华、白云等 8 个新村，新村内设居委会、茶水站、商店、菜场、幼儿园等配套公共设施。8 个居民新村建成总面积 35.87 万平方米，相当于市区 1990 年住房面积总数的 1／2，市区约 12000 户居民住进了新村。

旧城区改造老房变化显著，提高了居民住房质量。10 年间共拆除连片旧公房 1572.7 平方米，原地重建 16326.8 平方米；拆除危房 6034 平方米，原地重建

18352 平方米。

农民居住条件普遍提高，私人建成住宅总面积 459.5 万平方米，农村人均住房从 18 平方米提高到 33 平方米。

城市基础设施

10 年来，椒江建成了一批较大的城市基础设施。

电力工业建设提高较快。华东地区最大的火力发电厂——台州发电厂，装机容量为 75 万千瓦，年发电量 51 亿千瓦时。1990 年，城市民用电已达 1988 万千瓦时，是 1981 年的 7 倍，人均用电量 162 千瓦时。电力工业建设投资累计为 1158.99 万元（不包括台州电厂），110 千伏椒黄线投入运行，实现了台州电厂和黄岩变电所双电源供电。供电合格率为 99.51%，电压合格率为 94.17%，分别超过地市级的 99.2%和 85%标准。

邮电业务发展迅速。业务总量和业务收入分别由“六五”计划末的 196.44 万元和 200.12 万元增加到 1990 年的 358.43 万元和 582.86 万元。邮电固定资产原值已增到 934.92 万元。“七五”期间，投资 514.32 万元用于通信发展，超过建国以来总投资的 22.24%。截至 1990 年末，已有长途电路 114 条，市区至区乡电话线路 180 条，市话装有纵横制自动交换机 4000 门，凤凰山微波站大通路数字电路已开通，实现了国际、国内长途电话自动拨号。市区电话普及率为 5 部／百人，农村电话普及率为 1.6 部／百人。

以港口为重点的交通事业蓬勃发展。1983 年以来，国务院先后批准海门港开办为国轮外贸运输港口，开通至香港的定期货运班轮，椒江市被列为沿海经济开放区后，港口吞吐量现已居全国沿海港口第 15 位，水陆货运总量达 574 万吨，客运量达 767 万人次。公共交通现有客车 14 辆，营运 2 条公交线路，年均客运量 80 万人次；有长途客车 23 辆，营运 14 条线路。

城市道路建设成绩斐然。市区“四横八纵一环”的长方形路网已形成，10 年共投资 4610 万元用于道路建设，改造、拓宽、新建了市区解放路、中山路、轮渡路、工人路、陵园路、青年路等骨干道路，城市主要干道长度由 1981 年的 2.7 公里增加到 1990 年的 15 公里。从市中心辐射到城区各处的道路已新建、扩建，66 条小街小巷进行了配套改造，铺筑了水泥路和沥青路。市区主要道路均已安装了新型光源路灯。道路两旁高楼林立，市容街景更为壮观。

城市公用事业

自来水建设发展较快。由于淡水资源不足，严重制约着城市的发展。市政府采取“开源与节流并重”的方针，共投资 500 多万元新打两口深井，建造了永宁水厂和沙田水厂，1990 年，自来水公司完成制水量 930 万吨，供水合格率达到 95.5%。现市区日供水能力 3.2 万吨，市区居民用水普及率达到 96%，人均用水量由建市初期的 38 升提高到 80 升。截至 1990 年末，农村村镇共建有自来水厂 15 座，受益人口占村镇人口 38%。

园林绿化事业欣欣向荣。建市后，总投资 170 万元用于绿化建设。经过 10 年，全市已拥有园林绿地 127 公顷，市区人均拥有公共绿地面积 1.39 平方米。市区共植树 59.5 万株，种植草坪 13700 平方米、绿篱 24000 米，绿化覆盖率达 24.85%，荒山造林 2281 亩，全市森林覆盖率达到 25%。

环卫清扫能力提高。市区有较高质量的公共厕所 13 座，大中型环卫专用机车 14 辆，比 1981 年增 3.5 倍，实际清扫面积达 24 万平方米，日平均生活垃圾清运量 70 吨，粪便清运量 120 吨。市容整洁，连续 5 年被评为省环境卫生先进城市。

城市液化气事业迅速起步。1987 年 4 月成立煤气公司，已建成储气站一座，储气能力 640 立方米，总投资 550 万元。市区居民液化气普及率为 40%。1989 年下半年，椒江发现了地下浅层天然气，储藏丰富，气质良好，有较高开发价值。

城市环境污染得到有效控制和治理。1983—1990 年，总投资 59632.13 万元，新建、改建环保项目 181 项，全市环保治理累计投资 6308.75 万元。市区消烟除尘已见成效，大气中的三氧化硫、氮氧化物等污染指标符合 GB3095—82 国标中的一级标准，总悬浮颗粒基本符合二级标准。全市工业废水、废气、废渣处理和工业粉尘回收等均有较大进步。

椒江城市 10 年建设的成就和经验给我们的启示是:

（一）城市建设必须服从统一规划。椒江建市后，及时编制了城市建设总体规划，并相应制定了一整套管理办法，形成以总体规划为龙头的地方建设法规体系，保障了总体规划的实施。

（二）坚持“人民城市人民建”的方针。我们进行了“城市基础设施建设资金社会化”的尝试。基础设施骨干项目的建设资金以国家和地方财政投资为主，受益单位集资共建；工业区道路建设以受益单位集资为主，城建维护费补助为辅；街巷、弄堂道路改造则采取公办民助或民办公助。财力、物力不足也能办成许多好事。

（三）遵循“人民城市人民管”的原则。一是专管与群管结合，在依靠专业队伍加强日常管理的同时，实行系统包单位、办事处包片、居委会包块、各家各户包门前的分级管理制度；二是突击性整治和开展经常性工作结合；三是经常性监察与突击性检查结合，定期检查评比，奖优罚劣。

临 海 市

市　长：卢　武

副市长：张龙兴（常务）　许岳友（农业、公安）　元茂荣（城建、外经）　茅奉天（文教卫体）　陈启文（科技、工业技改）　蔡学武（财贸、乡镇工业）

卢武市长，浙江黄岩人，1943 年 11 月出生，1966 年浙江大学电机系毕业，工程师。历任广东省电业局坪石电厂技术员，浙江黄岩发电厂技术员、助理工程师、工程师。1984 年后任黄岩县计划经济委员会副主任，临海市常务副市长、市委常委，1989 年 12 月任临海市委副书记、代市长，1990 年 4 月当选为临海市市长。

发挥沿海开放区优势　大力发展外向型经济

□　临海市人民政府

5 年来，临海在改革开放方针的指引下，发挥本地优势，大力发展外向型经济，取得了可喜的成果：全市出口创汇企业从 30 家增至 127 家，其中超千万元产值的 5 家；“三资”企业从 1 家增至 11 家，口岸公司从 9 家增至 62 家；同 17 家国际贸易公司建立了友好合作关系；外贸收购总额达 2.08 亿元，比 1985 年翻了 3 番多。1990 年，在连续遭受 4 次台风袭击和市场疲软的情况下，全市工农业总产值仍达到 21.2 亿元，比 1985 年增长 1.3 倍。城市建设和各项社会事业继续得到全面发展。

统一认识，加强领导，把发展外向型经济摆上重要战略地位

我市的对外贸易工作，早在 70 年代就有了一定的基础，但发展不快，出口企业很少，产品也比较单一，直至 1985 年，全市外贸收购额仅 2500 万元。1986 年设市以后，随着对外交往的增多和经济的发展，一个紧迫而重要的问题摆在我们的面前，即如何利用我们的优势，加快外向型经济发展的步伐，以促进全市经济和社会的全面发展？市委、市政府经过认真分析，认为我市发展外向型经济具备不少有利的条件；一是位于浙江中部沿海，地理条件比较优越，又是国务院批准的沿海经济开放区，可以享受优惠政策；二是自然资源、劳动力资源比较丰富，经济发展有着较好的基础和潜力；三是全市有 1.3 万多名分布在世界四大洲 33 个国家的侨胞和港、澳、台同胞，他们热爱家乡、关心家乡，是支持临海经济建设的一支不可多得的力量。这些正是我们发展外向型经济的优势所在。在统一认识的基础上，市委、市政府作出了“充分发挥本地优势，大力发展外向型经济”的战略决策。明确提出“发展外向型经济是我市经济发展的战略重点和主攻方向”，“要进一步解放思想，增强开放意识，促进外向型经济再上新的台阶”。

为了切实加强对外经济工作的领导，我们坚持从实际出发，大胆改革，采取了以下措施：一是市政府成立了对外经济协调领导小组，统一领导全市对外经济工作，协调解决外经工作中的重大问题。二是建立了政府对外经济协调办公室，行使对外经济工作的管理职能，处理外经工作的具体事宜。同时，为了方便处理涉外工作，将“外事办”、“外经办”两个单位合署办公，实行“两块牌子，一套班子”。三是把凡涉外及对外的部门，如外经办、外事办、外贸局、协作办、驻外办事处等单位统一归口由一名副市长分管。使我市对外经济工作的关系基本得到理顺，职责分工更加明确，对外经济管理工作逐步走上了合理化、科学化的正常轨道。

努力改善投资环境，为吸引外商投资创造良好条件

为了加快外向型经济发展的步伐，市委、市政府根据上级的有关规定，结合本市的实际情况，研究制定了

一系列鼓励外商投资、支持企业出口创汇的优惠政策，对“三资”企业在项目审批、选址征地、通电通水、银行借贷等方面均给予方便，积极创造条件吸引外商和“三胞”前来投资经商、办厂。

设市以后，市政府在上级有关部门的支持下，下决心把改善投资环境作为大事来抓。我们在以下两方面作了努力。一是在城市建设中，把交通、通讯等基础设施项目列为重点，认真付诸实施。在交通建设方面，“七五”期间，共投资5700多万元，用于修建、扩建公路、改造路面，修建隧道。目前，全市境内的4个山岭全部建成公路隧道，结束了“翻山越岭到临海”、“汽车跳、临海到”的历史；104国道经过市区的路面从原来的9米拓宽至24米，大大提高了客货运输能力。航运事业也有了较快发展，灵江两岸已建成和正在建造拥有机械化装卸设备的3座码头，可使客货轮经灵江下游的海门港（对外轮开放港口），北上大连、青岛，南下广州、香港。离市区50公里的黄岩机场已通航，有航班直达广州、武汉、上海、杭州等地。在通讯设施方面，引进万门程控交换机和微波通讯设备，新建了邮电大楼，开通了国内、国际程控直拨电话，上海经过临海至广州的光缆通讯工程正在抓紧施工，完工后，将使我市的通讯条件更为改观。二是加快城市建设和改造的步伐。5年来，全市用于市政公用设施建设的投资达2500多万元，新建、扩建、延伸了环城东路、江滨路、巾山路、回浦路、人民路等主要街道，修建了电力大楼、金融大楼、邮电大楼、商业大楼、粮食大楼和台州大厦等，同时，新建了一批宾馆、酒楼、饭店，改造了部分旅馆，使接待能力有了明显提高。

投资环境和城市面貌的改善，吸引了众多外商和“三胞”来临海观光探亲、洽谈贸易。仅1990年，我市就接待了美国、日本、原联邦德国、希腊、意大利、奥地利、南朝鲜、香港等国家和地区的外商、客户及“三胞”500多人次，引进外资69万美元，新建”三资”企业2家。

以重点工业明星镇为龙头，带动全市农村外向型经济的发展

在改革开放的大潮中，我市一批建制镇悄然崛起，成为农村经济的重要基地，对全市经济也有着重要影响。为了更好地发挥建制镇在发展外向型经济中的作用，我们报经省政府批准，把其中工业基础较好，发展潜力较大的大田、杜桥、汛桥、尤溪、白水洋等5个建制镇列为全省“对外开放重点工业卫星镇”，在政策上予以扶持，在工作上给以帮助，使其进一步发展壮大。如杜桥镇是我市东部沿海的一个重镇，在被列为重点工业卫星镇后，本市专门成立了“开发杜桥镇指导小组”，组织有关部门去实地考察，制定了开发杜桥镇的规划和措施，派得力干部到该镇任职，使杜桥镇在发展外向型经济上迈出了可喜的步伐。对其它建制镇，也制定了有关扶持政策。经过几年的努力，本市5个重点工业卫星镇和其它8个农村建制镇的经济实力明显增强，外向型经济呈现良好的发展势头，1990年外贸收购额超过5000万元，比1985年翻了3番多。其中地处尤溪镇的市有机玻璃厂，是一家镇办企业，1988年引进外资，创办了“伟星塑胶制品有限公司”，该厂生产的不饱和树脂扣以质量好、式样新、品种多的优势，很快打开了销路，占领了市场。目前，该产品的销量已占全国同类产品市场的60%左右，年产值超2000万元，出口创汇逾百万美元，成了全国钮扣行业的龙头骨干企业。

依托国内主要窗口，多渠道发展横向协作与联系

我市还利用我国地域广、对外口岸多的特点，多渠道地发展对外贸易和横向经济技术协作。多年来，我们在瞄准国际市场，适时调整产品、产业结构的同时，依托深圳、广州、上海等主要口岸和窗口发展外向经济，收到了较好的效果。绣衣、服装是我市的拳头出口产品，为了进一步扩大市场，提高创汇能力，我市在深圳兴办了生产绣衣、抽纱服饰、不饱和树脂扣的合资、联营企业，产品直接通过深圳口岸出口，减少了运输中转、缩短了供货时间。目前，我市在深圳的合资、联营工厂和联络机构有6个，长驻从事对外经济活动或做工的有5000多人，还同深圳10多个部门和单位建立了长期友好合作关系。市政府还在北京、天津、上海、杭州、宁波等地设立了办事处或联络处。我们利用这些窗口，一方面直接进行贸易洽谈，另一方面开展对外宣传，使对外开放工作在广度和深度上得到提高。过去几年中，我市先后在上海、深圳等地召开经济技术协作恳谈会，邀请国内外客户及部分协作单位参加，由市政府领导介绍临海经济发展情况，宣传我市发展外向型经济的优惠政策，受到来宾的欢迎。会议期间即达成项目意向8个，签订贸易合同2000多万元，有些厂家还直接同外商达成了供货协议，引进新产品、新技术，收到良好的经济效益。

（执笔：邵志强）

黄岩市

市　长：毛平伟
副市长：连晓鸣（常务）　徐仁鹤（财贸）　陈燕萍（女、文教、卫生）　朱　锋（工交、邮电）　虞晓文（农业）

毛平伟市长，1945年11月出生，文化程度大学。1968年12月参加工作，曾任椒江市计经委主任，椒江市副市长，1990年任黄岩市市长。

东海之滨的明珠——黄岩

□ 黄岩市市长　毛平伟

东海之滨，括苍山麓，一座新兴的开放城市正在悄然崛起。她就是享誉中外的著名桔乡——黄岩。

黄岩市位于浙江中部沿海，处于宁波、温州两个开放城市之间。全市幅员1262平方公里，人口92万，辖7个区、11个镇、44个乡、10个办事处。1990年，全市实现工农业总产值30.55亿元，社会总产值36.01亿元，财政收入1.67亿元。

黄岩历史悠久。早在新石器时代，人类祖先就曾在这里生息。黄岩设县起自唐高宗上元二年（公元675年），当时叫永宁县。唐武后天援元年（公元690年），改永宁县为黄岩县，范围包括现在的黄岩、椒江、温岭三县市。自此，行政区域虽几经变迁，但县名一直沿用至今。1989年9月，国务院批准黄岩撤县设市，黄岩的历史又翻开了新的一页。

黄岩地理条件优越。亚热带气候使这里四季分明，温和湿润，环境宜人。黄岩不仅素有江南“鱼米之乡”的美称，而且还蕴藏着丰富的自然资源。主要有山林、水力、矿产等。现已探明，全市可开发水力发电装机容量约3万多千瓦。花岗岩储藏量达500万立方米。黄岩宁溪铅锌矿是浙江省铅锌储量最大的矿床，开发前景十分广阔。黄岩风景秀丽，古迹众多，又是旅游的好去处。位于市区的九峰公园和市郊的松岩山，已载入《中国名胜词典》，是著名的游览胜地。在市区各地，历代建造的塔、潭、井、桥、庙就有多处，其中灵石寺塔和沙埠青瓷窑址是省重点文物保护单位。在市中心，还有宋代建造的孔庙和庆善寺塔。市郊东南面的香严寺，据说唐鉴真和尚第六次东渡日本曾在此逗留。市郊南侧的羽山洞大有宫，道教称“天下第二洞”，颇有名声。北上天台山，南下雁荡山，黄岩正处在这条旅游热线之中。

黄岩特产丰富。粮食亩产在全国最先跨“纲要”、超千斤、上“双纲”，而且盛产多种经济作物。黄岩不仅以“桔乡”著称，闻名于世，并且还是全国著名的枇杷产区，产量也是全国第一。黄岩独有的“东冠杨梅”，以果大个重、品质优异而扬名海内外。还有中华猕猴桃、各种瓜果蔬菜、茶叶、甘蔗、荸荠、席草和鱼、虾、蟹、蚶、海带、紫菜等多种水产品。

黄岩经济繁荣。工业生产已初具规模，工业化水平日益提高。全市现有工业企业3000多家，其中具有一定规模的上百家。工业门类比较齐全，产品结构已渐趋合理。目前，全市已形成以食品罐头、化工、轻纺、机电、工艺美术品为五大支柱的，以出口创汇骨干产品为龙头的，轻重工业综合发展，全民、集体、乡镇企业、个体经济等多种经济成份协调发展的工业体系。其中，精细化工和模具工业颇具特色，使黄岩享有“精细化工王国”和“模具之乡”的美称。1990年，全市工业总产值达22.4亿多元。工艺美术、服装皮革、塑料制品、节日彩灯等行业远近闻名。

黄岩自1988年经国务院批准列为沿海经济开放城

市以来，外向型经济有了新的突破，初步形成了多层次发展，多渠道经营，生产、加工、销售一条龙，贸、工、农相结合的出口创汇生产体系。目前，全市有出口创汇企业 140 多家，外贸产品除传统的农副产品以外，主要有粮油制品、工艺品、轻工业品、水产品、纺织品、服装、土畜产品、机械、化工、医药保健、五金矿产品、电子产品等 13 大类 200 多个品种，远销美国、德国、加拿大、日本、新加坡、苏联、澳大利亚、香港等 100 多个国家和地区，深受海外客商欢迎。目前，全市已成立中外合资企业 6 家，来黄岩考察、洽谈业务、兴办“三资”企业的外国朋友和侨胞日益增多，有些企业已直接与德国、美国、加拿大、苏联、香港等国家和地区的贸易团体建立了联系。全市外贸出口总额几年来在全省县市级中一直名列前茅，1990 年达到 5 亿多元。

黄岩市场活跃。全市现有 188 个交易市场，场地面积 40 万平方米，拥有 13447 个零售商业网点，从业人员近 3 万人。1990 年全市集市交易额超过 13 亿元。素有“十里长街”之称的黄岩路桥镇，各类专业市场已发展到 17 个，每逢集市日、来自全国各地的客商不下十万之众，其商业联系幅射遍及全国 26 个省、市、自治区，已成为浙江省重要的商品集散中心之一。

随着经济的发展，黄岩的投资环境日趋完善。其交通可谓“天地水相连”，“海陆空相通”。公路以市区为中心，104 国道贯通其间，长途班车可往返上海、南京、福州、杭州、宁波、温州、金华等大中城市。水运方面，市内河道四通八达，有沿澄江的黄岩、马鞍山、三江口三处码头，经距市区 10 公里的海门港出海，通向全国各港口、香港和国外口岸。并且还建有全国第一家县级市民航站，已开通杭州、上海、广州、武汉四条航线。通讯发达。全市现有邮电支局（所）66 处，市内设有五位数自动电话和沟通全国几百个城市的直拨自动电话，2000 门程控电话正在抓紧施工，不日便可开通。城市基础建设步伐加快，通过拆迁、改造和新建，已初步形成布局合理、功能齐全的商业区、工业区、文教区、居民住宅区。市政建设日益完善，公用事业迅速发展，环境保护成效明显。城建基础的逐步完善，使城市功能日益增强。

近几年来，黄岩的教育、科技、文化、卫生等各项社会事业也得到了进一步发展。尤其是实施“科技兴市”以来，全市人口素质大有提高。科技队伍不断扩大，现有各类专业技术人员 7832 人，其中高中级科技人员 1564 人。并涌现出一大批善经营、懂管理的经营管理人才，在黄岩经济发展中起了重要作用。

回顾过去，黄岩的建设日新月异；展望未来，黄岩的前景光辉灿烂。“八五”计划和十年规划的宏伟蓝图靠我们用智慧和汗水去描绘，我们对黄岩的发展和腾飞充满信心。我们一定继续动员和组织全市人民团结奋斗，进一步把黄岩建设成为科技进步、工业发达、农业先进、商业繁荣、社会安定、环境优美、文明富庶、多功能、开放型的新兴城市。

黄岩，无疑是东海之滨的一颗灿烂明珠；勤劳智慧、热情好客的黄岩人民正期待着与海内外朋友们的精诚合作，努力让黄岩这颗明珠放射出更加耀眼的光辉！

丽 水 市

市　长：朱大鹏

副市长：魏克禄（常务）　芮克善（女　财贸）　朱仁君（农业）　魏连新（城建）　崔黎明（工业）

朱大鹏市长，1942年生，北京市人，大学毕业。1968年参加工作，先后任县物资局股长、副局长、党组副书记，县人大常委会委员，中共青田县委常委、副县长等职。1987年任丽水地区行政公署副秘书长，行署办公室主任、党组书记。1988年10月任中共丽水市委副书记、代市长。1989年4月，在丽水市第九届人民代表大会第四次会议上当选为市长。1990年4月，在丽水市第十届人民代表大会第一次会议上再次当选为市长。

"七五"计划时期丽水经济的发展

□ 丽水市人民政府办公室

丽水于1986年撤县建市。"七五"计划时期，全市人民在市委、市政府的领导下，认真贯彻执行改革开放的方针，团结一致，艰苦奋斗，经济建设取得了新的成就。1990年国民生产总值4.55亿元，比1985年增长94.2%，5年中平均年递增14.2%；国民收入3.9亿元，比1985年增长85.7%，平均年递增13.2%；财政收入4356万元，比1985年增长52.4%。城市面貌发生了深刻变化，教育、科技和各项社会事业蓬勃发展，人民生活明显改善。

农业生产稳定增长

"七五"时期，丽水市继续把稳定农业作为发展国民经济的基础来抓。特别是在"七五"计划中后期的治理整顿中，进一步加强了对农业的领导；在稳定农村基本政策的基础上，逐步健全以家庭联产承包责任制为主体的双层经营体制；在市财政比较困难的情况下，多方努力增加对农业的投入；积极开展"科教兴农"活动，全市农业生产在"七五"时期得到稳定发展。1990年农业总产值达2.64亿元，比1985年增长13.9%，5年中平均年递增2.6%。1990年粮食生产获得丰收，总产量达12.18万吨，比上年增长5.5%，被评为全国、全省粮食生产先进市。多种经营有了较快发展，特别是以柑桔为主的水果生产发展很快。1990年，柑桔产量达3.44万吨，比1985年增长5.5倍。全市出现了3个万亩水果乡，5个千亩水果村。林业生产和绿化工作取得新的进展。1990年，全市完成了完善林业生产责任制工作。农业物资装备水平有所提高。1990年末，全市拥有农业机械总动力5.8万千瓦。全年使用纯化肥8333吨，比1985年增长60.3%。

工业生产发展较快

"七五"计划时期，全市认真贯彻改革开放的方针、政策，解放思想，深化改革，促进了工业生产的发展。1990年，市属工业总产值4.98亿元，按可比价格计算，比1985年增长85.5%，平均每年递增13.1%。

丽水地处浙西南，工业基础较薄弱。从丽水实际出发，全市支持改革开放，在加快发展全民和城镇集体工业的同时，大力发展乡镇企业。"七五"计划时期，全民工业年平均增长7.6%；集体所有制工业年均增长11.8%；村及村以下工业年均增长25.16%。1985年，全市乡镇工业总产值仅2438万元，1990年达10961万元（按1980年不变价），增长近3.5倍，占全市工业总产值的30%。

企业改革逐步深入。从1987年起，在工业企业中普遍推行了承包经营责任制，实行工资总额与经济效益挂钩。1990年，第一轮企业承包期满，按照"稳定政策、兴利除弊、分类指导、多作贡献"的要求，认真做好二轮承包的衔接工作，并在承包指标、考核办法等方面加以完善。企业内部建立和健全了各种形式的经济责任制。5 年来，横向经济联合得到发展。一批企业与上海、杭州等地的大企业实行联合，有的已成为这些大型企业的分厂，有的组成了工贸结合的联营企业。

针对丽水原有工业基础薄弱，企业规模不大，产品档次不高的情况，“七五”计划时期，全市花大力气抓企业的技术改造和产品开发。据统计，5 年中列入省、地、市技改计划的共 133 项，计划总投资 10520 万元。实际完成 116 项，完成投资额 8720 万元，为全市经济的发展注入了新的活力。啤酒、服装、羽绒制品、毛巾、金笔、油嘴油泵、铝合金加工等生产已具有相当规模。全市已有 8 个产品获部优称号，35 个产品获省优称号。

“七五”计划时期，通过改造、改组、联合，全市已形成了一批重点骨干企业。1985 年，按 1980 年不变价计算，全市仅有 2 家企业产值超千万元，“七五”期末，已增加到 9 家。现在全市已有油泵厂、羽绒厂、金笔厂评为国家二级企业，另有 6 家企业被评为省级先进企业。浙江油泵油嘴厂进入全国机械行业产值物耗率“十佳”企业之一；丽水毛巾厂的生产规模和经济效益在全省毛巾行业中居于前列；丽水玻璃纤维厂生产的蓄电池塑料隔板年产量达 9750 万片，成为全国塑料隔板产量最大的企业；在 1991 年公布的 1989 年浙江省 200 家最佳经济效益工业企业中丽水金笔厂排名第 11 位。

出口产品生产有了较快发展。1990 年生产出口产品的企业已增加到 30 家，出口产品品种达 58 个。全市外贸收购额 5303 万元，比 1985 年的 336 万元增加了 14.8 倍。一些企业已逐步转向以生产出口产品为主。浙江万象制衣羽绒总厂 1990 年出口产品产值 572 万元，占全厂总产值的 71%；羽绒厂出口产品产值 1451 万元，占全厂总产值 57%，该厂出口的真丝羽绒被已被列入日本国《世界一流产品大图鉴》。

交通邮电得到改善

“七五”计划时期，丽水市的交通运输基础设施有所改善，运输能力增强，完成了金丽温公路丽水段的改造任务，还抓了与邻县县际公路和县内公路的建设。1990 年交通系统公路货运量达 17 万吨，比 1985 年增加了 112.5%；公路客运量达 350 万人。

邮电通讯事业发展迅速。面积为 3500 平方米的电信楼在“七五“期内建成投入使用，开通使用了 300 线长途自动交换机；市话交换机容量由 1985 年的 2000 门增加到 5000 门，现在正在建设 1000 线程控长途自动交换机，新装 10000 门市话程控交换机。1990 年电话机总数为 5506 部，比 1985 年增加近一倍，电话普及率从“六五”期末的 0.97 部／百人增加到 1.71 部／百人；其中市话普及率达 5.86 部／百人。邮电业务总量由 1985 年的 171.8 万元增加到 1990 年的 391.3 万元。

市场繁荣，人民生活明显提高

1990 年全市社会零售商品总额达 2.8 亿元，比 1985 年增长 102.8%。各种经济类型的商业企业经营机构达 5252 个，从业人员 9468 人，分别比 1985 年增长 42.1%和 44.4%。城乡集市贸易市场进一步发展，扩建了府前菜市场，新建了城西集贸市场，建起了其他专业市场，1990 年全市城乡集市贸易成交额达 5686 万元，比 1985 年增长 58.1%。

“七五”计划时期，居民住房条件有了较大的改善。5 年中，市属固定资产投资达 2 亿元，竣工房屋面积 30 万平方米，职工家庭人均居住面积由“六五”期末的 10.2 平方米，增加到 11 平方米。市内还先后拓建了中山街、解放街东段、大洋路中段、继光街中段。1990 年市区新增绿地面积 4.7 万平方米，绿化覆盖率达 22.54%。城市工业区、教育区、生活居住区、商业区等功能分区逐步明确合理。

教育、文化、体育、卫生事业继续得到发展。小学入学率已达 99.5%，九年制义务教育已在占全市人口 56%的 13 个乡镇实施。群众性体育事业蓬勃发展。1990 年，丽水市被国家体委命名为“全国体育先进市”。

人民生活水平明显提高。1990 年，农民人均纯收入 813 元，比 1985 年的 444 元增长 83.1%，城镇居民年人均生活费收入 1593 元，比 1985 年增长 107%，全市职工平均货币工资 2121 元。城乡居民储蓄年末余额 2.09 亿元，比 1985 年增长 2.8 倍。

“七五”计划期间的建设成就为今后的发展创造了条件。1991 年 3 月，市十届人大二次会议通过了《丽水市国民经济和社会发展十年规划和第八个五年计划》，全市人民正在为实现“八五”计划的任务，为振兴丽水努力奋斗。

（执笔：岳钦智）

市　长：钟咏三

副市长：刘道浓（常务）　江孝鸿（文教）　马元飞（财贸、政法）　孔令渊（工交、体改）　王道五（城建、科技）　褚振国（农业）

钟咏三市长，1938年11月出生，安徽舒城县人，1964年10月毕业于清华大学电机系，1956年5月加入中国共产党。曾任中国人民解放军八〇二三部队技术员，合肥电机厂技术员，合肥变压器厂技术员、工程师、副科长、副厂长。1983年6月任中共合肥市委副书记兼组织部长，1984年12月被选为中共安徽省委委员，1987年9月任合肥市委副书记、代理市长，1988年1月当选为合肥市市长。

坚持改革开放　推进经济发展

——合肥市“七五”期间经济社会发展回顾

□ 王潮浦　戴长淮

合肥这座有2000年历史的古城，在党的十一届三中全会以后，在前30年建设的基础上，合肥的经济和社会各项事业，都取得了显著的进展。“七五”计划期间，经济建设表现出了持续、稳定、协调发展的良好势头。工农业生产持续增长，城市面貌日新月异，科技基地建设更加突出。素有“江淮首郡，吴楚要冲”之称的合肥，愈来愈发挥出中心城市的重要作用。

在调整中前进的1990年

1990年是治理整顿的关键一年，合肥市人民在市委、市政府的领导下，进一步贯彻治理整顿、深化改革的方针，努力克服困难，经济建设在调整中前进，取得了可喜的成绩。

工业生产扭转了下降局面，在调整中逐步回升，保持了继续增长。全市工交企业努力克服市场疲软、资金紧缺和部分原材料供应不足等种种困难，积极调整产品结构，大力开发新产品，努力增产适销对路产品生产，狠抓开拓市场，扩大产品销售。各经济综合部门坚持按整体效益的原则精心安排和组织生产。全年共完成工业总产值93.36亿元（1990年不变价，下同），比上年增长5.4%。其中，市区完成工业总产值79.12亿元，比上年增长3.7%。适销对路的日用工业品和能源、原材料工业产品、支农产品都有明显增长。全年共开发新产品210项，大多已投入批量生产；产品质量稳定提高率为94.74%，比上年上升6个百分点；优质产品产值率达34.8%。全市又有3项产品获国优产品银质奖，100项产品分别获部、省优质产品称号。1990年全市在工业生产继续增长的同时，由于受市场疲软等因素的影响，也出现了工业企业经济效益下降，产成品资金积压，利税下降的问题。

1990年，合肥市把发展农业放在稳定经济、稳定大局的首要地位来抓，继续深化农村改革，稳定完善农村各项改策。农业战胜了严重旱灾，夺得了丰收。全市农业总产值达25亿元，增长6.62%。全市农业总产值中，林、牧、副、渔各业产值所占比重达36.9%。全市粮食产量达16.77亿公斤，创历史最好水平，油料、棉花等经济作物的产量也有较大幅度的增长。蔬菜、西瓜、水果获得了全面丰收。林业生产在实施“三年消灭荒山、五年绿化合肥”的规划中夺得了首仗胜利。猪、禽、蛋、奶、鱼等副食品生产稳定增长。肉类总产量比上年增长8.4%，生猪年末存栏增长4.8%。农业社会化服务体系建设有新的发展，已建各种农业服务站593个；农村能源建设出现好势头，全年新建沼气池3579口，推广杂交稻、杂交油菜收效显著；2814养鱼项目、中德示范奶牛场等一批基地已经建成。乡镇企业全年总产值达23.18亿元。其中乡镇工业产值达14.24亿元，比1989年增长17.1%。

市场物价平稳，流通秩序进一步好转。全市社会商品零售总额达33.4亿元，与上年持平。对外贸易形势喜人，全市出口产品销往世界80多个国家和地区，全年共完成外贸出口供货额4.32亿元，比上年增长19.1%。1990年，全市职工生活费用价格指数为103.6%，消费品零售物价指数为101.7%，涨幅分别比上年减少11.6和13.3个百分点。其中：与人民生活密切相关的副食品价格指数比1989年低8.8个百分点。

全年财政收入完成7.85亿元，比上年增长4.2%，工商税收完成8.15亿元，增长9.2%。在努力增收的同时，进一步发挥税收、财政的经济杠杆作用，积极扶持重点企业发展和帮助特困企业启动生产，涵养财源，增强后劲，收到了良好的效果。金融信贷紧中有活，在贯彻控制总量、调整结构、保证重点、提高效益的前提下，积极筹集和融通资金，清理“三角债”，有效地支持了生产，保证了农副产品收购，促进了经济发展。

创建卫生城市工作成效显著。1990年，合肥市作为省会城市被列为由国家评定卫生城市的范围，市委、市政府把创建全国卫生城市作为重点工作来抓。提出了全市动员，全民参加，全力以赴，全面达标的要求，并组织对城市道路、桥梁进行了全面养护；修建了55条小街巷道路，全面整修了公厕，增设了一批环卫设施和城市道路交通设施。创建卫生城市的活动得到了全市人民广泛支持，掀起了前所未有的创建卫生城市热潮，取得良好成绩，被评为“全国卫生城市”，得到了国家的表彰。抓创建活动也促进了全市创建“文明单位”和争当好市民等活动的开展。同时，加强了文明乡镇、街道建设，提高了文明城市建设的水平。

“七五”时期经济社会发展概况

“七五”时期是合肥市经济建设和社会发展中的一个重要时期。“七五”期间，经济实力得到明显增强。1990年，合肥市的工农业总产值超出了110亿元，比1985年增长70.6%，年平均增长11.28%，超出了“七五”计划规定11.1%的递增速度。1990年全市国民生产总值达57.7亿元，比1985年增长43.6%，平均每年增长7.5%。在国民生产总值中，第三产业增加值15.63亿元，比1985年增长89.6%，平均每年增长13.7%，大大超过第一产业（2%）和第二产业（7.2%）的年平均增长速度；占国民生产总值的比重由1985年的24.1%上升到27.1%。全市实现国民收入47.2亿元，比1985年增长33%，平均每年增长5.9%。

“七五”之初，市委、市政府就重视抓好发展规划的制定工作，在认真开展调查的基础上，陆续制定了《合肥市近期工业发展规划纲要》、《合肥市农业发展规划》和《七五期间合肥市精神文明建设规划》，并认真抓好这三个规划的落实工作。进一步明确要充分发挥科技优势，加快工业发展步伐，搞好城乡一体建设。同时，进一步深化改革，扩大对内、对外开放。对内积极发展区域经济协作和跨省、区的横向经济联合，积极引进大、小三线企事业单位转移来合肥，进一步壮大经济实力和增强后劲；对外积极抓好引进外资工作，创造优惠条件吸引外商来合肥兴办企业，扩大合肥市工业产品的出口，还进一步强化市政基础设施建设，改善投资环境，从而增强了城市的吸引力。

（一）农业生产持续稳步增长。

“七五”期间，合肥市的农业生产和农村社会经济发展取得了新的成绩。1990年同1985年相比，全市农业总产值增长10.6%，平均每年增长2.0%，粮食总产量增长7.9%；棉花产量增长29.3%；市辖三县的油菜产量均跨入了全国百强之列，肥东、肥西和长丰县分别在全国2300多个县中排列第16位、21位和第70位。从农业内部看，在稳定粮食、稳定种植业的前提下，积极调整产业结构，林、牧、副、渔四业获得了较快发展，四业产值比1985年增长46.1%。在农村社会总产值中，非农产业比重逐年提高，由1985年的31%提高到44%。农村非农产业的主体——乡镇企业，在激烈的市场竞争中得到了较快发展。1990年，全市乡镇企业的总产值比1985年增长1.93倍，平均每年增长24%。“七五”期间，合肥市对农业的投入不断增加，装备水平显著提高。五年间市财政支农费用累计比“六五”期间增长1.8倍；银行农业贷款比1985年增长25.2%；农民对农业的投入也逐年增加，化肥施用量和农用电量分别比1985年增长15.8%和61.8%，农业机械总动力增加了13万千瓦。农业规模经济和外资项目也有了很大发展。同时抓了科研成果的推广，注重依靠科技进步推动农业生产的发展。

（二）加快改革步伐，增加投入，调整结构，工业生产持续、稳定、协调发展。

“七五”期间，全市工业得到了很大发展，工业结构有所改善，工业的生产能力、技术和管理水平进一步提高，经济实力进一步增强。1990年，全市工业总产值比1985年增长88.8%，年均增长13.5%，是继“一五”时期之后合肥第二个高速增长时期，超过了市“七五”计划规定的年递增11.7%的目标。其中乡及乡以上工业总产值平均递增12.47%，乡以上集体工业平均递增20%。从“七五”全过程看：前四年全市工业生产平均增幅为15.65%，后一年多里，由于国家调整、紧缩的方针，工业生产减慢了速度，在调整中实现了稳定适度增长。由于产品结构得到调整，产品总量增加较快，品种不断增加，产品的更新换代速度加快，名、优、新产品不断推出，产品质量也在稳步提高，产品知名度和市场竞争力进一步扩大和提高。1990年，全市优质产品产值占全部工业总产值的比重为34.8%，比“六五”期末的优质产品率提高了18.2个百分点。截至1990年，全市产品已荣获国家金质奖3项，获国家银质奖16项，获部优产品称号153项次，获省优产品称号534项次。全民工业全员劳动生产率比1985年提高35.5%，平均每年提高6.3%。现全市有国家二级企业18个，省级先进企业72个。

横向经济联合和协作的发展，有力地推动了城乡经济的发展，不仅为城市工业注入了新的活力，也带动了农村工业和经济的发展。尤其是市轻工企业通过与上海等地联合生产名优产品，引进外地的先进技术、设备和管理技术，生产适销对路的产品，企业自身素质有了很大提高。五年来，全市新增了一批出口创汇企业，有85个品种的机电、轻工产品打入国际市场。“七五”期间，全市工业固定资产投资以年平均28%的速度增长，5年累计工业投资24亿元左右，工业投资占全部投资的比重由“六五”时期的35.7%上升到53%。一批新的生产能力形成，一些老企业通过更新改造也焕发了青春，许多中、小企业进入大、中型行列。现全市已有大、中型工业企业81个，先后出现“美菱”集团、“黄山”集团等围绕骨干企业组成的企业集团，为工业企业及产品发挥群体优势、参与市场竞争开辟了新的途径。

（三）城市环境面貌发生显著变化，基础设施建设进一步完善。

“七五”期间合肥市按照统一规划、合理布局、综合开发、配套建设的原则，继续抓好城市老区改建和新区开发，同时突出抓了城市基础设施和市政公用设施建设，加强了对环境的综合整治，在城市建设方面相继办成了43件实事，5年累计完成城市建设投资额3.6亿元，相当于“六五”时期的3.1倍。为适应经济、社会发展的需要，城市规划工作不断深化和完善。以路、水、气为重点的城市基础设施建设取得了显著成绩，大大改善了城市的投资环境和生活环境。5年里新建、拓建了城市道路16条，立交桥3座，新增道路面积62万平方米，使人均占有城市道路面积由1985年的2.9平方米上升到4.3平方米。寿春路、蒙城路、蜀山路、蚌埠路、金寨路等高标准道路的建设，使城市干道骨架基本拉开，交通状况和城市面貌得到明显改善。市四水厂一期工程已按期竣工，新增日供水能力15万吨；二期工程的前期准备工作正顺利进行。同时还建成了煤气二期工程，使用管道煤气的城市居民由1.8万户增加到5.4万户，用气普及率由“六五”期末的6.8%提高到27%。城市防洪能力进一步加强。5年来通过综合开发建成的各类房屋面积达136万平方米，相继建成了西园新村及濉溪、寿春、宁国4个新村，城市人均居住面积由1985年的7.2平方米上升为1989年的7.4平方米。城市小区建设继“西园新村”获意大利“利古里亚”技术发展国际特别荣誉奖以后，“琥珀山庄”住宅小区建设也被列为全国第二批城市住宅小区建设的试点之一。

5年来，合肥市还加强了对城市环境的综合整治，全市累计植树93.14万株，发展公共绿地60.83公顷，目前城市人均公共绿地面积达到7.1平方米。“七五”期间利用原护城河旧址改建的环城公园，全长8.7公里，占地137.6公顷，将老城区环抱起来，使合肥形成园中有城、城中有园的新格局，向公园化城市迈出了一大步。合肥已三次蝉联全国绿化先进城市称号。在环境保护方面，五年共完成污染治理项目360个，经1989年国家环委会对全国32个重点城市环境质量定量考核，合肥名列第17名，在污染控制和环境建设方面列第11名，城市环境质量明显改善。

（四）城乡市场繁荣活跃，人民生活水平提高。

“七五”期间，合肥城乡市场日益繁荣兴旺。随着工农业生产的发展为城乡市场提供了越来越多的商品，流通领域的体制改革开创了各种经济类型互补、多种渠道交叉的市场新格局。全市社会商品零售总额连续三年突破24.8亿元的“七五”目标，提前两年零一个月完成了“七五”计划。五年里，全市社会商品零售总额年平均增长17.5%，比计划速度快6.7个百分点。1990年，零售总额达到33.3亿元，比“六五”期末增长1.2倍。主要商品特别是电视机、电风扇、洗衣机、电冰箱等耐用消费品的销售有较大增长，适应了不断提高的城乡人民生活的需要。集贸市场、生产资料市场及其它专业市场逐步发育完善，一批跨行业、跨部门、跨地区的联营企业及个体商业的出现和发展。打破了所有制和城乡界限，发挥了各自的行业优势和地区优势，给城乡市场增添了活力和生机。“七五”期间，以联营和个体商业为主的其它经济类型商业发展最快，年递增率达37.8%，1990年零售额达6亿元，比“六五”期末增长3.96倍，占社会商品零售额的比重由“六五”期末8.9%上升到21.9%，成为全民、集体商业的重要补充。

对外贸易发展迅速，外贸市场不断拓宽。合肥已和省内外16个口岸，50多个专业进出口公司建立了出口供货渠道。1990年，合肥市又取得自营进出口权，为直接出口商品开拓了新的途径。合肥外贸收购总值逐年扩大，出口商品结构发生可喜变化。“七五”期间，全市外贸收购总值以年递增33.4%的速度迅猛发展，比“六五”期间的发展快10倍多。1990年，市外贸收购总值比“六五”期末增长3.23倍，提前3年达到“七五”计划目标。一大批机电产品陆续打入国际市场。以农副产品为主的初级产品出口比重逐年降低，工业制成品出口比重不断上升，到1989年比重已达70%，比“六五”期末提高了11.5个百分点。

随着国民经济的增长，城乡居民收入有了显著增加。1990 年全市城镇居民人均年生活费收入达 1432 元，比 1985 年增长 1.03 倍，扣除物价变动因素，实际增长 20.4%，平均每年增长 3.8%。农民人均年纯收入达 576 元，比 1985 年增长 56.1%，年均增长 9.3%。

（五）科技、教育等社会事业蓬勃发展，精神文明建设取得良好进展。

“七五”时期，在经济稳定增长的同时，全市科学、教育、文化、卫生等社会事业蓬勃发展。科技实力不断壮大，科研成果不断增加。到 1989 年末，全市共有自然科学和社会科学专业技术人员 14.8 万人，比 1985 年末增加 5.7 万人，增长 12.3%。“七五”时期，全市荣获国家、省和市三级科委奖励的科技成果有 376 项。近两年合肥市利用本市科技优势，创办了合肥科技工业园(高新技术产业开发区)。1990 年正式动工以来，在创造环境条件兴办技工贸一体化的高新技术企业和开发高新技术产品方面，都取得了一定的成效，展现了蓬勃发展的好势头。显示了很强的竞争力，取得了显著的社会和经济效益。于 1991 年 3 月获国务院正式批准。

教育事业加快了调整、改革的步伐，办学条件日渐改善，基础教育得到发展，九年制义务教育普及率有所提高。“七五”期间，全市共毕业大学生 3.37 万人，中专生 2.62 万人，分别比“六五”时期增长 50.1%和 65%。到 1990 年末，全市有普通高等院校 11 所，在校大学生 2.56 万人；有普通中等专业学校 45 所，在校中专生 2.25 万人；普通中学 251 所，在校中学生 17.36 万人；小学 1933 所，在校小学生 41.52 万人。职业教育发展迅速，全市农业、职业中学现已发展到 46 所，在校学生 1.43 万人，比 1985 年增加 25 所和 0.69 万人。各类职业高中在校学生与普通高中在校学生之比由 1985 年的 1：3.41 发展到 1：2.74。

“七五”期间全市文化活动更加丰富多彩，经常举办各种展览和群众文化活动，并先后举办了两届大型艺术节，推出了一批反映改革开放和弘扬民族精神的文艺作品。各类群艺馆、文化馆（站）发展到 203 个，遍及城镇乡村；各类影剧院、娱乐场所及专业艺术表演团体也有了较大增长，设施水平得到明显改善和提高。

卫生事业得到新的发展，医疗条件得到进一步改善。现有医疗卫生机构比 1985 年增加 6 个，病床增加 1693 张，卫生技术人员增长 12.7%，其中医生增长 19.8%。全市平均每千人拥有病床和卫生技术人员分别增加 0.21 张和 0.07 人。卫生部门还积极发展家庭病床，开办专家门诊，群众“看病难”、“住院难”的问题已得到缓解。

“七五”期间。全市精神文明建设也有了长足的进步。首先是制定了精神文明建设的规划，提出了明确的目标，充实加强了市精神文明建设指导委员会及其办事机构，有了一支专兼结合的队伍，并初步建立健全了责任制，制订了有各部门参加的文明城市竞赛活动责任书，明确了奖惩措施。加强了政治思想教育和职业道德建设，着重抓好窗口单位的文明建设活动。在群众性精神文明建设活动方面，还进一步修订和完善了全市各县、区精神文明竞赛活动《协议书》。各县、区同时组织开展了文明街、镇、乡等多层次的竞赛活动，以及评选“五好家庭”等文明建设活动。加强了文明单位的质量管理，完善了《合肥市文明单位管理办法》。结合市政基础设施建设，认真抓好市容环境管理等项工作，结合不同时期的重点任务，扩大精神文明建设的成果。这些也对合肥市经济建设起到了很好的推动作用。

“八五”时期努力向新的目标迈进

90 年代是我国社会主义现代化建设历史进程中非常关键的时期。根据《中共中央关于制定国民经济和社会发展十年规划和“八五”计划的建议》所确定的奋斗目标和基本指导方针，结合实际情况，制订了合肥的十年规划和“八五”计划，确定了经济建设和社会发展的基本思路和工作重点。在今后五年里，合肥市将重工、强农、活商、振兴科教；坚持深化改革，扩大对外开放；坚持两个文明一起抓；坚持城乡一体，共同发展。到本世纪末，全市国民生产总值将比 1990 年增长一倍以上，实现第二步战略目标。“八五”期间，要坚持把农业放在经济工作的首位，积极推进科技兴农，努力提高农业生产力水平，实现农业新突破。调整工业结构，改造传统产业，开拓高新产业，壮大支柱产业，促进工业持续稳定发展。安排了合钢改造、合肥电厂四号机工程、安徽轮胎厂子午胎等一批重点改造工程，同时大力发展县、区集体企业和乡镇企业，壮大县、区集体经济。进一步发展交通运输，续建 312 国道合肥南环段，建设合肥—徐州专用公路，新建合肥火车站和合（肥）—九（江）铁路，治理南淝河提高通航能力。发挥合肥科教中心优势，围绕经济建设组织科技攻关，加快科技成果转化为生产力的步伐。加快合肥科技工业园建设，努力把科技工业园办成技工贸结合、外向型高新技术产业开发区，建成内陆地区对外开放的窗口。继续执行对外开放的基本国策，加强城市基础设施建设，改善投资环境。重点安排四水厂二期建设工程、煤气三期工程和邮政枢纽工程，完成程控电话三期工程，初步形成自动化通信网的立体框架。进一步制订出“八五”精神文明建设的规划，并将其纳入经济、社会发展规划，逐渐增加必要的投入，重视加强文化基础设施建设，努力使社会主义精神文明建设渗透、体现在经济、政治、文化、社会生活的各个方面，提高城乡人民思想道德素质和科学文化素质。

淮南市

市　长：宋长汉

副市长：夏毓启（财贸）　李振华（政法）　杨爱光（工交、农业）　吴传智（科技）　刘　昭（女　文教卫体）　王安生（城建）

宋长汉市长，生于1931年4月，历任安徽省定远县海青区团委书记，区委宣传科长，定远县炉桥区委组织科长，区委副书记、书记，定远县委宣传部副部长，县委党校校长，县委组织部副部长、部长，县委书记处书记，滁县行署手工业管理局副局长，淮南化肥厂党委办公室副主任，厂党委副书记、书记，淮南市委秘书长，淮南市人民政府副市长等职。1983年9月任淮南市市长、市委副书记，1988年元月再次当选为市长。

淮南市1990年经济和社会发展概况

□　徐成华

1990年经济发展概况

1990年，全市国民生产总值为17.1亿元，比上年增长3.1%；国民收入为12.83亿元，比上年增长2%。国民生产总值和国民收入分别比1985年增长31.3%和23.7%，年均增长5.6%和4.3%。1990年地方财政收入完成23119万元，比上年增长8.5%，比1985年增长61.4%，年均增长10.0%。

（一）工业。1990年工业生产保持了一定的增长速度。工业总产值完成460346万元（1990年价），按可比口径比上年增长6.80%，比1985年增长64.15%；其中乡及乡以上工业总产值完成425297万元，比上年增长6.64%；轻工业完成产值137505万元，重工业产值287792万元，轻、重工业比重为32.33：67.67，和“六五”期末相差不大。在纳入考核的67种工业产品中，超额完成任务的有31种，占46.3%；淮南矿务局原煤产量结束17年徘徊局面，再一次突破1000万吨。发电量继续保持稳定增长势头，1990年发电量达到91.12亿千瓦时，五年翻了一番，比1985年净增47.08亿千瓦时，年均增长15.7%。工业产品创优不断取得成绩。“七五”期间，淮南市获国家优质产品金质奖1个、银质产品（工程）奖10个（次），获国家质量管理奖的单位1个，获部优质奖40个（次）。1990年有3个企业被批准为国家二级企业，6个企业进入省级先进企业行列，全市国家二级企业达到6个，省级先进企业达14个。组建企业集团的工作逐步开展，现已有3家企业集团。其中以淮南无线电七厂为龙头的卫光电子企业集团，由安徽、江苏两省21个厂家组成，跨电子、机械、化工、橡胶等行业。所产各种系列电机综合保护器产品，占全国总产量和总销量的50%。

（二）农业。1990年，农村社会总产值为16.40亿元（现价），比上年增长14%。农业总产值8.49亿元（现价），比上年增长4.7%。工业、建筑业、运输业和商业饮食业产值为79094万元，占全部产值的48.23%，商品产值率为53.5%，粮食商品率达到45.4%。1990年全市粮食总产达71.14万吨，再创历史最好水平，提前4年达到“七五”计划指标，比1985年增长44.68%。副食品生产不断发展，“城郊型”农业初具规模。植树造林4437亩，四旁植树664.2万株。农田水利完成土石方1170.9万立方米，新建排灌站127处，装机146台，年末有效灌溉面积8.55万公顷，新建、修复渠道290公里，开挖河道9.8公里。年末农业机械总动力达528656千瓦，比1985年增长59.3%，年增长9.7%。全年农田化肥施用量（实物量）为243944吨，比1985年增长23.13%，年均增长4.2%。

（三）固定资产投资和建筑业。1990年全社会固定资产投资完成131156万元，比上年增长13.62%。“七五”期间，固定资产投资共完成57.2亿元，其中煤炭、电力投资分别比“六五”时期增长90%和150%；全民单位新增固定资产37.5亿元，增长188.5%。建成了443个全民基建、技改项目。其中的平圩电厂一号机组装机容量60万千瓦，是目前国内单机容量最大的机组。固定资产投资中，全民所有制单位完成投资额119341万元，比上年增长11.39%；集体所有制单位完成投资3345万元，增长49.79%；城镇个体投资额351万元，增长0.57%。在全民所有制单位投资中，基建投资完成84305万元，比上年增长20.74%；生产性投资完成77095万元，增长22.9%。重点建设项目速度加快。凤台淮河大桥5月1日正式通车，装机容量为60万千瓦的平圩电厂2号机组、设计年产为300万吨和400万吨的潘三矿、谢桥矿以及金家岭22千伏变电所、1.2万门程控电话等重点建设项目正在加紧施工；设计年产90万吨煤的淮南市地方煤矿新集一矿，1990年实现主井副井到底。建筑业生产继续发展。全民建筑安装企业完成总产值67650万元，比上年增长12.62%，集体建筑安装企业完成产值5715万元，增长25.16%。“七五”期间共完成建筑安装产值30.02亿元。

(四) 运输、邮电。公路运输能力不断增加。1990年末，有全社会民用车辆17678辆，比上年增长11%，比“六五”期末增长64.68%。公路客运量794.4万人，比上年增长32.7%；公路客运周转量53476万人公里，比上年增长28%；公路货物运输量390.4万吨，比上年增长3.5%。内河港口吞吐量115.6万吨，货物运输量41.5万吨，货物周转量12869万吨公里，分别比上年下降8.1%、16%和25.18%。邮电事业发展较快。全年邮电业务总量完成1271.94万元，比上年增长13.4%，比“六五”期末增长266.54%，年均增长29.7%。年末有市内电话6388户，比上年增长16.68%，比“六五”期末增长89.22%，年末全市邮电局(所) 达65处。

(五) 商业、外贸。1990年全市社会商品零售总额为139652万元，比上年略有增长，增幅为3.3%。比1985年增长150.82%，年均增长20.19%。消费品零售额125675万元，比上年增长4.24%。在商业零售额中，国营商业零售额增长4.30%，集体商业零售额下降2.6%，个体零售额增长6.3%。全市外贸收购总值9291万元，比上年增长3.2%，比1985年增长111.26%，年均增长16.1%。

全市社会发展概况

(一) 人口和劳动就业。

1990年末全市总人口为1793161人，比上年末净增45638人。市区非农业人口703934人。人口自然增长率16.65‰，比上年的14.5‰提高2.15个千分点。

1990年第四次人口普查与1982年第三次人口普查比较，8年共增加人口307674人，年均增长2.32%。全市共有家庭487000户，平均每户4.08人。全市总人口中，男性占52.48%，女性占47.52%；汉族占98.52%，少数民族占1.48%。与1982年人口普查数据相比，每千人中有大学文化程度的由8人上升到18人，具有高中文化程度的由79人上升到87人，具有初中文化程度的由194人上升到248人，文盲、半文盲人口占总人口的比例由27.27%减少为18.11%。

1990年全市待业人员总数为49762人。当年安排城镇待业人员就业21534人，待业率由上年的7.3%下降到5.45%。年末全市职工人数为45.24万人，比上年净增1.28万人，比1985年净增7.48万人。其中全民所有制职工31.40万人，增长1.6%，集体所有制职工13.83万人，增长6.26%。全年职工工资总额97974.8万元，比上年增加19.07%。职工年平均工资2226元，比1985年增加1142元，年均增长14.2%。

(二) 法规制定。

法规制定工作逐步程序化、规范化。六年来，共制定规章55件；其中，33件以市政府文件形式发布，22件以“市政府令”形式发布。清理了建国以来的全部法规性文件，继续使用的有248件。经安徽省人大常委会批准，《淮南市山石、沙土资源管理规定》等4个地方性法规正式实施。各级政府工作人员法制观念不断增强，地方政府的行政管理职能得到改善和加强。

(三) 城市建设环境保护。

过去的5年，是淮南市城建步伐迈得最快的5年。5年中共投入城市建设资金8617万元，新建、改建、扩建了龙湖路、国庆路、陈岗路、蔡新路等22条面积共39万平方米的城市道路。开辟了6条公共汽车线路，基本建成了纵横畅通的城市交通网络。1990年城市建成区面积为52平方公里，全市高级、次高级公路达310公里，道路面积290万平方米。下水道长度111公里。自来水供水管道长108.5公里。通过不断增容，自来水日供水能力由1985年13万吨提高到18万吨，1990年全年生活用水量7500万吨，日用水量20.55万吨。全市新增公共绿地11公顷，绿化覆盖率由1985年的15.8%提高到21.6%。城市规划、建设、管理逐渐走上正轨，初步形成了“主城相对突出，卫星城相对独立”的城市格局。1990年改建、扩建垃圾处理场6个，垃圾中转站4个，公共厕所74座；新建扩建了9个集贸市场，总面积达2.5万平方米，市容市貌有了较大的改观。年末煤气用户达4.7万户，比上年增长46.9%，用气普及率达到22.3%。“七五”期间新增用户3.2万户。新建、改建了23个民用煤网点，全市基本上实现了民用煤无烟化。

“七五”期间，污染治理总投资3600万元。其中1990年为1000万元，8个重点治理项目中已有7个完成，1个基本完成。田家庵电厂的3号、16号锅炉除尘改造项目，每年可减少3.25万吨烟尘排放；安徽造纸厂的老碱回收设施修复项目，每年可回收工业碱2100吨；另外，还有淮南化工总厂和皖淮化工厂的治理污染项目每年可减少大量的甲醇残液和硫化物排放。1990年全市已有烟尘控制区25平方公里，控制噪音达标区10.89平方公里。工业废水排放量17525万吨，比上年减少3%，工业固定废物产生量401万吨，下降8.95%。

(四) 文、教、卫、体。

文化市场经过治理整顿，更加健康繁荣。1990年新华书店各类书籍销售量达994万册，《淮南日报》年发行量905万份，广播电台全年播放时间3832小时。电视专题片《花鼓灯》、《单机甲中华》分别获部、省广播、电视大奖；在全国市级电台文艺年会上，淮南市提供的文艺节目获6项综合奖。年末全市有各类电影放映单位90个，艺术表演团体3个，公共图书馆3个，电视发射台、转播台7座。

过去的5年，是淮南市教育发展较快的5年，各级办学条件得到较大的改善。1990年全市新建和改建校舍8万平方米，是历年来最多的一年。建成了龙湖中学以及市一中等的33幢教学楼。市重点中学和城乡完全中学分别按“部颁一类、二类”标准配齐了实验仪器。教育结构得到调整，全市基本形成了幼儿教育、基础教育、高等教育、成人教育、职业技术教育相互配套的教育网络。1990年全市有大中专学校8所，在校学生9456人，毕业生2924人；普通中学141所，比上年增加4所，在校生88578人；农业、职业中学及各类技工学校22所，在校学生9035人，小学593所，在校学生20.38万人；学龄儿童入学率达98.7%。“七五”期间，成人教育进一步发展。1990年，全市有成人高校5所，在校生2097人，毕业生847人。

1990年，全市有卫生机构299个，病床位7829张，卫生技术人员9960人。“七五”期间累计增加病床1232张，增加卫生技术人员1322人。中美合资的淮南煤矿医学影像中心已基本建成。该中心安装的磁共振成像仪，具有先进的医学诊断水平，许多病变能进行早期诊断。卫生防疫部门加强了预防工作，注射“四苗”覆盖率达94.4%，传染病发病率比上年下降20.1%，食品卫生合格率达82.5%。

体育事业取得新成绩。在第十一届亚运会上，淮南市运动员胡国宏，在古典式摔跤62公斤级比赛中获铜牌一枚。在安徽省第三届青少年运动会上，淮南市代表队获“金牌第一、总分第三”的好成绩。中小学积极开展“国家锻炼标准”体育达标活动，达标率提高到81.5%。群众性体育活动蓬勃开展，从1984年开始，夹沟乡农民文化体育节已连续举办7届，比赛项目近百项。1990年淮南市被国家体委授予“全国田径之乡”荣誉称号。

(五) 科学技术。

1990年淮南市委、市政府做出了“科技兴市”的决策和实施纲要，增加了科技投人，县、区和部分乡镇配备了科技副县（区）长、副乡（镇）长，科技工作空前活跃，全市各单位以“科技兴市”为目标，开展了科研活动，全市各单位以“科技兴市”为目标，开展了科研活动，1990年取得成果53项，其中达到国家先进水平的12项，达到省级先进水平的13项，64项成果获市科技进步奖。淮南矿院的“低密度、低爆速、粒状泡沫炸药”科技成果为国内外首创，洛河发电厂的“换热熔丝与压敏电阻用于大型汽轮发电机灭磁和过压保护”等10项成果分别获省和能源部科技进步奖。“七五”期间共取得科技成果322项，其中137项达到国内或国际先进水平，有70%的科技成果得到推广应用。一批先进的农业技术得到推广。1990年末，有各种科研机构26个，各类专业技术人员由1985年的4800人增加到32000人，增长5.7倍。

(六) 人民生活。

“七五”期间，城乡人民生活水平不断提高。据抽样调查资料，1990年城市居民人均生活费收入为1284元，比1985年增长114.5%，扣除物价上涨因素，实际增长31.4%，年均增长2.71%；人均生活费支出1195元，比上年增长7.5%。城市每百户拥有机械手表、自行车、缝纫机的数量分别是235.3只、146辆、73架，比1985年分别增加36只、17辆、4架；每百户拥有洗衣机75.5台、电冰箱54台、电视机111.5台，比1985年分别增加24.8台、48台和32.5台；每百户拥有摩托车2辆、照像机11架、录相机2台。1990年农民人均纯收入为594元，比1985年增长58.8%，年均增长9.7%。农民用于食品、衣着的消费量增加，耐用消费品增多。1990年有10个贫困村脱贫，非贫困村的贫困户基本解决温饱问题。

城市居民住房条件进一步改善。1990年城镇住宅竣工面积30.21万平方米。人均居住面积8.4平方米，比上年增加0.4平方米。1990年，农村新建住房31.6万平方米。

1990年末城乡居民储蓄余额为108165万元，比上年净增34388万元，增长46.61%，比1985年增长357.98%，年均增长35.6%。

(七) 社会保险。

1990年承保总额达636400万元，比上年增长38.56%；保险业务费收入3785.7万元，比上年增长17.46%，处理赔案4044件，赔款支出1676万元。“七五”期间，保险费业务收入达11575.3万元，增长654.27%，年均增长49.8%

淮 北 市

代市长：方一本
副市长：李凤龙（工交、计划） 张继忠（城建、外事）
曹晓兰（女 科教、文卫） 吴孝雨（农业、财贸）

方一本代市长，1943年12月生，安徽省无为县人。1965年9月加入中国共产党，1968年12月毕业于北京医科大学药学院。曾任安徽省临泉县土坡卫生所医师，吕寨公社卫生院司务长，阜阳地区工业制药厂土霉素车间连长、阜阳地区工业局化工科副科长、科长。1983年8月，任中共阜阳地委委员、秘书长，1985年2月任阜阳行署常务副专员。1990年5月，调任中共淮北市委副书记、淮北市人民政府代市长。

计划用水 节约用水

——淮北市加强地下水资源管理的做法

□ 朱进源

淮北市是一个以地下水为供水水源的工矿城市。随着工农业生产的发展，特别是以煤炭、电力为中心的高耗水的能源工业的发展，全市对水的需求量与日俱增，地下水的开采量也逐年增长。1983年以前，由于过量开采，地下水位平均每年下降1.7米，出现了4个降落漏斗，面积达200平方公里，中心水位降低16米，不少井因发生吊泵而报废，而且造成了地面下沉等后果。淮北之长在于煤，淮北之短在于水。水的供需矛盾越来越突出，市区不得不1日3次限时供水，用水高峰期一些企业因供水不足而停产、半停产。水的短缺已经成为困扰淮北市经济发展和居民正常生活的严重问题。从1983年全国第一次城市节约用水会议以后，淮北市人民政府集中了很大的注意力去重视和研究水的问题，把合理开发利用和保护水资源列入了重要议事日程，同人口、粮食问题一样当作国策对待。淮北市的地下水资源管理工作从此起步。

地下水开采利用方面存在的主要问题

市政府对市区地下水的开发利用做了重点调查，发现存在不少亟待解决的问题：

（一）缺乏统一规划和协调管理。

淮北市水资源管理混乱，主要表现在“多龙治水”和“群龙无首”。多年来，地下水的开发利用处于无政府状态，工业、农业和城市都在无限制地“向地下要水”，引起水资源失调。特别是对工业自备水井的开发没有统一的规划和协调管理，随意打井、超量开采的现象普遍存在，而且不计量，不缴水资源费。水被当做无限资源和无偿资源使用。

（二）用水浪费严重。

许多单位和个人对于水的使用毫无计划、节约可言。生产用水无定额、无计划，生活用水处于喝“大锅水”的状态，“跑、冒、滴、漏”随处可见，城市用水的合理性很差。据不完全统计，1983年全市每天约有4万立方米的水被浪费掉。

（三）水的利用率低。

工业用水重复利用率只有20%左右，大大低于国家规定40%的标准。

（四）水污染使有限的水资源变得更为紧缺。

近些年，全市工业废水和生活污水总排放量每年都在4000万立方米以上，其中绝大部分废水未经处理便直接排放，污染水源，恶化水质。如市区东部910厂排出的废水渗入地下，造成地下水的点线状污染，使可用的有限水源不断减少，加剧了水的供需矛盾。

解决水资源供需矛盾的对策

为了缓和并解决水的供需矛盾,淮北市政府在改革、开放政策的指导下，针对实际情况，实行计划用水，厉行节约用水，采取“全面节流，适当开源，强化管理，合理开发，科学利用，防治污染”的综合对策，取得了明显的成效。

(一) 建立机构，加强领导。

1983 年，根据建设部、国家经委、计委、财政部印发的《二十五个城市用水会议纪要》精神，经市长办公会议研究决定，市政府成立了由 1 名副市长牵头、各有关部门领导参加的水资源管理委员会，结束了长期以来对地下水资源无人管理的状况。市水资源管理委员会下设办公室，代表市政府行使地下水管理职权，独立开展工作，财务上独立核算，12 名事业编制，经费从地下水资源费列支。这个机构成立以来，做了大量工作，真正起到了“龙首”的作用。同时，市政府还强调在用水较多的厂、矿、企业，要建立管水机构，车间、班组要设专职或兼职管理员，建立三级管理网络。目前，淮北矿务局的局、矿各级已配备专职管水人员 39 人，科区、班组配备兼职人员 288 人，形成了覆盖全矿区的管水网络。从 1987 年至 1990 年，该局连续 4 年被评为淮北市节水先进单位。全市采用多种形式，通过各种渠道，广泛进行水情宣传教育，让全市人民知道地下水并不丰富的“家底”，明白水资源危机已不是什么潜在威胁，它的险象已严峻地摆在面前，制约生产，影响生活，进而增强惜水爱水意识，确立危机感。

(二) 加强立法，依法管水。

市政府在建立管水机构的同时，还加强了管水法规建设。1983 年，市政府根据国家和省有关法规，制定了《淮北市加强水资源管理的规定》。市八届人大常委会第 16 次会议审议通过了这个规定，并正式公布施行。这是淮北市地下水管理中第一个地方性法规，标志着地下水管理开始走上法制管理的轨道。此后，市政府又陆续制定颁发了《淮北市加强水资源管理规定实施细则》、《淮北市城市节约用水实施细则》、《淮北市城市节约用水奖励办法》、《淮北市水平衡测试验收办法》等 4 个配套法规，初步建立起水资源管理的法规体系，使管水工作有法可依，有章可循。主要内容有：1.对城市中直接从地下取水的单位，征收水资源费；2.节约用水奖励政策，节约单位可以在节约的水费中提取 10—30%的比例用于节水奖励；3.超计划用水必须缴纳超计划用水加价水费。这些法规和制度的建立，为加强水资源管理工作提供了准则和依据。

(三) 限制打井，统一管理。

严格控制并有计划地开采城市地下水，是城市节水工作的一个重要环节。一是进行普查，办理登记。市水资源管理办公室对全市已有的 244 眼生产和生活用自备水井进行了普查，详细地掌握了自备井的分布、水量和水质情况，同时完善了计量手段，弄清了水的来龙去脉。在普查的基础上，办理登记，发放取水许可证。二是严格凿井审批制度。单位自建供水设施取用地下水，必须提出申请（包括井位、口径、井深、开采量），报市水资源管理办公室批准，取得凿井许可后，方可施工。未经批准，任何单位和个人不得擅自凿井开采地下水。凡取用地下水资源的单位，都必须按照规定缴纳水资源费，并安装计量装置，按计划开采，纳入城市的计划用水管理，严禁超计划开采。超计划开采的，其超过水量实行累进加价收取水资源费，并限期采取措施，把取水量降至计划量以下。实践表明，已执行多年的打井许可证和计划用水相结合的取水许可制度，使取用地下水受到了严格的控制。仅 1984 年和 1985 年，全市就少打井 18 眼，节省建井费 180 万元。三是封闭了 27 眼分布过密、取水不合理的水井，实行调剂供水；还采用补偿形式接管了 5 眼自备井，交市自来水公司使用。由于实行统一规划，集中管理，杜绝了乱开（井）滥采（水）的现象，使地下水日开采量从原来的 32.2 万立方米减少到现在的 28.5 万立方米。

(四) 制定定额，计划用水。

制定城市用水定额是实现用水科学管理的最主要的基础工作。市水资源管理办公室在进行水平衡测试的基础上，参照《工业用水量定额》(试行)，制定和颁布了 10 个行业的 47 种主要工业产品用水定额，并固定专人负责用水定额的日常管理。各厂矿企业都按产品用水定额核定计划供水指标，做到用水有计划，消耗有定额，考核有标准，并和经济责任制联系起来，实行节奖超罚。淮北焦化厂实行计划用水后，用水单耗明显降低，1990 年每吨焦炭耗水量为 7.55 立方米，比定额下降 24.5%，全年节约生产用水 210.6 万立方米，从历年的用水超耗大户一跃成为节水大户。经过几年的实践，1990 年市水资源管理办公室与市经委又修订和完善了各类生产用水定额，并发布了生活用水定额 15 个。生活用水取消了“包费制”，一律实行装表进户，计量收费。目前，全市装表率已达 100%，比装表前节水 40%，城市生活用水得到了很大改善。同时，加强对供水、用水设备和管网的管理检修，减少了“跑、冒、滴、漏”的损耗。

(五) 抓住重点，节约用水。

淮北市工业用水量占全市总用水量的 82%，节约工业用水是城市节水的重点。市里制定相应的政策、措施，大力提倡和鼓励各个方面节约用水；还逐步增加了节水项目在技术更新改造中的比例，认真实施，逐项落实。1985 年以来，市水资源管理办公室先后从征收的水资源费和超计划用水加价费中拿出 803 万元，对用水量大、合理用水水平低和水污染严重的企业进行技术改造，完成了33个较大的节水技改项目。如淮北矿务局朔里煤矿，采取技术措施回收利用矿井废水，使昔日满地横流的黑水变成了清清的自来水，废水净化利用率达到100%。这个矿每年有180多万立方米废水从井下排出，过去，这些含有大量煤炭和细菌的废水全部流往矿区的河流和洼地，形成了一条条黑河和一片片沼泽地。1988年，该矿因地制宜地修建了1座日处理能力为5000立方米的坑口水厂，把从井下排出的滚滚黑水经过沉淀、过滤和消毒灭菌等净化处理后，变成符合国家规定标准的生活用水，既缓解了用水的供求矛盾，又减轻了对环境的污染。该局张庄、袁庄、芦岭等矿选煤厂，过去都用地下水洗煤，现在改用周围塌陷区的水洗煤，从而大大降低了煤矿工业用水指标。淮北选煤厂还建成了洗煤用水闭路循环系统，每年不仅可节水25万立方米，还可多回收煤泥2840吨。

(六) 保护水源，控制污染。

一是认真执行《中华人民共和国水污染防治法》，狠抓工业“三废”治理，使排放的废水、废气、废渣符合国家规定的标准；二是划定了饮用水源保护区，在保护区内，严禁设置有害水源水质的设施，严禁开展可能污染水体的各类活动；三是组织有关部门进行了2次地下水污染源调查，这些污染源，现已搬迁、转产和部分得到治理。

(七) 适当“开源”，扩大能力。

在抓好节水的同时，根据城市经济发展的需求，市里有计划、有步骤地开发了一些新的水源。“七五”期间，全市开辟新水源井69眼，增加日供水能力14.9万立方米。

8年来，淮北市在水的问题上作了很大的努力，累计节水8800万立方米，平均每年节水1100万立方米；工业用水重复利用率由20%提高到69%；工业万元产值取水量由730立方米下降到322立方米，下降56%；地下水位下降、地面沉降的局面得到控制，废水、污水的排放量相应减少，用水紧张状况大大缓和，取得了显著的社会效益、经济效益和环境效益。1990年，淮北市荣获“全国节约用水先进城市”称号。

三点体会

(一) 要从战略高度来认识水的问题。

水是人类生存和社会发展不可缺少的基本物质条件，是有限的、不可替代的宝贵资源。要把经济建设搞上去，必须管好水用好水。要象对待粮食、人口一样从战略高度来认识水的问题的严重性，把计划用水、节约用水、治理污水和开发新水源放在相当重要的位置上，并且列入计划加以实施。

(二) 要十分重视节约用水。

解决城市水资源供需矛盾，最现实可行的出路只有节约用水这一条。淮北市的实践说明，只要提高水的使用价值，充分发挥经济效益，节流比开源收效更快，而且事半功倍。从我国水资源的情况来看，节流不是权宜之计，而是必须长期坚持的基本国策。

(三) 要积极开展创建节水型城市活动。

开展创建节水型城市活动，是提高城市用水总体水平的有效措施，是城市节水工作发展的客观要求。要进一步贯彻执行《中华人民共和国水法》和《城市节约用水管理规定》，大力开展创建节水型城市活动，普及和深化节约用水意识和城市地下水资源管理工作，努力把本市建成节水型城市。

芜湖市

市　长： 肖尚忠

副市长： 田维谦（常务）　傅祖浩　胡培英（女）　庄继民　朱广银　唐绍开　丁光涛

肖尚忠市长，1937年10月生，安徽省铜陵县人，高中文化程度。1955年12月参加工作，1958年5月加入中国共产党。历任区委宣传干部，市林业局秘书，县林业办副主任，县委办公室秘书，副乡长，公社主任、党委书记，县委宣传部部长、县人保组副组长、公社党委第一书记、县革委会副主任、县委副书记、县革委会主任、县长、县委书记等职。1986年后，任芜湖市委常委、市纪委书记；现任市委副书记、芜湖市市长。

在改革开放中稳步前进

——芜湖市"七五"期间经济社会发展情况概述

□　芜湖市人民政府调研室

"七五"期间，芜湖市累计实现社会总产值325.23亿元，比"六五"时期增长76.8%（可比价，下同）；工农业总产值累计达276.76亿元，增长70.8%；财政收入累计达28.58亿元，增长62.6%；国民生产总值累计达134.94亿元，增长55.4%；国民收入累计达115.83亿元，增长52.3%；国民生产总值按1980年不变价计算，提前三年实现了翻一番的第一步战略目标。

工业生产持续增长

"七五"期间，全市工业总产值累计达231.33亿元，比"六五"增长76%；1990年工业总产值比1985年增长44.3%，年均增长7.8%。列入计划的50种可比主要产品生铁、电解铜、电机、显像管、合成洗涤剂等均有较大幅度增长；大中型企业由1985年的22家增加到43家；获国家、部、省优质奖达471项，1990年DOL系列单相离合器电机荣获国家产品质量金奖，"光荣牌"棉针织纱和"芜湖牌"铁画获得国家产品质量银奖；1990年全市优质品产值9.25亿元，占乡以上工业产值的27.5%，其中国优产品产值达3.7亿元；芜湖纺织厂、电机厂等四个企业晋升为国家二级企业；全市开发新产品111种，其中低氧光亮铜杆、VDO仪表、聚脂网、防绒布等产品已形成生产规模。在工业发展中，一是集体工业发展快于全民工业，二是重工业发展快于轻工业，三是全民所有制大中型企业快于一般小企业。产品结构有所调整，电子、医药工业异军突起，产值分别比"六五"期间增长9.3倍和3.1倍，在工业建设中，五年累计完成固定资产投资28.7亿元，新增固定资产22.9亿元，分别是前五年的2.68倍和2.66倍，其中全民企业技术改造投资完成7.95亿元，比"六五"期间增长1.99倍；完成194个工业技术改造项目，全民企业固定资产原值1990年比1985年增加11亿元以上，一些重要产品生产能力逐步扩大，电解铜、生铁、合成氨、染料、原料药、针织品等生产能力比1985年增长50%以上。五年共完成利用外资和引进技术项目75项，并加快了消化、吸收和创新工作；大中型企业的装备水平改善较快，工业技术水平、工艺水平都有了较大提高；开发了新型汽车仪表、光亮铜杆、聚脂干网等几十种新产品，填补了省内空白。

以增强企业活力为中心环节的经济体制改革不断深化。在企业全面推行了多层次、多形式的承包经营责任制，1988年市政府分别与38个国营大中型及骨干工业企业签订了一定三年的承包合同，全面实行了厂长（经理）负责制和任期目标责任制，建立了厂长（经理）承包审计和离任审计制度；对企业产权改革也进行了积极探索，先后有9对18家企业实行了兼并和对口承包；为优化企业组织结构，以芜湖电机厂等优势企业为龙头，与市内外工商企业和科研单位，建立了一批企业集团。陆续建立了劳务市场和人材市场，对190个国营工商企业实行了"工效"挂钩，在完善国营企业职工退休统筹和合同制工人待业保险的基础上，对集体企业职工实行退休统筹保险。

农村经济全面发展

1990年粮食总产量达74.98万吨，比1985年增长9.3%，创建国以来最高水平，年均增长1.8%，高于"六五"期间递增水平，粮食综合生产能力由"六五"期间的63万吨上升到72万吨。油料、棉花、水产品、肉类等产量均有不同程度增长，农业总产值年均增长3.3%。陆续建成了优质米，商品猪、用材林、鸡蛋、烤烟等一批生产基地，五年累计造林1.45万公顷，农田水利建设五年共完成5783万立方，改造和新建泵站82座210台，近两年改造中低产田0.9万公顷，一批防洪、抗洪、排灌工程陆续投入使用，增强了农业抗灾能力。乡镇企业以每年递增27.1%的速度增长，1990年总产值比1985年增长2.3倍，已成为农村经济的重要支柱。农村产业结构趋于合理，1990年农村社会总产值达26亿元，农业产值占农村社会总产值的比重由1985年的55%下降到38.5%，农村工业、建筑、运输、商业、饮食业等产值比重由1985年的45%上升到62%；种植业所占比重由1985年的73.4%下降到67.7%，林牧副渔产值比重由1985年的26.6%上升到32.3%。农业机械总动力增加到53万千瓦，机耕面积占耕地总面积的50%，用电量达17030千瓦／时，化肥施用量达3.4万吨（折纯）。为农业服务的基础设施，畜牧兽医中心、农技推广中心等已建成，市农技推广中心、水产原种场、网具厂正在建设中。

农村改革在巩固和发展家庭联产承包责任制的基础上，为建立建全统分结合的双层经营体制，推广了乡镇发展农村社会化服务体系和大集体经济实力的经验。按照"适应形势，理顺关系，综合建站，配套服务"的要求，协调农业、科技、供销等有关部门，先后在全市98%的乡镇建立了农村经济服务站，在部分行政村建立了服务组，促进了农村商品经济的发展。1990年遵循"大稳定、小调整"的原则，进行了"双田制"试点（人分口粮田、劳分责任田）。对农民承包土地进行了适当调整，进一步完善了家庭承包经营体制。围绕发展壮大县级经济实力的要求，试点开展了县级综合经济体制改革，使繁昌县甩掉了财政补贴的帽子，所辖芜湖、南陵二县经济实力都显著增强。

重点建设和城市建设步伐加快

在治理整顿中，通过调整，使固定资产投资规模得到控制，结构趋于合理，生产性投资"七五"期间比"六五"期间增加8.5亿元。用于能源、交通、通信系统投资达10.1亿元，占全部投资比重的75%。全民企业的技术改造投资也呈上升趋势，投资比重由"六五"期间的24.8%上升到"七五"期间的30%。五年共安排重点建设项目21个，总投资12.66亿元，已建成投产发挥效益的有芜湖铁路枢纽、50万伏变电所、长江朱家桥外贸码头等15个项目。

城市建设有新发展，五年城市建设投资1.2亿元，完成了一批城市基础设施重点工程；市区人均占有道路面积由"六五"期末的2.35平方米增加到3.35平方米；人均占有绿地面积由4.3平方米增加到7平方米；市区排水能力由17.75立方米／秒提高到69.94立方米／秒；自来水供应量年均增长6.7%；民用煤气普及率由5.8%提高到22.1%；邮电通信新增程控电话1.2万门，长途自动1000线，市话普及率由1.75%上升到3.3%；供电能力也有新的提高。新增乡村道路173公里，不通汽车的乡由"六五"末的22个减少到11个。市区大气环境质量基本达到国家二级标准，长江芜湖段水质保持了国家二类地区水质。

城乡市场购销两旺

1990年全市社会商品纯购进23.1亿元，纯销售13.97亿元，分别比1985年增长149%和92.7%。全市社会商品零售总额五年累计达67.65亿元，比"六五"期间增长1.2倍，年均增长12.8%，高于同期工农业总产值增长幅度。其中人均消费支出由1985年的331元，提高到1990年的643元，五年增长近1倍。国营商业和供销社的主渠道作用，得到较好发挥，众多的个体商业和一批新型集体商业竞相发展。人民生活必需品和蔬菜、副食品供应得到切实保障。五年中先后新建和扩建了中江商场、服装大厦、百货大楼等一批骨干商业中心，建立了小商品、蔬菜、水果、生产资料等市场，零售网点由1985年的12792个发展到16731个，并在城镇建设了一批集贸市场；再度兴盛的"芜湖米市"经国家商业部同意，安徽省政府批准为"安徽芜湖大米批发市场"，它立足安徽，面向全国，在探索粮食流通体制改革中发挥着重要作用。

对外开放不断扩大

"七五"期间，芜湖市以外贸、外引、外运、外联为主要内容的对外开放工作迈出了新的步伐。五年中全市外贸收购总值累计达10.73亿元，占计划的142.8%，比"六五"期间增长1.2倍。1990年，全市出口生产企业达 108 家，出口商品共有 16 大类 180 个，在全省居第三位；出口产品销往欧美、东南亚、香港等 50 多个国家和地区；在保持和稳步发展传统工业品出口的基础上，大力发展机电、化工、冶金等精加工制品和制成品的出口，工业品出口比重已近 90%，其中机电产品占 21.5%；外贸体制改革打破了长期存在的“政企不分”状况，加快了外贸承包经营制的实施；利用外资和引进技术五年共达 75 项，其中利用外资项目 21 项，总投资 9082.5 万元，外方投资 1337 万美元；“三资企业”已发展到 14 个，1990 年产值 2781 万元；芜湖口岸完成外贸运输任务达 54 万吨；先后与日本国高知市和意大利巴维亚省建立了友好关系，扩大了对外文化交流，旅游事业也发展较快。

1990 年，中共安徽省委、省政府把芜湖作为安徽对外开放的重点和突破口后，对外交往进一步扩大，一年中接待来自 29 个国家和地区的外宾、港澳台同胞、外籍华人 1763 人次，比上年增长 60%，旅游外汇收入 228 万元，比上年增长 49%；外贸收购总值 2.59 亿元，比上年增长 9.1%，其中省口岸完成 2.14 亿元，增长 10.3%；新增“三资企业”6 家，投资 437.87 万美元，“三资企业”当年出口总值 153.2 万美元，实现利税 176.13 万元；芜湖海关进出口货物总值达 11231 万美元；投资环境得到改善，朱家桥外贸码头等已交付使用，二期程控电话、微波通讯等即将竣工投入运转，火车新客站、第四自来水厂、发电厂等扩建新建工程已全面开工建设；经济开发小区已动工兴建，由市区通往小区快车道改建工程已竣工通车，为芜湖进一步发展对外开放创造了条件。

各项社会事业有新的进展

教育事业有了较快发展。到 1990 年，小学适龄儿童入学率市区为 99.8%，农村为 98.8%；以中等教育结构改革为重点的教育综合改革试点工作在我市全面展开，中小学德育教育得到加强，市区职业中学与普通高中在校生比例提前达到国家提出的 1:1 的要求；农科教统筹顺利实施。各种类型的地方高等教育和成人教育稳步发展；农村“扫盲”、幼儿教育得到重视；对教育的投入逐年增加，建立了人民教育基金，五年共新、扩、改建校舍 18.6 万平方米，危房率下降至 1%以下。

科学技术工作取得新的成绩。“七五”期间，全市安排各类科技计划项目 196 个，总投资 1619.45 万元，获各级科技进步奖 157 项，其中国家级 2 项，省级 72 项；全民科研机构共完成科研课题 99 项，20 项成果获科技进步奖，23 项成果得到推广应用，创产值 857.1 万元；全市拥有各类专业技术人员 4.3 万人，各类科研机构 40 个；市、县、乡三级科技培训网已经建成。

文化事业日益繁荣。农村基本实现乡乡有文化站，城乡共建群众文化站 107 个；市和各县区的群艺馆、文化阵地和设施都得到改善，公共图书馆藏书增加，五年共创作各类文艺作品 5000 余件；市区新增一套电视节目，电视覆盖率达 100%，农村综合覆盖率达 90%。

卫生事业进一步发展，医疗条件改善。五年中，卫生机构增加 26 个，其中各县增加一所中医院，新增医疗卫生用房 2.32 万平方米，医疗床位净增 487 张，平均千人拥有 6.4 张，建成了皖南一带最大的芜湖中心血库，平均每千人拥有 6 名卫生技术人员；计划免疫、妇幼保健、地方病防治等工作取得进展，各种传染病发病率明显下降，农村三级医疗网不断扩大，群众性爱国卫生运动持续开展。

群众性体育活动生气勃勃。五年来共举办县以上运动会 70 多次，中小学生达《国家体育锻炼标准》人数分别有 25000 多人和 9300 多人；体育场地设施得到改善，新增了训练房和室内游泳馆，改建了综合体育小馆。

五年来，芜湖市持之以恒地开展了文明城市建设活动，在省辖 8 市创建文明城市竞赛中两次夺得第二名，并荣获文化建设先进城市称号；全市已建成省、市级文明单位 238 个，县区级文明单位 819 个，五好家庭 113136 个。

人民生活明显改善

1990 年城镇居民人均生活费收入达 1250 元，比 1985 年增长 1.07 倍，年均增长 15.7%；农民人均纯收入 625 元，比 1985 年增长 72.8%，年均增长 11.6%。1990 年城镇居民储蓄存款 8.4 亿元，比 1985 年增加 6.4 亿元；1990 年末城乡居民结余购买力已突破 14 亿元。五年中城市建成住宅 124 万平方米，人均住房面积 6.05 平方米，农村人均生活用房已超过 16 平方米，农村扶贫工作有新的进展，贫困村由“六五”期末的 53 个减少为 30 个，贫困户由 29264 户减少为 7000 户，下降 76.1%。

90 年代是芜湖经济社会发展的一个非常关键的时期。本市将努力提前实现国民生产总值“翻两番”，使人民生活达到小康水平的目标，主要措施是：

第一，大力调整经济结构；第二，立足现有基础，加快企业技术改造步伐；第三，精心选择重点建设项目，多渠道筹集建设资金；第四，依靠科技进步，发挥人才作用；第五，继续深化改革，促进经济发展；第六，对外开放要有一个新的突破性进展。通过 10 年左右的艰苦创业，基本实现我市对外开放的总体目标和形成外向型经济的格局。

（执笔：金　盛）

铜陵市

市　长：汪　洋

副市长：汤守道（常务）　卢成静（工交）　王永锡（城建）　徐宗督（农业、科技）　赵日标（文教卫体）

汪洋市长，1955年3月出生。1972年高中毕业后进工厂当工人。1976年调宿县地区干校任理论教员、教研室副主任。1979年3月考入中央党校理论班政治经济学专业学习，次年9月结业后在宿县地委党校、地区团委工作。1982年任安徽省团委宣传部长、副书记，1984年任安徽省体委副主任、主任。1988年任铜陵市委副书记、代市长。1989年3月当选为市长，1988年撰写的《关于中国体育两个热点的若干思考》一文，被评为全国体育系统领导干部优秀论文。其他有关文章亦曾多次获奖。

奋进中的铜陵

——铜陵市“七五”发展概况及特点

□　铜陵市市长　汪　洋

素有“江南铜都”之称的铜陵，早在汉代就开始了采铜业，唐代出现了采冶盛世。著名大诗人李白曾写下了“我爱铜官乐，千年未拟还，要须回舞袖，拂尽五松山”的千古绝句。历代有许多文人墨客、商贾名仕也常游集于铜官山、五松山，吟诗赋辞，流连忘返。

铜陵于1956年10月建市，现辖三区一县，总人口61万，其中非农业人口为27万；总面积1113平方公里，其中市区面积227平方公里。铜陵地理位置优越，地处皖江南岸，北依“黄金水道”长江，上达九江、武汉、重庆，下抵南京、上海；沪铜铁路沟通了京浦、皖赣等线；市内外公路纵横，有前往武汉、黄山、杭州、上海、蚌埠、合肥等地的直达班车；7000门程控电话和360对路光缆与国内外直接沟通，交通便利，通讯迅捷，是以黄山、九华山为中心的皖南旅游区的西北门户。

铜陵资源丰富。鱼米之乡的物产应有尽有，并建有国家一类保护动物——白暨豚养护场。现已探明并开采的矿产资源有30多种，其中金、银、铜、铁、硫等储量和产量，在全国占据重要位置。勤劳勇敢的铜陵人民，在党和政府的领导下，已取得了令人瞩目的成就，已成为皖中南重要的工业港口城市，更是“开发皖江、呼应浦东”的前沿阵地。

1986—1990年，是铜陵历史上生产与建设、速度与效益、城市建设与人民生活、经济建设与社会事业都有突破性发展的重要时期。其概况及主要特点是：

（一）国民经济稳定增长。1990年与1985年相比，国民生产总值增长94.3%，平均年递增14.2%；社会总产值增长90.6%，平均年递增13.8%；国民收入增长92.6%，平均年递增14%；工农业总产值增长91.2%，平均年递增13.8%，其中工业总产值增长96.2%，平均年递增14.4%；财政收入增长128.9%，平均年递增18%；外贸收购总额增长274.6%，平均年递增30.2%；社会商品零售总额增长147.9%，平均年递增19.9%。特别是经过80年代的努力，狠抓经济结构调整，取得了明显成效，农轻重比例关系得到了有效调整，由1980年的11.2:11.0:77.8调整为7.9:18.2:73.9。工业内部结构有了一定的改善，轻重工业比重由1980年的13.3:86.7调整为19.7:80.3，集体工业占工业总产值的比重由1980年的6.6%上升到15.4%；工业构成出现了新的格局，形成了以有色、化工、纺织、机电、建材五大支柱行业为主的、门类较为齐全的工业体系，地方工业占工业总产值的比重由1980年32.1%上升到60.7%，特别是纺织、化工两个行业得到较快发展，已占工业总产值的37.5%。

1. 农业：1990年，在农业总产值中，林、牧、副、渔业产值所占比重由1980年的23.8%上升到35.2%；在农村社会总产值中，工业产值占41.0%，建筑、运输、商业、饮食业产值占19.7%，特别是乡、村工业发展迅速，乡村工业产值已占全市工农业总产值的8.4%，占全市工业总产值的9.1%。1990年比1985年，农业总产值增长40.4%，年均递增7%。其中种植业年均递增4.4%，林业年均递增10%，牧业年均递增7.7%，副业年均递增21.6%，渔业年均递增14.2%。主要农产品产量连年增长，粮食产量"七五"比"六五"增长了17.9%，棉花增长46.2%，油料增长4%，蔬菜增长73%。所辖铜陵县1990年跻身于全国31个万两黄金县的行列，并获全国粮食生产先进县的称号。乡镇企业发展迅速，1990年产值比1985年增长2.1倍。

2. 工业：1990年全市工业总产值比1985年增长96.2%，平均每年递增14.4%，其中重工业平均年递增14.8%，轻工业平均年递增13.5%。主要工业产品产量也有较大幅度增长，其中基础原材料产品产量电解铜、生铁、原煤、硫铁矿、硫酸等，"七五"期间平均年产量分别比"六五"期间年均产量增长283.8%、139.7%、52.4%、297%和14.4%。"七五"期间，平均每年开发新产品近50项，"七五"期末有80种产品获优质产品称号，其中国优1个，部优21个，省优58个。交通运输量全面增长，1990年运输部门完成货物运输量662万吨，比1985年增长39.1%，旅客发送量505万人，比1985年增长14.3%。

3. 商业贸易："七五"期末，全市社会商品零售总额比"六五"期末增长147.9%，平均每年递增19.9%；外贸出口收购总额增长274.6%，平均每年递增30.2%。从市场销售的经济类型看，国营商业占社会商品零售总额43.4%，集体商业占32.8%，个体占11.7%，农民对非农业居民零售额占12.1%。

（二）生产建设取得了重大进展。"七五"期间，全社会固定资产投资完成额达20.4亿元，比"六五"时期增加15.3亿元。其中全民所有制单位基本建设、更新改造投资完成额达17.6亿元，比"六五"时期增加13.2亿元。"七五"期间全社会新增固定资产17亿元，到1990年，全市人均拥有固定资产20506元，比1985年增长35.1%，其间新建并投产的有磷铵12万吨／年、2×12.5万千瓦发电机组、气流纺1000头、苎麻纺锭2400锭、硫铁矿60万吨／年、家电铜材1850吨／年、铜深度加工等项目。初步形成了33个行业、133个门类、450多家企业，11万多名职工的工业体系。铜陵有色金属公司通过技术改造，成为以六个骨干矿山、两个冶炼厂为主体的全国六大有色金属基地之一，化工总厂跨入全国五大磷肥企业行列，磷铵厂年产12万吨磷铵装置是国内投产最大磷铵生产企业。到1990年底止，全市共有大型企业4个，中型企业13个，有3个企业被评为国家二级企业，7个被评为省先进企业。

（三）城市基础设施配套发展，人民生活水平进一步提高。"七五"期间，城市建成区面积比"六五"末增长25%；城市道路通过拓宽、改造、新建，已形成一环、二环的框架，并兴建了长途汽车站、专业码头和汽车轮渡码头三座。到1990年底，城市人均供水、供气量分别比"六五"末增长23.5%和23.6%。通过实施"三年消灭荒山、五年绿化铜陵、八年美化城市"的方案，现已实现五年绿化铜陵的目标，建成区绿化覆盖率达29.3%，比"六五"末提高10.3个百分点，人均占有绿地8.8平方米。城市每百人拥有电话数居全省之首。

1990年底，城市职工年均工资收入达2012元，比"六五"末增长1倍多；农村人均纯收入达597元，比"六五"末增长60.6%，"七五"期间共安置待业人员37576人，城市居民人均居住面积6.35平方米，比"六五"末增长14.6%。

（四）社会各项事业有了明显的进步。"七五"期间，全市共取得各类科研成果近千项，其中获得市级以上科技成果奖的246项。"七五"期间实施"星火计划"18项，开发新产品300多个，一批新技术、新成果在经济建设中推广应用。教育事业发展较快，学龄儿童入学率达99.2%。职业教育、成人教育、特殊教育都有较大发展。群众性文化生活进一步繁荣，去年，成功地举办了"90铜陵杯"全国相声作品展表演活动，走出了"文化搭台、经济唱戏"的路子。广播、电视事业得到进一步发展，"七五"期间新上电视频道一个，并加速发展有线电视。医疗卫生事业取得新成绩，医疗床位已达2771张。体育事业成绩显著，竞技体育和群众体育水平均有明显提高，并承办了几次较大规模的全国性体育比赛。计划生育工作取得了新成绩。

纵观"七五"，铜陵国民经济和社会事业之所以获得迅速发展，最根本的就是我们坚定地走符合铜陵实际的经济发展之路。一是坚持速度与效益并重的原则。二是坚持调整与发展并重的原则。通过经济结构调整，一方面加大了集体所有制及个体经济成份的比重，开辟财源；另一方面努力调整产业、产品结构，改变了过去单一搞铜、地方工业长期过意（亿）不去的格局，形成了有色、化工、纺织、建材、机电等五大支柱行业，使铜陵经济发展步入良性循环轨道。三是坚持当前与长远利益并重的原则。一方面立足当前，重点抓练好内功，强化自身，为长远发展夯实基础。另一方面，思虑长远，狠抓后劲。在"六五"、"七五"20多亿投资的基础上，"八五"又有20多亿的一大批骨干项目已立项审批。"八五"乃至今后10年还将有20多亿的项目动工兴建，将为铜陵的经济长期稳定、协调发展奠定良好的基础。

蚌 埠 市

市　长：诸宗智
副市长：王　佩（常务）　王晓云（财经、外事、政法）
苗长明（工交、安全）　李福祥（科教文卫）
贾兆瑜（城建）

诸宗智市长，生于1940年12月，安徽省定远县人。毕业于合肥工业大学化工系，中共党员。曾任安庆石化总厂技术处副处长，副厂长等职。1983年6月起，先后担任安徽省总工会副主席、党组副书记，安庆市委常委，安庆石化总厂党委书记。1988年2月调任淮北市委副书记、代理市长，1989年4月当选为淮北市市长。1990年5月任调蚌埠市委副书记、代理市长，1991年3月当选为蚌埠市市长。

坚持“育人治城”　创建文明城市

□　蚌埠市人民政府办公室

党的十一届三中全会以后，蚌埠市的改革开放和经济建设事业迅速发展。1984年被列为全国经济体制综合改革试点城市之一。1985年被列为全国甲级开放城市，先后与日本摄津市、德国克雷费尔德市，意大利贝加摩市结成友好城市。1986年，又被列为全国金融改革和住房制度改革试点城市。在改革的推动下，1990年，全市实现国民生产总值42亿元，社会总产值92亿元，国民收入36亿元，工农业总产值49亿元(1980年不变价)，财政收入6.51亿元。“七五”期末全市工农业总产值比“六五”期末增长31%，年均增长5.6%；财政收入五年累计完成30.47亿元，比“六五”时期增长69.6%，年均增长6%。

在努力抓好物质文明建设的同时，蚌埠市根据两个文明一起抓的原则，认真贯彻全国人大常委会《关于加强社会主义精神文明建设的决定》，以创建文明市活动为主线，推动了全市精神文明建设的深入发展。五年来，创建文明市的系列活动，大体可分为三个阶段：第一阶段，从1985年—1986年底，用一年多时间，全面发动，重点治理“脏、乱、差”，为创建文明城市打好基础；第二阶段，从1987年开始，又用一年多时间，健全管理组织，修订完善制度，强化管理措施，巩固已取得的成果，把创建文明城市活动转入经常化；第三阶段，自1988年以来，致力于提高人民的思想道德和科学文化素质，在“育人”、“治城”上狠下功夫。

经过5年多的努力，蚌埠市的精神文明建设取得了明显成果：

——市容市貌显著改观。过去，人们进入蚌埠，第一印象往往是脏。现在城市绿树成荫，环境整洁舒适，给人的印象是干净卫生。随着卫生状况的改善，人民群众的健康水平不断提高，法定传染病发病率五年下降了43.25%，平均每年下降8.65%。

——社会秩序有了明显好转。车站、机场、港口、影剧院和集贸市场等公共场所管理有序，道路秩序井然，交通标志、路名路牌和路灯等设施齐全，交通事故的发生率在省内最低。

——服务行业服务质量有显著改进。全市十大窗口行业的10多万名职工讲求职业道德，热情待客，周到服务已蔚然成风。抽样调查表明，90%以上的市民对服务行业的服务工作表示满意和比较满意。

——干部群众精神风貌良好。广大市民思想政治素质和道德水平明显提高，出现了“五多五少”的新气象：讲卫生的多了，乱扔乱倒的少了；爱护公物的多了，损坏公共设施的少了；微笑服务的多了，“冷、硬、顶”的现象少了；团结互助的多了，邻里纠纷少了；见义勇为的多了，袖手旁观的少了。干部群众热爱祖国、建设家乡的责任感和争当文明市民的荣誉感不断增强，各条战线都涌现出一批先进单位和模范人物。

自1986年以来，蚌埠市连续两次在省辖九市创建文明城市活动竞赛中获得第一名；第一个在省内被命名为“无鼠害城市”；全国第二次城市精神文明建设活动经验交流会在蚌埠召开；1990 年经国家爱委会评选，蚌埠市进入全国 19 家地级卫生城市行列。几年来，党中央、国务院领导同志多次到蚌埠视察精神文明建设工作，均给予了较好的评价。

几年来，蚌埠市加强精神文明建设，主要做了以下几项工作:

(一) 全面规划，统一部署，打开局面。

1985 年，蚌埠市委、市政府组织学习福建三明、湖北沙市等先进城市的经验，结合本地实际，确定了“全党动员、全民动手、全面规划、综合治理”的创建文明城市活动的基本思路，并据此作出了《关于加强社会主义精神文明建设的几个问题的决定》，提出了“学三明、赶沙市，努力创建文明市”的口号和切合实际的奋斗目标，并召开万人大会进行了动员部署。

在充分进行思想发动的基础上，全市组织实施了综合治理“脏、乱、差”的三个战役。第一战役治脏，创优美环境。全市动员了万人上街，突击清扫道路，清运积存垃圾，消灭卫生死角。同时，组织上千名干部，分片包干，进行监督检查。在市区实行禁养家畜家禽制度，全面整顿食品生产企业和饮食行业，在个体饮食业普遍推行蒸气和远红外等餐具消毒制度。通过这一战役，使城市卫生面貌一举改观。第二战役治乱，创建优良秩序。组织政法部门和全市各单位，认真检查危害、影响治安秩序的人和事，严厉打击各种严重犯罪分子，广泛进行法制教育；同时，整顿公共场所治安秩序、单位内部治安秩序和城市交通秩序，并健全基层治保组织，完善综合治理措施。第三战役治差，创优质服务。对全市 14 个窗口行业的 10 多万名职工普遍进行职业道德教育。开展“满意在珠城”的活动。从市委书记、市长到局长、经理等 1300 多名科以上领导干部，分别定期到 4000 多个窗口行业单位参加服务监督。同时，向市民公布了市委、市政府联系群众电话号码和市容卫生监督、食品卫生监督、物价监督、优质服务监督、个体经营监督等六个电话号码，随时听取和处理群众反映的服务方面的问题。这三个战役的分步、分层推进，收效显著，为创建文明城市活动开了个好头。

治理“脏、乱、差”的三个战役之后，蚌埠市把“突击战”转为“持久战”。全市精神文明建设活动，大体每 3 年编制一次总体规划，每年制订一个工作要点，抓好一至两项全市性的主题活动，带动各行各业群众性创建活动的全面开展。一是发动各行各业总结经验，建立健全规章制度；二是加强管理机构和队伍建设，使各项工作有人管、长期抓；三是加强基础设施建设，治标与治本并重。这样，不仅使三个战役的成果得以巩固和发展，而且把精神文明建设活动不断引向深入。

(二) 以提高人民的思想道德素质为主，开展形式多样的群众性创建活动。

蚌埠市把“育人治城”作为精神文明建设的基本方针。以“育人”促进“治城”，培养群众的社会主义和爱国主义思想、奉献精神和艰苦奋斗的作风，让群众在活动中自我教育、自我管理、自我提高。

1988 年，在全市普遍进行了一次社会公德和职业道德教育，制发了《蚌埠市文明市民守则》，颁布了“十要”和“十不”。“十要”是: 要遵纪守法；要勤奋学习；要热爱劳动；要移风易俗；要讲究卫生；要礼貌待人；要团结互助；要尊师重教；要敬老爱幼；要爱护公物。“十不”是: 不随地吐痰；不乱扔乱倒；不乱贴乱画；不说脏话；不赤臂上街；不酗酒斗殴；不虐待妇女；不妨碍交通；不损坏花木；不捕杀鸟类。《蚌埠市文明市民守则》发给居民每户一册。同时，还制订了文明乘客、文明顾客、文明观众、文明游客等不同场合的市民规范；采取分期分批短期轮训的办法对商业、服务业、公交、供水、邮电、房管等十大窗口行业的职工进行职业道德教育。市里制订教学大纲，编出统一教材，考试合格后发给合格证书。经一年轮训，服务行业职工考试合格率均达 90%以上。

结合开展反对资产阶级自由化思潮的斗争，蚌埠市积极创造良好的小气候，理直气壮地提倡和发扬党的优良传统和作风，倡导公民做“四有”公民。这方面主要抓了十项大的活动: 一是开展学雷锋、学焦裕禄等先进人物活动，树立正气。先后分别邀请解放军英模报告团、全国劳模报告团及雷锋生前所在连队指导员欧阳华初同志来市作报告，报告后，还组织市民收看了电视录像。在少年儿童中则集中开展学习赖宁的活动。二是组织评选“珠城十佳青年”，并组成报告团，到基层各单位现身说法，教育群众。三是举办革命传统教育题材影视片展播 (映)。全市安排 24 部影片，在 18 家影剧院展映 400 多场，观众达 30 万人次。四是开展读革命传统教育书籍活动。五是开展大唱革命歌曲活动。六是举办“蚌埠革命史陈列”。七是各中小学开展升国旗、唱国歌活动。八是筹建革命烈士纪念碑。九是开展群众性社会公益义务劳动。十是加强文化市场的管理，清查处理了政治上有问题、夹杂淫秽色情内容、宣传封建迷信等出版物 7000 余册，取缔无照违法经营户 21 家。此外，还注意抓好一些专项活动。如: 开展改革婚嫁丧葬陋习的活动；评选见义勇为积极分子活动；倡导平坟还田活动；以及一些不同形式、不同内容的知识竞赛、主题辩论会等群众活动。这些活动均做到主导性和专题性有机结合，寓教于乐，使整个精神文明建设活动形成群众要求、群众参加、群众支持、群众受益的生动局面。

(三) 结合为群众办实事，抓好精神文明的硬件建设。

创建文明城市需要加强城市基础设施建设，蚌埠市结合为群众办实事，每年都从市财政挤出一批资金用于解决基础设施建设中的一些突出难题。主要有：

1. 在道路建设方面。用市财政投资兴建、改造了一批骨干道路、桥梁。已建成的斜拉式淮河公路大桥，不仅方便了城市交通，减轻了车辆拥挤的状况，还为城市增添了一大景观。在抓好主要道路建设的同时，采取国家建设、群众集资和组织义务劳动相结合的办法，铺设小街小巷路面600多条，面积达30多万平方米，基本上完成了市区泥土路面的封闭，对净化城市空气起了重要作用。

2. 在卫生设施方面。新建和改造了封闭式垃圾站、台式中转站、静态堆肥填埋场、无害化垃圾处理场等环卫设施，增添了垃圾运输机械56台，机械化清运率达94%。投资350多万元在市区主要街道两侧新建了78个水冲式公厕，又对全市220个公共旱厕所全面进行了维修和改建，并建立了管理制度，使厕所卫生状况大大改观。

3. 在美化城市环境方面，市区建成花园、花坛、街头小景点4000多个，市区绿地与近郊15座山林相连，形成绿化网络，城市绿化覆盖率已达25%，人均公共绿地为4.53平方米。

4. 在文化设施方面，建成了老干部活动中心、青少年宫、少儿活动中心等一批文化娱乐设施，改造了一批老的影剧院，新增了电视频道。

（四）引进竞争机制，开展多层次的竞赛评比活动。

蚌埠市把组织开展竞赛评比作为推动群众性精神文明建设活动的一项重要措施，形成你追我赶的生动局面。这项活动主要有四个方面：

1. 积极参加全省创建文明城市竞赛活动。这项竞赛活动由省组织、省辖九市参加。一般两年评比一次。蚌埠市在前四年的两次评比中都获得了第一名。

2. 组织市辖三县四区开展创建文明县、区的竞赛评比活动。

3. 开展创建文明单位活动。全市从物质文明和精神文明建设两个方面制订了统一标准，分别制订了文明机关、文明学校、文明医院、文明商店、文明街道等各自的具体标准，并按照这些标准组织了达标活动。到1990年，全市共命名省级文明单位6个，市级文明单位179个，县（区）级文明单位486个，文明楼院540个，五好家庭16万多户，全市各级文明单位已占总数的40%左右。

4. 开展窗口行业百家单位评佳评差活动。全市有商业、服务、供销、园林、工商、文化、卫生、交通、邮电、金融等10个行业中的100个单位参加评选，每年均评出最佳单位10个，最差单位2个。在此基础上，去年又在三条街（朝阳路、淮河路西段、淮河路东段）三条线（粮食、燃料、集贸市场）开展了评佳评差活动。

（五）加强组织领导，保证精神文明建设的各项任务落实到基层。

加强精神文明建设，必须有一个强有力的领导机构和能够协调方方面面力量协同作战的工作班子。蚌埠市建设精神文明活动的领导机构是市文明城市建设委员会，市委书记、市长分别担任主任和第一副主任。每季度召开一次文明委全委会议，研究和部署全市精神文明建设工作。为了把市委、市政府的部署贯彻到基层，主要通过四个方面的工作抓好落实：

1. 抓典型引路。在全市各行各业中，培养和树立了一批典型，影响较大的有中区爱国巷居委会、东区煤球厂、市百货大楼、蚌埠饭店、科技普及示范村——五河县淮五村等，市里抓住这些典型，多次召开经验交流会，推动面上的工作。

2. 抓队伍建设。几年来逐步理顺了城市管理各职能部门的关系，建立起一批包括城市规划管理监察大队、市容卫生监察大队、环卫管理和清扫队伍、食品卫生监督人员、交通和市场管理人员的专管队伍，这五支力量明确分工、各负其责，对搞好城市管理起到了重要作用。

3. 抓检查监督。主要实施党组织监督、新闻舆论监督、人民代表监督和群众监督等，推动精神文明建设的健康开展。

4. 抓制度建设。在认真执行国家法律、法规的同时，结合当地实际，制定了30多个地方性的管理规定和办法，作为共同遵守的行为准则。

几年来，蚌埠市的精神文明建设已取得了明显成效，但还有一定差距。目前，本市已拟定了“八五”时期和今后十年精神文明建设的规划，决心在已有的基础上更上一层楼。

（执笔：赵同蕴　徐　超）

马鞍山市

市　长： 周玉德
副市长： 朱佩蓉（女　常务）　李福增（城建、文教卫体）　王兴尧（商贸、农业）　谢志平（工业、物价、计划、金融）　杜爱贞（女　电子工业）　王保宏（科委、政法、交通、邮电）

周玉德市长，1934年1月生，湖北宜昌县人。1950年参加工作，中共党员。先后在宜昌、马鞍山等地的港口、工厂作基层领导工作。1978年任马鞍山市科协副主席，1979年任市科委副主任。1980年任马鞍山市副市长。1982年任中共马鞍山市委副书记，1983年任马鞍山市市长。1988年1月再次当选为马鞍山市市长，第七届全国人大代表。

稳步前进　协调发展

——马鞍山市“七五”建设的简要回顾

□ 马鞍山市政府经济研究室

马鞍山是1957年建立的年轻城市。“七五”期间，马鞍山实现了从单一钢铁城市向区域性经济中心城市的转变，产业结构日趋合理；城市的规划格局和基础设施展现出现代城市的风貌；城市的经济、社会、教育、文化等协调发展，城市综合辐射力明显增强。

取得显著成效的五年

（一）经济稳步发展，经济实力大大增强。“七五”期间，全市累计完成工农业总产值187.6亿元，年均递增12.4%，比“六五”增长1.36倍；国民生产总值104亿元，年均增长13.6%，比“六五”期间增长1.05倍；国民收入88.7亿元，年均增长17.7%，增长1.12倍；财政收入22.3亿元，上交15.8亿元，分别增长40%和28.5%；固定资产投资达25.02亿元，增长2.4倍，到1990年底，全市已形成固定资产原值42亿元，经过“七五”的新建和大规模技术改造，一批骨干企业迅速崛起，形成了以马钢为主体的较为完整的工业体系。

（二）工农业协调发展，经济结构渐趋合理。“七五”期间，全市工业产值年均递增11.22%，农业产值年均增长1.87%。在全市工业总产值中，马钢年均增长速度为7.1%，地方工业为11.5%，当涂县工业为20.2%，乡镇企业为23.2%。在工业结构中，马钢、地方工业和当涂县工业之间的比例，由1985年的40:23:10，到1990年改变为15:12:10，工业结构正趋于多元化。

（三）产品结构有所改善，新产品大量开发，产品质量不断提高。“七五”期间，马钢累计生产钢922万吨，生铁1090万吨，钢材701万吨，扭转了铁、钢、钢材的不合理状况，生铁、钢、钢材的产量比例，由“六五”期间的4:3:2转变为15:13:10。工业技术水平和产品开发能力显著提高。累计开发新产品630多种，比“六五”期间增长1.5倍。省、部、国优产品由31个增加到137个。工业产品的优质品率由9.2%提高到32%。

（四）城市基础设施进一步得到加强。五年累计投入城市维护建设资金1.4亿元，比“六五”期间增加115%。市区建成面积，由24.9平方公里增加到27.7平方公里。市区新建扩建了18条主要道路，新增道路面积132万平方米。城市人均居住面积达到6.5平方米以上，自来水普及率达95%，管道煤气普及率达78%，处于全省和全国的先进水平。

（五）人民生活继续改善。1990年全市职工人均收入达2164元，是1985年的两倍，年均递增14.8%，增长幅度和绝对值都居全省前列。农民人均年收入675

元，比1985年增加37%，年均增长6.5%。全市城乡储蓄存款余额达7.36亿元，增长3.1倍，其中城镇增长3.3倍，农村增长2.1倍。

以经济建设为中心，努力提高经济水平，优化经济结构

（一）搞好马钢及其大项目建设，增强发展后劲。马鞍山是以钢铁工业为主体的城市。全市各行各业牢固树立为马钢服务的思想，“七五”期间，马钢共完成建设技改投入15.27亿元，建成了具有80年代世界先进水平的高速线材轧机、具有国内先进水平的钢坯连轧机、10000立方米制氧机和年内即将竣工投产的板坯连铸、H型钢改造等16个重点项目，提前达到了“七五”计划200万吨钢铁的生产规模，结束了“铁大于钢、钢大于材”的局面，使马钢跨入我国九个特大型钢铁联合企业的行列。经过“七五”的挖潜配套、扩建改造，马钢的产品结构趋于合理，品种质量有了很大提高，物质消耗明显下降，产值产量和经济效益持续稳定增长。“七五”期间累计实现工业总产值53亿元，利税24.2亿元，上交利税16亿元，相当于向国家贡献了一个马钢。1990年与1985年相比，工业总产值增长39%，实现利税增长45%，上交利税增长30%。马钢逐步实现了由产量速度效益型向质量品种效益型的战略转移，走出了一条自我积累、自我改造的“滚雪球”式发展道路。

（二）加强技术改造，形成了一批地方骨干企业，城市的聚集效应得到了更好地发挥。一个城市只依靠单一企业的发展对其长远建设将存在很大的局限性。“七五”期间，马鞍山把发展地方工业、培育新的经济增长点作为城市发展和产业结构调整的一项重要内容。从技术改造入手，通过增加投入、减轻企业负担和“养鸡生蛋”等政策措施，扶持地方工业的发展。“七五”期间，地方工业共实施技术改造和技术引进项目215项，总投资5.2亿元，分别比“六五”期间增加100项和4亿元。到目前为上，已有171个技改项目竣工投产，新增产值7亿元，利税1.6亿元，地方工业通过五年技术改造，形成了鲜明的地方特色。“七五”期间，地方工业把冶金、轻工、纺织、机械、化工等行业作为重点技改对象，形成了一批骨干企业和支柱行业。例如，纺织行业通过重点技术改造，提高了产品档次，增强了国际市场的竞争能力。现在纺织产品的出口创汇额约占全市的1/4，成为外贸出口的支柱行业。轻工、电子等行业也迅速发展。近年来，全市先后有18个企业晋升为省级先进企业。有的迈进了国家二级企业行列。地方工业的新产品开发能力也得到加强，加快了产品更新换代速度。“七五”期间，地方工业累计开发新产品486项，其中56项达到国内先进水平，202项产品已投入批量生产。截至1990年，地方工业产品创国优一项、部优20项、省优69项，优质产品率达到32%。

（三）积极发展第三产业，加强基础建设，完善城市的综合服务功能，改善经济环境。“七五”期间，本市建设以“统一规划、合理布局、综合开发、配套建设”为指导方针，加强和配套各项基础设施建设。新建的马和汽车轮渡沟通了长江南北，全线拓宽了南京——马鞍山国道，进一步密切了本市与南京和皖中地区的联系；建成了市电信综合大楼和万门程控电话交换机，开通了宁汉光缆通讯和无线移动电话，使市话容量增长了1.6倍，已能与世界各国和国内大中城市进行直拨电话通讯。通过深化改革，使服务部门逐步由行政型、福利型向经济型、企业型转变。改造建设了解放路商业一条街、新建了富园贸易市场和商业大厦等一批重点商业设施，使全市商业面貌有了明显改观。1990年全市拥有商饮服务业网点11378个，比1985年增长70%。“七五”期间，社会商品零售总额每年递增15.2%，高于全国、全省增长水平。

经济建设与城市建设、环境建设相互统一，协调发展

“七五”期间，在突出经济建设的同时，坚持经济建设、城市建设和环境建设三同步，促进了城市经济、社会、环境效益的同步提高。五年中全市共整治“三废”污染源300多个，建成了湖北路、红旗北路、湖西路的排污截流工程和市区污水处理系统，集中力量解决了一些老大难污染源，并建立起“预防为主”的环保工作新秩序。环境质量有了明显改善，大气指标达到一级标准，水环境主要指标达到国家二级标准。1990年本市荣获国家爱卫会“环境保护奖”。借助本市依山环湖的自然地貌，加快城市园林化建设，先后新建了金字塘、石山两座区级公园，开辟了雨山湖两岸绿地及鹃岛景区，初步形成了山、水、城融为一体，街头小景、小憩园、各种雕塑互相衬托的城市园林化格局。五年中城市绿化面积达到874公顷，净增238公顷，人均占有绿地面积达到9.8平方米，居全省前列。深入扎实地开展爱国卫生运动，增添了一大批卫生设施，道路清扫面积增加14万平方米，比“六五”期末增长17%，垃圾日清运率达到100%，使环境质量和市容卫生得到明显改观，市民健康水平稳步提高，1990年被评为全国地级“十佳卫生城市”。

坚持两个文明一起抓，经济建设与社会建设、文化建设同步前进

“七五”期间，本市的两个文明建设又在新的更高层次上向前推进了一步，以培养“四有”新人为宗旨，把社会主义精神文明建设一步一步引向深入。

（一）把教育事业作为两个文明的基础工程来抓，

对教育实行重点倾斜。“七五”期间，全市对教育的投资近亿元，平均每年递增25%，教育经费占财政支出比重达20%。教育经费的增长比例、中小学生人均经费、教师经费的公用部分三项指标居全省首位。城市中小学生人均占有校舍面积超过部颁标准。“七五”末全市已基本普及九年制义务教育。适龄儿童入学率达99.2%，在校学生巩固率达99.3%，毕业率97%，超过国颁标准。高考达线率连续四年名列全省前茅。全市现已形成从幼儿教育、基础教育、职业教育、成人教育到高等教育的较为完整的教育体系，各类受教育人数占市区人口总数的41%。全市扫盲率为93.5%，1986年郊区成为基本无盲区。市政府规定，30年以上教龄教师退休，享受100%的工资，教师子女优先就业，极大地调动了广大教师办好教育的积极性。

(二）把提高市民现代意识，作为创造高度社会主义精神文明的一项重要内容。本市大力开展具有时代特点和地方特色的文明建设活动，推动了社会主义精神文明建设向广度、深度发展。从1988年起，坚持每年在全市范围内选“十佳好事”和“十佳人物”，推动全市广泛开展学雷锋、学焦裕禄、学南京路上好八连、学先进人物的活动。近年来，全市累计有1200多人荣获国家和省、部级劳动模范、“三八”红旗手等光荣称号。通过开展城乡共建精神文明活动，开展文明单位建设、文明集镇竞赛、文明村竞赛等行之有效的活动，有力地推动了城乡精神文明建设。区、街道、乡（镇）文化站（室）建设有了新的发展。投资60万元建成了大公圩地区电视转播发射台，广播、电视、新闻设施有新的改善。开展了“江南之花”、“农民歌咏比赛”等群众性文化活动；专业文艺创作、演出活动十分活跃。去年，经全市百万人民讨论，制定了《90年代马鞍山精神文明建设纲要》，为今后十年精神文明建设规划了新的蓝图。

(三）弘扬优秀的民族传统和文化遗产，是精神文明建设的另一重要内容。马鞍山是唐代大诗人李白晚年居住和终老长眠之地，到处都有诗人的足迹，我们利用这一独特的人文景观，组织了中国李白诗词研讨会、太白诗社、李白研究会、太白书画院等社团组织，对发展城市文化产生了深远的积极影响。本市还“以诗为媒，招客天下”，从1989年起，举办每年一度的国际吟诗节，来华的外国游人逐年增多，大大提高了马鞍山在海外的知名度。

“七五”期间经济、社会发展的基本特点

“七五”期间，马鞍山从市情出发，积极探索有中国特色的社会主义新型城市的发展路子。主要包括：

(一）以经济建设为中心，努力实现经济结构和社会结构的合理化。在发展的指导思想上，突破了过去单纯作为工矿城市发展的观念束缚，努力改变单一经济结构，加快地方工业的发展。这不仅为经济发展增加了后劲，也促进了马钢的更好发展。经济结构的多元化和合理化，从根本上改变了过去单一结构时城市女性就业难、社会服务奇缺、生活质量不高等工业城市的通病。不仅使资源从多方面得到开发利用，增加了开发的附加值，而且提高了综合效益，带动了周围地区的发展。

(二）重视产业结构的优化，抓紧进行战略产品的研究开发。通过培育新的骨干企业、培养新的经济增长点、进行战略产品的研究开发等措施，重视技术进步和现代化管理，大力发展质量效益型、科技先导型、资源节约型工业和产品，使本市经济发展保持了旺盛的后劲。

(三）把社会效益摆在突出位置，积极推动城市的全面进步。除经济指标之外，还建立了一套包括科技、政治、文化、教育、道德、精神等在内的综合社会经济指标体系，不局限于追求物质富裕，而是以提高人的素质和社会进步为目标。牢固确立“生产是今天、科学是明天、教育是后天”的战略意识，把经济发展、科技进步和人的素质提高有机地结合起来，超前发展教育和科学事业，把马鞍山建设成为工业实力雄厚，教育和科技比较发达的现代化新型城市。

(四）切实搞好环境建设，实现经济、社会、生态三大系统的良性循环。作为钢铁城市的马鞍山，建市30多年来，在向国家贡献了大批生铁、钢材的同时，却给自己留下了大量废渣、废水、废气和工业粉尘。如果不能治理污染，就无法从根本上改变工矿城市的粗陋形象，也就无法建设现代化的城市。本市在建设中，努力对环境污染进行了综合治理，按照城市生活质量和环境质量两大标准，和“居住”、“工作”、“休息”、“游乐”四种功能的要求，积极把本市建设成社会主义的卫生城、园林城、生态城。

(五）勇于探索，坚定不移地推进改革。本市在抓住企业承包制这条主线的同时，积极进行横向经济联合、组建企业集团、建立和繁荣生产要素市场，以及配套进行机构改革、城区改革、教育体制改革和外贸体制改革等方面的具有地方特色的改革探索。通过不断深化改革，使马鞍山在城市发展的思想观念上达到了新的境界。

90年代马鞍山市发展的基本目标是：以经济建设为中心，全面理解社会主义现代化，坚持两个文明一齐抓，坚持经济建设、城市建设、环境建设三同步，促进城市经济系统各个部分之间、经济与科技教育之间、经济与城市文化之间、经济与生态环境之间、社会经济变革与城市承受能力之间的相互协调，发挥整体效应，实现良性循环，把马鞍山努力建设成为具有良好社会效益、经济效益、生态效益的现代化工业城市。

安庆市

市 长：刘思魁
副市长：汪石满（常务） 顾国籁（农业） 周公顺（财贸、城建） 蔡文中（工交） 殷幼华（女 科技、文教卫）

刘思魁市长，1932年9月生，安徽省桐城县人，大专文化。全国七届人大代表。1950年3月加入中国共产党，历任区委副书记、县人委办公室主任、副县长、县委副书记、县委书记等职；1980年4月任中共安庆地委副书记；1983年6月任安庆行署专员；1988年8月任新安庆市（筹建）人民政府负责人；1989年5月在安庆市第十一届人代会上当选为市长。

旧貌展新颜

——安庆市“七五”期间的经济发展和城市建设

□ 陈立明

“七五”期间的经济社会发展

“七五”期间，在改革开放和治理整顿的推动下，安庆市的经济和社会事业都有很大的发展，1985-1990年，全市国民生产总值由22.5亿元（按1980年不变价计算，下同）增加到49亿元（按1990年不变价计算，下同），平均年递增7.9%（按可比价格计算，下同）。国民收入由18.5亿元增加到42亿元，平均年递增6%。工农业总产值由36.4亿元增加到57.4亿元，平均年递增9.3%。其中工业总产值由21亿元增加到42.9亿元，年递增12.4%；农业总产值由12.6亿元增加到14.9亿元，年递增2.2%。财政收入由1.9亿元增加到4亿元，年递增4%。社会商品零售总额由12.7亿元增至24.5亿元，年递增14.8%。外贸出口商品收购总值由2.1亿元增至5.1亿元，年递增16.5%。科技人员由3.9万人增至6余万人，完成科技攻关项目135项，取得科技成果300余项，其中获省级以上科技成果奖38项，比“六五”期间多30%。教育投资比“六五”期间增加1.2倍，城市基本普及了九年制义务教育；职业技术教育、成人教育、幼儿教育、老龄教育以及盲哑人等特殊教育都有较快发展。5年中，全市兴建、改建市、县级医院门诊和病房大楼12座，增加病床600多张，城乡人民就诊和医疗条件大为改善。建成了一座电视台，各县均建成了差转台，丰富了城乡人民文化生活；市黄梅戏剧团分别到日本、香港、澳门进行了访问演出。人民生活明显改善，城市居民年生活费收入由666.6元增至1440.5元，农民人均年纯收入由252元增加到549元。

“七五”期间城市建设的成就

“七五”期间，安庆市经济社会发展中，成就最突出的是城市建设。

（一）修订、完善了城市规划，制订了一系列城市建设和管理的法规，“依法治市”有了显著进步。

安庆市是一座古城，城市房屋破旧、街道狭窄、污水横流、交通不便。经过六个五年计划的建设，面貌虽有很大改观，但城市基本格局仍未根本转变。一个重要的原因是城市建设缺乏科学规划，缺乏依法治市的手段。“七五”期间，安庆市重新修订了《城市总体规划》，制订了《功能分区规划》和《小区规划》；同时制订了《城市建筑管理暂行办法》、《城市卫生、市容管理办法》等30多个法规和规章。加强了城市规划管理部门的力量和管理手段，建立了城市督察队等执法队伍，使城市建设和管理逐步走上法治的轨道，减少了城市建设和管理上的随意性、盲目性，提高了科学性和规范化水平。

(二) 老城改造取得巨大成果。

在“七五”期间修订城市总体规划时，全市上下一致认识到，无论是从节约土地资源、充分利用原有城市基础设施上看，还是从尽快改善老城居民生活环境、改变城市破旧形象上看，都应首先改造老城走“以改造老城为主，辅以建设新区”的道路，随即制订了老城改造规划，专门建立了“老城改造指挥部”，统一领导和指挥老城改造工作。5 年中，全市成片成坊改造了老城的龙山路、沿江路、孝肃路东段、双井街、钱牌楼、天后宫、北正街、天台里、杨家拐、登云坡等 12 个街区，拆除危旧房屋 200 多万平方米，新建、改建房屋 400 余万平方米，占“七五”期末全市现有房屋面积的 42%，至此，安庆市老城区 50 年代以前的破旧建筑物，除文物古迹建筑外，基本上都已得到了改造。昔日低矮、灰暗、简陋的房舍已为现代化的高楼大厦所代替；昔日坎坷不平、弯弯曲曲的街巷，已变成平坦宽阔的通衢；昔日尘土飞扬、垃圾遍地的场所已变成绿树成荫的闹市。

(三) 城市基础设施大为改善。

在老城改造中，安庆市把城市基础设施的建设放在首位，5 年中，新建、改建城区道路 40 多万平方米，占老城区现有道路面积的 30%，其中，龙山路、孝肃路、沿江路、湖心路的拓宽、辟直，改变了老城区路不成网、道不贯通、“公共汽车难进城”的状况。市内公共汽车由 6 路增加到 8 路，昔日因街道狭窄不能通行公共汽车的老城区，今天已有 5 条公共汽车线路经过，城市“行路难”的矛盾得到了缓解。

城市供、排水和供电能力增强。通过兴建市第二自来水厂，城市供水能力由 46 万吨／日增至 90 万吨／日，基本上满足了目前城市生产、生活用水的需要，过去高层住宅经常断水的现象已基本消除。五年中，新建、改建下水道 30 公里，占老城区现有下水道总长的 35%，改变了老城区部分区域下水道不通、暴雨季节经常内涝成灾的状况。电力方面由于扩建、兴建了城市 3 座 11 万伏变电所，使供电量增加了 20%。

城市邮电通讯建设也有很大发展。“七五”后期建成了新的“长话通讯大楼”；开通了 7000 门数字程控电话和芜湖—铜陵—安庆微波通信线路；宁汉渝通信光缆也接到了安庆，至今，在安庆已可直拨 182 个国家和地区的长途电话。市话交换机容量比“六五”期末增长了 4.2 倍。与此同时，移动电话、用户电报、礼仪电报、用户传真、特快专递、邮政快件、邮政储蓄、BB 机等新型业务和通讯手段也先后开办和采用。邮电固定资产、业务总量和业务收入均比“六五”期末翻了一番。

城市清洁能源供应设施扩大了两倍，城市居民生活用液化石油气供应量由 1985 年的 600 多吨增加到 1990 年的 4000 多吨；用气人数由 1.8 万人增至 6.2 万人。

(四) 城市绿化、美化和环境保护取得很大进展。

五年中新增园林绿化面积 400 公顷，占现有园林绿化面积的 1／3；城市绿化覆盖率由 15% 增加到 25.6%。

城市美化受到越来越多的重视，房屋建筑的色彩、造型、单体和整体的协调、层次感等都逐渐提高。“七五”期间，城市新辟了两座公园，增建了 40 余座街头花圃、花坛、城市雕塑和古建筑牌坊。新建和改建的 10 多个生活小区均辟有绿化地、游憩亭阁。这些都使城市增添了美的情趣。

城市污染治理有成效，环境质量日益提高。“七五”期间，结合企业技术改造，造纸、印染、化工等 10 多家企业的污染源得到进一步治理；冒黑烟的旧锅炉得到改造，大气中的二氧化硫、氮氧化物、总悬浮微粒含量和降尘量均有所降低。交通噪声也得到控制。连年开展的“创建文明城市”活动，使城市“脏、乱、差”的状况有了很大改变。

加快城市建设步伐的主要做法

(一) 改革城市建设管理体制，调动区、街积极性。

过去，安庆市城市建设高度集中的管理体制，压抑了区街基层组织的积极性。“七五”期间，安庆市改革这一体制，逐步把城市环境卫生、辖区绿化、市政设施以及小街小巷的路面改造、零星建筑等建设管理工作，下放给两个市区政府；城市建设维护费用也划一部分给区政府和街道使用。区政府也把环卫、绿化等管理工作部分下放到街道，分片包干，责任到户，调动了区政府和街道基层组织建设和管理城市的积极性。5 年中，两个城区政府按照“各户自修门前路，自栽门前树”的原则，发动辖区内的企事业单位集资 4000 多万元，把城区 100 多条小街巷的 20 多万平方米的土路面，全部铺装成水泥砖路面；疏浚下水道 1 万多米；整修、改造了城区 80% 的公共厕所；发动辖区内的机关、企事业单位和街道居民“见缝插绿”，栽花种草，兴建花圃、花坛 30 多处。各小街小巷清扫、保洁工作的人、财、物下放给街道居委会后，对卫生保洁人员实行奖惩责任制；区、街之间，结合“文明城市”建设评比开展竞赛，使城市管理工作提高到了一个新的水平。

(二) 实行事业单位企业化管理或经营承包，搞活城建基层企事业。

安庆市在经济体制改革中，将原属国家机关市房地产管理局和城市建设局的房屋维修、住宅建设、市政工程队伍，从机关事业编制中划出，建立房屋维修工程公司、住宅建设公司和市政工程公司，实行“事业单位企业化管理”的办法；对原“吃亏损饭 ”的公共汽车公司、自来水公司、液化气公司等单位实行经营承包，亏损包干，超亏不补，减亏奖励。改变了这些企事业单位吃城建费用"大锅饭"的状况，调动了积极性，促进了城市公用事业的建设和管理。市房地产管理局原管理全市70多万平方米的公房；500多名房修工人吃"大锅饭"，房屋越修越破，全市危房率曾达到70%，房修工人也大多成了"贫困户"。组建房屋修建工程公司并实行企业化管理后，公司在承担公房维修工作的同时，进行以旧房改造为主的房屋开发建设，5年中，共拆除城市危旧房屋15万平方米，兴建房屋近30万平方米，不仅完成了公房维修任务，推进了城区旧房改造，而且还积累了几百万元资金，成了城市富裕行业。新组建的住宅建设公司，进行小区综合开发，五年中建商品房35万平方米，配套建设了街道居委会办公房、停车房、幼儿园、商业网点、小区绿化地等，积累资金1400余万元。市自来水公司、液化气公司实行经营承包"以水养水"、"以气养气"后，利用留用资金搞挖潜改造和扩建工程，使全市自来水生产能力扩大了近一倍；液化气储、供气设备增加了1.5倍。

（三）坚持"人民城市人民建"的方针，多方筹集城建资金。

"七五"期间，安庆市每年可用于城市维护建设的资金不过1500万元左右。为解决资金短缺与城市建设的矛盾，安庆市坚持贯彻"人民城市人民建"的方针，组织社会各方集资或组织义务劳动，协力建设。1. 对关系全市的综合性骨干工程，在全市范围内多方集资。如第二水厂建设一期工程所需的近3000万元资金，就是由"城市维护建设资金"、"市机动财力"、市自来水公司"以水养水"的"留用资金"及全市各生产性用水单位（按用水增量计算筹款）等四个方面、600多家企业筹集起来的。又如要打通穿城而过的1.7公里龙山路干道总投资需两亿元，仅靠城建资金，十年也难建成。市政府一方面把拆迁安置任务交给拆迁户所在单位，一方面发动全市各部门和单位集资来这条路建房，"七五"期间共集资9000多万元，拆除旧房4.2万多平方米，搬迁居民2300多户，新建办公、住宅、商业楼50余座11万多平方米，终于建成了这条目前安庆市最宽阔的南北干道。2. 对只涉及某些部门的单项工程，在一些部门内筹资建设。重建"倒扒狮商业步行街"，兴建"枞阳门综合商场"等工程只涉及商业部门。在市规划、建筑部门作出规划设计后，由建设单位向全市国营、集体、个体商业单位发出这些"街"、"场"未来"门点"的认购函，认购者按所需门点面积出资。这样，不用市财政和城建部门花一分钱，一条长470多米，拥有110多个门点的商业步行街和一座万余平方米的综合商场就建成了。城东康熙河、城西四眼井农贸市场等工程只涉及工商行政管理部门和两个区政府。市政府就组织这两大部门共同筹资，协力建成了这两个占地5000平方米的农贸市场。3. 对直接关系人民群众生活的某些公益性工程，组织人民群众开展义务劳动。安庆老城区西部临江有一段土圩，长江洪水季节，经常溃堤，市政府把治理整修这段立新圩作为城市建设的重点工程，发动全市人民进行义务劳动，共投入劳动日3万多个，完成土石方7万余立方，终于整修好了这段长近1公里，顶宽7米，底宽15米的防洪堤，节约城建资金1000多万元。老城区东北部的大湖风景区原是一个荒湖滩。为增加城市人民的游憩场所，美化城市，市政府连年组织全市人民义务劳动，栽树种竹，清淤疏浚，目前，该风景区已初具规模。

（四）保留、恢复历史特色，建设新型现代城市。

安庆市一座历史文化名城，有文物古迹、古建筑、历史纪念建筑、革命旧址、革命纪念建筑、名人墓葬和传统风貌街区等40余处。一段时间内，由于在城市建设中未能正确处理继承和发展的关系，没有注意保护这些史迹建筑和历史特色。"七五"期间，安庆市在城市建设中总结这一经验教训，正确处理保存古城风貌和建设现代化城市的关系：在一般街区改建、新建现代风格建筑；在传统风貌街巷，则恢复、新建一些外表仿古、内部现代化的古式建筑，使古今风格的建筑互相协调，体现出现代化的历史名城的特色。如今，在龙山路、人民路、集贤路、菱湖南路、宜城路等主干道街区，建立一座座现代气派的高楼大厦和商品琳琅满目的商店；而在"倒扒狮"、"迎江寺"、"悬下坡"等传统风貌街巷，则是一座座白墙黑边，翘角飞檐、形式各异、古朴而又清新的徽派古式建筑。

（五）利用人文、自然优势，发挥城市建设中的综合效益。

为发扬革命传统，弘扬民族文化，在"七五"期间，本市先后建立了辛亥革命烈士徐锡麟、清代著名书法家邓石如、现代黄梅戏表演艺术家严凤英的纪念台、纪念馆和雕像；修复了纪念孙中山革命业绩的"焚烟亭"，陈独秀墓和反封建爱国学生姜高琦烈士墓；树立了大型神话群雕"七仙女下凡"、山水雕塑"龙山石勒"等等。这些建筑物，艺术地再现了安庆的历史事件，历史人物。历史文化，构成了城市市容的一大景观。

安庆市地处长江下游北岸，市区有绵延10余公里的江岸线，市内多自然湖泊。在城市建设中，本市利用这些自然地理条件，把沿江防洪墙建成花园式"安庆外滩"，把防洪墙闸门均建成楼亭式琉璃飞檐建筑，使城市防洪墙不仅起抵御洪水的作用，而且发挥出体现沿江历史文化名城、美化城市形象的功能。市内的几个自然湖泊，通过清淤、坡岸、植树、种竹、建亭阁、设拱桥，已成为具有南方特色的水上公园，改造了城市环境，增加了居民的娱乐场所。

黄山市

市　长：吴存心

副市长：桂建平（常务）　王世宏（工业）　陈灶福（农业）　王书钦（政法、卫生）　李学诗（旅游）　黄广信（科技、外贸）

吴存心市长，1936 年 11 月生，1956 年 6 月毕业于安徽省中学教师进修学院政教系。1962 年以前，从事中学教育工作，曾任团委书记、教导主任。后任县委宣传部理论秘书、地区政工组秘书组副组长、地委组织部办公室负责人和地区教育局副局长。1983 年任中共徽州地委委员兼宣传部部长，1985 年任徽州行署副专员，1988 年任黄山市副市长。1991 年 3 月被选为黄山市市长。发表过《试论大教育观》、《徽州旅游资源的开发和利用》等数十篇论文，主编过《农科教统筹新机制探索》、《行政管理学》等专著。

东方瑞士——黄山市

□ 邵培华　何国华

在安徽省最南端的皖、浙、赣三省交界处，有一座风光秀丽的山城。它就是被国内外游客赞誉为“东方瑞士”的著名旅游新城黄山市。

黄山市因其境内有举世闻名的黄山，1987 年，为促进和适应区域经济和旅游事业的发展，经国务院批准，撤销原徽州地区，建立地级黄山市。全市辖三区（屯溪区、黄山区、徽州区）四县（歙县、休宁县、祁门县、黟县）和黄山风景区，总面积 9807 平方公里。总人口 140 万，其中城市人口 36 万。市委、市府设在屯溪区。

悠久的历史和耀眼的经济文化

黄山市历史上为古徽州。早在商周时期，这里的土著先民即已相当活跃；秦置郡县，徽州为会稽郡，是当时全国 36 郡之一；汉改新安郡；隋唐更新安郡为歙州，州治歙县，领歙、黟、祁门、休宁、婺源、绩溪六县；宋宣和三年（公元 1121 年），以绩溪县徽岭、徽溪之名而改歙州为徽州；元时，升为徽州路，为江南重要辖区；明朝在徽州设府，先后直属中书省和六部；清顺治二年（公元 1645 年），徽州直属安徽省至今。1949 年 4 月，徽州全境解放成立专区，1956 年 1 月并入芜湖专区，1961 年 4 月重设徽州专区，1987 年 11 月撤地建市。发达的徽商经济和独树一帜的徽派文化，在中国的经济、文化发展史上，曾占有重要的地位。徽商又称新安商人，是旧徽州府籍或商人集团的总称。它萌于东晋，长于唐宋，盛于明而衰于清末，在中国经济舞台上活动长达 1500 多年。其活动范围东抵淮海，西达滇、黔、关、陇，北至幽燕、辽东，南到闽粤，故有“无徽不成镇”之谚，甚至在日本、泰国及东南亚各国和葡萄牙等都留下徽商的足迹。特别是在明中叶至清乾隆末年的 300 余年间，徽商进入了黄金时代，无论营业人数、经营范围和资本都居于全国各大商团之首。与同一时期的“晋邦”并称我国商业经济的两大壁垒，操纵和垄断着中国商业经济的命脉。同时，也为经济的发展和封建政权的稳定，起了非常重要的作用。徽州的古文化，有许多自成体系，形成相对独特的徽派文化，在中国文化史上也产生过深远的影响，如新安画派，新安医学，徽派砚墨、印章、雕刻、盆景、徽菜、徽剧等。我国现存最早载有大量医史人物传记和医学史料的书籍《医说》，我国第一部汇集历代名医医案的专著《名医类案》，还有中国医学极为重要的医著《本草备要》、《医宗金鉴》等都是出于新安医学。中国文房四宝中的歙砚、徽墨亦是出于徽州。徽州的刻书业也曾很发达，《水浒全传》（124 回）、《红楼梦》、《聊斋志异》等均为徽州首次刻印刊出。清代中叶，徽剧风靡全国，乾隆五十五年（公元 1670 年），四大徽班进京演出，推动了中国戏曲的发展，与汉剧结合，产生了京剧。

悠久的历史，发达的经济和文化，使徽州英才辈出，仅宋、明、清三代，徽州六县考中进士的有1242人。《中国名人大辞典》收集清以前历代名人4万多人中，就有747人为徽州人。《中医大辞典》载有安徽籍名医118人中，徽州占71.2%。历代名人中，较著名的有程朱理学创始人程颐、程灏和朱熹，为明朝朱元璋提出"高筑墙、广积粮、缓称王"决策的政治家朱升，戏曲家汪道昆，珠算一代宗师程大位，国画大师渐江和尚、黄宾虹，马克思在资本论中提到的唯一的中国人理财家王茂荫，著名唯物主义哲学家戴震，人民教育家陶行知，革命音乐家张曙和提倡白话文之一的胡适等。这些名人和流派都留下了他们的著作、遗址、遗迹和传说。据统计，全市地面文物古迹就有4900多处，其中列为国家级、省级重点文物保护单位的有45处，占全省1／3左右。历史上的古徽州被誉为"东南邹鲁"和"文化之邦"。

丰富的旅游资源和不断完善的基础设施

黄山市的旅游资源极为丰富，从外部看，东面有杭州西湖、千岛湖，南面有福建武夷山，北面有四大佛山之一九华山，西面有江西庐山，为四大风景区节点，也是华东旅游热点，境内自然景观和人文景观皆备，全市如同一座大花园，正如李白所描述的"鸟度屏风里，人行明月中"。黄山已被联合国教科文组织列入世界文化和自然遗产保护目录，这在全国诸多风景名胜中尚属首次。

在自然景观方面：黄山风景区，方圆154平方公里，已开发140多个景点。黄山的特色是无峰不石，无石不松，无松不奇，故奇松、怪石、云海、温泉并为"黄山四绝"。黄山风景之美，可以用泰岱之雄伟、华岳之峻峭、衡山之烟云、匡庐之飞瀑、峨嵋之清凉、雁荡之巧石来概括，故明代地理学家徐霞客曾有"登黄山天下无山"之誉。黄山森林覆盖率65%，野生植物1452种，动物552种，是一座天然动植物园。黄山周围还有全国四大道教圣地之一的齐云山，现有我国历代名人摩崖石刻、碑铭500余处。在人文景观方面，有著名的历史文化名城歙县和誉为东方古罗马的屯溪城区，有成片的古民居群落和牌坊群，有长达1.5公里、被誉为"清明上河图"的屯溪老街等，因此，黄山又被国外学者称为"古民居建筑艺术的宝库和东方文化的缩影"。黄山，还是一个具有光荣革命斗争传统的地方，当年江南八省游击健儿到达岩寺镇，组成威振四方的新四军，至今军部旧址仍存。

黄山市资源物产丰富，不仅是华东木竹重要产区(总蓄积量和年采伐量约占全省2／3)，而且还是著名的茶叶、蚕丝、水果、药材的重要产地。年产干茶2.5万吨，为我国重要茶叶出口基地之一，除驰名中外"祁红、屯绿"外，还有黄山毛峰、太平猴魁、顶谷大方等名贵品种。黄山有干鲜果60余种，以徽州雪梨、黄山猕猴桃、黟县香榧较为出名。此外还盛产名贵药材100多种。以及膨润土、瓷土、莹石、蛇纹石等矿产资源。

建市以来，城市基础设施特别是与旅游相配套的基础设施得到了较快的发展。黄山机场已达到二级机场的水平，可全天候起降大、中型客机，已开通对广州、北京、西安、上海、福州等大、中城市航线10条。程控电话已开通使用，局部实现了国内外长途直拨。皖赣铁路横贯全市通往全国各地。黄山西海水库已完工蓄水。黄山索道已通过国家验收。机场至黄山二级公路、微波数字通讯、220千伏输变电、新安江综合开发以及市内供水、煤气等项重点工程正在加紧施工，服务设施不断改善，已拥有各类宾、旅馆325家，总床位3.3万多张，其中涉外定点饭店20家，标准间床位3400张。

经济社会发展和鼓舞人心的奋斗目标

建市3年来，市委、市政府坚持贯彻执行党的"一个中心、两个基本点"，坚持团结和依靠全市人民艰苦奋斗，使得经济建设和社会各项事业都取得了较快的发展。1990年，全市完成国民生产总值19.68亿元（现价），比上年增长3.1%；国民收入14.58亿元（现价），增长2.2%；完成工农业总产值13.57亿元（不变价），增长5.19%，其中工业总产值9.08亿元，增长5.38%；全市财政收入1.54亿元，增长7%；社会商品零售总额8.3亿元，增长0.63%；外贸收购总额1.5亿元，增长4.5%，其中省外口岸出口额4800万元，增长48%，人均创汇额名列全省之首。

全市现有工业企业1145个，其中轻工业687个，重工业458个，固定资产原值67479万元。在这些企业中，有3家国家二级企业，8家省级先进企业，12家中型企业。全市拥有4种国优，87种部优、省优质产品，优质品率达到12.64%。1990年，全市又有57户企业通过7项基础工作验收，109户企业获全面质量管理合格证，列入产量考核的30种主要产品有13种比上年增产，质量稳定提高率达89.5%。工业产成品出口占出口总额的50%，其中机电产品出口比上年增长1.8倍。引进资金238万美元。全市的产业结构、企业结构、产品结构不断得到调整，企业的素质和经济实力逐步增强。

1990年粮食生产为1984年以来最多的一年，黄山市以及所属的休宁县和屯溪区分别被国务院授于粮食生产先进单位称号；油料生产创历史最好水平，获国务院嘉奖。全市造林栽桑种果共达1.49万公顷，超过省下达计划25%，造林面积核实率和质量达标率均居全省前茅，获省委、省政府嘉奖。全市新增和改善灌溉面积0.82万公顷，治理水土流失面积262平方公里。

其它社会各项事业也发展很快。1990年共接待游客262万人天，比上年增长41.6%，其中接待入境游客12万人天，增长3.5倍。旅游总收入首次迈上亿元台阶，其中创1899万外汇人民币，比上年增长4.9倍，创历史最好水平。建市以来，共有339个项目获市以上科技进步奖，其中国家级2项、省部级48项。城乡电视覆盖率和农村广播入户率均居全省上游。小学入学率、巩固率和毕业率列全省前茅，15岁以下文盲、半文盲数占总人口比例为全省最低。人口出生率和自然增长率均低于全省平均水平。

城乡人民生活逐步改善，职工人均年收入1636元，农民人均年收入474元。城乡居民储蓄总额4.2亿元，其中农民人均储蓄265元，贫困户已由1987年的47198户减少到4098户。

今后10年，是我国实现第二步战略目标关键的10年，也是黄山市“五年打基础、十年见成效”的关键十年。吴存心市长在《政府工作报告》中提出了今后10年的战略目标：认真落实党的十三届七中全会精神，落实邓小平同志关于“把黄山牌子打出去”的重要指示，发挥资源优势，坚持改革开放，依靠科技进步，以旅游业牵头，强农、兴工、振商、重教，不断提高经济素质和经济效益，持续、稳定、协调地发展经济，努力把黄山市建成景观独特、环境优美、交通便利、设施配套、社会文明、经济繁荣的现代化开放型旅游城市。

黄山市的“八五”计划已经制定，具体的奋斗目标已经摆在全市人民的面前，既鼓舞人心而又非常艰巨。解放思想，更新观念，强化改革开放和商品经济意识，上下一心，埋头苦干，正是今天140万黄山人采取的正确选择。明天，将以崭新的风貌，迎接四方的宾客。

宿 州 市

市　长：李书坦
副市长：武彦平（常务）　时学爱（工业、财贸）
彭光明（公安、民政）　龚汉明（农业、交通）
李秀英（女 科技）张　纶（女 文教卫生）

李书坦市长，电机专业高级工程师，1941年7月出生于安徽省肖县，中共党员。大学毕业，曾任合肥工业大学电机系教师、宿州市经济委员会副主任。1982年2月起任宿州市人民政府副市长，1984年6月任副市长、市委常委，1987年6月任宿县地区行署经济技术协作办公室主任，1990年1月任宿州市人民政府代理市长、中共宿州市委副书记，1990年4月任宿州市人民政府市长至今。

发展中的皖北重镇——宿州市

□ 宿州市人民政府办公室

历史沿革与行政区划

宿州市作为古黄河流域的文化古城，“取古宿国为名”，迄今已有1200余年的历史。远古时期，这里是仰韶文化和龙山文化的繁荣地，先秦时期，这里是儒文化的策源地。唐元和四年（公元809年），设置宿州，逐渐成为军事、商业、水陆交通重镇。

唐建宿州后，州治旋置旋更。民国元年（公元1912年）废州设县，1951年6月20日析置宿城市，1956年改为城关镇。1979年9月10日，随着区域经济的发展和淮北煤田的大规模开发，国家批准设立地辖宿州市。宿州作为现代意义上的建制城市，开始了这块古老土地的现代化发展，并由此形成了行署、市、县等国家机关共驻一城的基本行政格局。

宿州市行政区划多有演变。到1990年止，共设置7个街道办事处和1个郊区并6个乡级人民政府。共辖61个居民委员会，51个村民委员会。

自然地理与经济地理

宿州市面积125平方公里，城市建成区18平方公里。自然地理特征表现在以下诸方面：

(一) 气候气温和降水。宿州市属北温带半湿润季风气候，四季分明。各种气候数值呈现出较为明显的南北方之间的过渡型，是祖国温带内热量条件最好的平原区之一。年平均降水量904毫米。

(二) 地貌地形和地质。宿州市处于沉降盆地之中，经古黄河等河流的冲积，形成北部黄泛平原和南部河间平原。地势坦荡，一望无垠。基岩属泰山余脉。

(三) 河流和地下水。宿州市新生代松散沉积深厚，又有淮河水系流经，地面河、塘众多，地下水蕴藏丰富。境内主要河流新汴河、沱河与洪泽湖相通，河道宽阔，水流平稳，流经境内30余公里。

宿州市兼跨上海、淮海两大经济协作区，地处淮北商品粮基地腹地，具有良好的发展环境。

(一) 自然条件。1. 发达的农业基础。宿州市周围地区传统农业十分发达，光、热、水等气候条件兼有南北之长，对农作物生长十分有利，为安徽主要的水旱间作农业区。2. 富足的矿产资源。宿州市周围地区矿藏分布众多，主要有煤、铁、石灰石、瓷土、白云石、耐火粘土等。全部矿产资源中，煤的储量最大，在半径35公里的区域内，煤的储量达60亿吨，淮北煤田的开发已经逐渐由北向南转移，形成以宿州市为中心的新矿区。3. 广阔的商品市场。宿州市东南毗邻经济发达的江浙地区，西北连接正在开发中的苏鲁豫皖交界地带，历来就是重要的物资集散中心和商品集散地。

(二) 人口。据全国第四次人口普查结果，宿州市现共有人口25.77万人，其中非农业人口15.78万人，农村人口9.99万人。在总人口中，具有大专以上文化程度的占3.72%，中专及高中占14.21%。全市共有各类科技人员20943人，每万人拥有813人。

（三）交通运输布局。纵贯市区的京沪铁路干线沟通南北；新汴河、沱河绕城而过，并可通洪泽、达长江；宿徐、宿蚌、宿永、宿泗等10条公路呈辐射状通向四面八方，已初步形成了铁路、公路、水路等运输方式相互配合的比较完整的运输系统，宿州市北连陇海铁路、西靠淮南干线、南眺淮河、东倚连云港，具备陆、海、河运输便利的自然条件。

（四）工农业生产的布局。轻重工业的比例为1.8:1，初步形成了以机械、食品、纺织三大行业为主的具有23个工业门类的基本体系。能源电力工业，有座落市区的省办皖北矿务局，年产煤炭高达390多万吨；通过筹措地方资金扩建改造的宿东火力发电厂，装机容量提高到3.7万千瓦；机械工业拥有宿州机械厂、柴油机厂、矿山机器厂三个省重点企业；食品工业形成较大的饮料、果糖等系列产品的生产能力；纺织工业从无到有，新建的宿州市纺织厂拥有5.5万纱绽，567台布机；电子电器工业已经起步，市华成科技有限公司电脑磁头项目已经投产；轻化工业近年来奠定了坚实基础，兴建的市属玻璃纸厂和安徽特级酒精厂，都已先后产生规模效益；化学工业展示出广阔的前景，除市属PVC管件等塑料工业和化肥工业外，国家已决定在市境立项环氧乙烷工程，计划总投资3.26亿元，年产3.3万吨醇醚，这对宿州市今后工业布局将有重大影响。

农业在宿州市国民经济中所占比重较少，主要特征是服务于城市的城郊型经济。

经济和社会发展述要

宿州作为皖北名城，历史上曾有辉煌的事迹。全国解放后，特别在“七五”期间，宿州市在社会主义建设事业的各个领域，取得了巨大的成就。

（一）城市面貌日新月异。“七五”期间，宿州市在城市市政建设上“坚持总体规划，抑制外延发展，注意旧城改造，加强城市管理”，进行了一系列建设工程，使古老的城市焕发出青春。在道路建设上，共拓建整修道路34条，改造旧街巷76条，扩建桥梁25座,建成两座大型铁路公路立交桥，基本形成城市环形道路系统。现有城市道路共82公里，总面积82万平方米，下水管道35公里。在城区建设上，集中开发出一批各具特色的统建住宅小区，多层次建筑物拔地而起，逐步形成以胜利路、淮海路、汴河路为中心的高层建筑群体。在市政设施上，发展城市给水管道总长64.9公里；不断增置环卫手段，新建垃圾中转站7座，处理场1个，实现了垃圾清扫、运输、处理一条龙；整修新建公厕188座；开通5路公共汽车，营运线路33.2公里；市内建成高层微波通讯楼一座，装备8000门自动程控电话设施；现代化大型长途汽车站正在紧张施工兴修。在美化绿化城市上，建设了一批街头街心花园和小品建筑。现城市园林面积已达35.77公顷，人均占有绿地1.5平方米，绿化覆盖率15.5%，月季为宿州市市花。

（二）奠定了一定规模的物质技术基础。“七五”期间，在农业生产上，大规模投入农业开发资金，开展以黄淮海低产田改造为重点的水利工程，进行了新汴河的开发利用；建设了一批一、二、三线蔬菜生产基地，年产蔬菜82500万吨。在工业建设上，新上一批高科技高产出项目，使市属工业不断壮大，发展到178个。共完成82项企业技术改造，其中部级项目2个，省厅级57个，实际完成技改资金7227万元。外向型经济得到发展，市区内已建有7家外资合作企业。到1990年底，全市累计完成基本建设投资11219万元，工业固定资产原值达到16304万元，比1980年新增固定资产14130万元。拥有了一定的现代化生产手段，国民经济各部门的物质技术基础大大加强。

（三）社会生产水平有很大提高。到1990年，全市社会总产值达到52676万元，比1980年增长5倍，国民生产总值完成21505万元，增长3.5倍，工业产值34259万元，翻出两番，农业产值2800万元，增长2.4倍，财政收入3298万元，增长8.3倍。整个市辖区内工业产值已超过6亿元。“七五”期间，全市企业每年都有不少于10%的新产品投入生产。共开发引进新产品1000多种，其中开发省级新产品14种，一大批主导产品拳头产品形成规模效益。有5种工业产品获得部优称号，24种产品获省优。目前，全市共建有副食品市场10个，专业市场11个，商业街8条，城乡市场销售额不断增长。1990年全市社会商品零售额达到30353万元，其中消费品零售额23254万元。

（四）各项社会事业有较大发展。“七五”期间，全市共取得各类科技成果27项。共有各类学校89所，其中高校2所，中专5所。文化事业进一步繁荣，市区现有文物所1所，书画院1所，图书馆1座，有大型文化设施12座，新的青少年宫正在加紧建设；市区建有电视台2座，广播电台3座，周四刊《拂晓报》向全国公开发行。全市拥有各类体育设施60多个，其中大型田径运动场和万人看台球场各1座。有各级医疗机构27个，病床1600张，拥有一批现代医疗设备。

（五）城乡人民生活不断改善。1990年，全市国民收入总值达到21048万元，人均国民收入1430元，比1980年增长3倍多。职工年平均工资1332元，比1980年增加751元；农民年人均纯收入527元，比1980年增加421元。城市住宅条件明显改观，现人均住房面积6.8平方米。城乡居民储蓄存款大幅度增长，1990年末存款余额达到35654万元。

（执笔：李　苏）

巢 湖 市

市　长：孟家安

副市长：陈发林（常务）　罗端木（工交）　李胜荣（农业、科技）　柳友伦（城建）　罗永能（文教卫生）　邱先浩（乡镇企业）

孟家安市长，生于 1941 年 11 月，安徽省无为县人。1959 年参加革命工作，1960 年加入中国共产党。历任教师，坦克连修理工，团技术处助理员、政治处干事、组织股正、副股长，营教导员，团政治处主任、副政委，巢湖地区乡镇企业公司副经理，手联社副主任、党组成员，二轻局党组书记，轻纺局（手联社）局长（主任），党组书记。1987 年 2 月调任巢湖市委副书记，同年 4 年当选为巢湖市市长。1990 年 4 月再次当选为巢湖市市长。

巢湖市“七五”时期经济社会发展概况

张治国

“七五”期间，巢湖市各方面都发生了很大的变化，生产发展，市场繁荣，财政增收，生活改善。1990 年，全市社会总产值完成 176901 万元（按当年价计算，下同），比 1985 年增长 71.6%（按可比口径计算，下同），每年递增 11.4%；工农业总产值 150248 万元，增长 81.8%，每年递增 12.7%；国民生产总值 85922 万元，增长 53.5%，每年递增 8.9%；财政收入 6801 万元，增长 147.3%，每年递增 19.9%。

（一）产业结构发生了明显变化。在社会总产值中，农业占 28.4%，比 1985 年下降 7.3 个百分点；工业占 56.5%，上升 14.2 个百分点；建筑、运输、邮电、商业饮食业占 15.1%，下降 6.9 个百分点。在工农业总产值中，工业产值比重由 1985 年的 54.2%上升到 65.9%，农业产值比重由 45.8%下降至 34.1%。在国民生产总值中，第一产业占 36.9%，比 1985 年下降 8 个百分点；第二产业占 37.2%，上升 5.1 个百分点；第三产业占 25.9%，上升 2.9 个百分点。

（二）工业生产持续增长。1990 年，全市工业总产值 99968 万元，比 1985 年增长 125.0%，年平均增长 17.6%。各种所有制形式的工业全面增长，其中全民工业总产值 55334 万元，增长 65.6%；集体工业总产值 20886 万元，增长 116.4%；城镇个体和村及村以下工业总产值 23748 万元，增长 496.0%。全民工业总产值占全市工业总产值的 55.4%。巢湖水泥厂、铸造厂、水泵厂等被评为国家二级企业；安徽维尼纶厂、量具刃具厂、巢湖船厂、柴油机厂、油咀油泵厂等被评为省级企业；巢湖蜂宝营养品厂被安徽省政府命名为明星企业和科技示范企业；巢湖牌 525 号矿渣水泥、巢字牌 Φ48 钢管脚手架扣件，巢湖牌玉带面等荣获部优产品称号；百春牌人参蜂王浆和蜂王浆粉，在第 32 届国际蜂产品博览会上双双荣获金奖。全市全民所有制独立核算工业企业总产值 50879 万元，比 1985 年增长 54.5%；产品销售收入 47771 万元，增长 146.5%；实现利税 6041 万元，增长 109.3%；全员劳动生产率 17223 元／人，增长 84.8%。集体所有制独立核算工业企业总产值 19916 万元，增长 124.4%；产品销售收入 16310 万元，增长 168.4%；实现利税 1504 万元，增长 183.2%；全员劳动生产率 7884 元／人，增长 68.9%。全市乡级以上公路里程达 525 公里，每百平方公里拥有公路 35 公里；实现乡乡通汽车，行政村通车率达 65%。全年水陆货运量 260 万吨，其中水路货运量 124 万吨，增长 202.4%。邮电计费业务总量 332 万元，比 1985 年增长 1.81 倍；电话机总数 4815 部，增加 2500 多部。

（三）农村经济欣欣向荣。1990 年，巢湖市农业总产值 50280 万元，比 1985 年增长 17.7%，其中种植业产值 34706 万元，增长 3.6%；林、牧、副、渔四业产值 15574 万元，增长 67.8%。种植业占农业总产值的比重由1985年的77.1%下降到69.3%。全市粮食总产32.3万吨，创历史最好水平；水产品产量4450吨，增长57.2%。"七五"期间，兴修水利共完成土石方2420万立米，总投工2740万个；全市有效灌溉面积达75.6万亩，占耕地面积的97.7%；旱涝保收面积达55.3万亩，占72%。现有农业机械总动力23万千瓦，比1985年增长27.1%。现有乡镇企业2.73万个，比1985年增加1.7万个；固定资产原值15738万元，增长3.63倍；从业人员8.7万人，增长70.6%，占农村劳力总数的24.9%。乡镇企业总产值53797万元，增长2.7倍，其中工业总产值33365万元，增长3.15倍；实现利税5937万元，增长1.9倍。乡镇企业占农村社会总产值的比重由1985年的35%上升到54.6%。农村经济正在不断由单一的粮食生产向农、林、牧、副、渔和工、商、运、建、服全面发展转变，由自然经济向商品经济转变，由传统农业向"农业——工业型"转变，开始出现城乡一体化的新格局。

(四) 城乡市场繁荣活跃。"七五"期间，初步建立起多种经济成份、多种经营方式、多渠道少环节的流通体制，城乡市场购销两旺。1990年，全市社会商品零售总额45679万元，比1985年增长69.4%，其中对居民和社会集团消费品零售额36315万元，增长61.8%；对农民的农业生产资料零售额9364万元，增长107.0%。全市农贸市场和专业市场达60多个，占地面积20多万平方米。城乡集贸市场贸易成交额11974万元，比1985年增长41.7%。出口商品收购总值按实际价格计算4396万元，比1985年增长106.6%。国营合作商业占社会商品零售额的比重由1985年的40.8%下降为32.8%，集体、个体商业比重由59.2%上升到67.2%。银行各项存款年末余额43392万元，比1985年增长252.0%；各项贷款年末余额50546万元，增长206%；各项保险费收入831万元，增长579%；承保额达221772万元，增长597%。1990年接待旅游者900多人，其中外国人和华侨800人，港、澳、台同胞130多人。

(五) 城市面貌有了较大改观。"七五"期间，巢湖市大力加强城市基础设施建设和综合治理，市容市貌明显改观。1990年，城市铺装道路总面积392万平方米，增长1倍多。建成目前安徽省小城市中第一座公路跨铁路立交桥和规模最大的客运汽车站，扩建一批道路。城区实有住宅使用面积112.7万平方米，居住面积65.9万平方米。平均每人居住面积6.73平方米。自来水日综合生产能力达16.7万吨，年供水总量3860万吨，比1985年增长668.9%，其中生活用水量853万吨，增长184.3%。供水管道总长61公里，增长74.3%；下水道总长44公里，增长214.3%，城市供排水能力明显增强。巢湖港、散兵港等经扩建改造，吞吐能力扩大到190万吨，比1985年增长61%。长江路等两座公路跨铁路立交桥及淮南铁路复线工程正在紧张施工。现有企业的废气、废水、废渣正在抓紧进行治理。环城河污染综合治理正在分步进行。湖滨大道修建工作已经开始，煤气工程正在建设。这对增强城市的辐射力和吸引力必将产生很好的促进作用。

(六) 科、教、文、卫等各项事业全面发展。1990年，全市自然科学人员6500人，其中中级技术职称以上人员865人，城区建有科研机构17个，各区乡镇普遍建立了农技站，对先进技术具有一定吸收消化能力。据不完全统计，"七五"期间全市共取得各类科技成果达300项，其中获得部、省级奖的有20项，获厅、地级奖的有100多项。全市现有各类学校543所，比1985年增加23所，适龄儿童入学率达98.6%、巩固率达98%，小学毕业生升学率达88.7%，初中毕业生升学率达38%，每万人拥有大专以上学历毕业生118人。全市现有卫生技术人员2102人，比1985年增加736人，其中医生1726人，增加918人；床位数3400多张，增加900张。建成了巢湖电视台，成立了巢湖广播电台。行政村广播通播率达95%。办起了《巢湖报》。1990年人口自然增长率为20.77%，市计划生育指导站和官圩行政村被评为全国计划生育先进集体。市文化馆荣获"全国先进文化馆"称号。

(七) 人民生活水平有所提高。1990年末，全市有职工7.88万人，比1985年增长17.3%。其中全民职工5.72万人，增长21.4%；集体职工2.11万人，增长4.5%。全部职工工资总额13141万元，比1985年增长135.6%。其中全民所有制职工人均年工资1879元，增长102%；集体所有制职工人均年工资1302元，增长96.7%。农民人均纯收入552元，比1985年净增168元。城乡居民储蓄年末余额22744万元，比1985年增长2.73倍，年平均递增30.1%。据抽查，1990年农村每百户拥有自行车55辆，比1985年增长244%；钟表310只，增长117%；电视机55台，增长189%；电风扇87台，增长444%。

"七五"期间，巢湖市的经济社会发展取得了令人振奋的成就，但在前进中还存在着不少困难和问题。主要是城市基础设施薄弱，电力和邮电通信供应紧张，市内交通拥挤，环境污染严重；各种文化设施不足；农业综合开发不够，第三产业发展缓慢；固定资产投资比例不尽合理，生产性投入比重较低，没有新上大、中型骨干工业项目；原有企业技术装备落后，产品更新换代不快，积累和消费比例关系失调；专业技术人才和经济管理人才缺乏；人们的改革开放意识还有待进一步增强，改革配套措施也有待进一步完善。我们力争在今后逐步加以解决。

六安市

市　长：戴　华

副市长：陈尚立（常务）　陈新明（工交）　汪　浩（城建）　杨允仓（农业、公安）　时南鉴（文教卫生）　蒋应平（商业）

戴华市长，安徽宿县人。生于1942年3月，1965年7月毕业于安徽大学外语系。曾在六安地区及六安、霍邱等县工作，1975年9月任六安地区工业局政工干事；1979年3月调至六安市人事局，先后任秘书、副局长；1982年12月任地区人事局科长，次年10月任局长；1990年元月任中共六安市委副书记、市政府代理市长、政府党组书记。4月在市人大四届一次会议上当选为市长。

在治理整顿中发展六安经济

□ 安学贤　童晓春

六安是个以轻纺、机械工业为主的工贸型小城市。建市以来，坚持以经济工作为中心，促工活商，使经济实力不断增强。但过去在发展经济中，由于片面追求产值和速度，把着眼点主要放在了工业生产和商业流通的外延扩大上，忽视了经济秩序的治理，忽视了企业的管理和内涵改造，给经济建设带来了一些消极影响。中央五中全会后，六安市认真贯彻“治理整顿、深化改革”的方针，狠抓经济不放松，克服重重困难，保持了经济的持续、稳定发展。

治理整顿的具体措施

（一）统一思想，提高认识。市委、市政府始终强调摆正三个关系。一是摆正治理整顿与深化改革的关系；二是正确处理局部与整体的关系，从大局出发，自觉主动地服从治理整顿的统一安排；三是摆正稳定与发展的关系，量力而行，稳定增长。在统一思想认识的基础上，根据治理整顿的具体要求和六安市的具体情况。成立了领导小组，组织实施治理整顿和经济建设。

（二）整顿秩序，治理混乱。一是认真清理整顿公司。六安市共有各类需要清理的公司160家，到1990年底清理工作全部结束。共撤并59家，降格11家，保留90家。在清理中对所涉及到的违法违纪案件进行了严肃处理。对保留的公司进行了内部整顿，改善了管理，提高了经营水平和经济效益。二是认真整顿市场秩序。对全市的国营、集体、个体的经营网点进行了全面整顿。对少数欺行霸市。克斤扣两、掺杂兑假等不法行为给予了坚决打击，进一步加强了市场的经常化管理。对市场物价实行明码标价，实行群众监督。全市已有90%以上的国营、集体企业实行了明码标价，同时加强了市场的计量管理。对工商企业的计量器具进行了普遍检查鉴定，特别是对农贸市场的个体户计量器具进行了重点检查，有效地保护了消费者的利益。三是严厉查处了流通领域里的投机违法活动。成立了经济监督检查分局，认真处理了将重要生产资料和专营商品变相加价销售或钻“双轨”制空子等违法经营活动；严肃查处了坑害消费者利益的投机违法案件。几年来，市工商部门受理消费者投诉案件近千起，为群众挽回经济损失百万元。四是在全市广泛开展了“税收、财务、物价”大检查，清理了小金库和私人欠款。1989年至1990年两年共查补违纪入库金额490万元。严肃了财经纪律。

（三）调整结构。强化管理。一是调整企业结构。本着稳定、调整、提高现有企业，不铺新摊子的原则，走挖潜与内涵改造的路子。调整的中心主要是充分发挥较大型企业、利税大户和出口创汇等骨干企业的作用，重点抓了10个利税大户。调整中，积极促进企业人才、资金、技术等生产要素的合理流动和重新组合。市纺织机械厂被市轴承厂兼并后，产值、销售、利税大幅度上升，甩掉了多年亏损的帽子。调整中，还把发展以骨干企业为龙头的企业集团作为重点，开展横向联合。逐步形成了以手扶拖拉机厂、纺织厂为龙头的企业集团。二是调整产品结构。针对六安市初级产品多、低档产品多、市场竞争能力弱的情况，市委、市政府把调整产品结构作为一项重要工作来抓。一方面根据市场需求，引导企业大力开发新产品，提高畅销、高效、高档、高质产品的比重。1989年和1990年共开发新产品60项。共创部优产品5项、省优产品23项。其中赤霉素、长江——61型手拖、皋美绫、永磁式手电筒、水稻专用肥、圆网静电植绒布等一大批产品填补了省内空白。另一方面努力压缩滞销产品，大力提高现有产品的档次和附加值。三是强化企业管理，向管理要效益。全市有14家企业通过了基础管理工作验收。其中手扶拖拉机厂获国家二级企业称号。

（四）深化改革，扩大开放。重点是进一步完善以承包制为主体的企业经济体制改革。1989年和1990年，先后对承包到期的工商企业进行了普遍考核，签订了第二轮承包合同，并兑现了第一轮承包合同。在第二轮承包中，全面推行了工效挂钩和企业全员风险抵押承包，把职工的利益与企业的发展挂钩，实行共担风险，同受其惠，使企业自我约束和自我激励机制不断完善。在企业内部还进行了配套改革。推行了各种适合企业特点的分配形式，进一步完善了企业劳动人事制度，加强了企业的财务管理，在用活资金方面全面推行了“厂内银行”制度。在深化企业改革的同时，加快了对外开放步伐。推行并进一步完善了外资承包制，使对外开放由点到面迅速展开。全市目前已发展到有30多家出口企业，出口产品以纺针织品、五金、机电产品、工艺品为主，达60多种，产品远销欧美等50多个国家和地区。治理整顿期间新开办了一家“三资”企业——国华五金有限公司。目前全市共有四家“三资”企业。近年来六安市依据国家产业政策，先后引进先进技术20余项、设备250台（套）。每年可新增产值2300多万元，创利税400多万元。

（五）稳定政策，发展经济。在治理整顿中遇到银根紧缩，资金紧张，六安市在认真贯彻治理整顿的同时，注意保持经济的稳定发展。几年来，主要抓了三项工作：一是稳定政策。强调对中央、国务院和省、地制订的关于搞活企业的政策、法规要坚决贯彻执行，做到用好、用足、用活。对本市制定的已被实践证明是正确的政策措施，要继续坚持，并不断完善。在围绕承包经营责任制、厂长（经理）负责制、改革工资分配制、搞活经营等政策问题，明确宣布“七个不变”，稳定了人心。二是大力发展工业生产。加强了对工业生产的领导。对全市工业企业进行分类指导：对一类企业给予重点扶持，对二类企业加强管理，对三类企业进行整改。使好的企业更上一个台阶，使效益差的企业有了新的起色。本市还制订了发展六安市工业的“2628”工程。即：强化轻纺、机电2大体系；壮大纺织、轻工、机械、电子、化工、食品6大支柱行业；巩固发展20个千万元产值百万元利税的骨干企业；大力增产纺针织、轻工、机械、电子、五金、化工、畜产、工艺品等8大类出口创汇产品。在实施“2628”工程中，始终把科技进步放在重要位置，制订了“科技兴市”的战略措施，力争把经济发展逐步转移到依靠科技进步上来。三是努力搞活流通，促进地方工业的发展。一方面制订销售政策，加强销售队伍的建设。出台了《关于加强地方产品销售的若干意见》，加强工商、商贸联合，重奖有功销售人员；另一方面加强行政管理，成立了地方产品销售办公室，组织协调地方产品的产销矛盾。同时还积极开展多种形式的销售活动，推动了工业生产和商品流通。

治理整顿取得了初步成效

通过治理整顿，全市投资膨胀的势头得到遏制，市场秩序进一步好转，企业的承受能力增强，保持了经济建设的持续、稳定发展。1990年，全市实现工农业总产值74659万元（按1990年不变价计算，下同），比上年增长2.5%，“七五”期间年均增长12.2%。其中实现工业总产值70782万元，比上年增长2.4%，“七五”期间年均增长12.7%。社会商品零售总额实现28909万元，“七五”期间年均增长13.7%。乡镇企业总产值实现15602.92万元，“七五”期间年均增长26.9%。公路货运量、客运量分别完成169.16万吨和14.03万人，“七五”期间年均增长分别为47.7%和13.6%。财政收入实现3246万元，“七五”期间年均增长9.5%。经济实力得到进一步增强。“七五”期间共实施技改项目120项，完成投资1.2亿元，年新增产值1.2亿元，其中1990年新开工项目30项，完成投资3923万元，增强了发展后劲。

在经济发展的同时，人民生活水平得到进一步提高。1990年，全民单位职工工资年人均1854元，比1989年增长17.5%，“七五”期间年均增长15.8%。建设住宅面积3.7万平方米，“七五”期间共建设住宅18.35万平方米。控制通货膨胀取得了明显成效，市场趋于平稳。1990年全社会商品零售指数为103%，比1989年降低11.5个百分点，比1988年降低18.1个百分点。城市建设也得到进一步发展。1990年，自来水日生产能力4.3万吨，“七五”期间年均增长27.4%；道路总长45公里，“七五”期间年均增长1.4%；兴建了煤气工程，1990年供气已达2000多户；城市园林绿地330公顷，“七五”期间年均增长5.5%。

阜 阳 市

市　长：燕广义
副市长：杜醒中（常务）　孟庆秀（城建、农业）　傅其运（计划、科技）
林元和（工业、商贸）　郭学斌（乡镇企业）

燕广义市长，安徽省涡阳县人，1946年生，1969年毕业于合肥工业大学企业自动化与电气专业，1972年3月入党。历任阜阳肉类联合加工厂团委书记，阜阳行署计划委员会秘书、副主任。1990年3月，调任中共阜阳市委副书记、阜阳市副市长、代理市长。同年5月在阜阳市四届人大一次会议上当选为阜阳市市长。

阜阳市“七五”时期经济社会发展状况

□ 周峰山　李　刚

“七五”时期经济社会发展的主要特点

（一）经济建设持续稳步协调发展，综合经济实力明显增强。一是经济总量水平持续稳步增长。1990年全市现价国内生产总值完成49260万元，比上年增长8.6%；现价国民收入41865万元，比上年增长7.3%；社会总产值达12.86亿元，比上年增长7.6%；农业总产值现价3502万元，增长2.8%；全部工业总产值完成14.7亿元，增长14.8%；乡及乡以上现价工业总产值14.3亿元，比上年增长11.66%；财政收入16224万元，增长10.31%；社会商品零售总额6.64亿元，增长了20.1%；农民人均纯收入698元。“七五”期间，国民生产总值增长73.9%，年均增长11.7%；国民收入增长了71.3%，年均增长11.4%；工业总产值增长99.2%，年均增长14.8%；其中乡以上工业总产值增长103%，年均增长15.2%；财政收入增长96.1%，年均增长14.4%；外贸收购总值增长2.96倍，年均增长31.7%；农业总产值增长24.9%，年均增长4.54%，农民人均收入增长一倍，年均增长14.9%；社会商品零售额增长124.1%，年均增长17.5%。二是财政收支能力显著增强。1987年财政收入突破亿元大关，是全省唯一的超亿元县级市。“七五”期间累计实现财政收入63361万元，支出32925万元，上交国家31538万元，财政周转资金达到8000多万元。三是投入产出居全省先进行列。1990年全市独立核算工业企业固定资产原值42215万元，比上年上升15.5%，净值31379万元，上升16%。全市独立核算工业企业实现利税23753万元，比上年上升13.79%；百元固定资产净值提供产值243元，利税75.70元，乡以上工业百元产值利税31.12元。四是人均占有水平年年提高。1990年人均工农业总产值7324元，人均财政收入1060元，人均财政支出619元，人均出口创汇265美元，都居全省县级经济的领先水平。人均国民生产总值现价3136元，人均国民收入现价2714元。“七五”期间，城市建设总投资5737.1万元，比“六五”期间增长7.5倍。道路交通、供水、排水、环境、卫生、绿化、美化取得明显成绩。教育总投资4476万元，比“六五”期间增长2.13倍，人均教育经费79元，成为全省“改善教学设施和学校配套建设先进市”。科技经费去年达到98万元，在全省地方财政支出中位居榜首。计划生育是全国先进市之一。

（二）调节组合生产要素，资产存量逐步得到优化。初步实现了四个转变；一是工业结构由内向型转向内外结合型。去年出口产品产值达到现价21151万元，占全部工业总产值的20.2%，全市有出口创汇企业20多个，其中有3个是年出口创汇300万美元的创汇大户。四大系列产品20多个品种远销世界20多个国家和地区。二是产品结构由粗放型低层次向深加工高档次转变。产品质量稳定提高，全市有省以上优质产品46个，1990年优质产品产值41079万元，占全市乡以上工业总值的34%，产品开发的深度提高。三是企业结构由“小而全”封闭式向集团化专业化开放式发展。先后组织了纺织、印刷集团、坎堤制革集团、宝马柴油机集团、粮油食品集团。企业的辐射力逐步扩大。四是经济增长由速度型转向速度效益型和质量效益型。1990年工业企业实现了“产值、销售收入、定额流动资金周转天数、全员生产率”四个同步增长。预算内的工业企业产值增长11.2%，销售收入增长10.87%，资金周转加速率为14.5%，劳动生产率增长6.7%。

(三) 以完善承包经营责任制为主体，进一步深化了企业改革。一是坚持政策的连续性和稳定性，承包基数“不退、不让、不减、不滑”，严格信守承包合同。每年都召开承包经营兑现大会，1990年3月，分等级对20多个厂长 (经理) 进行了奖励。在第一轮承包的基础上，预算内企业全部推行了第二轮承包，从领导体制、利益分配、发展后劲等8个方面完善企业运行机制。二是在企业内部，层层改革分配制度，全面推广岗位工资、计件工资、厂内银行等多种形式的分配方式，加强企业管理，增强了职工的主人翁责任感，调动了积极性。阜阳纺织厂分配制度改革办法已在全国同行业内推广。三是大胆引入竞争机制，对部分企业实行招标承包和企业互相兼并，推动了资产存量向优势企业和优秀经营者转移。

(四) 眼睛向内苦练硬功，企业素质大有提高。要把企业果敢地推向市场，加强技术改造，经受治理整顿的摔打和磨炼。在困难中前进，在竞争中发展。目前，全市已有2个产值超亿元的企业，4个大型企业，1个国家二级企业，12个省级先进企业，15个利税超百万元的企业。这些企业在治理整顿的风雨中，站稳了脚跟，求得了生存，取得了发展，为阜阳市经济的稳定发展做出了重要贡献。

“七五”时期阜阳市经济发展的基本做法

(一) 深化认识，理清发展思路。市委、市政府提出了“建设两个基地，发展六大支柱”的设想：即加快建设纺织、食品工业基地，发展化工、皮革、服装、造纸、印刷、农机六大支柱产业，以大带小，以强带弱，以优带劣，把阜阳市建设成现代化新型城市的发展战略。又邀请专家、学者及有关部门负责人对全市的中长期发展战略和目标进行咨询论证。明确了“逐步要把阜阳市建成皖西北地区经济中心”的指导思想。几年来，本市始终注意把握以下几点：一是坚持把阜阳市建成淮北平原上经济中心的观念。二是坚持阜阳市的经济发展必须依托本地资源和市场的观念。三是必须坚持大工业、大市场、大流通、大循环的观念，冲出地方工业的圈子，走在全地区的前头，积极参与国内、国际竞争。四是必须坚持“科技兴市”战略。制定了“八五”时期科技发展战略纲要和具体政策，增强了全市人民的科技意识。

(二) 用活政策，发挥政策效力。本市在组织经济建设中，注重用活政策，为企业创造宽松的环境，增强企业自我改造自我发展的能力。一是坚持藏富于企业。让企业得到实惠，休养生息，增强造血机能。二是适时制定政策，为经济建设服务。1984年以来，本市根据党的方针政策，参照外地经验，制定了一系列有利于本地经济发展的具体政策，提高政策的可操作性，为企业用好、用活、用够、用足政策提供了方便和依据。三是注意学习外地的先进经验，借鉴外地的优惠政策为我所用。本市先后消化吸收了一些开放区、开放城市的经验，拓展了搞活企业的渠道，受到企业的普遍欢迎。

(三) 远近结合，加快技改步伐。从“七五”开始，累计完成技改项目172个，投资总额34680万元。新增固定资产26010万元；完成改建、扩建项目32个；完成引进项目12个，引进国外先进设备228台次。在技术改造方面做到：长流水、不断线，每年都引进消化一批，改造扩建一批，新上新建一批，立项储备一批。在技改中做到正确处理积累与消费的关系，不搞短期行为；千方百计聚集技术改造资金，保证技改项目按期投产，发挥效益；保证上一个成一个，不搞“尾巴工程”，尽快形成生产能力。

(四) 选贤任能，建设过硬的企业家队伍。市委、市政府在建设企业家队伍中，一是选拔企业干部，坚持德才兼备的原则。对干部的使用，不搞个人说了算，不搞照顾。二是发挥骨干企业人才库的作用。靠大企业的凝聚力把高级管理技术人才、大学生引进来，进行人才“储备”和“扩散”。适时把优秀者输送到其它企业。三是建立后备厂长 (经理) 培养制度。经常有一批厂长 (经理) 后备名单，先让他们担任厂长助理或副厂长，对他们加强考核和培训。四是为厂长 (经理) 的健康成长创造良好环境，提供均等机会，建立激励机制，帮助排忧解难，关心体贴爱护。使厂长 (经理) 增强责任感和事业心。阜阳市已制定了《阜阳市国民经济和社会发展第八个五年计划》，总的思路是：以市场和产业政策为导向，工业主导、科技先行、强化功能、搞活流通、扩大辐射、呼应全省。把阜阳建成经济繁荣，功能齐全，设施完备，内含丰富，生态平衡，环境优美，有较强吸引力、凝聚力、辐射力的开放型现代化中等城市。

亳 州 市

市 长：苏 迅（回族）
副市长：李兴民（常务） 张俊全（计划、工业、财贸）
高新柱（文教卫生） 吴云瑞（女 科技）
尚文学（乡镇企业）

苏迅市长，回族，1940年11月生，安徽省亳州市人，中共党员，工程师。1966年毕业于北京大学生物系，曾任县科委主任、副县长、任亳州市副市长等职。1989年11月任中共亳州市委副书记、亳州市代市长，1990年4月当选为亳州市市长。

蓬勃发展阔步前进的五年

□ 亳州市人民政府办公室

亳州市位于安徽省西北部，经帝喾封亳，商成汤建都而得名，因是老子、陈抟故乡，又是曹操、华佗故里而遐迩闻名。1986年3月建市，并被批准为国家历史文化名城和对外开放城市。5年来，经济和社会发展取得了令人瞩目的成就。

（一）工业生产持续增长，财政收入突破亿元。

1990年全市完成工业总产值6.49亿元（1980年不变价，以下同），比1985年增长1.76倍，年递增22.4%。其中乡办以上工业产值3.51亿元，比1985年增长1.9倍，年递增23.8%。全市乡办以上工业企业400余个，形成了以酿酒、卷烟、纺织、粮油食品加工等轻纺食品工业为主体的工业体系。5年来，新产品不断开发问世，产品质量稳定提高。古井贡酒第四次荣获国家名酒金牌，并在第十三届巴黎国际食品博览会上荣获金奖，阿胶养血膏、人造金刚石、农用挂车等41种产品分别获部及省优质产品称号。古井贡酒、曹操酒、桐木拼板、丝织品、马尾棒等数十种产品出口创汇。近年来共开发出机械化酿酒设备、低度酒、芍香绫、富春纺等上百种新产品。5年来，加强了技术改造，强化了企业基础工作，企业的技术和管理素质大大提高。古井酒厂晋升为国家二级企业，市酒厂、酒精厂、化肥厂等4个企业晋升为省级先进企业。同时集中财力新建了纺织厂、缫丝厂等企业，扩建了古井酒厂，与日本国铃木株式会社合资兴办了桐木加工厂，引进奥地利设备兴建热电厂正在抓紧筹建。这些项目的建成投产，大大增强了我市的经济实力。5年来，投入财政周转金5000多万元，积极培植老的财源，不断开辟新的财源，财政收入逐年递增1000多万元，1990年财政收入一举突破亿元大关，达到10058万元，比1985年增长1.28倍，年递增17.9%，成为安徽省第二个财政收入超亿元的县级市。

（二）农村经济全面发展，综合开发初见成效。

近年来，随着农村第二步改革的逐步深入，农村产业结构得到合理调整，农、林、牧、渔业及乡镇企业都有较大发展。1990年全市农业总产值达到4.88亿元，比1985年增长47%，年递增8%。粮食总产量61.4万吨，比1985年增长36%，年递增6.4%。五年来，我市积极稳定粮食生产，大力发展多种经营，大宗经济作物烟叶、药材等成了农民致富的主要途径，成为我市的经济支柱。全市每年种植烟叶近20万亩，总产量2000多万公斤，提供税收2000多万元。全市种植药材15万亩，药材种植品种已发展到140多种，药材种植户2万余户，形成了沿涡河两岸，东西40公里，南北10公里的中药材种植经济区域。近年，我市突出抓了开发性农业，建成了初具规模的水果、蚕桑、蔬菜和水产资源基地，林业生产成效显著。以桐乡著称的亳州，拥有泡桐树5000万余株，林木蓄积量达200多万立方米，基本实现了沟河林带化，村庄林网化，构成了点、线、网、片相结合的绿色整体，森林覆盖率达25%，被评为全国平原绿化先进县（市）。乡镇企业异军突起。1990年乡镇企业总产值达7.6亿元，比1985年增长4.58倍，年递增31.5%。新建了淀粉厂、金刚石厂、羽绒厂等工业企业，乡镇工业产值达4亿多元，占全部总产值的52.6%。

（三）城乡市场繁荣活跃，千年药都焕发青春。

亳州市物产丰富，加之有涡河通航，历史上就是苏鲁豫皖四省交界的物资集散地。近年来，随着商品经济的发展，城乡市场繁荣兴旺，国营、供销商业较好地发挥了主渠道作用，集体、个体商业网点拾遗补缺，方便了群众生活，丰富了市场供应。在城区和集镇新建了药材、农副产品、木材、工业品专业市场，搞活了工业品和农副产品的双向流通，促进了经济的发展。1990年，全市社会商品零售总额达4.2亿元，比1985年增长1.1倍。亳州历史上就是全国的四大药都之一，现为全国十大药材市场之一。市区内仅经销药材的街道就有4条，大型药材交易市场2个，药材贸易公司、行、栈600多家，加工、经销中药材的专业户有3万多户，日客商流量5万多人次，药市日吞吐量400多吨，年销售额2.5亿元。自1985年以来，每年9月都举办一次全国性的中药材交流大会，成交额最高时突破2亿元。

（四）科技教育成果显著，横向联合迅速发展。

科技部门积极面向经济建设，一批科研项目获省科技成果奖及国家“星火计划”金奖，大批科技人员积极开展技术咨询和技术服务，推广应用科技项目，实行集团承包，促进了生产力的发展。市设立了“科技发展基金”和“科技奖励基金”，对科学研究、发明创造、新产品试制推广，应用科技成果取得显著成绩者，评选给予重奖。全市积极实施“科技兴市”发展战略，建立了组织，制订了规划，形成了上下联系的科技管理网络。教育事业有了新的发展，普及九年制义务教育正在有计划地实施。全市中小学已发展到787所，在校学生23万人，教育质量明显提高，高考上线率在全地区名列前茅。市电大工作站已发展为具有8个专业的高教实体。合工大亳州大专班开设3个专业，第一批毕业生已走向建设岗位。全市已初步形成了从幼儿教育、基础教育、职业教育、成人教育到高等教育比较完整的教育体系。近年来，我市制定了一系列优惠政策，支持和鼓励企业发展横向经济技术协作和联合。我市已与美国、法国、西德、日本等国家的17个外商或财团建立了联系，与24个省市建立了经济技术协作关系，在北京、上海、深圳等城市设立了“窗口”，建立了联络处。全市有近400家企业同省内外的有关部门和企业实行了横向经济联合，市内组建了古井、桐木、蚕丝绸等5个企业集团。不少企业同大专院校、科研机构挂钩，素质有所提高。

（五）城市建设日新月异，人民生活不断改善。

建市以来，我市加强了城市建设和管理，制定了城市建设总体规划、历史文化名城保护规划和环境保护规划。重点改造了以北门口为中心的老城区，拓宽和改造了人民路、和平路、谯陵路，建设了一百多座商业楼房。5年来，城市基础设施建设投资数千万元，新修城区柏油、水泥道路98条，面积20.4万平方米，修下水道1.8万米，埋设供水主干道2.2万米，供水面积5平方公里。修复和开放花戏楼、汤陵墓、古地下道、汉石墓等一批国家及省重点文物保护单位，新建了华佗、花木兰塑像和彩色喷泉等新景观，使千年古城重放异彩。华东第二通道——商阜段已实现货运分流，今年10月份可实现客运分流，市内自动拨号电话及长途半自动拨号电话已开通，程控电话今年10月可开通使用。人民生活不断改善。1990年，全民职工人均年工资达1783元，比1985年增长107%，年递增15.7%；农民人均纯收入达685元，比1985年增长129%，年递增18.1%。城乡居民储蓄存款余额达26417万元，比1985年增长4倍。城镇居民人均住房达8平方米，农民人均住房面积14平方米。

近年来，我市从本地市情出发，注重从优势上突破，坚持走具有本地特色的发展路子，国民经济和社会发展取得了突破性的进展。市委、市政府提出的把亳州建成“酒乡药都烟桐地，商业轻工旅游城”的战略目标已基本实现。

（六）“八五”计划前景美好，十年规划鼓舞人心。

进入1991年以后，我市深入贯彻落实党中央十三届七中全会精神，市委、市政府发动全市人民开展了“总结前十年，规划后十年，户户订规划，致富奔小康”的活动，认真开展农村和城市经济两个大讨论，进一步认清了市情，理顺了思路，提出了目标，我市经济发展的基本思路是：兴农强工抓流通，两水牧桑深加工，酒乡药都烟桐地，民富市兴旅游城。集中精力抓好三大重点，即加强农业，突出水利、良种和农业社会化服务体系建设；加强基础工业和基础设施建设；加强教育和科技。具体组织好农业的十大开发和城市经济的十大突破。到2000年达到中等城市水平，建成皖西北的经济中心。经过全市人民坚韧不拔的艰苦努力，这一宏伟目标一定会实现。

（执笔：刘　阳）

福　州　市

市　长：洪永世

副市长：刘文鹏　龚　雄　明　敏　翁福琳　林忠兴　温源芳

洪永世市长，福建永春人，1942年6月出生。大学文化程度，工业管理经济师。1972年11月加入中国共产党。1961年进入福建师范大学物理系学习，1965年9月毕业后分配到福建省三明钢铁总厂工作，历任该厂总调度室调度员、总调度室主任、副厂长、党委书记等职。1984年6月任中共福州市委副书记，1984年7月当选为福州市市长，1988年6月再次当选为福州市市长。第七届全国人大代表。

福州市“七五”期间经济社会发展概况

□　福州市人民政府办公厅

第七个五年计划期间，福州市国民经济保持稳步增长，科技、教育、文化、卫生、体育等各项社会事业都取得了显著成绩，成为本市建国以来经济发展最快、人民生活改善最显著、城市面貌变化最深刻的时期，为90年代的发展奠定了较为坚实的基础。1990年全市社会总产值222.2亿元，国民生产总值110.9亿元，国民收入83.6亿元，工农业总产值180.1亿元，按可比价格计算分别比1985年增长115.9%、81.1%、79.8%和131.6%，5年年均分别递增16.6%、12.6%、12.5%和18.3%，实现了社会总产值、工农业总产值、财政收入、出口总值、社会商品零售总额、乡镇企业总收入等的翻番，完成或超额完成“七五”时期的各项主要计划指标。

围绕治理整顿目标，进一步深化改革

“七五”期间，福州市充分发挥作为全国综合改革试验区、全国金融体制改革和土地管理综合改革试点城市的优势，紧紧围绕治理整顿目标，经济体制改革迅速从农村推向城市，某些单项改革有特点有创新，在全省乃至全国有一定影响。

（一）以“松绑”放权为突破口，增强企业活力。继1984年3月24日《福建日报》发表福建省工业企业55位厂长经理《给我们“松绑”》的呼吁信后，本市从36位厂长、经理参与呼吁“松绑”放权起步，相继制定颁发了22份有关“松绑”放权、搞活企业的文件，在企业经营自主、自有资金使用等十个方面下放权限99条；选择24家国营企业作为学“福日”放权改革试点，引进“三资”企业管理机制，并在全国最早推行工效挂钩；在全市工商企业率先实行承包经营，推行了优选定额、管理升级目标责任制等行之有效的配套改革措施。同时，采取兼并、承包等形式推进企业组织结构调整，救活了50多家亏损、濒临倒闭的企业。

（二）推行“两保一济”，完善社会保障制度。本市在全省乃至全国率先推行国营和集体企业退休养老保险和职工待业保险制度，采用国家、企业和职工三者共同负担的办法建立养老保险基金和待业保险基金。全民企业职工的待业和养老保险已经100%普及；集体企业职工养老保险投保面达91.9%；市属集体职工待业保险投保面达93%，为企业的结构调整创造条件；目前正在“三资”、乡镇、街居企业进一步推行这两项保险制度。同时，市政府还建立了特困户救济保险制度，规定凡福州市市民月人均生活费用低于45元者，由市民政局发放救济保险金予以补足，“两保一济”较为有效的完善了社会保障制度。

（三）土地批租促进旧城改造。本市大力推行城市土地使用制度改革试点，变土地的无偿、无限期使用为有偿、有限期使用。近年来，通过拍卖、招标、协议等方式，在市中心和繁华地段有偿出让17块地，共

140.4公顷，批准“三资”房地产业28家，引进项目近40项，外商实际投资6000多万美元。1990年以土地批租和土地配套费收入为城市建设聚资3000万元。按照城市总体规划，采取“三个统一”（统一规划、统一设计、统一施工时间），“三个自行”（自行筹资、自行拆迁过渡、自行参加管理），“三个结合”（成片改造与零星改造结合、危房拆建与改变市容市貌结合、木屋区连片改造与商业街改建相结合）的办法，改造旧城面积60万平方米，改善5000多户居民的居住条件，仅台江区就集资2.5亿元，改造了10条街面、7个新村群、8片木屋区，建立一个全国最大的室内农贸市场。

（四）不失时机地进行物价改革，推进“菜篮子工程”建设。本市在1985年放开猪肉、蔬菜等副食品价格，1988年进一步放开肉、蛋、菜、水产品零售价格，还提高粮油糖销价，1990年适当调高自来水、食糖、民用煤价格，放开部分生活消费品零售价格；与此同时，积极探索政府宏观调控贯穿于副食品产销全过程的路子，在全市31个内外环乡镇建立280个较为稳固的、与消费需求相适应的副食品生产基地，同时以国营公司为龙头，以内外环乡镇副食品基地为依托，建立菜、肉、蛋、禽、鱼、奶、果“七条龙”的运行机制，保证国营商业主要副食品的经营量占社会总需要量的50—70%，有效地保障了占零售物价指数60%以上的副食品价格的基本稳定，充分体现了“菜篮子工程”建设良好的经济和社会效益。

（五）金融体制改革成效斐然。本市充分发挥全国金融改革试点城市的优势，先后成立了福州市榕兴财务公司等3家地方性金融机构；建立了综合性股份银行——交通银行福州分行；创办了民间股份制形成的15家城市信用社和3家农村金融服务社；开办了2处抵押贷款处；初步形成中央银行为领导、以国家专业银行为主体、多种机构并存和分工合作的金融体制。

（六）深入开展治理整顿，改善经济环境。根据国家治理整顿的要求，本市实行基本建设年度投资规模和在建项目投资规模双重控制，优先保证重点项目建设，提高了生产性投资、更新改造投资的比例，压缩了楼堂馆所等非生产性项目；坚持整顿流通秩序，全面完成公司的撤并、清理整顿验收和善后工作；对流通领域中过多过滥的批发环节进行治理，已清理整顿各类商业批发企业2249家，占应清理数的87%；对经营重要生产资料和专营商品的单位也进行了整顿。与此同时，有计划地建立健全生活资料、生产资料市场体系，组建了钢材、汽车交易、生资、建材等专业市场，建立了大型农副产品和专业批发交易市场。

工农业生产稳定发展，经济实力明显增长

（一）农村经济稳步发展，生产水平不断提高。“七五”期间，全市坚持“山海经继续念，山海田一起抓”的方针，突出“科教兴农”，进一步实施了粮食丰收、乡镇企业发展、温饱、水产、林果等农业“五大工程”建设，逐步形成农、林、牧、副、渔、工、建、运、商、服综合发展的新格局，加速了农业升温，农业基础地位得到增强。1990年，全市农业总产值42.85亿元，比1985年增长47.4%，年均增长8.1%；粮食总产量122.69万吨，比1985年的100.74万吨净增21.95万吨；造林总面积累计超过13.4万公顷；水果、水产品产量比“六五”期间分别增长1.63倍和72.1%。农村经济结构得到合理调整，种植业比重由1985年的45.4%降至1990年的38.2%，林、牧、副、渔业的比重由54.6%升至61.8%。乡镇企业异军突起，1990全市乡镇企业总收入57.36亿元，比1985年增长2.6倍，年均增长29.1%，占全市农村社会总产值的一半以上。农村物质装备水平进一步提高，1990年末全市农村生产性固定资产原值达到20.62亿元，比1985年增长9.5%；农业机械总动力比1985年增长42.2%；农业生产用电量比1985年增长53.1%，为今后农业的进一步发展积蓄了后劲。

（二）工业生产持续增长，形成一批新的生产能力。“七五”期间，本市立足于增强企业活力和提高企业素质，从调整投资方向、加快技术改造、改善产品结构入手，对企业组织结构、产品结构进行适应性、开发性和改造性三个层次的调整，90%的企业都进行了不同程度的技术改造，使工业生产克服了市场结构性疲软和速度、效益下降的严峻考验，保持稳步增长。1990年，全市工业总产值137.27亿元，比1985年增长1.52倍，年均递增20.3%。工业内部结构得到初步调整，轻、重工业保持平衡发展，重工业、轻工业年均分别增长17.4%和18.2%。工业生产能力扩大，新建、改造了一批具有一定影响的重点骨干企业、拳头产品，1990年底全市独立核算工业企业拥有固定资产原值47.92亿元，比1985年增长1.5倍；大中型工业企业增加到75家；企业的技术引进、吸引和消化工作得到加强，5年共开发新产品1164种，优质品率比1985年提高5.8个百分点。

（三）城乡市场日益繁荣，物价平稳。“七五”期间，全市通过推进流通体制改革，建立和发展“菜篮子工程”体系，多种经济成份、多种经营方式、多条流通渠道的商品流通体系开始形成，市场机制在商品流通中的作用越来越大。全市现有零售商业、饮食业、服务业网点5.5万多个，从业人员13.7万人，分别比1985年增长16%和16.5%，每千人拥有零售商业、饮食业、服务业网点数10.4个。1990年，全市社会商品零售总额达50亿元，比1985年增长1.25倍，平均每年增长17.6%，扣除物价上涨因素，实际增长3.5%。“菜篮子工程”建设向良性循环方向发展，菜、肉、蛋、禽、鱼、奶、果等主要副食品除猪肉自给率达70%外，都已实现自给或自给有余。5年间，市场零售物价总水平上升89.6%，平均年递增13.6%。

(四) 财政、金融工作取得新成绩。“七五”期间，福州市财政预算管理体制不断改善、完善，向“统一领导，分级管理”方向发展，极大地调动了各级政府生财、聚财、理财的积极性，使财力有了大幅度增长。1990年地方财政预算内收入达10.9亿元，比1985年增长112.1%，年均递增16.2%。金融部门认真贯彻落实国家货币政策，大力组织存款，努力扩大信贷资金来源，融资渠道，支持经济建设。“七五”期间，全市金融系统各项存款增加52.3亿元，比1985年末增长157.8%；各项贷款增加30.5亿元，比1985年末增长82.1%，其中，流动资金贷款和固定资产贷款分别比1985年增长75.5%和99.3%。保险业迅速发展，5年中保险业务总收入2.9亿元，支付赔款1.06亿元，较好地发挥了保险的经济补偿作用。

基础设施建设明显改善，城市综合能力进一步增强

“七五”期间，福州市以城市总体规划为依据，以“水、电、路、运、气”建设为重点，大力改善城市基础设施建设和城市管理工作，建成了一批能源、交通等重点骨干项目，城市综合功能明显增强。5年间，用于市政公用基础设施的投资达4.46亿元，比“六五”时期增长1.65倍，基本实现了“七五”计划的城市建设目标。

(一) 市政基础设施明显改善。“七五”期间，道路建设总投资达1.27亿元，新建福马一级公路、洪塘大桥，扩建了16条主干道和上千条小街巷，建成了闽江大桥桥北立交桥、洋头口立交桥、人行过街天桥和以“五直十横”为骨架的城市内环道路网络，进一步沟通了机场、火车站和港口之间的联系。水、电、气等基础设施逐步完善，供水、供电能力进一步增强。全市现有7个自来水厂，1990年日最高供水量56万吨，比1985年增加29万吨，市区自来水普及率达96.4%，1990年底开工建设日供水60万吨的西区水厂；市区现有变电站22个，1990年全市用电量28.34亿度，比1985年增长1.3倍。煤气工程已基本建成，按原计划实现首期供气。邮电通讯发展迅速，1990年完成邮电业务总量8563万元，比1985年增长2.6倍，年均增长29.4%。程控电话已达5万余门，全市电话机数8.51万部，比1985年增长2.02倍，全市13个县(市)、区都开辟了直拨电话，通讯条件进一步改善。

(二) 城市综合开发迅速发展。“七五”期间，全市筹集住宅建设资金15.86亿元，新建住宅建设面积314万平方米，组建了茶亭、凤凰池两个住宅合作社，进一步加快住房解困步伐，解决住房特困户7000多户。小区建设成绩喜人，5年来共新建、扩建了王庄、洋下、浦下、杨桥、凤凰、三叉街和上海新村等11个配套设施较为齐全的住宅小区；成片改造了东湖、建海、桃花山等棚屋区和百年老街——茶亭街，建造面积100多万平方米。利用外资兴建了国际大厦、先施大商场等一批高级写字楼与商业设施。

(三) 生态环境保护工作日益受到重视。“七五”期间，市委、市政府每年都要为环保办十几件实事，综合整治内河污染、工业污水、噪音和空气污染，形成一批达标区、达标街。城市绿化水平进一步提高，园林绿地面积806.75公顷，比1985年增加537.5公顷；城市绿化覆盖率达到17%，比1985年提高11.6个百分点。

(四) 重点建设得到重视。“七五”期间，全市固定资产投资完成85亿元，是“七五”计划的1.63倍，建成投资项目1653个，新增固定资产39.86亿元；更新改造完成投资15.89亿元，建成投产项目540个，新增固定资产12.4亿元，建成了一批能源、交通、原材料重点骨干项目，进一步增强了国民经济的发展后劲。“七五”期间，福州火电厂、年吞吐能力110万吨的福州煤码头、全长1849米的全省最长公路桥——福州洪塘大桥和福清融侨码头等一批重点建设项目先后建成投产、营运。

加快对外开放步伐，外向型经济迅速发展

“七五”期间，福州市充分发挥靠近港、澳、台的优势，利用中央赋予的特殊政策和灵活措施，加速对外开放步伐，初步形成了经济技术开发区、融侨工业区、台商投资区、福兴投资区、闽江口投资区为龙头的全方位、多层次、有重点的对外开放格局，对外开放领域不断扩大，层次不断提高。

(一) 对外经贸取得突破性进展。“七五”期间，全市出口总额5.2亿美元，比“六五”时期增长8.35倍。1990年，全市生产单位提供的出口商品交货总值24.46亿元，自营出口总值2.34亿美元。出口商品结构有所改善，罐头、茉莉花茶、塑料、医药等300多种商品销往世界上90多个国家和地区，1990年工业制成品出口额比1985年增长14.2倍。

(二) 对外商吸引力进一步增强。“七五”期间，福州市致力于改善以水、电、路、运、气为主要内容的投资“硬”环境和以“增强服务观念、提高办事效率”为主要内容的投资“软”环境，不断增强对外吸引力，外向型经济迅速发展，全市共批准外商投资项目合同885项，外资合同金额5.9亿美元，比“六五”时期增长4.76倍；实际利用外资2.4亿美元，增长5.16倍。1990年末，全市已开业投产的“三资”企业437家，当年实现工业产值占全市乡以上工业总产值的34.3%。

(三) 开发区、工业小区建设迅速发展。1984年5

月，福州市经济技术开发区经国务院批准筹建以来，已完成基础设施建设投资6亿多元，至1990年底，已批准生产性项目127项，兴办外商投资企业82家，总投资3.97亿美元，1990年实现工业总产值4.2亿元，比1985年增长10.4倍，年均递增62.7%；出口总额4560万美元。1989年5月，国家批准在开发区内设置面积为1.8平方公里的“台商投资区”，并新建高新技术产业开发区，目前，正根据经济发展和项目需要，向两翼和闽江沿岸扩展延伸。1987年在福清市开辟以“侨台外”相结合的融侨工业小区，已累计批准“三资”企业25家，合同投资5.84亿美元，1990年创产值2.18亿元，出口创汇2102万美元，出口比例70%以上。

(四) 对外劳务输出、经济技术协作在规模和水平上都有较大提高。“七五”期间，全市新签对外承包工程和劳务合作合同金额5416万美元，完成营业额4579万美元，5年年均分别递增60.36%和175.68%；福州已与南昌、常州、锦州、成都、秦皇岛、贵阳和西安等市结成友好城市，并同省内外的27个城市、4个经济特区建立了相对稳定的经济技术和物资协作关系。同时，还与日本长崎和那霸市结成友好城市，进一步加强了对国际、国内的经济、技术合作和友好往来。

(五) 国际旅游业迅速发展。“七五”期间，全市共接待来福州旅游观光、探亲访友和洽谈业务的外国人、华侨、港澳台同胞53.6万人次，比“六五”时期增长169.3%；旅游收入5.1亿元外汇券人民币，并以每年年均39.2%的发展速度递增。

科技教育事业得到较大发展，文化事业进一步繁荣

(一) 科学技术取得重要成果。“七五”期间，福州市认真实施“科技兴市”战略，深化了科技体制改革，坚持开发研究和推广普及并重、引进和消化吸收并举，加快科技成果向现实生产力的转化，使科学技术得到新的发展。5年间，全市完成科研项目603项，获各种科技进步奖433项，获科研专利369项，已投产200多项，取得明显的经济和社会效益。有11个科技示范乡依靠科技进步实现产值超亿元。全市现有科研机构83个，拥有各类专业技术人员7.98万人，分别比1985年增长90%和34.1%。

(二) 教育事业进一步发展。“七五”期间，福州市认真贯彻“教育要面向现代化、面向世界、面向未来”的方针，大力开展思想政治工作，积极调整教育结构，基础教育得到加强，全地区五区七县一市城关均实施九年制义务教育，城乡小学普及率达到99%；1990年末，全市幼儿园在园幼儿14.2万人，比1985年增长34%；中等教育结构明显改善，城乡职业技术教育有了较大发展，中等专业学校在校人数2.2万人，农业职业中学在校生1.8万人，分别比1985年增长66.1%和80.8%；高等教育得到加强，1990年高等院校在校学生人数2.8万人，比1985年增长22.7%；近年来又发展了广播电视大学、闽江职业大学、华南女子学校等一批成人高等教育学校。各类成人学校在校人数达9万多人。目前，本市平均每万人拥有大专以上文化程度由1982年的89人增加1990年的246人，文盲、半文盲占总人口的比重由1982年的22.05%下降到1990年的12.78%，人口文化素质得到进一步提高。

(三) 文化、卫生、体育等事业得到加强。“七五”期间，文化工作认真贯彻“二为”和“双百”方针，进一步繁荣了社会主义文艺，创作和上演了一批诸如大型歌舞《华夏之歌》、闽居《天鹅宴》等群众喜闻乐见的优秀剧目，并在全国受到好评。群众文化活动丰富多彩，全市现有18个专业剧团，181家影剧院，30个艺术馆、文化馆、图书馆、广播、电视覆盖率分别达91.7%和93.7%。卫生条件进一步改善，全市拥有各级医疗卫生机构1208个，专业卫生技术人员2.36万人，床位1.63万张，平均每千人拥有医生由1985年的1.4人增加到1.8人，拥有医院病床床位由2.35张增加到2.57张。体育运动技术水平不断提高，“七五”期间，本市运动员参加国际比赛进入前三名共72人次，特别是第11届亚运会上，福州籍运动员共获得6枚金牌，为祖国争得荣誉。计划生育和人口控制工作得到加强，1990年全市人口自然增长率、人口机械增长率分别控制在10.32‰和5‰之内。

城乡人民生活水平进一步改善，生活质量有较大提高

“七五”期间，随着经济建设的不断发展，人民群众的生活水平、生活质量都有较大幅度的提高。城市职工收入明显增加，1990年全市职工工资总额15.75亿元，比1985年增长1.23倍，职工年平均货币工资2128元，扣除物价上涨因素，实际增长7%。城乡居民居住条件进一步改善。“七五”期间，全市全民所有制单位住宅投资5.9亿元，竣工住宅面积210万平方米；1990年末，城市居民人均居住面积由1985年的6.1平方米增加到7.5平方米，农村人均住房面积由14平方米增加到17.3平方米。城乡居民储蓄存款大幅度增加，5年间，全市城乡居民储蓄存款增加39.5亿元，比1985年末增长3.2倍。城镇就业继续扩大，“七五”期间，全市城镇共安置待业人员9.4万人。贫困地区农民人均年收入584元，进一步摆脱贫困，走上共同富裕的道路。在绝大多数人民群众解决温饱的基础上，人们的消费内容日趋多样化，生活质量有了明显提高，人们衣着不断向多样化发展，彩电、电冰箱、组合音响、摩托车、空调等高档耐用消费品正越来越多地进入百姓家庭。

厦门市

市　长：邹尔均
副市长：李秀记　江　平　蔡望怀　张宗绪　陈植汉　蔡景祥

邹尔均市长，浙江省鄞县人，1931 年 10 月出生，1949 年 6 月参加工作，1952 年 8 月入党。曾任南下服务团团员，龙岩地区中心支行副行长、行长，连城县委书记，龙岩地委第二书记等职。1981 年 9 月后历任厦门市委副书记，厦门市副市长、代市长、市长，厦门特区管委会主任，厦门市委书记、市长。1987 年 12 月再次当选为厦门市市长。

一九九〇年厦门市经济社会发展情况

□　蔺海清　庄志杰

1990 年，厦门市进一步贯彻执行治理整顿和改革开放的各项方针，紧紧抓住经济建设这个中心，坚持四项基本原则，坚持两个文明建设一起抓，全市经济社会发展继续保持好的势头，实现了全市政治稳定、社会稳定、经济进一步发展。1990 年，全市国民生产总值达到 50.16 亿元（按 1980 年不变价），比上年增长 13.7%；国民收入 41.14 亿元，比上年增长 15.8%；预算内财政收入 10.3 亿元，比上年增长 17%，预算内财政支出 9.38 亿元，增长 18.3%，扣除上缴部分，收支平衡，略有节余。

工农业生产持续稳定增长

1990 年，全市工业生产部门克服市场疲软和资金紧缺等困难，采取积极有效的措施，调整产品结构，提高产品质量和加强促销工作，积极启动市场，生产逐月回升，扭转了全民、集体工业生产一度滑坡的局面，使全年保持了较高的增长速度。1990 年全市工业总产值按 1980 年不变价计算达 68.07 亿元，比上年增长 20.4%，其中轻工业产值 47.12 亿元，重工业产值 18.5 亿元，分别增长 26.3% 和 3.9%。在工业总产值中，全民所有制工业增长 0.9%，集体所有制工业增长 13.9%，三资企业工业增长 37.5%。全市工业系统在治理整顿和深化改革中，企业经营管理素质继续得到提高，名优新特产品的生产和开发得到进一步加强，1990 年又有 2 家企业晋升为国家二级企业，13 家企业晋升为省级先进企业，至年末全市已累计拥有国家二级企业 12 家，省级先进企业 42 家。全年累计开发新产品 140 项，其中达到国际水平和国内领先水平的有 25 项，新产品产值占全市工业总产值的 15%。全年共有 2 项产品荣获国优产品称号，19 项产品获部优产品称号，59 项产品获省优产品称号。工业品质量稳定提高率达 85%；全年工业优质品产值率达 33.9%，比上年提高 13.7 个百分点。劳动生产率继续提高，全年全民工业企业全员劳动生产率达 3.11 万元，比上年提高 3.9%。交通、通讯等部门也取得新的成效，全年交通系统货运量比上年增长 13.2%，其中集装箱运输吞吐量达 4.53 万标准箱，比上年增长 65.1%；与上年相比，邮电业务总量增长 51.8%，电力供应量增长 10.2%。1990 年，全市各级领导继续重视抓好农业生产，进一步完善家庭联产承包经营责任制和农业生产服务体系，继续增加农业投入，广泛开展科技兴农活动，在台风暴雨等自然灾害频繁的情况下，农、林、牧、副、渔各业获得全面增长。全年农业总产值 3.11 亿元，比上年增长 3.5%。同时围绕“粮食计划”和“菜篮子工程”，全市制定实施农业“星火计划”和“丰收计划” 100 多项，大力推广各种良种、新农药和新肥料，使粮食、糖蔗、油料作物的单产都创历史最好水平。粮食总产量在耕地面积减少的情况下仍达到 22.52 万吨，比上年增长 0.3%；油料总产量增长 3.5%，糖蔗总产量增长 13.7%，水果总产量增长 10.5%；植树造林 5900 公顷，通过验收达标 4400 公顷。畜牧业生产稳步增长，猪、禽存栏数和出栏数均有增加，蛋品总量持平，水产品供给增加。农业生产条件继续得到改善，全市财政支农支出 2116 万元，比上年增长 54.5%；农行发放信贷 1.58 亿元，增长 11.3%。1990 年全市拥有农业机械总动力 39.11 万千瓦，比上年增长 4.0%；全年农业化肥施用量 2.5 万吨，增长 7.3%；农村用电量增长 14.9%。农村集体劳动投入农田水利基本建设 224 万个工日，新增、恢复和改善灌溉面积 5127 公顷。农村经济全面发展，全年农村社会总产值 15.6 亿元，比上年增长 15.0%，乡镇企业总产值增长 25.1%。

外引内联再上新水平

1990 年，厦门市进一步扩大对外开放，努力发展外向型经济，全年新批准签约直接利用外资合同 262 项，比上年增长 16.4%，合同投资金额 5.49 亿美元，新投产开业 148 家，是特区兴办以来批准项目和投产开业最多的一年。

这一年，厦门市不失时机调整投资布局，加强投资引导，力争在经济效益、产品出口和技术进步方面再上新台阶。一是坚持以引进"三型"项目为主，按照国家产业政策和特区发展规划的要求，充实了滚动的引进项目库，在新批准的合同中，生产性项目占 95.8%，比上年提高 5.8 个百分点，合同规定出口比例平均为 84.2%，提高 4.2 个百分点，引进项目的技术水准也比较高。二是坚持以外商投资为主，鼓励兴办符合国家产业政策要求的独资企业，独资项目占批准项目总数的 78.6%，新批准的合同投资中，外资金额占 90%。三是在注重引进台资的基础上，坚持港澳侨台外资都欢迎，大中小型项目并举，全年批准台资企业 172 项，比上年增长 29.01%，台商投资 3.4 亿美元，分别占当年全市批准项目合同和外商投资总额的 65.6% 和 70.8%，单项投资额逾千万美元的有 6 项，来自东南亚、港澳等其它国家地区的投资也有所回升。

在改善投资环境方面，1990 年厦门市集中力量加块海沧台商区的建设步伐，成立海沧开发建设管委会，初步完成投资区的总体规划和地质初勘，通过环保评审，生活区的征地拆迁和平整工作已动工，其它水、电、道路、通讯、港口等配套设施也在筹划之中。同时抓紧重点工程建设，东渡码头二期工程全面动工，厦门跨海大桥完成 90% 的工程量，程控电话增容到 4 万门，岛内 10 万平方米通用厂房陆续竣工交付使用，小东山高科技产业开发区正式动工，国际机场增辟航线，扩建侯机楼投入使用，杏林投资区基础设施建设也加块了进度。在投资软环境方面，主要进行健全规章、理顺关系和改善服务，着重解决了一些外商反映比较集中的热点和难点问题。投资环境的不断完善，促进了厦门外资企业生产的迅速发展，全年有 37 家企业增资 3216 万美元扩大生产规模。据统计，全年三资企业工业产值达 36.77 亿元，比上年增长 37.5%，占全市工业总产值的 54%，出口交货比例达 69.07%，上缴涉外税收占全市税收比重的 1／4 强，在特区经济发展中占有举足轻重的地位。内联是特区外引的基础。1990 年全市新增内联企业 83 家，注册资金 5812 万元，其中引进内地资金 5368 万元。至 1990 年末累计，全市共有内联企业 1091 家，注册资金共 10.17 亿元，其中引进内地资金 8.18 亿元。对内横向经济联合由商贸型向工业型、科技型发展，全年内联企业工业产值 4.17 亿元，比上年增长 7.6%；内联企业自营出口创汇 1.8 亿美元，比上年增长 44%。

对外经济技术合作进一步扩大

特区改革开放和外向型经济的发展，对外贸易也呈现出前所未有的繁荣景象，全年进出口贸易总值达 11.52 亿美元，比上年增长 18.6%，其中出口总值 7.81 亿美元，增长 20.8%；进口总值 3.71 亿美元，增长 14.4%。全年进出口贸易顺差 4.2 亿美元，比上年增长 0.87 亿美元。目前已形成一个由国家专业公司、地方外贸公司和工贸企业以及外商投资企业组成的多渠道、多层次、分工协作、竞争有序的特区外贸经营体系。特别是地方外贸公司已逐步发展成为特区外贸的主力军，1990 年出口创汇额占全市外贸出口总值的一半以上。企业出口创汇大户不断增加，全市年出口创汇在 200 万美元以上的已有 56 家，其中 1000 万美元以上的有 23 家。随着外向型经济的发展，出口商品结构明显改善，全市工业品出口交货产值完成 29.39 亿元，比上年增长 48.2%，占全市工业总产值的比重由上年的 35.1%。提高到 43.2%。其中机电产品出口总值占 33.4%，彩电、收录机、电话机、干电池、轴承、自行车等已成为大宗出口商品。进口商品结构也发生了变化，机械设备和生产原材料比重逐步上升，满足了特区发展的需要。同时，特区外贸企业还通过各种方式建立 100 多个出口生产基地，每年可提供出口商品上百种，创汇 1 亿美元以上，为出口创汇发展提供了稳定的货源，并带动了内地的产品出口。目前与厦门有贸易往来的国家和地区发展到 140 个，出口市场也发展到包括美国、日本、欧洲等国家和地区。

随着国际竞争意识的加强，有实力的特区企业也纷纷走出国门，境外投资从无到有逐步发展，目前通过合资、合作等方式在美国、泰国、菲律宾等 7 个国家和地区设立 18 家生产企业；技术出口开始起步，劳务出口和海外工程承包从小到大，技术层次不断提高，涉及建筑、纺织、机械、飞机维修、航运、渔业、电脑操作和石油工程等10多种行业，遍及日本、新加坡、太平洋群岛和港澳等8个国家和地区，发展势头很好。1990年全市新签对外劳务合同81项，合同总金额2073万美元，比上年增长8.3%。

国际交往日益增加，旅游业取得突破性进展。厦门市全年接待境外旅客21.08万人次，比上年增长52.2%；全年旅游外汇收入2.29亿元外汇人民币，比上年增长1倍。厦门已成为全国10大旅游城市之一。

继续引进资金、技术改造老企业，全年共签订合资合作项目21个，投资总额4.52亿元，比上年增长2.3倍。其中利用外资3.6亿元，增长4.7倍。

重点工程和城市建设进展顺利

1990年，全市固定资产投资完成17.56亿元，比上年增长37.9%。在建项目得到控制，投资结构进一步调整，加快了重点项目工程的建设，先后完成了高崎国际机场侯机大楼扩建工程、管道煤气工程、印染厂、华厦造纸厂等重点项目的建设，增国年产16500吨高级卫生纸、2000万米印染布和日供水1.25万吨的生产能力。全年全民基建投资建成项目107个，项目建成率由上年的33.1%，提高到40.7%。企业技术改造进一步加强，全年全民所有制单位完成更新改造投资2.92亿元，比上年增长18.4%。全年更新改造投资施工项目199个，当年项目建成投产率为58.3%，提高16.2个百分点。全年新增固定资产2.47亿元，增长39.8%；固定资产交付使用率由上年的71.6%提高到84.5%，新增年产5000吨硫酸、50万千瓦电动机、4400吨合成纤维、2.5万锭棉纺锭、6万箱卷烟、2000吨啤酒、360万只灯泡的生产能力。

城市基础设施建设继续得到加强，城市面貌又有新的改观。全年用于供水、供电、交通、邮电、码头、城市公用事业等城市基础设施建设投资达2.23亿元，占全市全民基建投资总额的近1／3。全年新增道路面积2万平方米；新建城镇住宅103.29万平方米，农村住宅39.25万平方米。城市人均居住面积7.7平方米，农村人均26.3平方米；新、扩、改建集贸市场16个，增加建筑面积4528平方米；新增液化石油气用户7505户，全市居民使用液化气已占居民总户数的41%；改造市区供水管道19.01公里，新增加供水总量574万吨，居民用水得到极大改善；完成厦门——鼓浪屿跨海双回路电缆铺设工程和新区11万伏输变电工程；完成市区扩建2万门程控电话工程和市辖同安县2500门程控电话工程，并顺利完成程控电话升位工作，年末市内电话到达户数为28640户，比上年增长4.3%。

环境保护继续得到全社会的重视，已全面实行排污申报和许可证制度，加强了对排污的控制和污染源的治理。继续治理员当湖，建成污水处理厂，纳潮入湖搞活水体工程基本完成，湖水水质达到国家四类水体标准。大力开展植树造林活动，全年完成义务植树231.7万株，绿化复盖率达27.3%，人均绿地5.45平方米。

科、教、文、卫、体等事业有新的发展

科技工作紧密结合工农业生产，积极推进技术进步不断取得新的成果。全市科技经费比上年增长9.6%，全年科技成果登记119项，有41项获市科技进步奖，10项被授于专利权。科技体制改革继续深入，全年认定技术合同148项，技术市场合同成交额508.7万元。科技示范乡（镇）工作继续巩固和发展，其中4个通过验收。厦门市“火炬”高技术产业开发区第一期工程已正式动工建设。至1990年末，全市共拥有各类科研机构87个，各类专业技术人员56852人，安排实施的129个星火、火炬和其它科技项目中，绝大部份已按计划展开，有些已取得阶段性成果和明显效益。

教育事业继续发展，全市教育事业费支出6913.6万元（不包括教育基建投资），比上年增长22.9%。基础教育得到加强，全市小学学龄儿童入学率、巩固率、毕业率、普及率均居全省前列。教育质量不断提高，初中毕业会考及格率达72.7%，高考录取率达40.6%。职业技术教育稳定发展，新办3所职业中专；成人教育结合岗位培训，学用一致,初成体系。厦门市人民政府被评为全国职业技术教育先进单位。1990年末，全市各类学校在校学生数达22.06万人，比上年增长5.94%。其中，大专院校在校学生14103人，中专学校在校学生5166人。全年全市大专院校招生3919人，增长6.9%；有255人通过全国中、高等教育自学考试分别取得大中专毕业证书。1990年全市学龄儿童入学率为99.7%，初等教育普及率为99%。

文化事业更趋繁荣。1990年末，全市拥有各种文化艺术事业机构69个。拥有各种艺术表演团体5个、博物馆2个、图书馆4个及电影放映单位70个。全市拥有广播电台2座，电视台1座，有线广播站3个，全年录制广播剧27部，合拍4部电视剧，有5个专题电视节目荣获全国一等奖，3个获省级一等奖，8个广播节目获全国三等奖。

1990年，全市人口出生率为25.32‰，死亡率为5.86‰，自然增长率为19.46‰。1990年末，全市拥有卫生机构439个，医院病床位数4343张，专业卫生技术人员5680人，其中医生2685人。

体育运动方面，厦门市运动员全年分别在国际邀请赛中获得9枚金牌、5枚银牌和5枚铜牌；在全国性比赛中获得7枚金牌、13枚银牌和14枚铜牌。

三 明 市

市 长：李立士
副市长：陈世泽（常务） 周 申（女 文教卫生） 陈刚挺（财贸、城建、环保） 洪长平（计划、科技、体改）

李立士市长，福建省东山县人，1940年出生，1982年7月加入中国共产党。1962年毕业于福建省农学院农机系。参加工作后，任河北省定县拖拉机总站技术员，定县拖拉机制造厂技术组组长。1978年任三明市农机研究所技术员、所长。1980年任三明市科委副主任，1981年任三明市副市长。1983年任三明市（省辖市）经委副主任。1985年任三明市副市长。1988年后任市委副书记、市长。当选为第七届全国人大代表。

三明——充满生机和活力的社会主义新型文明城市

□ 龚一风 吴清慧

"七五"期间，三明市坚持以经济建设为中心，深化改革、扩大开放，坚持物质文明与精神文明共建，国民经济和社会事业在改革中前进，在治理整顿中发展，出现政治稳定、经济稳定、人心稳定的大好局面，整个经济进入建国以来发展生机最旺盛、实力增强最快和人民得到实惠最多的时期。

（一）国民经济总体实力不断增强。"七五"期间，国民生产总值平均每年增长10.8%，国民收入平均每年增长11.2%，工农业总产值平均每年增长16.98%，1988年实现了第一步战略目标。

1. 农村经济全面发展。"七五"期间，坚持走开发本地资源、农村工业化的道路，抓好山水田的利用，发展乡镇企业，农村产业结构逐步优化。1990年农村社会总产值达到59.68亿元，比1985年增长273.6%，其中非农业产值增长4.59倍，所占比重由1985年的33.1%上升到49.5%。农、林、牧、副、渔业全面发展，农业总产值12.34亿元，五年平均年增长8.91%。粮食生产从1987年起连续四年创历史最高水平，肉、禽、蛋、菜、油料、水果、烟叶、水产品等连年增产，极大地丰富了城乡市场的供应，乡镇企业异军突起，1990年发展到6.6万家，吸纳农村剩余劳动力28.4万人，乡镇企业总收入40.57亿元，五年平均增长45.73%。

2. 集体林区改革效果显著。"七五"期间，林业以资源、资金、资产、体制四个方面为重点，进行了综合性的改革试验，林业支柱产业的地位得到巩固和加强。1990年，"大林业"产值15亿元，占全市工农业总产值的22%。"七五"期间，人工造林更新23.5万公顷，新造和改建达标的速生丰产林20.7万公顷，工业原料林15.6万公顷。林业资源和林政管理更趋完善，林业科技迅速发展，开拓了我国南方集体林区发展的希望之路。

3. 工业经济逐步转到以提高经济效益为中心，持续、稳定、协调发展的轨道。1990年，工业总产值比1985年增长1.4倍，平均每年增长19.46%，"七五"期间，轻重工业协调发展，重工业的比重由1985年的60.02%下降到53.11%。各种经济类型的工业迅速崛起，集体所有制工业和中外合资、中外合作、外资独资等的比重由1985年的21.38%上升到50.4%。通过调整产品结构，名优产品不断涌现，获国优6项，部优47项，省优187项，优质品率由1985年的14.3%上升到25.95%。

4. 商品市场繁荣活跃。五年中，社会商品零售总额增长1.2倍。商业网点迅速发展，每万人拥有商业网点数由1985年的87个上升到105个。1988年底竣工并投入使用的“三明市场”是闽西北最大的室内大型综合性集贸市场，总面积1万平方米，设有固定摊位400多个，店面257间，投资600多万元。“七五”期间，物价指数平均每年增长12.6%，比“六五”期间高8.07个百分点。

5. 对外经贸活动有新突破。“七五”期间，全市进出口贸易总值8443万美元，出口供货总值17.92亿元，平均年递增率分别为67%和42%。利用外资有较大发展，对1990年底，全市批办外商投资企业138家，总投资5.05亿元，合同外资3917万美元，投产开业的企业52家。对外经济合作有进展，在香港成立了“胜明实业有限公司”和“三明经济开发海外顾问团”。旅游业得到发展，1990年全市接待国际游客2675人次，旅游外汇券收入164.77万元，分别比1985年增长1.7倍和17.2倍。

6. 财政金融事业稳步前进。“七五”期间，财政总收入23.3亿元，比“六五”增长1.4倍；财政总支出16.7亿元，平均年递增18.5%。存款余额增加18.94亿元，贷款增加21.29亿元，支持了全市321个技改基建项目。

（二）精神文明建设不断创新和发展。“七五”期间，三明市精神文明建设逐渐形成了自己的特色。一是把精神文明建设的重点转向提高人的素质，大力倡导和树立“团结、拼搏、务实、创新”的三明精神。二是注重开展文明创建活动。文明单位、文明户、文明街、文明路不断涌现。三是开展以“六联六建”为主要内容的文明区域共建活动，充分发挥文明单位的示范与辐射作用，强化居委会服务功能。目前，区域共建活动由三明市区推广到十个县（市、区）的城区。四是大张旗鼓地倡导做“改革开放带头人”活动。评选出1988年各条战线“改革开放带头人”20名及标兵10名；1989年行业标兵11名；1990年行业标兵18名，知识分子拔尖人才10名。五是深入开展“满意在三明”系列活动，推动了各行业精神文明建设的深入开展，促进全社会精神文明建设登上新台阶。

（三）基础设施建设取得显著成就。供电状况进一步改善，发电量达41.84千瓦／小时。交通、邮电、通讯事业迅速发展。交通总投资1.4亿元，三明辖区内铁路完成了电气化改造；1990年底，全市公路通车里程10182公里，比1985年增加719公里，等级公路比重上升。全市12个县（市、区）全部实现市内电话、长途电话、电报转报自动化。建成全国第一条光缆通信干线和微波通信干线，区内形成以三明程控长途交换为中心的传输网络。煤气事业从无到有，1990年底，市区煤气日供量3.2万立方米，用户16250户，气化率达35.4%。市区绿化覆盖率从原来的23.7%上升到30.2%，人均公共绿地面积由3.7平方米提高到5.6平方米。市区先后开辟建成了徐碧、芙蓉等新区，人均居住面积从7.2平方米提高到7.7平方米。同时，城市供水、供电及环卫工作也取得明显进步。

（四）科技、教育、文化、卫生、体育事业欣欣向荣。随着科技兴市战略的实施，科学事业迅速发展。市县先后建立了32个科研机构，10多个民办科研开发机构，拥有专业技术人员65173人，初步形成科技网络。“七五”期间，获得省、市及国家表彰奖励的科技成果150多项。三明市农科所选育的杂交水稻新组合汕优63获国家发明一等奖。推广面积达3.4亿亩，增产粮食231.2亿公斤。教育事业发生深刻的变化。全市多渠道集资2.2亿元，办学条件明显改善。5年间有16782人从本市的大中专学校毕业。基础教育进一步普及，小学“四率”达98%以上，初中巩固率、报考率、合格率三项综合比率74.7%。成人教育稳步发展，少青壮年非文盲率从87.6%提高到93.4%，有15424人参加自学考试，22673人参加成人高校、中专学习。以企业文化为主体，城市文化为龙头的多层次、多形式、多功能的有三明特色的大文化格局已形成。实施“芳草计划”，繁荣了群众文化；5年间，创作文艺作品3万多件，在省以上展出、演出、出版、发表、拍摄的作品3千多件，获奖作品200多件，电影、电视创作填补了空白。文化设施进一步完善，电视覆盖率由61%提高到87%。卫生事业继续发展，5年中卫生机构增加229个，医院床位增加540张，专业卫生技术人员增加1349人，疾病防疫取得新的成效。体育事业蓬勃发展。“七五”期间，涌现出全国体育先进单位14个，全省体育先进单位106个。1988年以来，先后向国家集训队输送运动员7人，4人打破6项世界纪录。

（五）人民生活水平进一步提高。1990年全市职工平均货币工资扣除物价因素，比1985年增长11.82%。城镇居民月人均生活费收入、农民人均纯收入，比1985年同期分别增长1.84倍和1.01倍。全市城乡居民储蓄存款16.3亿元，比1985年增长2.92倍。人民的健康状况、营养水平、平均寿命等生活质量指标，比“六五”期间有很大的提高。

1990年是“七五”规划的最后一年，也是经济生活中矛盾多、困难大的一年。三明市坚持一要稳定、二要鼓劲，进一步搞好治理整顿、深化改革，保持了政治、经济和社会的持续稳定发展，全市国民生产总值55.93亿元，比1989年增长8.2%；国民收入完成52.03亿元，比1989年增长7.9%；工农业总产值完成65.29亿元，比1989年增长10.2%。

三明市创建卫生城市成绩显著，城市卫生指标达到标准。城市环境质量水平提高，供水指标和质量达到国家标准。全国爱委会授予三明市全国地级市“十佳卫生城市”之一。

莆 田 市

市　长：许开瑞

副市长：姚振泉（常务）　苏玉太（文教、卫生、体育）　杨学明（科技、工交、外经）　翁毅彪（计划、城建）

许开瑞市长，1940年12月生，福建泉州人，1964年7月毕业于厦门大学经济学计统专业。历任公社副社长、主任、党委书记、农场场长、副县长、地区副专员、地委副书记、行署专员、省计委主任、省物委主任等职。1990年3月任中共莆田市委副书记，并连选为市长。发表过《加强和改善宏观管理的若干思考》等论文。

开发湄州湾　振兴莆田市

□　《中国城市经济社会年鉴》莆田市编写组

湄洲湾位于福建省莆田市东南，北接兴化湾，南邻泉州湾，因湾口有湄洲岛屏锁而得名。湄洲湾港被誉为“中国少有，世界不多”的天然深水良港，北有秀屿港，西北角有枫亭港，南岸有肖厝港，是我国不可多得的宝贵海港资源。

优越的自然条件

湄洲湾港介于福州与厦门、上海与广州之间。水路北上至上海港510海里，南至湛江港600海里，东距基隆港178海里，与祖国宝岛台湾隔海相望，最近处仅72海里，同大洋洲、南北美州的海上联系也处于有利的位置，是我国东南沿海较为便捷的出海口，在我国沿海开放地带和对台交往中处于极其重要的地位，适合建设南北物资集散地和国际中转港。

湄洲湾岸线总长289公里，可供建设万吨级以上泊位的深水岸线30多公里，相当于我国现有万吨级泊位所占岸线的一半，可建深水泊位约100个。航道宽且顺直，主航道宽800—1200米，最深处超过40米，一般水深均超过15米，对航行、调头、锚泊和作业十分有利，5万吨轮可自由航行，10万吨轮可乘潮进出，港口至斗尾可接纳30万吨巨轮。

湄洲湾为三面大陆山丘所拥抱，湾内有湄洲岛、盘屿、大德屿、罗屿、横屿、泽屿等层层屏障，湾外巨浪难以涌入，港内避浪条件特优，便于靠泊作业。据多年观测，0.1—0.4米的波高占90.5%。以外海50年一遇的最大浪高推算，秀屿港前沿最大波高仅1.45米。建造泊位可免修筑防波堤。

湄洲湾口宽达20公里，湾口至湾顶长33公里，高潮时最大海域面积为516平方公里，平均纳潮量达24亿立方米，湾内无大河流注人，海水含沙量只有0.012—0.02kg／m^3，且落潮速度大于涨潮速度，不仅航道常年不淤，而且有利于污染物的迁移、扩散、自净，可称为清水湾。

湄洲湾地处南亚热带，气候温和，终年少雾，多年平均雾日仅9天。陆域多为低山丘陵、红土台地及海滩围垦地，北岸秀屿、东吴一带面积约60平方公里，地势平坦，地质好，是发展港口、城市及临海工业的有利地带。湄洲湾又有丰富的独具特色的旅游资源，是理想的游览胜地。

开发建设的进程

早在六世纪中叶，湄洲湾始有海运。民国初年，孙中山先生在《建国方略》中，拟建湄洲湾为我国东部六大渔港之一。1928年，秀屿开港，辟有上海、厦门等航线。1934年，英商万吨轮首航秀屿港装卸。1937年，抗日战争爆发，秀屿港码头，仓库被日军全部炸毁。1944年，恢复海上盐运。

建国后，由于历史原因，相当长一个时期内，湄洲湾未能得到应有的开发和利用。70年代以后，特别是改革开放以来，党和国家领导人，国务院有关部门负责人以及专家、学者先后来湄洲湾视察、考察。1982年8月由福建省政府和省科协邀请中国科学院、中共中央书记处研究室，国务院有关部、委、办等部门的专家、学者、工程技术人员70多人，组成"福建深水港保护暨湄洲湾开发科学考察队"对湄洲湾进行全面的实地考察后，提交了《福建深水港保护暨湄洲湾开发的考察报告》，认为湄洲湾是"自然条件非常优越的天然深水港湾"，"可逐步建设成为一个综合性的多功能的全国性的大型深水海港"。开发建设湄洲湾，对于改善我国深水港口布局，发展海运事业、外贸事业，调整福建工业布局，促进全省经济发展，加强与台湾的联系，实现祖国的统一大业等，都具有战略意义。我国著名科学家钱伟长考察湄洲湾后说："建设好湄洲湾不但福建受益，祖国半壁江山都能受益。"

1983年6月，国家计委正式将湄洲湾列入"六五"计划的基本建设重点项目前期工作计划。同年9月，鉴于开发湄洲湾的需要，国务院批准设立莆田市。从此揭开了湄洲湾开发建设的新纪元。1984年7月，国家计委正式把湄洲湾地区国土规划列入全国27个国土规划试点之一。进行11个专题项目规划。国土规划于1988年1月全面完成，并通过国家级验收。

开发建设成就明显

"七五"期间，莆田市坚持"开发湄洲湾，振兴莆田市"的战略目标，实行"优惠吸引，外引内联，以干促上"的方针，致力于湄洲湾的开发建设，带动了全市国民经济持续、稳定发展。1990年全市国民生产总值29.02亿元，按可比价格计算，比1985年增长45.20%，年递增7.7%；国民收入24.06亿元，增长54.7%，年递增9.1%；工农业总产值30.4亿元，增长1倍，年递增15.0%，其中工业总值23.09亿元，增长1.5倍，年递增20%；出口供货7.3亿元，增长7.6倍，年递增53.8%；出口创汇1.46亿美元，增长7.1倍，年递增47.9%；财政收入1.86亿元，增长1.24倍，年递增17.5%。国民经济实力明显增强，有力地促进湄洲湾的开发建设。

秀屿港区以"四通一平"为起点的基础设施建设已初具规模，投资环境明显改善。建成莆田市区至秀屿港区35公里的二级公路、日供一万吨的自来水厂、35千伏输变电工程和笏石220千伏变电站，完成了望山微波站建设，开通了程控电话。秀屿港望山生活区已平整大片建设用地，建有23幢商品房、以及一批简易工业用房，邮电、银行、宾馆、剧场、学校、商业网点和各类服务设施基本配套，港区建筑物总面积达6.5万平方米，初具新兴集镇规模。秀屿港口开始发挥经济效益。3000吨级盐业码头、3000吨级商业码头和1000吨级方舟码头，已建成停泊，码头仓库已交付使用。同时，建成长800多米的海堤，填造陆域35万平方米，为码头建设提供了良好的陆域条件。海上过驳配套的枫亭300吨码头和三江口2座各500吨级码头，已投入使用。秀屿港已成为福建省的外贸起运港、粮食接卸港和水上过驳点，配有20艘海上过驳船，开展煤炭、粮食等中转业务。目前，秀屿港已与世界上17个国家和地区的港口实现通航，年吞吐量达60万吨，对外贸易吞吐量26万吨，成为对外贸易的窗口。1988年国家交通部宣布湄洲湾将建成全国四大国际中转港之一。

湄洲岛开发展露端倪

湄洲湾口的湄洲岛，是"海峡女神"妈祖故乡。岛上的妈祖庙，传说是妈祖升天的圣地，对台湾同胞、港澳同胞和海外侨胞有很强的吸引力和凝聚力，在国际上也有广泛的影响，被誉为东方的"麦加"。1988年6月，福建省人民政府批准开辟湄洲岛为对外开放旅游经济区，实行比沿海经济开放区更加开放、灵活的政策，以广泛吸引海内外各界人士联合开发，促进岛上的繁荣，增进大陆与台湾的联系。3年来，坚持以岛带湾，以湾促岛，湾岛结合的方针，共投资5600万元，兴建岛上基础设施和旅游服务设施。首批立项的11个基础设施项目已全面竣工，新增了2个300吨级的轮渡码头、2艘车客渡轮，贯岛10公里主干道已开通，北段1.7公里已修建了12米宽的水泥路，建成了日供水2000吨的自来水工程，架通1万伏海底电缆，开通了500门程控电话，广播电视接收站、邮电大楼、台胞接待站等均已建成使用。岛上地下水库，岛外通岛的三级公路正在加紧施工。以妈祖庙为中心的旅游服务设施初具规模。建成山门、仪门、钟鼓楼、朝天阁、升天楼和14米高的巨型妈祖石雕像等25个新建筑物。岛上北部旅游服务小区已建成海峡酒家、香客饭庄、天宫大酒店、购物中心、工贸大楼、农贸市场、商场等，十字街道已现雏型。来岛游客逐年增多，3年累计来岛的海内外游客100万多人次，1989年5月6日，台湾南天宫进香团组织20条船共220多人，直航湄洲岛，开创海峡两岸海上大型船队直航的先例，在台引起较大反响。1990年来岛朝拜的台胞10万多人次。对台贸易出现较好势头，1990年来岛洽谈贸易业务的台轮200艘、成交额1200多万元。引进外资共同开发取得较好成效，在建或建成投产20多个外资和内联企业，投资额2600多万元。对台文化交流也日益活跃。

湄洲湾的开发已进入新的历史时期，莆田市将伴着时代的脉搏，以崭新的面貌屹立在祖国的东南大港——湄洲湾畔。

（执笔：吕 品）

泉 州 市

市　长：陈荣春
副市长：林大穆（常务）　薛祖亮（科教文卫）　高厚生（计划、财政）　郑宗杰（经贸、外事）　陈再成（城建）　余茂桂（工业、审计）

陈荣春市长，福建惠安人。1938年11月生。1958年入党。1964年毕业于北京外国语学院。1964—1967年在英国进修，后留在中国驻英大使馆工作；1969—1983年先后在驻瑞典大使馆、外交部亚洲司、驻泰国大使馆工作；1983年后历任晋江行政公署副专员，福建省对外经贸委副主任、党组副书记，香港华润公司副董事长等职；1986年1月当选为泉州市市长。为中共第十三次代表大会代表。

开拓进取凯歌行进的五年

□　《中国城市经济社会年鉴》泉州市编写组

"七五"期间，全市广大干部群众在市委和市政府的领导下，认真遵循改革开放的总方针，进一步发挥泉州的优势，在建设具有中国特色的社会主义新侨乡的进程中，经受住政治上严峻考验，保持了政治和社会的安定，克服了经济工作中的各种困难，国民经济持续稳定协调发展。1990年全市国民生产总值达65.93亿元，比1985年增长1.38倍；国民收入51.05亿元，增长1.30倍；工农业总产值63.58亿元，增长1.18倍；财政收入6.24亿元，增长2.14倍，均提前3年实现了第一步战略目标。"七五"是泉州解放以来经济实力增长迅速、发展生机旺盛、人民得到实惠最多的时期。

"七五"取得三大突破性的成就

(一) 扩大对外开放，推进外向型经济的发展。"七五"期间，对外贸易持续发展，出口商品总值累计35.32亿元，比"六五"期间增长1.39倍。利用外资有了突破性的进展。全市"三资"企业由1985年的151家发展到1990年的1008家，累计总投资26.95亿元，其中利用外资5.52亿美元，平均每年增长65.8%。累计投产开业的企业631家，外商投资流向从"以港引侨"办小型单个项目，向以侨、台集团投资兴办大中型项目发展，出现了成片土地开发的好势头。对台经贸活动由小额贸易发展到较大规模的群体性投资办厂，至1990年底全市已创办台资企业170家，利用台资1.46亿美元。现在，"三资"企业已成为经济发展的一支生力军，促进了外向型经济的迅速发展。对外经济技术合作取得较大成绩。"七五"期间共对外签订承包工程和劳务合作合同50多份，实际完成营业额3078万美元，比"六五"增长18.7倍。劳务输出由原来的美国、新加坡、澳门、香港，拓展到毛里求斯、玻利维亚、印尼等国家和地区，共输出劳务4500多人次，增长8.7倍。国际旅游业和对外友好往来得到发展。"七五"期间共接待投资考察和文化交流团队达200多个，接待海外游客100多万人次，平均每年增长9%，旅游收入外汇人民币2.14亿元，平均每年增长27%。

(二) 乡镇企业健康发展，推进农村经济结构的调整。"七五"期间，农村经济全面发展，1990年全市农村社会总产值达79.29亿元，比1985年增长1.75倍。农村非农产值增长2.3倍，所占比重由1985年的50.8%上升到1990的60.9%。"七五"期末，全市拥有乡镇企业6.26万家（其中集体股份制企业1.48万家），从业人员56.10万人，吸收农村劳动力近1/4。乡镇企业总产值46.78亿元，平均每年增长23%，缴纳税金2.43亿元，平均年增长30%。出口产品交货值达9.53亿元。乡镇企业已形成了以"侨"字号、股份制民营经济为主体、工贸结合的外向型经济。已建立起针织、服装、鞋帽、包袋、编织、劳保用品、茶叶、食品、建材、电子、雨具、器皿、五金配件、玩具、工艺美术等

15个出口生产基地。乡镇企业已成为农村经济的重要支柱和出口创汇的生力军。

（三）基础设施日臻完善，进一步改善了投资环境，增强了发展后劲。“七五”期间，固定资产投资31.38亿元，平均每年增长23.27%，其中全民所有制固定资产投资21.11亿元，平均每年增长23.5%。建成投产的项目650多个，新增固定资产24.53亿元，平均每年增长23.69%。重点基础设施建设项目主要有220kv输变电站2个及线路360公里，110kv输变电站9个及线路375公里，使供电能力提高5倍。邮电通讯建设长线1020条，自动电话6.5万门，其中程控电话5.1万门，实现了城乡电话自动化，在全国第一个实现市、县、乡联网通讯网络。新增公路里程近千公里，形成比较密集的城乡公路网络。漳泉铁路至剑斗路段长57公里已通车运行，剑斗至下洋路段长31.5公里已完成铺轨任务。建设港口码头13个，其中万吨级码头1个和5千吨级码头2个都已投入使用。同时，建设和更新改造了一批有一定规模的骨干企业。环保设施五年总投资近千万元，大部分污染源得到治理，城乡生态环境有所改善。城乡规划建设和名城保护进一步加强。相继进行了城市公用设施和旧城区改造的配套建设，修缮和恢复了清源山、九日山、老君岩、威远楼、开元寺、承天寺、天后宫等大批文物景点，保持了历史文化名城的特有风貌。城市经过5年的建设，新区初步形成，市区面积由9平方公里，扩大到11.5平方公里。

“七五”办了十件有显著成效的事实

（一）坚持改革开放和运用特殊政策、灵活措施，正确处理经济增长速度与效益的关系。在提高经济效益的基础上，保持了国民经济较高的发展速度，全市国民生产总值平均每年增长18.96%，国民收入平均每年增长18.15%，工农业总产值平均每年增长16.9%，财政收入平均每年增长11.5%。

（二）农轻重产业结构进一步调整，国民经济比例基本协调。五年来，农业向深度发展，轻工业向高档次发展，重工业向开发性的发展。三者的比例关系已从1985年的33:48:19，调整为18:59:23。农业坚持决不放松粮食生产为前提，积极发展多种经营，特别是开拓水果、水产等创汇农业，使种植业的比重从51.6%下降为47.3%，而林牧副渔业的比重则从48.4%上升为52.7%。轻工业产品发展适应市场需求，重工业产品着重原材料的开发，增强了工业发展的后续能力。

（三）工业加快技术改造和体制改革，提高了企业技术水平和自我发展的能力。五年来全民所有制工业企业的技术改造投资达2.47亿元，建成发挥效益的项目42个，新增固定资产2亿元，其中比较大型的企业有胶鞋厂、罐头厂、无线电元件厂、针织厂、针织二厂、糖厂、雪茄烟厂、惠泉啤酒厂、茶厂、水泥厂等10家。

（四）新建一批有一定规模的新型企业，使工业产业结构逐步趋于合理。五年来，建设北水厂、赖氨酸厂、天泉电冰箱厂、化纤染织厂、清源啤酒厂、胶鞋三厂、民政造纸厂、五福纺织厂、豪盛瓷砖厂、阳山铁矿等一批骨干企业和矿山，为泉州调整工业产品结构和产业结构，以及工业经济的持续发展，打下了坚实的基础。

（五）乡镇企业持续健康发展，改变了农村的经济结构。五年来，新办了乡镇企业3.93万家，安排从业人员10.98万人，创造总产值159.2亿元，平均每年增长23%。

（六）扩大对外开放，利用外资有突破性的进展。五年来，新批准三资企业857家，总投资24.86亿元，已投产企业552家，占批准总数的64.4%。三资企业已成为泉州经济结构中的重要组成部分。

（七）华侨捐资造福桑梓，促进了泉州经济和社会的发展。五年来，全市华侨捐资办公益事业的金额达5.6亿元，平均每年增长38.2%。用于教育、卫生事业的占总金额的65%。相继建设了黎明大学、仰恩大学和一批中等学校的教学楼、图书馆、体育馆、纪念堂以及医院的门诊、病房等医疗卫生设施。

（八）加强了智力开发，大力发展科教文卫事业。五年来，组织实施科技计划项目320项，星火计划62项，成立了52个民办科研机构，建立了科技信息站85个和10个科技示范乡镇。各类科技人员达5.7万多人。基础教育得到加强，中等教育结构明显改善，高等教育和成人教育有了新的发展。至期末全市各类学校的在校学生达85.74万人，五年中培养中学教师3151名和小学、幼儿园教师5133名。举办了两届中国泉州国际木偶节，蜚声海内外。医学科学研究和预防保健取得了新成绩，群众性体育运动蓬勃开展，人民体质大大增强。

（九）加强计划生育工作，严格控制人口增长。五年来，大力提倡晚婚晚育，少生优育，人口自然增长率控制在19‰左右。五年中做了“四术”共85.73万例，人口过快增长的势头有所控制。

（十）在经济发展的基础上，人民生活得到了实惠。五年来，城镇安置待业青年7.43万人。

期末城镇居民人均生活费收入1921元，平均每年增长20.57%。居民住宅面积人均7.24平方米，居住条件明显改善。农村经济有了很大发展，期末农民人均纯收入783元，平均每年增长14%，农民人均住房面积16.6平方米。在31个贫困乡，五年中脱贫15.47万户，解决了温饱问题，脱贫率达98.3%。

（执笔：傅鸿曦）

漳州市

市　长：韩玉琳

副市长：梁绮萍（常务）　喻永锡（工交）　黄仲渊（财贸、外经）　曹盛文（城建、政法）　何龙章（科教文卫）　林殿阁（农业、民政）

韩玉琳市长，江苏省南京市人，1937年10月出生。1958年8月毕业于水电部南京水利学校，毕业后分配到福建省水利水电厅勘测设计院工作。先后在福建省水利水电工程局、东山县水电局任技术员、工程师。1979年12月加入中国共产党。1978年后历任东山县水电局副局长，东山县县长，中共龙溪地委副书记、行署专员，中共漳州市委副书记、市长。1988年1月当选为第七届全国人民代表大会代表。1991年3月再次当选为漳州市市长。

在改革开放中稳定发展的五年

——漳州市“七五”期间的主要成就和变化

□　《中国城市经济社会年鉴》漳州市编写组

“七五”期间，漳州市实行了地改市、市带县的行政管理体制，运用中央赋予的特殊政策、灵活措施，全面贯彻治理整顿、深化改革和扩大开放的方针，积极组织实施沿海经济开放区的建设，使国民经济和各项事业走上了持续、稳定、协调发展的轨道。国民生产总值第一个“翻番”目标已于1988年提前两年实现。“七五”计划的各项主要经济指标都已完成或基本完成。1990年，全市国民生产总值（按1980年不变价计算，下同）达26.05亿元，比1985年增长51.9%。平均年递增8.7%；人均国民生产总值625.1元；社会总产值58.17亿元，比1985年增长76.7%，年递增12%；国民收入23.24亿元，比1985年增长51.3%，年递增13.7%；人均国民收入557.7元，比1985增长38.2%；工农业总产值51.19亿元，超“七五”计划13.7%，比1985年增长90.4%，平均年递增13.7%。全市经济实力和物质基础得到加强，各项社会事业取得了重大成就。

加快农业综合开发，农村经济全面发展

“七五”期间，始终把农业放在重要位置，党政部门层层建立目标责任制和乡村挂钩制度，坚持‘保粮保庶’，发展水果、水产，促进林业、畜牧业、乡镇企业，实现高值化、集约化、商品化的农业发展方针，促进农村经济全面发展。强化对农田基本建设和科技的投入，五年共投资1.83亿元，投工4215万工日，新增有效灌溉面积4900公顷。积极抓好农业技术开发和科技成果的推广运用，充分发挥13个科技示范乡镇的作用，进一步健全农村四级科技网络建设。狠抓了三大粮食工程建设。1990年粮食总产达14.4亿公斤，比上年增产2000万公斤，比1985年增长25.3%，单产达324.5公斤。5年来，开发性农业生产蓬勃发展。1990年全市开发“林果竹工程”7万公顷。五年来共造林12.3万公顷，森林覆盖率由1985年的34%提高到43.2%。目前，已建成全国最大蘑菇、芦笋种植基地和南方最大的对虾养殖基地，香蕉、芦柑、蜜柚等名优水果生产也大大发展。乡镇企业总产值24.16亿元，比上年增长20.5%，比1985年增长2.1倍。对贫困地区的开发进行了扶持，全市已有90%的贫困户基本解决温饱问题。1990年全市农业总产值达15.48亿元，比1985年增长31%，平均年递增5.5%。

积极拓展经贸工作，对外开放成就显著

“七五”期间，把大力发展外向型经济作为振兴漳州经济的主要途径和重要战略。

5年来，全市引进了30多条生产线，300多台

(套) 工业设备和200多台 (套) 农副产品加工保鲜设备及先进技术，如日本经编毛毯、澳大利亚精梳毛纺、美国易拉罐、西德空罐、日本彩印多层复合软包装等生产线，以及意大利的瓷砖压坯机、冰箱压缩机等关键设备和先进工艺。5年来引进的技术设备，累计新增产值3.17亿元。“七五”期间，全市共批准“三资”企业合同639项，累计利用外资6731万美元，比“六五”期间增长18.6倍。1990年利用外资达3051万美元，占五年累计的45.3%。对外贸易出口稳定增长。1990年全市出口总额为9416.2万美元，比1985年增长18.8倍。努力拓展对台经贸合作，5年来对台贸易出口总额达375.71万美元。为扩大对台吸引力，制定了“九龙江三角洲经济发展战略”，以市区、龙海县和东山县为重点，以沿海324国道线为中轴划定区域，连片开发。有重点、有计划地先行筹建市区至龙海角美的“工业走廊”和下游沿岸港口经济区。整个漳州对外开放工作正沿着“重点突破，区域推进，整体起步”的方向发展。

稳步发展工贸经济，城乡市场日益繁荣

“七五”期间，漳州市工贸经济出现了速度、效益、产值、税利、创汇创历史水平的新局面。1990年全市工业总产值35.71亿元，比上年增长12%，比1985年增长1.37倍，平均年递增18.8%。“七五”期间全民工业企业技改投资完成额达6.19亿元，年递增8.8%。全市现有工业企业已发展到1582个 (其中全民470个，集体1112个)，职工总人数14万人，年产值亿元的企业有1个，千万元以上企业30个。5年来对企业新产品新技术开发共投入资金2241万元，已完成新产品鉴定320项，已有185项产品被评优质产品，其中国优4项、部优28项、省优153项。著名的国家金质奖产品“片仔癀”及其系列产品，以及糖水荔技罐头、蘑菇罐头、风油精、白砂糖、拉舍尔毛毯、八宝印泥等，都成了国内外市场上的抢手货。1990年全市社会商品零售总额为30.7亿元，比上年增长0.5%，比1985年增长1.29倍，社会商品购买力达36亿元，比1985年增长1.67倍。市场供应网点增多，全市已有各类市场248个，比1985年增加67个。全市集贸成交额近10亿元，比1985年增长2.29倍。全市商业从业人员达6万多人，比1985年增长15.7%；商业零售网点发展到3.7万个，比1985年增长19.6%；集体与个体商业零售额占总零售额的比重由1985年60%上升到70%。1990年全市零售物价指数比上年回落21.9个百分点。全市农民人均纯收入822元，比1985年增长1.04倍；市区居民生活收入1616元，比1985年增长1.45倍；城镇居民人均住房面积增加近2平方米。财政金融逐步好转。1990年财政收入5.14亿元，比1985年增长187%，平均年递增23.5%；财政支出4.91亿元。1990年末各项存款余额22.2亿元，比上年增长15.5%，比1985年增长2.09倍；城乡储蓄存款余额10.8亿元，比1985年增长3.12倍，平均年递增63.76%。

不断改善城市环境，各项事业蒸蒸日上

“七五”期间，为改善城市面貌，有计划地加强基础设施建设。全社会固定资产投资完成34.82亿元，比“六五”期间的13.63亿元增长1.55倍。重点加强能源、交通、通讯和市政建设。主要项目有：18000门程控电话，东山县两个5000吨泊位码头，漳州总山22万伏变电站，漳州沿海11万伏输变电线路，综合治理九龙江的大型水利电力工程，漳州火车站改造，324国道龙汾干线改造，漳州市区环城路、市区三条主要街道改造。东山三星级宾馆“华福酒店”、市区“漳州大酒店”、“华侨大厦”等均已落成开业。全市各城镇都建设了自来水厂，新建公路189.82公里，改建公路680.60公里，商品房实际开发63.31万平方米，投资环境日臻完善，城市面貌得到明显改观。“七五”期间全市人民群众精神文化生活及广播、电视、新闻出版等都有新的进展。建成漳州电视台，复办《闽南日报》。五年共取得重大科技成果197项，其中属国际先进水平的7项，国内先进水平的40项，省内先进水平的150项，组织实施星火计划50项、重点计划165项、火炬计划4项，推广了一批科技成果，“科技兴农”、“科技兴工”开始取得明显效益，科技队伍不断壮大，科技推广网络初具规模，13个科技示范乡镇经过验收均已达标。教育事业也有较大发展。五年来投资3.98亿元，新建校舍21.4万平方米，改造危房44.57万平方米，新建初中37所。学龄儿童入学率达98.7%，职业教育结构发生较大变化，现有技工学校6所、中等专业学校7所，并开办了漳州大学。卫生医疗条件明显改善，现有卫生机构数发展到497个，比1985年增加4.6%，拥有病床7548张，比1985年增加12%；医务卫生人员发展到9790人，比1985年增加20%。“七五”期间接待游客1258万人，创汇9493.75万元，修缮了三平寺、慈济官、灵通岩、云洞岩、赵家堡、南山寺、陈元光墓以及百花村、九湖荔技园等一批风景旅游点，建立了国际旅行社、新建了台湾饭店、华福酒家、改造了漳州、芗江以及9个芗城的宾馆。群众性的体育活动相当活跃，有5名运动员进入国家队、70名进入省队，第十一届亚运会上，漳州籍运动员又荣获2枚金牌、3枚银牌。漳浦、长泰、龙海三县先后被评为全国体育先进县。计划生育工作在人口进入生育高峰期的困难条件下仍取得好成绩。1990年末全市人口416.7万人。人口出生率22.98‰。

(执笔：林伟松)

石 狮 市

市　长：刘成业
副市长：吴德厚（常务）　邱加赞（教科文卫、外事）
　　　　蔡志从（城建、环保）　刘平山（公安、司法）

刘成业市长，1941年7月生，福建省永春县人，1964年8月毕业于福建师范学院中文系。1964年至1983年，在永春县委等地工作，1983年10月任中共永春县委常委兼组织部长，1984年任中共永春县委书记。1986年被评为福建省优秀县委书记。1988年8月当选为石狮市市长，中共石狮市委书记。1991年1月，再次当选为石狮市市长，市委书记。系中国作家协会福建分会会员。

今日石狮展新姿

□　赵育斌

石狮原是晋江县的一个集镇。1987年12月经国务院批准建立省辖县级市，石狮市委、市政府于1988年9月30日正式挂牌对外办公。

石狮市地处福建沿海东南部，介于经济特区厦门市与文化古城泉州市之间。市域三面临海、海岸线67公里，与台湾仅距134海里。全市总面积160平方公里，耕地5400公顷，人口27万多，辖石狮、蚶江、永宁和祥芝等1个办事处、3个乡镇，100个行政村（街）。1990年全市工农业总产值6.58亿元（其中工业产值5.6亿元、农业产值0.98亿元），税收5299万元，比上年增收1258万元，其中工商税收4831万元，比上年增收1238万元。乡镇企业总产值5.78亿元，三资企业产值3.19亿元，出口创汇4230万美元。

建市3年来，国民经济持续、稳定、协调向前发展，突出表现在实现了十个翻一番：(1) 社会总产值从1987年的5.1亿元发展到1990年的10.5亿元，年平均增长30.12%；(2) 国民生产总值从1987年的2.7亿元，发展到1990年的5.35亿元，年平均增长25.15%；(3) 国民收入从1987年的2.4亿元，发展到1990年的5.1亿元，年平均增长37.5%，人均国民收入从1987年的995元发展到1990年的1889元；(4) 乡镇企业总产值从1987年的2.5亿元发展到1990年的5.78亿元，年平均增长43.73%；(5) 社会商品零售总额从1987年的2亿元，发展到1990年的6.2亿元，年平均增长48%；(6) 财政收入从1987年的1916万元，发展到1990年的6942万元，年平均增长87.44%；税收从1987年的2108万元，发展到1990年的5299万元，年平均增长50.46%；(7) 信贷规模从1987年的存款余额1.7亿元、贷款余额1.0亿元发展到1990年的存款余额5.14亿元，贷款余额4.1亿元，年平均增长分别为67.45%和103.33%；(8) 三资企业由1987年的17家、投资3300万元、产值2000万元，发展到1990年的170家、投资5.02亿元、产值3.19亿元，增长10倍以上；(9) 出口商品交货总值从1987年的0.5亿元发展到1990年的1.8亿元；(10) 3年间，全市投入全民所有制企业资金达3600万元，是原有因定资产的两倍，使全民所有制企业固定资产从1987年的1800万元发展到1990年的5400万元。

石狮是福建著名的侨乡和台胞祖籍地之一。全市旅外华侨和港澳同胞人数相当于本市的人口总数，分布在30多个国家和地区，有80%的住户有海外关系。祖籍地为石狮的台湾同胞有30万人以上。随着对外开放的日益扩大，华侨、港澳台胞回乡探亲旅游、捐赠、投资办厂的日益增多。改革开放10年来，捐办教育、医院等公益事业的资金达8000多万元；至1990年全市共有三资企业170家，投资总额5.02亿元，其中外资占79%。

石狮的小商品市场繁荣，仅有3万多人口的市区，有大小摊店6400多家，分布在18条商业街道、4个专业小商品市场和1座商业城。以经营服装为主，是全国最大服装市场之一，吸引着全国29个省、市、自治区的商贾游客前来经商采购。每天进出大中型客运车辆1400多班次，客流量二.三万人，1990年的社会商品零售总额达6.2亿元，比1989年增长15%。

石狮以股份制为主体的乡镇企业发展迅速。党的十一届三中全会以来，石狮的群众利用闲房、闲散劳力、闲散资金纷纷合股、联办乡镇企业，从仿制台货洋货，到自己设计款式新颖、能反映海外潮流和时代特色的产品。生产出一批批服装、包袋、五金机械、电子、塑料制品、玩具轻工制品等“国产洋货”，以优质价廉而畅销国内外。有些产品，如爱花牌胸罩、牛仔系列服装、玩具、童装、生日工艺蜡烛等，在国外颇受赞誉、远销世界30多个国家和地区。1990年底，全市已有工业企业1680家，其中产值100万元以上的企业有62家，1000万元以上的企业有10多家。1989年总产值4.45亿元，1990年达5.78亿元，增长29.7%。目前，石狮的乡镇企业正逐渐发展成为以名优特产品为龙头、骨干企业为支柱、轻工业为基础的外向型工业体系。

石狮是福建省的综合改革试验区。按照“小政府、大社会”试验要求，石狮市党政机关设置采取“转变职能、减少层次、明确范围、精简压缩”的办法，市委设1办3部、市政府只设14个科局，省里下达人员总编制200名，机构和人员只有普通县级市的1/3。市党政机关工作人员实行公开登报、报名考试和择优录用，并试行公务员若干制度；市政府正副市长、法院正副院长、检察院正副检察长按“公开、平等、竞争、择优”原则推荐选拔产生。党政机关工作人员按照，“艰苦、廉洁、务实、高效”的精神开展各项工作。

石狮市委、市政府在大抓经济建设的同时，切实加强精神文明建设，做到两个文明建设一起抓，两个计划一起订，两个资金一起安排，两个成果一起要。福建省委已决定把石狮市作为全省军民共建文明城试验点，经过努力走出一条在改革开放中创建社会主义精神文明的路子。根据这一要求，全市人民正从治理市区脏乱差入手，加强领导，发动群众，军民共建，立足基层，以城带乡，着眼于提高人的素质，广泛开展“做文明人、办文明事，建文明城”活动，进行思想道德、科技文化建设、环境设施建设、基层建设和法制建设，努力把石狮建设成为“政治安定、经济繁荣、风气良好、环境优美、生活方便”的社会主义侨乡新城市。

南 平 市

市　长：林福俤

副市长：周　意（工交）　余盛卓（财贸）　张美通（城建）　潘祖浩（农业）林贡瑞（科技）　陈慧珠（女　文教）

林福俤市长，1946 年 12 月生，福建省屏南县人，中共党员。1970 年于厦门大学化学系毕业后在部队农场锻炼，1971 年至 1976 年任南平化纤厂技术员，1976 年至 1984 年先后任建阳地区轻工业局副科长、地区行署办公室秘书、地委办公室副主任，1984 年至 1989 年 1 月任邵武市副市长、代市长，1989 年 3 月至 1990 年 8 月任邵武市市长。1990 年 8 月任南平市代市长，1991 年 1 月当选为南平市市长。

“七五”成就显著　改革促进发展

□ 郭钰胜

“七五”期间，是南平市的经济建设发展最快，社会事业发展迅速，人民群众的生活水平大幅度提高的五年。

（一）经济实力明显增强。1990 年是“七五”计划的最后一年，南平市较好地完成了年度计划和“七五”计划。全市国民生产总值 6.83 亿元,完成“七五”计划的 101.94%，比上年增长 8.06%，比 1985 年增长 69.06%，年均递增 11.07%。国民收入 5.7 亿元，完成“七五”计划的 101.79%，比上年增长 9.59%，比 1985 年增长 54.05%，年均递增 9.03%。工农业总产值 13.54 亿元，完成“七五”计划的 112.13%，比上年增长 8.78%，比 1985 年增长 78.44%，年均递增 12.36%。主要经济指标都有较大幅度增长。(1) 工业。1990 年实现工业总产值 12.11 亿元，完成“七五”计划的 106.65%，比上年增长 9.73%，比 1985 年增长 60.19%，年均递增 9.89%。经济效益同步提高，全民独立核算企业实现税利 2.84 亿元，比 1985 年增长 1.41 倍。“七五”期间狠抓老企业技术改造，完成技改投资 4.15 亿元，推动了企业技术进步，提高了企业整体素质，增强出口创汇能力。每年开发新产品 40 种，1986 年以来工业产品获国家金奖 2 项，银奖 2 项，部优 19 项，省优 63 项。1990 年产品质量稳定提高率 90.3%，优质品率 30.60%。出口产值大幅度增长，1990 年工贸出口 1.16 亿元，占全市工业总产值 9.78%。(2) 农业。粮食生产连续 5 年丰收，在水口水电站库区淹没耕地 330 多公顷情况下，1990 年粮食总产量 1.43 亿公斤，比上年增产 160 万公斤，比 1985 年增产 1030 万公斤。农业开发和多种经营向纵深发展。从南平市的实际出发，在山上大做文章，实行山田水路综合开发，农林并举。5 年扩种水果 3489 公顷，1990 年全市拥有水果面积 5100 公顷，产量 1.17 万吨。茶叶面积 1500 公顷，产茶 663 吨，成为全区三大茶果基地。食用菌发展到 1626 万袋。1990 年末生猪存栏 14.17 万头，出栏 12.56 万头，肉类总产 1.14 万吨，分别比 1985 年增长 13.45%、17.82 和 68.39%.禽蛋产量 1855 吨，比 1985 年增长 44.70%。林业生产坚持以林为基础，大力保护森林资源，1990 年造林 1 万公顷，比 1985 年增长 14.19%。乡镇企业在调整中稳步前进，1990 年完成总产值 4.46 亿元，比 1985 年增长 2.63 倍。(3) 财政。收入持续增长。1990 年全市财政收入 17489 万元，完成“七五”计划的 126.73%，比上年增长 3.52%，比 1985 年增长 68.72%。(4) 内贸。1990 年全社会商品零售总额 4.26 亿元，比上年增长 3.48%，比 1985 年增长 1.22 倍。物价指数逐年回落，1990 年物价平均上涨指数 0.5%，为 1985 年以来最低年份。重视副食品的生产、供应工作，“菜篮子工程”不断巩固发展，“七五”期间，副食品基地每年提供商品猪 5 万头，肉禽 5—6 万只，蔬菜 2000 万公斤。南平市被省政府授予副食品生产先进城市称号。(5) 外贸、外经。1990 年全社会出口供货总值 9600 万元，比上年增长 73.6%，比 1985 年增长 1.3 倍。1990 年实际利用外资 142 万美元，新批合资企业 7 家，"七五"以来共利用外资 711.91 万美元，三资企业发展到 30 余家，三资企业分布于机械、化工、针纺、电子、森工、建材等行业及乡镇企业。(6) 人民生活和计划生育。人民生活水平逐年提高。1990 年城镇居民人均生活费收入 1576 元，比上年增长 13.9%，比 1985 年增长 1.6 倍。农民人均纯收入 816 元，比上年增长 6.81%，比 1985 年增长 68.70%。计划生育基本国策得到贯彻实施，1990 年人口出生率 14.65‰，控制在计划指标内。

(二) 治理整顿取得阶段性成效。全市停缓建项目 14 个，压缩投资 1692 万元。物价、财务、税收三大检查及审计工作，共查出违纪金额 3857 万元，上缴国库 2171 万元。撤并公司 79 家，各类公司过多过滥的问题基本得到解决。

(三) 城乡改革不断深化。"七五"期间，城乡改革坚持大稳定，小调整。城市改革以搞活企业、完善企业承包经营责任制为重点，先后出台一系列相应的政策措施，调动了企业、职工的积极性，稳定了经济、取得了明显成效。成立了以针织总厂、南平造纸厂为主体的华盛针织工贸集团公司和星光造纸集团公司。积极稳妥地推进企业兼并或代管，30 家企业实行风险抵押承包、股份制和租赁。65 家企业试行"共保合同"。农村改革继续完善联产承包责任制，以建立健全社会化服务体系为重点，搞好双层经营，壮大集体经济。全市组建村级联社 223 个，占村总数 98%。组建农技、机耕、水利、植保、防疫、购销等六大服务体系。住房制度改革 1988 年 9 月 1 日经福建省人民政府正式批准出台实施，不断调整完善，抑制了不合理的住房需求，推动住房商品化和住宅建设。社会保障制度改革稳步进行。145 家集体企业、1.8 万名职工、518 名村干部进行养老保险。外经贸、物资、建筑、科技、教育、卫生等方面的改革不断深化，有力推动各项事业发展。

(四) 投资环境改善。吸引外商投资步伐加快。"七五"期间，南平市从自身条件出发，因地制宜，扬长避短，走出了一条具有山区特色的发展对外经贸的路子。特别是吸引利用外资取得了突破性进展。"七五"期间创办三资企业 26 家，利用外资 532 万美元。1990 年三资企业产值 3676 万元。在发展对外经贸工作方面的主要做法是：首先，注重发挥老工业城市工业基础较好的条件，嫁接改造老企业。几年来先后有 7 家企业被嫁接改造。其次，注重发挥资源优势，促进深度开发。南平市资源丰富，特别是林业资源得天独厚。先后办了 6 家竹木制品加工三资企业，改变了原先单一销售原材料或初加工的状况，使潜在的资源优势得以发挥。再次，"软""硬"兼施，着力于改善投资环境。制订鼓励港、澳、台、外商投资的规定在土地使用，利润分配等方面给予优惠，简化审批手续，实行一条龙服务，提高办事效率。投资环境的改善，吸引了大量外商前来经商、办厂、考察、观光。第四，办好现有三资企业，运用典型说话。对三资企业的生产经营问题，经常组织有关部门现场办公，及时解决协调资金、原材料、电力供应等方面的困难，及时解决外方人员生活上存在的问题，增强外商在南平市投资与扩大投资的信心，发挥了现有企业的桥梁和示范作用。

(五) 依靠群众,加快旧城改造工作。"七五"期间，对旧城区实行统一规划，分期建设。特别是 1988 年以后，为适应水口水电站城区防护拆迁，旧城改造的步子加快，两年多时间里，全市实施了 7 个片区的成片改造，拆除旧房 9 万多平方米，旧城改建开工项目 53 项，总开工面积 21 万平方米，竣工 12 万平方米。加快旧城改造的做法是：(1) 统一建设，探索成片改造的步子。在改建过程中，实行五个统一，即统一规划、统一安置、统一修建小区的配套设施、统一进行总体工程的施工管理、统一定价。(2) 依靠群众，搞好旧房拆除。坚持民主管理、财务公开，探索出了一套促进群众搬迁旧房的办法。(3) 因地制宜，采取多种形式的改建方式。坚持从实际出发，不搞一刀切，采取的改建方式有：拆迁新建，综合开发，集资联建，单位自建，个人自建。(4) 多方集资，解决资金问题。坚持面向社会，面向全体市民公开售房，面向全社会集资。"七五"期间，向单位和居民集资 2500 多万元，其中个人 1100 多万元，解决了旧城改造的资金问题，有力地推动住房商品化。

(六) 科技工作面向经济建设，取得可喜成绩。"七五"期间，共获省科技进步二等奖 1 项，省科技进步三等奖 7 项，星火奖 2 项，获省科技成果重大科研项目 38 项，被授予市级科技进步奖 100 项。工业开发新产品 238 项，其中 123 项达到国内先进水平。"科技兴农"方兴未艾。在推广应用新技术中，有 2 项被列入国家星火计划项目，6 项被列入省星火计划项目。奶牛胚胎移植技术达到国内先进水平；高密度流水养鱼亩产 3.3 万公斤。科技成果的应用推广，有力地促进农业生产发展。同时，医药科研工作取得了成果，其中"复方满山白治疗慢性气管炎"，分别获得全国科技大会集体奖，省医药卫生科技进步一等奖。1990 年全市共有各类专业技术人员 1.06 万人。有 1.03 万人获得专业技术职称，其中高级职称 299 人，中级 1677 人，初级 8326 人。群众性科普活动广泛开展，市级科学技术专业学会、协会、研究会 36 个，会员 3400 人。全市 17 个乡镇都成立科普协会。市属厂办科研机构 7 个，民办科研机构 6 个。

邵 武 市

市　长：陈国良

副市长：苏永昭（计划、文教卫生）　李加珍（农业、科技）　翁其华（工交、外经贸）　江灿仁（财贸、城建）

陈国良市长，1942年9月出生，福建省莆田市人，中共党员。1968年7月于厦门大学经济系毕业后在部队军垦农场锻炼，1969年10月至1971年10月在贵州凯里四机部711厂工作，1971年10至1984年1月先后任邵武县支农公司、邵武县供销社统计员，1984年1月至10月任邵武市统计局局长，1984年10月至1990年8月任邵武市副市长，1990年8月任代市长，1991年1月当选为市长。

致力重点突破　促进全面发展

□ 连新民　刘贤铿

邵武市位于福建省西北部、武夷山脉南麓，是福建省重要的粮林基地、闽北交通枢纽和新兴工业城市。“七五”期间，邵武市在深化改革和扩大开放中，坚持实行“重点突破，全面发展”的方针，使全市经济和社会各项事业取得长足进步，城乡面貌发生了较大变化。

突出经济建设
促进两个文明建设全面发展

几年来,本市始终坚持把经济建设放在中心位置，从邵武的实际出发，以深化改革和扩大开放为动力，依靠科学技术进步，认真实施资源转化战略，使国民经济在不断提高效益和改善结构的基础上，持续、稳定、协调发展，“七五”计划各项指标全面完成或超额完成。1990年全市国民生产总值达到6.04亿元，比1985年增长39.2%，年均递增6.8%。社会总产值12.04亿元，比1985年增长45.4%，年均递增7.8%，工业总产值6.66亿元，农业总产值3.05亿元，分别比1985年增长65.7%和31%，年均递增10.6%和5.5%。粮食总产量达到19.66万吨，比1985年增长17.6%，年均递增3.3%；乡镇企业总产值达到2.67亿元，比1985年增长2.81倍，年均递增30.7%；预算内财政收入达到6428万元，比1985年增长97%，年递增14.5%；全社会出口总额达7209万元，其中外贸出口收购总值3437万元，比1985年增长3.44倍，年均递增34.8%；社会商品零售总额2.88亿元，比1985年增长94.9%，年均递增14.3%；城市居民人均年收入1416.4元，比1985年增长1.09倍，年均递增15.9%；农民人均纯收入803元，比1985年增长71%，年均递增11.3%。“七五”时期，全市共完成固定资产投资3.34亿元，比“六五”时期的1.47亿元增长1.27倍，新增固定资产2.42亿元，其中工业新增固定资产1.57亿元，分别比“六五”时期增长1.17倍和1.22倍。总之，“七五”时期是本市国民经济增长最快、工农业生产发展最迅速、对外经济技术交流最广泛，流通领域最活跃，城乡面貌变化最大，人民得到实惠最多的一个时期。

在经济建设持续发展的同时，精神文明建设也取得较大进步，科教文卫和计划生育等各项事业开创了新的局面。1990年，全市86%以上的乡（镇）实现了初等义务教育，市区实现了九年制义务教育，中、小学教育居全省先进行列。“七五”期间，全市实施省、地、市三级科技计划和星火计划项目110项，建成2个省级科技示范乡（镇），国民经济整体效益中科技进步因素所占比重逐年提高。“七五”期间，还新建成市电视台和调频广播电台。计划生育工作成效显著，“七五”与“六五”对比，全市人口出生率和自然增长率分别下降了2.28和1.93个百分点，“七五”时期分别为14.47‰和9.53‰。近几年在全省和地区组织的两个文明建设检查评比中，均取得较好成绩，1990年获南平地区“双文明建设评比”第一名。

突出重点产业建设
促进经济建设稳步发展

“七五”期间，本市致力于以林产加工、纺织、化工等为支柱产业的工业体系建设和以商品粮、林业、经济作物、畜牧水产四大基地为主体的农林体系建设，以重点产业和行业的突破，促进经济全面振兴，取得了明显成效。林产工业方面，邵武已成为福建省四大林产工业中心之一，现有林产加工企业66个，总产值占全部工业总产值的比重达27%。境内最大的林产工业项目、设计年生产能力5万吨高漂白度纸浆的邵武竹浆厂，业经国务院批准立项，前期工程正在加紧建设中。化学工业形成一定规模，已建成13个化工企业，化工产值占工业总产值15.9%，主要产品产量在全省均有重要地位，其中轮胎外胎和化肥产量分别占全省的1/4和1/10，纺织工业已初步成龙配套，现有7家纺织企业，形成纺织、印染和服装加工一条龙的生产体系，纺织工业产值占工业总产值近1/5，产品有60多个品种、1000多个花色。机械行业也正在逐步发展成为新的支柱产业。

农业生产建设方面，邵武已被批准为全国商品粮基地县（市），粮食总产连续四年超历史，每年向国家提供商品粮5.5万多吨，人均产量694公斤、交售商品粮196公斤，均居全省前茅。全市已基本消灭荒山，并持续多年保持林木生长量大于消耗量，年产木材30多万立方米。畜牧水产和多种经营稳步发展。主要肉食品和水产品基本实现自给自足。

突出城市基础设施建设
促进各项社会事业协调发展

“七五”期间，本市坚持以抓好市政基础设施包括交通和邮电等城市基础设施建设为重点，不断改善投资环境，有力地促进了城市经济和社会事业的协调发展。在具体工作中，注意遵循“人民城市人民建”的方针，采取“四个一点”即上级支持一点、地方财政拨一点、城建部门自筹一点、受益单位和群众集一点的办法，广集建设资金、较好地解决了群众迫切要求解决的“走路难、上厕所难、住房难、吃水难、乘车难”等问题，使城市面貌发生了很大变化。城市道路网络基本形成。至1990年，城市道路总长达到22公里，面积24万平方米，人均拥有道路面积2.8平方米，安装路灯1072盏，建成城市桥梁11座，比1985年均有不同程度增长。市区140多条小街小巷全部铺设了水泥路面。城市排水设施趋于完善。已建成下水道26公里，服务面积23.1万平方米，下水道普及率75%。城市公用事业稳步发展。供水已基本满足需要，日供水能力达到16万吨（含单位自备水源），比1985年增长2.2倍，现有市属自来水厂1个，日供水能力2万吨，自来水管网总长82公里。现有公共汽车51辆，年客运量330万人次，分别比1985年增长1.8倍和30%。城市居民住房条件明显改善，人均居住面积由1985年的7.9平方米上升到1990年的8.9平方米，超过全省平均水平。“七五”期间，结合开展全民义务植树活动，实施“绿化铁城”工程，城市绿化工作取得明显成效。1990年市区园林绿地总面积达146公顷，其中公共绿地34公顷，分别比1985年增长97%和2.7倍；人均公共绿地达到3.9平方米。城市建成区绿化覆盖率达32%，提前实现国家下达的城市绿化标准，比1985年提高11.1个百分点。城市环境卫生状况有了很大变化。生活垃圾清运率和处理率均达100%，并做到主街道全日制保洁，垃圾收集容器化，垃圾运输机械化。城市交通、邮电通信事业也有了较大发展。1990年全市公路通车里程达1346公里，各种机动车辆4628辆，分别比1985年增长28.2%和46.4%。全市现有邮电局（所）16处，市区电话机数3090部，长话电路288条，市话实现自动化，并开通国际长途自动拨号电话。

突出抓好外经外贸
推动外向型经济逐步发展

“七五”期间，邵武市积极推进开放型和外向型经济，并将其作为全市经济发展的战略方向和新的启动点，制定和实施了一系列优惠政策和扶持措施，使外经外贸工作取得了突破性进展，逐步打破山区封闭、半封闭的经济格局，山区外向型经济开始起步。全市出口生产企业已发展到近30家，主要出口产品有羽绒服装、木筷、针织品、水泥夹板、滑溜板、胶合板、皮鞋、茶叶、竹制品等数十种。“七五”期间，全市引进利用外资1300多万美元，兴办“三资”企业10多家，改造了一批老企业，农业开发性生产和创汇农业也有了较大的发展。

龙岩市

市　长：马承佳

副市长：蔡龙云（工交、计划）　郭榕生（农业）　李福海（城建）　廖庆和（财贸、科技）　杨　彪（文教卫生）　胡祖洲

马承佳市长，福建龙岩人，1953年12月出生，1978年毕业于郑州粮油工学院，曾任福建龙岩市粮油厂技术员，龙岩市面粉厂厂长，市粮食局副局长，市财委副主任、副市长等职，1990年9月任龙岩市代市长，1991年1月当选为龙岩市市长。

今日龙岩

□　《中国城市经济社会年鉴》龙岩市编写组

龙岩市位于福建省西南部，九龙江上游，历史悠久，文化发达，至今已有1700多年的历史。全市总面积2677平方公里，市区建成区面积17平方公里，总人口41.58万。龙岩是闽、粤、赣三省边区交通枢纽，又是以工矿为主的综合性的新兴城市。在治理整顿、深化改革的"七五"期间，全市国民经济持续、稳定发展，各条战线、各个领域都发生了可喜的变化，取得了令人瞩目的成就。

国民经济稳步增长，经济实力进一步增强

1990年,全市社会总产值4.336亿元，比1985年增长40%，年均递增7%；国民生产总值达2.4813亿元，比1985年增长58.9%，年均递增9.7%；财政收入达1.17亿元，年递增12.6%，在全国百名财政超亿元大县（市）中继续前进。

（一）农业全面丰收，粮食总产值超过历史最好水平。"七五"期间，我们认真贯彻党中央、国务院关于夺取农业丰收的各项方针政策，切实加强领导；制定了一系列支农政策，增加了资金、物资和技术等对农业的投入，抓紧实施了"十大增产措施"、"粮食工程"、"绿色工程"、和"菜篮子工程"、使农村的各项事业得到迅速发展。1990年全市农业总产值9436万元，比1985年增长42.7%，年递增7.4%；粮食总产量达11.47万吨，比历史上产粮最多的1983年增长92.2吨，比1987年增长1.28万吨，增长12.6%，年均递增4.02%，实现了单产、总产双创历史最好水平；水果总产量6000吨，比1985年增长4.6倍；烤烟总产量1852吨，比1985年增长5.1%，生猪存栏12.95万头，比1985年的10.27万头增长26.1%，出栏率已达到全国先进水平。

（二）工业生产适度增长，工业结构日趋合理。"七五"期间，全市工交战线广大干部认真贯彻落实中央关于治理整顿、深化改革的方针，克服重重困难。团结奋斗，较好地完成了各项经济指标，1990年，市属工业总产值达2.60亿元，比1985年增长1倍多，年均递增16.7%。16个预算内国营企业全员劳动生产率达1.26万元，平均递增7.4%；产品销售收入达11870.6万元，年均递增18.1%，实现税利达1930.7万元，年均递增7.4%。全市国家二级企业3家，国家三级企业13家，省先进企业7家，省基础级11家，全市共有8个产品分别获国优、部优和省优；邮电通讯、交通事业迅速发展，全市拥有1.6万门程控电话，可与世界161个国家和地区直拨长途电话；全市境内通车总里程1015公里，1990年公路客运量412万人，公路货运量696万吨。

（三）外经贸蓬勃发展。"七五"期间，本市对外交往日益增多，共兴办"三资"企业16家，协议（合同）引进外资345.3万美元，外贸出口供货总值2638万元，

出口创汇 31.26 万美元，在“七五”期间，劳务输出创汇 3 万余美元，“三来一补”业务得到发展，在“七五”时期签订合同 41 项，工缴费共计 38 万美元。

（四）市场繁荣。城乡人民生活水平不断提高。1990 年，全市社会商品零售总额达 4.23 亿元，比 1985 年增长 1 倍多；平均递增 16.2%；全市农民人均年收入 787 元，比 1985 年增加 346 元，增长 78.5%；城镇居民人均生活费收入 1431 元，比 1987 年净增 740 元，年递增 15.7%；全市摩托车达 11500 辆，比 1985 年增长 4.84 倍；电冰箱销售总量 1309 台，比 1985 年增长 1.67 倍。

（五）科学、教育事业继续发展。1987 年以来全市共投入科技经费 220 万元，安排科技项目 81 项，实施“星火计划”7 项，引进新技术 42 项，开发新产品 52 项，被评为全国基础教育先进市，省幼儿教育先进市，省集资办学先进市。

（六）城市规划、建设和管理工作取得新进展。始终坚持规划先行，发挥城市规划的“龙头作用”。先后完成了龙岩市城市总体规划调整及城市环境保护规划和莲花山、龙崆洞风景区规划设计等，广泛深入地宣传《城市规划法》，规划管理走上正轨。“七五”期间，城市建设投资 4000 万元，完成了交通、给排水等一批城市基础设施，新建了解放路、登高路、九一南路、罗龙公路和城东路、龙川北路等八条城区主干道以及西兴桥、九一桥、挺秀桥等三座市区桥梁；新建了日产一万吨的莲花水厂和 23 座新颖美观的城市公厕。城市绿化覆盖率由 16.7%增至 23.5%，人均公共绿地由 2.56 平方米增至 3.76 平方米。

今后经济发展的思路

龙岩市地处闽西山区，地理自然条件比较优越，资源丰富，交通四通八达，城市幅射功能不断扩大，经济发展和城市建设的前景十分广阔，根据党的十三届七中全会精神和本市国民经济十年发展规划，按照“树立生态经济思想，强化人均意识，加强基础建设，农、林、工、贸、旅并举”的发展经济的总思路，我们今后的工作重点是：

（一）进一步深化改革。1.深化和完善农村改革，发展和壮大乡村集体经济实力、建立健全村级经济合作组织，充分发挥其生产服务、管理协调和资金积累等三大职能作用。2.深化企业改革，进一步增强企业活力，全面提高企业产品质量和经济效益，以名、优、特、新产品为核心，市属骨干先进企业为依托，增强中小型及乡镇企业的竞争能力。

（二）加强农业基础地位，确保农村经济的全面发展。农业是国民经济的基础，农业问题关系到政治、社会的稳定，要把粮食生产放在首位突出抓好，进一步搞好副食品基地建设，大力发展蔬菜、养殖、水果、水产等种养殖业，增加农民收入，满足市场供应。

（三）积极发展对外经济。龙岩市地处“闽南金三角”腹地，要加强同沿海和其他地区协作关系，不断引进技术、资金和设备，正确引导台资、外资投向，千方百计扩大出口，提高创汇水平，抓紧抓好大型合资企业三德水泥厂（年产 67 万吨）和万安溪水电站（年发电量 4.5 万千瓦）的工程建设。

（四）加强城市规划建设，强化城市管理。要加快城市基础设施建设步伐，进一步完善城市环卫设施，努力完成坂寮岭隧道工程、曹溪路改建、东门桥、社兴路等重点工程的建设，加快城市综合开发步伐。积极发展建筑业和房地产业，加强环境综合治理，市容整顿和城市交通管理，不断扩大绿地面积，提高城市绿化覆盖率，把龙岩市建成市容整洁、环境优美、交通便利、生活舒适的新型中等城市。

（五）大力发展科技、教育、文化、卫生和体育事业，努力提高全市人民的文化素质和身体素质。同时，要加强社会治安的综合治理，以保证全市经济建设的顺利进行及两个文明建设的不断发展。

南 昌 市

市　长：蒋仲平

副市长：李秉荣（常务）　周鑫群（农业）　陈绍翔（计划、经贸）　沃祖全（科教文卫体）　洪大诚（蒙古族　工交）

蒋仲平市长，1944 年 1 月生，安徽省含山县人，大专文化，1959 年 9 月参加工作，1970 年 6 月加入中国共产党。1959 年至 1982 年曾任共青垦殖场会计、林业队长，共青板鸭厂车间主任、副厂长、厂长、党支部书记，共青垦殖场党委副书记、书记、副场长、场长，中共德安县委副书记。1984 年 6 月先后任中共南昌市委副书记、常务副市长，1990 年 5 月任南昌市人民政府代理市长，同年 12 月被选为中共江西省委委员，1991 年 3 月当选为南昌市市长。曾主编《城市文化丛书》一套。

不断前进的南昌市

□ 南昌市人民政府发展研究中心

奋进拼搏的 1990 年

1990 年，南昌市在市委、市政府的正确领导下，面对经济环境趋紧，各种困难较多的形势，同心同德，艰苦奋斗，开创了政治、经济、社会稳定，各项事业兴旺发展的新局面。全年共完成国民生产总值 64.48 亿元，比上年增长 4.1%；国民收入 52 亿元，增长 3.7%；社会总产值 145.26 亿元，增长 4.8%。财政收入突破 10 亿元大关，达 10.2 亿元，增长 15.17%。工业生产走出困境，逐步回升。工业总产值达 73.45 亿元，增长 5.3%，工业产品质量进一步提高，优质产品产值首次突破 10 亿元，产值率达 24.9%。农业生产喜获丰收，农村经济全面发展。紧紧抓住农田基本建设，注重解决夏粮丰收后"卖粮难"的问题，新建 2 亿多公斤粮食仓容，促使粮食生产再创历史最好水平，总产量达 17.08 亿公斤。大打农业开发总体战第三战役，大力发展多种经营和乡镇企业，农业经济呈现蓬蓬生机。农业总产值达 10.75 亿元，增长 5.6%。在加强市场管理的同时，积极开展大蓬车送货下乡和商品展销会等活动，使城乡商品市场淡中见旺，全年社会商品零售总额达 29.62 亿元。物价涨幅进一步得到控制，全年零售物价数为 101.8，比上年涨幅回落了 16.7 个百分点，是 1984 年以来涨幅最低的一年。随着对外开放的深入，对外经贸有了新进展，外贸收购总额达 5.23 亿元；引进外资又有了新的突破，新签项目 26 项，实际进资 1129 万美元。人民生活进一步改善，全民所有制职工人均年工资 1874 元，比上年增长 7%；农民人均年纯收入 721 元，增长 9.2%。城市建设成效显著，先后完成了沿江南路、北京东路、豫章大桥、管道煤气等工程，并新建丁公路口地下通道，三个贸易市场，104 座水冲厕所以及市民翘首以待的 600 套特困户住房等。各项社会事业又有了新发展。科技成果丰硕，科技成果推广应用率达 85%以上；教育结构不断完善，全日制学校招生总人数 14.99 万人，比上年增长 3.6%；城乡居民文化生活日趋丰富，举办了全市文艺百台汇演；体育战线捷报频传，体育健儿在亚运会上夺得 5 枚金牌、2 枚银牌、1 枚铜牌；医疗卫生工作得以加强，计划生育工作落到实处。人口年自然增长率为 18.17‰，年末总人口为 372.59 万人。

稳步发展的"七五"时期

"七五"时期，南昌市通过不断深化改革，切实贯彻治理整顿，物质文明建设和精神文明建设获得双丰收。"七五"计划全面完成，实现了"翻一番"的战略目标，使经济和社会发展进入一个崭新的阶段。

（一）国民经济稳步前进。

"七五"时期，南昌市国民经济经受了经济过热和市场疲软二大波动，全市上下共同奋斗，克服困难，取得了来之不易的胜利。“七五”时期，南昌市国民生产总值年平均年递增 8.1%；国民收入平均年递增 8.2%；社会总产值平均递增 10.6%；财政收入平均年递增 12.9%。社会总产值突破百亿元，财政收入突破十亿元，均踏上新的台阶。第一、二产业稳定发展，第三产业发展迅速。1990 年全市第三产业产值达 12.7 亿元，平均年递增 11.1%，在国民经济中所占比重由 1985 年的 25.2%提高到 1990 年的 28.7%。固定资产投资步伐加快，积累与消费的关系进一步协调。5 年间，全市全民所有制单位固定资产投资共 34.74 亿元，占建国以来投资总额的 48%，比“六五“时期增长 1.42 倍；生产性建设投资所占比重为 65.9%，比“六五时期上升近 15 个百分点。

工业生产几经起伏，稳步提高。“七五”时期，南昌市工业生产受经济气候影响，一度出现大起大落。为提高“抗波”能力，“七五”期间，南昌市在结构调整，技术改造，提高产品质量，增强大中型企业活力上大作文章，使工业生产得以稳定，面貌得以改观。5 年来工业总产值共增长 64.1%，平均年递增 10.4%，保持了适当的速度。围绕着提高经济效益，合理的调整工业产业结构。通过投资倾斜，积极促进机械、纺织等行业的发展，使其成为南昌市工业的支柱。在工业内部，轻、重工业比例关系进一步理顺，轻工业发展速度高于重工业发展速度。“七五”期间，轻工业总产值平均年递增 9.2%，重工业总产值平均年递增 7.2%；轻、重工业之比由 1985 年的 51:49，改变为 53:47。为增强工业发展后劲，加速技术进步，技术改造的步伐大为加快。技术改造主要是放在高起点、新技术、效益好的项目上，放在产业、产品调整的重点上，促使工业整体能力增强。5 年来，市属工业共完成技改投资 6.9 亿元，建成了五十铃汽车生产线、彩电生产线、白炭黑工程等 428 项技改项目，开发了 1026 项新产品，使企业技术、生产水平，经济效益有了较大提高。江西汽车制造厂通过引进生产五十铃汽车，1990 年产值创 2.25 亿元，利税 1.2 亿元，一跃成为江西省重点企业之一。“七五”期末，全市工业企业固定资产原值达 49.45 亿元，比“六五”期末增长 85.74%；固定资产净值率 64.24%，比“六五”期末上升 2.5 个百分点。为适应市场变化，提高竞争能力，南昌市在抓产品品种、产量增加的同时，牢牢抓住产品质量的提高，在大力开展质量管理活动中，1990 年市属工业优质产品产值占总产值的 1／4，质量稳定提高率达 90.6%。5 年累计创国家金奖 2 项、银奖 4 项、部优 106 项、省优 286 项。“七五”期间，南昌市为增强大、中型企业实力，带动小型企业发展，在企业兼并，组建企业集团方面进行了一定的探索，仅 1990 年全市共兼并 16 家企业，形成了江汽、手表、南通等一批企业集团。大、中型企业个数由 1985 年的 51 家增加到 1990 年的 84 家，1990 年其产值、利税占全市乡以上工业总产值、利税的 54.6%和 73%，成为南昌市工业的中坚力量，同时也带动了工业企业整体素质的提高。全市现有国家级二级企业 6 家，省级先进企业 69 家。

农业生产稳步上升，农村经济全面发展。“七五”时期南昌市认真贯彻“决不放松粮食生产，积极发展多种经营”和“服务城市，富裕农民”的指导方针，发展农业，加强农田基本建设，实施科技兴农计划，促进粮食增产；大打农业开发总体战三大战役，以提高农产品的产量和质量，发展农产品的系列加工和深加工，促进多种经营和乡镇企业的发展；开发和建设“十大商品基地”，以增强农业经济综合实力；大抓“菜篮子”系统工程，建立蔬菜一、二、三线基地，利用外资发展鱼、奶业生产，发展肉、禽业，以缓解城市居民“吃菜难”的矛盾。经过共同的努力，农业经济出现了前所未有的可喜局面。“七五”期间，农业总产值平均年递增 4.7%，粮食总产和单产连年创新水平，分别增长 5.4%和 6.7%，整个农村发生了很大变化：一是农业结构得以合理调整，多种经营所占比重提高。在稳定粮食生产的同时，多种经营产值超过了粮食作物产值，1990 年，多种经营产值所占农业总产值的比重为 53.3%，比 1985 年上升了 8 个百分点。在种植业内部，经济作物比重上升，主要经济作物产量增长，油料、茶叶、水果、蔬菜的产量平均年递增率分别是 6.8%、14.6%、5.5%、6.7%。林、牧、副、渔业产值所占农业总产值的比重上升了 10 个百分点，为 40.8%，水产、肉类、禽蛋、牛奶的产量有了提高，平均年递增率分别为 20%、11.4%、8.7%、3.4%，为满足人民生活需要，提供了有效供给。二是农村经济全面发展，乡镇企业异军突起。随着农村改革的深入，农村经济得以全面发展，1990 年全市农村社会总产值达 46.1 亿元，比 1985 年增长 1.54 倍。农村工业、建筑业、运输业、商业饮食业产值所占农村社会总产值的比重上升了 8 个百分点，达 48.7%。农村经济效益明显提高，1990 年农村劳动人均创产值 4146 元，比 1985 年增长 1 倍。乡镇企业在各级政府的重视、扶持下，迅速发展，已成为农村经济的重要支柱。“七五”期间乡镇企业增加 2.9 万家，累计达 8.2 万家。1990 年总产值达 22.3 亿元，比 1985 年增长 2 倍多。乡镇企业总产值已占农村社会总产值的 49.5%。三是农业投入大为增加，发展后劲进一步增强。“七五”期间，南昌市通过国家、集体、个人齐出力，内资、外资相结合，多方筹集资金，增加农业投入，成为历史上对农业投入最多的时期。利用国家投资兴办赣中南综合开发项目；利用外资兴办淡水养鱼项目，红土壤开发项目、吉湖项目等，项目总投资规模近 3 亿元。此外，市财政增拨支农资金，建立全市农业生产发展基金，以及银行增加农业贷款，为支援农业，改善条件，增强后劲，均起到了积极作用。

城乡市场繁荣，内外贸兴旺。“七五”时期，南昌市流通领域形成了多种经济成分、多渠道、多形式、全方位发展的新格局。国合经济进一步增强，个体经济迅速发展。个体经济商品零售额平均年递增30%，所占比重达13%，商业、饮食业、服务业网点星罗棋布，5年共增长60%，达3.4万个。社会商品零售总额累计实现125.65亿元，比“六五”累计增长97.4%。城乡集市贸易十分活跃，“七五”时期城市集市贸易成交额累计达38.1亿元，比“六五”时期增长4.5倍。集贸市场场所由在马路上逐步向室内过渡，市场个数增加1／3，达231个，对繁荣城乡经济起了积极作用。为扩大出口创汇，加快开放步伐，对外贸易有了较快的发展，“七五”期间，外贸供货总额增长2.3倍，平均年递增26.8%。出口产品共17大类，180多个品种，500多个花色，行销世界各地。由于软、硬环境不断改善，“七五”时期，对外经济迅速发展。充分发挥全民”招商”，请进来、走出去，共签订利用外资项目89项，协议金额1.08亿美元，分别比“六五”时期增长5倍，20倍。“三资”企业发展为73家，合同外资金额5128万美元。

人民生活进一步改善。“七五”期间，南昌市城市居民实际收入增长1.1倍，年人均收入达1355元，农民收入迅速增加，平均年递增11.8%。人们的消费水平逐步提高，食物讲究品种、营养，衣着追求款式、档次。人们的居住条件得以进一步改善，农村人均生活用房1990年比1985年增加3.52平方米，达19.5平方米，居民储蓄成倍增长。人民生活幸福安定。

(二) 城市建设加速发展。

“七五”时期，南昌市城市建设紧密围绕增强城市综合服务功能，改善投资和生产、生活环境，在财力有限的情况下，多方筹集资金，努力为民办实事，使城市面貌明显改观。5年来，用于城市基础设施投资3.24亿元，比“六五”时期增长82%。

市政建设突飞猛进，城市环卫、环保、绿化配套发展。市政建设以道路为突破口，各项设施齐头并进。新建和改建了迎宾大道、南京西路、洪都大道、北京路等253条道路，共78.4公里。城市道路面积增长15.9%，达292万平方米。配套修建了解放路、南京路2座大型立交桥，德胜门、永叔路2座人行天桥，丁公路、老福山等6条地下人行通道。形成了市内主要道路交通立体化网络。建成了南（昌）—高（坊）一级公路和豫章大桥，改善了出境交通。排水涵道建设速度加快，5年共建52.3公里，道路照明进一步改善，全市路灯新增20%。城市环卫、环保、绿化不断加强。“七五”期间，新建和改建公共厕所149座、新增垃圾箱（桶）2205只，新购环卫车辆48辆，使城市环卫质量有了提高。完成治理“三废”和噪音污染项目483个，新增年处理废水能力1778.5万吨，新增年处理固体废物能力9.6万吨。在市中心25平方公里内建成烟尘控制区。“七五”期间，开辟了森林公园和青山湖风景区，城市园林绿地总面积增长8.6%，达1240公顷。期末城区绿地覆盖率为19%。形成了道路绿树成荫，环境优美的城市新貌。

公用事业全面发展，城市生活更为便利。“七五”时期，南昌市供水能力大为加强，先后扩建朝阳、双港等6个水厂，新建青云水厂，使自来水厂日供水能力增加45%，达61.1万吨，全市自来水综合生产81.7万吨，城市使用自来水普及率达97.6%。公共交通四通八达，“乘车难”的矛盾进一步缓解。5年间新增营运汽、电车133辆，使全市公共汽、电车辆达350辆。营运线路长达941.8公里。5年累计完成客运量9.63亿人次。城市出租车在国家、集体，个人一齐上的情况下，迅速发展，对外长途旅游班车不断开设，使城市交通网更趋完善。“七五”期间，城市燃气有了新发展，新增4个液化气储气站，日储气能力提高4倍。用气户数达1.8万户。铺设煤气管道79公里，兴建了日生产能为34万立方米的煤气厂，形成了日储煤气11.8万立方米能力，近5000户居民已用上管道煤气。邮电通讯事业迅速发展，邮电网点增加，通信能力扩大，市话装机容量达4.49万门，其中程控2.49万门，并实现了国际、国内长途直拨。电报实现了转报自动化，城市通讯手段更为现代化。

小区建设迈出大步，城区建设、改造进一步加快。“七五”时期，南昌市结合城区建设和改造，多方筹集资金，积极推行国家、单位、个人各出资一点的住房新办法，调动了建房和住房双方的积极性，走出了一条小区建设的新路，使商品房开发十分活跃，小区建设发展之快，效率之高，都是过去所未有的。先后兴建了上海路、青山湖、鲤州、朝阳、京山等住宅小区，使2万多居民乔迁新居。特别是为解决城市住房特困户的住房问题，1990年在短时间内兴建600套“解困房”交住房特困户使用，深得人民赞扬。南昌市5年来共建住宅183万平方米。城市无房户、困难户所占比重由1985年的26.7%下降到1990年的12.5%。城市人均居住面积由5.13平方米提高到6.3平方米。居民住房条件进一步改善。“七五”期间，南昌市重建了江南三大名楼之一的滕王阁，还建成了江西彩电中心，省体育馆、南昌经济大楼等一百多幢大型建筑设施，使城市综合服务功能进一步提高。

(三) 各项社会事业发展兴旺。

“七五”时期，南昌市围绕着以经济建设为中心，确定了“教育立市、科技兴昌”的社会发展战略，进一步深化体制改革，治理整顿环境，促使各项社会事业更为协调，蓬勃发展。

“科技兴昌”硕果累累。“七五”期间，南昌市重视强化科技是第一生产力的意识，在深化科技体制改革中，着实贯彻“科技兴昌”方针，科技战线取得丰硕成果。5年间通过鉴定的科技成果647项，其中达到国际先进水平14项，国内首创33项，国内先进194项。市属单位共获各级科技奖共339项，其中国家级奖7项，省级奖49项。有17项发明获奖20次。在布鲁塞尔第39届尤里卡世界发明博览会上还荣获金奖1枚，铜奖1枚，为国家争得荣誉。科研更加面向社会，科技成果进一步转化为生产力，1990年科技成果推广应用率达85%以上，比1985年上升10个百分点；技术进步因素对国民经济增长的贡献率达26%，上升5个百分点。科研、技术开发、技术经营服务机构不断增多，并形成了公办、民办、院校和企业办等多层次，多种经济成分的科技体系，科技队伍不断壮大，素质进一步提高。“七五”期间，地区全民所有制各类专业技术人员增加近6万人，累计达13.6万人。大专以上学历人员占37.7%，中级以上职称人员占28.3%，45岁以下中青年科技人员占74.4%。

“教育立市”成绩显著。“七五”时期，南昌市在实施“教育立市”战略中，着重抓了调整教育结构，提高教育质量，改善教学条件的工作。全市基本形成普通教育，职业技术教育，成人教育并举的全民教育体系，在不放松普通教育的同时，迅速发展职业技术和成人教育。“七五”期间，中等技工学校、农村职业中学在校学生分别增长130%和86%；成人学校在校学生增长70%。教师队伍不断壮大，素质不断提高，教育质量进一步提高。“七五”期间，全市已基本普及小学教育，小学毕业率达97.1%，上升了4个百分点。城镇基本普及初中教育，初中升学率共上升8个百分点，达44%。为全国各地高校、中专输送合格新生2.6万人；为国家培养了一大批各类专业人才。教育投入不断增加，教育条件进一步改善。“七五”时期，南昌地区教育事业固定资产投资共2.5亿元，市属教育经费支出3.1亿元。以改造危房为重点，市属中、小学校校舍建设发展较快。5年累计校舍面积增长30.6%，期末总面积222.4万平方米，危房面积比例由21.3%下降到0.54%，基本消灭了中、小学危房。新增学生坐位6.6万个。

文教、卫生、体育等各项事业有了新发展。随着南昌市社会主义精神文明建设的加强，文化事业百花齐放。一手抓繁荣，一手抓整顿，促进了文化、广播、电视、新闻事业的健康发展。涌现出许多人民群众喜闻乐见的好作品，好节目，丰富了城乡人民的精神生活。卫生事业在体制改革中得以发展，卫生机构，专业队伍均有扩大。医疗条件得以改善。“七五”期间，新增医疗床位1388张，期末累计达1.62万张。医疗水平有了很大提高，治疗有效率均达95%以上，病死率由“六五”期间的2%下降到0.86%。疾病防疫工作取得新成效。计划生育工作更为加强，计划外生育和多胎率得到较好控制。体育工作坚持群众性体育、竞技体育、体育设施一起抓。“七五”时期，体育健儿在国际、国内比赛中获金牌609枚，银牌326枚，铜牌310枚，其中在国际大赛中获2枚金牌，1枚银牌、2枚铜牌，有1人1次超1项世界纪录，1人1次平1项世界纪录，8人9次破9项全国纪录。涌现了一批象许艳梅、熊国宝式的优秀体育人才。群众性体育广泛开展，全市4县中有2个县被评为全国体育先进县。

充满希望的今后十年和“八五”时期

今后十年是实现第二步战略目标的关键时期。南昌市今后十年国民经济和社会发展的主要目标是，在大力优化经济结构，提高经济效益的前提下，实现国民生产总值（按可比价格计算），比1980年翻两番以上，人民生活达到小康水平。在“八五”时期，国民生总值平均增长6%，国民收入年平均增长4.5%，地区工农业总产值平均增长6.5%。上述目标的实现，将使南昌市社会主义现代化建设出现更新的面貌。

南昌市今后十年及“八五”时期发展重点和主要任务是：在工业上，大力改组改造加工工业，打好工业调整提高的攻坚战，以提高经济效益，调整产业、产品结构为中心，以技术改造和技术开发为重点，优先发展机械和纺织工业，着力开拓化学和食品工业。“八五”时期全市工业总产值年平均增长7%，技改规模力争达到15亿元，着重抓好30个拳头产品、重点产品，40户重点企业以及2万吨新闻纸、3万辆江铃轻型车，3万台493型柴油机等重大项目的技术改造。在农业上，大力加强和发展农业生产、农村经济。以科技为先导，以发展多种经营和乡镇企业为重点，以搞活流通为关键，坚持不懈地打好农业开发总体战，继续抓好吉湖、红壤土开发等引进项目，完成赣中南开发项目，发展创汇农业。城市建设要进一步加强基础设施和城乡规划，加速昌北地区发展，形成“一江两岸”的城市格局雏形。继续完善市区道路骨架，并逐步实现立体化。加速城乡居民住宅建设，结合旧城改造加强城市成片住宅开发，开发桃宛小区。抓紧邮电通信建设。继续实施“教育立市、科技兴昌”战略，把科技进步、人才的培养和利用，作为南昌市今后发展的关键来抓。进一步扩大对外开放，充分利用沿海经济比较发达地区的辐射作用，加强内引外联，发展对外贸易、利用外资、引进技术以及国际经济技术合作，使南昌市对外开放的规模和领域不断扩大。

（执笔：陈电子）

景德镇市

市　长：殷国光
副市长：王伟科（工交）　柯尔荣（女　科教文卫）
　　　　喻长林（商业）　张桂生（农业）

殷国光市长，江苏海门人，1946年9月出生。1969年南京工学院毕业以后，长期从事技术和经济管理工作，历任江西省景德镇市无线电厂技术员、生产科负责人、副厂长，1983年10月后任市电子工业公司副经理，市体改委主任、党组书记，1986年3月任景德镇市人民政府副市长，1986年12月任中共景德镇市委常委，1990年5月任市委副书记、代市长，1991年3月在市第九届人民代表大会第六次会议上当选为景德镇市市长。

弘扬陶瓷文化　振兴瓷都经济

——首届中国瓷都·景德镇国际陶瓷节纪实

□ 景德镇市人民政府办公室

景德镇是世界闻名的瓷都，1982年被国务院列为全国首批24个历史文化名城。在长达1700多年的绵延历史中，景瓷成为了中国瓷的优秀代表，其灿烂辉煌的陶瓷文化饮誉中外。郭沫若同志留下的诗句“中华向号瓷之国，瓷业高峰是此都”，就是对中国瓷器及其瓷都景德镇在世界历史地位的精辟概括。

为弘扬陶瓷文化，振兴瓷都经济，加快改革进程，促进对外开放，1990年10月11日至14日，江西省人民政府在景德镇市隆重举行首届中国瓷都——景德镇国际陶瓷节，并把办好这次盛会作为全省对外开放的两件大事之一。本届陶瓷节，在各方努力和配合下，仅筹备4个多月，就全面达到了预定的目标，获得圆满成功，在国内外产生较大影响。

参加这届陶瓷节的国内外来宾共3142人，其中外宾488人，内宾2654人。在外宾中，既有来自日、美、英、德、意、印尼等18个国家和地区的陶瓷专家、学者和艺人，也有经贸人员和旅游团体。在内宾中，既有来自全国各产瓷区的代表，又有来自全国各地的各界人士。原全国政协副主席杨成武专程前来参加了陶瓷节并在开幕式上作了重要讲话；省委副书记、副省长蒋祝平在开幕式上致开幕词。参加本届陶瓷节的还有中央和国家机关、江西省党政军机关的领导、老干部、老同志。

这届陶瓷节，围绕陶瓷做文章，采取“文化搭台，经济唱戏”的方式，将文化、旅游、经济活动有机地融为一体。经济活动以陶瓷为主，兼顾其它，把产品展销同经济技术协作有机地结合起来，把经济效益同社会效益有机地结合起来；文化活动以宣传陶瓷文化为主，具有浓郁的民族特色、强烈的景德镇地方色彩和广泛的群众性，烘托出文明、健康、欢乐、祥和的节日气氛。

陶瓷节的主要活动

（一）隆重的开幕式和闭幕式。开幕式规模盛大，安排了隆重、热烈的入场仪式、信鸽放飞、彩球放飞、直升飞机盘旋、彩车游行和表演；闭幕式颇具特色，在欢快、庄重的气氛中举行了颁奖仪式和高水平的文艺晚会。

（二）举办国内外陶瓷珍品展。以景德镇陶瓷馆现有陶瓷产品为主，扩大展出了景德镇历代陶瓷珍品、送国外礼品瓷，国内兄弟产瓷区和港澳台地区陶瓷产品以及国外陶瓷产品。

（三）举行“瓷都景德镇杯”国际精品大奖赛。大奖赛在世界范围内征集陶瓷新产品，并聘请了国内外具有权威性的陶瓷界人士组成评委会。获金银质奖的精品永存景德镇陶瓷馆。

（四）举行陶瓷技艺现场表演。表演由国内外陶瓷工艺和美术家以及身怀绝技的艺人进行，当场制作表演献技。

（五）开展国际景德镇古陶瓷研究学术交流活动。主要是举行了陶瓷考古研讨会和元明清三代官窑考古收获学术讲座；古陶瓷系列展览（包括元明清官窑遗址出土陶瓷文物珍品展、陶瓷发展史料展、景德镇瓷业习俗展等）；对高岭古矿区、湖田古窑址、龙珠阁御窑厂遗址等实地考察。

（六）举办国际陶瓷学术交流研讨会。

（七）举行陶瓷产品展销。展销邀请国内外陶瓷厂家和经销部门参加，并同时举行景德镇陶瓷内外销订货会和经济技术合作洽谈会。陶瓷节期间，设立了“陶瓷一条街”、“商品一条街”。

（八）举行综合商品展销和经济合作项目洽谈。举行江西名优特新产品展销；并重点邀请港、澳、台胞、海外侨胞、外籍华人参加景德镇对外经济合作项目发布和洽谈会。

（九）开展各种旅游活动。旅游活动有陶瓷特色专项旅游，市内人文景观专线旅游和市外风景专线旅游。

（十）开展各种文化活动，主要有大型“火的艺术”晚会、陶瓷花灯会、陶瓷节电影周、电视周活动等。

首届陶瓷节的主要收获

（一）提高了瓷都声誉，扩大了瓷都影响。来宾们通过实地考察，对景德镇在国内外陶瓷行业中的地位作出了客观评价。原全国政协副主席杨成武同志到各处参观、视察后说：“哪有那么多都呀！中国瓷都就是景德镇。”南朝鲜韩南大学教授、陶瓷研究所所长李庸旭参观了本市陶瓷展览后说：“世界上最有名气、最精美的陶瓷我终于看到了，回去后我将写更多的文章介绍景德镇的陶艺家及陶艺精品。”世界著名陶瓷考古专家、伦敦大学博士施福先生参观珠山出土官窑瓷器展览后，称赞展出的古瓷为“稀世珍品，难得一见”。一位来自台湾的陶瓷专家参观了艺术瓷厂创制的超级万件瓷瓶后，连连颌首称赞：“成瓷之巨，绘画之精，实属举世罕见！”台湾留美学者刘玲小姐说：“我虽然是搞现代陶瓷艺术的，但非常喜欢景德镇的传统艺术瓷，有的简直是巧夺天工！”《经济参考》报记者夏日利用来参加盛会的机会，对本市瓷业进行了较全面的考察后，改变了以前的看法，他说：“说实在话，这次我到实地考察了几天，觉得景德镇不仅不是正在失去光彩，而是正在大放光彩”。江苏省陶瓷公司的同志参加了这次陶瓷节后，诚恳地对江西省陶瓷公司的领导说：“我们服了！”当本市参赛的陶瓷精品在国际精品大奖赛获得团体冠军后，国内外来宾纷纷在留言簿上写下了“无愧瓷都”、“瓷苑之宗”、“瓷都，毕竟是瓷都”等赞美之词。

来宾们通过参加陶瓷节各项活动，对本市的办节工作给予了较高评价。日本朋友义山久远看了开幕式后赞道：“开幕式如此精彩，出乎我们预料！”新加坡南光贸易公司代表说：“开幕式场面很有景德镇特色，非常好！”首都新闻记者向来眼光比较高，看完开幕式后他们感到意外，连声赞扬：“有特色、有看头、有水平。”杨成武同志看完火的艺术晚会后，非常兴奋地说：“今天我在景德镇度过了一个美好的夜晚，这么美丽、这么壮观的焰火晚会在北京也难得看到呀！”美国朋友王习孔对本市记者说：“我走了世界许多城市，从来没有观赏到这样别开生面的晚会！”台胞郑达卿临走之前，依依不舍地对送行的工作人员说：“陶瓷节的活动太丰富、太精彩了！我真有点舍不得离开景德镇，明年我还要来。”埃及朋友阿扎尼看完陶瓷节所有活动后，了解到这样盛大陶瓷节，仅用了4个多月时间筹备，大为震惊，连呼：“奇迹！奇迹！真不可思议！”他还说：“如此众多而又如此精彩的活动，我原以为你们准备了两、三年呢！”建国初期曾任中共景德镇市委书记朱农说：“举办这届陶瓷节就是办了一件大事，说明瓷都的领导，瓷都的人民是有干劲有能力的。”50年代初至60年代初曾任中共景德镇市委书记的赵渊说：“这届陶瓷节在政治上、经济上、外交上都是很成功的”，“通过举办这次陶瓷节，说明景德镇是能办大事的”，新华社王旭明说：“举办规模如此盛大活动，没有挤死挤伤一个人，没有发生一起交通事故，没有发生失火，也没有一个外宾被窃被骗的，能组织得这么好，确实不简单”。

来宾们通过广泛同本市群众接触，对瓷都人民良好的精神风貌给予了很高评价。台胞陈学楷深有感触地对工作人员说：“景德镇人很讲文明，很讲礼貌，待人很热情，我们每到一处都是笑脸相迎。到了这里，如同到了家一样亲切。”台胞汪锦霞女士十分感激地对服务人员说：“你们这种忘我的服务精神，令我终生难忘！”台胞查佐衡先生伸出大拇指对接待人员说：“你们的接待工作搞得真不错，称得上一流服务！”

领导同志和国内外来宾通过参观考察，对本市的各行各业给予了较高的评价。节日期间，省委、省政府领导到实地考察了本市电子工业的现状后，高兴地说：“想不到你们这里的电子工业有这样雄厚的基础！”《经济参考》记者盛赞“景德镇确实蕴藏着巨大的发展潜力。”

通过广泛宣传，进一步扩大了景德镇在国内外的影响。陶瓷节前后，我们除分别在北京、南昌召开了两次规模较大新闻发布会外，还努力加强了同国内外新闻机构的联系，使对内对外宣传颇具声势。国内宣传方面，先后有《人民日报》、新华社、中央人民广播电台、中央电视台、《经济日报》、《工人日报》、《光明日报》、《文汇报》、《解放日报》等47家新闻机构共发表了有关宣传景德镇和陶瓷节的稿件 226 篇；对外宣传方面，先后有人民日报海外版、中央电视台国际部、中央国际广播电台、《瞭望》海外版等 12 家新闻机构共发表了有关宣传景德镇的稿件 31 篇；国外宣传方面，先后有菲律宾商报等一批新闻机构发表了不少有关宣传景德镇的稿件。国内外新闻机构这么广泛而又这么集中地宣传景德镇，可说是有史以来第一次。通过宣传，进一步扩大了景德镇在国内外的影响，提高了景德镇在国内外的声誉。

(二) 振奋了革命精神，增强了必胜信心。通过办节，进一步鼓舞了群众士气。省政协副主席杨永峰说："节日期间，我接触了景德镇各界的许多人士，发现大家都很高兴，都象打了胜仗以后那样的喜悦，可以看出，通过举办这届陶瓷节，极大地调动了全市人民的积极性，增添了荣誉感、自豪感，振奋了一定要把陶瓷搞上去的精神。"陶瓷专家邹建金说："这次陶瓷节取得圆满成功，使全市人民精神为之一振，进一步看到了自身的力量，看到了自身的优势，看到了自身的潜力，只要大家齐心协力，景德镇是完全可以搞得上去的！"

通过办节，进一步增强了群众的陶瓷意识。全市广大干部群众更加清楚地认识到，没有陶瓷就没有景德镇，没有瓷业，景德镇就没有如此重要的地位，从而更加热爱陶瓷，重视陶瓷，关心瓷业，支持瓷业。

通过办节，也进一步增强了干部群众的紧迫感和责任感。更加明确了所肩负的振兴瓷都声誉、巩固瓷都地位的历史责任。大家说，我们务必树立忧患意识，始终保持清醒头脑，任何时候都骄傲不得，麻痹不得，松劲不得，否则瓷都的地位就巩固不了。从某种意义上说，这是本届陶瓷节所取得的最大收获之一。

(三) 弘扬了陶瓷文化，增进了国际交往。本届陶瓷节，通过举办国际陶瓷精品大奖赛、陶瓷展览、陶瓷技艺表演、陶瓷学术交流、陶瓷考古研讨和各项富有陶瓷特色的文化活动，使祖国的传统文化、瓷都和世界的陶瓷文化进一步得到了弘扬。节日期间，来自世界 18 个国家和地区的 480 多名代表和来自全国各地的 2600 多名代表，在一起广泛进行了国际间的文化、经贸、技术等方面的交流与洽谈。通过这些活动，广交了朋友，增进了友谊，为今后继续发展同世界各国的交往和进一步扩大对外开放奠定了一个良好的基础。

(四) 搞活了经济贸易，获得了可喜成果。节日期间，经贸成交总额共达 21672.42 万元，其中：出口成交额为 535.02 万美元；内销成交额为 19007.71 万元；商品零售额为 139.42 万元。此外，节日期间还达成对外经济技术合作意向项目 6 个，引进外资额达 1850 万美元。节后的两个多月中，各类合同的兑现情况较好，占全年应履行合同额的 91.33%。此外，全市一大批国营、集体、个体商业在节日期间也获得了较为可观的经济收入。

(五) 借得了办节东风，推动了各项工作。一是经济建设有了新的发展。办节的几个月中，全市工业总产值逐月上升，社会商品零售总额逐月增加，陶瓷质量逐月提高，陶瓷出口逐月增长。1990 年末，全市国民生产总值比上年增长 6.02%，市县工农业总产值比上年增长 6.9%。二是社会治安有了新的好转。以刑事案件为例，6 月比 5 月下降 26.3%，7 月比 6 月下降 18.4%，8 月比 7 月下降 22.2%，9 月比 8 月下降 2.6%，10 月又比 9 月继续下降 29.3%。三是市容市貌有了新的改观。节前的几个月中，在广大群众的积极努力下，市区 10 条坑坑洼洼的道路被修平了，400 多处临街破旧门面被修好了，堆积在各处的 2250 多立方米余土、垃圾被搬走了，散落在各处的 510 多处违章建筑和无证流动摊点被拆除或迁走，城区 138 座厕所被刷新了。与此同时，还抢建、重建了一座全市人民盼望已久的仿古建筑龙珠阁，扩建陶瓷馆和省陶研所，兴建了珠山路天桥、瓷都大道城标、古陶瓷博览区牌坊和高岭村仿古亭等等。通过几个月的整治与建设，使市容市貌有了较大的改观。

成功的经验

首届陶瓷节成功的主要经验：一是中央领导的关怀重视。李先念、彭真、王震、薄一波等中央领导同志分别作了亲笔题词，给瓷都人民以极大的鼓舞。二是省委、省政府的正确领导。办节一开始，省委、省政府就作出决定，将陶瓷节列入全省当年对外开放要着重办好的两件大事之一。为办好陶瓷节增添了信心和决心。三是市委、市政府和市属各级党组织、各部门、各单位切实加强了对办节工作的领导。全市全力以赴投入办节，从而保证了办节的各项工作有条不紊地顺利进行。四是广大群众的艰苦努力。这项活动，充分反映了瓷都人民的共同意愿和强烈要求，受到广大市民的热烈拥护。五是四面八方的关心和支持。

首届中国瓷都——景德镇国际陶瓷节已经落下帷幕。瓷都人民将努力弘扬祖国古老的陶瓷文化，继续以自已坚实的步伐走向世界，让瓷都景德镇在海内外放射出更加璀璨夺目的光彩。

(执笔：饶亚明　夏　军)

萍乡市

市　长：孙用和

副市长：陈世国（常务）　尹兆书（政法、城建、交通）　徐抗余（农林、水利）　黄焕萍（工业、金融、物资）　简木根（科教文卫体）

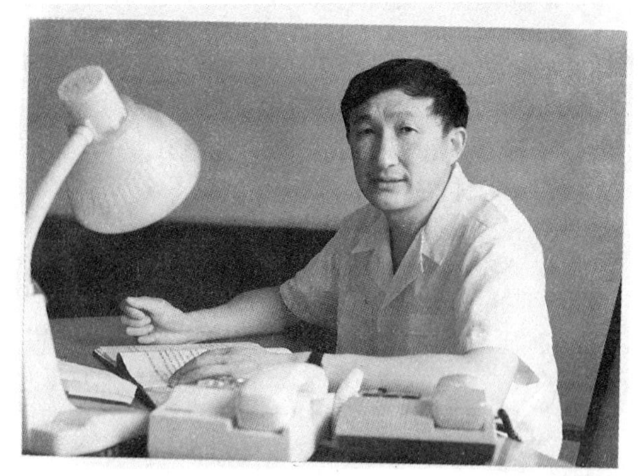

孙用和市长，1944年8月生于江西省分宜县。中共党员。1969年7月在武汉大学政治经济系毕业后分配在湖北省工作。1977年5月调任江西省分宜县杨桥公社党委副书记，县委宣传部副部长、部长，县委副书记、书记，中共新余市委常委、副书记，鹰潭市委副书记，中共萍乡市委副书记、萍乡市代市长，1989年3月当选为萍乡市市长。

"七五"期间城市科教文卫体事业迅猛发展

□　李朝阳　王建民

第七个五年计划时期，萍乡市保持了经济稳步发展的势头。按可比口径计算，1985年至1990年全市国民生产总值、工农业总产值、财政收入、外贸出口供货总额、社会商品零售总额分别增长了30.4%、50.62%、66.01%、4倍、91.2%，平均每年增长5.4%、8.54%、10.67%、37.67%、13.8%。在国民经济发展的同时，各项社会事业也获得了较快的发展。

科学技术的研究与利用成果显著

萍乡市现有各类专业技术人员26364人，研究机构16个，其中科研所9个，并设有"全国烟花炮竹质量监督检测中心"。五年来，该市认真贯彻"经济建设必须依靠科学技术，科学技术必须面向经济建设"的方针，注重科技研究和开发利用。组织实施科技成果83项，鉴定科技成果68项，其中有7项达国际先进水平，24项为国内先进水平，1项获国家发明奖，10项获省科技进步奖。该市农业科技的研究比较突出，在多次获全国、省级科研成果奖的基础上，"显性雄性核不育水稻"的发现与研究，确定为世界首创。国家级科技攻关项目"高产、优质、多抗水稻新品种（组合）选育"中，现已选育出的"献优63"水稻是三系组合中的重大突破，于1990年11月通过鉴定，为国内先进水平。"献优63"水稻比组合前品种平均亩产增加50公斤以上，米质达国家二级优质米标准。

在开发科研成果的同时，加快了新技术的推广和应用。全市组织申请专利104项，授权72项，实施52项，实施率达50%。开发新产品261项，106项获省优秀新产品称号。水泥工业是萍乡市重要产业之一，近年来运用微机控制水泥生料配料，大幅度提高了生料的合格率，经济效益进一步提高。热喷镀新技术的运用，为机械产品的表面处理增加了新的保护措施。在铁锅铸造工艺上，运用稀土技术，增强了铁锅对人体的保健作用，产品质量也得到提高，受到消费者的普遍欢迎。由于科学技术的推广，全市工业产业结构得到了合理调整，市属轻重工业比重由1985年的1:2.2调整为1990年的1:1.7，进一步改变了过去以煤炭工业为主的工业产业结构，基本上形成了煤炭、冶金、电力、机械、建材、陶瓷、化工、家电、丝织、造纸、塑料制品、鞭炮烟花12大行业。粮食生产连续3年获得丰收。农业总产值比1985年增长21.78%，平均年递增4.02%。

教育事业不断发展

"七五"期间，萍乡市教育事业实行了"分级办学、分级管理"的体制改革，成效显著。全市教育事业经费投入13675万元，比"六五"期间增加51.32%，每年用于教育的资金占财政总收入25%左右。全市现有大中专院校14所，中小学校970所，在校学生28万人，教职工1.9万人。职业技术教育发展较快。五年来新增

14 所职业中学，其中一所被国家教委授予“全国职业技术教育先进单位、和“科技兴农先进学校”。高等教育输送毕业生比“六五”期间增加 41.75%。勤工俭学工作成绩显著，1990 年全市勤工俭学产值达 3306 万元，比 1985 年增加 16 倍多，五年累计纯收入 1423 万元，补充教学经费 695.4 万元。1989 年被国家教委、计委、人事部、财政部授予“全国勤工俭学先进单位”。

办学条件进一步改善。“七五”期间，全市用于校舍修建的资金比“六五”期间增加了 55.65%。中小学危房比例由 1986 年普查时的 3.43%下降到 0.23%，五年消灭危房面积 11.11 万平方米。到 1990 年，全市共有校舍面积 120 万平方米，中小学生平均校舍面积达 4.3 平方米；有 490 所中小学已实现了校园“六配套”，77 所中学按国家标准配备了教学仪器设施；全市共 131 个幼儿园（所），幼儿入园率达 68%。萍乡市采取优惠政策支持和鼓励社会力量办学 9 所，充分发挥了社会力量在教育事业中的积极作用。

卫生事业取得了可喜成绩

萍乡市现有医疗卫生机构 96 个，医务人员 6760 人，比“六五”期间分别增加了 54.84%、28.96%，副主任以上高级医疗技术人员 63 人，中级技术人员 713 人。“七五”期间，全市投资 1000 余万元新建了市医院内科大楼和增添了一大批技术先进的医疗器械和设备。医疗技术水平有较大的提高，心血管内外科与神经内外科诊断技术有新的突破，人工阴道乙状结肠成型再造术获得成功，腹膜外割宫产技术普遍推广运用。发病严重的地方性甲状腺病，基本得到了控制，受到中共中央地方病防治领导小组的嘉奖。妇幼卫生工作中，全市消灭了文盲接生员，新法接生率达 100%，孕产妇死亡率由万分之 6.8 个，下降到万分之 4.5 个，婴幼儿死亡率由 31.13‰下降到 18.35‰。

文化事业进一步繁荣

萍乡市群众文化活跃。农民绘画和铜管乐演奏尤为突出。该市下设四个区中有二个区被文化部分别命名为“中国现代民间绘画之乡”、“农民画之乡”“农民铜管乐之乡”，编写的剧本中被拍成电视剧 4 个，影视、戏剧作品获省级以上奖的 70 项。其中国际奖 3 个，国家奖 21 个。绘画作品获省级以上奖 28 个，其中国家奖 20 个。全市有文化机构 245 个，群艺馆 5 个，文化站 44 个，图书馆藏书 35.5 万册。全市影剧院增加 6 个，共有 77 个，平均每个乡镇有影剧院 2 个，并保持了较好的经济效益。电影发行放映工作连续三年获全省先进单位，1989 年被评为全国先进单位。5 年来，新建了群艺馆、画院、少儿活动中心等群众活动场所，新建了 27 架 11.35 千瓦差转台和有线电视台（站）36 座，传输电视节目 5 套以上。卫星地面接收站由空白发展到 39 个，无线电广播中波发射机发展到 5 部 123 千瓦，区、乡广播电视通播率由 10%增至 90%。文化广播电视事业呈现一片繁荣景象。

群众体育发展较快

萍乡市为了大力发展群众性体育事业，想方设法筹措资金增添更新体育设施，新建了市体育馆、综合训练大楼和一批球场，举办多种群众性体育活动。五年来，全市举办乡（镇）以上的群众性运动会 694 次，其中县级以上 286 次，训练总人数 1 万余人。参加省级以上比赛获奖牌 405 枚，其中金牌 104 枚，银牌 84 枚，铜牌 76 枚。3 个厂矿学校获全国群众体育工作先进单位，10 个单位获省先进单位。

社会保障水平大幅度提高

5 年来，社会保险方面，运输车辆保险由 2259 部增加到 7336 部，增长 2 倍多；家庭财产保险的户数由 3950 户增加到 23463 户；人身意外伤害保险由 40920 人增长到 287114 人。全市还推行了职工退休费社会统筹的办法，有 90%以上全民企事业单位在职和离退休职工参加了社会统筹和 90%以上劳动合同制工人参加了养老保险。参加退休费社会统筹的职工达 91692 人。社会福利方面，全市现有敬老院 79 所，福利院 1 所；福利企业 75 家，比“六五”期间增加 62 家，1990 年产值达 3010 万元，创利 275 万元。人民生活水平也得到较大提高，城镇居民生活费收入和农民家庭人平纯收入分别增长 100.2%、53.3%，年平均增长 14.9%和 8.94%。

新余市

市　长：方博林

副市长：梁梦海（常务）　李炯辉（农村、科技）　张健荣（财贸、金融）　罗茂才（工交、体改）　赖世平（文教卫体、政法）

方博林市长，浙江省鄞县人，生于1940年1月。研究生学历，机电工程师。1958年参加工作，先后在抚州电机厂、抚州行署工作。曾在中央党校学习。1987年6月当选为新余市市长。1988年2月当选为七届全国人民代表大会代表。1988年6月再度当选为市长。

“七五”回顾

□ 曾绍阳

“七五”期间，新余市的改革开放迈出了新的步伐，治理整顿取得明显成效，国民经济持续、稳定、协调发展，各项社会事业有了显著进步。

经济发展概况

1990年与1985年相比，全市国民生产总值达到14.65亿元，增长38.4%，平均每年递增6.7%；国民收入12.56亿元，增长21.1%，平均每年递增3.9%；工农业总产值36.8亿元，增长63.5%，平均每年递增10.3%；地方预算内财政收入2.59亿元，增长97.7%，平均每年递增14.6%；社会商品零售总额6.1亿元，增长121.7%，平均每年递增17.3%；外贸出口商品供货总值1.2亿元，增长607%，平均每年增长48%；职工平均工资增长88.9%，平均每年递增13.6%；农村农民人均纯收入增长73.7%，平均每年增长11.7%；城市居民人均居住面积增长18.1%，平均每年增长3.4%；农村农民人均住房面积增长42.4%，平均每年增长7.3%。1990年市区实有铺装道路71万平方米，比1985年增长4.5倍；公用自来水日生产能力3万吨，增长了1倍；下水道总长度77公里，增长了3.5倍；园林绿化面积400公顷，增长了2.6倍；居民气化率达到60%，增长了1倍。

工作的重点

“七五”期间，新余市经济建设和社会发展的着力点放在以下三个方面：

一是以乡镇工业为载体，千方百计转移农村剩余劳动力，推进农村工业化。在指导思想上，实行乡营、村营、联户经营、个体经营“四轮驱动”，多种成分，全面发展；在发展方向上，坚持为大工业服务；在企业布局上，新建企业相对集中于城郊和集镇；在组建方式和运行机制上，大力推行股份经营。立足于新余市情，市政府制定了一系列鼓励发展的优惠政策和改革措施，形成了“上面放手，中间放开，下面放心”的大发展局面。五年间，乡镇工业产值平均每年递增40.3%，成为农村经济的“半壁江山”。

二是以城市经济为“龙头”，千方百计搞活国营大中型企业，充分发挥城市的辐射作用和国营大中型企业的主导作用。坚持以技术改造为主要手段，促使原有企业特别是国营大中型企业上质量上品种上效益。在技术改造中，多渠道多层次引进外资，组织来料加工，搞两头在外。同时，抓住时机，选准目标，通过“借贷”筹集资金，积极上新项目，并做到上一个项目，形成一个龙头，带来一个系列。在财力紧张的情况下，新建了以生产特宽幅出口床单为主导产品的新余床上用品厂，迁入了实力雄厚的长林机械厂和长红机械厂，扩建了新余钢铁总厂、江西第二化肥厂、新余纺织厂、前卫化工厂等一批大中型企业。城市企业，特别是大中型企业的不断壮大，成为新余市工业化城市化向更高阶段迈进的强大动力。

三是坚定不移地推进改革开放，依靠科技进步，重视发展教育，抓紧计划生育。通过深化改革，扩大开放，解决经济生活中出现的矛盾，做到以改革促发展，以开放促开发；通过科技长入经济，大力推进农业、工业和第三产业领域的技术进步；通过兴办教育，大力提高人的素质，加速结构调整，加速科技进步，加速经营管理水平的提高。

治理整顿的成效

“七五”期间，是国家治理整顿经济秩序的重要时期。在经济形势复杂的大环境下，新余市认真贯彻治理整顿、深化改革的方针，遵循经济发展的客观规律，努力创造适宜自身发展的“小气候”。

首先，在全市开展生产力标准的大讨论，牢固树立以经济建设为中心的指导思想，增强服从和服务于“中心”的观念。各级主要领导的主要精力都用在经济工作上；各级职能部门都明确了自己的任务，制定了具体的措施，从不同的方位为经济建设尽心尽力。

其次，建立了一套优胜劣汰的干部选拔机制，通过竞争，使干部队伍树立一个好的精神状态。在困难面前，各级干部不是被动待变，而是奋起促变，敢为天下先，打开局面。

第三，不断完善政策，充分发挥政策的威力。不仅保持了过去制定的旨在加快生产力发展的政策措施的稳定，而且针对经济活动中出现的新情况、新问题，及时出台一些新的政策措施，如鼓励大中型企业扭亏增盈的政策，支持和保护厂长经理正常经营活动的政策，鼓励和支持企业扩销产品的政策，引导乡镇企业相对集中、开辟新行业的政策，激发县、区、部门和企业创优争先的政策，等等。“小气候”的形成，极大地保护和激发了全市人民勇于探索，大胆开拓的积极性，确保了“七五”计划的顺利实施和各项任务的全面完成。

90 年代是我国社会主义现代化建设历程中非常关键的时期。按照党的十三届七中全会精神，新余市十年规划和“八五”计划的宏伟蓝图已经绘就。夺取“七五”全胜的新余人民正满怀信心，以新姿态向第二步战略目标奋进!

九 江 市

市　长：彭宏松
副市长：王军文（常务）　康晋益（科教文卫）　张　影（农业）　王文敬（政法）　周仰文（外贸、旅游）　霍伟光（工交）

彭宏松市长，1946年2月出生，湖南省澧县人。1969年毕业于华东工程学院（原中国人民解放军炮兵工程学院），1984年至1986年在中共中央党校学习，获研究生文凭。自1979年起历任江西省万载县工业交通局副局长，经委副主任兼工业科科长，副县长，中共新余市委副书记，中共景德镇市委副书记，中共九江市委副书记、市长。

投资环境不断改善　经济社会稳定发展
——“七五”时期回顾

□　九江市市长　彭宏松

“七五”时期，九江市坚持党的基本路线，贯彻治理整顿、深化改革的方针，扩大对外开放，推进社会主义现代化建设事业向前发展。工业迅速增长，农村经济全面发展，城市基础设施显著增强，投资环境进一步改善，内外贸易繁荣，科教文卫等各项事业取得新成就，人民生活水平明显提高，社会稳定。

“七五”计划执行情况良好。1990年，全市社会总产值86.05亿元，为计划的114.2%，比1980年增长2.3倍（按可比价格计算，下同），比1985年增长53.7%，5年平均递增8.9%；国民生产总值38.28亿元，为计划的102.3%，比1980年增长1.4倍，比1985年增长42.59%，5年平均递增7.4%；国民收入31.63亿元，为计划的100.2%，比1980年增长1.2倍，比1985年增长40.69%，5年平均递增7.1%；工农业总产值51.68亿元（按1980年不变价计算），为计划的93.5%，比1980年增长2.1倍，比1985年增长63.64%，5年平均递增10.35%；地方财政收入3.89亿元，为计划的109.5%，比1980年增长2.4倍，比1985年增长97.37%，5年平均递增14.5%。“七五”计划的主要国民经济指标已经完成或基本完成，翻两番的第一步战略目标已经实现。“七五”期间，完成固定资产投资19.61亿元，为“六五”时期的2倍；完成重点工程项目27个，大大增强了经济发展后劲。

工业生产稳步增长，实力进一步加强

1990年，全市完成工业总产值39.30亿元，比1985年增长85.03%，年均递增13.10%。其中，轻工业产值21.10亿元，重工业产值18.20亿元，市属工业产值27.7亿元，比1985年增长1.3倍，年均递增17.8%。县区工业发展速度较快，产值16.93亿元，占市属工业的61.14%，有3个县工业产值超亿元。“七五”期间，对一批骨干企业、出口创汇企业进行了技术改造，投资4.3亿元，为“六五”时期的1.7倍。国家和省在本市安排27项重点工程，总投资33亿元，已完成投资15亿元，有14项竣工投产，其中工业9项，交通邮电5项，它们是：九江化工厂年产聚氯乙烯2万吨、电石3万吨生产线；洋鸡山金矿年产黄金10300两生产线；九江建材厂年产50万平方米彩釉墙地砖生产线；九江制氧机厂年产300台冷藏集装箱生产线；九江面粉厂日处理小麦200吨生产线；江西毛纺厂毛精纺绽4800枚；九江磷肥厂万吨聚丙烯；九江化工厂无毒塑料啤酒瓶生产线；大冶至沙河铁路；九江至沙河铁路；九江至南昌光缆通讯；万门程控电话；九江外贸码头（2个5000吨级泊位，年吞吐量60万吨）等。由于这些工程投产，使产业结构得到调整，工交实力进一步增强。主要产品产量大多数增长，产品质量有所提高。五年间开发新产品576项，创省以上优质产品248项，其中国优银质奖5项，部优43项，省优20项。矿产资源勘探和开发取得了较好成绩，黄金产量突破万两。企业管理进一步加强，江西制氧机厂、共青羽绒厂、九江玻璃纤维厂、九江船用机械厂被评为国家二级企业，38户被评为省先进企业。

农村经济全面发展

由于加强对农业的领导，稳定农村经济政策，完善统分结合的双层经营责任制，增加农业投入，重视科技兴农，在稳定发展粮食生产的前提下，不断改善农业经济结构，大力发展多种经营，搞好农业开发，调动了农民的积极性，连年夺得农业丰收，农村经济全面增长。1990年，农村社会总产值40.48亿元，比上年增长27.40%，比1985年增长1.5倍，年均递增20.4%。农业总产值12.38亿元，比上年增长6.5%，比1985年增长19.6%，年均递增3.65%。非农产业占农村社会总产值的比重由1985年的26.9%提高到1990年的37.4%。粮食总产量137.96万吨，比上年增长0.2%，比1985年增长3.04%。棉花37695吨，比上年增长3.3%，比1985年下降6.79%。被评为“中国乡镇百颗星”之一的彭泽县棉船乡，单产居全国10万担产棉乡榜首。油料111862吨，比上年增长44.1%，比1985年增长86.51%，1990年被国务院授予夏油生产先进市称号。茶叶3115吨，比上年下降5.5%。苎麻1709吨，比上年下降60.4%。蚕茧574吨，比上年增长66.4%。修水县成为产茧万担县。水果9675吨，比上年增长0.5%。猪羊牛肉96152吨，比上年增长1.5%。牛奶2139吨，比上年增长8.6%。水产品46268吨，比上年增长11.5%。乡镇企业产值15.04亿元，比上年增长16.4%。农垦企业产值5.5亿元，比上年增长9.6%，特别是共青垦殖场发展很快。现在拥有独立核算生产企业33个，固定资产总值21500万元。工农业总产值4.4亿元，实现利税3000万元，上缴利税1100万元。共青羽绒厂生产的4大类几十种羽绒制品，不仅畅销国内，而且远销世界35个国家和地区。农业开发势头很好。垦山整地，植树造林，新辟果园、桑园，新辟渔池等都取得进展。建成国内最大的精养渔池“2799”工程。十个万亩以上湖泊的改造养殖获得效益。20个各具特色的区域性的农副商品基地建设初具规模。新扩棉地的基本建设进度快，质量好。农业投入增加。农田水利建设加强，农业生产条件继续改善。

城市基础设施加强　投资环境优化

“七五”期间，加速了城市交通建设和改造。市区先后新建、扩建了长虹大道、西二路、湖滨西路、浔阳东路、十里大道、三里街路等主要道路，拉开了城市骨架，改善了交通拥挤状况。全长23.37公里的庐山北公路改造工程已于1990年底竣工。市区运营公共汽车100辆，运营里程586公里。对外辐射交通网络建设取得长足进步。九江至武汉、合肥、长沙、南京、杭州5条公路干线已经通车。武九铁路建成通车。新建铁路专用线6条。九江至北京、惠州、南京、上海的航班已经开通。外贸码头建成交付使用。九江至南昌汽车专用公路、南浔铁路复线、九江长江大桥、九江客运码头等重点工程的建设取得了重大进展。1990年全市完成货运量1691.00万吨，比1985年增长51.9%；客运量3389.00万人，比1985年增长7.63%。邮电通讯事业发展迅速。五年间投资6200万元，九江电信枢纽楼、九江至南昌、数字微波通讯、万门程控电话、九江至南昌、南京、汉口光缆通讯工程等先后建成投入使用。1990年与1985年相比，长途电路增长1倍多，交换机总容量增加11600门，话机增加15000部，邮电业务总量和业务收入分别增长1.84倍和2.57倍。能源建设取得进展。投资4.3亿元，安装两台20万千瓦燃煤机组的九江电厂二期工程在近期内可以建成投产。建成液化石油气供气站，供气总量3327吨，6.3万户人口用气。五年内，兴建河西水厂二期工程，改善输水管网，日供水量由1985年9.5万吨增加到15万吨（不含工厂自备水）。环境治理得到加强。五年间完成各类治理污染项目515个，总投资4878万元。1990年，全市处理工业废气1456183万标立方米，处理率77.28%；处置工业固体废物63.45万吨，处置率63.12%；处理工业废水2842万吨，处理率38.6%。建成区绿化覆盖率由1985年的29.7%提高到36.9%。改善城市面貌，加强软环境建设。几年来，深入持久地开展城市“创三优”（优美环境、优质服务、优良秩序）、“建三城（卫生城、绿化城、文明城）活动，开展社会治安综合治理，思想教育和整顿市容市貌三项基础工程建设，取得了较好成绩，在全省“创三优”评比中，1989年列全省第三名，1990年列全省第2名。通过开展向先进人物学习的活动，加强精神文明和廉政建设，社会风气好转。

内外贸易繁荣，旅游事业兴旺

为把九江建设成为湘、鄂、皖、赣四省毗邻地区大市场，建立和完善各类专业市场253个，总面积20.86万平方米。建设了一批仓储设施。1990年，建立了九江市省级粮食批发市场，米市交易兴旺。先后组织了全国汽车展销会和工业地产品展销会。成交额分别达到19亿元和3.13亿元。全市社会商品零售总额20.70亿元，与上年持平，比1985年增长76.82%。全市零售物价总水平比上年上升3.5%，涨幅下降了12.1个百分点。对外贸易进一步扩大。1990年外贸出口供货总额3.32亿元，比上年增长13.2%，比1985年增长1.3倍。外贸口岸出口总额2106.47万美元，比上年增长38.2%，进口总额1763.03万美元，比上年增长1倍。对外经济技术合作取得进展。先后成立海关、商检等16个外贸机构。经国务院批准九江辟为外贸港口后，又将对外籍轮船开放。1990年，市政府制定了《关于华侨台港澳同胞和外籍华人投资优惠办法》和《鼓励台湾同胞投资的规定》，规划了经济开发区。“七五”期间，兴办“三资”企业9家，引进外资868.8万美元，同时，与国内广泛开展了经济技术联系和协作。开发了以庐山为龙头，以全市景观为依托，集自然风光、人文景观，避暑疗养、冬季赏雪、鄱湖观鸟、佛教朝拜，学术交流、水上游览等内容的系列旅游。重建、维修了浔阳楼、琵琶亭、翠竹院、锁江楼、东林寺、白鹿洞书院等名胜古迹。拥有二、三类旅行社13家，其中二星级饭店3家，用于外事接待床位1400张。1990年接待国内外游客270万人次，其中外国人、华侨和港澳台同胞7765人，比上年增长36.3%。旅游外汇收入140.2万元，比上年增长88.6%。

科教文卫等各项事业有较大发展

1990年，全市有各类独立科研机构29所，专业技术人员62904人，比上年增长4.5%，比1985年增长58.9%，其中自然科学技术人员29064人，比上年增长5.1%，比1985年增长27.1%。1981年以来，共安排科研项目601项，新增产值11058万元，税利1758万元。1985年起，共安排“星火计划”65项，其中，国家级7项，省级6项。1979年至1990年，全市共获国家、省、市三级科技成果奖567项，其中，国家级5项，省级82项。1985年至1990年，专利发明79项。不少科研成果达到全国或全省先进水平。1990年，混合柴油科研项目获尤里卡世界发明奖。堤坝隐患电法探测技术应用研究等多项成果都获得较大经济社会效益。1990年，全市各类学校4241所，在校学生76.54万人。其中，高等学校4所，在校学生3108人；中等专业学校11所，在校学生7933人，农业职业中学43所，在校学生17069人；普通中学413所，在校学生20.61万人；小学3770所，在校学生53.12万人。学龄儿童入学率98%，小学在校学生巩固率97.8%。5年共培养初高中毕业生28万余人，向高、中等专业学校输送新生2.4万余人。教育改革取得成绩。职业高中在校学生11611人。九江师专被国家教委列为综合改革试点学校，九江医专被卫生部定为全国医专教育改革联系点。该校“医学专科教育模式改革”获国家级教学改革成果一等奖。成人教育网络形成。11个有扫盲任务的县、区中有9个基本扫除了文盲。5年集资1.5亿元，新建、改建、修缮校舍160多万平方米，危房基本清除。1990年全市有艺术表演团体10个，剧场11个，文化馆（站）263个，公共图书馆12个，博物馆8个，电影放映单位484个，电视转播台75个，广播电台2个，电视和广播覆盖率分别达到85%和90%。由九江作者创作搬上银幕、屏幕的影视文学几十部，民间文学创作兴旺。1990年，全市有各类卫生医疗机构706个，其中医院325个，卫生技术人员13227人。市、县两级组织26个医疗队到农村防病治病，财政拨款35万元扶持老区和贫困地区乡级医院建设。查螺2.31万公顷，灭螺0.22万公顷，治疗血吸虫病人4.12万人。完成计划生育四项手术14.72万例。群众体育活动广泛开展。1990年，举办了市第七届运动会。在参加省级以上比赛中，获得金牌18枚，银牌24枚，铜牌26枚。为亚运会筹集和捐献资金132万元。

财税金融进一步发展，人民生活明显改善

1990年，地方财政收入3.89亿元，比上年增长9.2%。1990年末全市银行存款余额21.47亿元，比上年增长25.8%，比1985年增长1.1倍；贷款余额39.25亿元，比上年增长19.6%，比1985年增长1.3倍。全市各类财产承保额54.67亿元。保险费收入3512.5万元，比上年增长20.95%，比1985年增长4.2倍。城乡人民生活明显改善，老区、贫困地区脱贫致富工作取得较大进展。据抽样调查，1990年，全市城市居民平均每人年生活费收入1106.22元，比上年增长7.6%，比1985年增长1.2倍。农民家庭人均纯收入567.69元，比上年增长9.3%，比1985年增长61.45%。1990年末居民存款余额12.84亿元，比上年增长32.6%，比1985年增长2.8倍。城市居民人均居住面积由1980年的5.9平方米增加到1990年的7平方米。农村人均居住面积由1978年的7.8平方米增加到19.9平方米。

在胜利完成“七五”计划的基础上，本市已经制定出90年代经济和社会发展战略：以农业为基础，以工业为主体，以贸易、旅游为两翼，科教兴市，外引内联，城乡一体，协调发展，为把九江建设成为江西发达的长江工业带，重要的农副商品基地，开放的贸易口岸，立体的交通枢纽，兴旺的旅游热点，繁华的流通中心而努力奋斗！

鹰潭市

市　长：曾荣芳

副市长：万伯康（常务）　汪维焕（农业、政法）　魏时中（城建）　王中俊（商贸、文教卫）

曾荣芳市长，江苏武进县人，1932年9月出生。1955年7月毕业于南京工学院，1986年9月至1987年1月在中共中央党校进修学习。1957年12月加入中国共产党。历任沈阳公路局、北京公路学院筹备处技术员，重庆交通学院教务处副科长，鹰潭市委组织组副组长、宣传部副部长，市人民政府副市长。1983年12月当选为鹰潭市市长，1988年12月再度当选为市长。

日新月异的鹰潭城市建设

□ 鹰潭市市长　曾荣芳

昔日兵家必争之地的古镇鹰潭，经过10年改革的洗礼，特别是"七五"期间的建设和发展，发生了较大的变化。如今，鹰潭已是江南重要的交通枢纽、全国最大的铜业基地，又是江西省的化工和电力生产基地。现代大工业的兴起，使鹰潭的各项建设欣欣向荣，经济实力明显增强。1990年与1985年比较，全市国民生产总值增长1.3倍，年均递增17.9%；国民收入增长1.15倍，年均递增16.6%；工农业总产值增长1.8倍，年均递增23.3%；地方财政收入增长2.4倍，年均递增27.9%。

伴随经济的发展，城市建设日新月异。1985年7月鹰潭市被国务院列为对外开放城市以来，城市规划、建设和管理进入了新阶段。"七五"期间，用于城市建设的投资达6083.2万元，占同期全民固定资产投资总额的34.9%，初步展现出功能逐步齐全、环境比较优美的城市风貌。

城市规划迈新步

"七五"期间，特别是国家《城市规划法》颁布实施之后，鹰潭市政府在深入调查研究的基础上，进一步深化了《鹰潭城市总体规划》的内容，制订了各项专业规划和城市综合开发规划，开展了城镇体系规划、分区和控制性详细规划，加强了城市规划管理。一是根据城市发展现状，确定了城区规划管理范围，市区由原来的25.12平方公里，经省政府批准扩大到28.32平方公里，并对靠近市中心的信江河以北12平方公里的区域实行总体控制。二是对市区东湖小区、山背小区、沿江地带等5个区域进行了专项规划和初步设计；对贵溪工业区布局作了详细规划；三是制定了城市规划管理的规章法，先后拟定了《贯彻（城市规划法）暂行办法》等15个配套法规，其中5个行政法规已由市政府批准实施。四是按照《城市规划法》的要求，明确城市规划主管部门的职责，对城市规划区内建设项目前期工作、建设用地和建设工程进行规划管理，严格执行"一书两证"制度，仅1990年依法核发《选址意见书》11件；核发《建设用地规划许可证》112件，总面积18.5万平方米；核发《建设工程规划许可证》362件，建筑面积20.7万平方米，城市规划管理工作基本走上法制化、规范化的轨道。

市政建设添新景

"七五"期间，鹰潭城市各项市政设施建设发展迅速。第一，住宅建设成效显著。仅市级财政和市直企事业单位用于住宅建设的投资达2800多万元，市区建成住宅总面积37.3万平方米，年均递增13.84%。1990年与1985年比较，实有住宅面积由57万平方米提高到108.79万平方米，人均住宅面积达8.76平方米。按照"集中连片、功能齐全、利用率高、布局合理，设计新颖”的要求，市区共开发各种类型住户的商品住宅7.33万平方米。第二，公用设施日臻完善。对市区12条干道进行了大规模改造建设，新建了湖西路、沿江路、莲花路、站前东路梅枫路、府前路、梅园大道，改建了环城路、胜利路、军民路、南站、建设路。全部硬化了市区小街小巷以及人行道的路面。市区主干道由18公里延伸为38公里，各种路面铺装总面积达42万平方米，其中水泥路面占70%。建成市区立交桥13座，总长度483米，其中11个铁路、公路交叉口全部实现立交化，提高了城市车辆通过能力，减少了交通伤亡事故。市区铺设排水管道7.6公里，修建防洪围堤2300米，城市防洪排水能力有所提高。改造了市区的自来水泵房设备和管道，新建了梅园自来水厂、使供水能力由日产2.58万吨提高到4万吨；根据城市建设发展的需要，3万吨自来水扩建工程已破土兴建。市液化气站建成投产后，已累计供气1150吨。城市公共汽车营运车辆增长3倍，营运里程增长2.7倍，年客运量增长8.14倍，建成了由市区通往所辖县城、工矿、旅游点及主要乡镇的公共交通网。市区照明设施也进行了有计划的改造。第三，重点工程稳步推进。继鹰东三级三场大型编组站和鹰南三百万吨级货场建成之后，鹰西新客站正在建设中，站房设计规模6000平方米，比原客站扩大15倍，内设普通候车厅3个，软席候车厅2个，母子候车厅、售票厅和行包房各1个，并设置站台3个、进出站地道口2个。与鹰潭新客站同步筹建的还有设计新颖、功能齐全的鹰潭新汽车站和邮件处理中心。市区夏埠信江大桥已开工建设，其主桥、引桥全长1614米，此桥开通后，对市区北部的经济繁荣将产生积极影响。继贵溪50万千瓦火力发电厂建成投产后，鱼丝塘11万伏变电站又告竣工，使市区供电状况进一步改善。机械化水陆联运港口也已建成。

市容管理展新姿

“七五”期间，在全省城市创“三优”活动和创文明城市活动的推动下，鹰潭市容市貌有了很大改观。新开辟的梅园小区占地2平方公里，已在原来的荒山土坡上建起了商店、粮站、办公楼、住宅楼、中小学、幼儿园、卫星地面接收站、电影院、公园、菜场以及水电通讯等服务设施，各色建筑错落有致，大小街巷整齐划一。整个市区街面扩大一倍多。同时，对主要街道进行了全面改造，1987年实施《军民共建交通文明路工作方案》之后，市区主要街区和广场、车站、公园等公共场所都进行了以植树、栽花、种草为主要内容的绿化美化，共植树57.84万株，年均递增25.4%，建成公共绿地22.6万平方米，年均递增20%，其中市树香樟和市花月季遍布市区。1990年城市绿化覆盖率达22.7%，比1985年提高4.2个百分点。在鹰潭公园完成了动物园、月季园、儿童乐园的改造，建起了水榭、九曲桥、六角亭，添置了一批娱乐设施。新建的梅园体现植物园的特色，依山傍水，风景秀丽，已种植梅花等各种苗木2.19万株。增添了环卫机械设备，在市内边缘地区建立垃圾转运站5个，垃圾处理厂1个，提高了环卫作业机械化程度和垃圾清运处理效率。在主要街道、居民点、公共场所，新建改建公厕23座，其中水冲式公厕8座；投放垃圾箱、果皮箱110个，市区清扫保洁面达62%。环境保护工作正由分点治理向一线治理转变，由单项整治向综合整治转变，突出保护信江饮用水源，已完成沿江一线老污染源治理项目5个，建立烟尘控制小区和噪声控制小区各1个，市区大气、水质均达国家二级标准。市容管理工作逐步走向正轨化，先后制定了《市容市貌管理“十不准”》、《市区“门前三包”责任制管理试行办法》、《城建管理监察暂行规定》等法规性措施，组建了城市管理监察大队，市区内实现主要街道无违章建筑，无人行道、车行道滥占现象；增设了隔离墩护栏、路口执勤岗亭、安全缓冲器和各种交通标志标牌，既净化了市容，又有利于交通安全。

商业服务设施换新貌

“七五”期间，鹰潭市积极发展城市商业服务业，建设了一批新网点，对旧门面普遍进行了装修。新建了建设路大型综合性集贸市场和莲花路、梅园新区菜市场，共计1.1万平方米；改造扩建了杏园农贸市场。市区主要街道两旁店铺林立，一派兴旺景象，现已形成眼镜、服装、小商品、竹木、牲畜、旧房料、水果等专业市场；按照省政府的要求，正积极筹建赣东大市场。1990年与1985年比较，市区商业零售和饮食服务业营业面积扩大1倍，营业网点增长31%；社会商品零售额增长2.71倍；商品批发营业额增长1.16倍。旅游服务业方兴未艾。《水浒传》开篇描绘的古今名山龙虎山，1986年6月被列为国家级重点风景名胜区，总面积达200平方公里。为了更好地再现龙虎山道教渊源、丹霞地貌、战国崖墓三大奇特风姿，已投入大量资金整修景点、完善服务设施，建成了龙虎山庄度假村，内设高级客房、舞厅、餐馆、商店等；修建人文景点21处，添置了游览船57只，改造了旅游道路10公里；“嗣汉天师府”已修葺一新，重放异彩，引来了不少中外游客，龙虎山道教文化周每年在这里举行。城市旅游服务工作逐步改善，组建了鹰潭中旅社，市华侨饭店、贵冶宾馆被评为二星级宾馆；雄居市中心的月湖宾馆已完成主体工程，高16层，建筑面积17500平方米，设高中档客房260间。城市金融、通讯、医疗卫生和文化娱乐等服务事业进一步发展。

瑞 昌 市

市　长：欧阳春

副市长：陈洪源（农业）　丁显松（政法、城建）　郑慧怡（女　科教文卫）
朱杰（工业）　朱汉仁（财贸流通）

欧阳春市长，1953年2月出生于江西省湖口县，1976年9月毕业于江西大学，1979年3月加入中国共产党。曾任江西省湖口县直属党委秘书、纪律检查委员会秘书、县委常委、组织部长、县委副书记，1990年2月当选为瑞昌市委副书记、瑞昌市市长。

长江入赣第一市——瑞昌

□　苏堂孝

瑞昌市位于长江中游南岸，赣北西部，地处东经115°45′35″，北纬29°41′05″，东邻九江，西接湖北阳新，南临德安和武宁县，北临长江与湖北省武穴市相望，总面积1424平方公里，总人口38万，市区内常住人口11.2万人，其中非农业人口9.2万人，下辖5镇19乡和3个乡镇级国营农林垦殖场。

市域古为吴头楚尾之地，秦代隶九江郡，汉在柴桑境内。魏晋六朝属柴桑县。隋及唐初属浔阳县，五代南唐以赤乌场所属建瑞昌县，治设赤乌镇，在今桂林桥安泰街。宋嘉泰三年移县治于今址。县域较稳定，历代少有变更，1989年12月20日撤县建市。

瑞昌气候属中亚热带温湿性气候，年均温度16.5℃，年降水量1374毫米，无霜期265天。

瑞昌交通邮电十分便利。水运有长江黄金水道和码头港，有趸浮式码头11座，上水直航武汉、重庆，下水直航九江、南京、上海，汽车轮渡可通湖北武穴市。武九铁路由东南向西北经市区横贯境域，货运、客运可经由南昌、武汉等铁路枢纽与全国各大城市连通。国道316线、九界公路、瑞鸦公路沟通了湘、鄂、赣省际交通。空运有与市区仅距30公里的九江庐山机场。“七五”计划重点工程宁、汉、渝光纤电缆主线经过瑞昌，自动电话可直拨国内外各大城市。

瑞昌资源极为丰富。已探明的金属矿有金、银、铁、锌、钨、钼、锰、钴等十余种，金储量84吨（其中纯金44吨，伴生金40吨），埋藏浅、品位高、易于开采。非金属矿有石灰石、白云岩、大理石、煤、硫等。成林面积4.6万多公顷，活立木蓄积量80万立方米，有水面0.67万公顷，其中可养殖水面0.5万公顷，苎麻品种“细叶绿”，曾获南洋国际博览会优质奖。

瑞昌旅游资源丰富。有幽、险、奇、特的峨嵋溶洞群，有山高林深的避暑胜地—青山，有面积达0.5万公顷水质良好的内湖—赤湖，有内涵丰富的古文化参观地—铜岭商代古铜矿采冶遗址，有占地20公顷的人民公园和200公顷的龙口源森林公园，是庐山西片的主要风景名胜区。

瑞昌是长江入赣第一座城市。全市有142个大、中、小企业，产业工人3.5万人，工程技术人员近2000余名。布局上形成了以麻纺厂、水泥厂为中心的桂林桥片，以洋鸡山金矿、武山铜矿为中心的白杨片和以码头镇为中心的市北沿江一线，已被发展成为机械、船舶、采矿、轻化、建材工业基地。全市年产黄金超万两。“七五”期间，工业生产以20%左右的速度递增。市内九家中央、省、九江市属企业，装备先进、实力雄厚，成为瑞昌经济发展的重要依托。城市总体规划30平方公里，市政建设、交通、通讯、市容、住宅、公共建筑、公用服务事业初具规模。

江西省人民政府从1991年起对瑞昌经济社会发展实行计划单列，并赋予省直辖市一级经济管理权限。市政府制定了关于华侨、台、港同胞和外籍华人投资优惠政策，确定长江开发带上的码头镇5平方公里为经济开发区。新兴的瑞昌市有着无限广阔的发展前景，热忱欢迎海内外新老朋友前来兴办实业!

上饶市

市　长：操香水
副市长：郭德荣（常务）　郑中洲（工交、科技）　吴孝彰（农业、政法）　徐孚贵（商业、金融）吴义芳（文教卫）

操香水市长，1946年10月出生于江西省波阳县。大专文化。历任中共波阳县委常委、宣传部长，饶丰垦殖场党委书记、场长，上饶地区水电局局长。1989年11月调任中共上饶市委副书记、市人民政府代市长，1990年5月当选为市人民政府市长。

增强功能　改善环境

□ 上饶市市长　操香水

城市建设是一座城市直观形象，是两个文明建设的一面镜子。“七五”期间，为了奠定上饶市成为辐射全区、连通华东的赣东北地区区域性中心城市的地位，增强城市的综合服务功能，上饶市从改善投资环境和生活环境入手，加快了城市建设的步伐，改造了旧城，开拓了新区，市区建成区由8.4平方公里发展到8.9平方公里，道路面积由27万平方米发展到63万平方米，城市绿化覆盖率由17.4%发展到28%；改变了“脏、乱、差”的状况，在江西省城市“创三优”（优美环境、优良秩序、优质服务）竞赛中连年获得第四名和二等奖的荣誉。具体做法有以下几个特点：

以制定规划为先导

城市建设，规划先行。上饶市是一座有1700多年悠久历史的古城，地处信江上游，信江河纵贯东西，浙赣铁路穿市而过，老市区夹于铁路与信江河之间，面积只有4平方公里，人口密度达1.75万人／平方公里，人口拥挤，道路系统比较紊乱。为了使城市健康发展，1984年制定了《上饶市总体规划》，城市发展的基本格局是“重点建设北区，适当发展南区，逐步改造老区”。1989年又制定了“重点建设新区，逐步改造老区，加快道路建设，形成一个大循环、两个小循环、东西南北贯通的道路网络”的《城市建设近期规划》，依据近期规划，提出了“新建一座桥梁，修建两座公园，建设三个小区，修筑四条道路”的城市建设重点工程，拉开了城市建设的新格局。

以道路建设为重点

道路是城市的骨架和网络，城市建设道路是关键。“七五”期间，上饶市集中全力抓紧抓实抓好了道路建设，解决“行路难”问题。一是打通卡口。老城区断头路多，卡口路多，五年来，全面治理、拓宽了老城区路段的主要卡口，将交通事故多发地段“713”矿电厂至上饶羽绒厂一段500多米长的弯窄陡坡取直、拓宽、降坡，减少了交通事故；拓宽赣东北大道南段、胜利路与庆丰路交叉口，改善了交通条件；拓宽胜利路南段，解决了交通瓶颈问题。二是道路分流。老城区道路除卡口之外，尚有几处应该有路的地段而没路可走，使交通流量集中在少数几条路上。为了解决这一问题，几年来新建了长1000米、宽34米的沿河西路；长300米、宽32米的庆丰路；长250米、宽40米的五三大道西段；长2500米、宽34米的丰溪路等四条道路，缓解了交通拥挤的局面。三是开辟新路。为了打开城市北区开发的局面，动工兴建了长1850米、宽42米的带湖路。四是完善小路。将全市所有的人行道和里弄小巷的路面浇上水泥，实现了路面硬质化。至1990年底，全市初步形成了布局合理、东西南北贯通的道路网络。

以改善环境为宗旨

“七五”期间，上饶市十分重视城市基础设施建设，努力改善投资环境和生活环境。一是致力于改善生活环境。美化城市环境，在市区不同地段，根据各自的地理环境，因地制宜，因时制宜，塑起了别具一格、情态各异的“纺织女工、凤凰开屏、茶圣陆羽、英雄雷锋”等几尊城市雕塑，辅之以喷水景点、假山、大转盘等造型新颖的现代小品建筑，动静有致，相互映衬；建成了有“外滩”之誉的2500多米长的沿河绿化带式的江滨公园、花圃、亭阁、月门、绿树以及其它小品建筑交相辉映，意趣横生；完成了揉山幽林密与清泉古寺为一体的东岳园一期工程，新建了数百处花坛与草坪，基本形成“有路必有树，有坪必有草，有院必有花，有园必有景”的格局。完善基础设施，新建了造型别致的广播电视大楼、青少年宫、宝泽楼小商品市场，修建了构型精巧的水冲式公厕10座、垃圾中转站5座，续建了水南防洪河堤，建成了滩头小区、东门小区住宅25.11万平方米。二是致力于改善投资环境。提高了供水能力，完成了日供水3万吨扩建工程，供水能力达到6万吨。提高了通讯能力，引进5000门程控电话，形成了以上饶市为中心，辐射全区，连接省会，沟通沪、浙、闽的邮电通讯网。提高了供电能力，完成了11万伏输变电工程，实现全省供电线路连网，改变了供电格局，增强了城市的综合服务功能。

以合力共建为原则

建设上饶市需要全市人民同心协力，合力共建。“七五”期间，上饶市始终坚持“人民城市人民建”的原则，举全市之力，共同建设城市。一是体现在拆迁工作上。拆迁是城市建设的一大难题，涉及到拆迁户住房的安置、旧房的补偿等一系列的问题，因而，人们常有拆迁不如征地之叹。但是，改造老市区、拓宽道路等城市建设必须搞拆迁。几年来，全市共拆迁旧房5万平方米，在工作中，我们坚持“个体服从整体，局部服从全局”的方针，拆迁时，先由被拆迁户所在单位安置住房，无单位居民由市房管局视情统筹安排，积极稳妥地解决拆迁户的住房安置问题。二是体现在征用土地上。征用城市建设用地时，坚持晓之以理，动员郊区农民为城市建设做贡献，因而城市建设用地的征地费用比普通建设征地低出一半。三是体现在门前、院内美化、绿化上。几年来，集资50多万元，铺设水泥路面9.5万平方米，实现了厂房门前、住房门前的路面硬质化。上饶市仪表厂、毛纺厂为了美化厂区，自筹资金塑起了雕塑，全市各单位自建花坛460多个，假山喷池22座，草苹3800多平方米，植树、养花，绿化、美化环境蔚然成风。

以强化管理为保证

规划城市、建设城市、管理城市三者相辅相成，不可偏废。“七五”期间，我们以创三优城市为动力，走“人民城市人民管”之路，强化了各项城市基础管理，开创了城市管理的新局面。一是抓城市管理制度的建设。五年来，先后制定颁发了《上饶市城市管理若干规定》、《上饶市城市建设规划管理实施细则》、《上饶市市政设施管理实施细则》、《上饶市环境卫生管理实施细则》、《上饶市园林绿化管理实施细则》等20多个地方性城市管理规定，做到城市管理有章可循，有“法”可依，纳入规范化、制度化的轨道。二是抓城市管理队伍的建设。几年来，我们建立了城市管理的五支专业队伍（环卫队伍、民办保洁队、消毒灭虫队、城管队、门前三包执勤队），形成了城市管理的六道防线：第一道防线，组成了176人的环卫队伍，负责主要街道的清扫、洒水、冲洗和垃圾的外运、公厕粪便的管理；第二道防线，组成了108人的民办清扫保洁队伍，专门负责居民生活垃圾的收集小巷的，清扫和果皮箱、痰盂的保洁；第三道防线，组成了14人的消毒灭虫队伍，专门负责市区公共场所和单位蚊蝇孳生地的消毒灭虫工作；第四道防线，组成了147人的城市管理纠察队，分为城建、环保、房管、环卫优质服务五个分队，主要负责监督城市规划的执行，维护市区秩序和环境卫生；第五道防线，在全市近千个沿街单位设立专职或兼职的“门前三包”执勤员，推行“包卫生、包秩序、包绿化”的门前三包责任制；第六道防线，由街道办事处协同城建、卫生、工商、公安、交通等职能部门密切配合，综合治理。随着五支队伍、六道防线监督管理作用的发挥，全市基本实现“人车按道行，摊点定段分，卫生死角清”的局面，城市秩序、城市环境日臻优化。

宜 春 市

市　长：杨晓宁
副市长：余小平（常务）　傅金水（工交）　易丁生（农林）　彭竹生（商金、文教）　刘庚秀（乡镇企业、卫生）　秦和镜（科技、侨务）

杨晓宁市长，1949年1月生于江西樟树市，大学文化程度，毕业于中共江西省委党校政治经济学专业。当过农民和教师，从事过党的宣传工作，曾任中共清江县委办公室主任、县委常委和清江县人民政府副县长，1988年7月调任宜春行署文化局局长，同年11月调任中共宜春市委副书记，副市长，1989年12月任代市长，1990年3月当选为市长。

改革给宜春市带来了生机

□ 梁筱栋　王　莹

“七五”期间，宜春市认真贯彻中央关于“治理整顿，深化改革”的指导方针，狠抓经济体制改革，扎实整治经济环境，理顺各种关系，调动各方面的积极性，保持了经济持续稳定增长，社会总产值、国民收入和工农业总产值的年均递增速度各为20.5%、16.5%、15.6%，工业总产值占工农业产值的比例，由1985年的56.5%上升到1990年的69.2%。与1985年比，1990年全市工业总产值增长152.5%，年均递增20.4%；财政收入增长114.4%，年均递增16.5%。整治出现了较好的经济秩序，改革给宜春市带来了生机。

宜春市的企业改革概括地讲是从四个方面入手，逐步深化、不断完善的。

一是积极推行企业承包制。1987年开始企业第一期承包，当时承包面达90.3%，承包形式有：“上交利润递增包干”、“上交利润基数包干、超收分成”、“创利还贷包干”、“纳税目标包干”、“上交利润递增包干，超收分成”、“亏损包干”等6种。企业承包基数坚持“既保财政收入，又保企业后劲”的原则进行预算，承包期内指标稳步增长。据25家预算工业企业统计，第一期承包期内上交利润递增率为13.4%，高于承包前3年年均递增7.9%的水平，安排的技改还贷占利润基数总额的比重也大大高于前3年。从1989年开始，到1990年结束，全市工商、城建、交通、物资等系统的89家企业，已有82家转入第二期承包，占92%。在第二期承包工作中，对承包类型选择、法人代表和承包内容的确定、基数测定、利益分配、合同考核和奖罚兑现、合同规范化、企业约束机制等方面作了新的探索和完善，注意克服短期行为、增强企业发展后劲。据38家工业企业的统计，在第二期承包期内工业产值、实现利润、上交税利等经济指标的年均递增速度分别为15.5%、27.3%、28.3%，不仅实现了产值、利润、上交税利“三同步”增长，而且收到了实现利润、上交税利的增幅高于产值增长比例的较好经济效益。

二是稳妥调整了企业经济结构。“七五”期间，全市在调整企业产业、产品结构方面，注重了发挥机械工业优势，协调发展建材、食品、轻纺、化工、造纸、花炮、矿产、煤炭等行业。同时加快改造和发展骨干企业，增强其辐射功能，形成了以宜春工程机械厂、宜春风动工具、江西轴承厂、宜春电机厂等企业为龙头的产品系列化、企业联合化的企业群体，开发了以装载机、凿岩机、轴承、电动机、汽车配件等一大批品质优良、适销对路、拥有广大市场的机电产品。在调整企业组织结构方面，主要抓了企业兼并和企业集团。“七五”期间，对生产要素合理流动作了初步的尝试。抓了企业集团的组建。在企业经济均衡发展问题上，注重了调动经委、二轻、乡企、街道、非工口等5个工业系统的积极性，形成了“五口齐张”、齐驱并驾的工业经济发展趋势。

三是不断完善企业内部配套改革。抓基础，把企业承包制建立在扎实有内部管理的基础上，建立和健全各项基础管理的规章制度，建立责、权、利相统一的内部经济责任制。抓配套，推行全员风险抵押、工效挂钩、满负荷工作法、企业内部银行、资金分账管理、劳动优化组合、集体合作等行之有效的措施。抓规范，市政府制定了：《招标选择企业经营管理者实施程序与方法》、《宜春市企业承包经营责任制考核兑现实施办法》、《宜春市企业奖励试行办法》、《宜春市启动市场搞活流通试行办法》、《宜春市企业集资试行办法》等指导企业改革的规范性文件，增强了自觉性，避免了盲目性。

四是切实强化企业约束机制。主要是理顺企业党、政、工关系，严格按《企业法》和中央"三个条例"建立企业党、政、工三大工作体系；加强企业民主管理，充分发挥职代会的参政、议政作用，推行企业行政与工会"互保"的集体合同，开展民主评议企业承包班子和企业民主管理达标活动；强化企业外部约束机制，从本市实际出发，市委、市政府制定了《关于改善监督工作，促进经济发展的试行意见》和《工商、物价、审计部门强化监督服务，振兴宜春经济的试行办法》，从而使对企业的外部监督服务工作走上了制度化。

宜春市在"七五期间，由于大胆推进了经济体制改革，给企业增添了活力。据对44家第一期承包到期的工业企业统计，连年完成承包合同主要经济指标，实现利润，上交税利均呈两位数增长的有38家企业，占86.5%；1990年全市独立核算工业企业净产值和全员劳动生产率分别比1985年增长114.9%和55.4%；国营工业企业总产值和利税总额分别比1985年增长57.3%和26.7%。"七五"期间，全市有4家企业晋升为国家二级企业，3家企业被评为省级优秀企业。企业后劲得到增强，五年间全市共完成固定资产投资32311万元，国营工业企业固定资原值比"六五"期末增长78.2%；并开发了一大批竞争力强的名优产品，五年间有2项产品获国际"尤里卡"金奖，16项产品获国优、部优，42项产品获省优。工业经济结构得到改善，各门类工业均衡发展，轻、重工业比翼双飞，1990年轻、重工业总产值分别比1985年增长76.4%和139.2%，乡镇企业工业总产值以年均递增30.3%的速度增长，1990年乡镇工业产值比1985年增2.7倍。企业职工收入得到提高，1990年全市职工年均工资比1985年增长75%。

"七五"期间，宜春市在推进企业改革的同时，还抓了其它领域的综合改革。为了解决事业单位在新形势下出现的新情况、新问题，对全市176个企业单位的经济关系分为5类：1. 企业化管理，照章纳税；2. 自收自支，.节余分成；3. 自收自支，定额补助；4. 核定收支，差额补助；5. 金额拨款。同时在事业单位推行了"三制配套"、"一体两制"、"双包双挂"、"转轨变型"等新的管理形式，全面实行了目标责任制管理。

针对城市建设管理机构重叠，政出多门，各搞一套，造成人力、财力、物力不集中，建筑市场管理混乱的状况，市政府于1988年对城市建设管理机构进行了改革，建立了统一的城市建设管理机构，强化了城市规划、建工、市政方面的管理职能。

根据中央关于"治理经济环境，整顿经济秩序，全面深化改革"的指导方针，开展流通领域的治理整顿。通过全面清理整顿公司，撤消了50家公司，扭转了流通领域和经济秩序的混乱现象，增强了国营、供销商业的主渠道作用。1990年全市国合商业国内纯销售、国内纯购进、供应出口和职工人均销货额分别比1985年增长23.6%、100.1%、144%和116.5%，国营商业网点比1985年增长71.4%，并在全国各地建立工商、商商、农商横向联系网点860多个。宜春市较为重视培育和发展市场机制，"七五"期间，生产资料市场、金融市场、科技市场、劳务市场和消费品市场都有一定的发展。1990年全市已建立消费品市场41个，其中：专业市场6个，农贸市场35个，边贸等其它市场10个；年成交总额达1.57亿元，成交量达6.29万吨，上市商品达670多种。

改革的深入，促进了经济繁荣，也促进了科教文卫体各项事业的发展，尤其是城市建设的发展更引人瞩目。"七五"期间，宜春市的城市建设坚持"老区改造"和"新区开发"两条腿走路的方针，新建、改造了6条主要街道，新建了1座市区交通桥梁，兴建了芦洲公园、化成公园、火车站等一批城市公用设施，使城区建成面积由7.87平方公里扩大到11平方公里。城乡人民生活得到较大幅度的改善。1990年城乡居民人均储蓄和人均消费品购买力分别比1985年增长285%和88.2%，农民年均纯收入增长85.6%，特别是一些老区、贫困区的农民年均纯收入比"六五"期末有了成倍的增加，脱贫面不断扩大。

实践证明，改革是促进生产力发展和社会全面进步的主旋律。过去的5年，改革给宜春市带来了生机，展望未来5年，通过不断完善、深化改革，宜春市必将出现一个欣欣向荣的新面貌。

吉 安 市

市　长：胡振华

副市长：夏梁祥（财贸）　刘俊彦（城建）　胡国新（农业）　缪占华（工业）

　　　　郑　铎（文教卫生）

胡振华市长，生于1935年6月，江西南昌县人。1955年在吉安地区建筑工程处工作，1960年1月在吉安地区计委工作，1980年12月任吉安地区计委办公室副主任，1983年10月任地区计委副主任。1988年11月任吉安市委副书记、代市长，1989年4月任市长。

吉安市“七五”国民经济和社会发展成绩斐然

□　《中国城市经济社会年鉴》吉安市编写组

吉安市“七五”期间发展国民经济总的指导方针是：更大胆地对外开放，更大胆地对内搞活，坚持把改革放在首位，坚持“两个文明”建设一起抓，坚持社会总需求和社会总供给平衡，正确处理效益和速度的关系，力争经济发展的综合水平进入全省城市的先进行列，实现经济和社会发展的良性循环，为90年代本市经济持续、稳定、协调发展奠定坚实基础，创造良好条件。

按照上述发展国民经济的指导方针和原则，本市在“七五”期间的经济和社会发展取得了显著成绩，初步形成了一个以工业为主体，农业为基础，商业为后盾的贸工农一体化格局，使本市成为开放型的、有地方特色的优美城市。

工农业生产稳定增长。“七五”期间，本市工农业总产值从1985年的30224万元，增加到1990年的56798万元，按可比价格计算增长87.9%，年平均增长13.4%。其中工业总产值由1985年的25553万元增加到51556万元，增长1.02倍，年平均增长15.1%；农业总产值由1985年的4671万元，增加到5242万元，增长12.2%，年平均增长2.3%。国民生产总值从22617万元增加到48884万元，增长1.16倍，年平均增长16.7%。1986年全市国民生产总值提前四年实现了比1980年翻一番的目标。主要工农业产品产量有较大增长，电视机产量由123296台增加到261400台；机制纸由8664吨增加到10001吨；合成樟脑由1059吨增加到1098吨；粮食产量由58281吨增加到79742吨；蔬菜由18946吨增加到42227吨；肉类总产值量由2759吨增加到5335吨；其他工农业产品产量也有较大的增长。1990年城乡居民人均肉类拥有量达18.4公斤，比1985年增加11.7公斤；水产品年人均达8.7公斤，比1985年增加4.3公斤；蔬菜人平每天0.4公斤，比1985年增加0.1公斤。

经济发展后劲进一步增强。“七五”期间，在加快工农业生产发展的同时，加强了基础设施建设。5年累计固定资产投资41529万元，是前35年投资的总和。5年间共完成基本建设投资21025万元。与此同时，加快了技术改造步伐，5年来共完成技术改造投资16848万元。共开发新产品171个，创国优、部优和省优产品31个。通过技术改造，一些行业和企业的技术水平明显提高，发展后劲大大增强。加强了农业基础设施和农业服务体系建设。“七五”期间，完成水利工程405项，扩大灌溉面积1000公顷，改善灌溉面积529公顷。农机总动力新增35000千瓦，初步建立了乡村三级农技服务网络，农业抵御自然灾害的能力有所增强。

经济结构逐步调整。产品结构明显改善，各种经济关系大体协调。通过挖潜、革新和扩散，使优质产品和优势产品的生产能力有所扩大，以名优产品为龙头，以骨干企业为依托的专业化生产协作体系基本形成。农村专业村或区域专业生产有较大生产，商品率大幅度提高。初步培植和形成了电子、机械、食品三大优势产业。据统计，预算内电子工业产值由1985年的11791万元，增加到33805万元，增长1.4倍，占全市工业总产值的54.8%；机械工业产值由1985年的1428万元增加到1990年3790万元，增长8.6%；食品工业产值由6385万元增加到6650万元，增长8.9%。3个行业的工业产值占全市工业总产值的85.8%。按照社会化生产、专业化分工、行业化管理的要求进行了现有企业的组织结构的改造和改组探索。“七五”期间，有9家企业参加了全国性企业集团，在市属工业企业中组建了“皮塑总厂”、“织造总厂”、“服装总厂”三个行业集团。努力增加名优产品和市场适销对路产品生产，1990年名优产品总产值占工业总产值的17.2%，比1985年有较大幅度的增长。

围绕增加和丰富城乡市场供应，满足工业生产对农副产品原料的需求和农民增收，积极调整农业产品结构，进行了多方有益的探索。五年来，先后引进和推广过柑桔、珍珠、水产养殖、白莲、苎麻、烤烟、杂交稻、瘦肉型猪，已为农民群众普遍接受。1990年水果总产量比1985年增长9.2倍，水产品总产量增长1.9倍，瘦肉型猪比例达6.1%，产品结构的调整取得了良好的经济效益和社会效益。

财政收入有较大幅度增长。“七五”期间，进一步完善财政管理体制搞好市级财政管理和乡级财政建设，积极支持城乡经济发展，广辟财源，增加收入。同时，妥善安排各项支出，发扬艰苦奋斗，勤俭建国的精神，管好用好各项资金，紧缩一切可能节约的开支。随着生产的发展和经济结构的调整，经济效益明显提高，财政收入大幅度增长。1990年全市财政收入7333.5万元，比1985年增长1.2倍，年平均递增17.1%。“七五”期间，累计上缴地区财政资金达17144万元，每年上缴资金占地区财政收入61.85%。1990年全市财政支出为4361.4万元，比1985年增长1.5倍，年平均增长20.1%。在“七五”期间，增加了企业技术改造和科技教育等方面的支出，保证了提高人民生活水平，平抑物价的各项补贴支出。全市财政实现了收支平衡，略有结余。

城市综合服务功能进一步增强。“七五”期间，加快了城市公用设施建设步伐。5年来，累计用于城市建设方面的投资达1880万元。共修建、改造城市道路14.6公里，铺筑水泥路面10公里，兴建下水道8750米，新修赣江河堤1014米，兴建了第二自来水厂，日供水量由4万吨增加到8万吨，安装延伸各种管道23公里，全市居民普及自来水用水率达90.6%。城市环卫增添垃圾装卸车及铲车11辆，兴建垃圾中转站1座。增加公共汽车14辆，兴建客运发车站2座，增加营运线路长度共266公里。5年来，根据统一规划，连片建成了以后河环行路和人民广场、井冈山大道两侧为中心的高层建筑群。还注重了城市环境美化建设，兴建公园2个，植树8.9万株，初步形成了青原山、白鹭洲等风景区，城市园林绿地面积由人均2.35平方米增加到3.6平方米。城市居民住房条件逐步改善，“七五”期间，住宅建筑面积累计达29.62万平方米，人均居住面积由1985年的5平方米增加到7.06平方米。

人民生活水平明显提高。1985年到1990年城市居民人均消费水平由532元增加到975元，农民人均纯收入由382元增加到687元；1990年城镇居民储蓄余额达23547万元，比1985年增长2.9倍，城郊农村储蓄余额达5842万元，比1985年增长6.4倍。“七五”期间，累计安置待业人员18487人。1990年城市居民电视机拥有量104台／百户，录音机78台／百户，洗衣机62台／百户，电冰箱20台／百户，

全市唯一特困乡——樟山乡，在“七五”期间已达到脱贫目标，农民人均纯收入由382元增加到519元。

科技事业得到发展。围绕本市经济，社会发展的需要，以提高经济效益为中心，大力开发新技术，积极推广科技成果，促进经济和社会的发展。全市有20个专业5158名科技人员，其中高级217人，中级1443人，初级3508人。“七五”期间，全市取得科研成果74项，有32项获奖，其中获国家级科技进步奖1项，获部级科技进步奖1项，获省级科技进步奖12项，获地区科技进步奖2项。有5项达到国内先进水平。完成“星火计划”和“新产品技术开发”项目118个，其中市线材厂的“漂浮电缆”，市阀门厂的“管道煤气阀”、市油脂厂的“物理法精炼米糠油”等项目填补了我国空白；江西樟脑厂的“蒸馏法精制樟脑粉”获国家金质奖。还有13个新产品技术开发项目获部优新产品，49个获省新产品技术开发奖。农业取得科技成果13项。

教育战线硕果累累。认真抓了教育体制改革，加快人才培养和智力开发，抓好基础教育，大力发展职业教育，加强职工教育和成人教育。“七五”用于教育的经费累计4013万元，向全国各级各类大中专院校输送学生2661名。1990年，全市有各类学校149所，比1985年增加7所，在校学生54401人，比1985年增加4829人。学校儿童入学率达98%。市区已基本普及初中教育，郊区已基本普及小学教育。学校危房面积由20.53%下降到0.9%。

医疗卫生条件有了改善。新建了人民中医院，调整了专科设置，充实了人员，增加了设备和床位，改善了环境，加强了农村医疗卫生工作。1990年传染病总发病率控制在429人／10万。经省考核验收，地方性甲状腺肿病达到基本控制标准，血丝虫病达到基本消失标准，学校卫生、儿童计划免疫也已达标。

文化、教育、广播电视和其他各项社会事业都有一定的发展。

井冈山市

市　长：鲍甫生
副市长：孙雅光（女　常务）　李少林（水利、金融）
王成忠（农林）　谢为旭（商贸、民政）
赵三矛（计划、交通）　尹世贞（文教卫生）

鲍甫生市长，江西省宜春市人，生于1945年8月，1969年8月毕业于江西农学院农机系，1970年8月以后在吉安师范、吉安地区工业局、经委、煤炭冶金工业公司等单位工作，1987年10月任安福县常务副县长，1990年1月调任中共井冈山市委副书记，并当选市长。

“七五”见成效　老区焕新貌

□ 井冈山市市长　鲍甫生

井冈山市是革命老区，也是个发展中的新兴城市，在党中央改革开放方针指导下，全市人民的思想获得了前所未有的大解放，老区经济注入了强大的活力，开始了建市以后国民经济迅速发展的新阶段。

本市于1984年改县建市，“七五”计划实施正是在市委、市政府的领导下进行的。1990年全市社会总产值已达到1.93亿元，比1985年增长1.83倍。按1980年不变价计算，全市国民生产总值已由1900万元增长到3850万元，每年平均递增15.2%，人均国民生产总值比1985年增加342元；工农业总产值已由4663万元增加到9407万元，年均递增15.1%；地方财政收入由293万元增加到859.1万元，年均递增24%。全市国民生产总值已提前两年实现比1980年翻一番的目标。

5年来，本市农村经济随着体制改革的深化，已得到蓬勃发展。1990年农业总产值2191万元，比1985年增加296.7万元，年均递增2.96%；粮食总产量达到2.26万吨，比1985年增长20.2%，年均递增3.75%；多种经营产值1525万元，比1985年增加173万元，年均递增2.4%；乡镇企业产值2618万元，其中乡镇工业产值1488万元，比1985年增加1140万元，年均增长33.7%。乡镇企业这条“短腿”终于在不断伸长。在林业方面，本市地处湘赣边界，罗霄山脉中段，是江西省最主要的林区之一。五年来完成了竹木生产的指令性计划。已生产规格木材5.1万立方米，毛竹37万根。本市在开展森工企业生产的同时，加强了林政管理，坚持将经济、社会、生态效益有机统一，组织并实施了“3213”工程。先后造林3660公顷。封山育林900公顷，新建林场9个，改造开发笋竹两用林1000公顷，新辟冬瓜木（造纸原料）生产基地面积200公顷。在认真抓好木竹生产的同时，我们狠抓了森林资源的保护。首先是林业部门严格执行了每年的森林生产量一定要大于砍伐量，五年来的木材砍运量是在严格控制并逐年下降的前提下完成的，同时，还组建了煤炭公司，几年来基本上解决了市民的烧柴问题，限制了薪炭林的生产。对本市范围内的几块原始森林与半原始森林，我们与井冈山森林自然保护区互相配合，进行重点保护，以免遭到破坏。至今本市的森林覆盖率仍保持在64.3%以上，不失为“绿色的山城”。

在工业方面，调整产品结构，深化企业技改，围绕优化组合，提高了企业效益。1990年本市工业总产值7216万元，按1980年不变价计算，比1985年增加4451万元，年均递增21%。全市有创优产品21种，其中国优、部优产品6种。全市已培植一批重点产业和拳头产品，如以造纸厂为龙头的纸类生产体系；以罐头厂为龙头的果、笋、菌类食品加工生产体系，以旅游业为龙头的旅游工业品的加工生产体系。本市纸厂生产的罗纹卷烟纸获部优产品，畅销数省，市造纸厂已成为省级先进企业；市罐头厂生产的“黄洋界”和“长青”牌罐头在1988年全国食品博览会上获得银获。并远销港澳、日本和东南亚部分国家和地区；旅游经济异军突起，由于开发了本市风景旅游资源的优势，把建设革命传统教育基地与风景旅游地结合进行，并重点建设了茨坪、龙潭、黄洋界、主峰几个景区，把它们连片成环行旅游区，这吸引了大批国内外旅游者。适应旅游业的需要，发展最快的是旅游服务行业。食品饮食业。现在茨坪范围内，新增建的旅游接待服务单位已多达50多家，增设铺位5000多个，其中属中、高档的房间数百个，其次是为旅游服务的工业品、纪念品、土特产品的生产，得到很大的发展，如竹凉席、竹凳椅、竹木沙发、小型木器用品，有特色的纪念品及木耳、香菇、笋干、茶叶等，增加了加工业的效益，促进了多种经营的发展，也扩大了旅游的创汇能力。目前旅游经济已发展成本市继农业、工业之后的主要经济成分。是一支不容忽视的第三产业。本市还有电子、水泥等工业均是我们的骨干产业。

随着工业生产能力的不断扩大，本市增加了对能源建设的投入，在办好原有的11个大小电站的基础上，井冈山至永新的110千伏高压输电线路一期工程已竣工输电，电力紧张矛盾已有缓和，装机容量为1.2万千瓦的井冈冲水电站正在顺利进行，1991年底，可望一台机组发电，经国家电气化领导部门的鉴定，本市已成为初级电气化达标城市。

横向经济联系取得可喜成绩。在外引内联中，我们正确执行了“扬长避短、形式多样、互惠互利、共同发展”的原则，以“江、浙、沪为依托，背靠闽南、珠江三角洲”的方向，采取借梯上楼，借人生财，借力发展，广开门路，积极发展横向经济联系。市委、市政府的领导同志也多次带队外出考察，寻找协作对象，广交朋友，互访互察，互惠互利，沟通和发展协作关系。开展对口经济技术协作。如电子材料厂与江西省机械科研所联合研制钢材退炉技术；中外合资的井祥玩具有限公司在广东惠阳兴建塑胶制品分厂，采取两头在外，开拓国际市场；省商业科学技术研究所，为本市食品厂开发了多种新产品，丰富了市场的美味食品。几年来，已完成经济技术合作项目101项，引进外资475.3万元，引进先进设备192套（台），引进急需技术人才195名，开发新产品29种，使工业新增产值841.48万元，新增税利127.76万元。

5年来，社会事业随着国民经济建设的发展，也得到较快的发展。在“科技兴农，教育立市”的战略思想鼓舞下，我们组织实施了6项国家科委科技扶贫项目和“星火计划”的科研项目。有4项已获得很好成果。教育方面改善了中小学教育设施和教学条件，消灭了危房，普及了五年义务教育，职业技术教育和成人教育也得到稳步的发展。医疗卫生条件有了改善，文化、广播、电视都有蓬勃发展，广播电视覆盖率达到65%和75%。

城市建设面目一新。市委、市政府一直重视城市环境的绿化、美化、净化工作，我们制定了《井冈山风景名胜区总体规划》和《市政建设规划》，本市的城区就是一个中心风景区，除了商业、旅游设施，企事业机关及市民住宅区，这里没有建一座工厂，工业区都安排在山下，偏离风景区，减少了工业排污对环境的污染。市内建有30多万平方米的建筑群，新铺设水泥路面3.96万平方米，绿化覆盖面积已超过89%，人均绿化面积311平方米。整个城市都是生活在树丛中，新建的黄竹凹商品住宅区。建筑巷等住宅群，使人均住宅面积达到12.05平方米，市政管理大为加强，市区环境清洁秀丽，秩序井然，多次被省、地授予文明城市和环境优美奖。

人民生活明显改善。1990年农民人均纯收入达到548元，年均增长12.8%，职工年均纯收入每年增长14.8%。老区贫困面貌已发生很大变化，人民生活水平在不断提高。

回顾5年来，我们始终把发展老区经济，帮助老区人民脱贫致富放在全市工作的首位，老区经济建设问题实质上是个农村建设问题。在上级领导部门的关怀下，我们总是把面上扶贫与重点援助相结合，把扶持与开发相结合；从发展农村生产力入手，强化造血功能，建立新的开发机制，激发群众治穷致富的创造力。几年来，本市投放了建设发展资金351.54万元，投放了专项贴息贷款43 4.72万元，还优惠供应了开发项目的配套物质，其中有钢材1310吨，化肥104吨，汽车29辆，汽油100吨，还有柴油水泥、医疗药品器械等。共投放了205个项目，其中对绿色企业投放了43.1万元，年产值137.4万元，对养殖业投放了38.8万元，年产值171万元，对乡镇企业投放了66万元，年产值426.5万元，每年可获税利178.5万元。此外还有水利、水电、交通等项目投放124万元，造福社会，利国利民，意义深远。对待特困户，为了使他们尽早脱贫，几年来还给予优惠政策。减免了公粮1445.95万公斤，减免税收52万元。在各级有关部门的关心和协作下，老区建设工作取得了显著成绩。本市农村的贫困面已由1985年的21.4%，缩小到0.92%，基本脱贫。省委、省政府提出的三年解决温饱问题的奋斗目标，本市已基本实现。老区农村建设已由脱贫迈向致富，老区人民的生活已踏上了一个新台阶。

赣州市

市　长：黄一鸣

副市长：王海明（常务）　陈钟熹（城建）　刘芳榕（农业）　韩景元（文教）　毕厚堃（商贸）

黄一鸣市长，江西省南昌市人，生于1941年6月，1964年毕业于江西水利电力学院，曾任技术员、工程师、水电站站长、水电公司经理，1984年2月任石城县副县长，1984年12月任赣州地区二轻局党组书记、局长，1989年12月任中共赣州市委副书记，1990年1月任赣州市代市长，同年5月当选为赣州市市长。

奋进的轨迹

——“七五”时期赣州市的变化

□　赣州市市长　黄一鸣

“七五”时期，赣州市的经济建设和各项社会事业又实现了新的跨跃。五年来，本市坚持以经济建设为中心，坚持四项基本原则，坚持改革开放，把稳定、改革、发展紧密结合起来，以改革促发展，以开放促开发，两个文明建设跃上新的台阶。

“七五”时期，改革逐步深化，开放不断扩大。围绕搞活经济、搞活企业这个中心环节，市属58个国营工业、商业、物资企业全部推行各种形式的经济责任制。企业的联合与兼并相机发展，先后完成赣南纺织漂染总厂与赣州染织厂，赣南机械厂与赣南矿机厂、铸锻厂的联合并厂；赣南火柴厂兼并赣州木器厂；市金属压块厂兼并南外竹木制品厂、南外搬运站；市华侨旅游侨汇服务公司兼并市华侨旅游服务公司，优化了生产、经营要素。并有计划地在5个工业企业和3个企事业单位分别进行“放开经营”和“滚动承包”试点，增强了企业的活力。深化农村改革，稳定和完善家庭联产承包责任制，从土地、山林承包发展到对鱼塘、果园等专业承包；同时，建立健全农业科技服务体系，相继成立市级农业、畜牧兽医、水产、林业、水保、农机、蔬菜等7个技术服务中心和农业开发服务公司，全部建起乡（镇）农技推广站、村农技服务组，形成了农技服务网络。积极发展外向型经济。到1990年底，有7个“三资”企业正式开业，总投资955万元，吸收外资113万美元；市属单位有6个工业企业引进国外先进技术；1990年外贸供货总值达2590万元，比1985年增长1.2倍；出口商品的品种显著增加，市属出口产品生产企业发展到12个。新创办的赣州市经济技术开发区于1990年10月5日破土动工，目前正在抓紧建设。“七五”时期，国民经济持续增长，综合经济实力显著增强。1990年，全市国民收入达59660万元，比1985年（下同）增长1.29倍，年均递增18%；国民生产总值达68341万元，增长1.4倍，年均递增19.1%；社会总产值达162213万元，增长1.21倍，年均递增17.2%；工农业总产值达86678万元（不含赣南轴承厂），增长60.9%，年均递增10%，其中市属工农业总产值达58700万元（含赣南轴承厂），增长74.3%，年均递增11.8%。地方财政收入1988年首次突破1亿元，成为江西省第一个财政收入超亿元的县级市；1989年达到11629万元，提前一年超额完成赣州地区下达的“七五”计划财政收入目标；1990年达到12290万元，增长98%，年均递增14.7%。

工业生产持续稳定增长。1990年市属工业总产值达53207万元（含村及村以下工业），增长78.6%，年均递增12.3%。集体所有制工业一直保持较好的发展势头，1990年集体所有制工业总产值达15798万元（不含村及村以下工业），增长1.8倍，年均递增22.9%，集体所有制工业在市属工业总产值中所占比重由1985年的19.4%上升到1990年的32.3%。五年来，市属工业有74项产品获优质产品称号，其中获国家银质奖的有4L—20／8型空气压缩机、特号拷贝纸、仲钨酸铵等3项，获部优的14项，获省优的57项。国营工业企业中有2个被评为国家二级企业，10个被评为省级先进企业。

深化农村改革，组织实施农业开发总体战，农村经济持续发展。1990年农村社会总产值达22978万元（当年价），农业总产值达5493万元，分别增长2.2倍和11.5%、年均递增26.3%和7.2%。粮食生产创历史最好水平，总产达5.03万吨，超额“七五”计划粮食生产目标的25%，增长13%。蔬菜、肉类、水产、水果等副食品生产均有较大的发展，分别增长60.4%、88.9%、46.8%和48.2%。农业商品率由1985年的51.5%提高到1990年的64.5%。林、牧、副、渔在农业总产值的比重由38.4%提高到49.5%。多种经营在农业总产值的比重由66.5%提高到73.5%。

搞活商品流通，大力开拓市场，城乡市场繁荣。1990年，社会商品零售总额达36945万元，增长75.5%，年均递增11.9%。国合商业发挥主渠道作用，商业纯购进达53849万元，纯销售达45797万元，分别增长87.6倍和1.1倍。个体商业继续发展，个体工商户已发展到7207户，增长1.18倍。城乡集市贸易活跃，1990年城乡集市贸易成交额达16393万元，增长4.4倍。五年新（扩）建大公路、南外、湖边等10个贸易市场。

固定资产投资围绕经济发展重点，坚持走以内涵为主扩大再生产的路子，发挥了较好的经济效益。“七五”时期，全市完成固定资产投资60694万元，新增固定资产50265万元，比“六五”时期分别增长1.83倍和2.18倍。一些较大的基本建设项目相继竣工，如江西目前最大的汽车客运站——赣州车站建成投入使用，改造后的赣州港最大停泊能力达300吨级，黄金机场经过一期改建可起降减载波音737飞机，赣粤西线公路已改造成二级公路，洪赣微波通信线路建成，万安至赣州22万伏输变电工程完工。一批技术改造项目，如赣州酒厂万吨啤酒生产线、赣南纺织漂染总厂1万纱锭扩建、赣州钨钼材料厂钨丝生产线第二期引进、赣江造纸厂引进制浆技术设备、赣南造纸厂1880纸机等均已建成投产。进一步增强了经济发展后劲。

“七五”时期，城市建设步伐加快，城市面貌大为改观。一是市内交通条件进一步改善，新（扩、改）建八一四大道、环城路等一批主要路段和人民巷、武学巷等小街小巷，新（改）建的高级道路面积达42万平方米。市民盼望已久的南河大桥建成通车。二是城市供水能力增强，自来水日供水量达到10万吨，同时将自来水送到了水西片，沙石镇自来水厂已竣工送水。三是煤气第一期（日产5万立方米）工程竣工投产，改变了城市生活燃料结构。到1990年底已有8000多户安装煤气（其中点火5500多户）。四是园林绿化面积不断扩展，新建了滨江公园、南门广场东西园，开辟了红旗大道绿化带，并着手筹建马祖岩森林公园和峰山森林公园，全市绿化覆盖率达34.48%，两次评为全国绿化先进单位。五是建成河套无黑烟区，并开始了近郊3个乡无黑烟区建设。六是住宅建设面积连年增加，通过多渠道、多形式开发，五年共新建住宅面积80.58万平方米，1990年人均居住面积达7.04平方米。

科技、教育等各项社会事业得到较大发展。五年来，科技工作为经济建设服务，努力实施“科技兴市”发展战略，抓好科技攻关和适用技术的引进推广，已通过鉴定的科技成果共220项，其中“蓝色掺杂、钨丝酸洗及装置”项目获国家科技进步三等奖，用芒杆、小山竹混合蒸煮浆高档薄型纸等11项获部级、省级科技成果奖，22项获地级科技进步奖。“卫生级香型杀螟松”评为1990年国家级新产品。教育工作全面贯彻党的教育方针，实行基础教育、职业技术教育、成人教育并举。职业高、初中在校学生达1960人，增长6.2%。五年共向大中专院校输送新生2460人。教学条件继续改善，五年共集资980多万元，新建校舍和改造学校危房面积8.35万平方米，危房率已由1985年的13%下降到1990年的0.57%。文化、广播电视、卫生、体育等事业均有新的发展。新建老干部活动中心、青少年宫等一批文娱活动场所，创办了赣州人民广播电台，使群众文化生活更为丰富多彩。群众性体育运动进一步开展，五年共获得省以上体育比赛金牌58枚、银牌32枚、铜牌27枚，有7人20次打破10项全国记录。卫生保健工作进一步加强，新建市第一人民医院住院大楼、市第二人民医院医技大楼和市中医院门诊大楼，1990年病床达3064张，增长31.3%，并添置了CT扫描等一批先进医疗设备。爱国卫生运动深入开展，1990年获得全国县级市卫生城市的光荣称号。计划生育继续抓紧，1990年全市人口出生率、人口自然增长率分别为15.27‰和9.17‰，“七五”时期，连续五年完成了上级下达的控制人口计划。

“七五”时期，人民生活继续改善。全市共安置城镇待业人员23358人就业。1990年，城镇住户人均生活费收入达1187元，增长1.1倍，年均递增16%；农民纯收入达660元，增长75.2%，年均递增11.9%。1990年储蓄存款余额40968万元，增长3.93倍，年均递增37.6%。扶贫工作取得很大成绩，绝大多数农村贫（特）困户已解决温饱，部分走上了致富道路。

市 长：翟永溥

副市长：赵传明（常务）庄庆臣（财贸、民政） 张福山（计划、外经贸） 谭永青（城建）封居尚（农业） 刘统侠（文教卫） 徐克勤（科技）

翟永溥市长，1931年生，山东省蓬莱县人，中共党员，七届全国人大代表，曾任蓬莱县科委副主任、县委副书记、县长、书记。1971年至1983年历任中共烟台地委秘书长，招远县委书记，山东大学党委副书记，山东省水利厅厅长、党组书记，1983年9月任中共济南市委副书记，同年，当选为山东省委委员。1986年6月当选为济南市市长，1988年1月继续当选为市长。

“七五”期间济南市经济和社会发展取得重大成就

□ 《中国城市经济社会年鉴》济南市编写组

济南原辖五区三县，总面积5775平方公里，总人口411.3万。1989年12月，经国务院批准，对济南区划予以调整，将济阳、商河两县和齐河县的三个乡镇划归济南。新区划辖历下、市中、槐荫、天桥、历城五区和章丘、长清、平阴、商河、济阳五县，总面积8227平方公里，总人口523.6万,其中市区面积2119平方公里，人口228.8万。

“七五”成就

“七五”期间，济南市认真贯彻党的“一个中心、两个基本点”的基本路线，大力发展社会生产力，社会主义物质文明和精神文明建设取得了丰硕成果。1990年，全市国民生产总值达到131亿元，平均每年增长10.3%，提前三年实现了第一个翻番；国民收入达到101亿元，平均每年增长7.75%；工农业总产值达到259.6亿元，平均每年增长15.3%；地方财政收入达到12.38亿元，平均每年增长6.8%。

（一）工业生产持续增长。“七五”期间，通过调整优化产品结构，推进企业技术进步，加强企业管理，有力地促进了工业生产的稳定增长。1990年，全市工业总产值达到222.6亿元，比1985年增长118.5%，平均每年增长16.9%，工业技术基础进一步雄厚。一是工业生产能力扩大。“七五”期间，全市工业部门的固定资产投资累计达到58.9亿元。到1990年底，全市独立核算工业企业拥有固定资产原值100.54亿元，比1985年增长137%。新增的主要生产能力有：原油加工80万吨，发电装机容量67万千瓦，轧钢10.6万吨，化肥3.5万吨，机制纸2.3万吨，水泥76万吨，棉纺锭20万锭等。重点项目建成投入生产的主要有：黄台电厂两期扩建工程，炼油厂80万吨重油催化工程等。二是产品结构调整有一定进展。按照国家产业政策和《济南市工业产品结构调整规划》的要求，围绕发展名优拳头产品扶优汰劣，各企业适时进行了适应性调整，重点行业、企业结合各自的情况，进行了开发性和超前性调整。全市扶持发展产品300多种，限制淘汰产品100多种，较好地适应了市场的需要，促进了生产的发展。三是技术改造有了较大进步。“七五”期间，市属工业企业用于技术改造的资金达21亿元，其中用汇1.67亿美元，90%的企业得到不同程度的改造。技改投入在1000万元以上的项目有34个，引进项目169个，分别是“六五”时期的34倍和2.7倍。全市共有300项技术引进项目投产达产，完成消化吸收开发项目190项，有300多家企业的1251项主要产品采用国际标准和国外先进标准组织生产。四是产品创优和新产品开发取得新的成绩。“七五”期间，全市创国优产品27种，相当于“七五”前的总和；同时，还有部优产品205种，省优产品531种，分别比“六五”时期增长2.14倍和2倍。新产品开发3194种，比“六五”时期提高1.7倍；新产品产值累计51.8亿元，比“六五”时期提高5.6倍。全市考核的250项重点产品，质量稳定率、优质品产值率分别达到93.7%和22.4%。五是企业管理达到新的水平。“七五”期间，我市在全国率先开展了“进档、升级、创一流”活动和“企业管理年”活动，推动了企业管理水平的不断提高。截止1990年底，全市累计晋升国家一级企业3个，通过一级企业预考评1个，晋升国家二级企业41个，省级先进企业189个。有80%以上的企业应用了现代化管理方法，获市级以上管理优秀成果368项，其中获得省级以上管理优秀成果58项，取得了直接经济效益5620万元。

（二）农村经济全面发展。“七五”期间，按照进一步强化农业基础和“服务城市、富裕农民、城乡一体、共同发展”的要求，采取有力措施，重视农业、支援农业，使农村经济迅速发展，农村面貌发生深刻变化。1990年，全市农村社会总产值达到117.7亿元，比1985年增长2.1倍，平均每年增长25%；农业总产值36.9亿元，增长20.23%，平均每年增长3.75%，其中，种植业产值年均增长0.73%，牧业产值年均增长12.6%，渔业产值年均增长28.5%；粮食总产量达181.47万吨，蔬菜126.09万吨，肉类11.38万吨，禽蛋9.47万吨，分别比1985年增长11%、49.9%、1.1倍和1.6倍。“七五”后期，乡镇企业发展加快，1990年产值达81.56亿元，比1985年增长1.5倍，平均每年增长20.4%，乡镇工业产值占全市工业总产值比重由1985年的17.7%上升到30%以上，乡镇企业五年间共向国家提供税金7.27亿元，平均每年为1.45亿元。围绕发展农村经济，着重开展了以下工作：第一，调整农村产业结构，探索城郊型农村经济的路子。全市坚持从城郊型农业的特点出发，注意发挥城乡两个优势，市带县、县促市，市县实行优势互补，共同发展。1985年以来，市里每年都举办城乡经济技术协作洽谈会，为城乡经济联系牵线搭桥。到1990年底，全市城乡共达成协作项目1700项，全部完成后可新增产值5.1亿元，利税1.5万元。第二，切实搞好商品粮、棉和蔬菜副食品基地建设。围绕丰富城市“菜篮子”，几年来采用国家、集体、个人一齐上的方针，狠抓了“菜园子”建设，先后建成了禽蛋、肉食、鲜奶、水产、蔬菜、果品六大副食品基地，带动了全市农村经济的发展。第三，搞好农业综合开发。重点抓了黄淮海平原农业开发、黄河滩区开发、贫困山区开发及吨粮田建设和高产优质棉开发，取得了明显的经济效益、社会效益和生态效益。仅黄淮海平原农业开发工程，1988年到1990年投资5629万元，完成建设项目95个，改造中低产田1.6万公顷，新开荒地1700公顷，扩大改善灌溉面积3.3万公顷，增产粮食1.2亿公斤，棉花340万公斤，肉838吨，蛋150万公斤，直接经济效益达1.4亿元。第四，多渠道增加农业投入。“七五”期间，农业投入总规模逐年以10%的速度递增，到1990年底已达4.1亿元。在国家、地方增加农业投入的同时，还充分发挥集体、群众集资、集劳的主体投入作用，注重搞好农村劳动积累。随着农业投入的增加，农业生产条件得到较大改善。仅1990年，全市用于农田水利基本建设的投资就达1亿多元，扩大改善灌溉面积3.3万多公顷。

（三）商业市场繁荣。“七五”时期，通过深化流通体制改革，初步形成以国营商业和供销社为主体，多成分、多渠道、多种经营方式、充满生机活力的流通网络，城乡市场繁荣活跃。1.商品销售大量增加。1990年，全市社会商品零售总额达58.1亿元，比1985年增长1.14倍，平均每年增长16.5%。其中，吃的商品比1985年增长1.13倍，平均每年增长16%；穿的商品增长1.02倍，平均每年增长15%；用的商品增长1.3倍，平均每年增长18.2%。彩电、电冰箱、电风扇、录音机、呢绒、服装等主要商品销售量都大幅度增加。2.市场体系进一步完善。到1990年底，全市商业、饮食服务机构已发展到5.86万个，从业人员22.2万人，分别比1985年增长10%和21%。其中，国营商业分别占总数的3.6%和19.3%，集体商业分别占15%和44%，个体商业分别占81%和36.7%，初步形成了国营、集体、个体一齐上，门类齐全、功能完备、城乡畅通的商品流通新格局。3.商业设施建设逐步加强。“七五”期间，由国家拨款、企业自筹、银行贷款、集体或个体投资等多种方式，全市投资5亿多元用于商业网点的建设、改造和装修，新增商业网点面积5.9万平方米。市区结合旧城改造，新建了舜井街、朝山街、山大路等商业街，改造了西市场、百货大楼、大观园商场、济洛路百货商店等大型商业设施，在居民区和新建住宅区发展了一批三级商业群体和生活服务网点。“七五”期间，还投资2500多万元用于集贸市场改造和建设，全市新增集贸市场128个，新增各类专业批发市场30个。1990年集贸市场商品交易额达12.36亿元，比1985年增长3.46倍，平均每年增长34.8%。市场设施不断改善，由简陋露天市场逐步向建筑形式多样化、覆盖式或封闭式市场发展。4.认真整顿流通秩序。按照中央和省关于治理整顿的要求，加强了市场管理，对各类公司特别是流通领域的公司进行了清理整顿，市场物价涨幅有较大回落，流通秩序混乱的状况得到扭转。

（四）对外开放迈出较大步伐。“七五”期间，济南市坚持对外开放的方针，不断加快外经外贸的发展步伐，外贸出口持续稳定增长，利用外资积极稳妥发展。

1990年全市完成出口商品供货值11.3亿元，比1985年增长2.3倍，平均每年增长27%；五年出口供货值累计34.5亿元，创汇累计7.8亿美元，分别是"六五"时期的2.4倍和2倍。"七五"时期，我市利用外资3亿美元，其中外商直接投资1.5亿美元；发展"三资"企业110家，已经开业的有50家。在大力发展外经外贸方面：一是调整优化出口商品结构。以国际市场需求为导向，充分发挥工业中心城市的优势，不断扩大工业制品出口比重，增加机电产品、高档轻纺产品、高技术产品和适销传统骨干商品出口；改善出口商品布局，发展一批工贸、农贸、技贸一体的外向型企业集团和各具特色的出口生产基地。1990年工业制成品出口比重上升到88%；出口商品已发展到22大类、410个品种，分别比"六五"末增加8大类、162个品种；出口生产企业发展到250余家，比"六五"增加近百家。二是改善投资环境。在硬环境建设方面，重点对济南机场、济南至青岛高等级公路、城市外环路及邮政、电讯、供水、供电、供气、供热等方面进行了较大规模的规划建设，公路、铁路、航空一体的现代化交通骨架正在形成，通讯设施向着国内、国际通讯自动化的目标发展，国际邮件已与全世界联网；改造和新建了一批涉外宾馆，城市综合服务功能大大增强。在软环境建设方面，认真贯彻落实国家和省关于发展外经外贸的优惠政策，特别是1990年划入沿海经济开放区以后，结合济南的实际，推出了21条鼓励外商到济南投资的优惠政策，制定了《济南市外商投资企业管理暂行规定》；在对外工作中，加快了工作节奏，提高了办事效率。三是加强对外联系和宣传。几年来，全市加强了宣传济南、介绍济南的工作，上下齐心协力，作"让济南了解世界，让世界了解济南"的文章，先后参观和举办了一些较大规模的经贸洽谈活动、商品展谈会和新闻发布会，使广大干部开阔了视野，增长了才干，提高了济南的知名度。先后同日本、美国、英国、加拿大、巴布亚、新几内亚等国家的6个城市结为友好城市，同120多个国家和地区开展了经济、技术、文化交流，为使济南走向世界，让世界了解济南起到了很好作用。

(五) 城市建设和管理成效显著。"七五"时期，遵循"量力而行、突出重点、多办实事、为民造福"的指导思想，不断强化省会意识，认真实施国务院批准的城市总体规划，使城市建设和管理水平都上了一个新的台阶。一是认真做好城市规划工作。根据经济建设和改革开放的新形势，以建设具有时代特点和泉城风貌的社会主义现代化城市为目标，加快了详细规划和分区规划的编制，完成了《济南市历史文化名城保护规划》和《济南市近期建设规划》的编制工作，制定了一系城市规划管理的规定和办法，强化了整个城市的规划管理。二是加强城市基础设施建设。5年来，先后拓宽新建主次道路60余条，增加道路长度36公里，新建八一立交桥、辛庄高架桥等31座公路桥梁和铁路立交桥，打通了城郊结合部卡脖子路段，有效地改善了交通状况；新建引黄供水、南山引水等供水工程，新增日供水能力30万吨；新增程控电话1.5万门；发展集中供热、联片供热面积310万平方米，城市气化率达到40%。三是加快了旧城改造和新区建设步伐。5年来，坚持旧城改造与新区建设相结合，大力进行综合开发，新建10个居住小区，改造51处低洼、棚户旧城区，住宅建设总投资达10.7亿元，竣工住宅面积达400万平方米。四是城市管理不断创出新水平。近几年，把环境质量的改善和市容市貌的综合整治，作为社会主义精神文明建设的重要任务，探索出"市区分权、条块结合、综合治理、齐抓共管"的新体制，城市绿化、美化、净化不断攀登新台阶。市区道路全部实行专人分段保洁；新建了植物园、五龙潭公园、百花公园等一批重点绿花工程和街头绿地游园，城市绿化覆盖率由1985年的23%提高到30%，人均占有绿地面积由3.17平方米提高到4.07平方米；加强了对大气、水质、噪声污染的监测与管理，完成了一批重点污染源的治理。1990年被评为全国"十佳卫生城市"。五是重点项目建设完成较好。5年来，完成了涤纶工程、硝酸磷肥工程、黄台30万千瓦发电机组等一批重点项目，增强了经济实力。科技、文化、教育、卫生、体育等设施建设进展较快，促进了全市社会主义精神文明建设。

(六) 科技教育等各项社会事业取得新成绩。"七五"期间，全市通过贯彻"科教兴市"的战略方针，取得科技成果达1318项，比"六五"增长84.9%，其中具有国际先进水平的158项，国内先进水平和填补国内空白的795项，并有3项获得国际发明项目奖，10项获得国家科技进步奖和北京国际博览会奖，另有115项获省级科技进步奖。市属独立科研所由"六五"末的24家发展到30家，厂办科研所由70家发展到105家，民办科研机构从无到有发展到112家，从而形成了一个以部、省、市科研院所为骨干，厂办科研所及民办科研机构为补充，学科门类较为齐全，能够进行多种学科协同攻关的科技体系。科技队伍不断扩大，全市已评定各类专业技术人员15万多人，其中获高级职称4600多人，中级职称2.8万人，还完成了2万多名农民技术员的评聘工作，其中具有中级职称的1600多人，为"科技兴农"注入了生机和活力。"星火"计划、"火炬"计划项目和创建高技术产业开发区工作都取得显著成绩。教育工作认真贯彻党的教育方针，开始实施九年制义务教育，教育结构日趋合理，教育质量不断提高；基本完成了农村中小学校舍改造任务，办学条件明显改善；济南联合大学初具规模，地方高校招生不断增加。"七五"期间，大学本、专科毕业生4.76万人，比"六五"时期增长 120%，中等专业学校毕业生 3.2 万人，增长 53.9%；1990 年与 1985 年相比，年末各类学校在校学生增长 1.4%，其中高校在校生增长 1.4%，中专学校在校生增长 30.7%。文化事业日益繁荣。1990 年与 1985 年相比，公共图书馆藏书增长 14.7%，各类杂志出版量增长 5.7%，图书出版量增长 1.9%；电视发射台增加 14 个，每周播转电视节目时间增加 24 小时。卫生医疗条件逐步改善。"七五"时期，医院病床增加 3425 张，卫生技术人员增加 4945 人。1990 年与 1985 年相比，平均每千人拥有的病床数增长 16.5%，千人拥有医生数增长 63%，疾病防疫水平明显提高。体育事业蓬勃发展。全市各类运动员在各类体育竞赛中共夺得省级以上冠军 554 个，1988 年成功地举办了第一届全国城市运动会。

（七）人民生活得到较大改善。1990 年，全市职工平均货币工资 2211 元，比 1985 年增加 1107 元，扣除涨价因素，年均增长 3.2%；农民人均收入 731 元，年均增长 10.7%，农村中人均收入 200 元以下的低收入户所占比重由 1985 年的 10.7%减少到 1990 年的 0.3%。城乡储蓄大幅度增加。1990 年末居民储蓄存款余额 51.08 亿元，比 1985 年增长 3.45 倍，其中城镇居民增长 3.8 倍，农村增长 2.3 倍。居民居住条件逐年得到改善。1990 年末城市居民人均居住面积 7.5 平方米，农村人均居住面积 20.65 平方米，比 1985 年分别增长 44%和 22.2%。城市一部分特困户的住房困难得到解决。城镇就业稳步扩大，"七五"期间，共安置行业人员 11.69 万人。

"七五"期间，改革不断向纵深发展，并取得了许多可借鉴的经验。以公有制经济为主体，全民所有制、集体所有制、个体、私营和"三资企业"等多种经济成分共存的所有制格局基本形成，促进了社会生产力的发展。企业改革不断深化，按照政企分开，"两权分离"的原则，全市工、基、交、财等各类企业普遍推行了承包经营责任制，使企业的生产经营自主权有所扩大，在实现自我改造、自我发展方面有了一定的进步；企业内部在领导体制、劳动人事制度、分配制度方面进行了配套改革，企业经营机制明显改善；企业承包企业、企业租凭企业、企业兼并和组建企业集团，促进了经济结构的调整。通过对流通体制进行改革，开放式的区域性市场体系开始形成，同国际国内市场的联系不断扩大，地区封锁、市场分割的局面被初步打破。在搞活微观的同时，按照中央的部署，对计划、财政、税收、金融、价格、劳动工资等方面进行了改革，改善了宏观调控能力。农村家庭联产承包责任制普遍推行，第二步改革逐渐深入，以发展社会化服务体系为重点，正逐步建立统分结合的双层经营体制，有条件的农村开始实行适度规模经营试点。市带县工作迈出较大步伐，城乡一体、贸工农一体的城郊型农业经济模式已初具特色。这些改革的成功，为国民经济和社会发展提供了强有力的保证。

"八五"展望

"七五"期间济南市国民经济和社会发展取得了巨大成就，为"八五"及今后十年的发展奠定了良好的基础。"八五"期间，全市继续坚持国民经济持续、稳定、协调发展，坚持改革开放，积极调整优化经济结构，努力提高经济素质和经济效益，大力推进科技进步，提前实现国民经济第二个翻番，人民生活达到小康水平。设想"八五"期间，国民生产总值平均每年增长 8%，1994 年实现第二个翻番；国民收入平均增长 7%；工农业总产值平均增长 9.5%；工业总产值平均增长 10%；农业总产值平均增长 4%；地方财政收入平均增长 6%；社会商品零售总额平均增长 12%；外贸出口供货值平均增长 16.2%。固定资产投资规模，五年安排 163 亿元，比"七五"增长 20.7%；科技项目累计安排 1700 项，科技成果推广率保持在 80%以上；全面实施普及九年制义务教育；人口自然增长率控制在 9.8‰以内，把济南建成经济发达、市场繁荣、文明整洁、服务优良，具有泉城特色的开放型、多功能的社会主义现代化城市。

青 岛 市

市　长：俞正声

副市长：秦家浩（常务）　徐世甫（农业）　程友新（科技、文教）　张先平（财贸）　王增荣（工交）

俞正声市长，浙江绍兴人，1945 年 4 月生，中共党员。1968 年 12 月毕业于哈尔滨军事工程学院。历任技术员、工厂负责人，电子工业部第六研究所专业组长、副总工程师、副所长、电子工业部计算机工业管理局处长、副总工程师和该部计划司副司长。1984 年任中国残疾人福利基金会副理事长。1985 年任中共烟台市委副书记，1986 年任烟台市市长。1989 年 3 月任中共青岛市委副书记，同年 5 月任常务副市长，9 月任代理市长，1990 年 3 月当选为青岛市市长。

青岛市“七五”回顾与十年展望

□　《中国城市经济社会年鉴》青岛市编写组

青岛市“七五”时期经济和社会发展的主要成就

“七五”时期，是青岛人民在建设有中国特色的社会主义道路上团结奋进，全面开创青岛社会主义现代化建设新局面的 5 年；是青岛改革和开放事业取得重大进展，经济和社会发展取得巨大成就，人民生活获得明显改善的 5 年；是全市安定团结的政治局面日益巩固发展，社会主义精神文明建设成果丰硕的 5 年。5 年中，全市国民生产总值、社会总产值、国民收入按可比价格计算平均每年分别递增 8.5%、16.4%、9.6%，1990 年分别达到 171 亿元、477 亿元、144 亿元（均按当年价格计算，下同），不仅提前实现了青岛社会主义现代化建设的第一步目标，而且为向青岛现代化建设的第二步目标前进奠定了坚实的基础。

经济实力显著增强。农业生稳定增长，农村经济全面发展。1990 年全市农业总产值达到 57.3 亿元，平均每年递增 3.3%；粮食总产量达到 299.8 万吨，创历史最好水平；林果、畜产品、水产品、蔬菜产量都有较大增长；乡镇企业的崛起，成为全市经济实力显著增强的重要标志之一。1990 年青岛市被评为全国粮食生产先进市。工业装备水平、产品水平和生产能力迅速提高。1990 年全市工业总产值达到 356.6 亿元，平均每年递增 20.1%，5 年来，全市投资约 50 亿元对乡以上工业企业进行了卓有成效的改造，全市大中型企业的户数增加近 1 倍，部分国营大中型企业的主要技术装备达到国际 80 年代初期水平，30 多个企业在全国同行业中居领先地位。全市已有国家和部、省级优质产品 1700 种，优质品率达到 31.1%，并有 78 种产品荣获国家金、银质奖，9 种产品在国际上获奖或中标。1990 年全市地方财政收入达到 22.78 亿元，5 年共向国家上缴地方财政收入 72 亿元，在全国同类城市中对国家的贡献是突出的。

城乡面貌有重大的变化。5 年中，建成或基本建成了引黄济青、黄岛电厂二期工程、黄岛油码头二期工程、青岛民航机场、胶济铁路复线、烟青公路青岛段、黄岛轮渡、人民路立交桥、流亭立交桥、山东路小白干路立交桥、煤制气一期工程、长途通信枢纽等一大批关系青岛长远发展的重要基础设施，前湾港一期工程和济青公路、胶州湾环海一级汽车公路正在加紧建设中，长期制约青岛经济和社会发展的一些重要因素正在逐步消除。城市建设步伐加快，市容市貌明显改观。1990 年在全国城市卫生检查评比中，青岛市被授予卫生城市称号。卫星城镇建设成效显著，到 1990 年市郊 6 县经国家批准已全部改为市（区），标志着青岛郊区农村的经济和社会发展进入了一个新的阶段。

外向型经济迅速发展。1990 年，青岛市外贸出口收购总值达到 22.6 亿元，(1986 年计划价格)，出口创汇总额超过 5 亿美元（含省外贸收购出口部分）。均比

1985年增长1倍多。其中自营出口创汇3.35亿元，比上年增长14.3%。全市已有500多种产品远销世界80多个国家和地区。5年累计引进技术设备项目380项，绝大部分为国际70年代末80年代初期的水平；批准利用外资项目416个，合同总金额7.4亿美元，外商投资占71.8%，批准兴办“三资”企业170家。经济技术开发区基本完成了起步阶段的开发、建设任务，已有100多家企业开业投产。旅游事业发展较快，去年来青岛国外游客达7.2万人次，旅游外汇人民币收入1.35亿元，分别比1985年增长1倍和6倍。

科技教育事业蓬勃发展。5年中，共取得科研成果3285项，其中328项达到国际先进水平，1857项达到国内先进水平或填补国内空白，有24项（次）成果在国际评比中获奖，42项成果受到国家级奖励，科技成果推广应用率达到70%，教育事业全面发展，为现代化事业培养输送了大量人才。新建、扩建了青岛大学和青岛师专，普通高校在校生达1.54万人，比1985年增长45.3%；中等职业技术教育迅速发展，其在校生已占高中阶段全部在校生的一半以上；九年制义务教育在市区已基本普及，农村正在顺利实施；成人教育、幼儿教育和特殊教育都有新的发展。

城乡人民物质文化生活明显改善。1990年全市职工平均工资达到2400元，扣除物价上涨因素，5年平均实际增长5.3%；农民人均纯收入达到952元，比1985年增加385元。人民消费水平明显提高，1990年全市社会商品零售总额达74.4亿元，比1985增长1倍，直接关系人民生活的日用工业品和粮、油、肉、蛋、奶、菜等主副食品供应充裕.全市城乡居民年末储蓄余额达到65.6亿元，比1985年增长3倍。5年共安排城镇劳动就业12.2万人，社会保险和福利事业有新的发展。5年新建住宅500多万平方米，城镇人均居住面积由5.4平方米提高到6.6平方米。文化、新闻、广播、电视、出版事业日益繁荣，丰富了人民的文化生活。医疗卫生事业有新的进步，人民的健康水平明显提高。体育活动更加普及，竞技水平明显提高，青岛籍运动员在国际国内重大比赛中为祖国、为青岛多次赢得荣誉。计划生育成果显著，全市年平均人口自然增长率控制在8.58‰。

“七五”时期青岛市现代化建设取得巨大成就的根本原因，就是始终不渝地坚持党的“一个中心、两基本点”的基本路线，坚定不移地走建设有中国特色的社会主义道路。

5年来，青岛市始终坚持以经济建设为中心，从实际出发，实行了正确的发展战略。在经济发展的总体战略中，坚持以外向型经济为战略方向，加快了建设现代化、外向型城市的进程。在经济建设布局中，实施了加快老市区的改造提高、着手黄岛新经济区的开发建设、带动卫星城镇和农村发展的总体战略，初步建立了城乡一体化的经济格局。在经济建设的宏观指导中，坚持了持续稳定协调发展的方针和速度效益后劲统一的原则，实现了经济的稳定增长，并为今后的发展积蓄了力量。在工业的调整和发展中，重视了传统产业、传统产品的改造与提高和新的骨干产业、骨干产品的开发与培植，特别是电子和家电产业迅速发展壮大，已成为全市新的工业支柱，“七五”时期全市新增工业产值中有60%以上是通过技术改造和进步实现的。在发展农村经济中，突出狠抓了粮食生产、乡镇工业、创汇农业3个战略重点，重视农业投人和科技开发，加强和改善了基层组织建设，促进了农村经济的稳定发展。在基本建设和城乡建设中，坚持有保有压的方针，集中财力、物力，保证了一批关系经济和社会发展全局需要的重点工程的建设，并坚持每年在城乡建设和改善人民生活方面多办几件实事。在经济和社会发展的战略部署中，始终把科技、教育事业摆在突出的位置上，优先予以发展。

5年来，青岛市始终坚持改革开放的总方针，给经济和社会发展注入了巨大的生机和活力。坚持把改革同发展紧密结合，同青岛的实际紧密结合，使发展依靠改革，改革为发展服务。在深化农村改革中，着重完善了家庭联产承包责任制,积极推行以“两田制”为主要形式的土地承包制度，建立健全统分结合的双层经营机制，大力发展了农村集体经济和农业适度规模经营，初步建立了县、乡、村三级综合配套的社会化服务体系。在深化城市改革中，紧紧围绕搞活企业这个中心环节，成功地实施了企业的第一轮经营承包，开始实行新一轮承包，并在企业内部机制和外部环境两个方面都进行了积极的改革探索，增强了企业的生机和活力。在进一步对外开放中，努力加快发展外向型经济的步伐，使对外经济贸易得到了前所未有的发展。通过改革外贸体制、开展自营出口、调整出口结构、加强出口商品基地建设，增加了出口商品种类，提高了出口商品质量，增强了出口创汇能力。通过积极扩大利用外资、引进先进技术，不仅显著增强了经济实力，而且加快了企业的技术进步，促进了企业素质的提高。

青岛市今后十年的规划和展望

青岛市今后10年国民经济和社会发展的基本任务是：深化改革，扩大开放，加快科技进步，全面加强管理，调整优化经济结构，提高经济效益，提前实现国民生产总值第二个翻番，人民生活达到小康水平并向富裕型迈进，为把青岛建成经济繁荣、科技发达、文化昌盛、环境优美、人民富裕的社会主义现代化、开放型的城市奠定坚实的基础，为全国全省的社会主义现代化建设做出更大的贡献。青岛市今后经济和社会发展的主要目标是：国民生产总值年平均递增7%；国民收入年平均递增 7%；工农业总产值年平均递增 9%，其中工业总产值年平均递增 10%。农业总产值年平均递增 3%；出口商品收购总值年平均递增 14%；自营出口创汇年平均递增 15%；地方财政收入年平均递增 5%到 6%；人口自然增长率控制在 10.6‰以内。

为了实现上述任务和目标，青岛市将坚定不移地贯彻执行党的“一个中心、两个基本点”的基本路线，全面贯彻落实党的十三届七中全会精神，并在经济建设和社会发展的指导思想上，认真坚持以下原则：坚持深化改革、扩大对外开放，把改革开放同经济发展紧密结合起来，以改革开放促进生产力的发展；坚持持续、稳定、协调地发展国民经济，把提高经济效益作为全部经济工作的中心，调整和优化经济特别是工业结构，加快技术进步，提高经济素质，逐步从粗放经营为主转上集约经营为主的轨道；坚持艰苦奋斗，自力更生，勤俭建国，勤俭办一切事业，全面厉行节约，反对铺张浪费；坚持以农业为基础，大力强化农业，促进农业的稳定增长和农村经济的全面繁荣；坚持把发展外向型经济作为战略方向，努力推进对外贸易和经济技术合作的更大发展；坚持把科技、教育放在优先发展的地位，切实把经济建设转到依靠科技进步和提高劳动者素质的轨道上来；坚持城乡一体化，充分发挥城乡各自优势和综合优势，使城乡之间相互支持，相互促进，协调发展，共同繁荣，加快城乡一体化进程；坚持把城市基础设施建设放在重要位置，进一步改善投资环境和生活条件；坚持物质文明建设和精神文明建设一起抓，大力加强社会主义精神文明建设，不断提高全市人民的思想道德和科学文化素质，促进经济发展和社会进步；坚持把保持社会稳定作为一项长期的重要任务，大力加强社会主义民主与法制建设，努力为改革开放和两个文明建设创造安定团结的政治和社会环境。

今后 10 年，青岛市将继续坚持发展外向型经济的战略方向，按照城乡经济一体化的要求，在过去几年已经展开的基础上，坚持实施以老市区为依托、加速开发新经济区、带动卫星城镇和广大农村发展的战略，逐步建立起全市外向型经济的新格局，实现城乡经济的协调发展和全面繁荣。在老市区，将在严格控制发展规模的同时，运用新技术、新工艺改造传统产业，挖掘内部潜力，调整经济结构，全面加强管理，提高经济素质和经济效益。特别要改变粗放的生产经营模式，重点发展深加工、精加工、高附加值和出口创汇的产业和产品。加快老市区向东部拓展的步伐，逐步改变南北狭长的带状密集型布局，加强市政公用设施建设。提高城市规划、建设和管理水平。全面发展科技、教育事业和金融保险、交通通讯、商业服务、旅游等第三产业，增强城市的综合功能和辐射作用，提高城市的现代化水平。在黄岛新经济区，将从逐步建立全市外向型经济新格局的战略需要出发，本着建设现代化、开放型的新经济区和城市区的目标要求，加快规划、开发、建设的步伐。在继续加强港口、铁路、公路、供水、通讯等重要设施建设的同时、办好经济技术开发区，建立新的出口加工区，通过吸收利用外资，积极发展对全市产业发展、行业进步、出口创汇、经济后劲带动力大的高新技术产业。争取到本世纪末，在黄岛一带基本建成现代化、开放型的新经济区和城市区的雏型，为逐步实现青岛市经济中心由老区向新区的转移准备条件。在各县级市（区），将继续突出抓好粮食生产、乡镇企业、创汇农业 3 个战略重点，因地制宜，发挥优势，加快农林牧副渔全面开发的步伐。城市近郊区，重点发展蔬菜副食品生产和工贸结合的产业；沿海地区，重点发展水产养殖及捕捞、加工业；其它大部分地区，在重点发展粮食生产的同时，因地制宜地发展棉、油、林、牧生产。卫星城镇和广大农村都要积极发展和改造提高农副产品加工业、与大工业协作配套的工业、地方优势工业和出口工业。“八五”期间，将通过加强物质文明建设和精神文明建设，把 20 多个乡镇和数百个村建设成为社会主义新城镇和新农村；到本世纪末，争取全市有半数以上的乡村建设成为社会主义新型乡村。

在今后 10 年的经济建设中，青岛市将围绕发展外向型经济的战略方向，集中力量抓好以下几个重点：

（一）大力加强农业基础，加快农业全面开发，保持农业生产稳步增长。种植业，重点是稳定种植面积，加强农田基本建设和中低产田开发，发展机械耕作，改善生产条件，提高单产水平，促进粮、棉、油生产的稳定发展。“八五”期间，对全市 18.67 万公顷中低产田和部分荒地，实行分批改造和开发，近期重点实施改造 6.66 万公顷中低产田、增产 1 亿公斤粮食的“双一”工程，建设一批新的高产稳产田。林果业，山区重点抓好荒山造林和封山育林，平原重点搞好农田林网和沿海防护林建设，到“八五”期末，全市林地折实面积达到 24.1 万公顷，林木覆盖率达到 22.5%。果品生产，重点是通过引进优良种苗和先进栽培技术，更新品种，提高档次，增加产量，扩大出口。畜牧业，重点是发展食草畜禽。积极发展规模化饲养，特别要加强瘦肉型生猪基地建设，建立稳固的肉、蛋、奶等副食品基地。水产业，要发挥海岸线长、浅海水面广阔的优势，积极发展近海养殖和远海捕捞及相应的冷藏、加工业，争取有一个突破性的发展。

（二）改组改造加工工业，从结构、技术、质量、效益上全面提高工业的整体素质。青岛市决心争取在 10 年或稍长一点的时间内，实现初加工、粗加工产业和产品向深加工、精加工产业和产品的转变，实现粗放型经营向集约化经营的转变。将采取强有力的措施和积极扎实的步骤，加快工业内部结构调整的步伐，对部分传统工业实行脱胎换骨的改组改造，淘汰部分一般性加工门类和产品，促进加工工业上档次、上水平、提高附加值，真正使工业的发展从单纯依靠扩大生产规模转上主要依靠内涵挖潜、技术进步、产品更新、效益提高的轨道。特别是对纺织工业，要采取特殊政策和措施加快改组改造，促使其少用棉、上化纤、深加工、多出口。要坚持高质量、低消耗、深加工、多创汇的方向，在加快现有加工工业改造提高的基础上，加强基础工业、新兴工业特别是高技术产业的建设、培育和开发。并通过新建、扩建，发展一批对增强经济发展后劲能够起到骨干作用的大中型工业项目。同时，采取一切措施培植名牌产品、发展优势产品群体，提高青岛产品在国内外市场上的知名度和竞争力。

（三）加强基础设施建设，大力发展第三产业，增强城市功能。今后10年，青岛市将以港口为枢纽，逐步建成陆海空三位一体、四通八达的交通运输体系。在加快老港改造的同时，加紧建成前湾港一期工程，力争“八五”后期开工建设前湾港二期工程。近两三年内建成并开通胶州至黄岛的铁路，并积极争取开工建设黄岛至石臼所的铁路。加快建设济青公路青岛段、胶州湾环海一级汽车公路。继续扩建和完善流亭民航机场，争取新辟国际航线。邮电通信，要加紧建成卫星通讯地球站，增加国内和国际长途通信电路，不断提高市内通信自动化程度。还将抓紧建设青岛电厂新上两台30万千瓦机组的工程，力争“八五”期间有1台投产发电。同时，加快商业服务业网点特别是大中型综合商场的建设，促进商品流通的扩大和商品经济的繁荣。加快旅游资源的开发、旅游设施的改善，旅游产品的发展和旅游体系的完善，逐步将青岛建设成为国际性的风景旅游城市。

（四）积极发展科技教育事业，依靠科技进步和智力开发促进经济建设。“八五”期间，将围绕全面提高经济素质，加快发展外向型经济，在农作物良种与栽培技术、工业自动化、纺织技术、精细化工及塑料、微电子技术、新型交通运输工具及装卸技术、大型成套设备研制、新型材料、新能源及节能、环境保护、海洋产业开发、生物工程等方面进行科技攻关和推广应用，并认真组织实施“星火计划”、“火炬计划”项目。同时，充分发挥青岛海洋科研的优势，加快海洋化工、海洋药物、海洋食品、海洋工程的开发，逐步建立有青岛特色的海洋产业。还要积极跟踪世界新技术革命的进程，着重培植和发展高新技术产业。要切实加快教育事业的发展。认真实施《义务教育法》，城市在普及九年制义务教育的基础上进一步完善和提高，农村到1993年全面实施九年制义务教育。深挖招生能力，保证适龄儿童入学；初中毕业生升高中、中专、技校的入学率，市内五区保持在90%以上，农村逐步达到50%。继续调整中等教育结构，积极发展中等专业和职业技术教育。扩大农村职业技术教育，有计划地将部分普通中学改为职业学校。中等职业技术学校招生人数占高中阶段招生总数的比重，市内五区稳定在60%，农村逐步达到50%。高等教育，将注重社会效益，调整专业结构，加快培养青岛市现代化建设特别是发展外向型经济所急需的各类人才。

经过今后10年的努力，青岛市的综合经济实力将明显增强，经济布局趋于合理，产业和产品结构有较大改善；技术水平、产品质量和经济效益显著提高；农业的基础地位进一步加强，农业生产稳定增长，主要副食品食品基本实现自给或自给有余；对外开放取得突破性进展，基本形成外向型经济格局；基础设施与经济发展不相适应的矛盾基本缓解，城市功能日臻完善；人民生活达到小康水平并向富裕型迈进；人们的思想道德和科学文化素质明显提高，社会主义精神文明建设达到新的水平。青岛人民将以更加坚实有力的步伐跨入21世纪。

淄 博 市

市　长：韩新民

副市长：孙立义（常务）　刘建业（农业、财贸）
康寿美（女　文教、卫生）王和先（城建、人防）　曹钟书（工交、外贸、科技）

韩新民市长，1942 年生，陕西省临潼县人。中共中央党校研究生，1962 年毕业于陕西省渭南师范学院。历任山东铝厂团委副书记、山东铝厂水泥厂党委副书记，淄博市人民政府副秘书长等职。1983 年 3 月任中共淄博市委副书记，1988 年 4 月任中共淄博市委副书记、代市长。1989 年 1 月在淄博市第九届人民代表大会第二次会议上当选为淄博市市长。

团结实干　富民兴淄

——淄博市“七五”时期经济和社会发展的回顾

□　任鹏雁

“七五”时期，是淄博经济和社会发展史上投入最多、经济实力增长最快、城乡面貌变化最大、人民得到实惠最多的时期。1990 年，全市国民生产总值达到 106.9 亿元，比 1985 年增长 58.5%，平均每年递增 9.6%，提前三年实现了第一个翻番；国民收入达到 85.6 亿元，比 1985 年增长 50.3%，平均每年递增 8.5%；工农业总产值达到 259.8 亿元，比 1985 年增长 1.33 倍，平均每年递增 18.5%；地方财政总收入达到 8.3 亿元，比 1985 年增长 45.6%，平均每年递增 7.8%，据统计资料：淄博是全国国民生产总值过百亿的 34 个城市之一，也是全国 36 个提前达到小康水平的城市之一，国民经济主要指标居全省和全国同类城市的上游水平。

经济和社会发展的主要特点

（一）农业基础地位进一步强化，综合生产力水平明显提高，开始向现代化农业迈进。我们始终坚持工业城市决不放松农业的指导思想，不断增加对农业的政策、资金、技术投入，促进了农业的全面发展。1990 年，全市农村社会总产值达到 116.4 亿元，比 1985 年增长 2.1 倍，其中农业总产值达到 25.74 亿元，增长 22%。五年间，市、区县、乡镇、村及农民个人累计向农业投入 4 亿元，是“六五”时期的 2 倍多。狠抓了以治水为重点的农业基本建设，完成了引黄补源等一大批重点水利工程。平原地区基本实现了防渗化灌溉，山区水利条件有了较大改善。农业综合开发取得突破性进展。粮食生产在连续几年稳定发展的基础上，1990 年总产达到 151.3 万吨，单产达 340 公斤，均创历史最高水平。全市已建成吨粮田 66 万亩，吨粮乡镇 15 个。位于淄博北部的桓台县每亩单产达到 1020 公斤，成为我国江北第一个吨粮县。棉花、油料、黄烟、果品等主要农产品产量都有较大幅度增长，高青县棉花生产进入全国“百强县”行列。蔬菜和肉、蛋、奶等副食品生产稳定增长，农产品商品率达到 62.5%。农业内部种植业和林牧副渔业的比重由 67.9:32.1 调整为 63:37，已初步形成了 13 个不同规模的农副产品生产基地，农村非农产业比重由 1985 年的 58.5%上升为 79.1%。特别是乡镇企业迅速发展，乡村工业产值达 73.4 亿元，是 1985 年的 5.3 倍，乡镇企业总产值已占农村社会总产值的 78.8%。全市农机总动力比“六五”时期增长 28.3%，整个农业生产的主要环节基本实现了机械化。大量先进适用的农业科技成果普遍推广应用，在高产开发、生态农业、山区小流域治理等方面涌现出一批在全国、全省有较大影响的先进典型。特别是临淄区西单村走工、农、副良性循环和种、养、加、贮、运有机结合的生态农业之路，具有普遍的推广意义，受到了国家、省有关领导和专家的关注和赞赏。山区建设已进入山水林田路综合治理、全面开发的新阶段，绝大多数乡镇、村走上因地制宜、脱贫致富的道路。

（二）集中力量加快重点工程建设，工业实力显著增强，产业、产品结构和技术结构发生重大变化。“七五”期间，淄博市是国家和省的重点投资地区之一，累计完成固定资产投资 125.75 亿元，是“六五”时期的 3.5 倍。相继建成或建设了齐鲁 30 万吨乙烯、柳泉石矿、张店热电厂等 40 项国家、省、市重点工程，累计新增工业固定资产原值 101 亿元，是“七五”前 37 年总和的 2.1 倍。能源、原材料等基础产业更加稳固，纺织、建材、陶瓷、机电等传统行业提高了档次和水平，新兴的石油化学工业逐步形成优势，成为全国重要的石油化工基地。产品结构开始向精深加工转变，特别是围绕石油化学工业配套系列开发的化纤、塑料、医药、精细化工及其他纺织品和部分成套机械产品，具有较强的市场竞争力。企业的技术管理水平和装备状况有了明显改善，“七五”期间，市、区县两级累计安排技改项目 850 项，投资 14.6 亿元，引进了 110 项国外先进技术、关键设备和生产线。企业管理水平大幅度提高，先进科学的管理方法开始全面推广应用，全市已有 55 个企业晋升为国家一、二级企业，省级以上先进企业达 154 个。经济实力的增强和结构的调整优化，促进了工业生产的持续增长。1990 年，全市完成工业总产值 235.76 亿元，是 1985 年的 2.5 倍。经济效益和产品质量稳定提高。全市独立核算工业企业实现利税总额 19.6 亿元，名优产品产值率达到 34%，分别比 1985 年增长 24.2%和 14%，获国家质量金银质奖的产品已达 47 个。

（三）坚持对外开放，外向型经济取得较大进展。“七五”期间，特别是 1988 年淄博被国务院列为山东半岛经济开放区城市以来，全市整体开放意识显著增强，全方位、多层次的对外开放格局初步形成。1990 年，全市出口商品收购总值达到 8.65 亿元，是 1985 年的 4.8 倍；加上以产顶进、补偿贸易及“三资”企业出口部分共计 21.4 亿元。出口产品结构、档次和质量不断改善，工业制成品已占全部出口商品的 90%以上。化工、陶瓷、医药、轻纺、工艺品、建材、农副产品等基本形成出口商品基地，出口种类已由“六五”期末的 5 类 4 种增加到 13 类 14 种，全市出口商品收购值超千万元的企业已达 14 个。多渠道、多口岸出口迅速发展，越来越多的企业跻身于国际市场，参与国际竞争。利用外资实现了重大突破，五年累计利用外资项目 86 项，利用外资 1.82 亿美元，是“六五”期间的 34.3 倍。已批准成立“三资”企业 38 家，其中 15 家已正式投产。引进台资、利用外国政府贷款和争取国际无偿援助取得实质性进展，境外办厂、劳务输出开始起步。投资环境不断得到改善，建设了以利用外资和出口创汇为主的两个工业开发区，总面积 5 平方公里。建立健全了海关、商检、中国银行、等涉外机构，各项涉外业务广泛开展。对外交流的领域进一步拓宽，先后同世界 50 多个国家和地区建立了经济合作与交流关系，“七五”期间淄博共有 237 个经贸团组出国考察学习，1986 年和 1990 年分别出席了联合国召开的“人口与城市未来”会议和第三届大城市年会。1990 年，淄博市在美国伊利市成功地举办了“淄博物产展销会”，首届“中国淄博陶瓷琉璃艺术节”，淄博正以崭新的姿态走向世界。

（四）科技教育事业迅速发展，经济建设初步纳入依靠科技进步和提高劳动者素质的轨道。全面推行“科教兴市”战略，科技教育与经济建设紧密结合、互相促进的良好机制初步形成。五年间，全市共取得重大科研成果 1380 项，其中 116 项获部、省以上科技成果奖，已有 90%应用于生产建设。全市实施工业技术振兴计划、火炬计划、星火计划和丰收计划累计达 375 项，取得了显著的经济效益和社会效益。淄博市被国家科委列为全国第一批星火技术密集区，已先后建立 3 个星火技术密集小区，有力地推动了乡镇企业的发展和整个农村的科技进步。技术进步因素在工农业总产值增长中的比重已由“七五”初的 35%上升到 42%。各类科研机构和广大科技人员活跃在经济建设的主战场，促进了科学技术向现实生产力转化，涌现出一批科技型企业和民办科研机构，依靠科技兴工、兴农和振兴一切事业的观念正在全社会日益明确和深化。教育事业获得很大发展。“七五”期间全市各种渠道用于教育的投资达 6.5 亿元，基础教育进一步加强，全面普及了初等教育，以乡镇为单位全部开始实施九年制或五年制义务教育，并有 20 个乡镇实现了九年制义务教育。中等教育结构趋向合理，职业技术教育发展很快，各类毕业生累计达 3.8 万人。新建和改建了第一、第二师范和师专新校及各区县教师进修学校，师资队伍素质明显提高。成人教育、职工技术培训进一步加强，“燎原计划”在广大农村普遍实施。全社会重视教育、大办教育已蔚成风气。

（五）城市功能日益增强，城乡面貌明显改观，组群式城市优势进一步发挥。城市规划、建设、管理开始向高标准、现代化迈进。以道路等基础设施建设为重点，五年间累计投资达 4.1 亿元，是“六五”时期的 1.6 倍。先后新建了 11 条标准较高的城市主干道，建设了 9 座立交桥，新建、改建干支线公路 484.9 公里，基本形成了城市道路框架。开通了 1.9 万门程控电话和 500 路程控长话，建成了全国第一个市、农、长话联为一体的电话网。全市自来水综合生产能力比“六五”期末增长 38%，自来水普及率提高近 10 个百分点。新建供水工程 5 项，新增供水能力 12.5 万吨，日供水能力 100 万立方米的引黄供水工程开始建设。济青高等级公路淄博段、焦化煤气工程、张店污水处理厂等工程正在加紧施工。一大批规模较大、水平较高的商业、金融、文体、娱乐设施相继建成投入使用，进一步增强了城市的服务功能和承载力、辐射力。提出了"为子孙留下蓝天碧水绿地"环保口号，城市管理和环境质量有了较大改善，城市绿化覆盖率达到 35.3%，张店、周村、临淄、桓台等区县已建成省级"卫生城"。村镇规划建设取得显著成绩，一批社会主义新型农村已具雏型。

（六）第三产业进一步发展，流通在促进生产、方便生活中发挥了重要作用。社会主义市场体系逐步发育，形成了以公有制为主体，多种经济成份、多种经营方式、多条流通渠道并存的流通格局。相继建成了天乐园、淄川服装城、周村纺织大世界等 40 多处大中型商业设施，建筑面积达 25 万平方米。全市各类商业服务网点已达 5.16 万处；集贸市场近 400 处，年成交额近 8 亿元，比"六五"末增长 3 倍。千人占有网点比"六五"末增加了 40.7%。市场商品货源充足，主要商品销售均有较大增长。1990 年，全市社会商品零售总额达到 36 亿元，比 1985 年增长 1.25 倍。生产资料流通和各类专业市场发展较快，服装、建材、陶瓷、机电、纺织品、沙发、蔬菜等已成为省内重要的工农业产品专业批发市场。流通秩序明显好转，市场物价涨幅得到有效控制，1990 年全市零售物价指数为 103.1%。金融、保险事业有大的发展，全市各项存款余额比"六五"末增加 54.7 亿元，其中城乡储蓄余额增加 35.5 亿元。信息、咨询、综合技术服务、旅游等新兴第三产业逐步兴起。1990 年全市第三产业产值达到 19.5 亿元，占全市国民生产总值的比重上升为 18.4%。

（七）各项社会事业蓬勃发展，人民生活得到较大改善。"七五"期间，全市用于各项社会事业的投资累计达 9.7 亿元，比"六五"期间增长 85%。市新闻大楼、市体育馆、市少儿活动中心、山东侨联医院等相继建成。文化事业和艺术创作繁荣活跃。社会卫生工作普遍加强，全市病床床位已达 1.3 万张。体育运动水平不断提高，成功地承办了首届全国城市运动会部分比赛项目、淄川、张店、周村和临淄被命名为"全国体育先进县"。广播电视、新闻出版事业迈出了新步伐。计划生育工作取得显著成绩，五年间全市人口自然增长率控制在 9.85‰，计划生育率连续七年保持在 99%以上，成为全国、全省的先进单位。随着生产的发展，人民生活水平继续提高。1990 年全市城镇职工平均工资达到 2272 元，农民人均纯收入达到 885 元，分别比上年增加 286 元和 42 元，比"六五"末增加 1162 和 408 元。全市人均储蓄达到 1156 元，城乡人民的消费水平和生活质量明显提高。彩电、冰箱、洗衣机等高档耐用消费品拥有量大幅度增长。5 年新建城市居民住宅 291 万平方米，农民新建住房 1280 万平方米，城乡人均居住面积分别提高到 7.86 平方米和 20 平方米，相当一部分城乡居民过上了比较富裕的生活。

改革实践的主要经验

（一）坚持以经济建设为中心，积极稳妥地推进各项改革。围绕发展社会生产力，坚持发展依靠改革、改革促进发展的原则，在稳定完善农村家庭联产承包责任制的基础上，狠抓了社会化服务体系建设，不断深化企业改革，坚持和完善企业承包经营责任制和厂长（经理）负责制,逐步配套完善企业内部各项改革，增强了企业自我发展、自我约束的能力。大力发展企业集团，组建了牵引电机、泵类、医药、巾被、轻工等 21 个企业集团，兼并了 32 家中小企业，促进了企业组织结构的调整和生产要素合理流动。积极推进计划、流通、城建、科技、教育等各方面改革。

（二）坚持从实际出发，创造性地开展工作，不断探索和实践符合淄博实际的经济发展路子。坚持城乡一体化战略，把工农并举、城乡并重、优势互补、共同发展的指导思想贯彻于各项工作中，大力组织城乡经济"挂网联"，推广城乡联办副食品基地，积极做好市带县的工作，加快了城乡一体化的进程；坚持并全面实施"科教兴市"战略方针，积极推行科技"双放"，依靠科技教育兴工、兴农、振兴一切事业。坚持工业城市决不放松农业的思想，加大对农业的资金、物资、劳力、科技的综合投入，积极探索出依靠科技实现高投入、高产出的农业发展路子。工业坚持以内涵为主扩大再生产，特别是通过技术引进实现"以高补晚"，有效地提高企业素质和经济效益。抓住机遇，积极实施沿海地区经济发展战略，促进国民经济由内向型向外向型转变。

（三）坚持从经济和社会发展的战略全局出发，统筹兼顾，突出重点。"七五"期间，连续把农业、重点工程、乡镇企业、第三产业、城市建设和管理、人才和智力开发作为关系经济全局的战略重点，狠抓不懈，促进和带动了其它各项工作的开展。1990 年，根据实际情况和形势发展的需要，又着力抓了农业、治水、重点工程三个方面，实现了新的突破。同时，千方百计筹集各项重点建设资金，集中人、财、物力，保证重点建设。采取有力措施，通力解决长期困扰经济发展的道路、通讯、水资源紧张等影响经济全局的制约因素。

（四）坚持两个文明一齐抓、充分调动各方面的积极性，努力保持政治和社会的稳定。坚持四项基本原则，切实改进和加强思想政治工作。广泛开展了各种精神文明共建活动，培育总结了"团结实干争创一流"的淄博精神，使淄博精神渗透到社会各个层次、各个方面，形成了热爱淄博、建设淄博、振兴淄博的强大合力，促进了各项事业的健康发展。

东营市

市　长：李殿魁
副市长：耿佃杰（常务）　郝敦英（常务、工交）　张万湖（农林水、政法）　李吉祥（城建、文卫体）　滕化迎（财贸、金融）　毛建民（体改、城市规划）

李殿魁市长，1939年12月生于山东省梁山县，1964年毕业于山东农业机械化学院，1971年6月加入中国共产党。曾在莱阳拖拉机厂、蓬莱汽车制造厂等企业担任领导工作。1980年8月任烟台市委副书记、副市长。1986年5月任东营市委副书记、副市长。1988年1月任东营市委书记、市长。发表有《黄河三角洲开发战略构想》、《东营市的兴起和发展》等论文。

“七五”期间东营市经济社会稳定发展

□ 东营市市长　李殿魁

“七五”期间，东营市集中力量进行经济建设，积极推进改革开放，努力发展社会事业，基本或超额完成了“七五”计划的主要指标。按1980年不变价格计算，1990年全市国民生产总值达到39亿元，比1985年增长7.2%；国民收入达到29.5亿元，比1985年下降8.4%（因为石油工业成本提高，净产值下降）；工农业总产值达到54.80亿元，比1985年增长37.5%，其中地方工农业总产值达到16.61亿元，增长90.2%；地方财政收入（不含耕地占用税和教育费附加）达到2.48亿元，比1985年增长73.4%。

农业基础得到加强，农林牧副渔全面发展

“七五”期间，国家、省、市等各级投入农业的资金达8.6亿元（不含群众劳务折资），其中用于农田水利基本建设的投资达2.04亿元。新建、扩建了6座大型引黄闸和3个大型引黄灌区，建成大中型水库24座，新打机井3998眼，引蓄水能力大大增强，解决了23万多人的吃水困难。目前，全市引提水能力达到410立方米／秒。总蓄水能力达到3.34亿立方米，有效灌溉面积达到12.27万公顷。黄淮海平原农业开发、黄河三角洲农业开发和黄河三角洲农业综合开发试验项目已列入国家计划。5年累计开垦荒碱地2.26万公顷；改造中低产田5.53万公顷；建成高产稳产田3.13万公顷；建设人工草场0.47万公顷，封育草场0.93万公顷；开发滩涂0.8万公顷，淡水养殖0.64万公顷。科技兴农取得明显成效，农业机械化水平进一步提高，农林牧副渔、乡镇企业、农牧场经济都有较大发展。1990年在遭受严重风、雹、涝灾害的情况下，粮食总产量仍达到62.51万吨，比1985年增长25%，创历史最高水平；棉花总产量达到2.97万吨；果品总产量达到5745吨；肉类总产量达到2.98万吨，比1985年增长1.8倍；水产品总产量达到3.52万吨，比1985年增长3.8倍；乡镇企业总产值达到13.37亿元，比1985年增长3.8倍，其中工业产值4.96亿元，增长7倍。胜利油田农副业生产取得显著成绩，5年累计生产粮食28.40万吨，比“六五”增长41.3%，各类农副产品均有较大幅度增长。“七五”期间，全市农业总产值累计达到30.43亿元，年均递增1.8%。黄河河口治理工作取得显著成效。

工业生产稳步增长，物质技术基础明显增强

1990年，全市工业总产值达到48.79亿元，比1985年增长42.8%，“七五”期间年均递增7.4%；其中地方工业总产值达到10.60亿元，比1985年增长2.5倍，年均增长28.3%。原油年产量达到3350.62万吨，比1985年增长24%；天然气年产量14.39亿立方米，增长26%；石油工业总产值完成37.92亿元，增长21.9%。“七五”期间，地方累计投入8.20亿元，新建了

市啤酒厂、化工厂等一批工业企业，培育了16个年产值过千万元、利税过百万元的骨干企业；完成了市棉纺厂二期工程等300多个技改项目，新增产值7.40亿元；开发新产品250余项，其中25项填补了国家和省内空白；20多种产品获省、部级优质产品称号；3家企业晋升为国家二级企业，12家企业晋升为省级先进企业，41家企业达到国家三级以上计量单位标准。初步形成了以石油化工、盐业盐化工、机械、纺织、建材等为基础的工业体系。1990年，地方工业企业固定资产原值达到3.86亿元，净值达到3.09亿元，分别比1985年增长2.4倍和2.6倍；全市独立核算工业企业固定资产原值达到160.54亿元，净值达到122.81亿元，分别比1985年增长1.8倍和2.5倍。

集中力量进行重点建设，基础设施框架已经形成

“七五”期间，市和油田领导把加强基础设施建设作为推进黄河三角洲开发的战略任务来抓，使交通、电力、通信发生了重大变化。新建、改造干线公路466.2公里，目前全市公路里程达到1780公里，公路密度达到24公里／百平方公里，公路建设跨入全省先进行列；黄河海港、广利港、广北港简易码头建成通航，初步打开了东营海上通道；东营机场一期工程已经完成，全市陆、海、空立体交通格局初步形成。胜利电厂一期工程已开工建设，“七五”期间全市新增发电能力14.04万千瓦，地方建成3座110千伏变电站和17座35千伏变电站，城乡用电大大改善，农村通电率达到95%。全市长途电话电路发展到133条，电报电路23条，长途电话自动交换和传输系统基本完善，开通了全省各地市的直达电话，与全国430个城市实现了全自动拨号，市话交换机容量达到6300门，城市总体规划已通过专家评审，城市建设正在按规划逐步展开。

认真实施“科技兴业、教育兴市”方针，科技教育事业开创了新局面

科技机构日益健全，市、县、乡三级科技网络基本形成。科学研究和攻关取得明显成效，科技因素占经济增长的比例逐步提高。胜利油田取得各类科技成果近500项，对油田持续稳定发展起到了重要作用。教育事业蓬勃发展，教育投资逐年增加，农村中小学校舍基本达到“六配套”标准，教学条件发生了历史性的变化。新建电视大学1所，普通中等专业学校4所，技工学校4所。普及九年制义务教育工作取得重大进展，各类教育都有较快发展，教育质量不断提高。

商品和资金流通渠道不断拓宽，有效地支持了全市经济和社会的发展

“七五”期间，新建了市供销商场、商业大厦及县区百货大楼等大型商业设施，商业服务网点达到4146个。城乡集贸市场迅速发展，达到每万人拥有一个市场。1990年，全市社会商品零售额达到11.70亿元，比1985年增长1.3倍；集贸市场成交额达到1.90亿元，比1985年增长92.9%。粮食收购连年超额完成国家任务。“菜篮子”工程进一步巩固和发展，肉、蛋、菜、奶等副食品供应大大改善。农业系列化服务不断完善，促进了农村商品经济的发展。

千方百计聚集融通资金，财税金融工作成绩显著。1990年实现工商税收10.81亿元，比1985增长46.1%，连续5年超额完成计划。财政收入连续5年实现了当年收支平衡，略有结余。1990年银行存款年末余额达到28.37亿元，比1985年增长2.6倍；各项贷款余额34.12亿元，增长1.9倍。保险事业也有很大发展。

坚持改革开放，为经济社会发展注入了生机和活力

以改革促开放，“七五”期间接受国际援助项目5项，援款837.4万美元。同美国、日本、德国等20多个国家和地区开展了经济技术文化交流，东营市在国内外的知名度日益提高，黄河三角洲正在成为新的投资“热点”。国际市场不断扩大，1990年全市地方出口商品收购总值达到1.31亿元，比1985年增长5.3倍。一批出口创汇企业和基地正在形成。同青岛、潍坊等部分城市建立了“友城”关系，参加了环渤海经济区、沿黄9省市经济协作带和中国北方30个城市协作网，组建了驻北京、上海、青岛、济南、广州、海口等办事机构，扩大了对外交流的“窗口”。

精神文明建设不断加强，物质文化生活明显改善

“七五”期间，各级政府坚持两个文明建设一起抓，在努力搞好经济建设的同时，大力加强思想政治工作，深入进行党的基本路线教育，激发了开发建设黄河三角洲的社会主义积极性。建立健全了政府法制机构，依法行政、依法办事的自觉性不断提高。实施第一个全民普法5年规划取得明显成效，社会主义民主与法制建设进一步加强。严厉打击各种犯罪活动，保障了建设和改革的顺利进行。广开门路安排就业，加强优抚安置和社会保障，促进了全市政治稳定和社会安定。文化、卫生、体育等项社会事业有了很大发展。计划生育率达到93.4%，人民群众的物质文化生活水平明显提高。1990年，全市职工平均工资2766.4元，比1985年增加1221.4元，增长79%；农民人均纯收入569元，比1985年增加188元，增长49.3%，城乡居民年末储蓄存款余额达到15.08亿元，比1985年增长4.7倍。人均消费额达到767.1元，比1985年提高93.3%。

潍 坊 市

市　长：邵桂芳

副市长：邹立健（常务）　房忠昌（城乡建设）　李惠信（科技、教育）
张文玉（农业）　刘景云（外经、外贸）　于效群（经济开发）
徐　鉴（商业、粮食）

邵桂芳市长，山东省莱州市人，1943年生，合肥工业大学毕业。曾任潍坊柴油机厂厂办秘书、副主任。1976年5月至1981年11月任昌潍地区行署办公室秘书、副科长。1981年11月至1982年12月任原潍坊市副市长。1982年12月至1983年10月任潍坊棉纺织厂厂长。1983年10月机构改革后，任中共潍坊市委副书记、潍坊市代市长。1984年3月当选为市长，1988年1月再次当选为市长。

潍坊市“七五”经济和社会发展的回顾

□ 侯方武　钟耕民

“七五”时期，是潍坊市国民经济发展的重要时期，经济建设各个领域发生了深刻变化。特别在“七五”后期，全市经济开始步入持续、稳定、协调发展的轨道。

“七五”时期取得的主要成就

（一）综合经济实力显著增强。1990年与1985年相比，全市社会总产值由130亿元增加到351亿元，按可比价格计算（下同），增长1.03倍，平均每年增长15.2%；国民收入由53.3亿元增加到119.5亿元，增长51.1%，平均每年增长8.6%；国民生产总值由61.6亿元增加到144.3亿元，增长78.1%，平均每年增长12.2%。提前4年实现了第一个翻番。

（二）国民经济比例关系在不断调整中日趋协调。在工农业总产值中，农业总产值的比重由1985年的33.6%下降到1990年的18.7%，工业总产值的比重由66.4%上升到81.3%。在工业总产值中（不包括村及村以下），轻工业产值的比重由1985年的68.5%下降到1990年的61.9%，重工业产值的比重由31.5%上升到38.1%。在农业总产值中，种植业产值的比重由1985年的73.7%下降到70.9%，林牧副渔产值所占比重由26.3%上升为29.1%。在基本建设投资额中，生产性建设投资比重由1985年64%上升为1990年的80.3%，非生产性建设投资比重由36%下降为19.7%，在国民收入额中，积累率由1985年的27%上升为1990年的35.9%，消费率由73%下降为64.1%。在国民生产总值中，第一产业的比重由1985年的49.8%下降为1990年的37.6%，第二产业的比重由33.8%上升为43.5%，第三产业的比重由16.4%上升为18.9%。

（三）农村经济持续发展。1990年与1985年相比，全市农村社会总产值已由75.78亿元增加到223亿元，占社会总产值的比重由58.2%上升到63.5%；非农产业占农村社会总产值的比重已由43.7%上升为63.1%，农村经济结构发生了很大变化。农业总产值由42.65亿元增加到82.25亿元，按可比价格计算，平均每年增长3.3%。粮食总产量由391.35万吨增加到475.8万吨，增长21.6%，平均每年增长4%。棉花、花生、烤烟、水果、水产品、肉类总产量等都有不同程度的增长。全市农业机械总动力由259.7万千瓦增加到357.53万千瓦，平均每年增长6.6%：平均每亩耕地施用化肥（折纯）由15公斤增加到25公斤；有效灌溉面积由746万亩增加到763万亩；农村用电量由5.03亿千瓦小时增加到8.88亿千瓦小时，使农业的基础地位得到了加强，农业生产条件得到了很大改善。

（四）工业结构得到优化。全市基本形成了轻工、纺织、机械、电子化工、建材等优势行业和一批优势产品，企业装备水平和技术水平明显改善，企业素质有了很大提高。1990年，全市工业总产值达到234.3亿元，按可比价格计算比1985年增长1.59倍，平均每年增长 20.9%。乡镇及以上全部独立核算工业企业固定资产原值由 1985 年的 27.9 亿元增加到 86.28 亿元，增长 2.1 倍，平均每年增长 25.3%。

（五）重点建设和城市基础设施建设得到加强。“七五”期间，完成社会固定资产投资 125 亿元，完成重点建设项目 12 项，使能源、原材料等基础工业和交通运输、邮电通信等城市基础设施进一步加强。1990 年与 1985 年相比，市区内电话机数由 1.08 万部增加到 1.8 万部；年供水总量由 1656 万吨增加到 4475 万吨；城区园林绿地面积由 350 公顷增加到 653 公顷；零售商业、饮食业、服务业机构由 9737 个增加到 17118 个，人员由 2.6 万人，增加到 5.9 万人；家庭用煤气用气户数已发展到 2.5 万户，城市功能进一步健全。

（六）城乡市场稳定繁荣。“七五”期间，国内市场经受了由“热”变“冷”的磨练，供求关系发生了深刻地变化。1990 年，全市社会商品零售总额达 59.8 亿元，比 1985 年增长 1.04 倍，平均每年增长 15.4%，比“六五”期间平均增长速度高 0.8 个百分点。群众对消费品的质量、品种、花色、款式的选择性增强，逐步由卖方市场转向买方市场。1990 年，全市城乡集市贸易成交额实现 16 亿元，比 1985 年的 5.09 亿元增长 2.1 倍，平均每年增长 25.7%；社会农副产品收购总值达到 34.35 亿元，比 1985 年增长 1.26 倍，平均每年增长 17.7%。

（七）对外经济贸易取得重大进展。1990 年，全市外贸出口商品收购总值达到 14.1 亿元，比 1985 年增长 1.98 倍，出口商品发展到 19 大类 550 多个品种，出口生产加工企业扩大到 450 多家。“七五”以来，累计批准利用外资项目 149 个，实际利用外资 9948 万美元，兴办“三资”企业 73 家。为 90 年代扩大对外开放，促进经济发展和技术进步，开辟了广阔前景。

（八）财政金融形势逐步好转。1990 年，全市财政收入完成 10.7 亿元，按可比口径（剔除烟叶、卷烟税）比 1985 年增长一倍多，基本与现价国民收入与现价国民生产总值的增长速度同步。1990 年与 1985 年相比，银行现金收入增长 1.6 倍，银行现金支出增长 1.55 倍。银行各项存款增长 3 倍。

（九）科技、教育等各项社会事业都有较大发展。1990 年，全市科技人员达到 18.7 万人，比 1985 年增加一倍多。“七五”期间共获得科技成果 1000 多项。教育事业不断加强，1990 年全市普通高校在校学生达到 4433 人，比 1985 年增加 851 人；中等专业学校在校学生 14852 人，比 1985 年增加 6982 人；初等教育、幼儿教育、成人高等教育等都有了很大发展。文化、卫生、体育等各项事业也都取得了很大成绩。

（十）人民生活水平明显提高。1990 年与 1985 年相比，城镇居民人均生活费收入由 696 元增加到 1481 元，增长 1.13 倍，平均每年增长 16.3%，人均生活费支出由 647 元增加到 1174 元，增长 81.5%，平均每年增长 12.7%。农民人均纯收入由 435 元增加到 764 元，增长 75.6%，平均每年增长 11.9%。全部职工的平均工资由 1031 元增加到 2022 元，增长 96.1%，平均每年增长 14.4%。城乡居民储蓄余额由 12.92 亿元增加到 54.3 亿元，增长 3.2 倍，平均每年增长 33.3%；人均储蓄余额由 164 元增加到 636 元，增长 2.9 倍。

“七五”时期的主要探索和实践

（一）围绕发挥区域经济优势，确立完善了“以城带乡、以乡促城、城乡结合、共同发展”的市带县模式。

实行市带县新体制后，潍坊从有利于发展有计划的商品经济，形成地区经济和商品优势出发，充分发挥城市在区域经济中的中心作用，对县实行行政上领导、经济上联合、技术上辐射、流通上联网，发挥城乡两个优势，形成了城乡一体、协调发展的格局。具体做法是：1. 以城市经济实力较强、生产技术先进、产品优良的骨干企业为核心，联合同类中小企业，形成一个互相服务、互相依存、利益均沾、风险共担的企业群体、这种群体式联合，既使城乡两个优势都得以发挥出来，又能使生产要素得到有效的利用，增强产品的竞争能力。2. 以经济技术实力较强的市属企业为核心，向周围农村进行多层次、多方位辐射，辐射方式既有产品扩散和工艺协作，又有人才、物资、技术、资金上的支援。这些辐射点经过发展，壮大实力后，再向外辐射，从而形成若干不同层次的辐射面。这种群星捧月式的联合，全市已有 2500 多家。3. 根据国内外市场的需要，在农村建立生产原料基地，城市企业围绕基地搞加工，形成贸工农一条龙联合，从而有效地控制和调节全市工农业生产布局，促进城乡经济的有机结合。目前全市已建起商品粮、林果、畜牧业、商品棉、黄烟、蚕茧、瓜果、蔬菜、建材等十大商品生产基地。4. 以外贸、商业、供销、物资等流通部门为依托，利用他们经济实力和职能作用，对农村提供综合配套服务，指导和调节农村商品生产。5. 利用城市企业、在大专院校、科研单位的技术优势，与农村进行广泛的技术协作和人才交流，加强技术培训和指导，发展科技联合。通过以上联合使城市充分发挥了骨干企业多、优质名牌产品多、技术力量强、市场信息快和交通方便的优势，农村则发挥了地域广、市场大、资源丰富、劳动力充足的优势，城乡优势互补，使区域经济优势得到了更好的发挥。

（二）实施“开发南北、提高中间”的农业开发战略，提高农业综合生产能力。

根据潍坊市耕地数量相对较少，但南部山区、北部滨海滩涂资源丰富，中部平原经济技术基础坚实的实际，在农业上提出了“开发南北、提高中间”的战略。实行全面规划和梯度开发。南部山区以林为主，林果粮牧并举，多种经营，全面发展；中部平原以粮为主，粮牧工结合，全面提高：北部沿海以渔为主，实行渔盐牧工商运并举。在实施这一战略中，坚持了“四个依靠”：一是依靠政策启动开发建设的积极性。实行谁投资、谁开发、谁经营、谁受益的政策。二是依靠投入增加开发实力。逐步形成了农民从自己的收入中拿一点、发动农民劳动积累积一点，乡镇企业以工补农补一点、各级财政投一点的开发投资机制。三是依靠科技进步增添开发动力。实行了开发与培养、引进人才结合，开发与科技推广、攻关结合，开发与落实科技人员政策结合。四是依靠科学管理提高开发效益。逐步把竞争机制、风险机制引入开发，实行自主经营、自负盈亏，发展多种形式的适度规模经营，使开发性生产纳入专业化生产轨道。农业发展战略的实施，为农业生产注入了强大活力，也为农村经济持续发展增添了后劲。到1990年，南部23.67万公顷宜林山区已开发20万公顷，果品产量由1985年的1.95亿公斤提高到3.35亿公斤。北部沿海滩涂建成了养虾池和盐田2.75公顷，原盐产量达到450万吨。中部平原建成吨粮田4万公顷，粮食产量由1985年的39.14亿公斤提高到47.58亿公斤。

(三) 坚持“三化一推进”，增强工业的后劲。

潍坊从本市工业现状出发，确立了优化结构、强化管理、深化改革，推进技术进步的发展方针。优化结构，就是以提高效益为中心，以壮大支柱行业为目标，发展规模经济，不断优化产品结构和企业组织结构。全市抓了“五个十”为重点的产业结构调整，即集中发展了柴油机、原盐、纯碱等10种拳头产品；开发具有潜在优势的氯化聚乙烯、溴系列产品等10种新产品；形成10种年创汇500万美元的产品；形成10个年产值过亿元、利税过千万元的骨干企业；组建10个能够带动区域经济发展的企业集团。强化管理，即以全面提高企业素质为中心，不断强化技术、资金、质量，物资等各项管理。通过抓管理上等级，企业素质明显改善。全市有34家企业晋升为国家二级企业，145家企业晋升为省级先进企业，400多家企业晋升为市级先进企业。深化改革，就是围绕增强企业活力，不断深化完善承包制和厂长负责制，进一步增强企业的自主经营、自负盈亏、自我约束和自我发展能力。推进技术进步，即以提高工业水平和增强企业发展后劲为中心，以技术改造为主要手段，全方位推进技术进步。“七五”期间，先后投资19.6亿元，完成技术改造项目1330多项，更新设备3.4万台（套），使纺织、电子、机械、化工、建材、轻工等优势行业的骨干企业得到重点改造。引进关键设备5860台（套），生产线68条，使相当一批企业通过“嫁接”先进技术，实现了生产技术的跳跃发展。

(四) 实施“科教兴潍”战略，改善经济素质。

一是大力实施科研攻关、星火开发、技术引进和技术推广、技术培训和“丰收”、“燎原”等各类科技计划，有力地提高生产力水平。近几年先后实施了285项星火开发项目，新增产值10.04亿元，创利税2.09亿元。通过推广十大农业综合技术，经济效益达3.16亿元，投资与效益为1:18。二是逐步建立起以公有制为主体、多种成份并存的科研机构，初步形成独立、厂办、民办相互促进，各显身手的科研新格局；不断加强完善以市、县、乡、村四级农技推广体系为主体，以产业服务集团和民间科技机构为两翼的“一体两翼”式农村科技服务网络。到1990年，全市各类科研机构由1985年的64处发展到229处，民办科研机构从无到有，发展到75处。各类专业技术人员由1985年的7.4万人发展到18.7万人。市、县、乡三级农技推广机构发展到1696个、村级科技服务站发展到9893处。三是通过制定和完善放活科研机构，放活科研人员、开拓技术市场、引导科研单位、科技人员进入经济建设主战场。5年间，完成科研攻关379项，推广新技术、新材料、新工艺1500余项。通过推进科技进步，使工业主要行业15%左右的技术装备达到国内外先进水平，主要农作物实现了良种更新，农作物复种旨数大幅度提高，农业机械化程度比“六五”末有了很大提高。

(五) 不断扩大对外开放，积极发展外向型经济。

一是建立出口生产基地。近年来，集中人力、物力、财力，推行适度规模经营，提高了出口产品的专业化、集约化水平。在农副产品方面，基本建成了15个农副产品出口生产基地，在全市范围内初步形成了生产规模不断扩大、经济效益稳定增长的创汇农业格局。在工业品出口方面建成了40多家出口专厂（矿），形成了纺织品、食品、工艺品、畜产品、五金工具、建材六大出口生产体系。1990年，出口生产基地、专厂（矿）提供的出口收购额占全市出口商品总值的80%。二是优化出口商品结构。在稳定和扩大农副产品、劳动密集型产品出口的同时，大力发展工业制成品出口，重点抓了机电、纺织、轻工、化工、建材、工艺美术等行业的调整，积极扩大了柴油机、拖拉机、纺织机械、化纤、服装、针复制品、纯碱、化工产品、建材产品的出口，1990年全市工矿产品出口比重上升到66%。三是不断扩大利用外资的规模。从潍坊工业基础较好，资源和劳动力充裕的实际出发，在用好上级有关政策的同通过合资、合作等方式吸引外资。“七五”以来，全市累计批准利用外资项目149个，实际利用外资9948万美元。通过利用外资，引进国外先进技术，有力地促进了生产技术水平的提高。

烟 台 市

市　长：杜世成

副市长：周训德　刘国栋　杨金镜　王树建　王学刚

杜世成市长，1950年生，山东省龙口市人。大专文化。1970年至1971年任教师、公社团委副书记、县委组织部干事。1972年加入中国共产党。1974年任黄县县委常委。1976年任黄县县委副书记、副县长。1982年任黄县县委书记。1987年任烟台市委副书记、副市长。1989年任烟台市委副书记、市长。

蓬勃发展的烟台科教事业

□ 陆广峰

国民经济和社会发展概况

80年代是烟台市社会主义现代化进程发展最快、社会面貌变化最大的时期。10年中，国民经济持续、稳定、协调发展，经济实力显著增强。1990年全市国民生产总值135亿元，10年平均递增10%，其中"七五"时期平均递增11.5%；国民收入120亿元，10年平均递增10.1%，5年平均递增11.6%；工农业总产值按1990年不变价为310.4亿元，10年平均递增15%，5年平均递增19.2%。其中，工业总产值243.9亿元，农业总产值66.5亿元，10年分别递增了18.9%和3.7%，5年分别递增了23.2%和4%；社会商品零售总额达到59.1亿元，10年平均递增了14.5%，5年平均递增15.5%；实现财政收入10.3亿元，10年平均递增11.2%，5年平均递增11.8%。农村经济不断发展，农业的基础地位得到加强。1990年，粮食单产创历史最高水平，总产达到276.7万吨，农村经济总收入达到185.7亿元，比1980年增长5.4倍。乡镇企业发展迅猛，已经成为农村经济的重要支柱。1990年全市乡镇工业总产值达到119亿元，占工业总产值的比重由1980年的21.8%提高到48.8%。

自1984年国务院确定烟台市实行进一步对外开放以来，烟台市的投资环境明显改善，对外开放步伐逐步加快，全市经济开始实施由内向型向外向型的战略转移。特别是"七五"期间，累计签订利用外资协议528项，总金额6.5亿美元，其中外资3.8亿美元，实际利用外资1.4亿美元。现已投产"三资"企业101家，1990年完成产值4.6亿元，创汇3474万美元。对外贸易持续增长，1990年全市外贸商品收购总额按现计划价为21.6亿元，10年平均递增6.8%，5年平均递增17.1%。经济技术开发区进入了边投入、边产出的新的发展阶段，累计已投产外引内联项目63个，1990年实现工业产值2.1亿元。对外承包工程、劳务出口、境外投资和国际旅游业也都有了新的发展。

过去的10年中，基本建设技术改造取得了重大成就，经济发展后劲大大增强。10年间全市固定资产投资总额达到101亿元，相当于前30年的5倍，其中"七五"期间完成固定资产投资72亿元，新增固定资产57.7亿元。相继完成了龙口电厂两期工程、电讯枢纽大楼、烟台港西港池一期工程、莱山机场扩建、烟青一级公路莱烟段、门楼水库增容工程以及烟台合成革厂、烟台大学等基础设施和重点工程建设；完成了石英钟表、计算机外部设备等一批重大技术改造项目。

随着改革的深入，经济的繁荣，城乡人民物质文化生活水平显著提高，人们的精神面貌发生了很大变化。10年间，农民人均纯收入平均每年增长12.1%，城镇职工家庭人均收入平均每年增长15.83%。随着经济收入增加，人们的衣食住行消费水平迅速提高，特别是居住条件有了较大改观。10年间全市住宅竣工面积达473.5万平方米，人均居住面积城镇已达到8.24平方米，农村已达到18.5平方米。随着城乡收入水平的提高，居民储蓄大幅度增加。1990年末达到84.95亿元，分别比1980年和1985年增长了15.5倍和3.3倍。1990年，在全国卫生城市评比中，烟台市荣获地级市“十佳卫生城”的称号，莱州市荣获县级市“十佳卫生城”称号，全市11个县市区已全部通过省级卫生城鉴定。同年，烟台市还荣获解放军总政治部、国家民政部授予的“全国双拥模范城”光荣称号。

在“七五”期间，烟台市发展变化最大的还是科技和教育事业。

科技工作居全国先进行列

党的十一届三中全会以来，烟台市科技工作出现了前所未有的繁荣景象。全市先后建立了40多处全民所有制科研所，兴办了一大批厂办科研所和集体、民办科研机构，形成了一支18.4万人的专业科技队伍。随着科技体制改革的不断深入，科技“双放”政策得到了很好的落实。近年来，科研机构普遍引入了竞争机制、市场机制和风险机制，实行了以科室承包、课题承包、人员自由组合、效益与任务挂钩为主要内容的改革。其中有5个研究所进入了企业或企业集团，15个实行了一所两制，建立了各种形式的科研生产联合体38个，承包、租赁、领办和自办企业20多个。全市2800多名科技人员从城市流向农村，支援了乡镇企业。各县市区聘请科技副县市区长22名，科技副乡镇长数百名。科研机构和广大科技人员进入了经济建设的主战场，取得明显成效。10年间，全市共取得科技成果2874项，其中“七五”期间取得1461项，达到国内外先进水平的占50%以上。在经济增长中，科技进步的贡献率达到39.2%，科技成果的推广应用率达85%以上。特别是实行科技工作向农业倾斜后，科技兴农取得很大进展。全市以粮油为重点实施了10大农业技术开发、40万亩吨粮田、35个吨粮乡镇达标，15万亩旱薄地开发，大面积苹果栽培技术以及“星火计划”、“火炬计划”、“丰收计划”项目，均取得了显著成绩。“科技兴厂”示范企业和企业科技进步指标体系的制定与推行，有力地促进了工业企业依靠科技进步实现长期稳定发展。市、县两级已确定100多个“科技兴厂”示范企业，科委与它们互设联络员，在优先安排科技项目、成果鉴定、评审、推广应用新技术，提供科技情报咨询和专利服务等方面，给予优先安排，帮助他们引进国内外专家，组织到国外考察、培训。近年来，这些示范企业全部建立了科研所和科技开发机构，年科技投入增加到4600多万元，开发新产品350多项，申请和实施专利数百项，新增产值上亿元。

科技管理部门的自身建设得到加强。1990年全市199处乡镇全部成立了乡镇科委，50%以上的村民委员会配备了科技副主任，68%以上的村成立了科技综合服务队。各级科技服务网络进一步完善。经国家科委批准，建立了“烟台科技创业服务中心”。

科技情报工作取得长足的发展。市科技情报所实行了一所两制,既搞情报研究服务，又搞科技开发。在研究方面除了为农业、工业和科研部门提供了大量的国内外科技信息、实物情报和咨询服务外，还组织了软科学课题研究，为领导部门决策提供科学依据。在开发方面创办了一批高、新技术企业，如烟台粉末冶金技术开发公司、烟台柯达计算机系统工程公司、佳能复印机烟台技术服务站等，开发和转让的新技术、新产品遍布全国20多个省市。

科技外事工作日趋活跃。1985年烟台市率先成立市引进国外智力领导小组，并在市科委设了外事科。几年来，烟台市已先后从美国、日本、德国等国引进专家250多名，创直接经济效益2700多万元。工作中已与10多个国家的专家组织、科技团体建立了正式合作关系，建起了1300多人的外国专家技术档案库、科技外语人才库和国际科技合作项目库。先后举办过两次国际学术研讨会，选派数十名科技人员出国外进修，组派4个出国团组分别赴德国、波兰、美国、加拿大进行科技考察，加强和扩大了国际科技、人才的合作与交流。为此，1989年烟台和武汉两市同时被国务院批准为“引进国外智力综合试点城市”。国家在这两市分别设立180万元人民币、20万美元额度的国际人才交流基金，用于引进国外科技人才，改造提高传统行业，支持扶持出口创汇企业的发展。该基金实行有偿使用。

专利工作不断发展。烟台市专利申请量已由1985年的33件，猛增到1989年的253件，1990年305件。近几年每年实施专利技术近百项，年新增产值3亿多元，利税5千多万元，创汇3000多万美元。

技术市场管理纳入法制轨道。1989年烟台市科委发布并组织实施了《烟台市技术市场管理暂行办法》。这样做有效地推动了技术交易的发展，完善了技术市场的管理。现在烟台市11个县市区均已成立了技术市场管理机构，9个技术合同登记处已登记技术合同400多项，技术交易额达1000多万元。技术交易已由过去单纯的技术转让逐步发展到技术承包、技术入股、组织科研生产联合体等，技术市场逐步向多层次、多形式方向发展。

科技人才管理工作迈出了新步伐。1986年至1989年烟台市遵照上级有关规定开展了专业技术职务聘任工作。全市企业（包括乡镇企业）、事业单位共24个系列，近16万名专业技术人员参加了评聘。全市共评聘高级技术职务3391人，中级技术职务28265人，初级技术职务108703人。此次专业技术职务聘任制的实施取得了良好的效果。专业技术队伍结构进一步趋向合理，有力地调动了专业技术人员的积极性，为中青年优秀人才脱颖而出创造了条件，对人才的合理流动和离退休制度的建立，以及各项社会主义建设事业的发展，都起到了促进作用。

教育事业发展迅速

烟台市是国家教委确定全国教育改革实验区。1984年以来，教育事业牢固树立教育为烟台经济建设服务的思想，纠正脱离实际和片面追求升学率的倾向，对外抓经济、科技、教育之间的统筹，对内抓普通教育、职业教育、成人教育之间的协调，逐步建立起一个基础牢固、结构合理、灵活多样、效益显著、与社会发展和经济建设相适应的教育体系。到1990年末，全市高等院校在校生达1.9万人，中等专业学校在校生达4万人，分别比1980年增加1.5万人和3万人；初中入学率达到92%，高中入学率达到40%；学龄儿童入学率达到99.56%，比1980年提高1.44个百分点。"七五"期间，全市完成了学校布局调整，增设了一批新的专业。职业教育专业门类由原来的四大类10个专业发展到八大类50多个专业。全市先后投资2亿多元，用于中小学校舍改造，使达标率达到90%以上，同时建成乡镇正规化初中268所。到1990年底，全市高等院校发展到7所，中等专业学校74所，职业学校127所，成人学校636所，普通中学568所。近10年来，共向全国各高校输送学生5.7万人，年年居全省首位。

特殊教育，由来已久。烟台特殊教育已有百年历史。近10年来，发展很快。全市现有盲聋哑学校10处，弱智儿童辅读学校1处，在校学生910人，普遍建有校办工厂。教学条件的全面改善，使残疾人受到了良好的教育，成为具有良好品德，一定的劳动技能和文化知识的劳动者。1987年10月，国内外的特教工作者云集烟台，纪念中国第一所聋哑学校诞生一百周年，对烟台的特殊教育事业给予了高度评价。

高等教育，发展迅速。烟台最早的2所大学创办于1958年。到1990年高校发展到7所。1984年烟台以地方集资为主的方式创办省属重点综合性大学—烟台大学。该校共设立了中文、外语、法律、经营、工民用建筑、机械设计与制造等16个专业。烟台大学在坚持以教学为主的同时，重视科研、科技开发和多种形式培养人才工作。校建筑设计研究所积极开展社会服务，既培养了人才又创出了效益。该校不久前成立东亚研究所，以社会需求为导向，以应用研究为主，以南朝鲜经济问题为研究主题，有针对性地开展研究与服务。目前该所已与省内外有关企业、研究机构和高等院校建立了合作关系。1986年建成的中国煤炭经济学院，现开设工业企业管理、工业会计、信息管理工程等5个专业。在校生达万名。烟台电视大学，以大中专学历教育为主，同时根据烟台经济建设和社会发展的需要，开展继续教育和专业培训等不同层次的非学历教育。该校同27家大、中型企事业单位组成烟台广播电视教育理事会，实行联合办学，为用人单位对口培养急需人才。1986年、1989年先后两次被山东省教育厅授予全省电大系统先进集体和卫星电视教育先进单位称号。1987年烟台教育学院被定为世界银行贷款中学在职教师培训项目院校。该项目指行期为1988—1992年，项目贷款投资50万美元，主要用于购置教学仪器设备、图书资料，以改善学院办学条件，提高教学质量和管理水平。现在该项工作已见成效，世界银行检查团表示满意。

职工教育纳入承包。烟台市的职工教育工作坚持面向企业，面向生产，以提高经济效益为中心，为两个文明建设服务，获得新的发展。每年接受各种培训的职工突破60万人次。培训工作注重能力培养，坚持依法办教。市政府发布了《烟台市职工教育管理暂行办法》，统一了全市职工中专、职工高中办学、考试办法和收费标准。市委、市府还在《关于进一步稳定和完善企业承包经营责任制若干问题的意见》中，将职工教育列为承包合同必须设置的主要指标之一。其内容主要包括文化水平、技术水平和岗位培训3个方面，同时明确对职工培训指标的考核、检查制度及方法。《意见》执行后对抓好职工培训，增加企业后劲，起到了积极作用。

教改工作，初见成效。为了推动教育事业的发展，烟台市教育部门组织骨干力量，会同中央科教所、就学校德育、"三教统筹"规划、教育自身的建设、"经济科技教育"三位一体新体制等战略性问题进行调查研究，深化教育体制改革。莱州已成为全国教改实验县。近几年莱州市在农村教育为当地经济服务方面，开展了一系列教改实验工作，"五四"学制实验及9年制义务教育水平评估等工作已取得初步成果。1989年国家教委把莱州市列入"全国百县农村教育综合实验区"。实验的目的是为实施国家"燎原计划"提供经验和示范，从而促进全国农村教育综合改革。烟台北极星集团被国家教委确定为全国教改实验企业。按国家教委要求，该公司企业的教育工作纳入厂长（经理）承包责任制，实施目标管理，探索大中型骨干企业提高职工队伍素质的新路子。

威海市

市 长：臧海强

副市长：王大海 张锦超 李同轩 邹恒斋 由学志

臧海强市长，山东省海阳县人，1954年5月生，1970年12月加入中国共产党，大专文化程度。历任山东省海阳县小纪公社党委书记、县委副书记、书记、西藏莎迦自治县县委书记，烟台地区经委副主任，烟台市交通局局长，中共威海市委常委、副市长，市委副书记、代理市长、市长。

全国第一个国家卫生城市

□ 宋修光

威海市是一座美丽富饶的沿海开放城市，所辖的荣成市、文登市和乳山县为沿海经济开放区，74个乡镇为全国重点工业卫星镇，威海港和石岛港为国家一类对外开放港口，可与世界各开放港口直接通航。全市土地总面积5436平方公里，总人口237.5万。

国民经济及社会发展情况

1990年，威海市国民生产总值达到66.8亿元，比“六五”期末的1985年增长75.3%（按可比价格计算，下同），平均每年增长11.9%；国民收入达到60.4亿元，增长82.5%，平均每年增长12.8%；工农业总产值达到160亿元，增长2.03倍，平均每年增长24.8%。

农业方面。1990年全市粮食总产量达到118万吨，比1985年增加29万吨。1989年和1990年，夏粮单产和总产连创历史最高水平，连续两年受到国务院嘉奖。1990年全市水产品总产量达到62万吨，渔业总收入达到25.8亿元，在全国地级市中均居首位。1990年全市农村经济总收入达100亿元，比1985年增长2.7倍，平均每年增长29.9%。

工业方面。1990年全市工业总产值达117亿元，按可比口径计算，比1985年增长3.2倍，平均每年增长33%。全市乡镇以上独立核算工业企业实现利税7.06亿元，比1985年增长1.4倍，平均每年增长19%。乡镇工业完成产值59.8亿元，比1985年增长4.7倍，平均每年增长36.5%。乡镇工业产值占全部工业产值的54.1%，利税占53.8%。到1990年底，全市共有2个企业晋升为国家一级企业，38个企业晋升为国家二级企业，97个企业晋升为省级先进企业。

对外开放方面。从1987年到1990年，全市利用外资由1650.7万美元增加到1.07亿美元，增长5.5倍；实际利用外资由472.15万美元增加到820.3万美元，增长1.74倍；批准建立“三资”企业由9个增加到87个，增长8.66倍；外贸出口商品收购额由6.3亿元增加到11.48亿元，增长119.3%。

基础设施建设方面。威海机场已开辟了威海至北京、济南、广州三条航线。建成了山东省第一条全封闭汽车专用公路，并正在建设威海至青岛、威海至烟台高等级汽车专用路。建成了威海老港万吨级泊位码头，在国内首家开通了威海至仁川的海上客货运输航线。

流通方面。1990年，全市实现社会商品零售总额30.6亿元，比1985年增长157.1%，平均每年增长20.8%；完成财政收入3.6亿元，比1985年增长89.5%，平均每年增长13.6%；市区零售物价总指数为105.4%，比上年下降了7.8个百分点。

科技教育等方面。全市各类科研机构发展到80个，各类专业技术人员7万多人。1990年共取得科研成果82项，其中达到国际先进水平的3项，国内先进水平的48项，推广科技成果102项。全市高等院校发展到8处，中等专业技术学校50处。1990年全市职工人均年工资达到1906元，比1985年增长94.7%，年均增长14.3%；农民人均生产性纯收入达到917元，比1985年增加325元；城乡居民储蓄余额达32.6亿元，人均1372元。人口自然增长率为5.43‰。

创建了全国第一个国家卫生城市

威海市从1981年到1985年，连续5年在全省城市卫生评比中名列第一，1984年被评为全国城市卫生先进单位，1986年被省爱卫会命名为山东省第一个卫生城市。1990年6月又被国家爱卫会命名为全国第一个国家卫生城市。目前，市区道路硬化率达到98%，绿化覆盖率达到32.5%，食品卫生合格率达到95%以上，旧城区改造完成90%以上，地面水和海水水质都好于国家二级标准，大气质量达到国家一级标准，主要干道噪声值控制在60分贝以下，其他一些主要卫生指标也都达到或接近国内先进水平。主要做法:

一是树立大卫生观念，在工作指导上坚持高起点。城区规划为2个工业区、1个火炬高技术产业开发区、1个出口加工区、1个疗养区、6个旅游风景区、2个行政办公区、2个商业区、12个居民生活区。按照这个规划，进行建设改造和管理，书记、市长亲自抓，分工市长靠上去抓，市里有爱卫会，市区每个单位都有爱卫组织，使每项工作有人抓，层层事事有人管。

二是突出系列治理工程建设，在治本建设上坚持高标准。市里在城建总投资中每年都拿出10%以上用于基础设施建设。在此基础上，本着“谁受益，谁负担”的原则，动员市区所有单位，有钱出钱，有力出力，多渠道、多形式集资集劳。现在，市区基本上完成了三大系列治理工程建设，即市容市貌治理系列工程、污染治理系列工程和城市废弃物治理系列工程。

三是实行“四个并举”，在绿化美化上坚持高质量。“四个并举”就是：城市建设与城市绿化并举，公共绿化与庭院绿化并举，平面绿化和立体绿化并举，绿化和美化并举。近几年，市区新增绿化面积368.3公顷，栽植各种树木110万株，建街头绿地27万平方米，建街心绿带4万平方米，铺草皮20万平方米，建公园3个，花坛400多个。基本达到了三季有花，四季常青。

四是强化预防工作，在防病灭病上坚持高要求。主要抓了“全、早、快、严”四个字。“全”就是全面开展计划免疫工作，消灭空白点。1990年经联合国儿童基金会、世界卫生组织和卫生部联合评审，我市免疫卡证符合率达100%，新生儿基础免疫率达97%以上，12岁以下儿童计划接种率达95%，提前四年达到国家标准。“早”，就是对各种传染病早查、早防、早治、做到及时发现，及时消灭。“快”就是开展突击性行动，迅速根除病媒载体。“严”，就是在行业卫生管理上严格制度、严格标准、严格检查监督。

五是坚持依法治市，在管理工作上坚持高水平。市里先后制定了《城市市容卫生管理暂行规定》等30多个规章，逐步把城市管理纳入了法制的轨道，建立并形成了一系列严格的卫生工作制度。

创办了威海火炬高技术产业开发区

威海火炬高技术产业开发区是由国家科委、山东省政府和威海市政府共同创办的国家级开发区。

开发区位于威海市区西北部，控制区面积20平方公里，规划区面积6.25平方公里，近期开发1平方公里。该区域是威海市风景区和文教科研区。东连市区，西临大海，南靠烟（台）威（海）高等级汽车专用路，北邻科研教育区，距市中心3公里、海运码头4公里、火车站10公里、航空港40公里。

目前，开发区内的“七通一平”工程、标准厂房、专家公寓、职工住宅等工程已全面铺开。开发区创办以来，已有400多个国内外科研机构、大专院校和经济实体到威海联系合作开发事宜。目前已有程控交换机、高速传真机、电子电话机、X射线像增强仪，人工皮肤等8个项目进入了开发区。

开发区的主要任务是（一）通过政策导向和创造有利于高新技术产业发展的优良环境，吸引国内外投资者进区创办高新技术企业及科研实体。（二）孵化和扶植高新技术企业及创业者，引进具有开发价值的国内外高新技术项目进行二次开发，使之形成一定规模的产业，将高新技术成果转化为生产力。（三）直接参与国际经济技术交流与合作，推动高新技术成果进入国际市场。（四）将区内已经成熟的高新技术成果向传统产业扩散，调整优化产业结构和产品结构，提高劳动生产率和经济效益，增强本地商品在国际市场上的竞争力。

开发区近期投资开发的重点是：（一）微电子、信息技术及其产品。（二）光机电一体化技术及其产品。（三）新材料技术及其产品。（四）激光技术及其产品。（五）新能源和节能技术及其产品。（六）无污染的精细化技术及其产品。（七）医药科学、生物工程技术及其产品。（八）海洋工程技术及其产品。（九）其它在传统产业基础上应用的新工艺、新技术。此外，还可以在开发区内建设旅游服务设施，从事房地产开发，兴办金融机构，开发经营成片土地等。进入高新技术开发区的企业可以是中外合作、合资经营或外商独资经营的，也可以是国内联营或独资经营的。

开发区管理委员会对开发区实行统一领导和管理。进入开发区内的高新技术企业和开发单位，除享有国家统一制定的高新技术产业开发区的优惠政策外，地方政府还将给予权限范围内的其它优惠。

泰安市

市　长：胡建学
副市长：张仁敬（计划、人事）　宋广吉（城建、外事）
　　　　杨庆蔚（农业、文教）　仲崇高（工交）

胡建学市长，1950年出生于山东省东明县，大学文化程度。1968年参加中国人民解放军，1971年加入中国共产党。1977年至1990年初，在山东省计划委员会工业处、固定资产投资处、政策研究室工作，曾任副处长、研究室主任。1986年在山东省滨州市挂职，任市委副书记。1987年后任山东省计划委员会副主任、党组成员，1990年3月至今，任中共山东省泰安市委副书记、市长。

改革开放结硕果

——泰安市“七五”经济社会发展简介

□ 刘斌范　孙洪烈　英　勇

“七五”期间，在改革开放大潮的推动下，泰安市的主要经济和社会发展指标均已圆满完成。1990年国民收入达到68.68亿元。比1985年增长127.4%，平均每年递增17.9%；国民生产总值达到83.94亿元，比1985年增长67.9%，平均每年递增10.9%；工农业总产值首次突破百亿元大关。达101.14亿元（按1980年不变价，以下同），比1985年增长123.83%，平均年递增17.5%。主要经济指标发展速度高于全省平均水平，提前两年实现了第一个翻番。

“七五”期间的发展概况

（一）“七五”期间，泰安市坚持深化农村改革，坚持科教兴农，因地制宜地建立了以市为中心，乡镇为纽带，村为基础，农民自我服务为补充的社会服务体系。1990年实现农业总产值20.16亿元，比1985年增长18.2%，平均每年递增3.4%。粮食总产达到250.5万吨。创历史最高水平。

（二）坚持治理整顿。深化改革，调整结构。工业生产出现前所未有的好势头。归纳起来有4个显著特点：一是生产持续增长。1990年实现工业总产值80.98亿元，比1985年增长188%，平均递增23.6%。二是工业基础大大加强。“七五”期间，全市固定资产投资57亿元。建成大中型企业34个。产值过千万元的企业发展到54个，利税过百万元的企业发展到76个。三是经济效益明显提高。“七五”期间，全部独立核算工业企业实现利税比“六五”时期增长108%，主要工业产品物资消耗稳定降低率平均达到65%以上。四是产品质量和企业管理水平提高。目前，全市已有11家企业通过了国家二级企业验收，被评为省级企业管理先进单位的有36家，被评为市级企业先进单位的有140家以上。

（三）城乡市场兴旺繁荣，财政状况日趋良好。1990年，泰安市社会商品零售总额达33.6亿元。比1985年增长1.02倍，平均每年递增15.1%。零售物价指数为99.8，是多年来所未有过的。财政收入达到5.04亿元，平均每年递增18.6%，大大超过了全省12%的增长速度。

（四）“科教兴泰”成就显著。“七五”期间，泰安市共取得重要科技成果741项，其中有70多项达到国际国内先进水平，仅工业领域的科技成果就新增产值12.83亿元。全市各类科技人员达12万余人，其中全民企事业单位的科技人员近10万人，集体企业科技人员12582人，农业科技人员2500多人，分别比“六五”增长3—4倍。5年来，泰安市的教育工作有了长足的发展。现在除部分盲、聋、哑儿童延缓入学外，学龄儿童全部入学；初中入学率达到 78.2%，义务教育、特殊教育、职业技术教育、成人教育、高等教育等也都取得了可喜成绩。

（五）随着经济社会的不断发展，城乡人民收入连年增加，生活水平逐步提高。1990 年，全市农民人均纯收入达 651 元，比 1985 年增长 52.1%。1990 年，职工人均工资达到 2200 元，比 1985 年增长 97%。1990 年末，泰安人均住房面积达 10.86 平方米，辅助面积 3.5 平方米，超过了全省、全国城市居民的人均住房水平。

（六）泰山风景名胜区管理和建设成绩显著，其声誉和知名度逐年提高。一是建立了具有一定政府职能的三位一体的管理机构—泰山风景名胜区管理委员会，理顺了上下左右的关系，完善了内部管理机制。二是组织有关院校，部门的专家学者对泰山地质、水文、气象、森林、建筑、文物、旅游、美学等诸多领域进行了综合考察研究，编制了《泰山总体规划》。开展了将泰山列入世界遗产的申报工作，1987 年 12 月，联合国教科文组织正式批准泰山“列入世界文化和自然遗产”名录，1991 年 6 月 26 日联合国科教文组织驻中国代表在北京颁发了《世界遗产名录》证书。三是加强了风景区旅游服务基础设施的建设。5 年来投资 2500 多万元，大大改善了风景区的旅游条件。四是开发建设了一批新景区、景点。5 年来，共新建、重建、修复了 45 个项目。总计施工面积达 40 万平米。五是加强了风景区的环境卫生、社会治安、经营管理、旅游秩序、规划建设的综合治理。先后获“省、市级无鼠害山”、“省级卫生山”、“全国卫生先进风景名胜区”、“市级安全山、文明山”等荣誉称号。

城市建设的综合开发

（一）加强了旧城改造工作。1985 年以来，泰城先后完成了 10 条大街，2 个车站和奈河上游的综合改造任务。新拓的东岳大街、东关街横贯市区。改造后的洼子街、红门路、岱北街民族风格浓郁。宽阔平整的火车站广场和典雅舒适的候车大楼使泰安火车站跃入现代化车站的行列。广场前占地 30 余亩的天庭园综合服务小区成了对外交往的新窗口。过去纵穿泰城的奈河垃圾遍地、污水漫流，如今成了“河中有水、岸边有绿、绿中有景、景中有诗”的水上公园。

（二）基础设施建设加快。5 年来，市区共拓宽修筑道路 60 条，并大都铺筑了水泥或沥青路面。消除了市区道路的“卡口”、“堵头”，改善了城区东、西、南三面出境口的交通条件。整修、治理小街巷 100 多条。人行道路面大为改善，硬化率达 85%以上。主次交通干道大都安装了路灯，照明率达 95%以上。改造了山城供水系统。现在市区日综合供水能力达 9.4 万吨。修建了煤气工程，已有 2 万余户居民和部分企事业单位用上了管道煤气。另有 1 万户用上了石油液化气。进行了热电联户和污水处理厂的建设。

（三）新区开发迅速崛起。近几年，市区在东郊开辟了 4.6 平方公里的新城区.新城区坚持高标准、现代化。现已完成道路、给排水、供电等基础设施的建设，创造了有利的投资环境。已有 50 多个项目定点建设。使市区面积扩大到 24.6 平方公里。

五年的工作经验

（一）坚持从实际出发。认真贯彻执行中央、省制定的方针、政策，始终以经济建设为中心，制定了“重工强农活流通和科教兴泰”的战略指导思想，做到说真的，办实的，保证了经济的稳定增长。

（二）以开拓国内外市场为突破口，狠抓对外开放工作。我们立足于改善投资环境、调整产业和产品结构、推进横向联系、加快基地建设、扩大对外宣传，大大促进了泰安市的对外开放和经济发展。

（三）认真贯彻稳定是压倒一切的方针。我们坚持以稳定促发展，以发展求稳定的思路，一手抓经济建设，一手抓社会事业进步，实现了经济社会的全面发展。具体工作中，我们在全市范围内深入进行了“一个中心，两个基本点”和爱党、爱社会主义的教育。开展了学先进、讲奉献、树新风和移风易俗、尊老爱幼、济贫助残等活动。这些活动。坚定了广大干部群众的社会主义信念和反颠覆、反演变的免疫能力。在坚持正面教育的同时，对一些违法犯罪活动进行了打击。从而促进了社会的稳定和经济的发展。

（四）抓基础为长远发展积蓄后劲。我们根据国家产业政策的要求，结合泰安市实际围绕增强发展后劲。抓规划、抓论证、抓立项、抓设计、抓实施、环环相扣。经济基础大大加强，为实现第二个翻番的战略目标创造了条件。

（五）以抓机关作风，转变为龙头，促进了廉政勤政建设。泰安市委、市府领导一班人始终把“廉洁、务实、高效、开拓”做为自身的行动准则，坚持抓服务促勤政。抓廉政促作风，尽职尽责办事情、做工作。从“两公开”、“一监督”入手，完善了工作程序，领导接访，来信来访，监督检查等项制度，实行领导包案责任制。公开处理一些大案、要案，促进了政府机关的廉政建设。

日照市

市　长：王家政
副市长：房训佐（常务）　熊可山（文教、政法）
肖开富（农业、粮供）　何学志（工交、财贸）
陈万光（外经贸）　陈晓丽（城建、科技）

王家政市长，1938年12月生，山东省沂南县人。1964年毕业于华东水利学院。曾任山东省水利厅南四湖工程局技术员，日照县水利局技术员、工程师、副局长，日照县建委副主任，日照县副县长，临沂地区农委副主任、行署副专员，临沂地区行署副专员兼中共日照市委书记等职。1988年当选为第五届中共山东省委候补委员。1990年1月任日照市市长。

抓住机遇　发挥优势　全方位推进对外开放

□ 日照市市长　王家政

日照市地处我国海岸线中段，是一个新兴的港口城市。自1988年3月被国务院列为山东半岛经济开放区以来，特别是1989年6月升格为地级市后，我们把对外开放作为日照发展的根本出路，认真贯彻党中央、国务院制定的改革开放的总方针，坚定不移地实施沿海经济发展战略，紧紧抓住国际市场变化所带来的良好机遇，敞开市门，充分发挥日照市的地理位置和港口优势，全方位推进对外开放，积极有效地吸收利用外资，扩大出口创汇，发展外向型经济，取得了显著成就。

强化对外宣传

日照市作为山东半岛经济开放区的南翼，位置适中，条件优越，隔海与朝鲜、日本相望。在99.6公里的海岸线上，有国家一类对外开放的石臼港和岚山港，两港设计能力已达1880万吨，至2000年将达到4790万吨，成为我国海上运输网络的重要一环。横贯域内的新（乡）石（臼）铁路，西行直抵古城西安，成为跨越京沪、京广、焦枝、同蒲四大干线，与陇海线并行的又一条东西大动脉，把沂蒙山区乃至黄河流域联结起来，构成了地跨鲁、豫、冀、晋、陕、新的亚欧大陆桥，石臼港成为东端的一个桥头堡。为充分发挥日照市这些得天独厚的优势，我们采取积极的措施，大力加强了对外宣传，先后多次在青岛、深圳、北京、福建等地召开新闻发布会，华侨座谈会和发展外向型经济恳谈会，参加山东省在香港举办的对外经济技术合作洽谈会、名优产品展销会，以及召开“三胞”联谊会等。共接洽美国、日本、加拿大、南朝鲜、马来西亚、香港、台湾等40多个国家和地区的4000多名客商，接洽来日照市考察项目的200多家海外公司的1000多名客商。同时，我们派出了16个团组，先后赴美国、日本、德国、法国、马来西亚、加拿大、南朝鲜、香港等国家和地区进行考察。从而进一步强化了对外宣传，广交了朋友，提高了日照市的知名度，扩大了日照在国内外的影响和对外开放的吸引力。

加强投资环境建设

为加快日照市对外开放的步伐，我们采取了“软硬齐抓，突出重点，加速开发”的措施，进一步加强了投资环境的建设。在软环境建设方面，一是在全市广大干部职工中广泛深入地开展了解放思想，牢固树立整体开放意识的教育，引导全市干部群众进一步克服墨守陈规、封闭保守的僵化思想，树立敢于到国际经济舞台竞争创业的观念；克服固步自封，安于现状的思想，增强对外开放的紧迫感和警醒奋进的观念，从而使全市人民树立起了强烈的整体开放意识和勇于开拓进取的精神，形成了对外开放的强大合力。二是不断强化政府的服务功能，把整顿机关工作作风、提高办事效率和服务水平作为改善“软”环境的一项重要措施来抓，简化办事程序，提高办事效率和服务质量，逐步建立起了高效、统一的涉外管理、服务机构，做到了一个窗口对外，一条龙服务。三是根据中央和省制定的对外开放政策，结合日照市的实际，制定了《日照市鼓励外商投资的实施办法》、《日照市鼓励台湾同胞投资的实施办法》、《日照市发展外向型经济若干规定》等7个优惠政策、规定，逐步完善了涉外经济法规，为广大投资者创造了一个完备的法律环境和宽松的社会环境。在硬环境建设方面，一是进一步完善了港口功能，组织力量加快石臼港两个木材泊位和岚山港液体化工码头的建设，做好5个通用杂货码头开工前的准备工作，使石臼港由单一的输出煤炭码头向综合性的港口方向发展；二是本着“综合规划、分片开发”的原则，加快了出口加工区建设的步伐，陆续建成一批外向型企业，促进了对外开放的不断扩大。三是突出抓了城市基础设施建设。新上了7000门程控电话，将于1991年11月份投入使用；我们还重点抓了岚山港的水、电、通讯配套建设，解决了岚山港“给水难、用电难、通讯难”的问题；对城市基础设施建设，在困难的情况下，3年来，我们想方设法，共投资1984万元用于市政建设，拓宽、硬化、新建城市道路36条，新敷设地下排水管道9公里，新增日供水能力1.7万吨，供水普及率达93%，并兴建了一批文化、娱乐、服务设施，改善了投资环境，增强了外商投资的吸引力。

拓宽横向经济联合领域

我们坚持双向开放，把推进全方位、多层次、多渠道的横向经济联合作为日照市对外开放的一个重要内容，充分发挥“窗口”作用和口岸作用，在传递信息、拓宽贸易等方面，主动为内陆特别是沿黄省市区搞好服务，积极开展了对内横向联合，突出地抓了与内陆省市的经济联合与技术协作，先后组织有关部门到省内外开放市、县考察学习；与河南省的新乡市、山西省的晋城市建立了友好城市。并于1990年5月份，筹备举办了沿黄省区技术协作会议。我们还进一步加强了与腹地各省区大中型企业、科研单位、大专院校及其它经济组织的联合，不断拓展联合的领域和渠道。河南省人民政府、新乡市人民政府、山西省人民政府、中国物资储运总公司、晋城矿务局、兖州矿务局等先后在日照市设立了办事处，进一步打破了封闭状态，扩大了相互间的经济技术文化交流与友好往来。同时，我们还采取多渠道、多形式的投资或合作方式，组建了地方海运公司、仓储中转企业和各类商贸企业，发展以海运、铁路运输为主的水陆联运和面向省内外、国内外的商贸经营业，使日照市逐步形成了“物流中心”。1990年，全市港口吞吐量已达962万吨，石臼港已成为全国十大港口之一。

大力发展外向型经济

在对外开放工作中，我们一直把积极有效地吸收利用外资工作作为发展外向型经济的重点来抓。在重点发展“三资”企业的同时，积极利用国外的先进技术、资金，改造、嫁接我市的老企业，使我市的外向型经济有了较大发展。3年来，我们共与外商洽谈了近200个项目，签署合同、协议32个，总金额达15亿元。已批准办成利用外资项目共17个，其中中外合资企业10家，中外合作经营企业2家、独资企业2家、补偿贸易1家、租赁1家、利用世界银行贷款引进1家，总投资额2.5亿元，利用外资3677万美元，全部建成投产后，可实现产值9.09亿元，利税8923万元，创汇1.75亿美元。现已有7家中外合资、独资企业相继建成投产。目前，总投资2.58亿美元，与加拿大合资建设年产16万吨木浆厂项目，国家计委已批准立项，预计1991年底可进行建设。1990年，在国内市场疲软、国际市场发生变化的不利情况下，全市外贸出口商品供货值仍达到1.25亿元，出口商品达14大类、94个品种，远销30多个国家和地区，保持了良好的发展势头。

实践证明，对外开放是强国之路，我们将坚定不移地把对外开放工作不断引向深入，进一步强化全市人民的整体开放意识，加强对外宣传和联系，提高日照市在国内外的知名度；进一步改善投资环境，增强对外开放的吸引力，理顺各个方面的关系，确保我市对外开放工作继续全方位的健康发展，尽快把我市建设成为开放型、多功能、以商业贸易经济为主导，商贸、工业、服务、旅游融为一体的现代化港口城市。

青州市

市　长：王治华

副市长：宋宝金（常务）　花润田（体改、财贸）　傅忠慧（乡镇企业）　李学汤（农业）　丁枢昌（科教文卫、计划生育）　赵金修（工业）

王治华市长，出生于1947年12月，山东省诸城人，中共党员，大专文化程度。历任诸城县委工作队队员，诸城县皇华公社党委副书记、管委会主任、诸城县箭口公社党委书记。1984年2月当选为诸城县县长。1987年4月调任中共青州市委副书记、市长。

打牢基础　积蓄后劲　协调发展

□ 青州市政府办公室

“七五”期间，是青州经济和各项社会事业稳步发展的时期，全面完成了第七个五年计划，提前10年实现了翻两番的奋斗目标。1990年，全市社会总产值达到36.4亿元，比1985年增长1.8倍；国民生产总值17.1亿元，增长1.4倍；国民收入14.6亿元，增长1.3倍；工农业总产值（按1990年不变价）32.4亿元，增长1.5倍；社会商品零售总额5.6亿元，增长68.9%；外贸出口商品收购额1.06亿元，增长4.4倍；财政收入10096万元，同口径增长1.8倍；农民人均纯收入716元，干部职工年均收入2201元，分别增长56%和1.1倍；城乡居民储蓄余额达到6.4亿元，增长3.3倍。

抓基础，经济发展后劲明显增强

强化农业基础地位，农村经济全面发展。“七五”期间，坚持以农业综合开发为突破口，以提高主要农产品产量为目标；稳定粮食生产，大力发展畜牧业、林业和多种经营，农业的综合发展能力和后劲明显增强。认真组织实施了中低产田开发、黄淮海平原农业开发、吨粮田开发和小麦玉米丰收奖竞赛，粮食产量连年提高。1990年，粮食总产达到4.4亿公斤，比1985增长26.8%，创历史最高水平。烤烟、棉花、果品、桑蚕、瓜菜全面丰收。畜牧业和林业都有较大发展。1990年全市农村社会总产值达到6.8亿元，比1985年增长24.5%。

加强重点建设和城市基础设施建设，城市功能逐步完善配套。“七五”期间，坚持量力而行，突出重点的原则，把建设的重点放在能源、交通、通讯和城市基础设施上，一大批与群众生活密切相关的基础设施相继竣工，城市的综合服务功能日趋完善。先后完成了博物馆、青少年宫、李清照纪念馆、火车站、汽车站和东西立交桥等重点项目。建成了热电厂，全市供电量扩大到3.45亿千瓦时。新建、改建、拓宽公路10条，135公里，城区围字型道路框架基本形成，人均占有道路面积由1985年的10.2平方米提高到13.5平方米。铺设自来水管道27.2公里，日供水量达到3.3万吨，供水普及率达到94%。先后修建地下排水管道20.4公里，排水服务面积10.2平方公里。集中供热面积达到18万平方米。开辟园林绿地49万平方米，植树66万株，城区绿化覆盖率达到33%。邮电通信事业有了较大发展。市区全部实现了自动电话，装机容量4000门。开通了国内直拨电话。城市管理水平不断提高。1990年被评为“创城夺怀”先进城市。

落实三大基本国策，计划生育、环境保护、土地管理得到加强。正确处理人口、土地、环境与经济发展的关系，努力保持协调发展。严格人口计划管理。实行人口目标责任制，连续五年人口自然增长率控制在计划指标以内。从严控制非农业建设用地，推行了农村宅基地有偿使用。在节约土地的同时，积极开展土地的开发复垦。我市被评为全国土地管理先进市。环境保护坚持“防治结合、综合治理”的原则，重点对老污染源进行了整治。五年间，先后完成93个污染治理项目，环境综合质量明显提高。

抓调整，经济结构得到优化

根据国家产业政策和我市的实际，积极推进产业结构调整。调整的重点是加强和发展农业，改造提高加工业，努力搞活商品流通。发挥地域资源优势，积极调整农业内部结构。在稳定粮田面积，提高单产，增加总产的同时，推广间作套种，大力发展经济作物。结合本市山区面积大的实际，大力发展畜牧业和林业。正确引导，积极扶持，加快乡镇企业的发展。全市乡镇企业已发展到13849处，从业人员达到12万多人。1990年完成工业产值11.5亿元，比1985年增长2.6倍。工业坚持以老企业的技术改造和改建、扩建为重点，坚持发展重点行业，建设骨干企业，拉长拳头产品，企业的技术水平、装备水平和产品水平明显提高。五年间，投资3.44亿元，先后完成了249个项目的技术改造，已形成以机械、电子、化工、轻工、纺织、食品、建材六大行业为主，布局合理，门类齐全的工业体系。产品结构调整取得了较大成效。五年间，全市开发新产品442个，有18种填补国内空白，有32种达到国外先进水平。到1990年底，全市共有42种产品被评为省以上优质品。其中国优4种，部优20种。加强了企业管理，企业素质明显提高，有4个企业评为国家二级企业，16个企业评为省级先进企业。1990年全市完成工业总产值25.7亿元，实现利税3.54亿元，分别比1985年增加2.4倍和64%。商业以搞活流通，加快经济循环为主攻方向，以疏理流通渠道为突破口，发挥在市场调节方面的主导作用。加快市场建设、先后兴建了一大批规模大、功能齐全的商业服务网点，形成了布局合理、相对集中的商业区。1990年，全市商业网点达到6200处。完成商品总购进1.4亿元，总销售1.5亿元，分别比1985年增长67%和72%。通过调整，第一、二、三次产业的比例关系明显改善，产业内部结构日趋合理。

抓科教，劳动者素质明显提高

“七五”期间，制定并实施了“科教兴市”的战略，走经科教统筹的路子。积极推进科技双放，鼓励科技人员到生产建设第一线。大力发展多种形式的科研机构和农村科技服务体系。五年间，先后发展科研机构34所，其中民办16所，厂办14所，共取得科研成果191项，其中有56项达到国内先进水平或填补国内空白。职称改革全面完成，全市共有15438名科技人员获得了技术职称，其中高级201人，中级2244人，极大地调动了广大科研人员的积极性。认真组织实施了“星火计划”、“丰收计划”和“科技兴农”、“科技兴工”两大系统工程。“七五”期间，全市共完成“星火计划”项目10项，推广应用新技术、新成果296项，累计增加经济效益2400多万元。在教育领域。积极调整优化教育结构。强化基础教育，全市36处乡镇全部实施了九年制义务教育，学龄儿童入学率、巩固率、毕业率分别达到99.8%、99.9%和99.2%。五年间，共向大中专院校输送人才4400人。大力发展职业技术教育和成人教育，“七五”期间，各类专业技术学校共向社会输送各方面人才2500多人。我市被确定为全国电化教育试点市。“七五”期间，先后投资4411.6万元进行了校舍改造，办学条件明显改观。科教事业的发展，为经济建设提供了可靠的智力保障。文化、卫生、广播电视、体育等各项社会事业都有较大发展。文化娱乐设施不断完善配套，建成了电视台、报社、中波电台。市乡村三级卫生网进一步巩固和发展。大力开展群众体育活动，1990年被评为全国体育先进市。

抓开放，外向型经济迅速发展

“七五”期间，紧紧抓住被列为沿海开放城市的有利条件，大力发展外向型经济。外贸出口有较大突破，出口产品结构日趋合理。出口商品发展到16大类120多个品种，工业品年出口额达到6000多万元，占出口总值一半以上。加快了出口产品生产基地建设，已建成肉食鸡、兔、牛、烤烟、葫芦条、辣椒干、柿干等七个出口产品生产基地。经济技术交流取得可喜成绩。“七五”期间，累计引进新技术14项，先进设备188台套。利用外资规模不断扩大，已办成利用外资项目18个，总投资1665万美元，其中利用外资976万美元。

抓协调，城乡关系逐步理顺

适应小城市亦城亦乡的特点，确定了以城区为中心，以乡镇为依托，以城带乡，城乡一体，相互促进，共同发展的战略。在工作指导上，充分发挥城市工业、流通、科技、信息等各方面的优势，把城市的辐射功能和农村的撞击效应结合起来。城市工业通过建立以名优特产品为龙头、骨干企业为依托的生产联合，以技术转让、技术服务、技术联营为内容的技术协作，打破了农村单一的经济结构，推动了乡镇企业的发展，为农村工业化开辟了道路。流通领域改变过去传统的经营方式，在农村建立种植、养殖基地，加快了农村商品经济的发展。同时又为工商企业提供了稳固的资源和原材料，壮大了自身的实力，繁荣了城乡市场。同时，制定优惠政策，鼓励乡镇企业、个体工商户进城设立经济窗口。五年来，先后在城区设立经济窗口和固定摊店1200多处，兴建综合性服务大楼26栋3万多平方米，繁荣了城乡经济，加快了城市建设，促进了双向交流。

龙口市

市　长：于希信
副市长：林培祖（常务）　范庆梅（女　财贸、金融）　王从武（工交、计划）　刘筱杰（外经、乡镇企业）　盖少宁（文教卫生、政法）

于希信市长，1950年生，山东省招远县人，大专毕业。1971年参加工作，先后在招远县委、县政府工作。任县委常委，副县长、副书记。1989年12月调龙口市任市委副书记、代市长，1990年4月当选为龙口市市长。

坚持电力先行　促进经济发展

□ 龙口市人民政府

电力建设迅速发展

龙口市电力建设起步较晚，到1980年底，全市仅有35千伏变电站2座，容量13250千伏安；35千伏线路46.8公里，10千伏线路276.1公里，低压线路316.7公里，各种线路总长度为639.6公里；配电变压器385台，容量34470千伏安。80年代以来，龙口市开始了大规模的电力建设。到1990年底，全市拥有110千伏变电站1座，容量8500千伏安；35千伏变电站8座，容量8500千伏安；变电总容量达到16.3万千伏安，是1980年的12.3倍。拥有110千伏线路22.1公里，35千伏线路115.6公里，10千伏线路937.5公里，低压线路1705.8公里，各种线路总长度为2781公里，是1980年的4.3倍；拥有配电变压器1780台，容量16.6万千伏安，分别是1980年的4.6倍和4.8倍。10年来，龙口市按照全市电力发展的总体规划，努力奋斗，艰苦创业，具体做了以下工作：一是提高认识，强化对电力建设的领导。80年代，龙口市委、市府遵循“经济要发展，电力要先行”的客观规律，成立了市、乡镇、村三级农电建设领导小组，把农电建设任务逐级落实到基层。市农电建设领导小组勘察了全市的山山水水，绘制了1981—1990年及1991—2000年龙口市电力事业发展蓝图，挑起了领导全市农电建设的重担，并负责35千伏变电站和10千伏以上线路及变配设施的建设，乡镇、村领导小组，负责本乡、本村的低压线路设备安装任务；电力部门组建了强有力的专业施工队伍，负责全市的35千伏及以上输变电工程的施工。二是集资办电，推进电力建设的步伐。市委、市府提出了“早准备、早动手，小电等大电，电到网成”的口号，打破了“等、靠、要”的思想，吸取龙口电厂集资办电的经验，走出了一条“地方自筹为主，国家补助为辅”的多层次、多渠道集资办电的道路，加速了农村电网的建设。具体办法是，集中国家投资，建设大型骨干工程；市乡镇集资建设配套工程；村队和农民个人集资建设10千伏线路和低压进户工程。这样，由小到大，不断滚动，大、中、小工程配套发展。目前，全市已拥有各种变配电设施、高低压线路总价值2700万元，其中国家投资1213万元，占44.9%。市、乡镇集资1389万元，占51.4%，村队、农民集资98万元，占3.6%，形成了以110千伏变电站为中心，35千伏变电站为骨干的经济实用的农村变配电电网，提高了供电能力。三是全面规划，确保电力建设的完善合理。根据全市工农业总体发展规划、电力部门本着先急后缓、先重点后一般的原则，制定了电力建设的发展规划，使电力建设快速优质地进行，节省了投资。四是艰苦创业，提高电力建设的投资效益。10年累计节约各项费用达400万元，并保证了工程质量和进度。五是接收电厂，迅速恢复和发展生产。经过多方努力，从1988年2月11日到1990年底，累计完成发电量99.4万千瓦时，为缓解电力供需矛盾，发展工农业生产做出了贡献。

电力管理的加强和对经济的促进

几年来，电力部门围绕"优质供电"的宗旨，从基础入手，扎扎实实地在抓管理上下工夫，有效地提高了供用电的管理水平，促进了全市经济的发展。

在抓电力管理方面，主要做了六项工作。一是建管并重，努力提高管理水平。即每建成一项输变电工程，就相应建立一片管理组织，做到市有办公室，乡镇有小组，村委有专人，形成了完整地三级供电管理网络。电业部门按照农电标准化管理条例的要求，狠抓了"两站、两线、两室、一村"的标准化建设。目前，全市已有84.2%的供电站，88.9%的变电站、78.6%的送电线路、76.2%的配电线路、69.6%的用电村达到了标准化管理条例的要求，计量室、调度室早已通过了标准化验收。企业转售电单位成本为14.52元／千kwh，全员劳动生产率为15081元／人，均居全烟台市第一。1989年电业局就已正式晋升为省级先进企业。二是制定制度，确立正常的供用电秩序。1987年下半年，市政府制定颁布了《龙口市电力管理暂行办法》，规定了供用双方在计划用电、节约用电、安全用电工作中应遵守的准则和各自的责任，从而有效地协调了电力供用双方的关系，确立了正常的供用电秩序，做到了用电有人管，使用有计划，耗电有定额，考核有办法，安全有保障。三是完善措施，合理调整负荷分配方案。针对电力供需矛盾日益突出的情况，市电力部门对全市用电进行了调查摸底，制定了保骨干企业、利税大户，保出口创汇企业，保农业吨粮田和丰产田，保生活照明的总体负荷分配原则。四是严格标准，稳定农村电价。具体采取了三条措施：首先是积极推行电表外装技术。至1990年，电表外装率已达95%以上。其次是严格电费收缴和张榜公布制度。统一印制了电费收缴三联单，电工抄收电费明细表、电费电量月报表。制定了张榜公布的具体标准，做到了单据、报表、台账、上墙公布四相符。再次是严格掌握收费标准，多年来，全市农村照明电价一直稳定在0.25—0.30元之间，减轻了农民的负担。五是严明纪律，全力搞好安全生产。龙口市认真贯彻执行"安全第一，预防为主"的指导方针，狠抓了安全责任制的落实，建立健全了各级安全组织和安全生产保障体系，实行了安全月标准管理，坚持了各项安全生产的规章制度，强化了安全用电的宣传，开展了"百日无事故"竞赛，杜绝了各类事故的发生，连续四年做到无一例人身伤亡和设备损坏事故，被烟台市人民政府评为"安全生产先进单位"和"安全生产一级单位"。六是端正作风，全面深化优质服务。多年来，龙口市电力部门坚持从端正行业作风入手，深入扎实地开展了优质服务达标活动和"供电文明乡镇"竞赛活动，全面实行了"六公开三监督"制度，做到办理用电业务程序公开，供用电时间公开，电力指标分配公开，电价电费标准公开，处理违章用电公开，自觉接受用户、舆论和内部监督，并聘请了监督员，公布了监督电话，扩大了监督范围。1988年以来，先后被山东省和烟台市电力部门评为"跨行业优质服务先进单位"和"农电竞赛优质服务优胜单位"。

电力建设的迅速发展以及行业管理水平的提高，促进了供电量的激增。1990年，全市完成供电量5亿多千瓦时，是1980年的8.5倍，10年平均递增23.8%，高于全国8.4%、山东省11.2%和烟台市13.1%的平均增长水平。同时，用电水平也迅速提高，1990年全市总用电量近5亿千瓦时，是1980年的8.3倍，10年平均递增16.6%，高于全省11.3%和烟台市12.2%的增长水平，居全省第一位。人均年用电量达704.3千瓦时，是1980年的9.7倍，位居全省第一。每一农业人口年用电量达442.4千瓦时，高于全省121千瓦时和烟台市225.7千瓦时的平均水平，是1980年的12.2倍，也居全省第一位。通电村、通电户均为100%，高于全省93.75%、85.2%的平均水平，年人均生活用电量为61.9千瓦时，是1980年的13.2倍，居山东省第五位。全市总用电量、农村用电量、年人均用电量、农村年人均用电量、年人均生活用电量均处全省前列，提前达到农村初级电气化标准。

由于电力事业的迅速发展，供电量激增，为龙口市工农业生产和乡镇企业提供了充足的能源，开拓了美好的发展前景。10年来，工农业产值连续翻番，乡镇企业迅速发展，人民生活水平不断提高。1990年，全市工业企业发展到79个，比1980年增加37个，形成了以家电、化工、纺织、轻工、机械5大行业为主体，行业较为齐全的工业体系。1990年，全市完成工业总产值28.54亿元，是1980年的13.67倍，实现利税2.18亿元。1990年全市电灌面积发展到41万亩，是1980年的6倍，粮食单产达到704公斤，是1980年的1.2倍，创历史最高水平，总产达到2.74亿公斤，农村经济总收入达到17.3亿元，是1980年的8.2倍。1990年，全市乡镇企业发展到173个，村办企业发展到1517个。全市乡镇企业完成产值5.6亿元，村办企业完成产值10.6亿元，分别是1980年的12.8倍和26.7倍。为建设以农为主、以工补农、多种经营、全面发展的社会主义新农村，奠定了经济基础。

（执笔：李英基）

曲 阜 市

市　长：房立泉

副市长：许传俊（常务）　郭宗英（农业）　步长存（财贸、外事）　赵元山（科教、文卫）　杨春炳（城建、乡镇企业）　隋云宽（工交、外贸）

房立泉市长，1947年出生于曲阜，大专文化，1966年加入中国共产党。1972年参加工作，历任乡党委秘书、副书记、书记。1976年任中共曲阜县委副书记。1979年赴藏援建，任告隆县委副书记。1983年调省党校学习，1986年毕业后任曲阜市委副书记，兼人大主任。1989年任曲阜市代市长，1990年3月当选为市长。

旅游开发扬优势　圣城开放展新姿

□ 李忠心

“七五”时期，是曲阜经济高速发展的非常时期。全市提前一年半完成了国民生产总值翻一番的任务。回顾5年的历程，主要是曲阜人民从本市的实际出发，坚定不移地走出了一条独具特色的，以旅、贸、工、农为序的发展经济的路子。

开发旅游的战略地位　形成曲阜的独特优势

在1986年改市以前，曲阜是个以农业为主的县城，如何使这个古老落后的城镇，尽快走上城市经济发展的轨道，是“七五”初期面临的重大任务。市政府按照国务院和省政府对县改市《批复》的精神，从曲阜的城市性质、战略地位、资源优势、区域环境和现有的经济与社会条件等特点出发，提出了以旅、贸、工、农为序，以旅游经济为先导，建设以外向型的工农产业为主、文化与商贸突出的旅游城市的指导思想。要求把保护好古城风貌、文物古迹和生态环境作为总前提。采取积极保护的开发战略，充分调动和发挥各种条件与资源优势，紧紧围绕发展旅游与对外开放的多种需求，重新全面地规划农业、工业、第三产业的结构和布局，多层次、多系统、多形式地调动各方面的人财物力，实行有计划的系统化的综合开发方针，5年实现全市国民经济的良性循环和整体经济实力的提高。逐步把曲阜建设成外向型特点突出的，以旅游经济为主要特色的。多功能的现代化城市。

从这一战略思想出发，政府运用系统论的方法，把整个旅游的开发，具体分为旅游资源系统、旅游基础设施系统、旅游产品供给系统、旅游商业服务系统、旅游人才培训系统、旅游经营管理系统、旅游社会文明系统等7个互相联系的方面，组织工业、农业、商业、城建、交通、邮电、文化、教育、宣传等部门，进行分系统、分层次、分阶段地开发。“七五”初期主要围绕游客吃、住、行、玩、购的需要，组织旅游经济“大合唱”，着重解决游客吃不上、住不上的问题。在“人民旅游人民办”的方针指引下，发动国家、集体、个人、联合体一起上，多层次、多方面的提供多种供给与服务。5年累计投资1.8亿元，先后修复了200多处古代建筑和旅游景点，新建了12处200人以上的高中档宾馆和170多个餐馆、饭店。1990年各类旅游接待企业发展到94家，床位7600余个，餐桌1250多张，各种服务网点1240多处，新开两条仿明清古式商业街，汇集了全国闻名的文房四宝、书文字画、手工艺品、旅游商品近万种。新开小吃街四处，汇集了全国各地的独具特色的风味名吃近千种。自1988年始，对外开展了修学旅游、体育旅游、民俗旅游等活动，丰富了旅游和文化交流的内容。旅游的兴起，使曲阜在国内外的知名度大大提高，成为中外游客向往的文化圣地，尤其在西欧和东南亚一代，曲阜之名更是享有盛誉。1990年接待国内游客210万人，比1985年增加150多万；接待海外游客

3.5 万，为 1985 年的 10 倍。各项旅游收入实现 2.4 亿元，相当于当年的农业总产值，旅游业已成为曲阜国民经济中十分重要的行业。

利用旅游扬优势　圣城开放展荣姿

随着旅游经济的繁荣，整个城市经济的总体优势得到了较好的发挥，整个经济和社会事业都有新的发展。

首先促进了对外经济贸易合作与国内横向经济联合的迅速发展，加快了区域间生产要素的流动与合理配置。“七五”时期，曲阜与全国 147 个城市、38 个科研单位和大专院校，建立了协作关系；开辟原料基地 260 多处；建成联合与协作项目 460 多个。经贸部门充分利用外商来曲观光旅游的机会，积极联络项目与推销产品，先后和 196 名外商建立了经济贸易关系，有 40 多种产品打入国际市场，远销 42 个国家和地区。1990 年完成出口供货额 7500 多万元，比 1985 年翻了两番半；工业产品所占比重达到 90%，其中：孔府家酒、水泥、地毯的出口超过了 1500 万元。孔府家酒还在国际上获得了布鲁塞尔金奖，成为全国出口最多的中国名酒。1989 年以来，批准中外合资企业 4 个，建成投产 2 个；新建三来一补项目 4 个，国际援助项目 4 个。

其次，促进了商业市场的兴旺繁荣。旅游与经商溶为一体，各种展销会、订货会不断。1990 年城区综合贸易市场发展到 16 个，各种服务网点 9400 个，从业者 4.5 万,社会商品零售总额 3.5 亿元，比 1985 年增长 96%，平均每年增长 14.5%，集市成交达 2.8 亿元，一批新兴产业迅速崛起，信息、科技等咨询机构 32 家。

第三，加速了产业结构的合理调整。1990 年全市国民生产总值中：一、二、三次产业的产值所占比重，由 1985 年的 55:22:23 调整为 35:31:34。农业与工业总产值的比重，由 1985 年的 51:49 调整为 28:72。农村与城市经济的比重，由 1985 年的 55:45 调整为 35:65。在农村社会总产值中，农业与乡镇工业的比重，由 1985 年的 66:34 调整为 47:53。农业内部的比例也发生了很大变化，林、牧、副、渔业的比重，由 1985 年的 29% 升为 43%。旅游的消费需求，促进了各种资源优势的发挥，加速了整个经济的工业化进程。

第四，加快了老城和新城建设的步伐。正确处理了开发旅游与建设名城的关系，把保护、继承与发扬古城庄重、古朴、典雅的城市风貌，摆到统帅城市建设方向的位置上来。老城改造后提高了观赏价值和服务能力。新城开发注重了风貌协调，增强了综合服务能力。新城区扩大到 10.5 平方公里，新铺城市道路 9.5 公里，新增供水能力 2 万吨／日，新铺供水管道 4 万米，排水管道 3700 米，市区绿化 132 万平方米。市内景点建设和恢复古城楼与护城河工程全部完工，更加突出了孔子故乡的独特风貌。

第五，促进了人们观念的更新与社会的安定，投资环境有了改观，更加适应对外开放的需要。

旅游反弹贸工农　相得益彰百业兴

开发旅游的根本目的，是把旅游作为发展工农业生产，用以收集商品信息，扩展购销渠道、发展横向联合，争取各地支援，发展国际经济技术合作的窗口，作为调动各行各业发挥优势的牵头产业。这一优势的发挥，有力地推动了社会各业的发展与繁荣。

1990 年全市社会总产值达到 17 亿元，比 1985 年增长 183%，平均每年增长 23.1%；国民生产总值达到 7.9 亿元，比 1985 年增长 125%，平均每年增长 17.6%；工农业总产值 13.97 亿元，比“七五”计划超额 37.9%，比 1985 年增长 111.7%，平均每年增长 16.2%；工业总产值达到 8.74 亿元，为“七五”计划的 189.6%，比 1985 年增长 230%，平均每年增长 27%；农业总产值达到 5.23 亿元，比 1985 年增长 10.2%，平均每年增长 2%。5 年间完成固定资产投资 2.4 亿元，生产性投资占 57%，新增固定资产 1.5 亿元。

全市的经济效益有了较大提高。1990 年，国民收入达到 5.1 亿元，比 1985 年增长 119%，平均每年增长 18.9%；财政收入 4135 万元，比 1985 年增长 191%，平均每年增长 23.5%。农业生产稳步发展，1990 年粮食总产达到 3.1 亿公斤，农业商品率达到 65%，比 1985 年提高了 7.6 个百分点。工业后劲增强，一批技改项目、合资项目和新建项目相继投产。能源有一处年产 45 万吨的地方煤矿建成投产。电力建设完成了新建两座 35 千伏变电所和新设输电线路 110 千伏 28 公里、35 千伏 24 公里、10 千伏 99 公里，实现了村村有电，万家灯火的目标。公路建设完成投资 5300 万元，104 国道至泰安段和 327 国道至兖州段，2 条高速公路建成投产。市区铺油路 7 条，全长 120 公里，实现了乡乡通公路、全市通客车的计划。邮电通讯完成了市话 2000 门增容、农话半自动拨号和开通国际国内直拨电话工程。电视台和广播电台也相继完工。

经过 5 年的努力奋斗，曲阜面貌焕然一新。基本上实现了建立起环境优美，风貌古朴的古城观光区。新城和工商业开发区的建设初具规模。城市交通、电讯和市政设施较为完善，旅游成为曲阜经济的一大特点和重要产业。商业服务在鲁西南地区相对发达，使旅游与商贸活动融为一体，进而沟通国内外两个市场的双向交流。以食品饮料、建筑建材、纺织工艺、能源化工为支柱产业的规模和技术有较大提高。第三产业有较快发展。

实践证明：“旅游先导，反弹工农，相互促进，共同发展”的战略是正确的。曲阜在“八五”时期将把重点及时地转入第二步，努力做好反弹工农、开放经济和推进技术的工作，夺取“八五”计划的全胜。

莱芜市

市　长：孟昭章

副市长：王育革（常务）　孟广金（财贸）　侯秀华（女　政府机关、政法）　李禄生（农业、科技）　孙延年（工交）

孟昭章市长，大专文化，1945年11月出生于莱芜大洛庄村。1965年11月参加工作。先后任县委工作队队员，县革委政治部宣传组干事、团县委副书记、团县委书记。1980年4月以后，先后任莱芜县颜庄公社党委副书记、书记。1987年2月，任中共莱芜市委常委、组织部长。1989年任中共莱芜市委副书记。1990年6月，在莱芜市第十二届人民代表大会第二次会议上，被选举为莱芜市市长。

简政放权，推进综合体制改革

□ 杨文才　谭洪卓

莱芜市位于鲁中泰沂山区，面积2239平方公里，人口117.46万，辖1个城区办事处，13个乡，16个镇，1069个村。

1986年5月以来，根据中共中央、国务院《关于加强农村基层政权建设工作的通知》精神，莱芜市进行了以下放权力、健全强化乡镇政府职能为中心内容的市级综合体制改革，初步打破了条块分割的旧体制，建立了适合现阶段农村商品经济发展的经济管理新格局，较好地发挥了乡镇一级的指挥协调和服务职能，促进了农村经济和各项事业的发展。放权5年来，全市社会总产值由15.92亿元增加到44.67亿元，增长了181%；工农业总产值由5.55亿元，增加到16.64亿元，增长了2倍；农民人均纯收入达到750元，增长了62.3%。教育、卫生、科技、文化、计划生育、社会治安等各项工作也都有了较大的突破。

勇于实践，选准深化农村改革的突破口

以调整产业结构为主要内容的农村改革全面展开以后，农村自给性生产开始向大规模的商品生产转化，广大农民发展商品经济的积极性空前高涨。生产的迅速发展使农村小生产与大市场的矛盾越来越突出，随之出现了群众“买难”、“卖难”和群众一家一户办不了、也办不好的问题。围绕解决这些问题，我们从服务入手，集中抓了社会化服务体系建设。在村这个层次，普遍建立了农机服务队、购销服务站、科技信息服务组、经营管理指导组，强化了集体经营层次，在农民自我服务组织这个层次，先后引导900多个专业户，按照专业特点组建了160多个农民专业协会，试图通过专业协会引导农民发展商品生产。在市这个层次，我们先后建立了若干专业公司，试图将各层次服务组织联成网络。这几个层次的服务组织，对发展农村商品经济发挥了重要作用，但又都有其局限性。随着商品经济的发展，有些问题单靠村和农民自我服务已难以解决，而市这个层次又离农民太远，有些专业化的大规模服务又与起步阶段的小商品生产无法联结，难以奏效。农民说，“村里腿短，想管管不了；市里手大，也捂不过天来”。在这种情况下，我们将解决问题的着眼点放到了乡镇这一层次，从分析现状入手，寻找改革的突破口。

从乡镇政府的现状看，由于实行条块分割的管理体制，政社分开以后，乡镇政府，只是“改了名子，换了牌子”，肢体不健全，无法行使管理经济和社会事业的职能。当时，全市的30个乡镇（办事处）除了正副乡镇长以外，只有民政助理员、司法助理员和文书等几个人，其余单位均为市直部门的派出机构。由于条块分割，本来应该属于乡镇政府的权力集中到了以部门形式存在的上边条条手里，乡镇政府对辖区内经济和各项事业无法进行统一管理和组织协调；由于条块分割，人为地将生产和流通等环节的必然联系割断，乡镇政府难以

发展系列服务；由于条块分割，各部门沿着自成体系的路子发展，容易造成市场的封锁和垄断；由于条块分割，条条专权，致使基层和群众办起事来处处受阻，逼得他们不得不请客送礼，严重影响了党和政府的威望。

下放权力，健全乡镇政府职能

我们改革条块分割的管理体制，向乡镇放权，指导思想是："四调动"、"四促进"，即调动市直部门的积极性、调动乡镇政府的积极性、调动下放机构的积极性、调动干部职工的积极性；促进改革、促进联合、促进服务、促进社会事业的发展。基本方针是："积极、慎重、求实、稳妥"。改革的目标是理顺条块关系，健全乡镇职能，实现政治体制改革和经济体制改革的有机结合，建立适合社会主义初级阶段生产力发展客观要求的决策、协调、服务机制，把乡镇政府建设成为能够有效地领导和管理本区域经济、政治、文化和各项事业的有活力、有权威、高效能的一级政权。主要抓了以下几项具体工作：

一是向乡镇下放权力。从 1986 年 5 月开始到 1988 年 6 月基本结束，经历了两年的时间，先后将市直部门原设在乡镇的 23 个分支机构下放给乡镇政府管理，共下放干部职工 13000 多名，移交固定资产折款 1210 万元，下放财政经费 1400 多万元。这 23 个单位中，行政事业单位 15 个，企业单位 8 个。按照其业务性质和工作需要，分为四种情况：(1) 人、财、物、工作指挥协调权全放的 17 个，即农技站、经管站、兽医站、林业站、水利站、农机管理站、物资供应站、煤炭供应站、食品站、文化站、广播站、教育办公室、卫生院、计生办、农话站、交通运输管理所、工商行政管理所。(2) 只放人事管理权和工作指挥协调权的，有粮管所和供销社。(3) 公安派出所鉴于业务特殊等原因，由市、乡（镇）共同管理，业务工作以局为主。(4) 税务所、供电站、信用社正在进行试点。税务所实行人、财、物三权下放，供电站只放了电力负荷调节调度权，信用社只放了资金融通权。另外，法庭、邮电支局、农行营业所三个单位仍维持原来的管理办法。

二是健全乡镇政府管理和监督机构。下放权利以后，各乡镇政府在不增加机构编制和经费的前提下，组建了"五委、一办、一站"，即经委、农委、商委、文委、社会保障委、政府办公室和统计站，实行对下放单位的协调指挥。各委、办、站设主任一个，副主任一至二人，主任由正、副乡镇长兼任，副主任由所属部门负责人兼任。全市 30 个乡镇（办事处）都建立了财政所。从 1986 年 9 月起，市里对乡镇实行了"定收定支、超收分成、超支不补、结余留用、一年一定"的财政体制。1988 年初，又改为"定收定支、收支挂钩、超收全留、欠收自补"，给了乡镇更多的自主权。同时，我们本着一专多能、一室多用的原则，建立了乡镇监察室，配齐了审计、计划、劳资经管人员，实行合署办公，综合协调，进一步强化了乡镇政府的宏观调控功能。

三是转变职能，开展系列化服务。市直部门和下放给乡镇的部门根据市政府"围绕服务办实体，办起实体促服务，搞好服务促发展"的要求，积极转变职能，兴办实体，开展系列化服务。市直 18 个放权部门建立了 60 个服务实体。下放给乡镇的 392 个事业单位，已办起实体 261 个。服务实体的建立，把农村变成了公司的车间，形成了利益共同体，使一家一户小生产与社会化大市场有机地连接起来，把分散的小生产纳入了有计划的商品经济轨道。

简政放权促进了农村经济和各项社会事业的发展

实践证明，通过简政放权，一是乡镇肢体健全了，功能增强了，初步形成了以块为主、条块结合、运转灵活的经济管理新格局。乡镇政府可在辖区内有效地行使人事管理权、财政支配权、规划决策权、计划协调权、指导监督权、综合治理权，真正成了一级政权实体。二是实行了分层次、分区域决策，使基层区域性的活力汇集和扩展为全市范围的整体活力。三是促进了各项事业的发展。自 1987 年以来，各乡镇共投资 300 万元，建立了 30 个初具规模的农贸市场；投资一亿多元，改善了农村中小学条件；投资 1300 万元，用于发展科技、文化、卫生等项事业。全市 30 个乡镇（办事处）驻地已成为承上启下、联络城乡的枢纽，成为本区域政治、经济、文化的中心，成为城市工业文明向广大农村扩散的落脚点。四是减少了扯皮现象，提高了工作效率。五是促进了市直部门精兵简政。

新泰市

市　长：王培信
副市长：葛希山（农业）　宋汝珍（财贸）　闫恒瀛（文教）　郝立春（工业）
杨绪孔（城建、司法）　张国基（科技）　王忠信（科技）

王培信市长，山东肥城县人，1940年1月生。1959年1月毕业于山东新泰师范学校，后执教于新泰三中。1965年9月至1968年1月，在山东教育干校学习。1971年7月加入中国共产党，历任教师、宣传部干事、刘杜公社党委书记、汶南公社党委书记、市计委主任等职。1986年10月任市委副书记，1990年3月当选为新泰市市长。

煤城新姿——新泰市

□ 新泰市市长　王培信

新泰市是一个以煤炭工业为主的新兴工矿城市。"七五"期间，全市国民经济和各项社会事业持续稳定发展。农业生产条件得到改善，农村经济全面发展；工业基本形成以煤炭工业为支柱，电力、建材、机械、化工、轻纺、食品等工业配套发展，门类比较齐全，布局基本合理，具有一定规模和技术水平的新格局；市场机制逐渐完善。城市功能不断增强，科技教育有了新的突破，一个经济繁荣、社会安定、文明卫生的现代化城市的雏形初步形成。

经济规模不断扩大，经济实力进一步增强

5年来，我们始终坚持以经济建设为中心，发挥优势，扬长避短，确立了由资源优势向经济优势转变，由外延扩大为主向内涵挖潜为主转变，由粗放经营向集约经营转变的指导思想。实施了工业抓体系、农业抓基地、商业抓流通的战略措施，促进了经济的持续发展。1990年与1985年相比，国民生产总值由7.5亿元，增加到21.53亿元，平均年增长23.5%；国民收入由5.76亿元，增加到16.13亿元，平均年增长22.7%；社会总产值由11.9亿元，增加到39.05亿元，平均年增长27.1%；全市工农业总产值由9.6亿元，增加到21.89亿元，平均年增长17.9%，其中市属工农业总产值由5.64亿元，增加到16.1亿元，平均年增长23.3%。人均国民收入由504元，增加到1260元，平均年增长20.1%。

改革开放成效显著，工农业生产成绩可喜

在城市经济体制改革中，围绕搞活企业这个中心，从简政放权入手，普遍推行了承包经营责任制和厂长经理负责制，通过完善、配套、深化和发展，初步形成了厂长负责制、厂长承包制、厂长任期目标责任制、厂长离任审计制"四制一体"的格局。在企业内部，以调动职工积极性为目的，推行了厂内银行、优化劳动组合等先进管理办法，实行了计件工资、岗位工资、定额工资、职务工资，结构工资和工效挂钩相结合的分配形式，推行了全员风险抵押承包。在引导企业兼并联合中，先后组建了室内成套用品公司、食品产销公司、群星毛纺联合集团、造纸协会、鲁新电子研究所等群体机构，进一步提高了规模经济效益。近几年，先后与外地700多个单位发展协作关系，完成协作项目400多项。对外开放不断扩大，外贸出口总值平均以35%以上的速度递增，1990年达到7200万元；利用外资从无到有，实际使用和合同利用外资额1187万美元，成为全省利用外资先进单位，目前全市已基本形成了六大系列出口工业品生产基地和十大系列25种农副产品生产基地，出口创汇企业发展到32个，出口产品达到120种，引进国外先进设备60台套，加快了企业技术改造的步伐。

1990年市属独立核算工业企业达到63个，全民、

集体所有制职工 2.59 万人，独立核算的工业企业固定资产原值达到 3.8 亿元，净值达到 2.99 亿元，分别比 1985 年增长 80.9%和 86.9%，1990 年全市工业总产值达到 18.5 亿元，其中市属工业产值 12.7 亿元，比 1985 年增长 360.8%，平均年增长 35.7%。全民所有制工业全员劳动生产率达到 11278 元，比 1985 年增长 20.9%，平均年增长 3.9%。重点考核的 14 种产品产量都有较大幅度增长。其中原煤达到 160.6 万吨，比 1985 年增长 50.6%；发电量新增 8763 万千瓦时；合成氨 2.2 万吨，精铝制品、毛线、饮料酒、漆包线、机制纸、棉布等产品都成倍增长。1990 年全市考核的 29 项质量指标稳定提高率达到 82.8%，30 项主要原材料、燃料、动力消耗稳定降低率达到 76.7%；万元产值综合耗能稳定降低率达到 4.9%。市属 54 户考核效益的企业，1990 年实现销售收入 36712 万元，利税 1764 万元，分别比 1985 年增长 152.6%和 3%。到 1990 年底，全市共有省优产品 14 种，部优产品 8 种，有 6 户企业晋升为省级先进企业，2 户企业晋升为国家二级企业。

随着农村改革的深化，我市农村面貌发生了深刻的变化。以家庭经营为主，统分结合的新的组织结构和运行机制逐步确立，联产承包制由种植业扩展到其他各业，集体经济不断发展壮大，市乡村服务网络逐步建立。在农业生产中，面对持续干旱的严峻形势，我们大力开展了抗旱斗争和以治水为重点的农业基本建设，五年完成水利建设项目近 2 万项，扩大改善灌溉面积 30 多万亩，被省政府命名为水利建设先进市。围绕稳定面积，提高单产，增加总产，狠抓了粮油生产。大力推广了农业适用技术，实施了中低产田开发、吨粮田开发和丰收计划，建立了粮食生产保护区，粮油生产的徘徊局面初步打破。粮食总产达到 44.84 万吨，花生总产 4.11 万吨，分别比历史上最好年份增加 3703 万公斤和 97.5 万公斤，被国务院命名为粮食生产先进单位。1990 年农业总产值达到 33415 万元，比 1985 年增长 16.2%，农村经济总收入达到 114715 万元，比 1985 年增长 113.8%，平均每年增长 16.4%；林业生产坚持领导带头、划片包干的办法，规划建设了十大万亩绿化工程，五年造林 26.7 万亩，林木覆盖率达到 20.2%。畜牧业生产坚持积极改善内部结构，大力发展食草畜禽的原则，建成了全国瘦肉型猪基地，青贮氨化饲料工作受到民政部表彰。到 1990 年底，全市生猪存栏达 39 万头，出栏率为 108%；大牲畜存养 3.7 万头，羊存养 40 万只，肉类总产量达到 4 万吨，蛋类总产达到 1.5 万吨。乡村企业异军突起，企业个数达到 2.1 万个，乡村企业总收入达到 14.2 亿元，比 1985 年增加 7.7 倍。

交通、邮电等事业均有较快发展

“七五”期间，改建干线公路 2 条，长度为 58 公里；新建市乡公路 26 条，长 142 公里，改建 4 条，长 40 公里。1990 年公路通车里程达到 568 公里，比 1985 年增加 196 公里。货运量达到 364 万吨，货运周转量 1.75 亿吨公里。分别比 1985 年增长 65.7%和 166%。邮电业务总量 316 万元，比 1985 年增长 100%。市区及 12 个乡镇实现了自动拨号，总容量 7140 门。“七五”期间用于城市基础设施的投资累计达到 2394 万元，完成 2 项重点城市建设项目，道路、交通、供水设施不断完善，城市功能大为增强。1990 年被评为省级卫生城市。

1990 年社会商品零售总额达到 5.9 亿元，比 1985 年增长 140%，平均年增长 19.1%；财政收入实现 11747 万元，比 1985 年增长 189.5%，平均年增长 23.7%，财政支出为 10933 万元，比 1985 年增长 234.9%，平均年增长 27.3%，银行各项存款余额达到 8.54 亿元，各项贷款余额达到 9.4 亿元，分别比 1985 年增长 340.2%和 262.9%。

1990 年全市专业技术人员达到 22000 人，比 1985 年增长 6636 人。五年合计取得科技成果 169 项，其中 95%达到市以上先进水平。科技成果推广应用率达到 96%，比 1985 年提高 6 个百分点。“七五”末，科技进步在经济增长中的比重由 1985 年的 36%提高到 42%。1990 年全市共有各级各类学校 971 处，适龄儿童入学率由 1985 年的 98.2%提高到 98.5%。五年共录取大中专学生 5241 人，1988 年被评为全国基础教育先进市。职业教育、成人教育迅速发展，已具有一定规模。幼儿教育 1989 年被评为全国先进市。体育事业蓬勃发展，被国家体委命名为全国体育先进市。

“七五”期间，全市人民基本解决了温饱问题，部分群众生活开始向小康水平过渡。1990 年，人均消费额由 1985 年的 178 元提高到 370 元，消费内容日趋多样化；全部职工平均工资由 1264 元提高到 2517 元；农民人均纯收入由 395 元提高到 649 元；城乡居民年末存款余额由 10772 万元增加到 64400 万元。

胶州市

市　长：高志喜

副市长：刘成君（常务）　林　君（女　文教、卫生）　徐韶功（农业）　綦建铿（工交）　刘克先（财贸）

高志喜市长，1945年2月生于山东省滕州市，1965年毕业于山东机械学校，1975年加入中国共产党。曾任青岛锻压机械厂科长、副厂长，胶县经济委员会党组副书记、副主任。1984年任胶县副县长，1986年任胶县县委副书记、县长。1987年始任胶州市市委副书记、市长。主要熟悉机械制造和工业管理及行政管理，系山东省企业管理协会理事、全国市长联谊会理事。

蓬勃发展的胶州乡镇企业

□ 胶州市市长　高志喜

胶州市是在改革开放中发展起来的新兴城市。“七五”末，全市乡镇企业发展到了15920个，是1978年的6.2倍，比1985年增加12255个；其中乡镇办企业发展到了252个，村办企业1384个，村以下企业14284个，构成了比较庞大的乡镇企业生产体系。全部从业人员达到13.5万人，占全市农村劳动力总数的44%。1990年，全市乡镇企业总产值达29.3亿元，(按1990年现行价，下同)，按可比口径比1978年增长53.2倍，比1985年增长11倍；其中乡镇办企业产值达108533万元，连续多年居山东省各县（市）之首。同时，全市有3个乡镇工业产值超过2亿元，有10个乡镇工业产值超过1亿元。

乡镇企业发展特点

（一）经营方式更加开放。经过十几年改革开放，乡镇企业已经渡过了初始发展阶段，完全摆脱了“四为三就地”的经营方式，加入了社会化大生产的行列。全市80%的乡镇企业已经成为具有定型产品的专业化工业企业，75%的乡镇企业与国营大中企业、大专院校和科研单位建立了横向经济联合关系，53个企业参与了外向型生产，其中“三来一补”、“三资”企业12个，52种产品打入了国际市场。

（二）企业素质明显提高。绝大多数乡镇企业已不再从事敲敲打打的简单生产，不少的乡镇企业引进了现代化的设备，采用了先进技术和管理手段，企业素质和产品质量都有了明显提高。截至1990年，全市已有123个乡镇企业被评为青岛市级以上先进企业，其中省级以上先进企业40个。有50种乡镇企业产品荣获青岛市以上优质产品称号，其中省、部优27个。同时，绝大多数乡镇企业职工具备了一定的文化技术水平和经营管理能力。据统计，全市乡镇企业职工中，已有各类专业技术人员、中专（高中）以上文化程度的职工28000名，其中中、高级专业技术人才和大专以上文化程度的人员655名。不少的乡镇企业厂长（经理）成了具有一定经营管理水平的农民企业家。

（三）战略地位更加重要。乡镇企业从一崛起就成为农村经济的一支重要方面军，经过“六五”、“七五”特别是“七五”时期的不断发展壮大，其战略地位和作用越来越显得重要。1990年，全市乡镇工业产值完成25.6亿元，占全市工农业总产值的70.4%；实现工业利税1.98亿元，成为财政收入的一项重要来源。“七五”期间，全市农村社会总产值的净增部分70%来自乡镇企业，财政收入和农民收入净增部分的55%来自乡镇企业，支农资金和农村教育、卫生、村镇建设等各项社会福利事业的发展资金也大都来自乡镇企业。乡镇企业已真正成为农村经济的重要支柱、国民经济的重要组成部分、农村收入的重要来源、劳动就业的重要渠道、农村各项事业发展的重要依靠。

抓发展乡镇企业的主要工作

（一）抓认识，坚定信心。“七五”期间，特别是“七五”末期，全市乡镇企业遇到了资金短缺、能源紧张、市场疲软等诸多困难和实际问题，部分干部、职工曾一度出现了消极悲观情绪。针对这一现状，市委、市政府审时度势，首先有针对性地引导干部、职工、群众、特别是各级领导干部重点统一了三方面的认识。一是统一对治理整顿的认识，摆正国家宏观调控与发展经济的关系。明确指出：国家治理整顿要消除经济“过热”的现象，但决不是要砍杀乡镇企业。乡镇企业的战略地位和重要作用，决定了我们任何时候都不能动摇发展乡镇企业的信念。在治理整顿中，仍然要继续稳定、健康地发展乡镇企业。二是摆正速度与效益的关系。辩证地看待问题，不笼统地论快慢、讲冷热，也不把提高经济效益的手段仅仅放在内涵上。在抓好现有企业的同时，凡资金、原材料有来源、产品销路好、效益高的项目和外向型、外联项目、能上就上。三是摆正农业和发展乡镇企业的关系。运用发展乡镇企业以工补农，以工建农和推进农村两个文明建设的大量事实，教育广大干部职工全面理解发展乡镇企业与农业发展的重要关系，继续坚定发展乡镇企业的信心。

（二）抓投入，增强实力。敢于投入、善于投入是胶州市乡镇企业发展的一条成功经验。几年来，我们在注重内涵、挖潜、扩大再生产的同时，努力增强投入意识，研究投入政策，实行目标责任制，制定了“投管并举、挖扩同抓”的发展战略，在努力增加企业积累的前提下，采取节约挖潜等多种形式和渠道，积极增加投入，突出抓了一些投入少、产出大、效益高的项目，特别是工艺的填平补齐项目和重点规划论证项目、出口创汇基地项目。对重点项目、骨干企业不失时机加大投入，确保了发展后劲。“七五”期间，全市乡镇企业共完成新建、改建、扩建的新技术项目150多项，引进设备2000多台（套），总投入4.5亿元，年平均增加投入9000万元，新增产值4亿元，有近10种产品打入国际市场，增加出口交货值4000万元，为国家新增创汇850万美元。

（三）抓改革，增强活力。“七五”期间，对推动乡镇企业承包经营责任制的深化发展做了三方面工作。一是完善承包制，重点把竞争机制引入层层承包。逐步扩大投标范围，提高承包方案的科学性，做到既有近期目标又有长远规划，尽量避免和克服企业承包中的短期行为。同时强化了企业的民主管理。完善了职代会制度，发挥监督保障作用。二是优化企业组合和劳动组合，鼓励企业实行联合与兼并。坚持“平等协商、公开竞争、正确引导、依法进行”的原则，打破地区、所有制和隶属关系的界限，发展企业集团，发展规模经济，使企业生产要素按市场导向合理流动。此外还围绕改革分配制度，坚持工效挂钩，使企业逐步形成自主经营、自负盈亏、自我约束、自我发展的机制。三是积极推行领导班子集体承包，实行“包管”结合。根据市场变化情况，合理调整承包基数，稳定和优选经营者。对基础好、规模大、产销比较稳定的企业，适当延长承包期限。同时对企业建立健全了监督机制。全市各乡镇（街道办事处）已初步建立了比较完备有效的审计机构，实行了厂长任期目标责任制和定期审计计划，有效地推动了企业改革的发展。

（四）抓调整，优化结构。一是调整产品结构，切实突出名、优、特产品和出口创汇产品、市场畅销产品。二是调整行业结构，突出骨干企业先行、优势行业快上、空白行业开发的方针，向门类多、行业全、重点突出的方面发展。三是在调整的目标上，体现“快、稳、深、广”的方针，注重实际效果与可行性。

（五）抓管理，再上台阶。近几年来，面对变化的市场形势，我们把抓好管理工作、提高企业的整体素质作为工作重点，着重抓了三个方面：一是认真开展管理达标活动。明确规定凡达标不合格企业一律不得参加市以上先进企业评比，同时把管理达标工作优劣与各乡镇（街道办事处）的经济目标实行挂钩。目前全市参加管理达标企业验收合格率达到76.2%，参加青岛市管理达标企业验收合格率达到68.7%。二是突出抓好现场管理，开展双增双节活动。三是以企业管理达标、升级进档和产品创优为契机，逐步增强企业对外部环境的适应能力和竞争能力。

（六）抓人才，提高素质。“七五”期间，我们采取“引、分、培、派”等多种形式，努力提高了乡镇企业职工的素质。通过引进人才、适当分配、加强培训、派出学习，使乡镇企业职工的素质得到改善和提高。

（七）抓政策、服务，强化领导。近几年来，我们用政策为企业发展拓展空间，在稳定已有政策的前提下，结合本市实际，先后制定了《大力发展乡镇企业的意见》、《鼓励发展村办企业的意见》、《大力发展第三产业的意见》等十几个加快乡村企业发展的意见，并鼓励党政干部和科技人员承包领办乡镇企业，对有贡献的人员实行重奖，调动了各级大力发展乡镇企业的积极性。同时，我们注重了围绕乡镇企业的发展搞服务、搞协调，为乡镇企业的发展努力办实事。还把服务纳入部门和领导干部的目标责任制，从一般性工作指导向实质性服务转变。与此同时，我们注重领导力量的配备。从加强市级领导、加强乡镇力量、强化村级班子三个方面，强化了各级领导力量。

诸 城 市

市　长：黄存福

副市长：张述才（协助市长抓全面工作）　刘作光（农业、科技）　鞠献宝（交通、文教）　王增存（财贸、金融）　杨喜昌（城、乡工业）

黄存福市长，出生于1936年8月，山东诸城人。1952年4月参加工作，1956年10月加入中国共产党。历任诸城县百尺河公社党委常委、秘书、诸城县城关公社党委副书记、书记，诸城县常委、宣传部长。1984年2月任安丘县委常委、副县长。1987年4月任安丘县委副书记。1988年2月任诸城市市委副书记、诸城市市长。

推行贸工农一体化　建立大农业系列化服务体系

□ 诸城市人民政府办公室

诸城市的农村改革，经历了一个逐步深化的过程。1979年到1984年，主要是推行家庭联产承包责任制，在较短的时间内解决了农民的温饱问题。1984年到1987年，以对农业服务为主调，在全市组织商品生产"大合唱"，教育和引导各行各业牢固树立"农业发展我发展，我与农民共兴衰"的思想，为振兴诸城农业尽心尽力。1987年以来，在"大包干"和"大合唱"的基础上，着眼于建立大农业系列服务体系，积极推行贸工农一体化，促进了城乡经济协调发展。

贸工农一体化，是在城乡改革交融汇合的过程中，为解决城乡经济分割，生产、加工、流通脱节等弊端发展起来的。它是以国际国内两个市场为导向，以农副产品加工经营企业为龙头，以千家万户的家庭经营为基础，通过社会化服务和利益引导，使农工商贸结成经济利益共同体。龙头企业把腿伸到农村，根据国家计划和市场需要，与农户签订合同，建立农副产品基地，提供全程服务；农户按照合同进行定向生产，按时定量交售产品，从而在家庭经营与社会化大生产、大市场之间架起了桥梁，把生产、加工、流通连结起来，建立起贯穿商品生产全过程的大农业系列化服务体系。

在贸工农一体化经营体系建立过程中，我们注重抓关键措施，促进贸工农一体化发展。一是加强龙头企业建设，带动一体化经营。龙头企业具有开拓市场、引导生产、深化加工、提供服务的综合功能，是一体化经济的依托。我们始终把加强龙头企业建设作为发展一体化经营的关键措施。集中资金、能源和技术力量，初步建立起与农业资源相配套的粮食、花生、棉麻、丝绸、畜禽、烟草、果品、蔬菜、农作物秸杆和矿产等十大加工经营系列。全市从事农副产品加工经营的大小龙头企业发展到800多家，固定资产5亿多元，从业人员10万多人；农副产品年综合加工能力达80多万吨，冷藏保鲜能力近2万个吨位，普通仓储设施800多万立方米。1990年农副产品加工业创产值11.7亿元，占工业总产值的近70%，全市70%以上的农副产品得到就地加工、转移增值。二是建立农副产品生产基地，强化贸工农一体化的基础。在龙头企业的带动和扶持下，全市各类专业饲养场发展到1200多处，饲养大户1.3万多个，种植业基地发展到105万亩，基地提供的产品已占全市农副产品总量的60%以上。通过建立基地，龙头企业与全市70%左右的农户建立了产销联系。为了提高基地生产水平，各龙头企业通过多种形式，向农民提供系列化全程服务。为了防止服务环节上的"空档"，还注意发展社区合作经济组织，建立与一体化服务相配套的社区性服务体系。村级建立了经济联合社，下设农业机械、农业技术、水利、购销、经营等服务队、组。乡镇建立了农委，综合协调农机站、水利站、兽医站、林业站、经管站、农业技术综合服务中心和多种经营办公室的工作。市级建立起农经管理、农机推广、农业机械、水利灌溉、良种繁育、农资供应和农副产品收购等七个服务体系。还扶持发展有一定服务功能的民间学会、协会200多个，初步形成了一体化经营服务、社区经济合作组织服务和民办学会、协会服务相互配套的三大服务体系，在农业主要生产环节上基本实现了统一服务。三是搞好利益关系调节，增强一体化经营的凝聚力。为此，我们始终坚持三条原则，处理好三个关系：从保护农民积极性出发，本着欲取先予、让利于民的原则，处理好龙头企业与农民的关系；坚持谁建基地，谁提供服务，谁收购产品的原则，通过适当划分“势力范围”，理顺龙头企业之间的关系，避免了“少了抢，多了撒手不管”的情况；本着分工协作、有偿服务的原则，处理好龙头企业和参与搞配套服务单位的关系。从1987年以来，市直龙头企业支付给粮食、供销等部门农副产品代收代储费210万元，支付给畜牧部门防疫服务费297万元，支付给乡镇、村生产组织费488万元，从而调动了各方面的积极性，保证了一体化经营的健康发展。

贸工农一体化经营在我市虽然刚刚起步，但已初步显示出较强的生命力，在解决城乡矛盾、产销矛盾等方面发挥了明显的作用。一是缓解了农副产品“卖难”的矛盾。1990年，全市农副产品总量突破140万吨，100万吨要到市场出售，户均近5吨，如果单靠一家一户推销，不仅受市场容量和运输条件限制，而且受农民素质的制约，很难进入市场。实行一体化经营，建起一个龙头企业，就等于建起一个农副产品“专业市场”。全市大小800家龙头企业当年加工农副产品70多万吨，占农民出售部分的70%以上，全市不仅基本没出现“卖难”，而且价格略高于面上同期的平均水平。二是推动了农业的技术进步。通过一体化体系推广农业科学技术，具有信息灵、推广快、效益好的优势。各龙头企业在国内外建立了400多个信息联络点，与科研机构、大专院校和商贸部门建立了广泛的业务联系，在沿海城市设立了办事处，每年收集科技信息几十万份，为工农业生产提供及时有效的服务。近几年，龙头企业还从国内外引进100多个畜牧和农作物新品种，肉鸡、主料烟等新产品，都是一推一个系列，并取得明显经济效果。如黄烟生产，实行一体化经营后，被西德大陆烟草公司确定为主料烟生产基地，每年出口近万吨。外商帮助引进了良种，并派驻了技术顾问小组，在种、收、烤等主要生产环节上，按国际标准，实行规范化管理，使产量、质量大幅度提高。全市13万亩黄烟，年收入由过去的3000多万元，增加到7000多万元。三是开辟了对农业投入的新渠道。一体化经营，把龙头企业和农民的利益捆在了一起，农业的发展成为企业发展的基础，调动了企业对农业投入的积极性。近4年，龙头企业通过有偿扶持、无偿投资和对农业服务设施建设的投入三条渠道，每年都为基地生产提供启动资金9000万元左右，由企业承担利息，农民周转使用，同时，还为基地水利建设、新技术开发和自然灾害提供无偿投资2800万元，占市级对农业投资的58%；在农业科研、良种繁育、农产品储运等方面投资9000多万元，占全市投资的90%以上。四是提高了农业比较利益。以畜牧业为例，1990年全市饲料用粮约3亿公斤，加饲草、饲料添加剂和用工，总费用约2.5亿元，而农民出售畜产品所得3.5亿元，增值1亿元左右。农副产品加工增值的效益更加可观。1990年，全市约有4亿元的农产品用于工业加工，实现工业产值10亿多元，增值2倍多。生猪、肉鸡等，过去大都出售胴体，现在生猪加工到60多个规格和品种，肉鸡加工到120多个规格和品种，过去当作废品的下脚料，现在变成出口创汇的抢手货。玉米、地瓜、花生、蔬菜等，也大都经过精深加工，变成制成品出口。为了扶持农民，各龙头企业又从加工、流通环节的利润中拿出30%左右返还给农民，保护了农民的生产积极性。五是为农村剩余劳力转移创造了条件。这些年来，农村生产力状况发生了很大变化，与1978年相比，全市农机总动力由16.9万千瓦增加到36万千瓦，每百亩平均23千瓦，水利建设积累由1.08亿元增加到2.5亿元，有效灌溉面积达110万亩，村级集体积累由1.36亿元增加到3.92亿元，统一服务的功能进一步加强。按目前的生产力水平，全市160万亩耕地，只能容纳20万劳力，还有19万名剩余劳动力。实行一体化经营后，市乡村三级龙头企业吸纳农村劳动力10万多人，从事饲养专业的劳力达3万多人，从事第三产业的达5万多人，使农村剩余劳动力大都在本市得到了安置。六是促进了农业适度规模经营。在一体化经营中，龙头企业按市场需要和出口批量组织生产，要求农业有一个较大产出量，以获得稳定、均衡的货源；农户借助龙头企业的服务，解决了生产过程中的困难，也自觉地扩大生产规模。目前，全市实行规模饲养的畜禽达10余种，占饲养总量的60%以上。与分散饲养相比，畜禽成活率提高15—20%，育肥期缩短1／3左右，饲养效益提高30%。七是促进了农业内部结构的调整优化，推动了第二、三产业的发展。一体化经营，把农业、加工业、流通业连结成一个有机整体，三业并举，优势互补，形成良性循环，优化了全市的经济结构。工农业生产的发展，也促进了交通、邮电、商业、饮食业、服务业等第三产业的发展。1990年，第二、三产业在国民生产总值中的比重达到53.2%，比1979年提高7.6个百分点。

莱 州 市

市　长：刘洪元
副市长：李克英（常务）　程勤彦（农业、科技）　谭维俭（工交）　孙平山（文教、卫生）　王占顺（城建、乡镇企业）

刘洪元市长，1946年11月生，山东省龙口市人。中专文化程度。1968年8月参加工作，1971年12月加入中国共产党。历任龙口市莱山医院副院长、北马分院院长，龙口市委信访办公室副主任，市委常委、组织部长，莱州市委副书记。1991年4月任莱州市委副书记、市长。

莱州市在改革开放大潮中阔步前进

□　郎喜丰

经济实力显著增强

经过5年的建设，全市国民经济保持了持续、稳定、协调发展，全面完成“七五”计划的主要奋斗目标，提前两年实现国民生产总值第一个翻番。1990年，国民生产总值达到21.71亿元，按可比价格计算，比1985年增长80.9%，平均每年增长12.6%；国民收入为18.65亿元，比1985年增长78.3%，平均每年增长12.3%；工农业总产值40.54亿元，比1985年增长1.47倍，平均每年增长19.8%。其中，工业总产值30.06亿元，平均每年增长23.8%，居烟台地区各县市首位；财政预算内收入达到1.14亿元，比1985年增长85.5%，平均每年增长13.2%，跨入了全国百名财政亿元县（市）行列。粮、油、化肥、黄金、原盐、滑石、啤酒、台钳、理石、服装、塑编袋等主要产品产量以及交通运输量都有较大幅度增长。其中粮食总产量1990年达到39.14万吨，比1985年增长了40.7%，比1989年增长了34.9%，创1982年农业责任制以来最好水平。黄金、硬度计、台钳、啤酒、大理石板材等产品产量分别居全省和全国前列。5年来，全市国民经济重大比例关系进一步趋于协调，社会经济效益有了较大提高。第一、二、三次产业比例由1985年的31:53:16调整为28:54:18；农轻重的比例由1985年30:37:33调整为26:38:36。5年间，工业企业的全员劳动生产率平均每年增长13.7%，固定资产产值率和固定资产交付使用率，都比过去有较大幅度提高。工业产品花色品种增加，主要产品质量改善，优质品率由1985年的7.7%提高到21%。工业生产中的物质消耗水平有所下降，5年节约能源折合标准煤6.46万吨。社会经济效益的改进和提高，为全市国民经济逐步走上良性循环创造了有利条件。“七五”期间，重点建设和技术改造取得较大进展。全市积极筹集资金，集中力量新建了纯碱厂、仓上金矿、氰化厂以及塑料包装材料厂、三元萤石矿选厂、西铁埠铁矿等重点厂矿；完成了啤酒、台钳、水泥、理石、原盐等重点技改项目；大搞了农业节水设施建设，5年间，全市各金融机构资金投放的规模扩大了2.03倍；乡镇以上独立核算工业企业新增加的固定资产达到8.27亿元，相当于前35年的2.1倍。其中，1990年新增固定资产原值3.47亿元，占“七五”期间新增固定资产总额的42%。5年来，城乡人民生活进一步改善。全市农民人均生产性纯收入1985年为472元，1990年提高到856元，平均每年增长12.6%；城镇职工人均收入1985年为916元，1990年提高到2202元，平均每年增长19.2%。城乡市场繁荣兴旺，消费品供应明显增多。城镇新建职工住宅面积20.25万平方米，其中1990年竣工住宅面积7.42万平方米，比历史最高纪录的1987年多2.89万平方米，相当于1989年的1.9倍。扶贫脱贫工作取得较大进展。城乡居民人均年末储蓄余额由1985年的284元提高到1218元，比1985年增长3.3倍。城乡人民生活正在由“温饱型”向“小康型”迈进。

对外开放步伐不断加快

1988年2月经国务院批准撤销掖县设立莱州市。同年3月又将莱州列为沿海对外开放城市，并给予了相应的利用外资项目审批权，为莱州市吸引外资、引进先进技术和管理经验，以及了解、掌握国际市场信息、加快发展外向型经济创造了基本条件。1990年全市出口总额达到2.22亿元，比1985年增长2.7倍，平均每年增长29.6%。其中，山东口岸外贸出口商品收购值达到1.9亿元，平均每年增长25.6%。对外贸易市场日趋扩大，同120多个国家和地区建立了贸易关系。出口商品结构调整取得较大进展，工业制成品的比重不断上升。5年间，技术引进工作取得重大成绩。为改造现有企业引进的先进技术和设备达126台套，用汇2379万美元。许多企业改变了技术装备落后的状况，增强了开发能力。数显硬度计、大理石精密量仪等一大批高档次产品达到了国际和国内先进技术水平。利用外资取得显著成效。全市共发展利用外资项目45个，利用外资合同成交额达2196万美元。其中，1990年全市利用外资合同成交额达874万美元，占“七五”期间利用外资总额的39.8%，比上年增长了1.49倍，在烟台各县市名列第一。全市已批准建设的“三资”企业达到21家，注册资本2247万美元，开通了直接与国际市场联系的渠道。1990年，已投产的8家中外合资企业完成产值7940万元，出口额2165万元，实现利润825.5万元，分别比上年增长58.5%、41%和20%，经济效益在烟台各县市名列前茅。经过5年的基础设施建设，全市对外开放环境进一步改善。改造扩建了发电厂，新建了城南220千伏输变电站和珍珠、西由两处110千伏输变电站，扩大了输变电能力；市区和重点乡镇开通了国内长途自动直拨电话、用户电报和无线寻呼业务；完成了三兰路和烟潍路莱州段的铺油拓宽改造工程；加快了城市配套设施建设，修建了自来水工程，解决了城市生活和工业用水，大搞了小区建设和街道绿化美化净化。1990年，莱州市被评为“全国十佳卫生城市”，为吸引国内外各界前来进行经济技术交流与合作创造了一个文明良好的环境。

各项社会事业蓬勃发展

莱州市通过实行科技双放把竞争机制引进科技领域，激发了广大科技工作者的积极性，促进了科学技术的发展。各种自负盈亏的民办科研机构和技工贸结合的科技型企业不断涌现，技术市场蓬勃兴起，企业与科研机构和高等院校之间的联合有了新的进展。5年间，全市共取得重要科技成果118项。其中，82项达到国内先进水平，99项获得科技进步奖。教改实验步伐加快，促进了各类教育事业的发展。基础教育实行地方负责分级管理制,调动了地方、部门和企业办学的积极性。5年间，全市对教育事业的总投资达8495万元，比“六五”期间增长1.8倍。其中财政预算内教育事业费支出7260万元，比“六五”期间增长1.2倍。农村中小学校舍改造逐步配套完善，城镇中小学校舍改造全面展开。集资兴建的实验中学已建成使用。职业教育和成人教育都有了较大发展，全市新办了烟台电视大学莱州分校、大连铁道学院莱州分校、成人中专等4所大中专院校，培养大中专毕业生和专业技术人员1200多名。幼儿教育、残疾人教育和扫盲工作有了较大发展。文化艺术、广播电视和卫生体育事业欣欣向荣，计划生育、环境保护、民政等方面工作不断取得新的成绩。“七五”期间，莱州市荣获了“全国初级卫生保健全面达标市”、“全国计划生育先进单位”、“全国体育先进市”、“全国儿童少年工作先进市”、“全省广播电视先进单位”等340多个国家级、省级和烟台市级荣誉称号。

精神文明建设成绩显著

“七五”期间，全市社会主义民主和法制建设逐步加强。各级政府在执行人民代表大会决议和接受人民代表大会监督方面有了很大进步，实行了政务公开，在工作中努力体现人民的意志和要求。许多企事业单位逐步加强了民主管理，调动了职工群众的积极性和创造性。农村基层政权建设进一步加强，村民委员会的作用得到了较好发挥。各级政府和有关部门为加强法制建设做出了很大努力。5年间，市政府提请人大常委会审议通过的地方法规有12项，制定和公布的规章制度有150多项。各个领域的法规体系正在逐步完善，执法工作和依法行政工作进一步加强。狠抓了社会治安综合治理，严厉打击了各种刑事犯罪和经济犯罪，保证了政治局势和社会秩序的稳定。通过精神文明建设，人们的思想观念和道德观念发生了深刻变化，明辨是非的能力明显增强。封建保守思想、小生产习惯势力和一些落后于形势发展的陈旧观念受到了冲击，适应现代科学进步和社会主义商品经济发展要求的新思想、新观念得到了传播和增强，集中力量搞好经济建设日益成为考虑各种问题的出发点和检验一切工作的标准。通过在广大干部群众中深入进行“一个中心、两个基本点”的教育，开展爱国主义、集体主义和社会主义教育，提高了广大干部群众坚持四项基本原则、反对资产阶级自由化的自觉性，坚定了走社会主义道路的信念。

文 登 市

市　长: 张立新

副市长: 王同洲（常务） 刘增玉（工业） 王德江（财贸、水产） 徐承梓（工业） 初钊殿（文卫、城建）

张立新市长。山东临沂人。1948年3月生，中共党员，大专文化程度，经济师。1968年参加工作后历任龙口市柴油机配件厂、陶瓷厂副厂长、副书记、书记，市一轻局副局长，市经委主任，烟台市乡镇企业局副局长。威海市经委副主任，市计委主任。1989年12月调文登市，任中共文登市委副书记、文登市人民政府代理市长。1990年3月在市十二届人大一次会议上当选为文登市人民政府市长。

在改革开放中崛起的文登工业

□ 初钊兴

文登是一座以轻工业为主的新兴城市。1984年工业总产值首次超过农业总产值，达到3.8亿元。应该说，起点是不高的。1986年以后，全市工业总产值连续5年以30%以上的速度递增，是建国以来递增速度最快的时期。1990年达到24.1亿元。比上年增长46.2%。是农业产值的6倍。如今已形成轻工、化工、建材、纺织、食品、电力等7大行业20多个门类的工业体系。主要产品达150多个品种。全市共有工业企业900家，就业人员6.5万人，乡镇以上工业企业固定资产总值7.4亿元。企业自有流动资金6000万元，其中市属企业82家，产值占全市工业产值的44.3%；乡镇村办工业企业818家，产值占全市工业产值的55.7%。文登工业不仅发展速度快。而且效益利税增长率在全省一直属领先水平。其主要措施为:

(一) 抓投入，增强企业发展后劲。针对文登工业基础差、企业规模小、竞争力量弱的不利条件，市政府确定了外延扩大与内涵挖潜并举的方针，采取积极措施，鼓励企业加大投入。自1987年以来，平均每年对企业固定资产的投资额都在1个亿以上。1990年达到1.96亿元，实施技改项目70多个。化工、电业两个公司年投资额都达到2000多万元。新上了一个1.5万千瓦的热电工程项目和一个万吨氯碱项目；泽头镇与西德合资建立了一个高档无纺布厂，投资额1300多万元。可完成年产值5000万元，实现利税600万元。

(二) 抓调整，优化工业结构。一是调整投资结构。坚持“一个立足、三个投向”：就是立足现有企业进行技术改造，把资金投向工艺延伸，提高产品深加工能力和深度：投向产品配套生产，由单一产品向多品种、系列化发展；投向扩大生产能力，促进适销对路产品上规模、上能力。去年全市90%的技术改造项目是对老企业的“嫁接”改造项目。二是调整行业结构。充分利用本地优势，通过横向经济联合等多种形式，发展了以汽车为龙头的机械工业和纺、染、织一条龙的纺织工业，打破了长期以来轻工、食品为主体的工业生产格局。三是调整企业组织结构。坚持以名优产品为龙头，以骨干企业为依托，集结同行业、同产品或配套产品的小企业，形成丝绸、刺绣、味精等6个规模大、水平高、竞争能力强的集团公司。四是调整企业技术结构。通过外引内联。引进国内外的先进技术和设备，改进工艺，提高劳动生产率，使企业逐步从劳动密集型转到劳动技术密集型和技术密集型上来。五是调整产品结构。在重点发展名优产品、压缩滞销产品的同时，积极实施适应性和开发性的调整，顺应市场，推进产品更新换代，向多品种、系列化发展。每年开发的新产品品种都在百种以上。

(三) 抓联合。促进企业发展。面对工业迅速发展、竞争越来越激烈的新形势，作为一个县级市的工业，既没有国家计划的保证，也没有倾斜政策扶持，只有积极主动地向国营大企业靠拢，与科研单位挂钩，借水行舟，借梯上楼，才能保证企业在激烈的竞争中有依托，站住脚，稳步发展，不断提高。因此，“七五”期间，文登工业积极走横向经济联合的路子，突出抓了四种形式的联合。一是主动与国营大中型企业攀亲联姻。借助大中型企业的力量和优势，发展骨干项目，开发新产品，促进企业向高层次、大跨度发展。先后与哈尔滨、济南等地的大厂名家攀上亲。发展了微型车、改装车等一批骨干项目。二是与流通部门联姻，建立销售基地和销售网点，扩大产品辐射面。三是与原材料生产厂家和经销单位联合，调济解决原材料供应不足的矛盾。四是与科研单位、大中专院校牵线挂钩，吸收其科研成果和先进技术，推进企业技术进步。几年来，文登市先后与19个省市100多个国营大中型企业和110多所大专院校、科研单位建立了联合关系。

(四) 抓外引，加快外向型经济发展。改革开放以来，文登市政府积极实施沿海地区经济发展战略，立足本地优势，不断加大引进利用外资步伐，推动外向型经济迅速发展。全市共建立中外合资项目12个，补偿贸易项目6项，引进利用外资额2900万美元。在引进外资方面，主要坚持了三个利用。一是利用企业现有的厂房设施，引进国外技术设备搞“嫁接”，克服国内资金紧张的矛盾，促进企业上规模、上水平、上档次，增强在国际市场上的竞争力。全市12个合资项目有9个是利用老企业“嫁接”的合资企业。二是利用名优产品的牌子，引进国外先进技术设备上规模，使企业由“盆景经济”向规模经济转变。全市工业产品已有100多种获省、部优和国优称号，打入国际市场的也不少，具有一定的知名度。但许多企业由于受资金、技术等因素的制约，牌子虽响，出口批量不大，优质产品形不成创汇优势。“七五”期间全市利用外资2000余万美元，引进国外的先进技术、设备改造企业，使名优产品加工水平迅速提高，生产能力成倍增长。如工具厂的“铁牛”牌活扳手和布鞋厂的“三鸡”牌布鞋都是国优产品。工具厂合资后，年生产能力由150万把一下子提高到600万把，出口200多万把。布鞋厂合资后，布鞋年出口量由300万双增加到500万双。三是利用本地自然资源，引进国外先进技术设备搞开发，加快资源优势向出口创汇优势转变。文登市有花生、对虾养殖等10个项目被列为全省和全国生产基地。花岗岩、瓷土等储量也名列全省前茅。出口创汇资源比较丰富，但长期以来由于技术水平低，加工能力上不去，许多可以出口的出不了，出口的也大多属原材料型和粗加工型，创汇率很低，优势远远没有发挥。引进先进技术和设备后，加工能力、出口创汇能力大大提高。花生制品厂与日本搞了补偿贸易项目后，年出口交货值达到3000多万元。陶瓷厂与外商合资后，产品质量迅速提高，釉面砖一级品率由过去的48%提高到60%以上，顺利打入了国际市场。工业品出口收购额达到3.8亿元。1990年全市已有200多家企业跻身国际市场，与22个国家和地区建立了经济联系。对虾、肉食、工艺、畜产、机电等6大出口体系独具特色，誉满海外。

(五) 抓管理，提高企业素质。一是强化基础管理。重点是结合企业升级，从劳动定额、材料定额、质量标准和设备利用率等基础管理工作入手，全面强化企业管理，不断提高管理水平。现在，全市已有10个企业晋升为国家二级企业，有25个企业晋升为省级先进企业，其中乡镇企业有3个。二是强化三支队伍建设。强化科技队伍建设，采取外出引进、派出学习与专业培训相结合的办法壮大科技队伍。全市拥有企业科技人员3000多人，有效地提高了企业技术素质，推进了企业技术进步。强化管理队伍建设，对企业管理人员，由市经委统一组织，分期分批进行培训，不断提高管理人员的管理水平，加强企业的管理工作。强化销售队伍建设，坚持以销售促生产的方针，不断壮大企业的销售队伍，提高销售人员的业务素质。现在，全市企业销售人员达4300多人，其中乡镇企业销售人员达2900多人。三是深入开展双增双节活动。坚持增产与节约并重，增收与节支并举的原则，从各方面挖掘潜力，提高效益。结合产品结构调整，落实好增产计划和增产措施；结合经营管理，努力实现增产增收；结合成本管理，搞好降低原材料、能源的消耗和压缩“两费”开支工作；结合技术进步，开展群众性的革新、改造活动；结合物资管理，搞好清仓利库工作，及时处理废旧物资和积压产品，活化“死”资金。由于管理工作的加强，企业承受能力明显提高。1990年，在不少地区工业企业经济滑坡的形势下，文登市工业实现利税仍比上年增长3.5%

文登工业“七五”时期的成就，得益于改革开放。文登工业“八五”时期的发展，有赖于进一步改革开放。

即墨市

市　长：孟广耀

副市长：姜子斌（常务）　李淑华（文教卫体、计划生育）　李方永（城建、交通、邮电、环保）　孙克鹑（工业）　荣立秋（农业）

孟广耀市长，1945年生，山东省胶南县人，中共党员，毕业于山东省委党校。在胶南县先后任县委组织部干事、副部长，公社党委书记，县委常委、副县长，县委副书记等职。1986年10月调任即墨县委副书记，1989年撤县改市任即墨市市长。

即墨——改革开放中崛起的沿海新型城市

□　周怀英　陈阔深

即墨市位于山东半岛东南部，地理坐标为东经120°07′——121°23′，北纬36°18′——36°37′。东濒黄海，南依崂山，是美丽的海滨城市青岛市的近郊市，素有“青岛后院”之称。即墨历史悠久，秦统一中国后，始定为即墨县，距今已有2200多年的历史。1989年7月27日，经国务院批准，撤销即墨县设立即墨市。全市最大纵横距离东西为76公里，南北为36公里，总面积1780平方公里。全市辖10个镇、20个乡、1030个行政村，总人口103.2万。

即墨市自然条件优越，有5大资源优势：一是土地肥沃，农产品丰富。市境西部属胶莱平原，生产小麦、玉米、花生、大豆、地瓜等；东部为沿海丘陵地带，山岗陵阜连绵起伏，海域辽阔，港湾交错，适宜于种植花生和养殖海产品。二是矿产资源充裕。麦饭石、重晶石、玄武岩、鞍山岩、花岗岩、膨润土、田横砚等矿产品储量可观，开采价值较大。市境东部属崂山山脉，矿泉水资源丰富，水质鉴定达到国家级标准，现已建成啤酒厂两处，年生产能力为6万吨。三是沿海和浅海海面开发前景可观。全市有海岸线183公里，浅海水面60万亩，潮间带面积12万亩、滩涂17.5万亩，可养殖海参、扇贝、鲍鱼等海珍品和对虾、贻贝贝藻类等。四是风景秀丽，气候宜人。境内有历史名岛田横岛、耐冬宝岛长门岩、大管岛等24个岛屿。有素称“崂山之秀”的鹤山风景区。山上泉甘石奇，异草珍花，引人入胜；山下海阔滩平，风清气爽，适宜建大型海水浴场。还有全国著名的温泉疗养区，面积6.5平方公里，泉水水温高达90℃以上，含有多种化学元素，可治疗多种疾病，该区现有省、市级疗养院6处，每年接收来自全国各地上万名疗养者。即墨市属暖温带海洋性季风气候，年平均温度为12℃，夏无酷暑，冬无严寒，年平均降雨量为750毫米。五是交通便利。即墨是青岛通往山东各地的“咽喉”，青济、蓝烟铁路穿越市境西部，境内的蓝村火车站是青沙、蓝烟铁路的交通枢纽和全省较大的编组站。青济、青烟、青沙、青石等国家和省级干线公路纵贯境内，市乡公路四通八达。城区距青岛港40公里，离青岛国际机场仅15公里。

即墨市通过认真贯彻党的改革开放政策，发挥优势，调整结构，合理布局，使经济建设和各项社会事业不断取得新成就。1990年全市社会总产值50亿元，国民生产总值17.6亿元，国民收入15.8亿元，工农业总产值33.5亿元，财政收入9162万元，农民人均纯收入957元。

工业生产发展迅速。建国初期，即墨仅有全民企业11个，共有职工170人。1949年工业总产值553万元。到1990年末，全市已拥有市属企业116个，乡镇、村企业1577个，固定资产总额达7.7亿元，职工总人数13.4万人。工业生产已形成机械、轻纺、化工、酿造、五金、工艺品、服装、建材、电子等16个骨干门类，产品多达 1000 余种，有 73 种产品获市、省、部和国家优质产品称号，产品覆盖率在山东省名列前茅。其中即墨镶边被誉为"抽纱瑰珍"，荣获国家金杯奖，畅销欧美和东南亚等 40 多个国家和地区；即墨老酒有"液体蛋糕"之美称，荣获国家金杯奖；海鸥牌 120 道毛地毯在国际市场被誉为"毯上毯"，荣获国家银杯奖；FFC-45A 型粉碎机荣获国家银牌奖，远销欧美等 30 多个国家；高档芳烃石油树脂、索具卸扣、303 弹子锁、20 目铁丝网、琴岛啤酒、崂泉啤酒等均受到国内外用户的青睐。1990 年完成工业产值 29 亿元，占工农业总产值的 86.6%。特别是异军突起的乡镇企业，已成为全市的经济支柱，1990 年完成产值 21.7 亿元，居山东省第 3 位。其中工业产值过 6 亿元的乡镇 1 个，超过 1 亿元的乡镇 7 个，超过 5000 万元的乡镇 8 个，超过 1000 万元的村 19 个，超过 100 万元的企业 330 个。

农业生产全面发展。近几年来，市委、市政府本着"统筹兼顾、全面发展"的原则，积极调整农业内部结构，初步建成了粮食、花生、畜禽、水产品、果品 5 大生产基地，并注重了以"兴水增机"为主要内容的农业投入，农业生产条件明显改善，全市农田灌溉面积达到 57 万亩，占粮田面积的 58%，农机总动力达到 36 万千瓦，水利建设和农业机械分获全省先进市称号。1986 年，即墨被列入全国商品粮基地县（市）之一，1988 年已按标准建成；1990 年被评为全国粮食先进县(市)，花生总产量名列全国第 9 位。1990 年，农业总产值 4.5 亿元；粮食总产量 54.5 万吨，每人平均 545 公斤；花生产量 6.26 万吨；水产品总产量 2.7 万吨，其中对虾 3157 吨；年末存栏大牲畜 3.3 万头，羊存栏 3.75 万只，生猪存栏 20 万头。1989 年全市实现平原绿化达标，全市有林地面积 2.44 万公顷，林木覆盖率 13.5%；桑园面积 0.57 万公顷，果品产量 1.8 万吨。

对外贸易不断扩大。即墨是国务院确定的对外开放县、市之一。近年来利用地处沿海、靠近青岛贸易口岸、信息灵、成交快、工业实力较强、名优产品多、交通便利等方面的优势，大力发展外向型经济。从 1986 年以来，全市共建成"三资"和"三来一补"项目 23 个，合同总金额 38526 万美元，其中利用外资 1330 万美元，工缴费收入 1600.8 万美元；1990 年，外贸出口收购总值突破 3 亿元大关，居山东省第 1 位。其中工业出口产品生产厂家已发展到 80 个，从业人员达 8 万人，出口产品增到 15 大类、150 多个品种，主要出口产品有地毯、即墨镶边、铁丝布、石油树脂、发制品、纺织品、铜锁、门锁、卸扣、五金工具、石工凿等，收购值 1.96 亿元，占出口总值的 66%。

城乡市场繁荣兴旺。全市共有贸易市场 91 处，各种零售网点 14229 处。占地 32000 平方米的即墨服装批发市场，摊位达 4200 个，日成交额达 70 多万元，1990 年交易总额 2.13 亿元，成为全国北方最大的服装批发市场。1990 年全市社会商品零售总额完成 7.26 亿元，集市贸易成交额完成 2.83 亿元。

城乡建设日新月异，城区网格式道路布局已基本形成，已经命名的街道 124 条，其中宽 24 米以上的 6 条，有 102 条已铺设了沥青或水泥路面，道路硬化率达 92%，主要街道基础设施已经配套；以墨河公园为中心的点、线、面绿化系统已经形成，达到了三季有花，四季常青；以鹤山路为中心的商业区初步形成；以集中开发为主的成片住宅新区已建立了 4 个，共开发 21 万平方米。1989 年，投资 1150 万元，修建了王圈水库引水工程，城区实现日供水能力达 2.5 万吨。1988 年，在城北新建了发电量为 9000 千瓦的发电厂，为集中供电、供热提供了有利条件。邮政通讯亦较发达。新建了一处 4700 平方米的邮电大楼，自动交换机总容量 3000 门，实际装机 2091 部，全国长途直拨电话 125 部，并实现了与青岛市话并网；安装 500 线发电机一台，开通了无线寻呼；电报已进入全省 256 路自动转报系统；4000 平方米的微波程控大楼已经建成。

科技、教育、文化、卫生等事业创出新水平。目前，全市有各类科技人员 19468 人。1990 年全市共有 410 项科技成果获得国家、省、市的奖励。1988 年，被国家科委命名为"国家科技培训基地县"。全市有中等以上学校 8 所，高中 8 所，普通初中 82 所，小学 544 所，在校学生总数达 15.79 万人。1990 年向国家输送大中专学生 1240 名，被评为全省教育先进县（市）。全市有文化馆、图书馆、博物馆、剧院、影院等配套的文化设施；已建成电视台和广播电台；建起了占地 102 亩的综合性体育场，亚运会期间捧回了"全国体育先进县"的奖牌；卫生改革开全国之先河。全市有各类医疗卫生机构 38 处，卫生技术人员 1570 人，病床 1735 张。计划生育工作，自 1986 年以来已连续三次被评为"全国计划生育先进集体"。

即墨市发展的基础比较雄厚，潜力很大。即墨人民决心认真贯彻党的十三届七中全会精神，全面实施十年规划和"八五"计划，把即墨建设成为经济繁荣、科技发达、文化昌盛、环境优美、人民富裕的社会主义现代化的开放型城市，为全国的社会主义现代化建设做出更大贡献。

莱 西 市

市　长：丁瑞云

副市长：于志坤（工业、外经贸）　姜秀华（农业）　魏保维（文教、卫生）

尉国春（财贸）　孔显君（政法、民政）

丁瑞云市长，现年41岁，山东省莱西市人。1975年参加工作，历任莱西市南岚乡党委书记、莱西县委副书记等职，现任莱西市市长。近几年，在市以上报刊、杂志上发表有关政治、经济建设方面的理论文章和调查报告8篇。1990年撰写的《完善双层经营，壮大集体经济》、《试论家庭联产承包后集体经济的地位与作用》等文章，先后在《人民日报》和中国人事出版社出版的《县委书记工作研究》等报刊、书籍上发表。

莱 西 市 概 况

□　莱西市市长　丁瑞云

莱西是山东省青岛市郊区的县级市，位于胶东半岛中部，居烟台、青岛、威海、潍坊4个对外开放城市之间，是国务院批准的沿海地区对外开放市之一。全市共有22个乡镇，861个村庄，10万人口，总面积1522平方公里，耕地103.91万亩。莱西地理位置优越，交通发达，潍石公路、烟青公路、烟青一级公路、青黄公路、蓝烟铁路穿越境内，是山东半岛沟通内外的交通要地和商业贸易集散地。

莱西历史悠久，气候宜人，四季分明，境内水源充足，河流沟渠纵横交错，水库塘坝星落棋布，建有胶东第一大水库——产芝水库，总库容3.72亿方，是城区主要供水水源。

建国40年来，莱西市的国民经济和社会发展发生了翻天覆地的变化，特别是党的十一届三中全会以来，莱西市坚持以经济建设为中心，坚持四项基本原则，坚持改革开放方针，工农业生产持续、稳定、协调发展。目前，全市政治稳定，生产发展，政通人和。1990年国民生产总值12.8亿元，国民收入11.7亿元，社会总产值35.7亿元，财政收入5622万元，工农业总产值23.3亿元，均创历史最高水平。

(一)、工业生产。

莱西的工业生产从无到有，由小到大，现已初具规模，出现了多种所有制形式并存，多层次工业竞相发展的势头。1990年全市共有工业企业7307个，其中市以上工业企业68个（国家二级企业2个，省级先进企业10个），乡村办工业企业7239个，全市工业总产值19.09亿元，占工农业总产值的82%。

工业门类比较齐全，已形成机械、轻工、化工、建材、纺织、食品等20多个行业，生产纺织品、石墨、磷肥、化肥、水泥、玻璃钢制品、服装、鞋帽、刺绣、齿轮、挂车、电机、粮油食品、食糖、果制品及各种酒类等60多个系列产品。其中高碳石墨、绣花衣、梅花扳手、齿轮、自应力水泥管、震动器、麻袋、布鞋、果脯、山楂罐头、山楂酒、白酒、葡萄酒等48个产品分别被评为国家和部、省、市优质产品。近几年，适应市场变化的新形势，不断调整产品结构，围绕三大重点，初步形成了五大体系。三大重点是：(1)食品加工为重点的农副产品加工业，以石墨开采为重点的矿产品加工业和为大城市工业配套的加工业。五大体系：一是利用22.16万亩果园优势，建立了以果品加工为主的农副产品加工体系。此类加工企业已发展到1037个，可生产127个定型产品，其中出口品种20个，年产值40738万元，占全市工业总产值的19%。二是利用莱西市石墨、黄金、沸石等20多种矿藏资源，建立了矿产品加工生产体系，矿产开采加工企业已发展到465个，生产品种145个，出口品种达26个，年产值达12816万元，占全市工业总产值的6.7%。三是利用蕴藏丰富的建筑沙石优势，建立了建筑材料加工生产体系。现在，以装饰材料加工、大理石加工、砖瓦、石灰、料石开采为主的建筑材料加工企业已发展到276个，年产值11608万元，占全市工业总产值的7%。四是利用10万亩大小水面，20万亩荒山荒滩，大搞食草畜禽养殖、淡水养殖，建立了饲料加工、产品加工生产体系，已发展这类企业100个，年产值1100万元，占0.6%。五是利用靠近城市、交通发达的优势，大力发展为大城市工业配套的加工生产体系，现在已发展到4219个，占全市企业总数的60%。

(二)、农牧渔业。

近几年，莱西市坚持以科技为先导，重点抓了两个路域、两条流域、两个区域的综合开发，使全市出现了沟渠成系、沃田成方、粮丰林茂的繁荣景象。全市农田有效灌溉面积的72.3万亩，旱涝保收面积占耕地面积的一半以上。种植业以玉米、小麦、花生、苹果、大梨、山楂、葡萄、蔬菜等农副产品为主，是全国重点商品粮基地市和烟台苹果、莱阳梨的主要产地之一。近几年来，通过推行连片成方、区域种植、社会服务、规模经营、改善了生产条件，粮食生产连年丰收，自1985年以来，平均每年以6.5%的速度递增。1990年粮食总产474837吨，人均占有678公斤，被评为全国夏粮生产先进单位；花生总产98518吨，人均占有141公斤，列全国百个产油大县的第三位。

莱西果树栽培历史悠久，品种繁多，品质优良。现有果园总面积22.76万亩，其中苹果15.71万亩，山楂5.02万亩，大梨0.73万亩，葡萄0.52万亩，桃、杏、樱桃、枣、板栗等其它品种0.78万亩。“月湖牌”苹果在北京、上海、南京等大中城市销量连年增加。1990年全市果品总产量95297吨。林业生产发展较快。现有营林面积6972亩，农田林网87万亩，四旁植树2253万株，森林覆盖率23.5%，木材总蓄量46.3万立方米，被评为“全国平原绿化先进市”。畜牧养殖业稳步发展。1990年全市年末大牲畜存栏4.4万头，生猪存栏23.17万头，家禽147.68万只，水产品1672吨，蚕茧总产553吨，被列为全省蚕茧重点市之一。

(三)、商业服务业。

随着经济贸易的不断发展，莱西商业服务业日益繁荣活跃。现有商业、服务业、饮食业、修理业门店8180处，从业人员17404人。1990年，全市社会商品零售总额达53719万元，城市集市贸易成交额达6699万元，全市22个乡镇均设有集市，市区水集是山东闻名的大集，每逢山会集日，商品琳琅满目，四方客商云集，最高达20万人。全市城乡人民生活逐步富裕。1990年职工平均工资1653元，农民人均收入910元。

(四)、对外贸易。

莱西是国务院批准的沿海地区开放市之一，早就与欧美等许多国家有贸易往来。自实行对外开放政策以来，全市对外经济贸易发展迅速。目前，已建立了粮油、果品、芦笋、石墨、菜牛、水貂、肉食鸡等8个出口商品生产基地。1990年，全市外贸出口收购总值15078万元，工业品出口专厂发展到32个，共有74种出口产品，销往世界40多个国家和地区。现全市已签约合资合作和“三来一补”项目合同12个，合同投资总额累计达到1339.7万美元。

(五)、城镇建设。

莱西是一座新兴城市，党的十一届三中全会以后，莱西城市建设按照经济发展和对外开放的需要，加快了城镇规划建设的步伐。目前，市政建设具有一定规模，规划布局合理，楼房鳞次栉比，建筑风格各异，公益设施齐全。市区规划面积12平方公里，现已建成楼房600多幢，建造城镇住宅45.7万平方米，开通建成主要街道18条，路面全部铺筑沥青。城内工业区、商业区、集贸区、文化区、居民生活区布局合理，给排水工程、水电设施齐全，日供水能力11000吨，建有发电能力21560千瓦的发电厂和热电厂。交通、通讯、服务设施齐全。市内公路成网，客运班车通往每个乡镇；建有一座5500平方米的邮电通讯大楼，装有2000门市话自动交换机，部分开通国内直拨电话；体育场、影剧院、图书馆、农贸市场、百货大楼、医院门诊大楼、学校、电台、电视台、工人俱乐部等公共服务设施配套完整，建有一处月湖公园，占地700亩，其中水面300亩，园内水榭、亭台、楼阁、壁画、雕塑俱全，有儿童乐园、溜冰场、音乐茶座、猴馆等多处游乐场所，是一处静谧典雅的游览区，吸引大量外地游人前来游览。整个城市景色优美，风光秀丽、文明整洁，已成为山东半岛的重要旅游景点之一。

莱西设有电子、农机、食品、工艺品等研究所，全市现有专业性科技协会、学会142个，各类专业技术人员11779名，其中高级职称的217人，中级职称的1846人，1990年全市评审通过的科技成果31项，有4项获市以上奖励。全市现有各类学校302所，在校学生95503人，其中小学235所，普通中学58所，中专、技校7所，电大分校一所，中等示范学校一所。全市基本普及九年义务教育，学龄儿童入学率99.9%，初中升学率98%。1977年以来，共向各类大中专院校输送新生8397名。

总之，莱西市对外开放、进行技术交流具有得天独厚的条件，发展前景广阔，投资环境良好。现在，全市人民正在党的十三届七中全会精神指引下，坚持治理整顿、改革开放的方针，团结一致，艰苦奋斗，满怀信心地为建设一个外向型的、繁荣昌盛、富裕文明的新莱西而努力奋斗。竭诚欢迎各位领导、各界人士到莱西旅游观光，洽谈贸易，合资合作，开发资源，共兴莱西经济，同建四化大业。

德州市

市　长：周金铭

副市长：杨洪泉（常务）　倪宪令（城建）　刘昭斌（财贸、体改）　李艳华（女 公检、科教）

顾　问：孙英俊（农业）

周金铭市长，1951 年 9 月生，山东省德州市人。1977 年于山东省师范学院聊城分院毕业后，分配到德州市革委办公室任秘书。1980 年任共青团德州市委书记。1982 年任德州市长庄乡党委书记。1984 年当选为市委常委兼任市委办公室主任。1987 年当选为德州市副市长。1990 年 1 月任中共德州市委副书记，代理市长，同年 3 月当选为德州市市长。

德州“七五”期间财政收入迅速增长

□ 魏皎然

1990 年，全市国民生产总值完成 74611 万元，比 1989 年增长 6.6%；国民收入 60329 万元，增长 5.2%；工农业总产值 168873 万元，增长 12.4%；财政收入 10821 万元，增长 4.6%，实现了收支平衡，略有结余。这是德州市 90年代第一年迈出的可喜的一步。

1986 年，德州财政赤字累计达到 389.4 万元。1987 年以后，市委、市政府坚持不断深化改革，努力开源节流，增收节支，财政收入达到一年一大步，三年翻一番。到 1989 年，实现财政收入 10326.5 万元，比 1986 年翻了一番。成为全国百家财政收入超亿元县（市）之一。

我市财政收入之所以在“七五”期间增长如此迅速，首先是由于我们转变思想认识，树立了大财政观念。在这个方面，实现了三个转变：一是从只关心收支转变到重视开辟财源上来。过去，在统收统支的财政体制下，往往就财政论财政，把重点放在收收支支上，结果不仅财政自身收支难以平衡，而且制约了经济和社会各项事业的发展。致使财政多年在低收入上徘徊，基本上是“吃饭”财政，甚至还出现赤字，谈不上建设和发展，城市面貌依然如故，给人们的印象是贫穷落后，破烂不堪。现实的教训迫使我们转变指导思想，跳出“收支”的小圈子，把工作重点放到了支持企业发展，培植财源上来。这样，不仅增强了企业后劲，而且给财政工作注入了生机和活力。二是从只靠职能部门抓财政转变到全社会都关心财政上来。市委、市政府制定了财政收入过亿元的总体规划。按照目标责任制的要求，采取横向到边，纵向到底的方法，将总体目标层层分解，逐级落实到各主管局和物质生产部门，并做为政绩考核的重要内容纳入干部任期目标责任体系，与晋级奖励挂起钩来。调动了上下左右为实现总目标努力工作的积极性。三是从注重眼前利益转变到当前、长远利益相结合上来。以往，由于财力不足和受小农意识的影响，在资金支出上，考虑眼前利益多，城市建设和公共事业一步不能到位，往往今年修路明年补。为了改变这一状况，我们从实际出发，既考虑自身的财力，又注重长远利益。在城市基础设施、校舍改造、公共事业等的建设上，抓主要矛盾，集中使用资金，建设项目坚持高标准，百年大计，充分发挥了有限资金的使用效益。

在实际工作中，我们从发展经济入手，抓重点，抓大户，培养和开辟财源，把财政工作引上了良性循环的轨道。

工业是全市国民经济的主体，是财政收入的主要来源。我们把发展工业做为促产增收的重点。一是抓大户。市属 26 个大中型企业，虽然在数量上仅占全部工业的 17%，但它们所提供的利税却占全部工业利税额的 86%。这些企业的兴衰，左右着全市的经济形势。市委、市政府牢牢抓住这些企业，分类解决问题。对亏损企业，重点解决扭亏增盈。1986 年底，全市出现 13

家亏损企业，亏损额达900多万元，振华玻璃厂、农药厂、印染厂三个亏损大户占全部亏损额的90%。我们对这三户企业分别派进了由市长、副市长、市委副书记为组长的工作组，进厂整顿。财政部门积极配合，对他们制定了扭亏包干政策，鼓励企业强化管理，搞活经营。经过一年的整顿，三家亏损大户，扭转了被动局面，转亏为盈。对盈利大户，把工作重点放在抓技改、上水平、增后劲上。德州棉纺织厂新上气流纺2000头，引进特宽幅喷气织机96台，生产能力大幅度提高，出口创汇成倍增长，1990年达到7341万元。出口产品批验合格率达到100%。德州造纸厂从瑞典引进具有国际先进水平的连续蒸煮和多缸长网纸机，产值由2000万元提高到4000万元。通过技术改造，特别是对引进技术的消化、吸收、创新，德州机床厂、化肥厂、石油化工厂等一批骨干企业和利税大户，生产能力大大提高，产品不断更新，后劲明显增强。二是抓政策。充分发挥资金投向的引导作用，优化产业产品结构。对全市产业、产品和企业进行了分类排队，发放周转金1500万元，重点扶持了纺织、化工、机电三大支柱行业和200种市场紧俏、出口创汇产品的生产，对机电行业采取了保支农、保名优的政策，对纺织行业采取“五个增加”即增加化钎产品、增加细支纱、增加薄织物、增加中高档产品和出口产品。同时，按照国家产业政策，限制和淘汰了一些效益差、耗能高、污染严重、销路不畅的产品。三是抓领导。对全市工业生产，建立了总调度室，定期召开调度会，及时掌握企业生产、经营动态，预测发展趋势和市场形势，采取对策，保证生产均衡、协调发展。对关系全市经济命脉的大中型企业和利税大户，市委、市府领导定期带领有关部门进行现场办公，遇到问题当场解决。例如，对1990年国拨棉花指标，国家规定限期购进，而棉纺织企业资金紧张，无力解决，市政府从财政周转金中拨款500万元，解了企业的燃眉之急。四是抓扶持。为确保企业技术改造，新上项目和正常生产的需要，财政、银行、企业一起上，在各个环节上实行配套联动，多渠道筹集资金，发挥群体作用。“七五”期间共为企业拆借、争取各种资金一亿多元。在资金安排和扶持对象上，坚持“三优先”原则，即起点高、投入少、见效快的项目优先，基础好、积累高、贡献大的企业优先，深加工、效益好、外向型的产品优先。把有限的财力用在刀刃上。

在发展生产、开辟财源的基础上，我们认真执行国家政策，强化征收管理，严肃财经纪律，严格控制支出，确保了收支平衡。具体做法有以下四点:

1.改革征收机制。1987年，市政府针对企业出现大额亏损的实际情况，把市属企业中盈利大户和亏损大户作为改革的突破口，实行承包经营。按照“坚持包利不包税，以利促税”和“包死基数，确保上交，增收分成，欠收自补”的原则，对盈利大户实行“一包两定”(包实现利润，定归还贷款，定上交利润)。完不成包干任务的，用自有资金补交欠收利润的30%；对亏损企业实行扭亏递减包干（亏损不补，工资下浮，扭亏受奖，盈利全留)。仅一年的时间，盈利大户全部超额完成了承包任务，亏损大户全部扭亏为盈。在第二轮承包中，将企业分为三类，对基础好的企业实行“一包两定，超收分成”和“上交利润递增包干”；对一般企业实行“定额上交”；对基础差，后劲不足的企业实行了“盈利不收，两金定比”,“盈利全留，亏损不补”和“定额补贴，超亏不补，盈利全留”的政策。这些政策的实行，促进了全市工业的良性发展，确保了速度、效益、财政收入的同步增长。

2.坚持依法治税。运用电台、电视台、报纸等宣传工具，开辟宣传栏，举办税法知识大赛，广泛宣传税法，增强了纳税义务人主动办理税务登记、自行申报应税项目和数额、自行核算和主动交库的税收意识。税务干部做到依法征税、文明征税、照章办事。严格减免税申报手续和检查监督，防止和杜绝了越权减免现象。对模范执行税法的单位和个人大张旗鼓地宣传和奖励，对违犯税收政策的进行帮助教育，对偷税、漏税的坚持依法进行严惩。5年来，共查出税收违纪金额近千万元，都及时补交入库，维护了税法的严肃性。

3.严格控制支出。控制支出是实现收支平衡的关键。我们坚持“量入为出，自求平衡”的原则，加强预算管理，按照保重点、保发展、保平衡的指导思想，确定了财政支出的重点是保教育、保城建、保农业，压缩行政经费、楼堂馆所及不必要的开支。在预算管理上强调：第一，财政预算一经人代会批准，任何人不得随意开口子。第二，各项支出的安排必须按程序审批，不准随意批条子。第三，对行政部门坚持“定额包干，超支不补，结余留用”的原则，年终超预算花钱造成的缺口，财政一律不认帐。财政部门还与编委密切配合，制定了具体措施，严格控制增人增编。对办公费、会议费、差旅费、燃修费等，核定支出限额，实行层层包干制度，控制在最低限度。同时，严格控制和压缩社会集团购买力，严格报批手续，实行“一支笔”制度。

4.加强检查监督，提高资金使用效益。对投放到行政事业单位的专项经费，做到使用前有报告、有预算、有调查、有论证、有审批，手续完备。使用中紧密跟踪、掌握进度，使用情况及时信息反馈。使用后有检查，有验收，有总结。对使用不当、擅自挪用专款的一经查出，严肃处理。对固定资产投资，严格控制投资结构，防止重复建设、重复引进。对乡级财政实行定期检查，严格审核各项支出。对各种财政周转金，严格借款合同，加强使用过程的监督，充分发挥最佳经济效益。

滨州市

市　长：张英民

副市长：隆方同（常务）　王惠军（工业、交通）　王存友（农业）　王保民（文教卫生）　陈子孟　（财贸）　王清瑗（女　挂职）　李学发（挂职）

张英民市长，1944 年 1 月生于山东省阳信县，大学文化程度。1967 年 7 月参加工作，1972 年 7 月加入中国共产党。历任县政治部干事、管区党总支书记、公社党委书记、阳信县委副书记、副县长，博兴县委常委、副县长。1988 年 10 月任滨州市委副书记、副市长、代理市长，1989 年 4 月在滨州市第三届人民代表大会第三次会议上当选为滨州市市长。

黄河三角洲上一颗明珠——滨州

□　滨州市市长　张英民

滨州市 1990 年国民生产总值达 74865.9 万元，“七五”期间年平均递增 10%；工农业总产值 173053 万元，完成“七五”计划的 105.60%，年平均递增 8.37%；财政收入、社会商品零售总额等主要经济指标提前一年完成了“七五”计划。

依靠技术进步　振兴工业经济

滨州市是 1982 年建立的县级市。由于历史的原因，工业经济基础非常薄弱，企业的技术素质、产品水平和管理水平都比较低，工业生产的速度和效益不够理想。“七五”期间，滨州市工业经济进入了一个新的发展阶段。几年来，滨州市以推进技术进步为突破口，以调整经济结构为主攻方向，以全面提高企业整体素质为重点，从新产品开发、技术改造、技术攻关、新技术推广、企业管理、引进技术及消化吸收、节能降耗、职工培训等八个方面全方位推进企业技术进步。经过几年的努力，工业经济有了新的发展，企业的技术、产品、管理水平有了新的提高，增强了广大干部职工的技术进步意识，确定了今后发展的主攻方向。一是工业生产稳定增长，1990 年全市完成工业总产值 143847 万元，完成“七五”计划的 120.7%，年平均递增 14.8%；依靠技术进步，实现新增利税 1650 万元，超年度计划 65%，为克服效益滑坡做出了贡献。二是新产品开发创出了好成绩，优化了产品结构。省级以上新产品由 1989 年的 3 种，到 1990 年增加到 24 种，其中 3 种填补了国内空白、3 种达到国际先进水平、5 种填补了省内空白，全市新产品产值率由上年的 3%提高到 8.6%，部分产品当年产生了较好的效益。三是技术改造和技术攻关有了新突破。1990 年 21 个技术改造项目中，有 19 个全面开工，其中 14 个项目年内竣工，实现了当年立项、当年建设、当年投产、当年受益。四是企业素质明显提高，1990 年全市又有 18 个企业通过了标准化验收，有 9 个企业分别达到二级和三级计量标准，在有一家国家二级企业的基础上，1990 年滨州造纸厂又晋升为国家二级企业，有 21 家企业分别晋升为省、地级先进企业。五是产品水平显著提高，优质产品产值率比上年提高 3.7 个百分点。有 40 种产品创省（部）优产品，有 58 个品种在国内外市场获得较好声誉。其中皮棉、活塞、毛巾被、浴巾、针织内衣、纯棉白布、经编织物、沙滩巾等产品已远销日本、美国、德国、法国、波兰、苏联、瑞典、澳大利亚、香港等十多个国家和地区。滨州活塞厂在产量、质量、品种、专机自制能力、工艺技术五个方面居全国同行业之首，成为全国 100 多家活塞生产厂家的排头兵，被列为机电部重点企业。“渤海”牌活塞获“著名商标证书”，DS—180 等 4 种产品分别达到日本大发、美国韦尔沃思、德国马勒、美国冠明斯四个世界名家的产品水平。现为国产奥地轿车研制的 QJ 活塞，在国内独占鳌头，产品分别为一汽、北内、上柴、大连冷冻机厂、烟台冷冻机厂、济南轻骑摩托车集团、铁道部内燃机厂、中国船舶工业总公司、重汽公司等96个国内主要动力机厂配套，产品畅销全国。六是确立了“八五”期间工业发展方向和发展规划。针对“七五”期间工业发展暴露出来的问题，确立了滨州市工业经济，在大力推进技术进步的基础上，立足现有企业抓内涵，量力而行求外延，走内涵外延并举，发展经济的路子。

农村经济全面发展

“七五”期间农业在连续4年干旱的情况下，经过全市人民的艰苦奋斗，农业生产持续发展。1990年虽遇特大洪涝灾害，粮食总产仍达到20.4万吨，创历史最好水平，棉花1.93万吨，实现农业总产值29206万元，提前完成“七五”计划，年平均递增3%。农业综合开发取得新进展，乡镇企业迅速发展，已成为农村经济的重要支柱，乡镇企业总产值达到40300万元，占农村社会总产值的61.8%。

财政收入持续增长　人民生活水平显著提高

1990年，全市实现社会商品零售总额46026万元，“七五”期间年均递增12.36%。对外贸易取得新进展，外贸商品收购总值14493万元，年平均递增23.9%。1990年财政收入达到17194万元，年平均递增21.5%，财政支出16311万元，实现了当年收支平衡，并略有结余；各项存款余额达86788万元，比年初增长22488万元；各项贷款余额达71242万元，比年初增长4766万元；保险收入全年达1644万元，比上年增长47.9%，完成年计划的151.16%；市场零售物价指数增长1.6%，低于上级下达的7%的任务。

全市农村已基本解决了温饱问题，人均收入达到619.4元，比1985年增加173.4元，农村大部分群众过上了富裕生活。1990年全市职工平均工资1822元，比1985年增长767元；全市城乡居民储蓄余额47717万元，人均858.28元。近几年来，全市有85%的农户盖起了新房，城乡居民高档耐用消费品拥有量增加较快。据抽样调查，1990年每百户家庭拥有电视机71台，其中彩电28台，有电冰箱13台，收录机24台，洗衣机46台、电风扇113台，人民生活开始由“温饱型”向更高标准迈进。

“科技兴滨”成效显著　社会事业欣欣向荣

“七五”期间，滨州市委、市政府做出了“科技兴滨”的重大战略部署，经过几年的努力，取得了长足的进步。目前，全市上下尊重知识，尊重人才的风气越来越浓，科研机构不断发展，科技队伍日益壮大，科研成果不断涌现。“七五”期间，全市取得科技成果102项，其中34项获得省级科技进步奖，98项科技推广项目得到推广应用，科技进步对经济增长的贡献日益增大。同时，做为“科技兴滨”基础工程的教育事业，更是突飞猛进，欣欣向荣。滨州市一直把发展，教育事业当做振兴滨州经济的百年大计，广开渠道，增加教育投资，挖掘社会潜力支持教育事业，不断改善中小学教学条件，教育质量进一步提高。到1990年底，有高等院校2所，在校学生2192人；中等专业学校5所，在校学生1498人；普通中学、农业职业中学、技工学校64所，在校学生32637人；共有小学818所，在校生达到48800人。5年累计为高、中等院校输送学生2793人。文化、体育、卫生、计划生育、广播、新闻等项事业迈出了新步伐。精神文明建设取得好成绩。1990年被山东省人民政府命名为“精神文明先进市”。

公用事业兴旺发达　城市面貌日新月异

“七五“以来，滨州市在大力发展工农业生产的同时，还注意大力加强城市建设，城市的布局日趋合理，服务设施日臻完善，市容、市貌有了很大改观，城市的综合服务能力不断增强。到1990年，全市累计完成市政工程投资3426万元，铺设路面48万米，铺设供水管道6.54万米，排水管道4.987万米，安装路灯840盏，铺设人行道13.925万平方米，建成了蒲湖公园，种植了大量的花草树木。市容环境卫生以卫生治本建设为主，本标兼治，按规划设置新建公共厕所，对垃圾、粪便基本上做到日产日清，路面保洁实行了承包责任制。狠抓了农贸市场管理、建筑市场管理、交通管理、蚊蝇消杀管理和环境保护工作。强化了城市的综合治理，使滨州市的环境卫生综合指标均达到了较高的水平，路面保洁率在96%以上，卫生知识宣传覆盖率达90%以上，饮用水监测率达100%；其它主要指标合格率均达到100%，总合格率为96%。经国家、省鉴定，跨入“无鼠害市”行列。从1984年起，连续四年被山东省爱卫会评为城市卫生第一名，被命名为“卫生城市”，在1990年国家爱卫会组织的全国城市卫生评比中荣获“全国十佳卫生城市”称号。如今的滨州市，市容整洁、空气清新；道路两旁，柳暗花明，垂柳随风摇曳，婀娜多姿；临街庭院小区，有的山清峰秀，喷泉如涌；有的花木葱笼，树影婆娑。整个城市的地理景观与建设景观集于一体，秀丽迷人，尤如镶嵌在黄河三角洲上一颗粲然光亮的明珠。

临沂市

市　长：徐志顺
副市长：石金岩（常务）　刘绪贤（财贸）　李庆美（女　工交、计划）　李俊修（计划生育、乡镇企业）　蔡玉启（农业）　郑斯仁（科技）　吴昌贤（科技）　张　勇（文教、体育）

徐志顺市长，山东省沂源县人，1941年3月出生。1955年5月参加工作，1962年2月加入中国共产党。曾任山东东风化肥厂党委书记；临沂地区经济委员会副主任，1987年2月任中共临沂市委副书记；1987年3月当选为临沂市市长，1990年4月再次当选为市长。曾多次在国家、省级报刊上发表论文和调查报告。

“七五”——临沂市走向振兴的时期

□　临沂市人民政府

令人欣喜的显著成就

“七五”期间，临沂市综合经济实力明显增强，社会事业长足发展，国民经济和社会发展第七个五年计划得到了胜利实现和超额完成。

（一）农业基础地位得到强化，农村经济全面振兴。1990年，虽遭受多种自然灾害的严重侵袭，仍取得了农业大丰收，全市农业总产值达到5.47亿元比1985年增长16.7%，平均年递增3.1%。1990年全市粮食总产量达到6.17亿公斤，创历史最好水平，比1985年增长12.8%，平均年递增2.4%；肉类总产量达到3516万公斤，比1985年增长30.5%，平均年递增5.5%；“七五”期间修建了汤河大闸、义相河闸、完成了柳青河治理等水利工程；1990年末全市农业机械总动力达42.61万千瓦，农田有效灌溉面积85.52万亩，占耕地面积的70%。农业生产条件不断改善，进一步巩固和加强了农业的基础地位。

（二）工交生产持续、稳定地发展。1990年全部工业总产值达到27.83亿元，比1985年增长294.9%，平均年递增31.6%。交通运输货运量完成349万吨，比1985年增长36.3%，平均年递增6.4%；货物周转量完成19557万吨公里，比1985年增长46%，平均年递增7.9%。1990年公路、铁路客运量达867万人次。工交生产的持续、稳定增长，为全市综合经济实力迅速发展奠定了坚实的基础。

（三）固定资产投资结构日趋合理，投资额增长较快。“七五”期间，全市固定资产投资额完成7.6亿元，比“六五”期间增长610.3%，其中基本建设投资完成2.45亿元，比“六五”期间增长488.5%；技术改造投资完成3.45亿元，比“六五”期间增长423%；个体固定资产投资完成1.7亿元。在基建投资中，生产性投资占77%，非生产性投资占23%。“七五”期间，全市有热电厂、化纤厂、罗庄电厂、肉鸡联合公司、沂蒙化肥厂、新光棉纺厂、染织厂、化工总厂等重点工程和重点技改项目竣工投产，使基础产业能源、原材料等生产能力不断扩大，从而使经济发展的后劲和活力得到了增强。

（四）第三产业有了很大发展，城乡市场繁荣昌盛。“七五”期间，坚持了国营商业、个体商业并举，扩大了商业饮食服务业及其他第三产业的规模和服务领域，给一、二产业的发展以有力地促进。1990年全市第三产业占国民生产总值的25%以上，高于全省21.9%的平均水平。社会商品零售总额1990年完成11.27亿元，比1985年增长140%，平均年递增19.2%。如今的临沂城已成为名符其实的“商业批发城”。

（五）对外开放有了新进展，横向联合出现新格局。“七五”期间，全市对外开放取得了重要进展，利用外资累计完成2868万美元，创办中外合资企业10

个。1990年完成外贸出口商品总值1.85亿元，比1985年增长364.8%，平均年递增36%。

(六) 财政、信贷进一步搞活，财政收入稳步增长。1990年全市财政收入完成1.26亿元，比1985年增长108%，平均年递增15.7%。全市1990年末银行各项存款余额达16.27亿元，各项贷款额达17.2%，保险金额达21.4亿元。

(七) 城乡建设发生新变化。"七五"期间临沂市立足于为改革开放创造良好的环境，狠抓了城乡建设。5年内全市用于市政建设的总投资5798.6万元。27个乡镇规划的编制和修订已全部完成。乡村面貌为之一新。

(八) 科学技术进步加快，科技队伍不断壮大。5年内，全市共取得科技成果90项，比"六五"期间增加了29项，全市科技人员到1990年底达到24307人，比1985年增加了18368人，群众性的技术革新也取得新的成效，社科研究有了新进展，有效地促进了经济建设的发展。

(九) 在经济发展的基础上，教育、文化、卫生、体育等各项社会事业都有了新的发展。5年来，共为国家输送大中专学生6162名。1990年全市职业中学在校生达到3615人，适龄儿童入学率达到99.2%。5年内全市共举办各类文艺培训班120期，有40%的乡镇办事处建成了群众文化中心。"七五"期间，人民群众的卫生医疗条件继续得到改善，到1990年底，市、乡两级医院病床达到1230张，医务人员达到1620人，全市卫生机构达36所。5年来，在地级以上举行的各类体育比赛中获金牌106枚，银牌82枚，铜牌74枚，总成绩居全区之首，1990年被评为全国体育先进市。

(十) 城乡人民生活水平不断有新的提高。1990年，全市农民人均纯收入780元，比1985年增加389元，平均年递增14.8%；职工年平均工资1817元，比1985年增加808元，平均年递增12.5%；到1990年底，城乡居民储蓄存款余额9.69亿元，人均储蓄610元，比1985年增长449.6%，平均年递增40.6%。"七五"期间，城镇新建住宅36万平方米，农村新建住宅550万平方米；城镇居民人均住房由1985年的3.5平方米提高到1990年的8平方米。

值得总结的几点体会

回顾"七五"发展历程，我们虽然取得了令人瞩目的巨大成就，但也仍存在着不足之处，既有经验，又有教训，很值得认真进行总结和思考。概括起来，我们有以下几点体会：

(一) 保持稳定是我们进行一切工作的前提条件。"七五"期间，我们坚持稳定是压到一切的方针，努力消除不安定因素，稳定了社会。在完善和深化各种改革措施的过程中，坚持"二不变一不收"的原则，稳定政策。坚定不移地进行治理整顿，千方百计缓解资金、能源、原材料紧缺和市场疲软等困难，专心致志地抓生产，稳定了经济。在全社会进行坚持四项基本原则、反对资产阶级自由化的教育和社会主义教育，强化思想政治工作，稳定了人心。

(二) 坚持以经济建设为中心，保持国民经济持续、稳定、协调发展是我们必须长期遵循的指导方针。根据临沂市实际，确立并坚持"重点发展工业，稳定提高农业，搞好流通服务，加快城市建设"的指导思想。实践证明，如果我们不坚持这一指导思想，就不可能有经济和社会的巨大变化。

(三) 坚持不断深化改革是促进发展的根本动力。"七五"期间，我们始终保持了改革的热情，坚持以改革促发展。在农村，普遍实行并不断完善家庭联产承包责任制，强化社会化服务体系和以党支部为核心的基础组织建设，建立健全统分结合的双层经营机制，积极发展商品生产，大力发展乡镇企业；逐步壮大集体经济，推动了农村经济的全面发展。在城市，紧紧围绕搞活企业这个中心环节，全面推行承包经营责任制和厂长(经理)负责制，扩大企业自主权，增强了企业的生机和活力。

(四) 努力扩大对外开放是振兴临沂市的希望之路。"七五"期间，我们始终把发展外向型经济作为全市整个国民经济的战略重点，大力发展出口产品生产，保持了外贸出口持续增长，引进了先进的设备、技术和管理经验，并广泛开展了横向经济技术联合与协作。

(五) 坚持"两手抓"，加强思想政治工作是一个关键环节。"七五"时期，我们坚持普遍开展党的路线教育、"三热爱"教育、革命传统教育和形势教育，振奋了革命精神，为改革建设注入了强大精神力量。

(六) 坚持党的领导，加强民主与法制建设是经济建设和社会发展的重要保障。"七五"时期，我们坚持党的领导，坚持人民代表大会制度和共产党领导下的多党合作的政治协商制度，重视和支持工、青、妇等群众团体的工作，坚持"两公开一监督"，坚持依法行政，依法治市，使经济建设和社会事务的管理逐步纳入了依法管理的轨道，为社会的长治久安提供了可靠保证。

(执笔：王相余　吴新民)

聊 城 市

市　长：丁永恕

副市长：苑文海（常务）　韩英鸿（计划、城建）　杨桂芳（工业、交通）　张继智（文卫、科技）　杨学增（财贸）　孟昭诗（公安）

丁永恕市长，生于1936年1月，1962年毕业于山东省机械学院，工程师。曾先后担任聊城油泵油嘴厂技术员、技术科长、副厂长，山东省第二轻工机械厂副厂长、厂长，山东省轻工设计院院长，聊城地区第一轻工业公司经理等职。1985年5月被任命为中共聊城市委副书记、聊城市政府副市长。1990年4月，当选为市长。

依靠科技　振兴农业

□ 聊城市市长　丁永恕

1990年，聊城市认真贯彻党的路线、方针、政策，始终坚持"一个中心、两个基本点"，继续进行治理整顿，不断深化各项改革，克服不利因素，战胜多种困难，推动了城乡经济和各项社会事业的发展。全市社会总产值达到28.4亿元，比上年增长12.7%；国民生产总值10.93亿元，比上年增长10.4%；国民收入10亿元，比上年增长9.9%；工农业总产值15亿元，比上年增长9.3%；财政收入5064万元，按可比口径比上年增长13%；社会商品零售总额6亿元，比上年增长15.4%；城乡居民储蓄余额7.63亿元，比上年增长31%。特别是农业生产，在遭受涝、虫、病、风、雹等多种严重自然灾害的情况下，仍然取得了较好的收成，保持了持续稳定增长。1990年农业总产值达3.9亿元，比上年增长5.4%；多种经营5.35亿元，比上年增长8.3%；粮食总产再创历史最高水平，达到4.06亿公斤；棉花生产在大面积减产、部分绝产的情况下，总产仍达到62.23万担，比上年增长3.7%；农民人均纯收入711元，比上年增加24元。聊城市农业所以能保持持续增长的好势头，一个重要原因是：依靠科技，振兴农业。

强化领导，制定"科技兴农"规划

聊城市现有农业人口62万，耕地面积8.47万公顷。在重点发展工业的同时，如何强化农业这个基础？市委、市政府首先从认识问题抓起，经过反复的对比分析，全市上下普遍认识到：科技是农业生产最现实、最直接、最有潜力的生产力，是我市前几年农业发展的得益点，也是今后农业攀登新台阶的支撑点。必须不断加强措施，走活"科技兴农"这盘棋。在提高认识的基础上，一是建立了市农业科技开发领导小组，具体负责全市农业科技开发的组织、协调和指导工作。二是建立了农业科技推广基金。资金主要从农业开发基金、财政周转金和黄淮海开发基金中筹集。1990年全市共筹集资金140万元，全部用于科技开发和推广。三是制定了"科技兴农"规划。基本思路是，以效益为中心，从科技体系建设入手，不断增加科技投入，组织和动员各方面的科技力量，围绕粮、棉、菜、肉四大重点，结合丰收计划和黄淮海平原开发项目的实施，全面推进农业科技进步，逐步用现代农业改造传统农业。今后五年的发展目标是，到1995年适用农业科技成果推广应用达到65%左右，科技进步因素在农业增值中的比重达到50%以上；全市粮食总产量达到4.4亿公斤，棉花总产达到4万吨，农业总产值达到5亿元。四是建立了领导责任制。将农业科技工作纳入制度化、目标化管理轨道。

建立"四个体系"，解决科技推广"断层"问题

针对农村经营体制变化后，农业科技推广形成的

“断层”，市委、市政府主要从四个方面抓了农业科技服务体系的建设。(1) 建立科技管理体系。市里聘用了科技副市长，乡镇配备了科技副乡镇长，各乡镇普遍建立了科委，90%的村配备了科技村委副主任，使科技工作层层有人抓、有人管。(2) 建立科技推广体系。本着“强化市级、提高乡级、恢复村级”的原则，市里充实加强了市农技推广中心的技术力量，增加了物资装备，初步形成了试验、推广、培训、经营“四位一体”的综合服务机构。各乡镇、办事处都建立了农技站、畜牧兽医站、林业站、种子公司、农机站、水利站。并由单纯的技术推广向综合性服务发展，70%的站办成了经营服务实体。全市经过统一考核，择优聘用了103名管区技术网长，850名农民技术员，使全市每个管区都有了技术网长，每个村都有了技术员。全市还建立了农村专业技术学会、协会、研究会51个，会员4400多个。从而形成了以市为中心，乡镇为纽带，村为基础，专群结合的农技推广体系。(3) 建立科技示范体系。市里重点抓了三个示范乡镇、100个示范村、2500个示范户和40万亩示范田；每个乡镇分别抓了3个示范村和100个示范户。科技示范体系的建立，收到了明显的科技幅射效果。(4) 建立科技培训体系，多层次、多渠道地开展技术培训。1990年仅市、乡两级农业技术部门就举办培训班317期（场），受训人员4.5万人次。此外，妇联、共青团、教育等部门也积极开展了农业技术培训。市妇联举办了12期棉花技术培训班，团市委举办了8期农村青年技术培训班，市教育局在农村21所普通中学、45个毕业班里，开设了农业技术课。1990年全市有2000名学生获得了农业专业技术结业证书。

建立激励机制,调动科技人员的积极性

首先，放宽政策，为科技人员施展才能创造宽松的环境。市委、市政府先后制定了《关于放宽放活科技人员政策的十四条规定》、《关于政技分开的暂行规定》、《聊城市专业技术人员兼职管理的暂行规定》等，积极鼓励和支持党政机关、事业单位在职科技人员，在完成本职工作的前提下，到农村从事有偿技术服务。其次，强化了奖励机制。一是设立了“科技兴农”奖。每年对做出突出贡献的科技人员，分别授予“科技之星”、“科技能手”、“优秀科技工作者”称号，并分别给予科技一、二、三等奖；对做出特大贡献的，将其事迹载入市史志。二是设立了五项高产开发奖。即：丰产方奖、小面积高产奖、高产攻关奖、玉米高产特别奖和玉米单产破记录奖。对高产达标科技人员和农户，分别给予相应物质奖励。为了使这些科技政策真正深入人心，取信于科技人员，今年初，市委、市政府召开了科技政策兑现大会，大张旗鼓地表彰奖励了在去年农业科技工作中做出优异成绩的科技人员。全市共为58名科技人员兑现报酬和奖金20多万元。其中评出“聊城市科技之星”3名。科技政策的兑现，大大调动了科技人员的积极性。全市上下参加承包的科技人员达330人，其中专业技术人员227人，占专业技术人员总数的73%，承包农作物面积5.93万公顷、果园333.3公顷、坑塘100公顷、畜禽177.7万只。累计增加经济效益6532万元。

突出重点，狠抓适用技术的推广和农业综合开发

在农业适用技术的推广应用方面，我们本着“先进、覆盖面大”的原则，选择推广了15项农业科技成果，收到了明显的经济效益、社会效益和生态效益。如全市推广优良品种32个，使粮、棉、菜、果、畜禽等在短时间内完成了大面积更新换代，全市良种覆盖率达到98%以上。全市推广麦棉套种2.27万公顷，平均每公顷增加经济效益收入2250元；推广9种类型、32个模式的多作多收高效益立体种植田0.55万公顷，每公顷收入15000元以上，全市复种指数达到203%。

在农业综合开发方面，全市1990年共承担各类开发项目34项，开发面积6.11万公顷。为确保开发项目的顺利实施，我们建立了两种形式的承包责任制：一是纵向承包，由下级对上级承包，乡对市签订协议书，村对乡签订保证书，一级包一级，一级保一级。二是横向承包，由综合承包集团对农户承包，实行定人员、定任务、定指标、定时间、定职责、定奖惩。1990年全市共建立综合承包集团15个，有效地促进了农业开发项目的实施。全市0.27公顷吨粮田开发，在上一年达标的基础上，又上新台阶，小麦习惯亩（下同）单产达423.6公斤，玉米单产达655.6公斤，混合亩产达1079.2公斤，比开发前三年平均混合亩产增加474.3公斤，增长78.4%，累计增产粮食1897.2万公斤，增加经济效益1517万元。15万亩（1万公顷）麦棉两熟高产开发，棉花平均单产64.9公斤，小麦平均单产253公斤，分别比开发前三年平均单产增加12.9公斤和38.5公斤，累计增加棉花220万公斤，小麦657.2万公斤，增加经济效益2287.36万元。

我们计划，在今后实施“科技兴农”战略上，重点抓好四个方面：一是逐步增加农业科技投资，增加科技投入在农业总投入中的比重，增加农业科技投入在整个科技投入中的比重。二是乡乡村村达到每十户有一个科技示范户，每百亩地有一个农民技术员。三是组织搞好夏玉米高产开发和小麦大面积高产开发，确保1993年建成吨粮市。四是组织好棉花高产攻关，猛攻单产，增加总产，力争“八五”末实现“双百”（亩产皮棉100公斤、人均贡献皮棉100公斤）皮棉市。

市　长：胡树俭

副市长：张以祥（计划、体改、工交）　刘新民（人事、政法）　王治业（农林水利、乡镇企业）　李生盛（城建、环保）　张世诚（科技、文卫体）　刘振中（教育、商业、物价）

胡树俭市长，河南省孟县人，1934年10月出生，1954年加入中国共产党，1963年毕业于南开大学化学系。历任技术员、工程师、厂长，郑州市煤炭化学工业局副局长、局长、党组书记。1983年6月至今任中共郑州市委副书记、郑州市市长。为第四届中共河南省省委委员、第七届全国人大代表和第七届省人大代表。著有《论城市发展中建设资金的渠道问题》、《城市效率初探》、《论对外交通与城市经济发展问题》和《改革必须坚持实事求是、注重从当地实际出发》等论文。

“七五”时期奋进中的郑州

□ 范福堂　孙建生　黄保才

“七五”期间，全市人民认真贯彻执行党的十一届三中全会以来的路线、方针、政策、以经济建设为中心，坚持四项基本原则，坚持改革开放，注重从当地实际出发，解放思想，开拓前进，较好地完成了“七五”计划规定的各项任务，全市经济实力显著增强，人民生活明显改善，城乡面貌发生了深刻变化，为“八五”乃至90年代经济和社会发展奠定了比较坚实的基础。

“七五”时期的主要成就

1. 经济体制改革逐步展开，对外经济技术交流和合作进一步扩大。在过去的5年中，我们积极贯彻执行党中央、国务院关于不断推进经济体制改革的一系列指示，全市城乡改革逐步深化，改变了束缚生产力发展的旧格局，形成了以公有制为主体的多种经济成份并存的新格局。农村改革，在稳定家庭联产承包责任制的基础上，不断完善统分结合的双层经营机制,广泛推行双向承包，积极发展县、乡、村和民间专业服务组织，初步建立健全了农村社会化服务体系，因地制宜进行了土地适度规模经营，有力地促进了农村经济向专业化、商品化方向发展。1990年底、全市87.68万农户中已有84万户与行政村签订了双向承包合同，2262个行政村已全部与乡镇签订了合同；全市五级服务组织已发展到20588个，从业人员达55649人；全市有66个乡、1214个行政村推行了土地有偿使用，面积达12.1万公顷，收取有偿使用费3975万元；现有0.8万公顷经济田实行了招标承包，收取土地承包费969万元。城市改革，紧紧围绕搞活企业这一中心环节，普遍实行了各种形式的承包经营责任制,截止1990年底，市属预算内99户工业企业和46户大中型商业企业，已全部实行了承包经营，并陆续转入新一轮承包，承包基数比第一轮均有增长。坚持和完善厂长（经理）负责制，普遍实行了工资总额与经济效益挂钩、优化劳动组合、厂内银行、社会统筹保险等项改革，初步形成了有利于发展商品经济的自主经营机制，增强了企业活力。努力培育市场体系，除建立和完善消费品、生产资料、金融、技术、劳务市场外，还开办了企业产权交易市场。5年间全市有48户劣势企业被兼并、拍卖，安置职工8991人，转移资产9500万元，转让土地185.1公顷，有关部门获得转让费2500万元。在计划、财政、税收、金融、物资、外贸、价格、劳动、工资、住房等方面进行了不同程度的改革，同时在科技、教育和政治体制等方面也相应进行了改革。郑州对外开放的步伐加快，对外经济技术合作与交流有新的发展。5年间，全市出口商品收购额达到21.3亿元，比“六五”增长1.08倍，年均增长13.5%。自营出口有了良好的开端，5年累计创汇4094万美元。出口商品生产供货企业发展到157家，出口商品发展到13大类、154种；出口商品结构有所改善、机电产品出口所占比重由1985年的2.3%提高到1990年的11.3%。5年间共批准利用外资项目121个，外资金额2.5亿美元，开办"三资"企业63家。1988年开辟的郑州经济技术开发区，基础设施已初具规模。现已建有13家外商投资企业。旅游事业稳步前进，1990年来郑旅游的国外游客和港、澳、台同胞达4.13万人次，比1985年增长74.7%，年均增长11.8%；旅游外汇券收入1585万元，比1985年增长3.5倍，年均增长32.7%。郑州同全国各地建立了不同形式的经济联系，组建跨地区企业集团和企业群体28个，先后同伊春、长春、南京、无锡、海口、连云港6市结为友好城市，多次成功地举办了全国性和陇海——兰新经济地带等区域性的商品交易会，加强了郑州与国内各地的经济技术交流和合作。

2. 国民经济发展较快，经济实力显著增强。1990年全市国民生产总值达到106.3亿元，比1985年增长51.8%，年均增长8.7%（产值按现价，速度按可比价，下同）；社会总产值达到239.5亿元，增长65.8%，年均增长10.6%；国民收入达到85亿元，增长46.3%，年均增长7.9%；工农业总产值达到199.1亿元，增长72.5%，年均增长11.5%；财政收入10.5亿元，增长74.7%，年均增长11.7%。

工业生产稳步增长。紧紧围绕增强经济发展的后续能力，狠抓了技术改造和产业、产品结构调整，加强了能源、交通和原材料工业的建设，工业生产能力扩大，经济结构逐步合理，实现了速度与效益的同步增长。前三年年均以14.9%的速度增长。1988年全市工业总产值达到100.01亿元（1980年不变价），进入全国25个工业总产值超百亿元的城市行列。后两年进行治理整顿，压缩需求，速度明显趋缓，年均增长8.7%。1990年全市工业总产值达到174.4亿元，比1985年增长76.5%，年均递增12.4%，远远超过"六五"时期年均递增7.2%的水平。其中，全民工业总产值93.6亿元，比1985年增长40.1%，年均增长7%；集体工业总产值28.4亿元，增长1.05倍，年均增长15.5%；村及村以下工业总产值50.8亿元，增长1.69倍，年均增长21.9%；工业生产规模扩大。1990年底，全市乡以上独立核算的工业企业单位数达到1494个，其中，全民工业企业303个，大中型工业企业75个，固定资产原值达到79.7亿元，比1985年增长1.03倍，年均增长15.2%。主要工业品产量比"六五"时期均有不同程度的增长，增长1倍以上的有化纤、机制纸及纸板、饮料酒等，增长50%以上的有钢材、水泥、烧碱、磨料等，增长10%以上的有原煤、发电量、氧化铝、化肥、电力电缆、小型拖拉机、油漆、磨具等。行业结构调整初见成效，重点行业得到加强。"七五"时期，煤炭年均增长9.7%，比"六五"高2.5个百分点；电力年均增长20.6%，比"六五"高20个百分点；化学工业年均增长11.6%，比"六五"高5个百分点；建材工业年均增长16%，比"六五"高6个百分点。1990年，全市乡以上轻工生产值完成56.3亿元，比1985年增长37.6%，年均增长6.6%；重工业完成65.1亿元，比1985年增长75.8%，年均增长11.9%；轻重工业的比重由1985年的54:46变为48:52，采掘工业和原材料工业与加工工业的比重由1985年的37:63变为46:54。企业的技术水平和产品质量有较大提高。5年中，全市共开发新产品844项，有471种产品获国家、部、省优质产品称号，比"六五"增加203个；1990年全市优质产品率达到29%。全市独立核算工业企业全员劳动生产率达到17335元，比1985年增长20%；工业生产物耗有所下降，5年节约能源折合标准煤58.2万吨。

农村经济全面发展。"七五"期间，我们加强农业基础建设，调整农村产业结构，促进了农村经济的持续稳定增长。1990年，全市农村社会总产值突破百亿大关，达103.4亿元，比1985年增长1.06倍，年均增长15.66%。其中，工业总产值达到63.7亿元，比1985年增长2.64倍，年均增长29.5%；农业总产值24.6亿元，增长26.1%；年均增长4.7%。农业总产值占农村社会总产值的比重，由1985年的30.1%下降到18.4%；工业、建筑业、运输业、商业、饮食业等非农业产值比重，由1985年69.9%上升到81.6%。农业产业结构稳步调整，生产全面发展。1990年，粮食生产跨上了新台阶，平均亩产达到240公斤，总产量达155.91万吨，比1985年增长28.9%，年均增长5.2%；油料，1990年，亩产达到137公斤，总产量达8.43万吨，比1985增长23.6%，年均增长4.3%；棉花，1990年单产首次突破50公斤大关，总产量达8637吨，比1985年增长13.8%，年均增长2.6%。种植业的发展，带动了牧畜业持续、稳定发展。1990年末，全市大牲畜达38万头，比1985年增长26.7%，年均增长4.84%；肉类总产量达到6.75万吨，禽蛋产量3.9万吨；奶类产量2.55万吨；鱼产量6522吨，分别比1985年增长99.5%、77.2%、1.54倍、1.85倍。农业基础建设得到加强，农业生产条件不断改善。1990年末，全市农村生产性固定资产原值达到29亿元，比1985年增长1.25倍，年均增长17.6%；农业机械总动力达181万千瓦，比1985年增长34.1%，年均增长6%；农村小型拖拉机4.14万台，比1985年增长63.6%；农用汽车8048辆，增长36.6%。机耕面积达20.93万公顷，比1985年增加5.53万公顷，增长36.1%，占总耕地面积的66.6%，比1985年上升19.6个百分点。农用化肥使用量39.3万吨，比1985年增长33.6%。有效灌溉面积达17.28万公顷，比1985年增长20.5%，占耕地总面积的比重由1985年的43.9%，上升到55%。农村用电量达到73503万千瓦小时，比

1985年增长1.2倍。乡镇企业在治理整顿中健康发展，总产值由1985年的29.4亿元，增加到1990年的91.5亿元，增长1.5倍，成为全市农村经济的重要支柱。据统计，1990年全市乡镇企业产值亿元乡28个，千万元村120个；3千万元以上企业5个，1千万元以上企业25个，500万元以上企业55个，1百万元以上企业600个；创部优、省优产品50个。

固定资产投资显著增加。“七五”时期，全市固定资产投资完成额81.9亿元（不含城镇、农村私人建房和房屋开发公司投资），比“六五”增长1.43倍，年均增长15.6%。其中，全市基建投资完成43亿元，比“六五”增长96.9%；集体单位完成投资5.8亿元，比“六五”增长1.84倍。经过5年的建设，全市新增固定资产62.3亿元，比“六五”增长1.4倍。固定资产交付使用率，由“六五”时期的72.9%提高到76.1%。投资结构进一步调整，用于生产性建设投资56.1亿元，比“六五”增长1.7倍，其比重由“六五”的61.8%上升到68.5%；用于非生产性建设投资25.8亿元，其比重由“六五”的38.2%下降到31.5%。5年间全民所有制单位2647个进行了技术改造项目建设，其中有1384个项目建成投产，投资总额28.9亿元，比“六五”增长3倍。列入全市“七五”计划的67个主要建设项目，有44个已建成投产。主要有大平煤矿年产60万吨，五个地方电厂新增发电装机容量13.2万千瓦，中原铝厂新增电解铝5000吨，二砂500万平方米砂带，电缆厂交联电缆生产线，郑棉五厂3000头气流纺、郑棉六厂4800锭化纤毛纺生产线，郑州印染厂年产2200万米装饰用布，郑州啤酒厂3万吨啤酒，黄河儿童食品厂年产4000吨断奶食品，郑州化肥厂纯碱由1万吨扩大到5万吨，七里岗水泥厂年产21万吨水泥，郑州，新郑卷烟厂扩建年产10万箱卷烟，中牟造纸厂扩建年产机制纸3万吨，以及中原制药厂、郑州轻型汽车厂、郑州热电厂等骨干企业的开工建设，将会进一步增强工业后续生产能力。

交通邮电发展迅速。“七五”时期，全市新建、改建公路1118公里，通车里程达3523公里，比1985年增长25.9%。1990年，各种运输工具完成货物周转量196.24亿吨公里，比1985年增长1.22倍；旅客周转量69.26亿人公里，比1985年增长1.33倍。1990年全市完成邮电业务总量624万元，比1985年增长2.33倍，年均增长27.2%。邮电快件、特快传递和传真业务从无到有，不断发展。通信能力进一步增强，5年中新增程控电话2万门，新增电话机5.3万部。

城乡市场繁荣活跃。“七五”时期，我们针对“七五”后期市场疲软，多方开辟货源，扩大销售，保证了经济发展和人民生活的需要。1990年，全市社会商品零售总额达47.44亿元，比1985年增长1.01倍，年均增长14.9%。建成了商业大厦、亚细亚商场、商城大厦、华联商厦和广州大酒店、天河大厦、杜康大酒店、格林兰大酒店等一批规模较大、设施较好的商业服务设施，特别是全国性的郑州粮食批发市场营业后，郑州的吸引力和辐射力进一步增强。商业、饮食业、服务业网点星罗棋布，1990年底全市“三业”网点达到5013个，市区每万人拥有“三业”网点数达125个，每万人拥有“三业”从业人员655人。城乡集市贸易活跃。1990年，全市集贸市场发展到360个，比1985年增长50%；集贸市场成交额达9.51亿元，比1985年增长2.1倍，占全市商品零售额的比重，由1985年的13%升到20%。

3. 城市基础设施建设步伐加快，市容市貌大为改观。5年来，全市城市基础设施总投资30.7亿元，比“六五”增长93.1%，其中用于市政基础设施投资4.8亿元，比“六五”增长1.29倍。建成了黄河公路大桥，新建107国道一、二级公路29.8公里，扩建310线中牟县至巩县二级公路；修建了内环路，新建和改造了人民路、农业路、陇海路、航海路、丰产路等主次干道80余条（段），共计120公里，建成桥梁8座，埋设137公里排水管道和69公里供水管道，新增供水能力16万吨／日。完成了天然气进郑工程，到1990年底，天然气管道总长度达797公里，有14.87万户家庭、62万人口用上了天然气，还有3.93万户、18.4万人用上了液化气，气化率由1985年的5.9%上升到65%。城镇居民住宅建设投资累计完成9.6亿元（不含农村集体和私人建房），比“六五”时期增长60%；人均居住面积达7.6平方米，比5年前增加2.4平方米，增长46.1%。公交车辆每年更新营运车20辆，新增公交营运线路9条，客运量为1.2亿人次。环卫、绿化事业发展迅速，5年种植乔灌木250万株，栽草坪30万平方米，园林绿地面积2683公顷。新增加了环卫车辆，新建集装箱式密封垃圾楼10座，建成一条垃圾筛选线；烟尘控制区累计覆盖率达24.6%。

4. 科技、教育、文化等各项社会事业蓬勃发展，社会主义精神文明建设得到加强。“七五”期间，全市共取得科学技术成果696项，获得国家、省、市科技进步奖433项，全市有100多个技术开发型机构进入企业和企业集团，涌现出113个科研生产经营联合组织，创办技术开发实体1032个，民办科研机构428家。教育事业，特别是职业教育得到较快发展。5年间共培养大学、大专毕业生34988人，中专毕业生43338人，农业、职业高中毕业生17032人，技术工人13189人，分别比“六五”增长65.2%、50.6%、281.2%和14.4%。全市小学适龄儿童入学率由1985年的98%提高到1990年的99.4%；初中学生年巩固率，由1985年的93.3%提高到1990年的96.8%；在园幼儿由1985年的91087人增加到1990年的139601人，增长53.3%。1990年底，全市成人教育在校学生达16万人，比1985年增长1.04倍，5年累计毕业生人数达11.96万人，比“六五”增长4.43倍。文化艺术、广播电视、新闻等事业有了新的进展。经过“扫黄”和“除六害”，文化市场有所净化。建成了省图书馆、市广播电视中心大楼、电视发射塔、市第六人民医院等一大批文化、卫生设施。1990年，全市共有医疗病床2.1万张，专业卫生技术人员3.64万人，分别比1985年增长27.1%、13.8%。“七五”时期郑州市体育健儿，在参加省级以上的各种比赛中，共夺得金牌889枚、银牌672枚、铜牌407枚，其中世界冠军6个，亚军3个，第三名3个，打破和超过世界记录4次，亚洲记录6次，全国和全国青少年记录15次，有5个获国际健将称号，22人获全国运动健将称号。

在经济和社会事业稳步发展的同时，社会主义精神文明建设得到进一步加强。几年来，我们在全市人民中广泛深入地进行了爱国主义、集体主义、社会主义教育，开展了多种形式的创建文明单位，争做文明市民的活动，人民群众的精神面貌发生了深刻变化。大力加强廉政建设和民主法制建设，恢复和建立了政府监察及举报系统，不断强化社会治安的综合治理，严厉打击刑事犯罪和经济犯罪活动，促进了社会风气的逐渐好转。

5. 城乡人民收入增加，生活水平明显提高。“七五”时期，全市共安置城镇待业人员13.7万人，年均安置2.74万人，城市每一就业者负担人数由1985年的1.75人减少到1990年的1.66人。1990年全市职工平均货币工资达到2126元，比1985年增长95.4%，年均增长14.3%，扣除物价因素，年均实际增长4.2%；城市居民人均生活费达1495.6元，比1985年增长1.04倍，年均增长15.3%；农民人均纯收入达692元，比1985年增长60.3%，年均增长9.9%。城乡居民消费结构发生了较大变化，人均年消费粮食有所减少，主要副食品的消费量有较大幅度增加。1990年与1985年相比，人均年食用植物油增长18.3%，猪肉增长27.4%，鲜蛋增长20.3%，鱼类增长21.4%，鲜果增长42.9%，奶制品增长60.7%；穿着用品呢绒增长78.5%，呢绒服装增长1.1倍，化纤服装增长1.3倍；电冰箱增长7.3倍，彩电增长2倍，金银珠宝首饰增长2.7倍。1990年底，城镇居民储蓄存款余额达56.1亿元，比1985年增长4.05倍，年均递增38.2%。

目前存在的主要问题和面临的突出矛盾

过去的5年，郑州的经济实力显著增强，各项工作蓬勃向上，安定团结的政治局面不断得到巩固和发展，是建国以来郑州经济发展的最好时期。但是，横向比较，我们的差距很大。郑州的经济实力和发展水平同其在全国、全省的地位很不相称，主要经济指标在全省所占比重逐渐下降，在全国省会城市中排列位次明显后移，同先进城市的差距进一步拉大。主要表现是：

1. 工业的产业结构、产品结构和企业组织结构不尽合理。基础工业较为落后，电力、原材料短缺的矛盾较为突出。加工工业初级产品多，高精尖产品和名优拳头产品少，技术装备落后，发展后劲不足。

2. 农业基础脆弱，抗御自然灾害的能力低，农村集体经济薄弱，少数贫困乡村群众的温饱问题还没有完全解决。

3. 城市基础设施仍然滞后，管理水平低，远远不能适应全方位开放的需要。

4. 财政负担沉重，资金短缺的矛盾突出。地方财政收入本来有限，加之近年来财政价格补贴越来越多，拿不出多少钱来搞建设。

5. 人口增长过快，给经济和社会发展带来沉重压力。“七五”期间，郑州市人口自然增长率高达18.72‰，大大超过了“七五”控制指标。

开创郑州未来十年的蓝图

根据党的十三届七中全会精神，结合郑州在全国、全省的战略地位和市情特点、发展现状，以及面临的严峻形势，郑州市制定了国民经济和社会发展的十年规划和“八五”计划，其指导思想是：认真贯彻党的基本路线，坚持以经济建设为中心，坚持四项基本原则，坚持改革开放，高举“团结奋进，振兴郑州”的旗帜，调动一切积极因素，集中精力把经济搞上去。战略目标是：经过“八五”或更长一些时间的努力，逐步把郑州建设成为全国铁路、公路、航空、通信立体交织的重要交通通信枢纽，我国中部地区最大的商业、物资贸易中心和金融信息中心，河南省重要的工业基地和科教中心，内陆省份对外开放的示范窗口，中原古老文化和现代文明交相辉映的旅游基地，使郑州成为文明、开放、繁荣、发达的社会主义现代化城市，步入全国先进城市行列。战略指导方针是：优化环境，促对外开放；以贸促工，高起点发展；教育为本，靠科技进步；以城带乡，城乡一体化。战略重点和突破口是：强农兴工，增强城市功能，集中力量把工业、农业、内外贸易和城市基础设施搞上去，把对外开放作为突破口，战略步骤大体分为三步走，即：三年初见成效，五年大见成效，十年达到目标。第一步，到1993年，打好基础，增强后劲，保证经济稳定发展，全市国民生产总值达到130亿元，人均2210元；第二步，到1995年，产业结构、产品结构和企业组织结构比较合理，国民经济转上良性循环轨道，做到速度、效益、后劲三统一，全市国民生产总值达到153亿元，人均2530元；第三步，到2000年，全市普遍达到小康水平，经济实力比较雄厚，城市环境比较优美，人民生活比较富裕，全市国民生产总值达到203亿元，人均3140元。

开封市

市　长： 孙光华

副市长： 张景祥（财贸、监察、外事）　周庆根（工交）　白宪民（城建、政法）　卜岚忠（农业、民政、计划生育）　茹建国（科教文卫体）　王惠（计划、劳动、人事、民族）

孙光华市长，1943年11月27日生，天津市人。1967年毕业于清华大学机械制造系，工程师。曾任河南省鹤壁市经委副主任、鹤壁市政府副市长、河南省人民政府副秘书长、河南省轻工业厅厅长，1990年9月调开封市工作，任中共开封市委副书记、代市长，1991年4月当选为开封市市长。

总结“七五”　阔步前进

□ 王中义　薛　勇

1990年城市经济社会发展概况

1990年是很不平常的一年。在这一年里，开封市人民经受了市场疲软、工业滑坡、效益下降，财政短收等困难的考验，经过全市人民的艰苦奋斗，1990年农业获得较大丰收。与上年相比，粮食总产量达154.46万吨，增长7.5%；油料总产量19.47万吨，增长18.7%；棉花总产量7.68万吨，增长6.8%；农业总产值14.98亿元，增长5.9%；全年造林面积346.7公顷，四旁植树1011万株；大牲畜年末存栏48.54万头，下降0.5%；生猪存栏89.98万头，增长3.4%；山绵羊存栏88.83万只，下降2.4%；奶类总产量1.5万吨，下降2.6%；禽蛋产量3.4万吨，增长0.7%；水产品产量0.32万吨，增产7.5%。乡镇企业经过调整，产业和产品结构日趋合理，全年完成总产值24.6亿元，增长103%；实现利润2.33亿元，增长7.63%；实现税金3721万元，增长10.71%。1990年，务工农民共34.2万人，占农村劳动力总数的26.3%。用于农田水利建设的各项投资和群众集资4546.4万元；新开挖修整大小沟渠2236公里；新打机井5820眼，配套5913眼；新增有效灌溉面积0.85万公顷，累计达25.3万公顷，新增旱涝保收田1.08万公顷；全市农业机械总动力125.26万千瓦，增长3.2%；全年化肥用量（折吨）10.12万吨，增长8.2%。科技兴农取得新成绩。全年推广农业适用技术12项，组织和实施玉米、红薯、棉花中高产开发10.67万公顷，小麦高产开发8万公顷，推广植物生长调节剂“叶面宝”77.59万公顷。

1990年，开封市乡以上工业生产经历了前所未有的困难，8月份以前均为负增长。经过努力,9月份工业生产开始回升，11、12两个月总产值创历史最高水平。全年工业总产值完成34.62亿元，比上年增长1.4%,其中乡及乡以上完成27.57亿元，比上年下降0.7%。1990年，全市共开发新产品164种，其中有9种产品接近国际水平，25种达到国内先进水平，52种达到省先进水平，21种被评为市优秀产品；考核的80种重点工业产品质量稳定提高率达88.9%，比计划高1.9个百分点，22种产品获省优质产品，18个产品经复评保持省优称号，6个产品获部优，4个企业获省质量管理奖，8个企业通过了全面质量管理达标认证；全市QC小组达1017个，取得451项成果。积极推进第二轮承包。全市94户承包到期的预算内工业企业，已有88户签订了新一期承包合同或目标责任书。集体工业企业和商业企业的新一期承包也基本落实。

交通、邮电事业有新的发展。1990年，开封黄河公路大桥南岸接线工程和通许县汽车站竣工；新建106国道43.4公里；改善干线公路9公里，新建地方公路78公里，全市通柏油路乡已达91个。全年完成货运总量1356万吨，比上年下降13%；完成客运总量4076

万人次，比上年增长 4.6%。年末全市电话用户达 8890 户，比上年增长 19.2%；邮电业务总量 1362 万元，比上年增长 20.6%。

1990 年,全市完成社会商品零售总额 23.69 亿元,比上年增长 3.3%,其中居民及社会集团零售额上升 2.7%，农业生产资料零售额上升 6.4%；社会商业国内纯购进总额 1.5 亿元，比上年增长 5%；国内纯销售总额 21.5 亿元，比上年增长 6.3%。集贸市场全市已发展 228 个,贸易成交额 5.73 亿元，比上年下降 1.6%。

1990 年与上年相比，全市实有道路总长度 229.3 公里，增加 1.3 公里，拥有公共汽车 122 辆，增加 9 辆；公用自来水日供水能力 47.5 万吨，全年供水总量 1.06 亿吨，增长 4%；全年供应家庭用天然气总量 295 立方米，增长 87.8%，供应家庭用液化气 1249 吨，增长 37.1%。

1990 年安排污染治理资金 140 万元，安排环境保护治理工程 37 个，当年竣工 24 个。全市 30 套防水处理设备，运转率达 80%以上，对市内 200 多台锅炉、茶炉进行了改造治理，达到了烟尘控制区标准。

市委、市政府制定了“科技兴汴”总体方案并已开始实施。1990 年，科技总投入 4515 万元，安排科研项目 102 项，实施率 100%；推广新技术 5 项，科技成果转化率 85%；3 个“火炬”项目列入省和国家计划；星火人才培训 2.6 万余人；完成技术贸易、技术咨询、技术开发、技术服务成交额 1690 余万元。1990 年全市拥有高等学校 4 所，中等专业学校 13 所，技工学校 13 所，普通中学 316 所，农职业学校 22 所，小学 1846 所；在校学生 67.4 万人；参加各类成人教育学习的达 11.2 万人。全市征收教育费附加 3017 万元；群众集资 8400 万元。1990 年，全市拥有专业艺术表演团体 12 个，剧场、影院 12 个，全年电影观众 704 万人次；演出戏剧 658 场次，观众 56 万人次。群众艺术馆 1 个，图书馆 5 个，藏书 52.67 万册。全年创作剧目 6 个。《焦裕禄》获省优秀奖和优秀剧本奖并获文化部嘉奖。1990 年全市举办县以上运动会 188 次，在省级以上运动会上获金牌 60 枚，银牌 52 枚，铜牌 48 枚。开封市被国家体委、国家教委正式命名为全国“田径之乡”。

1990 年，开封市狠抓了计划生育工作队伍和网点建设，共落实四项节育措施 16.64 万例，减少出生 5.1 万人。1990 年底，全市总人口 416.9 万人，比上年增长 4.1%，其中非农业人口 70 万人，增长 3%；农业人口 346.8 万人，增长 4.3%。1990 年人口出生率为 20.8‰,死亡率为 5.7‰，自然增长率为 15.1‰，人口自然增长率仍居高不下。

“七五”时期城市经济社会发展情况

“七五”期间，开封市人民认真贯彻执行党的十一届三中全会以来的路线、方针和政策，团结一致，艰苦奋斗，努力工作，各个领域都取得了新的成绩，全市经济和社会面貌发生了较大的变化。

(一) 经济总量不断扩大，经济实力明显增强。

1990 年全市国民生产总值达到 26.92 亿元（按 1980 年不变价，下同),“七五”期间年均增长 4.4%；工农业总产值达到 49.6 亿元,“七五”期间年均增长 6.7%，其中，农业总产值达到 14.98 亿元，年均增长 4.2%，工业总产值达到 34.62 亿元，年均增长 8%；财政收入达到 3.23 亿元,“七五”期间年均增长 9.2%；全民集体固定资产投资 5 年完成 13.01 亿元，约比“六五”增长 1 倍。

工农业主要产品产量大幅度增长。1990 年与 1985 年相比，全市粮食总产量达到 154.46 万吨，增长 14.8%，创历史最好水平；棉花总产量达到 7.68 万吨，增长 40.5%；油料总产量达到 19.47 万吨，增长 74.5%；肉类总产量达到 6.72 万吨，增长 119.9%；硫酸、拖拉机增长 80%以上；棉纱、洗衣粉增长 20%以上；火柴、发电量、交流电机、高中压阀门增长 7%以上；其它产品产量也都有一定程度的增加。

(二) 基础设施和城市面貌有较大改观。

农田水利建设迈出新的步伐，引黄灌溉取得成效，全市有效灌溉面积已占总耕地面积的 70%左右；中低产田改造取得进展；粮、棉、油商品基地建设已初具规模。

“七五”期间，全市已建成的重点项目有：中泰合资的豫大畜牧饲料有限公司、22 万伏变电站、幽兰味精厂、抗生素厂、第二玻璃厂、开封黄河公路大桥、朝杞地方铁路、开竖地方铁路及化纤染织总厂 7500 吨涤纶短纤维改造、玻璃厂十组双滴料制瓶机改造等；目前在紧张施工的“七五”重点项目有：啤酒厂大麦芽分厂、1 万门程控电话工程等。

“七五”期间，建成了滨河路、赵屯路、内环路、外环路等道路；修建了大南门桥、小南门桥等 5 座桥梁；新增排水管道 13.7 公里，增加日供水能力 5 万吨；新建了梁苑、翠园、苹果园等住宅小区；开发、完善、修葺了包公祠、延庆观、龙亭、铁塔、山陕甘会馆等一批旅游景点；新建和扩建了大相国寺市场、人民百货大楼、工业品贸易中心、物资大厦等商业设施；东京大饭店、青少年活动中心、博物馆，开封大学、西郊高中、广播电视中心、妇幼保健院、妇产医院、传染病医院等一批社会事业项目也陆续投入使用或正在抓紧施工。

(三) 经济体制改革不断深入和完善。

“七五”期间农村以稳定家庭联产承包责任制为中心，发展产前、产中、产后服务，促进了农村商品经济的迅速发展。城市经济体制改革以搞活企业为中心，也取得一定成效，《企业法》等一系列法规、条例得到贯彻执行，普遍推行了优化劳动组合、工效挂钩等配套改革，完善了国家、企业、个人之间的利益分配关系。计划、财政、税收、金融、外贸、商业、价格、科技、劳动工资等方面也进行了相应的改革和试验，扩大了企业和基层的经营管理权限，以社会主义公有制为主体、多种经济成份并存的所有制格局得到巩固和发展，市场体系正在逐步发育和完善，企业开始逐步成为自主经营、自负盈亏、自我发展、自我约束的商品生产者和经营者。

(四) 对外开放迈出新的步伐。

“七五”期间，开封市贯彻执行党中央对外开放的基本方针，进一步扩大对外经济技术交流与合作，在对外贸易、利用外资、引进技术等方面均取得了一定的进展。1990年全市外贸出口收购总值达到2.42亿元，平均年增长25.7%；工业品出口收购额占全年收购总额的比重由1985年的38.1%提高到60.1%。截止1990年底、全市“三资”企业已达8家。5年来，开封市还积极引进了一批先进技术、设备和管理经验，对提高企业素质起到了积极作用。

(五) 科教文卫等各项社会事业蓬勃发展。

“七五”期间，开封市科技力量不断壮大，全市科技人员已达到7.5万多人并已成为全市经济建设的促进力量。全市基本普及了初等教育，办学条件明显改善。教育结构趋向合理，成人教育、职业技术教育发展迅速。卫生保健工作得到进一步加强。医疗条件不断改善，1990年全市病床数已达10834张，比1985年增加了1400多张。文化、体育、广播、电视、新闻、社会保障等项事业进一步繁荣，社会治安综合治理初见成效，社会主义民主与社会主义法制建设得到加强。

(六) 城乡人民生活得到改善。

据抽样调查，1990年，农民人均纯收入达到612元，比1985年增长70.5%，年均增长11.3%。绝大多数农民的温饱问题已基本解决，首先富裕起来的一批农户正向小康迈进；城镇居民平均生活费收入达到1117元，比1985年增长79.6%。年均增长12.4%。城乡人民的消费结构向多样化方向发展，城乡居民住房条件明显改善。1990年城乡居民储蓄余额高达18.49亿元，比1985年增加13.76亿元。

洛阳市

代市长：鲁茂升

副市长：白光第（计划、劳动人事、外经） 周国华（工交、科技） 张世军（农业） 谢应权（财贸） 刘炳旺（城建） 马延军（女 回 文教卫）

鲁茂升代市长，53岁，工程师。1955年9月毕业于咸阳纺织工业学校，分配到青岛市国棉二厂当技术员。1960年1月调济南国棉二厂筹建处，1961年考入华东纺织工学院化纤专业，毕业后分配到河南省新乡市化纤厂工作，历任工段长、车间主任、副厂长、党委书记等职。1984年10月当选为新乡市常务副市长。1986年3月调任中共漯河市委副书记、市长。1990年6月调任中共洛阳市委副书记、代市长。

“七五”时期经济社会发展回顾

□ 洛阳市人民政府办公室

1990年，是治理整顿关键的一年，是第七个五年计划的最后一年。在市委、市政府的领导下，全市人民坚持“一个中心、两个基本点”，继续贯彻治理整顿、深化改革的总方针，各条战线认真落实市委、市政府制定的各项政策措施，困扰经济发展的制约因素和突出矛盾得到缓解，全市经济形势正朝着持续、稳定、协调的方向发展。

（一）国民经济在治理整顿中持续发展，主要经济指标保持了一定的增长速度。

1990年，本市经济一度处于生产滑坡、效益下降的被动局面。经过各级政府和全市人民的共同努力，整个国民经济仍保持了一定的增长速度。全年现价国民生产总值73亿元，社会总产值175.2亿元，国民收入60.3亿元，工农业总产值148.7亿元。按可比价格计算，国民生产总值比上年增长6.2%，社会总产值增长8%，国民收入增长5.4%，工农业总产值增长7.6%，全市地方财政总收入7.7亿元，增长5.7%。

同“六五”末的1985年比较，国民生产总值增长59%，年均增长9.8%；社会总产值增长76%，年均增长12%；国民收入增长58.1%，年均增长9.6%；工农业总产值增长80.5%，年均增长12.5%；财政收入增长61.3%，年均增长10%。

（二）固定资产投资增加，基础产业和设施得到加强或改善，国民经济的总体实力和发展后劲明显增强。

1990年，洛阳市基建战线认真控制规模，调整结构，加强重点，全年固定资产投资总额（不包括农村集体和个体投资，下同）达13.7亿元，比上年增长53.1%，是建国42年来投资最多的一年。突出特点是：

1. 生产性投资增长，投资方向明显变化。全年完成生产性投资10.6亿元，比上年增长57.4%，占总投资的比重由上年的75.2%，上升为77.3%。

2. 重点建设项目进展顺利。全市22个重点项目和重要工程，除3项由于各种原因未能施工外，其余19项完成情况良好，共完成投资56392万元，占当年投资计划的94.2%。全部重点工程新增固定资产36504万元，交付使用率达65%。

“七五”期间，洛阳市固定资产累计投资总额56亿元，比“六五”净增35亿元，增长1.7倍，新增固定资产43.3亿元，相当于“六五”的2.7倍，平均每年新增8.7亿元。设备更新、技术改造步伐加快，全市共完成更新改造投资20.3亿元，比“六五”时期增长2.1倍，增长幅度明显高于同期基本建设投资。全市大中型企业达53家，较“六五”增加了13家。

“七五”期间，农业、能源、交通、邮电等基础产业或设施进一步得到改善。全市新增有效灌溉面积1.6万公顷，新增电力装机容量46.4万千瓦，完成了207、310国道的区段改造，新增干线公路65公里，新增程控电话17480门、程控长途电话800路，新增输变电线路73.6公里，民用飞机场建成通航。公路货运周转量、客运周转量比1985分别增长111%、128%，邮电业务总量增加1.5倍，市话装机总数增长77.5%。对市区基础设施进行了配套完善，市区道路总长达211公里，集中供热面积达96万平方米，绿化面积达1700余公顷，城市公用供水能力达47.5万吨／日，公交营运线路总长达396公里，市容卫生、园林绿化、环境保护等工作跨入全国先进行列。固定资产的增加和基础产业、设施的改善，增强了全市国民经济的整体实力和发展后劲。

（三）社会生产力水平进一步提高，物质产品的总供给量增加。

1990年，全市物质产品的生产能力进一步提高，主要产品产量不断增加，社会总供给与总需求趋于平衡。

1. 工业生产持续增长。1990年全部工业现价总产值达到128.8亿元，比上年增长8.6%，其中：乡及乡以上工业产值91.8亿元，增长4.5%，村及村以下工业产值37亿元，增长19.5%。工业发展呈现出四个显著特点：

一是轻工业保持了较高的增长速度，重工业生产有所回升。1990年全市乡及乡以上轻工业总产值20.1亿元，比上年增长8.6%，重工业产值71.7亿元，比上年增长3.4%，比年初提高了10个百分点。

二是全民工业和集体工业同步增长。1990年，全民所有制工业产值80亿元，集体所有制工业产值11.6亿元，均比上年增长4.6%，初步扭转了集体工业发展缓慢的局面，实现了全民和集体同步增长。

三是大中型企业较好地发挥了骨干作用。全市大中型工业企业不变价总产值42.7亿元，比上年增长6.9%，占全市工业产值的50.4%，为扭转全市工业下降局面作出了贡献。

四是产品结构调整取得成效，适销对路产品计划完成较好。列入市重点考核的35种主要产品中，有18种产品的产量比上年增长，占51.4%。

2. 农村经济全面发展。1990年，本市坚持把农业作为国民经济的基础，狠抓农村各项政策的落实，充分调动广大农民的生产积极性，促进了农村经济的发展。全市农村社会总产值达73.2亿元，比上年增长13.8%，其中：农业产值19.9亿元，增长0.7%，林业、牧业、副业、渔业都有不同程度增长。1990年，全市粮食总产量达148.5万吨，为建国40多年来的第四个丰收年，比“七五”前4年年均产量多20万吨。经济作物中，棉花产量比上年增长31.6%，油料产量增长6.5%，水果产量增长12%。牧业生产稳步增长，生猪、山绵羊和家禽的出栏头数和年末存栏量都有不同程度的增长。在农村经济发展中发挥重要作用的乡镇企业继续保持较快增长。全年乡镇企业完成总产值64.4亿元，比上年增长13.1%，其中工业产值40.4亿元，占农村社会总产值的55%以上。

3. 主要工农业产品产量不断增加。1990年与1985年相比，全市工业总产值增长91.8%，年均增长13.9%，农业总产值增长22.7%。年均增长4.2%。大部分产品产量有较大增长。粮食由115.5万吨增加到148.5万吨，蔬菜由27万吨增加到41万吨，水果由3.4万吨增加到3.9万吨，肉类由4.7万吨增加到8万吨，奶由1万吨增加到1.3万吨，禽蛋由1.6万吨增加到2.7万吨。原煤增长12%，发电量增长146%，原油加工量增加1.2倍，水泥增长32%，玻璃增长36%，拖拉机增长20.5%，轴承增长45%，电话交换机增长33%，手表、卷烟，啤酒分别增长1倍、1.1倍和1.2倍。

（四）内外贸易及对外经济技术交流有了较大的发展。

“七五”以来，洛阳市国内外市场流通、对外开放与经济技术交流取得显著成效。“七五”期间，本市城乡市场体系进一步完善，新建了广百大楼、老城商场、洛阳大厦、牡丹大酒店、工贸中心、旋宫大厦、关林集贸市场等大型商业设施，逐步形成了以市区为中心，以郊县集贸市场为骨干，城乡一体，成龙配套，全方位、立体化，多层次，开放型的商品流通体系。1990年与1985年比较，商品总购进增长55%，总销售增长62.2%，社会商品零售额由17.6亿元增加到30.9亿元，平均每年增长12%，城乡集市贸易成交额增长4.5倍，年递增率达40%以上。出口贸易不断扩大，对外贸易总产值5年累计14.12亿元，相当于“六五”的2.26倍。全市出口基地及扩权企业达5家，出口生产厂家达203家，出口商品达14大类200余个品种，其中机电、化医、五金矿产、纺织、轻工类商品出口在全省占有重要地位。创办了经济技术开发区，利用外资总金额达1.14亿美元，累计批准外商投资项目45个，现有“三资”企业21个。对外承包和劳务出口也初见成效。5年共接待游客19.2万人次，旅游总收入突破4930万元。对外经济、技术、文化的合作与交流遍及世界70多个国家和地区，与日本冈山、法国图尔两城市的友好合作关系也进一步发展。在国内，与上海杨浦、青岛等六个市（区）结为友好市（区），并与26个省、市、区的50个城市建立了经济技术协作关系。成功地举办了牡丹花会、对外经济技术洽谈会、杜康酒节、河洛文化研讨会等大型对外开放与合作交流活动，提高了洛阳对外开放的声誉和吸引力。

（五）各项社会事业全面发展。

“七五”期间，全市科技开发、攻关及推广应用工作取得丰硕成果。全市各类获奖科研成果达1413项，5年累计开发新产品2000余种，工业产品累计获奖品种达470个，其中：获国家金质奖3项，银质奖8项，国优25个、部优118个，省优237个，优质产品产值达18亿元，优质产品产值率达32.5%。初步测算，科技进步对工农业增长的贡献达30%左右。技术市场成交活跃，民办科研及技贸机构达200余家。通讯、电子、生化等高科技产业也开始起步。教育事业在调整中稳步发展。全市各类学校达4883所，在校学生99.5万人，学龄儿童入学率达99%以上。职业技术教育规模进一步扩大，在校生占整个高中阶段的比重由“六五”末的20.9%提高到43.2%。参加成人教育的人数达8.5万人。广播、电视及城乡文化体育事业繁荣活跃。增播了中央电视台二套节目，城乡中小型电视发射机与差转台达139架，电视覆盖率达85%。全市有近50%的乡镇基本实现了有线广播“三化”目标。群众体育运动广泛开展。各类学校在校生体育锻炼达标率达84%。城乡医疗卫生状况进一步改善，全市卫生机构达628个，医疗床位达1.7万张，各类卫生人员达1.9万人。传染病发病率进一步降低，计划生育率与儿童计划免疫率有了较大的提高。

（六）城乡就业人数不断增加，人民生活水平继续提高。

认真贯彻国家劳动就业政策，继续推行用工制度改革，扩大社会就业，安置待业人员，取得明显成效。1990年末全市社会就业总数达274.5万人，其中：农村劳动力208.3万人，城镇职工63.4万人。

职工工资不断增加，居民生活水平又有提高。全部职工全年平均工资2032元，比上年增加240元，市区居民家庭人均月生活费收入119元，生活费支出105元，扣除价格因素，比上年实际增长12.3%和9.2%。受农作物减产和农副产品价格的影响，农民人均纯收入由上年的402元减少为396元，下降1.5%。城乡居民储蓄存款余额达35亿元，比上年增长32.9%，其中，城镇增长35.3%，农村增长24.1%。

市场物价平稳。1990年，城市职工生活费用价格总水平比上年上升1.8%，物价水平上涨13.5%，比1989年降低11.7个百分点。零售物价指数上升1%，低于省下达本市7%的控制目标。

人口控制和计划生育工作取得一定成绩。1990年末全市总人口达570.6万人，全市人口自然增长率为17.30‰。

1990年与1985年相比，社会就业总数增长15.7%，年均增长3%。农民人均纯收入由256元增加到396元，年均增长9.1%。城市居民人均生活费收入5年提高751元，生活费支出提高571元，人均居住面积增长20%。广大农民的温饱问题基本解决。整个“七五”期间，是城乡居民生活水平提高最快，消费结构变化最大，得到实惠最多的时期。

经过反复论证，洛阳市“八五”期间经济发展的思路是：发挥旅游业优势，促进全方位开放；挖掘科研大厂潜力，加速经济振兴；确立大农业思想，加快脱贫致富；改造开发并重，城乡协调发展。经过5年或更长一些时间的努力，逐步把洛阳建设成为黄河中游经济区的旅游中心、高科技中心、工业品贸易中心和能源重化工基地，使洛阳成为环境优美，文明昌盛，城乡繁荣的开放型、多功能的社会主义现代化城市。具体讲，就是要发扬洛阳精神，坚持改革开放，发挥五大优势，突出六项工作，建设两个新区，做好一个服务。洛阳精神就是“团结奋进，廉洁求实，艰苦创业，振兴洛阳”；五大优势就是地理位置优越、交通便利，工业基础较好、门类比较齐全，高技术力量强、技术装备先进，地上地下资源丰富、易于开发，文物古迹多、对外开放吸引力较强；六项工作是粮食生产、林牧业、乡镇企业、技术改造、地方工业和高技术开发；两个新区是吉利化工区和经济技术开发区；一个服务是为小浪底水库建设服务。

实现“八五”计划，570万洛阳人民是充满信心的。在市委、市政府的领导下，全市人民发扬洛阳精神，团结奋斗、开拓进取、深化改革，“八五”时期的国民经济和社会事业发展计划一定能够圆满完成。古都洛阳一定会重振雄风，再现风采！

平顶山市

代市长：王全书

副市长：王乃斌（常务） 马国璋（建设） 王学明（科教文） 王念鸿（财政、贸易） 仝葆银（农业）

王全书代市长，1945年3月生于河南省长垣县。1968年7月于河南大学毕业后在部队锻炼，1970年4月至1981年3月在中共河南省委宣传部、办公厅工作；1981年3月任河南省计划经济委员会经济研究所所长、经济师；1985年12月起，任河南省计划经济委员会委员、副主任。先后在《人民日报》、《光明日报》、《求是》杂志等省级以上报刊发表数十篇经济论文，其中有多篇获奖，编著的《中国历代荐贤纳贤》一书，被列入全国青年读书活动推荐书目，获优秀读物一等奖。1991年4月，任中共平顶山市委副书记、代理市长。

在改革开放中前进 在治理整顿中发展

□ 姬保家 张 谦

“七五”时期，平顶山市认真贯彻改革、开放的方针，坚持以经济建设为中心、团结奋斗，努力拼搏，各方面都取得了新的成就：经济持续稳定增长，综合实力增强，人民生活明显改善，科技、教育、文化等社会事业进一步得到发展。

国民经济持续稳定增长

1990年，国民生产总值达到66亿元，比1985年增长57.37%，年均增长9.5%；国民收入达到56亿元，比1985年增长60.73%，年均增长10%；工农业总产值完成110.8亿元，比1985年增长82.7%，年均增长12.8%。

（一）农业的基础地位加强。

1990年，全市农业总产值27.74亿元，比1985年增长21.9%，平均每年增长4%。其中，种植业产值年均增长1%，林业产值增长4%，牧畜业产值增长8.4%，渔业产值增长13.7%。农村社会总产值74.98亿元，比1985年增长1.21倍，平均每年增长17.2%。其中，农村工业、建筑业、运输业、商业和饮食服务业等非农业产值47.24亿元，占农村社会总产值的比重，由1985年的37.1%上升到63%。

主要农产品产量都有较大幅度的上升，超过计划指标。“七五”时期年平均产量；粮食145.3万吨，比“六五”增长4.2%；烟叶10.2万吨，增长5.2%；油料4.5万吨，增长104.6%；蔬菜55.1万吨，增长91.5%；水果2.25万吨，增长36.8%；肉类8.24万吨，增长136.9%，奶类875吨，增长141%；水产品2188吨，增长81.9%。

林业、畜牧业取得新的进展。“七五”时期，全市植树造林7.25万公顷，全市5个平原县（区）有4个达到了绿化标准。1990年末，生猪存栏143.31万头，比“六五”末增长12.7%；山绵羊存栏67.54万只，增长82.1%；大牲畜存栏64.76万头，增长31.5%。

农业生产条件进一步改善。1990年末，农业机械总动力达101.02万千瓦，比1985年末增长25.3%；小型拖拉机4.41万台，增长74.3%；农用载重汽车3288辆，增长50.3%；农田有效灌溉面积17.69万公顷，新增3.4万公顷；治理水土流失面积2378平方公里，新增670平方公里；旱涝保收田达到13.19万公顷，新增3.3万公顷。全年农村用电量19551万千瓦时，增长77.4%；化肥施用量45.44万吨（实物量），增长55.1%。

（二）工业生产迅速增长。

1990年全市工业总产值83.09亿元，比1985年增长1.12倍，年均增长16.2%。其中，乡及乡以上完成56.87亿元，年均增长10.8%；村及村以下完成25.8亿元，年均增长36.6%。轻工业完成29.77亿元，年均增长18%；重工业完成53.32亿元，年均增长15.1%。

列入计划的主要工业产品产量大都完成或超额了计划。"七五"时期主要工业品年均产量：原煤 2937.38 万吨，比"六五"增长 39.1%；洗精煤 353.39 万吨，增长 81.5%；发电量 72.37 万千瓦时，增长 88.8%；钢材 25.92 万吨，增长 74.4%；水泥 70.42 万吨，增长 65.8%；烧碱 4951.6 吨，增长 62.6%；农用化肥 6.86 万吨（折纯），增长 2.8%；化学纤维 2.63 万吨，增长 140.9%；帘子布 2.42 万吨，增长 154.4%；纱 1.29 万吨，增长 173.9%；布 6010 万米，增长 172.1%；饮料酒 2.19 万吨，增长 164.6%；日用精铝制品 1194.2 吨，增长 35.6%；卷烟 16.05 万箱，增长 155.6%。

企业管理水平和经济效益有所提高。平顶山帘子布厂晋升为国家一级企业，获全国企业管理最高奖——金马奖。平顶山矿务局晋升为国家二级企业，9 户企业晋升为省一级企业。1990 年，全民独立核算企业每百元资金实现利税由 1985 年 9.51 元提高到 11.15 元（1988 年为 13.78 元）；工业产品质量稳定提高率达到 88.6%，比"六五"末提高 4.6 个百分点；优质品产值率为 29.15%，提高 11.15 个百分点。5 年共创国优产品 3 个，省部优产品 96 个，开发新产品 395 个。

（三）运输、邮电、建筑业。

1990 年，全市公路货运周转量 8.05 亿吨公里，比 1985 年增长 1.06 倍，年均增长 15.5%；公路客运周转量 11.1 亿人公里，增长 1.44 倍，年均增长 19.5%。

全市有邮电局（所）149 个，比 1985 年增加 9 个。全市完成邮电业务总量 1327.57 万元，比 1985 年增长 1.23 倍，年均增长 17.4%。"七五"期间开办了公众传真、用户电报和特快传递等业务。市话建设发展较快，1990 年市内电话机总数 2.54 万部，比 1985 年增加 1.41 万部，增长 1.24 倍。

1990 年，全市有建筑安装企业 244 家，职工 7 万多人。县及县以上全民和集体所有制建筑安装企业完成施工产值 4.38 亿元，全员劳动生产率 13728 元／人，比 1985 年增长 82.8%，年均增长 12.8%；实现利税 3184 万元，下降 3.6%；建筑工程优质品率为 59.6%，比 1985 年提高 1.6 个百分点。

（四）内外贸易和经济技术协作。

1990 年，全市社会商品零售总额 23.34 亿元，比 1985 年增长 89.7%，平均每年增长 13.7%。全民所有制商业增长 76.5%，集体所有制商业增长 59.1%，个体商业增长 255%。生产资料销售额有较大幅度增长，物资局系统物资总购进额为 4.12 亿元，比 1985 年增长 2.27 倍，年均增长 26.7%；销售额 4.57 亿元，增长 2.31 倍，年均增长 27.1%。

"七五"期间，市场物价起伏较大，居民生活费用价格总值数依次为 107.9%、106.6%、119.6%、116.7%、101.7%，前 4 年涨势较猛，1990 年物价趋于平稳。

对外贸易发展迅速。1990 年出口商品供货额，13931 万元，比 1985 年增长 4.73 倍，年均增长 41.8%。5 年累计引进资金 2.68 亿元，利用外资 1.03 亿美元。先后与国内 15 城市结为友好城市，参加了陇海兰新经济带和豫南 7 地市等经济协作组织，加强与沿海开放城市、大专院校、科研单位的合作，在深圳、海口等市设立了对外开放窗口，5 年累计签订技术协作项目 1367 个，协进协出物资总额 8.19 亿元。

（五）地方财力增强，人民生活不断改善。

1990 年，全市财政收入 5.22 亿元，比 1985 年增长 76.7%，年均增长 12%。5 年累计收入 21.7 亿元，支出 18.1 亿元，基本实现了收支平衡。1990 年末，银行存款余额 24.61 亿元，比 1985 年末增加 15.7 亿元；贷款余额 32.26 亿元，比 1985 年末增加 27.86 亿元

1990 年，职工总数 49.13 万人，待业人员 19866 人，待业率为 3.6%。职工平均工资 2128 元，比 1985 年增长 86.2%，年均增长 13.2%，扣除物价上涨因素，年均增长 2.6%。城镇居民人均生活费收入 1368.8 元，比 1985 年增长 1.24 倍，扣除物价上涨因素，年均实际增长 6.5%。农民人均纯收入 519.5 元，按可比口径计算，比 1985 年增加 139.2 元，年均增长 7.5%。

各项社会事业欣欣向荣

科技：1990 年，共有各级各类科研机构 160 家，科技情报网点 250 个，专业技术人员 3.65 万人,其中获得高级职称的 1399 人。5 年来，共获得科技进步奖 372 项，其中，国家级科技进步奖 2 项，省级科技进步奖 55 项，市级科技进步奖 315 项，已推广应用 115 项，实施"星火"计划项目 155 项，在生产建设中推广应用收到了很好的经济效益。粉煤灰空心微珠综合利用，电煅烧无烟煤新工艺、"791"韭菜、烟叶优质稳产综合栽培技术开发研究、汝瓷天蓝釉新工艺、抗变形房屋村庄下采煤技术等科研成果填补了省内空白，有的达到国内或国际先进水平。

教育：1990 年，高等学校在校学生 1232 人，比 1985 年增长 1.4 倍；中等专业学校在校学生 6097 人，增长 21.9%；农业、职业学校在校学生 1.39 万人，增长 1.6 倍；普通中学在校学生 19.8 万人，下降 5%；小学在校学生 58.7 万人，适龄儿童入学率为 99.14%，比 1985 年提高 1.94 个百分点；幼儿园在园儿童 7.2 万人，比 1985 年增长 45.3%。中等职业技术学校招生人数占高中阶段招生总数的 48.4%。全市基本普及了初等教育，汝州市、舞钢市、郊区和郏县经省政府验收合格，成为基本无文盲单位。全市平均每万人拥有大专以上文化程度的由 1982 年的 25 人增加到 64 人；高中及中专文化程度的由 702 人增加到 760 人；文盲半文盲

由 25.04%下降到 15.63%。

文化：1990 年末，全市有电影放映单位 584 个，电影观众达 9839.53 万人次。专业文艺表演团体 11 个，文化馆和群众艺术馆 14 个。图书馆 8 个，藏书 59 万余册。《平顶山日报》年发行量达 2080.27 万份。全市有广播电台 2 座，广播发射台 1 座；电视台 1 座，300 瓦以上电视发射台 7 座，电视覆盖率达 85.5%。近几年来，多次举办文艺调演，推出了《七品芝麻官后传》等一批深受群众喜爱的优秀获奖剧目。市电视台与省电视台联合摄制的电视剧《远方来的青海客》，在思想性、艺术性上都达到相当高度，受到了中央领导同志的赞扬。

医疗卫生："七五"期间，新建了妇幼保健院、平顶山矿务局总医院病房楼、市第二人民医院病房楼、第一人民医院门诊楼等一批医疗设施，CT 机、B 超彩色诊断仪、同位素诊断仪等先进医疗设备应用于临床。建立健全了三级医疗卫生网络，农村缺医少药状况得到改善，地方病、职业病、传染病防治取得明显成效。1990 年末，全市共有各级医疗卫生机构 432 个，病床 11769 张，比 1985 年增加 2040 张，卫生技术人员 13333 人，增加 20.77%。

体育：群众体育蓬勃开展，常年参加体育锻炼人数达 105 万人，学生体育锻炼达标率 78%。职工体育活动丰富多彩，平顶山矿务局年年搞竞赛，两年一次运动会，局围棋队进入全国甲级队八强，男子篮球队跻身全国乙级队行列。"七五"期间，全市共举办县级以上运动会 1161 次，参加运动会人数达 19.13 万人。1990 年，舞钢市和汝州市被国家命名为"全国体育先进市"。竞技体育成就显著，5 年来，在省级以上体育比赛中共获奖牌 413 枚，其中金牌 186 枚，马福良在 11 届亚运会皮划艇比赛中获得一枚金牌和一枚银牌。1990 年全市有传统体育项目学校 78 所，业余体校 5 所，各类体育场馆 210 个，比 1985 年增加 110 个。

各项建设步伐加快

"七五"期间，全社会固定资产投资（不含农村集体、个体）45.01 亿元，比"六五"时期增加 18.28 亿元。其中全民单位投资 39.7 亿元，增加 14.38 亿元；城镇集体投资 3.58 亿元，增加 2.36 亿元。投资结构有所调整，对农业、能源、原材料、交通等基础产业实行倾斜政策。5 年间，上述基础产业共投资 25.32 亿元，占总投资额的 56.3%。

重点建设取得成效。"七五"期间，该市安排的国家重点建设项目中，先后投产并发挥效益的有：平顶山矿区扩建工程，姚孟电厂三期工程，舞钢公司 75 吨电弧炼钢炉，锦纶帘子布厂二期工程等。化纤厂、焦化厂二期工程、平顶山啤酒厂、河南省第一绢麻纺织印染厂苎麻生产线等，一些地方项目也先后建成。新增的主要生产能力有：原煤 250 万吨，洗精煤 410 万吨，发电装机容量 30 万千瓦，钢材 13 万吨，帘子布 1.3 万吨，机焦 77 万吨，化学纤维 1.5 万吨，饮料酒 3.15 万吨。

交通、通讯状况明显改善。5 年间共改造、大修公路 322.8 公里，新建公路 63.13 公里，改扩建公路 47.6 公里，建大中小桥梁 26 座，用于公路工程的总投资 9826 万元。市区拓宽改造道路 16 条，主干道实现了雨污分流、机动车辆和非机动车辆分流。全市邮电局（所）比 1985 年增加 9 个，5 年净增市话容量 5000 门，比"六五"增加 67.8%，市话装机 2.54 万部，增加 1.25 倍。市局引进 1.65 万门程控电话即将开通。完成了郑平宛微波通讯工程，全市与郑州都是长途直达电路；市局安装了 72 路长途电话交换设备。市区公众电报全部进入自动传报网，增开了用户传真、用户电报、无线电寻呼等业务。

市区公用设施逐步配套。"七五"期间，新建 8 万吨自来水厂一座，自来水供水管道增加 75 公里，10 万吨水厂正在建设中；先后投资 8889 万元兴建了煤气二期工程和集中供热一期工程。1990 年末，自来水生产能力 15.6 万吨／日，年供水总量 6050 万立方米；全年供煤气 3009 万立方米。煤气家庭用户 4.26 万户，居民气化率由 1985 年的 23%提高到 67%；集中供热（汽）能力 145 吨／小时，供热面积达到 20 万平方米。医疗卫生、商业饮食服务业及文化娱乐设施也都有较快发展。

市区环境质量进一步提高。1985 年，平顶山进入全国环境治理先进城市行列。"七五"期间，再接再厉，结合创建文明城市活动，积极建设优美环境。先后修建了湛河公园、东湖公园和部分街心、街角公园；80%以上的单位建设了花坛、花池、绿篱、草坪，20 个单位庭院绿化覆盖率达 70%以上，8 个单位被命名为花园式单位。5 年间，全市用于新老污染源治理资金达 9481 万元，比"六五"增加 2.25 倍，先后建成"三废"污染治理项目 523 个，新增废水处理能力 2944 万吨／年，废气处理能力 15.1 亿标立方米／年。1990 年与 1985 年相比，工业废水处理率、达标率和重复利用率分别由 51.3%、59.7%、28.27%提高到 72.6%、66.7%、93.8%；工业粉尘回收率由 42.97%，提高到 72.96%；固体废弃物的处置率和综合利用率由 33.6%和 4%提高到 76%和 12%（粉煤灰和煤矸石的综合利用处于全国先进水平）；大气中二氧化硫日平均浓度下降 7 微克／标立方米，大气总悬浮微粒下降 827 微克／标立方米。大气平均降尘量下降 22.82 吨／月平方公里；市区主干道交通噪声 69.5 分贝。饮用水源地及地下水井群水质均符合国家规定标准。

焦 作 市

市　长：张国荣

副市长：娄遂荣（常务）　谢世安（工交）　孟祥堂（财贸）　张汉英（女　文教）　赵功佩（城建）　张松涛（农业）

张国荣市长，河南省汝南县人，生于1938年11月。1960年1月毕业于北京矿业学院采煤系，毕业后留北京矿业学院物理教研组任教。1962年2月调中南煤管局生产技术处任技术员。1972年4月调河南省煤管局工作，先后任生产处负责人、政工处副处长。1980年7月调平顶山矿务局任党委副书记（工程师职称）。1983年当选为平顶山市市长。现为中共河南省委候补委员、中共焦作市委书记、焦作市市长。

奋进的五年　变化的五年

——焦作市“七五”时期的建设成就

□ 颜建防　王　甫　侯泽忠

“七五”期间，焦作市认真贯彻中央的改革开放总方针，坚持以经济建设为中心，经过全市人民的团结奋斗，推动了国民经济和社会事业的蓬勃发展，“七五”计划的主要目标和任务都已完成或超额完成，全市提前3年实现了第一个翻番。

“七五”时期的建设成就

（一）经济实力明显增强。1990年，全市社会总产值达到150.3亿元（1990年不变价），“七五”期间平均每年增长16.3%，比“六五”时期高2.3个百分点；国民生产总值达到60.8亿元，平均每年增长12.5%，比“六五”时期高1个百分点；国民收入达到50.3亿元，平均每年增长12.5%，比“六五”时期高1个百分点；工农业总产值达到128.3亿元，平均每年增长17.2%，比“六五”时期高4.4个百分点。“七五”计划的胜利完成，使焦作市在河南省17个城市的国民生产总值中由“六五”时期的第九位前移到第六位，人均国民生产总值居第二位，工业总产值由第五位前移到第三位，农业总产值由第十二位前移到第八位，平均增长速度居第一位；农民人均纯收入居全省第二位。

（二）工业在经济中的主导地位进一步加强。1990年，全市工业总产值达到100.1亿元，“七五”期间平均每年增长19.1%，在全市社会总产值中的比重达到73.7%，比“六五”期末增加8.2个百分点；在全市工农业总产值中的比重达到84.5%，比“六五”期末增加6.4个百分点；工业所提供的国民收入占全市国民收入的60%。其中，乡及乡以上工业完成产值59.2亿元，占全市总产值的59.2%；村及村以下工业完成产值40.8亿元，占40.8%。列入国家计划的主要产品产量都比“六五”时期有大幅度增长。在重点发展能源、原材料等优势资源工业的同时，加快了轻纺工业的发展。轻工业在全市工业中的比重已由1985年的29.8%上升到31.7%，年平均增长13.3%，明显快于重工业。煤炭工业的比重已由“六五”时期的9.2%下降到6.4%，工业内部的结构得到了进一步优化。全民工业与集体工业的比例由“六五”时期的7:3调整到6:4。5年来，全市大中型企业由20个增加到28个，有11家企业晋升为国家二级企业，90家企业通过了省一、二级企业验收。全市产品质量稳定提高率达到89.7%，优质品率达到24.7%。全民工业劳动效率有了较快增长。1990年全市全民独立核算工业企业劳动生产率人均达13284元，比“六五”期末增长33.2%，平均每年增长5.8%。与1985年相比，由于职工人数增加而新创造工业产值3.7亿元，占全民独立核算工业企业产值增加总额的

36.3%；由于提高劳动生产率而新创造工业产值 6.5 亿，占 63.7%。

（三）农村经济有了长足的发展。1990 年，全市农业总产值达到 28.2 亿元，“七五”期间平均每年增长 9.4%。农田水利基本建设取得了明显成效，农业机械化水平有了较大提高。5 年全市累计新增有效灌溉面积 0.89 万公顷，新增旱涝保收田 1.68 万公顷，小流域治理 571 平方公里；全市农业机械总动力达到 170.8 万千瓦，比“六五”期末增长 26.2%；农村用电量达到 5.8 亿千瓦小时，比“六五”期末增长 50.1%，农业抗御自然灾害的能力和综合生产能力进一步增强。全市粮食生产打破了 3 年徘徊局面，1989 年和 1990 年连续 2 年创历史最高水平。5 年来全市粮食总产累计达到 665.7 万吨，超额 9.1%完成了“七五”计划。1990 年，全市粮食总产量达到 155.4 万吨，比历史最高年份的 1984 年还多 23.4 万吨。平均亩产达到 359 公斤，人均占有粮食 450 公斤，成为全国三大粮食高产地区之一，多次受到国务院和省政府表彰。所辖的温县、博爱县的粮食亩产达到 840 公斤以上，济源济水镇、温县番田乡等六个乡镇亩产达到 1000 公斤以上，实现了吨粮乡。全市棉花年总产量达到 2.05 万吨，油料总产量达到 3.57 万吨，分别比“六五”期末增长 37%和 44%。全市林木覆盖率由 1985 年的 14.3%提高到 16.2%，被林业部命名为平原绿化达标市。全市肉类总产量达到 5.7 万吨、禽蛋总产量达到 3.1 万吨、水产品总产量达到 1479 吨，分别比“六五”期末增长 42.6%、25.5%和 1.2 倍。全市四级乡镇企业完成产值 61.2 亿元，“七五”期间平均每年增长 34%。全市已有 25 个乡的乡镇企业产值突破了亿元大关。全市非农产业产值在农村总产值中的比重达到 70%。

（四）一批重点建设项目先后竣工投产，增强了经济发展的后劲。“七五”期间，全市固定资产投资累计完成 29.2 亿元，比“六五”时期增长 1.6 倍。集中力量加强了能源、原材料、交通、农业基础设施和城市基础设施的建设，一批基本建设和技术改造重点工程建成投产。5 年来，新增主要生产能力有：发电装机容量 26 万千瓦、生铁 5 万吨、铝锭 6 千吨、纯碱 10 万吨、陶瓷制品 3700 万件、纱 7 千吨等。投资结构有所调整，加强生产性建设投资。1990 年，全社会完成固定资产投资总额 7.9 亿元，是 1985 年的 2 倍多。其中生产性建设投资 6.5 亿元，占 82%；非生产性建设投资 1.4 亿元，占 18%。全民基本建设完成投资 5.2 亿元，是 1985 年的 2.3 倍，占固定资产投资总额的 65.8%；更新改造完成投资 1.6 亿元，占 20.2%。投资渠道呈多元化。在全民固定资产投资中，财务拨款总额 8.3 亿元。其中，国家预算内资金占 8.5%，国内贷款占 47.4%，自筹资金占 37.9%，利用外资占 3.5%。

（五）公路、交通事业发展较快。1990 年，全市各种机动车辆总数达到 109179 辆。其中，营运车辆 12939 辆，占 11.9%。全年完成客运量 2485 万人，客运周转量 97420 万人／公里，货运总量达到 1983 万吨。“七五”期间，全市新增公路 216 公里，通车总路程达 2316 公里，比 1985 年增长 12.4%。5 年内，先后建成了晋城至光华、洛阳至常平、济源至邵源、晋城至博爱、詹店至泗沟等晋煤外运公路，促进晋煤外运，支援东南沿海地区的经济建设。到 1990 年底，市内拥有国道 1 条、省道 8 条、县道 35 条，98%的乡（镇）通了公路，全市公路密度为 1.06 公里／百平方公里，万人拥有公路 20.4 公里，居河南省之首。

（六）城乡市场活跃，商品货源充裕。“七五”期间，全市市场除短时间内受销售不畅影响外，常态趋势是购销两旺。国合商业在全市社会商品零售市场中仍占主导地位。1990 年，全市全民所有制企业零售商品总额 98735 万元，比 1985 年增长 87.7%，占全市社会商品零售总额的 49.3%；集体所有制企业零售商品总额 66641 万元，增长 48%，占 33.5%；个体企业零售商品总额 2056 万元，增长 61.5%，占 10.3%。5 年间，国合商业国内纯购进总额累计达到 536883 万元，比“六五”时期增长 95.5%，平均每年增长 18.9%。其中，1990 年国内纯购进总额 144700 万元，比 1985 年增长 1.38 倍。国内纯销售累计达到 661457 万元，比“六五”时期增长 79.1%，平均每年增长 13.4%。其中，1990 年国内纯销售额 159824 万元，比 1985 年增长 87.8%。特别是占全市人口 80%的广大农村，具有旺盛的商品购买力，农民对农业生产资料的购买力不断增长。“七五”期间农业生产资料销售量平均每年增长 10.9%，比“六五”时期递增速度高 3.1 个百分点。

（七）对外开放迈出较大步伐，对外经济贸易发展较快。“七五”期间全市外贸出口商品收购总额达到 70935 万元，占计划的 121.6%，比“六五”时期增长 2.9 倍，平均每年增长 40.4%。1990 年，全市已拥有外贸专业公司 14 个，出口产品由“六五”期末的 110 种扩大到 13 大类 210 个品种，产品远销 20 多个国家和地区。炻瓷餐具出口量居全省第一位，服装出口量居全省第二位。1990 年，全市外贸出口商品收购总额达 23209 万元，比 1985 年增长 4.2 倍，平均每年增长 84%。其中，工业制成品出口收购额为 18996 万元，占全市出口收购总额的 82%，较 1985 年所占比重上升 17.4 个百分点。“七五”期间，全市同日本、香港、澳门的客商共签订利用外资协议 21 项，经国家批准 11 项，合同总金额达 1785 万美元。全市有 12 家企业从欧美、日本等国引进技术设备 20 项、185 台套，总金额达 3000 多万美元，促进了产品升级换代。

（八）市政建设得到加强，城市综合服务功能进一步完善。"七五"期间，扩建了中站水厂，新增日供水能力1万吨。煤矿瓦斯气综合利用从无到有，供气能力已达到4700户。有近万户居民用上了石油液化气。新建扩建了雕塑、月季两个公园，市区绿化面积达到73公顷，城市绿化覆盖率达到25%。5年间，市区还先后建成了市体育馆、腾飞大厦、馨园饭店、贸易大厦、工贸中心等大型公共设施。新开通和改造市区道路25条段，达28公里，整个城市面貌发生了很大变化。5年间，全市新增市话交换机总容量6000门，新增市话用户7472户，新开长途业务电路131条，并开通了直拨全国大中型城市的长途电话。1990年，全市完成邮电业务总量1745万元，比1985年增长1.6倍。

(九) 科教文卫体育事业有了新发展。"七五"期间，全市科技工作取得新成果，5年间全市共获得市以上科技成果奖537项，比"六五"时期增长25%，完成星火计划100多项。一些领域的科技成果接近或达到国内先进水平。市液压机械厂研制的钢管闪光灯对焊机填补了国家空白。"七五"期间，教育事业得到加强，教育经费保证了"两个增长"，集资办学取得明显成绩。5年间，全市集资19706万元，解决危房面积30万平方米，基本消灭了学校危房。现全市已有98%的中小学实现了"六配套"，教学条件跨入全省先进行列，受到中央领导同志表扬。小学适龄儿童入学率、中小学生在校率分别达到99%和95%以上。职业教育和成人教育继续得到发展，扫盲工作取得可喜成绩，焦作市成为全省第一个"基本无盲市"。文化事业蓬勃发展。5年间，全市文艺演出团体已发展到9个，全市放映单位发展到792个。市设立了电视台，建立地面卫星转播站5个。农村有线广播入户率达82%。医疗卫生条件不断改善。1990年，全市医疗卫生机构已发展到565个，比1985年增加243个；卫生技术人员13072人，比1985年增长1.6倍；病床11083张，增长2.4倍。全市已形成一个以城市综合医院为骨干，门诊部、专科防治、卫生防疫、妇幼保健、乡镇卫生院为基础的卫生医疗体系。"七五"期间，群众性体育活动空前活跃，体育战线硕果累累。全市体育健儿在省以上体育比赛中共获得169个第一名、117个第二名。破全国纪录1项、省纪录7项。

(十) 城乡居民收入增加，人民生活进一步改善。1990年，全市城镇居民人均生活费收入达到1122元，比1988年增长18%，3年平均每年增长8.6%。农民人均纯收入664元，比1985增长76.1%，平均每年增长12%。职工人均工资1784元，比1985年增长82.2%，平均每年增长12.8%。1990年城乡居民储蓄存款余额303325万元，比1985年增长5倍。5年来，城区新建居民住宅70万平方米。1990年城市居民人均居住面积6平方米，农民人均居住面积22平方米。

"七五"时期的主要经验

"七五"时期，焦作市在推进经济和社会发展中，主要经验和体会是：

第一，坚持稳定压倒一切，始终保持一个稳定的社会环境，在稳定中求发展。5年来，焦作市党委和政府坚决依靠全市人民，积极消除各种不安定因素，稳定社会大局。严格控制物价，努力增加有效供给，稳定了市场；千方百计缓解资金、能源紧缺等困难，稳定了生产；坚持完善和深化各项改革措施，稳定了政策；加强思想政治工作，稳定了人心，这样就使经济和社会发展的各项任务得以完成。

第二，坚持以经济建设为中心，集中力量发展社会生产力。5年来。焦作市人民始终把发展社会生产力，搞好经济建设作为全部工作的中心。在工作的指导思想上，特别强调评价一个地区一个部门一个单位的工作成绩，最根本是要看是否发展了生产力。由于全市上下有了这样一个统一认识，各方面抓工作、抓生产的劲头都很大，就排除了各种干扰。

第三，坚持改革开放，在改革开放中求发展。5年来，在农村，随着土地有偿承包、"双向承包"等措施的实行，双层经营体制不断完善，服务体系建设得到加强，集体经济逐步壮大。在城市，全面推行了厂长（经理）负责制和承包经营责任制,初步形成了企业自主经营、自我发展，在一定程度上自负盈亏的经营机制，提高了企业的竞争力和应变力。稳步地推进了价格改革，使各种比价、差价关系逐渐趋于合理，促进了社会主义市场体系的发育。同时注意正确处理好各个方面的利益关系，处理好宏观调控与微观搞活的关系，稳步推进了计划、财政、金融、流通、劳动工资等方面的改革，使宏观调控得到加强，治理整顿取得了明显成效。在对外开放方面，注意发挥本市地上地下资源丰富的优势，积极开展对外联系、交往与合作，发展外向型经济。

第四，坚持两个文明建设一齐抓，坚守社会主义的思想阵地。5年来，焦作市各级党委和政府在广大干部群众中深入开展了社会主义思想教育，增加了对文化、教育、宣传设施建设的投资，为精神文明建设提供了不断改善的物质条件。同时，注意改变"一手硬一手软"的状况，在全市开展了依法治市活动；加强了廉政建设，开展了社会治安的综合治理和"扫黄"除"六害"斗争，增强人们的法制观念，精神面貌发生了很大变化。

鹤壁市

市　长: 范保国
副市长: 李福州（常务）　刘素显（女，科教文卫）　周福锡（工交、外贸）
赵振乾（农业）　王振杰（政法、财贸、城建）

范保国市长，1946年6月生于河南省安阳市，1970年8月毕业于北京工业学院，1971年加入中国共产党。先后在空军高炮15师55团、河南省安阳地区计委工作，任副科长、副主任。1983年10月至1988年5月任中共濮阳市委常委、政法委书记、副市长、市委副书记，1988年6月至1989年5月任中共鹤壁市委副书记、鹤壁市代市长，1989年5月当选为鹤壁市市长。

经济建设、城乡建设、社会事业同步发展，人民生活水平继续提高

□ 赵海珍　牛春保

“七五”时期，鹤壁市人民在市委、市政府的正确领导下，认真贯彻执行党的一系列路线、方针、政策，坚持治理整顿和深化改革的方针，千方百计保经济稳定，保政治稳定，保社会稳定，在稳定中求发展，经济建设、城乡建设和社会事业都取得了巨大成就。

国民经济稳步发展

“七五”时期，全市的国民经济沿着健康的轨道稳步发展。1990年全市社会总产值达到28.97亿元，比1989年增长5.6%，比1985年增长55.8%，“七五”时期平均每年递增8.0%；国民生产总值达到13.03亿元，比1989年增长5.5%，比1985年增长45%，年均递增6.8%；国民收入达到10.91亿元，比1989年增长1.9%，“七五”时期年均递增4.3%；工农业总产值完成23.88亿元，比1989年增长7.6%，“七五”时期年均递增9.7%；财政收入完成9489.2万元，比1989年增长5.8%，5年中年均递增13.9%。全部超额完成了全市“七五”计划所制定的指标。

（一）农业基础不断加强，农村经济稳步发展。1990年全市农业总产值完成7.23亿元，比1989年增长0.4%；“七五”时期平均每年递增3.8%。粮棉油连续3年获得丰收。农业生产条件不断得到改善。1990年全市有效灌溉面积达到8.18万公顷，比1989年增长10%；机耕面积达到8.33万公顷，比1989年增长12.1%；全市拥有各种农业机械总动力77.13万千瓦，比1989年增长7.9%。乡镇企业保持了较高的发展速度。1990年全市乡镇企业总产值达到8.4亿元，比1989年增长27.1%，“七五”时期年均递增29.5%。

（二）工业生产在治理整顿期间不断发展。工业生产取得了可喜的成绩。目前，全市拥有工业企业500多个，1990年全市工业总产值完成16.65亿元，比1989年增长10.2%，比1985年增长77.0%，平均每年递增12.1%。1990年全市工业产品质量稳定提高率达到89.9%，优质产品率达到12.6%。产业结构得到进一步的调整，加强了能源工业，发电装机容量新增2.4万千瓦，原材料工业平均每年增长24.6%，轻纺工业平均每年增长12.6%。在全市工业总产值中，乡及乡以上全民所有制工业总产值1990年为60944.7万元，比1989年增长8.8%，集体所有制工业完成33932.9万元，比1989年增长6.5%；轻工业产值完成29720.8万元，比1989年增长11.1%，重工业产值完成65156.8万元，比1989年增长6.6%。加快了新产品开发步伐。“七五”时期，全市共开发新产品252种，有60余种产品获得国家、部、省优质产品称号。

(三) 商业供销工作克服困难，开拓前进。鹤壁市城乡市场繁荣兴旺，商业供销工作蓬勃发展。商品输入渠道畅通，货源充足，服务质量上乘。1990 年，全市社会商品零售总额 66482 万元，全年社会商业国内纯购进总额 58972 万元，比 1989 年增长 4.6%，国内纯销售总额 54326 万元，比 1989 年增长 3.4%。供销社已成为联结城乡经济的一条重要纽带。全市已建立健全农业生产资料、土产日杂和棉麻等公司，25 个乡镇都设立了基层供销社。全市集市贸易已向着综合性市场发展。市区的奔流街、新华街、朝霞街、钢铁路、中山、鹿楼等集贸市场，已成为全市重要的商品集散地，据不完全统计 1990 年市场交易额达 12913 万元，市场成交额占全市社会商品零售总额将近 20%。

城市建设日臻完善

“七五”时期，鹤壁市城市建设日臻完善，城市管理水平也有了很大提高。市政府将城建局改组为城乡建设委员会，赋予其统一管理、规划全市城乡建设的职能。使城市建设向着科学化、正规化、系列化的方向发展。

(一) 城市环境步入优美舒适的轨道。几年来，市政府大力开展全民义务植树活动。先后对市区的主要道路进行了整修、铺油。市区道路两旁都栽植了行道树。对坐落在西山角下的“枫岭公园”进行了多次整修，新建了人工湖、亭台、花坪、长廊、茶座、游乐场、游戏室……栽植了常绿树木，“枫岭公园”已成为全市人民饭后工余和节假日游憩的主要场所。目前，城市绿地面积达 40 多公顷，占城市建成面积的 2/3 还多。人均绿地面积 2 平方米多，市区绿化覆盖率达 20%多。

(二) 城市基础设施日趋齐全。1. 供水。日供水能力 5.6 万吨，自来水普及率 90%多。2. 供电。全市日工业用电 110 万千瓦小时，生活用电近 4 万千瓦小时。3. 供气。全市有煤气站 4 座，有储气罐 5 个，总容量 4 万多立方米，为全国第二个矿井瓦斯废气利用城市。4. 通讯。“七五”时期，鹤壁的通讯事业发展迅速，全市有邮电局、所 30 处，装置电报电路 10 余条，长途电话电路 70 多条，程控自动电话可直接与全国各城市通话，市内电话安装户 3000 多户。5. 平战结合的人民防空工程。“七五”时期，重点抓了以平战结合为主的维护管理，建成了初具规模的人民防空工程体系。

(三) 城市居民生活越来越方便。“七五”时期，市政府十分重视改善居民的住宅条件，近几年来，市区新建居民住宅楼房多为 5—6 层，并出现向高层发展的趋势，市区居民住宅宽敞，居民住宅的给水普及率、供气普及率、供电普及率都分别接近或达到 100%。

(四) 文体生活丰富多彩。市政府多年来逐年拨出经费完善文体设施。现在，市区有广播电台和电视台各一座，公用图书馆 9 座，影剧院、文化宫及俱乐部 17 座，全市共有各类电影放映单位 342 个。各类设施比较完备的体育场地可以满足人民体育活动的需要。鹤壁的地掷球 1990 年曾组队代表国家参加欧洲国际地掷球锦标赛并获得第六名的好成绩。1990 年，全市参加省级以上比赛获得奖牌 46 枚，其中金牌 14 枚。

(五) 交通条件进一步得到改善。经过“七五”时期的建设，交通更加便利，汤鹤铁路年运量 500 多万吨。正在建设中的浚鹤铁路即将全线贯通。“七五”时期，在公路建设中，全市各乡镇都实现了线型标准化、路面黑色化、桥梁永久化、村村都通了汽车。

(六) 旅游场所更加引人入胜。鸡冠雄姿，大丕、俘丘风光、云蒙仙境、淇河幽景在中原大地早已闻名遐迩，“七五”期间进一步开发，更加完善系列化了。

科学、教育、卫生事业日益得到加强

“七五”期间，本市完成重大科技成果 78 项，获省以上科技成果奖 8 项，实施“星火计划”80 项，“科技攻关”项目 90 项，培训了一大批星火人才，制订并开始实施《科技兴鹤方案》。在 1990 年度，全市就完成“科技攻关”项目 11 项，“星火计划”17 项，取得省、市技术成果奖 17 项，推广应用科技成果 29 项。到 1990 年末，全市高级科技人员 547 人，中级科技人员 3941 人。

教育工作，“七五”期间全市普及了小学教育，职业教育和成人教育迅速发展。到 1990 年，全市实现“六配套”的学校达到中小学校总数的 95%，中小学危房率降到 0.14%。适龄儿童入学率达 99.5%；小学在校生达 123818 人，巩固率达到 99.5%；普通中学在校生 60485 人，巩固率达到 96%。中专在校生 11020 人，技工学校学生达 1280 人。职工中等教育学习 2260 人，职工高等教育学习人数 3288 人。

卫生工作，到“七五”末，全市医疗卫生机构有 224 个，其中医院 40 所，卫生机构工作人员 5396 人，其中医生 1798 人，每千人拥有医生 1.5 人，病床床位数达 3507 张。急性传染病发病率控制在 1.3%以下，“四苗”接种率达到 85%以上，食品卫生监督覆盖率达到 85%，较好地维护了全市人民的健康水平。

人民生活继续得到改善

“七五”时期，在生产发展的基础上，城乡居民生活继续得到改善。1990 年全市职工人均工资水平 1854 元，比 1989 年增长 10.6%，其中全民单位职工人均工资水平 2109 元，比 1989 年增长 8.5%，集体单位职工人均工资水平 1211 元，比 1989 年增长 17.1%。城乡居民储蓄存款继续增长。到 1990 年末，城镇居民储蓄存款 46515 万元，比 1989 年增长 32.5%，农民储蓄存款 23203 万元，比 1989 年增长 20.5%，全市城乡储蓄增长率达 28.2%，创历史最高水平。

新 乡 市

市　长：祝友文
副市长：窦永才（常务）　胥昭福（政法、建设）
刘少斌（农业）　张德华（女　文教卫体）
孟繁侠（财贸）

祝友文市长,中共党员,1939年7月生，湖北孝感人。1957年至1962年在沈阳建筑专科学校学习，后任教师。1962年至1979年任洛阳玻璃厂五分厂技术员、科长。1979年至1990年任洛阳玻璃厂副总工程师、副厂长兼五分厂厂长；洛阳玻璃厂厂长、党委书记。1990年10月以后，任新乡市委副书记、新乡市代市长。1991年3月当选为市长。曾被命名为全国优秀企业家，省劳动模范，第一批省管优秀专家。

依靠科技进步　振兴新乡经济

□ 周云峰　杨新锋

1990年，新乡市国民经济和各项社会事业在治理整顿、深化改革中得到进一步发展。国民生产总值（产值按1990年当年价，增长速度按可比口径计算，下同）实现58.4亿元，比1985年增长60%，比1989年增长4.5%；工农业总产值122.68亿元，比1985年增长84.6%，比1989年增长8.5%；其中工业总产值91.9亿元，较1989年增长9%，5年平均增长15%；农业总产值30.78亿元，比1985年增长38.6%，年均增长6.8%，比1989年增长6.4%。全市社会商品零售总额达28.48亿元，比1985年增长91.1%，较1989年增长1.5%，平均增长13.75%。出口商品供货额达4.23亿元，比1985年增长近5倍，比1989年增长43%。5年间新增城市道路12条，新增日供水能力12万吨。市区新增住宅建筑面积105.7万平方米，人均居住面积由1985年的5.7平方米增加到6.5平方米。城乡人民生活水平不断提高。全市农民人均纯收入达到601元，比1985年增加249元，比1989年增加49元；城镇居民人均生活费收入达到1403元，比1985年增加758.4元，比1989年增加176元。城乡人民的衣食住行等条件都有明显改善。

"七五"期间，在没有大的建设项目的情况下，新乡的工业经济何以能以年均10%以上的速度递增。我们的体会是，走内涵扩大再生产的道路，加快技术改造、新产品开发、技术引进的步伐，调整产品结构、产业结构，促进新乡经济的持续、稳定、协调发展。

一是思想上高度重视。尽管新乡是以轻纺、电子为主体的新兴工业城市，但由于企业大多建于60年代以前，普遍设备陈旧，技术落后。据1980年市经委组织的对全市重点企业进行的调查，全市40年代以前出厂的设备占7%左右，50年代到60年代出厂的设备占36%，70年代以后出厂的设备占57%，真正达到70年代末，80年代初技术水平的，只占10%左右。在调查的75条生产线中，只有17条属于比较先进的，占22%，其余78%均为一般的和落后的。这些企业生产的484种产品，绝大部分是"大路货"，只适用于"上山下乡"，尚有10%的产品销路不畅，部分产品急需改造或停产。面对这一严峻形势，市委、市政府领导深刻认识到，如果不采取有力的措施改变这种状况，新乡工业不仅没有发展后劲，而且已经形成的某些优势行业和拳头产品也难以保住。要改变这种状况，固然需要积极争取国家、省在本市上大的建设项目，但更重要的是要立足于现有基础，改变不合理的产业结构及产品结构，以主动的小调整，发挥现有优势，挖掘潜在优势，借用别人优势，变为自己的优势。这既是客观形势对我们的要求，也是发展新乡经济最现实、最有效的选择。正是基于这样的认识，在"七五"期间，虽然主要领导几经变动，但依靠现有基础，通过技术改造、新产品开发、技术引进来发展新乡经济的思路没有改变，并得到了一任又一任领导班子的不断充实、完善和发展。领导思想上的高度重视，为新乡工业步入健康发展的轨道奠定了基础。

二是提供组织保证。技术改造、新产品开发和技术引进工作政策性强，牵涉面广、单靠一个部门、一个单位是难以胜任的，必须有一个强有力的组织机构来保证这项工作的顺利进行。为此，市政府责成市经委、计委牵头，由市财政、银行、建委、税务等部门和有关工业局参加，建立了"市技术改造联合办公制度"，专门负责技改、基建项目的建设、协调事宜。凡列入计划的项目，实行负责制、承包制、奖惩制，从立项到设计、施工、竣工投产，分阶段进行考核，有奖有罚，及时兑现，促进了技改工作的顺利进行。为加强企业的科技开发能力以及企业科技工作的组织领导，在市科委的组织指导下，全市各大中型企业都成立了科技研究（开发）所（室、中心）等科研机构，实行总工程师负责制，同时在全市开展评选科技先导型企业的活动，有力地促进了企业依靠科技的积极性，增强了企业自我发展的能力和动力。

三是制定可行措施。首先按照国家产业政策，结合新乡的实际情况，先后制定了"技术改造战略规划"、"技术改造三年滚动计划"、"技术改造年度执行计划"。规划与规划间互为衔接，不断"滚动"，规划与计划之间，注意企业与行业、行业与产业结构调整的合拍，做到项目储存一代，开发一代，实施一代。规划明确：通过技术改造和引进，优先发展先导行业——电子工业，大力发展纺织、医药、化工、制革、塑料等重点行业，限制发展有悖于国家产业政策与大工业争原料的高能耗、高物耗、高污染等"五小"企业。要求所有的改造和引进，立足高起点，具有一定的超前性，不搞低水平或同一水平的外延性投资，使新乡的电子、纺织、塑料、医药、制革、五金工具等十大行业，逐步成为全省的优势行业。其次，建立项目库，积极争取更多的技改项目。在广泛宣传推进技术进步，加快企业技改步伐重要性的基础上，积极引导各工业局、各企业按照国家的产业方向，提出自己要上的项目。同时，计委、经委从新乡工业的全局出发，也提出拟上的技改项目，共同编制成册，随时为国内外提供有关项目资料，力争多上项目。其三，认真做好项目的前期准备工作，严格筛选项目，做到起点高，速度快、效益好。"七五"期间，由于全市的技改项目选得准，成功率高，受到了上级有关部门的好评和表扬。其四，加速在建项目的管理，实行项目承包责任制。为加强技改项目的管理，有项目的企业都成立了有关领导和技术人员参加的项目领导班子，并明确一名负责人，由经委或主管局项目负责人签订项目承包合同，按时完成合同则奖，反之则罚，调动了项目承建单位的积极性，加快了项目的实施步伐。如酒精厂蒸馏工段的改造，由于签订了承包合同，实现了当年立项，当年实施，当年投产见效的良好效果。其五，抓好收贷工作，加速资金周转。做好收贷工作是能否落实新开项目资金的重要一环，几年来，我们抓了还贷政策的落实，成立了由经委牵头，财政、税务、银行参加的联合收贷小组，采取收放结合，点面结合，实事求是，逐户算帐的办法，不仅使企业还了贷款，卸了包袱，也加速了技改资金的周转，周转期平均为 3.14 年，低于全省平均水平。

四是提供优惠政策。首先，实行资金倾斜。市里从财政拨款到银行贷款，都保证对优先发展的行业及优势产品优先提供，尽量满足。其次，市政府主管部门同企业签订的承包合同上，都详细列明了厂长任期内技术改造的任务、固定资产增值率以及企业留利的分配比例等，确保了承包企业每年都拿出 70%的企业留利，用于技术改造或开发研制新产品。第三，市政府制定了新产品开发奖励办法，规定产品创一个金牌奖励企业一万元；创一个银牌，奖励 3000 元；创一个省优或部优，奖励 1000 元。本市每年用于各种奖励的奖金中，以新产品开发奖金最多，仅 1989 年就奖励了 17 万元。由于政策对头，全市每年都开发 100 多个新产品，投产 100 多个新产品，淘汰 100 多个落后产品，使企业活力不断增强，保持了工业经济的稳步增长。

通过坚持不懈地进行技术改造、新产品开发和技术引进，"七五"期间，先后有计划地对全市工业企业实施了 261 项技术改造项目，共完成投资 8.74 亿元，新增产值累计达 18.14 亿元，利税 3.02 亿元。每投入一元技改资金，可新增产值 2.07 元，利税 0.35 元。共开发新产品 744 项，创产值 14 亿元，利税 2.8 亿元。先后从国外引进 6 条具有 80 年代先进水平的生产线，大大增强了新乡经济发展的后劲，初步实现了三个优化：

产业结构优化。过去新乡工业结构是轻纺一枝独秀，现在则拥有纺织、电子、医药、轻工、机械、化工、建材七大骨干行业，30 多个工业门类形成了众多的实力比较雄厚的骨干行业，工业门类较为齐全，轻重工业比例趋于协调，产业结构及产品结构比较合理。通过技术改造，新产品开发和技术引进，众多行业本身也得到了长足的发展。纺织工业总产值由 1985 年的 6.19 亿元，发展到 1990 年的 9.14 亿元，年均递增 5.74%。其行业内部的原材料、半成品、成品加工，也走向配套平衡。现有的棉纺、毛纺、棉织、色织、针织、丝绸、印染、化纤等门类齐全，花色品种之多，位居全省第一。电子工业已经完成了从原材料、元器件到整机组装全行业的配套改造，年产值由"七五"初期的 1.8 亿元，发展到 1990 年的 4.7 亿元，年均递增 21%，不仅成为新乡市的第二大支柱行业，而且成为全省电子工业的重点，产值占全省电子工业总产值的一半。在全市工业总产值中的比重由3.1%上升到18%，成为全国电子工业重点城市之一。全市轻重工业比例已从1984年的69.3:30.7，调整到目前的54:46，呈现出协调发展的可喜局面。医药、建材、塑料、五金工具、振动机械、油田助剂等产品的生产也由少到多，由小到大，在全省占据重要地位。新乡生产的肌苷产量占全国的80%以上。基础工业、原材料工业得到加强。1986年以来，中央、省和市里先后投资5亿元，扩建装机容量为40万千瓦的火力发电机组，现已基本竣工投产发电。全市小合成氨产量占全省总产量的15.8%，名列全省第一。建成了四条小氮肥改尿素生产线，居全国领先水平。

产品结构优化。经过"七五"期间的努力，加快了企业产品的升级换代步伐，增加了新乡市拳头产品数量，出现了"新飞牌"电冰箱，"美乐牌"彩色电视机，电子调谐器等在全国享有盛誉的产品。建成了产值超亿元的无氧铜材生产线。市制革厂生产的金象牌山羊苯胺鞋面革和服装革均获国家金牌奖；一三四厂生产的液氮罐和印染厂开发的泡泡沙等获得国家银质奖；电池厂经过改造，厂容厂貌焕然一新，先后推出了镉镍电池、锌锰电池、铁壳电池、高氯化锌电池等十几个新品种，产量居全国第三位。化工行业开发了具有地方优势的油田化学助剂系列产品，覆盖了全国各大油田。塑料行业继"六五"起步改造之后，"七五"继续改造，已完成了全行业的技术引进，为今后的腾飞奠定了基础。纺织业的重点企业在"七五"期间基本上都进行了改造，有的厂还进行了多次改造。华新棉纺织厂、中原棉纺织厂、引进了气流纺、宽幅布机；丝绸厂引进了喷水织机、涂层机；印染厂、漂染厂、棉织厂、印织厂引进了圆网或平网印花机；化纤厂进行了短丝生产线改造，提高了长丝的生产能力等等，这些技改项目的完成，使本市纺织业的装备水平向前跨跃了20年，产品质量显著提高，花色品种大幅度增加，市场应变能力、出口创汇能力大为增强。

企业组织结构优化。目前本市已先后有38家优势企业，兼并、领办、承包、租赁了40家劣势企业。与此同时，部分企业则以优质产品为龙头，走联合发展的道路，先后诞生了"中华电池联合集团"、"新乡泵业股份有限公司"等企业集团。还有相当一部分企业跃上新的台阶。全市有13家企业被评为国家二级企业，106家企业进入省一、二级企业，34家企业获省以上质量管理奖。随着改组改造方针的逐步实施，新乡的工业经济必将在"八五"期间有一个大的飞跃。

安 阳 市

市　长：李祖卫

副市长：杨善修（计划、工业）　高福生（农业、政法）　方洪莲（女　文教卫）　岳同生（财金、物价）　张锦堂（城建、外事）

李祖卫市长，祖籍浙江鄞县。1937年12月生于上海市。1960年毕业于北京工业学院，在国营西北重型机械厂见习一年后，1961年6月调至安阳市机床电器厂工作，1981年晋升为工程师，先后任厂技术科长、技术副厂长、安阳市机械局副局长，1981年11月当选为安阳市副市长，1983年7月任安阳市委副书记、安阳市市长。1989年又当选为市长。从事技术工作期间成绩显著，1977年出席安阳市科技先进工作者会议，1978年出席省科技大会，1979年被评为市级劳动模范。

改革振兴安阳经济 “七五”成就鼓舞人心

□ 杨学法　张恩言

“七五”计划时期，安阳市认真遵循对内搞活经济、对外实行开放的总方针，坚持两个文明一起抓。经济实力增强，市场供应充足，城市建设迈出了新的步伐。1990年全市社会总产值达121亿元（现价，下同），比1985年增长46.9%，“七五”期间年平均递增8%，其中市区社会总产值54.99亿元，比1985年增长43.26%，年平均递增7.45%；全市国民生产总值56.87亿元，比1985年增长41.7%，年平均递增7.2%，其中市区国民生产总值20.39亿元（因无基数，无法与1985年相比）；全市国民收入46亿元，比1985年增长2 5.4%，年平均递增4.6%，其中市区国民收入16.76亿元，比1985年增长14.13%，年平均递增2.68%；全市工农业总产值103.4亿元，比1985年增长51.79%，年平均递增8.7%，其中市区工农业总产值比1985年增长116.11%，年平均递增16.66%；全市社会商品零售总额24.07亿元，比1985年增长84.3%，年平均递增13.01%，其中市区社会商品零售总额10.57亿元，比1985年增长129.25%，年平均递增18.05%；全市财政收入5.35亿元，比1985年增长69.98%，年平均递增11.19%，其中市级财政收入3.69亿元，比1985年增长62.59%，年平均递增10.21%。

（一）工业产值效益同步增长。

“七五”期间，安阳市在企业内部强化企业管理，大力推进技术进步，积极开发新产品，工业生产增长较快。1990年全市工业总产值达76.1亿元（村及村以上企业，现价），比1985年增长61.1%，“七五”期间年递增10%，其中市区工业总产值47.97亿元，比1985年增长19.14%，“七五”期间年递增3.6%。但此期间工业发展不够平稳，出现了明显的起伏。前三年经济发展平稳，工业生产年平均递增9.7%；后两年进行治理整顿、宏观紧缩，出现了市场疲软，速度明显趋缓，年均下降0.05%。

1990年末，全市乡办以上工业企业达到1191个，比1985年增加139个，其中市区389个，比1985年增加42个。在全市乡办以上工业企业中，全民所有制工业企业共255个，比1985年增加34个，其中中央企业5个，省属企业1个，市属企业113个，比1985年增加9个，县属企业126个，比1985年增加16个；集体所有制工业企业935个，比1985年增加104个，其中市区有270个，比1985年增加34个，五县有802个，比1985年增加97个。全市工业企业职工总人数216846人，比1985年增加15520人，其中市区163729人，比1985年增加9388人。在全市工业企业职工总人数中，全民所有制企业职工167711人，比1985年增加13613人，其中市区133926人，增加8246人，集体所有制企业职工45964人，比1985年减少1264人，其中市区26632人，减少2029人。1990年末，全市工业固定资产原值33.93亿元（乡及乡以上工业，下同），比 1985 年末增长 80.3%，其中市区 26.37 亿元，增长 76.7%；全市工业企业固定资产净值 22.67 亿元，比 1985 年末增长 80.2%，其中市区 17.11 亿元，比 1985 年增长 74.1%。“七五”期间，全市工业行业已发展到 35 大门类，工业产品 1300 余种（不含花色），比“六五”期间增加 669 种。1990 年全市全民独立核算工业企业全员劳动生产率为 15548 元，比 1985 年增加 2172 元，其中市区 16877 元，增加 2205 元；集体所有制独立核算工业企业全员劳动生产率为 12000 元，比 1985 年增加 4049 元，其中市区 16094 元，增加 6667 元。经济效益同步提高。“七五”期间，全市独立核算全民所有制和集体所有制工业企业完成产品销售总收入 204.12 亿元，比“六五”期间增长 155.6%，其中市区完成 166.39 亿元，比“六五”期间增长 119.5%。销售税金完成 24.38 亿元，比“六五”期间增长 120.8%，其中市区完成 22.58 亿元，比“六五”期间增长 120.5%。实现利润 18.80 亿元，比“六五”期间增长 165.2%，其中市区完成 16.3972 亿元，比“六五”期间增长 165.8%，对考核的 131 种主要工业产品质量稳定提高率为 90.5%，比“六五”增长 6.87 个百分点，优质品率 27%，比“六五”增长 4.2 个百分点。开发新产品共 727 种，新增产值 70715 万元，新创利税 10589 万元。“七五”期间，创优质产品共 235 种，其中国优 1 种，部优 71 种，省优 163 种。“七五”期间，全市节能总量折算标煤 53.8 万吨，其中节电 40998 万度，节煤 47.93 万吨，节油 18829 吨，节水 4460.6 万吨。

“七五”期间，全市九大行业 150 家工业企业完成技改项目 300 项，总投资额 82277 万元，其中贷款 60227 万元，自筹 2205 万元，外汇 2644 万美元。竣工投产项目新增产值 195453 万元，新增利税 54971 万元，创汇 5849 万元。“七五”期间，全市工业企业升级工作进展顺利。全市升级的工业企业有 74 户（市区 50 户），占总企业数的 6.4%。其中全民企业 58 户，占全民工业企业总数的 23.5%；集体企业 16 户，占集体企业总数的 1.7%。在 74 户升级企业中，达到国家二级企业的 5 户，省一级企业的 31 户，省二级企业的 38 户。

“七五”期间工业生产迅速发展，最根本的原因是坚持了党的“一个中心、两个基本点”和深化改革的方针。1983 年底，河南省委、省政府确定安阳市为全省第一个经济体制改革试点市。1986 年初，凡实行厂长负责制的企业实行了目标管理；同时，改革用工制度和分配制度，广泛开展横向经济联合，增强了企业的应变能力和增殖能力。1987 年，承包经营责任制在全市大面积铺开。市区 74 户预算内企业有 63 户实行承包经营责任制，承包经营责任制分盈利企业和亏损企业承包两大类八种形式。盈利企业的承包形式有：企业经营责任制；双保一挂综合承包责任制；上缴利润递增承包；上交利润超额分成承包；目标承包经营责任制。亏损企业的承包形式有：扭亏承包；限亏承包；转盈承包。1988 年，对承包经营责任制进行了配套、完善，在全市全面推行承包经营责任制，并引入竞争机制。竞争承包的形式有四种：打擂竞争承包；揭榜竞争承包；公开指标招标承包；企业承包企业。市属 74 户预算内工业企业采用竞争承包的有 31 户。1990 年，对全市工业企业进行了第二轮承包。在全市 141 户预算内工业企业中，1989 年承包到期的有 20 户，1990 年承包到期的有 71 户。市区应重新承包的 40 户企业，除 10 户因具体情况暂时实行为期一年的经营目标责任制外，其他 30 户企业都和市政府签订了承包经营合同书。二轮承包和一轮承包相比，有三个新特点：一是加大了企业归还贷款占实现利润的比例，把企业 1990 年底以前的贷款一律视为老贷款，承包期允许企业税前还贷，减轻了企业负担，增强了企业活力；二是缩小了承包经营者与职工之间的利益差距，对承包经营者的奖励由过去最高可达到企业职工年平均工资的 3 倍降低到 2 倍；三是企业国有资产管理和增值一律由市国有资产管理处进行测算和考核，抑制企业的中、短期行为。

（二）商贸网点密布、繁华昌盛。

“七五”期间，安阳市的市场波动较大。但在治理整顿期间，充分发挥国营商业在流通中的主渠道作用，使市场疲软逐步趋于复苏，保持了市场的繁荣稳定。

1990 年末，全市共有各类商业机构 27620 个，从业人员 87800 人，分别比 1985 年增长 13.9%和 13.3%，其中市区各类商业机构 4281 个，从业人员 29166 人，分别比 1985 年增长 58.3%和 19.8%。在全市各类商业机构中，全民所有制商业机构 1223 个，从业人员 22910 人，分别比 1985 年增长 30.0%和 25.4%，其中市区 351 个，从业人员 11583 人，分别增长 46.3%和 30.9%；集体所有制商业 5710 个，从业人员 33644 人，分别增长 15.4%和 7.1%，其中市区 1170 个，从业人员 12576 人，分别增长 12.9%和下降 5.6%；合营商业 19 个，从业人员 213 人，其中市区 10 个，从业人员 150 人，个体有证商业 20668 个，从业人员 31033 人，分别增长 12.6%和 11.5%，其中市区 2800 个，从业人员 4857 人，分别增长 95.9%和 123.2%。

1990 年末，全市饮食业机构 5490 个，从业人员 15573 人，分别比 1985 年增长 5.4%和下降 6.5%，其中市区 1720 个，从业人员 6470 人，分别增长 48.3%和下降 5.5%，服务业机构 4253 个，从业人员 11351 人，比 1985 年分别增长 21.3%和下降 0.3%，其中市区 1094 个，从业人员 5566 人，分别增长 4.3%和下降 19.2%。

“三业”网点迅速增加，密度提高，1990 年平均每一网点负担128人，比1985年减少6人。“三业”每一从业人员平均服务人口由1985年的42.8人降到1990年的40.6人。

城乡集贸市场繁荣活跃。1990年成交金额39474万元，比上年增长2.8%，比1985年增长351.5%，其中城市集贸市场成交额15506万元，比上年增长28.8%，比1985年增长440.3%；农村集贸市场成交额为23968万元，比上年增长1.3%，比1985年增长310.6%。1990年全市集贸市场165个，比1985年增加18个。

“七五”期间，安阳市商品流通扩大，1990年，全市国合商业国内纯购进总值为232986万元，比1985年增长85.4%，“七五”期间平均每年递增13.1%，其中市区107205万元，增长74.6%，平均每年递增11.8%；国内纯销售总额196821万元，比1985年增长79.4%，平均每年递增12.4%，其中市区97893万元，增长126.1%，平均每年递增17.7%。

“七五”期间前三年，市场旺而不稳。1988年全市社会商品零售额比1985年增长62.1%，主要消费品的社会零售额猛增，出现超前消费的倾向；市场物价上涨过猛，社会商品零售物价总指数比1987年上升20.6%，比1985年上升38.1%。后两年市场先疲后淡，逐渐复苏。1990年全市社会商品零售额比1989年下降1.6%，全市商品库存总额达11.8亿元，比1989年增长17.32%，经济效益大幅度下降。至1990年第四季度，市场逐渐复苏，进入稳定增长阶段。1990年市场物价总水平也较1989年上涨仅1.2%，是1985年以来涨幅最低的一年。

对外经济贸易取得好成绩。1990年外贸出口额完成24800万元，较上年增长12.5%，比1985年翻了两番。“七五”期间，安阳市外贸出口总额达89932万元，比“六五”期间增长2.2倍，年出口额平均增长28.9%，比“六五”期间高出11个百分点。“七五”期间共实现利用外资项目15项，外资额共达2692万美元。对外经济技术合作稳步前进。“七五”期间，选派经援劳务人员共148人次；完成援外机电产品任务1074台（套、件）；引进技术设备项目41项，合同金额达7748万美元。

（三）城市建设开发日新月异。

安阳市城市面积247平方公里，其中城区总占地面积138平方公里，建成区面积28.49平方公里。“七五”期间，城市建设累计投资达11739万元。

人均住房面积逐年增加。“七五”期间，共建各类房屋198.3万平方米，其中住宅105.5万平方米，1800多户居民搬迁了新居，人均居住面积由1985年的4.4平方米增加到1990年的6.5平方米。住宅新区建设与旧区改造并进。首先建成了环境优雅、设施配套的6个新的住宅小区。同时，还加快旧城改造的步伐，有计划地开发了五片旧城区（低洼区），近千户居民搬进了新居。1988年完成北大街改造工程后，钟楼重新矗立在北大街街心，两旁店铺林立，错落有致，既有民族建筑特色，又有时代气息，使古城面貌焕然一新。

道路桥梁建设发展较快。“七五”期间，拓宽和新修道路20多条，其中主干道总面积60.22万平方米；修建和拓宽了10余座桥涵；改建了安阳火车站广场，总面积2.3万平方米。全市80条主要干道安装了以钠灯、汞灯型为主的照明光源；道路两旁修建了花坛、亭廊、雕塑、喷泉、花带，整个城市整洁干净，给人以安全、舒适之感。1987年和1990年，在全省两次市政设施检查评比中，安阳市均列榜首。

供排水工程建设迈出新步伐。“七五”期间，市区四个水厂连成了一个供水系统，新增供水管线131公里，日供水能力25万吨，供水普及率由1985年的89.5%，提高到96.7%。自来水公司推行的“千吨售水工资含量包干”的改革措施效果明显，在水质、供水量、经济效益等方面，居全省先进行列。“七五”期间，新建雨水和污水管道42.9公里。修建了一座日处理5.5万吨的污水处理场。对城区东部轻工业区污水进行二级处理。完成了洹河1000多米的堤岸护砌工程，增强了城区排水防汛能力。1990年在市区实行了市政排水设施有偿使用，先后与700多户工商企业签订了收款协议书。

公共交通建设进一步改善。“七五”期间，新开和延伸市区线路2条，车辆由1985年的75台增至104台，营运里程由331万公里／年，增至495万公里／年，日班次由77个增至106个，年客运量由1339万人次增至1683万人次。由于实行了“百元营运收入工资含量包干”的改革措施，1990年全员劳动生产率达到7454.38元，人均行驶里程达到7344公里。先后被河南省建设厅授予“公交系统先进企业”、“思想政治工作优秀企业”、“文明建设城市公交工作先进城市”和建设部授予的“设备管理先进单位”的称号。

城市燃气事业有了开拓性进展。1985年，安阳市建成了储气能力为2000吨／5个的石油液化气工程。1986年10月1日，中原油田至安阳的105公里的天然气主干管道建成。“七五”期间，安阳市采取个人与单位共同集资的方式，铺设了长达327公里市区中低压管线，年输气能力1.5亿立方米，目前日供气40万立方米。在保证重点工业企业用气的同时，民用天然气工程也已建成，1990年，民用气总量为703万立方米，用气户数3万户，用气人口总计14万人。石油液化气也得到发展，“七五”期间建成了一座储存能力达200吨的液化气储配站，购置了液化气专用槽车6部，总运输能力39.5吨。1990年供应用户达12000户。城市气化率已达30%。

濮阳市

市　长：周　沛

副市长：马振都（常务）　冯义申（财贸、金融）

姜新莲（女　工交）　王绍基（体改、劳动）

孔德钦（农业、民政）　李秀生（科教文卫）

周沛市长，1935年9月生，陕西省凤翔县人。高级工程师。1956年毕业于西安石油学校，同年9月到青海石油管理局工作，历任技术员、秘书、政治处主任、副局长、局长。1986年调任中原石油勘探局党委副书记、中共濮阳市委副书记，1987年12月任濮阳市市长。

经济发展蒸蒸日上　城市建设日新月异

——濮阳市“七五”成就回顾

□ 任宗声　张理建　井文甲　王　芳

“七五”时期，是濮阳市经济和社会发展起步阶段。5年来，全市人民在各级党委、政府的领导下，坚定不移地贯彻执行党的基本路线，发扬“团结、求实、勤奋、创业”的濮阳精神，艰苦奋斗，开拓前进，促进了全市国民经济和各项社会事业持续、稳定、协调地发展。到1990年底，全市社会总产值已达到81.88亿元，按可比口径计算（下同），比1985年增长74.5%，年均增长11.8%；国民收入达到33.3亿元，比1985年增长48.5%，年均增长8.2%；工农业总产值达到31.67亿元，比1985年增长87.9%；社会商品零售总额达到11.4亿元，比1985年增长92.9%，外贸出口商品收购总额达到8241万元，比1985年增长2.05倍；财政收入达到2.17亿元，比1985年增长2.1倍；农民人均纯收入达到542元，比1985年增长1.28倍。“七五”期间，全市科研机构由2个发展到17个，科技人员由1万多人增加到3万多人，有234项科技成果获科技进步奖。1990年底，全市各级各类学校发展到4111所。全市普及了初等教育。全市拥有各类文化娱乐场所201个，艺术表演团体22个。其它各项事业也都有了较大的发展。回顾全市“七五”期间的工作，成绩比较突出的有以下几个方面：

（一）强化农业基础地位，农村经济全面发展。

“七五”期间，濮阳市各级各部门高度重视农业的发展，强化农业基础地位，坚持“治水兴农”、“科技兴农”的方针，不断增加投入，全市累计用于农田水利建设的投入达2.6亿元，先后扩宽、开挖了3条濮（阳）清（丰）南（乐）引黄抗旱补源工程，进行了引黄灌区配套和井站建设，开展了黄河滩区和背河洼地综合治理。全市有效灌溉面积达20.76万公顷，比1985年增长2.93万公顷；旱涝保收田达到15.7万公顷，比1985年增长1.79万公顷。生产条件的改善，促进了农业发展，粮、棉、油产量提前一年完成“七五”计划。1990年全市粮食总产量达到13.5亿公斤，比1985年增产3.99亿公斤；棉花总产3368万公斤，比1985年增长71.05%；油料总产达到4695万公斤，比1985年增长1.29倍。全市达到了国家平原绿化标准，林木覆盖率为14%，比“七五”前提高了6个百分点。乡镇企业有了较大发展，全市乡镇企业以年均35.9%的速度递增，1990年实现产值13.49亿元，比1985年增长3.63倍。“七五”期间，全市还狠抓了扶贫开发工作，取得显著成绩。1985年以前，濮阳市的黄河滩区和背河洼地，有3县21个乡镇共60多万人温饱问题没有解决。“七五”期间，市委、市政府把综合治理背河洼地和黄河滩区经济开发作为一项战略任务，成立了市、县、乡各级指挥部，专门负责贫困地区的经济开发工作。同时，针对沿黄贫困地区制订了10条优惠政策。市直30个局委和市、县、乡的870名干部分赴沿黄贫困地区，对口包乡包村扶贫，集中人力、物力，动员和组织沿黄人民引黄排涝，改碱种稻，使近3.3万公顷低产田成为旱涝保收田，种稻面积由1986年的不足0.2万公顷，发展到1990年的1.33万公顷，稻麦产量较治理前的1986年增长了4倍多。5年累计增产粮食1.1亿公斤，人民生活水平明显提高，到1990年底全市沿黄贫困地区粮食总产量达到2.525亿公斤，人均年产粮由100公斤增长到350公斤；农民人均纯收入369元；有12.05万户、56万人的温饱问题得到解决，占全市贫困户总数的94.8%，全市已实现了国务院提出的“七五”期间贫困地区基本解决温饱问题的战略目标。

（二）工业生产稳定增长，逐步扭转了基础薄弱的状况。

5年来，通过深化企业改革，对老企业挖潜改造，调整产品结构，新建了一批企业，狠抓产品质量和效益，全市工业生产稳定增长。1990年全市工业总产值达到21.5亿元，比1985年增长1.1倍，年均增长16.3%。其中，市地方工业产值达11.31亿元，比1985年增长1.89倍，年均增长23.7%。能源、化工、轻纺、食品工业等发展较快，主要产品生产能力有所提高。以石油、化工为龙头，冶金、轻纺、建材、食品、药品等为支柱的工业体系正在逐步形成。交通运输，邮电事业都获得飞跃性发展。5年来，全市公路里程由1986年的865公里增至1032公里，窄轨铁路已改造成准轨铁路，并和全国铁路联网，形成了四通八达的交通运输网络。1990年全市拥有各类机动车辆35052辆，比1985年增长3.27倍；完成客运量1534万人次，客运周转量86107万人公里，分别比1985年增长7.5倍和5.86倍；货运量774万吨，货运周转量64769吨公里，比1985年增长3.04倍和3.58倍。邮电通讯事业发展迅速，5年间，全市邮路由12条增加到36条，长话电路达到136路，总长度为1444公里，市内电话交换机容量为5000门，市内电话已超万部，电报电路增至17路，均比“六五”期末有成倍的增长。

（三）加强支援油田建设、支援重点项目建设工作，重点建设项目进展顺利。

国家重点项目——中原油田勘探开发取得新成就。中原油田是全国四大油田之一，它的油域达河南、山东两省6地市12个县，面积5300平方公里，石油和天然气储量丰富。已建成文中、濮城、文明寨、文南、胡状集等10个油田，形成了一支工种比较齐全、专业队伍比较配套的能够独立作业的石油大军。“七五”期间，中原油田勘探开发有了较大进展，5年间新增石油、天然气地质储量已分别占探明总储量的1／4。已建成生产井3905口，“七五”期间，中原油田累计生产原油3360.8万吨，天然气57.12亿立方米。1990年中原油田产值达到10.18亿元，原油产量达630万吨，天然气13.5亿立方米，居全国第4位。

河南省重点项目之一——中原化肥厂已完成全部投资，并开始运行试生产。中原化肥厂占地33.5公顷，采用具有80年代先进水平的新工艺，主要设备由德国和意大利进口，年生产能力为30万吨合成氨、配套52万吨尿素。“七五”期间，完成了土建安装、试车投产和生产装置性能考核，各项指标均达到了设计能力。

（四）城市建设初具规模，功能逐步完善。

濮阳市是新建城市，“七五”期间，濮阳市在城市建设上坚持“统一规划、统一设计、分片开发、配套建设”的方针，采取公建、民建、集资联建等方法，先后投资9.4亿元。其中，民用建筑投资7.73亿元，市政公用设施投资1.67亿元。建成房屋1503幢、280万平方米。在总投资中，新市区城建投资4.8亿元，其中民用建筑投资4.07亿元，市政公用设施投资0.73亿元，建成房屋644幢、146万平方米。共修建城市道路57.9公里，埋设污雨水管道和供水、供热、供气管线456.8公里，绿化城市道路21.3公里。

（五）协调统一的领导班子，保证了地方和油田的共同发展。

中原油田开发建设的腹心地带位于濮阳市。为了进一步适应中原油田和濮阳市共同发展和建设的需要，中共河南省委和石油部于1986年3月，对濮阳市的领导体制进行了调整，市委、市政府主要领导由油田主要领导兼任。这一体制的实行，充分发挥了地方和油田的优势，密切了工农关系，形成了工帮农、农促工、油田与地方共同发展的良好局面。“七五”期间，地方向油田提供建设用地0.72万公顷，供电44.8亿度，帮助拆借、融通资金1.6亿元，清理拖欠款3300万元，挖潜搞活资金810万元，承兑汇票金额3601万元；在油区设粮店93个，储蓄所175个，邮电所82个，商业、物资、供销等部门供应物资价值达8亿元，有力地支援了油田建设。油田各单位也对地方经济发展给予了大力支援，“七五”期间，帮助地方修路、架桥、发展电力，兴修水利及建立邮电设施等，共投资3299万元。市和油田领导的统一协调，进一步促进了油田与地方的经济技术横向联合。“七五”期间，地方与油田合办厂家达到358个。地方有关厂矿、企业与油田对口单位签订产、供、销等项合同，既服务了油田建设，又增加了经济收入。中原油田的顺利开发建设，对整个油区和附近地区的发展起到了推动和辐射作用。“七五”期间，在油区出现了一大批为油田生产、生活服务的专业村、专业户和经济联合体，促进了油区乡镇企业的发展，增加了农民的收入，对濮阳市的经济振兴起到了重要作用。

许 昌 市

市　长：王日新
副市长：王延明　李敏　白喜臣　雷全兴　巩瑞清　李新贵

王日新市长，1942年12月生，中共党员，河南省内黄县人。1965年毕业于河南农学院。毕业后留校工作。1980年9月调安阳地区工作，历任农机局办公室主任，台前县委书记、濮阳市委常委、副市长等职。1988年6月调任许昌市委副书记，市长。1990年5月，再次当选为市长。在校任教期间，曾组织编写《汽车拖拉机学》一书。

“七五”结硕果　“八五”展鸿图

□　任保山

“七五”时期成绩显著

“七五”时期，是许昌市经济社会迅猛发展的时期。全市人民在党中央的正确领导下，高举团结、奋进的旗帜，坚持改革，克服困难，全面完成了第七个五年计划。1990年，全市国民生产总值达到44.92亿元（绝对值按现价，增长速度按可比口径，下同），“七五”期间平均每年增长8.5%；国民收入达到38.36亿元，平均每年增长8.5%；工农业总产值达到72.3亿元，平均每年增长15.2%；财政收入达到2.56亿元，平均每年增长9.7%，提前3年实现了国民生产总值翻一番的第一步战略目标。

（一）农业基础日益加强，农村经济稳步发展。

“七五”期间，针对农村实行家庭联产承包责任制后，农业生产出现的新问题，市政府始终把农田水利基本建设和农村服务组织建设放在重要位置，努力提高农业抗御自然灾害的能力。5年间，全市共新打机井17395眼，配套机井12062眼。目前全市机井保有量达到45546眼，有效灌溉面积达到16.35万公顷，占全市耕地面积的63.8%；旱涝保收田面积12.89万公顷，占耕地面积的50.3%。农村乡、村两级各类服务组织达到1263个，平均每个乡18.9个。一部分乡村基本实现了统一机耕、统一机播、统一植保、统一灌溉、统一作物布局，为农民提供了较好的产前、产中服务。农村基础设施的加强，极大地促进了农村生产力的发展。农村五业兴旺，粮食生产连年丰收，烟、棉、油料等经济作物大幅度增长，肉、蛋、奶、蔬菜连年增产。“七五”期间，全市粮食平均年产量132.54万吨，比“六五”期间增长15.6%；棉花平均年产量2.27万吨，增长67.4%；肉类平均年产量4.36万吨，增长1.44倍；禽蛋平均年产量1.77万吨，增长1.93倍。1990年，全市农业产值达到24.71亿元，农村社会总产值达到56.4亿元，其中非农产业产值31.7亿元，所占比重由1985年的38.7%上升到56.2%；乡镇企业产值达到32.8亿元，比1985年增长2.8倍。

（二）基本建设步伐加快，工业生产持续增长。

“七五”期间，全市集中财力、物力，重点加强基础产业的建设，积极推进骨干行业的技术改造，不断增强工业发展的后劲，使工业生产保持了稳定增长。5年间，全市全民和集体单位累计完成固定资产投资9.85亿元，比“六五”期间增长了1.5倍，新建了豫中棉纺厂、禹州新峰电厂、鄢陵造纸厂等一批大型工业项目，完成了许昌卷烟厂、许昌继电器厂、许昌柠檬酸厂、许昌鞋厂等一批重大技改项目，新增发电装机容量8.9万千瓦、棉纺纱锭5万锭、机制纸1.67万吨／年、柠檬酸500吨／年。1990年，全市完成工业产值47.59亿元，“七五”期间平均每年增长21.8%；其中乡及乡以上工业产值完成29.1亿元，平均每年增长14.3%，村及村以下工业产值 18.49 亿元，平均每年增长 43.9%。全市产业结构、产品结构明显改善，产品质量显著提高。5 年间，全市有 6 种产品荣获国家优质产品奖、121 种产品荣获部、省优质产品奖。

（三）城乡市场繁荣稳定，对外贸易日益扩大。

生产的发展，为城乡市场提供了丰裕充足的商品。广大城乡市场呈现一派欣欣向荣的繁荣景象，商业大厦鳞次栉比，个体商贩云集城乡，肉蛋菜生活必需品供应充足，日用消费品品种繁多，耐用消费品琳琅满目。“七五”期间，全市新建大型商场 8 座，全市社会商品零售总额达到 17.56 亿元，“七五”期间平均每年增长 12.2%。商业的繁荣，使市场物价趋于平稳，1990 年，全市社会商品零售物价总指数比上年下降 0.2 个百分点。在内贸发展的同时，对外贸易也日益扩大，出口供货总额已达 14366 万元，“七五”期间平均每年增长 23%。出口商品结构有很大改善，农副产品比重逐年缩小，工业制成品比重逐年提高；一般加工产品逐年减少，深加工、精加工产品逐年增加。目前许昌对外出口已扩展到 50 多个国家和地区。

（四）科技工作硕果累累，社会事业蓬勃发展。

“七五”期间，市委、市政府把“科技兴市”作为发展经济的一项重要战略措施，狠抓新产品的开发，密切科技与生产的结合，加快科研成果的转化，不断提高科技进步因素在经济发展中的作用，有力地促进了科技事业的发展。5 年间，全市共完成各项科研成果 376 项，其中，获国家发明奖 1 项，国家科技进步奖 2 项，省科技进步奖 85 项，省“星火奖”6 项。在科技事业发展的同时，文教卫生等各项社会事业也取得了长足发展。目前，全市已普及了初等教育，中等职业教育和成人教育迅速发展，人口文化素质显著提高。据人口普查资料，全市每万人中，大专以上文化程度的人数由 1982 年的 718 人增加到 776 人，文盲半文盲人数由 21.16%下降到 14.59%。5 年间，建成了电视台、广播电台、博物馆、档案馆，开办了《许昌报》，大大丰富了人民群众的文化生活。医疗卫生人员增加，城乡卫生条件进一步得到改善。全市拥有各级各类卫生机构 311 个，平均每个乡镇 4.6 个；每万人中拥有卫生技术人员 24.8 人，拥有病床床位 24.9 张，居全国之首。

（五）市政建设明显加快，城市面貌日新月异。

城市是经济发展的载体，城市功能强弱是影响经济发展的重要因素之一。“七五”时期，是许昌城市建设突飞猛进的时期。5 年间，全市累计完成城市建设投资 7993 万元。1990 年末，市内实有铺装道路 94 公里，比 1985 年增加 22.3 公里，增长 31.1%；实有铺装道路面积 112 万平方米，增加 56 万平方米，增长 84.8%；实有住宅建筑面积 303 万平方米，增加 181 万平方米，增长 1.48 倍；城市园林绿化面积达到 380 公顷，增加 161 公顷，增长 73.5%。城市家用石油液化气供应从无到有，年供应量已达 1210 吨。市热电厂的建成，使城市集中供热成为现实，一部分工厂取消了自备锅炉；一部分机关、家庭安装了暖气，有效地改善了环境质量，方便了群众生活。

（六）人民生活水平显著提高，生活条件明显改善。

经济和社会事业的发展，为城乡人民生活的提高提供了物质基础。“七五”期间，城乡人民生活水平不断提高，生活质量不断改善。1990 年，全市城镇职工年人均工资收入 1571 元，比 1985 年增加 636 元，增长 68%；农民人均纯收入 573 元，比 1985 年增加 236 元，增长 70%。扣除物价上涨因素，城乡居民消费水平实际每年增长 3.9%，高于全国 3.1%的增幅。生活富裕程度的提高，使城乡居民储蓄存款大幅度增加。1990 年，全市城乡居民人均储蓄存款 416.5 元，比 1985 年的 107.1 元增长 2.9 倍。同时居住条件明显改善。城镇居民人均住房面积达到 7.3 平方米，比 1985 年增加 2.9 平方米，农民人均住房面积 17.8 平方米，增加 3.8 平方米。城乡居民拥有的高档耐用消费品明显增多。据实际调查，每百户家庭拥有彩色电视机 53 台，洗衣机 79 台，电冰箱 33 台，收录机 58 台。一部分家庭正向小康生活水平过渡。

“八五”时期再展鸿图

“八五”时期，许昌经济进入一个重要的发展时期，力争提前 5 年实现第二步战略目标——国民生产总值比 1980 年翻两番。计划到 1995 年，全市国民生产总值达到 62.2 亿元（按 1990 年不变价，下同），平均每年增长 7%；国民收入达到 51.8 亿元，平均每年增长 6.5%；社会总产值达到 127 亿元，平均每年增长 8%；工业总产值达到 75.8 亿元，平均每年增长 9%；农业总产值达到 27.4 亿元，平均每年增长 3.5%。

为实现上述目标，“八五”时期经济发展的基本思路是：以农为本，城乡一体；科技先导，资源加工；黄（烟）白（棉）黑（煤）三龙腾飞，农工贸综合发展。逐步把许昌建成豫中综合发展的区域性经济文化中心。

经过“八五”期间的努力，许昌经济结构将更加合理，各项社会事业将更加发达，综合经济实力将显著增强，人民生活将开始进入小康水平，经济和社会将进入良性循环。一个美丽、富饶的新许昌正等待我们去建设。

漯河市

市　长：王有杰

副市长：程三昌（常务）　鲁文忠（工交、城建）　张承厚（财贸）　刘法民（农业）　刘兴民（政法、科技、文卫）

王有杰市长，1941年6月生，河南省获嘉县人，1966年毕业于哈尔滨军事工程学院。历任航空航天工业部014中心技术员、干事、副科长、研究室党支部书记、宣传部长等职。1983年5月任洛阳市委常委、宣传部长、政法委书记、市委副书记，1990年6月任漯河市委副书记、代理市长、市长。

改革的五年　巨变的五年

□ 岳新栓　王英战

1986年元月，原漯河市由县级市升格为地级市，揭开了漯河市历史崭新的一页。5年来，全市人民在市委、市政府的领导下，扎扎实实搞建设，较好地完成了“七五”计划，经济和社会各项事业都有长足的进步。1990年全市社会总产值达到47.76亿元，比1985年增长88.6%，年均递增13.5%（产值用当年价，增长速度可比价，下同）；国民生产总值完成22.39亿元，比1985年增长41.7%，年均递增7.2%，人均国民生产总值达到1037元；国民收入完成19.41亿元，完成“七五”计划的121.4%，比1985年增长49.4%，年均递增8.4%；工农业总产值翻了一番，达到41.17亿元，完成“七五”计划的130%，比1985年增长100.2%，年均递增16.6%。

以经济建设为中心，千方百计发展经济

5年来，螺河市一是结合本市实际，理清工作思路，制订发展规划。二是狠抓投人，加强基础建设，增强发展后劲。工业上，坚持以上品种、上效益、上水平为重点，挖掘内部潜力，狠抓技术改造。在省“七五”规划中漯河工业属空白项的情况下，想方设法筹措资金，5年中共申报、批准技改项目101项（其中100万元以上项目53个），总投资2.97亿元，是“六五”期间的8倍。现大部分项目已建成投产，新增产值3.6亿元，利税5000万元。同时，还新建了市棉纺织厂、市热电厂、利福霉素药厂和火电厂。农业上，共投资6861.8万元，狠抓了以农田水利和科技服务体系为重点的基本建设，加强农业基础。三是在任何情况下，都不懈怠抓经济工作。1989年动乱期间，市委、市政府领导全市人民坚持抓经济建设，保证了经济工作的健康发展。使工业发展速度达9.4%，高于全省平均7.2%的水平。四是各部门都树立了基层第一的思想，全心全意地为基层服务。市县干部深入工厂、农村，帮助指导经济工作。

坚持改革开放

5年来，漯河市根据中央和省改革开放的大政方针，结合本市的实际，制订下发了100多份政策性文件，出台了几百条改革措施，促进了生产力的发展。其主要特点如下：一是坚持社会主义方向。在工业改革中。始终把国营、集体企业作为国民经济的骨干力量，并给他们创造扩大再生产的必要条件，增加社会主义经济基础的实力。5年中，年产值千万元以上的企业由1985年的9家发展到28家，其中超过5000万元的企业由空白发展到4家。在农村改革中，坚持把稳定家庭联产承包责任制和壮大集体经济实力作为重点。制订了鼓励创办乡、村集体企业的各项措施。二是探索自己发展的路子。在工业改革上，实行“两放两促”，即放水养鱼、放权企业；提高企业素质，促进企业晋档升级。并

根据本市企业规模较小的特点，在绝大部分企业中全面推行了厂长、书记一肩挑的领导体制；在厂长选配上，不受文凭、年龄、资历限制，坚持不拘一格用能人；对企业放权，只管三个“一”，即一个法人代表，一个承包合同（制订、检查、兑现），一个效益工资，其余全部放权给企业。在农村，推行完善了宅基地有偿使用；并在完善家庭联产承包责任制的基础上，围绕统分结合的双层经营，积极稳妥地在全市1／3的村推行了“两田制”。

在开放工作中，坚持改善软硬环境，推进外引内联，并把1988年定为引进年。5年中共引进资金1.06亿元，引进各类专业技术人员近500人，完成物资协作金额7亿多元，经济技术协作项目800余项。1990年末，全市近1／4的企业和大专院校、科研机构、大型企业挂钩，建立了协作关系，并创建了两家合资企业。

农业基础得到加强，农村经济全面发展

“七五”期间，螺河市始终坚持以农田水利建设为中心，不断增加农业投入，认真落实“科技兴农”措施，使农业基础得到加强，全市旱涝保收田达到9.54万公顷，比1985年增加6.2万公顷；有效灌溉面积达11.45万公顷，比1985年增加3万公顷；农机总动力5年以平均4%的速度递增，1990年末达到58.45万千瓦；1988、1989年螺河市连续被评为河南省农田水利基本建设先进市；黄淮海开发也取得明显成效，被国务院农开办定为样板。5年来，螺河市组织科技人员在全市范围内开展以科技承包为主的大面积农业开发，推行双向集体承包，五级四结合全员风险抵押承包，一人牵头集体承包等。参与科技承包的科技人员500多人，承包面积26.67多万公顷次，共改造中低产田2.78万公顷，开发高产田0.27万公顷；科技开发项目获部、省级奖17项次。1990年全市农村社会总产值达到33.35亿元，完成“七五”计划的146.6%，比1985年增长185.8%，年均递增23.4%，农业总产值达到15.26亿元，完成“七五”计划的107.7%，比1985年增长31.1%，年均递增5.6%。粮食产量稳定增长，从1987年到1989年连续3年创历史最好纪录，3年以平均17.4%的速度增长，大大高于全省7.4%的平均水平。

乡镇企业异军突起。1990年实现总产值19.17亿元，比1985年增长4.82倍，完成“七五”计划的229.6%，年均递增37.3%，其中：乡镇工业产值达到8.39亿元，年均递增40.5%。

工业生产迅速增长，实现了突破性进展

“七五”期间，针对螺河市工业企业少、规模小、无一国家、省重点骨干企业；多数企业系以农副产品为原料的加工工业，受农村形势的影响，市场变化较大；管理水平低，设备陈旧等特点，采取了一系列切实可行的措施，使螺河市工业基础、规模、各项经济指标均取得突破性进展。1990年全市工业总产值达到25.92亿元，完成“七五”计划的145.3%，比1985年增长205.3%，年均递增25%；企业个数由1985年的368家增加到422家；固定资产由2.99亿元增加到6.4亿元，净增3.41亿元。5年共出口创汇9920美元，比“六五”的4917美元增长1.01倍。企业效益大幅度增长。预算内工业企业5年共实现利润2.18亿元，是“六五”的3.67倍；上交财政5231万元；5年上交税金1.05亿元，比“六五”的0.51亿元增长1.06倍；全员劳动生产率由1985年的1.03万元／人增加到1990年的1.99万元／人，增长53.1%，名列全省第一；资金利税率1990年达到22.94%，高于全省平均15.62%的水平。产品质量明显提高。1990年全市优质品率由1986年的6.18%提高到14%；产品质量稳定提高率由1986年的80%提高到92%；“七五”期间，累计开发新产品172种，创省及省以上优质产品106种。企业素质增强，企业管理水平明显提高。到1990年末，全市有国家二级企业10家，省一级企业24家，省二级企业22家，其中预算内企业28家，占50%。

城市功能不断增强，城市面貌明显改观

为适应市带县后新的经济社会发展机制的正常运行，把整个城市划分为四个不同功能区域，走出了一条开辟新区和改造旧城相结合建设城市的路子。通过5年的建设，新建的沙北行政小区已初具规模，改造了铁西商业区，加强了铁东工业区，开辟了夹河里文化区；5年共新建、拓宽了建设路、文化路、黄河路等32条，29.05公里，面积27.5万平方米；修排水管道25条，29.28公里；新建水厂两座，新增日供水能力2.5万吨；新建住宅40万平方米，人均居住面积由1985年的4.75平方米增加到1990年的8.5平方米；扩建了火车站广场，重建了长途公共汽车站，新建了金山路沙河大桥、澧河桥、6个游园和8个商业专业市场；硬化小街小巷528条，新装路灯1331盏，开辟公共汽车线路5条，市区公共汽车2条；新建绿地、街头花园5处，市内绿化覆盖率达到32%；新增电话3469门，使电话机总数达6990门，其中程控直拨电话512门。农村新建乡间柏油路227公里。如今的漯河市环境优美、街市繁华、道路宽阔、高层建筑鳞次栉比，初步形成了具有一定功能、吸引力和辐射力，带有本地特色的新兴的现代化城市。

三门峡市

代市长：张应祥
副市长：张立发（常务） 侯国富（计划、体改）
雷克义（农业） 马恒军（工业、科技）
李景才（城建、文教卫）

张应祥代市长，1937年11月生于山东省荷泽县，1966年加入中国共产党，工程师职称。1960年毕业于郑州电力学校，曾留校任教。1962年调任开封电厂技术员，1974年起任开封供电局副局长、局长，1983年任开封市经委副主任兼重工局局长、党委书记，1984年起先后任开封市副市长、市委副书记。1990年8月调任三门峡市委副书记、代市长。

五年奋战硕果满园

——“七五”经济社会发展综述

□ 李敏贤

三门峡市在“七五”期间，各项事业都取得了长足的发展。到1990年，全市国民生产总值（1990年不变价，下同）达到29.2亿元，按可比价格计算（下同）比1985年增长67.6%，年均递增10.9%，以1980年为基数翻了1.4番，国民收入达到24亿元，增长69.1%，超额19.8%完成了“七五”计划目标，年均递增11.1%；工农业总产值达到49.43亿元，增长97.8%，超额30%完成“七五”计划目标，年均递增14.6%。

工业生产迅速发展，经济效益得到改善

“七五”时期，本市突出发展能源、冶金、轻纺、化工、机械、食品、建材等行业，工业生产得到了迅速发展。1990年全市乡以上工业企业达到760个，比1985年增加265个。全部工业总产值达到38.63亿元，增长1.25倍，年均递增17.6%，超额36.8%完成了“七五”计划。工业结构发生变化，集体工业产值的比重由15.3%提高到26.4%，地方工业产值的比重由66.3%提高到79.1%。主要工业产品产量有了较大幅度的增长，1990年，原煤产量比1985年增长26.3%，纱增长7.5%，布增长22%，铝锭增长71.7%，黄金增长2.04倍。工业企业经济效益有所提高，1990年预算内工业企业实现利税比1985年增长11.1%，年均递增2.1%；全民独立核算企业全员劳动生产率提高24.2%，年均递4.4%。企业素质、产品质量有所提高，预算内工业企业中，已有5个晋升为省二级企业。全市工业企业累计创省以上优质产品58个，其中国优4个，部优29个，优质产品产值率达到11.32%，主要工业产品质量稳定提高率达到87.5%。

农业生产稳步发展，农村经济日益繁荣

“七五”时期，本市逐步增加对农业的投入，坚持不懈地大搞农田水利基本建设，推广农业科学技术，组织农业综合开发，在保证粮食生产稳步增长的前提下，大力发展果林业、烟叶、畜牧业和乡镇企业。到1990年，全市农业总产值达到10.8亿元，比1985年增长28.1%，年均递增5.1%，超过了“七五”年均递增3.8%的计划速度。粮食总产连续4年突破5亿公斤，年均增加3259万公斤。以灵宝为主的优质苹果基地初具规模；峭山优质烟叶基地发展到1.67万公顷，产量达到2464.5万公斤，成为全省的主要优质烟叶产区之一，食用菌基地年生产能力达到50万公斤；百万亩旱作小麦，亩产达到250公斤，居全国旱区领先地位。1990年与1985年相比，果园面积扩大1.3倍，水果总产量增长68.6%；森林覆盖率提高8.6%，大牲畜年末存栏增长 30.7%，肉类总产量增长 68.5%。农村工、运、建、饮业等非农产业产值，在农村社会总产值中的比重，由 1985 年的 38.3%上升到 62.5%。

固定资产投资增加，经济发展后劲增强

“七五”时期，本市坚持新建与改造并重的方针，有重点地上了一批基建、技改项目，投资总额大幅度上升，生产能力显著提高。全民单位固定资产投资累计完成 20.08 亿元，是“六五”投资总额的 2.4 倍，超额 1.02 倍完成了“七五”投资计划。其中，基本建设投资 14.06 亿元，更新改造投资 5.19 亿元，累计新增固定资产 17.15 亿元。5 年间，先后有 319 个基本建设项目和 204 个更新改造项目建成投产或发挥效益。完成了中原黄金冶炼厂、电熔刚玉厂、电解铝分厂、铝箔分厂、市棉纺厂、万门程控电话、市金渠金矿、交口公路桥、卢氏县小水电工程等；扩建改建了会兴棉纺厂、第二印染厂、中州汽轮机厂和一批黄金、煤炭企业。

城市规模不断扩大，城市面貌明显改观

“七五”期间，本市围绕增强和完善城市功能这个总体目标，以规划为龙头，以城市基础设施建设为重点，加强城市管理，开展文明城市建设活动，使城市面貌发生了明显变化。一是及时调整了城市总体规划，加快了以基础设施为重点的城市建设步伐，市区建成区扩大了 45.9%；新区建设初具规模，人口增长了 53.2%；新增住宅面积 84 万平方米，相当原有面积的 1.18 倍；新修城市道路 14.8 公里，增长了 47.8%；新铺路面 19.3 万平方米，增长了 62.1%；新修雨污排放管道 24700 米，增长 46.2%；新铺供水干管 9000 米，供水紧张状况有所缓解。二是城市综合服务功能不断增强，一批商业、服务业、文化教育、交通、通讯设施相继完成，主要有市百货大楼、五交化大楼、友谊宾馆、博物馆、电视台、图书馆、电力微波通讯大楼等，进一步增强了城市的凝聚力和辐射力，促进了城乡经济交往和对外开放。三是以治理“脏、乱、差”为重点，先后制定了一系列管理规章制度，使城市的规划管理、建设管理、设计管理和市容管理水平等都有了一定的提高，城市绿化、美化、净化工作迈出了新的步伐。四是不断加强新建项目的“三同时”管理，积极治理老污染源，开展南涧河污染治理，完成了市砖瓦厂废渣治理等环保工程，建成涧南排污管道，环境质量有所提高。

城乡市场持续繁荣，对外经济更加活跃

“七五”时期，本市城乡市场购销两旺，零售商品物价上涨过猛的势头得到有效控制。1990 年全市社会商品零售总额达到 12.42 亿元，比 1985 年增长 1.26 倍，年均递增 17.7%，超额完成了“七五”13.1%的计划目标。其中，消费品零售额 10.57 亿元，增长 1.22 倍，年均递增 17.3%。一是国合商业的主导地位和主渠道作用不断加强。1990 年全市全民所有制单位商品零售额达到 5.24 亿元，比 1985 年增长 1.39 倍，年均递增 19%，占社会商品零售总额的 42.2%。国合商业国内纯购进完成 8.09 亿元，增长 1.87 倍，年均递增 23.5%；纯销售完成 10.16 亿元，增长 1.24 倍，年均递增 17.5%。二是对外经济更加活跃，1990 年出口创汇 1855 万美元，比 1985 年增长 1.23 倍，年均递增 22.2%；出口产品由 55 个品种增加到 99 个品种。利用国外贷款项目 17 个，总金额 8525 万元，开辟的“黄河游”和一批旅游景点，促进了旅游业的发展。1990 年接待外宾人数比 1985 年增长 6.4 倍。三是经济技术协作不断发展，联络窗口、协作体系初步形成。先后与世界 15 个国家和地区，国内 25 个省市 5000 多个单位建立了友好往来和合作，达成经济技术协作项目 540 个，协进资金 1.32 亿元，协进协出物资总额 4 亿多元。

各项社会事业不断发展，人民生活显著提高

“七五”时期，本市始终把教育事业放在战略地位，教育事业全面发展。1990 年完成了普及初等教育任务，适龄儿童入学率达到 98.2%，比 1985 年提高 1 个百分点，在校学生巩固率达到 98.6%，提高 3 个百分点；初中在校学生巩固率 95.9%，提高 5.9 个百分点。农业职业学校达到 10 所，成人教育学校达到 116 所，完成扫盲教育任务。投入教育的资金 14337 万元，比“六五”时期增长 1.01 倍。办学条件明显改观，学校危房基本消除，累计建成“六配套”学校 1307 所，占总数的 84.6%。本市围绕经济建设这个中心，大力组织科技攻关，实施星火计划、火炬计划和科技扶贫。到 1990 年底，全市发展民办科研机构 33 个，各类技术贸易机构 28 个，累计技术合同成交额达到 1300 万元，实施各类科技计划项目 107 个，先后有 101 项科技成果通过了市级以上鉴定。卫生事业持续发展。新建了市卫生职业中专、市预防保健中心，开工建设了市中心医院。卫生技术人员比 1985 年增长 15.4%，病床床位增长 11.5%。竞技体育运动水平不断提高，群众性体育活动广泛开展。先后获得省级以上体育比赛奖牌 315 枚，其中金牌 65 枚。本市被确定为全国 10 个乒乓球重点城市之一，灵宝县被命名为全国体育先进县。

人民的生活水平有了提高。1990 年职工工资总额比 1985 年增长 1.43 倍，年均递增 19.4%；职工平均工资达 2149 元，增长 89.8%，年均递增 13.7%；农民人均纯收入达 537.2 元，增长 63.1%，年均递增 10.3%；城乡居民年末储蓄余额达 11.43 亿元，增长 4.66 倍，年均递增 41.4%；年末市区城市居民人均住房面积达到 9.1 平方米，农民人均住房面积 15.8 平立米。

义 马 市

市　长：王菊梅（女）

副市长：王成竹（常务）　刘会昌（公安、科教文卫）　王守廉（计划、城建、工交、金融）　焦建曾（农业、乡镇企业）

王菊梅市长，女，1949年1月生于河南省长葛县，大专毕业，1969年9月加入中国共产党，1970年4月参加工作。先后在长葛县国营毛纺厂、长葛县委工青妇办公室和县妇联会工作，任县妇联会副主任；1973年7月任许昌地区妇联会常委、办公室副主任；1981年7月调省妇联会工作，先后任妇联会党组成员、常委、办公室主任、少年儿童部部长等职；1987年10月任中共渑池县委副书记；1989年8月任中共义马市委副书记、义马市市长。

义马市经济建设在治理整顿中稳步前进

□　义马市市长　王菊梅

"七五"期间，我们坚持一个中心两个基本点，坚持治理、整顿和深化改革的方针，艰苦奋斗，努力拼搏，圆满地完成和超额完成了"七五"的各项社会经济指标，为90年代义马的经济和社会发展奠定了坚实的基础。

抓发展，重管理，改变工业结构单一状况

义马建市时间较短，工业基础薄弱，在"七五"前期，市属企业寥寥无几，纯属单一的煤炭城市。为改变这一状况，"七五"期间，市委和市政府坚定不移地把发展工业作为振兴义马经济的重要一环，投入了大量的人力、物力、财力。就在我市工业建设的序幕刚刚拉开，经济建设方兴未艾之时，党中央提出了"治理经济环境，整顿经济秩序，进一步深化改革"的方针。面对紧缩银根，控制和压缩基本建设投资规模的新情况，我们正确地分析了全市工业现状，较好地处理了治理整顿同发展建设的关系，经济"过热"同起步滞后的关系，更加坚定了发展义马工业的决心和信心。为了解决资金短缺、原料紧张的矛盾，市委、市政府顶着困难和压力，多渠道筹措建设资金，仅1988年一次就筹措资金1600万元，在新规划的两个工业区内进行开发建设。几年来，我们以机械制造和化工工业为龙头，以义马矿务局企业为依托，以横向联合为纽带，先后建起了油泵油咀厂、矿山设备厂、造纸厂、活性炭厂、磷肥厂、硌磺厂等10余个全民企业。截至目前，全市企业已发展到73个，其中全民企业13个，集体企业56个，比"六五"分别增长1.8倍和2倍。

5年来，在新建企业多、技术力量弱、资金缺口大、市场疲软的情况下，我们紧紧围绕搞活企业这一中心环节，重视和加强技术引进和挖潜改造，使不少企业焕发了青春。市面粉厂在产品的更新换代中彻底解决了困扰义马多年的面粉黑、粗、碜问题，面粉质量全部达到国标。肉联厂在引进人才、技术、资金和设备后，向专业化生产、系列化加工的优质化服务迈进，一举完成了生猪宰杀、熟肉加工和自动切割等成龙配套的自动化流水作业线，填补了豫西同类行业的空白。由于我们狠抓了治、整、改，工业建设保持了一定的发展速度，产值、税利大幅度上升。"七五"期间，全市工业总产值累计达150290万元，比"六五"的89089万元增长68.7%。其中，市属工业总产值累计达41118万元，比"六五"的6281万元增长5.5倍。

强化农业基础，全面发展农村经济

为了发展农业，我们适时地调整农村经济结构，以种植业为基础，大力发展养殖业和乡镇企业，逐步走出了一条种养加相结合，农工商一体化，产供销一条龙的新路子。5年来，我们以科技兴农为核心，以粮、菜、油、肉为中心，以加强农田水利基本建设、改造中低产田为重点，先后投入劳动积累工76万个，完成小流域

治理 31.5 平方公里，坡耕地改造 333、33 公顷，造林整地 1446.67 公顷，义务植树 86 万株。为了实现高产稳产，市财政投资 600 余万元用于发展农、林、牧业和兴修水利，有效灌溉面积达 665.33 公顷，使全市 1/3 以上的土地得到灌溉。与此同时，养殖业发展较快，基本上实现了肉食自给。1987 年以来，新建了两个饲养水平较高的千头养猪厂和万只养鸡厂。并将梁沟、石门、庙元、河口等具备饲养条件的山村定为养殖专业村，重点发展牛、羊、猪、鸡。1990 年全市农村实现了户均 1 头牛、2 头猪、3 只羊、10 只鸡的目标。大部分村组达到了山、水、田、林、路综合治理，农、林、牧、副、渔全面发展的要求。全市粮食产量达 1020 万公斤，增长 14.9%。其中夏粮达 663 万公斤，增长 27%，单产达 223 公斤，提高 20.6%。全年总产、夏粮总产和单产均创历史最好水平。在农村经济中，我们还把乡镇企业作为龙头，狠抓不放，积极发展。根据义马新建城市建设任务大，矿藏资源丰富，交通条件便利的优势，我们着重发展了采矿业、运输业、建筑建材业、机械加工制造业、轻化工业和服务行业等。重点抓了“三村、十厂、五集团”等一批产值利税超亿元的集体骨干企业，至 1990 年底全市乡镇企业已发展到 1918 个，从业人数达 13580 人，占农业总人口的 38.8%。乡镇企业总产值达 20067 万元，占计划的 120.9%，比上年增长 41.2%，比“六五”末期的 2876 万元翻了 2.7 番，平均每年递增 47.5%；乡镇工业总产值达 8328 万元，比“六五”增长 4.7 倍；人均工业产值达 2379 元，比“六五”增长 6.72 倍，连年被评为省、地(市) 先进单位。

提高服务效能，加强工农联盟

义马是因煤而建、因煤而兴的城市，“为发展生产服务，为基层和企业服务”是城市政府的基本职能之一。这些年来，市政府同矿务局经常密切联系，彼此之间相互沟通，相互支持，使政企关系和工农关系逐步理顺。尤其是 1989 年初省委、省政府对义马进行体制改革，即实行市矿一体的领导格局后，政企关系和工农关系出现了崭新的局面。这种体制上的变化，有力地促进了煤炭经济和城市建设的发展。

第一、确立大工业发展意识，努力提高城市服务功能。义马矿务局是一座特大型企业，它的发展壮大，对全市的经济发展有着举足轻重的作用；反之，城市服务水平的高低，对煤炭职工的精神状态和对煤炭生产的经济效益也会产生直接的影响。过去，义马市服务矿工的基础设施较差，商品单调，物资匮乏，满足不了矿工和市民的需要，致使 85%的资金流入外地。为了支持煤炭工业的发展，在城市建设方面，我们既注意投资的硬环境，也注意投资的软环境，在矿工集中的区域内，努力增加服务设施，采取财政投资、单位筹资和个人集资的形式，分别在常村矿、千秋矿、北露天矿建起了风格独特的集贸市场，总建筑面积达 1.3 万平方米，既服务了煤炭生产，方便了矿工的购物需求。在城市的综合服务功能方面，粮食、商业、工商、税务、公安等部门在各个矿点都设立了相应的管理机构。对于不在义马市辖区内，而分布于其它四县两地（市）境内的五六个矿点，在税收归当地，义马财政无所受益的情况下，我们仍从大局出发，坚持搞好服务，设立了各种生活服务设施。市财政每年还拿出 250 万元用作粮油差价补贴和肉食蔬菜的补贴，这对于全矿务局煤炭产量突破千万吨，跨入特大型企业行列起到了积极的作用。为了服务煤炭生产，市委、市政府及市直有关部门，定期和不定期的召集或直接到各生产矿征询对政府工作的意见。对矿工的建议和意见，我们认真组织整改，并将整改结果及时反馈各矿，深得煤矿职工的好评。

第二、认真处理工农关系，确保煤矿正常生产。煤矿在开采过程中，有时会因炮震、滑坡等因素形成地面塌陷或房屋裂缝，严重者还会危及群众的生命财产安全。由此而引发群众挡车、断路、冲击正常生产的现象时有发生。市政府对此非常重视，设立了工农联盟办公室，专门处理工农纠纷问题。我们处理工农纠纷的原则是：加强工农团结，增进市矿合作。凡直接影响和危及煤矿正常生产和安全生产的，不管什么原因，首先排除阻碍生产的因素，使其尽快恢复生产。其次是市、矿共同调查事件起因，按政策规定和实际情况，研究解决问题的意见和办法。特别是对于重大的工农纠纷，政府领导亲自出头，亲临现场办公，直接同农民见面，宣传党和国家的有关政策和法令、法规，教育村民以大局为重，摆正国家、集体、个人三者之间的利益关系，防止少数人漫天要价，无理取闹，借机向国家和企业敲竹杠。同时，使群众知道，即使煤矿停产很短时间，也会给国家和企业造成不应有的经济损失，严重者还要追究有关人员的经济责任和法律责任，从而增强群众的法纪观念。我们在考虑国家利益的同时，也充分考虑农民的切身利益和正当要求，只要政策有规定，条件又许可，就同厂矿共同协商帮助解决。如 1989 年我们对义马村 300 多户农房裂缝塌陷情况调查后，向矿方提出了补偿搬迁的建议方案，很快被矿务局采纳，使问题圆满解决。为保证煤炭生产不受影响和干扰，我们注重加强群众的思想政治工作，教育群众爱矿、护矿，凡涉及工农关系方面的事情，都要通过市、乡两级政府解决，不得私自干预煤矿正常生产，并将此作为村级精神文明建设的重要内容进行考核。由于我们对容易引发工农矛盾的突发事件做到了未雨绸缪，防微杜渐，从而使工农纠纷降到了最低限度，这对义马矿务局煤炭生产多年来一直居于全国同行业领先地位起到了坚强的后盾作用。

汝 州 市

市 长：方晓宇

副市长：史庚申（常务） 张新（工交） 冯夫（文教卫） 苗德宇（政法、外事） 裴书才（农业） 杨光献（财贸、金融） 申孟周（科技、轻工） 崔留化（乡镇企业）

方晓宇市长，1952年7月生，河北蠡县人。1979年4月加入中国共产党，大学文化程度，助理工程师。曾任共青团河南省委委员、团省委常委、团省委副书记，省委整党工作办公室调查组副组长、省委核查办公室副主任。1990年3月以后历任中共汝州市委常委、副书记、代市长；1991年5月任汝州市市长。

古城汝州展新姿

□ 汝州市人民政府办公室

自然条件优越

汝州市位于河南省西南部，距洛阳、郑州、平顶山、许昌、南阳等城市均在100公里左右。全市东西长45公里，南北宽34.3公里，总面积1602平方公里。辖3个镇11个乡，448个行政村（街）。人口84.4万，其中非农业人口6.9万。汝州历史悠久，为仰韶、龙山文化发源地之一。东周为王畿之地，春秋战国到秦汉魏晋几易其名，自隋代设立汝州后，至明代升格为直隶州。1913年改为临汝县。1988年6月撤县建市，为省辖县级计划单列市。

汝州市属豫西浅山丘陵区，北汝河自西向东横贯全境，形成两山夹一川的槽形地势。耕地面积6.5万公顷，农民人均0.084公顷，林地2万公顷，牧坡1.33万公顷，宜林牧荒山1.81万公顷，河滩1.6万公顷，其它用地3.33万公顷。地下水静储量28.52亿立方米，动储量3.77亿立方米／年，地表径流4.49亿立方米。粮食作物主要有小麦、玉米、水稻、谷子、红薯、大豆等；经济作物主要有烟叶、棉花、花生、油菜、瓜菜等。还有经济林、药材等。

境内矿产资源主要有煤、铝、铁、锰、金、石墨、玄武岩、石灰岩和大理石等40多种。原煤储量大，素有“百里煤海”之称，初步勘察为24亿吨，为全国50个重点采煤县（市）之一。铝矾土储量为12亿吨，品位高，易开采的矿点有58个，石英石、陶土储量多，石灰岩储量亦极为丰富。黄金矿体面积为6.5平方公里，品位18克／吨，矿泉水偏硅酸含量高达159毫克／升，可以和著名的法国维希皇家矿泉水媲美。

汝州旅游资源也很丰富。现有国家级文物保护单位1处，省级8处。千年古刹风穴寺、万古神汤温泉、唐法行寺塔、宋汝窑遗址、宋汝帖石刻、明清汝州学宫及大张、煤山、槐树尹、中山寨等文化遗址，都有较高的观赏和研究价值。市博物馆珍藏文物2000多件。其中鹳鱼石斧陶缸等为国内所仅有。

建设成就斐然

解放后，特别是党的十一届三中全会以来，汝州的经济建设和社会事业都有了很大发展，城乡面貌发生了巨大变化。

工矿企业初具规模。汝州市属资源优势型经济，资源开发性企业在全市占有相当重要的位置。我们按照国家产业政策，明确了以能源工业为主，化、轻、建综合发展的方向，积极调整产业、产品结构，狠抓企业改造，大力发展乡镇企业。1990年，全市有乡以上工业企业140多家，初步形成了以煤炭、电力、化工、建材、陶瓷、食品、纺织、造纸、卷烟、酿酒等为主的行业，产品主要有原煤、焦炭、水泥、化肥、卷烟、饮料酒、牙刷、净水剂、钢丝钳、卫生纸等2000多种。其中，汝瓷、钢丝钳、牙刷、卫生纸等 21 个产品获部优、省优称号，行销国内外。1990 年，完成工业总产值 12.15 亿元，比 1980 年增长 5.22 倍，是 1949 年的 450 倍。

农业稳定发展。农村改革的不断完善和深入，推动了农村经济的全面发展。全市有灌溉面积 3.65 万公顷，旱涝保收田 2.56 万公顷。1990 年全市粮食总产 29723.5 吨，比 1980 年增长 35.5%，为 1949 年的 3.8 倍。棉花总产 945 吨，油料 10287 吨，烟叶 584.2 万公斤，肉类 22000 吨，蔬菜 85692 吨，水果 3863 吨。大家畜年末存栏 11.11 万头，生猪 28.53 万头，农业总产值 46783 万元，比 1980 年增长 2.7%，是 1949 年的 10 倍。1983 年以来，汝州先后建立了小麦商品粮生产基地、瘦肉型猪基地、汝河滩丰产林基地.乡镇企业异军突起，已成为汝州农村经济的重要支柱。1990 年企业个数发展到 25920 个，从业人员 14 万人，占农村劳动力的 42%。全年完成产值 13.4 亿元，7 个乡（镇）产值超亿元，34 个村产值超千万元。

交通运输、邮电通讯发展迅速。焦枝铁路过境 54 公里，设有 6 个车站，13 条铁路专用线；公路主要有国道 207、洛（阳）界（首）路、豫 46、豫 47 线，汝（州）南（阳）、汝（州）郑（州）路等。1990 年全市完成货运量 301 万吨，完成客运量 577 万人次。全市公路总里程 272.5 公里，比 1949 年增加 4 倍。全市有机动车辆 5680 辆，总吨位 1.99 万吨。1990 年，全市邮电业务总量达 133.32 万元，市区开通了 3000 门自动电话，三个乡镇开通了农村自动电话。

商业服务业空前活跃。汝州曾为州府治所，历来商贾云集，史誉“商旅之所”，南北货物习惯在此集散。全市现有商业、饮食业网点 7718 个，其中国合 417 个，集体 584 个，个体 6717 个，各级各类市场 2652 个，初步形成了以国合商业大中型商场为骨干，小型门店和个体摊点为补充的商业网络。1990 年，集市贸易成交额 9569 万元，社会商品零售总额 36190 万元，分别比上年增长 39.1%和 3.2%。对外贸易也有很大发展。现有 21 家企业的 30 种产品出口。1990 年完成出口商品收购额 670.36 万元，比 1978 年增长 95 倍。

财政收入不断上升，金融事业健康发展。1990 年，加强税收征管，工商税收完成 3921.4 万元，比 1978 年增长 177.3%。全市财政收入 4271.8 万元，比上年增长 14.6%，比 1978 年增长 139.2%；支出 4458 万元，比上年增长 10.2%，比 1978 年增长 406.6%。金融事业发展较快，已形成了以市人民银行为领导的、多层次的新型金融体系。1990 年底，银行及信用社存款余额达 3.4 亿元，是 1978 年的 5.1 倍。贷款余额 4.8 亿元，是 1978 年的 4.7 倍。1990 年保险费收入 845.5 万元，承保财产总值 13 亿元。

城市建设日新月异。近几年，汝州城市建设和管理工作得到加强，汝州市区 1949 年仅有 4.1 平方公里，1990 年建成区面积为 14.5 平方公里，并建立城管机构 13 个，初步建成了城南、城北、城东 3 个工业区，城西以火车站为依托的仓储区，城中部政治、文化、商业区。开通了丹阳路、洗耳路、广育路、广成路等主要街道，还兴建了丹阳西路铁路立交桥。城市的通过能力有较大增强。市内修建了 5 处游览场所。煤山公园、洗耳河沿河公园的规划设计已经完成，一期工程正在进行。日供水量增加到 1.5 万吨。环境保护有所加强，街道绿化进展较快，净化、美化、香化取得了显著成绩。

教育、科技事业发展迅速。解放初期，汝州仅有学校 85 所，学生 11579 人。1990 年底，已有学校 590 所。其中中等专业学校 7 所，农职业中学 8 所，普通中学 135 所，小学 449 所（回民小学 2 所）。学生总数 11.66 万人，教师 6531 人，全市 94.8%的村办起了幼儿园。适龄儿童入学率达 99.5%，在校生巩固率 99.1%，毕业率 99.3%。1987 年，达到“基本无盲县(市)”标准。全市社会办学、捐资助学工作成效显著，仅 1990 年，就集资 1027 万元，95%的中小学实现了“六配套”。“科技兴汝”广泛开展，科技队伍不断壮大。1980 年至 1990 年，全市有 173 项科技成果获奖，其中国家级、部级奖 3 项，省级 14 项。全市现有各类专业技术人员 10842 人，其中中高级科技人员 1503 人。有科技学会和研究会 16 个。

文化、广播、电视和体育事业方兴未艾。全市现有职业剧团 3 个，歌舞团 1 个，戏曲学校 1 所，影剧院 24 个，放映队 97 个，各类文化站、文化活动中心 30 多个。有电台、电视台各 1 个，电视差转台 4 个，广播站 17 个。办有《汝州晚报》和《风穴文艺》。体育设施比较健全，群体活动蓬勃开展，省武术重点县（市）和全国体育先进县（市）。有体育中学和业余体校各 1 所，武馆 1 个，武术辅导站 63 个，各类体协组织 8 个。1980 年以来，在地市以上比赛中获奖牌 978 枚。

卫生事业健康发展，医疗水平不断提高。1949 年，全市仅有医务人员 290 人，占总人口的 0.7‰。1990 年，乡以上医疗机构 45 个，集体、个体卫生所 403 个，医务人员 1872 人，拥有病床 2055 张。

人民生活明显改善。1990 年，职工年均工资达 1764 元，比上年增长 8.4%，是 1978 年的 3.9 倍。农民人均总收入 596 元，比上年增长 11.9%，是 1978 年的 10.3 倍。

1990 年末，城乡居民储蓄存款余额达到 2.2 亿元，是 1978 年的 34.6 倍。人均储蓄存款余额达到 262 元，比上年增长 26.8%。职工人均住房 11.7 平方米，农民人均住房 16.67 平方米。人们的衣、食、住、用、行条件有很大改善，全市人民基本解决了温饱问题。

济源市

市 长：张殿臣

副市长：史国文（常务） 庄明英（女 农业） 王行忠（城建、财贸） 王克荣（科教、文卫） 崔振洋（工交） 赵建新（计划、工业项目）

张殿臣市长，河南省温县人，1942年8月生，大专文化，医师职称。1961年8月参加工作，在新疆军区陆4师卫生科任卫生员、班长。1968年5月转业，先后任焦作铝厂卫生所医生、办公室主任，焦作市纪委案件检查科副科长。经济管理系学习。1986年5月任中共焦作市纪委委员、常委。1988年9月任济源市委常委、副市长。1989年5月任济源市委副书记、代市长。1990年3月任市长。

加强城市基础建设 促进经济全面发展

□ 济源市市长 张殿臣

“七五”期间，济源市十分重视抓好城市基础建设，使城市的综合服务功能不断增强，促进了经济全面发展，超额完成了“七五”计划。1990年，全市国民生产总值（1980年不变价，下同）64182万元，比1985年增长125.2%；工农业总产值达142051万元，比1985年增长187.9%；工业总产值113540万元，比1985年增长225.7%；乡镇四级工业企业产值85395万元，比1985年增长378.7%；粮食总产量达246781吨，比1985年增长31%；财政收入达4640万元，比1985年增长98.7%，跃入河南省县级财政收入十强之列；农民人均收入达601元，年平均增长2.2%。

1990年，济源市牢固树立以经济建设为中心的思想，各项建设事业都取得了明显的成绩，尤其在城乡建设、农业生产和集资建校等方面更为突出。

狠抓“硬软件”建设 不断改善城市投资环境

针对济源建市时间短，城市基础设施差，承载功能弱的情况，市委、市政府首先把工作重心放在抓城市“硬件”建设上。一是从指导思想上，强调突出重点，抓紧抓好与人民群众生活和经济发展密切相关的较大的市政工程。1990年，新建了长1950米、宽48米，3块板结构式的济水大道，并以此为突破口，规划开辟了南环路、北环路，拉开了新区建设格局。先后开通了济源至郑州航班，和国内长途自动电话。动工兴建了滨河公园，该园充分利用北蟒河自然地形，西至济水路、东至望春桥，占地33公顷，分为新蟒园、清趣园、望春园。新蟒园已建成，并对游人开放。自来水日供水突破万吨大关，达到1.2万吨，第二期扩建工程已接近收尾，完成后供水可达3万吨。市电视台也正式开播，可同时接收中央一、二套节目和自办济源新闻节目。建成了济源公共汽车站。候车大楼总建筑面积3200平方米，日发车327班次。具有一流水平的市体育中心和图书馆，也相继破土动工。体育中心可承担省市举行的重大体育比赛项目。建设了东园、马寨和西城三个功能齐全、设施完善的住宅区，总建筑面积达45700平方米，使城市居民住房紧张状况达到缓解。新辟了建筑面积达14047平方米的大型封闭式集贸市场，方便了城乡物资交流。开发了王屋山、五龙口两个风景区‘一日游’线路。接待国内外游客20多万人次。与此同时，投入大量人力物力，开展宣化东街市容达标活动，使城市市容面貌焕然一新，受到了省文明城市建设检查团的高度赞扬。二是在资金筹措上，强调兼顾国家、集体和个人三者之间的关系，上下共同努力，即财政支一点，集体拿一点，群众集一点，较好解决了城市建设资金不足的困难。“七五”期间，用于市政建设和城市建设两方面的资金总额就达2100万元，1990年达1000万元，是历史上投资最多的一年。三是在实施方法上，强调坚持“人民城市人民建”的原则，组织人民群众开展义务劳动。一切能用义务劳动完成的工程项目，都发动全市人民义务劳动去完成。如修建济水路时，我们组织驻济企业和部队开展义务劳动，修筑路基，开挖排水沟，共出动车辆上千台次，劳动人数达 10 万余人（次），开挖土石 85000 立方米，节约资金 50 余万元。对一些涉及全局性的工程，实行城市规划建设目标责任制，将具体任务落实到单位，限期完成，从而加强了城市建设步伐。

在搞好"硬件"建设的同时，决不放松抓"软件"建设。为加快改革开放进程，1990 年，市委、市政府在北京举行济源市社会经济发展联谊会，制定发布了济源市关于吸引外部资金、技术人才、鼓励外商、台胞投资若干优惠待遇的规定和济源市五龙口、竹园经济开发区优惠政策，在省内外引起较大反响 。同时，市政府分别在北京、深圳、郑州等地设立办事处，加强了与兄弟省市的经济技术交流。还组织公安、司法、工矿企业和街道开展社会治安综合治理，促进了全市社会风气的进一步好转，为经济发展提供了宽松和谐的外部环境。

强化农业基础建设　保持农业生产稳定发展

1990 年，济源市在深化农村第二步改革，发展壮大集体经济的同时，在农业生产方面重点搞好三个突破：一是农田水利基本建设上搞突破。组织动员全市 58 万干部群众，发扬愚公移山精神，掀起以打井修渠，闸沟造田，坡耕地改造和小领域治理为主要内容的农田水利建设热潮。1990 年，全市用于农田水利基本建设的劳动积累工达 482.9 万个，人均 8.3 个，多方投资 1144.17 万元，完成工程项目 1308 个，新增有效灌溉面积 220 公顷，新增旱涝保收田 1573 公顷，干支渠防渗防漏 23.8 万米，斗支渠硬化 61.1 万米，完成小流域治理 105.5 平方公里，坡耕地改造 1333 公顷。在整个施工过程中，不但注意抓规模，而且注重抓工程效益，对大的工程项目，都由市水利部门认真勘察设计，对工程量、投工、投资额、施工时间等作出明确规定，并坚持高标准，严要求，科学施工。对此，人民日报、中央电视台、河南日报均予以宣传报道。二是在农业综合开发深度和广度上搞突破。深度开发以高产开发和旱地农业开发为重点，对全市 3 万公顷小麦和 1.8 万公顷玉米，实行全方位高产开发。1990 年小麦平均每公顷产量比 1989 年增加 75 公斤，其中每公顷产 6000 公斤以上的高产田由去年的 5333 公顷扩大到 7333 公顷。下冶乡三教村在新平整的 14.5 公顷土地上，进行春玉米地膜覆盖，平均每公顷产量达到 9470 公斤，受到省委领导同志的高度评价。三是在科技兴农工程上搞突破。主要解决技术棚架。组织百余名农技人员下乡搞技术承包，印发科普材料 15 万份，培训人员 10 万人次。还聘请北农大 8 名专家为市农业顾问。现已按照北农大农业顾问提出的方案，在全市设立了三个吨粮模式试验和 80 多个类型对比试验，为积累有效数据，利用计算机指导生产奠定基础。

生产条件的改善和科技兴农工程的实施，使农业经济保持了良好的发展势头。1990 年，全市农村社会总产值 136625 万元，比上年增长 21.4%，农业总产值达 28511 万元，比上年增长 3.7%。在主要农产品产量中，夏粮产量达 130,817 吨，连续 4 年获得丰收；棉花生产跃上新台阶，比上年增长 71.8%；油料总产量达 5187.9 吨，创历史最高水平。全年造林面积达 3767 公顷，经济林面积已发展到 7467 公顷，年产鲜果 110 万公斤。

多方集资　努力改善城乡办学条件

济源市委、市政府认真贯彻国发（1980）84 号文件精神，坚持"两条腿走路"的办学方针和"人民教育人民办，办好教育为人民"的指导思想，广泛发动群众，掀起了以市一中迁建为中心的教育集资热潮。1990 年全市教育集资款 2278.7 万元，人均 40 元。新建学校 111 所，新建校舍面积 6.2 万平方米，建成"示范性标准化"学校 76 所，其中全市人民瞩目的市一中迁建，总投资达 1000 万元，占地 7 公顷，建设面积 25000 平方米，可容纳 30 个教学班，1500 名学生，设备齐全，装备精良，被誉为河南省县级中学第一流水平的学校。实现"六配套"学校 461 所，占学校总数的 97%。1990 年被河南省人民政府评为集资办学先进单位。在实际工作中做到"三重视"：一是重视抓领导。市、乡、村都成立了由一把手任组长的集资办学领导小组。促使集资建校工作真正列入到了各级党政工作的议事日程。二是重视抓宣传动员。通过宣传发动，使群众自觉认识到集资办学是为国分忧、惠及子孙后代的大事。三是重视抓集资建校资金的管理。我们规定，社会措集来的资金，由市财政局负责管理，使用时必须经市集资建校领导小组研究批准，方可汇入建设银行，由市建行根据建筑合同规定，分期分批将资金支付给建筑单位；各乡村筹集的建校资金，必须由专人管理，另设帐户，资金使用除由同级集资建校领导小组研究批准外，必须定期向群众公布资金使用情况，接受群众和审计部门的监督。教育集资，推动了教学条件的改善，促进了教学质量的提高，目前，全市小学"四率"标准都达 95%以上。近几年，为各级各类大（中）专院输送学生累计达 5834 人，为全市城乡建设培养骨干力量 29170 人。

禹州市

市　长：连子恒
副市长：赵国强（常务）　姚长玉（农业）　于宗杰（科技　乡镇企业）　赵学仁（工交）　陶瑞英（女　文教卫）　宋留常（城建）

连子恒市长，1951年8月生，河南省禹州市人，大学文化程度。1971年7月参加工作，1971年4月入党。历任禹县组织部干部、褚河乡党委副书记、书记。1987年元月任禹县县人民政府常务副县长。1988年6月任中共禹州市委副书记、禹州市人民政府市长。

中华第一都　今朝花更红

——禹州市“七五”期间的主要建设成就

□　禹州市市长　连子恒

禹州古称“阳翟”，历史上第一个奴隶制王朝“夏”就建都于此。解放后，经过七个五年计划的建设，禹州发生了翻天覆地的变化，刚刚结束的第七个五年计划，把禹州国民经济、城市建设和各项社会事业推上了一个新的高度，是建国以来最好的时期之一。

国民经济迅速发展　经济实力明显增强

“七五”期间，全市人民高举“务实创新，团结奋进”的旗帜，艰苦奋斗，开拓进取，圆满完成了第七个五年计划。1990年，全市社会总产值实现23.4亿元，比“六五”末增长77.4%，平均每年增长12.2%；国民生产总值12.6亿元，比“六五”末增长64.7%，平均每年增长10.5%；国民收入达到11.1亿元，比“六五”末增长55%，平均每年增长9.1%；工农业总产值完成18.7亿元，比“六五”末增长83.4%，平均每年增长12.9%；财政收入6117万元，比“六五”末增长50%，平均每年增长8.4%。

(一) 工业生产发展迅速。1990年，全市工业总产值完成12.59亿元，比“六五”末增长1.6倍，平均每年增长20.6%。“七五”期间，固定资产投资累计完成6.04亿元，比“六五”期间增加2.6亿元，建成了一批重点项目。投资近亿元，建设了平（顶山）禹（州）准轨铁路。这条铁路与祖国大动脉京广、焦枝铁路互相衔接，形成了较强的铁路运输能力；投资7300万元，新建2×2.5万千瓦火力发电厂一座，全市发电装机容量达到6.95万千瓦，比“六五”末增加5.3万千瓦，年发电量3亿度，电力自给有余；投资4700多万元，对工业企业进行技术改造，使煤炭、水泥、轻纺、化工、机械等产品的产量明显提高，原煤年生产能力达到500万吨，水泥年生产能力达40万吨。产业、产品结构趋向合理。初步形成了以能源工业为龙头，以机械、陶瓷、建材为骨架，以矿产、化工、铸造、纺织、塑料、食品、制药、印刷、酿造、造纸为主体，门类比较齐全，结构比较合理，布局比较适当的工业体系。

(二) 农村经济持续稳定增长。1990年全市农业总产值完成6.06亿元，农民人均纯收入543元，“七五”期间平均每年增长0.8%和7.6%。农副产品产量大幅度提高。1990年，全市粮食总产4.17万吨，肉类总产1.86万吨，蛋类总产4212吨，分别比“六五”末增长19%、83%、65%，烟叶总产2500万公斤，其中优质烟达500万公斤，棉花、油料、果品、蔬菜等产品的产量也都有大幅度的提高。植树造林工作有很大发展，是全国平原绿化先进单位，被誉为“平原绿化的一颗明珠”。3年绿化荒山取得了明显成效。农业基础建设进一步加强。“七五”期间，投资550万元，修建了长达12.5公里的白沙新北干渠工程，扩大灌溉面积0.3公顷；投资7500万元，新打机井989眼，配套机井1049眼，累计治理小流域面积274平方公里，全市有效灌溉面积已达3.68万公顷。建成了小麦商品基地。黄淮海农业综合开发、“双高”开发已开始发挥效益。农业机械发展较快，农业主要生产环节基本实现了机械化或半机械化。乡镇企业迅猛发展。1990年，全市乡镇企业总数发展到3.7万个，总产值12.95亿元，比“六五”末增长2.5倍，平均每年增长28.2%，从业人员17.8万人，占农村劳动力的38.3%。

(三) 内外贸易繁荣活跃。1990年，全市拥有商业网点6176个，从业人员1.7万人，农贸市场81个，社会商品零售总额达4.8亿元，比“六五”末增长67%，平均每年增长11%。“七五”期间，投资710万元，建成了禹州工业品大市场，建筑面积1.39万平方米；投资4000万元，建成了占地百亩的禹州中药材市场，全国数百家药商云集于此，加之一年一度的中药材交流大会，已成为全国中药材贸易中心，年成交额达3亿元，全市已初步形成了中药材、陶瓷、档发、钙塑、铸造、服装等十大专业市场。出口贸易也有较大的发展。目前，全市出口创汇企业已发展到126家，出口产品达36种，其中铝矾土、档发已成为全国出口基地。1990年外贸部门和民间自营提供的出口商品供货总值达8700万元，出口创汇总额1507万美元，比“六五”末增长1.5倍，平均每年增长20%。

(四) 人民生活水平显著提高。1990年，城市职工年人均工资收入1531元。比“六五”末增长54.5%，城乡居民储蓄余额3.66亿元，比“六五”末增长3.7倍，5年来安排城镇青年就业7632人，对全民工养老金实行了社会统筹。全市人民从整体上基本解决了温饱问题。

社会各项事业欣欣向荣

国民经济的迅速发展，推动了社会各项事业的进步，科技、教育、文化、卫生、广播、体育等项事业呈现出一派欣欣向荣的景象。

(一) 科技成果丰硕。1990年底，全市拥有科研机构1个，科研团体25个，科研人员5375人，具有中级以上职称529人。“七五”期间，科技工作围绕经济社会发展的需要，努力推进科技进步，5年累计完成研究课题62项，技术攻关28项。星火计划32项，有83项获得成果奖，并取得了良好的经济效益。

(二) 教育事业蓬勃发展。“七五”期间，全市用于教育方面的投资5125万元，比“六五”期间增长60%，新建教学楼105栋，改造危房8.8万平方米，中小学基本消灭了危房。1990年，全市共有各级各类学校772所，在校学生15.5万人，5年累计向高等院校输送新生3600多名。成人教育、职业教育、技术培训也有较大的发展，扫盲任务基本完成。

(三) 文化卫生、广播体育事业有较大发展。禹州市是河南省确定的首批历史文化名城，1990年市豫剧团晋京汇演，受到了李瑞环等中央领导同志的亲切接见。全市共有医疗单位30个，医务人员2378人，计划免疫率达85%以上。“七五”期间，改造了广播电台，建成了3座电视差转台和2座地面卫星接收站，建成了占地4万平方米的综合体育场1个。近年来，在省级以上运动会上共取得项目第一名21个。

城市建设初具规模　综合服务功能明显提高

“七五”期间，特别是1988年建市以来，禹州市加快了城市建设步伐，城市建设日新月异，综合服务功能明显提高，城市面貌焕然一新。

(一) 完成了城市总体规划。根据禹州经济发展现状，结合历史文化名城的特点，1990年市政府重新修订了《禹州市城市总体规划》。规划确定：禹州市城市建设分三区开发，即修缮古城区，提高老城区，开发新城区。古城区内文物名胜颇多，要保持古城风貌，通过进一步修缮，建成禹州市文化、旅游中心；老城区通过进一步完善提高，建成禹州市商业、金融中心；新城区开发要高起点，经济建设和城市服务设施体系建设同步进行，把新城区建成现代化工业区。通过三区开发，把禹州市建设成为开放发达、经济繁荣，既有古都风貌，又有现代化特色的新兴城市。目前三区开发已初见成效，一个现代化新兴城市的雏形已初步形成。

(二) 市政建设取得显著成绩。“七五”期间，全市累计完成市政工程建设投资1500万元，拓宽修建了南北大街，新开辟了滨河路东西主干道，对市区内20余条旧街小巷进行了整修硬化，到1990年底，市区道路总长34.9公里，其中水泥路面13.3公里，沥青路面15.7公里，占道路总长的83%。安装路灯1100盏，排水管道1.5万米，城市公用设施体系日臻完善。

(三) 城市居民住宅发展迅速。“七五”期间，全市用于城市居民住宅投资6925万元，比“六五”期间增长1.6倍，新建庙场、连台等3个小区。到1990年底，城市居民住宅面积已达68.9万平方米，人均住房面积8.6平方米，城市居民居住条件明显改善。

(四) 城市公用事业有了进一步发展。1990年，全市邮电局(所)23个，邮电业务总量162.23万元，投资1500万元的5000门数字程控交换机市话改建工程正在施工。城市液化汽供应从无到有，新建了2个液化汽供应公司，储气能力150吨，年供气量1200吨，有1.3万户居民用上了石油液化汽。城市园林绿化建设取得了明显成绩，城区园林绿地面积7公顷，其中公共绿地2公顷绿化覆盖率达24%。

卫辉市

市　长：仝振江
副市长：王俊富（常务）　孔德盈（财贸）　付照聪（工交）　高健（文教卫）　聂聚（农业）

仝振江市长，生于1948年6月，河南省卫辉市人，中共党员，大学毕业。1964年5月参加工作，曾在新乡市七五五厂任技术员、助理工程师、团委书记。1980年9月至1985年2月任新乡市团市委书记。1985年3月至1990年1月任中共新乡市委经济工作部副部长。1990年2月任中共卫辉市市委副书记，市人民政府代市长。1990年4月当选为市长。

卫辉市在稳步前进

□　卫辉市市长　仝振江

1990年，全市人民在市委、市政府的领导下，认真贯彻党的十三届六中、七中全会精神，以经济建设为中心，坚持四项基本原则，坚持改革开放，团结一致，克服困难，奋力拼搏，积极工作，保持了经济建设、改革开放和各项社会事业的稳步发展。全市完成社会总产值（现行价，下同）15.73亿元，比上年增长12.37%；国民生产总值6.35亿元，比上年增长5.2%；国民收入5.44亿元，比上年增长5.1%；财政收入2754万元，比上年增长11.5%；工农业总产值11.18亿元，比上年增长10.5%；城镇居民收入人均1100元，比上年增长6%；农民人均纯收入678元，比上年增长6.3%。

农业基础地位进一步加强，农村经济全面发展。1990年，卫辉市以高产开发为龙头，以科学技术为先导，以增加收入为基础，以统一服务为手段，以强化基础为保证，以再登新台阶为目的，稳定面积，主攻单产，增加总产，狠抓农业基础设施建设。首先，稳定完善以家庭经营为主的联产承包责任制。建立并加强了生产、科技服务体系，增强了统一服务功能，完善了统分结合的双层经营体制。其次，增加对农业的投入，加强农业基础设施建设。1990年对农业投资747万元，投入劳务积累工390万个，用于农田水利基本建设。地上硬化渠道140条，长86公里，地埋管11公里，修土渠120公里，维修各种渠道664公里，新打机井211眼，实现"六有"机井3879眼，完成小流域治理14平方公里。成为全省第一批水利达标县。三是逐步建立健全各级农业科技网络。全市近百余名科技人员参加了技术承包，充分发挥"指挥田、示范田、带头田"的作用，"双十"工程的目标基本实现。7533公顷玉米平均单产501.3公斤。8000公顷棉花平均单产68公斤。四是积极搞好农业开发。1990年黄淮海开发总投资178万元，对南沙河、柳位坡进行林、渠、路、井、电综合开发治理。共增产粮食219.5万公斤。五是加强对农业的领导。市直机关干部深入基层，包乡联村，指导农业生产并帮助解决实际问题。一年来，由于农业基础地位有所加强，农业投入显著增加，农业生产条件有所改善，全市农村社会总产值达到3.43亿元，比上年增长8.2%；粮食总产2.52亿公斤，比上年增长0.1%；棉花总产818万公斤，比上年增长12%；林牧各业也有了新的发展，1990年末，大牲畜存栏6.8万头，生猪存栏7.9万头，山绵羊存栏5.5万头，家禽饲养量121.7万只。平原绿化经省市验收实现了初级达标，全年林业总产值915万元，全市森林覆盖率为12.4%，木材总蓄积量22.4万立方米，年产量为8900立方米，采伐量为10329立方米。主要经济林面积621公顷，年产山楂、大枣、核桃、苹果、柿子、葡萄、梨等水果3236吨。

工业生产适度增长。1990年，工业生产在市场疲软、销售不畅、资金占压过多、效益下降的情况下，卫辉市委、市政府突出抓住市属重点企业、税利大户、骨干产品，实行倾斜政策，促进平衡发展，大力开拓市场，扩大销售，加强企业管理，挖掘内部潜力，强化生产指挥调度，在紧缩中求得了新的发展。全市工业总产值达 7.75 亿元，比上年增长 11.3%。取得这个成绩的关键是：1. 适时有效地组织实施生产高潮，开展“大干红五月”、“六月擂台赛”及“大干一百天，全面完成全年任务”等活动；2. 大胆进行工业经济体制改革，实行行业归口管理，各行业领导班子齐心协力、拼搏进取、服务求实，与企业共渡难关，促进了企业生产的发展；3. 现场办公，解决问题，为企业排忧解难，在企业资金极度紧张之机，市政府组织协调金融部门，先后为企业解决流动资金 3000 万元，有效地启动了企业生产；4. 在全社会开展支持企业，为企业造就宽松环境活动，各综合部门、群团部门、经济杠杆部门积极为企业发展献计献策，大开绿灯；5. 坚持以市场为导向，以提高经济效益为中心，大力调整产品结构，狠抓技术改造和新产品开发；6. 强化销售，市造纸总厂积极推行全员销售，纺织系统推行联合销售，减少了企业开支，扩大了销售范围，提高了效益；7. 在完善第二轮承包的基础上，更科学、更实际地实施了第二轮承包方案。

城市建设有了新的发展。1990 年，卫辉市坚持根据“强化规划，分区建设，配套完善”的原则，在当前压缩基建规模，资金短缺的情况下，本着“人民城市人民建，建好城市为人民”的精神，群策群力建设卫辉，有计划、有步骤地进行改造和建设，办了一些涉及国计民生的实实在在的事情，投资 500 万元修建了车站东路，投资 25 万元修复、硬化了卫辉南路、西后路、下街路和卫滨新区道路以及电影院北侧道路和旧城墙复堤平整工程，集资近 28 万元新建、改建了 30 座公共厕所，新建商品楼 16000 平方米。加强城市管理，建立健全城管机构，充实环卫队伍，治理环境污染。坚持以法治城，查处违章建筑，使市容市貌大有改观，改善了投资环境，扩大了城市的聚集力和辐射力。

交通邮电事业和乡村道路建设发展较快。1990 年，完成货运量 77.7 吨，客运量 151 万人次，货运周转量 3581.8 万吨，客运周转量 4265 万人公里，邮电业务总量 233.5 万元，基本形成了以市区为中心，沟通全市城乡并连接全国各地的通讯网络。市乡村三级投资 411 万元，硬化乡村道路 59.7 公里，为发展我市经济创造了便利条件。

财贸战线在困难条件下有了新的发展。1990 年，市场繁荣，购销两旺。全市商业供销网点 2408 个。集贸市场 28 个，从业人员 6800 人，个体商业 1870 个摊点、2479 人。全年完成工商税收 2169 万元，比上年增长 8.7%；商品零售总额完成 2.47 亿元，比上年增长 2.3%；集市贸易成交额 0.48 亿元，圆满完成了粮油定购任务，特别是对外贸易工作取得了显著成绩，出口供货额突破“双千万”大关。进一步加强审计监督，千方百计增收节支，保证了财政收支平衡。1990 年财贸战线特点是：零售市场平稳，应季销售市场活跃，基本上满足了市场供应；认真开展了财政、税收、物价大检查工作，严肃了财政纪律、金融形势看好。全市各项存款余额 2.17 亿元，比上年增长 35.1%。各项贷款余额 3.66 亿元，比上年增长 32.5%。城镇储蓄及其它存款也都不同程度增长，有力地支援了工农业生产，服务了城乡人民生活，促进了我市经济建设的发展。

科教文卫事业蓬勃发展。科技：全市拥有科技人员 5857 人。其中：高级职称 191 人，中级职称 1166 人，初级职称 4500 人，已初步形成市、行业、企业三级科技网络。截至 1990 年，先后获省及省以上科研成果奖 22 项。教育：全市现有各类学校 365 所，在校学生 71406 人。其中小学 337 所，在校学生 48074 人，学龄儿童入学率达 99.5%，普通中学 19 所，中等专业学校 8 所，共有在校学生 21440 人，医科大学 1 所，在校学生 1892 人。1983 年以来先后成立了 8 个干部、职工培训中心。每年受文化教育和技术培训的干部、职工达 2 万人。全市各类学校共有教职工 5649 人。文化：卫辉历史悠久，文化源远流长。党和政府在发展经济的同时，十分重视对历史文化的发掘和研究，先后修复了比干庙、望京楼、吕祖阁等文物古迹，开辟了塔岗水库、省级豫北黄河故道自然珍禽保护区等旅游点，建成了图书馆、群艺馆、博物馆、工人俱乐部、体育场、老干部活动室和广播电视等中心设施。全市拥有影剧院 5 座，文物保护单位 56 处，历史文物 1100 多件，专业豫剧团 1 个，呈现出古代文化和现代文化相互交融、生机勃勃的新局面。卫生：目前全市有各类医院 21 所，总病床 1770 张，医务人员 3074 人。每万人拥有病床 41.5 张、医务人员 0.7 人。卫生防疫、妇幼保健、医学教育等事业都取得了显著成就，人民的健康水平明显提高。

1990 年，卫辉的各项工作在困难中求得了发展，得到了稳步前进。但面临的困难和问题还不少。我们决心在 1991 年的工作中，高举“团结奋进、振兴卫辉”的旗帜，坚持以经济建设为中心，突出农业以发展壮大集体经济，发展社会服务体系，工业以改组改造、提高效益为重点，树立全方位改革开放和科技兴市两大观念，力争把卫辉建设成为以轻纺为主体，机械为基础，化工建材为两翼的新兴工业、旅游城市。

辉县市

市　长：刘廷和

副市长：杨会峻（常务）　张玲（女　科技、文教卫）　李集日（财贸、工商）　张家成（工交、乡镇企业）　秦英（城建、公安）

刘廷和市长，1944年12月出生，河南省辉县市人，1967年毕业于郑州大学化学系，后到部队和农村学习锻炼，1971年调省重点中学任教，1976年到县委工作，曾任县委办公室副主任，1984年9月当选为县长。1988年任市长。1990年3月再次当选为市长，并任中共辉县市委副书记。

辉县市在改革开放中稳步前进

——“七五”期间辉县市国民经济发展概况

□ 辉县市市长　刘廷和

辉县市是1988年10月经国务院批准成立的新兴城市，现辖5个镇，21个乡，530个行政村。总面积2007平方公里，人口720842人。

“七五”期间，辉县市人民在市委、市政府的领导下，坚持以经济建设为中心，坚定不移地进行治理整顿和深化改革，使全市经济和社会事业得到巨大的发展，经济体制改革不断深入，经济实力明显增强，城乡人民生活水平进一步提高，社会主义精神文明建设取得了新的进展。

其主要标志是：

（一）“七五”计划规定的主要经济指标已经完成或超额完成。1990年，全市国民生产总值达到4.8895亿元，比1985年增长35.8%，年均增长6.3%，人均国民生产总值1090元；国民收入达到4.3406亿元，比1985年增长43%，年均增长7.4%；工农业总产值达到11.6943亿元，比1985年增长99.7%，年均增长14.8%；财政收入达到4115.7万元，比1985年增长81.3%，年均增长12.6%。

（二）农村经济稳定发展，农业基础建设得到加强。1990年农业总产值达到2.5788亿元，比1985年增长26.1%，年均增长4.9%，粮食生产创历史最高水平。1990年粮食总产量达到36168.7万公斤，比1985年增长28.8%，5年（1986—1990）粮食总产量累计157579.3万公斤，比“六五”时期增长8.6%。经济作物播种面积增加，单产也有所提高，5年油料总产量累计7222.6万公斤，“六五”时期增长82%；四旁植树和山区造林效果显著，全市林木覆盖率达到16.84%，林果产量达到6748吨；肉类总产量达到1300万公斤，平均每年增长11.3%。大家畜年末存栏达到9.38万头，比1985年增加1.88万头，平均每年增长4.6%；5年推广新式农机具累计3991台，农机作业面积逐步扩大，新增有效灌溉面积累计达到45266.7公顷，旱涝保收田累计达到33986.7公顷，中低产田改造和农田综合开发取得新的进展。乡镇企业得到较大的发展，1990年总产值达到11.5044亿元，年均增长26.03%。

（三）工业在调整中不断前进，主要产品产量大幅度增长。1990年全市工业总产值达到9.1155亿元，年均增长18.95%。其中，乡及乡以上工业总产值达到3.6325亿元，年均增长12.8%；工业产品结构得到初步调整，形成了以能源为龙头，以化工、轻纺、机械制造、建材、食品、造纸等为主体的产品生产结构。发电量、原煤、水泥、化肥、医药、轴承、汽车配件、活板手、棉布、饮料酒、塑料制品等均完成了“七五”计划指标。同时，“七五”期间全市新产品开发应用成绩显著，产品质量不断提高，企业管理逐步升级。全市新产品在总产值中的比重提高到10%左右。有44项产品获得省以上优质产品，其中部优6项，省优38项。有7个企业获省质量管理奖。化肥厂尿素工程获国家银质奖，化肥厂为新乡市科技先导企业。全市工交企业中获得新乡市明星企业的2个。晋升为国家二级企业的2个，晋升为省一级企业的11个，晋升为省二级企业的7个。这些成绩雄辩地说明本市较大企业的效益、质量、消耗都达到全国或全省同行业的先进水平，也是本市在市场波动较大、竞争日趋激烈的条件下，能持续发展的关键。交通运输、邮电通讯面貌有较大改观。电力事业发展较快，新建两座（北郊变、西郊变）35千伏安变电站，对孟庄、槲树庄两座35千伏安变电站进行了改造，共增加供电容量44350千伏安；新建、改造高低压线路665公里；新增配电变压器381台，容量达48120千伏安，为本市的经济建设奠定了能源基础。

(四) 投资结构有所改善，重点建设得以保证。“七五”期间，全市固定资产投资完成3亿元，其中基建1.3亿元，技术改造1.7亿元。重点增加了能源、化工、轻纺、食品、建材等工业的技术改造投资，加强了能源、交通、水利和支农工业投资，使重点项目的资金得以保证，计划内投资项目均能按期完成。投资结构趋于合理，经济发展后劲日增。

“七五”期间，本市能源、化肥等工业发展成绩显著，先后建成投产的主要项目有：市火电厂扩建三号、四号机组。孟庄镇新建（2×0.6万千瓦）火电厂、化肥厂新建（1×0.6万千瓦）差压发电自备电厂，共计新增火电装机容量4.2万千瓦，累计达到5.4万千瓦；化肥厂碳氨改尿素获得成功，二套尿素工程也接近扫尾，全部投产后，年产尿素可达8万吨，合成氨5万吨；建成了具有2万根纱绽规模的太阳石纺织厂，恢复了宝泉水库续建工程，累计完成投资1000余万元，完成浆砌石和砼11万立方米；完成了城市2000门和九个乡（镇）2230门的自动电话工程；油化了南（村）陵（川）公路和辉（县）拍（石头）公路；翻修了大戏院，新建了百泉药交市场、古塔市场、华合商厦、电视差转台、中医院。城北幼儿园、成人教育培训中心等一批主要工程。同时，对中西药厂、白水泥厂、轴承厂、工具厂、水泥厂、酒厂、面粉厂、吴村煤矿、鞋厂、染织厂、二化、三化、百泉碳素厂等重要企业进行了技术改造，新增了一批生产能力。在城市建设方面，开通了西环路，架设了小铁路立交桥，拓宽了中心路北段的韭山路，改造了百泉街和城区14条主要街道，兴建了共城公园主体工程，完善了供排水系统，增强了城市的综合服务功能。在引进外资上也迈出了可喜的一步。百泉碳素厂、信用咨询服务公司与台湾齐林清洁有限公司三家合作兴建的“三力碳素制品有限公司”的前期工程已基本完成。预计1991年8月可以建成投产。

(五) 城乡市场繁荣，对外经贸成绩显著。1990年全市社会商品零售总额达到3.01亿元，比1985年增长73.4%，年均增长11.6%；零售物价比较稳定，商品供应比较丰富，全年零售物价上涨幅度控制在1.5%以下。外贸出口商品收购总值1990年达到1501万元，比1985年增长277%，年均增长30.4%。

(六) 科技、教育等各项社会事业蓬勃发展，精神文明建设进一步加强。本市坚持“科技兴辉、教育为本”的指导方针，深入开展了科技、教育体制改革，开发和推广了一批先进适用的科技成果。5年共获各级科技成果86项。其中，获省科技进步奖10项，新乡市科技进步奖22项，辉县市科技进步奖54项；“七五”期间全市共完成科技攻关项目7项，星火计划项目13项；专业技术职称评聘工作取得显著成绩，全市企事业单位共评出各类专业技术人员万余名，大大加强了专业技术队伍的建设。教育事业继续得到发展，小学四率除毕业率为99.8%，其余三项均达99.9%。初中入学率达到98.5%，在校生巩固率达到96.9%，毕业率达到97.5%，普及率达到92.5%。幼儿园入学率达到62%。中小学校“六配套”558所，达到98.2%。“七五”期间共向各类大中专院校输送学生3880名。曾在1986年、1987年、1990年3个年度被国家教委、省政府先后命名为“基础教育先进县”和“教育先进市”等荣誉称号。文艺事业进一步繁荣，体育运动水平不断提高。医院总床位达到1370张，比1985年增长20%。全市普遍开展了创建文明单位活动。“七五”期间，本市共有9个单位被省、新乡市命名为文明单位。社会主义民主与法制建设加强，社会治安形势基本稳定，社会风气逐步好转。

(七) 在生产发展的基础上，城乡人民的生活水平不断提高。1990年全市农民人均纯收入达到628元，比1985年增加了295元。全民单位职工平均工资达到1650元，比1985年增加了741元。城乡人民的衣、食、住、行等条件均有进一步改善。

事实证明，辉县市在稳步前进，这是值得辉县人民欣慰和自豪的。然而，5年来经济建设的实践也提醒人们要认真反思过去，去充分认识“七五”时期的问题和困难，从而不为成绩胜利所困惑；同时，也催促辉县人民积极思索未来，去寻找继续奋进的条件和机遇，以增强我们振兴辉县的信心和勇气。人们坚信，“强化农业，主攻工业，大力发展乡镇企业、林业、畜牧业，以科教为先导，以旅游业为窗口，全面振兴辉县经济”，作为本市“八五”乃至今后10年经济工作的基本思路是积极上进的，切实可行的。预计在不太久的将来，辉县人民一定能将辉县建设成一座新兴的工业、旅游城市。

沁阳市

市　长：李宝哲
副市长：原振喜（常务）　齐天昌（文教卫）　周树显（财贸）　买西海（回族 工交）　胡法民（科技）　杨立俊（农业）

李宝哲市长，1942年2月出生，大学文化程度，工程师，山东省滕州市人。1968年参加工作，1966年5月加入中国共产党。1962年至1968年就读于西安交通大学机电工程系，毕业后分配到国营中州机械厂工作，先后任技术员、机动科副科长；1983年12月至1987年2月任焦作市一轻局副局长；1987年3月至1989年1月任焦作市经委副主任；1989年2月至1989年11月任焦作市机械局局长；1989年12月至今任中共沁阳市委副书记、市长。

满怀豪情迎未来

□ 沁阳市人民政府办公室

沁阳市是1989年9月27日经国务院批准设立的由河南省直辖、实行计划单列的县级市。

地理条件

（一）位置　位于河南省西北部，地处东经112°46′—113°02′，北纬34°59′—35°18′。东临博爱县，西接济源市，南毗温、孟二县，北界山西省晋城市。距省会郑州128公里。

（二）面积　南北长36公里，东西宽30公里，总面积623.5平方公里，其中城区面积12平方公里。耕地面积2.73万公顷。

（三）地形地貌　沁阳地处太行山南麓，系黄土高原和华北平原交界处，山区、丘陵、平原地形兼备。地势北高南低，由西北向东南倾斜，最高点海拔1116.9米，最低点海拔110米。

（四）气候　暖温带大陆性季风型气候。总的特点是气候温和，四季分明，春暖而干旱，夏热而多雨，秋晴而气爽，冬冷而鲜雪。年平均气温14.3℃，平均降雨量583.7毫米，平均日照率30%，无霜期210天。

政区与人口

现辖7镇、7乡，331个行政村。总人口39.9万人，其中非农业人口5.2万人。

自然资源

（一）矿产资源　市境北部的太行山及丘陵区蕴藏着铜、铁、铝、锂、煤、铝矾土、白云石、石英石、钾长石、硫磺等20余种矿产。其中，铝矿储量约5000万吨，品位高达85%；铁矿储量约1000万吨；白云石、石英石储量均为2000万吨；稀有金属锂储量为1000余吨。南部为一储油盆地，石油储量丰富。

二、生物资源　植物有3门75科205属370多种。粮食作物有小麦、玉米、豆类、水稻等17种；经济作物有棉花、芝麻、花生、油菜、烟叶等10余种；树种有毛白杨、榆树、泡桐、松树、核桃、红果、苹果等80余种，且山白树、领椿木、青檀等树种是经过第四纪冰川变迁遗存下来的国家重点保护树种；野生植物达300种，有150多种可以入药。动物共有7门9纲175种。野生动物159种。猕猴、香獐、金雕、红嘴角鸮、大鲵等野生动物系国家保护的珍贵动物。

（三）水资源　水资源总量为26.1亿立方米，可利用量为2.65亿立方米，已开采利用量2.38亿立方米。

（四）旅游资源　沁阳是河南省政府公布的第一批历史文化名城，有省级文物保护单位10处，市级文物保护单位78处。主要胜迹不仅有列入《中国名胜词典》的河南省三大金塔之最的天宁寺三圣塔、我国内地伊斯兰古代建筑之首的清真北大寺，而且有商代的邘侯古城，战国时的赵长城，汉代的羊肠坂道，明代端清世子、世界著名自然科学家、音乐学家朱载堉的墓葬，闻名中外的“狼牙山五壮士”之一宋学义的故居等。特别是位于市境西北部的省级风景名胜区——神农坛风景区，峰、谷、洞、涧、瀑、库、泉、林、木、禽、兽、花、草等自然景观与城、寺、观、庙、塔、坛、亭等人文景观，形成了既有北方的雄险刚阳，又有南方的蓊郁清幽的独特风景。该景区内的摩崖石窟，有佛像1251尊，且尊尊形神兼备，为我国石窟艺术宝库中的一大奇观。

历史沿革

沁阳历史悠久，厥时属冀州，商属畿内，秦置野王邑，汉改野王县，隋开皇16年改野王县为河内县。从西晋泰始一年起，沁阳一直为郡、州、路、县治所。明清两代为怀庆府，辖温（县）、孟（县）、济（源）、河（内）、武（陟）、修（武）、原（武）、阳（武）八县。民国2年废府存县，河南都督兼署民政长张镇芳呈文国务院：“怀庆府首邑原称河内，现时黄河东趋，名实已不相符。查沁水在郡城西北，县境旧有沁阳城，今改府为县，应循其意，改称沁阳县”，经国务院批准，河内县改名沁阳县，归豫北道辖。革命战争年代，沁阳设中心县委，管辖温、孟、沁、济、博（爱）五县。解放后，沁阳设县至1989年撤县设市止。

投资环境

（一）交通邮电　沁阳地处豫晋两省接壤地带，铁路、公路纵横交错，交通十分方便。郑太铁路和焦枝铁路纵穿横贯，温济地方铁路跨境而过，洛阳至北京、新乡至洛阳、新乡至长治北、新乡至济源等六对旅客列车途经沁阳车站，年客运量达16万人次。公路有省道4条、市道7条、形成了四通八达的公路网。现有邮电通讯机构13个，安装了2800门自动电话交换机。

（二）服务设施　市区新建和扩建了建设路、怀府路、覃怀路等主要街道，工人文化宫、电视转播台、民族大厦、兴华商场、新华楼、中心贸易市场、怀府宾馆、豫沁宾馆、中医院等，公益服务设施日趋齐全。

经济发展概况

建国40年来，特别是党的十一届三中全会以来，沁阳人民坚持改革、开放的方针，致力于经济建设和社会事业的发展，使沁阳的面貌发生了巨大变化。1990年，全市社会总产值18.68亿元，国民生产总产值6.33亿元，国民收入5.5亿元，财政收入3671万元，分别比1978年增长5.5倍、7倍、2.8倍和2.3倍。

（一）农业　积极稳妥地进行了以调整产业结构、健全服务体系和完善双层经营机制为主要内容的改革，使农业生产由传统的单一经营走上了农林牧副渔全面发展、工商建运综合经营的新轨道，农业产值和粮食产量逐年增长。1990年，全市农业总产值37721万元，农民人均纯收入684元，分别比1978年增长1.6倍和5.5倍；粮食总产量21666万公斤，比1978年增长25%。连续两年受到国务院的表彰。

（二）工业　全市拥有工业企业4832个，以市区、西万镇、西向镇和紫陵镇为中心，建起了三大工业基地，形成了电力、冶金、造纸、机械、玻璃钢、建材、化工、制革等八大工业群体，产品达1200多种。其中，玻璃钢产品产量占全国总产量的1/3，产值名列全国五大玻璃钢密集区（武汉、枣强、常州、上虞、沁阳）之首；造纸机械工业为全国四大基地（上海、西安、辽阳、沁阳）之一，产品畅销全国各地，并出口东南亚等地；以鞣制牛、羊皮为主的制革企业20多家，在河南享有“皮革城”之美称；玻璃钢仿真球型屏幕、3500吨大型玻璃钢冷却塔等八种产品填补国内空白，达到当代世界先进水平；清宫酒、大豆油、荷花牌高档卫生纸、熔融石英水口、25立方米蒸球、1575纸机等34种产品获省、部优。1990年，全市工业总产值达124996万元，比1978年增长10.3倍。

（三）乡镇企业　目前，全市乡镇企业个数已达11272个，从业人员61900人，主要产品有玻璃钢制品、造纸机械、皮革、化学制品、针织品、食品饮料、服装等。焦宝石、糠醛、微型纸机、淀粉、食用油、玻璃钢制品、羊剪绒地毯和座垫等20种产品漂洋过海，行销日本、古巴、苏丹、新加坡、孟加拉、比利时、香港等国家和地区，年创汇600万美元。1990年，全市乡镇企业产值达108919万元。

（四）商业流通　现有22个集贸市场，全年有627个物资交流大会，年成交额近亿元。1990年，全市社会商品零售总额22000万元，比1978年增长2.4倍，外贸收购总值2090万元，比1978年增长18.6倍。

（五）社会事业　目前，全市拥有各类学校259所，教职员工4465人，在校生达63821名。1990年全市社会集资1400多万元，新建校舍面积23000平方米，96%以上的学校实现了“六配套”，连续多年被河南省评为教育先进县（市）。科技工作发展较快。全市有科研机构1个，科研团体22个，科技人员5500人，其中高级70人，中级980人。1978年以来，全市共获科技成果奖340项，其中获国家级4项，省级28项。文化卫生事业发展迅速。市区内建有群众艺术馆、图书馆、工人文化宫、博物馆、剧院、电影院、广播站、电视台、体育场、老干部活动中心等。全市有影剧院23个，有人民医院、中医院、精神病院等医院17个，村镇卫生所（室）460个，医护人员1740人，病床847张，拥有各类诊断治疗仪器130余台。

舞 钢 市

市　长： 杜乔祥
副市长： 王改枝（女　常务）　付坤玉（科技文卫）
卞天才（农业、政法）　王金山（财贸、金融）
张志明（工业、交通）　张留柱（乡镇企业）

杜乔祥市长，1940年生，河南省新野县人，1964年8月参加工作，1972年加入中国共产党，大专文化，畜牧兽医师，曾任河南省农业厅畜牧兽医工作站兽医组副组长，舞钢区农业局科长、副局长、局长，舞钢区副区长、代理区长、区长、区委常委、副书记，现任舞钢市委副书记、舞钢市人民政府市长。

中州大地升起的一颗新星——舞钢市

□ 舞钢市人民政府

舞钢市位于河南省中部，东靠西平、遂平县，西邻方城、叶县，南与泌阳县接壤，北与舞阳县毗连。全市645.67平方公里，30.53万人，城区人口12.5万人，非农业人口10.28万人。辖4个城市街道办事处和9乡1镇，1990年9月，经国务院批准撤销平顶山市舞钢区，设立舞钢市。从此，揭开舞钢市历史上新的一页。

自然地理位置

舞钢市位于东经113°21′27″—113°40′51″，北纬33°08′00″—33°25′25″。地处伏牛山东部余脉与淮河平原交接地带，处于伏牛山—大别山弧型构造带的凸出部位。地势西北、东南高，西南、东北低。地貌有山地、丘陵、垄岗、平原四个类型。西南部为山丘区，东北部为山前倾斜平原，中部为构造剥蚀山间盆地。气候类型为大陆性季风气候，年平均气温14.6℃。极端最高气温43.0℃，极端最低气温-19.2℃，年平均降水量996.6毫米。境内河流属于淮河水系，山脉为伏牛山余脉。

自然资源已探明的有50多种。金属矿产有铁、钛、钒、钴、镁、金等30余种，特别是铁矿石储量大，占河南省已探明储量的56.5%；非金属矿产有各具特色的大理石、花岗石、玛瑙、碧玉等20多种。其中，紫鹃大理石被国内外专家誉为大理石之最。

野生植物1684种，分为234科，809属。珍稀植物30余种。野生动物约200种。

历史沿革

舞钢市历史悠久。春秋为柏子国、战国属韩，秦置柏亭，唐设舞阳，此后历代沿袭未变。1970年10月，为了适应国防建设的需要，平舞工程开始建设，成立了河南省平舞工程会战指挥部，1972年3月成立河南省平舞工区市政建设处，1973年11月成立河南省革命委员会舞阳工区办事处，划舞阳县南部6个公社为其辖区，属河南省直辖（地级市），为独立的行政区域。1977年5月，舞阳工区办事处撤销，划归平顶山市，同年11月，以当地最大企业舞阳钢铁公司命名，称舞钢区。1979年10月改属许昌地区。1982年10月又划归原平顶山市。1990年9月，经国务院批准撤区建市。以原舞钢区的行政区域为舞钢市的行政区域。河南省政府10月11日决定，舞钢区改为舞钢市后（县级市），实行计划单列，委托平顶山市代管。

投资环境

舞钢市的城市建设，体现靠山近水和工矿城市的特点，城市为珍珠项链式的结构，已建成寺坡、垭口、朱兰、院岭、矿建五个居民区。市区南北长18公里，东西宽窄不一，规划占地面积40平方公里，辖区面积16.48平方公里，建成面积7.1平方公里。城市现有道路76条，桥梁7座，公共汽车30余部，主要公路干线为许（昌）、泌（阳）公路。铁路有准轨平（项山）舞（钢市）铁路和漯舞窄轨铁路。城市建设共征用土地1333.3余公顷，住宅及公共建筑投资4000多万元，共建房屋3489栋，建筑面积142.1万平方米，住宅面积41.1万平方米，市区人均住宅面积8.13平方米。

全市有邮电局1处，邮电所10处，平均服务人口为3万人／处。商业有各类设施1348个，大型商场4个，大型市场4所。

经济发展状况

舞钢市国民经济稳定发展，经济实力不断增强。1990年，全市社会总产值完成90910万元，“七五”期间年平均增长11.88%；工农业产值完成79044万元，“七五”期间年平均增长14.62%（其中工业产值完成61708万元，农业产值完成17336万元）；乡镇企业产值完成17761万元，“七五”期间年平均增长50.08%。

粮食产量创历史最高水平。“七五”期间总产量达12041.2万公斤。年平均增长6.63%。油料总产达433.2万公斤，年平均增长12.59%，烟叶总产达298.8万公斤，“七五”期间年平均增长10.27%，大面积造林3446.67公顷（其中经济林1266.67公顷）。大牲畜年底存栏5.86万头，“七五”期间年平均增长7.64%；山绵羊存栏6.51万只，年平均增长14.91%，生猪存栏6.81万头（出栏46350头），年平均增长2.45%。

全市全民工业企业完成产值52138万元，“七五”期间年平均增长14.7%，集体企业完成产值4657万元，“七五”期间年平均增长49.4%。交通运输货运量完成80万吨，“七五”期间年平均增长11.2%，货运周转量完成3050万吨／公里。邮电业务总量完成132万元。“七五”期间年平均增长5.61%。

社会事业

科技、教育、文化、卫生等社会事业进一步发展。全市已形成从幼儿教育、普通中小学教育、中等专业教育到成人高等教育的体系。全市有各类学校236所，在校学生56311人，教职工3314人，其中高级教师2527人，全市5至6岁儿童入托率达96.5%，适龄儿童入学率达98.6%，小学生巩固率为95.5%，普及率为95.5%，毕业率为85.7%。1990年，教育经费支出468万元。占全市财政支出的11.42%。

科技兴农、科技兴工活动初步开展，科技专业门类较齐全。全市共有副高级以上专业技术人员317人。科研机构有钢铁研究所、地质综合研究所、农业科学研究所等。全市还有各种科技协会、学会、研究会55个。“七五”期间研制成功的视觉障碍镜、磁偶健身球、双丝灯泡获国家专利。先后试制成功21个新产品。填补了我国冶金工业的空白，其中获国家级、部级科技进步奖的有7项。质子同步直线加速器用大型铜钢复合板获全国优秀新产品奖，深潜器耐压壳体用402钢板、4.2米轧机效能判断与开发均获国家科技进步二等奖，还有海上采油平台用坑层状撕裂钢板、超高压锅炉气包用特厚板获冶金工业部科技进步二、三等奖。

全市有影剧院8座，专业艺术团体有市豫剧团、曲艺团2个。业余文工团1个，科技图书馆1个，图书馆1个。文化馆1个，工人文化宫2个，并设有美术摄影、群众文艺、文艺创作、文物管理等机构。市内设有有线广播电台一座、电视转播台1座。农村有线广播喇叭入户率达98%以上。

全市有卫生学校1座。城区内有医院10个，每万人拥有病床25.93张。医疗设备先进。

体育事业蓬勃发展。市内有大型运动场4个，游泳池1座，体育训练房1座。1990年在“争创全国体育先进县市”活动中，经国务院验收合格，垮入全国体育先进市行列，受到国务院的表彰。

工农业生产

市内乡及乡以上工业企业200多家。其中，属国家部、省属企业4家。

冶金工业部舞阳钢铁公司是我国目前唯一能生产特厚特宽钢板的企业。生产能力年产钢13万吨，钢板30万吨。1989年11月，国家批准舞钢扩建二期工程，再建设一座90吨超高功率电炉，建成后，将形成年产钢50万吨、钢锭46万吨、钢板40万吨的生产能力。

中国有色金属工业总公司河南地质四队，是一个地质、水文、测量、化验、钻探等综合性的勘探队，自1955年开始在境内进行地质勘探，为开发利用当地资源，提供了科学依据。

省属重点安钢舞阳铁矿，原为舞阳钢铁公司矿山公司，1985年由冶金部交河南省管理建设，现已形成年产铁矿石40万吨的生产能力。

地方工业先后建起了纺织、造纸、建材、化工、制革、制药、服装、木器、饲料、食品、印刷、汽车配件和农副产品加工等企业。近年来，工业企业实行了承包经营和厂长、经理负责制，采取全员风险抵押承包，工资与效益挂钩，优化劳动组合等改革措施，增加了企业的活力。开发新产品126个，创省优产品10多个。

舞钢市的农业，为城郊型的农业。规划建设了相对集中连片的粮食、蔬菜、林果和畜牧四个经济区，推广普及农业科技，农村经济持续稳定增长。

舞钢市的城市建筑，三面群山环绕，中腹为山间盆地，现代化的建筑群与山、水、林相映生辉。全市有林地面积1.13万公顷，森林覆盖率为27.36%，城区空气清新，自然环境保护得当，属国家一级环境区域。

商丘市

市　长：徐崇臣
副市长：赵自宽（回族）杨树敬（工业）　徐其成（计划、交通）　李文忠（回族　城建）　成金跃（财贸）　于　凯（民政、外事）

徐崇臣市长，1941年8月出生于河南省商丘县。1958年8月参加工作，1972年2月加入中国共产党。1958年至1985年在商丘县工作，历任公社党委副书记、县经委副主任、县化肥厂党委书记、县委常委、副书记、副县长。1985年3月调任中共商丘市委副书记、商丘市副市长、代市长，1987年4月当选为商丘市市长。1990年4月再次当选为商丘市市长。

豫东门户的“七五”巨变

□　商丘市人民政府办公室

“七五”时期的5年，是商丘市人民奋发进取的5年，是经济实力明显增强的5年，是社会经济和城市面貌发生深刻变化的5年，也是全市社会主义现代化建设取得重大进展的5年。5年来，全市人民始终坚持“一个中心，两个基本点”，紧紧依靠自己的力量，发挥自己的优势，按照自己的蓝图，走自己发展的道路，励精图治，开拓进取，完成或超额完成了本市“七五”计划的主要经济指标。按可比口径计算，1990年与1985年相比，国民生产总值增长76%，年递增12%；国民收入增长57.7%，年递增9.5%；社会总产值增长210%，年递增16.4%；工农业总产值增长86.1%，年递增13.2%。

国民经济实力明显增强

“七五”期间，商丘市立足当地的资源优势，积极调整产业和产品结构，先后建成了市淀粉糖厂、市面粉厂、市万吨饲料厂、市稀土微肥试验厂，还有正在兴建中的目前世界上最大的桐木加工企业——商丘桐木综合加工厂，并对一大批企业进行了技术改造和更新，增强了生产发展的后劲。工业生产从门类到规模、从水平到质量都有了新的发展和提高，并形成了以食品、纺织、机械、医药、化工等五大产业为支柱的工业生产体系。“七五”末，全市共有乡以上工业企业142个，职工达32143人，其中，有技术职称的4091人，占全部职工人数的12.8%。1990年全市乡以上工业总产值达到46339万元，比1985年增长91.8%，年递增13.9%。5年间主要产品质量稳定提高率一直保持在90%以上，开发新产品109个，创省以上优质产品29种。以机引犁。型煤机、节育环、淀粉、酒精、机动三轮车、稀土产品、棉纱等为主的“拳头”产品，在全国享有较高的声誉。以精密铸件、搪瓷制品、抽纱工艺等为主的出口产品，远销日本、美国、德国、香港、马来西亚、新加坡等国家和地区，使商丘市的外向型经济迈出了新的步伐。

农村经济体制的改革和产业结构的调整，对农村经济的全面发展起到了积极的推动作用，农村新的经济体制已基本形成。工、商、建、运、服齐头并进，农、林、牧、副、渔全面发展。1990年农业总产值1708万元，比1985年增长2.1%。其中：农林、建筑业、商业、饮食服务业、运输业分别占全部产值的25.4%、10.9%、23.7%、20.1%，占农村社会产值的80.1%。农业结构日趋合理。

城乡市场购销两旺，内外贸易发展迅速。国合商业为主渠道的各种经济成分并存的流通体制正逐步形成，1990年社会商品零售总额41431万元，比1985年增长79%，年递增12.3%；集市贸易成交额5801万元，比1985年增长55.1%，年递增9.2%；外贸出口商品收购总额达2394万元，比1985年增长38.9%，年递增

6.8%。

各项社会事业蓬勃发展

“七五”期间共完成科技攻关项目48项，通过鉴定验收的18项，其中有14项分别获国家、省、部级科技成果奖。新增产值3298万元，税利1282.4万元。科研机构由1985年的4个增加到7个，各类科技人员由5161人发展到8871人。其中具有高、中级技术职称的1979人。

教育事业在改革中得到了迅速的发展。全市现有各类学校78所，在校学生48460人，教师2931人，分别比1985年增长4%、22.32%、36.9%。教育质量不断提高，全市中小学生的入学率、巩固率、及格率分别达到100%、98.3%、98.1%。5年共考入大中专院校的学生1805人。在教育事业改革中，职业教育异军突起，表现了强大的生命力。创办职业中学2所，在校生1077人，向社会提供有一技之长的专业人才450人，职业中专被列为全省重点职业学校。在全省率先创办的预备军人学校，中央电视台专题报道了办校经验。

文化事业不断发展，群众文化活动丰富多彩。现有艺术表演团体7个，影剧院12家，比1985年增加3家。5年来有35人次在国家和省、地级演出中获奖。新创作演出的《断肠王妃》、《天子与县令》、《血战睢阳》、《碧血精钟》等剧目在豫东乃至全国都颇有影响。商丘人民广播电台建成开播，实现了有线广播，调频广播、中波广播三层覆盖的设想。

“七五”期间，全市有297人在地区级以上的体育比赛中获奖，共计荣获金牌126枚，银牌89枚，铜牌562枚，其它奖牌27枚，其中，省级以上奖牌140枚。

“七五”期间，城乡居民生活得到了明显改善。1990年城乡居民人均生活费收入达1014元，比1985年增长1.1倍，年递增16.2%；农民人均纯收入达580元，比1985年增长20.8%，年递增3.9%；全市人均银行存款与1985年相比成倍增长。居民消费水平明显提高，高档耐用消费品，如电视机、电冰箱、录像机、摩托车、空调器等贵重商品逐步走进千家万户。

投资环境得到改善

为加快城乡建设步伐，改善投资环境，扎扎实实为人民办实事，“七五”期间，在各方面资金都紧缩的情况下，用于城市建设的投资额仍达2590万元，比“六五”期间年平均增长25.8%，新建、扩建、改造了一大批城市街道，公用设施和公共建筑，加快了旧城改造步伐，城市环境得到了改善，市容市貌焕然一新。

城市街道建设。1990年，市区道路总长达60公里，面积73万平方米，分别比1985年增长25%和65.9%。道路质量明显提高，混凝水泥路面从无到有，1990年达到5.33公里，11.7万平方米。5年间共打通、拓宽、改造、铺装主次干道19条，共19公里，并对一些小街小巷进行了整修和硬化。全市有路灯1240盏，比1985年增加34%。特别是1986年和1989年两次胜利地完成了105国道、310国道商丘市段的改造、筑路工程。此外，还进行了一些大的或较有影响的工程建设。如：商丘第二货场一期工程、白云广场的拆迁美化、广场毛泽东塑像的整修、火车站广场大型雕塑等，使城市道路和美化状况有了明显改观。

住宅建设。截止1990年底，全市住宅面积达207万平方米，人均居住面积8.8平方米，比1985年人均增加4.1平方米，增长46.6%。“七五”期间用于市区住宅建设的投资额达7550万元，新建住宅面积37万平方米，居住条件得到了明显改善。开发商品房50.5万平方米，相继建成了三里村、叶庄和小李庄三个居民住宅区。一大批危房和低矮住房得到改造，居民住房紧张的状况有所缓解。

市政建设。“七五”期间，新建了市第三水厂，对道北居民区供水管网进行了改造，城市的供水能力不断增强，1990年供水管道长达80公里，比1985年增长62.6%；年供水量达3273万吨，比1985年增长213.7%。自来水普及率也由1985年的79.5%提高到“七五”末的97%；人均日生活用水量达到162.9升，比1985年增长55.1%。城市公共交通有了新的发展，1989年恢复了市二路公共汽车东路线的营运，到1990年底，全市公共交通客运营运车辆39辆，年客运周转量698万人次，比1985年增长7.6%。邮电通讯不断发展，西安至连运港1800路中同轴电缆郑徐段铺设工程即将完工；商丘600路通讯站及市话分局已经建成；万门程控电话工程正在抓紧施工，全市初步具备了现代化通讯的基础条件。

环境卫生。“七五”期间，重点加强了市容环境的综合治理，购置环卫机械7台，垃圾容器155个，改建水冲厕所15座，建成了垃圾处理厂一座，日处理垃圾能力达240吨。市区环卫工人发展到514人，环卫街道清扫面积达84万平方米，市区垃圾基本达到了日产日清，保证了市容整洁卫生。

园林绿化。广泛开展了群众性的植树造林活动。“七五”期间，全市共植树13.6万余株，城市绿地面积达1017公顷，比1985年增长1.8倍。装修改建了人民公园，开辟了月季园、牡丹园、盆景园、四角亭、六角亭、画廊等旅游景点，新建了“宋园”、白云广场街心花坛等小景观，美化了市容，改善了生活环境。

“七五”期间，城市经济和各项社会事业的巨大变化，为豫东门户——商丘市增添了无限生机和活力。

（执笔：刘建平　郭瑜　孙奎连　阮伟）

周口市

市　长：陈望斌

副市长：翟赞华（常务）　王桂英（女　农业）　王晓然（工业）　赵洪祺（城建）　冯友仁（财贸）　栾子良（文教卫）　万　兵（科技外协）

陈望斌市长，河南省商水县人，1943年12月生，1968年毕业于兰州大学，1970年1月加入中国共产党，曾任大连造船厂技术员、党支部书记，1979年调往周口市工作，先后任市建委副主任、副市长、代理市长，1990年4月当选为市长。

周口市"七五"主要成就及"八五"奋斗目标

□ 周口市市长　陈望斌

"七五"主要成就

"七五"期间的5年，是周口的社会主义现代化建设取得重大进展的5年，经过全市人民的不懈努力，艰苦奋斗，"七五"计划的主要经济指标绝大部分都得以完成或超额完成。1990年，国民生产总值完成29130万元；国民收入24492万元，比1985年增长36.6%；工农业总产值完成35457万元，比1985年增长96%，全民所有制单位人均工资达到1486元；比1985年增长92%，农民人均纯收入593元，比1985年增长31.8%。在河南省组织的43项综合指标考核中，周口市在全省117个县市居第七位。在全地区居第一位，经济和社会面貌发生了明显变化。

(一) 城市总体功能大大提高。

道路建设步伐加快。5年间，先后新建、翻建、拓宽各类道路158条，全市道路总长已达62.5公里，铺设路面达51.5万平方米，与"六五"末相比，新增道路10.4公里，新增路面20.7万平方米。对市中心的周口老桥进行了改建，全市已架起永久性桥梁6座，有效地改变了市内交通拥挤状况。

供水排水能力大大提高。"六五"末。城市自来水日供水能力仅有1.2万吨。"七五"期间，新打城市供水深井11眼，浅井16眼，新建自来水厂一座。日总供水能力达4.2万吨，供水管线总长60公里。排水形成雨污分流系统，到1990年底，全市有雨水泵站3个，提升能力2.14立方米／秒，有污水泵2个，提污能力1.86立方米／秒，全市污水管线总长56公里，比1985年净增14公里。

防洪防涝能力显著增强。周口市在"七五"期间对市区内沙河束水段进行了拓宽加固，同时，认真治理了市区坑塘，较好地解决了内涝问题。建成了气象测雨雷达站。

邮电交通长足发展。1985年底，全市市话交换机总容量6400门，用户交换机容量1880部，市话机为4868部，用户电话机为1068部，长途电话线路157条，电报线路38条，营业所4处。"七五"期间，市话交换机容量达到10800部，用户交换机容量3280部，市话机5718部，用户电话机1568部，长途电话线路460条，电报电路53条，按服务半径增设营业所6处，止1990年底，全市长途汽车站由"六五"末的1个发展到4个，1989年成立了市公共汽车公司，市内交通条件大为改善。

用电紧张状况得到缓和。"七五"期间新建市热电厂装机容量6000千瓦，新增供电线路35KV长11公里，6KV、10KV长260.4公里，低压线路524公里。全市已有火力发电厂3座，装机容量57500千瓦。有变电站4座，变电容量71700千伏安，工农业生产和人民生活用电充足。

环境保护工作进一步加强。"七五"期间，环保部门对新上项目认真实行"三同时"，加强了环境监测，开展了废水，烟尘、废渣、噪声，有害气体治理，治理污染源点 136 个，1989 年，市环境保护办公室升格为环境保护局，建立健全了内设机构，从而，使周口市的环境保护工作步入了一个新的发展阶段。

市容市貌明显改观。城市总体规划正在逐步实施，交通路，大闸路，七一路、八一路、中州路、建设路六条主要交通干道建成，房屋开发工作已初见成效，一批现代化的高层建筑已投入使用，城市硬化，美化工作得到加强，绿地面积增加。城市环卫队伍不断发展壮大，机构健全，设备亦基本适应需要。在 1990 年河南省小城市"双文明"检查中，取得了第三名的好成绩。

(二) 工业生产通过技术改造迅速发展。

"七五"期间，市属工业总产值年均递增 12.8%，一批企业通过技术改造不断发展壮大，一些行业也初步形成优势，裘皮制革、纺织、食品、造纸，机械电子，医药是周口的六大工业支柱。继周口市丝绸纺织企业集团成立之后，周口市南皮都裘革集团已宣告成立，"八五"期间，该集团将投资 5000 万元用于技术改造，扩大再生产，这在我省裘皮行业是独一无二的。

在工业技术改造方面，坚持了内涵发展方针，侧重进行了机械电子，食品和裘皮制革品等支柱行业的技术改造。"七五"计划工业技术改造项目 39 个，总投资额 4743.7 万元，"七五"末实际完成工业技术改造项目 35 个，总投资额 4687 万元。进行技术改造的工业项目按投资规模分类，1000 万元以上的项目 1 个，500 万元至 1000 万元的项目 2 个，100 万元至 500 万元的项目 7 个。通过技术改造，全市工业企业中有 10 家晋升为省一级企业，9 家晋升为省二级企业；生产技术水平和产品质量不断提高，全市工业产品有 50 多种被评为省以上优质产品。皮毛厂的芳苑牌甲醛苯柔制狗皮在全国轻工产品博览会上获金奖，狗皮翻毛服装在苏联召开的第十四届皮毛专家评议会上获国际奖，产品畅销欧州市场，药胶厂生产的阿胶补血精，阿胶补血膏，龟板胶三个产品同时荣获全国第二届抗衰老科学进步"金寿杯"奖，药械厂的往复式切药机荣获首届中国医药文化博览"神农杯"金奖等。

(三) 商业、服务业在改革中蓬勃发展。

周口是历史悠久的商业重镇，早在清代，周口就是中原一大商埠，商务交流颇为兴隆，尤其骡马交易驰名全国，皮毛皮货誉满天下。"七五"期间，随着党的改革，开放，搞活政策的贯彻落实，周口的商业，服务业得以迅速发展，呈现出勃勃生机。1990 年年底全市商业，服务行业机构已增至 4888 个，比 1985 年增长 67%，从业人员 18000 人，比 1985 年增加 5500 多人。

市场建设取得显著成效。"七五"期间，按照科学规划、合理布局"的原则，周口市建成了关帝庙工业顶棚市场、建北二路农贸市场，沙厂路农贸市场、旧贷交易市场、皮毛交易市场、六一路鸡鱼市场、凤凰台工业品市场、育新路鞋帽市场和交通路针织品市场，总投资 280 多万元，建筑面积达 15000 多平方米，安排摊位 2500 多个，安置待业人员 6000 多人，取得了良好的经济效益和社会效益。其中凤凰台市场被评为国家级文明市场。

国合商业较好地发挥了主渠道作用。"七五"时期，在流通领域，我们在坚持国家、集体、个体一起上的方针的同时，始终注意发挥了国营商业企业的主渠道作用。5 年间，我们采取国家投资、集资、企业自筹等方式建成了人民商场、关帝庙商场、镇冲寺商场、颍河商业大楼、商业大厦、土产家俱商场、华丰商场、七一路百货楼、信托综合服务楼、通达商场、侨汇商场。这些商业场所的建成，使国合商业的经营条件大为改观，实力和竞争力大大增强。全市人民集资兴建的人民商场是豫东最大的零售企业，建筑面积为 9600 平方米，经营商品达 13000 多种，日客流量达 3 万余人次，1990 年实现利润近百万元，已晋升为省二级先进企业，达到了百货零售企业省一级企业标准，获得了"销售商品信得过单位"、"三优企业"、"执行物价政策、法规最佳商店"等荣誉称号。1990 年，市属国合商业国内商品纯购进总额达 37111.8 万元，比"六五"末增长 5 倍，国内商品纯销售总额达 58439.2 万元，比"六五"末增长 6.3 倍，全市社会商品零售总额达 37727 万元，比 1985 年增长 127.4%。

个体经济异军突起。"六五"末，周口有个体商户 1542 户；个体饮食业户 695 户，个体服务业户 376 户。5 年间，随着周口商业、服务业的发展。个体商户已增至 3400 多户，比"六五"末增加 1 倍以上；个体饮食业户增至 1100 户，比"六五"末增长 58%；个体服务业户增至 550 户。比"六五"末增长 46%。以个体经营为主的育新街鞋帽市场、交通路针织品批零市场，已成为附近县乡个体商贩集中批发点。六一路农副产品一条街，吸引着安徽、江苏的客商，日客流量达 2 万多人次，日贸易额达 10 万元之多，个体营业税收在全市税收中占相当比重，有效地弥补了国营、集体经济的不足，成为社会主义经济不可缺少的一部分。

"八五"奋斗目标

"八五"期间，周口人民将高举"团结奋进、求实创新、兴周富民"的旗帜，同心同德，艰苦创业，到 1995 年，实现以下奋斗目标：工业总产值达到 8 亿元，农业总产值达到 0.7 亿，财政收入 0.6 亿元，农民人均纯收入突破 1000 元，人口自然增长率控制在 10‰以内。

驻马店市

市　长：许国彦
副市长：黄泽康（常务）　刘　先（女　财金）　任金山（教卫体）　余秀成（农林、乡镇企业）　窦纪棼（工交）　李冠昌（科技）

许国彦市长，1945年2月出生于河南省新蔡县，中共党员，1968年毕业于河南师范大学化学系，1985年为中央党校研究生。曾任新蔡县化肥厂厂长，1983年2月当选为新蔡县人民政府副县长，1985年9月任驻马店市委常委、副书记，1987年2月任驻马店市代理市长，同年4月当选为市长。1990年6月再次当选为市长。曾在省级以上报刊发表文章多篇。

骏 马 腾 飞

——驻马店市经济社会发展概况

□ 赵　莉

驻马店市是建国后发展起来的以轻纺、食品工业为主，农机制造为辅的新兴工业城市。京广铁路、京深公路纵贯市区，交通便捷，四季分明，光照充足，土地肥沃，发展经济的自然条件比较优越，农副产品比较丰富，为驻马店地区的政治、经济、文化、教育、科技、信息中心。1986年被批准为对外开放城市。

地理环境。位于河南省中南部，黄淮海平原西南隅，东经113°57′—114°05′，北纬32°55′—33°01′。东北两面与有着宿鸭湖光和嵖岈山色的汝南，遂平毗邻；西南与物产富饶的泌阳及著名革命根据地确山接壤。北距省会郑州市210公里，南离武汉市343公里。地势由西南向东北缓倾。平均海拔86.8米，西部属伏牛山前倾斜平原区，葡萄架村为全市最高点，海拔151米。东部属淮河冲积湖积平原区，大陈庄为全市最低点，海拔58米。发源于乐山东麓的练江河、冷水河流经市区南部和北部，东入汝南县。驻马店属大陆性季风型亚湿润气候，气候温和，雨水充沛，日照充足，年平均气温14.8℃，年平均降水量1004.4毫米，年无霜期平均217天。

建制沿革。“驻马店”肇自明朝天顺年间。史载1457年有安、张等氏在今老街附近营房造屋。因袭镇东古村名为“苎麻”。1474年崇简王就封汝宁，建庄于此，即设驿站。谐原音更新名为驻马店，又称驿城，为确山县属地。清初为确山县八大镇之一。1904年平汉铁路通车，驻马店火车站设立。以火车站为中心的新市区称驻马店，原驻马店谓之“老街”。1912年为确山县特别区，1938年为确山县辖市。1949年3月30日驻马店解放，为县级市，属确山专区。1952年为县级镇，直到1980年9月恢复驻马店市，隶属驻马店行署。驻马店市辖4个办事处、5个乡，29个居委会、41个村委会，501个村民小组。总面积198.5平方公里，人口24.92万，其中城市人口11.93万。

自然资源。全市水资源总流量4995万立方米，可利用总水量为2865万立方米。经济作物以芝麻最为著名，用材林有椿、楝、栓、槐、泡桐、杨、桑、柏等20多个树种；经济林木有竹、枸杞、花椒、香椿、杜仲及温带多种果树桃、李、苹果、枣、柿、杏、梅等。

驻马店市经济发展很快。1990年社会总产值完成123638万元；国民收入42679万元；工农业总产值完成29520.4万元。

工业。建国初期仅有几家卷烟、榨油、服装加工等手工作坊，工业总产值97.6万元。经过几十年的发展，工业已形成一定规模。目前全市有工业企业2071个，其中全民所有制企业24个，乡镇企业1969个。

拥有纺织、食品、卷烟、医药、服装、造纸、印刷、化工、皮革、仪表仪器、塑料、建材、机械等几十个门类的工业企业。形成了独具特色的驻马店地方工业体系，完成工业总产值23022.1万元。喷灌机厂生产的“鸿羽”牌12CG型喷灌机组荣获国家银质奖，产品销往全国20个省市和地区，出口阿联酋等6个国家；电焊机厂的TIG／MIG两用氩弧特种焊机曾多次荣获国家级、部级奖，在举世瞩目的香港“天坛大佛”工程中得到应用；受到好评。双飞牌麻袋，荷花牌全棉涤纶缝纫线、花环牌卫生纸、丝绸绣花棉衣、男女拖凉鞋、玫瑰牌棉尼交织网眼女袜、电度表、机制芝麻香油、驻字牌桔味饼干、悦泉牌啤酒等分别获国优、部优、省优产品，在国内市场久畅不衰，远销欧亚十多个国家和地区，基本形成了以麻纺、机制纸、喷灌机、播种机、机引耙、轧花机、塑编袋等拳头产品。即将形成纺织工业企业集团，塑编、塑料制品企业集团，食品加工企业集团，农用机械企业集团，造纸、印刷企业集团，服装、鞋帽企业群体，家具企业群体。

商业外贸。1990年全市社会商品零售总额31034万元。有乐山商场、北京商场、商业大厦、工贸中心、发达商场、新星商场、京广商厦、新亚商场等13个商业中心；西园、人民、南海和风光工业品等8个市场。国合商业完成纯购进5.97亿元，实现纯销售4.68亿元。1990年全市外贸出口为2626.4万元，有二纸厂的卫生纸、制线厂的工装线、麻纺厂的麻袋、针织厂和服装厂的服装、皮件厂的皮革制品、纺织器材厂的刺毛铁皮、塑料编织厂的塑编袋、鞋厂的布胶鞋等。

农业。驻马店盛产小麦、油菜、大豆、玉米、花生等，特别是芝麻，以籽粒饱满，出油率高而蜚声遐迩。1990年全市农业总产值为3498.3万元，农民人均收入524元。粮食总产量57128吨，人均产量为477公斤，实现自给有余。全市已建立了粮食稳产高产田、芝麻、花生、渔业、果林、瘦肉型猪、板山羊、肉牛、奶牛、商品鸡、蛋鸡、蔬菜、良种繁育11个生产基地。

交通邮电。驻马店为豫南的交通枢纽。境内有国道107一级公路纵穿南北，省道驻泌、驻新二级公路横贯东西，由市区向四周辐射，乡乡通公路。全市设邮电局（所）8处，电话机总数5903部，普及率为2.37部／百人，实现了市区与郊乡自动直拨，长话进入全国直拨网。引进10000门程控电话交换机项目的工程正在兴建，届时驻马店可进入国内、国际直拨电话和用户传真电报网。

市政建设。驻马店市区建成面积由建国初2平方公里发展为12.9平方公里。道路113条，主次干道33条，全长51公里。其中40米宽，为绿化带或交通栏杆隔离的三块板道路8条，总长1.2万米，面积48万平方米。有各种排水管道41条，长52.27公里，供水管道74.6公里，日供水能力5万吨。绿化覆盖率为18%，人均占有公共绿地1.6平方米。有长途汽车站4个，短途汽车站16个。有工人文化宫、青少年宫、南海公园、骏马河公园、文化中心、体育场、前湖公园、电视差转台、地面卫星接收站等设施。居民生活条件有很大改善。1990年城市人均居住面积8平方米。

科技。全市有科研机构4个，科研团体19个，专业科技干部5481人，其中高级专业人员43人，中级专业人员572人，1989年以来获省科技成果二等奖2项，获省科技成果三等奖7项；获国家专利技术项目：磁感应式针舌控制装置、微机控制多功能空气变形纱机、可调卧式儿童三轮自行车、三用旅行车、半自动自行车、带有震动助力装置的自行车、多用儿童秋千等7项。农机厂生产的NZ-18型组合式碾麦机，在1988年首届国际专利及新技术设备展览会上获优秀奖。新型材料厂生产的法美牌GRC浴缸，获省优秀新产品奖、省乡镇企业名优产品奖和省“星火杯”银杯奖。

教育。全市已普及初等教育和实施了九年制义务教育，实现了基本无文盲。现有各级各类学校188所（含幼儿园70所），其中大专学校3所，中等专业学校8所，成人中等专业学校3所，技工学校2所，职工学校2所，乡农民文化技术学校5所，社会力量办学校10所，中小学75所（中学24所）。在校学生51189人，教职工4890人。1990年全市学龄儿童入学率为99.9%，巩固率为99.5%，毕业率为99.5%，普及率为99.9%，均超过国务院颁布的普及初等教育标准。

卫生。医疗卫生事业发展较快。现有人民医院、中医院、保健院、第二人民医院、驻军医院、地区医院等24个，医务人员2973人，床位1821张，每万人拥有病床位73张，每万人拥有医务人员118人。1988年有98.5%的0-7周岁儿童参加保险，各种疫（菌）苗接种率都在90%以上，四苗覆盖率为85.57%，提前两年达到国家标准。1990年计划生育率在95%以上，人口自然增长率在12‰以下。

文化。文化广播电视事业发展迅速，现有市杂技团、市豫剧团、地区豫剧团等3个专业艺术表演团体，演职员209人；各类放映单位35个，市内有影、剧院11座，农村电影队24个，1978年图书馆建1700平方米4层图书楼一座，藏书7万册，基层图书室28个，总藏书82万册。全市有广播站、电视差转台、报社、群艺馆、俱乐部、新华书店、文化馆、文物室、文化站、老干部活动中心等25个。有综合体育场一座，灯光球场22个，篮球场105个，排球场21个，足球场2个，门球场11个。女子竞走运动员乔小荣，摔跤运动员史龙等获“国际级健将”荣誉称号，傅中玉等8人获“国家级健将”荣誉称号。1976年以来，在全国比赛中获冠军19个，省级比赛中获冠军104个。

信阳市

市　长：程国琛

副市长：杨　军（常务）　冯明显（科教文卫）　王新法（工业）　师　勇（政法）　陈吉泉（城建）　陈　民（监察、计生）　王益民（农业）

程国琛市长，1937年6月生于河南南阳县，1963年毕业于北京轻工业学院化工系。工程师。1969年调河南信阳酒厂，先后任技术员、车间党支部书记、生产科长、副厂长、厂长、酿酒总厂副书记、厂长等职。1983年4月任中共信阳市委常委、市人民政府副市长、常务副市长、市委副书记。1984年2月任信阳市代市长，1984年7月当选为市长。1987年再次当选为市长。1990年又当选为市长。

淮河第一城　“七五”展新容

□　信阳市市长　程国琛

素有“淮河第一城”之称的信阳市在“七五”期间随着改革的不断深化，国民经济和社会事业蒸蒸日上、欣欣向荣，使这座具有悠久历史的古城愈益青春焕发。

（一）工业在治理整顿中继续前进，在调整中增强了活力

1986年至1990年的5年间，信阳市工业生产在治理整顿、深化改革中继续前进，工业生产一直保持着持续稳定增长的势头。

到1990年底，市属工业总产值实际完成了91254.6万元（1990年不变价），较1989年增长8.1%，比1985年增长83.4%，5年年均增长11.6%，提前1年实现“七五”计划指标。5年中，全市重点产品和适销对路产品大幅度增长，其中，1990年的农药生产比1985年增长7.6倍，饮料酒比1985年增长95.8%，水泥比1985年增长13.3%，榨油机、柴油机分别比1985年增长155%和50.1%，高压开关柜比1985年增长30%；产品质量也得到进一步提高，“七五”期间，全市共有14种产品获部优，有42种产品获省优。

企业升级工作较“六五”进展迅速，5年中，在市属国营企业中，有1家晋升为国家二级企业，7家晋升为省一级企业，11家晋升为省二级企业。

“七五”期间，信阳市加速产业结构和产品结构的调整，加快技术改造和新产品开发的步伐。集中力量重点抓了信化总厂的农药工程、柴油机厂S180型柴油机生产线、塑料厂宽幅农地膜、豫南机械总厂麦稻收割机等项目，积极支援了农业生产。配合产业结构调整，全市共立115项技改项目，到1990年底已完成102项，计划总投资15110万元，实际已投资14583万元，是“六五”时期完成技改投资的4.7倍，计划年新增产值38837万元（1990年不变价为62644万元），税利为7141万元，投产项目土建工程面积176612平方米，改造更新设备3493台（套），初步理顺了产业、产品结构。1990年底，全市重工业生产的比重已由1985年的30.9%上升到45%。

（二）商业基础设施有了明显改善和提高，城乡市场繁荣、物价稳定；对外贸易和金融工作成绩可喜。

信阳市在“七五”期间采取集资、投资多种措施，兴建了东方商场、上海商场、广州商场、豫南商场等9个大中型商场；兴建了信阳酒家、友谊宾馆等一批较高层次的餐馆和宾馆；还建成了浉河市场、楚王城市场等大中型综合性集贸市场，占地面积达到10.5万平方米。全市商业基础设施和“六五”相比得到明显改善和提高，城市、郊乡处处呈现出一派市场繁荣、物价稳定的兴旺景象。

1990年，全市共完成社会商品零售总额4.9亿元，比上年增长10.9%，“七五”期间年均增长12%；全市社会商品零售物价指数与上年持平，大大低于信阳地

区控制的 14.7%的指标。

信阳市对外贸易在“七五”期间有较大进展，1990 年，全市外贸出口额总值为 3492 万元，比上年增长 3.2%，5 年中年均增长 27%，5 年共创汇 2100 万元；有 22 家企业的 42 种产品出口；利用外资创建了合资、独资企业 3 家。

在“七五”期间，信阳市金融部门大力组织资金，优化贷款结构，各项贷款共计 52862.3 万元，对推动信阳市经济建设起到了重要作用。

(三) 城市建设日新月异，市容市貌焕然一新。

“七五”期间，信阳市根据城市建设总体规划，坚持以新城开发为主、旧城改造为辅的方针，调动各方面的积极因素，采取民建公助、集资联建、综合开发等多种形式，大大加快了城市基础设施的配套建设。

5 年中，全市开工基建项目 351 个，竣工面积 25290 平方米，城市基础设施投资 2539 万元，先后扩建了工区路、南湖路等 18 条主干道，总长度为 21547 米，面积 35 万平方米；新增路灯 1929 盏；自来水供水能力发展到 10 万吨/日，城市供水普及率达 98%；市房屋开发公司完成房屋开发总面积 6 万多平方米，建成住宅 600 余套，在一定程度上缓解了城市住房难矛盾。市内开通了国内长途电话直拨；城市环境污染也得到初步治理，全市共投资 80 万元、投工 63 万多个治理了 河，并使城市绿化覆盖率达到 15.6%，初步形成了全市的环境管理和监测网络。全市医院和大部分企业都兴建了治污工程，治污设施运转率已达 90%。

(四) 郊区农业基础地位日益加强，乡村经济蓬勃发展。

1990 年，信阳市郊区农村社会总产值比 1985 年增长 2 倍多，年均递增 24.9%，其中，乡镇企业产值“七五“期间年均增长 23.7%；粮食生产在全市播种面积比 1985 年减少的情况下，产量创历史最高水平，比 1985 年增长 7.2%，5 年中，年均增长 1.4%；“菜篮子”工程较好地实行了计划经济与市场调节的结合，几年来，市委、市政府一直常抓不懈，菜地面积已由 1985 年的 400 公顷发展到 1990 年的 666.67 多公顷，蔬菜总产量 1990 年达到 50550 吨，比 1985 年增长 53.8%，年均递增 9%；肉类、禽蛋、水产品产量 1990 年分别达到 1103 吨、357 吨、545 吨，比 1985 年增长 47.7%、26.1%和 81.7%，基本满足了城市居民生活副食品的需求。

(五) 科教文卫事业长足发展，精神文明建设成效显著。

信阳市在“七五”期间共安排科技项目 111 项，已完成研（试）制计划、生产出样机及通过鉴定、验收并批量生产的 97 项。5 年中，按照国家关于专业技术职称改革的规定和要求，授予了 8233 人有技术职称，其中，高级职称 181 人，并创建民办科研机构 12 个。

教育事业成就可喜，全市共筹措资金 1182.2 万元，新建校舍面积 51936 平方米，学校危房基本消灭，全市办学条件较“六五”期间普遍有较大改善；师资培训工作也有进一步提高。高中、初中、小学教师达标率分别为 66.2%、66%和 82%，均高于河南省平均水平；职业教育和成人教育也有很大进展，1990 年，全市职业高中已发展到 3 所，职业中专 1 所。小学入学率、普及率、中学巩固率均为 100%，连续获得了河南省命名的“教育先进市”、“改善中小学教师住房条件先进市”、“幼儿教育先进市”、“中小学建档工作先进市”、“中小学教育五项督导先进单位”等光荣称号，经省验收，已达到“基本扫除文盲市”。

文化、卫生、体育事业又上新台阶，群众文娱活动丰富多彩。5 年间，在信阳地区第二、三、四届映山红艺术节中，信阳市分别荣获《丰收杯》和《金杜鹃》奖。全市各类志书业已完成编纂，其中，《信阳市曲艺志》获得了河南省重点科研项目一等奖。卫生工作在 5 年中以防治和保健为主并取得了显著成绩，防止了传染病暴发和流行，基本消灭了头癣、丝虫、地甲等地方病。到 1990 年，全市职工均已享受初级卫生保健，人民群众的身体健康切实有了保障。

“七五”期间，信阳市群众性体育活动广泛开展，在全国性比赛中，有 40 人获得好成绩。全市各种体育协会发展迅速，已拥有篮球、武术、钓鱼等 12 个体协。全市常年参加体育活动的人数占群众总数的 40%以上，共向国家输送国家级运动员 3 人、省级运动员 16 人，向大中院校输送体育人才 173 人。

5 年来，民主与法制建设得以逐步健全，精神文明建设得到进一步加强，安定团结的政治局面日益巩固、发展。

(六) 城乡居民安居乐业，群众生活水平普遍有所提高。

“七五”期间，信阳市共安排劳动就业人员 16269 人，1990 年职工平均工资 1524 元，比“六五”期间年均工资增加 594 元，平均每年递增 10.5%；城乡居民人均生活费收入达到了 1106 元，农民人均纯收入 604 元，较“六五”年均收入分别增加 577 元和 301 元，年均增长 14.9%和 11.5%；城镇居民家庭洗衣机、电视机已基本普及；彩电、冰箱百户拥有量分别达到 55 台和 42.5 台。农民家庭中耐用消费品拥有量也有较大幅度增加。城乡居民吃、穿、用、住质量均有明显提高。

经过“七五”期间的艰苦努力，信阳市人民已彻底摆脱了贫困面貌，目前，正为实现小康水平继续做出不懈的努力。

南阳市

市　长：李宝兴
副市长：曹力华　张　毅　杨文荣（女）　张秉正　丁玉仓

李宝兴市长，1934年8月生于河南省舞阳县，高中文化。1951年5月参加革命，1952年12月加入中国共产党。历任中国人民志愿军连队文化教员，解放军空军师部记录员，漯河市政府民政科科员，中共漯河市委组织部干事，共青团漯河市委副书记、书记，漯河钢铁厂党委书记、厂长，共青团河南省委候补委员、青工部副部长，南阳汽车制造厂、齿轮厂、柴油机厂党委书记、厂长。1983年11月调任南阳市副市长，1987年5月当选为市长，兼中共南阳市委副书记，1990年5月再次当选为市长，南阳市委副书记。

奋进中的南阳市

□ 史定训　张金来

“七五”期间，南阳市人民在市委、市政府的领导下，坚持以经济建设为中心，坚持改革开放，认真进行治理整顿，大力推动技术进步，克服经济运行中的种种困难，完成和超额完成了“七五”计划，保持了全市政治、经济和社会的稳定发展。

国民经济持续稳定增长

1990年，市委、市政府审时度势，确定“稳定、整顿、改革、调整、发展”为全年工作要点，坚持以稳定求进步，以改革求发展，取得了显著的成效。1990年国民生产总值104729万元，比1985年增长89.2%，年均递增13.6%；社会总产值205584万元，比1985年增长83.9%，年均递增12.96%；国民收入73784万元，比1985年增长64.5%，年均递增11.07%；工农业总产值152223万元，比1985年增长83.95%，年均递增12.96%。全市人均国民生产总值3001.2元，居全省各市、县之首。

在工业发展上，认真调整产业、产品结构，1990年，已基本形成以轻、化、药、纺和机械、电子为主导的产业结构和“以轻为主，轻重并举”的发展格局。全年工业总产值145185万元，比1985年增长89.18%，年均递增13.6%，轻重工业的比重已调整为67.8:32.2。全市现有全民、集体工业企业182家，拥有固定资产原值74690万元，比1985年增长85.77%。通过在企业中广泛开展“抓管理，上等级；靠自己，上水平；创优质，增效益”的专项达标活动，不断提高企业整体素质。全市有3家企业晋升为国家二级企业，20家达到河南省一、二级企业标准。1990年，工业产品已达3000多种，已形成以酒精、药品、卷烟、棉纱、丝织品、针纺织品、烧碱、皮革、电池、鞋类、机制纸、农地膜、防爆电机、柴油机、锁具、起重工具等增加有效供给为主体的主导产品。工业技术水平明显提高，5年中共开发新产品244种，3项产品获国家银质奖，72种产品获省、部优质奖。1990年，优质产品率达30.4%。

郊区在逐步形成了农、林、牧、副、渔五业并举，工业、商业服务业、运输业、建筑业共同发展的城郊型经济结构。1990年，农村社会总产值30673万元，比1985年增长2.57倍。其中，农业产值7038万元，比1985年增长0.12%；非农业产值23635万元，比1985年增长4.6倍，所占比重由1985年的49%，上升到77.1%。

“七五”期间，农业生产条件逐步得到改善。1990年，全部生产性固定资产原值9199万元，比1985年增长4.1倍，农业机械总动力7.23万瓦特，比1985年增长54.2%，化肥施用量增长55.7%。同时，粮食、蔬菜、油料作物的产量都有较大幅度增长。1990年粮食总产量27750吨，商品菜60500吨，猪牛羊肉1290

吨，奶产品产量1521吨，禽蛋759吨，均完成和超额完成了“七五”计划指标。

1990年，南阳市努力开拓市场，强化地产品销售，保证了生产、生活市场的基本稳定。全年社会商品零售额76688万元，比1985年增长136.16%，“七五”期间年均递增18.75%，扣除物价上涨因素，实际增长7.85%。国合商业纯购进额111457.7万元，比1985年增长174.68%；纯销售额98694.8万元，比1985年增长115.2%。外经外贸积极扶植出口产品生产，1990年，有90种产品进入国际市场，全年外贸出口收购额达5831.7万元，比1985年增长4.4倍，年均增长40.1%，创汇1394万美元。合资合作企业已发展到6家，还有6家中央和军工企业迁建本市。

财政收支连续5年实现平衡

“七五”期间，市委、市政府确定了财政必须为经济发展服务的方针，强调建立“生产建设型”财政。大力发展轻、化、药、纺行业，集中力量上了一批生产性基建和技改项目。5年中，共安排固定资产投资项目549项，完成投资额33339.7万元，从而逐步形成了以轻工业为主体的财政支柱产业，成为财政收入的主要来源。为支持企业发展生产，市财政每年安排一批挖、革、改资金，用于企业挖潜改造和技术革新，特别是财政支柱企业的技术改造。到1990年，累计安排4478万元，占财政支出的14.4%，加上金融部门投放贷款和企业自筹部分，“七五”期间，共投入技改资金22890万元，完成了一批新项目，促进了企业生产和效益的增长。1990年，全市企业上交税利在100万元以上的已达21家。建立了财政信用资金，从多方面、多渠道融通搞活资金，支持企业“短、平、快”技革项目。到1990年末，财政信用资金用于投入技改资金累计达7548万元，支持工商企业技术改造项目194项，新增产值15797万元，税利4073万元，有效地促进了企业增产、增收。为解决企业资金供求矛盾，1990年，又从省、地财政和省、区内外拆进资金8430万元，发放短期流资借款320次，周转额在13213万元，基本上满足了工商企业生产经营的正常资金需求。经过多年实践，已初步形成经济与财政相互促进的良性循环机制。1986—1990年，财政收入在经济持续发展中稳定增长，累计收入44269万元，支出36809万元。连续5年实现收支平衡，略有节余。1987年，被新华社公布为全国37个生产发展快，经济效益好，税利增长多的中小城市之一；1989年跨入全国百名财政大县（市）行列。1990年财政收支达11020.9万元，比1985年增长89.39%，年均增长15.4%，成为河南省唯一一家超亿元的县（市）。

科技教育事业取得明显成效

“七五”期间，从改革体制入手，加强科研机构建设，至1990年，全市科研机构发展到31个，建立学会、协会、研究会50多个，各类专业技术人员发展到12541人。同时，围绕科技兴工、兴农，不断增加科技投入，建立科技开发基金，大力组织技术引进、攻关、创新。5年共投入科技经费5459.9万元，实施科技进步项目484项，取得科技成果126项，其中，获国家、省、地科技成果奖62项，科技成果推广应用率达88%，投入产出比为1:5.66。

“七五”期间，努力加强基础教育，大力发展职业技术教育和成人教育，并依法实施了九年制义务教育。市区先后新建中、小学12所，新建改造校舍面积10万平方米。1990年，全市适龄儿童入学率100%，巩固率99.7%，毕业率99.9%，达到省定标准。高考升学率27%，创全区之首。职业学校已发展到18所，在校学生3180人，职业、技术学校在校学生已占高中阶段学生总数的50%。1989—1990年，相继被省教委命名为“集资办学先进市”，被省政府命名为“职业教育先进市”、“教育先进市”。

文明城市建设再创新水平

“七五”期间，南阳市本着“突出重点，量力而行”的原则，不断加强城市基础建设，强化综合服务功能，先后实施重点项目12项。新建、改造城市道路23条，总长15.6公里，城市主干道已基本形成网络；扩建了第一水厂，完成了第二水厂一期工程，日供水能力达到9万吨，自来水普及率达99%；新建11万伏特变电站1座，增设高低压配电线路总长53公里，新增输变电能力63000千伏安；建成5000吨／年液化石油气储备站，年供气总量803吨，气化率34.7%。全国最大的日产4万立方米的沼气工程已建成投产，用户已达5000余户；新建了市话二分局，现市话设备总容量增至9000门，万门程控电话正在安装测试；新建住宅面积累计已达321.6万平方米，人均居住面积13.2平方米，高于全国城市住房居住水平；治理白河市区段的一期工程已经胜利竣工。广泛开展群众性的爱国卫生活动。垃圾清运机械化程度达到95%。城市植树62万株，绿化覆盖率达31.26%，荣获“全国平原绿化先进单位”称号。同时，治理污染源97项，市容市貌得到明显改观，在全国455个城市卫生检查评比中，荣获“全国县级十佳卫生城市”称号。“七五”期间，在全市人民中开展了“做文明市民、创文明单位、建文明城市”的活动，1988年，荣获省政府“文明城市建设先进单位”称号。1990年，在全省18个系统文明城市竞赛检查中，荣获17个第一、一个第二名。

市　长： 赵宝江

副市长： 王守海　高顺龄　董绍简　王明权　吴厚溥　郭友中

赵宝江市长，1941 年 3 月生，山东省烟台市人。1966 年毕业于清华大学建筑系，后入伍在工程兵部队从事技术工作。转业后，历任武汉市建筑设计院技术员，建筑师，副院长，院长，武汉市规划局局长，党组书记，武汉市城建委副主任，中共武汉市委常委、秘书长，武汉市人民政府常务副市长，代理市长。1987 年 3 月任中共武汉市委副书记，武汉市市长。

迈向二十一世纪的前奏

——武汉市“七五”时期的新发展

□ 罗良忠　陈　明　余功豹

1984 年 5 月，党中央、国务院决定武汉市进行城市经济体制综合改革试点，实行计划单列，赋予省级经济管理权限。“七五”时期，武汉市提出了“改革兴市、科教立市、依法治市、勤俭建市”的基本市策，全市国民经济和社会发展取得了巨大成就。1990 年全市国民生产总值为 157.05 亿元，从 1980 年开始的 10 年间年均递增 5.8%，工农业总产值年均递增 7.9%，基本上实现了前 10 年翻一番的战略目标。

农村经济全面发展，乡镇企业异军突起

农业生产稳步发展。“七五”时期武汉市把发展农业放在重要地位，在完善农村家庭联产承包经营责任制的基础上，调整农村经济结构，发展农村商品经济；进一步健全和完善了承包合同和激励机制；初步形成了县、乡、村、组四级农村科技服务体系；按照“大稳定、小调整”的原则，完善了土地承包制度；根据自愿原则，适度发展土地规模经营。“七五”后两年，采取了对农业的适度倾斜政策，农业投入迅速增长，农田水利基本建设，农业综合开发和科技兴农等各项农业建设蓬勃展开，推动了农业生产的稳定增长（参见右表）。1990 年农业总产值 36.86 亿元，按可比口径计算比 1985 年增长 27.5%，年均增长 5%，其中种植业产值年均增长 2.2%，林业年均增长 2.6%，牧业年均增长 9.2%，副业年均增长 13.3%，渔业年均增长 14.9%。农业总产值中，种植业比重由 1985 年的 71.3%下降到 1990 年的 62.4%，林牧副渔业的比重由 28.7%上升到 37.6%。1990 年，粮食、油料产量创历史最高水平，肉、禽、蛋、奶、水果和水产品也均达到或超过历史最高水平，棉花生产结束了几年徘徊，比上年增长 32.1%。整个“七五”时期，除棉花外的其他主要农副产品年均产量，均比“六五”时期有较大幅度增长。

主要农副产品年均产量　单位:万吨

	“六五”时期	“七五”时期	“七五”比“六五”增长%
粮　食	151.20	172.74	14.2
棉　花	4.02	3.82	−5.0
油　料	4.14	5.43	31.2
猪　肉	4.69	10.10	1.16 倍
水产品	3.57	9.36	1.62 倍
牛　奶	2.21	3.51	58.8
水　果	1.07	1.85	72.9
蔬　菜	74.82	131.14	75.3
禽　蛋	1.94	4.28	1.21 倍

“菜篮子”工程和农副产品生产基地有较大的发展。5年间，武昌、汉阳、新洲、黄陂四县商品粮基地、黄陂县优质米基地、新洲县优质棉花基地建成，市牛奶公司奶牛场，汉南区5000头，黄陂县武湖农场4000头瘦肉型猪出口基地、300万只肉鸡联合企业，黄陂县20万只蛋鸡场和郊县4个5万只蛋鸡场相继建成投产，发挥效益，对增加城市居民农副产品供给起到积极作用。

乡镇企业异军突起。“七五”时期，武汉市按照“积极扶持，合理规划，正确引导，加强管理”的方针，推动乡镇企业调整产品结构，改善经营管理，提高产品质量档次和经济效益，使乡镇企业迅速发展，成为武汉市经济发展新的增长点之一。1990年，全市乡镇企业总产值（1980年不变价）达到58.37亿元，是1985年的3.2倍，其中工业产值36亿元，增长1.8倍，利税分别上升90%和1.6倍。5年间乡镇企业的发展不仅吸纳了50余万农村富余劳动力，加上“六五”期间的5年，10年累计直接向农业投入1.89亿元，相当于国家同期投入的1.57倍。

工业生产稳定增长，固定资产投资增加

“七五”时期武汉市坚持以搞活企业为中心，实行厂长（经理）负责制，普遍推行多种形式的企业承包经营责任制，深入进行企业内部改革；增强了企业活力，推动了工业生产的发展。1990年全市完成工业总产值303.15亿元，按可比口径计算，比1985年增长33.9%，年均递增6%。其中全民所有制工业年均递增4.3%，集体所有制工业年均递增4.1%，其他所有制工业年均递增12.1%。5年间，全市主要工业产品年均产量大幅度增长（参见附表），工业生产能力不断扩大，技术水平有所提高。1990年末，全市独立核算工业企业拥有的固定资产原值达197.29亿元，比1985年增长54.2%。“七五”时期有21个产品获国家优质产品奖，其中金牌奖6枚，银牌奖15枚，年均开发新产品1000多种。在工业生产发展的同时，由于技术装备陈旧，资金匮乏、技术改造滞后和工作中的某些失误，致使工业结构矛盾突出，技术进步缓慢，产品竞争能力不强，与市场需求的急剧变动不相适应，“七五”后两年生产发展速度下滑，经济效益下降。1990年以来，市委、市政府坚持以提高经济效益为中心，以质量品种为重点，着重抓好结构调整、技术改造和企业管理这三个环节，克服市场疲软、资金不足和部分原材料短缺等困难，促进工业生产逐步向好的方向转化，产品结构调整初见成效。1990年共开发新产品（包括新品种）1496种，当年投产率达75.6%，其中高新技术产品17种，共实现产值5536万元，利税1228万元；重点产品质量稳定提高率达94.68%，优质品产值比重为32.9%，比上年提高3.3个百分点，获国家金牌奖3枚，银牌奖4枚，是近几年获奖牌最多的一年。

主要工业产品年均产量

	单位	“六五”时期	“七五”时期	增长%
生铁	万吨	334.23	441.42	32.1
钢	万吨	335.20	466.66	39.2
钢材	万吨	282.50	448.92	58.9
原油加工	万吨	143.78	187.23	30.2
水泥	万吨	79.98	120.27	50.4
烧碱	万吨	4.44	5.31	19.6
化肥(折纯)	万吨	5.34	7.04	31.8
纱	万吨	9.90	10.90	10.1
布	亿米	4.35	4.45	2.3
呢绒	万米	150.33	243.63	62.10
机制纸及纸板	万吨	11.02	13.73	24.6
自行车	万辆	41.63	66.75	60.3
电视机	万部	8.88	19.19	116.1
收录机	万部	20.49	52.33	155.4
洗衣机	万台	17.73	32.87	85.4

“七五”时期，武汉市固定资产投资结构改善，重点建设项目进展顺利，为后10年的发展培植了后劲。5年间，全市全社会固定资产投资累计完成167.15亿元，比“六五”时期增加93.47亿元。其中全民所有制单位投资136.44亿元，比“六五”时期增加74.54亿元；城镇集体所有制单位投资4.7亿元，比“六五”时期增加1.24亿元。5年间全社会新增固定资产126.96亿元，增强了武汉的经济实力和发展后劲。

“七五”时期武汉市固定资产投资呈两个显著特点。一是生产性建设投资的比重增加。“七五”时期全民所有制单位完成更新改造投资65.23亿元，比“六五”时期增长1.93倍。在全民所有制单位固定资产投资中，生产性投资比重达63.79%，比“六五”时期提高了14.05个百分点。二是支持了一批重点建设项目。“七五”期间，武汉列入国家计划的大中型基建项目和限额以上的技改项目17个，总投资40多亿元；列入部、省在武汉的重点建设项目9个，总投资10多亿元；加上“七五”末期国家批准的二汽年产30万辆轿车总装厂、武汉机场、阳逻电厂、长江公路桥、武钢“双七百”改造等项目，总投资逾170亿元。这些重大项目的投资兴建，将对提高全市产业结构层次，改善工业布局产生重大影响，将大大改善武汉的投资环境，增强武汉的吸引力、辐射力和综合服务能力。

内外开放步伐加快，中心城市作用增强

“七五”时期，武汉市加快对内对外开放步伐，在进出口贸易、利用外资、引进技术和加强对外经济技术合作等方面都取得了重大突破。

对外贸易发展迅速。1985年武汉市获得进出口业务直接经营权以后，促进了对外贸易的迅速发展，年出口创汇额由1985年的5264万美元上升到1987年的2.01亿美元。但同时，出口商品结构不理想，换汇成本偏高，出口市场主要局限于港澳和东南亚地区，国际市场销售网络也有待开拓。“七五”期间，武汉市在积极拓展外贸出口的同时，深入进行外贸体制改革，逐步推行外贸企业出口创汇承包经营责任制，既给外贸企业增加了压力，又注入了活力。5年来，尤其是“七五”后3年，外贸企业着力开拓欧美、中东、非洲市场，向远洋进军，通过举办商品交易会、开办企业，设立“窗口”等多种方式，初步建立起海外销售网和信息网，形成了近海与远洋市场并重的外贸格局。5年来，换汇成本有所下降，出口商品结构改善，档次提高，出口创汇额连年大幅度增长。1990年全市出口创汇额达到3.24亿美元；比1985年增长近5.2倍，年均递增43.8%。机电产品的出口比重由1985年的2.6%提高到1990年的12.6%。出口商品533种，涉及到105个国家和地区。

利用外资和对外经济技术合作取得重大进展。经过5年努力，武汉市已初步形成多方面、多层次利用外资的格局。外商投资企业由城区发展到郊县，涉及到机械、电子、化工、冶金、轻纺、建材、市政建设和服务业等领域。“七五”期间，全市利用外资项目399个，合同总金额6.5亿美元，其中外资4.8亿美元，实际利用外资2.57亿美元。5年间，全市批准兴办的“三资”企业141家，至1990年底止，共有52家企业开工投产营业，累计创产值5亿多元，实现利税7000余万元，创汇1900万美元。5年中，利用国外贷款逐年上升，共签订国外贷款合同83项，2.74亿美元。其中外国政府贷款17项，共6340万美元；国际金融组织贷款66次，共1.46亿美元；国外商业贷款6448万美元。5年间，签订租赁合同41个，1642万美元；“三来一补”项目97个，创汇1396万美元；对外承包工程和劳务合作项目35项，合同金额1.6亿美元。1990年旅游外汇券收入9635万元，比1985年增长5.62倍，年均增长45.9%。“七五”期间，武汉市利用外资兴办了一批高新技术企业和出口创汇型企业，增强了经济实力。如位于东湖新技术开发区的长飞光纤光缆有限公司，引进荷兰先进技术，可年产光缆5000公里，即将投入批量生产，是我国目前规模最大的光纤通信产品生产企业。

对内经济技术联合与协作不断发展。参与和组建了中南六省三市、江汉平原和武汉经济协作区；加强了与长江沿岸中心城市、沿海开放地区、资源产区的联合协作，初步形成了多层次的经济技术协作网络。

城市基础设施建设加强，城乡面貌发生重大变化

“七五”时期，武汉市以交通通信建设为先导，对城市基础设施投资建设采取倾斜政策，城乡面貌发生重大变化，“九省通衢”的现代化城市形象已现雏形。这一时期，武汉市交通通讯基础设施建设规模空前，总投资接近前6个五年计划的总和。

对内对外综合交通网络基本形成。武汉居于黄金水道长江的中游，京广铁路大动脉纵贯三镇，地理区位优势突出。“七五”时期，一方面，武汉市把交通建设作为城市建设的重点，安排了1个机场（天河机场），2个客运站（汉口新火车站、武汉港客运站），3座码头，4个货场，5条出口公路等15项交通基础设施等重大项目，总投资13.54亿元，而且在工程规模、技术功能和设施形象等方面均有重大突破。这些重大项目的建设，改善了城市交通、运输条件和投资环境，推动了对内对外开放和协作交流。目前，武汉机场已经开工，其他项目已经竣工或完成了主体工程，即将交付使用。另一方面，在加强重点项目建设的同时，交通运输部门积极挖掘现有设施的潜力，改善经营管理，加强联合与协作，使以武汉为中心“两线两网一片”（长江、京广干线，公路客运、零担货运网，武汉经济协作区片）综合交通运输体系基本形成。1990年，武汉市交通部门完成的货物周转量655.74亿吨公里，比1985年增长69.5%；完成旅客周转量127.25亿人公里，比1985年增长41.9%。

奠定了城市环形交通网络的基础。“七五”时期是武汉市道路建设的黄金时期，投资额达2.7亿元。新建出口公路3条，开通境内3条国道，完成新建、扩建、改建项目44个，拓宽改造道路23条，新增道路109公里，新建桥梁10座（包括人行天桥），改造拓宽了一批主干道和连通道，为形成市区道路环线新格局奠定了基础，缓解了市区交通的紧张局面。5年间，通过道路桥梁建设，初步改变了人车混流和公路、铁路的平交状况，形成了由平行江河的主干道、垂直于江河的连通道、联接三镇的长江大桥、汉水桥及轮（汽）渡组成的混合式道路网络。市内高级、次高级路面由1985年的897公里增加到1990年的1099公里，增长22.5%。

通信事业取得长足发展。“七五”时期，全市电话普及率迅速提高，1990年末市话用户（不含县）达6.06万户，平均每万人拥有电话机409.9部，比1985年分别增长101.6%和58.3%。引进程控电话3.1万门，已开通使用2.34万门；电话装机容量由1985年的42950门增加到79550门，长话线路增加到3674路，可通全国各大城市和世界156个国家和地区。通信技术等级

迅速上升，传真、特快专递等新兴业务迅速发展，加强了对外联系和信息传递。“七五”期间，具有现代高新技术手段的宁汉光缆、汉渝微波和京汉广中同轴电缆通信开通，标志着武汉成为全国通信的交汇枢纽之一。1990年全市邮电计费业务总量完成9309万元，比1985年增长1.51倍，年均增长20.2%。

城乡面貌大为改观。“七五”期间，武汉市在抓紧重点交通通信设施项目建设的同时，城乡建设全面展开。5年新增公共汽（电）车300辆，改造193辆，新增公交营运线路38条、轮渡12艘，缓解了行路难的矛盾。居民燃气用户达20多万户，气化率由1985年的19%提高到1990年的33%。全市178.5公里国家确保干堤已有125公里加高加固，城市防洪能力增强。5年间，新建和改造了城市供水设施，新增日供水能力54万吨，1990年全市日供水能力达到276.7万吨（包括自备水厂）；建成124个郊县县镇小水厂，90%的农村人口饮上了安全卫生水。黄孝河主河道治理完工，使武汉的“龙须沟”变成宽阔的建设大道；建成东湖截污日处理5万吨一级污水处理厂1座。改造了城市排水设施。

科教文卫兴旺繁荣，居民生活显著改善

科技事业兴旺发达。科技工作在为经济建设服务，提高经济效益和增强发展后劲的指导思想下，围绕两大层次（经济建设和社会发展），五大计划（科技攻关与开发计划，火炬计划，星火计划、科技成果重点推广计划和软科学研究计划）展开。“七五”期间，市属单位共安排科技攻关119项，407个项目，至1990年底，共完成374个项目，其中71项获省、部级科技进步奖。据对其中303个项目的统计，有85项取得了明显的经济效益，新增产值4亿多元，利税7500万元，创汇860万美元；实施星火计划542项（其中国家星火计划32项），已完成285项，新增产值3.1亿元，利税0.6亿元，在开发瘦肉型猪、优质鱼、良种瓜果、食用菌等方面取得了重大突破；实施火炬计划71项（其中国家火炬计划11项），在光纤通信、激光技术，生物工程，微电子、新材料等高新技术领域的科研，处于全国先进水平，有的研究项目已形成产业规模或产业雏形。

“七五”期间，位于东湖之滨的东湖新技术开发区的发展步伐大大加快，在43平方公里的区域内，已有从事高新技术研制、经贸、开发的单位500余家，其中从事高新技术及产品研制的企业102家，研制开发项目近千种，数十种产品已达到国际先进水平。

教育卫生事业欣欣向荣。“七五”时期武汉市共培养了大学本、专科毕业生12.85万人，比“六五”期间增长96.9%；中等专业学校毕业生5.89万人，比“六五”增长83.8%；农业职业中学毕业生3.08万人，比“六五”增长4倍。5年间，基础教育发展较快，1990年全市有小学2166所，招生11.22万人，学龄儿童入学率达99.6%；有幼儿园1192所，在园幼儿17.7万人，分别比1985年增长29.4%和39.8%。5年中有7名中学生在国际奥林匹克学科竞赛中获奖，共获金牌4枚、银牌2枚、铜牌1枚。

“七五”期间，卫生事业以解决群众看病难、住院难为重点，进行医疗体制改革，社会医疗单位向内挖潜，部队、院校、工矿企业医院向社会开放，缓解了群众就医难的矛盾。1990年，全市有卫生机构1417个，医院病床2.86万张，比1985年增加病床5693张；每千人拥有病床4.27张，卫生技术人员8.05人，分别比1985年增长12.7%和7.2%；乡村医生由1985年的2288人上升到1990年末的3807人，增长66.4%。

文化体育事业发展令人瞩目。5年间新建、改建影剧院10座，新建文化站27个，开放单位文娱设施12个，新建新华书店12个，图书仓库1座，增设图书销售网点43个，广播电台由2个增加到4个，电视台由2个增加到5个，电视覆盖率达90%。5年来，武汉运动员在奥运会上获金牌1枚、银牌3枚、铜牌1枚；在1988年全国首届城运会上共获金牌12枚，银、铜牌各15枚，团体总分居第2位；在第十一届亚运会上获金牌11枚。全市经过参加体育锻炼的人数占总人数的42%。

“七五”期间，随着经济发展和各项社会事业的进步，城乡居民的物质文化生活水平逐步提高。1990年，全市职工平均货币工资收入达到2093元，比1985年增加986元，扣除物价上升因素后，5年间年均实际增长3.2%；城镇居民人均月生活费收入为122.12元，比1985年增长1.02倍，年均增长15.1%，剔除物价上涨因素后，实际年均增长4.5%；农民人均年纯收入815元，按可比口径计算比1985年增加322元，年均增长9%。1990年末，全市城镇居民储蓄存款余额为60 .53亿元，农村居民储蓄存款余额为8.43亿元，比1985年末分别增长2.89倍和4.94倍。在住宅建设上。5年新建住宅竣工面积2366 .2万平方米，6648户住房“特困户”（人均$2M^2$以下）在此期间解决了困难，使武汉成为全国第三个解决“特困户”住房的大城市，城市居民的居住面积也由1985年的5.39平方米增加到1990年的6.09平方米。

“七五”期间，武汉市通过发展第三产业等形式，增辟就业渠道。5年共安排待业人员22.42万人，促进了经济和社会的发展，保障了社会的安定。5年间，全市发展社区服务设施1550个；扶持农村贫困户61000余户，脱贫率达53.4%；苏区人平收入由1984年的110元增加到1990年的500余元。

黄石市

市　长： 徐子伦

副市长： 王远璋（常务）　陈日进（工交、邮电）　余旦溪（女　文教卫、新闻）　戴宜勤（财贸、金融）　胡运钊（城建、科技）　施中传（农业、外贸）

徐子伦市长，1937年11月生，山东省日照市人，工程师。曾任冶金部第十五冶金建设公司技术员，工程师，党委宣传部副部长，公司办公室副主任，机动处处长，公司副经理，公司党委副书记，参加过武钢金山店铁矿、武钢“一米七”轧机和江西铜基地等国家重点工程建设的组织领导工作。1983年被选为黄石市副市长，1986年被选为黄石市市长，1989年再次当选为黄石市市长。

发展两翼　振兴主体

——黄石市“七五”建设回顾

□ 黄石市人民政府政策研究室

“七五”时期，是黄石经济和社会事业在改革开放中全面发展的5年。市委，市政府从黄石的实际出发，确立了“发展两翼，振兴主体”的城市经济社会发展道路。即通过抓好城市软硬环境的建设和科技进步这“两翼”，实现经济主体的振兴，推动城市的繁荣进步。“七五”期间，黄石市正是沿着这样一条发展思路，开拓进取，求实务实，城市经济和社会的发展取得了令人瞩目的成就。到1990年，全市社会总产值（1980年不变价，下同）完成68.27亿元，国民生产总值达到28.5亿元，国民收入实现22亿元，工农业总产值完成61.34亿元，地方财政收入实现3.16亿元，分别比“六五”期末的1985年增长27.3%，25.3%，10.6%，35.8%和26.1%。科技、教育、文化、卫生、体育等社会事业也得到了长足的发展。回顾“七五”时期的城市建设与发展，黄石市在贯彻“发展两翼，振兴主体”的战略思路方面，主要抓了以下三个着力点：

致力于城市软硬环境的建设

作为城市发展“两翼”之一的城市软硬环境，是加快城市经济发展的重要基础条件。“七五”期间，是黄石软硬环境建设发展最快的历史时期。5年来，黄石市牢牢抓住城市建设的发展机遇，积极争取国家和省里对本市的支持，坚定不移地走“人民城市人民建”的建设道路，城市硬环境得到较大改善。在交通运输方面，先后建成了大沙铁路进入市中心区的连接线，武（汉）黄（石）一级公路，外贸码头，一级客运站，化工专用码头等一大批重点工程，黄石长江公路大桥已开始建设。这些重点工程的建设，使黄石的交通运输条件登上了一个新的台阶。武黄一级公路是我国继沈大和京津唐高速公路之后建成的又一条里程最长的高等级公路，被誉为华中第一坦途，它的通车使黄石至武汉的行车距离缩短了1/2，行车时间缩短2/3。在邮电通讯方面，完成了万门程控电话、光纤通讯、黄石电信大楼等重点工程建设。光纤通讯的接通，使我国第一条东西走向的通讯线路——宁汉渝光纤电缆贯通黄石。“七五”期末，市话交换机容量比“六五”期末增加了一倍以上，邮电通讯条件大为改善。在市政建设方面，新建和扩建了20多条城市主干道，新建和改造了3座立交桥，城市道路由88.3公里增加到132公里，下水道的服务面积由10平方公里增加了14平方公里。在公用事业方面，完成了2座水厂的扩建和改造，自来水日供水能力由14万吨增加到23万吨；城市供电能力比1985年增加47%；城市每万人拥有公共汽车由4.2标台增至5.9标台。在城市住宅建设方面，先后完成了上窑旧城改造和楠竹林住宅小区，团城山3号住宅区，磁湖南岸住宅区的综合开发，城市人均住房面积由5.2平方米增加到6.8平方米。在市容市貌方面，把园林绿化，环境卫生和污染治理结合起来，新建了澄月岛、烈士公园、大冶青龙山公园，完善了儿童公园、鹿獐山公园和东方山、西塞山等园林景点，建城区绿化覆盖率由15%提高到19.54%；投入资金5012万元用于环境污染治理，使城市的环境质量达到国家二级标准。

在抓好城市硬环境建设的同时，黄石市还十分注意城市软环境的建设。黄石是我国青铜文化的发祥地之一，被誉为“三楚铜都”和“钢铁摇篮”。1989年，黄石市正式把铜绿山古矿冶遗址出土的铜斧和熔炉，作为象征着开拓进取、务实求精的“黄石精神”的标志，决心在新的历史时期继承和发扬优秀的文化传统，在全市各行各业中广为宣传。同时，黄石市还在加强城市管理和提高市民文明素质上下功夫。5年来，为了强化城市管理，坚持依法治市，先后制定了园林绿化、市容环境、交通秩序、卫生防疫、公共场所、个体工商等一系列地方性管理条例，使城市管理有章可循，有法可依；通过编制国土规划，修编城市总体规划，使城市建设沿着科学的轨道发展；建立市、区条块结合，分级管理的城市管理体制，在全市范围内普遍推行“门前三包”责任制，城市管理逐步纳入法制的轨道。特别是黄石被列为全国开放城市之后，把提高市民文明素质，作为城市软环境建设的重点来抓。1986年以来，通过开展“五讲四美三热爱”活动，创建“文明单位”、“五好家庭”、“文明市民”活动和“美在黄石”等五大活动，开展以坚持四项基本原则、改革开放为主要内容的政治教育以及“四有新人”教育、民主与法制教育、“明珠”城市意识教育、职业道德教育等五项教育活动，城市市民文明素质明显提高。为推进黄石的开放开发，促进黄石经济主体的振兴，实现黄石由中等城市向大城市的过渡创造了良好的基础和条件。

积极推行科技兴市战略

科学技术是第一生产力，科学技术在现代生产力中是最活跃的因素和最主要的推动力量。“七五”期间，黄石市委、市政府确立了科技兴市的城市发展战略，借助黄石作为全国科技体制改革试点城市的强劲东风，促使科学技术面向经济建设的主战场，同时，经济建设也逐步转移到依靠科技进步的轨道上来。5年来，全市共取得各类科技成果359项，其中达到国际水平的7项、国内先进水平的139项，有90个项目获国家和省级科技进步奖和发明奖，有107项成果获国家发明专利；全市科技人员由1984年的28000人增加到1990年的63000人，科研所由30个增加到159个，创办科技型企业30家。为了发展科技，“七五”期间，黄石市主要抓了以下四个方面的工作:

第一，推行科技体制改革。自1985年中共中央作出关于科技体制改革的决定以来，尤其是黄石市被国家“四委一办”列为全国科技体制改革试点城市之后，+积极探索，勇于实践，走出了一条具有本地特色的改革路子。一是根据黄石厂矿科技力量集中的特点，确立了以放活厂办科研机构为“主体”，以市属独立科研机构和民办科研机构为“两翼”的“一体两翼”科技体制新格局。二是积极推进企业技术进步。建立和健全了以总工程师技术负责为主体的企业科技进步管理体系，建立科技进步发展基金，将技术进步的量化指标纳入企业承包经营责任制,促进了企业的技术进步。三是努力放活科技人员。市委，市政府制订10条优惠政策，鼓励科技人员走出机关、学校、大中型企业和科研单位，承包、租赁乡镇企业，小型集体企业，创办民办科研机构。组织科研单位对口扶持乡镇企业，选派科技副乡长和科技人员到乡镇工作。四是发展技术市场。通过颁布地方管理法规，加强技术开发经营机构的技术合同的管理，组织大型技术交易会，开展技术交易服务，投放技贸贷款，加强专利管理和科技情报工作，技术市场逐步形成，促进了科技成果向生产力的转化。

第二，创办科技型企业。从1986年开始，黄石市在全市范围内广泛开展了创办科技型企业的活动。活动由原来的工交系统，逐步扩展到工交、教育、城建、财贸、农业五大系统，遍及冶金、建材、机械、轻工、纺织、化工、医药、食品、水产、畜牧、环保等13个行业。制订了科技型企业的标准，建立了相应的奖励与制约政策，在科技计划，科技贷款方面给予重点扶持。到1989年，全市共创办科技型企业30家，这些企业的职工人数虽然只占全市职工人数的5.86%，但其工业产值，上交利税占全市工业总产值和财政收入的比重分别达46%和59%。

第三，设立黄石科学技术节。经市人大审议决定，从1989年起，每年10月16日（我国第一颗原子弹爆炸纪念日）为黄石市科技节，其目的在于提高全市人民的科技意识，促进科技兴市战略的实施。第一届科技节的主题是宣传科技兴市的战略，第二届是发动全市人民开展以小改、小革、发明、创造和提合理化建议为主要内容的“技术创新铜斧杯夺标赛”，第三届是推广应用科技成果。首届科技节历时8天，共展出168项科技成果，组织省内外120余家单位参加技术交易会，表彰了94名优秀科技工作者；第二届科技节，组织了全市70个行业、单位参加，有287个项目的技术夺标竞赛，创直接经济效益4000多万元，社会效益亿元以上。

第四，组织科技“大合唱”。全市上下群策群力，协调配合。市委、市政协全面领导，确定指导思想，市人大、市政协，市委，市政府各职能部门都积极参与重大方案的制定，围绕实施科技兴市战略服务；市人民银行和专业银行在科技，金融合作方面给予积极支持；市总工会、团市委、市妇联、科协等组织联合组织科技节活动，把科技进步工作做到基层；报社、电台、电视台等新闻舆论工具，为科技兴市呐喊助威，做好舆论宣传工作。现在，科技"大合唱"越唱越响亮，科技兴市战略正朝着纵深方向健康发展。

发挥优势，调整结构，实现经济的发展与振兴

城市环境的改善，科学技术的发展，为城市的经济建设创造了良好的条件，发挥了积极的推动作用。5年来，黄石市在发展"两翼"的同时，围绕经济建设这个"主体"不断深化各项改革，坚定不移地进行治理整顿，努力调整经济结构，积极扩大对外开放，在外部环境比较严峻的情况下，经济建设仍然取得了较好的成绩。"七五"期间，黄石市围绕"振兴主体"，突出抓了三个环节的工作。

一是继续发挥优势产业的支柱作用。采矿、冶金、建材三大产业是黄石市的工业支柱，工业产值约占全市工业总产值的一半，使黄石市成为湖北省乃至全国的重要原材料工业基地。5年来，黄石市继续发挥这些优势产业在国民经济中的支柱作用，一方面在投资上向优势产业实行倾斜，另一方面在产品上实行延伸加工和上档升级。"七五"期间，黄石市共完成固定资产投资20.6亿元，在生产性投资中73.69%的投资用于了以三大优势产业为主的重工业，先后建成了有色公司电解铜、大冶钢厂连铸、大弹簧生产线等一批重点基建技改项目。同时，围绕"一条龙"的经济技术开发，实行了粗铜、钢及钢材等原材料产品的延伸加工，提高了产品的附加价值；一批反映当代科技水平的新钢种、新型建筑材料如高温合金、高炭铬轴承钢和塑料建材、装饰材料已能批量生产，原材料产品的档次已明显提高。"七五"时期，黄石市原材料产品的规模进一步扩大，粗铜产量5年累计26.05万吨，比"六五"时期增长5.4%；钢累计351.78万吨，增长21%；钢材累计290.67万吨，增长19%；水泥累计1121.96万吨，增长32.27%；原煤累计923.04万吨，增长26.69%。

二是积极发展轻、化、纺等轻工行业。重工业过重，轻工业"腿短"一直是黄石产业结构中的一个突出矛盾。"七五"期间，黄石市在发挥重工业支柱作用的同时，积极致力于轻工、化工、纺织、医药、食品等轻工业的发展，先后建成了啤酒厂、精粉厂、第二棉纺厂、绒线厂、精毛纺厂、制冷压缩机生产线和黄棉180圆网印花生产线、无水柠檬酸、运动鞋生产线等一批重点基建技改项目，开发了T恤衫、西服、精纺面料、运动鞋、中西药品、制冷设备等一大批名优新产品，轻重工业的比例已由1986年的25:75调整为33.6:66.4。

三是努力扩大对外开放。随着经济的不断发展，对外开放已经成为黄石搞活经济，促进城市开发的必由之路。"七五"期间，黄石市还把扩大对外开放提到了实现90年代黄石经济振兴的战略高度，通过引进先进的技术和设备，对大冶钢厂、锻压机床厂、电缆厂、二橡胶厂、针织厂、服装厂等一批企业进行了嫁接改造，使这些老企业焕发了青春；通过出口创汇，使一批企业开发出了一大批适应国际市场的名优新产品，促进了企业的上档升级和创优夺牌；通过引进外资，合资合作办厂的形式办起了一批"三资"企业，培植了新的经济增长点。到1990年底，全市共兴办外资项目31个，利用外资总额1.95亿美元，已建成"三资"企业11家、补偿贸易项目2个，已形成25个出口骨干商品，22家出口100万元以上的骨干企业，全市外贸收购总额年均增长11.42%。

"七五"期间，黄石通过治理整顿和深化改革，狠抓结构调整，努力扩大开放，促进了经济的发展与振兴。工业生产实现了速度，效益，素质同步发展，1990年工业总产值比"六五"期末增长37.8%；全市独立核算工业企业5年实现利税24.91亿元，比"六五"时期增加4.68亿元，年均增长4.25%；5年共开发新产品1556个，创国优产品8个，部优、省优产品206个，创建国家二级企业10个、省级先进企业36个。农村经济稳定发展，粮食连续5年丰收，累计产粮162.86万吨，比"六五"时期增加9.35万吨；农副产品增长幅度较大，其中油料增加19.12%，生猪出栏增长46.83%，水产品增长2.8倍，水果增长2.3倍，市区蔬菜增长35%；乡镇工业产值1990年达5.97亿元，比1985年增长75.3%。城乡市场繁荣活跃，5年新增商业服务网点3547个，集贸市场16个，1990年社会商品零售总额，集贸市场成交额分别比1985年增长59.8%和1.36倍。随着生的发展，全市5年实现财政收入15.69亿元，比"六五"时期增长1.03倍，使黄石成为湖北省辖首家财政大户。

襄樊市

市　长：杨斌庆

副市长：吴德兴（常务）　焦泽浩（文教卫）　阎增福（工交）　黄贤德（城建）

张振华（农业）　邱　勇（外贸、科技）

杨斌庆市长，1938 年 11 月出生于湖北省云梦县，1959 年参加工作，1960 年加入中国共产党，1965 年 8 月于华中师范学院毕业，1966 年至 1976 年 3 月先后在随县任区委副书记、公社书记；1976 年 4 月至 1983 年 9 月任随县县委副书记；1983 年 10 月至 1988 年 6 月任襄樊市副市长；1988 年 6 月至 1989 年 3 月任襄樊市代理市长；1989 年 3 月至 1991 年 5 月任襄樊市市长；1991 年 5 月任襄樊市市委书记、市长。

襄樊市“八五”计划的基本思路与发展目标

□　《中国城市经济社会年鉴》襄樊市编写组

“七五”期间，襄樊市经济取得了稳定协调的发展，国民生产总值和工农业总产值分别以 5.5%和 11.4%的速度递增，经济实力和产业结构都发生了较大的变化。“八五”和未来 10 年是襄樊市经济发展的重要时期，科学地制定“八五”计划与“十年”规划，明确发展思路与发展目标，对于保证襄樊市经济全面振兴，具有十分重要的现实作用与深远的战略意义。

“八五”时期，我们应该遵循建设有中国特色的社会主义的总要求，遵循对内搞活经济、对外扩大开放的总方针，遵循深化治理整顿、坚持体制改革的总方向，遵循发挥中心城市功能、发展壮大区域经济的基本策略，改中求稳、稳中求进，把结构调整和经济效益的提高放到比经济增长速度更重要的地位。把加强农业、加强基础工业和基础设施，改进改造加工工业，加强科技教育事业放在首位，把技术改造放到比扩建新建更重要的地位。积极推进两大转换，即：发展战略的转换，从原来传统的速度型、数量型、外延型、粗放型的发展战略，转变为效益型、质量型、内涵型、集约型的发展战略；经济体制的转换，从原来产品经济、自然经济为基础，排斥市场机制的、行政集中的计划体制，转变为计划经济与市场调节相结合的有计划的商品经济体制。

“八五”时期的主要任务

“八五”期间的基本任务是：坚持改革开放，搞好治理整顿，为经济发展创造比较好的环境；依靠科技进步，加快技术改造步伐，促进产品结构的调整，逐步形成新高技术与传统工业相结合，竞争力、辐射力较强的新的产业群；利用国家生产力布局和农业升温的机遇，加快农业、能源、原材料和重点产业的发展；进一步加强基础设施建设，改善投资环境，充分发挥中心城市吸引和辐射两个功能，提高整个城市的素质，使全市经济和社会持续、稳定、协调发展，人民生活水平得到进一步提高。

（一）以国家产业政策为依据，节能降耗，提高经济效益为中心，按照“科教兴市”要求，进一步调整产业结构，使经济发展逐步向新高技术集约化转移，基本形成全市主导产品和具有襄樊特色的地区经济格局，并以科技、管理和装备的现代化作为经济、社会发展的主要支撑力量，加快企业的技术改造，加强对农业、能源、交通、原材料等基础产业和基础设施的倾斜和重点建设，使经济发展逐步由速度型向效益型、由物资投入主导型向科技进步型转变，力争襄樊市主导产业的经济技术指标在省内处于领先地位。

（二）稳定、巩固和提高农村经济和强化农业的基础地位。进一步调整农村经济结构，提高农业生产的组织程度，加快鄂北岗地综合开发步伐，搞好贫困山区开发与建设，改善农业基础设施和服务体系，大力发展生态农业和农副产品基地，使农业生产逐步实现集约化、商品化。进一步整顿提高乡镇企业，使其转向讲究经济效益、提高产品质量和生产技术水平的内涵发展生产的轨道上来。

(三) 强化轻纺、机械、化工等传统支柱工业的技术改造，以增量诱发存量和以一条龙的经济技术开发为突破口，加速新产品开发，增强产品竞争能力，全面推行质量管理，走内涵扩大再生产的路子，增产节约、增收节支、节能降耗，使传统工业焕发青春。

(四) 积极吸引消化国外先进技术,发展外向型经济，根据襄樊市资源特点和国际市场需求，调整优化出口产品结构，提高出口产品档次，培植一批质量好、成本低、在国际上具有竞争力的拳头产品。

(五) 按照城乡一体、优势互补、各具特色、协调发展的原则，调整市县生产力布局。加强基础设施建设，继续把交通、通讯作为发展重点，集中力量，加快建设速度。争取再建成一批重大基础设施项目，为经济和社会发展创造良好的投资环境，以发挥区域经济的综合优势。

(六) 以市场为导向，大力组织人民生活必须品和日用工业品的生产。发展国营商业和供销合作社的主渠道作用，保障社会的有效供给。

(七) 按照区域覆盖、社会化、地方化要求，加快社会事业建设，严格控制人口数量，努力提高人口素质，搞好社会主义现代化和精神文明建设的有机结合，相互依存，相互促进，逐步适应人们日益提高的物质和精神文明生活的需要。

(八) 继续贯彻改革开放的方针，加强计划管理，运用经济、法律、行政手段，加强宏观调控，使计划与市场有机结合，使有限的资源合理配置，重点倾斜，实现适度的发展速度、合理的经济结构、较好经济社会效益与良好的生态环境之间的统一。

总的指导思想是：坚持社会主义公有制的主导地位，坚持治理整顿与改革开放协调推进的原则，以国家产业政策为依据，以全面提高区域整体效益为中心，逐步建立能够促进国民经济持续稳定协调发展的经济运行机制，发挥以市带县体制的整体优势，健全市场组织和市场规则，促进计划指导与市场调节有机结合，加强宏观调控能力，改善投资环境，对现有企业的传统技术进行全面改造，优化重组生产要素，提高存量与增量的综合使用效益，以投资结构的优化调整带动产业结构和产品结构的调整，启动企业组织结构的调整，促进区域经济结构优化，使襄樊市城乡经济良性循环，工农互补，有效地运作于一个统一的发展体系之中，真正担负起“鼎足湖北”的支柱作用。“八五”及到本世纪末，在贯彻这一指导思想的过程中，同时要执行以下具体的基本思路和原则方针。

总的指导思想和原则方针

(一) 深化体制改革，协调好治理整顿与稳定发展的关系。经济体制改革的实质是改革不适应生产力发展的生产关系和上层建筑，我们要坚持把改革放在首位，全面深化改革传统的僵化的经济体制模式，使体制改革与经济建设相互适应，互相促进，按照国家的统一部署，“八五”时期襄樊市经济体制改革大体可分为两步走：第一步，前两年（1991——1992年）改革围绕治理整顿进行，主要是稳定、充实、调整和改善已出台的改革措施，同时进行一些新的改革探索与深化改革的各项试点工作。(1) 完善发展企业承包制；(2) 完善工贸双线承包；(3) 调整企业组织结构、组建好企业集团和产品“一条龙”；(4) 整顿流通秩序，深化流通体制改革；(5) 完善市带县体制，实现城乡一体，工农互促、优化重组生产要素；(6) 扩大对外开放，参与国际竞争；(7) 加强中观经济管理，增强调控能力。开展税利分流试点；(8) 深化农村改革，在稳定农村经济政策的基础上、不断完善家庭联产承包责任制。第二步：后三年（1993—1995年）在巩固和发展治理整顿成果的基础上，加大改革步伐，逐步推广改革试点经验，加快经济运行机制的转换和发展外向型经济，充分发挥市场机制作用，有计划有步骤地推进价格、财政、金融、计划、外贸、劳动工资等综合配套改革，在经济管理方式上，对区域企业部门管理转向全社会的行业管理，增加企业的经济活力，健全改革管理法律法规，提高宏观决策和管理能力，形成既能保持总量平衡、发挥存量作用，又能促进经济结构优化的中观调控体系。

(二) 工业以调整产业结构为核心，推进企业组织结构的有效改组。调整产业结构是实现区域经济稳定增长的根本出路，“八五”期间，要继续坚持“三个围绕”，适应社会需求结构的变化和人民生活消费的需要，在产业结构上，要把重点由适应性调整转到战略性调整上来，围绕市场调产品、围绕产品调企业、围绕产业调布局，大力推进企业的改组联合、兼并，打破地域、行业界限，壮大优势企业，救活危难企业，利用军工优势，搞好军民联合，做到依托资源抓开发，依托骨干抓改造，依托军工抓“高新”，依托二汽抓配套，不断优化重组生产要素，逐步建立以能源、交通、通讯、原材料等基础性产业为主导重点，以汽车制造及配套等产业为超前先行，以电子光学材料等新高技术产业为领航，以纺织轻工技术为主体的产业格局，不断提高产品质量，逐步缓解能源、原材料工业与加工工业的矛盾，加速区域产业结构高效化进程。

(三) 农业要增加投入，抓好科技兴农、服务体系建设和农业综合开发，保持农业稳定增长。在稳定农村家庭联产承包制的基础上，一是建立多种服务体系，一是完善双层经营体制，发展健全专业性合作经济组织和区域合作组织；二是狠抓科技兴农，以运用现有科技成果和增产新技术为重点把农村经济的发展切实纳入依靠科技进步的轨道；三是大规模地开展农业综合开发，增强农村经济发展后劲；四是增加农村投入，对农业的投资比重提高到10%以上；五是主攻粮食单产，确保粮食的稳定增产，“八五”上一个新台阶；六是不断改善农业结构，建立资源、经济、技术三位一体的四大农业生态区，保证全市农业生产有新的突破。

(四) 加块科技进步一方面要加强对现有企业的传统技术改造，一方面要扩建开发新高产业技术，走内涵挖潜扩大再生产为主的路子。今后10年，紧紧围绕“科技兴市”发展战略，立足现有企业基础，用现代化产业技术改造传统技术，不断开发新型产品，提高产品质量和产品经济效益，把增量投入与存量调整有机地结合起来，形成新的生产能力。“八五”科技进步的重点是：(1) 加强农业产品产量的技术研究与新产品新技术推广应用；(2) 全面提高工业企业的生产技术与管理水平，引进技术与新技术应用以改造传统产业和企业生产技术为目标；(3) 进一步发挥军工企业技术，加强军民联合，有选择地发展新高科技，形成有特色的新高技术“拳头”产品和企业群体。

(五) 稳步推进价格改革和流通体制改革，促进市场发育。通过实施“放调结合、放中有管”的政策，逐步缩小价格双轨制的范围和比重，逐步理顺农副产品、能源、原材料、交通运输与加工工业品的比价关系，农业内部粮食与其它经济作物的比价关系，要继续整顿流通秩序，进一步搞好流通体制改革，要因地制宜，坚持城乡市场一起抓，内外市场一起抓。一是建立健全市场网络，强化市场调控监督体系，推进市场的建设和发育，初步形成正常的市场运行秩序；二是加强区域商品流通的计划管理，处理好主渠道与多渠道、内销与外销、地方市场与全国市场的关系；三是进一步搞活国营商业、供销社，充分发挥其联接城乡、扩销促产、平抑物价、稳定市场、引导消费的主渠道和蓄水池作用。

(六) 完善健全宏观调控体系，使计划经济与市场调节有机地结合起来。按照“宏观控制、微观搞活”，从直接调控为主转向间接调控为主的原则，我们在今后10年的原则是：初步形成合理分工、加强审计、计划、统计、物价、工商、金融部门的密切配合和制度建设，以总量平衡和结构优化为统一目标，相互制衡，既能保证必要的集中统一，又能充分调动地方积极性，把计划经济与市场结合起来，发挥综合作用，积极探索综合运用行政、法律和经济杠杆的合力作用，有序地管理经济。加强计划管理的科学性，推动政府机构职能转变和廉政建设，改革和完善宏观管理，严格控制信贷资金总规模，严格控制固定资产投资规模，控制投资增长率、消费增长率、货币增长率三条经济主线，为发展生产搞好协调服务。

规划目标

通过“八五”、“九五”两个阶段的努力，到2000年，将襄樊市建成全国重要的汽车配套中心和磷钛化工生产基地，全省主要的耐火材料生产基地，商品粮、棉、油和纺织、食品加工基地，建材及盐化工生产基地，成为工业先进、农业发达、基础设施配套、环境优美、服务功能齐全、富有辐射力、吸引力的大城市，成为鄂西北乃至汉江中游地区最大的、多功能、开放式、社会化、现代化程度较高的经济中心。

(一) 经济发展目标。今后10年，随着对鄂北岗地的综合开发，二汽襄樊基地的建设，襄樊市“八五”后期尤其“九五”将出现“反弹”现象，国民经济可能有较大幅度的增长，到2000年，全市国民生产总值达到203亿元，10年平均增长8.96%，“八五”年递增8%，“九五”年递增10%；社会总产值达到323亿元，年平均增长8.86%；工业总产值达到261亿元，10年平均增长8.54%，“八五”年递增8.1%，“九五”年递增8.9%。其中农业总产值达到46亿元，10年平均增长5.5%，“八五”递增5.3%，“九五”年递增5.6%，工业总产值达到215亿元，10年平均增长9.3%，“八五”年递增9%，“九五”年递增10%；国民收入达到177亿元，10年平均增长8.1%，“八五”年递增6.5%，“九五”年递增10%，人均平均增长7.3%；财政收入达到18.5亿元，10年平均增长9%，“八五”年递增9%，“九五”年递增10%；社会商品零售总额达到92亿元，年均增长8.7%；外贸出口商品总额达到10亿元，年均增长6.2%。

(二) 科技社会发展目标。1. 人口控制目标。10年平均自然增长率控制在9‰。总人口控制在685万人以内（不含机械增长）。2. 科技发展目标。各类科技人员达到23—25万人，其中生产第一线科技人员占55%，上升20个百分点；科技成果推广利用率达到40%，上升25个百分点；科技进步因素对经济增长的贡献达到55%，上升15个百分点。3. 教育事业发展目标。学龄前教育：农村幼儿入园率达到36%，城镇达到63%。普及9年制义务教育：小学入学率达到100%，巩固率达到99%，毕业率达到98%；初级中学普及率达到96.8%，巩固率达到99%，毕业率达到98.5%。职业技术教育：兴办职业技术学校，培养初级技术劳动力，10年向全市提供职业、技工学校毕业生累计达35万人。4. 其它目标：卫生、体育、广播、文化、电视事业得到长足发展；职工年均工资由1550元增加到2490元；农民人均收入由628元增加到1300元。

(执笔：曾宪建　徐汉军)

十 堰 市

市　长：吴发育
副市长：刘进福（常务）　杨振敏（文教卫）　张富志（财贸、公安）　刘莲娣（女　城建）　吴先金（农业）

吴发育市长，1942年生，湖北枝江县人。1966年毕业于武汉大学数学系。1983—1985年在中央党校培训班学习，取得研究生学历。1967年参加工作，1975年4月加入中国共产党。历任沙市印染厂政治处副主任、厂办副主任、主任、副厂长、沙市市计委副主任、市人民政府副市长、市委副书记等职，1986年6月当选为沙市市长。1990年3月任十堰市市委副书记并当选为市人民政府市长。

飞速发展的汽车城——十堰市

□ 梁国银

十堰市，位于鄂西北山区，武当山西北麓、汉水南岸。1969年成立十堰市，隶属郧阳地区。1973年为湖北省省辖市。1985年列为国家开放城市。中国第二汽车制造厂建在这里，是我国具有现代化特色的汽车生产基地，俗称“汽车城”。

建市前的十堰，是个只有几十户人家的山区小镇，经过20年建设的十堰市，全市总人口发展到38.9万人，各项事业飞速发展，特别是“七五”时期发展更快，已经成为鄂西北初具现代化规模的工业城市。“七五”时期，市委市政府带领全市人民，认真贯彻执行党的十一届三中全会以来的路线、方针和政策，以经济建设为中心，坚持四项基本原则，坚持改革开放，团结奋斗，艰苦工作。5年来，全市经济持续稳定发展，经济实力逐步增强，政治社会稳定，城市面貌发生了重大变化，人民生活水平明显提高。“七五”末，全市社会总产值49.2亿元（按1980年不变价），比1985年增长51.4%；国民生产总值21.5亿元，比1985年增长41.4%，年均递增7.15%，人均国内生产总值1989年达5769元（现价），列人均国内生产总值超过4000元的全国十八个城市中的第六位；国民收入比1985年增长42.9%，年均递增6.3%；工农业总产值比1985年增长52.2%，年均递增8.7%，其中，工业总产值达45.53亿元（按1980年不变价），比1985年增长53.1%，年均递增8.9%；全市职工人均工资2574元，比1985年增加1300元

第二汽车制造厂原设计规模年产载重汽车10万辆，现已发展到15万辆的年生产能力，跻身于世界三大卡车生产厂家之列。“七五”时期，二汽累计生产东风车55万多辆，是“六五”时期的1.83倍；工业总产值173.87亿元，是“六五”时期的2.37倍；实现利润39.07亿元，上缴利税26.4亿元。以二汽为主体，以东风牌汽车系列产品为龙头的东风汽车工业联营公司，遍布28个省市区的306个企业，汽车生产已发展到7个基本车型，113种变型车，64种专用底盘，共184个品种；各类专用车、乘用车11大类250个品种，形成中、重、轻、特、客东风汽车家族。产品畅销国内，并出口至南美、中东、东南亚、非洲的16个国家和地区。汽车零部件出口至西欧、美国、日本等5个国家。1990年12月二汽与法国雪铁龙汽车公司正式签订合资生产轿车项目合同，第一期工程为年产15万辆轿车。二汽与雪铁龙公司的合资项目，是中法建交以来两国企业间最大的经济合作项目，其最终目标为年产30万辆普通型轿车。这个合资轿车项目已列入国家“八五”计划。

建在市内与二汽配套的东风轮胎厂，是全国重点化工企业，现已形成110万套的年生产能力，生产各种规格轮胎136种。1990年产量比1985年增长83.07%，产值4.04亿元，比1985年增长53.76%，上

缴利税 9133.73 万元，比 1985 年增长 11.88%。目前还引进了年产 30 万套载重子午线轮胎设备和筹建 150 万套轿车子午线轮胎生产线。

汽车工业的发展，有利地促进了地方工业的发展，全市已形成机械、化工、冶金、电子、电力、轻纺、医药、建材和食品包装等工业产业体系。“七五”时期，全市有 2 家企业进入国家二级企业；9 家进入省级先进企业；13 家进入市级明星企业。产品质量稳定提高率达到 87.2%，优质产品率达 56%。市属工业产品——氧化铁黄质量在全国同行业产品中评为第一名。乡镇企业在调整部稳步前进，1990 年产值比 1985 年增长 79.7%(现价)。市地特产加工产品有五倍子、黑木耳、香菇和贵重药材天麻、麝香、杜仲、厚朴以及各种皮毛等，远销国内外。

农业坚持“服务城市、富裕农民”的发展方针，农林牧副渔全面增长，1990 年农业总产值 8312 万元（现价），肉、禽、蛋、奶、疏菜、水果、水产品连年增长。农村经济全面发展，1990 年农村社会总产值（现价）比 1985 年增长 76%，农民人均纯收入比 1985 年增加 215 元，增长 60.7%。

市场繁荣，供求两旺。市区先后建有人民商场、车城商场、红卫商场、十堰商场、五堰商场、裕华商场等 10 座大型商场和 6 条商业街，近 50 个集贸市场，3000 多个商业网点。1990 年社会商品零售总额 5.43 亿元，比 1985 年增长 93.1%。对外贸易进出口取得突破性进展。“七五”进出口总额 1001 万美元，其中出口额 588 万美元，进口额 413 万美元。国际旅游业稳步发展，十堰先后与国外 7 个城市建立国际间交流，来十堰市旅游的计有 22 个国家和地区的外宾以及港、澳、台同胞。“七五”期间旅游外汇券收入 30 万美元。

城市建设面貌一新，“七五”时期投资 16395 万元，比“六五”增长 297%，完成城建项目 148 项。新建花果路，续建汉江路，扩建人民路、朝阳路、武当路、公园路、体育路等 11 条城市主干道，新建桥梁 10 座，改造土路 50 条。交通部门投资 6205 万元，新、改建山区公路 22 条，保障了城区和郊区农村道路畅通。城市绿化、美化、净化日新月异。街道宽敞，人车分流。街心游园、花池、雕塑、小品配置其间，把“车城”点缀得绚丽多彩。六堰文化广场的音乐喷泉是全国 6 个大型喷泉之一，给车城人们的游乐增添了情趣，百二河、张湾河泉溪流水，横贯市中心，两岸辟建有沿河公园、园林景点、花坛和绿化林带，城市绿化覆盖率达到 47.8%，人均公共绿地高于全国中等城市平均指标。环境卫生保持良好，在全省卫生城市检查中名列第一。环境质量有新的提高，大气中各类化合物含量达到国家二级标准，创造了良好的城市环境小气候，在 1990 年全省环境定量考核检查中被评为第一名。市区内有人民公园、水上公园、沿河公园、百苑、康乐园、东岳古台及工人文化宫、图书馆、群众艺术馆、游泳馆、车城体育馆、电影院、广播电视大楼，给人们提供了学习和娱乐的场所。即将峻工的市商贸大厦，高达 26 层，屹立在市中心，居全省之首。市内公共交通有很大改善，开通交通路线 19 条，形成了 5 条环形道路网，营运车辆 148 台，比“六五”增长 25.7%。开发建设了五堰、六堰、十堰、朝阳 4 个居民生活小区，完善了各项服务配套设施。全市城镇居民人均居住面积 11 平方米，改善了市民居住条件。汽车生产厂房、居民住房、公用建筑，依山就势，造型新颖，错错落落地散在群山之间，山上树木葱笼，山谷清泉流水，公路在山中蜿蜒伸展，有城市风貌，又有山庄景象，许多外客来十堰参观后，深有感触地说，“山重水复疑无路，柳暗花明又一村”。

交通、邮电事业发展迅速。十堰市已成为鄂西北通往鄂、豫、川、陕的交通枢纽、物资集散中心。公铁路纵横交错，四通八达。公路平均完好率、公路密度、高等级公路比率等多项指标，均高于全省平均水平。1990 年公路铁路完成货运量 1042 万吨，比 1985 年增长 9.32 倍，客运量 11116 万人，比 1985 年增长 18.1 倍；邮电通讯方面，1990 年完成计费业务量 962 万元，比 1985 年增长 315%。“七五”时期，十堰市在全省中等城市率先开通程控交换设备 6000 门，长途电话可直拨世界 180 多个国家和地区以及国内 500 多个城市。1990 年电话机总数 15834 台，达到每百人 3.18 部，居全国城市第 20 位。

“七五”时期，科学、教育、文化、卫生、体育也有新的发展。“七五”末，全市有科技人员 18782 人，比 1985 年增加 4787 人，完成重要科技项目和攻关课题 209 项，获省以上科研成果 41 项，申请专利 122 项。一批专利项目付诸实施，取得较好的经济效益和社会效益；全市万人中有大专以上文化程度的 595.6 人。初中教育得到普及，幼儿教育蓬勃发展，成人教育稳步前进。全市文盲和半文盲占总人口 10.51%，低于全省和全国水平；文化事业在整顿中保持繁荣。1990 年出版图书 200 万册，杂志出版印数 26 万册，报纸出版印数 946 万张。市豫剧团编排演出的大型现代戏《风流女人》，获中国第二届戏剧节优秀剧目奖。市大川文化站被评为“全国先进文化站”；全市卫生医疗条件进一步改善，“七五”末，全市卫生机构 198 个，比 1985 年增长 38.4%，医疗床位数 2847 张，比 1985 年增长 60.4%；体育事业欣欣向荣。“七五”时期，全市体育健儿在省以上各类比赛中共获奖牌 204 枚，其中金牌 67 枚，银牌 72 枚，群众体育运动不断发展。

今后 10 年，十堰市要继续坚持以经济建设为中心，坚持四项基本原则，坚持经济发展速度、效益和后劲的统一，促使经济持续、协调、稳步地发展。

沙市市

市　长：张道恒

副市长：姚先耀（常务）　林钟梅（女　科技）　刘耀清（城建、政法）　郑基英（文教卫、体）　唐逢庚（工交）

张道恒市长，1944的3月生于湖北省监利县。1966年加入中国共产党。曾任公社党委书记、县委常委、副县长等职。1982年在华中农学院学习，1983年考入南京农业大学农业管理专业专修科。1985年毕业后，调任沔阳县委副书记、县长。1986年县改市后，任仙桃市市委副书记、市长，书记等职。1990年底调任沙市市委副书记。1991年元月任沙市市副市长、代理市长。同年2月在市第十一届人民代表大会上当选为沙市市长。

沙市市创建文明城市的实践与探索

□　《中国城市经济社会年鉴》沙市市编写组

“七五”期间，沙市在抓好经济建设的同时，紧紧围绕“建文明城市、创文明单位、兴文明家庭、做文明市民”的总目标，通过多种形式、开展多种活动，把全市的文明城市建设工作向前推进了一大步。自1989年起，相继荣获全国“幼儿教育先进市”、全国“十佳卫生城市”、全国“造林绿化先进单位”等国家级光荣称号。文明城市建设正朝着“经济繁荣、科学文化发达、社会秩序井然、道德风尚良好、环境整洁优美、群众生活方便、人际关系和谐”的方向稳步发展。

加强文明城市建设领导　发动社会各方齐抓共创

一是制定文明城市建设总蓝图，对全市“七五”期间的精神文明建设工作提出了总体构想。在文明城市的“硬件”建设方面，以城市总体规划为依据，制定了《沙市城市精神文明建设设施规划》。对教科文卫、广播电视、社会治安等12个方面的设施，分市级、小区、居住区三个层次进行了统一布局。保证了沙市精神文明的“硬件”、“软件”两个方面建设的有序发展。

二是按照“七五”精神文明建设规划关于“分年实施、滚动发展”的要求，制定了相应的年度计划。从三个方面进行布置，并明确责任单位，提出了“思想教育上层次、社会风气上新路、社会秩序上正轨、市容市貌上等级、文明单位上台阶”等五项具体工作要求。同时制定了文明城市建设部门责任分解意见，对市委宣传部、公安局、工商局等17个部门的工作任务作了具体布置，并提出了相应的目标要求。各部门又根据自身实际情况和职责，制定了相应的实施计划，进一步分解落实到各基层单位。从而保证了文明城市创建活动分层次、有目标地协调发展。

三是充实完善了各级文明城市建设领导机构。组成了以市长为主任，市委分管副书记、宣传部长（常委）、市政府分管副市长、秘书长等为副主任，各部门主要领导任委员的领导班子。各街道办事处成立了“城市文明建设管理办公室”。各部门成立了相应的精神文明建设领导小组，把文明城市建设纳入了各职能部门的日常工作范畴。

四是主要领导带头，亲自参加各种文明城市创建活动。市委、人大、政府、政协、军分区领导，都将文明城市建设工作摆到显著位置。1990年，市委、市政府先后11次召开专题会议，研究精神文明建设问题；5次召开全市性动员大会，各方面领导到会参加并亲自讲话动员。市长上任伊始，利用星期天骑车实地考察，带领有关部门和市委组织部及新闻单位，对文明城市建设进行检查、落实，并将检查、落实情况在电视、报纸上向全市人民公布。由于主要领导亲自抓、亲自干，全市已形成一种人人争为文明城市建设作贡献的可喜局面。

五是抓实事，办好事，解决人民群众关注的难点、热点。1990年，沙市针对精神文明建设中存在的某些薄弱环节，对解决“马路市场”、整顿交通秩序、扫黄除“六害”、建设“绿色心脏”——江津湖规划建设等五个方面的工作进行了布置。责成工商、公安等九个部门组织实施。通过一段时期的努力，基本做到了经营“三归”、交通秩序井然、市容环境干净整洁、江津湖景色有较大改观。

六是建立健全创建管理制度。把文明单位建设全过程置于规章制度的约束下。结合“七五”文明城市建设规划和精神文明建设年度计划，以及文明城市建设责任分解意见，对全市各单位的职业道德、社会公德、市容卫生、移风易俗等四个方面的活动进行督促、检查、总结、表彰工作。在全市形成了“比、学、赶、帮、超”的良好风气。

七是抓宣传发动，广泛动员群众参与创建活动。电视台定期定时在收视率较高的“黄金时间”，播放精神文明建设方面的标语、口号及“沙市精神”和文明用语、电台、报纸对创建活动进行经常性的宣传报道，市里还投资20多万元拍摄了两部精神文明建设成就的电视专题片——《文明之城》和《沙市之魂》进行宣传。各部门利用党校、团校、夜校、居民学校和职工思想政治工作研究会这些宣传阵地，以《文明市民问答》和《沙市市民手册》为教材，向干部、职工以及居民群众进行宣讲。充分调动广大市民参与创建活动的积极性。

开展各种共建活动　搞好文明城市建设

1978年，沙市开始了对共建活动的探索。以居委会为主，把辖区内的单位联合起来，成立领导小组。从改造环境着手，由居委会出面牵头，组织各单位出资出力，经过几年的努力，沙市的共建活动发生了较大的变化。

(一) 从规模上看，由单个的、各共建单位自已挂钩联系，发展到全市形成网络，市里成立共建领导小组，并针对不同类型的共建方式，分别成立了军民、警民、厂街、工农及驻沙单位等共建领导小组。共建双方签定“共建协议书”，定期开展活动。形成了一个多层次、多形式的共建新格局。

(二) 从对活动的指导上看，由开始随意性、临时性的指导，发展到有规划、有检查、有共建联系点制度、有简报交流情况、有总结表彰的较为完善的指导交流网络。党政各级领导下基层蹲点，都把单位的共建活动作为一项重要内容进行指导。市总结表彰了长途汽车站与武警中队警民共建点等一批共建典型，为全市的共建活动树立了榜样。

(三) 从活动的内容和形式看，不断由浅入深，由低层次向高层次发展。最初的共建活动，只是单位之间互相支援，打扫卫生。发展到互相教育、互相学习、互相考核。如忠诚街居委会与市乳胶厂的厂居共建，已坚持了7年，乳胶厂每年拨给居委会一定的文化经费，居委会则积极提供场地，请来老师，办起了文化室，作为工厂职工和居民的文化补习课堂。此外，共建双方还注意厂居结合，真正做到了文明建设工作在厂、在家有人管，使居民和工厂职工的文明素质、文化水平以及社会公德都得到较大提高。1990年，全市各方面出资出力，对全市187条小街巷进行综合整治，维修改造路面4.74万平方米，改建下水道8300多米，配置了绿化美化设施，有的建成了“园林景点一条街”。

狠抓系统教育　形成良好社会风尚

一是抓干部、职工队伍的政治思想教育。首先用了5年时间，组织全市2万多名党员、干部系统地学习了哲学、科学社会主义、政治经济学、党建理论、社会主义若干问题等文章，同时，对党员干部加强了党规党纪教育，推行了“过五关”（金钱关、用权关、人情关、用人关、廉洁关），“达两标”（有权不谋私、当官不犯官僚主义），“十不准”以及公开考试招聘干部和领导干部下基层蹲点等制度。并在党员中开展了弘扬先进、培养先进群体的活动。其次，抓了职工的系统教育。以121所学校为阵地，对全市职工分四轮进行了普遍轮训，系统地学习了中国近代史、科学社会主义常识等方面的内容。1990年，又进行了“只有社会主义才能救中国，只有社会主义才能发展中国”的系列教育。

二是抓群众文化活动，提高市民文明素质，本着广泛吸引群众参与并在参与中受到教育的思路，不断扩大活动的参与面、覆盖面，培养市民的文明意识。几年来，先后扩建和兴建了市一级骨干文化设施38个，街道及居委会文化站、室103个，95%以上的企事业单位都建立了职工俱乐部或文化室。1990年新建了一座有13个电视频道、8个广播频道的双向的传输有线电视台。全市文化设施总面积达23.5万平方米。城区人均文化设施面积0.84平方米。形成了三级文化设施网络，每年开展多层次、多形式的文化活动650多次，参加各类活动达50多万人次。此外，还依托专业文化团体、文联各个协会、体育卫生各个实体和工会系统等四支骨干力量，建立了歌咏、舞蹈、书法、盆景等60多个协会。围绕重大节日组织大型文化活动。组织了全市性的元旦长跑、春节汇演、元宵灯会、端午龙舟赛、“七一”万人歌会、“重九”敬老会、国庆艺术节及“荆江之春”职工艺术节等活动。还根据中心工作开展了人口普查宣传周、国际红十字日、婚姻法颁布十周年宣传日、省“腾飞杯”文艺调演活动。基本上做到了高潮迭起，常年不断。

三是在全市开展了争做“十佳”和争创“五好家庭”活动。近年来，全市有38个单位命名为部、省级文明单位，154个单位被命名为市级文明单位，还评选出“五好家庭”23000多户，占全市总户数的1／3强。对整个城市的文明建设起到了促进和保证作用。

优化城市环境 提高城市的综合素质

在创优美环境方面，从1979年起，结合沙市地处江汉平原腹地，境内水网密布，地势低洼的特点，实行了工业区、生活区、服务网点、文教设施配套建设，“水、陆、空”综合治理。城市环境按绿化、净化、香化、美化的要求，采用公共绿化、单位内部绿化、生活区绿化、江堤河渠防护林带“四路进军”和道边树、绿化带、道边花台、街头绿地、小游园“五个并举”的方式，实现乔木、灌木、花卉、草皮“四结合”的合理配置。对全市187条小街小巷见空布绿、见缝栽树，种花植草与园林景点结合，因地制宜建设了“诗画一条街”、“文明宣传一条街”、“科普画廊一条街”等一批独具特色的小街小巷。在市区，以中山公园、文湖公园为中心，建设了占地74.6公顷的碧水绿树交相辉映的“绿色心脏”。先后整治了市区90多公顷的水面，对遍布市区的一百多个坑塘池堰，采取水中植荷养鱼，配置假山、曲桥、亭廊，沿岸种花栽树的方式，使沙市初步形成了水乡园林的轻纺城市风貌。同时，改建和新建5个公园，增建绿地游园30个，使城区绿化覆盖率由1989年的25.2%提高到28%，人均公共绿化面积由1989年的4.1平方米提高到5.05平方米，被评为全国绿化先进城市。为了常年保持清洁卫生的面貌，还组织群众推行了“门前三包”等活动，使爱清洁、讲卫生养成习惯，形成制度。全市达到了“无鼠先进市”标准，卫生连续11年被评为全省先进。在全国性大规模城市卫生检查评比中，荣膺十佳卫生城市。从1984年以来，连续6年达到国家大气环境质量二级标准，被国家建设部作为我国两个中等城市之一向联合国推荐。

在创优质服务方面，按照“建文明城市，创文明单位，兴文明家庭，做文明市民”的要求，对个人、单位、行业、片区提出不同的指标和要求，开展了以增强职业道德、职业纪律、职业情感、职业技能为重点的“满意在沙市”活动。在全市建立了社区服务网络，350个服务实体遍布大街小巷，为残疾人、烈军属、双职工、困难户提供常年服务，初步实现了“小有所学、青有所乐、残有所依、老有所靠、难有所帮”的人际环境，受到民政部表彰，被省军区授予“拥军城”的称号。在开展学雷锋，组织“十大窗口”行业开展优质服务竞赛活动的同时，还适时地将职业道德建设的重点，由基层转到机关，由群众转到各级领导干部，各级机关对文明用语、文明办公程序作了统一规范，并制定了转变作风、服务基层、提高效率、克服官僚主义的制度，从群众意见最大、最不满意的问题入手，每年为群众办几件看得见、摸得着的实事。

在创优良秩序方面，从弘扬社会正气入手，为建立和谐的人际关系和稳定的社会局面。从1988年起，沙市设立了由社会集团自愿集资的“见义勇为、助人为乐基金会”和“新风奖理事会”。两年来分5次表彰了232位先进模范人物，增强了人们的社会责任感和正义感。初步形成了一种惩恶扬善、扶正祛邪的良好风气。同时本着对民事纠纷早调查、早预防、早疏导、早调解的原则，在全市213个企业、119个居委会建立了有4627个专职、兼职调解员参加的调解委员会，还组织了一支有5088人参加的纠纷信息队伍，使民调工作形成了“上下一条线，左右联成片，层层有人管，事事有人问”的新格局，尽可能地把民事纠纷化解在萌芽状态之中。在流动、暂住人口的管理上，则实行了“四包”责任制、采取了片承包、点负责的方式，加强对这一部分人的管理。对“两劳”人员，采取从送走到接回全过程的教育转化工作，由家庭、街道、单位签定帮教协议书，到“两劳”单位看望、谈话、送书、组成“悔改之声”汇报团，让“两劳”后转变好的典型人员现身说法。市政府还对“两劳”回归人员的安置问题作出规定，并在住房、学习、婚姻等问题上适当帮助，以减少重复犯罪。

沙市的创建文明城市工作还在探索中，许多工作还处在治标的阶段，还有一些问题，如在商品价值规律的影响下，如何建设社会主义的理想信念、文化结构、道德情操、价值观念、生活方式？对社会主义精神文明建设的目标、内涵、规律、活动方式……还要进行系统的理论研究和实践与探索。

宜昌市

市　长：罗清泉

副市长：倪忠俊（常务）　谢远照（政法、农业）　景学镇（工交、科技）　符利民（文教卫体）　肖道根（城建、经济开发区）　李宗柏（计划、外事、）　杜云生（外经贸、监察）

罗清泉市长，1945年11月出生，湖北省江陵县人。1968年毕业于武汉水利工程学院船机系，同年12月分配到交通部长航宜昌船厂工作，先后任生产科副科长、科长、副厂长、厂长。1985年9月任中共宜昌市委副书记，1986年4月任宜昌市代市长，1988年1月当选为市长，同年3月被选为第七届全国人大代表。现任中共宜昌市市委书记、市长。

“七五”期间宜昌市经济社会发展主要成就

□ 宜昌市人民政府调研室

“七五”期间，宜昌市人民在党和政府的领导下，以经济建设为中心，坚持四项基本原则，坚持改革开放，努力奋斗，开拓前进，胜利地完成了第七个五年计划，提前实现了第一步战略目标，使宜昌市由一个经济基础比较薄弱、城市功能比较单一的城市，发展成为一个具有一定经济实力、综合功能较强的中等城市。

改革开放稳步推进

“七五”期间，全市经济体制改革不断深化。企业普遍实行了以承包经营责任制为主要形式的经济责任制。到1990年末，大多数企业完成第一轮承包，开始第二轮承包。同时，企业普遍推行了厂长（经理）负责制，开展了优化劳动组合等内部配套改革。企业改组联合和各种形式的横向经济联合全面展开，在一部分企业中实施了兼并和合并，组建了一批企业集团和各类经济技术联合体；商业、物资、金融部门牵头组建了以川湘鄂毗邻地区为主要区域的商品协作和资金融通网络。市场体系逐步发育，初步建立了消费品市场、部分生产资料市场、资金市场、劳务市场、技术市场、房屋开发市场等。社会保险制度改革取得较大进展，建立了全民和集体职工退休基金统筹、临时工养老保险、乡镇企业职工养老金统筹等社会保险制度。郊区农村在稳定和完善家庭联产承包责任制的基础上，不断完善统分结合的双层经营体制，集体经济实力继续增强。

“七五”期间，全市对外开放迈出重大步伐。经国家批准，宜昌市成为全国甲类开放城市，并具有商品出口经营权。与之相适应，成立了进出口公司，商检局、口岸管理、外汇管理和涉外保险等机构，重建宜昌海关工作正在抓紧进行。对外交流日益活跃，与世界90多个国家和地区建立了经济贸易关系，与法国梅斯市结为友好城市。5年中，外贸收购总值年均递增33.3%，其中1990年为2.84亿元，出口商品160多种；利用外资4400万美元，引进国外先进技术和设备130多项，创办“三资”企业17家；开展了对外承包工程和劳务输出业务。国际旅游业务逐年扩大，5年共接待来自53个国家和地区的境外旅客16万人次，其中1990年来宜的外国人、海外侨胞、港澳台同胞达4.86万人次，比上年增长1.3倍。

以发展外向型经济为目标的宜昌市东山经济技术开发区，业经省政府批准，正在抓紧建设。一批合资项目和国内工业建设项目正在动工兴建。为了改善投资软环境，东山开发区还制定了一系列鼓励国内外投资的优惠政策。

经济实力显著增强

在改革开放的推动下，全市国民经济在“七五”时期得到了迅速发展，经济实力显著增强，工业、农业、商业、饮食业和交通运输邮电业均有较大幅度的增长。5

年间，全市国民生产总值累计达 77.61 亿元，比“六五”时期增长了 1.17 倍，净增 41.91 亿元；工业总产值累计达 123.44 亿元，比“六五”时期增长了 84.6%，净增产值 56.58 亿元。目前，宜昌市已初步形成以电力、机械、纺织、冶金、化工、医药、电子、轻工、造船、建材等为主的拥有 34 个工业门类的工业体系，成为全国重要的水电开发建设基地和新兴的工业城市。

“七五”期间，全市固定资产投资增长较多。5 年累计完成投资 33.71 亿元，其中安排工业项目 822 个，投资额达 26.33 亿元。举世瞩目的葛洲坝水利枢纽工程基本竣工，21 台发电机组全部并网发电，年均发电量约 150 亿千瓦时。1989 年，葛洲坝至上海的超高压直流输电线路建成并投入运行，当年就向上海输送了 5.5 亿千瓦时电量。葛洲坝工程的竣工投产，在祖国的四化建设中，已发挥出巨大的经济效益和社会效益。市属工业 5 年共完成投资 12.81 亿元，难燃运输带生产线、化纤厂、镀铜焊丝生产线、大功率可控硅生产线等 20 个重点建设项目相继建成投产，全市工业骨架进一步扩大，技术水平进一步提高。截止到 1990 年末，全市工业部门的固定资产原值已达 61.25 亿元，比 1985 年末净增 30.37 亿元，增长 1 倍。

在抓外延扩大再生产的同时，全市更注重内涵扩大再生产，抓紧进行产品结构、产业结构调整和企业技术改造，积极开展企业管理达标、升级活动和“双增双节”运动，使一批企业的技术装备和管理水平发生了显著变化。5 年中，共开发出新产品 750 种，新规格、新花色、新款式 6000 多种，创国家和部、省级优质产品累计达 350 个；有 16 家企业跻身于国家二级企业行列，48 家企业被评为省级先进企业；连续 4 年被评为全省经济效益先进城市。

“七五”期间，全市国民生产总值年均递增 6.5%，国民收入年均递增 8.0%，工业总产值年均递增 11.3%。1990 年，全市按当年价格计算的社会总产值为 40.80 亿元（按 1980 年不变价计算为 32.49 亿元），国民生产总值为 18.08 亿元，国民收入为 14.11 亿元，工业总产值为 33.88 亿元，全员劳动生产率为 28998 元／人，人均国内生产总值达到 4263 元。1990 年 10 月，被新华社列为全国“展现出小康丰采”的 36 个城市之一。

科技教育迅速发展

改革开放以来，宜昌市遵照中央关于“尊重科学、尊重人才”的一系列指示，深化和增强“经济是中心，科技是关键，教育是基础”的战略意识，从发展教育、重视人才、推动企业技术进步抓起，逐步形成“科技兴市”的战略思路。1987 年，市委、市政府正式把“科技兴市”确定为市策，在这一战略思想的指导下，坚持从市情出发，突出战略重点；坚持改革开放，不断完善科技兴市的政策保障体系；坚持把科技兴市的重点落实到科技兴厂和科技兴农上，促进科技与经济的结合；坚持把培养人才和提高劳动者素质当作科技兴市的核心来抓；坚持加强软科学，推进决策民主化、科学化、制度化建设；坚持树立“大科技”的观念，打破行政、学科和地域界限，依靠多方面力量共同推进科技兴市，基本形成了全市科技兴市“战略导向、技术创新、三位一体、全面振兴”的特点。通过“科技兴市”战略的实施，逐渐把科技与经济、改革与发展结合起来，提高了全市的技术开发能力和社会生产水平，有效地促进了经济、科技、社会的协调发展。5 年来，科技投入达 1.4 亿元，取得科技成果 431 项；80%以上的工业企业完成了一轮技术改造，70%的科技成果投入生产应用，实现了主要产品的升级换代和加工延伸，77%的工业企业经济效益明显增长。1990 年，科技进步在全市工业生产增长因素中的比重达到 42%。全市尊重知识、尊重人才、重视科技的风气开始形成。科技事业的迅速发展，使宜昌市成为全国科技兴市和技术创新的试点城市。

教育事业全面贯彻党的教育方针，以德育教育为重点，全面提高教育质量，基础教育得到加强，职业技术教育迅速发展，中等教育结构趋于合理，高等教育和成人教育得到提高。目前，初中学生合格率已上升到 76%，城区已普及九年制义务教育。1989 年，幼教工作被评为全国先进城市。根据 1990 年第四次人口普查资料统计，全市每万人拥有的大专、高中、初中文化程度的人数均居全省首位，文盲率在全省最低。计划生育三项主要指标居全省先进水平。

城市功能逐步增强

“七五”期间，全市围绕经济工作这个中心，重点加强了城市基础设施建设，使城市面貌有了很大改观，综合服务功能不断增强，投资环境和人民生活环境进一步改善。在城建工作中，全市认真贯彻搞好两个服务（为经济建设服务，为人民群众生活服务），改善两个环境（投资环境，人民生活环境），实现三个统一（社会效益、经济效益、环境效益相统一）的指导思想，坚持规划领先、严格按照城市总体规划进行建设的原则，量力而行，突出重点，多渠道安排城市建设及维护资金（1981 年至 1990 年共安排 9.37 亿元），使社会反映强烈、严重制约经济发展的城市供水、排水、供气、住宅、通信、交通、环卫等基础设施的薄弱环节逐步得到加强，城市的各项基础设施进一步完善。5 年来，相继开发和建设了伍家岗中心区、花艳工业区、东山经济技术开发区、峡口风景区和江南新区，使城市骨架进一步拓宽，建成区面积增加 8%，达到 29 平方公里，全市现有房屋建筑面积达到 1286 万平方米。5 年中，新建、扩建了江南路、胜利四路等 27 条道路和港口客运大楼，建成了 8 座桥梁和长江汽渡码头及物资专用铁路线，改造了城市出口公路，城市道路骨架和市内交通网络逐步形成。1990 年，全市年货运量为 1150 万吨，年客运量 1200 万人次，公路、水运、铁路、航空运输均有了较大发展，立体大交通的格局已具雏形。同时，新建了万门程控电话和微波通讯，开办了长途电话全自动拨号、国际电报电话和用户传真等电信业务，鄂西南通信枢纽的功能得到加强。市内还新建了第三水厂，改造了一水厂，城市日供水能力提高到 70.8 万吨，城区及近郊区普及自来水供应；改造了城区排水管网，全市排水管道总长增加到 164 公里，市区排水和内渍、内涝问题基本解决；试行了土地有偿使用和建立房地产市场，1989 年被评为全国土地管理工作先进城市；大搞植树造林和园林绿化，全市绿化面积已达 708 万平方米，公共绿地 115.2 万平方米，城市绿化覆盖率上升到 26%；环境保护工作逐步得到重视，5 年来共完成治理项目近 200 个，建成各类净化设施 300 多台（套），全市工业废水基本达到国家排放标准，水体和大气污染有所减轻，城市环境质量有所提高。5 年来，随着经济、科技、教育的发展，城市基础设施的不断完善，区域经济、科技、文化中心的功能进一步增强，并已发展成为鄂西南、湘西北和川东一带的“三通”（交通、通信、流通）枢纽，以长江三峡风光和葛洲坝现代工程为特色的旅游名城。

人民生活明显改善

10 年来，特别是”七五”期间，全市人民群众的生活环境有了明显改善，生活水平有了显著提高，城乡市场呈现出一派繁荣景象。1990 年，全市社会商品零售总额为 8.46 亿元，比上年增长 6.15%，比 1985 年增长 1.24 倍。其中，对居民的消费品零售额为 6.87 亿元，比上年增长 5.05%，人民生活必需的主副食品及日用工业品货源充足，价格平稳。1990 年零售物价总水平的上涨幅度为 3.2%，职工生活费用价格指数的上涨幅度为 4.1%，均回落到 1984 年以来的最低水平。居民收入普遍增加。1990 年全市职工人均工资收入为 2264 元，比上年增长 11.1%，比 1985 年增长 96.5%；居民人均生活费收入为 1420 元，比上年增长 24.9%，比 1985 年增长 1.03 倍；郊区农民人均纯收入为 789 元，比上年下降 12.1%，比 1985 年增长 42.9%。随着收入的增加，城市居民的消费水平有了显著提高，消费结构渐趋合理。1990 年，全市居民储蓄存款余额为 7.14 亿元，比上年增长 30.3%，比 1985 年增长 3.5 倍。从 1981 年到 1990 年，全市累计新增就业人员 7.74 万人，其中“七五”期间安排劳动就业 2.63 万人，1990 年安置待业人员 3843 人，较好地解决了城市待业人员的就业问题。

为了进一步改善群众的生活环境，5 年来，相继开发建成了生活服务和室内配套设施比较齐全的南园、伍家岗等 9 个住宅小区，建设了近 50 万平方米的商品房，使全市住宅面积达到 634 万平方米，城市居民人均住房面积增加到 7.6 平方米，“住房难”问题逐步得到解决。同时，新建了市百货大楼、宜昌商场、五一市场等一批大中型零售商场、商店和集贸市场，改善了商业网点布局，方便了人民生活。整治了脏、乱、差地段，城市环境卫生有了较大改善。1990 年，城市居民燃气普及率为 43%。随着城市煤气工程的投产，在近期内，全市燃气普及率将提高到 60%。

精神文明建设和民主与法制建设取得了新的进展

“七五”期间，全市人民发扬“事在人为，人要有为”的精神，团结拼搏，开拓进取，深入开展了以治理整顿、深化改革为重点的经济形势教育和以坚持四项基本原则、反对资产阶级自由化为中心内容的政治形势教育。围绕全省组织的“创建文明城市”竞赛活动，广泛开展了“我为宜昌添光彩”、窗口行业“十佳十差”评选、“学雷锋树新风”、“做文明市民、创五好家庭、建文明单位”、“军警民共建”等一系列群众性活动，有力地推动了全市的社会主义精神文明建设，提高了全市人民的思想道德素质。为了探索两个文明建设相结合的新路子，1990 年 10 月，在宜昌市举办了“首届三峡艺术节”，采取文化搭台、经济唱戏的形式，促进了文贸结合，扩大了宜昌市的影响，激发了全市人民团结向上、开拓进取的精神。

为了适应全市经济、社会发展的需要，开展以宪法为中心内容的普法教育活动，增强了全市人民的法制观念。通过加强基层政权建设和居委会、村委会的建设，强化社会治安的综合治理，依法开展严厉打击严重刑事犯罪、严重经济犯罪的斗争及扫黄、“除六害”等斗争，保持了社会的基本稳定，巩固和发展了安定团结的政治局面。

“七五”时期，是宜昌市国民经济和社会发展取得重大成就的重要时期。“八五”时期及整个 90 年代，将是宜昌市实现第二步战略目标并从中等城市向大城市发展过渡的关键时期。90 年代，我们要继续坚持以经济建设为中心，坚持四项基本原则，坚持改革开放，坚持“科技兴市”，牢牢把握发展的机遇，大力发展社会生产力，努力实现宜昌市国民经济和社会发展“八五”计划与 10 年规划中提出的奋斗目标。

（执笔：龚中元）

荆 门 市

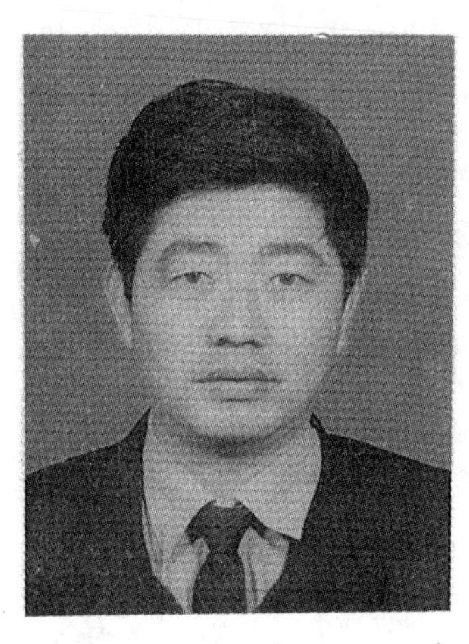

市　长：缪合林

副市长：金世泽（计划、政法）　罗昌斌（农业）　郭榴通（城建）　焦知云（财贸、文教）　苏忠炎（工业，科技）

缪合林市长，1951年7月出生，湖北鄂州市人，大专学历，中共党员。历任鄂城县委副书记，共青团黄岗地委书记，罗田县委书记，共青团湖北省委副书记、书记。中共湖北省委候补委员，团中央委员。1990年9月任中共荆门市委副书记、代市长。1991年3月当选为荆门市市长。近年来，在国家报刊上发表了十多篇文章。

“七五”时期荆门市经济发展成就

□ 熊安铁　刘永庆

“七五”期间，荆门人民在党和政府的领导下，经济建设事业取得了显著成就。

国民经济稳定发展

经济增长速度较快。1990年，全市工农业总产值实现24.97亿元，比1985增长30.8%，年均增长5.5%。其中，工业总产值19.67亿多元，比1985年增长33.9%，平均每年增加1亿元，年均增长6.1%；农业总产值5.3亿元，比1985年增长19.7%，年均增长3.6%。国民生产总值13.03亿元，年均增长3.9%，人均国民生产总值1260元，比1985年净增116元；国民收入10.95亿元，年均增长2.1%，人均国民收入1059元，比1985年净增10元。市级财政收入1.44亿元，比1985年增长91%，年递增14.55%。

结构调整效果明显。从投资结构看，“七五”期间累计完成固定资产投资10.02亿元，比“六五”时期净增3.27亿元，增长48.4%。其中，生产性固定资产投资74885万元，占固定资产投资总额的74.7%；技改投资3.9亿元，比“六五”时期增长1.6倍，技改投资比重达44.7%，比“六五”时期增加了21.2个百分点。通过建设新增生产能力：硫铁矿7万吨／年、聚丙烯2万吨／年、塑料2000砘／年、水泥38.8万吨／年、啤酒5万吨／年、地毯250万平方米／年、丙纶长丝1000吨／年、棉纱1.2万绽、石英器件1200万只／年、油改煤发电能力20万千瓦、原油加工150万吨以及农业有效灌溉面积24万亩等，这大大增强了工农业发展后劲。从产业结构看，第三产业蓬勃发展，1990年增加值2.4亿，比1985年增长41.2%，年递增7.1%，高出国民生产总值递增率3.2个百分点，比重由1985年的16.1%上升到19%。从工农业比例来看，工业主导地位日益增强，1990年为79%，比“六五”末期的77%增加了2个百分点。从工业内部看，地方工业发展快于中央、省属企业，轻工业发展快于重工业。1990年，在工业总产值中，地方工业比重为43.2%，轻工业比重为20.8%，比“六五”时期末分别上升13.4个百分点和3.6个百分点。从农业内部看，1990年农村社会总产值11.08亿元，比1985增长62.1%，其中工、商、运、建产值为5.76亿元，比1985年增长1.4倍，占农村社会总产值的52%，超过了一半。在农业总产值中，林、牧、副、渔产值比重由1985年的28.3%上升到29.3%。

主要产品产量增加。1990年主要工业产品产量：原煤101.5万吨，发电量28.56亿千瓦小时，啤酒4.12万吨，灯炮53万只，水泥55.27万吨，塑料制品2011吨，棉纱6129件，分别比1985年增长109.1%、35.2%、216.9%、10.8%、39%、126.2%和93.9%。1990年主要农副产品产量：粮食9.25亿公斤，棉花970万公斤，油料2970万公斤，出栏肉猪40.88万头，水产品 2390 万公斤，分别比 1985 年增长 17.8%、1.7%、42.9%、11.9%和 72.2%。与此同时，工商企业产品质量提高，劳动生产率上升。“七五”期间，全市共有 81 家产品先后获国家优质产品奖 3 项，部优质奖 27 项，省优质奖 83 项。1990 年，全市优质产品产值率达 36.5%，比 1985 年提高了 26.2 个百分点。独立核算工业企业全员劳动生产率为 29245 元／人，比 1985 年增加 3690 元／人，增长 14.4%。粮食商品率也得到提高，对国家贡献增大。1990 年，粮食商品率为 73.1%，比 1985 年的 66.4%增加了 6.7 个百分点。“七五”期间累计为国家提供商品粮 26.34 亿公斤，比“六五”增加 8.23 亿公斤。

内外贸易日益活跃。全市现有商业机构 1.3 万个，从业人员 3.6 万，分别比 1985 年末增长 5.5%和 13.6%。1990 年实现社会商品零售总额 94590 万元，比 1985 年增长 97.6%。其中，农业生产资料销售增长 1.4 倍，消费品增长 85.8%。集市贸易成交额 1.67 亿元，比 1985 年增长 172.7%。在对外贸易方面，出口收购和出口基地建设有了长足发展，外贸渠道得到拓宽。1990 年外贸供应出口总额达 1.13 亿元，是 1985 年的 4.9 倍，平均每年净增 1779 万元，年递增 37.4%。出口产品结构也发生了很大的变化。工业品占出口额的比重由 42%上升到 87%；出口百万元以上的产品有 21 个品种。同时，在发展同外国友好城市的联系与经济技术合作方面也迈出了新步伐。1990 年 9 月，市政府应邀组团对澳大利亚图文巴市进行了友好访问，发展了两市间的经济技术和文化合作关系。市政府还在广泛征求意见的基础上，初步制定出《荆门市鼓励外商投资的若干规定》，大力发展“三资”企业。

城市功能日臻完善

“七五”期间，荆门市狠抓城市基础设施建设，5 年间用于这方面的投资超过 1 亿元，比“六五”时期增长 3.9 倍。

交通邮电事业发展较快。5 年间先后兴建沙洋汉江公路大桥，改造二〇七国道，建成荆沙铁路，进行汉江航道的整治和沙洋码头的改扩建，成立航空联合公司，初步形成水、陆、空立体交通网络。在城区，新建和改进了象山大道、白云大道、象山一路、象山二路、白庙路等道路 26 条，41 公里，32 万平方米，城市道路总长度由 74 公里增加到 115 公里，道路面积为 59 万平方米，年均增长速度分别为 11%和 7.9%。邮电通讯能力也大为改善。1990 年，长途电话电报电路 77 条，比 1985 年增加 45 条；电话交换容量达 17590 门，比 1985 年增加 4080 门；邮电业务量 470 万元，比 1985 年增长 1.2 倍。目前，正在筹建万门程控工程。

公用事业服务面扩大。城市公交车辆 1990 年达 45 台，比 1985 增加 22 台，营运线路 14 条，共 650 公里，年客运量由 1985 年的 389 万人次增加到 1990 年的 609 万人次。同时，“七五”期间，新建了 500 吨规模的响岭液化气储气站，全社会的储气能力由 500 吨增加到 1010 吨，城区气化率达到 82.1%。还建成了二水厂，改造了一水厂，新增生产能力 6.5 万吨／日；1990 年，城市自来水生产能力达 21.5 万吨／日，人均生活日用水量由 191 升增加到 235 升，供水普及率达 90%。

环境综合治理初见成效。“七五”期间，共完成投资 2843 万元，完成“三废”治理项目 165 个，新增废水处理能力 1846 万吨，废气处理能力 75412 立方米／万标，废渣处理能力 5256 吨。建成地下排水道 74 公里，比 1985 年增加 17 公里，年均增长 6.7%，下水道服务面积由 15 平方公里增加到 19 平方公里，占建成区面积的 74%。整治竹皮河 5.2 公里，铺设排污管 10.3 公里。1990 年，在全省环境保护综合考核检查中，获得一等奖。

园林绿化逐年扩大。“七五”期间，城区园林绿地总面积由 349 公顷增加到 640 公顷，增长 83.4%，其中：公共绿地由 19 公顷增加到 68 公顷，增长 2.6 倍，人均占有公共绿地面积由 2.2 平方米增加到 5.8 平方米，增长 1.6 倍，绿化覆盖率由 18.5%增加到 25.4%。

居住条件有所改善。“七五”期间投资新建住宅面积 39.5 万平方米；开发建设了浏河小区、月亮湖小区和分路碑等 10 个居民点，完成建筑面积 22.4 万平方米，还改造危房 5680 平方米，人均居住面积由 1985 年的 4.9 平方米增加到 1990 年的 7.7 平方米。

人民生活显著提高

1990 年末全民和城镇集体所有制单位职工 11.4 万人，比 1985 年增加 2.5 万人，平均每年净增 5000 人，使城市每一职工负担系数由 1.79 人（含本人）降为 1.67 人，减少 0.12 人。1990 年职工人均货币工资为 2030 元，比 1985 年增加 900 元，扣除价格因素，实际增长 2.2%。“七五”期间，城市居民人均收入扣除价格因素平均每年递增 6.2%。农民人均纯收入递增 9.5%，1990 年达 821 元，比 1985 年净增 300 元。

城乡居民主要耐用消费品大量增加。1990 年城市每百户家庭拥有电风扇 221 台、洗衣机 95 台、电冰箱 70 台、电视机 115 台、收录机 73 台、照像机 24 台，分别比“六五”末增加 129 台、37 台、64 台、38 台、33 台和 19 台。农村每百户拥有电风扇 99 台、洗衣机 38 台、电视机 88 台、收录机 20 台，分别比 1985 年末增加 85 台、38 台、45 台和 15 台。

同时，城乡居民储蓄增加。1990 年城乡居民储蓄存款余额达 6.4 亿元，比“六五”期末增长 3.3 倍。

鄂州市

市　长：黄昌灿

副市长：林瑞华（计划、工业）　吴德志（财贸）　王兴隆（政法、农业）　朱曙霞（女　文教卫）　杜祖森（人事、城建）

黄昌灿市长，湖北省枝城市人，1944年6月出生，大学文化程度。1963年8月参加工作。先后在宜都县任团县委副书记、书记，县委常委、区委书记、县委副书记，在宜昌县任县委副书记、县长等职。1983年9月至1986年9月在中央党校学习。1986年10月任宜昌地区地委委员、行署副专员。1989年2月调鄂州市，任市委副书记、市长。

走上开放之路的新兴工业城市——鄂州市

□　鄂州市市长　黄昌灿

鄂州曾名鄂城，古称武昌，地处长江中游南岸。三国时期吴王孙权曾在此建都。1983年8月，经国务院批准成立省辖市。1988年4月，省政府将鄂州列为经济改革开放试验区。1990年4月，省政府又确定在鄂州市葛店镇建立“湖北省葛店经济技术开发区”。全市现有面积1504平方公里，人口90万。

“七五”期间，鄂州市注意发挥交通和地理优势，坚持“全面开放，重点开发，外引内改，双向发展”的方针，努力改善投资环境，不断增强对外商外资的吸引力，开放引进工作成效显著，国民经济持续发展。1990年，全市社会总产值31.9亿元，平均每年递增10.8%；国民生产总值14.68亿元，平均每年递增9.3%；工农业总产值24.8亿元，平均每年递增12.4%。

近年来，鄂州市政府认真学习沿海开放城市的经验，坚持“两手抓”，即一手抓现有企业的“嫁接”引进，一手抓成片开发，不断转变作风，提高办事效率，成立了专门机构——对外开放办公室，在客商办理手续时，实行“五个一”，即“一栋楼办公，一支笔审批，一条龙服务，一次性收费，一个窗口对外”的办事制度，制定并落实了一系列对客商和三资企业的优惠政策，增强了鄂州对外开放的吸引力。前来寻求经济技术合作的港澳台商和近10个国家的外商成批涌向鄂州，洽谈的项目包括轻纺、冶金、建材、化工、医药、交通、旅游等多方面。仅1990年，与客商洽谈项目达110个，协议投资总额42517万美元，已签订书面协议59个，投资额35237多万美元，已批准立项28个，投资额3799多万美元。其中塑料包装袋、防火消音板、木纹胶布、电脑绣花、啤酒生产线、织带等14个项目已经领取了三资企业批准证书和营业执照。这14个项目总投资额2304万美，注册资本1665多万美元，投产后预期年新增产值30952万元，利税6687万元，创汇5486.1万美元。到1990年底止。全市已建成三资企业18家。已投产的三资企业，家家盈利，一般可在3年内收回全部投资。1989年全省评选“优秀三资企业”，鄂州受奖面居全省第一。与港商合资的喷胶棉有限公司，当年投产，当年盈利，人均创产值14万元，创利3.1万元，创汇1.68万美元，港商在两年之内就可收回全部投资。一些新来的客商通过这些企业进一步认识了解了鄂州，他们对鄂州的投资环境感到满意，增强了投资的信心。仅1990年就有4位客商在这里兴办了5家独资企业。

1990年，省政府在市内葛店镇辟建湖北省葛店经济技术开发区，标志着鄂州的开放引进进入了成片开发的新阶段。该开发区座落在鄂州市西部，西距省会武汉，东至鄂州市区，均为30余公里。这里外临黄金水道——万里长江，内濒湖北省第二大湖泊——梁子湖，土地平旷，地质良好，距开发区仅3公里有湖北省外贸专用码头，年吞吐量达120万吨，可停靠5000吨级船舶，直航香港、日本。这里紧靠武（昌）大（冶）铁路，可直达上海和福州、厦门。武（汉）黄（石）一级公路在鄂州境内有5座立交桥，其中庙岭立交桥就位于开发区附近。开发区距离武昌南湖机场和正在施工的国际天河机场都只有30多公里。在开发区周围，有已经投产或正在加紧施工的汉川、鄂州、阳逻三座规模分别为120万千瓦的热电厂，可以为开发区提供能源保障；有聚集数十家高等院校、数百家科研机构和上千家科技企业的东湖新技术开发区，可以为开发区提供大批高素质人才和新科技成果。湖北省是全国重工业基地之一，全省矿产资源和农副产品资源十分丰富，可以为葛店经济技术开发区提供大量的加工原材料。省政府对开发区的建设极为重视，郭树言省长和几位副省长分别带领省直有关部门先后9次到开发区现场办公。省政府专门为开发区制定了优惠政策，享有相当省一级的审批权限。开发区规划面积4平方公里。第一期开发1.2平方公里。1991年底可基本完成“六通一平”，并开始建设标准厂房，以及生活、教育、医疗、娱乐等基础设施。目前，开发区的招商工作取得重大进展，外商和港澳台客商纷至沓来，洽谈生意、合资建厂者络绎不绝。这些项目一等开发区实现“六通一平”后即可兴建投产，少数合资和独资项目的建设将与开发区同时施工。届时，葛店开发区将为海内外所注目，成为长江沿岸开放开发的一个重要基地。

“七五”期间，特别是近两年来，鄂州市政府为适应开放引进的新形势，不断加快城市建设的步伐。千年古城一改旧观，城市面貌日新月异。市区规划面积为108平方公里，现正在按照古都、江城和现代化三位一体的特色，编制了详细规划。目前已兴建改建了文星大道等主干道17条，改造老城区街道11条，城区内循环道路基本形成。近年开发的南塔生活小区，施工面积9万平方米，已有1200多户居民喜迁新居。继南塔小区之后，环绕城南风景秀丽的洋澜湖四周的官柳小区、凤凰小区和广山小区将逐年开发，不断完善配套，形成一片功能齐全、环境优美的生活新区。近年鄂州城区还开辟了15个集贸市场，扩建了2座自来水厂，日供水能力达50万吨；新建了电视台、图书馆、博物馆、档案馆、工人文化宫等城市基础设施；建成了高标准的明塘体育场和人防工程——吴都金苑；新办了大专、中专和各类技校30多所；新建了一批科研机构，城市的综合服务功能明显增强。目前，鄂州城市的园林建设正以西山风景区和洋澜湖风景区为主体进行开发。西山风景区位于市中心，占地160多公顷，与黄州东坡赤壁隔江相望，是湖北省著名风景区之一，每年接待中外游客100多万人次。洋澜湖风景区部分小区的详细规划已经编制完成，并即将动工建设。

1990年是全市城市建设取得重大进展的一年。自市委、市政府发出“全市总动员，上下一条心，治理脏乱差，建设文明城”的号召以来，全体市民积极参与实施以“三治（治脏、治乱、治差）、三化（绿化、美化、净化）、三开（开通城区内循环道路、开发西山和洋澜湖风景区、开发商品房30万平方米）”为内容的文明城市建设的“三三三工程”，出现了前所未有、欣欣向荣的好势头。全市共拆除违章建筑3万平方米、铺修路面9.7万多平方米，新建透景围墙近3万米，植树种花19.6万株，疏通下水道900多米，新建高标准、风格各异的厕所16座。城区绿化投资240万元，成功地把风景树、行道树、草坪有机结合，形成了林荫夹道、碧草如茵、花坛锦簇、花卉飘香的点、线、面整体绿化的新格局。在1990年8月举行的全国中小城市卫生大检查中，获得较高的评价，步入了全省卫生先进城市行列，受到了国家爱卫会的通报表扬。市政府还先后制定了一系列城市建设和城市管理的法规，清理整顿了市区集贸市场，交通秩序和环境卫生，落实了“门前三包”责任制，巩固了前段治理“脏、乱、差”的成果，使城市管理坚持了经常化、制度化，跃上了一个新的台阶。

“七五”期间，鄂州城乡居民收入水平明显提高，生活有了较大改善。1990年，城市居民人均实际收入达到1410元，农民人均纯收入达到749元，分别比1986年净增599元、250元。城乡居民的居住条件明显改善，电视机、电冰箱、洗衣机等高档耐用消费品大量进入普通家庭。1990年，全市城乡人均储蓄存款余额达到501元。同时，社会福利事业机构达58个，敬老院床位776张，收养孤残老人514人，城乡散民的优抚对象得到照顾。全市卫生事业机构遍布城乡，拥有医院床位2097张，平均每千人拥有卫技人员3人，床位2.3张，使人民群众的医疗条件得到明显改善。

“八五”期间，市政府将不断深化改革，进一步扩大对外开放，加快“湖北省葛店经济技术开发区”的建设，重点组织实施“三大工程”，即工业的“一二三工程”，农业的“三一三五工程”。城市建设的“三三三工程”。通过实施“一二三工程”，使10多家市直重点企业和30多家乡镇企业形成规模和龙头，将逐步成为带动全市工业发展的中坚力量，促进企业结构的改善提高和企业集团的形成。同时，通过开放引进，每年新增20个以上三资企业，带动全市经济管理和技术进步；通过实施农业“三一三五工程”，带动两湖（梁子湖、樊湖）地区开发，使全市农业逐步走了规模化、集约化、商品化的道路，把农业生产提高到一个新的水平；通过实施城建的“三三三工程”，实现城市的绿化、净化、美化和城市基础设施的配套完善，增强城市综合服务功能，树立鄂州人文明礼貌的形象，形成良好的投资环境，不断增强对外商外资的吸引力，以加快城市经济建设的步伐，为在90年代把鄂州建成兴旺发达的中等城市而奋斗。

随 州 市

市　长：李文烈
副市长：潘开志（常务）　刘克伦　顾锡明　刘善桥　李克申　贾建民

李文烈市长，1940年4月生，湖北南漳县人。1965年6月加入中国共产党，1965年7月毕业于湖北大学政治系。历任区办公室秘书，县劳动局副局长、局长、县委组织部副部长。1983年11月任中共随州市委副书记、随州市市长，1988年1月再次当选为随州市市长。1991年1月仍当选为随州市市长。近年来，先后在《中国房地产》、《中国城市导报》、《市长参考》、《湖北政报》、《湖北方志》等报刊上发表20余篇文章。

锐意进取　财政过亿

□ 随州市市长　李文烈

1990年，随州市进一步贯彻执行治理整顿和深化改革的方针，奋力拼搏，开拓进取，同心同德，迎难而上，实现了财政收入过亿元。这既是随州历史上的一个重大突破，也是随州今后发展中的一个重要基础。据统计，全年国民生产总值为14亿元（按当年价格计算），比上年增长5%；国民收入12.38亿元（按当年价格计算），比上年增长2.7%；工农业总产值达到178452万元，按1980年不变价格计算比上年增长5.6%。教育、科技、文化、卫生、体育和城市建设等各项事业都取得了新成果。

——工业生产在资金能源紧缺、原材料涨价、市场疲软、销售不畅的困难中稳步发展。1990年完成工业总产值11.86亿元，比上年增长4%。农村工业发展迅速，1990年完成产值4.67亿元比上年增长14.2%。工业经济效益和企业素质进一步提高，企业管理进一步加强，群众性的质量管理活动创造效益2000多万元。全市先后有19家企业进入省级先进企业行列，随州棉纺厂、挂车总厂、湖北汽车改装厂升为国家二级企业。工业经济在全市国民经济中的主导地位不断加强。

——农业生产战胜严重自然灾害，夺取了粮、棉、油生产全面丰收，农业总产值创历史最高纪录。1990年农业总产值达到6.04亿元，农村经济总收入17.33亿元，分别比上年提高10%和32.3%。粮食总产量达到90.2万吨，比历史最高年增产5.2万吨，比上年增产8.298万吨，增长9.2%；棉花总产量2.2万吨，油总产量1万吨，分别比上年增长60.6%和60.2%。棉花被评为全国生产先进市。在国家公布的粮、棉、油、肉类产量居前百名县市中，随州市的粮、棉、肉三项进入了前百名。随州加快了农业内部结构的调整步伐，充分发挥"七山一水"的自然优势，采取立体、综合利用的办法，大力发展多种经营生产。

——商业贸易经受了市场疲软的严峻考验，物价涨幅明显回落。1990年社会商品零售总额6.27亿元，比上年增长3.1%。其中国营合作社商业达到3.93亿元，比上年增长4.1%。在社会商品零售总额中，生活资料零售额占4.9亿元，比上年增长2.1%。对外贸易开始回升。1990年对外贸易收购总额7296万元，比上年增长12.9%。零售物价涨幅明显回落，全年物价总水平比上年仅上涨2.4%，不仅大大低于1989年上涨15.2%的幅度，而且也明显低于省下达的控制目标。

——财政收入首次过亿元，金融形势明显好转。1990年，市财税部门在管理中求效益，发挥职能增活力；在征管中堵漏洞，强化监督促增收；在紧缩中保重点，勤俭理财减支出。财政收入首次突破亿元大关，达到1.08亿元，按可比口径计算比上年增长9.7%。金融部门认真贯彻落实"控制总量、调整结构、保证重点，压缩一般，适时调节，提高效益"的信贷政策，银行存款迅速增长，贷款结构不断优化。1990年底，各项存款余额达到 4.97 亿元，比上年底增长 22.5%；各项贷款余额 12.06 亿元，比上年增长 19.1%。银行现金收支司增，货币投放超历史。

——城市建设在困难中发展，城市功能不断增强。为了加快城市建设步伐，随州坚持从实际出发，因地制宜，量力而行，合理布局，突出重点，完善功能的方针，努力做到少花钱、多办事、办好事，提高投资效益和社会效益，近两年投资 1400 万元用于城区重点基础设施建设，投资 1300 万元用于集镇建设，1990 年城区建成区面积达到 13.3 平方公里，集镇建城区面积达到 21.3 平方公里。城区重点建设项目扩建了随州火车站，新建了随州汽车站、随州商场、随州中心商场、体育运动场，编钟陈列馆等，道路的硬化和长度、供水、绿化、环境保护、城市卫生等，都得到加强和发展，城市意识大大增强。

——教育、科技、文化、卫生、体育等社会事业蓬勃发展。1990 年，科技工作继续坚持“经济建设必须依靠科学技术，科学技术必须面向经济建设”的方针，“科教兴市”成效显著。全市开发技术起点高、经济效益高、出口创汇高和具有特色的“三高一特”新产品达 120 项，其中 22 项达到或接近国际国内先进水平。1990 年全市已实施科技兴农工程 30 项，据有关部门测算，科技进步因素在工农业生产总值增长中已达到 40%。教育质量进一步提高。1990 年全市被录取的大学本科、专科生达 659 人，中专生达 758 人。扫盲工作取得显著成绩，被省评为先进单位。文化、广播、电视和出版事业有了进一步发展，医疗条件进一步改善。体育事业取得了新成绩，1990 年被评为全国体育先进市。.

——居民收入继续增加，生活条件进一步改善。1990 年农民人平纯收入 828 元，按可比口径计算比上年增长 10.7%；职工人平货币工资 1608 元，比上年增长 20.2%；人平储蓄存款余额首次突破 300 元，达到 337 元。

1990 年随州市的经济得到了持续，稳定的发展，其原因是:

(一) 处理好控制与发展的关系。按照治理整顿的要求，加强了对经济的宏观控制，压缩了基本建设规模，停建和缓建一批基建项目，同时，根据随州的实际情况，把着力点放在抓产业结构，产品结构的调整和重点产品上，市政府对现有的企业、项目和 120 多个重点产品进行分类排队，按照效益原则，制定保压方案，并从资金、原材料、能源上给予择优扶持，扩大了生产规模，提高了生产能力和生产效益。

(二) 处理好治乱与求活的关系。前几年，经济活动中出现了一些混乱现象，影响了经济的正常发展。对此，我们在清理整顿公司，清理整顿金融秩序，清理整顿批发市场、建筑市场、医药市场、农资市场、烟草市场等工作的同时，又狠抓流通秩序的整顿，盘活资金，搞活市场。第一，在盘活资金上下功夫。近两年在全市范围内开展对有经济活动的单位和农村村组的财务进行了全面清理。1989 年清出各种有问题资金 3.47 亿元，盘活资金 1.49 元，为 1990 年经济发展积累了资金。1990 年又处理盘活“两有”资金 1.31 亿元，缓解了资金紧张的矛盾。第二，抓销售，加快资金周转。为了摆脱市场疲软带来的消极影响，把加强销售工作当作搞活经济的关键措施来抓。第三，广泛开展储蓄存款，大力组织社会闲散资金，变部分消费资金为生产资金。一是号召广大干部带头过紧日子，积极参加储蓄存款；二是开展全民“储蓄月”活动，进行“积极储蓄，振兴随州”的宣传；三是在完善储蓄承包，储蓄代办，储蓄联办以及发展邮政储蓄业务的同时，各专业银行在不违背国家政策的前提下，增加储蓄种类，开办了城乡建房储蓄、农业生产备用金存款、保值储蓄和发动个体户存款。1990 年底各项存款余额达到 4.97 亿元，比上年底增长 22.5%，为经济发展增添了活力。

(三) 处理好管理与服务的关系。要求政府各职能部门的管理工作正规化、法制化，依法管理企业，又要努力作到把管理与服务结合起来，切实为基层和企业排忧解难。1990 年市委、市政府规定干部要经常下基层进行调查研究并组织了 2000 余人的干部队伍下乡、驻厂。

(四) 处理好速度与效益的关系。为扭转过去重速度，轻效益的倾向，全市从加强企业管理，提高企业素质入手，1990 年在全市范围内开展了“企业管理年”活动。同时还在企业中试行了技改发展基金制度，保证了重点产业项目、效益好的项目技改投资的需要。

(五) 处理好治理整顿与深化改革的联系。治理整顿与深化改革是相互统一，相互促进的，治理整顿为深化改革创造了条件，依靠改革可以更好地完成治理整顿任务。因此，我们把治理整顿与深化改革结合起来，逐步建立、健全宏观调控和自我约束机制，推动了改革的深入发展。在城市，不断完善经济承包责任制，在农村，以稳定完善家庭联产承包责任制为重点，按照“宜统则统，宜分则分”的原则，积极发展多种经营，鼓励农民向荒山、荒滩、荒水进军，实行开发性承包，并进一步建立、健全农村服务体系，加强对农业的产前、产中、产后服务，促进农村改革的全面深入。除此之外，我们还对金融秩序、市场管理等进行了整顿，并狠抓了产业结构、产品结构的调整，收到了较好的经济效益和社会效益。

老河口市

市 长：樊建国

副市长：刘金元 万正耀 马兴林 程周玲 陈光南 崔万忠 李行安

樊建国市长，湖北省漳南县人，1952年生，中专文化程度。1969年1月参加工作后，在南漳县龙门公社插队锻炼，1970年任南漳县武镇粮管所工作员，1973年进入襄阳地区财贸学校学习，1975年任襄阳地区粮食局政工科工作员，1983年任襄樊市财办业务科副科长，1985年任襄樊市财委副主任、党委委员，1990年2月任中共随州市委副书记，同年9月任老河口市市委副书记、代市长，同年12月任市长。

增强城市意识　强化城市管理

□ 老河口市市长　樊建国

“七五”期间，老河口市根据城市总体规划，制定了“建管结合，突出管理”的工作方针，通过全市人民的不懈努力，一举摘掉了“脏、乱、差”的帽子，连续5年在省、襄樊市组织的爱国卫生城市检查中均以总分第一居榜首。1990年，在国家组织的卫生城市检查评比活动中，又以“清洁、优美、卫生”的城市特色，荣获全国十佳“卫生城市”光荣称号。这几年，在城市管理上，市政府主要抓了以下几个方面工作：

提高对城市管理工作的认识

纵观10多年来本市城市建设管理工作，“一短一硬易抓，一长一软费力”。也就是说，城市建设项目，比如一批房屋、道路、景点等设施是短期的、有形的硬指标建设，容易抓出“立竿见影”的成效，而城市管理则是一个长期的、连续的、有形与无形相结合的过程，大部分属于软件、软指标，不是一蹴而就的。因此，从指导思想上必须端正建与管、短与长、硬与软的关系，只有抓好城市管理，才能推动城市建设，促进经济发展，改善人民群众生产生活环境，消除重建设轻管理的思想根源，在具体工作中，一手抓建设，一手抓管理，克服一手硬、一手软的问题。“七五”期间，老河口兴建、扩建道路33公里，安装路灯1500盏；新建了第二水厂，城市供水能力扩大到6万吨／日；兴建商品房10万多平方米，使人均居住面积由3.9平方米提高到9平方米，还兴建了一大批文化、卫生、体育、通讯等公用设施。在城市的管理上，大搞绿化、美化和净化，整修了中山公园，兴建了沿江公园和百花山森林公园，新建街头景点24处，雕塑15处，发动群众植树10万余株，城市绿化覆盖率达到了25.7%，人均公共绿地2平方米。新建和改建了37座水冲式厕所，实现了垃圾装载容器化、清运工具机械化。按照城市规划，迁出有污染的工厂37家，治理污染源31处，使城市环境质量达到国家二级标准。

设置管理机构，理顺管理关系

要搞好城市管理工作，必须设立有高度权威的专门机构，配备足够的人员，赋予必要的人财物权力，理顺各个层次和各个部门的关系，才能进行高效率的城市管理工作。在大搞城市建设时期，本市设立了“城市建设指挥部”，统筹、协调城市建设。随着工作重心的转变，又将其更名为“城市管理工作委员会”，作为市政府在城市管理的一个综合协调部门，代行政府职权，配备24名工作人员，同时，成立“市容监察大队”，定编37人。在城区5个办事处设立城管办公室，各个居委会又配备有城管员。条块结合，以块为主，这些机构的设置和人员的配备，使整个城市管理工作形成了纵向三级，横向连片的管理网络。根除了过去政出多门、职责不清、相互扯皮的不良现象，理顺了关系，分清了职责，为管好城市提供了组织上的保证。

建章立制，依法管理

城市管理面广事多、头绪纷繁。必须纳入科学化、制度化、规范化、法制化的轨道，坚持做到有法可依、有法必依、执法必严、违法必究。在这方面，市政府主要抓了三点:

(一) 依法制定管理规章。几年来，根据国家有关法律和规章、条例，结合我市实际，由人大、政府制定、颁发了《城市建设管理暂行办法》、《城市园林绿化管理办法》、《城市市容卫生管理办法》、《城市市政公用设施管理办法》等60多个地方性法规，先后汇编成4册，发至各单位遵照执行。使城市各方面的管理都有章可循，有法可依。在规划管理中，还严格实行了“规划一张图，管理一个法，审批一支笔，归口一家管，建设一盘棋”的管理原则。

(二) 依法进行管理。依法管理是依法治市的重要方面。前些年，城区广告、牌匾、招贴到处设置，临街建筑、构筑物上乱贴滥画，严重影响市容市貌。城市管理工作委员会组织有关单位深入市区街头，现场办公，整修招贴专栏30处，确定并设制固定招贴栏26处，制订了《关于加强城市广告牌匾招贴管理的规定》。对乱贴滥画的协同管理问题作了进一步明确。即；工商局负责对全市广告的审查、登记，并设置公共招贴栏，规划局负责对广告的设计、定点工作；文化局负责对文化广告专业招贴栏的设置和管理；市容监察队负责对不按要求张贴或设置广告涂写标语等乱贴滥画现象的检查处罚。这样，分清了各部门的工作责任，杜绝了广告招贴管理混乱的局面。通过抓依法管理，增强了居民的城市意识，现在无论哪个单位和个人的建设项目，都能主动向职能部门申请，经批准后按规划建设，没有出现过乱搭乱建现象。

(三) 市委、市政府和分管城建工作的领导坚持自身廉洁，率先示范，从不批条子、开后门，全力支持城市建设、管理部门的工作，从而杜绝了不按规划办事、各自为政、违章乱建现象，保证了城市建设管理按规划顺利进行。

专群结合，齐抓共管

“七五”期间，老河口市坚持“人民城市人民建，人民城市人民管”的方针和三分建七分管的原则，动员全市人民自觉参加城市管理活动，做到了专业管理与群众管理相结合，收到了齐抓共管的好效果。

城市专业管理队伍有三支：第一支是直属建委领导的城建管理监察队，负责综合管理，对各管理部门进行检查，实行百分考核，兑现奖惩；第二支是包括规划、环保、市政、环卫、园林、工商、卫生、交警等专业管理队伍，按隶属关系和工作职责实行专业管理；第三支是街道办事处管理的民办公助清扫队和“百米一岗”的队伍。同时，建立联合办公制度。由城管委牵头，协调各部门的工作关系，提高了办事效率。

这几年，本市坚持把为人民群众办实事、办好事与发动群众参加城市管理相结合的办法，每年初定出要办的事项，向群众公布，并定期检查项目的进度，到年终有个交待。这样，逐年解决群众生产生活中的难题，激发了他们热爱家乡、建设管理城市的热情，市委、政府采取的重大决策，开展的重大活动，都能够得到群众的理解、支持和参与。“七五”期间组织群众大搞义务劳动，共改造硬化小街小巷120条，改造旧式厕所200多个，一些路不平、灯不明、污水横流的偏僻街巷得到治理，还被评上了文明街巷。

不断增强市民城市意识

城市管理，最根本的是对市民进行城市意识、社会公德和科学文明的教育，提高城市居民的城市意识。只要群众都动员起来了，问题就好办了。只有把群众教育好了，才能实现城市的长治久安。在这方面抓了三项活动:

开办“文明市民学校”。在街道办事处，居委会共成立“文明市民学校”37所，自编教材、组织街道干部、居民骨干、个体户、待业青年和部分企事业单位的干部、职工学习城市知识，市民公约、社会公德、城市管理法规和科学、文化、法律等方面的知识和时事政治，教育市民关心国家大事，自觉遵纪守法，争当文明市民。先后参加学习者达9万人次。

创办文明街区。以居委会为单位，在所辖街巷开展“三无”竞赛活动。即：无烟头、无果核皮纸屑、无痰迹。目前，已有30多条街巷已经达标，成为文明街区。

开展窗口行业优质服务竞赛。把店容店貌礼貌用语、服务态度和工作的熟练程度作为主要的竞赛考核指标，促进了人与人之间、单位与单位之间的相互竞赛和共同提高。

通过开展争做文明市民和创建文明单位活动，近年来，先后有180多个单位获得了市级以上的“文明单位”、“文明街巷”的光荣称号。

通过严格的城市管理，创造了优美的环境，提高了城市的知名度、吸引力和辐射力，改善了投资环境，促进了经济的发展。1990年，老河口市工农业总产值、财政收入分别比1985年增长136.3%、223.4%。近几年，先后引进各类人才1000多人，引进科技项目136个，市属96家企业与全国56所大专院校、科研单位建立了联系，与13个省市的139家企业建立了横向经济、技术联合。同时，还吸引了外商来老河口投资。

枣阳市

市 长：李诗刚
副市长：于振琦（财贸、政法） 韩瑞先（文教卫体） 陈玉廷（工交、计划） 孙永庆（科技） 常焕敏（基建、农业）

李诗刚市长，1941年10月生于湖北省利川县，中共党员，大学文化程度。1964年至1968年就读于中南财经大学。历任枣阳市委组织部干事、科长、副部长、部长，1984年至1989年任市委副书记、代市长，1990年3月当选为市长。

推进企业技术改造 增强工业发展后劲

□ 枣阳市人民政府办公室

枣阳市是一座古县新市。"七五"期间取得了可喜成绩。

技术改造、引进成效突出

"七五"以来，枣阳把推进企业技术改造作为增强企业发展后劲，提高工业经济效益，发展地方工业的重要手段。5年间，共实施了197项技改（引进）项目，投资15083万元。其中技术改造185项，投资9973万元，技术引进项目12项，投资5110万元，用汇688万美元，从美、日、德等9个国家和地区引进先进设备372台（套），有9条生产线实现了微机自动控制，许多企业的部分设备和工艺达到了国内外80年代先进水平。

企业技术改造的发展，促进了枣阳工业企业规模的不断扩大和速度效益的同步增长。全市已有机械、化工、卷烟、纺织、建材等十多个行业，2500多个厂家，形成了一批骨干企业，其中产值过亿元的2家，过千万元的企业10家。生产的产品已达600多种、1700多个花色。出口产品由1985年前的单一棉坯布和服装发展到自行车、冲床、工艺品等十几个品种，年创汇1000多万美元，仅自行车年出口在18万元以上，创汇500多万美元。5年内，全市工业生产平均每年增长32%，总产值由1985年的3.85亿元，增加到1990年的10亿元，净增6.25亿元。其中70%以上是依靠技术进步和技改项目投（达）产而增加的。财政收入由1985年的4063万元，增加到1990年的10627万元，突破亿元大关，平均每年增长32%。其中工业企业提供财政收入占全部财政收入的比例由1985年的70%提高到1990年的85%。

突出重点 努力推进企业技术改造

枣阳企业技术改造起点较高，速度较快，规模较大，对整个工业发展起到了十分重要的作用。在具体工作中，主要是围绕"三个重点"，注重"两个结合"：

（一）围绕提高现有企业素质，重点进行技术改造，以扩大规模效益，提高管理水平。枣阳立足于已有的基础，对设备和工艺落后的企业，实行技术革新；对需要扩大能力的企业实行滚雪球的方式，自我发展壮大；对内部生产不配套的企业逐步完善，添置必要的新设备；对不适应市场需要的企业实行转产，处理闲置设备。先后对化肥、纺织、麻纺等18个企业投资，更新设备500多台（套），增创产值25200万元。有1家企业被国家评为二级企业，9家企业被评为省级先进企业。市化肥厂始建于70年代初期，原仅3000吨合成氨生产能力，设备工艺落后，产品质量差，长期滞销积压，亏损严重。近几年，更新设备60多台（套），生产线实行了微机控制，有10项技术改造获得省、市科技创新奖，产品获得部优，年生产合成氨上升到25000

吨，产值达1700多万元，实现税利350多万元，并通过了国家二级企业验收，成为全省化工行业的标兵。

（二）围绕骨干企业拳头产品进行技术改造，以完善配套生产，带动相关产业的发展。主要是卷烟、果酒、白酒、啤酒、车架等一批骨干企业。对乡镇企业和配套产业进行产品扩散、技术辐射、设备调剂，实现技术改造，发挥骨干龙头作用。逐步形成农业原材料加工、乡镇企业和市直其他企业初级加工、市直骨干企业深加工的一条龙生产，提高了整体效益。市直有关企业已向乡镇企业扩散产品近百种，设备200多台（套），技术管理人员26人，带活了50多家乡镇、市直企业，发展了5个新企业。形成了以卷烟、纺织、机械、汽车大梁、服装、果酒为龙头，网络与之相关乡镇企业的生产群体。通过市直骨干企业与其它企业的内部联合协作，全市年增加工业产值6000万元左右，其中乡镇企业增加产值2000多万元。

（三）围绕产品结构调整这个重点进行技术改造，以加快产品更新换代步伐，提高市场竞争能力。近年来，按照国家产业政策和市场需求，在巩固拳头产品创优夺牌的同时，变一厂一品为一厂多品，变国内一个市场为国内、国际两个市场，变产品“终身制”为“优胜劣汰制”，强化科技转化与开发，不断调整产品结构。有22个企业通过技术改造，开发新产品近百种，增加新花色700多种，实现产值3亿多元，税利3000多万元。到目前全市已有29种产品被评为部优、省优，1990年优质产品率达23.5%。如市自行车厂，1985年生产自行车仅4个品种、11个花色。“七五”期间，先后投资1500万元进行技术改造，目前已形成32条生产线、内销外贸并举，生产30个系列、60多种产品、200多个花色，年综合生产能力100万辆。

（四）注重技术改造与技术引地进的有机结合，将技术改造与技术引进有机地结合起来，这是采用先进实用技术，国内外设备配套运行，节省外汇减少投资的有效途径。对于国内外设备技术水平相当者，不引进，还尽量避免成套设备和整个生产线的引进，而是择其关键技术（工艺）和主要散件及单机设备，予以引进，这样不仅为国家节约大量外汇，同时也更符合我国国情。例如：市自行车厂引进日本烤漆生产设备，原计划投资45万美元，引进一条生产线，后经对国内已引进的同类设备进行考察和技术论证，认为悬挂装置和远红外线装置完全可以通过国内配套。最后，整个引进项目用汇16.6万美元，只引进了其关键——“Ω”静电喷漆设备和技术，节汇28.4万美元。该项目自1987年4月投产至今，各项经济技术指标均达到引进整条生产线的标准。

（五）注重“短、平、快”项目和群众性的小改小革与大中型项目的结合，以解决“瓶颈”制约因素。在“七五”期间实施的197个项目中，投资在100万元以下的“短、平、快”项目就占70%，它们投资少、见效快，成为对工业企业大面积改造的重要形式。特别是在“七五”后期，国家宏观紧缩，枣阳为推动新时期的技术进步工作，依据“效益、科学、自力更生、时效”的原则，结合企业各个生产环节和设备，有领导、有组织地开展了群众性的小改小革活动，它不仅为企业带来了可观的经济效益，更为企业增添了可贵的精神成果，使职工提高了素质，增强了主人翁责任感。这一活动，1990年在市直工业企业中达到高潮，仅市直56家工业企业就完成小改小革项目310项，投资不到200万元，当年完成工业产值4000万元，实现税利210万元，增收节支700多万元，通过不断地进行“短、平、快”项目的建设和开展群众性的小改小革，使生产过程中的薄弱环节得以很好解决，为盘活固定资产存量，发挥企业整体效益起了重要作用。

总结经验 进一步增强工业企业发展活力

随着形势的发展，当前企业技术改造又面临着一些新情况、新问题。首先是外部环境的制约因素很多，要想搞规模较大的技术改造，单位或地方难以解决；其次，当前市场疲软，不少企业生产经营发生困难，速度和效益的增长不够理想，企业本身缺乏实力搞规模较大的技改；第三，工业已经具有了一定规模的地方，在产业产品结构等方面与市场要求，还有许多不相适应之处，必须进行积极的调整，大力提高内在素质，否则，就会欲速而不达；第四，随着改革的深入和有计划商品经济的发展，国家强化计划管理，在客观上要求地方以投资少、周期短、见效快、开发快取胜。

在“八五”期间，枣阳市坚持走“以内促外，以外带内，内外结合，协调发展”的路子，努力拓宽国际市场，以内促外，以进养出，引进具有国际先进水平的技术设备，提高出口厂家的技术装备档次。同时，抓好“三来一补”，积极兴办中外合资企业，带动企业素质、生产水平的提高，使枣阳工业经济逐步发展成为在产品市场上有国际、国内两大市场，在生产要素上有国际和国内两大资源的新格局，走出一条协调发展的新路子。按照这一设想，抓好四个方面的规划。一是抓卷烟、果酒、啤酒、麻袋一批基地型骨干企业，突出苦练内功，改善内在素质和档次，提高竞争力；二是抓自行车、服装、坯布等一批出口企业，突出引进与消化吸收相结合，提高技术装备，适应国际市场需求，扩大出口创汇能力；三是抓化工、电子等高新技术产业，突出自我积累、自我壮大，保证布局协调发展；四是抓大中型骨干企业和众多相关或配套小企业之间的辐射与联合，突出以技术进步为核心，推动和发展企业集团，以逐步实现产业结构调整，促进工业经济持续稳定发展。

（执笔：徐雪彦）

孝感市

市　长：张文启
副市长：余汉江（常务）　黄自安（农业、水利、民政）　邱肖凡（经委、计委）　戴自昶（科技）　买信敬（回族　文教、卫体）　陈家奎（多种经营、乡镇企业）　沈常新（女　财贸、城建）

张文启市长，1945 年 3 月生，河南省光山县人，1968 年毕业于武汉水利电力学院，1981 年加入中国共产党。历任湖北省大悟县水利局副局长，大悟县政府办公室主任；1984 年 10 月任大悟县常务副县长，1990 年 3 月任中共大悟县委副书记；1990 年 9 月任中共孝感市委副书记，代市长；1991 年 1 月当选为孝感市市长。

坚持走“一引二联三挖潜”发展工业的路子

□ 孝感市市长　张文启

孝感市过去是一个传统的农业县，工业基础差，没有一个象样的骨干企业。1985 年，全市只有 18 家小型的工业企业，年产值仅 44104 万元（1980 年不变价，下同），占工农业总产值的 34.6%。为了改变工业落后的面貌，“七五”期间，孝感市从市情出发，在继续巩固农业基础的同时，突出工业主导地位，坚持走“一引二联三挖潜”发展工业的路子，取得了较好成绩：

工业生产稳步增长。1990 年，全市完成工业产值 105342 万元，比 1985 年增长 138.8%，平均每年递增 19%。工业产值占工农业总产值比重比“六五”末年提高了 18.9 个百分点。

企业规模不断扩大。1990 年，全市乡以上工业企业发展到 544 个，比 1985 年增加 126 个，有职工 46628 人，比 1985 年增加 11262 人。年产值 500 万元以上的工业企业有 24 户，超过 1000 万元的有 12 户。目前全市乡以上工业企业固定资产原值 53176 万元（净值 39060 万元），比 1985 年增长 156%，年生产能力已达 10 亿元。

产品质量不断提高。1990 年，全市工业产品达 270 种，3500 多个规格和花色，比 1985 年增长 50%。主要工业产品质量稳定率达到 98%，比 1985 年提高 8 个百分点。5 年共有 156 个产品获全省行评和地区级的优良产品，有 31 个产品获得省优以上产品称号。1990 年，全市 27 家工业企业的 133 种产品打入国际市场，创汇 700 万美元，比 1985 年增长 2.5 倍。

经济效益比较明显。“七五”期间，全市工业累计实现利税突破亿元大关。其中向国家提供的税收达到 6300 万元（不含乡镇工业企业向外地交纳的税收），比“六五”期间净增 2500 万元，增长 65%。1990 年，全市利税过 50 万元的工业企业由“六五”末年的 5 户上升到 16 户，利税总额达到 1018 万元，比“六五”末年增长 1.75 倍。

在发展工业上，孝感市主要抓了三个方面的工作：

抓住机遇搞引进

孝感市地处江汉平原北部，距武汉市仅 60 公里。京广铁路纵贯全市，“107”、“316”两条国道和四条省级公路在市内交汇，三条河流环抱市区直通长江，武汉国际机场离市区仅 30 公里。但是，过去由于受旧体制的束缚，这些优越的条件未能充分利用，全市工业经济基本处于封闭状态。“七五”期间，认真贯彻了改革开放的方针，不断开拓视野，确立了“借鸡下蛋，借水行舟”发展工业经济的战略。1985 年，抓住国家“三线”企业军转民、向内地调迁的机遇，充分发挥地理交通优势，改善投资环境，制定了包括征地、供电供水、邮电通讯、就医、就业等 10 个方面的优惠政策。同时，市里还成立了“引进联营办公室”、“引进企业建设协调办公室”、“引进企业配套办公室”，为引进企业调迁、建设提供优良的服务。

通过坚持不懈地努力工作，全市先后引进了以生产电子、光学为主要产品的机械电子工业部四四〇四厂、二三八分厂，以生产轻型面包车为主的航空航天工业部〇六六基地技术开发部、科研所、红林厂、万里厂等企业，为全市增加固定资产投资 7.2 亿元。1989 年，湖北省人民政府批准我市在城区 33 平方公里范围内建立新产业开发开放试验区，给我市开发高新技术产业，增强经济发展后劲创造了有利条件。目前，二三八分厂完成投资 1373 万元，已正式投产；四四〇四厂完成投资 4638 万元，已竣工投产；〇六六基地技术开发部完成投资 4835 万元，汽车生产四大主体厂房计划今年全部完工，红林厂已破土动工，万里厂和科研所经国家和省政府批准调迁孝感市。到“八五”末期，这些已引进的企业，年新增工业产值预计 20 亿元以上，提供税金 1 亿元。届时，全市将形成以汽车为主体，兼有机械、电子、光学等门类的工业体系。

寻找靠山搞联合

从孝感的自然环境和经济地位出发，“七五”期间，孝感一直把发展横向经济联合作为改革、振兴经济的突破口，制定了开展横向经济联合的鼓励性政策，成立了市经济技术协作委员会，各经济主管部门、乡镇都建立了相应的班子，采取了找技术靠山、找资金靠山、找原材料靠山、找销售靠山等措施，使全市横向经济联合取得了明显成效。到 1990 年底，全市乡以上企业开展横向经济联合的有 231 家，并形成多层次、多形式、多内容的特点：从行业上看，工工联营的有 157 家，工贸联营的有 14 家，工农联营的有 21 家，工校联营的有 39 家；从地域上看，与外省外县联营的有 149 家，市内联营的有 82 家；从联营内容看，合资经营的有 61 家，协作配套的有 76 家，来料加工的有 54 家，其它形式的有 40 家。通过开展横向经济联合，5 年来，除引进的三线企业外，全市共引进人才 553 人，引进技术 374 项，引进资金 2600 万元，引进设备 550 台(套)。1990 年，即使在市场疲软、工业生产不景气的大气候下，全市联营企业工业产值仍以 18.7%的速度增长，共完成工业产值 3.3 亿元，实现利税 2068 万元。

向内使劲搞挖潜

在大搞引进联营的同时，孝感立足向内使劲，努力挖掘现有企业的潜力，走内涵扩大再生产的路子。

一是狠抓技术改造。为致力培植发展后劲，注重企业的技术改造工作，市政府把技术改造工作纳入承包经营责任制的内容进行考核，各工业主管部门和企业成立了技术改造专门班子，制定了奖惩制度，使技术改造工作真正落到了实处。“七五”期间，全市工业基建技改累计投资达 1.46 亿元，超过了前 10 年投资的总和。其中基建项目 3 项，投资 2336 万元；技改项目 70 项，投资 1.14 亿元（用汇 400 万美元）。共新增设备 2638 台套（引进国外设备 124 台套），扩建厂房 15.5 万平方米，新增生产能力 6 亿元。通过狠抓技术改造工作，使全市业企业厂房陈旧，设备落后，生产能力低下的状况有了较大改观，发展后劲明显增强。

二是调整产品结构。按照国家产业政策指导和市场的实际需求，对全市现有工业产品进行分类，分类排队指导，组织技术力量进行攻关，开发新产品；组建工业小区，配套发展产品。通过采取一系列调整措施，使全市工业产品结构日趋改善。“七五”期间，全市共有 47 种高、尖、精产品填补了国内和省内空白。大功率超高频电器原件、电光源产品、电子节能整流器等一批产品达到了国内先进水平；开发新产品 130 种，占全市产品总数的 33%；1990 年，全市优质产品产值率比 1985 年提高了 3.2 个百分点；投资 7000 万元建立的食品、包装、皮革三个工业小区，规模效益不断扩大，年生产能力达到 2 亿元。

三是加强企业管理。“七五”期间，通过采取各种培训、岗位竞赛、鼓励自学、引进人才等措施，全市工业企业职工的文化，技术素质有了明显的提高。1990 年，全市乡以上工业企业中，高中文化程度以上的职工人数有 9300 人，比 1985 年增长 1.1 倍。其中大学专科文化程度以上的有 3700 人。各类专业技术人才达 3650 人，占职工总数的 11%，比 1985 年所占比重提高了 8 个百分点。工业企业注重加强各项基础管理工作，引进、吸收、消化现代化管理办法，使企业管理逐步向科学化、规划化、制度化的方向迈进。5 年来，全市先后有 14 户工业企业跨入了省级先进行列；22 户计量工作达到省级水平；19 户获省级统计工作规范化证书；61 户财务管理工作达标定级；15 户企业档案管理工作达到省级标准。

“七五”期间，孝感市工业虽然有较大发展，但也存在着一些不可忽视的问题：引进外资的步伐不大，兴办的“三资”企业不多；老企业挖潜改造工作做得不够，现有生产能力没有充分发挥；工业企业的经济效益不够理想等等。“八五”期间，孝感要继续坚持改革开放的方针，继续坚持走“一引二联三挖潜”的路子，力争使全市工业跨上一个新台阶。

应城市

市　长：赵汝望

副市长：张烈辉（常务）　张清元（城建、司法）　蔡坚轩（农业、计划）
周仕彪（工交、外经贸）　石列中（科技）　陈少清（多种经营）
李明芳（女　文教卫、计划生育）

赵汝望市长，湖北省应城市人，1947年12月出生，1973年1月参加工作，1979年10月加入中国共产党，1981年毕业于华中农学院农学系。曾任县农业中专农学专业教员，湖北省农科院干训班教员，县农技推广中心副主任；1984年10月至1985年12月任应城县人民政府副县长，1986年1月至1988年1月任应城县（市）委常委、县（市）委办公室主任，1988年2月至1990年12月任应城市委常委、市人民政府常务副市长，1991年1月任应城市委常委、市委副书记、市人民政府市长。

在“七五”中诞生、成长的应城市

□ 应城市政府办公室调研科

应城——县改市始于1986年6月经过“七五”期间的奋斗，应城市初步出现了农稳、工兴、商活、城市建设和社会事业同步发展的局面。一座新兴的工矿型城市在鄂中崛起。

农业为基础、工业为支柱的经济格局初见成效

1990年，全市社会总产值118528万元（1980年不变价，下同），比1985年的74126万元增长59.9%，年均增长9.8%；国民生产总值58358万元，比1985年的46139万元增长26.5%，年均增长4.8%；国民收入51733万元，比1985年的36514万元增长41.7%，年均增长7.2%；工农业总产值100866万元，比1985年的57587万元增长75.2%，年均增长11.87%；财政收入5129万元，比1985年的2138万元增长1.4倍，年均增长19.1%。

（一）农业基础得到加强。市委、市政府在认真落实党在农村的各项政策、保护农民积极性的同时，加快了科技兴农的步伐，增加了对农业的投入。“七五”期间，在农田水利基本建设方面共投劳4000万个，完成土石方3000万立方，疏浚水库干支渠300多条，整险加固小型水库60多座．整修、改造塘堰1500多口，先后两次对汉北河（市境内15公里）、县河（下游10公里）、府河（市境内8公里）进行综合治理，从而提高了抗灾能力。结合科技兴农，陆续上了一批农业发展项目，累计完成投资2247万元；先后建成了优质米、商品粮基地，罗非鱼、甲鱼基地、瘦肉型猪出口基地。并从1989年起，采取国家和市自筹相结合每年投入450万元，在全市范围内按流域分成六大片实施“江汉平原农业综合开发”项目，较好地完成了一批中低产田改造、小型水利配套、良种繁育、农机推广、林业防护和养殖基地等建设项目。同时，建设了一批高产高效模式。到1990年，已建成吨粮田0.63万公顷，占粮田总面积的20.9%，有50个产粮村成为吨粮村；已建成双百棉（亩产100公斤）0.11万公顷，占棉田总面积的26%，有10个产棉村跨入棉花高产村行列。

经过努力，农业基础进一步稳固。1990年，农业战胜大旱大涝等多种自然灾害，夺得全面丰收。粮食总产创历史最好水平，达到36.46万吨，比上年增长3.8%；棉花、油料生产在连续几年因灾减产的情况下，有了恢复性的发展，总产分别达到3175吨、8719吨，分别比上年增长20.8%、3.9%；生猪出栏16万头，比上年增长8.6%；水产品产量9116吨，比上年增长4.6%，其它农产品均有不同程度的增长。1990年，全市农业总产值24902万元，比1985年增长23.7%。其中，粮棉油产值13498万元，比1985年增长6.3%；多种经营产值11404万元，比1985年增长53.5%。农民人均纯收入705元，比1985年增长85%。5年中，共向国家提供商品粮71万吨、棉1.3

万吨、商品油1.6万吨，粮棉油的商品率分别达到56%、95%和50%。

（二）工业生产突飞猛进。建市时，应城工业种类单一，利用本地资源少；企业规模小，技术落后，经济效益不高。经过"七五"的5年建设，应城工业以开发膏、盐资源为主体，形成了盐业化工、石膏建材、机械电子、纺织、服装、食品、饲料、塑料包装等六大行业体系，工业经济已成为全市经济的支柱力量。1990年，全市工业总产值75964万元，比1985年增长103%，年均增长15.2%；其中，市属工业总产值52323万元，比1985年的22396万元增长134%，年均增长18.5%。市属工业总产值占市属工农业总产值的68%，比1985年增加15.3个百分点。工业不仅发展速度较快，而且经济效益明显提高。1990年，全市工业实现利税12000万元，比1985年增长38.8%，年均增长6.8%；5年累计实现利税55596万元。

"七五"期间，是应城工业发展最快的5年。主要原因:一是围绕资源优势，重点抓了盐化工业的起步和纺织工业的配套,带动了塑料包装工业的发展。从1986年开始，根据国家的产业政策,先后投资1.5亿元,建成了联碱厂、热电厂、制盐厂、绵纺厂等4家骨干企业。1990年，盐化工业实现产值5361.5万元，比1985年增长219.2%；纺织工业实现产值2722万元，比1985年增长111.3%，初步形成了纺——织——印染——服装等深加工纺织品的综合生产能力；为盐化工业配套而兴起的塑料包装业1990年的生产能力达到2000万条，当年实现产值1200万元。二是坚持市直工业与镇、村工业并举的方针，发展壮大村级工业。1990年，全市村及村以下工业完成产值13422万元，占市属工业总产值的25.7%，比1985年增长118.5%，并出现了新河、中李、东村等3个工业产值过千万元的工业村。三是大力推进技术进步。"七五"期间，全市共开发新产品224项，实现新产值3070万元，其中有156项新产品填补了省内空白；5年中，有142个技改项目竣工投产，完成技改投资15709.9万元，新增生产能力20089万元。四是狠抓了企业管理。"七五"期间，全市创省优以上产品31项，1990年优质产品实现产值3595万元，比1985年增长5.35倍；优质产品产值率达到9.1%，比1985年提高了9个百分点。在企业升级活动中，有12家企业跨入"省级先进企业"行列。

（三）城乡市场活跃，物价稳定。"七五"期间，通过对商业流通体制的改革，建立了多渠道、少环节的开放式消费品市场，国营、合作社营商业的主渠道作用得到充分发挥，其他成份的商业健康发展。到1990年，零售商业、饮食业、服务业网点数达5615个，从业人数13088人；全市社会商品零售总额28738万元，比1985年增长64%，年均增长10.4%；集市贸易成交额11376万元，比1985年增长219%，年均增长26%。全年物价指数上升3.5%，比上年回落13.2个百分点，实现了当年物价控制目标。全市外贸收购总额达到6455万元，比1985年增长8.07倍。

文化、教育、卫生等社会事业兴旺发达

"七五"期间，应城的文、教、卫等社会事业得到很大发展。在教育事业方面，应城是全国"基础教育先进县（市)"。到1990年，全市已基本形成包括学前教育、基础教育、职业技术教育、成人教育等比较完整的教育体系；全市有各类学校419所，专职教师4815人，在校学生近11万人；联村办学发展到74个；学龄儿童入学率99.5%，在校学生年巩固率99.5%、毕业率96.6%、直升率79.3%，14岁儿童小学文化程度普及率93%，均达到或超过计划要求，处于全省先进行列；向高等院校输送学生374人，高考万人比率居全地区第一。在卫生事业方面，扩建、新建了应城市人民医院、应城市中医院等一批医疗卫生设施，进一步健全了镇、村医疗机构，对医疗秩序、医药市场进行了整顿，较好地解决了看病难、住院难、收费高等群众反映强烈的问题。1990年，全市医疗卫生机构75个，病床位1849张，卫生技术人员2211人。结合水利工程进行了大规模的消灭钉螺的活动，治疗血吸虫病的工作有了新的进展。在文化事业方面，兴建了电视台、广播电台、图书馆、文化馆等一批文化设施；到1990年，全市拥有文化事业机构87个，为方便群众的文化生活创造了良好条件。

城市建设获得长足进步

建市后，根据省政府批准的《应城市城市建设总体规划》，对中心城区、东马坊、长江埠三个城区进行了建设。到1990年，共完成主干次道14条，总长19.2公里；建桥梁3座，铺设排水管道总长35公里，排渍泵站5座；完成5万吨／日水厂扩建主体工程，给水主管道总长20公里；完成环境污染治理项目38个，完成商品房开发面积27万平方米，建成区面积由原来的5.7平方公里扩大到13平方公里，建成区植树393029株，绿化面积达8万平方米。在城市建设中，城东新区按照统一规划建设成环境优美的新市区，先后有包括外国驻华使节在内的100多个团体前来参观访问。

交通、邮电事业取得了很大成绩。"七五"期间，共投资1100万元，先后完成了汉宜公路改线工程8.75公里，铺筑镇级公路63公里，建成大富水石膏码头泊位2个、吞吐能力20万吨。在邮电方面，到1990年，市话用户比1985年增长182%，农话中继线、农话用户分别比1985年增长92.1%、43.6%；长途自动拨号电话线路13路，可直拨全国各大城市。

安陆市

市　长：李道信
副市长：涂文和（常务）　严世珍（女　文教卫体）　朱祥平（工业）　张绪润（科技）　阎春文（城建）　王绍发（农业）

李道信市长，1947 年出生于湖北省汉川县。1966 年毕业于孝感师范学校，1972 年加入中国共产党，1983 年进入中共湖北省委党校学习两年。曾在中小学任教，在汉川县教育局、县委宣传部、县电影公司、县文化局工作，先后任经理、副局长、区委书记、中共汉川县委副书记。1990 年 3 月调任中共安陆市委副书记，同年当选为安陆市市长。

不断创造条件　发展对外贸易

□　安陆市市长　李道信

从党的十一届三中全会到 1984 年，安陆的经济经历了一个以“增量”为主的恢复发展阶段。1985 年，全市经济暴露出“速度徘徊，效益低下”的问题。1986 年，市委、市政府带着出现的新问题深入实际，广泛进行调查研究，对当时安陆的经济形势进行了认真的解剖分析，认识到要发展安陆经济必须寻求国内国际两个市场，只有不失时机地冲向国际舞台，大力发展外向型经济，才能不断提高产品质量和经济效益。因而，“七五”时期，安陆市把发展外向型经济作为振兴经济的战略来抓，这既是结合安陆市实际贯彻落实中央开放搞活的总方针，也是安陆经济发展到一定阶段的必然要求。

安陆是一个小城市，因而必须十分注重利用安陆的有利条件，并不断创造新条件，以加快发展外向型经济的步伐。从安陆的情况看，发展外向型经济有四个有利条件：一是有蜚声中外的古代文化。早在 2260 年前，安陆这座古城就已形成，在历史上多为州、郡、府所在地。安陆山河风貌独特，古人对安陆的奇山秀水十分欣赏，因而是历代名人荟萃之地。安陆不仅孕育了宋代著名文学家、史学家宋祁、宋庠，而且吸引了众多名人驻足，唐代大诗人李白、杜甫、韩愈，宋代大文学家苏轼等都曾在这里留下足迹和不朽诗篇。李白脍炙人口的“问余何事栖碧山，笑而不答心自闲，桃花流水杳然去，别有天地非人间”的诗句，表达了诗人对安陆的眷恋之情。改革开放以来，我们实事求是地用各种形式宣传安陆，提高了其知名度，吸引了不少游客，仅 1989 年以来，就接待了港澳台胞和外国客人 492 人次。他们带来了大量的经济信息，有的当即签订贸易合同；有的投资建厂；有的专程前来讲学，为安陆发展外向型经济创造了外部条件。二是有四通八达的交通和丰富的自然资源。城区有；涢水自北而下，南通长江。有汉丹铁路纵贯境内，南达武汉，西连襄樊、宜昌，东接京广铁路大动脉。316 国道穿过市区，连接鄂东、鄂西。2000 门直拨长途电话，会五洲亲友尽在弹指间。集发电、灌溉、航运、供水、旅游、养殖多种功能于一体的解放山水电站为工业、人民生活提供了充裕的水资源。安陆的优质天然矿泉水、五氧化二矾、优质河沙、重晶石等矿产资源丰富。银杏、吉阳大蒜、优质涢米、瘦肉型活大猪、白花菜等土特产也倍受国内外消费者青睐。安陆市交通、资源等方面的有利条件，加上市委、市政府制订的一些优惠政策，吸引了一批中央、省企业举迁安陆。三是利用中央、省企业的技术、设备优势，发展一批出口工业群体。近几年来，以省属安陆棉纺厂为龙头，发展了德安棉纺厂、床单厂、服装厂、毛纺厂等 10 个纺织品出口企业；以湖北铝厂为龙头发展了窗纱厂、铝合金门窗厂、六角网厂等 8 个铝制品出口企业；以部属安陆粮机厂为龙头，发展了轴承厂、农机制造厂、通用机械厂等 4 家机械出口企业；以矿泉饮料厂、制药厂为龙头，发展了 12 家食品、饮料、医药工业企业。四是城市建设迅速发展，为发展外向型经济创造了良好的投资条件。近几年来，建成河西体育中心，其中有可容纳1.5万名观众的足球、田径场，竣工后已多次接待省级以上足球比赛，安陆被国家命名为体育先进市。新建了图书馆、新华书店、博物馆、李白纪念馆、影剧院、太白公园、地面教育卫星接收站、广播电视台。城区已形成道路两旁绿化带10条，交叉地带绿化点19个。目前，城区基础建设已初具规模，为人们工作、学习、生活、休息提供了较好的环境。因此，中外客商前来投资办企业、洽谈贸易业务。都认为安陆是理想的合作地方。

发展外向型经济，仅有地理、交通、资源等方面的有利条件是远远不够的，还必须为对外经贸部门、生产出口产品企业创造宽松的外部环境，调动各方面的积极性，才能保证外向型经济健康发展。近几年来，一是加强了对发展外向型经济的领导，帮助对外经贸部门和出口企业解决一些具体困难。市政府一直由常务副市长分管对外经贸工作。市委、市政府经常听取有关部门的汇报，专题研究对外经贸工作。市委、市政府主要领导人多次带领财政、金融、电力等有关人员到出口企业现场办公，还定期召开出口企业座谈会，认真听取出口企业和对外经贸部门的意见和建议。为了争取上级的重视和支持，还经常到省政府和省地经贸部门汇报工作。二是实行倾斜政策，促进出口企业的发展和保证对外经贸部门业务的顺利开展。第一、在流动资金上倾斜。近几年来，安陆市资金供求矛盾突出，因此根据产业政策，对各类企业进行了排队，把出口创汇企业作为特保对象，在流动资金供应上给予优惠，基本上保证了出口企业的生产资金和对外经贸部门的收购资金。第二、在技术改造上倾斜，优先为出口创汇企业立项。“七五”期间，在全市共完成的72个技术改造项目、投资5244万元中，用于开发出口创汇产品的分别占38%和67.2%。第三，在领导力量上倾斜。市委、市人大、市政府、市政协领导，都分别定一家出口企业为工作点，帮助研究管理、发展和其它问题。第四，对外地前来安陆投资者和驻市中央、省企业的发展给予优惠政策。市委、市政府专门发出文件，对上述情况在计划审批、土地征用、市政工程配套、施工力量、建筑材料安排以及子女上学、就业、家属农转非等方面从优。1987年湖北铝厂扩建，市政府专门成立了协调小组，到现场帮助解决征地、市政工程配套等方面的问题，使该工程顺利进行。三是调动有关部门积极性，主动为出口创汇企业服务。市工商银行、农业银行、中国银行都派有驻厂员常年在出口企业办公，帮助加强资金调度、财经管理、解决原材料、产品销售等方面的问题。市外贸局把扶持出口企业生产经营列入自己重要工作日程。仅1990年，就帮助一些工业企业开发和组织出口产品7个，新增出口额2100万元。市德安棉纺厂在开发45支TC出口普梳纱中，市外贸局利用与安陆棉纺厂的业务关系，从该厂请来4名技术人员，帮助德棉厂培训职工，使产品质量不断提高。经省经贸厅、商检局抽查，该产品质量在全省10家企业中名列前茅，因而外商争相订货。他们还帮出口企业清收货款1300万元；为6家企业铺垫资金600多万元；为5家企业保贷135万元；为一些企业组织棉花123吨，化纤400吨，棉纱100吨，钢材2000吨；帮企业申报落实技改资金120万元。

实践证明，安陆市充分利用现有条件，不断创造条件，大力发展外向型经济的战略思想是正确的，不仅使对外贸易得到迅速发展，而且有效地促进了全市经济持续稳定增长。1990年，全市外贸出口收购额突破了亿元大关，占全市工农业总产值86542万元（1980年不变价）的12.7%，比1985年增长1.5倍。出口企业和产品由1985年的10家76个增加到26家112个，产品销往60多个国家和地区。1990年，出口企业实现产值、利税分别占全市工业总产值和利税的41%和33%。外向型经济的发展促进了安陆经济的迅速增长，1990年实现财政收入5452万元，工业产值63615万元（1980年不变价），外贸出口收购额11055万元，分别比1985年增长127%、211.5%和151.4%。安陆市被湖北省评为“全面提高经济效益先进单位”。

发展外向型经济还有效地促进了企业素质的提高。第一，提高了企业管理水平和产品质量。出口产品的质量要求较高，因此，各企业从加强管理入手，普遍推行了目标成本管理，建立了质量包保体系，从而使企业的管理水平和产品质量都得到提高。目前，市属企业中，已有制笔厂、窗纱厂等7家企业被评为省级先进企业。全市15家企业的35个产品分别荣获国优、部优和省优。第二，促进了新技术、新工艺、新设备的应用，提高了职工的文化、技术素质。仅1990年以来，工业企业共引进新技术31项，应用新材料52种。购置、引进新设备14台套，从而进一步提高了产品质量，增强了国际、国内市场竞争力。新技术、新工艺、新设备的普遍应用，要求职工的技术素质相应跟上。因而各企业加强了职工培训、自修、函授学习蔚然成风。床单厂等企业还办起了职工业余学校。目前，市属400多个企业的厂长经理中，已获中专以上文凭的有244人，被评为助理工程师以上职称的有184人。第三、加快了产品结构调整步伐，产成品、结算资金大大压缩，出口产品大都质量好，属名优产品。1989年以来，共开发新产品89个，其中45支普梳TC纱、轴承、稀土铝合金、窗纱等16个产品在国际市场上竞争力很强。其它产品在国内也有广阔市场。安陆通过调整开发新产品，稳定了国际市场，开拓了国内市场，使产成品资金大大压缩。

广水市

市　长：吴水明
副市长：左德东（常务）　王天喜（工交、体改）　高大成（城建、政法）
阳捍中（农业、山区开发）　吴涤钦（计划）　曾祥福（科技、林业）
冯凤英（女　文教卫体）

吴水明市长，1946年8月生于湖北省应山县广水镇，1970年7月毕业于武汉师范学院（现为湖北大学）物理系，1978年8月加入中国共产党。1970年11月至1979年5月，先后在应山县文教科、县委宣传部、县委办公室和孝感地委办公室等单位任干事。1979年6月和1983年2月相继任县政府办公室秘书和县政府办公室副主任。1983年12月任县委常委、县委办公室主任，1987年4月任中共应山县委副书记。撤县设市后任中共广水市委副书记。1990年3月任广水市市长，1991年1月再次当选为广水市市长。现为中共广水市委副书记、广水市市长。

鄂北门户展新姿

□ 广水市市长　吴水明

自然条件得天独厚

广水市位于湖北省北部偏东，桐柏山脉东支南麓，大别山脉西端、𣲗水上游，与河南省信阳市毗邻，背倚武胜、平靖、黄土三关之险阻，西眺江汉平原之沃野，系“全楚襟喉之处，自古用兵之地”。地跨东经113°31′——114°07′，北纬31°23′——32°05′，总面积2647平方公里；河流分属长江、淮河流域；地势北高南低，北部重峦叠嶂，南部为低山丘陵，间有小块河谷平原；自然格局大体为六山一水两分田；属北亚热带季风气候，年平均气温15.5℃，年均降水990毫米，年无霜期227天。

广水历史悠久，周为贰国，秦汉为南阳郡随县地，晋为义阳县地，宋为永阳县地，北魏为应州平靖县，北周为应州平靖镇，萧梁大同二年（公元536年）分随县设永阳县，属平靖郡，兼立应州。隋开皇十八年（公元598年）改永阳县为应山县。1988年10月，经国务院批准，撤县设市，以京广线上的古镇广水命名。全市现辖20个乡、镇、办事处，总人口82.73万人。

广水地宝物华，境内多山，河溪交错，库塘密布，有较好的生态环境。农作物适宜种植稻、麦、油料、豆类、大蒜和烟叶。有林面积9.2万公顷，活立木蓄积量85万立方米。主要乔灌木350多种，主要树种有松、栎、杉。被列为国家保护的珍稀树种有香果、银杏等13种；宜牧草场15万公顷，野生木草300多种；药材600多种，以桔梗、蜈蚣、绞股兰最为著名；野生动物110多种；常见鱼类40多种。全市已探明矿产22种，构成工业矿床的有钇、磷、萤石、白云岩、瓷石等。其中钇矿为优势矿产，有大型矿床3处。水力资源理论蕴藏量2万千瓦以上，已建成大中型水库6座，小型水库213座，各种水利工程有效蓄水能力4.57亿立方米，现有小水电站29座，装机44台，5927千瓦。

国民经济稳步发展

1990年,全市国民生产总值达到7.2亿元，工农业总产值达到11.7亿元，财政收入7013万元。

工业初具规模。1990年，全市工业企业达到281家，职工2.2万人，实现工业产值6.5亿元。经过几年的调整和发展，全市已初步形成以食品、机械、包装、化工、医药、建材、服装、造纸为支柱的由14个行业、500余种定型产品构成的工业体系。年产值过亿元的企业1家，过千万元的8家，过500万元的26家，省级先进企业4家。有“山鹰”牌中粮麻袋,“腊梅”牌香烟、“金雀”牌大理石板材、“三峰”牌鼓风机、“金鱼”牌抛光铝壶、FAI—101型合成氨触媒、“楚北春”大曲酒、PVC防水卷材等60多种产品荣获部、省创优创新奖。广水卷烟厂是本市经济的重要支柱。

农业综合发展。广水是全国商品粮基地、养蜂基地、桔梗生产基地和商品牛基地之一，同时是湖北省重要的林业基地、烤烟基地和蒜苔、蒜砣出口基地。徐家河水库机械化网箱养鱼试验通过省级鉴定，单产和各项技术参数均达国内先进水平。名优土特产品繁多。吉阳白蒜砣大、个匀、色白、皮薄，瓣肉脆辣、甘嫩，别具风味，每年出口100万公斤以上。应山桔梗以品味正、药性好而闻名。被称为“果中之王”的中华猕猴桃，在广水蕴藏丰富，约有50万株，现有30万株被采收开发，年产50余万公斤。

城乡市场活跃。利用两省四县（市）交界的区位优势，积极参与南北物资交流，集中本市及邻近地区的蒜砣、鲜桃、板栗等农副土特产品，运往以北京为中心的北方市场。全市商业网点7000多个，联结全国各地市场，特别是与鄂北豫南地区建立了长期稳定的供货关系。1990年，全市社会商品零售总额为3.6亿元。

基础设施日趋完善

广水交通便捷，为全省同级市所少有。南北铁路大动脉京广线和南北公路大动脉北京至深圳的107国道并行穿境而过，汉丹铁路和316国道也并行从西部长驱而入，10号省道横贯东西，串京广、汉丹两条铁路和107、316两条国道于一体。境内铁路里程68.7公里，公路里程1015公里。电力，邮电事业发展迅速，现已建成4座110千伏变电站，1990年全市供电量突破1亿千瓦时，农村通电面达81%以上。全市现有自动电话2000门，实现了市话直拨和农话半拨，并开通了国内长话直拨和用户传真电报业务。市政建设步伐加快，全市初步形成了以应山城区为政治中心、广水城区为经济中心的城市格局。建市后为理顺城乡建设和管理体制，编制了《广水市城市总体规划》，并颁布了一批配套法规；扩建了永阳大道，改建了航空路，兴建了桐柏大道、九皇路、东河路，城区道路骨架已基本形成；改造了二水厂，兴建了霞家河供水工程；建成了环城东路、九皇路和马坪三大集贸市场；新建住宅10余万平方米。液化气公司的供气能力已达5000户，新辟的百泉公园，连同印台山公园，已成为人们闲暇游乐的热闹场所。

社会事业成绩斐然

全市教育事业发展较快，已初步形成从幼儿教育到成人教育、特殊教育的比较完整的教育体系。各类学校659所，其中普通中学76所，成人中专1所，职业中学6所，聋哑学校1所，近5年为国家输送大中专学生3386人。科技事业取得突破性进展。全市拥有科技人员8269人，其中授予中级以上技术职称的1558人，共出科技成果189件，其中石英粉厂生产的高纯石英砂被定为部标样品，紫外光固化三色印铁机自动生产线、喷砂雕刻工艺和高强电瓷部分指标填补了国内空白。全市现有卫生机构83个，病床1104张，医疗卫生技术人员1201人。广水被列为全省卫生重点建设县市之一。广播电视事业蓬勃发展；拥有电视差转站6座，卫星电视地面接收站7座。新建的广水中波电台年内可望竣工，群众文化生活日益丰富多彩。全市现有基层文化站23个，群众文艺社团如雨后春笋。

旅游开发方兴未艾

作为楚文化与中原文化的过渡带，广水古物古迹众多。现已发现古文化遗址55处，古墓地及历史人物墓72处，古建筑18处。诗仙李白曾隐居寿山龙泉寺；宋庠、宋祁兄弟在应山法兴寺读书，留下“结草渡蚁”的传说；明皇朱元璋曾召见中华山宝林寺和尚，并赐名“正觉寺”。广水钟灵毓秀，这里的磊落奇俊之士，代不乏人。北宋有连庶、连庠兄弟，南宋有李庭芝，明有杨涟、颜木，清有洪起元、左绍佐，今有聂华苓等。广水山青水碧，景观独特迷人。古有“三台八景”为人所称道，今有“三关九洞”倍受游客青睐，其中武胜关为中国九大关之一。大贵山北坡的高贵三潭，位于平靖关之东，清泉流泻、一瀑挂三潭，峡谷幽邃，茂林修竹环抱，气候宜人，1983年来，先后有11个省、地以上单位在这里兴建疗养所，每年来这里旅游休养的近10万人次。此地发现的含锶的重碳酸——钙型矿泉水，已通过国家级鉴定，正在开发。在徐家河水库风景区，1979以来，先后建成3座疗养院、所。枫叶状的湖面，镶嵌在方圆百里丘陵岗岭间；鱼船游戈，点缀于万顷碧波之中，是游览、游泳、垂钓、避暑的理想场所。上述两地连同山水相依、林丰草茂的中华山，已被辟为市旅游开发区。

广水，迷人的山区城市，10年改革开放，使她充满生机与活力。尔今，她又适逢新的机遇——广水被正式列为湖北省四大门户县（市）之一，享有较优惠的政策。市委、市政府已出台了一系列改善软硬环境、吸引投资的配套政策措施。为此，广水竭诚欢迎国内外友人和广水籍在外人士来此洽谈合作，兴办事业。

麻城市

市　长：周祈江
副市长：黄俊（常务）　夏润祥（财金、城建）　宋启高（农业）　王水姣（女　文教卫体）　方景忠（乡镇企业）　朱一恕（科技、扶贫开发）

周祈江市长，湖北省麻城市人，1939年1月出生，1965年8月毕业于中南财经大学（原湖北大学）金融系，同年7月加入中国共产党；历任县银行信贷员、县委组织部干事、公社党委副书记、副县长、县委副书记；1986年8月麻城撤县设市后，改任市委副书记；1989年5月代理市长，1990年4月任市委副书记、市长，1991年1月再次当选为市长。曾在省级刊物上发表论文多篇。

在改革开放中不断前进的麻城市

□ 《中国城市经济社会年鉴》麻城市编写组

1990年经济社会发展概况

1990年，具有光荣革命传统的麻城人民，在省、地政府的正确领导下，在“稳定压倒一切”的主旋律中，进一步贯彻执行了“治理整顿、深化改革”的方针，整个国民经济和社会各项事业在困境中崛起，在稳定中持续发展，一步一个新台阶。全市国民生产总值达到48331万元（以下除注明外，均为1980年不变价），比上年增长11.4%；工农业总产值实现78833万元，比上年增长5.6%；农村社会总产值实现94710万元（现价），比上年增长25.8%；农业生产再次夺得大丰收，实现农业总产值31649万元，比上年增长2.9%，创历史新水平。粮食、油料、蚕茧、茶叶等主要农作物继续全面增产，均创历史最高纪录：粮食总产445558吨，棉花9947吨，油料26179吨，蚕茧1574吨。林业生产规模进一步扩大，1990年全市造林面积6400公顷，比上年增长25.5%；封山育林面积达77966.7公顷，其中当年新封16320公顷。各种基地建设发展迅速，1990年全市修复水利设施2300处，完成土石方492万立方米，建设以山丘资源开发为主的桑蚕、茶叶、水果、板栗、油菜基地面积达7266.7公顷，开发利用三冬田近3333.3公顷，创历史新纪录。全市有效灌溉面积达46273公顷，比上年增加11146.7公顷。科技兴农高潮迭起，1990年全市有科技示范户5279户，培训农村实用技术和科技成果推广人员达77648人次，分别是上年的7.3倍和3.1倍。

麻城的工业生产在困境中稳定发展，1990年全市完成工业总产值47184万元，比上年增长7.5%；产品质量稳步提高，全市现有创优产品13个，其中部优7个，省优6个，优质产品保优率达100%。

1990年，全市固定资产投资继续压缩，全社会固定资产投资完成4770万元，比上年减少投资762万元，下降13.8%。

麻城的市政建设成效显著，以街为市、以路为市的脏、乱、差状况得到了综合治理，道路建设取得了新进展。1990年城区实有铺装道路38公里，道路面积52万平方米，城区供水管道总长120公里，下水道总长20公里，分别比上年增长17.6%和25%。全市供水总量达825万吨，比上年增长51.4%。城区绿化面积达52公顷，比上年增加1公顷，城区绿化覆盖率达8.2%。工业废水处理能力每日达1365吨，新增重复用水50万吨，工业废气处理能力每日达327万标立方米，废渣综合利用量达26400吨。

麻城的对外贸易取得了超历史、超计划、超工农业生产发展速度的好成绩，出口商品收购总额实现6714万元，创汇894万美元，比上年分别增长14.1%和12.2%。

“七五”新成就

1986年，国务院确定麻城为贫困（县）市，并纳入全国328个重点扶持的（县）市之一。同时，批准麻城撤县设市，为麻城的经济建设和社会发展提供良好的条件，极大地鼓舞了百万老区人民的斗志。整个“七五”期间，全市国民经济和社会发展始终保持了持续、稳定、协调增长的好势头，全面完成了“七五”计划规定的奋斗目标。1990年和1985年比较，国民生产总值由36400万元增加到48300万元，增长32.7%，年均递增5.9%；工农业总产值由51400万元增加到78833万元，增长53.3%，年均递增8.9%；国民收入由31300万元增加到42500万元，增长35.8%，年均递增6.3%；“七五”期间累计完成固定资产投资达25400万元，比“六五”增长1.51倍，投资结构得到了有效的调整，重点建设步伐明显加快，为“八五”经济振兴奠定了雄厚的物质基础。

麻城的城市建设日新月异，全市实行了“规划一张图，审批一支笔，建设一盘棋”的管理体制，成立了市区规划建设管理委员会，按照文明城市建设的要求，重点抓了“一城十二镇”的规划、建设和管理。以道路建设为主体的市政工程建设收到显著成效；城区新建、扩建、改造道路19条，总长12.2公里；铺装道路面积20.6万平方米。5年间，全市新建和扩建自来水厂18座，日供水能力由1985年的0.7万吨提高到2.25万吨；5年兴建商品房27栋，建筑面积6.34万平方米，人均住房面积达16平方米。城市园林绿化和古迹保护也有了长足的进步。

工业经济迅速崛起，目前麻城已形成了以交通运输设备制造业、纺织工业、食品加工业、机械工业等4个行业为支柱、29个大类、85个小类的工业体系。1990年全市拥有乡以上工业企业366个（其中大中型企业2个），比1985年增加140个；全部工业总产值达47184万元（其中轻工业占58.6%，重工业占41.4%），比1985年增长111.6%，年均递增16.2%；独立核算工业企业固定资产原值已达21000万元，比1985年增长1.1倍。

在科技、教育、文化、卫生、广播等方面，也是硕果累累。以科技兴农为主旋律而实施的“星火计划”，缩短了科技转化为生产力的过程，取得了丰硕成果。5年间，共组织实施科技项目58项（其中“星火计划”19项），投资1021万元，直接经济效益4084万元。全市共有获各类职称的专业技术人员11027人，其中自然科学方面占39.8%，获中级以上职称的占总数的19.6%。“七五”期间，为国家和社会输送大中专生4658人，比“六五”增长62.6%，占恢复高考制度以来输送总数的47%。1990年的基础教育也进一步得到加强，全市学龄儿童入学率、巩固率和毕业率分别为97.3%、98.0%和86.7%。全市现有电影放映单位100个，乡镇文化站24个，市剧团1个，民间剧团9个，市、乡（镇）两级共有广播站37座，已通广播560个村，占78.1%。全市拥有电视转播台和发射台2座，电视卫星地面接收站5座，广播和电视的人口覆盖率为92%和90%，有线电视可收看8套节目。已有主干线6公里，用户线50公里，年末有线电视用户达1624户。医疗卫生条件也不断改善，已有卫生机构157个，专业卫生技术人员2192人，病床1796张。交通、邮电发展迅速，全市拥有民用汽车由1985年的757辆增加到1144辆，货物周转量由98.6万吨公里增加到1353万吨公里，客运量由332.2万人增至521.0万人。1990年全市公路通车里程达1747公里，有523个村通了公路，占全市的72.9%。邮电通讯启用了微机通讯系统和程控电话，与700多个大中城市开通了直拨电话。1990年全市邮电业务总量达242.7万元，邮电机构达32个，拥有电话机2236部，分别比1985年增长1.2倍、14.3%和62.9%。

麻城的城乡市场繁荣活跃。对外贸易发展突飞猛进。“七五”期间，全市商业飞跃发展，市场呈现出一派繁荣、兴旺、活跃的景象。1990年和1985年比较，社会商品零售总额由22400万元增加到29927万元.，增长33.5%；城乡集贸成交额由3521万元增加到5630万元，增长59.9%；每万人拥有商业人员由139人增加到157人。1990年人均出口额63.4元，比1985年增长2.1倍，出口品种达到68个，比1985年增加23个。同时，引进外资和新设备、新技术等方面也有了新的突破。

1990年城镇居民人均生活费收入为997.03元，比1985年增长63.9%，农民人均纯收入比1985年增长78.7%，城乡收入差由1985年的1：2.4变为1：2.1。麻城人民生活有了较大的改善。

咸 宁 市

市　长：陈恢友
副市长：蒋崇诚（常务）　陈元成（农业）　王清衡（政法、城建）　李汉先（女　文教卫）　孙宏春（计划、工业）　张秉松（财贸）　杨庭贤（科技）

陈恢友市长，1942年生于湖北咸宁，1967年毕业于湖北大学政治系。历任县委党校副校长、公社党委书记、县委常委、县委办公室主任，咸宁市委常委、市委办公室主任，1985年11月任咸宁市委副书记，1986年1月任咸宁市委副书记、代理市长，1986年4月任市委副书记、市长，1988年1月再次当选为市长。

靠科技兴工兴农　靠政策富民富市

□ 咸宁市市长　陈恢友

1990年，在咸宁的发展史上记载了45.6万人民努力拼搏，靠科技兴工兴农，靠政策富民富市的难忘一页。

过去的一年里，咸宁市社会总产值（现行价）完成120230万元，比上年增长0.3%；国民生产总值（现行价）51351万元，比上年增长6.2%；国民收入（现行价）完成48529万元，比上年增长0.15%；工农业总产值（1980年不变价）46475万元，比上年增长6.8%。90年代的第一年，全市人民再一次经受住了治理整顿的严峻考验，工业生产得以持续发展，完成产值（1980年不变价）32458万元，比上年增长12.7%；完成利税1414万元，比1987年增长30.2%，年均递增9.2%。农业生产在灾年夺得丰收。1990年粮食总产200559吨，比上年增长1.4%，为计划的100.28%，结束了1984年以来连续徘徊的局面；油料总产11583吨，比上年增长47.01%，为年计划的115%；农业总产值14017万元，比上年增长2.86%。一年来，咸宁的商业贸易活跃，城乡市场繁荣，流通部门积极组织农副产品收购和生产资料供应，大力组织工业品下乡和地产品销售。国内纯购进完成12801万元，增长10.8%。其中农副产品收购5145万元，增长2.4%；集贸市场成交额达4596万元，增长13%。财政金融方面，贯彻执行了“双紧”方针，取得可观效果。财政收入完成4068万元，增长8.6%。年末各项存款余额达21531万元，比年初增长5504万元；各项贷款年末余额39383万元，比上年初增长5665万元；保险事业不断扩大和拓宽服务范围，全年完成保费收入515万元，比上年增长28.8%。

90年代是咸宁市各项事业大有希望的年代，当1990年的第一声春雷刚鸣响，咸宁人民就紧张地行动起来，全力投入到科技兴市的热潮中。咸宁处于湖北省“承东连西，南北交流”的结合部位，是鄂南政治、经济、文化中心，具有较好的区位优势，同时还有较好的资源优势和科教、智力优势。只要抓住机遇，明确指导思想，处理好改革与发展、速度与效益、近期与长远、全局与局部的关系，挖掘工农业生产的潜力，搞好重大项目的开发建设，咸宁市就一定能够大有作为。作为县级市，应当树立“稳定基础，全面发展，工农结合，城乡一体”的指导思想，将经济工作转移到依靠科技进步的轨道上来，努力探索科技兴工兴农、富民富市的新路子。因此，1990年市政府紧紧围绕科技兴市这个主旨，扎实抓了以下几方面工作：

（一）科技兴农：在调整种养结构、优化品质和品种上下功夫。

农业是基础产业。怎样从科技入手，强化农业这个基础？咸宁的作法是：狠抓“六推广”，念好“五字经”。

1. 狠抓“六推广”。即推广良种攻“杂交”，杂交稻面积达到1.3万公顷，财政共拿出29万元资金扶持杂交稻生产；推广半旱式免耕面积467公顷，推广配方施肥3.3万公顷；推广保温秧620公顷；推广化学药剂，施用生长调节剂“802”2000公顷，多效唑2133公顷，增产菌0.8万公顷，化学除草剂2300余公顷；推广稻草覆盖3300公顷。为了确保以上科技推广落到实处，一是要层层开展科技培训，全年共举办各级各类培训班320期，印发科技资料5万份；二是开展技术咨询，农口各有关部门抽调出了130余名技术人员下乡实地指导；三是开展技术承包，鼓励科技人员下乡承包杂交制种、水稻栽培、综合技术的应用示范等；四是进一步健全和完善农技网络，各村都配备了科技副村长。

2. 念好“五字经”。市里坚持“决不放松粮食生产、积极发展多种经营”的方针，念好“五字”开发经，努力向农业的广度和深度进军。其一是念好“山”字经，向山地开发进军。全市山林面积7.86万公顷，约占土地总面积的50%。咸宁采取了国家、集体、个人一起上的办法，狠抓林业基地建设，1990年除继续巩固和兴建4个商品用材林基地、2个楠竹丰产基地外，还当年造林2388公顷。其二是念好“水”字经，向水面开发进军。在原有基础上，1990年的大湖围养面积达到0.93万公顷，扩建新鱼池500公顷，当年鲜鱼产量达到420万公斤。同时，还发展了莲子、菱角、莲藕等多种水产品。其三是念好“养”字经，向家庭养殖业进军。市里突出抓了以“两养”（养猪、养兔）为重点的养殖业。市政府全年拿出50万公斤平价饲料粮、20万元财政周转金和30万元贷款用于扶持发展“两养”生产，年生猪饲养24.3万头，肥猪出栏10.1万头，年末存栏14.2万头。其四是念好“特”字经，向特产优势进军。全市果园面积达到547公顷，年产水果6508吨，其中柑桔面积433公顷，年产量608吨；茶叶年产1222吨，桂花125吨。其五是念好“园”字经，向庭院经济进军。鼓励农民利用闲散荒地、闲散劳力、闲散资金发展庭院经济，全市有1万农户达到户有一片园。各类的花卉园、柑桔园、桂花园、草药园鲜花纷呈，硕果累累，为农民增添了新的收入和喜悦。

（二）科技兴工：在实现资源、技术、市场结合上下功夫

基于城市特点和工业布局，咸宁在科技兴工上抓了几个重要环节。

第一，立足资源抓项目。到1990年底止，全市依托农业基础开发资源型项目达到12个，初步形成了苎麻、桂花、竹木、茶叶、粮油、矿产等资源开发加工体系：

——利用苎麻、桑蚕资源发展纺织工业。市里对市辖的双溪麻纺厂进行了改造，新建织布车间，设计生产能力为500万米，年新增产值1000万元。市丝绸公司易地扩改后，年产值可由200万元提高到1400万元。同时，市里还落实了3万亩桑蚕基地的前期建设规划。

——利用桂花资源，发展香料工业。桂花是咸宁市的特有资源优势，为此，在1990年我们进一步巩固和扩建了联合香料厂、葛宁香料厂、桂花食品厂、桂花酒厂等一批桂花加工企业，已开发出桂花精油、桂花浸膏、桂花精、桂花酒等产品，使桂花由粗加工向食品饮料、日用化工等方面发展。

——利用茶叶资源,发展饮料加工业。市里以浮山、黑山、贺胜等几家骨干茶场为龙头，组建了茶叶生产、加工销售集团，其中剑春茶、浮泉茶等名茶，再次在全国茶叶评比会上金榜题名。

——利用竹木资源，发展竹木加工业。市竹胶板厂实现了与省有关单位的联营，设计年加工楠竹4666米，全年产值1400万元。

——利用粮油资源，发展食品饲料工业。市等级面粉厂、浓缩饲料厂、浸出油厂在市场竞争中得以壮大，全市粮油工业产值接近3000万元。

——利用矿产资源，发展建材工业。境内已探明的矿产有17种，石煤、重晶石、石英砂、石灰石、白云石等五大采矿基地已初步形成规模。

第二、立足市场抓调整。在市场疲软的情况下，企业要根据市场导向，主动更新产品，有效地走出了低谷。市辖的湖北工具厂、湖北第二电机厂、湖北液压件厂、起重电机厂等骨干企业，避开了省内外同行业产品竞争的锋芒，利用自我优势，成功地开发出一批新产品，争得了用户，争得了市场，也填补了一些省内产品空白。市卷烟材料厂抓住烟嘴棒国产化的机遇，开发了以国产丙烯代替进口原料的烟嘴棒新产品，1990年生产烟嘴12亿支，创利税314万元。

第三、立足科技抓改造。把发展工业经济的指导思想从外延扩大再生产转移到内涵扩大再生产上来。1990年，全市用于企业挖潜改造资金达686万元，完成投资总额4275万元。一是健全科技开发机制，增加技改投入，引导企业自有资金向技改倾斜，引导信贷资金向技改倾斜。二是加强设备改造，提高生产能力。三是推广应用新工艺，提高劳动生产率。全市骨干企业一年中采用新工艺26项，新增产值960余万元。

第四、立足管理抓效益。1990年，着重抓住并推行了湖北第二电机厂“结构效益型、质量效益型、技术效益型、经营效益型、素质效益型”的典型经验。1990年，全市有18种产品获省优以上称号，有14家企业通过了省、地、市标准化水平考核和验收。

依靠政策和科技兴市，改善了环境，积累了财富，也引得凤凰归巢。咸宁市进一步完善了交通、水电、通讯等硬环境建设后，现已吸引投资项目8个，吸引外资建厂6个，引进人才132人，引进技术10项，实施联合协作项目27个，引进资金2400万元。

仙桃市

市　长：刘贤木
副市长：程传忠（常务）　姚海波（工交）　朱崇钧（工交）　朱甫祥（农业）　雷育武（城建）　黄世祥（科技）　陈祥林（文教卫）

刘贤木市长，湖北省仙桃市人，1946年12月生，大专文化程度。1971年参加工作，1972年加入中国共产党。历任中学教员、教育局教研员、县委办公室主任、市委副书记。1988年1月当选为仙桃市市长。

仙桃市对外开放的回顾与展望

□　《中国城市经济社会年鉴》仙桃市编写组

（一）不断加快开放开发步伐，在对外开放和对外经济交往中取得了可喜的成效。

1. 外贸出口持续、稳定增长。1985年出口实绩达10859万元，1990年出口实绩25789万元，比1985年增长2.4倍。出口总额在全省县级市中荣获"六连冠"。出口商品结构逐步改善。初级产品出口由1985年的4667万元发展到1990年的5129万元，由占出口总额的43%降到20%；工业制成品的出口，由1985年的6192万元发展到1990年的20660万元，由占出口总额的57%上升到80%。出口商品结构由主要出口初级产品向主要出口制成品的转变，正在成为现实。形成和发展了一批出口支柱商品。1990年经营品种有13大类，其中过百万元的骨干品种近30个，出口商品金额在1000万元以上的有7个，出口额为19658万元，占出口总额的76%。出口市场趋向多元，且突出重点。1990年，全市已有出口供货企业101家，其中省级出口生产专厂和基地15家，有工贸联营企业12家，出口商品销往30多个国家和地区，其中主要出口地区为港澳。外贸出口在全市国民经济中的地位和作用日益显得重要。1990年全市出口额占工农业总产值的比重比1985年上升1.1个百分点。

2. 引进外资数额逐年增加。迄今，全市引进并利用外资达2329.08万美元，引进市外国内的人民币7662.89万元。引进技术项目不仅逐年增加，并收到了可喜的效果。据统计，引进技术80项，创造直接经济效益在3000万元以上。采用多种方式引进管理和技术人才139人，其中国外为14人。

3. "三资"企业发展迅速。1988年到现在，共批准兴办投产的"三资"企业9家，占全荆州地区的41%。目前已签订意向协议的有7家，正在洽谈的有13家。投产的9家，共投资1109万美元，注册资本1021万美元。合资期限长则15年，短则7年。合资企业1990年共创产值2294万元，创利税103万元，出口创汇116万美元。

（二）为促进对外开放，仙桃市出台了若干优惠政策，采取了一系列措施，有力地推动了改革开放的实践。

1. 形成共识，加强领导，是对外开放的关键。为了造成"人人关心，个个献策"的强烈的舆论氛围，不仅采取多种形式宣传开放开发的有关精神，而且还充分发挥全市1053户港澳台胞和117户海外侨胞、11户归侨的作用。同时，市委市政府对开放开发工作一直非常重视。"七五"初期成立了由分管外资工作的副市长及计委、经委、外贸、工商、税务、银行等部门负责人组成的市开放和引进外资领导小组，统筹规划全市的开放开发工作。有关部门还组建专班，对每个引进的外资项目，实行"三有"（即有项目领导班子、有法定人代表、有项目负责人）、"五定"（即定人员、定职责、定时间、定措施、定奖赔）的管理，有力地推动了有关引进的各项具体工作。

2. 政策配套，部门配合，是对外开放的保证。在改革和开放蔚为大潮之际，市政府先后制定颁发了一系列文件，特别是 1988 年制定的《仙桃市鼓励投资建设城市开发区的试行办法》，对如何改善投资环境、鼓励外商或国内企业来本市投资办厂制定了不少优惠政策与措施。着重在投资项目的立项、征地、用工、发照、税收、信贷以及对投资者和被引进的人才的住房、农转非、家属安排、子女就业等方面给予了优惠政策。其中，有些方面比沿海地区的政策还优惠；对引进资金、引进技术、引进紧缺物资的有功人员也制定了专项奖励政策；与之相关的 19 个部办委局也制定了相应的实施细则，各部门互相支持、通力合作，使开放开发工作取得了不少成效。

3. 建立"特区"，改善环境，是对外开放的基础。"七五"初期市委市政府决定创办以市治城区和毛嘴、敦厚两个乡镇政府所在地为中心的三个经济试验区，投石问路，积累经验。1988 年市政府专门制定了两个文件，对"特区"实行特殊政策，即在财政、税收、信贷、物资分配、农转非等政策上给予优惠；在征地、用工、立项审批等方面享有一定权力。两年多来，试验区为仙桃市逐步扩大对外开放提供了宝贵的经验。同时，为了增大吸引力，从 1986 年设市以来市政府大力抓了基础设施建设。仅用于城市建设的总投资就达 3653 万元，是 1986 年前 10 年总投资的 5.4 倍。几年来，城区新建、改建、扩建道路 160 条，总长 20 万米，总面积 81 万平方米；修建下水道 120 多条，长 2.5 万米，自来水日供应量由两年前的 2.5 万吨增加到 4 万吨；邮电事业迅速发展，1990 年，汉渝微波仙桃塔楼建成投产，长途电话进入全国自动电话网，电报进入全自动转报系统，市话容量达 3000 门，8 个乡镇实现了电话自动化；新建、扩建、改造电站 7 处，新增容量 18650 千伏安，改造高低压电力线路 14 条共 31 公里，横贯市境的宜黄公路仙桃东段第一期路基工程也已基本竣工。这些不仅为仙桃市的发展奠定了基础，也为开放开发增强了吸引力。

4. 利用各种渠道，建立信息网络，是对外开放的有效途径。信息是发展经济的重要资源，市政府具体抓了五点：(1) 通过政府渠道从上级有关主管部门和业务部门获得信息。如市一服装厂的补偿贸易，中外合资的九合垸猪场这两个项目就是通过上级计委和外贸部门牵线搭桥帮助建成的。(2) 企业直接通过业务活动和企业之间的经济联系获得信息。不少企业特别是乡镇企业是通过这种途径获得大量信息的。(3) 开设窗口，建立信息网络。几年来先后在全国 100 多个城市以及香港地区设了窗口，并兴办了 300 多家工商企业，既为市里传递了各种经济信息，又将本市的经济建设情况辐射各地，扩大影响。(4) 充分利用仙桃籍的华侨、港澳台同胞和一大批在市外工作的同志搜集信息，充当"红娘"。如市纺织总厂引进的片梭织机，内衣厂和沙嘴衬布厂的大圆机和来料加工等项目都是通过这种渠道介绍引进的，目前正在拟议中的引进外资不少于 5 项。(5) 利用新闻媒介获得大量经济信息，通过筛选后分别采用。

5. 调整结构，强化竞争，是对外开放的有效手段。近年来，根据国际市场千变万化和产品周期越来越短的实际，市政府采取了以小补大，以工补农、以新补欠的积极措施，收到了较好的效果。往年，蛋品、箱包、轴承、柳编等出口商品，占全市出口总额的比例不大。1990 年，抓住这类商品比较畅销的时机，帮助供货企业调整结构、提高质量，及时交货，使出口数额有较大突破：蛋品上调本省口岸外贸收购额 1.314 万元，创历史最高水平；箱包出口商品收购额 800 多万元，比上年增长 38%；机械轴承达 714 万元，比上年增长 10 倍多；柳编制品出口达 100 多万元，比上年增长 1 倍多。同时，全市扩展小产品，外贸收购增加 1.3 万多元。为了弥补大宗骨干产品出口之不足，还千方百计地发展新产品，使经编毛毯、床单、半胱胺酸、畜轻夹克衫、布帽、手术衣、鞋套等 10 多个新品种打开销路，增加外贸收购 2100 多万元。因此，充分显示了全市对外贸易的实力。

（三）今后 10 年外贸出口的规划设想。

1. 外贸供货计划：到 2000 年，全市外贸出口总额应达到 9 个亿，占全市工农业总产值的 15%，在出口总额中，工业品占出口总额的 80%，即 7.2 亿元，农副产品出口比例占 20%，即达到 1.8 亿元。

2. 引进外资项目。到 2000 年，全市利用外资 6000 万美元，"三资"企业项目达到 30 个，引进各种先进设备 2000 台（套），投资重点是纺织、服装、医疗、机电行业。

3. 大力兴办基地、专厂和联营企业。到 2000 年，在现有 15 个基地专厂的基础上，扩大现有企业的规模，更新设备，提高产品质量和出口供货能力。争取省政府再批准 30 个专厂和基地。使全市出口基地厂达到 45 个，同时扩大工贸、农贸、技贸结合项目。在现有 12 家的基础上，再增加 18 家，使之达到 30 家；这样全市基地、专厂及联营企业出口额要占出口总额的 90%以上，使经贸企业牢牢掌握对外贸易的主动权。

4. 大力开展外资外经工作，三资企业要在现有 9 家的基础上再增加 26 家，即到 2000 年达到 35 家，独资企业力争达到 5 家，同时，对外劳务输出要力争年达到 100 人以上。

（执笔：王天才　邹向胜）

石首市

市　长：张祖新
副市长：杨善福（财贸）　张永林（农业）　余丕中（水利）　李祖新（工交）　陈修润（文卫）　胡坤山（城建）　董振海（科技）

张祖新市长，1948年2月出生，湖北石首市人，中南财经大学毕业，1968年5月参加工作，1973年3月加入中国共产党。历任石首县财政局办公室副主任、主任、副局长，石首县财贸办公室秘书、副主任，1984年12月当选为石首县县长，1986年8月任石首市委副书记、市长。

在调整中稳步发展的石首工业

□　邵国荣　熊云海　严文祥

改革以来，石首坚持以调整结构为手段，适时把握改革的机遇，不断优化工业内部结构，从而以常新的企业生机和活力，赢得了工业持续稳定的发展。

伴随改革进程调整工业内部结构，主要从五个方面进行：

第一、利用基础，抓转向性调整。改革初期，随着家庭联产承包责任制的普遍推行，农用工业的发展处于困境。石首突破“围绕农业办工业”的圈子，改变单一服务农业的工业结构，利用现有基础，抓转向调整。一是把部分农用工业转向工用工业。如将农用柴油机厂果断转产汽车配件，生产“东风140”汽车制动阀、刮水器、贮气筒等部件，加入了东风汽车联营集团，成为第二汽车制造厂的配套厂，开辟了石首工业“联营生财”的发展新路。二是把“中而全”企业转向“小而专”企业。具有一定规模的水泵厂，由于农用泵市场饱和，企业难以为继。通过采取企业改组，适当分离的办法，发展了工业用泵、电动工具、通用机床、铸锻热处理等专业厂，打破了“求全”的生产格局。三是把粗加工产品转向深加工产品。石首从生产“三苯”这一中间原料入手，利用氮肥厂下马后的一批技术骨干力量，积极与大专院校、科研单位建立广泛的技术协作关系，分层次加工精细化工产品，达到了转换增值的目的。现在，一批转向调整的工业企业，经过添制设备，调整工艺，开发新产品后，都已进入先进企业的行列。

第二、发挥优势，抓开发性调整。当改革步入城市之后，市场发育明显加快，经济日趋繁荣，给地方工业带来了发展良机。这时，石首从发挥本市优势出发，及时对工业实施开发性调整：第一，以农副产品为原料，开发轻纺工业。石首处于江汉平原和洞庭湖平原的结合部，两大平原的农副产品资源十分丰富，号称“粮仓”、“麻海”、“棉山”。石首将区域内的自然资源优势转化为区域经济优势，有计划、有重点、分步骤地办起了黄麻、苎麻、棉纺、地毯、造纸、调味品、饮料、酒类等一批纺织、轻工企业。第二，以机械工业为重点，扩大企业规模。荆州钢厂过去只有轧钢能力，为补充原料的不足，投资300多万元，新上了一台5吨电弧炉，实现了炼轧配套，扩大了钢材产量。开发性调整，使机械行业步入规模生产的轨道。第三，以交通运输为条件，开发出口产品。石首紧靠长江，近靠京广铁路干线，利用交通优势，产品可直接从广东沿海口岸出口。出口产品由1987年前的海参袋扩大到针织内衣、工艺童装、抽纱绣品、台式钻床、彩色石英地板等系列产品。

第三，实现规模，抓扩散性调整。随着改革步伐的加快，企业间的竞争渐趋激烈，这给地方工业的发展提出了新的要求，即企业必须实现规模经济。石首以自强与协作的办法，狠抓了企业扩散性调整：首先，向内扩散，强化企业自身素质。在多方筹资，补充和完善生产手段的同时，注重企业内部挖潜、零部件扩散协作，使生产批量达到适度规模。荆州台钻厂采取“内扩”后，年产出口台钻20000台，发展成产值超1000万元，利税过100万元的骨干企业。其次，向下扩散，扶持发展乡镇企业。市直工业对乡镇工业，采取大厂带小厂，小厂连成串的办法予以扶持。在44家市直工业企业中，就有28家进行了产品扩散，占63.6%，扩散协作的零部件占所有零部件总数48.5%。再次，向外扩散，实现跨县市联营。石首积极与周围县市建立广泛地协作与联系。10年间向外扩散产品100多种，转让技术50多项，发展“配角”企业20多家。目前，黄麻纺织、抽纱刺绣、出口台钻、调料味品、铸造、砖瓦、印刷等七大企业集团已经形成。扩散性调整，使企业规模经济逐渐壮大，从而保证了整体工业在稳步中发展。

第四、面向农村，抓适应性调整。当承包制进入完善阶段时，农民要求建立服务体系的呼声越来越高。石首针对农民的愿望，对农用工业进行了适应性调整：其一，发展农用物资工业，满足农民科学种田的需要。石首先后办起了磷肥、农药、农膜等专业厂家。并对企业内部实施生产工艺调整，改进设备等措施，开发出近100种适用的新产品，满足了广大农民的不同需求。其二，发展农用机械工业，满足农民机械化耕整的需要。普遍推广农机化作业，是农民从土地上解放出来的有效途径，因此农机产品很受农民欢迎。如机耕船厂生产的“牛”牌简易中、小型机耕船，被农民誉为我国目前最佳的水田耕整机械。其三，发展农用加工机械工业，适应农村集体经济发展的需要。为了发展壮大集体经济，完善双层经济体制，石首注重发展农用加工机械工业。如小型打米机、抽水机、榨油机等机械已成为发展集体经济的主要手段。1990年农用工业产值7734万元，比1980年增长9.4倍，10年间年均以26.3%的幅度递增。

第五、瞄准市场，抓应变性调整。石首在全国大中城市、沿海地区及经济特区开设“窗口”55个，广泛获取多种有价值的经济信息和市场信息，瞄准市场，抓产品应变性调整：一方面，根据市场发展趋势，调整产品规格，以新规格产品填补市场空白。荆州钢厂了解到直径8.5mm的圆盘是缺货的信息后,果断投资500万元迅速开发。此规格产品投放市场后很受欢迎。1990年钢厂销售收入过6000万元，其中圆盘销量占70%以上。另一方面，根据市场需求变化，调整产品销量，以大批量优质产品占领市场。汽配三厂针对“东风140”汽车覆盖件市场需求量大的实际，迅速筹集资金，扩大生产基地，使生产能力成倍增长。1989年创产值1500万元，实现利税230万元，相当于1年赚回了1个厂。同时，还根据市场需求层次，调整产品档次，以较高技术档次的产品投放市场，在消化吸收国外先进技术的基础上，着力研制设备国产化产品。其中于1987年就试制成功的新产品开松机，为国家节省重复引进需外汇近400万美元。该机最近又被国家评为优秀产品。应变性调整，使占总数75%的产品畅销市场。

在改革中调整，在调整中发展的石首工业，如今已初步形成以机电冶金工业为支柱，纺织工业为骨干，化工工业为重点，轻工、建材、食品、饲料等工业竞相发展的格局，取得了引人注目的成就：

（一）增强了工业经济实力。目前，全市拥有独立核算工业企业262家，其中产值过1000万元的企业24家。拥有固定资产原值24159万元，职工30821人，能够生产100多个系列、600多个品种。1990年，全市完成工业产值94507万元，利税4170万元，分别是1980年的14.7倍和17倍。10年间年均递增幅度为30.85%和32.71%。工业上缴税、利占全市财政收入的70%以上。

（二）优化了工业内部结构。从工业行业结构看，机电、轻纺、化工、建材行业的比重由1980年的45:41:9:5调整为41:39:13:7；从工业产品结构看，高中低档产品之比，由1980年的1.5:4.5:4调整为4:4.5:1.5；初级产品和深加工产品之比由6.5:3.5调整为4:6；从工业技术结构看，手工操作占10%，半机械操作占40%，机械化操作占50%。先进技术占30%，比较先进的技术占55%，一般性技术占15%。

（三）带动了乡镇企业发展。全市拥有乡镇工业155家，固定资产3635万元。其中属市直技术转让，产品扩散发展起来的企业51家，占总数的32.9%。在近几年经济环境不够好的情况下，乡镇企业在市直工业的带动下，保持着比较稳定的发展态势。1990年乡镇工业实现总产值14851万元，销售收入7657万元，利税573万元，分别比1980年增长11.3倍、5.7倍和2.5倍。10年间年均递增幅度为28.4%、21%和12.5%。

（四）推动了农业经济稳定增长。改革10年来，农业内部结构随着工业内部结构的变化而相应调整。利用日益发展的农技和农机，先后开发了商品粮、优质棉、黄红麻、芦苇、速生丰产林、尖椒等农业基地，从而促进了农村经济稳步增长。1990年实现农业总产值2708万元，比1980年增长1.2倍，10年间以年均5.3%的幅度递增。农产品商品率达到53%，比1980年提高了12个百分点。农民人均年纯收入由1980年的185元增加到708元。

（五）赢得了内外贸易市场。不断调整工业内部结构，给产品生产创造了一个“优生优育”的环境，10年来，开发新产品375个，其中获省优以上产品65个。1990年实现销售收入45496万元，比1980年增长9.4倍，年均以26.4%的幅度递增；工业产品出口交货值达6000多万元，比1980年增长72%。

天门市

市　长：段远明

副市长：肖孔斌（常务）　韩北平（工交、计划、科技）　程润鑫（城建、乡镇企业）　朱心凯（农业）　彭先兆（文教卫、外侨）

段远明市长，湖北省公安县人，1948 年 9 月出生，大专文化程度，1968 年参加工作，1973 年加入中国共产党。曾任石首县工业局副局长，经委副主任。1985 年 2 月任中共石首县委副书记、县政府副县长。1986 年 6 月撤县建市后改任市委副书记、市政府副市长。1989 年 12 月调任天门市委副书记、代市长，1990 年 3 月当选为天门市市长。

“三乡”宝地　日新月异

□　天门市人民政府办公室

天门市位于美丽富饶的江汉平原北部，东距武汉市 135 公里，面积为 2600 多平方公里，耕地面积为 113330 公顷。全市设 18 个建制镇，6 个乡，2 个农场和 4 个街道办事处，总人口 153.6 万。

天门，古称竟陵，公元前 278 年（即秦昭王二十九年），这里就设县治所；清雍正四年（公元 1726 年），为避康熙陵寝讳，更名为天门县。1987 年 8 月 3 日经国务院批准撤县建市。

天门地处大洪山前丘陵与江汉平原的接合部，地势由西北向东南倾斜，形成岗状平原和湖河平原两种地貌。这里属北亚热带季风气候，土地肥沃，物产丰富，自古以来盛产棉花、水稻、油菜、黄豆、小麦、黄花菜、鲜鱼和莲藕等农副产品，素称“鱼米之乡”。地下宝藏也相当丰富，石油、硫磺、无水芒硝和岩盐等储量大，品位高，且具有重大的开采价值。

新中国成立以来，勤劳勇敢的天门儿女在中国共产党和人民政府的领导下，发奋图强，艰苦创业，繁荣经济，振兴家园，使昔日灾难深重的天门发生了天翻地覆的变化，呈现出一派欣欣向荣的景象，成为闻名全国的“三乡”宝地：

——天门是全国著名的“棉乡”。百万棉农在实践中创造了先进的植棉技术，全国的棉花工作会议多次在天门召开，省内外来参观棉花生产的代表团络绎不绝。棉花总产在全国县（市）中第一个超过 5 万吨（100 万担），1990 年第七次突破 5 万吨 。天门棉花品质优良，每年出口 1.5 万吨。1986 年被国家定为优质棉生产基地。

——天门是祖国内地的重点“侨乡”。全市有 60095 名华侨和外籍华人，分布在亚、欧、美、非、澳等洲的 44 个国家和地区。这些海外赤子，热爱祖国，关心家乡，为发展天门的经济和文化事业作出了显著的贡献。

——天门也是闻名国内的“文化之乡”。荆州花鼓原名天沔花鼓，起源于天沔小调。由天门花鼓剧团演出的传统古装戏《花墙会》早已被珠江电影制片厂搬上银幕。现代戏《水乡情》演进了北京城，进了中南海，受到首都各界人士和中央首长的高度赞扬。天门人民在漫长的历史进程中，创造了灿烂的文化，哺育了一大批历史名人。唐代“茶圣”陆羽，著名诗人皮日休；明代“竟陵派”的代表人物钟惺、谭元春；清代的状元蒋立镛，现代知名诗人邹荻帆，作家陈立德，歌唱家金钟鸣，民歌手蒋桂英、结晶矿物学家彭志忠等，如灿烂的明星，各显异彩。天门教育硕果累累，自恢复高考到 1989 年的 13 年中，共向全国各大专院校输送人才 11200 多名，1990 年考入各大专院校的学生又有 1153 人，著名作家秦牧曾撰文称天门为高考“状元县”。

党的十一届三中全会以来，改革的春风给天门的经济和社会发展插上了腾飞的翅膀。

——工业生产稳步增长。1990 年全市工业总产值达到16.12亿元（按1980年不变价），比1949年增长13.92倍，比改革前的1979年增长8.44倍。全市乡以上工业发展到674家，基本上形成了一个以轻纺工业为主体，机械、医药、化工、冶金、建材、食品、农副产品加工等门类齐全，协调发展的工业体系。近几年，一方面注重与大城市、大企业、大专院校、科研单位进行广泛的横向经济联合，一方面积极与美国、日本、香港等经济发达国家和地区的企业合作。不仅促进了“湖北——拉玛斯机械有限公司”、“华美饲料有限公司”、“天富织带有限公司”等一批“三资”企业的发展，而且推动了全市工业企业管理水平和创优能力的提高。全市地级以上的企业发展到35家，其中省级企业15家，国家二级企业1家。省级以上优质产品49个，其中部优14个，国优1个。诸如“常青牌”塑料盆景、“争艳”牌脱脂纱布、DG系列给水泵、“如意牌”二辛脂电缆料、“雅居乐”挂历、气动吸塑包装机、FA303、305并条机、精炼棉油、“福青”牌病毒唑原药及针、片、滴剂和“华美”饲料等产品在市场上具有强大的竞争力，畅销不衰。其中棉纺药用纱布、浴巾、地毯、纺织机械、服装等89个产品打入国际市场，年创外汇达4000万美元。

——农业经济持续发展。农村改革和科技兴农活动的不断深化，使天门市农村经济走上了粮棉生产、多种经营、乡村企业三足鼎立发展的轨道。1990年全市农业总产值达到6.2亿元。粮食、棉花、油料生产三超历史水平。粮食总产达到56万吨，比历史最高的1987年增长4.36%；棉花总产达到5.65万吨，居全国之冠，被农业部、纺织工业部授予全国棉花生产先进单位称号；油料1.85万吨，超过产量最高的1986年。多种经营生产得到了突破性的发展。1990年生猪出栏52万头，比历史出栏最多的1987年增长2.13万头。水产品产量1.75万吨。成片造林0.92万亩。乡村工业异军突起，迅速发展。1990年乡村企业发展到2864家，百万产值村达到170个，乡村企业四个层次总产值达到15.8亿元，成为农村经济发展的强大支柱。

——经济实力不断壮大。1990年，全市社会总产值达到39.48亿元，国民收入16.78亿元，分别比改革前增长4.5倍和3.2倍。人均国民收入达到1093元。社会商品零售总额达到12亿元，财政收入达到10060万元，首次突破亿元大关。人民的物质、文化生活不断得到提高。

——市政建设突飞猛进。天门的城市建设历史欠账较多。近几年，市政府对城市建设十分重视，纳入议事日程，坚持“人民城市人民建设，人民城市人民管”的方针，坚持量力而行，尽力而为的原则，统一规划，合理布局，新老结合，综合开发，拉开了建设的骨架，形成了崭新的格局。“七五”期间共投资3553万元，建成面积89.1万平方米。尤其是市政设施日趋完善。1990年底城镇道路总长由1985年的96.15公里增加到146.71公里，年均增长率为8.8%，道路面积也由114.31万平方米增加到155.90万平方米，排水管道达到71.89公里，比1985年增长43.15公里；市区供水规模4万吨，全市日供水量为34450吨，人均日生活用水为38.4升。城区绿化面积由1985年的100.49公顷增加到193.9公顷，年均增长率为14%；人均拥有绿化面积为1.93平方米。城镇住宅面积为154.4万平方米，人均住房面积为8.3平方米。市区开通公共汽车6路，解决了市民乘车难的问题。环境卫生、环境保护近几年来也有很大改观。

——交通、邮电、电力事业有了新的发展。天门市交通便利，南有长流不断的汉水，上通丹江，下入长江。北有国道通汉宜公路，东到武汉，西抵宜昌。李毛公路纵贯全市，把汉宜和汉沙两路干线公路连为一体。市境内的内河航道和公路分别延长到400多公里和1000多公里，营运车辆、船舶分别增加到2083辆和186艘。1990年货运周转量达到17960万吨公里；客运周转量达到21177万人公里。邮电事业有了明显的进步。交换机容量6540门，共有农话电路138条，长话电路62条。1990年开通直拨电路24条，可与全国各大中城市直接通话。电力电路发展到2454公里，兴建变电站19座，年供电量达1.93亿千瓦时，比建市前增长34.02%，是解放初期的8.77倍，全市村级以上通电率为100%。

——科教文卫事业成就显著。全市有科技人员12883人，其中获高中级职称3337人，助理级职称的9856人。为了充分发挥科技人员在经济建设中的作用，选派20名科技副乡镇长到乡镇任职，在260个企业和782个村配备科技厂长和科技副村主任。动员组织3367名科技人员承包企业，承包农田，仅1990年就获得直接经济效益3000多万元，教育已形成以普教为主，职教和成人教育为辅的教育网络。1990年底，全市有中等专业学校2所，普通中学105所，其中高中8所，小学766所，中小学教师达12028人。在校学生255300人。广播电视事业蓬勃发展。电视台并建立了卫星地面接收站，以3个频道分别播送中央、湖北电视台节目，市区还装有有线电视网。天门人民广播电台是湖北省最早的一个县（市）级广播电台，并将无线与有线结合起来，分早、中、晚三次播音。全市30个乡镇办场都设有广播站，入户率为98%。现有市属医院10个，乡镇卫生院（所）29个，拥有病床31833张，医护工作者达3604人。近几年来，体育事业发展很快，现有业余体校1所，体育馆1座，有实力雄厚的篮球、乒乓球、射击等项目的体育队伍，先后为国家和省队输送优秀运动员12名。

（执笔：刘宪法）

洪 湖 市

市　长：蒋昌忠
副市长：胡卜成（常务）　吴明波（文教卫）　扬志才（农业）　刘耕时（工业）　韩从银（水利、交通）　徐　振（科技、水产）　罗贵舫（公安、司法、乡镇企业）

蒋昌忠市长，湖南省湘乡市人，1946年2月生，中共党员，湖北省七届人大代表，中国美术家协会湖北分会会员。1968年7月毕业于华中农业大学。曾任湖北省钟祥县磷肥厂技术科长、厂长、县经委副主任、副县长等职。1984年1月就任钟祥县县长。1990年9月调洪湖市，任市委副书记、代理市长，1991年2月当选为洪湖市市长。

水乡新城——洪湖市

□　洪湖市市长　蒋昌忠

洪湖市以境内最大淡水湖泊——洪湖而得名，是一个历史悠久、经济发达、特产丰富、人文荟萃的"鱼米之乡"。新中国成立后，特别是党的十一届三中全会以来，洪湖人民继承和发扬苏区革命传统，走城乡并重、工商并重的发展路子，使这座镶嵌在长江玉带上的水乡新城迅速崛起，被誉为荆楚大地上的一颗璀璨明珠。

城市概况

洪湖市位于湖北省中部南侧，地处长江中游北岸，江汉平原尾端，市域跨东经113°07′—114°05′，北纬29°39′—30°02′。东南临长江，与嘉鱼县、蒲圻市、湖南省临湘县隔水相望；西傍洪湖与监利县接壤；东北依东荆河与汉阳县、仙桃市相邻。洪湖位处武汉、沙市、岳阳等大中城市星座区，市府所在地——新堤距省城武汉150公里。

洪湖自周朝始，设州置政。清末，洪湖市区（新堤）设立海关，委任道台，民国设立新堤市。解放初期新堤设置沔阳专区行政公署，为纪念洪湖苏区的革命历史，1951年6月，设立洪湖县。1987年7月，经国务院批准，撤销洪湖县，成立洪湖市，下辖4个城区办事处，16个镇，3个乡，3个国营农场。全市国土面积2528.23平方公里，其中水域面积826.7平方公里，占市域面积的32.7%，截至1990年，全市总人口822533人。

洪湖具有得天独厚的水域资源，境内有水域面积124万亩，仅洪湖年径流量都在20亿立方米以上。全市共有大小河道11085条，总长1041公里，河网密度2.43公里/平方公里，径流总量31.6亿立方米。洪湖素有"百湖"之称，全市有100亩以上湖泊102个。闻名中外的洪湖，现有水面53.5万亩（不含子湖水面），是本省最大的湖泊。洪湖市不仅水面辽阔，而且水质肥沃，无污染，富有天然饵料，是各类水生物、植物繁殖、发育、生长的理想场所，共有鱼类114种，占湖北省鱼类总数的68%，水禽167种，其中虾、蟹、龟、鳖和水禽类中的野鸭等都是出口珍品。水生植物共有68种，其中莲、藕、菱角、茭白、慈菇等产量均居湖北之冠。此外，境内已探明有石油、天然气等多种矿藏，主要分布在黄家口、白庙、汊河、永丰等地。

洪湖气候温湿、光照充足，适宜多种农作物生长，特别是大秋作物成熟期间，秋后水肥，供给充足，不受脱水、脱肥的影响，因而洪湖的稻谷出米率、油脂产出率、棉花纤维长度、麻类纤维指数都处于领先地位，以致这里成为比较理想的大宗农产品商品生产基地。

洪湖市交通水陆两便。长江洪湖港港深水阔，乘船可上达重庆下抵上海而至海外，年均港口吞吐量在140万吨以上。陆路经70公里仙洪线，北联318国道通鄂北以至河南，南经长江乌林、螺山、龙口、大沙、新滩轮渡与107国道相接，达鄂东、鄂南以至湖南、广东、赣浙各省。电讯并入全国通讯大网，可直接与全国大、中城市自动拨号。供电网络遍及城乡。

今日洪湖市府所在地新堤、茅江城区办事处，依江傍水，在明代以前，还是一个仅有几百户人家的茅江口，自建国以来，仅 40 余载，现已发展成 10 万余人的繁华闹市，成为全市政治、经济、文化中心。

经济建设

农业。洪湖市是著名的“水袋子”地区。解放后，随着水利条件的改善，农业机械化的发展和科学种田水平的提高，农业生产有了长足的发展，不仅成为国家商品粮、棉、麻、鱼和速生丰产林生产基地，而且已列入国家生态农业、科技兴水、农业机械化和农业综合开发试点县市。1949 年同 1990 年对比，农业总产值由 2454 万元增加到 3.89 亿元（1980 年不变价，下同），粮食总产量由 4.06 万吨增加到 51.7 万吨，人均产量 629 公斤；农民人均收入由 32 元增加到 704 元。经济作物以棉花为主，总产已达 1.4 万吨，其它经济作物有黄红麻、苎麻等 15 种。洪湖水产资源极为丰富，水产事业发展迅速。1990 年全市水产品产量 5.59 万吨，比 1949 年增长 8.3 倍。其中鲜鱼总产 5.4 万吨，列为全国县及县级市第三名、全省第一名，虾蟹产量 2978 吨，贝类产量 1061 吨，莲籽产量 731 吨，均名列湖北省县及县级市之冠。

工业。洪湖工业起步较早，现已建成以纺织、服装、食品、建材、机械、电子、化工、金属制品、造纸及纸制品为支柱的新兴工业体系。1990 年全市工业企业 1844 家，其中全部独立核算工业企业 254 家，拥有固定资产原值 3.36 亿元，职工 6.1 万人，实现工业总产值 9.6 亿元，其中轻工业产值 6.9 亿元，重工业产值 2.7 亿元，分别占工业总产值的 72.1%、27.9%。在工业产值中，主导工业产值 7.75 亿元，约占 80.7%。改革开放以来，洪湖外向型经济发展迅速，形成了以纺织、服装为主体的纺织品，以农具、工具、机械和电子产品为主体的机电产品，以传统手工艺制品为主体的各种轻工、工艺品三大出口体系，共有 13 个大类，154 个品种，获得部优、省优、地优的出口产品 51 项。其中色织布、地毯、淡水贝雕、小农具等 8 项优质产品进入全国前三名。1990 年，全市共有 20 个出口行业，115 家出口生产企业，产品远销 67 个国家和地区，成为湖北省重要的外贸出口基地。

商业外贸。洪湖是江汉平原、鄂南山区、湘北丘陵等三大经济区域的结合部，优越的地理位置和便利的水陆交通，使这里成为三大经济区域产业互补、商品对流的枢纽。改革开放以来，洪湖市商业体制改革不断深化，一个以国营商业为主导、多种经济成份并存、多种渠道流通、开放式高效益的商品流通体系基本形成。1990 年全市商业批零购销机构 7853 个（含个体零售点），有职工 3.1 万人，社会商品零售总额 8.4 亿元，城乡集市贸易成交额 2.58 亿元。全市外贸骨干企业发展到 131 家，外贸收购总值 1.87 亿元，名列湖北省县级市第二名。出口产品有鲜鱼、生猪、黄豆、棉花、棉麻纱、服装、工艺鞋、地毯、扁丝、草席、管子钳、农机具等 160 多种，其中工业产品占 93%。

财政金融。1990 年全市财政收入 4477 万元，人均财政收入 54.4 元；财政支出 4309 万元，占财政收入的 96.2%。1990 年被湖北省人民政府批准为财政亿元建设市。1990 年末贷款余额 7.6 亿元，城区居民储蓄 2.59 亿元，人均储蓄 315 元。

社会发展

全市科技网络初步形成，科技力量得到加强。市内设有工科所、农科所、水科所、林科所、农机科研所、科技情报所等科研机构和建筑、建材、水利、电力、规划等设计单位。市科协系统有各种专业技术学会 25 个，各类科技人员 14670 人。1980 年以来共获得省级以上科技成果奖 32 项，其中国家授予 7 项。

教育事业蓬勃发展。市内现有大中专院校 5 所，技校 3 所，高级中学 12 所，职业高中 18 所，成人学校 23 所，初级中学 67 所，小学 498 所，学龄儿童入学率达到 99.6%。从 1978 年以来，为本市培养了 7679 名专业人才，为全国大、中专院校输送 8010 名新生。

文化、体育设施比较齐全。市内有电影院、剧场、文化馆、图书馆、工人文化宫、体育场、游泳池、烈士纪念馆、当代天下名人作品专藏馆等。洪湖有天然游泳场地，群众体育十分活跃，1978 年以来，共获省级以上体育竞赛团体和个人奖 53 次，其中一项游泳项目获全国比赛第二名，52 公斤级举重比赛获全省第一名。

卫生事业不断扩展。市内有卫生机构 116 个，其中市级医院 6 家，乡级卫生院 27 个，医护人员 3454 人，病床达到 2537 张。市中医院现以擅长治疗类风湿性关节炎病蜚声中外。近几年，治愈来自全国 29 个省、市、自治区和港澳地区病人 12 万余人次。

名胜古迹

洪湖市不仅经济发达，而且风光秀丽、景色迷人，名胜古迹遍及全境。自 1986 年列入全国甲级对外开放县市以后，前来旅游观光的中外游客年接待近 10 万人次。这里有中原地带绝无仅有的湖光风景，既可垂钓狩猎、又可采莲赏荷，并与岳阳、赤壁隔江相望，境内旅游点毗邻成群。有乌林塞、曹操湾、肃公州、吕蒙口等“三国”古战场遗址；有元末农民起义领袖陈友谅的故里；有清代乾隆皇帝巡游遗址和太平天国水师战场；还有湘鄂西革命烈士陵园，令瞻仰者流连忘返。

潜 江 市

市　长：马荣华

副市长：黄际纯（常务）　李必华（农业）　王春兰（工业）　周开翼（计划、商贸）　杨海青（科技）　罗厚泽（文教卫）　何本珍（女　多种经营）

马荣华市长，湖北天门市人，生于1948年，大专文化。1966年至1989年在天门市工作，历任农业技术员，县农业局副局长，白茅湖农场党委书记，县、市委副书记。1990年1月调任潜江市市委副书记，代市长，3月当选为市长；1991年再次当选为潜江市市长。曾发表过《农民走上商品经济舞台是伟大的变革》、《平均主义是中国社会发展的最大障碍》、《知人善任刍议》等论文和调查报告。

江汉平原上的绿色新城——潜江市

□　潜江市市长　马荣华

潜江，是一座拥有2000平方公里土地、88万人口的年轻城市。她就象一颗璀璨夺目的绿色宝石，镶嵌在美丽富饶的江汉平原上。

水乡园林

潜江，地处江汉平原腹地，自然条件优越。这里，河渠纵横交错，湖塘星罗棋布，田野林网镶边，村庄绿荫掩映，赢得了水乡园林的美名。这里，地势平坦，土质肥沃，光照充足，雨量充沛，属北亚热带季风性湿润气候，适宜多种农作物的生长，盛产稻谷、大麦、小麦、棉花、油菜、麻类，以及猪、鱼、鸡、鸭等农副土特产品。建国后，潜江人民经过数十年的艰苦努力，使水利基础设施成龙配套，农业生产条件大为改善，农田有效灌溉面积提高到7万余公顷，旱涝保收面积达到5万公顷，农业生产有了比较稳固的基础。农村的改革促进了生产力的大发展，主要农产品连年丰收，农民生活水平不断提高。1990年，全市粮食总产516271吨，棉花18573吨，油料16447吨，黄红麻12072吨，生猪出栏33万头，鲜鱼产量18105吨。全市农业总产值达90710万元，农民人均纯收入746元。这里，是全国著名的平原绿化先进县（市）。1956年冬，首次从利川引种被视为“活化石”的珍稀树种——水杉，经过扦插获得成功，并得到大面积推广，使之成了平原绿色的重要树种。全市现有水杉面积5.6万亩，713万株，并先后向全国18个省（市）159个县（市）提供水杉苗木8000多万株。潜江由此被誉为水杉的第二故乡。1970年拍摄的彩色纪录片《水乡园林》真实地反映了潜江人民实现平原绿化的惊人事迹，曾在国际林业会议上放映，得到了国际国内的高度赞赏。今天，这2000平方公里的土地，已形成了一万多公里的绿色“长城”，现在平原绿化正朝着新的更高的目标迈进。

鉴于生产条件和发展实绩，这里被国家定为商品粮、优质棉、商品鱼生产基地和速生丰产林基地。

中国大盐湖

“地上盛产粮油棉，地下富藏油气盐”是对潜江物产丰富，资源广博的高度概括。潜江原系古云梦泽一角，地下呈凹陷结构，是一规模宏大的封闭式内陆盐湖盆地，分布面积为1600平方公里。现在探明的石油地质储量2亿吨，天然气储量7000亿立方米，岩盐储量5600—7900亿吨，相当于盐都自贡的20—30倍，卤水储量136亿立方米，氯化钠含量为89—96%，还含有锂、钾、溴、碘、硼、铷、铯等18种稀有元素，其矿化度达到或超过国家开采标准，具有得天独厚的资源优势。

潜江工业发展迅速。建国初，是以私营作坊为主的手工业。经过40年艰苦创业，特别是近10年来改革开放的迅速发展，现已基本形成了石油、纺织、机械、化工、食品、建材为骨干的工业体系。1990年，全市工业总产值达到153959万元。有国家二级企业3个，年产值过千万元的企业11家；300万以上的39家，产品跨越16个大类，涉及89个小类，有400余种产品，其中创省、部、国优产品42个，畅销国际市场的产品有41个。国家二级企业湖北省园林青酒厂生产的“园林青”露酒，酒味芬芳，酒质醇厚，酒度适中，1984年获部优，1985年获国家最高质量金奖，1988年又获首届中国食品国际博览会金奖，成为市场上抢手的热门货。潜江市丝毯总厂1986年被列入国家“星火计划”，生产的仿古真丝挂毯，设计新颖、图案别致、做工精细、品种繁多，是高级宾馆、别墅等最理想的装饰品和艺术赠品，远销西欧、苏联、日本、东南亚等17个国家和地区。全国最佳农民企业家周作亮领导的村办企业幸福服装厂，经过11年来的发展，现已成为一家拥有1850名职工，1350万元固定资产的现代化外向型服装企业，1990年创产值4100万元，创利税450万元，创汇280万美元，是湖北省生产出口服装的重点厂家，也是全国最大的村级服装企业。以潜江为中心的江汉油田，连续稳产100万吨原油已达12年，在中国油田开发史上占有一席之地。石油机械制造能力在国内首屈一指，与美国休斯工具公司联营的江汉钻头厂，形成了年产高质量的牙轮钻头过万只的生产能力，年产值近2亿元，产品已广泛进入国内外市场。全市近100家创汇企业生产的120多种出口产品，行销70多个国家和地区，1990年外贸产品收购额达10597万元。

潜江工业发展的最大潜力和后劲，还在于充分发挥极其丰富的盐矿资源优势，加快开发地下大盐湖的步伐。为此，潜江市按照省委、省政府提出的“以潜江为中心，尽快形成全省第二个盐化工基地”的要求，将大力发展盐化工业作为全市经济发展的战略重点。近两年来，全市人民发扬艰苦奋斗精神，多方筹集资金开发盐化工。目前，采卤工程已经上马，年产一万吨的氯碱厂现已开工兴建，年产3万吨的烧碱厂正在做前期准备工作，与此同时，江汉油田的盐化工亦在蓬勃发展。到本世纪末，潜江——一座新型的盐化工城市将出现在荆楚大地之上。

园林式的星座城

1988年5月，经国务院批准，潜江撤县建市。城区面积92平方公里，规划控制面积311.25平方公里，常住人口15.6万人，是一个由园林、泽口、广华三个办事处组成的松散型、组团状、园林式的星座城。经过3年的建设发展，城市面貌发生了可喜的变化。

园林。市委、市政府所在地，是全市政治、经济、科技、文化中心和轻纺工业基地，东距省会武汉153公里，西离历史文化名城荆州70公里。318国道和正在兴建的宜（昌）—黄（石）高速公路横贯其中。这里宽敞的街道、行道树、绿化带、街心花坛、城市雕塑以及各式现代建筑，为水乡园林更添异彩。这里是辛亥革命元老、中华人民共和国首任农业部长李书城、中国共产党的创始人之一李汉俊的诞生地，还是当代著名戏剧家、全国文联主席曹禺的故乡。

泽口。处长江第一大支流汉江之滨，是汉江的重要对外开放港口之一。泽口港年吞吐能力超过百万吨。这里建有市化肥厂、磷肥厂、抗生素厂等化工骨干企业，正在兴建万吨氯碱厂，泽口地区是全市的盐化工业基地，并将作为开发开放区对外开放，以吸纳外资加快建设步伐。

广华。江汉石油管理局所在地，为江汉油田的大本营和石油开采基地，占地面积37.6平方公里。在坚持以石油开采为主的同时，开展多种经营，并在石油机械制造业上，形成较大的生产规模，成为全国的石油机械制造中心。

从总体来看，这三个组团各具特色，互为补充，相互间由绿色“长廊”所连接，成为林中有城，城中有林的有机整体。正如著名散文家碧野所说，“这是一座绿色的城”。潜江城区，市政设施比较齐全，公益事业发展迅速，服务网点布局合理，邮电通讯便利畅通。新落成的邮电大楼已实现国内长话并网，即将实现国际长途直拨，6000门程控电话不久就可投入使用。江汉油田建有中南地区最大的电子计算机中心，拥有投资约1亿元的银河计算机，是获取全国各地经济技术等信息的重要渠道。

潜江不仅是一个工作、生活、投资建设的理想地方，而且还是一个对外开放、热情好客的友好城市。潜江是经国务院批准的甲级开放城市，自改革开放以来，共接待了来自42个国家和地区的外宾和港澳同胞400多批，2000多人次，先后有20多人应邀出访了美国、日本、德国等8个国家和地区，派遣了从事农业、卫生、交通等部门工作的专家40多人，前往阿尔及利亚、埃塞俄比亚、刚果、扎伊尔等国承担援建项目。特别是潜江市与德国巴登符腾堡州海登海姆市建立了友好往来关系，经过5年的交往和两市市长的互访，两市医院成为友好医院，由德方援助的医疗、通讯、运输等急救设备，装备起来的潜江急救中心已于1990年春投入使用，全市的急救网络基本形成。与德方的合作领域正在不断扩大。

潜江真诚地欢迎世界各国和全国各地区的朋友来旅游观光，更欢迎外商和港、澳、台同胞、海外侨胞来潜江兴办合资、合作和独资经营的各类企业，开展补偿贸易、来料加工、来样制作、来件装配以及提供资金借贷、技术咨询、人才合作等多种经济、技术协作。

当阳市

市　长：邹学勤

副市长：杨先文（常务）　张诗训（财贸）　黄国赋（工交）　刘心海（农业）
王心菊（女　文教卫体）　王政（乡镇企业）　史庆宁（科技）

邹学勤市长，1943年11月生于湖北省宜昌县，大专文化程度。1960年参加工作，1965年6月加入中国共产党。曾先后在宜昌县任团县委书记、县广播站站长、区党委书记、副县长、县委常委、县委副书记。1986年被选举担任宜昌县县长。1991年1月调当阳市任市委副书记、代市长，同月在当阳市第二届人民代表大会第一次会议上当选为当阳市市长。

三国古迹名胜地——当阳市

□ 施远成　史志宏

当阳历史悠久，是闻名中外的三国古战场，建县制始于西汉景帝中元年间（公元前149年—公元前144年）。1988年10月，国务院批准撤销当阳县，设立当阳市。全市总面积2071平方公里。市辖3个街道办事处、7镇、7乡，有303个行政村，2080个村民小组。全市总人口44.21万人。

地理位置

当阳市地处长江中游北岸，位于鄂西山区向江汉平原过渡地带，东与荆门市交界，东南与江陵县相邻，南临枝江县，西连宜昌县，西北与远安县接壤，处在湖北省“大三角”经济发展战略区——宜昌、沙市、荆门3个城市的中心点。全市交通便利，境内有纵横交错的汉宜、荆当、远当、枝当公路和其它公路1200多公里；焦柳铁路横贯全境，有铁路51公里，设有6个火车站；城区建有大型军民两用飞机场1个，目前已开通北京、上海、广州、西安等地旅游包机线路。市区距武汉市326公里，距宜昌市73公里，距沙市市83公里，距襄樊市200公里，距荆门市57公里。

自然资源

（一）矿产资源丰富。目前已探明境内有煤炭储量5000万吨以上，发热量均在5000大卡左右；石灰石露天储量20亿吨，含氧化钙48—53%；陶瓷泥储量约20亿吨；石膏储量70亿吨，硫酸钙含量在84%以上，属特大型优质雪花膏矿床，埋层浅，易开采；石英砂储量约4亿吨，二氧化硅含量在90%以上。同时，还有银、铜、钴、铁、铝、锌等。近几年来，全市为充分利用上述资源，逐步兴办了从开采到深加工的一系列厂矿企业。有开发石英砂的玻璃厂，年产玻璃80万重量箱；开发石灰石的3家水泥厂，年产水泥20万吨；开发陶瓷泥的建陶工业公司，年产彩色釉面砖75万平方米；开采煤炭的90多家煤矿，年产原煤40万吨；开发石膏的2个矿井，年产石膏15万吨；有年发电量7000万度的煤矸石电厂；有年产10万吨碳铵、4万吨尿素的化肥厂。

（二）名胜古迹旅游点遍布全境。当阳市名胜古迹众多，旅游资源得天独厚，为湖北省游览区之一，也是全国对外开放县（市）之一。“蜀汉三雄”关羽、张飞、赵云在当阳都留下了戎马遗迹。境内有赵子龙七进七出单骑救主的长坂坡，现建有占地50公顷的长坂坡公园；有张翼德吼断桥梁水倒流，独退曹兵的坝陵桥；有关云长败走麦城，身葬当阳的关陵庙；有“还我头来”的“关云长显圣处”；有终身跟随关云长的部将周仓之墓；有曹操观阵的风光诱人的锦屏山；有糜夫人毅然自尽的“娘娘井”，阿斗避难的太子桥等众多的三国古战场遗迹。这里有堪称“天下四绝”之一和“荆楚丛林之冠”的佛教圣地——玉泉寺，该寺及矗立于寺前的全国最高、最重、最大的棱金铁塔，被国务院列为全国重点文物保护单位。1983 年，玉泉寺又被列入全国佛教重点开放点。这里还有天下稀有的珍珠泉、千瓣莲、月月桂和填补度量衡考证空白的隋代铁镬，以及唐代吴道子所画的石刻观音像等景观。境内有战国时期鬼谷子所居大仙洞，有巩河风景区、漳河风景区和堆兰晚翠、长坂雄风、紫盖晨钟、龙泉夜月、玉桥秋雨、锦屏牧笛、鹊岸渔歌、金岭朝烟等使人流连忘返的八大景观，其中以堆兰晚翠——玉泉山的风光最负盛名，有“三楚名山”之美名。东汉大文学家“建安七子”之一的王粲曾留下脍炙人口的《登楼赋》。唐代李白、杜甫、白居易、孟浩然以及后来的众多文学名人，都曾在当阳产生灵感，挥笔写下过千古绝句。

经济建设

改革开放以来，当阳市充分发挥本地资源优势，走出了一条“兴工强农、科技驱动、开放开发，城乡共荣”的新路子。1990 年，全市社会总产值达到 170424 万元，国民生产总值达到 74501 万元，国民收入达到 69295 万元，工农业总产值达到 137739 万元。

(一) 农业：全市有耕地面积 6.04 万公顷，其中有效灌溉面积 4 万公顷，有林业用地 10 万公顷，全市森林覆盖率为 26.1%。目前全市已建成优质米、优质棉、瘦肉型猪、优质鱼、速生丰产林、金水梨、柑桔、玉皇李、低芥酸菜油、香菌、木耳等十一大商品生产基地。1990 年，全市农业总产值达到 54764 万元，农民人均纯收入达到 816 元。粮食生产连续 10 年增产，总产达到 338996 吨，人均产粮 720 公斤，居全省第八；棉花产量达到 5018 吨；油料生产连续 3 年增产，总产达到 29125 吨，居全省第一，为全国百名产油大县(市) 之一；生猪育肥连续 9 年增长，全市育肥出栏 43.93 万头，人均育肥 0.93 头，连续 10 年居全省第一，家禽出笼 210.38 万只；水产品产量达到 6731 吨，其中鲜鱼产量达到 6685 吨。

(二) 工业：目前，全市已初步形成食品、建材、轻纺、化工、机械、电子、包装、能源八大支柱工业体系，发展到有卷烟、酿酒、纺织、玻璃、水泥、电子、采矿、化肥、塑料、机械制造等门类的 29 个行业 4000 多个工业企业，1990 年末全市市直工业企业固定资产净值达到 23899 万元。已有 8 家企业先后从德国、日本、意大利等国家和地区引进成套生产线和设备 50 多台套。已组建有湖北顺风电子通讯工业有限公司、湖北大鸟卷烟材料企业有限公司、当阳陶瓷工业有限公司等 4 家中外合资企业。工业产品已发展到近千种。近几年来共有 32 个产品获省级以上优质产品奖，其中国家银质奖 2 个，部优产品奖 6 个，省优产品 24 个，部分产品已打入国际市场。全市已有 5 家企业被评为省级先进企业，3 家乡镇企业被评为省级先进乡镇企业。1990 年，全市实现工业总产值 82975 万元。其中乡以上工业产值 70924 万元，村及村以下工业产值 12051 万元。全市乡镇企业已发展到 10000 个，总产值达到 30800 万元。

(三) 商业、外贸：全市有商业零售网点 5500 多个，从业人员 14200 人。1990 年全市实现社会商品零售总额 35025 万元。全市外贸出口近 2000 万元，外贸产品主要有粮油食品、针棉、服装、土产、畜产、丝绸和新型建筑材料等各类商品。

(四) 财政、金融：1988 年，全市财政收入在全省县 (市) 级中率先过亿元，并实现了连续 3 年过亿元。1990 年，全市财政收入达到 10552 万元。全市银行信用社年末各项存款余额达到 38740 万元，全市人均储蓄 592 元。年末投保额 72000 万元，当年保费收入 448 万元，综合赔付率 49.53%。

社会发展

(一) 科技、教育：1990 年末获初级以上专业技术职称的有 8035 人，应聘任职的有 6767 人，其中高级职称 115 人，中级职称 4501 人。全市有独立科研机构 3 个；厂办科研机构 8 个；民办科研机构 4 个；农村各类技术研究会 78 个，会员 1983 人。近几年全市共完成科技项目 890 项，有 60 多项成果获地区以上奖励，其中获国家级奖励 3 项，部级奖励 6 项，省级奖励 21 项。全市有各类学校 375 所，在校学生 8.03 万人，教职工 2500 人。1990 年，全市适龄儿童入学率 100%。近几年全市累计向国家输送大中专学生 6008 人。1984 年，全市经省验收为“基础教育合格县 (市)”。1990 年，市建立了教育电视台。

(二) 文化、卫生：全市有各类文化事业机构 150 多个，其中歌舞团 1 个，影剧院 13 个，电影队 64 个，图书馆 51 个，博物馆 1 个，文化馆 (站) 18 个。有卫生机构 347 个，医务人员 1994 人，拥有病床 1211 张。目前，全市医疗卫生已形成比较健全的四级医疗网。

(三) 体育：全市有 400 米标准跑道运动场 1 个，篮球场 219 个 (其中灯光球场 6 个)，排球场 6 个，举重训练房 1 个，旱冰场 2 个，其它各类活动室 350 个。市建有少年儿童业余体校。近几年，全市在省以上运动会比赛中共获金牌 19 枚。

(四) 广播、电视、通讯：全市建有广播电台、电视台各 1 座，电视差转站 7 个，乡镇广播电视站 17 个，村广播室 235 个，有线喇叭入户 5.98 万只，村通广播率达到 90.1%。卫星地面站可同时收看 6 套节目。市区电话交换机总容量 2000 门，已有 863 户并入全国自动电话网络，并开通了城区至乡镇的自动电话。

丹江口市

市　长： 张二江

副市长： 徐洪保（常务）　胡祖光（城建、计划）　郭天林（工交）　王华滔（林业）　马金福（科技）　梁荣秀（文教卫）　张秉权（农业）　方曙东（外事、旅游）　魏明察（财贸）

张二江市长，1954年1月生，山东省寿光县人，大学文化程度。历任湖北省冶金工业局团委书记，中共湖北省委经济工作部调研科长、副处级调研员，中共嘉鱼县委副书记，中共湖北省委经济工作部调研室副主任，湖北省政府研究室副处长，1988年9月任中共丹江口市委副书记，代理市长，1989年1月当选为市长。1991年1月连任丹江口市市长。

精心建设　小城怡人

——“七五”时期丹江口市的城市建设

□ 丹江口市市长　张二江

“七五”期间，在改革开放中，丹江口市经济社会迅速发展，取得了较为显著的成绩。1990年全市国民生产总值达6.3亿元，比1985年增长67%，年均递增10.8%；国民收入5.9亿元，比1985年增长80%，年均递增13%；工农业总产值实现9.68亿元，比1985年增长35.8%，年均递增6.3%，其中市属工业总产值增长1.67倍，年均递增21.7%；市级财政收入5495万元，比1985年增长1.59倍，年均递增21%。“七五”期间，农业基础地位进一步加强，山水立体开发大见成效，农民脱贫致富的步伐不断加快，1990年与1985年相比，全市粮食产量增长30%，油料产量增长40%，水产品产量增长38.9%，肉类产品产量增长55.6%，水果产量增长12.5倍，农民人均纯收入翻了一番。在经济工作健康发展的同时，教育、科技、文化、卫生、体育等各项社会事业都取得了新的成果。

在总结回顾“七五”成绩和经验时，感受最深的还是城市面貌的巨大变化。经过5年的艰苦奋斗，这座城区人口将近10万的小城正迅速向现代化方向迈进，城市基本功能明显增强，不仅扩大了对外开放，促进了横向经济联合，而且推动了城市精神文明建设，提高了人民群众的生活素质。

五年巨变

丹江口水利枢纽工程1958年动工修建，1968年蓄水发电，10年间，一座新型水电城——丹江口市在高坝下的荒滩上匆匆诞生了。由于正逢3年自然灾害，国家经济困难，加之机构的频繁变更，特别是文化大革命的折腾，在水撵人迁、县城数万居民集中迁移的情况下，一切都只能维持最低标准，使得城市建设先天不足。居民（主要是县城移民）居住条件极为恶劣，公共设施无从谈起，城市功能十分微弱。每平方米造价三、四十元的矮房子，下雨难以行走的泥巷子，是这座城市的基本特征。

改革开放以来，丹江口市城市建设开始起步。县改市后，随着经济的发展、城市维护建设税的开征，城建资金有了可靠的来源，城市建设加快了步伐。“七五”时期，市政府从缓解居民住房难、行路难、用水难的矛盾入手，加强城市基础设施建设和公共设施建设，市政建设进入了一个新阶段。主要取得了以下几个方面的成绩：

（一）住宅建设以危房改造、小区商品房开发和单位自建三种形式齐头并进，居民住房难的矛盾大大缓解。“七五”期间，把移民危房改造同小区商品房开发结合起来；规划了12个居民小区，拆旧同建新配套，分房与卖房结合，加快了居民房屋建设。同时，自建住宅的单位不断增多。5年间城区共新建住房42.08万平方米，人均4.2平方米，居民住房条件有了较大改善。

（二）道路建设坚持改造、维修和配套三结合，缓解了居民行路难的矛盾。"七五"期间，市政府将城镇道路建设放在与住房建设同等重要的位置，以改造主次干道为主，兼顾居民小巷道路建设，总投资825.7万元，共改造、维修道路9876米，面积241659平方米，全部铺设永久性水泥路面。在改造道路的同时，还配套修筑下水道35.8公里，修建桥涵3座，安装路灯1864盏。目前，街道已做到暴雨不积水，夜夜路灯明，大大方便了居民的工作和生活。

（三）供水设施建设主体工程和配套工程同步进行，居民用水难的矛盾已经解除。"七五"前，城区工业生产用水和居民生活用水十分紧张，储水防停水，是居家常事。"七五"期间，政府投资517万元，新修一座3万吨水厂，新铺供水管道23.7公里，使城区供水能力达到6万吨／日。城区内不论地势高低，实现了每天24小时供水。

（四）以净化、绿化、美化、香化为目标，城市公共设施建设发展很快。"七五"期间，政府提出实现城区"四化"，建设明星城市的要求，净化、绿化、美化、香化已成为全体居民的共识和共同奋斗的目标，公共设施建设有了长足的进步：

一是合理布局，消灭空白。新建自冲式公厕22座，新建了金岗山、尖三角四处垃圾处理场和一个三格式标准粪便池，购置了真空吸粪车、垃圾运输车等环卫机械，形成了垃圾、粪便的清运处理网络，结束了垃圾江边倒，粪便直接排放的历史。

二是点、线、面结合，加快城区绿化。点，即发动机关和居民养花种草，建设庭院小园林，1990年城区机关共评出100个优秀小园林。线，即道路绿化，5年间栽植行道树近万株，城区37条道路已全部绿化，树种达22种之多。面，即建设公园，继滨江栖憩园和松涛山庄之后，又新建了金岗山公园。目前，公园绿化已初见成效，绿化覆盖率达85%。"七五"期间，城区共植树105.6万株（含荒山绿化），城区绿化覆盖率达44.2%。

三是环境保护工作开始起步。"七五"期间，市政府正式成立了专门的环保机构——丹江口市环境保护局。环保局成立后，调查了42个工业污染源，建立了相应的污染档案，依法对30多家企业实行了排污收费。对新建和技改工业项目实行了《环境影响报告书表》审批制度。开展了废水、大气、噪声等22个项目的监测分析。

1990年丹江口市被评为湖北省一类卫生城市。

"七五"期间，丹江口市的文体设施建设也有较大发展。先后建起了游泳池、体育训练馆、门球场和一座大型体育运动场，目前，城区已有大型体育运动场3座，为群众性体育活动的开展创造了良好的条件。与此同时，市广播电台、电视台先后建立，邮电开通了长途全自动电话，电报收发报已进入全国自动转报网。

几点体会

"七五"计划，弹指一挥间。丹江口市的城市建设何以能够取得令人瞩目的成绩，其主要体会是：

（一）指导思想明确。市委、市政府牢固树立城市建设必须为经济建设服务、为人民生活服务、为社会主义精神文明建设服务的思想，把城市建设和管理列入重要议事日程，解决了三个问题。一是把城市建设提到经济发展战略的高度来认识，实行重点倾斜。为了扩大横向经济联合，发展区域经济，必须努力改善城市条件，优化投资环境。对此，必须舍得花精力、舍得多投入，努力做到城市虽小，功能齐全，环境怡人，诸事方便。二是把城市建设提到密切党和政府同人民群众血肉联系的高度来认识，倾注大量心血，努力把好事办好。通过多种渠道倾听群众的意见和要求，年年定出当年要为群众办的几件好事，把有限的资金用在刀刃上，切实起到排忧解难的作用，各级领导认真督办，使居民吃、住、行、娱乐等方面的困难逐步得到解决。三是把城市建设作为加强社会主义精神文明建设的大事来抓，高度负责。市委、市政府从需要和可能出发，既量力而行，又尽力而为，一件一件抓落实，坚持不懈，终见成效。

（二）坚持依法建市，依法管市。一是以规划为龙头，加强城市的规划管理，依照城市规划法，在总体规划的指导下，精心编制专业规划，并实行了"五个一"的管理办法，即管理一个法，规划一张图，归口一家管，审批一支笔，建设一盘棋，使规划真正发挥了指导建设和管理的作用。二是健全机构和制度，城市管理逐步走上正轨。市城乡建设和环境保护委员会增设了城管科、城管纠察队、环卫管理所、路灯管理所等机构，形成了比较正规的管理体系。同时，逐步建立健全了城市管理法规，制定了《丹江口市城镇公共卫生管理实施办法》和《丹江口市城乡规划建设管理办法》等地方性法规，使专业机构有法可依，使城市建设和管理有规可循。在城市管理中，市里还建立了专群结合的网络化管理机制，实行单位管一点，部门管一线，居委会管一块，办事处管一片的管理制度，使城市管理逐步走向社会化。

（三）多方筹集资金。丹江口市坚持"人民城市人民建，人民城市人民管"的原则，广泛依靠全社会力量，投劳集资，齐建共管，5年间，共筹集建设资金10552.4万元，城市居民参加城建义务劳动54万多人次，保证了城市建设的顺利进行。

利 川 市

市　长：陈传仪

副市长：陈力（常务）　胡茂成（土家族　农业）　甘立友（政法）　兰胜利（土家族　工交）　周中恒（文教卫）　谭吉英（女　土家族　经贸）　解连山（科技）

陈传仪市长，湖北省黄陂县人，生于1944年11月，1968年8月毕业于湖北大学数学系。中共党员。历任教师、宣传干事、县广播站编辑。中共咸丰县委办公室干事、科长、办公室主任、县委副书记，鄂西土家族、苗族自治州物价局局长、党组书记。1990年5月任中共利川市委副书记、利川市代理市长。1990年12月当选为利川市市长。

强化农业基础　促进经济稳定

□　《中国城市经济社会年鉴》利川市编写组

利川市地处鄂西南山区，农业人口占全市总人口的90%以上。“七五”期间撤县建市以来，工业生产有了显著进步，城市经济获得较快发展，但农业经济在全市经济总格局中仍然占有极其重要的地位。如何加快农业经济发展步伐，实现城乡一体，以农促工，以工带农，促进城乡经济的稳定发展和共同繁荣，是利川市社会经济发展中的重要课题。

1990年，利川市委、政府坚持强化农业基础，狠抓支柱产业，着力打好稳定解决温饱的攻坚战，实现了国民经济稳定发展的目标。全市国民生产总值达到25631万元，比上年增长10.4%，其中第一产业为13137万元，占51.3%；第二产业7658万元，占29.9%；第三产业4836万元，占18.8%；国民收入23638万元，比上年增长11.7%；社会总产值达到47177万元（1980年不变价，以下同），比上年增长3.8%，其中农业总产值达到18851万元，工业总产值达到23321万元，社会商品零售总额18553万元，比上年增长3.3%；市级财政收入达到6651.5万元，比上年增长5%。

强化基础成效斐然　农村经济生机蓬勃

特殊的地理环境和气候条件，使利川农业生产自然灾害较为频繁。1989年全市农业因受灾而大幅度减产减收，58%以上的农民普遍存在温饱尚未根本解决的问题，农民返贫现象较为突出。针对这种情况，市委、政府提出“强化农业基础，一年受灾，一年恢复，打好稳定解决农民温饱的攻坚战”，取得较为显著的成效。

在扶贫开发过程中，市政府组织开展了“一三一”扶贫帮困活动，除安排近300万元资金投入扶贫开发的温饱工程外，还挤出45万元资金，重点帮助9000户贫困重点户脱贫攻坚，经过努力，全市已有90%以上的农民基本解决温饱，53个老苏区乡（镇）农民人均纯收入271元，人均粮食达到349公斤，已基本摆脱贫困。

为了强化农业基础，市政府采取措施，多方面增加对农业的投入。1990年共投入支农资金1548.9万元，比上年增长33.9%，其中支农周转金844.3万元，扶持款704.6万元，分别比上年增长40.4%和26.7%；发放农业贷款4340万元，比上年增长21.6%。农业生产资料投入的增加有力保证了农业生产需要，全年共投入各类化肥60746吨，农药126吨，农膜215吨，农械2549台（架）。农田水利基本建设进展较快，全年累计投工2481.3万个，完成坡改梯5100亩，整修渠道198条，总长度近51公里，整修河坝51.3公里,改善灌溉面积880公顷，恢复水毁农田140公顷，有效地改善了农业生产条件，增强了抵御自然灾害的能力。

科技兴农狠抓了适用科学技术的推广普及和健全完善农业社会化服务体系。粮食生产着重抓了十大科技措施的推广，投入资金122万元，推广杂交水稻1.84万公顷，杂交玉米2万余公顷，分别比上年增长6.5%和7%，占水稻和玉米种植总面积的76%和84%；推广两段育秧0.8万公顷，营养钵玉米育苗移栽1.82万公顷，分别占水稻、玉米种植总面积的43.5%和75.8%；水稻旱育早发3560公顷，比上年增长177%；种植地膜包谷3260公顷，比上年增长3.1%；粮油作物病虫害综合防治面积8.9万公顷，挽回损失1500万公斤粮食。主要经济作物在加强基地建设管理的同时，积极采用先进技术，主攻产品质量，搞好社会化配套服务，已基本形成产供销体系。烤烟生产投入贷款25.9万元，为烟农改建节能烤烟房1250栋，全年节约煤炭2000吨，降低烤制成本20万元，且提高了烤烟质量。茶叶狠抓质量，除红茶出口创汇外，“腾龙玉露”绿茶荣获省优质产品奖。

稳定粮食基础，系列开发抓支柱，使农村经济生机蓬勃。1990年粮食总产量达到25.16万吨，比上年增长36.3%，首次突破25万吨大关，迈上新的台阶。其中夏粮6.12万吨，油料11605吨，分别比上年增长19.1%和37.1%，被国务院表彰为“夏粮生产先进县(市)”。“七五”期间建设的农业商品基地正逐步巩固和完善，中部盆地粮食油料基地，烟叶基地，毛坝茶叶基地，齐跃山畜牧基地，福宝山莼菜基地和齐跃山黄莲基地，东北山原林业基地等正在投产受益，烤烟、茶叶、柑桔、畜牧业等生产大幅度增长，为支柱产业和区域经济的发展奠定了基础。烤烟产量达到14875吨，比上年增长15.7%，中上等烟叶高达70%以上，被评为全国烟叶生产收购先进单位，荣获中国烟草总公司颁发的“烟叶生产收购铜牌奖”。茶叶种植面积3326公顷，其中密植茶园2260公顷，茶叶产量达618吨，比上年增长17.9%，且花色品种增加质量提高。黄莲种植面积3333公顷，起挖600余公顷，产黄莲412吨，比上年增加9.3%，莼菜种植面积达71公顷，产量达200吨，出口日本为席上佳肴。柑桔产量420吨，已种植柑桔1806公顷。畜牧业生产有长足进步，大牲畜年末存栏10.15万头，生猪年末存栏38.85万头，出栏24.5万头，分别比上年增长10.7%、4.8%和15.5%。“10年绿化利川”宏伟规划使林业发展有了坚实的起步，全年植树造林近5000公顷，完成造林计划的115.4%，比上年增长39%；育苗近60公顷，四旁植树1870万株，义务植树208万株，封山育林2.86万公顷，中幼林抚育5430公顷，均比上年有较大进步。农村社会总产值达到43510万元，比上年增长28.5%。

工业生产稳步发展 城乡经济稳定活跃

1990年工业生产克服了市场疲软，资金紧缺，能源不足和原材料涨价等困难，继续走开发开放，发挥资源优势，选准主导产品，形成支柱产业配套发展的路子，有效地遏制了工业生产滑坡，保持了适度增长，并在调整结构上迈出了可喜步伐。全市完成工业总产值23321万元（1980年不变价，以下同)，其中轻工业产值18251万元，重工业产值2803万元，全民和集体所有制工业总产值占全部工业总产值的90.2%。

发展支柱产业和区域经济开发要选准主导产品，成龙配套发展，在以农促工，以工带农系列开发的实践中促进城乡经济共同繁荣。利川市烤烟生产得天独厚，已经成为农村经济的支柱，为发展卷烟工业提供了充足优质原料，通过狠抓技术改造和“七五”期间产业结构的调整，利川卷烟厂引进英国帝国烟草公司制丝制梗生产线竣工投产后，生产能力有很大提高，产品质量也明显改观，增强了市场竞争能力。利川卷烟厂《同根》、《山茶》、《喜福》、《维纳斯》、《325雪茄》等主要产品畅销全国，产销两旺，全年生产卷烟23.25万标箱，销售23.41万标箱，分别超额年计划的1.1%和1.8%，分别比上年增长1.3%和1.2%，成为全市的支柱性工业产品。围绕烟叶种植，复烤加工和卷烟生产，已形成了以卷烟工业为龙头，带动农村经济开发和配套发展相应的印刷、包装、化工辅料等生产的“一条龙”经济开发雏形，城乡经济相互促进，共同发展繁荣。

在产业结构调整中，通过技术改造和选准主导产品来优化生产要素的组合，从而形成经济规模，促使工业生产效益获得一定提高。利川市素有“黄莲之乡”的美誉，黄莲的产量质量居全国前列，为开发中草药优势资源，投入60万元进行浓缩香莲片生产线技术改造，使这项全国同类新药迅速问世，正逐步成为拳头产品走向全国，1990年已生产中成药36吨，比上年增长2.8%。为给农业生产当好后勤，投入技改资金200万元，完成了市化肥厂2.5万吨合成氨改造工程，年产碳铵40963吨。技改项目中首次应用一氧化碳全低温变换节能技术，属国内小氮肥生产节能降耗新发明，日产碳铵达337.4吨，创全州同规模氮肥厂最好生产水平。

由于努力盘活资金，切实搞好企业技术改造和产品结构调整，工业经济效益下降势头已被扭转。全市煤炭产量达24.02万吨；焦炭完成2.51万吨，发电量达10139万度，分别比上年增长30.9%和0.1%；水泥完成4.78万吨，比上年增长17.9%。全部工业企业利税达4713万元，其中全民所有制工业企业利税为4616万元，分别比上年增长0.2%和1.1%，平均每百元资金实现的利税为18.37元。

(执笔：刘志尚 杜永钦)

长沙市

市　长：张明泰
副市长：何家象　王邦美　罗桂求　刘启欣　袁汉坤
张东彦　陈元松

张明泰市长，1937年9月出生，湖北沙市人。中共党员、工程师。1961年清华大学毕业后留校任教，并先后任综合机械厂技术组长，车间副主任，党支部副书记；1973年后历任湖南省机械研究室副主任、机械研究所副所长，湖南省经委技术处副处长，技术改造局局长。湖南省经委副主任、党组成员。1990年9月任中共长沙市委副书记、长沙市代市长、党组书记，1991年4月任长沙市市长。是湖南省科学技术协会常务委员，湖南省机械工程学会副理事长。

光辉的历程　伟大的成就

□　长沙市人民政府经济研究中心

“七五”计划期间的5年，是不平凡的5年。在这期间，祖国大地经历了惊心动魄的政治风云和动乱的严峻考验。长沙人民团结奋战，坚持以经济建设为中心，坚持四项基本原则，坚持改革开放，认真贯彻执行党的基本路线和治理整顿、深化改革的方针，巩固和发展了安定团结的政治局面。经过全市人民的共同努力，经济建设第一步战略目标已提前实现，国民经济和社会发展的第七个五年计划的主要指标已基本完成，城乡面貌发生了很大变化，社会主义制度的优越性和人民群众的创造力正在改革开放中日益发挥出来，为90年代经济和社会的发展奠定了基础。

（一）经济实力进一步增强。1990年同1985年相比，全市国民生产总值由39.76亿元增加到59.29亿元（按1980年不变价格计算，下同），增长49.1%，平均每年递增8.3%；工农业总产值由60.29亿元增加到103.14亿元，增长71.1%，平均每年递增11.3%；国民收入由34.55亿元增加到50.2亿元，增长45.3%，平均每年递增7.8%。工业生产迅速增长，总产值由46.35亿元增加到86.43亿元，增长86.5%，平均每年递增13.3%。生产能力扩大，技术水平提高。到1990年底，全市独立核算工业企业拥有固定资产原值56.09亿元，比1985年增长1.1倍，平均每年递增16%。建成了一批重要工业基础设施，通过新建、扩建和技术改造等途径，新增大中型企业43个，一些主要工业产品的生产能力逐步扩大。与“六五”比较，“七五”时期主要工业品的平均年产量，原煤增产31.8%，发电量增长28.3%，钢材增长3.6%，水泥增长55.7%，电视机增长3.29倍，家用电冰箱从无到有，平均年产量达10.41万台。产品更新换代加快、品种增多，质量提高。5年共开发新产品1000余项，其中有222项被评为省优秀新产品；有25种产品获国家金、银质奖，113种产品获部优、516种产品获省优称号。农村经济全面发展，总产值由13.94亿元增加到16.72亿元，增长19.9%，平均每年递增3.7%。与“六五”比较，“七五”时期主要农产品的平均年产量都有不同程度的增长，其中粮食增长9.6%，油菜籽增长7.2%，苎麻增长3.3倍，水果增长1.2倍，水产品增长79.5%。农业生产条件有所改善。1990年全市农业生产机械总动力107.79万千瓦，比1985年增长31.7%；农村用电量32059万千瓦小时，增长94.5%；化肥施用量（折纯）11.64万吨，增长57.6%。农村多种经营发展迅速。1990年全市农村社会总产值（现行价）达77.67亿元，比1985年增长1.6倍，平均每年递增21.2%。其中，农村工业、建筑业、运输业、商业、饮食业等非农业产值增长2.1倍，所占比重由1985年的44%上升到53%。特别是乡镇企业异军突起，总产值由15.14亿元增加到43.68亿元，增长1.88倍，平均每年递增23.5%；乡镇企业总收入增长2.5倍，平均每年递增28.4%。乡镇企业成为长沙市农村经济的重要支柱。

（二）治理整顿初见成效。通过贯彻治理整顿的方针，流通领域的混乱现象得到有效整治。全市962家公司和商贸中心经过清理整顿，保留了608家，降格改小名称138家，合并9家，撤销207家，对在公司任（兼）职的党政机关干部进行了认真的审查，并查处了部分有违章违法行为的公司。同时，有组织有计划地在全市开展了市场检查整顿，狠抓了农贸市场“脏、乱、差”的综合治理，取缔了一批无证经营户，保护了消费者的利益，打击了制造销售假冒伪劣商品的行为，确保了市场的繁荣活跃和较好的经济秩序。全市工商企业由“六五”期末的2.2万户发展到2.64万户，增长了20%。与此同时，个体、私营经济有了较大的发展，全市个体工商户已发展到60935户，从业人员达85665人，比“六五”期末分别增长了13.2%和25.8%；私营企业从1988年开始起步，现已发展到910家，从业人员达11116人。通过治理整顿，在控制总量的前提下，进一步调整了固定资产投资结构，“七五”期间累计固定资产投资为55.61亿元，年平均递增7.1%。其中1990年完成10.53亿元，比上年减少10.3%。随着治理整顿的不断深入，物价上涨过猛的势头得到有效遏制。1990年全市社会零售物价指数仅上升0.2%，比上年下降15.2个百分点。

（三）城乡建设步伐加快。在工农业生产飞速发展的同时，加强了城乡基础设施建设，增强了综合服务功能。城市基础设施建设成效显著，先后完成了长沙湘江二桥、贺龙体育场、人民路和袁家岭两座立交桥、五一广场地下通道和五水厂第一期工程的建设；新建和维修了市区一些交通主次干道，5年共新增市区道路面积84万平方米；加强了居民住宅小区的建设，新建、续建了10个小区。城市园林建设取得进展，新建并开放了晓园、南郊两座公园，城区绿化覆盖率由“六五”期的17%上升到24.3%，人均公共绿地面积由2.4平方米增加到3.3平方米。交通建设成就喜人，新建农村县乡公路715公里，建成大小桥梁19座，增加通车里程248公里，全市所有的乡和92%的村通了公路，新建、改建了国、省道150公里；完成交通站、场建设11个。乡村供电事业成绩显著，新建变电站20座，新增主变容量64.1万千伏安、输电线路641.84公里、配电线路55公里，全市所有的乡和94%的村通了电。邮电通讯事业发展迅速，建成了程控电话交换系统，1990年末市话用户达29583户，比“六五”期末增加15464户，5年以年均递增15.94%的速度发展。每百人拥有的电话机数由“六五”末期的3.06部提高到4.39部。与此同时，还发展长途全自动直拨用户12471户，占电话用户总数的42.1%；开通无线寻呼用户3870户。小城镇建设步伐加快，到1990年底，全市已有建制镇21个，比5年前增加5个，镇占乡镇建制中的比重由6.87%上升到9.09%，镇的总人口占农村总人口的比率也由8.58%上升到12.9%。

（四）城乡市场繁荣活跃。随着改革开放的推进，商品经济的发展，计划商品范围的缩小，市场调节范围的扩大，进一步形成了以国营商业为主体，多种经济形式、多条流通渠道、多种经营方式并存的流通体制新格局。多种经济成份在社会商品零售总额中所占的比重发生了较大变化，国营商业和供销社商业由“六五”期末的51.32%下降到45.65%，集体商业由29.18%下降到28.69%，个体、私营商业由13.92%上升到14.74%，农民销售由5.57%上升到10.92%。市场商品丰富，“菜篮子”品多、量足，更为丰满。“七五”期间，全市社会商品零售总额累计达到223.49亿元，年递增12.5%，商业及供销社纯购进93.57亿元，年递增10%，纯销售116.9亿元，年递增8%。城乡集贸市场已成为群众购买鲜活副食品的重要渠道，农贸市场销售的鲜菜占全市销售量的65%，猪肉占44%。家禽占85%，水产品占93%。集贸市场成交额连年增加，由1985年的1.86亿元增加到1990年的10.16亿元，增长5.47倍。“七五”期间，我市商业服务网点发展迅速，到1990年底止，市区商业服务网点（含社会商业）共计达23740个，总面积为136万平方米，从业人员10.7万人，比1985年分别增长36%、76.8%和39.4%。全市共拥有各类商业、饮食业、服务业网点6.05万个，比1985年增加8033个，平均每千人拥有网点17.85个。集贸市场229个，比1985年增加78个，总建筑面积增长10.6倍。“七五”期间，市属国营商业和归口管理的集体商业投资新建、改建、扩建了网点240个，新增营业面积20.5万平方米。建成了长沙大厦、长沙交易市场、楚云饭店等一批大型商业服务设施，还新建、改建了5座大型批发大楼、5个专业化商店、10大名特饮食店、8大名特副食品商场、84个菜肉店、18个理发店、18个粮店、28个集贸市场、使商业系统的网点设施发生了显著的变化，为改善购物环境、方便人民生活、扩大商品销售，发挥了重要的作用。

（五）对外经贸发展迅速。1990年全市外贸收购总值达4.22亿元，比1985年增长98%，平均每年递增14.6%。5年共新批利用外资项目81个，其中“三资”企业28家，提高了出口创汇能力。通过各种形式引进了一批国外先进技术，使我市一些企业的技术和管理水平有了新的提高。加强了与一些国家和地区的联系，5年共接待来长沙旅游和考察的港澳台同胞、海外侨胞及国外人士13.97万人次，向94个国家和地区派出了以经济贸易和学习、培训、技术考察为主要内容的因公出国人员1700余人次，使对外开放领域进一步扩大。在发展与国外交往的同时，加强了与国内一些省、市之间的横向联系，建立了7个友好市、区，扩展了经济技术友好协作关系。

(六) 社会事业欣欣向荣。“七五”期间，国家用于文化、教育、卫生、广播电视等社会事业方面的投资达9.17亿元，比“六五”期间增加1.1倍，平均每年递增16%。随着经济发展和投资的增长，社会事业呈现一派欣欣向荣的景象。科技方面，5年共实施省、市科技攻关项目507项，“星火”计划项目47项，成果推广计划91项；共取得科技成果1136项，先后有141项科技成果获得省级以上科技进步奖，其中国家级8项；软科学研究取得新进展，先后完成了《长沙市经济科技社会发展战略纲要》和《长沙市国土规划》的编制工作；1988年经国务院批准建立的长沙科技开发试验区，经过3年的建设，现已有81家新技术企业、185项高新技术产品被批准进入开发区，有300余项科技成果在开发区内转化为产品。教育方面，初等教育基本普及；中等教育结构得到改善，职业教育发展迅速，城区职高招生数已占高中阶段招生数的52.6%；农村中文盲、半文盲的比例下降到2.1%，比“六五”期末下降1.3个百分点；有90%的乡镇建立了农民文化技术学校；办学条件逐年改善，5年共新建、改建中小学校舍155万平方米，为“六五”期间完成面积的2.94倍。医疗卫生事业持续发展，5年新增医疗病床4557张，为“六五”期间增加数的10.8倍，人民群众的健康水平进一步提高，城镇人口的平均期望寿命达71.6岁。文化事业日益繁荣，群众性文化娱乐活动广泛开展，新建了一批文化娱乐设施，修葺和保护了一批革命纪念地及历史文化遗迹。群众性的体育运动蓬勃开展，体育运动水平有了新的提高，在省级以上比赛中，共获得金牌366枚、银牌290枚、铜牌229枚。广播电视事业发展较快，建成了市电视发射塔，提高电视覆盖率38%，农村广播喇叭入户率增加10%。社会保险事业发展较快，1990年全市国内保险支出达6803万元，比1985年增加4.8倍，平均每年递增42.3%。个人家庭财产及人寿保险进入居民家庭。

(七) 人民生活逐步改善。“七五”期间是建国以来长沙市城乡人民生活改善幅度较大的时期。一是收入逐年增加。1990年城市居民的人均年生活费收入达1576.34元，比1985年增长1.07倍，扣除物价上涨因素，比“六五”期末实际增长23.3%，平均每年增长3%；农村人均年纯收入也由“六五”期末的443元提高到721元，增加62.8%，平均每年增长10.2%。二是就业面扩大。5年共有10.33万城镇待业人员得到就业安置。三是居住条件改善。城市住宅竣工面积5年累计339.82万平方米，使城市人均居住面积由“六五”期末的6.67平方米增加到6.8平方米；农村人均生活用房面积也由22.3平方米增加到27.44平方米。四是消费水平逐步提高。据抽样调查资料，城市居民百户拥有彩电由“六五”期末的13台增加到68台，电冰箱由5台增加到68台，洗衣机由56台增加到90台，照相机由11架增加到27架。农村每百户拥有彩电由“六五”期末的1台增加到3台，洗衣机、电冰箱、照相机等都已进入农民家庭，自行车、电风扇等已在农户中基本普及。五是扶贫和扶助残疾人工作取得新进展。5年共扶持贫困户18.8万户，有73%的贫困户脱贫或基本脱贫；建立社会福利企业264家，城镇有劳动能力的残疾人基本得到就业安置。六是储蓄大幅度上升。1990年末城乡居民储蓄余额达42.42亿元，比“六五”期末增长4.05倍，平均每年递增38.2%。

(八) 经济体制改革不断深化。稳定和完善企业承包制，是促进经济稳步发展的关键。1986年底，资产经营责任制在全市城乡开始试行，1987年大面积推行多种形式的承包经营责任制。3年来的实践证明，承包经营责任制在增强企业活力，提高企业经济效益，增加国家财政收入，强化企业管理，调动经营者和生产者积极性等方面，都发挥了一定的作用。在总结第一轮承包的基础上，全市全面落实了第二轮承包。在承包形式、承包期限、承包指标体系、承包基数、经营者收入、奖惩办法等方面都作了明确的规定，按照“大稳定，小调整”的原则，通过考核评定和考察，基本稳定了经营者的队伍，1990年市属预算内的114户工交企业和50户到期的国营大中型商业企业，全部签订了第二轮承包合同。承包到期的93户国营小型商业企业，基本完成了新一轮租赁或承包。市属集体企业、县、区属企业、县、郊供销企业、粮食经营性企业都进一步完善了各种形式的承包经营责任制。市园林、文化和卫生系统的10户事业单位走目标责任制和管理承包的路子，确保了社会效益、经济效益和环境效益的同步增长。在深化企业改革中，继续搞活大中型企业，全市以大中型骨干企业为主体，确定了40家“双保”企业及100家企业，在资金、原材料、能源等方面实行适度政策性倾斜，确保产品适销对路而在行业中居先进地位的大中型骨干企业的速度和效益同步增长。全市还以骨干企业和优势产品为龙头，促进企业兼并和联合，加快组建企业集团，调整和优化了企业组织结构。中意、汽电等企业集团进一步完善和发展。以长沙电冰箱厂为核心的中意电器集团公司，其半紧密层以上的成员已由36家扩大到43家，其中以资产为纽带，实行控股、参股的企业达16家。泵业、轴承、韶峰电器、鼓风机、机床等企业群体正在由协作型的联合向企业集团的方向发展。湖南计算机厂实行跨地区联合，成为我国计算机行业最大的长城计算机集团公司紧密层的厂家之一。随着农村社会主义思想教育工作的开展，家庭联产承包责任制在稳定的基础上得到完善，集体服务功能得到加强。对因人口变化出现的土地不合理分配作了适当的调整，强化了干部群众中土地集体所有的观念，全市3186个乡村对其大包干的乡镇企业实行了提留的办法和制度，增加了集体积累。以“科技兴农”为主要内容的各种形式的农村社会化服务体系逐步完善并发挥作用。乡镇“七站一办”向纵深发展。与此同时，金融、保险的综合性业务不断拓展，综合功能日趋完善，证券业务有了好的开端，保险业务不断扩大，为稳定社会，支援经济建设作出了贡献。医疗、住房等制度的改革量力而行，稳步前进，改革的试行方案正在逐步实施。

（九）生态环境日益受到重视。人口膨胀、交通拥挤、环境恶化、能源紧缺，是当今世界城市生态系统面临的共同问题，也是长沙城市发展中的主要制约因素。为缓解发展与环境保护之间的矛盾，“七五”期间，全市共投入资金近1亿元，治理污染项目500多个，使全市93%的重点污染源限期得到了治理。烟尘控制区的建设取得较大进展，共更新、改造、治理炉、窑、灶1200多个，建成烟尘控制区58平方公里，控制区内炉、窑、灶合格率达90%以上。石岭塘热电站已初具规模，新民开发区集中供热工程正在建设。“七五”期间共建成工业废水处理工业装置182套，年处理工业废水能力达到4300多万吨，工业废水处理率达60%。1986年6月建成了日处理能力6万吨的第一污水处理厂，氧化塘年处理废水能力2500万吨，仅此两项工程使城市污水处理率达到28%。“七五”期间共治理了群众反映强烈的固定噪声源80多个，建成噪声控制达标区16平方公里，建成噪声控制达标大院20个，市区禁鸣喇叭道路已扩展到7条。工业固体废弃物进行了多种途径的综合利用和处理，综合利用率已由1986年的35%提高到62%，全市共建成清洁工厂50家。大气环境、水环境、声环境等多项指标已基本控制在国家所要求的标准之内。在国家科委的高度重视和湖南省科委的大力支持下，经过两年多的努力，《长沙市城市生态建设规划》（1986—2000年）的研制工作已顺利完成，在该规划通信评审中，得到了全国40多位著名生态经济学家们的一致好评，认为该规划具有战略性、科学性、先进性和实用性，经过市人大立法，可以成为指导长沙城市生态建设的依据和纲领。按照总体目标的要求，谋划未来，到2000年，将把长沙建设成为生态和谐、经济高效、环境优美、健康文明、有名城特色的社会主义省会城市，为创建未来的健康城打下良好的基础。

光辉的历程，伟大的成就。“七五”期间是建国以来我市经济和社会发展成就显著的时期之一。两年多来的治理整顿已经取得明显的成效，既初步整顿了经济秩序的混乱状况，有效地控制了急速加剧的通货膨胀，又保持了经济有所增长，目前经济形势正在向好的方向发展。近年来政治思想领域也出现了新的重大转机，社会主义精神文明建设得到加强，思想政治工作重新得到重视，资产阶级自由化思潮得到批判和抵制，社会风气开始好转，安定团结的政治局面得到巩固和发展。尽管当前我们还面临着许多困难和问题，经济形势还有非常困难的一面，但经济和社会发展前景是光明的，“七五”期间的成就和经验是实施“八五”计划的有利因素。全市人民决心团结一致，开拓进取，兢兢业业地做好工作，一心一意地搞好建设，努力开创经济建设的新局面，使国民经济走上持续、稳定、协调发展的轨道，在“八五”期间争取更大的成绩。

（执笔：韩建祥　赵麓山）

株洲市

市　长：周伯华
副市长：王汀明（常务）　曾雨农（财贸、外经）　袁征敏（农业、计划生育）　乔钟涛（工交、科技）　刘健民（回族　文教卫、民政）　黄自能（城建）

周伯华市长，1948年7月生，研究生。1968年12月株洲粉末冶金学校毕业，任株洲硬质合金厂党委办秘书，厂团委副书记，车间党支部副书记、书记等；1978年2月后任株洲市焊接器材厂党委副书记、书记，株洲市经委副主任，中共湖南省委政策研究室副处级研究员（1983年6月至1986年7月在中共中央党校学习），1986年8月后任中共株洲市委常委、市政府常务副市长；1990年8月起任中共株洲市委副书记、市政府市长。

发挥中心城市作用　促进城乡协调发展

□ 汪碧秋　刘四华　欧阳文勇

湖南省株洲市1983年实行市领导县体制，由原辖四区一县变为辖株洲县、醴陵市、攸县、茶陵县、酃县五县（市）和东、南、北、郊四区，现有总人口349.50万人，其中市区57.24万人，总面积11270.80平方公里。

以城市带动农村，城乡共同发展

（一）改变城乡分割状态，建立紧密的市县联系。实行市领导县体制，就是要打破长期以来形成的城乡分割、工农分割局面，发展以城市为中心，农村为基础，小城镇为纽带的城乡一体、工农并举、条块结合的经济网络，以利城乡共同繁荣。市委、市政府和各部门、各单位都树立市县一家、城乡一体、互为依托、携手共进的新观念，迅速设置和完善了所有农村工作机构。在组织上，全市有计划地进行干部交流，从市区选派了一大批干部到县里工作，又从县里选调一批干部到市里工作，加快了市县的相互渗透和互相了解。在经济社会发展战略上，坚持把城乡两个优势结合起来，全面规划，统筹安排。1985年，全市抽调300多人，历时一年，在省有关部门协助下，完成了《1986～2000年株洲市经济、科技、社会发展规划系统工程研究》，实现了城乡规划一盘棋。依靠城市经济实力支援周围农村。市带县后，市财政拿出了1381万元资金补助各县财政，拿出了1100万元支援农业生产和农田水利建设，除正常分配调拨外，还支援农村钢材、油料各5万多吨，化肥农药9万多吨。农村发生严重自然灾害后，市区机关企业和广大居民都全力以赴予以支援。

（二）发挥中心城市功能，带动农村发展。城乡沟通，为发挥中心城市的多功能作用开辟了广阔的领域。株洲市利用工业、交通、流通、科技、信息等优势支援农村，加快了农村经济的发展。

1. 发挥工业优势，带动农村工业发展。株洲是“一五”时期国家列为重点建设的工业城市，为湖南重要工业基地，市区工业企业530多个，初步形成了以冶金、化工、建材、电子为支柱的门类比较齐全的工业体系。株洲市充分利用这一优势，以大中企业为骨干，以重点产品为龙头，按照专业化协作和经济效益原则，采取联合办厂、技术转让、产品扩散、零部件加工等形式，广泛开展城乡经济合作。全市建立了烟花鞭炮、瓷业、轴承等17个企业群体，加入群体的县、乡、村企业230多个；城乡联营企业发展到400多个，联营项目1600多个；在株的中央、省和市属企业向农村扩散产品和零部件1100余种，转让技术200多项，有力推动了县乡工业的发展。县办工业企业发展到250个，乡镇企业发展到71000多个，1990年，县乡企业产值达32.4亿多元，比1982年增长2.8倍。

2. 发挥株洲的交通优势，搞活流通。株洲依畔湘江，京广、浙赣、湘黔铁路在此交汇，京广、沪蜀、沪广公路三条国道贯通全境，铁、公、水运四通八达，是江南最大的交通运输枢纽。株洲市采取各种措施，把这种交通优势尽快转变为流通优势。几年来，，努力加强交通流通设施配套，新建了冷库、粮库等仓储设施93处，修通了所有的乡镇公路。同时，以城市为中心，以农村集镇为桥梁，普遍建立物资、商业的经营机构和批发市场，就地就近组织对城市及其周围地区的物资供应和商品流通，在发挥国合商业的主导作用的同时，积极组织城市居民和农民进入流通领域。全市商业服务网点由市带县前的10000余个发展到38200多个，建立了以市区芦凇大市场、南大门市场、地下商场为依托的工业品市场网络，城乡农贸市场发展到232个，全市个体商业户达4万多个，初步形成了多渠道、多层次、城乡通达的商品流通网络。1990年，全市社会商品零售额达26.67亿元、农副产品收购总额8.15亿元，集市贸易成交额5.43亿元，比市管县前的1982年分别增长2.4倍、1.5倍和5.6倍。

3. 发挥城市科技优势，为农村经济建设服务。株洲市有50多个大中型企业，各类科研所69个，厂所林立、人才荟萃，科技人员达5万多人。为使城市科技优势辐射到农村去，市政府高度重视城乡科技网络的建设。五县（市）四区以及一部分厂矿企业和乡镇先后成立了科技委员会，乡以上科协组织发展到213个，近几年为农业和乡镇企业引进、推广了300多项实用技术。为了进一步推动城市科技下乡，株洲市在组织科技人员下乡开展技术协作和咨询服务活动中，又开创性地倡导了城市企业、科研所与农村乡镇企业之间的“厂乡挂钩”、“所乡挂钩”或“所厂挂钩”活动，为乡村企业输送技术和人才。自1987年以来，这种活动扩展到五县（市）一郊114个乡镇企业，挂钩项目151个，为乡镇企业增加产值1.6亿元。

（三）加快小城镇建设，促进城乡交融。星罗棋布的小城镇是中心城市与周围农村联系的纽带。在组建城乡经济网络过程中，株洲市坚持在总体规划上把小城镇建设放在突出地位，并派出技术力量，帮助各镇作好具体发展规划。同时，调动各方面的积极性，加强小城镇基础建设，发展第三产业。几年来，国家、集体、个人投入集镇公共生产、基础设施和住宅建设的资金达9.34亿元，搬迁了13个严重影响交通的“马路市场”，建成了12座自来水厂，一批新的过境街道和农贸市场交付使用，各建制镇的水、电、路、通讯、农贸市场设施日益完善。目前，全市小集镇发展到163个，其中建制镇32个，占全市乡镇总数的21.3%。这些小城镇逐步发展成农村政治、经济、文化和物资集散中心，在联结城乡，推动城乡经济共同发展上发挥了重要作用。1990年，全市通过集镇收购的农副产品总额占全市农副产品收购总额的80%以上，农村集市成交额达4亿多元，全市有7万多农村劳动力在集镇从事第二、三产业，城市销往农村的工业品有85%是通过集镇卖给农民的，农村的学校、医院、科技、文化机构大都设于集镇，广大农民在这里逐步接受城市文明的熏陶，对于提高农民素质，促进农村精神文明建设起着重要作用。

（四）发挥农村优势，为城市经济发展创造条件。农村是城市的生存之本。株洲市努力发挥本地农村自然资源丰富、劳动力充足、乡镇企业发展快和市场潜力大等四大优势，大力发展农村商品生产，建设了一大批农村商品生产基地，其中列为全国和全省建设的项目有醴陵市、攸县、茶陵县和株洲县4个全国商品粮基地县；醴、攸、茶、株和郊区5个全国和省瘦肉型牲猪基地县（市）；攸县速生丰产用材林基地、山桂花蜂蜜生产基地县；醴陵国外松基地；酃县优质水果基地，世界银行贷款造林工程；茶陵长江中上游防护林工程；株洲市低产油茶林改造工程等等，本市还在五县（市）一郊农村组织了脐橙基地、大蒜基地及黑山羊、食用菌、网箱养鱼、白鹅等基地开发，组织了城市蔬菜的一线、二线基地，面积分别达16900亩和9300亩。农村商品生产的发展，不仅保证了城市人民生活需要的粮食、猪肉、禽蛋、水果、蔬菜等，还为城市工业提供了大量的原材料。据1990年统计，全市农村向城市提供商品粮4亿公斤，生猪160多万头，蔬菜1.4亿多公斤，煤炭160万吨，木材15.56万立方米。不少农村乡镇从城市需要出发组织生产，有力地促进了农村产业结构的调整。1990年全市农村第二、三产业产值占农村社会总产值的50.5%，首次超过了农业产值所占的比重。

社会发展基本情况

（一）城乡经济稳步增长。全市工农业总产值1990年达到70.6亿元（按1980年不变价，下同），比1982年增长1.3倍。其中，工业总产值60.26亿元，增长1.7倍；农业总产值10.34亿元，增长26%。乡镇企业总产值由1982年的3.3亿元增加到23.96亿元，增长6.26倍。粮食总产量达到169万吨，平均亩产416公斤，居全省第一，醴陵市成为长江流域中下游双季稻区第一个吨粮市（县）。生产上升促进了财政金融和内外贸易的发展。地方财政收入1990年达到5.5亿元，银行各项存款余额达30.73亿元。社会商品零售总额由1982年的7.84亿元增加到26.67亿元，增长2.4倍，外贸出口总值3.76亿元，增长1.14倍。

（二）城乡建设协调发展。市带县后，株洲城乡建设迈开了新步伐。目前，市区面积扩大到48平方公里，水、电、路、通讯、环保设施日益完善。城市道路总长90多公里，日供水能力115万吨，居全国第8位，煤气入户1.6万多户，园林绿化面积1195公顷，绿化覆盖率达30%，建成“三废”综合利用项目228

项，环境保护进入省先进行列，市区商业按“四片一中心”格局，先后建成10个大商场、21个大中型农贸市场。在农村，所有乡镇和92.7%的村修通了公路。“七五”期间，农村建成小Ⅱ型以上规模的水库225座，消灭农田干旱死角20万亩，封山育林、造林绿化大见成效，攸、酃、株和郊区基本消灭了宜林荒山，32个建制镇和131个集镇的建设，为农村带来了“城市之光”。在城乡建设中，重点工程成就斐然，先后建设了株洲大桥、煤气一期工程、庆云大厦、天台公路、筷子篓水电站、市养鸡厂、教师进修学院等数十项重点工程。目前，三二〇国道株洲段、“三南”公路茶陵段、湘江千吨级码头、邮电微波电信大楼、株洲铁路枢纽工程等重点项目正在施工建设中。“七五”期间，全市119项百万元以上的企业技改项目基本完工，其中20项投资1000万元以上的项目全部投产。这些建设不仅美化了城乡风光，又大大地改善了株洲的投资环境，为90年代以至21世纪全市社会经济的发展增添了后劲。

（三）城乡社会事业蒸蒸日上。科学技术成绩可喜。“七五”期间，全市取得各级各类重大科技成果奖393项，在全省名列前茅。科技进步因素在城乡经济增长中所占的比重，上升到45%，高于全省和全国水平。

教育事业不断发展。全市有普通高等院校2所，中专8所，高中60所，初中206所，小学2486所；成人高等院校和职工大学16所，成人中专、农民和厂矿职业技工学校166所，成人中小学386所，幼儿园125所，聋哑学校1所，形成了较完整的教育体系，教育质量稳步提高，一代新人茁壮成长。

文化事业繁荣活跃。文化事业机构1260多个，文化活动场所和设施1030个；有专业艺术表演团体6个，文化馆、站151个，各类图书馆、室1700多个，1990年成功地举办了全国歌剧观摩演出。

人民健康水平进一步提高。经全国城市卫生大检查，株洲市成为“卫生达标市”，荣获“灭鼠先进市”称号。全市传染病发病率降至0.18%，食品卫生合格率达到83.3%，药品合格率达到87%。全市卫生机构发展到710个，县以上医院44个，有病床8702张，平均每千人为2.67张。

（四）城乡人民生活不断上升。1990年，全市农民人均纯收入达到656元，比1982年增长2.1倍；城市居民人均生活费实际收入达1774.34元，增长2.2倍。城乡居民储蓄存款余额达到19亿元，比1982年末增长11倍，城乡人民消费内容日趋多样化，消费质量有了较大提高。

实行市带县体制的体会

（一）市领导县体制必须注意充分发挥中心城市的优势。实行市领导县体制，有利于打破城乡分割、工农分割的局面，为城乡一体化、农村工业化、乡村城市化创造了有利条件。市委、市政府牢牢把握市带县的真谛，努力发挥中心城市优势，增强辐射功能，带动周围农村发展，使城乡互为补充，互相促进，改变了不协调状况，从而逐步缩小了城乡差别，促进了城乡二元结构的变化。

（二）中心城市必须坚持农业为基础。在市带县体制中，城市居于主导地位。但是，城市的先进生产力必须以农业为基础。株洲市始终坚持“以城市为依托、以乡村为基础、以小城镇为纽带”的城乡一体化方针，大力发展支农工业，搞好农业生产资料和生活资料供应，动员各行各业热情支援农业，促进了农业生产的发展。不仅增强了农村吸收城市辐射的能力，反过来又增强了城市的综合功能，使市带县体制优越性更充分地体现出来。

（三）加快小城镇建设是市带县的战略任务。小城镇依赖农村而产生，先于农村而发展，使农村政治、经济、文化通过相对集中进入新的层次；小城镇又是城市联结乡村的桥梁和纽带，是城市辐射的“差转台”。株洲市在市带县实践中，深深认识到小城镇建设对于发挥市带县体制的优越性，对建设具有中国特色的社会主义新农村的重要意义，努力从政策、资金、人才、信息等方面支援农村集镇建设，初步建立了从中心城市到星罗棋布的小集镇这样一个纵横联结的城乡网络，为城市服务农村、农村服务城市创造了便利的条件。

（四）新型城乡关系应建立在有计划的商品经济基础上。在处理城乡关系上，株洲市注意纠正了两种偏向。一种是单纯从行政上理解城乡关系，认为市领导县就是城市管农村；另一种是依赖思想，认为市带县就是城市给钱给物支援农村。市委、市政府认为，市领导县首先是实行党的路线、方针和政策的领导，行政管理是必要的，但对城乡经济联系不宜过多地干预。同时，城市对农村的支持是重要的，但农村不能单纯从物质支持上理解市带县。新型城乡关系应坚持以有计划的商品经济理论作为基础，在统一规划下发展城乡社会主义商品生产和商品流通，在城乡经济交往中，坚持等价交换原则，这样才能调动两个积极性，建立起平等互利、共同发展的新型城乡关系。

湘 潭 市

代市长：范多富

副市长：孔令志（常务） 伍克文（农业、政法） 陈玉春（工交、科技）
王为民（财贸、外经贸）

范多富代市长，1937年12月生于甘肃省永靖县。先后毕业于兰州工业学校和经济管理刊授联合大学企业管理专业，1956年5月入党，1957年9月参加工作。历任湘潭电机厂工具车间工艺员、团支部书记、工会主席、厂党委办公室副主任、厂党委副书记、厂长、高级经济师。1988年评为湖南省劳动模范，1989年获得全国"五一"劳动奖章。1990年5月调任中共湘潭市委副书记，6月任代市长。

外扶内挖　搞活大中型企业

□ 周克武　戴德清

湘潭是一座以冶金、机械、纺织、建材、化工为主导，门类比较齐全的工业城市。尤其是拥有一批在湖南省乃至全国都占有举足轻重地位的大中型企业。1990年，全市有大中型企业38家。大中型企业年职工平均人数占全市独立核算工业企业的48.36%，固定资产原值占75.2%，工业总产值占66.7%。国营大中型企业成为了湘潭市现代化建设的重要支柱和全市财政收入的主要来源。湘潭市根据国家有关搞活大中型企业的指示精神和政策措施，外扶内挖，双管齐下，着力建设"国家队"，使全市大中型企业得到了长足的发展。大中型企业由"七五"初期的24家发展到38家，产值由15.78亿元增加到22.87亿元（1980年不变价）。如湘潭钢铁公司5年共实现利税7.7亿元，为前27年利税总和的1.33倍，等于赚回一个同等规模的钢铁厂。该厂以及湘潭电机厂、湘潭电缆厂跨入全国500家最大企业行列。

（一）以提高整体效益为目标，推进企业兼并联合。

建国40多年特别是改革开放以来，湘潭市的工业得到了较快发展，成为湖南的重要工业城市。但是企业组织结构不尽合理，生产专业化、社会化程度不高，并且存在长线难切短，短线难拉长的刚性约束。治理整顿时期的"双紧"政策，给一批大中型企业带来了一定压力，同时又为全市产业结构、企业组织结构和产品结构的调整提供了一个有利的契机。近年来，湘潭市本着"稳定社会，发展经济"的原则，把兼并联合作为深化大中型企业改革的重要内容，取得了较好的社会效益和经济效益。

1. 发展企业兼并，促进"三大"结构调整。湘潭市的企业兼并经历了一个由单个试点，到制订《企业兼并试行办法》，从而全面推开的过程。到1990年底，全市已有42家企业兼并了50家企业，其主要形式有三种：一是出资购买；二是承担债务兼并，即兼并企业承担被兼并企业全部债务，接受全部在职职工和离退休人员，以获取被兼并企业的场地、资产和债权；三是合并。企业兼并为大中型企业求发展开辟了一条有效途径。如湘潭柴油机厂兼并市洗衣机厂后，解决了多年来由于场地限制，不能迅速扩大拳头产品生产的难题，生产得到很快发展。1990年比兼并前的1988年，产值、利润分别增长1.63倍和1.19倍。

2. 组建企业集团，提高整体规模效益。湘潭市横向经济联合起步早，发展快。1986年起，率先在全省发展企业集团。到1990年底止，全市注册规模较大的企业集团有6家，涉及机械、电子、能源、交通、冶金、矿山、港口等行业以及建筑、设计、金融等部门。按结构类型划分，主要有：一是名优产品辐射型。如以江麓机械厂为首组建的兴南工程机械集团，拥有16家成员，以名优产品塔吊、振动式压路机等为龙头，组成系列化产品向外辐射。二是多元复合型。主要是以一个或几个大中型企业为主体，提供成套服务。如南方电工集团公司，是由九省市跨部门、跨行业的42家大、中型企业、金融和科研院所组成的，现有职工10万余人，固定资产20亿元，年产值20亿元，出口产品占10%以上，有国优产品7个，部、省优产品75个。近年来，集团成员开发新产品、新技术、新工艺200多项。三是联合生产经营型。如湘潭民政实业集团、湘潭市粉丝集团。企业集团发展的实践表明，集团大协作、专业化大生产，有利于发挥整体优势，有利于新技术、新产品的开发，成龙配套，有利于企业提高承揽大型工程项目的能力。

(二) 以挖潜增效为重点，强化企业内部管理。

治理整顿期间，大中型企业面临着市场疲软、资金紧张等困难。对此，湘潭市各级领导认为要摆脱困境，最重要的出路就在于眼睛向内，依靠自己的力量降低消耗，提高质量，增加新品，打开销路，增强竞争能力和应变能力。因此，于1989年作出了在全市开展“管理年”活动的决定，要求大中型企业向管理要速度、要效益，在困境中求生存、求发展。

1. 以人为本，不断培养职工企业精神。一是各项管理工作立足于启动广大职工的创造力。全市大中型企业进一步完善了职代会制度和群众性管理组织，及时通报厂里的重大经营决策措施，并把班组达标创优、全面质量管理以及劳动、物资、资金、费用等各类定额管理制度交给职工充分讨论，并与职工的切身利益挂钩，使其得到广大职工的理解和支持，激发职工的创造热情。二是不断提高思想政治工作的感召力。紧密结合企业各个方面的管理工作，把思想政治工作渗透进去，有的放矢地进行解释、说服、启发、疏导等工作。企业每年围绕一个主题，开展各种“创先争优”活动。如“在岗位上闪光”、“争创六手一队”、“治理整顿当先锋，深化改革做模范”等。大中型企业还普遍建立了一支群众性“四员”队伍，即形势报告员、理论辅导员、政治宣传员、通讯报道员，把思想政治工作贯穿于组织管理和生产经营整个过程之中。三是靠广大干部和党员的模范作用增强企业的凝聚力。企业的干部和党员率先示范，严于律己，以身作则，一级做给一级看，一级带着一级干。如湘潭钢铁公司、湖南铁合金厂等大中型企业长期以来形成了领导干部定期跟班、顶班、顶岗参加劳动的制度。四是把干部职工培训作为提高整体素质的关键环节来抓。全市大中型企业根据“按需施教，学用结合”的原则，普遍制订了干部岗位规范标准和工人岗位规范标准。通过举办各类政治、文化、技术、业务培训，举办技术等级培训、车间主任岗位培训、班组长岗位培训等，每年培训职工达1/3以上。如湘潭电机厂通过对全厂102个主要工种的技术工人培训，有80%以上的青壮年技术工人成为生产一线的主力军和生产班组的“领头雁”，有20%以上的担任了车间主任以及从事其他管理工作。通过强化培训工作，使企业职工的政治、文化、技术、业务素质有了明显提高，从而促进了企业的发展。

2. 以强化基础工作为突破口，不断挖掘内部潜力。全市大中型企业按照“制度全、标准高、考核严”的基本要求，进一步强化了企业的“三基”工作。一是大力推行定员管理。目前全市有湘潭电机厂、湘潭电缆厂、风动机械厂等31家企业推行了定员管理，企业生产秩序井然。二是深入开展班组达标创优活动。班组是各项管理工作的落脚点。为此，全市大中型企业扎扎实实开展了“建合格班组、创先进班组和优秀班组”的活动。如湖南农药厂10年来一直把抓基础管理工作作为整个企业管理中的大事来抓。坚持做到项项工作有标准，有考核，标准覆盖率达100%，全厂74个班组全部达到合格要求。

3. 以推行现代化管理方法为手段，不断提高科学管理水平。这是湘潭市大中型企业的一条共同经验。如江麓机械厂、湘潭钢铁公司、湘乡水泥厂等企业都是建厂几十年的大型企业，基础比较好，但它们不满足于现状，而是向更高目标努力，积极研究，运用新成果改造企业，使企业由浅层次的突破向整体优化发展。湘潭钢铁公司近4年来推广运用了全面质量管理、系统工程、价值工程、网络计划技术、量本利分析、标准化作业、SQ安全体系等一批现代化管理方法，获得成果94项，创造经济效益累计达8000多万元。

通过强化管理，注重挖潜，使大中型企业在紧缩中保持了稳步发展的势头，企业管理水平也有较大提高。38家大中型企业中有16家被评为国家二级企业，有8家被评为省级先进企业。

(三) 以产品开发为战略，狠抓企业技术改造。

湘潭市的企业家认为，企业的活力，集中到一点就是产品适应市场需要。这几年来，湘潭市围绕攻克市场疲软这道难关。紧紧依靠科技进步，狠抓了大中型企业的技术改造。

一是改造老企业，加快企业技术进步。湘潭市的大中型企业有相当一部分始建于50年代，存在着设备老化、工艺落后、后劲不足的问题。“七五”期间，湘潭市围绕更新设备、调整结构、提高质量，进一步加快了对这些企业的技术改造步伐。据统计，“七五”期间全市大中型企业共完成更新改造投资7.81亿元，占全市更新改造投资的64.1%，其中生产性投资7.34亿元，全部发挥效益，每年新增利税1.56亿元。

二是培育战略产品，开发一批拳头产品。湘潭市大中型企业坚持走“生产一代、更新一代、研制一代”开发新产品的路子，在新产品开发方面做到了有机构、有人员、有计划、有奖罚。“七五”期间，除注重群众性小改小革，充分发挥科研机构的作用，开发一般性产品 209 项外，还着力开发一批档次高、质量好的产品，并努力使其形成一定批量，成为“拳头”。如湘潭电机厂、江麓机械厂分别开发的 108 吨电动轮自卸车和 QT120 塔式起重机荣获国家金牌，在国际国内市场上享有很高的声誉。湘潭化纤厂开发涤纶长丝产品后，成为我省最大的涤纶长丝生产基地，“七五”和“六五”相比，产值增长 7.4 倍，利税增长 4.6 倍，成为全省技改见效最快最好的企业之一。

三是以增强创汇能力为目标，抓紧企业技术改造。面对国内一些产品市场日趋饱和的局面，湘潭市贯彻“六优先”的原则，积极支持和鼓励大中型企业把眼光转向国际市场。加快技术改造步伐，努力开发具有国际先进水平的产品，多渠道、多形式扩大出口创汇。这几年来，重点支持了塔吊、压路机、缝纫机、二氧化锰、黄丹、塑料编织袋、低氧铜杆、电解金属锰等出口创汇改造项目，使全市大中型企业的出口创汇能力大为增强。1990 年出口产品产值达 42131 万元。湘潭电机厂、江麓机械厂成为机电产品出口基地企业，享有自营进出口权。并建立了有湘乡铝厂、韶山棉织厂、湘潭市二纺织厂等 5 个出口专厂。如湘潭电缆厂 1990 年出口产值达 5277 万元，被国务院机电出口办命名为出口创汇 100 家企业之一。江麓机械厂 1990 年自营出口创汇 1008 万美元，成为湖南省首家自营出口创汇过 1000 万美元的企业。

(四) 以优化服务为宗旨，创造良好的外部环境。

湘潭市在制订“七五”计划时，把发展大中型企业作为战略重点。在部署工作中，强调要把搞活大中型企业作为经济体制改革的中心环节来抓。想企业之所想，帮企业之所需，解企业之所难，上下左右，共同为企业的发展创造一个较好的外部环境。在政策上实行倾斜。湘潭市除认真贯彻落实国家、省有关搞活大中型企业的政策外，还紧密结合湘潭实际，制订一系列措施，从几个方面实行倾斜:

一是政策上积极扶持。湘潭市为增强大中型企业活力，在贯彻落实中央和省有关政策的基础上，结合本地实际，在维护企业自主权、理顺企业领导体制、改革内部分配制度、鼓励出口创汇、产品定价、筹集资金、扩大销售、推动技术进步、发展兼并联合等 10 个方面制订了一系列政策性措施，并切实贯彻执行。如《湘潭市人民政府关于企业兼并试行办法》，就大中型企业兼并困难企业的原则、形式、程序、资金来源、产权归属以及有关优惠政策作出了明确规定。又如市里发出的《关于加强工业企业产品推销和原材料供应工作的规定》和《湘潭市搞活供销工作十条规定》，就鼓励大中型企业搞活销售制订了 14 条优惠措施。在《关于进一步加强对外经贸工作的通知》中从 7 个方面明确要求，各级政府和计划、工交、财贸、财政、税务、金融等部门要通力协作，从物资、技术、资金方面着重扶植大中型企业出口拳头产品的生产，并相应建立了出口创汇奖励制度。

二是物资上优先供应。物资部门对大中型企业建立了用户档案，采取“优先供应，优惠价格，优质服务”的办法，确保它们的物资需要。对计划内物资，根据企业需要，尽可能做到分到订到，订到拿到，拿到合用。这两年来，实际到货供应率均达 100%。同时千方百计为企业组织计划外物资，以弥补分配的不足。这两年全市物资系统每年为企业组织计划外物资价值达 2 亿多元。对产值过亿元的大厂矿建立了物资协作联席会议制度，积极组织物资余缺调剂。为了支持生产，物资部门采取让利赊销的办法，为一些资金紧张的企业购进原材料，缓解了这些企业原材料的矛盾。在供应方式上，采取“电话购货、增设窗口、直拨直达、代储代运、代购代销”等灵活措施，在经营方式上，采取“现场办公，承包配套，送货上门、包退包换”等务实办法，深受企业的欢迎。仅 1990 年物资系统送货上门就达 7000 多人次，送货物资达 1.5 万吨。同时，还对大中型企业的技改工程项目，进行了“保品种规格，保数量质量，保供货时间，保价格优惠”的全方位服务。从而有效地促进了大中型企业的生产发展。

三是资金上优先保证。大中型企业具有雄厚的技术力量和良好的管理基础，对其投入容易收到事半功倍的效果。因此，湘潭市金融部门认真贯彻“控制总量，调整结构，保证重点，压缩一般”的方针，在资金和规模实行“双控”的情况下，根据国家产业政策，确保重点产业、重点产品和重点项目，实行倾斜的贷款政策，优先保证它们的资金需要。这几年来，湘潭市工商银行对 483 家开户企业进行了分类排队，对属于一、二类的大中型企业则在贷款上给予重点支持。大中型企业的流动资金贷款占整个工业贷款的比重均在 80%。同时还积极引导建设银行和中国银行向大中型企业发放贷款，引导农村资金进城，通过发行企业债券等筹措资金，满足大中型企业生产和技术改造的资金需要。如支持了湘潭电机厂、湘潭钢铁公司等企业的“七五”技术改造重点项目，支持了江麓机械厂、江南机器厂、湘潭市电化厂、湘乡铝厂等企业的出口创汇项目。在执行利率政策上，坚持就低不就高。能不上浮的尽量不上浮，逾期贷款能不罚息尽量不罚息。银行还积极帮助大中型企业催收货款，盘活资金，帮助企业引进银行管理机制,建立内部银行。目前一批大中型企业均建立了内部银行，切实加强了各生产环节的资金管理，提高了资金利用率。

衡 阳 市

市　长：苏建民
副市长：阳宝华（常务）　钟名智　周　培　李湘沅（女）　李秋茂

苏建民市长，1939年10月出生于湖南桃江县，毕业于湖南师范大学。1961年10月参加工作，历任湖南桃江县委办公室秘书；韶山区宣传接待办公室副科长、科长、副主任兼韶山宾馆经理；衡阳市政府副秘书长、衡阳市委副书记等职务。1988年3月当选为衡阳市市长。

衡阳市实行市领导县体制的概况

□ 衡阳市人民政府办公室

1983年，衡阳地、市合并，实行市领导县新体制。现辖衡南县、衡东县、衡山县、衡阳县、祁东县、常宁县、耒阳市7个县（市）和南岳、江东、城南、城北、市郊5区，总人口650.82万人，其中市区（包括郊区）68.52万人，总面积1.53万平方公里。

8年来，市领导县的体制在发挥城市功能，带动农村经济发展和实现城乡沟通，优势互补，互惠互利，共同发展等方面显示出了很大优越性，促进了城乡经济的全面发展。1990年与1983年相比，全市国民收入由20.59亿元（1980年不变价，下同）增加到31.07亿元，增长50.87%。工农业总产值由39.99亿元增加到64.78亿元，增长61.99%，其中：工业总产值由23.33亿元增加到45.99亿元，增长97.13%；农业总产值由16.66亿元增加到18.79亿元，增长12.79%。财政收入由2.21亿元增加到4.8亿元，增长1.2倍。外贸出口总值由0.75亿元增加到1.43亿元，增长90.7%。

打破城乡分割的封闭局面
促进统一市场的形成和发展

衡阳市历来是湘南的物资集散地和商业贸易中心。但在地、市分治的行政体制下，城市是一块，农村又是另一块，人为地割断了同一经济区城乡之间商品流通的内在联系，严重阻碍商品经济的发展。实行市领导县新体制后，在行政区划和行政管理上把城乡统一起来，打破了城乡分割、工农分离的封闭局面，促进了城乡统一市场的形成和发展。城乡紧密相联，有机结合，市场日趋活跃，流通规模迅速扩大。全市商业服务网点由1983年的42015个发展到59699个，个体商业户由2.2万多户发展到5万多户。1990年，全市社会商品零售总额达到36.7亿元，比1983年增长1.9倍。农副产品收购额2.9亿元，比1983年增长4.8倍；农业生产资料销售额3亿多元，比1983年增长近1倍。从消费品市场看，实行市领导县体制以来，发展最快、最为活跃的是城乡集贸市场。1983年初，全市仅有集贸市场284个，且无一达到大中型标准，1990年已发展到429个，增加145个，其中大中型市场126个，专业批发市场42个，初步形成了以市区大型集市为中心，联结全市城乡的集贸市场网络，为农副产品进城和日用工业品下乡创造了必不可少的条件。1990年进入集市交易的商品品种达2万多种，成交农副产品5亿多公斤，其中猪肉成交量1618万公斤，是1983年的5倍多；水产品成交量696万公斤，是1983年的2倍多；日用工业品成交额1.28亿元，是1983年的9.3倍。全市集贸市场总成交额达13.4亿元，比1983年增长5.38倍。1986年兴建的市江东综合集贸市场目前有个体摊位1591个，国营、集体企业32户，日平均成交额高达70万元，是全省规模最大的集贸市场。从生产资料市场看，1990年仅全市物资系统销售额即达7.34亿元，比1983年增长2.83倍。7个县级物资企业得到城乡通开之利，去年销售额3.67亿元，比1983年增长6.23倍。流通顺畅，市场活跃，促进了商品经济的发展，尤其是促进了农副产品商品率的提高。1990年全市农副产品商品率为50%左右，比1983年提高近20个百分点。

发挥中心城市的功能作用 带动了农村经济的全面发展

中心城市相对周围小城市和广大农村而言，具有工业基础雄厚，科技人才集中，第三产业发达，劳务需求大，交通便利，信息灵通等优势。在地市分治的情况下，由于行政壁垒的阻隔，这些优势难以发挥。实行市领导县体制后，通开了行政壁垒，充分发挥了城市的功能作用。(一) 通过扩散市属工业的产品、技术、设备，扶植县属工业的发展。1983年以来，共扩散500多种产品和大量技术、设备，每年为县属工业增加产值7千多万元。1990年县属工业总产值达到10.03亿元，比1983年增长81%，比市属工业的增长速度高5个百分点。(二) 组织乡镇企业服务团，扶持乡镇工业发展。1986年以来，每年从市直机关和市属企业抽调骨干，组成300多人的服务团到乡镇企业特别是乡镇工业帮助加强管理，改善经营，搞技术改造，开发新产品，疏通产供销渠道。1990年，全市乡镇工业总产值9.21亿元，比1983年增长3.95倍。“七五”期间，全市乡镇工业开发新产品130多个，创省优产品18个，部优8个，有3家企业被评为全省先进乡镇企业。(三) 组织科技人员和科技成果下乡，为发展农村商品经济服务。“七五”期间，全市共有5千多名科技人员通过技术承包等形式为农业生产服务，有3百多人停薪留职到乡镇企业工作，推广农业实用新技术48项，投入推广经费1458万元。新增产值近3亿元，税利1.9亿元。(四) 建立“市带县”机动金，支持发展农业多种经营、乡镇企业和县、乡教育、卫生事业。从1988年起，市财政每年安排350万元作为“市带县”机动金，有偿周转使用，其中用于多种经营120万元，乡镇企业180万元，教育卫生事业50万元。3年来共拨出机动金1050万元，对县区经济和社会事业的发展，起了一定的作用。(五) 打开城门，吸引农民进城兴办第三产业。据不完全统计，目前进城经商的农民有5580户，1.2万多人；从事长途贩运的1376户，2千多人；从事专业运输的2260户，3千多人。既搞活了经济，方便了城市人民生活，又增加了农村的社会总收入。

在城市的有力带动下，农村经济得到全面发展。主要农产品产量大幅度增长。“七五”时期与“六五”时期相比，粮食总产量由141.47亿公斤增加到147.76亿公斤，增长4.45%；油料产量由1.05亿公斤增加到1.93亿公斤，增长83.81%；生猪出栏由974.84万头增加到1348.43万头，增长38.32%。乡镇企业迅速发展。1990年与1983年比，乡镇企业总数由11145个增加到89385个，增加7.02倍，总产值由3.82亿元增加到23.39亿元，增长5.12倍。农民生活明显改善。1990年与1983年比，农民人均纯收入由256元提高到533元，增加277元，翻了一番多。目前，农村乡乡通了公路，用上了电，80%以上的农民饮上了清洁卫生水，居住条件也有了很大改善。

在农村经济发展的推动下 城市自身建设步伐加快

农村经济的蓬勃发展，农村生产力水平、农副产品商品率以及广大农民生活水平的提高，一方面对城市的功能作用提出了更高的要求，另一方面又为城市发展提供了更多的土地、劳力、工业原料和广阔的工业品市场，从而促进了中心城市自身的发展。(一) 城市规模迅速扩大。1990年市区面积达到5.9万公顷，比1983年扩大2.22万公顷，是解放40多年来，城市规模扩大最快的时期。(二) 城市基础设施不断改善。“七五”期间，累计完成城市建设投资1.45亿元，为“六五”的1.64倍。兴建市区道路40多公里，立交桥4座，打通了东南西北四个卡口；扩建和新建自来水厂3座，日供水能力由1983年30万吨增加到65万吨；市区兴建住房面积227.47万平方米，居民人均居住面积由6.8平方米增加到9.09平方米，增加33.68%。此外，还兴建了商业大厦、中山大厦、供销大厦、工人文化宫、图书馆等一大批商业和文化服务设施，增强了城市的吸引力。邮电通信事业也得到较快发展，市区电话由1.34万门增加到1.95万门，增长46%，邮电业务总量由9230万元增加到18430万元，增长99.67%；城市管理进一步加强，市容市貌焕然一新。在全省开展的文明城市竞赛中，连续4年获得第一。(三) 城市经济实力大大增强。“七五”期间，全市全民固定资产投资22亿元，为“六五”期间投资的2.55倍。新建和扩建了衡阳啤酒厂、白水泥厂、耒阳电厂、遥田电站、衡阳纺织印染厂、衡阳变压器厂等一大批重点工程，新增生产能力主要有：啤酒5万吨，发电机器容量43.1万千瓦，钢材轧制9.1万吨，电炉炼钢1.6万吨，煤炭开采62万吨等。1990年底，全民独立核算企业固定资产原值39.3亿元，比1985年增长88%。全民工业企业全员劳动生产率13300元，比1985年增长23.6%。

实行城乡一体、统筹规划 促进了产业结构的合理调整

实行市领导县体制,使市政府获得了一定的行政手段和经济手段，及时调控本辖区的经济，实行城乡统筹

规划，合理布局，避免盲目布点，重复建设；合理调整城乡产业结构，促进农工商、农工贸一体化和各种形式的兼并、联合，尽可能优化城乡生产要素的配置。(一) 坚持“决不放松粮食生产，积极发展多种经营”的方针，在资金、科技、市场、信息等方面，支持农村产业结构调整，使之日趋合理。一是乡镇企业总收入在农村社会总产值中所占比重上升。1990年全市乡镇企业发展到近9万个，从业人数44.74万人，总产值达到23.39亿元，占农村社会总产值的38%，比1983年上升18个百分点。二是在农业总产值中，林、牧、副、渔业所占比重上升。1990年与1983年相比，林业产值比重由3.6%提高到4.95%；牧业产值比重由18.2%提高到22.39%；副业产值比重由6.2%提高到8.87%；渔业产值比重由3.7%提高到5.1%；而农业产值在农业总产值中所占比重由68.3%下降到58.66%。(二) 注重发展第二、第三产业，促进城乡经济协调发展。1990年与1983年比，全市第一产业在国民经济中所占比重由51.97%下降到44.43%，下降7.54个百分点；第二产业所占比重由40.45%提高到45.01%，上升4.56个百分点；第三产业由7.58%提高到10.56%，上升2.98个百分点。(三) 以大中型企业和优势企业为核心，以名优特产品为“龙头”组织跨城乡、跨部门的企业联合体。1983年以来，先后组织了拖拉机、柴油机、自行车、制锁、日用瓷、草席等生产企业集团和产供销“一条龙”联合体，这些集团的兴起和发展，不仅使生产要素组合更加合理，增加了规模优势，而且带动了乡镇工业的发展，增加了农村社会总收入。

加快小城镇建设步伐
联结城乡的社会、经济网络初步形成

实行市领导县体制后，作为联结中心城市与广大农村纽带的小城镇地位更显重要。市政府把小城镇的建设纳入全市总体规划，并帮助各县制订了各自的发展规划，在各个方面予以支持。促进了小城镇的发展。一是建制镇数量增加，规模扩大。1983年，全市只有22个建制镇，34.54万人，现已发展到77个建制镇，182.93万人。二是小城镇基础设施大大改善。1983年，全市小城镇没有一个小水厂，现已建成或正在建设小水厂达22个，日供水能力1.6万吨。8年来，修建城镇道路260公里，下水道144公里，住宅310万平方米，水、电、路、桥、通讯、环卫和绿化设施都有较大改善，一个个规划科学、布局合理、设施配套、生活方便的新型小城镇已星罗棋布地展现在城乡之间。三是经济实力不断增强。1990年，全市小城镇工农业产值达到14.06亿元，比实行市领导县初期的1985年增长11.23%，其中尤以工业发展为快，1990年，全市小城镇已拥有工业企业7464个，职工21.08万人，工业总产值13.55亿元，分别比1985年增长3.84%，283.95%和46.02%。拥有商业、服务业机构16372个，从业人员43657人，分别比1985年增加16.73%和29.42%。1990年，社会商品零售总额36.7亿元，比1985年增长105.74%。组建集贸市场395个，集贸市场成交额达到4.23亿元，比1985年增长79.24%。经济实力的增强，使小城镇逐步成为广大农村的经济“小中心”，较好地发挥了联结城乡的纽带作用。1990年，全市通过集镇收购的农副产品额占全市农副产品收购总额的80%以上，85%的工业品也是通过集镇销给农民的。农村的学校、医院、科技、文化机构大都设于集镇，广大农民在这里接受城市文明的熏陶，素质逐步提高。

市领导县体制运行8年来，已经显现出很大的活力和优越性，但由于认识上、工作上、体制上都存在一些不足或不完善之处，也出现了不少矛盾和问题。最主要的是市和县之间的经济关系还不够协调。由于各方面配套改革的措施没有跟上，特别是“分灶吃饭”的财政体制的影响，市、县两级政府成了两个不同的利益主体，都要想方设法增加各自的财政收入，保自己的“吃饭”用钱，争项目、争资源、争投资、争物资、争市场等不协调现象时有发生，地区封锁、市场分割、重复建设等弊病也没有根除。这些问题，有待我们勇于探索，大胆实践，通过深化改革来逐步解决，使市领导县体制的优越性更好地发挥出来，促进社会主义新型城乡关系的确立和城乡两个文明建设持续、稳定、协调发展。

(执笔：李凯南　龙　杰　胡水龙　郭承志)

邵阳市

市　长：彭茂吾

副市长：阮开全（常务）　何作国（农业、乡镇企业）　王泽谟(城建)　覃松桂（科教文卫）　曾霁晖（工业）　魏惠生（外经外贸）

彭茂吾市长，湖南省双峰县人，1943年10月出生，1969年毕业于湖南财经学院。曾但任湖南省汽车制造厂宣传科长、办公室主任；邵阳汽车发动机厂副厂长、厂长、党委副书记、书记；邵阳市冶金机械局党委书记、局长；中共邵阳市委常委，邵阳市人民政府常务副市长。1986年地市合并后，先后担任市委常委、市委秘书长，市委副书记，1989年当选为市人民政府市长。

加快城市建设　促进经济繁荣

□ 邵阳市体改委

城市建设取得瞩目的成就

在“七五”期间，邵阳市的城市建设取得了很大成就，是建国以来最好的历史时期之一。城市建设和管理水平有了新的提高。5年来，先后建成了中心路、三八亭、肖家排、南门口、滑石村、翠园等居民生活小区，共建新楼83栋，总面积达24万平方米，除商业网点的门面外，解决居民住房4000多户，同时，加强了城市基础设施的建设。据统计，“七五”时期，全市基础设施建设总投资8043万元，比“六五”时期的5558万元增长44.7%。首先，进一步完善了城市道路系统，新建了西湖路、宝庆东路，建立了城市道路建设的基本骨架。改造拓宽了东大路，宝庆中路，邵水西路和建设路等主要路段，整治和维修了红旗路，东风路，五一路等22条主次干路的路面和下水道，修建维护了44条背街小巷，同时还建成了邵水西路的防洪堤工程，这些工程的建成受益，使城区道路完好率大幅度提高，城市道路总面积由“六五”末的52.1万平方米增加到“七五”末的84万平方米，道路总长度由35.9公里增加到47公里，人均道路面积由2.5平方米增加到3.36平方米。其次是环卫基础设施明显改善，环卫机械化水平不断提高。新建了江北垃圾无害化处理场，改建扩建了3千平方米的城西粪便无害化处理场，维修和新建了3座垃圾中转站，改造和全面维修了290座公厕，新改造了22栋干厕为简易水厕，新增环卫车辆和机械34台，在首次举行的全国434个城市卫生检查评比中，邵阳市名列省辖八市的第三位。其三是城市供水能力增强，到1990年末日产供水能力达40万吨。在原有3家水厂的基础上1988年新建了第四水厂，设计日产供水能力为20万吨，现土建工程基本完成，铺设主水管1100米，完成工程总投资550万元。与此同时，逐步完善了公交设施，公交车辆达110辆，比“六五”时期新增24辆，城市出租车从无到有，现已发展到270多辆，新辟营运线路5条。市内电话由5287部增加到12032部。另外，房地，开发、设计等部门也都集中财力为全市人民办了一些实事，这些城建任务的完成，有效地缓解了城市人民“行路难”“通话难”等矛盾。5年来，在治理气环境，水环境、声环境上坚持突出重点、标本兼治。控制新污染，治理老污染，逐步实现了经济、社会、环境三个效益的统一。5年期间污染控制总投资6350万元，完成了10个废水重点污染源治理及3个大气重点污染治理，通过治理，工业废水处理率达到45%，工业固体废物处理率达到60%，工业固体废物综合利用率达到34%，市区建成了4.5平方公里的烟尘控制区，烟尘控制区覆盖率达到71.8%，新建噪声达标区2平方公里，完成了资江邵阳区段河流水域功能区的划分和城区噪声功能区的划分，大中型项目“三同时”达到了100%，环保设施运转率达到385.7%。城市人防工作贯彻“平战结合”，人防工程建设与城市建设结合的方针，已开发利用人防工事35204平方米，利用率达33%，比“六五”末提高了15%，已为国家净创利税644.86万元，在地下人防公司就业人数达600余人。在中南地区小有名气的东塔地下世界，集商业与旅游为一体，成为邵阳对外开放一个重要窗口和旅游景点。城市园林绿化在“七五”期有了新进展，全民义务植树形成制度化、经常化，全年每年植树在300万株以上，人均公共绿地面积由“六五”末的0.8平方米增加到0.9平方米，城区绿化覆盖率由15%增加到18%，还先后修葺开放了城南公园、双清公园、东塔公园和水府庙小游园等公共游乐场所。市区新修建的广场彩色音乐喷泉和17个大小街心花园，更显示了现代都市的风采。

经济的发展取得长足的进步

5年来，邵阳与全国29个省市，272个地市县建立了信息网络，与全国6个市区建立了友好关系，与150所大专院校科研单位建立了协作关系，组建联合体569个，参与联合企业815个，完成协作项目2034个，累计新增产值8.45亿元，新增利税近亿元。引进各类资金3.17亿元，引进各类人才1574人，完成物资协作总金额15.14亿元，劳务输出15.8万人次。同时，按照国家的产业政策，在联合的基础上，优化产业产品结构，先后有14个优势企业兼并15个劣势企业，转移存量资产700万元。如1986年邵阳棉纺厂先后兼并了原“邵阳地区木材加工厂”和“邵阳林业机械厂”建立邵阳纺织总厂，不仅救活了两个长期亏损的企业，而且棉纺厂得到新的发展，经济效益明显提高，年利税由原来的135万元增长到500万元。通过兼并，进一步优化了纺织系统产业结构。“七五”期间，流通格局发生了根本变化，市场十分活跃，据统计到1990年止，城区商业零售网点由1985年末的3746个，增加到5064个，增长35.1%，从业人员由11173人，增加到11938人，增长7%，特别是饮食服务业发展更快，饮食业机构由1985年505个，人员2023人增加到646个，2286人。服务业由274个，1129人增加到458个，1388人。个体私营经济迅猛发展，到1990年末止，全市城乡个体户发展95642户，12.6万人。拥有资金1.14亿元，年营业额10.2亿元，其中商品零售额4.9亿元，占全市社会商品零售金额的23.8%，个体户和私营企业的户数和从业人数分别占全市总户数总和总人数的5.67%和1.99%。个体私营经济的发展搞活流通，繁荣市场，增加国家财税，已显示了重要作用。仅1987年向国家缴纳税金3048万元，认购国库券125.8万元，为兴办公益事业捐款80多万元。对外经济贸易也取得新进展。尤其在1986年至1988年3年间，出口收购大幅度持续增长，1986年首次突破1亿元，登上了一个新台阶，达到1.1亿元，比1985年增长28.5%，1987年又上升到1.34亿元，比1986年增长21%，1988年达到1.5亿元，比1987年增长12%，3年跨出三大步，后两年尽管遇到了外部环境的一些困难，仍较好完成了各项经贸任务。“七五”期间，累计出口收购额6.64亿元，比“六五”时期增长了48%，年均递增5.1%，从国外引进成套生产设备6项，合60台(套)，用汇278.6万美元，投资2097万元。三资企业实现了零的突破，1988年，第一家中外合资企业，华美木珠制品有限公司建成投产，年产值100万元，年创汇20万美元，到1990年末止，三资企业已发展到5家。随着经济体制改革的深化，邵阳市的经济实力逐步壮大，按1980年不变价格计算，“七五”时期，全市社会总产值由1985年的39.4亿元增加到1990年的52.07亿元，增长31.9%，国民生产总值由20.8亿元增加到30.42亿元，增长46.2%，国民收入由17.7亿元增加到24.7亿元，增长39.5%，工农业总值由32.2亿元，增加到45.25亿元，增长40.5%，年递增7.02%，其中农业总值由14.4亿元，增加到16.5亿元，增长14.5%，年递增2.7%，工业总产值由17.7亿元增加到28.7亿元，增长62.1%，年递增10.1%，社会商品零售总额由15.5亿元，增加到25.36亿元，增长63%，外贸出口收购总额由0.84亿元增加到1.44亿元，年均递增10.91%，财政收入由1.94亿元增加到3.7亿元，增长94.7%，关系到国计民生的主要农产品，能源和原材料产品产量和生产能力都有较大幅度的增长。人民生活也得到了较大改善。收入水平有较大提高，1990年，城镇居民人均生活费货币收入达到1186元，扣除物价上涨因素比上年实际增长2.33%，农民人均纯收入为461元，比上年增加4.16元。城乡居民储蓄大幅度增长，1990年达到16亿元，比上年增长37.8%，人均储蓄237元，比上年增长34.66%，居住条件普遍得到了改善，城镇居民人均住房面积7.1平方米，农村19.24平方米。电视机、电冰箱、收录机、洗衣机等高档耐用消费品已进入寻常百姓家。

(执笔：段海如)

岳阳市

市　长：欧阳松
副市长：叶树松（财贸、公安）　林子亮（城建、侨务）　欧政文（工交）
黄甲喜（农业、民政）　高碧云（科教文卫体）

欧阳松市长，生于1941年7月，常宁县人，大学文化，1965年8月参加工作，1974年入党。历任岳阳专署工业局技术员，岳阳地区氮肥厂副科长、副厂长、厂长、党委委员。1983年8月任岳阳市委副书记，1990年9月任岳阳市委副书记、常务副市长，1991年5月任岳阳市委副书记、市长。

扩大开放　加速开发　聚力发展岳阳经济

□ 岳阳市市长　欧阳松

“七五”期间，我市坚持“一个中心、两个基本点”，发扬“先忧后乐、团结求索”的岳阳精神，同心合力，艰苦创业，扩大开放，加速开发，国民经济和各项社会事业都取得了显著成就，人民生活进一步改善，城乡一派欣欣向荣。

（一）国民经济稳定增长，经济实力不断增强。1990年全市完成国民生产总值41亿元，社会总产值87亿元，工农业总产值74.3亿元，与“六五”期末的1985年比较，分别增长43.9%、59.3%和59.8%。年均递增分别为7.5%、9.8%和9.7%。农村出现了农林牧副渔全面增长，工商运建服多业并举发展的趋势。1990年完成农业总产值18.9亿元，比1985年增长23.5%，年均增长4.3%；粮、棉、油、猪、鱼、乡镇企业、农垦经济等大宗生产项目和主要经济指标全面超历史水平。粮食总产265万吨，棉花3.57万吨，油菜籽9.3万吨，生猪出栏227万头，水产品总量8.8万吨。乡镇企业占据“半壁江山”，总收入26.5亿元，比1985年增长2.5倍，年递增28.7%。工业发展较快，主要产品产量增幅较大。1990年全市工业总产值完成55.4亿元，比1985年增长77.7%，年递增12.2%。列入考核的80种可比工业产品指数，有50种实现稳步增长，其中石油加工、化纤、化肥、农药、棉纱棉布、机制纸、水泥、钢球和配合饲料等主要产品增幅在40%以上。同时开发新产品331项，有5个产品获国家金质奖，54个产品获部优奖。交通运输和邮电事业迅速发展，邮电业务量比1985年增长1.6倍。5年共完成投资总额42.84亿元，比“六五”时期增加1.6倍，相当“七五”前35年累计投资总和的1.15倍。70万千瓦的华能岳阳电厂、5万吨已内酰胺、两个5000吨级外贸码头、107国道、新火车站等一批重点工程先后动工，一批骨干企业相继得到改造，全市新增固定资产27.24亿元。新增能力主要有：发电装机36万千瓦，原油加工150万吨，合成氨13万吨，配合饲料15万吨，棉纺纱锭11.5万锭，钢球3.3亿粒，汽车空调1.5万台。农田水利设施的配套和维修、湖区防洪蓄洪工程、中低产田改造以及各类商品基地建设都有计划展开，生产条件进一步改善。

（二）内外贸易活跃繁荣，财政金融状况较好。1990年，全市社会商品零售总额27.8亿元，比1985年增长94.6%，年均递增15%。对外贸易进一步扩大，到目前为止，已与20多个国家和地区发展了贸易往来，1990年完成出口商品收购总额1.91亿元，比1985年增长46.9%，年均递增8%。财政收入稳定增长，收支基本平衡，1990年完成财政收入4亿元，比1985年增长84%，年均增长13%，支出3.91亿元，增长82.8%，年均增长12.8%。金融事业发展加快，各项存款余额达20亿元，比1985年增长1.76倍，年均增长22.5%，各项贷款余额45.8亿元，增长2.36

倍，年均增长 27.4%，较好地保证了各项事业发展对资金的需要。

（三）城市建设迈开大步，综合服务功能逐步增长。“七五”期间，全市共完成城市建设投资 4 亿多元，新修道路 5 条，新建房屋面积 337.4 万平方米。先后打通贯穿全城的巴陵大道、南湖大道，新建了体育馆、科技楼、图书馆、岳阳宾馆、商业大厦、国际大厦、立交桥等一批现代化建筑群；修复开发了以岳阳楼、君山公园为重点的 8 个风景旅游点，建设了 2000 多个街心花坛、园林小品，城区绿化面积达 164 公顷，人均占有绿地 6.12 平方米。城市管理进一步加强，市区实现了无乱堆乱放、无违章棚亭、无裸露垃圾、无卫生死角，从根本上扭转了过去的“脏、乱、差”状况。在湖南省开展的文明城市竞赛中，连续 4 年获得第一名，1990 年被评为全国地级十佳卫生城市之一。

（四）社会事业竞相发展，科技教育成效显著。“七五”期间，全市共完成重大科技攻关项目 140 项，引进推广先进适用的科学技术 33 项，有 325 个项目获得科研成果奖，共申请专利 358 项，获专利权的 164 项，科技进步的作用越来越明显。教育结构得到调整，教学质量进一步提高。全市在校学生达 87 万人，比 1985 年增加 99.7%，职业技术教育发展较快，在校学生占普高在校学生的 50%。办学条件逐步改善，共投入资金 8480 万元，消灭了一类危房，二、三类危房已控制在校舍总面积的 1.7%以下。医疗卫生工作进一步加强，特别是血防工作开始升温，血吸虫病回升势头有所控制。文化、体育事业发展较快。先后建立了广播电台、电视台和岳阳晚报社等新闻机构。群众性体育活动日趋活跃。计划生育工作加强了宣传教育、技术指导和服务，人口增长得到有效控制。其它各项社会事业都得到相应发展。

（五）人民得到的实惠普遍增多，生活水平明显提高。1990 年，全部职工人均年工资达 1828 元，比 1985 年增长 71%，年平均增长 11.3%；农民纯收入达 631 元，比 1985 年增长 64.8%，年均增长 10.4%；城乡居民存款余额达 140330 万元，比 1985 年增加 3.64 倍。共新建城镇住房 150 万平方米，人均居住面积由 1985 年的 5.8 平方米提高到 7.7 平方米。1990 年，每百户城市居民拥有彩电 64 台、电冰箱 63 台、洗衣机 75 台、自行车 156 辆、照相机 30 架。每百户农民拥有电视机 36 台、自行车 118 辆、电风扇 45 台、缝纫机 40 台。大多数家庭的生活结构开始由温饱型向小康型转变。

“七五”时期，是我市经济和社会发展取得重大进展的时期，之所以取得这样大的成就，原因在于：

1. 从市情出发，走自己的发展路子。岳阳是个发展中的城市，具有区位、交通、资源等多方面的优势。市委、市政府清醒地认识到，只有把中央精神、外地经验和自己的实际情况紧密结合起来，才能找出具有本地特色的经济发展路子。1986 年，市政府着手制订中长期发展规划，拨出专款，抽调了 98 名专职干部，聘请国内各界 44 名专家教授，经过历时 1 年的调查、考察、论证、模拟，完成了这项系统工程，形成了基础数据集、信息资料集、图表集、诊断报告集、战略报告集、项目库等 12 大项科研成果，达 200 多万字，全面弄清了岳阳的优势、薄弱环节和发展潜力。另一方面是学习外地，特别是开放城市的发展经验。市委、市人大、市政府、市政协主要领导先后 6 次到沿海、沿江、沿湖城市考察，跳出岳阳看岳阳，把先进地区的经验学过来，消化、吸收、借鉴、创新。在这个基础上，形成了符合岳阳实际的发展思路，即科技兴业，四通先行（交通、流通、资金融通、通讯），合纵连横，扬长前进；规划了岳阳的发展蓝图，即到本世纪末，力争把岳阳建成“三地一口一中心”：现代化石油化工、纺织、造纸工业基地，先进综合农业商品基地，风景旅游胜地，湖南直接对外贸易口岸，长江中游第二大贸易中心。

2. 从调整入手，理顺经济关系。由于多种复杂因素的作用，一个时期以来，我市的经济关系一度失调，结构性矛盾比较突出。为了逐步改变这种状况，“七五”期间，我市根据中央产业政策，紧紧围绕治理整顿和深化改革，狠抓了 3 个顺序调整和提高 3 个比重：即整个国民经济按农轻重顺序调整，确保农业有个较大发展；资金物资投入按生产、技改、基建顺序调整，确保有效供给的增加；各项发展按教育、科技领先的顺序调整，确保增强素质。努力提高开发农业在整个农业中的比重，提高名优特新和出口创汇产品在工业产品中的比重，提高绿色企业和农林矿产加工业在乡镇企业中的比重。具体措施上，一是下力调整投资结构。主要是落实“两控五保”，即控制计划外投资和新开项目，保农业、能源、交通、原材料、重点技术改造和重点基础项目。全市“七五”时期共完成总投资 42.84 亿元，其中农业 1.85 亿元，能源交通 28.8 亿元，原材料工业 4.9 亿元，3 项合计投资 35.56 亿元，占全部投资的 83%。从建设用途上看，生产性投资占 87.7%，非生产性投资只占 12.3%，计划外投资得到有效控制。二是突出调整产品结构。坚持以市场为导向，压长补短，大力开发新产品，确保 48 家大中型骨干企业，116 种名优特新和出口创汇产品的生产，对能耗高、产品质量低劣的 28 家企业和 30 种产品实行了关停并转。三是逐步调整产业结构。在稳定发展一、二产业的同时，大力发展第三产业。5 年来，第三产业产值占国民生产总值的比重由 15.85%提高到 24.88%。农业内部，既花大力稳定生产，又广开门路，积极发展多种经营，林牧副渔在农业产值中的比重由 1985 年的 30.4%提高到 36.1%。工业内部，坚持轻重并举，适当向轻工业倾斜，大力增加日用消费品生产，轻工业产值由1985年的11.5亿元，增加到26.2亿元，增长118.9%，高于重工业增长幅度。

3. 从改革开放着眼，增强经济活力。“七五”时期，在改革方面，着重抓了深化企业改革和农村改革。工商企业普遍实行了承包经营责任制、厂长（经理）负责制和内部经济责任制。把竞争、风险、激励和约束机制引入承包，在408个县以上全民工商企业中，有39个企业实行了招标承包和风险抵押承包，153个企业实行了工效挂钩，50个企业建立了厂内银行，有效地增强了企业活力。农村改革围绕完善统分结合的双层经营机制，使家庭联产承包责任制合同规范化，全市承包合同普及率、内容完善率和兑现率由原来的60%扩大到90%以上；大力发展村级经济，有30%的村建立了合作经济组织，87%的村建立了合作基金会，95%的村办了集体企业，去年村办企业收入占乡镇企业总收入的29%。同时，在计划、物价、财政、金融、劳动、人事、科教等方面进行了一些配套改革，改善了宏观调控机制，为商品经济发展提供了有利条件。还进行了农科教结合、农工商一体、粮食集团承包、税利分流、股份制、住房等十多项改革试点，积累了一些经验。

开放是“七五”期间我市经济发展的主旋律。对内，坚持“借力腾飞”，积极发展横向经济联合，初步形成了以友好城市及市政府驻外信息窗口为点，以京广、长江为线，以武汉经济区为面的横联网络，全市有544家工商企业先后与国内162家大专院校和科研单位、278个大中型企业开展了联合协作，共实施各类横联项目893个，引进资金3.59亿元，对外，着重抓了改善投资环境，增强外引实力；主攻项目，增强自主开发能力；办好三资企业，增强吸引力；齐抓共促，增强聚合力。1988年，改外经贸一体为经贸分设，强化外经“引进、吸收”功能，成立了对外经济委员会，并配套设立了海关、商检、中行、外汇局、进出口公司等涉外机构，制订了鼓励外商投资的优惠政策。全市已先后与日本、美国等20多个国家和地区建立了经济技术协作关系，与外商签约70多个，合同金额5.26亿美元，其中外资5.09亿美元，兴办“三资”企业17家，批准利用外国政府贷款项目4个，三来一补项目26个，实际使用外资2.26亿美元，有效地促进了经济和社会事业的发展，1990年底，经省政府批准，在岳阳筹建“湖南省城陵矶经济技术开发区”。

4. 从重点突破，增强经济实力。(1) 组织农业综合开发。按照“高产、高质、高效”的要求和市场导向，不断拓展生产领域。“七五”期间，全市每年用于农田水利建设的投资达4000万元，完成劳动工日4300万个，土石方5000万方，共兴修标准化大堤656公里、电排装机2.9万千瓦、小型水库516座、新增灌溉面积66.7万公顷。全面恢复和建立县、乡、村、组四级农业科技服务网络，重点推广双杂、双两大、测土配方施肥、病虫害综合防治等20项重大科研成果。以增产粮棉油肉为中心，坚持农林牧副渔全面发展，实行“山、水、田、林、路”综合治理。重点抓了吨粮田开发、水面开发、山丘岗地开发、湖洲开发和庭院经济开发。逐步建立、形成了优质米、棉、麻、茶、水果、甘蔗、牲猪、林业、芦苇等十大农业商品基地。(2) 狠抓工业企业技术改造。按照“高起点、大批量、专业化、外向型”的原则，围绕上质量、上品种、增效益，对市、县工业企业进行了重点改造。5年间共投入资金6亿多元，实施技术改造项目390项，累计新增固定资产4.43亿元，相当于“六五”期的2.04倍。在技改中，注重走“引进、消化、吸收、提高、发展”的路子，共引进国外先进技术28项，设备1726台（套），获得了明显的经济效益，市电磁铁厂、制冷设备总厂、内衣厂等一批骨干企业通过技改进入了国际市场。(3) 大力发展乡镇企业。坚持以市场需求为导向，以外引内联为动力，以集体企业为重点，做到乡、镇、村、组一齐上，重点发展了农业企业、农副产品加工业、出口创汇产品和大工业配套产品。对那些高耗能、耗料、污染、落后的企业进行了关停并转。近3年来，坚持每年抓100个骨干企业的整顿，进一步加强了企业内部的管理，提高了乡镇企业的整体素质。(4) 建立完善市场体系。全市坚持以销兴产、以商兴工、以市兴城，有效地活跃了商流、物流。在具体工作中，着重抓了四个发展、一个加强。四个发展是；发展专业市场，在市区新开辟了资金、技术、劳务、证券市场，续建和完善了蔬菜批发、米市、渔市、水产品、旅游产品市场，各县（市）根据自己的实际，相继建设了一批茶叶、建材、工艺品、纺织品等专业化市场；发展外向型市场，面向市外、国外，举办和参加各类大型交易会、展销会、订货会，每年成交额都在10亿元以上；发展边界市场，结合小城镇建设，投入资金5600多万元，兴建边界商业网点163个，建筑面积14万平方米，沟通了城乡连结、省内外交流；发展集体、个体商业，在发挥国合商业主渠道作用的同时，鼓励集体、个体商业参与竞争，城镇个体从业人数发展到38037人，销售额45031万元，分别比1985年增长219.6%、106%。一个加强是：加强重要生产资料管理。在清理整顿公司、对化肥农药实行专营的同时，对各类市场进行了综合治理。

常德市

市 长：蔡长松
副市长：颜永盛（常务） 李江（财贸） 刘昌进（科教文卫） 陈德铨（工交） 杨万柱（政法、城建） 钦时中（农业）

蔡长松市长。1941年11月出生，大学毕业，历任湖南省湘西金矿办公室副主任、主任、常德地区经委科长、副主任、地委组织部副部长、部长、常德市委（原地委）副书记、市人民政府市长。先后在省级以上刊物发表了《抓住治理整顿机遇，促进产品结构调整》、《缓解市场疲软问题的建议》《掌握农村特点，开拓农村市场》等20多篇文章。

美丽富饶的常德

□ 陈克鑫 杨新民 钟儒来

得天独厚的地理条件

常德市位于湖南省西北部，辖武陵、鼎城两区，汉寿、安乡、澧县、临澧、桃源、石门6县，以及西洞庭、贺家山、西湖、涔澹、万金障、东山峰6个国营农场。代管省辖津市市。总人口569.16万人，其中市区人口122.41万人，非农业人口84.73万人。

全市山丘平湖皆有。分为平原、岗地、丘陵、山地、山原五类，其组合比例为“三分丘岗三分田，四分平原和水面”。现有耕地453266公顷，其中水田313200公顷，旱地113400公顷；林地554733公顷；草地101733公顷；水域267800公顷，其中可养殖的水面67600公顷，占湖南省同类水面的20.4%。

常德市地理位置优越。它东滨洞庭，北邻鄂西，西连大庸、湘西而接黔川，南靠益阳以通长沙。历史上称“西楚唇齿”，“四塞之国”、“黔川之咽喉，云贵之门户”，是湘、鄂、川、黔4省交界地区的经济中心和交通枢纽，现正处于全国经济“东靠西移”战略的中间地带，具有重要的战略地位。

蕴藏丰富的自然资源

常德市属亚热带季风湿润型气候，热量丰富，雨量充沛，日照充足，无霜期长，适宜于多种生物生长。据考察，有植物资源1723种，其中木本植物1058种，属国家保护的珍稀树种有珙桐、钟萼木、连香树、领春木、楠木等28种，占湖南省国家保护树种的53%。产量较大的有松、杉、樟、椿、油茶、杜仲、板栗等用材林、经济林树种。境内壶瓶山自然保护区总面积42333.3公顷，有原始次生林2667公顷，植树种类多达千余种，名贵药材上千种，是我国亚热带华中区系中保存最好的“森林资源基因库”之一。农作物品种资源十分丰富，目前栽培的谷类、豆类、薯类、荞类和草本油料类农作物有326个品种。动物资源也较为丰富，现已查明的野生动物有350多种，其中属国家保护的珍禽有黄腹角稚、红腹角稚、云豹、苏门羚、猕猴等40多种。水生动物中有鱼类150种，以青、草、鲢、鳙、鲤、鲫等经济鱼为主，还有中华鲟、白鲟、银鱼、鳗等名贵鱼种。鱼、鳖、棘胸蛙、大鲵等，是境内有地方特色的两栖动物。滨湖水牛、湘西黄牛、桃源黑猪、马头山羊和桃源鸡是有名的地方优良品种。

常德矿产资源丰富。目前已发现的矿藏近百种，其中蕴藏量较大的有金、钨、锑、锌、金刚石、铁、雄磺、食盐、矽砂、石膏、大理石、花岗石、方解石、滑石、磷矿石、烟煤、石煤等。雄磺的储量、品位和产量为全国之冠；食盐储量为湖南省之首；黄金、金刚石产量位居全省第一。现已探明：全市磷矿石储量11亿吨，重晶石1000万吨，石膏3亿多吨，大理石6000万立方米，矽砂4000万吨，石煤40亿吨。

常德水利资源丰富。境内河湖密布，共有大小河流432条，总长6775公里。沅、澧两水横贯境内，过境长度分别为198公里和264公里。上万公顷的湖泊5个。水能蕴藏量约200万千瓦，具有发展内河航运、农田排灌、渔业生产和水利发电的良好条件。

悠久灿烂的历史文化

常德历史悠久。从境内新石器时代早期遗址出土的石器和陶器考证，远在7千多年前，人类就在这块土地上劳动生息。夏、商、周时，这里隶属九州之一的荆州，春秋战国时属楚黔中地，秦属黔中郡，汉初，高祖刘邦取“止戈为武，高平为陵”之意，改黔中郡为武陵郡，隶属荆州刺史部，隋改为朗州，宋又改为鼎州，宋徽宗政和七年（公元1117年）设常德军，孝宗乾道元年（公元1165年）升为常德府，常德之名由此而定。1949年7月常德解放，建常德行政公署；1988年6月，经国务院批准撤销地区建立省辖常德市。

常德地灵人杰。自古以来，名士芸萃，历代著名的文化先贤屈原、陶渊明、司马相如、李白、刘禹锡、范仲淹等，或游历或寓居过此地，留下了大量歌咏常德山川风物的不朽诗篇，传闻与遗迹至今犹存；王昌龄、杜牧、米芾、黄庭坚、周必大等，亦在此挥毫，墨迹载之碑碣，历代传为至宝。宋代钟相，杨幺在此揭竿而起，领导了规模浩大的农民起义。在近、现代史上，不仅孕育了林修梅、蒋翊武、宋教仁等一批仁人志士，而且有一大批常德人民的优秀儿女，为建立社会主义新中国作出了特殊贡献，成为人民敬仰的革命家，他们中有林伯渠、帅孟奇、袁任远，革命英烈王尔琢等。著名文学家丁玲、著名史学家翦伯赞、诗人未央、于沙也诞生在这里。

常德地界巴山楚水，湖光山色秀丽，名胜古迹遍布其间，史书称”常德为风景之国，鼎城为文物之邦”。全市被列为重点保护的文物276处。世外仙境桃花源是湖南省十大风景区之一，位于桃源县西南15公里的319国道线上，距市区45公里，始建于晋，面临沅水，背倚群山，桃林修竹葱茏秀丽，殿堂楼阁古朴典雅，徜徉其间如临仙境。遇仙桥、集贤祠、豁然轩、御碑亭、高举阁、渊明祠庄重典雅、古色古香；方竹亭、水源亭、千丘田、摩顶松、秦人古洞、问路桥、既出亭、寻契亭反朴归真，给人以丰富的遐想。自桃花源名世以来，每年春赏桃花，夏避酷暑，秋观菊圃，冬踏瑞雪的旅游观光者络绎不绝。位于石门境内的夹山寺系前唐古刹，佛教圣地，已有1100多年的历史，唐时善会祖师在此讲法，曾引来日本僧人参拜听禅；宋朝园悟禅师在此著《碧岩集》，佛门视之为国宝，远传朝鲜、日本。众多史料表明，明末农民起义领袖李自成兵败后，即禅隐夹山寺以终。据传，清初夹山寺主持僧奉天和尚即为李自成，寺旁有其墓。夹山寺山环水绕，终灵毓秀，古樟莽莽，花木繁茂，是一处逐步为人所识的旅游胜地。澧县文庙建于宋乾德3年，（公元965年），占地7000平方米，巍峨壮观，金碧辉煌，是湖南省现存最大的州级文庙。市区内的德山，为道家所称天下七十二福地之一。铸造于北宋时期的德山乾明寺铁经幢（现移至滨湖公园内），为白口铁圆锥形20层宝塔式结构，浮雕精美，天工巧成，虽经千年风雨而不蚀，被国务院列为全国重点文物。此外，市区内的德山宝塔、笔架城、丝瓜井等景点，都各具特色。

常德文人荟萃，形成了独具特色的地方文艺。如常德丝弦、武陵戏、荆河戏、常德渔鼓等，地方色彩浓郁，为人民群众喜闻乐见。

蓬勃发展的国民经济

建国40多年，特别是改革开放以来，常德人民在党和政府的领导下，艰苦奋斗，开拓前进，大力发展国民经济，取得了令人瞩目的成绩。1990年，全市国民生产总值72.69亿元（现行价），国民收入55.22亿元，工农业总产值72.2亿元（1980年不变价）。

常德素称“鱼米之乡”，农业比较发达。1990年全市农业总产值达23.8亿元，粮食产量335.63万吨，棉花5.77万吨，油料22.03万吨，鲜鱼6.55万吨，生猪出栏248.6万头，粮、棉、油、鱼、猪生产量和商品量均居全省之首。农村产业结构得到改善，农林牧副渔趋于协调，工商运建服综合发展，农业商品化、专业化、现代化的水平不断提高。在整个农业中，养殖业占农业产值的24.2%；乡镇企业年总收入30.82亿元，占农村社会总产值的36.9%。产业结构的协调发展，为农村经济发展注入了勃勃生机，全市农业机械总动力达167.84万千瓦，农民人均纯收入605元。

常德工业发展迅速，企业初具规模。全市现有乡以上工业企业2493家，其中大中型骨干企业45家；全民所有制工业企业拥有固定资产原值21.22亿元；1990年工业产值48.4亿元（1980年不变价）。食品工业已有较强的实力，拥有食品生产、饮料制造、烟草加工和饲料加工等17大类型。常德卷烟厂年生产能力80万大箱，年产值14亿元，税利7亿元，在全国上缴税利大户中名列第28位。纺织工业已有较强的基础，发展成为纺织印染、丝绸绢麻、针织复制、化学纤维、纺织机械等门类齐全、工艺配套的纺织工业体系，拥有棉纺纱锭28万枚，占全省1／4，年产棉纱3.04万吨，各种布1.11亿米，丝织品188.8万米。桃源纺织印染厂是湖南省目前唯一的纺织、印染、服装、针织生产的全能企业；常德棉纺厂拥有85000枚纱锭，年产纱（线）17000吨，布4000万米，年产值1亿元以上，是本省提供纱、布能力最大的纺织骨干企业。投资1.5亿元，具有国际先进水平的常德锦纶厂，设计年产锦纶长丝和锦纶切片各4000吨，一期工程可望在1991年8月投产，将成为全国五大锦纶生产厂家之一。机电工业已有较强优势，尤其是在通用设备、仪器仪表、纺织机械、卷烟机械、家用电器、通讯设备的制造等方面更具有优势。常德第二纺织机械厂引进、消化研制的GC721剑杆地毯纺织机填补了我国纺织机械的一项空白。常德七一机械厂生产的卷烟包装机，质量达到国外同类产品水平，被中国烟草总公司确定为定点产品；华南光学仪器厂被国家定为首家定点生产CCD系列投像设备厂家；常德有线电厂，是国家优选定点引进数字程控交换机的10个厂家之一，是机电部定点生产自动电话交换机的专业工厂。医药工业也表现出较强的竞争力，能够生产制剂、酒剂、片剂、胶囊剂和中成药等205种。常德洞庭制药厂是国内唯一生产精神病药氯丙咪嗪的厂家，产品具有80年代世界先进水平。工业名优产品繁多，先后有394个产品分别获得国优、部优和省优。武陵酒以其“清澈透明，酱香浓郁，入口绵甜，后味爽净”而获得国家金质奖；德山大曲酒、氨甲环酸、洞庭牌酱油、斑马牌高级蚊香、昌字牌铁锅、单面白板纸、氨触酶、陬市桂花糖、桃花源牌桂花糖以及东山秀峰一级青茶等10个产品荣获国家银质奖。

常德城乡市场繁荣，内外贸易活跃。现有各类商业机构4.7万多个，从业人员达12.5万人，其中大中型商业企业53家。1990年社会商品零售总额35.16亿元，国内纯销售总额17亿元。城区市场具有较强的辐射力和吸引力。市区中心百货大楼、武陵百货大楼、常德百货大楼、交电大厦、湘北大厦、常德商场等大型多功能商业企业在省内外有一定影响。中心百货大楼被商业部授予全国优秀商业企业称号，是全省第一家晋为省先进企业的大中型商业零售企业。谢家铺木材市场是中南五省最大的木材集散地，常德桥南市场是湘西北有一定影响的小商品批发和零售市场，两次被国家工商行政管理总局授予全国文明集市。对外经济贸易日益发展，已有200余种产品跻身国际市场，行销80多个国家和地区。农副土特产品出口主要有大米、冻品、蛋品、乳猪、家禽、柑桔、麻类、湘莲、茶叶等。工矿产品出口主要品种有棉纱（布）、棉麻纱（布）、丝绸、湘绣、珍珠、金刚石、雄磺、五金、机电、化工产品、味精、蚊香、酒类等。涌现了湘北工贸进出口总公司、太平农工商实业开发公司等有直接进出口经营权的大中型外向型企业。在对外经济技术合作方面，同日本、美国、西德、意大利、比利时、澳门等国家和地区签订技术引进合同50多个，引进了轻工、纺织、机电、食品、化工生产线18条，在服装、运输、塑料、制革等行业兴办了外资企业；承担了亚非二十多个国家和地区的40余项外援任务。1990年11月，还成功的在市区举办了武汉经济协作区商品交易会，成交额达到11亿元。

条件优越的投资环境

市内交通四通八达，邮电通讯条件明显改善。境内公路通车里程6261公里，319、207公路国道线横贯其中。特别是常德沅水大桥、澧水张公庙大桥和津市大桥建成通车后，公路运输更加便捷。枝柳铁路穿越澧县、临澧、石门3县境内；从长沙经常德至石门连接京广、枝柳铁路干线的长石铁路已经立项，可望在“八五”期间建成。内河通航里程2116公里，有年吞吐量过百万吨的常德港、津市港，水路可以过洞庭，入长江，上达重庆，中通武汉，下抵上海及东南沿海各口岸，西可至贵州、四川一带。常德斗姆湖区飞机场扩建二级机场工程正抓紧扫尾，今年通航后将开通广州、武汉、西安、北京等地的航班。通讯基本上实现了电报电信化、电话载波化，市区已开通与全国大中城市和世界一百多个国家和地区的直拨程控电话，通讯联系便利。

能源建设取得明显成就。全市水火电装机13.92万千瓦，年发电量达3.96亿度。装机6.25万千瓦的石门三江口水电站是全省最大的中型水电站。“葛洲坝——常德——株洲”和“伍强溪——常德”两条50万伏输电线的枢纽变电站已投入运行。总装机120万千瓦的石门火电厂一期工程，已由国家能源部批准报国家计委立项，可望近期动工兴建。市内4大国营煤矿经过改造扩建和一批县乡煤矿的建成投产，使全市煤炭年产量达184万吨。

城市建设日新月异，服务设施日臻完善。全市城镇面积发展到4408.19平方公里，建筑面积达2103.9万平方米。市区新辟的滨湖、鼎城路坦荡宽阔、纵横贯通。鼎城路在全省城市美化绿化评比中获最美一条街称号。桃林、芷园、德晖、常德等一批设施高档，服务齐全的宾馆饭店相继营业。医疗卫生、文化娱乐、学校等基础设施发展也较快。全市有各类医院784家，床位1.37万张。常德市第一人民医院，设备先进，技术力量雄厚；市第一中医院历史悠久，在省内外均有影响。大中专学校11所，中小学校4408所，各类学校在校学生100.2万人，专任教师5.09万人。全市有电视台1座，发射塔高达150米，属目前全省最高的发射塔，已建电视发射转播台32座，电视卫星地面接收站30个，电视节目的人口覆盖率达97.2%。有城市广播电台2座，县级广播电台7座，中波广播的人口覆盖率达90%。全市有电影放映单位729个，电影院、影剧院180个，其中城区50个，有艺术表演团7个，公共图书馆10个，博物馆3个。随着“八五”期间常德博物馆的建成，将进一步提高城市的综合服务功能。

大 庸 市

市　长：肖征龙

副市长：梅兴保（常务）　向万隆（土家族　文教卫、计划生育、财贸）　谢凤龄（城建）　严高明（农业、科技）　陈正银（工业、交通、邮电）

肖征龙市长，湖南省永顺县人，1938年1月出生，土家族，1955年考入西安外语学院，1957年转入西北农业大学学习，1961年毕业。曾任湖南省龙山县农业局技术干部，龙山一中教师，龙山县生产指挥组干事、县科委农艺师、副主任、县科协主席。1983年6月，任湖南省湘西土家族苗族自治州人民政府副州长兼民委主任；后任中共湘西土家族苗族自治州委员会常委、常务副州长。1988年10月，任湖南省大庸地级市筹备组副组长、中共湖南省大庸市工作委员会副书记；1989年3月任中共大庸市委副书记；1989年7月在大庸市第一届人代会第一次会议上，当选为市长。

旅游新城——大庸市

□　大庸市人民政府办公室

大庸市是我国旅游业迅速发展的产物。1982年，大庸市境内的重要旅游景点——张家界，被命名为我国第一个国家森林公园。自那以后，有50多位党和国家领导人来大庸视察，对大庸旅游资源给予了很高的评价。1988年，由张家界、索溪峪、天子山三个景区组成的武陵源风景区，被列为我国第二批国家重点风景名胜区。党和政府从有利于保护、利用、建设武陵源风景区的角度出发，1988年5月18日，国务院批准成立以旅游业为龙头的大庸地级市，将原常德市的慈利县和湘西土家族苗族自治州的大庸市、桑植县划归大庸市管辖，实行市管县体制，辖永定区、武陵源区、慈利县、桑植县。市政府驻永定区。全市总面积9563平方公里，城市建成区7.2平方公里；1990年末全市总人口148万人。全市共有25个民族，少数民族总人口71.02万人，其中土家族57万余人，白族9.9万余人，苗族2.6万余人。

大庸市历史悠久。上古时代，大庸属“荒服”蛮夷融合区；周属荆蛮；春秋、战国属楚之黔中地；秦属黔中郡；汉改黔中郡为武陵郡，沿其治；三国吴折武陵郡西北置天门郡；唐改为澧州；清改土归流，升澧州为直隶州；清末民初，属沅辰道；1949年10月，大庸县城解放，与桑植县同属永顺专署，慈利县属常德专区；1985年，大庸撤县改市（县级）；1988年，组建大庸地级市。

大庸市区位条件优越。属武陵山脉腹地，处于云贵高原隆起区与洞庭湖沉降区之间，是我国东部经济区向西部经济区梯度推进的结合部。大庸自古以来就是湘鄂川黔四省边区的物资聚散地和通往东南沿海的门户。

大庸市物产丰富。现有森林活立木蓄积量789万立方米，森林覆盖率为40.8%；人均占有水量8598.4立方米；有黄连、天麻、杜仲、厚朴、黄柏等珍贵药材，1990年底，全市共有药材基地面积1万公顷；矿产品类众多，省级优势矿种有镍、钒、大理石、矿泉水；大庸盛产苎麻、桐油、柑桔、茶叶、核桃、板栗等农产品；肉类资源丰富，全市连片草场4.5万公顷，饲养的主要家畜家禽有湘西黄牛、马头羊、黑猪、兔等。

得天独厚的旅游资源

大庸市旅游资源类型齐全，景点遍布全市，既有丰富的自然景观，又有众多的人文景观。

大庸市的自然景观，以武陵源风景区为精华和代表。

武陵源风景区处于大庸市腹地，由张家界、索溪峪、天子山3个景区组成，总面积369平方公里。武陵源风景区在第四纪新构造运动中，既受云贵高原隆起的影响，又受洞庭湖沉降的牵制,加上千百年来地表水的强烈切割，形成了现在的石英砂石峰林峡谷和岩溶地貌。风景区内，石峰笋立，泉水叮咚，湖水清清，洞府幽幽，森林茂密，鸟语花香，被誉为“扩大了的盆景，缩小了的仙山”。

张家界景区，森林覆盖率达97%，有成片的原始次森林。这里有被称为“五绝”的雄伟的黄狮寨、幽静的金鞭溪、险峻的腰子寨、奇特的朝天观、秀野的沙刀沟。

索溪峪景区，山青、水秀、洞奇。这里的山，柱峰千叠、层层屹立；堵峡建造的宝峰湖，石峰、青山、绿水相映，情趣盎然；被誉为武陵源地下明珠的黄龙洞，金壁辉煌，宏伟壮观。

天子山景区，游览车道环山盘绕，居高临下，群峰独揽，景色奇特，情趣动人。这里有云雾、月夜、霞日、冬雪四大奇观。

武陵源风景区还是一个天然动植物园，保存了种类繁多的动植物。主要珍稀动物有红腹角雉、猕猴、白蛇等，珍贵古老树种有珙桐、银杏等，还有许多珍贵的花草如龙虾花和名贵的中药材如天麻、黄连等。

大庸市自然景观，除武陵源风景区这一“国宝”外，还有众多的风景点。

八大公山。是国家设立的“原始森林自然保护区”，总面积795平方公里，位于大庸市桑植县的西北部，正好是我国亚热带生态系统的座标轴心。这里保存着我国最集中、最丰富的温带、亚热带天然植被和珍贵树种，以及大量的野生动物和珍禽异兽。

茅岩河。澧水从大庸城西20公里的青鱼潭起，上溯至田家岗一段，长约50公里，因它穿岩出峡，被称为茅岩河。茅岩河河床窄、落差大、浪滩多，两岸峭壁险峰、林木葱茏，被誉为“百里画廊”、“小三峡”。

九天洞。是座落在桑植县城西15公里处的一个大型地下溶洞。洞内有山、河、瀑，岩溶发育十分丰富。滴石堆积物千姿百态，色彩斑阑。

天门山。位于大庸市区南端，属武陵山脉南支高峰之一，海拔1517.5米。因山顶有一门洞而得此名。天门洞镶于千米绝壁之上，似明镜挂于孤峰，如天窗开于绝壁，其景观极为罕见。山上有成片的原始次森林。

大庸市内，还有普光寺、玉皇洞等人文景观。

大庸市作为红色革命根据地，留下了很多革命遗址。贺龙故居座落在桑植县洪家关乡，中华苏堆埃共和国湘鄂川黔省革命委员会旧址就在大庸市中心。革命遗址还有红二方面军长征出发地——桑植县刘家坪乡；贺龙两把菜刀闹革命的旧址——桑植县芭茅溪盐局等。

大庸市民族风情浓郁。土家族摆手舞、白族杖鼓舞壮观热烈；桑植民歌清脆婉转、情真意切，大庸阳戏、花灯等丰富的文艺表现形式都有自己的风格。

良好的旅游环境

大庸市旅游类型齐全。由于大庸市旅游资源内容丰富，景点遍布，层次较多，能较好满足不同旅游目的、不同兴趣爱好的旅游者的需要。

武陵源风景区可供游览观光，观赏这里的“山、水、洞”。武陵源的山，最显著的特点是石峰众多、秀丽、奇特。据地质部门遥感测定，武陵源共有石峰3136个。各个石峰造型奇特，似人似物，其中尤为引人注目的有夫妻岩、屈子行吟、雾海金龟、金鞭岩等；武陵源的水，以她流泉万千、纤尘不染、阿娜多姿、悠然自得的特点超然于世。清澈见底的金鞭溪，横贯全境的索溪水以及宝峰湖、鸳鸯瀑、黄龙泉等是武陵源水的杰作；黄龙洞是武陵源的地下明珠，深15公里，总面积20公顷。洞中有奇宫，宫中有阴河，河畔有石田、石林，林间有石琴、玉雕等。初步探知，黄龙洞内有1河、2库、3瀑、4潭、13厅。

武陵源风景区可供度假和疗养。这里夏季凉爽，是避暑的好场所；这里空气新鲜，负氧离子浓度大、含量高，水质好，含有多种矿物质，宜于各种慢性病的治疗。还可供科学考察，这里是天然动、植物园，许多奥秘有待研究和揭示。

八大公山、天门山，既可用来探险揽胜，又可开展科学考察；茅岩河，既是漂流探险的好场所，又是研究澧水流域文化和土家族文化不可不到的地方；大庸革命遗址是进行革命传统教育的好教材；普光寺，既可观赏它的雄伟建筑，又是研究宋、元、明、清建筑艺术的宗教的地方；大庸少数民族风情，是研究少数民族文化不可缺少的一个部分。

大庸市旅游条件十分便利。旅游服务设施日益完善。大庸北连宜昌、三峡、武汉；南接桂林、柳州；东邻洞庭湖、庐山、南岳、长沙。大庸市近周，分布着猛洞河、桃花源、凤凰古城等一批风景点。这种区域旅游网络格局和丰富的旅游资源与良好的旅游区位组合，为大庸市旅游业发展提供了一个十分有利的区域旅游条件。大庸市交通方便。枝柳铁路直辖市区，途经110多公里，市境内有2个货运站和10多个客运站。公路网络较为发达，湘鄂、湘川、湘黔等干线公路从市境通过。澧水水路，可入洞庭、达长江、出上海。大庸民用二级机场正在抓紧建设，计划1993年通航。大庸市旅游接待设施完备。现在，全市共有宾馆、招待所、旅店670家，床位2.5万多个，其中涉外宾馆12家，床位3000多个，供电、供水、餐宿设施齐全。全市现有7家旅行社，近百名专业导游，能为旅游者提供“吃、住、游”一条龙全程服务。

大庸这座新兴的旅游城市，具有美好的发展前景。可以预见，这块镶嵌在中华大地上的璀璨明珠将被全国、全世界人民所青睐。

（热笔：汪业元）

醴陵市

市　长：殷海清

副市长：陈启来（常务）　钟国栋（工交、科技、城乡建设）　伍长春（农业）　陈道祥（文教卫生）　杨镜明（公安、民政）　孟祥明（乡镇企业）

殷海清市长，1954年10月生，醴陵市人，大专文化，助理农艺师，1976年12月加入中国共产党。1979年8月在湖南农学院湘潭分院毕业后，先后任醴陵县农业局土肥股副股长、办公室副主任。1983年2月至10月，在日本研修农业耕作技术。回国后，任中共高桥乡委员会书记。1984年10月至1988年10月，先后任醴陵县（市）副县（市）长，中共醴陵市委常委，，1988年11月任中共醴陵市委副书记、醴陵市代市长，1989年3月任中共醴陵市委副书记、醴陵市市长。

治理整顿、深化改革
推进醴陵市经济和社会稳定发展

□ 吴木森

“七五”计划时期，醴陵市人民在党和政府的领导下，坚持“一个中心，两个基本点”，贯彻治理整顿和深化改革的方针，促进经济和社会事业持续稳定发展，胜利完成了“七五”计划。

不断深化经济体制改革

全市城乡经济体制改革在总结党的十一届三中全会以来经验的基础上，不断探索进取，使改革进一步深化。

（一）不断完善和发展承包经营责任制。1989年底，市属预算内全民所有制企业31个，首轮承包到期的25个，于1990年初与市财政和主管部门签订了延期承包1年的合同。延期承包与第一轮承包相比的特点：一是在确定承包基数上，按各行业的不同情况，适当调整了上交比例；二是在承包内容上，考核指标由少到多，由上交利润和资产增值等指标到实行“三保一挂”为主的经济技术指标；三是在承包形式上更加切合实际，除实行递增包干、定额上交、计内亏损包干外，对一些特殊困难的企业新增了超基数比例分成，实现利润全部还贷、弥补上年亏损等形式；四是在企业承包风险上，由厂长（经理）一人风险为党、政、工共担风险；五是对承包者的奖罚上，纠正了层层发奖，重复计奖，奖金政出多门倾向。市属105个集体工商企业均坚持实行了承包、租赁经营和目标管理。在承包经营企业中，有33%的企业推行了风险抵押承包，使生产者和经营者真正做到利益共享，风险共担。

（二）推行劳动、人事、工资三项制度改革。企业职工实行优化劳动组合，突破了工人一次分配定终身的用工制度。市属预算内全民企业厂长（经理）全部实行了聘任制,企业内部的中层干部也实行了选聘、考聘制。有87家市属企业实行了工资总额与实现利税挂钩的办法，职工收入按个人劳绩上下浮动，突破了按年限定级、按等级工资分配的模式。对全民和集体职工的养老金实行社会统筹，对劳动合同制工人、私营企业职工、个体劳动者实行养老保险。还建立了劳动力调节市场、就业前培训、劳动合同管理、劳动争议仲裁等社会服务体系。

（三）巩固发展企业共保合同制。1989年有77家企业推行了共保合同制（企业职工保经济效益的提高，厂长、经理保职工福利增长），1990年发展到88家，有效地保证了企业经营决策的民主化、科学化。市糖果糕点厂1990年完成产值1560万元，利润126万元，分别为全年合同任务的113.8%和126%，跨入国家二级企业行列。

(四) 组建和巩固企业集团。1988年以来，我市先后组建了陶瓷、鞭炮烟花等4个企业集团。建立起适应商品经济需要的大规模的现代化生产经营，已显示出强大生命力和巨大优越性。市星球鞭炮烟花集团实业公司3年迈出三大步，产值、销售、利税的年递增率按30%的速度同步增长，1990年出口、内销烟花鞭炮13.05万箱，销售额1350万元，上交税金124万元，实现利润70万元。

(五) 推进以产权转移为核心，生产要素重新组合为特征的企业兼并。自1986年以来，我市有17家企业兼并了18家企业，其中属于有偿兼并的6家，无偿转让的12家。通过兼并，使利用率不高的固定资产596.47万元、厂房5.65万平方米进行了转移，停工或半工半歇人员1089人重新得到合理安排。

(六) 全方位开展横向经济技术联合。我市先后参加了湘赣边区经济技术协作区和湘、赣、鄂、粤、闽部分县（市）横向联系会。有200家企业与外地350个单位建立了协作关系，发展了一批紧密型和半紧密型经济联合实体，横向联合产值达2000万元，新增利税250万元。

(七) 财政体制改革。1989年以来，重点抓了乡级财政的建立与完善，推行"定收定支、收支包干，超收分成，短收分担"的办法，全面实行乡（镇）级财政包干，调动了乡（镇）一级开源节流，当家理财的积极性，促进了财政收入逐年增加。

经济和社会持续稳定发展

1990年，全市国民生产总值为10.85亿元（按当年价格计算），比上年增长3.45%，比1985年增长107.6%，年平均增长15.7%；国民收入9.53亿元，比上年增长4.1%，比1985年增长53.3%，年平均增长8.9%；工农业总产值12.37亿元（按1980年不变价计算），比上年增长4.9%，比1985年增长56.36%，年平均增长9.35%。

农村经济全面发展。农业总产值2.79亿元，比上年增长2.56%，比1985年增长8.67%，年平均增长1.68%，粮食总产量48.95万吨，比上年增长7.42%，比1985增长4.03%，年平均增长0.8%，其中稻田粮食总产量47.67万吨，亩产1024.3公斤，成为长江流域第一个实现亩产过吨粮的县市。乡镇企业总产值完成10.48亿元，比上年增长9.96%，比1985年增长14.6%，年平均增长19.7%。

工业生产稳步增长。工业总产值达9.57亿元，比上年增长5.59%，比1985年增长79.32%，年平均增长12.4%。工业结构朝着外向型、增量型、适应型、开发型方向发展。19种主要工业产品产量有10种比上年增长，传统拳头产品之一的烟花鞭炮产量达163.38万箱，比上年增长26.59%。主要工业产品质量稳定提高率达96.94%，优质产品产值率15.13%。已创2个国家二级企业、5个省预备级以上企业。全市各种运输工具完成货运量495.74万吨，比上年增长3.1%，比1985年增长23.9%。邮电业务总量完成240.9万元，比上年增长20.41%，比1985年增长1倍。

财政贸易持续发展。财政收入1.024亿元，比上年增长8.4%，比1985年增长73.94%，年平均增长11.71%，跨入全省首批5个财政收入过亿元县市行列。城乡居民储蓄存款余额3.04亿元，比上年增长48.6%，比1985年增长3.5倍，年平均增长35.4%，社会商品零售总额5.57亿元，比上年下降4.44%，比1985年增长1.1倍，年平均增长16.3%。外贸收购出口总额1.034亿元，比上年增长34.98%，比1985年增长53.8%，年平均增长9%。城乡集市贸易成交额0.78亿元，比上年增长12.04%，比1985年增长118.7%，年平均增长16.9%。

城市建设成绩显著。城区西山渌江大桥和阳三石铁路跨线桥建成通车；滨河路工程继续完善；6公里过境公路的水泥路面铺设工程大部分完成；新架市自来水厂电力专线，铺设600毫米水泥供水管道1200多米；绿化覆盖率达11.36%。市属以上工业企业建设项目"三同时"执行率达100%。

各项社会事业不断发展。科技工作坚持以实施"星火计划"为重点，1990年完成各类科技计划18项，重点科技攻关、农业新品种推广和工业技术革新取得新进展。"七五"时期实施的"星火计划"14项，有5项已通过省级验收。教学条件得到改善，教育质量不断提高。基础教育进一步普及，"七五"时期，学龄儿童入学率保持在99%以上，小学升学率从1985年的46%上升到1990年的66.74%；幼儿教育，成人教育、职工教育和技术培训得到前所未有的发展，青壮年文盲基本扫除。1990年末，有图书馆（室）700多个，藏书73万多册；文化馆站47个，电影发行放映单位152个。有广播电台、广播电视发射台、电视差转台、中波实验台各1个；广播覆盖率86%，电视覆盖率90%，比1985年分别提高4个和70个百分点。1990年末，有医疗卫生机构104个；拥有病床1576张，比1985年增加376张。计划生育措施进一步落实，较好地控制了人口增长。群众性体育运动不断发展，"七五"时期，我市运动员在全省、全国、国际运动会上共得金牌76枚。

人民生活继续改善。"七五"时期共安置城镇待业人员10876人。1990年职工人均工资1931元，比1985年增加898元；农民人均纯收入734元，比1985年增加251元。1990年城市居民人均居住面积9.92平方米。比1985年增长38.7%。

耒阳市

市　长：龚德元
副市长：王礼忠（常务）　谢治忠（农业、乡镇企业）　宋利强（工交、计划）
毛利群（女　文教卫生）　沈有德（科技）

龚德元市长。1944年9月生。湖南省澧县人。1964年毕业于省农机化学校。1980年入党。历任耒阳农机厂技术员、工程师、厂长；耒阳县经委副主任兼县科协副主席。1985年任中共耒阳县（市）委副书记，1990年3月当选为耒阳市市长。主编过《拖拉机燃油系问答》、《分配式喷油泵问答》等，后者获全国"新长征优秀科普作品奖"，"优秀农机科普作品一等奖"。

"七五"时期的耒阳市

□ 罗湘桂

"七五"时期，耒市在治理整顿中发展，取得了令人鼓舞的成绩，经济和社会面貌发生了深刻的变化。

1990年，全市社会总产值8.3亿元（按1980年不变价，下同），比1985年增长49.4%；国民收入4.15亿元，增长24.7%；工农业总产值6.74亿元，增长56.6%，其中工业总产值增长1.2倍，农业产值增长11%；社会商品零售总额4.21亿元，增长73.3%；地方财政收入3723万元，增长91.7%。农民人均纯收入508元，增加156元；城市居民人均生活费收入924元，增加410元。全市绝大多数地区基本解决温饱问题，部分地区开始向小康水平过渡。按照中央确定的我国现代化建设分三步走的战略部署；耒阳市国民生产总值由1980年的2.6亿元增加到5.23亿元，翻第一番的目标已经实现，为90年代经济和社会发展奠定了基础。

"七五"时期，耒阳市在经济和社会发展中，认真贯彻"治理整顿，深化改革"的方针，合理调整产业结构，大力加强农业、能源交通和科技教育，促进了国民经济稳定协调发展，其主要做法和成效：

（一）深化改革，加强调控，逐步优化产业结构。

5年来，耒阳市在国家产业政策的指导下，使产业结构和企业组织结构逐步趋向合理，一是在整个国民经济中，提高二、三产业所占的比重，1990年与1985年相比，农业总产值占社会总产值的比重由44%下降到33.5%；工业总产值所占比重由31.6%上升到47.7%，第三产业所占比重也有所上升。二是在农业内部，改变单一的粮食生产结构，发展多种经营。1990年，多种经营产值1.63亿元，比1985年增长28.8%，占农业总产值的比重由50.5%上升到58.6%，农、林、牧、副、渔五业结构进一步朝合理化方向发展。三是在工业方面，加强基础工业和基础设施，开发矿产资源。1990年，全市能源、原材料工业产值2.21亿元，比1985年增长6倍，占工业总产值的比重由12.1%上升到32.5%，轻、重工业的比例由1:2.2发展到1:4.5。生产资料所有制结构也发生很大变化。在全市5525户工业企业中，有集体企业227户，比1985年增加49户，产值8499万元，增长1.05倍；个体、合营企业4642户，增加1347户，产值10290万元，增长1.59倍。

（二）加强农业，巩固基础，综合进行农业开发。

县改市以后，耒阳市仍然把加强农业作为经济发展的头等大事来抓，除1986年因灾减产外，其余4年连续丰收。1990年，全市粮食产量447069吨，创历史最高纪录，比1985年增长5.5%，其它主要农副产品产量都有较大增长：棉花603吨，增长41.8%；油料6135吨，增长3.26倍；麻类332吨，增长4.33倍；水果3080吨，增长5.93倍；生猪出栏41.5万头。增长25.6%；水产品9000吨，增长63.5%。"七五"期间，全市累计造林面积15780公顷，比“六五”期间增加6547公顷，油杂林更新改造连续5年被评为省优工程。同时加强商品基地建设。提高农业综合效益。仅1989、1990年、就投入农业开发资金1351万元，投入劳动工日857万个；完成配套水利工程2110处，改善灌溉面积1333.3公顷；改造中低产田7000公顷。土改田和开荒种粮1307公顷。农业综合开发共计增加产值3100万元。投入与产出之比达到1:2以上。

（三）扬长避短，发挥优势，大力兴办能源工业。

耒阳市能源资源丰富。1985年底全市保有煤炭储量4.14亿吨，占全省煤储量的15%；境内水能蕴藏量14.2万千瓦，仅耒水上遥田、 矶滩，上堡等三处便可开发13万多千瓦。为了充分发挥能源资源丰富、煤炭工业基础较好的优势，“七五”期间，耒阳市大力发展煤炭、电力工业，取得了显著成绩。一是扩大煤炭生产能力。5年间，全市县级以上煤矿新建及技改投资累计11611万元，新增生产能力32万吨。1990年，全市有各类煤矿495个，煤产量347万吨，比1985年增长12.2%；其中市属矿产量110万吨，增长28.9%。二是新建了耒阳火电厂。该厂为国家“七五”计划重点建设项目。规划装机容量80～100万千瓦。1986年动工兴建，1989年已有两台20万千瓦的机组投产。三是新建了遥田水电站。遥田电站为本市自筹资金建设，设计装机4台×1.25万千瓦。兼有通航、灌溉、养殖等综合效益。工程于1976年动工。1980年因国民经济调整而缓建。1986年复工，已累计完成投资10052万元，有两台机组并网发电。1990年，全市发电量20.54亿千瓦时，比1985增长11.7倍；其中地方水力发电7861万千瓦时，增长5.54倍。耒阳，已成为湖南重要的能源工业基地。

（四）城乡并举，兴工促农，大力发展乡镇企业。党的十一届三中全会以后，乡镇企业异军突起。“七五”时期。耒阳市委、市政府进一步制订了“城乡并举、兴工促农”的战略措施，坚持区、乡、村、组、联户、个体六个轮子一起转，工、农、商、运、建、服六类企业一起上，使乡镇企业得到长足发展。1990年，全市乡镇企业发展到2.23万个，比1985年增加1.57万个；从业人员9.65万人，增加6.23万人。乡镇企业人数占农村劳动力总数的20%。乡镇企业总收入达4.2亿元，比1985年增长3.67倍；总产值3.06亿元。增长3.1倍，乡镇企业产值占农村社会总产值的32.6%。乡镇企业生产的钛白粉、滑石汾、氧化锌、工业硅等产品不仅填补了市内空白，而且跻身于国际市场，年出口创汇500多万元。乡镇企业蓬勃发展，已成为全市经济的重要支柱。

（五）多方集资，合理投入，逐步改善城市基础设施。

在公路交通方面，新修4条市级公路，完成了107国道耒阳段改建工程。全市良等路面由1985年的60公里上升到140公里。在城市交通方面。新建了蔡伦路、金南路两条水泥街道和电厂公路大桥，集资1000多万元改造建设路、陵园路和五一路（五一路尚在建设中），共新建、改造街道15公里。城区主干道面积达21万平方米。比1985年增加4万平方米。在集市建设方面，集资600万元新建两处大型综贸市场，农村新建、改造集市8个，1990年城乡集市贸易成交额1.39亿元，比1985年增长1.88倍。在住房建设方面。全市5年来新建住宅158万平方米。其中城乡居民个人建房120万平方米。城区人均居住面积达到8.3平方米。比1985年增加2.9平方米。文化、卫生、体育、广播电视和通讯等基础设施都有较大改善。

（六）教育为本，科技兴市，不断加强智力开发。

在教育方面。认真贯彻义务教育法，努力改善城乡办学条件。5年内全市用于教育的经费8460万元，其中市财政支出6687万元，比前5年增长97.1%。新建校舍面积12.2万平方米，新增中学6所、职业学校1所，建成规范化中心小学10余所。学生巩固率、毕业率和升学率不断提高，5年累计升入大中专院校的学生3255人，比前5年增加1800人；成人教育、业余教育和幼儿教育都有新的发展。在科技方面，加强科技网络建设，积极推广先进适用的科技成果。5年来完成科研项目31项。推广应用科技成果59项。实施“星火计划”44项，引进和开发新技术、新产品43项。获得国家和省、地科技进步奖24项。1990年。全市有各类自然科技人员5088人。其中具有中级以上职称的达1960人。

汨 罗 市

市　长：李湘岳

副市长：肖建华（常务）　虞文根（工交、计划）　周立标（文教卫生）
刘德真（城建、林业）　胡福二（农业、多种生产）

李湘岳市长，1957年出生于湖南省岳阳县。1974年高中毕业，同年4月下放到岳阳县农村参加农业生产劳动；1976年11月在湖南岳阳汽车保养厂从事汽车修理工作；1978年10月考入湘潭大学，就读历史系中共党史专业；1982年7月毕业后，先后在汨罗县三江、铜盆等公社任组织干事、党委副书记、党委书记等职；1985年3月任汨罗县副县长；1986年9月至1989年7月参加中央党校第4期培训班学习；1989年8月任汨罗市委副书记、代市长，1990年3月当选为汨罗市市长。

汨罗江畔一明珠

□ 左国祥　吴应生　朱均祥

汨罗市南处湖南省东北部，紧靠南洞庭湖东畔，汨罗江下游，位于东经112°51′—113°27′，北纬28°28′—29°27′。南距省会长沙市74公里，北距岳阳市66公里。市境属丘陵区，全市大小山脉29条，分东北、西、南三大支，都由幕阜山发脉。全市地势“背靠幕阜，脚踏洞庭”，自东南向西北，由山地到滨湖平原呈递降状态。

汨罗是一片有着悠久文明历史的土地。上古属三苗之地。春秋时，楚文王自枝江迁罗子国入境（公元前689年），为楚国附庸。秦改罗子国为罗县，隶属长沙郡。至南朝宋元徽二年（公元474年）分出罗、益阳、湘西三县沿江之地置湘阴县，罗县并存。梁武帝天监元年（公元502年）置罗州，分出湘滨县、玉山、县、岳阳县、罗县并存，都隶属于罗州岳阳郡。南北朝南朝陈时废罗州，将岳阳郡隶属于巴州。隋文帝开皇九年（公元589年）废岳阳郡设玉州，治在玉笥山（在今汨罗市楚塘乡农科村），并撤吴昌、湘滨入罗，与岳阳、玉山湘阴同隶玉州。开皇十一年（公元591年）改岳阳为湘阴，废玉山并之，治在长乐。翌年，废玉州，罗、湘阴二县改隶岳州。唐武德八年（公元625年）废罗入湘阴，治城江城，罗县名历时864年而消失。1966年2月由湘阴分建汨罗县。1987年9月23日经国务院批准撤县设市，隶属于岳阳市。现辖22个乡、9个镇、6个市属农林茶渔场，总面积1561.95平方公里，南北纵长66.75公里，东西横跨62.50公里。全市有耕地面积51.6万亩，总人口60余万人，其中非农业人口5万余人。

汨罗物阜源丰，主要有黄金、高岭土、麻石。汨罗江中下游河床中蕴藏的黄金量，是目前已探明的华南第一大沙金矿。数百平方公里的地下埋藏着总储量1亿吨以上高岭土（铝钒土），三氧化二铝含量达37%。麻石资源更是取之不尽，用之不竭，总储量约500亿吨。河沙每年销出近70万吨。此外，还有长石、石英、云母、萤石、铁、钾等矿藏。

汨罗水运交通方便，京广铁路纵贯南北，境内有8个火车站，跨越11个乡镇，长62公里，是汨罗客货运输的主要通道。湘江流经汨罗西北注入洞庭湖，是汨罗的主要航道。1956年仅有公路20公里（湘阴至白水），现有107国道经过汨罗市9个乡镇。另外还有长湘公路、湘汨公路、汨营公路、汨平公路、汨磊公路等全长150公里的干线公路和近600公里长的简易公路。1989年公路交通运输货运量239万吨，货运周转量13900万吨公里，客运量500万人次，客运周转量11200万人公里。

汨罗，是我国伟大的爱国诗人、世界古代四大文化名人之一——屈原晚年生活和写作的第二故乡。为了纪念屈原，汉朝时期在汨罗就修建了屈子祠。后经重建的屈子祠矗立在汨罗江下游北岸的玉笥山上，其建筑蔚为壮观。屈子祠属湖南省重点文物保护单位。1988 年，这里被国务院列为洞庭湖风景名胜区，其整体规划已于今年 6 月被专家学者评审通过。环绕屈子祠，还留下了许多为人凭吊瞻仰的名胜古迹。如屈原墓、独醒亭、十二疑冢、招屈亭、三闾庙、屈原塔、濯缨桥、骚坛、桃花洞、寿星台、望爷墩、绣花墩、剪刀池等。近几年来，数以千计的外国朋友、海外华侨、港澳台胞前来汨罗参观屈子祠，观看和参与龙舟竞渡。龙舟竞渡自汨罗江发源，现已成为世界上一项重要的体育活动。汨罗人杰地灵，具有光荣的革命传统。无产阶级革命家任弼时同志，1904 年 4 月 13 日诞生在汨罗市弼时镇唐家桥村新屋里。任弼时同志故居是全国重点文物保护单位，并建有任弼时同志纪念馆。此外，还有智峰山、白鹤洞等革命纪念地。

自 1987 年 9 月建市后，汨罗人民在市委、市政府的领导下，认真贯彻执行“人民城市人民建”的方针，短短 3 年时间，通过各种渠道筹措资金 4000 余万元，用于城市公共设施和服务设施的建设。在基础设施建设方面，兴建了罗城路、荣家路、三塘路、友谊河北路；开通了车站路、劳动北路、高泉南路；硬化街道路面 20 万平方米，人行道铺块 9 万平方米；新建了 1 个 4600 多平方米的街心广场和长 300 米的屈原大桥和罗城桥 2 座跨铁立交桥；扩建了自来水工程，日供水能力增加到近 5 万吨；进行了 11 万伏变电站的增容和市区电网改造。服务设施方面，兴建了 2 条以个体商业户为主的商业街；新建和扩建了 3 个农贸市场；新建了中专 1 所，中学 1 所，职业中学 2 所，小学 1 所；建成医院门诊、康复医院、广播电视、邮电、粮油等 7 幢卫生、通讯、贸易大楼以及 11 万多平方米的职工宿舍和居民住宅；修建了 11 座水冲式公厕。目前市区建成区面积为 5.6 平方公里，现有街道 17 条，全长 21.48 公里。已形成了以建设路、人民路、高泉路、劳动路、车站路、屈原路、罗城路、荣家路、汨新路、大众路为主干的网格状格局。环城大道已经开通。屈原大桥和罗城桥把城东城西连成一体。屈原大桥下有全市最大的集贸市场。是汨罗及附近县（场）的主要物资集散中心。火车站、汽车站座落在车站北路，年均旅客流量达 400 万人次。城内还建有图书馆、新华书店、影剧院、电影院、舞厅、音乐茶座等各类文化娱乐设施。在 1989 年和 1990 年全省城市卫生竞赛中，连续两次被评为湖南省卫生红旗市。

国民经济蓬勃发展。工业生产在改革中阔步前进。汨罗市工业主要有化工、机械、纺织、冶金、建材、食品 6 大行业，双玻璃丝包扁铜线、川山毛笔被评为部优产品；碳铵、425 水泥、金钢砂、165F 柴油机、J4BF／19 直角截止阀、165F 油泵油嘴、钢窗、纸包线、新市铝鞋楦等被评为省优产品。出口产品有：棉麻布、柴油机、麻石除尘器、分割肉、川山毛笔、绣衣、绣花拖鞋、油灰刀等。到 1990 年底，全市工业拥有固定资产（原值）1.5 亿元，职工 7.7 万人，工业总产值 4.75 亿元，占工农业总产值的 70%。汨罗市的农业生产也在稳步发展，1990 年全市农业总产值 20670 万元（按 1980 年不变价计算），比 1949 年的 4594 万元增长 4.5 倍；粮食总产量由 1949 年的 90021.4 吨增加到 1990 年的 345935 吨。林业生产成绩突出，1989 年成为“湖南省消灭荒山第一市”。商业、外贸日趋繁荣。1990 年全市拥有各种商业机构 4277 个，个体户 5681 户，从业人员 8984 人。全年社会商品零售总额 2.61 亿；农副产品收购总额 1.32 亿元。此外，建筑业、交通运输业、旅游业等其他各业也都有长足的发展。经济建设的迅速发展，促进了汨罗的对外开放。1988 年汨罗市与日本北海道赤平市建立了友好联系。

文化、教育和体育、卫生事业蒸蒸日上。汨罗市现有市级文化馆 1 个；市级图书馆 1 个，藏书 8 万册，其他类型图书馆和基层图书室共计藏书约 15 万册；市区有影剧院 4 个，乡镇剧场 9 个；乡镇文化站 31 个，文化中心 25 个。1986 年汨罗被评为全国 100 个基础教育先进县（市）之一，目前全市拥有各类学校共 504 所，其中普通中学 56 所，农业职业中学 15 所，小学 401 所，1990 年累计在校学生 107250 人。全市适龄儿童入学率为 99.4%，在校学生巩固率为 96.3%。市职业中专被评为全国科技兴农单位，并被省教委确定为省级重点中专。1987 年 4 月，汨罗市被命名为全国体育先进县（市），全市现有卫生机构 77 个，市区有医院 4 座，病床 1185 张。

展望未来，汨罗人民决心乘改革开放的强劲东风，再接再励，为汨罗的繁荣兴旺而奋进不息。

津市市

市　长：刘万清

副市长：张宜红（常务）　刘克云（城建、文教卫）　唐必成（工交）　肖朝进（农业）　邓珍灵（科技）

刘万清市长，1954年3月生于湖南省常德市，大专文化。1979年3月加入中国共产党。1980年参加工作，曾任中共常德县委办公室副主任、主任、县委常委和中共常德市鼎城区委常委、副书记。1989年底调任中共津市市委常委、副书记、市人民政府党组书记、代市长。1990年2月在津市市第十一届人民代表大会一次会议上当选市人民政府市长。

社会生活安定　经济稳步发展

——1990年津市市社会经济发展简述

□ 津市市市长　刘万清

1990年津市市围绕稳定政治、稳定经济、稳定社会的大政方针，坚持以经济建设为中心，实行综合治理，保持了政治和社会的稳定，实现了国民经济和社会事业的稳步发展。社会总产值完成8.21亿元，按可比价格计算，比上年增长3.1%，其中工农业总产值6.79亿元，增长3.4%；国民生产总值3.64亿元，国民收入3.29亿元，分别增长3.17%和2.1%；财政总收入4536.3万元，增长4.6%。

（一）工业生产在调整中持续稳步增长。在市场疲软、资金紧缺和抗旱让电支农中动员各行各业打工业总体战，通过调整结构、开发新品、制定促销优惠政策、组织劳动竞赛等措施，使工业生产保持了适度发展，工业总产值完成5.15亿元，比上年增长2.67%，其中市属工业总产值3.92亿元，增长3.07%。列入计划考核的40种主要产品中，有食盐、油漆、水田耕整机、机制纸、味精、酶制剂、蚊香、黑白显象管等22种比上年增长。开发水旱耕整机、Y-80系列驱动电机、消烟采暖炊事炉、液体蚊香、香豆素、凹板复合油墨等新产品24项，新产品产值率达18.5%。产品质量稳定提高率稳定在90%以上，优质产品产值率达21%。全年技术改造项目14个，其中已完成引进灭蚊剂和电热蚊香设备、味精、水电汽配套工程、汽车后半轴生产线等5项，技改竣工项目达产率达70%，新增计量上等级企业18家。

（二）郊区农业在抗灾中夺得好的收成。1990年农业总值1.64亿元，比上年增长7.22%。粮食总产11.63万吨，比上年增长2.88%；棉花总产1323吨，增长47.66%。在抓好粮棉生产的同时，因地制宜调整农业结构，多种经营有了新的发展，全年油料总产9204吨，比上年增长14.25%，蔬菜产量增长82.3%，蚕茧增长4.8%。家禽和水产品产量分别较上年增长18%和22.26%。乡镇企业在调整中稳步发展，企业三级总产值达到9066万元，其中乡镇工业总产值4262万元，分别比上年增长18.11%和25.2%。农田基本建设加快，全年共投入工日290万个，完成土石方310万立方米，重点狠抓了西湖渔场防讯道路、新洲镇下垸、渡口镇八宝湖改造等重点水利工程，使农业发展后劲得到增强。

（三）流通逐步转活，物价指数回落。针对市场疲软的情况，从落实购销政策着手，不断强化促销措施，内外贸易逐步由滞转旺，由上半年国营商业和供销社销售比同期下降9.17%转为下半年增长18.1%。全年社会商品零售总额2.47亿元，增长5.62%。国合商业国内纯购进和纯销售分别比上年增长24.62%和1.5%。

对外贸易在国际市场变化较大的情况下，完成出口收购总值1887万元，增长4%。流通秩序继续得到整治，通过清理整顿，注销和改组了部分不符合政策的公司和批发企业。加强了钢材、煤炭、化肥、石油等重要生产资料市场管理。通过加强物价管理和监督，实现了物价涨幅明显低于上年的目标，全年零售物价指数比上年回落16个百分点。在充分发挥国营商业主渠道作用的同时，个体私营经济有了新的发展，全年集市贸易成交额达7867万元，比上年增长9.9%。

(四) 城市基础设施继续改善。在城市交通邮电方面，新建了澧水大桥北端公共汽车站，完成了沟通津市——常德——安乡公路干线的八宝湖公路桥梁基础工程，汽车新站主体工程全面施工，总建筑面积2843平方米的邮电大楼主体工程即将竣工，新洲镇的自动电话改制工作正抓紧实施。在商业网点建设上，投资700多万元，新建改建商业网点20多个，市百货中心大楼、友谊商业大楼先后建成开业，集资修建了大桥、明珠楼等5个个体商场。在城市供水、防洪、道路和环境保护方面，新设了第二条过江水管，完成了市内水厂扩建改造第一期工程，增加日产水能力1万吨；加修加固了市区防洪大堤；金鱼岭路连接澧水大桥接线工程已全面展开；疏浚老城区下水道21.9公里；开发商品房面积6333平方米。湘澧盐矿、市人民医院等处的废水治理工程已基本完成，全市大气环境质量控制在国家二级标准之内，河水水质保持在一级至二级之间，市区绿化覆盖率达21%。

(五) 城市管理得到了加强。从强化部门职能入手，宣传学习《城市规划法》，完善城市管理规章制度，强化城市规划法律意识，使城市管理工作逐步规范化、制度化。完成了城市总体规划部分调整工作，部分小区规划、乡镇村组调整规划及厂矿发展规划也先后编制完成。有重点地加强了对和平路、澹津路等重要地段的整治，进一步落实了"门前三包"责任制.通过综合治理，在全国城市卫生大检查中，获得省内同类城市前列的好成绩。

(六) 科教文卫有了新进步。科技工作围绕"科技兴市"这个目标，积极抓好科学技术的普及推广和课题攻关，1990年共推广科技成果47项，投入经费2060万元。科技兴工方面，推广科技项目15项，科研项目6项，由省和国家立项的科技项目10项，有全苇浆双胶纸等3项纳入国家级"星火计划"和"火炬计划"，引进推广新材料新工艺10项。科技兴农方面，推广了杂旱、早稻"多两大"、早稻少耕分厢撒播、早稻中苗带土、晚稻双两大、水稻施用稀土等12项农业实用技术。全年获市级以上科技进步成果奖18项。完成了职称复查和科技"两法"的普法工作，国家科委已确定我市为重点联系市之一。教育投入有所增加，教育条件继续改善。新开办了聋哑学校。全市新建教师宿舍10731平方米，改造危房5360平方米。通过贯彻德智体美劳全面发展的方针，教育质量不断提高，学龄儿童入学率100%。巩固率达99%。完善了"四统一分"的职教体系，全市职业高中与普通高中的招生比例达到46:54。文化工作坚持"双为"方向，一手抓繁荣文艺，一手抓净化文化空气，强化了文化市场管理，首次举办了湘鄂边区歌舞邀请赛。文物保护工作受到国家、省文物部门的表彰与奖励。广播电视事业发展速度加快，市电视台和中波实验台分别于5月和11月正式开播。医疗卫生通过改善条件和加强服务，防病治病的水平有了提高，传染病发病率比上年下降了3.14%，治病转好率达到97%，急性血吸虫病发病率较上年下降89.1%。体育连续3年被国家体委和全国总工会评为全国长跑活动先进城市。

(七) 民主和法制建设继续向前推进。在"一手抓建设，一手抓法制"方针指导下，全市完成了"一五"普法的检查验收工作，有549个单位，19万普法对象获得了普法合格证书。在加强法制教育基础上，建立和完善了打击与防范相结合的社会治安机制，不失时机地开展了行之有效的斗争，全市查获重大犯罪团伙94个，分化瓦解团伙成员477人，刑事案发案率下降19.8%。通过全面贯彻实施《城市居民委员会组织法》和《村民委员会组织法》，基层群众自治组织和政权建设进一步加强。

(八) 劳动就业，人均收入均有提高，人民生活继续改善。通过各种渠道安置就业人员1414人，比上年提高23.4%。全市人均国民收入1361元，提高2.83%。城市居民人均年收入1365元，郊区农民人均纯收入654元，分别比上年增长7%和8.63%；城市居民人均居住面积6.9平方米，比上年增加2.98%，城乡居民银行储蓄余额1.48亿元，比上年增长37.2%。

郴州市

市 长：宋甲武

副市长：阳中谋（常务） 李载友（城建） 颜国良（公安、民政） 谭乐安（文教卫） 黄福良（财贸） 曾民生（工业、计划） 谭顺琛（科技）

宋甲武市长，生于1954年5月，大学文化，湖南省冷水滩市人。中共党员。先后曾在郴州电机厂、郴州市教育局、郴州市农业局工作。1975年到广州中山大学中文系文学专业学习。1978年调郴州地委办公室工作。1983年历任共青团郴州地委副书记、书记、郴州地区行署办公室主任，中共郴州市委常委、副书记、郴州市副市长、代理市长。1991年3月当选为郴州市市长。

投资保重点 为民办实事

——郴州市“七五”计划全面完成

□ 张聪蓉

1990年，是“七五”计划最后一年，也是郴州市经济社会发展十分困难的一年。一年来，郴州市委、市政府积极贯彻执行治理整顿和深化改革的方针，克服了生产经营等方面的困难，较好地完成了各方面的计划。1990年，全市社会总产值达166257万元，比上年增长4.5%，工农业总产值86034万元，比上年增长2.7%，国民生产总值85074万元，比上年增长3.5%，工业总产值84169万元，比上年增长2.82%，固定资产投资总额比上年下降24.1%，全市社会商品零售总额比上年增长1.25%，全市国合商业国内纯购进总额比上年下降2.97%，国内纯销售额比上年增长27.4%，全市职工生活费用价格指数为99.9%，零售物价总指数为98.1%，地方财政总收入比上年增长1.29%，总支出比上年增长1.51%，收支相抵，略有节余。1990年末，全市各类存款余额达60594万元，比年初增加13273万元，各类贷款余额88038万元，比年初增加14573万元。现金收入比上年增长24.9%，现金投入总额比上年增长30.58%。城乡人民生活水平继续提高，城镇居民人均生活费收入比上年增长5.2%，全民职工人均收入比上年增长9.9%，农民人均纯收入比上年增长6.1%。城乡居民储蓄存款余额达31341万元，比年初增长32.2%。全市人口出生率11.76‰，比上年下降0.85个千分点，自然增长率7.39‰，比上年下降0.86个千分点，是湖南的计划生育先进市。

以改革促开放，以开放促开发，“七五”经济社会得到全面发展

“七五”期间，郴州市适逢国务院批准为湖南省改革开放过渡试验区。工农业总产值计划年均增长8.1%，实际增长9.6%，工业总产值计划年均增长8.1%，实际增长9.7%，农业总产值计划年均增长5.5%，实际增长7.1%，国民生产总值，计划要求1990年比1985年增长52.3%，年均增长19.8%，实际增长176.7%，年均增长22.6%。其中，第一产业，“七五”计划要求1990年比1985年增长87%，年均增长13.4%，实际增长182.85%，年均增长23.11%。第二产业，“七五”计划要求1990年比1985年增长62.4%，平均增长10.2%，实际增长93.05%，年均增长14.06%。第三产业，“七五”计划要求1990年比1985年增长75%，年均增长11.9%，实际增长176.47%，年均增长22.5%。国民收入，“七五”计划要求1990年比1985年增长45.3%，平均增长10.2%，实际增长59.3%，平均增长15.72%。财政收入，“七五”计划要求1990年比1985年增长33.4%，年均增长6%，实际增长107.5%，年均

增长 15.72%。固定资产投资总额，“七五”期间计划比“六五”期间增长 77.18%，实际增长 217.56%。“七五”期间主要建设项目，除煤气厂因暂时不具备条件，没有完成外，其它项目均已完成。据有关部门统计，郴州市是全国率先跨入“小康”水平的 36 个城市之一，是湖南省唯一达到这一水平的中等城市。

抓重点保重点
把心放在为民办实事上

郴州市能较好地完成“七五”计划，一个显著的特点是：投资保重点，为民办实事。

市委市政府本着轻重缓急的原则，把钱用在刀刃上，把心放在市民最关心的问题上。

第一，改善投资环境。在住的方面，全市先后兴建了 10 大商业网点，大批居民住宅。现在，成千上万的外来客人，可分别安排在中、高档的酒家、饭店，住宿十分方便。全市城镇居民人均住房面积近 8 平方米，“住房难”正在逐步解决。在交通方面，改造了一个火车站，新建了郴州至广东韶关的电气化铁路，新建了京广复线郴州段，新建了市区东西方向的飞虹路、东门口立交桥、飞虹桥、白鹿桥，拓宽改建了市区的大动脉北湖路、解放路、燕泉路、人民路、国庆路，修通了 107 国道郴州段，新开了郴州至广州、郴州至长沙专列，使郴州市的交通大为改善。与此同时，市政府在交通方面鼓励国营、集体、个体一起上的原则，开展多方面的竞争。在用水方面，郴州市在紧缩财政的情况下，千方百计挤出 5000 多万元，从资兴市境内的东江引水，提前 9 个月完成列为湖南省“七五”期间的重点工程，使日供水增加 10 万吨，从根本上解决了“用水难”的问题，并为改善投资环境创造了良好的条件。

第二，平衡财政收支。“七五”期间，郴州市的财政状况是财源紧、开支大。为了确保重点，市政府采取了一些过硬的措施。一是制定优惠政策，千方百计扶持企业，增加适销对路的产品，不断提高经济效益，为增加财源打好基础。二是千方百计组织收入。每年年初把任务层层分解落实，建立岗位责任制，做到以旬保月，以月保季，以季保年。同时，财政、税务、银行等部门同唱一台戏，齐心协力搞好“五税一费”的管理，加强监督，堵塞漏洞。三是严格支出管理，大力节减财政支出。本着保重点，兼顾一般的原则，按照过紧日子的要求，加强对资金的管理，严格控制社会集团购买力。四是深入开展税收、财务、物价大检查。采取上述措施之后，郴州市连续 8 年实现了财政收支平衡，略有节余，多次受到上级的表扬。

第三，“两个文明”一齐抓。“七五”期间，郴州市委市政府把物质文明与精神文明有机地结合起来抓，互相转化，互相促进。首先，在全市范围内广泛开展了创“文明单位”，做“五好家庭”，争“文明市民”为主要内容的精神文明活动，使全市涌现了大批文明单位，“五好”家庭和先进个人。其次，每年都在全市开展几次能激励全市广大干部群众为振兴郴州而努力奋斗的群众性文体活动。如歌咏比赛、演讲比赛、摄影比赛、体育比赛等等。再次，通过目标管理的形式，动员全市力量，切实抓好教育、计划生育、社会综合治理等大型社会系统工程，为全市的经济建设和社会发展创造一个良好的社会环境。

第四，关心群众生活。郴州市毗邻广东，经济上的拉力，物价上的差距，曾使郴州市民叫苦连天。针对这种情况，郴州市委市政府采取了有力措施，使这一问题得到了解决，受到了市民的称赞。措施之一，抓市场。几年来，市政府先后投资几百万元，兴建了具有全省一流水平的罗家井综合市场和北湖、张家巷、五里堆、苏仙桥、高山背等蔬菜市场。这些市场的兴建，吸引了大批省内外的客商，使大量的蔬菜、肉食、水产、瓜果流入市内，而且四季不断，为丰富市民的“菜篮子”提供了有利条件。措施之二，兴建“菜篮子”工程。市政府制定了《郴州市蔬菜基地保护办法》，对全市现有菜地和规划发展的菜地实行保护。市政府拨出专款，加强了菜地基本建设。建立了科技网络，引进新品种，推广新技术。这样，过去存在的“一淡就无，一旺就烂”的现象不存在了，一年四季都有大量的蔬菜上市。在抓好蔬菜的同时，市政府在市郊区办了几十个养殖场，发展了几百个养殖专业户，市民吃肉、吃鸡、吃蛋、吃鱼的问题都得到了解决。措施之三，抓物价。市政府要求有关部门坚持价格监督管理为经济建设服务的方针，坚持“稳中有调，治中有立”的管价原则，围绕“严格控制物价总水平”这个中心和“稳定菜篮子、稳定农业生产资料”这两个重点开展物价工作。一是增加了管价品种，对国家列出的 47 种人民基本生活必需品的价格和重要收费实行了监督制度。二是对国营、集体的销售商品实行明码标价。三是推行“企业定价许可证”。四是有计划步骤地调整了部分特别突出的不合理的比价关系。五是抓了农业生产资料价格的检查。六是从严查处了哄抬物价、欺行霸市、掺杂使假、短斤少两、投机倒把、中间盘剥等坑害群众的违法行为。七是广泛开展了“物价计量信得过”的活动。这样，郴州物价指数曾几年在湖南数第一，仅次于广东，市民不堪负担的“老大难”问题，经过近几年的努力，终于得到了很好的解决。

永州市

市 长：廖永雄

副市长：贺庆久（常委） 于乐清（南津渡电站） 李安纯（工业、交通） 黄衡（农业） 周新民（城建、科教） 冯林根（科技）

廖永雄市长，湖南省嘉禾县人。1943年生，1965年入党，1970年毕业于北京矿业学院机电系。历任零陵地区铁厂机电技术员，地区磷肥厂机修车间副主任、生产技术科副科长，零陵地区经济委员会副主任、零陵地区对外经济贸易委员会主任。1990年3月在永州市第四届人民代表大会第一次会议上当选为市长。曾发表《工业企业全面质量管理讲义》、《工业企业技术管理简论》、《小城市的基础设施建设》等论文。

强化工业主导作用 促进经济稳步发展

□ 永州市市长 廖永雄

永州是一座具有两千多年历史的文化古城，是湖南省零陵地区的所在地。“七五”期间，全市围绕“兴工促农，兴商活工”的发展战略，始终不渝地坚持“一个中心，两个基本点”，国民经济持续、稳定、协调地向前发展。1990年尽管农业遭受了百年未遇的严重旱灾，工业经受了市场疲软的严峻挑战，按1980年可比价格计算，全市国民总产值仍然达到49089万元，5年平均每年递增9.58%，提前一年实现国民生产总值翻第一番的目标。国民收入年均递增11.1%，工农业总产值年均递增14.16%，1990年达到45783万元，比1985年增长94%。其中农业总产值达到19271万元，比1985年增长39.92%，年均递增6.02%；工业总产值达到26594万元，是1985年的2.9倍，年均递增23.56%，提前一年完成“七五”计划。地方财政总收入年均递增17.59%，超计划9.8个百分点。社会商品零售总额平均每年增长14.4%，超计划4.4个百分点。市场商品货源充裕，物价基本稳定，人民生活明显改善。全市职工工资总额以年均21.1%的速度递增，1990年人均工资达到2025元，比1985年增长13.2%；农民人均收入也由1985年的322元增加到1990年的526元，年均递增10.7%；居住条件有了明显改善，5年来城镇住宅峻工面积达28.7万平方米，人均比1986年增长28.6%。可以说，“七五”时期是永州市政治安定、社会稳定、经济发展的良好时期，是物质文明建设和精神文明建设都取得重大成绩的时期。

“七五”期间，全市不断强化工业的主导作用，工业布局日趋合理，工业成为全市经济主体的格局正在形成。1985年工业总产值只占工农业总产值的39.18%；1988年占53.74%，工业总产值首次超过农业总产值；1990年工业总产值占工农业总产值的比重上升到58%。回顾5年发展工业生产的历程，主要有五个特点：

城乡工业并重发展

永州工业基础落后，“六五”期末，全市人均工业产值只有181元，劳动生产率人均只有9384元，工业总产值只占工农业总产值的39%。所以，财政增收缓慢，农业投入有限，许多农副产品不能加工增值，劳动就业困难较大，第三产业难于发展。“七五”经济发展的路子怎么走？市委、市政府通过加强对市情的综合研究和系统分析，制定了“兴工促农，兴商活工”的发展战略，明确提出了“把加快城乡工业的发展作为振兴永州经济的突破口”来抓。在整体布局上，工业的发展以城市工业为重点，带动农村工业发展。力争到“七五”末期，城市工业形成一批骨干企业，一批支柱产品，一批优质产品；农村工业形成一批重点工业区乡，一批重点工业企业，一批重点工业村，一批重点工业大户。工业产值要占工农业总产值的60%以上。根据这个发展战略，全市上下“一盘棋”，形成了一股振兴工业的强大活力。

技术改造规模扩大

1986年以来，全市共完成技术改造项目60多个，完成技术改造投资6538万元，相当于1985年全市工业企业固定资产的总和，年新增产值8600多万元。工交部门45户企业有30多户进行了不同程度的技术改造和设备更新，新上了钢化玻璃、豆奶制品、铝箔纸等20多条生产线，初步形成了以羽绒制品为龙头的轻纺工业；以化肥、农药、医药化工和日用化工为主导的化学工业；以锰矿为主要原料的冶金工业；以客车制造为拳头产品的机械工业；以农副产品加工业为依托的食品加工工业。年产值在1000万元以上的企业有羽绒厂、制药厂；年产值在500元以上的企业有10个，比“六五”期末增加8个。1990年，农村工业突破1亿元，年均递增35.91%，超额完成“七五”计划，形成了“四个一批”的格局：全市农村工业产值达1000万元以上的区3个，100万元以上的乡20个，10万元以上的村28个，10万元以上的个体工业户35户。

调整结构初见成效

在加大固定资产投资的同时，市里要求企业以市场为导向，启动现有资产存量，推动企业生产要素的合理流动，大力调整产品结构，收到了较好的效果。“七五”期间，支农、日用和出口创汇产品的生产不断增加，主要工业产品化肥、农药、电池、袜子、皮鞋、棉布、日用玻璃、塑料制品等完成或超额完成了计划指标。5年全市共开发新产品44个，产品品种由1985年的181种增加到254种。弧形钢化玻璃、锑白粉等29种新产品通过省级鉴定，填补国内空白1个，省内空白12个，创部优质产品2个，省优质产品10个。工业内部产业结构日趋合理。1990年，全市农村工业产值与城市工业的产值达到2:3；轻工业占工业总产值的52%，重工业占48%，轻重工业的比例基本协调。

企业改革不断深化

1986年，全市工交企业普遍推行了厂长负责制；1987年，又推行了承包经营责任制，主管部门与企业签订了承包合同。1988年以来，全市工交企业普遍推行了工资效益挂钩；1990年，所有企业进行了第二轮承包。同时，采取了企业领导聘任、工人优化劳动组合、全员风险抵押承包等形式，对企业内部的人事、分配、用工等制度进行了一些改革。在改革的过程中，市政府始终坚持稳定企业的原则，在加强企业党组织建设的同时，保证厂长、经理的中心法人地位。始终执行为搞活企业而制定的各项让税让利政策，不因财政困难而改变。对改革中出现的问题，注意作实事求是地分析，重在总结教训。凡不属个人中饱私囊的，领导都出面承担责任，让厂长经理大胆工作。

在落实企业自主权的过程中，还着重狠抓了标准化、计量定级、财务达标、定额管理、质量管理和现场管理等工作，层层举办了培训班。1988年至1990年组织全市职工参加全国普及全面质量管理基础知识测试，有1404名职工考试合格。“七五”期间，上省先进级企业1户，省预备级企业3户，上国家二级计量单位1户，国家三级计量单位13户。

投资环境大有改善

为迎接新的投资机遇，全市不但在优惠政策、办事效率、服务体系等“软件”上下功夫，也想方设法在改善水、电、路、邮、讯等“硬”环境上办实事。1986年动工的南津渡电站，总投资近2亿元，总装机容量达6万千瓦，年发电量可达3亿千瓦小时，1991年10月可正式投产运行。新增珠山11万伏变电站，已投入使用。交通、运输、邮电事业得到发展。5年城市建设共投资7000多万元，城区日供水能力达到8万吨，城区面积由1986年的7平方公里扩大到11.2平方公里。全市5年共新、改、续建市、乡、村道269.8公里，乡乡通公路，通客车的村由1985年的163个发展到1990年的422个。客货运量成倍增长，邮电通讯发展迅速，实现了与全国城市电话直拨和市、区、乡三级电话会议对讲。同时，我们还充分利用永州被列为改革开放过渡试验区的机遇和毗邻两广的地理位置，开展内引外联和“三来一补”，与全国10多个省、市、自治区建立横向经济联系，在广州、深圳、海口等地建立了对外“窗口”，对外贸易不断扩大，出口创汇产品由“六五”期间单一的羽绒制品发展到锰粉、精锑、硫酸锰、励磁机、电话机、西式火腿、乌发洗涤精等8个产品，5年出口创汇1658万美元，为“六五”期间的3.3倍，净增1198万美元。

冷水滩市

市　长：李德旗

副市长：崔永平（常务）　李顺阳（财贸）　胡会元（城建）　伍拱辉（工交）　杨建平（文教卫）　王莉君（女　农业）　李江涛（科技）

李德旗市长。湖南长沙市人。1953年11月生。大专文化，经济师，中共党员。1970年2月参加工作。历任零陵地区纺织厂车间主任、厂办主任、副厂长。1985年纺织厂易地冷水滩开展技术改造。任常务副指挥长。1988年4月调任湖南省零陵地区经济委员会副主任。1989年1月调冷水滩市工作，任中共冷水滩市委副书记、代市长。同年3月在冷水市第二届人民代表大会第三次会议上当选为市长。

正在崛起的湘西南中心城市——冷水滩

□ 冷水滩市市长　李德旗

冷水滩是乘改革开放、搞活的东风而迅速发展起来的城市。1984年复市，1987年被国务院列为对外开放城市，1989年被湖南省人民政府列为计划单列城市，并决定作为湘西南的中心城市来建设。"七五"期间，冷水滩人民坚持以经济建设为中心，坚持改革开放，突出抓了城市建设和经济开发区建设，各项事业取得了较大成就。1990年，全市社会总产值9.6217亿元（1990年不变价，下同），比1985年增长74%；国民生产总值5.2484亿元，比1985年增长69%；国民收入4.3764亿元，比1985年增长65.2%；工农业总产值8.5269亿元，比1985年增长74%。财政总收入4562万元，比1985年增加1.8倍。

城市建设日新月异

"七五"期间，冷水滩多方筹集城建资金4.8亿元，重点加强了基础设施建设，城市面貌发生了翻天覆地的变化，一是城市"四通"发展迅速。城市道路由1985年的15条10720米增至24条30559米。其中沥青或水泥路面由1985年的3条增至22条，"三块板"道路由3条增至6条。现在，一条条繁华、壮观、秀丽、整洁的街道向城区远方伸展而去，基本形成了河东以潇湘路为骨干，河西以零陵路、凤凰路为骨干的纵横交叉的城市道路网络。在改造菱角山水厂的同时，新建了荷叶岭水厂一座，日供水能力达到5万吨，为1985年前的4倍；铺设100毫米以上主管道4.1万余米，管网普及率达到70%，供水范围达7平方公里。新建了3.5万伏、11万伏和将要投入使用的22万伏变电站各一个，大大缓解了城区用电紧张的矛盾。城区自动电话投入营运，万门程控电话的启用，成为全省第一个可直拨国内外大中城市的县级市。二是各类建筑鳞次栉比。一大批各具特色的建筑群拔地而起。5层楼房比比皆是，以百货、纺织、供销等大厦为代表的10层高楼点缀其中，甚为壮观。复市来，市区房屋竣工面积210多万平方米，为头个五年计划房屋竣工总面积的1倍还强。三是园林绿化成效显著。市内虎岩公园的诞生开辟了市游园的第一个里程碑。潇湘公园和桥头公园的前期建设正在加紧进行。到1990年，园林绿化已达24公顷，公共绿化达16公顷，绿篱带总长达3.3万余米；各类树林81万株，市区绿化覆盖率由1984年的5%上升到14.3%。四是综合开发初具规模。"七五"期间，小区建设有了新的突破。1990年止，西冲塘、白竹亭等8个小区建设已基本实现"合理布局，配套建设"的目标。五是规划管理走上正轨。城市总体规划再经修编，现城区为8.2平方公里，到2010年为36平方公里。同时，还编制了各小区建设和居民点建设的详细规划。

经济实力明显增强

"七五"期间，我们坚持以改革促开放，以开放促发展的方针，经济实力不断增强。

工业门类品种较全。全市现有工业企业 311 家，已拥有 30 多个门类，基本形成了以建材、食品、轻纺、机械为主体，兼有化工、冶炼、电器门类比较齐全的工业体系。主要工业产品有 50 余种，其中特种水泥、电线、耐火砖、铜板纸、水泵、纸机等产品畅销东南亚及美国等 20 多个国家和地区。1990 年，全市全部生产性固定资产原值 14.2592 亿元，比 1985 年增长 63%。其中工业固定资产原值 3.6 亿元，比 1985 年增加 1.5 倍；工业总产值 5.7473 亿元，比 1985 年增加 1.6 倍；工业企业实现利税 9600 万元，比 1985 年增加 2.3 倍。

农村经济有所发展。1990 年，全市已建立各类水利工程 2 万余处，电力提灌 1270 处，装机容量 1.4 万千瓦。年产粮食 22 万吨以上，出售商品粮达 5000 多万公斤。生猪发展到 34.2 万头，比 1985 年增长 42%。每年可外销 3 至 5 万头。水产品总产量 4053 吨，比 1985 年增长 78.2%。乡镇企业总收入 1.61 亿元，比 1985 年增加 7.7 倍。目前，全市以发展粮、果、猪为主要产品的农业生产新格局正在逐步形成。

商业贸易日趋活跃。“七五”期间，我们大力发展商业网点，不断新建和改造农贸交易市场。1990 年，全市已有商业零售网点 3682 个，从业人员 8800 多人，每万人拥有商业零售网点 90 个，全市社会商品零售总额 2.31 亿元，比 1985 年增加 1.5 倍。城乡集市贸易成交额 1.28 亿元，比 1985 年增加 1.7 倍。目前，有 16 个省 50 多个县市的商业企业和个体商贩在我市经营，与外省产品购销额年平均达 4 亿余元。

人民生活得到改善。1990 年，全市职工人平收入 2183 元，虽然特大旱灾，农民人均纯收入仍达到 432 元，分别比 1985 年增加 1.3 倍和增长 43%。1990 年，城乡居民储蓄存款余额 1.71 亿元，比 1985 年增加 4.5 倍。

各项事业阔步发展

“七五”期间，冷水滩市科教文卫体事业发展较快。全市研究和推广科技项目 86 项。其中，“潜育性水稻土成因及改良技术研究”、“水稻土起垄栽培体系研究”等 6 个项目，获国家部级科技成果奖；“出口猪皮色里革”、“国外松引种”等 6 个项目，获省级科技成果奖；还获“放射性防护头盔”、“铁路车辆推动器”等专利 10 项。全市现有各类学校 378 所、其中中专 3 所，中学 40 所，小学 335 所；为国家输送大中专学生 3315 人。卫生事业机构 102 个，其中医院 34 家，新建了 3 座电视差转台和 2 座室内体育馆。每年都接待 1 至 2 次全国和全省的体育赛事，多次被评为国家优秀赛区，连续 5 年被评为湖南省最佳赛区。目前，湘西南规模最大、功能齐全的冷水滩体育中心正在紧张施工，1992 年承办湖南省第二届青运会。

经济开发区方兴未艾

为加速我市建设步伐，吸引国内外企业家来冷水滩办企业，我们在市区西北部开辟了凤凰园经济开发区。总体规划 20 平方公里，分近、远两开发，近期即“八五”期间开发 2.5 平方公里，2000 年以后为远期开发。该区东临湘江，南接湘桂铁路，离城区不到 2 公里，交通非常便捷；地势开阔，地形起伏不大，最大标高 152 米，最低标高 112 米，坡度小于 10%至 15%；地基承载能力强，每平方厘米 1.5 公斤以上。

凤凰园经济开发区自 1988 年规划、动工以来，我们已投资 3000 万元用于基础设施建设，现在水、电、路、通讯、排污等项工程基本完成；区内“外商投资区”、“内地工业区”、“私营经济区”和“综合服务区”等几大功能区已规划完毕。宽 42 米的凤凰路和梧桐路纵横开通；三条高低压线全面架好；大容量的给水工程基本竣工。在改造“硬环境”的同时，我们加紧了对“软环境”的改造。在提高办事效率和鼓励投资建设方面制定了不少相应的优惠政策。目前，已有 16 家外商表示投资意向，32 家内地工业和市直单位到开发区选址建厂建房，有 150 多户各地农民企业家建厂办企业。跃进机械厂、湘南器材厂两大军工企事业率先来凤凰园落户，并挂牌筹备搬迁；定向开发 200 万元商品房的上李家小区已破土动工兴建。1990 年 12 月，该开发区经省体改委正式批准，标志着冷水滩市城市建设又进入了一个新的高潮。我们热忱欢迎国内外各界人士和专家、学者及企业领导到冷水滩来观光、考察和开展多种经济形势的技术合作。我们愿意在资源开发上当后盾，工业生产上当配角，科技推广上当市场，出口创汇上当助手，共同把凤凰园经济开发区办成发展经济的特区，现代工业的基地，对外协作的窗口，改革开放的榜样。

娄底市

市　长：赵伯栋
副市长：梁杖伦（常务）　吕以丰（城建）　李毓阶（文教卫）　廖升阳（农业）　罗树芝（科技）　曾令奇（财贸）　黄熙雍（工交）

赵伯栋市长。1947年11月出生于湖南省邵东县，大专文化，历任湖南省军区话务员；邵东县团委副书记、邵阳地区团委副书记、娄底地区团委书记；湘中针织厂党委书记、娄底地区经委副主任；1988年2月任中共娄底市委副书记、娄底市副市长；1989年5月代娄底市市长；1990年3月当选娄底市市长。

改革见成效　“七五”绘新图

□ 娄底市市长　赵伯栋

社会经济迅速发展

（一）经济建设进展迅速。1990年，全市国民生产总值达到5.32亿元（按1980年不变价，下同），比1985年增长51.1%，年均递增8.6%；国民收入达到4.26亿元，比1985年增长69.7%。年均递增11.2%；社会总产值达到9.91亿元，比1985年增长67.9%，年均递增10.9%。其中工业总产值6.18亿元，农业总产值5965万元。分别比1985年增长44.4%和18.8%，年均递增速度分别为7.6%和3.5%。与1985年比较，钢产量增加到56.1万吨，增长43.4%；生铁增加到53.7万吨，增长40.2%；水泥达到15.7万吨，增长51%；焦炭和原煤生产继续保持优势。产量分别达到56.5万吨和321.1万吨，粮食总产量达到91950吨。增长4%；生猪发展数达到24.8万头，增长21.4%；花生产量653吨，增长78.4%；西瓜1228吨，增长65.7%；柑桔1575吨，为1985年的14.8倍；水产品总产量达到1603吨，增长94.1%。

（二）社会事业蓬勃发展。“七五”期间，全市科技队伍力量不断壮大。1990年底，全市共有各类专业技术人员14670人，为1985年的2.2倍。其中自然科技人员7386人。社会科学人员7284人。分别为1985年的1.82倍和2.72倍。教育事业得到了高度重视。“七五”时期，增加中专学校5所，普通中学4所。全市现有大专1所，中专9所，普通中学24所，职业中学2所，普通小学134所。全市共有教职员工5011人，其中专任教师3917人，分别比1985年增加了1006人和502人。全国第四次人口普查资料表明。我市人口的文化素质居娄底地区首位。每万人中有大专以上文化的361人。中专、高中文化的1714人。文化、卫生、、体育等各项事业都取得了新的成就。创办了娄底电视台和2个广播电台。城乡广播网络初具规模。兴建了娄底地区最大的新华书店和图书馆。文化馆增加到14个，电影院发展到5家。1988年和1989年举办的两次大型“灯会”，为丰富群众文化生活，增添娄底特色，提高娄底市的知名度发挥了积极的作用。医疗卫生条件得到明显改善。全市卫生技术人员达到2071人，比1985年增加了743人。全市卫生机构已发展到118个。其中医院9家，拥有医疗病床1486张，每万人占有的病床名列全省前茅。体育设施较为完善，拥有体育馆4个，体育场6处，游泳池已动工兴建。全市现有业余体校3所。市第二中学是湖南省传统体育项目重点中学。“七五”期间，全市有245人参加了省级以上体育比赛，破1项全国纪录，4项省纪录。

（三）生活水平明显提高。随着经济建设和各项社会事业的迅速发展。人民生活水平不断提高。1990年，城市居民人均实际收入达到1602.4元，比1985年增长了102.5%，年均递增15.2%；人均实际支出

1458.9 元，比 1985 年增长了 100%。年均递增 14.9%。职工年平均工资达到 2269 元，比 1985 年增长了 94.3%。年均递增 14.2%。农民人均纯收入由 1985 年 342 元提高到 564 元，增加了 222 元。城乡居民储蓄余额达到 22293 万元，人均储蓄 740 元，比 1985 年增加了 581 元。“七五”时期共安置待业人员 8995 人，1990 年末全部职工总数达到 75250 人，比 1985 年增加了 20378 人。1／3 的农户住上了新房，城市居民人均居住面积达到 7.6 平方米。

城市建设成就显著

(一) 基础设施建设继续巩固。

1. 道路建设。15 平方公里的市区已建成 16 条主次街道。总长度 125 公里，道路面积 85 万平方米。人均道路面积 6.8 平方米；建有跨铁路、河道桥梁 10 座，16 米双孔框架地道 3 处。方格网式的城市道路将各工业区、商业区、生活区及新老市区连成一体。娄星、氐星、乐坪、长青等主干道采用“三块板”结构，幅宽 40 米，两旁留有 20 米宽的绿化带，平坦笔直，气势宏伟。

2. 对外交通。娄底火车站为一等站。从 1986 年开始改建、扩建、增加到 29 股道，并预留 5 股。娄底新汽车站已经落成。联通省内主要大、中城市。

3. 供水。第一自来水厂日供水量由 3 万吨扩大到了 6 万吨。全市已形成供水综合能力为 17 万吨／日。人均生活用水量为 208.8 升。日供水 20 万吨的第二水厂已选址定点，正在作前期准备工作。

4. 供电。市区建有湘中电网 22 万伏娄底输变枢纽站。城市已配套建设 220 千伏变电站 1 所、110 千伏变电站 3 所、35 千伏变电站 7 所。全市安设悬臂式路灯 1000 盏，照明覆盖率为 85%。

5. 邮电通讯。邮政大楼和电讯大楼已建成营业。全市有邮电局 4 所。邮电所 10 处。年末市内电话交换机总容量为 3030 门，实有电话机 5205 部，自动电话 4228 部，对外使用微波传真和自动拨号，国际电话业务已普遍开放。万门程控电话正在建设之中，1991 年即可投入使用。

6. 园林绿化。城市园林绿化面积为 274 公顷，人均公用绿地 3.5 平方米，城市绿化覆盖率为 18.3%。已建成的漪园、沁苑游园和街头雕塑、花坛、喷泉各具风彩。大型综合性公园——石马公园和苦竹山植物公园，均已于 1986 年开始雏型培植。娄底市于 1990 年荣获全国造林绿化先进单位。

7. 住宅建设。按照统一开发、集中建设的方针。开发建设生活小区，已逐步建成谭家山生活小区和湘煤一处、铁路机务段、地委行署机关、涟邵矿务局、曹家坨等居住点。年末实有住宅居住面积由 1985 年的 62.4 万平方米增加到 100.9 万平方米，城市人均居住面积 7.6 平方米。

(二) 工业发展后劲大大增强。

涟源钢铁总厂为了扩大生产能力，于 1988 年从法国引进一套 30 万吨电炉钢成套设备进行技术改造。现在正在进行紧张的施工，可望 1991 年 7 月 1 日试产，投产以后其综合生产能力可由原来的 50 万吨钢提高到 100 万吨，跨入大型钢铁企业行列。

1987 年，兵器工业部军工企业湘中机械厂和湘峰机械厂整体搬迁来娄底。被定为全国四大汽车空调压缩机定点厂家。总投资 1.63 亿元。主要产品是汽车空调压缩机、汽车变速箱和自行车，设计能力为年产空调压缩机 30 万台、汽车变速箱 20 万台、自行车 40 万辆，投产后年产值可达到 5.9 亿元。

娄底地区铁合金厂于 1988 年开始兴建，是湖南省生产铁合金的重点厂家之一。已形成年产硅铁、硅锰等黑色金属 1.5 万吨的生产能力，产品已打入国际市场，1990 年产值达到 550 万元，完成利税 257 万元。

娄底地区棉纺厂于 1986 年破土动工，1988 年部分投产。固定资产原值达到 1500 万元，设备 538 台(套)，拥有 3 万纱锭生产能力，现有职工 1115 人，是娄底地区重点企业之一。

娄底市彩色水泥厂是“七五”时期兴建的建材企业，固定资产原值为 1320 万元，设计能力为 3 万吨，目前主要生产白色水泥。

(三) 商业网点建设不断完善。

“七五”时期，兴建了大型的商业中心——娄底市工贸中心和供销社商场。开辟了两大集贸市场和一条商业街。尤其是 1990 年建成的将军庙市场和景屏路商业街非常引人注目。将军庙市场是由 8 家国营、集体单位集资联建的。总共筹集资金 108 万元。仅仅经过短短 8 个月的建设，一座多层次、多功能、既具有民族传统特色，又具有现代建筑风格的综合性批发市场就告建成，建筑面积达 3000 平方米。景屏商业街的建设则全部依靠社会、个人集资，总共筹集资金 200 多万元，开辟门面网点 183 个，仅花了 6 个月的时间，就基本竣工、为了进一步搞活娄底商业，市政府决定每年 11 月 1 日至 4 日主办一次商品交易会。1990 年举办的首届娄底商品交易会，参加的人次达到 35 万。成交额达到 4 亿多元。1990 年，全市社会商品零售总额达到 34732 万元，比 1985 年增长了 195.5%。年均递增 24.2%。娄底市正在逐步成为湘中地区的物资集散中心。

冷水江市

市　长： 鲁平益
副市长： 申庆华（常务）　李向东（城建）　张建荣（工业）　卿中奇（工业经营管理）　马心良（计划、文教）　丛善本（科技）　朱爱光（女　财贸）

鲁平益市长，湖南省平江县人，生于 1946 年 6 月，1967 年毕业于湖南财经学院。曾任邵东县棠下桥区供销社会计，县生产资料公司副经理，娄底地区供销社办公室秘书。1980 年 9 月至 1989 年 9 月在娄底地区财贸委员会任副组长、副主任、主任；1989 年 9 月至 1990 年 2 月在冷水江市任代理市长，同年 2 月当选为冷水江市市长。兼任冷水江市委副书记。

合理开发利用资源　加速经济建设发展

□ 冷水江市人民政府办公室

崛起于湘中的冷水江市，享有“世界锑都”、“湖南的能源基地”、“有色金属之乡”等美称。全市面积 439 平方公里，周界长 129 公里。总人口 32 万，其中城市人口 14 万。境内资源丰富，发展潜力大，是一个对湖南经济建设具有重要影响作用的城市。

得天独厚的资源优势

冷水江市地质属华南加里东印支褶皱带范畴，在各种构造作用下，曾有过频繁的岩浆活动与沉积现象发生。因而地层发育齐全，构造复杂，成矿条件十分有利。据地质部门探明。全市共有矿产地 181 处，其中煤矿 108 处，其它各类矿产 73 处，共 30 多个矿种。

1. “世界锑都”。冷水江市拥有 23 个产锑的厂矿，职工近 1 万人，分布在南北长 9 公里，东西宽 2.5 公里的矿区内，日采选能力为 1700 吨，冶炼能力年产 12000 吨，产品远销五大洲 60 多个国家和地区。锑矿床储量之大、品位之高、产量之多居世界首位。这些矿已开采近百年，储量、产量均占世界同期储量、产量的一半。

2. “湖南的能源基地”。冷水江市地处湘中煤田沉积中心的腹部，全市含煤地层占总面积的一半左右，已探明储量 5.5 亿吨，占全省探明储量的 1／6，平均每平方公里境域面积占有煤 125 万吨，是全国 100 个重点产煤县市之一，且煤的质量好，煤的灰份一般小于 15%，硫 0.5—1%，磷 0.04—0.05%，发热量 7000—8000 大卡／公斤，属低灰份、低磷、低硫、高发热量优质无烟煤。现年产量 320 万吨。

3. “有色金属之乡”。冷水江市除锑品以外，已在开采并已达中型规模的有禾青铅锌矿，已初探的有三尖狮子山同带的钨、钼、铋等金属矿。伴生于矿床中的稀有及贵重金属有钴、镉、铊、镍、银、铜、汞等。

4. “非金属矿之乡”。冷水江市非金属资源种类多、质量好、储量大，可利用程度高。全市有 11 个地质层位的石灰岩，CaO 含量在 55.68—52%之间，是上等的化工与建材原料，可以说是冷水江“取之不尽”的矿产资源。含 M_gO 20%左右的白云岩在市境内也广为分布。三尖乡的黑色大理石尚未开采利用。颜色洁白、质地纯净的白色大理石等待人们开采。含 SiO_2 在 97.85%以上的硅石，广布于大乘山上，是生产耐火材料、玻璃、半导体的上等原料。具有美丽纹状花纹的花岗岩，分布于三尖石槽一带，也有待于人们开发为优质建筑材料。优质水泥粘土、耐火粘土、石膏、滑石、海泡石、建筑卫生陶瓷等矿产，也有美好的开发利用前景。居全国第三位的三尖石墨矿处在卖原料阶段，未充分开发利用。

5. 黑色金属资源可观。达中型规模的七里江赤铁矿已开采多年，为中南最大生铁基地“冷水江铁焦总厂”的矿石基地之一。遍布于市内测水煤系地层中的菱铁矿有待于开发。洪水坪褐铁矿经多年开采尚有潜力可挖。属中型规模的洪水坪黄铁矿是省内优质矿床之一，是生产硫磺、硫酸的优质原料，尚未很好利用。

6. 水资源丰富。市境内有湘、资两大水系，5公里以上大小河流16条。资江蜿蜒流过市区，提供了丰富的水资源和水运条件，有三个码头可装卸货物，四季通航，顺流而下，经益阳，进洞庭，入长江，直抵上海。地表水资源主要来自降水，年平均迳流量为3.38亿立方米，资江过境水量为126.27亿立方米，全市总水量为130.94亿立方米，可为工业发展提供足够的淡水资源。此外，市境内73%的地方有地下水出露，年排洪总量达3238万立方米。

7. 气候资源条件优越。冷水江市属亚热带季风湿润气候，具有气候宜人，四季分明，光照期长，雨量充沛，地貌多样，土地肥沃等特点。全市日照1410小时，年平均气温16.8℃，日平均10℃以上的日数为240—250天，能满足双季稻及其它农作物正常生长需要。年降水量1380—1500毫升，降水量与蒸发量基本相等。光、热、水供应与农作物生长基本同期，给各种植物生长提供了较好的自然条件。

8. 旅游资源妖娆多姿。市内可供游览开放的旅游景点有10多处，举世瞩目的有堪称世界“地下艺术宫”的波月洞，洞长3000余米，面积约4万平方米，洞内有厅27处，厅厅有景，景景相连。电视剧《西游记》中齐天大圣的水帘洞与白骨精的行宫，拍于此洞内。中外学者鉴定认为:“她是国内不多、世界罕见的，具有很高旅游观赏价值和很高科学研究价值，堪居我国目前已经开放旅游洞穴之前列的地下岩溶博物馆”。还有“大乘山”四季有别的风光，“红日岭”多彩多姿的自然景色，“仙云岛”拟态多端的灰岩造型……，均是极好的游览之所。

资源开发利用的现状及“八五”的战略方针

建市21年来，特别是“七五”时期以来，冷水江市凭着丰富的资源和便利的交通优势，国民经济以一个较快的速度稳定发展。国民生产总值由1985年25520万元增加到1990年的34205万元（按1980年不变价，下同），每年递增6%；国民收入由1985年19522万元增加到1990年的26945万元，每年递增6.7%；地方财政收入由1985年3563万元增加到1990年的6393万元，每年递增12.4%；工农业总产值由1985年的47564万元增加到1990年的67346万元，每年递增7.2%；其中工业总产值由1985年的44014万元增加到1990年的63460万元，每年递增7.6%。全市共有工业企业214家，其中大中型骨干企业12家，拥有固定资产净值11亿多元。初步形成了一个以重工业为主体，以煤炭、电力、冶金、化工、建材为支柱产业的工业体系。它占有8个第一：锑品产量居世界第一，年产量为17000吨；煤储量在全省产煤县市中居第一，年产无烟煤320万吨；金竹山电厂为全省第一大火力发电厂，装机容量60万千瓦，年发电量30亿度；冷水江制碱厂是全省最大的联合制碱企业，年产纯碱4万吨，氯化铵4万吨；商品电石产量居全省第一，年生产能力2万吨；铸造生铁产量为全省第一，年产生铁30万吨；冷水江耐火材料厂有江南最大的硅砖生产线，年产硅砖等耐火材料3万吨；陶瓷刀具产量居全国第一，年生产能力20万件。此外，还有大小化工企业30多家，产品60余种，其中资江氮肥厂是全省三大化肥生产基地之一，年产尿素12万吨；35家建材企业，生产水泥、平板玻璃、石墨、大理石、涂料、速凝剂、预制件等多种产品。其中年产万吨以上的水泥厂8个，年产量可达40万吨。但是，对于自然资源丰富的这块宝地来说，除锑、煤具有较久的开采历史和一定的开采规模外，其它资源几乎还是待开垦的处女地。因此，为加速经济发展，合理开发利用资源，我市“八五”期间开发利用资源的战略方针是:“深度发展，广度开拓”。

一是发展冶金工业。以锑品和生铁生产为主，在此基础上进行延伸，发展系列产品。积极开发铅锌系列产品和白云石、硅石、钨等矿产，生产金属镁、硅铁等产品，实现由原材料生产型向深加工产品型转化。实施三条产品链，即：生铁制品和深度加工产品开发；锑制品和锑化工产品开发；铅、锌化工产品开发。

二是发展能源工业。续建利北矿井（年产45万吨），新建桔子冲和上陡岩煤矿。完成资江煤矿、涟溪煤矿、戴家湾煤矿扩建改造工程，整顿现有乡村煤矿。新建煤矸石发电厂，完成资氮1.2万千瓦热电工程和冷铁6000千瓦高炉余热发电工程建设，完善输变电系统，建设禾青11万伏变电站。

三是发展化学工业。完成资氮改造，新增合成氨7.2万吨。尿素13万吨。扩大冷水江制碱厂纯碱生产能力。建成锡矿山矿务局年产万吨烧碱工程。易地改建市制药厂，“肝复乐”产品形成批量生产能力。积极发展精细化工产品，开发深度加工系列产品。

四是发展建材工业。完成耐火材料厂玻璃窑用耐火材料系列化、标准化生产基地建设，提高产品档次，稳定水泥生产，提高产品质量。大力发展新型建筑材料和石墨、硅石等非金属矿的开发利用。

（执笔：吴又升）

怀化市

市　长：李铁岩

副市长：方新琪（常务）　管仕德　潘仁升　孙　超　周开亮　曹锦华　王寄萍

李铁岩市长，1945年10月出生，湖南省邵东县人，大专文化。1961年10月参加工作。1971年以后在湖南省洪江市先后担任人保组副组长，公安局长、市委常委、市委副书记等职。1988年7月调任怀化市委副书记。1990年2月当选为怀化市人民政府市长。

下力气实施兴市战略　靠科技发展怀化经济

□　滕代军

1985年以来，怀化市确立了"科技兴市"的发展战略，充分利用交通地理优势，以改革促开放，以开放促开发，启动内力，巧借外力，建立健全科技发展的支撑体系，大力引进推广先进适用的科技成果，依靠科技进步促进经济发展。"七五"期间，全市共完成科技攻关项目24个，科技成果推广项目42个，"星火"计划项目5个，共获省、地科技进步奖38项。"七五"期间，怀化市国民经济持续稳定增长。1990年，全市社会总产值(1980年不变价，下同) 61944万元，比1985年增长66.2%，年均增长10.7%；国民生产总值40415万元，比1985年增长56.5%，年均增长9.4%；国民收入27041万元，比1985年增长64.6%，年均增长10.5%；工农业总产值42041万元，比1985年增长57.2%，年均增长9.4%；社会商品零售总额32361万元，比1985年增长104.4%，年均增长15.4%；财政收入4620万元，比1985年增长131.9%，年均增长18.3%。

厂办科研生机盎然

"七五"期间，全市工业企业新增固定资产31140万元，开发新产品132个，新增的主要生产能力有：发电装机1.8万千瓦，水泥1.3万吨，平板玻璃6.5万标箱，纯碱1万吨，电石5000吨，机床473台，汽车零部件44万件，床单80万条，针织内衣100万件，日用陶瓷660万件，啤酒1.1万吨。1990年，全市工业总产值29464万元，比1985年增长87.6%，年均增长13.4%。企业积极组织和依靠科技人员，围绕产品更新换代，质量升级创优，开展以应用技术为主的科学研究，出现了三种富有活力的科研类型：一是开发型。即充分利用本地资源和技术优势，开发新产品，市装饰织品厂在市场万变、竞争激烈的形势下，广泛收集市场信息，依靠厂办科研力量，积极开发新产品，提高竞争能力。近3年来，该厂开发的提花加喷花毛巾被和毛圈产品，被评为湖南省优质新产品，填补了省级空白；开发的"晒垫布"，提花喷花床罩、儿童毛巾被、沙发罩和各种枕巾等生产生活用品，分别获得市、地优质新产品奖和省装饰类新产品奖。1989年，仅提花喷花毛圈产品一项就创产值205万元，利税48万元，分别占当年产值75%，利税78.6%。1990年，该厂新产品产值占总产值的79.2%，优质产品产值占总产值的39.6%。二是引进型。即从省内外的高等院校、科研所引进先进技术和专业人才，这种科研类型起点高，收效快。怀化肉联厂自1975年正式投产到1984年，由于种种原因，投产10年累计亏损483.6万元。1985年以来，他们根据市场需要和本厂实际，制订了"东引科技兴厂"的策略，广泛开展"厂校"、"厂所"、"厂厂"挂钩和联合，从上海、南京和东南沿海地区引进急需的先进技术，开发新产品，提高竞争力。1987年，这个厂全套引进了上海益民食品厂冰淇淋生产设备和技术，当年投产，当年受益，盈利20万元。1990年，该厂完成工业产值1953.2万元，比1984年增长79%，年均增长10.2%；销售收入2650.95万元，比1984年增长136%，年均增长15.4%。产品畅销全国15个省市，并部分出口日本、西欧，6年共创外汇120万元。1988年—1990年的企业第一轮承包期，共为国家创造利税283万元，仅1990年就实现利税117.5万元，居全省同行业之首。三是推广型。即对定型的科研成果推广应用，使之迅速转化为生产力。经济技术实力较弱的企业多采用这种形式。为了适应市场变化，发展新的支柱行业，怀化市与武汉大学联合建立了高新技术研究所，直接推广其科研成果。1990年，该所在怀珞化工厂试产的“紫外线吸收剂”这一高新技术产品，已经国家有关部门检验合格，年底正式投产，已与国内外用户签订了24吨的订货合同，产值300多万元。研究所还准备利用科研成果推广“三氮唑甲酯”、“三氯甲苯”、“三氮唑核苷”等精细医药化工产品，正式投产后年产值可达1.34亿元，利润3520万元。

科技兴农蓬勃发展

“七五”期间，市委、市政府把“科技兴农”作为兴市战略的重要组成部分，依靠科技调整产业结构，提高劳动生产力。1990年，怀化市遭受了特大洪灾、严重的旱灾和病虫灾害，但由于广大干部群众靠科学战胜困难，用科技发展生产，仍获得了全面丰收。全市农业总产值12577万元，比1985年增长19.6%，年均增长3.6%；乡镇企业总收入14597万元，比1985年增长262.2%，年均增长29.4%；粮食产量16.54万吨，创历史最好水平，其它农产品产量都有较大幅度增长。怀化市“科技兴农”蓬勃发展，主要表现在三个方面：一是涌现了大批示范样板。盈口区已作为怀化市和怀化地区的科技示范区，全市还有9个科技示范乡，51个科技示范村和3000多个科技示范户。二是科技推广获得了较好效果。近几年怀化市组织了以粮、油、果、畜为主要内容的科技成果推广。1990年，全市农业推广项目48个，新增产值1600多万元，其中4.1万亩吨粮田开发，采用双杂配套、双两大栽培、喷施多效唑、病虫综合防治等综合技术，共新增粮食2345吨，新增产值187.6万元。榆树乡是一个蔬菜专业乡。1990年这个乡围绕蔬菜生产推广了14个科技项目，有11个产生了良好的经济效益，全乡新增产值135万元。三是商品基地建设速度明显加快。全市32个乡（镇），每个乡（镇）都建有一定规模的各类商品基地，在乡级和村级经济中占有相当重要的地位。市级商品基地有：10万亩用材林基地，5万亩吨粮田基地，2万亩水果基地，3000亩高产蔬菜基地，2000亩水产基地，5万头瘦肉型生猪基地。

完善和落实科技兴市的保障措施

怀化市不仅从本地实际出发制定了“科技兴市”的保障措施，而且在实践中不断完善，认真抓好落实。

（一）抓组织建设，健全科技发展的支撑体系。一是建立健全全市级科技领导体制，成立了由市长、科技副市长为正副组长，有关部门主要负责人参加的“科技兴市”瓴导小组，下设“科技兴工”和“科技兴农”两个机构。这个工作体制的主要任务是发挥规划、协调、指导、督促、检查等功能。二是建立完善农村双层经营和综合服务的科技体系，形成上下贯通、左右关联、组合配套、协调运转的科技网络。目前，全市有100%的乡（镇）、90%的村和80%的组建立了相应的科技组织。三是积极创办企业科技机构，强化企业的技术开发。市属18户骨干企业均设立了科技开发机构，并逐步完善在厂长领导下的由总工程师（或技术副厂长）负责的技术开发和生产技术管理体系。

（三）抓科技培训，建立一支思想、技术过得硬的科技队伍。科技要发展，人才是关键。鉴于怀化市基础差、人材缺的状况，该市在抓好基础教育和用好现有科技人员的同时，采取措施加强职业技术培训。在农村，主要是依靠已有的培训系统，把普及性培训和专业性培训结合起来，把科技培训与技术推广结合起来，通过近3年的努力，农村每100人中已有3名初级技术员水平以上的技术力量。在厂矿，主要是创办职工技术夜校，采取“派出去请进来”的方式进行培训。在市属骨干企业中，技术人员已占总人数的6%。

（三）抓资金投入，增强科技发展的实力和后劲。一是财政投入，市委、市政府决定将科技三项经费纳入市乡两级的财政预算，专项列支，其比例为各级财政总支出的0.5—2%。二是企业自我投入，允许企业将销售总收入的1—2%，留利中的40%，折旧基金的5—10%和新产品的减免税部分，提出来作为企业的科技开发基金。三是科技贷款，要求银行等金融部门择优扶持科技开发和推广项目。

（四）抓横向联系，巧借外力发展科技。近2年，怀化市已与全国110多家院校和科研单位建立了经济技术协作关系。仅1990年就引进技术项目28个，引进资金489.5万元，引进人才93人，新上企业12户，改造企业15户，开发新产品25个，引进项目新增产值1253万元，新增利税183.6万元。经济技术协作已对促进怀化市的科技、经济的发展起到了积极的作用。

洪江市

市　长：周万鹏

副市长：邓星瑞（常务）　李济生（工交）　刘晃初（农业）　万冬娥（女文教）　曹松会（卫生）　罗庆怀（科技）

周万鹏市长，1935年12月生，高中文化，1978年任洪江市纺织厂厂长，1982年任洪江市委办公室主任、市委常委，1987年任洪江市常务副市长，1990年3月任中共洪江市委副书记、洪江市市长。

“七五”巨变　山城新姿

□ 刘德楚　邓青春

洪江市是湖南省西部山区的一座工业城市。“七五”时期，市委市政府坚持了治理整顿，深化改革、对外开放的方针，城市经济和社会事业有了明显的进步。

(一) 国民经济发展较快。1990年，全市社会总产值46100万元，比1985年增长1.04倍，年均递增15.41%；国民生产总值17700万元，比1985年增长1倍，年均递增14.9%，国民收入14700万元，比1985年增长98%，年均递增14.6%；全市工农业总产值(1980年不变价) 28124万元，比1985年增长46.58%，年均递增7.95%；其中工业总产值26807万元，比1985年增长42.2%，年均递增7.29%；市属工业总产值25816万元，比1985年增长76%，年均递增11.97%，比“六五”高2.4个百分点；农业总产值1317万元，年均递增9.94%；财政收入2877万元，年均递增11.2%。主要工业品产量有较大幅度增加，1990年与1985年比较，烧碱年产量增加1万吨，机制纸1600吨，火电6000千瓦，日用瓷1889万件。饮料酒1500吨、体温计300万只。双烯10吨、皂素25吨。回收碱3000吨。烧碱、盐酸、玻璃马赛克、多用切割机等产品都增长1倍以上。农产品的增长幅度是：油料增长157.57%，蔬菜96.18%，家禽存笼57.36%，水产品48.67%，出栏生猪31.39%。

(二) 经济实力大为增强。“七五”期间，基础产业投资显著增加。重点加强了能源、交通等基础设施建设。5年来，全市固定资产投资总额12791万元，比“六五”期间增加4973万元，增长63.61%。投资结构发生了较大变化，有以下3个特征：一是重点加强了能源交通建设，投资1048万元，新增6000千瓦火电机组一台，投资665万元修通了洪江至黔城22.5公里的沥青路面公路。二是技改投资比重上升。企业技术改造投资达7068万元，占固定资产投资总额的55.25%，比“六五”高11个百分点。生产性建设比重大大上升，占投资总额的72%，比“六五”高13个百分点。三是注重重点工程投资。共完成更新改造项目89个，其中建成投产的骨干项目就有25个，完成投资额7530万元。其中主要项目有洪瓷微波炉餐具生产线，印染印花生产线，万吨烧碱扩建，万吨机制纸扩建和碱回收工程，二造纸厂机制纸扩建，一塑厂出口发泡拖鞋生产工程，皂素双烯扩大生产线，竹胶板厂等。

(三) 经济结构趋向协调。一是产业结构的调整。在国家产业政策的指导下，立足原工业基础，采取向重点企业倾斜的办法，重点支持改造了对发展洪江经济影响较大以及基础较弱的传统产业，形成了陶瓷、纺织、造纸、塑料、化工、食品、机电等七大支柱产业和一批骨干企业，此外，还发展了医疗仪表、精细化工等带有明显技术特征的新兴产业和洪江瓷厂。电动工具厂等科技型企业，产业结构向集团化、社会化发展。二是产品结构调整。“七五”期间，增加了一批短线产品和适销对路产品的生产，限制了一批长线积压产品的生产。同时，开发了一批质量较优、档次较高的新产品，先后开发投产新产品品种105项。产品结构由过去的粗加工产品、初级产品逐步向深加工、精加工产品发展。先后有日用瓷、微波炉用瓷、火柴、台钻、煤电钻、双烯等23个产品获得部优和省优产品称号。三是企业结构调整。围绕主导产品和支柱行业的发展，对部分企业采取联合、兼并、承包、转产的形式进行调整，推动了企业的规模化经营和专业化生产。

(四) 对外贸易步伐加快。"七五"期间，累计完成外贸收购总额11642万元，比"六五"增长1.09倍。在发展外贸出口产品上，重视技术改造投入，40%的技改资金用在外贸出口企业的发展上，新建和改造了高档瓷、微波炉用瓷、炻瓷、皂素、双烯等10多条出口产品和配套产品生产线，生产出口产品的企业由原来的5家增加到15家，其中7家为出口产品生产专厂。瓷器、氯化锰、五氧化二钒、皂素、双烯、宋锦锻、棉布、麻棉纱、针织内衣、泡沫凉鞋、卫生筷、外贸包装等20多个产品出口。产品档次和质量也不断提高，获得国优、部优和省优称号的产品有浮雕白牡丹餐具、45头珑娜餐具、东方茶具、微波炉瓷等20多个品种，产品销五大洲30多个国家和地区。

(五) 商业、服务业繁荣。1990年，全市社会商品零售总额11564万元，比1985年增长107.13%，年递增率15.68%，人均零售额由1985年的833元上升到1364元，增加531元。各行各业的商品观念增强，商品经济迅速发展。1985年，社会商品零售总额中，商业、饮食业相对下降，工业的比重上升。1990年，工业零售额为1225万元，是1985年的2.27倍。此外，商品观念亦深入农村，1990年农产品商品率为55.89%，比1985年高出9个百分点。国营商业稳步发展，继续占据市场的主导地位。1990年，国营商业纯购进6773万元，纯销售7992万元，其中零售额4304万元，比1985年增长72.78%，占社会商品零售总额的57.18%，年销售额200万元以上的商店有百货大楼、美多商场和小南京商场等。个体商业异军突起，1985年只有765个机构866人，1990年发展到1034个机构1521人，占全市劳动就业者的比重，由1985年的3.09%上升到5.10%，年零售额由624万元增加到2374万元，成为流通领域一支重要力量。集市贸易有了较大发展，投资250万元修建了沅江路和塘坨两个规模较大的市场，1990年集市贸易额2202万元。是1985年的2.43倍，使我市非农业居民通过市场从农民手中购买的生活品从126元增加到386元，进一步沟通了城乡关系，促进了经济发展。

(六) 科技、文化、教育、卫生、体育事业协调发展。科技力量不断壮大，初、中级技术人员由五年前的1174人增加到2900多人，有近68个科研项目，112名科技人员获省、地、市科技成果奖或科技进步奖，科技开发机构有了较大发展。重视智力开发和教育事业。5年中用于教育的基建投资达368万元，比"六五"增长84.9%。修建了广播电视大学、电视差转台，新办了聋哑学校和第四中学。文教卫生事业费连年增加，五年累计支出2133万元，比"六五"增长1.47倍。群众性体育运动蓬勃发展，运动水平普遍提高，全市参加体育运动人口已达39.7%，其中学生为98.2%，职工45.2%，农民32.9%。投资26万元修建了游泳池。1990年被国家体委授予"全国体育先进市"称号。

(七) 城市建设更展新貌。"七五"时期，对城市道路进行了重点改造，先后整修了雄溪路、新民路、嵩云路、幸福路、河滨路等道路20多条，使城市道路状况大大改善，方便了工业生产和群众生活。尤其是投资520万元新建了一条笔直、宽阔平坦的沅江大道，形成了市区边缘的环形公路。还投资665万元，修通了洪江至黔城22.5公里的沥青路面公路，改善了洪江交通闭塞的状况。城市商业建设得到加强，新建了百货、纺织、副食、农机、保险、银行、机电等一批营业大楼，新增商业、饮食服务网点10333平方米，经营条件有了较大改善。投资2100万元用于自来水、园林绿化、环境卫生、市政工程、公共交通、住宅等投资。竣工房屋面积25.04万平方米，其中住宅面积10.58万平方米，促进了市场的繁荣和城市面貌的改观。

(八) 人民生活明显改善。五年来，全市居民消费水平平均每年增长22.8%。比"六五"提高12.9个百分点。农民消费水平平均每年增长28.4%，比"六五"提高11.4个百分点。全市职工年均工资由1985年的963元增加到1720元。城市居民人均年末储蓄余额由1985年的293元提高到680元。农民人均收入由1985年的445元提高到751元，增长68.8%，平均递增11%。城市人均住宅面积已达9.4平方米，人民生活条件有了较大改善。

益 阳 市

市　长：宋佐元

副市长：李　皋（常务）　谌艳芳（女　工交）　徐思干（城建）　王工一（文教、卫生）　贾新科（农业）　彭建刚（科技）

宋佐元市长，1942年9月出生于浙江省杭州市，1964年8月毕业于浙江大学，1982年9月入党。1964年9月至1970年4月在吉林化学工业公司工作，1970年5月至1979年11月在益阳市红旗化工厂工作，1979年12月至1981年7月在益阳市化学工业局工作，工程师。1981年7月以后，历任益阳市化工机械厂副厂长、益阳市经济委员会副主任、主任，1985年4月起任益阳市市长。

高瞻远瞩建银城

——益阳市“七五”期间城市规划、建设与管理

□　彭舜村　邓正安

益阳市素有“银益阳”之美誉。“七五”期间，按照城市的总体规划，对资水以北古城区进行了较大规模的改建，使之设施配套，功能齐全；南岸新修了几条道路，形成了城市建设新区。城市基础设施不断完善，道路骨架形成网络。城市供水、排水已遍及城区并自成体系，公共交通四通八达。一处处住宅新村相继建成，一幢幢楼房拔地而起。城市功能齐全，环境优美。

重视城市规划　发挥“龙头”作用

1982年益阳市城市总体规划，经湖南省人民政府批准实施，结束了我市发展无规划、建设无蓝图的历史。为了充分发挥“龙头”作用，“七五”期间我们注重作好了以下几项工作。

一是深化城市规划，为各项建设管理提供科学依据。为此，我们编制了市域规划（即城镇体系网络规划），使整个地区的经济发展、资源开发、土地利用、城镇建设，在科学合理的规划指导下充分发挥效益。几年来，市规划部门对朝阳路、桃益路、资江路、五一路等地段进行了详细规划，为城市建设管理提供了科学依据，起了较好的指导作用。在搞好道路交通、邮电通讯、供电供热、给水排水等专业规划的同时，还将近期建设的各项专业工程路径、埋深及空间位置等落到实处，避免在新建设的朝阳路、桃益路等路段，出现管网布置冲突造成经济损失的问题。

二是充分发挥规划的指导作用，理顺好两个关系。首先是理好规划与开发的关系。城市综合开发建设，是我国城市建设及体制改革的一项重要突破性内容，近几年在全国许多城市推广，并取得了很大成绩。我市朝阳路建设的综合开发，桃益路、五一东路的局部综合开发，就达到了“统一规划、综合开发、配套建设”的要求，由规划部门编制出开发地段的详细规划，并检查指导开发部门和企业严格按规划组织建设，不甩项、漏项、随意降低标准，使城市综合开发顺利进行，并取得了很好的效果。其次是理顺好规划与管理的关系。规划设计和规划管理必须密切配合，管理决策的科学化必须以科学的城市规划为依据，并通过管理过程的信息反馈，使规划不断充实和完善，促进规划的顺利实施。我市规划设计和管理重大问题，经每月1日和15日两次由建委组织的规划建设例会讨论决策，广泛听取各方面的意见，取得了良好的效果。

加强城市建设　完善综合功能

在城市建设上，我们按照城市总体规划的要求，采取每年集中力量为人民办几件好事的办法，抓住重点，

带动一般，不断推动城市建设向前发展。

(一) 基础设施不断完善，城市功能逐步齐全。

“七五”期间，益阳市注意加强了市政设施、交通设施、供水设施、环卫设施以及防洪设施等基础设施建设，重点解决了以下几个方面的问题：一是解决行路难。过去，我们的城市道路状况不佳，为了改善城市交通，5年间投资625.77万元，新建和改建了道路8条，道路总面积和总长度不仅比“六五”期间有了较大的增长，道路质量也有了很大的提高。二是解决乘车难。“七五”期间添置公共汽车45台，新辟公交线路48.5公里。三是解决用水难。“七五”期间投资337万元，改建和扩建一、二水厂，使日供水能力由原来的3万吨，增加到12万吨。供水部门在挖掘现有设施潜力，增加生产，扩大供水范围的同时，筹集资金170万元，积极投入了三水厂的前期建设。三水厂建成后，将从根本上改变市区缺水30%的现状，用水难的矛盾能完全得以解决。四是提高了清扫、清运能力。“七五”期间添置了18台垃圾运输车和城市洒水车，32个叉车箱，新建垃圾中转站9处，消纳处理场1处，城市的部分地区实现了垃圾收集容器化、运输机械化。五是提高了防洪排渍能力。“七五”期间共投资1080万元，加高加固大堤5864米，修建、新建泵房3个，闸门3个，拔门3个，使防洪排渍能力有了很大的提高。通过以上五个方面的工作，城市基础设施不断完善，城市功能逐步齐全。

(二) 城市环境日益美化，市容市貌逐年改观。

益阳的自然环境优美。“七五”时期，我市的环境建设成绩显著，古城添春色，故邑展新姿。其变化主要表现在两个方面：一是城市绿化美化出新意。市区绿化覆盖率已达30%。绿化面积为513公顷，人均拥有公共绿地2.7平方米，分别比“六五”期间提高5%，增加255公顷和1.36平方米。道路两旁的行道树叶叶相复盖，枝枝相交通，绿荫遍地，满目葱茏。五一西路的鹅羊池，三池相连，碧波荡漾。每当盛夏满池荷花馥郁芬芳，沁人心脾，确有“接天莲叶无穷碧，映日荷花别样红”的意境。二是公园景点出特色。在公园建设上，我们共投资近200万元，重点抓了会龙公园的改造和秀峰公园的新建。会龙公园中新添了立波铜像、立波亭，叶紫纪念碑和曾士峨烈士纪念碑。秀峰公园更是新颖别致，小桥流水，影衬着红色三角游亭；西洋童话中，渗透出中华古朴幽雅之趣。益阳市的风景名胜较多，其中的“资江十景”流传已久。但长期以来，由于天灾人祸，前朝故物，剥落殆尽，“资江十景”名存实亡。1986年以后，重点营建了会龙山、裴公亭、白鹿寺几处景点。会龙栖霞的气象、裴公亭云树的苍茫、白鹿晚钟的清悠，吸引了一批又一批的游客，体现了益阳市风景名胜的独特魅力。

(三) 商业网点布局合理，集市贸易发展迅速。

目前，我市共有国合商业网点375个，比“六五”期末的1985年增长29.75%。商业网点星罗棋布，商业中心自成体系，已形成了大码头商业区、桥北商业区、桥南商业区和桃花仑商业区。大中小型商业网点成龙配套，初具规模。1990年社会商品零售总额比1985年增长105.01%。

集市贸易亦是发挥城市流通功能的一个重要方面。“七五”期间，益阳市注重抓好贸易市场的建设。目前全市已有各类市场30个，稳定的从业人员8000多人，分别比1985增长25%和33%；1990年市场成交额1.2亿元，居全省县级市之首，创税收1100余万元，占全市财政总收入的10%。几年来，我们先后新建完善了鹅羊池小商品市场、大桥综合批发市场、桃花仑集贸市场等一批骨干市场；在市场的服务功能上，我们在规划和建设中尽量办好有益阳特色的专业市场。如城市小商品市场、益阳竹器市场、农副产品和蔬菜市场等。目前，全市的集贸市场基本上形成了大中小相结合、综合与专业相结合、批发与零售相结合、城市与乡村相结合的集市贸易网络。

狠抓城市管理　维护优美环境

一是依法管理。我市先后制定了《益阳市规划实施细则》、《关于加强益阳市区主要道路建设管理的公告》、《环境卫生条例》、《“门前三包”责任制》、《市民守则》、等十多个地方性的管理法规、条例，走依法治城的道路，从而使城市管理工作有法可依，有章可循。二是规范管理。1988年成立了“城市管理办公室”，实行规范管理。该机构代表市委、市政府对各城管职能部门行使检查、督促、协调的权力，收到良好的效果。1989年以来，我们把汽车南站地区作为突破口，对全市的市容进行综合治理。在市政府的统一领导，城管办的具体组织下，10多个职能部门一齐上阵，紧密配合，狠抓了撤除临时占道棚亭，腾出人行道，改装临街门面，拓宽车行道路面、新建路沿石、建高护栏、设隔离墩等各项工作。市容市貌发生了根本的变化。三是全民管理。城市管理工作面广线长，任务繁杂，加上城市财力、物力的限制，我们通过广泛的宣传教育，逐步树立了“人民城市人民建，人民城市人民爱”的意识，让市民积极参与一些必要的、力所能及的管理工作，与各级、各部门一起，维护城市的协调运转。

市　长：黎子流

副市长：雷　宇　石安海　黄伟宁　谢士华　刘念祖　李兰芳　伍　亮

黎子流市长，1932年2月出生于广东省顺德县，1951年7月参加工作，1953年4月加入中国共产党。历任顺德县龙山乡副乡长、乡长，顺德县七区副区长、区长、区委书记，顺德县农村战线革委会副主任、县围垦中心沟副指挥；1974年4月后，任顺德县委副书记、书记，佛山地委委员；1983年4月任江门市委书记；1989年12月任省经济特区办公室主任、党组书记；1990年5月后任中共广州市委副书记、广州市市长。是中共广东省五届、六届委员会委员。

继续深化改革　扩大对外开放　为实现九十年代经济社会的新发展而努力

□　冼庆彬　黎岳梁

主要成就

"七五"期间，广州市积极贯彻执行党中央确定的社会主义现代化建设第一步战略部署，充分运用中央赋予的政策，利用计划单列市、沿海开放城市、广东综合改革试验区中心城市可以"先行一步"的有利条件，及时把握机遇，大力推进经济体制的综合配套改革，坚定不移地实行对外开放，促进了经济社会的全面发展，为今后10年的发展打下了较好的基础。

（一）全市经济实力大为增强。1990年，全市国内生产总值315.81亿元（1980年不变价，增长按可比价计算，下同），国民收入215.69亿元，工业总产值434.57亿元，农业总产值40.12亿元，预算内财政收入34.33亿元，5年内年均递增分别为10.83%、7.84%、13.07%、4.79%、8.92%。国民生产总值增长2.04倍，已提前在1987年实现了翻一番的第一步战略目标。"七五"计划规定的各项主要指标，已经超额完成或基本完成。在此期间，全市新积累工业固定资产244.03亿元，1／3以上的老企业得到更新改造。新增耕地0.97万公顷。新形成了一批工农业生产能力，新涌现了一批大型骨干企业和企业集团，开发了一批市场竞争力较强的"广货"。1990年全市主要工业生产能力为：发电设备装机容量196.04万千瓦，钢54.93万吨，生铁27万吨，成品钢材92.47万吨，合成氮47.9万吨，水泥391.56万吨，啤酒28.83万吨，干电池8.28亿只，家用电冰箱161万台，彩电39万台；主要农产品产量为：粮食119.53万吨，蔬菜126.34万吨，猪肉8.45万吨，水产品8.72万吨，鲜蛋2.13万吨。均比"六五"期间有较大增长。5年累计，上缴中央和省财政200多亿元，上交中央外汇11亿美元。

（二）经济结构开始得到调整。"七五"期间，在商品经济得到全面发展的同时，各产业间及产业内部的结构都进行了适应性的调整。第三产业在此期间得到迅速发展，占全市生产总值的比重从"六五"期末的37%提高到49.3%。5年间社会商品零售总额、专业运输部门货运量和客运量、邮电业务总量年均增长分别为14.57%、6.32%、5.76%、31.65%。金融保险业规模成倍增加，广州作为中心城市的多功能服务和辐射枢纽能力进一步巩固和增强。三大产业内部，农业中养殖业的比重得到提高，农业商品率从"六五"期末的67.85%提高到74%，"菜蓝子工程"建设成果显著，农村经济长足发展；工业中，在轻纺工业优势进一步发挥的同时，基础工业也加快了发展，轻重工业的比重从"六五"期末的65.4：34.6调整为64：36；5年间，工业总产值的增长有25%左右靠技术进步和技术改造实现的。

(三) 外向型经济迅速发展。5年间，实际利用外资10.86亿美元，其中直接吸收外资5.93亿美元，实际利用外资中生产性投资的比重由“六五”时期的26.55%提高到81.87%。全市引进了一大批国外先进技术设备，批准兴办“三资”企业902家，1990年“三资”企业出口值占全市外贸出口总值的28.97%。全市在境外兴办的各类型实业和贸易企业达103家。广州经济技术开发区已基本形成规模。市属外贸出口总值5年间年均递增28.41%，1990年达到14.43亿美元，占当年国内生产总值的24.22%，工业出口产品产值占当年工业总产值的20.63%，比“六五”期末占9.7%和8%均有明显提高。期末外贸出口总值中，对远近洋市场出口的比重达到28%。地外承包工程和劳务合作也有新发展。

(四) 城市基础设施进一步完善。经过5年建设，新增港口通过能力455万吨，新建公路160公里、高速公路7.8公里和公路桥梁100座；自发电能力新增装机容量38万千瓦（未含水电）；新增供水能力58万吨／日；新增市内电话装机容量20万门；达到29.98万门，并已在全国大城市中率先实现程控化，新增移动通讯交换机2万门；新增市区道路105公里，铺装道路面积394万平方米；新建成城市高架路4条、立交桥和人行天桥40座、人行隧道5座;新建成居民住宅2808.76万平方米，建成10万平方米以上的住宅小区21个；新增废水处理能力32万吨／日，无黑烟控制区扩至104平方公里。新增城市园林绿地面积5600多公顷。

(五) 科学、教育和各项社会事业取得成就。5年间，全市获国家级和省、市级奖励的优秀科技成果1155项，授权专利749件；市属工业系统试制成功的新产品2724种，其中投产2304种，新花色品种7.5万多种，其中已投产4.4万多种；新技术和新兴产业起步发展；“科技兴农”取得较好成效。现代科技成果在城市建设、环境监护、医疗卫生、现代化管理等方面广泛应用，对城市经济建设事业发展起到积极的推动作用。全市在此期间基本实现了“普九”教育，1990年升学率，小学为97.41%、初中为60%、高中为39.61%，分别比1985年上升22.77%、8.27%、7.08%。5年内全市共培养出大专以上毕业生8.08万人，其中市属大专院校毕业生1.07万人；共培养出中等专业毕业生2.33万人。新建、扩建、改造了一批医疗卫生、艺术、体育运动的设施和场所，兴建了广州电视台、南越王墓博物馆、天河体育中心、市儿童活动中心，新增公共图书馆4个、医院27间。

(六) 人民生活有显著改善。随着经济增长和城市建设的发展，城镇居民人均收入扣除物价因素后，年均递增6.1%；农民人均年纯收入年均递增18.85%。城市居民人均居住面积从“六五”期末的6.6平方米提高到1990年的7.99平方米，增长20.69%；农村居民人均居住面积24.36平方米，增长32.82%。城市居民燃气率从“六五”期末的8.4%提高到40.9%。5年间，全市人口自然增长率年均12.85‰，计划生育率为64%。

基本经验

“七五”期间所取得的成就，最根本的一条，是由于坚持了以经济建设为中心，坚持了四项基本原则和改革开放的基本路线。从经济社会发展宏观调控的角度看，广州市在“七五”期间的基本经验是：

(一) 坚持实事求是，解放思想，更新观念，不断深化对广州的“再认识”，提出了符合实际的发展战略和建设方针。“六五”期末与“七五”期间初期，抓紧进行了广州经济社会发展战略的研讨和制定工作。市委提出并由市人大常委会于1987年3月18日通过了“广州经济社会发展战略纲要”。“纲要”中明确了广州作为华南地区中心城市，“毗邻港澳，华侨众多”的优势和应发挥的组织区域经济的功能；提出了以外经外贸为导向，以科技、教育为依靠，以工农业为基础，以轻纺工业和第三产业为重点，大力发展能源、交通运输事业，为把广州建设成为具有强大内外辐射力的、多功能和高度文明、高度民主的社会主义现代化中心城市打下基础的战略目标；以及包含正确处理速度、比例、效益的关系，合理调整产业结构，坚持技术进步等重要内容的指导方针。“纲要”的制定和实施，使广州市经济社会的发展有了明确的方向，协调各方面关系，理顺各方面矛盾有了基准。“七五”期间的实践证明了“纲要”提出的方针、目标是完全正确的。

(二) 把发展外向型经济放在突出的战略地位，为整体经济社会发展增强新的动力和提供新的出路。一是按照中央的统一部署，改革外贸体制，同时加强外贸生产基地的建设和外贸收购、出口能力的扩张，使外贸出口业务得到较大的发展。目前，对外贸易已成为我市经济增长的主要动力。二是不断完善投资环境，放手利用外资，提高全市的整体经济技术水平。“七五”期间，全市在加强宾馆、交通、通讯等城市基础设施建设的基础上，注重了对外资投向的引导，生产性项目，出口创汇项目的比例明显增长，全市引进了一大批国外先进技术设备。同时，对多种渠道、多形式利用外资也进行了积极的探索，积累了一定的经验。三是加强了经济技术开发区的建设和对境外办企业工作的指导，使全市的外向型经济水平逐步提高，形式更加多样化。

(三) 发展城区工业和郊县经济，乡镇企业，促进生产力布局合理化和经济的全面发展。“七五”初期，广州提出市属企业、街道企业、乡镇企业“一个主体两个翼”，共同发展工业的思路，并作出了相应的政策性规定。目前，城区工业已具有一定规模，产值已占全市工业的8%左右，设备和技术有了改善和加强，企业经营管理水平逐步提高，并由内向型逐步向外向型发展，生产能力和经济效益有了较大的改善。郊县经济方面，在通过联合经营、合资办厂、来料来样加工等多种形式发展了城乡联合办工业的同时，鼓励郊县大办乡镇企业。实践证明，“一个主体两翼”的思路的实施，一是发展了城区、郊县经济，并为全市经济发展增添了新的动力；二是加快了城乡一体化的进程；三是为中心城市的生产力合理布局探索出一条切实可行的道路。

(四) 大力发展第三产业，使中心城市的优势和作用能够得到更好的发挥。在“六五”期间饮食服务业得到较大发展的前提下，“七五”期间广州市着重抓了发挥中心城市作用的功能性行业门类的发展。一是通过内部改革，巩固流通领域80年代以来改革取得的成果，使商业贸易额持续增长，商业中心的功能不断增强；二是1986年国家体改委和中国人民银行确定广州市为全国金融体制改革的试点城市后，广州开始以拓展资金市场，专业银行实行企业化管理，发展多种金融机构、引进市场机制为基本内容，加强金融机构的融资能力，对全市的经济发展起了重要的作用；三是通过多种形式筹集资金，加快交通和电信建设。目前，市区已初步联成一个立体道路网，“行车难”、“行路难”的问题有所缓解；一个以广州为中心，通过国内外长途通讯网及空间和地下，有线和无线兼有的立体化通信格局初步形成，为今后中心城市功能的进一步发挥奠定了基本条件。四是大力发展房地产业，不仅使居民的住房条件有了明显的改善，更重要的，是为今后中心城市作用和功能的拓展开创了一个新的起始点。

(五) 不断深化经济体制改革，发展和完善社会主义市场体系，建立社会主义有计划商品经济的新体制。“七五”期间体制改革的重点工作是：全面推行承包经营责任制，简政放权，引进竞争机制，增强企业活力，奠定社会主义市场体系的组织基础；在坚持公有制为主体的前提下，鼓励发展“三资”企业以及个体和私营经济，并进行了股份制企业试点；搞活流通，加快了价格体系的改革，在健全消费品市场、生产资料市场、劳务市场、科技市场的同时，积极发展资金市场，促进了社会主义市场体系的发展和完善；在治理整顿中，继续探索加强宏观经济管理与搞活微观经济相结合的有效途径。同时，与社会主义商品经济、外向型经济相适应的市场观念、法制观念、价值观念、信息观念、时效观念、按国际惯例办事观念深入人心，特别是竞争意识使广州人的积极性得到了较大的发挥，促进了经济的发展。

然而，“七五”期间也还存在着一些问题。如：经济发展的结构性矛盾仍比较突出，产业结构调整未取得突破性进展，交通运输和电力的制约因素尚未消除；依靠科技推动经济发展的作用不够；管理水平不高、经济效益不佳的状况没有从根本上扭转，内涵扩大再生产的发展步伐不大；未能有效地集中力量发挥广州的整体优势；外向型经济发展的规模和深度仍与广州市的经济地位不相称；区街、乡镇工业潜力未能充分发挥，等等。

“七五”期间取得的成就，为今后的发展打下了比较坚定的基础。“七五”期间正反两方面经验，也提供了很好的借鉴。发扬成绩，总结经验，将更加坚定全市人民推进今后社会主义现代化建设的信心和决心。

今后设想

90年代，是我国也是广州市社会主义现代化建设非常关键的时期。根据党的十三届七中全会的精神和国家的“八五”计划，广州市委、市政府提出了今后10年本市国民经济、社会发展的指导方针、任务、战略目标以及改革开放的措施。今后10年，广州市经济社会发展的指导思想，是在以往取得的成就的基础上，认真总结正反两方面的经验，充分发挥广州的优势，努力把握发展机遇，坚持党在社会主义初级阶段的基本路线，以外经外贸为导向，以提高经济效益为中心，以科技、教育为依靠，贯彻执行好中央制定的现代化建设第二步的战略部署。从而进一步增强广州的综合实力，给全市人民带来更多的实惠，为国家的经济振兴和改革开放做出新的贡献，为21世纪初期广州市的经济社会发展奠定雄厚的物质技术基础。

其主要战略任务是：大力发展“城郊型”农业，加速农业生产的科学化和商品化；积极调整和优化工业结构，切实加强老企业的技术改造和强化企业管理，将工业生产的规模、档次提高到新的水平；重视第三产业的发展，朝着多元化、多层次、高素质、具有地方特色的方向，形成以商业贸易、金融、信息、房地产、旅游为主的生产体系，使中心城市的功能显著提高；加强国民经济综合平衡，确保重点项目建设和城市基础设施建设，全面促进市级、区街、郊县经济的成长；积极发展科学技术、教育、文化事业及环保、计划生育、医疗卫生、社会治安、社会保障等各项事业。

根据上述指导思想，今后10年经济社会发展的主要奋斗目标是：

——在提高经济效益和优化经济结构的基础上，使国民生产总值平均每年增长7%，在1995年实现翻两番，到2000年，比1980年增加近5倍。

——城乡人民生活普遍达到小康水平，城市人均实际收入每年平均递增4%，农村3.5%；社会商品零售总额每年平均递增10%；城镇人均居住面积在本世纪末达到10平方米以上，群众物质文化生活更加丰富。

——对外经济贸易有较大发展，外贸出口总值至

2000 年占全市国民生产总值的 35%左右，进出口结构得到调整。“八五”利用外资约 25 亿美元，比“七五”增加一倍以上，投资环境基本完善。

——产业结构得到合理调整和优化，城乡和区域经济布局趋向合理，城市建设基本适应经济社会发展的需要。

——初步建立健全适应社会主义商品经济发展的经济体制和运行机制。

——社会主义精神文明建设达到新水平，科技、教育、文化及社会各项事业大幅度发展，社会主义民主与法制进一步健全。

为了更好地完成 90 年代我市经济社会发展的战略任务和主要目标，广州市将继续按照“先走一步，走快一些”的原则和中央的沿海地区发展战略，进一步深化体制改革和扩大对外开放。

(一) 加快农村经济体制改革。完善以家庭联产承包为主的责任制，建立健全统分结合的双层经营体制；在有条件的地方，实行多种形式的适度规模经营；推行“江高模式”，发展和完善社会化服务体系。

(二) 深入进行企业制度改革，增强企业活力。一是加快企业管理体制改革，使企业尽快成为自主经营、自负盈亏、自我发展、自我约束的商品生产经营者。二是进行所有权与经营权分离的改革，在坚持和完善企业承包经营责任制的同时，积极稳妥地开展租赁制、股份制的试点工作。三是推进企业的改组、联合、兼并，建立一批紧密联合的工业、商业、对外贸易、房地产等行业性和跨行业、跨部门、跨地区的大型企业集团。四是深化企业内部改革，重点放在领导体制、经营机制、劳动制度、人事制度和收入分配制度等方面，充分调动企业各方面的积极性，提高经营管理水平。五是坚持以公有制为主体，适当发展个体、私营、中外合资、外商独资等多种经济成份，形成适应现阶段生产力水平的所有制结构。

(三) 培育完备的市场体系。这对市场调节比重较大的广州经济的发展，有举足轻重的影响。一方面，要巩固、完善和发展已建立的各种商品、金融、房地产、科技、信息和劳务市场，通过加强各类市场之间的沟通，扩充规范化的市场技术服务机构和强化市场交易规则，保障市场的正常运行和提高市场的运转效率。另一方面，要进一步发展农产品、工业品、生产资料市场；制定和完善资产评估、管理、转让等方法和制度，建立产权市场；搞好批发市场建设，形成以国营和供销社为主体的多层次、多形式、覆盖面广的批发市场体系。

(四) 推进和深化金融体制改革。主要工作是加强金融机构建设，发挥市人民银行和专业银行的职能，办好和适当发展非银行金融机构，扩大经营规模和能力；拓展证券市场和外汇调剂市场，用好用活社会资金；积极创造条件，适时引进外资及中外合资金融机构，建成多层次、多功能、容量大、效率高、吸纳力强、活跃有序的开放型金融市场。

(五) 健全宏观调控体系。“八五”期间，广州将加快计划、投资体制的改革，进一步完善财政、税收体制，建立科学的经济决策制度及法规、规章，健全科学的国民经济核算体系和严格的统计、监测方法与制度，理顺计划、财税、银行及其他经济部门的关系，逐步形成综合运用经济、法律、行政手段的，合理和有效的宏观经济调控体系。

(六) 努力开拓国际市场，加快发展对外贸易。要继续发挥广州“毗邻港澳，华侨众多”的特有优势，坚持“发展港澳、开拓远洋”的方针，切实改善和提高出口产品结构，提高总体出口效益。发展多渠道出口创汇，建立健全多层次、多形式的国际推销系统和服务网络，积极开拓劳务出口、对外承包工程建设等业务，发展技术贸易、国际金融、运输通讯业务和转口贸易。同时，组建一批工贸联营的外贸企业，扩大大型骨干企业特别是企业集团的外贸经营自主权，完善外贸收购和代理制，积极发展和办好境外企业。

(七) 进一步扩大利用外资的规模和范围，开辟利用外资的新领域。采取各种优惠措施，吸引外商投资兴办技术先进的大型产业和增加承包成片开发项目；合理调整利用外资结构；加快老企业的技术改造，增强出口创汇能力；搞好“三资”企业和“三来一补”企业的管理及服务工作；切实抓紧引进技术的消化吸收和创新。继续改善投资环境，在抓好基础设施等“硬环境”建设的同时，建立为“三资”企业提供生产要素的市场，努力按国际惯例办事，提高工作效率，完善税收政策，搞好资金配套，创造一流的“软环境”。

(八) 全面促进穗港澳经济技术合作。一方面，要巩固和发展已开辟的广州经济技术开发区、天河高新产业区及南沙经济区等，为加强穗港澳经济技术合作提供重要基地；另方面，在扩大现有贸易的基础上，更好地组织行业对口交流，搞好交通运输、通讯、港口的衔接，建立穗港澳民间经济协调机构和渠道，使三地的经济技术合作达到新的水平。

(九) 完善现代化建设的保证条件。第一，加强和改善党的领导，改进领导方法和工作作风，密切与人民群众的联系。第二，加强民主、法制建设，维护安定团结的政治局面。第三，切实加强社会主义精神文明建设，发扬“稻穗鲜花献人民”的“广州人精神”和“团结、友爱、求实、进取”的“广州市风”。第四，改革医疗保险和人身保险制度，完善社会保障体系。

今后 10 年在中国共产党的正确领导下，全市人民同心同德、努力奋斗，一定能够把广州建成繁荣、安定、文明、美丽的社会主义现代化大都市。

深 圳 市

市　长：郑良玉

副市长：王众孚（常务）　林祖基（文教卫、政法）

李广镇（农业、商业）　张鸿义（财税、外事）

李传芳（女　城建）　朱悦宁（工业、交通）

郑良玉市长，1934 年出生于上海市，大学文化程度。1949 年 11 月参加革命工作。1956 年入北京俄语学院，后转入中国人民大学历史系学习，毕业后任教于上海复旦大学，从事西方经济研究工作。1971 年后调苏州工作；曾任苏州市人民政府副秘书长，江苏省外办主任。1985 年调任中共徐州市委书记。1990 年 4 月，调任中共深圳市委副书记、市长，同年 12 月被市第一届人民代表大会选为市长。

一九九〇年深圳市经济发展新成就

□　梁文森

1990 年，是深圳经济特区创建 10 周年。深圳全市人民在市委和市政府的领导下，进一步贯彻改革、开放的方针，治理整顿经济秩序，深化政治与经济体制改革，促进国民经济持续、稳定、协调地发展，取得了新的发展。全市国内生产总值达 135 亿元，比上年增长 23.3%，国民收入 94 亿元，增长 23.7%，人均国内生产总值 6861 元，在全国提前实现小康水平。

工业生产持续大幅度增长，外向型工业迅速发展，在去年上半年全国经济滑波、低速增长的情况下，深圳市采取有力措施，克服国内市场的困难，大力提高外向型程度，及时调整产业结构和产品结构，使工业生产一直保持较高增速。1990 年，企业 2649 家，比上年增加 179 家，工业总产值 161.31 亿元（不含村及村以下工业企业 3109 家，总产值 7.18 亿元），增长 38.5%，工业产品出口产值 102.63 亿元，增长 50.9%，出口产值占工业总产值比重，由上年的 58.4%上升到 63.6%。

1990 年深圳市工业取得大幅度增长的主要原因有：(1) 充分利用国内国外“两种资源”、“两个市场”的优势，把工业外向型提高到历史最高水平；(2) 大力改善基础设施，增加供水供电能力，供电量 36.6 亿度，比上年增加 31.7%，供水量达 1.6 亿吨，增加 6.5%，稍微缓解水电供应紧张程度；(3) 由于调整产业结构和产品结构，增加了新产品，提高了质量，增强了竞争力，适应国际市场需要；(4) 信贷资金适当松动，工业得到金融业的支持，保证了流动资金需要，促进了工业生产。

农业生产稳步发展。各级政府重视对农业支援，增加农业投入，克服自然灾害，使农业继续增长，农业总产值（不含村及村以下工业产值）达 2.75 亿元，比上年增长 15.2%。但粮食、水产品及生猪饲养量下降。

交通邮电业有较大发展。1990 年专业运输货运量完成 335 万吨，比上年下降 1.8%，客运量 4258 万人，增长 12.7%，港口货物吞吐量 1294.49 万吨，增长 35.2%，邮电业务量达 5.54 亿元，按可比价增长 52.4%。

基建规模适度增长，重点工程加快。1990 年仍然控制固定资产建设规模，调整投资结构和产业结构，加快九大基础和重点工程建设（包括：机场、皇岗口岸、罗湖火车站改建、盐田港发电厂、供水工程、彩管厂等），完成基建投资 49.5 亿元，比上年增长 13.7%。

特区商业市场趋旺，物价稳中有降。随着内地经济逐步好转，到特区人员和海外旅客增加，深圳市商业市场从去年一季度走出谷底逐渐回升，到第三季度开始转旺。1990 年社会商品零售总额达 68.39 亿元，增长 25.4%。全年零售物价指数下降 2.3%，受政策性调价因素影响，服务项目价格指数上升 27.7%，1990 年职工生活费用价格总水平上升 1.6%，涨幅明显低于 25.4%水平。

对外贸易持续增长，三资企业和本地产品出口大幅增长。1990年进出口贸易总额54.71亿美元，其中进口总额24.75亿美元，增长56.8%，出口总额29.96亿美元，增长37.8%。

吸引外资创历史最好水平。1990年与外商签订协议投资合同757项，增长12.0%，台商来深圳投资踊跃；实际利用外资5.19亿美元，增长13.2%。

国际旅游业逐步趋升。1990年经深圳口岸出入境人数达3542万人次，增长9.5%，接待国际过夜游客148.24万人，增长109.06%，旅游业收入9.96亿人民币，增长109.06%，主要宾馆旅游开房率68.06%，上升5.56个百分点，“锦绣中华”微缩景区成为新的旅游热点。

财政收入增加、金融市场活跃。全年预算内财政收入21.7亿元，按可比口径，增长33.7%，全年收支平衡，略有结余。国家银行存款余额增长36.3%，贷款余额增27.1%，现金净回笼11.42亿元。国家银行外汇结汇收入增长22.7%，外汇收支基本平衡，股票债券市场活跃，吸纳社会资金投入经济建设。

城乡居民生活水平提高。1990年城乡居民平均每人每月可用于生活费的货币收入319.23元，增长11.6%，扣除物价上升因素，实际增长9.8%，农民人均年纯收入1954元，增长20.5%。职工月平均工资359元，增长11.8%。全市城乡居民储蓄存款年末余额57.45亿元，增长46.6%。

国民经济中存在的主要问题：水电供应偏紧，经济效益不够理想，人口机械增长过快，造成经济有些失衡。

珠 海 市

市　长：梁广大

副市长：何仲云（常务）　曾德锋（特区办、外经贸）　林保万（工交、科技）　陈焕礼（城建、口岸）　雷于蓝（女　教育、妇女）　陈景棠（外事、侨务）　余炳林（农渔业、政法）　蔡光成（外经、外贸）

梁广大市长，广东省南海县人，1935年11月生。大专文化程度。1951年参加工作，1958年参加中国共产党。历任中国人民银行南海支行股长、副主任、主任、副行长，中共南海县罗村区委、小塘区委副书记，中共南海县委常委、副书记、副主任、主任、书记，中共佛山地委常委、佛山专员公署副专员兼财办主任。1982年–1983年在中央党校学习。后任中共珠海市委副书记、市长、市委书记，珠海经济特区管理委员会主任。中共广东省省委委员，中共十二、十三大和七届全国人大代表。

珠海特区外向型经济格局初步形成的五年

□　中共珠海市委宣传部

1990年国民经济和社会发展概况

1990年，珠海市认真贯彻执行治理整顿和深化改革的方针，坚持以发展外向型经济为导向，在治理整顿中求稳定、求提高、求发展，使国民经济获得持续、稳定发展，社会总供求的矛盾有所缓解，物价稳定，人民生活进一步提高，科技、教育、文化、卫生、体育等各项事业也取得了新的发展。1990年工业生产稳步增长，增幅居全省前列；农业生产获得全面丰收；地产工业出口产品产值大幅度增加；对外贸易持续增长，出口总值创历史最高水平；物价总水平实现“七五”期间的首次下降；城乡居民实际收入增加。经济运行中的主要问题是：资金仍然紧缺，产成品积压增多，企业经济效益不理想，市场结构性疲软未有明显改观。

1990年，珠海市社会总产值（现价）为85.3亿元，比上年增长26.3%；工农业总产值为68.71亿元，比上年增长34.9%；国民生产总值（现价）为41.2亿元，比上年增长27.5%；国民收入（现价）为27.4亿元，比上年增长23.5%；预算内财政收入4.44亿元，比上年增长11.3%。

1990年，珠海市工业生产经过调整产品结构，积极扩大出口，从4月份起开始走出低谷，增速逐月回升。全年工业总产值（1980年不变价）45.36亿元，比上年增长37.4%，增幅居全省前列。

1990年外向型经济发展势头迅猛。全市新签各种利用外资合同1384宗，合同规定客商投资额3.03亿美元，比上年增长24.7%。全年实际利用外资1.08亿美元，比上年下降36.1%。在实际利用外资额中，外商直接投资0.69亿美元，比上年增长30.1%。

全市各类学校总数413所，在校学生总数12.3万人，比上年增长8.6%。其中普通中学、农业职业中学在校学生3.22万人，教师2028人。全市共有艺术表演团体2个，电影放映单位38个，制作电视片23集，录像带5个，卡拉OK带9个，音带9个，销售图书905.3万册。

全市现有科学技术人员7856人。1990年全市登记申报的科技成果60项，获省级及市级科技成果38项，被列为省、市级“星火计划”的成果计18个项目。

1990年末，全市有卫生机构185个，比上年增长10.1%。病床1387张，比上年增长3%。专业卫生技术人员2691人，增长2.8%。

“七五”时期发展外向型经济取得丰硕成果

1986年–1990年的第七个五年计划时期是珠海市和珠海特区发展历史上一个极为重要、极为关键的时期。这五年是珠海市的经济建设从打基础转到“抓生产、上水平、求效益”的时期。这期间，我们遇到了珠海有史以来少有的复杂局面。在政治上，我们经受住了

“六四”政治风波的冲击；在经济建设上，我们经历了两次较大的调整，爬了两次“坡”。尤其1990年是我市实行改革开放以来困难较多、工作难度较大的一年。全市国民经济是在一个比较困难的环境中求得发展的。面对困难，我们及时调整结构，搞活市场，积极扩大引进，开拓国际市场，加强基础设施建设，终于开创出国民经济在“紧”中求得发展的新局面，使工业生产增长速度由第一季度末居全省倒数第一跃居年底的全省前列。目前，珠海已初步成为一个以工业为主，商贸、农牧、旅游全面发展的海滨城市。

为了促进外向型经济的发展，我们在“七五”时期超前创建了比较好的投资环境，大大增强了特区的吸引力。以“七通一平”为重点，进行了道路、给排水、供电、通讯、港口等大规模基础设施工程建设，港口年吞吐量达238万吨，九洲港集装箱运输量已跃居全国第六位；能容纳30多架直升飞机的新机场已开通多条航线，三灶旧机场得到恢复利用；电力充足，通讯方便，已开通了与世界上138个国家和地区以及国内600多个县市的直拨程控电话。“七五”时期，我们累计投资了52.36亿元，开发城区30平方公里；市政投资到1990年完成9.08亿元，占全社会固定资产投资总额的17.3%。由于我们加强了能源、交通、通讯与城市建设，使珠海市的珠海特区具备了一个适应当今世界发展经济的良好投资环境。

“七五”时期，珠海市按照中央关于“特区多种经济并存，以合资、合作和外商独资为主，特区发展以吸收利用外资为主；特区的产品，以出口为主”的指示，充分利用国际产业结构调整的有利时机，发挥毗邻港澳、华侨众多的优势，坚持以国际市场为导向，以出口创汇为中心，大力引进外资。外引内联已成为推动特区前进的两个“轮子”。1990年，全市共签订利用外资合同1384宗，比1985年增长1.45倍，合同投资总额为3.94亿美元，增长53%，其中合同规定外商投资总额3.03亿美元，增长63%。“七五”时期珠海市实际利用外资累计6.41亿美元，比“六五”时期增长92.3%。全市现已办起“三资”企业1169家，“三来一补”结汇达1988万美元、内联1084家。

现在，外商投资企业已成为珠海经济的主要组成部分。建特区以来引进先进设备、先进技术的企业已有200余家，共引进各种设备4万台（套）左右，设备总金额约3.5亿美元。通过引进技术设备，大大提高了企业的装备水平，逐渐增强了特区产品在国际市场的竞争力。不少企业已有70%以上的产品直接进入国际市场。外向型工业取得了可喜的成绩。如1985年，全市工业产品出口总值为1825万美元，到1988年，猛增到3.08亿美元，增长了16倍；而1989年又比1988年翻了一番。1990年，工业出口产品总值已达到16.80亿元。在出口产品中，有高科技产品，如电脑磁碟、印刷线路板；有填补国内空白、可替代进口的产品，如“雪普乐”压缩机，嘎林牌HCD系列音频合式校准带等；还有许多在国际市场上具有竞争力的产品，如不锈钢管材、录音带、录像带、喷胶棉、陶瓷工艺品、镀金表壳、彩瓷、服装、电视机、收录机、电话机、电子元件、皮革制品等。

引进外资按行业划分，工业占65%，旅游占15%，交通运输和建筑业占10%，农牧渔业约占3%。引进工业项目比例逐年提高，在1989年批准的利用外资项目中，生产性项目占98%，其中，工业投资比例占89.9%，且产品外销比重平均达70%以上。旅游业具有特色。通过引进外资，珠海兴办了一批具有国际水准的旅游企业，如珠海宾馆、珠海度假村、石景山旅游中心，拱壮宾馆、国际高尔夫游乐场等。

“三来一补”发展迅速。特区建立10年来，全市先后引进了4000多个“三来一补”项目，利用外资5000万美元。到1989年，全市有“三来一补”企业2700家，职工总人数5.8万人，全年共批准各类加工合同1124宗，来料加工工缴费收入（结汇数）1593万美元，比上年增长42.4%，补偿贸易出口额381万美元，增长38%。

随着特区投资环境的不断完善，独资企业近两年增长尤为迅速。1989年全市有独资企业73家，1990年新增了90家，目前，珠海市共有独资企业170多家。而且，台资正以较猛的势头在增长。

“七五”时期外向型经济发展的主要特点

“七五”时期尤其是近几年来，珠海市引进外资，发展外向型经济出现了下述特点：

（一）利用外资的方式向吸收外商直接投资方面倾斜，贷款减少，直接投资增多，引进外资出现了结构性的变化。

（二）投资指向由原来小规模来料加工装配的初级状态，发展到大规模投资并经营高档次的企业，投资额由过去的几万美元、几十万美元的小、中型企业变为数千万美元的大型现代企业。

（三）生产性，创汇型的投资项目增多。生产性项目由1985年前的60%逐渐上升到1989年98%，且外销比重达70%以上。1990年，首季批准引进的日本佳能珠海有限公司投资2000万美元，独资生产“佳能”牌名牌照相机，产品全部外销。

（四）引进的技术设备逐渐由中、低层次转到具有现代化水平的较高层次。与此同时，企业的劳动密集程度逐渐降低，而技术密集程度不断上升，劳动生产率和经济效益不断提高。

（五）引进的独资企业增长迅速。

(六) 扩大了国际市场的辐射面。前来珠海投资洽谈的外商，由过去的香港、澳门等地扩大到世界各地，投资洽谈者包括许多跨国公司和国际财团。如日本日绵集团、三和银行、松下电器、岩谷产业株式会社和藤仓电线株式会社等。特区的产品，也从过去销往港、澳发展到远销东南亚、西欧、北美等几十个国家和地区。

(七) 引进外资发展外向型经济在内涵上有了质的变化。经过“七五”时期的发展，特区的外向型经济具备了从初级形态向较高级形态过渡的条件。投资结构日趋合理，加强了能源、原材料等基础工业，引进生产性的先进技术和设备迅速增多，劳动密集型企业逐渐转到技术、资金、知识密集型为主的企业；对外资企业的宏观管理手段日趋合理化、科学化；“软”“硬”投资环境日益完善。为日后外向型经济的进一步协调、稳定、迅速发展打下了坚实的基础。

引进外资的主要经验及进一步发展的措施

首先，引进外资要解放思想、突破旧的束缚，正确认识和坚决贯彻党的改革开放政策，把中央给特区的优惠条件用好、用活。结合特区实际，建立有利于吸引外资的新机制，努力为外向型经济的发展排除障碍，开拓新路。

第二，正确决策，加强对引进外资工作的宏观指导和协调。从投资方向上，自 1985 年起全市确立了以工业为主的外向型经济发展战略，引导外资指向生产性的工业项目。到 1988 年，又及时把工作重点放在中央提出的沿海经济发展战略上来，努力吸引“两头在外”项目，发展外向型经济。

第三，不断完善和优化投资环境，是吸引外资的重要保障。在“软”环境方面，制定了一系列有利于外商投资的优惠政策和措施，包括土地使用费、减免税收等优惠办法；在“硬”投资环境，搞好“七通一平”工程，建了深水港、直升机场以及搞好市政建设等、划分了功能开发区域，聚集了现代化的综合经济群体，并切实保障外资企业的水、电供应。

第四，提高办事效率，加强对外商投资企业的指导和服务。一是精简机构转变职能，努力提高办事效率。如《珠海市引进外资审批公文办理规则》规定，审批“三资”项目，在送齐符合要求的文件资料后，七个工作日之内可批复。二是做好外商投资服务工作。1990 年 4 月成立了珠海市外商投资管理服务中心，建立了规范化的运作机制，形成了有计委、外经委、工委、工商局、国土局、规划局、环保局、劳动局、税务局、邮电局、投资管理公司、对外律师事务所等 10 多个单位参与的“一条龙”联合办公制度。规定了加快项目审批速度和加强服务工作的 9 条措施。一年来，该中心共接待内外客商一万多人次，其中外商 4000 多人次；共审批项目 486 宗，其中“三资”企业 385 宗、“三来一补”项目 66 宗、境外公司驻珠海办事处 35 宗。“三资”企业投资总额为 3.57 亿美元，合同利用外资额为 3.31 亿美元。

第五，坚决清理各种乱收费现象，对各种收费由市政府牵头进行审理、核查，根据实际情况对各种收费进行了严格的管理、使外商在合理、优惠的收费标准下放心生产经营。

除上述做法外，还抓好对企业的后期服务，为企业及时解决进出口的实际问题，及时调解处理合同纠纷，重视宣传、招商工作以及大力开拓国际市场，提高经贸人员的业务素质等，都起到了较好的效果。

展望未来，珠海市引进外资发展外向型经济的趋势是良好的。为使初级形态的外向型经济尽快向较高的形态过渡，市委、市政府提出“五个转变”的发展方针，即：一是从过去单纯依靠国家给予的优惠政策，转到在充分运用好优惠政策的同时，注重依靠自身积聚的力量和优势发展外向型经济；二是从过去劳动密集型的加工工业为主，转到以技术密集型为主的工业上，并注重发展基础工业；三是从过去较多依靠外延扩大再生产，转到注重内涵和外延并重的扩大再生产，不断深化企业改革，提高企业经济效益；四是从过去以国内市场为主，转到大力拓展国际市场，逐步做到以国际市场为主；五是从过去以利用国内资金为主，转到以利用国内资金和国外资金结合，并采取多种形式，多种措施，积极拓展外资来源，尽快实现以利用外资为主，以此制定了东、西区发展战略，同时以深化改革、更加开放的思想和具体措施，加强引进外资工作。

一是进一步明确利用外资工作要围绕以发展外向型生产性企业为重点，特别是注重发展“二头在外”企业和交通、能源、电讯、原材料工业项目以及创汇农业和高科技项目。

二是大力鼓励外商兴办独资企业和外商占大股份的企业，鼓励外商对我市现有企业进行收购、参股、承包、租赁。并积极发展外引内联企业，引进现代化水平较高的企业。

三是进一步做好对外招商工作，鼓励台胞投资成片开发，兴办加工区、保税仓；鼓励企业利用现有条件进一步开展来料加工业务或进料加工业务；对急需发展的项目和必不可少的配套项目，以及拥有专利和技术诀窍的项目，有计划、有目的地物色对象，积极引进。

四是按照国际惯例，保障外资企业合法经营的自主权，包括生产经营的决策权、分配权、人事权等，要进一步完善对外资企业的宏观管理机制，使外资企业的潜能和优势得以充分发挥，力争把引进外资，发展外向型经济推向一个新阶段。

(执笔：蔡松华)

汕头市

市　长：陈燕发
副市长：彭启安　陈作民　郭斯锟　李练深　陈喜臣　林良孝

陈燕发市长，1930年生，广东省揭阳县人，初中文化程度。1949年参加革命，1951年3月加入中国共产党。历任揭阳县区宣传干事、区委副书记、乡党委书记、区委书记、县委农村部部长、县农办主任、中共揭阳县委副书记。1975年2月任中共澄海县委书记。1982年9月当选为中共广东省委候补委员。1983年7月地市合并后任中共汕头市委副书记兼市纪律检查委员会书记。1986年4月任中共汕头市委副书记、汕头市人民政府代理市长，同年7月当选为市长。

汕头以崭新面貌跨入九十年代

□ 中共汕头市委政策研究室

“七五”计划时期，汕头各方面工作都取得很大的成绩。

经济持续稳定地高速发展

1990年，全市国民生产总值（现行价）111.43亿元，按可比口径（下同）比1985年增长114.4%，即“七五”期间翻了一番多，年均递增16.5%；比1980年19.15亿元翻了近两番。

全市国民收入，1990年（现行价）97.7亿元，比1985年增长120.6%，年平均递增17.1%。

全市工农业总产值按1990年不变价计算为192.89亿元，其中工业131.86亿元、、农业61.03亿元。若按1980年不变价，全市工农业总产值132.93亿元（其中工业109.09亿元，农业23.84亿元），比上年增长14.8%，比1985年增长1.83倍，年平均递增23.1%；比1980年增长3.6倍，翻了两番多。

“七五”期间，对外经济贸易有了更大的发展。截至1990年全市累计利用外资共9.18亿美元（对外借款4.62亿美元，外商直接、间接投资4.56亿美元）；其中，“七五”期间实际利用外资8.49亿美元，比前5年增长7.18倍。现在，全市共办了“三资”企业817家，“三来一补”企业4623家。1990年，全市进出口总额18.02亿美元，比1980年增长400%。在进出口总额中，出口总额9.59亿美元，比上年增长28%，比1985年增长2.47倍，年均递增28.3%；比1980年增长2.91倍。在1990年的出口总额中，属于正常贸易出口5.48亿美元，“三资”企业出口3.23亿美元，“三来一补”企业出口0.88亿美元。全市工业产品有30%以上出口外销。同时，创汇农业有了很大发展，1990年全市农产品及其加工制品的出口近2亿美元。

“七五”期间，经济特区有了较快的发展，获得较好的效益。截至1990年底累计，汕头经济特区已开发面积8平方公里。投入基本建设资金22.55亿元。实际利用外资2.39亿美元，办了“三资”企业416家。现在，已初步形成综合性经济特区的雏型。1990年，特区工农业总产值（1980年不变价）15.76亿元，其中，工业总产值15.55亿元。在工业总产值中，“三资”企业产值占63.7%。工业出口产品10.5亿元，占工业总产值67.5%。1990年，特区出口总额4.19亿美元。国内投入特区基本建设资金的回收率达到60.79%。

随着经济的发展，财政收入也同步增长。1990年全市预算内财政收入8.37亿元，比上年同口径增长14.9%，比1985年增长2.3倍，比1980年增长3.2倍。

经济结构逐步趋向合理

“七五”期间，汕头从自身经济特点出发，在产业结构方面，汕头坚持农轻重并举的方针，促进一二三产业协调发展。一方面通过利用外资引进国外先进技术和生产设备，改造老企业，发展新项目，开发新产品，增强地方工业经济实力；一方面：通过增加农业投入，发展农业科技，在坚持家庭联产承包制不变的前提下，通过建设“四大商品基地”，发展农业集团经营，发展乡镇企业，加强农业社会化服务等多种形式，促进农村经济和创汇农业的发展，从而有效地推动地方经济的健康发展。治理整顿期间，汕头又根据国家产业政策和地方实际，鼓励外资投向紧缺原材料工业、关键性零部件及工模具、海淡水养殖及加工新技术、农用新技术、高附加值出口为主的加工工业和投资额 3000 万美元以上项目。在项目审批、固定资产投资规模和信贷规模等方面加强宏观调控，先后压缩和停、缓建了一批非生产性基建项目和一般性加工项目，相对集中财力用于能源、交通、电讯等重点基础设施项目建设，增加农业投入和扶持重点工业企业的发展，促使地方经济结构进一步合理化。

“七五”期间，全市社会固定资产投资完成 121.54 亿元，比“六五”时期增加 84.05 亿元，增长 2.2 倍。其中全民所有制单位 66.90 亿元，增长 2.8 倍；集体所有制单位 21.65 亿元，增长 3.3 倍；个人投资 32.99 亿元，增长 1.1 倍。在全民所有制固定资产投资中，生产性投资比重由“六五”时期的 52.4%提高到 79.6%；用于能源、交通、邮电设施的投资 13.60 亿元，比“六五”时期增加 11.4 亿元，是“六五”时期的 6.2 倍，占全民投资比重由“六五”时期 13.1%提高到 21.4%；用于更新改造投资 16.40 亿元，比“六五”时期增长 2.3 倍，投资比重略有上升；全民工业完成技术改造投资 9.15 亿元，比“六五”时期增长 2.5 倍。“七五”期间全市基本建设和更新改造新增固定资产 45.8 亿元，为“六五”时期的 3.3 倍。竣工投产的重点工业项目有：年产彩色相纸 2243 万平方米和彩色胶片 320 万平方米的公元彩色感光材料生产线；年产 7.2 万平方米的双面多层印制电路板项目；年产片基级切片 1.2 万吨的海洋聚酯切片厂和年产 2000 吨的海洋聚酯片基厂；年产值超过 1.5 亿元的威达医药器械集团企业；年产彩电 10 万台的汕头电视机厂等，这些重点项目和企业竣工投产，对增强汕头经济实力，有着重要的意义。

经过“七五”时期的努力，汕头农业基础地位得到加强，农轻重比例更加适应汕头地方实际，三大产业比例也趋向合理。在全市工农业总产值中的农轻重比例，1990 年与 1985 年相比，农业总产值净增 7.68 亿元，增幅 48%，所占比重由 34.33%降为 17.89%；轻工业产值净增 53.55 亿元，增幅 275%，比重由 47.85%上升为 63.35%；重工业净增 16.63 亿元，增幅 198.45%，比重由 17.82%上升为 18.76%。轻工业比重的上升，反映了人口密集而矿藏贫乏地区的经济发展特征，也是汕头能源交通条件相对薄弱而又要大力发展原料、市场、资金在外的工业所必经的阶段。在国内生产总值中的一二三产业比例，“七五”初期按 1980 年不变价为 33.07: 41.47: 25.46；至 1990 年则变为 26.58: 47.95: 25.47，二三产业所占比重均有不同程度的增加。在所有制结构上,以公有制为主体的多种经济成分、多种经营形式共同发展的特征更为明显。在工业总产值中，全民和集体所有制工业在总产值净增 31.7 亿元，增幅 136.1%，所占比重由 1985 年的 75.3%下降为 1990 年的 50.2%；“三资”企业产值达到 22.52 亿元，比 1985 年增长 36.6 倍，所占比重由 1.66%上升为 20.57%；街道、乡镇村及个体工业总产值 31.99 亿元，所占比重由 23%上升为 29.23%。

投资环境明显改善

“七五”期间，汕头特别重视改善投资环境。始终把能源、交通、电讯和市政设施建设摆在突出位置。首先是积极筹建关系汕头长远发展的 6 大基础设施项目，其中 2×30 万千瓦燃煤电厂已于 1989 年获国务院批准立项，现正积极谈判引进设备事宜；深水港和煤码头已经开始施工；全长 2149 米、宽 23 米的妈屿过海大桥已进入动工前准备；日制水能力 40 万吨的第三水厂首期工程已经收尾，第二期工程也已开工，预计 1993 年建成；与省合办的广梅汕铁路、深汕汽车专用公路项目进展顺利，其中铁路项目可望在“八五”期间建成。第二是变过去依赖国家拨款为主为自筹和利用外资为主，多渠道筹措资金，加快中近期基础设施建设。“七五”期间，基础设施建设投资完成 19.83 亿元。较大的项目有：发电机组容量 17.9 万千瓦，11 万伏以上输电线路 198.2 公里、变电设备 114 万千伏安：新建、改建公路 1031 公里，新扩建港口码头年吞吐量 285 万吨，新增市内电话交换机 10.4 万门，长途电话自动交换机 6180 终端。还完成了汕头机场扩建工程及新建国际候机大楼一座，等等。

截至 1990 年底，汕头市区建成区面积 30 平方公里，比 1985 年 14.9 平方公里扩大 1 倍多。全市发电设备装机容量（不含各县小水电）47.5 万千瓦，比 1985 年增长近 1 倍；年发、购电量 20.84 亿度，比 1985 年（含供潮州市）10.61 亿度翻了一番。境内公路总长 3300 多公里，主要公路均为二级以上路面，各县城和主要城镇均有水泥或柏油路面通国道，所有集镇及 80%以上自然村已修通公路。汕头港综合通过能力 360 万吨，比 1985 年 150 万吨扩大 1.4 倍；年吞吐能力 452 万吨、客运能力 40 万人次；现与 20 多个国家和地区直接通航，每天都有客轮往返香港。汕头还在各县沿海港湾设有 10 多个通香港货轮装卸点，全市港口年吞吐能力 700 万吨以上。汕头机场现可升降波音 757、

737等大型客机、已开通香港、曼谷、新加坡、马来西亚等国际航线和北京、上海、广州、沈阳、西安、昆明、南京、武汉、海口等国内航线。1990年全市水陆货物周转量5.4亿吨公里，水陆客运周转量14.5亿人公里，港口货物吞吐量586.3万吨，分别比1985年增长67.1%、14.1%和37.9%。1990年与1985年相比，全市城乡电话交换机总容量由3.83万门增加到23.06万门，增长5.02倍；长途电话电路总数1234条，增长6.15倍；直拨电话可通国内中等以上城市及世界50多个国家和地区。全市电话机总数15.93万部；用户总数14.2万户，比1985年1.92万户增长6.39倍；市话普及率从1985年的0.8%上升到6.55%。全市各县城镇电话实现自动化。市区现有自来水厂2座，日供水能力32万吨，略高于用水高峰期需水量，各县县城及主要乡镇均已用上自来水。目前全市有涉外接待任务的宾馆、旅馆42座，其中星级宾馆19座。金融服务设施星罗棋布，全市有服务网点1115个，其中市区178个。

人民生活稳步提高

“七五”时期，随着经济的发展，全市人均国民生产总值增长1.47倍，平均年递增19.86%。其中市区人均国民生产总值由1985年的1384元增加到1990年的3591元，增长1.59倍，年递增21%；职工平均货币工资年收入2492元，比1985年增加1421元，扣除物价上涨因素，平均每年实际增长3.76%。农民人均年纯收入1084元，比1985年的424元增长1.56倍，剔除物价因素，实际年均增长18.4%。1990年末，全市城乡储蓄存款金额43.17亿元，比1985年末9.77亿元增长4.42倍。“七五”期间，全市新建住宅1633万平方米，其中城镇553万平方米，农村1080万平方米，使城乡居民居住条件大大改善，市区居民人均居住面积9.53平方米，农村人均13.71平方米，分别比1985年的4.4平方米和9.9平方米增加1.17倍和0.4倍。

精神文明开新花

汕头历来坚持“两手抓”的方针，在重视物质文明建设的同时，重视精神文明建设，取得新的成效。近几年来，在市直处局级以上单位、市区24个街道、农村30个镇和1000个基层单位、1000户家庭中开展的精神文明“百花竞赛”活动和“立功创先”、“爱我汕头”等创建文明单位树立文明新风活动，以带动全市精神文明建设的开展，坚持不懈，卓有成效。在农村开展社会主义教育，在社会上坚决“扫黄”、“除七害”、打击刑事犯罪和经济犯罪，在机关、学校和企事业单位加强思想政治工作，使社会主义正气得到发扬。

“七五”时期，全市取得科技成果541项，其中获国家、省、市科技进步奖287项，有155项已直接产生经济效益，汕头组织实施的国家和省级“火炬”计划5个项目也已全部建成投产。“七五”时期汕头受理专利申请395项，获国家专利局授予专利113项，分别比“六五”时期的16项和13项增长24倍和8倍；其中1990年受理专利申请242项，超过前五年的总和。科技市场日趋活跃，“七五”期间登记技术合同335项（其中1990年240项，占71.6%）；目前已有技术经营机构87个，从业人员1529人。1990年末，全市企事业单位拥有各类专业技术人员11.38万人（未含中央和省属单位，下同），其中自然科学人员4.22万人，比1985年末增长32%；全市自然科学方面研究开发机构37个，其中市级独立研究所16个。

教育事业得到加强。1990年汕头大学在校学生3572人；中专学校12所，在校学生5377人；技工学校2所，在校学生1034人；普通中学459所，在校学生26.06万人；农业职中52所，学生2.07万人；小学2418所，学生101.1万人；学龄儿童入学率98.97%。“七五”期间汕头大学本、专科毕业生2502人，中专学校毕业生6642人，技工学校毕业生1518人，农业、职业中学毕业生2.36万人。教育事业的发展带来了人口文化素质提高。据人口普查资料，汕头平均每万人拥有大专以上文化程度人口由1982年23人增至1990年62人；高中文化程度人口由569人增至623人；初中文化程度人口由1321人增至1847人。全市文盲半文盲率由17.97%降为10.04%。

文化事业繁荣兴旺。目前全市共有电影放映单位469个（其中电影院和影剧院106个）、艺术表演团体13个、群众艺术馆1座、文化馆14座、公共图书馆11座、博物馆9座、广播电台和电视台各8座、电视转播台3座、差转台50座。与1985年相比，广播覆盖率由89%提高到96.37%、电视覆盖率由41%提高到94.12%。

卫生事业继续发展。全市有医疗病床位9297张，比1985年增加1032张，平均每千人拥有量达到1.07张。

体育事业取得可喜成绩。汕头体育健儿在第二十四届奥运会上荣获2枚铜牌；在第十一届亚运会上荣获4枚金牌、3枚银牌；在全国性比赛中，打破1项亚洲纪录和3项全国纪录，获得金牌20枚。

（执笔：杜松年　郑铁谷）

韶 关 市

市　长：高祀仁

副市长：卢定周（常务）　杨泽声（财贸）　李　军（工业、外经）　余之德（农业、民政）　王永东（科教文卫，1990年下半年调省）

高祀仁市长，山东省青岛市人，1944年3月生，1968年7月参加工作。1972年6月加入中国共产党。1968年7月毕业于安徽合肥工业大学采矿系。先后任广东省大宝山矿设备技术员、副组长、矿供销办公室主任、党支部副书记、助理工程师，大宝山矿凡洞铁矿副矿长、党委副书记，大宝山矿矿长助理、工程师、纪检会委员。1983年后，任中共韶关市委副书记，1984年6月至1986年7月在中共中央党校学习班学习，1989年1月起任韶关市市长兼韶关市委副书记。

回首"七五"看韶关

□ 何耀昌

"七五"时期，韶关市继续坚持"一个中心，两个基本点"，努力稳定大局，发展经济，把各项建设提高到一个新的水平。

——国民经济有较大增长，经济实力明显增强。"七五"期末，国民生产总值53.27亿元，比1985年增长了39.6%；工农业总产值46.06亿元，增长61.1%；财政收入5.07亿元，增长141倍。"七五"期间，全社会固定资产投资45.3亿元，比"六五"期间增加1.33倍。新增固定资产38.4亿元。其中工业新增固定资产29.17亿元，使全市工业企业的固定资产达到54.06亿元，比"六五"期末增加1.18倍。为韶关今后的进一步发展奠定了良好的物质基础。

——农业生产稳步发展，农村经济结构得到改善。农业生产总值由5年前的7.1亿元增加到9.7亿元，增长了36.6%。生产水平和商品率都有明显提高。1990年粮食总产达到102.03万吨，创历史最高记录。糖蔗、烟叶、大豆每年以一位数增长，花生、水果、茶叶、蚕桑等每年以两位数增长。其中增长幅度最大的是水果，总产量从0.75万吨增加到3.63万吨，增长了3.84倍。水产品总产从1.21万吨增加到2.6万吨，增长1.15倍。主要农作物以及水产、生猪等都建立了较大规模的商品生产基地，商品率由1985年的48.2%提高到59.2%。林业生产开始进入良性循环。5年累计造林27.27万公顷，封山育林6.67万公顷，基本上消灭了荒山。全市有林面积，森林覆盖率，森林蓄积量均居全省首位。乡镇企业迅速崛起，近1/4的农村劳动力转移到乡镇企业之中，乡镇企业的总收入从1985年的3.78亿元增加到18亿元，增长了3.76倍，成为农村经济的重要支柱。更重要的是开辟了一条城乡结合，工农结合的道路。

——工业结构得到了有效益的调整，企业素质不断提高。1990年，全市工业总产值达到36.26亿元，比1985年增长了52%，年均增长11.5%，比"六五"时期高1.6个百分点。在加强能源、冶金、机械工业的同时，加快了纺织、化工、食品、医药等轻工业的发展步伐，使轻工业的比例从29:71调整为40:60。同时，开发了一批新产品，推动了产品结构的调整。5年来，先后开发了潜油电机（泵）、全封闭涡旋压缩机、带座轴承、硬质合金、圆磨法滚刀、颜料钛白粉、卡那霉素等789项新产品。其中达到国内国际先进水平的有141项。还有50个产品获国优、部优称号，有176个评为省优产品。企业素质不断提高，有一批企业开始走上自主经营、自负盈亏、自我积累和自我发展的轨道。1990年市属的铸锻总厂、齿轮厂和发电设备厂评上了国家二级企业，中央企业的瓦口铅锌矿评为国家一级企业。

——对外开放日益扩大，外向型经济迈出了新的步伐。"七五"期间与外商签订合同（协议）382宗，比"六五”时期增长了 1.7 倍。合同规定利用外资 1.8 亿美元，比“六五”时期增长 2.7 倍，实际利用外资 1 亿元，增长了 4.4 倍。引进了汽流纺、箭扦织布机、针织机、印染、电焊条、负荷传感器、水泥、刨花板、卷烟等一批先进设备，促进了企业技术改造。建立起“三资”企业 160 多家。对外贸易有了长足的发展。1990 年外贸出口总额达到 8378 万美元，比 1985 年增长了 4.17 倍。更重要的是，通过 5 年来的实践，为进一步扩大对外开放积累了经验。

——物质生活得到了改善，精神文明建设取得新的成绩。5 年来，农村人均收入从 1985 年的 446 元增加到 1990 年的 776 元，增长了 74%，职工人均年工资从 1402 元增加到 2690 元，增长了 91.9%。市区居民生活费收入从 909 元增加到 1786 元，增长 96.5%，扣除物价上涨因素仍有一定的增长。城乡居民储蓄余额从 5 年前的 4.53 亿元增加到 19.97 亿元，增长了 3.4 倍。购置能力增强，“七五”期间，全市累计社会商品零售总额达到 99.68 亿元，比“六五”时期增长了 1.34 倍，平均每年递增 14.5%，商品供应充足，城乡市场繁荣。

“七五”期间，在发展经济的同时，努力推进精神文明建设。用于科技教育投资 1.10 亿元，比“六五”时期增加 1.5 倍，科技教育事业经费 3.87 亿元，增加了 1.33 倍。进一步改善了办学条件，巩固了普及小学教育成果。市辖 3 个区已普及了九年义务教育。科技工作方面推广了 45 项国家级和省级的工业先进技术和农业方面的良种和栽培技术，全市有 20 项科技成果获省的科技进步奖和“星火奖”。新建了一批文化设施，全市 90%以上的人口能看到一套电视节目和听到一套广播节目，文艺创作硕果累累，文化生活日益丰富。全市卫生预防保健网络已基本形成，基本控制了地方性甲状腺肿病和地方性氟中毒。充实和改善了体育馆场和业余体校，向省输送了 65 名优秀运动员。通过精神文明建设，使广大群众的思想观念和精神面貌发生了深刻的变化，提高了整体的文明水平。

“七五”期间之所以取得较大的成绩，主要抓了以下几项工作：一是坚定不移地推进改革。保持改革政策的稳定性和连续性。对广大农村，通过适当的调整土地经营地域，扩大规模经营等进一步完善家庭联产承包责任制。同时发展双层经营，有统有分，统分结合，互相促进，进一步解放生产力。对工业企业，在实行“七二一”为主要内容的承包经营责任制的基础上，进一步加强内部改革，推行工资总额与利润、销售收入双挂钩的分配制度，并把风险机制和竞争机制引入企业。在对外开放方面，采取“内外结合”的方针，制定了一系列优惠政策，努力改善投资环境，加强对外商的吸引力。对整个社会，在坚持公有制为主的前提下，发展个体经济和私营经济以及中外合资经济等多种经济成份，调动各方面的积极性，推动了经济向前发展。二是重视市场、培育市场。根据改革开放以来，八成以上产品靠市场调节、整个经济运行在很大程度上由市场引导的实际，努力转变人的思想观念，增强市场意识和竞争意识，加强供销力量，制定搞活营销政策，积极开展促销活动，拓宽疏通渠道，开拓市场，并重视研究市场动态，准确把握市场，运用市场规律，对产品进行适应性调整，从而发展了商品市场。与此同时，积极组织资金融通，组织劳务输出，以及组织技术成果有偿转让活动，培育资金、劳务、技术等生产要素市场。通过发展市场，促进生产，发展经济。三是大力发展外向型经济。在“七五”期间韶关市把发展外向型经济作为经济发展的一项战略来抓，努力改善投资环境，加强驻港商务机构，积极开展对外台商活动，引进外资，大力发展外贸出口，借助外力振兴韶关经济。四是紧紧依靠科学技术。始终把依靠科技进步放在重要位置来抓。在农业方面，坚持开展粮食创高产、创吨粮田活动，带动各项技术推广，走科学兴农的路。还组织“星火计划、“火炬计划”和“重点科技成果推广计划”的实施，开展科普事业，建立和完善科技领导体系，建立科技资金支撑制度，并积极探索走“科技兴市”的途径。依靠科技，发展生产力。五是坚持两手抓、加强政治思想工作。在“七五“期间，充实了思想政治工作机构。加强队伍建设，宣传好人好事，鼓励先进，并在全市开展“韶关人精神”活动。同时，分批组织机关干部下厂，下农村调查研究，转变机关作风，并坚持领导值班的群众接访日制度，开通市长专线电话，在职工中建立联络员等沟通上下关系。通过各种措施，发挥政治优势，提高人的政治觉悟，明确社会主义方向，依靠人民群众的力量，办好韶关的事。

惠州市

市　长：李近维

副市长：林树森（常务）庄礼祥（基建、城管、环保）　田业如（交通、政治、人事）　叶月坚（农村、外事、民政）　李鸿忠（工业区开发建设）　郭冬冬（经委）

李近维市长，广东省东莞市人，1944年11月出生，1966年4月加入中国共产党，大专文化。1958—1969年先后当过学徒、工人、教员、公社政工组副组长。1970年，任东莞县革委办事组秘书、办公室副主任、主任；1974年任东莞县委常委兼县委、县革委办公室主任；1975年任东莞县委副书记、县革委会副主任、县纪检会书记；1984年任东莞县（市）委书记；1987年任中共惠阳地委副书记兼东莞市委书记；1988年任中共惠州市委副书记、惠州市市长。中共十三大代表，中共广东省第六届党代会代表。

蓬勃发展的惠州市社会经济建设

□　《中国城市经济社会年鉴》惠州市编写组

“七五”社会经济建设成就显著

“七五”时期，惠州社会经济建设取得了显著成绩，1990年，国民生产总值达到48.8亿元（现价，下同），比“六五”期末1985年（下同）增长136.8%，平均年递增18.8%；国民收入39.6亿元，增长146%，平均年递增19.7%；社会总产值91.4亿元，增长250.3%；平均年递增28.5%；工农业总产值（1980年不变价）39.8亿元，增长251.6%，平均年递增28.6%。

“七五”时期，惠州工业经济发展迅速，工业总产值平均年递增41.8%，是惠州历史上产值增长最快的时期。1990年，工业产值在工农业总产值中的比重由1985年的48.9%上升到79.8%，工业品出口产值16.9亿元，占工业总产值的58%。农业在稳步提高粮食生产的同时，开发性农业取得长足进展，农业商品率不断提高。1990年，农业总产值26.8亿元（现价），比1985年增长38.8%。其中，种植业产值平均增长5.3%，林业产值平均增长11.5%，牧业产值平均增长6.4%，副业产值平均增长8.7%，渔业产值平均增长17.6%。1990年全市农业商品率达到62.4%，比1985年提高了12.4个百分点，标志着农业生产逐步向商品经济转变。

“七五”时期，惠州市着力改善投资环境，加快大亚湾工业区的开发建设，使惠州市成为外商投资热点。5年累计固定资产投资完成47.6亿元，比“六五”时期增长2.5倍。新增发电装机容量5.4万千瓦，新建11万伏以上输变电站6座，扩容5座。新建、改建公路1115公里；新建桥梁61座；新增电话交换机总容量47091门，电话普及率2.5%，其中市区9%。新建长途传输电路985路，开通了国内直拨400多个城市和港、澳、美等180多个国家和地区的国际长途电话。万吨级深水码头、常惠铁路、惠深高速公路等大型现代交通设施正抓紧施工；惠阳机场开通了至北京、杭州、无锡、郑州等空中航线，澳头港、红海港通航香港。“七五“期间，全市累计签订各种利用外资项目合同3497宗，合同外资额10亿美元，实际利用外资超过4亿美元，分别比“六五“时期增长1.6倍，3.4倍和10.3倍。引进设备12万台（套）、生产（装配)线270多条。前来投资的外商构成也由“六五”时期单一的港澳地区发展到世界上20多个国家和地区。5年来，“三资”及“三来一补”、企业出口创汇6亿多美元，“三资”企业上缴利税4132万元。

科技、教育、文化、卫生事业取得新成就。“七五”时期，惠州市鉴定科学技术奖励成果25项；获国家级奖励成果1项，省级奖励成果14项，市级科技成果奖30项。“七五”期末，全市拥有各类专业技术人员38118人，比1985年增长62.2%。“七五”时期全市大专毕业生4386人，比“六五”时期增长1.5倍，期末各类学校在校学生总数42万人，增长15.5%。1990年学龄儿童入学率99.6%，比1985年提高1.9个百分点。文盲半文盲率由1985年的15.6%降到10.5%。“七五”期末全市拥有电台4座、电视台3座、电视转播台5座、电视差转台63座、文化馆6个、公共图书馆5个、博物馆5个，报纸种类增多，发行量逐年上升。卫生事业稳步发展。“七五”时期我市医院增加14间，医院病床增加501张，卫生人员增加1337人。体育事业成绩优异。“七五”时期惠州体育健儿共获世界冠军6个，亚运会冠军1个，全国冠军11个，破全国田径110米栏少年纪录1项。1988年和1989年分别获省授予体育贡献奖和世界冠军荣誉奖。全市中小学生达标率由1985年的73%上升到1990年的81.4%。

“七五”时期，惠州市人民生活水平进一步提高。1990年全市职工平均工资收入2786元，扣除物价因素年均实际增长5.9%；城镇人均生活费收入2376元，比1985年年均实际增长13%；农民人均纯收入1131元，年均实际增长3.9%。1990年末，居民储蓄存款余额24.3亿元，比1985年末增长5.5倍。

农业生产稳定增长

1990年，惠州市各级政府切实加强对农业的领导。1990年全市农业总投入1.5亿元，比上年增长8.7%，其中投入农田水利建设资金5294万元，维修加固江海堤围219公里，小型水库除险加固64座，维修和改造电动排灌装机62台7582千瓦，增加灌溉面积0.15万公顷，恢复和改善灌溉面积2.17万公顷，改善防治洪涝面积3.32万公顷。国家投资400万元，地方配套430万元。创办商品粮基地，重点抓了32个乡镇的基地建设。大力开展以推广优良品种为主的系列化服务，其中，推广杂优稻2.75万公顷，比上年增长6倍。市、县农业部门还技术承包水稻0.87万公顷，带动农民推广应用农业科学技术，夺取粮食丰收。1990年全市粮食总产89万吨，比上年增产2.98万吨，增长3.5%，总产、单产均超历史最高水平。在抓紧粮食生产的同时，积极发展经济作物和乡镇工业，使农村经济全面发展。

工业继续保持较高增长速度

1990年，惠州工业战线广大干部职工通过采取各种措施，克服了市场疲软、资金紧缺等严重困难，保持了工业生产的稳定、协调发展。一是调整产品结构，开发生产一批在国内外市场竞争力强的新产品和优质产品。1990年经委系统开发了激光汽车音响、彩色电视机等新产品65种350多个款式，其中30多个品种250个款式被省以上部门鉴定为新产品，新产品产值3亿元，占经委口工业产值15%。二是大力发展外向型工业，积极参与国际市场竞争，克服市场疲软的困难，增强出口创汇能力。1990年外向型工业总产值18.4亿元，比上年增长48.4%，占全市工业总产值的57.8%，出口工业品产值15.3亿元，比上年增长45.9%，占全市工业总产值的48.1%。三是加强企业内部管理，加强技术改造，挖掘生产潜力。全市列入计划的技改项目57项，完成投资1.7亿元，外汇2046万美元，竣工项目22个，增加了一批新的生产能力。四是继续从各级机关中抽调得力的骨干办实业，扩大工业生产规模。通过采取以上措施，惠州工业保持了较高的增长速度。全市实现工业总产值31.8亿元（1980年不变价），比上年增长35.8%。尤其电子工业的发展最为迅速。

对外经济贸易活动更加活跃

1990年，全市共接待外商组团400多个2700多人次。1990年引进外资的特点，一是新客户踊跃进来，全年新签各类利用外资合同747宗，比上年增长12%，合同金额2.17亿美元，实际利用外资1.91亿美元，比上年增长1.1倍。二是原有外资企业继续追加投资，全市追加投资金额1500万美元。三是积极开展横向经济联合，1990年引进内联企业166家，合同金额1.65亿元，实际利用内联资金1.2亿元。四是引进项目投资规模大，技术档次高，如康山、威达电视机，寿华科学园等，一些项目将填补省内或国家空白，如人造皮肤、人造骨，CT立体空间扫瞄设备等。

1990年，全市外贸收购总额4.39亿元，比上年增12.7%，外贸出口总值2.86亿美元，增长30.2%。在巩固和发展对港贸易的同时，大力拓展远洋出口业务，全年远洋出口总值2100万美元，比上年增长15%。对外开放的进一步扩大，促进了旅游业的发展。全市旅游部门接待旅游者75.8万人次，比上年增长7.3%，旅游外汇收入1989万元（外汇券），增长24.9%。

城市建设日新月异

一大批重要市政建设项目建成投入使用。1. 西湖环境得到进一步整治。2. 新建改造了一批市区道路。3. 投资1600多万元兴建了水门大桥，桥长315米、宽19.5米，现建成并简易通车。4. 兴建河南岸水厂，铺设和改造给排水管道。去年共新铺供水管道42.6公里，下水道6.1公里。日产水12万吨的河南岸水厂工程进展顺利。5. 增设市内公共交通和照明设施。新开公共汽车线路3条，总运行线路20.5公里；新架设路灯线路10条，长9.1公里；维修更换旧路灯线路19公里，使城市照明系统逐步完善。6. 增加和改善环卫设施。7. 抓紧水北新区的规划和开发的前期准备工作。

汕尾市

市 长：彭禹贤

副市长：叶瑞宗（农业、计划生育） 彭洪辉（工业、交通） 陈 燃（财贸、文教） 杨 海（外经贸、计委）

彭禹贤市长，广东省陆丰县人，1943年8月出生，中师毕业。1964年8月参加工作，历任陆丰县委办公室干事、副组长，任陆丰县上英公社党委副书记、书记，陆丰县委副书记兼上英公社党委书记，陆丰县委副书记兼甲子镇委书记，任陆丰县委副书记，惠阳地区行署农业处长、行署副专员、行署副专员兼任陆丰县委书记，1988年1月任中共汕尾市委副书记兼市人民政府主要负责人，1989年1月当选为汕尾市市长。

崛起的粤东滨海新城——汕尾市

□ 汕尾市市长 彭禹贤

“七五”时期经济发展情况

过去的5年，汕尾市人民在党的十一届三中全会以来的正确路线指引下，坚持以经济建设为中心，坚持四项基本原则，坚持改革开放、搞活的方针，坚持社会主义物质文明和精神文明建设两手抓，取得了令人鼓舞的成就，突出有如下几个方面：

（一）经济发展速度明显加快。1990年国民生产总值（按1980年不变价计算，下同）由1985年的7.21亿元增加到11.64亿元。年递增9.6%；国民收入由5.19亿元增加到9.81亿元，年递增13.6%；工农业总产值由7.09亿元增加到14.32亿元，年递增15.1%。

（二）产业结构趋向合理，二、三产业发展较快。农村开展农、工、商、运、建、服综合经营，乡镇企业异军突起，开发性农业迅速发展。1990年，工农业产值比例从1985年40:60发展到58:42，乡镇企业总产值与农业总产值的比例从10:90发展到65:35，水产业的产值占农业总产值的比重由11.32%提高到22.69%。产业结构的调整，促进了国民经济的进一步发展。

（三）基础设施和重点项目建设得到加强，特别是建市3年来发展更快。5年间，全市固定资产投资总额达20亿元，比前35年总投资增加3.5倍，一批能源、交通、通信等基础设施项目相继建成。全市新增发电装机容量（不包括省管电站）13000千瓦，其中火力发电6000千瓦；新建110千伏输变电站6座，装机容量130兆伏安;；一批公路、道路得到了改造；城乡电话交换机总容量达34800门。新建市、县（区）的办公楼、宿舍楼和市区的自来水工程相继投入使用，一批水利工程和工业技术改造项目竣工投产。建市3年来市区建设已投入资金4.12亿元，动工面积60万平方米，其中已竣工面积4.1万平方米。基础设施建设的加强，为今后经济的发展打下了一定的基础。

1990年社会经济发展情况

1990年，全市政治稳定、社会稳定，经济稳定发展。全市社会总产值达到21.36亿元，比上年增长6.7%；国民生产总值11.64亿元，比上年增长8.5%；工农业总产值14.32亿元，比上年增长7.6%；财政收入和出口创汇分别比上年增长32.9%和41.8%；城乡人民生活进一步提高，新市建设迈开了新的步伐，社会各项事业和精神文明建设取得新的进展。

（一）农业在连续两年增产的基础上再获全面丰收。全年全市各级投入农业资金达7554万元，其中各级财政投入1988万元，占财政总支出的10.52%。全市农业总产值达5.96亿元，比上年增长7%；粮食总产量达55.06万吨。比上年增长6.9%；粮食单产267公斤，粮食总产、单产双创历史最高纪录。农业综合开发上了一个新的台阶，全市完成造林2.24万公顷，其中荒山造林1.45万公顷，基本消灭了荒山，森林覆盖率达26%，水果种植面积达1.97万公顷，其中挂果面积7500多公顷，水果总产量达3.08万吨，比上年增长5.6%；水产品产量16.71万吨，产值1.35亿元，分别比上年增长7.2%和14.5%，其中对虾养殖产量达1551吨，单产居广东省前茅。乡镇企业在调整中保持发展势头，全市乡镇企业已达53759家，年产值11.05亿元，比上年增长14.3%，税利8872万元，比上年增长7.3%。

（二）工业生产在克服困难中稳步增长。由于受市场疲软、资金和原材料短缺等的影响，年初工业出现了少有的负增长。在困难面前，加强了生产调度，增加重要物资、资金的调配，支持重点技改项目，千方百计疏通渠道，帮助企业恢复生产。同时，积极开展技改，全市经委系统技改项目28个。通过艰苦努力，扭转了负增长局面，生产逐月回升，停工半停工企业大多数恢复了生产。全年完成工业总产值8.36亿元，比上年增长8.2%，其中全民所有制工业产值比上年增长19%，集体所有制工业产值比上年增长12.1%。

（三）对外经济贸易有新的发展。在狠抓改善硬件环境同时，努力实施鼓励外资优惠政策，提高服务质量和办事效率，加强对引进企业的管理，协助解决各种实际困难。外贸部门投入资金500多万元，重点扩建水产品、乳猪、西兰花等出口商品基地，促进了出口贸易的发展。全市利用外资签订协议134宗，比上年增长12.6%，合同规定投资额1724万美元，实际利用外资1077万美元：出口创汇4232万美元，比上年增长41.8%。

（四）基础设施建设取得了令人鼓舞的进展。全市完成全民固定资产投资2.17亿元，市区新建和扩建自来水厂及市区管网等供水设施，使日供水能力由原来6000吨提高到6.5万吨；全市新增电话交换机容量11000门，长途360线，其中程控电话1.3万门，并开通无线电终端寻呼机6.5万门，通讯落后状况大有改观；市区新建22万伏输变电站竣工投入使用，新建火力发电厂2座，装机容量共0.8万千瓦。全年发电量2.2亿度，增长25%，电力紧张状况有所改善；省养公路陆丰城路段改造工程和望洋大桥已竣工通车，海丰城路段改造工程也将完成；陆河县至紫金县等过境路段已开通，一批地方公路新铺扩建、改造也相继竣工；在扩建中的陆丰乌坎港已完成航道疏浚工程，汕尾港扩建两个5000吨级泊位码头工程正加紧施工中。市区主干道的“汕尾大道”建设已进入第二期工程，新建和改造了市内一批街道。初步改善了市区的生产、生活条件和投资环境。

（五）城乡市场活跃，物价稳中有降。各级政府在治理整顿中，标本兼治，一手抓整顿流通秩序，稳定物价，一手抓搞活流通，开拓市场，千方百计扩大购销，积极抓好“菜蓝子”工程建设，努力增加有效供给。新增市场面积2.1万平方米。全市社会商品零售总额达16.3亿元，比上年增长9.3%；城乡集市贸易额7.8亿元，比上年增长1.9%。零售物价总指标出现了1985年以来的首次下降，比上年下降1.5%，比省下达控制指标降低了8.5个百分点。

（六）人民生活水平继续提高，社会福利事业有所加强。各级政府积极为群众办实事办好事，努力改善人民生活条件。全市共安置待业人员16634人。全市共发放救济款319万元，优抚补助款214万元。全市有599个管区建立了农村救灾扶贫互助储金会，筹集资金862万元。发挥了扶贫救灾、发展经济的积极作用，全市职工人均工资已达1827元，比上年增长11.3%；农民人均纯收入达653.2元，比上年增长8.15%。老区、山区和贫困地区人民生活水平也有所提高，贫难户逐年缩小。城镇居民居住面积人均达8.9平方米。

（七）财政收支平衡，信贷状况好转。各地深入开展“双增双节”活动，把扶持企业生产、培植财源同加强税收征管工作结合起来，努力增加财政收入。按照稳定大局、过紧日子的要求，量入而出，量财办事，把压缩支出和廉政建设结合起来，严格控制行政事业单位的经费开支，控制社会集团购买力。全市财政收入9736万元，比上年增长32.9%。金融部门搞活融通，大力吸收存款，到年末，全市存款余额8.1亿元，比上年末增长27.7%，其中城乡居民储蓄存款余额4.97亿元，比上年同期增长21%。

（八）教育、文化、科技等各项事业有较快的发展。教育方面，调动了各级办学的积极性。全市投放教育的资金1.19亿元，其中，各级财政安排的教育事业费达3855万元，新建教室1065间，改造危房16.9万平方米，新建教师宿舍269套，改善了教学条件。科技工作坚持为经济发展服务，努力做好科学技术的普及、推广、示范的应用。在实施“星火计划”中，被省列为科技重点项目都取得了成果。广播电视事业加快发展步伐，现有县级广播电台、中波转播台5座；县级、乡镇级电视转播台27座，地面卫星接收站11座，形成了有线、无线、调频、广播电视相结合的综合网络。体育事业，1990年全市举办各类运动比赛22场。运动人数1419人次。获得省级以上奖牌18.5枚，取得历史上最好成绩。卫生建设逐步改善，新建医院3家，病床位增长6.8%；专业卫生技术人员比上年增长6%；经过实行乡镇卫生院两级管理体制，开展创建”文明医院”、“文明乡镇卫生院”活动，使全市医疗卫生质量和秩序有较大改观。

东莞市

市　长：郑锦滔

副市长：袁李松　王德恩　王贺畴　李汉松　姚锦柏

郑锦滔市长，生于1932年7月，广东省东莞人，初中文化程度，1953年10月加入中国共产党。1951年参加工作，曾任东莞县厚街三屯乡农会主席、区供销社副主任、厚街区合作委员、仙桥大乡第二书记、厚街、沙田、虎门公社党委书记、东莞县委常委、县委副书记、副县长、代县长。1982年3月任县委副书记、县长。1985年撤县设市后，任东莞市委副书记、市长，1988年东莞市升为地级市，当选为市委副书记、市长。

沿着社会主义改革开放的道路前进

□　苏培基

1990年，东莞市坚持社会主义改革开放的道路，积极加强对企业的管理，开源节流，着力调整产业和产品结构，拓展市场，扩大出口，使全市经济逐步摆脱困境，走出了低谷，奇迹般地完成了年度各项主要经济指标。

1990年，全市社会总产值124.42亿元（按1980年不变价），比上年增长17%，工农业总产值71.04亿元，比上年增长16.9%，国民生产总值64.61亿元，比上年增长22.9%，国民收入（按现行价）53 .14亿元，比上年增长22.8%，出口创汇4.55亿美元，比上年增长30.3%。全市33个镇（区）有23个工农业总产值超过1亿元，其中莞城、虎门和厚街三个区、镇产值达3亿元以上；长安镇荣膺中国百颗乡镇之星之一。

1990年，全市工业波幅较大，1月份负增长2.2%，2、3、4月略回弹，到6月底，上半年累计增长不到10%，下半年生产走上正常。到年底，全市工业总产值63.08亿元，比上年增长25.6%，涌现出石龙通达公司、黄江太阳神公司等年产值超亿元的好企业。1990年，全市工业产品获“国优”、“部优”的各1个，获“省优”的27个，有4户企业被评为省技术进步先进单位。1990年，来料加工新签协议1050宗，比上年增加271宗；应收工缴费1.6亿元，比上年增长42.8%；新签“三资”项目190宗，比上年增加30宗，实际利用外资1亿美元，比上年增长12.8%。全市新上技改项目27个，当年完成投资1.76亿元，包括2694万美元，纳入省计划的全民技改和集体技改的有21项，当年竣工13项，这批项目建成后年产值可增加1.3亿元。

1990年，农村继续深化改革，建立健全了合作经济组织。全市已建立经济联合社555个，经济合作社2705个，基本完成农村第一步体改设置任务。同时，进一步充实了农村基层干部的力量，明确了集体经济法人地位和职责。

根据商品农业发展的需要，农口部门逐步改变职能，积极为农业开展产前、产中、产后服务。市属其它部门增强支农意识，形成了国家、集体、联合体、个体多层次的农业服务网络，还积极扶持和引导农户根据自身技术、劳力、资金等条件，发展适度规模经营，提高了农业的经济效益。

1990年农业全面丰收。农业总产值7.95亿元（不变价，下同），比上年增长6%，其中种植业产值3.5亿元，林业产值792万元、畜牧业1068万元，渔业7874万元，副业2.48亿元。粮食全年播种面积8.57万公顷，总产49.43万吨，比上年增7611吨。其中水稻7.96万公顷，总产47.93万吨，比上年增4250吨；糖蔗收获面积92686亩，比上年增加1万亩，总产55.15万吨，比上年增长7.9%；水果总面积45.5万亩，挂果面积29万亩，比上年增加7.3万亩，总产31.1万吨，比上年增加8.9万吨，增长40.5%；水产品总产61050

吨，比上年增长 5%，生猪饲养量 87 万头，上市量 45.99 万头，分别比上年增长 3.7%和 8%；三鸟饲养量 1592 万只，上市量 1187 万只，分别增长 4.5%和 7%。

1990 年全市造林种果 3113.5 公顷，超额完成省下达任务的 101.3%，四旁植树 128.05 万株，完成省下达任务的 128%；水利连续三年被省评为水利建设先进单位，获全省二等奖。

在全国市场结构性疲软的情况下，各个企业都努力加强市场信息工作，许多经理、厂长亲自抓营销，千方百计巩固原有市场，拓展新市场，商品购销逐步扳回，年底社会商品零售总额 30.71 亿元，比上年上升 9.42%，城乡集市贸易额 7.66 亿元，比上年增长 2.24%。

1990 年外贸企业经受了计划成本制约、外汇政策调整造成的影响，开始稳住了阵脚，出口生产基地的经营和近、远洋贸易均有所发展。1990 年外贸出口创汇 45542 万美元，比上年增长 30.31%，实收汇 27783 万美元，比上年增长 28.6%。几项主要指标完成情况是：外贸专业公司全年出口实绩 15820 万美元，比上年增长 5.1%，其中自营出口 15528.45 万美元，超额完成年计划 14%，比上年自营出口增长 10.8%；地方工贸公司全年收购总额 5809 万元，比上年增长 80.3%，出口创汇 1160 万美元，比上年增长 89.5%，超额完成出口任务 33%，其中自营出口 865 万美元，比上年增长 92.8%。

1990 年全市四条主干公路按超一级标准扩建工程，其中莞长、莞龙、东深三条公路年底竣工通车，支持老少边穷区搞好公路建设亦有很大进展，全市今年老山边区新铺水泥路 51.4 公里；完成公路养护里程 846.3 公里，过境省道平均好路率达 98.4%，地方道路平均好路率达 94%。1990 年全市客运量 860.7 万人，客运周转量 33437 万人公里，分别比上年增长 8.2%和 6.25%；货运量 310 万吨，货运周转量 29000 万吨公里。港口吞吐量 220 万吨，与上年水平持平。

邮电通讯继续发展。第三期 5 万门程控电话扩容工程，自 9 月后陆续投入使用，1990 年底止，全市电话总容量已有 69200 门，实装用户 61979 门。全年完成业务总量 1.20 亿元，比上年增长 61.11%，业务收入 1.52 亿元，增长 70.28%；现有移动电话 545 户，无线寻呼用户 19563 户，比上年增长 188%。

1990 年全市电力紧张的局面得到缓解。市东莞糖厂 2.5 万千瓦发电机组和东莞发电厂的 6.5 万千瓦发电机组已于本年内建成发电。220 千伏大朗变电站和 7 个 110 千伏输变电站已经建成投产，主变容量达 116.98 万千伏安，突破 100 万千伏安大关。1990 年新建输电线路 12 条共 98 万里，是建输变电站和架设输电线路历史最多的一年。全年供购电量 18 亿度，比上年增长 50%，售电量 16.22 亿度，增长 50%。

在国家继续压缩基本建设投资规模的形势下，1990 年全市建筑安装产值 17250 万元，比年计划超额 15%，比上年减少 40%，全员劳动生产率 17100 元／人，比年计划超额 14%，比上年减少 10%，房屋竣工面积 78 .88 万平方米，比上年减少 24%。建筑设计完成 95 项，土建投资总额 8210 万元，工程面积 21.6 万平方米，分别比上年增加 15.6%和 6.9%。

城市总体规划 1 月份已经省人民政府批准实施，48 个小区规划，年底已完成 38 个，其中完成小区详细规划 9 个，同时还完成了同沙仙鹤湖游览区和旗峰公园的初步规划。全市 29 个镇有 28 个进行了总体规划。镇区新铺水泥路 205 .3 公里，面积 166.7 万平方米，新开下水道 106 公里。市中心区新建水泥马路 11.64 公里，面积 41.9 万平方米。

全市房地产业向良性发展，商品房的建造和销售势头较好。1990 年全市新建商品房 19.48 万平方米，出售 16.94 万平方米，销售率为 87%。改造危旧房 2.87 万平方米，维修公房 667 户，较好地改善了群众的住房条件。环境保护工作继续抓紧抓好。严格审批新项目，全年审批新项目 419 宗，总投资人民币 2.176 亿元，港币 1.3 亿元，其中环保设备投资 1133.8 万元。污染治理完成 30 项，合格 22 项，总投资 1126 万元，新增污水处理能力 19175 立方米／日，废气 222.4 万立方米／日。据整年监测记录，全市环境质量保持良好的状态。

1990 年全市金融稳定发展，财政收入增加。各项存款大幅度增长，余额达到 68.07 亿元，比上年增长 45.4%；外币储蓄存款余额 7.23 亿港元，比上年增长 96%。

各项贷款在严格的宏观调控下正常进行，年末贷款余额为 630355 万元，比上年增长 27.7%，出现存大于贷的好态势。

保险业务不断扩展，险种有所增加。1990 年全市保险费总收入 6717 万元，比上年增长 33.6%。其中国内保费收入 6033 万元，国外保费收入 131 万美元，分别比上年增长 32.6%和 28.8%。

1990 年市财政收入 35138.5 万元，完成年度任务 112.5%，比上年增长 10%，其中税收收入 31181 万元，比上年增长 8.6%，全年收支平衡略有结余。

1990 年，全市各级各类学校共有 740 所，其中小学 570 所、中学 75 所、幼儿园 86 所、大中专学校 9 所。在校学生 280821 人，比上年增加 9799 人，其中小学 162664 人，比上年增加 6812 人；中学 67621 人，比上年减少 553 人；幼儿园 47040 人，比上年增加 2930 人；大中专 3496 人。比上年增加 610 人。学校教职员工 14246 人，比上年增加 445 人。

全市各校都加强了对学生的德育教育和革命传统教育。1990 年全市学校先后组织了 12 万多学生到虎门鸦片战争博物馆参观，开展多种形式的爱国主义教育，把爱国主义教育与“学雷锋、树新风”活动以及坚持“四项基本原则”教育有机地结合起来，培养学生树立坚定的无产阶级政治立场和社会主义的道德风尚。

1990 年 7 月市教委设立督导室，根据督导工作条例，任命和聘请了专职督导工作人员。同年 12 月市教委改为教育局。

1990 年下半年，市先后组织 17 个工作组，对 33 个镇（区）48 所中学、33 所中心小学的 147 名正副校长，进行了全面考察，考察结果，中心小学校长大部分是胜任或基本胜任的，只有个别勉强胜任或不胜任。

1990 年全市小学适龄儿童入学率 99.93%，巩固率 99.8%，非正常流动率 0.5%，留级率 3.7%，毕业率 99.1%，普及率 100%；初中升学率 95.35%，巩固率 98.2%，非正常流动率 1.9%，留级率 0.2%，毕业率 98.9%；今年，全市应届初中毕业生升高中 7040 人，比上年增加 1771 人，升学率 42.82%，比上年提高 1.88%；3–6 周岁幼儿园（班）率 57.5%，比上年提高 5.8%。教师合格率 79.8%。

1990 年中学参加全国和全省各学科竞赛取得较好成绩：在全国赛中，获一等奖 1 名，二等奖 5 名，三等奖 16 名；在全省赛中，获一等奖 2 名，二等奖 8 名，三等奖 7 名。

1990 年，卫生系统廉政建设成绩显著。全市大小医院推行“八公开”（公开医务人员应具有的医德规范、公开医院工作人员守则、公开医院工作人员的工号、公开医院的服务项目、公开每天门诊各科主诊医生姓名、公开门诊和医技科室的服务时间、公开医院主要收费项目的收费标准、公开各种卫生许可证和卫生站办站以及个体行医的条件和办理程序）、医院领导办事制度等七个方面的制度，以及监督和保证实施的具体措施，收到较好的社会效果和医疗效益。

1990 年，全市医疗设备、技术水平有很大提高。市人民医院引进了多普率心腹 B 超机、800 毫安带电视荧屏 X 光机、大容量高压氧舱；太平人民医院人工肾、体外震波碎机、虎门医院左右功能电脑监测系统、紫外线照射白血充氧回输等一批先进医疗设备。市人民医院和中山医学院合作，进行了 4 例肾移植，以及胆总管巨大囊肿切除术，成功抢救毒蛇咬伤自主呼吸停止 48 小时患者；莞城医院眼人工晶体植人、乳突根治术等医疗技术。今年，全市先后出动监督人员 286 人次，清查出无牌游医、药贩 144 人，烧毁各种肮脏街招 3000 多张，没收行医工具一批，罚款 2000 多元，整肃了医疗环境，维护了医疗秩序。

1990 年，是鸦片战争 150 周年。中共中央总书记江泽民和中央政治局常委李瑞环先后视察了虎门鸦片战争遗址，并分别作了指示。江泽民总书记指示：“鸦片战争以来的历史，是我们中华民族奋起抗战、救国图强的历史，我们决不能忘记这段历史。”视察时还为鸦片战争博物馆题写了“苟利国家生死已，岂因祸福避趋之”的林则徐名句，以兹今人共勉。李瑞环指示：“每个中国人都应该牢记这段历史。”6 月 3 日，广东省委在虎门镇隆重召开了“广东省各界人士纪念鸦片战争 150 周年座谈会”，参加座谈会的有广东省的领导及港澳知名人士 150 多人，省委书记林若在会上作了《高举爱国主义旗识，同心协力振兴中华》的讲话；6 月 10 日，广州、东莞两市宣传、文化等 14 单位，在鸦片战争博物馆联合举办了有 2000 人参加的“纪念鸦片战争 150 周年暨虎门销烟 151 周年广场音乐会”；鸦片战争博物馆还筹办了《虎门销烟与鸦片战争史实陈列》和《林则徐禁烟战争 150 周年爱国主义教育展览》，于 4 月、8 月和 11 月在南京、北京和天津三城市展出。全国人大副委员长陈丕显、彭冲、全国政协副主席侯镜如、程思远、卢嘉锡和中国人民解放军三个总部的负责人等三百多人参加了在北京展出的开幕式和参观了展览。省、市各单位组织干部群众和青年学生参观鸦片战争历史展览和虎门炮台遗址的观众有 100 万人次，是历年前来接受爱国主义教育人数最多的一年。

一年来，东莞市文化工作继续贯彻“一手抓整顿，一手抓繁荣”的方针，“扫黄”取得显著成绩，共出动 8575 人次，清查店档 657 个，破获案件 14 宗，其中贩黄 4 宗，传黄 10 宗；收缴违法经营录像带 1245 盒，淫秽录像带 106 盒，反动带 547 盒，收缴投影机 2 台，录像机 2 台；查处犯罪分子 19 人。1990 年东莞市虎门文化站被评为“全国先进文化站”。1990 年市影剧院和市电影院放映总收入突破百万元大关，超额完成国家下达的任务。1990 年东莞体育成绩辉煌。市首次独立组团参加第八届广东省运会，一举夺得省运会所设四个大奖中的三个第一：代表团团体总分第一、水上五项团体总分第一和陆上七项团体总分第一。获金牌 92 枚。有 3 人 13 次超六项世界纪录，3 人 5 次超三项亚洲纪录，18 次超全国少年甲级纪录，110 次破省纪录。破纪录人数、次数、项数均居全省之冠。代表团荣获“体育道德风尚奖”。

1990 年全市人民生活进一步提高。全市人均收入 2430 元，其中城镇职工人均收入 3552 元，农村人均收入 1359 元，分别比上年增加 232 元和 91 元。按人均国民生产总值 800 美元为小康水平标准计，东莞人均收入已经进入小康达标水平。1990 年末全市城乡群众储蓄存款余额 3388 元，各项社会福利和城乡住房条件普遍有所改善。

江门市

市　长：李熊光

副市长：古日新（常务）　张远贻（常务）　尹显文（城建、政法）　司徒捷（外经贸、交通）　黄松龄（科技、文教）

李熊光市长，1934年2月生，广东新会县人，大专文化程度。1951年4月参加工作后，曾任新会县委干事，佛山地委农村部副科长、科长，农业干部学校副校长，佛山专区手工业局副局长，开平县革委会主任，佛山地区革委会常委、生产组副组长，佛山地区计划委员会主任。1980年12月任佛山行署副专员兼办公室主任，1983年6月任江门市副市长，1988年7月当选为江门市市长。

坚持改革开放　促进城市发展

——“七五”时期江门城市经济社会发展概况

□ 江门市人民政府办公室

深化改革，增强活力

“七五”时期，江门市作为全国中等城市综合改革试点，经济体制改革在6个主要方面取得重大进展：

（一）改变单一的公有制结构，形成了以全民所有制经济为主导，以公有制经济为主体，多种经济成分并存发展的所有制结构。5年来，市郊乡镇企业、城市街道企业成倍增长，个体工商户增长1.2倍，私营企业发展到529户；同时，兴办了一批“三资”企业和公私混合经营企业，有力地推动了城市经济发展。

（二）初步改变了公有制经济单位的组织形式和生产经营方式。在郊区农村，通过完善以家庭联产承包为主的责任制，建立了统分结合的双层经营体制；在城市，普遍推行了各种形式的承包经营责任制，扩大了企业自主权，增强了企业的“三自”能力。

（三）市场体系逐步发育健全，宏观调控管理进一步完善。按照“放、调、管”结合的原则，扩大了市场调节的范围和比例，建立和拓展了金融市场、劳务市场。同时，通过改革计划、投资、金融、财政、税收等体制，加强和完善了宏观调控管理。

（四）实行了以按劳分配为主体的多种分配形式。国营工业普遍推行了企业工资总额与效益挂钩的办法，并在工、商、建、交企业中推行了计件工资、岗位工资、单位产品（产值、销售额）工资含量、浮动工资等多种分配办法，开始打破分配上的“大锅饭”。

（五）积极推行住房和社会保险体制改革。从1988年8月开始，全面实施提租补贴，出售公有住房22622套，初步形成了国家、企业、个人共同出资解决住房的新机制。社会保险制度改革也起步较早，已从固定工退休费用社会统筹，合同工养老保险发展到实施合同工、临时工待业和养老保险制度。

（六）发展外向型经济，初步形成多层次、多功能、多形式的对外开放格局。“七五”期间，市区批准各类利用外资合同766宗，其中外商独资项目12宗；实际利用外资12128万美元；建成投产“三资”企业135家；1990年“三资”企业出口总值9061万美元，5年平均递增率为156%。此外，通过引进国外先进技术设备对工业企业进行了改造，增强了出口创汇能力，1990年创汇超百万美元的生产企业20多家，工业出口产品产值8.7亿元，比1985年增长4倍多；对外加工装配值3720万元，比1985年增长2.5倍。

国民经济迅速发展，人民生活明显改善

“七五”时期，江门市提前两年完成国民经济主要计

划指标；实际情况如表：

	全市			市区		
	1985年	1990年	年均递增(%)	1985年	1990年	年均递增(%)
社会总产值(亿元)	66.86	164.69	19.8	18.02	38.29	16.3
国内生产总值(亿元)	28.88	65.68	17.9	5.78	12.67	17.0
国民收入(亿元)	24.50	49.58	15.1	5.06	10.35	15.4
工业总产值(亿元)	39.08	126.21	26.4	12.37	31.45	20.5
农业总产值(亿元)	10.11	15.35	8.7	0.24	0.32	5.9
外贸出口(亿美元)	1.31	5.21	31.8	0.54	2.34	34.1
社会商品零售总额(亿元)	22.54	47.83	16.3	4.32	8.11	13.4
财政收入(亿元)	3.27	7.00	16.5	1.32	2.18	10.6

注:按1980年不变价

5年来，全市完成工业技改项目132个，总投资3.64亿元。有3种产品成为国优产品，部优产品38个，省优产品332个。企业素质进一步提高，评为省级先进企业32家，国家2级企业7家。外贸出口形成持续发展势头，1990年出口总值比1985年增长3.3倍。城乡集市贸易空前活跃。1991年市区各类市场增至19个，面积4万平方米。1990城乡集市贸易成交额1.43亿元，比1985年增长4倍。

随着经济的迅速增长，人民生活明显改善，5年来，市区新安置66031人就业，占待业人员的98.58%；1990年职工平均工资3178元，比1985年增长107%；城乡居民储蓄存款5年增长3.9倍，人均储蓄达4142元；居住条件进一步改善，人均居住面积已由1985年的7.34平方米增至9.67平方米，1.87万户居民喜迁新居。

城市面貌发生了显著变化

“七五”期间，市区建成区面积由9.8平方公里扩展到14.5平方公里。为了改善市容环境，城市重点基础设施建设完成了三大工程：1、防洪排涝工程。修建了11条防洪排水大渠，新筑下水道22.6公里。2、美化江门工程。北街防洪闸建成后，拆除了蓬江河岸长达6公里的防洪石围堤，并新建了河南石护堤1620米；沿河修筑栏杆、花圃，美化城区一河两岸；开发古猿洲旅游点，新建了一批公园，使市区大小公园增至14个，118.5公顷；绿化覆盖率达30.2%，人均绿地面积6.8平方米；3、道路交通工程。新建了西区大道、农林路、五邑大学路、华园路，以及改建扩宽了江肇路、建设路、港口路、江会路、江海路等，总长70.5公里，面积47.84万平方米，市区四大出入口通道宽阔平整；整治内街小巷133条，面积2.87万平方米；建成了外海大桥、江门大桥、北街大桥等8座桥梁，人行天桥4座，开辟了公共汽车线路4条，营运线路43公里。此外，建成了两个液化石油气储配站和7个供气点，城市气化率达72%；自来水供应能力提高到21万吨，比“六五”期末增长1.4倍，供水普及率由85%提高到96%。

与此同时，为了完善投资环境，改造了市区的交通通讯设施。江门港高沙作业区扩建了2个千吨级泊位，配套了50吨级起重机等设备，吞吐能力提高到60万吨，增加16.7%；新建了外贸码头，拥有3个千吨级泊位，新增吞吐能力38万吨；购置和更新了一批运输车辆、船舶，提高了运输能力。通讯方面，程控电话由1985年4344门扩容到22500门，增加长途电话线路1494路、程控长途交换机1800线、服务网点13处。市区发电装机容量由1985年0.6万千瓦提高到2万千瓦，使市区生活和生产用电基本满足。

社会各项事业协调发展

“七五”时期，江门市区的科技、教育、文化、卫生、体育、旅游、民政等各项事业同步发展。科技人员成倍增加，达6477人；科研攻关计划等共124项；取得科研成果85项，获国家专利权56件；教育事业有较大发展，1990年教师达标率与1985年相比，小学从43%提高到89.5%，初中从31.8%提高到73.9%，高中从32.4%提高到44%；5年间，有1906人高考录取入大专院校，市属3所大专院校输送毕业生3312人。医疗卫生事业也取得新发展，市区投资2998万元，建成了3座住院、门诊楼，优生优育工作进一步加强，城区儿童计划免疫“四苗”覆盖率达99.52%。市区人口出生率和自然增长率控制在15.45‰和10.53‰，均完成省下达计划。城市文化事业更加繁荣，广播电视覆盖率达100%。

佛山市

市　长：卢瑞华
副市长：欧阳洪　陈　佳　严显廷　钟光超　梁绍棠　区达辉

卢瑞华市长，广东省潮安县人，中共党员，工程师。1938 年 11 月 28 日出生，1963 年 8 月于中山大学物理系毕业，1966 年 8 月于中山大学分子光谱研究生毕业。1982 年 11 月至 1983 年 3 月任佛山市经济委员会副主任。1983 年 4 月后任中共佛山市委常委、副书记、佛山市代理市长，1985 年 4 月下旬在佛山市第八届人大第三次会议上当选为佛山市市长。1988 年 3 月当选为第七届全国人民代表大会代表，同年 5 月在佛山市第九届人大第一次会议上再次当选为佛山市市长。

佛山市“七五”时期经济社会发展概况

□ 潘　健　张松炎

1990 年，佛山市超额完成“七五”计划所规定的各种经济发展指标，社会精神文明建设也取得初步成效：全市实现工农业总产值 219.91 亿元（1980 年不变价，下同），比上年增长 16.6%，比 1985 年增长 1.65 倍，超过“七五”计划指标（146 亿元）的 50.6%；其中镇以上工业总产值 171.2 亿元，超过计划 51.5%；国民生产总值 74.9 亿元，比 1985 年增长 83.6%，比计划超 4%；国民收入 64.4 亿元，比 1985 年增长 73.7%，超过计划 4%；财政收入 13.44 亿元（不含教育附加费），比 1985 年增长 1.79 倍，超过计划 92%；农民人均收入 1531 元，比 1985 年增长 65.8%，超过计划 1.4 个百分点；职工人均工资 3543 元，比 1985 年增长 1.25 倍。超过计划 10.6 个百分点；本市口岸自营出口比 1985 年增长 4.3 倍。

（一）工业。

1990 年，佛山市工业总产值比上年增长 17.3%。产值超亿元的企业已发展到 29 家，其中市直 12 家，顺德 11 家，南海 3 家，三水 1 家，城区 1 家，高明 1 家。全年峻工投产项目 129 项，完成投资 8.07 亿元，其中用汇 9652 万美元。这批项目每年可新增产值 17.2 亿元，税利 3.48 亿元，创汇 1.1 亿美元。工业产品出口继续有大的增长，在上年增长 60.6%的基础上，今年达到 52.6 亿元，增长 36.4%。大宗产品出口规模增大，出口生产骨干企业增加。全年出口超 100 万美元的产品 73 个，比上年增加 25 个，其中超 1000 万美元的产品 17 个，增加 4 个；出口超 100 万美元的企业 243 家，增加 36 家，其中超 1000 万美元的企业 11 家，增加 7 家。全市开发新产品 143 项，比上年增加 24 项，开发新品种、新花色 5676 项，增加 2723 项。评上“省优”的产品 156 个，“国优”产品 8 个，优质品率达 20.23%，提高了 1.27 个百分点。全年共有 98 家企业上等级（其中国家二级企业 19 家），累计已达 228 家（其中国家二级企业 46 家），占全市镇以上企业总户数的 15.78%。1990 年佛山市工业生产存在的主要问题是：企业素质较低，适应能力不强，有一部分企业出现负增长；经济效益低，亏损企业增多。

（二）农业。

1990 年，是佛山市农业生产获得全面增产增收的一年。水稻全年播种面积 14 万公顷，比上年增 0.004 万公顷；亩产 384 公斤，增 5 公斤，总产 80.51 万吨，增 1.04 万吨，增长 1.3%。全市早晚两造高产活动面积达 5.67 万公顷，占全年播种面积的 4 成多。糖蔗种植面积 1.25 万公顷，增 0.026 万公顷，亩产 6.1 吨，增 0.15 吨，总产 110.9 万吨，增 2.02 万吨，增长 1.9%。水果种植面积 1.44 万公顷，其中挂果面积 0.78 万公顷，总产 6.84 万吨，增长 1.5%。蔬菜全年播种面积 2.66 万公顷，增 3.2 万亩，总产 68.14 万吨，增 12.2%。花生、西瓜等经济作物收成也比上年好。

塘鱼连续 12 年增产。亩产 486 公斤，增 17 公斤，总产 23.21 万吨，增 3.8%。生猪饲养量 214.88 万头，增 3.9%。三鸟饲养量 5819.44 万只，增 34.6%。造林绿化工作也超额完成年度计划。

贯彻科技兴农方针，继续办好农业商品生产基地。全市 45 个禾田镇，有镇级农技队伍 628 人，农技咨询服务站 78 个，群众性科技协会 40 个。

(三) 对外经济贸易。

1990 年，佛山市外贸出口收购总值 28.22 亿元，比上年增 4.1%；贸易出口实绩 4.68 亿美元，增 19.2%(出口净收汇 3.11 亿美元，增长 6.7%)，加上“三资”企业出口近 4 亿美元，“三来一补”出口 2184 万美元，供货省出口 1.5 亿美元，全市的出口总规模首次突破 10 亿美元，达 10.39 亿美元。全年出口创汇超百万美元以上的“三资”企业累计已达 104 家，其中佛山市华声音响器材有限公司、南海宝威鞋业有限公司、顺德蚬华电器制造厂、顺德蚬华微波制品厂有限公司、顺德三发鞋业有限公司、顺行港德鞋业有限公司等 6 家企业出口创汇超千万美元。

1990 年，是佛山市外商投资企业发展较快的一年，共登记外商投资企业 236 家（累计实有 1006 家），其中合资企业 110 家（累计 555 家）合作企业 90 家（累计 405 家）独资企业 36 家（累计 46 家）。在外商投资企业中，台资企业发展较快，由上年的 50 家增至 103 家，多分布在南海县。另外，外国（地区）企业常驻代表机构 12 家。

(四) 经济协作。

全年签订合同 123 项，实施 109 项，投资总金额签订合同近 7.8 亿元，实施 5.24 亿元。协作物资金额 3467.19 万元，其中协进 2517.49 万元，计有钢材、棉纱、生铁、焦炭、铜、铝、锌、锡等。另外，还协进资金 2300 万元。

(五) 商业、供销。

全国国营商业系统国内商品纯购进 14.73 亿元，纯销售 15.93 亿元，分别比上年增 19.3%和 6.1%；供销社系统国内商品纯购进 21.96 亿元，纯销售 27.53 亿元，分别比上年增 6.7%和基本持平。国营食品系统商品纯购进 2.53 亿元，纯销售 4.01 亿元，分别增长 20%和 15.1%；石油系统四大成品油总购进 31.14 万吨，总销售 31.75 万吨，分别增长 0.3%和 5.4%；粮食合同定购入库 19.94 万吨，议价粮收购 41.54 万吨。群众的吃、穿、用商品种类繁多，供应充裕，“菜篮子”工程进一步发挥作用。全市社会商品零售总额达 63.15 亿元，增 4%，其中城乡集市贸易成交额 16.09 亿元，增 13.2%。

(六) 财政、金融、物价。

1990 年，佛山市财政总收入为 13.49 亿元，增长 9.1%。三水县首次突破亿元大关，跨进了全国亿元县的行列。全市共完成国库券推销任务 3469.9 万元，完成特种国债 2138 万元，均超额完成任务。

全市金融部门各项存款余额 160.57 亿元，增长 33.76%，其中银行存款 103.7 亿元，增 33.4%；各项贷款余额 195.66 亿元，增 20.8%；其中银行贷款 110.15 亿元，增 12.81%，货币净回笼 21.3 亿元，增 16.4%。各级银行积极协助企业清理“三角债”，搞活资金，积极发展融资业务，一年内共拆入资金 127 笔，7.19 亿元，其中跨年度使用的 3.35 亿元。另外，发展证券转让市场，全年证券转让交易额达 1740 万元。

1990 年，佛山市社会零售物价指数持续下降，全年平均下降 5.2%，但市场仍然是以“淡、滞、降、平”为主要特点，即市场销售回升缓慢，部分产品滞销，物价涨幅大幅度回落，大部分商品价格稳中有降。

(七) 交通、邮电。

1990 年，是佛山市公路管理体制下放后的第一年。佛山市公路局管养公路 595.2 公里，年平均好路率达 96.6%，其中干线好路率 95.9%；年平均优等路里程 380.1 公里，其中干线 298.9 公里。年内，新铺油路 6 公里，水泥路 17.6 公里；完成线路改善 15.5 公里，油路大中修 10.4 公里，路面素质有新的提高。南海、顺德已成为消灭砂土路的县级公路局。在全省的年终公路检查评比中，三水、高明、顺德和南海分局都被评为“全优分局”或“好路分局”，市局被评为一等市公路局。

1990 年，佛山市邮电事业进一步发展。全市又开通了 7.27 万门程控电话，使全市的市、农话总量达到 15.4 万门。其中南海县于 6 月 30 日开通的 5.8 万线城乡程控数字通信系统是全国县级一次开通容量最大的系统。全市通信建设进一步加强。市区 1.1 万平方米的邮件处理中心大楼已峻工；通信指挥中心大楼已进入装修阶段；近 7000 平方米的同济市话大楼已竣工并已安装调测首期万门程控电话交换设备。为吸引用户装电话，市区自 4 月起调减电话初装费和按金，并大力开展“电话一条街、一条村”的活动，受到省局和邮电部的好评。年内，佛山市邮电局晋升为省级先进企业。

(八) 供电。

1990 年，佛山市供电情况良好，电力供求矛盾缓解，敞开用电的目标基本实现。稳定了社会，发展了经济，提高了人民的生活素质，受到了内外的一致好评。1990 年，佛山供电局完成总供电量 34.25 亿度，其中网供（购）电量 20.47 亿度，地方发电上网 13.78 亿度，分别比上年增长 32.22%和 10.4%；售电量完成 18.76 亿度，增 31.47%；实现利润总额 1322 万元，增 93.27%。

(九) 教育。

1990 年，佛山市教育总投资 3.2 亿元，增

7.86%。校舍基建完成投资1.14亿元，面积近29万平方米，分别增24%和15%；改造危房9.34万平方米，其中严重危房已改造4.15万平方米，分别占总数的70.9%和98%。教师的生活待遇进一步改善，全市共投资2480万元兴建教师宿舍，建成960套。全市适龄儿童入学率达99.89%，小学毕业生升学率为98.11%，初中毕业生升学率为48.53%。年内高考，全市共有2440个考生录取入大中专院校，占参加高考考生总数的46.7%，各科平均分均超过省的平均分，取得历年高考的最好成绩。参加全国单学科竞赛，共有7人获省一等奖，8人获二等奖，28人获三等奖。目前，佛山市每10万人口中，具有大专以上文化程度的上升为1413人，具有高中文化程度的上升为9164人。

(十) 文化。

1990年，佛山市文艺创作和各项文化活动蓬勃开展。全市各基层单位业余作者应征上送的各类文艺作品达5000多件，美术书法作品中有4件送全国展览，8件送省展览，共有48件文艺作品获奖。由文化局牵头组织编写的大型彩色画册《三角洲掇英——佛山》受到好评。《佛山文艺》月刊发行量达30万册，《佛山报》已办成具有地方特色的报刊，佛山有线电视和佛山人民广播电台深受各阶层群众的好评。市群众艺术馆举办各种展览15个，各类型培训班48期；市博物馆组织专题展览13个，接待了大批来自世界各地和国内的游客。文化部门先后组织赴港澳地区和新加坡的演出、展览、讲学达20多次，另先后组织和承办了多个境外团体和个人来佛山市举办的展览和演出，都取得了圆满的成功。占地4200平方米，建筑面积1.75万平方米，投资达2000万元的市图书馆新馆已于7月30日奠基，计划3年完成，其规模在省内仅次于省的中山图书馆。

(十一) 体育。

1990年，全市新建各级各类体育场地180个，其中南海县已占80个。各级体育协会进一步建立和健全，全市53个镇均成立体委或兼职机构。全市投入体育的经费达958万元，另赞助体育比赛的经费达300多万元。佛山城区第三次被评为全国“田径之乡”。佛山市上送的运动员在北京第十一届亚运会中共获金牌6枚、铜牌1枚。顺德县龙舟队参加日本、香港邀请赛获冠军；南海县醒狮队在新加坡国际武术节舞狮中获优秀奖；保龄球队在国内外比赛中取得优异成绩，5人入选国家集训队；足球队在全国甲级联赛中护级成功。有427名运动员参加了第八届省运会20个项目的比赛，取得金牌30枚、银牌53.5枚、铜牌30.5枚，总分为1613.334分，居全省第6位，并有一人一次超一项世界纪录，一人一次超一项世界青年纪录，两人六次破四项全国纪录。

(十二) 爱国卫生。

佛山市的爱国卫生运动，实行政府组织，地方负责，部门协调，群众动手，科学管理，社会监督的方针，取得了显著的成效。3月，省爱卫会授予佛山市为“广东省卫生城市”称号；10月，在全国卫生城市卫生检查评比中，在省内地级市中名列前茅，在全国147个地级市中被列为全国十佳卫生城市，佛山城区爱卫办被评为全国卫生先进单位。同时，经全国专家组考核鉴定，全国爱卫会授予佛山市区为“灭蚊、蝇先进市区”称号，成为全国第一个“灭蚊、蝇、鼠”三达标的城区。全市自来水普及率为74.1%，自来水合格率为70%以上，市和各县均被评为全国农村改水先进单位。顺德县碧江村被列为世界卫生组织卫生示范的建设试点，并得到省和全国爱卫会的认可。

(十三) 人民生活。

1990年，全市国营和集体企业共有22.46万名职工调整了工资，有5.23万名离退休人员提高了待遇，分别占总数的96.7%和100%。为2.5万多名大、中专毕业生、技校毕业生、高中（含职业高中）毕业生、学徒工、熟练工、普通工提高了见习期工资、起点线工资和转正定级工资。另外，还兑现了实行工效挂钩企业的效益升级工资、浮动升级转固定工资。全市城乡居民储蓄存款余额106.1亿元，增长33.6%，城镇职工人均年收入3543元，比上年增长8.4%，农民人均纯收入1531元，增6.2%。

湛 江 市

市　长：郑志辉

副市长：张安光　汤文藩　植标志　陈　钧　何均发

郑志辉市长，1934年7月生。籍贯广东省吴川县，初中文化，中共党员。1951年参加工作，历任区委宣传干事，土改组长，副区长，区长，区委书记，乡党委书记，鉴西水利工程指挥部副指挥，公社党委副书记，社长，公社党委书记，县革委会副主任，县委常委，塘尾分洪工程指挥部总指挥，县委副书记。1974年2月至1982年4月任中共湛江地委副书记兼任高州县委书记和兼任阳春县委书记；1983年9月任中共湛江市委副书记，1986年4月任湛江市人民政府市长。

湛江市"七五"时期经济社会发展概况

□　《中国城市经济社会年鉴》湛江市编写组

"七五"时期经济社会发展情况

"七五"时期，湛江市各方面工作都取得了显著的成就，是湛江市发展最快、成效最大的时期。全市政治稳定、经济稳定、社会稳定。人民生活有了较大改善，绝大多数地区的温饱问题已经基本解决。

（一）经济建设以较高的速度发展。

按1980年不变价格计算，5年来，国民生产总值增长80.6%，年均递增12.5%；国民收入增长82.4%，年均递增12.8%；工农业总产值增长1.4倍，年均递增19.6%；财政收入增长1.3倍，年均递增18.6%。以上各项主要经济指标均超过计划增长的速度。

（二）农业有新的突破，开发性农业蓬勃发展。

5年来，农村社会总产值增长1.15倍，年均递增16.5%；其中农业总产值增长79%，年均递增12.3%。粮食总产量增长37%，年均递增6.5%。甘蔗种植面积和产量连续5年大幅度增长。湛江市已成为全国重要的商品糖生产基地。

为加快农业的发展，1985年以来，全市开发和利用荒山、荒地、荒坡、荒滩、荒水共26.67万公顷，其中开发沿海滩涂3.33万公顷，建虾池1.2万多公顷，场0.27万公顷，珍珠养殖水面0.07万多公顷，垦复耕地3.2万公顷，种植水果6.67万公顷，新造工程林13.33万公顷，已基本消灭荒山，发展了牛、山羊、猪、三鸟等禽畜生产。已形成水产养殖、水果、畜牧、林业和农作等5大类、21个大中型专业性商品生产基地。开发性农业的配套工程同步进行，共建成虾苗场54个、饲料厂47间、速冻冷藏加工厂42间。为开发性农业服务的批发专业市场（点）29个，年成交额19776万元。5年来，全市水产品总量增长70.5%，水果总产量增长3.25倍，肉类产量也有较大的增长。北运菜产量和销售额分别增长1.71倍和3.9倍，销往130多个城市（网点）。通过开发性农业，既为农村富余劳动力找到了出路，又加强了农业基础设施建设，改善了生态环境，使农业出现良性循环。

（三）工业发展速度加快。

5年来，全市工业总产值增长1.9倍，年均递增23.8%，比"六五"期间快8.5个百分点。全市对242家工业企业进行了程度不同的技术改造，5年累计技术改造投资20.34亿元，比"六五"时期增长2.4倍。引进了60多条具有先进技术水平的生产线，初步形成了以制糖为主的食品工业，以家用电器为主的电器机械及器材制造业，以农用汽车为主的机械、仪表、计量器具制造业以及卷烟业等为支柱的工业门类。糖业生产已成为湛江市的重要支柱。到1990年底，独立核算工业企业固定资产净值达27.85亿元，比1985年增长2.6倍。全市工业开发新产品800多种，工业产品中获国家金质奖 1 项、银质奖 4 项、部优和省优 160 项。全市工业品出口值占出口总值的比重，由“六五”期末的 49.5%上升到 75.5%。

(四) 乡镇企业已成为湛江市国民经济的重要组成部分。

“七五”期末，全市乡镇企业数已由 1985 年的 4.66 万个增加到 7.3 万个，从业人员由 22 万人增加到 30.2 万人，分别增长 56.6%和 37.3%。1990 年，全市乡镇企业总收入比 1985 年增长 3.4 倍，总产值增长 27 倍。乡镇企业中已有 14 家获省级先进企业称号，有 6 项产品获部优、省优产品奖。1990 年，全市乡镇企业总产值占全市社会总产值的比重达 32.3%，比 1985 年的 14.7%提高了 17.6 个百分点。

(五) 基础设施建设得到加强。

5 年来，全民和集体固定资产投资完成 52.71 亿元，比“六五”时期增长 1.4 倍。新增固定资产 35.6 亿元。全市电力投资 24885 万元，新增 35 千伏以上的变电站 21 座，建设 110 千伏以上的高压线路 442.5 公里；新建 5000 吨级码头泊位 2 个，改造泊位 5 个，增加港口吞吐能力 140 万吨；改造了湛江境内铁路，货运量增加 530 万吨；新建公路 1040 公里，全部乡镇和 89.8%的村通了汽车，海岛和边远地区的交通状况明显改善；改造了湛江民航机场，开通了湛江至香港直达航班；新增电话装机容量 6.23 万门，比“六五”期间增长 5.29 倍，县城以上和 31.6%乡镇用上了自动电话。城市基础设施、公共事业有了较大发展。用于城市建设投资 17531 万元，改造、扩建了城市道路、桥梁和其他设施，市区的建成区增加 6.2 平方公里，城市面貌明显改观。

(六) 对外经济贸易和横向经济技术合作有了较大发展。

5 年来，全市实际利用外资 1.8 亿元，比“六五”期间增长 2.4 倍。1990 年，外贸出口总额比 1985 年增长 1.55 倍，年均递增 20.6%。经济技术开发区，共完成基础设施投资 1.2 亿元，起步区 1.2 平方公里，基本实现了“五通一平”，累计实际利用外资 6208 万美元，已建成投产的项目 70 个，5 年间出口创汇以年均 33.8%的速度增长。从 1986 年起，湛江市连续举办了 5 次横向经济技术联系洽谈会，共签订各类合同 1345 项，总金额 43.3 亿元，对全市经济社会发展起了促进作用。

(七) 城乡市场繁荣，人民生活水平有了明显提高。

5 年来，全市社会商品零售总额比 1985 年增长 1.5 倍，年均递增 20.3%。全市职工年均工资收入比 1985 年增长 91%，农民人均纯收入增长 93%；年末城乡居民储蓄存款余额比 1985 年增长 4.2 倍。目前，农村人均住房建筑面积已由 1985 年的 6 平方米，增加到 16 平方米；城市居民人均住房建筑面积由 1985 年的 12.7 平方米，增加到 16.17 平方米。

(八) 科技、教育等各项社会事业的成果显著，社会主义精神文明建设得到加强。5 年来，全市教科文卫体方面的事业费支出 7.22 亿元，比“六五”期间增长 12.4%，用于这方面的固定资产投资 2.03 亿元，比“六五”时期增长 70.4%。此外，多渠道筹集办学资金 3.9 亿元，改造了大批校舍危房，新建教学楼 3340 幢，面积 246.89 万平方米，改善了办学条件。基础教育、职业教育、职工培训有了加强。全市完成科技项目 616 项，获市级以上奖励的 175 项，其中获国家和省级科技进步奖 27 项。

1990 年经济社会的新发展

1990 年，湛江市国民生产总值达 45.4 亿元，比上年增长 11.6%；国民收入 38.68 亿元，增长 12.4%；工农业总产值 78.66 亿元，增长 13.7%。

(一) 农业全面丰收，农村经济有新的发展。

全市农业总产值 23.99 亿元，比上年增长 12.8%，粮食播种面积 32.63 万公顷，总产量达 132.1 万吨，增长 4.5%；糖蔗种植面积 14.25 万公顷，总产量 993.7 万吨，增长 33.7%，创历史最高纪录。花生种植面积 3.63 万公顷，总产 6.5 万吨，增长 1.5%。茶叶、蚕桑、烟叶等经济作物也有较大幅度的增产。

“两水一牧”生产继续发展，效益良好。全市水产品总产量 28.37 万吨。增长 7.8%。全市投入经营虾塘 1.01 万公顷，收获虾、蟹、鱼等产品 6862.4 吨，增长 23.4%。水果生产，主要项目的面积和产量均有增长。其中，红橙种植面积已达 1.8 万多公顷，投产面积 0.69 万公顷，总产 6.2 万吨，增长 95.1%。北运果菜 35.5 万吨，增长 4.6%。畜牧业稳定发展，全年肉类总产量 17.25 万吨，增长 11.7%。

造林绿化有新的突破。全年人工造林面积 1.23 万公顷，迹地更新 0.65 万公顷，全市宜林地栽植率达 97.3%，绿化率达 89.8%，森林覆盖率达 27.9%。

(二) 工业生产持续增长。

1990 年全市工业总产值 54.66 亿元，比上年增长 14.1%。出口工业产品产值 5.19 亿元，增长 19%。获部优产品 1 个，省优产品 31 个，其中，华威饼业公司威字牌威化饼荣获国家金质奖。全民所有制独立核算企业劳动生产率为 23899 元 / 人，利税总额 6.85 亿元，分别比上年增长 12.3%和 25%。工业资金利税率和工业销售利税率有所提高，能耗下降。交通完成货物周转量 37.69 亿吨公里，客运周转量 32.6 亿人公里，港口货物吞吐量 1775 万吨，均比上年略有减少。邮电业务总量 4041 万元，增长 36.6%。

针对市场疲软，产品积压，生产下降等情况，市主要领导及时解决工业生产中存在的问题，抓好企业转包工作，转包面达89%。企业大搞技术革新，改善内部经营管理，全市获国家二级企业称号的企业有1家，获省级先进企业称号的企业有20家。全市共开发省级以上新产品23项，增加花色品种80个。进一步抓好技改挖潜，全市工交系统完成技改项目49项，共投资4.13亿元，增长2.1倍。

（三）外经外贸取得新的进展。

全市外贸收购总值6.83亿元，比上年增长12.9%；出口总值1.44亿美元，增长29.1%，湛江市生产的白糖、水泥和农用车首次打进了国际市场。

新签利用外资合同72宗，实际利用外资2508万美元，减少26.1%。在新批准的“三资”企业中，生产性项目占98.3%，外商投资比例平均达73.7%，产品返销率一般不超过70%。批准合资合作和租赁承包水产养殖项目7宗，养殖面积966.67公顷；批准利用外资改造老企业项目35宗；批准外商独资企业8家，金额2116万美元。“三资”企业出口2351万美元，增长69.9%。

经济技术开发区坚持外向型方向，全区工业总产值达4.35亿元，增长15.4%；出口创汇3629万美元，增长78%；新签利用外资项目15个，实际利用外资660万美元。

旅游业回升。全年接待国际游客1.76万人（次），旅游外汇收入（外汇券）1177万元，分别比上年增长29.4%和43.5%。

（四）投资结构趋向合理，重点项目建设得到加强。

湛江市进一步调整投资结构，将有限资金和规模指标集中用于对整个社会经济发展有重大影响建设项目。全市全民和集体固定资产投资完成10.64亿元，比上年增长4.1%。其中，全民所有制单位投资9.34亿元，增长3.8%；用于生产性建设的7.86亿元，占总投资额的71.5%。全民所有制投资施工项目391个，年内建成投产的233个，新增固定资产7.04亿元。新增生产能力主要有：输电线路36公里，变电设备能力2.25万千伏安；年产硫酸3万吨；11间糖厂的扩建和技改按时完成，新增日榨能力1.14万吨；港口泊位4个，年吞吐量73万吨；长途电话全自动交换机800路，市内电话交换机4.2万门等。

（五）市场供应充裕，物价稳中有降。

湛江市全年社会商品零售总额50.24亿元，比上年增长11.2%。城乡集市贸易成交额达19.88亿元，增长26.5%。商品有效供给增加，物价下降。城乡居民生活费用价格指数比上年下降2.9%，零售物价指数下降5.1%。

（六）财政收支平衡，信贷资金供求矛盾有所缓和。

1990年，全市财政收入6.98亿元，比上年增长7.8%；财政支出6.28亿元，增长10.6%，实现了财政收支平衡，略有结余。年末，全市金融机构各项专款余额66.31亿元，增长43%。其中，城乡居民储蓄余额38.84亿元，增长41.4%。各项贷款余额77.25亿元，增长20.8%。

（七）城乡人民生活继续得到改善。

1990年，全市共安置待业人员28423人，待业率下降到3%以下。年末，全市职工人数增加2.9%；职工平均工资收入2386元，增长9.7%；农民人均年纯收入823元，增长11.1%。加上物价下降因素，城乡人民实际收入比上年有较大幅度增长。

（八）教育、科技等各项社会事业进一步发展。

全市教育部门继续从基础抓起，使适龄儿童入学率达99.02%，小学毕业生升学率89.1%，职业技术学校学生已占高中阶段在校生的53.7%；为高等学校输送新生2693名。教育投入增加，全市筹集建设资金15878万元，共修建校舍87.7万平方米，改造了一批中小学危房，办学条件继续得到改善。

科技研究、开发和推广应用取得新的成绩。1990年，全市共获得市级科技进步奖30项，其中省级科技进步奖3项。

群众性的体育活动蓬勃开展，竞技体育水平有所提高。1990年，湛江籍运动员在参加省以上国内国际比赛中，共获金牌95枚，银牌48枚，铜牌47枚。其中，获国际比赛金牌1枚，破1项世界纪录；在第十一届亚运会上获金牌7枚。

（九）城乡建设取得新的成绩，投资环境进一步改善。

在城市建设方面，市区办十件实事，年内已基本完成：一是扩建和整治跃进路等7条道路；二是改造3座非机动车和人行便桥；三是修建和整治5条排污管道；四是建设三岭山无害化垃圾处理场，增添一批卫生设施和公厕；五是继续整治赤坎水库环境污染以及菉塘、潮州塘、避风塘；六是新增供水能力每天2万吨，新发液化石油气证4612户，基本解决市区居民烧煤的问题，寸金立体停车场投入使用，新增公共汽车7辆；七是修建寸金桥公园和霞湖公园湖岸，增设新风景点，霞山、坡头区绿化覆盖率达30%；八是新建市场面积8000平方米；九是建设和改造路灯7公里多；十是商品房竣工面积17.6万平方米。此外，还新建了一批公共设施，完成51个治理污染项目，使环境质量保持基本稳定。

（执笔：赖　勇　王天昌）

茂名市

市　长：黄春藻
副市长：张惠忠（计划、工交）　梁益华（财贸、金融）
黄庆道（文教卫）　麦慕贞（女　城建、政法）

黄春藻市长，1932年10月生，广东省高州县人，大专毕业。1951年8月参加工作，1953年7月加入中国共产党。曾任中共高州县委农村工作部副部长、县委办公室副主任、县委常委、副书记、县长、县委书记，中共茂名市委副书记、副市长，1989年12月任茂名市代理市长，1990年3月当选为茂名市市长。

南方油城在阔步前进

——茂名市“七五”时期的回顾

□ 卢忠仁　朱振球

“七五”时期是茂名市社会经济发展较快的时期。5年来，茂名市的物质文明和精神文明建设都取得了较大的发展。1990年，全市实现国民生产总值39.31亿元（按1980年不变价计，下同），比1985年增长70.8%，年均递增11.3%；社会总产值80.12亿元，增长81.4%，年均递增12.6%；国民收入33.04亿元，增长72.4%，年均递增11.5%；工农业总产值67.19亿元，增长91.8%，年均递增13.9%；财政收入增长1.1倍，年均递增16.4%。

国民经济持续稳定发展

农村经济全面发展。1990年，全市粮食单产和总产分别比1985年增长25.9%和33.9%；5年造林15.8万公顷，消灭了荒山，森林覆盖率由1985年的34%提高到46%，生态环境有较大改善；利用自然优势发展水果生产，1990年，水果种植面积达7.29万公顷，总产量29.58万吨，分别比1985年增长3.98倍和7.9倍。水产畜牧业也有较大发展，水产品由7.38万吨增加到13.87万吨，增长87.9%，生猪饲养量从300.38万头增至401.1万头，增长33.5%；乡镇企业蓬勃发展，成为农村经济的重要支柱，1990年总收入达42.72亿元，增长5.1倍，乡镇企业总产值占社会总产值的比重从1985年的16.2%增至42.2%。全市农业总产值18.26亿元，比1985年增长51.6%，年均递增7.7%。

工业生产持续稳定增长。1990年，全市工业总产值48.84亿元，比1985年增长1.1倍，年均递增16.3%；其中地方工业28.84亿元，增长2.7倍，年均递增29.6%。所有制结构，逐步形成了全民、集体、“三资”、合营、私营和个体经济共同发展的新格局、全民、集体和其他经济类型工业产值占工业总产值的比重，分别由1985年的80.5%、10.2%和9.5%，发展变化为55%、19.4%和25%。1990年与1985年相比，工业总产值中的全民所有制工业增长45.6%，集体所有制工业增长3倍，其他经济类型工业增长4.5倍，村及村以下工业增长4.8倍。

对外经济贸易迅速发展。到1990年止，全市共批准利用外资合同336宗，实际投入外资4276万美元，其中外商投入3146万美元；兴办外商投资企业252家，引进技术设备2317台（套），改造和装备了一批企业，同时大力发展出口商品基地，增强出口创汇能力，到1990年，全市发展创汇能力50万美元以上的基地30个，去年外贸自营出口4228万美元，外贸收购总值41470万元。5年累计，出口创汇6.5亿美元，比“六五”时期增长48.2%。

市场繁荣，人民生活水平有较大提高

城乡经济空前活跃。1990年，全市社会商品零售总额38.1亿元，比1985年增长2.1倍，年均递增25.6%；城乡集市贸易成交额14亿元，增长3.7倍，年均递增36.1%；各种经济类型的商业、饮食、服务业网点达6.73万个，增长15.04%，每千人拥有零售商业网点从“六五”时期的9.98个增加到10.47个。

财政、金融。1990年全市财政收入3.95亿元，比1985年增长1.1倍。1990年末，银行、信用社各项存款余额45.08亿元，贷款余额43.5亿元，分别比1985年增长2.59倍和1.6倍。财政、金融部门积极组织和融通资金，有力地支持了经济建设。

人民生活水平明显提高。“七五”时期，茂名市城镇职工年人均工资收入从1985年的1144元，增加到2263元；农民人均纯收入从382.5元，增加到810.8元。城乡居民储蓄存款大幅度增加，年末余额由1985年的5.13亿元，增加到29.71亿元，增长4.8倍。城镇居民和农民的居住条件也有较大改善，1990年城镇居民人均居住面积6.59平方米，比1985年增加0.69平方米，农民人均居住面积20.9平方米，增加4.9平方米。

基础设施日臻完善，经济发展后劲不断加强

基础工业逐步加强。5年来，全民工业基本建设和更新改造投资共完成16.01亿元，比“六五”时期增长1.52倍，建成投产项目560个，新增固定资产11.95亿元，比“六五”时期增长1.1倍。新建成投产的项目主要有：茂名石油工业公司250万吨／年加工进口原油装置和30万吨／年催化设备、30万吨／年焦化设备、市3万吨腈纶工程的年产1万吨毛条车间，年产4000吨丙烯腈、年产1600锭膨体纱和新增46.1万吨水泥生产能力，新增发电机装机容量9.5万千瓦。这些项目的建成投产，不仅促进了全市“七五”时期经济的稳定增长，也为全市90年代的经济发展积蓄了后劲。

基础设施日臻完善。“七五”时期，茂名市新建和改建公路950.4公里，新建大小桥梁222座；建成了水东港500吨级双泊位码头，疏通了万吨轮航道，开通了广茂铁路，在茂名境内的路段于1990年4月投入货物营运；邮电通讯初具规模，市话交换机总量达28200门，农话交换机总量达17025门，万门程控电话已投入使用，市区及各县城均可实现与国内外直拨电话。

城市建设迈出新的步伐。5年共完成城市维护建设投资15432万元，比“六五”时期增长2.24倍。新建了科技中心、体育中心、新湖公园、影剧院等文化体育娱乐场所，改善了城市道路、交通、供排水、供电等公共设施。到1990年，市区面积已发展到20.6平方公里，比1985年增加3.6平方公里；各种公共建筑、厂房面积222.06万平方米，增加132.06万平方米；城区主次干线总长33公里，增加5.6公里，自来水供水网长155公里，增加83公里；排水管长50公里，增加26.9公里；石油液化气供应量增长2.5倍；人均占有绿化面积8平方米，增加了5平方米。

社会各项事业欣欣向荣

科技事业发展较快。1990年，全市各类专业技术人员33021人（不含中央、省驻市单位），比1985年增加6878人；5年来，共取得410项科技攻关成果；实施省、市“星火”计划项目90多项，引进开发大宗科技项目13项。

教育事业取得了较好的成绩。全市财政用于教育事业累计3.8亿元，比“六五”时期增长1.14倍。全市学龄儿童入学率达99%以上，小学生毕业升学率达83.3%。5年来，共培养大中专生9000多人。

体育、卫生、文化、艺术、新闻出版、广播电视电影和社会保险、社会福利等事业也获得了相应的发展。

市　长：谢汝煊

副市长：孙汉明（常务）　陈中宁（城建）　罗里加（外经）　何富民（壮族　计划）　柯子卿（文教）　苏如发（农业）

谢汝煊，1940年11月2日出生，广东澄海县人，1962年9月毕业于北京钢铁学院铸造工程专业，工程师。1979年以来，历任广西南宁冶金矿山机械厂煅冶科副科长，副厂长，南宁市经济委员会主任、党组书记，南宁市人民政府副市长，党组副书记。1990年12月在南宁市第九届人民代表大会第一次会议上当选为市长。

前进中的南宁市

□ 林　明　方饶鋆　李应适　黄春华

1990年，南宁市在上级党委的直接领导下，认真贯彻党的十三届五中、六中全会精神，坚持以经济建设为中心，继续进行治理整顿和深化改革，努力调整结构，积极开拓市场，克服了各种困难，全市国民经济和社会发展取得了明显的成绩。社会总需求得到控制、有效供给增加，农业全面丰收，工业生产持续稳定增长，物价稳中有降，整个经济形势继续朝着好的方向发展，城乡人民生活水平得到进一步提高，年度确定的各项任务以及“七五”计划的主要目标均已完成。

“七五”国民经济和社会发展计划目标全面实现

1990年末，全市社会总产值达90亿元，比上年增长10.2%，为“七五”计划的147.5%，比1985年增加52.1亿元，5年平均递增11.1%（按可比口径）；

国民生产总值达47亿元，比上年增长7.1%，为“七五”计划的146.9%，比1985年增加27.4亿元，5年平均递增10.1%（按可比口径）；

国民收入达36亿元（当年价），比上年增长14.3%，为22.73万人，平均每年增加4.55万人，低于“六五”期间年平均增加4.78万人的幅度。1990年人口出生率、自然增长率和多孩率分别为13.10‰、8.19‰和7.93‰，比1985年下降5.56、5.85个千分点和19.51个百分点。自然增长率提前三年达到计划要求。

1990年计划的执行情况

（一）农业经济持续发展。

全市在继续稳定和完善联产承包责任制的基础上，增加农业投人，改善生产条件，大抓农田基本建设，落实“科技兴农”措施，农村经济蓬勃发展。全年农业总产值6.78亿元（80年不变价），比上年增长15.5%，其中种植业增长17.0%，林业下降1.29%，牧业增长11.7%，副业增长9.1%，渔业增长35.0%。农业生产全面丰收。粮食生产完成72.60万吨，增长16.2%；油料完成2.73万吨，增长8%；甘蔗完成235.88万吨，增长20.5%；木薯完成53249吨，增长52.7%；水果12.03万吨，增长14.2%；蔬菜34.48万吨，增长6.8%。

畜牧业继续发展。肉类、禽蛋产量、猪和大牲畜存栏均比上年增加，为繁荣市场、稳定物价，改善和提高城乡人民生活提供了较好的物质条件。年末大牲畜存栏33.77万头，比上年增长6.0%；生猪存栏85.42万头，出栏61.17万头，分别比上年增长5.5%和15.0%；全年肉类总产量6.44万吨，比上年增长15.8%；牛奶产量4203吨，下降0.8%；渔业生产得到长足发展，水产品产量14663吨，增长37.0%。

农业生产条件继续得到改善，年末拥有农机总动力64.81万千瓦，比上年增长7.0%；各种拖拉机2.57万台，增长10.6%；农村用电量11152万千瓦小时，增长30.3%；化肥施用量6.90万吨（折吨），增长15.1%；农田有效灌溉面积154.87万亩，比上年增加0.95万亩。

1990年，全市乡镇企业总产值达5.30亿元（现价），比上年增长28.1%；农业商品产值为10.51亿元，商品率61.8%。

（二）工业生产稳步增长。

1990年，全市工业战线在治理整顿、深化改革中，切实调整产业结构和产品结构，狠抓企业管理，深入开发“双增双节”运动，大力抓好产品销售工作，工业生产保持了稳步增长势头。全年工业总产值完成35.66亿元（80年不变价，不含村及村以下办工业，下同），比上年增长8.5%；其中全民工业29.57亿元，增长7.5%；集体工业5.10亿元，增长7.6%（其中乡办工业增加4.6%）；其他工业0.99亿元增长48.0%。轻工业发展快于重工业，全年轻工业产值26.13亿元，重工业产值9.53亿元，分别增长8.9%和7.6%。产品结构调整取得一定进展，适销产品增长较快，平销或滞销产品受到抑制。

1990年，全市在继续加强产品质量管理和新产品开发等方面取得了新进展。产品质量稳定提高率达到86%，优质品产值率达19.8%，分别比上年增加0.9和1.1个百分点。荣获部优产品5项，自治区优质产品43项，自治区优质食品24项，自治区新产品百花奖27项。

劳动生产率、销售收入有所提高，但经济效益仍不理想。全民独立核算工业企业劳动生产率为22316元，比上年增长6.3%。万元工业产值能源消耗3.24吨标准煤，比上年下降0.92%。市属预算内国营工业企业产品销售收入26.31亿元，增长13.2%，实现利税3.49亿元，下降13.0%；定额流动资金周转天数123天，比上年延长19天。

（三）固定资产投资规模得到有效控制，城市建设迈出了可喜的步伐。

1990年，全市在国家控制投资规模的情况下，全社会固定资产投资完成额下降，累计完成4.48亿元，比上年下降32.9%。其中基本建设完成2.05亿元，下降26.3%；更新改造完成2.29万元，下降33.1%。在投资总额中，生产性完成2.91亿元，非生产性完成1.57万元，分别占投资总额的65%和35%。交通、邮电、支柱工业以及文化教育等投资重点得到进一步加强，比重分别比上年提高1.7到4.8个百分点。

1990年，有万吨山梨醇扩建工程、南宁机场跑道修复工程、4800毛纺锭扩建等一批重大项目建成投产，为我市经济和社会发展增添了后续力量。新增加的主要生产能力（或效益）有：水轮发电机1.5万千瓦，书写纸0.8万吨，毛纺锭5200锭，机制糖日处理原料蔗4000吨，学生席位6130个，医院病床450张。1990年，全民建筑业总产值53180万元，比上年增长17.9%。

城市建设有新的发展，城市面貌进一步改观。市区年末实有道路长度293公里，道路面积299万平方米；下水道总长度178公里，比上年增加12公里。全年自来水供应量2.45亿吨，增长1.6%，供水管道总长度达332公里，增加9公里。液化石油气供应有较大发展，全年供气总量达7180吨，比上年增长68.3%。环卫工作得到加强，新增环卫车辆10辆，有公共厕所142座，环卫职工910人，城市清洁面貌有较大改观。环境保护取得新成效，目前城市大气和邕江水质均达到国家大气二级标准和保持良好状态。

城市绿化水平有新的提高。年末建成区园林绿地面积2017公顷，比上年增长2.4%，绿化覆盖率由上年的30.6%上升到31.2%，主要街道的点线彩化绿化目标基本完成。年末有公共汽车207辆，比上年增加6辆；出租汽车274辆，增加38辆。

（四）、交通、邮电事业的发展。

1990年，由于受国家调整宏观经济的影响，客货运输量较上年有所下降，全年货物运输量1848万吨，货物周转量88023万吨公里，分别比上年下降3.5%和15.7%；旅客运输量2942万人，客运周转量144903万人公里，分别比上年下降44.3%和31.2%。

全年邮电业务总量完成2694万元，比上年增长16.6%；其中电报107万份下降5.2%，长途电话339万部，增长29.0%，函件3192万件下降0.4%；年末拥有电话机3.71万部增长0.3%。此外，还发展无线寻呼1166户，三类传真38户，用户小交换机3170门，收到了良好的社会效益。

（五）商品经济日益活跃。

市场销售疲软已逐渐缓解并向稳步增长的方向发展。全市社会商品零售总额27.24亿元，比上年增长5.8%，扣除物价因素则增长8.7%。，其中，对居民和社会集团的消费品零售额25.16亿元，对农民和农业生产资料零售额2.08亿元，分别比上年增长5.7%和6.3%。各种经济成份的零售额中，全民下降2.5%，集体增长3.2%，个体增长3.4%。城乡集市贸易成交额5.93亿元，比上年增长12.9%。

全社会商业商品国内纯购进26.98亿元，纯销售29.80亿元，年末库存11.00亿元，分别比上年增长7.9%、6.6%和1.4%。

国营商业和供销社系统在市场销售疲软的情况下，克服重重困难，全年实现利税6334万元，比上年下降13.8%，降幅较上年减少15个百分点；资金周转天数123天，比上年延长3天；亏损企业亏损额比上年下降

51.6%。

(六)、对外经济贸易发展迅速。

1990年末，外商在我市的投资企业数达47个。外商新签协议合同投资额612万美元。进出口贸易总值2259万美元，比上年增长1.25倍。外贸收购总值完成2.26亿元，比上年增长52.8%，其中自营出口收购0.80亿元，增长96.9%。1990年共接待旅游人数7937人，其中港澳台胞5485人，分别比上年增长40.8%和34.9%。

(七)、各项社会事业发展较快。

1. 科技事业。1990年末，市属单位（下同）有各类专业技术人员4248人，比上年增加1451人。其中有中等技术职称以上人员11056人，增加1218人。全年实施自治区和市级科技项目86项，已完成34项。通过鉴定的成果52项，其中国际内首创3项，达到国内先进水平并获自治区首创的12项，29项达到自治区先进水平。评出科技进步奖、星火奖45项，其中一等奖4项，二等奖17项，三等奖24项。

2. 教育事业。年末全市高校在校学生19596人，比上年减少419人；中专在校学生29800人，增加936人；普通中学在校学生11.20万人，增加0.14万人；农业、职业中学在校学生7157人，增加8人；技工学校在校学生8743人，增加100人；小学在校学生30.46万人增加0.97万人。

3. 文化事业。文化、新闻、广播和电视等单位围绕党的中心工作，搞好宣传教育工作，取得了新成绩。年末有艺术表演团体13个，演出2753场，观众达265万人次，电影放映单位320个，放映6.40万场，观众人数3702万人次；有文化馆8个，公共图书馆6个，藏书235.06万册。广大文艺工作者坚持社会主义方向，坚持"两为"方向和"双百"方针，努力创新，取得了优异成绩。在参加全国、西南地区和自治区举办的各种文艺比赛中，获一等奖2个，二等奖7个，三等奖3个。群众文娱乐活动蓬勃发展，极大地丰富了群众文化生活。

4. 卫生事业。年末全市有卫生机构852个，比上年增加42个；床位数10481张，其中医院9652张，分别比上年增加850张和723张；有卫生专业技术人员15716人。其中医生7773人，分别增加774人和504人。

5. 体育事业。1990年，我市首次举办国际藤球邀请赛，同时，先后举办了全国性比赛2次，全区比赛6次，全市比赛29项（次）。培养出国家级裁判2人，一级裁判35人，二级裁判138人，三级裁判29人。我市有7人参加第十一届亚运会，获金牌4枚，银牌4枚，铜牌2枚。年轻健儿吴文凯参加世界杯羽毛球赛，荣获男子单打冠军，为祖国人民争得了荣誉。

6. 城乡居民生活。全年职工货币工资总额9.81亿元（不含南铁，下同），比上年增长15.5%，扣除物价因素，实际增长17.9%；职工年平均工资2110元，比上年增长18.3%。据抽样调查，1990年城市居民人均生活费收入1454元，比上年增长14.1%，扣除物价因素实际增长16.5%；生活费支出1360元，比上年增长5.2%。农民人均纯收入644元，增长12.2%。年末平均每百户居民高档耐用消费品拥有量分别为：洗衣机83台，比上年增加2台；电冰箱67台，增加4台；电视机124台，增加1台；其中彩电59台，增加3台；电风扇253台，增加16台；立体声收录机45台，增加3台。城乡居民年末储蓄存款余额19.78亿元，比上年增加45%；其中城镇居民储蓄余额17.31亿元，农村居民储蓄余额2.47亿元，分别增长45%和47.8%。居民住房条件有所改善，城市人均居住面积达5.7平方米，比上年增加0.06平方米。

柳 州 市

市　长： 刘知炳

副市长： 董世忠（常务）　梁裕宁（女　壮族　农业）　郑久粲（文教卫体）
宋福民（城建）　朱润娟（女　财贸）　金仁寿（工交）

刘知炳市长，1943 年 8 月生，湖南衡南县人，大专文化。1959 年 12 月参加工作，1965 年 12 月加入中国共产党。历任基层团委副书记、共青团柳州市委书记。1976 年 12 月后任中共柳州市委常委、市革委会副主任、副市长。1990 年 6 月任中共柳州市委副书记、副市长，同年 10 月任代市长，11 月当选为市长。1988 年 1 月当选为第七届全国人民代表大会代表。1990 年 12 月当选为中共广西壮族自治区第六届委员会委员。

柳州市“七五”时期经济社会发展概况

□　柳州市市长　刘知炳

“七五”期间，柳州市人民政府坚持“一个中心，两个基本点”，贯彻执行党的十三届三中全会提出的治理整顿、深化改革的方针，清理压缩固定资产投资规模，抑制消费基金过快增长，调整产业结构和产品结构，搞活流通，稳定物价，促进了工农业生产和社会事业持续、稳定、协调发展。

改革整顿深入进行

我市是全国经济体制综合改革的试点城市之一。遵照《中共中央关于城市经济体制改革的决定》和自治区关于搞活工业十二条的精神，我们进行了八个方面的改革：(一) 调整所有制结构，积极发展以社会主义公有制为主体的多种经济成份。在重点发展国营企业的同时，以国营带集体，支持发展集体企业，扶植街道工业、乡镇企业以及个体经济的发展。(二) 改革工业管理体制，简政放权，增强企业活力。主要是扩大企业经营决策、生产计划、部分产品定价等方面的自主权，减少了政府直接管理企业的职能和行政干预。推行厂长（经理）负责制，实行包括厂长任期目标责任制在内的、形式多样的企业承包责任制。(三) 实行企业活工资部分与效益挂钩，企业按人均税利分等分级，企业实现税利超计划部分财政适当返还和职务工资等办法，基本理顺了国家与企业以及企业内部的分配关系。(四) 发挥财税、金融、物价部门的经济杠杆作用。通过灵活的财税、金融政策，多方筹集资金，实行技改税前还贷和企业自有资金还贷办法，支持企业的技术改造。(五) 贯彻执行党中央、国务院颁发的国营工业企业“三个条例”以及《企业法》，进一步理顺了企业领导体制。(六) 改革流通体制，加强城乡之间、地区之间的经济合作及工商之间、农商之间、商商之间的横向联营。(七) 进一步完善了商品批发、日用工业品消费市场和以蔬菜副食品为中心的农贸市场。逐步建立了钢材、汽车、机电设备等生产资料市场和建筑市场。开拓了科技市场、劳务市场、资金市场和外汇调剂市场，生产要素市场开始形成。(八) 进行外贸、科技、城区、教育、财政、金融、税务、物资、物价、劳动、人事、文化、卫生、社会保险、工商行政管理等方面的配套改革。

在治理整顿方面，我市做了如下工作：一是清理整顿基本建设项目，停缓建 51 个项目，控制了经济过热的势头，使经济环境得以改善。二是清理整顿各类公司，共撤销公司 74 个，逐步建立适应有计划商品经济发展的、规范化的流通秩序。三是撤销市工业公司的行政职能，实行转轨变型，组建企业集团和行业协会。四是进一步完善各项改革措施，加强了对经济运行的宏观调控。

经济稳定发展

工业。“七五”期间工业完成固定资产投资 20 亿元，全市固定资产原值由1985年19.74亿元增加到1990年35亿元，形成年工业总产值70亿元（80年不变价）的综合生产能力。产业结构和产品结构获得进一步调整，轻重工业的比例由52: 48变化为53: 47。基础、原材料工业及机加工工业的比重有所回升，汽车、通用机械、电工仪表三大机电行业占全市比重由17%发展到25%。纺织工业的生产结构逐步理顺，使纺、织、印染、再加工等趋向平衡。工业企业组织结构正朝着生产要素优化配置的方向发展。工业总产值由1985年的31.04亿元增加到1990年的51.08亿元，年均递增10.44%。其中年均递增轻工业为10.87%，重工业为9.97%。"七五"期间钢产量由28.8万吨增加到43.7万吨，年均递增8.64%；汽车由7424辆增加到14453辆，年均递增14.25%；水泥由89万吨增加到149万吨，年均递增10.8%；棉纱由17456吨增加到24177吨，年均递增6.73%。亿元产值的大厂由6家发展到10家。

农业。1990年，农业总产值32043万元，比1985年增长51.51%，年均递增8.66%。粮食总产量达35331.7万公斤，比1985年增长38.81%，年均递增6.78%。"菜篮子"工程有进展，副食品基地发展到171个，其中生产基地141个，良种繁育基地30个，基本形成了近中远环状生产布局。蔬菜上市量，1990年8870万公斤，比1985年增长59%，年均递增11.8%，上市均衡，价格稳定，连续5年无淡季。生猪、鲜鱼、家禽、奶产品、水果的生产均有较大发展，5年中，年均递增分别为7.54%、13.5%、4.18%、13.44%、19.33%。

商业、外贸。社会商品流通规模进一步扩大。1985年至1990年，年社会商品零售总额由67671万元增加到148582万元，年均递增17.03%；城乡集市贸易成交额由26642万元增加到57860万元，年均递增16.78%。全民所有制商业、供销合作社国内纯购进总额由75120万元增加到190103万元，年均递增20.41%；国内纯销售总额由64512万元增加到112516万元，年均递增11.77%。经营网点及基础设施建设有较大发展。零售商业、饮食业、服务业机构由20826个发展到27221个，年均递增5.5%。"七五"期间商业系统固定资产投资完成8265万元，建筑面积16万平方米，比"六五"期间分别增长58.8%和16%。1990年底国营商业网点营业面积322321平方米，比"六五"期末增长76.8%，年均递增12.1%。对外贸易方面，同30多个国家和地区建立了经济贸易关系。柳州口岸经国务院批准正式开放，与之相配套的海关、商检、动植物检、卫检、港监等机构也相继建立。"七五"期间，外贸收购总额由4515万元人民币发展到43927万元，年均递增66.6%。利用外资由59万美元增加到4718万美元，年均递增48.43%。边境贸易也有较快发展。

财政、金融。1985年末至1990年末，地方财政预算收入由38351万元增加到60915万元，年均递增9.7%；地方财政预算内支出由13681万元增加到35480万元，年均递增21%。城乡居民储蓄年末余额由34062万元增加到173611万元，年均递增38.5%；年末银行各项贷款余额由208478万元增加到364449万元，年均递增11.82%。银行现金收入由139892万元增加到462266万元，年均递增26.22%。

科技工作。"七五"共完成新产品开发1480项，新产品创产值5年累计41.1亿元，实现税利6.3亿元，新产品创产值占当年工业总产值的15%以上。全市47个大中型企业，有37个建立了技术开发机构，他们已和100多个大专院校建立了技术合作联系。1990年，全市有独立科研所16个，人员422人；厂办科研所101个，人员2140人；民办科研服务机构71个，人员1175人。机构和人员均比1985年增加1倍以上。1990年工、农、医三个门类的科技人员总数达22120人，比1985年增加3.2倍，其中高级职称1195人，增加44.3倍；中级职称5381人，增加4.5倍；初级职称15544人，增加2.7倍。高中初的结构比例为1: 4.5: 13。科技成果显著。获自治区科技进步奖50项，其中二等奖8项；三等奖42项。获市科技进步奖195项。一批科技成果达国内领先水平，其中一些达国际先进水平。

经济协作。与上海、江苏和中南、西南地区以及自治区内150多个县市进行经济技术协作，协作项目447项，协作资金2950万元。

城市建设有新成绩

市政府按照国务院关于"城市政府的主要职能是把城市规划好、建设好、管理好"的指示，狠抓了城市建设。一是制定总体规划。组织专家、学者对城市性质、功能等重大问题进行多次论证，然后制定规划。现在实施的城市总体规划是1988年6月经广西壮族自治区批准的。总体规划把我市性质明确为"以工业为主综合发展的区域经济中心和交通枢纽城市"。实施总体规划实行"规划一张图，审批一支笔，建设一盘棋，管理一条线"，把城市建设工作纳入法制化。二是抓旧城改造。对柳江路、文惠路等旧街进行美化装修，拆旧建新。先后建成了柳州工贸大厦、屏山写字楼、工商银行大楼、保险公司大楼等10多栋高层建筑，使城市面貌发生了变化。三是修桥铺路。1989年建成壶东大桥，现在城内的柳江河面已有了3座公路大桥，交通拥挤的状况得到缓解。全市用于道路桥梁设施投资近1亿元，建成环城东路、环城西路和50米宽的柳邕路。新建和拓宽市区干道30条，长39公里，达71万平方米。全市250

条小街细巷都铺设了水泥路面。四是美化市容。精心修葺了柳侯、鱼峰、都乐、江滨、鹊儿山公园等风景区；初步建成中国第一座展示少数民族风情的山水公园——龙潭公园；市区增设小绿地、小游园、花带、花坛50多处，面积11万平方米；创建一批花园式的工厂和庭院，市区绿化覆盖率达30%。筑河堤，装塔钟，重修市中心广场，建成了大型彩灯喷泉。五是抓城市供水。对原有5个水厂进行扩建、改造，增装500—1000毫米直径的主管道，建立了无线电测供水调度室，供水能力由1985年的10.5万吨／日提高到1990年的35万吨／日。六是发展民用煤气。建成焦炉管道煤气一期工程，供气1.2万户，加上石油液化气，全市已有5.3万户居民用上了燃气，气化率约30%。七是抓好环境保护。环保推行限期治理目标责任制，投资3915万元，完成“三废”治理工作244项。全市95%的锅炉安装了消烟除尘设备，96%的医院含菌污水和工业电镀废水得到了治理。对新建、扩建、改建的工业建设项目，切实执行建设项目环境影响评价制度和“三同时”制度。“七五”期间，全市工业总产值将近翻一番，但城市环境污染没有加剧，柳江水质仍然保持国家地面水二类标准，大气环境质量保持在1985年的水平。八是抓好居民住宅建设。新建、维修居民住宅100万平方米，建成住宅小区6个。全市人均居住面积已由3.6平方米提高到5.9平方米。

社会事业有很大进步 人民生活有较大提高

教育。我市是自治区批准的“城市教育改革实验区”。我们在中小学推行校长负责制，实行工资定额包干制，教职工聘任制，校内结构工资制。以发展职业教育为突破口进行教育结构调整。1990年职高增加至11所，加上其他普通高中的职高班，共有职高班167个，在校学生6700人，与普高相比为1.22: 1。职高的发展，为广大初中毕业生提供了升学机会，1990年秋，全部初中毕业生都升入高中就读。市区已普及了初中教育。普通中学在校学生由60900人增加到69200人，年均递增2.59%。小学“四率”已达标，小学在校生由175400人增加到203200人，，年递增2.99%。普通高校在校学生由1174人增加到2433人，年均递增15.69%。

卫生。医院床位数由4719张增加到6999张，年均递增8.2%；卫生技术人员由8217人增加到10287人，年均递增4.6%。医疗单位引进了CT、体外无水震波碎石机、高压氧舱、钴60治疗机、深部X光机、B超、扇超、脑电图、手术显微镜等先进医疗设备，检测水平、治疗水平和医疗质量、服务质量都比“六五”期间大大提高。儿童计划免疫工作提前4年、连续5年达国家标准，各项指标连续5年名列自治区前茅。1989年，市辖柳城、柳江两县基本消灭了疟疾，1990年两县又消灭了丝虫病。

体育。在十一届亚运会，我市跳水运动员余晓玲获女子跳水金牌1块，银牌1块；射击运动员陆瑞珍获金牌1块。5年来，我市优秀运动员在参加国际、国内重大比赛中共获金牌171块。为国家输送了象李宁、谢赛克、黄群、曾建华、骆丽红、许叶梅等一批在国际体坛上有影响的优秀运动员。广西自治区人民政府在1985年授予我市“体操城”光荣称号之后，又于1986年、1988年两次授予我市体育“重大贡献奖”。1990年，我市被评为学校体育、职工体育先进城市。

计划生育。全面完成了自治区下达的控制指标。人口自然增长率1985年至1990年逐年下降，依次为13.3‰、12.59‰、9.97‰、9.09‰、8.21‰、7.94‰。

社会保险。将职工退休养老金的“企业保险”改为“社会保险”。在全市范围内采取不分所有制、不分用工形式，其养老金统一提取，统一管理，统一使用的办法。至1990年底参加社会保险的有全市的国营、集体、企事业单位，街道、校办企业，居委会、村公所共1251户，职工235518人，占应参加社会保险职工的97%。

人民生活。职工全年人均工资，国营企业由1212元提高到2228元，年均递增12.95%；集体企业由1016元提高到1595元，年均递增9.44%。居民人均年实际收入由729元提高到1666元，年均递增17.97%；人均生活费年支出由646元提高到1464元，年均递增17.78%。据对100户职工家庭生活抽样调查，百户拥有电冰箱由3台增加到37台，年均递增65.28%；彩电由10部增加到41部，年均递增32.6%；立体声收录机由20台增加到44台，年均递增17.08%。农民人均纯收入由299.7元增加到592元，年均递增14.58%。

精神文明建设取得新进展。

坚持开展“三优一学”（优质服务、优良秩序、优美环境和学习先进）活动，树新风、创建文明单位，社会风气明显好转。“七五”期末，全市共创建市级文明单位307个；县（区）级文明单位533个。市文明卫生楼院376栋，五好家庭59000户，创建军（警）民共建点129个。在自治区五市一年一评的“三优一学”竞赛中，我市五年均获第一名。1990年，我市获国家授予的“全国地市级卫生城市”光荣称号。广泛进行法制教育。组织84万人按中央要求学习了“十法一例”，占普法对象93.54%。第一个五年普法任务已经完成，市民的法律意识、公民意识大大提高。

桂林市

市 长：袁凤兰（女）

副市长：罗德良（计划、民族宗教） 李树民（壮族 政法、旅游） 雷熹平（财贸、农业） 林观华（女 文教卫） 蔡永伦（工业、科技）

袁凤兰市长，女，1942年12月生，陕西临潼县人，1962年5月加入中国共产党，1967年8月毕业于西安冶金建筑学院环境工程系给水排水专业，先后任四川涪陵六机部422厂党委委员、桂林电子工业学院讲师、系党总支副书记、院党委组织部长，桂林市人民政府副市长，自治区党委委员，中共桂林市委常委，1990年3月任中共桂林市委副书记、市人民政府代市长、市长。

旅游名城新貌

□ 郭全智 刘学稼 李 斌

“七五”时期，桂林市作为我国重点风景游览城市和历史文化名城，经济建设和各项社会事业全面发展，在“人民城市人民建”的方针指导下，桂林市人民政府有计划有步骤地加强了城市基础设施的建设和管理，使这座中外闻名的山城面貌焕然一新。

城市规划、管理严格

1985年10月，国务院正式批准《桂林市城市总体规划》，至此，桂林市城市规划和管理跨入了一个新阶段。5年来，城市建设在压缩基建规模的形势下，本着量力而行，确保重点的原则，积极争取各方面的支持，逐步完善城市基础设施，全市基础设施建设投资近3亿元，重点抓了交通、通讯、旅游配套设施、园林景点、供排水、商业网点和社会文化事业等方面的建设。扎扎实实地为人民群众办了一些实事，取得显著的成绩。

5年来，市政府及有关部门广泛深入地宣传《城市总体规划》和国家颁布的《城市规划法》，严格按总体规划的要求执行政策，先后制定了《桂林市建筑高度控制规划》等项专业规划和几十个小区详细规划，完成了建设定点近5000项。同时，对不符合总体规划的拟建和在建项目进行了及时清理和妥善处理，使市区建筑与风景园林协调一致，保证了总体规划的顺利实施。在城市管理方面，初步理顺了条块关系，强化了政府管理职能。四个城区和有关部门在城市管理工作中发挥了积极作用，先后建立或健全了卫生保洁等十几项规章制度，城市街道的治本达标收到明显效果，对12条主干道进行了治安、交通、卫生方面的综合治理，转移临时分散摊点1400个，主干道实行全日保洁。在“双清”工作中，全市共拆除违章建筑面积4.57万平方米，城市规划和城市管理逐步走上法治的轨道。

交通、通讯状况大为改观

5年来，新建、改建了桂阳公路等14条干道，城市道路总长度达到260.33公里，道路总面积达到251.96万平方米。“七五”期间道路总长度增加10.33公里，道路总面积增加23.26万平方米。兴建了长15.5公里、宽40—50米的环城道路，并实现了全线简易通车。在东环路和上海路平交环岛工程建设中，建设者们创造了桂林市政建设史上值得自豪的“东环精神”和“环岛速度”。新建了10座公路桥和铁路立交桥，由于横跨漓江的漓江桥、虞山桥的建成，加上东西环路的初步开通，有效地缓解了市内交通拥挤的状况。此外，交通部门还对县郊路况差、车辆密度大的地段进行了改造，使全市县乡道路好路率达到74.36%。

道路建设促进了交通运输业的发展。市内交通购置和更新公共汽车70辆，营运车辆由1985年的102辆增加到129辆，新辟了一些营运线路。市外交通初步形成以桂林为中心，辐射联结各县、乡镇和村民委员会四通八达的公路网络，实现了乡乡通汽车。与1985年相比，公路货运量由338万吨增加到451万吨，增加了33.31%，递增13.50%。对漓江航道进行了整治，改善了通航条件。1984年以来，市交通部门执行“有路大家行车，有水大家走船”的政策，改变了过去长期单一经济所有制和独家经营的旧模式，向多层次多渠道发展，发挥全社会运输力量的作用，初步形成了开放活跃的运输市场。同时，加强宏观调控，实行统一安排线路，统一运价，规定统一的计划运距，收到良好效果。成立了水路客运管理中心，采取行政手段强化漓江水上游览管理，给航运企业带来了较好的经济效益和社会效益。水运中心成立一年，开航16344班次，营运旅客119万人次，其中国内旅客72.75万人次，入境游客46.47万人次，营运收入达2727万元，其中外汇收入1721万元。多种运输方式协调发展新格局的形成，促进了社会运力的成倍增长，缓解了乘车难、运货难的状况。1990年完成货运周转量6167.06万吨公里，客运周转量75642.73万人公里，其中，铁路客运量241万人次，航空、水路客运量分别为66万人次和113万人次。

桂林市邮电通讯业发展迅速，邮电业务总量由1985年的524.23万元，增加到1990年的1352万元，递增26.29%。建成了1.2万门程控交换机，使市区电话普及率由1985年的每百人2.23部，增加到1989年的4.34部，1990年市话用户达到8873户，增长18.94%，并实现了国内外长途电话自动拨号。

加快了城市配套设施建设步伐

随着改革开放和旅游业的迅猛发展，对桂林市的供电可靠性和供电能力提出了更高要求。对此，市政府颁发了《关于集资扩建市区输变电网的暂行规定》，在广西率先进行社会集资改造城市电网，解决了资金短缺的矛盾。从1984年至1989年底，先后完成了市内市外5个变电站的扩建改造工程，与桂林地区和香港桂江公司联合兴建的2.5万千瓦的兴安发电厂已经供电，建成市区110千伏环网，以及柳州至桂林的双回路220千伏输电线路工程。至此，110千伏及以上主变压器容量由改造前的15.3万千伏安增加到53.9万千伏安，供电可靠性大大提高。全网的供电量由原来的4亿千瓦小时增加到8亿千瓦小时，最高负荷由原来的8万千瓦增加到16万千瓦，实现了改造和供电两不误，促进了地方经济的发展。此外，还扶持各企事业单位购置了柴油发电机组393台，共5.4千瓦。

城市供水能力得到提高。“七五”期间完成了东镇路水厂扩建和瓦窑水厂一期扩建工程，供水能力增加到22.8万吨／日，比1985年增加8.4万吨／日，年供水总量增长52%，供水管道总长度比1985年增加31.5公里，较好地改善了新老住宅区居民的用水状况。排水业继续发展，中区、北区污水处理厂和东区排水工程相继建成使用，全市污水处理能力达到7.85万吨／日，处理污水能力提高3.84倍。

桂林市煤气事业从1985年开始迅速发展，新建了一座规模较大的液化石油气储配站，该站于1987年5月正式投产使用。站区占地面积近4万平方米，并有铁路专线通往站区，有200立方米球罐3个，100立方米卧罐2个，半自动化链条输送灌瓶间一座，以及压缩机房、汽车库、空瓶库等附属设施，年处理液化气能力5000吨，总投资700万元。该站对加速桂林煤气事业的发展起了明显的作用。至目前为止，全市已有供气单位30家，其中正式建有储配站的10家，各储配站年总储气能力已达1.2万吨，可供6万多用户储备气源。全市各种渠道供应的石油液化气达4.1万户，比1985年增加7.46倍。桂林市城市居民气化率达30%，居广西居民气化率之首。液化气的使用，不仅给群众生活带来极大方便，而且起到了减少环境污染美化城市的作用。

桂林是一座具有2000多年历史的文化名城，但历史上屡经战乱破坏，因而城市建筑十分破旧，木板房、简易房充塞街道两侧，与旅游热点城市的名称很不相配。解放后虽然增加了许多新建筑，但总体上对改善市容面貌和城市功能作用不明显。为了使市容市貌同秀丽的山水风光协调一致，适应现代旅游城市的发展要求，自“七五”以来，市政府成立了专门机构，加紧了旧城改造工作。通过多渠道筹集资金2.05亿元，先后对沿江路、文明路、解放东路、自由路、南环路和中山南路西侧进行了集中成片的改造，全市共拆建迁6205户，面积36万平方米，回建面积38.17万平方米。其中，对中山南路的改造可以视为桂林城市建设进程中的一个缩影。

桂林市中山南路是条繁华的商业街，交通繁忙，是中外旅客进出桂林的必经之路，但原街道狭窄，破旧的危房，木板房占80%。城改部门突破过去零敲碎打的做法，在“统一规划，合理布局，因地制宜，综合开发，配套建设”方针的指导下，集中人力物力，采取地面开发与地下开发相结合、房屋建设与道路建设相结合的办法，在改造地面一条街的同时，将每幢地面建筑的地下室按照商业和人防的要求，全线连通，从而建成了一条与马路平行的地下商业街。这条地下街全长650米，总建筑面积1.67万平方米，沿途有两条地下过街横道将马路两侧连通。地下街有24个出入口，8个功能分区，可容纳400多个国营、集体、个体的商业铺面。地下街内部装修华丽，通风、照明，消防、给排水、空调等设备齐全、先进，其设计新颖的出入口，与造型美观、错落有致的地面建筑群有机地融为一体，形成了一条独具特色的立体商业街。地下街建成一年多来，每天平均进出购物、游览和通行的人员在2万左右，目前地下铺面的出租（利用）率在98%以上。

桂林市建筑业在改革和整顿中发展，5年共完成建安产值12.43亿元，竣工面积327.74万平方米。全员劳动生产率由1985年的6862元／人，提高到1989年的14763元／人，优质工程率由1986年的1.1%上升到13.9%。桂林百货大楼等39项工程，获自治区、市优质工程奖。建筑业的发展推动了新区开发的步伐。1990年建成区面积扩大到36平方公里。先后建成三里店等8个住宅新区，安新洲等5个新区正在加紧建设。新建房屋面积300多万平方米，开发商品房119.26万平方米，改善了群众的居住条件。目前，全市住宅面积达515万平方米，人均居住面积由1985年的4.8平方米提高到5.83平方米。

城市绿化和环境保护工作不断加强。公园和小游园建设提高了园艺水平，开发建设了象山、西山两个公园，在城区新建小块绿地14处。新植和更新了行道树，及时搞好新修道路的绿化，在中山路、榕湖路增设了容器花坛500多个，全民植树153.4万株，新增绿化面积80公顷。新建了一座日处理能力为180吨的垃圾处理厂和三座密封垃圾转运站，对公厕和果皮箱进行了配套改造。5年来，对漓江水环境和城市污染源进行了治理，新建河堤1815米，使江东居民免除了洪水之患，共完成“三废”治理工程29项，审批“三同时”项目1175项，使城市环境污染基本得到控制，市容市貌有了较大的改观。

商业网点和集贸市场建设成绩显著。新建了百货大楼和5个大型室内农贸市场。扩建、改建和装修了一批商业网点。近几年，市区现代化商场不断增加，座落在市中区文明路的百货大楼商场，内部装饰豪华，经营品种达1.65万多种，平均日销售额达13万元以上。商业网点的增多，极大地方便了人民生活，到1989年底，全市共有商业网点1.2万个，比1985年增加4691个。目前市区已有各类集贸市场和批发市场共58个，面积11.62万平方米，比1985年分别增加25个和1.62倍。1989年城市集市贸易成交额1.67亿元，为1985年的2倍。

基础设施改善，促进旅游和社会事业的发展

作为桂林市第三产业中的支柱行业——旅游服务业，在改革开放中得到迅猛发展。桂林市充分发挥独有的旅游资源优势，积极利用外资，各方筹集资金，加强旅游基础设施“硬件”建设，兴建了一批宾馆、饭店，使旅游设施日趋完善，对缓解全市旅游床位的紧张状况，起了积极的作用。“七五”期间，桂林市新建了15家合资、合作饭店，目前，全市共有旅游涉外饭店38家，客房6700间（其中正式涉外饭店19家，客房4635间），涉外饭店年接待能力可达到200万人。此外，有关部门不断增加投资，美化风景名胜，增加风景点，成批购置旅游车船，为旅游业的发展创造了有利的条件。桂林市现有一类旅行社1家，二类旅行社15家，旅游车船企业17家，共有车辆544台，涉外游船60艘。目前桂林所拥有的旅游设施，已能够满足接待各种档次客人的需要。在切实抓好旅游“硬件”的同时，还注重了旅游“软件”的建设，兴建了桂林旅游专科学校，并在职业技校和职业中学中开设为旅游服务的各种专业班，基本形成了多层次的旅游人材培训网，5年来，共培养各类旅游专业人员4300多人。1985年9月成立的桂林旅游专科学校，是桂林市旅游专业人才培养的重要基地，现有旅游外语、旅游经济管理、旅游商品等3个专业系，5年来为各旅游企业培训了近2000名素质较好的服务人员。桂林市的旅游综合接待能力和综合效益有了明显提高，5年共接待入境旅游者197万人次，旅游营业总收入13.7亿元，旅游外汇收入2亿多美元。

在社会事业方面，医疗卫生事业进一步发展，医院病床总数增加到6060张，“七五”期间增加1107张，增添了一批先进设备；兴建和维修了博物馆、档案馆、图书馆、桂林熊本友谊馆等13项工程，新建和扩建了一批学校和影剧院，修复了靖江庄简王墓、八路军桂林办事处等一批历史文物古迹20多处。建成了尧山广播电视发射中心，市区电视覆盖率达到92%，调频广播覆盖率达100%，群众性业余文化活动蓬勃发展；新建了桂林体育馆和其他一批体育训练设施，群众性的体育活动广泛深入开展。

“七五”期间，在中央、自治区的关怀和支持下，桂林市城市建设取得了突破性的进展，已达到全国同类城市的中上水平，使之更适应旅游业的发展。但还存在许多不足之处，离现代化风景游览城市的要求还有不小的差距。“八五”时期，要根据市九届人大二次会议批准的《桂林市国民经济和社会发展十年规划和第八个五年计划纲要》的要求，进一步搞好城市布局和建设，加强城市基础设施建设，加强环境保护和园林绿化，加强城市规划和管理，争取桂林城市面貌有更大的改观。

梧 州 市

市　长：徐瑞林
副市长：倪龙生（常务）　谭树森（工交、邮电）　韦天明（农业、民政）
　　　　陈国兴（财贸）　张元生（城建）　余兆广（文教卫体）

徐瑞林市长，1934年12月生，广西北海市人，大专文化。1951年1月参加工作，1959年1月加入中国共产党。1951年1月参加中国人民解放军华南军区青干训练队学习后，历任营文化教员、师机要科译电员、合浦军分区后勤部助理员、解放军后勤学院指挥系学员、55军参谋、55军战勤处副处长、广州军区军政干校军事五队副队长、玉林军分区后勤部长；1984年8月后，历任玉林地区行署副秘书长、副专员；1990年6月任中共梧州市委副书记、副市长；1990年12月当选为市长。

梧州市经济、社会事业的新发展

——“七五”时期的简略回顾

□ 梧州市人民政府办公室

国民经济稳步发展

1990年，全市社会总产值174274万元（按1980年不变价，下同），比上年增长0.7%，比1985年增长42.1%，“七五”平均每年增长7.3%；国民生产总值76508万元，比上年增长3.7%，比1985年增长38.0%，“七五”平均每年增长6.7%；国民收入65268万元，比上年下降0.5%，比1985年增长37.3%，“七五”平均每年增长6.5%；工农业总产值138224万元，比上年增长2.6%，比1985年增长43.4%，“七五”平均每年增长7.5%。

农业生产全面丰收。“七五”期间，全市各级政府切实加强了对农业生产的领导，1988年成立了以主管副市长为组长的市农业经济领导小组，政府各部门均指定一名领导分管农业或支农工作。通过采取进一步稳定和完善各项农村经济政策，多渠道增加对农业的投入，加强农田水利基本建设，开展科技兴农和粮食创高产活动。改造中低产田，推广杂优水稻种植，以及保证支农物资供应和粮食、农副产品的收购等措施，并战胜了多次旱涝灾害，使农业获得全面丰收。1990年，全市农业总产值17624万元，比上年增长5.5%，比1985年增长18.5%，“七五”平均每年增长3.5%。粮食总产量达23.50万吨，比上年增长4.1%，“七五”年均增长3.3%。甘蔗、油料、水果等主要农产品产量均比上年有所增长，其中甘蔗比上年增长了64.2%。粮食的持续增长促进了畜牧业的发展，畜牧业总产值3580万元，比上年增长8.2%。5年人工造林总面积比“六五”增长1.57倍。乡镇企业稳步发展，总收入1.65亿元，比上年增长3.3%，比1985年增长4倍，乡镇企业已达9473个，从业人员27000多人。

菜篮子工程初具规模。目前，郊区有蔬菜基地400公顷，水产基地3个，禽畜生产基地7个。5年间郊区及国营场站增加鱼塘面积57.1公顷，新开发菜地54.2公顷；新建和扩建了一批饲料加工厂，年生产能力达6万吨。1990年与1985年相比，蔬菜上市量增长30%，使自给率一直保持在80%以上；家禽、鲜蛋、鲜鱼、鲜猪肉的自给率也逐年提高。

工业生产稳步增长。各级政府、各有关部门切实抓好企业经济体制改革工作，并把重点放到调整结构和提高经济效益上来，限制长线、落后、高耗产品，以有限的人力、物力、财力优先发展适销对路、优质低耗产品，对重点企业、重点产品，从物资供应、资金安排、电力分配、技术改造等方面采取倾斜政策。各企业则一手抓改善内部经营管理，一手抓技术改造，调整产品结构，发展市场适销和名优新产品生产，扩大产品销售和出口，不断提高产品的市场竞争力。"七五"期间，全市技术改造完成总投资50631万元，相当于"六五"的3.2倍，工业新增固定资产37449万元，共引进国外先进设备400多台（套），生产线20多条，购进国内先进设备3500多台（套），大部分企业装备都得到了一定的改造和更新，大大增强了发展实力，使全市工业总产值年年增长。1990年全市工业总产值12.06亿元（按1980年不变价计、下同），比上年11.8亿元增长2.22%，比1985年增长48.0%，平均每年增长8.2%，其中：全民所有制工业总产值8.35亿元，比上年增长0.7%，比1985年增长40.6%；集体所有制工业总产值2.84亿元，比上年增长1.4%，比1985年增长45.6%；其他经济类型工业总产值0.49亿元，比上年增长53.1%，比1985年增长8.8倍。与1985年相比，纺织工业增长179%，医药工业增长87.8%，机电工业增长61.7%，城区工业增长2.24倍。我市"七五"期间获自治区和国家优质产品奖的产品有新华牌干电池、火柴、建国肥皂、田七牙膏、龙山动物药酒、冰泉牌豆浆晶、龙泉牌速食豆腐花、豆啡、龙鱼牌油漆、锅炉、起重机、压力机、冶金起重电动机等200多项，获自治区新产品百花奖的产品有微机电控设备、汽车净化器、稀土荧光灯等50多个，获质量奖的产品比"六五"有较大增长。其中1990年获得部优的产品3个，自治区优质产品奖28个，自治区优质食品奖12个，自治区新工业百花奖8个。1990年，华南船舶机械厂晋升为广西第一个国家一级企业。我市现有国家二级企业3个，自治区级先进企业34个。

城乡市场活跃，物价稳中有降，财政收入增长。1990年，全市社会商品零售总额7.59亿元，比上年增长2.2%，比1985年增长101.8%。其中对居民消费品零售额6.66亿元，比上年增长3.4%。国营商业和供销社商业国内纯购进总额占社会商业购进总额的82.0%，国内纯销售占社会商业纯销售的74.7%。年末有个体商业户7699户，从业人员9909人，分别比上年增长8.2%和7.8%。与此同时，市场物价得到了有效的控制，零售物价总指数在1989年比1988年回落了8.1个百分点的基础上，1990年又比1989年回落了2.5个百分点。全市财政收入1.84亿元，比上年增长0.5%，比1985年增长70.7%，平均每年增长11.3%。年末银行各项存款余额比上年增长26.5%，各项贷款余额比上年增长8.7%。1990年，我市还成为广西第一个保险先进城市。

城建工作成绩斐然。这个时期累计完成固定资产投资90992万元，比"六五"5年合计增长188%；5年新增固定资产75610万元。与1985年相比，建安工作量增长54.7%，竣工面积增长42.5%，全市房屋建筑面积增长67.3%，全市住宅建筑面积达298.6万平方米，增长65.9%，初步形成了8个住宅小区；全市绿地面积达到692公顷，其中公共绿地面积82公顷，从而使人均绿地面积从1.4平方米增加到3.9平方米；5年新开拓城区3.4平方公里，新建城市道路13万平方米，新增城市日供水能力7万吨。城市环境有了很大改善。

人民生活水平不断提高。随着劳动制度改革的继续推进和经济的不断发展，就业人口不断增加，1990年安置城镇待业人员5426人。1990年全市职工工资总额比上年增长9.3%，人均年工资2122元，比上年增长8.8%，比1985年增长90.5%，扣除价格因素1990年比1989年实际增长10.23%。全市农民人均纯收入547元；比上年增长10.9%，比1985年增长219元。城乡居民储蓄存款大幅度增加，年末城乡居民储蓄存款余额60319万元，比上年增长32.5%。人均700元，比上年增加162元，分别比1985年增长346.2%和314.2%。市区人均居住面积已由1985年的4.88平方米增加到现在的5.56平方米。

对外开放上新台阶

"七五"期间，我市不失时机地发展对外经济贸易。1988年3月，梧州市及所辖的苍梧县被国务院列为沿海经济开放区，翻开了梧州市历史新的一页。除自治区在我市的外贸机构外，我市既有出口生产企业，又有享有进出口经营权的外贸公司，既有外商投资企业又有海外企业（驻外机构），形成了一个比较完整的对外经济贸易体系；投资的软环境、硬环境不断改善，外向型经济逐年发展。

对外贸易有长足的发展。目前全市拥有出口生产企业、"三资"企业、"三来一补"企业、外贸经营企业等各类外向型企业222家，比"六五"期间增加1.5倍；"七五"梧州口岸累计出口总值95031万美元，比"六五"累计增长27.6%。1990年，梧州口岸进出口总值22940万美元，其中出口19171万美元，比上年增长4.6%。本市地方出口产品收购总值1.09亿元，比1985年的3932万元增长1.77倍，大大超过了同期全市工业增长的速度。目前，我市外贸产品销售已从传统的港澳地区发展到东南亚、中东、欧州、美国等国家和地区；出口产品已从过去出口的农副土特产品和原材料等初级产品为主，逐步过渡到农副土特产品与工业制成品各占一定比例的结构。现有出口产品200多种，其中近50种是近年出口的新产品。

"三资"企业发展初具规模。5年来，我市已签订外商投资企业项目合同99项，合同利用外资额达3670多万美元，其中"七五"期间批准78家，比前5年增长了2.6倍，实际利用外资1518万美元，比"六五"5年累计增长7.5倍；实有"三资"企业由"六五"期间的15

家发展到“七五”的48家，并新批准成立了两家独资企业，使我市利用外资工作上了一个新台阶。“七五”期间，我市“三资”企业共出口创汇2053万美元，其中1990年1205万美元，比上年增长86.1%，占全市出口值的7.2%。“三资”企业已成为我市外贸出口中的新军。通过利用外资，不但增加了出口创汇，而且也改造了我市一批老企业。

加工装配业务发展较快。目前，全市累计有43家企业承接54位外商的来料加工装配业务，签订合同300多个。“七五”期间，外商来料加工工缴费累计实际收入280多万美元，比“六五”增长25.6%，占广西地市工缴费收入总额的1／3。现在全市加工装配的产品有服装、宝石、皮衣、药材等20多个品种。

初步形成出口商品基地。我市外贸企业根据实际，采取中外合资、工贸结合、自办企业等形式，多渠道多层次地兴建了苍梧养鸡场、恒兴塑料公司等14个出口商品生产基地，为外贸出口提供了数量可观的货源。

努力改善投资“硬环境”。“七五”期间，我市在交通建设方面投入了大量的人力、财力、物力，上马建设了一批对我市经济发展有着重要意义的交通运输项目。总投资5250万元的梧州西江大桥，是广西目前最大最长的桥梁，主汊河两桥共长1280.6米，自1986年11月动工，1990年5月正式通车，一举改变了以往渡轮横江的历史，把梧州两岸连成整体，大大加强了梧州市作为我区交通枢纽的重要地位。即将完工的河西综合码头总投资1769万元，建成后年吞吐量达一百多万吨，可停泊千吨货船，直接吊运大型集装箱，是广西内河港口最大的第一个正规的集装箱码头。河西综合码头、梧州西江大桥、和正在建设中的南宁至梧州二级公路，有着相辅相成、互为一体的功能，将加速梧州市港口现代化建设。“七五”期间，我市还建成了总投资1346万元的桂江二桥；新增港口吞吐能力87万吨，新增货船2883吨，基本保持着广西第一大内河港口的地位。此外，我市还扩建了1.2万千瓦火力发电机组、新建了1.2万千瓦爽岛水电站，今年还将开通1.2万门程控电话。梧州市的交通、邮电通信和电力供应条件大大改善。

积极改善投资“软环境”。我市先后制定了一系列鼓励外商投资的优惠政策，并在厂房租金、劳力使用、运输通讯、货物进出口、企业税收、供水供电以及办事服务程序等方面尽可能给予外商更多的方便和优惠。

在发展外向型经济的同时，我市横向经济联合协作也得到较大发展，目前，我市已同全国25个省、市、自治区的182个市县建立了协作关系，同42个科研机构、大专院校挂钩进行技术协作。5年来共签订经济技术联合、协作项目1240项，建立经济联合体292个。

各项社会事业相应发展

科技工作取得较好成果。“七五”期间共安排科技三项计划项目177项，已完成107项，其中投产应用52项，投产项目实现产值1.65亿元、税利3636万元、创汇227.21万美元，增产粮食2448万公斤。这些项目中，具有国内先进水平或填补国内空白的项目有微循环诊断仪、循环沸腾锅炉、葡萄糖酸亚铁、可食人造蛋白肠衣等30多项。开发出口创汇产品7个。获得部、自治区和市各类科技成果奖34项次。评聘了各级技术职务22605人。全市25%全民所有制单位组建了厂办科研机构。

教育事业取得新的成绩。“七五”期间市区适龄儿童入学率均达99.3%以上。1990年，市区、郊区小学毕业生升初中率分别为100%和83.6%。明显高于1985年的92.2%和60.2%。职业技术教育（含各类中专、技工校）招生人数与普通高中招生人数之比达到1.7:1，位居广西全区第二。5年共投资2028万元（包括拨款和集资）抢修中小学危房。到年底全市一般危房校舍只占校舍总面积的2.03%，其中市区和郊区现存一般危房校舍只占校舍总面积的0.76%。

计划生育取得好成绩，1990年人口自然增长率市区为8.92‰，苍梧县为12.26‰，均低于全国和广西全区的平均增长幅度。

北 海 市

市　长：帅立国

副市长：庞　辉　宁　铿　傅嘉纲　蒋天辰　张九先　任玉岭

帅立国市长，1938年8月生，广西桂林市人，1961年毕业于天津大学化工系，同年9月参加工作。1984年12月加入中国共产党。自参加工作以后，历任化工部太原化工厂车间机械员、机械科设备管理组组长、14车间副主任、机械工程师，太原化工厂工大教师，太原化学工业公司副总工程师，副经理，广西壮族自治区石化工业厅副厅长、党组副书记，中共北海市委副书记，代市长。现为北海市市长。

加强对外开放　促进经济发展

——“七五”期间北海市国民经济发展的主要成就

□　李小萌　王晓林

1984年4月，经国务院批准，北海市列为全国十四个对外开放的沿海城市之一，是我国五个少数民族自治区中唯一的对外开放港口城市。

“七五”时期，北海市确立了“开发北海，振兴广西，服务西南”的建设宗旨，实施沿海地区经济发展战略，加强基础设施建设，努力改善投资环境，积极引进国内外资金、技术、人才、同时，贯彻党的“调整、整顿，改革、提高”和“对外开放、对内搞活”的方针，在改革单一的所有制模式，搞活企业及财政、金融、流通等方面进行了一系列的探索，促进了国民经济的发展。

1990年，北海市实现国民生产总值（当年价）174612万元，按可比价格计算，比1985年增长66.9%；国民收入总额148884万元，比1985年增长62.5%；工业总产值（1980年不变价）97269万元，较1985年增长1倍多；农业总产值（1980年不变价）49836万元，较1985年增长60.7%；外贸出口收购总值15402万元，较1985年增长93.6%；外贸出口创汇8999万美元，较1985年增长44.3%；社会商品零售总额88506万元，较1985年增长90.4%；地方财政收入为15873万元，较1985年增长104.26%；城市职工人均年工资2012元，较1985年提高95.2%，城市居民人均收入1591元，较1985年增长90.2%；农民人均纯收入672元，较1985年增长91%。此外，交通运输，邮电通讯事业迅速发展，“七五”期间，水陆货运总量年平均递增41.29%，港口吞吐量年平均递增14.25%，邮电业务总量年平均递增26.25%。总之，“七五”时期，是建国以来北海市经济发展最快的5年，是城市建设发展变化最大的5年，也是人民群众得到实惠最多的5年。“七五”期间，北海市紧紧围绕对外开放这个中心环节，具体抓了以下几项工作：

（一）全力进行基础设施建设，改造投资环境。

在全国14个沿海开放城市中，北海市基础最差、底子最薄、起步较晚。在“七五”期间，北海市按照城市建设总体规划的要求，以老城区为依托，有计划地开拓新城区，把重点放在基础设施建设上，同时加强市政建设和城市管理，着眼于改善投资环境，经过5年努力，取得明显的效果。“七五”期间，共投入资金6亿多元进行基础设施建设，以较省的投资，较短的时间、较好的质量建成了新港两个万吨级深水泊位，中型飞机场、微波通讯，程控电话、1.57平方公里开发新区“七通一平”和南宁至北海二级公路、北海至海口汽车旅客轮渡。目前，北海港年吞吐能力已达195万吨，与96个国家和地区的218个港口有贸易往来。供水、供电、旅游宾馆以及其他市政设施也有明显改善。

在软环境方面，北海市建立健全了金融、外贸、港监、商检、外汇管理等整套涉外机构，并根据国务院和自治区给予北海市的优惠政策，制定了包括税收、涉外经济合同，企业登记、劳动工资，土地使用等5个方面的配套政策，以及内联企业条例、区域性的税收，招标、建筑市场管理、人事管理等50多个规定和办法。为了适应对外开放的需要，还突出抓好增强开放意识，转变观念的教育，努力改善政府及经济部门的管理，转变作风、提高办事效率和服务水平。在五年的时间里，还从外地招聘、调进各类专业技术人员6千多人。

(二) 抓老企业技术改造，增强经济实力。

“六五”期间，北海市区仅有100多家工业企业，固定资产原值不到1亿元，工业总产值仅2亿多元。“七五”期间，共投入5.1亿元对老企业进行技术改造，完成技改项目219项，工业固定资产更新程度达50%，工业固定资产原值6亿多元，1990年工业总产值比1985年增长了一倍多，实现利税增长91.9%。独立核算工业企业全员劳动生产率增长53.4%。在增加投入的同时，加强企业管理，把深化企业内部改革，推行承包经营责任制与抓管理，上等级工作结合起来，不仅加快了工业发展的速度，而且提高了企业的素质。1990年我市有13个企业被评为自治区先进企业，其中有两个企业被评为国家二级企业，5年间共有27个产品被评为部优、区优产品，15个产品获自治区百花奖。

(三) 积极利用外资，发展外向型经济。

“七五”期间，北海市一直将发展外向型经济作为对外开放工作的主要内容，积极地利用外资，发展“三资”企业和“三来一补”。5年来，北海市共批准“三资”企业72家，合同投资总额14878万美元，其中外资6815万美元，实际利用外资2188万美元。在利用外资工作中，注意逐步将外资投向引导到工业生产型项目上，已批准的“三资”企业中，工业生产项目占80%；还通过国际金融组织和外国政府贷款、租赁等多种引入国外资金，对增强全市的经济实力起到了积极作用。在发展“三资”企业的同时，大力拓展对外贸易，抓住有利时机扩大出口，口岸外贸出口收购总值、口岸出口总值及自营出口创汇在“七五”期间均有较大幅度的增长，为广西的对外经济贸易的发展作出了贡献。

(四) 开展横向经济联合，发挥通道窗口作用。

北海市自对外开放以后，就明确了以内联促外引，坚持让利、让税、让汇，把对内横向经济联合寓于对外开放全过程的指导思想。“七五”期间，国内各省（区）地（市）、县在北海市设立办事处共70家，兴办内联企业116户，合同投资总额2.27亿元，已通过内联引进资金1.51亿元。5年间内联企业共创工业产值1.33亿元，商贸营业额2.31亿元，税金1387万元。内联方式已由双边联合向“中外”三边或多边联合发展，内联的规模，已由初期的小型、非生产型为主逐步向资源开发型的较大项目发展；内联企业的起点，已由初期的劳动密集型、产品扩散、零部件加工为主逐步向开发资源，技术起点较高，生产出口创汇产品的高级联合方向发展。

(五) 稳定粮食生产，发展农渔村商品经济。

“七五”期间，北海市坚持农业以粮食生产为主，渔业以海洋捕捞为主，因地制宜发展多种经营，积极发展乡镇企业，促使农渔村商品经济持续发展。“七五”期间，全市农田水利建设共投入4065万元，同时发动群众投入14883个工日，共新建，续建，配套水利工程500多处。修复加固海、河堤340公里，各蓄水工程的有效库容增加648万立方米，各水利工程为农田灌溉供水84.5亿立方米，在连续几年抗旱夺丰收中发挥了决定性的作用。渔业生产的投入也有较大幅度增加，“七五”期间渔业生产捕捞能力扩大了一倍多。同时，还大力开发沿海滩涂，到1990年底已养殖珍珠、虾、螃蟹等2.1万亩，淡水养殖2.8万亩。到1990年，全市粮食产量35.94万吨，较1985年增长52.5%。水产品产量达到16.6万吨，比1985年增长68.7%。乡镇企业总收入7.03亿元，比1985年增长4倍。多种经营和乡镇企业的发展，使农民的收入水平提高，并为出口创汇扩大了资源。

(六) 城乡建设与经济文化建设协调发展。

“七五”期间，北海市十分重视城乡建设的总体规划工作。全市累计完成建筑安装工程量5亿多元，占同期社会总产值的10.2%。在建筑设计上，打破了长期以来陈旧、单一的布局和造型，一批颇具特色的建筑群及笔直开阔的数条纵横干道，错落有致、自成格局，呈现出南方海滨城市独特的风格。房地产业也随着经济开发而兴起，按规划布局的6个居民住宅小区已基本建成，已竣工的商品房建筑面积共26.7万平方米，市区建成住宅面积共114万平方米，人均居住面积7平方米，比“六五”时期增加了40%。同时，新增建各类商业网点2500个，商业建筑总面积15万平方米，大大方便了人民生活。“七五”期间农渔村新建住宅面积248.7万平方米，人均居住面积21.4平方米，比“六五”时期增加12.5%。

市政设施也逐步得到改善。5年来共投入7933万元进行市政建设，1990年市区建成面积12.9平方公里，比“六五”期末扩大13.2%；城市建成区内道路总长66.1公里，总面积82.4万平方米，分别比“六五”期末增长81.9%和85.6%。城市自来水供水能力6.8万立方米，比“六五”期末增长106%；城市环卫保洁面积91万平方米，比“六五”期末增加了两倍；城市建成区绿化覆盖率22.5%，比“六五”期末提高了1.5%。

合山市

市　长：胡红军

副市长：何奇祥（农业、科技）　韦彩球（女　计划、卫生）　黄瑞鹤（壮族　财经、商业）　蓝　雅（壮族　文教、侨务）

胡红军市长，广西柳州市人。41岁，广西农学院农学系毕业，中共党员。历任糖办主任、副市长等职。1990年9月当选为合山市市长。发表过《合山市经济发展的制约因素及其解决途径》、《合山市推广桂糖11号的效应》等论文。"推广秋植蔗"获广西壮族自治区科技进步二等奖。

在困难中前进的合山市

——1990年的回顾

□　张志豪

1990年，虽遇到市场疲软，煤炭滞销。灾害频繁等种种困难，但合山市仍取得可喜的成绩。农业总产值2.05亿元（80年不变价）。比上年增长5.44%。

工业在困境中发展

1990年，合山市委和政府针对市场不景气的严峻现实，继续坚持治理整顿，进一步开展深层次的改革。在不断完善企业经营承包责任制的同时，开展增产节约和增收节支活动，取得很大成绩。全市工业总产值为1.87亿元（80年不变价），比上年增长5.97%。其中市属工业总产值达3271万元，完成年计划的137.5%，比上年增长46.48%。

合山矿务局。提前71天完成自治区煤炭厅下达的160万吨指令性的年产煤任务。超额完成190万吨指导性的产煤任务。提前3个月和2个月超额完成全年掘进和开拓计划。1990年，该局实际生产原煤210.92万吨。完成年度计划的111.01%。实际掘进37079米，占计划的137.3%；实际开拓8843米。占计划的133.38%。

合山电厂。1990年，全体干部职工认真贯彻执行"强化企业管理，挖掘内部潜力，大力提高经济效益和劳动效率"的方针，超额完成各项主要生产任务和经济指标。全年总发电量达26.82亿千瓦小时，比上年多发0.57亿千瓦小时，增长2.18%。供电量完成23.74亿千瓦小时，比上年增加0.65亿千瓦小时，增长2.83%；比国家计划多供电0.3亿千瓦小时，超额计划的14.5%。发电标煤耗率完成442克／千瓦小时，比国家计划降低13克／千瓦小时。节约标煤34724吨。供电标煤率完成498克／千瓦小时，比上年降低5克／千瓦小时，比国家计划供电标煤率降低20克／千瓦小时，节约标煤47480吨，按每吨标煤138.91元计。为国家节约资金659..5万元。1990年度机组平均利用小时为5289小时。比上年增加112小时，提高2.16%。全员劳动生产率为46295.14元／年.人。比上年提高770.76元／年.人。

农业在灾年中获增产

1990年，合山市的农业总产值1780万元，比上年增长0.17%。粮食产量2781.2万公斤，完成年度计划的101.13%，比上年增产141.2万公斤，增长5.35%。比历史最高年产量的1982年增产139.7万公斤。在认真贯彻执行中央对农村工作的方针政策的同时，还采取了如下措施：（一）对农业实行倾斜政策，在增强农业后劲上下功夫。一是增加投入。1990年，资金虽困难，市财政仍安排150万元投入农业，比上年多投50万元；二是抓好农田基本建设。全年完成水利冬修项目43处，土石方3.35万方。浆砌石0.31万方。渠道防渗4.2公里：是下达任务的183%。渠道清淤149.9公里，是下达任务的117%；三是加速农业机械化步伐。提高抗灾能力。1990年，全市农业机械总动力达23223千瓦，百亩耕地拥有量为28千瓦，名列柳州地区榜首，等于全国平均数的5倍多；机犁耙面积达3.53万亩，占耕地总面积的42.5%；机电泵灌溉面积占水田面积近50%；农业运输年达60多万吨／公里。(二) 科技兴农。1990年，继续大力推广杂交水稻，还抓了3333.33公顷的粮食增产综合技术开发项目。通过农业技术员下基层承包，获得成功。早稻总产量1478.25万公斤。比上年同期增产74.9万公斤。其中综合开发项目增产64.7万公斤。占早稻增产总额的86.38%。同时还改造了低产田200公顷，比改造前每公顷增产750公斤。(三) 各行各业支援农业。1990年，市农业银行发放农贷2161万元，比上年增长7.94%，及时解决农户需要的生产资金；农资部门，全年供应各种化肥6032吨，比上年增长44.1%。农资部门的干部职工还给边远的8个村公所18个村屯运送化肥；机关干部直接到农村联系点支援生产。全年粮食入库172.9万公斤。完成任务的150%，比上年增长38.7%。

其它经济作物均超额完成生产计划。油料总产达706吨。比上年增长41.2%。水果产量20.4万公斤，比上年增长237.19%。蔬菜产量1480万公斤，比上年增长11.1%。

畜牧业亦有所发展。生猪年末存栏25489头，比上年增长8.3%；大牲畜年末存栏16777头，比上年增长8.04%。猪、牛、羊肉全年总产量达18.5万公斤。

其他经济事业协调发展

(一) 交通。1990年，全市有机动车770辆，其中公共汽车5辆，专用客车6辆，长途班车35辆，每天从合山开往南宁、柳州等地的客车共43个班次。全年汽车客运量45.5万人次（不含个体客运量），比上年增42.18%。营业额95.1万元。铁路客运量为9万人次。比上年增12.5%。货运量为255万吨，比上年下降8.6%。营业额为1800万元。(二) 邮电。1990年，境内邮路总长91公里，有长话电路4条，可挂国际长途电话。有电话总机15个，电话单机1720部。全年邮电业务总量36万元，比上年增长24.14%。(三) 商业。1990年，社会商品零售总额8696万元，比上年增长9.11%。其中全民占40.45%，集体占19.25%，个体占40.28%。(四) 财政。1990年，财政收入为2656.1万元，比上年增长7.36%。当年支出2854.1万元，结转下年使用的专款和结余款共375.3万元。(五) 金融。1990年金融形势尚好。年末城乡储蓄存款余额1.21亿元，比上年增长31.56%。保险事业发展较快。1990年、保险服务领域不断扩大，经营业务种类由单一的企业财产保险、汽车保险，发展到人身保险等26个险种。保险覆盖面日益扩大，全市有39600多人参加各种人身意外伤害保险，有18100人次参加各种长期返还性人身保险，占职工总数78.4%。商业系统100%的部门参加保险，机动车辆保险及第三者责任保险达95%，全市11660户农房实行统保。全年保险费和保险蓄金达265.2万元，人均交纳保险费19.63元，高于全区和全国人均水平。(六) 基本建设。1990年，合山市继续贯彻紧缩财政和信贷的方针，压缩固定资产投资，全市全年投资2980万元，比上年下降14.54%。投资结构有所改善，生产性投资1977万元，比上年增长57.28%；非生产性建设投资1003万元，比上年下降55.06%。

文化事业取得成绩

(一) 教育。1990年，全市有高中4所，初中10所，学生7062人；小学43所，学生24654人。学校的基础设施日益完善。境内共有67栋楼房，其中教学楼49栋，实验楼2栋，教工和学生宿舍楼16栋。学校在加强基础知识和技能教育的同时，还注意利用现代化手段进行教学。4所高中，拥有微机18台、投影机11台、放相机2台、彩电4台、收录机43台。(二) 广播电视。1990年，全市拥有电视机5858台（不含厂矿）。已安装闭路电视的有15900多户（含厂矿）。安装了铝合金板抛物面卫星地面接收天线12个。(三) 卫生。1990年，境内有卫生医疗机构26个，其中县级医院3个。有病床463张，每万人拥有床位33.57张。有卫生人员771人，其中医疗技术人员582人，每万人拥有医师18.35人。

玉 林 市

市　长：陈章进

副市长：覃启展（农业）　张　英（女　文教卫）　文丕质（工交）　陈德亮（政治、城管）　余承统（财贸、侨务）　梁明权（政法）　梁福新（林业）　何盖思（乡镇企业）　杨荣财（城建）　曾　伟（协助市长工作）　黄国安（科技）

陈章进市长，1938年12月出生，经济师。1960年参加工作，先后任广西农业科学研究所技术员，广西茶叶土产进出口公司业务员，玉林医药批发站组长，玉林地委整党办公室组长，玉林地区司法处副科长，工商局科长，行署商业局副局长、局长，玉林地区财委主任、党组书记。玉林市委常委、副书记、副市长、代市长、市长、市政府党组书记，玉林市武装委员会主任，玉林地区行政公署专员助理等职。

坚定不移地搞好开放区不断扩大对外开放

□ 玉林市市长　陈章进

改革带来了生机　开放注入了活力

党的十一届三中全会以来，我们认真执行了中央对外开放的方针政策，给全市的经济发展注入了新的活力，特别是被列为全国农村改革试验区和沿海经济开放区市（县）后，我们以“两区”工作开路，改革开放不断深化，使对外开放工作进入了一个新的阶段。

（一）建立了“两区”，获得了两块“金牌”。1987年9月，经中央批准，我市列为了全国农村改革试验区，紧接着1988年3月，国务院又批准我市列为沿海经济开放区市（县）。建立“两区”3年来，我们进行了大胆的改革试验，实行了粮食购销体制的改革，建立了10个农村合作金融组织，发展了农村商品生产基地的建设，建成了10大商品专业批发市场，建立了农村合作经济组织，进一步完善了双层经营体制。在对外开放中，我们着力改善了投资环境，扩大了对外宣传，加强了出口商品生产基地建设，发展了对外贸易，玉林市的外向型经济有了初步的发展。1990年，全市工农业总产值达到了200562万元（当年价），按1980年不变价计算，比1980年增长了146.19%，其中工业总产值117349万元（当年价），以1980年不变价计算，比1980年增长了193.87%；农业总产值83213万元（当年价），以1980年不变价计算，比1980年增长76.65%；财政收入连续3年超亿元。

随着玉林市知名度提高，3年来，外商前来洽谈投资项目和考察投资环境的团组共有66个，人数达629人。外县外省的同志前来我市洽谈生意或参观考察的团组共1056个，人数11059人。

（二）投资环境有了较大的改善。这几年，我们建设了一批直接为对外开放服务的重点项目。如在交通道路方面，投资了2700多万元，建设了全长12公里的环城公路，环城公路东段的水泥路面已于1988年12月正式通车投入使用，环城西段水泥路面正在紧张的施工中，预计1991年10月即可通车投入使用。再如在电力能源方面，我们投资600万元，建成了石南11万伏变电站。并参与集资协助地区建成了长望22万伏变电站和大牛窝1.2万千瓦火电厂，等等。同时，为了加强对外开放经济联系，今年成立了国际商会玉林市分会。我们还制定了“玉林市发展外向型经济的战略和规模（草案）”和“玉林市鼓励外商外资的优惠办法”等一系列对外开放的办法、政策、措施。为了做好外商投资的导向工作，我们选定了有利于发展外向型经济的48个项目进行了调查研究，并进行了立项和编写可行性研究报告。所有这些，使玉林市投资的“软、硬”环境有了较好的改善。

（三）利用外资工作有了一定的发展。1984年以前，玉林市没有一个外资企业。到现在，全市共利用外资项目15个，合同总投资额899.2万美元（折合人民币 2592 万元)，其中外资 498.4 万美元，外资实际投放 128 万美元。目前，正在开发对外业务洽谈签约的项目有：南江镇村镇开发公司与香港耀发综合建设开发总公司初步达成联营成片开发建设南江开发区等十二个项目，合同总投资额超过 3000 万元，其中，外资约共 2000 万元。

(四) 外向型的工业、农业、乡镇企业有了初步的发展。1979 年以前；玉林的经济，主要是封闭型的农业经济。这几年，我们先后创建了优质米、红碎茶、罐头原料和瘦肉型猪等外向型出口产品生产基地。在工业方面，一些工矿企业，努力向国外寻找市场，生产出口产品。例如，前锋厂、五一厂改产了国际市场需要的么米布。刚刚上马的市纺织印染厂首先生产了出口医药手术吸收巾，一开始投产就打向国际市场。市毛巾手帕厂的毛巾在汉城奥运会推出后，这几年一直看好。

(五) 对外贸易有了发展。3 年来，全市外贸总额出口累计达 16271 万元 (含地区公司收购玉林的产品在内)，平均每年出口供货 5423.6 万元，是 1980 年前 29 年平均数的 6 倍多。1990 年达到 7652.3 万元 (含自营出口)，增长 96.3%。几年来外贸共开发了牛皮制革、水泥、米丝粉、腌制品、麻制品、羽绒、么米布、毛巾、草垫、果脯等 20 多个新产品出口，使市属外贸企业稳步发展。

坚持正确的方针，不断扩大对外开放

(一) 进一步解放思想，努力增强开放意识。玉林市在对外开放中，虽然取得了一定的成绩，但是，我们所迈出的步子不大。主要是思想解放不够，开放意识不强，旧的思想观念还束缚着我们的手脚，制约着各方面工作的开展，这就需要我们进一步解放思想，增强开放意识，解决好以下三方面的认识。

首先，充分认识扩大对外开放的必要性。对外开放是我国的一项基本国策。历史的经验告诉我们，封闭的民族，是愚昧落后的民族，只有开放的民族才是兴旺发达的民族。即使是先进工业国家，也要实行对外开放。因此，我们只有立足于自力更生，积极搞好对外开放，吸收外资和向银行借钱投资，发展我们的经济，这才是我们正确的可靠可行之路。

其次，要充分认识扩大对外开放的紧迫性。从全国的经济发展形势看，沿海地区比内陆地区快，基础好的地方比基础差的地方快。我们广西是在全国的后进行列。我们玉林市，从绝对数字看，在广西虽然是排在前面，但我们的人均水平低于全区平均水平。如果不急起直追，我们就会更落后。去年以来，玉林市接待了 10 多批台商，他们正在了解我们的投资环境和优惠政策，寻找合作的伙伴和机会，我们要利用这种有利的机会，把开放的步伐大胆迈出去。

再次。充分认识扩大对外开放的可能性。我们玉林市，扩大对外开放，有着很多有利的条件。我们既是农村改革试验区，又是沿海经济开发区，试验区改革试验项目可以突破某些现行政策和体制。开放区又有可以享受长江三角洲、珠江三角洲和闽南、厦漳泉三角洲所享受的优惠政策。

(二) 认真研究、落实沿海经济开放区的优惠政策。玉林市列为沿海经济开放区市 (县) 后，3 年来，却没有很好的用上沿海经济开放区的优惠政策，除了市粮油食品进出口公司去年进口了 2500 吨鱼粉，享受了一次免征关税和增值税的优惠政策外，其他没有用过一例。为此，我们要善于研究中央和自治区给予的优惠政策，吃透政策精神，捕捉信息，把中央和自治区的政策用足用活。政策规定可以做的，就积极做，认真做，真正做到用足，政策规定不能做的就坚决不做；政策既不规定可以做，也不规定不可以做的，就摸索着做，真正做到用活。

(三) 齐心协力，继续改善投资环境。这几年，经过我们的努力，投资环境有了一些改善，但还不能适应扩大对外开放的需要，仍需动员全市人民齐心协力，继续改善我市的投资环境。

在改善“硬”环境方面，继续搞好基础设施的建设，尽快改善基础设施建设滞后局面。为此，一是要继续改善交通状况。二是改善城区供水。三是改造和完善通讯设施。四是搞好旅游景点和园林绿化。五是筹建一所宾馆，加快改善接待条件。六是加强城区体育、文化、卫生设施的建设和管理，造就一个安全、整洁、文明的生活环境。

在“软”环境的改造方面，要努力造就一个部门配合协调，讲求工作效率，审批项目迅速的局面。

(四) 切实办好现有“三资”企业，努力创办更多更新“三资”企业。把现有的“三资”企业办好。

(五) 要狠下决心，继续抓好开发性外向型农业和乡镇企业。要扩大对外开放；发展外向型农业和乡镇企业是一个重要的方面。

(六) 要积极组建集团公司。在专业化分工、社会化生产不断发展和新的经济条件下，要扩大我市出口产品，取得对外开放的成功，就必须把出口企业联合起来，建立有一定规模的联合公司，积极参与国内、跨国联合公司，增强企业的应变能力，保持产品占有一定的市场份额。

(七) 要不断加强业务培训，提高涉外人员的素质。在“八五”期间我们准备有计划有步骤地进行涉外人员培训工作。要做好扩大对外开放工作，关键在于加强领导。我们市委、人大、政府、政协、纪委几大班子决心振奋精神，同心协力抓好经济建设，搞好改革开放。

钦 州 市

市　长：梁春兰

副市长：李荣梓（常务）　卢有彬（教育、文化）　赖俊河（计划、科技）

杨仕炯（工交）　陈树清·（壮族　财贸）　陈月明（女　计生、卫生）

梁春兰市长，1942年7月生，广西钦州市人，大专毕业，经济师职称。1961年6月参加中国人民解放军。1965年至1987年先后任排长、连长、营长、团参谋长、副团长、团长、副师长、集团军后勤部副部长。1988年2月转业，任钦州地区物资局局长（副厅级）。1990年8月任钦州市代市长，10月21日当选为市长。先后发表文章11篇，并主编《钦州市志》、《钦州市年鉴》、《可爱的钦州》等。

钦州市第七个五年计划的执行情况

□　钦州市市长　梁春兰

经济实力显著增强

1990年工农业总产值（按1980年不变价计）65096万元，年均增长11.65%，完成计划的108.2%，其中，工业总产值30622万元，年均增长13.20%，完成计划的101.73%，农业总产值34474万元，年均增长10.37%，完成计划的108.54%。从执行情况看，工、农业总产值均超过“七五”计划原定每年增长11.58%和8.57%的要求，并比第六个五年计划的11.9%和3%分别提高1.3和7.37个百分点。工农业生产的较快发展，促进了国民经济持续发展，使全市的经济实力进一步提高，1990年国民生产总值和国民收入（按当年价计）为95997万元和79313万元，“七五”年均递增（按可比价格计）为9.81%和9.5%，比“六五”实际分别提高6.41和5.53个百分点。1990年，财政收入达6545.89万元，年均增长20.94%，完成计划的163.55%，人均工农业总产值634元，比1985年的411元增长54.26%，人均国民收入773元，比1985年的344元增长124.71%，扣除物价上涨因素，实际增长28.2%。

农业经济的发展

1990年农业商品产值（按1980年不变价格计）达19635万元，“七五”时期年均增长18.07%，农业商品率达到56.96%，比1985年的40.6%提高16.36个百分点。在农业主要产品中，部分产品发展较快。1990年，粮食总产量43977.88万公斤，在1989年增产1.6亿公斤，创历史最高水平的基础上，又增产2308.38万公斤，再创历史最高水平，超额完成“七五”计划；1990—1991年甘蔗榨季进厂原料蔗584891吨，完成“七五”计划的120%；油料产量4913吨，超额1238吨完成了“七五”计划；水果生产发展也较快，水果产量31570吨，比1985年增长72.65%；水产品产量达22120吨，超额完成“七五”计划；茶叶、蚕茧等产品也有恢复性增产，茶叶产量390.35吨，比1985年增长88.07%，年均增长13.47%；蚕茧产量395.4吨，比1985年增长125.46%，年均增长17.66%，在畜牧业生产中，生猪年末存栏及当年出栏数分别为318114头和155224头，分别比1985年增长10.91%和47.38%。年均增长2.09%和8.07%。林业生产采取积极有效措施，加快了全市绿化进程，1989年获广西壮族自治区党委和广西壮族自治区人民政府授予造林绿化先进县（市）三等奖，1990年人工造林15.61万亩，超额完成“七五”计划，被评为全区和全国造林绿化先进单位。

工业经济效益有所提高

1990年，全市独立核算工业固定资产原值达26821万元（不含村及村以下办工业），比1985年增长

73.99%，年均增长11.71%。原煤产量23.22万吨，比1985年增长113.02%；发电量9434万度，比1985年增长288.70%；原盐1.29万吨，比1985年减0.05万吨；机制糖5.64万吨，比1985年增长112.87%；罐头3400吨，比1985年增长34%；皮制革12.97万张，比1985年增长90.73%，年均增长13.8%；机制纸4900吨，比1985年增长125.14%，年均增长17.6%；水泥4.69万吨，比1985年增长31.74%，年均增长5.7%。企业经济效益不断提高，1990年全民所有制独立核算工业企业全员劳动生产率达到14580元，比1985年年均递增12.3%，超额完成"七五"计划。在全部独立核算工业中，百元固定资产原值所创造的工业总产值（按1980年不变价计）达到83.64元，比1985年增加3.71元，钦州市榨蔗生产能力达到4550吨／日。

城乡集市贸易进一步繁荣

到1990年，社会商品零售额共达59681万元，5年平均增长速度为17.82%，社会农副产品收购总额20460万元，年均增长15.47%。市场物价稳中有降，到1990年，零售物价指数为100.2%，涨幅比上年下降了17.6个百分点，比全国的涨幅低0.1个百分点。

对外开放、对外贸易迈出了新的步伐

"七五"以来，全市已和11个省区42个县市建立了经济联系，和重庆市江北区结成为友好区市。5年来共引进项目65个，引进资金2535万元，新增产值6988万元，为国家提供税利634万元。外贸出口收购额连年增长，到1990年，共完成2669万元，年均增长29.30%，完成计划的222.4%。外贸出口收购额占工农业总产值比重达到4.10%，比1985年提高2.05个百分点。

重要项目、交通和城乡建设有了很大的发展

1986年至1989年，全市全民所有制固定资产投资共完成了1.68亿元，其中基本建设投资7214元，更新改造投资9041元。一批重点项目已建成投产。

钦州市1988年被列为沿海经济开放区后，为了进一步改善投资环境，认真抓好交通和城乡建设。新建一批桥梁和20多段公路，新开辟的城西、五马路等住宅区，钦州城区的供水、排水、供电、邮电、电话通讯等设备的进一步治理、扩展和完善。钦州市的城市规划管理工作，在1987年被广西壮族自治区评为全区12个先进县市之一，被国家建设部评为全国58个先进单位之一。

各项社会事业取得了新的发展

1990年，全市共拥有各类专业技术人员11755人，其中自然科学人员7666人，专业技术人员人数是1985年的8.23倍。全市四级农科网络进一步健全。科技的应用和推广促进了生产的发展。全市8个实施粮食丰产"星火"项目的示范乡（镇），1990年稻谷在单产、总产方面都超过历史最高水平。整个"七五"期间，全市共取得广西壮族自治区、钦州地区两级科技成果27项，1990年获广西壮族自治区科技先进县（市）称号。

钦州市把发展教育放在优先地位。"七五"期间用于教育的财政支出比"六五"期间增长94.8%，从1988年起，通过多渠道集资1074万元，用了近两年的时间抢修中小学危房，解决了多年积存下来的难题。1990年，全市共有小学341所，幼儿园35所，普通中学38所，中等专业学校4所，农业、职业中学12所，高等师范学校1所。全市高校在校学生812人，比1985年增长95.66%；普通中学在校学生24832人，比1985年增长9.39%；小学在校生133万人，比1985年增长7。43%；幼儿园入托3157人，学前班学生21630人。全市已普及小学教育。教育质量不断提高，在普通高校招生考试中，钦州市连续几年都有考生获全广西区第一名。在1989年全广西区城乡文化中心检查评比中，钦州市获银牌奖。广播电视事业也迈出了很大的步伐。到1990年，电视的发射功率比1985年增大5倍，覆盖率扩大到10个乡（镇）。

医疗卫生事业在过去的5年中不断发展。到1990年，全市共有卫生机构112个，拥有病床1384张，比1985年增加176张，增长14.56%。防疫、妇幼保健、药政、饮食卫生等工作，都取得了较好的成绩。各种传染病的发病率有所下降，人民群众的健康水平有了显著提高。

1990年全市人口自然增长率为10.47‰，比1985年下降9.19‰，平均每年下降1.84‰，达到了"七五"计划自然增长率低于12.4‰的要求。尽管如此，1990年末人口数已达1035270人，比"七五"计划的控制指标超出46670人，人口问题仍十分严峻。

人民生活水平得到了提高

1990年，全市农民人均纯收入534.46元，比1985年的283元增加251.46元，年均增长13.56%，城镇非农业人口居民人均收入1653元，比1985年的633元增加1020元，增长161.13%，扣除物价上涨因素，农民人均纯收入增加7.7%，城镇非农业人口居民人均收入实际增加48.92%。城乡居民的储蓄存款5年来有大幅度增长。1990年末存款余额达31695万元，人均308.77元，分别比1985年增长308.23%和263.22%。彩色电视机、电冰箱、摩托车等高档耐用消费品已走进千家万户，城乡居民的居住条件有了一定的改善。

海口市

市　长：曾浩荣

副市长：丁世隆（工交、经贸、外事）　罗素兰（女　科教文卫）　夏恩恕（城建、政法）　张海国（财贸、农业）

曾浩荣市长，1945年10月出生，浙江省金华县人，大学文化程度，1964年8月参加工作，1965年12月加入中国共产党。1970年8月哈尔滨军工学院毕业后，曾任海军东海舰队航空兵战士、参谋，武汉人民广播电台记者，山西省委办公厅秘书，山西无线电厂厂长，太原市经委主任，太原市政府副市长，海南省工业厅负责人。1990年7月任中共海口市委副书记，1990年11月任海口市市长。

实行特殊政策，五年大变化

——海口市“七五”时期经济社会发展概述

□ 海口市人民政府办公室

“七五”时期，正是海南岛逐步扩大开放的起步时期，1988年4月起中央批准海南正式建省，办经济特区，实行特殊优惠政策。从此海口市经济和社会进入发展重要时期。这5年是海口市国民经济和社会发展速度最快、成效最明显的时期。

(一) 经济实力增强。

“七五”期间，全市国民生产总值年平均增长15.9%，1990年达18.4亿元，按可比价格计算，比1985年翻一番，比1980年翻近两番；国民收入年平均增长14.4%，1990年达11.7亿元，按可比价格计算，比1985年翻一番，比1980年翻一番半多；全市工农业总产值平均增长24.2%，1990年总产值达16.31亿元，比1985年翻一番多，比1980年翻两番多；1990年财政收入2.2亿元，比1985年增长56.5%，比1980年增长7.16倍。

固定资产投资大幅度增加。“七五”时期全社会固定资产投资共完成50.44亿元，比“六五”时期增加41.96亿元，增长4.9倍。其中全民所有制单位投资47.83亿元，比“六五”时期增加40.19亿元，增长5.3倍；集体所有制单位投资0.89亿元，增长1.2倍；个人投资1.72亿元，增加1.28亿元，增长2.9倍。

投资结构有所改善。基础产业和基础设施建设投资大量增加，比重上升。“七五”时期，全民所有制单位固定资产投资中用于能源工业、运输邮电和市政设施方面的投资14.78亿元，比“六五”时期增加12.86亿元，所占比重由“六五”时期的25.1%上升为30.9%。“七五”时期全民所有制单位基本建设投资35.41亿元，比“六五”时期增长4.6倍；更新改造投资4.97亿元，增长2.6倍，但所占比重由“六五”时期的17.9%下降到10.4%。

重点建设步伐加快。“七五”时期，建成投产的基础设施重点项目主要有：装机容量40万千瓦的海口火电厂第一期、第二期工程，马村至永万庄220千伏输变电工程，海口港2个5000吨级泊位工程，2.62万门程控电话工程，以及地面水厂一期主要工程；扩建了海口机场和城市道路。

新增一批生产能力，增添了经济发展后劲。“七五”时期，全民所有制单位基本建设和更新改造新增固定资产28.69亿元，为“六五”时期的4.4倍；建成投产（或交付使用）的基本建设项目364个。5年间，全民所有制单位固定资产投资新增加的主要生产能力及工程效益有：发电装机容量40万千瓦，程控电话交换机2.62万门，日供水能力7.5万吨，硫酸5000吨，轮胎12万套，化学纤维1万吨，棉纺绽3.02万绽，织布机504

千台，印染布300万米，电视机30万台，输电线路138公里，微波电路450公里，新建公路30公里，港口吞吐能力52万吨，新建独立公路桥梁3座，新(扩)建城市道路35.9公里，城市永久性桥梁6座。

(二)工业生产增长迅速。

“七五”以来，海口市工业以每年递增25%的速度发展，1990年全市工业总产值达15.08亿元，比1985年翻一番多，比1980年翻两番多，上了一个新台阶，是“一五”以来增长最高的时期。但是发展不平稳，前3年工业生产年均增长33.7%；后两年进行治理整顿，速度明显趋缓，年均增长12.9%。“七五”时期，重工业年均增长13.6%，轻工业年均增长28.6%。全民所有制工业年均增长22.5%，集体所有制工业年均增长0.7%，其他经济类型工业年均增长84.1%。全民和集体所有制工业总产值占全部工业总产值的比重由1985年的96.7%下降到77%。

“七五”时期，发展了一批新产品，产品结构有所变化，但与消费结构的变化仍不相适应，“七五”后期产品严重积压，列入“七五”计划的工业产品产量大多数没有完成计划。

工业生产能力扩大，技术装备水平有所提高。“七五”时期，全市工业完成的基本建设和技术改造投资达16.4亿元，比“六五”时期增长5.8倍。1990年底，全市独立核算工业企业拥有固定资产原值达18.5亿元，比1985年增长8.2倍。“七五”时期，全民所有制工业投资16.42亿元，建成几个大中型骨干企业，对一批老企业进行技术改造；新增工业固定资产13.24亿元，增加了涤纶丝、纺织品、速溶咖啡、天然椰子汁、三九胃泰等一批新产品。

工业结构不够合理、经济效益低下。1990年与1985年相比，各项经济效益指标全面下降。全民所有制独立核算工业企业每百元资金实现的利税由9.52元降至2.97元，每百元销售收入实现的利税由7.57元降至4.97元。

(三)农村经济全面发展。

“七五”时期农业总产值年平均增长6.9%，1990年农业总产值1.23亿元，比1985年增长39.6%，比1980年翻一番。“菜蓝子”工程建设成效明显，1990年蔬菜基地达1.35万亩，蔬菜总产达5.24万吨，“七五”期间年递增14.1%；饲养业发展较快，肉、禽、蛋等产量都有增长，水产品增长，城市副食品供应得到改善。1990年农村社会总产值达2.16亿元，其中农村工业、建筑业、运输业和商业饮食业所占比重达到42.9%。

(四)第三产业迅速发展。

全市社会商品零售总额年平均增长21.7%，1990年达12.5亿元，比1985年增长1.67倍，比1980年增长8.2倍，扣除物价上涨因素，“七五”期间平均每年递增7%。从各种经济类型的商品零售额看，1990年与1985年相比，全民所有制增长98.6%，占社会商品零售总额的比重由59.6%下降到44.2%；集体所有制增长69.2%，所占比重由21.9%下降到13.9%；合营经济增长8.3倍，所占比重由2.2%上升到7.7%；个体经济增长4.5倍，所占比重由10.6%上升到21.6%；1990年零售商业饮食业，服务网点达7772个，比1985年增加2851个，比1980年增加6598个，建起10座贸易大楼(粮油大厦、烟酒大厦、特供友谊大厦、海甸百货大楼、财务大厦、烟草大厦、供销大厦、物资大厦、第一菜市场、龙华市场)，同时兴建了一批高中级宾馆。运输、邮电、金融、保险、房地业、旅游业都有较大发展。第三产业产值每年递增15.5%，1990年第三产业在国民生产总值中所占的比重已上升到56.5%。

(五)外向型经济开始起步。

“七五”期间，尤其是1988年海南建省、办经济特区以来，海口市对外贸易与经济技术合作不断扩大。1990年海口外贸口岸进出口总额达6.4亿美元，其中出口总额1.9亿美元，平均每年递增64%；市属企业自营出口创汇0.24亿美元。5年累计实际利用外资3.5亿美元，其中客商直接投资1.87亿美元。1990年外资投资占全社会固定资产投资的20%，“三资”企业产值占全部工业总产值的9.7%。

(六)基础设施建设有突破性进展。

“七五”以来，在国家和省的支持下，集中大量的财力、物力，加快供水、排水、供电、交通、通信等基础设施的建设。城区日供水量达20多万吨，投资3400万元兴建地面水厂，第一期日供水7.5万吨工程接近完工；市区排水形成新网络。随着海口火力发电厂的建设，海口市已从贫电地区一跃成为富电地区。城区主要道路海府路、海秀路、龙昆路、龙华路、人民路、和平路、文明东路、长堤路、滨海路等10多条道路新建扩建基本完成，先后建成新埠桥、和平北桥和秀英高架桥和5座人行天桥，主要交叉路安上了现代化红绿灯，道路交通大为改善。

“七五”时期，运输基础设施建设加快，运输能力增强，运输量全面增长。1990年全社会货运量833万吨，比1985年增长2.4倍；客运量2.23亿人次，增长20.6倍。海口机场成为我国重要空港，1990年进出旅客达72万多人。1990年交通部门各种运输工具完成的货物周转量1.59亿吨公里，比1985年下降15.1%；旅客周转量6.49亿人公里，比1985年增长19.8%。运输结构有所调整，专业运输部门所占比重由65%下降到35.7%；非专业运输部门和个体运输所占比重由35%上升到64.3%。港口货物吞吐量持续增长，1990年完成的货物吞吐量442.1万吨，比1985年增长88.5%；

其中海口港增长68.5%。邮电通信事业取得突破性进展。“七五”时期通过多渠道筹集建设资金，促进邮电通信事业迅速发展。1990年全市邮电业务总量完成6389万元，比1985年增长8.3倍，平均每年增长56.2%。长途电话发展较快，已开通了全国各大城市和香港、澳门以及纽约、巴黎、伦敦、东京等世界各大城市的长途直拨电话。1990年末，市内电话交换机总容量3.17万门，市内电话达到1.91万户，比1985年增长5.6倍。

（七）新开发区初具规模。

海口市从1988年初开辟的4个开发区，进展顺利，已投入基础设施资金8.41亿元，形成为投资的理想地区。金盘工业开发区首期开发1.2平方公里，已投入资金2.2亿元，基础设施配套，建成厂房和商品房4.7万平方米，投产项目10个，在建项目19个。永万（港澳）工业开发区，已投入资金折人民币3.25亿元，已投产项目20个，在建项目15个（均为外资企业），初步形成出口加工区。金融贸易开发区，已投入基础设施资金1.6亿元，房地产开发投入资金2.5亿元，已竣工楼宇42幢，建筑面积10.5万平方米，续建楼宇101幢，建筑面积73万平方米。海甸岛东部开发区，已投入基础设施1.34亿元，房地产开发投入资金0.96亿元，已竣工楼宇18幢，建筑面积8万平方米，续建楼宇42幢，建筑面积12万平方米。

（八）城市建设成绩最为显著。

1986年以来，海口市城市建设发生了突出变化，城市建成区面积扩大到25平方公里，房屋总面积达1000万平方米左右，等于建国初期海口市的20倍；1987年下半年至1990年，竣工的房屋近300万平方米，1200多幢，工程总投资12亿多元，平均每年有近100万平方米的房屋建成。踏进海口，首先映入眼帘的是那些高层建筑物如雨后春笋般拔地而起，那一条条新修的宽阔的马路，那一座座横空而过的人行天桥，那灯火辉煌、五彩缤纷、椰树遮映的不夜城。

（九）社会各项事业同步发展。

科技事业有新进展。“七五”时期，市属单位共有68项科技项目获得省、市科技进步奖，这批科技成果已在社会经济建设中发挥较好效益。科技队伍进一步扩大。1990年末市属全民所有制独立的科学研究和技术服务机构26个，市属全民所有制单位有各类专业技术人员6089人，其中自然科学技术人员3040人，比1985年增长42.8%。

“七五”时期普通高等学校本、专科毕业生3455人，比“六五”时期增长39.7%；中等专业学校毕业生2540人，增长2.7%；技工学校毕业生1767人，增长136%。农业、职业高中毕业生1704人。

人口文化素质提高。人口普查资料表明：海口市平均每千人拥有大专以上文化程度由1982年的19人增加到1990年的80人，高中文化程度由179人增加到229人，初中文化程度由264人增加到274人。全市文盲半文盲率由13.08%下降到8.1%。

基础教育普及程度进一步提高。全市小学学龄儿童入学率由1985年的99.6%提高到1990年的99.9%；1990年小学毕业生升学率达到94.7%。全市在园幼儿1.41万人，比1985年增长48.3%。成人教育稳步发展。1990年全市成人高等在校学生6728人，比1985年增长34.2%；成人中等专业技术学校在校学生2525人，增长7倍。

文化事业在发展。“七五”时期广播电台增加1座，电视台增加1座，艺术表演团体增加3个，电影放映单位增加10个，办起了《海口晚报》，新建海口图书馆。出版图书、杂志、报纸种类比1985年增加较多。

卫生、医疗条件进一步改善。“七五”时期县级以上医院增加3所，医疗病床增加1404张，专业卫生技术人员增加1309人。预防保健和卫生监督监测工作不断得到加强，各种传染病的预防控制取得明显成效，各种疫苗接种率连年超过计划免疫指标。

体育事业。“七五”时期海口市运动员在全国比赛中获得前三名的项目10个，在省赛中获得前三名的项目260个。1987年以来每年都成功地承办了全国帆板锦标赛。社会办体育热情高涨。

（十）人民生活明显提高。

“七五”时期，尤其建省、办经济特区以来，海口市城乡人民得到较多的实惠。按人均国民生产总值计算，全国有36个城市进入小康水平，海口市名列第3位。

城镇就业继续扩大。“七五”时期全市共安置待业人员5.74万人。全市职工人数增加4.52万人，其中全民所有制单位实行劳动合同制职工增加1.40万人，城镇个体劳动者增加8567人。

人民生活水平进一步提高。1990年全市职工平均货币工资2921元，比1985年增加1627元，扣除物价上涨因素，年均实际增长3.1%；城镇居民人均生活费收入年均实际增长4.3%。1990年郊区农民人均纯收入比1985年增长2倍。城乡储蓄大幅度增加。1990年末居民储蓄存款余额16.12亿元，比1985年末增长7.2倍；其中城镇增长7.8倍，农村增长2.2倍。“七五”时期城镇新建住宅184.77万平方米，郊区农村新建住宅33.29万平方米，大大超过“七五”计划指标的要求。1990年城镇居民人均居住面积8.45平方米，郊区农民人均居住面积16.30平方米，比1985年分别增长47.5%和21.6%。1990年末，全市常住总人口为37.04万人，比1985年增加8.09万人，年均增长5.05%。

（注：文中所列各项总产值绝对数按当年价格计算，增长速度按可比价格计算。）

三 亚 市

市　长：刘名启

副市长：曾广河(常务)　刘明哲(计划、工交)　黄锦生(科教文卫)　周元友(财政、内外贸易)

刘名启市长，广东省普宁县人，1944年11月生，1968年12月毕业于华南师范学院中文系，1973年11月入党。1970年后历任定安县委宣传部干事，翰林公社、定安公社党委副书记、书记，海南区党委农村工作部副科长，中共临高县委副书记、临高县县长，中共澄迈县委书记等职。1988年12月调任中共三亚市委书记、三亚市政府主要负责人，1989年9月在市第一次人民代表大会第一次会议上当选为三亚市市长。

三亚市经济建设和文教社会事业的新进展

□ 三亚市人民政府办公室

1990年，三亚市继续贯彻执行治理整顿和深化改革的方针，紧紧抓住经济建设这个中心，带领全市人民用政策，打基础，抓落实，求发展，以改革开放促开发，较好地完成了全年的国民生产和社会发展规划，经济建设和社会各项事业取得新的进展。全年国民生产总值4.73亿元，比上年增长4.8%，社会总产值7.76亿元，比上年增长6.4%，国民收入3.86亿元，比上年增长10.5%，工农业总产值28166万元，比上年增长10.8%。

（一）农业。1990年，三亚市切实加强对农业生产和农村工作的领导，继续在人力、物力、财力和精力上对农业生产实行倾斜，使全市农业生产在推广良种，实施科技兴农，大搞农业开发，加强农田水利设施建设，发展庭院经济和乡镇企业等方面都取得了新的进展。具体表现在：一是粮食生产获得丰收。全年粮食总产64628吨，比上年增长9.5%，二是糖蔗总产57795吨，增长48.8%；三是瓜菜种植面积增加，总产88794吨，增长20.3%；四是热作、水果生产保持发展的好势头，橡胶年产干胶8212吨，比上年增长13.3%，椰子751万个，增长2.6%，槟榔605吨，增长42.7%；五是人工造林有新进展，封山育林工作成绩较为显著，全年造林面积1044公顷，封山育林和护林面积达到2093万公顷；六是水产品大幅度增长，全年水产品产量18992吨，比上年增长9.9%；七是乡镇企业在治理整顿中持续发展，总收入达到11050万元，实现利润1878万元，分别比上年增长9%和2%；八是农田基本建设和冬修水利工作成效显著，全市投入冬修水利的劳动日100.4万个，完成投资131.98万元，维修渠596条长87.7公里，恢复和改善灌溉面积3777公顷，改造中低产田1333公顷；九是农业投入增加，1990年财政用于支援农业及农林水事业费960万元，比上年增长10.1%；十是创汇农业有新的起点，全市全年瓜菜、水产品出口量250吨，创汇200多万美元。

（二）工业。1990年，三亚市工业生产在治理整顿中克服了市场疲软，资金紧缺，原材料紧缺等困难，保持了一定的增长速度。全市全年工业总产值13126万元，比上年增长6.9%。在全市工业总产值中，市属及以下工业产值10191万元，增长12.7%，其中，城镇个体及以下工业产值2536万元，增长47.3%，全市轻工业产值9016万元，增长8%，重工业产值4110万元，增长4.7%，彩电、发电量、水泥、花岗岩板材、饮料酒、自来水等产品均比上年不同程度增长。

1990年，三亚市工业生产之所以取得较好成绩，主要是抓了以下几项工作：一是继续推行厂长（经理）负责制和任期目标责任制，强化经营管理体系，大力开展“双增双节”运动；二是认真抓好技术改造和技术进步工作，把其当作改变工业落后的根本途径；三是抓好亏损企业的整顿，加强企业管理；四是强化产品销售，加快资金周转，针对市场疲软，产品积压，资金周转困难的被动局面，采取多种措施开拓市场，以销定产，强化产品销售工作，使生产走上良性循环发展的轨道。

（三）固定资产投资。1990年，三亚市强化对投资结构和投资方面的引导，积极组织资金，确人重点工程和生产性建设的投资，基础设施和市政建设得到长足发展。全市全年固定资产投资25919万元，比上年增长31.7%，其中全民所有制固定资产投资额19353万元，增长14.6%，集体所有制固定资产投资额1231万元，增长52.2%，城乡和私人投资4780万元，增长141.2%，商品房投资555万元。交通、通讯等基础设施建设继续得到加强，完成投资5105万元，比上年338.6%。一些重点建设项目完成速度快，质量好，1990年先后完成第二期供水工程、金鸡岭水厂、南端点火台，并已交付使用，三亚凤凰民用机场前期工程正抓紧建设，西河西路120工程填土及鹿回头公园建设基本完成，“1350”出口路工程也已竣工使用，市重钙厂投资完成计划达98%以上，即将建成投产。1990年，全市基本建设和更新改造新增固定资产22969万元，比上年增长34.2%，其中基本建设新增21485万元，更新改造新增1484万元。

（四）对外经济与旅游业。1990年，三亚市在切实抓好“硬环境”建设的同时，继续抓紧“软环境”的建设，制定了《三亚市鼓励投资的暂行办法》，成立三亚市投资促进委员会和市经济合作局，负责外引内联的指导、管理和审批工作，实行一个窗口对外，一支笔审批，一条龙服务，提高了办事效率。1990年新签订直接利用外资协议合同7宗，比上年减少5宗，协议合同规定投资总额227万美元，比上年减少53.7%，全年实际利用外资555万美元，比上年减少56.2%。外贸出口持续增加，全年对外贸易商品出口总值1598万美元，比上年增长40.3%，其中地方工贸出口917万元，比上年增长41.1%。

旅游业呈现兴旺势头。1990年，三亚市利用亚运会南端点火台设立在本市的有利条件，以此为“契机”，大张旗鼓地对全市人民进行“迎亚运、爱中华，建设文明新三亚”的教育，在全市范围里掀起治理“脏、乱、差”的热潮，旅游部门开展“创优质服务，当好东道主”的活动，积极整顿重点旅游区的治安和卫生秩序，改善旅游区的环境和服务质量，各行各业大力开展文明礼貌活动，以迎接南端点火，吸引更多的游客，使全市旅游业由“淡”变“旺”。据统计，亚运南端点火期间的8–9月，全市每天游客达1万人次以上，比上年同期增加一倍。1990年全市17家涉外宾馆共接待旅游过夜者人数35.85万人，比上年增长24.8%，其中，国外、港、澳、台和华侨旅游者4.64万人，比上年增长114.8%，国内旅游者31.21万人，比上年增长17.6%，全年外汇收入517万元（外汇券），比上年增长282.6%，其中商品性收入328万元，增长382.4%，劳务性收入189万元，比上年增长181.3%。旅游设施逐步有所改善，全市拥有涉外宾馆（酒家）17家，共有客房1435间，比上年增长24.8%，床位3197张，增长22.5%，客房开房率57%，比上年增长3.4个百分点。

（五）教育科技文化卫生。教育事业继续有所发展，中等教育得到加强。1990年，全市普通中学高中招收学生1239人，比上年增长6.2%，在校学生3120人，比上年增长8.6%，职业中学招收学生538人，在校学生1353人，比上年减少0.7%。普通中学招收学生4125人，在校学生15311人，比上年增长14.0%，小学在校学生52367人，增长1.3%，入园幼儿4068人，增长1.3%。

科技工作面向经济建设。1990年，科技部门组织编制了《三亚市中近期科技发展战略规划》，继续抓好“星火计划”延伸项目（废纸的开发利用）红沙造纸厂的投产工作，获得了较好的经济效益。认真搞好“大信981”的推广示范试验和网箱标粗石斑鱼苗试验，同时积极搞好首次科学技术进步奖项目的评定和奖励工作，共有13个项目获奖，其中一等奖3个，二等奖3个，三等奖7个，同时为海南省首次科学技术进步奖推荐申报6项请奖项目。

文化事业得到新的发展。1990年三亚市切实加强文化市场的管理，一手抓“扫黄”，清除精神污染，净化社会环境，促进精神文明建设，一手抓繁荣文艺，活跃城乡人民群众的文化生活。全市共有放映单位107个，艺术表演团体1个，文化艺术馆1个，公共图书馆1个，档案馆1个，乡镇文化站11个，广播站17个，电视差转台11个，电视人口覆盖率达95%。

1990年全市有各类医疗卫生机构76个，比上年增长5.6%,病床1603张,增长1.3%;专业卫生技术人员2003人,增长4.5%。群众看病难的矛盾有所缓解。

（六）人民生活。1990年，三亚市城乡人民生活继续有所改善，全市农渔民人均纯收入583元，全市职工工资总额14308万元，比上年增长18.9%，职工平均货币工资2287元，比上年增长16.8%，如扣除物价上涨因素，实际增长14.1%。城市就业继续增加，1990年全市到全民和集体所有制单位的人员1370人，比上年增长48.1%，年末职工总人数达62560人，比上年末增加882人，增长1.3%。城乡居民储蓄存款有所增长，1990年城乡居民储蓄存款达33027万元，比上年增长37.6%，其中城镇居民存款27995万元，增长36.7%，农民存款5032万元，增长42.3%。城乡居民居住条件有所改善，1990年城镇居民私人新建住宅47410平方米，农村私人新建住宅99636平方米。

（执笔：林树辉）

通 什 市

市　长：王　刚（黎）

副市长：周胜琼（农业）　林书仁（政法）　伍永生（工交）　邓运真（苗　文教）　符国昌（黎　财贸）　甘运明（科技）

王刚市长，黎族，大专文化程度，1948年12月生，海南省琼中县人。1969年9月至1979年在琼中县罗解乡、红毛区中学当教师；1980年任红毛公社宣传委员；1981年任红毛公社副书记；1983年任红毛区委书记；1983年至1985年进中南民族学院农经系读书；1985年9月任琼中县财办主任；1987年1月任中共通什市委常委兼宣传部长，5月当选为中共通什市第一届委员会委员、常委；1990年3月任中共通什市委副书记、市政府副市长、代理市长；1990年5月当选为通什市市长。

通什市“七五”回顾和今后发展思路

□ 林道建

经济社会稳定发展的“七五”时期

“七五”期间，通什市各族人民认真贯彻改革开放促开发的方针，坚持把治理整顿和深化改革结合起来，团结一致，艰苦奋斗，克服了各种困难和1989年特大风灾、水灾的影响，保持了通什市经济社会的稳定和发展。

（一）经济体制改革不断深化，对外开放迈出重大步伐。“七五”期间，通什市在经济体制改革和开展经济技术合作与交流等方面，进行了有益的探索，并取得了明显成效；农村家庭联产承包责任制进一步巩固和完善，城市经济体制改革普遍展开；全面执行国家和海南省的价格体制改革政策，加强市场体系建设，促进了生产资料、生活资料、资金、劳务、人才、科技等各类生产要素市场的发育，80%以上的生活资料价格已放开；注重投资环境建设，软硬环境明显改善；拓展各种合作渠道，促进经济技术合作和交流；狠抓治理整顿，理顺经济秩序。

（二）国民经济持续稳定增长。1990年与建市之前的1986年相比较，全市社会总产值1.81亿元，增长33%；国内生产总值1.27亿元，增长9.7%；国民收入8848万元，增长34.2%；工农业总产值1.34亿元，增长38.7%，其中，工业总产值6012万元，增长6.25%，农业总产值7389万元，增长83.8%；地方财政收入530万元，减少27%，但比上年增长5.4%；社会商品零售总额7580万元，增长97.8%。

（三）城乡经济实力有所增强。建市4年来，全市用于企业技术革新和改造共3417万元，农业投入以平均每年增长30%的速度递增，安排建设了一批重点工程、技术改造项目和开发项目，使城乡经济实力有所增长。“七五”期末，全市工业企业由1986年的28个增加到1990年37个，主要工业产品生产能力：水泥15000吨，电池1380万只，塑料制品200吨，铸铁件80吨，火柴6万件，纸箱40万m^2，片剂6亿片，大输液50万瓶，针剂2000万支，酊水20万公升，维生素E油30吨，贯黄感冒冲剂800万包，其中的中、西药制品由“六五”期间的小规模发展成为目前全省同行业的最大规模，其产值也由不足1000万元达到现在的近3000万元，成为通什市的骨干产品。以种植热带经济作物为主的农业开发性生产和林业、畜牧业、水产业和乡镇企业也取得了较大的发展。截至1990年底止，热带经济作物种植面积累计达12万亩，其中建市以来新种4.5万亩；林业产值887万元，畜牧业产值350万元，副业产值152万元，渔业产值29万元，均比1986年有较大增长；乡镇企业发展到110家，实现总产值722.9万元，上缴国家税金和利润共57.6万元。扶贫开发的深入开展，增进了农村的集体经济实力和农户的发展后劲。“七五”期间，全市共投入扶贫资金284万元，种植、管理各类经济作物和建设公益事业工程，使贫困人口从1988年的2.7万人下降到1990年底的1.6万人，3年脱贫1.1万人。

(四)基础设施建设得到加强，投资环境有了较大改善。“七五”期间，上马了一批重要基础设施项目，产生了良好的经济效益和社会效益，使通什市初步具备了吸引国内外资金进行开发的基本条件。1990年，发电量2658万度，可达能力3500万度（全部为水力发电）；公路客、货运量分别为110万人公里、72万吨公里；供水总量450万吨；开通了59条长途线路和10条长途自动电话直拨线，年末拥有自动电话机数1602部。

(五)对外贸易和外引内联工作出现了新的局面，旅游收入有所增加。“七五”期间，外贸部门多方组织货源，积极拓展国际市场，外贸出口持续大幅度增长。1990年，全市外贸出口总值729万美元，比1988年增长4.8倍，创建市以来最好水平。以发展工业为主的外引内联工作，充分利用中央给海南的优惠政策和发展少数民族地区经济的优惠政策，发挥民族地区的资源优势，取得了较大进展。1990年，全市有外引内联企业34家，其中，“三资”企业6家，项目总投资570万美元；内联企业28家，项目总投资人民币7395万元。作为通什市未来主导产业的旅游业也在“七五”期间展现出美好前景，1990年末全市拥有高中档宾馆5家，床位2000多张；全年共接待中外旅游者11.8万多人，其中国际旅游者2.7万多人；旅游外汇收入135万元人民币（外汇券），比1987年增长58%。

(六)社会各项事业得到相应发展。教育事业发展迅速。全市各类学校共129个，其中高等学校1所，中等学校6所，各类学校在校生共2.37万人，城乡万人拥有教师102人，均比“六五”期间增长；全市基本上普及了小学教育，适龄儿童入学率为96%，年巩固率95.7%；全市实现“一无两有”（无危房，有校舍、有桌椅）的中小学校达到85%以上。医疗卫生条件明显改善。卫生机构床位数由1986年370张上升到1990年的581张，每万人拥有医护人员90人，自古以来的多发病——疟疾传染病，1990年减少到不足300例。社会治安逐年好转，1990年，全市刑事案件比1989年减少52%，其中重大案件下降24.5%；治安案件减少9.1%。文化、体育、广播电视等其他社会事业也得到了相应发展。

(七)城乡居民收入增加，人民生活有所改善。全市基本解决了温饱问题，城乡居民消费日趋多样化。1990年，全部职工年平均工资2367元，比1986年增长55.4%；农民人均纯收入488元，增长72.4%；城乡居民储蓄年末余额7983万元，增长146%；城镇居民人均住房面积7.1平方米。

“七五”期间，通什市经济建设和社会事业虽然取得了较大成绩，但总体上与全省和发达地区相比还有很大差距：经济结构比较原始，在国内生产总值中，农业就占了41%；工业基础薄弱，设备陈旧，技术落后，经济效益差，亏损面大；农业生产条件很差，抗灾能力低，发展后劲不足；国营商业连年亏损；科技力量缺乏，远远不能适应“科技兴农”、“科技兴市”的需要；社会经济二元特征明显，城乡差别较大；商业贸易单向流通，社会零售商品、生产资料和日用百货95%以上从外地调入；城市化水平不高，社会功能还不完善，等等，这些有待于在“八五”乃至今后10年逐步加以改变和完善。

今后十年以超常规发展为目标的战略指导思想

通什市作为前海南黎族苗族自治州首府，经过30多年的建设和发展，经济上已有一定基础，城市建设也取得较大的成就。但是，从整体上看，社会生产力水平较低，经济实力弱，人们的商品观念淡薄，资金与人才匮乏等，仍然是通什市经济社会发展的困难和障碍。挑战与机会并存，困难与希望同在，一方面，通什确实存在起点低，基础差，底子薄的突出困难，另一方面，又确实具备经济特区和少数民族地区双重优惠政策的比较优势。因此，只要从实际出发，正确把握国际、国内和海南的经济走势，扎扎实实地做好各项准备工作，通什市以较快的速度向前发展是完全可能的。“八五”期间，总的要求是：在大力提高经济效益的前提下，争取有一个较高的发展速度。5年间实现国内生产总值翻一番，工业年平均增长20%以上，乡村工业翻两番，粮食达到基本自给，财政收支平衡，全市实现脱贫，国民经济和社会发展提高到一个新水平。

根据通什市现状、市情，实现“八五”发展目标必须走超常规发展的道路。通什市经济社会发展战略的指导思想是：在坚定不移地坚持四项基本原则的前提下，立足海南，面向世界，以开放促开发；变革生产方式，加速工业化城市化，同时，进一步巩固农业基础地位；发展旅游产业，实现战略转换，改造社会文化，全面振兴通什。

市　长：刁金祥

副市长：黄寅达（常务）　朱永明（计划、工交）　刘家忠（农业）　何用先（商贸、金融）　贺大经（科教文卫）　舒銮逸（女　城建、民政）

刁金祥市长，1935年11月出生，山东省聊城人。1956年8月毕业于齐齐哈尔化工学校，任哈尔滨电碳厂技术员、工程师、副科长、宣传部副部长。1966年11月调四川省自贡市工作，历任东新电碳厂技术科和研究所科长、党委副书记兼政治部主任，厂长兼中国电碳联合公司经理。1981年12月后调地方党政机关工作，历任自贡市副市长、市委副书记、市长、市委书记，1988年6月调成都市工作，任市委副书记、市长。是中共十三大代表、第五届四川省委委员、中国电工技术学会碳——石墨材料专业委员会顾问。

成都市“七五”时期经济和社会事业发展概况

□　江学贵　夏　霖

1990年，经国务院批准，成都市城区调整为锦江区、青羊区、金牛区、武侯区、成华区。全市由1985年所辖5区12县调整为7区12县（市）。全市总户数由1985年的218.2万户发展到1990年的262.6万户，增加44.4万户，增长20.3%；总人口由862.7万人增加到919.5万人，增加56.8万人，增长6.6%。其中：非农业人口由234.93万人发展到250.99万人，农业人口由627.75万人发展到668.51万人；市区人口由258.31万人发展到280.81万人，县（市）人口由604.37万人发展到638.69万人。

1990年，全市国内生产总值达174亿元，比1985年增长41.5%，年均递增7.2%；其中：第一产业年均递增3.3%，第二产业年均递增8.1%，第三产业年均递增8.3%。国民收入达133亿元，比1985年增长29.3%，年均递增5.3%。

1990年，全市社会总产值达380亿元，比1985年增长52.8%，年均递增8.8%；其中：工农业总产值为312亿元，增长55.9%，年均递增9.3%。地方财政收入达20.4亿元，增长75.1%，年均递增11.9%。

农村经济

1990年全市农村社会总产值达157亿元，比1985年增加99.7亿元。农业总产值达60.2亿元，比1985年增长22.9%，年均递增4.2%。从农村社会总产值构成看，农业所占比重由1985年的50.44%下降至1990年的38.24%。从主要农作物产量看，1990年粮食总产量达381.7万吨，比1985年增加37万吨，增长10.7%，年均递增2.1%；油料产量20.73万吨，减少2.97万吨；水果11.2万吨，增加3.9万吨，增长53.4%，年均递增8.9%；蔬菜207.63万吨，增加53万吨，增长34.3%，年均递增6.1%；肉猪出栏数533.6万头，增加97.2万头，增长22.3%，年均递增4.1%。从农业现代化情况看，1990年末农业机械总动力达134.9万千瓦，比1985年末增加34.6万千瓦，增长34.5%，年均递增6.1%。其中：农用载重汽车达4329辆，增加1508辆，增长53.5%，年均递增8.9%；农用排灌动力机械及机械功率分别达1.5万台和15.7万千瓦，分别增加0.29万台和3.3万千瓦，分别增长24.0%和26.4%；农村小水电站发电能力达12.2万千瓦，增加4.8万千瓦，增长65.1%；大中型拖拉机由1985年的4162台减少为3376台，但小型拖拉机则由3.1万台增加到4.3万台，机耕地面积由24.98万公顷发展为26.046万公顷。农村乡镇企业有了较大发展。1990年，全市乡镇企业总产值达108.9亿元，比1985年增长2.1倍，年均递增25.4%。“七五”期间，农民人均每年从乡镇企业中获现金36.4元，比“六五”期间增加25.5元，增长2.3倍。1990年，郊区、县（市）地方财政收入达10.7亿元，比1985年增加5.5

亿元，增长 1.1 倍，年均递增 15.5%。

工 业

1990 年，全市工业总产值达 251.6 亿元，比 1985 年增长 63.3%，年均递增 10.3%。按轻重工业划分(不含村及村以下，按 1980 年不变价计算)，重工业产值达 86.3 亿元，比 1985 年增加 30.4 亿元，增长 54.4%，年均递增 9.1%；轻工业产值达 58.2 亿元，增加 16.6 亿元，增长 39.6%，年均递增 6.9%；按所有制分，全民所有制工业产值达 98.5 亿元，增加 25 亿元，增长 34.1%，年均递增 6.0%；集体工业产值达 43.7 亿元，增加 19.7 亿元，增长 82.3%，年均递增 12.8%；个体及其他类型工业产值年均递增 26.3%。乡镇工业总产值达到 57.18 亿元，增加 38.86 亿元，增长 2.12 倍，年均递增 25.6%。

主要工业产品产量，1990 年钢产量达 125.86 万吨，比 1985 年增加 42.96 万吨，增长 51.8%，年均递增 8.7%；钢材 129.32 万吨，增加 38.12 万吨，增长 41.8%，年均递增 7.2%；发电量 23.6 亿千瓦小时，增加 7.53 亿千瓦小时，增长 46.9%，年均递增 8%；水泥 112.87 万吨，增加 29.8 万吨，增长 35.9%，年均递增 6.3%；合成氨 55.58 万吨，减少 1.63 万吨；农用化肥 36.81 万吨，减少 3.99 万吨；汽车 5230 辆，增加 1165 辆，增长 28.7%，年均递增 5.2%；化学纤维 10363 吨，增加 7186 吨，增长 2.3 倍，年均递增 26.7%；卷烟 22.01 万箱，增加 8.78 万箱，增长 66.4%，年均递增 10.7%；合成洗涤剂 6.53 万吨，增加 3.4 万吨，增长 1.08 倍，年均递增 15.8%；饮料酒 11.34 万吨，增加 3.34 万吨，增长 41.75%，年均递增 7.2%；机制纸及纸板 12.7 万吨，增加 3.57 万吨，增长 39.1%，年均递增 6.8%；日用搪瓷制品 0.23 万吨，持平；电视机 42.05 万台，增加 14.65 万台，增长 53.1%，年均递增 8.9%；其中彩电 11.4 万台，增加 6.09 万台，增长 6.08 万台，增长 1.14 倍，年均递增 16.5%；电冰箱 4.75 万台，增加 3.74 万台，增长 1.36 倍，年均递增 18.8%。“七五”时期，全市工业产品共获国家金奖 11 个，银奖 36 个，创省优 671 个。工业内部结构调整已经起步，适应市场的能力有所提高。

工业生产中比较突出的问题是经济效益的大幅度滑坡。由于经济运行中起伏波动较大，能源、原材料上涨过猛以及管理水平低等原因，导致经济效益逐年下降。一是社会产品物耗上升，1990 年全市社会总产值中物耗所占比重为 64.8%，比 1985 年上升了 3.8 个百分点；其中：工业物耗率由 1985 年的 69.6%上升至 73.6%。究其原因，主要是近年来能源、原材料价格猛升所致。1990 年比 1985 年，全市工业主要依赖于外地调进的能源和初级原材料价格累计上升 67%，而同期全市加工产品价格只上升 30%；受该因素影响，5 年中全市工业物耗率上升 4.0 个百分点。同时，也暴露出全市工业产品结构不合理、加工产品附加值低、质量较差、市场竞争能力弱等致命弱点。二是工业企业应变力差，对经济收缩极不适应，反映为成本上升，利润下降；1986 年、1989 年、1990 年，全部独立核算工业企业利润总额分别比上年下降 19.0%、8.4%、36.0%；亏损企业由 1985 年的 633 个增加到 1047 个，亏损金额由 0.27 亿元增加到 2.5 亿元。三是固定资产投资效益下降。“七五”时期，全市固定资产投资效果系数由“六五”时期的 4.08 下降为 3.85；其中：1986 年、1989 年分别仅为 0.58 和 1.80。由于追加投资的大起大落和“急刹车”，造成重复投资和项目闲置并存，形不成生产能力。

交能运输、邮电

“七五”时期，全市交通运输业得到较大发展。吞吐量增加，人员物资的集散能力提高。5 年间，全市累计完成货运量 4.56 亿吨，货物周转量 735 亿吨公里，分别比“六五”时期增长 28.2%、56.1%；累计完成客运量 5.8 亿人次，旅客周转量 493 亿人公里，分别比“六五”时期增长 64.9%、90.3%。由于公路条件的改善和公路运力的速度发展以及铁路运价提高，铁路运输压力相对减轻，民航运力明显提高；1990 年比 1985 年，民航货运发送量和客运发送量分别增长 1 倍和 1.3 倍。1988 年新成立的四川航空公司，目前已拥有飞机 5 架，开通省内外航线 14 条。邮电事业成就喜人，1990 年，全市邮电计费业务总量达 7743 万元（按 1980 年不变价计算），比 1985 年增长 1.6 倍，年均递增 20.1%。到 1990 年末，全市电话机用户达 4.92 万户，比 1985 年增长 1.2 倍，年均递增 16.8%。长途直拨电话、无线电寻呼用户、移动电话、邮政快件及特快专递等新兴邮电业务更是发展迅猛。

市场和物价

“七五”期间，全市社会商品零售总额累计达 376 亿元，比“六五”时期增长 1.3 倍；1990 年，社会商品零售总额达 94 亿元，比 1985 年增长 2.15 倍，年均递增 16.5%。各种经济类型商业企业竞相发展，城乡集市贸易日趋活跃，社会商品结构进一步得到调整。在社会商品零售额中，国营经济所占比重由 1985 年的 43.4%下降至 1990 年的 39.4%；集体经济由 42.2%下降至 35.3%；个体经济由 14.4%上升到 25.3%。1990 年，城乡集市贸易成交额为 29.49 亿元，比 1985 年增长 2.3 倍，年均递增 27%。全市每万人拥有商业、饮食业、服务业网点数由 1985 年的 148.5 个增加到 193.3 个。

“七五”时期，全市零售物价总水平大幅度上升。

1990年比1985年，全市零售物价总水平累计上升72.0%，平均每年上涨11.5%；上涨幅度为“六五”时期的3倍。其中：1988年升幅高达25.7%，为建国以来所少见。从产品比价关系看，工农产品“剪刀差”再度拉开，城乡居民收入差距扩大。在“七五”的后两年，随着治理整顿的进行，物价涨势趋缓。1989年，零售物价总水平升幅为16.1%，1990年升幅降至2.9%。

城市建设与管理

“七五”期间，除建成和改建市区几条主要干道和新修一批居民住宅外，还整治了数百条中小街道，新建、改建了一批供水、供电、供气、排污等市政设施。1990年，市区自来水日供水能力由1985年的37.3万立方米增加到65.3万立方米，年均递增11.9%；自来水普及率达96.4%；城市居民生活用电达3.4亿千瓦小时，年均递增16.3%；城市居民有113.9万人用上了天燃气和液化石油气，用气普及率由1985年的52.41%提高66.5%。1990年末，营运公共汽车、电车数为821辆，比1985年末增加230辆；出租汽车数为1585辆，比1985年末增加1241辆。“七五”时期，城市居民住宅累计投资达47.06亿元，比“六五”时期增长1.3倍；5年共新建住宅681.65万平方米，约有12万户城市居民迁入新居。

城市公园林地绿化面积1990年达1592公顷，比1985年增加620公顷，增长63.8%；绿化覆盖率为22%，提高4.3%。

环境保护投资增加，环境保护工作加强，大气环境、污水处理、噪音控制等状况有所改善。城区大气含尘量明显低于控制目标，烟尘控制覆盖率达到65.6%。全市环境卫生状况大为改观。1990年，被评为全国“十佳”卫生城市。

固定资产投产

固定资产投产形成了一批新的生产能力，为经济发展增添了后劲。“七五”期间，全市全社会固定资产投资完成额达165.8亿元，超过前36年累计投资总额，占建国41年来投资总额的56.2%。在扩大固定资产投资规模的同时，投资结构也有所改善，全民所有制单位投资完成额中，生产性投资所占比重为59.6%，比“六五”时期增加99.4亿元，增长1.5倍，年均递增10.6%，在扩大固定资产投资规模的同时，投资结构也有所改善，全民所有制单位投资完成额中，生产性投资所占比重为59.6%，比“六五”提高了8.1个百分点。更新改造投资增长速度加快。“七五”期间，全民所有制单位更新改造项目共完成投资48.7亿元，比“六五”时期增加了31.2亿元，增长1.8倍，占全民所有制单位投资的比重由“六五”时期的34.4%上升到42.3%；全民所有制单位基本建设投资共完成61.5亿元，比“六五”时期增长88.3%。一批重点建设项目和技术改造项目相继完成，形成了新的生产能力。“七五”时期，全民所有制单位新增固定资产80.2亿元，建成基本建设项目1880个，完成更新改造项目1787个。据统计，“七五”时期全市完成的主要项目有：成都热电厂扩建工程、九龙滩水利工程、四川电缆厂铜杆连铸连轧生产线、五一四厂全塑市冶电缆生产线、自来水六厂一期工程、成都无线电一厂彩电生产线、成都玻璃厂等。新增加的主要年生产能力有：氮肥9050吨、磷肥300吨、复合肥料1万吨、合成氨9.51万吨、硫酸4万吨、纯碱5万吨、硝酸2620吨、烧碱3000吨、化学农药1500吨、铝加工6800吨、炼铁10.7万吨、炼钢31.9万吨、连铸12万吨、水泥37.5万吨、合成纤维5000吨、机制纸及纸板1.53万吨、酒27101吨、肉类加工2.2万吨、显像管40万只、电视机80万台等。

对外经贸和国内经济协作

“七五”时期，全市对外经济贸易有较大发展。外贸收购总值5.58亿元，比1985年增长2.3倍，年均递增27%；外贸出口创汇9409万美元；引进外资合作项目36项，金额2394万美元。“七五”时期，全市注重改善出口结构，积极拓宽出口商品领域；通过工贸结合，稳定和发展了一批重点出口商品。

“七五”时期，全市共接待旅游、访问等活动的外国人、华侨、港澳及台湾同胞52.8万人次，旅游外汇人民币收入33603万元。其中，1990年共接待13.13万人次，比1985年增长1.0倍，年均递增15.2%；旅游外汇人民币收入8826万元，比1985年增长3.4倍，年均递增34.3%。

国内横向经济联合与协作，“七五”时期一年比一年的规模扩大。1990年，全市共落实、签订各种经济技术协作项目373个，项目总投资4.54亿元。协作资金2.17亿元，协进物资金额4.46亿元。在沿海地区新建联合企业12家，总投资4400万元。

科技、教育、文化

1990年，全市已有各类专业技术人员39.7万人，比1985年增加18万人，增长82.9%。其中高中级职称12.8万人，占全部专业技术人员的比重由1986年的18%提高到32.2%；全市有科学研究和综合服务机构235个，其中，科学与技术开发机构145个。全市185户大中型工业企业中设有技术开发机构181个。5年中，各类科技成果共获奖986项，其中：国家级奖励25项，省级奖励568项；一些领域的科技成果已接近或达到了国际先进水平。这些科技成果评奖当年创产值为19.1亿元，利税4.8亿元，农民增收1.7亿元；科技进步对经济的贡献由"六五"末期的28%上升至36%。市高新技术开发区已被列入国家27个开发区之一，建设已初具雏形，1990年投入批量生产企业4个，新增年产值5500万元，实现税利1850万元。

"七五"时期，全市共培养大学本科、专科毕业生6.93万人，比"六五"增长92.8%；培养中专毕业生3.79万人，比"六五"增长62.9%。基础教育进一步普及。1990年，小学学龄儿童入学率已由1985年的98.9%上升到99.5%；小学生毕业率为98.2%，巩固率达99.1%。成人教育迅猛发展。5年中累计向社会输送了36万具有大学学历的毕业生；全市成人高校在校生和成人中等学校在校生比1985年分别增长54.2%、4倍。

从1985～1990年，全市电视发射台和转播台由9座10部21.49千瓦发展为40座54部76.45千瓦；开辟电视节目由一套增加到三套，每周播放电视节目时间由64小时3分钟增加到226小时16分钟；广播节目播音时间由每日48小时11分钟增加到51小时43分钟。"七五"时期，全市共制作电视剧378集，制作广播剧112集。1990年生产故事片10部，其中《焦裕禄》放映后获一致好评。1990年，全市共出版发行各类报纸47种，总印数7.88亿份，印数比1985年增加0.49亿份，增长6.8%；出版各类杂志印数为3222万份。各类图书印数为2.12亿册。1990年末，全市拥有公共图书馆16个、藏书632万册，分别比1985年增加3个、66.1万册；拥有文物事业机构31个，比1985年增加10个；拥有电影放映机构644个，艺术表演团体20个，表演场所27个。

卫生、体育、人口控制

1990年，全市已有各类卫生机构1675个，病床3.51万张，分别比1985年增加81个、7595张，床位增长速度快于同期人口增长速度；卫生部门工作人员已达6.5万人，其中卫生技术人员4.9万人，分别比1985年增长13.3%、13.6%。

1987～1990年，成都籍运动员在国际、国内体育比赛中，共夺得国际、国家级金牌110枚，有13人16项17人次破全国纪录。群众性体育活动广泛开展；1990年，达《国家体育锻炼标准》人数为55.63万人，比1985年增长22%。中小学体育达标率提高为95.2%。

"七五"时期全市正处于第三次生育高峰期，计划生育工作面临强大压力。通过层层实施指标管理，加强宣传、技术服务，人口控制取得明显成效。"七五"期间，全市共出生人口64.8万人，平均自然增长率为8.64‰，比"七五"计划要求低1.06个千分点，比计划要求少出生5.2万人。

人民生活

1990年全市职工平均货币工资达2205元，扣除物价上涨因素，比1985年增长16.5%，年均递增3.1%。

据城乡抽样调查资料，1990年市区居民人均生活费收入为1755.37元，扣除物价因素，比1985年增长29.7%，年均递增5.3%；人均生活费支出为1680.77元，扣除物价因素，比1985年增长20.6%，年均递增3.8%。从居民消费构成看，食品支出占生活费支出的比重由1985年的52.0%下降为51.4%，穿着类占比重由15.6%下降为14.6%，用品类占比重由22.5%上升为23.0%，非商品支出占比重由9.0%上升为10.4%。1990年，郊县农民人均纯收入为728元，人均生活费支出为659.58元，扣除物价上涨因素均比1985年略有增长。1990年末，市区每百户居民家庭拥有电视机122台，比1985年增加33台，增长36.3%；其中彩色电视机92台，增加66台，增长2.4倍；电冰箱76台，增加67.3台，增长7.7倍；电风扇173台，增加78.3台，增长82.7%；收录机86台，增加51.7台，增长66.3%；洗衣机93台，增加29.3台，增长46.0%；照像机43.3架，增加25架，增长1.4倍。农民每百户平均拥有自行车161辆，增加54.6辆，增长51.4%；手表222只，增加56只，增长33.4%；电视机63台，增加43台，增长1.7倍；其中彩色电视机4台，增加3.4台，增长5.7倍；收录机20台，增加16台，增长4倍；电风扇32台，增加26台，增长4.5倍。

1990年末，全市城乡居民储蓄存款余额为78.01亿元，比1985年末增加60.54亿元，增长3.5倍，年均递增34.9%；其中：城镇居民储蓄为60.97亿元，增加48.06亿元，增长3.7倍，年均递增36.3%；农村居民储蓄为17.04亿元，增加12.48亿元，增长2.7倍，年均递增29.9%。

1990年，城市居民人均居住面积为7.6平方米，比1985年人均6.6平方米增加1平方米，增长15.2%、"七五"期间，全市农村累计修建住宅2920万平方米，比"六五"时期增加1228万平方米，增长72.6%。抽样调查表明，到1990年末，全市农民人均生活用房面积已达20.61平方米，比1985年末的16.13平方米增加4.48平方米。

（注：国民生产总产值、国民收入、社会总产值、工业总产值、农业总产值指标绝对额均为现价，增长速度按1980年不变价计算。）

重 庆 市

市 长：孙同川
副市长：张文彬（常务） 刘志忠（计划、经贸） 肖祖修（文教、民宗侨）
王正德（农业） 金 烈（人事、监察） 秦昌典（工交、城建）
窦瑞华（科技、卫生）

孙同川市长，1940 年 7 月生，河南省舞阳县人，大学文化程度，1970 年 3 月加入中国共产党。中共四川省第五次代表大会代表。中共第十二、十三届中央委员会候补委员。1963 年 8 月于西北工业大学毕业后，历任中国人民解放军某部技术员、四川仪表四厂干事、车间党支部书记和车间主任、四川仪表五厂党支部书记、六厂党总支书记、三厂党总支书记、厂长、四川仪表总厂副厂长、厂长和党委常委。1985 年 2 月起，先后任中共重庆市第五届委员会常委、第六届委员会副书记。1985 年 9 月，任市人民政府副市长，1988 年 6 月当选为重庆市人民政府市长。

重庆“七五”时期的主要成就

□ 胡登海 况由志 卫承伟

重庆在“七五”期间，坚持党的基本路线，经济和社会事业持续发展，提前完成了“七五”计划的主要目标，取得了令人振奋的成就，为实施“八五”计划和十年规划奠定了良好基础。

国民经济总量有较大增长

“七五”期间，全市社会总产值达到 475 亿元，增长 47.4%。国民生产总值由 105.5 亿元增加到 206.7 亿元，年均递增 6.2%，国民收入由 90.7 亿元增加到 173.3 亿元，年均递增 5%。人均国民生产总值和国民收入，分别由 754 元、648 元增加到 1398 元、1173 元，年均分别递增 5.3% 和 3.9%。工农业总产值由 173.9 亿元增加到 261.7 亿元，年均递增 8.5%。地方财政预算内收入合计 114.9 亿元，加上预算外收入超过 220 亿元，地方财政收入和上交国家的财政收入都成倍增长。“七五”期间完成固定资产投资 210.5 亿元，新增固定资产 103 亿元，比“六五”期间分别增长 2.2 倍和 1.1 倍。投资结构有所改善，能源投资增长 7.9 倍，运输邮电投资增长 1.5 倍，文教卫生投资增长 66.9%，住宅建设投资增长 49.8%。

工农业生产继续发展

（一）工业。工业在重庆经济中占主导地位，现有工业企业 7976 个（大中型企业 247 个），职工 129 万人，固定资产原值 194 亿元，净值 129 亿元。“七五”期间，工业总产值由 139.4 亿元增加到 219 亿元，年均递增 9.5%；其中轻工业产值达到 96.3 亿元，重工业产值达到 122.7 亿元，年均分别递增 8% 和 10.7%。合营、合资企业产值年均递增 71.6%，占工业的比重由 0.3% 达到 3.1%。主要产品产量有较大增长，1990 年原煤产量 1600.5 万吨，发电量 57.8 亿千瓦时，天然气 34.2 亿立方米，钢 120.8 万吨，化肥 13.5 万吨，水泥 199 万吨，汽车 2 万辆，摩托车 38 万辆、电视机 25.4 万台，其中彩电 11.6 万台，电风扇 122.8 万台，洗衣机 27 万台，电冰箱 11 万台。5 年中开发新产品 5256 项，获部省市优质产品称号 1431 个，新开发的 ER 记录仪，康明思发动机，嘉陵、重庆牌系列摩托车，长安牌系列微型车，五十铃轻型车，天府可乐等产品在全国多次获奖。技术改造收到实效，完成更新改造项目 4514 个，重钢 100 吨铁系统、特钢 800 吨精锻机、重庆氮肥厂 4 万吨联碱、重庆肉联厂万吨分割肉等重点建设和技改工程建成投产，一批企业经过改造技术装备有了较大改善。军民结合取得突破性进展，军工民品产值增长 1.2 倍，民品占军工产值的比重达到 82%。（二）农业。重庆具有大城市、大农村的特点，农业占有重要地位。“七五”期间，农业总产值由 34.6 亿元增加到 42.7 亿元，年均递增 4.3%，农村社会总产值由 64.2 亿元增加到 156.3 亿元。粮食生产持续增长，1990 年达到 594 万吨，创历史最高水平，亩产由1985年的298公斤提高到328.4公斤，其中水稻亩产达到517公斤，全市人均粮食产量达401公斤，比“六五”期末净增32公斤。农村多种经营发展较快，由粮猪型结构向农林牧副渔全面发展。1990年生猪出栏907.5万头，比“六五”期末增长26.8%，在全国百个产肉大县中重庆占11个，前三名都在重庆。稻田养鱼在全国首屈一指，新建成20个万只蛋鸡场，形成年产蛋10万公斤的能力。与“六五”期末相比，牛奶增长56.8%，达到4.4万吨；禽蛋增长45%，达到6.8万吨；水产品增长69.8%，达到4.5万吨，肉奶禽蛋人均占有量增长40%。柑桔生产发展较快，1990年达到16.3万吨，比“六五”期末增长41.7%；蚕茧产量达到2.8万吨，居全国第四位：油料、茶叶均有较多增长。蔬菜基地建设成效显著，蔬菜年产量达350万吨，连续几年基本做到淡季不淡。乡镇企业方兴未艾，产值由26.8亿元增加到83亿元，年均递增25%。科技兴农取得新成绩，粮食、畜禽良种，再生稻、半旱式栽培技术和新的饲养方法得到普遍推广应用。农业机械总动力、化肥施用量、农村用电比“六五”期末分别增长25.8%、58.6%和76.7%，适用先进的科学技术为农业发展注入了新的活力。农村经济结构进一步调整，经济作物在种植业中的比重上升，林牧渔业占农业总产值的比重由35.1%上升到37.9%。“七五”末期种植业和林牧副渔业的比重分别为：种植业56.6%，林业2.4%，牧业33.9%，副业5.5%，渔业1.7%。每个农业劳动者创造的产值为718元，比1985年增长10.1%。

第三产业发展速度明显加快

这是“七五”期间重庆经济发展的重要特点。1990年与1985年相比，第三产业的国民生产总值增长8.8%，高于第一产业增长2.9%、第二产业增长7%的速度，在国民生产总值中的比重由22.0%上升到26.8%。(一)商业。商品流通规模扩大，1990年全市社会商品零售总额完成109亿元，比1985年增长1.1倍，年均增长15.8%；国营和供销合作商业收购商品总额78.7亿元，增长81.3%，年均递增12.6%；商品纯销售83亿元，增长79%。城乡集市贸易繁荣活跃，1990年全市城乡集市贸易点895个，贸易成交额25亿元，增长1.6倍。商业设施得到改善，商业基建投资超过以前各个五年计划的规模，建成万吨水果冷库、粮食中转库、工贸大厦、解放碑综合大厦、纺织大楼、电子大厦等一批大型储运和商贸设施，新建扩建粮煤菜肉店等商业服务网点433个，增加仓库、面积69万平方米。各类商业网点达到19万个，从业人员36.1万人。(二)交通运输。1990年与1985年比，全市货物运输量达到1.4亿吨、货物周转量218亿吨公里、增长7.8%和15.9%，其中铁路运输增长11.6%，民航货运增长50%；港口货物吞吐量382.8万吨，增长16.8%。运送旅客1.4亿人次，增长25.2%，其中，公路客运增长49.3%，民航客运增长75.5%。(三)金融保险。“七五”期间，新成立了投资银行、交通银行、中国银行重庆分行和国际信托投资公司、证券公司、设备租赁公司，全市已有22家城市信用社，近百个银行与企业联办的储蓄所，百多个邮政储蓄点，几十个证券交易点，农村信用社业务发展也很迅速，各种债券存量已达23亿元，可供转让的有16亿元，交易额累计达8亿元。保险事业日益兴旺，承办国内外保险险种增加到128种，承保国内外各种保险责任总额448亿元。

对外开放进一步扩大

(一)外贸出口。1990年地方外贸出口3.78亿美元，比1985年增长2.6倍，年均递增29.3%。出口结构有所改善，工业品比重达95.7%，机电、冶金产品和丝绸出口占出口总值的一半以上，钢材、桑蚕丝、绸锻、汽车、收录机年出口愈1000万美元，三资企业出口比重上升，开始成为出口的生力军。(二)利用外资引进技术。“七五”期间利用外资项目238项，外资金额8.4亿美元，实际利用5.7亿美元。外商在渝投资企业达到120家，投资环境有了改善。引进技术200多项，已陆续投产，这样大规模的技术引进，在重庆历史上是没有过的。(三)对外经济技术合作。同110个国家和地区建立了经济贸易关系，在海外开办常驻窗口、推销点和非贸易性企业31个。建立了经济技术开发区，实行优惠政策，吸引外商和台港澳商投资。对外承包工程、劳务输出、海外合营的年营业额4000多万美元。在云南、新疆、黑龙江的边境贸易逐步开展。(四)国际旅游。1990年接待外国人、华侨、港澳台胞6.3万人，比1985年增长34.0%，其中接待台胞4万人，增长2.5倍，“七五”期间旅游外汇收入年均递增41.3%。(五)横向经济联合协作。“西南一片、长江一线”的经济联合不断发展，西南五省区七方、长江沿岸中心城市、18个地市组成的重庆经济协作区等协作交往不断增加，1990年我市执行经济技术协作项目567项，新经济协作组织40个，物资协作总额15亿元，引进资金6600万元。

经济体制改革不断深化

“七五”期间，围绕建设社会主义有计划商品经济新体制和计划经济与市场调节相结合的经济运行机制，继续深化改革，进行了大量的探索试验。“七五”后期，贯彻治理整顿、深化改革的方针，努力处理好改革与发展、稳定的关系，进一步完善已出台的改革开放措施，取得了新成效。(一)农村改革。在稳定各项农村政策的同时，重点完善统分结合的双层经营体制。保持土地承包长期不变，完善集体工副业和集体果园、林场等承包办法，发挥家庭经营的积极性和集体经济的优越性。建立土地有偿使用制度，推广两田制，允许土地使用权合理流动，建立健全农村社会化服务体系，推进农村信用社、供销社管理体制改革，建立农村合作基金，促进了农村经济持续发展。（二）企业改革。以改善经营机制，增强企业活力为中心，发展完善承包经营责任制，1988年以来在600多家工商企业进行“税利分流、税后承包”试点，绝大多数工商企业实行了“工资总额与效益挂钩”，进一步明确了国家与企业的分配关系。积极推进企业兼并，有128户企业兼并了134户企业，关闭拍卖了长期亏损、资不抵债的全民企业重庆明月皮鞋厂。巩固发展企业集团，已有四联、嘉陵、天府可乐等企业集团10个，注册资金8亿多元，紧密层企业近百家。深化企业内部改革，工业企业实行厂长（经理）负责制的达98%以上，企业分配、人事制度改革有一定进展，普遍实行新工人劳动合同制、企业干部聘用制、专业技术职务评聘制，试行了内部工资制和优化劳动组合。（三）培育市场体系。发展多渠道、少环节的流通体制，大型批发企业实行批零、工商、商商、内外贸四结合，零售环节基本放开经营，国营、集体、个体一齐上，促进了商品流通。各种生产要素市场正在形成，生产资料的多数品种、多数企业的原材料实行市场调节；通过清理整顿公司，实行农资专营，巩固完善钢材、汽车专营市场，稳定了生产资料价格，规范了交易秩序。技术市场发展较快，近年建立的常年性技术交易市场，科技一条街、民办科技企业显示出旺盛的生命力。（四）发展以公有制为主体的多种经济成份。制定和执行一系列政策措施，促进了集体、合作、个体、合营合资经济和股份制经济的发展。1990年与1985年相比，城镇集体所有制职工人数由54.4万人增加到57.5万人，占职工总数的26.8%，个体劳动者5.7万人增加到7.4万人。1990年社会商品零售总额中，集体、个体和农民对非农业居民的零售占60%左右。（五）综合配套改革。发挥市带县体制的优势，城乡之间开展物资、资金、技术、人才、信息等方面的协作；向区县下放权力，实行区县财政承包，扩大了区县组织经济活动的能力。住房改革积累了集资建房、合作建房方面的经验。社会保险制度改革取得进展，全市129万名职工参加了待业保险，全民企业、集体企业退休金统筹不断完善，乡镇企业、个体经济的退休养老统筹正在试点。逐步转变城市政府管理职能，计划、体改等部门实行委员会制，健全了海关、商检部门的职能，加强了财政、税务、银行、物价、工商和劳动部门的协调配合，宏观调控逐步得到改善。

城市基础设施建设取得重大进展

量力而行，抓住重点，进行城市基础设施建设，城市综合功能明显增强，城市面貌发生了明显变化。（一）交通枢纽建设。建成重庆一级机场，开辟了18条全天候国内外空中航线，结束了重庆雾季断航的历史。完成成渝铁路电气化改造，通过能力翻了一番；川黔铁路电气化改造已开通贵阳至赶水段，万（盛）南（川）铁路已经建成，重庆火车站改造即将竣工。大规模整治长江干流重庆至宜宾段航道，水运能力明显提高。新建国道210线红双段一级公路，开工建设成渝高等级公路，公路通车里程达到8407公里，比“六五”末期增加773公里，初步形成以国省道为骨架的公路交通网。等级公路的比重由“六五”期末的36.7%上升到48.2%。新建石门大桥等各种桥梁137座，长江二桥建设前期工作已准备就绪。（二）邮电通信网络建设。建成和基本建成重庆至成都、贵阳、武汉微波电信工程，建成重庆至贵阳小同轴电缆电信工程，具有西南枢纽地位的重庆通信大楼和重庆邮政中心已投入使用。市话装机增加1倍，“七五”末期达到6.84万门，开通移动无线电话1000门；农村电话装机增加1/3达到1.9万门，郊区及县城全部实现电话自动拨号；采用了移动无线电话、光纤传输等现代化通讯装备技术，已开通国际、国内长途直拨电话。（三）市政公用设施建设。市政公用设施建设投资为“六五”时期的3.6倍。新建改建城市道路16条、总长近80公里，新建改建城市下水道11条、总长106公里，新建城市桥梁、人行天桥、人行地下通道、车行立交道、城市隧道21座。新增汽车站154个、增长营运里程442公里。新增更新轮渡行船和囤船26艘。“七五”末期全市公共汽（电）车拥有量1325辆、营运线路123条，出租汽车1678辆，分别比“六五”末期增长11.8%、18.3%和6.2倍。建成长江客运索道和凯旋路客运电梯，初步形成有山城特色公共交通网络。（四）水电气建设。完成了黄桷渡水厂、鹤皋岩水厂、江北水厂一期工程建设，城市日供水能力达到6315万立方米，比“六五”末期增加15.5万立方米。完成重庆发电厂扩建工程，江北燃机电厂建成发电，珞璜电厂第一台机组即将投入运行，发电装机容量比“六五”末期翻一番，建成投产输变电站19座，输变电线路45条，增容252万千伏安。天然气产量年均增长9.8%，64.6万户居民用上了天然气，城镇气化率达53%。（五）环境卫生和绿化建设。近郊9区新建改建公厕794座，垃圾站166座，全部采取了机械密闭化运输，垃圾污物无害化处理受全国城市卫生检查团的好评。已完成近郊六区和远郊八县的烟尘控制区建设，大中型项目的“三同时”建设达到100%，近郊大气污染明显降低，长江和嘉陵江重庆段的水质逐年好转。具有山城特色的园林绿化不断发展，长江、嘉陵江沿岸210公里的城市段已有70%实现绿化，城市绿化覆盖率由“六五”末期的15%提高到16.6%。(六)住宅建设。实行旧城改造和新区开发并举，5年中为城市居民提供住宅1.65万套，改造危房64万平方米，解危1.5万户。“七五”期间，全市新建住宅930万平方米，比“六五”时期增加45%，城市人均住房由3.8平方米增加到5.1平方米。村镇新建住宅4144万平方米，82万农户搬入新居；新建村镇道路1.3万公里，新建改建集贸市场14万平方米；新改建集镇水厂67个、365个集镇和村镇152万人用上自来水。

教科文卫事业有较大发展

“七五”期间，把教育科技放在战略地位，加强领导，增加投入，改革管理体制，促进与经济建设协调发展。

(一)教育事业。1990年全市有普通高等学校23所，在校学生4.6万人。“七五”期间培养高等学校毕业生5.6万人，研究生2989人，分别为“六五”时期的1.8倍和5.1倍。中等学校1420所，在校生67.6万名，其中中专、技校和职业学校学生8万人，比“六五”末期增长25%。中等教育结构日益合理，高中阶段职业学校招生数占高中阶段的比重达50%。5年中培养中等技术水平的人才11.5万人，是“六五”时期的1.5倍。小学入学率从98%提高到99.8%，全市已普及小学教育。“七五”期间举办成人职工、成人农职技术学校982所，在学职工和农民近200万人，农村青壮年非文盲率已达98.2%。新、改、扩建校舍139万平方米，排除危房面积148万平方米，全市中小学已基本消除危房。(二)科技工作。“七五”期间完成重大科技成果2000多项，获得国家、省、市科技成果奖励1181项，其中获国际性发明奖励11项，国家自然科学奖2项、国家发明奖15项，推广应用科技成果936项，应用率达80%。市属科研单位建立中试基地50多个，组建科研生产联合体200多个，新增科技企业216个，建立了高新技术产业开发区。每万人口拥有科技人员105人，比“六五”期间增加8.2%。(三)文化事业。拥有专业和民间文艺团体39个、影剧场431家、书刊出版社5家、音像发行站20个。以振兴川剧为突破口，推动了文艺事业的发展。广播覆盖率达91%，电视覆盖率达73%。录制电视剧50多部(集)。新办了具有地方文化特色的巴渝茶楼。现有博物馆6个、文化馆21个、基层文化站936个。公共图书馆由14个发展到20个。出版各类图书943种、报刊杂志340种，《中国抗日战争时期大后方文学书系》等一批优秀图书获得国家级奖励。(四)卫生体育事业。1985年同1990年相比，病床由3.6万张增加到4.2万张，每万人口拥有床位数由25.6张增加到28.3张，卫生技术人员由5万人增加到5.33万人。拥有各类体育场所4588个，《国家体育锻炼标准》及格人数由57.4万人增到95.7万人。5年来，承办国际性体育活动51次，举办国内各级各类运动会3397次。1990年我市运动员获4项国际比赛冠军、16项全国比赛冠军。第十一届亚运会上，我市7名运动员获7枚金牌。

城乡人民生活水平显著提高

控制人口取得显著成绩，“七五”末期全市人口1484万人，计划生育率达到95.82%，人口出生率为13.2‰。1990年职工平均工资2149元，增长1倍；城市居民人均生活费收入1552元，比1985年增长1倍，扣除价格上涨因素，实际增长22.1%；农村居民人均纯收入688元，增长88%，扣除价格上涨因素，仍有较大的增长。城乡居民储蓄存款余额比“六五”末期增长2.6倍，达到67亿元。城市居民消费结构开始由温饱型向小康型转化。社会保险福利事业继续发展，5年安置城镇待业人员34.2万人，待业率控制在2.4%，城乡各类福利院、敬老院床位达1.41万张，增长1.3倍，各类福利企业安置残疾人7215人就业；全市38个贫困乡基本解决了温饱，13.75万户贫困户摆脱了贫困。

“七五”经济和社会发展中，也出现了一些困难和问题。重庆作为老工业城市，城市基础设施和技术改造欠帐较多，不适应经济发展和对外开放需要，产业结构和产品结构调整进展不快，生产建设和流通领域经济效益不理想。需要进一步采取有力措施，改造和振兴重庆老工业基地，在九十年代更好地发挥长江上游经济中心的作用。

(注：本文社会总产值、国民生产总值、国民收入的绝对值按现行价计算，增长比例按不变价计算。工、农业总产值均按1980年不变价计算)。

自 贡 市

市 长: 陆 强

副市长: 姜仁初（常务） 王仁远（文教、卫生） 黄方毅（工交、外经） 欧阳城（科技、民政） 胡安荣（计划、城建） 李富安（农业、商贸）

陆强市长，1939年12月生，上海市南汇县人，中共党员。1965年毕业于清华大学建筑系，同年考入该校作研究生。1968年起任四川省乐山地区建筑公司技术员、施工队指导员、工区生产技术组长等职。1974年起任自贡市建筑设计院技术员、建筑师、副院长等职。1983年起任自贡市副市长兼自贡市城乡建设环境保护委员会主任。1987年任自贡市代理市长。1988年任自贡市市长。

“七五”自贡展新颜

□ 曹顺言 古代学 颜 军

“井架摩天节节高，千年盐都足称豪。勤俭精神堪赞许，化工基础更坚牢。”这是邓拓同志1958年来自贡时写下的一首诗。在30多年后的今天，特别是通过第七个五年计划时期的社会主义建设和改革、开放，自贡市——这颗镶嵌在川南大地上的明珠、我国盐化工业的重要生产科研基地，又展示出一番动人的风采。今日自贡，已由过去单一产盐的城市发展成为以制盐、化工、机械三大工业为支柱，兼有轻工、纺织、电子、冶金、建材、食品、煤炭等多产业、多品种、综合性的工业体系，经济、科技、社会事业较为发达的中等工业城市，成为国家历史文化名城和对外开放城市以及四川省的风景名胜区。“七五“期间，全市经济和社会事业持续稳定发展，“七五”计划主要指标已经完成，前10年翻一番的战略目标已经实现，为自贡市在90年代的发展，奠定了坚实的基础。

经济、科技稳步发展

（一）经济总量逐步扩大。1990年，全市社会总产值（现价）达到65.76亿元，5年间年均增长7.35%；工农业总产值（1980的不变价）达到36.64亿元，年均增长8.27%；国民生产总值（现价）达到31.41亿元，年均增长5.12%；国民收入（现价）达到28.21亿元，年均增长5.96%。以上各项指标，都超过了“七五”计划的要求。

（二）农村经济稳步前进。1990年，全市农业生产喜获丰收，粮食产量创历史最高水平。农业总产值由1985年的7.01亿元增加到8.28亿元，5年间年均增长3.39%；粮食产量由1985年的106.12万吨增加到119.18万吨，年均增长2.35%；乡镇企业已成为农村经济的支柱和国民经济的重要组成部分，1990年总产值达到11.91亿元，年均增长30.06%。“七五”期间，自贡市先后建成了商品粮基地、瘦肉型猪基地和柑桔基地等一批重要项目，生猪出栏和水果、禽蛋等副食品产量有较大增长，林牧副渔业产值占农业总产值的比重逐步上升。自贡农村经济正逐步向种植业比较协调、农林牧副渔全面发展、农工商建运综合经营的新型农村经济体系前进。

（三）工业生产稳步发展。1990年，工业生产在困难的条件下保持了基本稳定，全市工业总产值比上年增长2.26%，地方国营工业企业销售收入和实现利税分别比上年增长2.58%和11.25%。全市工业总产值由1985年的17.62亿元增加到1990年的28.36亿元，年均增长9.98%，超过“七五”计划的指标。其中，城镇集体工业产值由1985年2.94亿元增加到4.75亿元，年均增长10%；地方国营企业工业产值由1985年的7.75亿元增加到10.58亿元，年均增长6.4%。产品质量稳步提高。5年来，省、市考核产品质量稳定提高率每年都保持在93%以上，共有14种产品获国家金、银质奖，87种产品被评为部、省优质产品。企业管理水平有较大提高，有2户企业升为国家一级企业，8户企业升为国家二级企业，29户企业被评为省级先进企业，4户企业被评为国家一级计量企业。经过5年的努力，全市工业结构有所调整，传统优势产业得到加强，新兴产业开始起步，盐化工产品产量有较大增长，机械工业装备水平、产品品种和质量档次有较大提高，纺织工业有较大发展，食品、建材、冶金、轻工等行业都有新的进步。

（四）城乡市场繁荣活跃。“七五”期间，在稳定发展国营商业的同时，积极发展多种形式的商业和服务业，增设了商业网点，加强了“菜篮子”工程建设，大力组织工业品下乡和农副产品进城，促进了城乡物资交流。5年间，全市社会商品零售总额达到17.14亿元，年均增长14.67%；全市个体工商户已发展到4.43万人，城乡集市贸易成交额达到5.62亿元，年均增长17.65%。

（五）财政收入持续增长。5年间，全市财政收入由1985年2.58亿元增加到1990年3.91亿元，年均增长8.68%，超过计划0.83个百分点。财政支出按照量力而行、量入为出、确保重点、兼顾一般的原则，重点增加了农业、教育和科技投入。同“六五”时期比较，年均增长8.49%。全市金融保险工作有较大发展，在促进现代化建设中发挥了积极作用。

（六）固定资产投资额有较大幅度增长。“七五”期间，全市累计完成全民固定资产投资18.85亿元，新增固定资产原值15.91亿元，分别比“六五”期间增长了1.35倍和1.28倍，建成了黄葛灏水电站、荣县火电厂、鸿化厂联碱和烧碱扩建工程、涤纶短纤工程、镀膜玻璃生产线、墙地砖生产线等一批重大生产性项目，为“八五”及今后10年的发展增添了后劲。

（七）交通、通信和能源工作取得了较大成绩。5年来，全市交通运输货运量年均增长3.8%，货物周转量年均增长6.5%。公路状况有所改善，数据微波工程和程控电话效果良好。铁路运输货物到发量、邮电业务总量和通信总量均有较大增长。

（八）城市建设取得较大进展。在“七五”期间，自贡市城市规划管理逐步加强，完成了城市总体规划的调整、修订，通过了省级评审；完成了抗震防灾规划、历史文化名城保护规划和环境保护规划。城市综合管理水平逐步提高，制订并组织实施了一系列加强城市管理的行政规章。加强了城市基础设施建设，完成了引水工程和贡井区、沿滩区管道输水工程、回东路西段及城市进出口公路、富台山隧道、火车站扩建、汽车客运中心、程控电话和数据微波通讯网工程、体育场（馆）、电视塔、百货大楼等一批城市重要基础设施和公用设施建设，城市功能得到明显改善。

（九）科技工作取得了新的成绩。科技工作坚持面向经济建设，在组织科技攻关和科技成果推广应用方面成效显著。“七五”期间，全市共取得科研成果390项，其中获国家发明奖和国家科技进步奖18项，部级奖12项，省、市级奖360项。农业科技工作认真贯彻“科技兴农”的方针，促进了农村经济和发展。1990年实施“7651”工程进展顺利，全面完成了预定目标。通过实施“丰收计划”、“星火计划”、“燎原计划”，加强了县区乡对科技工作的领导，促进了农业科技承包、科技综合开发和农村智力开发。企业科技工作围绕大力推进技术进步，认真实施“火炬计划”，加快产品更新换代，广泛开展群众性技术创新活动，积极推广运用科技成果，促进了生产的稳定发展。特别是聚苯硫醚和数控机床等高新技术项目的开发，使全市高新技术产业的开发迈出了可喜的一步。

改革、开放又谱新篇

5年来，城市经济体制改革坚持以搞活企业为中心，逐步向深度和广度拓展。全市普遍推行了多种形式的企业经营责任制,以承包制为主要形式，同时开展了股份制、超前改革等试点，企业活力在改革进程中逐步增强。认真贯彻了《企业法》和《中共中央关于加强企业思想政治工作的通知》，企业领导体制、劳动人事制度、分配制度的改革逐步深入，企业思想政治工作和职工民主管理得到增强。以骨干企业为依托、名优特新产品为龙头的经济联合体不断发展，全市企业间承包、租赁、兼并，涉及企业100多户。1990年，组建了东方锅炉集团和四川久大盐业集团，使自贡市的经济体制改革向着更深的层次推进。企业组织结构的调整，对促进产业结构和产品结构的调整发挥了积极的作用。

自贡市作为全国中等城市综合经济体制改革试点城市，在“七五”期间先后承担了国家和省的14个方面的改革试点。在机构设置、扩大市辖城区职责权限、街道体制方面进行了积极有益的探索，市场体系在改革中逐步发育，实行了全民职工退休费用社会统筹制度，开展了乡镇企业养老保险工作，完成了城镇集体企业职工养老保险的调查研究和方案制作，全市性的社会保障体系已初步形成。教育整体改革在加强德育教育、改革学校领导体制、管理体制、招生制度和调整中等教育结构等方面逐步深入，对全面贯彻党的教育方针起到了积极作用。科技体制改革围绕调动科技人员的积极性，实行了科研机构院（所）长负责制、课题承包和有偿合同制，改革了科研经费拨款制度，巩固和发展了厂办科研机构，促进了科技成果向生产力的转化。

农村改革在巩固和完善家庭联产承包责任制的基础上，积极发展以农业科技服务为中心社会服务体系，建立了农业发展基金和农村合作基金，进行了农副产品收购体制和农村供销社、信用社体制改革，初步形成了统分结合的双层经营体制。在市属一区一县开展的全省县级综合体制改革，对推动全市农村改革的发展提供了经验。特别是富顺县组建县级经济联合体的成功经验，得到省级有关部门的肯定。

自贡的对外开放工作在发展外经外贸、探索具有内地中等城市特色的对外开放路子等方面取得可喜成绩。1990 年，全市出口商品收购总值达 1.81 亿元，比“六五”期末增长 3.05 倍，年均增长 32.3%；出口创汇 2605 万美元，年均增长 22.2%。“七五”期间，全市共完成对外经济技术协作项目 1170 个，引进资金 1.69 亿元，参与组建了 68 个跨地区、跨行业的经济联合体，兴办中外合资企业已经起步。外事、旅游工作取得新的成绩，促进了自贡与外界的合作和交往，先后与珠海市、上海市南市区、南通市、淄博市、淮安市、绥化地区以及美国米德兰市结为友好城市。1985 年以来，自贡恐龙化石两次赴日本展出，中国盐业史国际学术讨论会在自贡召开，扩大了自贡市在国际上的影响。自贡灯会先后到北京、广州、武汉、上海、新加坡展出，以灯为媒，以文促贸，不仅提高了城市知名度，而且促进了经济的发展，被中央领导同志誉为有“自贡特色”的对外开放新路子。

社会事业百花纷呈

“七五”期间，教育工作坚持社会主义办学方向，全面贯彻教育方针，深化教育体制改革，基础教育、中等教育、职业技术教育，地方高等教育和成人教育全面发展。全市已办各级各类学校 1801 所，小学、初中、高中（包括职业高中）招生均超额完成“七五”计划，全市初中生入学率达到 75.8%，市区已基本普及九年制义务教育；教育质量稳定提高，1990 年全市小学生毕业率一、二类地区分别达 99.69%和 97.45%，初中毕业生一次性会考及格率达 81.3%。中小学办学条件得到改善，中、小学危房已基本消除。

文化工作贯彻“一手抓整顿，一手抓繁荣”的方针，加强了文化市场管理，群众文化活动蓬勃开展，专业文艺团体演出活跃。市川剧团创作演出的《潘金莲》、《夕照祁山》受到好评。广播电视工作发展较快，广播电视台覆盖率达到 99%，电视基础设施有所增加，市电视台摄制的《冠军从这里起飞》、《吴玉章》等电视剧受到国家和省的表彰。医疗卫生设施增加，农村三级防保网建设开始起步，群众性卫生活动广泛开展，城区已被省政府命名为“基本无鼠害城市，并达到基本消灭疟疾标准；创建国家卫生城市活动取得一定成效；计划生育工作进一步加强，人口得到控制，人口自然增长率在省下达的计划之内。“七五”期间，自贡市成功地举办了四川省第六届运动会，同时广泛开展了群众性体育活动，向省和国家输送了一批优秀运动员。5 年间，自贡籍运动员在国际比赛中获金牌 43 枚，在全国比赛中获金牌 15 枚。

全市精神文明建设在改革、开放中进一步加强。5 年来，认真贯彻了《中共中央关于社会主义精神文明建设指导方针的决议》，把加强思想道德教育、提高全市人民素质作为重要任务，以培养“四有”新人为目标，广泛开展了爱国主义、集体主义、社会主义教育和“三优一学”创建文明城市的竞赛活动，在全省创建文明城市竞赛中连续取得优异成绩。文明单位建设活动不断深化，全市已建成国家行业级文明单位 7 个，省级文明单位 25 个，市级文明单位 101 个，区县级文明单位 1100 多个，“五好家庭”23 万多户。

“七五”期间，自贡市社会主义民主政治建设进一步加强，社会治安综合治理取得良好效果，依法治市的工作进展顺利，廉政建设逐步加强，安定团结的政治局面得到进一步巩固和发展。

5 年来，自贡城乡人民生活水平逐步提高。1990 年，全市城镇职工年均工资达到 1950 元，年均增长 15.44%；城市居民人均生活费收入达到 1589 元，年均增长 17.03%；农民人均纯收入达到 530 元，年均增长 10.14%。5 年间，市政府坚持每年努力为改善城乡人民生活办一些实事，收到了较好的效果。1990 年市政府决定为人群众办的 10 件实事已全部完成。“菜篮子”工程建设不断加强，蔬菜、水果、猪肉、家禽、水产品等产量和上市量稳定增长，价格比较平稳。5 年来，全市有 4 万多户贫困户脱贫，安置待业人员 3.1 万人就业，城镇待业率低于全省平均水平。5 年共新建城镇住宅 145 万平方米，城市人均居住面积已由 1985 年的 5.8 平方米增加到 7 平方米，农村人均居住面积由 1985 年的 18.8 平方米增加到 23.5 平方米。5 年间新发展民用天然气 1.85 万户，城市气化率已达 63.1%，城镇自来水普及率达 98.5%，比“六五”末增长 18.5 个百分点。人民生活已开始由“温饱型”向“小康型”过渡。当前，自贡市广大干部群众，认真贯彻落实党的十三届七中全会精神，为实现市委、市府提出的“打基础，焕青春，翻两番，奔小康”和第二步战略目标而奋发努力，脚踏实地工作。

攀枝花市

市　长：孙本先

副市长：秦万祥（常务）　张孝杰（计划、工交）　李之侠（科教文卫）　王学文（农、商）　周绍良（劳动、人事）

孙本先市长，1937年11月生，籍贯山东省即墨县。1972年6月加入中国共产党。1965年9月于北京钢铁学院毕业，同年被分配到鞍钢矿山公司任技术员、干事，1968年10月调攀枝花冶金矿山公司，历任干事、副科长、公司党办秘书、副主任、劳资处副处长、兰尖铁矿矿长、公司党委副书记。1985年8月任中共攀枝花市委副书记，1988年4月当选为攀枝花市市长。

新的创业历程

——攀枝花市“七五”期间主要成就及“八五”展望

□ 周长庆　周启国　范维夏

国民经济持续稳定发展

“七五”期间，攀枝花市认真执行党的基本路线，坚持改革、开放的方针，解放思想，勇于进取，克服各种困难，取得了经济持续、稳定发展，社会事业日益进步的新成绩。1990年按不变价格计算，全市实现社会总产值278100万元，比“六五”末期增长44.36%；实现国民生产总值141624万元，比“六五”末期增长41.96%；实现国民收入119200万元，比“六五”末期增长47.89%；实现工农业总产值212891万元，比“六五、末期增长33.82%；实现财政收入32004万元，比“六五”末期增长67.85%。

(一) 工业生产稳定增长。

1. 基础工业体系初步形成。“七五”期间，攀枝花市加快了产业结构和产品结构的调整步伐，强化基础工业建设，固定资产投资达45亿元，超过了以往任何一个五年计划。固定资产投资年均递增24.68%。国家重点建设项目攀钢二期工程于1986年恢复建设，二滩水电站前期工程破土动工，一批新建、扩建的地方工业骨干项目相继完成，进一步增强了全市经济实力。

5年来，全市对现有工业企业分期分批进行技术改造，加强企业管理，积极开展企业“上等升级”活动，引进推广新技术，提高产品质量。全市获得省优、部优产品99项，获国优产品2项；大力开发新产品，“七五”期间共开发新产品139项。目前攀枝花市以原材料、能源为主体的基础产业已初具规模，建成了以冶金工业为主体，煤炭、电力、交通、建材、森工等基础工业及机电、轻纺、食品、化工等相配套的产业群。全市现有工业企业1291个，其中大中型企业17家，1988年进入全国前500家大企业的有攀钢、攀矿、矿务局。现全市能生产1100种产品，其中生铁、钢、钢材、焦炭，1989年产量分别占全省产量的54.14%、39.11%、31.08%和39.86%，原煤产量居全省统配煤矿之冠。1990年列为全市考核的40种主要产品产量中，有22种比上年同期有不同程度的增长。“七五”期间，按不变价格计算，全市工业总产值年均递增4.8%。

2. 工业结构在调整中得到改善。“七五”期间，攀枝花市在发展冶金主导产业的同时，加快了轻工业的发展。地方工业新建、扩建了市啤酒厂、米易二糖厂、经纬编厂等骨干企业。目前全市轻工业部门已有制糖、酿酒、饮料、造纸、食品、印刷、针纺、服装、皮革、木器、工艺品、塑料、陶瓷、饲料、养殖等20多个行业，232个企业，在工业产值中所占的比重，由“六五”期末的7%上升到11%，使过度重型化的工业结构逐渐趋于改善。

3. 公有制为主体的多种经济格局逐步形成。“七五”期间，攀枝花市集体工业和个体合营工业在深化改革的大潮中生机盎然，迅速发展。1990 年，在资金紧缺、市场疲软的严峻形势下，全市集体工业仍然保持了持续、稳定发展的势头，完成工业总产值 27452 万元，比上年增长 11.77%，占地方工业总产值的 55.47%，集体工业在产值中的比重从 1985 年的 6.37%，上升到 1990 年的 12.9%，成为地方工业重要支柱。“七五”期间，集体工业年均发展速度达 17.8%。个体及合营工业从无到有，已占 1.5%。乡镇企业异军突起，如雨后春笋地发展起来，形成了以建材、煤炭、冶金、化工、食品等行业，乡镇工业企业 271 户，固定资产达 1 亿元，转移农村剩余劳动力 3.4 万人，1990 年工业产值已达 10754 万元，比“六五”末期增长 2.3 倍，年均递增 18.31%，占地方工业总产值的 21.73%，占集体工业产值的 40%。

(二) 农业跃上新台阶。

“七五”期间，攀枝花市加快了农村改革的步伐，稳定农村经济政策，不断完善家庭联产承包责任制和“双层”经营体制，增加农业投人，加强农业基本建设，强化农业基础，调整产业结构，使农业跃上一个新台阶。

1. 增加农业投入，强化农业基础。5 年来，投入农业的资金 7943 万元，其中用于农业基本建设 2670 万元，比“六五”期间增长 140.5%。在强化农业基础中，坚持水、土、林、路等综合治理，不断改善农业生产条件，特别是近两年，加强农田水利等农业基础设施，完成了前进渠二期和一批小型水库、水渠,仅 1990 年就新增蓄水能力 500 万立方米，新增灌溉面积 2.5 万亩，改善灌溉面积 2173 公顷，改造低产田土 3093 公顷，荒山造林 5333 公顷。

2. 坚持科技兴农，狠抓农业综合开发。5 年来用于农业科研经费达 117.5 万元，比“六五”期间增长 10.85%，完成科研项目 32 项。1990 的农村“两杂”面积达 14607 公顷，地膜玉米 1627 公顷，“吨粮田”、“双千亩”分别完成 2133 公顷和 1700 公顷，与“六五”末期相比都有较大幅度的增加。

3. 以开发立体农业为重点，建设稳定、巩固的副食品基地。提高肉、禽、蛋、奶、果、菜自给率为目标的农村产业结构调整取得明显成效，在农业产值中，林、牧、副、渔业的比重由“六五”末期的 31.2%上升到 45.15%。乡镇企业产值占农业经济总产值的比重由“六五”末期的 40.3%提高到 58.42%，一批副食品基地逐渐形成。

1990 年，全市农村社会总产值达 3.56 亿元，比“六五”末期增长 162.7%，年均增长 21.6%；农业总产值达 1.46 亿元，比“六五”末期增长 12.31%；乡镇企业总产值达 2.1 亿元，比“六五”末期增长 154.3%，年均递增 20.5%，上缴国家利税大幅度增长，粮食产量突破多年的徘徊局面，总量达 18 万吨，超过历史最好水平，比 1989 年增长 13.8%，比历史最高产量的 1984 年增长 0.21%。

(三) 科技教育蓬勃发展。

“七五”期间，攀枝花市科技教育事业蓬勃发展，取得了良好的经济和社会效益。目前全市已有各类科技人员 47427 人，其中高级职称 1349 人，中级职称 8275 人。有冶金、矿山、建筑、交通、农林、环保、情报等科研院所 17 个，民办科技、技术开发、技术咨询、技术服务等机构 63 个。5 年来，全市用于科研的经费 7826 万元，为国民生产总值的 0.6%，取得科技攻关、技术开发受奖成果 526 项，建成 13 条经济效益较好的科研生产结合型工艺生产线，开发出 61 项国家、部、省级名优产品，有的已达到世界或国内先进水平，有的填补了国内空白。“七五”期间，依靠科技所获得的经济效益达 3.59 亿元。比“六五”期间增长 50%。

“七五”期间，全市教育事业欣欣向荣。5 年来，财政投入教育的资金 1.5 亿元，年递增 19.39%，远远高于同期财政收入和支出的增长幅度，新修和完善了一批教育设施，相继建立了攀枝花大学、教育学院、电大、函大等高等院校。全市中小学校舍面积比“六五”末期增加 14 万平方米，增长 27.4%，平均年递增 6.3%，危房改造达到了省政府提出的基本消除中小学危房的要求。占全市总人口 97.7%的地区普及了初等教育，中等教育结构调整有显著成效。到 1986 年，普通高中招生人数与各类中等技术职业学校招生人数达到 1:1 的比例。教育为经济发展服务的功能得到了较好的发挥，“七五”期间，全市共培养中小学生 171186 人，中专毕业生 3195 人，技校毕业生 3804 人，大专毕业生 1224 人，成人高等教育毕业生 328 人，成人中等教育毕业生 2080 人，以及岗们位培训各类人员 54759 人，社会办学结业 7898 人，扫除文盲 6430 人。他们中不少人已成为各条战线的骨干和经济建设的有用人才。

(四) 城市建设成就显著。

“七五”期间，攀枝花市坚持“人民城市人民建”的方针，充分发挥地方和企业两个积极性，加快了城市建设的步伐，增强了城市的综合功能，初步形成布局合理，有利生产，方便生活，具有亚热带风光的新兴工业城市格局。

5 年来，全市城市建设共投资 2.25 亿元，先后建成了攀枝花大学、市中医院、市工人文化宫、市青少年宫、攀钢文体楼、市科技大楼等科教文化设施和 07 桥、石华路改造，正在紧张施工的有 2.6 万门程控电话邮电大楼。到 1990 年，城市道路已建成 547 公里，道路面积 404 万平方米，人均占有道路面积 9.9 平方米，分别比"六五"末期增长18.5%和8.9%；全市房屋建筑总面积1035万平方米，比"六五"末期增加110万平方米，其中住宅552万平方米，人均居住面积逾7平方米；民用煤气普及率由"六五"末期的12%提高到56.4%，城市绿化覆盖率由30.4%提高到34.5%；城市日供水能力已达到35.5万吨，人均日用水量达290公升，分别比"六五"末期增长26.9%和48.7%，全市自来水普及率达84.8%，生活饮用水合格率达99.8%；城市公共汽车拥有量达445台，万人拥有车辆10.9台。城市基础设施和公用设施不足的状况有了明显改善。

重点工程建设令人瞩目

(一) 攀钢二期工程。

攀钢二期工程是国家"七五"计划的重点建设项目之一，与已建成的攀钢一期工程项目交错布置，总占地270万平方米。

攀钢二期工程，主要包括新建1350立方米高炉一座，6米50孔大容积焦炉两座。130平方米烧结机两台，双机双流板坯连铸机一台。1450毫米热轧和冷轧机各一套，以及与其相配套的供电、动力、运输等辅助设施和生活辅助设施，总投资63.2亿元。

攀钢二期工程于1986年1月恢复建设，标志着攀枝花进入了一个新发展时期。这项工程建成后，攀钢的铁、钢、坯、材的年产产量将分别增加100万吨，达到年产生铁291万吨、钢250万吨、钢材216万吨，年工业总产值和利税将在现在基础上翻一番。经过"七五"期间建设，首战告捷。一座雄伟壮观的四号高炉屹立于蓝天下。1989年9月25日胜利出铁，形成4座高炉同步生产的格局。目前，热轧板厂、连铸车间、自备电厂等项目已进入紧张施工高峰，在二期建设的实践中，探索出了一套在新旧体制交替情况下的基本建设管理运行机制，组成了甲方为主的甲、乙、丙三方联合指挥部，同时甲方相应成立了二级现场指挥部，充分发挥前沿指挥作用，从而形成了以甲方为主导的、全方位的、多层次的工程建设管理协调机制。

(二) 二滩水电站。

建设二滩水电站是开发富甲天下的三江（金沙江、雅砻江、大渡河）水能资源的重大战略步骤。二滩水电站位于雅砻江下游，距攀枝花市中心40公里。电站装容量330万千瓦，是我国目前开发建设规模最大的水力电站，已被列入国家"八五"计划重点建设项目之一。

被誉为高原明珠的二滩水电站，大坝为双曲型拱坝，坝高240米，正常蓄水位1200米，水库总容58亿立方米，厂房为地下式，厂房内装6台55万千瓦的水轮发电机组，年平均发电量170亿度。电站建成后，对于缓解四川电力供求矛盾，增强四川乃至滇、黔两省的经济发展后劲，加速攀西资源开发，以及对国家开发西南"金三角"都具有十分重要的战略意义。

二滩水电站前期工程于1987年开工，经过3年的努力，前期准备和主体工程国际招标已基本完成，为大规模施工创造条件的40个单项工程，包括3座跨江大桥，9条高质量的公路，4个生活区、3条输电线路和明挖工程、隧道、通讯设施及水文监测等，大部分已经竣工。在这里建起了中国最长、承重量最大的单体斜拉大桥——桐子林大桥。并创造了我国大型水电站前期工程综合指标第一的新纪录。目前正在开挖二滩导流洞。到1990年底省内已投资4亿元，已经具备了主体工程的开工条件。预计1991年正式动工。1993年底截流，1994年开始筑坝。1998年第一台机组发电。2000年全部建成。届时，一个迎接新世纪的大型水电站将屹立在世界的东方。

资源开发的新阶段

今后十年，在重点搞好攀钢二期、二滩水电站、桐子林水电站、钒钛深加工等国家大中型项目建设的同时，要加快地方工业的发展。2000年实现全市国民生产总值在1990年18.9亿元的基础上翻一番，达到33亿元，年均递增8.83%。工农业总产值2000年达到52亿元，比1990年增加30.71亿，年均递增8.52%，在战略指导思想上，既要抓大工业的发展，又要抓地方工业发展，重点是为大工业服务，为农业服务，为人民生活服务，为出口创汇服务；既要抓工业发展，又要重视农业，坚持"服务城市、富裕农村"的方针；既要发展全民所有制经济，又要发展集体所有制经济及个体、私营和其他经济成份；既要搞好物质文明建设，又要搞好精神文明建设，弘扬攀枝花精神，进一步加速攀枝花的资源开发，使之成为我国长江上游重要的原材料、能源基地。

泸 州 市

市　长：曹锡森
副市长：唐　宁（常务）　邹正涛（财政、物价）
李相惠（女　教育、卫生）　甘居才（建设、国土）　杨正康（农业、水电）

曹锡森市长，1935年生，天津市宝坻县人。中专文化程度。中共党员。1950年参加工作，曾任抚顺矿务局、抚顺重机厂任调度员、宣传部长、团委书记。四川长江挖掘机厂政治部副主任、主任、党委书记。宜宾地区工交部副部长、地委常委、行署副专员兼地辖泸州市委书记。1983年任省辖泸州市委常委、副市长。1988年9月任泸州市代市长、市委副书记。1989年4月当选为泸州市市长。

酒城幸保身无恙　检点机韬又一年

□ 泸州市市长　曹锡森

1990年经济社会发展概况

1990年，酒城泸州在改革开放的推动下，坚持两个文明建设一起抓，国民经济和社会各项事业都取得了新的成就。全年国民生产总值达33.8亿元，比上年增长2.5%，国民收入达28.5亿元，增长2%，工农业总产值达30.2亿元，增长4.8%。

（一）农村经济全面发展。我市坚持把发展农业摆在经济工作的首位，稳定政策，依靠科技，增加投入，使农村经济特别是粮食生产再上新台阶。全市农业总产值达12亿元（按1980年不变价计算），比上年增长3%。主要农副产品中，粮食、油料、烤烟、茶叶、蚕茧等主要产品大幅度增产，其中粮食产量再创历史新纪录，全市总产量达179.2万吨，比上年增长3%，全市人均产粮411公斤，增长2.5%。大力建设10大类26个商品生产基地，加快了农村商品经济的发展，全年出栏肉猪220万头，比上年增长4%；水产品产量达8852吨，增长5.9%；在全国烤烟质量评比中，我市叙永县烤烟连续第五次荣获国务院颁发的金奖；全市1990年植树造林84公顷，抚育幼林3.2万公顷。乡镇企业在困境中发挥了灵活机制的优势，总产值达10.2亿元，比上年增长5.8%，总收入12.4亿元，增长6.2%。

（二）工业生产持续增长。1990年工业生产面临宏观紧缩、市场疲软的严峻局面，我们加快结构调整，强化企业管理，狠抓产品销售，促进了生产发展。全年工业总产值为18.2亿元，比上年增长5.1%，其中乡及乡以上工业产值15.3亿元，增长4.5%。当年工业生产的主要特点：一是全民所有制、集体所有制和城乡个体工业全面发展；轻、重工业同步增长。二是产品结构调整有新的进展，全市开发完成市级以上新产品50项，新产品产值率占工业总产值12.6%。三是主要产品质量进一步提高，全市重点产品质量稳定提高率达到94%以上。泸州老窖特曲在巴黎第14届国际食品博览会上夺得我国名白酒中唯一的金牌。泸州老窖特曲、郎酒继续被评为国家名酒，泸州老窖头曲、泸州石梁曲酒厂生产的泸南大曲、古蔺县酒厂生产的仙潭大曲被评为四川名酒，泸州三溪大曲、仙潭大曲被评为国家级优质产品。年内22个企业跨入省级以上先进企业行列。

（三）城市市场繁荣活跃。1990年，全市实现社会商品零售总额17.6亿元，比上年增长2.8%。，消费品零售额增长4.3%；农业生产资料零售额增长11.9%；社会集团购买力增长5.1%。集市贸易活跃，全年城乡集市贸易成交额6.9亿元，比上年增长6.7%。物价稳中有降，全年零售物价总水平比上年下降1.3个百分点，是1985年以来物价水平最低年份。职工生活费用价格总水平比上年下降0.7%。努力扩大同全国各地的经济技术协作；发展对外贸易，年内与省内外达成经济技术协作项目 118 项，外贸收购总值比上年增长 10.2%，出口创汇超额 29.9%完成了年计划。全年财政收入完成 3.8 亿元，增长 1.7%。

（四）调整投资结构，重点建设得到加强。1990 年，全市社会固定资产投资完成 4.6 亿元，比上年下降 14.2%。其中生产性投资占基本建设投资 71%，比上年上升 12 个百分点。能源、交通投资得到较大幅度增长，分别比上年上升 214.6%和 96.6%。列入市、省、国家级重点建设的项目进展顺利，泸州开然气化工厂 30 万吨合成氨节能装置改造通过验收，四川天然气化工厂热电厂、连接川黔两省的干道大纳公路、隆泸铁路等重点工程完成施工计划。泸州机场改造竣工，泸州至成都的民航正式开通，泸州至重庆的航线试航成功，即将投入运行。

（五）城市基础设施建设步伐加快。泸州南郊水厂二期工程建成通水，使市区人民用上了长江水，结束了喝沱江水的历史。市区天然气供应总量增加到 7.3 万立方米，用气户 5.1 万户，达全市总户数 64%。年内完成商品房面积 7 万平方米，新建、改造水泥道路 18.5 万平方米。泸州老窖酒厂大楼等一批 20 层以上的高层建筑拔地而起，市容市貌明显改观。

（六）社会事业继续发展。坚持计划生育基本国策，1990 年比计划少出生 1.7 万人，计划生育率达 90%。全市年末总人口为 437.8 万人，比上年增加 4 万人，人口出生率为 16.3‰，死亡率 6.7‰，自然增长率 9.7‰。

坚持科教兴市的战略，增加投人，大力发展科学技术和教育事业。年末全市各类专业技术人员达 6.3 万人，全年开发科技项目 151 项，获国家、省、市科技进步奖 52 项，科技成果获国家专利 14 项。1990 年，市财政用于教育支出比上年增长 13.1%，改造、维修危房 16 万平方米，全市实现中小学无危房。学龄前儿童入学率达到 98.7%，中小学生流失率得到有效控制，普通高校、成人高校、中等专业技校在校生、毕业生均有较大幅度增长。

文化、卫生、体育事业同步发展。全市广播、电视覆盖率分别达到 68.7%和 70%，报刊出版发行首次突破一千万大关，比上年增 79.4%。年末全市拥有卫生技术人员 1.1 万人，比上年增长 1.6%，其中医生、护理专业人员分别增长 5.5%和 3.3%。全市组织参加省级以上体育竞赛获金牌 51 枚，银牌 38 枚，铜牌 41 枚。其中，我市运动员王萍在第 11 届亚运会上夺得女子武术比赛全能冠军；崔敏在第五届世界游泳锦标赛上打破女子 4×400 米蝶泳世界记录，获得金牌。我市伤残人运动员在省以上伤残人运动会上获金牌 15 枚。

（七）城乡人民生活进一步提高。1990 年全市城镇全民、集体所有制职工人均工资达 1715 元，比上年增加 182 元，扣除物价因素影响，实际增长 13.3%。农民人均纯收入为 491 元，扣除物价因素影响，实际增收 16 元。年末城乡居民储蓄存款余额达 10.4 亿元，比上年增长 40.4%，高于全省、全国的总平均增长速度。全市人均储蓄 239 元，比上年增加 67 元，增长 39%。

“七五”期间的主要变化

“七五”期间，我市坚持党的“一个中心、两个基本点”、的基本路线，动员和组织全市人民艰苦奋斗，经过 5 年不懈努力，实现了《泸州市国民经济和社会发展第七个五年计划》的主要目标，使全市经济、社会事业逐步走向健康发展的轨道。

（一）国民经济保持适度增长，提前实现了第一步战略目标。80 年代的 10 年，是实现中央确定的经济发展“三步走”、战略目标的第一个 10 年，要求国民生产总值比 1980 年翻一番。我市通过“六五”、“七五”两个 5 年努力，这一战略目标提前一年实现。1990 年，全市国民生产总值达到 33.8 亿元，按可比价格计算，10 年增长 1.2 倍，“七五”年均增长 5.2%。国民收入达到 28.5 亿元，10 年增长 1.1 倍，“七五”年均增长 4.6%。工农业总产值达到 30.3 亿元，“七五”年均增长 4.7%。通过“七五”计划的执行，全市的总体经济实力明显增强。

（二）农林牧副渔全面发展，农业生产力水平提高。“七五”期间。农村在普遍推行家庭联产承包责任制，完成第一步改革的基础上，进行了以发展农村商品生产，调整农村产业结构为主要内容的第二步改革；坚持科技兴农，大力推广运用农业科技成果和适用技术；增加农业投人，改善农业生产条件，促进了整个农村商品经济的发展。1990 年农业总产值达到 12.1 亿元，“七五”年均增长 3.1%，乡镇企业总产值达到 10.1 亿元，年均增长 16.7%，超计划 1 个百分点；农民人均纯收入达到 491 元，扣除价格调整因素，仍然完成了“七五”计划。“七五”期间主要农副产品的年均生产能力明显高于“六五“时期，粮食的年均生产量由 152 万吨增加到 169 万吨，出栏肉猪由年均 141 万头增加到 199 万头，烤烟产量由年均 1.2 万吨增加到 1.5 万吨。畜牧业和副业在这 5 的中得到较大发展，使农业生产结构有所改善。畜牧业和副业在农业中所占比重，分别由“六五”末期的 22%和 19%，上升到“七五”末期的 28%和 33%。通过采取对口扶贫、加快贫困地区经济建设等有力措施，使少数民族、革命老区叙永县、古蔺县在“七五”期间相继越过了温饱线，脱掉了“贫困”帽子。

（三）工业在困境中继续增长，总实力增强，产业产品结构得到改善。“七五”期间，企业全面实行承包经营责任制和厂长（经理）负责制，增强了企业活力。独立核算工业企业全员劳动生产率由“六五”末期的 9000

元，提高到“七五”末期的9600元左右；销售收入和利税总额分别由11.3亿元和2.72亿元，上升到18.4亿元和3.24亿元；工业产品优质率达到32%，超过”七五”计划规定目标的2个百分点；重点产品质量稳定提高率达到80%，完成了”七五”计划要求。全市1990年完成工业总产值18.1亿元，比1980年增长1.1倍，“七五”年均增长5.8%。近几年中狠抓产业、产品结构调整，增加了有效供给。与“六五”相比，原煤的年平均产量由117万吨增加到197万吨，水泥由11.5万吨增加到18.6万吨，合成氨由41.4万吨增加到42.2万吨，烧碱由0.5万吨增加到1.1万吨，起重机由3725吨增加到4807吨，挖掘机由3338吨增加到4836吨，名、优酒生产能力由1985年的0.6万吨增加到1990年1.3万。

(四)重点建设成效显著，投资环境明显改善。“七五”期间，市县属全民所有制固定资产投资达到9.6亿元，比计划投资增加3.0亿元，增长45.6%；比“六五”增加投资3.1亿元，增长47.6%。在煤炭开采，发电机组装机、造纸、酿酒、卷烟、基本化工原料、化肥、工程机械等方面形成了比较强大的生产能力。针对我市长期存在的农业基础脆弱、能源交通滞后、基础原材料工业差、轻工业规模小的问题，“七五”期间集中财力、物力狠抓了农田水利、铁路、公路、机场、码头、火电、数据通信工程、矿山改造和大中型骨干企业的技术改造等重点项目建设，取得明显成效。基本建成了长江金鸡渡码头一期工程和密溪沟码头；5年共新建和改造公路472公里；兰田机场已正式通航；隆叙铁路隆泸段正在抓紧建设中，1992年建成投入使用；数据通信网一期工程建成投产，实现了泸州市与全国430个大中城市、世界156个国家、地区直拨通话。

(五)城市基础设施建设加快，城市面貌显著变化。“七五”期间，城市建设围绕发挥城市的多功能作用，采取了认真规划，全面建设，突出重点，逐步完善的建设方针，狠抓了市区旧城改造和新区的开发建设，建成了横贯全城、连接长江、沱江两桥、宽32—40米的南北干道，完成市区主要街道、进出口通道的混凝土路面改造。配套完工了一批城市服务设施，如容纳1.5万人的体育场、137米高的电视转播塔，以及人民医院门诊部、中医院住院部、市百货大楼、人民商场大楼、糖酒大楼、供销大楼等等，同时加强了下辖县城的建设。建成南郊水厂一、二期工程，结束了泸州人民饮用沱江水的历史。城市居民天然气普及率达到64.9%，“七五”期间，邮电通信建设是泸州历史上发展最快、成效最大的时期。长话线路，电话交换机容量、电话机总数等主要通信能力均比1985年成倍增长，我市通讯进入国内、国际自动交换网，一个具有现代城市功能的雏型已基本形成。

(六)市场繁荣活跃，外贸出口增长，财政收入增加。“七五”全市社会商品零售总额比“六五”期间增长2.5倍，年均实现商品零售总额由7.1亿元增加到14.7亿元，年均增长12.7%。城乡集市贸易成交额5年增长1.6倍，年均增长21.2%。国营商业纯购进、纯销售分别由1985年5.3亿元和7.3亿元，增加到9.04亿元和11.8亿元。由于人民收入增加，人均消费品购买力1990年达到327元，比1985年增长了73%。

“七五”期间，大力调整出口产品结构，在稳步发展传统出口产品的同时，逐步组织了一批机械、精细化工等技术密集型产品的出口。全市5年间出口商品收购总值增长3.3倍，年均增长34.2%，出口创汇年均增长23.5%。

财政收入超额完成”七五”计划，5年中年均增长11.1%。与“六五”相比，年均收入由1.41亿元增加到3.0亿元，实现了收支基本平衡。

(七)科技、教育等社会事业欣欣向荣。“七五”期间，科技事业认真贯彻“经济建设必须依靠科学技术，科学技术必须面向经济建设”的方针，狠抓重点科技攻关，积极推广科技成果，大力开发新产品，新技术，共组织实施重点科技攻关项目220多个，实施“星火计划”40项，开发新产品402个，新产品产值率由1985年的2.7%，1990年上升到12.6%，重点产品质量稳定提高率由85%上升到94.2%。

“七五”期间全面贯彻新时期教育方针，积极发展各类教育事业，调整教育结构。普通初中招生人数由1985年的3.8万人，1990年增加到4.2万人，职业高中招生人数由0.13万人增加到0.26万人，技校招生人数由0.12万人增加到0.16万人，普通高中招生人数由0.47万人增加到0.65万人。

“七五”期间，文化、卫生、广播、电视、新闻、体育、环境保护等事业，都得到较大的发展。

德阳市

市　长：严如高
副市长：杨友发（常务）　陈久新（文教、卫生）　张祥国（农业）　何玉隆（工交）　赖勤维（财贸）

严如高市长，1935年12月生，浙江省宁波人。中共党员，高中文化。1950年参加工作，历任上海新业电工厂劳资科副科长，德阳东方电工机械厂劳资科长、车间主任、车间党支部书记、厂子弟学校党支部书记、厂党委副书记、纪委书记，东方电工机械厂厂长兼厂党委书记。1986年5月任德阳市副市长，现任德阳市市长。

控制人口增长　提高人口素质　促进经济发展

——德阳市“七五”期间计划生育工作回顾

□　张永录　刘同林　周昌贵　程诗义

“七五”期间，德阳市坚持“经济要增长、人口要下降”的方针，克服重重困难，计划生育工作取得了比较突出的成绩，促进全市经济的持续、稳定、协调发展。

可喜的成绩

据抽样调查，“七五”期初，全市育龄妇女占总人口的28.3%，比全国高3.5%；已婚育龄妇女占总人口的19.54%，比全国高2.56%。“七五”期间，正是人口生育由低谷进入高峰时期，按照人口年龄构成和生育政策的规定预测；年平均出生人口将比“六五”期间年平均出生人口增长35.96%。面对严峻的人口生育形势，全市各级党委、政府切实加强了对计划生育工作的组织领导，紧紧依靠广大干部、群众，狠抓计划生育工作措施的落实，有效地控制了人口的过快增长，实现了人口生育的“四少”、“五高”，即：全市5年共出生261740人，比省下达计划数少3.6%；年平均出生率为15.03‰，比全省19.73‰少4.7‰；年平均自然增长率为8.1‰，比全省的11.2‰少3.1‰；照顾二孩面为7.88%，较省下达计划数少2.08%；一胎率高，为92.12%，较全省高11.57%；计划生育率高，为97.82%，比全省高11.28%；节育率高，为91.14%，比省下达计划高1.14%；计划生育工作质量高，1990年计划外怀孕率为3.32%，比省下达计划低20.9%；社会效益高，全市5年少生37.7万人，按现行标准计算，共节约抚育费近40亿元。“七五”期间，全市计划生育工作的各项指标均列全省榜首，市和所属的5个县（市、区）均被评为全国计划生育工作先进集体。

计划生育工作对人口增长的有效控制，促进了全市“七五”期间经济建设和各项社会事业的持续稳定发展。据统计：1990年，完成工农业总产值（按1980年不变价计算，下同）73.68亿元，比上年增12.05%，超“七五”计划19.68亿元，比1985年增125.39%，年递增17.64%；国民生产总值51亿元，比上年增8%，超“七五”计划10.77亿元，比1985年增112.67%，年递增16.29%；国民收入46亿元，比上年增7%，超“七五”计划10.8亿元，比1985年增138.6%，年递增19%；财政收入5.96亿元，比上年增长10.41%，超“七五”计划1.82亿元，比1985年增134.51%；年递增18.58%；全年农民人均纯收入738元，比上年增63元，超“七五”计划138元，年均增加66元。

工作的回顾

（一）两种生产一起抓。市政府把计划生育工作，纳入综合目标管理和县（市、区）长任期目标责任制，实行以政府为轴心的纵横结合的目标管理。市政府领导同志不仅思想上重视计划生育，而且具体地过问、督促、落实计划生育的各项工作，及时帮助解决计划生育工作中的问题和困难。

(二) 稳定计划生育政策。1986年，市政府对全市生育政策进行了清理，坚决把生育政策统一到省政府的规定上。1987年7月《四川省计划生育条例》(以下简称《条例》) 颁发后，市政府组织了6次全市性大规模的学习宣传贯彻《条例》的活动，印发《条例》28万多册，参加学习《条例》的各级干部达32万多人次，分级培训骨干12万多名，形成了10万骨干讲《条例》、百万群众受教育的局面。市政府还制定了执行《条例》的执法程序、有关开展执行《条例》专项监督检查的规定和加强流动人口计划生育管理办法，等等，使贯彻执行《条例》的执法工作有章可循、落到实处。

(三) 创新求实，努力为基层服务。在执行"七五"人口计划中，市政府切实加强基层工作。一是针对基层管理薄弱的状况，开展创建"五好"乡、村活动。即：宣传教育效果好，人口计划完成好，节育措施落实好，多办实事作风好，组织健全管理好。创建活动第一年，全市就有53个乡 (镇)、834个村达到"五好"，分别占乡、村总数的27.1%和42.7%。创建"五好"乡、村的经验，得到国家计生委的肯定。二是建立了帮后进转化岗位责任制.即在确定后进标准的基础上，帮后进转化实行一级抓一级的办法，并落实到具体的责任人，明确了奖惩办法，仅1990年末统计，后进乡比上年减少60%。三是改进作风，实行定点挂县联系制度。市政府和市级有关部门的负责同志把人口多、工作难度大的乡做为联系点，通过定点帮助，促进落后乡、村改变被动局面。四是加强基层计划生育工作队伍建设，及时解决基层计划生育干部在政治、生活待遇和工作中的实际困难。五是对生育计划、怀孕、出生实行"两公开一监督"，乡 (镇)、村按月挂牌公布，主动接受群众监督。

(四) 改善宣传教育工作。市政府在宣传工作上，把适当的集中宣传教育与经常性宣传教育结合起来，重点加强经常性宣传教育。全市以农村为重点，县、乡、村为单位，农校或成人教育学校、高初中学校、计划生育服务指导站为阵地，进行全民性人口与计划生育知识"一条龙"教育。各地按市政府的要求普遍做到"五有"、"四结合"。即：有领导班子、有固定教室、有教材、有教师、有制度；把人口理论、计划生育政策法规、避孕节育优生优育知识和讲国情、县情、村情、算帐对比结合起来，分层次进行宣传教育，一层是青春期的生理卫生和人口科学知识教育；二层是新婚期优生知识和新婚卫生知识教育；三层是孕产期的孕期保健、优生优育知识教育；四层是育儿期的优育优教、计划生育法规政策、避孕节育和致富技术知识教育；五层是中老年期保健知识教育。

(五) 强化孕前技术服务。市政府切实加强了计划生育技术队伍和基础设施的建设，将孕后补救改变为孕前预防。到1990年，全市计划生育宣传技术机构由1986年的26个发展到48个，设置和建设了一批宣传技术设备及设施。市、县 (市、区) 计划生育部门，组织计划生育宣传技术人员，深入乡、村，贯彻宣传教育为主、经常为主、避孕为主方针，落实一个孩子安环、两个孩子结扎的技术政策，为240多万人次提供了多种形式的服务。通过强化药具技术管理和技术指导，使药具避孕效果由1985年的95.6%提高到1990年的99.4%；通过推行模式技术操作，有效地提高了节育手术质量，全市计划生育手术并发症发生率控制到6%，为国内先进指标。《中国人口报》1989年5月8日发表文章《放心服务站》，报道了德阳市加强计划生育技术质量管理、提高服务质量经验。

(六) 通过计生协会广泛联系群众，激发群众计划生育的自觉性。自1987年春起，市政府加强了乡、村计划生育协会的建设。截至1990年12月，全市已建协会2927个，5县 (市、区)、197个乡 (镇) 和1951个村全部建立协会，有专兼职协会干部3500余名，会员发展到185791名，占全市总人口的5.3%。建立"会员之家"2127个，会员联系户406707户。各地以"会员之家"为阵地，通过"会员联系户"围绕计生工作，积极开展带头、宣传、服务和监督活动，为独生子女家庭提供致富信息、资金、良种、技术，广泛开展万名会员致富活动。据1990年统计，参赛会员总收入达10774万元，人均收入1041.9元，较1989年增长15%。《人民日报》1990年5月28日报道了德阳市协会开展万名会员致富活动的经验，表扬德阳市"走出了一条发展经济与计划生育有机结合的新路子"。

德阳市的计划生育工作受到国务院、省政府的高度评价和表彰奖励。几年来，全市接待了尼泊尔、巴基斯坦、蒙古、美国、澳大利亚、朝鲜等国家的计划生育组织和友好人士及10多个省 (市、自治区)、30多个地、市、州的代表5000多人次，加强了信息传递学习了国内外先进经验，推动了全市计划生育工作。

克服困难，再接再励。当前德阳市计划生育工作的形势仍然十分严峻，全市"八五"期间每年将出生人口5万以上；计划生育工作的发展也不平衡，部分乡、村早婚生育、计划外生育的势头还未扭转；还存在着基层计划生育技术力量薄弱，设备缺乏等问题。

为此，市政府将进一步加对计划生育工作的领导，落实和完善目标管理责任制,坚持依法管理，做好分层次人口基础知识教育、广泛深入开展创建"五好"单位活动；加强县、乡计生技术服务网络建设，增加资金和技术设备，引导全市计划生育事业的健康发展。

绵阳市

市　长：冯崇泰
副市长：马敬洪（常务）　雷启荣（农业）　邱文德（城建、科教）　张培南（工交）　向　正（文化、卫生）

冯崇泰市长，安徽省五河县人。生于1942年11月，1967年毕业于清华大学冶金系。1968年到1970年6月在安徽丹阳湖部队农场劳动。1970年7月到1984年8月先后在兵器工业部五〇〇九厂、五〇二三厂任车间技术员、工厂生产秘书、办公室副主任、车间副主任、主任、生产副厂长、厂长。1984年9月至1986年7月在中央党校学习。1986年7月至1987年8月任国家机械委四川兵器工业局副局长。1987年9月起任中共绵阳市委副书记，1991年4月当选为绵阳市市长。

哪些"中国之最"在绵阳

□ 尤仲　良军

经济社会发展概况

绵阳位于盆地西北部，有着悠久的历史和灿烂的文化。自汉高祖时期设置涪县以来，两千多年的沧桑岁月，这块土地上，人才辈出。伟大诗人李白，医学先贤涪翁，墨竹宗师文同，唐八大家之一欧阳修，马蜀才子李调元以及四川马克思主义先驱——王佑木，现代名人袁诗荛、沙汀等都诞生于此。

绵阳1985年建四川省辖市，现辖市中区、江油市和安县、平武、北川、盐亭、梓潼、三台6个县，代管四川省人民政府科学城办事处。幅员面积20249平方公里，总人口492万。除汉族外，还有羌、回、藏等36个少数民族。市人民政府驻地绵阳城，是一座有30多万人口的科学电子城和文化古城。

1990年，绵阳人民在市委、市府领导下，坚定不移地贯彻执行党的十三届五中、六中全会精神，坚持"一个中心，两个基本点"，推进治理整顿和深化改革，国民经济和社会事业获得新的发展。

——农业喜获丰收。全年粮食产量达到239.03万吨，比上年增长5%，创历史最高水平；棉花、油料、生猪、蚕茧也有较大幅度增长；农业总产值比上年增长4.73%，农民人均纯收入增加42元。

——工业持续增长。全年完成全民固定资产投资3.24亿元，工业产品质量稳定提高率达到94.5%，获部、省优质产品34个，市优产品61个，创国家一级企业1户，二级企业5户，省级先进企业33户。全年完成工业总产值44.32亿元（1980年不变价，不含长钢和川西北石油矿区），比上年增长11.69%。

——商贸财政良好。全市个体工商户比上年增加13.3%。社会商品零售额达到27.37亿元，增长0.5%；零售物价总指数比上年回落12.3个百分点；全市完成财政收入6.69亿元，比上年增长6.84%。

——社会事业发展。全市财政支出的教育经费增长22.7%；坚持文化繁荣与"扫黄"两手抓；全市运动员获省以上金牌12枚；创建卫生城市成绩显著；人口自然增长率实现7.11‰；社会治安进一步好转，各项事业都充满了生机与活力。

"中国之最"在绵阳

在漫漫的历史长河中，特别是新中国成立以后，绵阳涌现了若干"中国之最"。举例如下：

绵阳是国家命名的第一座科学城，境内共有科研院所165家，大专院校8所，拥有国内一流的测试和分析手段。中国空气动力研究与发展中心是亚洲最大的空气动力研究试验机构，拥有亚洲最大的风洞群和自由飞弹。

中国燃气涡轮研究所是中国航空发动机科研、生产的主要试验基地，拥有亚洲唯一的高空模拟试车台。

西南应用磁学研究所是我国唯一的磁性材料及器件研究所，在稀土永磁材料的研究开发方面达到国际水平。

绵阳拥有众多的科技专业人员，仅绵阳城区就有6万多人，其中教授、研究员、高级工程师达4560人，每6人中就有1名科技人员，科研人才密度之大，全国少有。

国营长虹机器厂是我国最先进入国家一级企业的电子军工企业之一。该厂拥有目前国内产量最大，自动化程度最高的彩电生产线，最先在国内同行业中形成全功能遥控彩电生产规模。

国营长虹机器厂生产的供大型铁路列车编组站使用的“驼峰”牌雷达，其产品的质量和技术处于国内领先地位；国营长虹机器厂人均创利税和企业上交税金在全国同行业中名列第一；1990年，长虹厂获得全国管理最高奖——“金马奖”。

国营涪江机器厂生产的“九洲牌”共用天线率先在国内通过鉴定并定型生产，其产品销量占市场的40%；该厂还是我国唯一的空中交通管制二次雷达系统生产厂家。

国营华丰无线电厂是全国最大的电子插件生产厂家，所生产的接插件规格最多、品种最全，为航天、航空、航海和家电等设备的配套作出了重大贡献。

绵阳电子仪器厂是我国最大的B超仪生产基地，产品销量居全国第一；该厂生产的最新产品——“CX～880、881”型B超仪已达到80年代中期国际先进水平。

绵阳市无线电厂生产的“湖山牌”移频器、混响器、KJ会仪系统填补了我国空白；该厂生产的出口放大器各项技术指标处于国内领先地位。

长城特殊钢公司生产的产品在我国特钢企业中规格最全，品种最多；是我国唯一生产热挤压无缝钢管的厂家。

川西北石油矿区7号井，目前是我国钻探得最深的一口油气井，钻探深度达7175米。

四川矿山机器厂是我国第一套架空索道的诞生地，目前该厂所产的各型索道销量居全国第一。

绵阳新华内燃机厂是我国第一家研制成功190F型柴油机的企业，产销量居全国首位。

绵阳三台涪江大桥建成于1980年，是我国最早采用预应力混凝土结构修建的斜拉桥。

绵阳汉平阳府君阙是全国重点文物保护单位，是我国汉阙中子阙、母阙保存最完整的双阙，阙上的雕刻十分精美，对研究汉代文化具有重要价值。

“罗氏江油鱼”是我国50年代在江油最新发现的3亿年前鱼类化石，该标本现存大连水产博物馆。

1990年2月，绵阳市河边乡出土了一匹东汉铜马，该马高1.344米，长1.08米，是建国以来考古工作者发掘到的最大一匹汉代铜马。

绵阳博物馆内现存有我国最早的金铜佛像，有国内罕见的汉代摇钱树，还存有艺术价值极高的汉代说唱俑、双面人塑像等大批珍贵文物。

保存完整的梓潼七曲山大庙集元、明、清三个朝代建筑风格，这在我国古庙宇中极为少见。庙内张亚子铸铁塑像（即文昌帝君）净高4.7米，系明代所铸，为国内罕见。

绵阳市中区富乐山下芙蓉溪畔的李杜祠是我国保存最完好的将李白、杜甫二人合祠祭祀的古建筑。

绵阳平武县的报恩寺是我国保存最完好、规模最大的全楠木建筑群，占地面积共2.3万多平方米。它仿故宫的风格而建，有“深山故宫”之称。

位于绵阳安县黄帽山和天台山一带低山区的三叠纪海绵生物礁带绵延10公里，纵深7公里，为世界罕见，堪与欧洲阿尔卑斯山国际典型生物礁带相媲美。

绵阳平武是我国“大熊猫”最集中、数量最多的县。

唐代最伟大的诗人之一李白出生在古绵州彰明县（现绵阳市境内的江油市青莲镇），粉竹楼、磨针溪、陇书院、匡山书院等太白遗址保留完好。江油市中区有全国最大的李白纪念馆，邓小平同志为其亲题馆名。

位于绵阳西山风景区内的西蜀子云亭，是为纪念西汉著名文学家杨雄寓居涪城而建，底层柱128根，通高28米，阁上重亭，凌云穿空，为国内亭高之最。

广元市

市　长：郝振贤

副市长：王金祥（常务）　周秉礼（商贸、城建）　赖明扬（农业）　母继福（文教、卫生）　颜继禄（工业、交通）

郝振贤市长，1937年生于河南省许昌市，1954年10月加入中国共产党。1965年毕业于北京钢铁学院金属学系，留校任金属学系和四川江油分院党总支宣传委员。1969年10月后历任长城钢厂一分厂政治指导员、工段支部书记、总厂临时党委副书记兼二分厂临时党委书记、总厂副厂长。1983年7月任中共绵阳地委副书记、行署专员。1985年4月任中共广元市委副书记，同年5月当选为广元市市长，1990年4月再次当选为广元市市长。

广元市带县的实践与探索

□　广元市市长　郝振贤

广元自1985年实行市带县体制6年来，市县一体，城乡结合，共同繁荣。全市社会总产值，国民收入、工业总产值、财政收入、农民人均纯收入均翻了一番多。广元市主要在四个方面对市带县进行了实践和探索。

——增强城市功能，带动县区发展。广元市所辖的3区4县均属老、边、山、穷地区，发展商品经济迫切需要围绕增强城市功能，搞好城市建设，以形成能带动区县发展的强有力的经济中心。建市以来，综合开发了80公顷的新区，改造了老城，中心城建成区面积已扩大了1倍。为了增强中心城市功能，市上竭尽全力抓了“三通一教”工作。即：

流通。巩固、完善和发展了跨地区跨省市的9个各类物资贸易中心。在壮大原有的百货、五金、石油3个二级站的基础上，新建了糖酒、煤建、烟草、土产、日杂、农资、水产、中药材、西药、肉类、物资回收等10多个国家二级商业批发企业。创办了经营范围、经营方式和价格三放开与税收优惠的省际贸易市场。广元百货大厦、女皇商场等现代商业大楼拔地而起。全社会商业营业用房面积扩大了两倍。这些为市县、城乡的商品流通创造了物质条件。在全市社会商业购销总额中，市中心城区的购销比重已提高到50%。

交通。建市时，城区嘉陵江上的公路桥仅有一座单行道铁桥，城市进出口道路狭窄，通过能力很低，建市后，新建了长530米、宽9米（不含人行道）的嘉陵江大桥和长174米、宽8米的南河蜀门大桥。新建了10多条城市道路，长约20公里。其中，利州东路、利州西路、蜀门北路、蜀门南路均为路面宽为16——30米的水泥干道。城区川陕公路改线工程也即将竣工。扩建了东风坪码头。新增年吞吐量60万吨。新建了总面积为1.4万平方米的广元汽车客运站。广元火车站扩建工程也正在施工。

通讯。新开了13路自动长话电路、7路用户电报电路和2路传真电路。市区自动电话扩容1000门，全市实现了市话自动化。市话8000门引进程控电话工程即将完工。

教育。建市后，市上新建了广元市财经学校和重工、轻化、商业、粮油、交通5所技工学校，发展了师范、电大、电中、干函、自考教育。这样，每年为区县培养各类建设人才逾千名。

——实行放权优惠，支持区县自主发展。广元市是新建市，基础薄弱，财政拮据，无力对区县进行较多的资金扶持，市上采取了简政放权，给优惠的办法，支持区县自主发展。一是尊重区县的行政管理自主权，避免不必要的行政干预。同时，把一些管理权限尽量下放给区县。二是为区县争取了优惠政策。广元建市后成了连片的老、少、边、穷地区，市上争取到了省上扶持涪、达、万地区一样的优惠政策、争取到了中央给广元市

“七五”期间每年1000万元的扶贫贴息贷款。三是市上给了区县一些优惠政策。如鼓励区县到市中区兴办工业企业的政策：区县在市中区兴办工业企业的产品税、增值税、营业税、所得税回原地缴纳，合资企业按其股资所占的份额按比例返回原地；在计划、设计、土地征用、施工、能源和原材料供应、贷款、运输、企业登记注册等方面对这些企业给予优先权；这些企业所需的招工指标由市劳动部门单列下达，不占原区县的指标；等等。又如财政上的优惠政策：建市后，调整了原绵阳地区对市辖各县区的财政包干办法。除继续对剑阁、青川、苍溪3县实行核定财政收支基数，定额补助外，改剑阁、青川两县财政超收上交28%为超收全留。对苍溪县仍实行超收全留政策，调减旺苍县超收上交50%为45%，后又调为定额上交和超收按基数的8%递增上交；改市中区超收上交28%为超收全留，后因市中区一分为三，缩小了市中区，建立了朝天、元坝两个县级郊区，又对调整后的市中区实行了定额上交，超收分成的政策，以扶持郊区的发展；市上还把一部分税源让给了市中区和郊区。上级拨给广元的各类专项资金和戴帽资金、都专款专用，按帽到位，不截流。

——全市工作一盘棋，帮助区县发展。在经济社会发展战略规划上，全市进行了统一规划。广元市“七五”计划、“八五”计划和“十年规划”对市县发展，城乡发展按照增强实力，以市带县发挥优势，互促互补，市县一体，共同发展的原则进行了整体规划。在全市五年计划重点建设项目中，农业、农副产品加工业、支农工业、交通、通讯方面的项目和其他方面属于区县的项目，“七五”期间占52%，“八五”期间占64%，“九五”期间占60%。并且，这方面的项目在“七五”期间的实施情况是良好的。

在发展农村经济特别是发展农业上，坚持全市上下左右打总体战的办法，促进了县区经济，加强了全市国民经济的基础。广元市的农业不仅是国民经济的基础，而且在县区国民经济中占居着主体地位。全市农业人口占总人口的88%，各县区（除市中区外）的农业和以农副产品为原料的工业的产值占其工农业总产值的比重高达60%多，甚至90%以上。但另一方面，广元的农业生产条件很差，基础相当脆弱。全市87.4%的土地为山地，坡度≥25°的耕地占总耕地的17%。春、夏、伏旱区域性发生频率高达52——89%。春季低温频率达74.8%，全市性洪灾频率达29%。建市时，农村人均纯收入仅215元，贫困面高达55%。为此，市上加强了对农业的领导，采取了集中财力、物力和领导精力，全市上下结合，各行各业打总体战的办法，市级有关部门还实行了联系区乡对口支援农业的制度。全市农村于1989年比国家“七五”规划的要求提前一年解决了温饱问题，贫困面缩小到5%。建市6年来，县区的农业总产值年均递增5.3%，粮食总产递增2%。

在服务县区开放搞活，发展经济上，搭台架桥，创造条件。建市后，就制定了《关于发展横向经济联合协作的十项规定》和《关于推进横向经济联合的五条具体政策》。规定：凡在广元市进行合资、合作经营、补偿贸易、来料加工或独资兴办企业的，均纳入本市国民经济发展计划，资金如有缺口可优先安排贷款，特殊情况可付低息；合资项目可税前还贷，先分后税，联营对方可回原地交所得税；外地来的合营企业，前5年减半征收所得税，国营企业与集体企业联营，年利不足30万元的免征所得税；对农林、养殖等业的合营企业，免征5年所得税，对生产出口产品和填补省内空白产品的企业，免征3年所得税；凡帮助广元市企业解决了技术难题，取得显著经济效益的，可从优付给一次性酬金，也可按年增利润为基数，在约定期内分成酬偿。广元市先后参加了川西片区、四川8地市协作区、西南5省6方经济区、陕甘川3省12方经联会、全国中小城市发展促进会、陇海兰新带经济发展联席会等经济协作组织。同乌鲁木齐、呼和浩特、喀什、许昌、武威、德阳、北京农业工程大学、省九三学社等结为了兄弟协作地市和对口支援协作单位。在成都市和珠海市设立了办事处。这些为区县协作物资，引进资金和技术，发挥了重要作用。北京农业工程大学帮助旺苍县编制了社会经济发展开发规划，已通过了国家级评审。省九三学社已对广元工农业领域近30个项目进行了技术协作。1987年以来先后举办了川陕甘3省12方四川8地市及全市的4次商品交易会，市内各区县年均成交总额达到2亿多元。

——抓好重点建设工程，增添区县发展后劲。全市已经开工和即将竣工的重点建设工程有：宝珠寺水电站，装机容量70万千瓦，年发电量可达23亿度，可年新增产值1.8亿元，税金6000万元；广元火车站扩建配套工程，可实现客、货站分设，年输货能力增加400万吨；川陕公路广元城区段改线工程，长6.5公里，二级公路，将从根本上解决城市进出口道路不畅的问题；普（济）乐（坝）地方铁路，长23公里；市程控电话通讯数网工程，新增程控电话8000门，长途出口线路300路；广元铝厂，可年产铝锭3万吨，年产值可达3亿元，利税5300万元；市刨花板厂，可年产刨花板5万立方米，年产值可达3500万元，利税1030万元；市纺织厂扩建工程，年产值可达4200万元，利税800万元；市冶炼厂万吨电解铅扩建工程，年产值3500万元，利税300万元；剑阁县杨家坝水库，蓄水量可达2640万立方米，可灌5.6万亩农田，解决几万城市人口的用水问题。这些项目的建成投产，不仅有利于加强广元的基础产业，增强市级经济实力，提高市带县能力，而且增添了区县发展的后劲。

遂宁市

市　长：任全辉

副市长：李太银(常务)　鲍鸿玺(计划、工交)　崔光志(科教文卫)　张序根(农业)　宋和生(基建、安全)

任全辉市长，1938年12月生，四川省射洪县人。1960年毕业于遂宁师范学校，在该校任教，担任团委书记。1960年8月加入中国共产党。1961年在遂宁县委工作，历任县委委员、宣传部副部长，县革委委员、政工组副组长，永济区委书记、区长，县委常委、宣传部部长，县委副书记，县委书记。1985年遂宁撤县建市后，任遂宁市委副书记，1990年3月在遂宁市第二届人民代表大会第一次会议上被选为市长。

立足市情　综合发展　努力探索城乡融合的有效途径

□　遂宁市人民政府办公厅

遂宁市位于川中丘陵腹地，经济条件有两个特征：一是土地资源好，气候温和，雨量充沛，无霜期长，热量充足，盛产水稻、小麦和棉花，农业生产水平在全省相对较高，但人多地少，土地负荷重。二是工业底子薄，大多以农副产品为原料的加工工业为主，且产品多属于粗加工，档次低，门类少，效益差。虽然有天然气、石油、盐卤等资源，但受体制、交通、科技、能源等条件的制约，开发发展的外部条件差。

建市初，市委、市政府对市情作了全面分析、比较，认为不宜在遂宁单一、孤立地提出某一业兴市的战略，遂宁经济发展的出路在于工业化程度的提高，人民致富的关键在于占全市人口90%以上的300多万农民脱贫致富，其根本途径在于工农结合，城乡融合、走城乡一体化的道路，只宜选择“综合发展”、的战略，即在农、工、商、科的有机结合上下功夫，以农业促进工业，以工业带动农业，工农紧密结合，以乡保城，以城带乡，城乡互补，共同繁荣，协调发展。

实现城乡一体化的战略目标是一个庞大的系统工程，需要一个相当长的过程。必须立足于发挥自身优势，抓住影响全局的重点，打好长远发展的基础。因此，在实施过程中，市委、市政府始终坚持以农业为立足点，以工业为主心骨，交通、能源先行，科技进步作后盾，以达到扬长避短，长短结合，以短养长的目的。

一是稳定发展农业。首先，稳定双层经营责任制，制定农业合作社章程，建立农村合作基金，注意发挥“统”的职能，做到“统”、“分”有机结合，加强系列化服务，其次，因地制宜，合理的调整农业内部结构。在稳定发展粮食生产的同时，适当扩大棉花、油料、海椒等经济作物面积；大力发展以生猪生产为龙头的养殖业；充分发挥水果及经济林木的优势；注重立体开发、综合利用，使农、林、牧、副、渔的比重分别达到57.4、3.9、33.3、4.5、0.9。再次，大力发展乡镇企业。实行5轮（乡、村、社、户、联）齐转，5业（工、商、建、运、服）齐兴，发展了乡镇企业，扩大了第三产业，加快了农村剩余劳动力转移速度。1990年乡镇企业总产值13.18亿元，在农村社会总产值中比重达到41.16%。同时多渠道增加农业投入，努力改善农业生产条件。5年间，共筹资4013.4万元，用于农田基本建设和修复机电提灌、小型水利工程。修建水利工程11993处，完工10764处，改造低产田土22706公顷，新增和恢复灌面2.69万公顷，植树29496.6公顷，农业生产的基本条件有所改善，为打破农业生产徘徊局面奠定了基础。

二是狠抓能源、交通建设。按照引进、开发与节能并重、水电与火电结合的方针，发展小水电和民用天然气，装机容量已扩大到8.17万千瓦，1990年用电达到45446.51万千瓦时，比"六五"末期增加24011.5万千瓦时，年递增16.22%，能源矛盾有所缓解。重点保护省级公路主干道，分期改善县道、打通市区干道和农业区、乡公路，公路运输网已具规模。达成铁路通过论证立项，可望在"八五"建成。

三是努力发展地方工业。坚持以内涵为主，与外延扩大再生产有机结合，把发挥传统优势与开发新产品结合起来。为了加快技改步伐，推进技术进步，把企业的折旧率由4.51%提高到7%，通过企业升级，建立名优产品奖励基金和新产品开发基金，狠抓产品的深度开发的拓展市场，形成独具特色的纺织、食品工业体系，带动其他产业的发展。另一方面，利用天然气、盐卤资源丰富的独有优势，进行盐化工业的技改和扩建、新建，同时，开发机械、电子、建材业等，创造条件开发技术密集型产业。

四是狠抓科技进步。在解决科技水平落后、人才缺乏方面，一手抓应用技术推广，一手抓人才开发。注重科教兴农、科技兴工，实施"星火计划"、农业系统工程，积极鼓励科技人员下乡承包。狠抓重点科技项目，引进和推广新技术，使科技长入经济，使潜在生产力变为现实生产力。狠抓基础教育、职业教育、成人教育、在职培训，采取请进来，派出去与科研院校挂钩等办法，有针对性地培养技术人才，使人才效应得以较快体现。尤其是与民盟四川省委合作搞科技开发，取得了明显的经济效益和社会效益。

在推进工农结合、城乡融合的过程中，根据遂宁中心城市功能不全、小城镇有一定基础、农贸市场较发达、城对乡的依赖性强的特点，着重解决了三个方面问题。

第一，完善市管县体制，协调市、区、县关系。在管理体制上，注意建立合理的条块结合管理体系，既稳定两县行政体制的板块，又合理分割市区行政体制条块；在组织结构上，对计划系统、协调系统、调节监督系统、信息系统实行行业归口管理，力求使行政管理体制和行政机构的设置适应于城乡融合体制的需要；坚持放权让利，市向区、县下放经济管理权限，实行超收全留的财政政策，提高了区、县总揽经济全局的能力，增强了县级经济的活力；在管理方法上，突出规划、指导、协调、服务、监督功能，减少行政干预。

第二，沟通两个基地，两个市场，协调工农关系。建立了商品粮、棉花、油料、水果、瘦肉型猪、蚕茧等农产品基地，城市工业企业通过签订产销合同、价格保护、贴息贷款、利润分成、技术指导、产前产后服务等多种手段，扶持农村经济的发展，使农产品商品率明显提高。农村同样把城市作窗口，作为建筑业、服务业、劳务输出的基地，从而形成了城乡通开、互为基地、协调发展的格局。

第三，加强小集镇纽带作用，协调城乡关系。采取城乡同步发展、优先发展小集镇，以城镇促市区，以市区带城镇的策略。按照经济流向，抓了县城和区镇的建设规划，并从政策、土地、能源、交通、乡镇工业布局、资金、技术和领导力量等方面，扶持和支持城镇经济网络的建设，使其由无规划、乱布局转向健康发展，由设施简陋、功能单一转向多功能服务，由纯居住、消费结构转向农工商综合经营，由"纯农区型"逐步转向"工贸型"，进而带动村社经济的发展，同时，市区把改造旧城和建设新区有机结合起来，打通了十里南北干道，加强了市政建设，初步形成了两河两路的城市格局。

经过5年的实践，在城乡融合方面取得了初步的成效。1990年与建市的1985年相比，社会总产值（当年价）达51亿元，按1980年不变价计算（下同），年平均增长10.2%；国民收入20.82%亿元，年平均增长6.3%；国民生产总值24.69亿元，年平均增长3%；工农业总产值27.91亿元，年平均增长9.9%；财政收入1.74亿元，年平均增长19.7%。

(1) 国民经济结构改善。1990年工业总产值在工农业总产值中的比重，已由44.6%上升到58.6%；在国民生产总值中，第一产业比重由1985年的61.7%下降为49.6%，第二产业由20.2%上升为27.2%，第三产业由18.1%上升为23.2%。固定资产规模扩大。5年间，全民所有制固定资产投资累计达8.1亿元，比"六五"时期增长65%。投资结构得到调整，生产性建设投资占70.1%，生产力布局有所改善。

(2) 农村经济有了发展。1990年与1985年比较，农村社会总产值（现价）达32.02亿元，年平均增长17.3%；农业总产值达11.53亿元，年平均增长3.6%（按1980年不变价计算）；乡镇企业总产值达13.18亿元，年平均增长31.2%；一批富有特色的农副产品基地正在形成和发展。在156.77万个劳动力中，从种植业中转移出的劳力33.11万个，从事非农业的人数达20.77万个。5年新增长转移劳力16.66万个。

(3) 城镇建设出现了新生机和活力。除遂宁这个中心城市之外，建制镇由5个发展到18个，非农业人口由27.17万人增加到30.96万人。遂宁作好了中等城市的规划，城市构架基本形成。射洪县、蓬溪县城镇布局和格局初具规模。城镇基础设施建设有了较大改善。市县城区的排水干道基本疏通，市区及县城居民生活用气从无到有，气化率分别达到51.2%和52%；新建了广播电台、电视台、地面卫星接收站、电视差转台，安装了自动电话，通讯落后状态有所改变。

（执笔：陈联俊）

内江市

市　长：梁昌飞

副市长：罗开忠（常务）　郑时源（工交）　曾清华（女　文教卫生）　罗　毅（农业）　蒋　杨（城建、商贸）

梁昌飞市长，安徽合肥人，1944年8月8日出生，1967年9月毕业于西南财经大学工业经济系。1968年起，在四川省绵阳市第一棉纺织厂历任会计、财务科长，车间主任、副厂长、厂长。1983年至1985年在中央党校学习。1985年9月任四川省财政厅副厅长。1989年9月任中共内江市委副书记，1990年5月在内江市第二届人民代表大会第一次会议上当选为内江市市长至今。

内江市在困境中发展前进

□ 王前明　宋永平　陆振华

"七五"期间，内江市认真贯彻党的基本路线，执行治理整顿、深化改革的方针，努力克服经济生活中出现的各种困难，促进经济建设和社会事业在困境中稳步发展，实现了"七五"计划确定的主要目标。保持了政治、经济和社会的稳定。1990年，全市实现国民生产总值61亿元，按可比价格计算（下同）。比上年增长5%；国民收入54.5亿元，增长4%；工农业总产值67.18亿元，增长5.5%；财政收入6.24亿元，增长3.8%。

集中精力搞经济建设，国民经济稳定发展

（一）狠抓农业生产，农村经济取得可喜成绩。

全市上下各行各业坚决贯彻党的农村政策，不断加深对农业基础地位的认识，始终把主要精力放在发展农业上。进一步坚持、完善家庭联产承包责任制，适时调整土地承包。并从实际出发逐步完善统分结合的双层经营体制。开展以改造中低产田、长防工程、水土保持工程为重点的农田水利基本建设。抓紧农业生产资料的供应，加强农业发展基金和农村合作基金建设，狠抓科技兴农，全市近5000科技人员下乡参加农技承包，落实承包面积近4万亩。进一步促进了科学技术的广泛应用。有效地提高了综合生产水平。1990年，全市农业总产值达到27.34亿元，比上年增长4.1%；粮食总产量达387.7万吨，增长4.8%，再创历史最好水平；生猪出栏532.4万头，增长5%；油菜籽、棉花、蚕茧及甘蔗等主要经济作物都有较大幅度增长；农村人均生产性纯收入达485元，增长43元；乡镇企业产值达22.39万元，增长13.1%。

（二）工交生产走出谷底，逐步回升。

面对工交生产的严峻形势，全市坚决贯彻上级有关稳定和发展、促进企业生产经营、推动合理消费的政策措施，并结合本市实际，制定了关于发展生产、搞活市场的若干补充规定，促进生产回升。各级领导狠抓工交生产，加强调度、指挥，逐月下达生产与补欠计划，深入企业，督促检查，分类指导。一方面，按照政策规定，从多方面扶持了一批停产、半停产和特困企业，帮助他们走出困境；另一方面，狠抓产值税利大户与重点产品的增产增收，从资金、能源等方面予以支持，促进了计划的完成。1990年，全市完成工业总产值39.84万元，比上年增长6.3%。基础原材料工业、支农工业继续保持增长势头，主要产品产量提高。纱、丝、化肥、发电量等十三种产品增幅在两位数以上。

（三）内外贸易继续发展。

在市场疲软、困难较多的情况下，各级商贸部门进一步端正业务指导思想，认真贯彻启动市场的政策和措施，积极举办和参加各类商品展销会、订货会，不断拓宽市场。继续加强市场物价管理，有重点地整顿城乡市场秩序，严格市场管理、监督。积极调整出口商品结构，认真落实各项鼓励出口的优惠政策，千方百计拓宽

出口渠道，全市对外贸易在1989年大发展的基础上又有发展。1990年，全市社会商品零售总额达32.57亿元，比上年略有增长；国营商业纯购进27.02亿元，增长1.2%；纯销售26.39亿元；外贸调供总值实现2.28亿元，增长27.9%；市场物价稳定，涨幅为1.5%，比上年低14.8个百分点。

改革开放有新的进展

城市经济体制改革以企业改革为重点，集中力量抓了企业第二轮承包，针对上轮承包中的问题，通过补充、完善，使承包基数更加科学合理；承包指标突出了技术改造，避免经营者行为短期化；在对经营者的奖励上作了若干规定，既承认差别，又避免了经营者与职工收入差距过大。同时围绕结构调整，狠抓了产权转让，巩固和发展企业集团，按照计划与市场相结合的原则，进一步抓了物资体制改革、劳动工资制度改革、住房制度改革及金融体制改革的试点工作。

进一步发展对外开放。对外窗口不断扩大，市政府驻成都办事处已正式办公。新建了驻海口办事处。制定了引进外资政策，建立了“三资”企业。

城乡建设、城市管理取得成效

城市基础设施建设加快。各县城镇继完成自来水厂的新建、扩建、改建后，着重抓了输配水设施的新建和改造，供水紧张的状况得到很大改善。抓好城市道路的新建和改建，一批扩建工程和道路建设工程已陆续完成。全市各县城实现了电话自动化。以“省二届青运会”为契机，全力以赴抓好一批体育场馆和大型商贸设施建设，保证了青运会如期召开，增强了城市功能。民用天然气建设有所发展，全市用气户已达35000余户，市区气化率达45%。

认真执行《环境保护法》，实行政府任期环保目标责任制，并对考核方法及奖惩作了明确规定，加强了重点污染源治理，一批治理项目已投入使用。

科技、教育及各项社会事业进一步发展

认真落实“科教兴市”战略，全年完成省市级科技项目32项，获省科技进步奖2项、省星火奖2项、市科技进步奖25项。市级组织实施的12个重大农业科技协作攻关项目及9项重点农业科技成果推广项目都获得良好的经济效益和社会效益。以高新技术改造传统产业，开始了创建科技先导型企业的试点。引进新技术132项，开发新产品245种，创国家优质产品2个，部、省优产品74个。

教育的改革和发展取得了新成绩。以普及义务教育为中心，稳步发展基础教育，深入进行教育改革，不断提高教学质量，全市幼儿入园率、适龄儿童入学率、小学和初中毕业生升学率都有一定提高；职业技术教育、成人教育都有较大发展。

省二届青运会在内江召开，促进了全市体育工作的蓬勃发展。较好完成各项比赛场馆建设和运动会的组织、安排，受到省和各地来宾高度赞扬。内江市代表团在比赛中取得了体育道德风尚第一名、团体总分第三名的好成绩。内江市还获得全国“田径之乡”称号。

各项社会事业进一步发展。加强了社会医药市场的治理整顿，开始了创建卫生城市活动，提前完成农村改水“七五”规划任务，各种形式的计划生育宣传和技术服务进一步深化。

进一步巩固发展安定团结政治局面

加强社会治安综合治理，公安、治保、民兵相结合，广泛建立群防群治的防范网络。从重从快打击严重犯罪分子，有效地遏制了刑事案件上升的势头。坚持不懈“扫黄”、除“六害”，收缴、封存了一批黄色反动出版物及录音录相带。

社会主义民主和法制建设进一步加强。认真执行国家法律、法规，加强行政执法和执法监督检查，加强行政监察工作，大力纠正行业不正之风。政府机关作风进一步好转。

与此同时，工作中也还存在许多不容忽视的困难和问题。一是目前全市农业基础还相当脆弱，抗灾能力较低，综合生产能力提高不快；二是工业生产回升缓慢，呈低速增长，地区和行业之间发展不平衡；三是市场销售在某些方面仍然疲软，经济循环不够通畅。结构调整进展迟缓，一些产品不适销对路，积压严重，产业结构调整难度很大；四是企业效益下降，亏损面扩大，亏损额增加，财政困难加剧；五是人口基数大，人均占有低，控制人口增长的难度较大。

1991年全市工作的指导思想是坚定不移地贯彻执行党的基本路线，紧紧围绕经济建设这个中心，把稳定与发展，治理整顿与改革开放、搞好服务与严格监督结合起来，促使全市人民生活水平逐步提高，综合经济实力明显增强。

1991年，全市国民经济发展的主要指标：国民生产总值64.04亿元，比1990年增长5%；国民收入56.12亿元，增长3%；工农业总产值70.40亿元，增长4.8%，其中：农业产值28亿元，增长2.6%，工业产值42.40亿元，增长6.4%；粮食总产量390万吨，增长0.6%；社会商品零售总额35亿元，增长8%；财政收入6.73亿元，增长6%。

乐山市

市　长：佘国华
副市长：何一心（常务）　史志义（彝族　民族、公安）　辜仲江（计划、工交）　尹志君（农业、计划生育）　王莉文（女　文教、卫生）　何征修（城建、科技）

佘国华市长，1943年3月生于四川遂宁市，轧钢工程师。1967年毕业于重庆大学冶金系，历任四川省大渡河钢铁厂车间主任。厂党委副书记、副厂长、厂长等职。1984年任原乐山地区经委主任，同年任原乐山地区行署副专员。1985年在乐山市第一届人民代表大会第一次会议上当选为市长。1990年在乐山市第二届人民代表大会第一次会议上再次当选为市长。现任中共乐山市委副书记、乐山市市长。

今日乐山

□ 乐山市市长　佘国华

乐山物华天宝、人杰地灵，并以拥有峨眉山、乐山大佛等国家级风景名胜区闻名于世。自1985年国务院批准撤地建市以来，乐山市的经济和社会各项事业得到迅猛发展，成为闪烁在巴蜀大地的一颗璀灿明珠。

（一）经济实力大为增强。1990年全市社会总产值达到133.66亿元，比建市前增长81.06%，年递增率为10.40%；国民生产总值达到67.33亿元，比建市前增长71.92%，年递增率为9.45%。国民收入达到59.35亿元，比建市前增长47.23%，年递增率为6.66%。工农业总产值（1980年不变价）达到69.33亿元，比建市前增长81.84%，年递增率为10.48%。其中，工业总产值为47.4亿元，比建市前增长122.48%，年递增率为14.26%；农业总产值为21.92亿元，比建市前增长30.25%，年递增率为4.52%。财政收入达到5.43亿元，比建市前增长118.2%，年递增率为13.89%。全市商品零售总额达32.56亿元，比建市前增长134.84%，年递增率为15.29%。全市粮食总产量达到272.82万吨，比建市前增长5.62%，年递增率为0.92%。

农业经济持续稳定发展。认真贯彻以农业为基础的方针，把农业摆在经济工作首位。稳定家庭联产承包责任制，完善双层经营体制，狠抓多层次、多形式的农业服务体系建设；不断巩固和发展村社集体经济，增强农业自我服务能力；加强农田水利建设，增强农业后劲；积极鼓励引导农民发展乡镇企业，转移农村劳动力。1990年全市农业总产值达到21.92亿元。主要产品产量：粮食272.82万吨，棉花1.44万吨；油菜籽10.23万吨，甘蔗20.03万吨，蚕茧0.61万吨，出栏肉猪441.58万头，成片造林1.6万公顷，水产品1.91万吨。开发农业围绕“耕地深度开发，非耕地广度开发，庭院立体开发，产品系列开发”4个领域，重点抓了栽桑养蚕，种藕喂猪，种草养畜和开发利用秋闲田发展稻田蘑菇、秋大豆四个项目。1990年全市建成“双千田”10866公顷，“吨粮田”17340公顷。乡镇企业在治理整顿中持续稳定发展。全市乡镇企业总产值达到37.9亿元，比1984年增长687.97%，年递增率为41.06%；总收入39.4亿元，实现利税2.65亿元。

（二）工业保持适度增长。工业生产在调整结构，提高效益的基础上保持适度增长。重点抓了基础产业、支柱产业和重点企业、重点产品。1990年在市场疲软，“三角债”拖欠严重，产品积压，资金短缺，原材料、能源涨价等情况下，市府精心组织生产，并采取一系列搞活工业生产的政策。一是制定了《关于进一步启动市场，稳定经济，搞活企业的若干规定》、《关于稳定发展乡镇企业若干规定的通知》，坚持厂长（经理）负责制，加强企业思想政治工作，推进职工民主管理；二是各部门大力支持、协同作战，共渡难关。市级各经济部门、杠杆部门和监督部门齐心协力，千方百计为企业排忧解难；三是各级工交部门积极按照“振奋精神，自我加压，全面完成计划”的要求，对企业逐个进行排队分析，落实增产任务；四是坚持“抓两头”，抓重点企业、重点产品和停产企业。全市11户重点调度的企业完成工业总产值8.96亿元，比1989年增长8.64%。支农工业保持较高的发展速度，生产碳铵28.5万吨，比1989年增长12.65%。全年碳铵生产供天然气8487万立方米，比1989年增长9.87%。供电1.33亿千瓦时，比1989年增长10.37%。对停产半停产企业，市府成立协调小组，实行分类指导，综合治理的办法，逐户研究，制定措施，开展生产自救。全市95户停产半停产企业已走出困境，7942名职工陆续上岗恢复生产。主要产品产量均超额完成任务。钢9.78万吨，生铁19.98万吨，铁合金5.41万吨；原煤339.86万吨，电43.4亿度，呢绒151万米，原盐65.29万吨，纯碱4.2吨，合成氨8.74吨，化肥10.19万吨，水泥167.2万吨，桑蚕丝448吨。1990年全市创省级先进企业22个，国家二级企业8个，创市以上文明工厂10个。

（三）交通、能源、邮电等基础产业发展较快。6年来，全市新建公路741公里，拓宽改建公路2402.7公里，新增等级公路720公里，新铺油路291.9公里。新乐公路、乐峨公路扩建工程全线竣工，乐井公路已通车投运，乐五干道正在改造。中心城区城北干道7公里、城南干道8公里的建成，极大地改善了城市出口颈瓶状况。达到国家一级汽车站标准的城北客运中心站，日吞吐旅各达5万人次。6年新建大中型公路桥63座，5804.6米。仅岷江河上就新建三座大桥，即乐山大桥、眉山岷江大桥、犍为岷江大桥。内河航运条件逐步改善，整治了大渡河、岷江航道近200公里，改建了乐山港，新建和改造27个码头，通机动船里程达433公里。1990年全市客货换算周转量达到54273万吨公里。开发地方小水电、小火电、余热发电和坑口电站工作也取得显著成效。峨边大堡2×8750千瓦，峨边五渡2×2500千瓦，沫江坑口火电站2×3000千瓦以及新村等地方骨干电站（厂）陆续建成投产，全市地方装机容量16.79万千瓦。1990年新建大堡-罗目-峨眉铁合金厂110千伏输电线路70公里,，五渡-沙湾丰都庙-罗目35千伏输电线路74.8公里。邮电通讯设施有很大改进。全市17个区、市、县、自治县已基本普及自动电话；数网工程投产，国内可直拨555个城市，国际可与世界150多个国家、地区直接通话、传真。传输网络进一步增强，仁寿、眉山、犍为等10个区、县实现联网通信，沙湾、五通桥区本地电话网投入运行。15个区、市、县进入自动转报网。

（四）对外贸易、经济协作不断发展。随着对外开放和工农业生产建设的不断发展，乐山的对外贸易、经济协作得到较好的发展。对外贸易乐山市对省实行了大承包，各区、县对市实行了小承包1988年成立的“四川省乐山进出口公司”，是自主经营、对外具有独立法人资格，拥有自营进出口经营权的出口公司，并分设工业品、粮油食品、土产、畜产、茶叶等5个外贸专业公司。1990年出口供货总值达1.52亿元，创汇1895万美元。出口商品有：机械设备、五金矿产、轻工、化工、丝绸、纺织、医药保健、粮油食品、工艺品、土产、畜产、茶叶、皮革制品等十多个大类。出口商品外销面达到世界五大洲的35个国家和地区。引进外资工作也取得成效，相继兴办了乐山永大半导体有限公司、四川山龙塑料有限公司、全富峰养殖有限公司、四川长征制药工业有限公司等4家合资企业和赖素霞竹制品厂独资企业，引进外商直接投资261万美元。我市在继续巩固和发展同日本国市川市友好关系的同时，先后同国内17个城市结为友好城市。1989年、1990年共达成经济技术协作项目84个，协作投资资金达5.78亿元。一年一度的乐山国际龙舟经济交易会，融经济、贸易、文化、体育、娱乐于一体，内容丰富，规模宠大。举办4年共有41600多名中外客商参加了交易会，成交额43.4亿元。

（五）城市建设迅猛发展。随着中心城区城北、城南干道、滨江路、海棠路、新村街、兑阳湾街扩建改造工程的竣工，乐山大桥的建成，城市公用设施的配套完善，城市面貌发生了较大变化。目前市中心城区建成区面积已达1平方公里，比建市前扩大了一倍多。城区民用天燃气完成主管道40.5公里的铺设，安装用户2.5万户，城区居民气化率达55%；通过扩建第一、第二水厂，完善配套第三水厂，形成日供水6.5万吨能力；城区绿地面积达755550平方米，人均占有绿地面积由建市前0.65平方米上升为5.68平方米。近年来，我市积极稳妥地进行了住房制度改革。全市实行房改的有16个行政企事业单位，有8014户职工参加了房改，房改面积达32.9万平方米。其中售房面积12.9万平方米，售房总金额1837万元，购房职工2309户，售房单位已收回资金612.8万元。

（六）科技教育卫生事业发展迅速。全市现有部、省、市属独立科研机构13个，其中校为知名的有核工业西南物理研究所、核工业第一研究院、市农科所等，共有科技人员近10万名，其中高级技术人员近3千人。建市以来，共获得国家技术进步奖3项，部级和省级技术进步奖76项；评出市级技术进步奖178项；获国家发明奖金牌4枚，银牌奖2枚，铜牌奖2枚，省发明奖4枚、银奖7枚、铜奖25枚；获布鲁塞尔尤里卡奖1项。全市有大专院校3所，中专13所，普通中学和职业中学594所，小学4125所，幼儿园（班）1921所，在校学生达81万人。学龄儿童入学率97%，6年共向大中专院校输送学生23217人。全市17个区、市、县、自治县中小学危房改造已全部完成。尤为值得一提的是我市农民教育工作。通过几年实践探索，走出了一条适合我国农村实际的“短、平、快”农民实用技术教育方式，受到联合国教科文组织的好评，并决定向195个国家和地区推广这一经验。1990年培训结业的农民学员，有2800人被聘为乡镇干部，1.6万人被聘为村社干部，6700人被聘为各业技术员，1.8万人运用所学技术独立经营或从事家庭综合经营。全市现有各级各类卫生机构1151个，床位13792张，卫生人员达21322人，6年内新建县级中医院16所，投资300多万元、融医疗、教学、科研为一体的市中医院即将建成开诊。市人民医院是省内少数几家能开展体外循环心内脏直视手术、脏器肿瘤医治、颅脑外伤、断指再植等较为复杂手术的医院之一。

（七）旅游事业蓬勃兴旺。市境内峨眉山、乐山大佛两个国家级风景名胜区，眉山三苏祠，沙湾郭沫若旧居以及五通桥小西湖、青神中岩寺、夹江千佛岩、仁寿黑龙滩和洪雅玉屏林海、沙湾石林等景区，集名胜、古迹、风光于一体，其中峨眉山、乐山大佛景区为国家旅游热点。市内现有涉外宾馆14家，其中一星级宾馆1家，二星级5家，有高中档房间近1000间，床位2000多张，可接待各种规格的客人和旅游团体。1988年建成的峨眉山索道，是一条现代化复式客运索道，起站接引殿（海拔2540米），止站金顶（海拔3099米），中间无支架，它是我国海拔最高、单跨最长、坡度最大的一条高山架空索道。索道的建成，既为名山添了一景，又方便了游客登游金顶。1990年新发现的奇妙景观乐山“巨型睡佛”，位于乐山城区东侧，以乌尤山为头，凌云山为身，龟城山为脚，三山联襟而成，全长4000余米，横卧三江，气势恢宏。乐山大佛立于“巨型睡佛”胸部，正合“佛在心中”的佛教教义。“巨型睡佛”的发现，为乐山旅游增加了新的内容，为游人增添了新的情趣，掀起了乐山旅游的新高潮，吸引了众多的国内外游客。1990年接待国际游客3.64万人，比1989年增长1.77倍；接待国内游客520万人次，增长27%；旅游系统创汇474.33万元（外汇人民币），比1989年增长2.49倍。

广汉市

市　长：邓耀勋

副市长：许秀田（常务）　戴世宽（文教、城建）　方小方（民政、外事）
王昌兴（工交、商贸）

邓耀勋市长，四川省广汉市人，中共党员，1945年生。1968年毕业于四川遂宁农机学校。参加工作后任广汉氮肥厂车间支部书记、副厂长、厂长、厂党总支书记；县工交局局长；1984年任副县长。1987年四川省党校大专毕业。1988年任代理市长、市长兼市委副书记。

阔步前进中的广汉市

□ 高川勇

“七五”期间，勤劳智慧的广汉市人民在党和政府的领导下，坚持“一个中心，两个基本点”，认真贯彻中央治理整顿和深化改革的方针，把中央精神同广汉实际相结合作为工作的指导原则，充分发挥全国、省改革试点县（市）的优势，团结奋斗，锐意改革，披荆斩棘，奋力开拓，初步把广汉建成为一座工业门类比较齐全，农村经济全面发展，城市功能比较完善，具有一定经济技术基础的工业城市。

经济建设成绩显著

“七五”期间，广汉市坚持以经济建设为中心，在集中精力办好农业的同时，大力发展工业，努力提高经济效益，经济建设大踏步前进，取得令人瞩目的成绩。1990年全市社会总产值达27.5亿元，比1985年增长215.4%，比1989年增长16.2%，年均递增25.8%；国民收入达到79154万元，比1985年增长108.50%，比1989年增长16.4%，年均递增15.8%，国民生产总值达87814万元，比1985年增长101.13%，比1989年增长11.9%；年均递增14.9%；预算内财政收入8097万元，比1985年增长139.34%，比1989年增长9.13%，年均递增19.1%；市属工农业总产值完成16.65亿元，比1985年增长148.83%，比1989年增长11.1%，年均递增19.9%；农业总产值2.65亿元，比1985年增长20.05%，比1989年增长1.9%，年均递增3.8%；工业总产值14亿元，比1985年增长212.23%，比1989年增长13.05%，年均递增25.6%；社会商品零售总额4.07亿元，比1985年增长85.42%，年均递增13.1%，城乡储蓄存款余额30315万元，比1985年增长353.14%，比1989年增长35%，年均递增35.3%；全市人均储蓄590元，比1985的增加458元，比1989年增加173元；农民人均纯收入840元，比1985年增加238元，比1989年增加38元。

社会事业欣欣向荣

教育方面。农村综合教育体制改革取得显著成果，智力投资不断增加。“七五”期间，政府、部门、群众多方集资上千万元，改善中小学办学条件。市上投资210万元，建成了占地21亩，建筑面积7000平方米的市职业教育中心。1990年市内有高等院校1所，中专1所，普通中学31所，职业中学2所，小学247所，乡（镇）成人文化技术学校23所，幼儿园113所，市电视大学和电视中专班11个。教职工24949人，高中在校生2910人，初中在校生19695人，小学在校生37935人，在园幼儿11788人，学龄儿童入学率99.8%。基本作到了村村有小学，乡乡有“三校一园一厂（场）”（乡初中、乡中心校、乡成人学校、乡中心幼儿园、劳动教育场地和校办工厂），全市初步形成多层次、多渠道、多类型的的大教育体系。有以“三校一园一厂（场)”的基础教育体系；又有职教中心为龙头，职业中学为骨干，农校为基点的职教体系和以成人教育中心为支柱，各部门办学的成人教育体系。

科技方面。专业技术人员迅速增长，科技成果硕果累累。1990 年全市有各类科研机构 13 个，比 1985 年增加 11 个；有各类专业技术人员 10875 人，比 1985 年增加 9212 人，增长 553.39%；其中高级职称 209 人，比 1985 年增加 208 人；中级 1963 人，比 1985 年增加 1861 人；各类技术员 4376 人，比 1985 年增加 3897 人。“七五”期间全市共获各类科技成果 100 项，其中：国家级 2 项，省（部）级 15 项，地（市、厅）级 36 项，县（市）级 47 项。

卫生方面。医疗卫生条件不断改善，初步形成了完善的卫生保健体系。1990 年全市有医疗机构 84 个，比 1985 年增加 54 个，增加 180%；专业卫生人员 1768 人，比 1985 年增加 504 人，增长 51.19%；其中：医生 838 人，比 1985 年增加 230 人，增长 37.83%；定有病床 1161 张，比 1985 年增加 240 张，增长 26.06%。

文化方面。全市公共文化事业机构和设施逐步完善，城乡三级群众文化网初步形成。“七五”期间，市区三星堆遗址考古获重大发现，出土上千件珍贵文物，震惊海内外，被列为国家重点文物保护单位。同时，新建成了市广播电台、电视台、图书馆、文化宫、文体馆各一个。1990 年全市有文化馆、站 24 个；影剧院 24 个，其中乡镇影剧院 21 个；群众性文化创作、摄影、美术等方面蓬勃开展，丰富了人民生活。

城市建设日新月异

“七五”期间，广汉城市建设按照城市总体规划，迅速发展，市区面积达 6.1 平方公里，比 1985 年扩大近一倍，先后新建了市文体馆、广播电视大楼、图书馆、职业教育培训中心、市三医院、商业大厦、滨西大厦、西园滨馆、邮电大楼等公用设施。于此同时城市住宅、道路、交通、给排水、园林绿化、环境保护等设施建设日新月异，初具规模。

城市住宅。1990 年全市住宅达 160.8 万平方米，比 1985 年增长 81.77%，年均递增 12.7%，人均居住面积达 9 平方米，比 1985 年增加 3.34 平方米，增长 67.6%，年均递增 10.9%；城市燃气从无到有，20%的城市居民用上天然气，居民生活设施大有改善。

市政工程。1990 年全市城市道路总长度 24.8 公里，比 1985 年增长 35.34%，年均递增 6.3%；道路面积达 35 万平方米，比 1985 年增长 47.5%，年均递增 8%；市区人均道路面积 5.2 平方米；有城市下水道长度 49.6 公里，比 1985 年增加 13 公里，增长 35.34%，年均递增 6.3%；有城市路灯 920 盏，比 1985 年增加 535 盏，增长 138.96%，年均递增 19.1%；有城市桥梁 5 座，比 1985 年增加 3 座。

城市公用事业。“七五”期间，建成省内县城第一家旅游汽车出租公司，拥有小卧车 53 辆，中型桥车 5 辆。1990 年全市市属单位共有营运机动车 2575 辆，比 1985 年增加 2096 辆，增长 437.58%；全年客运量 360 万人次，比 1985 年增长 42.30%，年均递增 7.3%；客运周转量 13432 万公里，比 1985 年增长 69.4%，年均递增 11.1%；货运量 35 万吨，比 1985 年增长 2.9%，年均递增 0.1%；货运周转量 1882 万吨公里，比 1985 年增长 45.1%，年均递增 6.6%；城市自来水日供水能力 8000 吨，年均递增 15%，人均日生活用水量达 130 升，年均递增 17%；全市用电量 26368 万千瓦小时，比 1985 年增长 80.54%，年均递增 12.6%；其中：工业用电 21933 万千瓦小时，比 1985 的增长 84.99%，年均递增 13.1%；城市生活用电 3078 千瓦小时；比 1985 年增长 284.75%，年均递增 30.9%；邮电业务总量完成 237.80 万元，比 1985 年增长 273.31%，年均递增 30.1%；电话装机容量 2000 门，比 1985 年增长 167.44%，年均递增 21.7%；长途电路 54 条，比 1985 年增长 184.21%，年均递增 25.1%；有市话 1338 户，比 1985 年增加 130.69%；新开辟长途直拨电话 252 户。

城市园林绿化。1990 年末，城市绿化面积达 55 公倾，比 1985 年增加 24 公倾，增长 74.42%，城镇居民人均绿化面积达 7.9 平方米，比 1985 年增加 4.1 平方米；兴建金雁湖，街心花园和长近千米，宽 1.5 米滨河路立体绿化带，城市环境大为改观。

江油市

市　长：杨昌信

副市长：仇义富（常务）　刘毓才（城建）　任明清（农业）　牟之森（文教卫）　赵纯德（工业、计划）　王心赤（科技）　张　健（引水工程）

杨昌信市长，生于1946年4月，大学文化程度，工程师。1964年考入北京钢铁学院压力加工系读书，毕业后曾先后去武汉钢铁公司初轧厂和解放军部队劳动锻炼。在新疆塔城从事工业交通管理工作。后调江油四川矿山机器厂参加轧钢车间筹建工作，任工程师，车间副主任。1983年任中共江油县委副书记，1987年任江油县县长，1988年经国务院批准江油撤县设市，即任江油市市长。

三年巨变　方兴未艾

□　肖定沛

位于四川盆地西北部的江油市，自然环境优越，交通便利，经济文化发达。市区中坝镇素有“小成都”、“九省通衢”之称。新中国建立后，发展成工业旅游城市，国家三线建设重点地区，又称“水泥之乡”。70年代后，特别是中国共产党十一届三中全会确定改革，开放政策以来，农、工、商和各项社会事业蓬勃发展，列为国家级剑门蜀道风景文化旅游区，对外开放城市。1988年2月，国务院批准撤县建市，经济发展更快，社会事业取得长足的进步，建成全国商品粮生产基地，列为省级历史文化名城，1989年名列全国100个财政收入大县（市）第21位，1990年升为第20位，成为名副其实的“川北明珠”。

经济基础更加扎实

撤县建市后，市领导把经济发展作为城市建设的基础，继续坚定不移地执行改革，开放政策，充分利用自然资源和旅游资源优势，大力发展经济，使城市建设有了坚实的基础。

1990年，市境内工农业总产值（1980年不变价，下同）达16.93亿元，比1987年增长21.80%，年均递增6.79%。市属工农业总产值7.91亿元，比1987年增长47.03%，年均递增13.71%。人均工农业总产值由建市前1987年的1751元增加到2074元，增长18.45%。

1990年市属工业企业有7235个（包括家庭企业），年末有固定资产原值4亿元，净值2.74亿元，有职工38432人。1990年，市属工业总产值5.33亿元，比1987年增长69.21%，年均递增19.16%。全市已形成以冶金、建材，能源工业为骨干，食品加工、机械、化工、造纸、文教用品、轻纺，缝纫、木材加工工业相配套的工业体系。市属工业中按产值计算，轻重工业比重为54.5:45.5。市属工业产品获部优奖6个，省优奖16个，绵阳市优奖14个。

1990年农业总产值实现25726万元，创历史最高水平，比1987年增长15.54%，年均递增4.93%。主要农副产品粮食产量38.80万吨，增长23.02%，其中水稻24.14万吨，增长40.02%。油料2.15万吨，增长5.57%。肉猪出栏46.53万头，增长7.96%。乡镇企业总产值54692万元，增长11.22%。1990年，名列全国粮油生产先进县（市），受到国务院表彰。

城乡市场繁荣兴旺。社会商品零售总额由1987年的32455万元，上升到1990年的55487万元，年均递增19.57%，增长70.97%。1990年全市出口商品有工业硅、硫璜、猪鬃、附片、盐渍姜等；达6类、19个品种，调供出口商品总值1078万元。

1990年，按现行预算管理体制划归市财政组织的收入23463万元，比1987年的14347万元增长63.54%。

城乡居民收入不断增加。农民人均纯收入由1987年的451元，增加到1990年的634元。城镇职工人均年工资由1987年的1488元，增加到1990年的1705元。市区30%的居民户用上天然气。全市60%的农户，98%的城镇居民户有电视机。1990年末，城乡居民储蓄余额42164万元，人均511元，比1987年分别增长1.33倍、84.48%。

社会事业蓬勃发展

经济建设和社会事业的发展互相促进。科技工作建市3年完成推广项目46项，获得经济效益约2000万元。“星火计划”、“丰收计划”、“燎原计划”和科技兴工计划进一步实施。市属单位1990年末有专业技术人员11036人，其中有高中级职称的1985人。有科技机构43个，乡镇科普服务单位41个，科技学（协）会，咨询分支机构142个，共有科技专（兼）职人员3131人。

江油是国家农村综合教育改革一百个试验区之一。建市后教育事业进一步发展。1990年末，市内有省属幼师校，江油师范学校，长城特殊公司技工校，矿山机器厂技工校，建材部江油水泥技工校，有市属职业中学6所，聋哑学校1所，有普通中小学554所，在校学生达109691人，有幼儿园27所，入园人数7151人。全市开办的广播电视大学，函授大学，夜大学，市委党校大专班，高师函授班和高等教育自学考试等成人教育在学人数40840人，已有1164人获得大专毕业证书。1990年末有教职工7465人。教学质量稳步提高，3年来升入大中专院校人数达1882人。全市文盲半文盲人数平均每年以2.8%的速度下降，1988年被国家教委评为扫除文盲先进县（市）。

医疗条件有所改善，全市拥有病床数由1987年的2435张，增加到1990年的2491张，卫生技术人员达2882人，增加159人。新增一批医疗设备，医疗质量不断提高。

千年古城焕发青春

市政治、经济和文化中心中坝镇，始建于唐高祖武德三年（公元620年），复兴于元代，清康熙三年（公元1644年）重建。历史上几度兴废。清道光年间有过“小成都”之称，民国时期为“九省通衢”，四川四大镇之一。

1988年建市之初，市委市政府把市政建设列为对外开放的重要工作来抓，按规划进一步建设好，管理好城市。把城市的性质确定为区域性的政治，经济和文化中心，以冶金，能源、建材、轻纺、食品和旅游业为主的综合性小城市。充分发挥城市功能对农村经济的辐射作用，加强城市周围的小城镇建设，尽快形成市带镇、镇带乡的经济发展新格局。市政府每年支出上千万元资金，改善城市交通，邮电、供水、供气等基础设施，加快市区绿化和“三废”治理，整顿治安秩序、交通秩序和市场秩序，使千年古城面貌一新，青春焕发。

近3年，全市城镇新建住宅87.43万平方米。1990年末，城镇实有住宅面积241万平方米，比1987年末的153.57万平方米增长56.93%，3年中为5000多户缺房居民解决了住房问题。城镇居民人均居住面积14.14平方米，比1987年的8.1平方米增长74.57%。

交通事业有新的发展。近3年，拓宽、改建了纵贯市区南北主干公路中（坝）雁（门）公路，完工13公里。连接江油原明镜乡和广元市市中区三合口的“明三公路”建成通车，这一川陕公路的复线。将川陕路缩短22公里。圌山公路大桥，中坝第二涪江大桥建成通车，“二涪”大桥系千里涪江最宽的一座大桥。市境内已形成四通八达的交通网，宝成铁路纵贯全境111公里，另有与之相接的厂矿专用铁路18条，总长75.87公里。市境内设有14个火车站，马角站附近有铁路部门的机务段、电气段、信号段、养路工区和公寓等机构。市区附近的江油站每天到货和通过货运列车47对，到发客运列车9对，1990年运送旅客60.77万人次，进出货物280万吨，境内有省管公路4条，市管公路6条，厂矿专用公路8条，总长549.9公里。各乡镇和98%的村、59%的村民组通客货汽车。与邻近7个县、区直通汽车。1990年，全市汽车客运量1211万人次，客运周转量19847万人公里，比1987年分别增长14.76%、15.92%，货运量209万吨，货运周转量4683万吨／公里，比1987年分别增长83.9%、39.38%。

邮电通讯设施大为改善。开通自动电话，长途直拨电话并入全国大网，新建成邮电大楼。城乡电话用户达2014户，比1987年的1202户增长67.55%。1990年，全市邮电业务总量287万元，比1987年的177.23万元增长61.94%。

建市3年来，市政建设总投资3215.3万元。城市供水状况得到改善，1990年自来水供应量3502万吨，比1987年的3064.27万吨增长14.30%。市区居民生活用天然气由1987年的4350户，增加到1990年的7532户，增长73.15%。

江油，一个设施比较完善，环境清洁优美，有利生产、方便生活，适应市民需要和对外开放的社会主义新型城市，沐浴着改革开放的春风，方兴未艾，迅速发展。

都江堰市

市　长： 孙寿权

副市长： 张宁生　（女　常务）　刘　鉴　（文教卫、政法）　岳广良　（计划、工交）　王茂昭　（农业、科技）　陈元清　（财贸、金融）　陈庚文　（乡镇企业）

孙寿权市长，四川省温江县人，1945 年 5 月生，大学文化，1969 年毕业于重庆大学机械系。1971 年 8 月分配到四川省灌县工交局工作，1980 年 6 月调灌县经济委员会（原工交部），先后任秘书、副主任等职。1984 年 3 月任灌县副县长，1985 年 3 月当选为中共灌县县委副书记、县长。1988 年 5 月灌县撤县设市，当选为中共都江堰市市委副书记、市长。曾发表过《浅论财政体制包干》一文。

悠久的历史　璀璨的文化

□　邓崇祝　罗君述

战国末期秦蜀郡守李冰创建的都江堰，有着 2000 多年的悠久历史，形成了以水文化为主体的灿烂文化。享有“天府明珠”美誉的都江堰市就座落在这里。

历史古迹

都江堰市历史悠久，文物古迹众多。有国家级重点文物保护单位 1 处，重点保护点 4 个；省级文物保护单位 2 处，重点保护点 8 个；成都市及本市文物保护单位 96 处。

都江堰　系国家级文物保护单位，已有 2200 多年的历史，是中国古代大型水利工程。其渠首由鱼嘴分水堤、飞沙堰泄洪道和宝瓶口引水口三大主体工程组成。现灌溉着 5 个地（市）的 27 个县（区）近 60 万公顷农田。

二王庙　原为纪念蜀王杜宇的“望帝祠”，后将庙改祀李冰父子。庙内存有历代治水格言刻石，李冰父子、西汉文翁、三国诸葛亮、清丁宝桢等历代著名堰功塑像，明代祭器、都江堰水利图以及历代文化名人留存的大量诗词、楹联、书画和碑刻等。庙内“商山”是近年出土的殷商时代古树，距今已有 3700 多年历史。

伏龙观　古名“灌口山”，为李冰凿开宝瓶口时留下的治水遗迹。观中陈列的东汉李冰石像和水工石像，为少见的汉代大型圆雕石像，是我国汉代雕刻的艺术珍品。

安澜索桥　横跨岷江，为古代沟通岷江东、西两岸的重要交通纽带。因其以竹索为缆、为栏，俗称“索桥”，是我国西南地区架桥的特殊形式和典型代表，亦是我国著名的 5 座古老桥梁之一。

灵岩寺　为唐开元时印度高僧阿世多尊者主持创建。寺内文物众多，有唐代千佛塔、棋盘石、藏经洞、灵窦泉及唐、明、清时期的摩岩刻石。

天师洞　创建于隋代。现存有三清大殿、唐开元圣诏碑、唐代三皇造像、明代浮雕；有汉代古银杏、唐代岐棕、宋代九株松；历代名人书画、墨迹、碑刻、楹联、匾额数以百计。观侧还有降魔石、六时泉、洗心池、掷笔槽、上天梯等古迹。

上清宫　始建于晋。宫内有鸳鸯井、麻姑池、天师池等古迹，还有宋代碑刻、宋人诗刻石、木刻道德经五千言、于右任书联及张大千给上清宫的鸳鸯井、麻姑池题写的碑碣，为张三丰、麻姑、王母、花蕊夫人等造像刻石。宫前有张献忠农民起义军遗迹。宫左侧岩上有清黄云鹄摩岩题字“天下第五名山”，字高 2 米，苍劲雄浑。

建福宫　建于唐代。今存全文近 400 字的著名青城长联、古木山及其他名人联额。宫后有明庆符王妃梳妆台遗迹。

此外，还有祖师殿、文庙、奎光塔、南桥、城隍庙、普照寺、导江县、青城县、般若寺、王小波李顺起义等古迹、遗址，文物众多，很有特色。

风景名胜

都江堰市依山傍水，风景秀丽，历来就是著名的风景旅游胜地。1982 年 10 月，境内的“都江堰——青城山”被国务院列为全国第一批 44 个国家级风景名胜区之一。

以城区为中心的都江堰景区，包括都江堰、二王庙、伏龙观、安澜索桥、离堆公园、玉垒山森林公园、二王庙东苑、金刚堤公园等。离堆公园，亭榭错落，古桩别致，奇花争妍，假山盆景，水池曲桥，别具情趣，为川西名园；玉垒山森林公园，为全国十大森林公园之一，园内古木参天，浮风叠翠，玉垒雄关，形势奇险，古有“川西锁钥”之称，为松茂古道之第一关；二王庙东苑，红墙环绕，依山辟路，石阶小径、亭阁走廊、“虹影飞瀑”、“落影潭”等 10 多处人文景观，巧夺天工，各具情趣，引人入胜。

城西南 16 公里处的青城山景区，分前山和后山。前山以宫观亭阁为主，后山以自然风光诱人。前山景区，海拔 2400 米，有 36 峰、38 宫、108 景，方圆 120 余公里，道书称“第五大洞宝仙九室之天”。因其景色优美，终年四季笼罩着幽幽翠色，素有“青城天下幽”的美誉。后山景区，以九龙沟、飞泉沟为重点，总面积约 61 平方公里。景区内有金鞭岩、味江，圣母洞、神仙洞、水帘洞、天桥、栈道、圣母梳妆台、白云洞等景点。

城西北的龙池景区，杜鹃花艳，古木参天，尤其是大熊猫、金丝猴引人注目。

城东北的般若寺景区，除般若寺外，还有莲花湖，水面达 600 多公顷，是水上游览胜地。

人文名流

都江堰的宏伟工程，被古今专家、学者视为珍宝；都江堰的秀丽风光，使中外游人流连忘返。二千多年来，历代宫吏、名人、史家、诗人，留下许许多多艺文。

水功李冰，秦蜀郡守，都江堰创建人，“二千数百年前卓越之工程技术专家”；文翁，汉蜀郡守，“穿湔江口(蒲阳河)，灌溉繁田一千七百顷”，是第一个引都江堰水扩大灌溉面积的官员；诸葛亮，蜀汉丞相，以“此堰农本，国之所资”，“征丁千二百人主护之”，开创了古代水利工程管理的先例；卢翊，明武宗四川水利佥事，是在都江堰历史上第一个批判铁石治水思想的代表者，坚持“深淘滩、低作堰”古法，并调用“役夫三千，从事滩碛，以导其流”，使“堰则听民之便”；施千祥，明世宗四川水利提督，除在治理都江堰中用 72000 斤铁铸成铁牛鱼嘴，开创了治水历史的壮举外，还从水力学角度提出了水工结构防冲理论；强望泰，清道光四川水利同知，治堰极其认真，“每年淘滩作堰，躬与役徒为伍，虽严寒风雪，不敢告劳”，对都江堰工程的稳定和灌区的发展起了重要作用；丁宝桢，清光绪初四川总督，大修都江堰，廉洁奉公，深得民爱。

文学艺术　司马迁，西汉著名史学家，曾西瞻蜀之岷山及离堆，是第一个在史书上记载都江堰的人；常璩，东晋江源人，著《华阳国志》，系统地记载了都江堰的创建情况；岑参、杜甫、贾岛、张籍、钱起，均为盛、晚唐时期诗人，曾来都江堰游览题诗；花蕊夫人、孙太古、黄荃父子、苏东坡、范成大、陆游及近现代的诸多名人，都曾来都江堰观光，留下不少诗、书、画。

宗教、方技、隐逸　张陵，东汉大师，中国正一派道教创始人，在青城山天师洞创教禅道；范长生，汉末名人，曾辅李雄称王，隐于青城，今长生宫、赤城阁，即为其活动的遗址；杜光庭，唐代著名道士，在青城山著书百余卷；赵昱，隋嘉州太守，曾隐居青城大面山，传说为民斩蛟除害，，封“赤城王”；孙思邈，唐名医，后隐居青城山，著《千金方》三十卷。除道教外，境内佛教、伊斯兰教、天主教、基督教亦俱全，形成了各具特色的宗教文化。

建国以来，特别是党的十一届三中全会以来，都江堰市政府在规划城市建设时，把对历史古迹和旧城保护作为重点工作来抓。李冰石像、唐代飞龙铁鼎，张大千、徐悲鸿、董寿平、关山月等画家的墨迹和蒋介石、冯玉祥、林森、何应钦、张治中、李济深、于右任、谢无量等的书法手迹，至今完整无损。

峨眉山市

代市长：陈伯伦

副市长：傅伯全（政法、乡镇企业、计划生育）　杨仲显（经委、邮电、交通、物资）　刘林高（农林牧、水电）　马元祝（城建、环保）　廖乾修（文教卫体）　张玉尧（人事、科技、外事）

陈伯伦代市长，1948 年 4 月出生于四川省仁寿县。大专文化程度，1986 年毕业于四川省委党校。先后任仁寿县五福乡水利员，乡党委副书记，仁寿县玉龙乡党委书记，仁寿县付加区委副书记、书记，仁寿县公安局政委。1987 年 3 月任中共峨眉县委副书记，1988 年 9 月 14 日撤销峨眉县，设立峨眉山市后，继任市委副书记。1990 年 3 月任市委副书记、副市长，主持市政府常务工作。1990 年 8 月任市委副书记、代市长。

五年奋进　励精图治

——峨眉山市"七五"期间经济社会发展概述

□ 峨眉山市人民政府办公室

峨眉山市位于四川盆地西南边缘，是国家级风景旅游胜地。幅员 1170 平方公里，总人口 40 万人，辖 10 个镇 17 个乡。"七五"期间，峨眉山市政治、经济和社会各项事业发生了深刻变化，取得了显著成就，实现了"七五"末期国民生产总值翻番的战略目标。1990 年，市境内国民生产总值达 63713 万元，比 1985 年的 27589 万元增长了 130.94%，年递增 26.19%；社会总产值达 141116 万元，比 1985 年的 51765 万元增长了 172.61%，年递增 34.52%；国民收入达 49591 万元，比 1985 年的 18927 万元增长了 162.01%，年递增 32.40%；工农业总产值达 65527 万元，比 1985 年的 40112 万元增长了 63.36%，年递增 12.67%。其中：市属社会总产值达 77987 万元，比 1985 年的 26899 万元增长了 189.93%，年递增 37.99%；国民收入 29581 万元，比 1985 年的 11998 万元增长了 146.55%，年递增 29.31%；工农业总产值达 36299 万元，比 1985 年的 27507 万元增长了 31.96%，年递增 6.39%。

农业基础稳定

"七五"期间，峨眉山市加强了对农业的领导，稳定和完善了农村政策，农村经济稳步发展，农村形势欣欣向荣。5 年间，加大了农业投入，大力推广玉米地膜覆盖、玉米矮化栽培、旱稻套作、配方施肥等农村实用技术 11 项。1990 年"丰收计划"面积达 9733 公顷，玉米矮化栽培 1847 公顷，亩增玉米 44.3 公斤。旱稻套作在 1989 年悦连乡凉风村试验 6.2 亩获得成功后，1990 年在全市扩大到 200 公顷，亩增产稻谷 183 公斤，为山区农业的振兴和改变山区粮食结构开辟了一条有效途径。

"七五"期间，粮增产，钱增收。1990 年农业总产值达 10922 万元，比 1985 年的 8734 万元增长 25.05%，年递增 5.01%；粮食总产量达 126785 吨，比 1985 年的 115150.6 吨增长 10.08%，年递增 2.02%；油菜籽产量 5269 吨，比 1985 年的 4408.3 吨增长了 19.52%；生猪出栏达 21.28 万头，比 1985 年的 18.61 万头增长了 14.35%，年递增 2.87%。蚕茧年产量达 10 吨，茶叶产量达 1113 吨，水果产量达 1500 吨，白蜡产量达 120 吨。全市森林覆盖率已达 25.4%，比 1985 年的 16.9%增长了 8.5 个百分点，其中峨眉山森林覆盖率达 75%，被评为全省十年工程造林的先进市。全市乡镇企业发展较快，总产值达 38718 万元，总收入 40197 万元，分别比 1985 年的 8530 万元、6281 万元增长了 353.90%和 539.98%，年递增 70.78%和 108.00%。农民人均纯收入达 571 元，比 1985 年的

345 元增加了 226 元，年递增 45.2 元。

工业稳定发展

“七五”期间，全市交通、邮电、工业生产稳定发展。全市有邮电局 1 所，邮电支局 10 所，邮电所 4 所，开设长话的局所 12 个，开办电报业务的局所 9 个，还开办了国际电信、邮政业务，全市实现电话号码直拨。总容量 3500 门，有电话用户 1100 户，电话机 2700 多台。1990 年，邮电通讯业务总量达 168 万元，比 1985 年的 86 万元增长了 95.35%。全市交通初步形成了以城区为中心，通达毗邻市县，并连贯各镇乡、厂矿的公路交通网络。各主要干线均为柏油路面。货运量达 110 万吨，贷物周转量达 2778 万吨公里，客运量 110 万人次，客运周转量 4199 万人公里。5 年间，修建了城北 3.2 公里干道，拓宽改造建成了峨眉火车站至报国寺长达 10 公里、宽 40 米的旅游干道。新建桥梁 4 座，建成标准路 49.4 公里。新建小水电站 7 座，装机容量 10990 千瓦小时，发电量达 13689 万千瓦小时，92.04%的农户用上了电，1989 年经国家考核验收，电气化建设各项指标均超过规定要求，被国务院批准为全国 100 个首批实现初级电气化县（市）之一。

工业企业有了较大发展，完成了峨眉山天然矿泉水开发引水等工程，新建了名山水泥厂等一批基础工业。全市工业主要产品年产量分别为：布匹 107 万米，钢材 32600 吨，生铁 36700 吨，铁合金 3870 吨，原煤 486600 吨，焦炭 29800 吨，水泥 135600 吨，机砖 12950 万块，矿泉水 3900 吨。7C——1 拖车、承重页岩标砖、峨眉雪饮料等 6 个产品评为省优质产品，特别是峨眉山市矿泉饮料食品总厂生产的矿泉运动饮料获得全国运动营养饮料第一名，成为第 11 届亚运会和第 24 届奥运会我国体育代表团的专用饮料，被誉为“东方魔水”。1990 年，市属工业总产值达 25377 万元，比 1985 年的 9999 万元增长 153.8%，年递增 30.76%。

市场供应良好

“七五”期间，峨眉山市狠抓了“菜篮子”工程，建立了蔬菜发展基金和风险基金，新增二、三线蔬菜基地面积 87 公顷，较好地解决了春秋两个淡季吃菜问题。全市物价稳定，受到省政府表彰。集贸市场建设有新进展，新建集贸市场 51176 平方米，年成交额达 9095 万元。个体经济在“七五”期间，一直稳定发展，个体工商户 8387 户，从业人员 13033 人，营业额达 6317 万元。1990 年，全市社会商品零售总额达 24182 万元，比 1985 年的 12086 万元增长了 100.08%，年递增 20.02%；财政收入 7582.8 万元，比 1985 年的 3124.3 万元增长了 142.70%，年递增 28.54%。城乡居民储蓄余额 24473 万元，人均储蓄 617 元。

社会事业蓬勃发展

在科技方面，5 年来，完成科技项目 99 项，新增产值 9772.38 万元，收入 7564.55 万元，科技成果登记 29 项，获市以上科技进步奖 31 项。推广了玉米地膜覆盖、玉米矮化栽培、旱稻套作等科技项目 48 项。建立了 8 个科研所（站），技术贸易机构 27 家，组建了“峨眉山技术服务联合集团”。在全市 27 个镇乡建立了农机站，配备了专职农技人员 86 名，在 253 个村配备了农技人员 253 名。人参引种试验获得成功，“南国人参”绞股兰野生资源已经开发利用。

教育事业有较大发展。1990 年全市有幼儿园 4 所，小学 235 所，初级中学 13 所，高中 3 所，职业高中 4 所。小学在校生 30585 人，初中在校生 13051 人，高中 2327 人，职业高中 648 人。5 年输送大专生 1100 人；中专（中师）生 559 人。职业教育不断巩固发展，先后开设了农技、畜牧兽医、财会、法律等 11 个专业，培养了 402 名专业人才。实用的农民技术教育不断普及，5 年培训农民 24 万人次，被联合国教科文组织认可，在亚太地区 159 个国家和地区推广。全市非文盲率达 98.8%，先后被评为全省和乐山市的“扫除文盲工作先进市”。办学条件进一步改善，兴修、改扩建学校 106 年，建筑面积达 7.76 万平方米，并充实了教学设备，消除了中小学危房。1988 年，被评为全省首批消除中小学危房和全国 37 个教育先进县（市）之一。

文化、体育事业健康发展。全市共有放映单位 54 个，文化馆（站）28 个，公共图书馆 1 个，博物馆 1 个，文物保护管理机构 2 个。全市有文艺骨干 400 余人，先后成立了美术、书法、舞蹈、摄影、文艺创作等文化艺术协会 10 个。为上级输送了运动员 43 名，为体育院校输送了专业人才 35 名。在乐山市首届运动会上，获金牌 28 枚，银牌 34 枚，铜牌 27 枚，团体总分第二名。

卫生事业不断巩固发展。全市已形成比较健全的三级医疗网。共有医疗卫生机构 75 所，其中医院 37 所，有病床 1287 张，卫生技术人员 1624 人。群众性卫生保健和妇幼保健工作有所加强。全市计划生育率达 98.78%，人口出生率 13.14‰，人口自然增长率 7.17‰，连续四年获乐山市计划生育工作一等奖。

广播电视事业发展较快。全市有电视转播台 1 座，卫星地面接收站 22 座，电视差转台 2 座，闭路电视系统 56 家，电视覆盖率达 80%以上。农村有线广播进一步发展。

（执笔：何大兴）

万 县 市

市　长：蒋永清
副市长：黄叶林（城建、政法）　余兴模（工交、计划）
范正新（文卫体）　易永模（农业、财贸）
刘太冲（科技、民政）　刘忠乾（经济）

蒋永清市长，江苏省张家港市人，生于1944年3月，中共党员，大学文化程度，高级工程师。1968年毕业于无锡轻工业学院食品工程系。曾任万县市味精厂技术员、车间副主任、生产科长、副厂长、厂长等职务。参加并主持了西南地区最大的味精厂和柠檬酸厂的扩建和筹建工作。1983年代理万县市市长，1984年正式当选为中共万县市市委副书记，万县市市长，迄今已历三届。

万县市在“七五”期间稳步发展

□ 万县市人民政府办公室

“七五”期间，万县市认真贯彻执行党的十一届三中全会以来的路线、方针、政策，坚持“一个中心、两个基本点”，坚持治理整顿和深化改革，坚持两个文明一起抓，千方百计克服经济工作中出现的多种困难，在比较艰苦的条件下，调动一切积极因素，加快国民经济和各项社会事业的建设。1990年，全市社会总产值达到129024万元，比1989年下降5.4%，比1985年增长30.6%；国民生产总值达到46862万元，比1989年下降5.7%，比1985年增长35.3%；工农业总产值达102537万元，比1989年下降4%，比1985年增长24.5%；国民收入达到38978万元，比1989年下降5.9%；比1985年增长27.9%；财政收入达到5570万元，比1989年下降2.6%，比1985年增长45.4%；社会商品零售总额达41830万元，比1989年增长1.5%，比1985年增长103%。各项社会事业得到了长足发展，城市建设拉开格局，新区开发初具规模。

利用资源优势，保持城乡经济稳步发展

在能源、原材料紧张、涨价，资金十分短缺、市场变化较大等十分困难的情况下，工交战线大力开展技术改造和新产品开发，集中力量开发优势资源，努力调整产品结构，加快重点项目的建设，增强经济发展的后劲，深化企业内部改革，加强企业的基础管理。1990年全市工业总产值完成94452万元，比1985年增长28.3%，年平均增长速度5.6%。5年中新开工万棉扩建工程、万吨烧碱装置、味精、柠檬酸扩建工程、万吨饲料工程、柑子园货运码头、红花地码头等技改和新建项目209个，总投资25626.8万元，新产品开发完成207个，获地市两级技术进步奖40多项次。“七五”期间，丰富的地下岩盐和天然气资源的开发利用，使万县市的产业结构调整进入了一个新时期，并已逐步发挥效益。到1990年底，已建成年产2万吨原盐的兴隆盐厂和年产烧碱1万吨、盐酸2万吨、液氯3000吨的“万吨烧碱装置”，年产30万吨真空制盐的川东盐厂已于1990年破土动工。民用天然气已投入使用。企业内部改革进一步深入。由于加强了企业的内部管理，狠抓了企业的上等升级，不少企业的管理水平和产品质量得到提高。到“七五”末期，全市有97%的企业实行了多种形式的承包经营责任制，普遍推行了厂长（经理）负责制。1家企业获得国家二级企业、13家企业获得省级先进企业的称号，有84个产品分别获得国、部、省优质产品称号。

农业上，按照城郊型农业的特点，大力发展立体农业，运用农业区划成果，走种、养、加综合发展的路子，实行综合利用、服务城市。进一步完善联产承包责任制和统分结合的双层经营体制；实施科技兴农，以深化耕制改革、提高复种指数和推行大范围的规范化栽培为重点，狠抓了技术的组装配套和综合治理病、虫、

草、湿、冷；广泛开发农田水利基本建设，克服干旱造成的困难；加强产前、产中和产后服务，农村经济发展较快。1990年，粮食总产量达到40420吨，比1985年增长10%，乡镇企业产值达到1.4亿元，比1985年增长3.7倍，建立起“三洲溪”和高峰两个万只养鸡场，并着手建立九池乡万只养兔基地。

商贸战线，充分利用长江这条黄金水道，发挥万县市在川东、湘西、鄂西、陕南的物资集散地作用，坚持开放搞活的方针，加强商贸设施的建设，发挥国合商业的主渠道、蓄水池作用，加强工商联合、商商联合，举办商贸交易会，大力组织农用生产资料和工业品下乡，促进了城乡市场的繁荣。“七五”时期，共投资1500多万元，新建商业、服务业营业用房共57000多平方米，新建较大型商场14个，投资150万元，新辟农贸市场9个，新增市场营业面积近20000平方米，组织、举办较大的“舟交会”、“秋交周”等经济文化交易交流会4次。为搞活流通发挥了积极作用。

城市建设拉开格局，市容市貌进一步改观

为了适应经济建设的需要和三峡工程移民搬迁的要求，万县市在城市规划建设上坚持“远近结合、建管并举、标本兼治、逐步改善”的方针，坚持新区开发与旧城改造并重的原则，不断完善城市总体规划。根据调整后的总体规划，未来的万县市将是长江中上游结合地带的中心城市，水陆交通枢纽港口和旅游服务基地，以食品、轻纺、天然气、盐化工为主的工业城市，城市布局以长江为轴线，依托旧城，沿江延伸，以龙宝为重点，向南北两岸发展，整个城市由旧城、江南、龙宝新区三个片区，旧城、龙宝、百安坝、陈家坝四个组团及高峰、青草背两个工业小区组成，从而形成依托长江的组团式、多中心、带状城市格局。在建设上，为探索农工商协调发展的路子，同时也为了配合三峡工程移民和“318”国道改道包括万县长江大桥的建设，1988年经上级批准，建立了龙宝经济开发试验区，实行开放与开发相结合，走农工商综合发展的路子，大胆试行城乡综合配套改革，制定了一系列开发区的优惠政策。截止1990年，全市有13家企业在开发区“安家落户”，已修通城区至新区的水泥公路9公里，基础设施正在建设之中，新区格局已具雏形。在旧城的改造上，坚持“人民城市人民建”的原则和民办公助的办法，克服财力拮据等困难，充分发挥各方面的积极性。5年来，共投入资金500万元，改造和新修城区公路10条，总长达5.7公里，整修巷道17条，总长达6公里，人行道近3万平方米；建成地面、地下各类游乐厅、小游园6个，总面积达25公顷，给、排水设施得到改善，5年新增日供水能力2万吨，完成了民用天然气第一期工程，截止1990年底，全市已有7000户居民用上了天然气；5年新增住宅面积56.2万平方米；基本建设新增固定资产2.37亿元。“七五”期间进一步加强了城管工作，制定和完善了一批城市建设管理规章，城管工作逐渐走上了依法治城的轨道。市容卫生重点落实“门前三包”责任制和划片包干负责制，交通管理重点解决了车辆乱停乱放和人车混行的问题，摊点市场管理逐步实行行商归市、坐商归店、摊点归区的规范经营；强化施工管理，基本克服了乱堆乱放乱撒的积弊；治理“三废”取得明显成效。1990年，万县市被评为全国县级市十佳卫生城市，在全省的“三优一学”竞赛评比活动中，由第四名上升到第三名，城市面貌发生了深刻变化。

社会事业稳步发展

百年大计，教育为本。“七五”期间，万县市把教育工作纳入了政府工作的重要议程。按照中央《关于教育体制改革的决定》，全市实行分级办学，分级管理，试行校长负责制和公开招聘校长，不断调整教育结构，大力改善办学条件，增强学校办学的自主权与活力，教育质量不断提高。1990年，全市有12所中小学推行了校长负责制；小学生毕业率达到99.7%，比1985年上升11个百分点，初中毕业升学率达65.5%，比1985年上升14.3个百分点；为全国各大、中专学校输送新生422人，比1985年上升64.6%；在校生职高与普高的比例由1985年的0.38:1上升为0.88:1；经省政府检查验收，全市已达到基本消除中小学危房的要求。

科技工作按照中央《关于科技体制改革的决定》，全市以“科技兴市”为主题，成立了“科技顾问团”，区、乡成立科委、科协组织。到1990年，全市已建立厂办科研机构、民办科研机构及技术开发机构24个。1990年，全市完成工业科研成果34项，农业重点对粮、猪、果、菜、禽5大类的24项科研成果进行推广应用，推动了产业的发展。

医疗卫生事业，积极推进市、乡两级卫生工作目标管理，完善内部责任制，加强横向联合，整顿医疗秩序，加强医药市场管理和防疫保健工作，广泛开展爱国卫生运动。“七五”期间，全市有3家医院分别与意大利、重庆医科大学、西南医院开展横向联合，新建了投资300多万美元的外科大楼、重医附属医院万县市分院、西南医院万县市骨科分院，医疗技术水平明显提高。经上级验收，万县市已成为基本无鼠害和基本消灭疟疾的城市。

1990年9月，万县市举办了全市第九届运动会，有15个代表团、1397人参加了15个项目的比赛，有97人次打破61项市纪录。万县市电视台于1990年12月举行了建台5周年庆祝活动，来自全国41家电视台参加了本市的节目展播，93家电视台发来祝贺电报。

涪 陵 市

市　长：戢泽英
副市长：曾绪宜（常务）　许世伦（农业）　何宗玮（科技）　邓远明（文教、卫生）　喻扬华（财贸）　吕深海（工交）　任达福（城建）

戢泽英市长，四川简阳县人，1936年生，中共党员，大学文化程度，农艺师。1960年毕业于西南农业大学，同年分配到涪陵县工作，历任县农业局技术员、站长、副局长，1980年12月任副县长，1983年11月起任涪陵市副市长、常务副市长、市委常委，1991年1月任代理市长、1990年2月任市委副书记，同年3月当选为涪陵市人民政府市长。

“七五”时期阔步前进的涪陵市

□涪陵市市长　戢泽英

“七五”期间，全市人民在市委、市政府的领导下，坚定不移地积极稳妥地推行各项改革措施，促进了全市的经济发展。1990年，实现社会总产值17.5亿元，比1985年增长1.3倍，年均递增18.72%；完成工农总产值6.67亿元，比1985年增长16%；实现国民收入7.4亿元，比1985年增长1倍；职工人均工资收入达1528元，农民人均纯收入达430元，基本摘掉了“贫困县”的帽子。

经济体制改革取得重大进展

（一）1987年底，占全市总数96%的企业完成了竞争性风险承包。从企业经营者的选定到企业的经营管理都引入竞争、激励、制约机构，迈出了政企职能分开的第一步。继后，围绕完善企业各种经营责任制，狠抓了企业内部改革的试点。通过理顺党政关系，完善合同，奖惩兑现，调动了企业生产、经营的积极性，促进了企业素质的提高和产值、利润的大幅度增长。此外，还在企业兼并、企业股份制及企业泛股制、全员风险抵押承包等方面进行了大胆审慎的探索，积累了有益的经验，为今后深化改革创造了条件。

（二）巩固和发展了多渠道、多形式、多成分、少环节的流通体制。初步建立了主要农副产品的购销秩序，发展了横向经济联系，为改善有效供给，促进工农业生产的发展发挥了重要作用。

（三）农村改革在1981年普遍推行家庭联产承包经营责任制的基础上，于1983年初，顺利完成了以组建社的工作。并逐步完善了以户营为主统分结合的双层经营责任制，推动了农村经济的发展。1990年，农业总产值达2.58亿元。比1985年增长18.2%；粮食总产量达41.6万吨。比1985年增长10.8%。超过1984年的历史最好水平。生猪、蚕桑、油菜、烤烟、茶叶、水果等多种经营骨干项目也有较大发展。

教育、文化等事业迅速发展

教育工作。积极进行了基础教育、职业技术教育和成人教育“三教”统筹，农（业）科（技）教（育）相结合的教育综合改革。职业技术教育有较大发展，开设了20个专业54个班。在校学生已达2598人。职高在校生占普高在校生的比例已由1986年的14%上升到去年的31%。全市各乡均办起了农校。还有223个村办起了村农校（班），15个“燎原计划”示范乡已初具“三校一园一中心一厂（场）”的办学格局。特殊教育开始起步。小学“四率”达到省、地验收标准。中等专业教育和高等教育发展壮大。现有中等专业学校6所，高等教育学校1所，在校学生分别为3253人和1742人。

文化事业。1990年，全市有农村文化站23个，村文化室15个。已涌现出一大批经营型文化集体和个体。1990年，全市有文化馆、站37个，文化个体户

250余家，服务项目有：舞厅、音乐茶座、台球、电视录像和电影放映、书刊销售图书租赁、电子游戏、民间艺术表演等。通过一手抓“扫黄”，一手抓繁荣，全市文化市场呈现出一派生机勃勃的繁荣景象。

科技工作。“七五”期间除完成农村技术承包项目250项之外，研究实施了科技项目36项，其中农业项目17项、工业项目19项。涪陵市科委与榨菜公司联合研制成功了榨菜低含盐量保鲜及多风味产品项目。涪陵市农业局研究成功了杀茶树害虫的乳剂—角蜡蚧，这项成果已获涪陵地区第二届技术交易会新产品奖。

卫生事业。在深化改革中不断发展，全市的四级医疗卫生保健网络进一步得到巩固，母子系统保健保障制度进一步健全，初级卫生保健和集资医疗试点已收到较好的效果，全市已建立甲级村卫生站163个，合作医疗村138个，使全市村级卫生站覆盖率达97.46%。

体育事业。1990年全市共有各种体育协会组织10个，市、区、乡举办的各种运动会达240次，有3万人次参加。同时，在少儿体育训练、体育骨干培训及运动场地建设、人才的输送等方面都取得了可喜的成绩。

广播电视事业。市内有新闻单位4家。电视差转台5个，卫生地面接收站1个，电视覆盖率100%。

市政建设面貌一新

“七五”期间，涪陵市的市政建设发展迅速。5年中发展和扩建了新城区—江东新区，建城区面积已由5.2平方公里扩大到6.4平方公里，市区人口已达14.5万人。城市民用天然气气化率达60%；城内自来水日供水能力由原2万吨增加到3万吨；1990年的装机容量在10万千瓦以上。为10年前的4倍；乌江大桥建成通车；新建和改建了三环路、过境公里、沿江公路等21条道路，累计长19348米；新建和整治了关庙巷、腰街子、潘家巷等16条人行梯道13.4千米；安装了人行道极1.2万平方米；新建南门山、灌溪沟、会同桥、清溪沟等7处集贸市场。截至1990年市区共有房屋建筑面积480万平方米，为1985年市区房屋建筑面积的1.32倍，市区内新建街心花园2个，屋顶花园70个，花带花台2747个，主要街道行道树4454株。如今的涪陵市已基本建成为川东南部地区政治、经济、文化的中心城市。

乡镇企业异军突起，蓬勃发展

涪陵市乡镇企业是从无到有，从小到大，在曲折的道路上发展壮大起来的。1978年乡村两级企业仅1275个，从业人员17742人。总产值2366万元，总收入1474万元，实现利润229万元。固定资产原值983万元。1984年以来，涪陵市的乡镇企业以平均每年29.65%的递增速度发展。产值连闯1亿元、2亿元、3亿元大关，到1990年，全市乡镇企业已发展到2700多个，比1978年增长1.1倍；总产值达4.01亿元，超过全市农业总产值的56%。实现税利783万元。转移农村劳动力73267人。占农村劳动力总数的16.4%，高于全省平均水平。主要产量在全市总量中占有较大比重，乡镇企业在省84个乡镇企业总产值上亿元县中居于前20位。企业职工的工资收入总额达2204万元，增加了农民收入。

城镇集体经济发展方兴未艾

1990年，全市有独立核算的城镇集体所有制企业169个，职工11536人，实现销售运营收入16067万元，占全市国民收入的20%。比1985年增长56%。缴纳各种税费711万元，占全市财政收入的8.5%。其中：城镇集体工业企业56个，实现产值4320万元，交纳税费303万元；城镇集体建筑企业9个，实现运营收入2302万元，缴纳各种税金72万元；劳动服务企业68个，实现销售收入1408万元，交纳税金68万元；城镇集体商业企业33个，实现销售收入5037万元，缴纳各种税金185万元；城镇集体交通运输企业3个，完成运营收入2600万元，缴纳各种税费82万元。全市城镇集体所有制企业的销售、运营收入与乡镇企业产值的总值占全市工农业产值的84%，已成为国民经济中不可小视的重要支柱。

人民生活极大改善

“七五”时期，是城乡人民生活不断改善的五年。

（一）1990年，全市职工年均工资收入达1528元，比1985年增长63%；农民人均纯收入达到430元，比1985年增长46%，剔除物价上涨因素后，城乡居民实际收入水平的差距逐步缩小。扶贫工作取得成效，全市有97.6%的贫困乡越过了温饱线，开始走向致富路。

（二）1990年，全市城乡居民储蓄存款余额达30174万元，人均储蓄300.8元，是1985年人均储蓄额98元的2倍多。文化生活丰富多彩，人民群众的健康水平进一步提高。

（三）随着收入的明显增加，生活的日益改善，人们的吃、穿、住、用逐步向高标准发展，城镇居民人均住房面积由“六五”期间的6.1平方米增加到8.7平方米，增加了43%，农民住房条件也有较大改善，人均生活用房面积比1978年增加了68%，生活消费质量和消费结构大大改善，电视机、收录机、洗衣机、电冰箱、组合家具等高中档消费品大量进入城乡居民生活消费领域，人均消费品购买力5年间增长近1倍。

宜宾市

市　长：黄华泽
副市长：张道亨（常务）　刘显君（城建、科技）
李华荣（农业）　徐风涛（工交）　荣德宗
（教育、卫生）　袁安全（文化）

黄华泽市长，出生于1945年12月，大学文化，四川省泸县人。1969年毕业于四川大学物理系，1969年8月至1970年8月在部队工作，1970年9月至1984年先后在四川省珙县磷肥厂、珙县工业局、县委办公室工作，曾任珙县县委办公室主任。1985年任中共珙县县委副书记。1987年任中共宜宾市市委副书记兼市政府常务副市长，1990年3月至今，任中共宜宾市市委副书记、宜宾市市长。

抓重点工程促城市基础设施建设

□　彭长久

宜宾，古称戎州，建城于汉高后6年，迄今已有两千多年历史，是祖国大西南的历史名城之一。在历史的长河中，勤劳智慧的宜宾人民，把她建设成为川南重镇、川滇黔三省结合区的交通枢纽、长江上游的物资集散地，现在已经成为发展中的以轻化工、能源为主的新兴工业城市。

改革开放以来，这座历史悠久的文化古城焕发了青春。特别是国家"七五"计划期间，宜宾市的经济建设有了突飞猛进的发展，到1990年，工农业生产总值已达19.4亿元（现价），比1985年增长了47.1%，国民生产总值达9.8亿元，比1985年增长了47.7%，地方财政预算内收入达1.1亿元，比1985年增长117.0%。经济实力有了显著的增强。特别引人注目的是，这座历史文化古城的现代化城市建设，有了长足的发展，为进一步促进宜宾经济建设腾飞，开发宜宾的经济资源，改善宜宾的投资环境，奠定了坚实的基础。1986年以来，宜宾市投入城市建设总投资已达1.5亿元，建筑竣工面积256.4万平方米，其中住宅竣工面积达158.5万平方米，人均居住面积由3.1平方米增加到6.4平方米。拓宽改造城市道路达27公里，面积达17万平方米，其中有90%是水泥、沥青路面。新建改建城市下水道上万米，主要改造成单向预制管。新装各式路灯2000多盏，造型各异，花样悦目。4个自来水厂日供水量已由2.7万吨增加到5万吨。城市公共交通拥有公共汽车60辆，年客运量达1282万人次。全市已有万户居民用上了天然气，城区气化率达40%。园林绿地面积已达372.83公顷，人均公共绿地面积16.7平方米，在四川省位居前列。城市道路清扫率达95%，垃圾粪便做到了及时清运，1986年完成的城市粪便沼气无害化处理课题研究项目，获四川省科技成果进步，市区建成新式沼气公厕15座，引来全国各地专家考察。市中区有4个公园，各具特色，其中翠屏公园，拥有133公顷森林面积，是闻名全国的城市森林公园。连结市中区与江北区、南岸区，有横跨岷江铁路桥、岷江公路桥以及横跨金沙江的金沙江铁路大桥、金沙江公路桥和南门城市公路大桥，5座雄伟壮观的大桥更添古城现代化色彩。

"七五"期间，宜宾市的城市建设重点放在城市基础设施的建设上面。根据宜宾市这座历史文化名城、对外开放城市性持，对城市建设的重点，曾有两种意见。一种意见认为宜宾市作为川南、滇东北、黔西南的物资集散地、重要的商埠、边缘经济结合部，在"七五"期间应当把商场、商业设施建设作为城市建设的重点。另一种意见认为，宜宾市是国家规划的长江上游经济开发的重要城市，城市建设的重点应当摆在加强城市基础设施建设，为吸引投资、联合开发创造环境条件方面。市政府经过征求意见、专家论证、方案比较以后，研究决定采取后一种意见。市政府认为，从近期来看，国家对攀西——六盘水地区资源综合开发势在必行。攀西——六盘水地区，涉及云、贵、川交界的大片地区，资源高度富集，配伍良好，区位相对优越，是发展能源、原材料等基础工业的理想之地。这里水能资源居全国之冠，煤炭储量属江南之首，铁矿储量居全国第二位，钒钛储量名列全国第一，硫、磷、有色金属及贵金属资源在国内占有重要地位。还有，自然资源丰富，发展农业具明显优势。加快这一地区的综合开发，对支援国家建设，振兴西南经济，促进贫困地区脱贫致富，改善和保护生态环境，都具有重要的战略意义。宜宾市在这一大片地区中，以其重要的地理位置、富足的能源和农业、方便的铁水公航交通，以及优越的建设工业基地的环境条件，特别为经济建设开发者注目。因此，努力为开发攀西——六盘水经济地区创造有利的环境条件，应当是宜宾市城市建设的重点。鉴于这个指导思想，市政府在实施经过市人民代表大会审议批准的建设方案的过程中，除了有计划有步骤地展开城市建设综合开发，改造现有城市基础设施，加快配套建设步伐而外，重点抓了“四大工程”，即一气二桥、三水、四路”。

建设民用天然气工程

宜宾市及周围都有天然气，但是居民们仍烧柴燃煤。为了揭开几千年宜宾市民用燃料史新的一页，市政府决心建设民用天然气工程。1983年组建天然气工程指挥部作准备工作。1984年底成立了天然气管理站，经过一年多的艰苦努力，建成了进入市中区的杨公桥门站，敷设了通往市区的主管道，并安装了部分单位的天然气民用工程。1985年底市中区正式供气。5年多来，天然气公司全体职工，发扬先生产、后生活、边建设、边发展的创业精神，建成配气站2座，汽车加气站1座，市中区调压站5座，高中低压输配气干管59.7公里。市中区有285个单位和部分居民户共51800人已用上了天然气。汽车加气台数已过100，市中区气化率达到40%。

1990年7月，连接市中区和南岸开发新区的金沙江宜宾南门大桥通车以后，市政府决定天然气工程迅速过江，支援南岸新区开发。天然气管理站经过设计，动工敷设金沙江过江管道，修建南岸新区储气柜和调压站。由于这样，大大加快了南岸新区的开发进度，市政府办公大楼、国土局办公大楼、交警支队办公大楼、四川电大分校、宜宾广播电视中心等陆续在南岸耸立起来。为了增大供气量、达到稳定供气的要求，市政府还决定将市民用天然气工程并入矿区的供气大环道，这项工程的竣工，将标志着宜宾市民用天然气工程建设步入了第二阶段，即大配套、大发展阶段。

建设金沙江宜宾南门大桥工程

宜宾市三江环绕（金沙江、岷江、长江），到“六五”计划完成，连结江北区与市中区、南岸区与市中区就有了4座桥，即横跨岷江的岷江铁路桥和岷江公路桥；横跨金沙江的金沙江铁路大桥和金沙江公路桥。但是，连结市中区与南岸开发新区，却没有公路桥，行人、车辆终年望江兴叹，严重影响了新区开发速度。

基于南岸开发新区将成为以后的市中区，同时，也基于勾通宜珙、宜长公路，方便四川伸向云南、贵州的运输，市政府决定在“七五”期间建成金沙江宜宾南门大桥，横跨在金沙江流入长江的出口处，作为城市、公路两用桥。

1985年初建立了大桥建设工程指挥部，在没有国家拨款的情况下，指挥部和上级领导四处奔走筹集建桥资金，到1990年5月共筹集了1807万元，资金分步到位，确保了工程进度。中国武警部队交通指挥部科研设计所担任了大桥的设计任务，他们克服了技术上的一个个难关，重点部位设计与同类型桥相比有了创新，仅用了3个月的时间于1986年6月按期完成了施工设计。四川省桥梁公司第三工程处，确立了质量第一的指导思想，在工程施工过程中，精心施工、安全施工，攻克了修改设计、拱肋混凝土现浇和横梁制作桥面安装三道难关，按承包合同规定时间胜利竣工。

1990年7月1日，修建3年半，投资1807万元的金沙江宜宾南门城市公路大桥建成通车。大桥全长384米，其中主桥为净跨240米的钢筋混凝土结构，引桥为8孔跨径16米的预应力钢筋混凝土筒支空心板。桥面宽13米，两边人行道各宽3米，可同时通过3辆并行的5.5吨载重汽车。抗震基本烈度为8度。主桥拱座埋置在南北两岸基岩中，拱座间，以12米厚的横梁联接。主桥拱肋的受力钢筋是由16锰型钢拼装焊接。整个大桥浑然一体，如“长虹卧波”，美观、坚固，雄踞金沙江、长江两江汇合口。

按照总体设计，这座大桥的单孔跨径，在目前世界上同类型中还不多见；而半钢性钢骨架的缆索吊装、水箱压顶分层灌浇拱肋混凝土、XM锚的无粘结性锚固等施工工艺，在国内则属首创。投入资金仅1807万元，只相当于其他地方建设同类桥梁费用的一半左右。

与南门大桥建设同步进行的是南北桥头的配套工程。大桥集资统建办公室，没有挪用大桥建设一分钱资金，全部采取向参建单位集资的办法，展开了宜宾市历史上宏大规模的配套建设。共计拆迁居民房1200余户、工厂1座、学校1所，拆迁总面积达7.5万平方米，共集资3270万元，在南桥头，按南岸新区规划建设要求，建成5万平方米的住宅小区，并配建设了绿化小游园、幼儿园、通道公厕、居委会办公室等。在北桥头，建成地下通道、回车大转盘、各类点式商贸大楼等建筑和交通设施共计6万平方米。大桥两岸的崭新建设同雄伟壮观的大桥交相辉映，呈现在宜宾人民眼帘的是一大片新开发的建设小区。

二水厂扩建取水制水工程

自 1957 年宜宾市成立自来水公司以来，到 1985 年，宜宾市的供水事业不断发展，已经拥有 4 个自来水厂，2 个加压泵站，日产水 2.2 万吨，形成了有 51 公里管线（管径为 75 毫米至 400 毫米），管网密度每平方公里 6 公里，连接市中区、江北区、南岸区三个独立而又相互调节的供水系统，水质综合合格率提高到 97%以上。但是，这样的发展速度还很不适应城市发展、经济建设发展的需要，1986 年调查，全市日需水量为 5.8 万吨，日缺水量 3.6 万吨，而江北片区（工矿区）更为突出，日缺水量为 2 万吨。就供水设施来说，更不适应作为经济开发区域的需要，三江环绕的宜宾市，竟然时而还闹点水荒。为了解决日趋尖锐的供水矛盾，市政府于 1987 年决定，扩建在江北工矿区的第二水厂。使这个水厂日产水量 5000 吨提高到 5 万吨。

二水厂扩建取水制水工程在省地市各级领导的重视和支持下，预计投入资金 1 280 万元，自 1988 年初动土，经过两年半的紧张施工，全部完成生产部分工程，于 1990 年 7 月 1 日投产供水。扩建工程建设的取水泵房，修筑在离名胜古藉旧州古塔 200 米处的大佛沱河边，为衬托宋代建的旧州古塔，取水泵房的建筑造型采用了仿古寺建筑，亭台楼阁，巍峨壮观，在四川省自来水河边取水泵房的建筑造型中，风格独特，首屈一指。取水工艺采用先进的大口井渗透取水新工艺，取出的水，不再进行沉淀处理，这样，既能取到较卫生的自来水，又减少了混凝剂的投放，节约了大量的资金，如按日产水 5 万吨计算，一年可节约资金 40 万元。在净水厂区建成了单阀滤池 2 口，还建成每口为 2500 立方米的清水池 2 口。与此同时，完成了配水井和投药间、厂区和取水泵房之间的公路 450 米，以及二级送水泵房的土建和设备、5 口取水大口井及河边连接管道。

更为值得一提的是考虑到扩建工程紧靠名胜古迹和名酒五粮液集中生产的大片厂区，扩建工程还建成 2 座古朴幽雅的亭台，1 个园林风格的长廊和 2 个造型别致的游泳池，以及大片绿带，不仅达到综合利用和开发的目的，而且使整个扩建工程与古迹景点、新建“酒城”和谐匹配，怡然成趣，成了滨临岷江的一大风景区，犹如工矿区内的一块“世外桃源”。

为了充分发挥二水厂扩建工程的投资效益，市政府又抓紧了配套工程，从二水厂敷设一根直径为 600 毫米的输配水管至岷江公路桥头，并改造敷设岷江桥上的输水管线和市区的输配水管网，使全市的输配水管网趋于合理。这样，二水厂扩建工程建成投产不仅解决了上江北工矿片区的供水矛盾，而且每天能向市中区输送 3 万吨自来水，基本解决全市吃水难的矛盾，满足了工农业生产的用水。水厂及输水管线的改造，又为综合开发宜宾经济，把宜宾市建设成现代工业城市创造了前提条件。

拓宽改造城市进出口通道工程

宜宾市这座历史悠久的古城，仅 1.7 平方公里的旧城区就居住了 17 万人，人口密度之大在全国也名列前矛。按照省政府批准的宜宾市城市总体规划，要开发江北区和南岸区，联结市中区成为一座新型的城市。这样，改造进出口通道，使城市交通畅通无阻就成了迫在眉睫的任务。特别是联结川云中路和联结区内公路伸向云贵的干道的通道，以及市中区通向郊区的公共汽车道，更是拓宽、改造的重点。

1988 年 4 月正式动工修建的金江路南通道，是联结金沙江宜宾南门城市公路大桥和宜珙路、宜长路这两条伸向云贵公路的通道，至 1990 年 7 月建成全线通车，总投资 670 万元。这条通道全长 1600 米，宽 20 米，混凝土路面厚达 20 公分，有效货载 20 吨（最大货载 50 吨），使用期长达 50 年。道上栽种的广玉兰、海桐秋、紫薇组成了美丽的绿化隔离带。直径 600～1500 毫米的下水管和排水总管，已敷设了 5600 米；天然气、供电、供水、通讯等横穿通道的地下管线已按规划预留。通道笔直宽阔，点式建筑道旁耸立，道上绿带成荫，显得格外美丽。她的建成，为南岸新区的全面开发敞开了大门。

1990 年 2 月动工拓宽的西通道，系指闻名全国的城市森林公园翠屏山公园山足下至宜宾火车站川云中路的一段，全长 2000 米，原来有效路面仅有 12～13 米，没有下水道设施，没有绿化，交通非常不便。到 7 月拓宽改造工程竣工以后，拆除各类建筑共 3717 平方米。车行道已拓宽至 16 米，两侧人行道各宽 6 米。全线栽种小叶榕婷婷玉立，短臂海鸥式路灯舒展美观，新建成 2800 米长的混凝土下水管，直径 400～600 毫米的混凝土制水管替换了 200 毫米的水管，昔日道路泞泥、拥挤不堪的景况不复存在了，一条标准、优美的城市公路展现在宜宾市人民面前。

与金江路南通道和西郊路西通道同步建设的还有公共汽车分流工程。近几年，宜宾市公交事业发展迅猛，同时带来了交通堵塞的问题。市政府动员车行道沿途有关单位，集资修建了美观、实用、大方的公共汽车临停站 33 个，设置了交通标志和行车标志，将公共汽车分 9 条路线营运、按站台停发，给人力三轮车划定了临停点，形成车行有线，停靠有站的良好营运秩序，疏理了城区交通。

宜宾人民自豪地说，宜宾市“四大工程”建设的成功，翻开了宜宾市城市基础设施建设新的一页。

南充市

市　长：任启贵

副市长：张世富（常务）　邓朝富（文教、卫生）　马俊莲（女　农业）　袁明淦（工交）　温润明（科技）　何文怀（财贸）

任启贵市长，中共党员，1940年12月生于四川省南充市，1964年毕业于甘肃师大政教系。先后在甘肃省委党校、省革委保卫部、政治部工作。1971年6月调四川省南充市，先后在市委宣传部、市委办公室、市房管局工作。历任市委办公室秘书、副主任、市房管局局长。1983年10月任中共南充市委副书记，现为南充市市长。

南充市坚持“两种生产”一起抓

□ 李　明　聂文钧

“七五”时期城市经济社会事业取得新进展

1990年，全市社会总产值达到157027万元，比“六五”末的1985年增长43.6%，年均增长7.5%；工农业总产值116847万元，增长44.8%，年均增长7.7%；国民生产总值82589万元，增长69.0%，年均增长11.1%；国民收入54556万元，增长41.4%，年均增长7.2%。

（一）城市经济持续发展。1990年，全市工业总产值达到111456万元，比1985年增长46.0%，年均增长7.9%；全民所有制独立核算工业企业总产值71888万元，增长64.7%，年均增长10.5%；产品销售收入72117万元，增长184.0%，年均增长23.2%；其中：产品销售税金3422万元，增长116.4%，年均增长16.7%。全民所有制固定资产投资总额9832万元，增长5.4%，其中：更新改造投资2987万元，比1985年增长31.1%。1990年固定资产原值达40089万元，增长253.7%，固定资产净值达29846万元，增长276.5%，定额流动资金余额21746万元，增长253.2%；全民所有制独立核算工业企业全员劳动生产率15760元／人，增长15.7%。“七五”期间开发新产品267项，有83个产品荣获部、省以上优质产品称号。1990年，全市社会商品零售总额45551万元，比1985年增长149.6%，年均增长20.1%；城乡集市贸易成交额9454万元，增长378.9%，年均增长36.8%；地方财政预算内收入8178万元，增长146%，年均增长19.7%；城乡居民年末储蓄余额38936万元，增长35.2%，年均增长35.6%。1990年8月下旬举办的首届中国·四川·南充丝绸节，是解放以来最大的一次文经结合活动，成交总额达到12.5亿元，其中：购进2.1亿元，销售10.4亿元。

（二）农村经济全面增长。1990年，全市农村社会总产值15403万元，比1985年增长166.5%，年均增长21.7%；农业总产值5391万元，增长17.0%，年均增长3.2%，其中：种植业产值3022万元，增长2.0%；牧业产值1951万元，增长55.6%；渔业产值111万元，增长111.1%。粮食在耕地面积减少213公顷的情况下总产量达到26693吨，比1985年增长3.7%；肉猪出栏6万头，增长29.3%；蔬菜产量35625吨，增长25.3%；水果产量1433吨，增长43.4%；乡镇企业总产值6985万元，增长108.3%。

（三）社会各项事业协调发展。“七五”期间，交通、运输、邮电、通讯事业跨上新的台阶。1990年全社会水陆运输共完成货运量245万吨，比1985年增长50.3%；客运量840万人，比1985的下降8.9%；邮电业务总量400万元，比1985年增长81.8%；年末市内电话5449部，比1985年增长76.4%；城市基础设施进一步改善，北干道竣工并投放使用，铺设天然气管道

30公里，发展天然气用户16556户，新安装自来水管道7.32公里，新修疏通下水道21公里。科技、教育、文化、卫生、体育、广播电视事业都有新的发展。1990年全市共有各类科技人员2421人。其中：中级职称以上技术人员4265人。各类社会科学人员12399人，比1985年增长120.7%，其中：中级职称以上技术人员8008人，增长191.4%。5年来，全市共获国家星火奖2项，获省科技成果奖12项，获省星火奖4项，获地区科技进步奖63项。1990年全市高等学校在校学生8820人，比1985年增长31.5%；中等专业学校在校学生2922人，增长5.9%；普通中学在校学生10905人，下降16.2%；职业中学在校生1145人，增长172.0%；小学在校学生21108人，增长9.3%；学龄儿童入学率达到99.7%。5年预算内外用于普通教育的经费达3742.3万元，修建校舍4.2万平方米，中小学危房改造任务基本完成。5年共向高等学校输送新生4162人，向中等专业学校输送新生181人。全市现有电影放映机构35个，电影观众724万人次；有艺术表演团体5个，文化站11个，公共图书馆1个，档案馆2个，市、乡广播站6个，广播电台1座，电视台和电视差转台各1座，有线电视联网近2万户。1990年末，全市共有卫生机构129个，医院病床2295张，比1985年增长27.8%；专业卫生技术人员3617人，比1985年增长13.5%。5年间，共举办市级以上各类运动会87次，成功地举办了全国女篮邀请赛和全国男子足球乙级联赛，中小学生体育达标率达66%。5年来，我市运动员参加各类运动会获世界性比赛冠军3项，获全国性比赛冠军3项，获全省冠军6项，破世界记录3项，破省记录2项。

计划生育政策实施以来人口自然增长得到有效控制

在促进经济、社会事业不断发展的同时，南充市坚持物质生产与人口生产一起抓，几十年如一日，有效地控制了人口盲目增长，推动了全市计划生育工作的开展。1990年，全市人口自然增长率为4.83‰，比全国30个省、市、自治区中最低的上海市还低0.13‰。自1971年开展计划生育工作以来，20年间平均自然增长率为7.58‰，与前20年相比，自然增长率平均下降8.35‰，仅一个20余万人的小市就少生5800多人，先后12次被评为全国计划生育工作先进单位。在控制人口自然增长中，南充市的具体做法是：

（一）注重政策宣传教育。计划生育工作人称“天下第一难”。南充市从抓宣传教育工作入手，利用广播、电视、科教电影、幻灯、图片、标本、模型、板报、橱窗、专栏、标语、宣传车、医卫人员上街下乡等各种形式，在全市城乡多渠道、多层次、全方位进行人口理论和计划生育基本国策教育及党和国家生育政策教育，不断提高干部群众实行计划生育的自觉性。在宣传教育工作中，切实做到了“三抓”，即抓骨干、抓典型、抓难点。几年来，市、乡、街道先后培训计划生育宣传骨干11784人次，现在这些骨干广泛分布在城市各行政企事业单位、街道、居民段组和农村乡、村、社，成为计生战线一支中坚力量，在计划生育宣传中发挥了很重要的作用。

（二）狠抓技术指导服务。全市各级计划生育部门抓住落实长效节育措施个根本，努力使技术服务由“孕后型”向“孕前型”转变，从1986年起，市计生委组织“背蔸手术队”，深入乡、村、社，送技术上门，巡回服务。5年来，下乡为妇女安环4537例，照环13351例，作人流手术339例，男扎42例，未发生过一例手术事故。还对受术者进行随访和跟踪服务，对手术不适和亦发症患者及时治疗，使采取长效节育措施的男女不断增多，现全市作男扎手术2250人，女扎手术3978人，安环29677人，节育率占88.51%，农村一孩妇女接受服务的已由1988年的52.84%下降到1990年的28.32%。在技术服务上还立足于一个“早”字，尽量把工作做在受孕前，甚至结婚前。过去避孕药具发放渠道多，管理乱，效果差，1985年成立了避孕药具发放管理站，建立了纵到底，横到边的药具发放网络，聘用了兼职送药员650人，送药员将药具及时送到育龄妇女手中，并签订领取合同，建立登记制度，经常收集使用效果。同时还在市区建立了零星药具发放点12个，聘任兼职发放人员55名。做到了避孕药具服务到基层，方便了群众，保证了供应，杜绝了浪费，1990年用药人员比1984年增加近一倍，而使用药具金额却下降了50.39%。去年还建立了婚前家庭学校，不少未婚青年男女和新婚夫妇踊跃参加。市计生委利用这个阵地，向他们传授生理节育、优生优育知识。一年多来，举办培训班25期，受教人员1760人，收到了很好效果。

（三）严格执行奖惩制度。根据《四川省计划生育条例》，南充市制定了《南充市驻市单位计划生育工作量化管理办法》等一系列控制人口自然增长的政策措施，将计划生育工作纳入目标管理，同生产指标一起下达，一起检查，层层签订责任书，年终考核奖惩。并实行市委、人大、政府、政协、纪委定点联系乡村制度。坚持计划生育一票否决权，做到计划生育同评选农村“三户”相结合，与扶贫相结合，与民主评议党员相结合，与干部职工调奖晋级相结合，与评选精神文明单位相结合，与落实村规民约相结合。市政府每年都要对在计划生育工作中作出成绩的单位和个人给予表彰奖励，对没完成人口计划目标任务的给予相应处罚。由于措施坚决有力，人口自然增长得到了有效的控制。

华莹市

市　长：苑　红

副市长：付清民（常务）　周派国（农业、国土）
杨胜林（工业、交通）　韩开富（建委、商贸）
王天惠（女　科教文卫）　姚宗碧（科技）

苑红市长，1944年12月生于四川省岳池县。1969年8月毕业于成都科技大学电机系。1979年3月加入中国共产党。曾先后担任岳池县农机厂、农机局、经委助理工程师、工学会理事长、自然科学工程技术职称考评委成员。1983年11月任岳池县副县长、县委委员，1985年2月任岳池县委副书记、代理县长，1985年4月任岳池县委副书记、县长。1987年3月任华蓥市委副书记、市长至今。

华蓥在“七五”中崛起

□ 苑　红　张崇涛　曹　湛

1986年以来，华蓥市坚持“一个中心，两个基本点”，走以工为主，工贸农并举，发展综合经济的路子，全市经济建设和各项社会事业蓬勃发展，城市面貌日新月异。

国民经济稳步发展

“七五”期间，华蓥市总体经济实力明显增强，第一步战略目标提前实现。1990年，全市社会总产值达64683万元，比1985年增长84.68%，年均增长16.93%；国民生产总值达28368万元比1985年增长53.7%，年均增长10.74%；工农业总产值达55766万元，比1985年增长137.9%，年均增长27.58%；国民收入达24673万元，比1985年增长75.83%，年均增长15.17%。

（一）工业生产迅猛发展。1986年以来，华蓥市政府把主要精力放在抓城市经济建设上，调整产业结构，狠抓基础工业。“七五”期间，先后建成了华蓥市曲酒厂、肉联厂、糖果厂、化工厂、饮料厂、五岔沟水泥厂、天池水泥厂、页岩砖厂，对市耐火材料厂、砂砖厂、烧铁厂等一批重点企业进行了技术改造。现全市已形成了以光学、机械、建材、煤炭、食品加工工业为主体的18个大类和31个行业的工业体系。1990年，全市工业总产值达36747万元，比1985年增长125.81%，年均增长25.16%。

（二）商贸经济繁荣兴旺。全市现有商业网点610个，面积3万平方米。其中综合性商业大楼10幢。1990年，全市社会商品零售总额16119万元，比1985年增长128.44%，年均增长25.69%。其中，与1985年相比，消费品零售额达14274万元，增长143.75%；农业生产资料零售额达14274万元，增长143.75%；农业生产资料零售额达1845万元，增长143.73%。

（三）财政金融不断发展。1990年，全市财政收入达2976.9万元，比1985年增长120.02%。全市有金融、保险机构76个，从业人员456人。各项存款余额达20711万元，比1985年增长214.03%；各项贷款金额达17183万元，比1985年增长47.14%；保费收入达581万元，比1985年增长53.29%。

（四）农村经济全面发展。1990年，全市农业总产值达15684万元，比1985年增长197.60%，年均增长39.52%；粮食总产量达90197吨，比1985年增长9.25%，年均增长1.85%；开发农业项目195个，实现收入4000万元。农村商品率由1985年的31%上升到1990年的53.6%。油菜籽、柑桔、蚕桑、茶叶等经济作物的产量也有较大幅度的增长。1990年末，生猪存栏达13.02万头，比1985年增长11.01%；生猪出栏达12.7万头，比1985年增长44.48%。1990年，全市有林面积达1.69万公顷，占林业用地面积的75.95%；“四旁”植树300万株；合立木蓄积量达32.4万立方米。比1985年增长35%；森林覆盖率达33%，比1985年增长 7.1%；绿化覆盖率达 39.4%，比 1985 年增长 10.2%。1988 年，被四川省人民政府评为先进绿化县(市)。同时，依法加强国土管理，实行土地开发与利用并重，土地资源得到有效利用。

乡镇企业在治理整顿中前进。1990 年，全市乡镇企业达 4895 个，比 1985 年增长 45.6%；从业人员达 29929 人，比 1985 年增长 25.2%；总产值达 14136 万元，比 1985 年增长 120.7%；总收入达 14433 万元，比 1985 年增长 153.12%；实现税利 1119 万元，比 1985 年增长 138.08%。

社会事业蓬勃发展

(一) 教育事业。1990 年，全市有中学 19 所、小学 192 所，教师进修学校、农业广播学校、职业中学、厂办技工学校和培训中心各 1 所。中小学在校生 46260 人，教职员工 2643 人，分别比 1985 年下降 26% 和增长 153.4%；小学适龄儿童入学率达到 99.2%，巩固率达到 97.8%，普及率达到 98.1%，毕业率达到 96.2%。此外，还有电大班 9 个、市中师函授班 1 个，学员 520 余人。

(二) 科技事业。1990 年，全市有科研机构 8 个，市级专业协会、学会 17 个，从事工业、交通、建筑、农业、畜牧、农经、林业、农机、环保等方面的科技人员 9982 人，占全市大中专毕业生的 91.1%。5 年来，全市组织科技人员 5780 人次，推广先进科学技术成果，实施“星火计划”“燎原计划”，为市内外 126 个企业进行技术改造，引进和推广科技项目 270 个，完成技术咨询项目 1920 项，咨询合同总额 1270 万元新增产值 7500 万元，增加税利 800 多万元节约资金 1620 万元。科学技术的运用，推动了全市经济的发展，使一些濒临倒闭的企业恢复了生机和活力。

(三) 文化事业。1986 年以来，华蓥市新建了市文化馆、体育场、工人文化宫、华蓥电影院、广播调频台、电视差转台、儿童游乐场和 18 个地面卫星接收站，以及 41 个厂矿俱乐部和舞厅，与 16 个乡镇文化站和四川省 704 电视台组成了全市的文化网络，广播和电视覆盖率分别为 92.4% 和 97.2%，极大地丰富了人民群众的文化生活。体育事业蓬勃发展，华蓥市羽毛球队出席四川省第二届青运会取得了较好成绩，在田径项目中，一项破省纪录。

(四) 医疗卫生事业。1990 年，全市有医疗卫生机构 57 个，医院床位 1463 张，卫生技术人员 1420 人，每成人拥有医生 42 个。卫生、防疫、药品、药政管理进一步加强。联合国援助的妇幼保健合作项目正在建设之中。计划生育政策的落实，促进了人口有计划的增长。1990 年，全市人口出生率为 12.74‰，人口自然增长率为 8.12‰。

交通、通讯日新月异

(一) 交通运输。华蓥市 1986 年以来共投资 1039.3 万元，投工 15.5 万个工日，改、扩建公路 62.3 公里，铺水泥路面 9.6 公里，修建标准化排水沟 13 公里。还兴建了华蓥、庆华等客车站。全市已形成了纵横交错、四通八达的交通运输网络，改善了交通运输条件，提高了运输能力。1990 年，全市货运量达 220 万吨，货物周转量达 4112 万吨公里，客运量达 213 万人，各运周转量 4254 万人公里，分别比 1985 年增长 45.3%、52.1%、46.4%和 49.2%。

(二) 邮电通讯。华蓥市大力发展邮电通讯事业，安装了 16 条直通南充的载波电路。架通了直达重庆等地的载波电话。“农话、市话、长话”三位一体的程控自动电话工程已竣工并投入使用。实现了全市通讯自动化。同时，电报并入全国电网，邮路快件业务开通，加快了信息传递，增强了通讯能力。1990 年，全市邮路长 196 公里；邮电业务总量达 180.57 万元，比 1985 年增长 137.55%；年末电话 3023 部，比 1985 年增长 41.92%。

城市面貌焕然一新

(一) 城镇住宅建设。1986 年以来，城镇全民、集体所有制单位共完成投资 24775 万元，竣工面积 40.71 万平方米。其中，1990 年完成投资 5980 万元，竣工面积 9.01 万平方米，人均住宅面积 8.48 平方米。

(二) 市政建设。1986 年以来，拓宽改造了市区的滨河东路，新建了文化路、明光路、蓥光路、红星路、石岭岗路、清溪路、共长 4 公里。铺筑了滨河东路、滨河西路、清溪路、红星路、双河老街、石岭岗路砼路面。修建了农贸桥，修筑了清溪河、文化路一段堡坎，长 2.5 公里。安装路灯 350 盏，地下管、沟 7 条，长 850 米。市内已形成面积达 5.2 平方公里，道路面积达 5 万平方米，人均道路面积 1.9 平方米。城市供水系统日趋完善，新建的设计能力为日供水量 1.5 万吨的自来水厂、第一期工程日供水量 6000 吨即将竣工投产。

(三) 城市园林绿化。近年来，全市共新建公园、厂矿园林 13 个，面积达 50 亩。1990 年，全市义务植树 120 万株；公共绿地面积 6.6 平方公里，占市区总面积的 65.5%：人平绿地面积 1.7 平方米。城区绿化覆盖率达 46%。

达县市

市　长：邵正权

副市长：潘占成（常务）　朱大吉（工交、科技）　赵龙（财贸、农业）　郑会英（女　司法、民政）　郭安（城建）

邵正权市长，生于1943年10月，四川省达县人，大学文化，1968年9月毕业于重庆建筑工程学院。多年从事工程技术工作，先后参加过襄渝铁路、达县沙滩河水库、达县氮肥厂、蜀东化纤厂工程建设。历任技术员、达县工业局干事、达县市工交部干事、达县计划建设委员会基建科长。1981年晋升为工程师，1982年任达县市城市建设局第一副局长，1983年11月当选为达县市副市长、市委常委、常务副市长，1989年7月任代理市长，1990年3月任中共达县市委副书记，当选为市长和四川省第七届人大代表。

以"规划"指导城市建设和管理

□ 鲁仕焱

"七五"时期，达县市以《达县市城市总体规划》(以下简称"规划")。指导城市建设和管理，使今日达城面貌发生了历史性巨变，她象一颗璀璨的明珠镶嵌在川东北的大地上。

城市规划是建设管理好城市的前提和依据，要把城市建设好、管理好，必须把城市规划好。作为城市政府，一方面对城市的发展方向，远、中、近期发展目标做到总体把住。另一方面要组织制定切实可行的行动方案。在制定规划过程中，一是认清城市内在发展规律。根据城市所处的时代、地位、区域、条件、资源、交通等情况，找出发展的必然性，做到规划与发展规律、发展趋势基本一致。二是把城市建设规划、经济规划和社会规划有机结合起来。合理发展工业、农业、商业、文化、教育、体育、科学技术、医疗卫生、信息服务和城市基础设施等事业，使之相互协调，相互促进，共同发展。三是城市要先规划后建设。在城市的建设过程中，必须做到规划先行，在规划的指导下进行建设，使之有计划、有目标、有条不紊地实现蓝图。四是维护规划的严肃性。城市发展规划一旦制定，必须有强制的约束力，以确保规划得以实施。五是规划与计划相结合。做到计划部门与规划部门密切协作，共同对项目负责。没有规划部门的同意，计划部门不下达计划；没有规划部门的同意，规划部门不安排用地，以促证计划的落实和规划的实现。六是抓总体规划的深化。随着经济和社会事业的发展，原规划暴露出规划期限短，规划范围小，用地标准低，旧城人口多，建筑密度大等问题，在原规划指导下进行了调整，并重新界定了城市规划区。调整后的规划已经四川省人民政府批准。其城市性质为川北中心城市、交通枢纽和物资集散中心。以发展轻纺、冶金、机械工业为主的综合性中等城市。七是抓小区规划的制定。既严格控制旧城区建设，又积极创造条件开发新区；既坚持"有利生产，方便生活，交通便利，配套齐全，合理布局、环境优美"的建设原则，又把城市"供水、道路、住宅、天然气、绿化"作为建设重点。完善和编制了火车站、南外、旧城区三大片区的详细规划，以指导城市建设和管理。

现代化城市是一个多层次、多因素、多变化的庞大系统，城市的建设和管理的内函极为丰富，涉及面也十分广泛，它包括社会、经济以及市政建设管理等方面。因此，要经营管理好城市，必须采取科学的方法和手段。

(一) 组织领导。城市建设政策性强，牵涉面广，尤其是旧城改造，既有大量动迁群众的安置工作，又有艰苦细致的思想工作。所以，加强领导是搞好现代化城市建设的关健。其作法是，组成城市动迁领导小组。由分管城市建设管理工作的副市长任组长，有关职能部门负责人任副组长。并从建委、工商、交通、"公检、法、司"、街道办事处等单位抽调中层以上干部成立动迁安置办公室，作为领导小组的办事机构，采取划片分区，部门包单位，单位包职工，居委包住户的层层包、层层保的责任制办法，从而加快了旧城改造步伐，提高了城市建设的发展速度。

(二) 管理体制。为加强城市管理工作，成立了达县市人民政府城市管理指挥总，统一协调建委、交通、公安、工商管理等职能部门的工作。建立健全市建委城市管理的内设机构。除加强规划、建管、城建监察、市政、环卫、园林等部门部门的管理职能外，还分别组建了市容管理监督岗，义务交通执勤队、市场协管员等义务管理队伍。并在市属东、西城办事处和三镇组建了城市管理指挥部。依照法律、法规，制定城市建设管理规定，报同级人大常委会审议通过后施行。依法治城、照章管理，疏理交通、整顿市容，治理“脏、乱、差”。把专业管理与群众管理、统一管理与行业管理、行政管理与法制管理有机结合起来。实地“门前三包”，划片分段，目标管理的办法，坚持“人民城市人民建”的方计，形成了条块结合，以块为主的“三级”管理城市体制。

(三) 工作方法。按照城市总体规划及所处的地理位置，发展前景，投资条件，统一规划，合理布局，综合开发，走以改造旧城为基础，开发新区为方向，新旧结合，以新为主，以旧促新的综合开发路子。分别轻重缓急，每年抓几件实事，力争抓一件，成一件，见到成效。先后将全市原只有7米左右的红旗路、来凤路、大北街拓宽至20米、24米和37米，形成了人行道，快慢车道、行道树、街心绿地、雕塑等配套的交通干线。同时理顺了帝主宫、新建村、三圣宫、中心街的消防通道。打通了黄龙寺、兴隆街、荷叶街的交通堵头。改造了柴市街、西圣街、滩头街，开发了牌楼、火车站、张家湾等地新区，极大地缓解了交通拥挤，改善了市容市貌。

(四) 实施方案。采用科学的论证方法，在需要和可能的情况下选择最佳方案，力求做到经济、社会、环境的三统一。在努力实现城市建设总目标的前提下，把注意力放在当前城市人民迫切需要解决的那些问题上。如城市道路、自来水供应，废气、废水、废渣处理，垃圾清运，粪便处置，服务设施和居住环境改善等方面，使城市建设具有强大的生命力。这样，全市人民就会一拍即合，同心同德，通力合作，使城市建设为发展生产，繁荣经济，改善人民生活的方针得以实现。

(五) 资金渠道。“七五”以前，由于“重生产、轻生活”思想的消极影响，城市建设，特别是基础设施欠账很大。需要填补这些欠账，只靠国家的财力、物力，在短时间内难以解决。因此，只有坚持“人民城市人民建”的方针，充分调动各方面的积极性，才能加快城市建设步伐。一是本着“自愿受益”合理负担，政府批准”。的原则，采以集资统建、联建办法建设住宅和服务网点。二是面向社会，利用民办公助，公办民助等形式，改造建设小街小巷。三是采取国家补助、银行贷款、发放债券的新建或改建公益事业。四是组织群众义务劳动或捐款，整治公益事业。五是敞开城门，积极引导农民进城兴办工、商、服务业，促进城市的发展。

“规划”对加快城市基础设施建设，促进旧城改造和新区的开发、建设，以及发民有计划的社会主义商品经济，起到了极大的推动和促进作用。尤其是“七五”期间，坚持以“水、路、气、住、绿”为建设重点，古老的达城处处焕发出蓬勃生机，高楼鳞次栉比，街道平坦宽阔，绿树掩映市街。

目前，与1978年相比，城市非农业人口由9.3万增加到22.1172万；城市建成区面积由5.62平方公里增至10.5平方公里；城市住宅面积由34万平方米增至102.3万平方米，人均居住面积3.4平方米增至7.57平方米；全社会日供水能力达40万吨，供水管道由13.49公里增至130公里；城市道路长度由10公里达到86公里，下水道由12公里增至62公里；城市公共绿地由2.8公顷达到200公倾；民用天然气工程的投产使用，使2.6万户居民用上了天然气，气化率达66%以上。

城市基础设施的改善，为城市经济的发展创造了条件。全市已由一个消费城市发展成为一个以轻纺、食品、冶金、机械为主的新兴工业城市。1990年全市工农业总产值达120321万元，其中工业总产值109790万元，市属财政收入达8064万元农村人平均纯收入达820元，社会商品零售总额达42341万元。城乡经济建设的发展，推动了全市精神文明建设，在四川省十九城市“三优一学”竞赛活动中进入前四名。

2000年的达城，将按照总体规划和小区规划的蓝图，市中心成为功能齐全的商业文化区，城南成为相当规模的纺织、机械工业区，城西成为食品、冶金工业区，城北成为旅游观光区，城内将全部使用煤气，天然气作燃料。到那时，达城不但经济更加繁荣，街道更加整洁，而且环境将更加幽雅，空气将更加清新，为国内外宾朋创造的投资环境、成交环境、旅游环境也会更加理想。

雅安市

市　长：万德全

副市长：钟声儒（常务）　文忠于（女、城建、公安）　钟广泽（财贸）　熊宝善（科教、文卫）　郑树君（农业）

万德全市长，生于1936年8月，四川省宜宾市人，文化程度中专，1954年8月参加工作。1966年3月加入中国共产党。历任西康省医药公司工作人员，雅安地区医药公司批发部副主任、雅安地区半工半读学校、雅安地区酒厂负责人，雅安地区糖酒公司经理、党总支书记，雅安市商业局局长，雅安市副市长，代理市长等职。现任中共雅安市委副书记，雅安市市长。

雅安市"七五"概况

□ 雅安市人民政府办公室

"七五"期间，被国家科委列为国家级综合技术开发示范市的雅安市，在党和国家的各项方针政策指引下，经过5年的团结奋斗、艰苦努力，全市经济建设和各项社会事业出现了持续，稳定，协调发展的可喜局面。1990年，全市社会总产值（按1980年不变价，下同）达69896万元，比1985年增长60.4%，"七五"期间年均增长9.9%；国民收入达26338万元。比1985年增长50.1%，年均增长8.5%；工农业总产值达56920万元，比1985年增长81.2%，年均增长12.6%；其中，工业总产值48306万元，比值8614万元，比1985年增长16.3%，年均增长3.1%；社会商品零售总额达28276万元，比1985年增长123.8%，年均增长17.5%。在经济持续稳定发展的同时，社会主义精神文明建设科技、教育、文化、广播电视、卫生、体育等各项社会事业都有新的发展。基本完成了"七五"期间的各项经济和社会发展计划。

（一）农业基础地位加强，农村经济稳步发展。5年来按照确保粮食生产稳定增长，抓好开发农业，积极发展乡镇企业，全面发展农村经济的要求，依靠政策，依靠科学，努力增加对农业的投入，促进农村经济的全面发展1990，全市农村总收入达25275万元，比1985年增长137.5%，年均增长18.9%；粮食总产量103762吨，比1985年增长16.5%；多种经营收入20013万元，比1985年增长142.6%，年均增长19.4%；农村人均纯收入553元，净增155元。

在粮食生产方面，主要采取了以下有效措施：一是稳定粮食生产的各项政策，充分调动农民种粮积极性；二是走"科教兴农"之路，积极推广各项增产措施，认真落实"丰收计划""星火计划"，大力推广落实科技成果和一系列实用技术；三是加强农田水利基本建设，积极开展改土工作，提高复种指数，扩大增种面积；四是多渠道、多形式增加对农业的投入；五是狠抓了农业生产资料的组织，调运和供应工作；六是动员和组织各行各业大力支援农业，积极为农业生产提供服务。

在开发农业方面，按照到2000年农村人均商品纯收入上千元的奋斗目标，采取因地制宜，突出重点、分类指导。成片开发等办法，紧密围绕种植业，养殖业和农副产品加工业，持之以恒大搞开发农业。发展农村商品生产。通过努力，全市已初步建成了奶山羊、速丰林、茶叶、蜜桔、小家禽、蚕桑等10个国、省、市级商品生产基地。特别是奶山羊生产。已成为全国北羊南繁的典范，受到联合国亚太地区研究会16个国家官员的高度赞誉和各级领导的好评。

在乡镇企业方面，按照"狠抓势头好的，协调调整老的，支持准备上新的"要求，从提高经济效益入手，积极推行全员风险抵押承包经营责任制，从而使全市乡镇企业保持了稳定发展势头。1990年，全市乡镇企业总产值达14066万元，比1985年增长近2.4倍，年均增长 27.4%；总收入达 13000 万元，比 1985 年增长 2.7 倍，年均增长 30%。乡镇企业已成为全市经济建设中的一支重要力量。

（二）工业生产适度增长，经济效益不断提高。“七五”期间，全市工业战线在普遍推行各种形式的承包责任制基础上，进一步完善了企业内部的配套改革，各工业企业结合自身实际，一手抓改革，一手抓技改，千方百计搞活企业，提高经济效益，经过全市工业战线广大干部职工的艰苦努力，克服了资金、原材料紧缺和涨价以及能源紧张、市场疲软等困难，推动了工业生产的向前发展。1990 年，全市工业企业税利 4154 万元，比 1985 年增长 10.4%；出口产值达 5027 万元，比 1989 年增长 26%。“七五”期间，全市累计用于城乡工业技改，新建项目总投资达 13813 万元，较“六五”时期增长 5 倍以上，工业固定资产原值（“七五”期末）达 4731 万元。较“六五”期末增长 101.46%。特别是农村工业发展万为突出。每年以高于城市工业 17.2%的速度增长，对全市经济万其是对繁荣农村经济作出了较大贡献。

（三）城乡市场繁荣，商品流通扩大，财政收入增加。在“七五”期间，全市财贸战线广大干部职工深入进行流通体制改革。把竞争机制和风险机制积极引入企业，普遍推行了承包经营和目标管理责任制,部分企业还实行了联合、兼并、租赁制经营。在深入改革中。国营商业发挥了主渠道作用，积极参与市场调节，努力搞活流通，繁荣市场，增加城乡有效供给，为全市工农业生产和人民生活服务作出了很大贡献。1990 年，全市社会商品零售总额达 28276 万元，比 1985 年增长 123.8%，年均增长 17.5%；城乡集市贸易额达 4091 万元，比 1985 年增长 101.4%，年均增长 15.0%；外贸出口金额达 6362 万元，比 1985 年增长 2.9 倍，年均增长 31.32%。

财政收入不断增加，1990 年，市级财政收入达 3686 万元，比 1985 年增长 132.6%，年均增长 18.4%，基本实现了财政收支平衡。

（四）科技、教育、文化、广播电视、卫生、体育等各项社会事业有了新的发展。1990 年，全市有科技人员 10852 人，较“六五”期末增加 5285 人，其中：具有中级技术职称以上人员 4286 人；1978 年以来，有 30 项科研成果获得全国、省、地科研奖，科技人员在依靠科学技术，振兴雅安经济中作出了显著贡献。教育部门积极调整教育结构，巩固和发展了普及初等教育成果，建设健全了四级教学网，积极为实施九年制义务教育奠定基础。“七五”期末，一市有各级各类学校 221 所，专任教师 1856 人，累计为上级学校输送了大专、中专、中师生 1927 人。同时，幼儿教育、成人教育、职业教育、扫盲工作也取得了一定成绩。文化、广播电视、卫生、体育等社会事业有所发展，1990 年，全市电视多级混合覆盖率达 84%，农村广播多级混合覆盖率达 98%。“七五”期间，全市医疗卫生条件得到了进一步改善，到“七五”期末，全市有卫生机构 113 个，医院 38 所，病床 1414 张，体育部门将开展群众性体育活动与为国家培养人才相结合，先后向上级输送体育人才 20 人；仅 1990 年，在参加上级各类比赛中荣获各种奖牌 34 枚，破省以上纪录 3 项。

（五）城乡人民生活水平有了较大提高。5 年来，随着经济的发展。城乡人民生活水平有了较大提高。一是收入增加。1990 年，城市职工人均年工资收入 1861 元，比 1985 年增长 85%，平均增长 13.1%；农村人均纯收入 553 元，比 1985 年增长 38.9%，年均增长 6.8%。二是就业人数增加，5 年共安置待业人员 9673 人。三是城乡居民储蓄大幅度上升。1990 年，城乡年末储蓄余额达 22939 万元，比 1985 年增长 236.8%，平均增长 27.5%。四是城乡人民的消费水平进一步提高，在吃、住、穿，用等方面有了明显改善。购买力增强。五是城乡人民的居住条件有了明显改善。城镇建成住宅 84.86 万平方米，人均居住面积达 8 平方米；农村个人新建房屋总面积达 84.59 万平方米。

（六）社会主义精神文明建设取得了可喜成绩。5 年来，主要做了以下工作：一是狠抓思想政治工作和社会公德教育，全市人民的“两个素质”有了较大提高；二是广泛开展“学雷锋，树新风，学赖宁见行动”活动，以及学习“川藏线上的英雄汽车兵张洪同志”的模范事迹，好人好事不断涌现；三是深入开展军警民共建文明城市活动，积极开展拥军优属，拥政爱民活动，1990 年被评为省级“双拥模范城”；四是积极参加全省 19 城市“三优一学”创建文明城市竞赛活动，先后取得了全省第二名、第四名的好成绩；五是努力搞好城市卫生、绿化、美化工作，在创建国家级卫生城市活动中取得全省第二名的好成绩。同时，狠抓了农村文明场、镇、村、社建设，普遍开展了“三户”活动，并取得了明显成效。

贵阳市

市　长：王寿亭
副市长：吴志刚（教育、文化）　刘兆桂（城建、城管）　周鹏飞（商业、农业）　司徒桂美（女　卫生、计划生育）　李　平（工业、交通）

王寿亭市长，1943年10月21日生于山东省平度县，1966年7月毕业于山东大学政治系。1968年至1972年先后在贵阳市革委会、贵阳红卫锁厂工作，1973年至1979年任共青团贵阳市委办公室主任，共青团贵阳市委书记等职，1982年9月任贵阳卷烟二厂党委书记，1983年10月任中共贵阳市委副书记，1983年9月至1985年7月在中央党校培训部学习，1985年11月任贵阳市市长。1988年3月被选为第七届全国人大代表。

“七五”经济社会发展回顾

□　贵阳市人民政府办公厅

“七五”是贵阳市社会主义建设的历史进程中又一个具有重要意义的时期，在这期间，贵阳市坚持党的十一届三中全会以来的路线、方针、政策，把党的十三届三中全会制定的治理经济环境、整顿经济秩序、全面深化改革的战略部署与贵阳市的实际结合起来，努力克服经济发展过程中新出现的困难，全市各族人民，上下一心、同舟共济、推进改革，有秩序、有步骤地促进了经济的持续稳定的增长和人民生活水平的进一步提高，为“八五”期间的90年代的继续前进奠定了坚实的物质基础。

“七五”期间的主要成就

贵阳市，继1985年全市国民生产总值、国民收入、财政收入在1980年基础上实现翻番之后，1986年全市工农业总产值也实现了翻番，提前实现了经济翻番的第一个战略目标。“七五”的国民经济和社会发展计划顺利完成，经济生活和社会面貌发生了较为深刻的变化，综合经济实力显著增强，城市建设步伐加快，全市人民基本上解决了温饱问题，社会主义精神文明建设达到新的水平。

（一）国民经济持续稳定增长。“七五”期间，贵阳市的国民经济始终在努力提高经济效益的前提下，保持稳定的增长速度，没有出现大起大落，增长的幅度比较符合贵阳市的实际情况。1990年，国民生产总值达44.83亿元（现行价，下同），“七五”期间年均增长8.35%，国民收入36.18亿元，“七五”期间年均增长6.59%，社会总产值90.58亿元，“七五”期间年均增长7.62%；财政收入达12.69亿元，“七五”期间年均增长18.50%，财政收入占国民收入的比例由1985年的28%提高到1990年的35%

工业生产有了重大发展。“七五”期间建成了一批发挥地方经济优势的大中型工业企业，对原有企业大力进行技术改造，使工业结构有所调整，工业生产能力和技术水平不断提高，城乡集体企业和个体、私营、外资企业也得到较大发展。1990年，全市工业总产值71.10亿元，比1985年增长53.12%，年均增长8.89%。主要工业产品产量有较大增长，卷烟产量由1980年的37.58万箱增加到96.51万箱；铝锭由2.97万吨，增加到7.25万吨，特殊钢材由8.22万吨，增加到20.8万吨，彩色电视机、洗衣机从无到有，分别发展到12万台和8.5万台，液压挖掘机、柴油机、轮胎、光学仪器、仪器仪表、轴承、磨料、棉纱、棉布、啤酒饮料、塑料及化工、医药、建材等工业产品都有较大的增长。

城郊型农业基本形成。城市郊区深入贯彻执行“服务城市、富裕农村、城乡一体、协调发展”的方针，重点发展鲜活副食品生产、乡镇企业，推动农业的综合开发，提高了农业的综合生产能力。1990年，全市农业总产值达3.99亿元，比1985年增长23.9%；年均增长

4.38%。粮食产量达 11.79 万吨，比 1985 年增长 15.5%；商品蔬菜产量 15 万吨，比 1985 年增长 4.21%；基本上做到均衡上市，“淡季不淡、旺季不烂”；油菜籽、烤烟、水果、肉类分别比 1985 年增长 64.92%、20.26%、29.54%和 75.90%。

市场繁荣兴旺。“七五”期间，重点培育了以国营商业为主导，开放式、多渠道、少环节的流通网络，发展了一批贸易中心和农副产品批发、集贸市场，大力促进了生产和流通，方便了人民生活，使贵阳市作为全省商业贸易中心和主要物资集散地的作用有较大的增强。1990 年，全市商品零售总额 21.4 亿元，比 1985 年增长 13.87%；年均增长 13.87%。其中，对居民零售额年均增长 14.95%，对社会集团销售额年均增长 17.74%，对农业生产资料零售额年均增长 30.82%

随着改革、开放的深入，贵阳市的中心城市作用日益增强，对全省的经济发展作出了贡献。地方财政收入在全省的比重，由 1985 年的 34.82%上升到 1990 年的 36.12%；社会商品零售总额在全省中的比重，由 1985 年的 19.55%上升到 1990 年 22.23%；独立核算工业企业利税总额在全省中的比重，由 1985 年的 43.7%上升到 1990 年的 46.5%；出口创汇总值在全省中的比重，由 1987 年的 21.05%上升到 1989 年的 25.38%。

（二）改革开放迈出较大步伐。在中央关于经济体制改革方针的指导下，“七五”期间，围绕增强企业活力这个中心环节和增强中心城市作用这个重点，在计划、财政、税收、金融、物资、商业、价格、劳动工资等各个方面进行了不同程度的改革。广大农村全面实行家庭联产承包经营责任制，以乡、村为重点的社会化服务体系和统分结合的双层经营体制已初步建立，探索了土地有偿使用和土地使用权有偿转让的改革；企业普遍实行承包经营责任制、厂长（经理）负责制；适应现阶段生产力的发展，对所有制结构进行了调整，在巩固和发展全民所有制经济的同时，大力发展了城乡集体经济，重视发挥个体和私营经济的有益补充作用；培育和发展了以国合商业为主导、开放式、多渠道、少环节的流通网络，特别是蔬菜产供销体制的改革取得突破性进展，解决了蔬菜均衡上市的问题；住房制度改革试点已在部分企业开展。

“七五”后 3 年，以贵阳市的实际出发，把治理整顿过程中的问题和困难作为改革的重点，使改革为实现治理整顿的主要目标服务。在组织领导上，市里成立了治理整顿和深化改革协调领导小组，抽调机关干部深入企业、农村和基层单位，开展调查研究，帮助解决困难，抓销售、促生产、保调整、搞开发。围绕提高经济效益这个中心，调整工业结构，设立了市工业结构调整基金，下达调整项目 27 个；并采取贴补息差的办法，支持一大批中小型企业和集体企业走出困境，发展生产；及时运用促销政策，启动市场促产扩销；使“七五”后 3 年工业产值增长速度保持 7%至 9%。注意研究并运用价格杠杆启动市场和促进生产的作用，适时适度地调整了部分较突出的不合理的产品价格和收费标准，物价涨幅明显下降，1988 年全市零售物价总指数为 123.0，1989 年下降为 116.0，1990 年为 101.5，控制物价上涨收到了成效。通货膨胀也得到有效控制，1988 年货币净投放 0.72 亿元，到 1989 年回笼 1.74 亿元，1990 年回笼 3.17 亿元。清理整顿公司的工作基本结束，税收、财务、物价大检查开展顺利，1990 年共查出违纪金额 3290.48 万元，已入库 2364.30 万元。治理整顿工作为建立正常的经济秩序起到了重要保证。

横向经济联合和对外开放取得明显成效。贵阳市同全国各省、市、自治区建立了广泛的经济联系，同西南经济区和省内各城市以及周边地、州、县的经济合作更加密切，同南宁市、福州市结成了“姊妹城市”和“友好城市”。“七五”期间共落实各类经济协作项目 1121 项，引进资金 6345 万元，物资协作 1.2 亿元。1990 年全市外贸收购额达 3.7 亿元，“七五”期间年均增长 74.67%；10 年年均增长 28.36%，比 1980 年增长了 10.2 倍。1990 年创汇达 3013 万美元。批准利用外资项目 65 项，实际利用外资 6973 万美元，引进了一批国外先进技术，同时，加强了对外科技文化等方面的交往。

（三）经济的发展后劲得到增强。“七五”期间努力调整投资结构，集中财力、物力、人力，确保一批发挥地方产品优势，提高出口创汇能力，增强经济发展后劲的重点建设项目。固定资产投资总额累计达到 58.41 亿元，比“六五、期间增加 1.09 倍，10 年累计投资 84 亿元，为前 30 年投资总和的 3.4 倍。建成投产了一批大中型项目，主要有第二个年产 8 万吨电解铝工程、年产 18 万台彩电生产线、年产 26 万台双缸洗衣机生产线、年产 4 万吨 A−80 棕刚玉磨料生产线、年产 3 万吨啤酒生产线；完成了贵阳卷烟厂、贵阳钢厂、贵阳棉纺厂、贵州轮胎厂、贵阳纺纱厂、贵州啤酒厂等大中型企业的重大技术改造，使一大批企业的产品质量、品种、效益有大幅度的提高，增强了市场竞能力。“七五”期间还重点抓了“三线”厂矿的迁建工作，进行了大规模的投资和建设。一批军工电子、航空机械企业从山沟搬迁到市郊，小河机械工业基地基本形成，新天新技术产业开发试验区的电子工业基地正在抓紧建设，这两个工业小城镇建设和企业的投产，将为贵阳市 90 年代的经济发展起到积极的促进作用。“七五”期间还改造和建设了一批商业服务设施，新增面积 16.32 万平方米，市场有了较大发展，商品吞吐能力有较大提高，城市的服务功能明显增强。

（四）城市建设管理取得显著成绩。“七五”期间，城市建设遵循“统一规划，合理布局，因地制宜，综合开发，配套建设”的方针，围绕“水、路、气”等与经济发展密切联系，以及和人民生活改善紧密相关的项目，保证重点，注重效益，在实施2000年城市建设总体规划方面迈出了较大步伐。

1985年至1990年，新建住宅面积240万平方米，4.5万户居民搬进了新居，城市人均居住面积6.0平方米。改造旧城和开发新区相结合，新建了宅吉、金项山住宅小区，完善了解五住宅小区，旧城区进行了成街成片的改造。

为满足经济发展和城市人民生活用水，新建了新水源水厂东郊水厂，改造了南郊、中曹水厂，联通了松指山、花溪、阿哈3个水源水库，使城市水源得以统一调度和合理使用。城市自来水公司的日供水能力由1985年的17万吨增加到45万吨，自来水普及率由85%增加到91%。东郊水厂的建成，使城北高远缺水地区的自水来水供应得到了保证。同时改造了一批城市桥梁、下水道，疏竣了市区3条河道，整治了3条排水大沟，使市区暴雨成灾的情况得到解决。

新建了延安东路、瑞金北路两条城区道路和艺校公路立交桥及5处人行天桥，改造了市区60多条小街小巷路面，铺设成水泥或沥青路面。城市对外道路交通也有了较大发展，我国山区第一条高等级公路——贵阳至黄果树段建成通车，使贵阳到风景名胜黄果树瀑布的行程时间由5小时缩短至1个半小时。花溪大道、西南环线公路已经建成或基本完成，解决了城区至风景旅游区、城区和市郊工业区小城镇、小城镇之间的交通运输问题。城市公共交通有了很大发展，形成了国营、集体、个体办公交的格局，营运车辆由1985年的428辆发展到1990年的1622辆，营运线路基本上覆盖了市区主要通车道路，解决了群众“乘车难”的问题。

从1987年开始利用贵州丰富的煤炭资源，建设年产60万吨焦炭的炼焦厂，1991年，第一期工程竣工后，可先解决8万户居民的煤气；第二期工程竣工后，又可解决6万户居民的煤气；加上已有3万户民用电热户，基本上解决城市居民不用燃煤的问题。

“七五”期间，通讯条件有较大改善，大型邮政枢纽站建成，新增程控电话1.2万门。城市绿化覆盖率达到了28%。城市粉尘污染和工业噪音比“六五”期间有了大幅度降低，城市管理工作实行了建设、管理体制分开，划清职能、理顺关系、夯实基础、综合治理，加强了市、区、街三级城管部门的职能作用，把治理“脏、乱”放在突出位置，从强化主干道、公共场所、农贸市场、建设工地等重点地段的管理入手，进行了全面整顿，一些积累数年的问题，开始得到解决，市容市貌有所改观。

（五）科技、教育、文化、卫生、体育等事业得到较快发展。“七五”期间，根据市委提出的“科教兴市”战略，逐步实施具体方案，共完成科研项目353项，其中荣获国家、省、市科技进行奖290项，并加快了科技进步与生产建设相结合的步伐。基础教育得到切实加强，全市已普及初等教育，城区已基本普及初中教育，实现了基本无文盲市。教育结构明显改善，职业技术教育和成人教育有较大发展，高中阶段各类职业技术学校与普通高中在校生的比例已由1985年的0.25:1发展到1990年的0.96:1。师资队伍素质有所提高。全市实现中小学基本无危房，新建和改造校舍24万平方米，进一步改善了办学条件。文化工作继续贯彻“一手抓整顿、一手抓繁荣”的方针，深入开展“扫黄”斗争，清理整顿文化市场，同时创作了一批具有地方特色的优秀文艺作品，坚持兴办“花溪之夏”艺术节，选送了优秀节目参加亚运会和外地艺术节，组织各类文艺团体送戏下乡、下厂，丰富了群众的精神文化生活。

（六）人民生活有了较大改善。“七五”期间是人民生活水平提高较快的又一个五年，全市职工年平均工资，1990年为2014元，比1985年的1198元，年均增长13.2%。城镇居民生活费收入由1985年730元提高到1411元，年均增长14.1%，扣除物价因素年均增长2.34%。农民人均纯收入由1985年的424元提高到1990年970元，年均增长17.99%，扣除物价因素，年均增长5.87%。家庭高档耐用消费品拥有量逐年增加，每百户家庭拥有的彩电、冰箱、洗衣机分别由1985年的24台、7台、72台增加到1990年66台、57台、87台。城镇居民储蓄存款1990年末达到15.91亿元，比1985年增加11.94亿元，年均增长32.02%；1990年人均储蓄1545元，比1985年增长2.47倍。

“七五”期间的基本经验

包括“七五”在内的80年代的10年，是贵阳市改革开放的成效显著，经济持续稳定发展，人民得到较多实惠，两个文明建设取得丰硕成果的10年。10年来，贵阳市认真贯彻执行了党的十一届三中全会以来的路线、方针和政策，不断解放思想，紧密结合贵阳市的实际实施了一系列行之有效的具体政策和措施，保证了建设事业的不断发展。基本经验是：

——认真贯彻党的经济建设为中心，坚持四项基本原则，坚持改革开放的基本路线，把发展社会生产力作为全市的根本任务，大力发展有计划的商品经济。坚持把稳定放在首位，动员全市人民振奋精神，知难而进，紧中求活，保证了经济社会事业的持续稳定发展。

——坚持从实际出发，深入研究贵阳市的特点，大胆探索自己的发展路子。通过对市情的深入研究，不断深化对发展规律的认识，找出了优势和不足，明确了发展思路，根据扬长避短的原则，确定发展的重点和顺序，制定了比较切合实际的政策措施，并努力保持政策的稳定性和连续性，使全市各项工作始终沿着正确的方向前进。

——不断完善城市功能，重视发挥省会城市中心作用。在国家产业政策指导下，加强对全市国民经济和社会发展的统一规划和综合平衡，积极调整经济结构，优化生产要素的组合，统一组织协调全市生产和流通，加强对经济工作的服务。重视城市基础设施的建设与发展，认真改善投资环境，积极开展与外界的交往，增强城市的吸引力、辐射力和综合服务能力，为全省的发展提供更多更好的服务。

——坚持国民经济持续、稳定、协调发展的方针，搞好综合平衡，合理安排固定资产投资规模，使经济始终保持一个稳定的发展速度，不出现大起大落，在总体上基本保持了速度与效益同步增长，物质文明与精神文明建设协调发展，人民生活逐步提高。

——坚持把发展科技和教育放在重要战略位置，加速科技进步和人才培养。科技工作面向经济建设，与生产相结合，开发、推广和应用投资少、效益高、见效快的科技成果。教育立足于不断提高教育质量和办学效益，培养更多的适用人才。使经济发展逐步转移到主要依靠科技进步和提高劳动者素质的轨道上来。

——大力发展以社会主义公有制为主体的多种经济成份。坚持公有制在城市经济中的主体地位，重视发挥个体经济、私营经济和其他经济成份有益的补充作用，并对它们加强正确的管理和积极的引导。

90年代的奋斗目标和主要任务

根据党中央关于建设有中国特色的社会主义的总要求和《中共中央关于制定国民经济和社会发展十年规划和“八五”计划的建议》，90年代，贵阳市提出的国民经济和社会发展的奋斗目标是：提前3–5年实现国民经济第二个翻番，在全省率先步入小康水平。具体来说：

国民生产总值。1995年全市国民生产总值（1980年不变价格，以下同）计划达41.49亿元，比1990年增长33.79%，年均增长6%；2000年达到58.19亿元，比1995年增长40.25%，年均增长7%。1995年人均国民生产总值达2371元，2000年达3062元。

工农业总产值。1995年工农业总产值计划达到66.44亿元，比1990年增长39.65%，年均增长6.90%；2000年工农业总产值达到102.17亿元，比1995年增长53.7%，年均增长8.98%。

国民收入。1995年国民收入达到31.8亿元，比1990年增长33.82%，年均增长6%；2000年达到44.6亿元，比1995年增长40.25%，年均增长7%。

固定资产投资规模。“八五”期间全社会固定资产投资计划为86.4亿元，比“七五”累计完成投资数增长60%，年均增长13.9%。在全民所有制投资中，基建占34.45亿元，比“七五”完成投资增长24.3%，年均增长5.8%；更新改造投资31.75亿元，增长72.9%，年均增长13.3%；住宅建设投资9亿元，增长80%。“九五”期间，全社会固定资产投资133.9亿元，比“八五”增长55%。

财政收入。1995年地方财政收入达到18.33亿元，比1990年增长47.82%。年均增长8.13%，“八五”期间合计79.3亿元，比“七五”期间增加33.1亿元，增长71.6%。

经济效益。90年代要求全社会劳动生产率年平均提高4.5%，国营企业全员劳动生产率年平均提高5%。工业企业的物耗每年降低2%左右。工业产品质量稳定提高率保持在85%左右。

人民生活。居民人均实际消费水平由1990年的1139元提高到1995年的1597元，2000年达到2240元，10年年均增长7%，其中城镇居民由1411元提高2025元和2908元。

人口增长。“八五”期间人口自然增长率控制在12‰以内，“九五”期间控制在10‰以内。1995年年末总人口控制在175万人左右，2000年年末控制在190万人左右。

为了实现90年代的奋斗目标，必须大力发展经济。在整个工业的发展上，要努力做到“两改”、“两开”、“两抓”。即深化企业改革，搞好技术改造；开发新型产品，搞好对外开放；抓好支柱产业两端的延伸，增加配套产品，带动相关产业的发展；抓好产品系列的发展，增加初级产品的深加工，形成“产品链”。要以卷烟、铝、机械电子和橡胶制品为重点，形成“产业链”和规模经济，带动其他行业，同时努力培植新的支柱产品和支柱行业，逐步形成具有较强实力的经济群体。

农业生产要依据“大城区、小郊区”的市情全面落实“服务城市、富裕农村，城乡一体，协调发展”的方针，大力发展城郊型农业，实现“两个目标”，继续抓好“六件大事”。“两个目标”，即：提高农村的商品率和城市副食品的自给率。“六件大事”：一是菜篮子工程；二是粮食丰收计划；三是绿色工程；四是乡镇企业发展计划；五是人口控制计划；六是乡村建设规划。

加快城市基础设施的建设，适应经济发展和人民生活水平提高的需要。以道路、住房、煤气、环保、市场、供排水、绿化为主要内容，加强城市基础设施建设和环境建设。要严格控制中心区的发展规模，合理发展外围城镇群。对中心区，以发展第三产业为主，搞好配套建设，改善环境；对郊区城镇，结合工业的调整和“三线”厂矿的搬迁，有计划地进行改造和建设。通过住房制度的改革，加快住房建设步伐，居住环境有所提高，80%的城区居民用上煤气和电热。

六盘水市

市　长：管彦鹤（布依族）
副市长：陈必炎（常务）　汤公宇（计划、财贸）　孙松（农业、公安）　娄可平（女　文卫、科技）

管彦鹤市长,贵州省盘县特区羊场区人。生于1940年3月，初中文化。工作期间曾在西南农学院进修。1956年4月参加工作，曾任盘县农水局水利组长，盘县老厂区区委副书记、书记，盘县特区党委常委，盘县特区政府区长，盘县特区党委副书记、水城特区党委书记、六盘水市副市长，1987年5月当选为市长。

“七五”经济发展的回顾

□　马义卿　杨京华

“七五”是六盘水市经济、社会发展和改革开放的重要时期。这一时期，六盘水市认真贯彻了党中央、国务院制定的治理经济环境，整顿经济秩序，全面深化改革的方针，克服了诸多矛盾和种种困难，在“七五”的最后一年，实现了第一个经济翻番，经济实力进一步增强，社会事业进一步发展，为“八五”和90年代的持续、稳定、协调发展打下良好的基础。

1986年至1990年，国民生产总值累计完成67.85亿元（现价），比“六五”时期累计增长45.3%；国民收入累计达到53.19亿元，比“六五”时期累计增长45.65%；工农业总产值累计完成58.69亿元，比“六五”增长40.54%，其中：农业总产值比“六五”期增长27.05%；工业总产值比“六五”时期增长46.28%，其中地方工业产值比“六五”增长64.4%。

财政、税收同步增长。“七五”时期，全市地方财政收入累计达到6.52亿元，增长幅度高于“六五”时期9.8个百分点。其中，工商税收平均以每年18.1%的速度增长，高于“六五”时期3.6个百分点。

（一）依靠科技兴农，推动农业全面发展。

“七五”期间，尤其是后期由于各级各部门加深了对农业基础地位的认识，加强了对农业的领导，在深化农村改革的推动下，进一步稳定和完善了农村家庭联产承包责任制；在投入上，资金、物资重点倾斜，并着重抓科技兴农的措施落实。使农、林、牧、副等各业得到全面的发展。1990年，全市农业总产值达到3.32亿元，比1985年增长4%。粮食产量4.1730亿斤，比1985年增长9.84%。夏收粮油创历史最高水平，夏粮达到1.1238亿公斤，油菜籽产量是1985年的9.8倍。烤烟种植由1985年的2267公顷，发展到5467公顷，产烟叶7247吨，是1985年的5倍。乡镇企业有较大发展，5年间，年均增长15.56%，已成为六盘水市农村经济的重要组成部分，推进了农村经济结构朝合理的方向调整。推广农业适用技术有突破性进展，实施“温饱工程”、“菜篮子工程”，推广“双杂”、旱地分带轮作地膜覆盖，绿化聚垄免耕、玉米营养袋育苗移栽、水稻分段育秧、烤烟优质高产栽培等技术逐步推广。农业的基础建设取得新成果，农业生产条件进一步得到改善。同时，还从六盘水的实际出发，因地制宜建立了城郊一、二线蔬菜基地和商品猪基地，放开了蔬菜、肉、蛋、禽、奶等农副产品价格，城乡市场品种较多，价格基本稳定，保证了城乡人民生活需要。农业生态建设方面，六盘水市重点抓了两个方面的工作，一是大抓植树造林，封山育林。森林覆盖率由1985年的7.55%，恢复到1990年的9.72%，仅1990年，全市造林1万余公顷，育苗152公顷，1990年起步的7.73万公顷“长江防护林工程”总任务，已完成2400公顷，超额完成了年度任务，利用六盘水市的自然优势，积极建设畜牧业基地，有计划地开展了草山草坡开发。1990年在19个乡建立了畜牧业基地的基础上，人工种草201公顷，繁殖草籽9.3公顷，建立饲料加工点14个。二是大搞农田水利建设，对山、水、林、田、路进行全面规划，综合治理，兴修水利，改造中低产田等工作。在水利建设方面，完成了3700万元的投资建设任务。完成新增有效灌溉面积3867公顷；解决人畜饮水34万人，25万头；采取生物措施与工程措施相结合，水土保持治理面积完成279平方公里。

为了更好的为农业科技服务，1990年全市建立了乡级农业技术综合服务站67个，还举办了各类培训班1028期，投入培训经费76万元，培训人员14.64万人次。扶贫工作已从以往的救济型向经济综合开发型转变，实行科技扶贫。“七五”时期，全市累计发放扶贫专项贴息款6800万元，发放民族经费536万元。到1990年，基本通过200元温饱线农户占总农户的比例，由1988年的41.12%，提高到53.31%，提高12个百分点。

(二) 依托现有基础，依靠技术进步，发展优势产业。

“七五”时期，由于国内经济环境的变化，六盘水市工业企业面临的困难较多，资金短缺，原材料价格上涨，电力紧张，市场疲软等矛盾尤为突出。各级政府和主管部门，为深化企业改革，制定和实施了一系列搞活工业发展的措施，狠抓企业外部条件的改善，强化企业内部管理，依托现有基础，对重点企业进行了技术改造，扩大和发展了优势产业，使企业在困难中得到发展，经济实力和发展后劲进一步增强。1990年，全市工业总产值达到9.7763亿元，比1985年增长33.6%，比1989年增长12.59%。其中，中央、省属企业完成6.3675亿元，比上年增长15%，地方工业完成3.4088亿元，比上年增长8.36%。原煤产量1463万吨，比1985年增长36.2%；生铁产量60.71万吨，比1985年增长29.37%；钢产量25.793吨，比1985年增长5倍多；发电量.9.76亿千瓦时，比1985年增长3.1%；水泥61万吨，比1985年增长7.02%；洗精煤、焦炭产量分别达到295万吨、202万吨，均比1985年有较大增长。尤其是地方乡镇煤矿发展较快，“七五”时期累计生产商品煤和焦炭分别为2017.55万吨、605.13万吨，年均增长6.13%和7.75%。

地方工业在“七五”期间，增加了投入：设计能力为年产1万吨的啤酒厂，于1987年投产；改造、新建了一批地方骨干矿井，仅1990年，就投资700万元，建成骨干矿井16对，新增开工能力52万吨；建设了一批合营、个体或乡镇集体小型工业企业，包括日处理原矿85吨的市铅锌选矿厂和两座1800千伏安硅铁炉的六枝郎岱合营冶炼厂，1座1800千伏安电石炉的六枝平寨长征电石厂，1座3000千伏安和1座1800千伏安电炉的钟山铁合金厂，2座1800千伏安电炉的钟山麒麟电石厂，1座年产6000吨的盘县红果电石厂等。上述新建或改扩建企业，大多数以六盘水市优势资源为原料而发展起来的，在一定程度上改善了地方工业的产业结构和产品结构。

(三) 进一步深化企业改革，扩大对外开放。

“七五”时期，坚持和完善了企业承包经营责任制。1990年，全市纳入承包经营规划的地方国营企业151户，有144户实行了承包经营，占95.36%；二轻集体企业的64.5%，骨干乡镇企业的68.9%也实行了承包经营。在承包企业中，有71户推行了工效挂钩，改革企业内部分配制度。承包企业在内部经营机制上得到进一步完善，调动了职工的生产积极性，全市第一轮承包企业的成功率达到89%。对上轮承包到期的企业，在总结经验，完善承包合同的基础上，组织了第二轮承包，并在一些企业试行了全员风险抵押承包。为了给企业创造宽松环境，解决停产、半停产等一些实际问题，1990年，组织和发放启动资金361万元，信贷资金500多万元，协调清理了“三角债”，清仓查库，及时调度电力和运输，各级政府经常现场办公，为企业排忧解难，促进和保证了企业的正常生产。

5年来，全市对外开放和多种形式的横向经济技术联合逐步扩大，取得了良好的经济效果。5年间，引进协出建设资金1.58亿元，办成联合项目125项。其中：联合经营项目53项（包括2项中外合资），补偿贸易项目29项，技术引进项目33项，独资经营项目10项。尽管六盘水市的对外开放度不大，但对打开六盘水的山门，走出贵州，面向全国迈出了可喜的一步。

(四) 固定资产投资增加，城市基础设施逐步改善，各项社会事业有新的发展。

“七五”时期，全市全民所有制单位共完成基本建设和更新改造投资10.31亿元，较“六五”时期增长39.24%，新增固定资产8.63亿元，其中，对能源、原材料工业等生产性投资比重由“六五”的72.8%，提高到“七五”的75.5%。农业部门投资比重由“六五”的4500万元，增加到“七五”的10378万元，增长2.3倍。邮电通信投资比重由“六五”时期的396.2万元，增加到“七五”时期的1037万元，增长161.7%。交通投资比重由“六五”的650.5万元，增加到“七五”的2465万元，增长3.8倍。统配煤矿新建、续建和扩建了水城矿务局那罗寨等一批矿井；水城钢铁公司进行了大规模扩建，形成年产100万吨铁、60万吨钢、55万吨钢材的生产能力；贵州、广西联建的装机60万千瓦的盘县电厂和与之配套的入洗能力为240万吨原煤的盘北洗煤厂、铁路编组站，正在紧张施工；装机10万千瓦的响水电站和设计能力90万吨的大湾矿井等，已进行开工前的准备。交通运输事业在“七五”时期有较快的发展，5年间全市新建，改建公路22条，261.9公里，其中通车里程221.1公里。邮电通讯事业"七五"期得到较大的发展和改善。开通了长途直拨，市内电话由四位升五位，电话引进SR用户无线电和特高频等多种形式的通信，线路由12条发展到25条。长话、电报线路都成倍增加，为沟通与外界的联系，增强通信能力提供了有利的条件。

为适应生产和人民生活的需要，"七五"计划安排建设的煤气工程，在1990年12月正式入户送气，是贵州省以气代煤的首家城市。城市道路完成了水西路、康乐北路，较高标准的明湖路将在1991年内完工。窑上水库扩建工程，新建市水厂供水工程，市中心区排污工程都在建设之中。城市住宅建设，"七五"时期维持了一定规模，虽然没有达到计划要求，但和"六五"期累计比较，仍增加22.8%，城市管理和环境保护及其它基础设施，都得到了重视并相应得到了改善。

(五) 财政、信贷均在"六五"的基础上有所增长和增强。

"七五"期间，六盘水市财政收入以每年10%的速度增长，财政工作既贯彻了"双紧"方针，又保证了必要的正常支出，为城乡建设和经济发展提供了急需的资金。金融、保险业克服了通货膨胀和压缩银根等困难，开辟新储种，加强与外省、地的联合协作，增加了资金拆借业务，合理调整结构，提高资金使用效率，充分发挥了宏观调控能力，基本上保证了工农业生产、城乡人民生活正常的资金需求。保险业务从"六五"期的325.7万元，增加到"七五"期间的3589.9万元，增加了11倍。5年间共处理因自然灾害和意外事故造成的经济损失和人身伤亡赔案11113件。为企业，家庭提供经济赔偿1275.3万元，为六盘水市经济体制改革和支援工农业生产、各项社会事业的发展，发挥了重要的经济杠杆作用。

(六) 市场繁荣，人民生活水平明显提高。

"七五"时期，社会商品零售总额累计完成27亿元，比"六五"期年均增长10.67%。其中，消费品零售额为24.6亿元，年均增长10%，农业生产资料零售额为2.4亿元，年均增长16.3%。全市国营商业国内购进总值"七五"比"六五"增长47.17%，年均增长9.43%；国内销售总值完成1.547亿元，"七五"比"六五"增长36.54%，年均增长7.3%。市场商品货源充裕，主要商品销售均有较大增长，高档耐用消费品销售增加尤多。对外贸易在"七五"期间，不断开辟新货源，收购总值大幅度增长，到1990年，出口商品收购总产值累计达到1705.5万元，年均增长48.5%。出口商品已从单一出口农副产品的结构发展到工矿产品等19个品种。六盘水市的水泥、硅铁、焦炭、重晶石等，在国际市场有一定的销路，农副产品中独具特色的干姜、芸豆，已形成六盘水市对外贸易的拳头产品，在国际市场上站稳了脚根。

人民生活明显提高。"七五"期间，按全市职工的工资总额计算，比"六五"期年均增长17.6%（扣除物价上涨因素，实际增长4%）；城镇居民生活费收入，"七五"比"六五"年均增长12.4%；第三产业有了较快的发展，流通领域活跃，有效供给增加。1990年，物价总水平得到有效控制，市场物价稳中有降。

六盘水市在"七五"期间取得的成绩，为"八五"和90年代的经济和社会发展奠定了坚实的基础。在回顾和肯定成绩的同时，要清醒地看到六盘水市存在的问题和困难：农业基础脆弱，农业生产条件还没有根本的改善，粮食产量低而不稳，徘徊不前；企业经济效益差，资金、电力、运力短缺，煤的深加工程度低，资源优势未能充分发挥，轻工业与重工业发展不相适应，财政困难，收支矛盾突出；经济体制在许多方面还没有理顺；人口增长过快，生态环境没有得到有效改善。对这些困难和问题，我们必须高度重视，采取有效措施，逐步加以解决。

为此，六盘水市在制定"八五"计划，十年规划的工作中，吸取"七五"期间的经验和教训，结合国家（90）1591号文对攀西——六盘水地区资源综合开发规划的批复，对今后的开发和建设作了认真可行的规划，一批对区域经济有重大影响的大、中型建设项目将在六盘水市得以实施，六盘水市经济和社会经济面貌将会发生深刻变化。本世纪最后10年，是继"三线"建设之后，六盘水现代化建设历程中非常关键的时期，发展目标宏伟，任务光荣而艰巨。通过全市人民的共同努力，我们的目标一定能够达到。

遵义市

市　长：唐昌黎

副市长：朱瑞生（常务）　姚　旭（农业）　冯振海（文教）　赵汝荣（城管）　陈恭言（财贸）

唐昌黎市长，四川省人，1945年生，中共党员，高级工程师。1968年毕业于重庆大学，同年分配到贵州省金山机械厂工作，任技术员、副总工程师、副厂长。1984年8月清华大学研究生毕业。1985年1月调遵义地区计委任副主任。1986年调遵义铝厂任厂长、党委书记。1989年5月任遵义市副市长。1990年1月任遵义市代理市长。1990年3月当选为遵义市市长。

遵义市企业改革的实践与思考

□ 遵义市体改办

企业是国民经济的细胞。国民经济的素质和发展水平，从根本上说取决于企业的生产技术素质和经济效益的状况。围绕搞活企业，使企业成为真正自主经营、自负盈亏、相对独立的商品生产者和经营者，始终是经济体制改革的中心环节。我们拟对遵义市企业改革实践的历史回顾，企业改革实践中的难点和问题的深层分析和思考，提出进一步推进企业改革的对策思路。

（一）遵义市工业企业的基本状况。

遵义市是新中国成立后，经过40多年的建设，逐步发展起来的一座新兴工业城市。1990年，全市工业总产值11.6亿元，比1985年增长76.9%，年均增长12.1%。其中市属工业产值5.46亿元，比1985年增长79.3%，年均增长12.4%。工业产值占全市工农业总产值的98.9%。并形成了冶金、机电、烟酒食品、化工四大支柱产业。它们分别占工业总产值的14.36%、17.69%、25.77%和11.78%，与之配套的印刷、包装、金属制品、建材工业也有长足发展。

遵义市工业大体经历了三个时期。第一个时期是50年代经济恢复发展时期，通过对个体手工业和为数极少的民族资本工业的社会主义改造而形成的轻工集体工业和3家公私合营企业。50年代末，60年代初，国家投资新建了一批开发利用本地资源的国营企业，初步形成冶金、化工、小型机电等产业。第二个时期是60年代末、70年代初国家三线调整建设时期，由沿海和发达地区迁入了一批经济技术力量雄厚、管理水平较高的电器、军工企业，奠定了遵义市现代化工业的基础。第三个时期是70年代末至今的改革开放时期，一大批地方国营工业企业和乡镇、街道集体工业企业迅猛发展。1990年末，全市有全民、集体工业企业236家，职工总数为11.64万人，国家二次三线调整，实行军民结合，一批军工企业转为民用生产，建立了贵州航天汽车制造厂。遵义市工业经济实力获得较大增强。

遵义市工业企业的结构呈现“三个并存”和“三个极不平衡”的明显特征。“三个并存”：一是不同隶属关系并存。中央部属企业3家（不含航天汽车制造厂）产值8819万元，占全市工业总产值的8.4%。省属企业9家，产值24862万元，占23.67%，地属企业6家，产值21421万元，占20.39%，市属企业1421家，产值49943万元，占47.54%。其中市属全民工业企业35家，产值31066万元，占全市工业总产值和市级工业产值的36.1%和63.2%。二是不同所有制并存。全民所有制企业81家，产值87129万元，占工业总产值的82.94%，集体所有制企业155家，产值12879万元，占12.26%。个体、合营、私营企业1203家，产值5037万元，占4.8%。三是不同管理体制并存。中央、省属企业仍有相当部分执行国家指令性计划，如海绵钛、锰合金、烧碱、电力等。地、市企业基本无指令性计划，面向市场，竞争经营。“三个极不平衡”：一是生产力发展水平极不平衡，既有国营大中型企业的高新技术密集的现代化生产，同时又存在大量手工操作，半机械作业等落后的生产方式。需要指出的是，市属工业企业设备老化。技术落后，产品陈旧，又缺乏技术改造投入，已成为制约企业发展的主要原因。二是企业管理水平极不平衡。1990 年末，全市有国家二级企业 6 家，省先进企业 7 家，省预备级企业 4 家，合计 17 家，占 236 家工业企业的 7.2%。这些企业基本实现或开始由经验管理向科学管理迈进。同时仍有相当部分企业还滞留在经验管理的水准上，个别企业甚至连管理基础和基本管理制度都还没有，实际上是无管理。三是经营者和生产者的素质极不平衡。中央、省属企业的工程技术人员和经营管理人才密集富余。市属企业相对缺乏，有的集体企业甚至没有一名受过系统培训的科技人员和管理人员。职工平均文化程度的落差也较大。“三个极不平衡”造成了遵义市工业企业的“二元结构”。

其次，遵义市企业的地域分布也不合理：现代化程度较高，素质较好的大中型企业都在城市基础服务设施较差的周边地区，而地处市中区黄金地段的企业又较落后。因此，城市服务功能急需向大工业集中的周边地区扩散和移动，市区企业要充分发挥地域优势、挖掘潜力，是改善企业地域分布的两个重要方面。

由此可见，遵义市工业企业总体结构不合理是明显的。围绕支柱产业的发展壮大，调整企业的组织结构，依托优势企业，提高众多中、小企业的组织化程度和经济技术素质、增强企业活力，以适应发展社会化大生产和社会主义商品经济需要，无疑是企业体制改革的主要内容。

(二) 遵义市企业体制改革的历史回顾。

党的十一届三中全会以来，遵义市企业体制改革大致经历了三个阶段：第一阶段自 1979 年至 1984 年，从恢复性整顿起步。围绕恢复和发展生产，加强企业内部管理，贯彻按劳分配原则，企业内部试行经济责任制。开始引入市场机制，企业开始由纯生产型向生产经营型转变。第二阶段自 1984 年至 1986 年，贯彻党的十二届三中全会决定，以给企业松绑，简政放权，减税让利，二步利改税为主要内容，企业与国家的利益分配关系开始明确，企业有了自身的利益，作为相对独立的商品生产者的地位得到一定加强。1984 年，贵州省政府明确遵义市实行省计划单列，并成为全省综合改革试点城市。一批省、地属企业下放到市。市委、市政府制定了《遵义市经济体制改革方案》和一系列简政放权，搞活企业的政策措施。第三阶段自 1987 年至今，按政企分开、两权分离、企业内部党政分工的思路。普遍推行企业承包经营责任制和厂长（经理）负责制。遵义市全民、集体工业企业的承包面达到 92%。承包制以国家让利、政策放宽为代价给企业经营者和生产者以较大激励，在一定程度上，和一定时期内调动了积极性，促进了生产发展。据对 21 家预算内工业承包企业统计，1986 年至 1989 年，工业产值年均增长 13.07%，实现利润年均增长 16%，上交税利年均增长 23.2%，企业留利年均增长 16.4%，职工人均工资年均增长 14.65%。遗憾的是，这种强刺激下的超常规增长，在宏观政策紧缩、市场约束硬化的环境下，急剧回落，并突出地反映在企业效益上，按 21 家承包企业同口径统计，1990 年利润下降幅度为 22 .2%，企业亏损面比上年增加 23 个百分点。亏损额比上年增加 2.75 倍。

纵观遵义市工业企业体制改革的历史过程，不难看出是沿着放权让利。利益刺激这条主线展开的。承包制几乎把这一改革推向财政所能承受的极限。21 家承包企业确定的上交利润比率与 55%所得税率相比，平均降低了 24 个百分点，即财政年均让利 941.7 万元。企业一旦亏损，财政又必须补亏。1989 年市财政对亏损工业补亏 492.1 万元，为企业上交利润的 44.6%，1990 年财政补亏 881.7 万元，为上交利润的 47.3%。

实践不能不引起我们对企业改革作更深层次的思考。进一步按照社会化大生产和商品经济的客观规律。遵循计划经济与市场调节相结合的原则，以提高企业素质和经济效益为核心，以构造企业资产合理流动，优化配置机制，促进企业组织结构调整和企业组织向高级化发展。在现有改革的基础上，把企业体制改革引向深入。

(三) 深化企业体制改革的理论思考。

对承包制没能有效地促进企业经济技术素质和经济效益的提高，存在各种不同看法。如约束机制软化，企业行为短期化，经营者素质不高等等，这些看法都不无道理。但都忽略了一个根本问题：即承包制本身是否有促进企业素质和效益提高的机制。我们就此作些粗浅的理论探讨。

企业素质是指企业进行生产经营的硬件（机器设备、工艺技术、劳动力技能等）的先进程度和软件（生产要素的组合状况、生产经营各环节的组织指挥水平、企业发展规划、战略的制定得当与否等）的优秀水平的总和，企业效益是企业素质的外化标志。国际通行的对企业资信社会评价大致可理解为企业素质的综合评价。它直接影响企业的信誉和前途，表现为股票的升值、贬值和流动转移。由此可见，提高企业素质有两条路可选择。一是增加投入，改造硬件，即走技术改造、劳动力培训之路；二是促进资产流动，优化软件，走企业改组之路。前者与资产积累相似、后者与资产集聚相似。商品经济发展的一般规律大都以选择后者为主。据估计，如果按 80 年代初的水平，“八五”期间对遵义市 24 家预算内工业企业全面改造，需技改资金 20 多个亿，显然谁都无力承担。企业改组确是一条现实的简捷之路。遵义市从1987年起发生了一些初级形态的企业兼并，到目前为止，已有10对23家企业实现了兼并。基本上达到兼并企业获得发展，被兼并企业走出困境，兼并后总体素质和效益均比兼并前的双方都要好，即"1+1＞2"的效果。

同时，在商品经济条件下，资产必然处于不断的运动变化之中，资产的升值、贬值、流动、转移、重组，甚至淘汰，都是不以人们的意志为转移的客观存在，这是资产的本质属性所决定的。这是因为，当企业将自己的产品投放市场交换，检验其价值实现程度时，同时也就意味着自身的资产在接受市场的认可或不认可。产品盈利，资产增值，产品亏损，资产抵补或贬值，产品被淘汰，资产无价值，必然引起这部分资产的改造或改组，市场调节，实质是通过对商品供需的调节达到对社会资产流动、分配和组合的调节。

承包制实行的是资产的静态经营。承包人只有权占用所有者给定的资产进行生产经营，并承担相应责任。实际上是只负盈不负亏。一旦经营失效，如产品滞销、积压、发生亏损，承包人既无权也无必要以资产抵赔。对资产进行改造、改组等处置。通常的情况是，企业从市场上败阵下来就投入所有者（政府）的怀抱，请求补亏。资产如不能按其自身的固有规律进行运行，那么，企业就没有活力，也就没有提高素质和效益的驱动力。

承包制的重大缺陷就在于资产自身的经营无责任主体。目前，各级财政和国有资产管理部门，是作为国有资产所有者的代表，对国有资产监督管理，仍然把资产作为一般物质对待。分级管理，又把全民资产凝固在各级政府名下，政府再将其分在各主管部门名下，神圣不可侵犯，成了神圣不能运动。这种无视资产本质属性，重管理、轻经营，人为地阻止资产升值、贬值、流动、转移、重组等正常运行，企业只能在已有的经济技术基础上简单循环，势必造成低效益、无进步。

因此，我们主张：进一步明确界定所有权的责职，把占用资产经营和资产自身的经营结合起来，变资产静态经营为资产动态经营，促进企业组织结构向高级化发展。

（四）深化企业体制改革的对策建议。

1. 完善发展企业承包经营责任制。把资产经营责任制列为承包合同的重要内容，创造条件使承包制与新的企业体制对接和过渡。遵义市在第二轮工业企业承包合同中，对资产经营定了三项指标：(1) 国有资产增长率。(2) 资产利润率。(3) 按规定提取大修理基金和折旧。强化了资产意识和资产约束。在实践中，我们将进一步总结经验。研究企业对资产经营的权限、责任和利益。探索企业的生产经营和资产经营相结合的路子。

2. 建立资产经营责任主体—国有资产经营公司。隶属于国有资产行政管理机关。资产经营公司就成为国家宏观经济调控的重要手段和工具。可仿效专业银行既是宏观经济杠杆又承担经济责任的模式。实行企业化经营。其职责和业务范围是：在执行国家产业政策和地方经济发展的前提下，(1) 统筹按排管辖范围内国有资产的产业分布和结构组合。(2) 对存量资产的流动、转移和重新组合进行规划设计、论证并组织实施。并以资产使用效益为标准承担相应的经济责任。改变目前存量资产流动无规则、无责任的盲目状况。(3) 决定资产收益的再投入使用方向、方案并组织实施。承担经济责任。对政府投入的增量资产实行建设（改造）项目经济责任制。(4) 取消"拨改贷"，把银行给企业的固定资产贷款业务，改为资产经营公司的投资业务，提高投资效益，增强投资责任和承担投资风险的能力。逐步形成银行经营流动资金。资产经营公司经营固定资金的相互配合、相互制约、相互促进的新体制。(5) 开展固定资金的集资、融资业务、向社会发行股票、债券。积极参与二级市场流通，引导社会投资的方向。

和银行一样，资产经营公司对企业固定资金的经营是宏观经营，其经营效益除了自身的决策能力、经营水平外，直接有赖于微观经济效益，因此，资产经营公司和企业的关系既是明确的具有硬约束力的经济责任关系，又要注重服务、协调、帮助。

资产经营公司可按现在国有资产的管辖范围设立，如遵义市资产经营公司，统一经营市属国营企业的资产，为便于开展经营业务，可按主导产业设立机电。化工、建材、轻工等专业性资产经营分公司，先在企业主管局设立资产经营科，逐步发展，平稳过渡。

3. 按计划经济和市场调节相结合的原则，制定资产经营的配套政策和制度。(1) 资产经营主体的性质和法律地位。(2) 企业资产的年度评审制度。(3) 资产经营的原则、程序和市场交易规则。(4) 与资产经营相关的其他政策。当前要制定企业兼并、组建企业集团的资产办理办法，要在清产核资的基础上，改进企业资产的财务处理办法。可在原值、净值指标的基础上，增设经营评估值指标，为资产经营奠定基础，积累经验。

4. 推进企业组织结构优化调整。认真分析全市经济结构和企业结构，找准优势产业（行业），确立优势产业中的主导产品和核心企业，实行技术进步和规模生产并举的方针，激励优势企业兼并劣势企业。压缩企业数量，提高企业质量，优化企业结构。

安顺市

市　长：王世鼎
副市长：杨冠奕（常务）　李德平（城建）　张元漠（工交）　李圣光（农业）
韩书武（女　教科卫）　王永吉（商业）　张继泽（文化、广播）

王世鼎市长，四川省高县人，1939年10月生，1963年毕业于贵州师大，中共党员。曾在省林业厅、清镇县、安顺地区农办、地委农工部、安顺县、安顺市工作，历任公社书记、县委常委、地区农办副主任、农工部副部长、县委书记等职，1990年9月任安顺市市长。从1965年起发表文章30多篇，汇编成《安顺地区农村经济回顾与探索》约12万字。1988年至1991年6月先后获贵州省农经研究优秀成果二等奖、地区科协首届自然科学优秀论文二等奖、地区科技进步三等奖。

安顺发展史上的新篇章

□　安顺市市长　王世鼎

1990年是安顺市发展史上重要的一年。根据国家民政部（1990）23号文件的批复和省人民政府的通知，撤销了原安顺市、安顺县建制，建立新的安顺市，揭开了安顺市发展史上的新篇章。

历史的回顾

解放40年来，安顺的行政建制发生过多次变动。1949年11月18日安顺解放以后，建立了县级人民政权机构，同时也是安顺专员公署所在地。在“大跃进”的形势下，1958年6月18日，省人民委员会以（1958）省民字第490号文通知：“关于安顺设市的问题，已报经国务院1958年5月29号日议字44号文批复：“设立安顺市，以原城关镇的行政区域为安顺市的行政区域；……”。批复还明确：“安顺市为省辖市，委托安顺专署代管，……目前均不设区，只设立街道办事处，作为市人民委员会的派出机关”。当时，市辖区只有360平方公里，108738人，还包括市郊8个乡的54109人在内。这种市、县分治的体制只实行了6个月。1958年12月19日，国务院批准撤销安顺县，将原安顺县的行政区域全部划归安顺市。但是，4年多后国务院又决定撤销安顺市建制，恢复安顺县。由于“大跃进”的影响，安顺的国民经济不仅没有得到发展，1962年与1957年比较，工农业总产值下降32.8%，粮食产量下降43%，成为解放以来经济最困难的时期。

安顺市第二次建市是在1966年3月9日国务院决定：“设立安顺市，以安顺县的城关区为安顺市的行政区域。”中共中央、国务院在对贵州要求增设市和特区的批复时指出：“市的机构设置要力求精干，面向基层，切实为工农业生产建设服务。新设市和特区的建设必须贯彻执行‘工农结合，城乡结合，有利生产，方便生活’的方针，……”由于这次建市的背景是国民经济困难时期已经渡过，贵州作为三线建设基地，一大批工矿企业迅速发展起来，必须以城市为依托，因此，建市初期，曾经实行过跨区管工业和代管中央企业的体制。但由于“文革”的影响，上级又收回了安顺市对中央驻安企业的代管权，跨区管工业的精神也就未能实现。随着城市经济的发展，经国务院批准，将安顺县的么铺区、小屯、宋旗公社、华严公社、镇宁县的四旗公社，普定县余关公社的打纸屯大队划归安顺市。这样，春雷、云马等7个航空工业企业都置于市辖区之内。至此，安顺市总面积为212.1平方公里，总人口21.8万人，其中：非农业人口13.2万人。1989年市属工农业总产值25749万元，社会商品零售总额33738万元。

发展的需要

安顺市、县分设24年之后，又合在一起组成新的安顺市，这不是历史的简单重复，而是贯彻执行党的改革开放方针，促进安顺经济社会发展的需要，是全市、全县人民的迫切愿望。

在中国共产党领导下，市、县人民为了改变原来的落后面貌，作了长期而又艰苦的努力，并取得了显著的成绩。但是，随着有计划商品经济的发展，市、县分设、城乡分割的矛盾日益显露出来，为安顺经济、社会发展的重大限制因素，引起了各级领导和人民群众的关注和重视，从1985年开始，安顺市、县的省人民代表曾两次联合向省人大递交议案，这些议案受到省、地党政机关的高度重视，多次进行讨论并向国务院报告。在“八五”计划实施之始，市、县换届选举之期的有利时机，决定组建新的安顺市，将有利于克服一城两府、城乡分割、重复建设、机构重叠、政出多门等矛盾，为城乡优势互补、各产业协调发展，统一组织生产和流通，统一建设和组织人民生活，实现城乡一体化的目标创造良好条件。

为了做好建市工作，中共安顺地委、行署成立了“安顺地区筹建安顺市领导小组”。在市党代会、人代会召开之前，建立了“中共安顺市工作委员会”，负责领导筹建安顺市的工作。由于始终贯彻执行地区领导小组确定的团结稳定的指导思想，采取积极审慎、分步进行的工作方法，保证了筹建期间各项工作的正常进行。1990年8月份先后召开市党代会、人代会、政协会议，选出了新的领导机构成员，顺利地完成了筹建工作。在外部经济环境严峻的情况下，1990年与上年比较，国民收入增长8.29%，工农业总产值（按1980年不变价）增长16.82%。粮食总产量增长6.66%，社会商品零售总额增长1.48%。使新的安顺市的工作有了一个好的开端。

新的市情

新的安顺市位于东经105度44分至106度21分，北纬25度56分至26度26分，全市总面积1724平方公里，最高海拔1700米，最低1080米。辖6个办事处，7个区，10个镇（区级镇3个，乡级镇7个），37个乡，498个村。1990年底统计，有156839户，总人口672273人。其中：农业人口498131人，占74.1%，非农业人口174142人，占25.9%。

不断深化对市情认识，根据中央的方针政策，结合本市特点，积极推进经济，社会发展，是新的安顺市的首要任务。与原市、县比较，新的市情主要表现是：

（一）工业有明显的主导作用，但力量薄弱。在全市工农业总产值中，工业总产值占71.4%，也是财政收入的主要来源。安顺市工业以轻工业和机械工业为主，工业总产值中，轻工业总产值占67.05%，主要产品有饮料酒、灯泡、蜡染、毛巾、地毯等，机械工业主要生产基础件——轴承。航空工业正积极转产民品，是发展安顺经济的强大潜在力量。近几年在“深化改革，促进多种经济成份共同繁荣，加快发展”试验区的政策推动下，工业发展速度虽然较快，但由于基础薄弱，投资不足，仍处于落后状态，市属工业总产值仅3亿多元，且骨干企业少，小型企业多；先进技术装备少，传统技术多，面对大片农村，显得带动力不足。

（二）农业产值仅占工农业总产值的28.6%，但农业人口占全市人口74.6%，因此，搞好农业这个基础产业，对全市社会稳定和经济发展至关重要。在1990年的农业总产值中，种植业产值占56.5%，林业产值占1.72%，畜牧业产值占33.73%，副业产值占7.68%，渔业产值占0.7%。种植业居于首位，产业结构趋于单一，而种植业的水利设施较差，主要是“靠天吃饭”一遇干旱年景就必然减产，导致农业生产长期徘徊。在新的形势下，农业如何向城郊型农业转变，使产业结构合理化，是农村工作的重大课题。

（三）发挥“商城”优势，进一步搞活流通。安顺历史上就是黔西地区物资集散地，有“商业之盛，甲于全省”之誉。据1990年底统计，全市有商业网点7687个，从业人员17344人，经营面积为141580平方米。饮食网点860个，人员2778人，社会商品零售总额达43844万元，各类市场70多个，集市贸易成交额21775万元。这些指标在同类小城市中也是比较高的。但在全国改革开放之后，随着商品经济意识的增强和交通事业的发展，“集散地”的作用发生很大变化，商业，饮食业设施差，流动资金不足，经营管理水平低等问题是进一步发挥“商城”作用必须解决的问题。

（四）旅游业方兴未艾。安顺是全国甲类开放城市和贵州西部旅游中心，周围有黄果树大瀑布、龙宫、红枫湖、织金洞等四个国家级风景区，还有独特的民族风情等人文资源，近年来中外游客逐年增加，贵阳——黄果树高级公路的通车为发展旅游业提供了有利条件，要进一步完善设施，提高服务质量，把旅游业的发展和全市经济，社会发展结合起来，发挥旅游业的综合作用。

（五）人口文化素质分布不均，落差很大。据人口普查资料，1990年全市大学文化程度人口11795人，高中文化程度人口50420人，初中文化人口131088人，小学文化程度人口227283人，按每万人拥有各种文化程度人口计算，大学175人，高于全国142人，全省78人的水平，高、初中人数均高于全省水平，接近全国水平，但同时不识字和少识字人口也占总人口22.6%，占12岁以上人口的29.04%，高文化人口主要集中于机关、学校和工矿企业，低文化人口主要集中在农村，特别是一些边远山区文盲率高达37.6%。

凯 里 市

市　长：杨秀清（苗族）
副市长：刘光明（常务）　林庆筑（外经协）　陈章荣（水族　城建）　杨正举（苗族　文卫、公安）　余新民（农业）　张厚良（苗族　人事、民政）　吴祖平（财贸）

杨秀清市长，贵州省黄平县人，1942年3月生，大专文化。1959年参加工作，1964年加入中国共产党。曾任中共凯里县委组织部副部长、部长、县委常委、县委副书记，中共丹寨县委副书记，中共凯里市委常委、副书记，1988年4月当选为凯里市市长。1990年5月再次当选为凯里市市长。

适应经济发展　搞好城市建设

□　凯里市人民政府经济研究室

凯里是黔东南苗族侗族自治州首府。是全州政治、经济、文化中心。1984年正式建立凯里市。建市以后，随着改革、开放、搞活方针的深入贯彻，生产不断发展。城乡经济日趋繁荣，人民生活水平不断提高。1990年全市工农业总产值达80114万元，比1989年增长1.8%，比"六五"最末一年1985年增长89.2%，其中市属工业总产值完成18244万元，比1989年增长14.8%，比1985年增长69.5%。财政收入完成4373万元，比1989年增长6.1%，比1985年增长114.7%。

建市以后，为了加快经济建设步伐。本着量力而行、完善服务功能，更好地发挥城市优势。增强吸引力和辐射力的指导思想。市政府以省人民政府批准的《凯里市城市建设总体规划》为依据，实行分期实施的原则，在"七五"期间，加强了城市基础设施建设，5年来，总投资572万元用于城市建设，使建成区的面积从1985年的7平方公里，扩大到7.4平方公里。建成居住面积76万平方米，人均居住面积达5.9平方米。外贸大楼、物资大楼、新兴商场、永丰大楼、汽车站、少年宫、民族博物馆等一批公共建筑拔地而起；北京路、永乐路、营盘路、韶山路等道路骨架相继形成，并新建和整修了大阁公园、金泉湖、街心花园、烈士陵园等，提高了城市综合服务功能。市容市貌发生了很大的变化。一个初具规模的新兴山城正在苗岭山区崛起。

凯里市为适应经济建设发展，加快了城市建设步伐，使城市面貌发生很大变化。5年来，主要坚持抓好以下几个方面工作。

（一）加强领导，严格执行《凯里市城市总体规划》。

建市以后，特别在"七五"期间，严格贯彻省人民政府批准的总体规划，切实加强领导，成立了"城市规划建设委员会"，成员由有关职能部门组成。同时撤销了建委，相继成立了"城乡建设局"、"环境保护局"、"土地管理局"、"市政公用事业管理局"等职能部门。在总体规划批准实施后，在全市范围内进行了广泛深入宣传工作，充分发动群众执行规划，自觉按规划办事，并制定了《凯里市城市管理暂行办法》等有关管理的章程。几年来城市建设的实践表明，规划对城市建设发挥了积极的指导作用，经过5年努力，基本实现了近期（1990年）的规划指标。有了规划的指导，乱建乱占的歪风得到了有效制止。

（二）加强城市基础设施建设，为人民办实事。

城市建设的现状和实践，使人们较为深刻地认识到，要建设好一个城市，必须首先搞好城市基础设施。城市基础设施，是城市生产和人民生活不可少的物质基础，也是制约城市发展的重要因素。基础设施欠账多是城市的通病，凯里也不例外。建市以后，城区人口增加至10多万人，加上每日近万人流动人口，暴露出基础设施不适应经济生活发展的问题，特别是"吃水难"、"上厕难”、“乘车难”、“买东西难”等矛盾非常突出。市政府把解决这些突出的矛盾作为城市综合开发建设的重点，与经济建设同步规划、同步实施、同步发展，实现经济效益、社会效益、环境效益的统一。在地方财力十分困难的情况下，本着“人民城市人民建”的方针和“大家事情大家办，历史欠账共同还”的原则。通过多种渠道筹集资金，按“轻重缓急，分期实施”，逐步解决“几大难”的问题。

为解决“行路难，乘车难”问题，凯里市按照“谁受益，谁负担”的原则，采取财政拨款和社会集资相结合，5 年中共投入改造道路资金 143.8 万元，新建、改建城区道路 6 条，长达 2736 米，改造巷道 16 条，长 4365 米，1987 年建成的永乐路，共投资 104 万元，全长达 846 米、宽 26 米。新修、改造下水道共 3260 米，建桥三座;安排了各种类型路灯 402 盏，铺设路灯线路 2340 米。逐步解决了过去道路质量差、人车混流、排水排污设施不全的状况。为解决“乘车难”的问题，政府拨出资金购买公共汽车，1990 年公共汽车数量增至 34 辆。营运路线达 8 条，总长 155.5 公里，发展了集体、私营出租车，另外成立汽车联营公司，城区平均每万人拥有公共交通车 4.6 台，年客运量达 2606 万人／次，市内交通网络已初具规模。“吃水难”的问题也有了改善。“七五”期间，先后投资近百万元，开凿深井 7 口，新安装供水管道 5895 米，年供水量由 1985 年的 657 万吨提高到 1990 年的 1195 万吨，日供水量为 4 万吨，供水普及率已到 80%。目前，在清水江畔新建了一座自来水引水工程，第一期工程计划投资 1134 万元，建成后，日供水量可达 4.2 万吨。

为提高环境效益，“七五”期间，凯里市除加强环境卫生管理，绿化美化城市外，还投资 30 万元，治理了流经市中心的金井河，做到了清浊分流。5 年中，废气、废水处理能力得到增强。区域噪声得到控制，年处理废气量达 26 万立方米，年处理废水量为 2281 万吨，交通噪声由 74 分贝下降至 69 分贝。对环境的防治管理正从定性管理迈上了定量管理的台阶。

(三) 努力改善城市服务功能，抓好配套建设，适应经济发展。

“七五”期间，在城市建设中，凯里市还注意了城乡开通，坚持优势互补，以城市带农村，以农村促城市这一基本原则，并以流通为突破口，建立适合社会主义商品经济的市场体系。为此，凯里加快了农贸市场建设，5 年中，新建了农贸商场 3 个，牲畜交易市场 1 个，开辟小商品市场一条街。1990 年全市城乡个体工商户达 5736 户，从业人员 7442 人，分别比 1985 年增长 52.7%和 69%，使流通领域出现了前所未有的活跃景象；1990 年集市贸易成交额达 7211 万元，比 1985 年增长 384.2%；社会商品零售总额达 20184 万元，比 1985 年增长 90.9%。为搞好服务设施配套工作，使市民有一个清新的生活环境和工作环境。几年来，凯里先后新建和整修了大阁公园、金泉湖公园，开辟了鱼洞地下溶洞、街道两旁修建绿化带，总长达 7565 米，并广泛开展“热爱凯里，美化凯里”活动，发动市民大搞庭院绿化美化工作，新修花台 542 个，盆花 14000 余盆，现在人均公共绿化面积 5 平方米，城区绿化覆盖率 34.5%，被誉为“绿都”。

(四) 加强城市综合治理。

在过去较长一段时间里，由于城市管理工作较薄弱，“脏、乱、差”现象较为突出。针对这种状况，5 年中，市人民政府把搞好城市的综合治理作为社会主义精神文明建设的重要内容来抓。一是狠抓了城市管理的规章制度，结合城市实际，先后制定了《凯里市城市管理暂行办法》、《凯里市交通管理暂行办法》、《凯里市食品卫生实施意见》、《凯里市“门前三包”责任制》、《凯里市关于刹住乱占乱建歪风的决定》等，使城市管理工作逐步做到有章可循。二是狠抓了城市交通管理、市容管理、环境卫生管理，除制定有关规章制度外，还投资增添垃圾清运车、洒水车，增修公厕 8 个，设置垃圾斗 21 只。环卫职工从 70 人增至 129 人，日清扫面积为 137764 平方米。基本上做到日清月洁，保持市容整洁。三是建立健全市区街道的城市管理机构和城市管理队伍。组建了 30 人的城管队，推行“门前三包”责任制(即包秩序、包卫生、包绿化)，全市有近 350 个单位同街道签订了“门前三包”责任书，占城区单位的 89%，并把责任目标层层分解到基层，从而加强了城市管理。

为了更好地开发和建设好新兴的凯里，在今后的城市建设工作中。市政府将按照总体规划要求，把凯里建设成更加清新、整洁、文明、美丽的城市，为加速四化建设作出应有的贡献。

(执笔：白尔松　吴启明)

昆 明 市

市　长：王廷琛

副市长：字国瑞（常务）　张朝辉（城建）　傅国英（财贸）　徐之信（农业）　马　力（文教）　田　毅（工业）

王廷琛市长，1935年生，云南大理市人，中共党员，中专文化。曾任大理州税务局文书、监察员，财政局监察员、科长、副局长等职；1975年后历任中共祥云县委副书记、书记；中共大理州委常委、办公室主任、秘书长、兼《大理报》总编；1985年任云南省税务局局长、党组书记、省财政厅党组成员；1989年3月任中共昆明市委副书记、同年当选为市长，1991年3月再次当选为昆明市市长。

昆明市“七五”时期的主要成就

□　昆明市市长　王廷琛

经济实力显著增强

“七五”时期，昆明市经济有了长足的发展。5年累计，国民生产总值实现258亿元，比“六五”时期增加118亿元，增长84.3%。1990年与1985年相比，国民生产总值从37.61亿元增加到61.5亿元，增长63.5%，年平均增长10.3%，比“七五”计划高1.3个百分点。其中，第一产业增加值由4.3亿元提高5亿元，增长16.3%，年均递增3.1%；第二产业由22.7亿元提高到36.7亿元，增长61.7%，年均递增10.1%；第三产业由10.6亿元提高到19.9亿元，年均递增13.4%。1990年，一、二、三产业比重分别为8.1%、59.6%、32.3%，产业结构进一步趋向协调。国民收入由1985年的31.8亿元，增加到1990年的48.2亿元，增长51.6%，年均递增8.7%。全市人均占有国民收入，1990年已达2321元，比1985年增长1.09倍。

（一）工业生产持续增长。工业是昆明经济的主体，1990年，全市工业总产值达87.4亿元，比1985年增长65.5%，年平均递增10.6%。5年间，发展速度呈马鞍形，5年的环比增长速度依次是7.0%、14.2%、19.5%、6.0%、6.9%。市属工业1990年完成产值44.6亿元，比1985年增长65.5%。年均递增10.8%。全市独立核算工业企业固定资产原值，1990年末已达87.7亿元，5年年均增长12.4%，其中，市属35.79亿元，年均增长16.3%，工业生产的物质基础大大增强。工业企业的素质有很大提高。至1990年末，全市已有国家二级企业18户，省级先进企业75户。“七五”期间，昆明加快了工业技术改造的进程。5年来，全市全民所有制工业企业技术改造投入资金55720万元，完成技改项目165项，新增工业产值77942万元，投入产出比达到1∶1.4，改善和提高了企业的技术装备水平。技术改造推进了产品的更新换代，提高了产品质量，提高了开发新产品的能力，提高了出口创汇和进口替代的能力。5年来，全市开发的新产品和新增花色品种分别比“六五”期间增长28.58%和8%。其中，市属机电工业已发展到上百个产品，上千种规格；轻纺工业发展到93种产品，419个品种，1979个规格的4263个花色，列入考核的产品质量稳定提高率在90%以上。

（二）农村经济全面发展。“七五”期间，农村坚持“服务城市，富裕农村”的方针，走城郊型农业发展的路子，促进了农村经济的繁荣与发展。1990年，全市农业产值达到7.62亿元，比1985年的5.71亿元，增长33.5%，年均递增5.9%。1. 粮食生产。“七五”时期共产粮381.6万吨，接近390万吨的计划目标，后两年采取了主攻旱粮，稳定田粮的方针，粮食生产回升，摆脱了徘徊，走出困境。1990年粮食产量达到87.7万吨，比1989年的81.8万吨增长7%，超过了历史最高年

(1984 年) 产量 86.8 万吨，创造了新的最高水平。2. 烤烟，是昆明农村的一项主要经济作物。它是近几年在农村调整种植业结构中发展起来的。"六五"期间，烤烟年均产量 22696 吨，"七五"期间年均产量增加到 37819 吨。烤烟生产迅速发展，不仅为卷烟工业提供了原料保证，也使烟农收入增加。近几年，每年烤烟收购总值都在 1.5 亿元左右，种烟农户仅此一项收入，每户达 1 千元以上。3. 副食品生产，"七五"期间登上了新的台阶。1990 年与 1985 年相比，蔬菜产量从 38.4 万吨增到 51.41 万吨，年均递增 6%，生猪出栏数从 57.86 万头增到 95.91 万头年增递增 10.6%，禽蛋总产量从 5830 吨增到 13596 吨，年均递增 18.5%，牛奶总产量从 13846 吨增到 30233 吨，年均递增 16.9%，水果总产量从 15389 吨增到 26288 吨，年均递增 11.3%，水产品产量从 10099 吨增到 14185 吨，年均递增 7.1%。4. 乡镇企业，已经形成农村经济的主要支柱。1990 年与 1985 年相比，全市乡镇企业个数，由 27928 个发展到 51852 个，增长 85.6%；从业人数，从 18.07 万人增加到 28.07 万人，增长 55.3%；企业总收入，由 6.91 亿元，增长到 23.42 亿元，增长 2.2 倍，年均递增 26.5%，1990 年末，全市乡镇企业从业人数已占农村总劳力的 22.5%，乡镇企业收入占农村总收入的 71.5%。市郊 10 个县区，已有 8 个郊县区的乡镇企业收入超亿元。5. 林业，5 年间全市造林面积达 12.34 万公顷，比"七五"计划超 15.9%。绿化造林已由数量型转向效益型。5 年工程造林 1.72 万公顷，占人工造林总数的 19.6%。全市木材采伐量已控制在限额指标内。各级政府把"为官一任，绿化一方"落实在行动上，营造样板林 3333 公顷，为全市发展林业起了示范作用。保护森林受到高度重视，森林火灾逐年下降，1990 年森林受害面积仅为总森林面积的 0.02‰，受到中央森林防火总指挥部和省政府的嘉奖。

(三) 财政收支稳定增长。"七五"期间，昆明市实行分级包干的财政体制调动了各级政府当家理财、增收节支的积极性。一是财政收入持续增长。5 年累计全市完成 77.3 亿元，年均递增 18%，超过工农业产值平均增幅近 8 个百分点。二是财政支出大幅度增长，支持了经济建设和各项事业的发展。5 年累计支出 47.78 亿元，年均递增 31.7%。比"六五"期间的支出增长 3.6 倍。其中，支农资金增长 3.7 倍，支持企业挖潜改造支出增长 11.2 倍，教育事业支出增长 1.8 倍。三是对省财政做出了很大贡献。5 年累计上交省财政 38.3 亿元，比"六五"期间净增长 13.8 亿元，对平衡全省财政收支，发展全省经济发挥了作用。

昆明财政收入持续增长的原因，是与发展高税利的卷烟工业分不开的。近年来，采取有力措施稳定烤烟种植面积，努力提高烤烟质量，为发展卷烟工业奠定了重要基础。昆明卷烟厂通过大规模技术改造，增加卷烟产量，调整产品结构，提高甲级烟比重，1991 年卷烟纳税数量达 91 万箱，地方产品税单箱税款达 809.69 元。仅卷烟产品税一项就上交财政 7 亿元，占全市财政总收的 1／3。

由于财政和金融形势较好，固定资产投资的规模远远超过"六五"时期。"七五"时期累计完成固定资产投资 90 亿元，比"六五"时期的 40.77 亿元增加 1 倍多。固定资产投资的结构趋于合理。能源工业、交通运输、通讯业、农业等薄弱环节得到加强；"两烟"、冶金工业及磷化工工业等优势产业成为投资的重点；教育投入明显增加；城市基础设施完成了一大批骨干项目。

(四) 城乡市场繁荣。"七五"期间，在发展消费品零售市场的同时，培育和建立了生产资料市场，副食品批发市场、资金市场、技术市场、劳务市场，流通领域发生了可喜的变化。一是社会商品零售额逐年增长。1990 年达 38.7 亿元，比 1985 年增长 87.6%，年均递增 13.4%。二是已初步形成多条流通渠道，多种经济形式，多种经济成份，少环节的"三多一少"流通格局。各种经济类型的商业、饮食业、服务业网点迅速增加至 1990 年末已达 4.4 万个。外地在昆开设的经济"窗口"达 800 余个。三是新建、改建和扩建了一大批贸易中心、贸易货栈，农贸市场和批发市场。1990 年末，各种市场已达 400 多个。其中，农贸集市 260 个，1990 年的成交额达 7.2 亿元，比 1985 年增长 3 倍。四是城市副食品供应充裕。由于菜蓝子工程成绩显著，昆明鲜活商品的自给率明显提高。过去市里除蔬菜能自给外，其它如猪肉、鸡蛋、水产品等鲜活商品的供应，主要依赖专州和省外调入。现在，蔬菜自给有余，每年还外销 8-10 万吨。鸡蛋不再调入，基本实现自给。生猪自给率达 60%以上。水产品调入调出基本持平。消毒瓶装牛奶由 1985 年日均供应 5 万瓶，上升到 1990 年的 20 万瓶。市场供应的副食品不仅数量充裕，而且品种增多，质量上升。蔬菜已做到常年日上市不少于二、三十个品种，细菜比例上升。鲜鱼和多品种的时鲜水果常年不断。五是市场物价趋于平稳。通过治理整顿，流通领域秩序明显好转，前 3 年逐年上涨的物价已经回落。1990 年，零售物价总指数为 102.6%，职工生活费用价格指数为 103.5%。

城市建设成绩斐然

"七五"期间，昆明市实行"统一规划，合理布局，综合开发，配套建设"的方针，以"路、水、树、气、通讯"为重点，城市面貌有很大变化。

(一) 城市基础设施明显改善。道路，5 年累计总投资 3.1 亿元。新建、改建县区公路 1400 公里，新建了第一条高等级公路 (路南石林—昆明—安宁)、第一座城市立交桥（西站立交桥）。市区主要街道和对外通道进行了大规模拓宽改造，城市道路总长增加了48.4%。路灯安装突破万盏，亮灯率达97%以上。加强了公共交通的场站建设，增加了营运车辆和营运路线，1990年末，公共汽车辆数达550辆，出租汽车达1693辆，汽车营运线路47条，总长度1583公里，年客运量24788万人次。2. 城市供水、新建了第五自来水厂，改造和扩建了四个老自来水厂，实现了双水源供水。城市供水能力比“六五”提高了1倍，全市日供水能力由1985年的16万吨，增到41万吨，全年售水量达10897万吨，供水人口从90万人增到130万人。3. 煤气，“七五”实现了“零”的突破。1986年完成了一期一步工程，1986年8月正式向居民供气，1990年居民用户达74837户，供气总量5668万立方米。一期二步工程和二期工程，已经开工，投产后供气量和居民用户将成倍增长。4. 邮电通讯，5年新装电话3.7万门，开通了长途直拨电话和万门程控电话。新增和改造了12个邮电支局（所），邮政服务网点达202个，邮路单程长度达13491公里，大大改善了邮电通讯状况。

（二）城市综合开发进展迅速。“七五”期间，围绕着改善城镇居民居住条件这一目标，通过综合开发，5年累计竣工住宅553万平方米，提前实现了“七五”计划指标。5年来，多种形式的住房改革试点，促进了住房商品化，全市共出售商品房住宅103万平方米，组建了市、区、单位三个层次的8个住宅合作社。先后开发了东华、席子营等16个居住小区。结合拓宽道路改造旧城共拆除危旧房近20万平方米，加固危房40余万平方米，一大批”水淹房”、“火警危房”住户迁入了新居。村镇居民的住房条件也有了改善。5年累计全市村镇新建、改建、扩建住房1178万平方米，改善了10万余户村镇居民的居住条件，1990年末，全市村镇居民人均占有住房面积已达25.16平方米。

（三）生态环境的治理和保护初见成效。5年来，通过宣传教育，采取各种措施，提高了全民的环境意识，保护城市生态环境日益受到重视，各种治理和保护措施逐步落到实处。一是城市污水处理工程已经起步。我市第一座污水处理厂已基本建成。完成污染治理项目206项。关、停、并、转、迁单位48户。二是制定了《滇池保护条例》和《滇池综合整治大纲》。对昆明的主要水源松华坝保护区采取了退耕还林等措施，保持了松华坝Ⅰ类水质标准。完成了滇池盆地面山造林8万亩，修建环湖防浪堤124公里的工程，滇池的综合整治已收到一定成效。三是城市绿化发展快、创新多、变化大。5年来，完成了具有地方和民族特色的金殿植物园、郊野公园、海埂绿化带、多树种行道树等建设工程50多项。5年累计净增公共绿地130万平方米，人均公共绿地由1.04平方米提高到3.41平方米，城市绿化复盖率由12.8%提高到18.7%。四是严格限制市区烟尘排放。仅煤气替代褐煤和蜂窝煤一项措施，市区每年减少灰尘和煤灰6.6万吨，有害烟气排放量减少15亿标立方米。加上对工业、商业烟尘、排放的改造等措施，1990年末昆明市烟尘控制面积已达25平方公里。

教科文卫事业迅速发展

“七五”期间，教育为本，科技兴市，已经成为人们的共识。教育、科技、文化、卫生事业在社会主义现代化建设中不断繁荣发展。

（一）教育事业受到重视，表现在：1. 投入增加。5年累计总投入6.69亿元。其中，预算内教育经费5.43亿元，为“六五”时期的2.76倍，年均递增22.3%。2. 教学条件改善。5年间，教办学校共新建、改扩建校舍89.6万平方米。3. 基础教育进一步加强。全市已基本完成普及小学6年教育的任务。小学入学率96.5%，年巩固率97.9%，普及率96.7%，毕业率98.4%。初中升学率由1985年的65%上升到1990年的79%。4. 扫盲工作取得成绩。全市15周岁以上人口中的文盲半文盲率，从21.3%下降到15.7%，文盲人数减少10.38万人。5. 职业技术教育稳步发展。1990年，全市职业高中、技工学校和农业中学已达81所，在校学生24668人。全市普高与职教在校学生比例为1:08，城区已接近1:1。6. 师资队伍日益壮大。5年共为国家培养初中师资3000多人，小学师资1983人，幼师764人。全市近万名教师已取得《教材教法合格证书》。7. 高等教育稳步发展。1990年末，全市已拥有高等院校16所，在校学生36937人。兴办了昆明大学、昆明师专，并筹建了昆明教育学院。

（二）科学技术的研究、普及和推广应用，促进了工农业生产的发展。1. 完成了一批科技项目。5年间共完成科研、开发、引进、推广等项目623项。其中获国家科技奖2项，获省科技奖73项，获市科技奖229项。已有419项应用于生产，新增产值3.8亿元，新增利税1.26亿元。2. “星火计划”成绩卓著。实施星火计划后，昆明官渡区已成为“星火密集区”。依靠科技发展起来的右营纸箱厂、夹胶玻璃厂等一批新型企业，已成为昆明市乡镇企业的支柱。3. 推进了工业技术改造。5年来，市属工业实施了10个产品系列的126项新技术、新工艺、新品种的开发，市属工业开发新产品的能力明显提高。4. 农村形成科技网络。5年来，加强了市、县、乡办事处、村五级科技机构和人员的充实和完善。并建立了4400户科技示范户。推广了一批农业实用技术。科技人员积极参加科技支农和科技联产承包。5. 科研队伍初具规模。1990年来，市属科技专业技术人员从1985年的4.5万人，增加到7.7万人，5年净增3.2万人。

(三) 文化事业蓬勃发展。1990 年末，全市已有公共图书馆 15 个，藏书 3049 万册；文化馆站 145 个，文化室 817 个，电影放映单位 766 个，放映电影 15.2 万场，观众达 6983 万人次，对宣传党的方针政策，普及文化科学知识，弘扬民族文化，推动群众文化活动，发挥了重要作用。五年来，认真贯彻文艺为人民服务，为社会主义服务的方向和"双百"方针，创作和上演了一批群众喜闻乐见，具有一定影响的文艺作品。一批民族舞蹈，花灯和滇剧等优秀剧目在全国获奖。

(四) 卫生事业有较大发展。"七五"期间，全市各类医疗机构，新增病床 5700 张，每千人拥有病床 6.23 张，拥有医师 3.25 人，已接近国内外经济发达地区水平。由于认真落实了预防为主的方针，卫生防疫能力有所增强，计划免疫率提前 3 年达到部颁标准。肠道传染病已逐年下降，"四苗"接种覆盖率达 90.9%，相应传染病率已控制在十万分之一，低于国家规定指标。妇幼保健、卫生监督、医学教育科研、中医研究等方面都有新的进步。城乡爱国卫生运动蓬开展。人民健康水平不断提高。在全省 10 城市卫生评比活动中，连续 5 年获得第一名。昆明计划生育工作取得可喜成绩。"七五"期间，人口自然增长率年平均控制在 7.68‰以内，计划生育率达 89.55%，完成了省下达的计划指标。

对外开放迈出新步

5 年来，昆明市对外开放不断扩大，促进了生产力的发展和社会进步。

(一) 外经外贸开创新局面。"七五"期间，昆明市由单一的封闭型经济向开放型经济迈出了重要一步。至 1990 年末，在昆从事对外贸易的机构已发展至 26 家。昆明市过去没有一家市属的对外贸易进出口自营企业。1990 年，市属的昆明市进出口公司，正式获准享有进出口自营权。5 年间，昆明地区进出口贸易总额达 17.87 亿美元，其中进口总值 7.46 亿美元，出口总值 10.41 亿美元，分别比"六五"期间增长 1 倍以上。在进口构成中，除了进口国内紧缺原材料外，成功地引进了国外的先进技术和设备。卷烟工业通过引进，消化和吸收，实现了全行业的技术改造和设备更新，卷烟技术和工艺装备水平跃居全国先进行列。在出口构成中，工业制成品的比重逐年上升，1990 年，全市出口创汇的工业产值达 4.8 亿元（现价 9.4 亿元）比上年增长 87.4%。"七五"期间形成了卷烟、机电产品、磷化工产品等一批在国际市场具有一定竞争能力的骨干产品。其中，市属机电行业出口创汇年年有新的突破，1990 年出口产品产值达 1.26 亿元，比上年增长 34.5%，生产出口产品的企业由上年的 20 户上升为 30 户，出口产品产值上 100 万元的企业由 8 户增加到 13 户。同时，"七五"期间，边境贸易已成为我省对外开放的前沿。昆明充分发挥了经济中心作用，积极参与开展边境贸易。1990 年，在边境口岸瑞丽，举办了"中国昆明边贸交易会"，展出了昆明市的轻工、化工、食品、纺织、机械、冶金等地方产品共 6750 种，增进了昆明与周边国家的相互了解，使昆明更多企业开阔了视野，增强了向东南亚寻求市场，发展外向型经济的观念。至 1990 年底，全市已批准开办三资企业 24 家，投资规模 4780 万美元，对促进我市进一步扩大开放起了积极作用。在利用外资方面，5 年间，昆明市成功地与联合国儿童基金会，计划开发署、粮食署以及一些国际民间组织使用完成了一批援助项目，主要有市儿童医院急救中心、路南饮水工程、卫生示范项目、2814 水产养殖项目和滇池综合治理项目等。这些项目大部份已按计划园满完成，并受到有关国际组织的好评。

(二) 旅游业蓬勃发展。"七五"期间，旅游业已初步形成为昆明的一项新兴产业。一是加快了自然和人文旅游资源的开发。新建扩建了一批旅游景点，路南石林和滇池两个国家级风景区的建设得到加强。全市对外接待的旅游景点已达 23 个，二是旅游交通进一步改善。昆明机场扩建、贵昆铁路电气化及石安高等级公路三项骨干工程都在"七五"期间竣工投入使用，客流量比"六五"时期提高 1 倍以上。三是旅游服务设施量数增加、档次提高。5 年来，新建扩建了一批宾馆饭店和商饮设施。全市第一批评上星级饭店的就有 10 家。正在新建和改扩建的三星级以上饭店还有 4 家。四是旅游服务队伍的人员素质和服务质量有所提高。昆明市兴办了大学专科的旅游专业和客房服务、烹饪、导游等职业高中学校，5 年间共培养输送各类旅游人才近 3000 名。五是旅游经济效益日益提高。5 年累计共接待国际旅游者 54.97 万人次，旅游外汇收入 2.33 亿元（外汇券人民币），分别比"六五"时期增长 1.46 倍和 2.87 倍。

(三) 与国外城市友好往来有新发展。"七五"期间，先后与美国的丹佛市、澳大利亚的瓦加瓦加市结为友好城市，连同原已结谊的日本藤泽市、瑞士苏黎世市、摩洛哥沙温市，目前昆明已与 5 个外国城市缔结了友好城市关系。双方之间文化、经济交流活动不断扩大。

人民生活进一步改善

"七五"期间，是人民生活提高最快的 5 年。1990 年人均生活费收入已达 1579 元，比 1985 年的 797 元提高近 1 倍。1990 年人均储蓄 136.44 元，手持现金为 92.04 元。居住条件有很大改善。城镇居民人均住房面积由 1985 年的 6.5 平方米，提高创 1990 年的 7.8 平方米。

东川市

市　长：蔡景泰
副市长：陶基刚（常务）　金克柔（财贸、物价）　苏正国（农业、民族）　潘国民（文卫、政法）

蔡景泰市长，1939年9月生，云南省昆明市人，大专毕业。1955年参加工作，1960年加入中国共产党。1955年至1979年先后在中共云南省委办公厅、云南西双版纳广龙农场、昆明市昆湖针织厂、昆明皮革厂、昆明市革委办公室工作，1979年调云南省经济委员会任秘书、调研室负责人、办公室副主任、经委副主任等职。1988年在中共中央党校进修部学习。1990年11月任中共东川市委副书记、东川市代市长，1991年4月当选为东川市市长。

千年铜都展新颜

□ 赵瑞栋　苏　宇

位于云贵高原北部边缘的云南省东川市，是一座以铜矿采选为主的新兴工矿城市。目前铜的地质储量在全国占第二位，精矿含铜产量占第三位，在云南省占第一位。

“七五”期间，东川各族人民，坚持以经济建设为中心，坚持四项基本原则，坚持改革开放，在社会主义大道上迈出了可喜的一步。

实现了经济发展指导思想的战略转变

1987年召开的中共东川市委六届二次全会在总结建市以来经济建设经验教训的基础上。提出了全市经济发展战略的指导思想，经过全市各条战线，各族人民的共同努力，已胜利地实现了“三个转变”：一是由单纯为矿山服务转变为既要为矿山服务，又要大力发展地方工业；二是由单纯搞原材料工业转变争展原材料工业转变为既发展材料工业，又要大力发展加工工业，三是由单纯搞铜精矿的单一产业结构，转变为大力发挥东川资源优势，进行产业结构调整，既要发展铜产业，又要发展多种优势产业，从而初步形成了以初级产品为基础，向着深度加工、综合利用和提高效益迈进的具有东川特色的经济格局。1990年5月至11月，中共云南省委书记普朝柱，云南省省长和志强等党政领导先后到东川检查工作时，对这一战略思想的转变作了充分的肯定。上述战略转变实施的结果，使地方工业体系基本形成，国民经济保持了增长，经济实力有所增强。目前地方已拥有冶炼、机械、制药、化工、建材、电子、制、服装、食品、皮革、造纸等工业，全民和集体企业已发展到72家。1990年地方工业总产值比1980年增长了4倍，在全市工业总产值中所占的比重由1980年的20.6%、1985年的34.4%上升到49.2%。至1990年底，全市国内生产总值（按当年价格计算）达到24091万元，比1985年增长11.0%，年均递增2.1%，国民收入18522万元，增长86%，年均递增13.2%；工农业总产值（按1980年不变价计算）为18871万元，按1990年不变价计算为36216万元。比1985年增长19.6%，年均递增3.6%，其中市属工农业总产值占的比重为60.5%，5增长41%，年均递增7.1%，地方财政收入由1985年的886万元增加到了1546万元，增长74%，年均递增11.7%。

铜矿生产在克服困难中不断向前

东川矿务局是中央直属的大型采选联合企业，同时也是云南省100户重点骨干工业企业之一。“七五”期间，在国家没有安排基本建设项目，矿山生产能力逐渐萎缩，企业经营又十分困难的情况下，全矿职工深化改革，奋发图强，集中自有资金1.04亿元用于持续生产，建成和初步建成部分矿山工程，依靠挖潜。革新、改造，从而保持了生产经营的持续、稳定、协调发展。

产量稳定增长，5年累计生产精矿含铜80250吨。完成计划的107%，年平均产量达16050吨，比“六五”期增长0.85%；机修总合产量、自备发电厂发电量、工程施工工作量也有不同程度的增长。全局工业总产值比“六五”增长6.84%。经济效益有所提高。5年上缴税金1613.82万元，比“六五”期增长82.48%；实现了扭亏为盈，1988至1990年累计实现利润1427.31万元，各项技术经济指标有新的提高。全员劳动生产率增长18.04%。掘进工效提高5.1%，采矿工效提高7.5%。矿石贫化率和损失率分别降低2.1%和3.09%，精矿品位提高1.44%。精矿含铜每吨电耗下降了5.1%。企业素质有提高，生产状况有好转。

一批重点建设项目和更新改造项目相继投产，增添了经济发展的活力

5年中，固定资产投资总额达到11411万元，其中更新改造投资2674万元，建成新项目5个，技改项目9个，新增年生产能力有：生铁9800吨，冰铜2000吨，黄磷4500吨，水电装机容量2600千瓦，针织品240万件，大输液350万瓶，水泥6万吨，灰砂砖500万块，冲床350台，标准紧固件3000万件，黄磷包装桶5万只，陶瓷品150万件，瓦楞纸3000吨，服装4万件。这不仅促进了“七五”期间国民经济的发展，而且为“八五”国民经济计划的实现奠定了基础。

据对新建起的磷酸盐厂、钢铁厂和针织厂的调查，3个企业共投资3028万元，形成固定资产2831万元，自1988年5月、3月和1989年7月分别建成投产后，至1990年底止，共完成工业产值（按1980年不变价计）2139万元，实现利税1290万元（其中：利润为968万元），完成销售收入3998万元。共有职工836人。从总体上讲，投资方向、企业效益和社会效益是好的。

企业技术改造的总投资，”七五”期比“六五”期增长了81%。25个工交企业得到不同程度的改造。技改投资按行业的分布为：建材占19.73%，机械电子占22.43%，冶金工业占14.48%，能源交通占5.1%，医药轻工占22.93%。饮料食品占12.15%，其它占3.18%。对经过改造的16户企业的情况分析，项目建成投产后，产量、产值、利税同步增长，接近或达到预期效益的有4个，产量、产值增加而税利甚微的6个，产值、产量无显著变化，经济效益下降，但产品质量得以提高开展了综合利用，产生了较好社会效益的有2个，项目建成后没有发生应有效益，但改善了基础设施。创造了一定生产条件，解决了欠帐问题的4个。

林业发展步伐加快，促进了生态环境的改善

由于1800多年的伐薪炼铜，使森林资源深受严重破坏。新中国成立来，林业生产建设有了发展，但由于采矿规模扩大，人口增加等多种原因，林业的发展仍跟不上生产、生活的需要，至今仍是一个少林城市。森林覆盖率仅为6.78%。且由于地理、气候及植被稀少的原因，泥石流爆发频繁，水土流失严重，水土流失面积为国土面积的68.5%。市委、市政府为寻求有效的治理措施。通过广泛深入地调查研究。并总结了正反两个方面的经验教训，认识到造成水土流失和泥石流的发生，因素众多，其中森林被破坏，是诱发泥石流发生的一个重要原因。要有效地和控制灾害，必须执行生物治理与工程治理相结合的方针，充分发挥森林固结土地，抗冲刷能力的作用。为此，把发展林业作为振兴东川经济的一个重要战略措施来抓。开展了大面积的国营造林。国社联营造林，大片连户造林和大面积封山育草。“七五”期间共完成荒山造林1.47万公顷，四旁植树737.2万侏，义务植树189.6万株，建成园林绿地面积9公顷，道路绿化覆盖面积13公顷。1984年到1990年，共新增林地面积近4000公顷，林地覆盖率由13.3%提高到19.3%。随着植被的逐步恢复，泥石流灾害有所减轻，生态环境有所改善，农林牧业趋于稳步发展。回顾几年来加快林业发展步伐的实践，主要有四个方面的体会。一是切实把林业工作列入各级领导的议事日程，要真抓实干。市级五大班子对林业生产及泥石流的工程防治的视察活动已经形成制度。市政府把狠抓造林质量，提高造林成活率和保存率列为重要的工作。二是统筹兼顾，科学规划，综合治理。市里在中国科学院成都地理研究所的帮助下，先后拟制了《城市后山泥石流防治规划》、《小江中上游水土及石流防治规划》，以及《长江中上游防护林体系建设总体设计》。这些规划都体现了以水土保持为中心。营造防护林为主体。并因地制宜地实行乔、灌、草结合。同时重点治理了危害城市、铁路公路交通、生产和生活设施及人民安全的24条泥石流沟，5年共投资704.7万元，控制水土流失面积100余平方公里。三是广泛发动群众，增强社会各界的林业意识，形成全社会办林业的格局。四是广开资金筹集渠道，为实施几大工程提供资金保证、在发展林业，治理灾害工作中，最大的困难是资金严重不足。目前开辟的主要资金渠道是，除国家及省投放的部分外，地方自筹的还有中央及省在我市的厂矿集资；完不成义务植树任务征收的绿化费，以投劳形式折抵的投入，等等。通过多种形式的资金筹集办法，为实施几大工程提供了资金保证。

昭 通 市

市 长：杨 骏

副市长：吴光鼎（常务） 曹继敏（城建、工商） 王绍统（财贸） 王声荣（农业） 李建秀（女 卫生） 刘大昆（女 教育、科技）

杨骏市长，广东省潮阳县人，生于1949年3月。1968年在昭通地区师范学校毕业后参加工作，1978年毕业于云南省工学院内燃专业，历任市汽车运输公司和市交通局技术员、技术副经理等职。1983年考入云南省委党校党政培训班，1985年毕业后出任昭通地区行署驻深圳办事处主任，1987年4月当选为昭通市市长。1990年3月再次当选为市长。

发展经济 振兴昭通

□ 昭通市人民政府办公室

1990年昭通市认真贯彻党的十三届五中、六中全会精神，坚持"一个中心，两个基本点"，战胜了严重的自然灾害和因市场疲软带来的重重困难，使全市的国民经济进一步增强，社会事业有新的发展。

国民经济进一步增强

1990年国民收入达85799万元（现行价），比1989年增长21.64%；工农业总产值达133998万元，比1989年增长23.75%；财政收入达4818万元，比1989年增长7.7%。

（一）农业生产稳步发展。

全市认真贯彻执行党的农村经济政策，进一步加深对农业基础地位的认识，结合昭通市的实际情况，制定了鼓励扶持发展农业的各项政策，增加资金投入，大力推广和运用农业科技，走"科技兴农"的道路。开展以水利为中心的农田基本建设。认真抓好国家、省、地列项的"长防""长治"和苹果基地等14项农业重点工程。在遭受五月低温雪雹，六月洪涝，七月虫灾，八月伏旱等严重自然灾害的情况下，全市人民团结一致，艰苦奋斗完成了各项农业指标，农村经济总收入达22472.3万元，比1989年增长3.96%；农业叫产值达12815万元，比1989年增长6.89%；粮食总产量达15346.2万公斤，比1989年增长2.2%；苹果产量达1502.27万公斤。

（二）工交生产、商业贸易在困境中有所发展。

1990年，面对市场疲软，资金和原材料紧缺等严重困难，狠抓稳定企业承包，调整产品结构，推进技术改造，加强企业管理，强化市场销售，许多企业在严重的困难面前经受住了考验，并有了新的发展。完成工业总产值6809万元，比1989年增长1.23%，实现税利922.5万元，社会商品零售总额完成18892万元，农副产品采购总值完成7304万元。

按照"多方集资，群众投劳，民办公助"的精神，市财政投资30万元，改建公路81.17公里，新建公路55.24公里，新建大、小桥涵6座，改善了全市的交通条件。"213"国道线一期工程在昭通市内的10公里即将完成。

本着"沟通关系，联络感情，增进友谊，互惠互利"的原则，积极发展横向经济联合，努力开拓市场，发挥地方的产业、产品优势。全市与一些国外客商和国内18个省、134个地市建立了友好关系，有1600多人次的各级领导、专家、学者到昭通考察、指导工作，为昭通经济建设出谋献策。全年共引进资金400万元。

（三）人民群众生活日益改善。

为稳定市场，平抑物价，1990年昭通用于各种物价的补贴达108.11万元。货币回笼情况良好，城乡储蓄增加，年末城乡储蓄存款余额达13375.5万元，比1989年增长49.7%，其中：农民群众储蓄余额2717.9

万元，增长 44.76%，城镇储蓄 10657.6 万元，增长 51%；社会零售物价总指数上涨幅度为 2.7%，比 1989 年的上涨幅度降低了 12.31 个百分点；农民人均收入 417 元，比 1989 年的 407 元增收 10 元；全市人均占有肉食为 25.3 公斤，人民群众生活日益改善。

各项社会事业有新的发展

(一) 教育事业迅速发展。

昭通市现有普通中学 11 所，职业中学 2 所，教师进修学校 1 所，小学 459 所。1990 年小学适龄儿童入学率已达 82.33%，巩固率达到 91.32%，合格率达到 96.57%，普及率达到 82.3%。在发展基础教育的同时，积极开展职业教育和成人教育，提高劳动者的素质。为缓解教育经费困难，动员全社会都来关心教育事业的发展，我们提倡和鼓励集体、个人捐资办学，1990 年共捐资集资 41.4 万元。

(二) 科技工作有较大的发展。

紧紧围绕科技兴农，科技扶贫，进行了苹果栽培技术培训、葡萄丰产栽培试验，“150”道手工栽绒高档艺术挂毯的试制和沼气池及节柴炉、灶的推广运用，取得了较好的经济效益和社会效益。对全市农村卫生、畜牧、农业、农业机械等各类农民技术骨干 867 评定了专业技术职称。

(三) 文化活动日益活跃。

结合清除精神污染，积极开展“扫黄”工作，对文化市场进行了整顿。加强了对广播、电视工作的领导，组织文艺宣传队深入边远山区和广大农村进行演出，大力宣传党的路线、方针、政策、繁荣社会主义文化，丰富了人民群众的文化生活。

(四) 卫生事业有所发展。

加强农村防疫保健工作，投资 23 万元，建设乡镇卫生院，医疗卫生条件有所改善。全市法定伟染病的发病率逐年下降，儿童计划免疫接种率完成了国家“七五”计划指标。为防治地氟病，在农村改灶 1.2 万套。

加快城市建设步伐　改变城市面貌

根据云南省政府批准的《昭通市城市总体规划》的要求，积极进行城市建设，1990 年城市建设总投资为 1195 万元，加快了城市建设的步伐。

(一) 城市规划建设。

投资 420 万元开辟第二水源，建成了 5 口机井，安装输水管道 4890 米，修建了 300 立方米的高位水池 3 个，日产水量一万吨，改变了原来只能依靠大龙洞单一供水的状况，缓解了城市用水。协助成都区后勤部工程 9 所调查了昭成区的给排水情况和昭通坝子和渔坝子的降水、汇水、排水情况；组织了昭通市给排水初步规划的评审。完成市政工程建筑面积 22723 平方米，投入资金 79.3 万元。完成了东一号小区商品房 11 幢 312 套，总面积为 19929 平方米，总投资 450 万元，改善了城市居民的居住条件，住房紧张状况有所缓解。

(二) 风景园林建设成效显著。

在清官亭，大龙洞公园培育花木 1.2 万株，配植花木 6959 株丛，移植 4322 株，美化了公园环境；城市绿化覆盖面积为 5.01 万平方米，覆盖率为 16.9%。投资 25 万元新建清官亭公园儿童游乐场，丰富了少年儿童的文化娱乐活动；通过环卫职工的辛勤劳动，保持了 15.6 万平方米的清扫面积的清洁，全年清运街道垃圾 5 万多吨，并对城市垃圾试行高温堆肥处理，逐步摸索出土法处理垃圾的经验，受到全国城市卫生检查团云南省检查分团的好评。

(三) 环境保护工作不断加强。

严格执行建设项目“三同时”制度，对新建项目严格把关，控制新污染源的产生，对乡镇企业矿产加工冶炼严格控制选址。在环保部门的监督下，复烤二厂重新安装了除尘设备；毛纺厂改造了污染水处理站。对国家一类保护动物——黑颈鹤的生活环境进行了多次考察，初步掌握了黑颈鹤的生活，迁移等情况，并将黑劲鹤在昭通市的栖息地大山包定为自然保护区。完成了全市近 300 家乡镇企业的污染调查，有效地改善了城市的环境质量，并为本届市长制定了环境目标责任制。

城市管理工作成绩显

严格依法治市，落实城市管理和综合治理的各项措施，认真组织实施好经省政府批准的《昭通市城市总体规划》，继续贯彻市人大常委会审议通过的《昭通市总体规划实施办法》、《昭通市违章建筑处理办法》等 4 个行政规章。进一步发挥政府、城工委、四城街道办事处三级管理体系的作用，坚持城市工作“四统一”的原则，认真开展了对城市社会治安，秩序，交通秩序，市场秩序、建设秩序和市容卫生秩序五个方面的整治工作，取得了较好的社会效益和经济效益。为创建卫生城市，在市委的领导下，在人大、政协及各民主党派的帮助下，工委、建委、四城办事处通力合作，全体市民大力支支持，本着“花钱省、扰民少、速度快，效果好”的方针，投资 46 万元，对以西徒街为主的旧城街面进行了改造。通过各方面的共同努力，使城市卫生工作在 1989 年甩掉“脏、乱、差”落后帽子的基础上又上了一个新台阶，在 1990 年全国 455 个城市卫生检查中按全统一检查标准被评为全省第二组第三名。强化市民的法制观念，加快依法治市的步伐，拆除违章建筑近 200 户，在城市管理工作上，我们不断总结经验，初步探索出一条适合昭通市实际的城市管理工作道路，为创建文明，卫生城市奠定了良好的基础。

(执笔：汪志刚)

曲靖市

市　长：朱有方
副市长：朱朝富（常务）　余学顺（农业）　钱绍富（科教文卫体）　郭惠琼（女　工交）　王方国（城乡建设）

朱有方市长，云南省泸西县人，生于1937年11月。1959年毕业于省立泸西师范学校，并留校任教。1972年4月加入中国共产党。1970年至1978年，先后任公社党办秘书、县宣传队指导员、县委办公室秘书等职。1979年调中共曲靖地委组织部工作，先后任干事、干部科副科长、秘书科科长。1983年后，任曲靖市委常委兼组织部长，市委副书记、代理市长。1990年2月当选为曲靖市第三届人民政府市长。

经济与社会稳定发展的五年

□　曲靖市市长　朱有方

“七五”期间，是曲靖市经济发展最快、效益最好的时期。1990年社会总产值310143万元，比1985年增长1.54倍。国民生产总值188230万元，人均国民生产总值2283元，分别比1985年增长2.1倍和2.75倍。国民收入168064万元，人均国民收入2038元，分别比1985年增长2.1倍和1.9倍。按1980年不变价计算，市辖区内1990年工农业总产值126118万元，比上年增长9.87%，比1985年增长0.85倍，“七五”期间年均增长13.1%。其中，工业总产值104131万元，比上年增长11.26%，比1985年增长1.08倍，“七五”期间年均增长15.84%，工业总产值占工农业总产值的82.6%。1990年市属工农业总产值44751万元，比上年增长6.68%，比1985年增长0.45倍，“七五”期间年均增长7.2%。其中，工业总产值22764万元，比上年增长9.7%，比1985年增长0.8倍，“七五”期间年均增长12.47%；农业总产值21987万元，比上年增长3.73%，比1985年增长20.56%，“七五”期间年均增长3.81%。通过“七五”计划的实施，已初步建成以卷烟、汽车、机械、煤炭、化工、纺织、冶金、、建材、食品加工等产业为骨干的工业体系和以粮、烟、猪等农副产品生产、加工为主的农业生产体系，实现了全市社会主义现代化建设的第一步战略目标。

（一）工业。1990年，市辖区内工业总产值192202万元（现价），其中，轻工业产值144320万元，占工业总产值的75%；重工业产值47882万元，占工业总产值的25%。按1980年不变价计算，市属工业总产值22764万元，其中，全民工业产值占30.4%；集体工业（含村以下集体工业）占56.1%；个体工业占13.5%。全民所有制工业企业每百元固定资产原值产值162.71元，创税利73.26元。1990年市属独立核算工业企业全员劳动生产率为12409元，比上年增长9.05%，比1985年增长69.3%

（二）农业。1990年农业社会总产值69358万元（现价），比上年增长14.32%，比1985年增长1.21倍。其中，农业产值44402万元，工业产值12423万元，建筑业产值5805万元，运输业产值3191万元，商饮服务业产值3537万元，分别比1985年增长84.45%，2.98倍，1.33倍，2.27倍，3.59倍。按1980年不变价计算，1990年农业总产值21987万元，其中，农业产值14731万元，占67%；林业产值599万元，占2.72%；牧业产值5397万元，占24.55%；副业产值1175万元，占5.34%；渔业产值85万元，占0.39%。

1990年农村经济总收入55901万元，比上年增长10.27%，比1985年增长90.4%。乡镇企业总收入26518万元，比上年增长18.76%，比1985年增长1.47倍。乡镇企业产值26144万元（现价），占农村社会总产值的37.7%。农村劳动力中，从事第二、第三产业的劳动力60547人，占农村劳动力人数的16.3%。

1990年粮食总产量31931万公斤，比上年增长3.78%；油菜籽91.39万公斤，增长33.26%；烤烟1937.42万公斤，下降15.92%；蚕茧29.78万公斤，增长19.79%；生猪年末存栏50.85万头，增长7.12%。

（三）交通邮电业。1990年，市辖区内公路通车里程1340公里，全年汽车货运量926万吨，货运周转量56744万吨公里，分别比1985年增长38.8%和53.6%；客运量1039万人次，比1985年下降24.55%，客运周转量43770万人公里，比1985年增长51.4%。

1990年邮电业务总量333.75万元（其中曲靖邮电局271.17万元，沾益邮电局完成62.58万元），比上年增长16%，比1985年增长82.59%。电话用户5960户。

（四）商业。1990年，全市有商业经营机构5588个，人员12912人，分别比1985年增长19.3%和34.1%。其中，零售机构5290个，人员10006人，分别比1985年增长17.9%和27.5%。零售机构结构与1985年相比：全民商业266个，1669人，分别增长57.4%和72.4%；供销社商业353个，1334人，分别增长0.5%和21.9%；集体商业267个，1272人，分别增长196.7%和166.1%；个体商业4404个，5731人，分别增长13.9%和7.9%。

（五）财政金融。1990年财政收入10419万元，财政支出12445万元，分别比1985年增长86.35%和2.34倍。年末银行各项存款余额105212万元，比上年增长31.5%，比1985年增长3.8倍。其中，城乡居民储蓄年末余额37795万元，比上年增长41.71%，比1985年增长4.79倍。年末各项贷款余额105907万元，比上年增长21.3%，比1985年增长3.15倍。全年保险承保金额236177万元，比上年增长2.6%，保险收入1508万元，比上年增长71%，赔款支付774万元比上年增长90%。

（六）城乡建设。“七五”期间城乡建设总投资6826万元。城区现有道路总长39.03公里，道路面积54.05万平方米。“七五”期间，新建、扩建道路13条，道路面积179万平方米，初步形成了铁路以东规划区道路网络。城区拥有园林绿地165.1万平方米，其中公共绿地35.3万平方米，绿化覆盖率15.5%。

1987年成立曲靖市综合开发公司，城市住宅建设出现了综合开发的好势头，1987年至1989年建成商品房面积3.79万平方米，城区现有住宅面积215万平方米，人均住房面积由1985年的6.5平方米增加到1990年的9.5平方米。“七五”期间，新建了第二自来水厂并扩建了第一自来水厂，日供水能力由1985年的1.6万吨增加到3万吨，1990年供水量达795.8万吨，其中生活用水572.3万吨，人均日供水87.1升。

市委、市政府重视村镇建设。到1989年，在农村建饮（改）水工程项目达2000余件，解决了29万人和14万头牲畜的饮水问题，被列为全国基本解决人畜饮水的14个县（市）之一。其中，有10个集镇、51个村庄用上了自来水。1990年，全市20个乡镇都已通电，其中有16个乡镇实现了村村通电，通电的自然村已达1549个，占自然村总数的81%。

（七）文化事业。“七五”期间，教育、科技、文化、卫生、体育等项事业有了较大的发展。1990年，市辖区内有幼儿园53所，在园儿童10050人，教职工691人；小学638所，在校学生85153人，教职工3984人；中学71所（其中完全中学23所），在校学生44801人，教职工3124人；中等专业学校8所，在校学生5883人，教师455人；农职业学校12所，在校学生3325人，教职工185人；技校3所，在校学生2777人，教师112人；大专院校2所，在校学生910人，教职工413人；聋哑学校1所，在校学生222人，教职工37人。全市适龄儿童入学率99.54%，巩固率99.9%，普及率98%，毕业率99.86%。

市辖区内现有科技人员21322人，其中，自然科学9103人，社会科学12219人；高级职称482人，占2.26%，中级职称4220人，占19.79%，初级职称13299人，占61.95%，未定职称人员3411人，占16%。1990年获曲靖地区科技进步奖9项。

1990年，全市有电影放映单位125个，放映21085场；公共图书馆3个，藏书共计44万余册；市辖区内有医院36个，乡镇卫生院18个，共有卫生技术人员2675人，病床2733张，平均每万人有病床33张。全年市体委举行体育比赛11次，参赛6188人次，市老年体协举办老年体育竞赛24次，参赛5734人次。1990年曲靖市被国家授予全国体育先进市称号。

（八）人民生活。1990年，市属全民所有制职工23756人，人均年工资1947元，比上年增长27.8%，“七五”期间平均年工资递增12.5%。市属集体所有制职工7059人，人均年工资1675元，比上年增长16.4%。全年农民人均总收入865元；比上年增长9.6%，人均纯收入496元，比上年增长5.76%，人均占有粮食489公斤。1990年社会商品零售物价指数比上年下降了1.1%，升跌幅度比上年回落了22.8个百分点。

玉 溪 市

市　长：冯维镒
副市长：查大林（女　文教、城建）　杜培富（财贸）　马亮亭（回族　工业）　徐茂荣（农业）　吴文灿（政法）　冯　驰（科技）

冯维镒市长，云南省昆明市人，1935年9月生，中共党员。1950年9月参加革命工作。1955年12月至1965年3月历任玉溪行署公安处副科长、县公安局副局长、公社党委书记、县人委办公室主任等职；1965年3月至1983年9月在玉溪县工作，历任县公安局局长、公社副主任、县委副书记、代县长等职；1983年9月至1990年3月任玉溪市副市长；1990年3月，在玉溪市第三届人民代表大会上当选为市长。

开发智力 依靠科技 促进城乡经济迅速发展

□ 玉溪市市长　冯维镒

玉溪市重视智力开发，依靠科学技术，80年代开创了经济发展的新局面。1989年成为全省经济比较发达的市县之一。国民生产总值、农业总产值、农村经济总收入，10年翻了两番。1990年国民生产总值25.22亿元，比1980年的24908万元翻了2.3番，年递增18.2%，人均国民生产总值7875元，比1980年翻了2.1番，年递增16.4%；财政收入由1980年的920万元增加到7569万元，增长7倍。随着生产的发展，人民收入增加，生活有了明显的改善，全市职工人均年工资由1980年的982元增为2243元。其中市属职工工资1829元；农民家庭人均纯收入由1980年的222元增为984元。全市1/3乡镇的人口人均纯收入超千元。1990年末城乡人均储蓄1205元，比全省人均高3.8倍。城市居民人均住房11.3平方米，农村人均住房27.6平方米。全市每百户城市居民拥有电视机118台(其中彩电81台)，自行车208辆，洗衣机91台，录音机88台，电冰箱30台，电风扇47台，照相机38架；农村每百户农民拥有电视机89台（其中彩电13台)，自行车211辆，洗衣机29台，收录机50台，缝纫机76部。

玉溪市的经济，建国前主要是以农业为主，兼有一些手工业。经过40余年的建设，现在已由原来的一家小发电厂和三家手工织布厂，发展成为以卷烟、轻纺、机械、化工、建材、食品、冶金等为龙头的具有一定规模的工业体系。全市有工业企业2412个。随着经济的发展，城市建设也有了很大的发展。城区面积由建国初期的0.33平方公里扩展到6.4平方公里。城市道路、邮电通讯、公共设施、城市交通、房屋开发、园林绿化等设施已初具规模，展现了新兴城市的英姿。

经济的发展，为科技、文化、教育、卫生、体育事业的发展创造了良好的条件。全市（含省、地单位）有科研机构19个，学会29个，科技人员9830人；有大专院校1所，各类中等学校23所，小学、幼儿园167所。小学升初中的比例达84.4%，已成为云南省首批普及小学教育及扫盲合格市县之一。全市有卫生机构88个。其中医院13个，病床1039张；有市级名胜风景区7处，人均绿地面积6.1平方米；有电视台、影剧院、图书馆、文化宫、群众艺术馆、文化馆、剧团等文化事业单位49个。电视覆盖率99%，有线广播网点遍及各乡、镇、村、寨。

10多年来，玉溪市的经济所以能够持续、稳定、协调地向前发展，是与重视开发智力，依靠"科技兴玉溪，科技兴农"分不开的。玉溪市四面环山，环境容量有限，发展工业（包括乡镇企业）必须解决好污染的防治；人多地少，人均耕地0.64亩，农业的各种作物单产基数高，大幅度增产的难度很大，在有限的土地上要保证市民吃粮、吃肉、吃菜，又要发挥"云烟之乡"的优势，在作物布局上必须多种兼顾。由于客观条件的制约，要想大力发展城乡经济，就必须坚持走智力开发依靠科技的道路。我们主要抓了三个方面的工作：

（一）不断统一各级领导的认识，加强对科技工作的组织领导，把科学技术作为第一生产力来抓。

10 多年来，各级领导在抓培养人才，依靠科技方面做了大量工作。从市、乡（镇）都建立了农、科、教三位一体的协调小组，由一位党政领导任组长。70 年代就建立了农村四级科技网。9 个乡镇都建立了科普协会和群众性的科技组织。各乡镇村处建立了各种专业技术研究会 50 个，会员 424 人。1990 年举办种植、养殖、林果、栽培管理等培训班 83 期，受训人员 8355 人（次），放映科技录相 135 场，观众 18329 人，还印发各种科技资料 21727 份，开办科技讲座 6 次。由于各级组织、领导十分重视科技、教育和人才培养，使玉溪农业上的四大支柱——粮、烟、油、猪都有较大幅度增长。农业生产在 10 年内耕地减少 1260 公顷的情况下，1990 年粮食总产仍达到 11494 万公斤，比 1980 年的 9348.7 万公斤增长 22.9%；油菜不但产量提高，单产达到 198 公斤，而且实现了低芥、低硫的“双优”标准；烤烟上、中等烟叶的比例比 1980 年提高 12.9 个百分点，达 78.35%；养猪注重良种繁殖、科学饲养，1990 年生猪存栏为 13.7 万头，出栏率达 91.6%，人均猪肉占有量达 30 多公斤，创全省最高水平。乡镇企业异军突起，成为农村经济的主要支柱，1990 年全市乡镇企业从业人员达到 6.72 万人，收入达 3.58 亿元，占农村经济总收入的 65.4%。

（二）教育为本，科技兴玉，采取多种形式培养人才。

为了搞好智力开发，把人才资源状况搞清楚，市里组织有关部门对全市农村 45 岁以下具有初中以上文化程度的各类人员、复员退伍军人、能工巧匠 42469 人进行调查、登记，乡（镇）村（处）建立人才档案，市里建立人才库。在摸清人才底子的基础上，采取各种形式进行了培训。一是组织农科部门的科技人员深入基层，开展农业实用技术培训。1990 年结合农事活动到群众中面授，印发资料 6 万多份，培训农科员 660 人（次），农户 59784 户。培训面山区达 85%，坝区达 95%。二是创办职业技术学校。为农业和乡镇企业培养专业技术人才，对剩余劳动力进行就业前的培训，拓宽就业门路。市里办了职业中学 2 所，9 个乡（镇）都办了一所职业技术学校，1990 年仅乡（镇）就办培训班 132 期，受训学员 15872 人。三是改革教育体制，在普通教育中积极引入职业技术教育成分。今年春季在普通中学办初中“3+1”职业技术试点，秋季在全市积极推广。四是各单位组织培训。市乡镇企业局 1990 年就培养出具有任职资格的专业技术人才 1467 人。其中有工程师（包括经济师）45 人，助理 344 人，技术员 1148 人，还有 17 名管理人员被市委、市政府授予农民企业家的光荣称号。机械学会、建筑学会，不但为专业培训派出师资，还经常组织学术研讨和参与企业产品或技术论证活动；几家大的国营企业，如玉溪卷烟厂、化肥厂、轴承厂、机床厂，不但在生产技术上对小厂给予帮助，还为乡镇企业培养人才。市教育局着眼未来，从娃娃抓起，在全市青少年中开展科技活动。

（三）认真贯彻落实知识分子政策，充分调动科技人员的积极性，为发展经济献计献策。

玉溪市有科技人员 5000 多名，这是十分宝贵的财富，是玉溪市的一大优势，为了充分调动科技工作者的积极性，坚决贯彻执行中央和省已经公布的放活科技人员的政策，鼓励科技人员在得到本单位同意的前提下，到农村、到乡镇企业搞推广、搞技术服务、搞培训、搞承包，并保证其合法权益。农林牧科技人员下到乡以下农村基层工作，按期实行浮动工资政策，促进科技上山，搞好山区开发。被称为“小麦状元”的农民技术员向永福，在实践中不断总结提高，对小麦采取铲塝条播、科学管理、创造了小麦单产最高纪录，为促进全市小麦高产作出贡献。

为了使全市城乡经济持续稳定协调发展，必须继续坚持开发智力，依靠科技，进行深层开发，实行集约经营，走高效农业的路子。为此，我们正在着手办以下几件实事：一是始终把农业摆在经济建设首位，紧紧围绕 1.13 万公顷稳产高产农田建设，继续大干农田水利基本建设，打好农业增产基础；二是不断加强交通、能源、通讯等基础设施建设。目前昆玉铁路正在修建，昆景二级公路玉溪至昆明段已经开工；已建成开通 5000 门程控电话及年供电量增加 6600 万度的基础上，“八五”期间规划新建万门程控电话和 22 万伏高压输变电站建设，将进一步改善投资环境；三是以国家产业政策为依据，积极开发符合玉溪实际并具有自己特色的优势产业和新兴产业。

玉溪市做为一个开放城市，已同 28 个省、市、县和省内 8 个地、州、市建立了多形式、多层次、多渠道的经济协作关系，签定了经济联合协作项目 397 项，项目总投资 1.65 亿元。还同美国、英国、法国、意大利、德国、日本、沙特阿拉伯、缅甸、伊朗、摩洛哥等 10 多个国家和地区有经济技术交往，办起中外合资企业 3 家，有出口创汇企业 20 个。随着南昆铁路及昆玉铁路的兴建，玉溪的铁路和西南乃至全国联网，以及云南省“边贸”的发展，与东南亚国家经济交往的增多，将会给玉溪市外向型经济发展带来新的机遇，我们将努力抓住这个机遇，扩充对外开放网点，增设对外窗口，促进玉溪市经济不断向前发展。

保 山 市

市　长：杨　光

副市长：杨　何（常务）　宗继贤（工业、乡镇企业）　杨贤祖（文教卫生、烟草业）　张建明（商业贸易、财政金融）　谢正中（计划、公安、司法）　付长生（科技）

杨光市长，1945 年 12 月生，云南省保山市人。1965 年参加工作，同年 12 月加入中国共产党，中专文化。历任公安派出所所长，保山市公安局副局长、局长、市公安局党委书记，保山市市委常委、副市长、代理市长、市委副书记，1990 年 2 月在保山市第三届人民代表大会第一次会议上，当选为保山市市长。

抓好"七五"起步　振兴保山经济

□ 保山市市长　杨　光

"七五"期间，保山市在先后 3 年遭受不同程度严重自然灾害和内外部经济环境比较严峻的困难情况下，市委、市政府团结和带领全市人民，坚持以经济建设为中心，坚持四项基本原则和改革开放，为推进全市经济和社会的发展进行了坚持不懈地努力，使全市经济有所发展，社会事业有所进步，人民生活有所改善，基本完成了"七五"计划规定的主要任务和指标。5 年中，国民生产总值年均递增 6%，工农业总产值年均递增 3.4%，国民收入年均递增 5%，财政收入年均递增 13.8%，分别达到 54603 万元、34765 万元、42869 万元和 6113.5 万元。保山市"七五"期间经济和社会发展的主要成就和变化是：

（一）农业内部 6 大骨干产业已基本建立起来，农村乡镇企业有较快发展。在这 5 年中，保山市农业生产先后于 1986 年、1987 年、1989 年遭受了百日持续大旱、强度低湿冷害、暴雨洪涝等严重自然灾害的侵袭，农业生产一度处于不景气的徘徊状态。为了稳定农村大局，打破农业徘徊不前的被动局面，保山市在争取粮食总产恢复和超过历史最高水平的同时，积极稳妥地调整农业内部结构，因地制宜的发展壮大甘蔗、茶叶、林果、生猪 4 个产业，下气力开辟发展烤烟产业，在农业内部逐步建立起具有规模性和相当商品生产能力的粮食、甘蔗、烤烟、茶叶、林果、生猪 6 大骨干产业。另外，还积极稳妥地调整农村产业结构，积极引导发展乡镇企业和第三产业，以促进农村经济的全面发展。1990 年粮食生产终于冲破 6 年徘徊，再创历史新纪录，全市粮食总产达到 27013 万公斤，比 1989 年增产 4688 万公斤，增长 21%，比"六五"期末的 1985 年增长 9.4%，比历史最高年产的 1983 年的 26190 万公斤增产 823 万公斤，增长 3.1%。甘蔗生产扭转了种植面积连年减少、产量锐减的滑坡局面，种植面积由 1989 年前的 4667 公顷增加到 5595 公顷，甘蔗总产达到 39 万吨，比 1989 年增产 11 万吨，增长 39.3%，比历史最高年的 1985 年增长 6.5%。茶叶累计面积已达 4667 公顷，当年茶叶总产量 80 万公斤，比 1985 年增长 34.6%。5 年累计完成人工造林 11480 公顷，飞机播种造林 46240 公顷。生猪年末存栏 46.36 万头，出栏肥猪 17.7 万头，分别比 1985 年增长 4.8%和 16.8%。乡镇企业总收入由 1985 年的 9125 万元增加到 1990 年的 1.7 亿元，年均递增 13.3%。1990 年与 1985 年相比：农业总产值增长 7%，农村经济总收入增长 78.4%，农村经济纯收入增长 58.2%，分别达到 18365 万元、42670 万元和 27455 万元。"七五"期间，保山市还按计划较好地实施了国家级和省级商品粮生产基地、商品瘦肉型猪生产基地、兰桉基地、果梅基地、咖啡基地、芒果基地和滇西南农业综合开发等建设项目。

（二）工业生产在克服困难中保持了一定的增长率，取得了较好的经济效益。保山市原来工业基础比较薄弱，支柱产业单一，群体规模较小，综合生产力水平较低。“七五”期间又受到了资金、投资等因素的制约，基本没有较大的新项目建成投产，同时还遇到电力供应不足、原材料紧缺、价格上涨、市场销售疲软等困难。面对困难，保山把着眼点放在靠深化改革调动企业和职工的积极性和主动性上，放在靠挖潜、革新、改造和挖掘企业内部潜力上，走内涵扩大再生产和提高经济效益的路子，从而使工业生产保持了一定的增长率，取得了较好的经济效益。1990 年实现工业总产值 16400 万元，比 1985 年增长 34%，年均递增 6%。国营和大集体工业企业实现产品销售收入 17353 万元，实现利税 2867 万元，分别比 1985 年增长 3.95 和 3.25 倍。

(三) 基本建设取得比较扎实的进展。围绕“七五”起步的目标要求，一方面注意多方筹集资金，积极争取各级各方面的支持，通过各种渠道尽可能多地筹集重点建设急需的资金；一方面坚决贯彻“三保三压”、量力而行的方针，尽可能合理地安排基建规模和投资方向，重点保证农业、教育、能源、交通、通信和城市基础设施等建设项目和工业技改更改项目。“七五”期间，全市固定资产投资额完成 30154 万元，先后完成了新建芒合糖厂，架设下关至保山 11 万伏高压输电线路，北庙水库除险加固，昆明至畹町公路过境线改道，新辟市区隆阳大街、东门大街，新建琨崩河电站，新建大沙河、小沙河、新桥 3 个电力抽水站，新建贾官杂交包谷制种基地、汉营稻麦常规良种繁育基地、瘦肉型良种猪场等一批较大的建设项目。同时，明子山水库扩建工程、羊邑煤矿扩建工程、北庙水库坝后电站新建工程、市区安装 6000 万门程控电话工程等也于“七五”开工。特别是作为全市经济支柱的蔗糖工业的技改更改取得了明显成效，5 座机制白糖厂的综合压榨能力已由 1985 年的日压榨甘蔗 2700 吨增加到 4250 吨，蔗糖生产技术水平有了进一步提高。

(四) 商业购销和城乡市场情况良好，边境对外贸易取得了突破性的进展。1990 年与 1985 年相比：社会商品零售总额由 17656 万元上升到 26281 万元，年均递增 8.3%；国合商业纯购进总值由 8238 万元上升到 17100 万元，年均递增 15.7%；国合商业纯销售总值由 13438 万元上升到 22325 万元，年均递增 10.7%；外贸调供出口商品总额由 303 万元上升到 647 万元，年均递增 12%；集市贸易成交额由 5300 万元上升到 15100 万元，年均递增 23.3%。这期间，随着对外开放的扩大，保山利用靠近中缅边境开展对外贸易，在边境一线先后办起了 12 家边贸商号，边境对外贸易进出口总额已由 1985 多年的 4 万元增长到 1990 年的 3120 万元。

(五) 财政收入稳定增长，金融信贷情况良好。这 5 年中，全市财政收入以年均递增 13.8%的速度保持了较快的增长。地方财政收支基本保持平衡，基本保证了各方面事业发展的需要，并年年完成财政上缴任务，“七五”期间共交上缴财政 7800 多万元。银行信贷收支得以稳定增长，年末各项存款余额由 1985 年的 10455 万元增加到 1990 年的 36895 万元，年均递增 28.7%，银行年末各项贷款余额由 1985 年的 17476 万元增加到 1990 年的 37096 万元，年均递增 16.3%。

(六) 城镇建设有新的进展。“七五”期间保山市城镇建设得到了应有的重视。针对保山古城改造和建设难度较大的矛盾，保山市坚持改造老城区与建设开发新城区相结合的方针和量力而行、尽力而为的原则，在努力加快城市基础设施、配套设施和市政建设的同时，集中财力、物力新辟了初具现代城市风貌的隆阳大街，并开始着手改造南关街，建设开发南小区。与 5 年前相比，保山市区市容市貌已有较大改观，生产生活环境和投资环境已有明显改善。

(七) 教育、科技、文化、卫生等各项社会事业有新的进步。5 年新建中学 10 所，扩建中学 12 所，排除中小学危房 12.26 万平方米，使办学条件有了较大改善。1990 年全市适龄儿童入学率达 99%，巩固率达 97.6%，毕业率达 99.3%，普及率达 97.6%。同时，改革中等教育结构，发展职业技术教育已开始起步，先后办起职业高中 2 所和 9 个专业的职业高中班，办起初级农技校 5 所、农民文化技术学校 9 所。目前全市基本达到国家规定的无文盲标准。“七五”期间，保山市建起了广播实验台和人民广播电台，大部分乡镇和行政村办起了有线广播站，部分乡镇建起了电视差转台 9 个和地面卫星电视接收站 29 座，广播覆盖率和电视覆盖率分别达到 65%和 80%。计划生育工作较好地实现了控制人口过快增长的目的要求，5 年全市人口自然增长率均控制在 12‰以下。

(八) 对外开放和横向经济联系进一步扩大。保山市先后同北京、上海、江苏、浙江、湖南、广西、四川等 10 多个省市区的市县达成了 50 多项协作项目，并与缅甸等周边国家发展了边境贸易关系。保山市已被国家批准为对外国人开放区，中国银行在保山设立了支行，中国海关畹町分关在保山开设了分理处，这为保山进一步扩大对内对外的开放提供了必要的基础条件。

(九) 人民生活有所改善。据统计，全市全民职工人均年工资已由 1985 年的 959 元增加到 1990 年的 1867 元，增长 94.7%，5 年共计安置城镇待业人员 7123 名。农民人均纯收入已由 1985 年的 276 元增加到 1990 年的 409 元。1990 年全市城乡人民储蓄存款余额达 23287 万元，比 1985 年增长 362%。

“七五”时期，保山市在克服困难中抓起步，促建设，使国民经济和社会发展取得了一定成就，这为保山实现“八五”打基础，“九五”大发展，本世纪末奔“小康”的经济战略目标开创了一个了比较好的局面。

个旧市

市　长：孙定华
副市长：武万兴（教科文卫）　陈志翔（城建）　邹瑛（工业）　邱歆珍（农业）　胡建功（财贸）

孙定华市长，1944年生，贵州兴义市人，中专毕业。从1978年起先后任个旧市财政局企业财务科副科长、科长、副局长、局长，1987年起任副市长、常务副市长，1991年4月任市长。

锡都社会事业欣欣向荣

□ 个旧市人民政府办公室

“七五”期间，个旧经济持续、稳定增长。按1990年现价计算，国民生产总值达9.74亿元，比1985年增长30.6%（增长率按1980年不变价计算，下同），1985—1990年年均递增5.48%，提前1年实现翻一番的战略目标。国民收入达7.25亿元，增长11.52%，年均递增2.20%；工业总产值达19.23亿元，增长46.75%，年均递增7.97%；农业总产值达1.12亿元，增长32.62%，年均递增5.81%；地方财政收入达8679万元，增长59.66%，年均递增9.81%。

随着经济的发展，个旧各项社会事业欣欣向荣。

科技进步成效显著

1990年末，全市共有科技机构26个，其中科研所9个；自然科学方面的人员8012人，其中中级技术职称以上的2202人；大部分厂矿和乡镇都有科技学会、协会、研究会等组织。

“七五”期间，个旧把依靠科技进步促进产业和产品结构的调整继续放在战略地位上，放活科研所和科技人员，组织科技人员围绕经济的重点和难点攻关，促进了生产力的发展，取得了良好的经济和社会效益。据不完全统计，5年间，全市共取得市级以上科技成果200余项，其中国家级5项，省（部）级15项。研制出一批如电热螺旋结晶机、锡反射炉连续熔炼、“真空——结晶——混酸电解火、湿法联合生产高纯锡”、锡铅焊料系列产品生产、稀土节能荧光灯生产和青花瓷制作等具有国内、国际先进水平的新设备、新工艺、新技术；开发出一大批诸如锌、铋、镉、铅酸蓄电池板栅合金、电缆护套铅、焊锡条、“四九”和“五九”高纯锡、有色金属化工系列产品、全硅化ABC干粉灭火剂、稀土高效节能荧光灯、云南青花瓷、苎麻纱等上百种畅销国内外的名优新产品，其中有的分别获得省（部）、国优称号，填补了云南工业生产的一些空白。

科技进步加科学管理，使一些企业在市场竞争中立于不败之地。云南锡业公司，市有色金属加工厂、鸡街冶炼厂、磷化工总厂进入国家二级企业先进行列；鸡街化肥厂、制鞋厂等一些企业成为省级先进；焊料厂、灯泡厂、瓷器厂、时装公司、民族床单厂等一批企业分别被国家有关部委和省、厅定为重点生产企业和出口商品生产基地企业。

教育事业榜上有名

个旧的教育事业曾多次受到国家有关部委和和省的表彰。1979年个旧一中获国务院通令嘉奖，1984年个旧成为云南省首批普及初等教育市，1985年个旧二中被团中央评为“活跃的中学生活先进学校”。1987年以来，个旧中小学的一些教师分别获得国家和云南省授予的荣誉称号；一些中小学生的小发明、小论文分别获得国家和省的奖励；全省和全国性的一些教学研讨会也在个旧召开。国家恢复高考制度以后，个旧平均每年为国家输送大学生 400 多名；在省历届高考中，个旧的一些考生曾多次夺得文理科“状元”。

1990 年末，全市共有各级各类学校 344 所，其中小学 304 所、普通中学 28 所、农业和职业中学 5 所、技校 3 所、中专 1 所、职工大学 1 所、电大分校 2 所；专任教师 3709 人，其中小学教师 2151 人，中学教师 1228 人，其他学校教师 330 人，全部在校生 6.16 万人，其中小学 3.95 万人，中学 1.67 万人、技职校和中专 4800 多人、成人高等教育学校 582 人。小学适龄儿童入学率达 98.8%，小学毕业升入初中的升学率达 93%，城市和厂矿已基本普及初中教育。在为国家培养人才的同时为本地培养建设人才，职业高中与普通高中招生的比例为 1:1。成人高等教育和成人中的扫盲，技术、中专教育、干部教育稳步发展。现在个旧的教育已初步形成门类较为齐全、多渠道、多层次办学的体系。

个旧的教师素质较高，能够坚持坚定正确的政治方向，教书育人。小学、初中和高中达标教师分别占其教师总数的 69%、63%和 65%。中高级教师占教师总数的 32%。

个旧的教育投入连年增加，教育设施不断完善。“七五”期间，全市用于教育的投入年均达 1037 万元，占财政支出的 13.9%。1990 年教育事业费支出 1147 万元，比 1985 年的 556 万元增长 1.06 倍，1985 年～1990 年，年均递增 15.59%，学生平均占教育经费达 240 多元。5 年里共新建改建校舍 8.6 万平方米和新建教育电视台 1 座。小学教学设施达到了“基本无危房，班班有教室，学生人人有课桌椅”的要求，完小配齐了教学“五大件”，部分小学还配有电视机、放像机、收录机和投影仪等电教设备。中学一般都有实验和电教设备；重点中学有实验和电教大楼、语音室和微机室，按一类标准配齐了实验和电教设备。

5 年来，由于坚持教育为本，个旧市民文化素质大大提高。据全市 1982 年和 1990 年两次人口普查文化程度人口资料比较，文盲、半文盲人口占全市总人的比重由 24.54%下降到 12.33%；每万人中具有高中文化程度的由 884 人上升到 1179 人，具有大学文化程度的由 79 人上升到 216 人。1990 年全市文化程度人口在云南省 11 个城市中，文盲、半文盲的比例最低，每万人中具有高中、大学文化程度的人口居全省第二位。

文化艺术较为繁荣

1990 年末，全市共有电影放映单位 105 个，其中影剧院 28 个，京剧团 1 个，歌舞团 2 个；公共图书馆 2 个，藏书 31 万册；群艺馆、文化宫和青少年宫各 1 个；专业报社 2 个，全年报纸出版印刷 285 万张；正规电视台 2 个，电视转播台 22 座，电视卫星地面接收站 47 座，电视覆盖率 85.6%，塔高 82 米、发射功率 1000 瓦、可同时发射 3 套电视节目和 2 套调频广播节目的电视发射塔即将投入使用。市区可同时收看 5 套电视节目，郊区可收看 1～2 套电视节目。有广播电台 2 座，无线电广播覆盖率达 98%。此外还有厂矿俱乐部 41 个，农村集镇文化中心 2 个，乡镇文化站 12 个，美术、摄影、书法、文学、戏剧、音乐舞蹈、集邮、花卉、养鸟等协会 10 个，从上到下形成了一定规模的、多层面的群众文化网络。

个旧的创作和演出都具有较高水平，先后有一大批作品获得省级以上奖励或受到国内外一些行家的好评。如《锡都书法、美术、摄影展》等在北京、青岛、云南展出时，都受到当地观众的称赞；电视连续剧《金凤子》及京剧《脉案传奇》录相，曾由云南台播放，专题片《一个小厂的三级跳》、《云南体育风情》曾被中央台播放；民族歌舞在省内外演出都受到欢迎；国画《长源青山》选入北京毛主席纪念堂展出。一批文化单位先后获得国家有关部委授予的荣誉称号。

卫生事业不断发展

目前，个旧已形成以国家和集体办医为主、社团和个体办医为补充的多形式办医格局，形成了以医院、防疫站、妇幼保健、科研为技术指导核心的三级卫生网，农村卫生所覆盖率达 89.7%。1990 年与 1985 年相比，卫生机构由 194 个增至 233 个，其中医院由 21 个增至 23 个，门诊部由 173 个增至 199 个；卫生机构床位数由 2288 张增至 2431 张，其中医院床位数由 1835 张增至 1964 张。现有卫生技术人员 2984 人，其中医生 1249 人。医疗用房 10 万多平方米，拥有一批先进的医疗设备。医疗、防疫保健和科研方面的设施较为齐全。

个旧的医疗技术水平在许多方面达到国内先进水平，能做颅脑、大型胸科、骨科、断肢再植、角膜移植、体外循环心脏直视等高难度手术。小儿麻痹矫形术有效地进行了数百例，早期肺癌手术治疗 5 年生存率达 90%以上。传染病、地方病、职业病、肿瘤病防治成效明显，血吸虫病、克山病、疟疾、麻风等的防治分别达到消灭、基本消灭和国家规定的控制指标。个旧的城市环境卫生名列前茅，1990 年进入“县级市全国卫生城市”行列。个旧的人口控制也较好，1990 年，人口自然增长率为 10.53‰，成为基本无多胎生育市。

（执笔：尹祖光）

开 远 市

市　长：杨绍雍

副市长：岳跃生（政法、计划）　熊莲英（女　农业、民政）杨德保（蒙古族　文教、卫生）黎　飞（财政、商业）　包尧龄（经委、工交）

杨绍雍市长，1934 年 7 月生，云南省开远市人，中共党员，初中文化。1950 年 10 月参加工作，先后在开远县税务局、财政科、工交局、开远市经委任科员、科长、副主任、代主任、开远市财政局局长。1987 年 4 月任开远市人民政府副市长。1990 年 4 月在开远市第四届人民代表大会上当选为市长，同年 5 月任中共开远市委副书记。

边城“七五”展新姿

□ 何振泰

经济发展成绩喜人

“七五”期间，开远经济建设取得了显著的成绩。这为开远市“八五”计划的执行和本世纪后 10 年的经济振兴、社会繁荣增强了后劲。

“七五”期间，开远市委、市政府始终把党对经济工作的领导放在首位，坚决贯彻执行党中央的改革开放政策，认真制定了“富民兴开远”的远景规划和近期目标。市级党政领导思想统一，团结协作，勤奋工作，坚持原则，密切配合，全市各族人民也为建设家乡争做贡献，努力进取。开远市始终注重农业的基础地位，在确保粮食稳步增长的同时，抓好农工商同步前进，并将重点放在工商企业的深化改革和持续发展上，努力提高国民经济的整体素质.开远坚持了勤俭办一切事业的原则，把有限的资金用在刀刃上；积极贯彻“人民城市人民建”原则，集社会之力搞好城市建设和管理，努力改善人们的工作、学习和生活环境，增强人们的城市意识和环境意识。“教育为本，科技兴开远”。里逐年增加了对教育的投入，努力提高全市人民的科学文化素质。以稳定求发展，注重维护和增强民族团结，调动一切积极因素，为建设家乡、振兴开远献计献策，广纳有识之士和智者能人，实行全方位、多层次、多渠道的开放。

由于认真做到了以上这些，在“七五”期间，开远市的经济建设和各项事业取得了长足的进步，大多数指标都已完成或超额完成，实现了第一个翻番的战略目标：

社会总产值 1990 年达 104070 万元，比 1985 年的 61049 万元增长 70.47%，平均年递增 11.25%。（现价，下同）。

国民生产总值 1990 年达 58165 万元，比 1985 年的 32023 万元增长 81.64%，平均年递增 12.68%。人均国民生产总值 1990 年达 2450 元，比 1985 年的 743 元增长 2.3 倍，年均递增 26.95%。

国民收入 1990 年达 39663 万元，比 1985 年的 26508 万元增长 49.63%，年均递增 8.39%。人均国民收入 1990 年达 1671 元，比 1985 年的 1231 元增长 35.74%，年均递增 6.3%。

工农业总产值 1990 年达 48378 万元，比 1985 年的 34374 万元增长 40.74%，平均年递增 7.09%。其中：农业总产值 1990 年达 4506 万元，比 1985 年的 313 万元增长 4.47%，平均每年递增 0.88%。工业总产值 1990 年达 43872 万元，比 1985 年的 30061 万元增长 45.94%，平均每年递增 7.85%。

粮食总产 1990 年达 5496 万公斤，比 1985 年的 4395 万公斤增长 25%，平均每年递增 4.57%，比 1980 年的 2995 万公斤增长 83.5%。农业总收入 1990 年达 12560 万元，比 1985 年的 7658 万元增长 64%，平均每年递增 10.4%。

全市人均收入 1990 年达 858 元，比 1985 年的 446

元增长92.38%，平均每年每人净增82元，年平均递增13.98%。

农业纯收入1990年达7666万元，比1985年的5183万元增长47.91%，年均递增8.14%。农民人均纯收入1990年达524元，比1985年的381元增长37.5%，平均年递增6.58%，平均每人每年净增29元。

财政收入1990年达5067万元，比1985年的3328万元增长52.3%，平均每年递增8.77%。

社会商品零售总额1990年达26012万元，比1985年的16914万元增长53.7%，平均每年递增8.99%。

乡镇企业总收入1990年达10749万元，比1985年的5092万元增长111%，平均每年递增20.3%。乡镇企业总产值1990年达4695万元（含村办、户办、联办），比1985年的955万元增长3.9倍，年均递增37.51%。

市政建设效果显著

"七五"期间，开远变化最大的是城市的基础设施建设及市容市貌。归结起来，主要有以下9个方面：

一是认真抓好城市建设总体规划的设计，并按照"人民城市人民建、人民管"的原则，广集社会各方之力搞好城市建设和管理。5年中，通过各种渠道，共筹集到用于城市基础建设的投资计1500多万元，修建了长6.4公里、宽9米的环城公路；长4.5公里、宽7米的南洞风景区公路；还完成了市区道路的新建、改建、扩建及路灯、排水、绿化、环卫设施等10多项工程。

二是将建成区的面积由县改市以前的5平方公里拓展为8平方公里，疏通了城区内大街小巷道路32条，实现了"灯明、路平、树绿、花香"，城区道路网络基本形成。还建成了日供水能力为2万吨的自来水厂。城市的配套设施日趋完善。

三是按照开远市城市总体规划，在抓好旧城改造的同时，重点放在新东城区5平方公里的开发建设上。打通了长2.2公里、宽42米的新区主干道——灵泉东路，并相继建起了市委、市政府办公大楼、图书馆、第十一中学、服装厂、煤气大楼、电视差转台、中波台等一大批机关单位的建筑群及一批住宅楼，路旁绿化、街灯配置均已完成。一个整齐美观的新东城区已初具规模。

四是投资1475万元（其中主体工程1075万元、集资400万元），完成了国家在南方中小城市进行的煤气中压供气试点——开远市煤气工程。已安装用户3400户，通气3000户。煤气工程的建成使用既节约了能源，减轻了环境污染，又美化和改善了居住条件，是开远市"七五"期间的重点工程之一，也是建国40年来市委、市政府为全市人民做的一件特大好事。

五是投资近600万元，建起了开远市第一座铁路、公路立交桥——东寺坡立交桥。桥宽36米、高4.5米、分有快车道、慢车道、人行道，是连接新老城区的主要通道。它的建成，对改变开远市区交通拥挤的混乱状况，改善环境条件，美化市容市貌，从而加速开远地区各项事业的发展将发挥积极的推动作用。

六是分期投资400多万元，新建了开远市第一座以观赏花卉为主的休息游览公园——泸江公园。继而又投资100多万元，完成了开发建设南洞自然风景区的第一期工程。为全市人民和外来游客提供了环境幽雅、风光秀丽的娱乐场所和避暑游览胜地。受到了人们的一致赞扬。

七是完成了"开远市生态——经济规划研究"课题，并通过了专家鉴定，为进一步治理污染、改善环境打下了良好基础、创造了条件。

八是改善了邮电通信状况，开通了开远的长途直拨电话，农村在半自动的基础上接入市内自动电话网。已基本形成一个以市区为中心、联结各乡村，沟通国内外、四通八达的邮电通讯网。

九是发展了商业贸易，使开远成了滇东南地区的物资交易中心。经过"七五"期间的发展，全市已拥有百货、医药、五金、交电、化工等商业二级批发企业19家，零售企业2200多个，商店林立、网点遍布城乡，出现一派购销兴旺的景象。

"八五"发展战略概要

"七五"计划的圆满完成，为"振兴开远"，实现经济和社会的全面腾飞打下了坚实的基础，创造了良好的条件。在"八五"期间和今后的10年里按照"强化基础、发挥优势、协调配套、注重效益、综合开发、全面发展"的总体指导思想，开远市将继续充分地发挥自身的七大优势，即交通、通讯优势；以煤炭、电力为主的能源优势；以化肥为主的化工产品优势；以水泥和水泥制品为主的建材生产优势；以制糖、啤酒、果酒、酱菜为主的食品加工优势；以书写纸、包装袋、卫生纸为主的造纸工业优势以及商品物资集散中心的辐射优势，实现更大的经济社会飞跃。

楚 雄 市

市 长： 杨应楠

副市长： 李仕良（常务） 赵开清 李发登（彝族） 吴学忠（白族） 罗存金（彝族） 况 云（女）

杨应楠市长，云南省楚雄市人，1952 年 11 月生，1971 年 3 月参加工作，1975 年 2 月加入中国共产党，大专文化。1977 年 2 月前在楚雄县建筑队当工人。1977 年 3 月至 1980 年 3 月在重庆建筑工程学院土木系读书。1980 年 4 月任楚雄县建筑公司党支部书记。1983 年 8 月至 1985 年 8 月在中共云南省委党校学习。1985 年 9 月至 12 月任市建筑公司经理。1986 年 1 月至 3 月任楚雄市城建局局长。1986 年 4 月任楚雄市副市长。1990 年 3 月当选为楚雄市市长。

搞好城市建设 促进经济发展

□ 楚雄市市长 杨应楠

1983 年 12 月，经国务院批准，撤销楚雄县，设立楚雄市，这是楚雄人民政治生活中的一件大事，揭开了楚雄发展史上新的一页，标志着楚雄建设事业进入了一个新的发展时期。

在中共楚雄市委的领导下，楚雄市人民政府充分认识到城市建设与商品经济发展的关系，认真贯彻党中央、国务院关于经济体制改革的方针和“城市政府应集中力量做好城市的规划、建设和管理”的精神，加强了对城市建设的领导，把城市规划、建设、管理工作作为政府工作的重要内容，在城市建设中采取新区建设与旧城改造同步进行，走出了一条“统一规划、因地制宜、勤俭建设、逐步实施”的城市建设发展道路。“七五”期间，楚雄市人民政府通过合理安排，落实城市建设资金，逐步充实、完善管理机构，充分发挥职能部门作用，建立健全各种规章制度，强化监督管理等一系列措施，使楚雄市的城市建设得到较快的发展，为彝州经济社会发展作出了重要贡献。

加强城镇建设的规划设计
为建设和管理提供可靠依据

市政府充分认识到城市规划对城市建设管理的重要作用，十分重视城市规划工作，以规划为龙头，指导和管理好城镇建设。在省的帮助下，1982 年完成了市区总体规划，随着商品经济的发展，又于 1984 年、1985 年两次对规划进行研究，作了局部调整，1987 年，又一次根据省建委的要求，组织力量完善和修改，编制了总体规划说明书。同时，加强了详细规划工作，完成了市区主要片区 135.5 公顷建设及防洪的详细规划工作。完成了 18 个乡（镇），879 个自然村，总面积为 214.74 平方公里的村镇规划工作。为使规划设计为建设和管理提供超前服务，充分发挥规划的综合指导作用，市成立了规划建筑设计院，对市区、农村集镇、园林、道路等进行了一系列工作，对指导城镇建设和实施管理，提供了科学依据。

加速城镇建设，创造良好的经济环境

城市基础设施建设对城市的生存和发展，对提高城市经济效益，发挥城市中心作用，实行开放搞活，改善人民物质文化生活，有着重要意义，“七五”期间，各级共投资 2355.84 万元，分轻重缓急，狠抓了与经济发展和人民生活密切相关的道路、给排水、园林绿化、环境卫生等城市基础设施建设，取得了显著的经济效益和社会效益。

（一）道路交通得到改善。

1982 年，全城街道总长 12.5 公里，16.3 万平方米，人均占有道路面积 2.9 平方米，“七五”期间，按总体规划，市区共拓宽、改建、新建道路 25 条，小巷 8 条，改变了旧城区南北不通，东西不畅的状况。城区道

路达 30.3 公里，30 万平方米，人行道 6.9 万平方米，小巷 4.6 公里，2.2 万平方米，人均拥有道路面积 5.1 平方米，初步形成了以街心花园为中心，东西南北网状道路骨架，交通较为畅通，市区凝聚力得到增强，为发展经济创造了条件。

(二) 城市供水能力不断改善。

水是城市的血液，楚雄市地处滇中干旱区，水资源较贫乏，长期供水不足，水质不佳。为缓解城区生产生活用水紧张状况，市政府投资 230 万元，完成新老水厂建设和改造，城区自来水供水量和普及率逐年增加，1990 年供水达 299.52 万立方米，供水率达 87%，城区居民人均日生活用水量从 1984 年的 35 升提高到目前的 83.4 升；1989 年底，州、市政府又决定投资 2100 万元兴建九龙甸输水工程，年供水量为 1000 万立方米，今年年底可以竣工，市区的生产生活用水将得到较大的改善，为改革开放创造更好的环境。

(三) 城市绿化、园林建设、市容卫生和管理工作取得显著成绩。

随着社会主义物质文明和精神文明建设的深入发展，美化市容，抓好园林绿化和环卫设施建设，为人民群众提供优美、舒适的工作、生活环境，是政府工作的一项主要内容。“七五”期间，楚雄市按总体规划要求，在城市绿化美化工作中，完善“点”，突出“线”，扩大“面”，做到点、线、面结合，群众性与专业队伍绿化相结合，公共场所绿化与庭院绿化相结合，植树 61 万多棵，直播 1067 公顷，做到建设一条街，绿化一条街，全市市区绿化覆盖率达 12.5%，人均占有公共绿地 11.74 平方米，同时，市政府逐年对市区的龙江、硐碌两个公园进行投资，使设施不断增加，成为优美的游憩场所，年接待游客量已达 120 万人次。随着道路增加，清扫任务繁重，1987 年以来，各级共拨款 230.54 万元，为环卫事业解决清运机械、果皮箱、垃圾桶等设施，改善了环卫工人的劳动条件；针对城区厕所少，卫生设施差的状况，新建改建了公厕 33 个，群众上厕所难的状况有所改善；为了加强市容卫生管理，市政府制定了“门前三包”责任制，通过深入开展爱国卫生运动，积极参加创建卫生城市活动，市容卫生越来越好，鹿城以清新秀丽而得到人民群众的热爱。

(四) 城市主体设施及附属设施建设发展迅速。

“七五”期间，楚雄市通过发挥国家、地方、企业、职工 4 个方面的积极性，在市区新建房屋 134 万平方米（其中住宅 66 万平方米，私人建房 15.1 万平方米），通过几年的努力，全市人均居住面积由 1985 年的 6.56 平方米增加到了 1988 年的 7.1 平方米，高于国家“七五”目标 6.2 平方米的水平。市区内一幢幢具有民族特色的新楼鳞次栉比，邮电、广播电视、文化宫、图书馆、体育馆、学校、医院、宾馆、商店各具特色，极大地提高了城市综合服务功能，较好地发挥了城市的作用。

依法治城，加强城市管理工作

作为城市政府，在抓好城市规划，城市建设的同时，必须认真抓好城市管理工作。几年来，根据国家有关法规，楚雄市严格按照总体规划建设城市，管理城市。建立健全了楚雄市城乡建设委员会，作为政府规划、建设、管理城市的职能部门，把城市的规划、建设、管理，城市公用事业和城市建筑市场纳入一个大系统，并在市建委内成立规划管理处和城市管理监察队，进行专门工作，由于采取专业队伍与群众管理相结合的办法，进行有效地管理，使城市规划、建设有条不紊，收到了较好的效果。在市容管理上，也形成了由市长负责的，城建、工商、卫生、公安、交通等部门参加的体制，统一领导全市城市的管理工作。按各项行为规范依法治城，城市管理水平得到不断提高。

由于城市基础设施加强，综合服务能力不断提高，从而增强了城市的凝聚力，改善了投资环境，提高了楚雄市的外引内联能力，“七五”期间，楚雄市与省内外横向经济技术交流日趋扩大，发展迅速，新建了雄德铁合金有限公司的“三资”企业，迁入了楚雄卷烟厂、云南机器四厂、新华印刷厂等企业，改变了过去市区工业结构单一的局面，建成了冶金、机械、电力、煤炭、化工、食品、森工、纺织、建筑建材、卷烟、印刷等工业体系。1990 年，实现国民生产总值 97038 万元，工农业总产值 82108 万元，实现社会商品零售总额 25826 万元。文化、教育、卫生、体育、广播电视等各项社会事业都有相应的发展。经过短短几年的建设，彝州首府楚雄已经成了一座美丽的城市，社会效益、经济效益和环境效益不断提高，将为四化建设作出更加积极的贡献。

大 理 市

市　长：李现武（白族）
副市长：刘尔荣（常务）　杨凤岐（工交）　张志寿（白族　农业）　杨嗣蕃　（白族　城建）段昆生（女　白族　文教、科技）

李现武市长，1956年9月生，云南省洱源县人，中共党员。1971年参加工作。1980年毕业于武汉水利电力学院。曾在大理白族自治州电力工业公司任技术员、助理工程师、供电所所长、公司副经理、经理兼党委副书记。1986年任大理市副市长。1987年当选为大理市市委副书记、市长。1990年再次当选为大理市市委副书记、市长。

科技教育开新花　文献名邦添异彩

□　大理市人民政府办公室

大理市位于滇西中部，是国家首批公布的24个历史文化名城和44个国家级风景名胜区之一。全市面积1468平方公里。1990年末，全市总人口435559人。1990年，全市国民生产总值达9.29亿元，5年平均年递增17.5%；国民收入7.73亿元，年平均递增15.8%；工农业总产值完成6.99亿元，年平均递增9.3%。经济的持续增长，促进了科技、教育、文化、卫生、体育等事业的迅速发展。

科技工作成绩显著

在"科学技术必须面向经济建设，经济建设必须依靠科学技术"的方针的指引下，大理的科技事业发展迅速。到1990年，全市已有各类专业科技人员14743人，比"六五"末期增加1倍。有科研和技术开发机构11个，包括农业科学、农业机械研究、矿冶开发研究、血吸虫病防治研究、食用菌技术研究、烤烟生产研究、工业经济技术研究、环境保护研究、科技情报研究和地震预报研究等门类，科研机构比1985年增加5个。建立了技术市场、科技咨询中心、科技培训中心和市、乡、村科普网，成立了215个科技专业学会（协会、研究会），参加各种群众性科技活动的人数已达1.5万多人，一个较为健全的科技推广和技术服务体系已基本形成。1986年以来，全市共完成科研，新产品开发项目179项，其中1项获国家自然科学奖、5项获部级奖、21项获云南省科技进步奖、80项获州科技进步奖，群众性的学科学用科学活动日益活跃。"七五"期间，大理市靠科技进步发展农业，合理调整粮食作物布局，发挥旱作增长优势，广泛推广玉米、地膜覆盖、优化配方施肥等技术，粮食生产和林牧渔业的种养水平不断提高，1990年粮食平均亩产达732公斤，比1985年增加103公斤，科学养猪、养鱼、科学种菜大面积推广，1990年被评为"全国农村科普工作先进集体"。

教育事业生机勃勃

大理的教育历史悠久，市民素来关心教育。近年来，在党和政府的重视下，教育事业迅速发展，呈现出勃勃生机。1990年，全市已有正规高等学校3所，在校学生2246人，是1985年的2.9倍；有中等学校46所，其中，普通中学37所，在校学生2.4万人，财贸、卫生、师范等中等专业学校5所，在校学生3221人，学校和在校学生分别比1985年增长57%和21%；有小学246所，在校学生46066人；幼儿园27所，在园儿童7660人。新建了4所职业技术中学，在校学生781人；高中职业班20个，在校学生741人。成人教育也逢勃发展，现在全市各类成人教育在校生2500人。1986年以来，用于教育的经费逐年增加，1990年达到1483万元，是1985年的3倍。"七五"期间，全市一共新建学校12所，新建校舍138408平方米，拆除学校危房 26122 平方米，新建教职工宿舍 33954 平方米，还配置了大量的教学实验仪器，教育的基础设施和办学条件大为改善。现在，全市有高等学校教师 338 人，比 1985 年增加 117 人；中等专业学校教师 365 人，比 1985 年增加 155 人；普通中学（职业学校）教师 1070 人，小学教师 1920 人。在普通中小学校当中，教师的学历达标率平均为 77.5%，适龄儿童的入学率达 99.4%，整个基础教育的结构较为牢固，5 年来一共为国家输送大中专学生 3000 多名。普通教育，成人教育、职业教育的发展，为大理市培养了各类人才，对经济的发展起到了积极的推动作用。

名城文化添新彩

“七五”期间，刚完成了县市合并的大理市委和政府以全新文化观念，对历史文化名城大理的内涵、价值、城市特点等问题进行了探索，认为大理有三大特点：(一) 历史悠久，文物古迹众多；(二) 山雄水秀，自然风光绮丽；(三) 以白族为主的民族文化灿烂丰富。并以三大特点为优势进行了多方位的建设保护开发工作。

加强文物古迹保护管理。在对辖区境内地上地下文物古迹广泛进行普查的基础上，公布了 48 个市级重点文物保护单位。和当地驻军协商。收回了 5 个文物点，并积极保护、开发、利用。先后维修了崇圣地三塔、杜文秀墓、南诏德化碑等 27 个文物点，并基本实现文保“四有”，增设市文管所，市博物馆，文化局增设博物科。通过以上工作，历史文化名城的历史文化已经变得看得见、摸得着，一件件文物放射着古代白族先民的智慧之光，诉说着 3000 多年祖国边疆的沧桑变幻，是弘扬优秀民族文化和建设社会主义精神文明的理想场所。仅仅崇圣寺三塔和市博物馆就接待了 21 万中外游客。

重视文化基础设施建设。大理市一市两城，为了确保古城大理风貌，文化城建部门联合编制了保护法规，并投资完成了主街道复兴路上“一首两翼”的文化设施布局，新建的集现代文化功能和典型民族特色于一身的大理文化馆、图书馆、左翼建的电影院、右翼建的博物馆和修复的南北城门楼构成了五点一线的古城内文化节奏，这些设施既增添了名城色彩又满足了本地居民的文化需求和游览者的眺登愿望。

群众文化活动蓬勃发展。改革开放 10 多年来，本市城乡居民物质生活普遍有所改善，因此对文化生活有较强烈的要求，并表现为强烈的参与意识，各种民间自发自娱自乐的文艺团体如雨后春笋破土而出。全市共有洞经古乐社 39 个，龙狮灯队 40 余个，白族霸王鞭 25 个队，5 个业余艺术团、3 个业余滇戏团，白族民歌手 100 多人，美术、摄影、书法协会遍布城乡，每逢重大节日这些组织在 12 个文化站的领导下，村村锣鼓响，处处歌舞声，每当夜幕降临，13 个影剧院、54 个流动放映点、11 个交际舞厅、数十个录相放映点就开始为市民提供丰富多彩的文娱服务。

医疗卫生水平不断提高

过去的 5 年，是大理市卫生事业开拓进取，有较大发展的 5 年。从 1988 年起，卫生系统普遍实行了院、站、所长任期责任制，在技术责任、经费管理等方面进行了改革和探索。全市现有医疗卫生机构 111 所，病床 2210 张，比 1985 年增加 670 张。卫生技术人员从 1985 年的 2474 人增加到 2850 人。5 年来共投资 1219 万元，新建医疗用房 9479 平方米，新添了 289 万元的医疗卫生设备。大理市的 80%的人口在农村，市委、市政府十分重视农村卫生工作，农村基层卫生组织不断得到巩固、加强和发展。现在已有农村卫生院 10 所，村级卫生所 89 所，形成了较为完整的三级医疗卫生网络，大大方便了群众就医。1986 年以来，全市的医疗水平有较大提高。心脏手术、人工肾血透术、安装心脏起搏器、断指再植、脑贴合术、脑血管搭桥术等已能在两所医院进行。新建的小儿麻痹后遗症矫治中心和白内障康复中心，在滇西地区享有声誉。儿童的“四苗”覆盖率达 97.1%，传染病发病率大幅度下降，地方病防治工作得到加强。公共环境卫生水平逐年提高，在 1988 年全省 10 城市卫生检查中名列第二，还被评为全省“无鼠害城”。

体育事业有较大进步

1986 年，在大理市建成了一座占地 6 公顷，建筑面积 17405 平方米，室内容纳 3300 名观众，室外容纳 1.7 万名观众的体育场（馆），形成了场、馆、训练房、游泳池、附属设施配套，可举办大型比赛的体育活动中心。1990 年，云南省第八届体育运动会曾在大理举行。全国七大淡水湖泊之一的洱海，是较为理想的天然游泳场，为市民体育锻练提供了广阔的场地，具有民族特色的体育比赛——赛龙舟每年三月街和火把节都要举行；冬泳也是大理群众性体育活动的重要内容。1986 年以来，全市共举办各种体育比赛 171 次，参赛人数达 7.9 万人。各类学校学生已达到“国家体育锻练标准”的共 15.3 万人，占应达标学生的 95.3%。现有老年体协、游泳协会等群众性体育组织 34 个，经常参加体育活动人数达 22 万人。据统计，“七五”期间，大理市为省输送优秀运动员 14 人，为州输送 484 人，在各类比赛中有 11 次获省级名次，32 次获州级比赛名次。体育事业进一步发展，市民身体素质不断提高。

（执笔：杨　洁）

市　长：崔林涛

副市长：郝树茂　芦剑国（女）　张富春　马振华　才玮辉　张左己

崔林涛市长，1942年出生于陕西省千阳县，大专文化程度，1958年参加工作，1966年加入中国共产党。历任国营“一一五”厂党委副书记、书记，陕西省国防科工办党委副书记，中共西安市委常委、副书记。1990年任西安市人民政府副市长、代市长，1991年4月当选为西安市市长。

经济振兴奠基础　城市建设展新貌

——“七五”期间西安市经济社会发展和城市建设的新成就

□　《中国城市经济社会年鉴》西安市编写组

“七五”期间是西安市国民经济发展较快的历史时期之一。1990年西安市胜利地完成了国民经济和社会发展的年度计划及”七五”计划的主要发展目标。在工农业生产、商业、贸易、科学技术、文化教育和精神文明建设等方面取得了长足进展，建设和管理方面有较大改善，城市面貌起了较大变化。

经济建设和社会事业迅速发展

（一）国民经济全面发展，经济实力明显增强。“七五”期间，全市国民生产总值累计完成434.8亿元，比“六五”期间增长118%，年平均递增7.93%，略高于全国平均水平；人均国民生产总值达到1715元，比1985年增长34.17%，平均年递增6.05%；国民收入累计完成350.15亿元，比”六五”时期增长112%，年平均递增7.2%；人均国民收入达1421元，比1985年增加27.9%，平均年递增5.1%；5年累计完成财政收入58.33亿元，是“六五”时期总和的1.93倍；累计上缴财政收入33.63亿元，比“六五”时期增长59%，对国家的贡献明显增大。

（二）固定资产投资大幅度增长，一批重点项目建成投产。全市固定资产5年累计完成113.07亿元，比“六五”时期增长135%，相当于1949—1990年完成固定资产投资总额的48%；“七五”期间新增固定资产83.82亿元，相当于“六五”时期的2.4倍，竣工项目3477个，建筑面积1234万平方米；建成一批技术装备比较先进的重点工程项目，如年产10万吨的西安啤酒饮料总厂、年产4万吨的联碱工程、全国制药工业中规模最大的中外合资企业西安杨森制药厂、陕西汽车厂西安分厂、西安光纤光缆工程、西安卫星测控中心、南郊电子城高科技建设工程等。

（三）农村产业结构调整取得突破性进展，城郊型农业经济的框架基本形成。商品基地建设、农业综合开发、科技兴农取得成效，农业基础地位逐步加强。1990年农村社会总产值（现价）达到75.56亿元，比1985年增长1.5倍，年均递增19.88%，高于“七五”计划7.5个百分点。1990年与1985年相比，农业产值在农村社会总产值中的比重由44.21%下降为34.69%，而工业、建筑业、运输业、商业、饮食业在农村社会总产值中的比重则由55.79%上升为65.31%；在农业总产值中，种植业产值的比重由69.85%下降为64.89%，而林、牧、副、渔业产值的比重则由30.95%上升为35.11%。粮食产量先后两年创造历史最好水平，提前3年达到“七五”计划要求。“菜篮子”工程形成了基地规模，先后建设了60多个副食品基地，基本上保证了城乡供给，乡镇企业发展加快，1990年乡镇企业总收入达到57.36亿元，比1985年增长2.4倍，年均递增27.8%，比计划高出12.5个百分点；乡镇企业总值达到56.61亿元，占农村社会总产值的68.3%，已成为西安农村经济的主体和国民经济的组成部分。

(四) 工业生产持续增长，技术进步加快，产品质量提高。1990年全市工业总产值达到143.92亿元，提前三年实现第一个翻番目标，年平均递增10.93%。列入计划考核的主要工业产品产量，大部分达到或超过计划指标。高科技产业的发展速度大大加快，如电子及通讯设备制造业的产值由1985年的3.69亿元增加到1990年的12亿元以上。截止1990年底，全市独立核算工业企业拥有固定资产原值126.95亿元，比1985年增长91%。“七五”期间市属乡以上工业企业开发新产品2926种，获国家和部、省、市优质产品奖672项。1990年全市全民所有制独立核算工业企业全员劳动生产率达17201元／人，比1985年增长26.7%。

(五) 流通领域扩大，市场繁荣稳定。1990年全市社会商品零售总额达到72.76亿元，比1985年增长121.02%，平均年递增17.19%。”七五”期间新增商业、饮食业、服务业网点2855个，先后建成5个大型骨干商场；集贸市场由1985年的207个发展到283个，并建成一批农副产品和各种专业市场。1990年全市外贸出口商品收购总额达6.85亿元，比1985年增长15.3倍，平均年递增74.76%。

(六) 科技潜在优势开始发挥出来。“七五”期间，全市取得重大科研成果431项，其中30%处于国内领先地位，70%以上已用于生产建设。1990年在全国高新技术开发区首届汇报展览会上，西安市选送的115项科研成果，综合水平获31个参展团的第3名。

(七) 教育，医疗卫生和计划生育等事业有很大发展。“七五”时期西安市地方财政预算内教育经费支出达5.67亿元，比“六五”时期增长1.38倍，加上集资办学，使办学条件明显改善。全市幼儿教育和学前教育以年均递增7.66%的速度发展；依法实施六年制义务教育和九年制义务教育的人口覆盖率分别达到84.3%和24.4%；普通中学与中等专业学校、技工学校、职业中学等中等职业学校在校生之比由1985年的2.13:1调整到1990年的1.24:1。高等学校在校学生由64871人增至80229人，增长23.67%。医疗卫生设施改善，5年来全市新增医院19个，新增病床5400多张，是历次五年计划期间增长最多的。计划生育工作已基本实现了规范化和制度化，人口出生率逐年下降，1990年人口自然增长率下降到12.01%，是“七五”各年中成绩最好的一年。

(八) 民主和法制建设稳步推进。决策民主化、科学化和法制化水平有了提高。各级政府和工作部门自觉接受人民代表和广大群众的监督，定期向人民代表大会报告工作。有关经济和社会发展的大事，坚持在决策前广泛听取政协和社会各界的意见。法制建设进一步加强。全市85%的普法对象学完了第一个五年普法规划规定的内容，对各级干部普遍进行了行政诉讼法培训，提高了各级干部依法办事的自觉性。“七五”期间，市政府提请市人大常委会审议通过的地方性法规和市政府制定发布的行政规章共106个，还对西安市1949年以来制定发布的行政规章进行了检查清理。在全市广泛开展了执法大检查，基本上做到了经常化、制度化。

(九) 社会主义精神文明建设有了新的发展。“七五”期间，全市重视加强马克思主义理论教育、四项基本原则教育、延安精神教育、爱国主义和集体主义教育，并广泛开展学雷锋、学先进活动。实行精神文明建设目标责任制，区、县、局 (行) 精神文明杯竞赛活动取得明显成效。全市广泛开展“文明市民”教育和职业道德教育，弘扬见义勇为、互助友爱精神和深入开展优质服务竞赛活动，涌现出一大批先进个人、先进集体和2000多个文明单位。军民共建精神文明在西安市已形成传统，共建质量不断提高。

(十) 人民生活显著改善。1990年全市职工人均工资达到2137元，比1985年增长81.97%，平均年递增12.72%；农民人均纯收入达到551.45元，比1985年增长57.30%，平均年递增9.50%。城市居民人均住房面积达到6.2平方米，比1985年增加1.51平方米；农民家庭人均使用房屋面积达到17.22平方米，比1985年增加4.02平方米，住房质量也明显提高。

“七五”时期的发展和整个80年代改革、开放与经济建设的成就，为西安市胜利进入“八五”时期和到本世纪末实现翻番的战略目标，奠定了坚实的基础。

城市建设取得突破性进展

“七五”计划期间，西安市政府在认真抓好经济建设的同时，把城市规划、建设和管理工作放在突出重要的位置上，使城市基本上纳入按规划发展的道路，城市建设出现了一个新的高潮。近年来，市政府根据需要与可能，解决经济和社会生活中迫切需要解决的问题，坚持每年为群众办10件实事已形成制度，并及时督促检查如期实现。

(一) 城市发展基本上纳入按规划建设的轨道。50年代曾编制《西安市1953年至1972年城市总体规划》，对城市功能分区作了科学的布局，“一五”计划的大规模经济建设，就是按照这一规划进行的，并取得良好效果。但在1958年至1960年“大跃进”期间和1966年至1976年“文化大革命”期间，城市总体规划曾受到较大破坏，使经济建设和人民生活都受到不应有的损失。80年代初，又编制了《西安市1980年至2000年城市

“七五”计划主要指标完成情况表

年份 指标名称	1990年	1985年	1990年比1985年增长%	平均年递增%	“七五”时期	“六五”期间	“七五”时期比“六五”时期增长%	平均年递增%
国民生产总值	103.41亿元	56.1亿元	45.15	7.74	434.8亿元		118	7.93
人均国民生产总值	1715元	1049元	34.17	6.05				
国民收入	85.7亿元	45.3亿元	40.54	7.04	350.15亿元		112	7.2
人均国民收入	1421元	826元	27.94	5.10				
社会总产值	258.61亿元	125.51亿元	57.26	9.48				
工农业总产值	156.65亿元	95.97亿元	63.23	10.30				
工业总产值	143.93亿元	85.67亿元	68.01	10.93				11.0
农业总产值	12.72亿元	10.3亿元	23.50	4.31				
固定资产投资	23.1亿元	14.5亿元	59.75	9.82	113.07亿元		132	
新增固定资产	20.4亿元	8.6亿元	136.43	18.80	83.82亿元		120	
财政收入	13.1亿元	6.8亿元	92.87	14.14	58.3亿元		193	
社会商品零售总额	72.77亿元	32.9亿元	121.01	17.19				
外贸商品收购总额	6.9亿元	0.42亿元	1530.0	74.76				
职工年人均工资	2137元	1148元	81.97	12.72				
农民年人均纯收入	551.5元	350.5元	57.30	9.50				

总体规划》，并于1983年11月被国务院正式批准。在总体规划的指导下，还编制了一系列分区规划和专业规划，制订了《西安市城市建设规划管理办法》等配套法规、条例，为总体规划的实施提供了法律保证。“七五”期间，城市总体规划得到比较认真的贯彻实施，使城市发展基本上纳入按规划建设的轨道。目前西安市基本上形成了以旧城为行政商业区，东、西郊为工业区，南郊为文教科研和旅游区，西南郊为电子工业区，北郊主要为仓库区的城市格局。城市各个分区功能的明确，对促进西安市的经济建设和社会发展起到了积极作用。城市正逐步走向统一规划、合理布局、协调发展的轨道。

在制订和贯彻城市总体规划的同时，全市村镇规划在1985年编制的粗线条规划的基础上，“七五”期间又有了长足发展，对原规划作了调整和完善，从而结束了几千年来村镇建设无规划的局面，并搞了一批村镇规划建设的试点。

(二) 交通和通讯条件得到明显改善。在铁路建设方面，“七五”期间陇海铁路郑州经西安至宝鸡段电气化改造工程全部完成，机车牵引能力提高1/3，西安枢纽单向运输能力提高1倍；1990年铁路货运量达2826万吨，比1985年增长109.96%，铁路客运量达1914万人次，比1985年增长12.61%。西安火车西站经过“七五”期间的改建、扩建，已成为全国仅有的几个特级货运站之一，也是我国西北、西南地区最大的陆地港和货物集散地，1989年铁道部又拨出专款帮助西安西站兴建20英尺和40英尺国际标准集装箱的专用货场，使西安西站达到年吞吐集装箱100万吨的运输能力，成为国际标准集装箱运输的大型基地之一。随着陇海兰新铁路1990年与苏联土西铁路接轨，第二座横跨欧亚的大陆桥已经建成。西安市作为陇海兰新铁路线上经济实力最强的城市，进一步提高了交通枢纽的地位，为加快西安市对外开放步伐、扩大辐射面创造了十分有利的条件。西安至包头的南北铁路交通干线，除陕北神木至包头段已于1988年建成通车外，西安至延安段也已接近完成，这将为增强西安与陕北、内蒙和华北地区的经济、文化交流发挥重要作用。

在公路建设和公路交通运输方面，“七五”时期公路交通基础设施投资超过5亿元，增加了公路里程，提高了公路等级，其中二级以上公路增加了134%，尤其是西安至临潼高速公路、西安至三原一级公路、西安至户县二级公路等一批重点项目竣工使用，明显改变了西安市公路交通面貌。西安市公路营运车辆5年间增长2.8倍，达到2.4万余辆，其发展速度在西安市历史上是空前未有的。1990年西安市公路货动量达4154万吨，比1985年增长23.82%，公路客运量达3722万人次，比1985年增长109.9%。在营运能力大幅度增长的基础上，运输方式也进一步扩大，集装箱运输、零担运输、大件运输、公路铁路航空运输和旅游客运都有较大发展。现在全市所有乡镇和86.5%的行政村都通了公路，“运货难”、“乘车难”的状况得到缓解。

在民用航空方面，5年来新增航线12条，航线里程延伸1万公里。1990年航空货邮发送量达9261吨，旅客发送量达52.47万人次，分别比1985年增长37.87%和62.35%。新建年旅客吞吐量可达2300万人次的大型国际航空港（在咸阳市）即将启用，将为发展西安市国际国内旅游业创造更为有利的条件。

在电信和邮政事业方面，“七五”时期是西安电信事业发展最快的时期，5年中引进具有国际先进水平的市话程控交换机2.4万门和长途电话程控交换机2000门，目前可与171个国家和地区及国内539个市（地）县实现长途自动拨号通话。市内电话拥有量从1985年的2.61万门增加到1990年的4.69万门，平均每百人拥有电话4.97部。西安市是全国6大通信中心之一，其邮政特快专递业务已发展到56个国家和地区。1990年邮电业务总量达7483万元，比1985年增长15.1%。1986年建成总面积约1万平方米的西安火车西站邮政集装箱场地，自投入生产以来，大大提高了西安对西北、西南地区邮件集散能力。1988年建成8800平方米邮件运转大楼，大大缓解了西安邮政运转场地紧张的局面。这些场地的扩大和建设，对邮政扩大再生产、加快邮件传递速度，起了重要的作用。

（三）市政和公用设施建设取得较大进展。在城市道路建设方面，新开和拓宽了长安路南段、朱雀北路等17条城市街道，建成星火路立交桥、解放路环形人行天桥、火车站隧道等桥涵，形成了城市一环线。5年间城市道路净增50余公里，道路面积净增32万平方米，道路总长度达到561公里；同时新增排水管道175公里，总长达683公里。

“七五”期间，新购公共车辆302辆，新辟营运线路232公里，乘车拥挤状况有所缓解。同时还新购垃圾粪便清运车92辆，新建公厕77座，改建公厕400座。做到垃圾日产日清，清运率达100%。全市开展创建烟尘控制和噪音控制达标小区活动，推行限期治理制度，使废水、废气、废渣和噪音污染得到一定程度的控制，市容卫生面貌发生明显变化。西安市连续5年被评为省内卫生先进城市，1990年被国家授予全国卫生先进城市称号。

西安市是个严重缺水的城市，解放后虽然经过城市供水三期建设，到1985年日供水能力达到48万吨，但平均每天仍缺水15万吨。为了解决这一问题，“七五”期间建成四期供水工程，完成浐河地面水改建工程。在充分论证的基础上，经国务院批准，从1987年起，开始进行黑河引水工程建设，总投资5.11亿元，这是西安市城市建设中规模最大的工程项目，全部建成后，可增加日供水量60万吨，最高日供水量可达80万吨。第一期工程设计能力为枯水期日供水20万吨，平均日供水45万吨，最高日供水80万吨。到1990年底，已完成工作量1.70亿元，建成了净水厂和进城区的单线管道，并试引了石砭峪水库的应急水源。从1985年到1990年，全市日供水能力由54万吨提高到75万吨（预计到1996年，黑河引水二期工程全部建成后，全市日供水能力可达120—140万吨）。

为提高城市居民生活用气普及率和改善城市环境，西安市在“七五”期间建成了西郊煤气工程，形成15万立方米管道煤气的输配能力，发展用户4.37万户；建成液化石油气卧罐8个，发展液化石油气用户1.3万户。从1985年到1990年，全市居民生活用气普及率由9.24%提高到28.5%。

（四）城市建设综合开发工作在改革中不断前进。到1990年底全市已有城市建设综合开发公司41家，综合开发工作逐步展开，为按照城市总体规划实施新区建设和旧城改造走出了一条新路子。近年来，先后编制了电子城工业区、糜家桥住宅区等小区建设规划并组织实施。5年累计完成综合开发工作量6.3亿元，竣工面积178万平方米。通过城市建设综合开发，在建设住宅和其他各类房屋的同时，配套建设了一批城市基础设施和公共服务设施，改造了低洼、棚户危房区11处，并促进了房屋商品化和住房制度的改革，仅1989年就销售商品房15.67万平方米。各综合开发公司还为城市建设商业服务用房、幼儿园、中小学等，总建筑面积达5.7万平方米，拓宽道路30万平方米，修排水管道27公里。截至1990年底，各开发公司自有资金（含固定资产）达4.3亿元，年经营收入9800万元。“七五”期间实现利润1.02亿元，人均实现年利润达1万元，形成了有一定实力的城建综合开发队伍。

（五）旅游景点和旅游服务设施建设取得重大进展。西安市是世界闻名的文化古都和旅游热点。“七五”期间接待国外游客、侨胞和港、澳、台同胞139.59万人次，比“六五”期间增长117%，旅游收入达24亿元外汇人民币，比“六五“期间增长近3倍。新建和改建了16家旅游宾馆和涉外餐馆，新增床位7786个，使全市涉外宾馆、饭店达到35家，总床位1.48万个。同时增加了购物商店，开发充实了一批风景名胜景点，其中引进外资在大雁塔风景区建成的唐代艺术博物馆、唐华宾馆、唐歌舞餐厅和曲江春晓园，这一批仿唐建筑群既具古都风貌，又有时代特征，受到各方面的好评。旅游业的发展和旅游综合服务能力的进一步提高，带动了第三产业的发展，活跃了城市经济，增加了西安对外开放的吸引力，旅游业已成为西安市重要的综合性产业。

铜川市

市 长：刘遵义

副市长：李 震（科技、工交） 黄 钟（文教卫）

陈双全（城建、商贸、政治） 曹玉过（农业）

刘遵义市长，陕西省咸阳市人，工程师。1944年7月生，1970年毕业于西安矿业学院，1972年加入中国共产党，曾任陕西省澄合矿务局董家河煤矿团委书记，澄合矿务局铁路工程处宣传科副科长。1976年调陕西省煤炭局工作。1982年后历任陕西省韩城矿务局马沟渠煤矿副矿长，矿长，1983年调任陕西省韩城市市长，1988年任陕西省渭南地区行政公署副专员，1990年2月后任中共铜川市委常委、副书记，铜川市市长。

改革开放使铜川再展新颜

□ 铜川市人民政府办公室

“七五”期间，铜川市认真贯彻治理整顿、深化改革的一系列方针政策，以经济建设为中心，坚持四项基本原则，坚持改革开放，坚持走经济、社会、环境建设综合发展的道路，使铜川市展现出一派生机勃勃的景象，全市社会经济面貌发生了可喜的变化。

改革给经济发展注入活力

“七五”期间，铜川市在“六五”经济体制改革的基础上，按照中央和省的统一部署，结合铜川实际，积极稳妥地推进各项改革事业，促进了国民经济持续稳定增长。1990年全市国民生产总值达到62775万元（1980年不变价，下同），同1985年相比，年均增长5.7%；国民收入完成42696万元，年均增长3.6%；工农业总产值达到94638万元，年均增长5.8%；财政收入达到8133.7万元，较1985年增长1.62倍，年均递增21.3%。

农村改革以稳定和完善家庭联产承包责任制为中心，积极发展统分结合的双层经营体制和社会化服务体系，靠科技，靠投入，大力加强农业基础地位，促进农业全面发展。一是坚持“大稳定、小调整”的原则，不断完善农村家庭联产承包责任制，先后调整了承包土地，完善了农村山林、果园、土地等承包合同，适当增加了集体提留。二是实行农业科技承包，初步建成了市、县、乡、村四级农业科技推广网。1989年至1990年，结合实施“科技兴市”战略，共组织700多名各类技术人员对全市农业七大类20个项目进行了规范化、集团性科技承包，取得了显著成效。农业科技成果应用率由20%提高到30%，技术成果转化率由35%提高到40%，农业主要单项技术覆盖率已由40%提高到65%以上。三是开展农业区域综合开发，积极调整产业结构，使农业商品基地建设有了较快的发展，5年增产粮食10.34万吨。耀县渭北旱塬5万亩农业综合开发，郊区东部残塬5万亩综合开发，宜君县5000亩稻田开发工作全面展开。多种经营中苹果、油料、畜牧、花椒、烤烟等五大支柱已初步形成，1990年多种经营产值已占到农业总产值的41%，农业商品率达到45%，较“六五”期末提高20.6个百分点。非农业产值占农村社会总产值的比重由1985年47.9%上升到1990年的54.2%，农村经济结构逐步朝着综合发展的方向调整，综合经济实力大大增强。

城市改革以搞活企业为重点，认真落实《企业法》，普遍实行了厂长（经理）负责制和承包经营责任制，深化了企业内部改革，使企业逐步向自主经营、自负盈亏、自我发展、自我约束的社会主义商品生产者和经营者迈进。一是推行并完善承包经营责任制。1987年到1990年企业一轮承包中，全市91%的全民所有制企业实行了多种形式的经营承包，市级全民所有制企业中有72%的企业签订了承包合同，其中有9个企业实行了指标承包。通过实行承包经营责任制，企业的内部管理和经营活动得到加强，经济效益得到提高，收到良好的成效。据统计，市属16户工业承包企业在1987年至1990年期间，工业总产值年均增长45.58%，销售收入年均增长59.65%，利税总额年均增长37.17%；交通企业营运收入年均增长44.03%。同时各承包企业的素质明显得到提高，先后有12个企业被评为省级先进企业。二是深化企业内部经营改革。承包企业普遍加强了内部配套改革，完善内部经营责任制，市属企业有12户实行并完善了工效挂钩办法，其余企业根据各自实际，实行了浮动工资、效益工资、定额工资和成本含量工资等形式，不少企业还采取了"厂内银行"、"厂内劳务市场"等改革措施，增加了企业活力，使绝大多数企业经受了治理整顿的考验。三是坚持搞好企业超前改革的试点。"七五"期间，市政府先后确定市铝厂、市水泥厂、市纺织厂、市变压器厂、铜川汽车运输公司等5户企业为超前改革试点企业，并在用人、分配、外贸、定价、经营管理、资金支配等方面赋予企业更大的权力，为指导全市的企业改革积累了经验。四是产业结构和产品结构调整取得显著成效，经济效益也有较大提高。突出表现在非煤产业产值占工业总产值的比重由1985年的62.11%提高到74.18%，轻工业产值占工业总产值的比重比1985年高出3.9个百分点，电解铝、生铁、电机变压器、棉布、灯泡等产品的产量有了大幅度增长，并开发了针刺地毯、医疗器械等一系列新产品，5年实施新技术推广，新产品试制175项，市属全民独立核算工业企业全员劳动生产率比1985年净增2732元，达到11800元。全市已经形成了煤炭、建材、铝冶、轻纺、机电、化工、食品等行业稳步发展的局面。

围绕经济体制改革，社会保障制度的改革有了新的起色，对经济的发展起到了积极的促进作用。在医疗卫生制度的改革方面，首先理顺管理体制，对县级以上医疗卫生单位逐步推行"院长负责制"，并在完善各种岗位经济责任制的同时，对乡镇卫生院实行了承包经营和租赁经营的尝试。1987年市政府发出《深化卫生改革意见的通知》，重申了推行院长负责制，并在县级以上医疗卫生单位实行任期目标责任制。其次改革预防保健制度，推行了儿童计划免疫及孕产妇保健保偿制,实行了大型医疗器械有偿使用制等，加强了对地方病的防治，巩固和发展了三级医疗卫生保健网。三是改革公费医疗制度。针对公费医疗严重超支的问题，市政府批准执行新的公费医疗管理办法，实行医疗费与职工个人利益挂钩，采取按比例报销，超支自付，节约奖励，定点就医，双处方制等措施，该办法实施一年来，收到良好效果，仅市级机关节约开支41万元。配合劳动制度改革，退休费用社会统筹全面推开，全市参加全民所有制单位退休费用社会统筹的有319个，占应参加的99.38%，集体单位的退休费用社会统筹超过了应参加单位的一半以上。同时，铜川市作为全省住房制度改革试点单位，采取合作建房，公房出售办法，并经省政府批准实施，5年开发商品房8.9万平方米，有了良好的开端。

开放给城市插上了翅膀

铜川市1986年经国务院批准为全境开放城市。作为陕西省较早的开放城市，"七五"期间铜川市对外开放事业有了很大的发展。

一是对外贸易和横向经济联合与协作进一步发展。市政府先后制定了一系列政策规定，促进了横向经济联合与协作的发展，扩大了与科研单位、大专院校的往来和交流。5年来，全市共落实经济技术协作项目254项，协作资金20500万元，物资协作成交额5092..5万元。先后从北京、上海、广州等城市协作资金6000万元，完成了铜川市铝厂的二期扩建工程，使铝厂的电解铝的生产能力达到年产3.5万吨，位居全国地方铝厂之首。对外贸易有了进一步发展，出口产品结构有较大改善，在巩固传统的农副产品出口的同时，积极扩大出口种类，增加了工矿产品的出口，截止1990年出口产品的主要种类有苹果、大蒜、变压器、陶瓷、陶管、铝锭等20余种。全市外贸出口总值达1770万元。较1985年增长6.4倍。

二是积极引进、消化先进技术。加强了对"七五"期间引进国外的几条生产线的技术消化和配套工作。市纺织厂引进的针刺地毯生产线，填补了西北地区的空白，生产的多品种中低档地毯深受广大消费者欢迎。引进的豆奶生产线和陶管柔性接头技术的国内配套工作已经完成。同时，依靠省内外的先进技术，市上还先后从上海、辽宁、西安等省、市聘请了一批学有所长的专家和离退休的老技工，来帮助领办企业，先后成功地建成了耀县造纸厂、耀州瓷厂、铜川市水晶厂等项目，发挥了较好的经济和社会效益。

三是大力发展文化旅游事业，以开发促开放，以开放带开发。铜川历史悠久，文物古迹较多，共有名胜古迹28处，其中，属国家级文物保护重点单位2处，属省级文物保护重点单位9处。闻名中外的耀州窑遗址，近两年考古又有了新的发现，出土了一大批珍贵的历史文物。目前，耀州窑遗址一号保护大厅已经建成，耀州窑博物馆正在施工建设，1990年4月19日，中共中央政治局常委、书记处书记李瑞环视察了耀州窑遗址，并给予高度评价。5年来，接待外国专家、友好人士700多人。"七五"期间，我们还十分重视新闻事业的发展，铜川广播电台总发射功率已达26.25千瓦，电视总发射功率为1.63千瓦，形成了以中波广播电视台、电视转播台为骨干的无线和有线相结合的广播网，年广播播音3194小时，电视转播3025小时。

四是城市投资环境的改善为对外开放提供了有利条件。1988年经省计委批准立项的铜川市5000门程控电话工程，是利用加拿大政府贷款建设的重点工程，包括5000门程控电话交换机、240长途路端，现已全部开通。利用世界银行贷款修建的三原——铜川一级公路正在建设中，该路建成后将缩短铜川到省府西安的路程29公里。投资1亿元建设的沮河取水也正在筹建中，此工程建成后将对铜川的生产和生活起非常重要的促进作用。所有这些对增强城市总体功能，进一步扩大对外开放都具有非常重要的现实意义。

城市建设使市容再展新姿

“七五”期间，依据城市总体规划，按照“一水二路三绿化及污染治理”的方针，先后编制并完成了市区的城市分区规划、耀县和宜君县的县城规划以及4个镇的规划，并组织了城市新区开发的论证。市上共投资3500多万元，对供水、道路、通讯等设施进行了一系列改造和建设。重建了北关水站、改造了黄堡水厂，完善了城市供水管网，建成了市污水处理厂，城市年供水能力比1985年增加了283万立方米，部分地区居民吃水难的问题基本得到解决。改造了市区三里洞路、金华路、宜园路和红旗街、七一路段等道路；新建了宜园路、河滨路、大同路三座铁路、公路立交桥，既缓解了城市交通拥挤状况，又增添了城市景观，美化了城市。5年新增城市公共营运车辆33台，市区公共汽车营运线路增加到了3路，总营运线路里程达437公里，公共交通状况明显改善。城市的园林绿化建设有了较大发展，新建成了重兴公园，使全市公园总面积达到27.5公顷。新栽行道树、河堤树2万余株，新修街心花坛6个，使建成区园林绿地面积达到330公顷，建成区绿化覆盖率达到20%。总绿化面积达841平方公里的大型城市绿化翠屏工程，一期41平方公里绿化已经初见成效。5年间用于城市住宅建设的投资达到13239万元，较“六五”期间增长172%；进行了住宅小区的开发、改造和建设，5年住宅竣工面积90.69万平方米，城镇居民人均居住面积由1985年的4.27平方米提高到6.09平方米。

城市环境污染综合治理取得显著成效。“七五”期间，铜川市坚决贯彻《环境保护法》，继续坚持行之有效的群众队伍与专业队伍相结合，工程措施与生物措施相结合，单项治理和综合治理相结合的办法，狠抓了环境污染的综合治理，使城市环境总体质量有了较大提高，新建成了市区7.23平方公里的烟尘控制区和5个清洁工厂，推广使用了石油液化气，并开始筹建热电厂和焦化厂。考核的主要指标中，每立方米二氧化硫、氮氧化物、总悬浮微粒含量分别较1985年下降29.55%、44.4%和34.79%。

城市管理日益向着制度化、规范化迈进，全市人民的精神风貌和城市面貌都发生了可喜的变化，5年来全市共建成文明单位319个，文明村镇73个，军警民共建系统152个；从1987年开始，在全省文明城市评比中，连续4年被评为优胜城市。

“七五”期间的几点体会

铜川市是以煤炭、建材为主的新兴工业城市，是在先矿后市的基础上逐步发展起来的。1958年建市，1980年实行市带县体制，现辖耀县、宜君县和城区、郊区。长期以来，铜川市形成了以煤炭采掘为主的重型工业结构，经济和社会发展缺乏协调的规划，城市基础条件差等矛盾严重地制约着铜川的发展。改革开放以来，我们确立了走综合发展道路的发展战略，也积累了一些经验和教训，概括起来主要是：

——各项工作必须突出经济建设这个中心。在各项工作中必须坚定不移地坚持和突出经济建设，并使一切工作都服从于和服务于经济建设这个中心。

——必须坚持经济、社会、环境建设三同步，走综合发展的道路。多年来的实践使我们认识到：煤炭城市发展的根本途径在于必须走综合发展的道路，建立城乡一体、市矿结合、结构协调、经济、社会、环境建设三同步的新的运行机制。

——必须加强社会主义精神文明建设。必须把精神文明建设纳入整个国民经济和社会发展的规划之中，坚持做到两个文明一起抓。

——必须坚持一切从实际出发，大力弘扬自力更生、艰苦奋斗的延安精神。要以改革为动力，不断扩大对外开放，坚定不移地把经济建设的立足点放在依靠自己力量的基础上，自力更生，艰苦奋斗，勤俭建国。

宝 鸡 市

市　长：李　均

副市长：朱宗柱（常务）　王农军（工业）　者建国（城建）　陈继荣（农业）

李均市长，北京市人，生于1934年，1949年5月参加革命工作，入华北大学学习。1949年起先后任县委秘书、县委委员、农工部长。1964年任商洛地委副秘书长、生产组副组长、农办副主任、地委常委、地区农办主任。1978年起任宝鸡市委常委兼凤翔县委书记。1981年任宝鸡市委常委、秘书长。1983年任宝鸡市市长至今。

改革促发展　山城展新容

□ 程　锋　乌永陶　刘文力

宝鸡市作为综合改革、中等城市机构改革以及金融、科技等项改革试点城市，在改革大潮中率先起步，探索和积累了许多经验和教训。建设呼唤着改革的深化；改革的逐步推进，又促进了经济的较快发展。“七五”时期是宝鸡市经济和社会发展较快、人民得到实惠较多的5年。“七五”计划的基本实现，为宝鸡市90年代的发展奠定了坚实的基础。

国民经济提前实现第一个翻番

1990年全市国民生产总值达到45亿元（当年价），按可比价格计算，比1980年增长1.6倍，平均增长10.2%；国民收入40亿元（当年价），比1980年增长1.6倍，年均增长10.1%；工农业总产值60.58亿元(1980年不变价)，比1980年增长2.3倍，年均增长12.6%；地方财政收入4.48亿元，比1980年增长1.21倍，平均增长8.2%。上述四大指标中，地方财政收入提前1年实现翻番，国民生产总值和国民收入提前3年实现翻番，工农业总产值提前4年实现翻番，并提前1年完成了“七五”计划。

工业生产和城市基础设施得到较快发展

1990年全市工业总产值完成51.65亿元，比1985年增长86.7%，年均增长13.3%。企业经济效益有了较大提高，全市工业企业劳动生产率由1985年人均11527元，提高到16405元，全民独立核算工业企业实现利税增长89.6%，年均递增13.6%。

工业经济实力进一步增强。“七五”期间，宝鸡市着力于现有企业的技术改造，狠抓产品结构调整，扩大适销对路产品的生产能力，抓了一批军转民产品，先后开发了电冰箱、收录机、空调器、易折曲颈安瓿、三聚磷酸钠、宝鸡牌啤酒、39度西凤酒等一批技术含量高的优质名牌产品。5年间，全市全民所有制固定资产投资额完成28.72亿元，其中对工业企业投资22.41亿元。5年新增工业总产值14.5亿元，新增利税3.48亿元，新增的主要生产能力有：印染布1.74万米、棉纺锭1.45万锭、洗衣机25万台、原煤14万吨、水泥24.8万吨、生铁3.5万吨、金属切削机床1137台、汽车600辆、三聚磷酸钠1万吨、合成氨6.2万吨、易折曲颈安瓿5亿支、灯泡400万只、改性油毡60万卷、卷烟15万箱、饮料酒1.8万吨、酒精4000吨、二号箱板纸1万吨、黄金1.9万两、石墨电极3000吨、电极糊1万吨等，大大增强了宝鸡市经济实力和工业品市场竞争能力，全市累计有8种产品获国家金质奖，25种产品获国家银质奖，477种产品获部、省优称号，180种产品打入国际市场。军工企业民品产值的比重由1985年的40%提高到85%。

企业管理水平得到提高。有3户企业获省首届企业管理优秀奖，15户企业获省（部）质量管理奖，3户企业达到国家二级企业标准，61户达到省级先进标准，44户达到市级先进标准。1990年宝鸡市工业技术进步贡献率已达35%以上。

建成了一批重要的城市基础设施。“七五”期间，城市建设、环境保护工作取得了新进展。市区9个分区规划编制完毕。完成了一批污染治理项目。基本完成了宝鸡火车站候车大楼、上马营渭河大桥、宝十桥和金陵桥等一批新建、改建工程。新增万门程控电话。完成了煤气和下马营给水工程。开通了公园路。城市文化娱乐、公共卫生条件有所改善。修复、新建公路578公里，完成了“310”国道部分区段和西宝中线大部工程项目。

商品流通日趋活跃

“七五”期间，宝鸡市国营、集体和个体商业都有较大发展。1990年，全市社会商品零售总额达到20.15亿元，比1985年增长102%，年均增长15.1%。通过清理各类公司，严厉打击假冒伪劣商品，较好地整顿了流通秩序，基本理顺了批发环节。清理整顿乱收费、乱罚款、乱摊派的工作取得成效。1990年全市取消不合理收费规定106项，不合理罚款规定66项。全市零售物价上涨幅度为2%，比物价高峰期1988年回落23个百分点。

改革开放取得重大进展

“七五”期间，全市的经济管理体制和运行机制发生了重大变化。主要表现在：

（一）以承包制为主要形式的企业机制改革不断深化，市、县（区）属112户预算内工业企业实行3年期以上承包的占92.9%。其中半数以上实行了竞争招标承包。小型商业企业全部实行了转、改、租。1990年年底80%以上企业第一轮承包到期，从1991年开始将转入二轮承包。企业普遍实行了厂长（经理）负责制；绝大多数企业实行量标管理责任制；半数以上企业改革了内部分配制度；有的还建立了内部银行，试行劳动优化组合等。在坚持和完善承包制的同时，1988年，进行了搞活大中型企业和企业兼并的探索。全市确定15户大中型工商企业进行了超前改革试点。当年试点企业的产值比上年增长39%，实现利税增长99.3%。截止1990年年底。全市已有26户企业被兼并，绝大多数获得新的生机。

（二）建立和发展各种市场。消费品市场日趋繁荣。截止“七五”末，全市商业网点近4万个，比“六五”末增长15倍。加强了市场管理和制度建设，近两年在全市197个集贸市场中涌现出3个国家级文明市场、7个省级和47个市级文明市场。资金市场逐步发展。1986年9月宝鸡市在全省率先建立了由人民银行组织领导、各专业银行和其它金融机构参加的信息、清算、融资三位一体、头寸和借贷相结合的同业拆借市场。并将短期资金市场逐渐向外扩展，参与了全国性跨区域、不同层次的资金拆借活动，纵横交错的资金融通网络逐渐形成和完善。截止1990年8月短期资金市场累计拆借资金88.4亿元，其中拆入资金57.8亿元，拆出资金30.6亿元。二级资金市场上市交易证券种类已达15类73种。生产资料市场先后建立了钢材、木材、汽车和废旧物资等专业市场。积极开拓技术市场。全市已建成技术市场17个。技术开发机构51个，民办科研、技术开发和服务机构57家，同全国51所大专院校、科研单位签订技术协作合同389项，其中20%已付诸实施。劳务市场日臻完善。1987年起，宝鸡市办起了劳务市场，目前已成为城镇待业人员就业安置的主要渠道。仅1989年在市场登记求职的劳动者即达2.8万人，介绍就业1.38万人，占到登记人数的近一半。

（三）积极转变政府部门职能，改进政府宏观调控机制。一是把属于企业自身应该具有的生产经营权，毫无保留地返还给企业，先后下放了月度生产计划权，职工奖金分配权、企业内部机构设置和干部任免权等31条权力。1990年组织人力对下放给企业权力的情况，进行了认真地检查，市委、市政府重申了已经下放给企业的权力不能收回；已收回的要重新下放给企业。二是按照规划、协调、监督、服务的精神，转变政府部门的经济管理职能。根据精干、效能的原则，调整了各部门的职能，凡一个部门能办的事，不交给两个以上部门承担；凡综合部门能直接面对企业的工作，不再经过主管局（办）层层传递。对企业主管局（办）赋予行业管理的职能。逐步实现了政府部门不再把企业当作自己的附属物，而是从政策、工作上搞好协调、服务和监督。三是对计划、财税等宏观经济管理体制进行改革，逐步提高政府对全市经济的综合调控能力。市除对计划、财政、税务、银行、物资、外贸等部门的改革，按照体改总体方案给予协调、指导外，还根据全市综合改革方案要求，在市级机构改革中，成立了市宏观调控领导小组，由一名市长任组长，有关经济综合主要部门主要负责同志担任成员，对涉及全市经济发展的重大问题定期协调，综合运用经济杠杆，解决经济工作中出现的突出问题。治理整顿开始后，国家实行双紧方针，企业难度加大，市通过协调，及时确定对20个重点企业和50种主要产品，从各方面采取倾斜政策，有效地帮助一批大中型骨干企业闯过了难关。

在逐步深化改革的同时，宝鸡市发展横向经济联合和对外开放也打开了新局面。“七五”以来，宝鸡市把发展横向经济联合与协作，作为振兴宝鸡经济的一项战略任务来抓。发起组建了陕甘川毗邻12方经济区，引起了国家有关方面的关注。参加了关中经济区和陇海——兰新经济促进会等横向联合组织，在本区域内，围绕调整和优化结构，以20多种名优产品为龙头，发起组建了一批水平不等的企业集团和群体。1990年全市外贸出口商品总值2.4亿元，为1985年出口实绩的3倍，“七五”期间，年均增长32.4%。5年利用外资共计5180万美元，批准兴办“三资”企业5个。结合产品结构调整，全市先后引进心脏起博器、改性油毡等68条(套)国外先进技术、生产线和关键设备，部分产品还填补了国内空白。截止“七五”末，引进投资额近6亿元，其中用汇1.07亿美元。随着闻名中外的法门寺地宫的发掘和开放，宝鸡市旅游业迅速发展，初具规模，5年共接待海内外游客503万人次。随着一些新的旅游点的开放和对外交流面的扩大，宝鸡市对外开放的步伐将进一步加快。

精神文明建设成效显著

宝鸡市“七五”期间，精神文明建设也获得了令人鼓舞的新成就。精神文明建设连续多年在全省评比中取得优异成绩。双拥共建工作有新的突破。宝鸡市被国家民政部、解放军总政治部命名为全国首批“双拥模范城”。坚持综合治理，社会治安逐步好转。积极开展依法治市活动，民主与法制建设进一步加强。在精神文明建设中，我市科教文卫事业有了新的发展。“科技兴市”的战略方针，得到有效地贯彻；教育事业在改革中不断前进；群众文化活动丰富多彩，对外文化交往活跃；群众性爱国卫生运动广泛开展，创建国家卫生城活动日益深入。

城乡人民生活水平有所提高

“七五”期间，宝鸡市经济建设步伐加快，为提高人民群众生活水平创造了必要的物质条件。随着生产的发展，城乡人民生活水平相应地得到提高。1990年同1985年相比，全市城镇居民人均生活费收入由651.6元增加到1392元，剔除物价上涨因素后年均增长3.7%；农民人均纯收入由298.9元增加到524.19元，年均增长11.9%。城乡居民储蓄存款余额由5.3亿元增加到24.6亿元，年均增长35.8%；人均储蓄由173元增加到750元，年均增长34%，1990年城镇居民人均居住面积达到6.2平方米，农民人均房屋使用面积达到13.84平方米，分别比1985年增长31.9%和29%。全市5年安置城镇待业人员8.4万人。1990年全市医院病床达8889张，比1985年增长10.7%。。社会福利事业和社会保障体系得到较快发展，全市各类福利事业单位已达367个。坚持开展联县扶贫和对口扶贫，积极扶持生产开发，推动了贫困地区经济的发展。1986年以来，全市累计扶贫31000户，有27000户越过温饱线，基本实现了“七五”既定扶贫目标。

回顾与思考

“七五”的建设和改革的实践，为我们提供了丰富的经验教训，有许多值得认真思考的问题。具体地讲，以下四个问题，需要认真研究和对待。

(一)把解放思想、更新观念摆在首位。宝鸡市地处内陆腹地，产品经济、自然经济思想意识较浓，要加快本地区经济的发展，必须进一步解放思想，更新观念，增强干部的市场意识、竞争意识、开拓意识、风险意识。宝鸡市通过发展横向经济联合，在兄弟城市设立“窗口”，组织干部去沿海城市学习考察等各种形式，使干部开阔视野，增长才干。观念的更新，有力地推动了各方面的工作。

(二)突出经济建设这个中心。宝鸡市重视组织干部认真学习党的基本路线，把握“一个中心，两个基本点”的精神实质，从思想认识、工作部署、部门协作、工作方法等一系列环节上，体现集中力量把宝鸡市经济搞上去的指导方针，从而加速了经济的发展。

(三)改革开放和经济建设紧密结合。经济建设需要改革的推动，改革开放的目的是为了加速经济的发展。二者互为条件，互相促进。“七五”期间，始终坚持以企业改革为重点，进行培育市场体系和加强宏观调控能力。宝鸡市经济正向好的方向转变，但问题不少，要解决经济生活中存在的深层次矛盾，推动宝鸡市经济发展，仍然要在深化经济体制改革上找出路。

(四)正确处理城乡关系和工农关系。宝鸡市是中等工业城市，实行市带县体制。辖十县两区。工业有一定基础，农业比重很大。“七五”期间，我们从宝鸡实际出发，不断探索，及时总结，逐步走出了一条“两下”(工业下乡、科技下乡)“两进”(农副产品进城、农民劳务和资金进城)“一建设”(加强小城镇建设)的路子，促使城乡一体，优势互补，加快了宝鸡市经济社会发展的步伐。

咸 阳 市

市　长：李锦江

副市长：强文祥（常务） 王保京（农业） 黄亚丽（女　计划、工交、科教） 王兆亭（财贸、文卫体）

李锦江市长 1943 年 12 月生，江苏省盐城市人。1966 年 1 月加入中国共产党，工程师、高级经济师资格。1963 年至 1968 年在西安交通大学无线电工程系学习。1968 年 12 月毕业后，至 1985 年 4 月历任陕西兴平化肥厂技术员、车间副主任、主任兼党支部书记、企业整顿办公室主任、副厂长、厂长，中共咸阳市委常委。1985 年至 1987 年任中共咸阳市委常委、经济工作部部长。1987 年到 1989 年任咸阳市副市长、市委副书记。1989 年 5 月当选为咸阳市市长。

咸阳“七五”迈大步

□ 咸阳市市长　李锦江

“七五”期间，咸阳以经济建设为中心，坚持改革开放，调动和发挥一切积极因素，全市经济呈现出新的生机和活力，园满完成了各项任务，市力明显增强。1990 年，全市社会总产值完成 107 亿元，按可比价计算，比“六五”时期末增长 66.2%，年均递增 10.7%；国民生产总值 47 亿元，年均增长 8.4%，比 1980 年增长 1.3 倍，提前 1 年实现了第一个翻番目标；国民收入 41 亿元，增长 46.2%，年均递增 7.9%；工农业总产值 62.26 亿元，在全省的位次由第三位上升为第二位。

三位一体　协调发展

“七五”期间，我们坚持中央和省属企业、市县区企业、乡镇企业“三位一体”、协调发展的原则，实行新建、技改并重，建设和改造了一批经济效益好、技术含量高、对全市经济发展有举足轻重作用的重点项目，增强了工业发展后劲。1990 年，工业总产值达 49 亿元，比 1985 年增长 81%，年均递增 12.5%。纺织工业经过技术改造，已成为本市出口创汇，走向国际市场的主导产业。去年实现产值 14.6 亿元，在全市工业总产值中“三分天下而居其一”；电子工业坚持高起点、高科技、高效益，走“引进、消化、吸收、提高”的路子。生产的彩电、彩管、彩色偏转线圈、晶体振荡器、散铜板、铜箔等电子产品、电子元器件和电子材料的产值由 1985 年的 4.6 亿元达到 1990 年的 13.4 亿元，实现利税 9.6 亿元，分别占全省电子行业的 34.8%和 46.2%，生产出合格彩管 1000 万支，成为国内最大的彩管、彩电生产基地。

彩虹电子集团公司在引进美日先进技术设备的基础上，以陕西彩色显像管总厂为龙头，陕西广播电视设备厂等为主体，“七五”时期又配套建设了彩管二期扩建工程、704 厂、4390 厂、偏转线圈厂，联合西安交通大学、东南大学等国内著名高校，开发高新精尖电子产品，形成了科技、生产、销售、咨询服务、职工技术培训一体化的高技术集团公司，从而在我省企业集团公司中独树一帜。

市区县工业有了长足发展。“七五”期间建成投产的有市化纤厂、印染厂、冶金建材厂等 10 多个重点基建和技改项目，其中为陕彩总厂生产配套产品的市偏转线圈厂，已达产达效。生产能力完全达到日本设计要求，创造了“当年竣工、当年投产、当年盈利、当年还贷”的效益和速度。

乡镇企业有了突破性发展。企业总数由“六五”时期末的 2.29 万个猛增到 7 万个，1990 年总产值达 20.8 亿元，比 1985 年增长 1 倍，占县区工业总产值的 60%，为全市经济发展做出重大贡献。

在提高工业经济效益的基础上，我们还重点抓了 40 户骨干企业和 65 个利税大户，制订落实扶持这些企业发展生产、提高效益的优惠政策及奖励升级措施，在资金、原材料方面给于倾斜支持，使全民工业企业全员劳动生产率由“六五”时期末的1.4万元／人，增加到2.03万元／人。企业素质不断加强，产品质量稳定提高。5年来，全市有37户企业升入省级先进企业，106户升入市级先进企业，获国家银质奖3个，部、省优奖139个。1990年，咸阳市获得全省生产效益一等奖。

建设航空港市

国家“七五”计划重点工程项目之一的咸阳一级民用机场，经过3年多的紧张施工、现已基本建成并首次试航成功。1990年1月6日，李鹏总理亲自为机场命名，并泼墨挥毫题写了“咸阳”二个大字，标志着咸阳与全国、与世界各地空中通道的建成。

这座投资4亿多元，面积相当于现西安机场4倍的航空港，总建筑面积112万平方米。其中有3000米、3200米跑道2条，候机大厅2.2万平米，客机坪7万平米，停机坪8万平米；机场指挥导航、气象等设备齐全、设施先进，可供所有类型飞机全天候起降；承担18条国内干线和3条国际航线的客货运输任务，年吞吐量160多万人次，货邮运量5000—10000吨，成为继首都国际机场、白云机场、虹桥机场之后的国内第4大机场。

市府决定抓住这一重大机遇，在全面系统分析论证后，基本确立了咸阳内陆空港城市的发展模式：以机场为依托，以璀璨夺目的秦汉唐历史文化遗产等旅游资源为吸引，以人流、物流、信息为特征，发挥空中优势，扩大对外经济技术、科学文化交流，争取用10年左右时间，将古都咸阳建成国内外旅客、空运货物、邮电投寄及进出口商品的集散地，成为各种信息反馈的枢纽和旅游城市。

围绕这一目标，几年来，我们做了大量的工作：完成了《五陵塬风景区》开发保护规划，拟按“统一规划、分步实施、多方集资、滚动发展”的原则，“八五”打基础，十年见成效，逐步建成以道路为骨架，陵园为主体，古朴典雅，展现秦汉历史和自然风光为特征的文物风景旅游区；机场西连西（安）宝（鸡）、西（安）兰（州）公路、北接咸（阳）铜（川）公路的道路已接通，新修并建成机场到市区的西线公路，东接西（安）三（原）高等级公路的东线公路已建成，中线公路正在规划之中，从而基本形成以机场为中心，向四周呈辐射状的地面交通网；市区公用基础设施得到加强，5年来，开通市区南、北、西大门，完成人民路、西兰路市区段等21条道路的拓宽工程，新增道路里程和供水管道长度各16公里，增加排水管道19公里，修建了新兴路、东风路、西兰路立交桥；投资2300多万元，建成万门程控电话和东郊、西郊通讯大楼等邮政设施建设，并重修了坐落在新欧亚大陆桥之上的咸阳火车站，建成嘉惠商场、五交化大厦、凌云楼，秦宝宾馆等一批商业网点和涉外饭店，建成飞机售票处2个；在机场所在地——底张乡改镇建制后，投资100多万元，进行基础设施建设，并围绕进出机场旅客的心理要求，发展旅游产品的生产和旅游服务事业；拟由外商投资1200多万元，在秦遗址影响区，修建反映秦始皇率兵诛灭六强、统一全国的《秦兵攻战艺术馆》，向海内外游人展现千古一帝在中国历史上的功过是非。

坚持改革与扩大开放

“七五”期间，咸阳市把坚持改革、扩大开放作为经济和社会发展的动力。完善已经出台的各项改革措施，重视和发展以公有制为基础的多种经营体制，突破性地推进了横向经济技术联合与协作，逐步拓宽了经济建设思路。城市改革主要是稳定厂长（经理）负责制和企业经营承包责任制。市属第一轮承包的43户企业，1988年和1989年分别实现利润指标59.6%和26.2%。目前，咸阳市又在全省率先完成第二轮企业承包合同的签订工作。7户市属超前改革试点取得显著成绩。1990年，全市外贸出口供货总值达1.85亿元，超计划40%完成任务，比“六五”时期末增长1.16倍，年递增16.7%，出口产品达70多种。

对外开放不断扩大。与日本宇治市、成田市结为友好城市，目前又准备与澳大利亚建立友好关系，与江苏淮阴、盐城市和云南曲靖市结为姊妹城市，与全国25个地市建立了经济技术协作关系。全市现有三资企业13户，已有6户投产。几年来共引进外资614万美元，其中外商直接投资464万美元。仅去年一年，共签订经济技术协作与联合项目75项，建立各种形式的联合体29个，引进资金6532万元，引进人才257名，物资协作总额近亿元。

教育奠基、科技兴咸

发展教育科技，是加快咸阳市经济社会发展的根本大计。“七五”期间，咸阳教育事业在深化改革中前进。基础教育加强。全市171个乡镇办事处实施6年义务教育，占乡（镇）总数的77.4%，学龄儿童入学率达98.7%；教学质量不断提高，共培养高中毕业生8万多人，为高校输送合格新生12000多人，中专学生近万人。在发展基础教育的同时，咸阳市职业教育已初具规模，职业学校从“六五”末的13所发展到34所，为社会培养中初级技术人才10000多人，涌现出一批有特色的学校。先后投资1.3亿元，新建改建校舍1.3万多平米，添置新桌椅70000多套。并建起咸阳市第一个市级教育电视台，12个区（县）地面卫星接收站，从而初步形成了以中小学教育为基础，以职工技术教育为突破口的新格局。

科技事业面向经济建设取得明显成效。杨陵农科城发挥农业科研、教育优势，在长武王东沟、乾县枣子沟、淳化泥河沟等试验基地，起到了十分重要的示范和辐射作用。“七五”安排的205项科技攻关项目已基本完成，共获得国家、省、市科技成果奖132项，重点推广了63项科技成果，累计新增产值15.5亿元，实现利税3.9亿元，使科技成果很快转化为经济效益。为实现科技兴咸的战略目标，市县两级都成立了科技兴咸协调领导小组，9个区（县）配备了科技副区（县）长，近百个镇（乡）配备了科技副镇（乡）长。工业方面突出抓了65个利税大户的产品结构调整，推进新技术、新工艺、开发新产品。安排的118项技改项目，投资3.5亿元，开发新产品123种，均已投入批量生产，其中重点新产品39种，形成年产值4.2亿元，从而使新产品产值率由“六五”时期末的4%，提高到1990年的20%。

城乡居民生活不断提高

“七五”期间，咸阳市人民生活水平有较大提高。1990年，地方财政收入3.6亿元，比1985年增长1倍多，年均递增达16.2%。商品零售额19.2亿元，比“六五”时期末的1985年增长70%，年均增长11.2%。与此同时，咸阳市国营商业不断发展。商品纯购进达22.45亿元，年均增长18.4%，商品纯销售19.46亿元，年均增长13.7%，实现利税1亿多元，年均增长11.98%。各种集贸市场已发展到200多个，其中有10多个规模较大的专业市场。

随着咸阳市经济社会的发展，人民群众物质文化生活不断得到改善。1990年城镇居民人均生活费收入1306元，比1985年增长660元，扣除物价上涨因素，增长36%。城乡居民储蓄存款达到25.9亿元，是“六五”时期末的近4倍。城区人均住房面积由1985年的4.9平米增加到6.7平米，开发和正在开发了沈家、建设路、七里铺和毛条路4个住宅小区。建成和正在建成秦都影剧院、市图书馆等文化设施。市立体声电台，电视台正式开播，全市已建成电视差转台39座、卫星地面接收站50座。城乡居民的医疗卫生条件进一步改善，人均拥有医院病床数超过了全国中等城市平均水平。防治大骨节病已大见成效，获得国家表彰；计划免疫工作受到国家和联合国的表彰。

“七五”期间，咸阳市体育事业取得显著成效。全市参加体育人数达134.5万人，体育场地发展到195万平米，体育场所增加到677个，建成了市体育场、市体育馆等大型体育设施。初步建起了一套比较完整的业余训练体系，各基层共有157所传统项目训练学校，培训生近万人。既有国家办训练班，也有个人自办培训所，如乾县陈天民自办了“苗苗”田径训练班，在省市比赛中取得较好成绩。5年来，全市共获得省级以上比赛奖牌598枚，其中金牌164枚，有两人各超一项世界纪录，36人43次破39项市级纪录。

精神文明建设

“七五”期间，我们在加强物质文明建设的同时，狠抓了精神文明建设。市区（县）层层签订了精神文明建设责任书，实行两个文明建设双百分考核责任制。到1989年底，被命名市级以上文明单位213个，其中省级文明单位23个，咸阳也连续4年被陕西省评为文明城市。1990年，结合实际，还做了两件工作：

一是创建全国卫生城市。去年咸阳市广泛开展了“迎亚运，创建全国卫生城”的群众运动，狠抓了以市容环境卫生为主要内容的城市管理，围绕创建全国卫生城市这个目标，全市各部门各系统默契配合；各行各业从本单位做起，广大市民从自身做起，共同净化、绿化、美化了秦都古城。经过全市人民的努力，去年12月，咸阳市荣获“全国地级市卫生城市”光荣称号。

二是历史文化名城保护工作。咸阳曾是中国封建社会大一统的秦王朝国都。早在2000年以前，我们的祖先就在这块土地上建造了当时世界东方近百万人口的第一大城市，创造了城市规划建设管理的奇迹，开创了光辉灿烂的秦汉唐文化之先河。

今日咸阳，历史文化遗产极为丰富。已发现的古遗址、西墓冢、古建筑、石刻和革命纪念地4951处，中外闻名的诸汉唐帝王陵被誉为中国的金字塔群。最近发掘的汉阳陵24个从葬坑，据已探明的11个俑坑分布密度推算，埋葬陶俑约4万件左右，这些陶俑均为裸体男性，体态雄健有力，被称为东方的太阳神。咸阳现有历史博物馆10座，馆藏文物69000余件，其中一级文物170件，二级文物640件。随着时间的推移，咸阳这座“天然博物馆”和“地下文物宝库”将对人类文明做出更大的贡献。

秦都、汉陵、明城这三大块构成了咸阳这座历史古城极丰富的内容。1990年，结合申报历史文化名城工作，我们对咸阳的历史文化进行了艰苦、细致的发掘、研究工作，提高了广大市民的“名城意识”，增强了人们爱咸阳、建设咸阳的情感。1991年3月，咸阳被评为省级历史文化名城，省政府还上报国务院推荐为国家级历史文化名城。

第八个五年计划是实现咸阳市第二个翻番的关健时期。我们的基本思路是：努力把咸阳建设成为古老文明与现代文明相结合的内陆空港城市。到1995年，国民生产总值达到100亿元，财政收入6亿元。增强整体改革开放意识，进一步扩大对外开放，促进城市经济社会持续、稳定、协调的发展，为实现第二步发展战略目标而努力奋斗。

延安市

市　长：周万龙

副市长：刘少峰（常务）　张致运（财贸、政法）　刘向东（城建）　冯　毅（工业）周福元（农业）　张福寿（满族　科教文卫）　杨毅刚（科技）刘文西

周万龙市长，陕西省靖边县人，生于1947年9月20日，大专文化程度，中共党员。1962年5月参加工作，先后在志丹县的旦八、金丁、义正等乡担任团委书记、党委副书记、书记等职。1976年10月任志丹县委副书记。1983年调任南泥湾农场场长。1986年到中共陕西省委党校学习。1988年12月，任延安市委常委、市政府常务副市长。1990年2月任延安市委副书记，代市长，同年5月当选为延安市市长。

古城延安旧貌变新颜

□ 乔　捷　南世君　张　军

延安市现辖7镇17乡、3个城市街道办事处。全市行政面积3556平方公里，其中市区现状城市总用地16.17平方公里，城市建设用地10.2平方公里，其它用地5.97平方公里，全市总人口1231.7万，其中非农业人口13.5万，占总人口的42.5%。共有行政单位92个，事业单位320个，国营企业67个，有干部5053人，工人11445人。高等院校4所，中专8所，共20余个专业，在校人数达7321人。中学31所，职中2所。全市普及了初等教育，学龄儿童入学率达97.5%。卫生医疗机构发展到118个，卫生技术人员1554人，发展文化站27个，广播站25个，电视差转台11个。全市现拥有各类科研机构10多个，专业技术人员逾万人，技术力量较为雄厚。

“七五”期间，中共延安市委、市政府始终坚持以经济建设为中心，坚持改革开放，坚持“自力更生、艰苦奋斗”的延安精神和“团结、廉洁、求实，高效、服务”的工作宗旨，按照“以农奠基、城乡兼顾、协调发展，富民富市”的总体指导思想，全市一盘棋，统一安排部署，具体落实，经济工作取得了突出成绩。1990年，全市国民生产总值达到3.95亿元，比1985年增长了25.61%；国民收入达到3.29亿元，比1985年增长了59.46%；社会总产值达到6.67亿元，比1985年增长了43.63%；工农业总产值达到4.90亿元，比1985年增长了51.94%，其中实现工业总产值3.49亿元，比1985年增长了56.04%，年平均递增9.31%。实现了农业总产值、农村经济总收入、农民人均纯收入，粮食总产量四个同步增长，均创历史最高水平，解决了农村温饱问题。农业总产值达6792万元，比1985年增长了39.2%；农村经济总收入达到1.26亿元，比1985年增长1.85倍，农民人均纯收入达到418.5元，比1985年增长1.34倍，粮食总产量达到8.3万吨，比1985年增长42%。社会商品销售总额达1.78亿元，比1985年增长58.60%。财政收入达1664.1万元。城市人民生活水平有较大提高，城市居民人均生活费收入达到896元，比1985年增长了91%。

随着经济和社会各项事业的发展，延安市加快了城市建设步伐，“七五”期间，把城市建设重点放在了城市规划，建设与管理、城市商业，服务业的发展上，使城市建设发生了巨大变化，取得了可喜成绩。

（一）加强城市总体规划，城市建设有计划，按步骤实施。

“七五”期间，修改了旧的城市规划，制订了新的城市总体规划方案，并已经省厅主持审定付诸实施。规划本着“实事求是、一切按科学办事”的指导思想，从延安的历史文化角度，大环境角度，城市进化的社会经济角度来规划。

规划范围东至桥儿沟，南至二十里铺，西南至张坪，西至枣园，北至101仓库。城市用地规模扩大到

24.85平方公里，其中城市建设用地为13.40平方公里，比现状增加3.2平方公里，主要用于发展生活居住区。近期规划市区人口为14万,远期为23万。

总体布局是：把市区老城区做为全市中心，设旧机场分区和七里铺分区做为两个分中心。西北川为毛主席旧居、中共中央旧址等革命纪念地，做为文物风貌协调区；东川布置机械类及生活服务类工业，作为主要工业区；南川以对外交通及仓库区为主。铁路客站布置在七里铺。西延铁路延安客站规划占地2.16公顷，总建筑面积6000平方米，正在建设中。杜甫川以文教区为主。旧城改造后，做为全市性文化活动中心地带，南关为党政机关行政区，北关为文教军事单位集中区。规划居住用地控制在34平方米／人，平均居住建筑层数3层，人均居住面积达10平方米。规划在七里铺火车站及旧机场区配置必要的商业网点和政治、文化服务设施。同时，具体对城市道路交通、给水、排洪、绿化、人防、电力、电信、供热、环保、环境卫生等各个方面进行了详细规划。

市内主要规划工程是新建嘉岭大桥、七里铺火车站广场桥、杨山大桥、二庄科大桥、马家湾大桥；东滨公路，连通市场沟至西沟隔山道路。新建南川水厂，日供水能力提高4000吨，实施二水源扩建工程，新增日供水能力1.8万吨。使延安市总供水能力达到2.6万吨／日，最高达3万吨／日，在东川罗家坪建污水处理厂，对城市排污进行集中化机械处理和生化处理，日处理污水3.8万吨。重点绿化宝塔山，凤凰山，清凉山，万花山，达到四山四景。规划万花山为旅游区，宝塔山为公园山、凤凰山为常青山，清凉山为花果山。建热电厂，集中供热供电，减少环境污染。

(二) 城市建设成效显著。

“七五”期间，我们以“发杨延安精神，重视基础建设，依法强化管理、提高综合功能”为原则，按照“人民城市人民建，人民城市人民管”的指导思想，动员全市人民自力更生，艰苦奋斗、勤俭建市，城市建设有了重大突破。重点开发了七里铺小区宝塔新村，北关教育区，东关工业区；修建了4座规模宏大的商品营业大楼，新造了一座设备居陕西省前列的邮电通讯大楼；新修了2座电影院，一座容纳万人的体育馆，一座科技馆。尤其是狠抓基础设施建设，成绩斐然。

1. 市政建设。动员全市人民集劳集资，完成了各大街的拓宽改造工程，改造总长达7.44公里，共铺设沥青总路面达10.1万平方米。

2. 防讯工程。市区内有石砌护岸堤24公里，“七五”期间先后新修河堤2704米，加高河堤20米，可防30年内不遇的特大洪水。

3. 城市绿化。“七五”期间新建大桥西头小游园一个，面积3641.4平方米，并耸立“革命母亲”雕塑一座，以宽敞美丽的环境，清新的空气，为群众观赏。同时狠抓了宝塔山、清凉山、凤凰山、万花山“四山”绿化和20个重点机关单位庭院绿化，植树13.2万株，营造了枣园路人行道1326棵中槐，在原有园林内，新增草坪880平方米，新植花卉面积1.6万平方米，使城市成片园林面积达2234公顷。

4. 环境保护。完成了液化气储备站的配套工程，总投资793万元，储气能力600吨／年，可供2.5万户居民使用，年平均每户可供气10瓶。建设2.4万千瓦热电厂一座，供热公司一个，相应的使环境得到了改善。

5. 城市供水。“七五”期间，共投资300万元，新铺设主要城市供水管道3000米。完成了西河引水工程及西北Ⅱ型澄清池的部分配套工程，日供水能力可达2.6万吨。

6. 公用设施。新建了南桥、七里铺、北关3个“水冲式”厕所，改建了中心街公厕，维修了200个垃圾桶、100个果皮箱，提高了城市卫生清洁度。

(三) 城市管理不断增强。

1. 建立城市管理法规，完善城市管理体系，按照“三分建设，七分管理”的原则，坚持综合治理，依法治市，制定了《延安市城市道路交通管理暂行规定》等18个法规。

2. 建立城市管理机构，完善管理机制。专设延安市城市规划办公室管理城市规划的编制,并加强了规划编制的组织协调工作；建立了城市管理监察大队，强化了城市管理的监督检查；设立了城市文明指挥部，管理城市的卫生环境。1990年，拆除了市区大街人行道铁皮房和各种违章建筑522间。

3. 培养城市意识，增强城市管理素质。延安市大力宣传城市发展对社会经济发展的促进作用，使人民增强了对城市的认识，树立起相互依存、共同维护生产生活秩序，讲究卫生的观念，加强了城市管理干部的工作，全市城建系统有109人分别达到大中专文化水平，提高了城市管理水平。

(四) 城市商业，服务业迅速发展。

国营企业由1985年的24个，发展到1990年的272个，现有集体和个体商业服务网点2191个，同时逐步开辟了白坪、东关农贸市场和兰家坪、西沟等蔬菜市场，保证了粮、油、肉、菜等生活品货源充足，及时供给。

通过强化“七五”期间的城市建设与管理，延安市的城市面貌大为改观、焕然一新，成为一个名副其实的卫生文明城市。目前，延安市以它崭新的“圣地”城市市容，迎来了“八五”第一春陕西省“双拥城建设表彰命名会”以及“全国部分革命老区第三次精神文明建设座谈会”在延安的胜利召开。

渭 南 市

市　长：葛英林
副市长：张解放（常务）　马谧生（回族　财贸）
史新民（农村经济）　贾　梁（城建）　侯尚礼（科技、政法）　李建敏（文教卫）

葛英林市长，1938年3月出生，陕西省蒲城县人，中师文化程度，1956年7月参加工作，1959年11月入党。1956年7月到1963年9月在陕西省高陵县任教；1963年10月到1983年9月历任陕西省蒲城县政府政策研究员、工交局局长、经委主任、副县长；1983年10月到1990年2月曾任渭南地区经委副主任、地区轻纺局局长、党委书记；1990年3月任渭南市委副书记、渭南市市长。

渭水萦带上的一颗明珠——渭南市

□ 王新亚　黄应龙　杜友民

渭南市地处关中平原东部，西连驰名中外的秦俑馆，东接闻名天下的西岳华山，四周与华县、蒲城、临潼、兰田接壤。渭河自西向东从中部蜿蜒而过，辖区总面积1221平方公里。渭南是秦东重镇，前秦甘露二年（360年）置县。1983年经国务院批准改县为市，是地委、行署所在地，距省会西安62公里。全市辖26个乡、7个建制镇、5个城区街道办事处。全市总人口76.63万人，其中非农业人口14.3万人。

农村经济迅速发展

渭南的自然地理优越，农业的发展源远流长。建国后，在党和政府的领导下，经过全市人民的艰苦奋战，如今农业生产条件得到基本改善，基地型农业格局初步形成。全市有耕地121.7万亩，其中有效灌溉面积88.3万亩，占总耕地面积的72.6%。粮食、棉花、花生、辣椒、泡桐、秦川牛、奶山羊、笼养鸡、瘦肉猪等均为国家或省级生产基地。粮食生产以小麦著称。1978年以来，粮食生产迅速发展，总产连上两个台阶，超2亿，破3亿，1990年达到3.28亿公斤，创历史最好水平，被国务院评为全国粮食生产先进单位，获省政府粮油生产达标竞赛特等奖。棉花生产始于元代，近年来种植面积不断扩大，1990年达到30多万亩，总产14578吨，受到农业部、纺织工业部的嘉奖，获省政府棉花生产一等奖。林业生产发展较快，以泡桐为主的农田林网已达57.8万亩。全市林木覆盖率达到16.4%，先后三次被命名为“全国平原绿化先进县（市）”。畜牧业生产中，秦川牛居于首位，素有“渭南黄牛甲天下”之称，现已形成秦川母牛群1000头。1990年底，全市农业总产值2.31亿元，比县改市前的1983年增长50%。

乡镇企业，异军突起。1990年，乡镇企业总收入达38.7万元，其中工业总产值达1.3万元，占全市工业总产值的44%。市内拥有乡镇级企业385个，村组级企业152个，从业人员61715人，占农村劳动力25.5%。全市乡镇企业以建材业、加工业为龙头，并开发了一批新产品。其中聚氯乙烯填补了地区空白；弧焊节能器、液体肥和苯二钾酸二锌脂填补了省内空白。

工业生产突飞猛进

县改市后，工业生产得到了空前发展。1987年全市工业总产值首次超过农业，从而打破了传统农业县的格局。1990年底，市内拥有工业行业28个，工业企业302家，产品1700余种，总产值在3.69亿元，占到辖区内工业产值的60%。在工业总产值中，机械工业产值1.01亿元；纺织工业产值7766亿元；化工工业产值8312万元；食品工业产值4308万元。工业在国民经济中占的比重由1983年的39%提高到1990年的61.5%。一个以机械、纺织、化工、食品为骨干产业的工业体系已经形成。

随着骨干产业的形成，一批名优产品打入了国内外市场。先后有57种产品获部、省优质产品称号，优质产品产值率由1985年的10.3%上升到1990年的19.8%。其中秦牛锅炉厂和钣金厂生产的茶浴炉分别荣获全国轻工产品银质奖和铜牌奖，医保厂的“龙凤洁身纯”荣获全国医药博览会铜牌奖，被评为部优新产品。市染化厂是西北地区唯一的染料化工企业。该厂生产的苯粉、硫化兰、双倍硫化青已行销国际市场。市潜水泵厂是全国最早生产潜水泵的厂家之一。该厂研制的150NQ—200、5000Q10—250型高扬程潜水泵填补了国家空白。渭南啤酒厂是年产3万吨啤酒的现代化企业，生产的“秦力”牌啤酒被评为“中国文化名酒”。市属工业优质产品、名特产品、适销对路产品的产值已达到8600万元，占工业总产值的比例由1987年的24%增长到29.1%。

改革开放推进了横向经济联合。先后引进国内外专业生产线25条，新建企业25个，并组建了化工、水泵等9个企业集团，同时参加了“中国北方塑料编织”、“双鸥”、“海棠”等8个跨省区的企业集团。全市国营集体企业先后与250多个科研单位、大专院校和大中型企业建立了横向联合关系，曾被省政府命名为“横向经济联合先进单位”。

商业贸易日益活跃

渭南素有“三秦要道、八省通衢”之称。陇海铁路复线横贯市区，公路干线四通八达，是关中东部的交通枢纽，历来为秦东最大的物资集散地。近年来，随着工农业生产的发展，商业贸易日益活跃。全市拥有专业性商业公司28个，农村基层供销社33个，零售网点8000多个。近年来建成并投入服务的市百货大楼、尤河大楼、五金交电大楼、商业街、西岳商场、象山商场等，商品齐全，价格合理，购销两旺。1990年，全市社会商品零售总额达到4.3亿元。农村集贸市场发展到90余处，成交额达到7268万元。外贸事业发展迅速。出口商品包括工业品、农副产品、畜产品和工艺品等40余种，销往日本、美国、德国等15个国家和地区。外贸出口总值由1979年的73.1万元增长到1990年的2526万元。

城市建设和社会事业蓬勃发展

工商业的发展，县改市体制的形成，加快了城市建设的步伐。近几年来，经过全市人民的努力，以东风街为横轴，以前进路为纵轴的方格式街道骨架已经形成。横穿市区的尤河道，经过全市人民长达10年的治理，已成为风景秀丽的街心公园。矗立在市中心的18层乳白色凤凰饭店，寓示着渭南经济将展翅高飞。市内81条街道、12条主干道绿荫成行，秩序井然。城内给水、供电、交通、电讯等设施基本齐全。1987年8月，被国家正式批准为对外开放城市。1988年，省政府批准了《渭南市总体规划》，同年在城区西部设立了经济开发区。开发区占地4.5平方公里，区内将建设几个大型有色金属和化工企业。年产30万吨合成氨和52万吨尿素的渭河化肥厂已动工修建。到本世纪末，市区建设面积将由现在的13平方公里扩展到30平方公里；城市人口也将达到30万人以上。

经济的日益繁荣，带来了社会事业的蓬勃发展。市区拥有高等学校4所，中等专业学校8所，普通中学58所，职业中学7所，小学504所，影剧院、文化馆、图书馆、俱乐部、游艺厅、广播电台、电视台等文化设施一应俱全；市内有医院44所，防疫站2个，药检所1个，病床1100张，医疗人员984人；总投资2000万元兴建的渭北人畜饮改水工程，将彻底结束渭北15个乡镇、30多万人世世代代饮用氟水的历史，到1990年底此项工程已完成总投资1830万元，有10余万人受益；群众性的体育活动广泛开展。幼儿体育、学校体育、职工体育、农民体育以及老年人体育均列全区前列，1988年被国家体委命名为“全国体育先进县(市)。”

渭南旅游资源潜在优势很大。南部有风景如画的塔山、石鼓山，北部有下吉慧照寺塔和五尊铜佛，市区有隋代的鼓楼和唐代的文庙大成殿，市郊有六姑泉和秦始皇焚书台，以及堪称“三贤”的白居易、寇准、张仁愿的故里。渭南土特产种类繁多。孝义甜桃，果汁浓郁；允曲接杏，个大味美；赤水大葱，叶小茎长；官底辣椒，肉厚色浓；南原柿子，色红皮薄；一串铃南瓜，干甜适口。此外，在野生植物中，猕猴桃、洋麦、天麻、当归、黄芪、猪苓、细辛的资源也有一定的数量。

渭南，这个关中东部崛起的新兴工业城市，以其得天独厚的经济条件，尚待开发的宽广区域，漫长悠久的历史，灿烂光明的未来，赢得了四海商贾、八方厂家的关注，象一颗璀璨的明珠，在渭水萦带上闪闪发光。

韩 城 市

市　长：刘根成
副市长：刘望才（常务）　卫文生（城建、商贸）　李海鹏（农业）　仵西居（工业）　张松龄（文卫）　陈玉柱（科技）

刘根成市长，生于1945年3月，陕西省大荔县人，大专文化程度。1972年5月加入中国共产党。先后任共青团大荔县委书记、中共大荔县委常委、大荔县副县长。1990年元月调任韩城市副市长，1991年3月当选为韩城市市长。

韩城市城市建设日新月异

□ 韩城市人民政府经济研究中心

韩城市，西依梁山，东临黄河，山河映带，地灵人杰。

她因"鲁鱼跳龙门"的美好传说而令世人向往，又因"大禹凿山治水"的壮举激励着世世代代的炎黄子孙。

先辈的业绩使这座城市无愧于"历史文化名城"的称谓，当代人的建设成就又使她日新月异,令人赞叹不已!

历史上，由于受自然经济条件制约，虽几经改造，始终无大的发展。1983年10月，国务院批准韩城撤县建市以后，新城区建设被提到了议事日程。1985年初，我们拿出了"城市建设总体规划"，1986年3月，经陕西省人民政府批准实施。经过几年努力，目前，5条宽40米的水泥路面街道纵横交错，几十座现代化楼房拔地而起，设计独特、造型各异的10余处居民住宅小区各领风骚，各式豪华路灯把城市的夜晚点缀得五彩缤纷，高耸入云的电视转播塔、雄伟壮观的邮电大楼、渭北一流水准的韩城宾馆以及商业大厦、体育馆、游泳池、俱乐部、医院、学校、公园等高标准的基础服务设施相继投入使用。一座美丽的现代化城市已经初展丰姿。为吸引更多的企业家、科技人员来韩城投资办厂、施展才能创造了良好的工作环境和生活环境，为发展韩城的旅游事业创造了条件，为实现韩城经济的振兴奠定了基础。

韩城的城市建设，何以在短短几年时间就取得了如此巨大的成就。实践使我们有以下体会：

第一，搞城市建设，要有统一的思想认识。

韩城，山川秀丽，气候温和，物产丰富，腹地广袤。地理位置重要，是西北通往华北的要冲。自古以来为"秦晋门户，省东大邑，农桑彼盛，商贾云集"。京昆公路、西侯铁路纵贯而过。境内资源丰富，煤炭预测储量103.48亿吨，已探明储量27.7亿吨，且热值高，灰分少，含硫低，是上乘的动力用煤。铝土矿预测储量19.58亿吨 。石灰石储量相当丰富，西部沿山比比皆是，氧化钙含量高达52%以上，氧化镁含量1.54%以下。全市水资源总储量3.624亿立方米，黄河在境内流长74公里，年径流量334亿立方米，仅龙门段水能蕴藏量150万千瓦。韩城的旅游资源极为丰富：龙门古渡，因"大禹凿山治水"的传说而驰名中外，其上游5公里处，即至黄河咽喉——石门，此处河道狭窄，悬崖峭壁，形势险要，飞流响动，如雷贯耳。"无风三尺浪"，极为壮观。乘船一游，终生难忘。韩城古县城，潺潺澽水蜿蜒而过，南有横跨澽水的毓秀桥，北有金大定13年修建的宝塔，东有五星台，西边狮、象两山对峙。登高望远，举目南眺，20里平川尽收眼底。远望汉太史司马迁祠墓，依崖夺势，古木齐天，近瞧澽水两岸，城池田园，气象万千。古城内，南北大街二里纵贯，街坊字号整齐雅致，青石牌楼接二连三，井字形街巷，布局严谨有序。砖木结构的四合小院，栉次鳞比，数以千计，独领风采，堪称一绝，素有“小北京”之雅称。韩城文庙建筑群，占地9100平方米，全部建筑保存完好，是陕西省现存13世纪有代表性的建筑群。文庙正北隔街的城隍庙，庙大门外两侧，各有木牌楼一座，庙内占地15499平方米，分前、后、左、右四个院落。其中门楼、牌楼、大殿，勾心斗角，造型奇特。内中古戏楼造型优美，气势恢宏。韩城党家村民居建筑群，是罕见的明清村落建筑群，被国外学者誉为“人类聚落活化石。”此外，禹门洞穴遗址、魏长城遗址、汉夏阳扶荔宫遗址、普照寺、园觉寺、九郎庙、法王庙也都是来韩游客的必游之地。所有这一切，为开发韩城提供了得天独厚的优势。为了使韩城的战略地位得到进一步加强，自然资源得到合理开发，旅游资源得到充分利用，就必须首先把我们的城市建设好，创造出一个良好的投资环境和工作、学习、生活环境。这已成了韩城市人民的共识。“植好梧桐树，引来金凤凰”的愿望激发了全市人民的建设热情。

第二，要有一份超前的《城市建设总体规划》。

“城市建设总体规划”是在一定时期内城市发展的蓝图，是建设城市和管理城市的依据。要把城市建设好、管理好，必须抓住这个纲，制定出一个科学的“总体规划”。1983年县改市后，市委、市政府多次研究，根据韩城的实际和特色，确定了我市建设的基本指导思想：1. 保护老城，建设新城。特别是对老城区的古遗址、古建筑、古陵墓、金石、文物、风景名胜等，严加保护。对一些古建筑及时修复，以保持这座文化名城的风貌和特色。对新城区的建设不仅要立足现在，更要放眼未来。2. 建成一个开放型的、多功能的、社会化的、现代化的、繁荣的区域经济。3. 因地制宜，合理布局，基础先行，综合开发，实现经济、社会、环境的协调发展。4. 以新市区为中心，以下峪口、桑树坪等工业区为基础，形成城、矿、镇相结合，多点多层次的结构。5. 对城市规划、建设、管理实行高度集中的领导，严格科学管理，依法治市。依据上述要求，我们于1984年末至1985年初编制了“韩城市城市建设总体规划方案”，并于1986年3月经陕西省人民政府批准实施。

第三，思想要解放，路子要对头。

为了使我们的城市建设不走或少走弯路，以较少的钱，办较多的事，取得事半功倍的功效，我们走出去、请进来，广泛汲取各地城市建设的宝贵经验，紧密结合韩城实际，走出了自己的成功之路。

1. 抓建设，基础先行。

城市基础设施是城市生产和人民生活必不可少的物质基础，是建设现代化城市的先决条件。所以，我们从一开始就按照先地下，后地上；先道路框架，后楼房填空；先生活服务区，后机关办公区的顺序进行操作，使城市建设从一开始就步入良性循环。当道路、供水、排水、供热、供电、通讯、防洪等基础设施就绪之后，全方位的建设便四面开花，座座楼房拔地而起，大大加快了城市建设的步伐。

2. 抓根本，人民城市人民建。

为了振兴韩城经济，加快韩城经济的发展，我们下决心克服“等、靠、要”的懦夫思想，坚决走“人民城市人民建”的道路，发扬自力更生，艰苦奋斗的革命精神，闯出了一条新路。

(1) 创造优惠条件，充分调动和发挥科技人员的积极性。把一大批德才兼备的知识分子安排到重要的领导岗位上，让他们挑重担，扛大梁，使他们有职有权。同时，又妥善地解决了大部分科技干部的工资、待遇、住房、子女就业等问题，使他们没有后顾之忧，充分调动了广大科技干部的积极性，充分发挥了他们的聪明才干。科技人才队伍的壮大，给我市的城市建设和发展带来了勃勃生机。

(2) 创造优越的投资环境，挖掘各单位、各部门的城市建设潜力。为了加速城市的建设，我市于1985年成立了“房地产开发公司”和“城市综合开发公司”，制定了许多优惠条件，创造出优越投资环境。对一些中央、省、地属大中型企业，我们在选点和征地等方面予以照顾，使它们能够发挥各自的优势，很快完成办公机关、职工住宅、文化娱乐等方面的建设。

(3) 通过各种渠道，吸收社会零散资金，充分发挥群众在城市建设中的力量。被称为步行一条街富丽堂皇的“状元街”就是群众集资850万元建起来的；占地50亩、建设面积8000平方米的火车站姚庄市场也是以个体户为主集资建起来的。西禹公路韩城北段的改建工程，我们采取民办公助的办法，为国家节约资金600万元。国家和地方共同投资完成的司马迁祠北坡加固工程，使这一国家级的重点文物保护单位，得到了很好的保护。

3. 抓落实，严格管理。

城市管理是城市规划、设计、建设、使用链带中重要的一环，城市建设是基础，城市管理是关键。只有严格管理，才能保证城市这个有机统一体的正常运转。在搞好城市建设的同时，我们逐步加强了对城市的管理工作，形成了一个较完整的规划管理体系。我们从本市实际出发，参照有关政策法规，制定了《韩城市城市建设管理办法》、《市容管理暂行规定》等14个法规性文件，设立了城区管理办公室、市容园林处、环保站等机构，并坚持“规划一张图、审批一支笔，建设一盘棋”等行之有效的办法，使城市规划管理逐步纳入了法制轨道。

（执笔：孙安吉）

华 阴 市

市　长：闵忠效

副市长：崔晓极（常务）　石慎几（工交、财贸）　同西京（农业）　高玉清（女　科教文卫）　牛稳照（政法）　姬崇德（城建、交通）

闵忠效市长，出生于1943年2月，1968年5月毕业于西北农学院。1968年5月至1970年5月，先后在华阴县王方公社和华山中学工作；1973年5月至1990年1月，历任华阴县农科所所长、林业局副局长、华阴乡乡长、华阴县副县长、县委副书记；1990年1月至今任华阴市市长。1975年至1981年在华阴县农科所主持的推广《麦垅点播》新技术，获省级科技推广三等奖。1981年被授予"农艺师"技术职称。1984年至1987年主持《华阴县北滩夹糟区综合开发总体规划》科研课题，获渭南地区二等奖。

中原入陕第一市

□ 华阴市市长　闵忠效

华阴，地处关中平原东部，位于秦、晋、豫三省结合地带，风景秀丽宜人。华阴市辖区东西长28公里，南北宽34.5公里，全市总面积817平方公里，总人口25.29万人，其中非农业人口12.35万人。南依秦岭，北临黄渭，西望长安，东视洛阳。西岳华山驰名天下，是国家对外开放的甲类地区。1990年12月经国务院批准，撤县设市，揭开了华阴发展历史上新的一页。

华阴历史悠久，源远流长，曾是中华民族重要发祥地之一。早在六七千年前的仰韶文化时期，这里就有母系氏族活动，秦时设郡宁秦，汉代始称华阴，沿用至今，长达二千余年，给我们留下了灿烂的文化遗产。

华阴物华天宝，人杰地灵。素有"山川之胜，甲于关中"之称。西岳华山，雄居秦东，渭水萦绕，滋润沃土；青山秀水，培育了千千万万华阴儿女，造就了一大批历史名人。

勤劳勇敢的华阴人民在这块宝地上创造了丰富的物质财富。1990年，国民生产总值达到2.64亿元，国民收入1.94亿元，工农业总产值6.33亿元，旅游事业方兴未艾，城镇面貌迅速改观，交通、邮电、文化、教育等各项事业有了新的起色，为建设风景型旅游城市奠定了坚实的基础。撤县设市是华阴政治经济和社会发展的重要转折，是华阴走向现代化的一个新起点。

中原入陕第一市，华阴古城展新姿。撤县设市后，华阴市要继续实施"重点发展提高川、塬，大力扶持开发山滩，突出抓好黄金生产，不断增强工业实力，加快城市基础建设，大力发展旅游事业"的方针，走"强农重工，加快城建，发展旅游，建设风景型旅游城市"这条具有华阴特色的路子。

悠久的历史

华阴是三秦大地闻名久远的历史古郡。"华阴"一词最早见于《尚书·禹贡》，因位于华山之北而得名。华山脚下的"横阵"、"龙窝"遗址是仰韶文化时期母系氏族活动中心地区，是中华民族的重要发祥地。近现代考古学者多以为"华夏"、"中华"、"华人"的由来，均藉以华山而得名。章太炎称，先民"以华山定限，遂名其国土曰华"。

唐尧时称"华封"，西周时称"杨"地。战国时，秦取"安宁秦疆"之意，置宁秦县，隶内史。为我国最早置县之一，辖今华阴、潼关两县。西汉高祖八年（公元前199）更名华阴县，沿用至今。其县治，至今已有2300多年的历史。

华阴曾被汉相张良赞誉为"物华天宝，人杰地灵"。这里是许多历史名人荟萃之地，拥有许多珍贵的遗址文物。现在可以寻到踪迹的有古庄、墅遗址10多处，古遗址15处，古墓24处，其中有神医华佗的墓。许多名人曾到这里讲学，太华书院、四知书院、云台书院、独鹤书院、仰华书院是其中著名者。明末清初大学者顾炎武晚年隐居华阴，在云台书院讲学。

旅游的胜地

华山是国务院1982年首批公布的国家重点风景名胜区之一。为了开发华山旅游资源，华阴近几年加快了华山建设步伐。拓宽了12.5公里的进山道路，新凿了千尺幢、百尺峡等复线，修复了金锁关、毛女洞、莎萝坪、下棋亭等9处景观，山下新修了西岳饭店、太华山庄、华山宾馆等。开通了华山车站至玉泉院的朝元路，新建了山上通讯、供水、供电等设施。交通十分方便，国家为搞好华山旅游增开了专列，新西（安）潼（关）公路从山下玉泉院北穿过。目前可供游览的面积达204平方公里，有较高观赏价值的景点达210多处，日最佳接待能力8000人。1990年接待国内外游客50万人次，年收入200万元。

华山，又称太华山。海拔2160.5米，居五岳之冠。山势峻峭，群峰竞秀，故有“奇险天下第一山”之誉。自北麓至峰顶，名胜古迹，摩崖石刻，奇石秀木，随处可见。名人轶事，神话传说，寸土皆有。人民解放军“八勇士”智取华山传奇式的壮举，更使这座名山生辉。

玉泉院，在华山峪口，初建于五代，是道教全真派重地。院内流水溶溶，绿荫蔽日。绕院曲廓廓窗按72物候设计，取材于虫、鸟、花卉，构思独特，为我国廓窗珍品。

西岳庙，又称华岳庙，唐玄宗赐名金天神庙，位于市区东北处。创建于汉延熹七年（164），是祭奉华山神和历代帝王谒祀华山或巡视时的行宫，占地120000多平方米，城堞高大，殿宇宏伟，有“陕西故宫”之誉。为全国文物保护单位。

战国魏长城，位于长涧河西，为我国最早的长城之一。其中城南村一段保护最为完好，残城夯层明显。

璀璨的工业明珠

美丽富饶的华阴市，已经形成了以电力、机械、化工、采掘、食品、建材、造纸等为主的工业体系。1990年工业总产值46973万元，约是农业总产值的12.4倍。全市现有大小企业4925家，共计92763万元的固定资产和27968人的产业大军。

秦岭发电厂：全国六大火电厂之一。总装机容量为105万千瓦。有职工3115人，固定资产69333万元，产值29453万元。

西北第二合成药厂：全国生产解热原料药骨干厂家之一。有职工2859人，动力机械总能力16065千瓦；固定资产5947万元，产值7947万元。产品已进入国际市场远销欧美等地。

黄河工程机械厂：是全国工程机械骨干厂家之一。有职工2984人，动力机械总能力16725千瓦，固定资产6519万元，产值8100万元。目前产品由单一的推土机发展到推土机、铲运机、装载机、推扒机等4大类产品。整机已销往欧、美和东南亚地区10多个国家。TB180推扒机和ZY200装载机填补了国内两项空白。1990年出口创汇458万美元。

华阴市黄金公司：辖“两厂一矿”。有职工216人，其中高级技术职称5人，中级技术职称5人。高技工16人。动力机械总能力1144千瓦；固定资产935万元，产值322万元，为陕西省黄金生产重点企业之一。位于小秦岭黄金矿富矿区。1990年产金2398两，产量、利润三年翻了三番，被评为省黄金系统先进企业，1992年可望跨入“万两县”行列。

丰富的资源

华阴位于暖温带季风性半湿气候区。四季分明，雨热同季，光照充足，降水适中。年平均气温13.56℃，无霜期208天，作物生长期220天，全年日照2311小时。年平均降水599毫米。

境内自然资源丰富。已探明较有价值的矿藏资源有铁矿、铀铌铝混生矿、黄金和花岗石等，另外还有铜、钼、稀土和水晶石、蛭石、长石、矿泉水等。

林木资源有44科，66属，110余种。珍贵树种有华山松、白玉兰、银杏、白腊、冷杉等。野生动物有18目，29科，54种。国家级保护动物有大鲵（俗称“娃娃鱼”）、金钱豹、苏门羚、青羊等。

土特产有双泉白莲，俗称“九眼莲菜”，节长色亮，食时脆而清香，清光绪时曾为贡品；王埝黄梅，果形微圆，色泽金黄，食时果肉核分离，清香扑鼻，久储色转紫红，香形不变，为馈赠亲友佳果，历朝贡品，曾多次参加广州交易会；白细辛，《图经本草》载：“一名少辛，处处皆有之，不及华阴”。《雍胜略》载：“服之令人遍体生香，闻及百步”。我国唐宋时为贡品；龟形茯苓，唐《本草》记载：“茯苓第一出华山”。银杏、核桃、沙果以及华山参、菖蒲也很著名，毛麻绣品为华山工艺美术公司手工制品，1987年获陕西旅游产品优秀奖，全国旅游产品优秀二等奖，畅销国内外；竹苇编织历史悠久，传统产品有80余种，年产20万件。

华阴的交通十分方便，陇海电气化复线铁路横贯东西，并与同蒲铁路接轨于华阴市境内的孟塬车站，每日客流量达万人以上，是仅次于西安车站的一个区段编组站和重要的铁路交通枢纽。便捷的铁路、公路交通，加上古老的渭河航运，使华阴市水陆交通兼备，成为秦东乃至秦、晋、豫经济协作区的重要物资集散地。

汉中市

市　长：曹增津
副市长：唐光华（常务）　赵恒扬（财贸）　崔珍熙（农村）　牛　耿（工业）
刘忠胜（文教、卫生）　姚建华（城市经济）

曹增津市长，生于1946年，籍贯天津，高级工程师。1964年就读于北京建筑工业学院，1969年毕业分配到陕西省汉中市水泥厂，先后任技术员、科长、副厂长，曾荣获省科技成果一等奖，并主持了全国第一条机立窑水泥生产示范线的建设。1984年任汉中市人大常委会副主任，1987年5月任汉中市副市长，1990年5月任中共汉中市委副书记、汉中市市长。

“七五”成就显著　“八五”再创业绩

□　汉中市市长　曹增津

“七五”期间，汉中市人民坚定不移地贯彻党的路线、方针、政策，制定和实施了经济与社会发展战略，以经济建设为中心，深化改革，扩大开放，认真治理经济环境，整顿经济秩序，促进了各项事业的健康发展，全面完成了“七五”计划，提前2年多实现了第一个翻番，为顺利实现下一个翻番奠定了比较坚实的基础。1990年，全市国民生产总值达到6.1亿元，国民收入4.1亿元，工农业总产值8.9亿元，地方财政收入8279万元，“七五”期间年均递增分别为11.7%、8.9%、11.3%和24.6%。

农村经济全面发展

汉中市坚持“一主两翼”的发展方针，努力增加资金、科技和劳动投入，增强了农业的基础地位，推动了农村经济的全面发展。1990年全市农村社会总产值达到4.9亿元，农业总产值1.05亿元，“七五”期间年均增长20.4%和6.1%。粮食生产在耕地面积逐年减少的情况下，连续9年获得丰收，总产达1.55亿公斤，创历史最高水平，水稻亩产522公斤，达到国际高水平。多种经营生产规模逐步扩大，总产值达5609万元，比1985年增长83%。乡镇企业发展到13765个，从业人员47350人，占农村劳力总数的35%，完成总收入3.9亿元，实现利税4223万元，分别比1985年增长3.1倍和2.35倍。农村经济内部结构有了较大调整，非农产业产值占农村经济社会总产值的比重由“六五”末的45%提高到57.5%，多种经营产值占农业产值比重由39.3%提高到53.6%，农业商品率由49.1%提高到51.3%。

工业生产迅速增长

目前已初步建立了以机械、轻纺、建材为主体，并有电子、化工、采矿、食品、制革、造纸等28个行业、364个独立核算企业的工业生产格局。主要工业产品有机床、手表、水泥、玻璃、电石、合成氨、中西成药、机制纸及纸板、啤酒、厂丝、丝绸、服装、皮革及日用化工品等400多种。1990年全市工业总产值达7.8亿元，比1985年增长76%；出口创汇8970万元，创历史最高水平。“七五”期间，共有41种产品获省优质产品称号，28个产品获国家及省优秀产品奖，14个QC小组被评为国家、省优秀QC小组，32个企业通过了省级TQC达标验收，2个企业获部级质量管理奖，10个企业获省级先进企业。5年开发新产品153种，产值达14300万元。进行了110项企业技术改造，水泥生产示范线、电石、涂布白板纸等70多个重点项目陆续投入生产，产生了较好的经济效益。

城乡市场繁荣，横向经济联合迅速发展

汉中一直为陕南物资集散中心，以商业繁荣而闻名

遐迩。现已建成一套完整的采购、供应、批发、零售服务体系，始终保持繁荣兴旺的景象。全市商业服务网点发展到 6800 个，集贸市场 60 个，从业人员 34400 人。1990 年实现社会商品零售总额 5 亿元，集市贸易成交额 1.66 亿元，“七五”期间年均分别递增 17%和 43%。整顿了流通秩序，撤并改各类公司 42 家，对重要生产资料和部分消费品实行了专营，查禁假、冒、伪、劣商品上市，流通秩序明显好转。实行了物价控制目标责任制、企业提价申报和明码标价制度，调整了不合理价格和服务收费，保持了市场物价的基本稳定。圆满完成了第二届中国西部商品交易会的接待和交易任务，实现商品成交额 2.09 亿元，签定技术转让协议 17 项、联合办厂协议 2 项，项目资金 4840 万元。横向经济联合进一步扩大。先后与新疆吐鲁番市、奎屯市，陕西安康市、南郑县等结为友好市（县），与天津南开区、四川达县市、山东腾洲市、新疆伊宁市达成建立友好城市意向。同省内外 600 多个企事业单位建立长期稳定的经济技术和商贸联合协作关系，完成横向经济联合项目 279 项，引进人才 350 多人，资金 1800 多万元。开放型经济格局正逐步形成。

城市功能进一步增强

“七五”期间，先后修建了人民路、前进路、汉江路、兴汉路、天台路等城市骨干道路，对北大街等旧城区 90 多条（段）街巷进行了改造拓宽，打通了阻碍交通的“堵头”、“卡口”，铺设了水泥和沥青路 50 万平方米，城市建成区面积发展到 17.8 平方公里。新建了第二汉江大桥和黄家塘立交桥，扩建了石马坡立交桥，修建了火车站广场、北街口游园、兴元湖公园，加固了城防河堤，新建改造了供排水系统，城市日供水能力提高到 4.5 万吨。完成了万门程控电话工程，大大提高了通讯效能。健全了城市管理机构，制定并逐步完善了管理法规，加强了协调配合和监督检查，狠抓了城市公共秩序、交通秩序的整顿，查处了历年来的违章建筑，使城市管理开始走上法制化、制度化轨道。加强了城区烟尘、污水、噪音的监测和水资源的合理利用，治理污染项目 110 项，生态环境得到保护和改善。城市净化、绿化、美化水平进一步提高，连续 6 年保持了省文明卫生城市称号。

人民生活不断改善

随着经济的发展，城乡居民收入持续增长。1990 年，全市城镇居民人均生活费收入达 1288 元，农民人均纯收入达 653 元，分别比 1985 年增长 1.2 倍和 1.03 倍。居民消费水平大大提高，消费结构明显改善，住房条件大为改观，城镇居民人均住房面积达 9.9 平方米，农民人均房屋使用面积达 21.6 平方米，分别比 1985 年增加 4.5 平方米和 4.7 平方米。城乡居民储蓄余额 31455 万元，比 1985 年增长 4.5 倍，人均储蓄净增 570 元。

社会各项事业成就瞩目

科技兴市取得初步成效。组织实施“星火计划”和“科技兴市 120 工程”284 项，完成科研项目 56 项，获省地科技进步奖 43 项，推广应用获直接经济效益 3600 万元，农业增产中科技进步含量达 40%，工业增产中科技进步含量达 28%。教育事业继续发展。全市普及了初等教育，依法逐步实施六年制义务教育，学龄儿童入学率达 99%。“七五”期间共有 2820 人考入大中专院校，择优选送了 377 名高中毕业生委托定向代培，缓解了人才短缺的矛盾。职业技术教育得到巩固和发展，工业职业高中被省教委命名为全省示范性职业高中。职工岗位培训、农业实用技术培训和各种形式的成人教育蓬勃发展。文化工作坚持“一手抓整顿，一手抓繁荣”的方针，丰富多彩的文化生活日趋活跃 。加强了文化文物古迹的保护利用，被省政府命名为省级历史文化名城。群众性体育活动蓬勃发展，竞技体育运动水平不断提高，被国家体委命名为“全国体育先进市”称号。城乡医疗卫生条件有了较大改善，医疗卫生机构发展到 167 个，拥有病床 3791 张。计划生育工作进一步加强，1990 年计划生育率达 99.2%，人口自然增长率 9.3%，完成了“七五”人口控制计划，连续 5 年被省、地评为计划生育先进市。

“八五”期间，汉中市经济和社会发展的指导思想是：深化改革，扩大开放，自力更生，依靠科技，提高效益，调整结构，协调发展。力争到 1995 年，国民生产总值达到 8.6 亿元，年均递增 7.1%；国民收入达到 6 亿元，递增 7.8%；市属工农业总产值达到 6.4 亿元，递增 7.5%；乡镇企业总产值达到 4.6 亿元，递增 10%；多种经营总产值达到 7600 万元，递增 6.3%；社会商品零售额达到 7.7 亿元，递增 9%；人口自然增长率控制在 10‰以内，为了实现上述目标，“八五”期间，汉中市继续坚持“改革、开放、奋进、实效”的思想，积极贯彻“科技领先，三通一联，改造开发，稳步发展”的方针。在农业方面，发展城郊型农业，加速粮、油、肉、蛋、奶、果品、蔬菜等农副商品生产基地建设，大力发展蚕桑、药材、林特产品生产，积极发展乡镇企业；在工业方面，扩建和新建一批技术起点高、生产规模大的骨干企业，重点发展化工、食品、轻纺、建材工业。热诚欢迎国内外各界同胞、朋友来汉中旅游观光和洽谈合作，汉中市本着“互惠互利，扬长避短，真诚合作，共同发展”的原则，愿同海内外各界朋友进行多层次、多领域、多形式的经济合作和技术协作，并给予优惠条件和热情服务。

市　长：柯茂盛

副市长：马金荣（女　计划、财税）　张宦廷（工交、财贸）　马生骏（回族　人事、政法）　杨良琦（城建、外事）　范云龙（农业）　王振军（科教文卫）

柯茂盛市长，1940年10月生，安徽休宁县人。1965年8月毕业于合肥工业大学机械制造系，1981年在清华大学企业管理研究班进修。1965年9月参加工作，曾在兰州石油化工机器厂任技术科长、副总会计师兼厂长助理、副厂长。1983年5月任中共兰州市委副书记、副市长。1986年4月任兰州市代市长，1987年3月当选为市长。曾发表的《不发达地区中心城市发展问题探讨》论文获甘肃省社会科学优秀成果二等奖，并著有《论城市基础设施建设与经济发展问题》、《论加强城市生态环境建设的几个问题》等论文。

黄河上游新兴工业城的发展

——兰州市国民经济和社会发展"七五"总结

□ 罗明洪　马连玉

兰州在10年改革开放中，城市经济和社会发展有了巨大的变化，特别是在"七五"时期兰州人民坚定不移地以经济建设为中心，坚持四项基本原则，贯彻执行治理整顿，深化改革的方针，同心同德艰苦奋斗，巩固和发展了安定团结的政治局面，推动了两个文明建设进程，使城市经济和社会面貌发生了深刻的变化。

1990年和"七五"时期国民经济和社会发展的基本概况

兰州市在"七五"时期，按市委、市政府确定的"两改、两开、科技兴市"的战略构想，从发挥整体优势，调整产业结构，提高经济效益，强化技术改造，增强企业后劲，协调城市发展的指导思想出发，把治理整顿、深化改革与稳定发展结合起来，进一步巩固完善了农村家庭联产承包责任制；坚持以搞活企业为中心，普遍推行了企业承包等多种形式的经营责任制；积极扶持城乡集体经济和个体经济的发展；坚持走以工促农，以城带乡，扩散辐射，联合协作的路子，从而促进了城市经济的协调稳定发展。到1990年，全市国民生产总值达到70.04亿元，比上年增长3.6%，比1985年增长49.6%，年均增长8.4%；国民收入达到52.72亿元，比上年增长2.9%，比1985年增长40.6%，年均增长7.1%；工农业总产值达到90.77亿元，比上年增长5.6%，比1985年增长48.5%，年均增长8.23%；财政收入和支出分别为9.07亿元和6.5亿元，比上年增长7.2%和11.7%，比1985年增长95.1%和1.39倍，年均增长14.3%和19.2%；乡镇企业总产值达到15.2亿元，比上年增长1.8%，比1985年增长2.5倍，年均增长28.3%。

（一）农村经济有了较大发展，农业生产水平得到进一步提高。全市各级党政重视农业，加强农业基本建设，推广"科技兴农"的增产措施，促进了农业生产的发展。1990年农业总产值达到3.21亿元，比1985年增长26.6%，年均增长4.82%。农业内部结构有所调整，多种经营比重明显提高。"七五"时期种植业产值年均增长2.1%，林业产值年均下降14.6%，牧业产值年均增长10.7%，副业产值年均增长26.4%，渔业产值年均增长26.9%。1990年，主要农产品产量有所增长，粮食总产量26.93万吨，比1985年增长4.6%，油料产量1.29万吨，比1985年增长18.3%；副食品生产增长幅度较大，蔬菜总产量45.66万吨，比1985年增长51.58%，水果产量6.83万吨，比1985年增长49.5%；肉类总产量2.21万吨，比1985年增长83.4%，家禽200.1万只，比1985年增长38.4%，牛奶产量1.6万吨，比1985年增长93.4%。农业生产条件得到改善，"七五"时期农业固定资产投资4.42亿元，比"六五"时期增长1.4倍，其中用于农田水利建设3.45亿元，比"六五"时期增长2.7倍。农村生产性固定资产原值1990年达到14.92亿元，比1985年末增长2倍。农田水利建设"西电"工程全部竣工，"三电"工程基本建成，"引大入秦"工程进展顺利。农田有效灌溉面积达到6.15万公顷，保灌面积达到4.75万公顷，"三田"总面积达到8.04万公顷，比1985年分别净增0.8万公顷、0.96万公顷和1.57万公顷。农业科技推广和农村社会化服务体系得到加强，粮食丰产栽培技术由1986年的3.33万公顷增加到5.33万公顷，平均每公顷增产285公斤，化肥施用量（折纯）1.76万吨，农药使用量475.8吨，比1985年末分别增长80.6%，和1倍。塑料薄膜使用达1135吨，覆盖面积0.48万公顷。农村经济持续增长，1990年农村社会总产值实现23.82亿元，比1985年增长2倍，其中农村工业、建筑业、运输和商业饮食业产值达到16.62亿元，比1985年增长2.7倍，所占比重由"六五"末的58.4%上升到69.8%。

（二）工业生产持续发展，资源、技术和产品开发有了新的进展。"七五"时期，兰州市工业生产由于受到国内经济波动较大的影响，尤其是在后两年里，工业企业遇到了资金短缺、销售不畅、效益下降等困难，部分企业陷入停产半停产状态，发展速度明显趋缓。通过进行治理整顿、产品结构调整、技术改造和拓展销售市场，使生产逐步回升，保持了适度增长。1990年工业总产值达到83.28亿元，比1985年增长45.8%，年均增长7.8%；其中市属工业达到20.08亿元，比1985年增长65.5%，年均增长10.6%。市属工业占全市工业的比重由"六五"末的21.24%提高到24.14%。工业内部结构得到进一步调整，在工业总产值中轻工业比1985年增长46.3%，年均增长7.9%，重工业比1985年增长45.7%，年均增长7.8%，轻重工业比重由"六五"末的27.1:72.9调整为27.3:72.7。全民所有制工业产值比1985年增长38.3%，年均增长6.7%；集体所有制工业产值比1985年增长1.3倍，年均增长18.4%。全民与集体工业比重由"六五"末的91.8:8.2调整为87.2:11.9；中外合营工业产值达383万元，与上年相比增长16.6%。"七五"时期主要原材料和能源生产继续增长，关系人民生活必需的主要工业品产量增加，一批新产品投放市场，扩大了商品供应。

（三）城乡市场有较大发展，商品供应比较丰富。"七五"时期，城乡市场前3年出现了较大波动，后两年经过治理整顿基本趋于平稳，但一度市场疲软，销售偏淡，造成产品积压、资金周转缓慢、企业经济效益下降等问题。1990年社会商品零售总额达36.52亿元，比1989年下降12.8%，比1985年增加74.2%，年均增长11.7%。从各种经济类型的商品零售额看，1990年与1985年相比，全民所有制增长53.98%，占社会商品零售总额的比重由56.32%下降为46.6%；集体所有制增长24.44%，所占比重由26.81%下降为17.9%；个体经济增长1.7倍，所占比重由16.87%上升为24.62%；农民对非农业居民的零售额增长2.8倍，所占比重由4.9%上升为10.87%。从主要商品销售数量看，吃的商品销售平稳，粮油、蛋销量有所增长；穿用商品中一度滞销的商品销量逐渐回升，如1990年毛线增长38.2%，呢绒增长39.1%，录音机增长18.9%，半导体收音机增长94.5%，电视机、电冰箱、洗衣机均有不同程度的回升。

（四）城市建设步伐加快，基础设施服务功能不断增强。"七五"时期，兰州市投入城市建设的资金达9.27亿元，比"六五"时期增长26%，重点抓了"一气、二水、三园、四路"的建设，使城市基础设施服务功能进一步提高。1990年与1985年相比，市区人口密度由853人／平方公里上升到923人／平方公里；人均拥有两项城市维护建设资金由73元增加到83元；住宅人均使用面积由7.8平方米增加到9.25平方米，人均居住面积由6.6平方米增加到6.8平方米；自来水人均日生活用水量由134升增加到164升，自来水普及率由86.62%提高到99.3%；园林绿化人均公共绿地面积由1.7平方米增加到2.05平方米，建成区绿化覆盖率由17.9%，提高到20.5%。公共交通车辆由464辆增加到1379辆。还开辟了小客运车、小出租车业务，现有小客车539辆，小出租车308辆，缓解了城市乘车难的问题。市政建设重点加强了道路、雨污水管道和污水处理工程的建设，目前人均拥有道路面积4.2平方米，下水道普及率为62.8%，污水处理率为21.5%。城市居民使用燃气率达到37.57%，集中供热面达到2333万平方米。城市环境保护重点进行"三废一噪声"的整治，使污染状况得到初步控制，1990年在全国卫生城市评比中获环保单项奖。兰州煤气工程建设初具规模，煤气基本建成，长输管线敷设27.34公里，市内管网完成25公里。

（五）科技教育和文化卫生等各项事业有新的发展。"七五"时期在以上各项事业中的固定资产投资为8.6亿元，比"六五"时期增长1.6倍。1. 科技。1990年全市全民所有制科研机构137个，民办科研机构93个（集体性质的57个）。重点企业设有技术开发机构78个。全市各类科研技术专业人员达到1.03万人。"七五"时期，在市属的科技发展中，5年投入的科研经费计807.35万元，完成科研课题和技术服务225项，获得科研成果80项，其中有10项达到国家水平，有20项达到省级水平。农村四大科技体系建设得到加强。全市89个乡（镇）中已有59个建立了科技服务站，有114

个村建立了科技服务小组。完成“星火”计划项目348项，投资251.26万元，创经济效益1967.93万元。科技成果转化工作得到加强。5年来，全市共完成技术引进、推广、转让250项次，科技咨询600多项次，有效率为10%。软件科学与科学兴市战略研究取得30余项成果。2. 教育。1990年全市有高等院校14所，在校学生2.79万人，中专专业学校50所，在校学生2.02万人，分别比1985年增长22.7%和51.4%。中小学入学率分别为94%和99.5%。全市人口文化素质有较大提高，据人口普查资料表明：全市平均每万人拥有大专以上文化程度的人口由1982年的250人增加到505人，高中文化程度的人口由1478人增加到1733人，初中文化程度的人口由2135人增加到2588人，文盲半文盲率由17.6%下降到13%。基本上扫除了青壮年文盲。仅1990年通过社会各界筹资1207万元，改善了教学条件，强化了教育管理工作，城乡小学基本实现“一无两有”，建成123所标准化学校。3. 文化艺术广播电视事业。1990年末全市共有艺术表演团体16个，群众艺术馆、文化馆10个，公共图书馆9个，电影放映单位228个。“七五”时期，完成了一批具有地方特点的剧本、电视剧、专题片和广播剧等，发展了农村乡镇文化站，建成了卫星电视地面接收站64座，电视差转台38座，电视覆盖率达51.6%。卫生、体育事业也有了新的发展。1990年末全市病床位达1.18万张，比1985年增长21.2%。建成兰州体育馆、鸭嘴滩体育训练场等体育设施，群众体育锻炼活动得到进一步普及。

(六) 城乡人民生活水平进一步提高。“七五”时期安置城镇待业人员19.3万人。全市职工人数1990年为75.61万人，城镇个体劳动者12.05万人，分别比1985年增长9.1%、1.4倍、3.7倍。全市职工年均工资2445元，比1985年增加1057元，扣除物价上涨因素，年均实际增加0.7%。城乡人民收入有了较大增长。农民人均纯收入由1985年的353元增加到509元，城市居民人均生活费收入由1985年的801元增加到1436元。城乡人民消费水平不断提高，电视机、洗衣机、收录机、电冰箱等高档家用电器的拥有量大幅度增加。城乡居民储蓄、存款余额达31.39亿元，比1985年增长2.75倍。城乡居住条件继续改善，农村新建住房逐年增多。社会保险事业也有了较大发展。

“七五”时期经济发展中的几项主要工作

(一) 坚持把治理整顿和深化改革相结合，促进了经济的稳定发展。治理整顿方面，一是基建规模得到控制，投资结构有所改善。全市固定资产投资中生产性建设投资比重由1985年的53.55:46.45调整到1990年的71.72:28.28。工业与农业投资逐年增加，“七五”时期比“六五”时期，分别增长1.7倍和1.4倍。二是清理整顿公司的任务已基本完成。撤并各类公司315户，占公司总数的34.4%。对撤并的公司大部分进行了审计，资产和债权债务得到较好处理，人员做了妥善安置。三是加强了市场物价管理，物价涨势得到控制。消费基金增长过快的势头也得到控制。改革方面，在农村，通过继续坚持推行家庭联产承包责任制，不断完善统分结合的双层经营体制，积极改革农产品流通体制等，稳定了农村政策，保护了农民积极性。在城市，围绕搞活企业这个中心环节，全面推行了承包经营责任制，并在二轮承包中完善了具体实施办法，使企业内部经营机制进一步得到改善；流通领域在发挥国营商业主渠道作用的同时积极发展集体、个体商业和城乡集贸市场，逐步向多种经济成分、多种经营方式和多渠道、少环节的方向转换；对计划、财政、税收、价格、物资、劳动工资等进行了不同程度的配套改革；在科技教育体制和政治体制改革上也作了一些相应的探索。

(二) 坚持对外开放，扩大对外经济交流，促进了外贸出口发展。“七五”时期，坚定不移地实行对外开放政策，结合实际研究制定对外开放和吸引外商来兰投资的优惠办法，不断改善城市投资环境，拓宽对外贸易出口和经济技术合作的领域，使对外开放有了新的发展。1990年全市外贸出口商品收购总值达到53800万元，比上年增长24.3%，其中，市级出口商品收购总值为4015万元，比上年增长28.1%，市级外贸经营自省里下放部分二类出口商品经营权以来，对外贸易大幅度上升，出口商品收购总值比1985年增长1倍多。出口商品结构也有所改善，市级出口商品收购总值中工业品比重由1985年末的69.59%增长到87.2%，仅五金矿产、化工产品就占全年全部出口创汇总额的64.9%。对外经济技术合作逐步扩展，现有合资企业11家。到1990年实际利用外资636.46万美元，其中对外借款400万美元；外商直接投资159.76万美元；中外合资或外商直接投资项目中有5家企业已投产开业。

(三) 坚持加强横向联合和经济技术协作，促进了专业化生产联合体和企业集团的发展。“七五”时期，兰州市把横向联合作为改革的一项重要内容，明确提出“立足全市、依靠甘肃、联合西北、面向全国”的战略思想，积极鼓励城乡之间、工农之间、地企之间、工商之间、生产企业与科研单位、大专院校之间的各种联合，建立以大中型骨干企业为核心的企业集团和群体，引导地方企业走“依托、服务、联合、协作”的发展路子，通过城乡结合、科工结合、工贸结合、“大办小、以大带小”、“一厂两制”等形式，形成了多层次、全方位和多渠道的联合与协作。1985年以来重点发展了与全省各地州市和西北五省区的经济技术协作，同时与石家庄、沈阳、福州等市结为友好城市，与东南沿海地区的经济技术交流和港澳地区的贸易合作有了进一步扩大。目前，全市有近600户企业同市内外800多家单位签订了联合协议，实现联合项目700多项。全市有120多家中小企业参加了省级石油机械、钢铁、铁合金、家用电器等企业集团，市属工业以轻型客车制配、亚麻造纸、厨房设备、电线电缆等“龙头”产品为骨干，形成了一批企业生产联合体，同时还依托稀土、电力电子、永磁三大技术和现有高新技术产品，组建了一批科技与生产相结合的先导型企业群体。

（四）坚持加强产品结构调整和企业技术改造，不断增强工业发展后劲。“七五”时期，兰州根据国家产业政策要求和国内外市场需求变化，把依靠技术进步与增加投入相结合，通过培植工业重点产品，进行工业技术改造和新产品开发，利用政策扶持、拓宽销售市场等措施，使产品结构调整趋向合理，工业生产规模和生产能力进一步扩大。1986年到1990年，全市工业固定资产投资共47.4亿元，比“六五”时期增长1.7倍，其中技术改造25.48亿元，比“六五”时期增长2.2倍。市属以下地方工业完成投资（含技改）9.17亿元，比“六五”时期增长2.5倍。使一批老企业得到改造，一批新的工业项目建成投产，重点企业的技术装备有了提高，工业发展后劲有所增强。全市现已形成了石油、化工、机械、电子、冶金、轻纺、食品、建材等为主体的门类较为齐全的工业体系，拥有主要行业35个，主要产品产量产值均比1985年末有较大幅度增长。新产品的开发和产品的升级换代工作也有新的进展，仅市属企业每年都有上百种的新产品应市。1990年市属企业实现了100多种短线产品增产，压缩了50多种滞销产品的生产，开发新产品160种，新增产值1.2亿元。

（五）坚持大力发展第三产业，增强城市综合服务功能。“七五”时期，兰州市把第三产业发展的重点放在以发展商业、饮食、服务业、交通运输业和邮政电信通讯业等方面，在资金、场地和价格、税收、物资分配上给予了扶持和优惠，并确立了发展规划和目标。1990年全市第三产业社会总产值达到1.36亿元，比1985年增长2倍多，产值占全市社会总产值的比重由1985年的6.5%上升到9.6%；第三产业从业人员由1985年的24.9万人增加到38.8万人，增长55.8%；从业人员占全市职工总人数的28.2%。1. 商业，饮食服务业。“七五”时期，相继建成了工贸大厦、飞天大厦、兰州大厦、酒副大厦等一批大型商场，建设了一批中、小型的商业、饮食服务网点。到1990年底，全市共有商业、饮食服务业网点25713个，比1985年末增长12.%。2. 交通运输、邮电通讯。交通运输重点对国道公路进行了升级改造，已完成187公里的改造任务。新建了东岗立交桥、七道梁遂道工程，改造和拓宽了市内交通干线33.14公里。铁路新开了兰州——长沙，兰州——天水旅客列车；民航开辟了兰州——武汉——桂林等6条航线，长途汽车新增线路40条，市内公共交通新开和延长线路6条。1990年公路货运量1390万吨，货运周转量5万吨公里，比1985年末分别增长66%和48%。邮电通讯已基本完成2.8万门程控电话设备和邮政枢纽工程。百人拥有电话数由1985年的0.53门增加到1.15门。目前全市已拥有市话容量36150门，电话线路1163条，形成了汇接全国各地和世界180个国家和地区的电信通信网。1990年邮电业务总量3890万元，比1985年增长1.88倍。3. 金融、保险事业迅速发展。1990年全市银行机构439个，“七五”时期储蓄网点每年平均以73%递增。年末银行存款余额为60.95亿元，银行贷款余额为69.5亿元，分别比1985年末增长1.3倍和1.74倍。保险机构已发展到10个，保险金额达到103.56亿元，比1985年增长126%。4. 旅游业不断发展。“七五”时期，先后建成了吐鲁沟、石佛沟风景旅游区和石门度假村等旅游景点。在市区建成了水上公园、西湖公园和1258米长的索道揽车等一批游乐场所。1990年旅游外汇收入2535万元，全市接待外国旅游者及华侨和港、澳、台同胞2.7万人，比1985年末增加20%和2.5倍。5. 集贸市场和各种大型专业市场有新的发展。到1990年底，全市共有集贸市场169个，占地面积36.96万平方米，上市摊位2万多个，市场成交额达7亿元，收缴费、税5000多万元。

金昌市

市　长：赵俊谋
副市长：陆　佩（常务）　刘长凯（工交、计划、商贸、金融）　李志宇（城建、科技文卫、计划生育）　韩志刚（农业）

赵俊谋市长，1937年生于甘肃省合水县，工程师。1960年西安冶金建筑学院毕业后参加金川镍基地建设，历任技术员、副科长、副处长等职，主持并亲自设计了多项重要工程。1983年调任金昌市副市长，1985年3月和1986年3月连续当选金昌市市长，兼任中共金昌市委副书记、甘肃黄河上游多民族经济开发试验小区金昌东区经济开发试验小区领导小组组长。

走向繁荣富裕的金昌市

□ 金昌市市长　赵俊谋

"七　五"成　就

"七五"时期，金昌市人民坚持改革开放的总方针，发挥优势，地企结合，城乡一体，从开发小区突破，全面推进全市经济和社会各项事业的协调稳步发展，取得了瞩目的成就。

1990年与1985年相比，全市国民生产总值由5.69亿元增加到10.45亿元，增长83.4%，年均递增12.9%；国民收入由4.61亿元增加到7亿元，增长51.8%，年均递增8.7%；工农业总产值由7.46亿元增加到12.34亿元，增长65.4%，年均递增10.4%；其中工业总产值由5.65亿元增加到11.99亿元，增长112.2%，年均递增16.24%；农业总产值由1.04亿元增加到1.26亿元，增长21.2%，年均递增3.7%；社会商品零售总额由1.44亿元增加到3.22亿元，增长1.2倍，年均递增17.4%；预算内财政收入由0.33亿元增加到1.26亿元，增长2.8倍，年均递增30.6%。

（一）农村商品经济进一步发展。粮食生产连年丰收，向国家提供的商品粮逐年增加，由1980年的5601万公斤增加到1990年的14613万公斤，人均给国家提供商品粮621公斤，比1985年增长1.44倍。油料、瓜果、蔬菜、甜菜等主要经济作物产量大幅度增加。乡镇企业1990年产值达到1.15亿元，比1985年增长2倍。农村非农业产值占农村社会总产值的比重由25.5%上升到36.8%。

（二）工业方面，除主体工业有色冶金、化工、建材等产值和利润稳步提高外，城镇集体所有制工业企业发展迅猛，总产值达到2.74亿元，比1985年增长8倍，年递增达55.6%。城市集体工业的迅速崛起，打破了过去产业结构单一、空间布局不合理的状况，形成了以有色金属、化工工业为主体，轻纺、建材、有色金属深度加工和农副产品加工工业配套的工业结构。

（三）文化、教育事业进一步发展。"七五"时期创办起《金昌报》、"金昌电视台"，建成微波电视差转台，开通了全国直拨电话。建立起各种文化艺术园地，创办起艺术团。各级各类学校办学条件有较大改善，全市农村学校已经实现"一无两有六配套"。

（四）城乡居民生活普遍提高。全市职工年平均工资达到3204元，比1985年增长70.8%；农民人均纯收入601元，比1985年增长67.8%；城乡居民储蓄1990年末4.22亿元，比1985年增长3.4倍；安置城镇待业人员2.15万人，待业率由1985年的11%降低到6.2%；农村贫困村、户由"七五"初期的25个村、4556户下降到6个村、888户。城市人均居住面积由1985年的6.3平方米增加到8.2平方米。

（五）城市基础设施建设、环境保护、城市绿化的改观强化了城市综合服务功能。"七五"时期铺修了10条城市道路，同时改造拓宽了市区主干道北京路。主要街道和交通干道种植了行道林，多数机关庭院园林化，重点治理了48个废气污染项目。建成了金昌饭店、商业大厦、新华商场、农贸市场等，2828个商业网点遍布市区。建起了“镍都开拓者”、“丝路新村”、“塞上之春”等42个各具特色的城雕。目前市区绿树冠盖成荫，环境整洁宜人。

主 要 经 验

几年来，金昌市经济发展遵循了一条符合实际、具有镍都特色的区域经济发展路子。主要是：坚持因地制宜地贯彻改革开放的总方针，在确保镍基地建设和农业稳定发展的基础上，发挥优势，扬长避短，地企合作，互相支持，以大带小，以工促农，以城带乡，城乡一体发展壮大金昌经济。

(一) 以改革为动力，搞好协调服务，确保基础产业稳步协调发展。有色金属冶炼、重化工、粮油被称为金昌地区的三大基础产业，是镍都经济发展的源头。为保证这些基础产业的稳步发展，一方面是帮助其全面落实各项改革措施，使各项政策准确及时到位，给企业的发展注入活力；二是搞好协调服务，为企业的发展创造良好的外部环境。几年来，国营大企业始终是在比较宽松稳定的环境内生产经营，基础原材料工业稳定增长。金川公司1990年实现产值7亿元，利税达4.3亿元；八建公司、永昌电厂、化工总厂等大中型企业的产值和利税都是逐年上升。

(二) 大力推进科学和技术进步，带动经济建设全面发展。1. 大中型基础产业继续坚持科技项目攻关和企业技术改造，向科技要效益。至“七五”期间，金川公司技术攻关共进行了437项专题研究，取得了112项重大科技成果，其中84项应用于生产实际。由科技进步增加的效益达9.55亿元，占同期利税总额的45.54%。市化工总厂通过技术改造联碱生产能力扩大了1.2万吨，达到年产5万吨纯碱、5万吨氯化铵的生产能力。市膨润土厂通过技术改造年产粉矿达到2万吨，纳化土1万吨，活性白土1.5万吨。永昌县水泥厂通过技术改造年产水泥量由2.1万吨增加到6.5万吨。全市农技推广项目共完成18项。2. 新办企业新技术的不断开发利用，使镍都产业发展出现了新层次。“七五”期间镍都新开发出精细化工、精密合金、超细金属粉末、镍盐、镍、铜粉、贵金属盐类、精锑、精硒等200多种新产品。高新技术产品产值占到新办开发小区工业总产值的1/5。3. 金昌市制定了《金昌市高新技术发展规划》，金昌高新技术开发区被列为省级高新技术开发区。全民的科技意识进一步提高，“科技兴市”正在变成各级、各部门、各单位、各企业乃至全民的自觉行动。

(三) 建立经济开发试验小区，调整产业结构，大力发展城市集体企业。“七五”计划一开始，金昌市仍然面临两大难题：一是城镇青年待业率高达10%以上，上万名青年等待就业；二是地方经济基础脆弱，地方产业少，财政收入年仅3000多万元。解决这两个问题，一是要建立能够容纳大量就业人员的劳动密集型和知识密集型的加工工业群体。二是要发挥金昌市区材料优势，通过加工增值，形成金昌优势。1988年10月经省政府批准，在金昌市创办了甘肃贡河上游经济开发试验区金昌东区经济开发试验小区，动员各方面力量依托大中型企业，推广“一厂两制”，以大办小，加工增值，调整结构。以金昌东区开发区为试验示范基地，大办城市集体企业，培植产业群体。在这个过程中主要处理好3个关系：一是正确处理争取外部支持与自我发展的关系，以自我发展为主。二是正确处理企业集资和信贷扶植的关系，先把基点放在自筹的基础上。据不完全统计，开发区现已投入建设资金2.8亿元，其中企业自筹1.05亿元，社会集资0.39亿元，地方投入0.16亿元，引进资金0.35亿元。三是正确处理投入与产出的关系，向时间要效益，与节约争效益。在这主面，重点是保证了建设周期短、起点高、效益好的项目建设。截止1990年底共批准立项的项目130项，其中82项工业项目投入生产，小区产值达2.65亿元，实现利税2500万元。开发试验小区逐步发展壮大，初步形成了劳动和技术密集型的产业群体。城市集体企业从业人员达4.57万人，其产品达130多种，有11种产品填补了省内空白，有的产品已打入国际市场。

(四) 从大局着眼，建立政府领导同大企业领导及有关方面的民主协商制度，建立地方政府领导同企业领导参加的现场办公制度，保证各项建设事业的顺利发展和实施。

(五) 坚持“两个文明”建设一起抓的方针，推进各项社会事业健康发展。几年来，对广大干部群众深入进行“一个中心，两个基本点”的基本路线教育，全市政治安定，社会稳定，生产、生活秩序良好。深入开展创建文明单位活动，群众性创建文明单位活动遍及城乡，开花结果。在两个文明建设中，广大人民群众创造并积累了宝贵的精神财富，这就是“自力更生，艰苦创业、重视科学，求实进取，顾全大局，勇于奉献”的金昌精神。

白银市

市　长：于开国

副市长：冯云海（常务）　王保泰（农业）　芦天禧（科教文卫、政法）　白书铭（工交）　卢克诚（商贸、金融）

于开国市长，吉林省长春市人，生于1930年，中共党员，经济师。1952年毕业于东北人民大学工厂管理系，1952至1955年任吉林201厂计划科副科长，1956至1985年任白银有色金属公司计划处、销售处、企业管理处科长、副处长、白银有色金属公司副经理。1985年6月，任白银市人民政府筹备组组长，同年12月当选为白银市市长。1988年4月兼任中共白银市委副书记。

开拓奋进的五年

□ 白银市市长　于开国

1990年3月1日是白银市恢复、成立5周年纪念日。5年前，随着改革大潮的蓬勃兴起，新兴的白银市应运而生。当时，在一无人员、二无办公地点、三无资金的情况下，遵照省上“团结、务实、开拓、服务”的要求，白银市开始探索建立城乡一体化区域经济新格局的路子。几年来，坚定不移地贯彻党的十一届三中全会以来的路线、方针、政策，坚持从白银实际出发，在发展思路、战略决策和政策措施上，始终坚持以农业为基础，以工业为主导，城乡一体，工农并举的方针，提出了“前两年理顺，后三年发展”的总体部署，正确处理城市与农村，工业与农业，脱贫与致富，条条与块块，当前建设与长远发展等几个方面的关系，使全市经济建设和各项工作都取得了显著成绩。经济实力与发展后劲不断增强，各项社会事业得到全面发展，人民群众得到了较多实惠，城乡面貌有了新的变化。到1990年底，全市社会总产值达到21.3亿元，比1985年增长51.7%，年均递增8.7%；国民生产总值达到9.5亿元，比1985年增长60.4%，年均递增9.9%；工农业总产值（含中央、省属企业，不含村及村以下）完成15.98亿元，比1985年增长39.4%，年均递增6.9%；市属工农业总产值（含村及村以下）完成7.02亿元，比1985年增长70.1%，年均递增11.2%，其中农业总产值完成2.64亿元，比1985年增长20.7%，工业总产值完成4.38亿元，比1985年增长116.1%；财政收入完成1.57亿元，同1985年相比，增长了2.4倍，年均递增27.75%。“七五”期间农业丰收，工业增长，财政超收，社会稳定，各项社会事业协调发展。

农业基础地位得到不断加强.按照因地制宜，分类指导的原则，结合白银农情，提出了“抓水改土，稳粮扩油，综合开发，建设基地，发展商品农业”的基本思路，把水利和“三田”建设。作为改善农业生产条件，改变干旱面貌的根本措施来抓。着重抓了“三川两塬一岸”为主的10大水利工程建设，基本形成了以高扬程灌溉为主，自流灌溉和井泉库相结合的灌溉体系，新增有效灌溉面积2.41万公顷，累计达到7.64万公顷，灌溉土地等级升高了5倍；新增“三田”1.65万公顷，累计达到10.97万公顷；小流域综合治理130多平方公里。由于生产条件的改善，抗御自然灾害的能力增强，经受住了这几年大旱的考验。以高扬程灌溉为主的提灌工程成为白银市农业的支柱，为干旱地区的白银建成甘肃中部粮仓奠定了基础。坚持科技兴农，主攻水地单产，在灌区组织实施了“三扩大两调整一提高”（扩大地膜覆盖、扩大高产作物、扩大间作套种面积，调整夏秋作物、调整粮食作物和经济作物比例，提高水地单产）的科技开发工程。全市科技承包面积由1988年的4.67万公顷，扩大到7.4万公顷，沿黄灌区基本上实现了带田化。夏秋作物及粮食作物与经济作物的比例得到进一步调整，种植结构逐步趋于合理，实行科技承包，推广农业适用技术，推广优良品种，平均亩产由1985年的190公斤提高到1990年的290公斤，在连续几年干旱、多灾的情况下，粮食产量3次创历史最好水平。以10大基地建设为主，分步骤、多层次、全方位地进行沿河商品农业经济走廊和城郊型立体农业开发，商品粮、油料、瓜果、蔬菜、滩羊、黑瓜籽、小型肉蛋奶等10大基地建设已初具规模。乡镇企业迅速发展，总产值平均每年递增25.1%，有2个县区产值超亿元，11个乡镇超千万元，70个村超百万元，全市农村非农产业的比重由建市前的29.30%上升到1990年的40.24%。在干旱山区以脱贫为重点，大力组织实施脱贫措施先后投资650多万元，兴修人畜饮水工程23项，基本解决了干旱山区25.42万人和23.52万头大牲畜的饮水困难，实现了山区人民祖祖辈辈都未能实现的愿望。全市贫困面由1985年的42%下降到9.6%，白银、景泰、靖远基本实现了脱贫，农民人均纯收入比1985年增加了114元。

地方工业5年迈了5大步，跨上了一个新台阶。建市初，在百业待举而地方财力紧张，内外环境比较困难的情况下，白银市牢固树立以经济建设为中心的思想，艰苦奋斗，开拓进取，紧中求活，稳中求进，在治理整顿中求发展。充分利用"改革、政策、科技、管理"4方面的合力作用，以改革增活力，以政策增动力，以科技挖潜力，以管理增效益，不断把把企业推向一个新水平。为了培植财源、实行让利于企业，寓富于基层的"蓄水养鱼"政策，在中央、省属企业的支持下，围绕产品结构调整，依靠科技进步，进行技术改造和产品系列开发，走出了一条以内涵为主扩大再生产的路子，使地方工业生产能力、后劲和效益都有了很大提高。同1985年相比，乡及乡以上地方工业固定资产增长158.4%，综合生产能力由2亿元增加到5亿元，工业总产值平均每年以17.78%的速度递增。5年先后给企业留利4690.4万元，新上技术改造项目58项，投资9877万元，新增产值1.08亿元，新增利税4000多万元。以创"名、优、新、特"产品为目标，开发了电线电缆、磷盐、聚氨酯、磷肥、建材、陶瓷、地毯、毛毯、化学试剂、童装刺绣、淀粉等10大系列产品。不断调整产品结构，新增产品40余种，新产品产值率由1985年的0.6%提高到1990年的6.3%，其中有2种产品填补了国内空白，有26种产品填补了省内空白，有8种产品打入了国际市场。通过10大系列产品开发，形成了区域经济优势，使地方工业的应变能力和承受能力有了一定的增强。在市场疲软、资金困难的1990年，地方工业和财政收入仍然分别以11.73%和10.4%的速度持续稳定增长。

城市基础设施不断完善，增强了区域中心城市的幅射带动作用。依照城市总体规划的要求，积极改造老区，逐步开发新区，新建了一批综合服务设施，初步改变了工矿基地型城市面貌，形成了区域中心城市雏形。市三届一次人代会上确定的农贸商场、百货大楼的建设以及金鱼公园，公园路的改造已经基本完成；国营商业网点新增面积3万平方米；市区的4条出口路已打通了3条；市内开通公共汽车5路；实验中学、张家岭植物公园、托儿所等一批文化公用设施正在建设。

在经济发展的同时，科学、教育、文化、体育、卫生、社会福利等各项社会事业也都得到了相应发展。

白银西区经济开发试验小区已经进入开发建设。无氧铜杆厂、铬盐厂等一批小企业正在建设。"八五"期间，将在这块荒丘上建成年产20万吨的纯碱厂和6万吨的尿素厂，以带动小区建设。并注重高科技工业开发，有一批以10大系列产品为龙头的群体企业将在西区崛起，成为全市经济发展的新的增长极。

5年来，白银经济建设成就来之不易，令人鼓舞。展望未来，前景灿烂，催人奋进。到2000年，白银在经济建设上，将逐步形成以有色金属、能源、化工、建材、轻纺为主导产业的现代化工业群体；工农业总产值将接近50亿元，粮食总产量可达到6亿公斤。在城市建设上，把现代化风格和自然地貌结合起来，建成以城市主干道、高原丘陵地貌、张家岭绿色屏障为特色，服务方便、文明整洁的新白银。今后10年，白银必将在祖国大西北的黄土高原上再放异彩，成为新海欧亚大陆桥上一座有魅力的新型工业城市，古丝绸之路上的希望之城。

天 水 市

市　长：王文华

副市长：陈　华（计划、工交、商贸）　王洪宾（物价、工商）　张俭成（城建、政法）　张长生（农业、水电）　吴存礼（回族　科教文卫）

王文华市长，1933年11月生，山东省益都县人。1950年2月参加工作，经济师。1954年毕业于中国科学院职工仪器专业学校。曾任一机部天水建设指挥部办公室主任，天水红山试验机厂党委书记、厂长，天水地委副书记，天水行政公署副专员，天水市委副书记，天水市副市长等职。1990年3月当选为天水市市长。1991年4月再次当选为天水市市长。

天水经济社会全面发展的五年

□ 何长杰

第七个五年计划期间，天水市坚决贯彻执行改革开放和治理整顿的方针，促进全市国民经济和各项社会事业全面发展。提前1年完成和超额完成了“七五”计划的主要指标。

1990年，全市国民生产总值达到20.40亿元，比“六五”计划末期的1985年增长38.54%。国民收入达到17.62亿元，比1985年增长43.78%。工农业总产值完成21.16亿元，比1985年增长63.71%，其中：工业总产值完成16.20亿元，比1985年增长77.63%；农业总产值完成5.41亿元，比1985年增长31.63%。粮食总产量达到7.58亿公斤，比1985年增长31.72%。乡镇企业产值完成7.63亿元，比1985年增长3.89倍。社会商品零售总额达到9.84亿元，比1985年增长116.26%，外贸收购总额达到3854万元。财政收入完成2.48亿元，比1985年增长143.41%。“七五”计划期间，全市完成固定资产投资4.05亿元，比“六五”时期增长68.75%，其中：基本建设投资2.40亿元，比“六五”时期增长84.62%，技术改造投资1.55亿元，比“六五”时期增长118.31%。

经济结构趋向合理，经济实力逐步增强

天水市地处西北经济发展相对落后的地区，原有经济基础比较薄弱，经济结构也不够合理。10多年来，特别是“七五”计划期间，天水市注意调整经济结构，使全市一、二、三产业都得到了比较协调、迅速的发展。1990年，一、二、三次产业创造的国民生产总值在全市国民生产总值中所占的比重分别为38.52%、36.22%和25.26%，基本与1989年全国比例水平持平。用社会总产值来计算的各个产业在全市国民经济中的比例关系也逐步趋向合理：一是工业化程度提高，在全市社会总产值中的比重达53.53%，比1985年增加了5.64个百分点；二是农业社会总产值的比重降为25.56%，比1985年下降1.23个百分点；三是交通运输、邮电通讯等基础设施有了较大的改善，其社会总产值的比重达到4.01%，比1985年增加了1.41个百分点。在工业经济内部，轻重工业的比例关系也发生了新的变化，逐步改变了天水工业主要是轻纺、加工工业的局面，轻重工业的比重也由1985年的75.62:24.38变化为1990年的67.1:32.9。在农村经济结构调整中，做到在不放松粮食生产的同时，认真贯彻全面发展的指导方针，使农、林、牧、副、渔都得到了相应发展，改变了以往主要是粮食生产的单一农业经济结构。在全市农村社会总产值中，农村工业、建筑业、交通运输业、商业和饮食服务业所占的比重，也由1985年的23.58%提高到1990年的42.11%。增加了18.53个百分点。

企业改革不断深化，工业生产稳步发展

“七五”计划期间，天水工业部门，不断深化企业改

革，认真落实企业自主权，全面推行企业承包经营责任制，实行工资总额同经济效益挂勾的办法，不断完善企业内部各项配套改革，进一步增强了企业活力，较好地调动了各方面的积极性，使工业生产在深化改革中保持了适度增长。同时，不断强化企业管理，健全和完善企业管理制度，在企业晋等升级活动中取得了较好的成绩。在加强管理的同时，还积极开展技术改造，大力推进技术进步，深入开展“双增双节”活动，努力提高产品质量，优质产品率由 1985 年的 8%提高到 1990 年的 15.3%。“七五”期间，全市累计有 300 余种工业产品分别获得了国家、部、省、市级优质产品称号，还有 20 余种产品出口远销欧、美、苏、日及发展中国家，受到国外客户欢迎。

5 年来，全市工业企业在电力、资金、原材料比较紧张的情况下，克服困难，努力减少市场疲软带来的影响，使工业生产年递增速度达到 10.97%，经济效益也同产值保持了同步增长。同时，产品结构的调整也初见成效，适销对路产品增加，毛线、棉布、酒类、水泥、焦炭、锅炉、铸造机械、电缆料等产品的产量都较 1985 年有较大幅度的增长。技术改造速度加快，“七五”期间，全市共完成技术改造和扭补投资 1.89 亿元，完成项目 102 项，新增生产能力主要有棉纺 2 万锭、毛纺 2000 锭、啤酒 5000 吨、机制纸 1.3 万吨、罐头 2750 吨、玻璃制品 5000 吨、雕漆制品 2 万件、地毯 3 万平方米、白酒 1300 吨、饮料 2000 吨、水泥 3.2 万吨、电石 9000 吨。不少企业通过技术改造，进一步提高了企业的整体素质和技术水平。目前，全市已有工业企业 712 户，机械、电子、轻工、纺织、食品、工艺美术、建材工业等已初具规模，而且还拥有了卷烟厂、绒线厂、电缆厂、武山水泥厂等一批利税总额超过 1000 万元以上的骨干企业。这些为天水经济的进一步发展打下了初步基础。

农村经济全面发展，粮食生产连年丰收

“七五”期间，天水市认真贯彻“决不放松粮食生产、积极发展多种经营”的方针，深化以家庭联产承包责任制为主的农村改革,使农村经济出现了蓬勃生机，农业生产不断有新的发展。1989 年，粮食产量达到 6.62 亿公斤，创历史最高水平。1990 年，在自然灾害频繁的情况下，战胜了严重的病虫、冰雹、洪涝等灾害，又取得了粮食的好收成，产量达到 7.58 亿公斤，再创历史最高水平。

在结合调整农村产业结构中，天水市提出了以乡镇企业为突破口，发展农村经济的战略思想，使农林牧副渔、工商建运服得到了全面发展。乡镇企业 5 年迈了 5 大步，已经成为全市农村经济的主要支柱。1990 年全市乡镇企业数已达到了 30066 个，比 1985 年增加了 87.9%，从业人员达到 18.55 万人，增加了近 1 倍，总产值达到 7.63 亿元，增长了 3.89 倍，实现利润 6798 万元，上交税金 2600 万元，都比 1985 年有较大幅度的增长。现在全市乡镇企业总产值已比农业总产值高出 40.67%，提前两年达到了“七五”计划的目标。随着乡镇企业的发展，农村二、三产业在全市农村社会总产值中所占的比重，也由“六五”末期的 23.58%上升到 1990 年的 40.11%。同时，全市造林累计保存面积达到 17.87 万公顷，各类果树发展到 4.13 万公顷。大牲畜和生猪存栏稳定增长，肉类产量逐年增加，“科技兴农”正在兴起，加快了农村经济的发展和全市农村脱贫致富的步伐。

搞活商品流通，财政、金融工作成效明显

“七五”期间，天水市以搞活流通为目的，不断扩大商品交换，繁荣和活跃城乡市场，实行转轨变型，完善市场机制，积极改革商供体制，在全市初步形成了多渠道，少环节，开放式的流通网络。同时，商业部门还普遍实行了承包，租赁等多种经营方式的改革，鼓励和支持全民、集体和个体经营者从事流通活动，使流通领域呈现出多元化发展格局。1990 年，全市社会商品零售总额达到 9.84 亿元，比 1985 年增长 116.26%，国营商业和供销社的纯购进和纯销售也分别比 1985 年增长 55.14 和 57.54%。1990 年，全市集体工商企业已发展到 584 户，从业人员 1.97 万人，完成社会总产值 1.23 亿元，比 1985 年增长 2.16 倍；个体工商业已发展 23300 多户，比 1985 年增长了 33.37%。同时，全市商业服务设施也逐年增加，5 年共投资 2582 万元，新增使用面积 6 万多平方米。集市贸易也得到了较快发展，1990 年，全市城乡集市贸易成交额达到 2.41 亿元，比 1985 年增长了 107.7%。

随着工农业生产和商品流通的发展，财政收入逐年增加。财政工作坚持“扶持生产，开辟财源，增加收入，紧缩开支”的方针，在全市财政收支还比较紧张的情况下，克服困难，按照“一保生活、二搞建设”的原则，在实现稳定以及扶持利税大户发展生产，保证重点建设，增强生产发展后劲等方面，都发挥了积极作用。金融系统坚持改革、开放、搞活的方针，充分发挥经济杠杆的作用，为全市经济发展作出了积极贡献。“七五”期间经过恢复和发展，在全市较好地形成了以人民银行为领导，各专业银行为主体，多种金融机构并存的金融体系，到 1990 年底，全市金融机构已达 412 个，比 1985 年增长了 39.19%。银行各项存款也逐年增加，1990 年底达到 13.52 亿元，比 1985 年增长了 2.3 倍，其中城乡储蓄存款的比重由 1985 年的 28.71%上升到 62.55%，已成为银行信贷资金的重要渠道之一。银行贷款范围也不断扩大，贷款数额迅速增加，1990 年发

放贷款达到17.24亿元，比“六五”末期的1985年增长89.74%，有力地支持了全市经济建设和各项社会事业的发展。

科教文卫事业有新的发展，精神文明建设得到加强

“七五”期间，科教文卫事业共完成投资5000多万元，比“六五”期间增长了1.08倍。科技投入5年累计达1052万元，按照“科技兴工，科技兴农”的方针，在全市组织了科技攻关，星火计划、软科研究三项较大的计划，共取得科研成果116项，其中有33项获得省、市科技进步奖或星火奖，有72项成果已运用于生产建设。

教育方面，“七五”期间，全市用于改善办学条件的资金达到7500多万元，比“六五”时期增长了1倍以上，全市新建、改建、维修校舍48万平方米，学生人均校舍面积达到2.36平方米，比“六五”末期增加0.54平方米。建成了天水电大分校、工业学校、聋哑学校，搬迁、扩建了天水第一师范、幼儿园等，同时还在市区新建、扩建了天水师专、地质学校、机械学校、税务学校等一批部、省属学校。全市基础教育有所加强，普及初等教育的工作有较快发展，学龄儿童入学率由“六五”末期的89.8%提高到96.14%。职业教育和成人教育也有了新的发展。

文化、体育、广播、电视和卫生事业都有了进一步发展。新建了一批文化设施，为迎接甘肃省第八届运动会在天水举行，还新建、扩建了一批体育场馆和训练基地。加强了广播、电视设施的建设，目前，全市电视覆盖率已达到63%，已能同时播放5个频道的电视节目，广播覆盖率达到80%。新建了中医院6所，还完成市、县、区医院门诊、住院楼和住宅建设等项目26项、建筑面积达4万多平方米，建立健全了冷链运行系统，全市计划免疫“四苗”合格接种率达到85%以上，各类传染病，地方病，得到了有效的防治和控制，城乡人民健康水平有了提高。

5年来，天水市在大力发展经济的同时，还十分重视精神文明建设，在全市广泛进行了党的基本路线教育、四项基本原则教育以及多层次、多形式的理想、道德教育。开展了学雷锋、学李润虎、学崔兴美、“讲理想、比贡献”活动，促进了社会风气的好转，涌现出了一批精神文明建设的先进典型。

城市建设和城市面貌都发生了深刻变化，城乡人民生活有了明显提高

“七五”期间，天水市按照“统一规划，合理布局，综合开发，配套建设”的方针和“量力而行，尽力而为”的原则，从方便人民生活，促进经济发展，增强城市吸引力，辐射力和综合服务能力的目的出发，完成了天水市总体规划以及旧城改造与居住小区、抗震防灾和麦积山风景区建设等的专项规划，使全市的城市建设工作开始步入科学实施的轨道。5年来，重点加强了城市基础设施的建设，累计投资6000多万元，新建、拓建了32条市区道路，总长27.4公里；新建、改造了7座桥梁；新铺设了自来水管道20多公里，新增日供水能力5.8万吨；新铺设了排水管道23公里，修建城市防洪堤，排洪道12公里，完成了北山截洪工程；在市中心区内，采取综合开发等形式，有计划地拆迁、新建了邮电大楼、商业大厦、天水宾馆、银行大楼、政法大楼、文庙商场、供销大厦、儿童乐园、水上公园、北道秦州商场、综合商贸市场等一批规模较大的公用建筑设施；南北两山绿化和城市园林绿化也有较快进展，绿化覆盖率由8%提高到12.5%；城市管理和环境保护工作也有了加强和改善，“脏、乱、差”的状况得到了初步治理。

5年间，全市城镇住宅建设共投资1.84亿元，是解放以来投资最多的5年，共建成住宅面积112万平方米，1.8万多套，使城镇居民人均居住面积达到7.75平方米。完成了公园区集中供热一期工程和南民路供热工程，供热面积达21.8万多平方米。交通、通讯也有进一步的发展，邮电部门开通了1万门纵横交换机及两区市话联网，大大改善了市内及同全国城市之间的通讯状况。交通运输部门在“七五”期间，进一步加强了全市交通基础设施的建设，共投资3859万元，完成公路建设项目96个，新建、改建了县乡公路506公里，整修公路815公里，建成桥梁64座，使全市150个乡镇，乡乡都通了汽车。

“七五”期间，是天水市城乡人民生活水平明显提高，居民得到实惠较多的5年。主要表现在：一是就业人员增多，5年累计新安排就业人员5.96万人，使城镇居民的人均赡养系数从1985年的1.83降低到1990年的1.56；二是职工工资水平提高，1990年全民职工年平均工资达到2267元，比1985年增长92.12%；三是生活费收入增加，据调查，1990年全市城镇居民人均生活费收入达到1149元，比1985年增长1.15倍，扣除物价上涨因素后，增长27.02%；四是农民人均纯收入达到342元，比1985年增长52.68%；五是城乡居民储蓄增加，存款余额达到8.45亿元，比1985年增加了2.54倍。目前，全市农村已基本解决温饱，城乡居民的消费结构也发生了较大的变化，高档，耐用消费品的拥有量大幅度增加，城乡人民生活水平有了明显的改善。

嘉峪关市

市　长：孙一峰

副市长：龚雪泉（女　政法、农林）　申振清（科教文卫、城建）　魏学鸿（计划、工交、商贸）

孙一峰市长，甘肃省临洮县人，1939年11月出生，1966年7月毕业于兰州大学中文系。曾任中共嘉峪关市委、市革委会办公室副主任、酒泉钢铁公司第三中学校长、教育处副处长、中共嘉峪关市委宣传部部长兼《嘉峪关报》总编、市文联主席、中共嘉峪关市委副书记、市对外文化交流协会会长、中国长城学会理事等职务。1990年任中共嘉峪关市委副书记、嘉峪关市市长。先后发表边塞诗一百多首。

嘉峪关市“七五”时期经济社会发展概况

□ 嘉峪关市人民政府办公室

嘉峪关市在“七五”期间，以改革开放和经济建设为中心任务，在经济和社会发展方面取得了显著成绩，成为全国36个实现小康生活水平的城市之一。

经济实力有所增强

“七五”期间，嘉峪关市的经济发展比较快。1990年，社会总产值（当年现价）85626万元，年平均增长9.06%；国民总收入28988万元，年平均增长10.59%；国民生产总值34492万元，年平均增长11.76%，人均3385元。

工业生产持续增长。1990年，全市工业总产值（1980年不变价）34118万元，“七五”计划期间年平均增长13.07%。境内最大企业酒泉钢铁公司，“七五”期间，对镜铁山矿进行了技术改造，使铁矿石年生产能力达到500万吨；桦树沟矿区6–14线补勘探明铁矿石储量比原勘探基数新增储量1亿吨；黑鹰山铁矿初期工程建成投产。修复容积1513立方米的1号高炉并投产，新建容积750立方米的2号高炉，形成年产120万吨生铁的生产能力。与炼钢配套的连铸工程投产，形成年产50万吨钢的生产能力。采用德国马克公司预精轧、精轧设备、瑞典亚西亚公司电器设备，建成高速线材生产线，生产直径5.5至14毫米的光面盘圆和6至12毫米的螺纹盘圆，形成年产45万吨钢材的生产能力。相应进行了选矿、烧结、原料、动力、运输与机电修理的配套建设。酒钢已成为真正的钢铁联合企业，亦成为西北的钢铁工业基地。全公司5年完成基本建设投资6.6亿元，完成工业总产值（1980年不变价）11.56亿元，为“六五”的1.82倍，年平均增长9.68%；实现利税2.3亿元，上缴各种税金1.4亿元，为“六五”的3.6倍。该公司被省政府评为甘肃省一级企业。1988年，该公司参加了国际冶金展览，提高了酒钢的知名度。镜铁山牌铸造生铁、炼钢生铁、纯苯、甲苯、二甲苯、普碳钢、无扭控热轧盘条、连铸坯、焦炭、一蒽油、工业萘、优质低炭钢高速无扭控冷热轧盘条为省优产品。工业萘、普通低碳钢高速无扭控冷热轧盘条为部优产品。

地方工业也有发展。嘉峪关棉纺厂3万纱锭的纺纱部分投产，烧碱、纯碱、锰硅合金等一些产品相继投产，还进行了电石、炭黑、水泥等生产的技术改造。城镇集体企业发展较快，增强了发展后劲。工业内部结构得到了初步调整，1990年集体所有制企业总产值比重上升到14.7%，比“六五”末年增长10.03%。地方工业总产值占全市工业总产值的比重上升到19.11%，比“六五”末年增长10.22%。1990年，完成工业总产值（1980年不变价）6519万元，5年中年平均增长30.14%。新增生产能力烧碱3000吨，纯碱7000吨，棉纱1.5万纱锭，锰硅合金3500吨。“七五”期间，全市全民所有制固定资产投资完成48935万元，比“六五”增加3倍，新增固定资产50196万元。

农业经济稳步发展。建成农电线路198.5公里，新修和衬砌渠道30公里，新修乡村道路47.1公里。粮食1990年总产量14611吨，比“六五”末年增长10.86%。农业总产值1638万元。油料、蔬菜、肉、蛋、奶等主要农畜产品都保持了较高的增长幅度。1990年乡镇企业完成产值（1980年不变价）1637.6万元，年平均增长7.7%，比“六五”增长46%。

旅游业发展迅速。“七五”期间，由国家、省、市、群众集资560万元，用于长城维修和文物保护工作，重建嘉峪关楼、游击将军府、井亭、碑亭、悬壁长城、长城博物馆和魏晋砖壁画博物馆，加固了嘉峪关城墙、嘉峪关西长城、万里长城第一墩、嘉峪关城10个小楼，增修了通往悬壁长城、新城魏晋墓、祁连山“七一”冰川的道路，开辟了一些新的旅游景点，新修了长城宾馆、雄关宾馆、酒钢宾馆，使旅游服务设施日趋完善。1990年，接待中外游54849人，旅游收入5444.6万元，其中外汇收入116.4万元。

城市建设得到发展。“七五”期间，开辟了住宅新区，新建了一些行政、公用服务设施，加强了城市道路的建设和养护。5年中房屋竣工面积35平方米，其中住宅面积14.88万平方米；道路竣工面积25万平方米。城乡实现自来水化，其中农村95%的户用上了自来水。城市居民70%的户住暖气房，使用管道煤气。邮电通讯，在全省第一个开通72线国内长途直拨程控电话，自动电话业务占总量的45%。市话普及率每百人6.3部，居全省第一。1990年，完成业务总量298万元，通信总量179万元，业务收入271万元，业务总量、通信总量的增长幅度均高于全省邮电企业平均增长水平。

商贸财政状况良好。在发挥国营商业主渠道作用的同时，形成了多种经济成分、多种经营方式、多条流通渠道和少环节的流通格局。1990年，社会商品零售额14647万元，平均每年增长21.5%。外贸出口商品结构有所改善，工业品所占比重提高。1990年，外贸出口总值420.5万元，年平均增长65.36%。财政收入6908.7万元，年平均增长32.79%。

社会事业有了发展

教育事业有了新的发展。全市有幼儿园6所，小学27所，普通中学10所，职工大学1所，职工中专2所，职业学校2所，国家正规中专2所，在校学生2.4万人，教职员工2215名，还有2000名职工参加各类成人教育学习。1990年，全市普及初级中等教育，适龄儿童入学率100%。改造和新建了一批中、小学校，改善了教学条件，5年，培养高中毕业生2597名，为国家输送大中专学生1904名。

科学技术工作在“七五”期间面向经济建设，开展了科研活动，有不少研究成果获奖。酒泉钢铁公司每年组织科技人员进行数十项科研攻关课题，提高经济效益数百万元。“七五”期间，完成科研项目230项。获得经济效益1400万元。发展低合金钢、铁精矿脱水机理、配煤炼焦试验、烧结加石灰等四项科研成果通过省冶金厅技术鉴定，菱镁垫通过省级技术鉴定，国家最大的高炉顶煤气余压TRT发电装置在一号高炉建成投产通过冶金工业部技术鉴定。TGDG450×3120型感应辊式强磁选机研制和工业试验获省科技进步一等奖。高炉利用氯化锂温度计的加温鼓风试验、添加生石灰工业试验获省科技进步三等奖。高炉无料钟炉顶加压煤气密封装置、烧结机新型端部密封装置、国产20吨电机车电控系统改造、566立方米空气机热能回收利用研究、焦炉用火焰焊补维修炉体技术应用、PC-584可编程序控制器在高炉上料系统的开发应用等获冶金厅科技进步三等奖。嘉峪关市科委等单位“七五”期间完成科研40项，其中高耐磨炭黑、西瓜引种选育推广获省科技进步三等奖。

文化娱乐场所新建了工人文化宫、老干部活动室、青年活动中心等。增设了电台、闭路电视台，广播电视覆盖率100%。创办了体育运动学校，群众性体育活动广泛开展。新建嘉峪关国际滑翔基地，机房面积1528平方米，可容纳滑翔机20架。还有招待所、停机坪等设施。这是我国第一个用于国际比赛、开展航空旅游和接待外国运动员训练的滑翔基地。

医疗卫生事业，有医疗卫生人员1010名，病床598张，每千人拥有5.4张。新建了市人民医院门诊大楼。公共环境、马路、人行道有专人清扫。全市有文明卫生单位257个。市人民医院增设肛肠科，为市内外患者治疗，颇受欢迎。酒泉钢铁公司职工医院连创断指再植、3.5万伏高压电击烧伤治愈、喉癌全喉切除、人工肾引进、巨大神经纤维瘤切除、选择性大脑胼胝切开术成功等6项“河西第一”。对接触尘毒的1814名工人进行定期健康检查，建立了卫生保健档案，对患有职业病的职工及时进行治疗。儿童四苗接种覆盖率99.05%。

人口和计划生育。1990年全市总人口109985人，比1982年增加28607人，年平均增加3575人。每千人拥有大专以上文化程度的32人，中专和高中文化程度的194人，初中文化程度的329人，小学文化程度的259人。文盲和半文盲占总人口的9.87%。1990年，人口计划生育率99.76%，自然增长率8.07‰，无计划外生育，在全省名列榜首，省委、省政府授予嘉峪关市“计划生育红旗单位”称号。

人民生活。1990年，城镇居民人均生活费收入1656.8元，人均居住面积8.15平方米。农民人均纯收入753元，年平均净增43元。

（执笔：张军武）

平 凉 市

市　长：张明世
副市长：焦智琦（常务）　韩恩硕（锡伯族　工交）　张树人（城建）　黄选平（回族　农业）　吕建国（科技）　杨力（文教卫生）

张明世市长，回族，河南孟县人，生于 1942 年 7 月，大专文化程度。1963 年 10 月参加工作，1966 年 1 月加入中国共产党。1982 年至 1989 年任中共平凉市委副书记，1990 年 1 月任平凉市市长。

大力开展“双拥城”建设 促进社会稳定和经济发展

□　平凉市人民政府办公室

平凉市毗邻当年的陕甘宁边区，素有拥军优属、拥政爱民的光荣传统。近年来，全市广泛开展双拥共建文明城市活动，并把军民共建文明城市活动发展到“双拥城”的建设上来，使拥军优属、拥政爱民工作又迈上一个新台阶。1990 年平凉市被省委、省政府、兰州军区命名为“双拥模范城”光荣称号。平凉市的基本做法和主要体会是：

（一）坚持从稳定和发展的战略高度着眼，自觉地把“双拥城”建设作为事关全局的大事来抓。

1. 主要领导挂帅出征，充分发挥指挥部的作用。成立了市委书记为组长、市长和驻军各部队主要领导为副组长的“双拥城”建设领导小组，从市委办公室、精神文明建设办公室、政府办公室、宣传部、民政局和驻军部队抽调人员组成办事机构，直接负责“双拥城”建设各项任务的落实，研究解决具体工作中的各种问题。各单位、各乡（镇）都成立了相应的领导机构和办事组织，部队系统也由军分区牵头，成立了驻军协调领导小组。这样，在全市范围内形成了党政军三位一体、上下左右贯通的“双拥城”建设领导体系。

2. 明确职责，层层建立责任制。市政府把“双拥城”建设的工作任务，分解成几十项具体指标，一项一项地落实到各职能部门，在签定经济责任书的同时，签定“双拥城”建设责任书，把工作任务落实到具体单位、具体人员身上。检查工作中不仅检查各项经济指标的完成情况，而且检查“双拥城”建设工作的落实情况。年终总结和考核评比时，将“双拥城”建设列为重要内容，对照责任书一项一项地落实兑现。

3. 加强联络，协调各方，形成共建“双拥城”的巨大合力。平凉市是个县级市，又是地委、行署所在地，市区除了市属单位以外，还有中央、省、地驻市单位 200 多个，部队也分属不同军种和建制。为了便于统一领导，实行了条块结合、以块为主的办法，充分发挥了协调领导小组的职能作用。通过协调领导小组把“双拥城”建设的规划、部署、任务，切块下达到城区各办事处和农村乡（镇），由地方基层组织牵头，开展活动、抓好落实。同时，注重发挥军分区、人武部的“桥梁”作用和“联络员”作用。使军地领导之间始终步调一致，其他各方紧密配合。形成建设“双拥城”的巨大合力。

（二）坚持军地互敬互爱、互助互利的原则，把扎扎实实办实事作为“双拥城”建设的基础工程来抓。

1. 多方了解情况，力求把实事办到点子上。市委、市政府经常带领有关部门，深入各部队，了解实际困难和要求，掌握第一手资料，听取意见，部队需要地方解决的困难和问题，（如子女入学、家属就业、煤炭供应等），及时研究和予以解决。

2. 完善服务体系，解决部队干部、战士最关心的问题。市政府从平凉的实际条件出发，用了很大功夫解决关系部队切身利益的困难和问题。目前，全市基本形成了以民政、武装、人事、劳动等部门为主的优抚安置工作体系；以教育、卫生部门为主的解决部队和优抚对象子女入托、入学、就医的工作体系；以粮食、商业、供销为主的商品供应服务体系；以群众团体为主的义务服务体系。近年来，各种服务体系不断健全和完善，共为解决家属招工、调动、子女入学入托、商品物资供应等实际问题500多件。

3. 开展多种形式的群众性活动，拓宽办实事的渠道。全市建立了"学雷锋服务小组"、"拥军优属服务队"等1000多个，达万人以上，经常为驻军部队、烈军属、复员军人做好事。市教育局和团市委组织青少年成立了200多个拥军优属服务小组，长期为100多户烈军属和残疾军人买粮、担水、打扫卫生。市粮食部门精心组织，全力调配，坚持多年优先为部队供应优质粮油。车站、医院等窗口单位，为军人优先买票、看病，形成了拥军优属光荣的浓厚气氛。

（三）坚持从贫困地区的实际出发，把帮助群众脱贫致富作为部队拥政爱民的重要内容。

平凉市由于自然条件限制，生产发展水平相对比较落后，全市22个乡（镇）有16个被列为省上贫困地区。驻军部队广大官兵把驻地当故乡，视人民如父母，真心实意地为驻地群众谋利造福。在上级和地方党委的统一领导下，部队和人武部门在全力支持地方进行植树造林、兴办公益事业、开发旅游资源、抢险救灾等建设的同时，把扶贫济困、帮助群众治穷致富作为拥政爱民的主要内容来抓。

一是扶贫扶志，帮助群众树立脱贫致富的信心。部队派出宣讲组、咨询组，深入村庄院落，运用广播、板报、谈心、文艺演出等形式，广泛宣传党的富民政策，宣传致富的有利条件，宣传勤劳致富的先进典型，想方设法鼓励群众树立脱贫致富的信心。

二是扶贫扶能，及时帮助群众掌握脱贫致富的本领。驻平部队把扶贫重点放在传授技术、提高智能上。平凉军分区利用教导队举办了4期种植、养殖、果树栽培、病虫害防治等农村实用技术培训班，免费培训科技骨干400多人。其它各部队也都根据所担负的任务、特点和优势，采取请进来、走出去的形式，共培训各类技术骨干1200多人。这批经过培训的农民技术员，已经成为带动群众脱贫致富的骨干力量。

三是扶贫扶班子，协助地方加强基层党的组织建设。驻平凉某师炮兵团与赵堡村党支部建立联系后，专门派出指导员帮助支部工作，党支部带领全村群众发展壮大集体经济，以粮食生产为基础，兴办了4个集体企业，滩地养鱼20公顷，发展果园13.3公顷，使贫困面貌大为改观。人均纯收入由10年前的90元增加到700多元。

（四）坚持"双拥城"建设同精神文明建设融为一体，把共建、共育提高到一个新的水平。

1. 开展共学活动，提高广大军民的政治觉悟和道德水平。围绕培养"四有"新人，开展了三项活动。一是开展了"学雷锋、学英模、树新风"活动；二是开展军地互学活动；三是开展联欢联谊活动。

2. 开展共建活动，使文明单位建设更深入地向前发展。目前，全市城乡104个军民共建点，做到了人员、计划、内容、制度、工作5落实，市中心的十里长街已成为双拥一条街，全街37个共建点，多数已被命名为文明单位。截止1990年，全市共建成文明单位337个，"文明村镇"99个，"文明楼院"49个，"五好家庭"2965户。这些文明单位在"双拥城"建设中发挥了很好的带头示范作用。

3. 开展共育活动，促进军地两用人才的开发使用。1984年以来，平凉军地双方把培养使用军地两用人才工作作为提高部队战斗力和发展社会生产力的战略措施，一手抓培养开发，一手抓安置使用，基本上做到了学有所长，用其所能。近年来，全市共接收农村退伍军人1597人，已培训使用1368人，占回乡总数的85.6%。对于部队培养的两用人才372人，已妥善安置357人，占两用人才总数的96%。

（五）坚持把工作的重点放在基层，使"双拥城"建设工作经常化、制度化。

1. 深入持久抓教育。几年来，通过开办讲座 举办国防知识竞赛，有领导、有计划地进行国防教育，向广大干部群众不断灌输"无兵不安，无军不稳"的观念，在群众中深入开展"暖我军心，爱我长城"的活动，从根本上提高爱国拥军意识，增强国防观念，为搞好"双拥城"建设奠定了牢固的思想基础。

2. 制度建设抓坚持。在实际工作中主要抓了5项制度的制订、落实和坚持：(1) 军地联席办公制度；(2) 军地互访制度；(3) 信息交流制度；(4) 督促检查制度；(5) 表彰奖励制度。对于这些制度，军地双方坚持一抓到底，按章办事。建设"双拥城"的工作已开始走上了规范化、制度化的轨道。

3. 督促检查抓落实。每年军地双方都要分别组织两次督促检查，一个单位一个单位地检查"双拥"工作的进展情况，对重要问题实行现场办公，就地解决。

几年来，平凉的"双拥城"建设取得了一些成就，但与先进单位相比还存在一定差距。今后平凉市将继续戒骄戒躁、再鼓干劲，总结经验，克服薄弱环节，把"双拥城"建设提高到一个新的水平，为社会的稳定、经济的发展做出更大的贡献。

西峰市

市　长：周新国

副市长：张诚基（工交、民政）　刘嘉禄（城建、工商）　王生秀（计划、财政）　郝建春（农林、劳动人事）　郑含珍（公安、科技、文教）

周新国市长，甘肃正宁人。1939年11月生。大专文化程度。1960年于甘肃省庆阳师范学校毕业后留校任教。1962—1964年在甘肃省教育学院进修中文专业。1973年入党。1969年以后在庆阳地委机关工作。曾任中共庆阳地委宣传部理论科副科长、庆阳地区财政职工中等专业学校校长。1985年8月任西峰市筹建领导小组副组长、市政府筹备组组长。中共西峰市委副书记。同年12月当选为西峰市市长。

卓有成效的五年

□　西峰市人民政府办公室

“七五”期间，西峰市人民以经济建设为中心，坚持四项基本原则，坚持改革开放，全市生产有了较大发展，经济实力有所增强，人民生活明显改善，国民经济第一步战略目标已经胜利实现。1990年，社会总产值5.34亿元，占“七五”计划的358.6%，年均递增45.5%，比1985年增长5.5倍；国内生产总值1.98亿元，占“七五”计划的179.4%。年均递增26.4%，比1985年增长2.2倍；国民收入1.52亿元，占“七五”计划的207.7%，年均递增30%，比1985年增长2.7倍；工农业总产值1.66亿元，占“七五”计划的179.2%，年均递增22.5%。比1985年增长1.8倍；财政收入2487万元，占“七五”计划的224.4%，年均递增28%，比1985年增长2.4倍；农民人均纯收入535.45元，占“七五”计划的107.1%，年均递增14.5%，比1985年增长近1倍。

（一）农村经济全面发展。“七五”期间，累计用于农业基础建设资金1894.23万元。修建巴家咀电灌工程干渠和支渠26公里，斗渠44.67公里，新增灌溉面积3400公顷；新修“三田”3000多公顷；改造中低产田1.3万公顷；修建人饮工程5处；架设农电线路58.9公里，全市自然村通电率达到87%；购置农业机械1585台（件），农业机械总动力达到8.58万千瓦。农业生产条件有了较大改善。农、林、牧、副各业都有很大发展。农业总产值由1985年的4030万元，达到1980年的9117.9万元，增长1.3倍；粮食总产量由1985年的4.44万吨，达到1990年的12.52万吨，增长1.82倍。乡镇企业异军突起，现在吸纳农村劳动力已达2.6万人，总产值由1985年的1717万元，达到1990年的2.0755亿元，增长11倍。

（二）工交生产持续增长。工业总产值由1985年的1988.28万元增长到1990年的7484.7万元，增长2.75倍；工业基本建设有了较大发展，投资390多万元完成技改项目30个，新增固定资产300万元，新增工业产值1570万元。投资490万元建成庆阳烟叶复烤厂一期工程，形成年复烤烟叶15万担的生产能力，本烤季产值达240万元，实现利税62.8万元；投资756万元，修建铝箔纸厂和卷烟材料厂，部分车间已建成投产；投资376万元，修建市乡公路6条68.84公里，建成西峰汽车东站1336平方米。在激烈的市场竞争中，企业的经营管理水平有所提高，生产能力有所扩大，产品的花色品种有所增加，质量档次逐步上升。

（三）商业流通趋于活跃。用于商业设施建设资金1799万元，建成大型商场两处，建成农贸市场6处，破墙建店1000多间；国内纯购进总值由1985年的973.64万元。达到1990年的3776.91万元，增长2.9倍；农副产品收购总值由1985年的682.55万元，达到1990年的3058.71万元，增长3.5倍；社会商品零售总额由1985年的2432.64万元，达到1990年的1.0498

亿元，增长3.3倍；外贸1990年出口总值1134.67万元，比1986年增长2.91倍。

（四）城市建设步伐加快。用于城市建设资金1335.3万元，维修改造主要街道8条，治理硬化小巷道13条2.2万平方米，开拓新路面9.8万平方米，硬化人行道4.3万平方米；修建排水管道3条4000多米；建成自来水厂一期工程并投入运行；东湖公园已建成部分工程，用于行政办公设施建设资金1036.51万元，建成各类行政事业办公用户3.7万平方米。城市管理基础设施得到改善，服务功能有所增强，城市面貌发生了较大变化。

（五）科技、教育等社会事业有了新的发展。用于科技事业建设资金471万元。组织实施各类科技项目56个。其中"星火"计划项目38个，其他科技项目18个；建设科技示范乡1个、科技示范村18个、培训科技骨干1000名，普及培训5万人次；用于教育建设资金1231.78万元，新建校舍4.45万平方米，改建校舍2.16万平方米，维修旧校舍2.87万平方米，购置课桌凳4950套，购置教学仪器1952台（件），各级各类学校基本实现了"一无两有"，教学质量有所提高；用于卫生事业建设资金95万元，建成"卫生三站"1900平方米，改建乡镇卫生院600平方米，新增病床39张，培训乡村医生200人次，资助建设村卫生所113个，医疗条件明显改善，医护质量有了提高；用于群众文化事业建设资金61.8万元，建成文化设施1620平方米，资助建设乡文化站9处，建成调频广播站1处；其他各项社会事业均有了较快发展。

（六）治理整顿取得一定成效，压缩基建项目3个，整顿各类公司79户，查处违纪资金60多万元，一度比较混乱的流通秩序开始趋于正常。前几年急剧加速的通货膨胀得到有效治理，物价上涨幅度迅速回落、投资规模有所控制、投资结构得到一定改善。

（七）城乡人民生活有了明显改善。农民人均占有粮食450多公斤。人均纯收入535元；城镇居民人均生活费用由1985年的420元增加到935元。扣除物价上涨因素，年均递增13%。城区新建职工住宅4万多平方米，农民建房35.4万平方米。城乡居民储蓄余额达1.7275亿元，人均666元，其中农民储蓄5000万元，人均200元。

（八）社会大局基本稳定。开展了普法教育和执法大检查工作。查处了各类违法违纪案件。行政监察和政府法制工作有所加强，加强了社会治安的综合治理，开展了"严打"斗争。严厉打击了各种刑事、经济犯罪活动，开展了"扫黄"和除"六害"斗争。社会空气得到进一步净化。加强了廉政建设和开展了纠正行业不正之风的斗争，密切了政府同人民群众的关系。由此，安定了人心，保持了社会的基本稳定。

"七五"期间，我市经济和社会发展中还存在着一些突出问题和困难；年末人口总数突破控制指标；工业基础异常薄弱的情况没有大的改变，工商企业效益不好，亏损额增加；全市约4%左右的农户生活仍有困难；农村缺水少电问题还比较突出；职工住宿困难很大。

5年的实践，也使我们获得了不少的教益、概其要者有六：一是在各项工作中必须坚持以经济建设为中心；二是发展经济和各项社会事业必须把稳定作为前提；三是在经济工作中必须把农业作为基础；四是必须长期艰苦奋斗；五是必须坚持精神文明和物质文明一起抓；六是经济要发展，政府要廉洁。

（执笔：刘润民）

武威市

市　长：李宁平
副市长：俞存乃（常务）　夏振寿（文教卫体）　蔡云山（农业、科技）　何吉元（司法、商业）　孙开元（工业、计划）

李宁平市长，1951年生，大专文化程度，陕西省人。1968年参加工作，1977年5月加入中国共产党。参加工作以来，先后在八冶安装公司，兰州汽修厂、省物资储备局工作，并曾在省交通学校学习工业会计管理。1983年9月至1985年6月在中共甘肃省委党校学习。1985年9月起任中共武威市委副书记。1989年4月当选为武威市市长。

加强社会主义精神文明建设　保证改革和经济建设的健康发展

□ 武威市市长　李宁平

武威市是甘肃省综合改革和思想文化建设试点市。“七五”期间，武威在坚持改革、大力发展经济的同时，有组织有步骤地加强了社会主义精神文明建设，使两个文明互相促进，同步发展，得到了中宣部和省上的肯定。侧重抓了四个方面：

（一）制定实施规划，切实加强领导。“七五”期间，是武威市经济发展较快的时期。在促进经济发展的过程中，市政府深深地认识到，经济发展的快慢在很大程度上依赖于人的素质的高低，而人的素质的高低又取决于思想道德的水准和科学文化的普及程度。基于这样的认识，近几年，特别是1989年以来，武威市把精神文明建设摆在了重要位置，常抓不懈，为物质文明建设提供了良好的精神动力和智力支持。在具体工作中，市政府以“文明在武威”为总目标，首先狠抓了规划的制定。根据党的十三届四、五、六中全会精神，总结过去的经验，结合武威的实际，在广泛征求意见的基础上，制定了《武威市思想文化建设三年总体规划（“精神温饱工程”实施方案）》、《武威市城市区域共建精神文明方案》及其实施细则，以及加强和改进农村、企业和中小学思想政治工作的3个《意见》。这些规划，对全市精神文明建设的目标、内容、步骤、措施等方面提出了具体的要求。为了保证规划的实施，进一步充实加强了精神文明建设委员会，乡镇和部门成立了相应的领导机构，企事业单位和农村村委会配备了专门负责思想文化工作的干部，市乡还成立了区域共建、综合治理、“双拥”工作等领导小组，对精神文明建设工作定期研究、检查指导，形成了全市上下齐抓共管精神文明建设的局面。

（二）量化指标任务，推行目标管理。精神文明建设一向被人们认为是“虚”的东西，是软件，无法考核，因而在过去往往流于形式。为了改变这种状况，近几年，武威市在实践中逐步探索出了一条对其实行管理考核的办法，即在全市推行了精神文明建设目标管理责任制，使软件硬化，虚功实做。市乡两级政府和市直部门在制定任期目标时，把精神文明建设作为一项重要内容写进去。在农村，确定了组织机构、阵地队伍建设、制度建设、思想教育培训、文明创建活动、社会治安综合治理、文化体育、科技教育、广播宣传等10项60条内容；在城市，确定了区域共建、社会治安、造林绿化、市容整治等6项19条内容，并提出分年度实施要求和考核办法，强化了任务指标。为了保证完成精神文明建设目标，市与各乡镇、部门每年签订一次精神文明建设责任书，同经济责任书一起检查，一起总结，一起兑现。由于推行了目标管理，使精神文明建设逐步深入，每年有发展，年年有成效。

（三）努力增加投入，加强基础建设。教科文卫等基础设施，是精神文明建设的重要物质条件。没有一定的基础设施，就不可能在更大的范围和更深的层次上开展精神文明建设。过去，武威市教科文卫的基础设施一直较差，表现在机构不健全，设施简陋，队伍素质不高，不能适应经济发展的要求。“七五”期间，市政府采取国家、市和群众相结合的办法，千方百计多渠道增加投入，集中有限的资金解决突出问题。在教育上，围绕解决“一无两有”的问题，广泛开展“人民教育人民办”的宣传，发动群众集资办学。5 年共筹集资金 2393.78 万元，改造危房 79522 平方米，新修校舍 9234 间，添置课桌凳 10457 套。教育集资的增加，推动了教学条件的逐步改善。“七五”期末，全市中小学基本实现了“一无两有”，每一名学生拥有校舍面积 3.3 平方米，初步满足了教学需要。同时，市里出资 75 万元，在高中毕业生中先后选送 380 多人到大中专院校培训，基本解决了师资不足的问题。教学条件的改善促进了学校教育质量的不断提高。5 年里，共向大中专院校输送学生 5154 名，为全市各条战线培训骨干 3800 名，有力地促进了经济建设。在科技上，建立了市科技发展基金，市里先后拿出 135 万元，用于重点科技项目的攻关和科技知识的普及推广；按照“强化市一级、充实乡一级、延伸村一级”的原则，健全完善了农业科技推广机构，还积极引进和培训了一批科技人才。目前，全市共有各类科研推广机构 68 个，比“六五”时期末增加 40 个。在文化上，重点抓了农村文化中心和站、室的建设，采取发动群众投资投劳的办法，建成了文化中心 6 个，文化站 32 个，村文化活动室 352 个，村民小组学习室 1915 个。市乡村级的体育设施也有了改善。文化中心和站室，集科技、教育、文体娱乐活动于一身，在农村精神文明建设中发挥了较好的作用。在卫生上，坚持把卫生工作的重点放在农村，狠抓了农村医疗条件的改善，5 年里，市里共投入资金 200 多万元，修建改造乡村卫生院 31 所，城镇卫生院 6 所，新增床位 500 张，医疗卫生人员达到 1300 人，比“六五”时期末增长 14%。同时，筹集资金 697 万元，进行了农村人畜饮水工程的建设，不仅解决了贫困山区 18.6 万人、19 万头畜的饮水问题，而且使水的质量达到了规定的卫生标准。在广播电视上，建成电台 1 个，电视台 1 个，电视差转台和卫星接收站 22 个，电视覆盖面达到 95%。发动群众筹集资金，恢复农村有线广播，仅在 1990 年，就筹集资金 430 万元，恢复广播放大站 54 个，架设杆线 447 杆公里，使广播通村率由 19%上升到 50%，入户率由原来的空白达到 40%。在城市建设上，集中资金分期进行道路、上下水等基础设施建设，5 年共拓宽道路 4.56 万平方米，新铺油路路面 25.5 万平方米，铺设上下水管 43.1 公里，城市环境比“六五”期间有了很大改善。同时，狠抓了旅游景点建设和城市绿化工作，开辟了 4 条旅游线共 14 个旅游景点，城市修建扩建公园 2 个，新增绿地 2.1 万平方米，城区绿化覆盖率达到 18.2%，比“六五”时期末增长 6 个百分点。

（四）组织系列活动，开展文明竞赛。“七五”期间，为了进一步提高人们思想道德素质，还紧密结合武威实际，认真组织开展了系列活动和文明竞赛。一是在农村开展了“一、二、三、四、五”的系列创建活动。即：建“一会”（红白理事会）、办“两校”（乡镇党校和业余文化技术学校）、扫“三盲”（文盲、法盲、科盲）、评“四户”（党的联系户、团员关心户、妇女团结户、尊纪守法户）、刹“五风”（封建迷信、婚丧事大操大办、赌博、早婚私婚、超生）。目前，全市已建起村红白理事会 439 个，乡镇党校 36 所，基本国策学校 36 所，农民业余技术学校 38 所。累计评出文明家庭 16000 多户，党员联系户 5800 多户，团员关心户 7800 多户。系列活动的开展并逐步深化，使农村各种社会歪风得到有效的遏制，广大农民群众的思想观念发生了较大变化，科技文化水平也有了一定的提高。二是在行业中，开展了“七项文明竞赛”。在工交系统开展了“文明工厂、安全生产”竞赛；在卫生系统开展了“两学一优”（学白求恩、学雷锋、优质服务）竞赛；在教育系统开展了“文明校园、文明师生”竞赛；在商业服务行业开展了“优质服务、文明经商”竞赛；在党政机关开展了“廉洁奉公、马上就办”竞赛；在城区开展了“优美环境、优良秩序”竞赛；在农村开展了“移风易谷、树立社会新风”的竞赛。通过开展这些竞赛，掀起了精神文明建设的声势，推动了面上的工作，提高了广大干部和职工的职业道德素质和服务水平，全市各行各业涌现出一大批服务标兵和先进生产者。三是大力开展了文明单位、文明乡镇和文明城市创建活动。以思想、道德、文化、环境、法制、计划生育和经济建设为主要内容，制定了文明单位和乡镇的创建标准，每年进行一次检查评比和考核。几年来，共命名文明单位 215 个，文明乡镇 7 个。同时，还组织开展了文明街道、文明楼院、文明市场、卫生城市、“双拥”模范城市等单项文明城市创建活动，为争创省级文明城市打下了良好的基础。

精神文明建设的健康发展，有力地推动了改革的深入进行和经济的协调稳步发展。1990 年与“六五”期末相比，全市社会总产值达到 12.95 亿元，增长 48.8%；国民收入达到 5.93 亿元，增长 42.3%；国民总产值达到 7.26 亿元，增长 47.3%；工农业总产值（不变价）达到 5.19 亿元，增长 51.7%；乡镇企业总产值（不变价）达到 2.01 亿元，增长 2.56 倍；社会商品零售总额达到 4.74 亿元，增长 58.6%；财政收入达到 6161.7 万元，增长近一倍。

张掖市

市　长：彭尔笃

副市长：师宗德（人事、城建）　陈天成（文教、卫生）　王子辛（财贸）　成守仁（工交）　傅德华（农业）　罗正庆（科技）

彭尔笃市长，1943年11月出生，甘肃省榆中县人，1968年12月毕业于甘肃省师范大学中文系，同年12月参加工作，1973年7月加入中国共产党。先后在甘肃省民乐县革委政治部、县委宣传部、办公室工作，历任主任、县委常委等职，1982年调张掖地委宣传部工作，1983年11月任张掖县委副书记，后任市委副书记，1989年7月任张掖市政府副市长、代理市长，1990年2月当选张掖市市长。

“七五”已结硕果　“八五”再展宏图

□　张掖市市长　彭尔笃

张掖市位于河西走廊中部，是古丝绸之路上的重镇之一，1985年底撤县建市，1987年被国务院列为历史文化名城。“七五”计划实施以来，张掖市又以青春的活力谱写了新的历史篇章。

1990年的国民经济和社会发展简况

1990年是“七五”计划的最后1年，张掖市认真贯彻党的各项路线、方针、政策，紧紧围绕经济建设这个中心，继续坚持治理整顿和深入改革，使全市国民经济和社会各项事业有了新的发展，为“十年规划”的实施和“八五”计划的全面完成奠定了良好的基础。全年社会总产值6.609亿元，比上年增长8.8%（按可比价格计算）；工农业总产值3.9亿元，增长8.4%；国民收入2.99亿元，增长4.9%；财政收入4598万元，实现了收支平衡。

（一）依靠政策、科技和投入，农业夺得了第9个丰收年。农业总产值2.28亿元，增长4.8%，粮食总产2.66亿公斤，比上年净增1355万公斤，粮食单产487公斤，建成吨粮田3400公顷，1年新增农业投资近400万元，新建、维修各类渠道65公里，开荒造田287公顷。乡镇企业完成总产值1.8亿元，总收入1.45亿元，实现利润1215万元。

（二）立足整顿、改造、挖潜，工交生产在困境中实现了速度和效益的同步增长。完成工业总产值1.63亿元，较上年增长13.8%，实现利润1361万元，增长10.7%。

（三）克服市场疲软，商贸流通变中求进。完成国内商品纯购进1.79亿元，较上年增长3.1%，国内商品纯销售2.28亿元，增长2.2%，外贸商品收购额完成1071万元，社会商品零售总额完成3.2亿元，城乡集市贸易成交额1.31亿元，增长1.8%。

（四）加强完善配套和综合管理，城市建设有了新的发展。年内投资525万元，完成了环城东路891米和部分小街小巷的拓建，铺设排水管道512米，埋设地下电缆1887米，城区种植树木3.4万株，花卉3.1万平方米，人均公共绿地2.2平方米，配套了甘泉公园设施，完成8项治理“三废”工程，完成了3.9万立方米工程量的城防工程，新增住宅建设投资737万元。

（五）社会各项事业得到进一步巩固和加强。教育采取学校、职业技术和农民扫盲教育相结合办法，实行农科教一体化教育。市内现有各类学校在校学生数5.83万人，幼儿园幼儿7653人，增加2000人，94%的农村中小学实现了教学设施“六配套”。科技工作围绕经济建设，完成科研、技术引进、推广课题64项，制定并实施科技兴农的“5910”工程，在农村建立26个科技示范点，完成30多个示范项目，建立市、乡、村三级服务组织106个。计划生育已由突击化活动转入正常化管理，人口出生率和自增率分别控制在16.64‰和

10.81‰以内。年末全市总人口42.99万人，其中农业人口33.9万人。传染病发病率下降37%，计划免疫接种率89.6%。新建、完善、配套了体育馆、图书馆、广播电台。安置就业3424人，使待业率由10.3%下降到5.46%。城乡人民生活继续改善，人均住宅面积7.4平方米，全民单位职工人均工资收入2021元，比上年增长11.53%，农民人均纯收入735元，增长6.5%，银行存款余额4.08亿元，增长15.2%。

"七五"期间经济社会发展的几个特点

"七五"期间，是张掖完成县改市体制过渡，努力建设小型现代化城市雏形的一个重要时期。经济社会各项事业迅速发展，与"六五"时期相比出现了许多新的特点:

（一）各业生产持续、稳定、协调发展，国民经济结构逐步趋向合理。"七五"期间国民生产总值和国民收入总额年递增率为11.7%和9.2%。通过治理整顿和深化改革，生产发展过热现象得到控制，工农业总产值年递增率由"六五"的24%降到6.7%，步入持续稳定发展的轨道，财政总收入年递增由12.7%提高到18.4%，粮食总产量递增速度由0.9%提高到4.5%，社会商品零售总额年递增由11.8%提高到12.4%，工农业产值比例趋于合理，工商关系逐步协调，一、二、三产业之间的比例关系由37.4: 45.5: 17.1调整到35.9: 46.2: 17.9。农业内部农、林、牧业的发展速度由"六五"期间的每年递增5.3%、0.89%和13.6%，提高到了8%、14%和22.7%。

（二）以城带乡，以乡促城，城乡通开，协调发展的新格局初步形成。撤县建市后，首先从思想上确立了城乡一体化的发展观念，注意处理发挥城市中心作用和农村基础作用的关系，实行城区单位和农村乡、村、社挂钩联系、相互促进的办法，采取"两进城"（农副产品进城、农村剩余劳力、资金进城）和两下乡（工业品下乡、科学技术下乡）的措施，实现了以工补农，以农促工、工农互助，共同繁荣。目前，农村每年可为城市生活、生产提供粮食1亿多公斤，蔬菜2.5亿公斤，瓜果4335万公斤，肉蛋奶1500多万公斤，提供劳力3万多人（次）。而城市每年向农村扩散工业品2000万元，信息1500多条，举办各类培训班2000多次，印刷各类农技资料50万多份。全市城乡还成立各种科普组织54个，每年引进、推广技术项目100多项。

（三）发挥综合、协调、服务功能，城市吸引力、辐射力逐步增强。城市面貌大为改观，为经济发展提供了良好环境。"七五"期间共投资1714万元，完成10项城市建设规划项目，拓宽5条主要街道，新建楼房200幢；商贸流通自成体系，服务功能不断健全。市内拥有各类服务网点3875个，大中型农贸市场17处，1990年成交额1.32亿元，是1984年的4倍；挖掘开辟文物古迹和旅游景点，提高了城市吸引力和知名度，对7处古建筑进行修葺，开辟10多处旅游景点，其中大佛寺泥塑卧佛是目前全国室内卧佛之最，金塔寺的高肉雕彩塑飞天，熔园雕、浮雕、彩雕为一炉，为全国仅有。市内建有火车站、汽车站各6个，20条省地公路，年均铁、公路货运量分别为150万吨和300万吨。体育方面共获奖牌336枚，其中国家级7枚，国际性7枚，张掖姑娘薛金花曾创造手球比赛的世界奇迹，成为国家级优秀手球守门员，市乡有文化艺术机构80个，建起大、中文化娱乐场所100多处，每千人平均有医生2.8名，每万人有床位20.9张，有电报、长话电路62条，电话装机容量2000门，程控电话可直拨全国，由于城市综合服务功能的增强，使张掖市吸引力逐步增强。每年来张经营、旅游人数达15万人。最近国家已确定在张掖建立玉门石油化工基地，这将使丝绸之路上的金张掖更加赋有诱惑力。

（四）经济的发展带来了人们思想的解放和观念的更新。随着撤县建市体制的变化和经济的发展，使人们的思想观念发生了新的变化。首先克服了保守落后的小农经济观念，树立参与市场、参与竞争的观念；克服了城乡分割、互不相干的观念，树立了城乡一体，共同发展的观念；克服了闭关锁国、夜郎自大的观念，树立了走出去、引进来的开放搞活观念；克服了急功近利的近视倾向，树立了预测未来，超前思维的战略眼光。思想的解放和观念转变反过来又促进经济的发展。到目前，张掖市已经和全国400多个地区和市（县）建立了经济协作关系，共开发经济协作项目77项，引进资金758万元，人才76名。同时张掖市的工业品和农副产品也大量调出，特别是瓜菜调运已形成一定规模，年总产11亿公斤左右，商品量占总产量的85%，外调量约占全省40%，瓜菜调往省外26个省、市的450多个单位，成为全国"西菜东运"的重要基地。

1991年的工作任务和"八五"期间的奋斗目标

1991年和"八五"期间，张掖市经济工作的任务和目标是：工农业总产值年增长4.1%，1991年达到4.075亿元，"八五"末6亿元。其中：农业总产值保持4.5%的增长速度，1991年达到2.39亿元，"八五"末达3亿元；工业总产值保持3.4%的增长速度，1991年达到1.685亿元，"八五"末达3亿元；粮食总产保持3.2亿公斤；乡镇企业产值保持11%的增长速度，1991年达2亿元，"八五"末达到3亿元。

玉门市

市　长：郭富才

副市长：罗福智（工交、城建、计划）　王怀智（工商、物价）　曹　鸿（文教、卫生）　张遐龄（商业、乡镇企业）　张克绪（农业、科技）

郭富才市长，生于1936年12月，河北省交河县人，中专文化程度，1957年8月参加工作，1956年5月加入中国共产党。历任玉门市委工交部、市委办公室干事、市总工会秘书、市食品公司肉食站副指导员、市革委会生产指挥部副主任、市计委副主任、市建筑公司党委书记、经理，玉门市革委会副主任、玉门市副市长；1982年10月至1983年6月任敦煌县副县长；1983年7月至1986年11月任酒泉地区建筑安装公司经理；1986年12月任中共玉门市委常委、市政府党组副书记，1987年2月任副市长，1991年元月任市长、党组书记，1991年3月兼任中共玉门市委副书记。

欣欣向荣的玉门商业

□ 玉门市市长　郭富才

地处古丝绸之路要隘的玉门，作为国家开发西北战略纽带中的城市之一，在社会主义进程中不断前进。特别是在第七个五年计划期间，物质文明建设和精神文明建设都取得了很大成就，人民生活有较大提高，与其紧密联系的玉门商业也出现了繁荣兴旺、蓬勃发展的崭新局面。1990年，全市总人口19.39万人，其中非农业人口11.23万人；国民生产总值达3.09亿元，粮食总产量达85785吨，农民人均纯收入954元；全市商业零售、饮食、服务业网点和从业人员分别比1985年增长86.99%和50.95%，平均每千人拥有零售商业网点4个，高于全国平均水平；国营和供销合作商业的农副产品购进额7372万元，比1985年增长252.39%；全市社会商品零售总额达1.69亿元，比1985年增长94.65%。

国营商业努力发挥主渠道作用
积极繁荣社会主义商品市场

（一）强化基础建设，增强服务功能。

“七五”期间，玉门市国营商业服务网点建设发展迅速。1990年，全市国营网点面积比1985年增加18.85%，固定资产总额增长34%；平均千人拥有商业网点面积423平方米，处于全国中上水平。特别是中型骨干商业服务网点的建设得到了应有的重视，一批功能比较齐全的商业服务中心相继投入使用，大大增强了国营商业主渠道地位。为了进一步增强国营商业的服务功能，市属商业企业于1990年起继续抓紧改扩建商业服务网点。北坪商场等翻扩建项目于1991年竣工并投入使用后，玉门市国营商业的基础建设将再上新台阶。此外，国营工业等其他行业开展多种经营，跻身商品流通，也大大促进了商业整体基础的建设。由玉门石油管理局投资兴建的“楼外楼”综合商业中心及“玉城春”商业服务综合大楼，现已成为玉门商业重要的组成部分。

（二）深化改革增强活力，千方百计繁荣市场。

“七五”期间，市国营商业系统的广大职工以深化企业改革，完善承包经营责任制为中心，努力发挥国营商业主渠道作用，以优质的服务、丰富的商品、优惠的价格和良好的信誉积极扩大市场，取得了较好的经济效益和社会效益。

1. 坚持深化改革，完善二期承包。“七五”期间，全市国营商业全面完成了一期承包的各项指标，并于1990年底顺利地转入二期承包。二期承包方案健全了合同指标体系、完善了承包合同内容，承包基数比一期增长了68.8%。

2. 积极采取措施，确保市场稳定繁荣。一是加强物价管理，保证价格相对稳定，在维护消费者利益的同时，以较低廉的价格促进了销售；二是坚持定期分析市场变化情况，随时掌握关系国计民生的必保品动态，做到库存充裕，不断档脱销，以品种全、花色新吸引顾客，促进销售；三是近购远补，加强临时采购，勤进快销，降低费用，薄利多销，让利于民；四是采取下厂、下乡、定时定点上门服务、电话预约等灵活多样的销售方式，便民促销；五是加强信息反馈，适度引导消费，增加服务项目，满足不同层次的消费需要；六是坚持实行“三包”制度，杜绝假冒伪劣商品，以良好的企业信誉取胜。以上措施进一步增强了国营商业的地位，企业自身的经营效益和对国家的贡献也有了显著增长。1990年与1985年相比，全市国营商业销售总额增长44%，利润增长180%，上缴利税增长97%，人均贡献增长92%。

供销合作社已成为联接城乡经济的一条重要纽带

“七五”期间，市供销合作社立足农村，面向农业，服务农民，在扩大城乡产品交流和加强自身建设等各方面都取得了新的成绩。至1990年，市社下属2个公司、7个乡镇基层供销社、近百个分销店和各种直属网点，形成了遍布城乡的供销服务网络；固定资产增长39.6%，自有流动资金增长21.9%，社员股金增长4.1倍，经营品种达8千多种，农副产品收购额和国内纯销售分别比1985年增长95.8%和68.3%。特别是农业生产资料年供应额在“七五”期间年均递增21.2%，化肥、农药、地膜等都能满足农村日益增长的需求。近年来狠抓以科技为先导的系列化服务，公司和各基层社成立了农资系列化服务站，设立农资专柜和咨询台，抓合理用肥、科学用药，为农业生产发展做出了显著贡献。同时，供销部门还长期坚持采用提取利润留成等方法抽出扶持资金，用于扶持农村多种经营，发展商品生产，重点扶持了黑瓜籽、西瓜、白兰瓜、棉花、红葱、红辣椒等农产品，使农户收到较高的经济效益。

城乡集市贸易蓬勃发展，商品流通呈现巨大活力

“七五”期间，先后建起并开放了北坪、三三区、三八路、玉门镇、玉东镇综合农贸市场，还在南坪及农村各乡镇设有市场交易点。至1990年，全市市场建筑面积已达11220平方米，综合商场等交易场所建成面积10000平方米；上市蔬菜及副食品等交易品种达百余种，上市工业品900多种，每天上市交易人员达2万多人，节假日高峰时可达4万人以上，年成交额2664.2万元，比1985年增长465.29%；市场成交额占全市社会商品零售总额的15.86%，比1985年提高了9.37个百分点。

“七五”期间，个体工商户的发展十分迅速，大大增强了流通领域的活力。玉门市从本市实际出发，本着需要什么发展什么，需要多少发展多少的原则，使个体商业迅速发展成为全市商品流通领域的一支重要力量。1990年，城乡个体有证商业户和从业人员，分别比1985年增长131.10%和69.92%；按全市人口平均计算，每千人有个体商业饮食服务人员8人。

日趋繁荣的北坪商业区

北坪商业区位于玉门市区中段，宽阔的解放大街，纵贯其间，南抵秀美的油城公园，雄奇俊逸的玉园阁和石油通讯钟楼、北至解放门转盘十字，玉门文化中心大楼、玉门剧院和石油工人影院。建市初期，这里即是市区商业文化中心。80年代以来，尤其是“七五”期间，在全市城市总体规划指导下，这一带在原有基础上先后又新建一批商业服务网点和文化娱乐设施，逐步形成繁荣的商业中心区。

北坪商业区主要购物及饮食服务中心简介：

北坪商场是一个建设较早的百货商场，1973年元月开业，原建筑面积1895平方米，1990～1991年翻建工程完成后，扩大为4649平方米，设13个柜组，经营品种共8700多种，年销售额660万元。

北坪百货大楼1986年10月开业，建筑面积3542平方米，设15个零售柜组，经营商品有8500多个品种，年销售额420万元；分设公司直属批发部，经营品种9600余种，年销售额1200万元。

北坪糖烟酒大楼经营部，1989年10月开业，年销售额100万元；分设北坪门市部，1987年10月开业，设4个柜组，经营品种800余种，年销售额148万元。

北坪五金交化大楼1983年开业，建筑面积1200平方米，经营项目共计2000多个品种，年销售额300多万元；五金交化商场1991年9月开业，建筑面积3200平方米，年销售额400万元。

供销商场1990年10月开业，建筑面积1427平方米，年销售额240万元。

建工贸易大楼1990年5月开业，建筑面积2000平方米，年营业额300万元。

关外关饭店1987年11月开业，建筑面积3446平方米，总营业额年均120万元。

北坪集贸市场1980年1月开业，建成面积5500平方米，集贸大楼建筑面积1530平方米，楼内现有商业个体户153户，经营项目分24类约1000多个品种，年成交额530万元。

长城舞厅（人防工程平战结合项目）1990年12月开业，建筑面积534平方米，设饮料部、普座、雅座、包厢，经营项目包括卡拉OK音乐茶座、舞会。

玉城春综合服务大楼，1987年5月开业，建筑面积3500平方米，设快餐厅、宴席餐厅、风味小吃部、副食烟酒店、百货店、舞厅等。

酒泉市

市　长：张克勤

副市长：杨耀本（常务）　李凯音(财贸、文教)　王志发（工交、计划）　马定国（乡镇企业、政法）　张俊明（农业、科技）

张克勤市长，大专文化程度，1948年10月生，酒泉市人。1968年10月参加工作，1980年11月加入中国共产党。1979年1月至1988年8月，先后任酒泉地区行署办公室秘书科副科长、科长，中共酒泉地委经济工作部副部长、酒泉地区行署办公室副主任。1988年9月任酒泉市委常委，1988年12月任中共酒泉市委副书记、酒泉市代市长。1989年1月当选为中共酒泉市委常委、副书记、酒泉市市长。

稳中求进的酒泉市

□ 酒泉市市长　张克勤

“七五”时期，酒泉市各族人民认真贯彻执行党的路线、方针、政策，坚持四项基本原则，坚持改革开放，积极进行治理整顿，紧中求活，稳中求进，克服困难，开拓进取，全面完成了计划指标，取得国民经济发展和社会事业进步的可喜成绩。

“七五”计划超额完成，国民生产总值提前翻番

1990年，全市国民生产总值（以现行价格计算）完成47147万元，为“七五”计划的107.37%，比1985年增长1.02倍，比1980年增长3.2倍；国民收入完成42589万元，为计划的104.9%，比1985年增长1.07倍，比1980年增长2.97倍；工农业总产值（按1980年不变价格计算）完成36266万元，为计划的115.51%，比1985年增长45.09%，比1980年增长2倍。乡镇企业产值、市级财政收入、社会商品零售总额，外贸出口商品收购额、主要产品产量等经济指标均已超额完成。国民生产总值、国民收入提前5年翻番，为实施第二步战略目标，积蓄了力量，创造了条件，奠定了基础。

工农业生产稳步增长，主要比例关系有了较大调整

1990年，全社会地方工业企业达142个，职工人数1.48万人，工业总产值（按1980年不变价计算）19349万元，比1985年增长75.6%，平均年增长11.9%。原煤、食糖、白酒、水泥、家具等25种主要产品产量，比1985年均有较大增加；面粉、服装、中小农具、机制砖、石棉等9种产品产量比1985年略有减少。1990年，独立核算工业企业固定资产原值达22517万元，比1985年增长98.83%；销售收入23575万元，比1985年增长1.45倍；实现利税3238万元，比1985年增长1.09倍；定额流动资金14262万元，比1985年增长3.3倍；全员劳动生产率13363元，比1985年增长53.9%。

农村随着家庭联产承包责任制的完善，社会化服务体系的健全，农业生产条件的改善，“科技兴农”措施的落实，农村经济获得全面丰收。1990年，农村社会总产值达到44090万元，比1985年增长1.05倍；农业总产值达到16917万元，比1985年增长21.09%，年均增长3.9%；农村经济总收入达到42924万元，比1985年增长1.72倍。1990年，粮食总产量达到22.91万吨，创历史新水平；糖料、蔬菜、瓜类、水果稳定增产，甜菜总产量达17.8万吨，比1985年增1.71万吨；肉、禽、蛋、奶、水产品大幅度增长，肉类总产量达到9144吨，比1985年增62.24%。乡镇企业总产值1990年达到14069万元，比1985年增长93.60%。

在国家产业政策的指导下，经过几年的调整，国民经济主要比例关系出现以下变化：一是第一、第三产业产值在三次产业总产值中的比重上升。1990年同1985

年相比，第一产业产值的比重，上升4个百分点，达到52%；第三产业产值的比重，上升3个百分点，达到27%；第二产业产值的比重，下降7个百分点，由28%降为21%。二是工业产值在工农业总产值中的比重上升。工业产值比重由1985年的44%上升到1990年的53%；农业产值比重由56%降为47%。三是轻工业产值在工业总产值中的比重上升。轻工业产值比重由1985年的57%上升到1990年的68%；重工业产值比重由43%降为32%。四是牧副渔业产值在农业总产值的比重上升，牧副渔业产值比重由1985年的15.93%上升到1990年的23.21%。

固定资产投资增加，城市建设步伐加快

"七五"期间，全社会固定资产投资累计完成2.15亿元，其中：全民所有制累计完成1.48亿元，建成种鸡场、啤酒厂、酒泉火车站至酒泉城郊铁路专线；酒泉汽车站、市医院门诊楼、酒泉宾馆、部分中学、小学教学楼等。全民所有制单位更新改造投资0.49亿元，完成制糖、造纸、白水泥、硅铁、酿酒等技术改造；城镇集体所有制单位等投资0.18亿元，完成卫生纸、羊毛衫、日用化工等扩建工程。5年新增固定资产2.12亿元，新建住宅面积25.35万平方米。

在商品粮基地建设方面，1983年至1990年的8年间，省和市共投资4154万元，建成引输水工程3项，农电线路72.1公里、衬砌干支渠231公里，新打机井300眼，使22.3万亩农田实现渠路林电配套。8年来，全市向国家提供商品粮6亿公斤，粮食商品率达47%。

5年来，用于城市建设的资金5000多万元，其中地方财政补助855万元，社会筹集资金4000多万元，建成住宅10320套，到1990年末城区房屋建筑面积达250万平方米，比1985年增59.24%，住宅居住面积达46万平方米，比1985年增24.32%。人均公共绿地面积3.04平方米，绿化覆盖率20.89%。

交通等事业相应发展

"七五"期间，整修扩建国道1条、107公里，省道2条、47公里，市乡道路20条、349公里。市境内有铁路2条，航空线路1条。运输网路已基本形成，运量随之增加。1990年铁路客运量16万人，货运量37万吨；公路客运量465万人，货运量59万吨；民航客送量1030人。电讯通信设施不断更新，邮电事业不断发展，1990年邮电业务总量达353万元，比1985年增1.03倍。

"七五"期间，商业流通渠道拓宽，商品货源充裕，市场活跃，销售扩大。1990年，社会商品零售总额达到31511万元，比1985年增长73.33%；城乡集市贸易成交额3664万元，比1985年增长1.31倍；外贸出口商品收购总额1369万元，比1985年增长8.85倍。

全市已形成基础教育、职业教育、成人教育三大教育网络，教育结构有所调整，办学条件逐步改善。1990年，有各类学校229所（其中成人高校2所，中等专业学校7所，农职业学校3所），教职工人数3836人，在校学生4.5万人；幼儿园9所，教职工156人，入园幼儿5937人；推行群众集资办学经验，使53所学校进行改造扩建，基本上实现"一无两有"；普及了初等教育。

文化、卫生事业稳步发展。1990年，有电影放影单位33个，艺术表演团体2个，群众艺术馆、文化馆、博物馆各1个，公共图书馆1个，藏书8.3万册，广播电台1座，电视发射台、转播台、闭路电视中心各1座，丰富了人民的文化生活。1990年，有医疗卫生机构146个，比1985年增加74个；卫生技术人员1630人，比1985年增加346人；医疗病床1399张，比1985年增加514张；每万人拥有卫生技术人员55人、拥有病床47张。

横向经济联合加强

1985年县改市以来，先后派出114个考察团（组）718人，到外地考察学习；接待外地来酒泉访问与考察团（组）68批419人。同黑龙江省尚志县、江苏省宿迁县、新疆哈密市等7个市县结为友好市县；参加了陇海兰新经济研究促进会、"二汽"集团等有关活动；在上海等地举办产品展销会、订货会，扩大了地方产品的销路。同外地一批企业、大专院校和科研机构在63个项目上进行合作，协进资金16350万元，协进煤炭、钢材、木材、化肥玻璃等物资折价3356万元；协出水泥、机制纸、耐火材料、农副产品等物资折价3857万元，引进人才108人，新建与改造了铁合金厂、脱水蔬菜厂、鲜牛奶软包装、塑料编织、农副产品加工等一批地方工业和乡镇企业。5年来向外地运销洋葱、西瓜、大蒜、洋芋、辣椒等农产品2亿多公斤。

人民生活明显改善

1990年，城镇居民人均生活费收入1112元，比1985年增加305元，增长37.79%；农民人均纯收入978元，比1985年增加382元，增长64.09%。职工队伍扩大，职工工资增加，1990年，全民所有制和集体所有制单位职工达3.86万人，比1985年增长14.88%；职工工资总额达8497万元，增长1.15倍；职工平均工资2201元，增长87.32%。在吃穿用住和医疗保健全面改善的基础上，城乡居民储蓄增加，1990年年末人均储蓄余额1019元，比1985年增长2.34倍。

临夏市

市　长：包景荣

副市长：马新民（回族　工交、财粮贸）　马小娟（女　回族　文教卫生、计划生育）　马绍良（回族　城建城管、公检法司）　费复智（农业、民政）　田文星（科技）。

包景荣市长，1946 年 12 月生，甘肃省临夏市人，1968 年毕业于临夏师范，先后从事过教师、公社宣传干事、青年干事、县委宣传干事、县委办公室秘书等工作。1983 年后，先后担任临夏市政府办公室副主任、中共临夏市委副书记等职；1990 年 3 月当选为临夏市市长。

全面发展的五年

——临夏市“七五”期间经济社会发展概况

□ 临夏市人民政府办公室

“七五”期间，临夏市各族人民在市委和市政府的领导下，认真贯彻执行党的路线、方针、政策，结合实际，狠抓城市、农村两大块，突出工业、农业、教育、科技、城市建设与管理 5 个方面，以“以商促工”为突破口，把大力发展地方工业作为振兴城市经济的重要战略措施，加强精神文明建设，走科技兴农、工贸兴城的道路，促进了城市社会各项事业的蓬勃发展，全市呈现出社会稳定、政治安定、商业繁荣、经济发展、民族团结、环境优美、秩序良好的新景象。

城郊型农村经济全面发展

（一）粮食生产摆脱长期徘徊不前的的局面，登上新台阶。几年来，由于狠抓水利建设，保证农用生产资料供应，增加秋粮播种面积，以地膜覆盖栽培和带田种植为重点，大力施行科技兴农，1990 年，全市粮食总产达到 18850 吨，比 1985 年增长 80.6%，年均递增 12.6%。

（二）产值持续增长，结构日趋完善。“七五”期末实现农业总产值 2012.2 万元，比 1985 年增长 63.9%，年均递增 10.4%，5 年间农林牧副四业平均递增速度分别为 7.9%、—12%、14.6%、19%，农林牧副渔五业占农业总产值的比重分别为 49.9%、1.8%、39%、9.2%、0.1%。由于近几年加强畜牧业生产，分散养殖与规模养殖相结合，以奶牛、肉牛和鸡为主的商品畜牧业迅速发展，1990 年肉类总产量达 2795.4 吨，年均递增 24.1%。

（三）蔬菜总产量连年增长，细菜比重日渐增加。蔬菜生产不仅满足了本市人民日益增长的需求，而且大量运往外地。1990 年蔬菜种植面积 997 公顷，比 1985 年增长 2 倍多，年均增长 25.3%，蔬菜总产 35418 吨，增长 92.5%，年均增长 14%。

（四）乡镇企业发展迅速。全市现有乡镇企业 3553 个，从业人员 17041 人，占农村总劳动力的 42.2%，乡镇企业总产值 9014.8 万元，增长 6.2%，其在农村社会总产值中的比重为 73.8%。

地方工业蓬勃兴起

“七五”期间，市委、市政府把“以商促工”作为发展地方经济的突破口，以“积极扶持，大力发展户办、联户办、股份制和私营企业；巩固提高、扩大发展集体企业，挖潜改造，稳步发展国营企业”为指导思想，制定了两个“十一条”优惠政策，为工业经济的发展创造了优越的条件，地方工业获得了迅猛发展。“七五”期末全市拥有各类工业企业1478个，从业人员9550人，分别比“七五”初期增长31.8%、87.8%，全市工业总产值5342万元，比“七五”初期增长2倍多，年均递增25.6%。“七五”期间全市工业企业固定资产投资额为1251万元，累计完成技术改造项目45个，总投资1069万元，有7种产品获省、部优称号，9种产品在全省行业质量评比中获优秀产品奖。现已形成了建材、皮毛、地毯、食品、饲料、铸造、服装鞋帽、民族特需用品等18大行业，产品种类近60种。

商业贸易持续繁荣

“七五”期间，作为传统产业和地方经济支柱的商业经济发展尤为迅速。1990年社会商品零售总额17760万元，比1985年增长1.3倍，年均递增18.6%。各种经济类型的商业、饮食服务业就业人数达4684人，其中个体商业2669户、4223人，平均递增速度分别为18%和21.5%。5年间商品零售额增长4.7倍，年均递增41.7%，在各业中所占比重由“七五”初期的24.5%上升到59.7%。集市贸易规模不断扩大，“七五”末市场已发展到14个，集市贸易年成交额达3068万元，年均递增66%。

城市建设成效显著

“七五”期间，临夏市按照“统一规划、合理布局、综合开发、配套建设”的方针，以规划好、建设好、管理好为城建城管工作的基本原则，坚持城市建设与改善环境相结合，职能部门抓和发动群众相结合，城市建设取得可喜成绩，城市面貌焕然一新。

（一）重点建设基础设施，增强城市综合服务功能。在道路建设方面新建了宽20米、长1500多米的环城北路，高质量的完成了总投资170万元的临夏市第二大桥主体和南岸接线工程，完成了南门广场、三道桥广场整体改造，新建了自动信号指挥装置系统，对全市其他咽喉地段和主干道进行拓宽、改造，并设置了行道护栏，完善了道路功能，采取民建公助的方法，先后对人行道及320条、面积14.5万多平方米的小街巷进行硬化，5年来市郊农村公路也得到较大改善，基本解决了城乡行路难的问题。在生活设施建设方面，为了缓解城市供水紧张的局面，从1987年开始建设新水厂，投资855万元，1990年实现了并网供水，在继续建设完善水厂的同时，重点改造输、排水管网，1990年新埋设了近10公里的输排水管道，改造了8公里的输水管线，自来水日供水量2.2万吨，自来水用户1.2万户。“七五”末期，60%的居民已经用上了方便、高效的电炊具。5年来，全市共修建水冲式公厕10座，解决了群众“上厕难”问题。为了防洪、防汛，每年还拨出大批专款用于加固、新建大夏河、红水河等防洪堤岸及保护设施。在市场建设方面。“七五”期间共建6个大市场，近1万平方米的营业店铺，新建商场6个，总投资1200多万元，建筑面积达2320平方米。住房建设方面，现已开辟了5个居民新区，新建住宅5.54万平方米，试建了太阳能楼房3栋。

（二）发挥传统优势，绿化美化城市。一是对城市主干道的绿化带进行了更新改造，14条主干道全部按规划统一树种，栽植了行道树，并建成城市中央花坛和红园新村花坛，在大夏河两岸共栽植长15公里的护岸林和2000米的滨河马路绿化带。二是把南北西山作为城市义务植树和基地，共育林173公顷，北山第一期上水工程已经建成，修建了230吨级蓄水池，340吨级高位蓄水池各一座，现已投入使用。三是城乡结合，在沿抱罕、折两乡山脚地段栽植了121公顷连片经济林。四是大力开展庭院绿化美化活动，动员各单位、各居民院落建造花坛池榭，栽树养花，并把绿化美化和发展庭院经济结合起来。五是因势利导开辟了占地3000多平方米的花草鱼鸟市场。六是采取国家、集体和群众一起上的办法，筹措园林绿化建设资金。“七五”期间全市园林绿化总投资达到1306万元。

教育、科技、卫生、文化、体育等各项社会事业得到较大发展

教育科技事业有了新的发展。1990年全市拥有中等专业学校4所，普通中学9所，职业学校1所，技工学校1所，小学53所；中等专业学校专任教师299人，在校学生1597人，普通中学专任教师527人，在校学生0.90万人，职业学校专任教师35人，在校学生340人，技术学校专任教师21人，在校学生108人，小学专任教师357人，学生1.51万人，学龄儿童入学率97.4%，巩固率97.7%，毕业率96.1%，普及率95.2%。科技队伍不断壮大，服务体系日益健全。5年来科技成果的取得，良种、技术的引进、推广，有力地促进了临夏市城郊型农业和地方工业的发展。

卫生文化体育事业也取得进步。1990年，全市卫生机构共33个，各类医院、卫生院床位644张，卫生技术人员1006人，其中医生461人。修建了建筑面积达3125平方米的市医院住院部大楼，改善了工作条件。几年来，注重提高医疗质量和服务质量，狠抓卫生防疫和妇幼保健工作，儿童“四苗”覆盖率达98.5%。全市城乡普遍设立了文化中心、文化站、文化室，群众性文化活动形式多样，群众文化生活日益活跃。体育设施不断充实、健全，群众性体育活动广泛开展。青少年业余体育训练成绩可喜，运动成绩大幅度提高，“七五”期间在全省大型比赛中临夏市代表队多次获团体、个人奖，在全州比赛中始终保持第一。

西宁市

市　长：刘光中

副市长：林世亭（常务）　杨德荣（财贸、农业）　高　荣（科教文卫）　张志伟（回族　政法）　孟庆友（城建）　李庆杰（工交）

刘光中市长，生于1944年12月，江苏人，中共党员，1967年毕业于西安公路学院汽车系。1968年以后，先后在西宁市运输公司任副厂长、厂长、副经理、经理等职。工程师。1983年8月任中共西宁市委副书记；1988年6月任西宁市代市长兼西宁市志编纂委员会主任；1989年4月被选为西宁市市长。

“七五”变化话古城

□　马占云　陶宛竹

1990年经济社会发展概况

1990年，西宁市经过全市各族人民的艰苦努力，积极采取有效措施，克服重重困难，地区国民生产总值完成20.86亿元，比上年增长3.5%；国民收入达到15.85亿元，下降3.63%；人均国民生产总值达到2034元，增长1.94%；人均国民收入达到1545元，下降5%；工农业总产值完成20.51亿元，比上年下降2.11%。其中工业总产值全年地区完成19.33亿元，比上年下降2.38%；农业社会总产值全年完成11797万元。比上年增长3.16%。耕地面积为6万公顷。虽比上年减少20公顷。但随着农业生产条件的改善，种植业产值完成7979万元。比上年增长2.49%，粮食产量完成151353吨，比上年增长1.89%；油料10298吨。增长11.07%；蔬菜98211吨。增长6.34%。社会商品零售总额完成15.35亿元。比上年增长12.87%。地方财政收入35351万元。比上年增长12.21%；人民生活在不断改善。据抽样调查。城市居民全年人均生活费收入1254元。比上年增长5.29%。扣除物价上涨因素；实增1.14%；人均生活费支出1174元。增长3.99%；农民人均纯收入422元。增长9.9%。

“七五”时期经济社会发展回顾

“七五”期间，为了把西宁市建设成为开拓青海的前进基地，在省委、省人民政府领导下，坚持党的基本路线，大力发展社会生产力，促进了国民经济和社会各项事业的发展。在5年中，执行计划的前3年，国民经济保持了较快的发展速度；后两年，治理整顿和深化改革取得了阶段性成果。全市政治和社会稳定，中心城市的地位和作用得到了加强。

（一）工业在深化改革中得到发展。“七五”期间，进行了工业管理体制的一系列改革，推行了厂长负责制、厂长任期目标责任制和企业经营承包责任制。根据资源条件和市场需求，大力进行了产业和产品结构的调整，改善企业内部的经营机制，搞好企业技术改造，增强企业生产和经营能力，有力地推进了工生产的稳定协调发展。在执行“七五”计划的5年中，工业产值在前3年平均递增13.17%，经济效益显著提高，全民所有制企业的利税总额年递增速度高达32.86%。后两年，特别在1990年，工业生产遇到了较大困难，市场疲软，产品大量积压，资金周转期拉长，造成了工业生产的下滑。但1990年与1985年相比，西宁地区工业总产值由128635万元增长到193303万元，增长50.27%，年平均递增8.49%。按经济类型分。全民所有制企业产值由100509万元增长到154725万元，增长53.94%。年平均递增9.01%；集体所有制企业产值由24870万元增长到31697万元，增长27.45%，年平均递增4.97%。按轻重工业分，轻工业总产值由47358万元增长到 59054 万元，增长 24.7%，年平均递增 4.51%；重工业产值由 81277 万元增长到 134249 万元，增长 65.17%，年平均递增 10.56%。从主要行业的发展来看，在“七五”期间，机械工业在调整中进行了管理体制的改革，将省机械、轻纺两厅所管的 43 个企业下放到西宁市管理。1988 年底，全地区机械工业企业有 208 个，占全地区工业企业数的 36%，形成了西宁工业的支柱产业之一。纺织、缝纫及皮革工业。形成了一个结构较合理、门类较齐全、具有生机和活力的行业，现有纺织企业 21 户，缝纫企业 39 户，皮革皮毛企业 17 户。化学工业、建材工业、食品工业都有了长足的发展。西宁工业企业数占全省的 41%，它的发展，对增强青海的经济实力、加强全省的工业基础起到了举足轻重的作用。1990 年乡以上独立核算工业企业 484 户，实现利税总额 26087 万元，比 1985 年增长 17.12%，年平均递增 3.21%。按经济类型分，全民所有制企业实现利税 23602 万元，比 1985 年增长 26.71%，年平均递增 4.85%；集体所有制企业实现利税 2478 万元，比 1985 年下降 32.05%，年平均下降 7.44%。按轻重工业分，轻工业实现利税 7608 万元，比 1985 年增长 16.73%，年平均递增 3.14%；重工业实现利税 18479 万元，比 1985 年增长 27.88%，年平均递增 5.04%。

(二) 农业全面发展，丰产丰收。

“七五”期间，西宁农业在一靠政策、二靠投入、三靠科技的方针指导下，落实了区、县、乡、镇长和主管领导包乡包村责任制,实现了以领导为保证，以技术为中心、以物资为基础、以高产高效为目标的集团承包，促进农林牧副渔全面发展，使农业综合开发、农田水利基本建设和“科技兴农”等措施得到进一步落实。在“七五”后两年，市财政用于农业的投资保持在年递增 15% 的水平上，粮食总产量连续创历史最好水平。1990 年粮食总产量达 15.14 万吨，比 1985 年增长 10.9%，年平均递增 2.09%；油料产量 10298 吨，比 1985 年增长 28.73%，年平均递增 5.18%。蔬菜产量 98211 吨，比 1985 年增长 32.47%，年平均递增 5.78%。郊县农村因地制宜，发展多种经营，充分利用优势资源，大力兴办乡镇企业，活跃了农村商品经济，使农村经济得到充分发展。1990 年农业总产值达到 11797 万元，比 1985 年增长 18.28%，年平均递增 3.5%；乡镇企业总产值达到 1.6 亿元，年平均递增 16.9%。在发展农业的同时，畜产品也得到相应的发展。1990 年牛奶产量达到 16961 吨，比 1985 年增长 31.33%。年平均递增 5.6%；肉类产量达到 6324 吨，比 1985 年增长 36.38%，年平均递增 8.07%；禽蛋产量 2727 吨，比 1985 年增长 90.17%，年平均递增 13.72%。为了发展副食品基地，丰富城市居民的“菜篮子”,“七五”期间完成了华青蛋禽公司一、二期工程，抓紧了大通仔猪繁育和郊区淡水养鱼基地建设，发展了菜、肉、禽、蛋、奶、果等商品生产。同时，认真抓了扶贫工作，实行了各部门、各单位定点包乡包村扶贫联点责任制，在 14 个贫困乡中，已有 5%以上的乡、村和 64%以上的农户实现了脱贫。

(三) 商业流通领域扩展，市场繁荣。

西宁是青海商业贸易的中心，是省内外物资的主要集散地。“七五”期间，西宁商业流通领域坚持了国家、集体、个人一齐上的方针，有计划地建设和扩大各种集贸市场和商业网点，随着流通体制改革的深入，逐渐建立起以国营商业为主导，多种经济形式、多种经营方式、多种流通渠道、多种环节并存的流通体系。全市建立了各种贸易中心、批发市场、生产资料市场、农贸市场、个体商业街等。1990 年全市商业、饮食服务业网点发展到 11247 个，比 1985 年增加 3560 个，其中国营和供销合作社 588 个，集体 805 个，个体 9854 个。国营商业在加强工商联合、扩大对地方产品的销售、引导消费、平抑物价等方面，发挥了主渠道作用，集体和个体商业在活跃市场、调剂余缺、补充空白、方便人民生活等方面，起到了有益的补充作用。1990 年全市社会商品零售总额达到 15.35 亿元。比 1985 年增长 79.11%，年平均递增 12.36%，其中对居民的消费品零售总额 13.16 亿元，比 1985 年增长 96.71%，年平均递增 14.49%；对社会集团消费零售总额 1.75 亿元，比 1985 年增长 68.27%，年平均递增 10.97%。城乡集市贸易得到长足的发展，1990 年成交额达到 20522 万元，比 1985 年增长 2.63 倍，年平均递增 24.4%。外贸出口持续增长，1990 年商品出口供货总值比 1985 年增长 2.97 倍，年平均递增 31.7%。物价涨幅在 1990 年虽有所回落，但与 1985 年相比，上涨幅度较大，以 1985 年为基期（100%），其物价指数：职工生活费用为 166.36%，零售物价为 166.29%。

(四) 城市基础设施建设加强。城市综合功能不断强化。

“七五”期间，全市基本建设投资完成 5.17 亿元，比“六五”增长 106.7%，其中用于城市建设的投资占 20%，比“六五”增长 91%。在“七五”期间，为了以较快的速度改变城市面貌，集中人力、物力、财力，突出重点，抓了薄弱环节，加强城市基础设施建设。在道路、桥梁建设上，集中力量完成了火车站广场及与其相连接的建国路的改建，设立了双面绿化带、双排路灯。祁连路的改建，与柴达木路、互助路组成了北干线。对通往南川工业区和邻县湟中、贵德等县的南川东路进行了扩建；新建了五四大街西段道路，采用了“三块板”形式，这是今后城市发展的中心地段，将连接柴达木路和西川南路，使道路成环；拓宽柴达木路西钢段，采用“三块板”形式，这是西宁西出口的主要路段，也是青藏公路的起点。同时，新建了五一桥、南川桥、大通二号桥等公路桥梁，初步形成了外环路，改善了东南西3个出入口交通拥挤的状况。在城市公用事业的建设上，在“七五”期间，完成了第五水源工程的建设，使全市日供水能力达到22.5万吨，加上厂矿企业自备水源11万吨，全年供水总量达到12274万吨，比1985年增长1.2倍；自来水普及率达到98%。城市公共交通营运车辆增加到289辆，营运线路增加到23条，长度499公里，比1985年分别增加49.7%、21.05%、6.85%，缓解了城市交通的紧张状况。城市居民住房条件也有所改善，市区实有房屋建筑面积1541.3万平方米。其中住宅面积355.7万平方米，比1985年分别增长75.55%和35.20%；人均居住面积6.6平方米，比1985年增长26.95%。建成区园林绿化面积发展到470.7公顷，比“六五”时期增长86.65%；绿化复盖率达到10.10%，增长83.64%。同时，加速了南北山绿化工程的实施，扩大了城市绿地。在城市环境卫生和环境保护工作上，制定了城市建设管理法规，治理环境污染，为逐步实现城市现代化创造了条件。

邮电事业发展迅速。1990年邮电业务总量达到1655.17万元，比1985年增长139.96%，其中邮政业务量为598.87万元，增长110.7%；电信业务量为1038.45%，增长154.27%。市内电话机发展到36381部，1988年程控交换机的开通使用，结束了市内电话用机械动作接续的历史。同时，徽波通信技术的使用，已能转接世界上45个国家和地区的国际电话，并实现了对全国各省、市、自治区自动拨号的电路32条；西宁——青海铝厂——大通的通信干线开始采用先进的光纤通信技术。全市电报线路已达102条，长途电话线路达400多条。在“七五”期间，邮电通信部门不断拓宽服务领域，开辟新兴业务，1986年起开办了邮政储蓄业务、增设储蓄网点13个。1987年开办了有声信函传递业务。

(五) 科技、教育和文化事业得到发展。

科学技术观念不断更新，“科技兴市”方案得到不断实施。“七五”期间，西宁地区的科学研究和综合技术服务事业机构发展到67个，其中自然科学研究机构32个，社会科学研究机构3个，综合科学研究机构17个，综合技术服务机构15个，共有科学技术及专业人员68152人，其中有高级职称的2722人，中级积称的14866人。在“七五”期间，制定并实施了“科技兴市”规划，通过组织科技攻关，实施“丰收计划”和“星火计划”，组织“科技大蓬车”下乡，开展了群众性的科普活动，促进了科研与生产的结合，取得科研成果306项，获奖135项。

“七五”期间，西宁教育事业在改革中逐步走上了健康发展的道路。高等教育采取多种形式办学，调整了学科和专业设置，增设了工业、民用建筑、经济管理及文秘等专业，五年中共培养本专科毕业生9048人，比“六五”期间的5592人多3456人，共招生9046人，比“六五”期间的7746人多1300人。为了适应经济建设的需要，调整了中等教育的结构。在调整普通中学的同时，重视了中等专业学校和农业、职业中学的发展。1990年全市有中等专业学校20所，在校学生5559人，普通中学107所，在校学生64484人，专职教师4956人；职业、农业中学7所，在校学生2477人，专职教师192人；技工学校21所，在校学生6862人，专职教师623人。初等教育得到普及，学龄儿童入学率达到96%以上。有成人高等教育院校8所，在校学生2086人，其中广播电视大学1所，在校学生670人；成人中专18所，在校学生2877人，民族教育和特殊教育都有所发展。

文化、医疗卫生、体育等事业都有长足的发展。在“七五”期间，新建了西宁电视台、西宁广播电台，改造了市群艺馆，改建了人民影视娱乐中心，扩建了市第一、二医院卫生防疫站，群众性的体育活动日益活跃，全社会的体育意识不断增强。

(六) 城乡人民生活进一步改善。

职工、农民收入情况。1990年末，西宁地区职工总人数359639人，工资总额87553万元，比1985年增长76.31%，年平均递增12.01%；年人均工资2464元，比1985年增长59.48%，年平均递增9.78%，若扣除物价涨因素，实际下降1%，其中全民所有制职工2665元，比1985年增长59.68%；集体所有制职工1721元，比1985年增长45.6%。据对城乡居民家庭收入抽样调查，年人均生活费收入1254元，比1985年的770.27元增长62.8%，年平均递增10.24%，若扣除物价上涨因素，则与1985年持平。农民人均纯收入422元，比1985年增长45.68%，年平均递增7.81%。城乡居民储蓄连年增长。1990年储蓄余额137754万元，比1985年增长2.13倍，年平均递增25.67%。人均储蓄余额由1985年的469元增加到1343元，增长1.86倍，年平均增长23.42%。

德令哈市

市　长：刘荣炎

副市长：扬志长（常务）　焦　巴（蒙古族　农牧）　华瑞平（计划、工交、科教）　张跃杰（公安、文化、卫生）

刘荣炎市长，1938年出生于河北省定州市。1956年6月参加工作，先后在青海省柴达木行委财政科、招待所工作，1962年5月至1988年10月在海西州财政局工作，历任科长、副局长。1988年10月任中共德令哈市委副书记、市长。

改革开放给高原新城带来了勃勃生机

□ 德令哈市市长　刘荣炎

德令哈市是青海省海西蒙古族藏族自治州州府所在地，地处柴达木盆地东北边缘，面积27613平方公里，总人口52771人，境内海拔在2800米–4100米之间，平均海拔2981.5米，属高原温带干旱气候、青藏铁路和青新公路两条交通干线贯穿本市。市属5个农牧业乡，可耕地面积1.6万公顷。可利用草原面积41万公顷。有发电、建材、机械、盐化、塑料、地毯、食品加工等28家工业企业。

1988年4月国务院批准德令哈建市。建市以来，市人民政府认真贯彻治理整顿和深化改革的方针，始终把"强化农牧基础。突出工业开发、发展社会事业、完善城市功能"作为经济和社会事业发展的指导思想，狠抓基础设施建设，重视工农牧业的协调发展，促进了国民经济的稳定增长和社会事业的协调发展，城市服务功能日趋完善，高原新城在改革的大潮中充满了勃勃生机。

建市两年各项事业有了较大发展

两年来，德令哈市的社会经济状况在治理整顿和深化改革中发生了较大的变化。1990年工农牧业总产值比1989年增长了6.39%，其中工业产值完成年计划的129%，较上年增长了26.91%。农业生产获得较好收成，粮食总产量突破了5000吨，较上年增长了1.2%。畜牧业在遭受严重自然灾害的情况下也有了发展，总增率、出栏率、商品率都有所提高，分别较上年增长了8.1、3.6和4.1个百分点。商业呈现购销两旺，国内商品纯购进较上年增长2.49%，国内纯销售较上年增长11.39%，社会商品零售总额较上年增长4.38%。财政收入完成年度预算的118%，超收了134万元。

两年来德令哈市经济社会发展主要表现在以下几个方面：（一）农牧业生产条件有了较大改善，为农牧业生产发展增强了后劲。其间共投资130万元，用于农田水利基本建设、科学技术的推广与应用和草原基本建设、渠灌配套，以及一些牧业服务性设施建设。共兴建了两个农作物良种试验基地，新建引水渠5000米，拦洪坝1座，提灌工程1处，维修了老化失修的拦洪坝和引水渠,修建网围栏3200公顷，畜棚1140平方米，人工种植多年生牧草753公顷，建成农业技术推广站1个，兽医防疫站1个。（二）城市建设纳入法制轨道。《德令哈市总体规划》已经青海省人民政府批准并开始实施，1990年底制定的《德令哈城市规划建设管理暂行办法》强化了规划建设的管理，有效制止了无规划的乱占地、乱建房、乱上服务项目的歪风，使各项城市基础设施建设纳入了总体规划。这两年新建了德新大桥，改建了团结路、昆仑路和文化路等，建成了3000吨高位蓄水池，改造了排水工程，有规划的文化生活区、商业区、水产养殖区、工业区、水电开发区、化工工业区已基本形成。市区建成面积达到7平方公里，城市绿化率达12.19%。(三)全民文化素质有较大的提高。两年所安排的教育事业费都占财政支出的40%以上，脱盲率有所提高，民族教育有了新的发展，教学条件有了较大的改善。(四)乡镇企业从无到有，发展迅速，促进了农村经济的发展，增加了农民收入。1990年乡镇企业总产值较1989年提高了14.1%，占工农牧业总产值的15.89%。(五)能源开发初见成效。德令哈市水利资源占有一定的优势，地表水年总径流量3.5亿立方米，地下水储量为11.6立方米/秒，横贯市区的巴音河年平均流量11立方米/秒，市区附近可开发的水电能量在5万千瓦以上。1990年建成了两座水电站。(六)资源开发在积极、大胆、稳妥地进行。对卤虫(养殖对虾饲料)、山羊绒、硅铁合金等资源的综合开发进行了可行性研究和科学论证工作，积极寻求最佳开发思路。

经济社会发展的战略思想和工作重点

(一)农牧业是德令哈市经济的重要组成部分。根据德令哈市干旱少雨的气候特点，本市始终把水利建设作为发展生产的基础工作来抓。采取国家、集体、个人投资相结合的方法，对原有水利设施进行了维修、改建和配套工程建设，并积极兴建、扩建水利工程，提高了水的利用率。

合理调整了农业产业结构，实行林、田、草综合规划，同步建设，走绿洲农业、生态农业和规模经营的道路。加强了农业技术和优良品种的推广与应用，坚持以水为向导，逐步向水、肥、土、种和科学种田、科学管理的现代化农业体系发展。

牧业生产坚持走建设养畜的路子，在草原建设、畜种改良和畜疫防治三个环节上狠下功夫。草原建设认真贯彻国家、集体、个人一起上的原则，坚持以小型、分散、配套、户营为主，以草原水利建设为核心，做到灌溉、种草、围栏、施肥一体化，发挥综合措施效益。畜种改良狠抓了典型示范和改良基地建设，以点带面，不断推动改良工作的全面开展。怀头他拉乡、蓄集乡的绒山羊改良基地建设已初具规模，山羊绒产量有较大的提高，经济效益显著增加。绵羊改良工作已在3个乡的范围内推广，经济效益看好。黄牛改良工作也有所发展。畜疫防治坚持“防重于治”的方针，改革兽医服务体制，实行技术承包和责任承包，变无偿服务为有偿服务，有效地提高了牲畜质量和经济效益。

综合发展现代草地牧业、提高畜牧业生产的现代化水平是发展德令哈市牧业生产的战略目标。农业部畜牧兽医司和青海省畜牧厅在德令哈市共同投资兴建的《现代草地牧业综合发展示范项目》，对在德令哈市实现牧业生产发展战略目标有非常重要的促进作用。去年开工以来，德令哈市精心组织，切实加强领导监督，从各方面创造良好的建设环境，保证了项目的顺利进行。

(二)工业是德令哈市的经济主体，也是城市建设的主要依托。建市以来，市政府把“立足现有基础，重视企业技术改造，着眼新办企业，发挥资源优势，滚动向前发展”作为发展工业总的思路，以“开发水电为先导，发展高耗能的化工工业以及各类加工业，向电气化城市的方向发展”为工业发展的基本格局。

水电资源是德令哈市的一大优势，市区附近的水电开发容量在5万千瓦以上，可兴建中、小型电站10余座,为发展工业提供了可靠的电力能源保障，1990年建成的两座电站总装机容量为1230千瓦，1991年还将新建两座水电站。

对老企业的改造，主要抓了治理整顿、产业结构调整、管理水平和职工素质的提高，区别情况，分类指导，不断提高企业的消化能力、竞争能力、应变能力和企业自身的“造血”功能，加强和改进企业内部管理、优化劳动组合。进行了股份制试点，责任承包引入了风险机制和法律机制。推动了企业技术改造和产品结构调整的顺利进行。

乡镇企业的发展遵循“积极扶持、合理规划、正确引导、加强管理”的方针，本着小型多样、投资小、周转快、效益高的原则，多渠道筹集资金，多层次、多形式向前发展。围绕资源开发和城市市场需求，重点发展农牧产品加工、食品加工、建筑建材、交通运输和野生植物采集业，形成了城乡结合、工农互补、协调稳定发展的好势头。

(三)城市建设认真贯彻执行了《城市规划法》，坚持“人民城市人民建”的方针，采取地方财政挤一点、受益单位拿一点、义务劳动省一点的办法，加快了城市建设的步伐。对城市工业布局、文化设施、居民住宅、绿化建设、各项服务性的配套设施等方面作出了总体建设规划，使城市建设有法可依，有章可循，有力地促进了城市建设的协调发展。

(四)教育事业以提高教育质量为中心，积极发展初等教育、职业教育和民族教育、重点放在基础教育上，努力形成教育与经济发展的良性循环。

进一步深化教育管理体制改革，实施分级办学分级管理，即市属学校和各乡学校分别由市教育局和各乡教育委员会管理，充分调动了地方办学的积极性，促进了“教育地方化、责权一体化”教育管理体制的发展。

市　长：张位正
副市长：赵宁侠（城建、规划）　王玉国（回族　公监法、农、水）　原崇如（体改、工矿）　杨立民（文教、卫体）　郭梁祖（财贸）　冯炯华（交通、科技）

张位正市长，1937年出生于陕西省洋县。大学文化程度。多年从事城市规划、管理、建筑设计工作，主持编制了《银川市城市总体规划》，并按此规划领导，组织实施了银川市大规模的城市改造和建设。先后任银川市城建局工程师、总工程师、副局长、城乡建委主任。1984年5月当选为银川市副市长，1989年任代市长，1990年4月当选为市长。

全面发展　稳步前进

——银川市"七五"经济社会发展主要情况

□　银川市人民政府办公室

银川市在1986—1990年的第七个五年计划期间，认真贯彻中央关于进一步扩大开放，深化改革，搞好治理整顿的方针，以经济建设为中心，坚持在经济建设和社会事业发展中，狠抓重点，带动各方，全面发展的思想，扎扎实实，艰苦奋斗，经过5年的努力，全市经济建设和社会发展取得了重大成就。同"六五"期间相比，对外开放进一步扩大，改革稳步深入，国民经济持续增长，城市综合服务功能增强，社会各项事业继续发展，人民生活有了进一步改善，全面实现了"七五"计划所确定的各项主要任务和主要目标。到1990年末，银川地区国民生产总值和国民收入分别达到12.3亿元和9.8亿元，"七五"期间平均每年递增10.5%和9.3%；市属工农业总产值达到9.14亿元，平均每年递增10.5%；地方财政收入达到1.955亿元，平均每年递增13.1%，均提前实现"七五"计划的目标。

（一）按照本市实际，积极调整农业结构，大力发展城郊农业，促进了农村商品经济的全面发展，各类主要农副产品产量迅速增长。粮食生产连续3年丰收，创历史最好水平，总产量由1985年的2.85亿公斤增加到1990年的3.96亿公斤，平均每年递增6.9%。林业、畜牧、水产业和农机化有了迅速发展，为城市提供的肉、奶、水产品等产量成倍增长。商品基地建设开始走上集约化、商品化的轨道，在永宁、贺兰两县和城市郊区有计划发展的蔬菜、奶牛、水产、水果、畜禽等商品生产基地初步形成并有了较大发展。乡镇企业经过整顿、调整，得到了提高，走上稳步发展轨道，已成为发展农村经济的主要支柱。1990年全市乡镇企业发展到1.8万个，从业人员达5万余人，总收入达4.2亿元，比"六五"期末增加2.2亿元，增长1倍多，占农村经济收益分配总收入的78%。全市乡镇企业已发展到15个大类，有1600多种产品，初步形成了机械加工、建筑、建材、食品、化工、纺织、家具、造纸、碳素、硅铁、皮革加工等30多个行业。其中味精、工艺品、太白粉、稀土合金、活性炭等产品填补了全区空白，有的成为出口创汇产品。

（二）根据市场需要和资源条件，积极进行工业产业和产品结构调整，加强和推动技术改造，以机械、化工、食品、轻纺为重点的工业行业持续稳步发展，带动了其它工业行业的迅速发展。5年共新增工业生产性固定资产1.4亿元，大大加强了工业的物质和技术基础，增强了发展后劲。形成了变压器、胶带、电焊条、铁合金、电石、机制纸、洗涤剂、编制袋、乳制品、糖果、白酒等一批具有一定优势的骨干产品，在生产规模、质量、品种等方面都有新的发展和提高。同时，"七五"期间开发了耐燃运输带、磷铵、金属钠、岩棉、碳化硅等一批新的重点产品。随着企业改革的不断深化，工业企业普遍推行了各种形式的承包经营责任制，引入竞争机制，扩大企业自主权，企业活力不断增强，经营管理水平和经济效益有了明显提高。1990年全市全部工业总产值达到30.75亿元（现价），比1985年增长92.7%，年平均递增14.0%（按1980年不变价计算）。其中市属工业总产值达到6.52亿元，年平均递增12.6%，超额8.7%实现了“七五”计划目标。1990年市属独立核算工业企业实现利税9000万元，年平均递增15.6%；全员劳动生产率比1985年提高42.2%，资金利税提高了2.3%。

（三）进一步发挥国营商业流通主渠道作用的同时，积极发展集体、个体性质的商业、饮食业、服务业等第三产业，繁荣了城乡市场，促进了城乡交流，方便了群众生活。“七五”期间新建、扩建了一批大中型商业服务设施。到1990年，全市商业、饮食业、服务业网点发展到1.4万个，从业人员4.3万人，比“六五”期末的1985年分别增长81.7%和59.3%。每千人拥有商业网点由1985年的11个发展到1990年的17个。1990年社会商品零售总额达到11.36亿元，比1985年增长117%。“七五”期间，社会商品零售总额累计完成43.4亿元，比“六五”期间增加24.1亿元，增长1.2倍，年平均递增17.5%，高于全国同期平均递增14.2%的水平。通过多种渠道筹集资金，大力发展集贸市场，形成了大中小市场相结合，综合市场和专业市场相结合，批发与零售市场相结合的集市网络，成为城乡商品流通的重要渠道。1990年全市共有集贸市场37个，市场成交额达1.8亿元，比1985年增长4.6倍，相当于全市社会商品零售总额的15.7%。同时，通过改革，建立和发展了生产资料、资金、劳务、房地产市场，多层次的、计划指导下的市场体系开始形成，使城市的流通功能、辐射力明显增强。

（四）努力发展生产，提高经济效益，增加财政收入，为经济文化发展积累了财力。“七五”期间，银川市财政收入由于生产、流通的发展而迅速增长，5年间财政收入累计完成12.3亿元，比“六五”期间增加8亿元，增长1.9倍，平均每年递增23.3%。1990年财政收入已达3亿元，占全自治区财政收入6.2亿元的48.4%，有力地支持了全市经济建设和各项社会文化事业的发展。生产、流通和其它经济的发展，不但使银川市的财政收入大幅度增长，同时也使职工收入逐年提高，“七五”时期城镇储蓄存款突破11亿元，比“六五”时期增加8.3亿元，增长3.1倍，平均每年递增32.4%。按全市非农业人口计算，人均储蓄存款由“六五”时期的885元上升到“七五”时期的2786元，增长了2.2倍，平均每年递增25.8%。

（五）对外开放工作在深度和广度上有了新的发展。进一步巩固、推进了与外省、区、市的经济技术协作，开辟了新的协作领域。同时，与自治区属企业、部门和科技单位之间的横向联合协作也得到了进一步扩大加强。“七五”期间银川市共计完成经济技术协作与联合项目256个，协作资金8139万元，引进了一大批适用先进技术和管理经验，开发了一批名优产品，促进了经济发展和企业技术及管理水平的提高。在外经外贸方面，先后同十多个国家的客商签订了合资生产、引进技术的合同或协议，完成了13个引进项目，建成中外合资企业2个。通过引进先进技术设备，提高了变压器、服装、编制袋等产品的技术水平和质量。对外贸易进一步发展，1990年出口供应总值1420万元，“七五”期间累计总值5932万元，年均递增28.8%。

（六）多方筹资，统一规划，综合开发，加快城市改造和建设，使城市面貌进一步改观，基础设施和服务功能得到了改善和增强。“七五”期间，银川市新建了银川火车站、长途汽车站、西夏公园、唐徕公园、宁园；完成了南门广场、解放街东段鼓楼至玉皇阁等区域性市容改造工程；新建了银川至南梁农场、银川至贺兰县丰登乡、银川至郊区通贵乡等市郊和跨区县的公路；新建、改建城市道路28.45公里，使城市道路总长度达到193公里；新增城市供水能力4.2万吨／日，使城市总供水生产能力达26.3万吨／日；新建住宅44.6万平方米，建成了湖滨、友爱、唐徕等新居民区。1990年末城市人均居住面积达7平方米；新增城市绿化覆盖面积215公顷，人均占有绿地面积达2.8平方米，城市绿化覆盖率由1985年的13.8%提高到1990年的17%。城市通信大大改观。为适应对外开放和发展本地经济的需要，引进了程控数字交换机、光纤通信、PCM通信、微机自动转报等国内外先进通信技术和设备，使银川市的主要电信业务技术达到了国外80年代的水平，通信质量和能力大幅度提高，市话交换机容量达到1.8万门，城市人口话机普及率由1985年的2%提高到1990年的5%。

（七）加快科技、教育事业的发展，推进了科技进步，为经济建设培养了人才。5年来，完成科学研究、中间试验和新产品试制项目188项，有128项成果获市级科技进步奖，有9项获自治区科技进步奖。共实施“星火计划”项目70项，培训“星火”人才达10万人次。同时引进推广了一大批科技新技术、新成果，取得了显著的经济效益和社会效益。科技机构、科技队伍比“六五”时期又有了新的发展壮大，1990年全市公办自然科学研究机构有46个，比1985年增加11个，同时涌现出民办科研机构65个；有自然科技人员2362人，其中中级以上人员877人，分别比1985年增长2.96%和5.54%。

银川市各级政府重视发展教育事业，从投资上向教育倾斜，五年来投资近 3000 万元，先后对 28 所中小学进行了翻建和扩建，新建了 2 所中小学，办学条件有了较大改善。1990 年末，全市有高等学校 6 所。在校学生 7279 人，比 1985 增长 25.72%；有中等专业学校 19 所，在校学生 6462 人，比 1985 年增长 46.10%；有中学（包括职业、农业中学）91 所，在校学生 56207 人，比 1985 年减少 9.66%；有小学 275 所，在校学生 91011 人，比 1985 年减少 6.4%。全市小学升学率达到 93.7%，其中城市达到 98.8%；初中升学率达到 47.7%，其中城市达到 76.4%。民族教育得到进一步发展，有回民中学 4 所，回民小学 15 所，共有在校学生 10447 人，占全市中小学在校学生人数的 7.10%。通过改革中等教育结构，扩大了多种形式的职业技术教育规模，1990 年银川市职业中学在校学生达 2683 人，占在校全部高中学生的 22.57%。成人教育和技术培训也有了良好发展。从 1989 年开始按照自治区统一部署在农村实施的“231 工程”（扫除文盲，扫除科盲；学习文化，学习科技，学习经营管理；培养造就一代新型农民），正在全市农村广泛推行。

（八）文化、卫生、体育事业都有了新的发展。“七五”期间，文化事业方面，新建了银川电台、电视台、青少年宫、图书馆、新城文化馆等文化设施，开办发行了《银川晚报》，成立了银川书画院和银川文学创作研究室。到 1990 年末，银川市有艺术表演团体 9 个，群众艺术机构 2 个，文化馆（宫）6 个，图书馆 4 个，书店 10 个，影剧院 17 个。医疗卫生事业方面，新建了妇幼保健院、市第一人民医院急诊楼、口腔医院等医疗设施，添置了一批现代化医疗设备，改善了医疗条件，方便了群众就医。1990 年末，全市有各级医疗机构 468 个，全部病床位 3854 个，医药科技人员 7023 人，全市每千人拥有病床 4.73 个，拥有医药科技人员 8.62 人。农村和基层医疗机构进一步健全和发展，广大农村防病、治病，改水用水等卫生环境有了很大改善。城市爱国卫生运动在“六五”成果的基础上进一步广泛深入发展。在公办医疗的同时，社会办医大量涌现，发挥了方便群众就医，补充公办医疗的积极作用。体育事业方面，重点开展了在校大中小学生、职工和农民的体育活动。与此同时，专业体育运动技术水平有了一定的提高，“七五”期间获得全国、国内城市、全区等各类体育比赛的金牌 40 个、银牌 28 个、铜牌 26 个。

（九）城市人民生活进一步改善。“七五”期间通过多种途径安置城镇待业人员就业累计达 4.9 万人。1990 年职工人均货币工资和农民人均生产性纯收入分别达到 1794 元和 697 元。城市居民居住条件有所改善，1990 年城市居民人均居住面积达到 7 平方米，比 1985 年增加了 0.54 平方米。

“七五”期间，银川市经济社会发展所取得的重大成就，为 90 年代的进一步发展奠定了良好基础。但总的来看，银川市国民经济基础还很薄弱，经济发展水平和经济效益在全国城市中依然处于比较落后的地位。产业结构和产品结构不合理的问题还很突出，工业行业分散，协作配套和专业化水平低，支柱行业实力弱，产品缺乏竞争力等，制约着经济增长和效益的提高。农业基础依然薄弱，发展不平衡。城市人口机械增长过快，超越了城市财力和基础设施的承受能力。供排水、居民住房等方面存在的困难还很大。劳动就业等一些社会性矛盾近年来有所加重，精神文明基础设施建设也还比较薄弱。

（十）“八五”期间和今后 10 年的展望。从 1991 年到本世纪末的 10 年，是国家实现现代化建设第二步战略目标的历史阶段。这个历史阶段，对于进一步改变银川市的落后面貌，缩小与先进城市的差距，把全市国民经济的整体素质提高到一个新水平，把银川建设成为具有先进技术的综合型工业基地和开放型并具有较强辐射功能的区域性经济文化中心城市，是非常关键的历史时期。银川市在“八五”计划时期和今后 10 年的发展中，将进一步牢固树立以经济建设为中心的思想，坚持改革开放，依黄河之利，扬能源环境之优势，利用中心城市的有利条件，强工重农，发展社会生产力，壮大城市经济实力，努力超越全国城市中等水平，在全自治区率先步入小康。为此，全市人民将进一步努力奋斗，在今后 10 年和“八五”期间实现以下经济发展目标：全市社会总产值（按 1980 年不变价计算，下同）到 2000 年达到 60 亿元，平均每年递增 8.7%，其中“八五”每年递增 8.4%，1995 年达到 39 亿元。工农总产值 2000 年达到 44.9 亿元，平均每年递增 8.5%，其中“八五”每年递增 8.5%，1995 年达到 29.8 亿元。市属工业总产值 2000 年达到 19.1 亿元，平均每年递增 7.6%，其中“八五”每年递增 7.6%，1995 年达到 13.2 亿元。非市属工业总产值 2000 年达到 15 亿元，平均每年递增 8.7%，其中“八五”每年递增 8.9%，1995 年达到 110 亿元。市属农业总产值 2000 年达到 4.1 亿元，平均每年递增 4.6%，其中“八五”每年递增 4.1%，1995 年达到 3.2 亿元。国民生产总值 2000 年达到 30 亿元，平均每年递增 9.3%，其中“八五”每年递增 9.1%，1995 年达到 19 亿元。人均国民生产总值由 1990 年的 1524 元达到 1995 年的 2100 元，2000 年的 3000 元。

石嘴山市

市　长：马文亮

副市长：刘　锦（常务）　缪应祥（计划、交通）　郭志坚（财金、商业、经贸）　田淑玉（文教卫、计划生育）　王浩川（司法、民政）周世安（科技、轻工）

马文亮市长，回族。1938年5月生。宁夏平罗县人。1955年9月至1962年8月在宁夏永宁农校、宁夏大学农学系学习（学历相当研究生）；历任石嘴山市农技站副站长、站长，农管所副主任，银北地区石嘴山市农林局副局长，石嘴山市郊区农林局局长，石嘴山市郊区副区长、区长。1983年7月至今，历任石嘴山市委副书记、常务副市长、市长。

努力探索煤城工业经济发展的新路子

□　范益民

石嘴山市是五六十年代随着贺兰山煤炭资源大规模开发，因煤而立、因煤而兴的资源型城市，拥有丰富的煤炭和非金属矿产资源。1960年建市以来，能源工业发展较快，成为优势和主导产业。但在相当一段时间里，由于受“以煤为纲”指导思想的影响以及条块分割的经济管理体制的作用，能源工业的优势没能得到充分的发挥；地方工业没能充分依托市内的中央、区属企业的诸多优势得以迅速地发展；全市的产品结构以输出原煤、电力等初级化产品、原材料为主，企业组织结构也极不合理。1978年全市工业总产值只有45590万元(以下均为1980年不变价)。其中，市、县属地方工业产值仅占15%。在工农业总产值中，农、轻、重的比例为12.12：6.88：81.0，其中市区为4.68：6.23：89.08；在工业总产值中，轻重工业的比例为7.83：92.17；在重工业总产值中，采掘工业、原材料工业占67.9%。工业经济的这种结构性矛盾，严重地限制了石嘴山市国民经济的更快发展和城市功能的发挥。

党的十一届三中全会以来，加快了工业经济的发展。1990年全市工业总产值由“六五”期末的75826万元上升到122200万元，增长55.9%，年均递增9.2%；市、县属地方工业产值占全市工业总产值的比重，由“六五”期末的15.36%、提高到27%，“七五”期间年均递增22%，保持了较快的发展速度。工业经济的增长促进了全市国民经济的发展，1990年国民生产总值为7.57亿元，比1985年增长55.0%，年均递增9.1%；国民收入为6.65亿元。比1985年增长50.6%，年均递增8.6%；地方财政收入（不包括自治区专项补助和上年结余）达到10526.8万元，比1985年增长110.3%。年均递增16.1%。城乡人民的收入水平和消费水平也显著提高，1990年，全市农民人均纯收入达756.2元，比1985年增长69.2%；全市职工人均工资收入达2522元，比1985年增长96.1%。农村居民人均生活费支出由1985年的312元增加到594元，年均增长13.74%；城市居民人均消费支出由1985年的612元增加到1067元，扣除物价上涨因素，年均增长6.4%。“七五”期间科技、教育、文化和其它各项社会事业都有较大发展，城市建设得到加强，城市面貌有明显改善。综合功能显著提高。这些成就的取得为实现“八五”计划和十年规划奠定了基础。

（一）从市情出发，制定经济发展战略。建市以后较长一段时间里，市里对煤城经济发展特点和规律缺乏认识，忽略了能源工业具有一定规模和水平后，应大力发展相关的其他产业。因而煤炭的开发强度不断提高。但深度加工没有跟上去，煤炭就地转化的比例很低，主要靠大量外运原煤。受铁路运力的限制，煤炭生产多年来“以运定产”，地方其他工业产品的外运十分困难。资源的多层次开发也上不去，没有形成多元结构的产业经济群体，以促使煤城经济综合发展。由于煤炭价格严重不合理。产值利税率低，1985年煤炭采选业的产值占全市工业总产值的37.7%，但提供的产品销售税金仅占全市产品销售税金的15.6%，因而影响了地方财政的资金积累，拮据的地方财政又难以解决城市基础设施的大量欠帐。通过对“六五”期间经济发展状况的认真总结和对市情特点的再认识，从1985年下半年，在自治区有关部门的支持、指导下，对经济发展战略进行了充分的研究论证，制定了“七五”期间发展地方工业的“六四六八”计划（即重点发展6个工业门类、4个工业基地、6个拳头产品、8个骨干企业）和“借机、借资、借智、借技”发展的方针。这个经济发展战略和方针，充分体现了扬长避短，发挥优势，施展地方特色，发展社会主义商品经济的精神。尔后各县、区也都从实际出发，根据市里总体经济战略研究制定了各自的经济社会发展计划。经过“七五”计划的实践。证明这个经济发展战略和方针是完全符合市情实际的。

（二）调整产业结构，促进资源优势向经济优势转化。“七五”计划初期，在产业结构的调整中，突出了能源工业和高耗能炭素、陶瓷工业的建设，全市用于能源工业建设的投资达9.7亿元，占“七五”固定资产总投资的56.9%。煤炭资源的开发坚持了以统配矿为主，积极发展地方煤矿，实行大中小并举，对石嘴山矿区、石炭井矿区和汝箕沟煤矿加以改建扩建，建成年处理无烟煤210万吨的太西洗煤厂和一批地方小型煤矿，使原煤生产能力达到1300万吨；煤炭产量由1985年的1011万吨，提高到1990年的1177万吨；市、县属煤炭产量由1985年仅占全市煤炭产量的7.1%提高到1990年的占14.9%，年均增长19.4%。“七五”期间优质无烟煤——“太西煤”扩大出口累计达161.0万吨，创汇1.15亿美元，比“六五”分别提高了110.45%、104.3%，实现利税1.8亿元。原煤的入洗能力由1985年的300万吨提高到1990年的510万吨，入洗比例由23.4%提高到31.9%；洗精煤的产量由1985年128.8万吨提高到1990年的228.5万吨，年均增长12.2%。电力工业完成了装机容量40万千瓦的大武口电厂的建设，使全市发电总装机达到68万千瓦，年发电量由1985年的10.5亿千瓦小时提高到1990年的40.63亿千瓦小时。在建的石嘴山电厂五期扩建和石炭井矿务局矸石电厂完成后，还可新增发电装机11.2万千瓦。煤电工业的发展为其它工业的发展提供了充沛的能源，为大力发展高耗能工业、进行煤电转换提供了资源条件。石嘴山市的高耗能工业1985年只有5个企业，变压器装载容量为14650千伏安，到1989年迅速发展到34个企业，装载容量达147630千伏安，4年间年均递增58.7%，1990年生产铁合金46000吨、电石28100吨、碳化硅8302吨，还生产了一定数量的工业硅、金属镁等高载能产品。

“七五”期间，围绕煤炭的深加工，还着重发展了炭素工业、活性炭和焦化工业。炭素工业基本建成了目前生产能力居全国第四的大武口炭素厂3万吨电极糊、5000吨炭块、2000吨石墨阳极、230吨载体活性碳项目，以及县、区、厂矿的一批炭素项目，年生产能力达6万吨，产品由1984年只能生产锻烧煤、标准密闭糊、炭块3个品种发展到阳极糊，石墨阳极等10多个品种，1990年生产碳素制品21846吨。活性炭工业已发展到19个企业，活性炭和炭化料的生产能力超过了3万吨，部分企业活性炭产品已远销国外市场。焦化工业生产企业发展到30多家，生产能力达50多万吨，1990年生产焦炭30.09万吨，这些企业的建成，为煤炭的深加工开辟了新的途径。

为了充分利用石嘴山市储量丰富的陶瓷资源，“七五”期间还向陶瓷工业投入大量资金。日用陶瓷产量已由1985年的1191万件提高到1989年的2367万件，年均增长18.7%；卫生瓷由1985年的2.2万件提高到1990年的13.24万件，年均递增43%；电瓷生产能力达到2000吨。陶瓷产品品种也由1985年的30多种增加到现在的100多种。目前已初步形成了以日用陶瓷为主、工业瓷、建筑陶瓷相配套的陶瓷生产体系。陶瓷工业已成为地方工业的支柱产业之一。

在产业结构调整中，首先，以产品结构的调整为突破口，同市场紧密地联系起来。许多企业都千方百计地增加花色品种，推动产品的升级换代、系列化，形成了一批名优产品，增强了市场应变能力和竞争能力。煤炭工业加强了对煤炭的洗选筛分，提高煤质，优质无烟煤“太西煤”获国家银质奖：为冶金、化工工业提供了优质原料，产品畅销亚洲、欧洲一些国家。煤炭机械工业强化了产品结构调整，产品已开始打入国际市场。高耗能工业注重产品开发，产品品种已由“七五”期末的2个品种，发展到以硅铁、电石、碳化硅为主，锰铁、稀土合金、工业硅、硅钙、硅钡钙、金属镁、电熔石英等系列产品。市铁合金厂的75井硅铁获冶金部优质产品，近年在硅铁市场极度疲软的情况下，产品持续畅销，1990年出口量已占产量的64.02%。工业硅、碳化硅、金属镁、电熔石英等高载能产品都已先后打入国际市场。氯碳工业已形成烧碱、PVc树脂、盐酸、液氯等产品系列。围绕电石的深加工，还开发生产了双氰胺、石灰氮、乙炔炭黑等产品，石灰氮产品也打入日本市场。陶瓷工业积极开发了适销对路的产品，日用瓷、卫生瓷畅销国内10多个省、区。目前，全市保持的国家金质奖产品1个，银质奖产品4个，部优、自治区优产品86个，市优产品14个。

其次，注意了把增量调整和存量调整相结合，以增量资金的调整，促进带动存量资金的调整，提高了资产使用效率。“七五”期间，全市用于固定资产投资额达

17.05亿元，比“六五”期间增长1.32倍，其中用于基本建设的投资额比“六五”增长48.2%，用于更新改造项目的投资达8.96亿元，比“六五”增长1.9倍。市、县地方工业完成了一批工业项目的更新改造，使铁合金、陶瓷、炭素、水泥、造纸等行业提高了生产技术手段，增强了行业整体实力，促进了几个优势产业的形成，提高了产品市场占有率。

再次，增强宏观调控，积极治理整顿。近几年随着投资体制的改革，投资主体趋向多元化。调动了各方面经济主体投资的积极性。但随之而来在石嘴山也出现了“碳素热”、“铁合金热”、“活性炭热”、“焦化热”等，造成了某些低水平的重复建设、规模效益差。以及投资、资源的浪费。在贯彻治理整顿方针的过程中，以产业政策为导向，综合运用了计划、信贷、税收、工商行政管理等调控手段和措施，对发展过热的一些行业，进行治理整顿，关停了一些盲目发展的企业，引导投资主体调整资金投向和产品方向。对需要扶持发展的企业，从信贷、税收等方面予以积极地支持，帮助他们解决发展中迫切需要解决的问题。

经过“七五”期间对经济结构的调整，一些主要比例关系得到进一步改善，产业部门结构由过去单一化趋向多元化。农轻重的比例关系已由1985年的14.55:7.83:77.62，调整为1989年的12.3:11.0:76.7（1990年因受市场环境影响，回升为11.4:8.2:80.4）；在工业总产值中轻重工业的比重由1985年的9.16:90.84，调整为1989年的12.54:87.46；在重工业总产值中，采掘工业、原材料工业、加工工业的比重由1985年的41.71:27.76:30.53调整为1989年的33.81:44.84:21.3。

（三）推进改革开放，为工业经济的发展注入活力。1.坚持以搞活企业，增强企业的活力，作为城市经济体制改革的中心环节。在“六五”期间实行简政放权，扩大企业自主权的基础上，市委、市人民政府制定了一系列进一步搞活企业的政策措施，把企业改革的重点放到改革企业经营机制上。在过去普遍实行经济责任制的基础上。从1986年起，在80%以上的市、县属企业实行了厂长负责制和厂长任期经营目标责任制和承包经营责任制，少数企业实行了租赁经营责任制。从1991年起，大多数承包企业陆续转入了新的一轮承包经营。2.广泛开展了横向经济联合，扩大对外出口。鼓励和推动了企业广泛开展了多种形式的横向经济联合和经济技术协作。许多企业积极与大专院校、科研部门进行联合、协作，引进技术、人才和科学管理办法，使企业在少投资或不投资的情况下增加产品品种、提高产品质量和管理水平。还有一些企业参加了全国性或行业性经济联合组织，有些企业引进资金、技术扩大了生产规模，开发了新产品。一些乡镇企业采取“近靠远联，借资借技”的办法，依托市内的中央、自治区属大中型企业的优势发展壮大。到1990年底，仅市属企业实现和正在实施的各类经济协作项目142项，这些项目全部投产后，每年可新增产值2.54亿元、利税7812万元。协作引进资金2090万元，协进协出物资折合金额6376万元。全市外经、外贸工作打开了新的局面，一些企业引进了一批国外较先进的技术装备。“七五”期间提供的外贸出口商品总值达1.52亿美元，有近30种产品陆续打入了国际市场，参与国际竞争。3.大力发展城乡集体经济，积极鼓励私营经济发展。“六五”期末，在石嘴山市工业总产值中，集体工业产值仅占10.12%。近几年，市里提出国营、集体、个体、乡镇企业“四个轮子”一起转的方针，并切实采取了一系列政策措施。鼓励支持城乡集体工业的发展。许多厂矿、企业单位实行“一厂两制”，大力扶持发展了一批厂办集体企业，为全民企业配套、服务，开展多种经营，仅石炭井矿务局，在“七五”期间，多种经营集体经济发展了20多个行业，100多个产品品种，累计实现产值达25984万元。利税总额4527.12万元。乡镇企业也得到较快发展。形成了乡办、村办、联办、个体办四级共存的层次。1990年，企业数达到3766个，总产值达14607万元（现价）比1985年增长了168.3%，解决了农村剩余劳动力的转移，支援了农业建设、推动了农村经济的发展，增加了地方财政收入。到1990年末，全市集体工业的职工人数达20945人，比1985年增加了90.5%，实现的工业总产值22039万元，占全市工业总产值的比重提高到18.04%。私营工业也从无到有，企业数达到90多家。城乡集体经济、私营经济的发展促进了所有制结构和工业经济结构的调整。

吴忠市

市　长：马金虎（回族）

副市长：马克勤（回族　常务）　杨东计（工交、科技）　范存德（城建、商贸）　王世才（政法、人事）　马志强（回族　文教、卫生）　马治中（回族　文教、卫生）

马金虎市长，生于1950年5月，宁夏平罗县人，助理经济师。1970年参加工作，1974年加入中国共产党。1976年毕业于东北工学院，在西北煤炭机械一厂任技术员。1977年以来历任自治区燃化局秘书、自治区党委工交政治部人事干事、区经委组织部人事干事、区纪律检查委员会委员、区人大人事代表联络处处长。1985年5月任吴忠市副市长，1986年4月当选为市长，1987年3月再次当选为市长，1990年3月第三次当选为市长。自治区人大代表。

谱写在戈壁滩上的一首绿色乐章

——吴忠市新灌区综合开发纪实

□ 王自成　邓建新

凡是到过吴忠的中外客人，大都要到吴忠的新灌区去游览、参观一番，观览之后，无不对那里的成就发出诚悦的赞誉。“新灌区”已成为吴忠人民的自豪和骄傲！这里，路渠纵横，良田成网，绿荫蔽日，瓜果飘香，一片生机盎然的新景象。这就是吴忠回汉人民在戈壁滩上创造出来的奇迹，谱写的一首绿色乐章，也是吴忠人民加快农业综合开发的新的里程碑。

吴忠市面积约1112平方公里，自秦汉时，就开凿了秦渠、汉渠，引黄河水灌溉的土地约1.27万公顷，这块1.27万公顷良田沃土，称之为老灌区。随着时间的推移、历史的发展，人口的繁衍，这1.27万公顷土地已不能满足吴忠20多万人生计的需要。于是自70年代初，吴忠人民为了解决人多地少的矛盾，向南部和东部的沙丘荒漠进军，开凿了东干渠，并运用扬水和自流灌溉。新开发的这片土地，人们称之为新灌区。

吴忠新灌区位于老灌区东南部，大部属丘陵戈壁，总面积900平方公里，可开发面积为1.7万公顷。

新灌区开发初期，由于政治、经济等各方面的因素制约，开发速度一直不快，经济效益不高，面貌改变不大。党的十一届三中全会以后，特别是1985年以来，面对人地矛盾日益突出、农业发展徘徊不前的严重局面，吴忠的决策者在深思熟虑的基础上，毅然决然地将发展的眼光投向新灌区，并将这一战略决策列入了“七五”计划的重点发展序列。在各方面的大力支持与配合下，全市人民发扬自力更生、艰苦创业的精神，把新灌区的开发建设推向了一个新的阶段，使昔日人迹罕至的荒山野岭，寸草不生的戈壁碱滩，奇迹般地变成了一片绿州，创造出了蔚为壮观的业绩，为吴忠这块“塞上江南”增添了新姿。到1990年底（即“七五”计划末），新灌区共开发耕地0.79万公顷，相当于老灌区土地总面积的62.1%，搬迁定居农户1904户、9789人，粮食总产量达1472万公斤，油料产量达150万公斤，植树造林3600公顷，每年提供肉、奶、鱼、蛋、果近1万吨，农业总收入为1271万元，农民人均纯收入达490元，收到了显著的社会效益、工程效益、生态效益和经济效益。新灌区的开发，为吴忠农业的发展增加了后劲，给吴忠25万人民带来了实惠，使人民看到了吴忠的希望和未来。

吴忠新灌区开发的步伐如此之快，效益如此之好，成功的经验在哪里？人民作出了评价，事实作出了回答。

（一）全面规划，山水田林路综合开发。

新灌区开发伊始，市委和市政府就十分重视规划问题，曾多次组织专门技术人员实地考察，根据自然资源条件，因地制宜地制定出了新灌区开发建设的总体规划，并在此基础上提出了“水电开路，林草先行，综合开发，多种经营”的开发建设方针。多年来，尽管领导换了一茬又一茬，但规划没有变，方针没有变，始终坚持山水田林路综合开发，农林牧副渔全面发展。到1990年底，共开荒地1.05万公顷，种草212公顷，养羊1.2万只，大家畜存栏2500头。先后在扁担沟地区建成了三级扬水工程，架设大型渡槽3座，全长760米，建成支干渠道210公里，开挖排水沟48公里，修筑贯通整个新灌区的三级公路3条42公里。在“五业”并举的同时，林业率先得到了长足的发展。新灌区开发初期，市政府就提出了“南治风沙建林园”的战略措施，特别在“七五”期间，把林业建设的重点向新灌区倾斜，建成果品林、用材林3600公顷。现在，新灌区的绿化覆盖率已达19.1%，林业成为新灌区的支柱产业，为其他产业的发展创造了良好的生态环境。

(二) 放宽政策，调动各方面开发建设的积极性。

为了加快新灌区的开发建设步伐，市委、市政府非常重视用政策调动各方面开发建设的积极性。1985年以来，先后下发了8个文件，制定了几十条可行的政策，较好地解决了农村实行家庭联产承包责任制条件下出现的各种问题，从而掀起了开发建设新灌区的热潮。1985年初，针对划分到个别乡的土地长期得不到开发，撩荒严重的问题，市里及时制定出政策，明确规定:“打破乡、村界限，允许承包户和种田能手跨乡村承包荒山、荒地”。政策一出台，问题当年就解决了。同时，还制定了《关于支持承包大户开发建设新灌区的若干规定》，明确提出承包大户所经营的林地、草场、果园、牧场长期不变，允许继承，允许雇请帮工，时间、数量、待遇一律不限；有关部门对承包大户实行6个方面的优先照顾，并在资金上给予补贴和奖励等办法，极大地调动了广大农民开发建设新灌区的积极性。许多农民放弃了祖祖辈辈在老灌区耕种的良田和安宁舒适的生活，以及靠城好挣钱的有利条件，带领全家老小上新灌区安家落户，开荒造田。为了鼓励科技人员到新灌区施展才干，提供科技服务，市及时制定了相应的优惠政策，对去新灌区工作的干部职工、科技人员，除提高工资和实行定额补贴外，还解决其家属的城镇户口。这项政策吸引了一批干部、职工和专业知识分子。现在，新灌区已组建了两个乡（镇)，有近80名干部和科技人员工作在第一线。另外，还新建1所卫生院、12所中小学、教学点和一批配套服务设施。

(三) 多方集资，不断加快开发建设的步伐。

新灌区开发建设需要大量的资金，为了解决这一问题，市政府制定了“量力而行、尽力而为、多方筹集、早日投入”的原则，国家、集体、个人一齐上，不断增加投入，取得了显著的效益。截至1990年底，用于新灌区开发建设的资金达5797万元，其中利用世界银行贷款2500万元，自治区专项款347万元，市财政投资1400万元，各乡（镇）投资为1220万元，农户个人投资300万元。古城乡为了帮助迁往新灌区的农民重建家园，一次性拿出24万元资金，帮助208户农户购置小型生产资料；上桥乡农民马学义，先后投资13万元，开垦荒地20公顷，植树3万株，建果园7.3公顷，种粮10.7公顷，养奶牛26头。

(四) 科技开路，不断提高开发建设效益。

新灌区的开发之所以能收到较好的效益，广大农民积极地推广和应用先进的科学技术是一个主要因素。植树造林、改善环境是新灌区开发建设第一位的任务，为了早日见成效，林业部门除坚持推广林粮、林草间作套种的常规技术和乔灌草相结合的生产方针外，还积极引导农民采用新技术，营造速生丰产林，到1990年底，已发展到600多公顷，拥有3.3公顷以上林地的农户已达20多户。为了使广大农民在这块新开发的土地上早收益、多效益，林业部门从1985年开始，推广苹果密植新技术，每年分冬、夏二次在山上就近举办果树栽培学习班，并选派5名技术人员，常年深入农户，田间开展技术服务。现在，1330多公顷密植苹果已陆续开始挂果，农民高兴地说是栽下了“摇钱树”。利用世界银行贷款建设的项目区，由于流沙严重，一直排水不畅。科技人员带领群众采用柳桩框架和柳桩草土护坡新技术，较好地解决了沟渠的淤积堵塞问题，使地下水位明显下降，盐碱化程度减轻，粮食作物增产。科学技术的不断推广普及，使广大农民偿到了甜头。扁担沟乡回族妇女马兰英，为了尽快开创致富门路，三闯关东到辽宁引进高产葡萄新品种，参加中国果树研究所举办的葡萄栽培学习班，带领周围群众种丰产葡萄4公顷多，取得了明显的效益。

(五) 规模经营，促进商品生产大发展。

1982年，老灌区全面实行家庭联产承包责任制以后，一大批农村剩余劳力被解放出来，他们纷纷要求到新灌区搞开发、搞承包。为了提高新灌区的规模经营程度，市委、市政府及时作出了“凡到新灌区搞开发的农户，承包面积最低不少于3.3公顷”的决定，提倡按能承包，实行规模经营。这样，一大批有开发经营能力的农户上山投入了生产。高闸乡农民严生信承包荒地23公顷，当年开发，当年见效；马莲渠乡农民安维珍承包土地20公顷，到1989年，已植树1万株，养羊60只，产小麦5.5万公斤，油籽3000公斤，向国家出售商品粮6.2万公斤。到目前，承包6.6公顷以上的开发大户已有130多户；养百只羊、种万株树、建几十亩果园、产几万斤粮食的农户已很普遍；一大批小农场、小林场、小牧场、小渔场、小果园星罗棋布，粮油、肉奶、禽蛋、瓜果等商品已源源不断地流向市场。

青铜峡市

市　长：王贵增（回族）
副市长：张全太（常务）　周炳武（财贸）　高宏志（城建、交通）　赵生银（工业）　徐生祥（农业）　朱俊玲（女　文教卫）

王贵增市长，回族，生于1941年10月，北京市人，中共党员，大学文化程度，畜牧师。1965年毕业于宁夏大学畜牧系，历任青铜峡县畜牧局技术员、副局长。副县长，副市长，市长，1990年4月再次当选为青铜峡市市长。1982年获宁夏回族自治区"马大颗粒冻精技术研究"和"牛同期发情研究"两项科技三等奖；1985年获国家"青铜峡县农业区划"三等奖；1983年获宁夏"少数民族地区先进工作者"称号。

国民经济稳步增长　社会事业全面发展

□　青铜峡市人民政府办公室

"七五"期间，青铜峡市各族人民坚持四项基本原则，坚持改革开放，以经济建设为中心，国民经济和社会事业取得了巨大成就，为"八五"时期和今后10年的发展奠定了坚实的基础。

国民经济稳步增长

"七五"时期，青铜峡市国民经济发生了以下几方面的变化：一是国民经济总量指标全面增长。1990年同1985年相比（按1980年不变价计算），国民生产总值由21829万元增加到26571万元，增长21.7%；国民收入由17532万元增加到21672万元，增长23.6%；社会总产值由34932万元，增加到59318万元，增长69.8%；工农业总产值由30296万元，增加到47890万元，增长58%。5年间，国民生产总值，国民收入、社会总产值、工农业总产值等四项指标平均每年分别递增4.9%、4.3%、11.2%和8.4%。二是主要经济比例关系又有新变化。"七五"期间，青铜峡市三大产业的比重分别为25%、62.6%和12.8%，同"六五"时期的26.9%、62.2%和10.9%相比，第一产业降低了1.9个百分点，第三产业提高了1.9个百分点。国民收入中用于积累的份额为65.2%，比"六五"时期的18.1%提高了47.1个百分点。在工农业总产值中，农轻重的比例也由"六五"期间的27.3%、7.7%和65%，转变为21.5%、11.9%和66.6%。部门间的比例逐渐趋于协调。三是农业生产取得突破性进展。"七五"时期，青铜峡市农业生产连年丰收，取得了令人瞩目的成就。5年间粮食总产量平均每年为16617.6万公斤，比"六五"时期平均每年的14067万公斤增加2550.6公斤，增长18.13%，是建国以来各时期的最高水平。1990年达到17738.8万公斤，比1985年增长59.7%；甜菜6637.4万公斤，增长185%；肉类总产量496.38万公斤，增长96.7%。1990年全市农业总产值达到9339万元，比1985年增长18.95%；平均每年递增3.53%。其中，种植业增长21.9%；畜牧业增长43.5%；林业下降54.18%；副业下降33.1%；渔业增长21.4%。农业生产的持续、稳定发展以及农副产品产量的大幅度增长，为发展工业、繁荣市场、稳定物价和提高城乡人民生活提供了重要的物质条件。四是工业生产持续增长。1990年全市工业总产值为37913万元，比1985年增长72.3%，5年平均每年增长11.5%。市属工业总产值为10202万元，增长200%，年递增25.2%，其中全民所有制工业增长67.7%，集体所有制工业增长258.8%。市属企业完成工业产品销售收入8752万元，实现利税926.6万元，分别比1985年增长187.3%和123.8%。主要产品产量也比"六五"时有了明显增长，质量进一步提高。5年间全民所有制工业全员劳动生产率提高8.8%。五是国民经济发展的后劲有所增强。1990年市属单位完成固定资产投资1300万元，比1985年增加

143万元，增长12.3%。六是运输邮电事业发展迅速。1990年全市公路货运量达到158万吨，比1985年减少10.1%。货物周转量为9011万吨公里，增长311%，平均年递增32.7%。客运量153万人次，增长6.3倍，年递增49%，旅客周转量8044万人公里，增长11.9倍，平均每年递增66.9%。到1990年末，全市邮路总长103公里，邮电业务总量达89.2万元，比1985年增长131%，平均每年递增18.2%。七是市场活跃，财政收入稳步增长，人民生活显著改善。1990年全市社会商品零售总额为16693万元，比1985年增长114.1%，年递增16.4%。集贸市场成交额为2629万元，增长5倍，年递增43.1%。完成地方财政收入2616.5万元，增长171.4%，年递增22.1%，其中，工商税收2449万元，增长135%。1990年末，城乡居民储蓄余额为21812元，比1985年增长250.6%，平均每年递增28.5%；职工年平均工资收入1687元，增长62.4%；农民人均纯收入为694元；比1985年增长55.9%，平均每年递增9.3%。

社会事业全面发展

科技事业方兴未艾。自1986年以来，用于改善知识分子生活条件投资达870万元。5年共开发新技术、新产品70多项，发布科技信息13000多条，共签定技术合同1.3万份。到1990年末，市属地方科技推广机构65个，学术团体19个，全市拥有各类科技人员2871人，占全市人口的13.3‰。其中，从事自然科学的人员1830名，占8.5‰，从事社会科学的人员1041名，占4.8‰。开展了科技培训工作。5年来，共举办各类培训班2364场次，培训19万人次。1986年以来，全市共安排科研技术引进、试验、示范推广项目70项，完成65项，获得国家和自治区进步奖的7项。全市农村以“星火计划”的实施为主要内容，大力普及推广先进适用技术，通过实施“星火计划”，共创产值1636.1万元，创利税155.56万元。同时积极开展技术承包，组建了18个技术承包集团，有1829人次参加了农、林、牧、渔各业技术承包和技术服务。加快了新产品的开发步伐，1990年，全市完成了9项技术开发项目，新产品累计创产值500万元，实现利税25万元，新产品产值率和利税率分别为4.8%和3.8%。

教育事业蓬勃发展。1990年全市有幼儿园16所，普通中小学131所，职业中学1所，干校业余学校、教师进修学校各一所，技校3所，各类学校在校学生达49569人，比1985年增长6.1%。现在，全市各类学校教师数已达3437人，其中公办教师1826人，占55.5%，小学、初中、高中教师的学历合格率分别为85%、70%和84%。目前，全市中小学基本实现校校无危房，班班有教室，学生人人有课桌凳。从1986年至1990年的5年间，用于中小学基建和更新改造投资总额达1158万元，建筑面积达62542平方米。教育管理体制逐步理顺。从1985年以来，按照《中共中央关于教育体制改革的决定》，基础教育实行了“地方负责，分级管理”的制度，基本落实了普及九年制义务教育的责任，市、乡（镇）成立了教育委员会，统管各级各类教育，从组织上加强了对全市教育工作的领导；积极进行教育体制改革，在全市118所中小学推行了校长负责制、教职工聘任制和经费包干制等重大改革，将精神激励和物质激励有机地结合起来，责、绩、利三者相互统一，进一步调动了广大教职工的积极性。教育质量明显提高。1990年全市小学学龄儿童入学率达到99.3%，巩固率达99.1%，毕业率达到99.6%，初中入学率达到90%，巩固率达到98%，毕业生合格率达到95%。5年来共向大中专院校输送新生2366人。成人教育，5年共培训职工5600人。扫除文盲11222人。1985年以来，青铜峡市先后被自治区人民政府命名为基本普及初等教育市，两次被评为集资办学先进单位。

文化事业繁荣似锦。青铜峡市在不断发展经济建设的同时，十分注重文化事业的建设。到1990年末，全市有文化艺术团体1个，文化馆（站）13个，影剧院和俱乐部19个，电影放映队26个，公共图书馆1座，藏书92.6万册。文艺创作活跃。由市剧团创作表演的《古峡之花》和《古峡新歌》电视专题片，多次在中央电视台和宁夏电视台播出，深受群众的喜爱。目前已建成了广播电台、电视转播台、差转台等，广播喇叭入户率达86%，电视覆盖率在70%以上。

医疗卫生事业日臻完善。医疗卫生事业坚持“预防为主”的方针，广泛开展了爱国卫生运动，群众的健康水平不断提高，各种常见病、地方病的发病率明显下降。1990年全年卫生机构已发展到40个，有病床659张，平均每千人有病床3.1张。从事卫生事业的技术人员达到824人，平均每千人有卫生技术人员3.8人。1989年荣获自治区卫生工作先进市。

群众体育进一步活跃，体育竞技水平不断提高，1989年获自治区体育工作先进市。

（执笔：宁文孝　李作忠）

乌鲁木齐市

市　长：玉素甫·艾沙（维吾尔族）

副市长：张国文　毛　旭　王淑元（女）王传洲　王忠孝（回族）

玉素甫·艾沙市长，大学文化程度。1939年7月出生于新疆鄯善，1955年10月参加工作，1958年12月加入中国共产党。历任鄯善县委组织部干事，县公安局副局长，县委副书记、县长、书记。1978年起任吐鲁番地委副书记、行署专员、地委书记兼军分区党委书记。1983年9月起，任乌鲁木齐市市委副书记、副市长、代市长、市长。是党的十三大代表和第七届全国人大代表。

辉煌的成就　美好的前景

□　乌鲁木齐市市长　玉素甫·艾沙

"七五"时期，乌鲁木齐市沿着党中央指引的建设有中国特色的社会主义道路阔步前进，国民经济迅速发展，各项事业都取得了重大成就，人民生活水平明显提高，圆满完成了"七五"计划，开创了社会主义现代化建设的新局面。1990年，全市国民生产总值达到61.07亿元，5年间，平均每年增长12.1%；国民收入达到43.31亿元，平均年增长8.16%；工农业总产值达69.64亿元，平均年增长10.60%；其中：市属工业总产值20.24亿元、平均年增长11.74%；市财政收入达到79786万元，比1985年增长1.2倍，年平均增长速度为17.4%，城市经济实力不断增强。

工业生产持续增长，结构调整初见成效

"七五"期间，乌鲁木齐市围绕搞活企业进行了经济体制改革，通过外引内联，加速了传统工业的改造，使企业的技术水平有了很大提高，主要产品产量、质量和生产能力有了较大的提高。5年中、乌鲁木齐市电力、煤炭、钢铁、石油化工的发展都很快，带动了其他工业门类的发展。市属工业重点发展了机电、轻纺、食品、建材四大支柱产业以及支农产品、人民生活必需品、为石油工业服务产品、出口创汇产品、民族特需产品和市场紧俏产品等六大类产品，地方工业产品对本市和新疆市场的覆盖率明显提高，进入关内及国际市场的产品逐年增加，市属预算内工业企业共开发新产品427种，有240余种产品分别荣获国优、部优和自治区优质产品称号。工业生产在结构调整中持续发展。1990年，全市工业总产值完成66.62亿元，比1985年增长66.3%，5年间平均年增长10.7%；其中：轻工业完成25.46亿元，平均每年增长10.85%；重工业完成41.16亿元，平均每年增长10.63%，轻工业增长略快于重工业。轻工业在工业总产值中所占比重由1985年的39.07%上升到39.31%。"七五"前3年，市属工业产值平均每年增长15.69%，通过治理整顿，后2年的增长趋于适度。1990年，市属工业总产值完成20.24亿元，比1985年增长84.22%，比上年增长4.3%，提前2年完成了"七五"计划指标。"七五"期间，大力发展了以全民所有制为主体的多种经济成份。1990年末，全市已有乡以上工业企业1031个，比1985年增加195个，其中，全民所有制企业391个，增加58个；集体所有制企业631个，增加131个；"三资"企业8个，增加5个。此外，村办工业企业已达202个，城乡个体合作工业企业1786个。在各类经济成份中，"三资"企业产值平均每年增长22.1%，发展较快；乡以下工业平均每年增长17.4%；集体所有制工业平均每年增长10.8%；全民所有制工业平均每年增长10.2%，1990年全民所有制工业产值占全市工业总产值的比重为83.5%，与1985年相比，下降0.6个百分点。

农牧业生产连获丰收
三大副食品基地基本建成

“七五”期间，农村改革进一步深化，稳定和完善了家庭联产承包责任制,改革了农牧产品的购销体制，进一步调整了农业内部结构，以“丰收计划”为龙头，推广应用了一批先进的增产技术，有力地促进了农牧区和农垦经济的发展。1990年，农牧业生产夺得连续第13个丰收年，全市农业总产值3.02亿元，比1985年增长39.6%，5年间平均每年增长6.9%，超过年平均增长5.7%的“七五”计划指标。

在“六五”后2年的基础上，继续狠抓了蔬菜瓜果、牛奶蛋禽、肉食水产三大副食品生产基地建设，通过各种渠道增加了对农牧业特别是三大副食品基地的投入，实行银行贷款、财政贴息等办法进行扶持。到“七五”期末，三大副食品基地基本建成，形成了国营、集体，个体一起上的发展格局。蔬菜保护地（含地膜覆盖）总面积达到1867公顷，在长达5个多月的寒冬和早春季节有数千吨鲜嫩菜上市；建成了全疆最大的家禽饲养、繁育、科研基地——华新牧工商总公司，建成了全国最大的温流水养鱼基地——红雁水产公司，并形成温流水、冷流水、池塘精养、网箱养殖等多种水产养殖模式。养殖的鱼类品种除四大家鱼外，还有罗非鱼、虹鳟鱼、加州鲈鱼、淡水白鲳、银鲫等共20多个品种。近2年来，还成功地进行了螃蟹、甲鱼、罗氏沼虾等特种水产品的繁殖和养殖试验，目前已相继建成温流水高密度工厂化养鱼池2.79公顷，网箱养鱼1公顷，冷流水养鱼池0.93公顷，精养鱼塘229.4公顷。有重点地发展了畜牧业，实行牧区、农区、城郊畜牧业一齐上，使畜牧业产值在农业总产值中的比重由1985年的33%上升到1990年的39.4%。三大副食品基地建设不仅大大丰富了百万市民的“菜篮子”，而且带动了整个农牧业的发展。1990年，粮食生产获历史最好水平，总产量达9.76万吨，比1985年增加3.48万吨，增长55.4%：蔬菜总产量24.68万吨，比1985年增加8.6万吨，增长53.5%；猪牛羊肉总产量7080吨，比1985年增加2188吨，增长44.7%；牛奶产量19724吨，比1985年增加11125吨，增长1.3倍；鸡蛋产量9389吨，比1985年增加3491吨，增长59.2%；水产品1423吨，比1985年增加1329吨，增长了15.1倍。

城市建设进展较快，城市管理全面加强

1985年10月，国务院正式批准实施乌鲁木齐市城市总体规划。城市建设用地采用“集团式多中心”布局，按照既定的10个集团区的规模范围和建设性质，遵循“合理布局、节约用地、集中紧凑”的原则统一安排各项建设，有效地防止了用地规模的随意扩大。针对过去大部分工业集中在旧城区，并与住宅区混杂，污染环境较严重等问题，按照城市集团分区的要求，重点发展了新城区的工业，对老城区内的一些工业企业进行了合并和功能调整，并将污染严重的一些单位陆续迁出老城区，使城市工业布局和功能分区日趋合理和完善。5年来，全市已完成分区规划50平方公里，详细规划30平方公里，对乌鲁木齐县20个乡及达坂城镇也进行了详细规划。此外，对过去多年在城西雅玛里克山麓形成的自流人口集聚地进行了大规模的综合治理，加强了对自流人员的清理和管理，成效显著。但是城市人口机械增长仍然过快，1990年，全市总人口和年末城市人口均超出城市总体规划控制指标数万人。加重了城市负担，给经济和社会发展带来了一定影响。

“七五”期间，城市基础设施建设取得了突破性进展，城市服务功能显著增强。续建了石墩子山水源工程，新建了一批市区调节水池和卡子湾、东高线供水干管，城市供水管线由“六五”期末的176公里增加到现在的282公里；全年供水总量达9144万吨，比1985年增加5684万吨，提高1.5倍。改建了北京路排水管道，使全市排水管线由“六五”期末的178公里增至现在的193公里，增长了11%，市区大街小巷基本实现了排污管道化。城市民用石油液化气供气能力显著增强，新建液化气供气站点10个，年供气量和用气人口分别达到3.28万吨（其中市管2.2万吨）和83.79万人（其中市供气69.49万人），分别较“六五”期末增长了87.4%和37.1%、用气普及率上升到79%。投资2827万元建成的幸福路集中供热站，经过几年的配套建设和科学管理，供热能力达到100万平方米，5年中，相继建成了西大桥、北门、十月广场等9处人行通道和大西门、友好路等3座天桥、新建了西虹路、温泉东路、青峰路等6条干线道路，拓宽改造了友好路、团结路、人民路、杨子江路等7条道路，新铺巷道68.2万平方米，城市沥清道路由“六五”期末的215公里、236万平方米，增至现在的247公里、273万平方米，分别增长了32%和37%，初步形成了具有车行、人行立交功能的城市道路体系。市内公共汽车车辆和运营线路由“六五”期末的435辆、31条（496公里）分别增加到550辆、43条（651公里）。同时，适度发展了城市出租汽车事业，由“六五”期末的118辆增加到1990年的800辆。

运输邮电业发展迅速。1990年全市完成旅客运输量（发送量）1128万人，“七五”期间平均每年增长8.9%，其中铁路客运量254万人，年平均增长2.4%；公路客运量850万人，年平均增长11.2%；航空客运量24万人，年平均增长16.9%。完成货物运输量（发送量）2218万吨，5年间平均每年增长17.9%，其中铁路货运量1138万吨，年平均增长7.3%，公路货运

量1080万吨，年平均增长44.1%，航空货运量3738吨，年平均增长14.8%。"七五"是乌鲁木齐市电信事业发展最快的时期。新建的长途电信枢纽大楼和500路端程控长话交换设备于1989年投入使用，3.5万门程控市话交换设备安装工程已完成2.5万门，从1990年9月23日起，市内电话号码从5位升为6位数。1990年全市完成邮政电信业务总量2796万元，比1985年增长1.4倍，平均每年增长19.2%，年末邮电局所230处，比1985年增加93处，年末电话机数56640部，每万人拥有的邮电局所由1.7处上升到1.75处，每万人中拥有的电话机数已由238.8部上升到431部，比1985年增加28643部，基本形成了四通八达的邮政通讯网络。

"七五"期间，新建住宅359万平方米，改造公管危房8.4万平方米。全市住宅总面积由"六五"期末的1162万平方米增至1990年的1521万平方米，使约7万户无房户、困难户的住房条件得到了改善。

"七五"期间，加强了城市环境保护，抓了重点污染源治理和消烟除尘以及城市绿化美化工作，对全市85%以上旧式锅炉进行了技术改造，治理了十大建筑企业的沥清烟气，建成无黑烟控制区27.56平方公里，覆盖面占城区面积的56.2%，发展小区连片供暖180余万平方米，减轻了大气污染，1990年全市废气处理量已达3900116万标准立方米，占废气排放量的71.6%，全市工业粉尘回收量达到66426吨，工业固体废弃物处理量达17万吨；对扰民严重的529家、1630台固定噪声源进行了治理，建成噪声控制达标区1.36平方公里，交通噪声在车辆增加的情况下比"六五"期末下降了一分贝；将污染比较严重的电镀厂点由75个压减到18个；完成污水治理工程55项，全市污水处理率（初级处理）已由1986年40.9%提高到现在的53%。市容环卫管理逐步走向规范化，5年累计增设垃圾箱3398个，新建公厕121座（其中水冲式64座），新增街巷道路清扫面积228万平方米。在"六五"后2年的基础上，持续进行了市容卫生、公共场所、交通秩序的综合治理，巩固了"整顿脏乱差指挥部"，后改名为"城市管理监察办公室"，作为市政府主管城市管理工作的职能机构，狠抓了"门前三包"的巩固完善，使市区内实行"三包"的街道增至96条，巷道增至181条，自包的单位扩大到2325家，动员数千家单位对246.5万平方米的门面和建筑外表进行装饰翻新，治理泥巴院巷8467个，面积达413平方米，城市脏、乱、差的状况基本扭转，市容面貌明显改善，连续4次在全疆16城市"三优一学"评比竞赛中名列前茅。在完善已有公园服务设施的同时，新建了水上乐园、儿童公园、人民公园园中园和17座街心花坛，扩建了红山公园，绿化改造市区干道11条，以营建10万亩环城林为重点，动员城乡居民义务植树1195万株，其中绿化荒山1050公顷，城区绿地由"六五"期末的769公顷增至现在的2200公顷，增长了1.86倍。绿化覆盖率由1985年的15%上升到1990年的21.8%。

1990年9月，中共中央总书记江泽民同志视察新疆时高度评价了乌鲁木齐的城市建设和绿化工作，认为在全国省会（首府）城市中是名列前茅的。这对乌鲁木齐的城市规划、建设和管理工作是极大的鼓舞和鞭策。

投资结构得到调整，投资效益有所提高

"七五"时期，固定资产投资规模曾一度偏大，1986～1988年3年间全市固定资产投资达34.46亿元，平均每年完成投资11.49亿元，比高速建设的"六五"后3年还多4.01亿元。这也导致社会需求的快速增长，这3年中居民货币收入累计增长49.8%，平均每年增长14.4%，超过同期国民收入和工农业总产值的增长速度。全社会零售物价总水平上升了40.5%，年平均上升12%。"七五"后期，通过治理整顿，压缩固定资产投资，调整投资结构，抑制了过快的经济增长速度。5年中累计完成固定资产投资额59.96亿元，比"六五"时期增长20.53%，生产性投资累计完成38.90亿元，占总投资的比重由"六五"时期的50.99%，上升到64.88%，其中住宅建设"七五"时期完成投资额累计9.68亿元，比"六五"时期的9.32亿元增长3.9%。

科技教育发展较快，各项社会事业长足进步

科技事业在与各项生产建设愈来愈紧密的结合中获得较快发展，科技应用推广及科普、科技咨询工作初步形成网络，"星火计划"、"丰收计划"顺利实施，5年累计取得科技成果221项，其中有31项受到国家和自治区的奖励。自1989年酝酿并确立"科教兴市"战略，"科教兴市"的总体方案于1990年下半年正式实施。同科技工作一样，教育工作也日益受到重视，"七五"期间，全市普教任务基本完成，基础教育和民族教育得到加强，为改善办学条件，持续5年集中力量大规模地改造中小学危房，1988～1990年就投入3590万元，拆除危房校舍4.2万平方米，改建、扩建后的面积10.6万平方米，中小学危房率从原先的20.7%下降到2.6%，使办学条件有了明显改善。同时，教育结构进一步得到调整，职业教育与普通教育的比例达到1:1.28。1990年，全市已有高等学校13所，比"六五"期末增加3所。在校学生已达19722人；中等专业学校39所，增加10所，在校学生2221人；农职中学15所，增加5所，在校学生506人；技工学校27所，增加5所，在校学生1544人。各类职业教育及成人教育所占比重均有所上升。

卫生机构从1985年的518个增加到681个。其中医院及门诊部（所）从483个增加到639个，病床床位从9528张增加到9847张，卫生技术人员从14172人增加到16810人，医疗卫生条件有了改善；由于“七五”进入人口生育高峰，城市人口自然增长率由“六五”期末的7.02‰上升为9.23‰，其中汉簇人口自然增长率由5‰上升到8.5‰。计划生育工作得到进一步重视，少数民族计划生育正在进行。“七五”期间，文化、新闻、广播、电视、体育等事业都有了新的发展。

城乡市场繁荣兴旺，人民生活明显改善

“七五”期间，乌鲁木齐市商业繁荣，各类副食品、日用工业品和民族特需商品供应充裕。城乡市场购销两旺、物价基本稳定，主要商品零售量均有较大幅度的增加。1990年全市社会商品零售总额完成291512万元，比1985年的132332万元增长1.2倍，5年间平均增长17%，高于全国同期平均递增14%的水平，比年平均增长8.7%的“七五”计划指标高8.3个百分点。商、饮、服务业网点迅速增加，整个商业市场出现了繁荣兴旺的局面，“七五”的前2年，社会商品零售总额分别比上年增长17.38%和15.34%，增长幅度基本正常。1988年全国出现了消费品市场过热的抢购风，乌鲁木齐市社会商品零售总额也急剧上升，比上年增长31.23%。“七五”的后2年，通过治理整顿和深化改革，消费品市场过热的现象得到有效地控制，社会商品零售总额增长幅度渐趋回落，在国内许多城市社会商品零售总额出现负增长的情况下，1989、1990年社会商品零售总额仍分别比上年增长14.93%和7.88%。

随着生产发展和经济的繁荣，人民生活不断改善，城市居民人均年收入从1985年的829.2元增加到1990年的1650元，扣除物价上涨因素，5年平均增长20.5%。职工人数由1985年的55.08万人增至1990年的66.14万人，全部职工工资总额由84946.85万元增至173877万元，按年末职工总数计算的人均工资从1542.24元增至2668元；农牧民人均年纯收入从548元增加到1990年的880元。1990年末，平均每百户居民拥有洗衣机91.5台、电冰箱65.5台、黑白电视机40.5台、彩电76.5台，城乡居民储蓄存款达到289889万元。市保险公司开办的险种由1985年的12种增加到47种，承包财产总金额达185.7亿元，比1985年增长7.8倍。城区人均居住面积从1985年的5.26平方米增加到1990年的7.29平方米。5年共安排16万余人就业。这5年是人民生活改善最多的5年。

利用外资成效显著，外引内联方兴未艾

“七五”期间，乌鲁木齐市坚持“东引西出、挂靠名牌、发挥优势、南北展开”和“全方位开放、向西倾斜”的外引内联方针，在生产、流通、技术、资金、物资、人才等领域开展了多层次、多形式的横向经济联合，对外贸易和国内外经济技术合作不断扩大，截止1990年，乌鲁木齐已有38家外商投资企业，与外商合作实施经济技术项目17个，引进了一批先进技术和成套设备，还首次在苏境内与苏合作建立了2家生产性企业。1990年，在全国十佳生产型中外合资企业评选中，乌鲁木齐市的新疆天山毛纺织品有限公司名列榜首。1990年出口商品收购总额完成3023万元，创历史最好水平；加上地贸和“三资”企业的产品出口，出口商品收入达到1.78亿元人民币。中外合资企业年创汇2949.26万美元。国内横向经济联合自1983年起步，乌鲁木齐已先后同南京、广州、成都、杭州、酒泉、广元、长春结为友好城市。1990年，乌鲁木齐与兰州、张掖、武威、酒泉、嘉峪关、哈密、吐鲁番等地市联合组建了“丝路重镇经济技术协作联合会”。5年来，在内联中、实施经济技术协作项目624个，引进国内资金4023万元，挂靠名优产品96种，经济技术协作范围扩展并涉及全国25个省市的100多个地市。

把握机遇，阔步前进

进入90年代，乌鲁木齐的发展面临着难得的机遇：横跨亚欧的第二大陆桥业已贯通，而乌鲁木齐正处在亚欧大陆桥上我国西部的桥头堡位置；随着国家石油战略的西移，大规模开发石油和地面资源，将为乌鲁木齐市工业的发展开辟日益广阔的市场和原材料来源；特别是国家和自治区确定兴办乌鲁木齐经济技术开发区，势必为乌鲁木齐对内对外开放以及经济与各项事业的发展带来新的巨大的活力和动力。“思稳定、求团结、盼发展、争富强”成为全市138万各族人民共同的愿望和意志，这是今后实现乌鲁木齐全面振兴的基本保证。

“八五”时期是乌鲁木齐市社会主义现代化建设关键的时期，这一时期经济发展的要求是，按1990年价格计算，到1995年，使国民生产总值达到79.6亿元，比1990年增长36.3%，平均每年增长6.4%；工农业总产值达到94.79亿元，比1990年增长39.36%，平均每年增长6.9%；市属工农业总产值达到31.59亿元，比1990年增长35.8%，平均每年增长6.3%。其中，农业总产值达到3.59亿元，比1990年增长18.87%，平均每年增长3.5%，工业总产值达到28亿元，比1990年增长38.34%，平均每年增长6.7%。通过“八五”时期社会经济的发展，将使乌鲁木齐朝着经济繁荣、科技发达、生活方便、环境优美、具有民族特色的现代化城市方向迈进。

克拉玛依市

市　长：韩继武
副市长：郑　谦（计划、工交、城建）　玉素甫江·阿不都热西提（维吾尔族　农牧）　赵兰秀（女　科教文卫）　马成荣（回族　商业）

韩继武市长，甘肃武山县人，1933年2月生，大专文化程度，高级工程师。1949年7月参加革命工作，1953年加入中国共产党，同年到中苏石油公司工作。1956年起，在新疆石油管理局基层单位任站长、工程师、副大队长、处长；1976—1980年任新疆石油管理局和克拉玛依市革命委员会副主任；1980年任新疆石油管理局副局长；1985年7月当选为克拉玛依市市长。

油城经济稳步发展　社会事业日新月异

□ 克拉玛依市市长　韩继武

“七五”期间，克拉玛依市经济建设和社会发展取得了显著成就，5年累计完成社会总产值104.4亿元(1980年不变价)，其中1990年24.2亿元，比1985年增长46.85%；累计工业产值79.5亿元，其中1990年为18.7亿元，比1985年增长54.3%；地方财政收入5.25亿元，其中1990年为1.32亿元，比1985年增长90.65%；国民生产总值1989年为18.72亿元，成为人均国民生产总值超4000元的城市之一，居全国各城市第三。

工业生产连年持续上升

石油工业是自治区的主要经济支柱之一，也是克拉玛依市的主体产业。“七五”期间狠抓了油田的综合挖潜和开发建设，石油生产连上台阶，累计生产原油2790.8万吨，其中1990年生产576.7万吨，比1985年增长17%；新增原油生产能力403.8万吨；原油加工累计1108.6万吨，其中1990年为280.1万吨，比1985年增长75%；石油工业产值77.7亿元，其中1990年为18.01亿元，比1985年增长50%；上交税金累计12.3亿元，其中1990年为2.52亿元，比1985年增长23.89%。克拉玛依、独山子两个炼油厂先后新增、扩建了17套装置，形成了以加工重油为主的加工体系，炼油生产品种已达187种，优质品率达70%以上，9种产品获国家金银奖，12种产品获省部级优质产品奖，有N32低温液压油等6种产品填补了国家空白。

全市地方工业基础比较薄弱，到1985年，地方工业产值仅为1215万元。几年来，市委、市政府确定了建设以油为主、多种经营、综合利用、全面发展的方针，坚持两条腿走路，国营、集体、个体一起上，既建设了几个重点项目，又上了一批投资少、周期短、见效快的小项目，地方工业产值累计达到1.86亿元，其中1990年为7550万元。

城市建设取得了令人瞩目的成绩

“七五”期间，全市共征收城市建设维护费5300万元，除上解自治区1264万元以外，全部用于城市建设和维护。5年来，市区建成区面积由1985年的10.7平方公里增加到16.7平方公里，新建、改建和扩建市区道路19条总长7.5公里，人行道6公里，现有的38条街道全部实现硬化；路灯总长36.1公里，下水道115.5公里；新建绿化压力管网9.5公里，街道栏杆24公里。5年来，政府狠抓绿化工作，市区绿化覆盖率由1985年的4.5%提高到1990年的12.5%。

在交通建设方面，境内现有公路80条，总里程2312公里，除500公里为国道、省道外，其余的均为油田公路。市辖境内现有专业运输企业5个，各种机动车辆1.14万辆，5年平均货运量在1200万吨/年以上，客运量在2500万人次/年以上。

在邮电通信方面，1990年，克拉玛依、独山子两地已开通全国长途直拨电话，市话装机容量已达3000门，油田通讯网有线电话装机容量为1.38万门，市话普及率为每百人7部。

“七五”期间，全市实施治理“三废”项目74个，新建4个较大型先进的污水处理工程，年回收利用污水1550万立方米，各类废气13亿标准立方米，工业废渣3万吨，经济效益达1.28亿元。在1990年自治区城市20项环境综合整治定量考核中，获第一名。

充分发挥政府职能作用，努力为人民多办实事

“七五”期间，在市委的关心和各部门的配合下，市政府年年坚持为人民办实事，5年共办实事28件。在工业建设方面，投资1100万元，新建克拉玛依啤酒厂和粮食局等级粉车间；在城市建设方面，投资750万元，完成东沟污水处理两期工程；新建了朝阳公园、东湖公园，改造了人民公园、黑油山公园，新建和改扩建了部分市区道路、路灯和绿化灌溉系统；在商业建设方面，投资、集资约400万元，新建大型商场2个，集贸市场6个，增加营业面积约2.5万平方米；投资20万元建成屠宰场，并开设了活畜交易市场；在交通、邮电建设方面，投资380万元新建车站1座，在市区边远地区安装了公用电话；在文化建设方面，投资495万元新建克拉玛依图书馆和群艺馆；在卫生建设方面，投资320余万元新建市人民医院住院部并续建配套工程，在市区建立了饮食餐具消毒站，儿童计划免疫形成全市免疫网络，并从1990年起将乙肝疫苗接种列入计划免疫。

财政收入增加，商业贸易活跃

“七五”期间，全市共完成各种税收14.2亿元，其中工商各税11.33亿元，地方财政5年累计完成收入5.25亿元，其中上解自治区2.95亿元，占地方财政收入的61.4%，为自治区作出重要贡献。

在商业方面，目前全市共有商业网点2394个，社会商品零售总额5年累计10.75亿元，其中国营商业5.73亿元，占53.35%，集体商业3.15亿元，占29.34%。1990年尽管受全国性市场疲软的影响，社会商品零售总额仍达2.84亿元，比1989年增长11%。

科教文卫体各项事业蓬勃发展

“七五”期间，市委、市政府全力支持教育事业的发展，用于教育方面的资金5年累计1.61亿元。目前，全市共有大专院校4所，中专3所，技校3所，中学26所，小学36所，幼儿园49所，在校学生总数已达6.16万人。各类专职教师4000人。5年来，小学入学率、年巩固率、毕业率分别为100%、99.9%、97%，初中合格率由1986年的30.7%提高到目前的74%，累计有1796名高中毕业生考入区内外大专院校，录取率由1986年的12.9%上升到1990年的35%。5年间，与区内外20所大中专院校签订了委培人才合同，共委培3433人，有4.8万名工人受到等级培训，受训面达71.8%，现有中等以上技术工人已达3.9万人，占工人总数的59.1%。

“七五”期间共开展市级以上科研攻关项目和新技术推广项目780项，获成果338项，其中获国家科技进步奖8项、省部级科技进步奖48项，80%以上科技项目在生产中得到应用，获直接经济效益3.3亿元。

“七五”期间，强化了卫生防疫工作，新建了2个防疫站，从1986年起建立起儿童计划免疫网，设有37个计划免设门诊点，“四苗”基础免疫1.8万人，接种率97%，覆盖率达98.2%。建立了三级食品卫生监督网。现有医院6所，保健站、卫生所25个，卫技人员2200人，病床1424张，平均千人拥有7张。

文化建设方面，现有市级群艺馆、图书馆、少年宫各1座，影剧院、俱乐部27个，专业文艺团体1个，1986年市文联成立并相继成立文学、音乐等8个分会，现有报社1家，广播电台、电视台各1座，各企业有图书馆58个，文化活动室36个，退休职工活动室42个，少数民族职工活动室48个，为广泛开展群众文化活动提供了良好的条件。

体育方面，5年共举办各类比赛92次，参赛人数达2.44万人，还先后被评为全国百万职工冬季长跑先进城市和全国足球先进城市。在参加自治区和石油部的各类体育比赛中，共获金牌35枚、银牌48枚、铜牌42枚、有7人次破自治区青少年纪录。

“菜篮子”工程成效显著，人民生活水平逐年提高

几年来，市委、市政府把“菜篮子”工程作为维护安定团结和促进生产发展的一件大事，列入每年工作的重要议事日程，在人、财、物各方面给予充分保障。3年来，“菜篮子”工程共生产蔬菜5.02万吨、肉食6487吨、鲜鱼341吨。“菜篮子”工程为全市人民提供的农副产品，已达到人均年消费蔬菜80.5公斤、肉食15.62公斤、鸡蛋16.72公斤的水平。到1990年末，全市人均生活费收入达2410.8元，比1985年增长75.1%；人均生活费支出1635.3元，比1985年增长52.3%；职工人均工资3567.9元，比1985年增长98.1%；人均储蓄余额2768元，比1985年增长234.7%，户均储蓄已达万元以上。5年建职工住宅107.1万平立米，解决了1.65万户职工的住房，使全市人均居住面积已达7.98平方米，比1985年增长10.8%。

石河子市

市　长：王中俊
副市长：买买提·木沙（维吾尔族　文教卫生）
苗汉琴（城建）　范国荣（财贸）
陈宝安（女　工交）

王中俊市长。1938年生于北京，1957年从北京四中毕业，考入兰州大学汉语言文学专业，60年代初毕业分配到石河子垦区工作，多年从事党的宣传文化工作，当过记者、编辑，系新疆作家协会会员，曾任新疆生产建设兵团农八师副政委等职，1985年6月任石河子市市长，1987、1991年连续当选为石河子市市长。

石河子市“七五”时期经济稳步发展

□ 石河子市人民政府办公室

在“治理整顿、深化改革”方针指引下，经过全市各族人民的团结奋斗，戈壁新城石河子市胜利地完成了“七五”计划所确定的目标。1990年国民生产总值实现6.6亿元，5年平均增长5%，工业总产值完成9.73亿元，年均增长5.8%，农业总产值实现1.49亿元，年均增长4.4%，社会商品零售总额实现2.85亿元，年均增长10%，出口商品收购总额完成2.05亿元，年均增长25%。石河子市已成为新疆维吾尔自治区重要的轻纺基地、制糖基地和出口商品基地，也是天山北坡重要的商品集散地。

工商业稳步发展

在“七五”期间，根据国家和自治区产业结构调整政策，石河子市从自身资源和工业格局的实情出发，在加强对原有工业企业技术改造的同时，增强对轻纺、食品、造纸、化工、能源、建材等行业的投入，5年累计固定资产投入7.7亿元，其中技改投入占总投入的47.3%，生产性投入占64.3%。产业结构逐步趋向合理。纺织业所占比重从1985年的44.9%调整到51.9%，造纸从3.6%增长到6.9%，化工从0.8%增长到1%，电力从1.6%增长到4%，而食品从31%调整到19.6%。“七五”期间新增棉纺锭6.8万锭，棉纱产量翻了1.3番，达到2.1万吨，棉布从1985年的3900万米增长到5930万米；毛纺锭新增4360锭，精纺呢绒从170万米增长到200万米，粗纺呢绒从60万米增长到82万米。制糖能力提高1倍，日处理甜菜达到3000吨，新建的长网造纸生产线使机制纸从8000吨增长到13400吨，从意大利引进两条3000吨西红柿酱生产线，新建的万吨烧碱生产线，年产200万米的静电植绒厂，新增装机3.3万千瓦的发电能力，以及用引进设备对轻纺后整理的改造，都给企业增添了新的活力，促进了新产品、新品种的开发。共有147个产品获省级以上优质产品奖，其中国家银质产品奖1个，部优产品奖31个，自治区优质产品奖115个。这些产品内销遍及全国各地、外销22个国家和地区。

工业生产的发展带动了商业、外贸的发展。“七五”期间，随着改革开放的进一步深化和工农业生产的发展，人民收入增长较快，居民储蓄相应增加，与1985年相比，1990年城乡居民年末储蓄额净增3.95亿元。同时，人民消费水平和消费结构发生了很大变化，从而使地处交通要道的石河子商业有了很快的发展。新建的市百货大楼和西环商场是“七五”期间石河子商业迅速发展的标志。目前全市有商业零售网点3405个，比1985年翻了1.2番，个体网点2719个，比1985年增长了113%，并建成农副产品贸易市场6处，面积2.2万平方米。1990年在市场疲软的情况下，社会商品零售总额实现2.85亿元，国营商业销售总额完成8.1亿元。齐全的花色品种、良好的服务、优美的环境吸引了天山北坡的客商、农牧民，使石河子市成为旅游热点和购物中心。

工农业生产的发展也大大促进了外贸出口。1990年外贸出口收购总额2.05亿元，出口创汇4000万美元。其中农副产品收购总值383万元，工业品收购总值2.01亿元，出口商品9大类35个品种中，棉纱、棉花、棉布、呢绒、西红柿酱、糠醛、甜菜粕、啤酒花、西甜瓜等是传统出口商品。外贸的发展又推动了生产的进步。目前全市有外贸商品生产企业39家，外贸产品的生产规模已初步形成。

城市建设成绩显著

工农业生产的发展、商业的兴旺发达,促进了城市建设的发展。“七五”期间城市建设贯彻了市政府确定的改造中区、完善西区，开发东区、沟通南区、控制北区的近期建设方针，继续坚持每年为市民办几件实事，城市基础设施有了较大发展。“七五”末已完成建成区23平方公里，建成道路19条，65公里，其中高中级道路54公里，比1986年新增15公里。路灯20公里500余盏，比1986年净增200盏。修建下水道42公里，涵洞190座、桥梁5座，交通状况大为改善。自来水管道110公里，日供水能力提高到3.8吨，提前两年完成了城市供水联网工程，使市区自来水普及率达到97%。完成了市中心两个住宅小区的集中供热，热电联产工程，从根本上改善了市中区的供热质量，取得了很好的经济、社会、环境三效益。市区液化气用户发展到近2000户，供气量由“六五”末的980吨增加到1660吨，气化率达到50%。城市公共交通发展较快，交通线路由1985年末的5条增加到12条，车辆由1985年的26辆增加到52辆，年客运量达到600万人次，服务面达到60%。住宅小区的开发建设有了较快发展，1986年以来，建成商品住宅30万平方米，城市居民居住面积5年累计新增53.2万平方米，人均住房面积由6.01平方米提高到7.8平方米，楼房户达到60%。邮电业务总量640万元，5年翻了两番多，电话门数比“七五”末增长129%，并开通了石河子与全国各地的长途直拨电话。

绿化工作登上新台阶

被誉为全国绿化先进城市、素有绿色之星之称的石河子市，“七五”期间，继续坚持建设以绿为主，以树为主，以乔木为主，花、草点缀、森林环抱的花园式城市的宗旨和全面规划，分步实施的方针，园林绿化工作又上一个新台阶。“七五”末建成区绿地730公顷；单位内部庭院与居住小区绿地340.4公顷；卫生防护林252.2公顷，街道绿化190.8公顷，绿化覆盖面积909.4公顷，绿化覆盖率达41%，5年内年平均递增3%，人均占有公共绿地达到5平方米。

位于干旱地带的石河子市，由于绿色植被覆盖面的逐年扩大，城市生态环境有了很大改善。主要表现是：1. 缓解了城市的“热岛”效应。由于大面积绿化，使城市的地方气候得到了改善。同城市规模、能源消耗和城市人口等因素均少于石河子市，而纬度相近，气候条件相似的几个城镇，石河子市的年平均气温降低0.2—0.9℃，夏季降低0.7—1.6℃；年相对湿度提高4—7%，夏季提高7—12%；蒸发量减少16.5—40.9%；大风和沙暴日数分别减少0.9—18.6日和4.5—6.8日。市区与郊区比较，在同一时间内，风速降低40%，蒸发量减少21.7%，日温差缩小4.6%，空气湿度提高21.5—25.5%。2. 具有良好的小气候效益。经测定，乔木型的行道树，近于郁闭度为1，可使气温降低1.9—3℃，相对湿度提高8.4—21.2%。公共绿地中，郁闭度为0.5的针叶林草地，使近地层气温降低0.8—3.3℃，相对湿度提高8.5—29.4%，在住宅绿地中，郁闭度为0.3的乔灌花草型绿地，可使气温降低2—2.8℃，相对温度提高5—14%。3. 具有明显的截滞尘作用。稠密乔木型的街心绿带使二次扬尘减少58.2%，郁闭的乔木密林使大气降尘减少23.6%；覆盖率高的绿化庭院，大气中颗粒物含量较覆盖率低的住宅区减少59.3—83.3%。4. 具有显著的杀菌效果。经测定石河子市空气中的含菌量，绿化好的街道较绿化差的街道减少56—83.4%；绿化好的庭院较绿化差的庭院减少93—97%。5. 具有明显的减弱噪声作用。经测定石河子市宽20米的乔灌花草型街道绿带，可减少噪声3.2分贝，乔灌型的街道绿带，可使临街的1—3层楼房室内减少噪声5.7—6.4分贝。今日的石河子新城不仅以她绿色的美吸引着众多游人，而且以她较好的生态环境给位居大漠干旱地带的22万各族人民提供了一个幽静舒适的工作、学习、生活天地。

尤其是“七五”期间，由于石河子市各项事业的长足进步，不仅极大地激励着各条战线、各族人民改革开放，建设社会主义的积极性，而且深受国内外朋友的好评。仅1990年就有22个国家和地区116批人来石河子考察和从事经济、文化交流活动。随着北疆铁路的开通，我们深信，位于欧亚大陆桥沿线的石河子市再经过10年的开发和建设，将会在新疆维吾尔自治区的北疆经济发展带上放射出更加绚丽的光彩。

哈 密 市

市　长：阿不列孜 · 苏培（维吾尔族）

副市长：姚、挺（工交、计划、乡镇企业）　陈述荣（文教卫体、司法）　依米提 · 玉素甫（农业）　鲁协平（财贸、金融）　周蔚林（科技）

阿不列孜 · 苏培市长，1946 年 6 月出生。1965 年考入新疆工学院机械制造专业，1969 年参加工作，1979 年加入中国共产党。历任哈密钢铁厂政治部主任，哈密地区水泥厂党委副书记、书记，哈密市委副书记等职，1990 年 4 月被选为哈密市市长。

哈密市“七五”计划执行情况和十年建设概况

□ 哈密市人民政府

哈密市经过全市 29 万各族人民的团结奋斗，胜利完成了“六五”、“七五”计划各项发展指标，国民经济和名项社会事业持续、稳定、协调地向前发展。

1990 年全市社会总产值（不含中央、自治区驻哈单位和地直单位）达 12162.6 万元（按 1980 年不变价，下同），为“七五”计划的 99.69%。比 1980 年的 4213.19 万元翻 1.5 番，国民生产总值达到 8779 万元，为“七五”计划的 97.54%，比 1980 年的 3087.9 万元翻 1.5 番，国民收入达到 6521 万元，为“七五”计划的 97.33%，比 1980 年的 2288.52 万元翻 1.5 番；工农业总产值达到 9905 万元，为“七五”计划的 100.77%，比 1980 年的 3104 万元，翻 1.67 番。

纵观哈密市的经济发展，“七五”计划完成的主要指标有以下 12 个突破。一是社会总产值 1988 年突破 1 亿元，1990 年达到 12162 万元。二是工农业总产值 1990 年突破 9000 万元，达到 9905 万元，接近 1 亿元。三是建筑业总产值 1990 年突破 1500 万元，达到 1509 万元。四是二轻工业总产值 1990 年突破 1000 万元，达到 1017 万元。五是农业总收入突破 1 亿元（按现行价计算）达到 10543 万元。六是粮食总产突破 4500 万公斤，1990 年达到 4752 万公斤。七是人均占有量突破 500 公斤，1990 年达到 510 公斤。八是全民企业全员劳动生产率突破万元，1990 年达到 11315 万元。九是商业总销售突破亿元，1990 年达到 10122 万元。十是社会商品零售总额，1988 年突破亿元；1990 年达到 14465 万元。十一是城乡居民储蓄余额猛增，1990 年突破 4 亿元，达到 41885 万元，十二是六种主要工业品大幅度增长，有较大的突破：盐 1989 年突破 10 万吨，钨砂 1989 年突破 200 吨，元明粉 1990 年达到 2200 吨，黄金填补了哈密市的空白，1990 年比 1987 年增长 685%，水泥 1990 年达到 1.5 万吨，地毯 6468 平方米。

农牧业生产获得丰收，主要农产品全面增长

农牧业生产战胜了各种自然灾害，连续夺取 13 个丰收年。1990 年，农业总产值达到 4204.73 万元，完成“七五”计划的 101.3%，比 1980 年的 2107.38 万元翻了一番；粮食总产量达到 4751.85 公斤，完成“七五”计划的 101.1%，比 1980 年增长 128.7%；油料 274.46 万公斤，完成“七五”计划的 105.5%，比 1980 年增长 141%；牲畜年末存栏头数达到 37.46 万头（只），完成“七五”计划的 102.34%，比 1980 年增长 17.7%；肉类总产达 2082 吨，完成“七五”计划的 94.5%，比 1980 年增 124%；棉花生产近年来发展比较快，1990 年总产达 388.9 吨，完成“七五”计划的 147.7%。

工业生产稳步增长，花色品种日益丰富

10 年来，工业生产迅速增长，1990 年工业总产值

达5700.6万元，为“七五”计划的100.63%，比1980年996.7万元增2.5倍。在重点发展盐化工、能源、建材、金属、非金属等基础产业的同时，发展了轻纺、食品加工业，相继建成投产了钨矿、南湖煤矿、盐场、二堡水泥厂、铁合金厂、石墨厂等基础工业和啤酒厂、罐头厂、民族绣品厂、福利针织厂等轻工业项目，扩建了磷肥厂、增强了哈密市经济实力。同时，主要工业产品、产量大幅度增长，花色品种日益丰富。1990年全市原盐达10余万吨，比1980年的1.2万吨增长7.3倍，平均递增率为23.6%，磷肥达1.2万吨，比1980年的0.14万吨增长7.5倍，平均递增率为23.9%；钨砂达203吨，比1980年的11.5吨增长16.65倍，平均递增率为333.25%；煤6.59万吨，比1980年的2.7万吨增1.4倍，平均递增率为10.4%。

基本建设和城市建设得到进一步加强

固定资产投资有所增加，重点项目及投产项目的完成比较好。10年间，全市全民所有制基本建设固定资产投资累计6000余万元，其中生产性投资2000余万元，占投资总额的43.2%。全民所有制更新改造措施投资累计完成2933.2万元，集体所有制基建固定资产投资累计完成1167.2万元，乡镇企业固定资产投资累计完成近2000万元，建成投产的基本建设项目和更新改造的项目数十个，进一步增强了哈密市基础工业的经济实力。

城市建设取得了新的成就。10年间，哈密市城市建设累计投入1000余万元，使城市的基础建设得到进一步发展。市区现有沥青道路41公里，比“六五”计划增长36.6%；供水管道24公里，比“六五”计划增长60%；排水管道19公里，比“六五”计划增长2倍；绿化面积达537公顷，绿化覆盖率达32%；清扫面积达45万平方米，比“六五”计划增长28%。培花卉4万株。同时，建成人民公园1个，街心游园1个，街心花坛3个。市区主要街道两旁都种植了树木和花带。市区道路照明密度由1980年的10.33盏／公里到1990年增加到14.87盏／公里。城市居民人均住宅面积由1980年的2.98平方米，到1990年增加到7.74平方米。实有住宅面积由1980年的49.63万平方米，到1990年增加到91.47万平方米。

商贸金融事业繁荣兴旺，人民生活日益改善

10年来，哈密市场持续繁荣，多种经济成份的商业网点共同发展，商品货源充足，花色品种繁多，城乡人民购买力增强。1990年，全市社会商品零售总额达14465万元，比1980年的4475万元，增长2.3倍，平均年递增率为12.5%；城乡农副业产品市场成交额达2198万元，比1980年的211万元增长9.4倍，平均年递增率为26.4%；全市各类存款达60442.7万元，比1980年的7781万元增长6.77倍，平均年递增率为22.75%，贷款总额达40169.4万元，比1980年的4676万元增长7.59倍，平均年递增率为23.99%。随着生产的持续增长，以盐业为“龙头”的“三高”产品进一步发展，流通规模扩大。哈密市地方财政状况明显好转。特别是从1984年开始财政收入持续增长。1990年达4611.4万元、比1980年的1587万元增191.7%，平均年递增率为11.3%。

随着生产的迅速发展，人民的生活水平极大改善。1990年全市农牧民纯收入达671.3元，比1980年的134.06元，增长4倍，平均年递增率为17.5%；全民单位的职工平均工资达2211.4元，比1989年的877.25元增长1.52倍，平均年递增率为9.7%。

文教卫生事业蓬勃发展，其它事业都有新的进步

哈密市的教育工作有了较大的发展，1990年已基本实现了普及九年制义务教育。1988年国家教委授予哈密市全国扫除文盲先进市的光荣称号。卫生医疗条件进一步改善。1990年全市各类医疗卫生机构达42个，比1980年的33个增加9个。专业卫生技术人员达395人，比1980年增168人，全市还普及了开展以防病治病为中心的群众性爱国卫生运动，成为全疆第一个无鼠害城市。1990年10月，哈密市评为全疆卫生城市。同时，在1990年全国创建卫生城市“奥运竞赛”评比活动中，哈密市被评为全国县级市“卫生城市”。1990年人口自然增长率，汉族为10.09‰，少数民族为12.13‰，低于全国和新疆维吾尔自治区的水平，哈密市的计划生育工作于1986年、1990年先后两次被评为全国计划生育先进城市。

精神文明建设取得了丰硕成果

哈密市各级党组织，各级政府，在抓经济工作的同时，广泛深入地充分发动各族干部群众，认真开展社会主义精神文明活动，取得了显著的成效。主要表现为：一是在整个新疆16个城市开展的“三优一学”（即优质服务、优美环境、优良秩序，学先进）创建文明建设竞赛活动中，连续四年夺冠。二是在1987年7月洪水冲断兰新铁路以后，万余名旅客滞留哈密，哈密各族人民发扬无私奉献的共产主义精神，奏出了一曲动人心弦的社会主义精神文明建设的时代凯歌，受到全国人民的赞颂。三是民族团结、军民团结取得了可喜的成绩。在全市范围内广泛深入地开展了“两个离不开”（即汉族离不开少数民族，少数民族离不开汉族）的教育。1989年，哈密市被哈密地委、哈密行署正式命名为“民族团结、军民团结”模范市，成为新疆第一个“双模”市。

（执笔：余家飞）

和 田 市

市　长：赫里力 · 艾力（维吾尔族）
副市长：陈康龄（经济）　阿吾东 · 阿里木（维吾尔族　政法）　陈有龙（城建）　阿不都瓦斯里 · 吐送（维吾尔族　农业）

赫里力 · 艾力市长，1932 年 7 月出生，新疆维吾尔自治区和田县人，中专文化程度。1951 年 1 月参加工作，1954 年加入中国共产党。1955—1977 年在和田县担任区长、卫生科副科长、粮食局副局长、统战部副部长、文教卫生局局长、政工组副组长、公社党委书记等职。1977 年 11 月至 1984 年 3 月担任和田县县长。1984 年 3 月当选为和田市市长，1987 年再次当选为市长，1990 年第 3 次当选为市长。

古城和田焕新姿

□　朱保山

为适应边疆建设和发展的需要，经国务院批准于 1984 年 8 月 18 日正式成立和田市。建市伊始，自身基础薄弱，城市功能与经济发展不相适应的矛盾十分突出，面对这种情况，市委、市政府努力克服“等、靠、要”思想，发扬自力更生，艰苦奋斗精神，在“七五”计划期间，特别是 1990 年，各项工作都取得了可喜的成绩。

工业生产稳步增长

根据和田市的地理位置和财政能力，确定发展工业的指导思想是：实事求是，量力而行，立足本地资源，不搞无米之炊，充分发挥原有工业企业的作用，积极扶植和改造骨干企业，靠“内涵”挖潜，走稳步发展的路子。表面上看，“七五”期间全市新上项目不多，规模也不够“壮观”，但产值和效益是稳步发展的，产品是适销对路的，形成了生产经营的良性循环。

几年来，全市新建了皮革厂、针织厂，还与生产建设兵团合资兴建了纸箱厂，与米泉县联营兴建了常压锅炉厂。对原有工业企业清真食品厂、食品二厂、新玉酒厂、粮食局食品加工厂、塑料厂、肉联厂、农具厂、鸡鸭场、民族服装厂进行了更新和改造，对塑料厂、皮革厂两个支柱企业给予了大力扶持。到 1990 年，实现了地膜、酱醋年产量超过千吨、饮料生产 500 吨的生产能力，并填补了皮革、皮件、罐头、针织、机制冰、纸箱、常压锅炉、暖气片等产品的空白。基本上形成了以食品加工为基础，以塑料、皮革生产为支柱，满足本地需求的内向型工业生产结构，工业总产值由 1985 年的 983 万元发展到 1990 年的 1921.65 万元，平均每年以 14.03%的速度递增，超额完成计划，实现了产值翻一番，1990 年工业利润达到 157.4 万元，比 1985 年的 84 万元增长 73.4 万元。增长幅度为 87.38%。“七五”期间，建筑业飞速发展，到 1990 年，建筑业产值达 1200 万元，比“七五”初期翻一番。

农、牧、林业全面发展

“七五”期间，在进一步完善家庭承包责任制的同时，市委制定并下发了《关于进一步调整农村产业结构的决定》，在大力推广先进的农业科学技术的基础上，提高粮食单位面积产量，稳定粮食总产，逐年压缩粮食面积。为实现“近期靠育肥、中期靠园艺、长期靠加工”的农村发展构思创造了条件，从而使全市农村实现了两个转移：一是从单一的农业生产向农、林、牧、副、渔、果、蔬（菜）、工、贸综合经营转移；二是由自给半自给的小农经济向商品经济转移。

1990 年粮食总产 23636.26 吨，比 1988 年增长 1707.72 吨。比 1985 年增产 3297.63 吨。“七五”期间，粮食播种面积累计压缩 639.8 公顷，平均每年压缩 127.96 公顷，但总产量平均每年递增 3.2%。

1990年皮棉总产447.7吨，每亩单产比1985年提高45.9%；蚕茧总产21504公斤，比1985年总产增加13457公斤。到1990年底牲畜存栏11.5万头，比1985年的8.43万头增长36.4%。林业生产也得到一定的发展，5年累计开荒造林1982公顷，种植各种树木952万株，年底被自治区绿化委员会评为林业建设先进市。

1990年，全市农牧民人均收入435.53元，比1989年增加39.20元，比1985年增加213.83元，翻了近一番。经过几年的努力，全市“菜篮子”工程已见雏型，目前，拥有蔬菜生产专业户112个，冬季温室大棚面积近200亩；基本满足城市居民的“菜篮子”。同时，郊区农民向城市提供了丰富的肉、畜、蛋、奶等副食品，改善和提高了城市居民的生活水平。

商业和集市贸易呈现了生机和活力

1987年以来，商业企业全面推行了承包经营责任制,在此基础上，又对企业内部进行了改革。“七五”期间更新改造了东风商场、糖烟酒公司商场、百货公司商场，新建了丝都商场、清真食品厂营业厅，以供销社为主体的农村商业也得到了改善和发展。目前，全市以六大批发公司为龙头，东风、丝都两大商场为骨干的商业网点遍布全市主要街道、辐射整个和田地区。

1990年商品购进总额达4317.3万元，比1985年增长34.83%，销售额5073.6万元，比1985年增长15.51%，经营利润324.2万元，比1985年增长76.22%，实现税利251.1万元。

几年来，全市集市贸易也得到了恢复和发展。目前，以和田市集贸为中心的大中小7个市场已形成网络。1990年集市贸易成交总额达2081.5万元。“七五”期间，累计成交总额为7840万元。使很多农副土特产品通过市场转化成货币，加快了市区附近农民脱贫致富的步伐。到1990年底，全市个体工商户2604个，从业4413人。不仅活跃了市场繁荣了经济，而且解决了大批人的劳动就业问题。

市政基础建设令人瞩目

1984年建市时，和田市区面积仅有7.8平方公里，市区只有纵横两条沥青路面街道，全长不足5公里，市政基础设施几乎等于零。“七五”期间，市委、市政府一直把城市建设作为主要工作来抓，“七五”期间市政建设累计投资3180万元，本着“人民城市为人民”的宗旨，城市建设主要解决以下5个问题：

一是吃水问题。和田市刚成立，市委、市政府便决定筹建自来水厂，于1985年建成投产，当年受益20000人。1986年～1988年,进行了水厂二期扩建工程，设计能力由过去的日供水3000吨增至10000吨，城市自来水普及率达50%以上。

二是排水问题，为减少环境污染，1987年开始筹建污水处理工程，到1988年8月，一座日处理污水4600吨的污水处理厂正式投放使用。

三是行路乘车难问题。几年来，累计修筑沥清混凝土马路32条，全长55公里，并在主干道两侧建有慢车道和人行道，新城区波斯坦南北路中间建了街心花坛，设立了分车隔离带，建造城市桥梁3座，安装路灯209盏。城市公共交通有四条线路，总长102公里，拥有公共汽车20辆，年客运量达626.8万人次。

四是烧柴难问题。1987年动工兴建石油液化气站，到1990年液化气用户发展到11000户，年供气400吨。

五是上厕所难的问题。1986年开始，逐年修建公共厕所，到1990年底建旱厕5个，水厕4个。市人上厕所难的问题基本得到缓解。

此外，城市绿化快速发展，到1990年，市区园林绿化覆盖率由11%增至28.75%。城市住房建设日新月异。1985年，市区房屋总面积55万平方米，到1990年已达158万平方米，翻了近两番。一幢幢高楼拔地而起，蔚为壮观。古城展现了新姿。

教育、卫生、体育事业蓬勃发展

市委、市政府的指导思想是不惜一切把教育搞上去。“七五”期间，主要抓了二个方面，一是加强师资培训，几年来，累计453名教师通过了国家和自治区的考试，获得了“教材教法合格证书”。二是抓投人，改善办学条件。“七五”期间，新建了伊里其中学和古江巴格中学。为解决农村学校危房改造问题，筹捐资金651.5万元，使农村40所学校的30512.96平方米校舍得以改造更新。积极实施捐建项目，利用外资折合人民币3000万元，建成了建筑面积1.7万平方米的“和田市儿童福利教育中心”。

“七五”期间，全市共有260人考入区内外大专院校，725人考入中等专业学校。

“七五”期间，卫生队伍由111人发展到140人，其中主治医师由零发展到12人，医师由16人发展到39人，医疗设备由1.5万元发展到9万元。基础建设面积由1945平方米发展到5086.31平方米，投资100万元修建的和田市医院综合门诊楼正在加紧建设，1991年内可投付使用。

“七五”期间，全市总人口由1985年的11.799万人发展到1990年的14.117万人。净增196.4%，5年平均人口出生率为24.65‰，5年平均自然增长率为18.7‰。

“七五”期间，全市举办各种体育运动会91次，几年来，全市运动员在地区级各项比赛中获4个第一名，5个第二名，并为自治区体工队输送2名优秀运动员。

阿克苏市

市　长：尼牙孜嘎依提（维吾尔族）

副市长：宁英魁（计划、财贸）　董志学（城建、环保）　艾买提艾来克（维吾尔族　林牧、水电）　李安金（农业、科技）

尼牙孜嘎依提市长，新疆阿瓦提县人，1935年生，中专文化程度。1951年8月参加工作。1956年入党。1954年后在阿克苏县工作，历任佰什推格曼区（公社）区长，县委组织部部长等职；1973年后任阿克苏县统战部部长，县委副书记，人大常委会主任。1984年5月在市第一届人代会上当选为市长，1987年5月在市第二届人代会上再次当选为市长，1990年3月在市第三届人代会上第三次当选为市长。

疆南明珠更扬威

□ 阿克苏市体制改革办公室

工农业生产1990年取得可喜成绩

（一）农业生产喜获丰收。阿克苏市在连续夺得12个丰收年之后，各级领导没有产生麻痹松劲情绪，而是乘胜前进，勇于开拓。在全面贯彻稳定精神的前提下，进一步完善家庭联产承包责任制，深化农村改革，积极采用科技集团承包的办法。在改善农业生产结构上采取了稳定小麦、玉米的播种面积，提高单产，增加总产，适当扩大棉花、水稻的播种面积的做法，以进一步贯彻“决不放松粮食生产，积极发展多种经营”的指导方针，既保证了粮食生产的连年丰收，又增加了经济作物在农产品中的比重，大大地提高了农民的收益水平，取得了良好的效果，夺取了第13个丰收年。1990年粮食总产量达到259400吨，比1989年增长10%。农业总产值42021万元（按1980年的不变价格计算），比上年增长27%。年末实有耕地面积152万亩，比上年增长0.6%，棉花总产量37367吨，比上年增长39.1%；猪肉产量2904吨，比上年增长25%，牛羊肉产量2728吨，比上年增长12.6%。

（二）工业生产扶摇直上。阿克苏市的工业生产几年来不断发展，不断提高，工业产值占工农业总产值的比重逐年加大，由1985年49.7%提高到1989年的50.1%，1990年工业产值比重也与农业比重基本持平，使长期农业产值比重偏大的局面得以改观，1990年工业总产值比上年增长24.3%；1990年，全市又有9种产品获省优质产品称号，塑料行业中塑料厂的雪峰牌薄地膜和联欢牌超薄地膜；丝绸行业中的梅花牌白厂丝；酿造行业中的米醋等9种产品跨入省优行列。但是从全市工业经济现状看，所有制结构、产业结构、产品结构都尚不合理。所有制结构中，城市集体企业和乡镇企业相对落后，国营骨干企业技术改造任务繁重，新技术新工艺的应用还不普遍；在产业结构中，加工工业发展较快且存在重复建设的弊病，而原料工业、能源工业、交通业发展相对滞后；在产品结构中，短线产品、紧俏产品相对较少，而长线产品、滞销产品则相对过剩。工业生产领域中全民所有制以外的经济成分比重偏低。今后将按照国家产业政策、要求，积极进行所有制结构、产业结构、产品结构的调整，在继续发挥全民所有制企业骨干作用的前提下，鼓励并支持发展个体和私营经济，逐步使所有制结构趋向合理，促进全市工业的更大发展。

“七五”期间硕果累累

（一）城市建设焕然一新。“七五”期间城市建设发展迅速，市容市貌日新月异.市委、市政府力求城市建设和城市经济同步发展。目前，老城区改造正紧张进行，新型城市规模已具雏型。城市建设正朝着布局规划合理，基础设施配套，道路宽阔，高楼林立，绿化美化的方向发展。

城市居民住宅发展较快，1990年末实有住宅使用面积128万平方米，人均居住面积8.66平方米，高于全国平均水平。

城市自来水供应日趋平稳，基本满足城市用水需要。目前拥有日产2.5万吨的水的综合生产能力，比1985年提高了6.1倍，自来水供水管道由1985年5公里发展到现在的19公里，增长2.8倍，全年供水总量883万吨。

城市道路铺装不断扩大，绿化覆盖面日益增加。道路铺装由1985年的56万平方米增加到110万平方米，增长96.4%，平均每年增长14.5%。建设区道路绿化覆盖面积44公顷；建设区园林绿地面积513公顷，比1985年增长101.1%。

城市液化气用户与日俱增，目前已发展到15000户。比1989年增长56%。

由于坚持"人民的城市人民管，人民的城市人民建"的原则，热爱城市、美化城市的新风气已在阿克苏市民中形成，使得全市的精神文明建设得以长足发展，连续3年被自治区评为"三优一学"文明城市。

（二）工业农业成倍增长。"七五"期间。全市的经济实力有较明显的提高，工农业总产值由1985年的11001万元增加到1990年的83444万元（按1980年不变价，下同），5年增长103.5%，年平均增长15.2%，在工业产值中，全民所有制企业产值由18989万元增长到37672万元，5年增长98%，年平均增长14.6%；集体所有制企业产值由1404万元增加到3751万元，5年增长167.1%，年平均增长21%。农业总产值由1985年20608万元增长到42021万元，5年增长103.9%，年平均增长15.3%。在农业产值中，种植业产值由1985年17674万元增长到1990年38814.4万元，5年增长119.6%。年平均增长17%；牧业产值由1266万元增长到1811.4万元，5年增长43%；副业产值由712万元增加到783.7万元，5年增长10%。工业生产的迅猛发展，农业经济突飞增长，充分显示了"七五"期间阿克苏市的经济发展之迅速，为顺利过渡到第八个五年计划打下了坚实的基础。

（三）教育事业欣欣向荣。"七五"期间全市的教育事业蓬勃发展，1983年全市高等学校仅有1所，1990年发展到了3所；高等学校在校人数由1985年的1033人增加到现在的2017人，增长35%。中等专业学校1985年有8所，1990年已发展到13所；在校学生由1985年的2149人增加到1990年的3795人，增长76%。普通中学在校生人数28900人。他们当中每年都有数以千计的优等生考入全国各类高等院校，并有相当一部分学生考入名牌重点大学，是全疆升学率较高的城市之一。

（四）医疗卫生事业不断壮大。"七五"期间全市的卫生事业发展较快，医疗机构不断壮大，医疗设备先进齐全。1985年医疗卫生机构112个，1990年已发展到125个，增长11.7%，医院门诊部（所）由1985年的90个发展到目前119个，增长32%；1985年病床位数2660个，1990年发展到3669个，增长37%；卫生技术人员3198人，发展到3655人；医生788人，增加到1263人，增长60%。医疗卫生事业的顺利发展，进一步提高了各族人民的健康水平，保障了各项工作的胜利完成。

（五）邮电通讯迅猛发展。"七五"期间邮电事业突飞猛进，邮电业务总量由1985年的147万元增长到1990年的475万元；电话机总数由1985年的2924部增加到1990年的3850部，增长31%；市区电话号码由4位数增加到5位数；邮电局（所）由1985年的29个增长到1990年的33个；民用航空货邮运量由1985年42吨增长到54吨，增长28%；目前直拨电话已开始使用，可以直接向全国各地直通电话。

（六）商业饮食业繁荣昌盛。"七五"期间商业饮食业正腾飞崛起，市场商品丰富，货源充足，品种齐全，社会商品零售总额不断提高，1985年完成35535万元，1990年达到44883万元，增长26%，零售商业机构不断壮大，由1985年的1970个猛增到1990年的3588个，增长82%。

信心百倍迎接"八五"

阿克苏市在"七五"期间，事业兴旺，成绩显著。"八五"期间将一如既往，沿着党的十三届七中全会精神，大力提高经济效益，调整优化经济结构，改善经济管理，推进科技进步，建设不同规模的农牧业基础，巩固农副产品加工，发展棉纺、制糖、生丝、塑料、建材等支柱工业，发展能源、交通、原材料等基础设施，为下一世纪经济振兴奠定基础。同时，继续改善人民生活，在"八五"期间，力求使人民生活基本达到小康水平，生活资料丰裕，消费结构合理，居住条件明显改善，社会化服务设施不断完善，社会主义精神文明建设达到新的高度，民主与法制建设不断健全，社会主义新型民族关系得到巩固和发展。使阿克苏市以一个崭新的面貌进入二十一世纪。

昌吉市

市　长：铁学林（回族）
副市长：张一平（农业）　买买提 · 达吾提（维吾尔族 政法）　李桂芬（女　文教卫）　原　军（工业、商贸）　阿拉儿　（哈萨克族　牧业）

铁学林市长，乌鲁木齐市人，中共党员，昌吉农校毕业，1963年参加工作。曾任昌吉县农机修造厂党总支书记，1975年进入中央民族学院学习。1980年任昌吉县昌吉镇镇长。1984年任昌吉市市委副书记、昌吉市首任市长，1987年11月、1990年3月连选连任市长。发表过《面对世界水危机——城市更要重视水资源的保护与利用》、《抓住城市工作中的瓶颈》、《优化产业结构、促进小城市经济发展》等论文。

深化改革 振兴经济 开拓前进

——昌吉市工业"七五"发展情况介绍

□ 昌吉市市长　铁学林

"七五"期间，昌吉市委、市政府确立了以工业经济为主导的经济发展模式，把工作重点转移到了以工业经济为中心的轨道上，使昌吉市的工业生产得到持续、稳定、协调的发展。1990年，全市工业总产值已达8409万元，其中乡以上工业总产值7328万元，在1980年的基础上翻了2.7番，平均每年以21.1%的速度递增，提前一年实现了《昌吉市经济社会发展总体规划》所指定的工业发展指标。工业总产值占工农业总产值的比重，由1980年的25.93%上升到51.5%。在全市初步建立起了一个以市直工业为主干，商办工业、二轻工业、乡镇工业为主体的工业体系；基本形成了以化工为龙头，煤炭工业为基础，机电、轻纺、建材、食品和农副产品加工同时发展的产业结构。轻工业占轻重工业的比重由1983年的53.2%，调整为54.36%；主要产品也由1983年的27种增加到107种。全市年产值在1000万元的企业有两个，100万元以上的企业有19个，这部分企业的工业总产值占全市工业总产值的72.32%；工业企业的固定资产总额已由1980年的649.5万元，增加到6267万元。到1990年，全市工业利税总额达933.8万元，在1980年的基础上增长了11.6倍；全员劳动生产率达15306元，在1980年的基础上提高了2.3倍；近年来，通过新建、扩建、改造，又有造纸厂、炭素厂、炭化硅厂等一批企业相继投产，为振兴昌吉市的经济将起到重要作用。

深化企业体制改革

"七五"期间，昌吉市委、市政府为了使全市工业生产在薄弱的基础上迅速发展壮大，在组建经济委员会的基础上做出了一系列体制改革的重要决策，先后制定并实施关于企业改革的五个决定即：《关于昌吉市国营工业企业自主权的决定》、《关于对昌吉市国营工交企业领导实行岗位津贴的规定》、《关于改革昌吉市国营工交企业奖金总额控制办法的决定》、《昌吉市贯彻国务院（83）67号文件的补充规定》、《关于昌吉市经委实行直属预算内企业利润包干、超利分成的决定》。这些决定出台后，给工业企业带来了生机和活力。

"七五"期间，我们首先从抓企业经营机制改革入手，于1988年在市直工业企业、二轻企业中重点开展了26个企业的承包、租赁经营。承包、租赁的企业占两个系统企业数的92.8%。昌吉市特种变压器厂租赁经营前，企业处在资不抵债和停产、半停产状态，租赁经营后，只用一个星期，企业就恢复了生产，第一年工业产值比上年增长73.8%，利润增长314.08%，职工平均工资增长10%，还积极开发了干式变压器、炉用变压器、电子灭菌灯等一系列产品。1990年工业总产值由租赁经营前的50万元增长到260多万元，利润达30多万元，劳动生产率、人均利税率进入自治区同行业的先进水平。昌吉市冶炼厂在租赁经营前，企业的经济效益始终徘徊在2万元上下，租赁经营后，企业经济效益3年迈出3大步，1988年即租赁经营后的第一年，实现纯利润24.6万元，1989年实现利润70.6万元，1990年面临市场疲软，在众多企业陷入困境的情况下，该厂仍实现利润32万元。在租赁经营的3年中，昌吉市冶炼厂开发了电解铅和电瓶生产项目，形成了以回收废铅、粗炼、电解到电瓶生产的综合加工能力。昌吉市水泥厂原是一个亏损大户，承包经营后，迅速摘掉了亏损的帽子，1990年生产水泥5.5万吨，产量比承包前增长了1倍多。承包经营、租赁经营为深化企业改革提供了宝贵的经验。其次，我们还对地方财政技术改造资金的管理进行了改革，在市财政局设立了技术改造科，专管地方财政技改资金，在此基础上，又组建了城市信用社，将地方财政每年用于工业企业的技改资金改为有偿使用，发放给企业，使这部分资金逐步扩大，相对集中解决一些急需上马的技改项目。同时，通过城市信用社将地方财政间歇资金拆借给企业，解决流通资金的不足。1990年拆借地方财政间歇资金，拆借区州财政以及农牧企业资金达689.7万元，由城市信用社发放给资金困难的企业，使一批处于停产、半停产企业迅速得到了恢复，1990年全市工业生产1～4月份是负增长，拆借资金投放后5月份立即扭转了全市工业下滑的局面。

实行内涵与外延相结合的发展方针

“七五”期间，我们提出工业发展以内涵与外延相结合的方针，以内涵为主，一手抓老企业的改造，一手抓新企业的建设，1985年以来，首先对现有企业进行了研究，有计划、分层次、有步骤地在市直企业、二轻企业和商办企业中的32家进行了63项次技术改造。如昌吉市水泥厂的扩建改造、市冶炼厂的冶炼炉和电解铅的扩建改造、市化工厂溶剂分厂的扩建改造，市粮食局面粉厂精粉车间的扩建工程、市磷肥厂的硫酸扩建工程。二轻局针织厂的设备配套改造等项目。累计完成技改投资2139万元，新增产值3881万元，利税400万元，投入产出率为1:1.18，平均产值利税率为10.3%，通过技术改造为企业增添了后劲。

在抓好老企业的技术改造的同时，还主要抓了新企业的建设。1985年以来，昌吉市先后新建了化工厂，炼油厂、硫磺沟变电所、豆浆晶厂、罐头厂、啤酒厂、铸铁管厂、红光塑料厂、城郊油桶厂、二六工炭化硅厂、玻璃厂等17个企业，造纸厂和炭素厂正在建设中。1990年，新建企业工业总产值占全市工业总产值的21.83%，特别是硫磺沟变电所的建设为昌吉市硫磺沟矿区的开发，提供了电力保证，这些新企业的上马加快了昌吉市工业发展步伐。

依靠科技　加强管理

“七五”期间，昌吉市的工业生产，逐步走上了科技兴工的道路。1986年以来，全市共采用新技术引进开发新产品24项。其中纳入自治区新技术引用、新产品开发计划的16项，纳入自治州计划的8项，填补自治区空白的16项，目前已批量生产的13项。经区级鉴定的有电解铅、速溶豆浆晶、φ800mm铸铁管及管件、隔镍蓄电池瓶、干式变压器等10个产品，被评为区级优质产品的有特制面粉、珍珠岩粉、铁红防锈漆、铁灰防锈漆、天兰调合漆、325#水泥等7个产品。

”七五”期间，我们在加强企业管理中首先不断培养人才、引进人才和大胆使用人才，为企业充实了大批管理水平高、专业知识强的中青年知识分子。1983年以来，全市通过人才交流、毕业分配等渠道，先后引进具有专业知识和管理水平的工程师、管理干部、大中专毕业生12人，采取离职进修方法培训企业干部46人，同时相继举办了8次全面质量管理短训班，参加培训的企业职工达1680人次，占应参加培训职工数的90%以上，参加全国全面质量管理统考的企业职工人数达1311人，合格的1184人，合格率达90.3%。目前，仅市直企业中，具有大中专文化程度的已有153人。由于专业文化素质的提高，企业管理得到了加强，从而大大增强了企业的市场应变和市场竞争能力。

其次以企业定级升级为主线，大力开展了企业管理的基础工作。在市直工业、二轻企业和商办工业中确定了10个重点企业，在全面质量管理、计量定级、标准化工作、档案定级、财务达标、文明建设、民主管理等7个方面开展了单项达标活动，对全市35个产品进行了质量考核，经过3年的努力，已有市开关厂等12家企业通过了三级计量合格证，市磷肥厂等8家企业通过了生产许可证的审查验收，水泥厂等3家企业达到了自治区级先进档案管理标准，市面粉厂被授予自治区二级企业称号。

“七五”期间，为了使昌吉市企业在较短时间内有一个较快的发展，我市各家企业先后与广东、江苏、福建、北京等20多个省市地县的企业建立了协作关系，开展多种形式的协作项目16个，新增产值3500万元，新增利税420万元。

“七五”期间，按照市委、市政府提出的一煤炭、二化工、三机电、四食品、五农副产品加工的路子，努力发展具有昌吉市特色的高档次产品，使昌吉的地理优势、资源优势、产业优势转化为经济优势，为全市的经济振兴作出了贡献。

奎屯市

市　长：洛合达尔汗（哈萨克族）

副市长：辛富业（计划）　白志杰（政法）　傅元丞（工交）　张金英（女　科教文卫）　浦　高（财政、农业）　张金芳（女　科技）

洛合达尔汗市长，哈萨克族，1946年10月生于新疆哈巴河县。中央民族学院预科一部、北京农业机械化学院毕业。1970年参加工作，1979年入党。先后任阿勒泰地区农牧组、农机局、伊犁州农办、农机局干部、伊犁州农机研究所副所长。1983—1985年在中央党校学习，取得研究生学历。后在自治区整党办工作，历任伊犁州党委农工部副部长、州党委副秘书长等职，1987年5月调任中共奎屯市委常委。1987年7月当选为奎屯市市长。

加强城市建设　促进经济发展

□　奎屯市城乡建设环境保护局

奎屯市是伊犁哈萨克自治州的直辖市，辖区面积1036平方公里，人口7.3万人。自1975年建市以来，特别是“七五”时期，在党的改革开放的方针指引下，国民经济各部门都有很大发展。全市1990年国民生产总值3.31亿元，比1985年增长81.5%（按可比价格计算，下同）。社会总产值6.18亿元，比1985年增长1.02倍。财政收入1.19亿元，比1985年增长1.15倍。按人均计算的国民生产总值和财政收入，都跻身于全国450个建制市的前列。随着经济的发展，“七五”时期，城市规划和管理也逐步加强，城市建设步伐明显加快，取得了很大成绩，有力地促进了经济的发展。

制定城市总体规划

设市不久，市政府就着手组织城市规划资料的搜集工作，1982年，由自治区规划训练班和市建设局联合编制了奎屯市总体规划大纲，到1985年完成了总体规划说明和基础资料汇编及全部彩图模型并报自治区审批，得到了有关部门一致好评。1986年3月经自治区人民政府批准正式实施。

总体规划指出，奎屯市是北疆地区主要交通要道、邮电通讯枢纽，是以轻工业为主的城市，人口规划近期（到1990年，以下同）为7～10万人，远期（到2000年，以下同）为15～20万人。用地规划近期为1583公顷，远期为2669公顷。规划区道路为方格棋盘形。对工业布局、市政工程、公用事业、园林绿化都一一作了规划说明。城市总体规划的制定和批准，给奎屯市的城市建设事业提供了理论依据和指导原则。

城市建设取得显著成绩

（一）城市建设资金情况。

“七五”期间，奎屯市共收入各项城市建设资金（不含住宅和通讯建设，以下同）3391万元，是“六五”期间总收入的4倍多。共投入城市建设资金3670.7万元，超支出279.7万元。超支的原因是因为市政公用事业基础差，需要建设的项目较多。

在资金来源中，城市维护建设税2044万元，占总收入60%；国家预算内212万元，占总收入6.2%；配套费589万元，占总收入17.3%；其它收入556万元，占总收入16.5%（含集资款和经营性收入）。

在资金使用中，用于市政设施的支出1486.7万元，占总支出40.5%，其中仅道路一项支出1047万元，占市政设施建设支出的70.4%；用于公用事业支出786万元，占总支出的21.4%，其中给水工程支出447万元，占公用事业总支出的57%；用于园林绿化支出606万元，占总支出16.5%；用于其它方面支出792万元，占总支出21.6%。

（二）“七五”时期城市基础设施建设的主要成绩。

解放初期，奎屯只是一个百户的山村。10年改革开放，尤其是“七五”时期，城市建设事业有了很大的发展。“七五”期间完成的工作量是“六五”期间的3倍，是建市以来10年的2倍多。

1. 市政建设。

“七五”期间共新修戈壁路面13.371公里，计18.74万平方米；新修混凝土路面13.376公里，计20.07万平方米，改造各种路面12.294公里，计15.04万平方米。硬化人行道及自行车道4.157万平方米。修建永久性桥梁4座。以上工作量是“七五”前10年工作量的总和。共新装路灯329盏，是前十年的3.13倍；新铺设下水道18公里，是前十年的1.5倍。

2. 公用事业建设。

“七五”期间，进行了供水扩建工程和液化气贮配站建设。

给水扩建工程总投资批准为370万元，后追加到405.66万元，工程于1990年竣工，供水能力从每日0.4万吨增加到1.5万吨。新增800吨和3000吨蓄水池各一座，供水管道从13公里增加到28公里，基本上解决了奎屯市近期的供水问题。

1987年开始建设液化气贮罐站，到1990年建成，共耗资204万元，建成2座贮气能力100立方米贮罐及附属设备，使供气量由1985年的377吨增加到1990年的647.1吨。

进行了公共交通基地建设，建成了车库800平方米和其它设施，新增公共汽车8辆，相当于“七五”前车辆的总和。

3. 园林绿化。

“七五”期间，奎屯市园林绿化工作取得了较大成绩，主要是努力搞好全民义务植树工作，种好树管好树，使全市绿地面积由1985年的437.7公顷增加到1990年末的610公顷，增长了39%。建成区绿化覆盖率由1985年的26%提高到1990年的32.7%，同时，提高绿化质量，更换速生树为长寿树，增加公共绿地48.6公顷，是“七五”前10年所建成公共绿地的1倍多。建成公园1座，新辟公园绿地3处，广场绿地2处，使城市环境绿化美化有了较大改善。

4. 市容卫生工作。

“七五”期间，市容环卫基建投资217万元，新购环卫专用车辆，建设了环卫车库及办公室，建成公共厕所10座，其中水冲厕所4座，结束了“七五”前全市没有一座正规公厕的局面。城市道路清扫面积也从1985年2万平方米增加到1990年的20万平方米，使奎屯市被评为1990年自治区16城市中的卫生城市。

5. 住宅建设及房地产开发业的发展。

“七五”期间，奎屯市共建成住宅37.95万平方米，为“七五”前10年新建住宅的205.5%。住宅质量也有很大提高，套房率由1985年的7%提高到1990年的37%。住宅建设促进了奎屯市房地产开发业的发展。1987年成立的房地产开发公司，到1990年底共完成商品房面积6.67万平方米。住宅建设的质量也有明显提高。

6. 邮电通讯建设。

奎屯市邮电局是北疆通信枢纽，承担北疆五个地、州、市的通讯接转和业务指导任务。“七五”时期邮电事业发展很快，通讯能力和质量都有很大提高，不仅市内电话实现了自动交换，结束了人工接转的历史，而且于1989年下半年进人了全国长途电话自动网。1990年完成邮电业务总量363万元，为1985年的3.3倍。

主要经验教训及今后十年城市建设设想

“七五”期间，奎屯市基础设施建设取得很大成绩，主要经验有以下四条。1、坚决贯彻人民城市人民建的方针。疏通资金渠道，依照政策开征配套费、增容费；实行有偿服务，制定以水养水，以园养园的办法，增加了城市建设资金来源。2、动员市民义务劳动。5年来，共动员市民义务植树和修路约45万个劳动日，大大减少了资金支出。3、完善和制定各种城市建设法规的实施办法，严格依法办事，健全各类职能部门，加强组织机构建设，做到事事有人管，人人有事管。4、推行承包责任制和事业单位企业管理，提高经济效益。上述措施有力地促进了城市建设的发展。目前建成区面积已达1800公顷，超过了近期规划要求，取得了较好的社会效益和环境效益。

由于奎屯是北疆的交通、通信枢纽，北疆铁路全线通车，致使第二座欧亚大陆桥的贯通和独山子14万吨乙烯工程的建设，都将给奎屯市城市建设带来新的机遇，同时也带来新的压力。为适应经济发展的需要，我们将继续狠抓上、下水和道路、园林绿化等基础设施建设，到2000年一个设施齐全、生活方便、环境优美、经济繁荣的新兴城市基本形成。届时，奎屯市将成为祖国西北边陲上的一颗璀璨的珍珠。

（执笔：李天铎）

塔 城 市

市　长：巴依禾加 · 米尔克特拜（哈萨克族）
副市长：杨伟昌（工交）　李乐宇（财贸）　马学义（回族　畜牧）　周立志（农业）　柯尔克孜（哈萨克族　文教卫、政法）

巴依禾加 · 米尔克特拜市长，哈萨克族，生于1942年12月，大学文化程度。1961年参加工作，历任裕民县中学教师，县文教科干事，县团委书记，塔城地区行政公署办公室秘书、副主任，塔城地委副秘书长等职。1981年7月毕业于中央民族学院；1985年7月毕业于中央党校。1987年5月当选为塔城市市长，1990年3月在换届选举中，连任塔城市市长。

塔城“七五”展新容

□ 塔城市人民政府办公室

塔城市“七五”期间各项工作取得了较好的成绩，突出表现在政治安定、民族团结、工农业生产平稳发展、持续增长。1990年全市工农业总产值10681.16万元（按1980年不变价计算），比1985年增加4178.66万元，平均每年递增10.4%。市场繁荣，物价稳定。经济体制改革继续深入，国民经济持续增长，经济实力进一步增强，“七五”期间各项事业有了新的发展。

（一）农业。

塔城市农牧业连续13年获得丰收。“七五”期间粮食总产量累计33.67万吨，比“六五”期间的24.47万吨增长38%；1990年粮食总产量73605吨，比1985年增长6955吨，平均每年递增2%。油料5年累计总产85865吨，比“六五”期间的24150吨增长2.55倍；1990年总产量19945吨，比1985年增加13963吨，平均每年递增27.2%。甜菜自1986年开始种植，年产5544吨，5年总产量17.75万吨，平均每年增递195.6%。

1990年各类牲畜年末存栏39.03万头，比1985年增加4.70万头，增长13.6%。

“七五”期间共造林1459.6公顷，比“六五”期间的569.5公顷增长156.3%。

1990年农牧民人均收入790.27元，比1985年的590.61元增加199.66元，增长33.8%。

1989—1990年塔城市均被列为全国粮食生产先进县（市）之一，受到国务院的表彰；1990年，塔城市被全国和自治区分别列为商品粮生产建设基地、细毛羊商品生产建设基地和新疆褐牛生产基地等，并被国家农业部列为全国养羊基地建设先进县（市）。

（二）工业。

塔城市工业起步较晚。近几年，从无到有、从小到大，已形成一个初具规模的以畜产品加工、食品、饮料、纺织、造纸、服装、皮革、建材、加工为主的工业体系。

“六五”期末，全市有工业企业59个，全民24个，集体35个（包括农村乡办工业18个）。1990年，全市工业企业增加到252个（包括城镇个体工业98个，农村合作经营、个体87个），比“六五”期末增加了193个。1985年工业总产值405万元，1990年工业总产值3540.8万元，比“六五”期末增长了3135.8万元。

新增的主要企业有：年产能力达60万双的织袜厂，年产1000吨的造纸厂，年产150万条的毛巾床单厂，年产250吨的奶粉厂，年产粗纺绒25万米的毛纺厂，年产4万吨的植物油厂等。

扩建的老企业主要有：塔城市水泥厂、食品厂、玉泉酒厂等。

塔城市水泥厂1973年始建，1977年投产至1985年产量最高达4千余吨，盈利19万余元。1983年扩建年产5万吨新生产线，1986年投产，现可生产4.4万吨，产品供不应求，产品、产值、产量、效益同步增长，525 号水泥在自治区创优。市水泥厂还有办公化验楼、家属楼、浴室、阅览室、医务室、职工培训学习室等服务设施，是塔城市较好的企业之一。

塔城市食品厂地处市中心，固定资产 400 万元，为全民所有制企业，设备先进，技术力量雄厚，有职工 118 人，生产各种糖果、中西式糕点 60 多种，并生产各种冷饮、汽水等。该厂附设 600 平方米营业厅、装饰美观，是塔城地区唯一具备销售食品、冷饮、咖啡、甜食的场所。

塔城市玉泉酒厂扩建后年产白酒 800 吨。玉泉酒厂和商业酒厂酿酒质量上乘，原料系纯粮（小麦、玉米）加工，塔城特酿、塔城佳酿、玉泉液以其工艺独特、口感醇厚、回味绵甜悠长而独具特色。

塔城市丽华靴鞋厂、丰华皮鞋厂生产各类皮革、靴鞋，全部采取本地生产的上乘原料，其中丰华皮鞋厂的高档马靴，在 1991 年自治区轻工业展销会上以其设计新颖、工艺精良而获轻工厅新产品奖，远销深圳、海口等地。市织袜厂生产的民族长筒丝袜，物美价廉，极受少数民族妇女欢迎，畅销全疆。市毛纺厂的呢绒花色品种繁多，远销全国 10 余个城市。市饮料厂特产号称维 C 之王的野蔷薇（维生素 C 含量高于弥猴桃和沙棘果 100 倍）系列饮料，风味醇厚，是夏季消署健身的理想饮料，享誉自治区内外；市园艺场与新疆科学院化学研究所联合开发的胡萝卜汁乳酸发酵饮料系列产品，用维生素 A 含量很高的胡萝卜经特殊工艺乳酸发酵制成，具有抗癌健身功效，也是消暑佳品。饮用者无不交口称赞。市奶粉厂所产奶粉达到国标 5410／85 二级标准，其中有些指标已达到国家特级标准，产品供不应求。市面粉厂的特级面粉蜚声于全疆。塔城市驻地还有众多的地区、农垦团场的工商企业，生产的优质皮革制品，倍受人们青睐，阿克桥高级起泡酒远销苏联。

富足的粮食、油料、甜菜、肉食、羊毛、蛋奶，为塔城乡镇企业的发展提供了充足的原料，有力的促进了塔城市经济的发展。1990 年乡镇企业总产值完成了 881.98 万元，较 1985 年增加 721.7 万元，平均每年增递 40.5%，乡镇企业总收入 2402.47 万元，较 1985 年增加 1533.52 万元，平均每年递增 22.5%。塔城的工业，以农副产品加工为主，原料资源充足，各种产品销往全疆各地。塔城的毛纺、针织、皮革加工深受区内外用户欢迎。塔城与苏联接壤的巴克图口岸的开放，更为塔城的未来开辟了广阔的前景。

（三）城市建设、交通、通讯。

70 年代初，塔城还没有一幢楼房，没有一条较好的街道。1980 年，塔城城市建设总体规划开始实施，“七五”期间，城市建设步伐明显加快。

如今，全市 276 座楼房拔地而起，栉比鳞次，城市供水、排水、市政设施、园林绿化、环境卫生都呈现出了新的面貌。1990 年，城市供水量 130 万吨，管网总长 94 公里，供水人口 3.4 万人，普及率 72%。城市排水每日处理 2 千吨污水，管网长为 18 公里，污水处理率为 70%。园林绿地总面积 434 公顷，绿化覆盖率 31.5%，人均公共绿地 19.6 平方米。市区内硬化道路 71 公里，面积 57 万平方米，路灯线路 15 公里，桥涵 76 座，市境内通往乡场的公路总长 195 公里，其中沥青路面 155.35 公里，比 1985 年的 81 公里增加了 74.35 公里，增长 92%。

塔城飞机场正在恢复修建，计划于 1992 年正式通航。通讯设施改造于 1991 年 10 月开始进行。交通、通讯条件的改变，将为塔城经济插上腾飞的翅膀。

（四）文教、卫生及其他。

建国初期，全市只有 2 所中学、20 所小学。现有普通中学 30 所、中等技术学校 8 所、小学 113 所。“七五”期间，教育事业发展较快。1989 年完成了自治区“双教”达标，验收合格。1990 年，全市更新改造了所有中小学危房，达到教育无危房标准，被自治区评为消灭中小学危房先进市。

文化、卫生事业得以发展。市区内有地市办的图书馆、文化馆共 4 所。现在市境内有医院 12 所、门诊部 43 个，方便了群众，提高了人民群众的健康水平。

计划生育获自治州双项达标先进市。塔城市喀拉哈巴克乡被评为全国体育事业先进乡。1990 年，塔城地区命名塔城市为“民族团结进步、军民团结模范市”。

综观“七五”，塔城市在崛起，在奋进。为把塔城市建成以外向型经济为主体的商贸口岸，塔城热烈地欢迎技术、人才引进，热烈欢迎国外朋友光临指导，真诚地欢迎海外侨胞、港澳客商、外商及国内外朋友来塔城投资办厂、旅游观光，共同为开发大西北，描绘更新的画卷。

城市市辖
区 县 镇选介

古郡宣化第一镇
——沙岭子镇

镇长杨海英，1955年4月生，河北省宣化县人，1990年7月毕业于北京航空航天大学行政管理专业。曾任宣化县4个乡镇农业技术员、水利技术员、卫生院院长、政府办公室主任、农经员。副乡长等职，1988年12月任沙岭子镇镇长。

沙岭子镇座落在洋河岸边。孤山脚下，隶属张家口市宣化县。在这41.4平方公里的土地上分布着6个行政村和42个省、地、市级工矿企业、大专院校和科研单位。国家“七五”重点工程沙岭子发电厂又在镇东拔地而起。该镇有4600户，16605人。位置优越，交通便利。距离张家口和宣化各15公里，京包铁路、京张公路横贯全镇，东经宣化可直趋京津，西越张垣能分赴晋蒙。这里长期以来就是区域性的社会活动中心。

该镇依山傍水，土地肥活。全镇1560公顷耕地，清洪两套水，旱涝保丰收。人均粮食产量近1吨，素有宣化县的“乌克兰”之称。这里资源丰富。高级造纸涂面原料高岭土，在国内同类产品中名列上乘；石油开采、冶金铸造等行业中不可缺少的辅助材料澎润土品种齐全；建筑石料和精砂储量大、易开采、质地细润、洁净均匀，皆建材中之上品。

近年来，该镇坚持先行让利，后图发展的原则，广引人才技术和资金，积极接受城市经济辐射，坚持治理整顿和深化改革的方针，经济水平不断提高，人口不足全县1/15的沙岭子，工农业总产值却占全县的1/6。1990年全镇完成工农业总产值8058万元。农村总收入7610万元，财政收入103.9万元，实现人均收入774元，分别比上年增长26.4%、17.3%、25.48%和11.40元。迅速发展的乡镇企业已成为全镇经济发展的重要支柱。全镇1990年底从事乡镇企业的人数达4672名，占总劳动力50%；有企业摊点903个，其中镇办8个，村办44个，联办24个，户办827个，产值10—50万元的企业有9个，50—100万元的企业4个，百万元以上的企业6个，千元产值以上的企业2个。镇村企业现有建筑材料、食品、化工、机械、运输、商业服务等8大行业、20多个产品。其中氧化铁红、纺纱、造纸、珍珠岩等4个产品，填补了市县的空白。塑料单丝、高岭土、澎润土、磷肥、皮毛、造纸、粉丝、氧化铁红等9个产品销往国际市场，同时还开发了高岭土超细目加工、彩色水泥砖等10个新产品，部分产品深得用户青睐。屈家庄粉丝厂生产的“塞北”牌粉丝，继1989年获得部优产品称号后，1990年获得“振兴河北经济奖”。屈家庄氧化铁红颜料厂生产的超细目氧化铁红，1990年荣获第二届国家专利及新技术新产品展览会银质奖。镇办企业塑料厂、屈家庄粉丝厂等5个企业获“一级信用企业”称号，二里半化工厂、屈家庄华兴化工厂等6个企业获得了“重合同守信用企业”称号。镇办企业塑料编织厂1989年被市政府评为全市仅有的两个“小明星”企业之一，1990年又通过省级全面质量管理验收、三级计量验收，并被评为省级系统先进企业。沙岭子镇占天时，夺地利，借山川秀气，展矢志宏图，拟定了今后十年发展规划和“八五”计划，力争1992年实现亿元镇。

副镇长：刘忠瑞、程命善、江跃满、潘素荣

发展中的盂县城关镇

城关镇位于阳泉市北45公里处，城镇面积48.3平方公里，耕地面积2125.4公顷，总人口4.8万，其中非农业人口1.1万，下辖30个行政村，41个自然村，8个居民委员会，中共盂县县委、县人民政府驻该镇。

城关于1984年建镇以来，认真贯彻落实党在农村的各项富民政策，不断深化改革，工农商交建发展迅速。农村经济出现了全面发展的好势头，全镇社会总产值在1989年突破亿元大关后，1990年全镇农村经济总收入也突破了亿元大关，创造了历史最好水平，社会总产值达1.1亿元，农村经济总收入达到1.02亿元，农民人均纯收入达到781元，名列全省前茅，成为阳泉市3个亿元镇之一，也是盂县第一个亿元镇。

城关镇几年来始终把农业放在基础地位来抓，主要采取四大措施：一是重视对农业的投入。村、镇两级每年用于发展农业的以工补农资金达230多万元，占该村、镇办企业上交利润总额的30%以上。二是实行规模经营，走机械化旱作农业的道路。近年来，城关镇在一些条件较好的村集中了200公顷耕地，实行适度规模经营，大大提高了土地投入产出率和单位面积产量。同时积极引导和支持农民走农业机械化道路，全镇先后投资500多万元购买大中型农机具300余台，到1990年，全镇70%的耕地面积实现了机耕、机播、机收，秸杆直接粉碎还田分别达到200、66.6和100公顷。三是优先推广农业适用科技。截止1990年底，全镇村村都建立了农技推广站和科研小组，广泛推行了地膜覆盖、种子包衣、增产菌等10项农业技术，每年用于优种、化肥的投资达50多万元，全部实行了优种化，平均亩施化肥达30公斤。四是大搞农田水利基本建设，改善农业生产条件。仅1990年，全镇用于农田建设的投资达200余万元，新造地16.6公顷，复垫地、复垦土地各20公顷，整修二坡地100公顷，疏通河道300米，修复河坝800米，综合治理小流域10公顷。由于采取上述措施，粮食产量在遭受各种自然灾害的情况下，连续3年获得增产，1990年达到855万公斤。

乡村工业获得长足发展。城关镇煤炭资源丰富。从1984年建镇开始，积极进行产业结构调整，突破了农业单打一结构，逐步向农工商一体化的多元结构发展。

镇长张存福，中共党员，1958年7月生，山西盂县人，大专文化程度。1975年参加工作，曾任盂县县委办公室秘书、副主任，1989年4月当选为城关镇镇长。

通过煤炭工业积累资金，开辟新的生产领域，走镇办、村办、户办和联户4个轮子一起上的道路，短短6年时间就初步形成了门类比较齐全的工业生产体系和具有本地特色的产业格局。全镇工商企业由1983年的38个发展到1990年的772个，能生产278种工业产品，使原煤产量达到70万吨、磁性材料10吨、耐火材料6万吨的规模，全镇工业总产值达到0.85亿元，集体固定资产原值由1985年的0.27亿元，增加到1990年的0.82亿元，增长了2倍多。

教育、文化、卫生事业取得了新的生机。镇内闻名遐迩的重点高中——盂县中学，近几年已向全国各地输送了上千名大中专学生。小学、幼儿园近30所，医院3所。城关镇有文化馆、阅览室、图书室、影剧院、体育场，能开展多种形式的文化娱乐体育活动。城关镇医院、卫生院、卫生防疫站、妇幼保健院等一应俱全。

城关镇是历史上形成的名集古镇，人杰地灵，交通通讯便利，资源丰富多样，金融、商业设施齐全，投资环境较好，具有深厚的发展潜力。城关镇人民政府热忱欢迎国内外客商来恰谈生意、投资办厂、观光旅游，镇人民政府将在政策允许的范围内给予最大限度的优惠和经营自主权。

（撰稿：张润芝）

副镇长：傅海俊、王爱英（女）

发展中的新型工业城区
——包头市青山区

区长陈美，1938年10月生，内蒙古包头市人。1960年8月于包头师专数学系毕业后留校工作，后在包头钢铁学院机电系进修学习。1972年元月加入中国共产党。曾任包头市第九中学、第十七中学教师。1972年6月选调到中共包头市委办公厅秘书处，先后任秘书、副处长。1983年9月任中共包头市委统战部副部长。1990年7月任中共青山区委副书记、区政府代区长，1991年3月当选为青山区区长。

青山区位于内蒙古自治区包头市市区中部，规划面积56平方公里，城区建设面积28平方公里。

建国初期，青山区内仅有3个小村，村民近百户。1953年，随着以钢铁、机械制造工业为主体的包头工业基地的建设，青山区开始筹建，1956年11月青山区正式成立。现全区有8个街道办事处，195个居民委员会，总人口25.6万人，由蒙、汉、回、满等25个民族组成，是一个多民族的聚居区。

建区30多年来，青山区现已形成一个以机械、化工、电力、建材、纺织为主体的新型工业城区。全区有中央、内蒙、市、区、街办等各级各类工业企业计450多家，职工14.7万人。1990年，全区工业总产值14.8亿元，其中重工业占91.5%，轻工业占8.5%。中央直属企业产值占全区总产值的68.7%；全民所有制企业产值占总产值的94.2%，集体及其它占5.8%。主要产品有重型机械、精密仪器、冶金、矿山机械设备、电器开关、日用搪瓷、铁路货车皮、36号矿用自卸汽车、电子设备、油田修井车、抽油杆、电梯、自行车、纺织品等数百种，区属企业生产的豪华灯具、铝合金门窗、特种钢铸件、稀土萃取剂等产品畅销区内外，有的已打入国际市场。其中有27种产品分别获国家、自治区及包头市优秀产品的称号。

全区商业服务业发展很快。1990年全区有商业网点2400多个，其中国营商业160多家。从业人员近2万人。全区有集贸市场9个，集贸市场成交额3800万元。商品销售总额为3.1亿元。

全区有科研机构11个，科技人员1.2万余人。党的十一届三中全会以来，科研机构坚持改革、开放，与大专院校、厂矿企业直接挂钩，取得科研成果118项，其中17项获国家发明奖，6项获国家科技进步奖，1项获全国科技大会奖，79项获国家科工委、兵器工业部重大科研成果奖。

此外，青山区电力、铁路交通以及邮电通讯等项事业也发展得很快。区内公路纵横交错，交通运输业蒸蒸日上。1990年，青山区安装了2000多部程控电话，加之原有的5707门电话，通讯事业更加发达，可直接与全国各地、港、澳、台通话。

随着经济的发展，青山区的文教卫生事业从无到有，从小到大。现全区有大专院校6所，中专和技工学校10所，普通中学和职业中学23所，小学32所。有图书馆20多个，藏书逾百万册。有文化娱乐场所40多个，体育场171个。有医疗卫生机构57个，中、高级医疗卫生技术人员1430人。计划生育工作连续8年获自治区先进，受到国家计生委的表彰。

在改革、开放的推动下，青山区城区建设也取得了巨大的成就。城市管理已步入规范化、标准化的轨道，城区容貌焕然一新，53条道路平坦、整洁、绿树成荫、环境优美宜人。自1983年以来，连续获得自治区爱国卫生“银马”赛甲级组第一名、包头市爱国卫生“银鹿”赛第一名，绿化、美化四连冠，环境卫生管理工作受到建设厅表彰。1985年8月被内蒙古自治区党委、自治区人民政府命名为“文明区”。1986年，经国家级验收，成为无鼠害、无蟑害卫生城区。1991年被自治区命名为“双拥模范区”。

在新的历史时期，青山区将以建设“经济繁荣、社会安定、民族团结、民风高尚、环境优美、生活方便”的文明区为目标，发扬“团结拼搏、开拓进取、务实奉献”的青山区精神，充分发挥城区的综合功能，使经济、社会各个方面得到更大的发展。

副区长：洪志明、庄会清、斯日古楞、张淙溶、陈贵廷

苏家屯区陈相屯镇概况

镇长朱春多，中共党员，1954年11月生，大专文化。1974年参加工作以来，曾任乡团委书记、党委宣传员、副乡长、镇长等职，1990年8月任陈相屯镇党委副书记、镇长。

陈相屯镇位于沈阳市区南20公里处，1985年撤乡建镇，镇辖16个行政村，7个居民委员会，总人口32万人，其中农业人口1.83万人，耕地0.36万公顷，区域面积78.65平方公里。过去陈相屯镇的经济及社会发展缓慢，是单一的以粮食为主的产业结构。党的十一届三中全会以来，该镇认真贯彻执行党在农村的各项方针政策，充分发挥当地建材资源丰富的优势，使全镇经济有了迅速的发展。1990年底，全镇工农业总产值8283万元，其中工业产值6456万元，实现利税300万元，人均收入867元。建镇以来，全镇公共建筑、生产建筑、基础设施建设总投资达1100万元，新增加建筑面积12万平方米，是十一届三中全会前30年总合的11.6倍，80%的居民住上了新房和楼房。成为楼房林立、道路宽阔、环境优美、经济繁荣的社会主义新型城镇。1990年被省、市及建设部授予先进镇。

小城镇建设需要大量资金，镇政府结合本地实际情况，制定了一系列政策，开辟财源。首先：开征城镇基础设施配套费，从1989年实施以来，共征收配套费116万元。二是收取小城镇建设维护费，水资源费、排污费，4年共收取150万元，全部用于镇内基础设施建设。三是敞开大门，放宽优惠政策，吸引各方人士，企业来镇经商办企业，繁荣全镇经济。1989年以来，有42家个体户进镇经商，其中28家联建两栋共3240平方米的上宅下店三层楼房，14户在新开辟商业街建了14栋二层营业楼。1990年，联办了农药分厂和相京服装厂、安排富余劳动力335人，共创产值360万元。几年来镇政府先后兴办了采石厂、预制构件厂、砖瓦厂等村镇办企业。1990年全镇工业总产值比1980年增长了13倍。

镇政府本着“全面规划、保证重点、急需先建、逐年完善”的方法，合理使用资金，搞好基础设施建设。建镇六年共拓宽、开通三街四路，铺装黑色路面10.9公里，铺人行道5万平方米，对外四个交通出口全部实现柏油化。为适应经济发展和建设的需要，敷设排水主管线2450米，支线1120米，镇内基本实现排水网络化。全镇80%的人口吃上自来水，还设立了16人的环卫队伍，建有垃圾转运台，配备了运输车。1988年以来，新建医院门诊楼一栋，1900平方米，设有100张床位，增添了先进的医疗设备，被提格为苏家屯区第三人民医院。新建变电所730平方米，容量为117万千伏安，比原来增容0.6万千伏安。新建小学教学楼一栋，1690平方米，初高中教学楼2栋，7500平方米。对外电话全部实现了自动拨号。1990年全镇住宅有20%是楼房，人均住宅面积17平方米。六年来，小城镇建设发生了翻天覆地的变化。现在镇内楼房林立，街路整齐，交通方便，经济繁荣，设施完善，成为具有独特风格的小城镇。

该镇决心在今后的小城镇建设中，进一步提高小城镇建设水平，争取到2000年，把该镇建设成为布局科学化、住宅楼房化、交通网络化、科教普及化、服务专业化、通讯现代化、环境园林化的现代化新型城镇。

党委书记：刘　勇

党委副书记：崔连生

副　镇　长：史会海、孟繁荣、李国忱

前进中的新抚区

区长张忠伏，1944年8月生，辽宁省抚顺市人，中共党员。1968年毕业于解放军技术工程学院。历任抚顺市冶金局办公室副主任，抚顺市氧气厂副厂长，中共抚顺市新抚区委副书记，中共抚顺市委委员，1984年4月当选为抚顺市新抚区区长，1987年，1990年又连续当选为区长。

新抚区位于抚顺市中心，全区总面积69.6平方公里，人口52万，辖13个街道办事处，是抚顺市政治、经济、文化、交通的中心。抚顺市委、市政策、市人大、市政协、抚顺军分区等党政军机关以及全市大型文化娱乐场所、宾馆、饭店、商店等均设在所辖区内。区内交通发达，沈阳至吉林铁路从境内通过，铁路抚顺站座落在区中心。代表抚顺工业特点的抚顺矿务局、抚顺石化总公司、抚顺发电厂、抚顺毛纺织厂、抚顺电瓷厂、抚顺矿灯厂、抚顺煤矿安全仪器厂、辽宁无线电八厂等百余家大型企业也都座落在区内。得天独厚的地理环境和大量的可进行深加工的原材料优势，为新抚区发展经济提供了有利条件。

新抚区现有工业企业170余家。主要有机械制造、石油化工、塑料、建材、服装鞋帽、食品等10个门类130余种产品。党的十一届三中全会以来，新抚区政府坚定不移地贯彻以发展经济为中心的指导思想，坚持全民、集体、个体、私营经济一起上，区办、街办、委办、校办经济一起上，生产、经营、管理、创收一起上，采取两条腿走路的方针，既大力发展第三产业，同时又重视发展工业；既巩固提高老厂点，又下大力量开发新项目，兴办新厂点；既坚持自力更生，又借助外部力量；既管好区属全民、集体经济，又努力加强对个体经济的管理；既加强宏观调控，又努力微观搞活；既坚持改革开放，又认真治理整顿，千方百计，全方位做好各方面工作，促进经济的发展。10年间，全区社会生产总值增长了10倍，平均每年递增23.33%；利润增长了20倍，平均每年递增31.77%；财政收入增长了5.77倍，平均每年递增20.61%。1990年，全区在经济滑坡的困难情况下，仍然实现工业总产值5200多万元，实现利润574万元。

为了在抓好经济建设的同时，进一步完善社会主义新城区，新抚区政府始终坚持把精神文明建设做为一件大事来抓。坚持"人民城市人民建，人民城市人民管"的方针，使城市建设和城区环境卫生水平不断有所提高；科技、文化、教育、卫生等项事业不断取得新的成果；深入开展学雷锋活动，强化社会治安综合治理，社会治安进一步稳定。1987年，新抚区被辽宁省委、省政府命名为省级文明城区。1991年3月，经省验收再次达标。

团结奋斗，顽强拚搏，埋头苦干是新抚区的优良传统。新抚区人民正在认真贯彻中共中央建议制定并经七届人大四次会议批准的《国民经济和社会发展十年规划和"八五"计划纲要》，认真组织实施《新抚区"八五"期间经济和社会发展计划》，以调整结构，提高经济效益为重点，继续深化改革，促进全区经济持续、稳定、协调发展，大力加强社会主义精神文明建设，搞好城市建设和管理，推进各项社会事业稳定发展，巩固和发展安定团结的政治局面。相信，在不远的将来，一个更加繁荣的社会主义新城区必将展现在全国人民面前。

（撰稿：魏荣山）

副区长：柏玉刚、蔡明光、李吉安（女）、钱光浒

奋进中的望花区

望花区位于抚顺西部，面积65平方公里，辖10条街道办事处，人口31万，交通发达，地理位置十分优越。

望花是雷锋生前战斗过的地方，也是雷锋精神的发祥地。雷锋墓和雷锋纪念馆座落在区中心。

望花区是抚顺市的重工业城区。煤、油、钢、铝4大类产品闻名全国，目前境内工业企业113个，其中大型企业28个，煤炭部煤炭研究院抚顺煤炭研究分院、石油化工研究院、抚顺石油学院也座落在望花区，都为经济发展提供了得天独厚的条件。

党的十一届三中全会以来，到1990年底，全区共有预算内企业201户，其中商业企业69户，建筑企业22户，基本形成了以工业为主体，以商业、建筑业为两翼的经济格局。主要行业有轻工、机械、食品、化工、塑料、建材、冶金、煤炭等8个门类，主要工业产品有白油系列产品；粘合剂系列产品；石油配件系列产品包括膨胀节、波纹管、密封圈、冲压弯头等；为冶金工业配套的系列产品包括FG复合保护渣、膨化石墨、脱硫剂等。此外还有PE热收缩包装模，厕所高低位节水器，低压开关柜，各种型号低压阀门及不锈钢等，共百余种。其中有十几种轻工产品列入市计划，有8种产品被评为省、市优质产品。

望花区政府坚持以经济建设为中心，坚持“对外开放，对内搞活”的方针，充分发挥地区优势，广泛开展了横向经济联合，经济效益不断提高。自1987—1989年，三年迈出三大步。1989年的区街经营总值、工业总产值、利润、财政收入分别为1986年的2.4倍、2.3倍、2倍、2.9倍。1990年工业产值比上年增长10.9%，财政收入比上年提高16.9%。为了不断拓宽发展区街经济的路子，望花区牢固树立了科技兴区的思想。在科技进步上大作文章，组建了“星期日工程师服务队”，聘请科技顾问，为区街企业提供经济信息、技术咨询，开展技术攻关。

区长史邦宁，1947年9月生，山东省栖霞县人。1975年10月加入中国共产党，1985年7月毕业于抚顺石油学院企管班。历任抚顺教育局工程处党委副书记，市编委办公室综合科副科长，市人事局副局长。1987年3月任中共抚顺市望花区委副书记，4月当选为望花区区长。

30年来，用雷锋精神创建文明城区已变成全区人民自觉行动。近几年来，先后举办了全国性的“相会在雷锋叔叔身边”小学生、中学生夏令营。成立了望花区学雷锋研究会，创办了学雷锋研究刊物。城区建设逐步向绿化、美化、香化、净化方向发展。文教、卫生、民政、计划生育等项工作都取得了可喜成绩。各项事业的发展为经济建设创造了良好的环境。

望花人民正以雷锋精神为动力，为早日把望花建设成社会稳定，经济繁荣，人民安居乐业的新城区而辛勤地耕耘。

（撰稿：侯雁华）

副区长：王玉泰、孙福长、张卫政、刘元祥、徐鸿宾

发展中的顺城区

区长汤儒国，1946年11月生，辽宁抚顺人，1965年7月参加工作，1969年5月加入中国共产党。1984年7月于中共辽宁省委党校党务行政管理专业毕业。历任银行会计辅导员、乡党委副书记、书记、副县长、县委副书记、区委副书记，1987年3月当选为顺城区区长。

顺城区是城郊型经济的城区，行使既管城市又管农村的双重职能，辖3个街道8个乡（镇）。全区总面积574平方公里，人口18.7万多。

顺城区前身为抚顺市郊区，成立于1978年12月。12年来，全区的经济建设和社会面貌发生了日新月异的变化。特别是近几年来，由于坚持贯彻符合本区实际的"以副食品生产为基础，以乡镇工业为主体，协调发展第三产业，建设城郊型经济结构"的指导方针，更加促进了全区经济的发展。到1990年，全区社会总产值实现92410万元，其中工农业总产值实现76500万元，均为建区时的12倍多。

工业生产方面，该区立足于紧靠城市这一优势，以乡镇工业为主，广泛引进技术、人才、资金和原材料，并大力发展与城市厂矿企业的联合，到1990年，全区工业发展到2650多家，职工3.5万人，固定资产2亿多元。在机械、化工、建材、食品、纺织、轻工、医药等28个行业中，已有定型产品300余种，其中有18种产品先后获部、省、市优质产品证书，抚顺市常新化工厂因生产部优产品酸洗缓蚀剂而被铁道部确定为定点生产厂家。13家企业与5大洲客商建立了经贸关系，年创汇3000多万元。红光蜡厂生产的工艺蜡烛在国际市场上深受欢迎，远销20多个国家和地区。1990年，工业总产值实现5.7亿多元，已成为全区经济支柱。该区还有一支1.2万人的建筑队伍活跃在抚顺市建筑市场，为抚顺的城市建设做出了重要贡献。

农业生产方面，该区把为城市服务作为首要任务，大力加强副食品生产基地建设，提高了副食品生产水平。在4000公顷菜田中，水浇地面积达2467公顷，各种永久性蔬菜保护地387公顷。畜牧业基本形成了良种繁育，饲料加工，防疫灭病，储藏加工等一条龙生产体系，饲养量和商品量稳步提高。果品生产以国营和集体为主，现拥有各种果树近150万株。1990年，上市蔬菜18万吨，肉类6500吨，鲜蛋8200吨，鲜奶5100吨，水果3350吨。基本满足了抚顺120万市民的副食品需求，全年农业产值实现了1.8亿元。

经济的发展，使区政府有条件增加了对社会各项事业的投入，教育办学条件有了明显改善，70%以上的中小学校舍均为近几年所新建；卫生基础设施建设得到加强；文化、体育、科研等也有了很大发展；城乡面貌焕然一新。

目前，全区人民在区委、区政府的带领下，正在为早日建成城市现代化，农村工业化，农业集约化，村镇城市化的新顺城而努力奋斗。

（撰稿：贺俊明）

副区长：李显英、李向东(女)、许　刚、万云章、何志学、苏永峰

坚持改革开放 振兴繁荣东安

区长姚寿鹏，中共党员，大学文化。山东省莱州市人。1953年1月生，1971年3月参加工作，历任牡丹江桦林橡胶厂团委干事、副书记、书记，共青团牡丹江市委青工部部长、副书记、书记，市青年联合会主席等职。1989年12月当选为牡丹江市东安区区长。

牡丹江市东安区位于市中心的老城区，部分地界始建于1903年，正式建区于1953年。区政府设置28个职能部门，辖4个街道办事处、31个居民委员会，带有877个驻区单位。面积4.62平方公里，人口106166人。党的十一届三中全会以来，在改革、开放方针的指引下，全区经济和社会事业发生了显著变化。

经济建设取得了可喜成果。全区共有工商企业165家，年总产值7295万元，利润719万元。主要行业有建材、电器、化工、包装、服装、机械等19个，主要企业有弹簧厂、家电一厂、联营包装厂、工艺绣品厂、电镀厂、电视设备厂、有机化工二厂、漆包线厂、东方电线厂、硬质合金厂等10余家，区属工业公司、校办工业公司、劳动服务公司和各街道工业公司也都具有一定的生产规模。全区各类工业产品达100余种，其中有8种获省优，有16种填补了省、市空白。全国最大的木工机械厂、钢纸集团公司等生产企业也座落在这里。商服业发展速度较快，大小市场星罗棋布，是牡丹江市工、农产品的主要集散地。区域内有较大规模的牡丹江百货大楼、秋林公司、牡丹江饭店、牡丹江国际旅行社等市属店、场10多处，区辖国营、集体商服饮食业91家，个体工商户近2000户。其中，牡丹江照相馆是全市最大的彩色照相馆之一，振兴楼是全市最大的现代化浴池。建筑业实力比较雄厚，有开发公司、建筑公司、装饰公司等8家企业和1个建筑设计所，开发、设计、建材、施工、装修基本成龙配套。其中，江南构件厂是全市最大的建材基地，生产的水泥预制构件为省优产品。全区已建成各类综合楼近百栋，有7栋获省优质工程。在发展外向经济上，同国贸、边贸及对苏口岸始终保持着密切的友好往来关系，全区出口产品已达15种，有良好的基础和明显的优势。

社会事业不断发展。区属8所小学全部建成了市级规范化学校，普通教育、成人教育均跨入了市先进行列；区、街、委形成了三级文化网络，区文化馆和驻区各大企业俱乐部也都积极发挥着中心和阵地作用，并广泛开展多层次的社区文化和多样化的街头巷尾文体活动，丰富了全区人民的精神生活。坚持“预防为主，防治结合”的方针，区属两所医院和防疫站、妇幼保健站的防病、治病能力不断增强，群众性的爱国卫生运动得到更深入地开展。围绕居民群众的“衣、食、住、行”和“智、乐、便、安”等问题，完善了有偿服务与无偿服务网络，建立了便民、残疾人、老年人、幼儿、妇幼保健、安全防范等六个服务体系，把居民日常生活中的一些不方便问题，基本解决在楼群内、大院里和家门口。在科技兴区方面，形成了860多人的科技和专业管理队伍，全区人民的科技意识越来越强，科技进步因素在经济增长中所占比例达到20%以上。在城市建设和管理方面，基本实现了排水管网化，硬路面覆盖率达80%以上，是省级文明卫生区和市容环境卫生先进区，并连续两年荣获省文明城市建设先进区。

展望未来，到1995年末，全区社会总产值将达到1.2亿元，总利润将达到850万元，全区直接出口创汇产品将达25种，出口额累计为3000万元。随着经济的持续、稳定增长，全区的社会事业也会有更大的发展，人民群众的生产、生活条件会进一步改善。东安区将成为一个更加繁荣、安定、优美、文明的新城区。

嘉兴市郊区概况

嘉兴市郊区地处浙江省东北部的杭嘉湖平原，全区地形平坦，水网密布，河道纵横，是典型的江南水乡，有"水乡泽国"之称。1983年嘉兴撤地建市时建立县级区，总面积814.92平方公里，其中水面积81.16平方公里；下辖19个乡、9个镇，总人口48.43万人，其中城镇人口41713人，区人民政府驻浙江省嘉兴市中山西路。

嘉兴市郊区地理条件得天独厚，素有"鱼米之乡，丝绸之府"之称，区内传统土特产品种繁多，著名的有：槜李、凤桥水蜜桃、大红荸荠、新丰生姜、栖真雪里蕻、梅家荡蚬子等早已闻名遐迩；粮、油、猪、桑茧、淡水鱼均居全省前列；海鸥电扇、益友冰箱饮誉全国；企鹅牌图钉、麝香F、香兰素远销东南亚。境内自然风景优美，横跨古运河的长虹桥位于王江泾镇东首，始建于明朝万历年间，清康熙五年重修，桥体宏伟壮观，恰似长虹卧波。王店镇的曝书亭为清初著名学者、文学家朱彝尊故居，园内绿阴蔽日，石径通幽，荷池映红。亭、廊、桥、池、舫、山浑然一体，别具韵味。

嘉兴郊区置县始于战国末，千百年来一直是杭嘉湖东部的政治、经济、文化中心。1983年建区后，经济不断发展，产业结构日趋合理，基础设施逐步完善，地域优势充分发挥，各项事业蒸蒸日上。1990年农村社会总产值（现行价）21.11亿元，工农业总产值（1980年不变价）14.42亿元，财政收入10211万元。工业生产已形成轻纺、化工、机械、电子电器、金属制品、食品、建材等7大行业，有中华化工总厂、新桥染厂、嘉兴不锈钢器械设备总厂、凤桥缫丝厂、新篁砖瓦二厂、金陵制衣有限公司等骨干企业65家，百万元产值以上企业204家。全区1990年工业总产值达到11.3亿元，出口创汇企业54家，外贸收购额8739万元。农副业生产持续稳定发展，1990年粮食总产量55.43万吨，生猪出栏42.81万头，淡水鱼产出1.31万吨，蚕茧产出6704吨，被国务院命名为粮食先进县（区），被农业部、财政部评为商品瘦肉型猪基地建设全国先进县（区），被浙江省人民政府评为淡水鱼先进县（区）。

区长王国和，中共党员，经济师，1951年9月生，江苏常州市人。1975年8月于合肥工业大学化工系稀有冶炼专业毕业后分配在嘉兴石油机械厂工作，先后任班长、厂办公室主任、厂组织部宣传科长，厂党委委员、副厂长等职，1985年7月任嘉兴市机械工业公司副经理，1985年11月任郊区区委常委、副区长，1989年9月任郊区代理区长、区政府党组书记，1990年4月任区委副书记，1990年5月当选为区长。

教、科、文、卫事业蓬勃发展。有普通中学35所、小学288所，学龄儿童入学率达99%以上，全区青壮年非盲率达96.17%。各类科技人员3311名，其中高、中级科技人员598名，自1985年以来全区有53项科技成果获得省、市科技进步奖。全区有乡镇文化站、娱乐中心29个，影剧院18个，农民画创作脱颖而出，出国展出130余幅次，受到国内外人士的青睐，被文化部命名为"现代民间绘画画乡"。全区有区级医院2所，中心医院3所，乡镇卫生院（所）28个，大部分村设有卫生室，计划免疫被评为全国先进县（区）。

展望90年代该区将继续发挥本区优势，以经济建设为中心，大力开展技术协作和横向经济联系，促使各项事业再上新的台阶。

副区长：施振泉（常务）、赵发章、顾春雅（女）、周志明

绍 兴 市

区长陈炎林，1943年9月生，浙江绍兴人，1962年中专毕业，1973年7月加入中国共产党。历任铁道部第二铁路工程局建筑处组织科干事，绍兴县委组织部干事，越城区委常委、组织部长，市劳动局局长，越城区委副书记、代区长。1990年4月当选为区长。

绍兴市越城区概况

绍兴市越城区是1983年撤地建市时设立的市辖区，地处杭州湾西岸，全区辖5街5乡1镇，面积101平方公里，人口29.3万。

越城极富水乡情韵，人称"东方威尼斯"。故有"山阴道上行，如在镜中游"之说。越城还拥有大禹陵、越王台等34个国家、省、市级文物保护单位，水乡风光与名胜古迹珠联璧合，交相辉映，令国内外游人赞叹不绝。

越城人杰地灵，她哺育了勾践、王羲之、贺知章、陆游、徐渭、王明阳、徐锡麟、秋瑾、陶成章、蔡无培等一大批为中华民族增光添彩的杰出人才。现代伟大的文学家、思想家、革命家鲁迅先生曾受过稽山鉴水熏陶。她还是我们敬爱的周恩来总理的祖籍。这些优秀人物，不仅以卓越的功绩载人史册，而且以浩然正气振奋了民族精神。

建区以来，区委、区政府认真贯彻"以经济建设为中心，城市管理为重点，两个文明一起抓"的工作指导方针，经济建设和社会各项事业得到了迅速发展。1990年，全区工农业总产值达到11.2亿元，其中，工业总产值达10.77亿元，成为浙江省乡镇企业总产值超10亿的19个重点县（区）之一。全区拥有工业企业517家，职工3.57万人，初步形成了多门类的工业结构。其中，纺织印染业已成为全区工业的重要支柱，实现了纺、织、印、染配套成龙，年产量达6000万米。全区各类工业产品达650余只，其中20只获市级以上优质（秀）产品称号。LYX—603防水卷材、ZGZ型ON6—50蒸气电磁阀、"大通牌"涤府男衬衫等产品，在激烈的市场竞争中，赢得了声誉。

农业在土地因国家建设征用连年减少的情况下，粮食总产量始终稳定在5万吨左右。1990年产淡水鱼3240吨，蔬菜1.7万吨，生猪、禽蛋、奶牛业发展迅速，已成为绍兴市重要的副食品基地。

1986年以来，全区外向型经济发展迅猛，直接出口产品销售收入已翻了五番多，1990年达到了1.88亿元。拥有出口创汇企业54家，主要出口产品逾150种，产品远销20多个国家和地区。茶巾、医用手术巾、螺钉、腹部垫等产品被外贸部门批准为出口免检产品。

1990年全区商业销售额已达到6.58亿元。多种经济成分、多种经营方式、多种销售渠道的流通机制初步形成。10多家骨干商业企业与全国20多个省、市建立了较为稳固的业务关系。街道、居委会兴办的商业网点遍布大街小巷，对于发展经济、方便群众生活发挥了积极作用。

建区以来，以市环境卫生为重点的城管工作成绩显著。城管工作正在向正规化、科学化、制度化方向迈进。教育、文化、卫生等社会事业协调发展。1990年，全面实施了9年制义务教育。全区已有文明卫生单位238个，社会治安综合治理不断加强，人民生活水平正在向小康迈进。

在未来的十年里，越城人民将立足现有基础，进一步发挥优势和特色，突出经济建设，抓实城市管理，努力将越城建设成为经济繁荣、环境整洁、社会稳定、各项事业协调发展的文明城区。

（撰稿：陈炎林）

副区长：方培根、徐锡类、孙黄忠、谢张林

前进中的白泉

白泉镇位于舟山本岛中心，三面环山，一面临海，总面积35平方公里。古称白泉庄，因境内泉水清澈、源旺而得名。1985年改为建制镇，现辖12个农业村，1个渔业村和1个居委会，总户数5715户，19307人，集镇建设日，趋繁荣，成为市、区的卫星城镇。

改革开放给白泉镇经济带来了蓬勃生机，全镇现有镇、村办企业38家，固定资产3900万元，1990年实现工业总产值1.2亿元，工业产品出口创汇5000万元，成为舟山市第一个亿元乡镇。近年来，通过内联外引，已初步形成以轻纺工业为主，食品、机械、建筑兼顾的工业新格局。1987年投产的舟山上海元通联营印染厂，年产1400万米漂染布，产品出口美国、新加坡等10多个国家和地区，1990年实现产值6500万元，出口创汇4500万元，跨入全国产值最高和创汇大户的百家乡镇企业之列，受到国家农业部和对外经济贸易部的表彰。1988年起同上海国棉九厂联营的申舟纺织厂，目前已有6000纱锭、160台布机，生产的优质粘纤纱是上海各大纺织企业织布的主要原料。定海羽绒服装厂生产的越雪牌、天舒牌羽绒衣，荣获浙江省名优新特“金鹰奖”和上海市“三优”产品称号。舟山羊毛衫厂自创的三驼牌羊毛衫，款式新颖，质量上乘，畅销全国，声誉卓著。

白泉镇水源充沛，土壤肥沃，历来是舟山的主要粮食生产基地。随着工业的发展，本着以工补农的原则，

不断增加对农业的投入，加速了农业生产的发展。粮食产量连续7年突破8000吨，1986年和1987年分别被浙江省和舟山市评为粮食生产先进集体。仔猪和白鹅是白泉的特产，全镇现有2个大型仔猪交易市场，每月逢一逢六为猪市交易日，上市仔猪近千头，在宁波、镇海等地颇有名气。白泉农民有利用天然的丰富水草资源饲养白鹅的悠久历史，每户年平均饲养量在15只左右，有“白鹅之乡”的雅号。镇办的白泉冷冻厂以当地白鹅为原料，加工冻制的“浙东白鹅”具有体大、肉嫩、味鲜的特点，畅销国内外市场。

白泉镇“得泉独厚”的优势，为发展酿酒、饮料、水作等日品工业创造了条件。年产1200余吨酒精的镇办舟山市酒厂，已成为国家轻工部食用酒精定点生产厂。浙江紫竹林啤酒厂白泉分厂生产的海中洲牌啤酒，在闽浙皖沿海市场享有一定声誉。白泉镇的建筑业有较强的实力，近年来承建的舟山饭店、露亭宾馆等高层建筑，均被舟山市评为优质工程。

白泉镇有完全中学1所，学生1200人，是定海区规模最大、设施最好的农村完全中学。有小学12所，学龄儿童入学率达99.5%，还有专门为镇办企业输送人才的职业中学1所。群众业余文化生活丰富多彩。由白泉民间老艺人，根据渔民出海、起网、丰收的生产场景，在传统锣鼓点子、民间乐曲基础上整理、改编的“舟山锣鼓”，曾在1959年维也纳第七届世界青年联欢节上，荣获民间音乐比赛金牌奖，并于1986年编入《中国民族民间器乐曲集成》一书。

白泉镇距舟山市区仅13公里，交通方便，经定西线，可与通往舟山海峡轮渡、定海客运码头、老塘山万吨级货运码头相衔接，市区内有我国四大佛教名山之一的“南海普陀”、蓬莱仙岛和旅游、避暑、疗养胜地朱家尖岛。镇内电话已并入市区自动电话网，能直拨全国各大中城市，投资环境日益改善。白泉镇人民热情欢迎各方朋友前来作客。

（撰稿：倪斌　符冲）

镇党委书记：高隆根

镇　长：刘尧棠

副镇长：李文华、范　纲、张素萍（女）

临海市的窗口
——城关镇

镇长徐从德，中共党员，浙江临海人，1944年11月生，中专文化程度。1963年参加工作，1965年入伍，历任班长、文书、营部书记、副政治指导员、团政治处书记。1978年转业，先后在中共临海市委宣传部和城关镇工作，1988年任城关镇副镇长，1990年3月任镇长。

城关镇是台州行政公署和临海市政府所在地，也是台州地区陆路交通枢纽。人口13万，面积125平方公里，辖7个办事处，32个居委会，65个行政村。几年来，坚持"上下同心，以工兴镇，以廉治政，以勤拓新"的指导方针，全镇发生了深刻变化，1990年工农业生产经受了市场疲软和百年未有的特大洪灾考验，全镇实现社会总产值4.2亿元，工农业总产值2.7亿元，财政收入1600万元，分别比上一年增长34%、30%和12%。城市建设、市容管理、人口控制、科学文化、社会治安等方面都取得了较好成绩。

一、工业生产稳步发展、蒸蒸日上。为充分发挥对外开放的优势，镇委、镇政府研究制订了发展经济的十条优惠政策，引进、起用200多名专家、能人，并同上海、北京、长春等大中城市的大专院校、大型企业、公司开展横向联营，仅一年就引进和开发新产品124项，完成技改42项。全镇以轻工业为主，轻重工业协调发展的工业体系初步形成。全镇754家企业，其中有5家产值超千万元，46家产值上百万元，有5项产品获部优和省优，有2家评为地区级先进，全镇已连续4年被评为台州地区发展乡镇企业先进集体。市新华绣服总厂生产的"福来牌"绣衣，获全国"牡丹杯"奖，产品畅销东南亚和欧美各地，年产值超2000万元；市滤清器厂生产的OH—180型和LO60型等产品，获国家"骏马奖"，产品除包销长春一汽、洛阳一拖外，还出口苏联、朝鲜和东南亚各国。新开辟的阻燃风筒布，全国各大煤矿争相订货；市利民化工厂和建新化工厂生产的F_{11}、F_{12}、F_{13}、F_{22}、F_{500}等氟系列产品，开始走俏国外；款式多样的包装装璜，受到国际市场的好评。市合成化工厂与"衢化"和台湾帆信公司联营生产的二氯苯胺和磷氯苯乙酸、质优价廉，产品供不应求；东湖村办的万里胶鞋厂和羊毛衫厂，新开发的33项新产品，款式新颖，客户盈门，产值、利润可望翻番，预计1991年全镇工业产值能达3亿元，税利同步增长。

二、镇区建设和管理不断加强。几年来，拓宽、新建街巷道路20多条，铺设水泥路面5万多平方米，建造了菊花、荷花两个模式化新村，投资300万元新建了长达220米、宽7米的望江门大桥，为开发云峰、龙潭岙旅游点，扩大市区规模创造了条件，为美化市容增添了新的色彩。同时，对"口"字形文明街，搞好立面改造，人行道重新铺建。街路两侧绿树成荫，路面宽阔整洁，市容、市貌、环境卫生大有改观，受到全国城市卫生检查团的好评。

三、社会事业欣欣向荣。镇区内有大中院校5所、中学8所、小学64所，科研机构12个，各类科技人员2600多人；设有医院4所，文化设施配套齐全。市电视台可同时播放5套电视节目，丰富了人民群众的精神文化生活；邮电通讯事业发展迅速，万门程控电话和微波通讯工程已经完工，国内、国际长途直拨电话相继开通，投资环境得到明显改善。

今日的城关，经济繁荣、文化发达、环境优美、社会安定，成了台州地区和临海市两个文明建设的门面和窗口，是沿海开放市镇的一颗灿烂明珠。热忱欢迎国内外朋友光临指导、洽谈合作、观光游览。

屯溪区简介

区长程永革，安徽屯溪人，1945年生。北京农机学院毕业，先后在甘肃张掖军区农场、甘谷县农机厂、中共甘谷县委组织部，安徽屯溪柴油机厂、中共屯溪市委组织部工作。1983年12月任中共屯溪市委常委、组织部长，1985年1月起任中共屯溪市委（区委）副书记。自1989年1月起，任黄山市屯溪区人民政府代理区长。

屯溪区，黄山市人民政府所在地，地处黄山南麓，新安江上游。1949年5月设屯溪市，1953年升为省辖市，此后隶属及建制多变，1975年复设市，为徽州地区政治、经济、文化中心，1987年建黄山市，屯溪改为市辖区。屯溪人口占全市9%，社会总产值占25%，国民生产总值占21%，工农业总产值占22%，其中工业占30%，社会商品零售总额占21%，财政收入占19.2%，是黄山市的重要城市依托。

屯溪是开放城市，为全市交通中枢，是黄山市外联的重要窗口，黄山游客的重要集散地，现已形成陆、水、空主体交通的格局。基础设施日趋完善，程控电话开通，22万伏输变电工程动工，二水厂建成后，日供水量可达8万吨。市中心有一条老街，独县风格，有“东方古罗马”之称。现有宾旅馆床位1万余张。

1990年，全区社会总产值6.6亿元，国民生产总值3亿元，国民收入2.3亿元。工业门类较为齐全，拥有机械、电子、电器、纺织、建材、塑料、印刷、化工、食品、木竹加工、旅游工艺等25个行业，形成了一批骨干企业，“七五”期间创国、部、省优质产品40个。其中超顶漆烟徽墨多次获国家优质产品金、银质奖，特珍一级眉茶获国家优质产品银质奖。农业传统模式有了新突破，1990年，粮食生产受到国务院表彰，油科总产创历史最好水平，已建成全市和黄山风景区的蔬菜副食品基地，乡镇企业已成为全区经济的支柱之一，总产值比“六五”期末增长3倍。屯溪30年代就与芜湖、安庆、蚌埠并称为安徽四大市场，是全国著名的茶市之一，“屯绿”畅销50多个国家和地区，被誉为“绿色的金子”。商业繁荣活跃，拥有商业、服务业网点2351个。按照省政府批准的城市总体规划，保护老街，由西向东发展新区。屯溪机场、横江大桥，过境公路等一批重点项目先后建成，提高了城市服务功能。绿化覆盖率达36.9%，人均绿地面积4.7平方米。现有科研机构、厂办（民办）科研所16个，工程技术人员3359人。学龄儿童入学率99.8%，初等教育普及率96.5%。拥有医疗机构75个，床位1400多张。1990年计划生育率95.4%，城区无计划外生育，郊区无多胎生育，被评为全国先进单位。

摄影：凌家驹

屯溪的经济建设具有较大的潜力，热忱欢迎国内外的经济组织，团体及企业家来屯溪以多种形式兴办各项事业，热忱欢迎国内外游客来屯溪旅游观光。

（撰稿：丁孝为　程安生）

副区长：郁国光、聂万钧、郑　磊、傅秀云（女）、胡观维

休宁县概况

县长吴新太，1946年生，黄山市徽城区人，工程师。1970年毕业于安徽水电学院，先后在水电局、政府办、组织部工作。1984年担任县委常委、组织部部长、县委副书记等职，1989年，当选为休宁县县长至今。

休宁县位于安徽省最南端，置县已有1700多年历史。全县土地总面积2125平方公里，耕地面积138万公顷，山地面积占总面积55.65%。现辖1个镇，6个区，262个行政村，人口26.72万。1990年，国民生产总值17360万元，国民收入13670万元，财政收入2503万元。

休宁地处中亚热带北部，气候温和湿润，有利于林、茶、桑、果和农作物生长。山场广阔，自然条件优越，林茶资源丰富。全县林地面积175.8万公顷，占土地总面积81.7%，森林覆盖率达53.2%，活立木蓄积量5094万立方米，其中58%杉木林，此外，还有较多的松木林，经济林。毛竹林有9.7万公顷，总蓄量有2300万根，西田、流口、花桥等地素有“竹海之誉”。林木和毛竹，不仅数量多，而且材质好。休宁还是驰名中外“屯绿”的主要产区，也是安徽著名的茶乡。我国最早的名茶之一“松萝茶”，就产于该县万安镇福寺村。茗州、白岳黄茅、金龙崔舌、莲花毛峰等传统名茶都深受消费者欢迎。山货特产品种繁多，植物资源有12大类、500多个品种。被誉为“果中之王”的猕猴桃，质优量多，年产量达数百万斤。休宁矿产资源也较丰富，尤其是石煤、石灰石、石佛石、瓷土、膨润土，储量大、品位高（初步探明的石煤矿储藏量6亿吨，瓷土矿储藏量600万吨），正待进一步开发利用。

党的十一届三中全会以来，该县工农业发展迅速。1990年农业总产值达到9471万元，粮食总产达到10.06万吨，被国务院授予粮食生产先进县。茶叶总产5394吨，是全国出口绿茶主产区之一，蚕茧总产达148吨。森林后备资源相当丰富，中幼林面积2万余公顷，每年向国家提供商品材10万立方米，是省内著名的“徽杉仓库”，被林业部评为全国造林绿化先进县之一。工业已形成制茶、森工、建材、食品、纺织、印刷、机械、电力等具有地方特色的轻型工业结构。1990年全县拥有工业企业203家，其中全民工业企业23家，工业总产值12424万元，乡以上企业固定资产原值8760万元，实现利税1150万元。职工总人数8270人。在工业企业中，啤酒厂、酒厂、电池厂、电器厂为市先进企业。在工业产品中，汽车（拖拉机）调节器、R6型纸扳电池、2121斜纹被单布、特级珍眉茶、予应力优质钢丝获“省优”称号。各种绿茶、黄山牌干电池、工业结晶硅、色织布、液压千斤顶等已打入国际市场。

境内风景秀丽的齐云山，座落在岩前镇，距县城仅14公里，山上风景如画，人文景观众多，是全国四大道教名山之一，新安江始发地冯村六股尖探源颇具魅力。休宁地处以黄山为中心的旅游腹地，皖赣铁路途经该县，公路四通八达，黄山机场离县城仅18公里，交通十分方便。与黄山、太平湖、千岛湖连接成为黄山旅游线圈，发展旅游业前景极为广阔。

休宁是一个经济发展中的县，资源虽丰而开发不足，条件虽优而利用欠佳。休宁人民在党和政府的领导下，将继续发扬勤劳传统美德，充分利用自身的优势，把休宁这块灵山宝地建设得更好更美。

（撰稿：罗培基）

县府其他领导成员：陆永炽、金静芳、赵金寿、程振庭

中国历史文化名城
——歙县

县长杨群，1938年7月生，安徽怀宁县人，高中文化程度。1956年2月参加工作，曾任池州行署农机局副局长、机械局副局长，中共太平县委副书记、副县长，黄山管理局旅游处副处长，原黄山市（县级）副市长，中共歙县县委副书记、县长。

歙县位于安徽省南部，土地总面积2122平方公里。现辖8个区、5个镇（区级镇1个）、52个乡、438个行政村、3373个村民小组。总人口50万，其中农业人口44.8万。

歙县历史悠久，始建于秦，属会稽郡。历史上，歙县常为郡治府治所在地，是当时徽州政治、经济、文化的中心。民国元年，废府留县，直属安徽省。解放后，属徽州专区。1987年，地级黄山市建立，实行市管县体制，歙县隶属黄山市。

境内主要为中低山丘陵地貌。西北部紧靠黄山风景区，东北部有清凉峰自然保护区。主要河流有新安江、练江、丰乐河、杨之河、布射河、富资河；境内已探明的矿产有金、铀、铍、钨、钼、铁、黄铁、铅、锌、氟石、蛇纹石、砚石、水晶、重晶石、硅、石棉、煤、瓷土、粘土、孔雀石等20余种；珍稀植物有香果树、鹅掌楸、银雀树、华东黄杉、南方铁杉、银杏等；名贵药材有厚朴、杜仲、黄莲、红枣皮、野石槲等；珍稀野生动物有金钱豹、云豹、梅花鹿、金猫、獐、华东虎、金丝猴、苏门羚、虎纹蛙、香狸、八音鸟等。

党的十一届三中全会以后，县委、县政府从实际出发，制定了“以林为主，多种经营，因地制宜，综合发展”的山区生产方针，狠抓“农、工、商、旅”四大产业，加快了经济建设发展步伐。1990年，全县国民生产总值4.6亿元，国民收入4亿元，工业总产值2.05亿元，农业总产值1.42亿元。分别比“六五”期末的1985年增长33.5%、22.2%、95.8%、13%。财政收入、固定资产投资等，都有较大幅度增长，为下一步的经济发展增添了后劲。

歙县的开发性农业有一定特色。1978年以后，该县采取积极措施，调整生产结构，发展多种经营。到1990年底，多种经营收入占农业总产值的比重由1978年的70%提高到85%；森林覆盖率由35%提高到59%（含茶桑），面积达13万公顷。茶叶1.96万公顷，桑园0.42万公顷，果树0.45万公顷，烟草种植面积600公顷，已初步形成了“高山林木中山果，低山茶桑沟坡竹”的生态农业，农村经济呈现出持续、稳定、协调发展的好势头。

歙县旅游资源丰富，尤以人文景观多而著名。1986年，国务院批准歙县为国家历史文化名城。歙县是程朱理学的发祥地，陶行知的故乡，历史上，享有“东南邹鲁”的称誉。新安画派、新安医学、徽派版画、歙派印章、徽派竹木砖石“四雕”在全国有一定的地位，还有驰名中外的文房四宝——徽墨、歙砚、澄心堂纸和汪伯立笔。歙县号称“天然的历史博物馆”，现存文化古迹118处，列入国家、省、县重点保护的有98处。改革开放以后，歙县正确处理名城的保护与利用关系，背靠黄山，以历史文化名城为依托，开展名山名城联谊活动，着力发展旅游业，现在，旅游经济已成为全县经济支柱之一。

（撰稿：柯伯兴）

县领导其他成员：程德球、罗时启、谢武松、仇家灏、卢秉武、程承耀

漳州市芗城区

区长：陈庆元

芗城区泛称漳州，垦拓置县甚早，历为唐、宋、元、明、清州府道置所在地，1949年10月以后是龙溪地区行政公署驻地，1985年5月14日行政体制改革时改称芗城区，以境内九龙江西溪别称芗江而得名。

芗城区是漳州市唯一的县级区，为市人民政府所在地。既是一座历史悠久而富有光荣革命传统的文化古城，又是在改革开放中首批获准的沿海经济开放区。地处九龙江西北溪中下游的漳州平原，介于厦门、汕头两经济特区之间，市区有丰富的温泉带，面积5.2平方公里，分中温、中高温和高温三种类型。全区总面积264.6平方公里，其中市区12.5平方公里，设有5个街道办事处、56个居委会；郊区设2镇、2乡、83个村委会。总人口34.6万人，其中市区17.7万人。全区有归侨、侨眷3万多人，是福建省主要侨乡和台湾同胞祖居地之一。

芗城经济社会事业发展较快，全面完成了“七五”计划，在闽南金三角中发挥着应有的作用。工业以食品、纺织、机电、化工、轻工、电子、塑料、建工等行业为主，主要产品有罐头、食糖、茶叶、酒类、服装、包袋等。工业产值37876万元。“玉晶牌”珠绣拖鞋和“呈祥牌”鼓仔炮荣获省工艺美术百花奖，“龙文塔牌”沙茶酱获省优、部优产品。农业以粮、蔗、菜、果、林、禽、渔和乡镇企业并举，是著名的花果之乡。农业产值6167万元，乡镇企业产值24500万元。外向型经济迅速发展，已创办三资企业32家，产值10360万元，产品出口交货总额达15981万元，出口品种有100多种。社会商品零售总额63739万元，财政收入3912万元，农民人均纯收入919元，城镇居民生活费收入1616元。盛产的水仙花、天宝香蕉、漳州芦柑、浦南柚子等名优特产在国内外畅销不衰，尤其是天宝香蕉被国外誉为无农药残毒的“健康食品”。具有闽南风味的小食，如手抓面、五香粽、蚵仔煎、四果汤、麻糯等更是令人青睐。

芗城区的工业多属街道和乡镇企业，经济基础薄弱。1985年全区的工业产值仅有5138万元，财政收入788万元。经过几年的不懈努力，1990年实现的工业产值和财政收入，分别比1985年增长6倍和4.6倍。主要做法：一是发动群众集资入股办企业，5年共集资5300万元，给760多家企业注入生机活力；二是总结推广具有芗城发展特色的集资股份制、承包责任制和厂长（经理）负责制“三结合”的经营机制，激发了企业内在动力；三是合理配置产品结构，大力发展适销对路的龙头产品；四是建立工业加工区，大力发展外向型经济，“三资”企业工业产值已占全区工业产值的27.8%；五是建立重点骨干企业和扶持适销对路产品的生产，在原辅材料、能源、场地、资金、技改和人才等方面给予优先安排；六是坚持“稳粮保蔗保菜”的方针，逐步建立郊区型农业。

芗城区作为沿海开放城市，已具备了相应的基本条件。有大中专学校10所，中学16所，城市基本普及初中教育，群众文化素质较高；20多所医院保证了城乡居民的身体健康；供水、供电充足，程控电话可迅速拨通国内外主要城市；交通发达，形成了公路、铁路、水运综合交通网，全区30.5公里的乡镇主干公路全部达到国家4级公路标准。市区街道全部重修为混凝土或柏油路面；建有各类贸易市场35个，占地面积达104251平方米，其中延通市场被授予国家级文明市场。

芗城现有名胜古迹27处，其中芝山红楼、南山寺、开漳圣王陈元光古墓等是省级重点文物保护单位，吸引了国内外多方游客。矗立在市区中心的“中国女排‘三连冠’纪念碑”，将激励着芗城人民在现代化道路上顽强拼搏，走向世界。

副区长：曾绍宗、韩源亮、廖淑琴（女）、温晓勇

发展中的珠山区

区长占宇，1950年3月生，江西省都昌县人，大专文化，1988年和1989年分别毕业于中国行函大学和西南财经函大。历任中国人民解放军0871部队班长、景德镇市宇宙瓷厂团委书记、团市委常委、市党组成员、办公室主任，1987年任景德镇市经济委员会副主任，1990年2月任中共珠山区委副书记、副区长、代区长，1990年6月当选为区长。

珠山区是瓷都——景德镇市唯一的城市区，区建制始于1970年3月。现辖9个街道办事处，180个居委会，25.1万人口，面积约40.5平方公里。景德镇市党、政、军机关以及中央、省、市属许多单位均分布在该区内，它是全市政治、经济、文化的中心。

珠山区建区初期，仅有2家区属企业，年社会总产值仅有200多万元，1978年仅794万元。其中工业总产值为473万元。在党的十一届三中全会的路线、方针、政策指引下，珠山区经济迅速发展，现已拥有企业220多家（区属企业23家），职工8500多人，初步形成了以陶瓷工业为主体，以建筑建材、机械、橡胶、食品、化工为支柱的工业体系。1990年全区社会总产值6936.65万元，其中工业总产值4501.77万元，分别比1978年增长873.4%和950.18%；出口创汇700多万元，财政收入1243万元。全区有陶瓷企业60余家，职工4400余人，年产值3000余万元。瓷都制瓷历史源远流长，制瓷技艺巧夺天工，产品素有“白如玉、明如镜、薄如纸、声如磬”之誉。全区有22项产品获奖，其中获国际金奖2项，国家金奖1项，银奖1项，部优产品11项，省优产品7项。开发新产品47项，其中省级23项，有7项分别获部、省优秀新产品称号。青花文具瓷厂是全市第一个生产青花文具的厂家，该厂生产的景龙牌青花6头文具，继1990年获国家金奖后与景龙牌青花11头酒具今年又双双获得北京国际博览会“国际金奖”。该厂自1987年起，连续4年被评为全省先进企业。景江瓷厂生产的青花7头扇形组合拼盘，造形独特，花面清新，投放市场以来一直供不应求，该产品是省级新产品，被列为重点技改项目，进一步扩大生产能力，满足市场需要。跃进瓷厂、红卫瓷厂是以加工生产粉彩出口瓷为主的厂家，主要产品分日用瓷、陈设瓷、仿古瓷、旅游瓷、民族用瓷、建筑壁画瓷6个系列几百个品种，其中包括中西餐具、咖啡具、酒具、饭具、茶具、烟具和杯、盘、碗、碟、坛、罐、缸、瓶、钵、瓷板、薄胎瓷等。釉上装饰有粉彩、贴花，花面有洋莲万寿、山水人物、楼台亭阁、鸟虫花卉等100多种，色泽柔和典雅、鲜艳光亮，体现了独特的民族风格。跃进瓷厂低铅日用粉彩瓷铅镉溶出量低于国际标准，红艳牌低铅黄万寿3头饭具、黄双龙22头咖啡具、红双龙大矮茶杯被评为省优产品。红卫瓷厂红万寿92头中餐具和绿万寿15头茶具获省优产品称号。三建公司获全国建筑集体企业先进单位。

珠山区商业繁荣、交通便利，皖赣铁路穿城而过，公路四通八达，每日有直达黄山、庐山、龙虎山、三清山等旅游胜地的班车。昌江可常年通航300吨位的客货船，经鄱阳湖可直抵长江。区内名胜古迹颇多，有龙珠阁古御窑厂遗址，有陶瓷历史博览馆，还有湖田古窑遗址和三间庙保存的明、清代的古街。珠山区将充分发挥该城市区独特的优势，按照“依托城市、服务城市、巩固陶瓷、全面发展”的原则，加快发展“景德镇、佛山镇、汉口镇和朱仙镇——中国四大历史名镇”联谊，组建陶瓷工贸、建筑、轻化工业、物资四大集团，形成企业群体，并通过技术改造、科技进步、推进经济建设和各项社会事业的全面发展。全区人民正为实现这美好的前景而努力奋斗！

（撰稿：殷少华）

副区长：邹祖贵（常务）、余建建、杨文英、罗长庚、江火水

九江市浔阳区

区长陶自应，中共党员，1938年9月生于安徽省枞阳县，1964年7月毕业于安徽大学数学系。历任德安县教研员、广播站站长、县委组织部干事、县委副书记。1987年5月任九江市浔阳区委副书记、区长。

浔阳区成立于1980年5月。现为市党、政、军机关驻地，全市政治、经济、文化中心。面积约50平方公里，总人口215939人，下辖6个街道办事处、114个居委会和36个村民小组。

浔阳区交通运输便利，九江港能常年停靠5000吨货轮，可直达日本、东南亚等国家和地区。客运上达汉、渝，下通宁、沪。南浔铁路南与浙赣线相连，武九线西与武汉沟通。四大电信工程已建成投入使用。区内电话程控化，长途电话自动化，长江大桥、昌九高速公路正在加速建设。水、电等基础设施齐全，宾馆、商场、影剧院等公共设施日臻完善。

浔阳区旅游资源丰富，名江、名楼、名塔、名湖荟萃一身，自古"浔阳八景"名传遐迩。城区六朝古刹能仁寺、大胜塔、烟水亭、琵琶亭、浔阳楼等众多名胜古迹与庐山风景区连成一片，每年中外游客逾百万。

几年来，国民经济持续、稳定、协调发展，1989年社会总产值（含个体）16368.68万元；财政收入4467.7万元，连年实现财税、利润、产值同步增长。

区属独立核算工业企业118家，职工2838人。几年来不断完善各种形式的承包经营责任制，因地制宜地发展有特色的工业体系，形成了旅游服务型、外向加工型、大工业加工配套产品型和城区副食品供给型产业结构。运用新技术，开发新产品14项。"丑小鸭"系列童装荣获国家银质奖，日商投资的湖贝工艺品产销两旺。区街经济实力稳步增强，1989年工业总产值达3245.24万元，比1986年增长122.35%。

区属商业已形成以国营商业为主体、多成分、多渠道、少环节、开放式的流通体系，现有商业网点1193个，从业人员4053人，1989年社会商品零售总额14.234万元。区内集贸市场同新建的劳务、信息、技术和资金市场，形成独具特色的商业街、商业区，大米、鲜果、蔬菜等批发市场的货物畅销全国各地。

全区紧紧围绕"绿化先进城、恢复卫生城、建设文明城"这个目标，坚持开展"优美环境、优良秩序、优质服务"的创建活动；文明竞赛活动已经走上经常化、制度化的轨道；在全市"创三优"竞赛活动中连续三年夺冠。城区环境卫生清新整洁，秩序井然有致，市民安居乐业。

区内有大专学校4所，中专16所，中小学64所，儿童入学率100%，小学升学率99.9%。劳动力素质较高，技术人力比较密集。文化馆、站、室、个体文化和体育网络全面健康发展。医疗卫生基本实现设备配套、种类齐全，儿童计划免疫工作超前达标。全区计划生育率97.82%。

该区将充分利用优势，敞开大门，以优惠待遇，优美环境，竭诚欢迎海内外仁人志仕来浔，共同振兴大业，齐绘四化宏图。

副区长：朱来泉（常务）、朱忠智、杨文卿、胡勋杰、王之军

坚持改革　振兴章丘

县长刘海亭，中共党员，1941年生，山东省章丘县人。1968年毕业于山东工业大学机械系，曾任济南市明水汽车配件厂科长、厂长。1984年起任中共章丘县委副书记，1990年3月任章丘县县长

章丘县位于山东省中北部，西靠济南，东连淄博，南依泰山，北临黄河，是省城济南市的郊区县。全县辖11个乡，11个镇，901个行政村，总面积1699平方公里，总人口95.5万。该县历史悠久，是驰名中外的“龙山文化”发祥地；交通发达，胶济铁路、济青公路贯穿东西，○九公路横跨南北；资源丰富，煤炭储量达3.6亿吨，铝土储量4.2亿吨，优质石灰石、花岗石等矿藏资源十分丰富。县城明水、泉群密集，水量丰富，其中百脉泉系泉城济南72名泉之一。自然条件优越，物产富饶，历史上素有“金章丘”之称。

党的十一届三中全会以来，全县人民在党的正确路线指引下，以经济建设为中心，坚持四项基本原则，坚持改革开放，坚定不移地推进各项改革，使全县国民经济和社会事业有了长足的发展，呈现出一派兴旺发达的新气象。从1978—1990年，全县国民生产总值由1.7亿元增加到14.5亿元，增长7.4倍；工农业总产值由3.01亿元增加到32.5亿元，增长10.8倍；财政总收入由1977万元增加到7909万元，增长3倍；农民人均纯收入由86元增加到821元，增长9.5倍。同时，科技、教育、文化、卫生、体育、广播等各项事业也有了突破性进展。实践表明，改革是促进经济和社会事业发展的强大动力，是振兴章丘的必由之路。改革的12年，是生产力发展最快、人民得到的实惠最多的12年，是社会主义优越性得到充分体现的12年。改革给章丘带来了翻天覆地的变化。

一、农村改革步步深入，农村经济全面振兴。该县农村改革首先从推行家庭联产承包责任制开始，到1982年底，全县普遍实行了家庭联产承包责任制，打破了“三级所有，队为基础”的旧管理体制，广大农民获得了生产经营的自主权，长期被压抑的生产积极性和创造性迸发出来，生产力获得大解放，短短2年时间基本解决了30多年未解决的温饱问题。从1983年起，粮食生产连年增产，到1990年总产达到4.4亿公斤，比1978年增长49.7%，创历史最好水平。结合本县实际，调整优化农村产业结构，大力发展商品经济，力求逐步形成农业与乡村工业、种植业与养殖业、粮食生产与经济作物生产三个层次的良性循环。该县在处理工农业之间的关系上，坚持强化农业基础，增加对农业的投入，走工业支援农业，以工补农、以工建农的路子。在处理农业内部种植业与养殖业、粮食作物与经济作物的关系上，坚持在保证粮食生产稳定增长的前提下，大力发展棉花、花生、大葱、芦笋、西瓜等经济作物，大力发展牛、羊、鸡、兔等畜禽生产，促进了农林牧副渔全面发展。1990年，全县农业总产值达到7.93亿元，比1978年增长4.5倍，其中林牧副渔四业产值达到3.5亿元，比1978年增长5.6倍；四业产值占农业总产值的比重由1978年的33.6%上升到44.1%。同时，为了探索发展农村商品经济的新路子，建立城郊型经济新格局，还规划和建设了肉、蛋、奶、鱼、菜、果、粮食、芦笋等八大商品生产基地，每年可向国家提供商品粮8万吨，菜15万吨，肉、蛋、奶4万吨，副产品商品率达到63%，并先后被列为全国粮食、棉花和瘦肉型猪生产基地县。为了适应新形势的需要，促进农村商品经济的持续发展，该县以健全双层经营，完善服务体系，发展壮大集体经济为重点，积极稳妥地推行了村级基础工作规范化管理，不断把农村改革引向深入。经过几年的努力，全县初步形成了一个以县级专业化服务为龙头、乡镇综合服务为纽带、村级配套服务为基础、户办与联户办简单服务为补充的四级服务网络。还坚持把社区性横向服务和专业化、系列化纵向服务结合起来，积极探索农工商一体化的路子，初步形成了以肉食鸡、乳制品、棉纺、芦笋加工为龙头的四个基地——加工——销售一条龙系列化生产服务体系。

二、企业改革不断深入，经济实力明显增强。几年来，该县紧紧围绕搞活企业这个中心环节，积极稳妥地进行企业改革，收到了显著效果。一是在简政放权的基础上，按照所有权与经营权分离的原则，引入竞争机制，在全县县属和乡镇企业普遍推行了各种形式的承包经营责任制。在企业内部，普遍实行了厂长（经理）负责制，改革了用工制度和劳动制度，实行了全员风险抵押承包，层层建立了责权利相结合的经济责任制。极大地调动了经营者和广大职工的积极性，有力地促进了经济的发展和效益的提高。1990年，全县工业总产值达到24.6亿元，县乡两级工业实现利润4680万元，分别比1978年增长12.5倍和9倍。二是贯彻以公有制为主体，多种经济成份并存的方针，发挥资源优势和“铁匠之乡”的优势，大力发展乡镇企业，形成了县、乡、村、户四轮驱动，全面发展的新格局。到1990年底，全县乡镇村户企业发展到2万多处，固定资产达到4.26亿元，从业人员17.4万人，占农村劳动力总数的40%以上，年产值达到20.06亿元，比1978年增长19.4倍，乡镇村户企业产值占工农业总产值的比重由1978年的28.6%提高到61.7%，成为全县经济的重要支柱。三是立足于发挥优势，调整、优化产业和产品结构。在产业结构方面，经过几年的改革和调整，初步形成了能源动力、机械加工、建工建材、家用电器、轻工化工、纺织服装、塑料模具、食品饲料八大工业体系。特别是电力工业迅速崛起，目前已建成两处电厂，总装机容量达4.2万千瓦，被列为全国电气化试点县。在产品结构方面，坚持面向国际国内两个市场，不失时机地进行适应性调整和开发性调整，名优产品不断增加。目前，全县主要工业产品已发展到19大类、149个品种，其中，有13种达到80年代国际水平，有9种获部优，15种获省优，同时，有61种产品打入了国际市场，1990年全县外贸出口收购总值达到6002万元，比1978年增长22倍。四是坚持以名优产品为依托，以骨干企业为“龙头”，大力发展横向联合，发展规模经济。目前，全县产值过千万元的规模企业已发展到15处，并形成了法兰盘、服装两大企业集团。

三、流通体制改革逐步发展，城乡市场日益繁荣。立足本县实际，围绕搞活流通，主要抓了三点：一是发展多渠道，贯彻国家、集体、个人一齐上的方针。目前，一个多渠道、多层次、网络状的流通体系已开始形成，出现了一个“城镇有商场、乡村有商店、大街有摊点”的新局面，城乡市场空前繁荣。1990年，全县社会商品零售总额达到6.25亿元，比1978年增长5.4倍。二是搞活主渠道。采取外扶和内挖相结合的办法，帮助国营商业和供销社克服困难，在竞争中不断发展，更好地发挥主渠道作用。三是加强市场建设。在发展农村集市贸易的同时，积极兴建各类专业市场，促进商品流通和地产品销售，活跃城乡经济。目前，全县各类市场已发展到125处，年成交额达2.07亿元。

四、科技和教育体制改革日趋完善，全县人民的科学文化素质不断提高。几年来，坚持“经济建设依靠科学技术，科学技术面向经济建设”的方针，认真落实“双放”政策，鼓励科技人员进入生产第一线，全县先后有700多名科技人员下乡开展技术服务，22个乡镇全部配齐了科技副乡镇长，科、物、政三结合的集团承包也取得了初步成效。科技市场建设不断加强，促进了科技成果向生产的转移。人才交流和技术引进取得了可喜成果，先后引进科技人才500多名，引进新技术、新成果50多项，并与118所大专院校和科研单位建立了技术协作关系。自1978年以来，全县共取得科技成果219项，引进推广新技术209项，获得经济效益1.5亿元，科技推广体系也逐步建立健全起来。深入进行了教育体制改革，落实了县、乡、村三级办学体制，实施了九年制义务教育规划，调整了中等教育布局。实行“三教统筹”，大力发展了普通教育、职业技术教育和成人教育。目前，全县有普通高中7所，职业高中3所，初中100所，小学764所，并新建了县成人教育中心，招收各类成人中专和大专班12个。据统计，自1978年以来，全县高、初中毕业生和职业中学毕业生累计达15万人，输送大中专学生11115人，同时，还通过各级成人教育中心，培训各类人员达10万人次以上，这对于提高全县人民的科学文化素质，加快经济发展，起到了十分重要的作用。

历下区姚家镇概况

镇党委书记孟祥德，1947年11月生，中专学历。历任历城县孟家管区副书记，济南市郊区姚家公社党委委员、副书记，郊区姚家工委副书记，姚家办事处主任；1985年10月至今任姚家镇党委书记，1990年1月兼任历下区农委主任。济南市十届人大代表。

姚家镇辖于济南市历下区，设有4个办事处、25个行政村，总面积80.9平方公里，总人口3.4万。该镇是济南市果品生产基地之一，也是济南市的建筑建材之乡。该镇龙洞自然风景区远近闻名，秋天红叶，岩洞满山，河谷蜿蜒，峭壁危峰，素有“世外桃源”之称，自古被誉为“历下山最胜者”，是有名的游览胜地。

党的十一届三中全会以来，该镇坚持“服务城市、富裕农民”的方针，充分发挥毗邻城市的优势，走城乡一体化的路子，大力发展城郊型经济。乡镇企业实力雄厚。全镇村以上企业312家，其中，年产值过千万元、利润过百万元、出口交货值在200万元以上的企业5家；省级企业1家，市级企业2家，区级明星企业4家。村镇企业固定资产达到1.5亿元，年工业产值达到1.5亿元。生产门类较多，特别是针织服装、装订印刷、塑料玻璃制品、机械加工制造、铸造冶炼、木材家俱、化学化工、食品加工等方面，不仅具备一定的生产规模，而且有一批竞争力强、部优、省优产品。村镇商业服务业也较发达，全镇有集体、个体商业网点250多处，年营业额5600多万元。发展外向型经济成效显著。该镇发展外向型经济起步早、步子大，现已建成瀚东实业有限公司、济南华利针织有限公司等4处中外合资企业，累计利用外资250多万美元，是山东省政府命名的利用外资的先进乡镇之一。现有6家出口企业，针织品、塑料编制、长毛绒玩具及花岗石制品等4个系列、20多种产品销往10多个国家和地区，年出口交货值达3800万元，居全市百余个乡镇之首。农业基础稳固。全镇现有粮田1730公顷，深机井148眼，水浇地面积达到70%，粮食单产达到476公斤；有纯菜田187公顷，年产鲜菜3000多万公斤；干鲜果基地730公顷，年产干鲜果品60万公斤；畜禽存栏量达到13万头，年产肉蛋奶鱼90多万公斤，多年来为济南市蔬菜、副食品供应做出了较大贡献。在科研、科技推广方面，先后有10多种产品和项目填补了省、市空白，先进蔬菜保护技术普遍推广。全镇有初中4处、小学25处，教师300余人，在校生5500余人，九年制义务教育顺利实施，教育质量不断提高。全镇25个行政村全部建立了卫生室，并有一所拥有250张床位、医疗设施比较齐全的镇办医院。计划生育率达到99.7%，全镇人口自然增长率控制在6.61‰。人民生活水平较高，1990年人均收入达到1100多元，银行存款余额突破1亿元。村民居住条件不断得到改善。

近几年，姚家镇本着“以农业为基础，抓好农业稳各业；以工业通富路，抓好工业补农业；以商业促流通，抓好商业活各业”的指导思想，锐意开拓进取，大胆探索实践。不断巩固深化农村改革，实行“三位一体”村级规范化管理制度，推动了农村经济的发展。制定实施正确的发展规划，提出了“东工西商、南石北砖，靠公路的搞运输，人口多的地方上服务，南部山区抓石头，抓果树”的经济发展思路。突出重点抓外向型经济，坚持“以内促外，以外带内，内外结合，共同发展”的方针，大力改善投资环境，积极吸收利用外资，努力扩大产品出口。依靠科技进步，实行优惠政策，与科研单位、科研人员建立多种形式的经济技术协作关系，促进了农村经济的全面振兴。

副书记：王风刚、景奉山

镇　长：王风刚

副镇长：周长英、杨庆河、崔福亭、孙志河、乙景琪

东营市

发展中的广饶县

县长阎君山，山东省招远县人，1946年2月生，1968年9月毕业于山东经济学院，历任广饶县播种机厂党总支书记、广饶县人民政府副县长、县委副书记、县长。

广饶县地处渤海之滨，黄河三角洲南部，濒临胶济铁路，地理位置优越。全县总面积1076平方公里，辖3镇12乡、553个村，46万人口。县城位于东营市南端，交通便利，基础设施完善，功能齐全。广饶县历史悠久，古称乐安，据今已有5700多年的历史，是春秋末期著名军事家孙武的故乡。1914年改称广饶，1983年10月划归东营市辖。

广饶县资源丰富，土地肥活，灌溉体系发达，极宜粮、棉、菜、果生产，是国家重要的粮棉生产基地和油田及东营市的菜、果、肉等主要副食品供应地。广饶县地下石油储量较大，是胜利油田的重要油区之一。广饶县海岸线长11.86公里，近海为暖寒流交汇区，常年有淡水注入；沿海滩涂5000公顷，地势平坦，是海水捕捞和养殖的理想之地，所产对虾、面鱼历史上就已驰名，且卤水资源丰富，自古以来即为重要盐区，素有“海滨广驰，饶有渔盐”之称。广饶县水、电、路、讯等基础设施发达，经济发展的环境较好。南部地下水源丰富，北部引黄灌渠配套，并正向南部延伸，近年即可覆盖全县。电力供应充足，年供电量达1亿多度，并实现了村村通电。境内有辛河、东王、潍北、广青4条高标准干线公路成井字状分布，总长139.2公里；县乡公路发展迅速，今年即可实现村村通柏油路。电话通讯已与全国并网，正在实施村村通电话的规划。广饶县经济发展很快，1983年成为全国首批翻番县之一，1989年实现了第二个翻番。1990年全县工农业总产值达70068万元，比1980年增长3.6倍，财政收入达4030.9万元，比1980年增长2倍。

农业生产以粮棉为主，全面发展，大力进行资源综合开发利用，初步形成了大牲畜、瘦肉型猪、肉鸡、肉兔、羊5大畜牧生产基地，其中肉鸡已形成年产300万只商品鸡的能力；部分乡镇大力开发菜、果生产，形成了市郊型农业生产模式。近年进行了大规模的高产开发、中低产田改造和荒碱地开发，提高了农业生产发展水平。在沿海滩涂建成了万亩对虾养殖场。1990年，全县粮食总产2.79万吨，棉花总产1.56万吨，菜果总产23万吨，水产品总产5000吨，肉类总产1.2万吨。

工业体系特色明显，初步形成了为胜利油田、齐鲁石化配套服务为主的机械制造、轻纺食品，辛桥石油化工，东海盐及盐化工3个工业区的骨架。1990年已有1家国家二级企业，10家省级先进企业，9个企业产值超过千万元。创出了一批优质拳头产品，鲁光牌35克有光纸、35克书写纸、B级皱纹卫生纸、精炼棉籽油获部优产品称号，金猫牌钢制文件橱、齐龙牌青州府花边大套、信鸽牌雪花呢大衣、中山服、童装、8型抽油机、鲁光牌70克书写纸等获省优产品称号，东辛特酿、东辛白酒、明华牌洗精盐、金角啤酒、皮棉、豆油等获行优称号。齐笔等传统工艺产品历史悠久，做工考究，为上乘之品，倍受喜爱。

广饶县商品流通发达，集贸市场布局合理，国营、集体商业网点遍布全县，有力地促进了生产，方便了人民生活。1990年，社会商品零售额达28359万元。目前，全县已有50余种产品出口外销，其中鲁光牌卫生纸、齐龙牌花边大套、100#道路沥青为拳头产品，远销欧美及东南亚各国。

副县长：苏焕章（常务）、宋金兰、吕雪萍、刘　忠、陈金贤、赵立新

广饶县大王镇简介

镇长于湘泽，生于 1951 年 11 月，广饶县花官乡于家村人。1971 年 8 月毕业于广饶县第五中学。同年 10 月参加工作，历任基层供销社副主任、主任、书记，县供销社党组副书记、副主任、大王镇委副书记、镇长。

大王镇位于鲁北平原东营市广饶县的东南边缘，全镇面积 70 平方公里，地势南高北低，坡降极微，土地肥沃。全镇辖 51 个村，12270 户，51800 人。1958 年成立人民公社，1984 年 8 月，由公社改建为镇，仍为广饶县所辖，为全市人口最多，规划最大的镇。

近一个世纪以来又记载了不少光荣的革命史实和哺育了一些名人志士：陈望道先生首译的第一版本《共产党宣言》珍藏发掘于此；刘集党支部是全国最早的农村党支部之一；广饶县第一个中共县委和第一个抗日民主政府创建于此；有我党早期领导人之一的李耘生、少将丁莱夫、现任成都军区司令员张太恒将军，以及国民党著名将领李延年、爱国将领李玉堂等。

党的十一届三中全会以来以发展乡镇企业为突破口，促进了全镇经济的发展，1986 年成为鲁北地区第一个“亿元镇”。1990 年社会总产值突破 2 亿元，是 1978 年的 23.5 倍；其中农业产值 4800 万元，乡镇企业产值近 1.6 亿元，工业产值 1.05 亿元，实现利润 2010 万元，上缴国家税金 489.2 万元，人均分配 858 元。居民储蓄存款余额 3590 万元，人均储蓄 721 元。

大王镇粮食作物以小麦、玉米为主。1990 年粮食总产 3057 万公斤；经济作物主要是棉花、蔬菜和林果，系本省重要蔬菜生产基地。1990 年蔬菜总产 6000 万公斤，为搞活流通，促进蔬菜生产稳步发展，1989 年在镇中心建成一处规模较大、设施齐全的蔬菜贸易中心——大王农贸市场，现已成为省内重要的蔬菜和农副产品集散地。

大王镇乡镇企业发展速度既稳又快，到目前，镇办、村办、联办、个体办企业已发展到 1283 家，务工人数 1.8 万人，占全镇劳动力总数的 80%。形成了以造纸印刷、石棉橡塑、建筑建材、机械化工、农副产品加工、运输业和商业服务业等为主的产业体系，生产 183 个系列产品。东营市唯一的国家二级企业镇造纸厂年产机制纸 1.3 万吨，产值逾 3000 万元，主要产品有光纸、书写纸系轻工部优质产品，卫生纸远销匈牙利、日本、缅甸、新加坡及香港等国家和地区，为山东省造纸企业集团董事企业，全国小造纸明星企业。橡胶产品以胶管、埋吸管、橡胶件为主，仅胶管一项年产量达 700 万米，产品销住全国除台湾省外的所有省市，已成为全国最大的橡胶制品生产基地。石棉器材厂为全市唯一的石棉产品生产厂家，主要产品石棉刹车块全部销往全国各大油田。该镇机械加工业已有 30 多年的历史，省级先进企业石油机械配件厂主要产品中低压阀门和石油机械配件全部销往各油田单位。全镇 5 家建筑劳务企业拥有 4500 多名施工技术人员，能承揽各种高难度的土建安装、市政建设、装饰装修、水利桥涵等建筑工程，工程质量居全市榜首，建筑安装公司和市政工程公司已晋升为省系统先进企业。近年来，国家和省的领导同志曾多次亲临大王镇视察和指导工作，并给予了较高的评价。被誉为“鲁北平原一枝花”。

“八五”期间，大王镇社会总产值将逾 5 亿元，其中乡镇企业总产值 4 亿元，人均分配达到 1500 元，按照我国经济建设 10 年发展规划的目标，大王镇人民生活水平将提前 5 年达到“小康”。

党委书记： 张寿华

副 书 记： 于湘泽、曹容清、李培义

副 镇 长： 徐文增、李新良

石 首 市

镇长王德知，生于1952年12月，湖北石首人，大专毕业，1975年3月参加工作。历任大垸公社革委会副主任、团委书记、泥南管理区总支副书记、新码管理区总支书记、大垸区副区长、副书记、横沟市镇镇长，1989年当选为小河口镇镇长、党委副书记。

长江孕育的明珠
——小河口镇

小河口镇属石首市9个市辖镇之一，位于市中心城区东侧20公里处，总面积182平方公里，总人口4万余人。小河口镇自党的十一届三中全会以来，特别是1987年撤区建镇以来，坚持以改革开放为动力，充分发挥傍长江居平原（属江汉平原南端）的地理优势，一跃成为沿江城镇中引人注目的明珠。

建镇之初，镇党委在认真研究镇情的基础上，确定了依托长江，发展城镇经济的战略思路。5年来，沿着这条思路，实施开放促开发，开发促发展，赢得了五业竞相发展的好势头：一是开发淤洲，发展种植业。流经镇境内的长江，经3次裁弯取直后的故道区，属淤洲型平原。小河口镇针对淤洲平原适宜发展种植业的特点，先后开辟了商品粮，优质棉、黄红麻、速生丰产林、芦苇等5大基地。基地年产粮1.8万吨、产棉1500吨、产麻2300吨、产芦苇10万吨、木材年积蓄量2.84万立方米，仅林业一项年创产值568万元。二是开发水域，发展水产业。小河口镇拥有故道水域约4700公顷，其中2000多公顷的天鹅凸故道区，已于1989年被国家定为一类保护动物白鳍豚养殖基地，素有“水中熊猫”之称的白鳍豚已在这里安家落户。同时，依靠自己力量，开发了200公顷连片的养鱼基地，基地除精养青、草、鲢、鳙4大品种外，还有鮰、鲤、银、桂等多种名贵鱼。年产成鱼1500多吨。三是开发荒滩，发展禽牧业。小河口镇拥有5300公顷的自然草场，润生着20多种优质草种，碧色连片，常年丰茂。据测算，自然草场，年载牧量可达2.5万头，载禽量13万只以上。5年来，小河口镇先后办起了年孵化20万只的家禽孵化场，建立了1万头菜牛基地、10万只养鹅基地，家禽畜牧业年创产值550万元。四是开发资源，发展加工业。小河口镇在大力开发种、养业的同时，积极创办与之相配套的加工企业，走“种养加”一条龙的发展之路。加工工业年产值430万元，年创利税37万元，占全镇工业的41.6%和29.2%，加工工业已跃居城镇经济的主导地位。五是开发交通，发展运输业。小河口镇的水陆交通四通八达，公路与鄂南湘北县市相连，水路与东西沿江城市相通。为了使交通更加畅通，小河口镇积极组织人力、物力和财力，先后完成了铺设水泥公路，开设长江轮渡，修建港口码头，建汽车客运站等工程。这些开发建设措施，有效地推动了运输业发展，水陆货运周转量由建镇前的1270万吨公里增加到1820万吨公里；客运量由700万人公里增加到1500万人公里。由于五业竞相协调发展，使得全镇整体经济日趋繁荣。工农业总产值比建镇前增长56.2%，其中农业产值年均以10%的幅度递增，工业产值年均以12%的幅度递增。

小河口镇在抓经济发展的同时，重视抓城镇建设。经过5年的开发建设，城镇面貌有了较大改观。城区面积由设镇前的1.5平方公里扩大到3平方公里，铺设了主次街道10多条；建起了日产5000吨的自来水厂、35千伏的变电站；增添了直拨电话、高频无线电话机、传真机等现代化通讯设备；较大规模的工业品市场，繁荣活跃的农贸市场相继建立；城区绿化面积达1.2平方公里，绿化覆盖率为40%。文化、教育、卫生等社会事业有了较快发展。

小河口镇虽然在发挥资源优势方面取得了可喜的成绩，但开发的潜力还很大。这里优美的自然景观，初具规模的种养基地和丰富的石油资源，有利于发展旅游、加工、开采等事业。小河口镇广阔的发展前景期待着国内外企业家、事业家来这里大显身手，协力开辟，镇政府将给予最优惠的政策和提供最优质的服务。

（撰稿：缪芳树）

书　记：刘曾君

副镇长：付剑坤、万述才、张桂华、白红金、易健政

衡阳市城北区概况

区长姚祖成，土家族，湖南省长溪县人，1946年出生，衡阳工学院本科毕业。1970年参加工作，1974年加入中国共产党，先后任市委组织部干训科科长，中共城北区委副书记。1987年任城北区人民政府区长。

湖南衡阳市城北区东临湘江，西接市郊长湖乡，南起解放路，北达合江套，面积约13.7平方公里。辖人民、青山、萧湘、蒸湘、五一、合江6个街道办事处及78个居民委员会。总人口16.7万。

建国以来，特别是党的十一届三中全会以来，北区人民发扬艰苦创业的精神，团结奋斗，用勤劳的双手把北区装点得分外妖娆。

境内环境优雅，交通便利。古人称衡州有八景，而八景中的"石鼓江山锦绣华、青草桥头酒百家、朱陵洞内诗千首、西湖夜放白莲花"等4景就在区内。如今更是锦上添花，千年古刹——来雁塔已维修一新，登塔顶向北远眺，五岳之首的南岳衡山清晰可见。新落成的天乐宾馆，高83.7米，是湘南目前层次最高、规模最大、服务项目最全的综合性商业服务中心，站在宾馆顶层旋转餐厅内鸟瞰市容，雁城美景尽收眼底。商业大厦、供销大厦、电业大厦、教育大厦、莲花大厦、雁北大厦等竞相争高。建设、西湖、太平、演武坪等居民新村，楼群鳞次栉比。工人文化宫新宫、石鼓公园、西湖公园，景色幽静典雅、交通便利，四通八达，湘江、蒸水聚汇于石鼓山下，合流北去；衡阳市第一条地方铁路环绕全区，京广线、湘桂线沿区而过；107国道、322国道、1814省道纵横交错、南北贯通；新建的衡湘公路大桥横跨湘江、直抵两广。

区街工业发达，商业繁荣。北区工业基础扎实，在衡阳市城区中处于领先地位。现有区、街、委工业企业110多家，拥有各类设备1200台（套），固定资产原值5000万元，工业年总产值达6500万元，其中年生产能力过100万元的企业有12家，市第三橡胶厂年产力车胎120万套、产值达1600万元。10年改革开放给北区工业注入了新的活力，国家投入了1000余万元，对重点企业进行了技术改造，增强了发展后劲。工业生产年平均递增速度达10%，初步形成了以化工为主体，机电、轻工并举的工业生产体系，有10家企业的产品列入了省级以上定点产品，43种产品纳入了省、市生产计划。外向型经济发展较快，立德粉、一水硫酸锌、汽车修理工具、工业刷、机绣、钢包装桶等16种产品，打入了国际市场。近3年出口产品产值年平均递增率在90%以上。商业繁荣。北区自古就是商贾云集之地，解放40多年来，随着城市建设的飞速发展，大型综合性的商业服务大楼如雨后春笋，拔地而起，十几个集贸市场布局合理，生意兴隆，集体、个体商业网点遍布街巷、服务便利，形成了大厦商场、集贸市场，街委网点互相结合的商业贸易格局。1990年上交国家工商集贸税金1039万元，成为衡阳市第一个上交税金过千万元的城区。

科技事业欣欣向荣，科技兴区意识不断增强。全区现有工程、技术、经济等专业人才300余人，每年开发新产品都在20项以上，获各项科技成果奖32项之多，有3家企业已定为科技型企业。教育事业蓬勃发展，区域内有大中专院校10所、中学11所、小学31所，全区适龄儿童入学率、在校学生巩固率、少年儿童初等教育普及率均稳定在100%，市检查验收，北区被定为普及初步教育和全民扫盲教育的先进区。卫生防疫工作成绩斐然，"四苗"覆盖率实现100%，主要传染疾病已得到控制，计划免疫达到国家卫生部颁布的标准。体育人才辈出，近几年向国家、省队输送了李敬、黄美丽等著名和优秀运动员15名，为我国竞技体育走向世界作出了贡献。

常务副区长：刘兆华

副区长：刘少葵、周国强、袁　平、贾春勋

办公室主任：黄明道

江门市

镇长谭爽标，中共党员，1935年10月生，广东省顺德县人。1959年毕业于广东省高等农业学校。曾任江门市郊区农业技术员、市农业办公室干事；1976年任江门市环市公社副社长、区公所副区长；1985年任环市区委副书记、区长；1987年任环市镇镇委副书记、镇长。

在改革开放中稳步前进的环市镇

环市镇是江门市的老郊区。1988年为建制镇，并列为广东省重点工业卫星镇。总面积57平方公里，管辖14个管理区、1个居民委员会、98个村民委员会。现有耕地面积1073公顷，总人口43300人，其中农业人口17600人，海外有华侨、港澳同胞2万多人。

环市镇第二、三产业比较发达，乡镇企业发展尤为迅速。1990年全镇社会总收入41078万元，其中农业总收入4457万元，乡镇企业总收入36621万元，分别占全镇社会总收入的10.9%和89.1%。

全镇社会总收入中，第一、二、三产业的比重1985年分别为18.3%、53%、28.7%；1990年改变为10.9%、68.7%、20.4%。

一、农业稳步迈进。该镇围绕“服务城市、富裕农村”的指导方针，不断调整农业生产布局，努力搞好城市“菜篮子”基地建设。1990年全镇农业总产值4457万元，比1985年增长2倍，粮食总产量达到3186吨，蔬菜8653吨，水果4040吨，塘鱼2189吨。并努力发展贸工农一体化企业，兴办了蓬江综合农场，走饲养、加工、销售、出口一条龙的道路，1990年该场产值300多万元，创汇120万美元。1990年种养专业户发展到165户，产值1000万元，占全镇农业总产值的26%。

二、村镇工业成为经济主要支柱。“七五”期间，环市镇工业以年均31.4%的速度递增，1990年全镇工业总产值23671万元，占全镇社会总产值的58%。镇集体工业企业发展到174家，主要产品130多种。企业素质和产品质量不断提高，有9个工业产品获省市优质产品称号；镇办的化工橡胶机械厂、工业链条厂获省先进企业称号；兴办了年产4万英尺牛皮革的天成皮革有限公司、年产五艘1500吨钢质船舶的郊区船厂、发电设备厂以及投资1000万美元，正在兴建的龙泰腈纶膨体纱厂等一批骨干企业，大大增强了全镇企业的市场竞争力和出口创汇能力。1990年全镇工业出口产值4926万元，占全镇工业总产值20%，为国家创汇575万美元。

三、第三产业迅速崛起。1990年全镇建筑地产业收入3286万元，运输业收入1312万元，商业毛利3304万元，饮食服务业收入1132万元，分别比1985年增长256%、113%、61%和286%。镇先后办了10家地产开发分公司，为城乡建设作出了积极贡献。集体商业企业由1985年的70家发展到227家。1990年运输、饮食服务企业也增加到98家，个体企业1358户，形成了多层次、多形式、多渠道的经营格局，为搞活城乡流通、服务群众生活发挥了重要作用。

随着经济的发展，人民生活不断改善。1990年全镇人均收入2688元，比1985年增长2.3倍；信用社各项存款余额也由1985年的5235万元增加到31357万元。环市镇还注意引导农民走共同富裕的道路，现全镇80%的乡村组织实施了合作经济股份制，实行盈利提成分红，缩小了贫富悬殊，密切了个人与集体的关系。80%的乡村还实行了老农退休制度。全镇对国家的贡献也逐年增多，1990年上交国家各项税金1559万元，比1985年增长275%。

镇委书记：区永暖

副 镇 长：陈理怀、曾慕贤、何沃林

丝绸古道重镇兰州的中心区——城关区

区长张志乐，中共党员，1937年7月生，甘肃省榆中县人，大专文化程度。1955年6月参加工作，历任教员、校长，原东岗、城关区委宣传部干事，街道办事处主任，区革委会组织组长、政治部副主任、区委宣传部部长等职务。1980年10月任城关区委副书记，1990年12月任城关区代区长，1991年2月当选为区长。

城关区是兰州市的中心区，是兰州军区及省、市党、政、军机关所在地。总面积220平方公里，街区面积41.1平方公里，耕地面积26.4平方公里。全区总人口62.5万人，其中城镇人口57.8万人，农村人口4.7万人，流动人口日均10万人左右。辖20个街道办事处，5个乡政府。

一、优越的地理环境。滔滔黄河由西往东穿区而过，境内流长18公里，平均流量为每秒1080立方米。地形大体分为川、滩、坪、山四类，属中温带半干旱区。年平均气温9.1℃，最冷月1月平均零下6.9℃，最热月7月平均22.6℃，有效积温3315℃，年平均无霜期168天，年平均降水量为327.7毫米，蒸发量为1403毫米，气候较为干燥，冬无严寒，夏无酷暑。

二、得天独厚的旅游交通事业。隔河相望的五泉山公园和白塔山公园各具特色。五泉山公园位于城南皋兰山北麓，因有惠泉、掬月泉、摸子泉、甘露泉和蒙泉等5处泉水而得名。园内殿宇巍峨，古木参天，清静优雅，秀丽多姿。白塔山公园座落在黄河北岸，园内有僧禅院、玉泉阁等明代建筑。新建的兰山公园、南湖公园是全区人民勤劳和智慧的结晶。兰山公园系人工山地森林公园，亭阁棋布，林木苍翠，缆车直通峰顶，登三台阁面北远眺，城区尽收眼底，新建的游乐城，设施先进，娱乐性强，游人有不登兰山，未到兰州之感。南湖公园湖面宽阔，景色秀美，是领略南国风光的理想去处。

交通十分方便，区内的兰州火车站是陇海、兰新、兰青、包兰四大铁路交汇点，是西北铁路交通枢纽。公路四通八达，有西兰、兰新、甘青、兰包、甘川、兰郎等25条主干道通往全省各地和毗邻省区。1985年，全区实现了村村通公路。电讯事业发展很快，区内有邮电局、分局、营业所19个，邮政代办所2个。长途电话、电报昼夜服务，微波、传真等先进通讯设备也开始使用。万门程控电话，为城乡经济、社会发展提供了方便。

三、迅速发展的区级经济。“七五”期间，全区社会总产值达到75984万元，工农业总产值达到32595万元，平均每年增长10.29%；城市职工年人均收入1792元，农民人均纯收入1006元，是全省最富裕的县区之一。

工业门类逐渐增多，规模不断扩大。近十年占全区工业80%以上的集体企业迅速发展。改建、扩建后的兰州电线总厂、机器制配厂、第五毛纺厂等一批企业，在全市同行业中都具有一定影响。其中，电线总厂被列为市上重点发展的十条龙企业之一，年产值达2340万元。目前全区主要工业企业187个，职工2.2万人。1990年，工业总产值27862万元，“七五”期间平均每年增长10.72%。主要工业门类有电磁线、轻纺、服装、机械、电器、塑料、化工、装璜、木器、建材等。

农业以种植业为主。随着城市建设的发展，全区农村在耕地面积由1949年的3310多公顷减少到1990年2640公顷，人均仅有0.058公顷耕地的情况下，坚持走依靠科技发展农业的路子，基本满足了城乡人民蔬菜及副食品的生产和供应。1990年全区农村社会总产值达到19435万元，在“七五”期间翻了一番多。农林牧业产值达到5271万元，其中蔬菜瓜果占73.15%，林业占4.09%，牧业占21.13%。农业现代化水平稳步提高。兴修电力提灌工程68处，有效灌溉面积达0.187万公顷，占耕地面积的70.7%，人均0.04公顷。1990年农业机械总动力为7.34万马力，每万亩（666公顷）拥有拖拉机70台，排灌机械69台，农用汽车97辆，农副产品商品率已提高到86.7%。先进实用科学技术的大面积推广应用，使农产品产量大幅度提高，1990年生产蔬菜4296万公斤、瓜类1345万公斤、果类1403万公斤。驰名中外的兰州蜜瓜“白兰瓜”，瓜肉翠绿，香甜细嫩，含糖量高达15%。1957年被列为国家出口产品，远销海外。“金花宝”西瓜，早熟、高产，含糖量12%，在1988年全国第二届西瓜评比会上获得第一名，已在全国19个省、市推广种植。

乡镇企业迅速发展，为农村富余劳动力就业，促进农村经济发展提供了可靠途径。兴建了雁滩食品厂、兰州暖气配件厂。东湖宾馆、五泉饭店、五泉宾馆、大桥饭店第一批具有一定规模的工商服务企业。1989年乡镇企业总产值达到10028万元，突破了亿元大关，跨入了全省20个亿元县区之列。1990年产值达到13607万元。

财政状况良好，城乡市场繁荣。1990年财政收入达到23691万元，“七五”期间平均每年递增12%；财政支出7358万元，“七五”期间平均每年递增33%，极大地支持了全区各项事业的发展。全区拥有商业服务网点1.33万个，从业人员8.15万人。全区每千人拥有网点21个，服务人员130人。集市贸易活跃，先后建成了较有影响的万宝商场、兰州东部综合批发市场、张苏滩蔬菜批发市场。全区有17个大型集贸市场，持证经营的有11596户，1990年市场成交额达5亿元。

四、发展中的各项事业。教育发展较快。区内有兰州大学、兰州医学院、西北民族学院、甘肃省教育学院等大专院校8所，在校学生1.32万人，占总人口的2.1%。中等学校73所，在校学生4.67万人，占人口总数的7.47%。小学90所，在校学生4.7万人，占人口总数的7.52%。正规化幼儿园12所，民办及企事业单位办325所，幼儿入托率为72%。普及了小学及初等教育，实现了无文盲区。

科技人才密集，科技力量雄厚。区内有各类研究院所90所，专门科技人员6万余人。现有区级基层科技协（学）会15个，民办科研院（所）和咨询服务机构13个。1980年以来，全区共安排科研和新技术推广应用、新产品开发课题96项，其中收到明显效果的有68项，受到国家、省、市奖励的有16项。医疗卫生保健网健全。区内有省、市、区三级人民医院及部队医院、厂矿职工医院、兰州医学院附属医院等正规医院16所，企事业单位卫生所（室）等371个，共设床位3800余张，医务人员1.16万人。每万人拥有病床61张、拥有医疗卫生技术人员186人。在农村，乡乡有医院。区、街（乡）、居委会（村委会）三级保健网健全。文化体育发展条件好。区内有省、市文艺团体8个，文娱场所323个，影剧院17个，图书馆2个，新华书店8个，少年宫、科学宫各1个，从业人员3374人。区内拥有大型运动场馆3个，小型运动场10个，足球场5个，篮球场233个（有灯光设备的19个），排球场35个以及射击场、航空运动场、旱冰场、游泳池等，群众性体育运动活跃，中小学体育运动水平不断提高。

五、欣欣向荣的城市建设。建国后，街区面积扩大了10倍。改造小街巷210多条，新开拓大街23条，建成了张掖路、酒泉路、庆阳路等商业大街，滨河路、天水路、东岗西路等花园式大街。建筑面积扩大4倍，高楼鳞次栉比。新建了宁卧庄、大教梁、会馆巷、红山根、和平新村等一大批住宅新区，特别是1979—1989年的10年中，住宅竣工面积比前30年翻了一番，人均住宅面积已达9平方米。公共建筑中，占地4.5万平方米的中心广场，数十个花坛风格各异，巧若天成，各种花卉争奇斗艳，令人留恋忘返。新建的兰州火车站占地1.1万平方米，售票、候车大厅宽敞明亮。站前广场占地3.5万平方米，6条线路的公共汽（电）车在此始发。兰州体育馆、省图书馆、少年宫、科学宫等一大批现代建筑，为城市增添了新的光彩。公用设施逐年完善配套。城区供水基本得到保证，人均日生活供水72公升。排水设施健全，防洪能力强。城区环境污染得到有效治理。城区中部建成全省第一个无黑烟控制区。区域环境噪声平均下降到59分贝以下，工业废渣做到了定点堆放。环卫设施日臻完善，脏源基本得到治理，主要干道做到了“一扫三保洁”，市容整洁。街区绿化成效显著，40多条主干道基本绿化，天水路、滨河路等街道绿树成荫；盘旋路、中心广场西口、解放门等街心花坛各具匠心，花木争荣。南北两山绿化取得重大突破，目前“两山”树木成荫，绿化保存面积累计达到3330余公顷，占应绿化面积的64%，拱卫城区的绿色屏障已见雏形。

（撰稿：杨崇珍　曹伍锁）

兰州市七里河区概况

区长王建中，甘肃省兰州市人，1950年3月生。1968年11月参加工作，1982年元月毕业于西北师范学院政治系，获学士学位。历任兰州市南关什字百货大楼团总支副书记、兰州市农副土产日用杂品公司副经理、中共兰州市委财政贸易工作部副部长。1989年12月任中共兰州市七里河区委副书记、代区长。1990年元月当选为兰州市七里河区人民政府区长。曾发表《生产力和思想政治工作》等论文。

兰州市七里河区，位于兰州市人民政府驻地西南，东邻兰州市城关区、榆中县，南靠甘肃省临洮县，西与兰州市西固区和甘肃永靖县接壤，北至黄河与兰州市安宁区相望。地理座标东经103°36′—103°54′，北纬35°50′—36°06′。南北33公里，东西21公里，面积397平方公里，境内辖7乡、1镇、9个街道、73个行政村、159个居民委员会。总人口为37.7万人，其中城区27.5万人，农村10.2万人。境内居住着汉、回、藏、满、蒙古、撒拉、东乡、朝鲜等23个民族。

该行政区建于1956年，区人民政府驻地西津东路。因境内有一河流而得名。

自然资源

地形特征。该区属兰州市城乡结合型行政区域，城区位于兰州市中心。地形特征是南高北低，最高点双嘴山，海拔3004米，最低点西湖公园，海拔1520米，相对高差1484米，属土石山地、黄土低山和黄河滩地三大地貌类型。

水利资源。主要有黄河客水、地表降水和地下水三部分。黄河客水年径流量为336亿多立方米，地表年平均降雨量为334—594毫米，径流量为7588立方米，地下水蕴藏量为280多万立方米。

植物资源。农作物有粮食、蔬菜、瓜果和其它经济作物四大类，共660多种。耕地面积1.07万公顷，年粮食总产1500公斤左右，年蔬菜总产4500万公斤左右。百合、韭黄、冬果梨、酥木梨、软儿梨种植历史悠久、品优质好，驰名省内外。特别是兰州甜百合，肉厚叶大、鲜美可口，有滋养、润肺、止咳、养阴、安神、利尿等功效，经常食用能滋补身体、强壮体质、延年益寿，号称蔬菜人参。

动物资源。主要有家禽29个品种，野生动物36个品种，其中獭、麝为国家三类保护珍贵动物。

矿产资源。煤储量5500多万吨，坩泥、石灰石、沙矿、路标石、卵石、陶土等储量5亿多立方米。

电力资源有刘家峡、八盘峡和盐锅峡等水电站，电网覆盖全区。

交　通

陇海、兰新铁路干线横贯全区，区内有28条铁路专线纵横交错，境内铁路总长度为78.2公里，辖区有兰州西火车站、兰州西货场，其中兰州西站货场是陇海、兰新、兰青、包兰4条铁路干线的交汇点，是西北最大的列车编组站和货运枢纽。日编组能力6500多辆，日货运吞吐量1.2万吨。

公路干线主要有兰郎（郎木寺）、兰宜（宜川）、兰榆（榆中县）等线路，可通往四川、青海、新疆、宁夏、陕西等省区，境内公路总长度达402公里。城区以西津路、滨河路、敦煌路为主干线，连接本市城关区、西固区和安宁区，并有43条次干道。道路平坦宽敞，道旁绿树成荫，花坛簇拥，翠绿铺地。有17条公共汽车、电车线路通向四面八方，方便生产和生活。

文化卫生事业

该区文化遗产已发现新石器时期遗址39处。其中，曹家嘴、西坡坬、青岗岔、岗家山等遗址出土文物丰富，中国第一个用放射法同位素检定年代的木碳标本即为曹家嘴史前遗址中出土。花寨子半山类型墓葬遗址出土石斧、石刀、石凿、纺轮、彩陶等生产生活用具和装饰品293件。青岗岔齐家墓葬中出土了甘肃不产的松耳石、大理石石锡（新疆和田）。名胜古迹有摩天岭、天都山、华林坪、古城坪、石佛沟、后五泉、金天观、握桥、小西湖等，均有史籍所载。曹家嘴、西坡坬遗址和狗牙山、沈家岭解放战争纪念地、华林山革命烈士纪念塔等5处省级文物保护单位。

教育、卫生、体育方面。现有大专院校2所、中学64所、小学121所，教师4200多人，学生6万余人。杂技、戏剧团5个。电影院、俱乐部13座，以及文化馆、图书馆、博物馆、电视和广播调频发射台等文化教育设施。省、市、区属和军队、企业职工医疗卫生机构214个，医院16所，床位2618张，卫生技术人员3753人。区内有全省体育机构2个，职工547人。全省最大的七里河体育场可容纳4万名观众，场内设备齐全，是全省的体育运动中心。

科　技

科学技术水平在改革中不断提高，科研机构、科研队伍进一步壮大，截止1989年全区共有科研机构17所，专业科技人员1428人。完成和推广科研项目62项，其中有7项获国家级重大科研成果。如兰州石油化工机器厂研制的BG—500GTY固井压裂车、兰州中兽医研究所研制的兽用抗菌新药"痢菌净"、甘肃工业大学研制的新型水轮发电机组、甘肃建筑科学研究所研制的钢筋防锈技术，均为全国首创先进技术。甘肃省建筑勘察设计院和甘肃省建筑总公司的"多哥人民联盟之家"工程设计与施工，获1984年国际墨丘利和平金质奖。

经　济

工业。经过30多年的建设，特别是近几年来的发展，形成了以机械、电力、毛纺工业为主体，工业门类比较齐全的新型工业区。辖区内有经济实力雄厚的兰州石油化工机械厂、兰州机车工厂、兰州通用机械厂、兰州第一毛纺厂、兰州毛条厂等中央和省、市属大中型企业，具有较强的吸引力和辐射力。石油钻机等产品不仅畅销省内外，而且还出口到几十个国家和地区，享有很高的声誉。区街工业和乡镇企业有较大的发展，1989年全区工业总产值达到1425.8万元，乡镇企业总产值达到2.3021亿元。

农业。1989年农村社会总产值达36859.6万元，农业总产值为18290万元，粮食总产量达到1280.19万公斤，蔬菜总产量达到5616.8万公斤，农民人均收入824元。

商业。1989年全区社会商品零售额达28597万元，有各类商业服务网点3644个。有农贸市场及交易点26处，个体商业服务业4083户。年成交金额3040万元，1989年全区对外贸易出口额达2679万元。

1990年，区委、区政府以党的十三届四中、五中、六中全会精神为指针，认真贯彻党和国家的各项方针、政策，坚持"一个中心，两个基本点"和"治理整顿、深化改革"的方针，树立了"求实重效、创业进取、艰苦奋斗、密切联系群众"的工作作风，一切从实际出发，一切从人民群众的利益出发，以稳定社会、稳定经济、稳定政治为出发点，坚持三个两手硬抓，即物质文明和精神文明两手硬抓，城市工作和农村工作两手硬抓，生产和流通两手硬抓。继续夯实农业基础，强化企业管理，美化、净化城市，提高人口素质，加强廉政建设，全区工农业生产和社会各项事业发展迅速。

城乡一体
综合发展的秦城区

天水市秦城区是1985年6月实行市管县体制后，在原县级天水市基础上组建的，是天水市委、市政府驻地，全市政治、经济、文化中心。全区辖22个乡、7个街道办事处，总人口53.31万人，其中城市人口15.2万人。秦城是一座历史悠久的古城，至今已有2600多年的历史，境内有不少名胜古迹。矿产资源有铅、锌、锑、铜、铁、金等有色金属，石灰岩、大理岩储量丰富，具有较好的开发前景。

1985年区委、区政府确定了“城乡并举、工农一体、互相促进、共同繁荣”的指导思想，坚持走以城带乡、城乡共同发展的路子，到1990年底，全区工农业总产值达到2.64亿元，乡镇企业总产值1.84亿元，是建区时的5.4倍，财政收入5276.9万元，比建区时增长126.9%。

区内有部、省、市属大中型企业20多家，以电器仪表、机械加工为主。区属工业坚持内涵与外延发展并重，区办工业和乡镇工业并重的方针，企业发展到73个，初步形成了服装鞋帽、食品酿造、钢木家具、塑料化工、建筑材料、雕漆工艺、地毯丝毯、棉纺针织、机械加工、皮革制造10大工业群体。1990年工业总产值达到1.64亿元，比建区时增长1.5倍。

该区始终把农业生产放在重要地位，广泛开展多种经营，推广科学种田，加快改变农业基本条件。粮食生产连年丰收。1990年粮食总产1.3375亿公斤，比建区时增长48.42%；农民人均产粮354公斤，人均纯收入达到403元。全区已建成以苹果为主的经济果园0.73万公顷。提前两年实现农村基本解决温饱的目标。随后又提出以发展粮食为基础、林果业为主导、乡镇企业和畜牧业为支柱、五大产业综合协调发展的思路，制定了加强一个体系、三个网络建设的科技兴农规划。被省政府确定为甘肃省东部“科技兴农”示范县区，国家科委确定为科技示范联系点。

区长谢寿璜，中共党员，江苏省淮阴县人，1939年9月生。1964年南京大学经济地理专业毕业后分配到天水专署工作。1970年调入企业，先后任科长、车间党支部书记、厂党委副书记。1985年5月任天水市委秘书长，1985年6月任天水市秦城区区长至今。1990年被评为甘肃省科技兴农先进个人。

工农业生产的发展，促进了商贸流通，城区新建10多个高层大型商场。遍布城乡的38处集贸市场，其中有8个市场被命名为国家、省、市文明市场。全区初步形成了各具特色的5大商品经济区。

教育事业5年投资1128.1万元，建成教职工住宅1.21万平方米，教学楼2.25万平方米。全区各类学校发展到596个（不包括市属大中专学校），在校中小学生90266人。1990年考入大中专学生642人，是全省首批普及初等教育县区。区幼儿园4所，入园儿童1546人，城区有儿童乐园1处，体育场地3处，能承担省级体育比赛。

（撰稿：谢寿璜　李纪龙）

副区长：刘继光、魏建邦、甘永福、陈有忠、张建祖

发展中的新型城区
——乌鲁木齐新市区

新市区位于乌鲁木齐市西北部，东连水磨沟区，南与沙依巴克区相接，西至乌鲁木齐火车北站，北与乌鲁木齐县安宁渠区相邻，全区面积约112平方公里。区辖7个街道办事处，89个居（家）委会。这里居住着汉、维吾尔、回、哈萨克、满、蒙古、苗、藏等38个民族，人口24.5万人，其中汉族占83.89%，少数民族占16.11%。长期以来，各民族和睦相处，团结互助，携手共进，亲如家人，经过不懈努力，于1990年建成了"民族团结，军民团结"双模范区。争创拥军优属，拥政爱民"双拥"区活动也开展的有声有色。

新市区于1961年成立，建区30年来，城区面貌发生了巨大变化，昔日的戈壁荒滩已发展成为政治稳定、科技发达、教育兴旺、经济繁荣、环境优美，人民生活便利的新型城区。

新市区有中央、自治区、兵团驻区单位480多个；有以中国科学院新疆分院为龙头的各科研院所20多家，各种高级技术人才云集，科研力量阵容强大，是全市乃至全疆的高科技密集地区。新疆医学院、中医学院、财经学院，经济干部管理学院等大中专院校20多所，各类中小学50余所，教育事业蓬勃发展，全区文化层次较高；各大中型厂矿企业，机械加工、化工、物资、交通运输行业、建筑安装、商业等都具有雄厚的实力。

党的十一届三中全会以来，新市区始终不渝地坚持党的改革开放政策，在以经济建设为中心、积极发展各项事业的同时，努力发展区街经济。现区直属企业已发展到36家，商业网点30多个，福利企业和第三产业发展很快。产品有汽车配件、童帽、服装、农机配件、生铁铸造、冶炼、革制品、塑料再生、化工、小五金、木器加工等近百种，初步形成了以工业、商业、建筑安装、饮服、劳务等为主体的5大经济支柱，具有一定的经济实力。先后与十余个省、市、县（区）建立了经济协作关系，并总结出了一套适应本地区实际、有利于促进区街经济发展的成功经验和办法。

区长杜钧，中共党员，高中文化程度。新疆乌鲁木齐人，生于1943年7月。于1961年8月应征入伍，历任战士、班长，曾参加1962年中印自卫反击战，荣立二等功。1966年复员到地方工作，历任干事，团委书记、区政府办公室主任、区委办公室主任，1984年担任乌鲁木齐市新市区人民政府区长、区委常委、区政府党组书记。

新市区城市建设与管理，创建文明工作，始终坚持"人民城市人民建，人民城市人民管"的方针，紧紧依靠地区各单位和各族人民群众齐抓共管，走出一条新路子，城区面貌发生了深刻的变化，各种现代化建筑鳞次栉比，布局新颖别致，整齐美观，道路、庭院、公共地区干净整洁；绿化工作成效显著，建成了一大批绿化合格单位和花园式单位，到处绿色葱茏，赏心悦目，环境优美。鲤鱼山公园、乌鲁木齐植物园和建设中的"新城公园"，给人们提供了舒适幽雅的休息、游览和娱乐场所。全区9个农贸市场各类农副产品品种繁多、价格稳定，极大地方便了本地区和外地来区人员的生活。

新市区是乌鲁木齐市的西窗口，民航乌鲁木齐国际机场就在区的西北端，连结祖国各地、沟通了欧亚各国的联系。铁路指挥中枢座落在区的中心，乌伊公路横穿本区，以北京路为主的道路11条，四通八达，交通极为方便。新市区地域开阔，投资发展环境良好，随着第二座欧亚大陆桥的贯通、石油的开发，发展前景极为广阔。这里的人民文明礼貌、热情好客，我们热情欢迎各兄弟省区、海外同胞、国际友人、有识之士前来旅游、观光、考察、洽谈生意、投资建厂、合资经营，为共同事业的发展和开发边疆作出贡献。

乌鲁木齐的一颗明珠
——水磨沟区

区长：任光华

水磨沟区位于乌鲁木齐东北郊，面积121.70平方公里，总人口110109人，分设5个街道办事处。

水磨沟区是新兴的工业区。建国初期，王震同志带领进疆指战员，节衣缩食，筹措资金，在水磨沟建起了七一棉纺织厂，苇湖梁发电厂等新型企业。40年后的今天，水磨沟区辖内已建成大中型国营工厂企业30多个。新疆纺织（集团）公司是全疆最大的棉纺织工业基地，职工1.7万余人，拥有17万纱锭，3697台布机及化纤、印染加工等设备，年产值2.63亿元，年出口创汇额1500万美元。六道湾煤矿、苇湖梁煤矿群年产煤190万吨，不仅供应乌鲁木齐地区工业和生活用煤的大部分，而且还运往甘肃、青海等省区。苇湖梁发电厂装机容量5.9万千瓦，是乌鲁木齐地区主要供电基地之一。搪瓷、造纸、化工、机械、建材、汽车修造等都是自治区、军区、兵团和市属骨干企业，很多产品远销国际市场。此外，还有上百个小型企业和第三产业，构成了全区社会经济整体结构。

随着开放搞活和经济体制改革深入发展，区街企业飞速发展，现有煤炭、建材、陶瓷液化灶具、五交、针织、化工、服装、铸造、饮料等企业30个，年工业产值1375万元；街办红山工贸公司灶具厂生产的液化气灶具，不仅畅销南疆石油基地，而且受到苏联的青睐，已应邀出访苏联商洽在苏建厂事宜。

水磨沟区地域宽广，资源丰富，能源充足，具有得天独厚的优越条件。特别是随着我国对东欧和西亚通商口岸的重新开放，为水磨沟区充分发展各种类型的出口商品生产，提供了良好的机遇和前景。目前，已有不少区县同水磨沟区建立了广泛的经济技术协作关系或结成友好协作地区。

水磨沟区山水交融，风景优美，自古以来，曾被誉为乌鲁木齐八大景观之一的水磨沟渔泉，传说是“番妃出浴”的“圣水”，兼有矿泉，温泉之特点，“有病厉兮，温泉泊焉”。早在1886年就修建为浴池。1982年水磨沟区人民政府开始重新开发建设“温泉疗养院”，自治区、市投入大量建设资金，并得到日本无偿援助1360万元人民币的现代化医疗设备，现已建成为全疆第一流的疗养胜地。红山是乌鲁木齐的象征，古人视为神山，红山古塔建造于1788年。解放后，经过30多年建设，红山主峰地区已建成公园。水磨沟公园座落于清泉山，温泉山，虹桥山，水塔山区域，山间断层峡谷以她自然天成的秀美风景古今闻名。经过近年来大力开发建设，已成为边疆首府清幽秀丽、景致极佳的旅游胜地。

工业经济的发展，促进了城区市政基础设施建设，道路整洁，交通方便，绿化覆盖率达到18.5%，区容区貌日新月异。科教文卫事业也随之发展，现已建成大专院校1所，中专技校8所，中学177所，小学24所，幼儿园9所，托儿所20余所。有地区医院和职工医院4所，门诊部、卫生所28个、防疫站2个，社会办个体诊所30个，已初步形成区、街、单位三级医疗和卫生防疫、计划免疫网络。区文化馆，街道文化活动站，职工文化中心，职工俱乐部，歌舞厅等星罗棋布，丰富了群众文化生活。全市第一个区属大型体育场（馆）和少儿业余体育学校，具备了承办地区性田径和单项体育比赛的条件。商业、饮服业和农贸集市初具规模，消费市场的发展潜力很大。全区社会主义精神文明建设出现可喜局面，5个街道办事处全部建成了“民族团结、军民团结”模范地区；水磨沟区于1990年被乌鲁木齐市委，市人民政府命名为“民族团结，军民团结”模范区。

水磨沟区是一个发展中城区，具有得天独厚的发展经济的优越条件，她期待着全国各地各行各业有胆有识之士来共同开发建设，分享“改革、开放、搞活”方针的丰硕成果。

初建的东山区

区长郭依坤，1947年11月出生于山东省枣庄市，1965年11月参加工作，1966年11月加入中国共产党，1985年毕业于北京中央民族管理干部学院（大专）。在部队期间历任副班长、班长、排长、政治指导员，1976年3月转业到地方，历任乌鲁木齐县板房沟公社政工组长、乌鲁木齐县团委书记、县委常委南效工委书记、乌鲁木齐市南山矿区党委副书记。1988年11月当选为乌鲁木齐市东山区政府区长，1990年再次当选为东山区政府区长。

乌鲁木齐市东山区位于乌鲁木齐市东北郊，距市中心约25公里，全区土地总面积约31070公顷，行政管辖面积约380平方公里。辖1个农牧业乡、3个街道办事处。全区有汉、回、维吾尔、哈萨克等30个民族，总人口82706人。

东山区是1987年11月经国务院批准，于1988年11月正式成立的。全区范围内重工业发达、轻工业次之。共有中央、自治区、兵团所属大中型企业30多家。各级各类学校30所，医疗卫生机构25个，各种文化体育场所60个。

东山区是乌鲁木齐市乃至全疆唯一带乡的城区。辖区的工业以石油、化工、能源开采、建筑材料、钢铁、皮革等为主，农牧区以粮食及牧业生产和围绕服务于城市蔬菜、水果、肉蛋、奶等副食品生产为主的新型产业结构。

辖区内拥有丰富的自然资源，本区属温带干燥气候，平均年降水量192.5毫米，光照充足、温差大，无霜期长达150天；有充足的水资源，保证生产、生活用水，地面水资源量为2303万立方米，地面径流可利用量为555万立方米，地下水年开采量为56.1万立方米；矿产资源非常丰富，且分布极广，品种多、品位高、开采条件方便。目前开发利用的主要有煤、粘土、泥灰岩、砂石、石灰石；待开发的有澎润土、高岭土、矿泉水等。

工贸交通得到迅速发展，全区分布着30多家大中型企业，其中区街、乡村企业37个，从业人员3449人。1990年区属工业实现总产值2804万元，仅乌鲁木齐石油化工总厂一家，1989年就实现年产值6亿多元。商业网点遍及区内各厂矿企业和乡村街道，共有商业网点83个，商品年销售额为2275.28万元。区内交通十分便利，乌奇公路纵贯区内外，是联结东山区和东北疆的要道；石油、煤炭两条铁路专线连接亚欧大陆桥，为本区和外地的工业产品和能源运输提供了极为便利的条件。

东山区以改革统览全局，以农业为基础，以乡镇企业为先导，以发展区街、乡镇集体经济为主体，以增加财政收入和完善市政建设为目标，强化政府的综合服务功能，改善城市的投资环境，依托驻区企业，充分发挥大企业科学技术密集的优势，积极稳妥地发展。为驻区大企业配套服务的区街乡镇企业，变资源优势为产品优势，逐步调整产业结构，优化产品组合，以科学技术的进步，促进商品经济向前发展。加速市政建设，发展科学、文化事业。不断满足人民日益增长的物质和文化需要，实现经济和社会的协调发展。

东山区是一个初建的区，也是一个有待开发的新型结构的区。区政府热忱欢迎省内外及一切有识之士来东山区建厂办企业。那时，她将会以崭新的姿态，求实拼搏的精神巍然屹立于天山脚下。

东山区一瞥

副区长：陈重营、陈国强、马文德

企业选介

燕华电器有限公司

董事长兼总经理王启阳，1944 年 1 月生，安徽省合肥市人。1968 年毕业于北京工业学院。1970—1982 年在电子工业部第十三研究所从事半导体材料研究工作，1982 年 5 月至今在燕华电器有限公司工作。

燕华电器有限公司是石家庄市无线电十七厂与丽的呼声（香港）有限公司徐展堂先生合资兴办的企业。是1980 年经国家经贸部批准，在国家工商管理局注册的第一批中外合资企业之一，在河北省为第一家。注册资本为 98 万元人民币，中外双方各占 50%股份。公司现有职工 230 名，其中高级工程师、工程师及各类专业技术人员 50 多人，技术力量雄厚，并拥有国内外先进的仪器设备，具有完备的设计、生产和科研能力。

公司主要产品和业务范围：1.各种型号无线电通讯设备，VHF / UHF 频段对讲机，家用报警控制箱，汽车报警器，高级磁控开关，远红外探测器，异型、扣式碱性锂电池等。2.经营范围：研制、生产移动通讯设备，遥测、遥控报警设备，闭路监控器材及承接组网工程。异型、扣式锂电池。年经营额在 2000 万元人民币以上。在引进国内先进技术和科学管理上，经过消化提高，创出了自己的路，已成为石家庄市电子行业中先进企业。公司不断推出新产品，做好售后服务工作，取得用户的信任，不断地开发新的市场。在国内，全国有十几个省公安厅的通讯器材均由该公司提供。国际市场对保安器材的需求也在不断的增加，部分报警控制箱已开始出口，锂电池产品的出口量占整个电池销量的 80%。

10 年来，通过引进，不断创新，先后自行开发研制了 10 多个新产品，其中 4 项产品已出口创汇。

1986 年通过鉴定的同频双功能多路传输通信机分别获 1987 年“第三届全国发明展览会”银奖和 1988 年北京“国际发明展览会”铜奖。YH—99C 型基地自动转信台与无线转有线（接口）及选呼系统为一体的三合一电台，具有为移动通信组网配套的 17 种功能。YH—8000 型无绳电话曾获河北省优秀产品二等奖。

公司还有自己办的歌舞团、歌厅、骨髓炎医院及广州分厂、深圳研究所，已经形成了一个完整的经济实体。

公司的机构设置为董事会领导下的二室五部，即：总经理办公室；总工程师室；计划财务部；通讯工程部；保安工程部；电池能源部和总务部。

总经理助理：魏发斌　　副总经理：钱　伍、陶秋兴（兼总会计师）
地址：石家庄市北马路 1 号　　邮编：050000
电话：742823，746165　　电挂：石家庄 1010　　图文传真：745869

沧州市化工厂

厂长周振德，1945年8月26日出生。1948年随父母到台湾，1963年考入台湾陆军军事学院。1969年8月3日泅海回到祖国，后到沧州造纸厂工作。1973年9月组织保送到北京大学化学系深造，1977年毕业后回到沧州造纸厂。1979年建立沧州市化工厂，担任技术副厂长、厂长至今。

沧州市化工厂坚持科技兴厂，自1979年建厂以来先后投资1.15亿元搞技术改造，企业由不足300人的厂迅速发展成为全省利税千万元的重点企业，跃居沧州市第一利税大户之冠。1990年完成工业总产值5114万元，比上年增长27%，实现利税2867万元，名列全省同行业之首。该厂1988年被省委、省政府授予"经济效益好，社会贡献大"荣誉称号，1989年被省政府授予"依靠科技进步，促进企业发展"的先进企业。

该厂是全民所有制氯碱企业，拥有全省最先进的金属阳极电解槽和30立方米大型聚合釜等具有70年代末国际水平的生产装置。主要产品有工业用烧碱、聚氯乙烯树脂、液氯、盐酸、糊树脂等6种化工产品和标准式压力计。有4种产品获省优，产品畅销全国20多个省、市和地区，部分销往东南亚等国际市场。该厂自1979年建厂至今共投资6370万元，对设备进行了5次大的改造，使企业迈出5大步，一举成为全省最大的氯碱企业。厂里还成立了17人组成的工业研究所，提取产品销售额的1%作为研究所的活动经费，为企业提供了丙稀、尿素、乙炔、天然气回收等6大系列产品的可行性研究，其中AC发泡剂项目今年一季度可投产，涂布新技术已投入使用，年创经济效益达50万元。

该厂多年来把人才智力的开发做为战略措施来抓，集吸引、培养和使用为一体。先后招聘专业技术人员59人，接受大中专毕业生254人，已有27人加入了中国共产党，25人担任中层以上领导干部，为184人分配调整了住房。企业先后与河北工学院、沧州市技工学校实行厂校挂钩开发人才。每年给河北工学院拨款25万元，工学院为该厂提供1—2个新技术项目，代培5名大学生和1—2名研究生。几年来，先后培训各类专业技术人员104人，目前，该厂专业技术人员已由建厂初期的4人增到390人。

（撰稿：戚玉才　马　林　倪云阁）

厂区一角

地址：沧州市南环中路　邮编：061000
电话：242644，242645　电挂：0617　电传：278008　CZCLFCN

大同市云城建筑安装公司在起飞

经理李斌，1955年7月出生，中共党员，工程师。1988年被中国建筑业联合会、集体建筑企业协会授予中国集体建筑企业家，获得金质奖章。1991年被共青团山西省委员会、山西省经济委员会、山西省经济体制改革委员会授予“山西省优秀青年厂长（经理）”称号。现兼任山西省集体建筑企业协会理事、大同市集体建筑企业协会副会长。

山西省大同市云城建筑安装公司是一个在改革中发展壮大起来的集体二级建筑企业。公司始建于1976年，十一届三中全会以后，在各级政府的正确领导和支持下，公司通过狠抓基础管理工作，全面提高了企业的管理素质，档案管理晋升为“省级先进企业”；计量取得三级合格证书，1991年，晋升为省级先进企业。企业连续7年被市、区人民政府评为先进集体，1987年被中国建筑企业联合会、中国集体建筑企业协会评为全国先进集体建筑企业，并获金杯奖；1990年被山西省工程质量评审委员会授予“工程质量先进企业”；1991年又被国家农业部评为全国乡镇建筑优秀企业，获金杯奖（全国共5名）。

公司拥有固定资产806万元，下属11个土建施工队，1个安装队、1个运输队；1个装璜队；1个五交化经销部；3个厂（预制厂、铸造厂、木材加工厂），可承建各种结构的30层以内的民用建筑和跨度为30米以内的工业建筑。1990年，完成产值2003万元，实现利润150万元，全员劳动生产率16019元／人，竣工面积7万平方米。几年来，公司完成各类工程70多项，竣工面积达25万平方米，创部优工程一项、省优工程4项、市优工程16项。产值、利润率、工程质量优良率和全员劳动生产率等经济技术指标均已达到国家二级企业标准。

公司坚持“用户至上、信誉第一，以优质的产品奉献给社会”的经营思想，逐步实现由内向型经营向开拓型经营转变，由传统管理向现代化管理转变。狠抓经营管理和基础管理；确保创优质工程和安全生产两个重点；提高经济效益和企业素质；降低钢材、木材、水泥三材消耗。坚持两个文明一起抓的方针，设置专门机构，配备专职人员，建立了强有力的管理网络。

企业狠抓内部改革、挖掘内部潜力，完善各项责任制，做到职责分明、奖罚分明，把个人利益与企业利益紧密联系起来，大大调动了承包者和职工的积极性。几年来，公司的产值、利润、税收连年有较大幅度的增长。在深化改革的浪潮中，云城建筑安装公司将以崭新的面貌，雄健的步伐，向国家二级企业的行列迈进。

公司承建的大同市农委综合楼获部优工程

地址：山西省大同市工农路6号　　邮编：037008
电话：521578，521980

奋进的山西省金属材料公司侯马公司

经理刘玉川，1946年7月生于山西省侯马市，1969年开始从事物资工作，1976年4月加入中国共产党，1985年毕业于山西广播电视大学，经济师。先后担任山西省侯马市金属回收公司副经理，侯马市物资贸易中心经理，山西省金属材料公司侯马公司经理，曾被选为山西省物资经济学会第一届、二届、三届理事。在省级以上报刊杂志发表论文10多篇，并被评为全省物资系统优秀论文作者。1989年被山西省评为百名企业家之一。

山西省金属材料公司侯马公司，是1个省属中型全民所有制物资供销企业，始建于1958年，原属临汾，运城两地区的物资供应站。1989年经山西省物资局和山西省清理整顿公司领导组批准改名为山西省金属材料公司侯马公司。该公司下设1室、3科、2个部公司，主要担负山西南部10多个县市国家金属材料的中转计划供应和市场调节的双重任务。现有注册资金180万元，经营场所29077平方米，吊装设备齐全，并设有铁路专用线。主要经营黑白金属、有色金属、生铁废金属等生产资料；经营方式以经销、协作串换物资、储货为主；服务项目包括现货成交，期货预定，函电购货，批零兼营，代办运输，切割加工等。

1988年以来，该公司在经理刘玉川一班人的领导下，大胆进行改革，不断完善内部经营机制，加强同省内外物资经营企业及用户的联系，积极开展对重点项目的“三定”（定点、定时、定量）承包供应业务，建立了较为稳定的货源和销售渠道，同时还利用举办金属材料交易会等多种形式拓宽资源渠道，从而提高了驾驭市场的能力，促进了生产资料市场日益活跃，业务量逐年增长，经济效益和社会效益显著提高。1990年销售额达到3000万元，利润首次突破百万元大关。公司连续3年被评为全省先进企业，被侯马市工商银行命名为“AA”级信用度企业，还荣获了“计量物价信得过”企业的光荣称号。

该公司坚持以“服务第一，信誉第一，用户至上”为宗旨，立足山西，面向全国，竭尽全力为用户提供优质服务，热忱欢迎国内外广大客商前来惠顾、洽谈业务，指导工作。

（撰稿：卞思杰）

地址：侯马市东风路12号　　邮编：043000
电话：2735，3202　　电挂：0233　　电传：03651—3168

包头鹿达羊绒衫有限公司

总经理高丰，中共党员，高级经济师，1936年9月生，山东省青岛市人，1952年参加工作，大专学历。历任技术科长、生产科长、基建科长、轻纺经理部经理，现任包头市鹿苑羊绒衫厂厂长、党总支书记，包头鹿达羊绒衫有限公司董事长兼总经理、党委书记，鹿苑羊绒纺织厂厂长兼书记。

包头鹿达羊绒衫有限公司是包头市鹿苑羊绒衫厂以75%的股份，于1988年9月与香港更达投资有限公司合资经营的一家外向型针织企业，现有固定资产2562.8万元，拥有洗、梳、染、纺、针织、梭织成龙配套的国内外先进设备260多台套，职工1200多人(其中工程技术人员121人)。年产无毛绒250吨、羊绒纱100吨、羊绒衫15万件、羊绒泥坯布10万米，是我国四大羊绒生产厂家之一。

合资前的鹿苑羊绒衫厂，是1984年采取以贸促工的形式建立发展起来的。经全体职工奋力拼搏，1985年盈利15万元，1986年为54万元。1987年无毛绒产品问世，完全符合出口标准，利润一跃为115万元，1988年利润为130万元。合资后的1989年，设备全部配套，利润猛增到428万元。1990年，在国家银根紧缩、市场疲软的形势下，公司建立了自己的贸易队伍，拓宽了国外市场，仍完成工业总产值12184万元，销售收入5670.3万元，利税744.4万元。1988年、1989年被评为包头市先进企业，并荣获内蒙古自治区先进企业称号，通过国家二级企业验收。

原国营包头色织厂转产成立“包头市鹿苑羊绒纺织厂”。仅8个月，改造工作取得重大成就，一些车间已投入生产，并即将完成与泰国纳地蓬公司的合资。包头市鹿苑羊绒纺织厂预期总投入2532万元，年纺羊绒纱100吨，织羊绒呢20万米，年税利可达1730万元。

鹿达公司的产品在原来的品种上，又开发了羊绒裙、羊绒围巾、羊绒面料、羊绒毯等系列产品24种，全部销往国外。公司以“质量第一，信誉第一”为宗旨，全体职工树立质量意识，从原料收购到每一道工序，层层把关，形成严密的质量网络，运用现代化检测手段和配套齐全的精密仪器，对产品质量严格控制。并从国外引进先进设备，工艺不断提高，生产出优质的产品，倍受用户欢迎，从未发生退货、索赔事件。

KVB“鹿王”牌无毛绒手感细腻，膨松洁白，光洁滑润，含粗率在0.2%以下，含杂率在0.1%以下，纤维平均长度在36毫米以上，各项指标达到一级水平，被外商称为世界一流产品，倍受美欧国家青睐，1989年被评为自治区行优、区优产品。“鹿王”牌羊绒纱支数、捻度、条干、强度等物理指标和外观庇点、染色牢度均达到国家部颁标准，达到一等一级水平。“鹿王”牌羊绒套衫、羊绒裙，做工考究，款式新颖，表面丰满，手感柔软，具有天然色泽，穿着舒适高雅，受到日本、瑞士、法国、香港等国家和地区用户的赞誉。羊绒套衫获自治区优质产品。“鹿王”牌羊绒面料具有柔软、滑糯、高贵、挺括等特点。羊绒围巾鲜艳、丰满、保暖性能好。

副总经理：康仲奎、余志杰（外方）、马传高

总工程师：刘　虹（女）　　总会计师：王代金　　总经济师：闫守智

地址：包头市东河区巴彦塔拉大街东河桥南　　邮编：014040

电话：71155　　电挂：9466　　电传：850106　　传真：72523

包头市市政工程公司

经理佘岐。工程师，45岁，大专文化。1968—1977年在新疆交通厅工作，1977—1979年在固阳县拖修厂工作，1979年调入包头市市政工程公司，曾任队长、副经理、经理。多次被评为公司、局的先进生产工作者。

包头市市政工程公司是一个中型的市政施工企业。前身是1954年由天津市政工程局迁来的施工队伍和包头地区的市政建设队伍共同组建的包头市道路工程公司。1958年改为现名。公司现有职工1056人，有专业技术职称的184人，其中高级技术人员5人，中级技术人员28人；固定资产原值1120万元，净值776万元，流动资金400多万元，技术装备率3149元／人，动力装备率5.24千瓦／人，年可完成建安工作量2000万元左右。公司下设一处，二处，三处，四处，综合施工处，机械施工处，沥青加工厂和劳动服务处。主要承担市及自治区内外的道路、桥梁、立交广场、给水排水、煤气热力、机场跑道、防洪设施以及与市政工程配套的民用建筑、水泥制品等。在市政建设施工中以质量好、工期短、造价低、能吃苦耐劳、敢打硬仗著称，先后创造了“包头速度”、“包头质量”，获得了良好的社会信誉。1988年被评为市先进企业，1986年被自治区建设厅评为先进企业。1989年被评为市文明单位。1987年承建的包头民航机场场道工程，获优质工程项目奖。1990年成为率先进入自治区级先进企业的市政施工企业。

近几年公司从狠抓管理入手，向管理要效益，以企业升级为龙头，推动其它各方面的工作。在第二轮承包期间企业内部又进行了一系列改革，不断完善了承包经营责任制，建立了内部“双保合同”，精简机构，实行定编、定员、定责，以责定岗，以岗定员、提倡一人多岗的“满负荷”工作法，对一线工人实行动态优化组合，加强了班组建设，使优化后的班组逐步成为一个生产和管理的基本单位。改革了管理人员的奖金以及一线重体力工人津贴分配办法，并给基层厂处下放了生产经营自主权、管理人员聘用权、工人招聘组合权、部分资产和资金的使用权以及对职工的奖惩权，从而使基层逐步成为相对独立的经营实体。公司还建立健全了以三总师为首的技术质量、目标成本，计划经营的管理体系和职工代表大会制度，形成了以党委为核心，党政工团齐抓共管的思想政治工作保证体系以及自我约束，自我激励的竞争机制，调动了职工积极性，年年超额完成施工任务，实现利润100多万元。

随着改革的不断深化，公司重点加强了基础管理和单项管理工作，制定并完善了一系列规章制度，制定了以技术标准为主体的标准化体系，管理水平和素质不断提高。计量工作达到国家二级计量标准，档案管理晋升国家二级管理水平，财务管理达标，能源管理获自治区先进节能企业，设备管理被评为市级先进单位，1991年5月顺利地通过了自治区级先进企业的复查。

公司正发扬“开拓、求实、拚搏、奉献”的企业精神和“立足包头、放眼全区、服务各地、以质量求生存、以信誉求发展、抓管理、上等级、全面提高企业素质、办好社会主义市政施工企业”的经营思想。在巩固自治区级先进企业的基础上，争取早日进入国家二级企业的行列。

地址：包头市青山区赛音道八号街坊　　邮编：014030
电话：包头 33336

乌兰浩特柴油机厂

厂长周殿文，生于 1953 年 8 月，工程师，中共党员。1971 年在乌兰浩特内燃机配件厂参加工作。1978 年于吉林工业大学铸造专业毕业后，分配到乌兰浩特柴油机厂，先后担任过铸造车间副书记、书记。1984 年任厂党委副书记兼纪检委书记。1988 年企业承包经营后任厂长，承包当年企业扭亏为盈。1989 年盈利超百万，创历史最好水平，被自治区授予“优秀企业家”光荣称号。

乌兰浩特柴油机厂是一个历史悠久的农机生产企业。1946 年建厂。距今已有 45 年的农机生产史，是目前内蒙古自治区唯一的小型柴油机生产厂。也是机电部小功率柴油机定点生产企业。现有职工 1300 人，各类专业技术人员 204 人，其中工程技术人员 92 人，职工平均技术等级五级半，企业占地面积 16 万平方米，建筑面积 6 万平方米，固定资产净值 1327 万元。有 7 条机加生产线，1 条装配流水线和 1 条铸造砂处理生产线，从热加工到冷加工生产手段齐全，具备年产 2 万台小型柴油机生产能力。

50、60 年代，该厂仅能生产铡草机、双轮双铧犁、水车、锅驼机等简单农机具，60 年代末开始试制 X195 型柴油机，80 年代初改型生产 S195 型柴油机，随之又开发了 S195 的变型产品 S1100 柴油机。

1988 年，承包经营的磅礴春潮涌进了内蒙古大草原，使这个全国小柴行业中的后进者走上了振兴之路。企业承包经营后，从人事制度和分配制度入手，大胆地进行改革。把竞争机制引入干部制度，按照德、才、绩、能 4 条标准采取选聘，招聘和局部招标，民主选举等不同形式，使一大批敢于坚持原则，有开拓精神，懂业务、善管理的同志走上各级领导岗位。通过健全各项规章制度提高了管理水平，促进了企业由粗放型向集约经营型的转化。并根据市场需求调整产品结构，提高了产品质量。承包当年的 1988 年两种柴油机分别创部优（S195 型 12 马力柴油机）和区优（S1100 型 15 马力柴油机）产品，实现利润 42.5 万元，1989 年再接再历，实现利润 125 万元，创历史最好水平。企业荣获“自治区双增双节扭亏增盈活动先进企业”、“自治区推行现代化企业管理先进企业”、“自治区冶金机械工业系统设备管理先进企业”、“自治区安全生产先进企业”等荣誉称号，企业面貌发生了显著变化，厂长周殿文、党委书记王增福，工会主席刘永林分别被评为自治区“优秀企业家”、“优秀党务工作者”、“优秀工会工作者”。1990 年工厂跨入“自治区级先进企业”行列。

主要产品介绍：1.柴油机：S195 型 12 马力柴油机和 S1100 型 15 马力柴油机均为卧式、单缸、四冲程、蒸发水冷式发动机。具有结构紧凑、重量轻、移动方便、功率大等特点。是小型拖拉机、小型排灌机械、小型发电机、农副产品加工等机械的理想配套动力。

2.内燃发电机组：（1）7.5 瓦三相交流发电、电焊两用机组：配套动力为 S195 型 12 马力柴油机。可用于家用照明、电视机、收录机等用电设备。也可用于小型修理车间用电设备。（2）8 千瓦发电机组：配套动力为 S1100 型 15 马力柴油机，发电机为三相交流发电机，适用于照明及家用电器用电。（3）面包机：该面包生产线由和面机、计量切块机、成型机、揉团机、醒发室、烤箱、切片机及附属设备小车和面包盒组成。需生产人员 3–5 人，单班可产 1.2 吨面粉的各类面包，适用于大型工矿企业食堂和城镇食品加工企业。

乌柴厂“八五”期间企业规模计划达到中型一档；产品质量、物资消耗、经济效益及经营管理达到国家二级企业水平。使企业在强手云集竞争激烈的小柴行业之林中立于不败之地。

（撰稿：任林成）

党委书记：王增福（满族）　副厂长：董问非、马趾骧、王文轩、吴树森

工会主席：吴致平　纪检委书记：郭　锋

地址：内蒙古自治区乌兰浩特市新桥西大街　邮编：137400

电话：26615　电挂：0502

主任李久江，1931 年 6 月生，高中文化，中共党员。1949 年 3 月参加工作。历任乌兰浩特市供销社店员、股长，乌兰浩特市百货公司主任，科右前旗商业局股长、经理、副局长，科右前旗阿尔山商业分局局长，科右前旗蔬菜公司党总支书记、经理等职务。1981 年至今任乌兰浩特市供销合作社联合社副主任、主任。

创业十载、面貌一新的乌兰浩特市供销合作社

乌兰浩特市供销合作社建于 1981 年 5 月。建社之初，该社一无资金，二无办公设施，只有 6 名干部，1 张牌匾。所属的 4 个基层供销社，年销售额只有 463.4 万元，固定资产也只有 64 万元。就是在这样困难的条件下，社领导班子带领全社广大职工"白手起家，艰苦创业"，经过 10 年的顽强努力，终于建起了一个资金充实、经营活跃、队伍强壮、文明进步的崭新的供销合作社。

10 年创业，开拓发展，乌兰浩特市供销社面貌一新。到 1991 年，全社已拥有固定资产 274.6 万元，是创社之初的 4.29 倍。新增办公大楼一座，总面积 1432 平方米；库房数间，总面积 5000 平方米；轿车、吉普车 4 台；卡车、拖拉机等各种运输车辆 20 台。自有流动资金增加到 105.1 万元，是 1981 年的 4.57 倍。社员股金达到 37.1 万元，是 1981 年的 7.13 倍。全社现设有经营网点 82 个，零售、批发、收购等各类经营网点已遍布全市城乡。10 年间，累计商品销售额达 18761.3 万元，农副产品累计收购 3407 万元，废品收购累计 799 万元，累计获利 321.7 万元，累计上缴税金 264 万元，"七五"期间分别比"六五"期间增长 3.03 倍，2.42 倍，5.14 倍，16.87 倍，3.09 倍。10 年来职工队伍也不断发展壮大，1991 年，全系统共有职工 526 人，是 1981 年的 2.03 倍。职工思想素质和业务素质不断提高，一支"四有"新人队伍正在茁壮成长。

1986 年以来，市供销社连续 5 年被内蒙古自治区政府授予"经济效益先进企业"称号，连续 4 年被盟委、盟公署授予"双增双节先进企业"称号。1989 年至 1990 年，供销社所属土畜产公司和供销经理部先后被市委、市政府授予"立功单位"称号。全系统 6 个独立核算单位中，有 5 个单位先后获得市级文明单位称号。

10 年来，全社不断巩固和完善经营承包责任制，全面推行各类人员的目标管理责任制，极大地调动了广大干部职工的积极性。市社还先后与全国 23 个省市自治区的 300 多家工商企业建立了稳定的购销联系，拓宽了商品流通渠道。与此同时，全社深入开展"双增双节"活动和社会主义劳动竞赛，努力压缩一切不合理开支，降低费用，减少库存，加速资金周转，把有限的资金用在商业经营上。在保证农牧业生产资料、农牧民生活必需品供应的前提下，狠抓工业品销售和农副产品收购，使销售额和收购额逐年扩大。同时，全社严把进货关，加强定额管理，对冷背呆滞和残次、积压商品分类排队，及时处理，有效地活化了资金，促进了商品流通，增加了经济效益。在努力抓好经济工作的同时，大力加强思想政治工作，从而获得了物质文明和精神文明双丰收。

新兴的乌兰浩特市第二粮库

主任佟彦纯，生于1953年10月，辽宁省辽阳市人，中共党员，1990年8月毕业于山西财经学院企业经营管理大专班。1970年10月参加工作，任白城铁路分局乌兰浩特站值班员，1981年10月担任乌兰浩特市第一粮库调运员、储运科长、副主任等职。1990年2月任乌兰浩特市第二粮库主任。1991年被市政府授予“先进工作者”，被盟行署、长春铁路分局授予“爱路、护路、道口安全先进工作者”等荣誉称号。

乌兰浩特市第二粮库建于1984年4月，1988年10月经国家验收合格交付使用，总占地面积9万平方米，标准房式仓4栋，6170平方米，可容量2万吨，大型钢罩棚3000平方米，水泥面晒场4万平方米，铁路专用线2.36公里，固定资产666万元，年总经营量7.5万吨，年均库存2万吨，担负着粮油购、销、调、存任务。现有正式职工243名，高中以上文化程度职工占85.5%，其中大中专毕业生33名；有中级职称3人，初级技术职称26人。

乌兰浩特市第二粮库在改革中诞生，在改革中发展，在改革中前进，是新型社会主义企业，有作风正、能力强的领导班子，有素质高、讲奉献的职工队伍，全库上下以一个团结的整体出现在兴安大地，在促进提高经济效益和社会效益方面起到了积极作用。该粮库在实现国民经济发展三步战略目标的第一步目标时，虽然起步晚，但已建立了全面计划管理、全面技术与质量管理、全面经济核算、全面劳动与人事管理和领导制度、经济责任制度的“四全两制”的企业管理的完整体系。并以求实、进取、奉献的企业精神，努力做好社会主义企业的各项工作，使计量达到国家三级标准，档案管理进入盟级先进行列。1990年以来荣获了市级“先进党组织”、“思想政治工作先进集体”、“先进工会”、“抗洪抢险先进集体”等荣誉称号，盟行署和长春铁路分局还授予了“爱路、护路、道口安全先进集体”的荣誉称号。走出了思想政治工作先行，“双增双节”并进的新路子，培养和造就了一支又红又专的工人阶级队伍。连续4年保持“四无”粮库和精神文明建设先进单位的称号。在迈向第二步战略目标时，他们将以坚定不移地走社会主义道路的信心，以坚持四项基本原则，坚持改革开放为政治方向，争时间，抢速度，一步登上一个新台阶，推动经济发展，实现“八五”奋斗目标：再建标准库房6栋，甩掉席欠苫，完成地上输送线1000延长米，摆脱人搭肩扛，建成日处理潮粮400吨的烘干塔，实现微机管理。科学保粮率要达到100%，把更大的成果献给兴安大地。

乌兰浩特市第二粮库虽然已经取得了有目共睹的成绩，但这只是刚刚起步，今后仍将坚持质量第一，服务第一，安全第一的宗旨，继续推进改革开放，将党的路线政策变为动力，为推动社会主义经济建设和各项工作做出应有的贡献。

热忱欢迎国内外朋友来人来电来函联系，洽谈业务，相互合作，互惠互利，共同发展。愿为中外用户提供优质粮油，严守信誉，竭诚服务。

（撰稿：陈殿清）

地址：乌兰浩特市都林街西大坝　电话：25148　电挂：9037

总经理蒋建球，1938 年生于江苏省扬州市。大专文化，经济师。曾任鞍山市国华照像馆经理，鞍山市照像总店经理兼党支部书记，鞍山市服务公司副经理。1987 年 4 月任鞍山市声像集团公司总经理。现兼任辽宁省人像摄影协会副主席。1984 年首批被晋升为国家特一级摄影师，1989 年被评为辽宁省商业系统劳动模范。

在困境中崛起的
鞍山市声像集团公司

鞍山市声像集团公司地处祖国钢都的市区中心，它是 1987 年 4 月从鞍山市服务公司分离出来的集照像、装璜、商场、宾馆、酒家、舞厅、婚纱服务等于一体的综合性、多功能的较大型国营商业企业集团。现有职工 1100 多名，固定资产 4000 万元。

鞍山市声像集团公司 1987 年 4 月组建之初，不但承担了 76 万元的外债，而且公司下属的照像馆、洗染店、寄卖店、大车店等 8 个网点还亏损 16 万元。面对这种困境，公司一靠改革，二靠艰苦创业，在省、市有关部门的大力支持下，在激烈的市场竞争中奋力拚搏，仅用 3 年时间，在市区中心盖起了总面积为 2 万平方米的 3 座商业大楼。全公司已发展经营网点 18 处，经营品种达 8000 余种，1991 年可望实现销售额 6000 万元，利税 400 万元。

公司主要经营范围：摄影器材：专营国内外各种照像器材系列商品；声像商场：主营高档家用电器，另设有妇女用品专柜、儿童世界以及日用百货、高档服装、金银首饰、婚礼系列服务等；设计装璜公司：拥有较强的专业设计队伍，可承接室内外各类装饰工程，并附设国内较大的专业装饰材料商场；彩色扩印中心：从日本引进的 80 年代彩扩设备，可扩印结婚照、明星照、风景照、产品广告等；国华照像馆：历史悠久，名师荟萃，主要接待人像摄影、大型团体合影、产品广告摄影等；录像广告部：承接会议及婚礼录像，拍摄专题电视片，制作电视广告；委托贸易公司：开办摩托车商行，代购代销各种劳保用品，兼营日用百货等；大光明洗染店：主要承接水洗干洗各类服装、呢毛料织补、各种织物的染色与缩水；声像酒家有名师主灶，可承办各种宴会、酒会，经营广州、扬州菜系；宾馆有 280 张床位，有高、中、低档客房 65 间，室内备有彩电、程控电话、空调、卫生间等一流设施，还有大、中、小会议室、洽谈室 6 个；卡拉 OK 歌舞厅灯光柔和、乐曲悠扬、沙发座位高雅舒适。此外，公司还为厂矿、企事业单位提供现代化的办公设备；代理交易各类三废物资、民用换代物品等。

鞍山市声像集团公司为了扩大经营，积极发展横向联合和外向型经济。去年以来，本着平等协商、互惠互利原则，先后与广东、福建、海南、上海、哈尔滨等一些重要沿海或开放城市的 230 多家协作单位建立了联销点。同时，还积极与苏联、香港等国家和地区洽谈合资和贸易的协议，努力打开国际销售渠道。今年上半年，组织的第一批商品已出口香港，创汇 50 多万美元。

鞍山市声像集团公司坚持“顾客第一，服务第一和信誉第一”的宗旨，以及“同心、求实、奉献、高效”的企业精神，采用现代经营方式，以丰富的商品，先进的服务设施，最佳的服务质量，良好的商业信誉，立足鞍山，面向全国，开拓经营，服务各界。欢迎海内外工商企业及社会各界人士的光临与合作。

副经理：钱永敏、张洪涛、赵德生、白　艺

地址：辽宁省鞍山市铁东区北三道街 21 号；　　邮编：114002

电话：514226　　电挂：2171

在改革中崛起的鞍山市第三产业开发公司

鞍山市第三产业开发公司属市直预算外全民所有制企业。是一个集产业、商饮服务业、贸易与信息于一体的开发性企业集团。1988 年 4 月成立至今，在近 3 年半的发展过程中，以开发商业网点为主，面向社会，拾遗补缺，现已成为拥有网点建设公司、中外合资公司、海外贸易、工厂、商店、饭店、酒吧、医院、文娱团体以及煤炭、燃料、建材、装饰材料、五金交电、化工产品、通讯设备、汽车零配件、针棉织品、纺织服装、衡器、花卉等 6 大门类 30 个生产经营单位组成的多方位经济实体，业务范围遍布各省、市的产业、经贸、技术等领域。其中公司所属电子继电器厂开发研制的 JCQ 系列接触器、磁转消音节电线圈，是获国家专利的产品，该产品节电效果显著，不但属国内首创，而且具有国际先进水平。目前，国内已有多家企业与该厂签订定货合同，并积极要求购买该项产品专利。

该公司不仅在国内具有广泛的业务网络，而且还先后与苏联、巴西、南朝鲜、香港、台湾等十多个国家和地区建立了业务联系和文化交流。

该公司现拥有固定资产原值 700 余万元；流动资金 180 万元；职工 576 人，其中具有大专学历以上的有 60 人，具有高中（中专）以上的 130 名；具有中级以上职称的 41 人，具有初级职称的 81 人，职工队伍的素质逐步得到提高。

公司成立以来，认真贯彻党的十三大以来的路线、方针、政策和“以改革求发展、以信誉求生存、以优质求效益”的办企业方针；在经营管理上，发扬艰苦创业精神，本着精干、高效原则设置机构，公司与所属 30 个企业（两个报帐制单位除外）均实行经营承包制，风险共担。经过 3 年多的奋斗，经济效益大幅度提高。3 年多来累计完成销售总额 6330 多万元，实现利税 382 万多元，年增长幅度均在 45%以上。

总经理李红源，生于 1943 年 5 月，1984 年毕业于辽大历史系函授专科。曾在鞍钢日报社、鞍山日报社、冶金工业公司、市冷弯型钢厂等单位工作。从事新闻工作 20 余年，历任编辑、记者、科长、组织部长、党委书记等职。并兼任鞍山市企业文化研究会副会长，鞍山市作家协会、杂文协会理事，鞍山市海外联谊会常务理事等多项社会职务。1988 年 4 月组建市第三产业开发公司，任总经理兼党委书记。

公司在生产、经营和开发中，坚持以为人民服务为宗旨，在提高经济效益的前提下，注重社会效益，积极为社会服务，为市民谋利益，开发了一些社会急需的便民利民服务项目，有的是不盈利或无偿为社会提供服务的项目。其中，改造铁西八家子水泡区住宅工程，虽然不盈利，但却为 818 户居民解决了住房困难，为市政府分了忧。在安置青年就业，开设服务网点、资助文化事业、扶持亏损企业、扶贫助残、解决部分居民动迁等社会服务方面，不惜耗费巨资，受到各级政府和民众的一致赞誉。

3 年多来，三产开发公司在李红源总经理带领下，上靠国家政策、下靠全体职工艰苦创业，白手起家，不断开拓进取，取得了可喜的成绩，也为发展鞍山市第三产业、丰富鞍山人民的精神和物质生活做出了卓有成效的贡献。

（撰稿：高振东）

党委副书记：曲振涛　　副经理：佟　旭、于成业

地址：鞍山市铁东区园林路 103 号　　邮编：114004

电话：513681（经理室），512824（办公室）　　电挂：2250

电传：80005　　图文传真：0412-533480

抚 顺 市

抚顺西露天矿

矿长高国骧，中共党员，高级工程师，1933 年 9 月生，河北省迁安县人。1957 年毕业于抚顺煤矿业余学院露采专业。历任技术员、副区长、主任工程师、副科长、副总工程师、副矿长、矿长。1986 年 10 月任抚顺矿务局副局长兼西露天矿矿长，先后荣获全国"五一"劳动奖章和辽宁省劳动模范、抚顺市优秀企业家等称号。

抚顺矿务局西露天矿，具有 77 年的开采历史，是以生产煤炭和油母页岩为主的大型露天煤矿。年产煤炭核定能力 360 万吨。现下设 12 个生产车间、8 家集体公司，职工 5 万余人，其中工程技术人员 1709 人。固定资产原值 4.85 亿元，现拥有各种生产、运输、动力设备 5295 台，总装机容量 295 兆瓦。

该矿生产的煤炭为气煤和长焰煤，发热量为 7500—8000 千卡／公斤，为优质工业动力煤，现有 7 个品种、109 个等级，其中七级洗大块获国家银奖，六级洗中块、七级混小块为部优产品，六级混小块为省优产品。该矿生产的油母页岩，含油率达 6—14%。该矿尚赋存有丰富的煤精和琥珀，为优质的工艺品原料，此料制成的工艺品雍容典雅，驰誉于中外。

党的十一届三中全会以来，该矿以"依靠科学，改造矿山"的方针为指导，有力驱动技术、管理两个车轮，一手抓生产，一手抓改造，不断提高企业素质，使古矿焕发了青春。实行了全员化风险抵押承包，改善了经营机制。1984 年，投资 2.42 亿元，实行了以"分区开采、内部排土、联合运输"为内容的技术改造。引进了国内外大量先进技术设备，电铁、汽车、胶带三种工艺的综合运用，使该矿跻身于现代化先进露天煤矿之林。在科技进步上，钻机除尘、电铲电控综合试验台的研制成功，填补了国内空白。坑下公路喷雾式洒水除尘、高强度对流扇风机为深露天开采环境保护开辟了新的途径。电算中心 20 台系统微机的集中应用，具有采矿辅助设计、制图、绘图自动化功能的 CAD 工作站的建立，106 个现代科学管理获奖项目的取得，标志着该矿企业管理达到一个新的水平。煤气工程、自备水源改造工程、现代化浴池、住宅区、花园 、游乐场、坑下汽车通勤等一批项目的上马与建成，使职工生活得到新的改善。

几年来，该矿煤炭产量逐年上升，安全质量不断提高，经济效益逐年增长，原煤产量由改造前 1983 年的 230 万吨提高到 1990 年的 340 万吨；1989 年初至 1991 年 5 月末创出了百万吨死亡率为零的安全生产历史最好水平；扭转了连续 8 年的亏损局面，从 1988 年转为盈利，到 1990 年末共实现利润 2451.9 万元。几年中该矿先后跨入了中国煤炭工业现代化露天矿、国家行业二级企业、全国思想政治工作优秀企业、全国模范职工之家、全国科协工作先进单位、特优级标准化露天矿、全国煤炭工业矿际竞赛第一名等先进行列。

（撰稿：金振广）

副矿长：张钦合、田中良、王继栋、罗永仁、王振杰、陈国宝

总工程师：王汉玉　　总会计师：李　辉　　安监处长：刘怀志

地址：抚顺市望花区古城子街 1 号　　邮编：113001　　电话：588063

抚顺老虎台矿

矿长萧佩臣，中共党员，1933年7月生，河北省大城县人，高级经济师。历任副科长、科长、副矿长，代矿长、矿长、局总调度室主任、局副总经济师兼财务处处长，1987年任矿长、1990年任局总经济师兼老虎台矿矿长。先后荣获能源系统和省劳动模范、第一届全国煤炭工业优秀矿长、第二届全国煤炭工业优秀企业家、全国优秀经营管理者等称号，并荣获全国“五一”劳动奖章。

抚顺矿务局老虎台矿，是一座拥有1.4万名职工，年产300万吨原煤的大型矿井。井田面积达9.6平方公里，开采层平均厚度为45—50米，每克煤的发热量在7200—8200卡之间，以煤质优良、含硫低、热值高著称于世。40多年来，为国内许多大型骨干企业提供了大量优质煤炭，共生产原煤1193万吨，实现利润12291万元，在国内同类矿井中名列前茅。党的十一届三中全会以后，全矿完成了投资7500万元的-730米开拓工程，为矿井回采水平转移创造了条件，提供了充足的可采储量。特厚煤层条件下的机械化采煤试验取得了显著进展，采煤机械化程度已由1987年的零上升到1990年的14.3%。矿井调度指挥系统，采用了具有80年代国内先进水平的生产监控系统和环境监控系统。矿井选煤厂洗选设备达到了国内80年代先进水平，计算机洗选控制系统达到了80年代世界先进水平，被东煤公司命名为现代化选煤厂。目前，老虎台矿可按市场需求，随时调整产品结构，生产品种已增加到8个，其主要产品二级冶炼精煤和五级中块均是国家银牌产品，一级冶炼精煤的年生产能力可达100万吨。矿井副产品煤层天然沼气的年抽放量达7000万立方米，占全国矿井天然沼气抽放量的1／5，作为民用能源受益居民达13万户。

1988年以来，该矿实施了从严依法治矿方针，并加强思想政治工作，矿区面貌发生了可喜变化。

1990年，生产原煤290万吨，超国家计划25万吨；实现利润4525万元，超计划509万元；安全生产创历史最好水平，达到国内煤矿安全生产先进水平。

全矿生活福利设施的建设，近3年，竣工住宅78830平方米，有1775户职工乔迁新居。还建起了住院部大楼、井口更衣大楼、井口食堂、退休工人游艺室、离退休干部活动室、老虎台公园、地面卫星接收站及游泳池等。幼儿园、图书馆、俱乐部、灯光球场、浴池等福利设施也都有了明显改善。矿区绿化覆盖率超过了全国平均水平，达到29.3%，极大地改善了矿区自然环境。三年来老虎台矿先后获得了“省五一奖状”、“省思想政治工作先进企业”、“部特优级质量标准化矿井”、“全国煤矿安全生产先进单位”、“全国卫生先进单位”、“国家二级企业”和“第二届中国煤炭工业优秀企业管理奖”等荣誉称号。

(撰稿：陶常云)

副矿长：王耀堂、李学状、贺文学、李吉贵、刘彦平、李公甫、洪镇元

总工程师：吉延龄　　总会计师：严梓衡　　安监处长：杨有喜

地址：抚顺市露天区虎才路19号　　邮编：113003　　电话：555324

抚顺市副食品公司

经理王英权，中共党员，1937年9月生，辽宁省海城市人，高级经济师。历任副科长、科长、副经理，1987年任抚顺市副食品公司经理。先后荣获省"改革新秀"、"商业系统优秀工作者"、"财贸系统依靠职工办企业优秀领导干部"、市劳动模范、优秀改革者、企业家等称号。

抚顺市副食品公司是大型国营商业企业，辖属19个中型企业，其中包括13个综合性零售商场，1个豆制品厂，1个肉制品厂，1个汽车修配厂，1个制冷设备维修部，2个采购批发站。现有职工3100名，专业技术人员329名。营业面积22413平方米，仓储面积14612平方米，固定资产1580万元，自有流动资金564万元，年销售额1.3亿元，利税450万元。

副食品公司实行批发、零售、联销代销、生产加工、修理服务等综合性经营。各零售商场综合经营蔬菜、水果、肉食、蛋禽、水产品、海珍品、糕点糖茶、烟酒、罐头、小食品、豆制品、熟食品、调味品、日用百货、家用电器、木器家具、服装鞋帽、针棉织品、床上用品、呢绒花纱、土产日杂、工艺美术品、建筑五金、交电器材、油漆化工等50个大类上万种商品。

近几年，该公司的豆制品、肉制品加工业迅速发展，继1988年建成投产戈布豆制品厂后，1990年又投资165万元建成了5层框架结构、具有省内一流先进水平的西三街豆制品分厂，引进安装了肉酯豆腐生产线，实现了大豆腐的更新换代，填补了抚顺市豆制品生产的一项空白，目前，公司豆制品厂年加工能力已达200万公斤原料，产值达380万元，循环品种达40个，其中：卤制辣味素鸡片、素肚熏肠卷、熏素鸡、甜味豆腐丝、油豆腐、辣鸡腿、卤汁辣味豆腐干等15个品种曾获省、市同行业优质产品称号。

党的十一届三中全会以来，抚顺市副食品公司先后对企业实行了租赁、承包经营。1989年率先实行了全员风险抵押承包，建立了"风险共担，利益共享、企业共管、责任共负"的经营机制，培育了"团结奉献、艰苦创业、竭诚服务、求实进取"的企业精神，实行了经营者收入同企业经济效益、社会效益、职工奖金收入"三挂钩"分档确立、上下浮动的分配办法。

公司近几年翻建扩建了五大商场，更新汽车55台，新建冷库6座，购置冷藏箱80台。各大商场普遍更新了铝合金柜台货架，安上了电子秤；按《食品卫生法》要求，设置了各种销售专间。公司及时调整经营结构，组织适销对路商品货源，扩大联销代销业务，同全国各地近千个厂家建立了商品购销关系，建立了社会效益指标考核体系，92%以上的零售企业获得了省、市、局三级文明单位和市物价计量信得过单位。千金商场、西三街商场、中央大街商店还被评为省级消费者满意商店。1985年以来销售、利润平均每年以5.98%和8.84%的速度递增。公司先后被命名为市改革红旗单位、深化改革先进单位、省模范职工之家、省先进工会等荣誉称号。

（撰稿：高　华）

副经理：何宝贤、金凤海、王洪金、隋元海、郝永信　　总会计师：王庆友

地址：抚顺市新抚区西三街十一号　　邮编：113008　　电话：25535

丹东工业品贸易中心在开拓发展中前进

丹东工业品贸易中心是一个既具备各专业批发公司特点，又有工贸中心综合经营和多功能服务特色的国营商业综合批发企业，是丹东地区最大的国营商业批发二级站，担负着丹东地区商品市场供应任务。1987 年 10 月，经市商委批准同具有 40 年历史的丹东纺织品采购供应站合并。主要经营针棉纺织品、丝绸呢绒、服装鞋帽、日用百货、钟表缝纫、化妆洗涤、五金交电、玻璃器皿、玩具杂品等近 2 万种商品。现有干部职工 320 人，固定资产 1800 万元，全部流动资金 5000 万元。购销网络遍及全国 26 个省、直辖市、自治区，与全国 800 多家大中型企业有比较稳固的购销关系，营业大楼总建筑面积 1.26 万平方米，其中有效经营面积 6400 平方米。

经理白丽梅，女，1953 年 7 月生，辽宁省丹东市人。中共党员。1970 年 8 月参加工作，1987 年 7 月毕业于北京商业管理干部学院。历任区妇联副主任、组织组长、机关党委书记，市长征百货大楼党支部副书记、市百货公司副经理，1987 年任丹东工业品贸易中心、辽宁省丹东纺织品采购供应站经理兼任丹东市青年联合会副主席、丹东市企业家协会理事。多次获得市优秀女领导干部，市财贸系统优秀经理等光荣称号。

该中心（丹东纺织站）从 1988 年 1 月开始实行承包经营，承包期为 4 年。3 年来，经过全站干部职工克服重重困难，全面超额完成了各项承包指标。年购销额均超 2 亿元，各项经济指标 3 年来均居辽宁省百货纺织品公司系统的领先地拉，先后被市工商行评为信用特级企业，被市评为物价工作先进单位，被省商业厅、财政厅评为双增双节优胜单位，被商业部评为百货纺织企业经营管理先进单位。企业素质不断提高，两个文明建设成效显著。该贸易中心的主要经验是：

（一）深化企业改革，增强竞争能力。一是改革了大而全的粗放型经营体制，在企业承包初期，按照商品大类设置了五个专业批发站。在市场竞争日益激烈的新形势下，1988 年下半年起先后按照集团品种陆续划细为 13 个独立核算的专业经营科。如，过去针织类商品统归一个科经营，年销额在 2000 万元左右，划细为 3 个科以后，销售额增加一倍多，充分显示出划细经营后的巨大竞争能力。二是全面推行全员风险抵押经营承包责任制。对专业经营科，全部实行“一包六保两挂”的经营承包责任制。一包是包利润；六保是：保销售额、费用率、周转率、资金利润率、结算资金占用率、处理四类商品率；两挂是：每月实行利奖挂勾，年终完成上缴利税与效益工资挂勾。与此同时，按照职工的不同层次、责任大小交纳风险抵押金，使全体职工增强了与企业共命运的责任感。三是在干部任职和职工上岗中引入竞争机制，确定了“能者上，庸者下”的用人制度。对中层干部岗位调整一律实行公开招标，在条件机遇平等的情况下，经过答辩考核，择优聘用。做到了落聘者心甘情愿，各得其所，应聘者满腔热情，干劲倍增。四是改革分配制度，贯彻责权利相结合的按劳分配原则。各专业科实行层层承包，职能科室实行目标责任制，科与科、人与人之间基本上拉开了档次，体现了贡献大的多奖，工作一般的少奖。维护了承包合同的严肃性，发挥了奖金的激励作用。

（二）调整经营策略，以变应变，开拓经营。针对针纺织品市场的变化，实行“三个倾斜”和“一个发挥”的经营策略。一是增强生产观点，积极支持地方工业生产发展，向地工产品倾斜。坚持由经理、科长、驻厂员三个层次经常走访地产厂家，研究探讨联营联销共同开发市场的策略，及时向工厂提供适销商品样品和有关信息，积极促进调整产品结构。1990年与毛纺厂家共同开发生产的含毛量较小的毛涤腈织物，投放市场后，深受消费者的欢迎。先后收购20多个花色品种19.1万米，同期相比多收购1.9倍。丹东丝绸一厂生产的花绸面料，开始由于花色花型不对路，试销不理想。经及时跟踪了解消费者的反映和市场行情，反馈给厂家，更新花色，很快打开了销路，占领了市场，1990年上半年销售11万米，同期相比增长57.2%。为了增强地产品的竞争优势，扩大宣传推销地工产品。除在全国和全省的专业供货会上，设地产品展销专柜，挂样推销，扩大地产品辐射面外，还在迎春针纺织品展销会和丹东商业大厦开业庆典展销会上腾出1200多平方米的营业面积，专设地产品展厅，两次会共销售地产品700多万元。此外借参加全国工贸中心交流会之机，义务组织地方工业参展，并专程去成都举办丹东地产品展销会，共推销地工产品200多万元。还积极帮助地方工业解决资金困难。针对地产厂家产品滞销，周转不灵，开发新产品缺乏资金的实际，在银行的支持下，通过扩大收购，预付货款等形式，先后为工厂提供转贷资金1100万元，为工业松动了产成品库存，为更新产品，注入了活力。1990年1—7月份收购地工产品2098万元，同期相比上升8.4%，占总购的30.4%。二是及时调整库存商品结构，向名、优、新商品倾斜。根据市场疲软，商品相对丰富的情况，及时制定了“积极慎重，择优选购，定量进货，不增库存”的购销方针，着重加强对购进环节的管理，明确除国营工厂和一、二级站外，一律不准进货，杜绝劣质商品进入流通领域。与此同时，通过定期召开工商联谊会，走访优质名牌厂家，帮助工厂解决原材料，优先划款等措施，与津、沪等地百余家优质名牌厂家建立了长期供货关系，使直接从工厂购进额不断上升，1984年达到7223万元，同期相比上升11%，占总购的65.1%。名优新品种占经营品种的40%以上，增强了竞争能力。三是搞好销售基地建设，稳固购销渠道，适时向农村市场倾斜。两年来，本着互惠互利的原则，经过协商，先后与津、沪一级站、北京交电公司新建立了稳固的联销代销关系，与区内外13个三级站、14个大型零售商店签订了联销协议。与此同时，进一步密切了与县公司和基层社店的关系，扩大了农村市场的覆盖面。1989年与县社成交额达3100万元，地区内调出2654万元，同期相比增长63.2%，售给供销社800万元。1990年上半年又完成工业品下乡计划的51.2%。四是发挥工贸中心多功能服务，综合经营的优势，改过去单一经营针纺织品的商品结构，适时扩大经营范围。增加了大小百货、洗涤化妆、文化用品、五金交电等商品，使经营品种由6000多种，扩大到近万种，1989年新增销售额700多万元，1990年上半年又实现1000多万元，为遏制销售滑波起到了重要作用。

（三）强化企业管理。做好“四个加强”，向管理要效益。一是加强制度建设，实行目标管理。两年多来，先后修订完善各种规章制度16项，使企业各项工作按规定程序进行，提高了工作效率。与此同时，实行目标管理，建立起自下而上的考核体系，增强了职工的责任心，提高了业务素质。1989年储运、计统、财会工作被评为省优胜单位，物价工作为市级先进单位。二是加强资金管理，搞好内部融通，促进购销。为合理使用资金，提高利用率，坚持实行资金定额管理，并根据各科经营商品季节不同的特点，积极组织搞好内部拆借融通。1989年内部相互调剂资金2127万元，节约利息66万元；1990年上半年又调剂融通资金1000多万元，提高了资金利用率，促进购销业务的开展。同时，在购进资金使用上，严格把关，保证购进名、优、新商品优先付款，把有限的资金用在刀刃上，从而减少了商品的沉淀率。三是加强结算资金管理，抓紧清欠。成立了清欠领导小组，采取分工负责，包干清收，对长期不还的应收款利用法律手段追缴，两年多来共收回237万元，变死资金为活资金，减少了损失。四是加强核算管理，降低费用。1989年重新制定了商品保本保利核算方法，通过辅导学习，认真推行，两年多来，共节约各种费用开支10万余元。

（四）搞好精神文明建设，提高企业素质。一是重教育，坚持把调动人的积极性放在首位。在加强党的基本路线和形势教育的同时，结合经济工作，把职工干部的经营思想统一到“竞争、求实、效益”的企业精神上来，增强了企业的凝聚力和向心力。二是加强业务技术培训，提高职工素质。根据职工现有技术业务水平层次不一的情况，分期、分批，专业对口进行了培训，培训面达80%以上；对新增营业人员进行了脱产岗前初级培训，经考核上岗后，基本适应了工作的需要。三是坚持寓教于文，寓教于乐，开展形式多样的文化生活，丰富活跃了职工的精神生活，提供了宽松和谐的企业环境，净化了思想，鼓舞了士气。

（五）加强班子建设，当好代头人。一个企业有无竞争能力，关键在于领导班子。几年来，贸易中心始终把加强领导班子自身建设，做为大事来抓，带头执行廉商规定，自觉接受群众监督，尊重职工的民主权力，并广泛与职工开展谈心活动，认真组织提合理化建议。关心职工生活，帮助职工解除后顾之忧，增强了企业的凝聚力，使企业在市场多变，激烈的竞争中得以不断开拓前进。

（撰稿：刘伟鸿）

勇于开拓的丹东市纺织品对外贸易公司

经理刘德成，中共党员，高级经济师。1946年6月生，原籍辽宁省金县。1969年毕业于东北财经大学贸易系，同年参加工作。先后担任过市木材公司副经理，市外贸公司副经理。1987年3月任丹东市纺织品对外贸易公司经理。

丹东市纺织品对外贸易公司是承担丹东地区纺织、麻、毛、针织品和服装产品出口贸易的单位。公司下设8个科室，职工75人。几年来公司面对出口商品收购工作在国际市场不景气，国内资金缺乏，原材料不足的困难形势下，公司领导带领全体职工，坚持改革开放的方针，勇于开拓创新，奋力拚搏，加强管理，扩大经营，使企业越办越活，一年一个新台阶，各项经济指标都有突破性进展，经济效益明显提高。1988年、1990年，连续两次突破纪录，创造历史最好水平。

1986年以前，丹东地区的纺织品和服装产品年出口额总在4000万元左右徘徊，1987年公司领导解放思想，坚持改革搞活，积极创造条件多方出口，加强经营管理，克服重重困难使出口额创造了历史最好水平。当年省公司下达计划出口商品收购额6132万元，实际完成7166万元，超额完成省计划17%，比1986年增长35%，当年为国家创汇1430万美元。1988年该公司又加强管理，使各项指标，经济效益全面增长。完成纺织、服装出口商品收购值7600万元，比1987年增长了6.05%，实现利润首次突破百万元，达到102万元。

1990年在前三年平均年递增30%以上速度的基础上，再次突破了亿元大关，年出口产品收购额达到了10218万元。比省下达计划超额了21.12%，比上年同期增长42.59%。其中纺织品收购额4365万元，服装出口收购额5852万元，分别比上年同期增长11.63%和79.8%。实现利润174万元，比上年增长34.29%，为国家创汇2100万美元，比上年增长46.85%。

公司出口产品样品

由于业绩突出，丹东市纺织品对外贸易公司先后被省公司授予出口产品包装优质优胜单位，被市政府授予“财源杯”、“促销增益竞赛先进单位”。

丹东市纺织品对外贸易公司，几年来所以能连年取得显著成绩，其主要经验是：

（一）分析形势，正确决策。面对千变万化的国际市场，必须经常分析国内外经济形势，预测国际市场，找出对策、措施办法。1989年该公司分析了国际市场后，决定将过去专收购“两纱”、“两布”的旧套路，改变为“三个转化”：即原料由全棉向化纤转化；面料由粗厚向簿细方面转化；产品由粗加工向深加工转化，并及时调整产品结构。这一经营方针的转变，使出口产品很快适应了国际市场。1990年又根据国际市场发展趋势，确定了积极发展棉纱、纯棉平布、人棉坯布、人棉色布等新方针，并积极组织开发了人造丝、人字呢、滑雪装、呢绒装、膨体纱、涤纶绸等40多个新品种。使企业迅速改变了经营方向，适应了国际市场。仅开发新品种一项就增加出口额2500多万元。占当年全公司出口收购的1／5。

为了搞好国际市场分析，公司还先后多次组织了外贸基础讲习班，并选送一批业务骨干到东北财大、丹大、电大、省外贸举办的外经外贸基础理论函授进修学习，从整体上提高外贸人员素质。

（二）发展工贸联营，发展出口产品基地，扩大外贸货源。为了扩大货源，几年来该公司先后在市棉纺、针织、染织厂等十几个厂家开发了棉坯布、涤粘布、浴巾、汗背、腈纶衫、纱卡条绒等 10 多个金额在 100—500 万元的骨干商品，还新发展了人棉色布、绒布、人字呢、涤纶绸、丝绸、细条绒等 10 多个大宗产品的新出口品种。1988 年后，该公司又以扩大服装产品出口为龙头，相继在市内五个服装厂建立了外贸出口服装生产基地。同时积极与东沟县服装厂、毛巾厂、针织一厂等厂搞联营合资办厂。公司投资了 70 多万元，引进了设备，扩大了出口生产能力，巩固了出口基地。1988 年，公司仅与东沟县服装厂一家联营就增加了出口额 850 多万元，创利 80 多万元，为国家多创汇 240 多万美元。该公司还积极协助工厂搞横向联合协作发展外贸出口产品。1987 年该公司帮助前阳针织厂与市羊毛衫厂搞松散式横向联合，当年就加工腈纶衫 5 万多件。1989 年由于丹东地区棉纱严重短缺，只能供应 50%。为了保证外贸出口加工，公司积极与市纺织局协商，决定采取停纱保布、保服装面料生产的措施，将计划出口的 3000 件棉纱转向加工服装面料和加工服装出口。仅此一项当年就增加出口收购额 500 多万元。

近几年来，丹东纺织品对外贸易公司还积极帮助企业克服困难扩大出口生产。一是帮助企业“找米下锅”。二是主动帮助工厂解决资金不足的困难。三是从外地调进原料解决出口厂生产用布用纱不足的问题。从而保证了工厂出口产品的正常生产。

（三）拓宽外贸渠道，实行多口岸出口。过去对外贸易都是省下计划，按计划在本地进行收购出口。几年来公司本着改革开放的精神，积极探索出一条跨省、市进行多口岸出口的路子。一种办法是积极组织人力，带着本地区生产的样品与天津、沈阳、大连、吉林等口岸联系出口。1988 年就通过大连口岸出口面料 100 多万米，服装 8 万多件。另一种办法是利用外省市的设备、力量加工生产出口产品。在努力发挥外贸“主渠道”作用的同时，还积极搞自营出口业务。从 1989 年开拓自营后当年就成交了 3 笔业务，1990 年又增加到 11 笔，创汇 90 多万美元。出口服装 15 万件，增加出口收

公司出口产品样品

公司出口产品样品

购额 413 万元，实现利润 36 万元。通过一年多的自营出口业务，已与 9 个国家和地区的 20 多家客户建立了业务关系。为今后扩大对外贸易打下了坚实基础。

（四）组织进料、来料加工，以进养出，扩大对外贸易。该公司纺织品出口年需棉纱 7000 吨，而丹东市只能供应 1/2。为了弥补国产原料不足，积极采取来料进料加工措施，仅 1988 年就进口切片 500 吨，生产混纺布；进口毛条 30 吨，生产纯毛华达呢 6 万米，进口腈纶纱 74 吨，生产出口腈纶衫 7138 万件。组织来料加工生产服装 103 万件成装出口，实现出口额 1439 万元。1990 年又从荷兰、日本、德国、南朝鲜等国家地区组织来料加工面料 468 万米，辅料 137 万米，加工出口服装 15500 多件，实现出口额 3189 万元。除此之外，公司还从河南省等外地购进了坯布 57 万米，棉纱 40 吨，涤粘纤维 200 吨，膨体纱 30 吨，组织当地工厂加工出口产品。仅坯布一项就生产出口成衣 52 万件，实现收购额 498 万元。由于组织来料、进料加工，以进养出，扩大了出口贸易，增加了国家外汇收入。

（五）深化企业内部改革，全面落实经济责任制。为了适应外向型经济发展，公司在企业内部首先全面完善了经济责任制，实行目标管理。将公司的各项经济指标层层分解，具体落实到科室和个人，并把“责权利”有机结合起来；其次是改革了劳动人事制度，实行优化组合，按岗位设人，将剩余人员由公司集中起来成立了外销科和经营部，搞自营外销和内销；第三是改革了奖金分配制度，拉开了奖金档次，按劳分配，多劳多得，奖勤罚懒，鼓励先进；第四是健全了各项规章制度，加强了经济核算和严格了费用管理。经过几年努力现在已是处处有制度，事事有章程，促进了管理科学化，严密化。

目前，该公司正沿着党的十三届七中全会精神，坚持改革开放，振奋精神,为力争实现新的目标而努力奋进。

（撰稿：任传庆）

一跃崛起的丹东华芳化妆品公司

总经理张太成，山东省长岛县人，辽宁电大企业管理专业毕业，中共党员，经济师。1974年6月任丹东市永昌制药厂生产科长、副厂长，后任丹东市人民日用化学厂厂长，丹东华芳化妆品公司总经理。现兼任中国香料香精化妆品工业协会理事，辽宁省香料香精化妆品工业协会副理事长，辽宁省市场学会理事，丹东市企业家协会理事。1987年荣获辽宁省优秀厂长（经理）称号。

华芳化妆品公司原来是一家小厂，势单力薄。在强手如林的激烈市场竞争中，立足竞争，奋勇拼搏，采取灵活的策略，不断提高竞争能力。4年来创产值近4000万元，利税1200多万元。现在全厂已有固定资产原值360万元，厂房建筑面积3320平方米，职工232人，年产化妆品80余种，总产量近千吨。4年平均每年创利税300余万元。企业在竞争中不断发展壮大。

华芳化妆品公司4年来的发展历程，生动地说明竞争对企业来说既是动力、又是压力。它可以使人们精神振奋、居安思危、争先恐后，积极钻研，增强企业活力。又可以促使企业改变自己的生产条件，扬长避短，发展优势，增加竞争实力。华芳化妆品公司就是这样靠正确的经营决策一跃崛起!

（一）靠信息，以产品对路取胜。近几年来，通过经济体制改革，建立起了国家计划指导下开放的、多渠道、少环节的商品流通体制，变统购、计划收购为企业自销与经销、委托代销等多种购销形式。这一新的运行机制要求企业注重市场调查，通过对经营环境、市场特性、用户、产品、销售渠道、推销方式、竞争对手的调查等等，进行分析，预测到随着人民生活水平的不断提高，人们对化妆品的要求已不再是简单的护肤，而是在护肤的基础上要求达到预防、治疗、美容的效果。为此，公司不但引进日本的先进生产设备和全套的检测仪器，还配有药剂师、工程师，并根据市场需要扬长避短，加速产品更新换代，生产了有治疗效果的药物化妆品："华芳神效粉刺霜"、"美玉脚气香水"等。还根据男、女、老、小的不同生理特点，生产了"华芳橄榄油系列产品"、"舒美男用健美霜"、"灵芝减皱霜"、"康康娃娃霜"等产品，适应了消费者的需要，市场反映良好，销量大增。又如：1983年这个企业曾濒临亏损边缘，新的领导班子与装璜设计师一起调查市场情况，获悉大连彩印厂生产的用来装方便面的复合塑料袋，非常漂亮。公司依据人们要求装璜美丽的心理，大胆地把复合塑料袋用在化妆品上，首创推出"舒美早、午、晚霜"，图案新颖，保香好，在安阳全国百货会上一次成交400万元。一个信息，一个产品，一下子救活了一个厂。这个事实，使企业深深懂得了现代企业经营决策中，信息十分重要。

（二）靠开拓，占领市场。公司领导在国内化妆品、合资企业化妆品、进口化妆品激烈竞争的形势下，着重研究了怎样把产品打出去，挤进市场、占领市场这一关系企业兴衰存亡的问题，他们认真地分析了东北化妆品市场的情况，认识深受消费者欢迎的主要是京、津、沪三家和进口化妆品，而东北地区的市场已剩余有限。在这种情况下，唯一的出路是避开东北市场，进关开辟新市场，要敢于和京、津、沪三巨头争市场、比高低。于是公司制订了"奋战三年，闯进关内，销往全国"的经营战略方针和战术措施。第一，强化销售机构，加强销售队伍建设，把原来的供销科分开，单独成立销售科，销售员由4人增加到20人；第二，在销售员的物质利益分配上，采用联销计酬的办法，即多销多得，少销少得，不销不得，有效地调动了销售人员的积极性；第三，建立销售基地，进而联成销售网，把全国划成6大片，每片建立几个重点基地，形成了28个省、市、自治区（包括香港在内）的全国销售网，提高了市场占有率；第四，广泛地进行企业和产品宣传，大力提高企业和产品的知名度。除了电视台、电台、报纸广告外，他们是逢会必到，凡有定货会就参加，借开会的机会大力宣传，经过几年的努力，华芳化妆品公司的代表产品："华芳橄榄油化妆品等系列产品"、"舒美早、午、晚霜"、"舒美男用健美霜"、"华芳浴后乳液"、"华芳神效粉刺霜"硬是挤占了市场。

（三）靠质量，以优取胜。该公司领导深知，在琳琅满目的化妆品世界里要立于不败之地，靠的是产品质量。多年来公司始终把质量管理作为企业的战略决策放在首位，在全厂职工中牢牢地树立起“质量第一”的观念。制订质量规划，健全质量保证体系。由于切实注意了产品质量，几年来公司有13种产品获省、部、国家优秀、优质产品奖，和银牌、铜牌奖。众多的商业百货站反映销丹东华芳化妆品公司的产品质量有保证，无后顾之忧。由于产品质量好，提高了企业的信誉，经营该公司产品的百货站已由十几个猛增到200多个，扩大了用户范围。

（四）靠科技进步，以新取胜。80年代是科学技术飞速发展的时代，产品寿命周期大大缩短。公司领导深深懂得只有做到适时的更新换代，在市场竞争中才能掌握主动权。为此，公司专门建立了厂办研究所，制订了“新、奇、特、快、好”的发展方针，靠技术进步和信息，研制了一系列适销对路产品。如：公司研究所较早地开发了男用系列化妆品，填补了市场空白，走出了新路，深受男青年的欢迎，至今男用产品仍占全公司产值的一半；针对青年人对治疗粉刺（痤疮）化妆品的需求，经过3年努力，查找大量国内、外资料，反复试验，临床观察，筛选，研制成功了具有神奇功效的“华芳神效粉刺霜”，临床总有效率达100%，出口香港，受到外商的好评；1984年问世的“舒美早、午、晚霜”，是依据人们生活上时间差的不同需要而研制的，当时曾震动了全国化妆品行业；受消费者欢迎的“康康娃娃霜”系列产品是按儿童不同年龄和皮肤特点研制的，投放市场后立即引起孩子妈妈的极大兴趣；为适应人们要求“回归大自然”的心理，1989年率先推出了植物型橄揽油系列化妆品等。由于注重了新产品的开发，每年都有几个不同档次，不同用途的产品投入市场。形成新老产品交替占领市场，企业从中取得了经济效益。

（五）靠聪明才智，以人取胜。公司领导既重视科技人才的开发使用，也重视销售人才的开发使用，要使商品加快从生产领域进到流通领域，再从流通领域进入消费领域，一个重要的“媒介”，就是销售人员的促销。销售员要有强烈的事业心和高度的责任感，具有一定的专业知识，经营知识和职业道德，还要了解市场和用户的情况，并有知难而进的精神，才能获得成功。公司把选拔销售人才作为企业发展的重大决策，舍得花本钱，把销售员送到大专班学习，进行专业培训，还采取传、帮、带方式，使销售员的业务水平、经营能力不断提高。1989年由于国家银根收缩，商业二级站资金短缺，库存量大，订货受到一定影响。但是该公司由于有一批能力较强的销售员，他们因站而异，因品种而异，多方经营，销售形势一直很好，1989年5月份在武汉召开的全国百货会议上一次就成交500万元，达到历史最好水平。

丹东华芳化妆品公司以市场为中心，随时调整自己的竞争策略，保证了企业经营目标的实现，使企业在竞争中不断发展壮大。

（撰稿：言 寺　舟 亢）

发展前进中的丹东啤酒厂

厂长芮启梓，中共党员，高级经济师。1931年6月生，山东掖县人，1949年4月参加工作，历任丹东化学厂党支部书记，丹东市元宝区民政总厂厂长，丹东一轻局财务科科长、生产计划科科长、企业整顿办公室主任、企管科科长、丹东酒厂厂长、丹东啤酒厂厂长，兼任丹东市企业家协会常务理事，丹东市企业管理协会常务理事。1988年被中共丹东市委授予"优秀共产党员"光荣称号，同年被丹东市人民政府授予"优秀企业家"称号，1989年被丹东市人民政府授予"劳动模范"。

丹东啤酒厂是一家全民所有制的中型厂家，年啤酒生产能力4万吨，工厂占地面积3.2万平方米，建筑面积3.26万平方米，现有职工650人，拥有固定资产6600万元，设备比较先进，有6个啤酒专用生产车间，3条灌装流水线，其中引进德国3万吨灌装线1条，引进罗马尼亚1万吨灌装线1条。

丹东啤酒以举世闻名的长白山天池——鸭绿江水精心酿制而成。其色泽淡黄，口味适中，杀口力强，酒花香突出，二氧化碳充足，泡沫细腻丰富，挂杯持久。主要生产品种有：鸭绿江牌11°鲜熟啤酒；12°鲜熟啤酒；鸭绿江牌11°鲜熟麦饭石啤酒；鸭绿江牌10°蜂花啤酒；8.5°淡色啤酒和鸭绿江牌11°、12°特制高档啤酒。

丹东啤酒厂是原丹东酒厂的一个车间，1982年9月从丹东酒厂划出，筹建丹东啤酒厂。随着改革、开放、搞活经济政策的贯彻实施，该厂有了飞速的发展，从建厂初期产量不足4000吨的小企业，发展成为丹东市重点企业之一，1990年生产啤酒17237吨比1982年增长264%，实现总产值776万元，比1982年增长376%；实现利税总额617万元，比1982年增长451%。固定资产原值发展到6600万元，是1982年的28.4倍；人均产值达到11938元，比1982年增长91.2%；人均创利税9492元，比1982年增长121%；1984年工厂被丹东市人民政府誉为"文明工厂"，1988年被誉为"标兵单位"并获得中共丹东市委、市人民政府联合颁发的工业企业"效益杯"优胜单位称号。

丹东啤酒厂建厂以来，特别是1986年6月新领导班子组建后，首先打破了"只守业，不前进"的旧经营观点，决定两条腿走路，第一完善企业内部配套改革，全面提高企业素质；第二着眼未来，下功夫更新改造老设备，扩建三万吨啤酒，提高产品的产量和质量，扩大企业知名度。"七五"期间，该厂在党的新时期工作总方针的指引下，始终坚持"团结奋斗，开拓进取，务新求实，争创一流"的企业精神，胜利地完成了企业生产经营目标。主要经验是：

（一）坚持改革，开拓进取，是该厂不断发展的源泉。丹东啤酒厂是丹东市率先实行厂长任期目标责任制和企业承包经营责任制的企业，1987年厂长与丹东市工委签订了为期四年的经济承包合同。企业内部进行了配套改革。在领导体制上，形成了以厂长为中心，统一的强有力的互补型领导班子，强化了生产指挥和经营管理两个系统；在机构改革上将原来15个科室合并为12个，管理人员由92人，压缩到78人，达到层次合理科学高效的目的；在人事制度上废除干部终身制，实行各级干部聘任制和职称聘任制，实现了干部队伍年轻化、专业化；在劳动制度上，实行班组优化组合制；在分配制度上实行工资总额与企业利税挂钩。在投入、产出、转换、信息等方面做了大量的工作，特别是划小核算单位，落实经济责任制方面做的较好。经济责任制考核的主要方法是：奖金全额浮动，全项考核，联分计酬，质量否决，极大地调动了干部和工人的劳动热情与工作积极性。

配套改革的不断深化给企业注入了活力，也给全厂干部和工人增强了工作的紧迫感、责任感和危机感，促进了生产力的发展。1988年实现利润比上年提高45%，人均创利税比上年增长18.5%，达到了国家二级企业标准。

（二）抓紧扩建，增强企业后劲是该厂发展的基本战略。丹东啤酒厂在"七五"期间加速进行了三万吨啤酒扩建工程。工程总投资为5500万元，占地1.52万平方米，建筑面积1.94万平方米，该工程从德国引进主要生产设备和质量检测仪器，是一个设备精良、工艺先进、布局合理的现代化啤酒生产线。这一工程于1987年11月正式开工，1990年3月第一期主体工程竣工并投料试车。在建设中，千方百计采用新技术，压缩投资额，提高建设速度，仅发酵工段，设备安装及土建等项工程，即节约资金200多万元，在筹集资金上除国家专项贷款500万元外，其余5000万元均由企业通过发行债券租赁设备等办法解决。该厂从安装设备起就组建了生产准备科，狠抓了基础管理，建立了从原辅材料到制成成品，从灌酒交接到包装的一整套质量保证体系，从而实现了当年投产当年出的就是优质酒，当年就创效益的目标。1990年三万吨啤酒扩建工程试产产出热麦汁10040吨，滤出清酒8687吨，包装成品酒2628吨，使该厂啤酒的生产能力达到了4万吨，丹东啤酒厂以全新的面貌矗立在江城——丹东。

（三）提高质量，争创名优是该厂生产经营的生命线。为了提高产品质量，在扩建三万吨啤酒工程施工的同时，工厂决定对原有工艺设备进行技术更新改造，先后投资60万元完成重点技术改造5项，添置1台麦芽精选机，1台6立方米空气压缩机，加高了糖化锅，改装过滤装置，购置1台硅藻土过滤机，增加24吨发酵罐3个，还配套引进一条德国万吨灌装线，使万吨啤酒生产线提高到1.2万吨的生产能力。

“质量第一，用户至上”是丹东啤酒厂人人信守的诺言。为增强广大职工的质量意识，在每年设备大修期间，工厂组织对职工进行全面质量管理教育和技术培训，考试不合格不准上岗。该厂长年坚持攻关活动，厂领导亲自担任各攻关组长，分别组织解决啤酒外观质量、内在质量以及销售服务质量，对于质量重点问题，发动全厂力量全力攻关，几年来，着重解决了啤酒透明度、二氧化碳、保质期等方面存在的“老大难”问题。该厂还采取“请进来，走出去”的措施，博采众长，总结制定出一整套新的工艺流程和工艺标准。为了保证工艺标准化，厂里拿出15万元购置1套麦芽、糖化、前后酵自动化仪表检测系统，消除人工操作上的误差。

经过不懈的努力，丹东啤酒厂质量三年迈了三大步。1988年辽宁省啤酒评比中鸭绿江牌11°、12°熟啤酒被评为省优质产品，并在全国优质保健产品评比中获金鹤奖，在全国首届食品博览会上获金、银奖，1989年在全国啤酒行业的评比中，鸭绿江牌11°、12°熟啤酒分获银奖和铜奖，1990年，丹东啤酒被国家轻工业部命为A级产品并获轻工业部优质产品称号。在质量管理上，1988年获得了丹东市质量管理先进单位，1989年获得了辽宁省轻工业厅“全面质量管理验收合格”称号。

（四）引进新技术，以变应变是该厂生产经营的基本战术。为了提高产品实物质量，为外销产品奠定基础，该厂紧紧围绕“提质降耗和生产适应市场需要的产品”这个重点，开发新产品，采用新技术。1987年采用了国外先进的高浓度糖化工艺，以缩短酒龄，以固定化酵母工艺提高成品酒的稳定，开发了鸭绿江牌11°麦饭石啤酒，10°蜂花啤酒和8.5°低度啤酒等新产品。1988年开发利用了鸭绿江牌系列产品。按照经济规律、商品价值规律指导企业生产经营活动，努力减少产品销售环节，扬长避短，以改创新，形成了该厂生产经营的大好局面。

（五）开发创新，竞争服务是该厂“八五”期间的战略方针。面对国家宏观经济政策和市场环境的变化，该厂将利用机遇推动企业技术进步，增强企业后劲。在产品上形成多品种，多规格，多性能，按照不同需求研制生产消费者满意的啤酒；在技术开发上，重点抓好技术设备的改造；在竞争服务上，重点是提高啤酒质量，扩大市场占有率，努力发展外向型经济，增强出口创汇能力，以适销对路、优质价廉的产品满足社会需求，在更广泛的领域里参与市场竞争。

（撰稿：汤田顺）

经济效益逐年增长的丹东金笔厂

厂长顾奎午，中共党员，高级经济师。1941 年出生于辽宁省凤城县，1962 年毕业于沈阳机械工业学院机械制造系，同年参加工作。历任技术员、车间主任、副厂长等职，后担任丹东金笔厂厂长。1988 年被省政府授予“优秀厂长”称号。现兼任中国金笔协会理事，辽宁省金笔协会常务理事，丹东企业家协会常务理事，丹东企业管理协会常务理事。

丹东金笔厂始建于 1947 年，前身是上海金龙笔厂，是上海市解放前较大的私营自来水笔工厂之一。1952 年应原辽东省政府的招聘全厂迁入丹东市，成立公私合营永华金笔厂。1955 年改名为地方国营丹东金笔厂。全厂有职工 1670 人，其中各类专业人员 200 人，占地面积 31300 平方米，固定资产原值 1456 万元，净值 987 万元。主要设备 365 台，年产自来水笔 2500 万支。从原材料投入到成品装配有一条现代化的生产流水线，年实现利税 1500 万元，利润总额 650 万元，1987 年和 1988 两年先后进入省级先进企业和国家二级企业。

40 多年来，生产方式已由原来的以小生产方式为主，品种单调、工艺落后的手工业，发展成为以机械化和半机械化生产方式为主，以名、特、优、新产品为龙头，具有 6 大类近 50 多种规格花样的制笔工业。该厂产品选料精良，做工精湛，产品畅销国内 29 个省、市、自治区，远销国外 36 个国家和地区。是我国制笔工业基地和自来水笔生产的骨干企业之一，也是出口创汇的老企业之一。

党的十一届三中全会以来，经济效益大幅度增长，市场占有率和覆盖率不断扩大。10 年间实现工业总产值 21205 万元，向社会提供自来水笔 13099 万支。实现利税 8216 万元，利润总额为 4115 万元。是全国自来水笔生产利税第三大户。特别是进入第七个五年计划以来，生产突飞猛进，经济效益迅速增长，1988 年比 1985 年工业总产值增长 78.5%。自来水笔产量增长 98.2%，利税总额增长 82.4%，利润增长 1.32 倍，劳动生产率增长 70%，职工人均收入增长 70%。

该厂在企业内部掀起三次技术改造高潮，实行工人、干部、工程技术人员三结合，自己设计，自己制造铝干套多工位机床，吸水管多工位机床，笔夹多工位机床，笔尖多工位机床等制笔专业设备，特别是铝干套多工位机床被国家轻工业部批准为定型设备在全国推广应用。产品品种有高级金笔，高级铱金笔，普通铱金笔，两用笔、软笔、活动铅笔等 6 大类近 50 多种规格花样。产品质量达到国际国内先进水平。610# 高级铱金笔 1980 年荣获辽宁省优质产品，1981 年荣获轻工业部优质产品，1982 年荣获国家银牌奖，在全国质量测试中 10 年保持第一名，130# 金笔，404# 两用笔，800# 软笔，700# 系列大包头高级铱金笔先后荣获辽宁省优质产品，还有 5 种新产品荣获国家轻工业部、辽宁省优秀新产品称号。

丹东“白翎”、“金龙”金笔不仅畅销全国 29 个省、市、自治区，自 1954 年打入国际市场，出口的国家和数量不断增加，b 字系列高级铱金笔先后销售到 36 个国家和地区，252# 高级铱金笔出口工业发达的日本。1988 年出口数量达 300 万支，创汇 150 万美元。

该厂的经营指导思想是：以市场为导向，以质量求生存，以品种求发展，以技术管理求效益，改革内部经营机制，实行“一个中心”，“三个向”、“三个挂钩”，

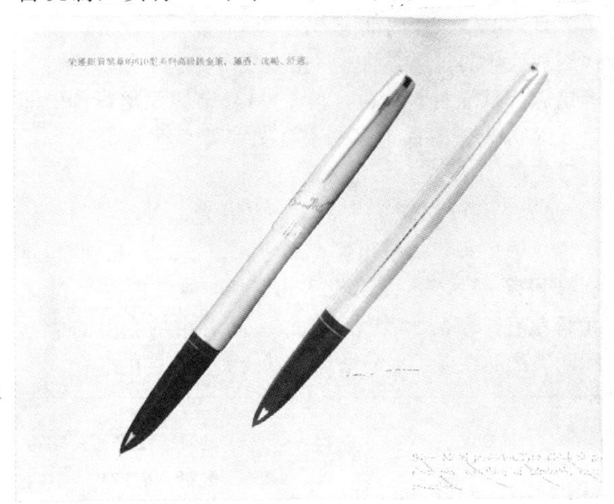

丹东金笔厂厂貌

“三个否定”为特征的企业内部经济责任制。即以提高经济效益为中心，向技术、向管理、向经营要效益；职工奖励与劳动贡献挂钩，奖金发放与经济效益挂钩，经济责任与方针目标挂钩；质量否定，成本否定，安全否定。促进了生产的发展，先后荣获国家设备管理先进单位；荣获轻工部企业管理优秀企业和质量管理优秀企业，安全管理先进单位；荣获辽宁省思想政治工作先进企业，省级文明工厂等称号。

该厂全面提高企业素质，充分利用本企业的优势，发展外向型经济，提高了经济效益，主要经验是：

一、以质优价廉占领和扩大市场。自来水笔市场自“七五”以来，一直处于产大于销的局面，但该厂产品的市场占有率不但未降，反而稳中有升，由 1986 年占全国 7.5%，1989 年上升到 8.16%，占全国的第三位。所以能如此，主要是该厂产品质量稳定提高，产品成本逐年降低，赢得了较强的竞争力。该厂自 1979 年开展全面质量管理以来，“七五”期间先后荣获轻工业部、辽宁省、丹东市质量管理奖和全面质量管理优秀企业，截止 1990 年底有 15 种产品荣获国家银质奖 1 枚，部优 1 枚，省优 13 枚。

为了增强产品的竞争能力，实行薄利多销的策略，千方百计挖掘企业内部潜力，开展质量成本核算，推广应用现代化的管理方法，采用新技术、新工艺、新材料等措施降低原材料消耗，仅 1990 年节约原材料价值即达 158 万元，既保证了产品质量又降低了产品成本扩大了销售。

二、不断调整产品结构，增加花色品种，巩固优势地位。该厂每年都推出新产品进入市场，“七五”期间研制开发新产品 35 种，投入市场 20 种，占全部产品 40%左右，产品永葆优势地位。随着市场竞争的加剧和同类产品在市场上的增加，以及消费结构的变化，该厂从 1980 年起逐步建立和完善信息网络，设计开发、研制生产相配套的新产品研究所，形成了一套开发研制程序和激励机制，同时建立了新产品开发专项奖励基金，使新产品开发工作形成制度化、规范化和程序化，真正实现了“计划一代，研制一代，生产一代，储备一代”。

三、依靠技术进步，提高生产力水平。该厂自十一届三中全会以来，充分发挥厂科协和技协组织的作用，将群众性的技术革新和技术革命推向高峰，仅“七五”期间完成革新项目就达 131 项。自行设计，自己制造的铝干套多工位冲床，具有国内先进水平，被轻工业部定为定型设备。全厂主要生产工序机械化、自动化，部分工序由过去一人一机改为一人四机生产，提高了生产整体效能。如铝干套多工位冲床，吸水管多工位冲床，笔夹多工位冲床生产能力比改造前提高 10 倍。为增强企业后劲，该厂还新投入技术改造资金 344 万元，用于新产品开发和模具加工的基地建设，通过科技进步取得了较好的经济效益，自来水笔年产量由 1985 年的 1080 万支上升到 1989 年 2063 万支，增长 91%，利税总额 1985 年仅 728 万元，1989 年上升到 1274 万元，增长 75%。

四、推进管理进步，提高经济效益。近几年来，丹东金笔厂为强化管理，从单项应用现代化管理逐步转向综合配套应用现代化管理方法，并采取用电子计算机辅助管理，取得显著成果。1987—1990 年消化原材料提价 955 万元，1986 年荣获辽宁省企业管理现代化先进企业，1988 年荣获轻工业部和辽宁省企业管理优秀企业，并有 15 篇现代化管理成果荣获部、省、市成果奖。

（撰稿：韩玉阁）

地址：辽宁省丹东市人民路 65 号　　邮编：118002

电话：62771　　电挂：6855

开发新品、注重质量的丹东经编厂

厂长刘乃禄，经济师。1945年6月生，山东省胶县人，丹东化纤中等专业技术学校毕业。1964年8月参加工作，1970年1月加入中国共产党。历任宣传干事、党委秘书、基建处长，市化纤会战指挥部副总指挥、市针织公司办公室副主任、副厂长，1986年10月任厂长。同时任中国针织协会理事、经编专业理事会常务理事、市企业家协会理事。

丹东经编厂是生产日用消费品的加工工业。在治理整顿中，以提高经济效益为中心，把力气花在新产品开发，引进技术设备，保优质、适销对路"拳头"产品上。几年来经济效益稳步增长。1986年实现利税131万元，1987年上升到154.8万元，1988年达到172万元，1989年又上升到184.2万元；就是市场"疲软"，困难重重的1990年也实现利税191万元，比上年增长了3.75%。4年的时间全厂经济效益提高了46%。进入了全省同行业的中型企业行列，经济效益名列前茅。特别值得指出的是该厂几年来进行了全面技术改造，国家没投资一分钱，全是通过自我改造，引进技术，发展生产，自力还贷搞上去的。

现该厂已有各种经编设备45台，其中82%是从德国引进的80年代先进设备。固定资产原值已达1424万元，已能生产主要产品三个系列11个品种。现有职工584人，厂房面积15600平方米。1990年实现工业总产值按不变价格计算达900.7万元，比上年增长了34.23%，其中优质产品产值464.8万元，比上年增长7.6%，主要产品提花装饰布入库一等品率达88.6%，是全省同类产品质量第一，1988年被评为"部优"，质量稳定提高率100%。全年实现销售收入1007万元，比上年增长2.7%，实现利税191万元，比上年增长3.75%。

该厂经济效益稳步提高的主要经验是：

（一）制订正确的经营战略。几年来该厂不断地分析经编行业的发展形势以及全国同行业的经济技术情况，特别是认真分析研究了国际、国内市场对经编织物需求的发展变化趋势。从而制定了经营发展战略，适应市场需求，调整产品结构，向六个方面开发新产品：1.向装饰用布发展；2.向军工用布发展；3.向工业用布发展；4.向深加工发展；5.向高附加值发展；6.向出口发展。按照这一经营方针，该厂几年来投资1000多万元引进了一系列德国的80年代先进设备。开发了一批独辟蹊径的新产品：先进的提花、长短绒织物、毛圈系列织机和后整理设备。1988年该厂与省工艺进出口公司联营，由省工艺公司投资，利用外贸的资金引进了系列经编毛圈机，生产毛圈布、经编毛巾被、毛巾睡衣，全部出口销往日本。1990年又与省工艺公司合作，仍由省公司投资，利用外贸的资金引进电脑绣花机，提高产品档次，增加产品附加值。

该厂的这一经营战略决策，使企业的路子宽了，经营更活了，形成了既生产日用生活用品，又生产军用产品，既生产工业用布，又生产高档出口产品。

（二）调整产品结构，大力开发新产品。丹东经编厂通过几年来的实践体会到：适销品种是企业的命根子，没有适销对路的品种就没有质量，没有适销对路的品种就无所谓管理。一句话，品种第一，质量第一，适销对路，才有经济效益。在这种思想指导下，该厂在严格控制非生产人员的情况下，抽调了一批工程技术人员搞新产品研究，开发新的花色，图案设计。

在市场“疲软”，1990年上半年经编布月销量下降了40%的情况下，厂领导及时根据市场变化，将装饰布1.5米的窄幅改成2米宽幅，受到用户欢迎。为了提高产品竞争力，更新了提花装饰布的图案，新设计了12个新花色，使装饰布图案更绚丽多彩。去年5月在北京王府井百货大楼举办全国提花装饰布联展，该厂的“古瓶迎春”，被评为最佳图案，在展销期间夺得销量第一。为了提高产品质量，该厂改革提花装饰布漂白工艺，由原来常温漂白改为高温漂白，使产品白度达到国内最好水平。由于这一系列措施，装饰布由滞销变成了俏货，在全国22个大型百货商场中站稳了市场。

该厂在调整产品结构中，极力开发军用蚊帐，并调整设备，提高生产能力。1986年年产2万顶蚊帐，1987年增加到3万顶，1988年在军用蚊帐评比中，得到较好评价，被军工厂定为长期使用单位，签定了长期使用合同。现年销量8万顶。与此同时，该厂还向多种用布、发展出口产品方面发展。几年来先后研制了毛圈布，生产出口毛巾被、睡衣。仅1990年就出口了2万件，交货值达66.85万元。根据国际市场的需求，当年又生产了高档绣花毛巾被、睡衣、提高了产品附加值，扩大了出口销售，日商看样后已签定全部定货、销售合同。该厂就是这样使企业走出峡谷，闯开了新路，把企业搞活了。

(三) 坚持内部挖潜改造。几年来该厂始终把挖潜改造作为管理目标，层层分解，落实到人，经济效益十分明显。仅1990年就增收了71万元。群众性技术革新改造完成了19项，提合理化建议35项，采纳实现了24项，创造价值46.6万元。经编车间开展高产优质达标竞赛，使蚊帐布台班现产量由110米提高到125米。设备科全体工程技术人员配合车间保全技工，研究修复了从巴西进口的5台二手经编机，他们自制配件，修理设备三个月就修复了三台，并投产使用，年增产蚊帐3万顶，增加产值51万元，增收利税11万元。仅修理这项设备，即为国家节省了20多万元。为了提高经编产品质量，解决毛丝整经断头的老大难问题，该厂发动工人组织攻关小组，自行设计制作整经毛羽自停器，控测毛丝，效果十分灵敏，达到了国际设备同等水平。经省经编协会技术鉴定认可。投产后提高产品质量10%，为国家节约外汇2.8万元，创造价值16.2万元。

(四) 加强管理，增加效益。随着经济体制改革的深入发展和价格改革，工厂承担的各种费用越来越大，原材料的涨价，政策性职工收入的增加。都要求企业提高吸收能力，增收节支。为此，该厂于1989年10月专门召开了全厂中层以上干部的研讨会，抓住了矛盾的主要方面——企业管理这个中心环节进行反复研究，最后确定采取一系列措施，并取得了较好的经济效益。1.扩大适销产品产量，增产军用蚊帐产品产量，由年产5万顶增加到8万顶。1991年还将增加到10万顶，每年可增加综合效益20万元，改装调换双针床经编机，与牡丹江市对换一台进口提花经编机，年增产12万米提花布，增收20万元，又可多摊销费用15万元。2.改革产品结构，提高质量和产品档次，增加收入。将毛圈布底纱由原使用98D锦纶丝改为用100D涤纶丝，受到日本市场欢迎，当年增加出口量50%。引进电脑绣花，将毛巾被、睡衣提高档次，增加产品附加值。深受日本客商欢迎，日本蝶理商社已签定了常年供货合同。3.加强管理节约开支。供应科采购原料丝，择优选购，全年节约资金18万元，加强了基础管理，建立健全检斤、验收和比价采购煤炭等办法，1年就节约费用14万元；染织车间共产党员代头，利用业余时间洗蚊帐片4000余顶，变次品为正品，为工厂多收入1.08万元；工人为了节约开支把兄弟厂埋掉的胶辊拣回来，修理使用，为工厂节约4800多元。4.严格控制增人，绝不“图名贪大”多招人。几年来严格把住了增人关。全省同等规模的企业职工人数都近千人，该厂只有500多人，仅此一项一年就减少开支近百万元。该厂1990年全员劳动生产率达到15000元/人，比上年同期增长37.5%。这个指标在全省同行业中是先进的。

丹东经编厂，目前正根据中央提出的“品种、质量、效益年”方针，总结经验，找差距，制订第八个五年计划的发展目标，沿着党的七中全会决议指引的方向，阔步前进。

(撰稿：军 凯 晓 蔚)

丹东经编厂的产品

阜新橡胶总厂简介

厂长周久才（兼党委书记），1949年11月生，1986年毕业于阜新市委党校经济管理专业，经济师、高级政工师。1968年参加工作，1974年任市化工机械厂副厂长，1975—1978年任市化工局副局长，1978年任市化工四厂党支部书记，1981年任市化工厂党总支书记，1986年任市橡胶总厂党委书记，1987年兼任厂长。1987年以来，多次被评为省、市劳动模范，1987年荣获“五一劳动奖章”，1988年被评为辽宁省优秀思想政治工作者。

阜新橡胶总厂是1988年8月经阜新市人民政府批准，以阜新市橡胶厂、阜新市橡胶三厂、阜新市橡胶制品分厂为主体成立的。总厂现有职工1630名，工程技术人员45名，固定资产2115万元。有三个厂区，分别在市中心3公里范围之内，交通便利，公用设施齐备，有良好的生产环境。

阜新市橡胶厂始建于50年代，由建厂初期的合作手工作坊逐渐发展壮大，现已成为国家煤炭部、冶金部、化工部生产输送带的专业化定点厂家，是中国橡胶协会、管带协会和起重运输协会的会员，是阜新市地方骨干企业之一，是辽宁省胶带生产的重点企业。产品有环宇牌普通、耐热、耐寒、尼龙、难燃等各种性能的输送带，生产能力350—400万平方米。其中，耐热、耐寒、高强、阻燃、尼龙等品种很受欢迎，普通、难燃带获省优质产品证书，有四种产品执行国际标准和国外先进标准。该厂生产的各种规格的输送带质量均达到和超过化学工业部规定的《胶带产品质量分级标准》。目前，企业有3个产品获省优质品称号，优质品产值率达到67%以上。该厂还有从台湾引进的年产100万双橡胶旅游鞋生产线，产品远销美国、日本、苏联等国家，是两头在外、出口创汇的加工企业。该厂的橡胶制品分厂，以生产橡胶杂件为主，有轮胎翻新、运输带、煤矿井下用阻燃风筒布等产品，其中，为阜新市封闭母线厂生产的封闭母线配套的橡胶密封圈等产品远销巴基斯坦等国。1989年实现产值3251万元，比上年提高14.4%；利税650万元，比上年提高2%。该厂认真贯彻质量第一，信誉第一，用户满意的质量方针，坚持全心全意为用户服务的思想，赢得了用户的欢迎。产品长期供应冶金矿山、交通电力、建材化工等行业。企业保持了和鞍钢、首钢、本钢等十几家钢铁公司、采煤系统等二十几个煤矿的供需关系。

该厂经过“六五”期间重点技术改造，现有厂房、设备已全部更新。1988年投资1700万元，与辽宁轮胎厂联合开发了“年产10万套全钢丝子午线轮胎翻新”项目，现在土建工程已基本完成，将从美国引进二手翻新设备，已经与美国JMB机械销售公司签订合同，正着手前期生产技术准备工作。企业经过几年的基础管理，3年上了3个台阶，企业先后获“市级先进企业”、“市质量管理奖”、“省设备管理优秀单位”、“省清洁文明工厂”等称号，1989年在全国同行业厂际竞赛中，被评为第二名，并通过“省质量管理奖”、“省级先进企业”的评审验收。现已晋升为国家二级企业和化工部“六好”企业。

目前，阜新像胶总厂正着眼于未来，加强技术改造，推行技术进步，开发新产品、新市场，已有“年产100万平方米全钢丝运输带”准备立项（厂房已有），正待省市政府审批。该厂与化工部沈阳橡胶制品研究所建立了帮带关系，将推动企业新产品的开发和利用。

阜新橡胶总厂愿在各界及广大用户的真诚合作和支持下，为发展社会主义经济做出更大的贡献。

第一副厂长：漆宗同（总工程师）

副厂长：孙承志（总经济师、总会计师）、田德芳（女 高级工程师）、王铁峰（高级工程师）、柳思玉（工程师）

地址：阜新市八一路电工街24号　邮编：123000

电话：24474　电挂：3112

阜新市轻工机械厂

厂长刘汉录，1945年7月生于山东省莱芜市，1960年7月参加工作，1965年毕业于辽宁省阜新市教育学院，1988年毕业于辽宁省电大企管专业。1974年到阜新市技术协作委员会工作，任技协委员、技术推广科科长。1979年到阜新市钢球厂工作，任技术副厂长。1982年任阜新市陶瓷厂技术副厂长。1983年到阜新市轻工机械厂任技术副厂长，1984年任厂长至今。

阜新市轻工机械厂是轻工部投资筹建定点生产精密冲床的厂家，现有职工300多人，固定资产350万元，占地面积3万平方米，建筑面积9000平方米。工程技术人员51人，经济管理人员27人，其中有中、高级以上职称的36人。工厂设有4个车间，18个班组，11个科室，是个小而全的中小型机械工业加工厂。

该厂在“开拓求实、奋发进取、争创第一”工厂方针的指导下，全厂职工积极努力，先后开发了7个省以上的新产品，其中4项填补了国家空白。目前生产的产品有5个系列41个品种，覆盖全国29个省、市、自治区，有较强的竞争能力。

一、精密压力机。G94精密压力机系列：1.6T，4.0T，6.3T，25T，45T等，是60年代填补国内空白替代瑞士进口的产品，1986年获阜新市优质产品。

二、压缩机。HP—0.5／7型迴转滑片式压缩机，是我国六五期间后3年重点攻关项目，1985年试制成功。经过国家机械工业部组织鉴定：HP—0.5／7型迴转滑片式空气压缩机具有结构简单、合理、效率高、输气平稳、无脉冲、排气温度低、噪声低等特点。它的试制成功填补了我国小型迴转滑片式空气压缩机的空白，是目前国内理想的小型空气动力源。

三、钢球设备。3M4720研磨机、3M4915光球机、轧球机、校直机，1988年经辽宁省计经委组织鉴定：具有国内同类先进水平，其中轧球机“填补国内空白，具有国际同类设备水平”；3M4720研磨机、3M4915光球机，1988年被评为辽宁省优质产品。

四、食品设备。QZGSX—450型、QZGSX—400型全自动挂面生产线，450型日产4万斤，400型日产3万斤。全条生产线包括风送、盐水罐、合面机、输送带、熟化机、压片机、自动上挂系统、剪面机、锁道式烘干系统、自动下挂系统、自动切条等。1985年经轻工部组织鉴定：该线外型美观，结构设计合理，便于操作，安全可靠、性能稳定，采用全封闭机罩，卫生条件好，具有国内先进水平，并接近或达到进口同类设备水平。其中400型挂面机，1986年获轻工部和辽宁省优质产品，并获得辽宁省金鹰奖二等奖，替代了进口设备。

五、制冷设备。热交换器生产线是制冷行业生产热交换器必备设备。全线包括：高速冲床、模具、大弯管机、小弯管机、全自动清洗机、油压式胀管机、自动套环机、自动焊接机、小清洗机等。1988年经国家科委立项，1989年研制成功，同年12月经国家科委组织鉴定：该设备与日本进口同类产品性能相当，达到了世界80年代同类设备水平，1990年曾获轻工部科技进步三等奖、辽宁省“金鹰”奖二等奖、阜新市科技进步一等奖，同时获轻工部银奖，被国家计经委指定为替代进口的产品。1990年轻工部给该厂投资1000万元，计划3年内建成我国制冷设备装备基地。

第一副厂长：李凤芹（总经济师）

副厂长：韩文贵（总工程师）、张　俭、赵留柱　　总会计师：曲桂芝

地址：阜新市西环路18号　　邮编：123000

电话：22864，22568　　电挂：3102

齐齐哈尔市天然气公司

经理胡立中，高级工程师，1940年5月生，1964年毕业于哈尔滨师范大学化学系。1976年6月到天然气公司（原液化气公司）工作，1981年1月任公司副经理，1984年8月任公司经理至今。

天然气公司的前身为液化气公司，组建于1975年4月，1989年4月更名。主要承担着液化气的经营、服务和天然气工程建设与管理任务，现有职工463人，8个基层单位，系市属全民所有制预算外中型企业，是实行企业管理的事业单位。目前，天然气公司业务有液化气供应和天然气建设两部分。

液化气厂经过15年来的建设，现拥有储罐15台，容积1266立方米，可储气560吨，火车槽车21台，汽车槽车3台，铁路专用线1条，钢瓶灌装线、钢瓶检修喷漆自动线基本配套，固定资产1375万元，全市设5处服务站，用户65438户，气化率17%。液化气气源，每年都比较紧张。计划内气源仅有900吨，可全市用气量在5000吨以上，在上级有关部门的支持下，经过全体职工的积极努力，搞了大量的计划外气源，基本上满足了用户的需要。

齐齐哈尔市天然气工程建设是1986年立项，1989年4月动工兴建的。1987年11月3日省计经委批复项目建议书，12月20日省计经委同大庆石油管理局签定《关于利用阿拉新油气田天然气的协议》。1988年12月19日对初步设计进行了审查，1989年1月4日齐齐哈尔市人民政府与大庆石油管理局签定了关于阿拉新油气田天然气供需合同，1990年10月底开始供气，初期供气量为2万立方米，预计1991年末达到5万立方米，1992年达到8万立方米，1993年达到10万立方米。全部工程投产运行后，可满足近10万户居民和部分饮食服务业及部分工业户用气，气化率可达70%，加上使用液化气的用户，气化率可达80%以上。

天然气工程主体工程包括阿拉新到齐齐哈尔市的长输管线60公里，由大庆投资建设。储配站、次高压干管、支干管、版区管道、用户调压箱、户内管道和煤气表等，由市内集资筹建。第一期工程共安装17828户，城市主干线12.1公里，28座阀井，258个调压箱。片区管网50.54公里。第一期工程建设项目已于1990年10月基本完成，现正在陆续通气中。

15年来，这个公司从深化企业改革入手，不断加强企业管理，企业管理素质有了很大提高。先后被授予省建设系统文明单位、省建设系统安全生产先进单位、黑龙江省小福利设施先进单位、市安全生产、文明生产先进单位、市级文明单位、市安全工作标兵单位、市社会治安综合治理先进单位、市安全防火先进单位、市级庭院绿化先进单位、市级卫生先进单位、省级档案管理先进单位、省级设备管理先进单位。1990年公司被授予省级先进企业，液化气厂被国家建设部授予“液化气储罐厂（站）安全先进单位”、“省建设系统精神文明建设标兵单位”等荣誉称号。

党委书记：张文翰

副经理：周英樵、孔繁明（会计师）、刘泉生（工程师）、史绪昌（助理经济师）

地址：齐齐哈尔市民航路5号　　邮编：161005

电话：37069，37079

诚信无欺、优质服务的双鸭山市商业大楼

总经理王秋林，商业经济师。1953年生，黑龙江省伊春人，中共党员。历任双鸭山市商业局业务科副科长，蔬菜第一商店副经理、经理，新兴菜市场经理，市商业大楼总经理等职务。曾获双鸭山市商业系统先进工作者、黑龙江省商业系统劳动模范、双鸭山市10名企业改革带头人、双鸭山市优秀共产党员等光荣称号。

双鸭山市商业大楼位于夹山地区中段，建成于1989年9月，建筑面积8400平方米，营业面积6000平方米，职工496人，是市最大一家综合性商店。大楼设4个商场、54个售货组，主要经营百货、针纺、五金、交电、蔬菜，副食品等8个大类，1.6万多种商品，日平均接待顾客2万人次，年销售额3000万元左右，年创利税150万元以上。

几年来，双鸭山市商业大楼发扬社会主义商业全心全意为人民服务的优良传统，教育职工爱店如家，以店为家，强化了大楼利益，销售额直线上升。1991年销售计划2000万元，预计完成2800万元，利税150万元。

信誉是企业的立足之本，也是双鸭山市商业大楼的一大经营特点。他们严格把好购销两道关，高档商品进货以中外合资企业为主，高中档商品进货以国家定点厂家为主，低档商品进货以二、三级批发站为主，并先后与北京、上海、天津等大城市、知名度较高的厂家建立联销关系。因此，在商品质量方面赢得了广大消费者的充分信赖。

实行规范化服务是双鸭山市商业大楼的奋斗目标。围绕着劳务质量、环境质量、商品质量为内容制定了《营业员服务规范》、《柜台纪律十不准》、《等级营业员制》等配套制度，使职工明确工作范围和职责，掌握自己在经营中的服务规范。从售前、售中、售后以及商品陈列、文明用语到帮助顾客挑选商品、包装算帐、帮助顾客解决困难等方面都建立了严格的工作程序。

突出经营特色，是双鸭山市商业大楼扩大销售的重要途径。针对消费者购买商品看牌号求名、看质量求优、看款式求新、看价格求廉的心理，采取了一特、二全、三突出的经营策略，即注意经营特殊商品；力求达到你无我有，季节性商品和人民生活必需品经营全，从几分钱的小货到几千元的大件应有尽有；突出季节性商品、骨干商品、潮流性商品的陈列，从而吸引更多的顾客。消费者普遍反映，商业大楼商品全、价格廉、服务好，是顾客真正的朋友。

地址：黑龙江省双鸭山市　　邮编：155102
电话：22310

在改革中稳步发展的牡丹江电线电缆厂

厂长李维盘，中共党员，高级经济师。1934年10月生于河北省宝坻县。1950年8月参加工作，历任牡丹江铸锻厂干事，牡丹江市工业局组织部干事，牡丹江化工厂、砂轮厂党支部书记，牡丹江第一机床厂办公室主任，牡丹江变压器厂厂长，牡丹江电线电缆厂厂长等职。曾多次被授予市优秀共产党员和市劳动模范称号，被誉为“开拓型厂长”。

牡丹江电线电缆厂始建于1966年3月，是国家机械电子工业部电线电缆定点生产厂和黑龙江省136户骨干企业及牡丹江市25户重点企业之一。厂区面积20.85万平方米，建筑面积6.13万平方米。现有职工1450人，其中工程技术人员180人。内设1个分厂，3个生产车间，1个辅助车间，及生产、技术、检查、全质、财务、计划、企管、教育等科（室）和子弟学校、职工医院、托儿所、街道、派出所、消防队等附属部门。建厂25年来，共为国家提供电线电缆889492公里，上缴利税9077万元，并荣获省“六好企业”和市“文明单位”等称号。目前，已是一个具有雄厚的科技力量，先进的设备和工艺，完备的检测手段和科学的管理方法，主要机械动力设备222台（套），年综合生产能力4万多公里，创产值4500万元的新型的全民所有制生产企业。在改革、开放、搞活的新形势下，工厂积极在技术引进和技术改造上下功夫，先后从意大利、瑞典、美国、英国引进测试设备，购置了国内先进的橡塑密炼机、电缆电阻测试仪等，形成了重型橡套电缆、矿用电缆两条连续硫化生产线。经过技术改造后的橡料加工车间，采用粉料脉冲输送、电子秤自动计量、能量控制等新技术，达到了80年代国内的先进水平。目前，工厂可按国家标准和国际IEC、BS等标准生产“五环牌”橡皮绝缘、塑料绝缘布电线、道用橡套软电缆、矿用电缆、塑力缆、裸铝绞线和钢芯铝绞线等产品，共计3大类，48个品种，近千个规格，产品质量稳定提高率达100%。其中，铜芯塑料线为部优产品，通用橡套软电缆、电焊机用软电缆、铜芯塑料线和橡皮线为省优产品，优质品占总产值的56.8%；塑料线、通用橡套软电缆、电焊机用软电缆等3项产品的15个型号全系列产品，经中国电子产品认证委员会认证合格，并取得国家级产品质量认证合格证书，达到有证生产，凭证销售，除满足国内市场需求外，还单独或配套出口到美国、苏联、新加坡、马来西亚、香港、澳门等国家和地区。

工厂还注重以市场为导向，坚持深化企业改革，不断强化经营管理，积极调整产品结构，以优质、价廉、服务周到的经营方针占领市场，并根据市场需求先后开发研制了UGP电钻电缆、UYDP矿用照明电缆、UG6000伏高压电缆和UCPQ1140伏综采机组电缆等新产品，受到了用户的欢迎。新产品的开发，增添了企业的后劲，使工厂的产值、利税连年稳步增长，走出了一条速度和效益同步发展的道路。

地址：黑龙江省牡丹江市大庆路　邮编：157011
电话：31581，31585　电挂：6699

牡丹江电冰箱厂

厂长李鸿沧，中共党员，高级工程师。1940年4月生于四川，1961年8月毕业于西安交通大学电机工程系，同年10月分配到国营牡丹江电瓷厂工作，历任技术员、工程师、技术组组长、副厂长等职。1983年7月调牡丹江市家电公司工作，任牡丹江电冰箱厂厂长兼市家电公司经理，负责组建牡丹江电冰箱厂工作至今。1989年兼任牡丹江市制冷协会理事长、黑龙江省家电协会副理事长、中国家电协会理事。

牡丹江电冰箱厂坐落于风景秀美的牡丹江畔，是黑龙江省唯一生产家用电冰箱的全民所有制大型企业，有职工965人，占地面积6.1万平方米，建筑面积2.8万平方米，其中主厂房1.24万平方米，铁路专用线直通厂内，是一座新兴的现代化企业。

牡丹江电冰箱厂创建于1983年，是国家轻工部家用电冰箱定点生产企业之一。1985年与意大利梅洛尼公司合作，引进全套生产检测设备及生产技术，生产具有80年代世界水平的“北冰洋—阿里斯顿”牌系列电冰箱。主要规格有BCD—185L、BCD—202L型双门双温电冰箱，BCD—205L、BCD—180L、BCD—222L大冷冻室（77立升），BCD—181L、BCD—202BL三门豪华型电冰箱。产品严格按国际标准ISO／DIS8187—84组织生产和检测。1987年晋升为黑龙江省先进企业，1988年晋升为国家二级企业。

精良的自动化生产设备，先进的检测手段，完善的科学管理，使“北冰洋—阿里斯顿”牌电冰箱获得优异的质量，良好的信誉，先后荣获省优、部优和北京国际博览会银质奖、北京家电产品博览会金马奖等称号，并被列为国家“A”级产品。“北冰洋”的宗旨是“为社会尽责，为用户服务”，为使顾客买的满意，用的放心，在全国各地建立了近300个销售及售后服务中心，集咨询、销售、维修于一体。“优质、新型、高档、中价”是“北冰洋”形象的集中表现。该厂坚持以“质量求生存，靠新品争发展”的原则，从建厂初期就建立健全了各项规章制度，全面推行了目标管理、全面质量管理、ABC管理、市场预测、量本利分析、网络技术和电子计算机辅助管理等一系列现代化管理方法，使企业逐步向现代化企业过渡。在全面质量管理中，坚持了“质量否决权”，坚持了高于国家质量标准的内控标准，取得了全面质量管理的一级验收。产品经销全国各地近百个大中城市，受到客商的青睐和用户的好评。

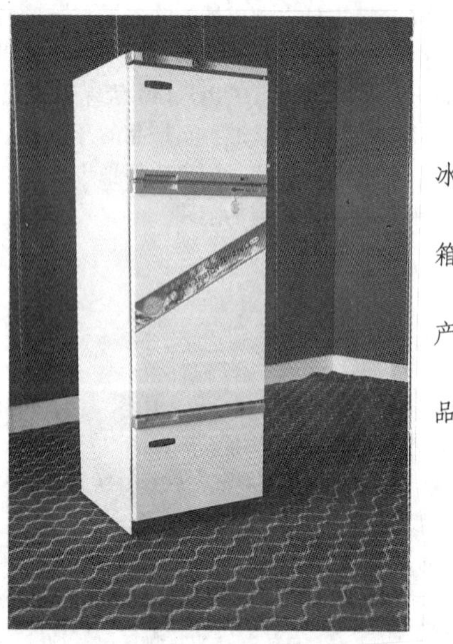

冰箱产品

“北冰洋—阿里斯顿”愿为您的朋友，并愿为您带来清爽、温馨、新鲜的感受。

地址：牡丹江市裕民村　电话：32600，31286
电挂：4630　电传：87103　MBFCN

开拓前进的牡丹江市化工轻工材料公司

经理冯延义，中共党员，会计师。黑龙江省五常县人。1955年参加工作，历任大海林林业局杨木沟林场工段长，海林林业局生产部副主任、财务科科长，牡丹江地区木材公司副经理、市计划委员会知青公司经理、市化工轻工材料公司财务科科长、副经理、经理，市经济体制改革研究会理事，全国厂长经理报之友会理事，黑龙江省化轻物资流通协会常务理事，牡丹江地区化轻物资流通协会会长等职，曾多次被评为省、市、局先进工作者。

牡丹江市化工轻工材料公司主要负责黑龙江省东部地区“七县二市”重点化工、橡胶、塑料等生产企业所需的108个品种的生产原料的统配调拨任务，是一个集购、销、调、存、运于一体，拥有140万元固定资产、169万元自有流动资金、14个经营网点、430名职工、年平均销售额8000万元、创利税超百万元的全民所有制物资流通企业。各项主要经济指标的增长速度在全省同行业中始终居于首位，并先后被市委、市政府命名为文明单位和文明单位标兵，被省政府命名为“六好企业”和省级先进企业。

改革开放以来，公司坚持以提高经济效益和社会效益为中心，以为生产服务为宗旨，使供应工作由分配管理型转化为经营服务型。为了减少物工矛盾，保证“两个效益”同步提高，公司在全省物资系统率先推行了合同承包配套供应方法，实现了供求一条龙。还积极推行了经理负责制和经营承包责任制，做到了责任层层负，权力层层有，责权利不脱节，极大地调动了各方面的积极性和创造性。为了不断扩大供应范围和增强供应能力，还本着隶属关系、所有制性质和财政上缴渠道不变的原则，通过经销、联销、贸易协作、联合投资、补偿贸易等形式，积极发展了全方位的物工、物商、物物联合，每年可通过这些渠道组织进各种短缺资源7000吨左右，既发挥了主渠道的作用，又活跃了化轻物资市场，在企业中树立了良好的形象。

公司还注重强化基础管理工作，不断适应改革工作深入发展的需要。本着时间、人才、职能、预见、决策5个有效性的原则，全面实行了企业管理的制度化和科学化，在资金管理、核算体制、人才开发、信息管理、进货和仓储管理等方面，建立健全了一系列行之有效的规章制度，并从讲求实效出发，全面推行了质量管理、目标管理、定额管理、数据管理、计算机管理等现代化管理方法，使公司的管理素质和管理水平不断有新的提高。还坚持严字当头，依法治企，依法经营，用法律的力量来维护正常的经营活动，保证了公司的健康发展。

公司还坚持“两手抓”的方针，使思想政治工作较好地发挥了作用。党委部门根据不同时期的特点，采取各种形式、不断培养和提高广大职工的思想觉悟和政治素质。注重搞好班子建设和思想建设，做到既坚持民主集中制原则，又发挥好班子中每个成员的作用。充分尊重职工的民主权利，搞好民主管理，共同抓好企业的各项工作。

地址：牡丹江市东牡丹街　　邮编：157000
电话：28923，22376　　电挂：2140

不断前进的牡丹江市金属材料公司

经理徐同喜，中共党员，高级经济师。河南省登封县人。1951年6月中学毕业参军.历任解放军某部文书、秘书、助理、团委书记，牡丹江军马场工会主席、公安分局长。转业后，历任牡丹江市机电公司计划科及市物资局计划科科长、市机电公司副经理、市金属材料公司经理等职，曾多次被评为省、市、局先进工作者，1985年被评为牡丹江市优秀社会主义企业家。

牡丹江市金属材料公司是黑龙江省东部地区经营金属材料的全民所有制物资企业，主要负责全地区30多个品种、260多个规格的统配调拨任务。改革开放以来，企业的供应范围不断扩大，已是一个集购、销、调、存、运于一体，拥有520万元固定资产，1000万元流动资金，7个行政性科室和11个经营科站，207名职工，年平均销售收入7000万元，创利税187万元，十年累计上缴国家1337万元的新型企业。先后被评为牡丹江市先进单位、重合同守信用标兵单位、市文明单位标兵、市一级核算单位、银行特级信誉单位和省卫生文明单位、省金属系统和中国金属材料公司系统先进单位、省市物资系统先进单位和省级先进企业。

党的十一届三中全会以来，公司坚持改革，端正经营思想，靠资源、靠服务、靠信誉争取和赢得用户。成立了综合服务办公室，建立了内部调度例会制度，加强了调拨、结算、装卸、送货一条龙服务；实行分片包干的供应办法，不断增加经营网点，拓展承包供应范围；注意搞好牵线搭桥和衔接产需工作，无偿提供服务，在企业中树立了良好的声誉。

该公司除同省公司联营外，还参加了东北18城市、全国23城市、16城市和本省4城市的金属材料联营集团，并开发了外汇进口渠道，每年可通过这些渠道组织进各种短缺材料9000余吨。实行了计划内钢材均价供应和计划外钢材通开供应、差价单独记账、滚动使用和平议互转的办法，解决了多年存在的计划内钢材因进货渠道不同，而造成的价格明显不合理、用户负担不均的问题，收到了较好的社会效益。为了帮助一些困难企业渡难关，公司注意有组织地开展以货易货、调剂串换和赊销供应业务，仅1990年就赊销1450吨，价值496万元。在保证本地生产需要的同时，还积极开辟外地市场，利用外地资金，大搞远购远销。

该公司实行经理负责制和经营承包责任制，并本着方便工作、理顺关系、结构合理的原则，设置机构，开展了优化组合等方面的工作。对物资购销、资金使用、费用支出、承包合同等实行了严格的计划管理，做到了集中管和分散管相结合；对财务管理和资金管理、费用管理、资源管理、仓储管理、行政管理等项工作，也按照指标化、程序化、系统化、制度化的目标和要求，做到管严与管活相结合。

在加强思想政治工作和精神文明建设上，公司坚持“两手抓”的方针，不断提高职工的政治素质。注意加强民主管理，发挥职工主人翁作用，积极组织职工开展提建议、挖潜力、渡难关、做贡献活动，有效地激发了全体职工的责任感和使命感。

地址：牡丹江市东新荣街2号　　邮编：157001
电话：21668，24644　　电挂：1466

牡丹江五金采购供应站

经理白春阑 中共党员。黑龙江省鸡西市人。1958 年参加工作，历任鸡西市人民银行核算员，梨树商业分局业务员，密山县糖酒公司统计员、商店主任和支部书记，县商业科副主任、主任，县革委副主任，县委副书记，宁安县副县长，鸡西市商业局副局长，工业品总公司总经理，供销社副主任，牡丹江五金站副总经理、总经理等职。

黑龙江省牡丹江五金采购供应站成立于 1952 年，是国营二级批发企业，担负着经济区内五金交电商品的二级调拨、批发和零售业务，年经营额 1.1 亿元，上缴利税 150 多万元。拥有固定资产原值 612.4 万元。有职工 605 名，其中高级经济师、会计师各 1 名，有中级职称的 39 名，大中专毕业生 34 名。下设五金、工具、水暖、家电、机电、交电、综合 7 个经营部，12 个管理科室，3 个批零合一的商店；仓库占地 3 万多平方米，成型库房 1.11 万平方米，有铁路专用线和 2000 平方米的站台仓库，各种类型车辆 24 台。

该站主营五金、工具、水暖、消防器材等商品，兼营机电、电工、交通器材、家用电器、通讯器材等共计 1.1 万多个品种规格。商品采购延伸到东北、华北、华南等重要产区，与全国 500 多个工商单位结成了贸易伙伴，建立了稳定的货源基地。

党的十一届三中全会以来，该站认真贯彻改革开放的方针，坚持精神文明、物质文明一起抓，形成了“爱站、实干、求新、贡献”的企业精神。特别是近几年来，根据市场变化和新的流通体制要求，不断深化企业内部配套改革，强化了经营管理机制，推行了全面质量管理，建立健全了质量保证体系，充分调动了全体职工的经营积极性。还实行了宝塔式的目标管理和商品 ABC 管理法，建立了严格的进货审批制度，并本着为用户负责的态度，严格把关，杜绝了伪劣、假冒、无证商品进入流通领域。同时注意转变经营作风，变坐商为行商，把服务延伸到售前、售中、售后的全过程。此外，还根据需要，积极走工商结合的道路，先后与 16 个地产厂家组建了行业联销集团。

几年来，该站以品种全、质量优、价格廉、服务好取信于客户，充分发挥了国营批发商业设备完善、资金雄厚、储运能力强、渠道广阔、货源充足、服务周到、辐射面广等优势，使企业的经营工作连年有新的发展。在 1990 年市场疲软，竞争激烈，资金紧张的形势下，各项主要经济指标在同行业中名列前茅，先后被省政府命名为重合同、守信誉先进单位，被市政府评为精神文明标兵单位，物价计量信得过企业，及省“四好”仓库标兵。

牡丹江五金采购供应站热切希望与国内外的工商企业和个体工商业真诚合作，共同促进五金市场的发展和繁荣。

地址：牡丹江市光华街 2 号　　邮编：157000

电话：22870　　电挂：0892

镜泊湖宾馆

总经理钱永久，1941年生，大专文化，1960年参加工作。历任桦南县金矿局、铁矿局和牡丹江市劳动局科员、科长等职，现任黑龙江省镜泊湖管理局接待处处长，兼镜泊湖宾馆总经理。自任总经理以来，富有成效的经营管理工作，赢得省内外的好评。

镜泊湖宾馆始建于1983年，位于黑龙江省宁安县境内，距牡丹江市110公里，驰名中外的镜泊湖风景名胜区，坐落在碧波如镜的高山堰塞湖畔，群景之首的“吊水楼瀑布”南端。

镜泊湖区山清水秀、气候宜人，四季分明，春枝夏花秋叶冬雪别具风韵。以百里长湖9大奇景闻名于世，尤以镜泊湖瀑布和火山口地下森林倍受世人瞩目。湖区地域辽阔，有丰富的自然、人文景观和自然资源，到这里旅游下塌，垂钓狩猎，游湖赏景，别有一番情趣。如今，镜泊湖已经成为我国著名的避暑胜地。

镜泊湖宾馆是镜泊湖风景名胜区内功能最全、档次最高的一家国家二星级宾馆。占地3万多平方米，庭院建有别具风格的园林花园，栩栩如生的动物群雕，优美别致的亭台楼阁，清心幽雅的林间小径，锦鳞游泳的音乐喷泉，功能齐全的现代化设施，驰名中外的鲜嫩湖鱼，以及舒心惬意的优质服务，常使游客留恋忘返。

镜泊湖宾馆可为中外宾客提供一条龙服务。宾馆建有6栋客房，55间客室，120张床位，室内装修考究，除有单人间、双人间、三人间外，有豪华套房11间，总统套房2间。

餐厅有中、西两类大小共9个，一次可就餐200人，定餐、分餐、点餐宾客任选。此外，还设有多功能厅、咖啡厅、卡拉OK游艺厅、建身房、洗衣房、会议室、商店等。宾馆还开办外汇兑换、交通用车出租、长途电话、电报等业务。

改革开放以来，宾馆已接待了邓小平等党和国家领导人26人次，接待美、英、法、日、苏等10余个国家的外宾2000多人次。年平均接待中外宾客达4万多人次。

镜泊湖宾馆以开拓创新，科学经营而著称，自1988年实行了总经理负责制以来，连年被黑龙江省评为旅游系统卫生先进单位。近年来，随着旅游行业不断发展的需要，宾馆改革了经营方式和用工制度，从单纯接待型转向接待经营型。同时，进一步配齐配强了各个部门和各类人员。宾馆以“宾客至上、服务第一”为宗旨，赢得了良好的信誉和较高的经济效益。

佳木斯北方机械制造厂

厂长李荣权，中共党员，高级工程师，1936年11月生于辽宁省盖县。1957年9月毕业于沈阳机器制造学校机械专业。参加工作以后历任秘书、教导员、副厂长、厂长兼党委书记，并出任中国农机工业协会耕地种植专业协会常务副理事长。

佳木斯北方机械制造厂建于1952年，是国家机电工业部和省机械委重点企业，是黑龙江省整地机械技术开发中心。工厂占地47万平方米，其中生产面积23.1万平方米，总建筑面积6.94万平方米。固定资产原值1616万元，净值1009万元，主要生产设备240台套。现有职工1800人，其中国营职工1400人，工程技术人员150人。

党的十一届三中全会以来，该厂坚持农机生产优势，走一业为主、多种经营的产品发展道路，实行了产品结构调整、管理体制、内部分配制度等一系列改革措施，实现了农机、多种经营互补。1985年整地机械产量占全国同行业的2/5，1990年生产机引耙6000台，农机配件21万片，出口犁片15万片。该厂对主导产品进行了更新换代，吸引、消化美国迪尔公司新技术，自行设计投产了IBG—7.4—76片轻耙、IBY—7.0—72片轻耙，IBJ—2.2—64片中耙，IBJ—5.3—48片中耙，IBJ—4.4—40片中耙，IBZK—3.3—24片重耙等具有80年代初水平的机引耙。其中72片耙和48片耙为联合国世界银行国际投标中标产品；76片、40片、24片耙，经农牧渔业部考察，定为国营农场机引耙更新换代产品。1985年与中国农机院联合研制为大马力拖拉机配套的联合整地机和28片重耙，通过了国家级鉴定，达到国内先进水平。1980年开始出口圆犁片，10年累计出口80.32万片，累计出口创汇735.66万美元，先后出口44个国家和地区。开发了五种挂式圆盘耙、建材机械、蒸压釜、工程地质钻机、烘干机、输送机等，产品发展到横跨6个行业11个系列30多个品种。

主要产品质量达到或超过上级部门重点考核的质量指标。1989年，成品抽查合格率达100%，质量稳定提高率达100%，主件主项合格率达96%。全部产品中有IBY—3.4—41片、72片、76片、64片、48片耙，MAY—465041农用圆盘，FGB—2×21蒸压釜，SHJ—7.0粮食烘干机8种产品先后获省优质品，其中41片、76片、农用圆盘三种产品获部优质品。

工厂先后被授予市、局级“双文明先进单位”、省“推进管理现代化先进单位”、省“出口工作先进单位”，取得了全面质量管理一级合格，计量二级合格，省、市级节能先进单位，市最佳效益杯先进单位等称号，1989年跨入省级先进企业行列。

副厂长：于英韬　总工程师：冯友芳　总经济师：刘选义　总会计师：陈春发　工会主席：李胜巨

地址：佳木市友谊路西段　邮编：154004　电话：32911　电挂：5990

国家二级企业
——徐州塑料厂

厂长戴延宗，1941年12月出生于江苏省睢宁县。大专文化，高级经济师。1969年从部队复员到徐州塑料厂，先后任党支部书记、党总支书记、党委书记、副厂长、厂长等职。1987年代表该厂与徐州市政府签订了为期4年的经济承包合同。1988年以来多次被评为徐州市优秀党员，徐州市优秀企业家和江苏省轻工系统劳动模范。

徐州塑料厂始建于1956年，全厂占地面积3.5万平方米，建筑面积4.4万平方米。是国家轻工部定点生产聚氯乙烯人造革的国营大型骨干企业。现有职工1030人，其中工程技术人员占10%，拥有6条国内外先进的塑料加工生产线，固定资产4010万元，年加工能力为2万吨，成为国内塑料加工行业中生产规模最大的厂家之一。1988年被评为江苏省先进企业；1989年被评为国家二级企业和江苏省思想政治工作优秀企业；1990年上半年经济效益跃居全国同行业第3位，企业年年有新发展。

该厂产品除人造革外，还有聚氯乙烯壁纸和软聚氯乙烯压延薄膜。其中聚氯乙烯市布发泡革、针织革和壁纸全部采用国际标准生产。“白风牌”聚氯乙烯发泡人造革1988年被评为轻工部优质产品，深受全国28个省、市、自治区650余家用户的欢迎，产销量占全国同类产品总量的1/4。“白凤牌”软质透明片获国家经委颁发的“国家技术开发优秀成果”证书。“墨龙牌”聚氯乙烯浮雕法壁纸，1988年在全国行业评比中获第二名。

随着改革开放和治理整顿方针的实施，徐州塑料厂首先把主要精力放在增强企业内部活力上，把“以深化改革为动力，推进科学管理和技术进步、培养人才、开发新品、扩大市场，提高经济效益，奠定企业发展基础”作为指导思想，坚定不移地走自我依靠，自我改造，自我发展的道路。其次，坚持深化改革，完善内部管理。把竞争机制引入企业内部，实行“两包、五联、一挂”经济责任制，使职工的收益同贡献大小、企业效益密切联系起来，严格按照国家有关规定正确处理积累和消费关系。1987～1990年承包四年，在职工住房条件得到改善的同时，企业把86%的自留资金用于生产发展，使企业依靠自己力量，增强了活力。第三，推进技术进步，参与市场竞争。几年来企业先后从荷兰、日本等国家引进园网涂饰机、四辊压延机、五色印花机等设备，使产品质量相当于国际80年代先进水平，并及时调整产品结构，积极开发适销对路产品。近年来每年有近百种新开发品种投放市场，较好地满足用户需要，使企业始终处于主动地位。第四，重视职工培训，提高职工素质。企业派出30多名职工到外地和国外培训。另外还选派了52名职工进入高校，16名职工到中专深造。1987年以来全厂参加各类技术培训的干部职工900多人次，培养和造就了一支懂技术会管理的职工队伍。第五，采取“两眼向外、双手向内”的经营对策，狠抓内部挖潜，向管理要效益。对全厂271个岗位重新制定了2100多条岗位工作标准，修订了各类消耗定额，整顿了统计工作，建立节能降耗保证体系，使物耗平均每年以1.7%的速度下降，取得了明显的经济效益。第六，加强党委领导核心和“火车头”作用。党委制定了有关领导干部自身革命化建设等各项规定，积极开展思想工作，发挥政治保证作用。加强精神文明建设，注意改善职工生活，调动广大职工劳动积极性，促进生产、经营工作顺利开展。

徐州塑料厂在“八五”期间还将加快技术改造步伐，继续开拓创新，力争迈进“国家一级企业”行列。

地址：江苏省徐州市建国路75号　　邮编：221002
电话：37955，35142　　电挂：2450

在海内外享有盛誉的徐州电极实业集团公司

总经理刘发举，1938年生，高中毕业。1971年任徐州电极厂厂长兼党支部书记，1987年任徐州电极总厂厂长兼党总支书记，1991年任徐州电极实业集团公司董事长兼总经理、党总支书记。

徐州电极实业集团公司是在冶金部、经贸部、江苏省冶金厅等单位对小型碳素企业大力扶持、投资扩展的基础上组建起来的，目前，拥有9个碳素专业生产厂，1个劳动服务公司、1个海口实业开发公司（这个公司具有对外签约权，可直接办理进出口业务。下辖有1个中外合资企业金属制品有限公司、1个网架工程公司、1个镀锌焊管厂）、1个不锈钢经销部，在武汉、杭州、开封等地设有经营机构。集团公司共有职工1200人，其中工程技术人员110人，拥有国内碳素企业最大的5000吨压机。固定资产原值2900万元，形成石墨电极和其他石墨及碳素制品1200吨的综合生产能力。

集团公司所属企业，根据其在集团中的经济地位和作用，确定其联合的紧密程度，有核心层、紧密层、半紧密层、松散层。集团公司内部的经济关系、核心层与紧密层、半紧密层相互提供中间产品和半成品，制定内部价格进行结算。

集团对其内部和紧密层企业，具有统一经营权和管理权；对半紧密层企业具有配套生产、经营活动的管理权；对松散层企业有生产协作、生产经营活动的指导权。集团公司主要产品有：Φ75—500毫米的各种规格的石墨电极、石墨阳极、再生电极、高炉侧底块、电炉碳块、各种石墨小异型产品、各种糊类，还有石墨块、石墨粒、石墨粉等，共20多个品种。

该公司的产品质量上乘，在海内外享有盛誉。1988年冶金部质量监测中心对全国碳素企业的石墨电极质量进行了测试，徐州电极总厂（原徐州电极厂、徐州电极实业集团公司核心厂）的石墨电极获4个主要质量指标的第一名。1989年冶金部又对碳素企业的石墨电极质量进行抽样检查，并在上钢五厂进行实用试验，结果徐州电极总厂的产品质量又名列前茅，在海内外享有盛誉。产品覆盖率在徐州市为90%，江苏省为35%，产品除供应国内需求外，还远销日本、澳大利亚、泰国、巴基斯坦、香港等国家和地区，为我国的冶金、化工、机械行业的发展和国家出口创汇做出了积极的贡献。

跨行业、跨地区组建企业集团，是企业不断发展，立于不败之地的有力措施。徐州电极实业集团公司于1991年初创建后，就形成了以电极产品为龙头，徐州电极总厂为主体（即核心层），若干企业为骨干，组成跨行业、跨地区的生产、贸易、服务相结合的综合性实业集团，较好的显示了集团的竞争优势。

在市场瞬息万变，竞争日益激烈的情况下，集团依靠群体的优势，在统一经营管理下，实行专业分工，加快了技术进步，促进产品的更新换代，利用资金、技术、设备等方面的优势，生产国内缺口大的大规格、高功率电极，占领市场，满足了国内外需要，使徐州电极实业集团公司在国内的地位更加牢固。

徐州电极实业集团将以精湛的工艺、一流齐全的产品、可靠的质量，向海内外冶金、化工、机械等产业界的朋友提供服务。真诚欢迎各界朋友、同仁，前来指导、洽谈业务，共同为促进生产、保障供应做出贡献！

副总经理：滕绍礼　　副总工程师：张学信、张　伟　　副总会计师：潘孝正
地址：徐州市北郊九里山红山口　　邮编：221007
电话：67161，67162，67163，67165　　总经理室电话：67480
电挂：0061　　传真：0516—67480　　电传：368027　XZEGP

连云港锦屏化工厂

厂长张云虎，1938年2月出生，中共党员，大专文化程度，经济师。1956年参加工作，先后在市新海发电厂、市化肥厂、市化工公司等单位工作。历任供销员、科长、经理等职。1985年调任锦屏化工厂厂长。1987年企业实行厂长承包经营责任制以来，年年被评为市“优秀企业家”，1991年3月又被省石化厅授予“优秀企业家”光荣称号。

连云港锦屏化工厂始建于1958年10月，原为化工部锦屏磷矿的一个下属企业，1964年4月经上级批准移交地方。党的十一届三中全会以来，锦屏化工厂在党的改革开放方针指引下，坚持“一个中心，两个基本点”的党的基本路线，坚持两个文明一齐抓，依靠全体职工的集体智慧，走改革创新的社会主义企业发展道路，经过近十年来的努力，使企业发展成为我国磷化工的重要生产基地之一。该厂现有职工近2000名，工厂占地面积22万平方米，拥有固定资产2121万元。生产的“锦屏山牌”系列产品有：黄磷、赤磷、磷酸、甲酸、钙镁磷肥、次亚磷酸钠、三聚磷酸钠、无毒环氧棉籽油等十几年品种。其中黄磷、赤磷分别于1984年、1985年获国家银质奖，磷酸获省、部优产品称号及经贸部出口产品荣誉证书，甲酸获省优产品称号。先后有4个产品采用国际标准，产品市场广阔，在国内外享有盛誉，畅销全国各地，远销18个国家和地区。

近几年来，连云港锦屏化工厂开展“抓管理、上等级、全面提高企业素质”活动，企业管理水平、生产规模和经济效益大幅度提高。先后被评为省级先进企业、档案管理一级企业、全国模范职工之家、国家二级计量企业、国家二级节能企业、国家二级企业。

为增强企业应变能力和发展后劲，连云港锦屏化工厂从1987年实行厂长承包经营责任制以来，开始了大规模的技术改造和产品结构调整。先后投资400万元进行了甲酸、磷肥、黄磷污水、团球、黄磷原料、三聚磷酸钠等项目的改造。为了治理好环境，该厂又投资500万元用于三废治理，使污染源得到有效控制，环境质量明显改善，也收到了可观的经济效益。该厂十分重视开发创新，1987年投资20万元与市化工研究所合作新建了一套年产300吨环氧棉籽油装置；同时又投资70万元自力更生研制了年生产能力150吨的次亚磷酸钠产品。该厂在搞好自身发展的同时，利用自己的技术优势，进行技术转让和横向联合工作，先后将黄磷、甲酸生产技术转让给湖北、山东兄弟厂家，并本着互惠互利原则，投资近300万元与湖北兴山县香溪河矿务局联营办厂，从而使该厂生产磷制品的外购黄磷有了可靠的保证基地，缓解了原料供需矛盾。

连云港锦屏化工厂有着发展现代工业的良好基础，电力、交通、通讯条件较好，有较大的发展潜力，预计到1995年，产值将突破亿元大关，利税将突破3000万元，分别是1990年的2.5倍和3倍。同时生产自动化程度、职工福利事业、企业管理工作也将向国家一级先进企业迈进。

党委书记：孔宪奎　　副厂长：张树森（兼总工程师）、张建国、许孟高
地址：江苏省连云港市海州南首　　邮编：222023
电话：431881　电挂：1456　　电传：36906

连云港涤纶厂

厂长安海明，1948年10月生，中共党员，大专文化程度，经济师。1970年参加工作，1984年毕业于苏州丝绸工学院。曾任连云港市纺织厂副厂长、厂长，1987年任连云港涤纶厂厂长。1990年被命名为市优秀企业家。

连云港涤纶厂筹建于1966年。20多年来，尤其是党的十一届三中全会以来，该厂依靠技术进步，狠抓产品开发，使一个固定资产不足50万元的小厂，发展成为一个年创产值超过1.5亿元、年创利税突破2000万元、固定资产达到6800万元的中型一类化纤企业。该厂现有职工1084人，各类技术人员131名，占地面积6万平方米。

该厂积极走依靠科技进步求发展的道路，走引进国外先进技术装备的捷径。"七五"前期，先后引进了两条具有80年代国际先进水平的涤纶长丝高速纺生产线，使企业生产规模扩大至年产5000吨。同时，该厂积极调整产品结构，开发新产品，几年间先后开发生产了45D—300D牵伸、低弹、网络、有色、空气变形丝等20多个品种，其中有色丝和45D低弹丝双获江苏省优秀新产品"金牛奖"。

几年来，该厂坚持"优质降耗，强化管理，从严治厂，提高效益"的方针，发扬"团结、开拓、奋进、争优"精神，不断深化企业内部改革，强化和完善内部管理，深入广泛开展以提高质量、降低消耗为主要内容的"双增双节"运动，使企业各项经济指标均达到省级先进企业标准。1990年，该厂完成工业总产值1.5041亿元，利润1573.55万元，全员劳动生产率达138246元/人年，人均创利税20025元/人年，分别比1989年增长6.76%、41.38%、6.46%和42.04%。1个产品获部优、2个产品被评为省优产品称号。近两年企业跨入省纺织系统44家和全国同行业50家创千万元利税大户行列。

该厂在抓好经济建设的同时，积极搞好精神文明建设。几年来，该厂节能、设备管理达到省级先进水平，计量、档案管理达国家二级水平，连续十年被评为纺织部"三无企业"，并保持多年的省双文明单位和省、市职工教育先进单位称号。

连云港涤纶厂厂景

党委书记：邓瑞珍　　副厂长：曾明德、沈仕猛　　党委副书记：陈鼎仁

地址：江苏省连云港市海连西路12号　　邮编：222004

电话：413422，412660　　电挂：4850

常州船用电缆厂

厂长刘竹民，经济师。1938年7月生，1988年毕业于中共中央党校经济管理大专班。1961年起先后任常州制刷厂、常州无线电元件二厂厂长，1983年任常州船用电缆厂厂长，现兼任常州市企业家协会副秘书长，常州市电子工业局企业家协会副会长，常州市技术经济管理现代化研究会理事、副秘书长。

常州船用电缆厂系中国船舶工业总公司归口的国内唯一生产船用电缆的专业化工厂。工厂始建于1952年，地处江苏省常州市南郊，厂区占地面积26162平方米，生产车间建筑面积15058平方米，固定资产500万元，职工400余人，其中工程技术人员占全厂职工总数的19%。

该厂技术力量雄厚，质保体系健全，设有技术开发科、检验计量科、销售科、生产供应科、动力设备科、全面质量管理办公室、裸线车间、塑缆车间、橡缆车间等10多个业务和生产部门；另设有原材料、工艺、产品3个试验室和裸线、塑缆、橡缆3个车间检验站，测试仪器和完善的生产设备。主要产品有船用电力电缆、船用通讯电缆、CVZ型组合电缆、PVC绝缘电线、通用橡套电缆等20个大类，3000余种规格。产品注册商标为"海豹牌"，广泛用于舰船动力、通讯系统、导航雷达信号系统、广播电视传输系统、起重机械控制系统，以及各行业电器配套的动力、通讯、照明和控制设备。该厂年产船用电缆3000公里，其它系列线缆5000公里。

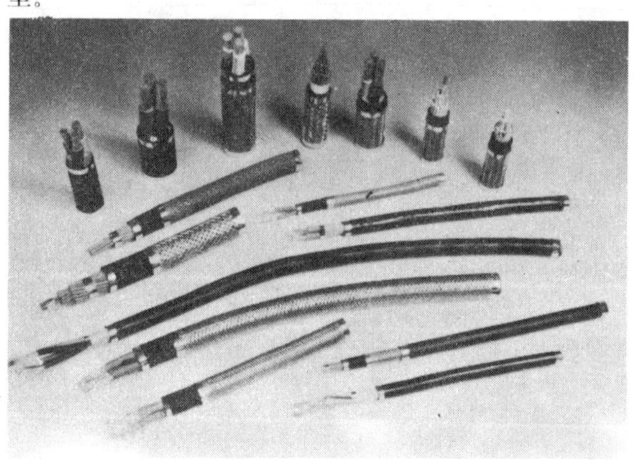

产品样品

该厂实行厂长负责制以来，加强两个文明建设，不断深化企业内部改革，发扬"好学、实干、团结、文明"的常缆厂风，依靠"同心协力，艰苦创业"的企业精神，树立"质量第一，用户至上"的"海豹"宗旨，狠抓企业基础管理，加速技术改造，完善质保体系，注重人才培养，不断提高经济效益和社会效益。近年来产品生产均采用IEC国际标准，并取得中国电工产品认证委员会的合格认证。CXVP系列船用聚氯乙烯绝缘及护套通讯电缆荣获部优称号。

该厂已荣获中华人民共和国船舶检验局颁发的"工厂认可证书"，企业连续5年被评为局、市"双文明单位"，1989年已正式通过了省级企业管理先进的评审，同时，能源工作、职教工作均先后被评为省先进，并被评为"重信誉，守合同"单位。为使产品打入国际市场，该厂正在争取英国"劳氏认可"。目前，全厂上下心齐、劲足、气顺，常缆厂正展示出蓬勃生机。

地址：常州龙游路5号　　邮编：213014

电话：443382，443223，443322，446887　　电挂：1222

厂长宗鼎祥，江苏省泰州市人，1951 年 1 月生，1988 年北京经济函授大学毕业，经济师。1970 年 12 月参加工作，历任生产科副科长、科长、副厂长，1984 年 10 月任厂长。1987—1989 年被评为江苏省“乡镇企业家”。

工贸合营江苏省泰州棉织品厂

工贸合营江苏省泰州棉织品厂（原名泰州市手帕厂），创建于 1970 年 12 月，1984 年开始生产外贸产品，1987 年与江苏省针棉织品进出口（集团）公司合营，现已成为江苏省针棉织品重点出口企业之一。

该厂现有职工 1317 人，各类专业技术人员 35 人，厂区占地 3.4 万平方米，固定资产 1200 万元，具有从原纱进厂到成品出厂的纺织品色织、白织染整及后整理（包括印花和拉绒）复制全套生产设备及生产加工能力，是同行业中的佼佼者。

该厂主要产品有茶巾、餐巾、手术巾、尿布、保健垫、床单、冷气毯、枕套等，分医用和家用两大系列 70 多个规格及品种。茶巾 1988 年获省优质产品，尿布 1989 年获中国优质保健产品“金鹤”杯奖。所有产品全部出口，远销美国、日本、加拿大、澳大利亚、新加坡、香港等几十个国家和地区。年生产量 150 万打，外贸收购值近 3000 万元，年创汇 500 万美元。

该厂在发展外贸生产过程中的主要特色：一是注重抓新品开发，以新取胜。近年来，先后开发出医用冷气毯、医用棉垫、医用吸水棉巾、婴儿保健裤等一系列新产品、新花色 100 多个，许多产品已成为国际市场上的紧俏品。婴儿保健裤被省科委列为“星火计划”项目。二是讲究时效，以快取胜。在“快”字上争主动，始终坚持新品试样快、投产快、交货快，在“快”字上做文章，坚持急外贸所急，供客商所需。三是重视产品质量，以优取胜。在质量管理上，健全和完善了质量责任和质量保证体系，健全了质量检测设备仪器，并不断强化生产过程中质量检验和质量控制，产品入库正品率达 98.9%。1990 年医用保健垫和茶巾在首届中国妇女儿童用品 40 周年博览会上分别获银奖和铜奖。由于产品质量好，客商逐年增多，成交额不断增大。四是灵活经营，以小取大。在产品批量的起点上，坚持“小鱼不松，大鱼不放”，肥肉也吃，骨头也啃，不怕批量小，难度大，价格低，只要外贸部门或外商需要，从不回掉货单，坚持按质、按量、按期交货，树立长远的战略思想，不断密切工贸之间的关系，企业生产越做越旺，生产越来越忙。

该厂由于坚定不移地走外向型发展的道路，不断加强工贸合作，密切工贸关系，注重信誉，重视新品开发，狠抓产品质量，不断加强企业管理和技术改造，赢得了产品在国际市场上的竞争力和适应性，提高了企业经济效益，企业逐步由一个名不见经传的小厂，发展成为国家中型企业，省、市出口创汇“先进单位”、“明星企业”，扬州市双文明单位、省级“先进企业”。

厂　貌

党支部书记：任志清　　副厂长：钱季梅（女）、施爱萍（女）

地址：泰州市泰九路 7 号　　邮编：225300　　电话：22113　　电挂：2758

绍兴市第二衬衫厂

厂长虞爱凤（女），中共党员，1949年7月生，1965年参加工作。历任保管员、供销员、副厂长、厂长等职，现任绍兴毅力服装有限公司董事长兼总经理。绍兴市女厂长（经理）联谊会副会长，绍兴越城区人民代表，三八红旗手，优秀企业家。

绍兴市第二衬衫厂始建于1985年，初建时是一个资金不足40万元、人员不到100人的街道小厂。现在已初具规模，拥有四条生产流水线、进口缝纫设备和大型带式裁布机等近百台先进设备，现有职工340人，专业技术人员20余人，下设缝纫、整烫、包装、裁剪等车间。

该厂产品有全棉、化纤类织物的各式服装。主要生产各种面料的衬衫。注册商标猛工牌涤棉衬衫，多次被评为市优质产品，畅销上海、广州等地，特别受到广州市和辽宁海城客户的青睐，一直为该两地抢手货。几年来，产品畅销不衰。

该厂坚持“质量量第一，用户至上”的经营方针，设置质量检验专门机构，配备专职人员，并特聘上海老师傅长期驻厂进行技术辅导，实行质量与报酬挂钩分配制度，道道工序严格把关。自1987年以来，出口产品每年翻番递增，产品远销苏联、美国、东欧、中东、香港、台湾等地。连续四年被评为绍兴市“重合同，守信用”的单位，是1990年工商银行省级信用优等企业。

该厂紧紧围绕提高产品质量，提高经济效益为目标，狠抓企业管理和各项基础工作，取得出口产品质量许可证书，近两年通过企业标准化验收合格，计量验收合格，并获得了“文明工厂”的荣誉，促进了生产的发展和经济效益提高。1990年在服装行业市场疲软的情况下，创产值1700万元，销售额1600万元，外贸收购值1200万元，税利130万元，分别比上年增长166%、108%和88%，并被省乡镇企业局评为出口创汇先进企业，越城区出口创汇立功单位。

该厂在发展外向型企业过程中，坚持守信誉、抓时间、保质量、抓管理、上效益、抓品种的方针，不折不扣满足外商需要，深得外商信赖。1990年底与香港毅力发展公司合作，由绍兴市纺织品进出口公司参与组建成绍兴毅力服装有限公司，并取得了产品自营出口权，产品出口企业确认证书。

目前，该厂正在把各项工作纳入外向型企业轨道，试制出适合时代潮流的更多新产品，参与国际市场的竞争。

车间一角

地址：绍兴市劳动路101号　电挂：4377
电话：33876，31178　邮编：31200　传真：（0575）　43898

舟 山 市

经理韩明珠，中共党员，1933 年 7 月生，初中文化程度，1959 年 4 月出任舟山地区燃料站副经理，1979 年担任舟山市燃料公司副经理、党组副书记，1983 年任舟山市石油分公司经理至今，期间曾兼任过公司党委书记。现兼任舟山市企业家联谊会理事，浙江省商业企业家联合会会员。

浙江省石油公司舟山市分公司

浙江省石油公司舟山市分公司是经营石油成品油的省属企业，成立于 1959 年，现有职工 500 余人，土建面积 8 万余平方米。公司经过 30 余年的发展，在运输能力、储存设施、管理水平、经营效益等方面，都有了很大的提高。现有储存容量为 4.84 万立方米的油库 2 座，加油站 2 个和一次载运总量为 1.3 万吨的油轮 10 艘，1990 年经营成品油 22.15 万吨，营业额 2.05 亿元，实现利润 1275 万元，成为浙江省石油系统规模最大的经营企业之一。

该公司在改革、开放总方针的指引下，为适应石油经营的新形势，千方百计自筹资金，增添基础设施，更新改造油库。近年来新建了 1.35 万立方米的金属油罐 1 座，新添 3000 吨级油轮 2 艘，改造和扩建了修造厂和油轮装卸码头，兴办了商业振兴公司，大大增强了企业发展后劲和市场竞争能力。目前，不仅可以承担舟山市的石油调拨、供应和浙江沿海城市的石油运输任务，还可以为全国沿海各大中城市提供石油运输服务。同时，积极发展横向经济联系，组织采调计划外油源。1990 年计划外油源供应量就占全年石油经营量的一半以上，较好地弥补了计划缺口，满足了市场需求，为促进舟山地方经济和海洋渔业的发展作出了贡献。1989 年被舟山市人民政府授予“市级先进企业”称号。

随着企业规模的扩大，经济效益的提高，公司职工的生活福利条件有了明显的改善，先后建造了职工宿舍 1.6 万平方米，购置了液化气瓶 2000 套。

该公司经营的石油成品油种类齐全，有柴油、煤油、汽油、润滑油（脂）及石油沥青等。油品质量上乘，供货及时，运费合理，深受广大用户的信赖。

该公司技术力量雄厚，有包括高级工程师在内的高中级技术人员 40 余名。

公司油轮为海上生产渔船供油

党委书记：邵维棠　　副经理：周永利、林开善、郑惠明　　党委副书记：曹信法

地址：浙江省舟山市定海区东海路 2 号　　邮编：316000　　电话：22400

舟山市木材公司

经理袁桂华，1933年1月生，中共党员，文化程度初中。

舟山市木材公司是浙江省木材经营量最大的企业之一，始建于1955年4月。公司下属有定海、普陀、岱山、嵊泗4个木材门市部和大衢木材供应站、定海木材加工厂以及木材联营公司，在上海、宁波还设有木材转运站。现有固定资产1200万元，主要设备有货场18万平方米，千吨级码头3个，500吨级码头1个，并拥有2000吨载货量船舶和木材加工设备。每年经销各类木材超过30万立方米，品种有南洋梢木、山樟、克隆、坤甸等造船用杂木和北美花旗松等，尤其以供应渔业、交通等特殊规格木材而闻名省内外。公司与上海东方木器厂联营生产的各类木制办公、宾馆、民用家具及木门窗、包装箱、钢琴配套木壳等产品，畅销上海、江苏、浙江等省市。

1987年5月，随着舟山港的对外开放，公司充分利用港口优势，扩大木材进口。自1988年以来，自筹外汇，每年直接从东南亚进口的木材就有15万立方米左右，占全年木材销售量的50%，基本上满足了海洋渔业修造船用材的需要，由于木材直接组织进口，减少了中转环节，降低了成本，不少品种的销售价格明显低于上海、宁波等城市。因此，深受浙东南及上海、江苏等郊县客户的欢迎，求货单位越来越多，近年来每年销往外地的木材，约占公司总销量的1／4。

为进一步发挥舟山港口具有水水中转之优势，加强横向协作，开拓新的木材市场，该公司于1989年5月成立了由14个成员单位参加的“舟山市浙东南木业集团有限公司”，注册资金300万元，用于组织国内外木材货源，经营各类原木、板方材、胶合板、人造板及其它林化产品。集团有限公司成立当年，就从国外直接进口木材20万立方米，取得了很好的经济效益。计划在“八五”期间进一步扩大进口，并新建一个年产5万立方米的胶合板厂，利用进口原木加工胶合板出口，实现两头在外，多创外汇。为实现这一计划，目前已开始着手基础设施建设，1个3万吨级的泊靠专用码头和10万平方米的货场正在加紧建设中。工程完成后，将为木材的及时吞吐提供方便，年进口木材可以达到50万立方米。

舟山市木材公司遵循“信誉第一，质量至上”经营宗旨，欢迎国内外客商来料来样加工，或合资合作经营木材加工技术引进木制品出口等业务。

副经理：胡瑞盛、陈明礼
地址：浙江省舟山市半塘里50号　　邮编：316000
电话：24918（总机）

国营浙江海门橡胶一厂

厂长丁一凡，生于1941年9月，大专文化程度，1956年参加工作，历任主办会计、共青团支部书记，团委委员、科长、工会主席、副厂长，1985年9月任厂长。1983年以来，先后参加过省干部经济管理学院等五所大、专院校举办的多种专业的系统学习。

国营浙江海门橡胶一厂自1985年扩建以来，由于大力开展了联营、协作，狠抓了智力投资、人才引进、新品开发、基础整顿与企业内部经济责任制，几年来，尽管市场疲软，但生产仍出现好势头。1989年与1987年、1988年比：工业总产值分别增长了121.55%与198.98%，全员劳动生产率分别增长了89.08%与99.08%；利税增长了193.44%与404.63%，资金利税率增长了202.42%与297.9%，人均创利税增长了152.41%与236.42%，万元产值耗电下降了50.3%与59.83%，万元净产值综合能耗下降了29.05%与37.76%，万元产值耗混炼胶下降了24.35%与37.67%。

目前，全厂拥有固定资产256.52万元，自有流动资金75.9万元；职工402人，其中工程技术人员42人(内高中级17人)；占地1.2万平方米，厂房8900平方米；拥有精密预成型机、大型自控平板硫化机、车刨磨铣等模具加工及热处理设备以及精密检测仪器等200余台。是部重点专业生产厂，也是国家级几家大联合体理事、成员厂，被升为地区级先进企业。

产品品种以生产供进口、国产汽车、摩托车、农机、工矿、船舶及家电机械配套及维修用的油封、钢框式油封、沟槽流体动力油封、气门阀杆油封，防尘罩，O型、矩形、鼓形、雷形、Y、U、V、L、J形等各种异形密封圈，硅、氟、丙烯酸脂、特种聚氨脂橡胶制品等高档特种密封件为主。继油封、O形圈产品首批获得国家级生产许可证后，又推出“90”国家级重点新产品——单双向沟槽流体动力旋转轴唇形密封圈（油封），汽车、摩托车减震器油封等一大批具有国际80年代先进水平的新产品，为国家一大批重点项目与全国几百家骨干重点厂配套，产品随主机出口销往40多个国家，享有盛誉。旋转轴唇形密封圈产品1989年获省优质产品称号。

目前企业正在按中长期发展规划，深化改革，加快技改和新品开发，逐步向外向型兼顾企业发展，可望在三五年内建成年产值3000—5000万元，年利税900—1500万元、技术先进的高档特种密封件专业生产厂，成为国内同行有重要影响的骨干企业之一。

该厂地处东海之滨，是个风景秀丽、经济繁荣的工业重镇，具备生产优质橡胶件的良好条件。港口已与香港及许多国家通航，水电供应充足。工厂热情为广大用户提供优质服务。该厂中外合资项目已被列为省项目，竭诚欢迎外商洽谈合作。

单双向沟槽流体动力旋转轴唇形密封圈（油封）系列产品

副厂长：董成杰（总工程师）　　厂长助理：庞正伟、胡建伟、贺子明

地址：浙江省椒江市环城西路30号　　邮编：317700

电话：22429，22428　　电挂：椒江2428

电传：377044　HMRUB　CN　　传真：05860—25948

临 海 市

厂长李敬女，女，中共党员，浙江临海人，1945年生。长期从事绣衣行业经营管理工作，历任技术科长、厂长助理、厂长等职。1987年以来，连续荣获台州地区优秀厂长，临海市先进工作者、台州地区先进厂长等光荣称号。

浙江省临海市绣衣厂

临海市绣衣厂，建于50年代中期，是浙江省重点刺绣骨干厂，1988年、1989年分别荣获“省级先进企业”和“国家二级企业”称号。

该厂占地面积6954平方米，厂房面积10754平方米，拥有各类先进的缝纫设备250台套，厂史悠久，技术力量雄厚，在厂职工600多人，另有长期为该厂配套刺绣的遍布全市各地的绣花女工近6万人，分设10个缝纫加工点。全厂年生产能力100万件以上。

产品主要有以真丝、化纤、麻布面料为主的各类手绣绣衣、夜衣睡袍、裙衫套等绣花服装、绣品、绣片以及机绣绣衣、时装等，花色多样，品种齐全，款式新颖，工艺精湛，深受国内外客户青睐。产品90%以上销往美国、法国、瑞士、意大利、苏联、日本、香港等50多个国家和地区。

该厂多年来坚持以国际市场为导向，以企业管理为基础，以提高效益为目的，推行全面质量管理，使企业声誉和市场声誉不断巩固、提高。全厂产品合格率达到99.6%，各项主要指标均超国家二级企业标准。“牡丹牌”真丝手绣绣衣和“百合花牌”化纤绣衣，双双荣获国家质量评审委员会“银杯奖”，被誉为国际市场上的“牡丹之王”，1982年在全国手工绣衣质量评比中荣获第一名，1989年荣获首届国际博览会“金质奖”。

该厂注重基础管理，狠抓文明生产，健全各项制度，不仅有效地促进了产品质量和企业效益的提高，也较好地推动了企业“上规模、上水平、上等级”活动的开展。1990年，该厂被评为省级安全生产先进单位，并荣获轻工部颁发的“质量管理奖”。该厂现正以“团结、奉献、求实、创新”的企业精神，跻身于全国绣衣行业的先进行列，为争创更高的企业等级进行不懈的努力。

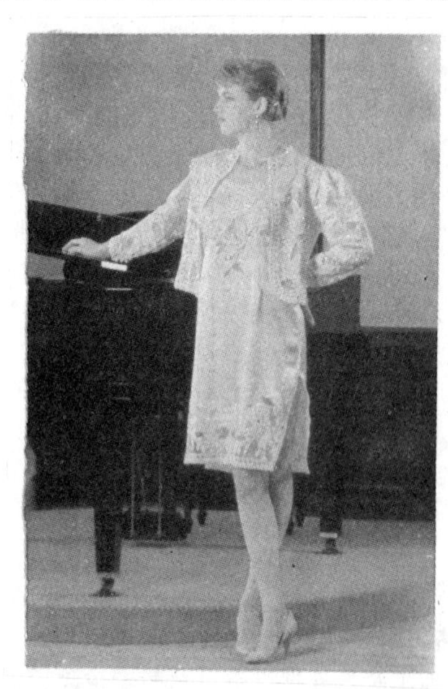

该厂生产的『牡丹』牌真丝手绣绣衣

地址：浙江省临海市文庆街25号　邮编：317000
电话：（0576）511429，512347　电挂：4836
电传：377040 LIEC CN　传真：0576—511725

浙江省临海市
古建筑工程公司

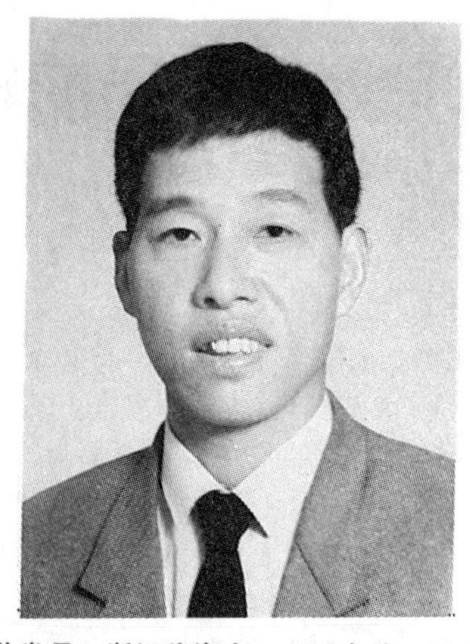

总经理黄大树，中共党员，浙江临海人，1948 年生，工程师。长期从事古建筑技术管理，历任技术员、建筑队长、公司技术负责人、经理。1986 年以来，连续被评为地、市优秀企业家、优秀经理、优秀党员。1988 年荣获省优秀企业家称号，同年荣获首批“全国优秀建筑企业家”光荣称号。

浙江省临海市古建筑工程公司创建于 1975 年，是一家以营造、修建园林、古建筑为主的二级企业，技术力量雄厚，施工经验丰富，社会信誉可靠，深受用户欢迎。公司现有职工 700 余人，其中工程技术人员 40 多名，专业技术工人近 300 人，拥有固定资产 200 多万元。多年来，连续被评为省、地、市明星企业、省优秀建筑企业、部优企业。

十多年来，公司先后施工修建了省内外各个朝代著名的古建筑工程，计有古塔 24 座、古寺庙 23 处，并建造了园林群 7 个。其中有全国重点文物保护单位、国内稀有的塔里戴塔的湖州市飞英塔;北宋建筑——宁波保国寺；省级重点文物保护单位、五宗十刹之一、号称东南佛国的宁波天童寺和阿育王寺；国家级风景区、佛教五大名山之一的弥勒道场——奉化雪窦寺；省级重点文物保护单位、明代抗倭英雄戚继光指挥部——椒江市城隍庙；代表古宁波象征的天封塔和宁波府城隍庙；层层有宫、宫宫有物的宋代建筑——黄岩灵石寺砖塔；温州国安寺石塔；瑞安隆山塔；平阳双塔；余姚舜江楼；舟山嵊泗大悲寺；慈溪金仙寺；宁波七塔寺；松阳延庆寺塔；余杭安乐塔；镇海招宝山；黄岩孔园；吉林长白公园；还完成了“园林甲天下”的苏州市灵岩寺多宝佛塔等项目的修建。最近又在我国“南方的窗口”——深圳市“锦绣中华”扩建建造仿宋古塔和园林古建等工程，并且正在和外商洽谈，准备去国外承建具有中国民族特色的工程项目。

该公司修建施工的国家级重点文物保护单位湖州飞英塔

公司通过十多年的实践，创造了一套融合古今技艺的修建古建筑的施工方法，如压力注浆法、角梁予应法、砖体加固法、予借调平法等，技术在国内属领先水平，有效地解决了施工中常遇的难题。宁波天封塔、椒江城隍庙、黄岩孔园、苏州灵岩寺塔等被评为优良工程，受到有关部门和专家的好评。1990 年 10 月在苏州召开的全国古塔维修技术研讨会上，有关专家对该公司总经理黄大树宣读的论文作了充分肯定，并实地视察了该公司修复的灵岩寺塔，认为该公司在国内同行业中修复古塔数量最多，施工经验丰富，质量好，给予很高评价。

公司的宗旨是：立足华东，面向全国，走向世界，为保护恢复祖国的文化遗产，弘扬民族文化作出新的贡献。

地址：浙江省临海市大桥路 75 号　　邮编：317000
电话：（0576） 511824，511208
驻宁波办事处地址：宁波市甬港北路公交 3 路站对面　　邮编：315000

皖北矿务局前岭煤矿

前岭煤矿年设计能力为30万吨，现有46个科、区单位，其中采煤区3个，开拓区、掘进区、基建区各1个。全矿有固定资产6113万元，职工2900多人。

该矿位于淮北煤田濉肖矿区东南部，生产单一的无烟煤，煤质为中至高灰、低磷、低硫、发热量为5000—5500大卡／公斤。到1989年底，矿井地质储量为3240.2万吨，可采储量为2352.3万吨。

前岭煤矿是安徽省宿县地区大办“五小”工业时上马的，1971年破土动工，1983年简易投产。1979年属省煤炭厅，1981年改由淮北矿务局代管，1983年又划归省煤炭厅，1984年5月起隶属皖北矿务局。

前岭煤矿地质构造复杂，煤层受岩浆岩侵入，破坏严重，开采难度大。矿井类别为四类。建矿以来，全矿职工在自营自建的困难条件下，发扬自力更生、艰苦创业的精神，坚持边建设、边生产，为正规化生产创造条件，使生产设施日臻完善。特别是从1989年以来，全矿以“质量达标准，安全创水平，企业上等级”为目标，大力加强两个文明建设，狠抓基础工作，深挖内部潜力，不断优化管理，使各项工作逐步走上制度化，规范化的轨道，企业面貌发生了根本的变化，两年迈出了两大步。全矿继1989年建成二级质量标准化矿井后，1990年又被命名为一级质量标准化矿井、省级先进企业，原煤产量达到36万吨，超过了设计能力。到1990年底，已实现1637天百万吨死亡率为零。自1986年以来，该矿先后被原煤炭部、能源部、省煤炭厅和淮北市人民政府授予安全生产先进单位称号，1990年被淮北市人民政府授予先进企业称号。

矿长贾传海，中共党员，1936年12月生，山东省枣庄市人。1955年参加工作，曾任皖北矿务局百善煤矿副矿长，濉溪县土型煤矿矿长，1989年5月至今任皖北矿务局前岭煤矿矿长。1990年被淮北市人民政府授予“优秀矿长”称号。

地址：淮北市濉溪县古饶镇　　邮编：234000
电话：52740，52748　　电挂：0160

淮北市房庄煤矿

矿长王世松，中共党员，1941 年生，安徽省淮北市人，大专文化程度。1958 年 8 月参加工作，1987 年任淮北市房庄煤矿矿长。1990 年被淮北市人民政府授予“优秀矿长”称号。

淮北市房庄煤矿是 1986 年 10 月建成投产的一座区办煤矿，井田位于闸河煤田中部，占地面积 0.54 平方公里。煤质为低硫（0.46%）、低磷（0.0048%）、高发热量（5500—6000 大卡／千克）的优质全焦煤，可采煤层一层地质储量为 243 万吨，设计年生产能力为 9 万吨，该矿经过多次技术改造，生产能力逐步提高，原煤产量平均每年以 12%的幅度递增，目前实际生产能力已达 14 万吨，现有职工 896 人，其中工人 815 人，干部 46 人，工程技术人员 35 人，拥有固定资产 708 万元。截至 1990 年底，该矿已累计生产原煤 56 万多吨，完成产值 5819 万元，实现利税 2141 万元，，为矿井建设投资的 4 倍多。

该矿认真贯彻安全生产方针，从安全基础工作人手，建立健全各项规章制度，试行安全承包合同和安全风险抵押金制度，把安全工作延伸到全矿各个生产环节。同时，坚持职工思想教育和安全培训工作，提高职工技术素质。该矿先后拿出 90 多万元，用于矿井质量标准化建设，增加安全设施，改造不合理的生产系统。1988 年，矿井标准化建设达到部颁标准，成为安徽省乡镇煤矿第一个质量标准化矿井。到 1990 年 10 月 15 日，矿井已连续安全生产 5 周年。

近年来该矿改革人事制度，内举外聘人才；改革工资分配制度，推行超产系数计件奖励及工程质量奖罚制；完善经营管理机制，实行定额目标管理。同时，以提高经济效益为中心，积极开展班组竞赛和“双增双节”活动，发动职工为矿山献计献策，努力降低物质消耗，修旧利废，厉行节约，仅 1990 年增收节支额就达 267.7 万元。

1985 年以来，房庄煤矿先后 30 多次受到部、省、市的表彰，连续 5 年被安徽省煤炭厅命名为“先进企业”，连续 3 年被能源部命名为“质量标准化矿井”，连续 2 年被能源部及安徽省政府授予“地方煤矿安全生产先进单位”称号。

目前，该矿正进一步强化管理，提高素质，向国家二级企业的目标努力。

地址：淮北市朔里镇　　邮编：235056
电话：21997，23324

总经理刘琨，中共党员，1948 年 3 月生，山东省滕县人，大专文化程度，工程师。曾任淮北矿务局芦岭煤矿技术员、副科长、科长、副矿长，1985 年 5 月起任该局综合经营总公司第一副经理、总经理。1989 年被中国煤炭企协授予“中国煤炭工业优秀经理”称号；1990 年被中国统配煤矿总公司授予“全国煤矿多种经营集体经济先进个人”称号，被淮北市人民政府评为“优秀经理”。

淮北矿务局综合经营总公司

随着煤矿生产建设的不断发展，职工逐渐增加，如何解决职工子女及家属的就业问题，摆到了淮北矿务局的面前。由国家、煤矿全包下来，不可能也不现实。推到社会上更不可取。于是，淮北矿务局集体企业——综合经营总公司便在 1982 年应运而生了。公司经理刘琨曾形象地概括了集体企业的作用及其意义，他说：“安置了儿子，稳定了老子，这不仅是为了个人生活或增加一点收入的问题，更重要的是稳定矿工情绪，保证煤炭生产建设和社会安定的大问题。”几年来，经过多方努力，公司共安置职工子女、家属、富余人员 43161 人(次)，矿区基本上没有待业一年以上的青年。

淮北矿务局综合经营总公司成立以来，本着发展生产繁荣矿区，以煤为主多种经营的原则，因地制宜地发展多种经营。矿区是集体企业的广阔市场，为煤矿生产、建设、安全和职工生活服务大有可为。总公司和各基层分公司先后办起了羽绒制品厂、编织袋厂、溶解乙炔厂、扎织厂、地毯厂、绒绣厂、玩具厂、印刷厂等，形成了以沈庄、相城为主的两大生产基地。到 1990 年底，全公司多种经营集体经济已有基层分公司 37 个，直属企业 13 个，生产经营网点 464 个，职工近 5 万人，固定资产 5600 多万元。已形成生产、加工、服务等 17 种行业，221 种产品，不仅占领了矿区市场，支援了煤矿生产建设，而且有的产品还走出矿区，远销国外。在市场疲软的 1990 年，总公司完成工业产值 5600 多万元，比上年增长 21.55%；实现销售收入 2.1 亿元，增长 8%；实现利税 1439 万元。1990 年该公司被中国统配煤矿总公司授予“全国煤矿多种经营集体经济先进单位”称号。

公司景貌

地址：淮北市相山路　　邮编：235000
电话：53358，21789　　电挂：4849

淮北矿务局朱庄煤矿

矿长苏德鑫，中共党员，1936年出生，安徽省巢县人，1963年毕业于淮南矿业学院采煤专业，分配到淮北矿务局朱庄煤矿工作，历任该矿技术员、干事、副科长、科长、副矿长等职，1983年至今任该矿矿长，系高级经济师，淮北市、安徽省人大代表。1989年分别被中国煤炭企协、安徽省煤炭企协和淮北矿务局评为优秀矿长、优秀企业家和劳动模范，1990年被淮北市人民政府授予优秀矿长称号。

淮北矿务局朱庄煤矿兴建于1959年10月，1960年10月简易投产，设计能力为年产原煤75万吨，到1990年底，已累计生产原煤3301.45万吨。

朱庄煤矿井下地质条件复杂，煤层分布不连续，断层多、煤层薄，顶板破碎，25平方公里的井田范围内，落差在5—81米的断层就有41条，不可采面占煤层总面积的49.1%。到1989年底，可采储量为6430万吨；主要煤种有贫煤、瘦煤和焦煤。

党的十一届三中全会以来，尤其是实行6年总承包以来，该矿坚持深化企业改革，采取聘任、选任和考核相结合的办法选配干部，对人事制度进行了改革；率先招收劳务工，采取劳务工、协议工、合同工和轮换工多种用工制度并存的形式，对用工制度进行了改革；通过挖潜改造和引进新技术，对生产工艺进行了改革，提高了矿井的生产能力，推动了企业的进步和发展。1990年，该矿把巩固和发展这三项成果当作全年工作的重点，连续作战，顽强拚搏，取得了显著的成绩。全年共出煤172.6万吨，超产17.6万吨，采掘机械化程度分别达到87.35%和95.2%，为在软煤层极破碎顶板下发展采煤机械化闯出一条新路。全员工效达到1.862吨/工；质量标准化达到特级；消灭了人身伤亡事故，百万吨死亡率为零；坑木消耗14.21立方米/万吨，比计划降低15.79立方米/万吨；实现减亏234万元。

淮北矿务局朱庄煤矿1982年被评为全国煤矿矿际竞赛“优胜矿”，1983年被评为全省煤矿矿际竞赛“优胜矿”和省先进企业，1989年被中国统配煤矿总公司命名为现代化矿井、特级质量标准化矿井和煤炭工业二级企业。

地址：淮北市矿山集镇　　邮编：235047
电话：53715，53718

淮北矿务局张庄煤矿

矿长曾继宽，中共党员，1935年9月生，江苏省睢宁县人。1961年7月毕业于合肥工业大学，分配到淮北矿务局张庄煤矿工作，历任该矿技术员、工程师、采煤区长、副总工程师、技术科长、总工程师等职，1985年6月至今任张庄煤矿矿长，系高级工程师。

淮北矿务局张庄煤矿是一座年产原煤150万吨以上的现代化大型煤矿，现有职工7290人，主要经营商品煤品种有：原混煤、精煤、沫煤、天然焦及煤矸石等。

该矿于1958年兴建，1960年12月简易投产，设计能力为60万吨。从1961年开始用了3年时间，对矿井进行了一系列生产配套工程建设，1965年生产原煤69.1万吨，超过了年设计生产能力。1975年8月，该矿又进行了历时四年半、投资1492万元的矿井改扩建工程建设，于1979年底完工，井型定为年产原煤120万吨。

近年来，该矿原煤生产有了很大的发展，生产管理水平不断提高，矿井实现了稳产、高产、低耗，生产进一步向布局合理、集中的方向发展，新工艺、新技术得到推广和使用，矿井机械化程度有了明显提高，各项工作纳入了以提高经济效益为中心的轨道上来，矿井管理由单纯的生产型向生产经营型转变。

1990年，该矿全员生产效率达到了1.99吨／工，采煤机械化达到70.3%，掘进机械化达到96%，三个煤量可采期均符合国家有关规定，固定资产完好状况达到国家要求，职工生活，文化等设施进一步得到改善，“务实苦干、开拓奉献”的张庄精神得到发扬。建矿30年来，累计为国家生产原煤3448万吨，精煤960多万吨，上缴利润17187.21万元，相当于国家对该矿总投资的1.57倍。

淮北矿务局张庄煤矿1989年被评为“国家一级质量标准化矿井”、“省级先进企业”，1990年又被中国统配煤矿总公司命名为“国家特级质量标准化矿井”、“现代化矿井”。

地址：淮北市矿山集镇　　邮编：235047

电话：53603，52071

矿长邱述训，中共党员，1938年6月生，江苏省睢宁县人。1959年7月毕业于合肥工业大学采矿系。曾任合肥工业大学助教，淮北矿务局沈庄煤矿技术员，岱河煤矿工程师、副总工程师、总工程师、朔里煤矿总工程师。1985年5月至今任朔里煤矿矿长，系高级工程师。1988年被淮北市人民政府授予“优秀矿长”称号。

淮北矿务局朔里煤矿

淮北矿务局朔里煤矿于1966年破土兴建，1972年正式投产，设计年生产能力为60万吨，可采储量为7020.7万吨。该矿产品以瘦煤、贫煤为主，含硫量少于1%，含磷量低于0.05%，发热量5000大卡／公斤。

全矿现有工人7103人，干部688人，其中技术员36人，助理工程师58人，工程师43人，高级工程师10人，具有其它系列中高级职称的93人。拥有固定资产14516.2万元。投产以来，已出煤2392.4万吨。

该矿1972年投产，当年出煤60.3万吨，达到设计水平。1976—1978年，该矿用3年时间进行技术改造，国家共投资620.31万元，为投产时总投资的20%，而改造后的矿井生产能力却提高到100万吨，比设计能力提高66.7%。1978年出煤130.2万吨，创利润65.8万元。1978年以后，该矿继续对矿井进行技术改造，生产能力进一步提高。自1984年起，连续7年年产量超过150万吨。

1974年以来，该矿先后引进和添置了5套综采机组、3台联合掘进机，采、掘机械化程度分别达到62.8%和94.4%，居淮北矿务局之首。

1990年，该矿狠抓现代化矿井建设和企业管理，主要经济技术指标都完成得比较好，计量、档案管理、节能、采煤、机电、运输、调度、通风等方面已达到特级质量标准化矿井标准。

该矿曾先后46次被部、省、市、局授予“普法先进集体”、“坑木低消耗标兵矿”、“煤质管理先进矿井”、“标准计量先进单位”、“环境保护先进集体”、“节能先进单位”、“创最佳经济效益劳动竞赛先进单位”等光荣称号。

地址：淮北市朔里镇　　邮编：235054
电话：52197，53830，53834，53837

经理潘子芬，中共党员，1933年8月生，安徽省怀宁县人。1955年毕业于合肥矿业学院采煤专业，毕业后一直在煤矿基建部门工作，历任工程处技术员、工程师、副总工程师、副处长，淮北煤矿建设公司副总工程师、总工程师，1983年至今任该公司经理，系高级工程师。1989年被中国施工企业管理协会授予"优秀经理"称号。

中国统配煤矿总公司
淮北煤矿建设公司

中国统配煤矿总公司淮北煤矿建设公司是国家大型一级施工企业，下设3个矿建工程处，1个土建工程处，1个机电安装处以及总机厂，多种经营公司等12个县级单位。现有职工1.8万多人，其中各类工程技术人员2076人；拥有固定资产近2亿元，施工设备8605台，具有设计、建井、建筑、机电安装、铁路修建、房屋装修等综合施工能力，并可承担压力容器、各类钢结构、混凝土构件的制造加工任务。

公司组建十几年来，为淮北矿区的开发和其它建设做出了积极贡献；先后建成7对大中型矿井，总设计能力705万吨；建成4座大型选煤厂，年入选能力720万吨；完成矿区铁路专用线100多公里。至1990年底，共完成国家投资近20亿元。该公司在矿井和其它工程建设中，不仅锻炼了队伍，而且积累了丰富的施工经验。特别是在表土层厚、流沙层多、涌水量大、岩石破碎、瓦斯含量高的复杂条件下，如何采用新技术、新工艺，实现快速施工的经验。例如，在井筒施工中采用的液压滑模套壁新工艺，获得国家科技三等奖；深冻结井复合井壁新技术，获得全国煤炭科技一等奖和国家科技二等奖；采用钢筋混凝土预建井塔整体平移新技术，获得全国煤炭科技一等奖和国家科技二等奖。在建筑施工技术上，采用大模板成套技术、高层全现浇钢筋混凝土结构、外砌内浇结构、复合外墙板、滑升、顶升、提升以及钢压力埋弧焊等先进施工方法。

近年来，该公司立足改革，不断完善经营机制，强化基础管理，推行现代化管理，企业素质不断提高，被安徽省人民政府评为省级先进企业，被中国统配煤矿总公司命名为"1990年度安全生产先进单位"和"七五"期间安全生产先进基建公司。

公司外景

地址：安徽省宿州市汴河中路　　邮编：234000
电话：23035　　电挂：6080

中国统配煤矿总公司
两淮煤矿特殊凿井公司

经理熊声誉，中共党员，1935年3月生，江苏省苏州市人，高级工程师。1958年毕业于北京矿业学院矿建专业，分配到特殊施工队（特殊凿井公司前身）工作，历任技术员、主管技术员、副科长、副主任工程师、副总工程师、副经理，1986年至今任该公司经理。自1978—1990年先后获得两淮煤炭建设总指挥部"深井冻结设计改革奖"、"先进科技工作者一等奖"，煤炭工业部"415米深井冻结凿井一等奖"、"DZJ500—1000冻结注浆两用钻机科技进步成果三等奖"、"深井冻结壁温度场科技进步二等奖"，建设部"全国施工技术进步先进个人"等称号。

中国统配煤矿总公司两淮煤矿特殊凿井公司是中国第一家煤矿建设特殊凿井专业公司，系全民所有制、国家一级建筑施工企业。注册资金总额为15059万元，其中固定资产金额12423万元，流动资金2636万元。现有职工3751人，下设6个工程队（副处级），还有机厂、汽车运修公司等附属单位。主要施工设备有1887台（套），总功率为91769千瓦，其中冻结孔施工钻机23台（包括冻结注浆专用钻机9台）；冷冻机172台，标准制冷能力7200万大卡／时；大型竖井钻机5台（SZ—9／700型1台、AS—9／500型2台、L40／800型2台）；各种机动车辆339部；各类大型机床130台。全公司拥有的设备，可同时对5对矿井或16个井筒进行特殊施工。

矿井井筒是这个公司的主要"产品"。30多年来，该公司采用冻结法和钻井法，在安徽、江苏、河南、山东、辽宁、黑龙江等省开凿了107个井筒，累计深度21863.27米，占全国同法施工井筒数的43.6%，累计深度的53.2%。

这个公司是国内采用冻结法和钻井法施工最早的单位，施工设备精良，技术先进，经验丰富，产品合格率达100%。"七五"期间完成的工程优良品率达85%，为中国煤矿建设特殊凿井的发展做出了贡献。1978年以来，该公司先后获科技成果奖57项（其中国家级4项、部委级14项、省级11项、市级28项）。近几年，该公司还参与高层建筑基础钻孔灌柱桩、桥梁基础冻结法等工程施工，以高速度、高质量赢得了客户的信赖。

该公司热诚欢迎国内外客户来人来函洽谈矿井井筒冻结法、钻井法设计及施工，冷库工程的设计及安装，高层建筑灌柱桩基础施工，水源井、水文孔施工或有关技术服务等业务。

公司大楼外貌

地址：淮北市东山路　　邮编：235044
电话：21412　　电挂：3595

厂长杨秀兰，女，中共党员，1945年9月生，安徽省萧县人。1961年7月毕业于萧县农技学校，毕业后当过营业员、会计，1984年起任淮北市任圩供销社主任、淮北市溶解乙炔厂厂长兼党支部书记。1985年和1987年分别被淮北市人民政府和安徽省人民政府授予“劳动模范”、“三八红旗手”称号，1990年被淮北市委授予“优秀党支部书记”称号。

淮北市溶解乙炔厂

淮北市溶解乙炔厂是安徽省唯一生产乙炔气的商办企业。该厂于1984年10月开始筹建，经过全厂职工日夜奋战，仅用了8个月的时间，就建成了一条年产40万立方米溶解乙炔气生产线，1985年6月投入生产。在发展乙炔气生产的同时，该厂内引外联，1990年11月又建成一条年产2000吨白炭黑系列产品的生产线，并投入试生产，经有关部门鉴定，产品质量达到国内先进水平，并同外商签订了供货合同。该厂现有职工145人（其中技术人员11人），固定资产近500万元。主要产品有两种：

（一）溶解乙炔气。它是我国推广的取代电石的一种节能新产品，具有安全、方便、节约能源，减少污染等优点，可用于金属切割、焊接及试验、研究、照明、喷涂等，也可作有机合成工业的基本原料。

（二）白炭黑系列产品。它的化学成份为水合二氧化硅，分子式为SiO_2H_2O，外观为无定型的白色疏松粉沫或粒状，对人体无害。沉淀白炭黑是无机硅系列透明高补强填料，具有耐酸碱、耐高温性能。该厂采用先进的技术工艺，产品具有优良的活性度和吸附率，分散性能好，比表面积大，内部空隙多，与各种橡胶都有很强的亲和力。其表面上的硅醇基与橡胶在硫化过程中起到交联作用，产生突出的补强效果。此外，它与塑料、涂料、油墨、纸张、油漆、擦亮剂、粘胶剂及各种树脂等按一定比例混合时，有很好的聚合力，使制品有良好的物理性能。在橡胶、油漆、油墨、造纸、塑料等制造行业中有广泛的应用价值。

几年来，该厂在省、市有关部门的支持帮助下，技术、管理水平不断提高，产销稳定，安全生产5年多，共创产值861万元，利税179万元，连续4年被淮北市人民政府和省、市供销社授予“先进企业”和“安全生产先进单位”等称号。

地址：淮北市任圩镇　　邮编：235001
电话：23318，23306　　电挂：3310

安庆市针织总厂

厂长黄文才， 经济师。生于1944年2月，1969年即从事经济工作。1988年至1990年连续3年荣获市级优秀厂长称号。

安庆市针织总厂的前身是安庆卫星针织厂，组建于1958年。后几经分合，于1972年年底正式建厂，定名为安庆市针织厂。党的十一届三中全会以来，随着改革开放政策的落实，企业加快了发展速度，并跨入了安徽省先进企业的行列。1988年易名为安庆市针织总厂。现有职工931人，固定资产原值1555万元，技术装备先进，拥有针织主机设备156台（套）及以单机形式从德国、英国、瑞士、日本等国引进的“高速罗纹机及园机系列纯棉等产品生产线”，年总生产能力达800万件。

企业以生产棉毛、汗背、T恤、绒货、针织运动服5大类产品为主，以“石莲”和“鲸花”为注册商标。产品实物质量居省同行业先进水平，现有13个优质产品。其中国优1个，部优、省优各6个。产品70%外销北美、东欧、东南亚等十几个国家和地区，内销全国二十几省区。经济效益在全省针织行业名列榜首。1984年以来，连续6年荣获安徽省“创最佳经济效益优胜单位”称号，是省级“出口生产重点企业”和“重质量、重合同、守信用”单位。1990年被评为安徽省质量管理奖企业。

该厂技术装备先进。1985年投资867万元，实施技术改造，先后引进“针织服装生产线”、“高速罗纹及园机系列纯棉生产线”等具有80年代国际先进水平的设备152台（套），形成编织、染整、成衣3大生产工序都具有80年代初先进技术装备的年产内衣300万件，外衣化产品80万件的针织纬编生产线，使企业生产经营实现了从以国内市场为主转向国际市场，以低档产品为主转向中高档产品，以内衣化为主转向外衣化的三个转向目标。

该厂技术力量雄厚，拥有各类专业技术人员91人，尤以针织专业的工程技术队伍素质高见长，已有8人获中高级技术职称。

该厂注重运用系统工程进行管理，抓“全面”打“基础”，以质量保证体系为骨架，以专业管理为基础。以经济责任制为保证，提高产品实物质量和经济效益，取得了显著的成效，促进了产品的更新换代和企业的发展。

该厂可承接来样复制、来料加工等业务；可进行技术、设备的输出；欢迎商谈投资办厂或合资办厂等项目。

副厂长：李晓毛、张志初　　总工程师：蔡世忠　　总会计师：凌玉蓉

地址：安徽省安庆市马家岭20号　　邮编：246002

电话：513596，513595　　电挂：4590

国营安徽屯溪塑料厂

厂长鲍尚武，1945年9月生，1965年屯溪一中毕业后，留校任教。1970年调屯溪塑料厂工作，历任供销科长、副厂长，1987年任厂长至今，1990年被选为黄山市市委委员，荣获全国“五一”劳动奖章。

国营屯溪塑料厂坐落于新兴的旅游城市黄山市政府所在地屯溪。1955年建厂至今，除国家投资7.5万元以外，主要靠艰苦创业、自我发展，从一个固定资产仅5000元的牙刷作坊跃升为全国塑料行业骨干厂家。现厂区面积61300平方米，职工1046人，其中专业技术人员123人，固定资产原值2252万元，1990年完成产值5613万元，实现利税555万元。

1962年，该厂由牙刷转产凉鞋，1983年从国外引进第一套先进编织袋生产线，当年投产见效，较好地调整了企业产品结构，获国家经委颁发的“引进技术改造现有企业全优奖”。1986—1988年，又先后引进2套编织袋生产线，1989—1990年分别与外商合资兴办了“屯溪快通”、“屯溪化英”两家合资公司，扩大开发塑料制品。目前企业年产“迎客松”牌PVC单双色塑料鞋1250万双（39个系列、347个花色品种）；PP／PE塑料编织袋3000万平方米（密度为32—48根／10厘米，宽度为400—750毫米），分别占全国第2、第8位，在1990年度全国质量行评中名列第2、第3名，双获部优，产品畅销全国26个省、市、自治区，并逐步打入国际市场，年出口创汇200多万美元。

“勤俭、开拓、团结、奋进”是凝集全厂职工的精神财富，深化改革、完善经济责任制、强化内部管理，走技术进步之路，是实现企业腾飞的金翅膀。1982年，在全省率先进行了供销承包，使企业从生产型向生产经营型转化；1984年，首批通过省级企业整顿验收，以后又推行了二、三级核算、厂内银行、经济责任制、岗位责任制等有效的管理机制，促进企业练好“内功”；1986年率先步入省级先进企业行列；1988年定为全国推行“满负荷”工作法试点单位；1989年推行了企业内部升级工作，以“人人参与”为启动杠杆，以安全质量联保为特征，促进了高效管理机制的形成和企业素质的提高，进入国家二级企业先进行列。

“八五”期间，该厂将进一步与各科研机构、大专院校联谊，与中外客商共同投资开发和生产高附加值的产品，优化产品结构，走外向型发展道路，确保企业持续稳定发展。

（撰稿：崔栋梁）

书记：杜金泉

副厂长：王建中、蔡荣华、吴斧生　　总工程师：高美妃　　总会计师：许盘川

地址：黄山市屯溪区　　邮编：245051

电话：212313（0559）　　电挂：3660（黄山市）

皖北矿务局

局长马德久，中共党员，1934年9月生，河北省抚宁县人。1953年9月毕业于抚顺矿山高级职业学校采煤系，分配到淮南矿务局工作，曾任该局谢一矿技术员、谢二矿技术员、工程师、总工程师。1976年底调皖北矿务局工作，历任该局百善矿副矿长、总工程师、矿长兼党委书记，皖北矿务局副局长、总工程师等职，1988年5月至今任皖北矿务局局长，系高级工程师。1989年被中国煤炭企协评为“优秀局长”，1990年被安徽省人民政府授予“有突出贡献厂长（经理）”称号。

皖北矿务局是安徽省地方煤炭企业，1984年5月正式成立。现有矿井7对，总设计生产能力396万吨，其中孟庄、百善、毛郢孜，刘一、前岭5对生产矿井原设计年生产能力为186万吨，经过一、二期技术改造后扩大到285万吨；刘二、任楼2对在建矿井设计年生产能力210万吨。局下辖5个矿、2个筹备处、1个机厂，共8个县团级单位。1990年末，全局拥有固定资产4.42亿元，在册职工20507人。

皖北矿区矿井分别坐落在淮北市、濉溪县和萧县境内，局机关设在宿州市。矿区含煤面积121平方公里，已探明的地质储量为65158.8万吨。煤种主要有气煤、瘦煤、焦煤、无烟煤。煤质为低、中、高灰分，发热量为5500—6000大卡／公斤。煤炭销售以本省为主，部分销往江苏、浙江、上海等省市，少量出口日本，南朝鲜及东南亚等国家和地区。除煤炭产品外，还拥有一定的机械加工制造、建材生产能力，生产水泥、明矾、矿车、矿山机械及配件等产品，其中皖南煤矿机械厂生产的15公斤，18公斤道叉，远销印度尼西亚等国。

皖北矿区开发于70年代，于1975年后相继简易投产，生产系统不完善，装备水平低、技术和管理落后。建局后，皖北矿务局认真贯彻党的十一届三中全会以来的路线、方针和政策，坚持四项基本原则，坚持改革开放，致力于探索一条适合地方煤矿发展的新路子。艰苦创业、勤俭办矿，依靠技术改造和科技进步发展生产；不断深化企业内部改革，加强管理，提高企业素质；矿区面貌发生了较大变化，生产建设持续、健康、稳步发展。同时，矿区科技、文化、教育、卫生等事业也同步发展，职工生活和各种福利设施不断改善，增强了企业的凝聚力。

近年来，皖北矿务局大力加强质量标准化建设，积极开展“质量达标准，安全创水平，企业上等级”活动，全面加强了基础工作，矿区面貌又有新的变化。目前，矿矿成为质量标准化矿井，百善矿已晋升为国家二级企业，以及刘一、毛郢孜、前岭3个矿荣获省级先进企业称号。

皖北矿务局是安徽省最大的能源基地，有着广阔的发展前景。“八五”期间将建成为年产600万吨以上的大型地方煤炭企业。全局职工决心在建设具有中国特色的现代化企业的道路上开拓奋进，不断为四化建设做出贡献。

地址：安徽省宿州市浍水路　　邮编：234011

电话：25353　　电挂：3420

阜阳颍河公路大桥简介

阜阳颍河公路大桥指挥部常务副指挥、法人代表王涤，1932年12月生于安徽肥东县一个贫农家庭，1949年1月参加革命，曾参加过渡江战役。1954年3月入党，大专文化程度。曾任会计、主办会计、县汽车站长、阜阳行署交通局秘书、管理科长，阜阳市交通局长、党委书记；阜阳市经委副主任、党组副书记，主任、党组书记。

滚滚东去的颍河，把阜阳市一分为二。每天，车流、人流，潮水般地涌向连接颍河东西两岸的唯一通道——建于大跃进年代的颍河闸。据不完全统计，每天从这里经过的汽车达1.45万辆次，其他车辆和行人更不计其数，致使这里经常发生交通堵塞，有时长达15小时。群众称这里是“阜阳的食道癌”。而根治这一绝症的最佳方案是在颍河上再架一座大桥。

作为当时年收入仅7000多万元的小城市，要拿出3000多万元修大桥，困难是可以想象的。省政府于1985年批准了建桥方案，但仅投资437万元。在资金严重短缺、施工手续繁琐，诸多因素错综复杂的情况下，大桥建设者们历经艰难曲折，战胜种种困难，历时5年（1985年2月27日—1990年12月26日），终于将颍河公路大桥建成通车了。

阜阳颍河公路大桥位于颍河、泉河汇流处上游，距颍河闸1.5公里，全长3283.13米，由主桥、引桥、东西两岸引道、收费站、桥路附属建设及东引道坡花园6部分组成。主、引桥共31孔，长792米，宽19米，设计荷载为汽车20吨、拖车100吨、人群荷载为400公斤／平方米；东岸引桥跨越铁路下河线公路立交；东引道燕尾式匝道衔接阜涡（阳）、阜蚌（埠）公路，西岸引通与阜太（和）公路相连。桥路共分4股快车道，是阜阳地区公路交通的重要枢纽。大桥海拔标高41.19米，桥下通航净空为5级航道标准，最高水位时桥下可通航500吨船舶。桥体抗震基本裂度为8度。

颍河大桥主桥上部结构为新型预应力混凝土悬臂桁架T构桥，下部结构为空腹式薄型；箱型桥墩，垮径为76米，其他桥墩均为高标号混凝土。主、引桥面采用预应力梁钢筋混凝土铺装，结构新颖，自重量轻。主桥设计是由安徽省公路设计院委托阜阳地区公路总站的技术人员在上海同济大学桥梁研究室教授的指导下完成的。主、引桥由铁道部第四工程局第二工程处桥工队承担，西引道工程由阜阳地区水利建筑公司承担，东引道工程和各项附属设施由大桥指挥部直接施工和委托有关单位承担，真正体现了统一领导安排，多渠道施工的全方位工程。大桥总投资3000万元，其中省、地、市投资822万元，其余2200万元均是地方自筹，这在安徽省“七五”期间三座大桥中，是工程量最大、投资最少的一座。

安徽省委、省政府、阜阳地委、行署和阜阳市委、市政府对颍河公路大桥的兴建十分重视，将其列为安徽省“七五”期间重点项目之一。进入1990年后，阜阳市委、市政府把大桥通车列入为全市人民办的10件实事之首。大桥通车时举行了隆重的剪彩仪式。

大桥路附属设施有两侧对称钢管柱式照明灯198盏；4座大型雕塑矗立在主桥两端，使整座桥梁雄伟壮观，成为阜阳一景。

阜阳颍河公路大桥的通车，改变了阜阳市的交通状况，增强了全地区公路运输能力，对阜阳市的经济发展产生了不可估量的影响。

颍河公路大桥
主桥部分

景德镇市陶瓷装饰材料厂

厂长方文桂，工程师，1957年11月生。1982年毕业于华东化工学院材料工程系无机材料科学与工程专业，并授予工学学士学位。历任景德镇市陶瓷厂技术科长、陶研室主任、原料车间主任、景德镇市陶瓷装饰材料厂副厂长、1988年2月任厂长。

景德镇市陶瓷装饰材料厂是市级全民所有制中型企业，固定资产（净值）546万元，职工598人。该厂前身是景德镇市砖瓦厂，创建于1953年，生产红砖和平瓦。因生产的土源枯竭，1986年初经批准转产釉面砖。在转产改建工程时，资金十分短缺，该厂采取补偿贸易、横向联合等形式筹集资金，并提出“六边”(即边设计、边施工、边调试、边培训、边生产、边出效益)的转产改革方案，仅用1年半的时间完成了转产改建工程。技改项目1991年1月全面竣工验收，超过年产釉面砖80万平方米的设计能力。目前该厂拥有年产釉面砖100万平方米、年产墙地砖20万平方米的生产线各一条，是江西省生产釉面砖的骨干企业之一。“八五”期间，经江西省经济委员会、江西省建材工业局批准，该厂将新扩建一条年产80万平方米彩釉墙地砖生产线。

该厂生产的各种规格的釉面砖、墙地砖内销外销均用TC牌商标。该厂生产152×152×5mm的釉面砖，1989年荣获国家建材局A级产品证，1987—1990年荣获景德镇市人民政府《重合同、守信用》企业证书。

1987年年底方文桂中标为厂长后，对产量、质量、消耗、安全四大指标实行从全员的基本工资中提取风险金抵押承包，扭转了该厂转产后停产的被动局面，经济效益有了明显提高。职工的劳动报酬与企业的经济效益挂钩，增强了企业的凝聚力。1989年初，方厂长在该厂又提出了以提高产量、质量，降低消耗为内容的“成本否决法”，进一步提高了职工的积极性，取得明显的效果，1989年比1988年产量提高108%，上缴税利增加3倍达150万元，职工收入增加37%，消化了近200万元物价上涨因素，在没有向国家要贷款的情况下，基本完成了80万平方米的釉面砖改造。1989年该厂生产的TC牌釉面砖获国家A级产品证书。1990年该厂进一步深化内部改革，强化企业管理，实行成本、质量“双重否决法”，经营和经济效益出现了前所未有的可喜局面。1990年比1989年产值增加8.1%，产量增加19.64%，销售收入增加11.33%，人均收入增加3.18%，上缴税利195万元。1991年初，这个厂敢于实践，勇于探索，在“成本、质量否决法”的基础上，建立企业管理新机制，推行厂部与车间、厂部与班组双层承包。最近，该厂被省人民政府授予全省改革先进企业光荣称号。

总工程师：高荣星

地址：景德镇市瓷都大道丁家洲　　邮编：333033

电话：552081，552082　　电挂：7395

不断进取的景德镇枫树山林场

场长沈根度，1939年7月生，江苏无锡县人，林业工程师。1962年7月毕业于江西共产主义大学林学系，分配到景德镇市枫树山林场工作，历任团委干事、南山分场副主任、副书记，枫树山林场团委书记，党委副书记、副场长，1985年5月任场长至今。

全国绿化先进单位、全国国营林场先进单位——景德镇市枫树山林场，是以营林为主、多种经营的大型国营林场（正县级建制），是国家林业部、江西省林业厅联营的速生丰产林基地之一。经营范围南北长50公里，东西宽43公里，经营总面积为2.75万公顷，其中人工林保存面积1.73万公顷。现有12个林业分场，10个工副业单位，1757名职工，拥有固定资产540万元，活立林蓄积量90万立方米，价值2.7亿元。该场坚持抓好速生丰产林基地建设、多种经营、科技兴林"三管"齐下工作，有力地促进了林业生产和其他经济建设持续、稳定地发展。

一、速生丰产林基地建设成效斐然。该场从1982—1996年完成营建速生丰产林基地面积1万公顷，分三期施工。至1990年7月，该场保质保量完成了第一、第二期施工任务，完成了基地造林杉树5137公顷、幼林抚育3.66万公顷，造林成活率达90—95%以上，保存率达到99—100%，林木生长量普遍达到甚至超过部颁标准。还在基地新建职工宿舍5150平方米，修筑林区公路31.63公里，开辟防火线147.89公里，林道99公里，架设输电线路2公里，使基地设施配套，功能齐全。

二、多种经营蓬勃发展。该场自1968年以来，先后兴办了12个场办企业；始建于1968年的景德镇市无线电元件五厂，是国家机械电子部定点生产无线电元件的厂家之一。该厂生产的高频接插件用于太平洋洲际导弹的发射，受到中共中央、国务院、中央军委的嘉奖。近两年新建了一条低频生产线，现为全国300多个厂家和国防工业单位提供10多个系列、400多个品种的射频连接器。1973年开办的枫树山木材加工厂，利用小材小料，生产各式沙发和陶瓷包装箱。

1989年联营办的枫林电容器厂，主要生产电解电容器CD11、CD71、CD228，质量过硬，供不应求。1985年创办的沪枫食品厂生产的龙凤饼干等各式糕点，占领了瓷都城乡1／3的市场，新近开发的粒粒橙等饮料颇受市场欢迎。枫林工艺厂以出产工艺瓷为主，其瓷墩、箭筒、莲子缸等产品，行销国内，还出口欧美。

此外，该场还办有景德镇市林业建筑公司、瓷厂、家具厂、车队（含汽车修配）等企业。

三、科技兴林成果丰硕。主要成果有：1."国外松种源试验"。选出了适宜在赣东北生长的六个国外松最佳种源，1990年6月经专家鉴定："该项试验达到国内先进水平"。此成果现正在全场速生丰产林基地推广应用。2."火炬松育苗Pt菌根化研究"。这是与外单位合作成果，有效地提高了造林成活率和林木生长量。专家鉴定结论："有很高的实用价值，填补了我国的一项空白"。3."国外松湿床催芽、截根移栽育苗法"。比常规育苗出苗量提高1.85—2.48倍，成本则下降46.8%。1989年通过省级鉴定，1990年获省科技进步奖。4."湿地松流脂病喷硼防治"，当年通过市级鉴定，获科技成果奖，1986年又获推广进步奖。5.枫树山种子园建设初具规模。现已完成面积10.6公顷，已从国内外引进国外松优良家系158个，到1998年可开始为林场造林提供良种。

（撰稿：雷霭生）

地址：景德镇市黎明路路51号　　邮编：333000
电话：551934，551935

迅猛崛起的贵溪冶炼厂

厂长何昌明，浙江宁波市人，1941年10月生，1966年毕业于贵州工学院，中共党员，高级工程师。曾任大冶有色公司冶炼厂厂长、总工程师，1989年12月调任江西铜业公司贵溪冶炼厂厂长至今。

贵溪冶炼厂是中国有色金属工业总公司江西铜业公司所属企业，位于江西省鹰潭市贵溪县境内，地处浙赣、皖赣铁路交汇处和信江河畔，水陆交通方便。厂区占地面积达108公顷，现有职工3300人，其中专业技术人员占20%，中、高级技术人员和技术工人占65%，中层以上干部中具有中、高级技术职称的占90%多。

该厂是“六五”期间全国22个成套重点引进项目之一，是我国目前规模最大的现代化铜冶炼厂。其主要特点是：工艺先进合理，采用世界先进富氧闪速熔炼技术，硫酸生产采用二转二吸；设备大型化、闪速炉日处理精矿1300吨，转炉炉处理冰铜145吨，阳极炉炉处理粗铜240吨，制酸设备日产硫酸1300吨；自动化程度高，配有HOC—900／34控制计算机，对主工艺进行在线控制，整个工艺流程有8个控制室、174个控制系统、418个测量点，共7860台（套）仪表。同时，设置了VS—65管理计算机，对全厂生产经营逐步进行综合管理；环境保护好，环保设施先进齐全，排水、排烟、粉尘皆低于国家允许排放标准；能源利用充分，工厂余热发电可供全厂生产用电量的一半。该厂分两期建设，最终设计能力为年产阳极铜20万吨（其中电解铜15万吨），硫酸86万吨。一期工程总投资7.5亿元（其中外汇1.2亿美元），主工艺流程和设备分别从日本、芬兰成套引进。工厂供电、供水、供汽、供油、精矿预干燥和铁路运输、电汽维修等设施由国内配套建设。现有生产能力为年产阳极铜10万吨（其中电解铜8万吨），硫酸40万吨。

该厂1980年开工建设，1985年12月30日投料试产，实现了一次投产成功。5年多来，生产持续安全顺行，47项主要技术经济指标全部达到或超过设计值，闪速炉作业率高达97.56%，硫的总利用率平均为96.43%，分别达到世界先进水平，并可综合回收金、银、铂、钯、硒、砷、铋、碲、铅、锌、硫酸铜等产品，资源利用充分。主产品电解铜符合国家一级品标准，并有批量达到国际A级铜标准。副产品硫酸一级品率为100%，部分达到特级酸标准，该产品被评为国家优质产品，荣获国家金质奖。该厂产品质量稳定可靠，全员劳动生产率15.3万元／人 · 年，社会效益、经济效益显著。

该厂投产以来，始终坚持改革，从严治厂，大力推行标准化作业、作业长制、全员预防维修、自主管理、全员培训等现代化管理，逐步完善经营机制，推进技术改造，实现技术进步，走自我积累，自我改造，自我发展之路，力创世界一流工厂，上国家一级企业。

副厂长：刘思根、伏泽兰　　总工程师：苏尚广　　总会计师：王敬文

地址：江西贵溪　　邮编：335424

电话：771684　　电报：0396

建设发展中的江西合成洗涤剂厂

厂长苏家璜，浙江宁波市人。1943年7月出生，1967年毕业于清华大学工程化学系，中共党员，工程师。曾任江西合成洗涤剂厂科长等职，1984年担任厂长至今。现为江西省鹰潭市政协委员，中国洗涤用品工业协会理事，江西省企业家协会会员。

江西合成洗涤剂厂始建于1958年，前身是江西蛋品厂，1965年开始土法生产三聚磷酸钠，1970年转产合成洗涤剂，是全国最早生产三聚磷酸钠的4个厂家之一，也是轻工业部在江西唯一定点生产合成洗涤剂的专业厂。经过30年特别是改革10年来的发展，该厂旧貌换新颜，生产得到迅速发展，焕发出新的生机和活力。1988年跨入江西省省级先进企业行列，1986年和1987年分别被轻工业部和江西省人民政府授予“质量管理优秀企业”荣誉称号，连续3年被省人民政府授予“经济效益先进单位”，连续4年被鹰潭市人民政府授予“重合同，守信用”先进企业。该厂的奋斗目标是：力争1993年跨入国家二级企业行列。

从80年代中后期开始，江西合成洗涤剂厂开展了有计划、大规模的工业基本建设，不断对老技术、老设备进行技术改造，10年来技改投资总额达2580万元，大大增强了企业的发展后劲，提高了生产能力和技术水平，促进了企业进步。目前，该厂年产合成洗衣粉4.5万吨，三聚磷酸钠1万吨。企业占地总面积18.25万平方米，厂房面积3.2万平方米，企业注册资金9601万元，职工1056人。

在企业经营管理中，江西合成洗涤剂厂积极完善企业内部的配套改革，强化企业基础工作，建立健全各项管理制度，实行责、权、利相结合的经济责任制，开展全面质量管理，建立质量保证体系，施行质量否决权。在经营中加强横向经济联合，注重技术革新，不断开发新产品。其洗涤剂产品从无到有，从低档到高档，不断更新换代，满足了市场需求。70年代前，该厂只生产老三型洗衣粉，80年代以来，已发展到以“鲜花”、“清泉”为主导系列的各种类型性能的民用、工业用合成洗涤剂，其中荣获轻工业部和江西省优质产品奖的产品有9个，荣获江西省优秀新产品奖的产品有4个，有6个产品被评为江西省优质产品。“清泉”牌高效低泡洗衣粉在1990年北京首届全国轻工博览会上获银质奖；“清泉”洗衣粉、“月月红”牌加酶洗衣粉和“鲜花”牌洗衣粉在1990年上海美容、洗涤消费品民意测评中，获得消费者信誉奖。该厂生产的各类合成洗涤产品行销全国各地，并出口东南亚、香港等国家和地区。

如今，该厂组成了以厂长为核心的强有力的行政领导班子，团结一致，齐心协力，继续深化企业内部改革，进一步强化企业基础管理工作，提高全厂职工的质量意识，狠抓产品质量，降低产品成本，全面提高企业的经济效益；同时，切实做好企业的技术改造工作。从1991—1993年，将进行3万吨三聚磷酸钠技术改造，完成技改投资2800万元。该项目竣工投产后，企业的工业产值扩大到2亿元，利税达2000万元左右，将跨入全国大型合成洗涤厂行列，为国家创造更多的财富。

副厂长：余电初、胡良骅、胡文宝

地址：江西省鹰潭市林荫西路14号　　邮编：335000

电话：221818，222666　　电挂：0553

在改革中前进的鹰潭市面粉厂

厂长邓绍聪，江西南城县人，1948年5月生，1966年毕业于江西省粮食学校粮食加工专业，中共党员，工程师。1985年任鹰潭市面粉厂厂长至今。

鹰潭市面粉厂是商业部投资兴建的生产等级面粉的国营粮食加工企业。始建于1983年，1985年11月竣工投产。日产面粉150吨，是江西省4大面粉生产厂家之一。该厂的建成投产，改变了江西省部分地区长期以来面粉供应依靠外省调入的被动局面，为发展江西的粮油及食品工业创造了有利条件。

该厂现有职工350余人，其中工程技术人员40人，拥有固定资产（净值）1055万元，占地面积11.12万平方米，建筑面积3.9万平方米。下属企业有面粉袋分厂、营养面制品分厂。

该厂主要设备均选用目前国内最新定型设备，工艺先进，自动化程度较高，技术力量雄厚，质量检测设备齐全，内部管理制度严密。与该厂配套的有日产50吨的配合饲料加工厂及仓容量5万吨的大型中转储备库，拥有2公里长的铁路专用线以及可供30节火车皮同时装卸、有90个货位的站台库棚等设施，交通运输十分便利。

主要产品有特制一等面粉、标准粉，均按国家标准进行生产，粉色白，口感好，营养丰富，符合食品卫生要求，面筋含量：精粉28%以上，标粉不低于25%。1991年该厂又开发出快速自发面粉以及各种营养面条等新品种供应市场。副产品有次粉、麦麸及配合饲料。产品销往本省26个县、市及广东、福建、云南、山东、内蒙等省区。投产5年来，该厂已向社会提供面粉18万吨，实现工业总产值7444万元，创税利1158万元，取得了较好的社会效益和经济效益。

随着改革的深入，该厂外联市场，内抓现场，引进竞争机制，强化企业内部管理，坚持“质量第一，信誉至上”的经营方针，遵循“重合同，守信用，互利互惠，共同发展”的经营原则，以质量求信誉，以品种求发展，以效益求生存，赢得了省内外广大用户的信赖。1988年以来，该厂连年被工商银行评为“企业信用特级单位”；1989年起，连年被市工商局授予“重合同，守信用企业”称号。该厂生产的特制一等粉在1990年江西省食品行业质量评比中，荣获优胜奖。

该厂坚持“两个文明”一起抓的办厂方针，全面落实经济责任制，完善考核办法，抓好各项基础建设工作。同时，采取演讲会、民主对话、提合理化建议等多种形式，开展积极的思想政治工作，激发了职工的主人翁意识和责任感，厂兴我荣，厂衰我耻，人人关心企业发展，并为之献计出力，已成为每个职工的自觉行动；“务实、创新、文明、奉献”的企业精神在全厂上下发扬光大。1989年以来，该厂连年被江西省人民政府授予“文明单位”称号；1990年又顺利通过了江西省经委组织的企业升级验收，被评定为“省级先进企业”。

厂区外貌

副厂长：熊细顺、崔阳兴、刘贵生

地址：江西省鹰潭市南站路　邮编：335003　电话：221237，221613，222263　电挂：4720

前进中的诸城市水泥厂

厂长耿传涛，中共党员，1946年7月生，山东省邹平县人，工程师，大专文化程度。1984年5月任诸城县水泥厂厂长，潍坊市厂长工作研究会理事。多次受到市委、市府记功奖励，并被山东省建材局授予“企业管理先进工作者”、“质量管理优秀厂长”，1990年被授予“山东省建材系统劳动模范”等称号。

诸城市水泥厂是全民所有制中型企业，始建于1958年。现有职工800人，其中专业技术人员78人。拥有固定资产1800万元，厂区面积11万平方米。主要产品“常山牌”425号R、525号R普通硅酸盐水泥和325号、425号火山灰硅酸盐水泥，均为省优或部优产品，年生产能力20万吨，是诸城市重点工业企业和山东省地方水泥骨干厂家之一。

该厂生产设备精良，工艺技术先进。生产流程中的主要环节均利用微机和仪表进行自动控制。尤其是被称为水泥厂心脏部位的机械立窑，自1984年进行微机控制闭门操作新技术的研究，1986年5月通过部级鉴定并荣获部级科技进步奖。这项技术不仅填补了国内水泥生产技术上的一项空白，在亚太地区也属首创，被列为全国重点推广的科技项目之一。随着技术改造和科研步伐的加快，该厂生产全过程已基本实现微机联网，生产管理达到现代化水平。

该厂自1985年实行厂长负责制以来，紧紧围绕提高经济效益这个中心，不断深化内部配套改革，强化基础管理，企业的整体素质全面提高。1988年被山东省人民政府授予“省级先进企业”，能源管理一直保持全国同行业领先地位，计量工作为国家二级计量合格单位，设备管理保持省级优秀单位称号，档案管理为省级先进单位，连续七年保持“物价计量信得过”单位。1990年被省建材局授予“双文明建设标兵单位”称号。

该厂注重质量管理工作，始终坚持“质量第一，用户至上”的原则，把提高产品质量纳入厂长的任期目标，不断完善检测手段和质量保证体系，1986年被省经委命名为首批“推行全面质量管理验收合格单位”。1978年以来连续13年保持出厂水泥合格率和富余标号合格率两个100%。自1988年实行产品质量行检行评以来，连续三年荣获全国水泥质量优胜企业称号。该厂生产的425号R、525号R普通硅酸盐水泥于1990年9月获得山东省标准计量局“采用国际标准验收合格产品”称号，产品质量达到国际先进水平。“常山牌”水泥在用户中的声誉愈来愈高，多年来产品一直畅销不衰。1990年，在国内水泥市场销售疲软的严峻形势下，该厂向南朝鲜出口525号水泥熟料9万吨，产品质量受到外商高度赞赏，并要求扩大订货量。全年共完成产值865.5万元，实现利税397.4万元。1991年，425号R、525号R普通硅酸盐水泥均已通过国家质量认证。日本、南朝鲜、香港等国家或地区的企业（集团）纷纷提出与该厂洽谈订货或进行合作。目前，该厂在“创新、求实、高效、励精”的企业精神指导下，向国家二级企业的目标奋进！

厂址：山东省诸城市兴华西路23号　　邮编：262200
电话：643321（总机）　642332（厂办）　　电挂：3136

走质量、效益型发展道路的诸城市酒厂

厂长王治国，中共党员，工程师，诸城市人，1954 年生，1970 年参加工作，1978 年毕业于山东大学生物系微生物专业。1985 年任副厂长，1989 年任厂长，1985 年曾被聘任为山东省白酒评酒委员。先后多次获得省、地、市科技成果奖。1990 年被诸城市委、市府授予“先进工作者”称号。

诸城市酒厂是一个创建于 1944 年的国营中型专业化酿酒厂，为诸城市的重点骨干企业。厂区占地面积 7 万多平方米，拥有各种生产设备 340 余台（套），固定资产原值达 1120 万元，现有职工 572 名。设有酒精、固体酒白酒包装、粮食酒包装、葡萄酒等五个生产车间及包装材料厂、机修厂两个分厂。产品主要有粮食酒、薯干酒、葡萄酒、滋补性饮料酒等高、中、低档和不同香型风格的 40 余个品种，年生产能力万吨以上。该厂创建以来，为国家做出了较大贡献，特别是党的十一届三中全会以来，先后被上级授予“文明工厂”、“全面质量管理优秀企业”、“设备管理先进企业”、“省级先进企业”、“国家二级计量企业”、“国家二级节能先进企业”和“国家二级档案管理先进企业”等荣誉称号。

该厂的成功之道，在于始终坚持艰苦奋斗、勤俭持家、以质量求生存、以品种求发展、走质量效益型发展的道路。该厂坚持“以我为主、博采重长、融合提炼、自成一家”，认真扎实地开展了全面质量管理，积极推行应用现代化管理方法。一是建立健全了适合质量管理的体制和质量管理领导机构，建立了以厂长任主任的厂 TQC 委员会，形成了层层负责、人人把关的完整的质量保证体系和管理网络；二是不断加强思想教育和技术培训工作，强化质量教育，使质量目标最终转化为人们的自觉行动；三是加强标准化管理和计量管理等基础工作。重点抓好提高产品标准水平工作。为加强产品质量的现场管理，设立了工序管理点和严把“五道关口、十八道防线”，不断完善检测手段，充分发挥检测机构的职能和作用。

通过认真推行全面质量管理和应用现代化管理方法，产品质量稳定提高。正品率均达到 100%，一次合格率达到 98%以上，优质产品产值率达到了 95%以上。自 1980 年以来，有十几种产品分获省、地、市新产品奖和科研成果奖。“诸城白酒”1988 年被评为省优质产品和荣获首届中国食品博览会银奖。清香型特曲酒“鲁钟清烧”，1984 年、1987 年两届蝉联省优质产品，1988 年获首届中国食品博览会金奖，1989 年获第 27 届世界优质产品奖。浓香型特曲酒“密州玉液”，1990 年分获中国轻工博览会金奖和第 28 届国际质量金奖。

产品质量的稳定提高，促进了经济效益的提高。1990 年该厂完成产值 1751.82 万元，比上年增长 31.65%；实现利税 607.6 万元，比上年增长 36.7%，创历史最好水平，为诸城市经济持续、稳定、协调地发展做出了较大的贡献。

地址：诸城市人民东路 31 号　　邮编：262200
电话：642430，643446　　电挂：6794

不断强化管理、开拓经营的诸城市百货公司

经理张云秀，中共党员，1936年1月生，山东省诸城市人，高级经济师，1951年参加工作。历任诸城县百货商店经理、诸城县百货公司副书记兼副经理、书记兼经理、诸城市百货公司经理。曾被评为“全省企业管理先进工作者”、“山东省劳动模范”、“山东省优秀企业家”、“中国商业优秀企业家”。

诸城市百货公司是一个批发零售兼营的中型商业企业，创建于1950年。现有职工620人，固定资产总值650万元，营业及仓库面积2.8万平方米。设有14个批发部、7个零售商店和服装、印刷2个加工厂，主要经营百货、文化、纺织、针织四大类商品2.5万多个品种。

1978年以来，企业主要经济指标连续13年保持全省同行业首位，处于全国先进水平。1991年，在全国同行业首批晋升为“国家二级企业”。先后被商业部、省、市授予“经营管理先进单位”、“安全工作先进单位”、“四好仓库先进单位”、“省级文明单位”、“经济效益先进企业”、“明星企业”等称号。

一、深化企业内部改革。公司率先改革了批发经营体制，将两个综合批发部划分成13个专业经营科，克服了过去的经营粗放问题；对23个经营单位全部实行承包经营，引入竞争机制，落实“一包八保”的承包经营责任制，形成了层层包、层层保的承包网络体系；对职工全部实行优化组合，竞争上岗；创造了“百元销售工资含量”的内部分配办法；在企业内部，发展批发、零售、商办工业一体化的紧密型企业集团，增强企业的组织化程度，强化集约化经营管理，壮大了实力。

二、强化企业管理。公司制定了一套全面的系统的完整的管理规范制度，走上了制度化、程度化、规范化轨道。在资金管理方面，率先建立了“内部银行”，实行“定额控制、利息制约，跟踪考核、奖罚结合”的管理办法，有效地提高了流动资金的使用效益。推行ABC管理法和商品保本保利期分析等现代化管理方法，加速了商品流通，加快了资金周转。公司十几年来从未发生任何事故，仓储各项指标连续9年超过部颁标准。在服务质量方面，实行规范化管理和全面质量管理，消费者满意率始终保持在98%以上，被评为“全省执行物价政策法规最佳单位”十佳之一。公司不断强化思想政治工作，探索创造了“六个渗透”、“四改”、“十条规律”、“四个同步”和组织网络化管理等经验，充分调动了职工的积极性。

三、开拓经营。公司根据市场变化及时调整经营战略，掌握经营主动权。1983年前后，公司面对“地盘缩小、买卖难搞”的严峻形势，果断地调整经营战略，“巩固零售阵地，拉长批发战线，开拓批发市场”，先后在市区和乡镇增设了2个批发部、2处批发下伸点和17个处代理批发点，形成了城乡一体的批发网络，从而使企业冲出了低谷，经济效益一直保持了逐年大幅度增长的势头。1987年前后，市场竞争的焦点由零售转向批发，该公司又跳出单纯搞三级批发的小圈子，巩固三级批发，扩展二级批发，参与大流通，实行规模经营。先后与全国25个省、市、自治区的940多家工商企业建立了横向经济联合关系，购销领域迅速扩大。1989年以来，在市场疲软、资金紧张的大气候下，进行了四个调整，调整经营结构、购销渠道、工作重点和批零关系，主动发挥企业的批发优势、商品优势和群体优势，进一步扩大规模经营，战胜了重重困难，连续两年完成商品销售额都超过了1.1亿元，实现利税都超过550万元，保持了速度、效益稳定增长，成为全国同行业唯一的连续三年（1988—1990年）销售额超过亿元、利税额过500万元的县级公司。

地址：山东省诸城市广场路21号　　邮编：262200
电话：643197，642421　　电挂：4102

鹤壁市树脂厂

厂长刘祥，1962年4月生于河南省南召县云阳镇。1983年毕业于郑州大学化学系，获学士学位。参加工作后，曾任技术员、副科长、厂长助理，副厂长等职，1991年起任厂长。由于他近年在新产品研制，企业管理方面成绩卓著。曾在1989年河南省“中州青年精英”评选中，被团省委命名为“科技攻关尖兵”，1991年荣获鹤壁市“十大优秀青年”称号。

鹤壁市树脂厂始建于1967年，是化工部生产离子交换树脂最早的定点厂家之一，全国同行业十大中心成员厂，省一级先进企业。现有职工500人，年生产能力2500吨。主要产品有：001×7、D001、201×7、201×4、D201、D202、D301、D308、D113、D122、111、110等型号的苯乙烯系、丙烯酸系离子交换树脂20余个品种，其中，001×7阳离子交换树脂为部优产品、201×7阴离子交换树脂为省优产品。此类产品广泛用于电力、冶金、化工、制药、酿酒、食品等行业的水处理。产品已销往全国20多个省市，近期将出口日本、泰国等国家和台湾省地区，在用户中享有较高信誉。

1988年以来，该厂坚持走改革的道路，推行现代化管理，在改革中求发展，向管理要效益。已和有关科研单位联合定期对产品质量进行检测、监督，建立了可靠的质量保证体系。以优质产品、优质服务、良好信誉牢固地占有了市场。从而实现了产、供、销“一条龙”连续4年的高速发展，促进了经济效益的长期稳定提高。人均利税连年超过万元。最高的1989年达到13488.31元，居全国同行业首位（据当年行业报表）。先后荣获省“先进企业”、“工业之花”、“企业现代化管理先进单位”、“企业改革先进单位”、“重合同、守信用单位”、“第一期承包先进单位”等省级荣誉称号。

生产车间一角

能源工业是“八五”规划的重点，作为与其配套成龙的离子交换树脂行业前景广阔，潜在市场很大。该厂5年发展规划中、确定的大孔树脂生产线项目，目前正筹建，该线生产的D308树脂，为同类产品中的性能最优产品，国内仅有极少量生产。预期1992年建成投产后，将进一步增加企业经济活力。到1995年该厂将形成年产4700吨、产值5500万元、利税2000万元的树脂生产基地。

书记兼经营副厂长：曹立方（工程师）　　副厂长：林国然（工程师）

总工程师：傅国俭（高级工程师）

地址：河南省鹤壁市长风南路　邮编：456672

电话：2283，3819，4096　电挂：3344

新 乡 市

厂长边东垣，工程师，1951 年 7 月生，1980 年于大连工学院起重运输机械专业毕业。曾任新乡市铲车厂车间副主任、钢厂设备科长，1988 年至今任起重设备厂厂长。先后获市“五一”劳动奖章，省机械厅“优秀企业管理者”称号。

新乡市起重设备厂

新乡市起重设备厂是国家机械电子工业部起重设备专业定点生产厂家。全厂现有职工 800 余名，为省二级企业，市级文明单位，并荣获河南省质量管理奖、河南省机械电子厅先进企业等多种荣誉称号。

企业始建于 50 年代中期，70 年代初开始生产起重设备，虽几经曲折，但在改革的大潮中，终于形成 8 个品种，5 大系列，300 多种规格的生产能力，产品畅销全国 25 个省、区，跨 12 个行业，覆盖整个中南地区，由于重质量、守信用，产品在市场上有较强的竞争能力，深受用户的关注和好评。

该厂十分注重新产品的开发与研制，近几年相继开发了电动手动单梁、电动手动双梁、抓斗起重机、龙门吊等 8 个新品种，新型振动模机正在研制之中，1989 年以来，又完成了德国 AS 型电动葫芦的技术引进工作，新产品不久便可问世。该厂的所有产品均选用“腾升”拼音缩写作为商标。

引进人才，提高专业技术水平，强化专业技能是本厂的基本特征，全厂共有高级工程师 4 人，工程师 15 人，助理工程师 8 人，技术员 20 人，其中 80%以上毕业于本科和专科院校，技术队伍年富力强，具有较丰富的工作经验和强烈的事业心，这是发展起重机械事业，提高产品质量的重要保证。

近年来，该厂在提高产品质量上狠下功夫，建立健全了以研究、研制、生产、销售和售后服务的一系列的质量保证体系。在生产过程中，每道工序都有严格的检测制度和检测手段，所有产品均获国家机电部颁发的生产许可证，其中 CD_1 型 2t 电动葫芦和 LD—A 型电动单梁获省优质产品称号。

为了更好地服务用户，该厂设立专职的三包机构，做好售后服务工作，遵循“全国布点，以点带面，点有靠山，全面发展”的经营思想，在郑州、太原、西安、济南等地设立 11 个销售经营网点，实行就地服务并兼咨询工作，受到了用户的好评。

该厂作为起重行业的骨干厂家之一，可随时向用户提供全系列的 CD 型、MD 型、TV 型电动葫芦；全系列的 LD—A 型、LX 型电动单梁桥式起重机，各类电动双梁桥式起重机，手动单、双梁以及龙门起重机和抓斗起重机等。请用户认准“腾升”牌商标，以防假冒。

书记、副厂长：赵建国　　副厂长：徐济时（总工程师）、梁增旺　　工会主席：郝景发

地址：新乡市南干道 11 号　　邮编：453003

电话总机：354878，354879　　电挂：0393

河南省新乡市锯条厂

厂长李运全，1953年生，1970年参加工作。历任车间主任、生产科长、生产厂长、经营厂长等职务，1988年任厂长。

河南省新乡市锯条厂创建于1954年，经过全厂职工多年的艰苦奋斗，现已发展成为河南省最大的锯条生产企业，拥有固定资产500余万元，职工400多人。产品主要有冷轧带钢和手用钢锯条两大系列，尤其是“黄河牌”手用钢锯条，自1982年荣获“河南省优质产品”称号以来，已连续8年保持荣誉。特别是在1989年以来的市场疲软中，凭借质量优势和全国最低价格的优势，成为疲软之年“不疲软的产品”。

李运全同志任厂长以来三年迈出了三大步：1988年改造关键工序试验成功国内最先进的无氰处理新工艺，年降低成本40余万元，当年超额34%完成利税计划；1989年，巩固发展挖潜革新改造的成果，将冷轧带钢和手用钢锯条两大产品成龙配套，首次在河南试制成功高精度锯条用带钢，在当时全国多家锯条生产企业停工待料时，保证了企业的健康发展，当年超额50%完成利税计划，并比上年利税增长82%；1990年强化企业管理，完善管理方法，堵塞成本漏洞，开拓市场前景，推出全国最低价格的手用钢锯条，在薄利多销的基础上，超额31%完成利税计划，实现了疲软之年不滑坡的目标，完成了三年三大步的中期规划。

厂 貌

该厂经营管理特点是抓住重点，带动一般。具体工作中狠抓成本降低意识，抓住成本这个中心，带动经济效益的增长，通过经济增长改变政治、经济环境，实现更大的经济效益，建立一个良性循环的企业生产流程，这种脚踏实地、实事求是的工作作风，形成了企业良好的风气，尤其是领导班子具有特别能战斗的工作风格，敢于开拓、勇于开拓。1990年经济稍有成绩，就果断地提出175万元技术改造项目，并于年底实施，他们的口号是“不满足现状”，因此，3年内就成为全国锯条行业一支咄咄逼人的生力军，引起全国同行的注目，在国内锯条行业占据了重要地位。

如今，该厂又提出深化发展（发展深加工产品）、多方出击（国内国外市场齐头并进）的长期规划，真心实意欢迎有识之士光临指导，诚心诚意渴求饱学壮士参加新乡市锯条厂的发展事业，更欢迎国内外的实力企业联手合作，共创新产品，进一步开阔视野。

副厂长：郑好禄、岳金岭、杨继敏

地址：河南省新乡市解放南路409号　　邮编：453000

电话：221782，222905　　电挂：2742

河南省新乡市工业缝纫机厂概况

厂长侯志邦，1945 年出生，毕业于河南省轻工学院。

河南省新乡市工业缝纫机厂始建于 1970 年 8 月，现有职工 550 余人，占地面积 2.8 万平方米，设备先进，技术力量雄厚，是轻工部工业缝纫机定点生产厂。现年生产工业缝纫机能力 2.5 万台。

现有产品：GJ2—2 型草帽机（省优），GB4—1 型帆布机（省优），GJ1—1 型切缝机，GJ103 型高速切缝机，GK101 型手套机，GA5—1 型厚料机，GA5—1A 型绱鞋机，GC1701 型手控绗缝机等 8 种工业缝纫机及零配件。其中，GB4—1 型帆布机获 1990 年国际包装机械展览会银奖。产品畅销全国 25 个省、市、自治区，并有部分产品远销到墨西哥、日本、东南亚、港澳等地。在国内外享有良好信誉。

在党和政府的正确领导下，经过 20 年的创业和发展，该厂已成为具有一定生产规模和技术实力的工业缝纫机生产基地。经济效益持续稳定增长，1990 年主要经济指标同建厂初期比较，工业总产值增长 49 倍，实现利税增长 61 倍，销售收入增长 107 倍。并荣获省、市“文明工厂”、“重合同，守信用企业”等光荣称号。

副厂长：王方修、冀中魁　　总工程师：欧阳起文

地址：新乡市中原东路 194 号　　邮编：453003

电话：352924　　电挂：4911

义马矿务局机电总厂

厂长李松田，1942 年 4 月生，河南省渑池县人，1962 年 8 月毕业于平顶山煤矿中等专业学校机电专业，经济师。历任技术员、车间主任、劳资科长、副厂长，1984 年 12 月任厂长。

义马矿务局机电总厂始建于 1958 年，是在原义马煤矿修配组基础上发展起来的，原厂名为"义马矿务局机电修配厂"，后曾改名为"机械修配厂"。1961 年底厂址由义马北坡迁移到现址，1978 年 8 月设科室机构，1990 年 4 月根据发展需要改名为"义马矿务局机电总厂"。目前该厂有生产车间 8 个，另有 1 个汽车队，1 个锅炉安装专业队，1 个劳动服务公司，26 个科室，现有职工 1300 人，其中具有大中专以上文化程度的 168 人，专业技术人员 121 人。该厂可大、中修各种矿用机电设备，如液压支架、采煤机组、绞车、水泵等。主要产品有：罐笼、箕斗、矿车、人行车、溜槽、掘进机、刮板运输机和皮带运输机系列产品、截齿、联接环、园环链、扒斗装岩机等。该厂技术力量雄厚，装备精良，产品性能可靠，质量上乘，服务优良。穿山甲牌 JB—20、JB—24 截齿，穿山甲牌联接环分别于 1989 年和 1990 年荣获河南省优质产品称号。该厂现有各种设备 388 台，其中大精稀设备 9 台，固定资产原值 1322 万元。该厂管理先进，测试手段齐全，1990 年荣获中国统配煤矿总公司质量标准化特级机厂，并在该年度企业升级工作中晋升为省级先进企业。目前，占地 26 万平方米的新厂基建工程进展顺利，一个现代化的煤矿机电总厂将展现在煤城义马。

(撰稿：魏贵生 段勤学)

厂区一角

地址：河南省义马市朝阳路前进南街 邮编：472302
电话：局转 203140 电挂：5030

义马矿务局第二机电设备厂

厂长王日成，山东省广饶县人，1950年生，大专文化程度，中共党员，工程师，1969年参加工作，历任义马矿务局汽车队副队长、队长，1986年4月任义马矿务局综合利用公司副经理，1988年4月任义马矿务局第二机电设备公司经理。近年来，多次被评为“优秀共产党员”，1989年度荣获河南省煤炭系统“优秀厂长”荣誉称号。

第二机电设备厂位于新兴的工业煤城义马市，是1980年在矿务局原综合利用处的基础上发展起来的、以煤矿机械配件生产和设备大修为主的全民所有制工业企业。厂区占地面积78817平方米，建筑面积25392平方米；现有职工1120人，其中大、中专毕业生145人，专业技术人员70人；拥有机电设备369台(套)，固定资产1425.8万元。下设9个分厂，主要服务项目为煤矿机械配件生产和煤矿机电设备大修，产品销往全国9省26个矿务局及3个厂矿。1988年、1989年产值、利润分别以68.58%和98.53%的平均年递增率迅速发展。1990年实现产值1509.56万元，与1985年相比，产值翻了二番半，利润翻了六番多。连续三年被义马矿务局评为先进单位，并晋升为省级先进企业，市地级文明单位，达到部一级质量标准化机修厂，国家二级计量单位。

1988年以来，该厂坚持以服务煤炭生产为发展方向，以市场为导向，发扬“艰苦创业，顽强拼搏，开拓进取，勇攀高峰”的企业精神，在领导体制、经营管理体制、分配制度等方面进行了一系列的改革，不断完善多种形式的承包经营责任制，积极发展横向联合，建立第二汽车制造厂义马技术服务站，推动了多功能一体化的进一步发展。

几年来，该厂坚持“抓管理，要效益，达标准，上等级，全面提高企业素质”的指导方针，从强化基础管理工作入手，建立“质量、消耗、效益、安全”四大保证体系，积极推广应用现代化管理方法，促进各项专业管理水平的提高。

该厂坚持同煤炭科学研究院、中国矿院研究生部等十多家大专院校和科研机构攀亲联姻，邀请专家培训技术人才，联合开发攻关项目。创造条件，白手起家，国内首创以铸代锻铸钢刮板被评为省优产品，在液压专家宋琦教授指导下，抓关键，总结出一套主泵、液压马达大修工艺，在国内处于领先地位。重人才，引进技术，突破全国50项重点攻关项目之一，率先研制出程序控制菱形网编织机。1988年以来，开发新产品8种，组建新项目11个，并实现当年开发、当年见效益，每年新技术开发增加产值均占当年总产值的30%左右。

厂的经营宗旨是：重科研，守信誉，质量第一，用户至上。今后将继续依靠科技进步，向国家二级企业迈进。

(撰稿：张金玺)

厂党政集体领导一起研究工作

地址：河南省义马市朝阳路　　邮编：472302
电话：203172　　电挂：4844，3561

义马矿务局
建筑安装公司

经理张喜臣，经济师，1937年1月出生于河南省偃师县山化乡，1960年7月毕业于平顶山煤矿学校，历任平顶山煤校人事干事，观音堂矿务局建井处八号井副队长，义马矿务局曹窑矿党委副书记，甘豪矿党委书记，千秋矿矿长，建筑安装公司经理。1990年被河南省煤炭工业厅命名为河南省煤炭工业1989年度优秀经理称号。

义马矿务局建筑安装公司，现有职工1587人，下属四个土建队、一个安装队、一个机械化队，一个预制构件厂和一个劳动服务公司。拥有固定资产940.89万元，流动资金416.6万元，各种专业技术人员100多人，各种施工机械200多台，已成为一支管理经验丰富、技术力量雄厚、施工设备先进的建筑施工二级资质企业。

这个公司是1963年在一个安装队和一个土建队的基础上发展起来的，20多年几番风雨、几经周折，于1985年方正式命名为建筑安装公司，当时只有500多人，固定资产450万元，设备陈旧、管理经验不足。自从实行厂长（经理）负责制后，产值突破了1000万元大关，特别是1988年，现任经理到任后，确定了“质量第一，用户至上，艰苦奋斗、文明施工”的企业精神，在国家压缩基本建设规模，材料价格上涨，工农关系异常复杂的情况下，励精图治、大胆创新，采取了一系列行之有效的措施，带领广大职工同心协力、奋力拼搏，使公司产值、利润逐年提高。1988年、1989年两年上缴利润46.16万元，提前一年完成了3年承包上缴利润，两年零3个月实现产值2946.06万元，提前9个月完成了3年承包任务，创出了有史以来的最好水平。

伴随着生产建设的发展，职工的收入和卫生福利事业也有了相应的提高。近几年，职工收入平均每年递增10%，住房面积增加3000多平方米；为职工洗澡增添了一台四吨锅炉；为食堂增添了冷藏设备，扩建了餐厅；为医院增设了床位，购置了一批先进的医疗器械；办起了幼儿园、托儿所和职工招待所。保障了职工的身心健康、改善了职工的生活和工作环境，解除了职工的后顾之忧。

20多年来，该企业承建35KV变电所全部安装工程6座，35KV—110KV之间的高压线路架设35条，4层以上楼房70多栋，施工面积达20多万平方米，60—150万吨矿井地面生产系统安装4个，并先后承担50万吨焦化厂、日供水万吨水厂、跨度24米俱乐部等工程建设。足迹遍及平顶山市、安阳市、新安县、渑池县、陕县等市县，为加快我国现代化建设的步伐做出了应有的贡献。

辛勤的劳动，取得了丰硕的成果，也赢得了无数的荣誉。仅1985年以来，建安公司就获得各种荣誉证书40多项，连年被矿务局评为基建施工先进单位，多次在义马市30多个施工单位的工程质量评比中荣获第一名，连年被三门峡市人民政府授为“重合同、守信誉”企业。1989年11月14日，经能源部审查核定为国家二级建筑施工资质企业；1990年6月31日经河南省煤炭工业厅审定确认为“煤炭工业省级先进企业”。同时，计量管理、档案管理、能源管理等11项取得了省级合格证书。

如今，这支英勇善战，吃苦耐劳的建筑施工队伍，并没有陶醉于成功和荣誉之中，而是高标准、严要求，踏上了向国家二级企业迈进的征程。

地址：义马市朝阳路前进街15号　　邮编：472302
电话：203434

煤城明珠——义马矿务局杨村煤矿

矿党委书记、矿长黄希英，中共党员，1938年11月生，河南省内黄县人。1958年9月毕业于河南焦作煤矿学校采煤专业。自学日语达大专水平。先后从事技术、采煤、行政管理和政工等项工作。1983年4月—1986年3月任常村煤矿总工程师、矿长等职，1986年3月至今任杨村煤矿党委书记，1991年兼任杨村煤矿代矿长、矿长。1988年11月晋升为高级工程师。

杨村煤矿是义马矿务局自行设计、自行建设的1座较为年轻的矿井。煤田走向2.7公里，倾斜宽1.62公里，面积4.37平方公里。煤质牌号为过渡型凸属侏罗系，煤层共含5层，现有地质含量8210万吨，可采储量5456万吨。矿区交通十分方便，专用铁路和公路与陇海铁路、洛潼公路相连接。

杨村矿建于1970年，原设计能力为60万吨/年，1975年简易投产，1982年技术改造后生产能力为120万吨，1986年产量达127.6万吨，1990年原煤产量达170万吨，全员工效达2.502吨/工，全矿在册职工5176人，拥有固定资产9738万元。

由于特定的历史条件，矿井投产后的10年间，原煤产量徘徊不前，全员工效一直未突破1.5吨/工，企业经济连年亏损，自然发火严重，百万吨死亡率居高不下。改革的春风给杨村矿带来了勃勃生机。1986年，新的领导班子上任以后，从抓企业整顿入手，大搞文明生产，深入开展“质量达标准，安全创水平”和现代化矿井建设。他们率先改革企业领导体制，推行矿长负责制，建立了以矿长为首的、集中统一的、高效率强有力的生产经营指挥系统。同时，又大胆改革干部管理制度，通过民主推荐，组织考核的形式，采取职务聘任制的办法，招聘了一批政治觉悟高、懂业务、会管理、善经营、年富力强的职工充实到矿、科（队）两级班子。为井下一线生产造就了一支“特别能战斗”的主力军。强化职工的思想政治工作是企业的优良传统，也是新形式下党赋于企业的重要任务。近年来，我们开展了多种形式的社会主义劳动竞争，增强了职工参政议政意识，使全矿上下形成了人人为煤炭事业建功立业的良好局面。在矿党委的领导下全矿职工本着“从严、求实、进取、创新”的杨村企业精神，奋力拼搏，刻意求新，走出了1条艰苦创业、务实奉献的新路子。1986年以来，原煤产量以每年15%的速度递增，累计上交利税2132万元，是承包前10年上交利税的2.5倍。1990年原煤产量突破170万吨，创历史最高纪录。近年来，矿井曾先后被国家部委命名为特级质量标准化矿井、能源工业先进集体、国家煤炭行业二级企业、现代化矿井等，荣获首届全国煤炭企业优秀管理奖，并被河南省授予“安全生产先进单位，思想政治工作优秀企业”等荣誉称号。

目前，杨村矿5000多名职工信心百倍、在“抓管理、上等级、提高两效”的口号下，正向着更高的奋斗目标——国家一级企业迈进。义马煤城的这颗明珠将更加璀灿夺目。

地址：河南省渑池县杨村　　邮编：472431
电话：270

矿长杨遂祥，河南灵宝县人，中共党员。1939年11月出生。1964年毕业于河南省焦作矿业学院采煤专业，曾任义马矿务局千秋矿生产科技术员、副科长、副总工程师，局安检局副主任工程师，耿村煤矿总工程师等职。现任耿村煤矿矿长，高级工程师、义马市政协委员。

煤海之魁——义马矿务局耿村煤矿

耿村煤矿位于义马煤田西部，地处河南渑池县境内，北距县城2公里，东距市中心15公里，陇海铁路及洛潼公路从井田北缘通过。矿井始建于1975年12月，1982年底投产，年设计生产能力120万吨，现有职工4568人，所辖职能科室35个，拥有固定资产14308万元。1988年7月被原煤炭部命名为特级质量标准化矿井，曾荣获省煤炭行业全员效率矿级竞赛第一名，煤炭部群体工作先进单位，总公司矿井通风优胜单位等称号。1990年7月晋升为行业二级企业；9月进入现代化矿井行列。去年原煤产量突破180万吨，全员效率2.639吨／工，实现利税685万元，采煤机械化程度达100%，掘进装载机械化程度达100%。

该矿井含煤面积为12.5平方公里，属下侏罗煤系，缓倾斜煤层，可采总厚度平均达到20.31米，储量1.8亿吨，井田地质结构简单，涌水量小，属低沼气矿井。采用斜面开采，走向长壁似斜分层采煤法，现有2个生产盘区，3个综采工作面，实行集中生产。煤种长焰，工业用煤。产品畅销华东、华中及东北10多个省市。

该矿井投产以来，依靠科技进步，不断调整生产布局，采用国内综采设备，改造生产薄弱环节，提高装载运输能力，以技术培训为龙头，使职工文化业务素质与现代化生产相适应。同时，实施优化劳动组合，科学定额定员，不断完善了个人包班组、班组包区队，区队包全矿的3级经济承包责任制。自1985年以来，原煤产量平均每年以20万吨的速度递增，安全质量和机电设备实现了动态管理，矿井质量标准化从静态走向了动态，综合抗灾能力不断得到加强。1987年至今保持了特级质量标准化矿井荣誉，百万吨死亡率连续4年在1以下。经营管理以吨煤工资包干为基点，成本核算做到了事前预测、事中控制、事后分析，材料消耗实现了计划与限额双控制；同时坚持两个文明一齐抓，两个成果一起要，思想政治工作和生产经营管理有机结合，最大限度地调动了职工的生产热情，使企业潜力充分发挥，劳动效率和经济效益逐年增长，各项经济技术指标在同行业保持着领先地位。矿区新建住宅41200平方米，水电暖设施齐全，企业整体素质得到了全面提高。

1987年以来，耿村煤矿扩建工程列入国家正式项目，矿井生产能力由年产120万吨扩建到240万吨，预计1992年投产，投产后耿村煤矿将成为年产240万吨的大型矿井。

耿村煤矿办公大楼

地址：河南省渑池县耿村煤矿　　邮编：472431

矿长高风德，黑龙江省呼兰县人，51岁，中共党员，高级工程师。1963年于鸡西矿业学院毕业后，分配到义马矿务局常村煤矿。历任技术员、副科长、科长、矿副总工程师、总工程师、副矿长，1986年3月任矿长至今。为中国煤炭学会会员和建筑学会会员。1983—1990年任义马市一、二、三届政协委员，一、二、三届人大代表。1990年荣获第二届中国煤炭工业“优秀矿长”称号，被评为河南省煤炭企业民主管理先进个人。

在改革中崛起的常村煤矿

义马矿务局常村煤矿位于义马煤田东部，井田面积16平方公里，煤炭储量1.3亿吨，可采储量0.94亿吨，拥有固定资产1.29亿元，职工5768人。井田煤层埋藏深度较浅，赋存稳定，交通方便。煤种为长焰煤，适用于发电、动力和民用。

常村煤矿有着悠久的开发历史，历经沧桑。新中国成立后，职工6000人以主人翁的责任感，艰苦创业，对矿井进行了3次挖潜改造、扩建，使矿井面貌日新月异，生产建设迅速发展，建矿33年共生产原煤3200多万吨，超设计能力1400万吨，超产占设计能力的182%。

“七五”期间，常村矿由年产90万吨改扩建到180万吨。该矿以节约投资、缩短工期为目标，坚持思想领先，深化内部改革，采用先进施工方法，加快了工程进度，1988年底提前半年扩建投产，质量达到优等品，1990年扫尾工程结束，当年提前15天完成原煤产量180万吨，达到设计生产能力。

在抓好改扩建的同时，该矿注重基础工作，狠抓了3件大事。一是质量标准化工作。经过全矿职工努力，3年迈了3大步，1988年达部一级，1989年达部特级，1990年建成了现代化矿井。二是严格安全制度，坚持群防群治，促进安全生产。有3年百万吨死亡率为零。三是减人增产，促进工效成倍提高。采取了四项措施：1.提高机械化程度，综采队有3年产量突破百万吨，采煤机械化程度达到87.89%，掘进装载机械化程度达到80.64%。2.整顿劳动组织，实行原煤人员计效控制，统筹管理。3.实行多种承包形式和分配制度，调动职工积极性。4.完善定额管理制度，保持定额的先进合理。采取这些措施后，全员工效从1987年的1.462吨／工提高到1990年的2.53吨／工。

该矿不断改进企业经营管理，努力提高经济效益。一方面在提高煤质上下功夫，搞好采制化；一方面改变产品结构，增加块炭品种，实行责任目标和目标成本管理，奖优罚劣，降低了成本，1987年以来，累计实现利税2484.42万元。

在建设现代化矿井中，该矿坚持抓管理、上等级、全面提高企业素质。计划统计、财务劳资、环保、仓库管理等，实现了专业管理达标；档案管理、设备管理、企业标准化水平、思想政治工作等达到省级先进标准；计量、节能达到国家二级标准；计算机运用达到国家一级标准。该矿推行现代化管理的主要手段是：提高矿井的现代化装备水平，先后增装了一套综采和一套综掘设备，并充分发挥设备效能，周密设计，增加工作面长度，使综采工作面长度由原来的130—140米加长到160—180米，走向长度由原来的400—500米加长到800—1000米，提高了工作面的单产、单进、减少了综采、综掘设备搬家次数；更新和改造了矿井机电设备，矿井运输系统实现了强力皮带一条龙，装置了先进的KJ_4矿井监测系统，对井下主要设备实行集中监测、监控，保证了设备的正常运转。还注重把现代化管理方法应用到企业管理中，推行了全面计划管理、方针目标管理、价值工程和物资ABC管理等7种现代化管理方法。1988年以来，共获得局级现代化管理成果15项。1990年，被命名为“现代化矿井”，晋升为“煤炭工业二级企业”，并获“第二届中国煤炭工业企业优秀管理奖”。

(撰稿：*石　恒*)

地址：义马市常村路　邮编：472302　电话：203930，252165　电挂：1603

露天煤矿中的佼佼者
义马矿务局北露天矿

矿长刘君，1939年生，河南省宜阳县董王庄乡人。中共党员，毕业于焦作矿业学院采煤专业，高级工程师。1958年参加工作。1960—1980年在义马矿务局北露天矿先后任工程计划科预算员、统计员、计划劳动科科长等职；1981年任北露天矿副矿长，1982年继任矿党委副书记、矿长至今。1989年、1990年连续两次被评为局级劳动模范，1990年被评为全国煤炭系统优秀矿长。

义马矿务局北露天矿，位于义马市中部，创建于1959年，1967年简易投产，1971年达到设计水平，1980年核定生产能力65万吨，1989年突破年产原煤百万吨大关，当年产煤107.3万吨。自投产以来，生产原煤累计达1658.22万吨，上交利润2748.33万元。随着科学技术的广泛应用，北露天矿已成为一座拥有相当机械化作业水平的现代化矿井。它采用W_4型电铲采掘，准轨蒸气机车牵引60吨自翻车运输，移动坑线的生产工艺。主要设备有冲击式和迴转机4台，W_4型电铲10台，蒸汽机车17台，60吨自翻车142辆，准轨铁道67.6公里。固定资产原值5703.17万元，净值2198.77万元。全矿职工2950人，下设14个段、厂(公司)，技术力量比较雄厚。

党的十一届三中全会以来，该矿从改革分配制度入手，打破“大锅饭”，充分调动了职工的积极性。1988—1990年3年累计生产原煤303.23万吨，上交利润1126.3万元，分别以114.43%和142.1%的幅度超额完成国家计划。全员工效由1987年的1.64吨／工，提高到1990年的2.73吨／工。在安全生产方面，全矿创造了连续5年百万吨死亡率为零，连续2008天无死亡事故，连续安全生产原煤540万吨的新纪录。1989年被评为全国煤矿安全生产先进单位，1990年又荣获“全国煤矿‘七五’期间安全生产先进集体”称号。

该矿还狠抓企业的经营管理工作，各项经济指标连年超额完成。接连被评为局级先进单位，1986—1988年在河南省组织的矿际竞赛中，连续3年榜上有名。1987年，质量标准化达到部颁二级。1988年，跨进了部特级质量标准化矿井行列。又进入煤炭行业国家二级企业，荣获“优秀企业管理奖”，经中国统配煤矿总公司验收，达到现代化矿井水平。

该矿坚持“两个文明”一起抓的方针，被三门峡市委、市政府命名为市（地）级文明单位，矿党委也被授予“先进基层党组织”荣誉称号。今年又被省煤炭厅命名为思想政治工作优秀企业。该矿十分注重集体经济多种经营的发展，集体企业现拥有固定资产700多万元，具有机械加工、轻化工、建筑安装、饮食服务、工艺美术等10多个厂队、80多种产品，有不少产品填补了市（局）空白。在全省乡镇企业和全国煤炭行业集体企业评比中曾多次夺魁。尤其是电镀厂低温镀铁工艺和钢窗厂（河南省定点厂）在煤炭行业一枝独秀。全矿集体企业总产值仅1990年1年即达700多万元。在创办第三产业中，既安置了矿工家属及子女的就业问题，又创造了良好的经济效益和社会效益。

该矿所产原煤为长焰煤，发热量为4800卡／克左右，主要用于发电和民用。坚持用户第一，信誉第一的方针，以质量求生存，以信誉求发展，在市场销售出现疲软的情况下，所产原煤除供本省电厂外，还远销华南、东北等地，常年用户达50多家，出现了畅销不衰的好局面。曾连续两年被河南省煤炭厅命名为煤炭质量管理标准化单位和重合同、守信用单位。煤质QC小组在省煤炭系统达到优秀等级。

1991年该矿的奋斗目标是：加紧技术改造、巩固现有成绩，把本矿建成煤炭行业国家一级企业和省级文明单位。

地址：河南省义马市朝阳路　　邮编：472302
电话：203889—203899

义马矿务局千秋煤矿

矿长杨忠亮，1940年12月生于河南省渑池县仰韶乡南韶脉村；1961年9月毕业于平顶山煤校，分配到义马矿务局原常村二矿工作；1964年3月调入义马矿务局千秋煤矿；30年来，先后担任过生产科副科长、办公室主任、生产科科长、生产副矿长、局煤质处副处长、矿长、矿党委书记兼矿长等职务；1983年8月加入中国共产党；1983年12月获采矿工程师资格；1984年5月加入中国煤炭学会；是义马市第二、三届人大代表。

千秋煤矿位于义马市区东隅，占地约1平方公里，现有职工5843人（其中工程技术人员400余名），基层单位39个，机关管理科室31个；有6座职工食堂和1个招待所；有总使用面积为5000平方米的职工澡塘；有占地7000平方米、105张病床的职工医院1所；有总建筑面积5270平方米、学生1700余名的中、小学各1所；另有职工培训中心、俱乐部、灯光球场、游艺室、图书室等。

该井田横跨3乡1镇，东西长约8—11公里，南北宽约2.4—2.7公里，属缓倾斜煤层；煤种牌号为长焰煤；地质构造简单，储量丰富，截止1990年底，剩余地质储量1.9亿吨，可采储量1.07亿吨。

该矿于1956年元月破土兴建，是"一五"计划中156个重点建设项目之一，1958年5月1日建成投产，设计能力为60万吨。该矿坚持走"内部挖潜、发展矿山"的道路，于1974年实现了产量翻番，次年又创下了年产原煤135万吨的历史最高纪录，跨入了大型矿井的行列。

该矿职工几十年如一日，用心血和汗水铸就了"艰苦创业、英勇善战、锐意进取、乐于奉献"的千秋精神。他们一直肩负义马矿务局主力生产矿井的重担，30余年来，共为国家生产原煤3115.38万吨，上缴利润5444.11万元。

30多个春秋，该矿培养和造就了一支过硬的职工队伍。这个矿的八一采煤队曾3次创全国中厚煤层炮采单产最高纪录，被原煤炭部授予"英勇善战的八一采煤队"的光荣称号，为全国煤炭战线"十面红旗"之一；1978年，又驾驭第一套国产综采设备一次试采成功，掀开了使用国产综采设备进行机械化采煤的新篇章。他们先后为全国许多局、矿培养和输送了大批的管理人才；1983年《人民日报》专文刊登了八一队的英雄事迹，被誉为全国机械化采煤"种子队"，继而又获得部"双文明红旗单位"和"煤炭工业先进集体"荣誉称号。尤其是在全国劳模鲁金水同志为代表的老一辈的影响和带动下，涌现了一批又一批先进典型。32年中，他们先后共33次获得国家级荣誉称号，51次获得省地级荣誉称号。

党的十一届三中全会以来，该矿设立了改革专项奖，10余年中，完成改革、革新千余项；生产原煤1399.08万吨，开拓进尺、安全和效益等重要指标也都取得了喜人的成绩。特别是1988年至今，新的矿领导班子开拓务实，勇于探索，强化思想政治工作，狠抓科学管理，大胆调整生产布局，坚持三大主体同时推进，促进了全矿生产建设的迅速发展，仅原煤产量就取得了连续3年平均递增16%的重大成就，多种经营发展到12个厂点，从业人员900余人，年产值达610万元，并被中煤总公司授予"先进集体企业"称号；1990年底该矿实现了"部一级质量标准化矿井"；今年6月，他们又跨入了"省级先进单位"的行列。

目前，千秋矿全体职工正进一步认真学习、贯彻党的十三届七中全会精神，在主要依靠自身力量继续进行生产环节挖潜改造的同时，已报请中国统配煤矿总公司批准立项，争取在3年时间内完成对矿井的大规模改扩建，为早日建成现代化矿井而努力奋斗。

地址：河南省义马市千秋路　　邮编：472300
电话：义马矿务局转202050　　电挂：0578

义马矿务局跃进煤矿

矿长马全清，中共党员，1946年11月生，河南省新安县人。1986年7月毕业于河北大学哲学系。1969年参加工作，1980年任该矿机电队副队长，后历任该矿代理副矿长、副矿长，1990年2月任义马矿务局跃进矿矿长至今。曾多次被局、矿评为先进生产（工作）者，1989年度被河南省煤炭厅命名为优秀矿长称号。是河南省自然科学专门学会和河南省煤炭经济研究协会会员。

跃进煤矿始建于1958年，已探明地质储量12375万吨，可采储量7957万吨，1963年达到设计能力15万吨。经过1969—1979年的扩建和环节改造，设计能力增加到60万吨。近几年来，实际原煤产量一直稳定在70—75万吨。1990年计划75万吨，实际产量达到81.9万吨。成为拥有固定资产原值5608万元，定额流动资金554.41万元的中型煤炭企业。1990年完成产值1784万元，减少亏损32.7万元，销售税金达81万元。

全矿现有采煤队、掘进队、机电队、通风队、运输队、修护队等19个生产单位，机关党、政、工、团科室28个，职工总数4022人

1990年跃进煤矿被中国统配煤矿总公司命名为特级质量标准化矿井，1991年被中国统配煤矿总公司命名为"七五"期间安全先进单位称号，并顺利地通过了国家煤炭工业二级企业的验收，成为煤炭工业二级企业。

跃进煤矿生产的产品是混煤、混块煤，1990年商品煤灰分计划指标为28%，实际完成22.15%；含矸率计划为0.3%，实际为0，商品煤灰分、含矸率均完成全年计划指标，商品煤比重合格品率为92%，大于国家行业二级企业规定的80%的要求。

该矿一贯坚持奉行"质量第一，信誉至上"的经营思想，严把质量关。生产的产品深受用户好评，1989年被三门峡市评为"重合同守信用"先进单位。

副矿长：李明虎、董险峰、孙建生、李俊龙　　总工程师：孟宪纯
地址：河南省义马市　　邮编：472301
电话：202070

济源玻璃总厂

厂长薛兴国，1956年出生，河南省济源市人，中共党员，大专文化，经济师。1970年参加工作，曾任市化肥厂供应科科长，市造纸厂行政科科长，市玻璃制品厂厂长；1990年调济源玻璃总厂任厂长兼党委副书记。曾荣获河南省企业家称号。

国家大型企业、河南省重点企业——济源玻璃总厂，是河南省玻璃行业的骨干企业，是国家轻工部、河南省轻工厅、冶金建材厅的重点生产厂家。现有职工1600人，其中各类管理、科技人员120人，拥有固定资产2100万元，年创产值1800万元。企业占地面积15万平方米，建筑面积5.6万平方米。厂内备有铁路专用线，交通运输极为方便。河南省玻璃情报网中心设在该厂。

济源玻璃总厂的六机垂直引上玻璃生产线是1984年在原平拉生产基础上扩建起来的，年产平板玻璃100万重箱。该厂具有良好的主机设备和合理的工艺布局，技术力量雄厚，检测手段齐全。可生产板厚2—8毫米，有效板宽2.8米，板高1.5米以下各种规格的平板玻璃。近几年来，该厂奉行“质量是企业生命”的宗旨，向管理要效益，以品种求发展，以质量求生存，以信誉赢市场，以薄利促销售，使企业呈现出蒸蒸日上的新局面。1990年被评为国家大型企业，列为河南省重点企业。1986年以来行业检验连年名列全省第一。该厂立足国内市场，着眼国际市场，热忱为用户着想，注重售后服务，产品辐射全国27个省、市、自治区，1990年出口孟加拉、意大利等国，深受用户青睐。

目前，该厂认真贯彻党的十三届七中全会精神，积极开展“质量、品种、效益年”活动，以技术进步为突破口，投入大量资金进行技术改造。建成完善了微机程控全自动配料送料系统，填补了河南省玻璃行业的一项空白，达到国内先进水平。增设了工业闭路电视和两台平放机组。济源玻璃总厂决心进一步练好企业内功，不断提高产品质量，千方百计地提高企业的经济效益，为发展河南省玻璃工业做出贡献。

地址：河南省济源市　　邮编：454650

电话：2683，2272　　电挂：3863

冶金工业部
舞阳钢铁公司

经理李学圣，中共党员，高级工程师，1938年10月生，1962年毕业于北京钢铁学院，同年分配至齐齐哈尔钢厂电炉车间。1974年调至舞钢炼钢厂，1981年任厂长助理，1983年任副经理，1987年任经理。1988年获平顶山市优秀企业家称号，1989年获河南省劳动模范称号，1991年获河南省优秀企业家称号。

舞阳钢铁公司是我国第一家特宽特厚钢板生产企业，1988年、1989年连续两年进入全国500家最大工业企业行列；1989年列为国家234家"双保"企业之一。

1970年11月，舞钢工程破土动工，1973年4月舞阳钢铁公司成立，1978年9月4200毫米轧机普碳板生产线建成，1986年6月75t电弧炉系统建成，形成13万吨钢、30万吨钢板的年综合生产能力。1988年4月国家批准舞钢建设一座90t超高功率电炉（从奥地利引进）1台1900毫米大型板坯连铸机，该工程计划1991年底建成。届时，将形成50万吨钢、40万吨钢板的年综合生产能力。1990年11月国家批准舞钢生产电站锅炉厚板建设项目，总投资1.26亿元。项目建成后，年新增电站锅炉厚板4万吨。舞钢现有职工1.05万人，拥有固定资产原值6亿元，核心设备是目前国内最大的4200毫米宽厚板轧机和75t电弧炉，轧制线设有多种型号的加热设备、精整设备和热处理设备，电炉系统设有90tVD真空处理炉和SL喷粉装置。

该公司主营钢材，兼营机械动力产品销售、废钢串换、货物运输、来料加工等，能生产8—250毫米（厚）、1500—3900毫米、3000—27000毫米（长）范围内的中、厚板。主要品种有普碳板、低合金板、优质碳结板、锅炉板、容器板、耐压高强钢板、复合板等，共12大类、89个牌号、86个规格。舞钢产品板面宽大，平整光洁，切边整齐，曾有7个产品获部、省优质产品称号，至1990年底，产品双优率达75%、双标率达70%，部分产品实物质量达到发达国家同类产品水平。产品畅销全国30个省市自治区，并出口东南亚、台湾、香港等国家和地区。从1987年起连续4年100%完成国家统配钢材计划，连续3年被平顶山市政府命名为"重合同、守信用"企业，1991年又被河南省工商管理局命名为省级"重合同、守信用"企业。

中国特宽特厚钢板基地——舞阳钢铁公司

副经理：陆松年、马肇修、宫昭忠、唐荣九、秦绪宝　　总工程师：林承模

地址：河南省舞钢市　　邮编：462500

电话：2212　　电挂：6921　　电传：HN　WYY　CN　470013

湖北省保康县化学矿山工业总公司

总经理周尚明，生于1956年12月，1974年10月参加工作，经济师。先后担任县磷矿副矿长、工业局人事股长、生产股长。1987年7月于湖北省经济管理干部学院经管系毕业后，先后担任化学矿山公司书记、经理，1991年4月成立化学矿山工业总公司后任公司总经理。

保康县化学矿山工业总公司的前身为县化学矿山公司。始建于1976年3月，现公司下设磷肥厂、观音岩磷矿、运输车队、养路队和供销经营部等5个二级单位，拥有固定资产原值2300万元，有职工760人，其中中级以上科技人员5人，初级专业技术人员28人，各类大、中专毕业生32人，公司占地面积达250公顷，其中厂房和矿区面积150公顷。

公司主要从事全县磷矿石生产、运输、销售和深加工等4个环节的工作。保康磷矿 P_2O_5 含量平均28%，最高达35%，全县每年可生产矿石50万吨，销售45万吨。先后与全国11个省市的120多家用户建立了经济协作关系，并远销澳大利亚、南朝鲜、日本等地，深受用户的欢迎。公司运输车队拥有运输车辆100余台、年运货量近30万吨。公司所属磷肥厂依托我县丰富的磷、硫矿石和电力资源优势，依靠技术进步，不断开发新产品，生产规模逐年扩大，每年可生产1.5万吨硫酸、3万吨磷肥、3000吨磷酸三钠、2000吨磷酸氢钙、5000吨复混肥等磷化工系列产品，并以很好的质量、先进的技术、合理的价格、可靠的信誉赢得了众多的客户。

保康矿产资源繁多，磷、硫、煤、硅石、优质白云石等遍及全县。磷矿储量在5亿吨以上，在全国8大磷矿中，储量居第4位，且具有面积广、储量大、矿层厚、品位高、水文地质条件简单、开采运输方便等特点，发展磷化工业具有得天独厚的条件。水能资源也是保康的优势之一，全县共有河流34条，全长950公里，且分布广、落差大，可开发利用17万千瓦。保康交通也极为方便，东以“明星城市”襄樊为依托，西与“华中第一峰”神农架相毗邻，北达武当山、二汽，南至宜昌、三峡，荆山山脉横贯东西、宜保公路纵跨南北。公司还在邻县谷城的文畈、大峪桥、黄家营、石花等地建有4个大型货场，矿石在此中转后由铁路运往全国各地。每年发出矿石达40万吨。

党的十一届三中全会以来，公司坚持改革、奋发进取、团结拼搏，面貌发生了深刻的变化。1990年实现产品销售额3700万元，实现利税342万元；1987年以来，每年平均以25%的速度递增。1990年到1991年两年间，公司按照“优势互补以强带弱和对磷化工实行倾斜开发”的原则，先后兼并了两个运输车队和1厂1矿，实现了产、运、销1条龙服务和管理。1990年国家计委曾投资2622万元，对保康磷矿进行扩建，1991年底以后，每年可增加20万吨的生产能力。年产200万吨大矿的前期准备工作正抓紧进行，力争在2000年建成1个具有保康特色的磷化工业基地。

发展保康磷化工业，加速矿山建设，公司欢迎社会各界，海外人士采取各种方式前来开发，或与我们配合建立信息网络，或帮助我们引进外资、技术和专业技术人员，或用投资、合资经营、补偿贸易等多种形式给予支持和合作。

地址：湖北省保康县城关新街57号　　邮编：441600

电话：2576，2128　　电挂：4349

湖北省仙桃市农药厂

厂长、党总支书记刘伏清，生于1943年10月，中专文化程度，1958年11月参加工作，1966年任市轴承厂厂长、党支部书记。1974年1月至今，历任仙桃市农药厂副厂长、党支部书记、厂长、党总支书记。1988年被评为经济师，同年选为湖北省农药（企业）集团副董事长，连续3年被评为市“优秀企业家”，1990年被评为荆州地区“优秀企业家”，湖北省石化厅“企业管理先进工作者”和湖北省“劳动模范”。

仙桃市农药厂是创建于1958年的全民所有制企业，是化工部定点生产农药的厂家之一。全厂现有职工671人，其中各类专业技术人员86人。厂区占地面积9.3万平方米，各类生产设备1308（台）套，固定资产514万元。主要农药产品有：水胺硫磷、增效水胺硫磷、甲基异柳磷、增效甲基异柳磷、甲胺磷、胺氯菊酯等；年生产能力达3000吨。1990年由化工部批准，又扩建了一条年生产能力为2000吨的甲基异柳磷农药生产线。此外，厂内设有两个分厂：一个试剂分厂，产品有试剂硫酸、盐酸、甲苯、二甲苯、异丙醇、五氯化磷、彩色洗印防灰雾剂EBP，年生产能力为200吨；一个粉末涂料分厂，产品主要用于家用电器，五金化工容器等金属表面装饰，年生产能力为100吨。

1978年，该厂与华中师范大学建立了长期科技协作关系，引进具有高效广谱、低残毒，杀虫杀螨的水胺硫磷新型农药品种，成为全国首家生产这一产品的企业。该产品一直畅销于全国19个省市和地区，1984年始销东南亚。1981年这一产品获国家科技成果二等奖，1985年被评为湖北省优质产品。13年来，该厂与华中师范大学密切配合，开发了14个新产品，引进3项新技术。其中有1项获国家科技奖；8项获省级科技进步奖；其中40%增效水胺硫磷1989年被评为湖北省优质产品，40%增效磷和20%胺氯菊酯乳剂获湖北省1989年、1990年优秀新产品金鹤奖。

该厂坚持“两个文明建设”一起抓，坚持“以‘厂校联姻’为媒介，以科技进步为先导，以开发新产品求发展，以农药为主，精细化工和化学试剂为两翼”的办厂方针和“团结、求实、创新、进取”的企业精神，增强了企业的实力和活力。特别是1988–1990年的第一轮承包经营，经济效益十分可观：创工业产值6176万元，利润1134万元，税金325万元。这3项指标分别为第一轮承包前3年的2.33倍、24.38倍和3.13倍。

该厂不仅注重经济效益而且讲究社会效益，几年来，多次被化工部授予“完成任务好的先进单位”，“综合治理先进单位”的称号，是湖北省石化系统全面质量管理先进单位。连续几年被荆州地区评为“双文明单位”、“学吉化先进单位”。1989年该厂被评为湖北省省级先进企业。

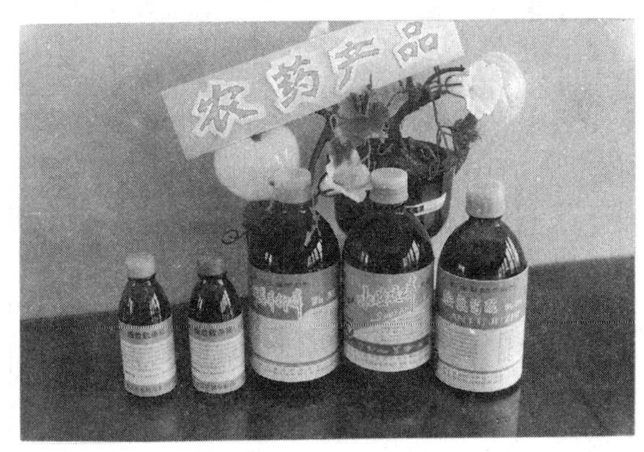

副厂长：王佑林、朱　月（女）、刘贤建、傅又清、范建国、刘尧阶

地址：湖北省仙桃市沿河东路36号　　邮编：433000

电话：22594，22226　　电挂：5881

石首市

石首彩色石英地板厂简介

厂长陈艳林，工程师。生于1949年6月，1968年9月参加工作，1976年6月入党，1979年毕业于华中工学院；历任班长、车间主任、副厂长、厂长等职。

石首彩色石英地板厂，位于石首市城区东侧工业中路，这里交通便利，场地开阔，绿树成荫，环境十分优美。工厂占地面积23320平方米，建筑面积3773平方米，拥有固定资产1000万元，是一生产设备先进，检测手段齐全，技术力量雄厚的生产新型铺地装饰材料的专业厂家。

该厂针对本地取之不尽的石英砂自然资源优势，利用政府间贷款引进成套设备和国际先进技术创办而成。于1989年从挪威引进全套自动控制彩色石英地板生产线，1990年7月建成投产。目前年生产能力为70万平方米，创产值1500万元，年实现利税300万元。

彩色石英地板系高填充柔性产品，采用石英砂PVC为主要原料加少量增塑剂、稳定剂、色料特制而成。产品分3个系列：工业级、商业级和普通级4种规格：300×300毫米，厚度为1.6毫米、2毫米、2.5毫米、3.2毫米，22种颜色的地板。产品具有防腐防潮、耐酸碱、抗磨损、绝缘阻燃等功能，并拥有色泽鲜艳，表面光滑，可任意截割，图案拼凑自如，铺设施工简便等新特点，是目前国际市场上最时兴、新颖的中档铺地装饰材料。广泛用于楼堂馆所、办公室、家庭、医院、学校、商店、体育馆和工厂室内地面装饰。铺设后美观大方，给人以美而适的享受。采用英国BS3261B标准生产、控制和检测的《石利》牌彩色石英地板尤受香港、东南亚等地广大消费者欢迎和喜爱。

该厂还将通过加强技术改造，积极采用先进适用的新技术、新工艺，实现给料、包装、检测手段自动化和半自动化，扩大生产规模。预计“八五”期间产值可达5000万元，实现利税1000万元。以大批量优质产品满足中外广大消费者的需求。

彩色石英地板生产线

地址：湖北省石首市工业中路　　邮编：434400

电话：73349　　电挂：1752

利川卷烟厂简介

厂长龚芝先，生于1945年9月，四川省广元市人。1968年8月毕业于重庆大学矿山机械专业，工程师。1968年12月参加工作，1984年6月加入中国共产党。曾先后担任煤矿技术员，盐厂技术员，利川县盐厂副厂长、厂长，1985年任利川县轻工局局长，1986年任利川市经委主任兼体改办主任，1988年4月当选利川市人民政府副市长，1989年5月任利川卷烟厂厂长。

湖北省利川卷烟厂地处云贵高原山脉，东北延伸，位於武陵山馀脉与大巴山、巫山流脉交汇部，这里所处的海拔高度，地理位置，土壤条件与驰名世界的云烟生产基地相似，气候分明，温和湿润，夏无酷暑，冬少严寒，这里生长的烟叶，引起了国内外专家的注重，曾多次来利川考察鉴定，烟叶油润丰厚，色泽鲜明，气味醇和可口，能与云贵烟叶比美，每年可产烤烟40万担，还出口到美国、英国、奥大利亚，被定为全国烤烟生产基地之一。

利川卷烟厂是中国烟草总公司所属中型生产企业，于1970年建厂，建厂初期，仅有职工20余人，手工操作，经过20年的发展和技术改造，现已形成固定资产原值7100万元，职工2000余人，各种工程技术人员100余人，占地面积16.7万平方米，拥有德国制造生产线、卷接机组、SASIB6000型横包机，以及国产卷接机组等各类专用设备250多台（套）。为产、销自备各种运输车辆30余台，加上各类专用设备的引进，革新已形成年产卷烟、雪茄烟30万标箱的生产规模，1990年已生产23万标箱卷烟（其中嘴烟11万标箱）销售收入22194万元，产值24177万元。

该厂可以生产各种规格、档次的卷烟、雪茄烟，主要产品有20多个牌号，产品畅销全国22个省市、自

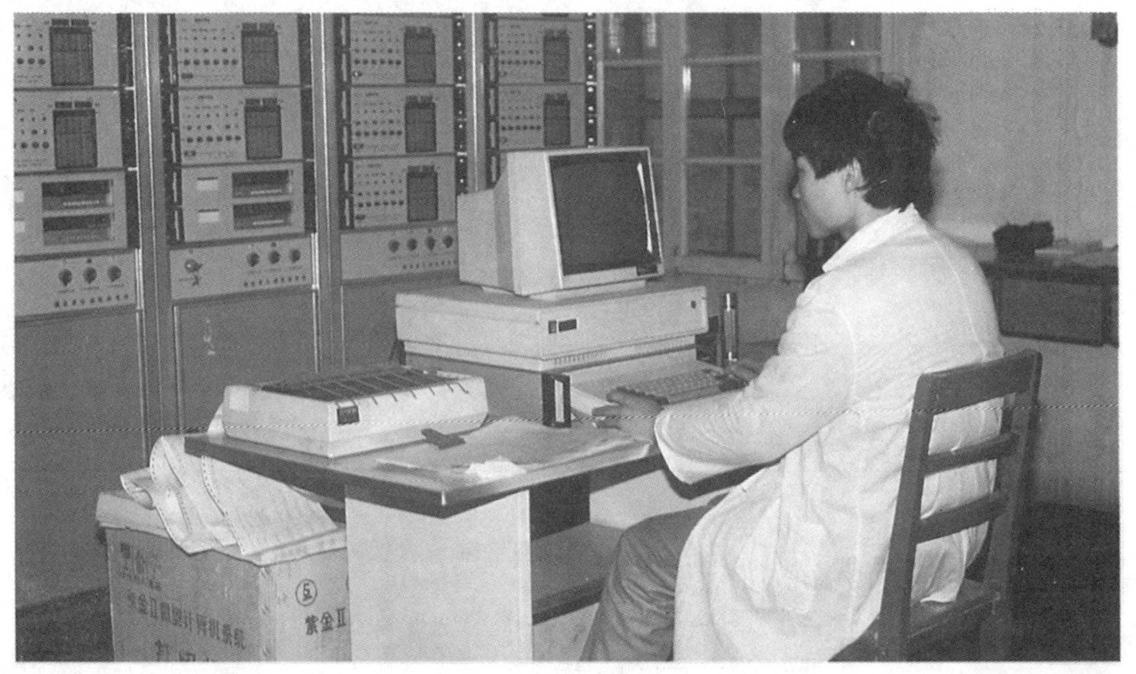

发酵控制

包装生产线

治区，其中，有的产品被中国烟草总公司定为全国甲级烟生产牌号，有的产品被国家选为 1988 年南斯拉夫博览会展品。

"八五"期间，利川卷烟厂决心进一步贯彻落实党的十三届四中、五中、六中和七中全会精神，深化企业改革，依靠科技进步，狠抓技术改造，加强内部管理，提高企业素质，提高经济效益，努力建成现代化的卷烟工业企业。

化验室

党委副书记：李伦菊（女）

副厂长：莫代文、牟占国、刘传建

厂长助理：梅奇学、宋　波

地址：湖北省利川市清江大道 129 号　　邮编：445400

电话：22027，22643　　电挂 3533

株洲市自来水公司

经理於希慈，高级工程师。1936年11月生，江苏常熟县人。1979年6月加入中国共产党，1956年9月于上海同济大学卫生系统给排水专业毕业，同年参加工作。历任国家建委、国家建工部研究院市政研究所、株洲市城建局技术员，株洲市自来水公司生产组组长、副经理、党委副书记等职，兼任中国水协湖南分会副理事长，株洲市企业管理协会副会长，政治研究会副会长。1987年被评为株洲市优秀企业家。

株洲市自来水公司现有职工921人，其中具有高级职称的8人，中级职称的45人，初级职称的127人。下辖3个水厂及营业所、水表厂、供应站、生活服务公司、劳动服务公司等8个基层单位和21个职能科室。

公司创建于1956年，日供水能力由当时的1.5万立方米，逐步发展到115万立方米，现有供水管网290.2公里，设3个中途加压站，6个高位调节水库，形成了较为合理的分质、分区、分压供水系统。现有固定资产原值7301.4万元，建司以来已实现利税共24402万元，相当于固定资产原值的3.34倍。目前，日供水能力和8项经济指标均居全国同行业的前十位，是全国200家最佳利税企业之一。

党的十一届三中全会以来，公司大胆改革。在领导班子结构方面，提拔有文凭、有专业知识、有管理水平的干部到公司领导岗位，使决策层人员的素质转到适应现代化经营管理需要的水平。在机构方面，撤销不必要的部门，压缩非生产人员，充实生产第一线，使之更富有效率。在职工队伍结构方面，采用各种形式加强文化专业知识的培训，使职工队伍的素质由“体力”型向“智力”型转化。现在全公司有各类技术人员60名。公司还成立了以职工学校为培训中心，以培养“2000年职工”为目标的教育体系，配备了教师，购置了教学设备，编了20多种100多万字的文化、技术、管理和政治教材。在分配制度方面，深化经济承包，根据不同岗位，分别实行大包干、定额承包，把责、权、利统一起来，打破了“大锅饭”。在经营方式方面，面向用户，注重社会效益，以水质好、水量够、水压足、维修快、成本低、计量准、安全供水、合理调度、服务态度好为目标，不断提高服务质量。在资料收集方面，建立档案馆，全面系统地收集整理各类档案资料，做到档案库房管理整洁化、档案管理系统化、案卷装订标准化、生产进度图表化、历史数据手册化，为生产、科研和经营管理提供了可靠的信息。为了保证生活用水的质量，公司给各水厂制定了严格的生产责任制，实行三级检验制度，使水质合格率20多年来一直符合国家标准，特别是近几年，达全国先进水平。为了保证生产和经营有条不紊地进行，公司实行三级管理，公司党委书记，正副经理，组成了精明的决策层；公司下属的厂、所、站、服务公司和22个职能科室，都配备了精干的中层干部，组成了撒得开收得拢的管理层：69个班组形成一支过得硬的职工队伍，组成了执行层。

经过30多年的实践，公司形成了“集中、分质、分压、分区供水”特色，取得了很好的经济效益和社会效益。1987年，公司成为全省建设系统第一家“省先进企业”：1988年，被评为“省职工教育红旗单位”；1989年一跃成为全国“改革企业统计工作和加强统计基础建设先进企业”，并被国家技术监督局和中国质量协会列为全国质量管理达标成绩显著的43家企业之一。从1987年以来，公司连续4年保持“省文明建设先进单位”称号，获市各种荣誉28项。1990年，被建设部评为“优秀政工企业”之后，又在全国同行业中率先进入“国家二级企业”行列。

党委书记：张富有

副经理：刘福华、陈新年、陈春林　　工会主席：欧茂梧

地址：株洲市体育路9号　邮编：412000　电话：21963

衡阳汽车配件厂

厂长李介南，生于1942年，中共党员，高级工程师，1966年毕业于华中理工大学。1967—1973年任技术员，1974—1983年任技术科副科长，1983年任副厂长，1984年任厂长至今。1989年被衡阳市经委授予“技术开发优秀厂长”称号，1990年被湖南省经委授予“全省交通系统生产经营先进工作者”称号、被衡阳市政府授予“优秀企业家”称号。

衡阳汽车配件厂始建于1950年，60年代初就开始生产车用柴油发动机喷油泵总成和3对精密偶件，1967年被国家一机部汽车局定为全国重型汽车配件定点生产厂。工厂占地面积19万平方米，建筑面积8.8万平方米；拥有固定资产原值2100余万元；现有职工1529人，其中各类专业技术人员219人（具有高级职称的16人）；设有11个车间、29个科室、1所学校和劳动服务公司。

该厂已有30多年生产喷油泵总成和3对精密偶件的历史，目前生产的喷油泵总成有A型、P型两大系列12个品种。主要产品为“解放”、“东风”、“重型”3大汽车集团11个主要柴油机制造厂配套喷油泵总成和国家15个部委以及全国各省市的国产车、进口车提供维修喷油泵及3对精密偶件。该厂是中国汽车工业联合会、湖南省汽车工业协会、油泵油嘴行业协会会员，是解放汽车企业集团联营厂。

该厂在长期的生产实践中，培养了“求实、创新、团结、奋进”的企业精神，为了发展喷油泵的生产，从1985年就开始实施了喷油泵生产的技术改造工程，这一工程投资1338万元（含外汇85万美元），建成了生产车间及辅助设施面积8327平方米，更新改造设备238台（套），进口当代最新波殊油泵试验台7台，形成了年产喷油泵总成3万台的生产能力。

该厂应变能力极强，能积极主动地调整产品结构，大力开发新产品，并本着“人无我有、人有我新、人新我优”的指导思想，坚持高起步、高水平、高速度，做到了“生产一代、试制一代、设计一代、研究一代”。近3年来，每年都有2—3个新产品投放市场，新产品产值率达80%以上，产量、产值、利税平均每年分别递增37%、36%、48.6%。该厂生产的油泵总成以优良可靠的产品质量载誉全国，6105、6110两种喷油泵多年来保持“省优”称号，A型多缸泵在1989年全国油泵油嘴行业评比中，名列全国第一，荣获机械电子工业部颁发的二等奖；6110A型泵1990年评为“部优”产品。企业先后被评为市“双文明建设先进单位”、“科技型企业”、“园林式企业”，1989年跨入省级先进企业、全国交通系统经济效益先进单位，1990年晋升为国家二级企业。

为了使喷油泵生产尽快赶上国际水平，为汽车零部件国产化作出贡献，该厂正在与世界最大的喷油泵生产厂家之一——日本DKK公司进行技术合作方面的谈判，通过双方多次的洽谈和相互考察，现已基本完成了项目前期的准备工作和可行性研究工作，该项目的引进工作计划在“八五”技改初期完成。

“八五”期间。衡阳汽车配件厂年产喷油泵将达到7万台，产品质量将达到当代国际先进水平，汽配人将为我国汽车工业的发展作出更大贡献。

党委书记：段周生　　副厂长：周辅农、李进绍

地址：湖南省衡阳市第拾号邮政信箱　　邮编：421007

电话：23551　　电挂：7120

湖南省郴州玻璃厂

厂长唐清生，1954年2月生，湖南省衡南县人。1976年11月入党，1985年7月毕业于湖南省财经学院企业管理专业。1973–1983年在郴州电机厂任车间主任、生产股长、副厂长、厂长。1985年7月至1989年6月，先后任郴州浓缩饲料厂厂长、郴州轴承厂厂长兼党总支书记、郴州市重工业公司党委书记、郴州市体制改革委员会副主任、郴州经济技术开发区副主任。1989年调任郴州玻璃厂任厂长兼厂党委书记。

郴州玻璃厂是湖南省唯一生产浮法玻璃的中型骨干企业。占地面积12万平方米，建筑面积7万平方米，有职工1000余人，固定资产2400多万元。该厂年产浮法玻璃70万重量箱，区域钢化玻璃15万平方米。近年来，该厂在思想政治工作、企业管理、产品质量，经济效益等方面，成效显著，在湖南省同行业评比中连获三届第一名。1990年以来，该厂大胆及时地进行了产品结构调整，提高了产品质量，使经济效益居全国同行业之首，受到省委省政府领导和专家的好评。

郴州玻璃厂始建于1958年。1977年以前，该厂主要以生产出口玻璃灯具为主，年出口总值50多万元。1978年，新建了一条年生产能力6万标箱的平拉玻璃生产线，1982年，扩建为20万标箱生产线，经济效益明显提高。从1987年开始，该厂积极进行技术改造，不断开发新产品。同时又建成了年产30万平方米的热反射彩色玻璃生产线和年产10万平方米的蒙砂玻璃生产线。1988年，该厂又引进具有国内先进水平的玻璃生产技术工艺，并于1989年10月建成了年产70万重量箱的浮法玻璃生产线，填补了湖南省的空白。该厂生产的浮法玻璃，质量达到了80年代末国际先进水平。该厂生产的主要产品有：浮法玻璃、区域钢化玻璃、热反射玻璃、蒙砂玻璃、百叶窗玻璃、工艺玻璃、玻璃家具等7种产品以及3–12毫米不同颜色、规格的玻璃产品系列。产品畅销全国17个省、市，远销埃及、叙利亚、南朝鲜、越南、泰国、印度尼西亚、香港、台湾等国家和地区。

车间一角

车间一角

郴州玻璃厂地处湖南的南大门、经国务院批准的改革开放过渡试验区。京广复线和107国道从该厂西侧通过，交通极为方便。程控电话已于今年6月初正式使用，对外开放的软环境、硬环境都大为改善。这对郴州玻璃厂今后的发展前景和对外合作都将十分有利。与此同时，最近已经探明，作为玻璃生产的矿物原料，全部可以在本地方圆50公里内解决，矿藏储量大、品位高。有关部门在燃料、电力方面也给予优先满足。该厂根据这样良好的外部环境，决定再建一条日产400吨玻璃液的浮法玻璃生产线，开发以浮法玻璃深加工产品为代表的夹层、镀膜、中空等安全、节能工业技术玻璃，使浮法玻璃在品种、功能、档次上适应社会不同层次、多种用途的需要，并增强企业在国际市场上的竞争能力。

“八五”期间，该厂将完成3000万元的投资，形成年产浮法玻璃100万重量箱，玻璃微珠3000吨，钢化玻璃15万平方米，水晶玻璃50吨，石英玻璃1000吨的年生产能力，实现产值突破1个亿，年创汇500万美元，年利税总额2000万元的目标。

(撰稿：张聪蓉　蒋佳栋)

党委书记：陈禄相　　副厂长：彭克勤、曹世雨、李子贤、熊国辉

地址：郴州市同心路2号　　邮编：423000　　电话：224903　　电挂：3863

厂长谢召连，中共党员，助理经济师，1948年3月生，湖南省怀化市人，中专文化。1966年参加工作，先后担任厂团委书记，车间党支部副书记、书记，车间主任，生产副厂长等职，1991年任怀化磷肥厂厂长。

湖南省怀化磷肥厂

湖南省怀化磷肥厂是全国重点钙镁磷肥厂，坐落在怀化市郊的泸阳镇，面临320国道，侧靠全国十大编组站之一的怀化火车站。原料、燃料产地近，交通便利，地理位置优越。该厂创建于1965年，原设计能力为3万吨钙镁磷肥。经过20多年的艰苦创业，现拥有钙镁磷肥12万吨、复混肥1万吨、黄磷1000吨的生产能力，年产值逾千万元，税利超百万元。特别是在第一轮承包经营的3年中，企业发展更加明显：承包经营3年完成的工业总产值、产量接近于承包前5年之和；实现税利高于承包前6年之和。企业多次获部、省磷肥优胜红旗，1989年登上省级预备企业的台阶，1990年跨入省级先进企业行列。

该厂1967年投产后，由于原设计的冶炼高炉不适应本地产的原材料，造成生产极不正常，连续两年亏损。为了生存，怀化磷肥厂大胆地改造高炉炉型，当年改造，当年投产，当年扭亏为盈。接着自筹资金新建了第二套钙镁磷肥生产装置，配套扩建了第一套钙镁磷肥生产装置，使磷肥生产形成了机械化流水生产线，年生产能力由3万吨扩大到12万吨。紧接着又新建了万吨复混肥生产线和千吨黄磷生产线，与投产初期相比，年总产值扩大了12倍，全员劳动生产率提高了13倍。

该厂把重建经营管理机制、实现转轨变型作为企业工作的重点。围绕“抓管理、上等级、全面提高企业素质”这个中心，把利润最大化和职工收益最大化作为企业刻意追求的目标，进行了劳动人事制度和内部分配制度的改革，实现了管理系统的重建和优化，劳动结构的重组和优化。建立了质量保证体系、安全保证体系、科技开发体系和标准化工作体系，强化了生产调度系统和经济核算系统，硬化了思想政治工作。相应制订和完善了一系列规章制度，并纳入现代化管理范畴。承包经营3年，经济效益每年均超过承包任务30%以上，上交财政每年以10%的速度递增，固定资产每年以20%的速度增值，职工收入每年也以9%的速度递增。

由于多方原因，化肥市场从1989年开始萎缩，产品销售艰难，资金流转严重受阻，简单再生产难以为继。该厂一方面努力增强职工的忧患意识，树立“市场疲软精神不软，别人滑坡我爬坡”的精神。一方面苦练内功，增强企业的生存竞争能力。为了解开债务锁链，他们聘请律师、银行职员、政府官员，与厂销售人员一道上门依法收款。在企业内部建立了物耗成本责任制，努力降低物质消耗。派出人员做巩固老用户、拓展新市场的工作，靠保质、廉价、服务取信于市场、赢得市场。1989年，在销量和上年相当的情况下，实现利润增长15%，销量增长25%的好成绩，获得了省石油化学工业厅“质量管理奖”、“地区企业管理优秀奖”和“重合同守信誉单位”的称号。

厂区一瞥

党委书记：全宏贵　　党委副书记：杨思德

副厂长：曾恒林、饶经理　　工会主席：曾忠诚　　副总工程师：张　旭

地址：湖南省怀化市泸阳镇　　邮编：418003　　电挂：4340

石龙通达工业公司

通达工业公司，是一个多元化集团式的外向型企业。属下有：石龙通达制衣有限公司、东莞市威腾体育用品有限公司、东莞市港龙食品有限公司、石龙通达电子器材公司、石龙通达表业制品有限公司、石龙通达塑胶制品公司、东莞莫莱克斯华南连接器有限公司、东莞达丰电业有限公司、东莞市石龙通达皮具手袋有限公司、东莞市港龙糖果饼干有限公司、东莞市石龙通达鞋业有限公司、东莞市石龙通达服装用品有限公司、东莞通达电脑设备维修中心、东莞光达漆油厂有限公司等14个（中外合资）企业和东莞市二轻石龙汽车配件厂、东莞市二轻石龙五金电器厂、东莞无线电器材一厂、东莞市二轻石龙通达塑胶制品厂、东莞市二轻石龙电脑绣花厂等5个自营厂和3个商场。

公司产品样品

公司拥有大部分的引进先进设备与技术。生产高级国内外“威腾牌”（VICTA）运动服、运动鞋和生产德国名牌阿迪达斯（aDiDas）运动服装；香脆可口的“港龙牌”高级饼干食品；美观大方防水“通达牌”石英表及不锈钢表带；电子器材接插件、滑动开关、带插头电源线与连接器等电子系列；服装用品（衣架、衣夹、钮扣）；电脑设备维修；汽车喷油喷漆；汽车配件（轴瓦、油箱、套管）；皮具手袋以及承接电脑绣花、模具加工等10多类数百种规格产品。产品销售国内外市场。

通达工业公司，将继续本着信誉第一、灵活经营、保证质量、讲究效率精神，热诚欢迎各界支持合作。

公司产品样品

总经理：黄　托

地址：广东省东莞市石龙镇红棉二马路6号　　邮编：511721

电话：612610，612761

电挂：3830　　传真电话：611013

广东省江门市油脂食品厂

广东省江门市油脂食品厂是一个油脂精炼与深加工的专业油脂食品企业，地处珠江三角洲，毗邻港澳，信息灵通，水陆交通便利。

该厂兴建于1978年，原是一个单一精炼油加工小企业。党的改革开放政策给企业带来了生机，1985年该厂从德国引进了具有80年代世界先进水平的年产1万吨精炼油连续脱酸脱臭设备和年产7000吨的人造奶油、起酥油生产设备，对企业进行了全面的技术改造，开发了一批适销新产品。目前该厂生产的各种高级烹调油、各种精炼食用油，国标一、二级食用油、人造奶油、起酥油、精制猪油等系列高级食用油脂，畅销省内外，并出口港澳市场。其中人造奶油、起酥油荣获广东省一轻系统"四新"产品奖；高级菜籽烹调油、高级大豆烹调油荣获轻工部优秀新产品奖和首届全国轻工博览会铜奖。

该厂不断深化企业内部改革，加强和完善企业的各项管理，提高企业的素质。在奖金分配上，实行了奖金与生产产量、质量、卫生、设备、安全、消耗、纪律等各项经济技术指标挂钩的考核办法。人事管理上，实行了由厂长聘任厂的中层干部，中层干部对厂长负责；中层干部聘任科员和车间工人的办法。并推行全员承包，使全厂干部职工风险共担，极大地调动了干部职工主人翁的积极性和工作责任心。还推行了全面质量管理，大力加强企业的计量管理、能源管理，使该厂在提高产品质量、降低消耗、增加企业经济效益、实现安全生产等方面取得显著成效。该厂先后获得全面质量管理优秀企业、国家二级计量企业、省级节能企业、广东省省级先进企业等光荣称号。

厂区外貌

厂长何润新，中共党员，1942年10生，经济师。1960年4月参加工作，曾任江门市玻璃厂股长、江门市轻工业局武装部部长。1981年任江门市油脂食品厂党支部代理书记，1982年任厂长。

该厂的生产经营和经济效益不断跃进，1990年全厂实现产值2195万元，税利272万元，拥有固定资产1328万元，分别比建厂初期增长4.4倍、2093倍和23倍。现在，该厂已发展成为一个具有全套油脂精炼、氢化、深加工设备和技术，年产量2万吨，拥有258人的油脂生产中型企业。欢迎国内外客商与该厂发展各项业务。

党委书记：林宋亮　　副厂长：陶云瑞　　工会主席：尹柏荣

地址：广东省江门市滘北　　邮编：529051

电话：333823，351891　　电挂：5176　　图文传真：351891

经理黄信毛，中共党员，1935年生。1956年参加工作，曾任江门造纸厂第二造纸车间主任、支部书记，1986年12月调任江门侨区食品中心副经理，1988年任经理。

广东江门侨区食品联合开发中心

广东省江门侨区食品联合开发中心，坐落在江门蓬江大桥东侧，倚临蓬江河畔，水陆交通方便。该中心前身是江门食品厂，是一个具有30多年食品生产历史的老企业。现有干部职工398人，固定资产1533万元。中心下设鹏达贸易公司和一家中外合作性质的“嘉美豆奶有限公司”。生产的主要产品有：嘉美牌纯豆奶、嘉维奶、清凉茶、腐竹、速食凉粉、速食芝麻糊粉、即食芝麻糊粉、即食绿豆沙、速食绿豆沙、佳维乳酸饮料、药用灵芝干粉。年产软包装1万吨，威化饼400吨。其中，腐竹以出口为主，畅销香港及东南亚等地。

该中心重视引进先进技术设备，加强企业技术改造，提高生产的现代化水平。1986年引进瑞典年产1万吨豆奶生产线和250毫升无菌复合软包装先进设备及软件技术，采用先进工艺和配方，生产嘉美牌纯豆奶、嘉维奶植物蛋白高级营养饮料，以及清凉茶饮料；还引进奥地利威化饼生产线，生产橙香、椰香和奶油等各种香型的威化饼。这些产品风味可口，包装新颖，深受广大消费者的喜爱。软包装纯豆奶荣获1988年首届中国食品博览会铜奖和1988年广东省轻工业优秀“四新”产品一等奖；老牌产品速食凉粉曾获广东省优秀旅游工业产品奖，并于1988年获首届中国博览会铜奖；清凉茶获1989年广东省轻工业优秀“四新”产品一等奖，1990年获广东省优秀新产品奖。

该企业经济效益较好，1990年企业总产值1536万元，比上年增长57.42%；利税217.48万元，比上年增长59.98%，其中利润64.11万元，比上年增加2.15倍。

现在，该中心已发展成为一个以生产豆类食品为主，并初具生产规模的中型企业。面向未来，该中心将在生产植物蛋白饮料的基础上，进一步开发以黄豆为原料的豆奶乳酸饮料，以及开发更多具有独特风味的清凉饮料产品，以满足广大消费者的需求。

广东省江门侨区食品联合开发中心，本着平等互利、重合同、守信誉的原则，热情欢迎各界朋友光临指导，共同合作。

产品样品

地址：广东省江门市堤东路23号　邮编：529051
电话：352283，332468　电挂：1907

湛江市

湛江港务局

局长郭茂辉，中共党员，1936年11月生于广东省增城县，1963年8月于大连、上海海运学院水运管理专业毕业后，分配到湛江港务局工作，先后任调度员、计划员、副主任、主任，1983年6月任湛江港务局副局长，1984年11月任局长。

湛江港于1956年12月27日起正式提前使用。经过近35年的建设和发展，湛江港现拥有生产性泊位22个，其中万吨级以上泊位17个。港区营运码头总长3779米，港口综合通过能力为1470万吨/年。每年经由湛江港进出口的货类主要有石油、粮食、化肥、煤炭、铁矿石、非金属矿石等近百种。湛江港务局的主要经营服务项目：港务管理；港口货物装卸、堆存、仓储、包装、托运、中转服务；引水、领航服务；拖驳船、船舶救助、船舶客货运输、船舶修理服务；水运物资补充供应及多种经营服务；码头租赁等。湛江港是华南粤西地区对外贸易和水陆运输的重要枢纽和天然良港，"七五"期间，已累计完成货物吞吐量7397万吨，展望"八五"，湛江港建设步伐将随着国民经济事业的发

湛江港务局鸟瞰

海港之夜

展而发展。湛江港现有职工 11858 人，有中级以上职称的港口管理人员 627 人（其中高级职称的有 81 人）占全港职工总数的 5.2%。湛江港正大力倡导企业精神：“缆桩精神——以港为家，艰苦创业，无私奉献；团结协作，优质高效，竭诚服务”，欢迎中外各界人士携手合作并拓展业务。

党委书记：游国经　　副局长：梁大同、谢鉴明、陈世英

党委副书记：刘国光　　局工会主席：李景潮

地址：广东省湛江市友谊路 1 号　　邮编：524027

电话：286255，283333　　电挂：9054

电传：45251　JZGDD　CN　　图文传真：280814

南粤盛开的“海珠花”——广东省湛江化工厂

广东省湛江化工厂位于湛江市西南3公里处，坐落在湖光路旁，占地面积77公顷，距湛江港1.5公里，距湛江火车南站2公里，有铁路专线直达厂区，交通十分方便，地理位置优越，具有开发和扩大生产的有利条件。

该厂是全国五大磷肥企业和重点硫酸企业之一。于1958年筹建，1962年投产，生产规模为年产硫酸4万吨、过磷酸钙10万吨。1965年第二期工程全部按设计能力建成投产，年产硫酸8万吨、过磷酸钙20万吨。以后，经过多年挖潜改造，开发新产品，现生产规模为年产硫酸14万吨，过磷酸钙35万吨，氟硅酸钠0.25万吨，复混肥1万吨，聚丙稀编织袋600万条，原盐0.32万吨。“七五”后期引进一套半水法磷酸生产装置，生产氮磷钾复合肥，年产10万吨，计划1991年基本建成。

该厂干部职工队伍素质好，企业管理健全。建厂30多年来，逐步形成了既有时代感，又有湛化个性的“团结拼搏、严细求实、敢创一流”的企业精神，全厂职工在这种无形的强大精神力量的鼓舞下，认真贯彻执行党的路线方针政策，坚持“两个文明”一起抓，取得了可喜的成果。多年来，该厂的党组织、工会、共青团、女工，计划生育、民兵、保卫等各项工作都得到上级领导机关的充分肯定，分别获得“先进基层党组织”、“全国化工思想政治工作先进单位”、“广东省思想政治工作优秀企业”，“全国模范职工之家”等称号。在企业管理方面也逐年登上新台阶，先后受到国家、化工部、省、市的表彰，.并先后荣获“全国化肥企业设备管理先进单位”、“全国包装改进先进单位”、“全国化工安全生产先进单位”、“国家二级企业”、“国家二级节能”、“国家二级计量”、“国家二级设备管理”、“国家二级企业档案管理”和广东省、湛江市“企业管理优秀企业”、“广东省技术进步先进企业”等荣誉称号。

该厂坚持“质量第一，用户至上”的宗旨，积极推行全面质量管理，为生产出一流水平的“海珠花牌”系列产品，采取了一系列有效的措施：一是开展全员质量教育，强化全员创优意识；二是建立健全质量保证体系；三是设置完备的计量监测手段；四是开展质量目标管理，实行质量否决权；五是开展群众性QC小组活动，组织质量攻关。工业硫酸、过磷酸钙的主要技术经济指标保持国内同类厂的先进水平，在全国重点磷肥硫酸企业厂际竞赛评比中一直名列前茅，先后荣获“红旗单位”，“优胜单位”，“全国化工战线荣誉单位”、“广东省产品信得过单位”等称号。工业硫酸的9项质量指标，除透明度略低于日本外，其余8项均达到或优于美、苏、法、日等国工业硫酸国家标准。1987年在全国14个创部优产品的硫酸厂家中，获评优总分第一。过磷酸钙的酸、矿消耗指标在五大磷肥厂家中均排低耗第一，1988年在全国23个创部优产品的磷肥厂家中，获评优总分第一，工业氟硅酸钠已于1986年一年登上了三个优质台阶——市优、省优和部优。新开发的复混肥、编织袋产品也分别获得省优和市优产品称号。做到了新产品开发投产一个优质一个，优质产品产值率占工业总产值的99.81%。因而，“海珠花牌”系列产品，在省内外市场颇有盛名，久销不衰，供不应求，深受广大用户的欢迎。

厂长：陈鸿尧

地址：广东省湛江市湖光路11号　　邮编：524012

电话：280322，280366　　电挂：9142

传真：（0759）280421

广东三星企业集团公司

总经理罗平，1938年9月出生，广东省廉江县人，回族，中共党员。1961年8月毕业于武汉钢铁学院工业企业电气化专业。曾先后在洛阳有色金属加工厂、韶关钢铁公司动力处、湛江化工厂机动科、海军南海舰队设计处任技术员，1966年10月任湛江化工厂机动科长、工程师，1982年3月任湛江机械厂副厂长、副总工程师，1985年12月任中共湛江市委经济工作部部长，1988年1月至今任湛江三星农车企业（集团）公司党委书记，总经理。1984年被评为湛江市先进生产者，1985年被评为化工部先进生产工作者，1986年被省人民政府授予优秀企业家称号，1988年被湛江市人民政府授予劳动模范称号，被省授予劳动竞赛先进生产工作者称号，1989年被国务院授予全国劳动模范称号。

广东三星企业集团公司组建于1988年夏初。其前身是湛江农械厂，始建于1958年，1984年被列入国家“七五”规划，定点生产农用运输车。1986年5月市政府决定，批准湛江农械厂和湛江第二机械厂合并组成“湛江经济技术开发区农用运输车工贸公司”。后改称“湛江三星农车企业（集团）公司”。1990年9月经省府批准更名为“广东三星企业集团公司”，下设两个公司，即“湛江三星汽车制造公司”、“湛江三星农车制造公司”，另有4个分公司、4个办事处、14个分厂，健全了以总经理为中心的经营管理、技术科研、销售服务机构，形成了生产、科技、经营一体化的集团企业。现有职工2700人，其中专业技术人员510人，内有高级工程师12人，工程师56人，助理工程师142人。现占地面积48万平方米。其中厂房建筑面积为12万平方米。拥有冲压、焊装、动力、喷漆、总装、检测等10条现代化生产流水线、各种大、精、重设备1142台（套），固定资产1.53亿元，已具备生产农车、汽车各1万辆的能力。

产品拥有农车、轻型汽车两大系列共21个品种。农车主要有单缸、双缸、四缸的平板、自卸、加长、厢式等品种和四缸的双排座。轻型汽车主要有SXZ1030（北京130底盘）、SXZ1032（五十铃）及其变型的金融运钞车、邮政车、冷藏车和防暴车。

农车1988年获得省优秀新产品奖，1989年荣获省优质产品奖，1990年被评为全国农车“十佳”产品，并荣获首届“飞马奖”。去年8月1日首次出口所罗门国，这是我国首批出口的农车，至今已有9个国家（坦桑尼亚、斯里兰卡等国）的客商来公司洽谈出口贸易。

轻型汽车车型美观，结构紧凑、机动性能灵活，密封好，油耗少、噪音低，安全可靠等优点，1990年经中汽上海质量监督检验所抽查，以93.77分的最高分被评定为全国轻型汽车一等品。在1990年6月“全国引进国外智力和外国专家工作成果展览会”上，被指定为全国唯一参展的轻型汽车产品，1991年3月下旬在北京首届全国工业企业技术进步成就展览会上，SXZ1032型轻型汽车荣获国家计委颁发的荣誉奖。

公司从1988年成立以来，3年迈了3大步。1988年生产农车、轻型汽车共4446辆（其中汽车408辆），实现工业总产值1.35亿元，创税利653万元，较1987年总产值增长5倍，税利增长10倍。1989年在银根紧缩、市场疲软，全国工业企业普遍滑坡的情况下，生产农车、汽车共3818辆（其中汽车810辆），实现工业总产值1.46亿元，创税利500万元。1990年生产农车、汽车共4477辆（其中汽车1420辆），实现工业总产值2.23亿元，创税利2288万元。1988—1990年3年共为国家上缴车辆购置附加税3400余万元。

该公司1988年被评为省创先立功竞赛先进集体，省企业管理先进企业；被湛江市评为1989年度先进集体，命名为省级先进企业，1990年复查合格继续保留省级先进企业称号。1991年“七一”前夕，晋升为“国家二级企业”。

地址：广东湛江市经济技术开发区内

电话：330155，380167　电挂：8606　电传：452064　传真：380532　SANLICN

湛江纺织企业（集团）公司

董事长兼总经理林妃雅，中共党员，大学文化程度，高级工程师。1940 年 10 月出生，1963 年 7 月毕业于中国纺织大学。大学毕业后分配到四川省工作，80 年代初期调回湛江市工作。历任湛江纺织厂厂长、湛江棉纺厂厂长、湛江市纺织工业公司经理。现任湛江企业（集团）公司董事长、总经理。

湛江纺织企业（集团）公司是由湛江市十数家纺织企业联合组成、具有相当实力的大型集约化外向型企业集团。成立于 1988 年 6 月。

公司属下有 3 家棉纺厂、2 家织布厂、1 家印染厂、2 家针织厂、3 家毛巾厂等。现有固定资产近 3 亿元，其中外汇投资引进设备 4600 万美元。拥有流动资金 1.8 亿元，其中外汇流动资金 1200 万美元。在职员工 7000 多人。

该集团公司以中外合作经营为主，引进国际 80 年代末期先进的设备技术，拥有目前世界上一流的先进棉纺、印染、针织、毛巾生产设备和技术。年产值可达 3 亿元，年出口创汇可达 5000 万美元，一跃为湛江市重要工业支柱之一，是粤西地区一颗璀灿的新星。

该集团公司近几年来，在原有的基础上，先后与外商合资合作创办了“广湛纺织实业有限公司”，引进德国、瑞士全自动 2 万锭环锭纺纱生产线及配套设备；“湛仪棉纺厂”，规模为 3 万枚棉纺锭；“广城印染有限公司”引进法国、西班牙、德国染色生产线 1 条，引进奥地利圆网印花生产线 1 条；“湛江联纺针织企业有限公司”引进日本、意大利针织大圆机 60 台及德国、瑞典、瑞士染纱、染布、后整理设备及成衣设备。

该集团公司现生产的主要产品产量是：

各类高级无结针织专用纱，各类普、精梳纯棉，混纺筒子纱、绞纱、染色纱，年产量 17200 吨；各类印花布、染色布、提花、绒布、装饰布、牛仔布等，年产量 6 万打；各类电脑间色、提花、压花、混纺等针织面料布，年产量 1800 吨；各类服装、时装、T 恤等，年产量 6 万打；各类印花、染色、割绒、提花、漂白毛巾、餐巾、巾被、重磅地脚巾等，年产量 3000 万条；还有床单、蚊帐布、手套布、麻袋等产品。

以上产品，使用电脑监控指挥生产、采用国际标准，其质量和档次具有国际先进水平。热诚欢迎海内外各界前来公司或其所属各企业洽谈贸易、来料加工、合资合作！

该厂引进的国际一流的纺纱生产设备规模宏大

地址：广东省湛江市人民大道龙潮路口　　邮编：524022
电话：338921，333512　　电挂：5710　　图文传真：313591

湛江市电视机厂

湛江市电视机厂是国家机电部彩色电视机生产定点厂，是广东省电子行业重点企业。该厂固定资产2000万元人民币，拥有12750平方米厂房，现有职工520人，工程技术人员百余人。1985年，该厂全面引进日本SONY公司彩电生产线、彩电生产技术、工艺、质量标准，长期生产SONY牌彩色电视机，并获得日本SONY公司质量认定。随着工厂生产的迅速发展，又补充引进了德国RS公司全制式中央信号源,日本芝测公司彩电全性能指标综合检测装置,环境试验装置，设立了TQC机构，QC检测机构，电视机可靠性试验室。

该厂生产的PALB/C， NTSC和SECAN等世界各国制式的电视机，大量出口，畅销欧美两大州和港澳东南亚地区，价廉物美，质量稳定可靠，交货准时，深受客户欢迎。目前主要产品有4.5吋，12吋黑白电视机，5吋、5.5吋、10吋、14吋、18吋、20吋、21吋、28吋彩色电视机，电视机注册商标为南声“NSG”。竭诚欢迎国内外朋友共商合作生产电视机和贸易往来业务。

湛江电视机厂在质量、品种、效益年活动的方针是：重质量、上品种、抓销售、求效益，主要生产经营目标是：产值1.5亿元，创汇500万美元，产量12万台，利税700万元，争取为湛江电子工业的发展作出贡献。

厂长苏晋恒，广东遂溪县人，大专文化程度，中共党员，工程师。1946年5月出生，1965年参加工作，历任湛江无线电一厂车间副主任、生产副股长、副厂长。1986年1月任湛江市电子公司副经理，同年10月兼任湛江市电视机厂厂长、书记。1988年被评为广东省先进工作者，并为历年市先进生产（工作）者。1990、1991年连续两年被评为湛江市优秀党员，1991年被评为广东省电子工业系统立功创优竞赛先进工作者。

彩电生产车间

地址：湛江市人民大道23号　邮编：524022
电话：380673，380076，380086，380070，380864
电挂：9179　图文传真：380070

总经理毛伟，58岁，高中文化，50年代曾在交通部门工作，60年代在外贸部门工作，70年代在地委机关工作，现任中国物资储运总公司湛江公司总经理。

中国物资储运总公司湛江公司

中国物资储运总公司湛江公司是物资部下属的全民所有制机构。公司自主经营、独立核算，是具有法人资格的经济实体。公司主营物资的储存、运输、国际国内货运代理业务。兼营各种国产和进口汽车、摩托车、汽车零配件、机电产品、机械设备、起重设备、金属材料、建筑材料、建筑机械、煤、化工原料、化工产品、五金矿产、农副产品。积极开展经销、代购、代销、联销等业务。

该公司是中国物资储运系统中最早取得国际货运代理权的单位。公司本部设总经理办公室、财务部、人事劳资部、保卫部、信息物价部等5个职能部门，公司下设海南分公司、北海公司、贵阳分公司、湛江货运代理公司、汽车经营部、金属材料部、开发经营部等7个企业和经营部门。拥有固定资产520多万元，资金总额1100多万元。现全公司有干部、职工110人，其中大专以上的干部27人，占公司干部总数的24.50%；中专学历12人，占公司干部总数的11%，其余的员工都具有高中以上文化程度。

湛江市是全国14个沿海开放城市之一，湛江港是我国大陆通往东南亚、非洲和欧洲航程最短的口岸。海、陆、空交通便利。湛江公司充分利用优越的地理条件，以及自己所具有的国际货运代理权和长期租用的两条铁路专用线、一个海运码头，积极发展国际国内货运代理业务。

几年来，以毛伟总经理为核心的公司领导班子，带领全体员工艰苦创业，在上级主管部门和当地政府的支持下，公司业务不断发展壮大。1990年完成进口物资中转量超过50万吨，发运车皮8042个。国际货代业务刚起步，1990年国际货代业务量比1989年增加10多倍，1991年预计比1990年可翻两番。

几年来，公司热情、周到地为用户服务，急货主所急，想货主所想，努力开展快捷、合理、保质、保量的中转运输业务，已与一批货主结成了良好的合作伙伴；在经营方面，现已与国内20多个厂家、单位建立了经销、代销、联销等多种业务关系，并取得了较高的信誉，也促进了物资流通。

中国物资储运总公司湛江公司将继续发扬团结、创新、务实、拼搏的企业精神，积极拓展经营业务，搞活经营，兴办实业，多办实事，增强实力，提高管理水平，外延渗透、内涵挖潜，奉行用户至上，信誉第一，优质高效，价格合理的宗旨，以自己雄厚的实力和优质的服务，在互惠互利的基础上，竭诚与国内外广大用户建立和发展长期稳定广泛的业务伙伴关系。通过开展横向经济联合来融通资金，引进技术，交流人才，为我国物资流通的社会化、现代化、合理化贡献力量。

副总经理：潘忠轩、孟宗华、李桂河

地址：广东省湛江市霞山建设路17号　　邮编：524012

业务电话：224758　　总经理办公室电话：284034

电挂：8137　　图文传真：285399

广东华威饼业公司

总经理李土生，1933年生于湛江，50年代初期高中毕业后，曾担任过市民政工作队员，市港务所党支部书记。70年代末至80年代，先后担任市港务所副主任，湛江味精厂党支部书记，湛江罐头食品总厂党总支书记。1985年1月起担任湛江饼干厂、湛江饼干食品总厂厂长，广东华威饼业公司总经理兼下属的中外合作华合饼业有限公司董事长。在他的带领下企业管理蒸蒸日上，经济效益一年一个新台阶，威字牌湛江威化饼历次在全国同行质量评比中名列前茅，多次获得省优、部优称号，两次获国家银质奖，1990年荣获国家金质奖。在全省同行业中首家取得省级质量管理奖，首家获省级节能先进企业并取得国家二级计量合格证书。1990年荣升国家二级企业，获部级质量管理奖。该公司是同行业中唯一一家冠省名企业。由于成绩突出，1989年李土生同志荣获全国轻工系统“改革闯将”称号。

广东华威饼业公司是一家有40多年历史并有独特工艺的现代饼业生产企业。所生产的威字牌湛江威化饼。长期饮誉中外，畅销全国，是我国饼干出口最早的产品。由于质量及销量居全国之首：声誉日高，被誉为威化饼王国。

该企业从1990年起列为轻工部重点支持的大中型骨干企业，是国家二级企业；是轻工部质量管理奖并科技进步先进单位；也是广东省食品卫生先进企业；1988—1990年度广东省企业管理先进企业。拥有德国、意大利、奥地利、日本等国先进生产线和国内生产设备30多条（台），年产各类咸甜饼干12000多吨。优质产品占70%，其中国内少有的特异饼干——异型威化、蛋奶酥卷、蛋皮威化、水泡饼等，分别获轻工部和省优质产品。特别是威字牌湛江威化饼1983年获轻工部优质产品奖，1984—1989年两届获国家银质奖，1990年全国食品评比中又名列前茅，在我国饼干行业中从零突破，填补了国内饼干金牌空白，荣获国家金质奖。

由于质优味纯，卫生良好，营养丰富，深受消费者欢迎。部份产品远销港澳、美国、朝鲜等国家，内销遍及全国30多个省市和地区。为适应市场需要，公司还正在扩大发展中。

该公司拥有固定资产3400多万元，建筑面积2万多平方米，职工人数800多人，其中工程技术人员50多名。厂容美观，交通方便，欢迎投资合作。

厂址：广东湛江市霞山人民大道南112号　邮政编码：524001
电话：220671，280692，281209
电挂：9399　传真：285991

湛江市赤坎水玻璃厂

赤坎水玻璃厂，建于1970年，是粤西地区建厂最早和规模最大的水玻璃生产专业厂家。经济性质属赤坎区大集体，隶属于赤坎区寸金街道管辖。现拥有三条水玻璃生产线，年产能力达1万吨。能生产各种规格的水玻璃（硅酸钠，又名泡化碱）。该厂产品从1985年以来，连续三年被评为市“优质产品”，1987被评为“名牌产品”。水玻璃广泛应用于纸箱粘合，肥皂制造，铸模并可作为化工产品的原材料等。

改革开放以来，该厂致力于企业内部和工艺技术的改革，狠抓基础管理，提高产品质量，降低消耗，已取得三级计量合格证书、产品优质品率达到98%以上，在两广地区享有盛誉，产品除供应湛江地区外，还远销广西各地。

赤坎水玻璃厂立足于取信用户。产品质量精益求精，供货及时，服务周到。谒诚欢迎各界来电、来函洽谈业务。

厂长黄琳森，女，44岁，中共党员，相当大专文化程度。80年代初，当赤坎水玻璃厂处于极端不景气之际，被民主选举担任厂长。她带领群众艰苦拚搏，积极开拓。依靠科学技术，改革生产工艺，完善企业内部改革，狠抓产品质量。短短三个月时间，便使工厂扭亏为盈，生产年年上新台阶。年产值由30多万元增加到320多万元，产值、利税均增长近10倍，成为生产发展，效益显著的先进企业。她本人也历年被评为“先进生产者”、“三八红旗手”、“女能人”、“女改革者”、“优秀党员”等。并被选为赤坎区第三、第四届人大代表。

厂址：广东湛江市赤坎寸金路16号　　电话：338803　　电报挂号：1407

不断开拓前进的自贡市肉类联合加工厂

厂长李帮友，中共党员，1946 年 1 月生于四川省泸县。1966 年宜宾农业学校毕业，同年参加工作。1979–1981 年，分别到四川农大和解放军兽医大学进修，1988 年于中央党校函院党政管理大专毕业，1981–1987 年先后任自贡市食品公司副科长、冷冻厂副厂长、食品公司经理兼肉类联合加工厂厂长。1988–1990 年先后被评为市先进工作者、市质量管理先进个人、市优秀厂长（经理）。现任省商办工业协会常务理事，市食品工业协会常务理事。

自贡市肉类联合加工厂，1964 年经中商部定点设计修建，1966 年正式投产，1987 年又经世界银行贷款投资约 1700 万元进行了较大规模的技术改造，使企业具备了先进生产技术水平。该厂现有职工约 2000 人，占地面积 7 万多平方米，固定资产 2000 多万元，冷库容量 6000 吨，日结冻能力 185 吨，年屠宰加工能力达 50 万头以上，年产值按 1990 年不变价计约 1.4 亿元，出口创汇 500 万美元，产品销往国内 20 多个省市及港澳地区，出口外销东欧国际市场。该厂先后被评为省级先进企业、国家二级计量单位、省全面质量管理上等企业、省商业厅系统先进单位。

主要产品有：内、外销冻猪分割肉，带皮、剥皮、鲜冻白条肉，各类精加工猪副产品，精加工制罐肉，食用化猪油，生化药品等 60 多个品种。其中，远洋冻猪分割肉、“火边子牛肉”分别获 1987 年、1988 年中商部优质产品称号；带皮、剥皮鲜冻白条肉、内外销冻猪分割肉等 10 余个产品曾获厅优产品称号。出口优质产品占总产量的 40%左右，获国家进出口商检局颁发的出口厂、库注册证书，连续 7 年口岸交货合格率达 100%。

自贡市辖区内的荣县、富顺县是全国瘦肉型猪基地县，有着丰富的生猪资源，猪源密度高达 315 头／平方公里，加上邻近地区生猪的自然流入，全市有 200 万头优良肥猪可供选择。自贡地区气候温和，饲料丰富，养猪成本相对低廉，该厂充分利用极为丰富的生猪资源和四通八达的交通运输条件，不断扩大生产，坚持“质量第一”、“用户第一”，根据市场需求调整产品结构，扩大市场销路，加快资金周转，注重产品包装，知名度越来越高。为了强化产品质量管理，推行全面质量管理方法，全厂建立了 38 个 QC 小组，开展群众性攻关活动。目前，已取得直接经济效益约 70 多万元。

该厂经过 20 多年的发展，特别是经过“七五”期间的重点技改，扩大了冷库容量，完成了分割精加工车间主体工程和设备的安装，提高了配套工艺的生产能力，并拥有铁路专线以及先进的分析化验手段。近年来企业经济效益明显增加，在全省同行业中名列前茅。

为了强化企业领导体制，加强生产管理指挥系统，该厂对内部管理机构做了调整，逐步理顺了厂长的中心地位和企业党组织核心作用的关系，并充分发挥职代会民主管理和参政议政作用。尤其是在劳动用工制度上作了重大改革，根据对职工德、才、能、绩的考核及工作需要，干部可当工人，工人可提干部；新分配的大学生必须先到生产第一线经过锻炼，量才录用。工人收入与工种、效益挂钩，去年人均劳动生产率已达 13 万元。全厂上下把“抓管理、上等级全面提高企业素质”作为首要任务来抓，并制定了规划和实施细则。

为了全面做好企业职工思想道德、文化、业务、技术、安全、遵纪守法等教育工作，该厂每年均轮流举办政治轮训、中级技术培训、服务工作全面质量管理培训班，开展群众性技术练兵，职工自学成材已蔚然成风。1990 年，该厂被市委命名为政治工作先进单位、全民学雷锋先进单位。自 1985 年以来，连年获得省商业系统职工教育先进单位，1991 年，该厂又被省委授予“先进企业党组织”称号。

地址：四川自贡市自流井区鸿鹤路 27 号　邮编：643000

电话：222577，222708　电挂：0408

泸州石粱曲酒厂

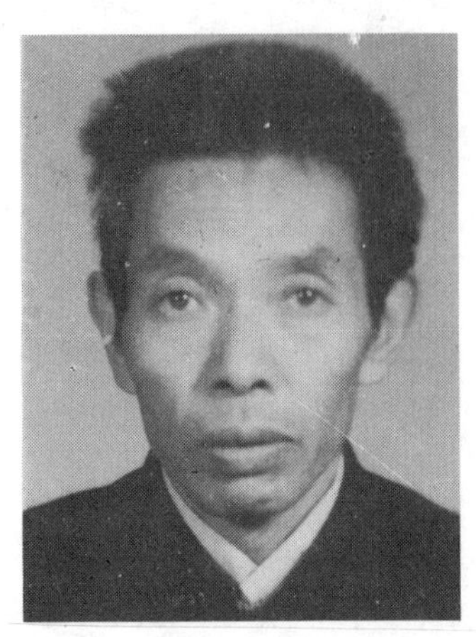

厂长邓树清，中共党员，54岁，先后从事企业行政、技术管理工作。先后任国营泸州良种场副场长、泸州石粱曲酒厂厂长，先后被授予四川省国营农场企业家、泸州市优秀企业家称号。

泸州石粱曲酒厂位于“天府之国”南部、全国著名的“酒城”——泸州市市中区，是四川省农牧系统规模最大的国营酿酒企业，也是酒城众多酿酒厂家中质量逐年提高、生产稳步发展的典型企业。

该厂年生产能力2000吨，主产的“泸南大曲”荣获部、省“双优”称号，被评为四川名酒。

泸州石粱曲酒厂建厂20多年来，融泸州老窖工艺与现代酿酒科技于一体，使产品在市场的激烈竞争中站稳了脚跟。特别是邓树清厂长上任以来，坚持从严治厂，大力推进改革，把继承、发扬名酒酿造传统工艺同推行现代化管理技术结合起来，使产品质量有了显著提高。近年来，该厂生产的“泸南大曲”11个系列产品获得省系统以上优质产品称号，其中，1986年、1987年分别获四川省和国家农业部优质产品奖及首届中国食品博览会金奖。在1991年举行的、有300多个酿酒企业参加的四川省第四届名酒评选中，“泸南大曲”以“产品晶莹透明，醇甜绵柔，入口净爽，尾正余香”的浓香型曲酒的典型风格，力挫群雄，荣获四川名酒称号。

该厂坚持“质量、信誉为企业生命”的治厂方针，在质量把关上着重抓了4条：(1) 继承传统酿酒工艺与推广先进技术相结合。除长期聘请泸州老窖酒厂的高级技师负责生产技术外，与中国科学院成都分院生物研究所、四川酿酒设计院建立了长期合作关系，共同组织关键的攻关和新产品开发。(2) 坚持以人为中心的全面质量管理。以全面质量管理办公室为龙头，健全了三级管理体系，对酿酒全过程的26个质量管理点进行重点控制。(3) 改革分配制度，实行优质高奖高酬。(4) 努力提高全厂职工的素质，推广现代化管理手段。企业每年都选送一批职工到大专院校深造，在勾兑等关键环节采用计算机控制。通过这一系列措施，产品质量稳步提高，1990年，全厂优质正品率超过98%。

泸州石粱曲酒厂生产的“泸南大曲”以质优价宜深受全国消费者喜爱，畅销28个省、市、自治区。肖克、张爱萍、李德生、杨得志、贾若瑜、魏传统等老一辈革命家品尝后，赞不绝口，欣然提写了“酒城泸南香，佳酿回味长”、“酒城名酿多，新秀唯泸南”等赞语。

该厂被中国农业银行五省市分行授予“银行信得过企业，社会信得过产品”，多次评为泸州市“重合同、守信用”企业，全面质量管理达到省级标准，计量管理达到国家二级标准，被评为四川省先进企业。

地址：四川省泸州市　　邮编：646000
电话：34619（直拨区号08400）

六盘水市

总经理杨明达，1955年8月生于贵州水城，彝族，中共党员。1978年9月毕业于贵州大学哲学系，1969年1月参加工作，1980年任六盘水市团委宣传部长，1984年任水城特区大河镇镇长，1986年任六盘水市乡镇企业局副局长，1987年8月调六盘水市农村经济开发总公司任副总经理、1988年1月任总经理，1991年被选为六盘水市企业家协会会长，1990年被市直机关工委评为优秀党员，1991年被市经委、市人事局、市企业管理协会评为优秀厂长（经理）。

奋进的六盘水市农村经济开发总公司

六盘水市农村经济开发总公司是一个集选煤、选矿、运输、建筑、商贸为一体的综合性开发企业，1984年12月经六盘水市人民政府批准成立，隶属于市农村经济委员会主管，为市级预算外全民所有制企业。现有职工312人（含合同工），有选矿、选煤、汽修、经济、畜牧、农艺、土建、地质等方面的助理工程师级以上专业技术人员26名，高级技术人员1名。拥有固定资产400余万元，流动资金100余万元。

总公司现有六盘水市汽车运输公司、六盘水市城乡建筑工程公司、六盘水市铅锌选矿厂、六盘水市钟山区大河选煤厂、总公司经销部、总公司打字复印室等6个生产经营单位和矿产开发部、农业开发部、计划调度科、财务科、审计科、人事工资科、政工科、监察科、办公室、总工程师室及法规工作委员会、安全工作委员会、治安工作委员会、计划生育工作委员会等行政管理、监督机构和工作组织。

总公司1989年、1990年连续两年被评为“特级信用企业”，1990年被省工商行政管理局评为“重合同、守信用企业”。

总公司主要经营煤焦，二、三类农副产品，议价粮油，铅锌矿，粗锌等，主要产品有精煤，年产量7–10万吨；锌精矿金属5000–7000吨；铅精矿金属1500–2000吨。

六盘水市农村经济开发总公司诞生于改革之年，公司初建时，仅向市财政借款30万元作为开办费，随后通过联合经营、投资开发、兼并等形式不断发展壮大，形成了现在年创产值1500万元以上规模的总公司，发展过程大体分为二个主要阶段。

第一阶段（1985–1987年）。此间主要以商贸经营为主，在经营环境比较宽松的情况下，公司年利润保持在10万元以上水平。1986年，市政府给予公司特殊的汽车销售政策，使公司利润达42.2万元，公司发展处于上升时期。但是，由于公司底子差，经济实力弱，加之内部规章制度不健全，管理软化，机制不活，到1987年时，公司效益又跌入底谷，全部经营收入仅够公司费用支出，利润靠联营厂矿微薄的分红体现，公司经营停滞，工资停发，职工纷纷要求调走或留职停薪，企业生存一度显得十分紧张。

第二阶段（1988–1990年）。这3年是公司发展战略转移阶段。1988年，刚调任公司副总经理的杨明达，以3年实现49.5万利润、还款还贷49.5万元为条件承包下了这个公司。为了迅速扭转被动局面，他采用“目标激励法”来统一职工思想认识，坚定职工信心，并将三年中所要达到的目标作一个短期规划公之于众，使职工们看到企业前景，从而稳定了人心。用不到一个月时间，迅速重建了经营一科、二科、总公司运输站、建筑公司、农副产品批发部、贵阳办事处等六个二级承包单位，选用有较强议政能力和工作经验的老同志组成了总公司领导班子，挑选有一定技术专长和经营胆识的同志作为二级承包人，从组织指挥上搭起了承包经营的架子。1988年，在全体职工的刻苦努力下，创造利润28.86万元。

公司实行承包经营以后，仍然存在着铁工资、铁饭碗、铁交椅、岗职不明，责任不清，管理软化，机制不活、效益处于不景气状态。要从根本上改变公司的状况，就必须深化内部改革，从根本上调动全体职工积极性，增加企业凝聚力。1988年下半年起，公司开始酝酿内部劳动、工资、机构综合配套改革方案。首先召开各种会议，对公司改革的必要性和重要性进行宣传动员，统一全体职工对改革的认识。同时提出几套方案草稿，召开职工座谈会，充分发扬民主，广泛征求意见。

经过七上七下，七易其稿，终于形成了每个职工都比较满意的方案。

这个方案的特点是："按需设岗，以岗定职，以职定责，以责计酬"，主要内容有三个方面：一是改革劳动用工制度。公司实行8级劳动岗位制，即：总经理级（含党总支书记）、副总经理级（含三总师），正科级、副科级、业务员级、助理业务员级、办事员级、试用工级。中层以上干部实行承包制和聘任制，一般职工实行"双向选择"、"动态优化组合"，同时实行"内部待业"、"内部辞退"，"试用工"等新的劳动用工制度，彻底打破了职工铁交椅、铁饭碗的观念，激发了职工的内在潜力。二是改革工资制度。关闭职工档案工资，实行内部结构工资制。将工资总额分解为基础工资、岗位工资、浮动工资、奖励工资、辅助工资、工龄工资等6大块，其中，基础工资人人一样，金额为50元，辅助工资、工龄工资按国家有关规定执行，其它部分工资均以8个不同劳动岗位拉开档次和工作效果挂钩。三是改革公司机构设置，撤销一些重复设置的二级机构，组建总公司经销部和企业管理科，划清各科室的工作职责和经营范围。对"风险金"制度，也作了相应的改革。改革方案于1989年12月20日提交全司职工大会审议。1990年1月1日全面实施。

这次改革，一方面，使全体职工的收入得到普遍提高，平均增资25元，特别是那些工资偏低，而现在又在重要岗位的生产、业务骨干增资幅度较大，但另一方面又有一定的压力，增强了职工的"危机感"和"责任感"，调动了职工的积极性，促进了公司效益的全面提高。1989年公司创利税105.72万元，纯利83.6万元，还款还贷58万元。

在"劳动、工资、机构"综合配套改革施行的基础上，总公司还建立和健全了与改革相配套的内部管理制度，两年多来，颁布试行了"关于贯彻执行《全民所有制工业企业厂长工作条例》实施细则"、"关于贯彻执行《全民所有制工业企业职工代表大会工作条例》实施细则""关于贯彻执行《全民所有制工业企业职工奖惩条例》实施细则"和《经济合同管理条例》、《财务管理条例》、《机关车辆管理办法》、《低质易耗品管理办法》、《公文打印管理办法》、《档案管理办法》、《差旅费暂行办法》等10个管理条例和办法，极大地强化了公司的内部管理，使职工工作活动有章可循，有法可依，减少了内耗，提高了工作效率。

在改革的同时，总公司还致力于生产企业的开发，实施公司发展战略大转移。自1984年建司以来，在经营方向上，一直是以商贸经营为主，生产开发为辅。经受了1987年效益低谷的波折以后，总公司领导班子深深感到，要使公司利润有比较稳定的来源，就必须走生产、开发的道路，为此，在公司承包人的倡议下，总公司制定了"用3-5年时间把公司从以经营为主转移到以生产开发为主"的战略发展规划。1988年下半年开始着手新项目开发论证立项工作，经过4个多月的调查论证，作出了开发大河选煤厂的决定，报有关部门批准后，于1989年3月18日正式破土动工。

为了确保选煤厂按期建成投产，总承包人杨明达亲任筹建负责人，带着筹建人员一起驻进工地，开始了艰苦的筹建工作。在全体筹建人员的努力奋斗下，仅用9个月时间建成了一个年入洗原煤10-15万吨，产精煤8-10万吨的小型选煤厂，1981年12月14日正式投产。截至1989年12月30日止，15天时间共生产精煤2380吨，创产值20多万元，创利2万多元。实现了当年投资，当年见效的预期目标，1990年选煤厂生产精煤5.3万吨，创产值600多万元，创利润102万元，向国家上交各种税费112万元。

1990年，总公司为了减轻财政压力，承担了40多万元债务偿还，兼并了多年亏损的六盘水市汽车运输公司，在兼并的当年，就实现利润13.1万元。

选煤厂的建成投产和兼并市运输公司后，总公司的战略转移目标基本实现，生产利润占利润总额的90%以上，公司从经营型转为生产经营型的企业。

1991年，总公司进入了第二轮承包，原承包人杨明达续任总经理。目前，总公司正在投资300多万元进行基地建设，同时，积极开发新项目，向企业集团方向发展，决心为振兴六盘水经济作更大贡献。

副总经理：王学能（兼总经济师）、杨　远（兼总工程师）、肖土倩（兼总会计师）

地址：六盘水市钟山西路62号　　邮编：553001

电话：22363，23537，24365　　电挂：1892

在改革中不断前进的西安市第二印刷厂

厂长陈庶安，高级经济师。1937年8月出生于湖南长沙，1966年毕业于西北财经学院工业经济系，历任团委书记、主任、科长、经营厂长等，1984年任西安二印厂长至今。就任厂长以来，先后被评为西安市优秀企业家、被轻工部授予全国轻工业先进工作者称号，3次被授予西安一轻系统优秀共产党员称号。是中共西安市第八届党代会代表，西安一轻企管协会常务理事。

西安市第二印刷厂是全民所有制的中型印刷企业，位于古城西安市区中心，占地面积13074.6平方米，生产建筑9944平方米，主要印刷及制版设备89台(套)，固定资产原值1931万元。现有职工760人，科技和管理人员114人，其中高级专业技术职称5人。主要经营范围是各类包装装璜、彩色商标、各种出版物的设计、制版和印刷。

该厂是具有近百年历史的老厂，其前身创建于清光绪二十二年（1896年），为清政府设在地方的“官书局”，是陕西最早的机械印刷厂。解放后，虽有很大发展，但由于各种原因，长期没有得到应有的改造，1985年前，是在竞争中面临被淘汰危险的落后企业。

1985年以来，现任厂长陈庶安带领全厂职工厉行改革，坚持技术改革，不断强化管理，使工厂面貌焕然一新，生产经营连续6年稳定、协调、迅速发展，产值、销售、利税年平均递增速度分别为20%、36%、27%，全员劳动生产率年平均递增18%。“七五”与“六五”期末相比，固定资产增长10倍，产值增长2.5倍，销售增长4.65倍，利税增长3.34倍，其中利润增长3.35倍。6年来有52种产品荣获部、省级质量奖。进入1991年，该厂在行业竞争加剧、外部环境严峻的情况下，增长势头不减，产值、销售收入和利税均于5月份提前实现了“双过半”，分别比上年同期增长37.5%、33.3%和38.9%。1989年，该厂荣获省级先进企业称号，1990年被国务院发展研究中心《管理世界》企业评价中心和国家统计局等部门联合评为全国同行业最佳经济效益50家之一，1991年又荣获西安市首届企业管理优秀奖。被誉为“西安一轻工业发展的后起之秀”。

西安二印的巨大变化，首先得益于正确的经营战略决策。“七五”期间，该厂以调整产品结构为龙头，大搞技术引进和技术改造，以“四个当年”（当年立项、当年签约、当年到货安装调试，当年投产生效开始还贷）的高效率，成功地完成引进国外先进设备的任务，又高速度建成了现代化、多功能的彩印生产大楼。先进的技术装备和生产条件使高中档、精细型、高效益型的印品代替了传统的低档次、低效益的印件，适应了用户的广泛需求，也为企业提供了充足的发展后劲。

其次，6年来，该厂内部以承包制为主的多项改革步步深化，年年出新，使企业目标层层分解，落实，显示了连续性、稳定性、递进性，保证企业在风云变幻的市场形势下，始终阵脚不乱，稳步前进。

严格、科学、细致的管理，是二印经营的一大特色。厂领导认为管理是企业诸端之冠，并为此进行了艰苦探索，大胆解体“小而全”的传统生产组织，形成了“以质量为中心，以数据管理为纲，以投入少、产出多为目标”的生产过程约束机制；创立了只能“立正”，不能“稍息”的质量管理体制。

目前，西安二印正着手进行又一次大规模的技术改造，并朝着年内升为国家级企业的目标挺进。

副厂长：邢树岚、邸新宽、韩晋普、李西发

地址：西安市青年路13号　　邮编：710003

电话：713235　　电挂：2450

致力于医药保健事业的西安光华制药厂

厂长徐绍先，高级工程师，辽宁海城市人，1940年9月出生，1964年毕业于沈阳药学院抗生素工艺学专业，毕业后一直在药厂工作，先后担任过技术员、车间主任，技术科长，副厂长等职。

西安光华制药厂，省级先进企业，中二型规模，成立于1967年，是西安市属规模最大的制药企业，隶属西安市化工医药管理局。现有正式职工671人，其中大专以上文化程度101人，中专、中技文化程度110人。经营占地36441平方米，固定资产1455万元，流动资金100万元，产品注册商标西华牌。

20多年来，西安光华制药厂以强大的生命力冲破一个个难关，终于在改革大潮的搏击中，跻身强手之林，成为以生产抗菌素原料药为主，并生产生化药品，植物提取及各种制剂产品的一座综合性制药企业。截止1990年，主要产品产量为：土霉素碱178.5吨／年，庆大霉素6.26吨／年，粉针剂1176.3万支／年，水针剂3892万支／年，片剂4亿多片／年，完成工业总产值2413万元。

全厂现有2个原料药生产车间，3个制剂生产车间，1个机修车间，1个实验室，1个中心化验室，1个劳动服务公司。经营的主要产品有：土霉素碱，硫酸庆大霉素，青霉素钠盐、钾盐、氨苄青霉素粉针，庆大霉素水针，多抗甲素口服液，土霉素片，痰净片，脆二磷胆碱注射液，足叶乙甙，舒胆通，齐果墩酸片等数十个品种规格，产品销售全国20多个省、市、自治区，并有部分产品供应外贸出口，为国家换取外汇。

西安光华制药厂一贯注重自身素质的提高，以育人为本，加强职工教育，开展多层次，多渠道的人员培训，提高了全厂职工的综合素质，同时广泛开展职工合理化建议等多项群众性活动，使管理民主化、全员化。在抓管理，上等级活动中，以现场管理为重点，从整顿劳动纪律，工艺纪律，治理“脏、乱、差、”入手，使企业面貌有了很大改善，被授予省级先进企业，二级计量合格企业，“无泄漏”工厂，省级节能先进企业等称号，并通过了市标准化工作验收。全厂推行全面质量管理，建立了较完善的质量管理系统和质量监督机构，各生产车间都设有化验室，厂部中心化验室拥有现代化的检测仪器和设备，并有动物饲养试验楼1座，全厂共有质检，质管人员50余人，产品质量逐年提高，痰净片获部优产品称号，土霉素碱、土霉素片获西安市优产品称号。该厂重视新产品的研制与开发，拥有实验设施齐全的实验室，实验人员33人。近年来，与许多科研单位及大专院校合作，试制和批量生产的新产品有7个产品系列，为光华药厂增强了后劲，取得了很好的社会效益和经济效益。该厂重视产品的销售工作，扩大销售队伍与提高销售人员素质并举，开展多种形式的产品广告宣传、加强售前与售后服务。及时收集信息，掌握市场动态，积极开展横向联合，参加了西安市医药供销联合公司，促进了产品的生产与销售。“八五”期间该厂还将引进泰乐霉素生产技术。成立了新产品开发办公室，开发适销对路的制剂产品，进一步增强企业后劲。

西安光华制药厂将继续坚持“以质量求生存，以品种求发展”的经营方针，进一步强化管理，推行技术进步，提高产品质量，大力开发新产品，竭诚为人民健康服务。

地址：西安市西郊未央二路口　邮编：710086
电话：42023　电挂：2123

蓬勃发展的西安市医药公司

经理林华振，1946年6月生。1970年8月毕业于北京医科大学药学系。1970–1980年曾在医药商业的基层工作，历任营业员、保管员、业务员、厂长等职，1980年10月–1984年6月调任陕西省医药公司质量检验科副科长兼党支部副书记。1984年6月任西安市医药公司经理至今。

西安市医药公司创建于1953年1月，是由西北贸易部决定，经西安市工商局批准成立的国营企业。隶属中国医药公司西北区医药公司领导。

近40年来，西安市医药公司在党和上级的正确领导下，本着“救死扶伤”、“发展经济”和“为人民健康服务”的基本宗旨，积极发展西安地区医药工业，全力承担西安地区疫情、灾情及意外事故的医疗用急救药品的供应任务，大力搞活流通，繁荣西安医药市场，为保障西安地区广大人民群众防病治病、康复保健、计划生育和医学科研用药需要做出了积极的贡献，与此同时，公司也在前进中发展壮大了自己。尤其是十年改革以来，西安市医药公司认真贯彻“中共中央关于经济体制改革的决定”，以生产经营为中心，加快内部经济责任制的改革，逐步简政放权，划小核算单位。1987年作为全省首批七个“大中型企业之一，与陕西省人民政府签定了承包经营责任制合同后，在公司系统内部积极探索四级承包方案，基本上形成了人人关注企业的经营，人人重视企业的利益，人人的工作成果同他的社会荣誉和物质利益密切相关联的大好局面。自1987年以来，公司总销售额每年以25%的平均增长速度递增，企业的经济效益同步增长。1990年公司商业利润总额达785万元，较1986年利润总额285万元增长2.7倍以上。

目前，西安市医药公司已发展成为一个拥有近千名干部、职工，自主经营、自负盈亏，具有自我改造和自我发展能力的社会主义商品经营者，成为具有法人资格的相对独立的经济实体。

西安市医药公司作为西安国营医药专业公司是西安市唯一的医药经营主渠道。年购销总额在4亿元以上，拥有近万平方米仓库。其大型医药专业库房，经国家医药管理局评审验收，授予国家级“四好仓库”的光荣称号。该公司经营国内化学药品，成药3000余（规格）品种，以及临床疗效显著的新特药品、进口药品、血液制品、抗癌药品，医学科研特需药品、麻醉药品及厂矿、院校生产、试验用化学试剂、，玻璃仪器、医疗器械、各种仪器、仪表，医药化工原料等近2000余（规格）品种。

西安市医药公司下有药品采购供应站，新特药采购供应站，化学试剂、玻璃仪器采购供应站，医疗器械、仪器仪表采购供应站及二级批发部门进出口科，医药化工原料科，成药科等单位。为方便广大医疗单位和人民群众购药，公司设有18个三级医药批发部（商店），22个零售门市部遍布市区。形成南北贯通、东西纵横的强有力的商业网络。

西安市医药公司认真贯彻“药品管理法”加强药品质量管理，以保障人民身体健康为己任，开展多项优质服务，不断改善服务态度，方便各级医疗和医药经营单位。该公司竭诚欢迎各兄弟单位洽谈业务，开展经济合作，为社会主义四化建设携手共进。

党委书记：张勋怀　副经理：陈广荣、沈　科、孙建滨　工会主席：陈连周

地址：西安市东柳条巷8号　邮编：710001

电话：71–8508　电挂：6829

中国机电设备总公司西北公司

总经理冯培，1936年6月生，1952年1月参加革命工作，经济师。现任中华人民共和国物资部中国机电设备总公司西北公司总经理。是中国机电产品流通协会常务理事、陕西省公共关系协会理事。

中国机电设备总公司西北公司是国家物资部派驻西北地区大中型全民所有制物资企业，始创于1949年6月，其前身是原第一机械工业部西安销售办事处、国家物资总局西北一级站、西北产品管理处，迄今已有40多年的历史。40多年来，西北机电公司充分发挥了"蓄水池"、"主渠道"的作用，为我国的物资流通事业做出了应有的贡献。

西北机电公司资金雄厚，库存充裕，业务技术力量强。现有职工238人，内设26个处、部、室。其中业务经营部13个，实行自主经营，独立核算，自负盈亏。截止1990年末共拥有企业资金近4500万元，平均年销售1.2亿元，实现利税524万元。

公司根据国务院"关于深化物资体制改革方案的通知'及其所附'各部门管理物资调整目录"，负责经营187种机电产品，主要包括：汽车、摩托车、各类通用机电设备、电线电缆、电机、电器、小型机械、仪器仪表、工业轴承、量刃具、磨料磨具、标准紧固件、其他专用机械设备以及机电产品进出口业务。

公司各业务部门主要经营范围：

1.机床经营部：金属切削机床、锻压设备、铸造设备、木工机械、塑料机械。2.重通机械经营部：工程、矿山机械、起重、运输机械，建筑机械，通用机动机械。3.电工经营一部：高低压开关板，电力变压器，110千伏以上高压断路器、互感器、隔离开关、避雷器，工业汽轮机及其辅机，锅炉及其辅机，3千瓦以上内燃机发电机组等。4.电缆经营部：电力电缆，控制电缆，裸铝线，钢芯铝绞线等。5.电工经营二部：经营电机类、电材类、电器类。6.小型机械经营部：高中低压阀门，摩托车，各类手动吊，冷热风机，风动工具，电动工具等。7.仪器仪表经营部：工业自动化仪表及装置，遥控遥测自动化装置，电工仪器仪表，实验室仪器及装置，光学仪器，无损探伤测试仪器，仪器仪表工艺装置等。8.轴承经营部：工业轴承，工业钢球，工业滚针。9.标准件经营部：经营各种型号规格的标准紧固件。10.工具经营部：量具、刃具，磨料、磨具，天然金刚石及其制品。11.开发经营部：汽车及汽车配件，融资租赁，带料加工，机电产品进出口业务，项目承包，闲置设备调剂、调度。12.动力机械经营部：内燃机发电机组及各种动力机械。13.综合经营部：经营各种名、优、新、特机电产品。

公司经营方式包括批发、零售、联售、经销、联销、代购代销、带料加工、补尝贸易、融资租赁、项目承包、社会闲置设备调剂、调度，以及组织各种展销、订货会议等多种方式。

公司经营的机电产品多是国内外优质名牌产品，并坚守"用户第一、服务第一、信誉第一"，竭诚为用户开展售前、售后服务和技术信息咨询。1990年在全国机电公司系统优质服务评比活动中该公司曾荣获"优秀杯"奖。

副总经理：吴宝玉、王天任、赵彰甫

副总经济师：姜克贞（女）　　总经理助理：张　延

地址：陕西省西安市莲湖路57号　　邮编：710003

电话：21796　　电挂：0786　　电传：716871

依靠科学进步阔步迈进的国营二六二厂

国营二六二厂（涉外厂名西安核仪器厂）是中国核工业总公司的大型仪器仪表企业。主导产品是火灾自动报警与消防联动控制系统、核医学仪器、辐射防护与监测仪器和同位素应用仪器。该厂于 1988 年被评为国家二级企业，1991 年获“七五”期间国家级企业技术进步奖。

该厂占地 10 万平方米，建筑面积 8 万平方米，固定资产总值 4000 多万元；设 6 个研究室、6 个车间；现有职工 1400 多人，其中各类专业技术人员占职工总数的 1／3，掌握微电子技术及其它高科技知识的工程技术人员占全厂工程技术人员总数的 38.6%。其技术特点是：(1) 在放射性测量和电脑控制方面具有较强优势，能设计制造技术密集型产品，主导产品的技术水平在国内居领先地位，其中部分产品达到或接近国际先进水平。(2) 新产品开发能力较强，仅“七五”期间就开发新产品 73 项，其中 34 项获省、部级以上科技成果奖，4 项获国家专利，3 项被列为国家级重大新产品，4 项获得国家级科技进步奖，4 项被列为替代进口与限制进口产品。(3) 产品质量稳定可靠，先后有 17 项产品获省、部级以上优质产品奖，其中金牌 1 枚、银牌 6 枚。(4) 引进国外先进技术，建成了国内第一流的火灾报警装置生产线。(5) 质量监测设备先进、齐全，符合国家标准。

该厂的主要产品有：(1) 火灾自动报警与消防联动控制系统，包括各种类型的火灾（离子感烟、电子感温、光电感烟、感光）、防盗及可燃气体探测器，其中 F732 型离子感烟探测器是国内独家利用引进技术生产的产品，并荣获国家银质奖；消防联动系统工程，包括火灾自动报警、自动灭火、水喷淋、火灾广播通讯、防排烟控制、疏散诱导、计算机综合管理和记忆火灾档案等系统。本系统性能稳定可靠，技术上已达到国际先进水平。该厂生产的 JB 系列火灾报警控制器，被列为国家替代进口产品和第 11 届亚运会指定产品。

(2) 核医学仪器系列：有各种档次的 Y 免疫计数器（放射性免疫、酶标免疫、发光免疫等）、液体闪烁计数器和核多功能仪（心、肺、肾、脑功能等），仪器采用计算机控制及数据采集、处理，技术水平居国内领先地位，与国外同类产品水平相当，国内市场占有率达 70%，部分产品开始批量出口；“八五”期间，该厂又被国家列为 SPECT（单光子发射型计算机断层扫描显像装置）技术引进和定点生产厂家。

(3) 辐射防护监测仪器系列：用于核电站、辐照站、同位素生产与应用场所的成套辐射监测仪表系统，包括工作场所监测和水、气、气溶胶排出流监测以及环境监测、安全监测与生产工艺监测等，技术水平居国内领先地位，达到国际 80 年代同类产品水平。其中 FJ—347AXy 剂量仪获国家金质奖。该厂曾成功地为我国的核试验和第一座核电站提供了成套的辐射监测仪表系统，是国内核仪器定点生产企业。

(4) 工业同位素应用仪器系列：有各种规格的 X 荧光分析仪、测厚仪、核子秤、料位计、灰分仪等，为采矿、冶金、能源、化工、精密机械和原材料工业等提供了在线集散控制系统及快速、准确的计量与成分分析手段。

厂长：李新之

地址：陕西省西安市小寨东路 11 号　　邮编：710061

电话：52906，54131，752944　　电挂：2702　　传真：71—1139

发展中的西安工业品贸易中心

总经理张国强，1933年9月10日生，高级经济师。自1953年从事商业工作以来，至今已有近40年的商业工作经验。曾多次被评为省、市商贸系统先进工作者。是全国城市工业品贸易中心联合会理事、西安市百货协会、家电协会、纺织协会副理事长。

西安工业品贸易中心是根据国务院深化商业体制改革的部署，经西安市人民政府批准，于1984年9月正式成立的国营二级批发企业，经过7年的发展，现已成为西安地区从事工业品批发、商业零售、商贸信息服务和宾馆食宿服务的大型综合性企业，是全国城市工业品贸易中心联合会理事单位。

该中心拥有建筑面积34000平方米。其中，营业交易楼12层25000平方米，内设自动扶梯、中央空调、通讯网络、电视监控系统、消防报警系统和地下停车场等现代化设施；服务楼“惠宾饭店”10层8300平方米，内设各类高、中、低档客房逾百间，以及餐厅、舞厅、会议室等辅助设施。

该中心下属经营机构有百货采购供应站、综合采购供应站、针织服装经营部、呢绒丝绸经营部、棉布化纤经营部、家电交电经营部、五金化工经营部、文体用品经营部、烟酒副食经营部和东方商店等10个部门。职工总数1800多人。

经营范围：日用百货、针棉织品、服装鞋帽、呢绒丝绸、棉布化纤、家用电器、文体用品、化工原料、五金交电、烟酒副食、金银饰品、工艺美术品及二、三类机电产品等。商品达两万种以上。

西安工业品贸易中心自成立以来，本着促进商品生产、搞活商品流通、提高经济效益、方便人民生活的宗旨，不断发挥其多功能服务的特点和优势，为繁荣商品市场，丰富人民生活做出了积极的贡献。

该中心为了更好地为广大工商客户和消费者服务，将在现有基础和规模上继续扩大经营领域，发展生产资料经营业务；增设委托代理及中介服务项目；开辟常设工业品交易市场；举办全国或地区性的综合及专业商品博览会、展销会；开拓对外贸易；开设集健身、音乐、游艺、时装表演、酒吧、舞厅等文娱项目为一体的大型康乐中心。西安工业品贸易中心将逐步发展成为西北地区最大的商流、物流、信息流枢纽和工商贸易、旅游服务、文化娱乐中心。

党委书记、副总经理：康裕德　　副总经理：蒋安元、杨德廉、贾光信
地址：西安市莲湖路东段　　邮编：710003
电话：26941-26945　　电挂：4316

前进中的陕西第九棉纺织厂

厂长张志端，1941年9月出生于陕西兰田，1968年毕业于陕西工业大学纺织系棉纺专业，同年分配到该厂，历任副工长、技术员、副主任、主任、副厂长，1984年9月担任陕棉九厂厂长至今。

国营陕西第九棉纺织厂是个具有50多年历史的老厂，前身为雍兴实业股份有限公司蔡家坡纺织厂，始建于1939年。解放前产品以20支棉纱为主，纱锭16440枚，工人1251人，年产量最高达11766件（2135吨），产品畅销西北各地，颇著声誉。解放后，历经几次大的扩建改造，该厂从一个隶属官僚资本的小型棉纺厂，发展成为一个全民所有制的大型纺、织、染联合企业，固定资产2.6亿元，占地面积600445.28平方米，职工27500人。现有纺纱、织造棉、帆布、织造棉帘子布、帆布染色防水处理、锦纶6浸胶帘子布、包装水泥及化工产品用纸布复合纸、复合机制造7条主要生产线，拥有纱锭5万余枚、捻线锭2万余枚、织机千余台，引进国外最新的锦纶6浸胶帘子布全套设备。企业年产棉纱13500吨，棉、帆布4500万米，棉帘子布2600吨，锦纶6浸胶帘子布4430吨，纸布复合纸3000万米，成为全国最大的产业用纺织品生产厂，纺织工业部锦纶、维纶纺织品定点厂及陕西省水泥包装用复合纸开发中心。该厂研制生产的“太白积雪”“锦凤”牌军用、民用、工业用产品有7大系列，百余个品种。主要产品有：锦纶6浸胶帘子布；各种规格的工业用帆布、军用帆布、橡胶布、垫布、棉帘子布；棉纱、线、维纶纱线、棉维混纺纱线、军需及特品纱线；各种染色防水、阻燃帆布；用于水泥、化工产品包装和其它产品包装的新型纸布复合包装材料及其它多元复合的复合机专用设备。其中大小胎棉帘子布、27.8^{t}棉纱、“053”军工特品、V／C18×2混纺纱线。V29／14×7运输带帆布、V29／2×2蓬盖帆布、27.8^{t}（3+3）×4鞋面布、水泥包装用纸布复合机、复合袋、糊底袋等26种产品分别获得部优、行优、省优产品称号。复合机、化工产品包装袋等7个新产品、新技术获得国家专利。该厂产品在国际市场和全国20多个省（市）、自治区120多家用户中，享有较高的声誉。建国40多年来，经过全厂职工的共同奋斗，工业总产值累计已达15.3226亿元，税利累计3.6376亿元，生产棉纱总计25.5682万吨，棉、帆布3.5998亿米，棉帘子布3.8564万吨，复合纸布2418.8969万米。该厂先后被陕西省政府授予省级先进企业、出口创汇重点企业、税利大户和超前改革试点单位。

该厂历史悠久，经过半个多世纪的发展改造，工艺设备先进，技术力量雄厚，质量检测手段严密，职工文化、技术素质较好。目前，企业已具备了充足的实力，按现有生产能力计算，年可实现工业总产值3.2亿元。在此基础上，该厂还将续建锦纶6浸胶帘子布二期工程，企业经济效益将更为显著，面貌将更为壮观。

地址：陕西蔡家坡　邮编：722405
电话：（0917）215871，215565　电挂：4787
电传：710203　SHSCM　CN　传真：0917－215756

宝鸡灯泡厂

厂长温炳台，生于1940年3月，1960年毕业于西安无线电学校玻璃专业，高级工程师。轻工业部电光源玻璃技术组副组长，荣获轻工业部和陕西省科技进步三等奖及陕西省科技成果三等奖。在宝鸡灯泡厂历任车间副主任、技术科科长、总工程师、副厂长等职务。1991年4月起担任厂长职务。先后被评为宝鸡市劳动模范、陕西省轻工系统科技先进个人和科技兴陕先进个人。

宝鸡灯泡厂是西北地区最大的电光源产品生产、科研基地，始建于1958年。33年来，随着国家经济建设的要求和人民日常生活的需要，以及科学技术的进步，工厂经过多次扩建和改造，现已成为全国电光源行业的大型重点骨干企业之一。厂地面积15.8万平方米，建筑面积10.7万平方米。职工2965人，各类专业技术人员362人，占职工总数的12.2%。固定资产3491.6万元，各类生产设备1180台（套），其中大型关键设备445台（套），玻璃池炉3座。厂内办有宝鸡电光源研究所，从事配套特种电光源和各种新光源、灯具、灯用电器的研究、开发。曾多次承担全国电光源产品质量评比、产品质量认证、电光源产品标准验证、检测技术培训、检测方法研究等工作。

该厂坚持"质量创名优，管理创一流，品种求发展，挖潜增效益"的生产经营方针，精心培育"爱国、拼搏、求实、创新"的企业精神，取得了可喜的成绩。8大类350多个品种规格。生产的国防特种灯泡用于通讯卫星、运载火箭，两次受到中共中央、国务院和中央军委嘉奖。运七、运八、歼八飞机灯泡的技术性能达到了国外同类产品的水平，宇航微型聚光灯泡在结构上进行了突破性的改进，在国内属于首创，质量居国内先进水平。超小型航空灯填补了国内空白。

为了加强工艺装备的技术改造，"七五"期间共投资2500多万元，先后引进了具有80年代国际先进水平的技术和工艺装备。同时配套进行了煤气站、玻璃窑炉、普灯生产线、多用途玻璃窑炉和18头吹泡机的技术改造，建成了5000立方米煤气大柜。使工厂的生产技术水平有了很大提高，增强了企业后劲。1990年工业总产值3700万元，完成电光源产品产量5000万只，实现利税1170万元，成为陕西省利税大户之一。1988—1990年产值平均增长19.51%，利税年平均增长50.38%，为产品配套的半成品如玻管、泡壳、荧光灯管皮、灯头等不但自给，还支援省内外20几个兄弟厂。

该厂产品按照国家标准组织生产和检验，采用率100%。普灯、荧光灯两大类产品均参照采用了IEC标准。计量达到国家二级标准。物质消耗、能源消耗和产品成本居行业先进水平。12个产品获轻工业部优质产品称号，9个产品获省优质产品称号，优质产品产值占全厂工业总产值的56%。汽车灯被东风汽车集团评为"信得过产品"，企业被选为定点配套单位。产品行销全国29个省、市、自治区，并且出口创汇，享有一定的信誉。企业先后被评为"国家经委技术进步先进企业单项奖"，轻工业部"节能先进单位"，"设备管理先进集体"等10几项荣誉。1987年获轻工部"优秀质量管理企业"，"陕西省先进企业"，"全国轻工科技先进企业"和"科技兴陕先进企业"等称号。今年6月初又通过了国家二级企业的评审验收。

副厂长：马生瑞、宋荣德、孙永铭、孟　智

通讯地址：陕西省宝鸡市川陕路17号　　邮编：721006

电话：314422，313164　　电挂：3597

兰州搪瓷厂

厂长孙晋发，中共党员，1938年3月生，江苏省无锡市人，大专文化程度，高级工程师。1960年参加工作，曾任兰州搪瓷厂技术员、设备动力科科员、副厂长，1984年任厂长至今。

兰州搪瓷厂是甘肃省唯一生产搪瓷制品的国营企业，建厂已有35年的历史。产品有面盆、口杯、杂件三大类102个品种规格，以及各种平板搪瓷。产品历史悠久、工艺精良、质量稳定，除供应国内十多个省（区）外，还远销东南亚、非洲、拉美等地区，在国内外享有较高的信誉。

兰州搪瓷厂的前身是上海勤丰搪瓷厂。1956年3月由上海迁兰州，隶属甘肃省工业厅，1958年7月隶属于兰州市轻纺工业局。经过30多年的发展，企业面貌和生产规模发生了很大变化。截止1990年底，已拥有固定资产原值680.41万元，净值386.69万元；占地面积4.01万平方米，建筑面积2.67万平方米；职工726人；年生产能力2000吨。产品于1965年开始出口，质量不断提高，产量逐年增加，花色适合大西北风情，产品品种多而全。36cm彩花面盆及22cm彩花汤盘，分别在1985年、1987年荣获甘肃省优质产品称号；30cm发面盆获甘肃省新产品设计三等奖；理智面盆获华北、西北地区优秀设计奖。日用搪瓷杂件获1988年轻工业部优秀出口产品银质奖和1990年首届全国轻工业产品博览会银奖。产品适销对路，供不应求。1990年工业总产值、销售收入、全员劳动生产率、消耗等指标均好于1989年。

为了确保产品质量，推行全面质量管理，始终坚持从基础工作抓起，从第一道工序抓起，做到精心组织，层层落实，严格质量标准，严格工艺纪律，严格规章制度，坚持不合格的原料不投入生产，不合格的产品不流入下道工序。1984年以来，仅降低消耗就增加收入70万元，产品质量稳定提高率连续4年一直保持100%，综合合格率达92%。20多年来，出口产品从未发生过质量事故，多次受到外贸部门的表扬。

为了提高经营管理决策的科学性，建立了比较完善的信息管理系统和信息管理制度。广泛收集厂内外、国内外的供、产、销、技术、质量、市场、管理方面的信息，对促进产品结构调整、改进经营管理提供了重要依据。经考核产品质量、物质消耗、经济效益、安全四大指标均已达标，企业各项管理工作符合国家级企业标准，主要技术指标居同行业前列，1988年进入省一级企业行列，1990年进入国家二级企业行列。

30多年来，全体职工继承和发扬了“艰苦创业、奉献实干、团结拚搏、追求进取”的企业精神，初步形成了“团结、协调、文明、求实”的良好厂风，企业一贯守信誉，连续5年被兰州市工商行政管理局评为“重合同、守信用”先进单位。1989年被中国工商行兰州市支行评为“特级信用企业”，至今仍保持这一荣誉称号，同时连续多年被评为市、局级先进企业。

党委书记：何天才　　党委副书记：张继红

副厂长：齐国栋、石巨良　　总工程师：杨　正

工会主席：王锡文

地址：兰州市七里河民乐路13号　　邮编：730050

电话：36711-36714　　电挂：3911

兰州市西固食品厂

厂长贺红玉，女，中共党员，1953年生，甘肃省定西县人。初中文化程度。1970年参加工作，曾任兰州市天生园食品厂副厂长、兰州调味品厂副厂长、兰州市西固食品厂副厂长，1987年任兰州市西固食品厂厂长至今。

兰州市西固食品厂始建于1956年，坐落在兰州的石油化工城——西固工业区内。全厂占地面积2.26万多平方米，职工237人，固定资产553万元，年生产能力9000吨。建厂35年来为国家上缴利税达1002.33万元。1990年完成工业产值395.23万元，实现利税38.22万元。

兰州市西固食品厂建厂35年来，经历了由小到大、由弱到强的创业实践，全厂职工始终坚持自力更生、艰苦奋斗的精神，把一个建厂时不足上千元固定资产的手工作坊式小厂，发展成为一个拥有500多万元固定资产、年生产能力近万吨的中型综合食品生产企业。目前该厂拥有一栋四层楼2100平方米的饮料、糕点生产车间，还有一栋二层楼1416平方米的酱油生产车间和246平方米的锅炉房、变电室等配套设施，建成职工家属楼两栋计7071平方米。

80年代该厂以改革开放引路，依靠科技进步，加强经营管理，积极开发新产品，努力拓宽销售市场，注重提高经济效益和社会效益，使企业在前进中不断摆脱困境，逐步增强了自我发展和市场竞争能力。目前企业生产的主要产品有：糕点、面包、饼干、小食品、酱油、食醋、豆腐乳、饮料等。其中糕点年产量391吨、酱油年产量3590吨、香醋1148吨、饮料352吨、豆腐乳2.7万坛。近年来新开发的产品在市场深受用户欢迎。1.软包装酱油、香醋是采用全自动液体软包装机，用塑料薄膜经灭菌自动灌装生产的新产品，具有携带方便、卫生清洁、经济实惠的特点。现已上市的有500毫升优质、特级黄豆酱油、一级香醋三个品种。据市场预测，“八五”期间酱油产品产量可达3700吨，产值为296万元，利润为72.5万元；香醋产品产量可达1500吨，产值为128万元、利润为25.2万元。2.多维胡萝卜素饮料，是采用号称“小人参”的胡萝卜为原料，利用先进工艺技术加工而成的新型蔬菜饮料。本品除含有蛋白质、脂肪、碳水化合物、钙、磷、铁、锌及维生素B_1、B_2和维生素C等一般果汁具有的营养外，其主要特点是具有丰富的维生素A源——B胡萝卜素。多维胡萝卜素饮料是从事体力劳动、夜间劳动、井下作业以及儿童、孕妇、乳妇、老年人理想的营养保健食品。自1989年应市畅销至今，先后荣获甘肃省优秀新产品奖、中国妇女儿童用品40周年博览会铜奖，被甘肃省八运会作为指定饮料。目前产品供不应求，“八五”期间产量可达到3000吨，产值为810万元，利润180万元，将成为本市地产饮料的“拳头”产品。3.豆腐乳是在引进福建传统工艺的基础上，以优质黄豆为原料，配以多种调味辅料制成。本品因发酵周期长，所含蛋白质易分解为人体所需的多种氨基酸，具有较高的营养价值，实为佐餐调味之佳品。从市场售销情况看，“八五”期间产品产量将达到3万坛，产值为48万元，利润为5.6万元。“八五”期间，全厂生产能力可望突破万吨，产值和销售均超过1000万元，利润可达到283万元。届时企业也将登上一个新的台阶。

地址：兰州市西固区中路521号　　邮编：730060
电话：56120，55247　　电挂：5755

张掖市

张掖市选矿厂

厂长高振文，中共党员，1942年2月生，1962年5月毕业于甘肃省水利学校水利建筑专业。先后任张掖县铁厂技术员、生产股长，厂革委会副主任和副厂长。1980年选矿厂成立后任厂长兼党支部书记至今。

张掖市选矿厂是由原张掖县铁厂硫精砂浮选车间转产建成的，1977年筹建，1980年转产选铜成功，由张掖县政府正式命名成立。1985年因县改市更名为市选矿厂。

现有固定资产830万元，占地面积8万多平方米，职工300多人。设有7个职能科室、3个生产车间和1个化验室，拥有2条铜铅锌浮选生产线和1条重选生产线，日处理铜铅锌原矿可达250吨，日重选铬锡矿可达100吨。主要产品有铜精矿、铅精矿、锌精矿、铅锌混合精矿、铬精矿、锡精矿、硫精砂及部分含量金银。产品质量均达到部颁标准，国内外供不应求。其中锌精矿早已打入国际市场，远销日本、南朝鲜等国家和地区。自1987年起连续被中国有色金属工业总公司兰州公司、甘肃省政府、张掖地、市命名为先进企业，被省、地、市工商、金融、管理部门评为"重合同守信用信得过单位"。1990年晋升为甘肃省二级企业。

该矿厂1980年刚投产后，由于设备陈旧，技术薄弱，没有固定的矿山基地等原因，只能进行单一的选铜生产。通过10年来设备更新、技术改造、加强管理、深化改革等工作，已由单一选铜的小企业发展成为铜、铅、锌、金、银、锡、铬综合浮选的甘肃省地方小型有色金属企业中的佼佼者。该企业的主要做法是:

一、"借鸡下蛋"与"养鸡下蛋"相结合，解决原料困难。由于企业所在地矿山少、分布稀、储量小，因此，经常苦于"无米之炊"。为了解决原料问题，该企业从增加选矿品种、优化浮选方法、扩大选矿范围入手，一方面有效组织开采利用本地资源，对已有矿石进行综合回收；另一方面组织供销人员，到外地调进所需各种矿石。做到了三个发展：(1) 由选单一金属矿向选多金属矿发展。有什么矿就选什么矿，充分利用了当地矿产资源；(2) 由一种选矿方法向多种选矿方法发展。按矿石资源特点，采取多种选矿手段，拓宽了原料市场；(3) 由依靠传统经验选矿向依靠先进科学技术选矿发展。这样，使矿石来源由原来的几家扩大到了现在的130多家，从而克服了自身原料缺乏的弱点。

二、依靠挖潜改造，走内涵扩大再生产的路子。企业投产后，先后投资277万元，进行了几次大规模的技术改造。将单一选铜改为铜铅锌综合浮选，使企业得以回生；扩建日处理100吨磨浮系统，使生产能力提高1倍，投产8个月收回投资52万元；建成日处理100吨重选生产线，为企业近几年的飞速发展打下了基础；将原两个锌浮选系统各增加6槽浮选机，使原来日处理量由200吨增加到250吨，相当于新建50吨／日的浮选系统，该技术项目改进后仅生产7个月就新增产值137万元，利税62万元，增加原矿处理量7500吨，使处理高含量铅锌矿石的生产工艺得以完善。

由于企业进行大规模技术改造，生产能力不断扩大，经济效益逐年提高。自1987年以来，4年选出铜金属622.52吨，铅金属4985.63吨，锌金属22654.51吨，硫精砂6万吨，回收金6.04公斤，银4003.5公斤。产值、利润等指标完成情况见下表:

1987—1990年产值、利润等指标完成情况表

指标 年 项目	1987年	1988年	1989年	1990年
产值（万元）	739.59	788.37	726.85	1200
利润（万元）	101.05	152.76	308.81	540.05
税金（万元）	23.43	19.00	34.64	82.85
劳动生产率（元）	45092	42385	39353	47469
人均利税（元）	7690.27	9163	16415	27808

三、深化内部改革，狠抓企业管理，提高产品质量。1987年实行厂长承包制，内部进行二、三级承包。改革分配制度，实行效益工资，制订了《企业管理标准》和《工作标准》、《技术标准》，层层把关，分年度、季度、月考核。全面建立了计量、标准化、质量管理网络，形成了以化验室为核心的质量保证体系。在制定内控指标时制定最佳效益指标，下达车间严格执行。由于质量把关严，精矿品位和金属回收率均稳步提高。1987年产品打入国际市场后倍受外商青睐。国内各大冶炼厂也争先订货，产品随产随销。自1987年来，累计创汇610万美元。

四、两个文明一起抓，两项成果一齐出。该厂十分重视精神文明建设。首先努力加强厂领导一班人的团结协作。建厂后厂领导班子一直保持稳定，3名主要领导同志均有较高的文化素质和管理水平，10多年深入生产科研第一线，积累了比较丰富的管理经验和生产工艺

浮选车间的生产流水线

该厂生产的锌精矿在天津码头装船出口日本、新加坡等国　（高振文摄）

知识。由于厂领导班子团结一心，全厂职工心往一处想，劲往一处使，取得了很好的经济效益。其次，加强职工培训，努力提高企业整体素质。近年来共投资40多万元，用于职工的文化知识教育和职业技术教育。先后培养了17名大中专生，加上国家分配的，目前已拥有40多名大中专生组成的各类技术骨干队伍，占正式职工总数的20%。再次，关心职工生活，解除企业后顾之忧；在生产发展的基础上，注意改善职工的集体福利、文化、物质生活。兴建了“职工之家”、图书室、舞厅，还办起了浴室、医务室、理发室、食堂等，为职工读书学习、文化娱乐和日常生活提供了场所和方便条件。1990年建成二栋高标准职工家属住宅楼，解除了职工后顾之忧，增强了职工对企业的依赖感和责任感，激发了爱厂如家的感情。同时，结合党的建设进行思想政治工作，在职工中开展“四有”、“三爱”教育，开展社会主义劳动竞赛，积极组织职工参加省、地、市举行的大型体育、文艺活动，厂篮球队还多次获全区、市职工篮球赛冠军。这些活动培养了全体职工的主人翁思想，增强了职工为建设“四化”、振兴企业、繁荣家乡做贡献的信心和决心。

该矿厂立足西北，面向全国，放眼世界，充分利用零星矿产资源，使企业不断发展壮大，成为张掖市工业骨干，为振兴地方经济做出了贡献。目前正在继续加强企业管理，准备晋升“省一级企业”和“国家级企业”，在生产经营上继续扩大对外贸易，争取开拓新的生产领域，寻求更多的国内外合作伙伴。

副厂长：马克英（女）、吴尚元

厂址：张掖市张火公路3.5公里处　　邮编：734012

电话：3081，3062，4236　　电挂：6693

吴忠市东风机械厂

厂长吴天明，宁夏吴忠市人，1947年生，经济师。1961年参加工作，1964年任上桥乡农机厂厂长，1976年任吴忠市农机局干部，1984年任吴忠市东风机械厂厂长。1991年被评为宁夏乡镇企业优秀厂长。

吴忠市东风机械厂建于1985年。该厂靠不断开发新产品和良好的产品质量，闯出了一条自我发展、自我积累的路子，成为吴忠市重点乡镇企业之一。

1985年，厂长吴天明组织5人在一无资金、二无设备、三无技术力量的情况下，发扬艰苦创业的精神，厂领导吃住在厂里，团结带领全体职工积极开发新产品，六年来开发适销对路的产品10项，以多品种、高质量和周到的售后服务取胜。

强化售后服务，是该厂的根本宗旨和任务。该厂的多用点播机和气刹装置研究出来后，为打开市场销路，厂领导亲自带着产品和玉米种子走遍了宁夏区所有的市县，亲自给农民播种，并与农民签订合同，如有质量问题，免收货款。就这样，以产品的高质量和周到的售后服务打开了市场，在激烈的市场竞争中站稳了脚跟。1987年底又兼并有几万元外债的已倒闭的乡办农具厂，不但使这个厂起死回生，而且使企业不断发展。现拥有固定资产40多万元，自有流动资金30多万元，各种加工设备62台，占地面积5127平方米，分铸造、机械加工、制造、气泵等四个车间，职工265人，年产值150多万元，年创利税15万元的乡办重点骨干企业。

该厂主要产品有5个：2BR-1型多用点播机、人力三行播种机、小四轮拖拉机气刹装置、东风-350型制砖机、东风-280型制砖机。全部产品在宁夏都是独家经营的，产品不但畅销宁夏，还远销内蒙、甘肃、新疆、陕西等省、区，取得了较好的经济效益和社会效益。自1987年以来连续4年被评为自治区、地、市的优秀企业。

不断开发新产品一直是该厂的奋斗目标。一是走出去，学习外地、外单位的先进技术和先进经验；二是请进来，请技术人员作技术指导，培养自己的技术力量，以增强企业的发展后劲；三是和技术设备好的大厂协作，高难度的零配件请大厂给协作加工。与此同时，还在处理好国家、集体和个人三者关系的基础上积累资金，增加急需的加工设备，逐步提高加工能力。

加强基础管理工作是该厂发展的主要手段。该厂职工大都来自农村，文化素质差，技术水平低。为了开发新产品，在对职工进行思想教育的同时，加强对职工的文化和技术业务教育。厂里规定，增加工资及奖金都要与本人的技术水平、贡献大小挂钩，从制度上促使职工努力学习。鼓励职工一专多能，职工每新学一门技术都要从工资、奖金上给予照顾。车间与车间、工种与工种之间随工作需要随时调配，既克服了苦乐不均的现象，又能及时均衡地完成任务。

工人技术水平的提高加快了新产品开发的速度。1990年又研制成功了2ITR-3型人力水稻插秧机，经自治区科委召开的专家论证会通过，列为“八五”科技推广项目。1991年生产60台进行生产考核试验，解决了本区几十年来未解决的问题，填补了本区这一项目的空白。

地址：宁夏吴忠市中华桥供电路13号　　邮编：751100
电话：22305

总经理卞福增，满族，辽宁省盖县人，1937年生，高级工程师。1962年毕业于大连理工学院，历任宁夏标准局产品质量监督检验所所长，宁夏经济情报研究所所长等职。1990年任吴忠市寒力冰食品工业有限公司董事长兼总经理。

吴忠市寒力冰食品工业有限公司

寒力冰食品工业有限公司，是由吴忠市金银滩农场和香港翡翠有限公司、香港锦博有限公司合作经营的中外合作企业，是宁夏以农产品为原料，生产真空、冷冻、脱水、保鲜产品的第一个中外合作企业。

该公司1989年3月破土动工，1990年10月一次试车成功，投入试生产。现已成为中国西部"黄沙经济"舞台上一个崭露头角的明星企业。一期工程已全部结束，总投资1285万元（其中固定资产1135万元），厂区建设在银南地区，引进的设备"真空、冷冻、脱水、保鲜"产品生产线、具有80年代先进水平。除年加工调味品洋葱粉120吨，大蒜粉180吨外，还可一机多用，加工烹饪原料肉、禽、蛋、蔬菜、食用工业原料蛋粉和特需食品、方便食品、冻干水果、饮料等。另外，先进科学管理制度的施行，职工队伍素质的不断提高，使该公司已完全能适应国际市场的变化。

洋葱粉、大蒜粉在国外普遍用作各种食品的调味品，市场需求量很大，美国、日本的需求量每年以7-8%的速度递增。随着改革开放的形势与人民生活水平的提高，也具有广泛的国内市场。公司领导在狠抓产品质量的同时又亲自狠抓新产品的开发，为立足国际市场打下了坚实的基础。根据国内外市场的需要，公司在保证现在两个主要产品大蒜粉、洋葱粉生产的基础上，继续研究蘑菇片、胡萝卜粉、鸡蛋粉、南瓜粉、牛羊肉干等多种系列产品的开发，并准备投入批量生产，进一步扩大生产规模。计划年底完成工业总产值574万元，实现利税110万元。预计三年计划实施完后，工业总产值将翻一番，年创汇300万美元。

为了使企业获得更快的发展速度，将以公司为龙头组成"真空、冷冻、脱水、保鲜食品系统工程集团"，并以公司为依托成立"真空、冷冻、脱水、保鲜食品研究所"，为集团的发展打下坚实的基础。并在进一步消化技术的基础上搞好技术输出，使"真空、冷冻、脱水、保鲜"食品工艺设备走向国产化道路，为国家节省外汇，并使该项技术力争在10年内达到国际先进水平。公司将为促进当地工农业的发展，为改变黄沙地区、和少数民族地区经济文化面貌，不遗余力地做出积极的贡献。

（撰稿：张丽红）

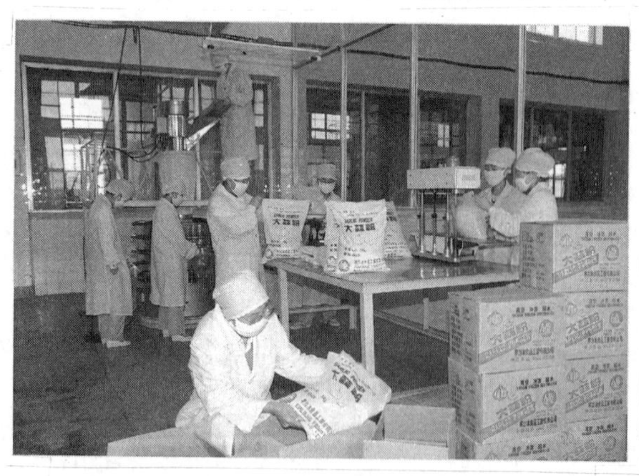

产品包装车间一角

地址：宁夏吴忠市九公里镇　　邮编：751104
电话：3197，3198，3199转6454　电挂：0500

吴忠卷烟厂

厂长梁作清，宁夏银川市人，1949 年生，经济师。1967 年毕业于银川二中涂料中专班，同年参加工作。1983 年任银川酒厂副厂长，厂长，1988 年起任吴忠卷烟厂副厂长，宁夏烟草公司副经理兼吴忠卷烟厂厂长。

吴忠卷烟厂是宁夏回族自治区唯一的烟草工业企业，始建于 1970 年。建厂初期，生产水平低，是一个手工作坊式的小型企业。70 年代末和 80 年代初，进行了两项较大的技术改造，基本上实现了从制丝到包装的机械化生产，改进后的设计能力为 5 万箱。到 1977 年，产量达 17197 箱，产值 869 万元，实现利税 546 万元，创历史最好水平。

党的十一届三中全会以后，企业进入了新的发展时期。通过全面整顿和深化改革，1990 年产量达到 44745 箱，产值 4131 万元，实现利税 3674 万元。建厂 20 年来，共生产卷烟 37 万箱，完成产值 2.4 亿元，实现利税 1.8 亿元。平均每年递增分别为 26.9%、31.1% 和 64.2%。现有职工 584 人，其中工程技术人员 18 人，大中专学历 31 人，工人平均技术级别为 5.6 级；拥有固定资产 1000 万元，占地面积 5.13 万平方米，建筑面积 3.4 万平方米。现有 11 个科室、5 个生产车间、卷烟专用设备 47 台。

该厂生产的主要产品，1982 年和 1987 年两次被评为自治区优质产品。经过 20 年的努力，该厂产品现有 2 种规格、7 个等级、10 多个牌号的产品，已初步形成了一个风格独特，高、中、低档产品齐全，品种规格多样化的产品体系。

20 多年来，该厂从强化质量意识入手，健全质量管理制度，建立质量管理机构和三级检测站，逐步完善检测手段。新增检测仪器仪表和设备 27 台（套）、初步形成一条由原料检验、生产控制、信息反馈、售后服务、产品鉴定、定期质量分析等环节组成的质量保证体系，有效地保证了产品质量的稳定提高，产品合格率达到 98.8%。

该厂重视企业的经营管理，不断深化内部改革。充分调动了干部职工的积极性，从而使企业生产经营活动有条不紊地向前推进。1986－1990 年该厂被评为自治区烟草系统先进单位，1988 年先后荣获自治区安全生产（企业）先进单位、先进职工之家等荣誉称号。“立足西北、走向全国”，是该厂的奋斗目标，愿以“金驼”精神，良好的服务和优质产品，同全国同仁及各界朋友合作共事，以期推动各方事业的蓬勃发展。

包装车间一角

地址：宁夏吴忠市中华桥南　　邮编：751100
电话：22435　　电挂：0608

在探索中进取、开拓、发展的“昆毛”

总经理马力，中共党员，高级经济师，乌鲁木齐市政协委员。1985年12月，新疆昆仑毛纺有限公司成立之初由于马力同志独具特色的治理企业的卓越才干和30余年的纺织管理经验，被合资各方共同举荐，并经乌鲁木齐市市委任命为公司总经理。

新疆，是我国山羊绒、驼绒、牦牛绒的重要产地之一，为了充分开发和利用新疆羊绒、羊毛的丰富资源，扩大对外出口，中国纺织品进出口公司新疆分公司、新疆茶畜公司及新疆昆仑毛纺织品联合公司与香港华润纺织品有限公司合资经营新疆昆仑毛纺有限公司，以新疆优质山羊绒及各种绒毛为原料，生产各类毛纱、绒纱，毛衫、绒衫，并于1986年正式开业。

开业5年来，在改革、开放方针的指引下，全体职工发挥“热爱公司、忠于职守、肝胆相照，勇于开拓”的企业精神，不断扩大生产规模、提高产品质量，不断拓展国内、国际市场，使国内销售和出口创汇均取得了显著的成效。

公司主要生产“雪驼牌”羊绒衫、羊毛衫、兔毛衫、驼绒衫和羊绒纱、羊毛纱、兔毛纱、驼绒纱以及混纺纱，主要设备系从美国、德国、波兰、意大利、香港等国家和地区引进，公司建立了完整的管理网络和完善的检测系统，产品在国内外市场有较强竞争实力，拥有年产200吨绒毛纱，65万件绒毛衫的生产能力，产品90%出口欧美、苏联、日本和香港等地区，产品纯真的质地、新颖的款式深受国内外客户欢迎。

公司实行总经理负责制，组织机构的原则是精简、高效、统一。由副总经理、总工程师、总经济师、总会计师协助总经理组成公司决策层，下设总经理办公室、财务部、经营部、总工程师办公室、开发部、毛纺部、羊毛衫厂，分别承办行政、财务、技术、生产、经营等项业务。

公司开业近5年来，累计实现工业总产值8000.23万元，创汇2152美元。从1989年下半年以来，公司针对国内、国际市场形势变化的特点，在积极扩大国际市场、增强竞争能力的同时，对国内市场的经营布局做了调整，逐步形成以西北为中心，向西南、华东、东北辐射的内销市场销售网络，此外深圳绒毛分公司的建立，对于及时、迅速、准确地获取海内外经济信息、直接对外出口收到了良好的效果。公司国际市场的稳固和内销网络的形成，不仅大大提高了公司的销售能力，也为“昆仑集团”的初步确立奠定了雏形。

当前，公司正在大力开展“质量、品种、效益年”活动，这项活动的开展，对于进一步利用已有优势，挖掘潜力，提高产品质量，扩大产品品种，增加经济效益和社会效益起到了良好的推动作用，具体体现在以下两方面：1.进一步调整了产品结构，逐步确立一批出口产品品种，1991年，开发新产品600种，并采用国际标准、国家标准、部颁标准，使产品在款式、型号、质量和服务等方面更加适应国内、国际市场需要，并已形成新的规模经营优势。2.进一步完善了经营机制，加强了同海内外经贸界的联系，巩固了老朋友、结识了新朋友，并坚持按国际贯例，提高效率，讲究信誉。对苏出口的羊绒衫，深受苏联朋友好评。

总之，昆仑公司的对外出口事业所取得的巨大成就，除自身努力外，也有赖于海内外贸易界人士的鼎力支持和通力合作，我们愿与大家在商品经济的循环中携手并进，互惠互利，共同发展。

副总经理：周光慈、范之杰

地址：新疆乌鲁木齐市迎宾路26号　　邮编：830014

电话：335121，338661，336220　　电挂：5530

传真：(0991) 335121　　电传：79144　CXKWC　CN

总经理蒋万池，中共党员，江苏扬州人，生于1940年2月，1955年1月参加工作，经济师。曾任新疆生产建设兵团农业第六师物资处参谋、助理员，农机公司经理，1986年7月任准噶尔贸易大厦总经理，1988年，被推选为新疆大中型商场联合会理事长，1990年起兼任农六师物资供销公司副总经理。

诚招天下客 誉从信中来
新疆准噶尔贸易大厦

新疆准噶尔贸易大厦，是新疆生产建设兵团农六师物资供销公司在自治区首府——乌鲁木齐市兴建的一座综合性商业、饮服业大楼。1986年7月建成开业，主楼14层，建筑面积1.3万平方米，设有商场、宾馆、批发站、餐厅、舞厅、咖啡厅，是乌鲁木齐市主要的商场和宾馆。被评为市10家名优商场之一。

准噶尔贸易大厦现有职工600人，其中大中专以上文化程度的占11%，高中以上文化程度的占85%，党员人数占职工总数的12%。大厦开业几年来，由于狠抓企业内部管理，锐意开拓，勇于改革，加强优质服务和横向经济联合，取得了出色的经济效益和社会效益。

5年销售累计2.6亿元，为国家上交税利1600万元，连年大幅度超额完成上级下达的任务指标。大厦狠抓服务质量和精神文明建设，励精图治，奖罚分明，被誉为自治区的“明星”企业，先后夺得了兵团“文明企业”、市“文明单位”、兵团商业系统“三优一学”评比竞赛第一名等20多个荣誉称号，并被评为市“重合同、守信用”单位、“物价计量”信得过单位、“质量计量”信得过单位、自治区窗口行业“三优一学”示范单位。

准噶尔贸易大厦与全国1000余家名优工商企业建立了牢固的业务关系，参加了上海音像集团公司、淮海商业经济联合会，中州工商经济开发联合会等全国性的商业联合组织，并成为新疆大中型商场联合会的理事长单位。

准噶尔贸易大厦的经营宗旨：诚招天下客、誉从信中来。

党委书记：刘东林　副总经理：王建新、曲栓好　会计师：汤士杰
地址：新疆乌鲁木齐市北京南路5号　邮编：830011
电话：415432，414081　电挂：7091

企业家选介

全国五一劳动奖章获得者

企业帅才——李元勋

李元勋，1933 年 3 月 19 日生于山东省平度县。他 14 岁进厂当工人，19 岁当青年突出队长，23 岁入党，26 岁开始担任企业领导，先后在哈尔滨龙江木器厂、木工机械厂、哈尔滨酒精厂、哈尔滨白酒厂、中国酿酒厂等企业担任党政主要领导，现任哈尔滨啤酒厂厂长。

在长期的企业工作中，李元勋积累了丰富经验，终于成长为一名企业帅才。在他的领导下，哈尔滨白酒厂创出了国优名牌"中国老白干"，中国酿酒厂创出了部优名牌"中国五加白"，哈尔滨啤酒厂创出部优名牌"太阳岛"、"玉珠"、"哈尔滨"11 度啤酒，这些工厂也都成为全国闻名的先进企业和盈利大户。

特别是 1987 年 5 月李元勋担任哈尔滨啤酒厂厂长以后，使这个当时已跌入低谷的企业迅速改变落后面貌，取得令人瞩目的巨大发展。在 1988 年至 1990 年 3 年承包期内，工厂年利税总额从 1987 年的 1228 万元，提高到 1990 年的 2801 万元；综合经济效益由原居全国啤酒行业第 24 位，逐年上升到第 8 位；工厂先后晋升为省级先进企业和国家二级企业，被评为省文明单位和省文明单位标兵，并荣获省和轻工业部思想政治工作优秀企业称号。在"1991 年度中国 500 家最佳效益工业企业"中，哈啤经济效益居全国饮料制造业第 20 位，居全国啤酒制造业第 5 位。

李元勋善于运用哲学思想指导经营实践，这在他治理哈啤的实践中表现更为突出，为此他曾先后两次在全省学哲学经验交流会上作典型发言，并被评选为全省学哲学积极分子。

第一，他坚持主观与客观相统一的观点。为适应市场形势不断变化的要求，确立了"质量——市场——效益"的经营指导方针，建立了"以市场为导向组织生产和开发新产品"的经营机制，使优质产品率由原来的 3.3%，迅速提高到 64.18%，形成了"太阳岛"、"哈尔滨"、"北北"3 大系列 14 种产品、市场需要什么就有什么的优化产品结构，企业竞争应变能力显著提高。

第二，他坚持事物普遍联系的观点。一是以企业配套改革为动力，创造性地在工厂推行以"一包六改"为主要内容的 7 种经济责任制，全面搞活了企业，调动了职工积极性。二是以科技为先导，充分发挥科技人员和先进技术设备在振兴企业中的重要作用。在设备更新改造上，3 年来投入资金达 1000 多万元，打了一个设备翻身仗。并新完成 5 万吨啤酒改扩建工程和中港合作企业，大规模引进小型制麦制酒实验设备和啤酒自动分析检测设备，使哈啤迅速发展为拥有固定资产 1.2 亿元，年产啤酒 10 万吨，年上缴利税 3000 多万元的现代化大型啤酒企业。三是大力加强全面质量管理，推动工厂向现代化企业管理迈进。工厂先后荣获省优秀企业管理单位、哈尔滨市和轻工业部质量管理奖。

第三，他坚持"物质变精神，精神变物质"的辩证唯物主义观点。始终坚持两个文明一起抓，把思想政治工作寓于企业文化建设之中。他在这方面的思想和实践都十分丰富，如他提出的"一靠党的领导，二靠群体智慧，三靠科技兴厂优化管理，四靠坚强的思想政治工作；坚持实事求是、拼搏进取、永不满足的精神"的办厂路线；"振兴企业，富裕职工"的承包经营总方针；"以人为本，以厂为家，以质取胜，以信取誉，以法治厂"的治厂原则；"创新、务实、优质、高效"的企业精神；"质量第一，用户至上，诚实工作，无私奉献"的文明公约；"国内创一流，国际争荣誉"的追求目标；在厂内实行"双文明承包"管理体制，开展双文明竞赛，树立双文明标兵等等。他还亲自创作厂歌在职工中普及，把工厂名牌产品"太阳岛"啤酒商标中乘风破浪的帆船造型确定为企业标志、制成厂徽、建成厂前区大型雕塑；亲自倡导举办一年一度的离退休老职工春节茶话会和"三月风"诗会等等，利用一切可以利用的机会，培育企业精神，增强企业凝聚力，使全厂职工的精神面貌发生十分巨大的变化。

李元勋对企业发展所作的贡献，赢得了广大职工的无比信赖和爱戴，也得到社会的承认和高度评价。1988 年以来，他在哈尔滨市厂长（经理）开拓杯竞赛中，连续三届荣获金杯奖。先后被评为省、市劳动模范，省、市优秀企业家，1990 年又荣获全国五一劳动奖章。

（撰稿：马盛林）

走出低谷　跃上高峰

哈尔滨市劳动模范

——記中房哈爾濱公司經理張軍良

随着治理经济环境，整顿经济秩序，国家大力压缩基本建设规模。开发业首当其冲，由前几年的鼎盛时期骤然跌入低谷。正是这个当口，张军良经理受命调入中房哈尔滨公司，等待他的经济状况令人忧虑：一是商品房积压2.5万平方米，占压资金2千多万元，还要搭上几十万元的贷款利息、采暖、看管等多项费用。二是1216元债券偿还期已到，公司还债资金不足50%。三是开工任务无着落，时过半年没新地号。面对困境，张军良以企业家的气魄，带领着班子和职工奋力拼搏，变困难为机遇，化挑战为动力，经受住艰巨考验，在激烈的竞争中站稳了脚跟，摆脱了困境，紧中求生、稳中求活，各项经济技术指标均有突破，企业内部管理飞上一个新台阶，在社会和同行业中赢得了较高声誉，目前公司无内外债，几片“黄金”地块待开发，经济前景乐观。

（一）审时度势、处变不惊。面对市场疲软、经济滑坡的严峻形势，以及本公司商品积压，“债主”催款，待“米”下锅的严重困难，他和副手们分析形势，几经商讨之后，提出了：“勇于创新、敢于竞争、拓展市场、稳中求活，三个效益见成效”的经营策略。首先，从强化销售意识入手，制定灵活的销售措施，采取责任到人的销售目标责任制，开展全员参予销售，使积压商品房销售率达到90%以上，收陈欠款1000万元，有效地缓解了资金紧张的矛盾，保证了经营主渠道畅通。其次，采取内部紧缩、外部筹措的方法偿还债券。在动员职工勒紧腰带与公司共渡难关、严格控制支出大头的同时，积极开展筹资工作。当还款资金出现缺口时，他亲自四处筹集资金，按期偿还了债券，一举甩掉在身5年的大包袱。再次，狠抓开发新地号。能否争得黄金地段开发是关系到公司的生存和发展的命脉，他凭着高度的责任感，主动请缨，联系任务，白天没有落实的任务，晚上登门拜访继续谈，哈市找不到，坐车去外地联系，夜以继日、连续作战，为公司落实新地8万米，占全市开发面积的60%，地理位置、经济效益等诸多因素都令各开发公司叹服。

（二）恪守信誉、以质取胜。信誉是企业的生命，而取得信誉的关键是工程质量。在市建委等7家举办的小区开发杯竞赛活动中，张军良明确提出：各项工程一定要保优质、保速度，有第一就争，有金牌就夺。并制定措施，从3个方面予以保证，即：组织上保证，经理挂帅，副经理专门抓，竞赛小班子深入抓。质量上保证，选择技术过硬、管理水平高的施工队伍上阵。资金上保证，把参赛小区作为重点给予资金保证。使7个参赛小区夺得1金4银2项合格奖，受到市、局领导的高度赞扬。为了从根本上解决工程质量问题，改变过去先移交主体工程，再完善配套建设的做法，使优质完善的正阳东八小区，达到一次性投资，一次性交付使用，居民满意，领导满意的效果。

（三）拓宽市场、积蓄后劲。开发建设周期长，资金投放量大，短时间无法回笼资金。为了占领更多市场，积蓄后劲，张军良和领导班子决定从3个方面打开局面，一是摸索经验，逐步向国际市场渗透。二是开展横向联合，拓宽开发面。利用铁路规划指标，与哈铁开发公司联合开发了南岗小区。三是搞活经营，开办新项目，在现有的中联等服务项目基础上，新开辟养殖基地、招待所、汽车配件商店等多种经营，为企业积蓄了后备力量。

（四）强化基础建设，提高企业素质。张军良抓住企业管理这条主线，借助企业升级的东风，在公司上上下下全面开展了夯基础、抓管理、上等级工作，并重点抓了工作、技术、管理3个标准化建设，健全了一系列管理制度和岗位责任制，使各项基础工作日趋完善。在中房协检查评比中获得全国开发行业先进单位称号。

张军良对同志只有一个要求，就是工作必须出色，干净利索。有成绩就奖励，功劳是大家的；有失误就批评，责任他承担。他放手、放权，不猜疑、不责怪、不埋怨同志，使同志们信心十足、无后顾之忧地努力工作，形成强大的凝聚力，有效地推动企业向着公司制定的目标不断攀登奋进。

温州味精总厂厂长丁国聪

丁国聪，47岁，中共党员，经济师。1958年参加工作，先后任温州面粉厂生产科长、副厂长，温州市粮油食品工业公司副经理，1985年调温州味精厂任厂长兼党支部书记。几年来，他带领广大干部职工艰苦奋斗，改革开拓，使企业面貌发生了根本变化。1990年与1985年相比，企业产值增加1.78倍，达4371.86万元；味精产量增加1.81倍，达4144.81吨；销售收入增加2.88倍，达4749.2万元；利润增长71.19%，达282.51万元；税金增加2.06倍，达526.32万元；固定资产原值增加2.13倍，达1339.59万元。该厂生产的“快鹿”味精深受广大群众喜爱，“食在温州，味在快鹿”已流传千家万户，产品供不应求，内销市场稳定，外贸销势猛增。特鲜味精1986年获温州市优秀四新产品一等奖，80%“快鹿牌”粉状味精，1988年被评为省优质产品并获首届中国食品博览会银牌奖，1990年获省名优产品骏马奖。主要经济指标1988年起连续3年全面超过国家二级企业考核标准，部分指标达到国家规定的一级企业考核水平。该厂1986年以来连续被评为省级先进企业，1988年被评为商业部先进企业，1991年6月已通过国家二级企业评审。丁国聪由于工作成绩显著，先后获得全国“五一劳动奖章”、商业部劳模、省级劳模、省级优秀厂长、省粮食系统劳模、省级优秀党员、市级劳模、市企业家、市首届企业家金鹿奖等荣誉称号。

丁国聪到温州味精厂任职以来，紧紧依靠干部、职工，以提高产品质量和降低物耗为重点，坚持科技进步，从企业基础管理入手，做了大量的工作。

(一) 抓质量求生存。丁国聪重视强化职工质量意识，经常教育职工只有坚持质量第一，才能在竞争中站稳脚跟。并亲自挂帅，将一批具有大中专知识的技术员安排在技术岗位上以及车间一线当生产工艺员、质量管理员，建立了质量保证体系；同时配备了24名有一定专业技术水平的专职检验工作人员和较先进的检测仪器，对原材料进厂、生产过程中的半成品、出厂产品以及周围环境、空气、水源中的菌体等进行全面检查和测试；并对降低质量成本，抓好标准化计量工作，和扩大销售渠道，提高销售服务质量等方面作了大量工作。

(二) 靠科技求发展。1985年，该厂引进先进技术，改进工艺，使每吨味精降低成本649.76元。1986年初，增加了大米制糖工艺；1987年完成3000吨生产能力的设备配套，扩大了产量；1988年安装1台10吨锅炉，解决了蒸气量不足的问题，每年还可节约2800多吨标煤；1989年，进行精制车间扩建工程，形成5000吨精制生产能力。1989年底，及时果断引进上海复旦大学科研成果FM—415菌种，使全年平均产酸率比1989年增长18.92%，仅这一项，全年就增产味精487.8吨。同时，丁国聪很重视人才的引进和培训。几年来，该厂采取对外招聘、对内实行全员培训的办法，不断提高职工素质。目前，职工队伍中高中文化程度125人，占职工总数25%；已取得专业技术职称33人，占总数6.6%。

(三) 抓管理增效益。1.不断完善生产指挥系统。该厂实行厂长任期目标责任制以后，对行政科室负责人，车间主任及直属班组长实行聘任制，做到分工明确、权利统一，该哪一级管的就由哪一级处理，克服了厂长大事小事一把抓的毛病。2.把厂长任期目标分解落实到车间班组，实行车间以质量联产定税利与工资总额挂钩责任制。3.狠抓物质消耗定额管理。建立健全了能源管理制度、定额管理制度、原材料领发管理制度，并制订车间能耗考核定额指标，按日考核，做到奖罚分明。4.建立了设备管理网络和管理制度，提高了设备的利用率和完好率。5.加强财务管理。采取有效措施将有限资金用好用活，严格审批制度，及时回笼销售资金，使流动资金周转天数逐年加快，近3年共节约流动资金300万元。

目前，丁国聪带领温州味精总厂的广大干部职工，正为完成以“创一流产品，走向世界”为目标的“八五”企业发展规划而继续努力奋斗。

安徽省劳动模范

鹏程萬里展宏圖

——介绍铜陵磷铵厂厂长孙远鹏

“七五”期间，国家在铜陵、大连、南京分别从国外引进、兴建高效复合肥料生产装置，以改变我国化肥生产比例失调的状况，大力促进农业生产。安徽铜陵第一个从国外引进年产 12 万吨磷酸二铵生产装置，并不久便建成投产，又第一个成为达产、稳产的复合肥料生产厂家。为这两个“第一”辛勤奔忙、操劳的主要人物就是现任铜陵磷铵厂厂长、高级工程师孙远鹏。

现年 56 岁的孙远鹏，辽宁复县人。他 1951 年参加工作，1956 年进沈阳冶金学校学习，1957 年赴苏联学习冶金、化工生产及企业管理。1962 年，调到铜官山化工总厂工作，历任生产技术科科长、副厂长、厂长兼党委书记等职务。1981 年出任铜陵化学工业公司经理兼铜官山化工总厂厂长。1983 年，该厂生产的硫酸供不应求，极大地限制了磷肥的生产能力。于是，他亲自带领一批技术人员走南闯北，哪里有经验就上哪里去。在外厂经验的启迪下，大胆提出将硫酸转化器由原来的四段四层改为五段五层，实施后，提高了转化率，降低了系统阻力，使硫酸的年产量由 10 万吨增加到 13 万吨。抓住硫酸“龙头”，带活磷肥“龙尾”，他又决定对磷肥生产系统实行一系列技术改造和扩建，使磷肥年产量由原来的 20 万吨提高到 40 万吨，全厂年利税由 400 万元增加到 1350 万元，一举成为全国最大的磷肥生产厂家之一。

他富有实干精神，提倡群众路线。他的管理形式是“两头在基层”，即信息直接来源于基层，决策、拍板在基层。近 10 年来，他一年 365 天没有节假日，只要不外出，风雨无阻，每天总是提前一个小时到厂，先到车间去了解生产情况，然后才到办公楼。到磷铵厂之后，家离厂子远了，但他大部分时间都是吃住在厂里。由于深入基层全面了解情况和抓住外部信息，所以他能不失时机的准确地作出一个又一个重大决策，使生产基建始终处于好的势头。

他更有雷厉风行的作风。外出参观、开会，经常日夜兼程数百里，从不给自己留一点闲暇，事情办完立即返厂；厂里的急事随时处理，从不过夜。

1984 年 5 月，他被省政府授予劳动模范光荣称号。这年，他又兼任铜陵磷铵工程指挥部指挥，为了加强对国家重点建设项目的领导，后又专任指挥(兼党委书记)。1986 年元月，铜陵铵厂正式开工。工程展开后，仍面临着重重困难。首先是国内没有磷铵厂建设的现成经验；其次，对于大型基本建设项目的管理来说，还是一个全新的课题，与过去的技术革新、小改小革无法比拟。他认真钻研基本建设管理方法，四处寻师取经，很快便探索出一套新的路数，采取了工程费用切块包干、层层分解的措施，使工程得以顺利进展。在工程网络计划上控制点日益迫近，眼看完不成计划时，他果断决定，组织突击队参战，指挥部管理人员全体出动，多次“千人大会战”，终于保住了工期。

他敢于承担风险。工程开工之初，便与化工部、安徽省政府签订了“五包五保”议定书，立下“军令状”，“完不成任务唯我是问”。过人的胆识最终取得了丰硕的成果。1987 年底，铜陵磷铵工程历时 23 个月，比合同工期提前 1 个月建成，且工程质量优良，总投资不超。他推行的基本建设管理方法受到当时的安徽省委书记李贵鲜的推崇，批示在全省推广。

工厂建成后，他又花大精力抓企业基础管理工作，使磷铵厂在投入试生产的第二年便克服了市场疲软、原料涨价等重重困难，摆脱了困境，跃出了低谷，实现了达产、稳产。他不迷信“洋设备”，组织技术人员对不合理的或有潜力的设备进行技术改造，先后完成了翻盘过滤管线改造、污水处理闭路循环、磷铵中和槽溢流口改造等，解决了生产上的一些难题，提高了产量、降低了成本，投产的第 3 年便实现持续稳产。1990 年，铜陵磷铵厂生产磷铵 11.004 万吨，创产值 1.51 亿元，实现利税 1100 万元；一次性通过国家验收，还通过了省级“文明生产厂”、“无泄漏工厂”验收。能源、计量、档案等多项专业工作已逐步达标，预计 1991 年底即可登上二级企业台阶。化工部授予该厂“建设好、开好磷铵”先进单位称号。

“八五”计划到来之际，孙远鹏更加信心十足，他立足磷铵厂，放眼未来，决心宏图大展，为促进我国复合肥料工业发展作出更大的贡献。

山东省电力系统先进工作者
龙口市优秀企业家

播種光明的使者

——龙口市电业公司经理王国嵩

1990年，龙口市总用电量达5亿多千瓦时，其中农村用电量为2.23亿千瓦时，人均年用电量为704.3千瓦时，农村人均用电量为442.4千瓦时，分别为1980年的8.3倍、12.3倍、9.7倍和12.2倍。各项用电量及其发展速度均居山东省各县市区之首。这一显耀的成绩，是王同嵩率领龙口市广大电业职工用10年心血和汗水换来的。

王同嵩，55岁，高级经济师，现任龙口市电业公司经理兼党委书记。

（一）选贤任能。王同嵩1981年担任电业公司经理后，首先从调整领导班子入手，先是起用当时供电所负责技术的副所长关健洲、变电工区主任王明乐任副经理。随后又起用部队转业干部王德洋抓全局的思想政治工作。在短暂的时间里，不仅配备了一个懂管理、善经营、富于创新进取的领导班子，还配备了一大批精干的中层干部，从而形成了一个坚强有力、团结战斗的领导集体。

（二）集资办电。班子形成之后，王同嵩和一班人看准了山东龙口发电厂建在龙口的优势，果断地挑起了领导全市农电建设的重担，走“地方自筹为主，国家补助为辅”多层次、多渠道集资办电的道路。10年来，共计筹集资金2050万元。先后建设110千伏变电站1座，35千伏变电站7座，架设高低压线路2144公里，迅速形成了覆盖全市的供用电网络。至1990年，公司已拥有35千伏及以上变电站9座，主变容量达到16.2万千伏安，是1980年的12.7倍；拥有高低压线路2781公里，固定资产原值3212.7万元，分别是1980年的4.3倍和11.9倍。全市已形成了以110千伏变电站为中心，35千伏和10千伏线路为骨架，变配电设施布局合理的农村电网。通电村、通电户在1986年底就已达到100%，1990年的人均生活用电达到61.9千瓦时，居全省第5位。

（三）建管并重。在农电建设上，王同嵩始终坚持建管并重的方针，每建成一项输变电工程，他就建议有关部门相应地成立一片管电组织，形成了市、乡镇、村三级供电管理网络。至1990年，全公司9处变电站已有8处建成标准化变电站；19处供电站已有16处建成标准化供电站；14条送电线路已有11条建成标准送电线路；63条配电线路已有48条建成标准配电线路；640个用电村已有446个建成标准用电村。达标巩固率都为100%，年达标提高率在10%以上。

（四）行家里手。王同嵩16岁进强国铁工厂，先后调任县工业局计划、统计员，海岱公社常委，县党校副校长，县法院院长，不断变动的工作岗位，使他养成了勤奋好学、善于钻研的良好习惯。因而，1981年，当一纸调令把他推到崭新而又陌生的电业岗位上时，他又默默捧起了《工业企业管理现代化的理论与方法》、《电力系统部颁规程》等业务书籍，并很快成为电业方面的行家里手，取得了高级经济师职称。在实践中他大胆进行改革，从企业内部管理入手，亲自主持制定和实施了岗位经济责任制，同时，还在全局逐步推行了网络技术、价值工程、ABC管理法等一系列企业现代化管理方法，使企业走上了现代化管理的轨道。1989年10月，公司正式晋升为省级先进企业。此后，档案、计量管理又取得国家二级合格证书，会计、设备均晋升为国家三级单位，统计被评为烟台市基础规范化企业，安全生产也取得“劳动安全一级”合格证书，节能和全面质量管理均已达到“省先”标准。1990年，公司被龙口市人民政府授予“企业管理先进杯”，王同嵩被授予“优秀企业家”称号。

（五）排忧解难。王同嵩始终把“人民电业为人民”、“龙口电业为龙口”作为自己的座右铭，注重为群众排忧解难。从1986年春天，便在全市推行了电表外装技术，实行电价公开、电费定期张榜公布制度，较好地杜绝了关系电、人情电、特权电和偷窃电的现象。在电力供应上对农业生产实行倾斜政策，制定了“三优先”措施，即农业生产申请上电，优先批复；支农产品生产用电，优先供应；农忙和抗旱季节，优先安排用电负荷，深得农民的欢迎。1989年龙口遇到了百年未有的大旱，仅“三优先”一项，就累计为农业让电1215万千瓦时，让利100多万元。1986年以来，公司先后被省市电力部门评为“农电竞赛优胜单位”，“跨行业优质服务先进单位”、“农电竞赛优质服务优胜单位”。连续6年被龙口市委、市府评为“先进党委”和“文明单位”。1990年又被烟台市委、市府授予“文明单位”称号。王同嵩本人连续6年被龙口市委评为“优秀共产党员”，连续3年被评为山东省电力系统“先进工作者”，还获得1990年“富民兴鲁”奖章。

全 国 劳 动 模 范

中国造纸工业改革家

吴 修 和

吴修和，中共党员，高级工程师，全国劳动模范、省劳动模范、省五一劳动奖章获得者，省七届人大代表，省首届优秀企业家，福建星光造纸集团公司总经理兼南平造纸厂厂长。

吴修和1932年7月出生于福建省福州市，1952年1月毕业于原福州省立高级工业职业学校后，就投身于国家第一个五年计划重点工程南平造纸厂的筹建工作，30多年来一直奋斗在造纸行业，从一个普通技术员逐步成长为我国造纸工业界的知名人士。先后历任南平造纸厂车间主任、设备科长、主任工程师，1981年9月任副厂长，1982年1月任厂长，1989年12月至今任福建星光造纸集团公司总经理兼南平造纸厂厂长。参加和领导了南平造纸厂一至四期的勘察、设计、安装和试车投产工作，业绩卓著。现为全国造纸学会常务理事，省造纸学会副理事长，省企业文化协会会长，全国轻工业机械标准化技术委员会委员。在改革开放的年代里，他作为一名企业家勇于开拓，不断进取，使企业先后跨入了“国家一级计量合格单位”、“国家二级节能企业”、“国家二级企业”的行列，荣获“‘七五’期间国家级企业技术进步奖”、“第三届全国设备管理优秀企业”、“全国政治思想工作优秀企业”、“全国五一劳动奖状”等荣誉称号，企业呈现一派生机与活力。

他作为造纸行家和企业家，近几年最突出的是推进技术和现代化管理，研制新工艺，开发新产品，成功地领导了国家“七五”期间技术进步重点项目——南平造纸厂4台新闻纸机系统改造工作。

该厂4台国产3150型新闻纸机，改造前相当于国际上40、50年代水平，车速低，产品质量不高，只能生产传统的普通新闻纸，根本不能适应当代飞跃发展的新闻出版印刷事业技术进步的需要，因此，尽快改变落后装备，实现产品升级换代就成为企业的当务之急。吴修和依靠本厂的技术力量，潜心制订改造规划，采取“立足国内、择优引进”的改造方针，即只局部引进纸机的关键部件和装置，而不引进整机，并坚持按物美价廉的原则，对多国公司提供的设备进行比较选型后再确定引进项目。1985年以来，分期分批对4台纸机实施系统或局部改造，在原纸机的基础上，组装引进美国、日本、德国、芬兰、奥地利、加拿大和瑞士等8个国家的关键部件，加上从上海、南京选用的部分设备和自己设计的C型大梁，集8国精良为一台纸机。中西方设备相结合，这在同类纸机改造中是一次大胆的尝试与创举，经过努力达到了预期的目的。改造后的一号、二号2台3150型纸机，成为目前国内同类型纸机中车速最快、产量最高、质量最好、消耗最低、投资最省和建设回收期最短的机台，车速由改造前的320米／分提高到450米／分，日产量由60吨提高到95吨，最高可达100吨，这两台纸机改造总投资约3000万元，年可增加新闻纸3万吨，增益2700万元，大约只需一年多时间即可从增益部分收回全部投资，质量也得到提高。由于使用电脑控制纸张的定量水分，波动小，成纸定量可降低每平方米1.2克，每吨纸可多出报纸1100份，一年增加社会效益216万元。且能生产出适应高速胶印轮转机需要的低定量胶印新闻纸。改造后生产的新闻纸先后4次在人民日报、北京日报、福建日报进口的高速胶印轮转机上进行单色、套色和彩色试印均获成功，并通过了省级“新产品投产技术鉴定”和“科学技术成果鉴定”，产品属国内首创，从而填补了我国造纸业的一项空白，结束了我国彩报用纸单纯依靠进口纸张的局面。改造后的产品，以“星光牌”商标在市场上推出后，迅速得到广大用户赞誉，尽管1989年以来，新闻纸市场出现供过于求的局面，但“星光牌”新闻纸仍然保持畅销势头。一、二号纸机改造经国家验收通过，并取得好评，曾被验收委员会建议作为一项优秀技术进步项目推荐上报，其它2台纸机还在改造之中。

吴修和在引进改造、吸收消化国外先进技术的同时，还不失时机地组织实施200多项与纸机相配套的改造工作，特别是他又成功地领导了该厂碱回收150吨／日喷射炉的投产，该项目是建厂以来最大节能技改项目，也是福建省较大节能技改项目，年计划可节约总价值450万元，而且使大气烟尘排放量降低47.3%；进行3150纸机陶瓷脱水板的研制，获轻工部科技进步二等奖；他还领导了全国第一座造纸表曝污水处理工程的实施并投产，日处理废水量约2万立方米，处理后的污水排放现可达国家CB8978—88行业一级标准。这些改造工作提高了企业整体装备水平。

随着造纸事业的发展和技术进步，他意识到以单一松原木为主要原料的造纸企业，将面临松木原料供应不足的严重问题，解决这一问题的关键就在于综合利用。他克服困难，在深入林区调查研究的基础上，运用价值工程原理，认为可以利用闽北山区大量的山场剩余物枝丫材、间伐材、杂木等来加工削片、蒸煮制浆造纸。经反复试验，成功地制定出利用山场剩余物制浆造纸的新工艺，接着便大量投入生产，并迅速被其它造纸行业推广运用。1987年，他又利用闽北山区阔叶树资源丰富的优势，组织技术人员研究利用100%的16种阔叶树生产人纤浆粕又获得成功，这两项新工艺，不仅大大提高了松木利用率，变废为宝，而且开发了造纸原料新途径。据统计，仅这两项新工艺，近几年共为企业创造经济效益3000多万元，为国家节约原木60多万立方米。

他作为企业法人代表，充分发挥经营管理才能，不断完善企业内部经营机制，推动现代化管理，他主持撰写的论文《推行目标管理，实行“五创新”》和《网络计划和承包制在2#纸机改造中的运用》，分别荣获省和地区现代化管理成果一等奖。他在1987年开始的第一轮4年的承包中，企业上交利润和还贷逐年增长，年年超额完成承包合同，4年应上交利润9800万元，实际上交17569万元，净超7769万元，应还贷2400万元，实际还贷6046万元，净超3646万元，实现税利、上交税利、工业总产值、纸和浆生产总量都分别比承包前4年增长136%、134%、25%和22%，职工收入也明显增加。

为了南平造纸厂的发展，在他的努力下该厂还与附近的1市4县建立“南平造纸营林总公司”，实行林工商内外贸一体化的经营机制，营造工艺林8万公顷，为造纸原料的供应打下良好的基础。并着手利用外资筹建马尾造纸厂，年产20万吨纸和浆。他又于1990年组建以南平造纸厂为主体的“福建星光造纸集团公司”，这个公司以出口产品为龙头，形成从原料到终端产品一条龙的综合性企业，共有25家成员。

他根据《企业法》要求，加强了企业决策民主化和企业民主管理，建立健全了企业3会制度和8个民主管理委员会。3会制度，就是职工代表大会、企业管理委员会和厂务会议制度；8个民主管理委员会，就是生产经营管理、劳保监督、效益分配、招生招工、生活福利、干部评议监督、提案审查、住房分配等，几年来，3会制度和8个职工民主管理委员会较好地发挥了民主决策，民主管理作用，为实现经营决策科学化奠定了优化的素质基础，确保全体职工的各项民主权力，充分发挥了职工的积极性。

吴修和事业心强，为人正直，作风正派，精力充沛，讲求实效，谦虚谨慎，团结同志，在造纸界和本厂职工中享有很高威信。中国著名作家从维熙曾在人民日报上以《魔方》为题，生动地报道了他的改革业绩和他的执著追求。吴修和现仍在孜孜以求，为中国造纸工业的未来描绘更加美好的蓝图。

万宝事业的好带头人

——万宝集团董事长　总经理何文春

何文春原任广州市二轻局副局长、二轻集体联社主任，1989年调任万宝集团党委书记、董事会第一常务副董事长，1990年1月起兼任总经理、董事长。几年来，何文春认真贯彻落实党中央和市委、市政府的各项指示，团结同志，联系群众，决策民主，廉洁奉公，任劳任怨，勤奋工作，大胆探索和改革企业集团管理体制，带领全体员工战胜企业内外部困难，为建设外向型的万宝集团作出了卓越的贡献，被广大员工誉为万宝事业的好带头人。

何文春是万宝集团的创始人之一。他任二轻局副局长期间，积极引进冰箱生产技术和设备，为万宝电器集团的前身——万宝电器工业公司的形成和发展作出了重大贡献。他一直认为建设企业集团是中国企业体制改革的一条主要出路，支持和拥护市委、市政府关于积极组建万宝集团的决定。在筹备建立万宝电器集团期间，他亲自起草有关文件，为理顺内外关系四处奔走，排除阻力。何文春主持万宝集团全面工作后，坚持不断完善万宝集团模式，推进企业集团的发展，创造性地提出并建立了“大集团，小公司”的管理体制，对企业生产经营活动产生了积极的促进作用。通过几年来扎实的工作，万宝集团逐步形成其独有的集团优势：一是组织结构比较坚强，万宝集团成为一个多功能、综合性的经济实体；二是经济实力比较雄厚，集团拥有7亿固定资产，1亿多流动资金；三是科学技术实力比较强，在近3万员工中，工程技术人员有5000多人，约占1/6；四是万宝产品形成系列，市场应变能力和竞争能力增强；五是在国内外市场建立了销售网络，占领了相当的市场份额；六是创名优产品品牌的能力比较强，逐步在国内外市场树立了万宝优质产品形象。

何文春始终认为，“以出口为导向”是万宝集团的组建宗旨；扩大产品出口，发展外向型企业是万宝集团长期奋斗的目标。特别在当前国内市场容量有限的情况下，万宝作为一个大型企业集团，不能困在国内打内战两败俱伤，只能走向世界。据此，万宝集团加强出口产品认证、国外商标注册和寻找可靠贸易伙伴等工作，结果万宝冰箱在国内同行中第一个取得了美国UL认证；万宝集团在16个国家和地区进行了“万宝”牌商标注册；万宝集团还与国际上知名的大公司、大企业集团建立了正常的联系和交往。万宝集团的报关出口收汇逐年增加，1990年出口收汇近5000万美元，全年累计出口冰箱185259台，其中直接出口冰箱102434台，冰箱直接出口量比1989年增长40%，万宝集团的冰箱直接出口量约占全国冰箱直接出口量的89%。

何文春常说，作为领导干部，必须自己行得正，站得稳，才能起榜样作用，带动大家一起办好社会主义企业。他这样要求他人，更是这样严格要求自己，廉洁奉公，以身作则，勤勤恳恳办企业。为了使企业尽快走出谷底，他每天工作十二个小时以上。1990年初，他患病住院，行动不便，却把病房变成了办公室，不顾身体而忘我工作。去年，他患痔疮需动手术，手术后疮口还留着血，他就一拐一拐地回公司办公。

干部的提拔和使用，是一项政策性很强的工作。何文春在使用干部方面，始终坚持任人为贤的原则，大胆提拔和使用干部，发挥人的长处和积极性，从爱护、培养、教育、引导人才出发，为万宝带出了一批技术和管理人才。

何文春戏称自己是万宝的“总后勤”，总是乐意及时为员工解决思想、工作、生活难题。目前，万宝集团有几百名家住在外地的大学毕业生，他们到广州工作时间不长，在住房、语言、生活习惯，甚至恋爱、结婚、生子育女方面都碰到许多实际困难。何文春经常过问他们的工作和生活，关心他们的成长。为了解决这批人的住房问题，他指派专人在赤岗东洗衣机公司工地划分一块地来修建房子，供他们结婚用；每逢过年过节，许多外地大学生思念远方亲人的时候，何文春或是自己亲自去看望他们，或是委托公司其他领导去慰问他们，使他们感到万宝大家庭的温暖，这批青年人表示，万宝就是自己的家，他们愿和全体万宝人一道共同努力，实现万宝事业的第二次腾飞。

在改革开放大潮中搏击

——记广州钢铁有限公司总经理彭绍辉

广东省优秀厂长

彭绍辉是中国钢铁行业第一家中外合资企业——广州钢铁有限公司的董事长、总经理。他和全公司员工一道，驾驭这“命运共同体”之舟，在改革开放大潮中扬帆向前。

广州钢铁有限公司是在广州钢铁厂的基础上建立的。现年53岁，职称为高级工程师的彭绍辉，曾在这个厂的领导岗位上拼搏了8年。这8年，是广钢在改革开放中乘风猛进的8年，是广钢发展史上重要的8年。他以“提高经济效益为中心，依靠管理和技术进步，建立有中国特色的企业命运共同体”为企业发展战略，精心治厂，使广钢得到巩固和发展，步入了自我积累、自我改造、自我约束、自我发展的良性循环轨道。8年里广钢先后获冶金部、广东省、广州市荣誉称号60多项，国家级荣誉称号7项。1990年，广钢在广东省钢铁企业中率先进入国家二级企业行列。这年，彭绍辉被广州市总工会评为“热爱职工的优秀厂长”，被广东省经委、省总工会评为“优秀经理”。

彭绍辉把管理进步作为推动企业前进的一只巨浆。担任厂长后，他对企业内部的经营承包作了许多新的探索。1985年，广钢面临着原材料涨价，生产成本大幅度增加的困难，他及时提出了目标利润承包方案，与各个主要分厂和处室签订了经济承包合同，形成了一个保证体系。结果，实现利润比前一年增长15.2%。1986年，进一步改进目标利润承包办法，在全厂开展了“金、银、铜牌目标管理”承包竞赛活动，把经营承包、精神文明建设和劳动竞赛有机结合起来，进一步调动职工的积极性和创造性，提高了生产水平。1986年底，广钢在广州市18家直属企业中，率先实行厂长负责制和厂长任期目标责任制，他把“七五”期间的厂长任期目标逐项分解包干下去，纵包到底，横包到边。随着经营承包步步深入，管理不断完善，广钢的生产和经济效益逐年稳步提高。1983—1988年，每年盈利平均递增19.18%，近两年在市场疲软的困难情况下，仍取得了较好的经济效益，在省市盈利大户中居于前列。

彭绍辉抓住技术进步不放，将其作为推动企业前进的另一只巨桨。针对广钢原有技术装备比较落后的状况，首先立足于改造和配套，挖掘内部潜力。先后对电炉、转炉、轧钢系统、炼铁及铁前原料系统进行技术改造。“七五”期间，又投入技改资金2.66亿元，从国外引进热电站、超高功率电炉等一批先进设备。通过技改，5年中钢产量净增18.7万吨。1988年，广钢被广州市政府评为技术先进企业，1989年又被广东省评为进步技术先进单位。

彭绍辉把建立企业文化作为发展命运共同体的根本战略之一，自己担任广钢企业文化建设委员会主任，主抓社会主义精神文明建设和民主管理。1988年6月，他在厂门口设立了“厂长信箱”，以后又扩展到宿舍区。两年多来，共收到职工来信604件，做到了件件有回音，桩桩有落实。他主动支持党组织开展思想政治工作，经常深入第一线与干部职工谈心。他非常注意办好集体福利事业，使职工饭堂实现了规范化供餐；为宿舍区修建了管道煤气和闭路电视工程，并每年新建职工宿舍1万多平方米，改善了职工居住条件，增强了广钢命运共同体的凝聚力。

彭绍辉善于思考，理论联系实际。几年来有多篇论文在省、市等报刊上发表。如《论建立企业命运共同体》、《论企业命运共同体的社会主义特征》、《人才是振兴企业之本》、《企业的出路在于科技进步》、《企业文化——以人为中心的管理思想》等。多年的实践和理论性的总结使他善于审时度势、把握机遇，迎接挑战。1988年10月，在省市的支持和帮助下，广钢与香港粤海有限公司合资成立广州钢铁有限公司，开辟了一条引进外资改造老企业的新路子，为参与国际市场竞争迈出了重要的一步。合资两年来，出口钢材、设备和技术，共创汇1千多万美元。外向型路子的开拓，使广钢的发展前景更为宽阔、美好。广州市充分肯定了广钢的做法和经验，并向全市企业推广介绍。

（撰稿：江松 ）

创造阳春白雪的“南方”人

——记广州市南方面粉厂厂长赖平

座落在广州员村珠江河畔的广州市南方面粉厂，是一间具有40多年历史的工业企业。改革开放以来，以赖平为首的“南方”人，积极投身于商品经济的大潮，走上了一条以产品质量赢得市场，以科技进步和优化产品结构提高经济效益，以两个文明建设一起抓实现企业腾飞的路子，为传统的面粉工业创造了一片可喜的“阳春白雪”。

该厂前身是私营广州福新面粉厂，当时厂房简陋，产量很低。经过30多年的发展，到80年代初，已拥有两个制粉车间，职工近700人，但仍存在着品种单一，技术落后，管理较差的现象。年利润只有200万元。

1981年6月，赖平调到南方面粉厂，先后担任厂党委书记和厂长，开始全面负责企业的思想政治工作和生产经营工作。他依靠广大干部职工，团结奋斗，锐意改革，不断开拓进取，推动了企业的稳步发展。1983年利润突破1000万元，创历史最好水平。1989年实现利润2016万元，在全省同行业中率先跃上国家二级企业新台阶，1990年，克服了市场疲软、资金不足的困难，实现利润2558万元，比1989年增长26.90%，再创历史新记录，进入全国500家最大工业企业行列，居全国最大食品工业第4位。产品畅销全国20多个省、市和自治区，成为全国生产规模最大、专用面粉品种最多、现代化程度较高的大型面粉加工企业之一。

（一）明确办厂方针，完善管理机制。1981年，该厂除承担计划内粮食加工任务外，还积极开展议价经营，企业开始由生产型向生产经营型转变。赖平抓住这个契机，提出了“以生产经营为中心，产品质量为重点，经济效益为目的”的办厂方针，还亲自组织制订了一套行之有效的管理措施和规章制度。着重健全了经济责任制，并把各项经济技术指标层层分解落实，使职工劳动贡献与企业效益直接挂钩，形成了企业内部的“包、保、核”管理体系，使企业各项管理工作走上正轨。

（二）以质量求生存，以品种求发展。随着改革开放的深入，人民生活水平不断提高，国外高级专用面粉大量涌入国内市场。赖平强烈地感受到日益激烈的市场竞争的严峻考验。他及时地组织成立了包括技术副厂长、各技术部门负责人和工程师在内的技改领导小组，以开发专用面粉为龙头，有计划地采用新技术、新工艺，促进企业科技进步。1983年，率先研制出“红牡丹”、“白玉兰”等特精专用面粉，在此基础上，进一步开发了强力小麦粉、颗粒粉、面包专用粉等高、中、低筋3大系列8个面粉品种，适应了各种不同层次用户的需求。在大力开发新产品的同时，赖平以企业家的独到眼光和魄力，围绕提高产品质量、降低消耗和提高生产效率，有针对性地进行了一系列大规模的技术改造，投资1838万元引进设备，建成了具有国际80年代先进水平的日处理小麦400吨的第三制粉车间，扩大了高档专用面粉的生产能力，两年多就收回了全部投资。

赖平十分重视推行全面质量管理、“双增双节”工作。由于产品品种齐全，质量优异、稳定，获得了社会各界的高度赞誉。产品畅销全国，企业盈利逐年稳步增长，创造了可观的经济效益和社会效益。

（三）建设企业文化，增强企业凝聚力。赖平从任职伊始，在企业整顿的同时，重视思想政治工作和企业两个文明建设的协调发展。过去，该厂曾是广州市粮食系统中存在问题较多的一个老大难单位。赖平为建设具有南方面粉厂特色的企业文化进行了一系列成功的探索。在坚持从严治厂的同时，坚持尊重人、理解人和关心人的思想政治工作原则，把制度管理和思想教育结合起来，促使全体成员的行为方式转变。提出了“爱我‘南方’，文明守纪，开拓创新，团结奋斗”的企业精神。通过政治培训、形式多样的文化活动，以及狠抓生活福利和文化娱乐设施建设，使职工形成了一种做“南方”人光荣，为“南方”事业奋斗的心态和价值观念。企业文化渗透在企业生产经营的各个环节，正如一位报社记者所感叹的那样，“这里一片阳春白雪”！

全国有色工业战线劳动模范

广州市劳动模范

廣州鋁材廠廠長洪啓龏

洪启龏同志，1932年生，广东梅县人。中共党员，高级经济师。洪启龏自1978年担任广州铝材厂厂长以来，坚决贯彻党的十一届三中全会的路线、方针、政策，坚持改革开放和搞活的指导方针，坚持四项基本原则，不断深化企业改革，勇于开拓，带领广大职工彻底扭转了企业亏损的落后局面，经济效益逐年提高；在作风上以一个共产党员的高标准严格要求自己，以身作则，密切联系群众，关心群众；在生活上严于律已，艰苦奋斗。从1985年开始，连续6年被广州市冶金总公司评为优秀党员，1988年被评为广州市劳动模范，广东省企业管理先进工作者，1989年被评为全国有色金属工业战线劳动模范并荣立二等功。具体事绩如下：

（一）开展市场调查，转产铝型材。广州铝材厂前身是以矿石炼铅为主的冶炼厂。企业从1965年到1977年的13年间，共亏损322.8万元。1978年洪启龏到铝材厂担任厂长后，通过市场调查感觉到党的十一届三中全会以后，我国的国民经济有了较大的发展，加上广东实行特殊政策，措施灵活，深圳和珠海又相继开辟为经济特区，建筑，电子，轻工，交通事业发展很快，为铝型材的发展提供了广阔的市场；而企业又有多年生产有色合金的经验。据此，洪启龏集中了广大职工群众的智慧，提出了转产铝型材的设想，经职代会讨论后形成决策，1980年转产铝型材，当年就创产值2064万元，实现利润102万元。

（二）大搞技术改造，发展铝型材生产。转产以后，洪启龏和群众一起参观了国内10多家铝合金型材厂，翻阅了国内外大量铝型材生产资料，结合工厂的实际情况，制定了一个先改造后引进，先提高经济效益，再配套发展的方案，并成立了以洪启龏为首的技改领导小组。经过几年的改造、引进和配套，目前，该厂已拥有1250吨、1650吨挤压机各1台，400吨挤压机2台，及氧化着色生产线，可生产400多个品种规格的铝型材，年生产能力5000吨。

（三）树立新的经营观念，努力开拓市场。1983年后，由于市场竞争十分激烈，洪启龏对企业的经营管理实行新的决策；一是不断开拓产品的销售市场，以经销、代销、来料加工相结合等多种方式，稳定老客户发展新客户，促使该厂在全国范围内形成点线面相结合的销售网络；二是不断开拓原材料供应市场；三是不断开拓铝材装饰市场，1984年成立了装饰公司，1987年该公司以全优的质量顺利完成广州国际金融大厦西楼的铝质窗罩工程，获得甲方单位的好评；四是搞好公共关系，沟通信息，及时掌握企业内外的动态。

（四）深化改革，搞活企业。1985年实施厂长负责制后，洪启龏根据企业的具体情况，对企业内部机制进行一系列的改革；按照商品经济发展的要求，重新设置了企业职能部门；实行干部聘用制，不断完善各种形式的经济责任制，实行工资总额和经济效益挂钩的分配办法，推行优化劳动组合，引入风险机制，调动了职工的积极性。促进了生产力的发展。

（五）搞好基础工作，加强企业管理。洪启龏在搞好生产经营的同时，注意强化管理，搞好企业的基础工作。一是推行全面质量管理，建立全面质量保证体系；二是推行目标管理，把企业的目标层层落实到车间、班组和个人，确保目标的完成；三是推行全员设备管理，建立点检、巡检制度；四是加强能源管理，促进节能降耗；五是加强安全环保工作，治理污染，美化厂容；六是推行目标成本管理，建立三级核算网络，加强成本核算；七是加强职工培训。

通过上述工作，该厂生产和企业管理工作都取得较大成绩，1980—1990共实现利润7131万元；1990年被评为国家二级能源管理企业，同年荣获全国有色金属总公司环境优美工厂称号；并被批准为国家二级企业。

（撰稿：顾肇宏）

厨房革命的先驱

——记广州市萌芽厨房设备工业公司经理汪竹清

1982年的一个秋日，前广东省省长梁灵光在广东迎宾馆宴请日本可丽娜株式会社社长井上登先生时，日本客人指名要求会见一位中国朋友汪竹清。当时，汪竹清名不见经传，究竟是谁呢？梁省长为了满足日本客人的要求，立即指示身边的工作人员在下午6时前找到汪竹清，并请到广东迎宾馆。这样，一日之间，汪竹清成了新闻人物。原来，汪竹清是中国赴日厨房设备研修团团长、当时的广州东方五金工具厂党总支书记。

1981年，广东虽在对外开放中先走了一步，但“不锈钢厨房设备”就连即将担任团长赴日进修的汪竹清，也想象不出自己要学习制造的产品是个什么样的。不过，他却清楚地记得，有位日本朋友曾说过：“中国的烹饪技艺堪称世界一流，但厨房里的设备却未入流。”就是这句既有惋惜又有揶揄的笑话，使汪竹清暗暗下了决心，一定要把现代厨房设备制造技术学到手，为中国的烹饪技艺增添光彩。

1982年4月，汪竹清满载着整整一年在可丽娜株式会社所学到的技术，也载着日本朋友的期望，率领研修团回国，跃跃欲试地开创中国现代厨房设备制造业。随后，他毅然接受了上级党委的任命，出任广州厨房设备厂厂长，作为中国第一批生产厨房设备的厂家，作为中国厨房革命的先驱，踏上了开拓中国厨房设备制造业的艰苦历程。

1982年10月，该厂试制出第一批由我国自行设计制造的13个品种的不锈钢厨房设备，在当年广州秋交会上展出时，令外国客商刮目相看；在日中产品对照展览会上，这批由“中国徒弟”设计制造的厨房设备，更令“日本老师”井上先生赞赏不已。

1983年，该厂承接了我国首家中外合资酒店——中国（广州）大酒店的厨房设备工程。成功的尝试，终于使象征新兴行业的“萌芽牌”不锈钢厨房设备，正式进入了高级宾馆酒店的厨房。同年，“萌芽牌”产品荣获国家优秀新产品金龙奖。1986年，在全国室内装饰装修展览会上受到国内同行瞩目，销量居全国首位。进而畅销全国28个省市自治区。1989年，产品获北京首届国际博览会银奖和轻工部推动企业技术进步金龙腾飞奖，开始出口美国、加拿大、澳大利亚、香港等地。

1990年，该厂改名为广州市萌芽厨房设备工业公司，萌芽牌不锈钢厨房设备荣获国家银质奖，产销量和质量均走在国内同行的前列。公司已成为我国目前最大的不锈钢厨房设备生产基地之一，也是国家轻工业600家大中型骨干企业之一，具备了承接三星级以上酒店厨房设备工程的能力；年产值达1亿元人民币，能生产6大类300多个品种的不锈钢厨房设备；萌芽公司还建立了新东方厨房设备工程有限公司、深圳东南厨房设备厂、南宁萌芽厨房设备工程公司、北京长城萌芽厨房设备工程公司等合资、合作企业。“萌芽”已在祖国大地上，乘着改革的春风，处处扎根，抽枝吐叶、果实盈盈。

汪竹清——“萌芽”，“萌芽”——汪竹清，已成了不可分割的一个整体了。

厨房设备创业10年，他尝到成功的喜悦，也经受过失败的痛苦；他从48岁奋斗到58岁，已把全部的心血倾注到厨房设备事业上。他长期以厂为家，每星期仅回家一天；他身患肺气肿、胃溃疡等多种慢性疾病，却坚持在工作岗位上，他心中只装着萌芽，只装着为浇灌萌芽而尽心尽力的职工群众。为了使职工有个良好的进餐条件，他提议采用全套不锈钢厨房设备改造了职工餐厅，使工人们“辛苦挣来自在吃”的愿望变成现实。企业成功了，他没有忘记职工们的支持，更没有忘记职工身后的“贤内助”，多年来，他亲自处理“经理信箱”的信件，亲自向投书者颁发奖金。每年过年前后，召开工程业务人员家属座谈会，感谢家属们对萌芽公司的支持。

“汪竹清是我在中国所认识的一个最成功的企业家”。这是日本可丽娜株式会社井上登社长的赞词。

1991年，汪竹清集中领导班子的才干和群众的智慧，制定了“立足广东，面向全国，跻身国际市场”的经营战略；他号召职工发扬“团结、奋斗、追求、开拓”的企业精神，从零开始抓质量，以创金质奖为新目标，力争在“八五”期间使萌芽产品达到国际先进水平……。

（撰稿：谢红）

优秀企业家

志在开拓

——记深圳赛格集团公司董事长马福元

很多人都曾问起过：何谓“赛格”？按马福元的说法，赛格就是“赛国格，赛人格，赛品格，赛风格”。其实，赛格是英文名称 SHENZHEN ELECTRONICS GROUP（深圳电子集团）3个字头的拼音。可是马福元却赋以新的含意，从中不难看出马福元组建电子集团的风格和志向。

（一）企业集团的新模式。

赛格集团是中国电子业第一家综合性、外向型企业集团，按鲁迅先生的话来说，马福元就是第一个吃螃蟹的人。马福元和赛格的组建者们，当初是怎样跨越来自各方面的重重阻力，把梦想变为现实的呢？

1985年在南国盛夏灼人的骄阳下，马福元带领一班人步履匆匆，多次去各企业和其他行业学习调查。经过多少个不眠之夜，多少个反复，终于，一个符合深圳电子业发展实际，开拓创新又稳妥成熟的方案，在马福元的领导下，被设计出来。

马福元始终认为，组建赛格集团是在尊重企业自主权的基础上，坚持为企业服务，而不是凌驾于企业之上。他曾说：“赛格集团是一个命运共同体。企业加入集团自愿，退出自由”。“我们尊重企业的自主权，凡是参加集团的都仍然是法人”。“集团主要是抓市场导向，搞开发、传信息、培训人才，抓质量管理，调整产业结构和产品结构，帮助企业上等级，以及在市场上拿订单等。总之是依靠集团的团队优势，做单个企业想做而力所不及的事情。”

马福元身上有着强烈的开拓进取精神，只要你跟他谈起中国的电子工业，谈起赛格，他就会跟你讲企业集约化经营的大趋势，以及统一协调的大开发、大生产、大市场的前景。他让你感到，是来邀请你一起做一件中国人早该做而没有做的大事业。他在感染你，吸引你，你会情不自禁地跟他走。

5年过去了，在赛格集团管理计算机上，1990年底168家成员跳出一组组数字：工业总产值32亿元，比1985年（下同）增长228%；出口产品产值19亿元，占总产值60%，增长1051%；销售收入24亿元，增长230%；外汇收入3亿美元，增长698%；利润1.6亿元，增长150%；净创汇4000万美元，从根本上改变了原来用汇多、创汇少的局面。这些数字无可争辩地表明了马福元同志带领赛格集团奋勇开拓的成果。

（二）赛格的管理科学。

1990年，经哈尔滨市政府批准，赛格集团租赁了多年不景气的哈尔滨无线电四厂，而且一租15年。从此，在赛格集团的序列表上，多了一个哈尔滨赛格电子公司（简称哈赛）。哈无四厂在赛格租赁后，被列为引进特区内资的“特殊企业”。一场真正的改革开始了。1.划小核算单位。将原来属下的机械、机壳、整机3个车间改为3个分厂，独立核算，自负盈亏，打破了“大锅饭”。2.精简机构。原四厂的18个科室合并为6个部，提高办事效率，减少人浮于事。3.干部实行聘任。原有的127个中层干部，除47名重新获得聘任外，其余都回到生产第一线上。搬掉了“铁交椅”。4.工人实行合同制。所有职工不分工龄长短，一律先试用4个月。其间违反规定者，公司有权解除合同。劳动实行定额，定额科学、合理、严格。砸烂了“铁饭碗”。

哈赛公司规定，凡忍受不了“赛格模式”管理的，可以调出，公司白开3个月工资。但几个月来，哈赛公司无一人要求调出，甚至无一人上访告状。相反，在赛格集团的支持下，到1990年底，只经过3个月22天，“哈赛”就发生了巨大变化。公司完成产值630万元，销售收入186万元，利润16万元，一举摘掉了多年来亏损的帽子。1991年头4个月，实现利润70万元，而原四厂上年同期亏损9.2万元。哈无四厂只是赛格租赁企业中的第6个，赛格现在已有8个这样的企业。

早在1988年，马福元同志就在考虑如何实现赛格的“集团化，实体化，规范化，国际化”。经过反复思考和考察，他提出了租赁内地企业的新路子，认为这样既可以带动内地企业，又可以壮大赛格的实力，调整集团的结构。特别有意义的是，租赁经营在国有资产有偿使用方面作出了新的探索。

勇于探索，不断开拓，是马福元领导赛格的最大特点，也是他对人生的理解和追求。

（撰稿：李志明）

全国劳动模范

中国旅游事业的女强人——张倩玲

张倩玲，1938年10月出生于珠海南屏镇。1955年参加工作，1958年加入中国共产党。现任珠海宾馆董事长兼总经理，珠海海外旅游总公司经理、全国饭店协会常务理事、全国妇联执行委员。

张倩玲从1955年参加工作以来，历任广东省中山县浪网中山小学教师、教务主任、校长，南师进修学校教师，中山县教育局副局长等职。她在教育战线渡过了25个春秋，为我国的教育事业奉献了她的美好青春。

1980年3月，张倩玲受上级指派，身负重担，参加了珠海宾馆的筹建工作。酒店创建之初，条件十分艰苦，在一无经验，二无模式可搬的情况下，她和员工吃住在一起，日夜奋战，终于在昔日的乱石荒坡上建起了豪华酒店。珠海宾馆是合资企业，全部引进国外的管理经验，这在当时还是一个新的尝试，不论在观念上或体制上都有着很大差异，面对重重困难，她怀着对党的事业的忠诚和追求，毅然挑起了宾馆副总经理的重任，代表中方参与这家高级酒店的全面管理。

80年代初，中国的旅游业刚刚兴起，旅游酒店如何管理国内无可借鉴，张倩玲利用与外商合作管理的机会，不耻下问，如饥似渴地学习他们的一些成功经验，大胆探索，走出了一条中西结合的酒店管理新路子。一年多后，当外方管理人员由于支援别的宾馆，逐步调走，她已能够独挑大梁，负责酒店的全面管理，担当了珠海宾馆董事长兼总经理的重任。

为了尽量给国家节约开支，增强酒店实力，她敢于打破传统模式，拓展经营范围。在她的倡导下，1984年与上海电视机一厂合资办了“金海电子联合公司”，走与工贸相结合的新路子，取得了良好的经济效益。几年来，根据珠海经济特区的发展需要，她以战略的眼光和决策，先后组建了国旅珠海支社、珠海海外旅游有限公司，组成南方（实业）集团，还创办了富华纸厂，中茂、海城贸易公司等，为促进特区旅游业的发展起到了积极作用。

张倩玲在负责全面管理以后，首先安排了高级管理人员参加外国酒店管理的函授课程，并结合中国国情，特别是特区环境实际，率先实行酒店的层级管理，严格规章制度，建立岗位责任制，在宾馆全面推行合同制，打破了大锅饭式的用工制度，取得了明显的效果，为企业注入了新的活力。在用工分配上，实行定岗定人，采用职位工资制，直正体现多劳多得的原则。在经营策略上，张倩玲紧盯国内外市场，及时决策，使酒店始终保持主动地位。并通过亲自出国考察，以及派管理骨干外出学习，不断吸取同行长处，完善自身管理。她为宾馆制定的“顾客至上，服务第一、出品一流”的经营宗旨和“礼貌微笑，优质服务”的经营方针博得了广大宾客的称赞。在以她为首的一班人的苦心经营下，这家具有千人的酒店管理始终井井有条，服务质量和声誉不断提高，终于使珠海宾馆首批跨入四星级宾馆的行列。

随着酒店管理的发展，张倩玲又提出了更高的要求：管理要实现“六化”，即管理制度化、人才专业化、要求规范化、岗位标准化、工作程序化、方法科学化，使宾馆管理水平不断提高。珠海宾馆曾成功地多次接待国际大型会议，例如：联合国科技顾问年会、国际病理会议、澳门基本法草委会等；还先后接待过国家领导人及多位外国元首、港澳知名人士等，受到国内外的一致好评。

张倩玲并没有停留在已取得的成绩上，她放眼开拓国际旅游市场，经常率领旅游骨干深入到市内和港澳市场，挖掘客源的潜力；充实和扩大了酒店营销和公关队伍；重新审定了市场拓展和销售工作大纲；安排营销人员参加旅游拓展研讨会；选派优秀推销骨干，前往美国、法国、新加坡、香港、澳门等地参加国际旅游博览会，从而使宾馆知名度扩大到世界。并成功地举办了首次“88’珠海国际旅游展销会”，使珠海的旅游业从此迈向新纪元，也使得珠海宾馆踏入了国际旅游市场。

张倩玲总经理以其敢于改革、勇于开拓，知人善用、自强不息的精神，独特的现代经营意识，创新的经营观念，精巧的管理能力，赢得了珠海旅游界和珠海宾馆广大员工以及来宾们的尊敬和爱戴，特区人们称她是旅游战线的“女强人”。她先后被评为全国“三八”红旗手、全国旅游财贸战线的劳动模范。

工业 品种 人才

——丽珠医药(集团)有限公司总经理徐孝先兴业三部曲

徐孝先，男，54岁，高级工程师。1951年参加工作，1956年2月至1965年5月任广州明兴药厂干部、副厂长；1965年5月奉调筹建广东省"小三线"项目——粤北韶关地区的广东省利民制药厂，任厂长；1975年8月任广州医药工业研究所副所长；1982年2月任广州明兴药厂厂长，其间主持开发了新药双氯灭痛；1983年3月任广东省制药工业公司副经理；1985年参加组建珠海丽珠医药（集团）有限公司，现任珠海经济特区丽珠医药（集团）有限公司副董事长、总经理，兼任广东省制药工业公司副经理。

6年来，丽珠集团公司总投资额由525万元增至6000万元，年产值近2亿元，已成为在海内外有一定实力和影响的大型企业。公司属下现有5个全资企业，同外商合资兴办了3个公司，还与国内工商企业、科研机构、大专院校组成近20个联营体，基本形成了以西药为主，兼营中成药、药用化工原料、保健滋补品、卫生材料、卫生用品、药用化装品、生化试剂的多元化经营格局。1990年工业总产值达1.19亿元，经营额5亿多元，实现利润2540万元。公司创建以来，共创利润近6000万元，累计上交国家各种税收1.2亿元，创汇1000万美元。1989年，公司荣获广东省三资企业"金匙奖"二等奖，跻身于中国500家商品销售额最大的工业企业行列。

（一）坚持发展实业，建立工业基础。在公司组建开业的1985年，珠海经济特区一些非实业型公司靠进出口贸易获得了可观的利润。是在别人后面学步，还是走自己的路，在这一带有方向性的问题上，徐孝先及其领导班子坚定地认为要在特区经风历雨，站稳脚跟，发挥特区医药企业应有的作用，决不可只在进出口贸易上作文章，丽珠公司兴业、发展、壮大的基础只有工业。并进而确立了"以技术开发为先导，工业生产为基础，技、工、贸相结合的外向型企业"方针。为了走出一条投资少、见效快的路子，徐孝先动员全体职工发扬艰苦奋斗、勤俭创业的精神。奋战5个月办起了丽珠制药厂，填补了珠海市医药工业的空白。6年来，公司自有资金固定资产增加到5500万元，相当于股东初期投资的5倍多。现在已兴建厂房2万平方米，引进和内购各种设备500余台（套），工业基地建设初步形成。

（二）开发拳头产品，增强企业实力。徐孝先及公司其他领导十分重视采用先进技术，开发新产品，特别是拳头产品，力争在国内外医药市场竞争中处于有利地位，通过开发、引进、移植新品种等办法，先后开发了近百个品种，形成了多门类、多品种、多剂型、多规格的产品结构。1987年开发的乐胃片，投产后，连获全国、省、市3个奖项。1989年被评为广东省优质产品。新一代胃药丽珠得乐冲剂，其技术指标达到国外同类药标准，而价格仅为进口价格的1/6。1990年，丽珠得乐冲剂单项工业产值达900多万元，同年获得广东省优秀新产品奖。1990年又推出了丽珠得乐片剂、新型高效广谱抗菌素——康泰必妥片剂，产品已经国家卫生部批准为四类新药，由公司独家生产，保护期为3年。为了保证产品质量，公司全面推行TQC管理，对不合格产品，坚持全部销毁，使产品更有市场竞争力。

（三）尊重爱护人才，增强公司凝聚力。丽珠公司组建6年来，员工队伍已发展到550余人。除临时工外，大中专以上文化程度者占员工队伍的50%。其中拥有高级职称的8人，中级职称48人，初级职称90人。在用人上，所有中层干部都实行聘任制，任期内不称职就撤换，这就为有志者发挥才干创造了条件。公司十分关心职工生活，每年都从福利基金中拿出钱来建宿舍，解决职工住房问题。对有突出贡献的人还制定特殊政策，使他们获得较好的居住条件。在分配方面，对在工作中做出显著成绩或有突出贡献的人，给予重奖。由于分配合理，人才队伍稳定，员工的积极性都很高。丽珠公司人才济济，源于四面八方。公司十分注意创造一个和谐、宽松、舒畅的氛围。在做思想政治工作的同时，引进国外行之有效的行为科学理论，提倡尊重人、理解人、帮助人。定期与员工交流思想，切蹉工作，共商公司发展大计，从而增强了全体员工主人翁责任感和参与意识。

丽珠公司用6年的时间基本建成了一个初具规模的医药工业基地。"八五"期间，丽珠公司还将有新的作为，为国家作出更多的贡献。

计利当计天下利

——记湛江市经济技术开发区合得利公司总经理陈岳

“天下攘攘，皆为利往；天下熙熙，皆为利来。”陈岳不仅把这句老话用于合得利公司的广告宣传，还做了一番别出心裁的解释：在合得利公司，求利永远是第一位的。所谓利，就是要利国利党利民。1987年8月，合得利公司正式成立，陈岳被任命为公司总经理，从1988—1990年，短短3年，公司生产经营就迈出了坚实的3大步：1988年工业产值270多万元，销售额500多万元，出口创汇45万美元，利润5万多元；1989年，工业产值670多万元，销售额近2000万元，出口创汇130多万美元，利润20多万元；1990年，工业产值3200多万元，销售额8000多万元，出口创汇1040万美元，利润102万元。经过3年时间的努力，合得利公司已发展成为一家以兴办合资合作实业为主、兼营进出口贸易的综合性地方工贸公司，现共有职工400多人，固定资产400多万元，下属7家合资合作和自营企业以及5个进出口贸易部。

（一）外引内联、兴办实业。合得利公司成立不久，就遇上治理整顿，当时，公司身无分文。面对困难，陈岳冷静地分析了客观情况，并找到了公司发展的突破口：合得利公司可以享受开发区的优惠政策，又有自营进出口权，这是合得利公司发展的最有利条件。为此，应走出一条兴办实业和开发贸易相结合、以兴办实业为主的路子。公司的主攻目标确定后，他在广泛调查研究的基础上，经过反复论证，结合实际，从引进外资和先进养殖技术入手，办起了一家利用外资的技术型的中外合作广州湾新华水产实业有限公司，开展斑节对虾的育苗技术，先后为湛江市对虾养殖业提供了1.2亿尾的良种斑节对虾苗，取得了较好的经济效益和社会效益。由于项目可行性强，合得利公司在起步的1988年办起的3个项目都取得了成功。在积极引进外资兴办实业的同时，陈岳也没有忘记同内地开展联营合作，并把这作为合得利公司发展战略中不可或缺的组成部分。为了搞好同内地的合作，建立稳定的出口生产基地，他带领有关人员远赴贵州、山西、韶关等地，本着互惠互利、共同发展的原则，同有关公司、企业建立了长期的合作关系。

（二）建立制度、强化管理。公司成立伊始，陈岳就十分强调要强化生产经营管理，向管理要效益。为此，他身体力行，努力学习和掌握科学管理知识，并将学到的知识运用到实际工作中。几年来，他亲自主持，在合得利公司建立、健全了职代会制和全面质量管理、成本管理、财务管理等制度，并相应制订了岗位责任制、安全生产、奖惩等有关规章制度，使公司的生产、经营管理走上了制度化轨道。合得利公司是湛江市实行承包经营责任制较早的企业。1989年，陈岳又把风险机制引入承包，在全公司实行全员抵押承包。从而促使全体干部职工都来关心和参与公司的生产经营管理，较好地体现了利益均沾、风险共担的原则。

（三）不拘一格、选贤任能。陈岳把人才看成是公司兴衰成败的关键。几年来，他坚持任人唯贤，大胆提拔和使用年轻干部。现在，合得利公司中层干部绝大多数是年轻干部，已成为推动合得利公司不断发展壮大的生力军。为做到人尽其才，充分调动干部的积极性和创造性，陈岳对合得利公司的干部人事制度进行大胆改革，实行了干部聘任制。同时，为弥补公司人才的不足，还通过各种途径，聘请了一批对外贸易、工程技术等方面的骨干人才。为提高职工队伍素质，几年来，公司还对职工采取岗前培训、轮训、岗位培训以及送读电大、业大等多种方式，组织职工学习文化知识，提高业务和技术水平。

（四）艰苦奋斗、求实奉献。陈岳常说，一个人要有精神支柱，一个团体、企业更要有精神支柱。合得利公司的企业精神就是奉献、信誉。几年来，陈岳一心扑在公司的事业上，不为名不为利。对他来说，星期天和节假日的概念已变得十分模糊。他经常利用晚上时间出差，第二天一早到达目的地，马上就开始工作。陈岳信奉这样一条准则：吝啬自己，不吝啬别人。只要工作需要，该用的钱大胆用，不该用的钱一分不花，企业富了，更要保持艰苦奋斗、勤俭节约的优良传统。在陈岳和合得利公司干部职工心中，求实奉献，拼搏进取，为社会、为民族多作贡献才是人生的追求和乐趣所在。

（撰稿：王天昌）

名优产品介绍

厂长吕经怀（左）总工程师邹元传（右）

黑龙江省安达塑料电缆料厂

该厂是原安达塑料厂与哈尔滨电工学院合作建立的科研——生产联合体。引进瑞士布斯公司连续混料挤出造粒生产线，生产的线性低密度聚乙烯（LLDPE）电缆料是电力电缆、通信电缆护套和架空电缆绝缘的理想材料。工厂技术力量雄厚，检测手段先进。主要产品有：LLDPE 绝缘料、护套料，高速挤出绝缘料；各种户外架空绝缘电线，塑料布电线，广播地埋线；防寒膜，超薄地膜及塑料圆台等塑料压制产品。其中，LLDPE 电缆护套料和塑料圆台分别获省优质产品。

质量第一，用户至上是我们的宗旨。我们以为您提供最佳产品为己任，欢迎惠顾。

厂长：吕经怀　总工程师：邹元传　经营副厂长：程再生
厂址：黑龙江省安达市南八道街
电话：直拨 04653—4002　电挂：1043　邮政编码：151400

娃哈哈　唯一通过国家级新产品鉴定的儿童营养液

杭州娃哈哈营养食品厂

厂长：宗庆后

娃哈哈儿童营养液是天然滋补食品，选用红枣、山楂、桂圆、米仁、莲子、枸杞等天然食物精制而成。

产品吸收了中国传统医学的“食疗”原则，重在健脾开胃、调和五味，且补充少年儿童生长发育所需的锌、钙、铁等元素。产品配伍科学合理，疗效确切，为唯一通过国家级新产品鉴定的儿童营养液。

经著名营养学家、中医学家和小儿科专家鉴定：产品具有明显的增强食欲、增进智力、促进食欲、提高人体免疫力的效果，具有调节人体生理机能和全面改善营养状况的作用，对少年儿童生长发育极为重要。

同时，经国内权威机构检测证明：产品不含性激素和类激素，对少年儿童生长发育无任何副作用。

目前，娃哈哈儿童营养液达到年产量五千万盒，在国内市场上供不应求，深受用户青睐。

地址：杭州市清泰街160号
电话：726360　邮政编码：310009　电报挂号：0106

该公司养殖的对虾

保证质量创名牌　交货及时讲信誉　价格合理求效益

该公司负责人在观察虾苗生长情况

舟山市定海区水产养殖公司成立于1979年，是舟山市对虾养殖和出口的重点企业之一。养殖面积7000余亩，港湾优良，水质肥沃，盐度适中，饵料丰富，对虾生长快，产量高，质量好。出口的AAA牌、海牌、海王牌等对虾产品，在国际市场上享有很好的信誉。该公司多次被市、区人民政府评为质量信得过单位、重合同守信用单位，1989年被定海区人民政府授予出口创汇二等奖。

为了进一步发展对虾养殖，扩大养殖面积，提高对虾产量，争取多出口，多创汇，该公司正在有效地利用世界银行贷款，对现有虾塘设施进行改造和扩建。

“保证质量创名牌，交货及时讲信誉，价格合理求效益”，是该公司的宗旨。

该公司竭诚为国内外客户服务，欢迎定货和协作。

舟山市定海区水产养殖公司

负责人：傅永兴　副经理：俞伟民

地址：舟山市和平路56号

电话：24996　电挂：7004　邮政编码：316000

廣東省東莞市二輕粵龍工業公司

DONGGUAN CITY GUANGDONG PROVINCE CHINA YUE LONG INDUSTRY COMPANY OF DONGGUAN SECOND LIGHT INDUSRY BUREAU

总经理：刘树雄

汽油滤清器

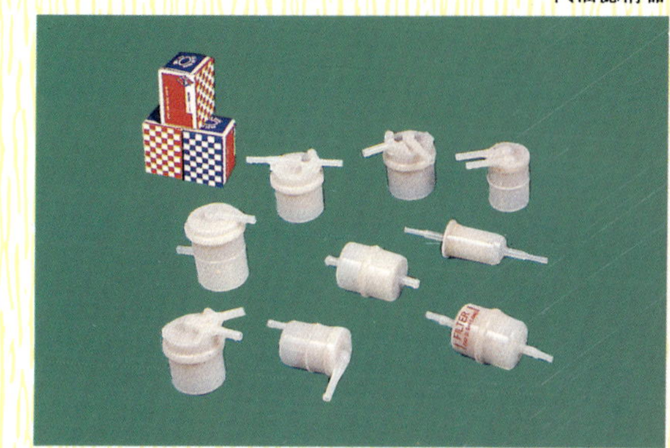

熔断丝

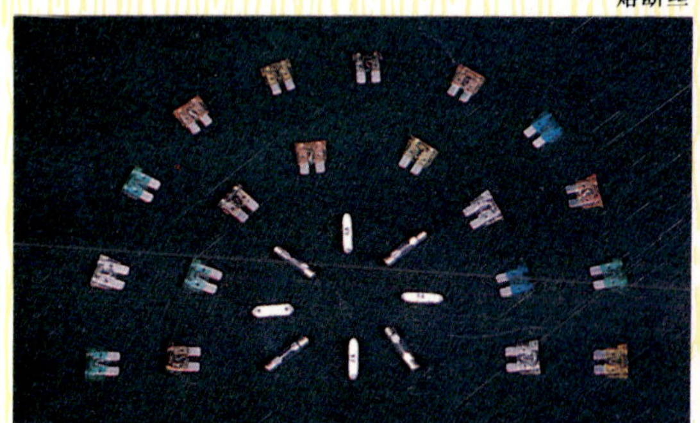

粤龙牌录音盒带

东莞市二轻粤龙工业公司是一个行业多元化的经济实体。属下企业有东莞市石龙无线电厂，粤龙广播电视配件厂，东莞南方电器厂，东莞市立展（合资）玩具厂，石龙港龙制衣厂，还有长龙联营企业公司，津粤联营制衣公司。

主要产品有汽车配件、电子、塑料、五金、服装、真空镀膜等六大类二百多个规格品种。其中汽车使用的系列熔断丝和汽车滤清器，各种机动车喇叭，汽车收放机，录音带合，无纺布制品，款式新颖的长毛绒玩具，在国内外市场颇受欢迎。

该公司还从事各种型号的收录音机、电话机、金属和皮表带，服装，长毛绒玩具等多种产品的来料加工业务，热忱欢迎与世界各地工商界人士携手合作，共展鸿图。

地址：广东省东莞市石龙镇兴隆东路粤龙大厦
电话：612037，612825
图文传真：612188　　电挂：9683　　邮政编号：511721

南宁合成纤维厂

首批国家级企业技术进步奖获奖单位

南宁合成纤维厂为年产涤纶长丝3000吨，涤纶短纤维7500吨，无纺布600万平方米的中型化纤企业，是首批荣获国家级企业技术进步奖的单位之一。主要产品有涤纶短纤维、涤纶弹力丝、复丝、网络丝及化纤针刺地毯、衬里布、贴墙布、工业用布等。规格齐全，颜色丰富。

地址：广西南宁市亭洪路59号
电话：20292
邮政编码：530031

有色涤纶长丝、涤纶线纤维

南宁制糖造纸厂

获首届轻工博览会银质奖的"云鸥牌"一级白砂糖

南宁制糖造纸厂建于一九五八年，原设计生产能力为日榨甘蔗2000吨的碳酸法糖厂。经过逐年的技术改造，设备更新，现已扩大到日榨甘蔗4000吨，年产机制糖6万多吨，机制纸一万吨，酒精3千吨，年工业总产值一亿七千万元，利税3500万元，全员劳动生产率85000元。

主要产品有机制糖、机制纸和食用酒精，另有二氧化碳、汽水、减水剂、饲料酵母等综合利用产品。优级、一级酒精被评为自治区优质产品，"象山牌"优级白砂糖、"云鸥牌"一级白砂糖一九九〇年双获轻工业部优质产品及首届轻工博览会银质奖。主导产品"象山牌"优级白砂糖远销欧美。

厂长：邓启群
地址：广西南宁市亭洪路
电话：20733
电挂：4000
邮编：530031

吴忠市清真食品厂

吴忠市清真食品厂是宁夏初具规模的清真食品企业之一，主要产品有八大类、一百二十余种。1987 年，该厂从英国引进了夹心糖自动生产线，采用先进的生产工艺，选用优质原料生产的鲜桃汁、哈蜜瓜、鲜荔枝等夹心硬糖，晶莹透明，味道清香可口。去年又推出奶油司考奇和咖啡司考奇系列新产品，市场一直看好。1990 年，该厂生产的“花果牌”夹心糖被评为自治区优质产品。该厂夹心糖系列产品已远销北京、天津、黑龙江、吉林、辽宁、四川、安徽等 16 个省市，深受广大消费者和穆斯林朋友的青睐。

该厂遵循“信誉第一、用户至上”的经营方针，竭诚为海内外广大用户服务，并热情欢迎各方合作。

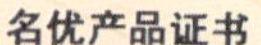

名优产品证书

厂长王庆富，山东省济宁市人，1940 年生，经济师。1958 年参加工作，1978 年任吴忠清真食品厂厂长，1984 年任厂长兼党委书记。

夹心糖自动生产线

产品包装车间

法人代表：王庆富

厂址：宁夏吴忠市民乐东街 3 号

电话：24425

电报挂号：3237

邮政编码：751100

产品获名优证书

吴 忠 市 塑 料 總 廠

吴忠市塑料总厂是宁夏最早生产塑料制品的企业，是轻工业部塑料农地膜的定点生产厂家。总厂下设薄膜、管材、增塑剂三个分厂，主要产品有农膜、地膜、大棚膜、防渗膜、包装袋、各种红泥塑料管材、二丁酯、二辛脂、注塑件等，年生产能力一万吨。

严格的产品质量保证体系使该厂产品质量稳步提高，远销全国各地，受到广大用户的一致好评。农膜和二辛脂分别于 1987 年、1988 年被评为自治区优质产品。1989 年，在全国质量评比中，农膜得分 96.5 分，列全国同行业第 5 名，被评为轻工部优质产品。1989 年地膜又被轻工部再次评为优质产品。1990 年，企业晋升为自治区一级企业。

厂长徐东亮，河北省三河县人，1942 年生，中共党员，工程师。1968 年毕业于天津轻工业学院，同年参加工作。1978 年任吴忠塑料总厂副厂长，1985 年任厂长。中共吴忠市委委员。

● 厂址：宁夏吴忠市中华桥南
● 法人代表：徐东亮
● 电话：22475　电挂：1043
● 邮政编码：751100